G000026684

España & Portugal 2012

Sumario Sumário Contents

INTRODUCCIÓN

ESPAÑOL

→ INTRODUÇÃO

PORTUGUÊS

→ INTRODUCTION

ENGLISH

LOCALIDADES de A a Z

→ LOCALIDADES de A a Z

→ TOWNS from A to Z

MAPAS

→ MAPAS

→ MAPS

LÉXICO GASTRONÓMICO

España Portugal

Espanha Spain Portugal Portugal

DISTINCIONES 2012

→ DISTINÇÕES 2012

→ AWARDS 2012

PARA SABER MÁS

→ PARA SABER MAIS

→ FURTHER INFORMATION

DISTINÇÕES 2012

→ DISTINCIONES 2012

→ AWARDS 2012

PARA SABER MAIS

→ PARA SABER MÁS

→ FURTHER INFORMATION

Modo de empleo

INFORMACIÓN TURÍSTICA

Distancias desde las poblaciones principales, oficinas de turismo, puntos de interés turístico locales, medios de transporte, campos de golf y ocio...

HOTELES

De 🏨🏨🏨🏨🏨 a 🏨: categorías de confort.
⌂ : otros tipos de alojamiento.
En rojo : los más agradables.

RESTAURANTES

De XXXXX a X: categorías de confort.
𝕐/ : bar de tapas
En rojo: los más agradables.

LAS ESTRELLAS DE BUENA MESA

✿✿✿ Justifica el viaje.
✿✿ Vale la pena desviarse.
✿ Muy buena cocina.

LAS MEJORES DIRECCIONES A PRECIOS MODERADOS

☺ Bib Gourmand.
☺ Bib Hotel.

AGUILAR DE CAMPÓO – 575 D17 – **7 594 h. – alt. 88**
▶ Madrid 323 – Palencia 97 – Santander 104
ℹ pl. de España 30, ✆ 979 12 36 41, www.turismaguilar
⛳ Torremirona, Suroeste : 3 km, ✆ 979 12 34 12
◉ Plaza central ★ – Castillo de Santa María ★★

Mikasa
av. de Ronda 23 – ✆ 979 12 21 25 – www.mikasa.co
48 hab – ☕ 4€ – 🛉33/42 € – 🛉🛉48/55 € – 6 appa
Rest – Menú 11€ – Carta 38/45 €
◆ Buena organización familiar en sus amplias
aunque algo recargadas en distintos estilos de
y con abundante luz natural, muy orientado a

La Villa con hab
Puente 39 – ✆ 979 12 50 80 – www.lavilla.co
11 hab – ☕ 4,50€ – 🛉 24/30 € – 🛉🛉 36 €
◆ Negocio familiar llevado con dedicació
plementa con otro salón en la parte tras

ARENYS DE MAR Ⓟ – **574** H37 – **12 345**
▶ Madrid 672 – Barcelona 39 – Girona/Ge
en la carretera N II Suroeste : 2 km

Cortés
Real 54 – ✉ 08350 – ✆ 937 91 04 57
noche y martes.
Rest – Carta 60/75 €
Espec. Langosta guisada con p
lonja de Arenys de Mar.
◆ Afamado negocio que ofrec
completa bodega con extens

Las Cancelas
km : 12,5 – ✆ 93 793 85 55 – w
domingo noche y lunes
Rest – Carta aprox. 35 €
◆ En una antigua masía de
abovedado y tres privad

ARENYS DE MUNT – **574**
▶ Madrid 648 – Barcelona

Santamarta
Martí 13 – ✆ 973 62 6
17 hab – ☕ 7,80€
Rest – Menú 11€ –
◆ Casa de cálido a
elegancia, ofrecie
buido en tres sal

OTRAS PUBLICACIONES MICHELIN

Referencia del mapa Michelin en el que se encuentra la localidad.

LOCALIZAR LA LOCALIDAD

Emplazamiento de la localidad en el mapa regional situado al final de la guía (número del mapa y coordenadas).

LOCALIZAR EL ESTABLECIMIENTO

Localización en el plano de la ciudad (coordenadas e índice).

DESCRIPCIÓN DEL ESTABLECIMIENTO

Ambiente, estilo, carácter y especialidades.

INSTALACIONES Y SERVICIOS

HOTELES TRANQUILOS

Hotel tranquilo.

Hotel muy tranquilo.

PRECIOS

12 C1

BSe

rrado Semana Santa

ntos

iones. La habitaciones resultan completas,

os. Variedad de servicios. Comedor acogedor

quetes.

CUd

– Carta aprox. 35 €

so por un bar a un comedor actual, que se com-

see habitaciones de adecuado confort.

13 A3

ya

.cortes.com – cerrado Semana Santa, octubre, domingo

Guisantes de Llavaneres (febrero-mayo). Pescados de la

uena carta de tendencia regional. Salas de estilo clásico y

ado de vinos franceses.

canceles.com – cerrado febrero, del 6 al 16 de noviembre,

nte rústico-actual. Dispone de un comedor principal con el techo

a de esmerada elaboración casera.

17 B2

rest, BSe

6 977 h. – alt. 120 m

ona/Gerona 60

www.santamarta.com – cerrado Semana Santa

2 € – 80/86 € – 4 appartamentos

8/45 €

e familiar en medio de un valle. Posee un agogedor salon decorado con

mbién habitaciones y apartamentos de distinto confort. Restaurant distri-

n buena carta tradicional.

CSe

33 13 21 – www.rincondepepe.com

n aprox. 21 € (productos de El Bierso)

dedicación. Acceso por un bar a un comedor actual, que se comple-

de cuado confort.

AUd

Los compromisos de La guía MICHELIN

La experiencia al servicio de la calidad

Ya sea Japón, Estados Unidos, China o Europa, el inspector de La guía MICHELIN respeta exactamente los mismos criterios para evaluar la calidad de una mesa o de un establecimiento hotelero y aplica las mismas reglas en sus visitas. Porque si la guía goza hoy de un reconocimiento mundial, se debe, principalmente, a la constancia de su compromiso con respecto a sus lectores. Un compromiso del que queremos reafirmar aquí los principios fundamentales:

La visita anónima – Primera regla de oro. Los inspectores testan de manera anónima y habitual mesas y habitaciones, para apreciar plenamente el nivel de prestaciones ofrecidas a todos los clientes. Pagan la cuenta y, después, pueden revelar su identidad si quieren obtener algún tipo de información complementaria. El correo de los lectores nos proporciona, por otra parte, valiosos testimonios y toda una serie de información que se tendrá en cuenta para la elaboración de nuestros itinerarios de visitas.

La independencia – Para poder mantener un punto de vista totalmente objetivo – siempre buscando el interés del lector – la selección de establecimientos se realiza con total independencia, y la inscripción de los establecimientos en la guía es totalmente gratuita. Los inspectores y el redactor jefe adoptan las decisiones de manera colegiada y las distinciones más altas se debaten a escala europea.

La elección de lo mejor – La guía, lejos de ser un listín de direcciones, se concentra en una selección de los mejores hoteles y restaurantes, en todas las categorías de confort y precio. Una elección que es el resultado de la aplicación rigurosa de un mismo método por parte de todos los inspectores, independientemente del país en el que actúen.

La actualización anual – Cada año se revisa y actualiza toda la información práctica, todas las clasificaciones y distinciones para poder ofrecer la información más fiable.

La homogeneidad de la selección – Los criterios de clasificación son idénticos para todos los países que cubre La guía MICHELIN. A cada cultura, su cocina, pero la calidad tiene que seguir siendo un principio universal...

Porque nuestro único objetivo es poner todo lo posible de nuestra parte para ayudarle en cada uno de sus viajes, para que siempre sean placenteros y seguros. "La ayuda a la movilidad": es la misión que se ha propuesto Michelin.

Editorial

Estimado lector,

La guía MICHELIN, siempre al día de la actualidad en materia de buena mesa y de alojamientos de calidad, le propone su nueva edición, enriquecida y actualizada.

Año tras año, usted sabe mejor que nadie que su vocación sigue inmutable desde su creación: acompañarle en todos sus viajes, seleccionando lo mejor, en todas las categorías de confort y precio.

Para ello, La guía MICHELIN se apoya en un "cuaderno de ruta" bien rodado, cuyo primer criterio, indefectiblemente, es la inspección sobre el terreno: nuestros inspectores profesionales verifican todas las direcciones seleccionadas, inspectores que no han cejado en su tarea de descubrir nuevos establecimientos y verificar el nivel de prestaciones de los que ya figuran en nuestras páginas.

Dentro de esta selección, la guía rinde homenaje, cada año, a los restaurantes más sabrosos, concediéndoles nuestras estrellas ✿: una, dos o tres, que distinguen a los establecimientos que poseen la mejor calidad de cocina – de todos los estilos -, teniendo en cuenta la calidad de los productos, la creatividad, el control de los tiempos de cocción y de los sabores, la relación calidad/precio, así como la regularidad en la prestación. Cada año, la guía va engrosando el número de restaurantes excepcionales por la evolución de su cocina, que podrá descubrir a lo largo de sus páginas... y de sus viajes.

Otra simbología a tener en cuenta: los Bib Gourmand y los Bib Hotel, que revelan direcciones interesantes a precios moderados: garantizan prestaciones de calidad a precios ajustados.

Porque nuestro objetivo sigue siendo el de estar atentos a las evoluciones del mundo… y responder a las exigencias de todos nuestros lectores, tanto en términos de calidad como de presupuesto. Huelga decir, por tanto, que nos interesa mucho recibir su opinión y comentarios sobre los establecimientos seleccionados. No dude en hacernos llegar sus comentarios por escrito; su participación nos es de gran utilidad para orientar nuestras visitas y mejorar constantemente la calidad de la información que proporcionamos.

Para siempre acompañarle mejor…

Gracias por su fidelidad, y ¡buen viaje con La guía MICHELIN 2012!

Consulte la Guía MICHELIN en
www.ViaMichelin.es
y escríbanos a :
laguiamichelin-esport@es.michelin.com

Categorías y Distinciones

LAS CATEGORÍAS DE CONFORT

La guía MICHELIN incluye en su selección los mejores establecimientos en cada categoría de confort y de precio. Los establecimientos están clasificados según su confort y se citan por orden de preferencia dentro de cada categoría.

🏨🏨🏨🏨🏨	XXXXX	Gran lujo y tradición
🏨🏨🏨🏨	XXXX	Gran confort
🏨🏨🏨	XXX	Muy confortable
🏨🏨	XX	Confortable
🏨	X	Sencillo pero confortable
	🍷	Bar de tapas
🏠		Otros tipos de alojamiento recomendados (Turismo Rural, Turismo de Habitação, Agroturismo)
sin rest. sem rest.		El hotel no dispone de restaurante
con hab com qto		El restaurante tiene habitaciones

LAS DISTINCIONES

Para ayudarle a hacer la mejor selección, algunos establecimientos especialmente interesantes han recibido este año una distinción. Éstos se identifican por llevar al margen ✿ o ☺.

LAS ESTRELLAS: LAS MEJORES MESAS

Las estrellas distinguen a los establecimientos, cualquiera que sea el tipo de cocina, que ofrecen la mejor calidad culinaria de acuerdo con los siguientes criterios: selección de los productos, creatividad, dominio del punto de cocción y de los sabores, relación calidad/precio y regularidad.

Cada restaurante con estrellas va acompañado de tres especialidades representativas de su cocina. A veces, no están disponibles: suelen sustituirse por otras sabrosas recetas inspiradas en los productos de temporada. ¡No dude en descubrirlas!

✿✿✿ **Cocina de nivel excepcional, esta mesa justifica el viaje**
Establecimiento donde siempre se come bien y, en ocasiones, maravillosamente.

✿✿ **Excelente cocina, vale la pena desviarse**

✿ **Muy buena cocina en su categoría**

Algunos años, pueden incluirse en nuestra selección las llamadas "promesas" para la categoría superior. Se trata de los mejores establecimientos de su categoría que podrán acceder a la distinción superior en cuanto se confirme la constancia en sus prestaciones, en el tiempo y en la totalidad de la carta. Con esta mención especial, pretendemos dar a conocer las mesas que, en nuestra opinión, constituyen las "promesas" de la gastronomía del futuro.

LAS MEJORES DIRECCIONES A PRECIOS MODERADOS

Bib Gourmand
Establecimiento que ofrece una cocina de calidad, generalmente de tipo regional, a menos de 35 € (España y Andorra) y a menos de 30 € (Portugal). Precio de una comida sin la bebida.

Bib Hotel
Establecimiento que ofrece un cierto nivel de calidad con habitaciones a menos de 55 € (65 € en grandes ciudades y zonas turísticas). Precio para 2 personas sin el desayuno.

LAS DIRECCIONES MÁS AGRADABLES

El rojo indica los establecimientos especialmente agradables tanto por las características del edificio, la decoración original, el emplazamiento, el trato y los servicios que ofrece.

Alojamientos agradables

Restaurantes agradables

LAS MENCIONES PARTICULARES

Además de las distinciones concedidas a los establecimientos, los inspectores de Michelin también tienen en cuenta otros criterios con frecuencia importantes cuando se elige un establecimiento.

LA SITUACIÓN

Los establecimientos tranquilos o con vistas aparecen señalados con los símbolos:

Hotel tranquilo
Hotel muy tranquilo
Vista interesante
Vista excepcional

LA CARTA DE VINOS

Los restaurantes con una carta de vinos especialmente interesante aparecen señalados con el símbolo:

Carta de vinos particularmente atractiva
Pero no compare la carta que presenta el sumiller de un restaurante de lujo y tradición con la de un establecimiento más sencillo cuyo propietario sienta predilección por los vinos de la zona.

Instalaciones y servicios

	Ascensor
A/C	Aire acondicionado (en todo o en parte del establecimiento)
	Conexión a Internet en la habitación, con sistema de alta velocidad (ADSL - WI-FI)
hab qto	Habitaciones adaptadas para personas con movilidad reducida
	Comidas servidas en el jardín o en la terraza
	Gimnasio
	Piscina al aire libre o cubierta
	Jardín
	Cancha de tenis
18	Golf y número de hoyos
	Salas de reuniones
	Salones privados en los restaurantes
	Garaje (generalmente de pago)
P	Aparcamiento reservado a los clientes
	No se admiten perros (en todo o en parte del establecimiento)
✉ *28012*	Código postal
✉ *7800-430 Beja*	Código postal y oficina de correos distribuidora
M	Estación de metro más próxima
mayo-octubre *maio-outubro*	Periodo de apertura comunicado por el hotelero
30 hab / 30 qto	Número de habitaciones

Precios

Los precios que indicamos en esta guía nos fueron proporcionados en el verano de 2011 y pueden producirse modificaciones debidas a variaciones de los precios de bienes y servicios. El servicio está incluido.
En España el I.V.A. se añadirá al total de la factura (8 %), salvo en Canarias (5 % I.G.I.C.), Ceuta (3 % I.P.S.I.) y Melilla (2 % I.P.S.I.). En Andorra se añadirá el I.S.I. (4 %). En Portugal (12 % restaurante, 5 % habitación) ya está incluido. En algunas ciudades y con motivo de ciertas manifestaciones comerciales o turísticas (ferias, fiestas religiosas o patronales...), los precios indicados por los hoteleros pueden sufrir importantes aumentos.
Los hoteles y restaurantes figuran en negrita cuando los hoteleros nos han señalado todos sus precios comprometiéndose, bajo su responsabilidad, a respetarlos ante los turistas de paso portadores de nuestra guía.
En temporada baja, algunos establecimientos ofrecen condiciones ventajosas, infórmese al reservar.

LAS ARRAS

Algunos hoteleros piden una señal al hacer la reserva. Se trata de un depósito-garantía que compromete tanto al hotelero como al cliente. Pida al hotelero confirmación escrita de las condiciones de estancia así como de todos los detalles útiles.

TARJETAS DE CRÉDITO

	Tarjetas de crédito aceptadas por el establecimiento:
VISA MC AE DC	Visa – MasterCard (Eurocard) – American Express – Diners Club

HABITACIONES

☕ – 🚹 40/70 €	Precio de una habitación individual mínimo/máximo, desayuno incluido
🚹🚹 70/100 €	Precio de una habitación doble mínimo/máximo
☕ 9 €	Precio del desayuno

RESTAURANTE Y BAR DE TAPAS

	Menú a precio fijo
Menú 20/38 € Menu 15/27 €	Precio minimo/maximo del menú, en almuerzo o cena servido a las horas habituales
	Comida a la carta
Carta 20/60 € Lista 15/40 €	El primer precio corresponde a una comida normal que comprende: entrada, plato fuerte del día y postre. El 2° precio se refiere a una comida más completa (con especialidad de la casa) que comprende: dos platos y postre
Tapa 4 €	Precio de una tapa
Ración aprox. 10 €	Precio de una ración

Informaciones sobre las localidades

GENERALIDADES

P	Capital de Provincia
577 M27	Mapa Michelin y coordenadas
24 000 h.	Población
alt. 175	Altitud de la localidad
3	Número de teleféricos o telecabinas
7	Número de telesquíes o telesillas
BX a	Letras para localizar un emplazamiento en el plano
18	Golf y número de hoyos
❊ ←	Panorama, vista
	Aeropuerto
	Transportes marítimos
	Transportes marítimos, pasajeros solamente
	Información turística

INFORMACIONES TURÍSTICAS

INTERÉS TURÍSTICO

★★★	Justifica el viaje
★★	Vale la pena desviarse
★	Interesante

SITUACIÓN

	En la localidad
	En los alrededores de la localidad
Norte, Sur-Sul, Este, Oeste	El lugar de interés está situado: al norte, al sur, al este, al oeste
①, ④	Salga por la salida ①, ④ identificada por el mismo signo en el plano de la guía y en el mapa Michelin
6 km	Distancia en kilómetros

Leyenda de los planos

Hoteles

Restaurantes - bares de tapas

CURIOSIDADES

Edificio interesante

Edificio religioso interesante

VÍAS DE CIRCULACIÓN

Autopista, autovía

número del acceso : completo-parcial

Vía importante de circulación

Sentido único – Calle impracticable, de uso restringido

Calle peatonal – Tranvía

Colón P Calle comercial – Aparcamiento

Puerta – Pasaje cubierto – Túnel

Estación y línea férrea

Funicular – Teleférico, telecabina

B Puente móvil – Barcaza para coches

SIGNOS DIVERSOS

Oficina de Información de Turismo

Mezquita – Sinagoga

Torre – Ruinas – Molino de viento – Depósito de agua

Jardín, parque, bosque – Cementerio – Crucero

Golf – Hipódromo – Plaza de toros

Estadio – Piscina al aire libre, cubierta

Vista – Panorama

Monumento – Fuente – Fábrica – Centro comercial

Puerto deportivo – Faro

Aeropuerto – Boca de metro – Estación de autobuses

Transporte por barco :
pasajeros y vehículos, pasajeros solamente

③ Referencia común a los planos y a los mapas detallados Michelin

Oficina central de lista de correos – Teléfonos

Hospital – Mercado cubierto

Edificio público localizado con letra :

D H J – Diputación – Ayuntamiento – Palacio de Justicia –

G Delegación del Gobierno (España), Gobierno del distrito (Portugal)

M T U – Museo – Teatro – Universidad, Escuela superior

POL. – Policía (en las grandes ciudades: Jefatura)

Guardia Civil (España)

GNR Guarda Nacional Republicana (Portugal)

Modo d'emprego

INFORMAÇÕES TURÍSTICAS

Distâncias desde as cidades principais, postos de turismo, pontos de interesse turístico local, meios de transporte, campos de golfe e ócio…

OS HOTÉIS

De 🏨🏨🏨🏨🏨 a 🏨: categoria de conforto.
⌂: outros tipos de alojamento recomendados.
Os mais agradáveis: a vermelho.

OS RESTAURANTES

De XXXXX a X: categoria de conforto.
🍷: bar de tapas.
Os mais agradáveis: a vermelho.

AS MESAS COM ESTRELLAS

✿✿✿ Esta mesa justifica a viagem.
✿✿ Vale a pena fazer um desvio.
✿ Muito boa cozinha.

AS MELHORES DIRECÇÕES A PREÇOS MODERADOS

Bib Gourmand.
Bib Hotel.

AGUILAR DE CAMPÓO – 575 D17 – 7 594 h. – alt. 885
Madrid 323 – Palencia 97 – Santander 104
pl. de España 30, 979 12 36 41, www.turismaguilar.
Torremirona, Suroeste : 3 km, 979 12 34 12
Plaza central ★ – Castillo de Santa María ★★
Mikasa
av. de Ronda 23 – 979 12 21 25 – www.mikasa.co
48 hab – 4€ – 33/42 € – 48/55 € – 6 appa
Rest – Menú 11€ – Carta 38/45 €
• Buena organización familiar en sus amplias i
aunque algo recargadas en distintos estilos de
y con abundante luz natural, muy orientado a
La Villa con hab
Puente 39 – 979 12 50 80 – www.lavilla.co
11 hab – 4,50€ – 24/30 € – 36 €
• Negocio familiar llevado con dedicació
plementa con otro salón en la parte tras
ARENYS DE MAR – 574 H37 – 12 345
Madrid 672 – Barcelona 39 – Girona/Ge
en la carretera N II Suroeste : 2 km
Cortés
Real 54 – 08350 – 937 91 04 5
noche y martes.
Rest – Carta 60/75 €
Espec. Langosta guisada con
lonja de Arenys de Mar.
• Afamado negocio que ofre
completa bodega con exten
Las Cancelas
km : 12,5 – 93 793 85 55 –
domingo noche y lunes
Rest – Carta aprox. 35 €
• En una antigua masía c
abovedado y tres priva
ARENYS DE MUNT – 57
Madrid 648 – Barcelona
Santamarta
Martí 13 – 973 62
17 hab – 7,80
Rest – Menú 11€
• Casa de cálido
elegancia, ofre
buido en tres s

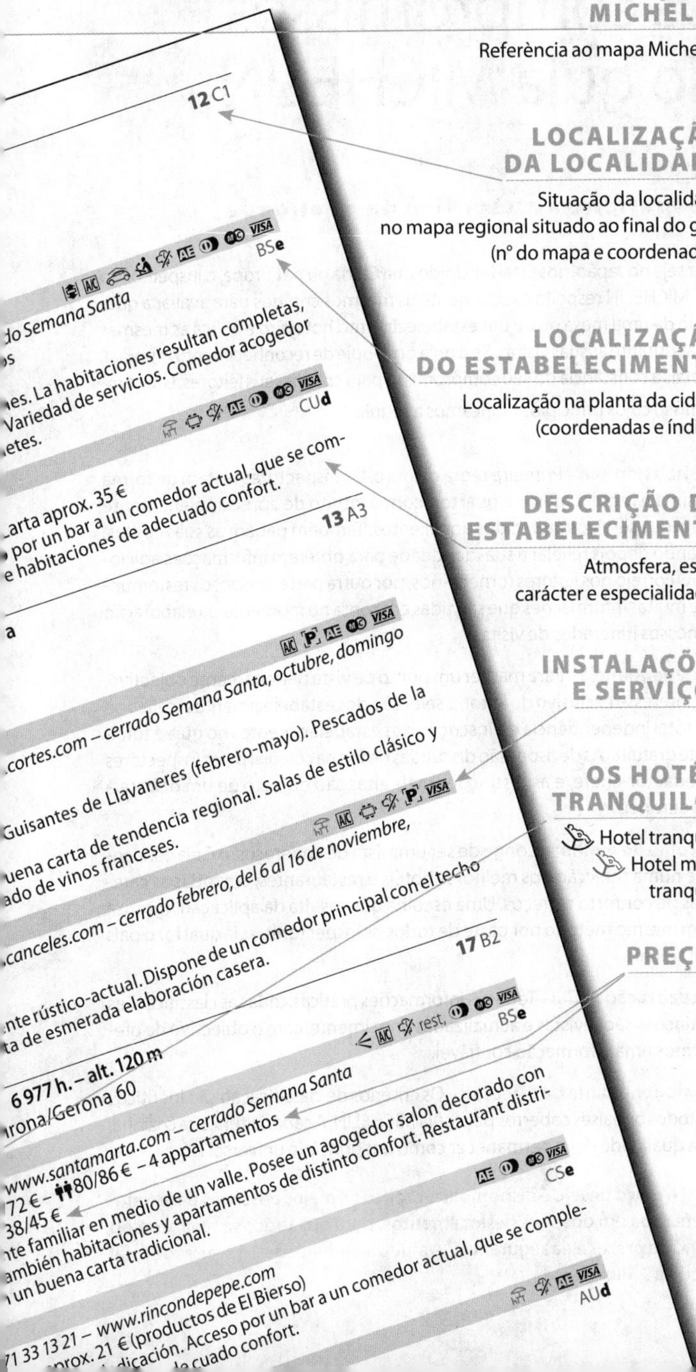
12 C1
do Semana Santa
es. La habitaciones resultan completas,
Variedad de servicios. Comedor acogedor
etes.
BSe
CUd
arta aprox. 35 €
por un bar a un comedor actual, que se com-
e habitaciones de adecuado confort.
13 A3
a
cortes.com – cerrado Semana Santa, octubre, domingo
Guisantes de Llavaneres (febrero-mayo). Pescados de la
uena carta de tendencia regional. Salas de estilo clásico y
ado de vinos franceses.
canceles.com – cerrado febrero, del 6 al 16 de noviembre,
nte rústico-actual. Dispone de un comedor principal con el techo
ta de esmerada elaboración casera.
17 B2
6 977 h. – alt. 120 m
rona/Gerona 60
rest,
BSe
www.santamarta.com – cerrado Semana Santa
72 € – 80/86 € – 4 appartamentos
38/45 €
nte familiar en medio de un valle. Posee un agogedor salon decorado con
ambién habitaciones y apartamentos de distinto confort. Restaurant distri-
un buena carta tradicional.
CSe
71 33 13 21 – www.rincondepepe.com
prox. 21 € (productos de El Bierso)
Acceso por un bar a un comedor actual, que se comple-
cuado confort.
AUd

OUTRAS PUBLICAÇÕES MICHELIN

Referència ao mapa Michelin.

LOCALIZAÇÃO DA LOCALIDADE

Situação da localidade no mapa regional situado ao final do guia (nº do mapa e coordenadas).

LOCALIZAÇÃO DO ESTABELECIMENTO

Localização na planta da cidade (coordenadas e índice).

DESCRIÇÃO DO ESTABELECIMENTO

Atmosfera, estilo, carácter e especialidades.

INSTALAÇÕES E SERVIÇOS

OS HOTÉIS TRANQUILOS

Hotel tranquilo.

Hotel muito tranquilo.

PREÇOS

Os compromissos do guia MICHELIN

A experiência ao serviço da qualidade

Quer seja no Japão, nos Estados Unidos, na China ou na Europa, o inspector do guia MICHELIN respeita exactamente os mesmos critérios para avaliar a qualidade de uma mesa ou de um estabelecimento hoteleiro e aplica as mesmas regras durante as suas visitas. Se o guia goza hoje de reconhecimento mundial, é graças à constância do seu compromisso para com os seus leitores. Um compromisso cujos princípios ratificamos a seguir:

A visita anónima – Primeira regra de ouro. Os inspectores testam de forma anónima e regular mesas e quartos, com o intuito de apreciar plenamente o nível dos serviços oferecidos aos clientes. Também pagam as suas contas, podendo depois revelar a sua identidade para obterem informações adicionais. O correio dos leitores fornece-nos, por outra parte, preciosos testemunhos e muitas informações que são tidas em conta no momento da elaboração dos nossos itinerários de visitas.

A independência – Para manter um ponto de vista perfeitamente objectivo, para interesse exclusivo do leitor, a selecção dos estabelecimentos realiza-se com total independência e a inscrição dos estabelecimentos no guia é totalmente gratuita. As decisões são discutidas de forma colegial pelos inspectores e o redactor-chefe, e as distinções mais altas são objecto de um debate a nível europeu.

A escolha do melhor – Longe de ser uma lista de endereços, o Guia concentra-se numa selecção dos melhores hotéis e restaurantes, em todas as categorias de conforto e preços. Uma escolha que resulta da aplicação rigorosa de um mesmo método por parte de todos os inspectores, seja qual for o país onde actuam.

A actualização anual – Todas as informações práticas, todas as classificações e distinções são revistas e actualizadas anualmente, com o objectivo de oferecermos uma informação confiável.

A homogeneidade da selecção – Os critérios de classificação são idênticos para todos os países cobertos pelo guia MICHELIN. A cada cultura, sua cozinha, mas a qualidade deve permanecer como um princípio universal ...

O nosso único desejo é disponibilizar todos os meios possíveis para o ajudar em cada um dos seus deslocamentos, para que todos se realizem sob o signo do prazer e da segurança. "A ajuda a mobilidade": é a missão à qual se dedica a Michelin.

Editorial

Caro leitor,

Sempre a propósito da actualidade em matéria de boas mesas e alojamentos de qualidade, o guia MICHELIN apresenta-lhe a sua nova edição, melhorada e actualizada.

Ano após ano, você sabe que a sua vocação permanece imutável desde a sua criação: acompanhá-lo em todos os seus deslocamentos, seleccionando o melhor em todas as categorias de conforto e preços.

Para isto, o guia MICHELIN apoia-se numa "caderneta de itinerário" provada, cujo primeiro e indefectível critério é a inspecção sobre o terreno: todos os endereços seleccionados são rigorosamente testados pelos nossos inspectores profissionais, os quais não cessam até encontrar os novos estabelecimentos e verificar o nível de serviços dos que já aparecem nas nossas páginas.

Nesta selecção, o guia reconhece assim, cada ano, as mesas mais saborosas, concedendo-lhes as nossas estrelas ✿ : uma, duas ou três. Estas servem para distinguir os estabelecimentos que apresentam a melhor qualidade no âmbito da cozinha – em todos os estilos –, considerando a escolha dos produtos, a criatividade, o domínio das cozeduras e dos sabores, a relação qualidade/preço, bem como a regularidade na prestação. Cada ano, o guia acrescenta numerosas mesas que se destacam pela evolução da sua cozinha e que irá descobrir ao longo das suas páginas… e das suas viagens.

Outros símbolos a se ter em conta: os Bib Gourmand ☺ e os Bib Hotel ☺, que apresentam bons endereços a preços moderados, garantindo-lhe prestações de qualidade com preços ajustados.

Pois o nosso compromisso é estar bem atentos às evoluções do mundo... e às exigências de todos os nossos leitores, tanto em termos de qualidade como de orçamento. Podemos dizer que estamos verdadeiramente interessados em conhecer a sua própria opinião sobre os endereços que nós seleccionamos. Não hesite em nos escrever, pois a sua participação é muito útil para orientar as nossas visitas e melhorar permanentemente a qualidade da nossa informação.

Para que sempre o acompanhemos melhor...

Obrigado pela sua fidelidade, e boa viagem com o guia MICHELIN 2012 !

Consulte la Guia MICHELIN em
www.ViaMichelin.es
e escreve-nos para :
laguiamichelin-esport@es.michelin.com

Categorias e Distinções

AS CATEGORIAS DE CONFORTO

O guia MICHELIN inclui na sua selecção os melhores estabelecimentos em cada categoria de conforto e de preço. Os estabelecimentos estão classificados de acordo com o seu conforto e apresentam-se por ordem de preferência dentro de cada categoria.

🏨🏨🏨🏨🏨	XXXXX	Grande luxo e tradição
🏨🏨🏨🏨	XXXX	Grande conforto
🏨🏨🏨	XXX	Muito confortável
🏨🏨	XX	Confortável
🏨	X	Simples mas confortável
	🍸	Bar de tapas
⌂		Outros tipos de alojamento recomendados (Turismo Rural, Turismo de Habitação, Agroturismo)
sin rest.	sem rest.	Hotel sem restaurante
con hab	com qto	Restaurante com quartos

AS DISTINÇÕES

Para o ajudar a fazer a melhor selecção, alguns estabelecimentos especialmente interessantes receberam este ano uma distinção marcada com ✿ o ☺ na margem.

AS ESTRELAS: AS MELHORES MESAS

As estrelas distinguem os estabelecimentos que, com qualquer tipo de cozinha, oferecem a melhor qualidade culinária de acordo com os seguintes critérios: selecção dos produtos, criatividade, domínio do ponto de cozedura e dos sabores, relação qualidade/preço e regularidade.
Cada restaurante com estrelas aparece acompanhado de três especialidades representativas da sua cozinha. Às vezes acontece que estas não podem ser servidas : são substituídas frequentemente em favor de outras receitas muito saborosas inspiradas pela estação. Não hesite, descubra-as!

✿✿✿ **Cozinha de nível excepcional; esta mesa justifica a viagem**
Estabelecimento onde se come sempre bem e, por vezes, muitíssimo bem.

✿✿ **Excelente cozinha, vale a pena fazer um desvio**

✿ **Muito boa cozinha na sua categoria**

Há anos em que algumas "promessas" para a categoria superior, podem igualmente aparecer na nossa selecção. Estas indicam os melhores estabelecimentos da sua categoria, podendo ter acesso à distinção superior a partir do momento em que se tenha confirmado uma constância das suas prestações ao longo do tempo e no conjunto da ementa. Através desta menção especial julgamos que fazemos com que se conheçam as mesas, que segundo a nossa opinião, constituem as "promessas" da gastronomia do futuro.

AS MELHORES DIRECÇÕES A PREÇOS MODERADOS

Bib Gourmand
Estabelecimento que oferece uma cozinha de qualidade, geralmente de tipo regional, por menos de 35 € (Espanha e Andorra) e menos de 30 € (Portugal). Preço de uma refeição sem a bebida.

Bib Hotel
Estabelecimento que oferece um certo nível de qualidade, com quartos por menos de 55 € (65 € em grandes cidades e zonas turísticas). Preço para 2 pessoas sem pequeno-almoço.

AS DIRECÇÕES MAIS AGRADÁVEIS

A cor vermelha indica os estabelecimentos especialmente agradáveis tanto pelas características do edifício, como pela decoração original, localização, trato e pelos serviços que oferece.

, o **Alojamentos agradáveis**

, o **Restaurantes agradáveis**

AS MENÇÕES PARTICULARES

Para além das distinções concedidas aos estabelecimentos, os inspectores da Michelin também têm em conta outros critérios frequentemente importantes quando se escolhe um estabelecimento.

A SITUAÇÃO

Os estabelecimentos tranquilos ou com vistas aparecem assinalados com os símbolos:

Hotel tranquilo

Hotel muito tranquilo

Vista interessante

Vista excepcional

A CARTA DE VINHOS

Os restaurantes com uma carta de vinhos especialmente interessante aparecem assinalados com o símbolo:

Carta de vinhos particularmente atractiva
Mas não compare a carta apresentada pelo escanção de um restaurante de luxo e tradição com a de um estabelecimento mais simples cujo proprietário sinta predilecção pelos vinhos da região.

Instalações e serviços

	Elevador
A/C	Ar condicionado (em todo ou em parte do estabelecimento)
	Ligação à Internet no quarto com sistema de alta velocidade (ADSL - WI-FI)
hab qto	Quartos adaptados para pessoas com mobilidade reduzida
	Refeições servidas no jardim ou na esplanada
	Ginásio
	Piscina ao ar livre ou coberta
	Jardim
	Campo de ténis
18	Golfe e número de buracos
	Salas de reuniões
	Salões privados nos restaurantes
	Garagem (normalmente deve ser paga)
P	Estacionamento reservado aos clientes
	Não se admitem cães (em todo ou em parte do estabelecimento)
✉ *28012*	Código postal
✉ *7800-430 Beja*	Código postal e nome do centro de distribuição postal
M	Estação de metro mais próxima
mayo-octubre *maio-outubro*	Período de abertura indicado pelo hoteleiro
30 hab / 30 qto	Número de quartos

Preços

Os preços indicados neste guia foram estabelecidos no verão de 2011. Podem portanto ser modificados, nomeadamente se se verificarem alterações no custo de vida ou nos preços dos bens e serviços. O serviço está incluido. Em Espanha o I.V.A. será aplicado à totalidade da factura (8%), salvo em Canarias (5% I.G.I.C.), Ceuta (3% I.P.S.I.) e Melilla (2% I.P.S.I.). Em Andorra será aplicado o I.S.I. (4 %). Em Portugal (12% restaurante, 5% quarto) já está incluído.
Em algumas cidades, por ocasião de manifestações comerciais ou turísticas os preços pedidos pelos hotéis poderão sofrer aumentos consideráveis.
Quando os hotéis e restaurantes figuram em carácteres destacados, significa que os hoteleiros nos deram todos os seus preços e se comprometeram sob a sua própria responsabilidade, a aplicá-los aos turistas de passagem, portadores do nosso guia.
Em época baixa alguns estabelecimentos oferecem condições vantajosas, informe-se ao fazer a reserva.

O SINAL

Alguns hoteleiros pedem um sinal ao fazer a reserva. Trata-se de um depósito-garantia que compromete tanto o hoteleiro como o cliente. Peça ao hoteleiro confirmação escrita das condições da estádia, assim como de todos os detalhes úteis.

CARTÕES DE CRÉDITO

	Principais cartões de crédito aceites no estabelecimento :
VISA MC AE DC	Visa – MasterCard (Eurocard) – American Express – Diners Club

QUARTOS

☕ – 🚹 40/70 €	Preço do quarto individual mínimo/máximo, pequeno almoço incluido
🚹🚹 70/100 €	Preço do quarto duplo mínimo/máximo
☕ 9 €	Preço do pequeno almoço

RESTAURANTE E BAR DE TAPAS

	Preco fixo
Menú 20/38 € Menu 15/27 €	Preço mínimo/máximo, do menú, ao almoço ou ao jantar servido às horas normais
	Refeições à lista
Carta 20/60 € Lista 15/40 €	O primeiro preço corresponde a uma refeição simples, mas esmerada, compreendendo : entrada, prato do dia guarnecido e sobremesa. O segundo preço, refere-se a uma refeição mais completa (com especialidade), compreendendo : dois pratos e sobremesa.
Tapa 4 €	Preço de uma tapa
Ración aprox. 10 €	Preço de uma porção

Informações sobre as localidades

GENERALIDADES

P	Capital de distrito
577 M27	Mapa Michelin e coordenada
24 000 h.	População
alt. 175	Altitude da localidade
3	Número de teleféricos ou telecabinas
7	Número de teleskis ou telecadeiras
BX a	Letras determinando um local na planta
18	Golfe e número de buracos
	Panorama, vista
	Aeroporto
	Transportes marítimos
	Transportes marítimos só de passageiros
	Informação turística

INFORMAÇÕES TURÍSTICAS

INTERESSE TURÍSTICO

★★★	Justifica a viagem
★★	Vale a pena fazer um desvio
★	Interessante

SITUAÇÃO

	Na localidade
	Nos arredores da localidade
Norte, Sur-Sul, Este, Oeste	O local de interesse está situado: a Norte, a Sul, a Este, a Oeste
①, ④	Dirija-se à saída ① , ④ identificada pelo mesmo sinal na planta do guia e no mapa Michelin
6 km	Distância em quilómetros

Legenda das plantas

Hotéis
Restaurantes- bares de tapas

CURIOSIDADES

Edifício interessante
Edifício religioso interessante

VIAS DE CIRCULAÇÃO

Auto-estrada, estrada com faixas de rodagem separadas
– número do nó de acesso : completo-parcial
Grande via de circulação
Sentido único – Rua impraticável, regulamentada
Via reservada aos peões – Eléctrico
Colón Rua comercial – Parque de estacionamento
Porta – Passagem sob arco – Túnel
Estação e via férrea
Funicular – Teleférico, telecabine
Ponte móvel – Barcaça para automóveis

SIGNOS DIVERSOS

Posto de Turismo
Mesquita – Sinagoga
Torre – Ruínas – Moinho de vento – Mãe d'água
Jardim, parque, bosque – Cemitério – Cruzeiro
Golfe – Hipódromo – Praça de touros
Estádio – Piscina ao ar livre, coberta
Vista – Panorama
Monumento – Fonte – Fábrica – Centro Comercial
Porto desportivo – Farol
Aeroporto – Estação de metro – Estação de autocarros
Transporte por barco :
passageiros e automóveis, só de passageiros
③ Referência comum às plantas e aos mapas Michelin detalhados
Correio principal com posta-restante – Telefone
Hospital – Mercado coberto
Edifício público indicado por letra :
D H J - Conselho provincial – Câmara municipal - Tribunal
G - Delegação do Governo (Espanha), Governo civil (Portugal)
M T U - Museu – Teatro – Universidade, Grande Escola
POL. - Polícia (nas cidades principais : esquadra central)
- Guardia Civil (Espanha)
GNR - Guarda Nacional Republicana (Portugal)

How to use this guide

TOURIST INFORMATION

Distances from the main towns, tourist offices, local tourist attractions, means of transport, golf courses and leisure activities...

HOTELS

From 🏨🏨🏨🏨🏨 to 🏨: categories of comfort.
⌂: other types of accommodation.
The most pleasant: in red.

RESTAURANTS

From XXXXX to X: categories of comfort.
ꝩ/ : Tapas bar
The most pleasant: in red.

STARS

✿✿✿ Worth a special journey.
✿✿ Worth a detour.
✿ A very good restaurant.

GOOD FOOD AND ACCOMMODATION AT MODERATE PRICES

☺ Bib Gourmand.
☺ Bib Hotel.

AGUILAR DE CAMPÓO – **575** D17 – **7 594 h. – alt. 885**
▶ Madrid 323 – Palencia 97– Santander 104
ℹ pl. de España 30, ✆ 979 12 36 41, www.turismaguilar.c
⛳ Torremirona, Suroeste : 3 km, ✆979 12 34 12
◉ Plaza central★ – Castillo de Santa Maria★★

Mikasa
av. de Ronda 23 – ✆ *979 12 21 25* – *www.mikasa.con*
48 hab – ☕ 4€ – †33/42 € – ††48/55 € – 6 appar
Rest – Menú 11€ – Carta 38/45 €
♦ Buena organización familiar en sus amplias in aunque algo recargadas en distintos estilos dec y con abundante luz natural, muy orientado a lo

La Villa con hab
Puente 39 – ✆ *979 12 50 80* – *www.lavilla.com*
11 hab – ☕ 4,50€ – † 24/30 € – †† 36 €
♦ Negocio familiar llevado con dedicación plementa con otro salón en la parte traser

ARENYS DE MAR 🅿 – **574** H37 – **12 345 h**
▶ Madrid 672 – Barcelona 39 – Girona/Gerc

en la carretera N II Suroeste : 2 km

Cortés
Real 54 – ✉ *08350* – ✆ *937 91 04 57* –
noche y martes.
Rest – Carta 60/75 €
Espec. Langosta guisada con pa lonja de Arenys de Mar.
♦ Afamado negocio que ofrece completa bodega con extenso

Las Cancelas
km : 12,5 – ✆ *93 793 85 55* – *ww*
domingo noche y lunes
Rest – Carta aprox. 35 €
♦ En una antigua masía de a abovedado y tres privados

ARENYS DE MUNT – **574** H
▶ Madrid 648 – Barcelona 41

Santamarta
Martí 13 – ✆ *973 62 62* –
17 hab – ☕ 7,80€ –
Rest – Menú 11€ – C
♦ Casa de cálido am elegancia, ofrecien buido en tres salas

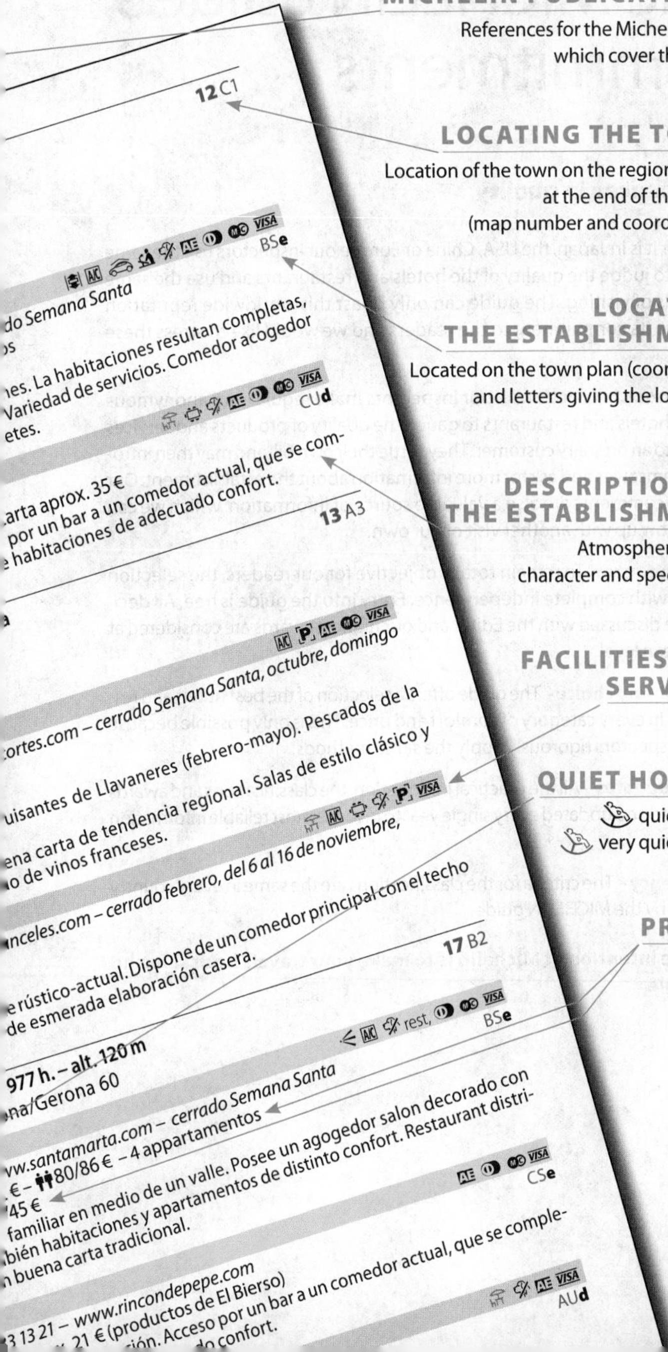

OTHER MICHELIN PUBLICATIONS

References for the Michelin map which cover the area.

LOCATING THE TOWN

Location of the town on the regional map at the end of the guide (map number and coordinates).

LOCATING THE ESTABLISHMENT

Located on the town plan (coordinates and letters giving the location).

DESCRIPTION OF THE ESTABLISHMENT

Atmosphere, style, character and specialities.

FACILITIES AND SERVICES

QUIET HOTELS

quiet hotel.

very quiet hotel.

PRICES

The MICHELIN guide's commitments

Experienced in quality

Whether it is in Japan, the USA, China or Europe our inspectors use the same criteria to judge the quality of the hotels and restaurants and use the same methods of visiting. The guide can only boast this worldwide reputation thanks to its commitment to the readers and we would like to stress these here :

Anonymous inspections – our inspectors make regular and anonymous visits to hotels and restaurants to gauge the quality of products and services offered to an ordinary customer. They settle their own bill and may then introduce themselves and ask for more information about the establishment. Our readers' comments are also a valuable source of information, which we can then follow up with another visit of our own.

Independence – To remain totally objective for our readers, the selection is made with complete independence. Entry into the guide is free. All decisions are discussed with the Editor and our highest awards are considered at a European level.

Selection and choice – The guide offers a selection of the best hotels and restaurants in every category of comfort and price. This is only possible because all the inspectors rigorously apply the same methods.

Annual updates – All the practical information, the classifications and awards are revised and updated every single year to give the most reliable information possible.

Consistency – The criteria for the classifications are the same in every country covered by the MICHELIN guide.

The sole intention of Michelin is to make your travels both safe and enjoyable.

Dear reader

Dear reader,

Having kept up-to-date with the latest developments in the hotel and restaurant scenes, we are pleased to present this new, improved and updated edition of the Michelin Guide.

Since the very beginning, our ambition has remained the same each year: to accompany you on all of your journeys and to help you choose the best establishments to both stay and eat in, across all categories of comfort and price; whether that's a friendly guesthouse or luxury hotel, a lively gastropub or fine dining restaurant.

To this end, the Michelin Guide is a tried-and-tested travel planner, its primary objective being to provide first-hand experience for you, our readers. All of the establishments selected have been rigorously tested by our team of professional inspectors, who are constantly seeking out new places and continually assessing those already listed.

Every year the guide recognises the best places to eat, by awarding them one ✿, two ✿✿ or three ✿✿✿ stars. These lie at the heart of the selection and highlight the establishments producing the best quality cuisine – in all styles – taking into account the quality of ingredients, creativity, mastery of techniques and flavours, value for money and consistency.

Other symbols to look out for are the Bib Gourmand ☺ and the Bib Hotel, which point out establishments that represent particularly good value; here you'll be guaranteed excellence but at moderate prices.

We are committed to remaining at the forefront of the culinary world and to meeting the demands of our readers. As such, we are very interested to hear your opinions on the establishments listed in our guide. Please don't hesitate to contact us, as your contributions are invaluable in directing our work and improving the quality of our information.

We continually strive to help you on your journeys.

Thank you for your loyalty and happy travelling with the 2012 edition of the Michelin Guide.

Consult the MICHELIN Guide at
www.ViaMichelin.es
and write to us at:
laguiamichelin-esport@es.michelin.com

Classification and awards

CATEGORIES OF COMFORT

The MICHELIN guide selection lists the best hotels and restaurants in each category of comfort and price. The establishments we choose are classified according to their levels of comfort and, within each category, are listed in order of preference.

- Luxury in the traditional style
- Top class comfort
- Very comfortable
- Comfortable
- Quite comfortable
- Tapas bar
- Other recommended accommodation (Turismo Rural, Turismo de Habitação, Agroturismo)

sin rest. sem rest. This hotel has no restaurant

con hab com qto This restaurant also offers accommodation

THE AWARDS

To help you make the best choice, some exceptional establishments have been given an award in this year's guide. They are marked ✿ or ☺.

THE BEST CUISINE

Michelin stars are awarded to establishments serving cuisine, of whatever style, which is of the highest quality. The cuisine is judged on the quality of ingredients, the skill in their preparation, the combination of flavours, the levels of creativity, the value for money and the consistency of culinary standards.

For every restaurant awarded a star we include 3 specialities that are typical of their cooking style. These specific dishes may not always be available.

✿✿✿ **Exceptional cuisine, worth a special journey**
One always eats extremely well here, sometimes superbly.

✿✿ **Excellent cooking, worth a detour**

✿ **A very good restaurant in its category**

Occasionally « Rising Stars » for promotion feature. These are the best in their category that may achieve a higher award if we can confirm the consistent quality of the whole menu over time. By this special mention we just want to let you know who we think may be future stars.

GOOD FOOD AND ACCOMMODATION AT MODERATE PRICES

Bib Gourmand
Establishment offering good quality cuisine, often with a regional flavour, for under €35 (Spain and Andorra) or under €30 (Portugal). Price of a meal, not including drinks.

Bib Hotel
Establishment offering good levels of comfort and service, with most rooms priced at under €55 (€65 in towns and popular tourist resorts). Price of a room for 2 people, excluding breakfast.

PLEASANT HOTELS AND RESTAURANTS

Symbols shown in red indicate particularly pleasant or restful establishments: the character of the building, its décor, the setting, the welcome and services offered may all contribute to this special appeal.

to **Pleasant accomodations**

to **Pleasant restaurants**

OTHER SPECIAL FEATURES

As well as the categories and awards given to the establishment, Michelin inspectors also make special note of other criteria which can be important when choosing an establishment.

LOCATION

If you are looking for a particularly restful establishment, or one with a special view, look out for the following symbols:

Quiet hotel

Very quiet hotel

Interesting view

Exceptional view

WINE LIST

If you are looking for an establishment with a particularly interesting wine list, look out for the following symbol:

Particularly interesting wine list
This symbol might cover the list presented by a sommelier in a luxury restaurant or that of a simple inn where the owner has a passion for wine. The two lists will offer something exceptional but very different, so beware of comparing them by each other's standards.

Facilities & services

	Lift (elevator)
A/C	Air conditioning (in all or part of the establishment)
	High speed Internet connection (ADSL - WI-FI)
hab qto	Rooms adapted for persons with restricted mobility
	Meals served in garden or on terrace
	Gym
	Swimming pool: outdoor or indoor
	Garden
	Tennis court
18	Golf course and number of holes
	Equipped conference hall
	Private dining rooms
	Garage (additional charge in most cases)
P	Car park for customers only
	Dogs are excluded from all or part of the establishment
M	Nearest metro station
28012	Postal number
7800-430 Beja	Postal number and name of the post office serving the town
mayo-octubre *maio-outubro*	Dates when open, as indicated by the hotelier – precise dates not available.
30 hab / 30 qto	Number of rooms

Prices

Prices quoted in this guide are for summer 2011. Changes may arise if goods and service costs are revised. The rates include service charge.
In Spain the VAT (IVA) will be added to the bill (8%), Canary Islands (5%), Ceuta (3% I.P.S.I.) and Melilla (2% I.P.S.I.), Andorra (4%). In Portugal, the VAT (12% restaurant, 5% room) is already included.
In some towns, when commercial, cultural or sporting events are taking place the hotel rates are likely to be considerably higher.
Hotels and restaurants in bold type have supplied details of all their rates and have assumed responsibility for maintaining them for all travellers in possession of this guide.
Out of season, certain establishments offer special rates. Ask when booking.

DEPOSITS

Some hotels will require a deposit, which confirms the commitment of customer and hotelier alike. Make sure the terms of the agreement are clear.

CREDIT CARDS

	Credit cards accepted by the establishment:
VISA MC AE DC	Visa – MasterCard (Eurocard) – American Express – Diners Club

ROOMS

☕ – 🚹 40/70 €	Lowest/highest price for a single room, Price includes breakfast
🚹🚹 70/100 €	Lowest/highest price for a double room
☕ 9 €	Price of breakfast

RESTAURANT AND TAPAS BAR

	Set meals
Menú 20/38 € Menu 15/27 €	Lowest/highest price for set meal served at normal hours
	A la carte meals
Carta 20/60 € Lista 15/40€	The first figure is for a plain meal and includes hors d'œuvre, main dish of the day with vegetables and dessert. The second figure is for a fuller meal (with speciality) and includes 2 main courses and dessert.
Tapa 4 €	Price for a tapa
Ración aprox. 10 €	Price for a portion

Information on localities

GENERAL INFORMATION

P	Provincial capital
577 M27	Michelin map and co-ordinates
24 000 h.	Population
alt. 175	Altitude (in metres)
3	Number of cable cars
7	Number of ski and chair lifts
BX a	Letters giving the location of a place on the town plan
18	Golf course and number of holes
	Panoramic view, viewpoint
	Airport
	Shipping line
	Passenger transport only
i	Tourist Information Centre

TOURIST INFORMATION

SIGHTS

★★★	Highly recommended
★★	Recommended
★	Interesting

LOCATION

	Sights in town
	On the outskirts
Norte, Sur-Sul, Este, Oeste	In the surrounding area: to the north, south, east or west of the town
①, ④	Sign on town plan and on the Michelin road map indicating the road leading to a place of interest
6 km	Distance in kilometres.

Plan key

Hotels
Restaurants – tapas bars

SIGHTS

Place of interest
Interesting place of worship

ROADS

Motorway, Dual carriageway
Junction complete, limited, number
Major thoroughfare
One-way street – Unsuitable for traffic, street subject to restrictions
Pedestrian street – Tramway
Colón — Shopping street – Car park
Gateway – Street passing under arch – Tunnel
Station and railway
Funicular – Cablecar
Lever bridge – Car ferry

VARIOUS SIGNS

Tourist Information Centre
Mosque – Synagogue
Tower – Ruins – Windmill – Water tower

Garden, park, wood – Cemetery – Cross
Golf course – Racecourse – Bullring
Stadium – Outdoor or indoor swimming pool
View – Panorama
Monument – Fountain – Factory – Shopping centre
Pleasure boat harbour – Lighthouse
Airport – Underground station – Coach station
Ferry services:
– passengers and cars, passengers only
Reference numbers common to town plans and Michelin maps

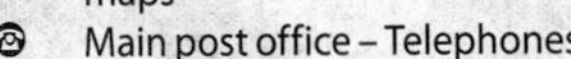

Main post office – Telephones

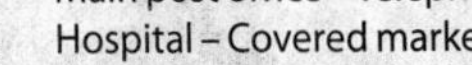

Hospital – Covered market
Public buildings located by letter:
D H J - Provincial Government Office – Town Hall – Law Courts
G – Central Government Representation (Spain), District Government Office (Portugal)
M T U – Museum – Theatre – University, College
POL. – Police (in large towns police headquarters)
Guardia Civil (Spain)
GNR Guarda Nacional Republicana (Portugal)

España

Distinciones 2012

Distinções 2012
Awards 2012

Las estrellas de buena mesa 2012

El color está de acuerdo con el establecimiento de mayor número de estrellas de la localidad.
LASARTE
La localidad posee como mínimo un restaurante 3 estrellas.
Madrid
La localidad posee como mínimo un restaurante 2 estrellas.
Sevilla
La localidad posee como mínimo un restaurante 1 estrella.
LASARTE
DONOSTIA-SAN SEBASTIÁN
Bilbao
Larrabetzu
Errenteria o Rentería
Hondarribia
Boroa
Oiartzun
Axpe
Vitoria-Gasteiz
Urdaitz o Urdániz
Iruña/Pamplona
Elciego
Galdakao
Daroca de Rioja
ANDORRA
La Vall de Bianya
Figueres
Olot
Anglès
Llançà
Sort
Gombrèn
Castelló d'Empúries
Huesca
Cercs
Banyoles
Sagàs
Corça
Olost
GIRONA
Calldetenes
Llafranc
Sant Fruitós de Bages
Llagostera
Zaragoza
Tossa de Mar
Terrassa o Tarrasa
SANT POL DE MAR
L'Hospitalet de Llobregat
Sant Celoni
Cambrils
Barcelona
Xerta
Menorca
Mallorca
Port d'Alcúdia o Puerto de Alcudia
Deiá
Sa Coma
Las Pedroñeras
Palmanova
Valencia
Portals Nous
sa Torre
Almansa
Ondara
Bocairent
Dénia
Ibiza
Fontanars dels Alforins
Cocentaina
Illes Balears o Islas Baleares
Formentera
Elx o Elche
El Palmar
Dehesa de Campoamor
Isla de La Palma
Isla de Lanzarote
Isla de Tenerife
Isla de La Gomera
Guía de Isora
Isla de El Hierro
Isla de Fuerteventura
Isla de Gran Canaria
ISLAS CANARIAS

Las estrellas de buena mesa

Estabelecimentos com estrelas Starred establishments

✿✿✿ 2012

Donostia-San Sebastián Akelare
Donostia-San Sebastián Arzak
Girona El Celler de Can Roca
Lasarte Martín Berasategui
Sant Pol de Mar Sant Pau

✿✿ 2012

N **Nuevo** ✿✿ → Novo ✿✿ → New ✿✿

Arriondas Casa Marcial
Barcelona Àbac **N**
Barcelona Lasarte
Cáceres Atrio
Dénia Quique Dacosta - El Poblet
Errenteria Mugaritz
Larrabetzu Azurmendi
Llançà Miramar
Madrid El Club Allard **N**
Madrid Diverxo **N**
Madrid Ramón Freixa Madrid
Madrid Santceloni
Madrid Sergi Arola Gastro
Madrid La Terraza del Casino
Marbella Calima
Olot Les Cols
Sant Celoni Can Fabes

ESPAÑA

✿ 2012

N **Nuevo** ✿ → Novo ✿ → New ✿

Almansa Maralba **N**
Amorebieta / Boroa Boroa
Ampuero Solana **N**
Anglès L'Aliança d'Anglès
Aranjuez Casa José
Aranjuez Rodrigo de la Calle **N**
Arriondas El Corral del Indianu
Axpe Etxebarri
Banyoles Ca l'Arpa
Barcelona Alkimia
Barcelona Caelis
Barcelona Cinc Sentits
Barcelona Comerç 24
Barcelona Dos Cielos
Barcelona Enoteca
Barcelona / L'Hospitalet Evo
Barcelona Gaig
Barcelona Hisop
Barcelona Hofmann
Barcelona Manairó
Barcelona Moments
Barcelona Moo
Barcelona Neichel
Barcelona Saüc
Barcelona Via Veneto
Bilbao Etxanobe
Bilbao Nerua **N**
Bilbao Zortziko
Bocairent Ferrero
Calldetenes Can Jubany
Cambados Yayo Daporta
Cambre A Estación
Cambrils Can Bosch
Cambrils Rincón de Diego
Castelló d'Empúries La Llar
Cercs Estany Clar

Cocentaina	L'Escaleta
Sa Coma	Es Molí d'En Bou
Corçà	Bo.Tic
Córdoba	Choco **N**
A Coruña	Alborada
Daroca de Rioja	Venta Moncalvillo
Dehesa de Campoamor	Casa Alfonso
Deià	Es Racó d'Es Teix
Donostia-San Sebastián	Kokotxa
Donostia-San Sebastián	Mirador de Ulía
Donostia-San Sebastián	Miramón Arbelaitz
El Ejido	La Costa
Elciego	Marqués de Riscal **N**
Elche	La Finca
Ezcaray	El Portal
Figueres	Mas Pau
Fontanars dels Alforins	Julio
Galdakao	Andra Mari
Girona	Massana
Gombrèn	La Fonda Xesc
Guía de Isora	M.B.
Hondarribia	Alameda
Huesca	Lillas Pastia **N**
Huesca	Las Torres
Humanes de Madrid	Coque
Illescas	El Bohío
Iruña	Europa
Iruña	Rodero
León	Cocinandos
Llafranc	Casamar **N**
Llagostera	Els Tinars
Llucmajor	Zaranda
Madrid	Kabuki
Madrid	Kabuki Wellington
Madrid	Zalacain
Malpica de Bergantiños / Porto Barizo	As Garzas
Marbella	El Lago
Marbella	Skina
Murcia / El Palmar	La Cabaña de la Finca Buenavista
Oiartzun	Zuberoa
Olost	Sala
Ondara	Casa Pepa
Palmanova	Es Fum **N**
Las Pedroñeras	Las Rejas
Pontevedra / San Salvador de Poyo	Solla
Portals Nous	Tristán
Port d'Alcudia	Jardín **N**
Prendes	Casa Gerardo
Puente Arce	El Nuevo Molino
El Puerto de Santa María	Aponiente
Raxo	Pepe Vieira
Roquetas de Mar	Alejandro
Sagàs	Els Casals
Salamanca	Víctor Gutiérrez
Salinas	Real Balneario
San Vicente de la Barquera	Annua **N**
Sant Fruitós de Bages	L'Angle
Santa Comba	Retiro da Costiña
Santander	El Serbal
Santiago de Compostela	Casa Marcelo **N**
Segovia	Villena
Sevilla	Abantal
Sevilla	Santo
Sort	Fogony
Tarrasa	Capritx
Torrelavega	Los Avellanos
Tossa de Mar	La Cuina de Can Simon
Tui	Silabario **N**
Urdaitz	El Molino de Urdániz
Valencia	Arrop
Valencia	Ca'Sento
Valencia	Riff
Valencia	La Sucursal
Valencia	Torrijos
Valencia	Vertical
La Vall de Bianya	Ca l'Enric
Vigo	Maruja Limón
Villaverde de Pontones	Cenador de Amós
Vitoria-Gasteiz	Zaldiarán
Xerta	Torreo de l'India
Zaragoza	Bal d'Onsera

→ **En rojo** *las promesas 2012 para* ✿✿
→ **Em vermelho,** *as promessas 2012 para* ✿✿
→ **In red** *the 2012 Rising Stars for* ✿✿

Las mesas 2012 con posibilidades para ✿
As mesas 2012 com possibilidades para ✿
The 2012 Rising Stars for ✿

La Seu d'Urgell / Castellciutat Tapies

ESPAÑA

Localidades que poseen como mínimo un establecimiento Bib Gourmand.

Los Bib Gourmand 2012

Bib Gourmand

Buenas comidas a precios moderados
Refeições cuidadas a preços moderados
Good food at moderate prices

Ainsa	Callizo
Albacete	Casa Paco
Albacete	Nuestro Bar
Alcoi	Lolo
L'Alcora	Sant Francesc
Alcossebre	El Pinar
Alcúdia	Genestar
Almansa	Mesón de Pincelín
Almodóvar del Río	La Taberna
Almuñécar	El Chaleco
Almuñécar	Mar de Plata
Alp	Casa Patxi
Andújar	Los Naranjos
Antequera	Caserío de San Benito
Arantzazu	Zelai Zabal
Arcade	Arcadia
Areu	Vall Ferrera
Arnedo	Sopitas
Arnuero	Hostería de Arnuero
Astorga	La Peseta
Astorga	Las Termas
Ayora	77
Badajoz	El Sigar
Baiona	Paco Durán
Banyoles	Quatre Estacions
Barcelona	Ávalon
Barcelona	Mandarina
Barcelona	La Provença
Barcelona / L'Hospitalet	El Racó del Cargol
Barcelona	Senyor Parellada
Barcelona	Silvestre
Barcelona	La Taula
Barcelona	Vivanda
Benavente	Mesón del Abuelo
Benifaió	Juan Veintitrés
Benimantell	L'Obrer
Berastegi	Arregi
Blanes	S'Auguer
Boceguillas	Área de Boceguillas
Borja	La Bóveda del Mercado
Borleña	Mesón de Borleña
Briones	Los Calaos de Briones
Cacabelos / Canedo	Palacio de Canedo
Cacabelos	La Moncloa de San Lázaro
Cáceres	Madruelo
Caldebarcos	Casa Manolo
Cambados	Ribadomar
Cambrils	Acuamar-Casa Matas
Campelles	Cal Marxened **N**
Cánduas	Mar de Ardora
Cantavieja	Balfagón
Cañete	La Muralla
A Cañiza	Reveca
Cariñena	La Rebotica
Carmona	La Almazara de Carmona
Cartagena / Los Dolores	La Cerdanya
Casalarreina	La Vieja Bodega
El Castell de Guadalest	Nou Salat **N**
Castelló de la Plana	Arropes
Castellote	Castellote
Castillo de Tajarja	El Olivo de Miguel y Celia **N**
Cazalla de la Sierra	Agustina **N**
Cazalla de la Sierra	Posada del Moro
Cocentaina	La Montaña
A Coruña	Adega O Bebedeiro
A Coruña	Artabria
Covarrubias	De Galo
Cuenca	Raff
Ea / Natxitua	Ermintxo
Elda	Fayago
Esponellà	Can Roca
Esteiro	Muiño
Estepona	La Menorah
Falset	El Celler de L'Aspic
Fene	Muiño do Vento
La Fresneda	Matarraña
Fuentes de Nava	La Taberna de la Nava
Girona	Nu **N**
A Guarda	Marusía
Hellín	D'on Manuel

N **Nuevo** ☺ → Novo ☺ → New ☺

Hervás	El Almirez
Hervás	Nardi **N**
L'Hospitalet de l'Infant	Itxas-Begi
Els Hostalets d'En Bas	L'Hostalet
Ibi	Ricardo
Isla Cristina	Casa Cacherón **N**
Jerez de la Frontera	La Carboná **N**
Jerte	Valle del Jerte la Sotorriza **N**
Leintz-Gatzaga	Gure Ametsa
Lesaka	Kasino
Linares	Canela en Rama
Linares	Los Sentidos
Linares de la Sierra	Arrieros
Lleida	Cassia
Lugo	La Palloza
Mácher	La Tegala **N**
Madrid	La Bola
Madrid	Quintana 30 **N**
Madrid	Sal Gorda
Málaga	María
Malleza	Al Son del Indiano
Marbella	Los Guisos de Santiago
Matapozuelos	La Botica **N**
Medina-Sidonia	El Duque **N**
Medina-Sidonia	Venta La Duquesa
Medinaceli	Bavieca
Moaña	Prado Viejo
Monforte de Lemos	O Grelo **N**
Mora de Rubielos	El Rinconcico
Moralzarzal	Zalea **N**
Morella	Daluan **N**
Morella	Vinatea **N**
Mugiro	Venta Muguiro
Murcia	Alborada
Navaleno	El Maño
Negreira	Casa Barqueiro
Noja	Sambal
Ocaña	Palio
Oleiros	Comei Bebei
Oviedo	Las Campanas de San Bernabé
Padrón	A Casa dos Martínez
Páganos	Héctor Oribe
Palau-sator	Mas Pou
Palencia	Isabel
Palencia	La Traserilla
Las Palmas de Gran Canaria	El Arrosar
Peralada	Cal Sagristà
El Perdigón	Bodega Pámpano
Piles	GloriaMar
Ponts	Ponts
Posada	La Corriquera
Pozoblanco	La Casona de la Abuela
Priego de Córdoba	Balcón del Adarve
Puebla de Sanabria	Posada de las Misas **N**
Puente de San Miguel	Hostería Calvo
Puente-Genil	Casa Pedro
Puerto Calero	Amura
Puerto de la Cruz	Régulo
Quintanadueñas	La Galería
Redondela	O Xantar de Otelo **N**
Ribadeo / Vilaframil	La Villa
Ricote	El Sordo
Ruente	Casa Nacho González
Sanlúcar de Barrameda	Casa Bigote
Sant Carles de la Ràpita	Miami Can Pons
Sant Cugat del Vallès	Casablanca
Sant Pau d'Ordal	Cal Xim
Sant Quirze	Can Ferran
Sant Sadurní d'Anoia	La Cava d'en Sergi
Santa Brígida	Satautey
Santander	Machinero
Santander	Puerta 23
Santiago de Compostela	Acio
Santiago de Compostela	Bierzo Enxebre
Santiago de Compostela	Mar de Esteiro **N**
Sarvisé	Casa Frauca
Segorbe	María de Luna **N**
Sevilla	Az-Zait
Solivella	Cal Travé
Sos del Rey Católico	La Cocina del Principal **N**
Sudanell	La Lluna
Tarrasa	Sara
Titulcia	El Rincón de Luis y H. La Barataria **N**
Torà	Hostal Jaumet
Torremolinos	Juan
Tortosa	Rosa Pinyol
Tortosa / Roquetes	Amaré
Treceño	Prada a Tope
Tudela de Duero	Mesón 2,39
Úbeda	Amaranto
Valencia de Don Juan	Casa Alcón
Valencia	Montes
Valladolid	Don Bacalao
Valladolid	La Raíz
Vélez Blanco	El Molino
Vera	Terraza Carmona
Vielha	Era Lucana
Vielha / Escunhau	El Niu
Vigo	La Oca
Villalba de la Sierra	Mesón Nelia
Villanueva de Argaño	Las Postas de Argaño
Villena	Salvadora
Viveiro / Celeiro	Boa Vista **N**
Viver	Thalassa
Yegen	El Rincón de Yegen
Zafra	La Rebotica

ESPAÑA

N **Nuevo** → Novo → New

Bib Hotel

Grato descanso a precio moderado
Grato descanso a preço moderado
Good accommodation at moderate prices

Allariz	O Portelo
Alquézar	Villa de Alquézar
Bilbao	Iturrienea
Cacabelos	Santa María
Castejón de Sos	Plaza
Castro Caldelas	Pousada Vicente Risco
La Coma	Fonts del Cardener
Córdoba	Maestre
Covarrubias	Doña Sancha
La Cueta	El Rincón de Babia
Ea / Natxitua	Ermintxo
Frómista	San Martín
Fuente Dé	Rebeco
Hoyos del Espino	Mira de Gredos
Huétor-Vega	Villa Sur
Lerma	El Zaguán
Luarca / Almuña	Casa Manoli
Luarca	La Colmena
Molina de Aragón	Molino del Batán
Molinos de Duero	San Martín
Munitibar	Garro
Murguía	La Casa del Patrón
Navacerrada	Nava Real
Oropesa	La Hostería
Perales del Puerto	Don Julio
Puente de Vadillos	Caserío de Vadillos
Quintanilla del Agua	El Batán del Molino
Reinosa	Villa Rosa
Ribadesella	Camangu
Roda de Isábena	Hospedería de Roda de Isábena
La Roda	Juanito
Salduero	Las Nieves
San Esteban de Gormaz	Rivera del Duero
San Juan del Puerto	Real
Sena de Luna	Días de Luna
Silleda	Ramos
Soria	Hostería Solar de Tejada
Torrecaballeros	Burgos
Villarcayo / Horna	Doña Jimena
Villaviciosa	Carlos I
Vitoria-Gasteiz	Iradier

ESPAÑA

N **Nuevo** → Novo → New

Alojamientos agradables

Alojamentos agradáveis
Particularly pleasant accommodations

Barcelona	Arts
Donostia-San Sebastián	María Cristina
Guía de Isora	Abama
Loja / Finca La Bobadilla	La Bobadilla
Palma	Castillo H. Son Vida
Santiago de Compostela	Parador Hostal dos Reis Católicos
Valencia	The Westin València

Baiona	Parador de Baiona
Barcelona	El Palace
Bolvir de Cerdanya	Torre del Remei
Burgos	Landa
Cáceres	Atrio
Corralejo	Gran Hotel Atlantis Bahía Real
Deià	La Residencia
Granada / La Alhambra	Alhambra Palace
Jerez de la Frontera	Villa Jerez
Luíntra	Parador de Santo Estevo
Manacor	La Reserva Rotana
Marbella	Marbella Club
Marbella	Puente Romano
Maspalomas	Grand H. Residencia
Palma de Mallorca	Arabella Sheraton
	Golf H. Son Vida
Plasencia	Parador de Plasencia
Playa de las Américas	G.H. Bahía del Duque
Pollença	Son Brull
Puigpunyent	G.H. Son Net
Santander	Real
Sant Miquel de Balansat	Hacienda Na Xamena
Sevilla	Las Casas de la Judería
Torrent	Mas de Torrent
Torrico / Valdepalacios	Valdepalacios
Trujillo	Parador de Trujillo
Vigo	Pazo Los Escudos
Villajoyosa	El Montíboli

Ablitas	Pago de Cirsus
Alarcón	Parador de Alarcón
Almagro	Parador de Almagro
Almendral	Rocamador
Arrecife	Villa Vik
Artà	Sant Salvador
Ballesteros de Calatrava	Palacio de la Serna
Barcelona	Àbac
Benalup-Casas Viejas	Utopía
Bidania	Iriarte Jauregia
Boadilla del Monte	El Antiguo Convento de Boadilla del Monte
Bohoyo	Real de Bohoyo
Cala Sant Vicenç	Cala Sant Vicenç
Cardona	Parador de Cardona
Cazalla de la Sierra	Palacio de San Benito
Chinchón	Parador de Chinchón
Deià	Es Molí
Escalante	San Román de Escalante
Fuentespalda	La Torre del Visco
Gautegiz-Arteaga	Castillo de Arteaga
Granada / La Alhambra	Parador de Granada
Hondarribia	Obispo
Laguardia	Hospedería de los Parajes
Lloret de Mar	Rigat Park
Miraflores de la Sierra	Palacio Miraflores
Osuna	La Casona de Calderón
Palamós	La Malcontenta
Palma	Palacio Ca Sa Galesa
Porto Cristo	Son Mas
Ronda	San Gabriel
Salamanca	G.H. Don Gregorio
Salamanca	Rector
San Sebastián de la Gomera	Parador de San Sebastián de La Gomera
Sant Vicenç de Montalt	Castell de l'Oliver
Santa Margalida	Casal Santa Eulàlia
Santiago de Compostela	A Quinta da Auga
Santillana del Mar	Casa del Marqués
Sober	Palacio de Sober
Somaén	Posada Real de Santa Quiteria
Topas	Castillo del Buen Amor
Tudela	Aire de Bardenas
Valldemossa	Valldemossa
Villacarriedo	Palacio de Soñanes
Xerta	Villa Retiro
Zafra	Casa Palacio Conde de la Corte
Zamora	Parador de Zamora

Almagro	La Casa del Rector
Alquézar	Maribel
Arroyomolinos de la Vera	Peña del Alba
Azofra	Real Casona de las Amas
Benahavís	Amanhavis
Cabrils	Mas de Baix
Cadavedo	Torre de Villademoros
Caimari	Can Furiós
Calatayud	Hospedería Mesón de la Dolores
Casalarreina	Hospedería Señorío de Casalarreina
Cudillero	Casona de la Paca
Garachico	San Roque
Granada	Casa Morisca
Hoyos del Espino	El Milano Real
Huétor-Vega	Villa Sur
Jerte	Túnel del Hada
Laguardia	Castillo El Collado
Madremanya	La Plaça
Madrid	Globales Acis y Galatea
Meaño	Quinta de San Amaro
Monroyo	Consolación
Olot	Les Cols
Oviedo	Ayre Hotel Alfonso II
Palma	San Lorenzo
Panes / Alevia	Casona d'Alevia
San Vicente de la Barquera	Valle de Arco
Sant Julià de Vilatorta	Torre Martí
Sant Marçal	Sant Marçal
Santa Eulalia del Río	Can Curreu
Sant Miquel de Balansat	Cas'Pla
Sóller	Ca N'ai
Taramundi	La Rectoral
Valle de Cabuerniga	Camino Real
Vilaboa / Cobres	Rectoral de Cobres
Villamayor	Palacio de Cutre
Zeanuri	Etxegana

Albarracín	Casa de Santiago
Albarracín	La Casona del Ajimez
Allariz	O Portelo
Begur	Aiguaclara
Buera	La Posada de Lalola
Burgos	La Puebla
Cádiar	Alquería de Morayma
Cretas	Villa de Cretas
Cuenca	Posada de San José
Granada / La Alhambra	América
Marbella	La Villa Marbella
Navacerrada	Nava Real
Nerja	Carabeo
La Parra	Hospedería Convento de la Parra
Reinosa	Villa Rosa
Sallent de Gállego	Almud
Santiago de Compostela	Costa Vella
Sevilla	La Casa del Maestro
Soria	Hostería Solar de Tejada
Toledo	Casa de Cisneros
Villafranca del Bierzo	Las Doñas del Portazgo

Alcanar	Tancat de Codorniu
Artà	Can Moragues
Baza	Cuevas Al Jatib
Bentraces	Palacio de Bentraces
El Burgo de Osma	Posada del Canónigo
Calaceite	Cresol
Calatañazor	Casa del Cura
Cambados	Pazo A Capitana
Camuño	Quintana del Caleyo
Es Castell	Sant Joan de Binissaida
Es Castell	Son Granot
Collado Hermoso	Posada Fuenteplateada
Comillas	Torre del Milano
Constantina	Casa Grande
Cuacos de Yuste	La Casona de Valfrío
Imón	La Botica
Jábaga	La Casita de Cabrejas
Joanetes	Mas Les Comelles
Lloseta	Cas Comte
Monachil	La Almunia del Valle
Moraña	Pazo La Buzaca
Navafría	Posada Mingaseda
Oreña	Caborredondo
El Perelló	La Panavera
Pontedeume / Castelo de Andrade	Casa do Castelo de Andrade
Puebla de Sanabria	La Cartería
Quintanilla del Agua	El Batán del Molino
Sallent de Gállego / Lanuza	La Casueña
San Esteban del Valle	Posada de Esquiladores
Sanlúcar de Guadiana	Casa La Alberca
Santa Eulalia de Oscos	Casona del Bosque de Pumares
Santa Gertrudis	Cas Gasi
Sant Lluís	Alcaufar Vell
Sant Lluís	Biniarroca
Sant Miquel de Balansat	Can Pardal
Santoña	Posada Las Garzas
Sanxenxo / Reis	Antiga Casa de Reis
Sena de Luna	Días de Luna
Sóller	Ca's Xorc
Son Servera	Finca Son Gener
Sos del Rey Católico	El Sueño de Virila
Trujillo	Casa de Orellana
Valldemossa	Cases de Ca's Garriguer
Vilafamés	El Jardín Vertical
Vilches	El Añadío
Vitoria-Gasteiz	La Casa de los Arquillos

Restaurantes agradables

Restaurantes agradáveis
Particularly pleasant restaurants

Barcelona	Caelis
Barcelona	Enoteca
Barcelona / L'Hospitalet	Evo
Bolvir de Cerdanya	Torre del Remei
Cáceres	Atrio
Errenteria	Mugaritz
Girona	El Celler de Can Roca
Guía de Isora	M.B.
Iruña	Josetxo
Madrid	La Terraza del Casino
Palmanova	Es Fum
Pollença	trescientosesentaycinco
Puigpunyent	Oleum
Sant Celoni	Can Fabes
Santa Cruz	La Seda

Ajo	Palacio de la Peña
Bocairent	Ferrero
Cala Sant Vicenç	Cavall Bernat
Deià	El Olivo
Figueres	Mas Pau
Guía de Isora	Kabuki
Llucmajor	Zaranda
Marbella	Villa Tiberio
Oiartzun	Zuberoa
Olot	Les Cols
Pals	Sa Punta
Puente Arce	El Nuevo Molino
Santa Baia	Galileo
Santa Comba	Retiro da Costiña
Sevilla	Taberna del Alabardero
Torrico / Valdepalacios	Tierra
Villaverde de Pontones	Cenador de Amós
Vitoria-Gasteiz	El Portalón

Almagro	El Corregidor
Anglès	L'Aliança d'Anglès
Arnedo	Sopitas
Arroyomolinos de la Vera	La Era de mi Abuelo
Betancuria	Casa Santa María
Cabanas	O Muiño de Trigo
Cercs	Estany Clar
Deià	Es Racó d'Es Teix
Eivissa	La Masía d'en Sort
Hondarribia	Sebastián
Hoyo de Manzanares	El Vagón de Beni
Llívia	Can Ventura
Montseny	Can Barrina
Romanyà de la Selva	Can Roquet
Roses	Flor de Lis
Santa Eulalia del Río	Can Curreu
Santa Pola	María Picola
Sóller	Bens d'Avall
Toledo	El Palacete
Tona	La Ferrería
Valencia	El Alto de Colón
Valladolid / Pinar de Antequera	Llantén
Villajoyosa	Emperador
Villoldo	Estrella del Bajo Carrión
Zafra	Barbacana

Allariz	Portovello
Benalauría	La Molienda
Buera	Lalola
Cacabelos / Canedo	Palacio de Canedo
Cacabelos	La Moncloa de San Lázaro
Cambados	Posta do Sol
Donamaria	Donamaria'ko Benta
Granadilla de Abona	Casa Tagoro
Guardamar de la Safor	Arnadí
Linares de la Sierra	Arrieros
Meranges	Can Borrell
Puerto de la Cruz	Régulo
Santiago de Compostela	Bierzo Enxebre

Madrid	Tasca La Farmacia
Valencia	Casa Montaña
Zafra	Lacasabar

ESPAÑA

Turismo Rural

Age	Cal Marrufès
Agua Amarga	La Almendra y El Gitano
Alcanar	Tancat de Codorniu
Alcúdia	Sant Jaume
Allariz / Vilaboa	Vilaboa
Almagro	Hostería de Almagro Valdeolivo
S'Alquería Blanca	Son Llorenç
Antigua	Era de la Corte
Artà	Can Moragues
Arzúa	Casa Brandariz
Ayllón / Grado del Pico	La Senda de los Caracoles
Bakio	Basarte
Ballesteros	Hospedería Ballesteros
Barcenilla	Los Nogales
Baza	Cuevas Al Jatib
Beceite	La Fábrica de Solfa
Benalúa de Guadix	Cuevas La Granja
Bentraces	Palacio de Bentraces
Boborás	Pazo Almuzara
Briones	Casa El Mesón
El Burgo de Osma	Posada del Canónigo
Cabanamoura	Casa Perfeuto María
Caimari	Albellons Parc Natural
Calaceite	Cresol
Calatañazor	Casa del Cura
Cambados	Pazo A Capitana
Campo de Criptana	La Casa de los Tres Cielos
Camposo	Casa Grande de Camposo
Camuño	Quintana del Caleyo
Candelario	Artesa
Candelario	Casa de la Sal
Candeleda / El Raso	Chozos de Tejea
Candeleda / El Raso	Posada Rincón de Alardos
Candeleda / El Raso	La Sayuela
Los Caños de Meca	La Breña
Capdepera	Cases de Son Barbassa
Carracedelo	La Tronera
Carrizo de la Ribera	La Posada del Marqués
Cártama / Gibralgalia	Posada los Cántaros
Casarabonela	Caicune
Casar de Cáceres	La Encarnación
Casarejos	Cabaña Real de Carreteros
Castell de Castells	Casa Pilar
Es Castell	Sant Joan de Binissaida
Es Castell	Son Granot
Castillón	Rectoral de Castillón
Castrojeriz	La Cachava
Cereceda	La Casa Nueva
Cervo	Casa do Mudo
Chantada	Pazo do Piñeiro
Chañe	La Posada de Carmen
Chinchón	Casa de la Marquesa
Chinchón	La Graja
Ciutadella de Menorca	Biniatram
Collado Hermoso	Posada Fuenteplateada
Comillas / El Tejo	Los Trastolillos
Comillas / Rioturbio	Posada Rural Rioturbio
Comillas	Torre del Milano
Constantina	Casa Grande
Consuegra	La Vida de Antes
Covadonga	Casa Asprón
Covelo / Fofe	Rectoral de Fofe
Cuacos de Yuste	La Casona de Valfrío
Cubas	Posada Río Cubas
La Cueta	El Rincón de Babia
Darnius	Can Massot
Deià	Sa Pedrissa
Erratzu	Casa Kordoa
Espinosa de Cervera	La Parada del Cid
Espinosa de los Monteros	Posada Real Torre Berrueza
Espinosa de los Monteros / Quintana de los Prados	El Cajigal
Ezcaray / Zaldierna	Río Zambullón
Fiscal	Casa Arana
Fresnedoso de Ibor	Casa Grande
Frigiliana	La Posada Morisca
Galizano	Casona Las Cinco Calderas
Gallegos	La Data
Gallegos	La Posada de Gallegos
Gandia	La Falconera
Gautegiz-Arteaga	Txopebenta
Gautegiz-Arteaga	Urresti
Ger	Cal Reus

Gijón / Deva	La Ermita de Deva
Hermigua	Ibo Alfaro
Hervás	El Jardín del Convento
Hinojosa de Duero	Quinta de la Concepción
Hondarribia	Haritzpe
Hondarribia	Maidanea
Horcajo Medianero	Casona Valdejimena
Imón	La Botica
Iznájar / El Adelantado	Cortijo La Haza
Jábaga	La Casita de Cabrejas
Jerte	El Cerezal de los Sotos
Joanetes	El Ferrés
Joanetes	Mas Les Comelles
Laguardia	Aitetxe
Lerma	El Zaguán
Leza	El Encuentro
Lezama	Iruaritz
Lezama	Matsa
Liérganes	El Arral
Ligüerzana	Casa Mediavilla
Lles de Cerdanya	Cal Rei
Lloret de Vistalegre	Sa Rota d'en Palerm
Lloseta	Cas Comte
Manzanares	Antigua Casa de la Bodega
Maturana	Sagasti Zahar
Melide	Casa de los Somoza
Mieres / Cenera	Cenera
Molina de Aragón	Molino del Batán
Monachil	La Almunia del Valle
Montemolín	El Águila
Montoro	Molino la Nava
Moraña	Pazo La Buzaca
Morón de Almazán	La Vieja Estación de Morón
Munitibar	Garro
Murillo el Fruto	Txapi-Txuri
Muxika	Iberreko Errota
Navafría	Posada Mingaseda
Negreira	Casa de Bola
Oreña	Caborredondo
Ourense / en Coles	Casa Grande de Soutullo
Oza dos Ríos / Cines	Rectoral de Cines
Padrón	A Casa Antiga do Monte
Palau-saverdera	El Cau de Palau
Peñarrubias de Pirón	Del Verde al Amarillo
La Pera	Mas Duràn
Peratallada	Ca l'Aliu
El Perelló	La Panavera
Plasencia	Rincón de la Magdalena
Pobra de Trives	Pazo Paradela
Pollença	Posada de Lluc
Ponteareas	Casa das Pías
Pontedeume / Castelo de Andrade	Casa do Castelo de Andrade
Posada de Valdeón	Picos de Europa
Pozal de Gallinas	La Posada del Pinar
Puebla de Sanabria	La Cartería
Puebla de Sanabria	La Pascasia
Quijas	Posada Andariveles
Quintanaluengos	La Aceña
Quintanilla del Agua	El Batán del Molino
Ráfales	La Alquería
Raices	Casa do Cruceiro
Rascafría	El Valle
Regencós	Del Teatre
Requijada	Posada de las Vegas
Ribadeo / Vilela	Casa Doñano
Ribadesella	La Biesca
Ribadesella	La Calma
Ribadesella	Camangu
Ribadesella	El Carmen
Ribadesella	El Corberu
Ribadesella	Mirador del Sella
Ribadesella	Paraje del Asturcón
Ronda	Ronda
Ruente	La Fuentona
Salinillas de Buradón	Areta Etxea
Sallent de Gállego / Lanuza	La Casueña
Samos	Casa Arza
Samos	Casa de Díaz
San Clemente	Casa de los Acacio
San Esteban del Valle	Posada de Esquiladores
San Felices	La Casa de Santos y Anita
San Martín de Trevejo	Casa Antolina
San Martín de Trevejo	Finca El Cabezo
San Miguel de Reinante	Casa do Merlo
San Pantaleón de Aras	La Casona de San Pantaleón de Aras
Sanlúcar de Guadiana	Casa La Alberca
Santa Colomba de Somoza	Casa Pepa
Santa Cruz de la Serós	El Mirador de Santa Cruz
Santa Elena	Mesa del Rey
Santa Eulalia de Oscos	Casona Cantiga del Agüeira
Santa Eulalia de Oscos	Casona del Bosque de Pumares
Santa Susanna	Can Rosich
Santa Eugènia	Sa Torre de Santa Eugènia
Santa Gertrudis	Cas Gasi
Santervás de la Vega	El Moral
Santiago Millas	Guts Muths
Santillana del Mar	Casa del Organista
Sant Llorenç de Balafia	Can Gall
Sant Lluís	Alcaufar Vell
Sant Lluís	Biniarroca
Sant Miquel de Balansat	Can Pardal
Sant Miquel de Balansat	Can Planells
Santoña	Posada Las Garzas

Santorcaz La Casona de Éboli
Los Santos de la Humosa El Pontifical
Sanxenxo / Reis Antiga Casa de Reis
Segura de Léon Castillo de Segura de León
Sena de Luna Días de Luna
Sepúlveda Posada de San Millán
Serinyà Can Solanas
Serra de Outes Casa do Zuleiro
La Seu d'Urgell Cal Serni
Sigüenza La Casona de Lucía
Sisamo Pazo do Souto
Sóller Ca's Xorc
Son Servera Ses Cases de Fetget
Son Servera Finca Son Gener
Sorbas / Cariatiz Cortijo Alto de Cariatiz
Sos del Rey Católico El Sueño de Virila
A Teixeira Casa Grande de Cristosende
Tejina Costa Salada
Terradelles Mas Alba
Toledo Cigarral del Pintor
Torija El Alcominero
Tornavacas Antigua Posada
Torremenga El Turcal
Touro Pazo de Andeade
Tresgrandas El Molino de Tresgrandas
Trujillo Casa de Orellana
Trujillo Viña Las Torres
Turieno Posada Laura
Urda Los Laureles
Urdax Irigoienea
Urdilde Fogar do Selmo
Valdastillas Garza Real
Valdesoto La Quintana de Valdés
La Vall de Bianya Mas El Guitart
Valldemossa Cases de Ca's Garriguer
Valldemossa Es Petit Hotel de Valldemossa
Vallehermoso Tamahuche
Valverde del Majano Caserío de Lobones
Vargas Los Lienzos
Vega de San Mateo Las Calas
Vibaño La Montaña Mágica
Vila de Cruces Casa dos Cregos
Vilafamés El Jardín Vertical
Vilches El Añadío
Villacorta Molino de la Ferrería
Villafranca del Bierzo La Puerta del Perdón
Villanueva de San Carlos / Belvís El Tamujo de Calatrava
Villanueva de los Infantes La Morada de Juan de Vargas
Villanueva de los Infantes Posada Abuela Fidela
Villarcayo Granja Ribacardo
Viloria de Rioja Mi Hotelito
Vinuesa La Pinariega
Vitoria-Gasteiz La Casa de los Arquillos
Viveiro / Landrove Casa da Torre
Viveiro / Galdo Pazo da Trave

Para saber más

Para saber mais

Further information

Los vinos

Os vinhos – Wines

① y ②	Rías Baixas, Ribeiro
③ al ⑤	Valdeorras, Monterrei, Ribeira Sacra
⑥ al ⑨	Bierzo, Toro, Rueda, Cigales
⑩	Ribera del Duero
⑪	Rioja
⑫	Txakolí de Álava, de Bizcaia y de Getaria
⑬	Navarra
⑭ al ⑰	Campo de Borja, Calatayud, Cariñena, Somontano
⑱ al ㉓	Terra Alta, Costers del Segre, Priorato, Conca de Barberá, Tarragona, Penedès
㉔ y ㉕	Alella, Pla de Bages
㉖	Ampurdán, Costa Brava
㉗ al ㉙	Méntrida, Vinos de Madrid, Mondéjar
㉚ al ㉜	Valdepeñas, La Mancha, Ribera del Júcar
㉝	Ribera del Guadiana
㉞ al ㊵	Utiel - Requena, Almansa, Jumilla, Valencia, Yecla, Alicante, Bullas
㊶	Binissalem, Pla i Llevant - Mallorca
㊷ al ㊺	Condado de Huelva, Jerez Manzanilla - Sanlúcar de Barrameda, Málaga, Montilla - Moriles
㊻	Tacoronte - Acentejo, Valle de la Orotava, Ycoden - Daute - Isora, Abona, Valle de Güímar
㊼ al ㊾	Lanzarote, La Palma, El Hierro

CAVA ⑪, ⑭, ⑯, ㉒ *al* ㉖

Vinos y especialidades regionales

En el mapa indicamos las Denominaciones de Origen que la legislación española controla y protege.

Regiones y localización en el mapa	Características de los vinos	Especialidades regionales
Andalucía ㊷ *al* ㊺	**Blancos** *afrutados* **Amontillados** *secos, avellanados* **Finos** *secos, punzantes* **Olorosos** *abocados, aromáticos*	***Jamón, Gazpacho, Fritura de pescados***
Aragón ⑭ *al* ⑰	**Tintos** *robustos* **Blancos** *afrutados* **Rosados** *afrutados, sabrosos* **Cava** *espumoso (método champenoise)*	***Jamón de Teruel, Ternasco, Magras***
Madrid, Castilla y León, Castilla-La Mancha, Extremadura ⑥ *al* ⑩ *y* ㉗ *al* ㉝	**Tintos** *aromáticos, muy afrutados* **Blancos** *aromáticos, equilibrados* **Rosados** *refrescantes*	***Asados, Embutidos, Queso Manchego, Migas, Cocido madrileño, Pisto***
Cataluña ⑱ *al* ㉖	**Tintos** *francos, robustos, redondos, equilibrados* **Blancos** *recios, amplios, afrutados, de aguja* **Rosados** *finos, elegantes* **Dulces y mistelas** *(postres)* **Cava** *espumoso (método champenoise)*	***Butifarra, Embutidos, Romesco (salsa), Escudella, Escalivada, Esqueixada, Crema catalana***
Galicia, Asturias, Cantabria ① *al* ⑤	**Tintos** *de mucha capa, elevada acidez* **Blancos** *muy aromáticos, amplios, persistentes (Albariño)*	***Pescados, Mariscos, Fabada, Queso Tetilla, Queso Cabrales, Empanada, Lacón con grelos, Filloas, Olla podrida, Sidra, Orujo***
Islas Baleares ㊶	**Tintos** *jugosos, elegantes* **Blancos y rosados** *ligeros*	***Sobrasada, Queso de Mahón, Caldereta de langosta***
Islas Canarias ㊻ *al* ㊾	**Tintos** *jóvenes, aromáticos* **Blancos y rosados** *ligeros*	***Pescados, Papas arrugadas***
Valencia, Murcia ㉞ *al* ㊵	**Tintos** *robustos, de gran extracto* **Blancos** *aromáticos, frescos, afrutados*	***Arroces, Turrón, Verduras, Hortalizas, Horchata***
Navarra ⑬	**Tintos** *sabrosos, con plenitud, muy aromáticos* **Rosados** *suaves, afrutados* **Cava** *espumoso (método champenoise)*	***Verduras, Hortalizas, Pochas, Espárragos, Queso Roncal***
País Vasco ⑫	**Blancos** *frescos, aromáticos, ácidos* **Tintos** *fragantes*	***Changurro, Cocochas, Porrusalda, Marmitako, Pantxineta, Queso Idiazábal***
La Rioja (Alta, Baja, Alavesa) ⑪	**Tintos** *de gran nivel, equilibrados, francos, aromáticos, poco ácidos* **Blancos** *secos* **Cava** *esp umoso (método champenoise)*	***Pimientos, Chilindrón***

ESPAÑA

Vinhos e especialidades regionais

Indicamos no mapa as Denominações de Origem (Denominaciones de Origen) que são controladas e protegidas pela legislação.

ESPAÑA

Regiões e localização no mapa	Características dos vinhos	Especialidades regionais
Andalucía ㊷ *a* ㊺	**Brancos** *frutados* **Amontillados** *secos, avelanados* **Finos** *secos, pungentes* **Olorosos** *com bouquet, aromáticos*	***Presunto, Gazpacho (Sopa fria de tomate), Fritada de peixe***
Aragón ⑭ *a* ⑰	**Tintos** *robustos* **Brancos** *frutados* **Rosés** *frutados, saborosos* **Cava** *espumante (método champenoise)*	***Presunto de Teruel, Ternasco (Borrego), Magras (Fatias de fiambre)***
Madrid, Castilla y León, Castilla-La Mancha, Extremadura ⑥ *a* ⑩ *e* ㉗ *a* ㉝	**Tintos** *aromáticos, muito frutados* **Brancos** *aromáticos, equilibrados* **Rosés** *refrescantes*	***Assados, Enchidos, Queijo Manchego, Migas, Cozido madrilense, Pisto (Caldeirada de legumes)***
Cataluña ⑱ *a* ㉖	**Tintos** *francos, robustos, redondos, equilibrados* **Brancos** *secos, amplos, frutados, « perlants »* **Rosés** *finos, elegantes* **Doces e « mistelas «** *(sobremesas)* **Cava** *espumante (método champenoise)*	***Butifarra (Linguiça catalana), Enchidos, Romesco (molho), Escudella (Cozido), Escalivada (Pimentos e beringelas no forno), Esqueixada (Salada de ba calhau cru), Crema catalana (Leite creme)***
Galicia, Asturias, Cantabria ① *a* ⑤	**Tintos** *espessos, elevada acidêz* **Brancos** *muito aromáticos, amplos, persistentes (Albariño)*	***Peixes, Mariscos, Fabada (Feijoada), Queijo Tetilla, Queijo Cabrales, Empanada (Empada), Lacón con grelos (Pernil de porco com grelos), Filloas (Crêpes), Olla podrida (Cozido), Sidra, Aguardente***
Islas Baleares ㊶	**Tintos** *com bouquet, elegantes* **Brancos e rosés** *ligeiros*	***Sobrasada (Embuchado de porco), Queijo de Mahón, Caldeirada de lagosta***
Islas Canarias ㊻ *a* ㊾	**Tintos** *novos, aromáticos* **Brancos e rosés** *ligeiros*	***Peixes, Papas arrugadas (Batatas)***
Valencia, Murcia ㉞ *a* ㊵	**Tintos** *robustos, de grande extracto* **Brancos** *aromáticos, frescos, frutados*	***Arroz, Nogado, Legumes, Hortaliças, Horchata (Orchata)***
Navarra ⑬	**Tintos** *saborosos, encorpados, muito aromáticos* **Rosés** *suaves, frutados* **Cava** *Espumante (método champenoise)*	***Legumes, Hortaliças, Pochas (Feijão branco), Espargos, Queijo Roncal***
País Vasco ⑫	**Brancos** *frescos, aromáticos, acídulos* **Tintos** *perfumados*	***Changurro (Santola), Cocochas (Glândulas de peixe), Porrusalda (Sopa de bacalhau), Marmitako (Guisado de atum), Pantxineta (Folhado de amêndoas), Queijo Idiazábal***
La Rioja (Alta, Baja, Alavesa) ⑪	**Tintos** *de grande nível, equilibrados, francos, aromáticos, de pouca acidêz* **Brancos** *secos* **Cava** *espumante (método champenoise)*	***Pimentos, Chilindrón (Guisado de galinha ou borrego)***

Wines and regional specialities

The map shows the official wine regions (Denominaciones de Origen) which are controlled and protected by Spanish law.

Regions and location on the map	Wine's characteristics	Regional Specialities
Andalucía ㊷ *to* ㊺	*Fruity* **whites** **Amontillados** *medium dry and nutty* **Finos** *very dry and piquant* **Olorosos** *smooth and aromatic*	***Gazpacho (Cold tomato soup), Fritura de pescados (Fried Fish)***
Aragón ⑭ *to* ⑰	*Robust* **reds** *Fruity* **whites** *Pleasant, fruity* **rosés** **Sparkling wines** *(méthode champenoise)*	***Teruel ham, Ternasco (Roast Lamb), Magras (Aragonese Ham Platter)***
Madrid, Castilla y León, Castilla-La Mancha Extremadura ⑥ *to* ⑩ *and* ㉗ *to* ㉝	*Aromatic and very fruity* **reds** *Aromatic and well balanced* **whites** *Refreshing* **rosés**	***Roast, Sausages, Manchego Cheese, Migas (fried breadcrumbs), Madrid stew, Pisto (Ratatouille)***
Cataluña ⑱ *to* ㉖	*Open, robust, rounded and well balanced* **reds** *Strong, full bodied and fruity* **whites** *Fine, elegant* **rosés** **Sweet, subtle** *dessert wines* **Sparking wines** *(méthode champenoise)*	***Butifarra (Catalan sausage), « Romesco » (sauce),» Escudella (Stew), Escalivada (Mixed boiled vegetables), Esqueixada (Raw Cod Salad), Crema catalana (Crème brûlée)***
Galicia, Asturias, Cantabria ① *to* ⑤	*Complex, highly acidic* **reds** *Very aromatic and full bodied* **whites** *(Albariño)*	***Fish and seafood, Fabada (pork and bean stew), Tetilla Cheese, Cabrales Cheese, Empanada (Savoury Tart), Lacón con grelos (Salted shoulder of Pork with sprouting turnip tops), Filloas (Crêpes), Olla podrida (Hot Pot), Cider, Orujo (distilled grape skins and pips)***
Islas Baleares ㊶	*Meaty, elegant* **reds** *Light* **whites and rosés**	***Sobrasada (Sausage spiced with pimento), Mahón Cheese, Lobster ragout***
Islas Canarias ㊻ *to* ㊾	*Young, aromatic* **reds** *Light* **whites and rosés**	***Fish, Papas arrugadas (Potatoes)***
Valencia, Murcia ㉞ *to* ㊵	*Robust reds* *Fresh, fruity and aromatic* **whites**	***Rice dishes, Nougat, Market garden produce, Horchata (Tiger Nut Summer Drink)***
Navarra ⑬	*Pleasant, full bodied and highly aromatic* **reds** *Smooth and fruity* **rosés** **Sparkling wines** *(méthode champenoise)*	***Green vegetables, Market garden produce, Pochas (Haricot Beans), Asparagus, Roncal Cheese***
País Vasco ⑫	*Fresh, aromatic and acidic* **whites** *Fragrant* **reds**	***Changurro (Spider Crab), Cocochas (Hake jaws), Porrusalda (Cod soup), Marmitako (Tuna & Potato stew), Pantxineta (Almond Pastry), Idiazábal Cheese***
La Rioja (Alta, Baja, Alavesa) ⑪	*High quality, well balanced, open and aromatic* **reds** *with little acidity* *Dry* **whites** **Sparkling wines** *(méthode champenoise)*	***Peppers, Chilindrón (Chicken/Lamb in a spicy tomato & pepper sauce)***

La aventura Michelin

Todo empezó con pelotas de caucho. Eso era lo que fabricaba allá por 1880 la pequeña empresa de Clermont-Ferrand que André y Édouard Michelin recibieron en herencia. Los dos hermanos no tardaron en comprender el enorme potencial de los nuevos medios de transporte: la invención del neumático desmontable para bicicletas fue su primer logro, aunque fue el automóvil el que les permitió dar cumplida muestra de su creatividad. El trabajo de innovación de Michelin a lo largo del siglo XX fue continuo, siempre con las miras puestas en crear neumáticos cada vez más fiables y eficientes ya fueran para camiones, Fórmula 1, metros o aviones.

Muy pronto también, Michelin empezó a ofrecer a sus clientes herramientas y servicios destinados a facilitar sus desplazamientos, a hacerlos más agradables… y más frecuentes. Ya en 1900, la Guía Michelin proporcionaba a los conductores todo tipo de información sobre cómo mantener sus coches en buen estado o encontrar dónde comer o alojarse. La Guía habría de convertirse así en la referencia en materia de gastronomía. Paralelamente, la Oficina de Itinerarios empezó a ofrecer a los viajeros consejos e itinerarios personalizados.

En 1910 se publicó la primera colección de mapas de carreteras: el éxito fue inmediato. En 1926, la primera guía regional invitaba a descubrir los rincones más bellos de Bretaña. Poco después, cada región de Francia tenía su propia Guía Verde y años más tarde la Guía ponía rumbo a puertos más lejanos: de Nueva York en 1968 a Taiwán en 2011.

En el siglo XXI, el desafío para los mapas y guías Michelin como complemento de los neumáticos sigue siendo el mismo, marcado ahora por el advenimiento de la era digital. Hoy como ayer, la misión de Michelin sigue siendo la ayuda a la movilidad al servicio de los viajeros.

MICHELIN HOY

N°1 MUNDIAL EN NEUMÁTICOS

- 70 plantas de producción en 18 países
- 111.000 empleados de todas las culturas y en todos los continentes
- 6.000 personas en los centros de Investigación + Desarrollo

Avanzar juntos
donde la movilidad

Avanzar mejor significa en primer lugar innovar para diseñar neumáticos que disminuyen la distancia de frenado y que ofrecen una mejor adherencia, cualquiera que sea el estado de la carretera.

LA PRESIÓN JUSTA

PRESIÓN ADECUADA

- Seguridad
- Longevidad
- Consumo óptimo de carburante

-0,5 bar

- Reducción de la vida de los neumáticos en un 20% (-8.000 km)

-1 bar

- Riesgo de reventón
- Aumento del consumo de carburante
- Mayor distancia de frenado sobre suelo mojado

hacia un mundo
sea más segura

Es también ayudar al automovilista a tomar conciencia de su seguridad y a cuidar de sus neumáticos. Para ello, Michelin organiza en todo el mundo operaciones de control de presiones que nos recuerdan a todos lo vital que es la adecuada presión de los neumáticos.

EL DESGASTE

CÓMO DETECTAR EL DESGASTE

La profundidad mínima de dibujo por ley es de 1,6 mm.
Los fabricantes ponen en sus neumáticos testigos de degaste: se trata de pequeños tacos de goma de 1,6 mm de altura situados en el fondo de los canales.

Los neumáticos son el único punto de contacto entre vehículo y el suelo.

En la imagen, la zona de contacto real fotografiada

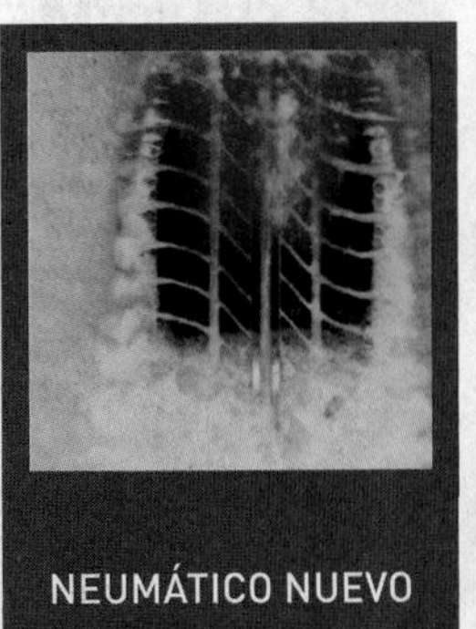

NEUMÁTICO NUEVO

NEUMÁTICO GASTADO (1,6 mm de dibujo)

Por debajo de esta cifra los neumáticos están considerados lisos y peligrosos sobre suelo mojado.

Avanzar mejor
es desarrollar una movilidad sostenible

INNOVACIÓN Y MEDIO AMBIENTE

Cada día, Michelin desarrolla en sus plantas energías renovables e innova con un objetivo claro de aquí a 2050: dividir por dos la cantidad de materias primas utilizadas en la fabricación de sus neumáticos. Gracias al diseño de los neumáticos MICHELIN, hoy ya es posible ahorrar miles de millones de carburante y, por consiguiente, miles de millones de toneladas de CO2.

De la misma manera, Michelin opta por imprimir sus mapas y guías en "papel procedente de bosques de gestión sostenible". La obtención del certificado ISO14001 es una muestra más de su pleno compromiso con una eco-concepción vivida día a día.

Un compromiso que Michelin consolida diversificando el soporte de sus publicaciones y proponiendo soluciones digitales que facilitan la búsqueda de itinerarios, ayudan a consumir menos carburante y permiten sencillamente disfrutar más y mejor de los viajes.

Porque, como usted, Michelin está comprometido con el planeta.

Chatee con Bibendum

Venga a:
www.michelin.com/corporate/fr
y descubra tanto la actualidad
como la historia de Michelin.

TEST

Michelin desarrolla neumáticos para todo tipo de vehículos.
Entreténgase encontrando las parejas…

A

1

B

2

3

C

D

4

E

5

F

6

G

7

Solución : A-6 / B-4 / C-2 / D-1 / E-3 / F-7 / G-5

Localidades
de A a Z

Localidades
de A a Z

Towns
from A to Z

ESPAÑA

ÁBALOS - La Rioja - 573 E21 - 369 h. - alt. 589 m 21 A2

Madrid 342 - Logroño 31 - Bilbao 106 - Iruña/Pamplona 119

Villa de Ábalos rest,

pl. Fermín Gurbindo 2 ✉ 26339 - ✆ 941 33 43 02 - www.hotelvilladeabalos.com
12 hab - 75/88 € 94/110 €
Rest - *(solo cena) (solo clientes)* Menú 19/29 €
◆ Casa señorial de finales del s. XVI dotada con gruesos muros en piedra y confortables habitaciones de línea neorrústica, todas dispuestas en torno a un patio con lucernario.

ABLITAS - Navarra - 573 G25 - 2 629 h. - alt. 386 m 24 A3

Madrid 396 - Iruña/Pamplona 108 - Logroño 106 - Zaragoza 92

en la carretera de Ribaforada Este : 5,5 km

Pago de Cirsus

✉ 31523 - ✆ 948 38 62 12 - *www.pagodecirsus.com*
12 hab - 95 € 145 €, 16 €
Rest - *(cerrado domingo noche y lunes)* Menú 46/59 € - Carta 43/89 €
◆ Reproduce la estructura de un torreón medieval, con buenas vistas al Moncayo y a los viñedos de la bodega de la que toma su nombre. Confort, enoturismo y ambiente rústico. El comedor ofrece un ventanal a la sala de barricas y una carta tradicional actualizada.

Los ABRIGOS - Santa Cruz de Tenerife - ver Canarias (Tenerife)

ADAL TRETO - Cantabria - 572 B19 - Playa 8 C1

Madrid 378 - Santander 41 - Bilbao 63

Las Ruedas

barrio La Maza, (carret. N 634) ✉ 39760 - ✆ 942 67 44 22 - www.hotel-lasruedas.com - cerrado 20 diciembre-8 enero
19 hab - 43/67 € 51/77 € **Rest** - *(cerrado lunes noche)* Carta 28/36 €
◆ Próspero negocio cuya fachada conjuga la tradición montañesa con el modernismo de principios del s. XX. Reducido hall-recepción y habitaciones de completo equipamiento. Acogedor restaurante a modo de mesón, con columnas en ladrillo visto y viguería en madera.

El ADELANTADO - Córdoba - ver Iznájar

AGE - Girona - 574 E35 - 113 h. 14 C1

Madrid 641 - Andorra la Vella 66 - Lleida/Lérida 183 - Puigcerdà 3

Cal Marrufès sin rest

Ripoll 3 ✉ 17529 - ✆ 972 14 11 74 - www.calmarrufes.com
14 hab - 40/60 € 60/80 €
◆ Un turismo rural en constante mejora. Encontrará un precioso patio central rodeado por habitaciones de aire rústico, las superiores algo más amplias y todas bien equipadas.

AGOITZ (AOIZ) - Navarra - 573 D25 - 2 544 h. - alt. 504 m 24 B2

Madrid 486 - Iruña/Pamplona 28 - Pau 276 - Donostia-San Sebastián 119
Arriba 15, ✆ 948 33 66 90

XX **Beti Jai** con hab hab, hab,

Santa Águeda 2 ✉ 31430 - ✆ 948 33 60 52 - www.beti-jai.com
17 hab - 25/35 € 45/55 €, 5 €
Rest - *(cerrado domingo noche)* Menú 12/25 € - Carta 32/47 €
◆ Negocio instalado en dos casas típicas del centro del pueblo. Dispone de un bar público, dos salas en la 1ª planta y una completa carta de cocina tradicional navarra. También posee habitaciones, las nuevas de línea actual y las antiguas algo más modestas.

AGRES - Alicante - 577 P28 - 599 h. - alt. 722 m — 16 A2

Madrid 394 - València 103 - Alacant/Alicante 74

Mariola con hab

San Antonio 4 ✉ 03837 - ☎ 965 51 00 17 - www.restaurant-mariola.es - cerrado 18 junio-12 julio y del 1 al 10 de octubre

13 hab - †26/28 € ††42/45 € - 6 apartamentos

Rest - *(cerrado domingo noche y lunes salvo verano y festivos)* Carta 20/31 €

◆ Este restaurante, distribuido en dos plantas, disfruta de un cuidado estilo rústico, con aperos agrícolas en la decoración y chimenea. Carta amplia de comida casera. Como complemento también posee unas sencillas habitaciones y amplios apartamentos en un anexo.

AGUA AMARGA - Almería - 578 V24 - 318 h. - Playa — 2 D2

Madrid 568 - Almería 62 - Mojácar 33 - Níjar 32

Mikasa Suites

carret. de Carboneras, Oeste : 1,5 Km ✉ 04149 - ☎ 950 13 80 73 - www.mikasasuites.com

12 hab - ††165/320 € **Rest** - *(en el Hotel Mikasa)*

◆ Hotelito con encanto ubicado sobre un pequeño cerro. Ofrece habitaciones tipo suite de gran nivel, todas con una decoración rústica-actual, salón, jacuzzi y terraza-solárium.

Mikasa hab, rest,

carret. de Carboneras 22 ✉ 04149 - ☎ 950 13 80 73 - www.mikasasuites.com

18 hab - †110/225 € ††125/250 €

Rest - (es necesario reservar) Menú 25 €

◆ Villa mediterránea formada por tres edificios. Presenta unas agradables zonas comunes, habitaciones bien personalizadas de ambiente colonial y un pequeño SPA anexo. El comedor basa su oferta en un menú diario de tinte casero.

El Tío Kiko sin rest

Sureste 12 ✉ 04149 - ☎ 950 10 62 01 - www.eltiokiko.com - cerrado Navidades

27 hab - ††100/200 €

◆ Hotel escalonado y emplazado en la parte alta del pueblo, con vistas al mar. Tiene la zona social asomada a la piscina y habitaciones de estética colonial, todas con terraza.

por la carretera de Fernán Pérez Oeste : 5,3 km y desvío a la izquierda 0,5 km

La Almendra y El Gitano sin rest

camino Cala del Plomo ✉ 04149 Agua Amarga - ☎ 678 50 29 11 - www.laalmendrayelgitano.com

6 hab - †110/120 € ††110/170 €

◆ Casa rural de gran tipismo emplazada en un entorno solitario y aislado. Todas sus habitaciones ofrecen una decoración personalizada, con su propia terraza y vistas al campo.

AGUADULCE - Almería - 578 V22 - 9 558 h. — 2 D2

Madrid 562 - Sevilla 404 - Almería 18 - Granada 158

Bacus

camino de los Parrales 330 ✉ 41550 - ☎ 950 34 13 54 - www.bacus.eu - cerrado domingo,lunes, martes mediodía en verano y domingo noche resto del año

Rest - *(solo almuerzo salvo verano)* Tapa 3 € - Ración aprox. 15 € - Menú 35 €

◆ Ubicado en una nueva zona residencial. Este gastro-bar de estética moderna se presenta con una barra a la entrada, una zona de mesas al fondo y un reservado. Tapas creativas.

AGUILAR DE CAMPÓO - Palencia - 575 D17 - 7 221 h. - alt. 895 m — 12 C1

Madrid 323 - Palencia 97 - Santander 104

pl. de España 30, ☎ 979 12 36 41, www.aguilardecampoo.com

Valentín rest,

av. de Ronda 23 ✉ 34800 – ✆ 979 12 21 25 – www.hotelvalentin.com
48 hab – 37/47 € 55/65 €, ☕ 5 € **Rest** – Carta 23/51 €
◆ Hotel céntrico y de amplias instalaciones. Ofrece un salón social polivalente, un pequeño jardín y unas habitaciones decoradas con distintos muebles de línea clásica. El comedor, que resulta acogedor y bastante luminoso, está muy orientado a los banquetes.

AGUILAR DE LA FRONTERA – Córdoba – 578 T16 – 13 693 h. – alt. 372 m 1 B2

Madrid 436 – Córdoba 52 – Antequera 70 – Jaén 102
Localidad★ – Parroquia de Nuestra Señora del Soterráneo★ – Plaza de San José★ – Torre del Reloj★

La Casona

Antonio Sánchez 6 ✉ 14920 – ✆ 957 66 04 39 – cerrado del 1 al 15 de julio
Rest – Carta 20/30 €
◆ Concurrido bar en la entrada, comedor a un lado de estilo andaluz y otra sala más, tipo bodega, para comidas privadas. Ofrece una cocina tradicional a precios moderados.

ÁGUILAS – Murcia – 577 T25 – 34 900 h. – Playa 23 A3

ESPAÑA

Madrid 494 – Almería 132 – Cartagena 84 – Lorca 42
pl. Antonio Cortijos, ✆ 968 49 32 85, www.aguilas.es

El Paso

Cartagena 13 ✉ 30880 – ✆ 968 44 71 25 – www.hotelelpasoaguilas.com
24 hab ☕ – 39/49 € 55/72 € **Rest** – Menú 10/25 €
◆ Muy céntrico y de carácter familiar. Presenta su zona social en un patio cubierto desde el que se distribuyen las habitaciones, actualizadas y con baños completos. El comedor disfruta de un montaje clásico y ofrece una carta tradicional con algunos menús.

en Calabardina Noreste : 8,5 km

Al Sur sin rest

Torre de Cope 24 ✉ 30889 Calabardina – ✆ 968 41 94 66 – www.halsur.com – cerrado del 20 al 30 de diciembre
8 hab ☕ – 80/90 € 90/100 €
◆ Coqueto hotel de estilo mediterráneo situado en lo alto de una colina. Goza de un ambiente acogedor, con habitaciones personalizadas en su decoración y una terraza-jardín.

AGÜIMES – Las Palmas – ver Canarias (Gran Canaria)

AIGUABLAVA – Girona – ver Begur

AIGUADOLÇ (Puerto de) – Barcelona – ver Sitges

AINSA – Huesca – 574 E30 – 2 180 h. – alt. 589 m 4 C1

Madrid 510 – Huesca 120 – Lleida/Lérida 136 – Iruña/Pamplona 204
av. Pirenaica 1, ✆ 974 50 07 67, www.villadeainsa.com
Localidad★ – Plaza Mayor★★

Los Arcos sin rest

pl. Mayor 23 ✉ 22330 – ✆ 974 50 00 16 – www.hotellosarcosainsa.com
6 hab ☕ – 65/90 € 80/118 €
◆ Instalado en una casa de piedra rehabilitada, en el casco antiguo. Ofrece habitaciones de buen confort, con los suelos en madera e hidromasaje en la mayoría de los baños.

XX **Callizo**

pl. Mayor ✉ 22330 – ✆ 974 50 03 85 – www.restaurantecallizo.es
– cerrado 9 diciembre-15 marzo, domingo noche y lunes
Rest – *(solo menú)* Menú 27/42 €
◆ Acogedor restaurante instalado en una bella casona de piedra. Su cuidada decoración rústica se complementa con una interesante cocina creativa y una buena presentación.

X **Bodegón de Mallacán y Posada Real** con hab rest, VISA

pl. Mayor 6 ✉ 22330 – ✆ 974 50 09 77 – www.posadareal.com
6 hab – 60/80 € 80/100 € **Rest** – Carta 30/47 €
◆ En pleno casco antiguo. Dispone de un pequeño bar y varias salas de entrañable calidez distribuidas en distintos pisos, algunas con bellos murales de azulejos en las mesas. Frente al restaurante encontrará un hotelito bastante acogedor, con cierto encanto y cuidadas habitaciones de aire rústico.

X **Bodegas del Sobrarbe** VISA

pl. Mayor 2 ✉ 22330 – ✆ 974 50 02 37 – www.bodegasdelsobrarbe.com
– cerrado enero y febrero
Rest – Menú 21 € – Carta 31/45 €
◆ Antiguas bodegas decoradas en estilo medieval, con un bar a la entrada seguido de una serie de salones abovedados en piedra. Sus mesas se adornan con azulejos de Teruel.

AJO – **Cantabria** – **572** B19 – **Playa** **8** C1

Madrid 416 – Bilbao 86 – Santander 34

XXX **Palacio de la Peña** con hab VISA AE

De la Peña 26 ✉ 39170 – ✆ 942 67 05 67
6 hab – 250 €, 26 €
Rest – *(cerrado Navidades, domingo noche y lunes)* Carta 59/99 €
◆ Casa-palacio del s. XVII muy bien restaurada. Su atractivo restaurante ocupa las viejas caballerizas, donde conviven la piedra, la madera y valiosas antigüedades. Si desea pasar unos días por la zona puede alojarse en alguna de sus exquisitas habitaciones, personalizadas con muebles de época y dotadas de gran confort.

ESPAÑA

ALACANT (ALICANTE) P – **577** Q28 – **334 418 h.** – **Playa** **16** A3

Madrid 417 – Albacete 168 – Cartagena 110 – Murcia 81
de Alicante por ② : 12 km ✆ 902 404 704
Iberia : aeropuerto ✆ 902 400 500
Rambla de Méndez Núñez 23, ✆ 96 520 00 00, www.comunitatvalenciana.com
Portugal 17, ✆ 96 592 98 02, www.alicanteturismo.com
R.A.C.E. Pintor Lorenzo Casanova 66 ✆ 96 522 93 49
Museo Arqueológico Provincial de Alicante★★ AB**M3** - Castillo de Santa Bárbara★ (<★) EY - Iglesia de Santa María (fachada★) EY - Explanada de España★ DEZ - Colección de Arte del S. XX. Museo de La Asegurada★ EY**M1**

Planos páginas 73, 74, 75

Amérigo VISA AE

Rafael Altamira 7 ✉ 03002 – ✆ 965 14 65 70 – www.hospes.es EZ**v**
78 hab – 100/300 €, 17 € – 3 suites
Rest *Monastrell* – ver selección restaurantes
◆ Ocupa un antiguo convento distribuido en dos edificios. Su interior presenta una estética actual, con varias obras de arte y habitaciones espaciosas definidas por su diseño.

Meliá Alicante VISA AE

pl. del Puerto 3 ✉ 03001 – ✆ 965 20 50 00 – www.meliaalicante.com
544 hab – 85/250 €, 22 € EZ**c**
Rest – Menú 24 € – Carta aprox. 45 €
◆ Resulta emblemático en la ciudad y goza de una situación privilegiada, entre el puerto deportivo y la playa. Todas sus habitaciones disponen de terraza con vistas al mar. Acogedor restaurante a la carta de estilo castellano-medieval.

SPA Porta Maris & Suites del Mar
pl. Puerta del Mar 3 ✉ 03002 – ☎ 965 14 70 21
– www.hotelspaportamaris.com EZ**d**
158 hab – †80/162 € ††80/172 €, ☕ 15 € – 21 suites
Rest *Marabierta* – Carta 40/51 €
♦ Su excelente situación frente al mar permite disfrutar de unas magníficas vistas. Buenas instalaciones, habitaciones actuales y un completo SPA, con servicios terapéuticos. El restaurante, dotado con grandes cristaleras, ofrece una cocina de tinte tradicional.

Abba Centrum Alicante
Pintor Lorenzo Casanova 31 ✉ 03003 – ☎ 965 13 04 40
– www.centrumalicantehotel.com CZ**b**
148 hab – ††69/215 €, ☕ 14 €
Rest – *(cerrado domingo y festivos)* Menú 19 €
♦ Se presenta como un hotel que sabe combinar las zonas reservadas al cliente alojado con las destinadas al público general y de congresos, pues tiene numerosos salones. Sencillo restaurante de carácter polivalente, ya que sirve también el buffet de desayunos.

AC Alicante
av. de Elche 3 ✉ 03008 – ☎ 965 12 01 78
– www.ac-hotels.com CZ**a**
186 hab – ††65/150 €, ☕ 13 € – 1 suite **Rest** – Carta 26/40 €
♦ Está bien situado y enfocado al hombre de negocios, con las características de confort y modernidad habituales en esta cadena. Habitaciones vestidas con detalles de diseño. El restaurante, actual y polivalente, tiene la cafetería ubicada en el mismo espacio.

ESPAÑA

Mediterránea Plaza sin rest, con cafetería
pl. del Ayuntamiento 6 ✉ 03002 – ☎ 965 21 01 88
– www.eurostarsmediterraneaplaza.com EYZ**a**
50 hab – ††64/300 €, ☕ 10 €
♦ Lo encontrará en pleno centro, frente al Ayuntamiento. Compensa sus reducidas zonas sociales con unas habitaciones amplias y de línea actual, todas dotadas de aseos completos.

La City H. sin rest
av. de Salamanca 16 ✉ 03005 – ☎ 965 13 19 73
– www.lacityhotel.com CY**a**
26 hab – †50/100 € ††50/120 €, ☕ 5 €
♦ Ubicado junto a la estación del ferrocarril. Presenta unas instalaciones funcionales, con la cafetería unida a la zona social y habitaciones actuales de adecuado confort.

Les Monges Palace sin rest
San Agustín 4 ✉ 03002 – ☎ 965 21 50 46
– www.lesmonges.es EY**c**
22 hab – †32/53 € ††44/59 €, ☕ 6 €
♦ Esta casa dispone de una pequeña recepción, un saloncito y habitaciones de techos altos personalizadas en su decoración, la mayoría eclécticas y con baños de plato ducha.

La Ereta
parque de la Ereta ✉ 03001 – ☎ 965 14 32 50 – www.laereta.es
– cerrado 15 días en enero, Semana Santa, lunes ,martes noche ,miercoles noche en invierno y domingo EY**d**
Rest – *(solo cena en verano salvo jueves, viernes y sábado)* Menú 30/80 €
– Carta 40/54 €
♦ Original construcción ubicada en lo alto del parque de la Ereta, por lo que goza de magníficas vistas al mar y a la ciudad. Ofrece dos menús degustación bastante creativos.

Aguilera (Av. de) . . . . A 2	Condomina (Av. de la) . . . . . . B 16	Juan Sanchis Candela . . . . . . AB 34
Alcoy (Av. de) . . . . A 3	Costa (Camino de la) . . . . . . B 22	Lorenzo Carbonell . . . . . . A 38
Auso y Monzo . . . . A 5	Denia (Av. de) . . . . . . B 23	Maestro Alonso . . . . . . A 40
Buenos Aires . . . . A 6	Doctor Rico (Av.) . . . . . . A 24	Musico E. A. Anton . . . . . . A 41
Caja de Ahorros (Av. de) . . . . . . B 8	Duque de Rivas . . . . . . B 25	Novelda (Av. de) . . . . . . A 43
Camarada Jaime Llopis . . . . . . B 13	Enrique Madrid . . . . . . B 29	Padre Esplá . . . . . . B 44
Colombia . . . . A 14	Flora de España (Vial) . . . . . . B 30	Pianista G. Soriano . . . . . . A 45
Colonia (Camino de la) . . . . . . B 15	German Bernacer . . . . . . A 32	Pintor Baeza (Av.) . . . . . . A 47
Conde Lumiares (Av.) . . . . . . A 17	Jijona (Av. de) . . . . . . A 33	Pintor Gaston Castelló (Av.) . . . . A 48

XXX **Valencia Once**

Valencia 11 ✉ 03012 – ✆ 965 21 13 09 – www.valenciaonce.com – cerrado domingo noche y lunes DY**a**

Rest – Menú 25/45 € – Carta 24/52 €

◆ Tiene la cocina a la vista y varias salas de línea clásica, con reservados, distribuidas en dos plantas. Cocina tradicional enriquecida con arroces, pescados y mariscos.

XXX **Monastrell** – Hotel Amérigo

Rafael Altamira 7 ✉ 03002 – ✆ 965 20 03 63 – www.monastrell.com

Rest – *(cerrado domingo y lunes)* Menú 65 € – Carta 51/62 € EZ**v**

◆ Restaurante de línea moderna que goza de un buen nombre y personalidad propia. Ofrece una cocina actual de buen nivel, con productos de calidad bien tratados y presentados.

XX **Dársena**

Marina Deportiva - Muelle de Levante 6 ✉ 03001 – ✆ 965 20 75 89 – www.darsena.com EZ**e**

Rest – Carta 40/59 €

◆ Restaurante panorámico ubicado en el puerto deportivo. Ofrece un bar de tapas de carácter marinero, un comedor de buen montaje y una carta regional con muchísimos arroces.

ESPAÑA

ALACANT/ ALICANTE

Calle	Cuadro	Nº
Adolfo Muñoz Alonso (Av.)	CY	
Aguilera (Av. de)	CZ	
Alcoy (Av. de)	DY	
Alfonso X el Sabio (Av. de)	DY	
Ayuntamiento (Pl. del)	EY	8
Bailén	DY	
Bazán	DY	
Benito Pérez Galdós (Av.)	CY	
Bono Guarner	CY	
Calderón de la Barca	DY	
Calvo Sotelo (Pl.)	DZ	10
Canalejas	DZ	
Capitán Segarra	DY	
Castaños	DYZ	14
Catedrático Soler (Av.)	CZ	
Churruca	CZ	
Condes de Soto Ameno (Av.)	CY	20
Constitución (Av. de la)	DY	21
Díaz Moreu	DY	
Doctor Gadea (Av. del)	DZ	
Doctor Rico (Av.)	CY	
Elche (Av. de)	CZ	
Elche (Portal de)	DZ	28
España (Explanada de)	DEZ	
España (Pl. de)	DY	
Estación (Av. de la)	CY	
Eusebio Sempere (Av.)	CZ	
Fábrica (Cuesta de la)	EY	
Federico Soto (Av. de)	DZ	
Foglietti	CZ	
Gabriel Miró (Pl. de)	DZ	31
García Morato	DY	
General Marvá (Av. del)	CY	
Gerona	DZ	
Gomiz (Pas. de)	EY	
Hermanos Pascual (Pl.)	DY	
Isabel la Católica	CZ	
Italia	CZ	
Jaime II (Av.)	DEY	
Jijona (Av. de)	DY	33
Jorge Juan	EY	
Jovellanos (Av. de)	EY	35
Juan Bautista Lafora (Av. de)	BY	36
Labradores	DY	
López Torregrosa	DY	37
Loring (Av. de)	CZ	
Maisonnave (Av. de)	CZ	
Manero Mollá	DZ	39
Mayor	EY	
Méndez Núñez (Rambla)	DYZ	
Montañeta (Pl. de la)	DZ	41
Navas	DYZ	
Oliveretes (Pl. de los)	DY	
Oscar Esplá (Av.)	CZ	
Pablo Iglesias	DY	
Padre Mariana	DY	
Pintor Aparicio	CZ	
Pintor Gisbert	CY	
Pintor Murillo	DY	
Poeta Carmelo Calvo (Av.)	DY	47
Portugal	DZ	
Puerta del Mar (Pl.)	EZ	48
Rafael Altamira	EZ	50
Rafael Terol	DZ	
Ramiro (Pas.)	EY	51
Ramón y Cajal (Av. de)	DZ	
Reyes Católicos	CZ	
Salamanca (Av. de)	CY	
Santa Teresa (Pl.)	DY	
San Carlos	EY	
San Fernando	DEZ	53
San Vicente	DY	
Teatro Principal	DY	58
Vázquez de Mella (Av.)	EY	

XX **César Anca**

Ojeda 1 ✉ 03001 – ✆ 965 20 15 80
– www.cesarancahosteleria.com
– cerrado domingo noche y lunes noche DZ**x**
Rest – Carta 37/47 €

◆ Tras el cambio de local se presenta distribuido en dos plantas, con un buen bar de tapas a la entrada, un comedor de ambiente funcional-actual y otra sala para grupos en el piso superior. Cocina mediterránea con toques actuales.

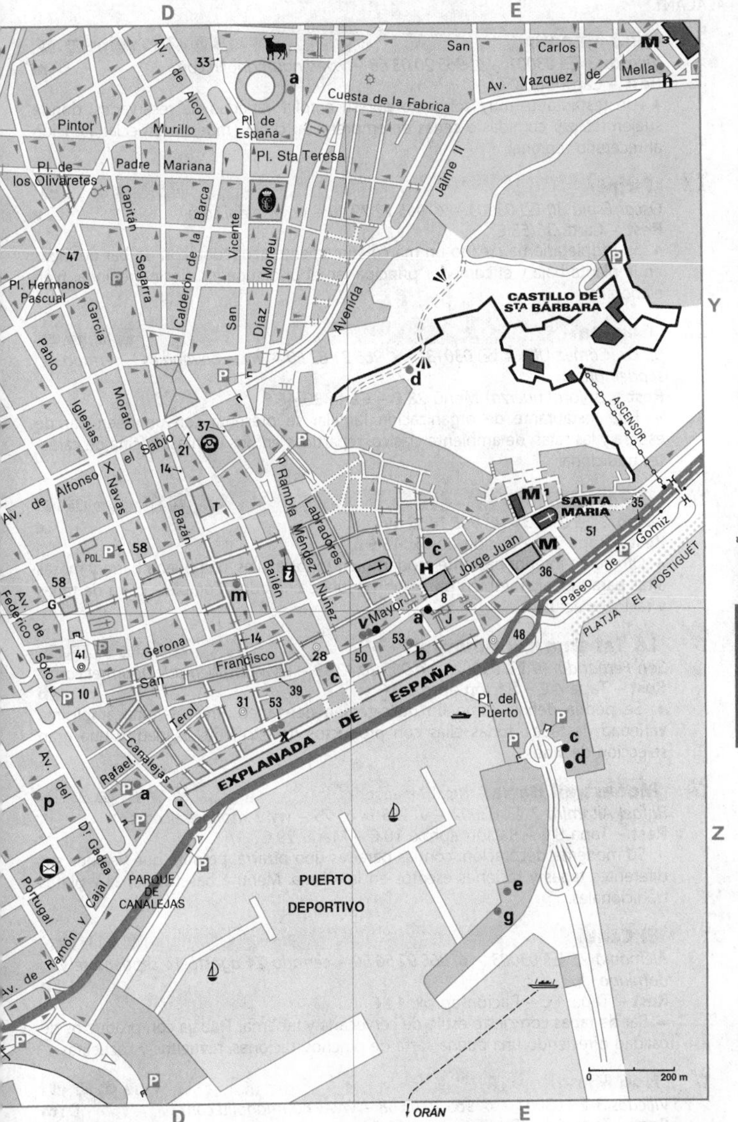

Els Vents

Muelle de Levante, planta 1ª - local 1 ✉ 03001 – ✆ 965 21 52 26
– www.elsvents.es – cerrado 10 días en enero, del 17 al 31 de agosto, domingo noche y lunes **EZg**

Rest – Menú 35/75 € – Carta 35/62 €

◆ Destaca por su emplazamiento en el puerto deportivo, con buenas vistas y una agradable terraza. En su sala, de línea actual, le ofrecerán una cocina creativa de base regional.

XX **Nou Manolín**

Villegas 3 ✉ 03001 – ✆ 965 20 03 68 – www.noumanolin.com DY**m**

Rest – Carta 36/50 €

◆ Un restaurante muy conocido por su amplia variedad de reservados, donde suelen realizar comidas o cenas de empresa. Su cocina muestra especial atención al recetario regional.

XX **Piripi**

Oscar Esplá 30 ✉ 03003 – ✆ 965 22 79 40 – www.piripi.com CZ**v**

Rest – Carta 36/53 €

◆ Su propietario ha creado un marco sumamente acogedor, con un bar de tapas en la planta baja y el comedor principal en el piso superior. Cocina regional bien elaborada.

XX **Govana**

pl. Dr. Gómez Ulla 4 ✉ 03013 – ✆ 965 21 82 50 – www.govana.es – cerrado septiembre EY

Rest – *(solo almuerzo)* Menú 28 € – Carta 30/46 €

◆ Este restaurante de organización familiar se presenta con un buen bar de espera y las salas, de ambiente clásico, repartidas en dos plantas. Cocina de carácter tradicional.

El Portal

Bilbao 2 ✉ 03003 – ✆ 965 14 32 69 DZ**c**

Rest – Tapa 3 € – Ración aprox. 15 €

◆ Ofrece un interior bastante moderno en tonos azules, una buena barra y mesas altas para tapear. También posee un pequeño comedor. Completa carta de tapas y raciones actuales.

La Taberna del Gourmet

San Fernando 10 ✉ 03002 – ✆ 965 20 42 33 – www.latabernadelgourmet.com

Rest – Tapa 4 € – Ración aprox. 9 € EZ**b**

◆ Se podría definir como un delicatessen del tapeo. Presenta una amplísima variedad de tapas, todas ellas con productos de excelente calidad, y una gran selección de vinos.

Monastrell Barra – Hotel Amérigo

Rafael Altamira 7 ✉ 03002 – ✆ 965 14 65 75 – www.monastrell.com

Rest – Tapa 8 € – Ración aprox. 10 € – Menú 29 € EZ**v**

◆ Su moderna decoración, con las paredes tipo pizarra, permite que veamos sus diferentes tapas y raciones escritos en la misma. Menú a base de tapas y platos tradicionales.

El Cantó

Alemania 26 ✉ 03003 – ✆ 965 92 56 50 – cerrado 24 agosto-14 septiembre y domingo DZ**p**

Rest – Tapa 4 € – Ración aprox. 12 €

◆ Bar de tapas con cierto estilo de cervecería y taberna. Trabaja con productos de calidad ofreciendo una buena carta de pinchos, raciones, revueltos y cazuelitas.

Nou Manolín

Villegas 3 ✉ 03001 – ✆ 965 20 03 68 – www.noumanolin.com DY**m**

Rest – Tapa 6 € – Ración aprox. 12 €

◆ Establecimiento de aire rústico dominado por la decoración en ladrillo visto y madera. Dispone de una amplia barra para el tapeo y un reservado de lujo en la antigua bodega.

Piripi

Oscar Esplá 30 ✉ 03003 – ✆ 965 22 79 40 – www.piripi.com CZ**v**

Rest – Tapa 4 € – Ración aprox. 12 €

◆ Se encuentra en la planta baja del restaurante que le da nombre, destacando su excelente barra pública en madera. Sugerente, extensa y atractiva variedad de pinchos.

La Barra de César Anca
Ojeda 1 ✉ 03001 – ✆ 965 20 15 80 – www.cesarancahosteleria.com
Rest – Tapa 4 € – Ración aprox. 10 € DZ**x**
◆ Disfruta de grandes cristaleras y una buena barra, aunque lo realmente importante es su nivel gastronómico. Sorprende al ofrecer su propia carta de tapas, raciones y aperitivos, independiente de la del restaurante y de carácter creativo.

por la carretera de València :

Maestral
Andalucía 18 - Vistahermosa ✉ 03016 – ✆ 965 26 25 85 – www.maestral.es – cerrado domingo noche B**a**
Rest – Menú 57 € – Carta 45/59 €
◆ Ubicado en una bonita villa de una zona residencial, rodeada de jardines y con terraza. En su elegante interior le ofrecerán una carta con platos tradicionales actualizados.

ALALPARDO – Madrid – 576 – 575 K19 – 3 176 h. 22 B2
Madrid 45 – Segovia 120 – Guadalajara 58

El Faisán de Oro
Extramuros 4 ✉ 28130 – ✆ 916 20 26 45 – www.elfaisandeoro.com – cerrado 15 días en agosto y domingo noche
Rest – Menú 25 € – Carta 32/49 €
◆ Se encuentra junto a la iglesia y está llevado directamente por su chef-propietaria. Encontrará dos salas de ambiente familiar, una agradable terraza y una carta tradicional.

La ALAMEDA – Ciudad Real – ver Villanueva de San Carlos

ALAQUÁS – Valencia – 577 N28 – 30 270 h. 16 A2
Madrid 352 – Alacant/Alicante 184 – Castelló de la Plana/Castellón de la Plana 96 – València 7

La Sequieta
av. Camí Vell de Torrent 28 ✉ 46970 – ✆ 961 50 00 27 – www.lasequieta.com – cerrado del 14 al 20 de agosto, domingo y lunes noche
Rest – Menú 25/45 € – Carta 24/40 €
◆ Bien llevado por su chef-propietario, que con su nombre rinde un pequeño homenaje a la lengua valenciana. Gastrobar, pequeño comedor y carta mediterránea con varios menús.

ALARCÓN – Cuenca – 576 N23 – 177 h. – alt. 845 m 10 C2
Madrid 189 – Albacete 94 – Cuenca 85 – València 163
Posadas 6, ✆ 969 33 03 01
Emplazamiento★★★

Parador de Alarcón
av. Amigos de los Castillos 3 ✉ 16214 – ✆ 969 33 03 15 – www.parador.es
14 hab – †194 € ††242 € **Rest** – Menú 35 €
◆ Fortaleza árabe-medieval sobre un peñón rocoso, dominando el río Júcar. Sus habitaciones combinan un estilo actual con detalles rústicos, como la piedra vista de las paredes. En su acogedor restaurante sirven una cocina regional y platos de caza.

ALARÓ – Balears – ver Balears (Mallorca)

ALBACETE P – 576 O24/ P24 – 170 475 h. – alt. 686 m 10 D3
Madrid 249 – Córdoba 358 – Granada 350 – Murcia 147
Tinte 2, ✆ 967 58 05 22, www.turismocastillalamancha.com
Museo (Muñecas romanas articuladas★) BZ**M1**

Plano página siguiente

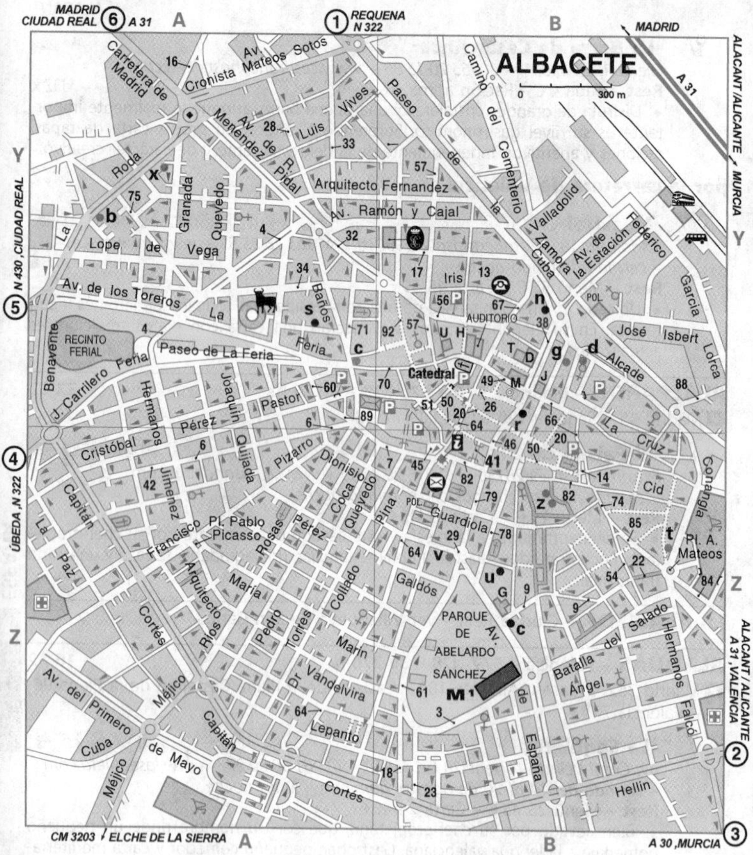

ALBACETE

Arcángel San Gabriel . . . . BZ 3
Arquitecto Julio Carrilero (Av. del) . . . . AY 4
Blasco Ibáñez . . . . AYZ 6
La Caba . . . . BZ 7
Calderón de la Barca . . . . BZ 9
Carmen . . . . BY 13
Carretas (Pl. de las) . . . . BZ 14
Casas Ibañez . . . . AY 16
Comandante Molina . . . . ABY 17
Comandante Padilla . . . . BZ 18
La Concepción . . . . BYZ 20
Diego de Velázquez . . . . BZ 22
Doctor García Reyes . . . . BZ 23
Francisco Fontecha . . . . BY 26
Gabriel Ciscar . . . . AY 28
Gabriel Lodares (Pl. de) . . . . BZ 29
Isabel la Católica (Av.) . . . . . . ABY 32
Juan de Toledo . . . . AY 33
Juan Sebastián Elcano . . . . AY 34
Libertad (Pas. de la) . . . . BY 38
Lodares (Pje de) . . . . BZ 41
Luis Herreros . . . . AZ 42
Mancha (Pl. de la) . . . . BZ 45
Marqués de Molins . . . . BYZ 46
Martínez Villena . . . . BY 49
Mayor . . . . BYZ 50
Mayor (Pl.) . . . . BY 51
Murcia (Puerta de) . . . . BZ 54
Pablo Medina . . . . BY 56
Padre Romano . . . . BY 57
Pedro Martínez Gutiérrez . . . . . . AY 60
Pedro Simón Abril (Pas. de) . . . . BZ 61
Rosario . . . . ABYZ 64
Santa Quiteria . . . . BZ 74
Santísima Virgen (Camino de la) . . . . AY 75
San Agustín . . . . BYZ 66
San Antonio . . . . BY 67
San Julián . . . . BY 70
San Sebastián . . . . AY 71
Teodoro Camino . . . . BZ 78
Tesifonte Gallego . . . . BZ 79
Tinte . . . . BZ 82
Valencia (Carretera de) . . . . BZ 84
Valencia (Puerta de) . . . . BZ 85
Vasco Núñez de Balboa . . . . BY 88
Virgen de las Maravillas . . . . AY 89
Zapateros . . . . BY 92

Beatriz

Autovía 1 (Palacio de Congresos), por ⑥: 3,5 km ✉ *02007* – ✆ *967 59 93 90* – *www.beatrizhoteles.com*

202 hab – 75/200 € 90/200 € – 1 suite

Rest *Alacena* – *(cerrado domingo y lunes noche)* Menú 28/45 € – Carta aprox. 45 €

◆ Ubicado junto al Palacio de Congresos. En conjunto posee una estética muy moderna, con amplias zonas nobles y habitaciones de buen confort. El restaurante, que ofrece una cocina tradicional actualizada, destaca tanto por su cuidado montaje como por su diseño.

Gran Hotel sin rest, con cafetería
Marqués de Molins 1 ✉ 02001 – ✆ 967 19 33 33 – www.abgranhotel.com
47 hab – 🛉85/161 € 🛉🛉100/200 €, ☕ 10 € – 2 suites BY**r**
◆ Tras su ecléctica fachada de principios del s. XX encontrará modernidad, alta tecnología y unas habitaciones excelentemente equipadas. Buena oferta en salas de reuniones.

Santa Isabel
av. Gregorio Arcos, por ⑥: 2,5 km ✉ 02007 – ✆ 967 26 46 80 – www.hotelsantaisabelalbacete.com
37 hab ☕ – 🛉76/170 € 🛉🛉90/170 € – 3 suites **Rest** – Carta 36/62 €
◆ Gran edificio estilo Luis XV construido a las afueras de la ciudad. Presenta una organización de carácter familiar, numerosos salones y unas espaciosas habitaciones. Su restaurante trabaja con unos precios bastante ajustados y una carta de gusto regional.

Los Llanos sin rest
av. de España 9 ✉ 02002 – ✆ 967 22 37 50 – www.hotellosllanos.es
79 hab – 🛉60/180 € 🛉🛉60/226 €, ☕ 13 € BZ**c**
◆ Bien ubicado frente al parque de Abelardo Sánchez. Se presenta con una línea clásica-actual y habitaciones de adecuado equipamiento, todas con los suelos en tarima y balcón.

San José sin rest
San José de Calasanz 12 ✉ 02002 – ✆ 967 50 74 02 – www.hotelsanjose-albacete.es BZ**u**
45 hab – 🛉60/97 € 🛉🛉60/129 €, ☕ 9 €
◆ Disfrute de una estancia céntrica y tranquila en un hotel de gestión familiar. Ofrece habitaciones con cocina, buen equipamiento y mobiliario funcional. Clientela comercial.

Florida hab,
Ibáñez Íbero 14 ✉ 02005 – ✆ 967 55 00 88 – www.hotelflorida.es AY**s**
57 hab ☕ – 🛉50/65 € 🛉🛉80/95 €
Rest – Menú 16 € – Carta 30/61 €
◆ Junto a la plaza de toros. Su recepción se une con la cafetería y posee habitaciones espaciosas aunque algo sencillas, con mobiliario en pino de tonos claros. El restaurante, que está claramente enfocado en el cliente alojado, centra su actividad en el menú.

Castilla sin rest
paseo de la Cuba 3 ✉ 02001 – ✆ 967 21 42 88 – www.hotel-castilla.es
60 hab – 🛉40/60 € 🛉🛉50/100 €, ☕ 5 € BY**n**
◆ Resulta cálido y confortable dentro de su sencillez, con habitaciones muy funcionales, mobiliario en pino y aseos modernos. Poco a poco están actualizando diversos detalles.

Casa Marlo
pl. Gabriel Lodares 3 ✉ 02002 – ✆ 967 50 64 75 – www.restaurantemarlo.com – cerrado domingo noche BZ**v**
Rest – Menú 35/45 € – Carta 27/43 €
◆ Ubicado en la planta baja de un edificio señorial. Posee un bar privado, varias salas de cuidado montaje, con los techos altos, y un coqueto patio-terraza. Cocina tradicional.

El Secreto de Jávega
pl. Maestro Chueca 13 ✉ 02005 – ✆ 967 21 92 19 – www.elsecretodejavega.com – cerrado agosto y lunes salvo festivos o vísperas AY**x**
Rest – Carta 30/46 €
◆ Bien llevado por su chef-propietario. Cuenta con una amplia barra a la entrada, donde ofrecen tapas y raciones, así como dos salas, una en ladrillo visto y otra de línea más actual. Cocina tradicional actualizada.

ESPAÑA

XX **Don Gil**

Baños 2 ✉ 02004 – ✆ 967 23 97 85 – www.restaurantedongil.com – cerrado 15 días en agosto, domingo noche y lunes AY**c**

Rest – Carta 30/40 €

◆ Este céntrico negocio tiene tres salas de aire regional, un comedor de banquetes y un moderno lounge-bar. Su carta tradicional posee un apartado de platos actuales y arroces.

XX **El Callejón**

Guzmán el Bueno 18 ✉ 02002 – ✆ 967 21 11 38 – www.restauranteelcallejon.com – cerrado agosto, domingo noche y lunes BZ**z**

Rest – Carta 30/55 €

◆ Restaurante típico donde un enorme portalón le da la bienvenida a un entorno taurino repleto de viejas fotografías y carteles. Seriedad, cocina tradicional y clientela fiel.

XX **Nuestro Bar**

Alcalde Conangla 102 ✉ 02002 – ✆ 967 24 33 73 – www.nuestrobar.es – cerrado julio y domingo noche BZ**t**

Rest – Carta aprox. 35 €

◆ Su cocina de corte local, muy apreciada en la ciudad, lo ha llevado a la cima del éxito. Presenta un marco con cierto tipismo, un buen servicio de mesa y una carta regional.

XX **Casa Paco**

La Roda 26 ✉ 02005 – ✆ 967 22 00 41 – cerrado agosto, domingo noche y lunes AY**b**

Rest – Menú 30 € – Carta aprox. 35 €

◆ Un restaurante con solera y oficio a los fogones. Ofrece un cuidado montaje, una decoración acogedora y una cocina regional que se enriquece con varios platos tradicionales.

XX **Pingüino**

Madres de la Plaza de Mayo 1 ✉ 02002 – ✆ 967 24 83 49 – cerrado del 1 al 15 de agosto, miércoles salvo festivos y domingo noche BZ**z**

Rest – Menú 18/25 € – Carta 26/33 €

◆ Negocio llevado entre dos socios, uno en la sala y el otro en la cocina. Presenta un bar de espera y dos comedores, ambos de montaje actual. Carta de tinte tradicional.

XX **Álvarez**

Salamanca 12 ✉ 02001 – ✆ 967 21 82 69 – www.restaurantealvarez.com – cerrado Semana Santa, agosto, lunes y festivos noche BY**g**

Rest – Carta 30/51 €

◆ Céntrico establecimiento de organización familiar dotado con una barra de tapas y raciones a la entrada, un comedor clásico y dos privados. Cocina tradicional elaborada.

Y/ **Rubia y Tinto**

Muelle 22 ✉ 02001 – ✆ 967 52 11 49 – www.vinculohosteleria.es – cerrado lunes

Rest – Tapa 3 € – Ración aprox. 12 € BY**d**

◆ Este bar-cervecería goza de gran aceptación, pues ofrece una buena selección de tapas, raciones y montaditos. Conjugan un entorno cálido y acogedor con unos precios moderados.

al Sureste 5 km por ② o ③ :

Parador de Albacete

✉ 02080 Albacete – ✆ 967 01 05 00 – www.parador.es

68 hab – ††108/132 €, ☕ 16 € **Rest** – Menú 32 €

◆ Construcción que imita lo que fueron las quintas manchegas. Posee unas espaciosas instalaciones de ambiente regional, un patio interior ajardinado y confortables habitaciones. En su comedor podrá descubrir los platos más representativos de esta tierra.

ESPAÑA

ALBAL - Valencia - 577 N28 - 15 618 h. 16 B2

Madrid 362 - Valencia 10 - Castelló de la Plana/Castellón de la Plana 92

XX **Mediterráneo**

carret. Real de Madrid ✉ 46470 - ✆ 961 27 49 01 - www.restaurantemediterraneo.com - cerrado Semana Santa, agosto y domingo

Rest - *(solo almuerzo salvo viernes y sábado)* Menú 33/49 € - Carta 34/48 €

◆ Negocio repartido en dos partes, por un lado el restaurante y por otro la zona de banquetes. En su elegante comedor podrá degustar una carta tradicional con varios arroces.

ALBARRACÍN - Teruel - 574 K25 - 1 096 h. - alt. 1 200 m 3 B3

Madrid 268 - Cuenca 105 - Teruel 38 - Zaragoza 191

San Antonio 2, ✆ 978 71 02 62, www.comarcadelasierradealbarracin.es

Pueblo típico★ Emplazamiento★ Catedral (tapices★)

Caserón de la Fuente sin rest

Carrerahuertos ✉ 44100 - ✆ 978 71 03 30 - www.caserondelafuente.es

14 hab - 56/70 €

◆ Atractivo edificio que en otro tiempo fue un antiguo molino y fábrica de lanas. Ofrece un interior rústico-regional con habitaciones amplias y una coqueta cafetería.

Casa de Santiago rest,

Subida a las Torres 11 ✉ 44100 - ✆ 978 70 03 16 - www.casadesantiago.net - cerrado 21 días en febrero y 7 días en septiembre

9 hab - 48/54 € 64/70 €, 6 € **Rest** - Menú 18 €

◆ Reminiscencias de un pasado exquisito, en una antigua casa que invita al reposo. Disfruta de agradables salones sociales y pequeñas habitaciones de estética neorrústica. Comedor de buen montaje, con mobiliario de calidad y un servicio de mesa a la altura.

La Casona del Ajimez sin rest

San Juan 2 ✉ 44100 - ✆ 978 71 03 21 - www.casonadelajimez.com

6 hab - 80 €, 6 €

◆ La quietud del pasado dibuja su vetusta construcción en piedra, de hace más de 200 años. Posee habitaciones muy acogedoras, con mobiliario antiguo en diferentes estilos.

Arabia sin rest

Bernardo Zapater 2 ✉ 44100 - ✆ 978 71 02 12 - www.hotelarabia.es

20 apartamentos - 68/78 €, 8 € - 19 hab

◆ Ubicado en un antiguo convento del s. XVII. Ofrece una distribución algo compleja, con habitaciones y apartamentos de gran amplitud. La cafetería centra la zona social.

Doña Blanca sin rest

Llano del Arrabal 10 ✉ 44100 - ✆ 978 71 00 01 - www.albarracindonablanca.com

20 hab - 50/85 €, 8 €

◆ Compensa su escueta zona social con unas habitaciones de buen confort, no muy amplias pero bien equipadas y con terraza. El desayuno se sirve siempre en las habitaciones.

XX **Tiempo de Ensueño**

Palacios 1 B ✉ 44100 - ✆ 978 70 60 70 - www.tiempodeensuenyo.com - cerrado martes

Rest - Menú 36 € - Carta 37/58 €

◆ Está emplazado en una casa de piedra del casco antiguo y sorprende por su interior, decorado con una estética moderna. Buen servicio de mesa y una carta de base tradicional.

La ALBERCA - Salamanca - 575 K11 - 1 209 h. - alt. 1 050 m 11 A3

Madrid 307 - Valladolid 213 - Salamanca 98

La Puente 13, ✆ 923 41 52 91

Pueblo típico★★

Sur : Carretera de Las Batuecas★ - Peña de Francia★★ (✲★★) Oeste : 15 km

ESPAÑA

Abadía de los Templarios

carret. de Salamanca, Noroeste : 1,5 km ✉ 37624 – ☎ 923 42 31 07 – www.abadiadelostemplarios.com
56 hab – 90/150 € 110/350 € – 5 suites
Rest – Menú 21 € – Carta 35/55 €

◆ ¡En pleno Parque Natural de las Batuecas y con múltiples opciones de ocio! Este singular hotel sorprende tanto por su arquitectura, que combina lo regional con lo medieval, como por sus magníficas habitaciones, su SPA o su bello entorno ajardinado. El restaurante disfruta de un espectacular techo abovedado.

ALCALÁ – Santa Cruz de Tenerife – ver Canarias (Tenerife)

ALCALÁ DE GUADAIRA – Sevilla – 578 T12 – 71 740 h. – alt. 92 m 1 B2

Madrid 529 – Cádiz 117 – Córdoba 131 – Málaga 193

La Cochera

Profesora Francisca Laguna 6 ✉ 41500 – ☎ 955 33 48 92 – cerrado 15 julio-15 agosto, domingo noche y lunes
Rest – Tapa 3 € – Ración aprox. 14 €

◆ Negocio de ambiente neorrústico y taurino. Presenta una carta de tapas amplia e interesante, con sabrosos guisos caseros y unas deliciosas carnes de vacuno a la plancha.

Lanti Tapas

av. de la Constitución 7 - Local 1 ✉ 41500 – ☎ 955 61 57 04 – cerrado del 1 al 15 de septiembre y lunes
Rest – Tapa 3 € – Ración aprox. 10 €

◆ Nada más entrar apreciará todos sus detalles, pues aquí combinan la decoración rústica-actual con una gran dedicación. Tapas actuales muy variadas y de excelente presentación.

ALCALÁ DE HENARES – Madrid – 576 – 575 K19 – 204 120 h. – alt. 588 m 22 B2

Madrid 34 – Toledo 106 – Guadalajara 30 – Segovia 130
Callejón de Santa María, ☎ 91 889 26 94
pl. de los Santos Niños, ☎ 91 881 06 34
Valdeláguila, por la carret. de Arganda : 8 km, ☎ 91 885 96 59
Casco histórico★ – Antigua Universidad o Colegio de San Ildefonso★ (fachada plateresca★, Paraninfo★, artesonado mudéjar★★) Z – Capilla de San Ildefonso★ (sepulcro★★ del Cardenal Cisneros) Z

Parador de Alcalá de Henares hab,

Colegios 8 ✉ 28801 – ☎ 918 88 03 30 – www.parador.es
127 hab – 182 € 227 €, 18 € – 1 suite Zc
Rest *Hostería del Estudiante* – ver selección restaurantes
Rest – Menú 34 €

◆ Conjuga algunas partes de lo que fue el convento de Santo Tomás con elementos de diseño vanguardista. Amplia zona social, completo SPA, habitaciones modernas y buen confort. En su comedor, actual y de cuidado montaje, encontrará la carta típica de Paradores.

Hostería del Estudiante – Parador de Alcalá de Henares

Colegios 3 ✉ 28801 – ☎ 918 88 03 30 – www.parador.es – cerrado agosto Zb
Rest – Carta 40/50 €

◆ Aún conserva su estilo original, con los suelos en gres rojo, detalles castellanos y un buen montaje. Destaca por sus magníficas vistas al "Patio Trilingüe" de la Universidad.

Miguel de Cervantes con hab

Imagen 12 ✉ 28801 – ☎ 918 83 12 77 – www.hcervantes.es Zr
13 hab – 50/55 € 60/70 €, 7 € **Rest** – Carta 40/64 €

◆ Instalado en un edificio del s. XVII. Disfruta de un comedor acristalado en torno a un patio central, este último cubierto por una carpa. Elaboraciones de tinte tradicional. También ofrece unas habitaciones de estilo clásico-actual repartidas en dos plantas.

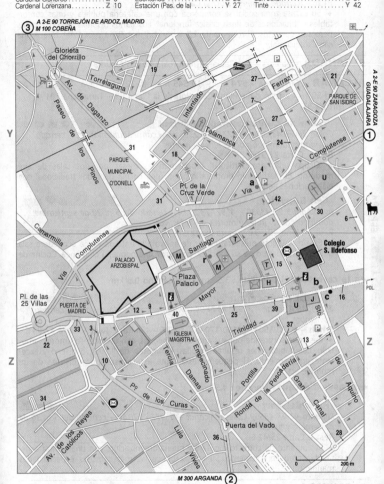

ALCALÁ DE HENARES

Calle	Cuadro	Nº
Andres Saborit	Z	3
Angel	Y	4
Azucena	Y	6
Cánovas del Castillo	Y	7
Cardenal Cisneros	Z	9
Cardenal Lorenzana	Z	10
Cardenal Sandoval y Rojas	Z	12
Carmen Descalzo	Z	13
Cervantes (Pl. de)	Z	15
Colegios	Z	16
Daoiz y Velarde	Y	18
Diego Ros y Medrano	Y	19
Doctora de Alcalá	Y	21
Ejército (Av. del)	Z	22
Eras de San Isidro	Y	24
Escritorios	Z	25
Estación (Pas. de la)	Y	27
Henares (Ronda del)	Z	28
Libreros	Y	30
Luis Astrana Marín	Y	31
Madrid (Av. de)	Z	33
Núñez de Guzmán	Z	34
Pastrana (Pas. de)	Z	36
Santa Ursula	Z	39
Santos Niños (Pl.)	Z	40
San Julian	Z	37
Tinte	Y	42

XX **La Esquina Complutense**

Ángel 1 y 3 ✉ 28805 – ✆ 918 82 73 90 – www.laesquinacomplutense.com – cerrado domingo noche y lunes mediodía Y**a**

Rest – Menú 33/60 € – Carta 34/56 €

♦ Antiguo palacete restaurado en el que aún se conservan artesonados, azulejos, escaleras e infinidad de pequeños detalles. Divide sus dependencias en restaurante y sidrería.

ALCALÁ LA REAL - Jaén - 578 T18 - 22 759 h. 2 C2

Madrid 401 - Antequera 97 - Córdoba 115 - Granada 54

Torrepalma

Conde de Torrepalma 2 ✉ 23680 - ✆ 953 58 18 00 - www.hoteltorrepalma.com
38 hab - 37/43 € 48/56 €, ☕ 6 €
Rest - *(cerrado domingo noche)* Carta 22/37 €

♦ Su escasa zona social se compensa con una cafetería pública y unas confortables habitaciones de línea clásica-funcional. Los baños resultan algo reducidos pero son correctos. El restaurante, clásico y con mobiliario provenzal, ofrece una carta tradicional.

ALCANADA - Balears - ver Balears (Mallorca) : Port d'Alcúdia

ALCANAR - Tarragona - 574 K31 - 10 545 h. - alt. 72 m - Playa 13 A3

Madrid 507 - Castelló de la Plana/Castellón de la Plana 85 - Tarragona 101 - Tortosa 37

Taller de Cuina Carmen Guillemot

Colón 26 ✉ 43530 - ✆ 977 73 03 23 - www.carmenguillemot.net - cerrado Navidades, domingo noche, lunes y martes
Rest - Carta 27/51 €

♦ Ocupa una casa particular, repartiendo las mesas por dos salas de aire moderno. El matrimonio propietario ofrece una cocina de sabor tradicional con elaboraciones actuales.

Can Bunyoles

av. d'Abril 5 ✉ 43530 - ✆ 977 73 20 14 - cerrado del 5 al 20 de septiembre, domingo noche, lunes y martes salvo festivos
Rest - Menú 20/60 € - Carta 29/42 €

♦ Este restaurante presenta un bar de apoyo a la entrada y una acogedora sala que destaca, dentro de su sencillez, por tener una pequeña chimenea. Cocina de sabor regional.

en la carretera N 340 Este : 3,5 km y por camino 0,5 km

Tancat de Codorniu

✉ 43530 Alcanar - ✆ 977 73 71 94 - www.tancatdecodorniu.com - cerrado noviembre
7 hab - 120/150 € 130/170 €, ☕ 12 € - 4 suites **Rest** - Carta 37/53 €

♦ Casa que sorprende por sus atractivos rincones, con un extenso entorno arbolado. Las habitaciones resultan amplias, luminosas, de llamativo diseño y excelente equipamiento. El pequeño restaurante está acristalado y disfruta de un montaje actual.

en Cases d'Alcanar Noreste : 4,5 km

Racó del Port

Lepanto 41 ✉ 43569 Cases d'Alcanar - ✆ 977 73 70 50 - cerrado del 5 al 30 de noviembre y lunes
Rest - Carta 25/42 €

♦ Restaurante de correcto montaje y buena organización, con una terraza acristalada como complemento. Su cocina ofrece las más sabrosas especialidades marineras.

ALCÁNTARA - Cáceres - 576 M9 - 1 630 h. - alt. 232 m 17 B1

Madrid 344 - Mérida 130 - Cáceres 66 - Castelo Branco 77

Puente Romano★

Hospedería Conventual de Alcántara

carret. del Poblado de Iberdrola ✉ 10980 - ✆ 927 39 06 38 - www.hospederiasdeextremadura.es
30 hab - 60/92 €, ☕ 12 € - 2 suites **Rest** - Carta 25/41 €

♦ Antiguo convento franciscano transformado primero en fábrica de harinas y luego en hotel. ¡Aún conservan la curiosa maquinaria en madera de 1905! En su restaurante podrá degustar diversos platos de caza y especialidades como la Perdiz al modo de Alcántara.

ESPAÑA

ALCAÑIZ - Teruel - 574 I29 - 16 291 h. - alt. 338 m 4 C2

Madrid 397 - Teruel 156 - Tortosa 102 - Zaragoza 103

Mayor 1, ✆ 978 83 12 13

Colegiata (portada★) - Plaza de España★

Parador de Alcañiz

Castillo de Calatravos ✉ 44600 - ✆ 978 83 04 00 - www.parador.es

37 hab - 124/134 € 155/168 €, 16 € **Rest** - Menú 32 €

◆ Está emplazado en un edificio medieval que ofrece vistas tanto al valle como a las colinas. Acogedora zona noble y cálidas estancias donde reina la decoración castellana. En su cuidado restaurante podrá degustar platos tan típicos como las migas de Teruel.

ALCÁZAR DE SAN JUAN - Ciudad Real - 576 N20 - 31 120 h. - alt. 651 m 9 B2

Madrid 149 - Albacete 147 - Aranjuez 102 - Ciudad Real 87

Intur Alcázar de San Juan

av. Herencia ✉ 13600 - ✆ 926 58 82 00 - www.intur.com

66 hab - 61/251 €, 10 € - 6 suites **Rest** - Menú 18 € - Carta 21/69 €

◆ Está frente a un parque, orientado al hombre de negocios. Dispone de un atractivo patio interior y espaciosas habitaciones, la mayoría con mobiliario neorrústico y terraza. El restaurante resulta luminoso y ofrece una carta tradicional con detalles de autor.

La Mancha

av. de la Constitución ✉ 13600 - ✆ 926 54 10 47 - cerrado agosto, martes noche y miércoles

Rest - Carta 20/33 €

◆ Restaurante con sala única de sencillo montaje, complementada con un bar de gran aceptación a la entrada y una espaciosa terraza. Ofrece una cocina casera de corte regional.

ESPAÑA

Los ALCÁZARES - Murcia - 577 S27 - 15 993 h. - Playa 23 B2

Madrid 444 - Alacant/Alicante 85 - Cartagena 25 - Murcia 54

carret. N 332, urbanización Oasis, ✆ 968 17 13 61, www.marmenor.es

525 sin rest

Río Borines 58 - Los Narejos ✉ 30710 - ✆ 902 32 55 25 - www.525.es

105 hab - 70/160 € 75/200 €, 14 € - 2 suites

◆ Destaca tanto por su cuidado diseño de interiores como por su ubicación, ideal para practicar deportes náuticos y golf. La zona social es bastante completa, posee un SPA y presenta habitaciones muy detallistas, todas con terraza o balcón.

Cristina sin rest

La Base 4 ✉ 30710 - ✆ 968 17 11 10 - www.cristinahotel.net - cerrado 18 diciembre-11 enero

36 hab - 38/70 € 50/100 €, 6 €

◆ Disfruta de una amable organización familiar y una clientela habitual de comerciales, trabajando mucho más con familias durante los fines de semana. Habitaciones funcionales de correcto confort.

ALCOCÉBER - Castellón - ver Alcossebre

ALCOI - Alicante - 577 P28 - 61 417 h. - alt. 545 m 16 A3

Madrid 405 - Albacete 156 - Alacant/Alicante 55 - Murcia 136

pl Espanya 14, ✆ 96 553 71 55

Puerto de la Carrasqueta★ Sur : 15 km

AC Ciutat d'Alcoi

Colón 1 ✉ 03802 – ✆ 965 33 36 06 – www.ac-hotels.com
84 hab – ††60/100 €, ☕ 12 € – 2 suites
Rest ***La Llum*** – *(cerrado 15 días en febrero, 15 días en agosto, domingo noche y martes mediodía)* Menú 20 € – Carta 22/37 €
◆ Está formado por tres edificios, donde se combinan el diseño y el confort. Disfruta de una atractiva zona social, varios tipos de habitaciones y una biblioteca. En su restaurante, actual y de cuidado montaje, encontrará una cocina de tinte tradicional.

por la carretera de Benilloba Sureste : 2 km

Lolo

camino Font de la Salut ✉ 03800 Alcoi – ✆ 965 54 73 73 – cerrado del 1 al 15 de septiembre y lunes
Rest – *(solo almuerzo salvo fines de semana)* Carta 27/35 €
◆ Se encuentra en pleno campo, con una entrada ajardinada, detalles rústicos de cierta elegancia y un comedor-terraza cubierto. Carta regional con un buen apartado de arroces.

por la carretera de la Font Roja Suroeste : 8 km y desvío a la derecha 1 km

Masía la Mota

carret. de la Font Roja ✉ 03800 Alcoi – ✆ 966 54 03 70 – www.masialamota.com
12 hab ☕ – †89/119 € ††118/148 € **Rest** – *(solo clientes)* Menú 30 €
◆ Hotelito rural emplazado en un entorno privilegiado, con una bonita piscina exterior de agua caliente y vistas al Parque Natural de la Font Roja. Habitaciones personalizadas.

ESPAÑA

L'ALCORA – Castellón – **577** L29 – **11 029 h.** – **alt. 279 m** **16** B1

Madrid 407 – Castelló de la Plana/Castellón de la Plana 19 – Teruel 130 – València 94

Sant Francesc

av. Castelló 19 ✉ 12110 – ✆ 964 36 09 24 – cerrado del 4 al 23 de agosto y sábado
Rest – *(solo almuerzo)* Carta 22/35 €
◆ Negocio familiar donde impera la amabilidad y el buen servicio. Dispone de un amplio salón, con profusión de madera y mobiliario provenzal. Cocina tradicional de corte casero.

ALCOSSEBRE (ALCOCÉBER) – Castellón – **577** L30 – **934 h.** – **Playa** **16** B1

Madrid 471 – Castelló de la Plana/Castellón de la Plana 49 – Tarragona 139
pl. Vistalegre, ✆ 964 41 22 05

en la playa :

Can Roig

Sur : 3 km ✉ 12579 – ✆ 964 41 25 15 – www.canroig.es – cerrado noviembre-8 marzo, domingo noche y lunes salvo verano
Rest – Menú 25 € – Carta 35/50 €
◆ A un paso de la playa, con una coqueta terraza arbolada y un luminoso comedor. Tiene una carta tradicional que destaca tanto por los arroces como por algunas especialidades, como el Pulpo a la brasa o el Lenguado con salsa de erizos de mar.

en la urbanización El Pinar Norte : 4 km

El Pinar

Islas Mancolibre 4-A ✉ 12579 Alcossebre – ✆ 964 41 22 66 – www.restaurantemontemar.com – cerrado enero ,febrero y lunes salvo verano
Rest – Carta 25/35 €
◆ Destaca por su esplendida situación, en lo alto de una montaña y con vistas al mar. Presenta elaboraciones tradicionales e internacionales, pero también un buen apartado de arroces. ¡Pida los Erizos de mar rellenos con su crema de yemas!

ALCÚDIA – Balears – ver Balears (Mallorca)

L'ALCÚDIA – Valencia – 577 O28 – 11 246 h. – alt. 26 m
16 A2

Madrid 362 – Albacete 153 – Alacant/Alicante 134 – València 34

Galbis
Calígrafo Palafox 5-7 ✉ 46250 – ☎ 962 54 35 55 – www.hotelgalbis.com – cerrado Semana Santa
28 hab – 46/50 € 80/86 €, 6,50 €
Rest – *(cerrado domingo)* Menú 18 €

◆ Hotel de línea moderna y decoración actual que trabaja mucho con clientes de empresa. Posee habitaciones bastante bien equipadas, la mayoría de ellas con una amplia ducha. Su restaurante ofrece una carta tradicional, con algunos arroces y sugerencias diarias.

ALDAIA – Valencia – 577 N28 – 30 303 h.
16 B2

Madrid 349 – Valencia 9 – Castelló de la Plana / Castellón de la Plana 91

Venere
Iglesia 45 ✉ 46960 – ☎ 961 29 18 18 – www.restaurantevenere.es – cerrado del 9 al 16 de enero, Semana Santa, del 7 al 27 de agosto, domingo, lunes, martes noche, miércoles noche y en verano sábado mediodía, domingo, lunes noche y martes noche
Rest – Carta 28/38 €

◆ Este sencillo restaurante está instalado en lo que fue un antiguo bar, del que aún conservan su barra. Carta tradicional algo corta pero con platos sabrosos y a buen precio.

ALDEAYUSO – Valladolid – 575 H17 – 20 h.
12 C2

Madrid 180 – Valladolid 61 – Segovia 84 – Palencia 112

LaVida
pl. Mayor 1 ✉ 47313 – ☎ 983 88 15 59 – www.lavida.es
17 hab – 62/95 € 68/108 €, 10 €
Rest – *(cerrado domingo noche, lunes y martes salvo Semana Santa y verano) (solo cena)* Carta 23/42 €

◆ Centro de turismo rural vinculado al enoturismo. Cuenta con un lagar que data de 1768, una sala de catas, un SPA y amplias habitaciones de ambiente rústico-actual. El restaurante, de línea actual, presenta un horno de leña y una carta tradicional de temporada.

ALEVIA – Asturias – ver Panes

ALGAIDA – Balears – ver Balears (Mallorca)

ALGAR – Cádiz – 578 W13 – 1 538 h. – alt. 204 m
1 B2

Madrid 664 – Sevilla 141 – Cádiz 90 – Gibraltar 163

Villa de Algar
camino Arroyo Vinateros ✉ 11639 – ☎ 956 71 02 75 – www.tugasa.com
20 hab – 36 € 60 €, 3 € **Rest** – *(cerrado martes)* Menú 11 €

◆ Ideal para los amantes de la naturaleza, pues está en plena serranía gaditana. En sus sencillas habitaciones, todas con terraza, disfrutará de la tranquilidad que ansía. En el restaurante, rústico y con chimenea, elaboran platos de sabor tradicional.

El ALGAR – Murcia – 577 T27 – 5 047 h.
23 B3

Madrid 457 – Alacant/Alicante 95 – Cartagena 15 – Murcia 64

José María Los Churrascos
av. Filipinas 22 ✉ 30366 – ☎ 968 13 60 28 – www.loschurrascos.com – cerrado domingo noche y lunes
Rest – Menú 38/55 € – Carta 40/75 €

◆ Llevado con profesionalidad y en familia, gozando de buen nombre en la zona gracias a la calidad del producto que ofrece. Clientela asidua, carta amplia y completa bodega.

ESPAÑA

ALGECIRAS – **Cádiz** – **578** X13 – **116 417 h.** – **Playas en El Rinconcillo y Getares** **1** B3

Madrid 681 – Cádiz 124 – Jerez de la Frontera 141 – Málaga 133

para Tánger y Ceuta : Cía Trasmediterránea, Recinto del Puerto, ✆ 902 45 46 45

Juan de la Cierva, ✆ 956 78 41 31

carretera de Tarifa ★★★

AC Algeciras sin rest, con cafetería por la noche
carret. del Rinconcillo ✉ 11200 – ✆ 956 63 50 60 – www.ac-hotels.com AY**b**
108 hab – †55/90 € ††55/113 €, ☕ 9 €
◆ Ofrece las características habituales de la cadena AC, combinando el diseño y el confort. Habitaciones de completo equipamiento, en las últimas plantas con buenas vistas.

en la autovía A 7 por ① : 4 km

Alborán hab,
Los Álamos ✉ 11205 Algeciras – ✆ 956 63 28 70 – www.hotelesalboran.com
79 hab ☕ – †60/90 € ††65/120 € **Rest** – Menú 12 € – Carta 22/44 €
◆ Agradable establecimiento orientado al cliente de negocios. Dispone de una completa zona social, con un bonito patio andaluz, y unas habitaciones de correcto confort. Restaurante sencillo y funcional.

ALGECIRAS

Calle		
Alta (Pl.)	BY	2
Cádiz (Carret. de)	BZ	3
Carteya	AZ, BZ	5
Cayetano del Toro	BZ	4
Conferencia (Pas. de la)	AYZ	8
Domingo Savio	AY	9
Duque de Almodóvar	BZ	10
Emilio Santacana	BY	14
Fray Tomás del Valle	BY	17
Fuente Nueva	AY	18
Fuerzas Armadas (Av. de las)	BY	20
José Antonio	BY	21
José Santacana	BZ	23
Juan de la Cierva	BZ	24
Marina (Av. de la)	BZ	26
Monet	BZ	27
Muñoz Cobos	BY	28
N.S. de la Palma (Pl.)	BY	29
Ramón Puyol (Av.)	AY	30
Regino Martinez	BY	31
Reyes Católicos	AZ	32
Salvador Allende	BY	33
Santiago Ramón y Cajal	BY	35
San Bernardo	BZ	34
Segismundo Moret (Av.)	BZ	36
Tarifa	BZ	37
Teniente Miranda	BY	39
Velarde	BZ	40
Vicente de Paul	AY	42
Virgen de Europa (Av.)	BY	43

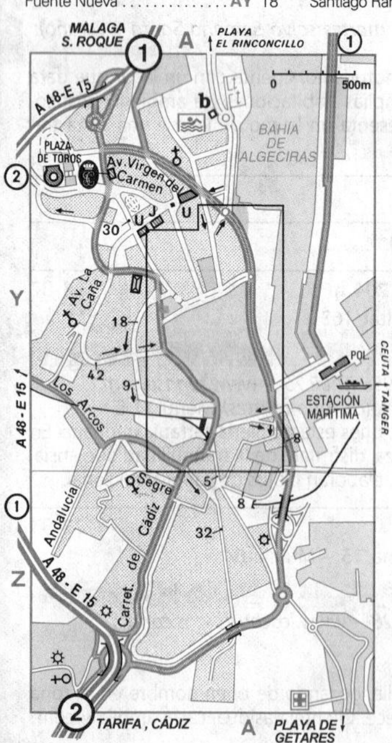

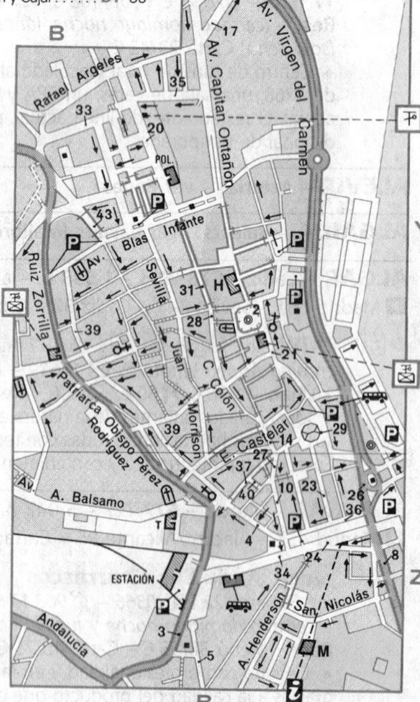

La ALHAMBRA – Granada – ver Granada

ALICANTE – Alicante – ver Alacant

ALJARAQUE – Huelva – **578** U8 – **18 443 h.** **1** A2

Madrid 652 – Faro 77 – Huelva 10

Bellavista, Noreste : 3 km, ✆ 959 31 90 17

La Plazuela

La Fuente 40 ✉ 21110 – ✆ 959 31 88 31 – cerrado domingo

Rest – Carta 25/55 €

◆ Bien conocido por su cocina internacional, que dedica un apartado especial a los platos tradicionales. Pequeña bodega en el sótano para aperitivos y comidas privadas.

ALLARIZ – Ourense – **571** F6 – **5 910 h.** – **alt. 470 m** **20** C3

Madrid 484 – Santiago de Compostela 124 – Ourense 24 – Viana do Castelo 181

Emilia Pardo Bazán, ✆ 988 44 20 08, www.allariz.com/turismo

AC Vila de Allariz sin rest

paseo do Arnado 1 ✉ 32660 – ✆ 988 55 40 40 – www.ac-hotels.com

38 hab – 70/140 € 105/210 €, 12 € – 1 suite

◆ Hotel con encanto situado en una idílica zona verde, junto al río Arnoia. Ofrece unas habitaciones de línea actual, la mayoría con terraza, y dos anexos, uno usado como SPA.

O Portelo sin rest

Portelo 20 ✉ 32660 – ✆ 988 44 07 40 – www.hoteloportelorural.com

12 hab – 43/49 € 54/60 €, 5 € – 1 suite

◆ ¡En el casco histórico! Presenta una acogedora zona social, con obras de Agustín Ibarrola, y coquetas habitaciones, la mayoría con las paredes en piedra y las vigas de madera.

Casa Tino Fandiño

Carcere 7 ✉ 32660 – ✆ 988 44 22 16 – www.tinofandinho.com – cerrado domingo noche

Rest – Menú 15 € – Carta 24/40 €

◆ Negocio instalado en un viejo horno de pan, con un bar a la entrada y varias salas rústico-modernas en las dos plantas superiores. Cocina gallega a precios asequibles.

Portovello

Parque Portovello ✉ 32660 – ✆ 988 44 23 29 – cerrado martes noche en invierno

Rest – Menú 16/20 € – Carta aprox. 31 €

◆ La belleza del entorno, en un parque junto al río, define esta antigua fábrica de curtidos de aire rústico. Balcón-terraza con hermosas vistas y cocina de sabor tradicional.

en Vilaboa Este : 1,2 km y desvío a la derecha

Vilaboa

rest, rest,

Vilaboa 101 ✉ 32667 Vilaboa – ✆ 988 44 24 24 – www.casaruralvilaboa.com – cerrado 22 diciembre - 22 de enero

7 hab – 52/58 € 65/68 €

Rest – *(cerrado lunes)* Carta 22/36 €

◆ Ocupa una vieja fábrica de curtidos que ha sido recuperada como casa rural, con los muros en piedra y un interior actual. Decoración sobria y mobiliario restaurado. Espacioso restaurante de cocina tradicional, con las paredes en piedra y los techos en madera.

La ALMADRABA (Playa de) – Girona – ver Roses

ALMAGRO - Ciudad Real - 576 P18 - 8 855 h. - alt. 643 m — 9 B3

Madrid 189 - Albacete 204 - Ciudad Real 23 - Córdoba 230

pl. Mayor 1, ☎ 926 86 07 17, www.ciudad-almagro.com

Pueblo típico★, Plaza Mayor★★ (Corral de Comedias★)

Parador de Almagro

Ronda de San Francisco 31 ✉ 13270 – ☎ 926 86 01 00 – www.parador.es

53 hab – †118/129 € ††148/161 €, ☕ 16 € **Rest** – Menú 32 €

◆ Instalado parcialmente en el convento de Santa Catalina, del s. XVI. Ofrece varios patios centrales y habitaciones de buen confort que sorprenden por sus detalles regionales. Su elegante comedor se complementa con un salón de desayunos en el refectorio.

La Casa del Rector sin rest

Pedro Oviedo 8 ✉ 13270 – ☎ 926 26 12 59 – www.lacasadelrector.com

27 hab – †100 € ††119 €, ☕ 11 € – 2 suites

◆ Esta casa solariega ofrece habitaciones totalmente personalizadas, unas rústicas, otras eclécticas y casi todas con hidromasaje. Anexo de diseño, hermoso patio regional y SPA.

Retiro del Maestre sin rest

San Bartolomé 5 ✉ 13270 – ☎ 926 26 11 85 – www.retirodelmaestre.com

26 hab ☕ – †60/90 € ††75/110 €

◆ Ocupa una céntrica casa-palacio del s. XVI dotada con dos patios, una coqueta zona noble y habitaciones de línea funcional. Combinan con gusto el mobiliario en madera y forja.

Casa Grande Almagro sin rest, con cafetería

Federico Relimpio 10 ✉ 13270 – ☎ 671 49 62 88 – www.casagrandealmagro.com – cerrado 24 diciembre-20 enero

19 hab ☕ – †45/75 € ††82/100 €

◆ Esta casa solariega presenta un patio central y habitaciones de buen confort general, unas clásicas, otras más actuales y todas con duchas de hidromasaje en los baños.

Hostería de Almagro Valdeolivo

Dominicas 17 ✉ 13270 – ☎ 926 26 13 66 – www.valdeolivo.com – cerrado del 15 al 31 de enero y del 15 al 30 de septiembre

8 hab – †71/107 € ††81/121 €, ☕ 8 €

Rest – *(cerrado domingo noche y lunes salvo festivos)* Carta 38/50 €

◆ Hotelito de organización plenamente familiar. Ofrece un salón social con chimenea, dos patios y confortables habitaciones, la mayoría de ellas con ducha de obra en los baños. En el restaurante, de línea clásica-actual, le propondrán una cocina tradicional.

El Corregidor

Jerónimo Cevallos 2 ✉ 13270 – ☎ 926 86 06 48 – www.elcorregidor.com – cerrado del 23 al 31 de julio y lunes

Rest – Menú 35/55 € – Carta 33/48 €

◆ Está formado por varias casas antiguas que comparten un patio central, donde montan la terraza. Curioso bar con el suelo empedrado y varias salas de ambiente rústico-regional.

ALMANSA - Albacete - 576 P26 - 25 654 h. - alt. 685 m — 10 D3

Madrid 325 - Albacete 76 - Alacant/Alicante 96 - Murcia 131

Blu

av. de Ayora 35 ✉ 02640 – ☎ 967 34 00 09 – www.hotelblu.es

69 hab ☕ – †80/125 € ††80/150 € – 1 suite

Rest – *(cerrado 23 julio-12 agosto, domingo noche y lunes)* Menú 13/20 € – Carta 18/36 €

◆ Presenta un interior definido por el diseño, con una completa zona social y un pequeño SPA. Las habitaciones resultan originales y están bien equipadas. Su restaurante, de estética actual, ofrece una carta con cocina tradicional y algún plato más creativo.

ESPAÑA

Los Rosales

vía de circunvalación 12 ✉ 02640 – ☎ 967 34 00 00 – www.hotellosrosales.com
47 hab – 26/33 € 43/59 €, ☕ 4 €
Rest – Menú 13 €
◆ La mayoría de sus habitaciones resultan sencillas y funcionales, aunque posee varias que disfrutan de un nivel superior. Cafetería espaciosa y con gente de paso. Su comedor, que presenta un estilo rústico-regional, elabora una carta tradicional y un menú.

Mesón de Pincelín

Las Norias 10 ✉ 02640 – ☎ 967 34 00 07 – www.pincelin.com – cerrado del 8 al 14 de enero, tres semanas en agosto, domingo noche y lunes
Rest – Carta aprox. 37 €
◆ Disfruta de un bar, con mesas altas para tapear, varias salas y tres privados, la mayoría de ambiente regional. Su carta tradicional tiene un apartado con guisos y arroces.

Maralba (Fran Martínez)

Violeta Parra 5 ✉ 02640 – ☎ 967 31 23 26 – www.maralbarestaurante.es – cerrado 10 días en noviembre, domingo noche, lunes noche y martes
Rest – Menú 38/55 € – Carta 40/45 €
Espec. Canelones de calamar en su tinta con leche de almendras y huevas de trucha. Nuestra visión de la lata de cabeza de cordero. Mantecado de vino.
◆ ¡Debe llamar al timbre para entrar! Encontrará dos salas y un reservado, todo de estética actual. Esta casa ofrece una cocina creativa que toma como base los ingredientes autóctonos de siempre... eso sí, con buena técnica y de gran calidad.

Bodegón Almansa

Corredera 118 ✉ 02640 – ☎ 967 34 03 00 – www.bodegonalmansa.com – cerrado del 13 al 27 de septiembre, domingo noche y martes
Rest – Menú 25 € – Carta 30/40 €
◆ Presenta un bar de raciones a la entrada, un privado y un comedor principal con las paredes en ladrillo visto. Carta tradicional completa y un apartado de guisos por encargo.

De Pintxos

Las Norias 30 ✉ 02640 – ☎ 967 31 86 42 – www.depintxosgastrobar.com
Rest – Tapa 3 € – Ración aprox. 13 €
◆ Aquí los pinchos, que se hacen al momento, se pueden degustar tanto en la barra, con mesas altas para tapear, como en el moderno comedor del sótano. ¡Hay un menú degustación de tapas y raciones!

ALMÀSSERA – Valencia – ver València

ALMENDRAL – Badajoz – 576 Q9 – 1 312 h. – alt. 324 m **17** B3

Madrid 405 – Badajoz 36 – Mérida 70 – Zafra 52

por la carretera N 435
Sur : 6 km y desvío a la izquierda (por paso elevado) 1 km

Rocamador

✉ 06160 Barcarrota – ☎ 924 48 90 00 – www.rocamador.com
30 hab – 105/299 € 130/299 €, ☕ 12 €
Rest – (es necesario reservar) Menú 60 € – Carta 27/57 €
◆ Aléjese del mundanal ruido en esta imponente finca de aire rústico, emplazada en plena dehesa extremeña. Resulta realmente encantador por la tranquilidad del entorno. El restaurante está instalado en la capilla del viejo edificio.

ALMENDRALEJO - Badajoz - **576** P10 - **33 975 h. - alt. 336 m** **17** B3

Madrid 368 - Badajoz 56 - Mérida 25 - Sevilla 172

Acosta Centro

pl. Extremadura ✉ 06200 - ☎ 924 66 61 11 - www.hotelacostacentro.com
110 hab - 60/80 € 60/100 €, 8 € - 5 suites
Rest - Menú 18/60 € - Carta 24/45 €

◆ Hotel de línea actual e interior funcional. Dispone de un amplio hall de entrada circular y unas habitaciones bastante cómodas, con sencillo mobiliario y modernos aseos. El restaurante se complementa con una agradable terraza y una gran cafetería pública.

Acosta Vetonia

av. de Europa, Noreste : 2 km ✉ 06200 - ☎ 924 67 11 51 - www.hotelacostavetonia.com
61 hab - 46/69 €, 5 € - 1 suite **Rest** - Carta 30/41 €

◆ Disfruta de una buena organización y un confort actual. Sus espaciosas habitaciones cuentan con mobiliario de calidad y todos los baños poseen columna de hidromasaje. Comedor de corte clásico, complementado en verano con una amplia terraza-barbacoa.

ALMERÍA P - **578** V22 - **190 013 h. - Playa** **2** D2

Madrid 550 - Cartagena 240 - Granada 171 - Jaén 232
de Almería por ② : 8 km ☎ 902 404 704
para Melilla : Cía. Trasmediterránea, Estación Marítima ☎902 45 46 45
Parque de Nicolás Salmerón, ☎ 950 17 52 20
pl. de la Constitución 1, ☎ 950 21 05 38, www.turismodealmeria.org
Alcazaba★ ★ AY - Catedral★ ABZ
Parque Natural de Cabo de Gata - Níjar★★ (playas de los Genoveses y Monsul★) Este : 29 km por ②

ESPAÑA

Planos páginas siguientes

Elba Almería sin rest, con cafetería

prolongación av. del Mediterráneo, por carret. Níjar-Los Molinos ✉ 04009 - ☎ 950 14 53 90 - www.hoteleselba.com
98 hab - 55/200 €, 6 € - 2 suites

◆ La amplitud y la luminosidad son sus notas dominantes. Ofrece habitaciones bien equipadas y modernas, todas con moqueta. Cafetería polivalente dotada con un pequeño comedor.

AC Almería

pl. Flores 5 ✉ 04001 - ☎ 950 23 49 99 - www.ac-hotels.com BY**e**
97 hab - 60/140 €, 11 € - 1 suite
Rest ***El Asador*** - ver selección restaurantes
Rest - Menú 39 €

◆ Ocupa dos edificios unidos interiormente y que han sido totalmente reformados para presentarse con una estética más moderna. Sus habitaciones poseen un buen confort. Cuenta con dos restaurantes, uno polivalente y otro, El Asador, con cierta fama en la ciudad.

Husa Gran Fama sin rest, con cafetería

av. del Mediterráneo, por carret. Níjar-Los Molinos ✉ 04006 - ☎ 950 14 50 39 - www.hotelhusagranfama.com
88 hab - 45/160 € 49/170 €, 10 €

◆ Conjunto de línea funcional dotado con varios salones panelables y unas espaciosas habitaciones, bien equipadas, con los suelos en parquet y de destacable insonorización.

Plaza Vieja

pl. de la Constitución 4 ✉ 04003 - ☎ 950 28 20 96 - www.plazaviejahl.com
10 hab - 75/110 € 135/160 €, 8 € BY**a**
Rest - Menú 25 € - Carta aprox. 40 €

◆ Se encuentra en la plaza del Ayuntamiento, con una agradable terracita en sus soportales y una decoración de contrastes, pues combina detalles árabes con otros muchos más actuales. Las habitaciones, bastante modernas, tienen murales alusivos a distintos puntos turísticos de la ciudad. Cafetería y gastrobar.

Torreluz III
pl. Flores 3 ✉ 04001 – ✆ 950 23 43 99 – www.torreluz.es BY**v**
98 hab – 🚹40/60 € 🚹🚹45/75 €, ☕ 8 €
Rest *Torreluz Mediterráneo* – ver selección restaurantes
Rest – *(en el Hotel Torreluz II)*
♦ Resulta bastante acogedor, tanto para el cliente de empresa como para el vacacional. Se presenta con una taberna rústica a la entrada y habitaciones de línea funcional-actual.

Costasol
paseo de Almería 58 ✉ 04001 – ✆ 950 23 40 11 – www.hotelcostasol.com
55 hab – 🚹🚹44/50 €, ☕ 5 € BZ**f**
Rest – *(cerrado sábado noche y domingo)* Menú 15 € – Carta 24/40 €
♦ Destaca por su emplazamiento en pleno centro. Ofrece un luminoso hall y habitaciones bien actualizadas, todas con los suelos en tarima y mobiliario clásico-funcional. El restaurante, de línea clásica-actual, combina su menú diario con una carta tradicional.

Torreluz II
pl. Flores 2 ✉ 04001 – ✆ 950 23 43 99 – www.torreluz.es BY**v**
24 hab – 🚹35/55 € 🚹🚹40/70 €, ☕ 8 € **Rest** – Menú 15 € – Carta 21/34 €
♦ Funciona como un satélite del Torreluz III, haciendo normalmente la recepción en este segundo hotel. Pequeña zona social y habitaciones funcionales con los suelos en moqueta. En su comedor, de uso polivalente, podrá degustar la cocina tradicional almeriense.

Torreluz Mediterráneo – Hotel Torreluz III
pl. Flores 1 ✉ 04001 – ✆ 950 28 14 25 – www.torreluz.es – cerrado domingo
Rest – Menú 22/40 € – Carta 27/51 € BY**e**
♦ Cuenta con una zona de mesas altas denominada "La Barra" y una buena sala a la carta en dos alturas, esta de montaje clásico-actual. Cocina tradicional con detalles actuales.

El Asador – Hotel AC Almería
Fructuoso Pérez 14 ✉ 04001 – ✆ 950 23 45 45 – www.ac-hotels.com – cerrado 30 julio-12 agosto y domingo BY**e**
Rest – Menú 39 € – Carta 26/68 €
♦ En este restaurante encontrará varias salas de cuidado ambiente castellano, todas con profusión de madera y atractivos detalles. Cocina de base tradicional bien actualizada.

Real
Real 15-1° ✉ 04001 – ✆ 950 28 02 43 – www.restaurantereal.es – cerrado 15 julio-15 agosto, domingo y miércoles noche BY**k**
Rest – Menú 20/30 € – Carta 35/48 €
♦ Casa señorial del s. XIX que ha sido rehabilitada. Los comedores y privados se distribuyen por sus bellas habitaciones, cada una con el nombre de una comarca almeriense.

Casa Sevilla
Rueda López (Galería Comercial) ✉ 04004 – ✆ 950 27 29 12 – www.casa-sevilla.com – cerrado domingo BZ**a**
Rest – Menú 35 € – Carta 26/66 €
♦ Coqueto restaurante ubicado dentro de unas galerías comerciales. Dispone de un buen bar de tapas seguido de varios comedores y privados. Carta de mercado y excelente bodega.

Valentín
Tenor Iribarne 19 ✉ 04001 – ✆ 950 26 44 75 – www.restaurantevalentin.es – cerrado domingo noche y lunes BY**n**
Rest – Carta 30/45 €
♦ Presenta un bar a la entrada y dos salas, la del sótano con atractivas paredes-botelleros en ladrillo visto. Cocina tradicional con pescados, mariscos y arroces por encargo.

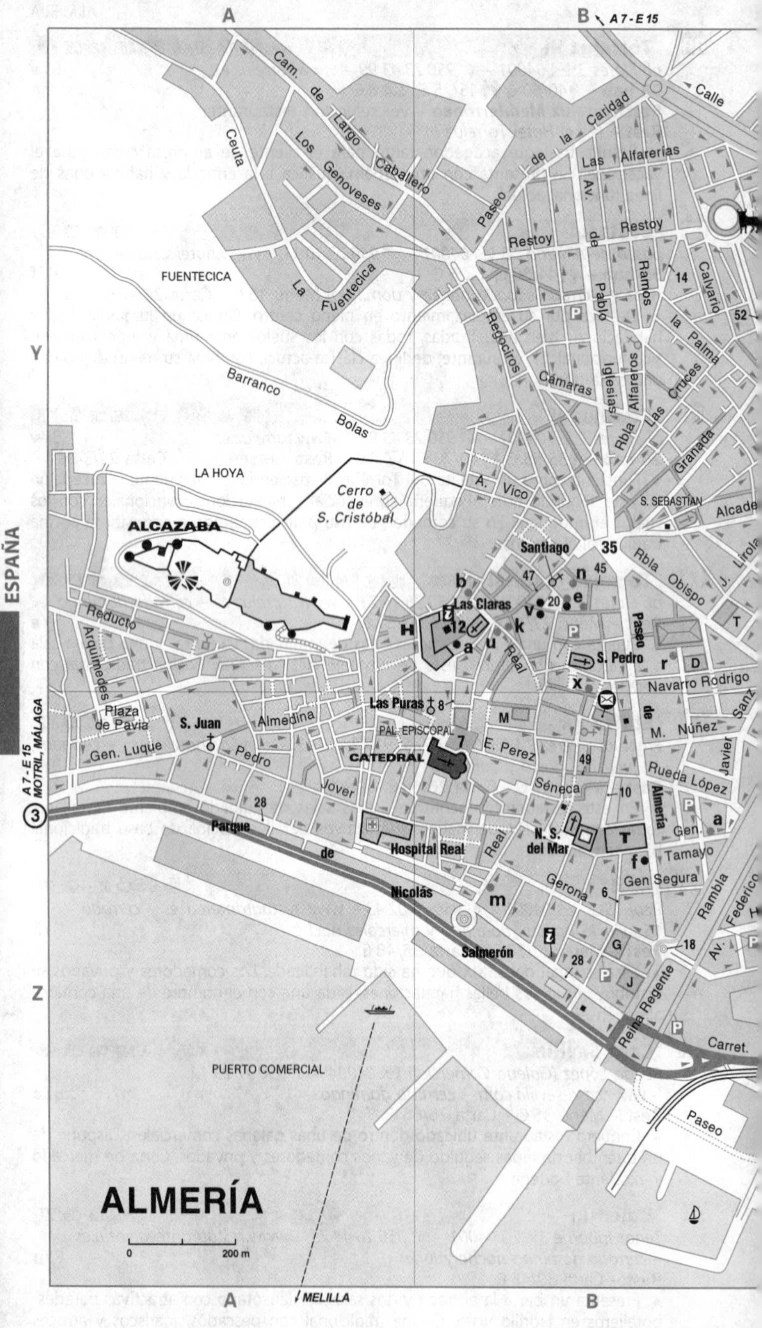
ALMERÍA
A
B
A 7 - E 15
Y
Z
FUENTECICA
LA HOYA
ALCAZABA
Cerro de S. Cristóbal
PUERTO COMERCIAL
MELILLA
A 7 - E 15 MOTRIL, MÁLAGA
Las Claras
Santiago
S. SEBASTIÁN
S. Pedro
Las Puras
PAL. EPISCOPAL
CATEDRAL
S. Juan
Plaza de Pavía
Hospital Real
N. S. del Mar
Parque de Nicolás Salmerón
Paseo de Almería
0
200 m

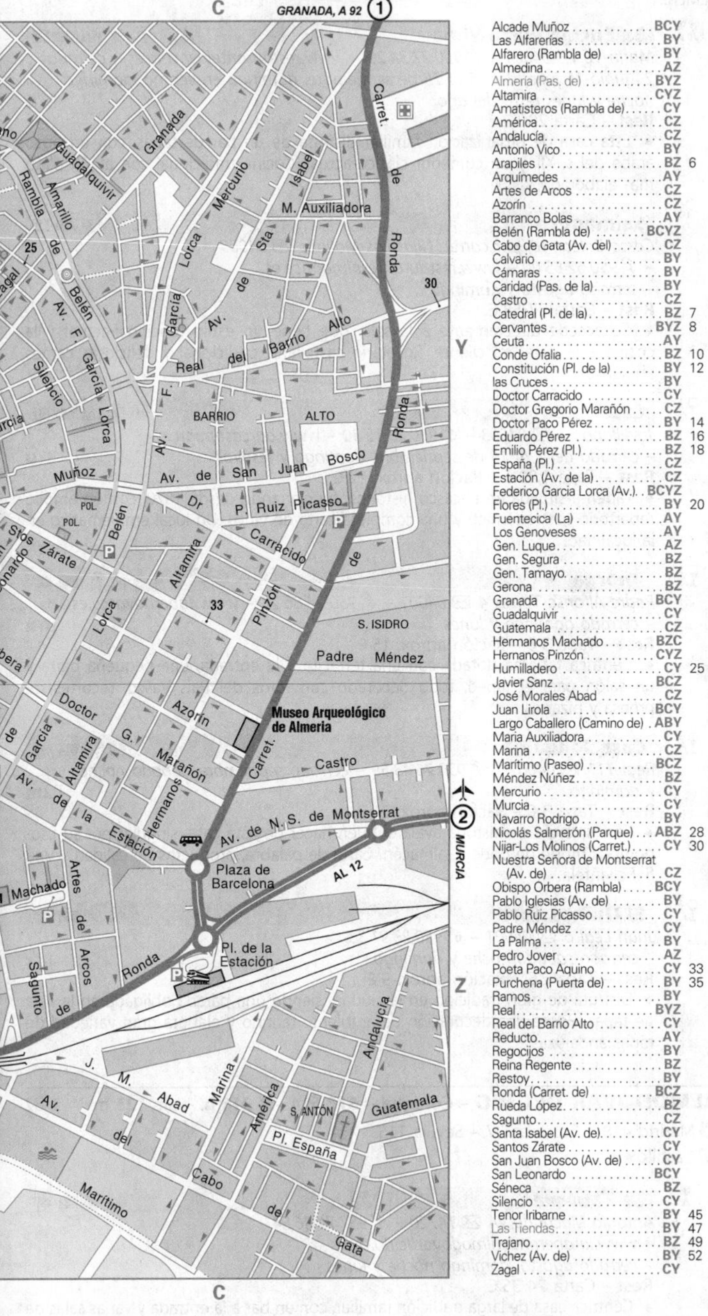

Alcade Muñoz	BCY	
Las Alfarerías	BY	
Alfarero (Rambla de)	BY	
Almedina	AZ	
Almería (Pas. de)	BYZ	
Altamira	CYZ	
Amatisteros (Rambla de)	CY	
América	CZ	
Andalucía	CZ	
Antonio Vico	BY	
Arapiles	BZ	6
Arquímedes	AY	
Artes de Arcos	CZ	
Azorín	CZ	
Barranco Bolas	AY	
Belén (Rambla de)	BCYZ	
Cabo de Gata (Av. del)	CZ	
Calvario	BY	
Cámaras	BY	
Caridad (Pas. de la)	BY	
Castro	CZ	
Catedral (Pl. de la)	BZ	7
Cervantes	BYZ	8
Ceuta	AY	
Conde Ofalia	BZ	10
Constitución (Pl. de la)	BY	12
las Cruces	BY	
Doctor Carracido	CY	
Doctor Gregorio Marañón	CZ	
Doctor Paco Pérez	BY	14
Eduardo Pérez	BZ	16
Emilio Pérez (Pl.)	BZ	18
España (Pl.)	CZ	
Estación (Av. de la)	CZ	
Federico Garcia Lorca (Av.)	BCYZ	
Flores (Pl.)	BY	20
Fuentecica (La)	AY	
Los Genoveses	AY	
Gen. Luque	AZ	
Gen. Segura	BZ	
Gen. Tamayo	BZ	
Gerona	BZ	
Granada	BCY	
Guadalquivir	CY	
Guatemala	CZ	
Hermanos Machado	BZC	
Hernanos Pinzón	CYZ	
Humilladero	CY	25
Javier Sanz	BCZ	
José Morales Abad	CZ	
Juan Lirola	BCY	
Largo Caballero (Camino de)	ABY	
Maria Auxiliadora	CY	
Marina	CZ	
Marítimo (Paseo)	BCZ	
Méndez Núñez	BZ	
Mercurio	CY	
Murcia	CY	
Navarro Rodrigo	BY	
Nicolás Salmerón (Parque)	ABZ	28
Nijar-Los Molinos (Carret.)	CY	30
Nuestra Señora de Montserrat (Av. de)	CZ	
Obispo Orbera (Rambla)	BCY	
Pablo Iglesias (Av. de)	BY	
Pablo Ruiz Picasso	CY	
Padre Méndez	CY	
La Palma	BY	
Pedro Jover	AZ	
Poeta Paco Aquino	CY	33
Purchena (Puerta de)	BY	35
Ramos	BY	
Real	BYZ	
Real del Barrio Alto	CY	
Reducto	AY	
Regocijos	BY	
Reina Regente	BZ	
Restoy	BY	
Ronda (Carret. de)	BCZ	
Rueda López	BZ	
Sagunto	CZ	
Santa Isabel (Av. de)	CY	
Santos Zárate	CY	
San Juan Bosco (Av. de)	CY	
San Leonardo	BCY	
Séneca	BZ	
Silencio	CY	
Tenor Iribarne	BY	45
Las Tiendas	BY	47
Trajano	BZ	49
Vichez (Av. de)	BY	52
Zagal	CY	

ESPAÑA

XX **La Encina Plaza Vieja**

Marín 16 ✉ 04003 – ☎ 950 27 34 29 – www.restaurantelaencina.es – cerrado 24 junio-15 julio, del 15 al 25 de septiembre, domingo en verano, domingo noche y lunes resto del año BY**b**

Rest – Carta 28/52 €

◆ Esta casa de organización familiar disfruta de un bar de tapas, con un pozo árabe del s. XII, y un comedor clásico-actual. Cocina tradicional con algún plato más elaborado.

X **Salmantice**

Costa Balear 16, por carret. Níjar-Los Molinos ✉ 04009 – ☎ 950 62 55 00 – www.restaurantesalmantice.es – cerrado agosto y domingo

Rest – Carta 27/58 €

◆ Se accede directamente a la sala, que tiene un estilo funcional-actual y la cocina a la vista del cliente. Recetario castellano tradicional y deliciosas carnes abulenses.

Casa Puga

Jovellanos 7 ✉ 04003 – ☎ 950 23 15 30 – www.barcasapuga.es – cerrado del 1 al 15 de septiembre, domingo y festivos BY**u**

Rest – Tapa 1,80 € – Ración aprox. 12 €

◆ Taberna situada en el casco histórico, funcionando desde 1870, con un amplio repertorio gastronómico y una completa carta de vinos. Un local emblemático en la localidad.

Añorga

Padre Alfonso Torres 4 ✉ 04001 – ☎ 950 26 86 23 – www.tabernavasca.es – cerrado domingo y lunes BY**x**

Rest – Tapa 3 € – Ración aprox. 15 €

◆ Céntrica taberna dotada con una terracita a la entrada, una pequeña barra y un salón para el tapeo, todo decorado con fotos del País Vasco, recortes de prensa y pizarras.

Casa Joaquín

Real 111 ✉ 04002 – ☎ 950 26 43 59 – cerrado septiembre, sábado noche y domingo BZ**m**

Rest – Tapa 3 € – Ración aprox. 21 €

◆ Casi un siglo de historia avala el buen hacer de esta casa, singular por su fisonomía a modo de bodega-almacén. Carta de palabra, productos de calidad y una fiel clientela.

El Quinto Toro

Juan Leal 6 ✉ 04001 – ☎ 950 23 91 35 – cerrado sábado noche y domingo BY**r**

Rest – Tapa 2 € – Ración aprox. 9 €

◆ Disfruta de gran tradición en la ciudad, siendo una parada obligada en la ruta de tapas. Posee una decoración de ambiente taurino y elabora gran variedad de tapas andaluzas.

ALMODÓVAR DEL RÍO – Córdoba – 578 S14 – 7 916 h. – alt. 123 m   1 B2

Madrid 418 – Córdoba 27 – Sevilla 115

Castillo★★

X **La Taberna**

Antonio Machado 24 ✉ 14720 – ☎ 957 71 36 84 – www.latabernadealmodovardelrio.com – cerrado agosto, domingo noche y lunes

Rest – Carta 24/35 €

◆ Céntrica casa de larga tradición familiar, con un bar a la entrada y varias salas de estilo clásico. Ofrece una carta de cocina regional y casera, a precios moderados.

ALMORADÍ - Alicante - 577 R27 - 19 598 h. - alt. 9 m 16 A3

Madrid 428 - Alacant/Alicante 52 - Cartagena 74 - Murcia 39

El Cruce

Camino de Catral 156, Norte : 1 km ✉ 03160 - ✆ 965 70 03 56 - cerrado 7 días en enero, 21 días en agosto, domingo noche y lunes

Rest - Carta 25/35 €

♦ Establecimiento de organización familiar, serio y cuidado. Goza de un acceso independiente, dos comedores y una bodega que se acondiciona como reservado.

El Buey

La Reina 94 ✉ 03160 - ✆ 966 78 15 93 - cerrado 21 días en agosto y lunes

Rest - *(solo almuerzo salvo viernes y sábado)* Menú 38/60 € - Carta aprox. 40 €

♦ Un amable matrimonio lleva con dedicación este pequeño restaurante, dotado con un bar a la entrada y un comedor de ambiente rústico-actual. Carta inventiva y de mercado.

La ALMUNIA DE DOÑA GODINA - Zaragoza - 574 H25 - 7 802 h. - alt. 366 m 3 B2

Madrid 270 - Tudela 87 - Zaragoza 52

El Patio

hab,

av. de Madrid 6 ✉ 50100 - ✆ 976 60 10 37 - www.hotelelpatio.es

41 hab - †30/40 € ††60/70 €, ☕ 6 €

Rest ***El Patio de Goya*** - ver selección restaurantes

Rest - *(cerrado domingo noche)* Menú 13/19 €

♦ Este céntrico hotel se presenta, tras su discreta fachada, con una pequeña zona social y unas habitaciones renovadas de adecuado confort, más de la mitad con la ducha bastante amplia.

El Patio de Goya - Hotel El Patio

av. de Madrid 6 ✉ 50100 - ✆ 976 60 10 37 - www.hotelelpatio.es

Rest - *(solo almuerzo salvo viernes y sábado)* Menú 30/45 € - Carta 30/42 €

♦ Bajando unas escaleras se accede a un comedor de ambiente rústico-actual, con las paredes en ladrillo visto y una cuidada iluminación. Su chef propone una carta actual y dos sugerentes menús, el denominado "goyesco" y otro de degustación.

ALMUÑÉCAR - Granada - 578 V18 - 27 703 h. - alt. 24 m - Playa 2 C2

Madrid 516 - Almería 136 - Granada 85 - Málaga 85

av. Europa, ✆ 958 63 11 25, www.almunecar.info

Castillo de San Miguel★

Casablanca

hab,

pl. San Cristóbal 4 ✉ 18690 - ✆ 958 63 55 75 - www.hotelcasablancaalmunecar.com

39 hab - †39/80 € ††48/90 €, ☕ 4 €

Rest - *(cerrado miércoles)* Menú 12 €

♦ Con su nombre evoca el edificio de estilo árabe en el que se emplaza. Ofrece habitaciones acogedoras y bien equipadas, destacando las que poseen terraza. En su comedor, que fue el origen del negocio, podrá degustar sabrosas carnes y pescados a la brasa.

El Chaleco

av. Costa del Sol 37 ✉ 18690 - ✆ 958 63 24 02 - www.elchaleco.com - cerrado del 2 al 31 de enero, domingo noche y lunes salvo verano

Rest - *(solo cena en julio-agosto)* Menú 20 € - Carta 25/35 €

♦ Bien llevado por sus propietarios, con ella en la sala y él a los fogones. En su comedor, repartido en dos espacios, le propondrán una cocina francesa con sugerencias diarias.

ESPAÑA

Mar de Plata
av Mar de Plata 3 ✉ 18690 – ✆ 958 63 30 79 – www.restaurantemardeplata.es – cerrado mayo y martes
Rest – Carta 16/34 €
◆ Casa bien llevada entre varios hermanos. En su sala, de línea clásica, podrá degustar una carta bastante variada, con sabrosos pescados a la sal y arroces los fines de semana.

al Oeste 2,5 km :

Playa Cotobro
paseo de Cotobro 1 (Playa de Cotobro) ✉ 18690 Almuñécar – ✆ 958 63 00 00 – www.hotelplayacotobro.com
60 hab – 45/120 € 60/145 € – 4 suites
Rest – Menú 15 € – Carta 31/49 €
◆ Hotel de estética actual ubicado frente a la playa. Presenta una zona social bastante colorista y habitaciones de línea actual-funcional, la gran mayoría con vistas al mar. El comedor, apoyado por una terraza, combina su menú del día con una carta tradicional.

ALMUSSAFES – Valencia – 577 O28 – 8 358 h. – alt. 30 m 16 B2

Madrid 402 – Albacete 172 – Alacant/Alicante 146 – València 21

Tryp Almussafes sin rest
av. de la Foia - Parque Empresarial Juan Carlos I ✉ 46440 – ✆ 961 74 43 00 – www.tryphotels.com – cerrado del 1 al 8 de enero
133 hab – 40/200 €, 11 €
◆ Ubicado en un polígono industrial y con un claro enfoque empresarial. Presenta el bar integrado en el hall, habitaciones de línea actual-funcional y una piscina con césped.

ALP – Girona – 574 E35 – 1 733 h. – alt. 1 158 m – 14 C1

Deportes de invierno en Masella, Sureste : 7 km : 18
Madrid 644 – Lleida/Lérida 175 – Puigcerdá 8

Casa Patxi
Orient 23 ✉ 17538 – ✆ 972 89 01 82 – www.casapatxi.com – cerrado 15 días en primavera, 15 días en otoño, martes noche y miércoles en abril, mayo, junio y noviembre
Rest – Menú 20 € – Carta 22/35 €
◆ Antigua casa de piedra, de ambiente rústico, dotada con un pequeño patio-jardín. Ofrece una cocina regional que destaca tanto por sus guisos como por sus carnes de caza.

ALPEDRETE – Madrid – 576 – 575 K17 – 13 163 h. – alt. 919 m 22 A2

Madrid 42 – Segovia 54

Sierra Real
Primavera 20 ✉ 28430 – ✆ 918 57 15 00 – www.hotelsierrareal.com
48 hab – 60/90 €
Rest – *(cerrado domingo noche)* Menú 20/30 € – Carta 38/50 €
◆ Hotel de línea clásica-actual desde cuya terraza-ático disfrutará de espléndidas vistas al valle y a la sierra de Guadarrama. Sus habitaciones presentan diferentes estilos. En el comedor, de impecable montaje, ofrecen una carta de tinte tradicional.

S'ALQUERIA BLANCA – Balears – ver Balears (Mallorca)

ALQUÉZAR – Huesca – 574 F30 – 313 h. – alt. 660 m 4 C1

Madrid 434 – Huesca 48 – Lleida/Lérida 105
Paraje★★ – Colegiata★
Cañón de río Vero★

Villa de Alquézar sin rest
Pedro Arnal Cavero 12 ✉ 22145 – ✆ 974 31 84 16 – www.villadealquezar.com – cerrado 24 diciembre-22 enero
31 hab – †55/71 € ††64/76 €
♦ Instalado en una casa señorial que fue residencia del rey Sancho Ramírez. Sus habitaciones son muy confortables, destacando las que brindan vistas a los cañones del río Vero.

Maribel sin rest
Arrabal ✉ 22145 – ✆ 974 31 89 79 – www.hotelmaribel.es
9 hab – †90/120 € ††120/180 €
♦ Este pequeño hotelito disfruta de unas excelentes instalaciones, combinando el lujo y el confort con una decoración personalizada que refleja detalles clásicos y modernos.

Santa María de Alquézar sin rest
paseo San Hipólito ✉ 22145 – ✆ 974 31 84 36 – www.hotel-santamaria.com
21 hab – †65/85 € ††70/90 €
♦ Ubicado en una localidad de gran tipismo. Ofrece habitaciones de estilo actual con profusión de madera y baños con ducha. Organizan deportes de aventura.

El ALQUIÁN – Almería – 578 V22 – 5 603 h. **2** D2

Madrid 556 – Almería 11 – Granada 169 – Lorca 136

por la carretera de Viator Noroeste : 2 km y desvío a la derecha 1,8 km

Bellavista
Llanos del Alquián ✉ 04130 El Alquián – ✆ 950 29 71 56 – www.restaurantebodegabellavista.com – cerrado del 16 al 31 de octubre, domingo noche y lunes
Rest – Carta 25/43 €
♦ Este negocio familiar trabaja mucho con banquetes, aunque sin descuidar al cliente de paso. Su nutrida carta ofrece gran variedad de pescados frescos y una excelente bodega.

ALTAFULLA – Tarragona – 574 I34 – 4 711 h. **13** B3

Madrid 581 – Barcelona 88 – Tarragona 15

Vila romana de Els Munts★(emplazamiento★★,termas★) Este : 3,5 Km

Gran Claustre
Del Cup 2 ✉ 43893 – ✆ 977 65 15 57 – www.granclaustre.com
39 hab – †100/165 € ††125/194 €
Rest *Bruixes de Burriac* – *(cerrado domingo noche y lunes)* Menú 27/45 € – Carta 29/53 €
♦ Instalado en un antiguo convento que ha sido completamente actualizado. Sus reducidas zonas sociales se ven compensadas con unas habitaciones personalizadas de buen confort. El pequeño restaurante ofrece una carta de corte regional con toques actuales.

ALTEA – Alicante – 577 Q29 – 24 006 h. – Playa **16** B3

Madrid 475 – Alacant/Alicante 57 – Benidorm 11 – Gandía 60

Sant Pere 9, ✆ 96 584 41 14, www.ayuntamientoaltea.es

Don Cayo, Norte : 4 km, ✆ 96 584 80 46

Tossal d'Altea
Partida Plà del Castell 96, Norte: 1 km ✉ 03590 – ✆ 966 88 31 83 – www.hoteltossalaltea.com
21 hab – †60/80 € ††85/105 € – 1 suite
Rest *Almàssera de Guillem* – Menú 25 € – Carta 25/37 €
♦ ¡Ideal para quien busque tranquilidad! Posee habitaciones de buen confort, unas con el mobiliario en madera, otras en forja y cinco abuhardilladas con terraza. El restaurante, decorado con objetos de la antigua almazara, ofrece una carta clásica-regional.

Altaya hab,

Sant Pere 28 (zona del puerto) ✉ 03590 – ✆ 965 84 08 00 – www.hotelaltaya.com
24 hab – 50/100 € 69/130 €, 9 € **Rest** – Menú 10/22 €
♦ ¡En 1ª línea de playa! La zona social, con vistas al mar, resulta escasa, sin embargo esto se compensa con unas confortables habitaciones, muchas con detalles de azulejos. Su restaurante ofrece una sencilla cocina mediterránea y está especializado en arroces.

Oustau de Altea

Mayor 5 (casco antiguo) ✉ 03590 – ✆ 965 84 20 78 – www.oustau.com – cerrado febrero y lunes salvo julio-septiembre
Rest – *(solo cena)* Carta 23/28 €
♦ En la parte más atractiva del casco viejo. Disfruta de una distribución en tres espacios, con un estilo rústico elegante y algunos detalles de diseño. Refrescante terraza.

Racó de Toni

La Mar 127 (zona del puerto) ✉ 03590 – ✆ 965 84 17 63 – cerrado del 1 al 15 de noviembre y domingo noche
Rest – Menú 40 € – Carta 36/45 €
♦ El ambiente entrañable y la típica decoración taurina recrean un buen entorno para disfrutar su carta tradicional. Correcto servicio aunque las mesas están algo apretadas.

ESPAÑA

por la carretera de València :

SH Villa Gadea hab,

partida de Villa Gadea, Noreste : 3,5 km ✉ 03599 Altea – ✆ 966 81 71 00 – www.sh-hoteles.com
186 hab – 114/250 € 119/353 €, 18 € – 15 suites
Rest – Menú 35/45 €
♦ ¡En 1ª línea de playa y con terraza en todas las habitaciones! Destaca tanto por sus vistas al mar como por su SPA, con un centro de talasoterapia. Encontrará tres restaurantes, el de la planta baja dedicado al buffet y los otros a la cocina internacional.

ALTO CAMPÓO – Cantabria – ver Reinosa

ALTO DE MEAGAS – Guipúzcoa – ver Getaria

ALZIRA – Valencia – 577 O28 – 44 758 h. – alt. 24 m 16 B2

Madrid 386 – Valencia 44 – Alacant / Alicante 155

Cami Vell

Colón 51 ✉ 46600 – ✆ 962 41 25 21 – www.camivell.com – cerrado Semana Santa y domingo
Rest – Carta 35/50 €
♦ Casa de gestión familiar y ambiente rústico que ha tomado impulso con la incorporación al negocio de las nuevas generaciones. De sus fogones surge una cocina muy interesante, pues combina en su justa medida la tradición con la vanguardia.

Cami Vell

Colón 51 ✉ 46600 – ✆ 962 41 25 21 – www.camivell.com – cerrado Semana Santa y domingo
Rest – Tapa 3 € – Ración aprox. 9 €
♦ ¡Demuestra un buen nivel gastronómico y se viste con hermosos azulejos! Aunque este bar de tapas funciona como zona de acceso al restaurante, sin duda, merece su mención independiente, pues tiene su propia carta de tapas y aperitivos.

L'AMETLLA DE MAR – Tarragona – 574 J32 – 7 594 h. – alt. 20 m – Playa 13 A3

Madrid 509 – Castelló de la Plana/Castellón de la Plana 132 – Tarragona 50 – Tortosa 33

St. Joan 55, ✆ 977 45 64 77, www.ametllamar.cat

L'Alguer sin rest
Mar 20 ✉ 43860 – ✆ 977 49 33 72 – www.hotelalguer.net – Semana Santa-octubre
37 hab ☕ – †33/42 € ††54/76 €
◆ Hotel de línea clásica-funcional situado en el centro de la localidad. Dispone de unas correctas zonas sociales y habitaciones de suficiente confort, con los baños completos.

Del Port sin rest
Major 11 ✉ 43860 – ✆ 977 45 70 43 – www.hoteldelportametlla.cat – cerrado 25 diciembre-2 enero
16 hab – †32/45 € ††55/69 €, ☕ 5 €
◆ La reducida zona social se ve compensada por su privilegiada ubicación en el puerto pesquero y por sus habitaciones, algo funcionales aunque con mobiliario actual.

L'Alguer
Trafalgar 21 ✉ 43860 – ✆ 977 45 61 24 – www.restaurantalguer.com – cerrado 15 diciembre-15 enero y lunes
Rest – Carta 24/53 €
◆ Restaurante situado en 1ª línea de playa. Posee un interior actual, con dos salas acristaladas, una terraza y mobiliario clásico de buen nivel. Carta de pescados y mariscos.

La Llotja
Sant Roc 23 ✉ 43860 – ✆ 977 45 73 61 – www.lallotjarestaurant.cat – cerrado 7 días en diciembre, 7 días en abril, del 15 al 30 de septiembre, martes (octubre-mayo) y lunes
Rest – Carta 38/50 €
◆ Pequeño, acogedor y de aire rústico, aunque complementan la sala interior con una atractiva terraza techada a la entrada. De sus fogones surge una cocina tradicional de base marinera, con detalles actuales y cuidadas presentaciones.

L'AMETLLA DEL VALLÈS – Barcelona – 574 G36 – 8 112 h. – alt. 312 m — 15 B2

Madrid 648 – Barcelona 38 – Girona/Gerona 83

Buganvilia
carret. Sant Feliu de Codinas 75 ✉ 08480 – ✆ 938 43 18 00 – www.restaurantbuganvilia.com
Rest – *(solo almuerzo salvo viernes, sábado, vísperas y festivos)* Menú 23/35 € – Carta 29/49 €
◆ Negocio familiar situado en una zona residencial. Ofrece diversas salas de aspecto actual y una correcta bodega acristalada. Interesante cocina regional y de temporada.

La Masía
passeig Torregassa 77 ✉ 08480 – ✆ 938 43 00 02 – www.lamasiadelametlla.com – cerrado domingo noche
Rest – Menú 19 € – Carta 30/46 €
◆ Restaurante de tradición familiar instalado en una masía de principios del s. XX. Posee un luminoso comedor, dos salas de banquetes y un privado, todo de aire clásico-antiguo.

AMOREBIETA-ETXANO – Vizcaya – 573 C21 – 17 969 h. – alt. 70 m — 25 A3

Madrid 415 – Bilbao 21 – Donostia-San Sebastián 79 – Vitoria-Gasteiz 51

Konbenio sin rest
Konbenio 7 ✉ 48340 – ✆ 946 30 01 87 – www.hotelkonbenio.com – cerrado del 1 al 7 de enero
9 hab – †43 € ††60 €, ☕ 6 €
◆ Edificio de interesante pasado histórico. Ofrece unas habitaciones cálidas que combinan el mobiliario antiguo y el moderno, con techos en madera y baños de plato ducha.

ESPAÑA

en Boroa Noroeste : 3,6 km

Boroa

✉ *48340 Amorebieta-Etxano – ☎ 946 73 47 47 – www.boroa.com – cerrado del 1 al 15 de enero, del 15 al 31 de agosto y domingo noche*
Rest – Menú 30/60 € – Carta 39/56 €
Espec. Carpaccio de vieira en guacamole y wasabi, gelatina de tomate y vegetales yodados. Cola de cigala y kokotxas de merluza con ensalada caliente de mar en texturas y cristal de citricos. Salmonetes asados en su jugo, con ajos tiernos y ñoquis de patata a la pimienta negra de Rimbas.
♦ Instalado en un caserío vasco del s. XV, bien rehabilitado y en un bello entorno natural. Posee una taberna típica y varios comedores rústicos definidos por el uso de la piedra y la madera. Su carta combina la cocina vasca tradicional con otra más innovadora.

L'AMPOLLA – Tarragona – 574 J32 – 3 540 h. 13 A3

Madrid 541 – Barcelona 159 – Tarragona 67

Flamingo hab, rest,

ronda del Mar 58 ✉ 43895 – ☎ 977 59 38 16 – www.hotelflamingo.cat
66 hab – †60/86 € ††76/119 €
Rest – Carta 26/42 €
♦ Hotel de línea actual emplazado en 1ª línea de playa. Ofrece suficientes zonas nobles y habitaciones bien equipadas, tanto para el cliente de empresa como para el vacacional. El restaurante destaca por sus grandes cristaleras, por ello, aquí podrá combinar la cocina tradicional con unas buenas vistas al mar.

ESPAÑA

AMPUDIA – Palencia – 575 G15 – 609 h. – alt. 790 m 11 B2

Madrid 243 – León 115 – Palencia 25 – Valladolid 35

Posada de la Casa del Abad de Ampudia

pl. Francisco Martín Gromaz 12 ✉ 34191 – ☎ 979 76 80 08 – www.casadelabad.com
24 hab – †60/150 € ††75/170 €, 12 €
Rest *El Arambol* – *(cerrado domingo noche y lunes)* Menú 45/60 €
♦ Excelente reconstrucción de una posada del s. XVII usando materiales originales. Combina habitaciones de cuidado estilo rústico con otras de estética totalmente moderna. Restaurante de buen montaje, con la piedra y la madera como protagonistas del entorno.

AMPUERO – Cantabria – 572 B19 – 4 183 h. – alt. 11 m 8 C1

Madrid 457 – Santander 51 – Vitoria/Gasteiz 127 – Bilbao 69
Santuario de Nuestra Señora La Bien Aparecida ✱★ Suroeste : 4 km

en La Bien Aparecida Suroeste : 5 Km

Solana (Ignacio Solana)

La Bien Aparecida 11 ✉ 39849 Ampuero – ☎ 942 67 67 18 – www.restaurantesolana.com – cerrado 15 días en noviembre, domingo noche y lunes
Rest – *(solo almuerzo salvo fines de semana y verano)* Menú 45/80 € – Carta 35/58 €
Espec. Verduras de temporada en texturas. Merluza rellena de centollo al revés. Tostada de pan brioche caramelizada con su helado.
♦ Se encuentra junto al Santuario de la Bien Aparecida, patrona de Cantabria, y destaca por las vistas al valle que ofrece su comedor. Encontrará una cocina actual de buen nivel, con platos tradicionales, y una atractiva bodega visitable.

AMURRIO – Álava – 573 C21 – 10 050 h. – alt. 219 m 25 A2

Madrid 372 – Bilbao 37 – Burgos 138 – Vitoria-Gasteiz 45

al Oeste : 2 km

XX **El Refor**

Maskuribai 21 ✉ 01470 Amurrio – ✆ 945 39 33 14 – www.elrefor.com

Rest – *(solo almuerzo salvo viernes y sábado)* Carta 26/50 €

◆ Ocupa parte de un antiguo edificio en piedra, con una terraza, un bar y una sala en la que separan, mediante biombos, la zona a la carta de la del menú. Cocina tradicional.

ANDRÍN – Asturias – 572 B15 – 157 h. 5 C1

Madrid 441 – Gijón 99 – Oviedo 110 – Santander 94

Del Norte sin rest y sin

La Baduga ✉ 33596 – ✆ 985 41 71 56 – www.hoteldelnorteandrin.com – abril-15 octubre

16 apartamentos – ††60/80 €

◆ Conjunto formado por tres edificios repartidos en una finca. Ofrece un amplio jardín y cálidos apartamentos, algunos tipo dúplex y los de planta baja con su propia terraza.

La Boriza sin rest

✉ 33596 – ✆ 985 41 70 49 – www.hotellaboriza.es – marzo-15 octubre

11 hab – †51/94 € ††64/73 €

◆ Hotelito familiar en un edificio moderno que rememora la arquitectura rural. Coqueto salón social con chimenea, y habitaciones con mobiliario escogido y baños actuales.

ANDÚJAR – Jaén – 578 R17 – 39 171 h. – alt. 212 m 2 C2

Madrid 321 – Córdoba 77 – Jaén 66 – Linares 41

Localidad★ – Iglesia de Santa María (reja★) – Cristo en el huerto de los Olivos★★ – iglesia de San Bartolomé (portadas góticas★)

Parque Natural de la Sierra de Andújar★ : carretera en cornisa <★★ Norte : 32 km

X **Los Naranjos**

Guadalupe 4 ✉ 23740 – ✆ 953 51 03 90 – cerrado martes

Rest – Carta 25/35 €

◆ Restaurante de estilo clásico-provenzal dotado con dos entradas, una independiente y la otra por la cafetería. Carta de cocina tradicional con algún plato típico de la zona.

Los ÁNGELES – A Coruña – ver Os Ánxeles

ANGLÈS – Girona – 574 G37 – 5 560 h. – alt. 181 m 15 A1

Madrid 676 – Barcelona 96 – Girona/Gerona 18 – Vic 51

XX **L'Aliança d'Anglès** (Lluis Feliu)

Jacint Verdaguer 3 ✉ 17160 – ✆ 972 42 01 56 – www.restaurantalianca.com – cerrado Navidades, 15 julio-15 agosto, domingo noche, lunes y martes noche

Rest – Menú 30/52 € – Carta 33/62 €

Espec. Cigala, macarrones, parmesano y su boloñesa. Arroz, azafrán y cohombros de mar (min. 2 personas). Sardinas, pan, vino y azúcar.

◆ Está instalado en un elegante edificio de 1919 que en su día funcionó como casino y club social de la localidad. La agradable sala principal se presenta hoy a modo de café antiguo, conservando los bellísimos suelos de la época. Cocina creativa bien elaborada.

ESPAÑA

ANSERALL - Lleida - 574 E34 - 826 h. 13 B1

Madrid 602 - Lleida/Lérida 142 - Andorra la Vella 18 - Barcelona 171

al Norte 2,5 km

XX **Masia d'en Valentí**

carret. N 145 ✉ 25798 Anserall - ☎ 973 35 31 40 - cerrado del 1 al 15 de julio y miércoles

Rest - Carta 24/34 €

◆ Casa rural con la fachada parcialmente acristalada. Ofrece dos salas, la de la planta baja para la carta y la del piso superior para grupos. Interesante cocina regional.

ANTEQUERA - Málaga - 578 U16 - 45 234 h. - alt. 512 m 1 B2

Madrid 521 - Córdoba 125 - Granada 99 - Jaén 185

pl. de San Sebastián 7, ☎ 95 270 25 05, www.antequera.es

urb. Antequera Golf,, camino Gandía, ☎ 95 170 19 00

Localidad★ - Alcazaba ≤★ - Museo Municipal (Efebo de Antequera★) - Colegiata de Santa María★

Noreste : Los dólmenes★ (cuevas de Menga, Viera y del Romeral) - El Torcal★★ Sur : 16 km - Carretera★ de Antequera a Málaga ≤★★. Desfiladero de Los Gaitanes★★ - Álora (pueblo★) Suroeste : 37 km

Parador de Antequera hab,

paseo García del Olmo 2 ✉ 29200 - ☎ 952 84 02 61 - www.parador.es

55 hab - †106/114 € ††132/142 €, ☕ 16 € **Rest** - Menú 32 €

◆ Se presenta completamente renovado y actualizado, con un interior de ambiente moderno y predominio de los tonos blancos. Confortables habitaciones de línea actual-funcional. Su luminoso restaurante ofrece una cocina de tinte regional y buenas vistas.

Antequera Golf hab, rest,

urb. Santa Catalina, Noroeste : 1,5 km ✉ 29200 - ☎ 902 54 15 40 - www.antequeragolf.com

180 hab ☕ - †50/85 € ††50/105 €

Rest - Menú 20/80 € - Carta aprox. 34 €

◆ Muy enfocado a reuniones y convenciones. Encontrará un buen hall con detalles de diseño, unas habitaciones de línea clásica-actual, abuhardilladas en la 3ª planta, y un SPA.

Finca Eslava hab,

carret. A-7281 - km 4, Norte : 2 km ✉ 29200 - ☎ 952 84 49 34 - www.hotelfincaeslava.com

30 hab - †73/87 € ††91/108 €, ☕ 8 € **Rest** - Carta 25/42 €

◆ Emplazado en un atractivo cortijo del s. XVIII. Disfruta de un bonito patio central, espaciosas habitaciones, todas de línea clásica, y un centro deportivo bastante completo. El restaurante se complementa con una cafetería rústica y un gran salón de banquetes.

XX **Reina**

San Agustín 1 ✉ 29200 - ☎ 952 70 30 31 - cerrado lunes

Rest - Menú 60 € - Carta 30/40 €

◆ Este agradable restaurante se presenta con tres salas y un privado, todos ellos de línea clásica. Ofrece una cocina propia del recetario tradicional y un menú degustación.

al Suroeste 6 km

La Magdalena hab,

urb. Antequera Golf ✉ 29200 - ☎ 902 54 15 40 - www.hotellamagdalena.com

21 hab ☕ - ††83/138 € **Rest** - Menú 30/50 € - Carta 30/45 €

◆ Instalado junto al paraje natural de El Torcal, en un hermoso convento del s. XVI. Zona para eventos en la antigua iglesia, habitaciones de buen confort y un SPA. El comedor se reparte en dos partes, una en el invernadero y la otra en lo que fue el refectorio.

en la antigua carretera de Málaga Este : 2,5 km

Lozano hab,

av. Principal 2 ✉ 29200 Antequera – ✆ 952 84 27 12 – www.hotel-lozano.com
52 hab – 45 € 56 €
Rest – Menú 18/34 €
◆ A la entrada de la localidad. Este negocio compensa su reducida zona social con unas habitaciones de línea clásica-actual, repartidas en dos plantas y de buen equipamiento. Comedor de montaje funcional donde se trabaja tanto el menú como la carta.

por la carretera N 331 Norte : 18 km

Caserío de San Benito

cruce carret. de Alameda (salida 86) ✉ 29200 Antequera – ✆ 952 11 11 03 – www.caseriodesanbenito.com
Rest – *(solo almuerzo salvo viernes, sábado y julio-15 septiembre)* Carta 18/36 €
◆ Edificio construido en el campo a modo de caserío antiguo, con numerosos motivos rústicos y una ermita anexa que sirve como museo etnográfico. Cocina casera y platos copiosos.

ANTIGUA – Las Palmas – ver Canarias (Fuerteventura)

Os ÁNXELES (Los ÁNGELES) – A Coruña – **571** D3 **19** B2

Madrid 613 – Santiago de Compostela 14 – A Coruña 92 – Pontevedra 59

Balneario de Compostela hab,

carret. C-543 - km 8,5 ✉ 15280 – ✆ 981 55 90 00 – www.hbcompostela.com
55 hab – 68/75 € 84/94 € – 4 suites – 4 apartamentos
Rest – Menú 15/23 € – Carta 22/34 €
◆ Confortables habitaciones y mobiliario funcional. El balneario anexo, que data de 1813, ofrece unas completísimas instalaciones, con aguas minero-medicinales, gimnasio y SPA. En su restaurante encontrará platos fieles a la tradición gallega.

Casa Rosalía

Soigrexa 19 ✉ 15280 – ✆ 981 88 75 80 – www.hotelcasarosalia.com – cerrado 18 diciembre-18 enero
29 hab – 40/60 € 50/85 €
Rest – *(cerrado domingo noche y lunes)* Carta 25/35 €
◆ Antigua casa de labranza que con su nombre rinde un homenaje a la poetisa gallega. La piedra y la madera toman el protagonismo en esta cálida construcción. Las salas del restaurante, de marcado ambiente rústico, rodean un bello patio interior acristalado.

AOIZ – Navarra – ver Agoitz

ARACENA – Huelva – **578** S10 – **7 739 h.** – **alt. 682 m** **1** A2

Madrid 514 – Beja 132 – Cáceres 243 – Huelva 108
Pozo de la Nieve, ✆ 663 93 78 77, www.aracena.es
Localidad★ – Gruta de las Maravillas★★★
Sur : Parque Natural, Sierra de Aracena y Picos de Aroche★★

Aracena Park H.

carret. Sevilla-Lisboa (N 433) - km 88 ✉ 21200 – ✆ 959 12 79 59 – www.aracenapark.es
69 hab – 85/130 €, 12 € – 12 apartamentos
Rest – *(solo almuerzo salvo viernes y sábado)* Menú 27 €
◆ Se encuentra en un alto con buenas vistas, tanto a la localidad como a la sierra de Aracena. Varias zonas comunes, completo SPA, habitaciones amplias y villas independientes. En su restaurante encontrará una carta variada, propia de un gusto internacional.

ESPAÑA

La Casa Noble sin rest
Campito 35 ✉ 21200 – ✆ 959 12 77 78 – www.lacasanoble.net
6 hab – †110/153 € ††123/172 €, ☕ 14 €
◆ Una casa señorial que, resultando algo sencilla en su funcionamiento, sorprende por cómo mima a los clientes. Encontrará unas estancias muy bien personalizadas y de ambiente clásico-actual, todas cuidadas hasta los más nimios detalles.

Montecruz de Aracena
pl. San Pedro 36 ✉ 21200 – ✆ 959 12 60 13 – www.restaurantemontecruz.com – cerrado del 1 al 15 de julio
Rest – Carta 26/40 €
◆ Restaurante rústico con detalles actuales. Presenta una terraza, un pequeño bar y dos salas, la del piso superior de mejor montaje. Su carta, tradicional pero con especialidades serranas, no se ha olvidado de los diabéticos y los celíacos.

José Vicente
av. Andalucía 53 ✉ 21200 – ✆ 959 12 84 55 – cerrado del 1 al 15 de julio y martes
Rest – *(solo almuerzo salvo viernes, sábado y verano)* Menú 25 € – Carta aprox. 35 €
◆ Ofrecen una modesta carta de cocina casera, siendo las setas y los productos derivados del cerdo los grandes protagonistas. ¡Cuenta con una tienda de productos típicos!

ARANDA DE DUERO – Burgos – 575 G18 – 33 154 h. – alt. 798 m — 12 C2

Madrid 156 – Burgos 83 – Segovia 115 – Soria 114
pl. Mayor, ✆ 947 51 04 76, www.arandadeduero.es
Peñaranda de Duero (plaza Mayor★) – Palacio de Avellaneda★ : artesonados★ Este : 18 km

Villa de Aranda sin rest
San Francisco 1 ✉ 09400 – ✆ 947 54 66 74 – www.hotelvilladearanda.com
27 hab – †69/152 € ††79/162 €, ☕ 8 €
◆ Instalado en un edificio de principios del s. XX que ha sido rehabilitado. Ofrece una reducida zona social y habitaciones bien equipadas, todas de línea actual-funcional.

Alisi sin rest
av. Castilla 25 ✉ 09400 – ✆ 947 04 80 58 – www.hotel-alisi.com
37 hab – †50/55 € ††70/85 €, ☕ 7 €
◆ Se encuentra a la entrada de la ciudad y destaca por su impecable mantenimiento, con habitaciones clásicas de buen confort general, suelos en tarima y los baños en mármol.

Julia sin rest
pl. de la Virgencilla ✉ 09400 – ✆ 947 50 12 00 – www.hoteljulia.es
60 hab – †42 € ††66 €, ☕ 4 €
◆ Conjunto clásico cuya zona noble se viste con bellas esculturas y piezas de anticuario. Las habitaciones resultan algo reducidas, aunque están personalizadas en su decoración.

Mesón de la Villa
La Sal 3 ✉ 09400 – ✆ 947 50 10 25 – cerrado del 13 al 30 de octubre, domingo noche y lunes
Rest – Menú 39/63 € – Carta 26/50 €
◆ Acreditado negocio que continúa la línea tradicional marcada desde sus fogones. Comedor de estilo castellano con sencillo servicio de mesa y amplia bodega subterránea.

Casa José María
Carrequemada 3 ✉ 09400 – ✆ 947 50 80 43 – cerrado del 20 al 30 de junio y miércoles noche
Rest – Carta 30/42 €
◆ Céntrico establecimiento de organización familiar. Cuenta con unos sobrios comedores de estilo neorrústico, con las paredes en ladrillo visto y las mesas algo apretadas.

El Lagar de Isilla

Isilla 18 ✉ 09400 – ✆ 947 51 06 83 – www.lagarisilla.es – cerrado domingo noche
Rest – Carta 30/42 €
◆ Ofrece un buen bar de tapas, dos salas de aire castellano, con el horno de leña a la vista, y una bodega visitable que data del s. XV. Asados, pescados y carnes a la brasa.

Casa Florencio

Isilla 14 ✉ 09400 – ✆ 947 50 02 30 – www.casaflorencio.com
Rest – *(solo almuerzo)* Menú 25/43 € – Carta 26/42 €
◆ Presenta una tienda de embutidos en la entrada, un horno de leña a la vista y varios comedores de aire rústico, destacando por su confort y decoración el del piso superior.

en la antigua carretera N I :

Tudanca Aranda

hab,

salida 152 ó 153 autovía, Sur : 6,5 km ✉ 09400 Aranda de Duero – ✆ 947 50 60 11 – www.tudanca-aranda.com
38 hab – †60/120 € ††60/160 €, 11 € – 2 suites
Rest – Carta aprox. 40 €
◆ Hotel de carretera rodeado de viñedos, con un gran hall y cómodas habitaciones dotadas de mobiliario clásico-castellano. También ofrece estancias más sencillas, tipo motel. Buen restaurante de estética tradicional castellana ubicado en un edificio anexo.

por la carretera N 122 Oeste : 5,5 km y desvío a la izquierda 2 km

Torremilanos

hab,

Finca Torremilanos ✉ 09400 Aranda de Duero – ✆ 947 51 28 52 – www.torremilanos.com
37 hab – †96/106 € ††131/146 €
Rest – Menú 25 € – Carta 36/52 €
◆ Edificio en piedra ubicado en una extensa finca de viñedos. Ofrece unas zonas nobles polivalentes y habitaciones de buen confort general, las más nuevas de línea moderna. El restaurante disfruta de un estilo clásico y cuenta con varias salas para banquetes.

ESPAÑA

ARANJUEZ – Madrid – 576 – 575 L19 – 55 054 h. – alt. 489 m   22 B3

Madrid 47 – Albacete 202 – Ciudad Real 156 – Cuenca 147

pl. de San Antonio 9, ✆ 91 891 04 27, www.aranjuez.es

Reales Sitios★★ : Palacio Real★ (salón de porcelana★★), parterre y Jardín de la Isla★ AX – Jardín del Príncipe★★ (Casa del Labrador★★, Casa de Marinos : falúas reales★★) BX

Plano página siguiente

Doña Francisca sin rest

Capitán Angosto Gómez Castrillón 147 ✉ 28300 – ✆ 918 09 02 60 – www.hoteldonafrancisca.com BZ**a**
54 hab – †50 € ††70 €
◆ Bien situado frente a la bicentenaria plaza de toros. Disfruta de suficientes zonas sociales y habitaciones de adecuado confort, contemporáneas y con los suelos en tarima.

Casa José (Fernando del Cerro)

Carrera de Andalucía 17 ✉ 28300 – ✆ 918 91 14 88 – www.casajose.es – cerrado del 3 al 9 de enero, del 1 al 21 de agosto, domingo noche y lunes salvo festivos
Rest – *(solo menú)* Menú 58/68 € AY**r**
Espec. Repollo frito con pequeña ensalada de apio y aire de zumo de uva (otoño). Lomo de buey a la sal negra de picón de sarmientos. Ciruelas claudias salteadas con polvo de yogur y nueces de macadamia ralladas.
◆ Casa familiar de larga trayectoria y línea clásica. La sala principal se encuentra en el 1er piso y destaca por su hermoso techo en madera. Su chef propone una sugerente cocina tradicional actualizada, trabajando mucho con las verduras y hortalizas de la zona.

ARANJUEZ

Street	Grid	No.
Abastos	ABY	
Almibar	BY	
Andres Martinez	BZ	3
Calandria	ABZ	4
Capitán Angosto G. Castrillon	BYZ	6
Carretas	BZ	7
Concha	BY	9
Constitución (Pl.)	AY	10
Gobernación	AY	12
Montesinos	BXY	13
Naranja	BY	15
Noblejas (Camino)	BY	16
Palacio de Silvela	AY	18
Peñarredonda	BY	19
Postas	AY	21
Principe de la Paz	AY	22
Real	BY	24
Rio Tajo	AZ	25
Rio Tajuña	AZ	27
Rusiñol (Glorieta)	AX	28
San Antonio	ABY	
San Pascual (Pl.)	BZ	30
Stuart	AY	
Virgen de las Nieves	BZ	31

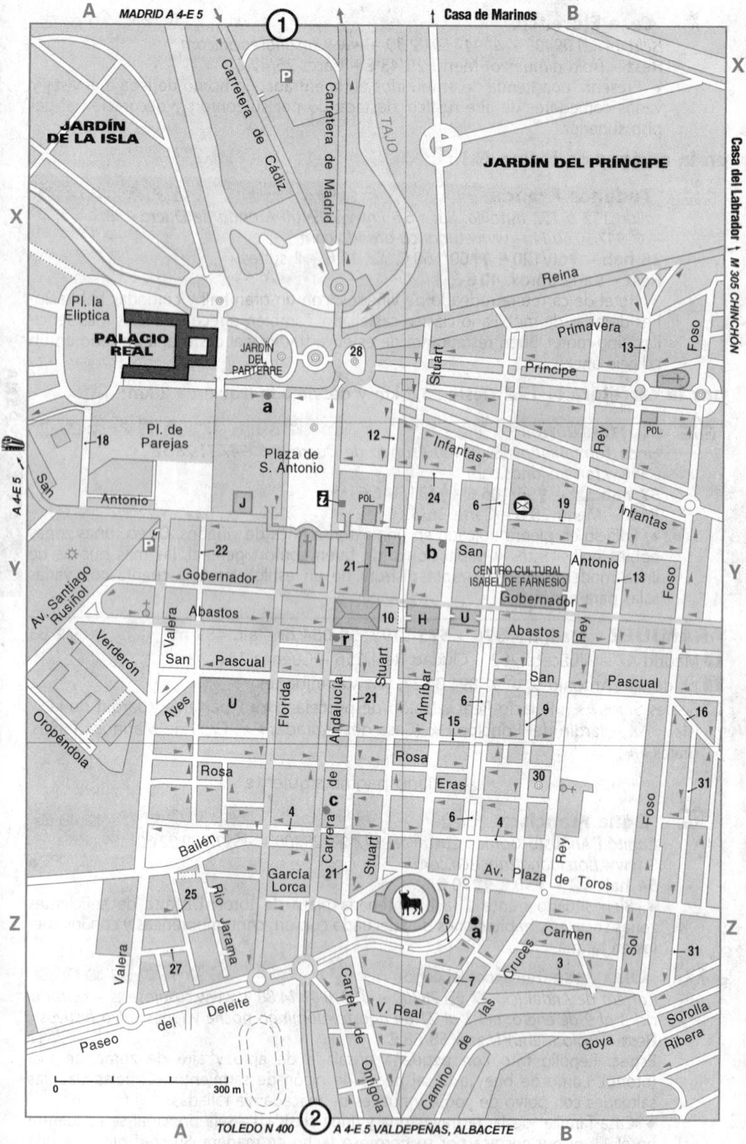

Rodrigo de la Calle
carrera de Andalucía 85 ✉ 28300 – ☎ 918 91 08 07 – www.restaurantedelacalle.com – cerrado lunes AZc
Rest – Menú 45/68 € – Carta 44/55 €
Espec. Ostra al natural con ensalada verde y caviar cítrico. Arroz con bogavante, pulpo e ibérico. Steak tartar con hojas de verdolaga y paleta de mostazas.
◆ ¡Aquí hay talento tras los fogones! Presenta un bar de tapas, una sala de aire minimalista y una carta de autor en constante evolución, pues toma los vegetales como la base de su cocina y pone en práctica interesantes maridajes.

El Castillo de 1806
Jardín del Príncipe, Norte : 1 km por carret. de Madrid ✉ 28300 – ☎ 918 91 30 00 – www.castillo1806.com – cerrado lunes
Rest – *(solo almuerzo salvo viernes y sábado)* Carta 45/57 €
◆ Hermoso edificio protegido por Patrimonio. Cuenta con una agradable terraza, una carpa, un bar de espera y varios comedores con los techos abovedados. Cocina de tinte actual.

Carême
av. de Palacio 3 ✉ 28300 – ☎ 918 92 64 86 – www.caremejesusdelcerro.com – cerrado 7 días en septiembre y domingo noche AXa
Rest – Menú 16/25 € – Carta 38/52 €
◆ Negocio de línea actual situado junto al Palacio Real. Posee una cafetería a la entrada, un comedor en el 1er piso y una terraza cubierta con vistas a los jardines reales.

Casa Pablo
Almíbar 42 ✉ 28300 – ☎ 918 91 14 51 – www.restaurantecasapablo.com – cerrado del 1 al 16 de agosto BYb
Rest – Carta 39/58 €
◆ Resulta acogedor, tanto por la profusión de madera como por su decoración con detalles del mundo taurino. Posee un bar público muy popular y tres salas de buen montaje.

por la salida ① : Norte : 3,5 km

Barceló Aranjuez
pl. de la Unesco 2 (Barrio de la Montaña) ✉ 28300 Aranjuez – ☎ 918 09 93 99 – www.barceloaranjuez.com
166 hab – 82/195 € – 2 suites **Rest** – Carta 30/47 €
◆ Situado frente al Gran Casino de Aranjuez y junto a un campo de golf. Dispone de amplias zonas nobles de línea moderna, habitaciones de completo equipamiento y un SPA. El restaurante disfruta de una decoración actual y una carta tradicional bien elaborada.

Cuestión de standing : no espere el mismo servicio en un X o en un 🏠 que en un XXXXX o en un 🏨.

ARANTZAZU – **Guipúzcoa** – **573** D22 – **alt. 800 m** **25** B2

Madrid 410 – Donostia-San Sebastián 83 – Vitoria-Gasteiz 54

Paraje★ – Carretera★ de Aránzazu a Oñate

Zelai Zabal
carret. de Oñate, Noroeste : 1 km ✉ 20567 – ☎ 943 78 13 06 – www.zelaizabal.com – cerrado 23 diciembre-15 febrero, domingo noche y lunes
Rest – *(solo almuerzo en invierno salvo fines de semana)* Carta aprox. 35 €
◆ De entrañable tipismo y cálida atmósfera, posee un pequeño bar en la entrada y un comedor con mobiliario antiguo y chimenea. Ofrece una carta regional con detalles actuales.

ESPAÑA

ARBIZU - Navarra - 573 D23 - 1 082 h. - alt. 493 m   24 A2

Madrid 417 - Iruña/Pamplona 40 - Vitoria/Gasteiz 60 - Logroño 123

Olatzea

Errota Kalea ✉ 31839 - ☎ 948 46 18 76 - www.hotelolatzea.com

11 hab - †61/78 € ††86/95 €, ☕ 5 € - 1 apartamento

Rest - Menú 12 € - Carta 24/43 €

◆ Edificio de estética regional emplazado sobre un antiguo molino, donde aún se conserva el mecanismo del agua. Presenta amplias habitaciones de estilo rústico-actual. El restaurante, que tiene un acceso propio, ofrece una carta tradicional y varios menús.

L'ARBOCET - Tarragona - 574 I32   13 B3

Madrid 553 - Cambrils 8 - Lleida/Lérida 98 - Tarragona 25

El Celler de l'Arbocet

Baix 11 ✉ 43312 - ☎ 977 83 75 91 - www.cellerarbocet.com - cerrado del 1 al 15 de febrero, del 12 al 30 de octubre y lunes

Rest - *(solo almuerzo salvo julio-agosto, viernes y sábado)* Carta 28/48 €

◆ Negocio familiar ubicado en una casa típica de piedra. Su atractivo comedor principal ocupa una antigua bodega de aire rústico y disponen de otra sala que usan como privado.

ARBOLÍ - Tarragona - 574 I32 - 113 h. - alt. 715 m   13 B3

Madrid 538 - Barcelona 142 - Lleida/Lérida 86 - Tarragona 39

El Pigot d'Arbolí

Trinquet 7 ✉ 43365 - ☎ 977 81 60 63 - cerrado mayo y martes salvo festivos

Rest - Carta 27/37 €

◆ En un pueblecito aislado. Su modesto servicio de mesa se ve compensado por una cocina muy satisfactoria, que ofrece además conservas y embutidos caseros. Decoración regional.

ARBÚCIES - Girona - 574 G37 - 6 647 h. - alt. 291 m   15 A1

Madrid 672 - Girona/Gerona 47 - Barcelona 74 - Vic 34

Torres sin rest

Camprodón 14 ✉ 17401 - ☎ 972 86 14 60 - www.cantorres.com - cerrado diciembre-7 enero

8 hab - †56 € ††80 €, ☕ 6 €

◆ Este céntrico hotel cuenta con un salón social y unas habitaciones actuales de excelente equipamiento. Durante el verano organizan actividades culturales en su patio-jardín.

Les Magnòlies

Mossèn Anton Serres 7 ✉ 17401 - ☎ 972 86 08 79 - www.lesmagnolies.com - cerrado 21 días en enero-febrero, lunes y martes

Rest - *(solo almuerzo salvo viernes y sábado)* Menú 29/55 € - Carta aprox. 47 €

◆ Instalado en una casa señorial de principios del s. XIX. Encontrará un pequeño bar de espera y dos salas de línea clásica-actual, ambas con detalles de diseño. Cocina actual.

ARCADE - Pontevedra - 571 E4 - 3 723 h.   19 B3

Madrid 612 - Ourense 113 - Pontevedra 12 - Vigo 22

Arcadia

av. Castelao 25-A ✉ 36690 - ☎ 986 70 00 37 - cerrado octubre, domingo noche y lunes

Rest - Carta 25/35 €

◆ Casa familiar asentada en la zona. Posee una amplia sala clásico-funcional subdividida en dos ambientes y un privado. Carta tradicional especializada en pescados y mariscos.

ARCHENA - Murcia - **577** R26 - **18 135 h.** - **alt. 100 m** - **Balneario** 23 B2

Madrid 374 - Albacete 127 - Lorca 76 - Murcia 24

Hyltor

carret. del Balneario 12-14 ✉ 30600 - ✆ 902 46 16 46 - www.hotelhyltor.com
30 hab - 39/89 € 43/112 €, 5 € **Rest** - Menú 15 €
◆ Presenta una estética urbana y vanguardista marcada por el dominio de las líneas rectas, con habitaciones actuales y detalles de diseño. También dispone de un balneario-SPA. El restaurante, que tiene un carácter multifuncional, ofrece una cocina tradicional.

en el balneario Oeste : 2 km

Termas

✉ 30600 Archena - ✆ 902 33 32 22 - www.balneariodearchena.com
67 hab - 68/90 € 68/144 €, 10 € - 6 suites **Rest** - Menú 24/50 €
◆ Su zona social presenta un ambiente clásico, con algunos detalles de inspiración árabe, y posee habitaciones funcionales. Circuito de aguas termales y servicios terapéuticos. El restaurante, muy espacioso, también da servicio a los clientes del hotel Levante.

Levante

✉ 30600 Archena - ✆ 902 33 32 22 - www.balneariodearchena.com
65 hab - 60/70 € 120/134 €, 10 € - 5 suites
Rest - *(en el Hotel Termas)*
◆ Comparte algunos servicios con el hotel Termas y tiene un confort actual, con las habitaciones en tres plantas. Centro de belleza, aguas termales y tratamientos terapéuticos.

León

✉ 30600 Archena - ✆ 902 33 32 22 - www.balneariodearchena.com
115 hab - 59/110 €, 8 € **Rest** - *(solo buffet)* Menú 25 €
◆ Es el hotel que tiene mayor capacidad del balneario, con la zona termal enfocada al cliente de paso. Encontrará habitaciones clásicas y unos completos servicios terapéuticos. Comedor de correcto montaje donde únicamente ofrecen buffet.

ARCOS DE LA FRONTERA - Cádiz - **578** V12 - **31 449 h.** - **alt. 187 m** 1 B2

Madrid 586 - Cádiz 65 - Jerez de la Frontera 32 - Ronda 86
Cuesta de Belén 5, ✆ 956 70 22 64, www.arcosdelafrontera.es
Localidad★★, emplazamiento★★ - Plaza del Cabildo ←★ - Iglesia de Santa María de la Asunción★ - Convento de la Caridad★

Parador de Arcos de la Frontera

pl. del Cabildo ✉ 11630 - ✆ 956 70 05 00 - www.parador.es
24 hab - 124/135 € 155/168 €, 16 € **Rest** - Menú 32 €
◆ En pleno casco histórico y en un enclave elevado, por lo que disfruta de unas magníficas vistas. Ofrece un precioso patio típico y habitaciones de completo equipamiento. Su restaurante supone una gran oportunidad para conocer los sabores de la cocina gaditana.

Los Olivos sin rest

paseo de Boliches 30 ✉ 11630 - ✆ 956 70 08 11 - www.hotel-losolivos.es
19 hab - 45/50 € 70/85 €, 9 €
◆ Posee los detalles típicos de la arquitectura local: paredes encaladas, rejas en las ventanas y macetas que adornan el patio interior al que se abren las habitaciones.

Real de Veas

Corredera 12 ✉ 11630 - ✆ 956 71 73 70 - www.hotelrealdeveas.com
12 hab - 40/52 € 50/65 €, 6 € **Rest** - *(solo cena)* Menú 14/25 €
◆ Casa típica del s. XVIII dotada con un patio central. Su reducida zona social se ve compensada con unas habitaciones bien equipadas, casi todas con bañera de hidromasaje.

El Convento sin rest
Maldonado 2 ✉ 11630 – ✆ 956 70 23 33 – www.hotelelconvento.es – marzo-octubre
13 hab – 42/56 € 61/88 €, 7 €
◆ El mobiliario regional y la sobriedad decorativa evocan el pasado histórico del edificio, aunque el confort de las instalaciones es actual. ¡Disfrute de las vistas!

AREA (Playa de) – **Lugo** – **ver Viveiro**

AREETA – **Vizcaya** – **ver Getxo**

La ARENA (Playa de) – **Cantabria** – **ver Isla**

ARENAS DE CABRALES – Asturias – 572 C15 – 2 249 h. **5** C2

Madrid 458 – Oviedo 100 – Santander 106

Desfiladero del Cares★ (Garganta divina del Cares★★ 3 h. y media a pie ida) Gargantas del Cares★

Picos de Europa
Mayor ✉ 33554 – ✆ 985 84 64 91 – www.hotelpicosdeuropa.com – abril-13 octubre
35 hab – 47/80 € 59/110 €, 8,50 € **Rest** – Menú 15 €
◆ Sus habitaciones alternan el mobiliario provenzal con otro más actual. Piscina con solárium, salón social con chimenea y una terraza ubicada bajo un hórreo al borde del río. Cálido restaurante equipado con mobiliario de mimbre.

Villa de Cabrales sin rest
carret. General ✉ 33554 – ✆ 985 84 67 19 – www.hotelcabrales.com
23 hab – 30/60 € 40/75 €, 4 €
◆ Antigua casona de aire rústico-actual. Sus confortables habitaciones, con suelo en losetas de barro, alternan el mobiliario en madera con el hierro forjado.

La Rivera sin rest
barrio El Coterín ✉ 33554 – ✆ 985 84 65 43 – www.hotellarivera.com – abril-septiembre
15 hab – 20/40 € 35/60 €
◆ Pequeño hotel ubicado en el centro de la localidad. Dispone de un pequeño salón para los desayunos y habitaciones funcionales, aunque de impecable mantenimiento y limpieza.

en la carretera de Panes Sureste : 2 km

La Casa de Juansabeli
✉ *33554 Arenas de Cabrales – ✆ 985 84 68 02 – www.hoteljuansabeli.com*
16 hab – 30/50 € 40/70 € **Rest** – *(mayo-septiembre)* Carta 29/47 €
◆ Emplazado junto a un área de servicio, posee una magnífica fachada en piedra. Habitaciones con mobiliario clásico y aseos completos, algunos con bañera de hidromasaje. Restaurante de aire rústico.

Les ARENES – **Valencia** – **ver València (playa de Levante)**

AREU – Lleida – 574 E33 – alt. 920 m **13** B1

Madrid 613 – Lleida/Lérida 157 – La Seu d'Urgell/Seo de Urgel 83

Vall Ferrera
Martí 1 ✉ 25575 – ✆ 973 62 43 43 – www.hotelvallferrera.com – cerrado 7 enero-Semana Santa
17 hab – 35/45 € 50/65 €, 7 € – 6 apartamentos
Rest *Vall Ferrera* – ver selección restaurantes
◆ Casa de cálido ambiente familiar en medio de un valle. Posee un acogedor salón decorado con elegancia, ofreciendo también habitaciones y apartamentos de distinto confort.

Vall Ferrera – Hotel Vall Ferrera
Martí 1 ✉ 25575 – ☎ 973 62 43 43 – www.hotelvallferrera.com – cerrado 7 enero-Semana Santa
Rest – Carta 24/35 €
◆ Apuesta por los sabores de siempre, pues ofrece una cocina casera de sencilla elaboración y cuidadas materias primas, normalmente autóctonas. Entre sus especialidades están tanto los platos de caza como los embutidos de la zona y las setas.

ARÉVALO – Ávila – 575 I15 – 8 114 h. – alt. 827 m — 11 B2

Madrid 121 – Ávila 55 – Salamanca 95 – Valladolid 78
Plaza de la Villa★

Posada los V Linajes
pl. del Tello 5 ✉ 05200 – ☎ 920 30 25 70 – www.loscincolinajes.com
14 hab – 65/90 €
Rest – *(cerrado domingo noche)* Menú 12/25 € – Carta 30/46 €
◆ Instalado en un edificio señorial. Tras su elegante fachada hallará un patio interior porticado y unas cuidadas habitaciones, las del 1[er]piso de marcado carácter palaciego. El restaurante, emplazado en el sótano, se presenta con una estética rústica-actual.

Las Cubas
Figones 11 ✉ 05200 – ☎ 920 30 01 25 – www.asadorlascubas.com – cerrado 23 diciembre-2 enero
Rest – Carta 25/42 €
◆ Ofrece un salón principal de sencillo montaje rústico y en otro edificio, cruzando la calle, dos comedores más de superior montaje. Carta regional especializada en asados.

ARGENTONA – Barcelona – 574 H37 – 11 718 h. – alt. 75 m — 15 B3

Madrid 657 – Barcelona 29 – Mataró 4

El Celler d'Argentona
Bernat de Riudemeya 6 ✉ 08310 – ☎ 937 97 02 69 – www.cellerargentona.com – cerrado domingo noche y lunes salvo festivos
Rest – Carta 30/56 €
◆ Antigua bodega-lagar, típica catalana, ambientada con prensas, toneles, mobiliario regional y detalles cerámicos. Cocina tradicional especializada en platos de caza y bacalao.

ARGÓMANIZ – Álava – 573 D22 — 25 A2

Madrid 374 – Vitoria-Gasteiz 17 – Logroño 110 – Iruña/Pamplona 87

Parador de Argómaniz — hab,
Parador 14 ✉ 01192 – ☎ 945 29 32 00 – www.parador.es
53 hab – 90/131 € 90/163 €, 16 € – 1 suite
Rest – Menú 32 € – Carta 37/56 €
◆ Edificio en piedra de sobria construcción. Presenta un interior clásico-actual, con varios salones polivalentes y habitaciones de línea moderna, todas muy luminosas. El restaurante, ubicado en la última planta, propone una cocina fiel al recetario regional.

ARGÜELLES – Asturias – 572 B12 — 5 B1

Madrid 463 – Oviedo 12 – Gijón 22

El Asador de Abel
La Revuelta del Coche ✉ 33188 – ☎ 985 74 09 13 – www.elasadordeabel.com – cerrado del 19 al 28 de febrero, 20 días en agosto, domingo noche, lunes noche, martes noche y miércoles noche
Rest – Carta 29/42 €
◆ Con el propietario al frente del negocio. Dispone de un bar-sidrería de estilo rústico, seguido de un comedor más actual y un gran salón para banquetes. Cocina tradicional.

ARLABÁN (Puerto de) – Guipúzcoa – ver Leintz-Gatzaga

ESPAÑA

ARMINTZA – Vizcaya – 573 B21 – 543 h.
25 A3

Madrid 423 – Bilbao 31 – Donostia-San Sebastián 118 – Vitoria-Gasteiz 96

Arresi sin rest

Portugane 7 ✉ 48620 – ☎ 946 87 92 08 – www.hotelarresi.com – marzo-octubre

10 hab – 84/103 € 104/130 €

◆ Villa señorial rodeada de un bonito jardín, con el puerto, el mar y las montañas al fondo. Ofrece una acogedora zona social y habitaciones de buen confort, todas con terraza.

ARNEDILLO – La Rioja – 573 F23 – 482 h. – alt. 653 m
21 B2

Madrid 298 – Logroño 67 – Iruña/Pamplona 149 – Vitoria-Gasteiz 149

La Vinoteca

av. del Cidacos 56 ✉ 26589 – ☎ 941 39 40 88 – www.restaurantelavinoteca.es – cerrado 7 días en septiembre, domingo noche y lunes

Rest – Carta 21/44 €

◆ Este restaurante de línea clásica dispone de una terraza, un bar de espera, con un pequeño vivero, y dos comedores. Cocina tradicional y carta de vinos bastante completa.

ARNEDO – La Rioja – 573 F23 – 14 425 h. – alt. 550 m
21 B2

Madrid 306 – Calahorra 14 – Logroño 49 – Soria 80

Paseo de la Constitución 62, ☎ 941 38 39 88, www.arnedo.com

Sopitas

Carrera 4 ✉ 26580 – ☎ 941 38 02 66 – www.sopitas.es – cerrado domingo noche y martes

Rest – Carta aprox. 35 €

◆ Ocupa una antigua bodega, con los techos abovedados en piedra y ladrillo, una sala central y varios "lagares" laterales como privados. Cocina tradicional a precios moderados.

ARNUERO – Cantabria – 572 B19 – 2 117 h. – alt. 45 m
8 C1

Madrid 451 – Bilbao 81 – Burgos 179 – Santander 37

Hostería de Arnuero con hab — rest, rest,

barrio Palacio 17 ✉ 39195 – ☎ 942 67 71 21 – www.hosteriadearnuero.es – julio-agosto, festivos y fines de semana resto del año (hotel)

12 hab – 54/81 € 59/89 €, 5 €

Rest – *(cerrado diciembre-marzo y lunes) (solo almuerzo salvo viernes, sábado, julio y agosto)* Menú 19 € – Carta 23/35 €

◆ Casa colonial en la que se combinan la piedra y la madera. Posee dos comedores, uno en una antigua capilla, y un salón de banquetes. Cocina tradicional actualizada. La hostería también ofrece unas coquetas habitaciones de aire rústico, algunas abuhardilladas.

ARONA – Santa Cruz de Tenerife – ver Canarias (Tenerife)

La ARQUERA – Asturias – ver Llanes

ARRASATE/MONDRAGÓN – Guipúzcoa – 573 C22 – 22 011 h. – alt. 211 m
25 B2

Madrid 390 – Bilbao 54 – Donostia-San Sebastián 79 – Bergara 9

Mondragón sin rest, con cafetería

av. Biteri 16 ✉ 20500 – ☎ 943 71 24 33 – www.hotelmondragon.com

43 hab – 53/86 € 53/111 €, 9 € – 3 suites

◆ Instalado en un edificio bastante típico del centro de la ciudad. Ofrece habitaciones funcionales de confort actual y una cafetería, donde sirven platos combinados y tapas.

ARRECIFE – Las Palmas – ver Canarias (Lanzarote)

ESPAÑA

ARRIONDAS – Asturias – 572 B14 – 5 804 h. – alt. 39 m 5 C1

Madrid 426 – Gijón 62 – Oviedo 66 – Ribadesella 18

Mirador del Fito★★★ Norte : 10,5 km

La Estrada sin rest

Inocencio del Valle 1 ✉ 33540 – ✆ 985 84 07 67 – www.laestradahotel.com – 17 marzo-octubre

18 hab – 33/43 € 43/74 €

◆ Negocio de amable organización familiar. Ofrece habitaciones funcionales, bastante cuidadas y luminosas, con los suelos en madera y baños actuales de plato ducha.

El Corral del Indianu (José Campoviejo)

av. de Europa 14 ✉ 33540 – ✆ 985 84 10 72 – www.elcorraldelindianu.com – cerrado del 1 al 7 de enero, 10 días en noviembre, domingo noche, miércoles noche y jueves salvo julio-agosto

Rest – Menú 75 € – Carta 39/52 €

Espec. Pote asturiano actualizado. Fabariques con centollo. Tembloroso de Rey Silo, avellanas y toques picantes.

◆ Se presenta con una sala interior de línea rústica-actual, otra acristalada a modo de invernadero y un patio-jardín. Carta reducida y completo menú degustación, con platos creativos que toman como base para sus elaboraciones el recetario tradicional asturiano.

en la carretera AS 342 :

Posada del Valle

rest,

Collía, Norte : 2,5 km ✉ 33549 Collía – ✆ 985 84 11 57 – www.posadadelvalle.com – abril-octubre

12 hab – 51/61 € 64/77 €, 8,50 €

Rest – Menú 25 €

◆ Casona de piedra situada en pleno campo. Encontrará diversos productos ecológicos, atractivas vistas al valle y dos tipos de habitaciones, unas rústicas y otras más actuales.

Casa Marcial (Nacho Manzano)

La Salgar 10, Norte : 4 km ✉ 33549 La Salgar – ✆ 985 84 09 91 – www.casamarcial.com – cerrado del 7 al 31 de enero, 7 días en junio, 7 días en septiembre, domingo noche y lunes

Rest – *(solo almuerzo 15 octubre-marzo salvo viernes y sábado)* Menú 47/90 € – Carta 50/74 €

Espec. Oricio con holandesa acidulada y aromático sobre yogur (15 octubre-15 abril). Salmón salvaje a la brasa con verduras de temporada y jugo de pitu al limón (mayo-julio). Pitu de caleya al estilo de mi madre con ravioli de sus menudillos.

◆ ¡Edificio tradicional algo aislado aunque en perfecta simbiosis con el monte asturiano! La modesta fachada contrasta con su interior, donde conviven modernidad y rusticidad. Cocina creativa elaborada con productos de excelente calidad.

ARROYOMOLINOS DE LA VERA – Cáceres – 576 L12 – 493 h. – alt. 617 m 18 C1

Madrid 238 – Ávila 151 – Cáceres 111 – Plasencia 26

Peña del Alba

Camino de la Gargüera, Suroeste : 1,8 km ✉ 10410 – ✆ 927 17 75 16 – www.pdelalba.com – cerrado 7 enero-11 febrero

18 hab – 60/78 € 78 €, 8 € – 4 suites

Rest ***La Era de mi Abuelo*** – ver selección restaurantes

◆ ¡Construcción en piedra de atractivos exteriores! La zona social está presidida por una chimenea circular, en ladrillo visto, y ofrece unas habitaciones rústicas repletas de detalles, alguna tipo duplex y otras en casitas independientes.

XX **La Era de mi Abuelo** – Hotel Peña del Alba
Camino de la Gargüera, Suroeste : 1,8 km ✉ 10410 – ✆ 927 17 75 16 – www.pdelalba.com – cerrado 11 enero-12 febrero
Rest – Carta 30/45 €
◆ Un restaurante cálido y acogedor. Su chef apuesta por una cocina tradicional de calidad, sin dejar de lado su capacidad de evolución pero respetando también los platos típicos y los productos autóctonos, en muchos casos de su propia huerta.

ARTÀ – Balears – ver Balears (Mallorca)

ARTEIXO – A Coruña – 571 C4 – 26 272 h. – alt. 32 m 19 B1

Madrid 615 – A Coruña 12 – Santiago de Compostela 78

Florida
av. de Finisterre 19, Noreste : 1,7 km ✉ 15142 – ✆ 981 63 30 84 – www.hotelfloridaarteixo.com
29 hab – †50/57 € ††60/68 €, ☕ 6 € – 1 apartamento
Rest ***Florida*** – ver selección restaurantes
◆ Hotel de línea actual-funcional enfocado al cliente de empresa del polígono industrial de Arteixo. Cuenta con una moderna cafetería y correctas habitaciones.

Europa sin rest
av. de Finisterre 31, Noreste : 1,5 km ✉ 15142 – ✆ 981 64 04 44 – www.hoteleuropaarteixo.com
31 hab – †35/45 € ††45/55 €, ☕ 5 €
◆ Negocio de organización familiar e instalaciones funcionales que poco a poco está siendo renovado. Posee habitaciones de aspecto actual y suele trabajar con comerciales.

XX **Florida** – Hotel Florida
av. de Finisterre 19, Noreste : 1,7 km ✉ 15142 – ✆ 981 63 30 84 – www.hotelfloridaarteixo.com – cerrado domingo
Rest – Menú 15 € – Carta 30/51 €
◆ ¡Un restaurante con solera y buen nombre en la zona! Se presenta con profusión de madera y una carta tradicional bastante amplia, siendo las especialidades que le han dado fama las carnes a la parrilla y su sabroso arroz con bogavante.

ARTIES – Lleida – 574 D32 – alt. 1 143 m – 13 B1

Deportes de invierno en Baqueira-Beret : 32 1 1
Madrid 603 – Lleida/Lérida 169 – Vielha/Viella 6
Localidad★

Parador de Arties hab, rest,
carret. de Baqueira ✉ 25599 – ✆ 973 64 08 01 – www.parador.es
54 hab – †110/128 € ††137/160 €, ☕ 18 € – 3 suites
Rest – Menú 33 €
◆ Bello edificio recreado por la piedra y la madera de su arquitectura. Descubra su cálido interior, con amplios salones de reuniones y unas habitaciones de cuidado confort. Acogedor restaurante cuya cocina rinde honor al recetario de la tierra.

Casa Irene
Mayor 22 ✉ 25599 – ✆ 973 64 43 64 – www.hotelcasairene.com – cerrado mayo y noviembre
22 hab ☕ – †100/230 € ††120/250 €
Rest ***Casa Irene*** – ver selección restaurantes
◆ Sus habitaciones resultan cálidas y gozan de un completo equipamiento, todas con profusión de madera y en algunos casos abuhardilladas. Buena piscina con pequeña zona SPA.

ESPAÑA

Besiberri sin rest
Deth Fort 4 ✉ 25599 – ✆ 973 64 08 29 – www.hotelbesiberri.com – cerrado mayo, junio y 15 octubre-noviembre
17 hab – 60/80 € 75/130 €
◆ Pequeño establecimiento situado en el centro del pueblo. Acogedora zona social con chimenea y mobiliario escogido, sala de desayunos y unas habitaciones de cuidado confort.

Casa Irene – Hotel Casa Irene
Mayor 22 ✉ 25599 – ✆ 973 64 43 64 – www.hotelcasairene.com – cerrado mayo y noviembre
Rest – *(cerrado lunes salvo festivos)* Menú 50 € – Carta 45/75 €
◆ Su cocina internacional disfruta de cierto prestigio en la zona. Tiene un ambiente acogedor, con profusión de madera y un buen servicio de mesa. Completo menú degustación.

La Sal Gorda
carret. de Baqueira 5 ✉ 25599 – ✆ 973 64 45 31 – www.lasalgorda.com
Rest – Menú 18/36 € – Carta aprox. 50 €
◆ Este coqueto restaurante se presenta con un comedor algo reducido pero agradable, de estilo clásico-regional. Propone una carta internacional con algún plato tradicional.

Urtau
pl. Urtau 2 ✉ 25599 – ✆ 973 64 09 26 – www.urtau.com – 15 noviembre-25 abril
Rest – *(cerrado miércoles)* Carta 25/57 €
◆ Céntrico establecimiento llevado en familia, que sorprende por el amplio surtido en tapas y pinchos que ofrece en el bar. Sala algo reducida de estilo clásico-regional.

ARTZENTALES – **Vizcaya** – **573** C20 – **729 h.** – **alt. 400 m** **25** A2
Madrid 406 – Bilbao 34 – Santander 80 – Vitoria-Gasteiz 78

Amalurra rest,
La Reneja 35 ✉ 48879 – ✆ 946 10 95 40 – www.amalurra.com – cerrado 22 diciembre-22 enero
17 hab – 54 € 70 €, 8 €
Rest – *(solo clientes)* Menú 20 € – Carta 33/44 €
◆ En plena naturaleza y rodeado de verdes prados. Posee habitaciones luminosas y funcionales, cada una con un color diferente pero todas con los muebles en blanco. Moderno SPA. El restaurante, bastante alegre y actual, está ubicado en un edificio anexo.

ARUCAS – **Las Palmas** – **ver Canarias (Gran Canaria)**

ARZÚA – **A Coruña** – **571** D5 – **6 409 h.** – **alt. 385 m** **19** B2
Madrid 585 – Santiago de Compostela 39 – A Coruña 69 – Lugo 70

al Suroeste : 10 km

Casa Brandariz
Dombodán ✉ 15819 Dombodán – ✆ 981 50 80 90 – www.casabrandariz.net
7 hab – 42/45 € 45/48 €, 4 €
Rest ***Casa Brandariz*** – ver selección restaurantes
◆ Antigua casa de labranza construida en piedra. Ofrece un interior rústico de gran tipismo, un bello pórtico y habitaciones de correcto confort, con los baños sencillos.

Casa Brandariz – Hotel Casa Brandariz
Dombodán ✉ 15819 Dombodán – ✆ 981 50 80 90 – www.casabrandariz.net
Rest – Menú 25 €
◆ Queso de Arzúa, ternera gallega, miel... son solo algunos de los productos autóctonos gallegos potenciados en este restaurante, definido tanto por su rusticidad como por su evidente encanto, pues ocupa las antiguas cuadras de la casa.

ESPAÑA

ASTORGA – León – 575 E11 – 12 015 h. – alt. 869 m
11 A1

Madrid 320 – León 47 – Lugo 184 – Ourense 232

pl. Eduardo de Castro 5, ✆ 987 61 82 22, www.ayuntamientodeastorga.com

Catedral★ (retablo mayor★, pórtico★)

Casa de Tepa sin rest

Santiago 2 ✉ 24700 – ✆ 987 60 32 99 – www.casadetepa.com

9 hab – ♦65/87 € ♦♦87/108 €, ☕ 11 €

♦ Casa señorial dotada con varias zonas nobles de gusto clásico-elegante, una luminosa galería y habitaciones amplias personalizadas en su decoración. Encantador patio-jardín.

La Peseta con hab

pl. San Bartolomé 3 ✉ 24700 – ✆ 987 61 72 75 – www.restaurantelapeseta.com – cerrado 18 días en enero y 12 días en octubre

19 hab – ♦37/45 € ♦♦47/57 €, ☕ 5 €

Rest – *(cerrado domingo noche y martes noche)* Carta 21/33 €

♦ Un negocio de larga tradición familiar y carácter centenario donde se combina el confort actual con los sabores de antaño. Aquí, el cocido maragato es el gran protagonista. Como complemento al negocio también ofrece unas habitaciones de adecuado equipamiento.

Serrano

Portería 2 ✉ 24700 – ✆ 987 61 78 66 – www.restauranteserrano.es – cerrado del 9 al 31 de enero, 25 junio-5 julio y lunes salvo festivos o vísperas

Rest – Menú 12/26 € – Carta 27/50 €

♦ Este restaurante comenzó como parrilla, sin embargo ahora ha ampliado su carta con varios platos de cocina tradicional y guisos de la abuela. Interior de aire rústico-actual.

Las Termas

Santiago 1 ✉ 24700 – ✆ 987 60 22 12 – cerrado del 1 al 15 de febrero, 24 junio-7 julio y lunes

Rest – *(solo almuerzo)* Carta 24/32 €

♦ Una parada obligada para los peregrinos que van camino de Santiago, ya que ofrece platos típicos de la región y especialidades, como el cocido maragato, a buen precio.

¿Buenas comidas a precios moderados? Elija un Bib Gourmand.

ÁVILA P – 575 K15 – 58 245 h. – alt. 1 131 m
11 B3

Madrid 107 – Cáceres 235 – Salamanca 98 – Segovia 67

San Segundo 17, ✆ 920 21 13 87, www.turismocastillayleon.com

El Fresnillo,, antigua carretera de Cebreros, Sureste : 4 Km, ✆ 920 35 32 76

Murallas★★ – Catedral★★ B(obras de arte★★, sepulcro del Tostado★★, sacristía★★) Y – Basílica de San Vicente★★ (portada occidental★★, sepulcro de los Santos Titulares★★, cimborrio★) B – Monasterio de Santo Tomás★ (mausoleo★, Claustro del Silencio★, retablo de Santo Tomás★★) B

Palacio de Los Velada

pl. de la Catedral 10 ✉ 05001 – ✆ 920 25 51 00 – www.veladahoteles.com

Bv

144 hab – ♦♦60/335 €, ☕ 12 €

Rest – Menú 25 € – Carta 30/46 €

♦ Ocupa un edificio del s. XVI ubicado junto a la Catedral, con un bellísimo patio interior que hace de zona social, dependencias de excelente confort y una elegante decoración. El restaurante, de línea clásica, ofrece una carta tradicional bastante amplia.

ESPAÑA

Parador de Ávila

Marqués Canales de Chozas 2 ✉ 05001 – ✆ 920 21 13 40 – www.parador.es **Ax**

57 hab – 🛉110/118 € 🛉🛉137/148 €, ☕ 16 € – 4 suites

Rest – Menú 32 €

◆ En un atractivo palacio del s. XVI ubicado junto a las murallas. Sus acogedoras dependencias, con decoración algo sobria aunque muy cuidada, recrean un cálido interior. Agradable comedor de aire castellano, con vistas al jardín y una carta típica de la zona.

Reina Isabel sin rest, con cafetería

paseo de la Estación 17, por ① ✉ 05001 – ✆ 920 25 10 22 – www.reinaisabel.com

60 hab – 🛉50/120 € 🛉🛉50/138 €, ☕ 9 €

◆ Precioso y elegante hall-recepción que define el estilo de todo el conjunto. Habitaciones confortables, cinco de ellas abuhardilladas. Amplio salón para banquetes y reuniones.

El Rastro sin rest

Cepedas ✉ 05001 – ✆ 920 35 22 25 – www.elrastroavila.com **Ab**

26 hab ☕ – 🛉35/48 € 🛉🛉50/85 €

◆ Ubicado en el antiguo Palacio del Duque de Tamames, del s. XVI. Su interior es de nueva construcción y ofrece habitaciones de aire rústico, con mobiliario en forja y madera.

Las Moradas sin rest

Alemania 5 ✉ 05001 – ✆ 920 22 24 88 – www.hotellasmoradas.com **Bc**

53 hab – 🛉62/76 € 🛉🛉81/99 €, ☕ 7 €

◆ Está en pleno centro y ocupa dos edificios comunicados interiormente, con una correcta zona social que tiene la cafetería integrada, dos salones y habitaciones actuales.

ESPAÑA

ÁVILA

Alemania . . . . B 2
Caballeros . . . . B 6
Calvo Sotelo (Pl.) . . . . B 8
Cardenal Pla y Deniel . . . . B 10
Cortal de las Campanas (Pl. del) . . . . A 12
Don Geronimo . . . . B 13
Esteban Domingo . . . . B 14
Jimena Blásquez . . . . A 15
López Núñez . . . . B 16
Marqués de Benavites . . . . AB 18
Peregrino (Bajada del) . . . . B 19
Ramón y Cajal . . . . A 20
Reyes Católicos . . . . B 21
Santa (Pl. de la) . . . . A 25
Santo Tomas (Pas. de) . . . . B 26
San Segundo . . . . B 22
San Vicente . . . . B 24
Sonsoles (Bajada de) . . . . B 27
Los Telares . . . . A 28
Tomás luis de Victoria . . . . B 30
Tostado . . . . B 31

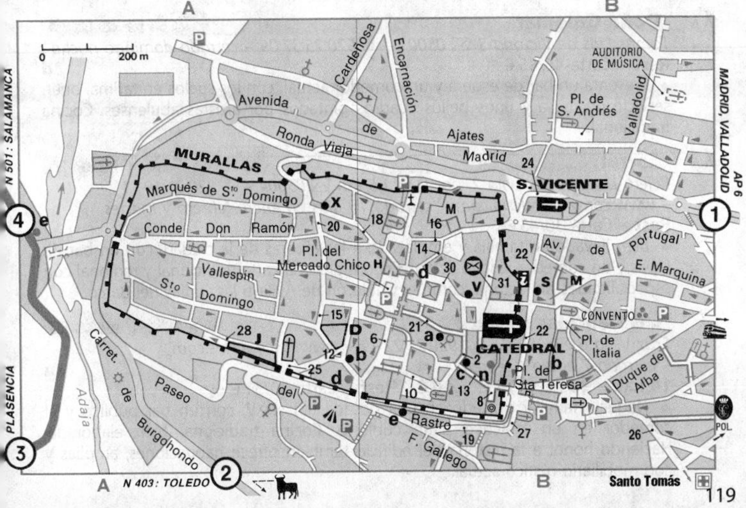

Hospedería La Sinagoga sin rest
Reyes Católicos 22 ✉ 05001 – ✆ 920 35 23 21 – www.lasinagoga.net
22 hab – †40/60 € ††50/90 €, ☕ 7 € Ba
◆ Ubicado sobre los restos de una sinagoga del s. XV. Tras su recepción encontrará un patio interior con el techo acristalado y habitaciones funcionales, algunas abuhardilladas.

Puerta del Alcázar hab, rest,
San Segundo 38 ✉ 05001 – ✆ 920 21 10 74 – www.puertadelalcazar.com – cerrado 23 diciembre-7 enero Bs
27 hab ☕ – †35/43 € ††45/55 €
Rest – *(cerrado domingo noche)* Carta 32/42 €
◆ Edificio situado frente a la puerta del Peso de la Harina, acceso de la muralla ubicado junto a la Catedral. Posee habitaciones funcionales con los suelos en tarima. El restaurante, que disfruta de un montaje actual, está presidido por unas columnas en piedra.

Las Leyendas hab,
Francisco Gallego 3 ✉ 05002 – ✆ 920 35 20 42 – www.lasleyendas.es
19 hab – †37/108 € ††55/127 €, ☕ 7 € Be
Rest *La Bruja* –Paseo del Rastro 1 – Carta 25/43 €
◆ Ocupa una casa del s. XVI, rehabilitada en un estilo rústico-actual, y compensa su falta de zona social con unas correctas habitaciones, todas de aire rústico. En su restaurante encontrará una carta tradicional actualizada y las famosas carnes de esta tierra.

ESPAÑA

El Almacén
carret. de Salamanca 6 ✉ 05002 – ✆ 920 25 44 55 – cerrado septiembre, domingo noche y lunes Ae
Rest – Carta 26/49 €
◆ Negocio de línea moderna y organización familiar que destaca por las vistas a la muralla que ofrece desde su comedor. Cocina tradicional y completa bodega acristalada.

Barbacana
pl. Santa Teresa 8 ✉ 05001 – ✆ 920 22 00 11 – www.restaurantebarbacana.com – cerrado 7 enero-10 febrero, domingo noche y lunes Bb
Rest – Carta 35/48 €
◆ Restaurante de diseño bastante actual. Dispone de un bar de pinchos en la planta baja y un moderno comedor con detalles minimalistas en el 1er piso. Cuidadas elaboraciones.

Doña Guiomar
Tomás Luis de Victoria 3 ✉ 05001 – ✆ 920 25 37 09 – cerrado domingo noche
Rest – Carta 45/55 € Bd
◆ Presenta un bar de espera y un comedor actual, con los suelos en tarima, buen servicio de mesa y unos bellos cuadros pintados por artistas abulenses. Cocina tradicional.

Corral
Rejero Lorenzo de Ávila 2, por ① : 1,5 km ✉ 05004 – ✆ 920 21 19 51 – www.corralhosteleria.com – cerrado 15 días en enero-febrero y martes
Rest – Carta 30/45 €
◆ Bien llevado en familia y emplazado a las afueras de la ciudad, con un bar de tapas y un comedor rústico-actual. Encontrará una carta tradicional y regional con especialidades de la zona, como el Chuletón de Ávila o las Judías del Barco.

Las Cancelas con hab rest,
Cruz Vieja 6 ✉ 05001 – ✆ 920 21 22 49 – www.lascancelas.com – cerrado 7 enero-4 febrero Bn
14 hab – †53 € ††78 €, ☕ 6 € **Rest** – Carta 30/51 €
◆ Negocio familiar ubicado en una posada del s. XV, con un bar público y el comedor en un atractivo patio cubierto. Cocina tradicional bien elaborada. Haciendo honor a la historia del edificio también ofrece habitaciones, amplias y con mobiliario rústico-actual.

Mesón del Rastro con hab

pl. del Rastro 1 ✉ *05001 – ☎ 920 21 12 19* Ad

10 hab ☕ – 40/48 € 65/85 €

Rest – *(solo almuerzo salvo jueves, viernes y sábado)* Carta 30/40 €

◆ Presenta un gran salón de espera, con chimenea, y un comedor de ambiente regional vestido con mobiliario castellano. Su chef elabora platos propios del recetario regional. Como complemento al negocio también ofrecen unas cuidadas habitaciones de línea actual.

por la carretera CL 505 por ① : 3,6 km y desvío a la derecha 1,4 km

Avila Golf hab,

carret. antigua de Cebreros ✉ *05196 Tornadizos de Ávila – ☎ 920 35 92 00 – www.fontecruz.com*

64 hab – 64/139 € 84/195 €, ☕ 16 € – 10 suites

Rest *Zelai* – *(cerrado domingo noche y lunes)* Carta 35/50 €

◆ Excelente hotel emplazado junto a un campo de golf. Ofrece instalaciones espaciosas, con varias zonas sociales y elegantes habitaciones, en el piso superior abuhardilladas. En el cuidadísimo restaurante Zelai procuran conjugar la tradición y la actualidad.

AVILÉS – **Asturias** – **572** B12 – **84 202 h.** – **alt. 13 m** 5 B1

Madrid 466 – Ferrol 280 – Gijón 25 – Oviedo 33

Ruiz Gómez 21, ☎ 98 554 43 25, www.avilescomarca.info

Salinas ★ Noroeste : 5 km

Plano página siguiente

NH Palacio de Ferrera hab, rest,

pl. de España 9 ✉ *33400 – ☎ 985 12 90 80 – www.nh-hotels.com* BZb

76 hab – 70/280 €, ☕ 15 € – 2 suites

Rest *La Capilla* – *(cerrado domingo)* Carta 45/69 €

◆ Parcialmente instalado en un palacio del s. XVII, con dependencias en él y en un anexo de línea moderna. Según su ubicación las habitaciones poseen un estilo antiguo o actual. El restaurante goza de un cuidado montaje y dos ambientes, como el resto del hotel.

Villa de Avilés

Prado 3 ✉ *33400 – ☎ 985 52 61 16 – www.hotelvilladeaviles.com* AYv

71 hab – 50/150 €, ☕ 12 € **Rest** – Menú 15/50 €

◆ Compensa su reducida zona social con unas espaciosas habitaciones, la mayoría de ellas redecoradas, actualizadas y con los suelos en tarima flotante. El comedor, luminoso, funcional y de aire moderno, se complementa con tres salones panelables y una cafetería.

El Magristal de Avilés

Llano Ponte 4 ✉ *33402 – ☎ 985 56 11 00 – www.magistralhoteles.com* BZx

26 hab – 51/113 € 51/141 €, ☕ 12 €

Rest *On* – *(cerrado 15 días en agosto y domingo)* (es necesario reservar) Carta 36/45 €

◆ En líneas generales ofrece habitaciones de ambiente actual con balcón-mirador, sin embargo destacan las de la última planta por ser abuhardilladas y de superior confort. El restaurante, moderno y funcional, suele trabajar con clientes habituales de la zona.

Casa Tataguyo

pl. del Carbayedo 6 ✉ *33400 – ☎ 985 56 48 15 – www.tataguyo.com – cerrado 15 abril-15 mayo* AZn

Rest – Menú 22 € – Carta 30/51 €

◆ En una antigua casa de piedra con un interior de cálida rusticidad. En sus acogedoras salas degustará platos regionales y tradicionales regados con buenos caldos.

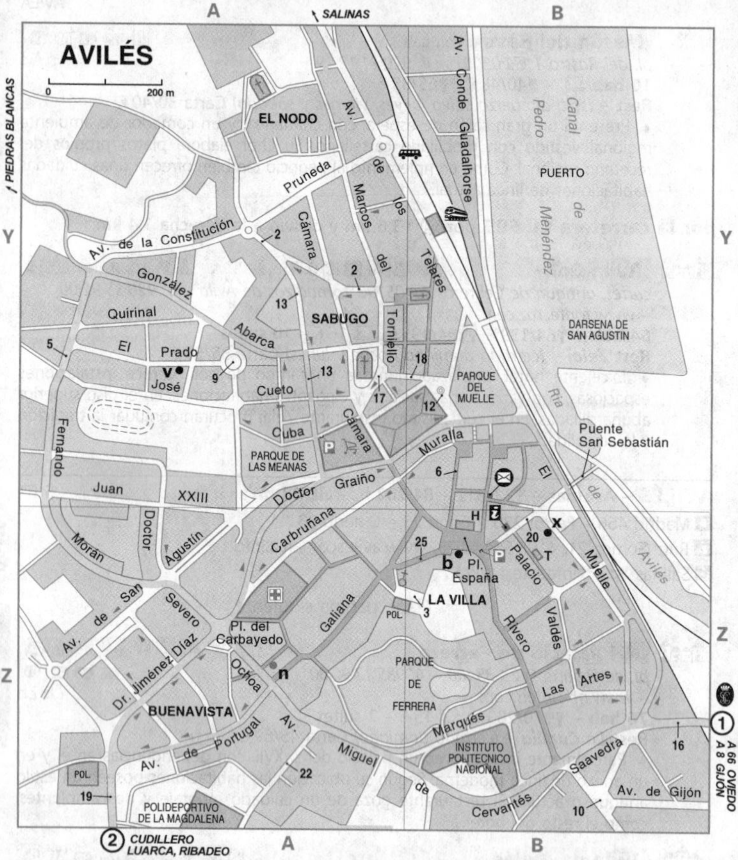

AVILÉS

Calle	Plano	Nº
Alemania (Av. de)	AY	2
Domingo Álvarez Acebal (Pl. de)	ABZ	3
Eduardo Carreño Valdés	AY	5
Fruta	BY	6
Guitarra (Pl. de la)	AY	9
Gutiérrez Herrero	BZ	10
Hermanos Orbón (Pl.)	BY	12
José Manuel Pedregal	AY	13
Marqués de Suances (Av.)	BZ	16
Merced (Pl. de la)	AY	17
Pedro Menéndez	BY	18
Rio San Martín	AZ	19
Ruiz Gómez	BZ	20
Sabino Álvarez Gendín	AZ	22
San Francisco	BZ	25

por ① **: salida 3 de la autovía y desvío a la derecha 3 km**

Zen Balagares hab,
av. Los Balagares 34 ✉ *33404 Corvera de Asturias* – ✆ *985 53 51 57* – *www.zenhoteles.com*
141 hab ☕ – 👥72/210 € – 6 suites
Rest *El Espartal* – Menú 18/55 € – Carta 40/54 €

◆ Imponente edificio construido en lo alto de un cerro, con un gran SPA y campo de golf. Tanto las zonas sociales como sus habitaciones presentan una estética moderna. El restaurante muestra un excelente montaje, con mesas muy amplias y confortables butacones.

¿Buena cocina sin arruinarse? Busque los Bib Gourmand ☺. ¡ Le ayudarán a encontrar las buenas mesas sabiendo unir la cocina de calidad y el precio ajustado!

por la salida ② **Suroeste : 2,5 km**

XX **Koldo Miranda**

av. del Campo 20, (barrio La Cruz de Illas) ✉ 33410 Castrillón – ✆ 985 51 14 46 – www.restaurantekoldomiranda.com – cerrado domingo noche y lunes

Rest – Menú 68 € – Carta aprox. 55 €

◆ Ocupa una quinta asturiana del s. XVIII dotada con dos salas de aire rústico-actual, la cocina semivista y una bodega acristalada. Sus elaboraciones se mueven entre el recetario tradicional y el innovador, con guiños a la cocina peruana.

AXPE – Vizcaya – 573 C22 — 25 A2

Madrid 399 – Bilbao 41 – Donostia-San Sebastián 80 – Vitoria-Gasteiz 50

XX **Mendigoikoa** con hab

barrio San Juan 33 ✉ 48290 Abadiño – ✆ 946 82 08 33 – www.mendigoikoa.com – Semana Santa-octubre

11 hab – †60 € ††80 €

Rest – *(cerrado lunes) (solo almuerzo salvo viernes y sábado)* Menú 48 € – Carta 38/55 €

◆ Este establecimiento está formado por dos bellos caseríos en piedra. La estética rústica define sus tres salas y cuenta con una casa-museo, típica vasca, en el piso superior. Las habitaciones, instaladas en el anexo, tienen una decoración rústica.

XX **Etxebarri** (Víctor Arguinzoniz)

✿ *pl. San Juan 1 ✉ 48291 Atxondo – ✆ 946 58 30 42 – www.asadoretxebarri.com – cerrado 24 diciembre-8 enero, agosto y lunes*

Rest – *(solo almuerzo salvo sábado)* Menú 120 € – Carta 50/90 €

Espec. Mantequilla de cabra (enero-julio). Angulas a la brasa (noviembre-marzo). Chuleta a la brasa.

◆ Instalado en un caserón de piedra típico de la zona. Posee un bar y una sala de aire rústico-regional repartida en varios espacios. Autenticidad y simplicidad son sus señas de identidad, destacando en la parrilla y siempre con productos de la mejor calidad.

XX **Akebaso**

barrio San Juan de Axpe ✉ 48292 Atxondo – ✆ 946 58 20 60 – www.akebasorestaurante.com – cerrado 15 días en febrero y martes

Rest – *(solo almuerzo salvo viernes y sábado)* Menú 28/45 € – Carta 44/57 €

◆ Antiguo caserío emplazado a las afueras de Axpe. Ofrece un interior rústico, con las paredes en piedra, vigas de madera y chimenea. Carta tradicional y amplia bodega.

AYAMONTE – Huelva – 578 U7 – 20 597 h. – alt. 84 m – Playa — 1 A2

Madrid 680 – Beja 125 – Faro 53 – Huelva 52

para Vila Real de Santo António (Portugal) : Transportes do Rio Guadiana

Huelva 27, ✆ 959 32 07 37, www.ayamonte.es

Isla Canela,, carret. de la Playa, Sur : 3 km, ✆ 959 47 72 63

Localidad★

X **Casa Luciano**

La Palma del Condado 1 ✉ 21400 – ✆ 959 47 10 71 – www.casaluciano. com – cerrado domingo salvo verano

Rest – Carta 41/55 €

◆ Casa familiar que ha pasado de padres a hijos. Tras su fachada de aire rústico encontrará un bar de tapas, con sugerentes expositores, y dos confortables salas. ¡Aquí la especialidad es la cocina regional y, sobre todo, el pescado fresco!

ESPAÑA

AYLLÓN - Segovia - 575 H19 - 1 387 h. - alt. 1 019 m 12 C2

Madrid 138 - Valladolid 177 - Segovia 94 - Soria 98

en Grado del Pico Sureste : 19 km y camino rural : 1 km

La Senda de los Caracoles hab,

Manadero ✉ 40520 Ayllón - ✆ 921 12 51 19
- www.lasendadeloscaracoles.com
16 hab - 70/85 € 90/140 €
Rest - *(solo clientes)* Menú 25 €

◆ Está ubicado en un entorno aislado al que se accede por un camino de arena. Ofrece un ambiente rústico, un salón con chimenea, correctas habitaciones y una pequeña zona SPA.

AYORA - Valencia - 577 O26 - 5 469 h. - alt. 552 m 16 A2

Madrid 341 - Albacete 94 - Alacant/Alicante 117 - València 132

77 con hab

Virgen del Rosario 64 (carret. N 330) ✉ 46620 - ✆ 962 19 13 15
- www.restaurante77.com - cerrado 30 agosto-13 septiembre, domingo noche y martes
4 apartamentos - 65/70 €, 5 €
Rest - Menú 20 € - Carta 20/33 €

◆ Su discreta fachada esconde un restaurante de estilo clásico-regional, con detalles antiguos y un cuidado servicio de mesa. Cocina tradicional y de temporada, con platos de caza. Como complemento al negocio posee varios apartamentos y casas rurales.

AZKOITIA - Guipúzcoa - 573 C23 - 11 351 h. - alt. 113 m 25 B2

Madrid 417 - Bilbao 67 - Iruña/Pamplona 94 - Donostia-San Sebastián 46

Joseba

Aizkibel 10 ✉ 20720 - ✆ 943 85 34 12 - www.josebajatetxea.com - cerrado 23 diciembre-7 enero, Semana Santa, 19 agosto-2 septiembre, domingo noche, lunes y martes noche
Rest - Menú 25/56 € - Carta 24/53 €

◆ En el antiguo palacio Floreaga, que data del s. XVI. Su rehabilitación ha apostado por la sobriedad decorativa, dejando las paredes en piedra. Esmerado servicio de mesa.

AZOFRA - La Rioja - 573 E21 - 263 h. - alt. 559 m 21 A2

Madrid 348 - Logroño 37 - Vitoria-Gasteiz 75 - Burgos 111

Real Casona de las Amas sin rest

Mayor 5 ✉ 26323 - ✆ 941 41 61 03 - www.realcasonadelasamas.com - cerrado 15 diciembre-15 enero
14 hab - 83/118 € 104/148 € - 2 suites

◆ Bello hotel instalado en un palacete del s. XVII. Posee acogedoras estancias de aire rústico, habitaciones de gran confort y una pequeña pero agradable piscina con solárium.

BADAJOZ P - 576 P9 - 150 376 h. - alt. 183 m 17 A2

Madrid 409 - Cáceres 91 - Córdoba 278 - Lisboa 247
de Badajoz, por ② : 16 km ✆ 902 404 704
Iberia : aeropuerto ✆ 902 400 500
pasaje de San Juan, ✆ 924 22 49 81, www.turismobadajoz.es
Guadiana, por la carret. de Merida : 8 km, ✆ 924 44 81 88

Planos páginas siguientes

NH G.H. Casino Extremadura hab,
Adolfo Díaz Ambrona 11 ✉ 06006 – ✆ 924 28 44 02
– www.nh-hotels.com AY**b**
52 hab – 60/279 €, 14 € – 6 suites **Rest** – Carta aprox. 45 €
♦ Disfruta de un espacioso y moderno hall, ya que el edificio destina una planta para Casino y otra para Bingo. Habitaciones actuales equipadas con todo tipo de detalles. En su restaurante-mirador, con hermosas vistas a la ciudad, elaboran una carta creativa.

Badajoz Center hab,
av. Damián Téllez Lafuente 15, por av. Damián Téllez Lafuente ✉ 06010
– ✆ 924 21 20 00 – www.hotelescenter.com
88 hab – 50/189 €, 13 €
Rest – Menú 15 € – Carta 25/35 €
♦ Hotel de línea actual que destaca por la gran capacidad de sus salones, repartidos en dos plantas y panelables. Habitaciones espaciosas, modernas y bien equipadas. El restaurante, que disfruta de un cuidado montaje, está parcialmente unido a la cafetería.

San Marcos hab,
Meléndez Valdés 53 ✉ 06002 – ✆ 924 22 95 18
– www.hotelsanmarcos.es BY**x**
26 hab – 54/98 €, 7 € **Rest** – Carta 32/51 €
♦ Este pequeño hotel de organización familiar ofrece unas instalaciones actuales y habitaciones bastante bien equipadas en su categoría. El restaurante, dotado con dos salas a modo de privados, destaca tanto por su montaje como por la calidad de sus productos.

ESPAÑA

Aldebarán
av. de Elvas (urb. Guadiana), por ④ ✉ 06006 – ✆ 924 27 42 61
– www.restaurantealdebaran.com – cerrado 15 días en agosto, domingo y lunes noche
Rest – Menú 43/46 € – Carta 38/63 €
♦ Un restaurante clásico-elegante donde conviven el lujo y el confort. De sus fogones surge una cocina actual de bases tradicionales, siempre realzada por una completa bodega.

El Sigar
av. Luis Movilla Montero 12 (C.C. Huerta Rosales), por av. María Auxiliadora ✉ 06011 – ✆ 924 25 64 68 – www.elsigar.com – cerrado 7 días en febrero, 7 días en septiembre, domingo en julio-agosto y domingo noche resto del año
Rest – Menú 33 € – Carta aprox. 35 €
♦ Este negocio, ubicado en un centro comercial, está dirigido por jóvenes profesionales. Posee una sala moderna, equipada con mesas de cuidado montaje, así como un privado.

Lugaris
av. Adolfo Díaz Ambrona 44, por ④ ✉ 06006 – ✆ 924 27 45 40
– www.restaurantelugaris.com – cerrado 15 días en agosto y domingo noche
Rest – Carta 30/41 €
♦ Está instalado en una casita dotada con una pequeña terraza-jardín a la entrada. Encontrará dos salas actuales de esmerado montaje y una cocina tradicional bien actualizada.

en la autovía A 5 por ④ **: 4 km**

Las Bóvedas hab, rest,
área de servicio - km 405 ✉ 06006 Badajoz – ✆ 924 28 60 35
– www.lasbovedas.com
52 hab – 50/60 € 50/90 €, 7 €
Rest – Menú 18/50 € – Carta aprox. 40 €
♦ Hotel de línea actual, en forma de cubo, que sorprende por su emplazamiento en un área de servicio. Disfruta de un moderno interior, un patio y espaciosas habitaciones. El restaurante, clásico-castellano y con el techo abovedado, ofrece una carta tradicional.

BADAJOZ

Adelardo Covarsí . . . . **AZ** 2
Afligidos . . . . **CY** 3
Agustina de Aragón . . . . . . **BZ** 4
Alféreces (Pl. de los). . . . . . **AZ** 5
Alonso Cárdenas Cano. . . . . **CZ** 6
Antonio Cortes Lavado (Pl.) **BZ** 7
Antonio Juez. . . . . **AZ** 9
Arco Agüero . . . . **BYZ** 12
Bomba (La) . . . . **BZ** 14
Bravo Murillo . . . . **BCY** 15
Calamón (Camino) . . . . **CZ** 16
Campillo (El) . . . . **CY** 17
Canteras Calamón . . . . **CZ** 18
Cardenal Fonseca . . . . **CZ** 19
Carolina Coronado (Av. de). **AY** 20
Cervantes (Pl.). . . . . **CY** 21
Ciudad de Evora . . . . **BZ** 22
Concepción . . . . **BCY** 23
Corte de Peleas (Carret. de)**CY** 25
Costanilla. . . . . **CY** 26
Cristóbal Oudrid . . . . **BYZ** 27
Damián Téllez Lafuente (Av.) . . . . **BZ** 30
Doroteo M. Benítez . . . . . . **AZ** 28
Dosma. . . . . **BY** 29
Enrique Segura Otaño . . . . **BZ** 32
Felipe Checa . . . . **BY** 35
Fernández de la Puente . . . **BZ** 36
Francisco Morales Bermúdez . . . . **CZ** 41
Francisco Pizarro. . . . . **BY** 38
Fray Antonio Gómez. . . . . . **CZ** 42
Gabino Tejado. . . . . **CY** 43
García de Paredes. . . . . **AY** 44
Hernán Cortés . . . . **BY** 46
Joaquín Costa (Av.). . . . . . . **BY** 48
Juan Carlos I de España. . . **BY** 49
Juan de Badajoz. . . . . **BCZ** 51
Juan Nogre . . . . **AZ** 52
Manuel García Matos . . . . . **BZ** 54
María Auxiliadora (Av.) . . . . **AZ** 55
Nuestra Señora de Guadalupe . . . . **BZ** 57
Obispo San Juan de Ribera **BY** 58
Pedro de Valdivia. . . . . **BZ** 61
Pilar (Pl. de) . . . . **BZ** 62
Pimienta (La) . . . . **CZ** 64
Ramón Albarrán . . . . **BYZ** 65
Regino de Miguel . . . . **ABZ** 67
Regulares Marroquíes . . . . . **BY** 68
República Argentina . . . . . . **AZ** 69
República del Ecuador . . . . **AZ** 71
Revellín (Puente). . . . . **CY** 72
Reyes Católicos (Pl.). . . . . . **BY** 74
Ricardo Carapeto (Av.) . . . . **CY** 75
San Lorenzo . . . . **CY** 76
San Roque (Puente) . . . . . . **CY** 78
Sevilla (Carret.) . . . . **CZ** 79
Soto Mancera . . . . **BY** 80
Suárez de Figueroa. . . . . . . **BY** 82

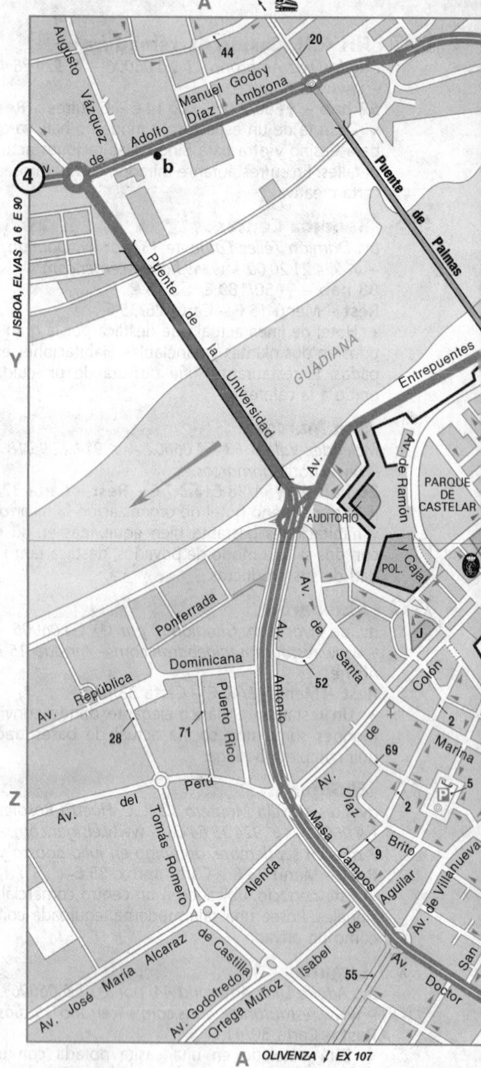

BADALONA - Barcelona - **574** H36 - **218 886 h.** - **Playa** **15** B3

Madrid 635 - Barcelona 8 - Mataró 19

R.A.C.C. Francesc Layret 96 ✆ 93 464 44 08

en la carretera de Montcada i Reixac Norte : 3 km

XX **Palmira**

Escala 2 ✉ 08916 Canyet - ✆ 933 95 12 62 - www.restaurantpalmira.com - cerrado martes noche, miércoles noche, domingo noche y lunes

Rest - Carta 35/60 €

◆ Llevado entre dos hermanos e instalado parcialmente en una masía, con un comedor clásico, dos privados y dos salones para banquetes. Carta tradicional con toques creativos.

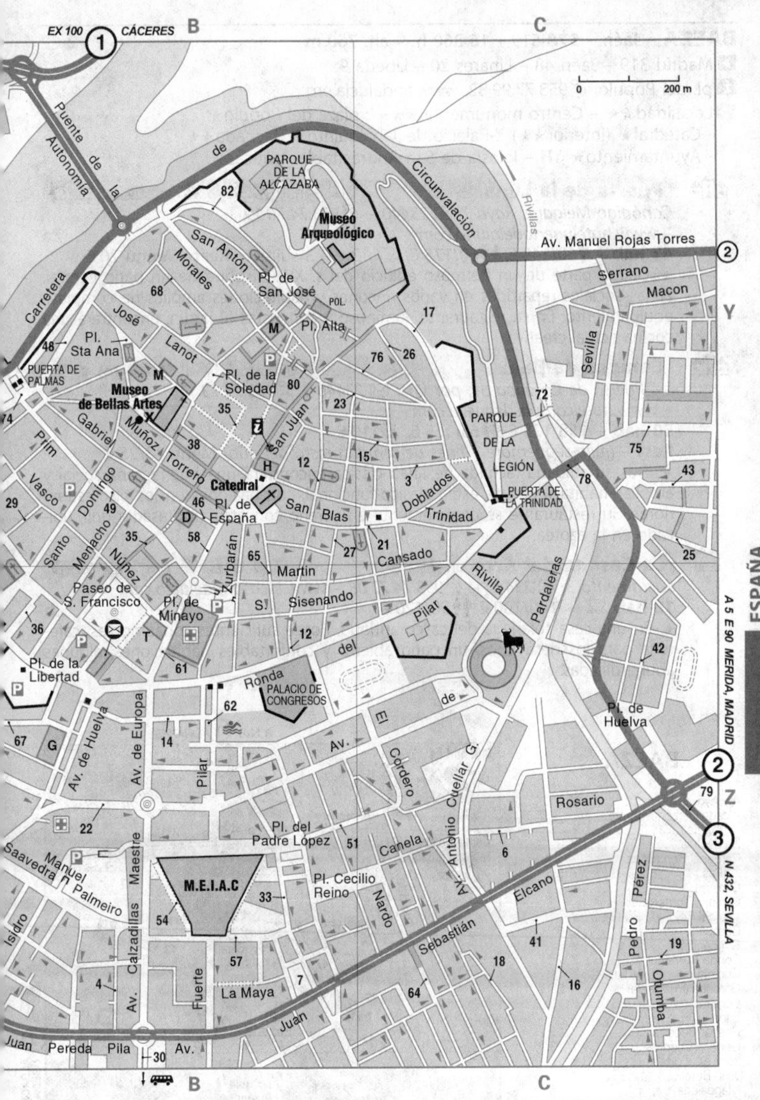

BADARÁN - La Rioja - **573** E21 - **626 h.** - **alt. 623 m** **21** A2

Madrid 328 - Logroño 38 - Vitoria-Gasteiz 72 - Burgos 92

Conde de Badarán rest, rest,

carret. San Millán 1 ✉ *26310 - ☎ 941 36 70 55 - www.condedebadaran.com - cerrado enero*

28 hab - 35/50 € 70/100 €, 7 €

Rest - *(cerrado domingo)* Menú 18 €

◆ Dispone de agradables habitaciones de aire clásico, donde se combina el mobiliario en pino y forja, así como baños actuales que en algunos casos se integran en el dormitorio. En su correcto comedor se elabora un menú diario y otro tipo degustación.

BAEZA - Jaén - 578 S19 - 16 360 h. - alt. 760 m 2 C2

Madrid 319 – Jaén 48 – Linares 20 – Úbeda 9

pl. del Pópulo, ✆ 953 77 99 82, www.andalucia.org

Localidad★★ – Centro monumental★★★ : plaza del Pópulo★ Z - Catedral★ (interior★★) Z-Palacio de Jabalquinto★ (fachada★★) Z - Ayuntamiento★ YH – Iglesia de San Andrés(tablas góticas★) Y

Puerta de la Luna

hab, VISA AE

Canónigo Melgares Raya 7 ✉ 23440 – ✆ 953 74 70 19 – www.hotelpuertadelaluna.com Za

41 hab – 🛉60/145 € 🛉🛉60/175 €, ☕ 13 € – 3 suites **Rest** – Menú 20 €

◆ Ocupa parte de un hermoso edificio del s. XVI. Dispone de un patio central, zonas sociales repartidas en varios rincones y habitaciones amplias de completo equipamiento. En su restaurante, luminoso y con vistas al jardín, encontrará una cocina actual-creativa.

Campos de Baeza

hab, VISA AE

av. Puerta de Córdoba 57, por ③ : ✉ 23440 – ✆ 953 74 73 11 – www.hotelcamposdebaeza.com

50 hab – 🛉58/125 € 🛉🛉65/165 €, ☕ 10 €

Rest – *(julio-septiembre y fines de semana resto del año)* Menú 13/25 €

◆ Tras su cuidada fachada de línea clásica encontrará una buena zona social y amplias habitaciones de estilo clásico-funcional, con balcones en los pisos superiores. Su restaurante se complementa en verano con otro, tipo asador-grill, ubicado en la azotea.

La Casona del Arco sin rest

VISA

Sacramento 3 ✉ 23440 – ✆ 953 74 72 08 – www.lacasonadelarco.com

18 hab ☕ – 🛉40/100 € 🛉🛉50/120 € Zb

◆ En una casa solariega del casco antiguo. Posee suficientes zonas nobles, cafetería para los desayunos, un patio abierto y confortables habitaciones, algunas abuhardilladas.

ESPAÑA

BAEZA

Aguayo . . . . Y 2
Alcade Garzón Nebrera (Av. del) . . . . Y
Barbacana . . . . Z 3
Cardenal Benavides (Pas.) . . . . Y 5
Carmen . . . . Z
Cipriano Tornero o del Rojo . . . . Y
Compañía . . . . Z 6
Concepción . . . . Y
Conde Romanones . . . . Z 7
Constitución (Pl. de la) . . . . Z
Córdoba (Puerta de) . . . . Z 9
Corvera . . . . Y
España (Pl. de) . . . . Y
Gaspar Becerra . . . . Y 12
General Cuadros . . . . Y 13
José M. Cortés . . . . Y 15
Julio Burel . . . . YZ
Magdalena . . . . Y 16
Merced . . . . Z
Los Molinos . . . . Y
Motilla . . . . Y
Obispo Mengíbar . . . . Z 17
Obispo Narváez o Barreras . . . . YZ
Pintada Baja . . . . Y
Pópulo (Pl. del) . . . . Z
Sacramento . . . . Z 20
Santa María (Pl. de) . . . . Z
San Andrés . . . . Y 21
San Felipe Neri (Cuesta) . . . . Z 23
San Francisco . . . . Y
San Gil (Cuesta de) . . . . Z 25
San Juan Bautista . . . . Z
San Pablo . . . . Y

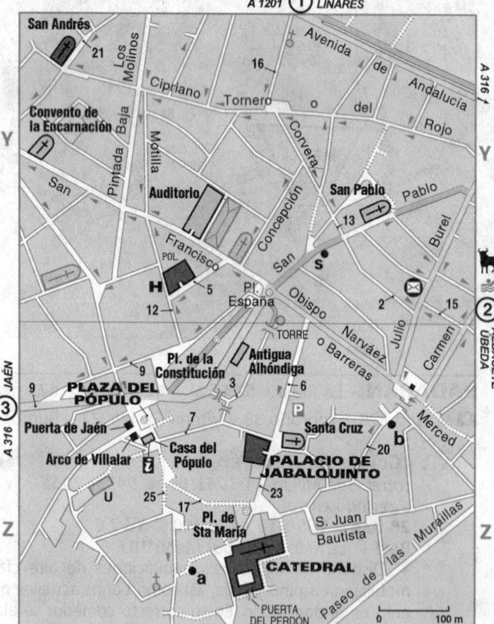

BAGÀ - Barcelona - **574** F35 - **2 361 h.** - **alt. 785 m** **14** C1

Madrid 639 - Andorra La Vella 68 - Barcelona 121 - Girona/Gerona 115

Ca L'Amagat rest,

Clota 4 ✉ 08695 - ☎ 938 24 40 32 - www.hotelcalamagat.com - cerrado 24 diciembre-8 enero

18 hab - 37 € 57 €, 8 €

Rest - *(cerrado domingo noche y lunes)* Menú 15/30 €

◆ Pequeño hotel de organización plenamente familiar. Posee un salón social con chimenea y sencillas habitaciones que resultan correctas en su categoría, con mobiliario en pino. Comedor espacioso y de techos altos, dejando la viguería de madera a la vista.

BAGERGUE - Lleida - ver Salardú

BAILÉN - Jaén - **578** R18 - **18 763 h.** - **alt. 349 m** **2** C2

Madrid 294 - Córdoba 104 - Jaén 37 - Úbeda 40

Gran Batalla

Sevilla 90-92 ✉ 23710 - ☎ 953 67 02 19 - www.hotelgranbatalla.com

30 hab - 50/70 € 50/90 €, 5 €

Rest *Casandrés* - ver selección restaurantes

◆ Este pequeño hotel ha sido totalmente actualizado, por eso ahora presenta una línea mucho más actual, buen confort y un equipamiento acorde a nuestros días.

Casandrés - Hotel Gran Batalla

Sevilla 90-92 ✉ 23710 - ☎ 953 67 02 19 - www.hotelgranbatalla.com - cerrado del 1 al 15 de agosto, domingo noche y lunes

Rest - Menú 35 € - Carta 36/43 €

◆ Este restaurante de organización familiar cuenta con un pequeño bar de espera y una sala alargada distribuida en dos niveles. Carta de base tradicional con algún toque actual.

en la antigua carretera N IV :

Salvador rest,

✉ 23710 Bailén - ☎ 953 67 00 58 - www.hsalvador.com

28 hab - 37/48 € 50/70 € **Rest** - Menú 14 €

◆ Aparcar el coche delante de la puerta es una de las comodidades que ofrece este hotel, dotado con habitaciones tipo bungalow. La zona social está en un edificio anexo. El restaurante, clásico y bastante acogedor, se completa con una sala para banquetes.

BAIONA - Pontevedra - **571** F3 - **12 154 h.** - **Playa** **19** A3

Madrid 616 - Ourense 117 - Pontevedra 44 - Vigo 21

paseo Ribera, ☎ 986 68 70 67

Monterreal (murallas★ : ≤★★)

Carretera★ de Bayona a La Guardia

Parador de Baiona hab,

✉ 36300 - ☎ 986 35 50 00 - www.parador.es

117 hab - 196 € 245 € - 5 suites **Rest** - Menú 33 €

◆ Pazo gallego reconstruido en un entorno amurallado que destaca tanto por sus exteriores como por sus vistas al mar. Amplia zona noble y habitaciones con mobiliario antiguo. El restaurante, que tiene un elegante montaje y la carta clásica de Paradores, se complementa con una buena terraza.

Pazo de Mendoza rest,

Elduayen 1 ✉ 36300 - ☎ 986 38 50 14 - www.pazodemendoza.es

11 hab - 51/65 € 66/109 €, 5 €

Rest - *(cerrado domingo noche)* Menú 25 €

◆ Ocupa un pazo del s. XVIII que se alza frente al mar, con las ventanas abiertas al paseo marítimo. Habitaciones austeras pero confortables. Excelente cafetería y un buen restaurante, ambos con las paredes en piedra. Cocina tradicional con toques creativos.

al Sur : 2,5 km

XX **Paco Durán**

Iglesia Louzans 60 ✉ 36308 Baiña – ✆ 986 35 50 17 – cerrado domingo noche de octubre a mayo

Rest – Carta aprox. 35 €

◆ Está en pleno monte y ofrece unas vistas increíbles, tanto a Baiona como a las rías. En su sala, totalmente acristalada, podrá degustar una cocina tradicional bien elaborada.

en la carretera PO 552 Suroeste : 6 km

Talaso Atlántico

hab,

Faro Silleiro ✉ 36309 Santa María de Oia – ✆ 986 38 50 90 – www.talasoatlantico.com

69 hab – 85/115 € 98/160 €, 13 € – 1 suite

Rest – Menú 32 € – Carta 25/50 €

◆ Disfruta de una situación privilegiada frente al mar y en sus instalaciones cuenta con un moderno centro de talasoterapia. Habitaciones amplias, luminosas y bien equipadas. Tanto la cafetería como el restaurante gozan de excelentes vistas desde sus ventanales.

BAKIO – Vizcaya – **573** B21 – **2 470 h.** – **Playa** **25** A3

Madrid 425 – Bilbao 28

Lehendakari Agirre Plazea 3, ✆ 94 619 33 95

Recorrido en cornisa★ de Baquio a Arminza ★ – Carretera de Baquio a Bermeo ★

Basarte sin rest

Urkitzaurrealde 4 ✉ 48130 – ✆ 605 02 61 15 – www.basarte.net – marzo-noviembre

5 hab – 60/80 € 80/100 €, 5 €

◆ Caserío típico rodeado por una amplia finca repleta de viñedos. Ofrece un salón social con cocina y unas habitaciones bastante coloristas, todas confortables y bien equipadas.

X **Gotzón**

Luzarragako Bidea 2 ✉ 48130 – ✆ 946 19 40 43 – www.gotzonjatetxea.com – cerrado enero, febrero y lunes

Rest – *(solo almuerzo salvo junio-octubre)* Carta 38/50 €

◆ Este restaurante familiar ha cumplido los 40 años de vida y está situado frente a la playa. Aquí puede degustar una cocina vasca elaborada con pescados y carnes de confianza.

BALAGUER – Lleida – **574** G32 – **16 766 h.** – **alt. 233 m** **13** A2

Madrid 496 – Barcelona 149 – Huesca 125 – Lleida/Lérida 27

pl. Comtes d'Urgell 5, ✆ 973 44 51 94, www.balaguer.cat

Iglesia de Santa María★

Balaguer

rest,

La Banqueta 7 ✉ 25600 – ✆ 973 44 57 50 – www.hotelbalaguer.com

30 hab – 37/45 € 51/61 €, 7 €

Rest – *(cerrado sábado noche y domingo)* Menú 12 €

◆ Este negocio, llevado en familia, poco a poco va renovando sus instalaciones. Posee habitaciones de distinto confort, con mobiliario funcional y baños completos. El sencillo comedor disfruta de vistas al río y basa su trabajo en la elaboración de un menú.

XX **Cal Xirricló**

Doctor Fleming 53 ✉ 25600 – ✆ 973 44 50 11 – www.calxirriclo.com – cerrado domingo y martes noche

Rest – Menú 42/49 € – Carta 29/49 €

◆ Llevado por la tercera generación de la misma familia. Ofrece un bar de tapas, donde también sirven el menú, y una sala de línea actual. Cocina elaborada de base tradicional.

ESPAÑA

Illes BALEARS

6 B1

© Stuart Pearce / Age fotostock

– **745 944 h.** – 579

La belleza de su naturaleza y sus privilegiadas playas han convertido el archipiélago en un destino turístico muy apreciado.

El archipiélago balear se extiende sobre una superficie de 5.000 km^2. Está formado por cinco islas (Mallorca, Menorca, Eivissa, Formentera y Cabrera) y numerosos islotes. Sus habitantes hablan el balear, lengua derivada del catalán.

Transportes marítimos

para Baleares ver : Barcelona, Valencia. En Baleares ver : Palma, Maó y Eivissa.

Aeropuerto

ver : Palma, Maó y Eivissa

ESPAÑA

MALLORCA

Es la mayor isla de las Baleares y está considerada como uno de los centros turísticos más importantes de Europa. La industria del calzado y las fábricas de perlas artificiales de Manacor encuentran un amplio mercado en el extranjero. En ella se encuentra Palma, capital administrativa de la Comunidad Autónoma.

ALARÓ – **579** K5 – **5 401 h.** – **alt. 240 m** **6** B1

Palma 24

en la carretera de Orient Noroeste : 3,5 km

S'Olivaret hab, rest,

07340 Alaró – 971 51 08 89 – www.solivaret.com – marzo-octubre

25 hab – 150/175 € 175/215 € **Rest** – Menú 35 € – Carta 35/51 €

◆ Antigua casa de campo en un bello paraje agreste entre las montañas de s'Aucadena y Castell. Decorada con sumo gusto, combina el mobiliario de época con el confort más actual. Restaurante de ambiente informal con una agradable terraza.

ALCÚDIA – **579** M4 – **19 112 h.** – **alt. 20 m** **6** B1

Palma 56

Sant Jaume sin rest

Sant Jaume 6 07400 – 971 54 94 19 – www.hotelsantjaume.com – cerrado diciembre-enero

6 hab – 78/80 € 98/108 €

◆ Ubicado en una casa señorial del s. XIX, restaurada con buen criterio. Posee unas cuidadas habitaciones, con decoración personalizada y baños modernos, algunas con dosel.

Genestar

pl. Porta de Mallorca 1 07400 – 971 54 91 57 – www.genestarestaurant.com – cerrado del 7 al 31 de enero, miércoles, domingo mediodía en verano y domingo noche resto del año

Rest – *(solo menú)* Menú 28 €

◆ Presenta una sala de estética actual, con mesas amplias y un buen servicio de mesa. Su chef propone una cocina muy personal, con productos de calidad y cuidadas elaboraciones.

ALGAIDA – **579** L6 – **5 116 h.** **6** B1

Palma 22

Es 4 Vents

carret. de Manacor 07210 – 971 66 51 73 – www.es4vents.es – cerrado jueves salvo festivos

Rest – Carta 25/36 €

◆ Se va actualizando poco a poco, pero sigue siendo su cocina tradicional con varios platos regionales lo que le hace merecer el favor de sus clientes, locales y turistas.

Hostal Algaida

carret. de Manacor 07210 – 971 66 51 09

Rest – Carta 27/35 €

◆ Establecimiento familiar con cierto tipismo. Tiene una terraza, un bar con un expositor de productos y, de aire neorrústico, un modesto comedor para el servicio a la carta.

S'ALQUERIA BLANCA – **579** N7 – **848 h.** **6** B1

Palma 55

Son Llorenç sin rest

Ramón Llul 7 07650 – 971 16 11 61 – www.hotelsonllorenc.com – cerrado noviembre

8 hab – 90 € 120 € – 1 suite

◆ Hotelito rural de ambiente familiar. Posee una acogedora sala de estar, un pequeño patio exterior y habitaciones de gran amplitud, las superiores con hidromasaje en los baños.

ARTÀ - **579** O6 **6** B1

Palma 78

Coves d'Artà★★★

Sant Salvador

Castellet 7 ✉ 07570 – ✆ 971 82 95 55 – www.santsalvador.com

8 hab – 100/152 € 111/190 €

Rest *Zezo* – *(sólo cena, cerrado enero-febrero y martes)* Menú 69/89 € – Carta 54/70 €

Rest *Gaudí* – *(cerrado martes)* Carta 42/56 €

♦ Se encuentra en un hermoso edificio señorial. La decoración es personalizada, colorista e imaginativa, combinando detalles clásicos y de diseño. Excelente equipamiento. El restaurante Zezo ofrece un menú degustación elaborado y un magnífico servicio de mesa.

Can Moragues sin rest

Pou Nou 12 ✉ 07570 – ✆ 971 82 95 09 – www.canmoragues.com

8 hab – 83/102 € 121/152 €

♦ Elegante casa señorial que data del s. XIX donde podrá disfrutar de una estancia tranquila. Posee unas modernas habitaciones con un equipamiento de alto nivel.

BANYALBUFAR – **579** I5 – **593 h.** – **alt. 100 m** **6** B1

Palma 25

Mirador de Ses Ànimes★★ Suroeste : 2 km

Sa Coma

Camí d'es Molí 3 ✉ 07191 – ✆ 971 61 80 34 – www.hotelsacoma.com – marzo-octubre

32 hab – 77/82 € 112/122 €, 10 € **Rest** – Menú 15 €

♦ Este pequeño hotel se encuentra en un alto, por lo que disfruta de unas magníficas vistas al mar. Encontrará varias zonas sociales y sencillas habitaciones de línea funcional. El restaurante complementa su actividad con el servicio del buffet de desayunos.

Mar i Vent

Major 49 ✉ 07191 – ✆ 971 61 80 00 – www.hotelmarivent.com

29 hab – 79/98 € 98/150 €

Rest – *(cerrado domingo noche)* Menú 25 €

♦ Un hotelito situado a la entrada de la localidad, con bellas vistas al mar y la montaña. Acogedora zona noble, y unas habitaciones funcionales bien equipadas. Comedor con grandes ventanas y bonitos detalles decorativos.

Son Tomás

Baronía 17 ✉ 07191 – ✆ 971 61 81 49 – cerrado 15 diciembre-enero, lunes noche en abril-octubre y martes

Rest – Carta 18/41 €

♦ Restaurante familiar llevado con dedicación y buen hacer. Dispone de una agradable terraza y un comedor con ventanales al acantilado. Cocina tradicional y platos mallorquines.

BENDINAT - **579** J6 **6** B1

Palma 11

Bendinat

Andrés Ferret Sobral 1 ✉ 07181 Portals Nous – ✆ 971 67 57 25 – www.hotelbendinat.es – marzo-30 octubre

54 hab – 108/167 € 184/289 € **Rest** – Carta 34/61 €

♦ Resulta tranquilo y está al borde del mar. Ofrece confortables bungalows, habitaciones de línea clásica-funcional y un cuidado entorno ajardinado, con árboles y terrazas. En su alegre comedor podrá degustar elaboraciones de sabor tradicional.

ESPAÑA

BINISSALEM – 579 L5 – 7 379 h. – alt. 160 m 6 B1

Palma 20

Scott's sin rest

pl. Iglesia 12 ✉ 07350 – ✆ 971 87 01 00 – www.scottshotel.com
12 hab – 95/105 € 120/175 € – 3 suites
◆ Cálida cotidianeidad en una antigua casa señorial. Zona noble con mobiliario de calidad, acorde al estilo de unas habitaciones donde se ha extremado el gusto por el detalle.

CAIMARI – 579 L5 6 B1

Palma 38

en Binibona Noreste : 4 km

Binibona Parc Natural

Finca Binibona ✉ 07314 Caimari – ✆ 971 87 35 65 – www.binibona.es – marzo-octubre
11 hab – 135 € 184 €
Rest – *(cerrado martes) (solo cena menu)* Menú 30 €
◆ Atractivo edificio en piedra dotado con vistas al campo y a las montañas. Cuenta con unas espaciosas habitaciones, todas con jacuzzi y mobiliario de aire rústico. Sencillo restaurante con una agradable terraza para disfrutar de sus cenas.

Can Furiós

Camí Vell Binibona 11 ✉ 07314 Caimari – ✆ 971 51 57 51 – www.can-furios.com
7 hab – 120/186 € 165/225 €
Rest – *(cerrado lunes) (solo cena)* Menú 36 €
◆ Antigua casa rural con piscina y gratas vistas al campo y las montañas. Gusto exquisito y alto confort en unas habitaciones personalizadas con estilos diferentes. Restaurante con mobiliario colorista y sobrios muros en piedra.

Albellons Parc Natural

desvío 1,5 km ✉ 07314 Caimari – ✆ 971 87 50 69 – www.albellons.es – 15 febrero-15 noviembre
9 hab – 130 € 173 € – 3 suites
Rest – *(cerrado miércoles) (solo clientes, solo cena)* Menú 30 €
◆ Conjunto rústico lleno de encanto, ubicado en pleno campo y con espléndidas vistas tanto al valle como a las montañas. Comedor privado y habitaciones muy bien equipadas.

CALA D'OR – 579 N7 – 2 706 h. – Playa 6 B2

Palma 64
av. Perico Pomar 10, ✆ 971 65 74 63, www.ajsantanyi.net
 Vall d'Or, Norte : 7 km, ✆ 971 83 70 01
Paraje★

Meliá Cala d'Or

Portinatx 16 ✉ 07660 – ✆ 971 64 81 81 – www.melia-calador.com – 27 abril-octubre
31 suites – 125/500 € – 18 hab
Rest – *(solo cena)* Menú 35 € – Carta 42/75 €
◆ Distribuido en cuatro edificios independientes, cuenta con todo el equipamiento y confort de la cadena Meliá. Habitaciones clásicas, con servicio de hidromasaje en sus baños. El restaurante ofrece un correcto montaje y tiene el mobiliario en mimbre.

Cala d'Or sin rest

av. de Bélgica 49 ✉ 07660 – ✆ 971 65 72 49 – www.hotelcalador.com – abril-octubre
95 hab – 70/110 € 120/180 €
◆ Hotel de fachada impecable y cuidadas instalaciones. Entre sus múltiples atractivos disfruta de unas agradables terrazas bajo los pinos, con salida a una pequeña cala.

ESPAÑA

XXX **Port Petit**

av. Cala Llonga ✉ 07660 – ☎ 971 64 30 39 – www.portpetit.com – cerrado noviembre-abril y martes salvo julio-agosto

Rest – Menú 39/65 € – Carta 45/60 €

◆ Privilegiada situación en una cala frente al puerto. Este coqueto local alberga un pequeño comedor decorado con gusto y una bella terraza, con una parte acristalada.

X **Ca'n Trompe**

av. de Bélgica 12 ✉ 07660 – ☎ 971 65 73 41 – www.cantrompe.es – 14 febrero-14 noviembre

Rest – *(cerrado martes en invierno)* Carta 30/40 €

◆ Su propietario ha sabido conservar y mejorar el negocio. Ofrece un comedor de sencilla decoración tradicional y una terraza muy demandada durante toda la temporada.

CALA MURADA – **579** N7 – **389 h.** 6 B1

Palma 67

XX **Sol y Vida**

Aragó 32 ✉ 07688 – ☎ 971 83 31 70 – www.restaurante-solyvida.com – cerrado noviembre-enero y lunes

Rest – Carta 38/52 €

◆ Ubicado en una zona alta con vistas a la cala. En sus salas, una interior con chimenea y la otra tipo galería, podrá degustar una cocina de autor con detalles internacionales.

CALA PÍ – **579** L7 6 B2

Palma 41

X **Miquel**

Sa Torre 13 ✉ 07639 – ☎ 971 12 30 00 – www.restaurantemiguel.com – marzo-octubre

Rest – *(cerrado lunes)* Carta 25/44 €

◆ Esta casa familiar ofrece una agradable terraza, un llamativo expositor en forma de barca y un comedor de aire rústico. Carta tradicional con varios arroces y pescados.

CALA RATJADA – **579** O5 – **3 860 h.** – **Playa** 6 C1

Palma 79

para Ciutadella de Menorca : Interilles ☎ 902 100 444

Castellet 5, ☎ 971 56 30 33

Capdepera (murallas ≤★) Oeste : 2,5 km

Ses Rotges

Rafael Blanes 21 ✉ 07590 – ☎ 971 56 31 08 – www.sesrotges.com – 15 marzo-15 octubre

23 hab – †70/88 € ††79/121 €, ☐ 14 €

Rest – *(cerrado domingo) (solo cena)* Menú 49 € – Carta 40/73 €

◆ Antigua casa de piedra donde se ha cuidado cada rincón al detalle. Dispone de una bella terraza y cálidas habitaciones, algunas con las típicas camas mallorquinas. Aquí encontrará dos salas de aire rústico-regional, perfectas para degustar su cocina de raíces francesas.

CALA SANT VICENÇ – **579** M4 – **Playa** 6 B1

Palma 61

Cala Sant Vicenç

Maressers 2 ✉ 07469 – ☎ 971 53 02 50 – www.hotelcala.com – mayo-octubre

38 hab ☐ – †144/222 € ††160/232 €

Rest *Cavall Bernat* – ver selección restaurantes

◆ Llamativo edificio de aire colonial ubicado entre pinos. Sus habitaciones y la zona común no son muy amplias, pero el mobiliario y la decoración revelan un gusto exquisito.

ESPAÑA

XXX **Cavall Bernat** – Hotel Cala Sant Vicenç
Maressers 2 ✉ 07469 – ✆ 971 53 02 50 – www.hotelcala.com – mayo-octubre
Rest – *(solo cena)* Carta 27/43 €
◆ En líneas generales el restaurante, que se complementa con una agradable terraza, disfruta de una línea mucho más actual que el resto del hotel, de hecho posee algún que otro detalle minimalista. Cocina creativa de carácter mediterráneo.

CAMPANET – **579** L5 – **2 619 h.** – **alt. 167 m** **6** B1

Palma 39

al Noroeste : **4 km**

Monnaber Nou hab,
Finca Monnaber Nou ✉ 07310 Campanet – ✆ 971 87 71 76 – www.monnaber.com
25 hab – 99/123 € 133/180 € **Rest** – Menú 29 € – Carta 31/41 €
◆ Atractiva casa de campo que hunde sus raíces en el s. XIII, rodeada de una extensa finca con vistas a las montañas. Acogedoras estancias que combinan rusticidad y clasicismo. Coqueto restaurante decorado con exquisito gusto.

CAMPOS – **579** M7 – **9 784 h.** **6** B1

Palma 38

XX **Es Brot**
de La Ràpita 44 ✉ 07630 – ✆ 971 16 02 63 – cerrado del 1 al 15 de febrero, domingo noche y lunes
Rest – Menú 45 € – Carta 23/53 €
◆ Su fachada combina la madera y el cristal. Magníficas instalaciones de cocina, sala cuadrangular en estilo moderno y una carta amplia con platos internacionales y franceses.

en la carretera de Porreres **Norte : 4 km y desvío a la izquierda 1 km**

Son Bernadinet
✉ 07630 Campos – ✆ 971 65 06 94 – www.sonbernadinet.com – 20 marzo-octubre
11 hab – 180 € 230 €
Rest – *(cerrado martes noche)* (es necesario reservar) Menú 40 €
◆ Arquitectura tradicional mallorquina en una finca cuyo interior, de líneas puras y agradable rusticidad, recrea una atmósfera sosegada donde el tiempo parece detenerse.

CAPDEPERA – **579** O5 – **11 929 h.** – **alt. 102 m** **6** B1

Palma 82

Murallas ★

por la carretera de Cala Mesquida
Norte : 1,5 km y desvío a la derecha 1,5 km

Cases de Son Barbassa
carret. Cala Mesquida, camí de Son Barbassa ✉ 07580 Capdepera – ✆ 971 56 57 76 – www.sonbarbassa.com – cerrado 16 noviembre-9 febrero
12 hab – 115/224 € 154/288 €
Rest – *(cerrado lunes)* Menú 28 € – Carta 29/50 €
◆ Casa rural emplazada en plena naturaleza. Ofrece una pequeña torre defensiva que tiene más de 500 años, un interior rústico actual y amplias habitaciones de línea funcional. El restaurante está instalado en una terraza acristalada y ofrece una cocina actual.

Sa Coma – **579** O6 – **Playa** **6** B1

Palma 69

Mallorca Palace

Ses Savines ✉ 07560 – ✆ 971 81 20 09 – www.mallorcapalace.com – 15 abril-octubre

99 hab – 79/145 € 99/197 € – 15 suites **Rest** – Menú 25 €

◆ Construcción rústica que evoca las casas señoriales mallorquinas. Todas las habitaciones gozan de un magnífico confort y están orientadas a un jardín interior con piscina.

Es Molí d'En Bou (Bartomeu Caldentey)

Liles ✉ 07560 – ✆ 971 56 96 63 – www.esmolidenbou.es – cerrado enero-10 febrero

Rest – *(cerrado domingo noche y lunes de abril a octubre) (solo almuerzo de noviembre a marzo salvo viernes y sábado)* Menú 55/80 € – Carta aprox. 75 €

Espec. Canelón 2001. Helado de queso mahonés con contrastes dulces (verano). Nuestra ensaimada con sorbete de manzana y orejones.

◆ Se presenta con una espaciosa sala de estética actual, una coqueta terraza y una zona lounge-bar para tomar copas o café. Su chef trabaja sobre una cocina creativa que toma como principal base para sus elaboraciones la calidad de las materias primas.

Deià – **579** J5 – **773 h.** – **alt. 184 m** **6** B1

Palma 28

La Residencia

Finca Son Canals ✉ 07179 – ✆ 971 63 90 11 – www.hotel-laresidencia.com – cerrado enero y febrero

64 hab – 360/700 € – 3 suites

Rest ***El Olivo*** – ver selección restaurantes

◆ Antigua casa señorial, restaurada con maestría, que recoge la herencia arquitectónica de la isla. Posee unas dependencias de cálido confort decoradas con sumo gusto.

Es Molí

carret. de Valldemossa, Suroeste : 1 km ✉ 07179 – ✆ 971 63 90 00 – www.esmoli.com – 27 abril-27 octubre

87 hab – 128/180 € 200/340 € **Rest** – Carta 36/57 €

◆ Está rodeado por un espléndido jardín escalonado y presidido por una piscina con agua de manantial. Disfruta de unas acogedoras habitaciones, dominando el mar y la montaña. El restaurante, que ofrece buenas vistas, se complementa con una agradable terraza.

El Olivo – Hotel La Residencia

Finca Son Canals ✉ 07179 – ✆ 971 63 90 11 – www.hotel-laresidencia.com – cerrado enero, febrero, lunes y martes (salvo 15 abril-septiembre)

Rest – Carta 64/80 €

◆ Se accede por el hotel y presenta una sala de aire rústico, con los techos altos, detalles nobiliarios, mobiliario en mimbre y un buen servicio de mesa. Cocina internacional.

Es Racó d'Es Teix (Josef Saverschell)

Sa Vinya Vella 6 ✉ 07179 – ✆ 971 63 95 01 – www.esracodesteix.es – cerrado 15 noviembre-2 febrero, lunes y martes

Rest – Menú 98/100 € – Carta 71/93 €

Espec. Cóctel de bogavante con melón y albahaca (verano). Pescado del día al hinojo silvestre (verano). Tarta tatin de manzana.

◆ Negocio familiar ubicado en una acogedora casa de piedra. Ofrece una agradable terraza, con bellas vistas a las montañas, y una sala de esmerado ambiente rústico dispuesta en dos niveles. Su chef elabora una cocina creativa que cuida mucho todos los detalles.

X **Jaume**
Arxiduc Lluis Salvador 22 ✉ 07179 – ☎ 971 63 90 29 – www.restaurantejaume-deia.com – cerrado febrero y jueves
Rest – Menú 25/60 € – Carta 37/62 €
◆ Llevado por el matrimonio propietario. Se presenta con un interior actualizado, mesas bien vestidas, una coqueta terraza y una cocina regional basada en los productos locales.

en la carretera de Valldemossa Noroeste : 2,5 km

Sa Pedrissa rest,
carret. Valldemossa - Deià km 64,5 ✉ 07179 Deià – ☎ 971 63 91 11 – www.sapedrissa.com
6 suites – 180/370 € – 2 hab **Rest** – Carta 35/50 €
◆ Casa del s. XVI situada en un enclave privilegiado, con vistas a la bahía de Deià y la piscina sobre el acantilado. La mayoría de las cuidadas habitaciones son tipo suite. Su restaurante ocupa un antiguo molino de aceite, con los suelos en piedra y chimenea.

FORNALUTX – **579** K5 – **703 h.** – **alt. 160 m** **6** B1
Palma 36

Ca'n Verdera
des Toros 1 ✉ 07109 – ☎ 971 63 82 03 – www.canverdera.com – 15 marzo-15 noviembre
11 hab – 130/170 € 160/230 € – 1 suite
Rest – *(cerrado domingo) (solo cena)* Carta 31/40 €
◆ Este acogedor hotel ocupa dos casas antiguas, bien restauradas, del centro de la ciudad. Posee un bonito jardín, con piscina y terraza, así como habitaciones de buen confort.

SES ILLETES – **579** J6 – **Playa** **6** B1
Palma 8

Meliá de Mar hab, rest,
passeig d'Illetes 7 ✉ 07184 – ☎ 971 40 25 11 – www.meliademar.solmelia.com – abril-23 octubre
133 hab – 175/450 €, 25 € – 11 suites
Rest – Menú 60 € – Carta aprox. 50 €
◆ Ha sido completamente actualizado para ofrecer un interior de marcado aire minimalista, con un maravilloso entorno ajardinado, su propia cala y magníficas vistas al mar. Disfruta de varios restaurantes asiáticos y uno más, tipo grill, junto a la piscina.

Bonsol rest,
passeig d'Illetes 30 ✉ 07181 – ☎ 971 40 21 11 – www.hotelbonsol.es – cerrado 6 noviembre-20 diciembre
88 hab – 110/158 € 168/246 € – 3 suites
Rest – Menú 22/40 € – Carta 35/58 €
◆ Acogedor hotel de aire castellano con agradables terrazas bajo los pinos. Amplia zona social, confortables habitaciones con baños modernos y bungalows completamente equipados. Comedor con profusión de madera y muros en piedra vista.

INCA – **579** L5 – **29 321 h.** – **alt. 120 m** **6** B1
Palma 32

por la carretera de Sencelles Sur : 4 km

Casa del Virrey hab,
Son Campaner ✉ 07300 Inca – ☎ 971 88 10 18 – www.casadelvirrey.net
10 hab – 70/90 € 95/140 € – 6 suites
Rest *Doña Irene* – *(cerrado 7 enero-12 febrero, domingo noche y lunes)*
Menú 35 € – Carta 25/40 €
◆ Mansión señorial del s. XVII con un cuidado jardín, dotada de una elegante zona noble y unas habitaciones con mobiliario antiguo y techos altos, decoradas con sumo gusto. La viguería y los muros en piedra del restaurante evidencian su ilustre pasado.

ESPAÑA

LLORET DE VISTALEGRE – **579** L6 – **1 295 h.** – **alt. 250 m** **6** B1

Palma 33

por la carretera de Montuïri **Sureste : 1 km y desvío a la izquierda 2,5 km**

Sa Rota d'en Palerm sin rest

07518 Lloret de Vistalegre – 971 52 11 00 – www.sa-rota.com

5 apartamentos – 122/152 € – 2 hab

◆ Casa de campo dotada de unas agradables terrazas e impresionantes vistas. La mayoría de las habitaciones son tipo apartamento, con mobiliario antiguo restaurado y detalles.

LLOSETA – **579** L5 – **5 750 h.** – **alt. 180 m** **6** B1

Palma 31

Cas Comte

Comte d'Aiamans 11 07360 – 971 87 30 77 – www.hotelcascomte.com – cerrado del 1 al 15 de septiembre

8 hab – 100 € 130 € **Rest** – *(solo cena clientes)* Menú 30 €

◆ Casa señorial del s. XVIII restaurada con mucho acierto. Sus acogedoras dependencias, equipadas con todo lujo de detalles, conservan la sobriedad decorativa de antaño.

LLUCMAJOR – **579** L7 – **36 681 h.** **6** B1

Palma 24

G.H. Son Julia

carret. de S'Arenal, Suroeste : 1 km 07620 – 971 66 97 00 – www.sonjulia.com – 10 marzo-15 noviembre

20 hab – 215/770 €, 21 € – 5 suites **Rest** – Menú 39/61 €

◆ Mansión mallorquina del s. XV donde se dan cita el lujo y la elegancia. Ofrece un espectacular salón oriental, habitaciones de gran confort y un hermoso entorno ajardinado. El restaurante presenta una carta variada en la que destacan los platos de autor.

al Oeste : 4 km

Mallorca Marriott Son Antem

07620 Llucmajor – 971 12 91 00 – www.mallorcamarriott.com hab,

150 hab – 129/219 € 149/239 € – 5 suites **Rest** – Carta 44/64 €

◆ Este elegante complejo se encuentra entre dos campos de golf y disfruta de un excelente equipamiento. Sus habitaciones, todas exteriores y amplias, son una auténtica joya. El restaurante se ve complementado durante la época estival con una agradable terraza.

en sa Torre Suroeste : 10 km

Hilton Sa Torre

camí de Sa Torre, km 8,7 07620 Llucmajor – 871 96 37 00 – www.hotelsatorremallorca.es

80 hab – 141/412 € 168/439 € – 10 suites

Rest *Zaranda* – ver selección restaurantes

◆ En una finca del s. XIV. Las zonas nobles y algunas habitaciones ocupan el edificio principal, sin embargo la mayoría se reparten por los anexos. Centro de conferencias y SPA.

Zaranda (Fernando Pérez) – Hotel Hilton Sa Torre

camí de Sa Torre, km 8,7 07620 Llucmajor – 971 01 04 50 – www.zaranda.es – cerrado 22 noviembre-enero, domingo noche y lunes

Rest – *(solo cena en julio y agosto)* Menú 60/89 €

Espec. Huevo negro con caviar de sepia. Salmonetes con sus escamas crujientes y sopas mallorquinas. Cremoso de queso de cabra con sorbete de fresa al Rioja y albahaca.

◆ Instalado en una antigua masía señorial dotada con un agradable patio a la entrada, donde montan la terraza. Presenta dos salas de estética actual, ambas con un cuidado servicio de mesa. ¡Su cocina de autor gira en torno a varios menús!

ESPAÑA

MANACOR – **579** N6 – **40 859 h.** – **alt. 110 m** 6 B1

Palma 49

al Norte : 4 km

La Reserva Rotana

camí de s'Avall ✉ 07500 Manacor – ☎ 971 84 56 85 – www.reservarotana.com – cerrado diciembre-20 febrero

24 hab – 200/265 € 220/420 € **Rest** – Carta 42/66 €

◆ Acogedora finca señorial situada en una reserva natural. La decoración de sus elegantes dependencias revela el gusto por las antigüedades. Posee un anexo algo más sencillo. La sutileza y el lujo se unen en su restaurante para crear un marco lleno de encanto.

PALMA P – **579** J6 – **404 681 h.** – **Playas : Portixol** DV, **Can Pastilla por ④ : 10 km y s'Arenal por ④ : 14 km.** 6 B1

Alcúdia 52 – Peguera/Paguera 22 – Sóller 30 – Son Servera 64

de Palma por ④ : 11 km ☎ 902 404 704

Iberia : aeropuerto ☎ 902 400 500

para Barcelona, Valencia, Menorca y Eivissa : Cía. Trasmediterránea, Estación Marítima 2 (Muelle de Peraires), ☎ 902 45 46 45 BV

pl. de la Reina 2, ☎ 971 17 39 90

paseo del Borne 27, ☎ 902 10 23 65

aeropuerto, ☎ 971 78 95 56

R.A.C.E. av. Conde Sallent 7 ☎ 971 71 51 40

Son Vida, Noroeste : 5 km, ☎ 971 79 12 10

Bendinat,, carret. de Bendinat, Oeste : 15 km, ☎ 971 40 52 00

Barrio de la Catedral★ : Catedral/La Seu★★ GZ – Iglesia de Sant Francesc (claustro★) HZ – Museo de Mallorca (Sección de Bellas Artes★ : San Jorge★) GZ **M1** - Museo Diocesano (cuadro de Pere Nisart : San Jorge★) GZ **M2**. Otras curiosidades : – La Lonja/La Llotja★ FZ - Palacio Sollerich (patio★) GY **Z** – Pueblo Español★ BU **A** - Castillo de Bellver★ BU ※★★- Museu d'Art Espanyol Contemporani (colecció March)★ HY **M3**

Planos páginas siguientes

Palacio Ca Sa Galesa sin rest

Miramar 8 ✉ 07001 – ☎ 971 71 54 00 – www.palaciocasagalesa.com

12 hab – 224/279 € 284/513 €, 24 € GZ**a**

◆ Elegantísimo palacete del s. XVI vestido con mobiliario de época y próximo a la Catedral. Aquí encontrará lujosas zonas nobles y unas habitaciones de excelente equipamiento.

Santa Clara sin rest

Sant Alonso 16 ✉ 07001 – ☎ 971 72 92 31 – www.santaclarahotel.es

20 hab – 100/390 € 130/390 €, 15 € HZ**a**

◆ Casa señorial bien restaurada. Tras su amplia recepción encontrará un conjunto actual, con varios tipos de habitaciones, y una terraza-solárium dotada de magníficas vistas.

Convent de la Missió

Missió 7-A ✉ 07003 – ☎ 971 22 73 47 – www.conventdelamissio.com

14 hab – 150/198 € 185/230 € HXY**a**

Rest *Simply Fosh* – ver selección restaurantes

◆ Ocupa un seminario del s. XVII que tras la remodelación disfruta de una estética vanguardista, con espacios diáfanos, detalles de diseño y una decoración minimalista.

Saratoga

passeig Mallorca 6 ✉ 07012 – ☎ 971 72 72 40 – www.hotelsaratoga.es

184 hab – 100/200 €, 15 € – 3 suites FY**s**

Rest – Menú 20 € – Carta 30/53 €

◆ Este hotel presenta una línea decorativa entre clásica y actual, ya que se está renovando poco a poco. Amplia zona social, habitaciones bien equipadas y un pequeño SPA. El restaurante se complementa con una cafetería panorámica en la 7ª planta.

ESPAÑA

Palau Sa Font sin rest

Apuntadors 38 ✉ 07012 – ☎ 971 71 22 77 – www.palausafont.com – cerrado del 2 al 31 de enero FZ**b**

19 hab – ♦95/200 € ♦♦155/203 €

♦ Bella casa señorial del s. XVI dotada con un mirador en la azotea. El mobiliario de diseño y el concepto minimalista del espacio toman el protagonismo en sus habitaciones.

San Lorenzo sin rest

San Lorenzo 14 ✉ 07012 – ☎ 971 72 82 00 – www.hotelsanlorenzo.com

9 hab – ♦145 € ♦♦155 €, 12 € FY**v**

♦ Atractiva casa señorial del s. XVII a la que se accede por una puerta enrejada. Posee unos cuidados exteriores, con piscina y jardín, así como habitaciones muy detallistas.

La Bodeguilla

Sant Jaume 3 ✉ 07012 – ☎ 971 71 82 74 – www.la-bodeguilla.com – cerrado domingo GY**t**

Rest – Carta 34/61 €

♦ Negocio familiar llevado por dos hermanos. Dispone de un comedor en dos plantas y una tienda de vinos, con barricas que hacen de mesas para la degustación y el tapeo.

Simply Fosh – Hotel Convent de la Missió

Missió 7-A ✉ 07003 – ☎ 971 72 01 14 – www.simplyfosh.com HXY**a**

Rest – *(cerrado domingo)* (solo menú al mediodía) Menú 20 € – Carta 42/60 €

♦ Restaurante de estética moderna dotado con un bar a la entrada y una sala acristalada, esta asomada a un patio-terraza y con una cascada en una de sus paredes. Cocina actual.

La Aldaba

Fábrica 18 ✉ 07013 – ☎ 971 45 81 24 – cerrado domingo EY**a**

Rest – Carta aprox. 40 €

♦ Ubicado en una zona bastante céntrica de la ciudad. En su acogedor interior de aire rústico le ofrecerán una carta tradicional, con carnes y pescados a la parrilla de carbón.

Al Oeste de la Bahía :

Gran Meliá Victoria

hab,

av. Joan Miró 21 ✉ 07014 – ☎ 971 73 25 42 – www.granmeliavictoria.melia.com BU**u**

171 hab – ♦95/273 € ♦♦110/313 €, 29 € – 6 suites **Rest** – Carta 39/65 €

♦ Frente al puerto deportivo. Presenta unas instalaciones de línea clásica dotadas con amplias zonas nobles, un centro de congresos, habitaciones bien equipadas y buenas vistas. El restaurante, íntimo y acogedor, sirve una cocina atenta al recetario tradicional.

Meliá Palas Atenea sin rest, con cafetería

av. Ingeniero Gabriel Roca 29 ✉ 07014 – ☎ 971 28 14 00 – www.melia-palas.atenea.com BU**e**

353 hab – ♦70/95 € ♦♦85/125 €, 17 € – 8 suites

♦ Un clásico de la hostelería local ubicado en pleno paseo marítimo. Dispone de un espléndido hall, una amplia zona social y diversos servicios complementarios, como un SPA.

Armadams sin rest

Marquès de la Sènia 34 ✉ 07014 – ☎ 971 22 21 21 – www.hotelarmadams.com

76 hab – ♦149/171 € ♦♦220/242 €, 18 € BU**t**

♦ Posee habitaciones de correcta amplitud, con mobiliario funcional, escasa decoración e hidromasaje en los baños. Agradables piscinas, una exterior y otra interior con jacuzzi.

ESPAÑA

PALMA

Street	Grid	No.
Adrià Ferràn	DU	3
Alférez Cerdá	BU	4
Andreu Torrens	CT	7
Anselm Turmeda	CT	9
Arquebisbe Aspáreg	DU	19
Arquitecte Gaspar Bennàzar (Av.)	CT	20
Arxiduc Lluís Salvador	CT	21
Ausiàs March	CT	22
Bellver	BU	30
Camilo Jose Cela	BU	39
Capità Vila	DU	45
Comte de Sallent (Av.)	CU	49
Ducs de Palma Mallorca (Rambla dels)	CU	60
Espartero	BU	66
Federico García Lorca	BU	67
Francesc Garcia i Orell (Pl.)	DU	70
Francesc Martí i Mora	BT	72
Francesc Pi i Margall	DU	73
Francesc Suau	CT	75

Francesc Vidal i Sureda . . . **ABUV** 76
Gabriel Alomar i Villalonga (Av.) **CU** 78
General Ricardo Ortega . . . . **CDU** 81
Gomila (Pl.) . . . . **BU** 82
Guillem Forteza . . . . **CT** 84
Joan Alcover . . . . **DU** 87
Joan Crespí . . . . **BU** 88
Joan de Saridakis . . . . **AUV** 89
Joan Maragall . . . . **DU** 90
Joan Ripoll i Trobat . . . . **BT** 92
Josep Darder (Metge) . . . . **DU** 93
Llac dels Quatre Cantons . . . . . . **BT** 96
Mare de Déu de Montserrat . . **DT** 99
Marquès de la Sènia . . . . **BU** 100
Miquel Arcas . . . . **CT** 105
Porto Pi . . . . **BV** 115
Son Armadans . . . . **BU** 138
Torcuato Luca de Tena . . . . . . **DU** 145
Vicari Joaquím Fuster . . . . **DV** 147
31 de Desembre . . . . **CT** 150

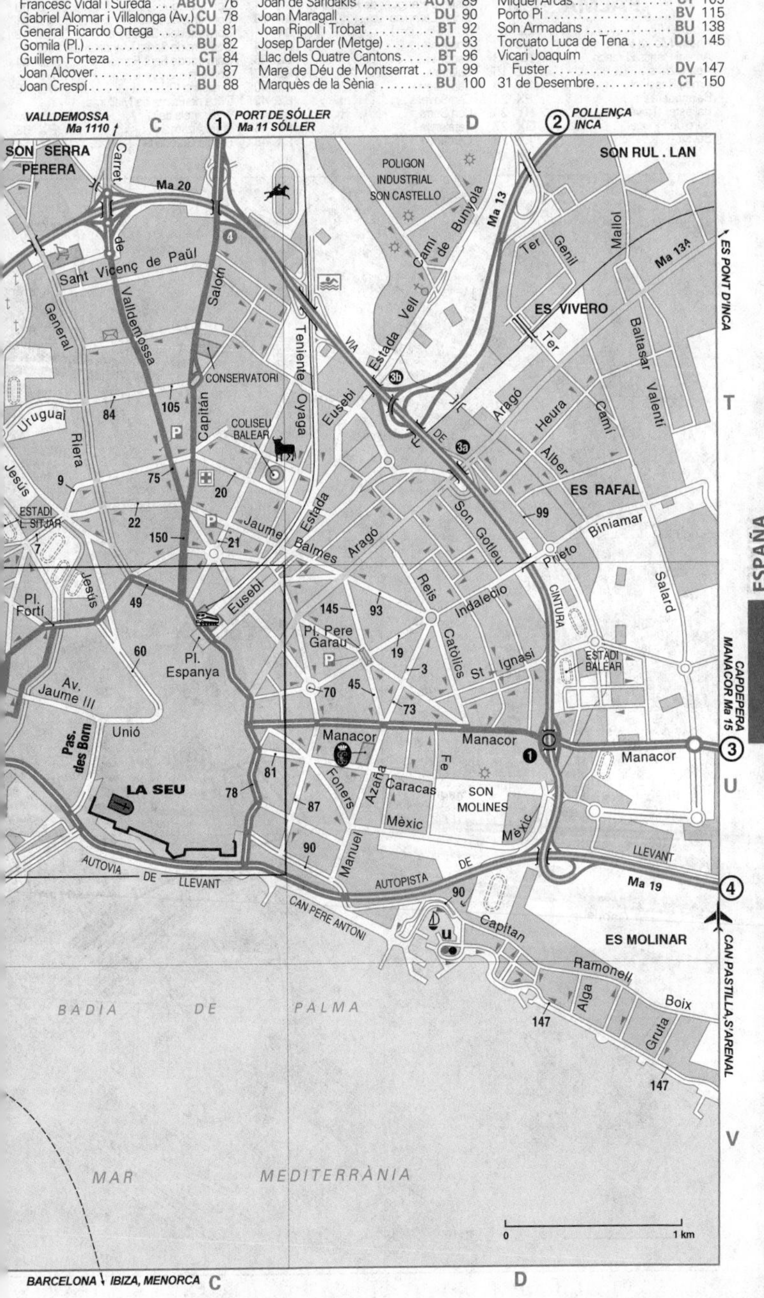

PALMA

Almoina (Pl.) . . . . GZ 6
Antoni Maura (Av.) . . . . GZ 12
Antoni Planas i Franch . . . . HZ 13
Apuntadors . . . . FZ 15
Arnau Rossiñol . . . . EY 18
Balanguera . . . . FX 24
Ballester (Travessia) . . . . HY 25
Baro de Pinopar . . . . GX 27
Bayarte . . . . EY 28
Bisbe Berenguer de Palou (Pl.) . . GX 31
Bisbe Campins . . . . GX 33
Born (Pas. des) . . . . GY
Bosseria . . . . HY 34
Cadena . . . . GZ 36
Calatrava . . . . HZ 37
Can Pueyo . . . . GY 40
Can Savellà . . . . HZ 42
Can Serra . . . . HZ 43
Catalunya . . . . FY 46
Cerdanya . . . . FX 48
Conquistador . . . . GZ 50
Constitució . . . . GY 51
Convent dels Caputxins . . . . HX 52
Convent de Santa Magdalena . . GY 55
Convent de Sant Francesc . . . . . HZ 54
Corderia . . . . HY 57
Drassana (Pl.) . . . . FZ 58
Ducs de Palma de Mallorca (Rambla dels) . . . . GXY 60
Enric Alzamora . . . . HX 63
Escola Graduada . . . . HY 64

G
H
X
Y
Z
Jesús
Alemanya
Av.
Cerda
Via
Roma
Sang
Av. Comte de Sallent
31 de Desembre
Cecili Metel
St Miquel
Oms
Carme
Horts
Missió
Pl.Olivar
SÓLLER
INCA
Eusebi Estada
Fontsanta
de la Miquel Marquès
Pl. Espanya
Marquès
Av. Alexandre Rosselló
Aragó
Pl. st Antoni
Manacor
Sindicat
Ferreria
Pl. Major
Concepció
St Jaume
Pl. Merçat
Unió
Pas. des Born
Colom
Pl. Mercadal
Av. Gabriel Alomar
Jeroni Pou
Pl. Cort
PARLAMENT
Sta Eulàlia
St Francesc
CASA DE CULTURA
Sol
Morey
L'Almudaina
LA SEU
Miramar
St Alonso
Baños Árabes
Pl.Porta d'es Camp
Pérez Galdós
Joan Maragall
Villalonga
PARC
DE LA
MAR
AUTOVIA DE LLEVANT
PALMA
ESPAÑA

en La Bonanova :

Valparaíso Palace hab,
Francisco Vidal i Sureda 23 ✉ 07015 Palma
– ✆ 971 40 03 00 – www.grupotelvalparaiso.com BV**a**
174 hab – 115/210 € 170/320 € – 6 suites
Rest – *(cerrado domingo)* Menú 40 €
♦ Su privilegiada ubicación dominando la bahía le brinda hermosas vistas. Presenta una correcta zona social, con un magnífico hall, equipadas habitaciones y un completísimo SPA. En su acogedor restaurante encontrará una cocina tradicional actualizada.

en Son Vida :

Castillo H. Son Vida hab,
Raixa 2 ✉ 07013 Palma – ✆ 971 49 34 93
– www.luxurycollection.com AT**a**
152 hab – 230/830 € 330/1130 € – 12 suites
Rest *Es Ví* – *(cerrado enero, febrero, noviembre, diciembre, domingo, lunes y martes) (solo cena)* Menú 97 € – Carta 52/80 €
Rest *Es Castell* – Menú 50 € – Carta 38/78 €
♦ Una elegante decoración y un moderno equipamiento conviven en este palacio señorial, ubicado entre pinos y dotado con espléndidas vistas a la ciudad, la bahía y las montañas. El restaurante Es Ví ofrece una refinada atmósfera y una cocina a base de menús degustación.

ESPAÑA

Arabella Sheraton Golf H. Son Vida
Vinagrella hab,
✉ 07013 Palma – ✆ 971 78 71 00 – www.sheratonmallorca.com AT**b**
92 hab – 190/350 € 290/700 € – 3 suites
Rest *Flame* – *(solo almuerzo salvo junio-septiembre)* Carta 40/59 €
Rest *Plat d'Or* – *(cerrado julio y agosto) (solo cena)* Carta 52/67 €
♦ Edificio señorial emplazado junto a un campo de golf y en un marco acogedor, donde se funden el lujo y la elegancia. Bellos exteriores y dependencias de línea clásica. El restaurante Plat d'Or ofrece un marco clásico-actual y una carta de tinte internacional.

Al Este de la Bahía :

en Es Molinar :

Portixol
Sirena 27 ✉ 07006 Palma – ✆ 971 27 18 00 – www.portixol.com – cerrado 9 enero-17 febrero DU**u**
26 hab – 125/150 € 210/430 €
Rest *Portixol* – ver selección restaurantes
♦ Singular y con buenas vistas al mar. Su moderna decoración resulta original por estar salpicada con detalles mediterráneos. Habitaciones y baños con mobiliario de diseño.

Portixol – Hotel Portixol
Sirena 27 ✉ 07006 Palma – ✆ 971 27 18 00 – www.portixol.com – cerrado 9 enero-27 febrero DU**u**
Rest – Carta 32/50 €
♦ Posee una entrada independiente respecto al hotel, una agradable terraza y un comedor acristalado, alegre y luminoso, con vistas a la piscina. Carta de fusión.

en Es Coll d'en Rabassa por ④ : 6 km

Ciutat Jardí sin rest
Illa de Malta 14, por Vicari Joaquím Fuster ✉ 07007 Palma – ✆ 971 74 60 70 – www.hciutatj.com – cerrado 30 noviembre-11 enero
20 hab – 105/128 € 119/220 €
♦ Hotel de tradición familiar fundado en 1921 y dotado con una magnífica fachada. Ofrece habitaciones de buen confort, con los baños algo pequeños aunque todos con hidromasaje.

XX **Ca'n Jordi**

Illa de Xipre 12, por Vicari Joaquím Fuster ✉ 07007 Palma – ☎ 971 49 19 78 – www.restaurantecanjordi.es

Rest – Carta 46/68 €

◆ Restaurante de ambiente clásico dotado con un sugerente vivero a la entrada. Su especialidad son los pescados y mariscos, siempre de excelente calidad. ¡No ofrece carta, pues es usted mismo el que selecciona las piezas en el mostrador!

X **Bonsol**

Illa de Xipre 12, por Vicari Joaquím Fuster ✉ 07007 Palma – ☎ 971 26 62 70 – www.marisqueriabonsol.com

Rest – Menú 45 € – Carta 43/64 €

◆ Este modesto negocio de aire marinero se presenta con una terraza acristalada, un vivero de marisco y una barra-expositor de pescado fresco. Disfruta de una clientela fiel.

PALMANOVA – **579** J6 – **3 902 h.** – **Playa** **6** B1

Palma 17

passeig del Mar 13, ☎ 971 68 23 65

St. Regis Mardavall

Passeig Calvià ✉ 07181 – ☎ 971 62 96 29 – www.stregis.com – cerrado 15 noviembre-diciembre

124 hab – †230/787 € ††420/1312 € – 9 suites

Rest *Es Fum* – ver selección restaurantes

Rest *Aqua* – Carta 50/66 €

◆ Este lujoso hotel está repartido en varios edificios, con un bello jardín y vistas al mar. Presenta un elegante hall octogonal, excelentes habitaciones y un completo SPA. Para poder almorzar o cenar cuenta con un restaurante gastronómico y el denominado Aqua, que ofrece una carta actual de gran nivel, con platos mediterráneos y ciertas dosis de creatividad.

XXXX **Es Fum** – Hotel St. Regis Mardavall

Passeig Calvià ✉ 07181 – ☎ 971 62 96 29 – www.stregis.com – marzo-noviembre

Rest – *(cerrado martes y miércoles) (solo cena) (solo menú)* Menú 128/153 €

Espec. Foie-gras, albaricoque, boletus, espinacas y huevo de codorniz. Pichón, su pechuga pochada, coliflor, trufa, limón y tirabeques. Manzana verde con naranja y cardamomo.

◆ Resulta impecable y está considerado como una de las joyas del hotel St. Regis Mardavall. Ofrece una elegante sala de línea clásica-actual y una magnífica terraza techada de estética mediterránea. Cocina creativa de bases internacionales.

PEGUERA – **579** I6 – **Playa** **6** B1

Palma 23

Ratolí 1, ☎ 971 68 70 83

XX **La Gran Tortuga**

carret. de Cala Fornells 37 ✉ 07160 – ☎ 971 68 60 23 – www.lagrantortuga.net – cerrado 15 noviembre-enero

Rest – Menú 25/45 € – Carta 33/43 €

◆ Está llevado con profesionalidad y destaca por su magnífico emplazamiento frente al mar. El comedor, que se complementa con una agradable terraza, ofrece excelentes vistas.

POLLENÇA – **579** M4 – **16 981 h.** – **alt. 200 m** – **Playa** **6** B1

Palma 55

Sant Domingo 17, ☎ 971 53 50 77, www.pollenca.com

Pollença, carret. de Palma de Mallorca km 49,3, ☎ 971 53 32 16

Juma sin rest

pl. Major 9 ✉ 07460 – ☎ 971 53 50 02 – www.pollensahotels.com – cerrado 15 noviembre-15 diciembre

7 hab – †65/105 € ††85/120 €

◆ Un marco acogedor situado en la Plaza Mayor de la localidad. Sobrias habitaciones decoradas con mobiliario de estilo antiguo, en claro contraste con un confort moderno.

ESPAÑA

L'Hostal sin rest

Mercat 18 ✉ 07460 – ✆ 971 53 52 81 – www.pollensahotels.com
6 hab – 65/110 € 85/120 €

◆ Esta casa se ha rehabilitado por completo, dándole un aire minimalista y de diseño. Sus luminosas habitaciones resultan actuales y disfrutan de un completo equipamiento.

Posada de Lluc sin rest

Roser Vell 11 ✉ 07460 – ✆ 971 53 52 20 – www.posadalluc.com – cerrado diciembre-enero
8 hab – 90/130 € 115/185 €

◆ El origen de la posada data del s. XV y perteneció a una institución religiosa. Sus habitaciones, con decoración personalizada y baños actuales, resultan muy espaciosas.

Clivia

av. Pollentia 5 ✉ 07460 – ✆ 971 53 36 35 – cerrado miércoles
Rest – Carta 33/46 €

◆ Establecimiento de línea clásica dotado con toques de cierta elegancia. Ofrecen una carta tradicional y resulta muy popular por la calidad de sus pescados, traídos a diario.

por la carretera Ma 2200 Sur : 3 km y desvío a la izquierda 0,5 km

Son Brull

carret. Palma-Pollença ✉ 07460 Pollença – ✆ 971 53 53 53 – www.sonbrull.com
23 hab – 210/339 € 248/400 €
Rest *365* – ver selección restaurantes

◆ Este imponente edificio, rodeado por una extensa finca, ocupa un convento jesuita del s. XVIII. Combina el encanto antiguo con las características del confort más moderno.

365 – Hotel Son Brull

carret. Palma-Pollença ✉ 07460 Pollença – ✆ 971 53 53 53 – www.sonbrull.com
Rest – Menú 59 € – Carta 46/64 €

◆ Una propuesta sumamente interesante, tanto por el entorno como por el nivel gastronómico y el cuidado servicio de mesa. Encontrará una carta de carácter creativo, elaborada con materias primas de calidad y en un ambiente vanguardista.

PORT D'ALCÚDIA – 579 M5 – Playa 6 B1

Palma 54
para Ciutadella de Menorca : Iscomar Ferris, Muelle Comercial, ✆ 871 70 72 00
paseo Marítimo, ✆ 971 54 72 57, www.alcudiamallorca.com
carret. de Artà 68, ✆ 971 89 26 15

Jardín (Macarena de Castro)

dels Tritons ✉ 07400 – ✆ 971 89 23 91 – www.restaurantejardin.com – cerrado enero-15 marzo, lunes y martes en verano
Rest – *(sólo fines de semana salvo junio-septiembre) (solo menú)* Menú 70 €
Espec. Nuestros caracoles. Lubina salvaje con verduras al hinojo. Ensaimada frita con crema quemada y licor de palo.

◆ ¡Un restaurante gastronómico en clara progresión! Ocupa la 1ª planta de una casa tipo villa, donde cuenta con una sala de buen confort y diseño moderno. Ofrece un único menú degustación con platos de autor que denotan gran nivel técnico.

Bistró del Jardín

dels Tritons ✉ 07400 – ✆ 971 89 23 91 – www.restaurantejardin.com – mayo-septiembre
Rest – *(cerrado lunes salvo agosto) (solo cena)* Menú 25 € – Carta aprox. 34 €

◆ Este coqueto negocio se encuentra en la planta baja de la villa donde también se haya el restaurante Jardín, de la misma propiedad. Posee un hall, una sala tipo porche y una atractiva terraza ajardinada. Cocina tradicional a buen precio.

ESPAÑA

Casa Gallega

Hostelería 11 ✉ 07400 – ✆ 971 54 51 79 – www.casagallegaalcudia.com
Rest – Tapa 5 € – Ración aprox. 10 €
♦ Este local, tipo mesón gallego, posee una terraza, una barra con algunas mesas y un comedor rústico-actual. Carta tradicional con raciones, medias raciones y un económico menú del día. ¡Por cada consumición dan una magnífica tapa gratuita!

en Alcanada Este: 3,5 km

La Terraza

Pompeu Fabra 7 ✉ 07400 Port d'Alcúdia – ✆ 971 54 56 11 – www.laterrazaalcanada.com – abril-octubre
Rest – Menú 28 € – Carta 35/45 €
♦ ¡Una de las mejores terrazas de la isla, ubicada a unos dos metros sobre el agua! Posee una sala interior y una idílica terraza techada, con maravillosas vistas a la bahía. Cocina tradicional de influencias mediterráneas e internacionales.

PORT D'ANDRATX – 579 I6 6 B1

Palma 34
Paraje★ – Recorrido en cornisa★★★ de Port d'Andratx a Sóller

Villa Italia

camino San Carlos 13 ✉ 07157 – ✆ 971 67 40 11 – www.hotelvillaitalia.com – cerrado 7 enero-12 febrero
20 hab – 🚹169/257 € 🚹🚹199/303 € **Rest** – Menú 27 €
♦ ¡Un hotel cautivador! Posee una estética a modo de villa toscana y está construido en una ladera, lo que le otorga unas fantásticas vistas sobre el puerto de Andratx. También es llamativo su restaurante, pues se reparte entre dos terrazas cubiertas con los techos retráctiles y ofrece una carta internacional.

Layn

av. Almirante Riera Alemany 20 ✉ 07157 – ✆ 971 67 18 55 – www.layn.net – cerrado diciembre y enero
Rest – Carta 26/52 €
♦ Negocio llevado con dedicación. Además de su comedor dispone de dos terrazas, una con vistas al mar en el paseo marítimo y otra en la parte trasera, a la sombra de los pinos.

PORT DE POLLENÇA – 579 M4 – Playa 6 B1

Palma 58
passeig Saralegui, ✆ 971 86 54 67, www.pollenca.com
Paraje★
Carretera★ de Port de Pollença al Cabo Formentor★ : Mirador d'Es Colomer★★★

Illa d'Or

passeig Colom 265 ✉ 07470 – ✆ 971 86 51 00 – www.hotelillador.com – 25 febrero-12 noviembre
118 hab – 🚹63/108 € 🚹🚹124/230 € – 2 suites
Rest – Menú 26 € – Carta 25/58 €
♦ Se trata de un clásico en la zona y se encuentra frente al mar. Posee un pequeño embarcadero privado, cuidados espacios comunes y habitaciones dotadas de un elevado confort. El restaurante se complementa con una agradable terraza a la sombra de los árboles.

Miramar

passeig Anglada Camarasa 39 ✉ 07470 – ✆ 971 86 64 00 – www.hotel-miramar.net – abril-octubre
84 hab – 🚹60/80 € 🚹🚹90/157 € **Rest** – Menú 20 €
♦ Hotel familiar bien situado y de ambiente decimonónico. Ofrece una acogedora zona social y correctas habitaciones, algo justas de espacio y de sencillo mobiliario clásico. El restaurante disfruta de terraza y elabora una carta propia del recetario tradicional.

ESPAÑA

en la carretera de Alcúdia Sur : 3 km

XX **Ca'n Cuarassa**

✉ 07470 Port de Pollença – ✆ 971 86 42 66 – www.cancuarassa.com – marzo-14 noviembre

Rest – Menú 29 € – Carta 28/53 €

◆ Atractivo marco de estilo rústico mallorquín. Ofrece una terraza acristalada y varias salas, decoradas con lámparas de cristal y litografías abstractas. Cocina tradicional.

PORT DE SÓLLER – 579 K5 – alt. 160 m – Playa 6 B1

Palma 32

Canonge Oliver 10, ✆ 971 63 30 42, www.soller.es

Aimia hab,

Santa María del Camí 1 ✉ 07108 – ✆ 971 63 12 00 – www.aimiahotel.com – marzo-octubre

43 hab – 155/170 € 175/225 € **Rest** – Menú 24 € – Carta 29/47 €

◆ Hotel de línea moderna y actual. Ofrece unas habitaciones muy luminosas, con terraza y baños completos que disponen tanto de bañera como de ducha independiente. En su restaurante, de correcto montaje, encontrará una sencilla carta de cocina actual.

Los Geranios hab,

passeig de la Platja 15 ✉ 07108 – ✆ 971 63 14 40 – www.hotel-losgeranios.com – cerrado 25 noviembre-enero

23 hab – 70/95 € 100/150 € – 2 suites

Rest – *(cerrado lunes) (solo cena en abril)* Carta 21/35 €

◆ Disfruta de una terraza en el paseo de la playa, una reducida zona social y habitaciones clásicas de correcto confort, casi todas las dobles con vistas. Organización familiar. En su restaurante podrá degustar una carta no muy extensa pero de carácter creativo.

X **Randemar**

passeig Es Través 16 ✉ 07108 – ✆ 971 63 45 78 – www.randemar.com – 15 marzo-noviembre

Rest – Carta 21/35 €

◆ Su animada localización en pleno paseo marítimo constituye todo un reclamo. Pequeña barra de apoyo, un comedor distribuido en dos salas y una espaciosa terraza de verano.

X **Es Canyis**

passeig de la platja de'n Repic 21 ✉ 07108 – ✆ 971 63 14 06 – www.escanyis.es – cerrado enero, febrero y lunes

Rest – Carta 30/45 €

◆ Un negocio de arraigada tradición familiar. Ofrece un luminoso comedor de montaje clásico y una carta de tinte tradicional, con varios platos actualizados y algunos arroces.

PORTALS NOUS – 579 J6 – Puerto deportivo 6 B1

Palma 12

XXXX **Tristán** (Gerhard Schwaiger)

Puerto Portals ✉ 07181 – ✆ 971 67 55 47 – www.grupotristan.com – marzo-octubre

Rest – *(cerrado domingo salvo julio - agosto y lunes) (solo cena)* Menú 157 € – Carta 80/129 €

Espec. Bonito con vieira salteada, vinagreta de aguacate y berro de agua. Lomo de cordero con pasta tapenade, croquetas y judías con bacón. Flan de café Blue Mountain, aceite de café y helado de Amaretto.

◆ Su ubicación frente al puerto deportivo y la elegante terraza acristalada armonizan con su distinguido ambiente interior. Cocina creativa donde se aúna el dominio técnico con la calidad del producto y unas originales presentaciones.

X **Flanigan**

Puerto Portals - local 16 ✉ 07181 - ☎ 971 67 91 91 - www.flanigan.es
Rest - Carta 36/51 €
♦ Esta casa se presenta con un interior de estilo marinero y una agradable terraza, dotada de vistas al muelle. Cocina tradicional con arroces, pescados y sabrosos platos de cuchara durante el invierno.

PORTO CRISTO - **579** O6 - **Playa** **6** B1

Palma 62
Moll, ☎ 971 81 51 03
Cuevas del Drach★★★ Sur : 1 km - Cuevas del Hams (sala de los Anzuelos★) Oeste : 1,5 km

por la carretera de Portocolom Suroeste : 4,5 km y desvío a la derecha 1 km

Son Mas

carret. Porto Cristo-Portocolom ✉ 07680 Porto Cristo - ☎ 971 55 87 55 - www.sonmas.com - marzo-octubre
16 hab - 213/259 € 249/305 € **Rest** - *(solo cena)* Menú 39 €
♦ Casa de campo con profusión de piedra vista. Dispone de un salón social abovedado, amplias habitaciones decoradas con sobriedad y elegancia, así como unos cuidados exteriores.

PORTOCOLOM - **579** N7 - **Playa** **6** B1

Palma 63

X **Celler Sa Sinia**

Pescadors 25 ✉ 07670 - ☎ 971 82 43 23 - febrero-octubre
Rest - *(cerrado lunes)* Carta 31/58 €
♦ Un clásico en la zona. El comedor está dividido en varios espacios, con los techos abovedados, las paredes en madera y algún detalle marinero. Buena selección de pescados.

PUIGPUNYENT - **579** J6 - **1 938 h.** - **alt. 240 m** **6** B1

Palma 36

G.H. Son Net

Castillo Son Net ✉ 07194 - ☎ 971 14 70 00 - www.sonnet.es - cerrado diciembre-febrero
31 hab - 215/350 € 250/370 € - 5 suites
Rest *Oleum* - ver selección restaurantes
♦ Elegante mansión mallorquina del s. XVII que realza con exquisito gusto todos sus rincones. Posee maravillosas estancias y habitaciones decoradas en distintos estilos.

XXXX **Oleum** - Hotel G.H. Son Net

Castillo Son Net ✉ 07194 - ☎ 971 14 70 00 - www.sonnet.es - cerrado 7 enero-9 febrero
Rest - Carta 40/66 €
♦ No luce el nombre latino "Oleum" de forma banal, ya que ocupa una antigua almazara de aceite presidida, aún hoy en día, por las piezas y muelas del molino original. Ofrece una sala de excelente montaje y una cocina tradicional actualizada.

RANDA - **579** L6 **6** B1

Palma 26
Santuario de Cura★ ★★

XX **Es Recó de Randa** con hab

Font 21 ✉ 07629 - ☎ 971 66 09 97 - www.esrecoderanda.com
14 hab - 70/101 € 96/145 €, 15 €
Rest - Menú 18 € - Carta aprox. 28 €
♦ Acogedora casa señorial en piedra donde encontrará varios comedores, luminosos y con mobiliario de calidad, así como una bonita terraza. Carta amplia de gusto tradicional. También disfruta de unas confortables habitaciones, todas espaciosas y bien equipadas.

ESPAÑA

SANTA EUGÈNIA - 579 L6 - 1 595 h. 6 B1

Palma 22

Sa Torre de Santa Eugènia

Norte : 2 km - Alqueries ✉ 07142 - ☎ 971 14 40 11 – www.sa-torre.com

5 apartamentos - 142 €, 12 €

Rest - *(cerrado noviembre-febrero y lunes) (solo cena salvo fines de semana) (solo menú)* Menú 43 €

◆ Masía mallorquina del s. XV instalada en una finca llena de árboles frutales, viñas y cultivos. Posee apartamentos tanto en el edificio principal como en un anexo, todos con terraza. El restaurante, que ocupa la antigua bodega, centra su oferta en un menú tradicional e internacional de carácter mediterráneo.

SANTA MARGALIDA - 579 M5 - 11 626 h. - alt. 100 m 6 B1

Palma 43

en la carretera de Alcúdia Ma 3410 Norte : 4 km

Casal Santa Eulàlia

✉ 07458 Ca'n Picafort – ☎ 971 85 27 32 – www.casal-santaeulalia.com – 20 marzo-octubre

25 hab - 145/250 € 180/280 €

Rest - *(solo cena)* Menú 35 € - Carta 33/42 €

◆ Mansión del s. XIII en estilo mallorquín que ha respetado en su rehabilitación la nobleza de los antiguos señoríos. Habitaciones amplias y serenas, de elevado confort. Restaurante de excelente nivel en piedra vista.

SANTA MARÍA DEL CAMÍ - 579 K6 - 6 176 h. - alt. 150 m 6 B1

Palma 16

Molí des Torrent

carret. de Bunyola 75, Noroeste : 1,8 km ✉ 07320 – ☎ 971 14 05 03 – www.molidestorrent.de – cerrado 15 días en diciembre, 7 días en agosto, miércoles y jueves

Rest - *(solo cena en julio y agosto)* Carta 43/57 €

◆ Ocupa un antiguo molino de viento dotado con dos comedores de aire rústico y una agradable terraza. Su cocina aúna la tradición local con algunas especialidades alemanas.

SANTA PONÇA - 579 I6 - Playa 6 B1

Palma 21

Vía Puig de Galatzó, ☎ 971 69 17 12, www.visitcalvia.com

Santa Ponça,, urb. Nova Santa Ponça, ☎ 971 69 02 11

Miguel

av. Rei Jaume I-92 ✉ 07180 – ☎ 971 69 09 13 – www.restaurantemiguel-santaponsa.com – marzo-2 noviembre

Rest - Carta aprox. 37 €

◆ Negocio familiar situado en el centro de la localidad. Agradable terraza y un comedor, donde sirven una cocina que basa su maestría en la calidad de los productos.

SENCELLES - 579 L6 6 B1

Palma 30

Sa Cuina de N'Aina

Rafal 31 ✉ 07140 – ☎ 971 87 29 92 – www.sacuinadenaina.com – cerrado martes

Rest - Carta 21/37 €

◆ Este restaurante, llevado en familia, ofrece una cocina de mercado basada tanto en los platos tradicionales como en los de elaboración propia. Interior rústico-actual.

SÓLLER – **579** K5 – **14 075 h.** – **alt. 54 m** – **Playa en Port de Sóller** **6** B1

Palma 27

pl. d'Espanya, ✆ 971 63 80 08, www.soller.es

G.H. Sóller hab, hab,

Romaguera 18 ✉ 07100 – ✆ 971 63 86 86 – www.granhotelsoller.com
33 hab – 160/220 € 225/315 € – 5 suites
Rest – Menú 35 € – Carta 36/49 €
◆ Este céntrico hotel ocupa un antiguo edificio de carácter señorial, con el exterior ajardinado. Disfruta de una correcta zona noble y posee habitaciones de muy buen confort. En su cuidado restaurante encontrará una carta de cocina tradicional actualizada.

S'Ardeviu sin rest

Vives 14 ✉ 07100 – ✆ 971 63 83 26 – febrero-octubre
7 hab – 79/88 € 93/112 € – 1 suite
◆ Típica casa mallorquina dotada de unas cómodas habitaciones equipadas con mobiliario antiguo. A destacar la acogedora zona social con bonito patio interior.

El Guía con hab rest,

Castañer 2, (hab de marzo a noviembre) ✉ 07100 – ✆ 971 63 02 27
17 hab – 55 € 89 €
Rest – *(cerrado jueves salvo festivos) (solo almuerzo salvo marzo-octubre)* Carta 22/39 €
◆ Negocio familiar situado en el centro de la localidad. Su principal actividad está en el restaurante, con un sencillo comedor y una carta atenta al recetario tradicional. Las habitaciones, impecables en su limpieza, se presentan en sintonía con el resto de instalaciones, siendo modestas pero muy correctas.

en el camino de Son Puça Noroeste : 2 km

Ca N'ai

✉ 07100 Sóller – ✆ 971 63 24 94 – www.canai.com – cerrado 26 diciembre-febrero
17 hab – 90/150 € 180/275 €
Rest – *(cerrado lunes y martes mediodía)* Menú 33/50 €
◆ Casa de campo arropada por el silencio de los naranjos. Su sencilla decoración revela un elevado gusto por la tradición, con entrañables habitaciones y vistas al Puij Major. Su acogedor restaurante de ambiente rústico está abierto a la belleza de la sierra de Alfabia.

por la carretera de Deià :

Ca's Xorc

Noroeste : 4 km y desvío a la izquierda 0,5 km ✉ 07100 Sóller – ✆ 971 63 82 80 – www.casxorc.com – 15 marzo-octubre
12 hab – 170/275 € 200/325 €
Rest – *(cerrado martes)* Menú 33/66 €
◆ Un espléndido marco que combina detalles de diseño con la rusticidad de su pasado como finca agrícola. Las vistas desde la piscina son impresionantes. El impecable comedor ocupa el antiguo molino de aceite.

Bens d'Avall

urb. Costa de Deià, Noroeste : 5 km y desvío a la derecha 2,3 km ✉ 07100 Sóller – ✆ 971 63 23 81 – www.bensdavall.com – cerrado diciembre-enero
Rest – *(cerrado martes en verano, domingo noche y martes noche resto del año y lunes)* (se aconseja reservar) Menú 64 € – Carta 50/60 €
◆ Está ubicado en una urbanización rodeada de monte y destaca por su fantástica terraza. Su cocina, basada en un recetario regional actualizado, sorprende por su gran nivel.

ESPAÑA

SON SERVERA – **579** O6 – **12 286 h.** – **alt. 92 m** – **Playa** **6** B1

Palma 65

av. Joan Servera Camps, ✆ 971 58 58 64

Son Servera, Noreste : 7,5 km, ✆ 971 84 00 96

por la antigua carretera de Artà

Ses Cases de Fetget

Norte : 1,5 km ✉ 07550 Son Servera – ✆ 971 81 73 63 – www.sescasesdefetget.com – cerrado 9 noviembre-12 enero

11 hab – 98/113 € 130/150 € **Rest** – *(cerrado lunes)* Carta 35/45 €

♦ Conjunto rural con el entorno ajardinado. Su decoración combina la madera, la piedra y cálidas fibras vegetales. Habitaciones actuales, algunas con hidromasaje en los baños. El restaurante disfruta de un montaje moderno y un cuidado servicio de mesa.

Finca Son Gener

Norte : 3 km y desvío a la derecha 0,5 km ✉ 07550 Son Servera – ✆ 971 18 36 12 – www.songener.com – marzo-octubre

10 hab – 290/300 € 300/310 €

Rest – *(cerrado martes noche) (solo cena menú)* Menú 48 €

♦ Antigua casa de campo rodeada de una extensa finca, con vistas a las montañas. Cálidas habitaciones de gran amplitud y comedor reservado a los clientes alojados.

en Costa de los Pinos **Noreste : 7,5 km**

Eurotel Punta Rotja rest,

✉ 07559 Costa de los Pinos – ✆ 971 81 65 00 – www.hipotels.com – 24 febrero-18 noviembre

197 hab – 71/119 € 98/180 € – 5 suites

Rest ***La Cabaña*** – *(cerrado miércoles salvo julio-agosto)* Carta 27/80 €

♦ Se encuentra junto al mar, con un bonito jardín bajo los pinos, buenas vistas y piscinas en cascada. Sus dependencias han sido renovadas y ofrece servicios de talasoterapia. El restaurante La Cabaña dispone de una agradable terraza junto al acantilado.

VALLDEMOSSA – **579** J5 – **2 037 h.** – **alt. 427 m** **6** B1

Palma 18

Es Petit Hotel de Valldemossa sin rest

Uetam 1 ✉ 07170 – ✆ 971 61 24 79 – www.espetithotel-valldemossa.com – cerrado del 15 al 30 de noviembre

8 hab – 92/155 € 102/172 €

♦ Casa familiar llevada directamente por sus propietarios, que entregan las llaves para entrar y salir libremente. Interior de estilo rústico actual con detalles funcionales.

por la carretera de Palma **Sur : 2 km y desvío a la derecha 1 km**

Valldemossa hab,

carret. vieja de Valldemossa ✉ 07170 Valldemossa – ✆ 971 61 26 26 – www.valldemossahotel.com

12 hab – 198/236 € 300/350 € **Rest** – Carta aprox. 52 €

♦ Lujosa casa ubicada en lo alto de un cerro, con varias escalinatas, terrazas y una hermosa panorámica a la sierra de Tramontana. Sus habitaciones gozan de un confort actual. El restaurante, que presenta un cuidado montaje, ofrece bellísimas vistas al pueblo.

en la carretera de Andratx : **Oeste : 2,7 km y desvío a la derecha 0,6 km**

Cases de Ca's Garriguer sin rest

Finca Son Olesa ✉ 07170 Valldemossa – ✆ 971 61 23 00 – www.vistamarhotel.es – marzo-octubre

10 hab – 90/110 € 115/150 €

♦ Casa rural con encanto que ocupa unas antiguas dependencias agrícolas. Sus espaciosas instalaciones están decoradas con detalles originales y mobiliario restaurado.

ESPAÑA

MENORCA

Es la segunda isla por su superficie. Gran parte de sus costas han sido protegidas de la construcción masificada y ha permanecido al margen de las grandes corrientes turísticas.

ES CASTELL – 579 T4 6 C1

Mahón 3

Son Granot hab, rest,

carret. Sant Felip, Sureste : 1 km 07720 – 971 35 55 55 – www.songranot.com – cerrado del 23 al 27 de diciembre

11 hab – 89/202 € 115/252 € – 2 suites

Rest – *(cerrado lunes)* Menú 30/60 €

♦ Tiene su encanto, pues ocupa una antigua casa de estilo georgiano y ambiente colonial. La mayoría de las habitaciones, de línea clásica-actual, se encuentran en el edificio principal y han sido personalizadas con el nombre de un viento de la isla. En su comedor le ofrecerán un menú y una carta actual.

por la carretera de Sant Lluis Sur : 2 km y desvío a la izquierda 1 km

Sant Joan de Binissaida

Camí de Binissaida 108 07720 Es Castell – 971 35 55 98 – www.binissaida.com – abril-octubre

12 hab – 75/125 € 145/285 € **Rest** – *(cerrado lunes)* Carta 40/52 €

♦ ¡Aquí el descanso está asegurado! Esta hermosa casa señorial se encuentra en pleno campo y sorprende por la personalización de sus cuidadas habitaciones, cada una de ellas dedicada a un compositor clásico. El restaurante ofrece una cocina actual y presume de utilizar productos ecológicos de su propia finca.

CIUTADELLA DE MENORCA – 579 R3 – 29 247 h. – alt. 25 m 6 C1

Mahón 44

para Cala Ratjada : Interilles, 902 100 444

para Port d'Alcúdia : Iscomar Ferris, camí de Sa Farola (Terminal Portuaria), 971 48 42 16

pl. de la Catedral 5, 971 38 26 93, www.e-menorca.org

Localidad★

El Horno

des Forn 12 07760 – 971 38 07 67 – mayo-octubre

Rest – *(solo cena)* Carta 35/50 €

♦ Negocio familiar llevado con dignidad y buen hacer, brindándonos un ambiente acogedor. Su modesto montaje cuenta con un bar de espera y una sala rústica en la planta baja.

en la carretera del Cap d'Artrutx Sur : 3 km

Es Caliu

07760 Ciutadella de Menorca – 971 38 01 65 – www.restaurantegrillescaliu.com – cerrado 15 diciembre-15 enero

Rest – Carta aprox. 39 €

♦ Se encuentra junto a la carretera y está dotado de sencillas instalaciones, con amplios comedores rústicos y una gran terraza. ¡Aquí la especialidad son las carnes a la brasa!

por la carretera de Cala Morell :

Sant Ignasi hab,

Noreste : 3 km y desvío a la izquierda 1,6 km 07760 Ciutadella de Menorca – 971 38 55 75 – www.santignasi.com – cerrado octubre-marzo

20 hab – 115/180 € 155/285 € – 5 suites

Rest *Es Lloc* – Carta 35/52 €

♦ Oasis de paz en una antigua masía rodeada de árboles centenarios. Exquisito gusto, y unas serenas habitaciones que, en diferentes estilos, invitan al descanso. Luminoso comedor cuyo interior, con vigas en el techo, queda dividido por una bella arquería.

ESPAÑA

Biniatram sin rest
Noreste : 7,5 km ✉ 07760 Ciutadella de Menorca – ☎ 971 38 31 13 – www.biniatram.com
9 hab – 🛉42/83 € 🛉🛉55/110 €, ☕ 8 € – 2 suites – 6 apartamentos
◆ Casona rural con piscina en plena naturaleza. Conservando su actividad agrícola alberga unas instalaciones sencillas pero confortables, en un estilo rústico bien cuidado.

en el camino de Macarella Sureste : 7,5 km

Morvedra Nou hab,
✉ 07760 Ciutadella de Menorca – ☎ 971 35 95 21 – www.morvedranou.es – Semana Santa-12 octubre
19 hab ☕ – 🛉88/172 € 🛉🛉98/215 € **Rest** – Menú 22 €
◆ Antigua casa de campo rehabilitada según criterios actuales, combinando el moderno equipamiento con su primitivo sabor campestre. Posee piscina y unos bellos exteriores. El comedor ocupa un cálido rincón, donde sirven una carta atractiva y sugerente.

FORNELLS – **579** S3 – **602 h.** – **alt. 12 m** 6 C1

Mahón 30

Casa del Contramaestre. D'es Forn, ☎ 971 15 84 30, www-e-menorca.org

S'Áncora
passeig Marítim 8 ✉ 07748 – ☎ 971 37 66 70 – www.sancora-menorca.com – abril-diciembre
Rest – Menú 19/77 € – Carta 30/57 €
◆ Plena dedicación por parte del propietario, en un local de estilo clásico-funcional, cuya ubicación en el paseo marítimo le confiere un ambiente turístico muy animado.

ESPAÑA

MAÓ

Bastió (Pl.)	ABY	2
Conquesta	BY	3
Constitució (Pl.)	BY	4
Espanya (Pl.)	BY	
Hannóver	BY	9
Isabel II	BY	12
Miranda (Pl.)	BY	15
Monestir (Pl. des)	AY	16
Negres (Andreu)	AY	17
Nou	BY	18
Port de Maó	CY	21
Princep (Pl.)	BY	22
Rector Mort	BY	24
Sant Bartolomeu	AY	29
Sant Elies	BZ	31
Sant Jaume	AY	33
Sant Lluís Gonçaga	BCZ	35
Sant Roc	BY	38
Sa Rovellada de Baix	AY	27
Ses Moreres	ABY	41
Ses Voltes (Costa)	BY	42
S'Arravaleta	BY	26

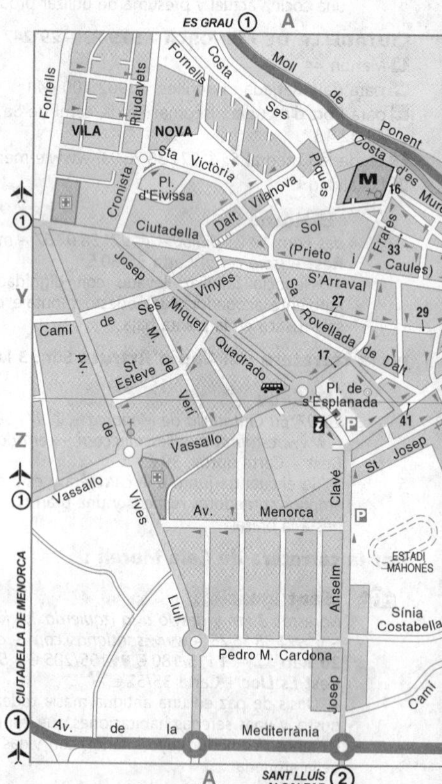

Es Cranc

Escoles 31 ✉ 07748 – ☎ 971 37 64 42 – cerrado diciembre-febrero y miércoles salvo agosto
Rest – Carta 57 €
♦ Un negocio llevado con orgullo y entusiasmo. Pase por alto su modesto montaje, pues lo que define a esta casa es una limpieza impecable y unos productos de alta calidad.

MAÓ – 579 T4 – 29 050 h. – alt. 57 m — 6 C1

de Menorca, Sant Climent, Suroeste : 5 km ☎ 902 404 704
Iberia : aeropuerto ☎ 902 400 500
para Barcelona, Valencia y Mallorca : Cía Trasmediterránea, Muelle Comercial, ☎ 902 45 46 45
pl. Esplanada 5, ☎ 971 36 74 15
Moll de Llevant 2, ☎ 971 35 59 52
Emplazamiento★, La Rada★

Port Mahón

hab,

av. Fort de l'Eau 13 ✉ 07701 – ☎ 971 36 26 00 – www.sethotels.com
80 hab – †70/156 € ††88/195 € – 2 suites — CY**a**
Rest – Menú 16 €
♦ Edificio de estilo colonial-inglés emplazado en una tranquila zona residencial. Disfruta de un piano-bar y unas habitaciones actualizadas de línea funcional, destacando las de la 2ª planta por sus vistas. Su luminoso restaurante, asomado tanto a la piscina como al mar, ofrece una carta internacional.

ESPAÑA

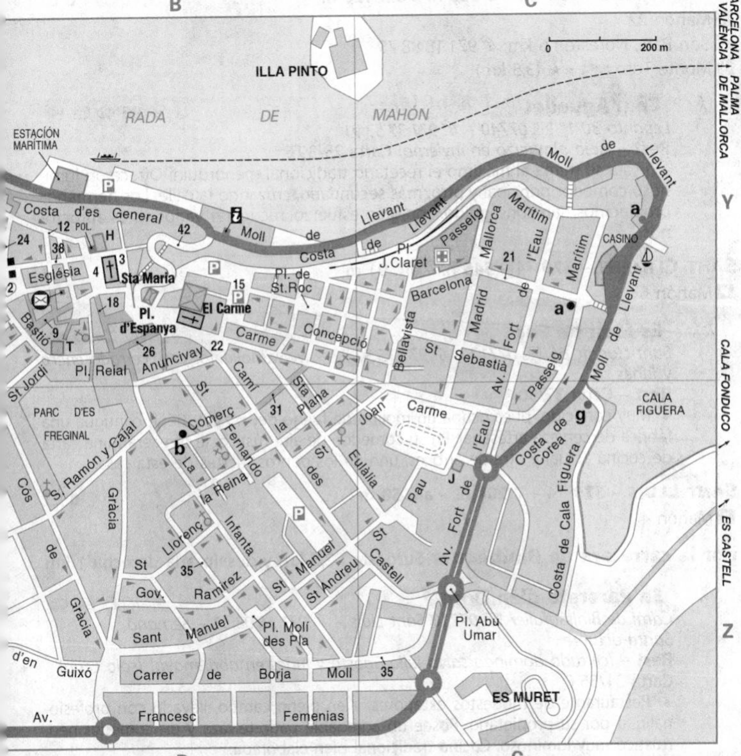

San Miguel sin rest

Comerç 26 ✉ 07701 – ✆ 971 36 40 59 – www.hotel-menorca.com BZ**b**

16 hab – 65/83 € 85/160 €, 7 €

◆ En pleno casco antiguo, por lo que no es fácil aparcar por la zona. Presenta una pequeña recepción, un comedor clásico para los desayunos y unas cuidadas habitaciones de línea funcional-actual. ¡Clientela habitual de comerciales!

S'Espigó

Moll de Llevant 267 (puerto) ✉ 07701 – ✆ 971 36 99 09 – www.sespigo.com – cerrado diciembre-enero, domingo mediodía y lunes mediodía en verano, domingo noche y lunes resto del año CY**a**

Rest – Carta 40/60 €

◆ ¡Ubicado en la zona del puerto! Presenta una terraza a la entrada, uno de sus puntos fuertes, y un único comedor de adecuado montaje. Cocina especializada en pescados, mariscos y platos marineros... como su sabrosa Caldereta de langosta.

Jàgaro

Moll de Llevant 334 (puerto) ✉ 07701 – ✆ 971 36 23 90 – cerrado marzo, domingo noche y lunes noche salvo verano CZ**g**

Rest – Carta aprox. 53 €

◆ Casa familiar de larga trayectoria instalada en un extremo del puerto. Cuenta con una terraza y dos comedores, el principal de ambiente clásico y el otro a modo de bodega. Carta regional con especialidades como la Langosta frita al huevo.

Es Mercadal – 579 S4 – 5 398 h. – alt. 120 m — 6 C1

Mahón 22

Son Parc, Noreste : 6 km, ✆ 971 18 88 75

Monte Toro : ★★ (3,5 km)

Ca n'Aguedet

Lepanto 30-1° ✉ 07740 – ✆ 971 37 53 91

Rest – *(solo almuerzo en invierno)* Carta 25/39 €

◆ ¡Aquí se mima al máximo el recetario tradicional menorquín! Ofrece un luminoso comedor principal y otro, más secundario, cruzando la calle. Los hermanos propietarios han conseguido, con gran esfuerzo, recuperar varios vinos autóctonos.

Sant Climent – 579 T4 – 545 h. – alt. 91 m — 6 C1

Mahón 6

Es Molí de Foc

Sant Llorenç 65 ✉ 07712 – ✆ 971 15 32 22 – www.molidefoc.es – cerrado enero y lunes

Rest – Carta 37/50 €

◆ Muy conocido, pues ocupa un molino de fuego del s. XIX y tiene contigua una fábrica de cerveza artesanal. En su comedor, de aire rústico, le ofrecerán una carta de cocina actual y otra de arroces, uno de los puntos fuertes de esta casa.

Sant Lluís – 579 T4 – 7 204 h. – alt. 50 m — 6 C1

Mahón 4

por la carretera de Binibèquer Suroeste : 2,5 km y desvío a la derecha 1 km

Sa Parereta d'en Doro

Camí de Binissafuller ✉ 07710 Sant Lluís – ✆ 971 15 03 53 – Semana Santa-octubre

Rest – *(cerrado domingo salvo julio-agosto y lunes en abril-mayo) (solo cena)* Carta 31/55 €

◆ Restaurante de modestos exteriores, y en pleno campo, llevado con profesionalidad por su propietario. Posee un agradable patio-terraza y un comedor neorrústico muy luminoso. Cocina tradicional bien elaborada.

por la carretera de Es Castell Noreste : 1,5 km y desvío a la izquierda 0,5 km

Biniarroca hab,

Camí Vell 57 ✉ 07710 Sant Lluís – ☎ 971 15 00 59 – www.biniarroca.com – abril-octubre

18 hab – 92/148 € 111/203 €

Rest – *(cerrado domingo noche)* Carta 31/52 €

◆ ¡Precioso conjunto rural que remonta sus orígenes al s. XVII! Su coqueto interior esconde una boutique, un salón social muy hogareño y unas encantadoras habitaciones de estética rústica, algunas con terraza. El comedor, también rústico y decorado con cuadros impresionistas, ofrece una cocina internacional.

por la carretera de Alcalfar Sureste : 2 km y desvío a la derecha 0,5 km

Alcaufar Vell hab,

carret. de Cala Alcalfar ✉ 07710 Sant Lluís – ☎ 971 15 18 74 – www.alcaufarvell.com – cerrado diciembre-febrero

21 hab – 102/227 € 120/246 €

Rest – *(cerrado martes salvo verano)* Menú 35/45 €

◆ Casa señorial de estilo neoclásico emplazada en pleno campo. Posee unas habitaciones muy cuidadas, tanto en el edificio principal como en los viejos establos, destacando las últimas por sus terrazas. El restaurante, ubicado también en las caballerizas, oferta una cocina actual de temporada y diversos menús.

Cuestión de standing : no espere el mismo servicio en un X o en un que en un XXXXX o en un .

ESPAÑA

EIVISSA o IBIZA

Conocida como la Isla Blanca, posee una personalidad única por sus casas blancas, por sus terrados y por sus calles tortuosas como zocos africanos. En los años 60 se estableció en Ibiza una juventud ávida de un modo de vida diferente que encontró aquí su hábitat.

EIVISSA – 579 C10 – **49 516 h.** – **Playa** **6** A2

de Ibiza, por ③ : 9 km ☎ 902 404 704

Iberia : aeropuerto ☎ 902 400 500

para Barcelona, Valencia y Mallorca : Cía. Trasmediterránea, Andenes del Puerto (Estación Marítima), ☎ 902 45 46 45 Y

paseo Vara del Rey 1, ☎ 971 30 19 00, www.ibiza.travel

Ibiza, por la carret. de Sta Eulària des Riu : 10 km, ☎ 971 19 61 18

Emplazamiento★★, La Ciudad Alta★ (Dalt Vila) Z : Catedral ★ - Museo Arqueológico★ **M1**. Otras curiosidades : – Museo monográfico de Puig de Molins★ Z **M2** (busto de la Diosa Tanit★) - Sa Penya★ Y

Planos páginas siguientes

Ibiza G.H. hab,

paseo Juan Carlos I-17 ✉ 07800 – ☎ 971 80 68 06 – www.ibizagranhotel.com – cerrado febrero V**c**

157 hab – 202/750 € 424/1500 €

Rest – *(cerrado domingo mediodía)* Menú 22/75 € – Carta 42/66 €

◆ Dotado de grandes espacios, luz natural, un patio interior con lucernario y una elegante decoración a base de obras de arte. Habitaciones amplias y de línea actual. El restaurante del hotel se ve complementado por otro en el área del Casino.

EIVISSA / IBIZA

Abel Matutes Juan (Pas. d') . . . . . V 2	Astúries . . . . . X 5	Fray Vicente Nicolas . . . . . V 18
	Balears . . . . . X 7	Galicia . . . . . X 20
	Bisbe Huix . . . . . X 12	Navarra . . . . . X 32
	Enric Fajarnés i Tur (Pl. d') . . . . . V 15	Pere Matutes Noguera (Av. de) . . . . . X 36
	Extremadura . . . . . VX 16	

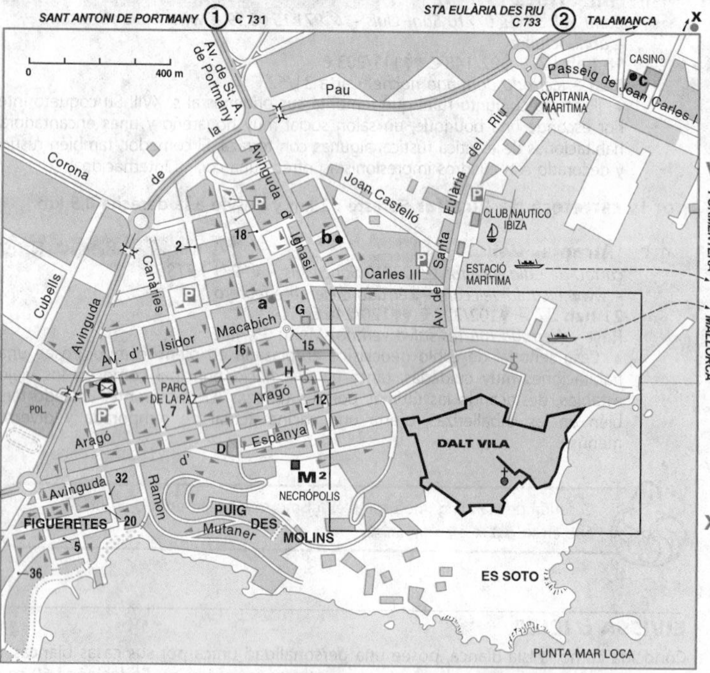

Royal Plaza

Pere Francés 27 ✉ 07800 – ☏ 971 31 00 00 – www.royalplaza.es **Vb**

112 hab – 🚹69/140 € 🚻103/200 €, ☕ 15 € – 5 suites

Rest – Menú 23 €

♦ ¡Interesante, pues es un buen hotel! Disfruta de una adecuada zona social, habitaciones clásicas de completo equipamiento y una gran zona de solárium en la azotea, con piscina y jacuzzi. El restaurante acristalado de la última planta se complementa con una terraza y un rincón chill-out.

Mirador de Dalt Vila

pl. de España 4 ✉ 07800 – ☏ 971 30 30 45 – www.hotelmiradoribiza.com – Semana Santa-octubre **Zb**

11 hab – 🚹190/310 € 🚻285/515 €, ☕ 21 € – 2 suites

Rest ***Mirador de Dalt Vila*** – ver selección restaurantes

♦ Esta preciosa casa señorial data de 1905 y destaca por su emplazamiento, pues se encuentra dentro del recinto amurallado. Compensa su escueta zona social con unas magníficas habitaciones, todas con mobiliario clásico-actual de calidad.

XX El Cigarral

Fray Vicente Nicolás 9 ✉ 07800 – ☏ 971 31 12 46 – www.elcigarralrestaurante.com – cerrado 27 agosto-17 septiembre y domingo **Va**

Rest – Menú 40 € – Carta 35/61 €

♦ Negocio familiar dotado de una sala en dos ambientes, con profusión de plantas, detalles castellanos y un privado separado por celosías. Gastronomía tradicional actualizada.

EIVISSA / IBIZA

Aníbal . . . . Y 3
Antoni Palau. . . . . Y 4
Bartomeu Ramon y Tur . . . . Y 9
Bartomeu Vicente Ramón (Av.). . . . . Y 10
La Carrossa . . . . Z 29
Comte Rosselló. . . . . Y 13
Desamparados (Pl. de los) . . . . Z 14
General Balanzat . . . . Z 22
Joan Romàn. . . . . Z 24
Josep Verdera . . . . Y 25
Maestrou J. Mayans. . . . . Y 30
Pere Francés . . . . Y 35
Pere Tur . . . . Z 38
Santa Eulàlia des Ríu. . . . . Y 46
Sant Ciríac . . . . Z 44

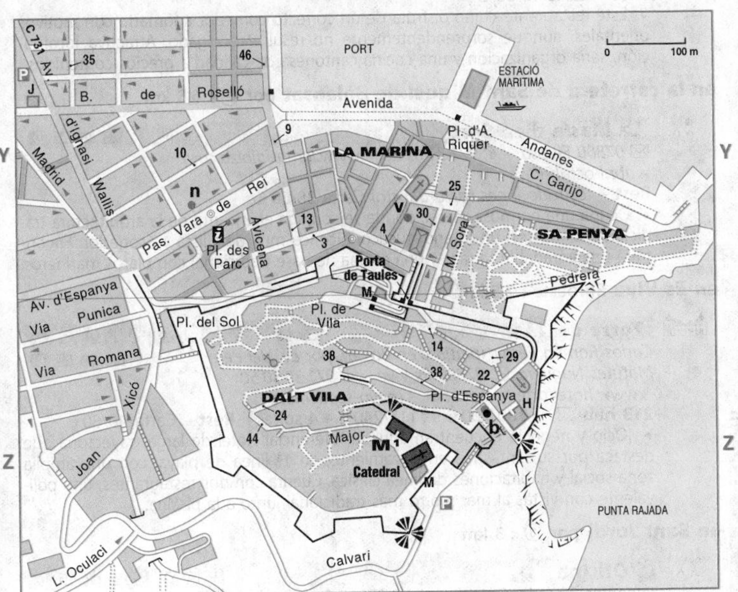

Sa Nansa

av. 8 de Agosto 27 ✉ 07800 – ☏ 971 31 87 50
– cerrado del 1 al 15 de noviembre, 15 días en abril, domingo noche y lunes **Vx**

Rest – Menú 45/85 € – Carta 42/68 €

◆ ¡Alejado del bullicioso centro! Ocupa los bajos de un edificio de apartamentos y se presenta con dos salas, una a modo de terraza acristalada y la otra interior. Platos marineros y especialidades, como los arroces o los pescados frescos.

Mirador de Dalt Vila – Hotel Mirador de Dalt Vila

pl. de España 4 ✉ 07800 – ☏ 971 30 30 45 – www.hotelmiradoribiza.com
– Semana Santa-Octubre **Zb**

Rest – Menú 50 € – Carta 61/70 €

◆ Disfruta de un acceso independiente respecto al hotel y cuenta con un bar de estilo clásico-actual. La sala es pequeña pero agradable, con el techo pintado al fresco y varios óleos decorando sus paredes. Cocina actual muy bien elaborada.

Ca n'Alfredo

passeig Vara de Rei 16 ✉ 07800 – ☏ 971 31 12 74 – www.canalfredo.com
– cerrado del 16 al 31 de mayo, del 16 al 30 de noviembre, domingo noche y lunes salvo festivos **Yn**

Rest – Menú 40 € – Carta 38/75 €

◆ ¡Céntrico, familiar y de larga trayectoria en la ciudad! Viste sus paredes con curiosas fotografías de clientes famosos y ofrece una cocina tradicional de abundantes raciones, enriquecida con algunos platos ibicencos y catalanes.

Nanking

de Mar 8-1° ✉ 07800 – ✆ 971 19 09 51 – cerrado 24 enero-24 febrero, del 6 al 26 de junio, miércoles y jueves mediodía Yv

Rest – Carta 18/33 €

♦ Este restaurante chino disfruta de un correcto comedor adornado con motivos orientales, aunque sorprendentemente no resulta recargado. Atractiva localización, seria organización y una cocina cantonesa de calidad a precios contenidos.

en la carretera de Sant Miquel de Balansat por ② : 6,5 km

La Masía d'en Sort

✉ 07800 Eivissa – ✆ 971 31 02 28 – www.lamasiaibiza.com – abril-octubre

Rest – *(cerrado lunes salvo agosto)* Carta 38/60 €

♦ Ocupa una hermosa masía, donde se conjuga el encanto de la arquitectura tradicional isleña con un interior rústico-ibicenco muy detallista y acogedor. Encontrará una agradable terraza y una cocina de base tradicional con platos marineros.

en Es Vivé Suroeste : 2,5 km

Torre del Mar

hab,

Carlos Román Ferrer (platja d'en Bossa), por av. del Pere Matutes Noguera ✉ 07800 Es Vivé – ✆ 971 30 30 50 – www.hoteltorredelmar.com – mayo-septiembre X

213 hab – 80/200 € 115/240 € – 4 suites **Rest** – Carta 40/60 €

♦ ¡Ocio y negocio encuentran aquí su referencia! Hotel de larga trayectoria que destaca por su fantástico emplazamiento, en 1ª línea de playa, con una amplia zona social y habitaciones de línea clásica. Cuenta con dos restaurantes, uno polivalente con vistas al mar y otro más tradicional junto a la piscina.

en Sant Jordi por ③ : 3 km

S'Oficina

Begonias 20 (edif. Cantábrico) ✉ 07817 Sant Jordi – ✆ 971 39 00 81 – cerrado 20 diciembre-20 enero, domingo noche y lunes

Rest – Menú 45/60 € – Carta 39/52 €

♦ Podrá encontrarlo junto a la carretera, con una sala de línea clásica-funcional y cuidado montaje. Su carta, bastante completa, hace referencia a los sabores de la cocina tradicional vasca... sin olvidar algún que otro plato más isleño.

SANT JOSEP DE SA TALAIA – 579 B10 – 22 871 h. – alt. 216 m 6 A2

▶ Eivissa/Ibiza 14

en la playa de Cala Tarida Noroeste : 7 km

Ca's Milà

✉ 07830 Sant Josep de Sa Talaia – ✆ 971 80 61 93 – www.restaurantecasmila.com – mayo-octubre y fines de semana mediodía resto del año

Rest – Menú 17 € – Carta 30/61 €

♦ Destaca por su privilegiada localización a pie de playa, con agradables terrazas, serenas vistas y la recreación de un ambiente chill-out en temporada. Buena carta de cocina tradicional marinera especializada en arroces y pescados.

SANT LLORENÇ DE BALAFIA – 579 C9

▶ Eivissa/Ibiza 17

Can Gall

hab,

carret. Sant Joan de Labritja, km. 17,2 ✉ 07812 – ✆ 971 33 70 31 – www.agrocangall.com

9 hab – 205/265 € **Rest** – *(solo clientes)* Menú 30 €

♦ ¡Idóneo para descansar! Este turismo rural se encuentra en una extensa finca, con más de 200 años y repleta de árboles frutales. Recrea el ambiente típico ibicenco tanto en los salones, con chimenea, como en las habitaciones, todas personalizadas. El restaurante ocupa un anexo acristalado, con terraza y bar.

SANT MIQUEL DE BALANSAT - 579 C9 6 A2

Eivissa/Ibiza 19

Can Pardal
hab,

Missa 3 ✉ 07815 – ✆ 971 33 45 75 – www.canpardalibiza.com
5 hab – 158/335 € **Rest** – *(cena solo con reserva)* Menú 30 €
◆ Paredes encaladas, muros anchos, agradables patios, una elegante estética rústica-ibicenca, piscina con vistas al valle... ¡perfecto para una escapada en pareja! Presenta dos comedores, uno con chimenea, y unas habitaciones muy confortables, estas repartidas entre el edificio principal y los anexos.

en la carretera de Sant Mateu d'Albarca Suroeste : 1,5 km

Can Planells sin rest

Venda de Rubió 2 ✉ 07815 Sant Miquel de Balasant – ✆ 971 33 49 24 – www.canplanells.com
8 hab – 121/216 € 151/216 €
◆ Recupera una casona típica ibicenca del s. XVII enfocada sabiamente tanto al agroturismo como al descanso. Sus habitaciones, todas de aire rústico, se distribuyen entre el edificio principal y un anexo, siendo en este último tipo dúplex.

por la carretera de Port de Sant Miquel
Norte : 2,5 km y desvío a la izquierda 1 km

Cas'Pla sin rest

✉ 07811 Sant Miquel de Balansat – ✆ 971 33 45 87 – www.caspla-ibiza.com – marzo-noviembre
16 hab – 108/216 € 140/259 €, 13 €
◆ Encantador conjunto hotelero emplazado en plena naturaleza. Disfruta de unas buenas zonas sociales, que combinan clasicismo y rusticidad, así como unas elegantes habitaciones, destacando las que tienen terraza privada y vistas al valle.

en la urbanización Na Xamena Noroeste : 6 km

Hacienda Na Xamena
hab,

✉ 07815 Sant Miquel de Balansat – ✆ 971 33 45 00 – www.hotelhacienda-ibiza.com – 27 abril-28 octubre
56 hab – 191/345 € 240/585 €, 22 € – 7 suites
Rest – Menú 49/53 € – Carta 56/60 €
◆ Le cautivará por su privilegiado emplazamiento en una reserva natural, asomado a una cala. Lujo, SPA y servicios terapéuticos en un edificio ibicenco de exquisita decoración. El restaurante destaca por sus terrazas, pues se encuentran a distintas alturas y ofrecen unas fantásticas vistas panorámicas al mar.

SANTA EULALIA DEL RÍO - 579 D10 - 32 637 h. - Playa 6 A2

Eivissa/Ibiza 15

De Marià Riquer Wallis 4, ✆ 971 33 07 28

Puig de Missa★

Aguas de Ibiza
hab, hab,

Salvador Camacho 9 ✉ 07840 – ✆ 971 31 99 91 – www.aguasdeibiza.com – marzo-diciembre
111 hab – 210/630 € – 1 suite
Rest *La Sal* – Menú 35/55 € – Carta 38/51 €
◆ ¡Orientado a parejas y de carácter ecológico! Presenta unas instalaciones actuales y luminosas, con la zona social asomada a la piscina, un SPA y habitaciones de gran confort, todas con terraza y buenas vistas. Entre sus restaurantes destaca La Sal, que ofrece una cocina tradicional con detalles actuales.

Ses Savines

Doctor Camacho (cala Ses Estaques) ✉ 07840 – ✆ 971 33 18 24 – www.restaurante-sessavines.com – mayo-octubre
Rest – *(cerrado lunes)* Carta 32/55 €
◆ Se encuentra a pie de cala y presenta una imagen bastante actual, basada en la combinación de elementos rústicos y modernos. Elaboran tanto cocina tradicional como actual.

ESPAÑA

por la carretera de Cala Llonga Sur : 4 km

La Casita

urb. Valverde ✉ 07849 Cala Llonga – ☎ 971 33 02 93 – www.ibizalacasita.com – cerrado 10 enero-10 febrero y martes

Rest – *(solo cena salvo sábado, domingo y festivos)* Menú 27 € – Carta 34/55 €

◆ Como su propio nombre indica ocupa un edificio que destaca por su entorno, repleto de árboles, con una coqueta terraza y una zona chill-out. Ofrece un comedor acristalado, tres salas, una carpa para banquetes y una cocina internacional.

por la carretera de Sant Carles Noreste : 5 km y desvío a la izquierda 0,5 km

Can Curreu

✉ 07840 Santa Eulalia del Río – ☎ 971 33 52 80 – www.cancurreu.com

15 hab – 220/275 € – 2 suites

Rest *Can Curreu* – ver selección restaurantes

◆ Se encuentra en una finca arbolada, distribuido entre varias casas encaladas de ambiente ibicenco. Encontrará unas habitaciones de aire rústico-actual y gran nivel, con los techos en madera, terraza y en muchos casos chimenea. Pequeño SPA.

Can Curreu – Hotel Can Curreu

✉ 07840 Santa Eulalia del Río – ☎ 971 33 52 80 – www.cancurreu.com

Rest – Carta 45/70 €

◆ ¡Uno de los mejores restaurantes de la isla! Disfruta de un acogedor comedor de estilo mediterráneo-ibicenco y una atractiva terraza techada junto a un olivo milenario. Carta de corte tradicional con toques actuales.

SANTA GERTRUDIS DE FRUITERA – 579 C10 6 A2

Eivissa/Ibiza 11

al Oeste : 6,5 km

Cas Gasi

rest,

Camí Vell de Sant Mateu ✉ 07814 Santa Gertrudis de Fruitera – ☎ 971 19 77 00 – www.casgasi.com

10 hab – 228/399 € 254/425 € **Rest** – Carta 41/66 €

◆ Finca rústica de aire ibicenco ubicada en pleno campo, con un precioso entorno ajardinado. Posee un buen salón y cálidas habitaciones, todas con mobiliario antiguo y los techos en madera. También hay un pequeño SPA y un comedor de uso exclusivo para el cliente alojado, donde ofrecen una carta internacional.

FORMENTERA

Esta isla está formada por dos islotes unidos por un istmo llano y arenoso. Las playas de arena blanca y agua cristalina son el principal atractivo de esta pequeña isla. En la costa alternan los acantilados rocosos y las dunas salpicadas de arbustos.

EL PILAR DE LA MOLA – 579 D11 – 576 h.

Pequeña Isla

av. La Mola 105 ✉ 07872 – ☎ 971 32 70 68 – www.pequenaisla.com – mayo-octubre

Rest – *(cerrado lunes salvo 15 junio-15 septiembre)* Menú 15/25 € – Carta 26/42 €

◆ ¡Interesante! Tanto en sus terrazas como en su coqueto comedor, rústico-actual y con chimenea, podrá descubrir los sabores clásicos de la isla, pues en ningún sitio como aquí se han preocupado por la recuperación del recetario regional.

ES PUJOLS – 579 C11 – 555 h. – Playa 6 A2

Port de la Savina, ☎ 971 32 20 57

Sa Volta

av. Miramar 94 ✉ 07860 Sant Francesc – ☎ 971 32 81 25 – www.savolta.com – marzo-noviembre

25 hab – 70/100 € 90/180 € **Rest** – Menú 25/35 €

◆ Hotel familiar donde se han renovado con acierto su recepción y la zona social. Entre sus habitaciones destacan las de la 3ª planta, que son más actuales. Elegante cafetería.

Voramar sin rest, con cafetería
av. Miramar 33 ✉ 07871 Sant Ferran – ☎ 971 32 81 19 – www.hostalvoramar.com – mayo-octubre
41 hab – 70/120 € 90/180 €
◆ De línea actual y con unas instalaciones no muy amplias pero bien equipadas. Las habitaciones resultan confortables, la mayoría con baños de plato ducha y todas con terraza.

Caminito
carret. de La Savina ✉ 07871 Es Pujols – ☎ 971 32 81 06 – www.caminitoformentera.es – abril-diciembre
Rest – Carta 40/56 €
◆ Restaurante donde se ensalzan los valores gastronómicos de Argentina, con carnes importadas y numerosas especialidades. Comedor de gran capacidad con la parrilla a la vista.

Pinatar
av. Miramar 25 ✉ 07871 Sant Ferran – ☎ 971 32 81 37 – www.hostalvoramar.com – mayo-20 octubre
Rest – Carta 30/51 €
◆ Tras su portalón de madera se nos presenta una sala actual seguida de dos terrazas, una cubierta y otra bajo los árboles. Carta marinera especializada en pescados y arroces.

BALLESTEROS – Cuenca – 576 L/M 23 — 10 C2

Madrid 181 – Toledo 195 – Cuenca 14 – Guadalajara 147

Hospedería Ballesteros
✉ 16196 Villar de Olalla – ☎ 628 32 58 96 – www.hospederiaballesteros.com
7 hab – 35/60 € 40/70 €, 5 € – 2 apartamentos
Rest – (es necesario reservar) Carta 21/29 €
◆ Conjunto formado por dos casas resguardadas tras un muro de piedra. Posee un salón social con chimenea, habitaciones muy detallistas e hidromasaje en la mayoría de los baños.

BALLESTEROS DE CALATRAVA – Ciudad Real – 576 P18 – 491 h. – alt. 659 m — 9 B3

Madrid 198 – Alcázar de San Juan 82 – Ciudad Real 21 – Puertollano 34

Palacio de la Serna rest,
Cervantes 18 ✉ 13432 – ☎ 926 84 22 08 – www.hotelpalaciodelaserna.com
26 hab – 100/120 € 120/160 €, 9 € – 2 suites **Rest** – Menú 45/70 €
◆ Palacio del s. XVIII en cuyas dependencias se combinan los detalles de época con la decoración de vanguardia. Sorprende por su originalidad el pabellón acristalado del patio. En su comedor podrá degustar elaboraciones del recetario regional y tradicional.

BALNEARIO – ver el nombre propio del balneario

BANDEIRA – Pontevedra – 571 D5 – 675 h. — 19 B2

Madrid 581 – Lugo 91 – Ourense 80 – Pontevedra 83

Victorino
General 35 ✉ 36570 – ☎ 986 58 53 30 – www.hotelvictorino.com
12 hab – 25/30 € 40/45 €, 4 € **Rest** – Menú 20 €
◆ Pequeño negocio llevado con acierto por la propietaria y su hijo. Dispone de unas correctas habitaciones dotadas con cuartos de baño completos y suelos en parquet. Bar público a la entrada y un sencillo comedor.

BANYALBUFAR – Balears – ver Balears (Mallorca)

BANYOLES – Girona – 574 F38 – 18 780 h. – alt. 172 m — 14 C3

Madrid 729 – Figueres 29 – Girona/Gerona 19
passeig Darder-Pesquera 10, ☎ 972 58 34 70, www.banyoles.cat/turisme
Museo Arqueológico Comarcal★
Lago★ – Iglesia de Santa María de Porqueres★

ESPAÑA

Ca l'Arpa (Pere Arpa) con hab

passeig Indústria 5 ✉ 17820 – ✆ 972 57 23 53 – www.calarpa.com
8 hab – 115 € 130 €
Rest – *(cerrado domingo noche y lunes)* Menú 45/70 € – Carta 43/71 €
Espec. Codornices con macarrones y puerros tiernos. Vieiras con mollejas de ternera y verduritas. Cocotte de pichón y jengibre.
◆ Disfruta de un moderno hall, un comedor bañado por la luz natural y una sala multiusos en el sótano. Buena bodega acristalada y una cocina tradicional con detalles creativos. Como complemento al negocio también posee habitaciones, dándose en ellas una interesante combinación de confort, elegancia y sobriedad.

Quatre Estacions

av. de La Farga 5 ✉ 17820 – ✆ 972 57 33 00
– cerrado 15 días en enero, del 15 al 31 de agosto, domingo noche, festivos noche y lunes
Rest – Carta aprox. 35 €
◆ Negocio llevado entre dos matrimonios. Dispone de un cuidado comedor, con profusión de madera, y un semiprivado circular. Su carta ofrece una cocina clásica-internacional.

BAÑOS DE FORTUNA – Murcia – ver Fortuna

BAQUEIRA-BERET – Lleida – 574 D32 – alt. 1 500 m – Deportes de invierno : 32 1 1 — 13 B1

Madrid 581 – Bagnères-de-Luchon 46 – Lleida/Lérida 174 – Vielha/Viella 14

Tuc Blanc

✉ 25598 Salardú – ✆ 973 64 43 50 – www.hoteltucblanc.com
– 3 diciembre-15 abril y 15 julio-29 agosto
165 hab – 48/136 € 98/273 €
Rest – *(solo cena en invierno)* Menú 16/32 €
◆ Establecimiento de montaña, a pie de pistas, con una amplia variedad de servicios. Atractivo fitness y unas habitaciones funcionales de cuidada línea clásica. Comedor espacioso de montaje sencillo, complementado con una cafetería.

BARAKALDO – Vizcaya – 573 C20/ C21 – 99 321 h. – alt. 39 m — 25 A3

Madrid 412 – Vitoria-Gasteiz 74 – Bilbao 16 – Santander 99

Gaztañaga

Ronda de Azkue 1-7º, (Edificio de Convenciones) ✉ 48902 – ✆ 944 04 19 26
– www.restaurantegaztanaga.com – cerrado agosto y lunes
Rest – *(solo almuerzo salvo jueves, viernes y sábado)* Carta 50/65 €
◆ El restaurante, muy moderno y espacioso, está ubicado en la 7ª planta del Bilbao Exhibition Center, un edificio emblemático con vistas a la ciudad. Sencilla carta tradicional.

BARBASTRO – Huesca – 574 F30 – 17 080 h. – alt. 215 m — 4 C1

Madrid 442 – Huesca 52 – Lleida/Lérida 68
av. de la Merced 64, ✆ 974 30 83 50
Catedral★ - Cañón del río Vero★
Torreciudad : ★ (Noreste : 24 km)

G.H. Ciudad de Barbastro

pl. del Mercado 4 ✉ 22300 – ✆ 974 30 89 00 – www.ghbarbastro.com
41 hab – 63/66 € 85/88 €, 10 €
Rest – *(cerrado domingo noche y lunes)* Menú 17 € – Carta 30/43 €
◆ Hotel de modernas instalaciones y céntrica localización. La zona noble resulta algo reducida, aunque se compensa con unas habitaciones amplias y bien equipadas. Dispone de un restaurante de cuidado montaje, con los suelos en madera.

ESPAÑA

San Ramón del Somontano

Academia Cerbuna 2 ✉ *22300 – ✆ 974 31 28 25 – www.hotelsanramonsomontano.com*
17 hab – 88/98 € 109/129 € – 1 suite
Rest – Menú 35 € – Carta 40/50 €
♦ Ocupa un hermoso edificio que funcionó durante años como hostal. Compensa su reducida zona social con una cafetería y unas habitaciones de muy buen confort, todas de estética moderna. En su restaurante, elegante y de esmerado montaje, encontrará una carta tradicional actualizada y dos menús. ¡Pequeño SPA!

Clemente

Corona de Aragón 5 ✉ *22300 – ✆ 974 31 01 86 – www.hotelclemente.com*
32 hab – 39/45 € 54/60 €, 7 € **Rest** – Carta 20/45 €
♦ De línea actual y con unas calidades que lo asemejan a un hotel de ciudad. Ofrece habitaciones funcionales de buen confort, con los suelos en parquet y baños completos. En el restaurante, ubicado en el sótano, se elabora una cocina de tinte tradicional.

Mi Casa

av. de los Pirineos 12 ✉ *22300 – ✆ 974 30 88 84 – www.hotelmicasaenbarbastro.com*
36 hab – 40 € 60 € **Rest** – *(solo menú)* Menú 20 €
♦ Un hotel de sencilla pero amable organización familiar. Dispone de un salón polivalente y completas habitaciones de estilo funcional-actual, con los suelos en tarima. El comedor resulta bastante modesto y basa su trabajo en la elaboración de un menú casero.

Flor

Goya 3 ✉ *22300 – ✆ 974 31 10 56 – www.restauranteflor.com – cerrado del 10 al 24 de enero, domingo noche y lunes*
Rest – Carta 37/53 €
♦ Restaurante de gran capacidad dotado con varios comedores y un espacioso salón para banquetes. Ofrece una carta de gusto actual, con detalles de autor y buenas ejecuciones.

ESPAÑA

BARCELONA

Planos de la ciudad en páginas siguientes **15** B3

© Patrick Escudero / Hemis.fr

ESPAÑA

– **1 619 337 h.** – **574** H36

Madrid 627 – Bilbao 607 – Lleida/Lérida 169 – Perpignan 187

Oficinas de Turismo

pl. de Catalunya 17-S, ☎93 285 38 34
passeig de Gràcia 107, ☎93 238 80 91
aeropuerto Terminal 1, ☎93 478 47 04

Aeropuerto

de El Prat-Barcelona por ⑤ : 18 km ☎ 902 404 704 – **Iberia** : aeropuerto, ☎ 902 400 500

Transportes marítimos

para Baleares, Tánger e Italia : Cia. Trasmediterránea, Moll de Sant Beltrà (Estació Marítima), ☎ 902 45 46 45 CT

Automóvil Club

R.A.C.E. Muntaner 107 ☎93 451 15 51
R.A.C.C. Santaló 8 ☎93 495 50 99

VER

Barrio Gótico : Casa de l'Ardiaca* MX A Catedral* (≤desde el tejado**) MX • Carrer Paradis 10 (columnas romanas*) MX 133 • Plaça del Rei** MX 150 • Museu d'Història de la Ciutat** (excavaciones ciudad romana) MX M[1] • Capilla de Santa Ágata (retablo del Condestable) MX F • Mirador del Rei Martí ≤ MX K Museu Frederic Marès MX M[2].

La Rambla : Museu d'Art Contemporani de Barcelona (MACBA)**(edificio) HX M[10] • Centre de Cultura Contemporània de Barcelona (CCCB) : patio* HX R • Antiguo Hospital de la Santa Creu (patio gótico) LY • Iglesia de Santa Maria del Pi LX • Palau de la Virreina LX • Palau Güell LY • Plaça Reial MY

La Fachada Marítima : Atarazanas y Museo Marítimo** MY • Port Vell* (Aquàrium) NY • Basílica de la Mercé NY • La Llotja (sala gótica) NX • Estació de França NVX • Parque de la Ciutadella NV • KX (Cascada, Castell dels Tres Dragons NV M[7] • Museo de Zoología NV M[7] • Parque Zoológico KX) • La Barceloneta KXY • Museu d'Història de Catalunya KY M[9] • Vila Olímpica (puerto deportivo , torres gemelas ✻***) DT

Carrer de Montcada : Museo Picasso* NV • Iglesia de Santa María del Mar** (rosetón) NX

Montjuïc : ≤*CT, Pavelló Mies van der Rohe** BT Z • Museu Nacional d'Art de Catalunya*** CT M[4] • Pueblo Español (Poble Espanyol) BT E • Anella Olímpica (Estadi Olimpic CT • Palau Sant JordiBT P[1]) • Fundació Joan Miró CT W • Teatre Grec CT T[1]) • Museo Arqueológico CT M[5].

L'Eixample : Sagrada Familia*** • <desde la torre este) JU • Hospital de Sant Pau* CS • Passeig de Gràcia HV (Casa Lleó Morera HV Y • Casa Amatller HV Y • Casa Batlló HV Y • La Pedrera o Casa Milà HV P) • Casa Terrades (les Punxes) HV Q • Park Güell BS (banco ondulado, Casa-Museo Gaudí) • Palau de la Música Catalana MV (fachada, cúpula invertida) • Fundació Antoni Tàpies HV S.

Otras Curiosidades : Monasterio de Santa María de Pedralbes** (iglesia*, claustro, frescos de la capilla de Sant Miquel***) • Palacio de Pedralbes (Museu de les Arts Decoratives) EX • Pabellones Güell EX • Iglesia de Sant Pau del Camp (claustro) LY

Lista alfabética de los hoteles
Lista alfabética dos hotéis
Index of hotels

Lista alfabética de los restaurantes
Lista alfabética dos restaurantes
Index of restaurants

Establecimientos con estrellas
Estabelecimentos com estrelas
Starred restaurants

✿✿2012		página
Àbac N	XXXX	204
Lasarte	XXX	196

✿2012		página
Alkimia	XX	205
Caelis	XXXX	195
Cinc Sentits	XX	197
Comerç 24	XX	187
Dos Cielos	XXX	196
Enoteca	XXXX	195
Evo	XXXX	208
Gaig	XXXX	195
Hisop	XX	205
Hofmann	XXX	204
Manairó	XX	199
Moments	XXX	197
Moo	XX	197
Neichel	XXXX	204
Saüc	XXX	187
Via Veneto	XXXX	203

Bib Gourmand

Buenas comidas a precios moderados
Refeições cuidadas a preços moderados
Good food at moderate prices

		página
Ávalon	XX	188
Mandarina	X	207
La Provença	XX	198
El Racó del Cargol	X	208
Senyor Parellada	XX	188
Silvestre	XX	206
La Taula	X	206
Vivanda	X	206

Restaurantes especializados
Restaurantes especializados
Restaurants by cuisine

ESPAÑA

Tradicional actualizada

Tradicionales

Vascos y navarros

Restaurantes abiertos sábado y domingo
Restaurantes abertos sábado e domingo
Restaurants open on saturday and sunday

ESPAÑA

BARCELONA

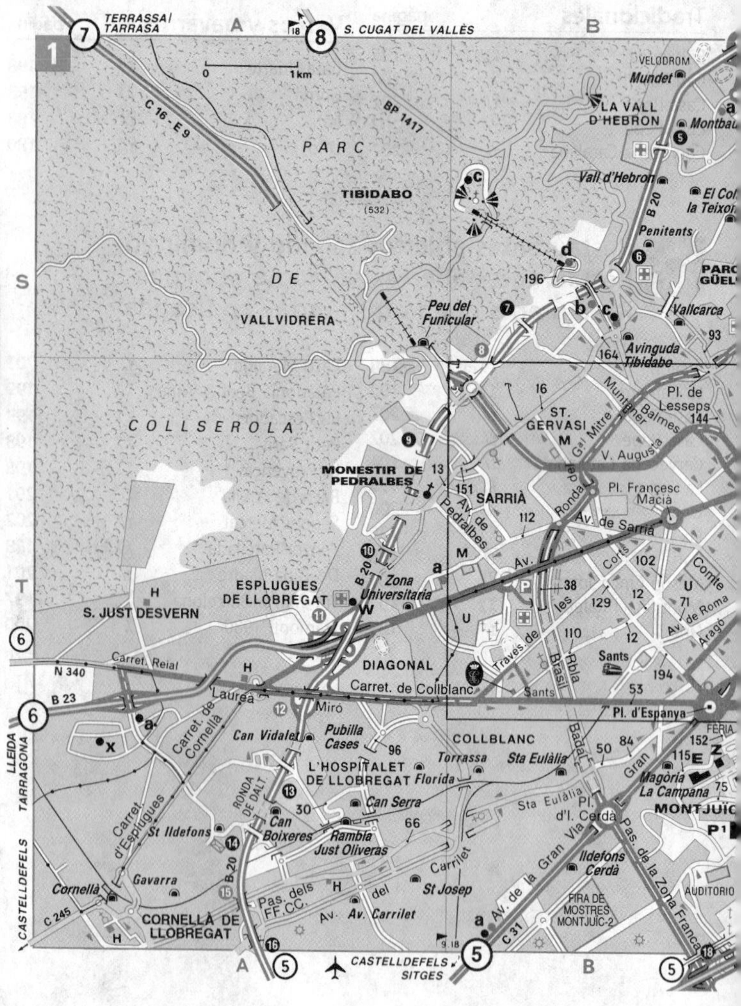

TERRASSA/TARRASA
S. CUGAT DEL VALLÈS
A
B
0
1 km
C 16 - E 9
BP 1417
PARC DE COLLSEROLA
TIBIDABO
(532)
VALLVIDRERA
VELODROM
Mundet
LA VALL D'HEBRON
Montbau
Vall d'Hebron
El Coll la Teixonera
Penitents
PARC GÜELL
Vallcarca
Peu del Funicular
Avinguda Tibidabo
ST. GERVASI
Pl. de Lesseps
Muntaner
Balmes
Gal Mitre
V. Augusta
MONESTIR DE PEDRALBES
SARRIÀ
Av. de Pedralbes
Ronda
Pl. Francesc Macià
Av. de Sarrià
Cort
Comte
ESPLUGUES DE LLOBREGAT
Zona Universitaria
S. JUST DESVERN
Av. de Roma
Arago
Travess. de
Brasil
Rbla
Sants
Carret. Reial
N 340
B 23
Laurea
DIAGONAL
Carret. de Collblanc
Pl. d'Espanya
Miró
Carret. de Cornellà
Can Vidalet
Pubilla Cases
COLLBLANC
Torrassa
Sta Eulàlia
Badal
FERIA
L'HOSPITALET DE LLOBREGAT
Florida
Gran
Magòria La Campana
MONTJUÏC
Carret. d'Esplugues
St Ildefons
RONDA DE DALT
Can Serra
Sta Eulàlia
Pl. d'I. Cerdà
Can Boixeres
Rambla Just Oliveras
Av. de la Gran Via
Pas. de la Zona Franca
Ildefons Cerdà
Gavarra
Cornellà
Carrilet
St Josep
AUDITORIO
Pas. dels FF.CC.
Av. del Carrilet
FIRA DE MOSTRES MONTJUÏC-2
C 245
CORNELLÀ DE LLOBREGAT
C 31
LLEIDA TARRAGONA
CASTELLDEFELS
CASTELLDEFELS SITGES
ESPAÑA
S
T

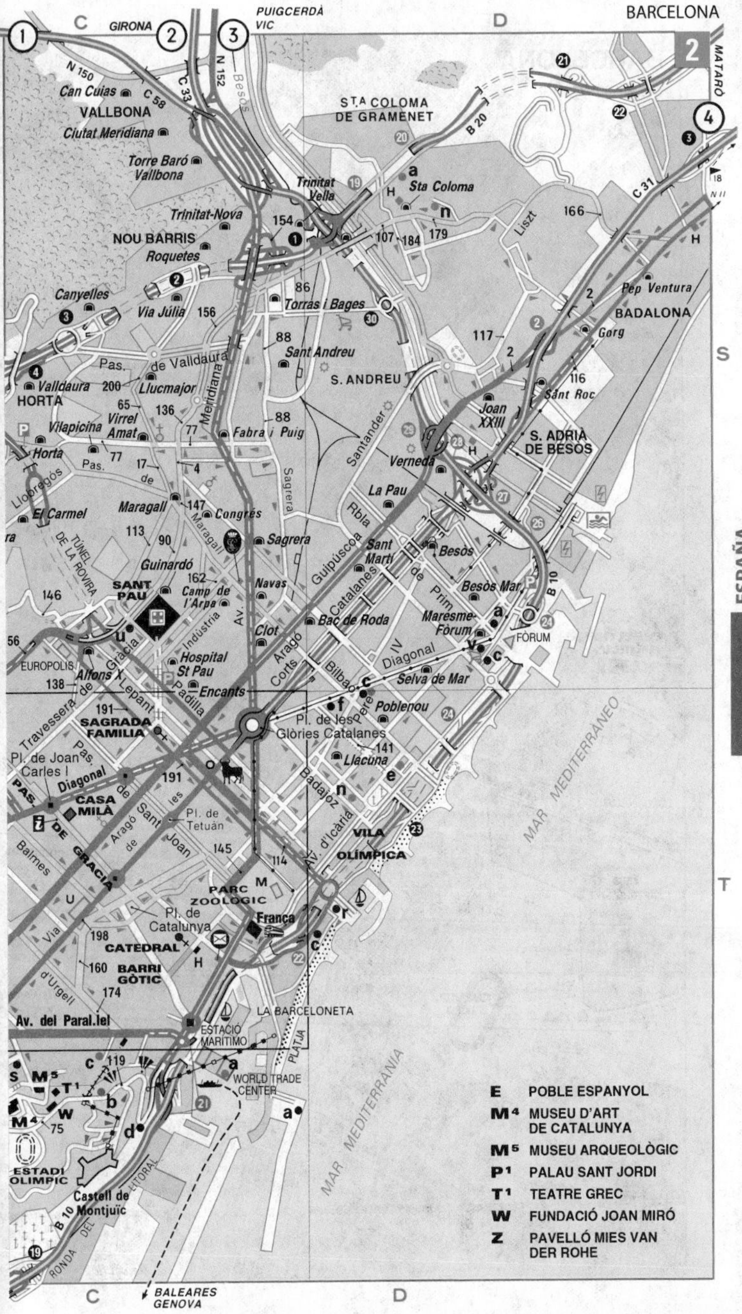
E POBLE ESPANYOL
M4 MUSEU D'ART DE CATALUNYA
M5 MUSEU ARQUEOLÒGIC
P1 PALAU SANT JORDI
T1 TEATRE GREC
W FUNDACIÓ JOAN MIRÓ
Z PAVELLÓ MIES VAN DER ROHE

ESPAÑA

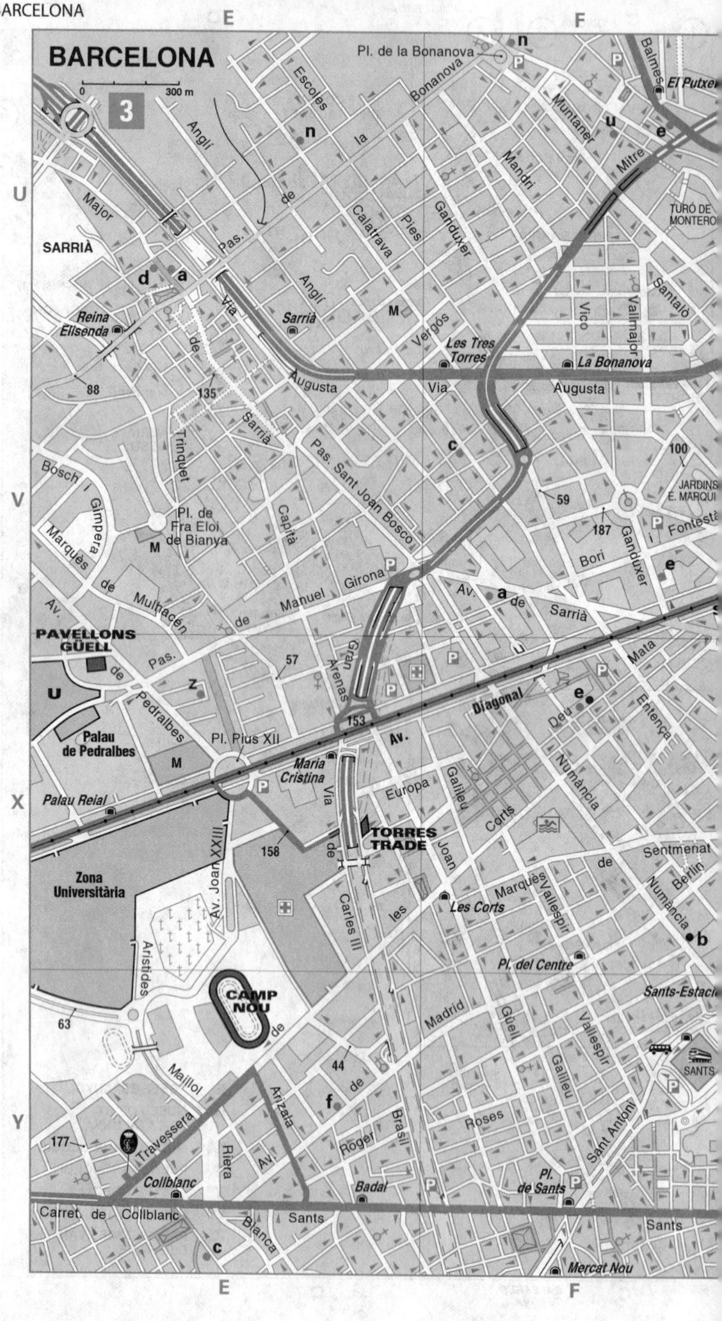

BARCELONA

3

0 300 m

E F

U V X Y

Pl. de la Bonanova
Escoles
Bonanova
Pas. de la Bonanova
Balmes
El Putxet
Muntaner
Anglí
Mandri
Mitre
Major
Calatrava
Pies
Ganduxer
TURÓ DE MONTERO
SARRIÀ
Vía Augusta
Sarrià
Reina Elisenda
Vergós
M
Les Tres Torres
La Bonanova
Santaló
Vico
Vallmajor
88
135
Augusta
Via
Trinquet
Pas. Sant Joan Bosco
Capità
Bosch i Gimpera
Pl. de Fra Eloi de Bianya
Marquès de Mulhacén
100
JARDINS E. MARQUI
59
187
Fontestà
Bori
Girona
Av. de Sarrià
Av. de Manuel Girona
Gran Arenas
PAVELLONS GÜELL
Pas. de Pedralbes
57
Diagonal
Deu i Mata
Entença
U
Palau de Pedralbes
Pl. Pius XII
153
Av.
Maria Cristina
Europa
Galileu
Numància
Palau Reial
Corts
Via de Carles III
TORRES TRADE
158
Joan
Sentmenat
Berlín
Zona Universitària
Av. Joan XXIII
Marquès de Vallespir
Les Corts
les
Carles III
Pl. del Centre
Aristides
Sants-Estació
CAMP NOU
63
Madrid
Güell
Vallespir
Maillol
44
de
SANTS
Arizala
Galileu
f
Roses
Sant Antoni
177
Travessera
Riera
Roger
Brasil
Av.
Pl. de Sants
Collblanc
Badal
Carret. de Collblanc
Sants
Blanca
c
Mercat Nou
Sants

ESPAÑA

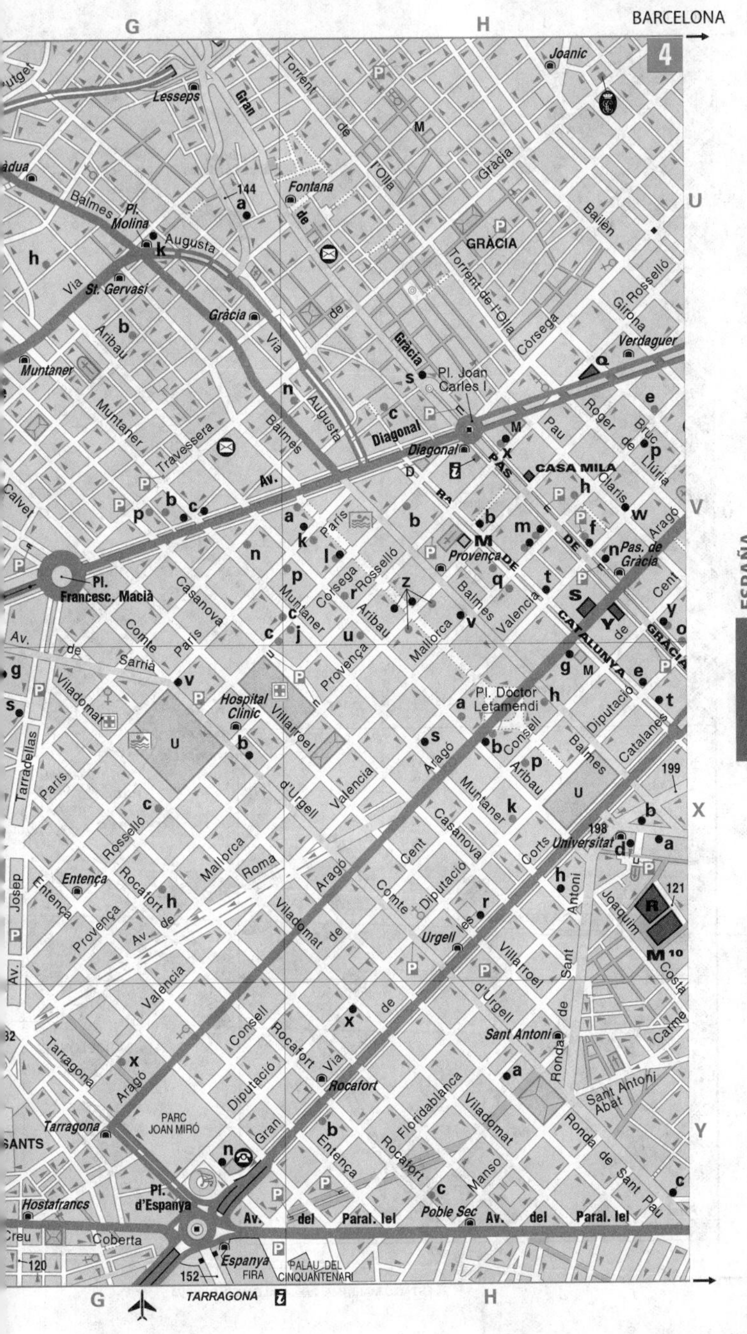
G
H
4
Lesseps
Joanic
Fontana
Pl. Molina
Augusta
St. Gervasi
Gràcia
GRÀCIA
Verdaguer
Muntaner
Pl. Joan Carles I
Diagonal
CASA MILA
Provença
Pas. de Gràcia
Pl. Francesc. Macià
Hospital Clinic
Pl. Doctor Letamendi
Universitat
Entença
Urgell
Sant Antoni
Rocafort
Tarragona
PARC JOAN MIRÓ
SANTS
Hostafrancs
Pl. d'Espanya
Poble Sec
Av. del Paral. lel
Espanya
FIRA
PALAU DEL CINQUANTENARI
TARRAGONA
U
V
X
Y
ESPAÑA

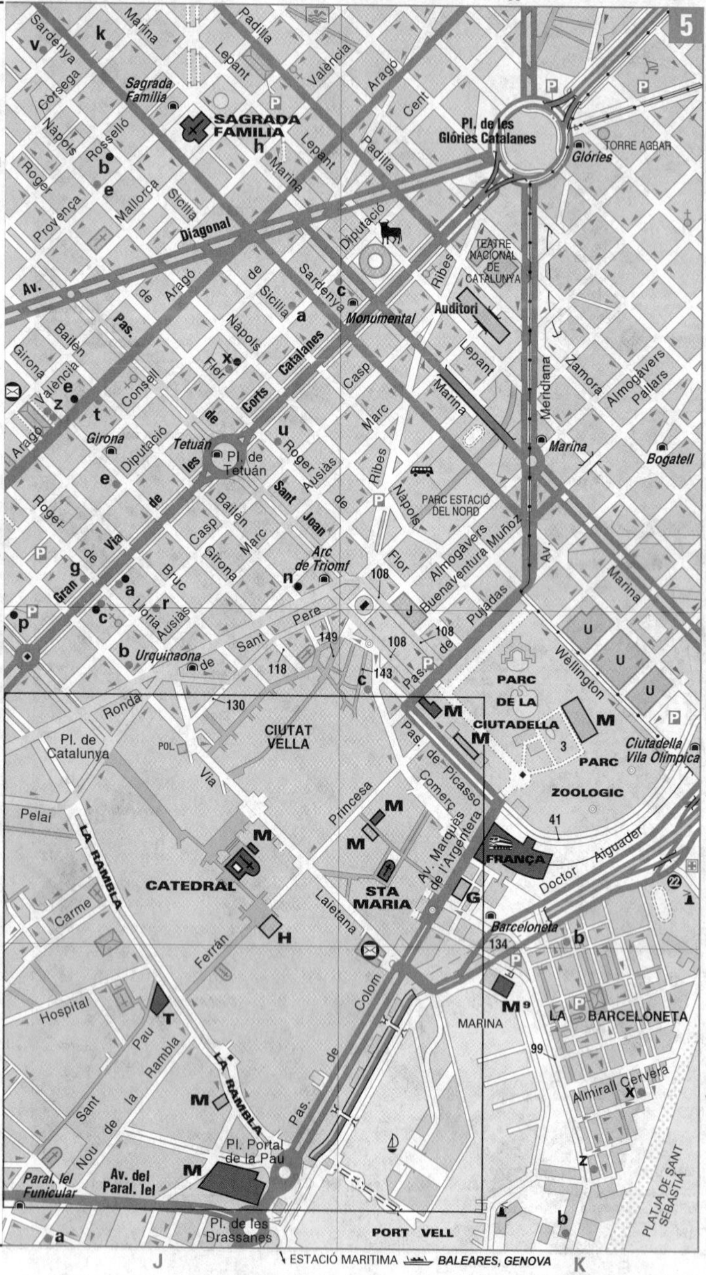

J
K
5

Sardenya
Marina
Padilla
Lepant
València
Aragó
Cent
Còrsega
Nàpols
Rosselló
Roger
Provença
Mallorca
Sicília
Sagrada Família
SAGRADA FAMILIA
Pl. de les Glòries Catalanes
Glòries
TORRE AGBAR
Diagonal
Diputació
Av.
de
Aragó
Pas.
Bailèn
Girona
València
Consell
Nàpols
Flor
Corts
Catalanes
Sardenya
Monumental
Ribes
TEATRE NACIONAL DE CATALUNYA
Auditori
Lepant
Marina
Meridiana
Zamora
Almogàvers
Pallars
Casp
Marc
Girona
Diputació
Tetuán
Pl. de Tetuán
de les
Roger
Ausiàs
Sant
Joan
Ribes
Nàpols
PARC ESTACIÓ DEL NORD
Marina
Bogatell
Aragó
de
Via
Gran
Bailèn
Casp
Marc
Girona
Bruc
Llòria
Ausiàs
Arc de Triomf
Flor
Almogàvers
Buenaventura Muñoz
Pujadas
Av.
Marina
Urquinaona
Sant
Pere
Pas. de
Wellington
PARC DE LA CIUTADELLA
Ronda
CIUTAT VELLA
Pl. de Catalunya
POL.
Via
Pas. de Picasso
Comerç
Princesa
Ciutadella Vila Olímpica
PARC ZOOLOGIC
Pelai
LA RAMBLA
CATEDRAL
Av. Marquès de l'Argentera
FRANÇA
Doctor Aiguader
Carme
Laietana
STA MARIA
Barceloneta
Ferrán
Hospital
Pau
Colom
MARINA
LA BARCELONETA
Rambla
Sant
de
la
Nou de
LA RAMBLA
Pas. de
Almirall Cervera
Pl. Portal de la Pau
Paral. lel
Funicular
Av. del Paral. lel
Pl. de les Drassanes
PORT VELL
PLATJA DE SANT SEBASTIÀ

U
V
X
Y

J
ESTACIÓ MARITIMA BALEARES, GENOVA
K

ÍNDICE DE CALLES DE BARCELONA

CORNELLA DE LLOBREGAT

ESPLUGUES DE LLOBREGAT

L'HOSPITALET

STA COLOMA DE GRAMENET

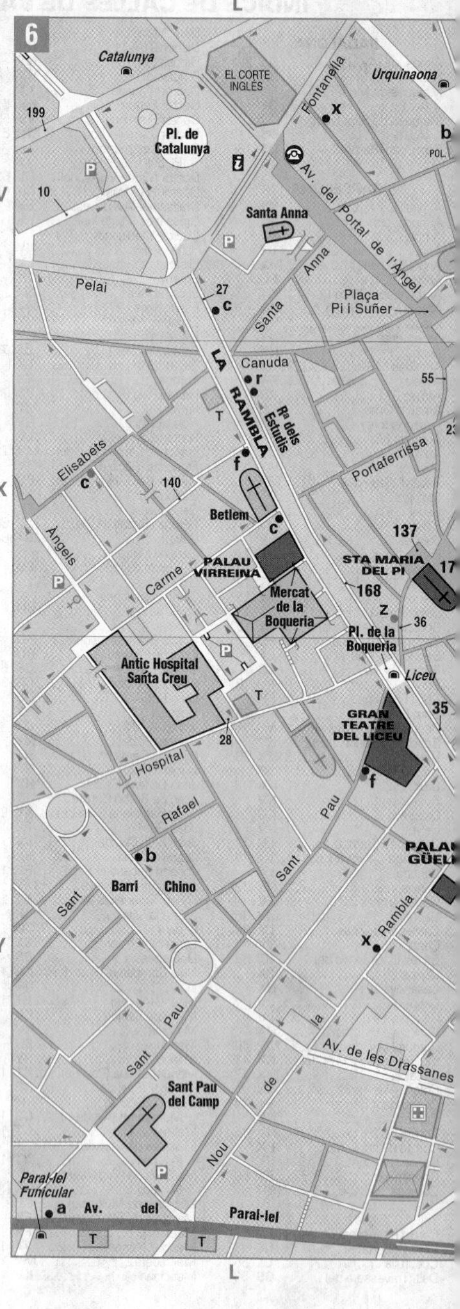

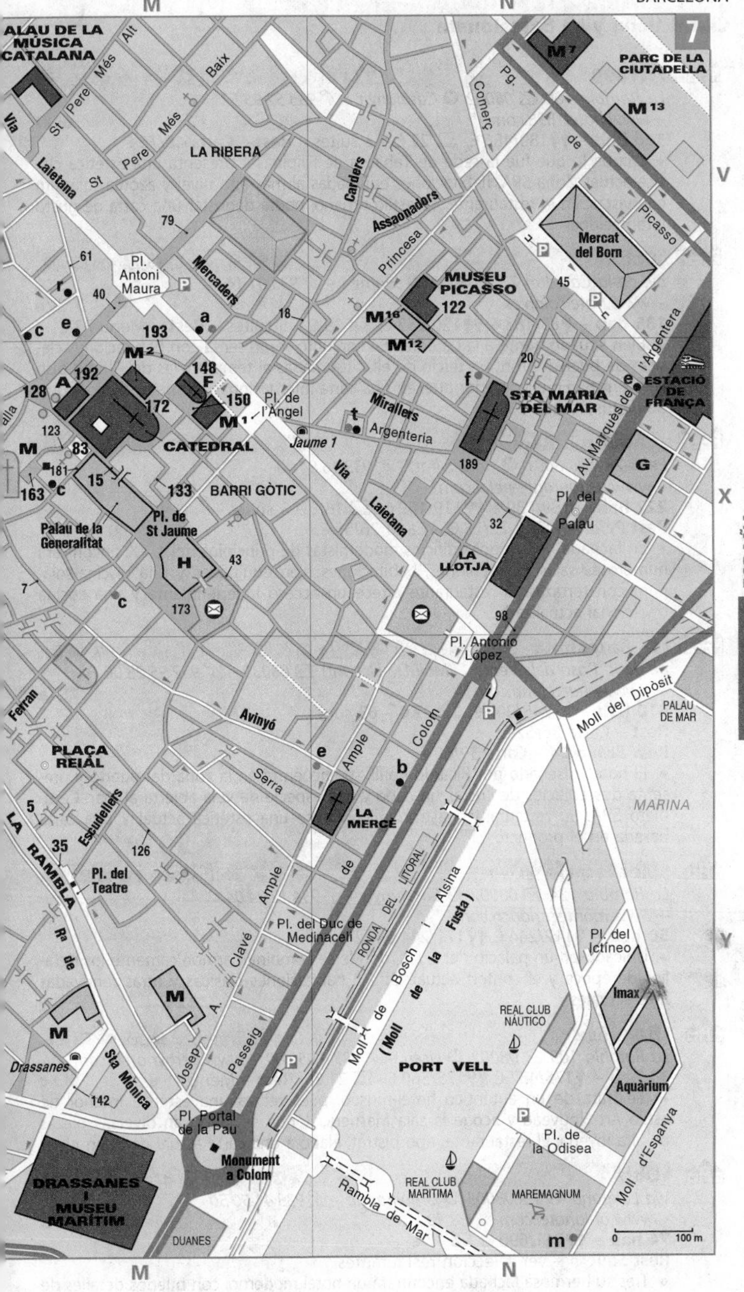

M
N
7
PALAU DE LA MÚSICA CATALANA
PARC DE LA CIUTADELLA
LA RIBERA
MUSEU PICASSO
Mercat del Born
STA MARIA DEL MAR
ESTACIÓ DE FRANÇA
CATEDRAL
BARRI GÒTIC
Palau de la Generalitat
Pl. de St Jaume
Pl. Antoni Maura
Pl. de l'Àngel
LA LLOTJA
Pl. del Palau
Pl. Antonio Lopez
Moll del Dipòsit
PALAU DE MAR
MARINA
PLAÇA REIAL
LA MERCÈ
LA RAMBLA
Pl. del Teatre
Pl. del Duc de Medinaceli
RONDA DEL LITORAL
Moll de Bosch i Alsina (Moll de la Fusta)
PORT VELL
REAL CLUB NÁUTICO
Pl. del Ictíneo
Imax
Aquàrium
Pl. de la Odisea
MAREMAGNUM
REAL CLUB MARITIMA
Rambla de Mar
Moll d'Espanya
Pl. Portal de la Pau
Monument a Colom
DRASSANES I MUSEU MARÍTIM
DUANES
Drassanes
Sta Mònica
Jaume 1
Via Laietana
Princesa
Argenteria
Avinyó
Ferran
Escudellers
Ample
Colom
Passeig de Josep A. Clavé
Av. Marquès de l'Argentera
Pg. de Comerç
Picasso
Cardes
Assaonadors
Mercaders
Miralles
St Pere Més Alt
St Pere Més Baix
Serra
V
X
Y
0 100 m

ESPAÑA

Ciutat Vella y La Barceloneta

H1898
La Rambla 109 ✉ *08002* Ⓜ *Catalunya – ☎ 935 52 95 52 – www.hotel1898.com* **6**LX**f**
166 hab – ††180/486 €, ☕ 22 € – 3 suites **Rest** – Carta 48/76 €
◆ Ocupa lo que fue la sede de Tabacos de Filipinas y presenta una estética clásica-actual. Zona SPA, habitaciones equipadas al más alto nivel y azotea-solárium con vistas. En el restaurante, de estilo urbano, podrá degustar una carta de gusto internacional.

Colón
av. de la Catedral 7 ✉ *08002* Ⓜ *Jaume I – ☎ 933 01 14 04 – www.hotelcolon.es* **7**MV**e**
135 hab – †85/183 € ††120/253 €, ☕ 19 € – 5 suites **Rest** – Menú 23 €
◆ Bien situado frente a la Catedral. En conjunto se presenta con habitaciones clásicas de buen confort, un tercio de ellas asomadas al templo y las del último piso con terraza. En el comedor ofrecen una carta internacional, un menú diario y otro de degustación.

Catalonia Ramblas
Pelai 28 ✉ *08001* Ⓜ *Universitat – ☎ 933 16 84 00 – www.restaurante-pelai.com* **4**HX**a**
222 hab – †89/139 € ††119/169 €, ☕ 16 € – 3 suites
Rest *Pelai* – Menú 22/28 € – Carta 26/55 €
◆ Su fachada unifica dos edificios modernistas de principios del s. XX. Encontrará numerosas salas de reuniones, habitaciones bien equipadas y una piscina-solárium con terrazas. El restaurante ofrece un acceso independiente y una cocina tradicional actualizada.

W Barcelona
pl. de la Rosa dels Vents 1 (Moll De Llevant) ✉ *08039 – ☎ 932 95 28 00 – www.w-barcelona.com* **2**CT**a**
410 hab – ††245/800 €, ☕ 27 € – 63 suites
Rest – Carta 36/52 €
Rest *Bravo 24* – Carta 39/60 €
◆ El hotel, diseñado por Ricardo Bofill, se encuentra en la zona del puerto y presenta dos edificios de cristal, un cubo y una especie de vela abierta al mar. Completo SPA. Su restaurante gastronómico ofrece una estética actual y una carta basada en el producto.

Montecarlo sin rest
La Rambla 124 ✉ *08002* Ⓜ *Catalunya – ☎ 934 12 04 04 – www.montecarlobcn.com* **6**LX**r**
50 hab – †112/244 € ††171/244 €, ☕ 15 €
◆ Ubicado en un palacio del s. XIX, donde se combinan armónicamente los detalles de época y el confort actual. Ofrece habitaciones clásicas y otras renovadas más actuales.

Bagués
La Rambla 105 ✉ *08002* Ⓜ *Liceu – ☎ 933 43 50 00 – www.derbyhotels.com*
31 hab – †175/457 € ††175/560 €, ☕ 21 € **Rest** – Menú 25 € **6**LX**c**
◆ Se trata de un auténtico hotel-museo, pues recrea una estética interior de estilo Art Nouveau y acoge la sala Masriera, donde se muestran diversas piezas de alta joyería. El restaurante, tipo bistrot, elabora una carta actual de buen nivel.

Ohla
Vía Laietana 49 ✉ *08003* Ⓜ *Urquinaona – ☎ 933 41 50 50 – www.ohlahotel.com* **6**LV**b**
74 hab – ††211/690 €, ☕ 17 €
Rest *Saüc* ✿ – ver selección restaurantes
◆ Tras su hermosa fachada encontrará un hotel moderno, con buenos detalles de diseño. Todas las habitaciones son actuales y la mitad sorprende con una ducha acristalada en medio de la misma. ¡También tiene una terraza chill-out en la azotea!

Catégories de confort / Categories of comfort

Dans chaque catégorie, les établissements sont cités par ordre de préférence.		*Within each category, establishments are listed in order of preference.*
Les hôtels sont classés selon leur confort de 5 à 1 pavillon(s)	…	Hotels are classified by their comfort from 5 to 1 house
Autre formes d'hébergements conseillées		Other recommended accomodation
Les restaurants sont classés selon leur standing de 5 à 1 couvert(s)	…	Restaurants are classified by their comfort from 5 to 1 couvert
Bar à tapas		Tapas bar

Distinctions / Awards

La table vaut le voyage		Excellent cooking, worth a special journey
La table mérite un détour		Worth a detour
Une très bonne table		A very good restaurant
Repas soignés à prix modérés ≤ 35 € (en Espagne), ≤ 30 € (au Portugal)	"Bib Gourmand"	Good food at moderate prices ≤ 35 € (in Spain), ≤ 30 € (in Portugal)
Bonnes nuits à petits prix ≤ 55/65 €	"Bib Hôtel"	Good accommodation at moderate prices ≤ 55/65 €

Agréments / Agreeable features

Hôtels et hébergements agréables	… ,	Pleasant hotels and accomodations
Hôtel très tranquille / tranquille	/	Very quiet / Quiet hotel
Vue exceptionnelle / intéressante	/	Exceptional / interesting view
Restaurants / Bar à tapas agréables	… ,	Pleasant restaurants / Tapas bar
Cartes des vins particulièrement attractive		Particulary interesting wine list

Équipements et services / Facilities and services

Repas au jardin ou en terrasse		Meals served in garden or on terrace
Salle de remise en forme - Tennis		Exercise room - Tennis court
Piscine en plein air / couverte		Outdoor / Indoor swimming pool
Jardin		Garden
Golf et nombre de trous		Golf course and number of holes
Ascenseur - Air conditionné		Lift - Air conditioning
Connexion Internet à haut débit dans la chambre (ADSL - WI-FI)		High speed Internet connection in the bedrooms (ADSL - WI-FI)
Parking		Car park
Garage		Garage
Salle de conférence		Conference room
Salons privés dans les restaurants		Function rooms in the restaurants
Aménagements pour personnes à mobilité réduite		Facilities for people of restricted mobility

Prix / Prices

Menus à prix fixe, prix minimum/maximum	Menú / Menu 20/38 €	Set meals, lowest/highest price
Repas à la carte, prix minimum/maximum	Carta/Lista 20 / 60 €	A la carte meals, lowest/highest price
Prix d'une tapa	Tapa 4 €	Price for tapa
Prix d'une portion	Ración aprox. 10 €	Price for a portion
Prix minimum/maximum pour une chambre de 1 personne	40/70 €	Lowest/highest price for a single room
Prix minimum/maximum pour une chambre de 2 personnes	70/100 €	Lowest/highest price for a double room
Prix des chambres petit déjeuner inclus	- 40/70 € 70/100 €	Bed and breakfast rate
Prix du petit déjeuner	9 €	Breakfast price

MICHELIN

Los establecimientos se citan por orden de preferencia dentro de su categoría	**■ Categorías de conforto** **Categorias de conforto ■**	*Os estabelecimentos estão indicados por ordem de preferência dentro de cada categoria.*
Los hoteles están clasificados según su confort, de 5 a 1 pabellón	...	Os hotéis estão indicados segundo o seu conforto, de 5 a 1 pavilhão
Otros tipos de alojamiento recomendados		Outros tipos de alojamento recomendados
Los restaurantes están clasificados según su confort de 5 a 1 cubierto	XXXXX ... X	Os restaurantes estão indicados segundo o seu conforto de 5 a 1 talhere
Bar de tapas		Bar de tapas

	■ Distinciones **Distinções ■**	
Cocina excepcional, justifica el viaje		Mesa excepcional, vale a viagem
Cocina excelente, vale la pena desviarse		Mesa excelente, merece um desvio
Muy buena cocina en su categoria		Muito boa mesa na sua categoria
Buenas comidas a precios moderados ≤ 35 € (en España), ≤ 30 € (en Portugal)	"Bib Gourmand"	Refeições cuidadas a preços moderados ≤ 35 € (em Espanha), ≤ 30 € (em Portugal)
Grato descanso a precios moderados ≤ 55/65 €	"Bib Hotel"	Grato descanso a preços moderados ≤ 55/65 €

	■ Atractivo **Atractivos ■**	
Hoteles y alojamientos agradables	... ,	Hotéis e alojamentos agradáveis
Hotel muy tranquilo / tranquilo	/	Hotel muito tranquilo / tranquilo
Vista excepcional / interesante	/	Vista excepcional / interesante
Restaurantes / Bares agradables	XXXXX ... X,	Restaurantes / Bares agradáveis
Carta de vinos particularmente atractiva		Carta de vinhos particularmente atractiva

	■ Instalaciones y servicios **Instalações e serviços ■**	
Comidas servidas en el jardin o en la terraza		Refeições servidas no jardim ou na esplanada
Gimnasio / Tenis		Ginásio / Ténis
Piscina al aire libre / cubierta		Piscina ao ar livre / coberta
Jardin		Jardim
Golf y número de hoyos	18	Golfe e número de buracos
Ascensor / Aire acondicionado	AC	Elevador / Ar condicionado
Conexión a Internet en la habitación con sistema de alta velocidad (ADSL - WI-FI)		Ligacão à Internet no quarto com sistema de alta velocidade (ADSL - WI-FI)
Parking	P	Parque de estacionamento
Garaje		Garagem
Salas de conferencias		Salas de conferências
Salones privados en los restaurantes		Salões privados nos restaurantes
Habitaciones adaptadas para personas con movilidad reducida		Quartos adaptados para pessoas com mobilidade reduzida

	■ Precios **Preços ■**	
Menú a precio fijo, mínimo/máximo	Menú / Menu 20/38 €	Refeição a preço fixo, mínimo/máximo
Comida a la carta, precio mínimo/máximo	Carta / Lista 20/60 €	Refeição a lista, preço mínimo/máximo
Precio de una tapa	Tapa 4 €	Preço de uma tapa
Precio de una ración	Ración aprox. 10 €	Preço de uma porção
Precio de una habitación individual mínimo/máximo	40/70 €	Preço do quarto individual mínimo/máximo
Precio de una habitación doble mínimo/máximo	70/100 €	Preço para um quarto duplo mínimo/máximo
Precio de la habitación con desayuno incluido	- 40/70 € 70/100 €	O preço do pequeno almoço está incluido no preço do quarto
Precio del desayuno	9 €	Preço do pequeno almoço

MICHELIN

Neri

Sant Sever 5 ✉ 08002 Ⓜ Liceu – ✆ 933 04 06 55 – www.hotelneri.com
21 hab – ††225/380 €, ☕ 22 € – 1 suite **7**MX**c**
Rest – Menú 22/60 € – Carta 45/66 €
♦ Instalado en un palacete del s. XVIII que sorprende por su moderna estética interior. Sala-biblioteca, habitaciones donde prima el diseño y una terraza en el ático. En el comedor, que tiene dos arcos de piedra del s. XII, ofrecen una carta mediterránea-actual.

España

Sant Pau 9 ✉ 08001 Ⓜ Liceu – ✆ 935 50 00 00 – www.hotelesespanya.com
82 hab – ††135/315 €, ☕ 19 € **6**LY**f**
Rest ***Fonda España*** – ver selección restaurantes
♦ Está en pleno casco antiguo y resulta fácil de localizar, pues ocupa un edificio del s. XIX contiguo al Liceu. Ofrece una correcta zona social con detalles históricos y habitaciones no muy amplias pero confortables, todas de línea moderna.

Grand H. Central

Via Laietana 30 ✉ 08003 Ⓜ Jaume I – ✆ 932 95 79 00 – www.grandhotelcentral.com **7**MV**a**
141 hab – ††179/300 €, ☕ 20 € – 6 suites
Rest ***Ávalon*** – ver selección restaurantes
♦ Hotel de nueva generación que apuesta por el diseño y la funcionalidad. Ofrece habitaciones equipadas al detalle y una terraza-solárium, con piscina y vistas panorámicas.

Duquesa de Cardona — hab,

passeig de Colom 12 ✉ 08002 Ⓜ Drassanes – ✆ 932 68 90 90 – www.hduquesadecardona.com **7**NY**b**
40 hab – †140/230 € ††150/265 €, ☕ 17 €
Rest – *(cerrado agosto y domingo)* Menú 35/55 €
♦ Tiene cierto encanto, pues se trata de una casa señorial del s. XIX donde se cuidan mucho los detalles. Excelentes habitaciones y atractiva terraza-solárium en la azotea. El restaurante combina su predominante estilo clásico con algunos elementos modernos.

Rivoli Ramblas — hab,

La Rambla 128 ✉ 08002 Ⓜ Catalunya – ✆ 934 81 76 76 – www.rivolihotels.com
120 hab – †110/290 € ††110/320 €, ☕ 14 € – 5 suites **6**LX**r**
Rest – Menú 32/35 € – Carta 28/47 €
♦ Este edificio histórico disfruta de una excelente fachada y una línea clásica-actual, con detalles Art-déco. Habitaciones confortables y una agradable terraza interior. En su restaurante podrá degustar una carta clásica de corte internacional y dos menús.

Barcelona Catedral — hab, rest,

Dels Capellans 4 ✉ 08002 Ⓜ Catalunya – ✆ 933 04 22 55 – www.barcelonacatedral.com **7**MV**c**
80 hab – †129/299 € ††279/600 €, ☕ 19 €
Rest – *(cerrado agosto, sábado, domingo y festivos)* Menú 19 € – Carta 23/38 €
♦ Tras su moderna fachada encontrará unas instalaciones actuales que destacan por su gusto decorativo, con habitaciones muy completas y una excelente terraza en un patio interior. El restaurante, ubicado junto al bar, combina su carta tradicional con un buen menú. ¡Ofrece paseos guiados por el Barrio Gótico!

Barcelona Universal — hab,

av. del Paral.lel 80 ✉ 08001 Ⓜ Paral.lel – ✆ 935 67 74 47 – www.hotelbarcelonauniversal.com **6**LY**a**
165 hab – †100/400 € ††150/400 €, ☕ 14 € – 2 suites
Rest – *(solo cena)* Menú 22 €
♦ Hotel de línea actual dotado con habitaciones espaciosas y bien equipadas. Posee un bar integrado en la zona social y una piscina panorámica con solárium en el ático. Restaurante de sencillo montaje en el que solo se sirve buffet con carnes a la brasa.

ESPAÑA

Jazz sin rest
Pelai 3 ✉ 08001 Ⓜ Universitat – ☎ 935 52 96 96 – www.hoteljazz.com
108 hab – 🚹103/270 € 🚹🚹103/330 €, ☕ 16 € **4**HX**b**
◆ Disfruta de una estética moderna y una decoración que desvela su gusto por las líneas puras. Habitaciones de buen equipamiento y terraza en el ático, con piscina y solárium.

Lleó sin rest, con cafetería
Pelai 22 ✉ 08001 Ⓜ Universitat – ☎ 933 18 13 12 – www.hotel-lleo.com
92 hab – 🚹135/160 € 🚹🚹165/195 €, ☕ 14 € **4**HX**a**
◆ Hotel de elegante fachada y línea funcional. Ofrece habitaciones de correcto confort, una espaciosa área social y una pequeña piscina en la azotea. Buena organización.

Barceló Raval sin rest, con cafetería
rambla del Raval 17-21 ✉ 08001 Ⓜ Liceu – ☎ 933 20 14 90 – www.barceloraval.com **6**LY**b**
182 hab – 🚹100/370 € 🚹🚹160/430 €, ☕ 18 € – 4 suites
◆ Este sorprendente edificio de planta elíptica e interior vanguardista recrea, gracias a su construcción, unos espacios sumamente diáfanos. ¡Se derrocha diseño por doquier!

Onix Liceo sin rest
Nou de la Rambla 36 ✉ 08001 Ⓜ Liceu – ☎ 934 81 64 41 – www.hotelonixliceo.com **6**LY**x**
45 hab – 🚹🚹90/250 €, ☕ 8 €
◆ Ocupa un edificio rehabilitado del s. XIX que conserva su fachada, el patio de luces y la escalera original en mármol. Zona social moderna y habitaciones de línea funcional.

ESPAÑA

Acta Millenni sin rest
Ronda Sant Pau 14 ✉ 08001 Ⓜ Paral-lel – ☎ 934 41 41 77 – www.actahotels.com **4**HY**c**
46 hab – 🚹75/105 € 🚹🚹85/140 €, ☕ 16 €
◆ Este coqueto hotel de fachada clásica dispone de una reducida pero elegante zona noble y habitaciones de buen confort, con los suelos en tarima. Pequeño espacio deportivo.

Park H. sin rest
av. Marqués de l'Argentera 11 ✉ 08003 Ⓜ Barceloneta – ☎ 933 19 60 00 – www.parkhotelbarcelona.com **7**NX**e**
91 hab ☕ – 🚹70/129 € 🚹🚹78/167 €
◆ Instalado en un edificio protegido que data de 1953. Tiene una preciosa escalera de caracol, un salón social y la mayoría de sus habitaciones actualizadas, algunas con balcón.

Reding
hab,
Gravina 5-7 ✉ 08001 Ⓜ Universitat – ☎ 934 12 10 97 – www.hotelreding.com
44 hab – 🚹87/351 € 🚹🚹98/378 €, ☕ 14 € **4**HX**d**
Rest – *(cerrado agosto, sábado noche, domingo y festivos)* Menú 12 €
◆ Hotel de fachada clásica ubicado cerca de la plaça de Catalunya. Presenta una recepción actual, un salón social y habitaciones bien renovadas, estas con mobiliario funcional. Su sencillo comedor ofrece una carta que combina la cocina tradicional y la catalana.

Banys Orientals
L'Argenteria 37 ✉ 08003 Ⓜ Jaume I – ☎ 932 68 84 60 – www.hotelbanysorientals.com **7**NX**t**
43 hab – 🚹88 € 🚹🚹100 €, ☕ 10 €
Rest *Senyor Parellada* – ver selección restaurantes
◆ Ofrece confortables habitaciones de estética minimalista con diseño a raudales, suelos en madera y estructura de dosel en las camas; sin embargo, no dispone de zona social.

Regencia Colón sin rest
Sagristans 13 ✉ 08002 Ⓜ Jaume I – ✆ 933 18 98 58 – www.hotelregenciacolon.com **7**MV**r**
50 hab – †70/151 € ††80/183 €, ☕ 13 €
◆ Su estratégica situación le permitirá disfrutar de uno de los rincones más emblemáticos de la ciudad. Ofrece habitaciones funcionales, con suelos en tarima y baños completos.

Denit sin rest
Estruc 24 ✉ 08002 Ⓜ Urquinaona – ✆ 935 45 40 00 – www.denit.com
36 hab ☕ – †89/189 € ††99/229 € **6**LV**x**
◆ En una calle algo secundaria pero muy céntrica, junto a la plaça de Catalunya. Distribuye sus habitaciones en cinco plantas, todas de aire moderno, urbano, pulcro y funcional.

Continental Barcelona sin rest
La Rambla 138-1º ✉ 08002 Ⓜ Catalunya – ✆ 933 01 25 70 – www.hotelcontinental.com **6**LV**c**
35 hab ☕ – †92/122 € ††112/122 €
◆ Hotel de fachada clásica y carácter centenario emplazado en plenas Ramblas. La recepción se completa con un espacio polivalente y unas habitaciones bastante bien renovadas.

Torre d'Alta Mar
passeig Joan de Borbó 88 ✉ 08039 Ⓜ Barceloneta – ✆ 932 21 00 07 – www.torredealtamar.com – cerrado Navidades, 7 días en agosto, domingo mediodía y lunes mediodía **5**KY**b**
Rest – Menú 48/120 € – Carta 60/85 €
◆ Destaca por su original emplazamiento en lo alto de una torre metálica, a 75 metros de altura. Sala circular, actual y completamente acristalada, con espectaculares vistas.

Saüc (Xavier Franco) – Hotel Ohla
Vía Laietana 49 ✉ 08003 Ⓜ Urquinaona – ✆ 933 41 50 50 – www.ohlahotel.com – cerrado domingo y lunes **6**LV**b**
Rest – Menú 64/114 € – Carta 60/75 €
Espec. Ensalada de ventresca de atún con su cous-cous. Rodaballo asado con especies, migas de ajo, flores y azafrán. Chuleta de buey frisón.
◆ Con el cambio de local ha mejorado notablemente, ampliando también su clientela con los viajeros cosmopolitas que se alojan en el hotel Ohla. Moderno gastrobar, sala actual de sobria decoración y carta de autor con varios menús degustación.

Comerç 24 (Carles Abellán)
Comerç 24 ✉ 08003 Ⓜ Arc de Triomf – ✆ 933 19 21 02 – www.projectes24.com – cerrado 25 diciembre-2 enero, domingo y lunes **5**KX**c**
Rest – Menú 84/106 € – Carta aprox. 75 €
Espec. Ostras capuchinas. Ceviche de gambita de playa. "Mel i mató" con trufa de verano.
◆ Establecimiento de estética moderna con la cocina a la vista del cliente. Aquí encontrará dos menús degustación y una carta creativa a base de tapas, tostas y raciones, todo con sabores bien definidos, una técnica depurada y materias primas de 1ª calidad.

Fonda España – Hotel España
Sant Pau 9 ✉ 08001 Ⓜ Liceu – ✆ 935 50 00 00 – www.hotelespanya.com **6**LY**f**
Rest – *(cerrado 15 días en agosto y domingo noche)* Carta aprox. 35 €
◆ Destaca por su emplazamiento en un espacio protegido, ya que ocupa una sala modernista que fue decorada, con unos bellísimos mosaicos, por Domènech i Montaner. Su cocina tradicional actualizada está asesorada por el chef Martín Berasategui.

ESPAÑA

XX **Senyor Parellada** – Hotel Banys Orientals

L'Argenteria 37 ✉ 08003 Ⓜ Jaume I – ✆ 933 10 50 94 – www.senyorparellada.com **7**NX**t**

Rest – Carta 26/35 €

♦ Coqueto restaurante de estilo clásico-colonial, con una barra de apoyo y varias salas. Destaca su pequeño patio con el techo acristalado. Cocina regional a precios moderados.

XX **Elx**

Moll d'Espanya 5-Maremagnum, Local 9 ✉ 08039 Ⓜ Drassanes – ✆ 932 25 81 17 – www.elxrestaurant.com **7**NY**m**

Rest – Menú 39 € – Carta 30/44 €

♦ Establecimiento agraciado con vistas al puerto de pescadores. Presenta un comedor moderno y una agradable terraza, ofreciendo pescados y una buena selección de arroces.

XX **Ávalon** – Hotel Grand H. Central

Pare Galifa 3 ✉ 08003 Ⓜ Jaume I – ✆ 932 95 79 05 – www.avalonrestaurant.es **7**MV**a**

Rest – *(solo cena en agosto)* Menú 28 € – Carta 24/35 €

♦ Restaurante con personalidad propia. Disfruta de unas instalaciones de línea moderna, con mucho diseño, así como de un personal joven y amable. Carta de cocina creativa.

X **Pitarra**

Avinyó 56 ✉ 08002 Ⓜ Liceu – ✆ 933 01 16 47 – www.restaurantpitarra.cat – cerrado del 13 al 28 de agosto, domingo y festivos noche **7**NY**e**

Rest – Menú 20/50 € – Carta 31/51 €

♦ En este local tuvo su relojería Frederic Soler, una figura del teatro catalán. Ofrece salas de ambiente antiguo, dos privados y un comedor de tertulias. Cocina tradicional.

X **Suquet de l'Almirall**

passeig Joan de Borbó 65 ✉ 08003 – ✆ 932 21 62 33 – www.suquetdelalmirall.com – cerrado 15 días en agosto, domingo noche y lunes **5**KY**z**

Rest – Carta 37/59 €

♦ Establecimiento salpicado con detalles marineros y una terraza muy bien acondicionada a la entrada. Completa carta marinera y de temporada, con dos menús degustación.

X **Can Majó**

Almirall Aixada 23 ✉ 08003 Ⓜ Barceloneta – ✆ 932 21 54 55 – www.canmajo.es – cerrado domingo noche y lunes **5**KY**x**

Rest – Carta 42/65 €

♦ Afamado restaurante de organización familiar, donde sirven una esmerada carta especializada en productos del mar y arroces. Terraza y atractivo expositor de mariscos.

Irati

Cardenal Casanyes 17 ✉ 08002 Ⓜ Liceu – ✆ 933 02 30 84 – www.iratitavernabasca.com **6**LX**z**

Rest – Tapa 2 €

♦ Típica taberna vasca, cercana al Gran Teatre del Liceu. Posee una sala tipo asador donde sirven una cocina vasca con toques de autor y una barra repleta de pinchos.

El Xampanyet

Montcada 22 ✉ 08003 Ⓜ Jaume I – ✆ 933 19 70 03 – cerrado enero, 2ª quincena de agosto, domingo noche y lunes **7**NX**f**

Rest – Tapa 5 € – Ración aprox. 10 €

♦ Taberna de larga tradición familiar y decoración típica, a base de zócalos de azulejos. Ofrece una variada selección de tapas especializadas en conservas y salazones.

Dos Palillos

Elisabets 9 ✉ 08001 Ⓜ Catalunya – ✆ 933 04 05 13 – www.dospalillos.com – cerrado 24 diciembre-2 enero, del 1 al 29 de agosto, domingo y lunes

Rest – *(solo cena salvo jueves, viernes y sábado)* Tapa 5 € – Ración aprox. 12 € – Menú 55/80 € **6**LX**c**

◆ Bar de tapas asiáticas emplazado en una calle peatonal. Posee una barra clásica a la entrada y otra de línea japonesa en el interior, esta con la cocina vista en el centro.

Orio

Ferran 38 ✉ 08002 Ⓜ Jaume I – ✆ 933 17 94 07 – www.sagardi.com

Rest – Tapa 2 € – Ración aprox. 12 € **7**MX**c**

◆ Local bien situado en una calle peatonal. Presenta una sugerente barra repleta de pinchos, un espacio donde abren ostras al momento y un comedor con mesas altas en el sótano.

Sur Diagonal

Arts

Marina 19 ✉ 08005 Ⓜ Ciutadella-Vila Olímpica – ✆ 932 21 10 00 – www.hotelartsbarcelona.com **2**DT**r**

397 hab – ††295/485 €, ☕ 35 € – 59 suites – 28 apartamentos

Rest *Enoteca* – ver selección restaurantes

Rest *Arola* – *(cerrado del 1 al 15 de enero, lunes y martes)* Menú 52/70 € – Carta 51/60 €

◆ Este espléndido hotel ocupa una torre acristalada del Puerto Olímpico, con magníficas vistas. Sus habitaciones combinan el lujo con un diseño ultramoderno. El restaurante Arola, moderno, luminoso y de cocina creativa, se encuentra en la zona de la terraza.

Hilton Diagonal Mar

passeig del Taulat 262-264 ✉ 08019 Ⓜ El Maresme Fòrum – ✆ 935 07 07 07 – www.hiltondiagonalmarbarcelonahotel.es **2**DS**c**

425 hab – †149/431 € ††170/452 €, ☕ 24 € – 8 suites **Rest** – Carta 45/56 €

◆ Cerca del Fórum y orientado a la organización de congresos. Sus habitaciones presentan un diseño muy limpio, con mobiliario actual de excelente calidad y confort. El restaurante, de montaje funcional, combina el buffet de desayunos con una carta internacional.

El Palace

Gran Via de les Corts Catalanes 668 ✉ 08010 Ⓜ Urquinaona – ✆ 935 10 11 30 – www.hotelpalacebarcelona.com **5**JV**a**

119 hab – ††205/560 €, ☕ 28 € – 6 suites

Rest *Caelis* – ver selección restaurantes

◆ Un hotel emblemático, ya que ocupa un antiguo edificio que ha sido restaurado. Elegantes zonas sociales y habitaciones de excelente confort, todas con las paredes enteladas.

Majestic

passeig de Gràcia 68 ✉ 08007 Ⓜ Passeig de Gràcia – ✆ 934 88 17 17 – www.hotelmajestic.es **4**HV**f**

271 hab – ††199/499 €, ☕ 19 € 32 suites **Rest** – Menú 22 € – Carta 36/45 €

◆ Renovado y ubicado en una de las mejores zonas de la ciudad. Combina la excelencia en el servicio con unas habitaciones de magnífico equipamiento. Posee un SPA en el ático. El comedor, situado en el sótano y de montaje funcional, ofrece una carta tradicional.

Fira Palace

av. Rius i Taulet 1 ✉ 08004 Ⓜ Espanya – ✆ 934 26 22 23 – www.fira-palace.com

258 hab – †394 € ††425 €, ☕ 18 € – 18 suites **2**CT**s**

Rest *El Mall* – Carta 40/53 €

◆ ¡Emplazado frente al recinto ferial! Hotel de línea clásica-actual que destaca por su magnífico mantenimiento y por la calidad de los materiales empleados, con numerosas salas de reuniones y unas habitaciones bastante amplias. El restaurante presenta una decoración rústica y propone una carta internacional.

Condes de Barcelona – (Monument i Center)
passeig de Gràcia 73-75 ✉ *08008* Ⓜ *Passeig de Gràcia*
– ✆ *934 45 00 00* – *www.condesdebarcelona.com* **4**HV**m**
232 hab – ††135/315 €, ☕ 19 € – 3 suites
Rest *Lasarte* ✿✿ **Rest *Loidi*** – ver selección restaurantes
◆ Hotel-monumento instalado en dos emblemáticos edificios, la Casa Batlló y la Casa Daurella. Su atractiva terraza-solárium se transforma por la noche en una zona de copas.

Pullman Barcelona Skipper hab,
av. del Litoral 10 ✉ *08005* Ⓜ *Ciutadella-Vila Olímpica*
– ✆ *932 21 65 65* – *www.pullman-barcelona-skipper.com* **2**DT**c**
235 hab ☕ – ††180/375 € – 6 suites **Rest** – Menú 24 € – Carta 30/45 €
◆ Combina el diseño y la tecnología con unos entornos de marcada calidez. Variada zona social, habitaciones modernas de buen confort, SPA y bonita azotea con piscina. El restaurante, luminoso, actual y con vistas a la terraza, ofrece una cocina internacional.

NH Constanza hab,
Deu i Mata 69-99 ✉ *08029* Ⓜ *Les Corts* – ✆ *932 81 15 00*
– *www.nh-hotels.com* **3**FX**e**
300 hab – ††89/499 €, ☕ 20 € – 8 suites **Rest** – Menú 31 €
◆ Edificio diseñado por Rafael Moneo para disfrutar de la luz natural y las líneas rectas. Tiene un gran hall de entrada, salones modulares y habitaciones de lujo funcional. El restaurante ocupa una sala en tonos blancos y ofrece platos de sabor tradicional.

ESPAÑA

Miramar Barcelona hab, hab, hab,
pl. Carlos Ibáñez 3 ✉ *08038* – ✆ *932 81 16 00*
– *www.hotelmiramarbarcelona.com* **2**CT**d**
67 hab – ††150/370 €, ☕ 27 € – 8 suites **Rest** – Menú 32 €
◆ Destaca tanto por su tranquilidad como por las magnificas vistas sobre el puerto y la ciudad, pues ha sido construido en la ladera de Montjuïc. Moderna zona social, buen SPA y habitaciones que conjugan el diseño con la calidad. Su restaurante panorámico se completa con un kiosco-invernadero para banquetes.

ME Barcelona hab,
Pere IV-272 ✉ *08005* Ⓜ *Poblenou* – ✆ *933 67 20 50* – *www.solmelia.com*
236 hab – ††155/425 €, ☕ 22 € – 23 suites **2**DST**c**
Rest *Dos Cielos* ✿ – ver selección restaurantes
Rest – Menú 30/50 €
◆ Instalado en un edificio acristalado de 30 plantas. Disfruta de un moderno hall con detalles de diseño, un lounge-bar y unas habitaciones actuales, todas con vistas. En su restaurante, de montaje actual, le propondrán una cocina fiel al gusto internacional.

Claris hab,
Pau Claris 150 ✉ *08009* Ⓜ *Passeig de Gràcia* – ✆ *934 87 62 62*
– *www.derbyhotels.com* **4**HV**w**
80 hab – †199/425 € ††199/1210 €, ☕ 21 € – 40 suites
Rest *East 47* – Menú 25 € – Carta 60/75 €
◆ Elegante y señorial. Está ubicado en el antiguo palacio Vedruna, donde clasicismo y vanguardia se alían en perfecta armonía. Posee una importante colección arqueológica. Su cuidado restaurante recrea una decoración que recuerda la estética de Andy Warhol.

Barcelona Center sin rest, con cafetería
Balmes 103 ✉ *08008* Ⓜ *Passeig de Gràcia*
– ✆ *932 73 00 00* – *www.hotelescenter.com* **4**HV**v**
129 hab – ††85/490 €, ☕ 17 € – 3 suites
◆ Cobijado tras una llamativa y cuidada fachada. Ofrece una zona social con empaque, habitaciones actuales de excelente equipamiento y una enorme terraza-solárium en la azotea.

Mandarin Oriental Barcelona

passeig de Gràcia 38-40 ✉ 08007 Ⓜ Passeig de Gràcia – ☎ 931 51 88 88 – www.mandarinoriental.com **4**HV**y**

95 hab – ††325/525 €, ☕ 39 € – 3 suites

Rest ***Moments*** ✿ – ver selección restaurantes

Rest – Menú 33 €

◆ Instalado en un edificio que sirvió como banco y ahora ve sus dependencias completamente remozadas. Interior de diseño, completo SPA y habitaciones de muy buen confort. Su restaurante propone una cocina de fusión, con platos asiáticos y mediterráneos.

Omm

Rosselló 265 ✉ 08008 Ⓜ Diagonal – ☎ 934 45 40 00 – www.hotelomm.es

87 hab – ††210/450 €, ☕ 25 € – 4 suites **4**HV**x**

Rest ***Moo*** ✿ – ver selección restaurantes

◆ Tras su original fachada encontrará un hotel vanguardista dotado de una amplia zona social en tres espacios. Habitaciones de excelente equipamiento y un atractivo SPA.

Cram

Aribau 54 ✉ 08011 Ⓜ Universitat – ☎ 932 16 77 00 – www.hotelcram.com

67 hab – †110/355 € ††125/390 €, ☕ 21 € **4**HX**b**

Rest ***Gaig*** ✿ – ver selección restaurantes

◆ Las habitaciones resultan algo reducidas, detalle que se compensa con las tecnologías más novedosas y un diseño tremendamente actual a cargo de afamados interioristas.

Granados 83

Enric Granados 83 ✉ 08008 Ⓜ Provença – ☎ 934 92 96 70 – www.derbyhotels.com **4**HV**z**

77 hab – †185/255 € ††270/560 €, ☕ 17 €

Rest – *(cerrado sábado mediodía y domingo)* Menú 17 € – Carta aprox. 35 €

◆ Hotel de línea vanguardista definido por el uso del cristal, el acero y el ladrillo. Sus habitaciones, de excelente equipamiento, están decoradas con antigüedades asiáticas. El restaurante, complementado por una terraza, ofrece una sencilla carta de fusión.

Murmuri

Rambla de Catalunya 104 ✉ 08008 Ⓜ Diagonal – ☎ 935 50 06 00 – www.murmuri.com **4**HV**b**

53 hab – ††139/509 €, ☕ 16 € – 5 apartamentos **Rest** – Carta 25/45 €

◆ Edificio de fachada clásica emplazado en plenas Ramblas. Se presenta con un hall de línea actual, al igual que sus sobrias habitaciones, y una atractiva terraza solárium. En su restaurante podrá degustar una cocina asiática de fusión bien elaborada.

Barcelona Princess

av. Diagonal 1 ✉ 08019 Ⓜ El Maresme Fòrum – ☎ 933 56 10 00 – www.hotelbarcelonaprincess.com **2**DS**v**

322 hab – †79/315 € ††91/327 €, ☕ 19 € – 42 suites **Rest** – Menú 15 €

◆ Instalado en dos modernas torres ubicadas junto al Fórum. Posee un lobby bastante colorista y unas habitaciones de estilo actual, con los baños acristalados y buenas vistas. En su comedor, luminoso a la par que funcional, le ofrecerán una carta tradicional.

Abba Sants

Numància 32 ✉ 08029 Ⓜ Sants-Estació – ☎ 936 00 31 00 – www.abbahoteles.com **3**FX**b**

140 hab – †78/338 € ††78/349 €, ☕ 13 €

Rest ***Amalur*** – Carta 34/45 €

◆ Hotel orientado a los negocios, con un buen nivel general, diseño moderno y excelente mantenimiento. Ofrece una zona de salones polivalentes y habitaciones funcionales. Su restaurante cuida mucho la carta, aunque con lo que más trabaja es con el menú del día.

ESPAÑA

Atrium Palace

hab,

Gran Via de les Corts Catalanes 656 ✉ *08010*
Ⓜ *Urquinaona* – ✆ *933 42 80 00*
– *www.hotel-atriumpalace.com* **5**JVX**c**
67 hab – †130/295 € ††150/350 €, ☕ 13 € – 2 suites
Rest – *(cerrado sábado y domingo noche)* Menú 18 €
♦ Alterna su entrada clásica con una ligera tendencia minimalista en la concepción de los espacios. Dependencias bien equipadas y un coqueto fitness-piscina en el sótano. El comedor presenta un aspecto funcional, combinando los servicios de buffet, carta y menú.

Alexandra

hab,

Mallorca 251 ✉ *08008* Ⓜ *Passeig de Gràcia* – ✆ *934 67 71 66*
– *www.hotel-alexandra.com* **4**HV**v**
106 hab ☕ – ††115/450 € – 3 suites
Rest – Menú 23 €
♦ Un hotel bastante acogedor. Ofrece modernas zonas nobles, con la cafetería integrada, y habitaciones de buen confort, con los suelos en parquet o gres y mobiliario actual. En el comedor, de montaje funcional, encontrará una sencilla carta de cocina italiana.

U 232 sin rest

Comte d'Urgell 232 ✉ *08036* Ⓜ *Hospital Clínic* – ✆ *933 22 41 53*
– *www.nnhotels.com* **4**GX**v**
102 hab – †78/280 € ††78/320 €, ☕ 15 €
♦ Este céntrico hotel de línea clásica-actual está dotado con unas acogedoras zonas nobles y confortables habitaciones, todas con armarios abiertos y unos baños actuales.

Soho sin rest

Gran Via de les Corts Catalanes 543-545 ✉ *08011*
Ⓜ *Urgell* – ✆ *935 52 96 10*
– *www.hotelsohobarcelona.com* **4**HX**r**
51 hab – ††108/335 €, ☕ 15 €
♦ Combina la estética vanguardista con los detalles de diseño, el uso decorativo de las luces y un interesante juego de espacios. Buen maridaje entre confort y tecnología.

América sin rest

Provença 195 ✉ *08008* Ⓜ *Provença* – ✆ *934 87 62 92*
– *www.hotelamericabarcelona.com* **4**HV**z**
59 hab – †80/200 € ††80/250 €, ☕ 15 €
♦ Conjunto luminoso y actual definido por su atractiva combinación de los colores rojo y blanco. Dispone de un patio interior y habitaciones funcionales de correcto confort.

Europark sin rest

Aragó 325 ✉ *08009* Ⓜ *Girona* – ✆ *934 57 92 05*
– *www.hoteleuropark.com* **5**JV**e**
103 hab – †80/190 € ††90/210 €, ☕ 13 € – 2 suites
♦ Actual y en pleno centro. Su reducida zona social se ve compensada con habitaciones de buen equipamiento. En la última planta tiene dos suites con terrazas y buenas vistas.

Astoria

París 203 ✉ *08036* Ⓜ *Diagonal* – ✆ *932 09 83 11*
– *www.derbyhotels.com* **4**HV**k**
113 hab – †95/200 € ††95/250 €, ☕ 13 € – 2 suites
Rest – *(cerrado agosto, sábado, domingo y festivos) (solo almuerzo menú)* Menú 13 €
♦ Hotel de línea clásica dotado con amplias zonas nobles y habitaciones de buen confort, estas últimas con mobiliario actual y baños reducidos en mármol. Piscina en el ático. El comedor, de montaje actual, basa su oferta en un menú del día durante el almuerzo.

NH Podium hab,

Bailén 4 ✉ 08010 Ⓜ Arc de Triomf – ☎ 932 65 02 02 – www.nh-hotels.com
140 hab – ††120/250 €, ☕ 19 € – 5 suites 5JV**n**
Rest *Corella* – *(cerrado agosto, sábado, domingo y festivos)* Menú 24 € – Carta 27/40 €

♦ Se encuentra en pleno Ensanche modernista, con una fachada clásica y el interior actual. Ofrece habitaciones acogedoras, gimnasio con sauna y una piscina en el ático. El restaurante, con buen mobiliario y un montaje actual, ofrece una carta internacional.

The Mirror Barcelona

Còrsega 255 ✉ 08036 Ⓜ Provença – ☎ 932 02 86 86 – www.themirrorbarcelona.com 4HV**l**
63 hab – ††118/317 €, ☕ 24 €
Rest *The Mirror Barcelona* – ver selección restaurantes

♦ Lo más llamativo de este hotel es su diseño..., de hecho podemos decir que está orientado a un público que gusta de él. Aquí todo está dominado por el color blanco, los espejos y el uso de unas líneas depuradas de carácter minimalista.

987 Barcelona H. sin rest, con cafetería

Mallorca 288 ✉ 08037 Ⓜ Passeig de Gràcia – ☎ 934 76 33 96 – www.987barcelonahotel.com 4HV**p**
88 hab – ††97/365 €, ☕ 16 €

♦ Presenta unas instalaciones que tienen mucho diseño, con luces de colores en las zonas comunes, un agradable patio interior y unas habitaciones de línea actual-funcional.

Gran Derby sin rest

Loreto 28 ✉ 08029 Ⓜ Entença – ☎ 934 45 25 44 – www.derbyhotels.com
29 hab – †120/270 € ††120/345 €, ☕ 16 € – 12 suites 4GX**g**

♦ Establecimiento de línea clásica que resulta acogedor por su tamaño. Las habitaciones resultan luminosas y de notable amplitud, muchas de ellas con los suelos en parquet.

St. Moritz hab,

Diputació 264 ✉ 08007 Ⓜ Passeig de Gràcia – ☎ 934 12 15 00 – www.hcchotels.es 5JVX**p**
91 hab – †163/255 € ††182/312 €, ☕ 22 €
Rest – *(cerrado agosto y fines de semana) (solo menú)* Menú 31 €

♦ Está en el centro de la ciudad, instalado en un edificio protegido que data de 1883 y respira clasicismo por todos sus poros. Presenta un correcto hall-recepción, con una monumental escalera, y unas habitaciones bien reformadas, todas con mobiliario funcional-actual. Su comedor ofrece una carta tradicional.

Open sin rest

Diputació 100 ✉ 08015 Ⓜ Rocafort – ☎ 932 89 35 00 – www.hcchotels.es
100 hab – †100/189 € ††100/231 €, ☕ 16 € 4HY**x**

♦ Conjunto céntrico y de carácter funcional. Resulta práctico por su buen confort general, con habitaciones de completo equipamiento para su categoría y baños en mármol.

Splendom Suites sin rest y sin ☕

Valencia 194 ✉ 08011 Ⓜ Universitat – ☎ 934 52 10 30 – www.splendomsuites.com 4HX**s**
11 apartamentos – ††110/400 €

♦ Ocupa un edificio catalogado y de fachada clásica-modernista que se encuentra en pleno Ensanche. Distribuye sus apartamentos en seis plantas, la mayoría de ellos con la cocina bien equipada, salón con sofá-cama y confortables dormitorios.

Sixtytwo sin rest

Passeig de Gràcia 62 ✉ 08007 Ⓜ Passeig de Gràcia – ☎ 932 72 41 80 – www.sixtytwohotel.com 4HV**n**
45 hab – †130/279 € ††130/379 €, ☕ 20 €

♦ Este pequeño hotel se encuentra en pleno paseo de Gràcia, con una fachada bastante cuidada y un moderno interior. Ofrece habitaciones algo reducidas pero muy bien equipadas.

Market hab,
passatge Sant Antoni Abad 10 ✉ 08015 Ⓜ Sant Antoni – ✆ 933 25 12 05 – www.markethotel.com.es 4HY**a**
52 hab – †64/135 € ††69/145 €, ☕ 10 €
Rest – Menú 10 €
◆ Está bien situado junto al céntrico Mercat de Sant Antoni, en un antiguo edificio de vecinos. Sus habitaciones recrean un ambiente colonial-actual, con los suelos en madera. El restaurante, bastante agradable, combina su menú del día con una carta tradicional.

Taber sin rest
Aragó 256 ✉ 08007 Ⓜ Passeig de Gràcia – ✆ 934 87 38 87 – www.hcchotels.es
92 hab – †108/189 € ††108/231 €, ☕ 17 € 4HX**g**
◆ Actual y cercano a las Ramblas. Posee una reducida zona social y habitaciones funcionales, con los suelos en moqueta, mobiliario funcional y unos baños completos.

Regente sin rest
Rambla de Catalunya 76 ✉ 08008 Ⓜ Passeig de Gràcia – ✆ 934 87 59 89 – www.hcchotels.es 4HV**t**
79 hab – †120/223 € ††120/270 €, ☕ 20 €
◆ Instalado en un céntrico edificio de fachada modernista. Posee un bar con hermosas vidrieras, una pequeña zona noble y habitaciones actuales de suficiente confort.

ESPAÑA

Sheraton Barcelona Diagonal hab,
av. Diagonal 161-163 ✉ 08018 Ⓜ Glòries – ✆ 934 86 88 00 – www.sheraton.starwoodhotelscom 2DT**f**
154 hab – †79/238 € ††89/528 €, ☕ 15 € **Rest** – Menú 13/18 €
◆ Moderno, luminoso, práctico y funcional, con una arquitectura de líneas sencillas en la que se aprecian ciertos detalles de vanguardia. Orientado a una clientela de negocios. Su restaurante, de montaje actual, elabora una carta de corte tradicional.

Onix Fira sin rest
Llançà 30 ✉ 08015 Ⓜ Espanya – ✆ 934 26 00 87 – www.hotelonixfira.com
80 hab – ††65/250 €, ☕ 7 € 4GY**n**
◆ Una buena opción si necesita alojarse junto a la "Fira de Barcelona". Ofrece un entorno sencillo pero confortable, con una espaciosa cafetería y habitaciones funcionales.

Aparthotel Acácia sin rest
Comte d'Urgell 194 ✉ 08036 Ⓜ Hospital Clínic – ✆ 934 54 07 37 – www.aparthotelacacia.com 4GX**b**
26 apartamentos – ††95/350 €, ☕ 12 €
◆ Las ventajas de un hotel con la independencia de un apartamento. El edificio disfruta de un moderno diseño exterior, con habitaciones bien equipadas y cocina incorporada.

Splendid sin rest
Muntaner 2 ✉ 08011 Ⓜ Universitat – ✆ 934 51 21 42 – www.actahotels.com 4HX**h**
43 hab – †70/190 € ††80/230 €, ☕ 10 €
◆ Este hotel destaca por su excelente ubicación, con una estética actual-funcional. Su reducida zona social se compensa con unas habitaciones de buen confort general.

Onix Rambla sin rest
Rambla de Catalunya 24 ✉ 08007 Ⓜ Catalunya – ✆ 933 42 79 80 – www.hotelonixrambla.com 4HX**t**
40 hab – ††80/250 €, ☕ 8 €
◆ Presenta un diseño actual, sobrio y sin estridencias, con la madera, los tonos blancos y el hormigón como protagonistas. Posee habitaciones funcionales con suelos en tarima.

Continental Palacete sin rest
Rambla de Catalunya 30 ✉ 08007 Ⓜ Catalunya – ☎ 934 45 76 57 – www.hotelcontinental.com 4HX**e**
19 hab – 105/175 € 140/225 €
◆ Instalado en un palacete restaurado, con una decoración de aire inglés definida por el uso de ricas telas. Acogedoras habitaciones y bellos salones de inspiración versallesca.

Prisma sin rest
av. Josep Tarradellas 119 ✉ 08029 Ⓜ Entença – ☎ 934 39 42 07 – www.mediumhoteles.com 4GX**s**
27 hab – 190/235 €, 9 €
◆ En una amplia avenida, cerca de la Diagonal. Su reducida zona noble se ve compensada por unas habitaciones funcionales de detallado equipamiento. Ambiente acogedor.

Caelis (Romain Fornell) – Hotel El Palace
Gran Via de les Corts Catalanes 668 ✉ 08010 Ⓜ Urquinaona – ☎ 935 10 12 05 – www.caelis.com – cerrado Semana Santa, agosto, domingo y lunes
Rest – *(solo cena)* Menú 60/110 € – Carta 75/102 € 5JV**a**
Espec. Vichyssoise servida en un cubo de hielo y caviar. Macarrones sorpresa. Verduras tibias en tarta fina al viejo "comté".
◆ Resulta sorprendente, tanto por su elegancia como por sus contrastes decorativos. Presenta un acceso independiente, un buen privado y una sala clásica-actual. Cocina creativa de cuidadas presentaciones donde solo utilizan productos de la mejor calidad.

Enoteca – Hotel Arts
Marina 19 ✉ 08005 Ⓜ Ciutadella-Vila Olímpica – ☎ 932 21 10 00 – www.hotelartsbarcelona.com – cerrado julio y domingo 2DT**r**
Rest – *(solo cena salvo lunes y martes)* Menú 105 € – Carta 67/91 €
Espec. Langosta, espárragos blancos, cremosos y botarga. Arroz meloso, bogavante y trufa de verano. Selva negra.
◆ Presenta una sala clásica-actual de cuidado montaje y una atractiva decoración a base de vitrinas con botellas de vino. Desde sus fogones proponen una cocina actual de base tradicional, con elaboraciones perfectas y unos detalles creativos de excelente nivel.

Gaig (Carles Gaig) – Hotel Cram
Aragó 214 ✉ 08011 Ⓜ Universitat – ☎ 934 29 10 17 – www.restaurantgaig.com – cerrado Semana Santa, 3 semanas en agosto, domingo, lunes mediodía y festivos 4HX**b**
Rest – Menú 82/105 € – Carta 62/83 €
Espec. Canelón tradicional relleno de carne a la crema de trufa negra. Filetes de lenguado con verduritas de temporada. Pintada fermier a la royale.
◆ Este restaurante recrea un entorno de estética moderna atento a los detalles, con un magnífico servicio de mesa. Su cocina actualizada de base tradicional hace hincapié tanto en los productos de mercado como en las presentaciones. Espléndida bodega.

La Dama
av. Diagonal 423 ✉ 08036 Ⓜ Diagonal – ☎ 932 02 06 86 – www.ladama-restaurant.com 4HV**a**
Rest – Menú 60/110 € – Carta 55/70 €
◆ Marco clásico elegante que conserva la belleza modernista en los detalles decorativos, tanto en la fachada como en el interior. Ofrece un servicio de mesa excelente.

Beltxenea
Mallorca 275 entlo ✉ 08008 Ⓜ Diagonal – ☎ 932 15 30 24 – www.beltxenea.com – cerrado Navidades, Semana Santa, agosto, sábado mediodía y domingo 4HV**h**
Rest – Menú 76 € – Carta 45/70 €
◆ Se encuentra en una elegante casa señorial que transmite al conjunto un cierto sabor añejo. Disfruta de un refinado clasicismo y dos de sus salas dan a un pequeño jardín.

XXX ✿✿ **Lasarte** – Hotel Condes de Barcelona

Mallorca 259 ✉ 08008 Ⓜ Passeig de Gràcia – ☎ 934 45 32 42 – www.restaurantlasarte.com – cerrado Semana Santa, agosto, domingo, lunes y festivos **4**HV**m**

Rest – Menú 70/115 € – Carta 85/105 €

Espec. Gamba roja templada, flan cremoso de erizos de mar, caviar de leche de oveja y almendras. Ventresca de atún a la parrilla, mango y alcaparras en salsa de soja, minestrone cruda de apio. Pichón con pencas gratinadas, cerezas y manzana.

◆ Tiene el sello personal de Martín Berasategui y su grupo, con un buen hall y dos salas de excelente montaje, estas vestidas en un estilo bastante actual. Encontrará una carta muy creativa, con elaboraciones de autor y algún que otro plato tradicional vasco.

XXX **Casa Calvet**

Casp 48 ✉ 08010 Ⓜ Urquinaona – ☎ 934 12 40 12 – www.casacalvet.es – cerrado 15 días en agosto, domingo y festivos **5**JVX**r**

Rest – Menú 40/70 € – Carta aprox. 62 €

◆ Instalado en un atractivo edificio modernista diseñado por Gaudí. Ofrece una carta actualizada de base tradicional, con muy buenas presentaciones y excelentes productos.

XXX **Windsor**

Còrsega 286 ✉ 08008 Ⓜ Diagonal – ☎ 932 37 75 88 – www.restaurantwindsor.com – cerrado del 1 al 7 de enero, Semana Santa, agosto, sábado mediodía y domingo **4**HV**b**

Rest – Menú 30/65 € – Carta 45/63 €

◆ Conjunto clásico de cuidadas instalaciones, con una sala principal acristalada al jardín y varios privados. Amplia carta de cocina catalana actualizada y una nutrida bodega.

XXX **Jaume de Provença**

Provença 88 ✉ 08029 Ⓜ Entença – ☎ 934 30 00 29 – www.jaumeprovenza.com – cerrado agosto, domingo noche y lunes **4**GX**h**

Rest – Carta 42/63 €

◆ Restaurante de línea clásica llevado directamente por su propietario. Posee una barra de espera, varias cavas de vino y un buen comedor con las paredes forradas en madera.

XXX **Racó d'en Cesc**

Diputació 201 ✉ 08011 Ⓜ Universitat – ☎ 934 51 60 02 – cerrado Semana Santa, agosto, domingo y festivos **4**HX**k**

Rest – Menú 35 € – Carta 38/53 €

◆ Dispone de un recibidor, un comedor principal de marcado clasicismo y varias salas a modo de privados. Carta creativa basada en sugerencias y una completa selección de vinos.

XXX ✿ **Dos Cielos** (Sergio y Javier Torres) – Hotel ME Barcelona

Pere IV-272 ✉ 08005 Ⓜ Poblenou – ☎ 933 67 20 70 – www.doscielos.com **2**DST**c**

Rest – *(cerrado 15 días en enero, 15 días en agosto, domingo y lunes)* Menú 93 € – Carta 77/94 €

Espec. Ravioli de foie, cazuela de verduras de cultivo natural y crema de mandioquinha con caviar de sagú. Pescado de escama cocido a la sal de romero. Macadamia, café, chocolate y zanahoria.

◆ Se encuentra en la planta 24 del hotel ME Barcelona y sorprende por integrar su cocina en el comedor, con mesas de buen montaje y una barra de acero donde también se puede comer. Cocina de autor en busca de nuevos sabores y excelentes vistas sobre la ciudad.

¿Desea partir en el último minuto? Visite las páginas web de los hoteles para beneficiarse de las tarifas promocionales.

XXX **Moments** - Hotel Mandarin Oriental Barcelona

passeig de Gràcia 38-40 ✉ 08007 Ⓜ Passeig de Gràcia - ✆ 931 51 87 81 - www.mandarinoriental.com - cerrado agosto, domingo y lunes **4HVy**

Rest - Menú 59/125 € - Carta 90/110 €

Espec. Guisantes del Maresme con butifarra negra (febrero-marzo). Arroz caldoso de gambas. Los 5 quesos del mes con contrastes.

◆ Se accede desde la recepción del hotel y destaca por su originalidad decorativa, con los suelos alfombrados. El chef y su experimentado equipo de cocina ofrecen unas elaboraciones creativas de gran calidad, con sabores bien combinados y productos escogidos.

XX **The Mirror Barcelona** - Hotel The Mirror Barcelona

Còrsega 255 ✉ 08036 - ✆ 932 02 86 86 **4HVl**

Rest - Menú 65 € - Carta 40/53 €

◆ Al igual que el hotel en el que se encuentra, este restaurante presenta unas instalaciones de línea moderna definidas por los tonos blancos y la presencia de muchos espejos. Cocina de corte marinero puesta al día con técnicas actuales.

XX **L'Olivé**

Balmes 47 ✉ 08007 Ⓜ Passeig de Gràcia - ✆ 934 52 19 90 - www.rte-olive.com - cerrado domingo noche **4HXh**

Rest - Carta 40/55 €

◆ Este restaurante posee un hall-recepción, con la cocina vista a lo largo de la entrada, un comedor dividido en dos ambientes y varios privados en el sótano. Cocina catalana.

XX **Montjuïc el Xalet**

av. Miramar 31 ✉ 08038 - ✆ 933 24 92 70 - www.gruptravi.com **2CTb**

Rest - Carta 50/65 €

◆ ¡En la ladera del Montjuïc, con espectaculares vistas sobre la ciudad! Está distribuido en tres plantas, destacando por la sala que posee en el piso superior y por sus agradables terrazas. Cocina de base tradicional con toques actuales.

ESPAÑA

XX **Cinc Sentits** (Jordi Artal)

Aribau 58 ✉ 08011 Ⓜ Universitat - ✆ 933 23 94 90 - www.cincsentits.com - cerrado 15 días en agosto, domingo, lunes y festivos **4HXa**

Rest - *(solo menú)* Menú 59/79 €

Espec. Sorbete de tomate raff con pan de payés, longaniza de Vic y burbujas de ajo. Cochinillo ibérico con butifarra, manzana y tomillo. Chocolate con helado de aceite de arbequina, coca de vidrio y flor de sal.

◆ Este restaurante presenta un buen montaje y escasa decoración, acorde a su estética de carácter minimalista. No hay carta y centra su oferta gastronómica únicamente en tres menús degustación. Elaboraciones inventivas con producto catalán de calidad.

XX **Moo** - Hotel Omm

Rosselló 265 ✉ 08008 Ⓜ Diagonal - ✆ 934 45 40 00 - www.hotelomm.es - cerrado 7 días en enero, 21 días en agosto y domingo **4HVx**

Rest - Menú 55/100 € - Carta 40/60 €

Espec. Manzana caramelizada rellena de foie gras y aceite de vainilla. Macarrones de bacalao con escudella de puerros. Pichón a la cuchara.

◆ ¡De ambiente cosmopolita! Muestra una cafetería y un diáfano comedor, de línea actual, definido tanto por sus tragaluces como por los detalles de diseño. Cocina de autor, una buena combinación de sabores y una carta de vinos muy original.

XX **Fonda Gaig**

Còrsega 200 ✉ 08036 Ⓜ Hospital Clinic - ✆ 934 53 20 20 - www.fondagaig.com - cerrado festivos noche **4GVXc**

Rest - Carta 40/50 €

◆ Con su nombre hace referencia a la antigua fonda familiar, ya cerrada. Encontrará una fachada acristalada, un diáfano comedor en dos alturas y tres privados. Cocina catalana.

XX **Casa Uriarte**

Gran Via de les Corts Catalanes 633 ✉ 08010 Ⓜ Urquinaona – ✆ 934 12 63 58 – www.casauriarte.com – cerrado domingo, lunes noche y festivos noche

Rest – Carta 35/48 € 5JV**g**

◆ Negocio de línea clásica-actual que destaca tanto por su ubicación como por la amplitud del local, distribuido en dos alturas. Carta tradicional, vasco-navarra y de mercado.

XX **Petit París**

París 196 ✉ 08036 Ⓜ Diagonal – ✆ 932 18 26 78 4HV**k**

Rest – Carta 45/56 €

◆ Coqueto establecimiento decorado en un estilo clásico inglés, con profusión de madera y las paredes enteladas. Carta regional con productos de la zona y sugerencias del día.

XX **La Provença**

Provença 242 ✉ 08008 Ⓜ Diagonal – ✆ 933 23 23 67 – www.laprovenza.com

Rest – Menú 30/35 € – Carta aprox. 35 € 4HV**z**

◆ Es acogedor y tiene una línea clásica-actual, con numerosos privados que lo hacen muy atractivo para el cliente de empresa. Carta amplia con un buen apartado de sugerencias.

XX **El Túnel d'en Marc Palou**

Bailén 91 ✉ 08009 Ⓜ Girona – ✆ 932 65 86 58 – www.eltuneldenmarc.com – cerrado agosto, domingo y lunes noche 5JV**t**

Rest – Menú 24/52 € – Carta 32/55 €

◆ En una calle muy transitada. Posee dos salas de línea actual, distribuidas en dos plantas, y una bodega que usan como privado. Cocina de base tradicional con toques creativos.

XX **Solera Gallega**

París 176 ✉ 08036 Ⓜ Passeig de Gràcia – ✆ 933 22 91 40 – www.soleragallega.com – cerrado del 10 al 30 de agosto, domingo noche y lunes

Rest – Carta 41/66 € 4GHV**p**

◆ Hace honor a su nombre y está especializado en la cocina gallega. Tiene un sugerente vivero a la entrada y dos salas de estilo clásico marinero. Productos de gran calidad.

XX **El Yantar de la Ribera**

Roger de Flor 114 ✉ 08013 Ⓜ Tetuan – ✆ 932 65 63 09 – www.elyantardelaribera.net – cerrado domingo noche 5JV**u**

Rest – Carta 30/48 €

◆ Establecimiento sobrio y elegante ubicado en un marco de aire castellano. Tiene un comedor y dos hornos a la vista del cliente, uno para lechazos y el otro para cochinillos.

XX **El Asador de Aranda**

Londres 94 ✉ 08036 Ⓜ Hospital Clínic – ✆ 934 14 67 90 – www.asadordearanda.com – cerrado domingo noche 4GV**n**

Rest – Menú 34/51 € – Carta 33/46 €

◆ Disfruta de amplias instalaciones y una estética de ambiente castellano, dejando el horno de asar a la vista del cliente. Cocina tradicional especializada en asados.

XX **La Camarga**

Aribau 117 ✉ 08036 Ⓜ Diagonal – ✆ 933 23 66 55 – www.lacamarga.com

Rest – Menú 29/31 € – Carta 30/40 € 4HV**u**

◆ Dispone de un bar de espera, un espacioso comedor principal con el suelo en parquet y numerosos privados de diferentes capacidades. Carta amplia de base catalana.

XX **Gorría**

Diputació 421 ✉ 08013 Ⓜ Monumental – ✆ 932 45 11 64 – www.restaurantegorria.com – cerrado Semana Santa, agosto, domingo, lunes noche y festivos noche 5JU**a**

Rest – Carta 40/56 €

◆ Restaurante vasco de larga trayectoria dotado con un correcto montaje y una decoración de aire rústico. Su oferta gastronómica se complementa con una buena carta de vinos.

ESPAÑA

XX **Icho**

Deu i Mata 65-69 ✉ 08029 Ⓜ Les Corts – ☎ 934 44 33 70 – www.ichobcnjapones.com – cerrado Semana Santa, domingo y lunes noche

Rest – Menú 45/60 € – Carta 45/65 € **3**FX**e**

◆ Este restaurante japonés evoca con su nombre el de un árbol tradicional nipón. Estética actual, buen nivel y unas elaboraciones que cuidan tanto la técnica como el producto.

XX **Nectari**

València 28 ✉ 08015 Ⓜ Tarragona – ☎ 932 26 87 18 – www.nectari.es – cerrado 15 días en agosto y domingo **4**GY**x**

Rest – Menú 23 € – Carta 27/52 €

◆ Ocupa los bajos de un edificio de viviendas, donde se presenta con dos salas actuales y un privado. Su chef-propietario elabora una carta mediterránea con toques de autor.

XX **Patagonia Beef & Wine**

Gran Via de les Corts Catalanes 660 ✉ 08010 Ⓜ Passeig de Gràcia – ☎ 933 04 37 35 – www.patagoniabw.com **5**JVX**c**

Rest – Carta 40/54 €

◆ Este restaurante disfruta de un buen montaje y una decoración de estilo minimalista. Tiene una carta bastante amplia, pero su especialidad son las carnes rojas argentinas.

XX **El Asador de Aranda**

Pau Claris 70 ✉ 08010 Ⓜ Urquinaona – ☎ 933 42 55 77 – www.asadordearanda.com – cerrado domingo noche **5**JX**b**

Rest – Menú 34/45 € – Carta aprox. 39 €

◆ Ofrece las características habituales en esta cadena de asadores. Bar de apoyo a la entrada, horno de asar a la vista y dos cálidos comedores de elegante ambiente castellano.

XX **Casa Darío**

Consell de Cent 256 ✉ 08011 Ⓜ Universitat – ☎ 934 53 31 35 – www.casadario.com – cerrado agosto y domingo **4**HX**p**

Rest – Menú 40 € – Carta 41/62 €

◆ Casa de larga trayectoria y buen nombre por la calidad de sus productos. Posee un bar privado, tres salas y tres reservados. Especialidades gallegas y frutos del mar.

XX **Els Pescadors**

pl. Prim 1 ✉ 08005 Ⓜ Poblenou – ☎ 932 25 20 18 – www.elspescadors.com – cerrado Semana Santa **2**DT**e**

Rest – Carta 42/57 €

◆ Posee una sala a modo de café de principios del s. XX, y otras dos con una decoración más moderna. Generosa carta arraigada en la cocina marinera, con arroces y bacalao.

XX **Manairó** (Jordi Herrera)

✿ *Diputació 424 ✉ 08013 Ⓜ Monumental – ☎ 932 31 00 57 – www.manairo.com – cerrado del 2 al 8 de enero, domingo y festivos.* **5**JKU**c**

Rest – Menú 58/72 € – Carta 55/74 €

Espec. Huevos duros de patata y foie con menestra de verduras. Patata asada de rabo de toro con arroz de tomillo. Estofado de pescado, sepia y cabeza de ternera.

◆ Este pequeño restaurante, muy conocido en la zona, está llevado directamente por su chef-propietario. En su sala, de estética actual y con obras de varios artistas, encontrará una cocina creativa de base regional con sorprendentes detalles de autor.

XX **Loidi** – Hotel Condes de Barcelona

passeig de Gràcia 73-75 ✉ 08008 Ⓜ Passeig de Gràcia – ☎ 934 45 00 00 – www.condesdebarcelona.com **4**HV**m**

Rest – *(cerrado 21 días en agosto y domingo noche) (solo menú)* Menú 22/54 €

◆ Podemos ver este restaurante como la propuesta en sala de una cocina de autor económica, ligera y rápida. Ofrece varios menús, aunque destaca el que llaman Martín Berasategui, dedicado a los orígenes culinarios de este portentoso chef.

XX **La Clara**

Gran Via de les Corts Catalanes 442 ✉ 08015 Ⓜ Rocafort – ☏ 932 89 34 60 – www.laclararestaurant.com – cerrado domingo noche **4**HY**b**

Rest – Menú 23 € – Carta 35/42 €

♦ Se presenta con un bar de tapas y dos salas de estética actual, distribuidas estas en dos plantas y con la cocina vista entre ambas. Carta tradicional e impresionante bodega.

X **Gresca**

Provença 230 ✉ 08036 Ⓜ Diagonal – ☏ 934 51 61 93 – www.gresca.net – cerrado 7 días en Navidades, Semana Santa, 15 días en agosto, sábado mediodía y domingo **4**HV**z**

Rest – Carta 32/45 €

♦ Su discreta fachada da paso a una sala alargada de estética minimalista, donde juegan con los colores blanco y negro. El chef tiene inquietudes y propone una cocina actual.

X **Toc**

Girona 59 ✉ 08009 Ⓜ Girona – ☏ 934 88 11 48 – www.tocbcn.com – cerrado agosto, fines de semana de junio-julio, sábado mediodía y domingo

Rest – Carta 29/53 € **5**JV**e**

♦ Este restaurante está distribuido en dos plantas y cuenta con una decoración actual que ha tomado como modelo la estética de los años 70. Cocina catalana actualizada.

X **Tramonti 1980**

av. Diagonal 501 ✉ 08029 Ⓜ Hospital Clinic – ☏ 934 10 15 35 – www.tramonti1980.com **3**FV**s**

Rest – Carta 31/47 €

♦ Llama la atención por su colorista fachada en color lila y el interior se decora con fotos firmadas de pilotos y motoristas. Carta italiana con un buen apartado de risottos.

X **Da Paolo**

av. de Madrid 63 ✉ 08028 Ⓜ Badal – ☏ 934 90 48 91 – www.dapaolo.es – cerrado 3 semanas en agosto y domingo **3**EY**f**

Rest – Carta aprox. 33 €

♦ Restaurante italiano ubicado en las proximidades del estadio Nou Camp. Conjunto sencillo y cuidado, dotado con una sala bastante agradable y una carta bien elaborada.

X **Elche**

Vila i Vilà 71 ✉ 08004 Ⓜ Paral.lel – ☏ 934 41 30 89 – www.elcherestaurant.es **5**JY**a**

Rest – Menú 39/75 € – Carta 26/45 €

♦ Este negocio, que tiene un buen servicio de mesa, combina con gusto los estilos rústico-actual y colonial. Carta amplia, con un apartado de arroces y otro de medias raciones.

X **Can Ravell**

Aragó 313 ✉ 08009 Ⓜ Girona – ☏ 934 57 51 14 – www.ravell.com

Rest – *(cerrado domingo noche y lunes)* Menú 50/100 € – Carta 36/68 € **5**JV**z**

♦ Resulta muy curioso, pues posee una charcutería a la entrada y una pequeña cocina que hay que atravesar para subir tanto al comedor como a los privados. Cocina tradicional.

X **Lázaro**

Aribau 146 bis ✉ 08036 – ☏ 932 18 74 18 – cerrado agosto, domingo y festivos **4**HV**r**

Rest – Carta 25/38 €

♦ Llevado entre dos hermanas. Posee una barra a la entrada y un correcto comedor, con una cálida iluminación y parte de las paredes en piedra. Cocina tradicional catalana.

Racó de la Vila

Ciutat de Granada 33 ✉ 08005 Ⓜ Llacuna – ☎ 934 85 47 72 – www.racodelavila.com **2**DT**n**

Rest – Menú 36 € – Carta 30/45 €

♦ Este concurrido restaurante se presenta con una barra de apoyo y varias salas, todas de marcado ambiente rústico. Un marco entrañable para disfrutar de la cocina tradicional.

La Lubina

Viladomat 257 ✉ 08029 Ⓜ Hospital Clinic – ☎ 934 10 80 07 – www.lalubinarestaurant.com – cerrado agosto y domingo noche

Rest – Carta 47/65 € **4**GX**c**

♦ Bien montado y con el propietario al frente del negocio. Dispone de una barra de espera, un vivero, cava de vinos y un correcto comedor. Especializado en productos del mar.

Rosal 34

Roser 34 ✉ 08004 Ⓜ Paral.lel – ☎ 933 24 90 46 – www.rosal34.com – cerrado domingo y lunes **2**CT**c**

Rest – Tapa 7 € – Ración aprox. 20 € – Menú 35 €

♦ En una antigua bodega familiar, donde se combina la rusticidad de la piedra vista con una decoración actual. Ofrece platos elaborados al momento e interesantes tapas de autor.

Mesón Cinco Jotas

Rambla de Catalunya 91-93 ✉ 08008 Ⓜ Provença – ☎ 934 87 89 42 – www.mesoncincojotas.com **4**HV**q**

Rest – Tapa 3 € – Ración aprox. 16 €

♦ Espacioso bar de línea rústica decorado en madera, con mesas a la entrada para degustar su esmerada selección de ibéricos y el comedor al fondo. Extensa carta de tapas.

Cervecería Catalana

Mallorca 236 ✉ 08008 Ⓜ Diagonal – ☎ 932 16 03 68 **4**HV**q**

Rest – Tapa 5 € – Ración aprox. 15 € – Menú 30 €

♦ Bar-cervecería muy popular en la zona. Está decorado con estanterías llenas de botellas y ofrece una nutrida selección de tapas elaboradas con productos escogidos.

De Tapa Madre

Mallorca 301 ✉ 08037 Ⓜ Verdaguer – ☎ 934 59 31 34 – www.detapamadre.com **4**HV**e**

Rest – Tapa 5 € – Ración aprox. 15 €

♦ Bar de tapas de aire rústico dotado con una pequeña terraza, un comedor y un privado en el piso superior. Sus pinchos y raciones están elaborados con productos de calidad.

Mesón Cinco Jotas

Còrsega 206 ✉ 08036 Ⓜ Hospital Clinic – ☎ 933 21 11 81 – www.mesoncincojotas.com – cerrado domingo **4**HV**j**

Rest – Tapa 4 € – Ración aprox. 16 €

♦ Posee a la entrada una pequeña barra y varías mesas para el tapeo. Destacan sus comedores, actuales y con mobiliario castellano. Carta tradicional especializada en ibéricos.

Paco Meralgo

Muntaner 171 ✉ 08036 Ⓜ Hospital Clínic – ☎ 934 30 90 27 – www.pacomeralgo.com **4**GHV**c**

Rest – Tapa 4 € – Ración aprox. 15 €

♦ Ofrece dos barras y dos accesos independientes, pero sobre todo unos sugerentes expositores de marisco, con productos de calidad frescos y variados. También posee un privado.

Tapas 24

Diputació 269 ✉ 08007 – ☎ 934 88 09 77 – www.projectes24.com – cerrado domingo **4**HVX**o**

Rest – Tapa 5 € – Ración aprox. 16 €

♦ Está situado en un semisótano y recrea una atmósfera actual, con dos barras y las paredes vestidas de mosaicos. En su pequeña carta encontrará deliciosas tapas y raciones.

Lolita

Tamarit 104 ✉ 08015 Ⓜ Poble Sec – ☎ 934 24 52 31 – www.lolitataperia.com – cerrado 15 días en Navidades, Semana Santa, agosto, domingo y lunes

Rest – *(solo cena salvo sábado)* Tapa 5 € – Ración aprox. 11 € **4**HY**c**

♦ Cerca del Recinto Ferial. Este local destaca por su decoración, pues resulta, en cierto modo, personalizada. Tapas de cocina tradicional elaboradas con productos de calidad.

Segons Mercat

Balboa 16 ✉ 08003 Ⓜ Barceloneta – ☎ 933 10 78 80 – www.segonsmercat.com

Rest – Tapa 7 € – Ración aprox. 18 € **5**KX**b**

♦ Dispone de una barra en cuyo expositor encontrará productos frescos, sobre todo pescados y mariscos, así como una sala separada para tomar tapas, raciones y el plato del día.

Norte Diagonal

Casa Fuster

hab,

passeig de Gràcia 132 ✉ 08008 Ⓜ Diagonal – ☎ 932 55 30 00 – www.hotelcasafuster.com **4**HV**s**

98 hab – ††189/495 €, ☕ 25 € – 7 suites

Rest *Galaxó* – Menú 90 € – Carta 46/92 €

♦ Magnífico hotel instalado en un bello edificio modernista. Ofrece un atractivo salón-café, habitaciones al más alto nivel y un bar panorámico en su terraza-azotea. En su elegante restaurante encontrará unas elaboraciones tradicionales catalanas actualizadas.

G.H. La Florida

hab,

carret. Vallvidrera al Tibidabo 83-93 ✉ 08035 – ☎ 932 59 30 00 – www.hotellaflorida.com **1**BS**c**

53 hab – ††155/400 €, ☕ 28 € – 17 suites

Rest *L'Orangerie* – Menú 80 € – Carta aprox. 60 €

♦ Se encuentra en la cima del monte Tibidabo y posee dependencias diseñadas por famosos interioristas. Elegancia, vanguardismo, confort y unos completos servicios terapéuticos. El restaurante destaca tanto por el montaje como por sus hermosas vistas a la ciudad.

Àbac

av. del Tibidabo 1 ✉ 08022 Ⓜ Av. Tibidabo – ☎ 933 19 66 00 – www.abacbarcelona.com **1**BS**c**

15 hab – ††225/540 €, ☕ 30 €

Rest *Àbac* – ver selección restaurantes

♦ Aquí encontrará unas habitaciones espectaculares, todas de estética actual, con materiales de gran calidad, tecnología domótica y hasta cromoterapia en los baños. Moderno SPA.

Hesperia Presidente

hab,

av. Diagonal 570 ✉ 08021 Ⓜ Hospital Clínic – ☎ 932 00 21 11 – www.hesperia.es **4**GV**c**

139 hab – †100/200 € ††100/400 €, ☕ 19 € – 12 suites

Rest – Menú 17/40 €

♦ Con el sello organizativo propio de la cadena. Presenta una completa zona social y elegantes habitaciones, con los suelos en moqueta, buena iluminación y unos baños modernos. El restaurante, de carácter polivalente, ofrece una carta de tinte tradicional.

Hispanos Siete Suiza hab, rest,

Sicilia 255 ✉ 08025 Ⓜ Sagrada Familia – ✆ 932 08 20 51 – www.h7s.es
20 apartamentos – 105/220 €, 5 € 5JUb
Rest ***La Cúpula*** – *✆ 932 08 20 61 (cerrado domingo noche)* Carta 33/53 €

◆ Confortable establecimiento de aire clásico dotado con apartamentos de dos dormitorios, dos aseos, salón, cocina totalmente equipada y en la mayoría de los casos terraza. El restaurante presenta dos salas, ambas de exquisito montaje clásico y buen mobiliario.

Diagonal Zero hab, rest,

pl. de Llevant ✉ 08019 Ⓜ El Maresme Fòrum – ✆ 935 07 80 00 – www.hoteldiagonalzero.com 2DSa
260 hab – 107/259 €, 18 € – 2 suites
Rest – *(cerrado domingo)* Menú 22 €

◆ Bien ubicado junto al Centro de Convenciones de Barcelona. Sus habitaciones son modernas y luminosas, todas con lo último en equipamiento tecnológico. Gran gimnasio y SPA. El restaurante basa su oferta en un menú y una escueta carta de carácter mediterráneo.

Wilson sin rest

av. Diagonal 568 ✉ 08021 Ⓜ Hospital Clínic – ✆ 932 09 25 11 – www.wilsonbcn.com 4GVc
54 hab – 90/250 €, 12 €

◆ Cuenta con una pequeña recepción, una cafetería en la 1ª planta y habitaciones de estilo moderno-funcional, destacando las que hacen esquina por ser más amplias y luminosas.

Guillermo Tell sin rest

Guillem Tell 49 ✉ 08006 Ⓜ Pl. Molina – ✆ 934 15 40 00 – www.hotelguillermotell.com 4GUk
61 hab – 60/130 € 67/150 €, 13 € – 1 suite

◆ Tras su fachada de líneas depuradas encontrará un hotel de correcta organización. Habitaciones amplias y cuidadas, con mobiliario clásico de calidad y los baños en mármol.

Aparthotel Silver sin rest

Bretón de los Herreros 26 ✉ 08012 Ⓜ Fontana – ✆ 932 18 91 00 – www.hotelsilver.com 4GUa
49 apartamentos – 80/145 €, 10 €

◆ Lo más destacado es la pulcritud y el agradable trato familiar. Ofrece habitaciones no muy amplias pero de buen equipamiento general, todas con una pequeña cocina integrada.

Aristol sin rest

Cartagena 369 ✉ 08025 Ⓜ Guinardó-Hospital Sant Pau – ✆ 934 33 51 00 – www.hotelaristol.com 2CSu
22 hab – 69/245 €, 9 €

◆ Hotel de sencilla organización dotado con un salón social polivalente y habitaciones de línea actual. Destacan las dos estancias ubicadas en la azotea, ambas con terraza.

Via Veneto

Ganduxer 10 ✉ 08021 Ⓜ Hospital Clínic – ✆ 932 00 72 44 – www.viavenetorestaurant.com – cerrado del 1 al 20 de agosto, sábado mediodía y domingo 3FVe
Rest – Menú 125 € – Carta 57/74 €

Espec. "Dim sum" de gamba roja de Palamós con su caldo "dashi" al vapor de atún y algas. Lubina salvaje a la sal con arroz negro y navajas del Delta del Ebro. "Chiboust" de frutos rojos salteados con helado de albahaca.

◆ Esta emblemática casa recrea un hermoso marco al estilo Belle Époque, con la sala distribuida en varios niveles y un impecable servicio de mesa. Ofrece una cocina de autor que sorprende por la calidad del producto y una magnífica bodega.

ESPAÑA

XXXX **Neichel** (Jean Louis Neichel)
✿ *Beltran i Rózpide 1 ✉ 08034 Ⓜ Maria Cristina – ✆ 932 03 84 08 – www.neichel.es – cerrado 7 días en enero, 21 días en agosto, domingo, lunes y festivos* **3EXz**
Rest – Menú 75/90 € – Carta 57/80 €
Espec. Crujiente de cigalas, verduritas y algas, pequeña ensalada de mezclum, vinagreta de especias y soja. Jarrete de ternera meloso, gambas y setas de verano. Mini Strudel al momento de piña y mango, helado de yogur y jengibre fresco.
◆ Elegante restaurante de ambiente clásico y organización familiar. Desde sus fogones, padre e hijo siguen apostando por una cocina de corte internacional, eso sí, cada vez más apegada a los productos de la zona. Profesionalidad y buen hacer.

XXXX **Àbac** – Hotel Àbac
✿✿ *av. del Tibidabo 1 ✉ 08022 Ⓜ Av. Tibidabo – ✆ 933 19 66 00 – www.abacbarcelona.com* **1BSc**
Rest – *(cerrado domingo y lunes)* Menú 125/150 € – Carta 84/115 €
Espec. Tartar de ostras dulces y saladas con criofiltrado de manzana verde, hinojo y salicornias. Ternera royale con concentrado destilado de Pedro Ximénez y texturas de manzana a la sidra. Hojas crocantes haciendo referencia al capuccino café, nata fresca a la vainilla y leche concentrada.
◆ ¡Una experiencia culinaria excepcional! Se encuentra en una villa de la parte alta de la ciudad, con una terraza, un bar de diseño y una sala de elegante línea clásica. Cocina creativa con texturas, sabores y presentaciones de gran nivel.

ESPAÑA

XXX **Freixa Tradició**
Sant Elíes 22 ✉ 08006 Ⓜ Plaça Molina – ✆ 932 09 75 59 – www.freixatradicio.com – cerrado Semana Santa, agosto, domingo y lunes **4GUh**
Rest – Carta 28/53 €
◆ Disfruta de una estética actual, con líneas puras de aire minimalista, detalles de diseño y un excelente servicio. Cocina tradicional 100%, predominando los platos catalanes.

XXX **Hofmann** (Mey Hofmann)
✿ *La Granada del Penedès 14-16 ✉ 08006 Ⓜ Diagonal – ✆ 932 18 71 65 – www.hofmann-bcn.com – cerrado Navidades, Semana Santa, agosto, sábado y domingo* **4HVn**
Rest – Carta 46/72 €
Espec. Bolsitas de acelgas rellenas de mascarpone, piñones y pasas con crujiente de panceta. Bacalao gratinado con muselina de ajo. Foie de pato con reducción vino de Madeira, bomba de manzana y fruta de temporada salteada.
◆ Refleja la filosofía gastronómica contemporánea, con varias salitas semiprivadas y un buen comedor principal asomado a la cocina a través de un amplio ventanal. Elaboraciones de carácter creativo e importante clientela de empresa.

XXX **Roig Robí**
Sèneca 20 ✉ 08006 Ⓜ Diagonal – ✆ 932 18 92 22 – www.roigrobi.com – cerrado 7 días en enero, 21 días en agosto, sábado mediodía y domingo
Rest – Menú 39/64 € – Carta 60/80 € **4HVc**
◆ Este negocio de línea clásica recrea un entorno muy agradable, con una sala tipo invernadero alrededor de un patio-jardín. Cocina tradicional catalana de excelente calidad.

XXX **Tram-Tram**
Major de Sarrià 121 ✉ 08017 – ✆ 932 04 85 18 – www.tram-tram.com – cerrado Navidades, Semana Santa,15 días en agosto, domingo, lunes y festivos
Rest – Menú 42/60 € – Carta 44/62 € **3EUd**
◆ Ubicado en la zona alta de la ciudad. Posee una sala de ambiente clásico dividida en dos partes, dos privados y una terraza-patio con galería acristalada. Cocina creativa.

XX **El Asador de Aranda**

av. del Tibidabo 31 ✉ 08022 – ☎ 934 17 01 15 – www.asadordearanda.com – cerrado domingo noche **1**BS**b**

Rest – Carta 33/38 €

♦ En el marco incomparable de la Casa Roviralta, edificio de estilo modernista también conocido como El Frare Blanc. Cocina típica castellana, donde el lechazo es la estrella.

XX **Alkimia** (Jordi Vilà)

✿ *Indústria 79 ✉ 08025 Ⓜ Sagrada Familia – ☎ 932 07 61 15 – www.alkimia.cat – cerrado Semana Santa, 21 días en agosto, sábado, domingo y festivos.*

Rest – Menú 65/84 € – Carta aprox. 65 € **5**JU**v**

Espec. Arroz de ñoras y azafrán con cigalas. Espaldita de lechazo churro con judia tierna y patata. Nougat de avellanas con granizado de cereza y aceituna negra.

♦ Está llevado en familia y ofrece un comedor de estética minimalista, con un buen servicio de mesa. Su cocina se presenta a través de dos menús degustación, uno de carácter innovador y el otro más tradicional, pudiendo extraer platos a la carta desde ambos.

XX **Coure**

passatge de Marimon 20 ✉ 08021 Ⓜ Hospital Clínic – ☎ 932 00 75 32 – cerrado Semana Santa, 21 días en agosto, domingo y lunes **4**GV**p**

Rest – Menú 35/50 € – Carta 30/54 €

♦ Restaurante de estética actual donde imperan los tonos claros y la decoración de inspiración minimalista. Su chef-propietario elabora una interesante carta de autor.

XX **Hisop** (Oriol Ivern)

✿ *passatge de Marimon 9 ✉ 08021 Ⓜ Hospital Clínic – ☎ 932 41 32 33 – www.hisop.com – cerrado 7 días en enero, 21 días en agosto, sábado mediodía, domingo y festivos* **4**GV**b**

Rest – Menú 25/48 € – Carta 54/60 €

Espec. Chipirones con guisantes y butifarra negra. Ternera con patatas y café. Chocolate con berenjena y sésamo.

♦ Este pequeño negocio resulta a la vez íntimo y moderno, con una parte del techo alta y la otra abovedada en ladrillo visto. En su sala descubrirá unas elaboraciones creativas de bases tradicionales, generalmente con productos bien tratados y de calidad.

XX **St. Rémy**

Iradier 12 ✉ 08017 – ☎ 934 18 75 04 – www.stremyrestaurant.com – cerrado domingo noche **3**EU**n**

Rest – Carta 30/40 €

♦ Se encuentra en un edificio a modo de palacete, con espaciosos comedores, mobiliario actual y una cuidada iluminación. Elaboran platos atentos al recetario catalán.

XX **Zure-Etxea**

Jordi Girona 10 ✉ 08034 Ⓜ Zona Universitària – ☎ 932 03 83 90 – www.zureetxea.es – cerrado 15 días en agosto, sábado y domingo noche

Rest – Menú 25 € – Carta 33/50 € **1**AT**a**

♦ Local de estética moderna llevado directamente por su chef-propietario. La sala, reducida pero de buen montaje, se complementa con un privado. Cocina de mercado y sugerencias.

XX **Comiols**

Madrazo 68-70 ✉ 08006 – ☎ 932 09 07 91 – www.comiols.es – cerrado Semana Santa,15 días en agosto, sábado mediodía y domingo **4**GU**b**

Rest – Menú 40 € – Carta 34/55 €

♦ Inicialmente puede parecer moderno y algo informal, sin embargo es un negocio llevado con gran profesionalidad. Platos tradicionales bien actualizados, ligeros y sin grasas.

XX **Le Quattro Stagioni**

Dr. Roux 37 ✉ 08017 Ⓜ Les Tres Torres – ✆ 932 05 22 79 – www.4stagioni.com – cerrado Semana Santa, domingo y lunes mediodía (julio-agosto), domingo noche y lunes resto del año **3**FV**c**

Rest – Carta 26/40 €

◆ Tiene las salas distribuidas en dos pisos, con una terraza acristalada y un patio exterior. Carácter mediterráneo, cocina italiana y una gran selección de vinos transalpinos.

XX **Silvestre**

Santaló 101 ✉ 08021 Ⓜ Muntaner – ✆ 932 41 40 31 – www.restaurantesilvestre.com – cerrado Semana Santa, 21 días en agosto, sábado mediodía, domingo y festivos **4**GV**e**

Rest – Menú 20/28 € – Carta 30/37 €

◆ La pareja propietaria ha creado un entorno clásico con varios espacios independientes, proporcionando al conjunto cierta intimidad. Cocina de mercado a precios ajustados.

X **La Venta**

pl. Dr. Andreu ✉ 08035 – ✆ 932 12 64 55 – www.restaurantelaventa.com – cerrado domingo noche **1**BS**d**

Rest – Carta 40/60 €

◆ Antiguo café de aire modernista, con terraza a la entrada y vistas panorámicas. Dentro posee otro restaurante, El Mirador de La Venta, con una carta más actual.

X **La Taula**

Sant Màrius 8-12 ✉ 08022 Ⓜ El Putxet – ✆ 934 17 28 48 – www.lataula.com – cerrado Semana Santa, agosto, sábado mediodía, domingo y festivos

Rest – Menú 30/40 € – Carta 24/37 € **3**FU**u**

◆ Pequeño, acogedor y con detalles. Un concurrido y animado ambiente define esta casa, donde se trabaja básicamente sobre dos tipos de menús y una serie de recomendaciones.

X **Vivanda**

Major de Sarrià 134 ✉ 08017 Ⓜ Sarrià – ✆ 932 03 19 18 – cerrado domingo noche y lunes **3**EU**a**

Rest – Carta 22/35 €

◆ Se presenta con una sala de montaje moderno, joven e informal, combinando mesas clásicas con mesas altas de taburete. Elaboraciones actuales y algunos "platillos" de guisos.

X **Caldeni**

València 452 ✉ 08013 Ⓜ Sagrada Familia – ✆ 932 32 58 11 – www.caldeni.com – cerrado 7 días en enero, 21 días en agosto, domingo y lunes **5**JU**h**

Rest – Menú 21/56 € – Carta 32/53 €

◆ Establecimiento reducido pero de impecable mantenimiento. Ofrece una carta especializada en carnes, sobre todo de buey, así como tapitas y degustaciones de carácter creativo.

X **Libentia**

Còrsega 537 ✉ 08025 Ⓜ Sagrada Familia – ✆ 934 35 80 48 – cerrado 21 dias en agosto, sábado y domingo **5**JU**k**

Rest – Menú 15/38 € – Carta 30/45 €

◆ Este restaurante disfruta de un ambiente joven y una estética actual, con la sala desnuda de cualquier decoración. Centra su trabajo en un menú diario y dos menús degustación.

ESPAÑA

¿Buenas direcciones a precios moderados? Siga los Bibs: Bib Gourmand rojo para restaurantes y Bib Hotel azul para hoteles.

L'Encís
Provença 379 ✉ 08025 Ⓜ Sagrada Familia – ✆ 934 57 68 74 – www.lencis.es – cerrado Semana Santa, 21 dias en agosto y domingo **5**JU**e**
Rest – *(solo almuerzo)* Carta 30/40 €
◆ Pequeño negocio de carácter familiar dotado con un sencillo servicio de mesa y una decoración de estilo moderno. La mayoría de sus platos proceden del recetario catalán.

Mandarina
Caravel.la "La Niña" ✉ 08017 – ✆ 932 05 60 04 – www.mandarinarestaurant.com – cerrado del 1 al 8 de enero, del 1 al 27 de agosto, sábado y domingo **3**FV**a**
Rest – *(solo almuerzo)* Carta aprox. 35 €
◆ Ofrece un aire fresco y juvenil, dejando en el cliente la sensación de comer sano y ligero. Se distribuye en dos plantas, con la cocina semivista y una tienda "delicatessen".

Casa Pepe
pl. de la Bonanova 4 ✉ 08022 – ✆ 934 18 00 87 – www.casapepe.es – cerrado 21 días en agosto y lunes salvo festivos **3**FU**n**
Rest – Tapa 9 € – Ración aprox. 30 €
◆ Casa de organización familiar bastante curiosa, ya que en ella se combina el servicio de comidas con una tienda gourmet. También preparan platos al momento para llevar.

Casa Pepe
Balmes 377 ✉ 08022 Ⓜ El Putxet – ✆ 934 17 11 76 – www.casapepe.es – cerrado 7 días en agosto y lunes salvo festivos **3**FU**e**
Rest – Tapa 9 € – Ración aprox. 30 €
◆ Este atípico bar de tapas es, más bien, una tienda "delicatessen" de organización familiar, muy profesional y con horario continuado de cocina. Tienen platos para llevar.

ESPAÑA

Alrededores

en Santa Coloma de Gramenet :

Ca n'Armengol
Prat de La Riba 1 ✉ 08921 Santa Coloma de Gramenet Ⓜ Santa Coloma – ✆ 933 91 68 55 – www.canarmengol.net – cerrado Semana Santa, del 1 al 15 de agosto, domingo noche, lunes y martes noche **2**DS**a**
Rest – Carta 34/49 €
◆ Establecimiento familiar de reconocido prestigio en la zona, con un bar para el menú, dos salas a la carta y un privado. Cocina tradicional actualizada y una buena bodega.

Lluerna
Rafael Casanovas 31 ✉ 08921 Santa Coloma de Gramenet Ⓜ Santa Coloma – ✆ 933 91 08 20 – www.lluernarestaurant.com – cerrado Semana Santa, del 6 al 26 de agosto, domingo y lunes **2**DS**n**
Rest – Menú 30/46 € – Carta 32/60 €
◆ Llevado por el matrimonio propietario. Ofrece un pequeño comedor de aire minimalista donde podrá degustar una carta tradicional de tintes creativos y dos menús degustación.

en L'Hospitalet de Llobregat :

Hesperia Tower hab,
Gran Via 144 ✉ 08907 L'Hospitalet de Llobregat Ⓜ Hospital de Bellvitge – ✆ 934 13 50 00 – www.hesperia-tower.com **1**BT**a**
248 hab – 109/499 €, 24 € – 32 suites
Rest *Evo* – ver selección restaurantes
Rest *Bouquet* – *(cerrado agosto) (solo cena)* Carta 36/50 €
◆ Instalado en una torre diseñada por el prestigioso arquitecto Richard Rogers. Posee una gran zona social, un centro de convenciones y habitaciones de línea actual. En el restaurante de la 1ª planta elaboran una cocina tradicional con productos de temporada.

XXXX **Evo** - Hotel Hesperia Tower

Gran Via 144 ✉ 08907 L'Hospitalet de Llobregat Ⓜ Hospital de Bellvitge – ☎ 934 13 50 30 – www.evorestaurante.com – cerrado agosto, domingo y festivos 1BT**a**

Rest – *(solo cena del 15 junio al 15 septiembre)* Menú 75/146 € – Carta 80/150 €

Espec. Terrina de cerdo ibérico con mostaza de cebollino y cebollitas encurtidas. San Pedro a la brasa con salsa de rostit. Texturas de chocolate, mousse de caramelia, cremoso de abinao y helado de ivoire.

♦ Se encuentra a 105 m. de altura, en lo alto de una torre diseñada por el genial arquitecto Richard Rogers, con un moderno comedor panorámico ubicado bajo una cúpula acristalada, buenos detalles de diseño y unas magníficas vistas. Cocina innovadora y de autor.

X **El Racó del Cargol**

Dr. Martí Julià 54 ✉ 08903 L'Hospitalet de Llobregat Ⓜ Collblanc – ☎ 934 49 77 18 – www.rocxi.es – cerrado Navidades, 21 días en agosto, domingo y lunes noche **3**EY**c**

Rest – Menú 20/26 € – Carta 26/35 €

♦ Cuenta con una barra de apoyo, un comedor principal de ambiente clásico y dos salas más secundarias en el piso superior. Cocina tradicional catalana y sugerencias diarias.

en Sant Joan Despí :

XXX **Follia**

Creu de Muntaner 17, por carrer Major ✉ 08970 Sant Joan Despí – ☎ 934 77 10 50 – www.follia.com – cerrado Semana Santa, 3 semanas en agosto y domingo 1AT

Rest – Carta 41/53 €

♦ Casa en piedra dotada con modernos detalles en hierro. Posee un hall de diseño, una atractiva bodega y dos salas, la principal acristalada hacia un jardín. Cocina creativa.

en Sant Just Desvern :

Hesperia Sant Just

Frederic Mompou 1 ✉ 08960 Sant Just Desvern – ☎ 934 73 25 17 – www.hesperia-santjust.com 1AT**a**

138 hab – ††59/219 €, ☕ 12 € – 12 suites

Rest – *(cerrado agosto, viernes noche, sábado y domingo noche)* Menú 30 €

♦ Ubicado en una zona de oficinas. Presenta un amplio hall-recepción, varios salones de conferencias y habitaciones funcionales de completo equipamiento. Buena zona deportiva. El restaurante propone una carta tradicional especializada en asados y parrilladas.

en Esplugues de Llobregat :

Abba Garden

Santa Rosa 33 ✉ 08950 Esplugues de Llobregat – ☎ 935 03 54 54 – www.abbahoteles.com 1AT**w**

138 hab – †65/320 € ††75/330 €, ☕ 16 €

Rest – *(cerrado julio, agosto y noches de viernes, sábado, domingo y festivos)* Menú 26 €

♦ Se encuentra en una tranquila zona hospitalaria rodeada de jardines. Sus habitaciones son amplias y funcionales, unas con vistas a Barcelona y otras con terraza a la piscina. El comedor, luminoso y actual, cubre sus paredes con grandes paneles de madera.

Si está buscando un alojamiento particularmente agradable para una estancia con encanto, reserve en un establecimiento clasificado en rojo: ⌂, ⌂... ⌂.

BARCENILLA – **Cantabria** – **572** B18 – **349 h.** 8 B1

Madrid 414 – Santander 21 – Bilbao 116

Los Nogales sin rest

barrio La Portilla 7 ✉ 39477 – ✆ 942 58 92 22 – www.posadalosnogales.com – cerrado 22 diciembre-3 enero

8 hab – 60/105 € 70/140 €, 9 € – 3 suites

◆ Posada de cuidado exterior al estilo cántabro tradicional, que contrasta con la decoración interior, de estética contemporánea. Las habitaciones combinan diseño y calidad.

El BARCO DE ÁVILA – **Ávila** – **575** K13 – **2 771 h.** – **alt. 1 009 m** 11 B3

Madrid 193 – Ávila 81 – Béjar 30 – Plasencia 70

Real de Barco hab,

carret. N 110 - km 337 ✉ 05600 – ✆ 920 34 08 44 – www.hotelrealdebarco.com

95 hab – 60/100 €, 10 € **Rest** – Menú 14 €

◆ Destaca por sus agradables zonas nobles, formadas por un salón con chimenea y un bar exclusivo para los clientes alojados. Habitaciones de línea clásica-actual y buen confort. El restaurante, de montaje actual, combina el buffet con una carta tradicional.

Bellavista

carret. de Ávila 15 ✉ 05600 – ✆ 920 34 07 53 – www.bellavista-hotel.es

27 hab – 74 € 93 € **Rest** – *(cerrado domingo noche)* Menú 12 €

◆ Hotel de línea clásico-actual situado a la entrada de esta localidad. Organización familiar con buena zona social y habitaciones funcionales de cuidado mobiliario. Acogedor restaurante con mucha luz natural y un espacioso salón para banquetes.

en la carretera de los Llanos de Tormes **Sur : 2 km**

Puerta de Gredos hab,

✉ 05600 El Barco de Ávila – ✆ 920 34 51 71 – www.izanhoteles.es

46 hab – 60/139 €, 13 € – 4 suites **Rest** – Menú 18 € – Carta 26/42 €

◆ Lo forman cuatro edificios en pleno campo, siendo el principal una antigua casa del s. XVIII que funcionaba como lavadero de lana. Sus habitaciones gozan de una línea moderna. Restaurante de buen montaje donde se ofrece una carta tradicional actualizada.

BARIZO – **A Coruña** – **ver Malpica de Bergantiños**

BARRANDA – **Murcia** – **577** R24 – **864 h.** 23 A2

Madrid 404 – Murcia 89 – Albacete 153 – Almería 200

El Zorro sin rest

Paraje La Loma - Norte 1 km ✉ 30412 – ✆ 968 43 31 40 – www.hotelzorro.com

9 hab – 29 € 52 € – 3 apartamentos

◆ Ubicado a las afueras del pueblo. Ofrece habitaciones algo básicas, con baños de plato ducha, aunque también dispone de unos sencillos apartamentos. Completa oferta de ocio.

Los BARRIOS – **Cádiz** – **578** X13 – **22 587 h.** – **alt. 23 m** 1 B3

Madrid 666 – Algeciras 10 – Cádiz 127 – Gibraltar 28

junto a la autovía A 7 **Este : 6,5 km**

Guadacorte Park hab,

salida 113 b ✉ 11370 Los Barrios – ✆ 956 67 75 00 – www.hotelguadacortepark.com

109 hab – 60/80 € 60/100 €, 10 € – 7 suites **Rest** – Menú 25 €

◆ Cercano a un centro comercial y rodeado de espacios verdes. Posee un elegante hall y habitaciones de ambiente clásico-actual, algunas de ellas con terraza directa al jardín. Su luminoso restaurante se complementa con una preciosa terraza asomada a la piscina.

BARRO – **Asturias** – **ver Llanes**

ESPAÑA

BAZA – Granada – **578** T21 – **21 982 h.** – **alt. 872 m** **2** D2

Madrid 425 – Granada 105 – Murcia 178

Colegiata de Santa María de la Encarnación★ – Baños árabes★

por la carretera de Murcia **Noreste : 3,5 km y desvío a la derecha 4 km**

Cuevas Al Jatib hab,

Arroyo Cúrcal ✉ 18800 Baza – ✆ 958 34 22 48 – www.aljatib.com

6 apartamentos – 84/110 € – 4 hab

Rest – *(sólo fines de semana y verano)* (es necesario reservar) Menú 18 € – Carta 19/27 €

◆ En un paraje aislado. Estas encantadoras casas-cueva, típicas de la arquitectura popular, se presentan con unos relajantes baños árabes y acogedoras habitaciones. En su coqueto comedor podrá degustar platos propios de la gastronomía árabe, francesa y local.

BECEITE – Teruel – **574** J30 – **608 h.** **4** C3

Madrid 471 – Zaragoza 157 – Teruel 195 – Tarragona 134

La Fábrica de Solfa

Arrabal del Puente 16 ✉ 44588 – ✆ 978 85 07 56 – www.fabricadesolfa.com – cerrado del 21 al 26 de diciembre

8 hab – 60/70 € 80/90 €

Rest – *(cerrado domingo noche y lunes mediodía)* Menú 27 € – Carta aprox. 22 €

◆ Hotel rural de sencilla organización familiar. Ocupa un molino papelero de finales del s. XVIII, donde encontrará un buen salón social y cálidas habitaciones de aire rústico. En su coqueto restaurante elaboran una carta de tinte tradicional y un buen menú.

BECERRIL DE LA SIERRA – Madrid – **576** – **575** J18 – **5 159 h.** – **alt. 1 080 m** **22** A2

Madrid 54 – Segovia 63

El Zaguán

Peña Lisa 2 ✉ 28490 – ✆ 918 55 60 64 – cerrado del 15 al 30 de noviembre, del 15 al 30 de junio, lunes y martes salvo festivos

Rest – Carta 36/50 €

◆ Sorprende por su emplazamiento en un viejo pajar de aire rústico, donde encontrará una carta tradicional enriquecida con algunos platos catalanes y creativas sugerencias.

BEGUR – Girona – **574** G39 – **4 209 h.** **15** B1

Madrid 739 – Girona/Gerona 45 – Palamós 17

av. Onze de Setembre 5, ✆ 972 62 45 20, www.visitbegur.com

Localidad★

El Convent

Racò 2, (Sa Riera), Sureste : 1,5 km ✉ 17255 – ✆ 972 62 30 91 – www.conventbegur.com – cerrado enero y febrero

24 hab – 94/157 € 115/278 € **Rest** – Menú 35 € – Carta 30/51 €

◆ Instalado en un convento del s. XVIII que perteneció a la Orden de los Padres Mínimos. Encontrará unas habitaciones sobrias pero confortables, con los techos abovedados. El antiguo refectorio hoy da cobijo al comedor, apoyado durante el verano por una terraza.

 **Rosa**

Pi i Ralló 19 ✉ 17255 – ✆ 972 62 30 15 – www.hotel-rosa.com – marzo-octubre

21 hab – 48/77 € 68/99 €

Rest ***Fonda Caner*** – ver selección restaurantes

◆ Está en pleno casco antiguo, ocupando dos casas que se comunican por un patio y ofrecen buenas vistas desde sus azoteas. Habitaciones con mobiliario moderno y baños actuales.

Aiguaclara

Sant Miquel 2 ✉ 17255 – ☎ 619 25 36 92 – www.aiguaclara.com – cerrado 10 diciembre-10 febrero

10 hab – 56/112 € 75/144 €

Rest – *(cerrado martes en invierno, domingo y lunes) (solo cena)* Carta 29/36 €

◆ Ocupa una casa de indiano que data de 1866, con un pequeño salón social, un patio y coquetas habitaciones, todas personalizadas. El restaurante, repartido en dos zonas y con una carta tradicional, tiene un espacio "chill out" para picar y un sencillo comedor.

Rostei

Concepció Pi 8 ✉ 17255 – ☎ 972 62 27 04 – www.restaurantrostei.com – junio-septiembre (solo cena) y fines de semana resto del año

Rest – *(cerrado diciembre-15 enero y lunes)* Carta 22/50 €

◆ Se encuentra en una pequeña casa con el techo del comedor abovedado. Lo más destacado es la agradable terraza cubierta por una parra centenaria. Precios bastante asequibles.

Fonda Caner – Hotel Rosa

Pi i Ralló 10 ✉ 17255 – ☎ 972 62 23 91 – www.fondacaner.com – marzo-octubre

Rest – *(solo cena salvo Semana Santa, agosto y fines de semana)* Carta 26/42 €

◆ Restaurante de funcionamiento independiente aunque centrado en dar servicio a los clientes del hotel. Su carta regional, bastante completa, se ve enriquecida con varios menús.

en la playa de Sa Riera Norte : 2 km

Sa Riera

✉ 17255 Begur – ☎ 972 62 30 00 – www.sariera.com – mayo-septiembre

47 hab – 48/67 € 86/140 €

Rest – *(solo cena menú) (solo clientes)* Menú 11 €

◆ ¡Emplazado en una pequeña y tranquila playa! Encontrará una correcta zona social y la mayor parte de las habitaciones renovadas, con una línea clásica-actual y su propia terraza en la mayoría de los casos. El comedor, bastante sencillo, centra casi todo su trabajo en ofrecer el servicio de media pensión.

en Aiguablava Sureste : 3,5 km

Aigua Blava

platja de Fornells ✉ 17255 – ☎ 972 62 45 62 – www.aiguablava.com – marzo-octubre

84 hab – 124/184 € 162/245 € – 1 suite **Rest** – Menú 40 €

◆ Destaca por su privilegiado emplazamiento sobre una cala rodeada de zonas verdes. Ofrece habitaciones de distintos estilos, la mayoría renovadas, con terraza y vistas al mar. El restaurante, enfocado al cliente vacacional, elabora una carta tradicional.

Parador de Aiguablava

hab,

platja d'Aigua Blava ✉ 17255 – ☎ 972 62 21 62 – www.parador.es

78 hab – 130/152 € 160/185 €, 18 € **Rest** – Menú 33 €

◆ Construido en lo alto de una cala, donde su blanca arquitectura se perfila contra al azul del mar y el verde de los pinos. ¡Todas sus habitaciones se asoman al Mediterráneo! El comedor combina sus hermosas vistas con una cocina fiel al recetario catalán.

por la carretera GIP 6531 Sur : 4 km y desvío a la izquierda 1 km

Mas Ses Vinyes

✉ 17255 Begur – ☎ 972 30 15 70 – www.massesvinyes.com – 15 abril-15 octubre y fines de semana resto del año

25 hab – 80/185 € 100/210 €

Rest – *(cerrado domingo y lunes en verano)* Menú 25 €

◆ Se distribuye entre una bonita masía restaurada y cuatro anexos que rodean la piscina panorámica. Pequeño SPA, habitaciones clásicas y otras de línea más actual. El restaurante tiene un uso polivalente, ya que ofrece los desayunos y una carta mediterránea.

ESPAÑA

BÉJAR – Salamanca – 575 K12 – 14 785 h. – alt. 938 m – Deportes de invierno en La Covatilla : 4 — 11 A3

Madrid 211 – Ávila 105 – Plasencia 63 – Salamanca 72

carret. de Salamanca, ✆ 923 40 30 05, www.aytobejar.com

Hospedería Real de Béjar

pl. de la Piedad 34 ✉ 37700 – ✆ 923 40 84 94 – www.hospederiarealdebejar.com

7 hab – 🚹55/75 € 🚹🚹70/100 € – 7 suites

Rest – Menú 10/48 € – Carta 26/47 €

◆ ¡Ideal tanto para visitar Bejar como para practicar el esquí en "La Covatilla"! Tras su magnífica fachada en granito encontrará un hotel de elegantes habitaciones, todas de línea clásica y la mitad con salón. El restaurante completa su carta de cocina tradicional con tres menús: diario, tradicional y exótico.

La Plata

Recreo 93 ✉ 37700 – ✆ 923 40 02 82 – www.restaurantelaplata.com – cerrado 2ª quincena de enero

Rest – Carta 25/40 €

◆ Restaurante de aire rústico llevado, con cariño y dedicación, entre hermanos. Posee un bar tipo mesón y dos salas, ambas con profusión de madera. Completa carta tradicional especializada en productos ibéricos y carnes de ternera Morucha.

BELATE (Puerto de) (VELATE) – Navarra – 573 C25 – alt. 847 m — 24 B2

Madrid 432 – Bayonne 85 – Iruña/Pamplona 33 – Donostia-San Sebastián 72

en la carretera NA 1210 Sur : 2 km

Venta de Ulzama

✉ 31797 Arraitz – ✆ 948 30 51 38 – www.ventadeulzama.com – cerrado enero

14 hab – 🚹55/60 € 🚹🚹65/75 €, 10 €

Rest ***Venta de Ulzama*** – ver selección restaurantes

◆ Esta venta se encuentra en un puerto de montaña y depende de la misma familia desde hace más de 100 años. Salón social con chimenea y habitaciones de estilo clásico-actual.

Venta de Ulzama – Hotel Venta de Ulzama

✉ 31797 Arraitz – ✆ 948 30 51 38 – www.ventadeulzama.com – cerrado enero

Rest – *(cerrado lunes)* Menú 17/32 € – Carta 26/49 €

◆ El comedor, muy luminoso, se reparte en dos salas de montaje clásico-regional, con varios cuadros costumbristas decorando sus paredes. Cocina tradicional y platos regionales.

BELLCAIRE D'EMPORDÀ – Girona – 574 F39 – 673 h. – alt. 35 m — 14 D2

Madrid 723 – Barcelona 131 – Girona/Gerona 33 – Perpignan 88

L'Horta

Major 41 ✉ 17141 – ✆ 972 78 85 91 – www.hortabellcaire.com – cerrado noviembre, domingo noche y lunes

Rest – Menú 15/36 € – Carta 30/61 €

◆ Este negocio tiene un aire rústico, techos altos y un correcto montaje, con dos grandes arcos en ladrillo y chimenea. Elabora una carta de base regional con toques actuales.

BELLVER DE CERDANYA – Lleida – 574 E35 – 2 260 h. – alt. 1 061 m — 14 C1

Madrid 634 – Lleida/Lérida 165 – La Seu d'Urgell/Seo de Urgel 32

pl. de Sant Roc 9, ✆ 973 51 02 29

Localidad★

Parque Natural Cadí-Moixeró★

Bellavista

carret. de Puigcerdà 43 ✉ 25720 – ✆ 973 51 00 00 – www.bellavistabellver.com – cerrado 5 noviembre-4 diciembre

50 hab – 🚹42 € 🚹🚹63 €

Rest – *(cerrado domingo noche en invierno)* Menú 15 €

♦ Sencillo negocio llevado en familia. Cuenta con unas habitaciones muy funcionales, un salón polivalente en un anexo integrado e instalaciones deportivas en otro edificio. En su amplio restaurante de aire rústico podrá degustar una cocina de carácter regional.

Cal Rei de Talló

hab, VISA

barrio Talló, Suroeste : 1 km ✉ 25720 – ✆ 973 51 10 96 – www.hotelcalrei.cat – cerrado mayo y noviembre

12 hab – 🚹52/99 € 🚹🚹70/134 € **Rest** – Menú 18 € – Carta aprox. 25 €

♦ Pequeño establecimiento de modesta organización, instalado en una antigua casa rehabilitada, con habitaciones de estilo rústico en piedra y madera, algunas tipo dúplex.

BELMONTE – Cuenca – 576 N21 – 2 234 h. – alt. 720 m

10 C2

Madrid 157 – Albacete 107 – Ciudad Real 142 – Cuenca 101

Antigua Colegiata★ (Sillería★) - Castillo★ (artesonados★)

Villaescusa de Haro (Iglesia parroquial : capilla de la Asunción★) Noreste : 6 km

Palacio Buenavista Hospedería

hab, rest,

José Antonio González 2 ✉ 16640 – ✆ 967 18 75 80 – www.palaciobuenavista.es

VISA

32 hab – 🚹40/50 € 🚹🚹70/80 € – 4 suites **Rest** – Menú 22 €

♦ Instalado en un palacio del s. XVI que aún conserva sus artesonados y rejerías. Encontrará una agradable zona noble en el patio castellano y unas correctas habitaciones. En su acogedor comedor podrá degustar una carta de cocina tradicional castellano-manchega.

BELVIS – Ciudad Real – ver Villanueva de San Carlos

BEMBRIVE – Pontevedra – ver Vigo

BENADALID – Málaga – 578 W14 – 265 h. – alt. 690 m

1 A3

Madrid 574 – Sevilla 146 – Málaga 135 – Gibraltar 70

Los Labraos

VISA

carret. Ronda-Algeciras - km 23,3 ✉ 29493 – ✆ 952 11 70 58 – cerrado del 4 al 18 de junio y lunes

Rest – Carta 18/30 €

♦ Restaurante de ambiente rústico decorado con algunos aperos de labranza. Posee un bar y dos salas, la principal con chimenea, donde le ofrecerán una cocina de tinte regional.

BENAHAVÍS – Málaga – 578 W14 – 4 932 h. – alt. 185 m

1 A3

Madrid 610 – Algeciras 78 – Málaga 79 – Marbella 17

G.H. Benahavís

hab, rest,

Huerta de Rufino ✉ 29679 – ✆ 902 50 48 62 – www.granhotelbenahavis.com

VISA AE

85 hab – 🚹59/159 € 🚹🚹69/199 € – 10 suites **Rest** – Menú 20/28 €

♦ Hotel de estilo colonial dotado con amplias dependencias y jardines. Presenta un suntuoso hall-salón con piano-bar, un buen SPA y confortables habitaciones de línea clásica. El restaurante destaca por su terraza, pues esta da a un hermoso patio con naranjos.

Amanhavis hab,
del Pilar 3 ✉ 29679 – ☎ 952 85 60 26 – www.amanhavis.com – cerrado 8 enero-12 febrero
9 hab – 99/139 €, 11 €
Rest – *(solo cena salvo domingos en invierno)* Menú 35 € – Carta aprox. 36 €
◆ Casa restaurada en la que se cuida la decoración hasta el último detalle. Ofrece habitaciones temáticas y un patio central ajardinado de gran tranquilidad. En el restaurante, que se monta alrededor de la piscina, ofrecen una carta-menú que cambian a diario.

Los Abanicos
Málaga 6 ✉ 29679 – ☎ 952 85 50 22 – cerrado 28 noviembre-20 diciembre y martes
Rest – Menú 30 € – Carta 35/45 €
◆ Restaurante de larga tradición familiar ubicado en el centro de la población. Ofrece una terraza, un bar de espera y dos salas, con una decoración rústica bastante cuidada.

BENALAURÍA – Málaga – 578 W14 – 506 h. – alt. 667 m 1 A3

Madrid 594 – Málaga 137 – Algeciras 81 – Marbella 82

La Molienda
Moraleda 59 ✉ 29491 – ☎ 952 15 25 48 – www.molienda.com – cerrado julio y lunes
Rest – *(solo almuerzo salvo viernes, sábado y verano)* Carta aprox. 25 €
◆ Negocio ubicado en una antigua almazara. Presenta un patio, un bar a la entrada y dos salas de colorista ambiente rústico, una de ellas decorada con la piedra de la molienda.

BENALMÁDENA – Málaga – 578 W16 – 25 747 h. 1 B3

Madrid 549 – Sevilla 237 – Málaga 22

La Fonda sin rest
Santo Domingo de Guzmán 7 ✉ 29639 – ☎ 952 56 90 47 – www.lafondabenalmadena.es
28 hab – 80/125 € 90/130 €
◆ ¡Instalado en una céntrica casa diseñada por Cesar Manrique! Presenta un bello patio típico y tres tipos de habitaciones, unas con detalles andaluces, otras árabes y por último las que llaman griegas, que combinan los colores blanco y azul.

BENALÚA DE GUADIX – Granada – 578 T20 – 3 368 h. – alt. 903 m 2 C2

Madrid 443 – Sevilla 317 – Granada 71 – Jaén 115

Cuevas La Granja
camino de la Granja, Norte : 0,5 km ✉ 18510 – ☎ 958 67 60 00 – www.cuevas.org
19 hab – 70/75 € 75/80 €, 5 € – 2 suites – 11 apartamentos
Rest – *(cerrado lunes)* Carta 24/45 €
◆ Está a las afueras del pueblo, pues se trata de las típicas cuevas de la zona transformadas en apartamentos, unos de aire antiguo y otros más rústicos. El restaurante, que también tiene el comedor montado en una gruta, ofrece una carta tradicional andaluza.

BENALUP-CASAS VIEJAS – Cádiz – 578 W12 – 7 183 h. 1 B3

Madrid 682 – Sevilla 154 – Cádiz 92 – Gibraltar 62

Fairplay Golf H. hab, rest,
La Torre ✉ 11190 – ☎ 956 42 91 00 – www.fairplaygolfhotel.com
58 suites – 230/305 € – 24 hab
Rest *La Table* – *(solo cena)* Menú 65 €
Rest *Asia* – *(solo cena)* Menú 65 €
◆ Un hotel de lujo cuyos precios engloban todos sus servicios. Posee campo de golf, SPA, espacios de estética colonial-actual, magníficas habitaciones y hermosas villas. Entre sus restaurantes destaca La Table, tanto por su nivel gastronómico como por sus vinos.

ESPAÑA

Utopía 🏊 ♿ hab, AC 🚭 rest, 📞 🚗 VISA MC AE ⓓ

Dr. Rafael Bernal 32 ✉ 11190 – ✆ 956 41 95 32 – www.hotelutopia.net

16 hab ☕ – **†**75/139 € **††**97/249 € **Rest** – Menú 39 €

♦ Singular y original, ya que todas sus habitaciones están personalizadas siguiendo una temática diferente y cuenta con un pequeño museo dedicado a los años 30. El restaurante es como un café-teatro, por eso durante las cenas de los fines de semana suele amenizar las veladas con música en vivo.

BENAOJÁN – **Málaga** – **578** V14 – **1 602 h.** – **alt. 565 m** **1** A3

■ Madrid 567 – Algeciras 95 – Cádiz 138 – Marbella 81

por la carretera de Ronda :

Molino del Santo 🌿 🏊 AC 🚭 rest, 📶 🏢 P VISA MC ⓓ

barriada Estación, Suroeste : 2 km ✉ 29370 Benaoján – ✆ 952 16 71 51 – www.molinodelsanto.com – 15 febrero-15 diciembre

18 hab ☕ – **†**55/117 € **††**85/155 € **Rest** – Carta 20/44 €

♦ Atractivo hotel de estilo regional ubicado en el nacimiento de un río, en un antiguo molino de aceite. Ofrece habitaciones amplias y bien decoradas, con mobiliario provenzal. El comedor, también de ambiente rústico, se complementa con una agradable terraza.

BENASQUE – **Huesca** – **574** E31 – **2 219 h.** – **alt. 1 138 m** – **Deportes de invierno en Cerler : ⛷19** – **Balneario** **4** D1

■ Madrid 538 – Huesca 148 – Lleida/Lérida 148

ℹ San Sebastián 5, ✆ 974 55 12 89

◎ Sur : Valle de Benasque★ – Congosto de Ventamillo★★ Sur : 16 km

Ciria 🛗 ♿ hab, AC 🚭 📶 P 🚗 VISA MC

av. de Los Tilos ✉ 22440 – ✆ 974 55 16 12 – www.hotelciria.com – cerrado 15 días en primavera y 15 días en otoño

36 hab ☕ – **†**77/107 € **††**95/127 € – 2 suites

Rest *El Fogaril* – Menú 23 € – Carta 32/50 €

♦ Ofrece un atractivo salón circular con chimenea central y dos tipos de habitaciones, las nuevas de línea moderna y las otras más rústicas, tipo dúplex y de aire montañés. El restaurante está definido por su decoración, con profusión de piedra y madera.

Aragüells sin rest, con cafetería 🚭 📶 🚗 VISA MC

av. de Los Tilos 1 ✉ 22440 – ✆ 974 55 16 19 – www.hotelaraguells.com – cerrado noviembre y mayo

19 hab ☕ – **†**32/55 € **††**47/90 €

♦ Pequeño hotel que destaca por su exterior de carácter montañés. Las habitaciones, algo reducidas, presentan un mobiliario funcional y la viguería a la vista en la 3ª planta.

por la carretera de Francia Noreste : 13 km

Hospital de Benasque 🌿 🛗 ♿ hab, 🚭 📶 🏢 P VISA MC

Camino Real de Francia ✉ 22440 Benasque – ✆ 974 55 20 12 – www.llanosdelhospital.com

57 hab ☕ – **†**45/90 € **††**60/140 € **Rest** – Menú 24 €

♦ Es uno de los hoteles emplazados a mayor altura de España y se encuentra en plena naturaleza. Acogedora zona social, varios tipos de habitaciones y un pequeño SPA. En su restaurante, que disfruta de mucha luz natural, elaboran una cocina de sabor tradicional.

BENAVENTE – **Zamora** – **575** F12 – **19 100 h.** – **alt. 724 m** **11** B2

■ Madrid 259 – León 71 – Ourense 242 – Palencia 108

ℹ pl. Mayor 1, ✆ 980 63 42 11

Parador de Benavente
paseos de la Mota ✉ 49600 – ☎ 980 63 03 00 – www.parador.es
38 hab – †110/138 € ††137/173 €, ☕ 16 € **Rest** – Menú 32 €
♦ Castillo-palacio renacentista en el que le cautivará su sobrio espíritu medieval. Habitaciones castellanas y un magnífico salón, con artesonado mudéjar en la torre. Diáfano comedor con arcada en ladrillo visto y chimenea en piedra.

Santiago sin rest
av. Maragatos 34 ✉ 49600 – ☎ 902 10 10 21 – www.grupohlt.com
29 hab – †48/63 € ††74 €, ☕ 7 €
♦ Cuenta con un diáfano hall y destaca por el buen equipamiento de sus habitaciones, todas ellas personalizadas en la decoración y con bañera de hidromasaje.

Villa de Benavente
av. de las Américas - C.T. Benavente ✉ 49600 – ☎ 980 63 50 94 – www.hotelvilladebenavente.com
50 hab – †45/64 € ††60/102 €, ☕ 8 €
Rest – *(cerrado domingo)* Menú 18 € – Carta 35/50 €
♦ Se encuentra en el Centro de Transportes de Benavente y se le podría definir como un hotel actual, funcional y confortable. Posee habitaciones amplias y bien equipadas. En su restaurante se combina la cocina internacional con la tradicional.

Mesón del Abuelo
av. del Ferial 126 ✉ 49600 – ☎ 980 63 44 14 – www.grupohlt.com
Rest – Carta aprox. 35 €
♦ Un buen ejemplo de evolución, pues ahora su zona de tapas de ambiente rústico da paso a un comedor totalmente reformado, mucho más actual y de inspiración minimalista. Cocina tradicional y especialidades de temporada.

ESPAÑA

al Sureste : 2 km

Arenas
salida 259 autovía A 6 ✉ 49600 Benavente – ☎ 980 63 03 34
37 hab – †42 € ††55 €, ☕ 3 €
Rest – *(cerrado sábado en invierno)* Menú 12 €
♦ Ubicado junto a una gasolinera, ofrece habitaciones confortables con mobiliario clásico-castellano y baños actuales. Zona social demasiado integrada en el bar. El comedor, muy enfocado al menú, se viste con una curiosa colección de relojes de pared.

por la carretera de León Noreste : 2,5 km y desvío a la derecha 0,5 km

El Ermitaño
✉ 49600 Benavente – ☎ 980 63 67 95 – www.elermitano.com – cerrado 24 diciembre-17 enero, domingo noche y lunes salvo festivos
Rest – Menú 31/70 € – Carta aprox. 38 €
♦ Elegante casa de campo dotada con unos recios muros en piedra, varias salas de ambiente rústico-regional y unos cuidados exteriores. Cocina tradicional con detalles actuales.

BENDINAT – Balears – ver Balears (Mallorca)

BENICARLÓ – **Castellón** – **577** K31 – **26 616 h.** – **alt. 27 m** – **Playa** **16** B1
Madrid 492 – Castelló de la Plana/Castellón de la Plana 69 – Tarragona 116 – Tortosa 55
pl. de la Constitución, ☎ 964 47 31 80

Parador de Benicarló
av. del Papa Luna 5 ✉ 12580 – ☎ 964 47 01 00 – www.parador.es
104 hab – †106/133 € ††132/166 €, ☕ 16 € **Rest** – Menú 32 €
♦ Destaca por la amplitud de sus instalaciones, tanto exteriores como interiores, y su extensa zona ajardinada. Pida las habitaciones con terraza orientadas al mar. Su luminoso restaurante propone una carta de corte regional y un buffet en temporada alta.

XX **El Cortijo Hnos. Rico**

av. Méndez Núñez 85 ✉ 12580 – ☎ 964 47 00 75 – www.elcortijobenicarlo.com – cerrado domingo noche y lunes noche

Rest – Carta 35/59 €

◆ Casa familiar que sorprende por su terraza arbolada y sus enormes salones de banquetes. Completa carta de cocina tradicional donde predominan los arroces, pescados y mariscos.

XX **Chuanet**

av. Papa Luna ✉ 12580 – ☎ 964 47 17 72 – www.rincondechuanet.com – cerrado 15 días en noviembre, domingo noche y lunes salvo agosto y festivos

Rest – Carta 37/44 €

◆ Chalet de línea moderna emplazado frente al mar. Posee dos luminosos comedores, uno por planta, y un privado. Cocina tradicional especializada en pescados, arroces y mariscos.

XX **Pau**

av. Marqués de Benicarló 11 ✉ 12580 – ☎ 964 47 05 46 – www.paurestaurant.com – cerrado domingo noche y lunes

Rest – Menú 25/36 € – Carta 32/43 €

◆ Negocio actual-funcional situado frente al puerto deportivo. Posee dos comedores, un salón de banquetes y una carta actual de base tradicional, con algunos arroces y mariscos.

BENICÀSSIM – Castellón – 577 L30 – 18 206 h. – Playa 16 B1

Madrid 436 – Castelló de la Plana/Castellón de la Plana 14 – Tarragona 165 – València 88

Santo Tomás 74, ☎ 964 30 01 02, www.turismobenicassim.com

Avenida y EcoAvenida sin rest

av. de Castellón 2 (esquina Cuatro Caminos) ✉ 12560 – ☎ 964 30 00 47 – www.hotelecoavenida.com – febrero-octubre

30 hab – †40/99 € ††46/116 €, ☐ 7 €

◆ Hotelito de organización familiar repartido en dos edificios. Ofrece unas habitaciones amplias pero sencillas y una agradable terraza, llena de plantas, junto a la cafetería.

en la zona de la playa :

El Palasiet hab, rest

Pontazgo 11 ✉ 12560 Benicàssim – ☎ 964 30 02 50 – www.palasiet.com – cerrado enero y febrero

67 hab ☐ – †162/175 € ††222/253 € – 6 suites **Rest** – Menú 29 €

◆ Fue pionero por sus servicios de talasoterapia, complementándose con su propio centro de salud y belleza. Entorno ajardinado, habitaciones con terraza y buenas vistas. En su coqueto restaurante, tipo jardín de invierno, ofrecen una pequeña carta.

Voramar rest,

paseo Pilar Coloma 1 ✉ 12560 Benicàssim – ☎ 964 30 01 50 – www.voramar.net

56 hab ☐ – †51/81 € ††66/144 € – 2 suites **Rest** – Menú 20 €

◆ De corte clásico y con años de historia, aunque ha sido debidamente actualizado. Posee habitaciones de diferentes tamaños y una cafetería a pie de playa con grandes terrazas. Comedor panorámico dotado con un buen servicio de mesa.

Vista Alegre rest, rest,

av. de Barcelona 71 ✉ 12560 Benicàssim – ☎ 964 30 04 00 – www.hotelvistalegre.com – marzo-septiembre

68 hab ☐ – †35/48 € ††55/65 € **Rest** – Menú 19 €

◆ Cumple con las características de un típico hotel vacacional, siendo destacables su buen mantenimiento y la cuidada organización. Todas sus habitaciones son exteriores. El restaurante, diáfano y sencillo, está orientado al cliente alojado y se basa en un menú.

en el Desierto de las Palmas Noroeste : 8 km

X **Desierto de las Palmas** ≤ 🏠 ⚐ P VISA MC

✉ *12560 Benicàssim – ✆ 964 30 09 47 – www.restaurantedesierto.com – cerrado 16 enero-28 febrero y martes salvo julio-agosto*

Rest – *(solo almuerzo salvo julio-septiembre)* Menú 18 € – Carta 20/46 €

♦ Está ubicado en un paraje natural, con una terraza y una sala panorámica dotada de vistas a las montañas, al valle y al mar. Carta tradicional con un apartado de arroces.

BENIDORM – Alicante – 577 Q29 – 71 198 h. – Playa 16 B3

▶ Madrid 459 – Alacant/Alicante 44 – València (por la costa) 136

ℹ pl. Canalejas 1, ✆ 96 585 13 11, www.benidorm.es

ℹ av. Europa, ✆ 96 586 00 95

◉ Promontorio del Castillo ≤★ AZ

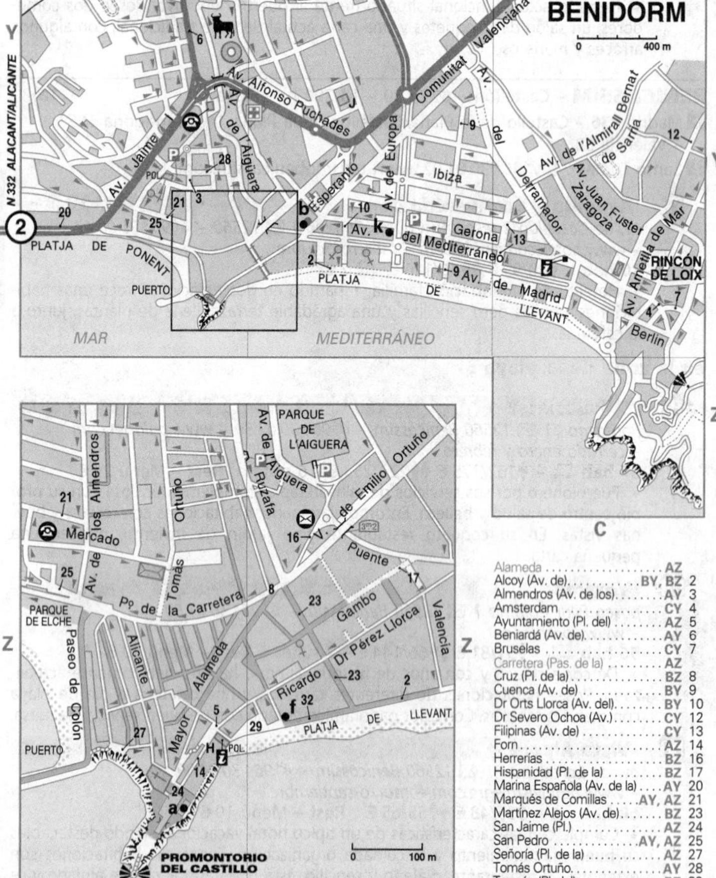

Villa Venecia

hab,

pl. Sant Jaume 1 ✉ 03501 – ☎ 965 85 54 66
– www.hotelvillavenecia.com AZ**a**
25 hab – 103/198 € 155/346 € **Rest** – Carta 40/52 €
◆ Elegante hotel emplazado en la zona alta de la ciudad, con unas excelentes vistas sobre el mar. Aquí todo es algo reducido, hasta su SPA, sin embargo resulta muy acogedor. El restaurante, de marcado carácter panorámico, ofrece una cocina de tinte regional.

Belroy

av. del Mediterráneo 13 ✉ 03503 – ☎ 965 85 02 03
– www.belroy.es BY**k**
125 hab – 82/130 € 100/183 € **Rest** – Menú 16 €
◆ Hotel de línea actual-funcional emplazado en 2ª línea de playa. Disfruta de una correcta zona social, unas habitaciones de adecuado confort y una zona SPA. El restaurante, decorado en tonos blancos, basa su oferta en un completo buffet.

Madeira Centro

Esperanto 1 ✉ 03503 – ☎ 966 83 04 18
– www.hotelmadeiracentro.es BY**b**
239 hab – 120/180 € 150/250 €
Rest *Belvedere* – ver selección restaurantes
Rest – Menú 14 €
◆ Un hotel bastante céntrico y actual que sorprende por su altura. Presenta suficientes zonas nobles, con el bar integrado en las mismas, y unas habitaciones de buen confort. Dispone de un enorme comedor con servicio de buffet y un buen restaurante gastronómico.

ESPAÑA

G.H. Delfín

rest,

playa de Poniente, La Cala por ② : 3 km ✉ 03502
– ☎ 965 85 34 00 – www.granhoteldelfin.com
– 21 abril-21 octubre
92 hab – 78/112 € 134/187 € **Rest** – Menú 29 €
◆ De marcado clasicismo. Sus instalaciones, pese a evidenciar el paso del tiempo, resultan confortables. Bonito jardín con palmeras en torno a la piscina. La viguería vista y los artesonados constituyen el mayor atractivo del restaurante.

Bilbaino

av. Virgen del Sufragio 1 ✉ 03501 – ☎ 965 85 08 05 – www.hotelbilbaino.com
– 11 marzo-20 noviembre BZ**f**
38 hab – 25/90 € 40/150 €, 7 €
Rest – Menú 12 €
◆ ¡Todo un clásico en la ciudad desde 1926! Situado en pleno casco antiguo, ofrece habitaciones con terraza sobre el mar, ambiente tranquilo y trato familiar. En su comedor podrá degustar una cocina casera.

Belvedere – Hotel Madeira Centro

Esperanto 1, planta 21 ✉ 03503 – ☎ 966 83 04 18
– www.belvederebenidorm.com – cerrado del 7 al 27 de enero, del 5 al 12 de noviembre, domingo noche y lunes salvo en verano BY**b**
Rest – Menú 39/70 € – Carta 35/52 €
◆ El restaurante Belvedere, ubicado en la planta 21 de un gran hotel, le sorprenderá por sus excelentes vistas sobre la ciudad y la bahía. Cocina internacional bien elaborada.

Art a la Cuina

av. de la Marina Baixa 5, La Cala por ② : 3 km ✉ 03502 – ☎ 965 86 63 16
– www.artalacuina.com
Rest – *(solo almuerzo salvo jueves, viernes y sábado)* Menú 23/55 €
– Carta 28/62 €
◆ Emplazado en una urbanización a las afueras de la ciudad. Ofrece una sala acristalada de línea moderna, con la cocina semivista, y unas elaboraciones de carácter tradicional.

al Noroeste por ③ : **7 km**

Barceló Asia Gardens

av. Alcalde Eduardo Zaplana Hernandez (Terra Mítica)
✉ *03501 Benidorm* – ✆ *966 81 84 00* – *www.asiagardens.es*
292 hab – 200/310 € 220/440 € – 20 suites
Rest – Carta 28/52 €
Rest ***In Black*** – *(solo cena)* (es necesario reservar) Carta 44/60 €
Rest ***Koh Samui*** – *(solo cena)* (es necesario reservar) Carta 30/44 €

◆ Complejo hotelero de estética oriental emplazado junto a Terra Mítica. Reparte sus dependencias entre ocho edificios, con una extensa superficie ajardinada y un exclusivo SPA. El restaurante In Black, de estilo urbano, propone una cocina actual-mediterránea.

BENIFAIÓ – Valencia – 577 O28 – 12 220 h. – alt. 30 m — 16 B2

Madrid 367 – València 26

Juan Veintitrés

Papa Juan XXIII-8 ✉ *46450* – ✆ *961 78 45 75* – *www.restaurantejuanxxiii.com*
– *cerrado del 10 al 31 de agosto, domingo noche y lunes*
Rest – Carta aprox. 35 €

◆ Resulta sorprendente y está llevado entre tres hermanos, con uno atento a los fogones y los otros a la sala. La carta, tradicional con toques creativos, se recita de palabra.

BENIMANTELL – Alicante – 577 P29 – 514 h. – alt. 527 m — 16 B3

Madrid 437 – Alcoi 32 – Alacant/Alicante 68 – Gandía 85

L'Obrer

carret. de Alcoy 27 ✉ *03516* – ✆ *965 88 50 88* – *cerrado julio y viernes salvo festivos*
Rest – *(solo almuerzo)* Menú 18/31 € – Carta 27/34 €

◆ Tras su discreta fachada encontrará un restaurante de amable organización familiar. Aquí ofrecen cocina casera de verdad, siempre con productos bien tratados y presentados.

BENIMAURELL – Alicante – 577 P29 – 280 h. — 16 B3

Madrid 445 – Alacant/Alicante 93 – Alcoi 59 – València 106

Alahuar

Partida El Tossalet ✉ *03791* – ✆ *965 58 33 97* – *www.hotelesposeidon.com*
20 hab – 56/83 € 74/116 € **Rest** – Carta aprox. 25 €

◆ Hotel con encanto ubicado en la zona alta de la localidad, por lo que brinda magníficas vistas a las montañas, al valle y al mar. Sus dependencias resultan muy confortables. Restaurante de estilo clásico-regional con arcos en ladrillo visto y techos abovedados.

BENIPARRELL – Valencia – 577 N28 – 1 950 h. – alt. 20 m — 16 B2

Madrid 362 – València 11

Casa Quiquet

av. de Levante 47 ✉ *46469* – ✆ *961 20 07 50* – *www.casaquiquet.com*
34 hab – 47/55 € 57/67 €, 6 €
Rest ***Casa Quiquet*** – ver selección restaurantes

◆ Conjuga la tradición familiar con una constante evolución, por lo que mantiene un buen confort general. Trabaja mucho con clientes de empresa y ofrece habitaciones actuales.

Casa Quiquet – Hotel Casa Quiquet

av. de Levante 45 ✉ *46469* – ✆ *961 20 07 50* – *www.casaquiquet.com* – *cerrado domingo noche*
Rest – Carta 32/43 €

◆ Establecimiento clásico-regional en el que destaca la sala Centenario, con un zócalo de azulejos y viguería en madera. Cocina tradicional y una buena selección de arroces.

BENISANÓ - Valencia - 577 N28 - 2 266 h. - alt. 70 m 16 A2

Madrid 344 - Teruel 129 - València 24

Rioja

av. Verge del Fonament 37 ✉ 46181 - ✆ 962 79 21 58 - www.hotel-rioja.es

46 hab - 45/88 € 56/102 €

Rest *Rioja* - ver selección restaurantes

◆ Negocio de tradición familiar que ya va por la 4ª generación. Posee un acogedor salón social y habitaciones funcionales de aspecto actual, la mayoría con baños completos.

Rioja - Hotel Rioja

av. Verge del Fonament 37 ✉ 46181 - ✆ 962 79 21 58 - www.hotel-rioja.es - cerrado domingo noche y festivos noche

Rest - Carta 35/45 €

◆ Ofrece varias salas y salones actuales, un reservado y una bodega de ambiente rústico. Junto a sus platos tradicionales y mediterráneos encontrará una buena carta de arroces.

BENISSA - Alicante - 577 P30 - 13 369 h. - alt. 274 m 16 B3

Madrid 458 - Alacant/Alicante 71 - València 110

av. Pais Valencià 97 b, ✆ 96 573 22 25, www.benissa.es

Casa Cantó

av. País Valencià 237 ✉ 03720 - ✆ 965 73 06 29 - www.casacanto.com - cerrado noviembre y domingo

Rest - Menú 27/70 € - Carta 35/59 €

◆ Disfruta de varias salas, la principal con una bodega acristalada y un gran ventanal que permite ver todo el valle, con el peñón de Ifach al fondo. Su carta regional se enriquece con un buen apartado de arroces y pescados frescos de lonja.

por la carretera N 332 Sur : 2,5 km y desvío a la izquierda 1 km

La Madrugada sin rest

partida Benimarraig 61-b ✉ 03720 Benissa - ✆ 965 73 31 56 - www.lamadrugada.es - cerrado febrero

7 hab - 83/135 € 95/270 €, 12 € - 1 suite

◆ Hotel de buen nivel emplazado en una zona tranquila y aislada, con excelentes vistas al mar. Ofrece unos elegantes espacios sociales, amplios jardines y habitaciones bien equipadas. ¡Ideal para ir en pareja o simplemente descansar!

BENTRACES - Ourense - 571 F6 20 C3

Madrid 495 - Ourense 10 - Pontevedra 104

Palacio de Bentraces sin rest

✉ 32890 - ✆ 988 38 33 81 - www.pazodebentraces.com - cerrado 23 diciembre-14 marzo

9 hab - 85 € 115 €, 6 €

◆ Elegante pazo señorial rodeado de un extenso jardín con piscina. Disfrute de todo su encanto en unas habitaciones vestidas con excelente lencería y mobiliario de época.

A Rexidora

carret. OU 540 ✉ 32890 - ✆ 988 38 30 78 - www.arexidora.es - cerrado 23 enero-9 febrero, 20 agosto-9 septiembre, domingo noche, lunes y martes noche

Rest - Menú 38/90 € - Carta 47/87 €

◆ Instalado en una hermosa casona señorial construida en granito. Presenta un bar privado, dos reservados, dos salas de elegante ambiente clásico-rústico y una terraza en un patio interior. Cocina tradicional actualizada.

BERA (VERA DE BIDASOA) – Navarra – 573 C24 – 3 730 h. – alt. 56 m 24 A1

Madrid 494 – Iruña/Pamplona 65 – Bilbao 133 – Donostia-San Sebastián 33

Churrut

rest,

pl. de los Fueros 2 ✉ 31780 – ✆ 948 62 55 40 – www.hotelchurrut.com – cerrado enero-15 febrero

18 hab – 98/195 € – 1 suite **Rest** – Carta 31/47 €

◆ Hotel de cuidados exteriores instalado en una casa señorial del s. XVII. Elegante zona social de carácter rústico y amplias habitaciones vestidas con mobiliario de época. El comedor resulta bastante luminoso, ya que se monta en el porche cubierto.

BERANTEVILLA – Álava – 573 D21 – 499 h. – alt. 501 m 25 A2

Madrid 338 – Vitoria-Gasteiz 38 – Logroño 64 – Bilbao 81

Lola

Mayor 26 ✉ 01211 – ✆ 945 33 70 62 – www.restaurantelola.net – cerrado Navidades y lunes

Rest – *(solo almuerzo salvo viernes y sábado)* Menú 46 € – Carta 45/60 €

◆ Restaurante de corte moderno y diseño actual que sorprende en esta localidad. Disfruta de una bodega acristalada y un espacio para la sobremesa. Elaboraciones de tinte actual.

BERASTEGI – Guipúzcoa – 573 C24 – 1 051 h. – alt. 430 m 25 B2

ESPAÑA

Madrid 459 – Vitoria-Gasteiz 108 – Donostia-San Sebastián 34 – Iruña/Pamplona 53

Arregi

Herriko enparantza 7 ✉ 20492 – ✆ 943 68 30 59 – cerrado 23 diciembre-8 enero, del 1 al 15 de septiembre, martes, miércoles noche y jueves noche

Rest – Carta 27/35 €

◆ Restaurante familiar ubicado en una casona de piedra. Posee un buen bar, una gran sala de estilo rústico-elegante y una terraza. Cocina tradicional vasca y platos caseros.

BERGA – Barcelona – 574 F35 – 17 161 h. – alt. 715 m 14 C2

Madrid 627 – Barcelona 117 – Lleida/Lérida 158

Àngels 7, ✆ 93 821 13 84, www.turismeberga.cat

Sala

passeig de la Pau 27 ✉ 08600 – ✆ 938 21 11 85 – www.restaurantsala.com – cerrado domingo noche y lunes

Rest – Menú 25/57 € – Carta 35/54 €

◆ Negocio de larga trayectoria familiar. Posee salas en dos niveles de línea clásica actual, un privado y una bodega acristalada. Cocina de temporada y un menú degustación.

BERMEO – Vizcaya – 573 B21 – 17 026 h. – Playa 25 A3

Madrid 432 – Bilbao 34 – Donostia-San Sebastián 98

Lamera, ✆ 94 617 91 54

Alto de Sollube★ Suroeste : 5 km

Almiketxu

Almike Auzoa 8, Sur : 1,5 km ✉ 48370 – ✆ 946 88 09 25 – www.almiketxu.com – cerrado noviembre y lunes

Rest – Carta 36/52 €

◆ Caserío típico ubicado a las afueras de la localidad, con dos salas de aire regional y una, más rústica, a la que llaman popularmente el "Txoco". Carnes y pescados a la brasa.

BERRIA (Playa de) – Cantabria – ver Santoña

BERRIOPLANO – Navarra – 573 D24 – alt. 450 m 24 A2

Madrid 391 – Jaca 117 – Logroño 98 – Iruña/Pamplona 6

NH El Toro

carret. N 240 A ✉ 31195 – ✆ 948 30 22 11 – www.nh-hotels.com – cerrado 21 diciembre-9 enero

60 hab – ††47/199 €, ☕ 9 € – 6 suites **Rest** – *(cerrado domingo)* Menú 18 €

◆ Bastante acogedor. Tras sus cuidados exteriores en piedra vista encontrará una correcta zona social, con cafetería, y unas habitaciones definidas por su cálida rusticidad. El restaurante, dedicado a la temática de los "encierros", ofrece una cocina regional.

BESALÚ – Girona – 574 F38 – 2 360 h. – alt. 151 m 14 C3

Madrid 743 – Figueres 24 – Girona/Gerona 32

pl. de la Llibertat 1, ✆ 972 59 12 40, www.besalu.cat

Localidad★★ – Puente fortificado★, núcleo antiguo★★, Iglesia de Sant Pere★

Els Jardins de la Martana sin rest

Pont 2 ✉ 17850 – ✆ 972 59 00 09 – www.lamartana.com

10 hab – †65/74 € ††90/102 €, ☕ 10 €

◆ Antigua casa señorial emplazada junto a un precioso puente medieval. Ofrece habitaciones espaciosas, la mayoría con suelos originales, techos altos y mobiliario funcional.

Cúria Reial

pl. de la Llibertat 8 ✉ 17850 – ✆ 972 59 02 63 – www.curiareial.com – cerrado febrero y lunes noche

Rest – Carta 36/45 €

◆ Ocupa un edificio de pasado conventual que destaca por su estilo rústico y su terraza, con vistas tanto al río como al puente medieval. Sus especialidades son: la Sopa de cebolla, las Manitas de cerdo, la caza en temporada...

Pont Vell

Pont Vell 24 ✉ 17850 – ✆ 972 59 10 27 – www.restaurantpontvell.com – cerrado 22 diciembre-22 enero, del 1 al 7 de julio, domingo noche salvo verano, lunes noche y martes

Rest – Carta 35/52 €

◆ ¡En pleno casco antiguo! Ofrece dos salas de aire rústico y una idílica terraza a la sombra de un níspero, todo con magníficas vistas al río. Cocina tradicional y regional, con especialidades como el Conejo agridulce o el Rabo de buey.

BETANCURIA – Las Palmas – ver Canarias (Fuerteventura)

BÉTERA – Valencia – 577 N28 – 21 220 h. – alt. 125 m 16 B2

Madrid 355 – València 19 – Teruel 137

por la carretera de San Antonio de Benagéber Suroeste : 3,5 km

Ad Hoc Parque

Botxi 6-8 (urb. Torre en Conill) ✉ 46117 Bétera – ✆ 961 69 83 93 – www.adhochoteles.com

41 hab – ††56/198 €, ☕ 12 €

Rest – *(cerrado lunes)* Menú 18/36 € – Carta 24/42 €

◆ ¡Bien situado para el turismo de negocios! Presenta unas instalaciones luminosas, espaciosas y de buen confort, con mobiliario clásico de calidad. El restaurante se complementa con un privado, una terraza y un salón de banquetes que se asoma al jardín.

BETLÁN – Lleida – ver Vielha

BIAR – Alicante – 577 Q27 – 3 703 h. – alt. 650 m 16 A3

Madrid 370 – Albacete 119 – Alcoi 36 – Alacant/Alicante 50

Cura Reig 1, ✆ 96 581 11 77, www.biar.es

ESPAÑA

Fuente El Pájaro

Camino de la Virgen ✉ 03410 – ☎ 965 81 09 02 – cerrado del 10 al 17 de enero, del 9 al 16 de mayo, del 12 al 19 de septiembre y lunes salvo festivos
Rest – *(solo almuerzo salvo viernes y sábado)* Menú 25/55 € – Carta 23/39 €
◆ Esta casa familiar presenta una única sala de aire rústico, con una pared en piedra y arcos en ladrillo visto, así como una agradable terraza de verano. Cocina tradicional.

BIDEGOIAN – Guipúzcoa – 573 C23 – 531 h. 25 B2

Madrid 451 – Vitoria-Gasteiz 94 – Donostia-San Sebastián 37 – Iruña/Pamplona 86

Iriarte Jauregia

Eliz Bailara 8 ✉ 20496 – ☎ 943 68 12 34 – www.iriartejauregia.com
19 hab – 90/115 € 115/145 € **Rest** – Carta 25/39 €
◆ Casa palaciega del s. XVII construida en piedra y rodeada por un jardín con árboles centenarios. Sus confortables habitaciones combinan elementos antiguos y modernos. En el comedor, que destaca por su precioso techo, encontrará una carta de tinte tradicional.

BIEDES – Asturias – ver Santullano

BIELSA – Huesca – 574 E30 – 511 h. – alt. 1 053 m 4 C1

Madrid 544 – Huesca 154 – Lleida/Lérida 170
Parque Nacional de Ordesa y Monte Perdido★★★

en el valle de Pineta Noroeste : 14 km

Parador de Bielsa

alt. 1350 ✉ 22350 Bielsa – ☎ 974 50 10 11 – www.parador.es – cerrado febrero-3 marzo
33 hab – 106/138 € 132/173 €, 16 € – 6 suites **Rest** – Menú 32 €
◆ Privilegiada ubicación en un edificio al estilo de un refugio montañés, con gran presencia de madera y un alto nivel de confort, donde disfrutar del paisaje y la tranquilidad. Comedor con bonitas lámparas en forja, que ofrece platos típicos del Alto Aragón.

La BIEN APARECIDA – Cantabria – ver Ampuero

BIERGE – Huesca – 574 F29 – 258 h. – alt. 598 m 4 C1

Madrid 426 – Zaragoza 121 – Huesca 41 – Lleida/Lérida 100

Hostería de Guara

Oriente 2 ✉ 22144 – ☎ 974 31 81 07 – www.hosteriadeguara.com – cerrado enero
14 hab – 67/75 € 83/133 € **Rest** – *(solo menú)* Menú 22 €
◆ Goza de una amable organización familiar, con un bar junto a la recepción y habitaciones funcionales de buen confort, combinando el mobiliario en hierro forjado y madera. En su comedor, dotado con una chimenea, sirven un correcto menú.

BIESCAS – Huesca – 574 E29 – 1 634 h. – alt. 860 m 4 C1

Madrid 458 – Huesca 68 – Jaca 30

Tierra de Biescas

paseo del Canal ✉ 22630 – ☎ 974 48 54 83 – www.hoteltierradebiescas.com
41 hab – 58/86 € 89/132 €, 9 € **Rest** – Menú 26 €
◆ Hotel de línea actual formado por cuatro bloques, todos unidos entre sí pero a la vez personalizados en su decoración. Zona social con chimenea y correctas habitaciones. Dispone de dos restaurantes, uno de montaje funcional para la media pensión y otro a modo de sidrería vasca con la parrilla a la vista.

ESPAÑA

Casa Ruba
rest,

Esperanza 18 ✉ 22630 – ☎ 974 48 50 01 – www.hotelcasaruba.com – cerrado 7 días en mayo y 15 octubre-noviembre
29 hab – 35/39 € 56/68 €, ☕ 5 €
Rest – *(cerrado domingo noche salvo festivos) (solo menú)* Menú 15 €
◆ Goza de una atractiva fachada en piedra y cierto prestigio en la zona. La mayoría de sus habitaciones han sido bien renovadas, con suelos en tarima y aseos de plato ducha. En su sencillo comedor se ofrece un correcto menú del día.

BILBAO P – Vizcaya – 573 C20 – 353 187 h. 25 A3

Madrid 395 – Barcelona 613 – A Coruña 567 – Lisboa 899
de Bilbao, Sondika, Noreste : 11 km por autovia BI 631 ☎ 902 404 704 – **Iberia :** aeropuerto ☎ 902 400 500.
para Portsmouth : Brittany Ferries, Espigón 3, Muelle Vizcaya (Puerto de Bilbao-Santurtzi) EY ☎ 902 10 81 47.
av. de Abandoibarra 2, ☎ 94 479 57 60, www.bilbao.net/bilbaoturismo
pl. del Ensanche 11, ☎ 94 479 57 60, www.bilbao.net/bilbaoturismo
R.A.C.V.N. Rodriguez Arias 59 bis ☎ 94 442 58 08
Laukariz,, urb. Monte Berriaga - carret. de Mungia, Noreste por BI 631, ☎ 96 674 08 58
Museo Guggenheim Bilbao*** DX – Museo de Bellas Artes (sección de arte antiguo**) DY **M.**

Planos páginas 227, 228, 229

G.H. Domine Bilbao
hab, rest,

Alameda Mazarredo 61 ✉ 48009 Ⓜ Moyúa – ☎ 944 25 33 00 – www.granhoteldominebilbao.com DX**a**
139 hab – 130/520 €, ☕ 20 € – 6 suites
Rest – Menú 75 € – Carta 44/55 €
◆ El sello del diseñador Javier Mariscal impera en todas sus dependencias. Detalles modernos por doquier y magníficas habitaciones, muchas con vistas al Museo Guggenheim. El restaurante, de ambiente clásico-actual, propone una cocina tradicional actualizada.

Meliá Bilbao

Lehendakari Leizaola 29 ✉ 48001 Ⓜ San Mamés – ☎ 944 28 00 00 – www.solmelia.com CX**b**
199 hab – 99/270 €, ☕ 22 € – 11 suites
Rest *Aizian* – ver selección restaurantes
◆ Construcción moderna y escalonada. Posee un gran hall dotado con ascensores panorámicos, varios salones y unas habitaciones muy bien equipadas, todas con baños de calidad.

Carlton

pl. de Federico Moyúa 2 ✉ 48009 Ⓜ Moyúa – ☎ 944 16 22 00 – www.hotelcarlton.es DY**x**
136 hab – 81/237 € 91/298 €, ☕ 20 € – 6 suites
Rest – Menú 28 € – Carta 40/55 €
◆ Este hotel-monumento atesora historia, elegancia y cierto abolengo. Ofrece atractivas zonas nobles y habitaciones bastante espaciosas, la mayoría de ellas de estilo clásico. En su restaurante, también clásico, encontrará una cocina de carácter internacional.

López de Haro

Obispo Orueta 2 ✉ 48009 – ☎ 944 23 55 00 – www.hotellopezdeharo.com
49 hab – 95/195 €, ☕ 19 € – 4 suites EY**r**
Rest *Club Náutico* – *(cerrado 15 julio-15 agosto y domingo)* Carta 50/60 €
◆ Situado en una calle tranquila. Encontrará un ambiente selecto, una moderna zona social y dos tipos de habitaciones, unas de línea urbana y otras de estilo clásico-elegante. El restaurante, de montaje clásico-actual, ofrece una carta de tinte tradicional.

Ercilla
Ercilla 37 ✉ 48011 Ⓜ Indautxu – ☎ 944 70 57 00 – www.ercillahoteles.com
319 hab – ††71/169 €, ☕ 16 € – 6 suites DY**a**
Rest *Bermeo* – *(cerrado 15 julio-23 agosto, 27 agosto-2 septiembre, sábado mediodía y domingo)* Carta 44/68 €
◆ Uno de los hoteles más conocidos de Bilbao. Posee un moderno hall, una zona social actual y habitaciones de completo confort repartidas en 11 plantas, las suites con terraza. El restaurante, considerado todo un clásico, presenta una carta de tinte tradicional.

Abando
Colón de Larreátegui 9 ✉ 48001 Ⓜ Abando – ☎ 944 23 62 00 – www.hotelabando.com EY**b**
141 hab – †62/110 € ††72/175 €, ☕ 13 € – 3 suites
Rest *Epaia* – *(solo almuerzo salvo fines de semana)* Carta 28/41 €
◆ Se presenta con diferentes estilos, por lo que podrá elegir entre sus confortables habitaciones de línea clásica y otras de estética más actual. Organización amable y eficaz. El restaurante ofrece un montaje moderno y una carta tradicional bien elaborada.

NH Villa de Bilbao
Gran Vía de Don Diego López de Haro 87 ✉ 48011 Ⓜ San Mamés – ☎ 944 41 60 00 – www.nh-hotels.com CY**n**
142 hab – ††65/222 €, ☕ 16 € – 3 suites **Rest** – Menú 32 €
◆ Hotel de negocios que destaca tanto por su situación como por su buena oferta en salones de trabajo. Habitaciones de gran amplitud, con suelos en madera y equipamiento NH. Aunque posee una pequeña carta, su restaurante está más enfocado al menú de empresas.

ESPAÑA

Jardines de Albia
San Vicente 6 ✉ 48001 Ⓜ Abando – ☎ 944 35 41 40 – www.hotelhusaspajardinesdealbia.com EY**p**
136 hab – †60/230 € ††65/270 €, ☕ 15 € – 2 suites
Rest *Zuria* – *(cerrado una semana en agosto y domingo)* Menú 24 € – Carta 35/50 €
◆ De carácter funcional pero con un aire actual, tanto en el confort como en la decoración. La zona social resulta algo pequeña, aunque dispone de un buen gimnasio con SPA. El restaurante, repartido en dos niveles, trabaja mucho con la parrilla y a la brasa.

Miró sin rest
Alameda Mazarredo 77 ✉ 48009 Ⓜ Moyúa – ☎ 946 61 18 80 – www.mirohotelbilbao.com DX**b**
50 hab – †85/155 € ††100/195 €, ☕ 16 €
◆ Un hotel que destaca por su cuidada estética interior, ya que responde a la creatividad del diseñador Antonio Miró. Buen confort y soluciones prácticas en el mobiliario.

Zenit Bilbao
Autonomía 58 ✉ 48012 Ⓜ Indautxu – ☎ 944 10 81 08 – www.zenithoteles.com
64 hab – †60/150 € ††60/180 €, ☕ 11 € – 1 suite CZ**x**
Rest – Menú 18/32 €
◆ Presenta una zona social de carácter polivalente y habitaciones no muy espaciosas de línea funcional-actual, con los suelos en tarima y detalles de diseño en los aseos. El comedor, luminoso, moderno y de sencillo montaje, sorprende por tener numerosos menús.

Tryp Arenal
Fueros 2 ✉ 48005 – ☎ 944 15 31 00 – www.solmelia.com EYZ**m**
40 hab – †35/200 € ††49/300 €, ☕ 7 € **Rest** – Menú 15 €
◆ Emplazado en pleno casco viejo. La falta de zona social se compensa con unas confortables habitaciones de aire clásico, todas de correcto mobiliario y con baños actuales. El restaurante, que suele trabajar mucho con menús, se apoya en una concurrida cafetería.

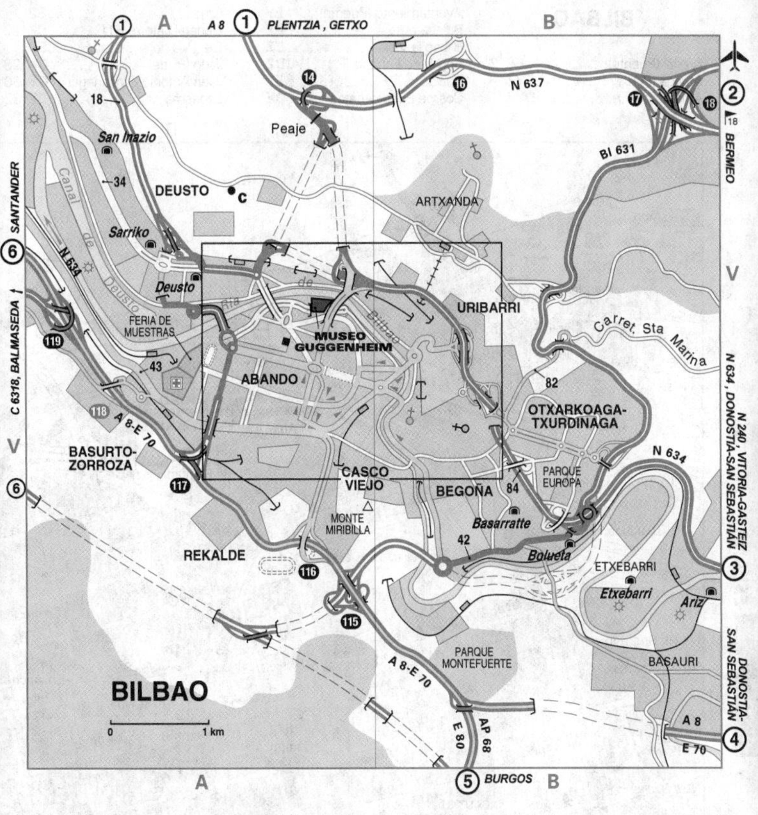

Enekuri (Av. de) . . . . AV 18
Lehendakari Aguirre . . . . AV 34
Miraflores (Av.) . . . . BV 42
Montevideo (Av. de) . . . . AV 43
Zabalbide . . . . BV 82
Zumalacarregui (Av. de) . . . . . . BV 84

Bilbao Jardines sin rest
Jardines 9 ✉ 48005 Ⓜ Casco Viejo – ☎ 944 79 42 10
– www.hotelbilbaojardines.com EZ**x**
32 hab – †48/60 € ††58/70 €, ☕ 6 €
◆ De sencilla organización pero bastante bien situado en el casco antiguo. Posee habitaciones funcionales con mobiliario estándar actual y baños pequeños aunque modernos.

Iturrienea sin rest
Santa María 14 ✉ 48005 Ⓜ Casco Viejo – ☎ 944 16 15 00
– www.iturrieneaostatua.com EZ**e**
21 hab – †50 € ††60 €, ☕ 3 €
◆ En pleno casco viejo. Presenta habitaciones personalizadas en su decoración, con los suelos en madera, algunas paredes en piedra y detalles tanto rústicos como regionales.

Sirimiri sin rest
pl. de la Encarnación 3 ✉ 48006 – ☎ 944 33 07 59
– www.hotelsirimiri.es FZ**e**
28 hab – †60/80 € ††70/100 €, ☕ 4 €
◆ Ubicado junto al Museo de Arte Sacro. Disfrute de su estancia en un entorno familiar, con habitaciones correctas pero sin lujos, muy cuidadas y dotadas de baños actuales.

BILBAO

Arenal (Puente)	EY	2
Arriaga (Pl.)	EYZ	
Arriquíbar (Pl.)	DYZ	
Ayuntamiento (Puente)	EY	
Bidebarrieta	EZ	
Bilbao la Vieja	EZ	
Bombero Echániz (Pl.)	CDZ	
Correo	EZ	
Cosme Echevarrieta	DY	
Cruz	EZ	
General Latorre (Pl.)	CZ	22
Gran Vía de López de Haro	CEY	
Jado (Pl. de)	DY	28
Juan Antonio Zunzunegui	CY	30
Ledesma	EY	32

ESPAÑA

Lersundi . . . . **DX** 36
Marqués del Puerto . . . . **DY** 38
Merced (Muelle) . . . . **EZ** 40
Merced (Puente) . . . . **EZ** 41
Moraza (Pl. de) . . . . **EX** 45
Pablo Picasso . . . . **DZ** 50
Pedro Eguillor (Pl.) . . . . **DY** 52
Pedro Martínez
Artola . . . . **DZ** 53
Pío Baroja (Pl.) . . . . **EZ** 55
Plaza Nueva . . . . **EZ** 57
Ribera (Puente) . . . . **EZ** 65
Santiago (Pl.) . . . . **EZ** 71
Santos Juanes (Pl.) . . . . **EZ** 73
San Francisco Javier
(Pl.) . . . . **CZ** 69
Sombrerería . . . . **EZ** 75
Victor Chávarri (Pl.) . . . . **CY** 78

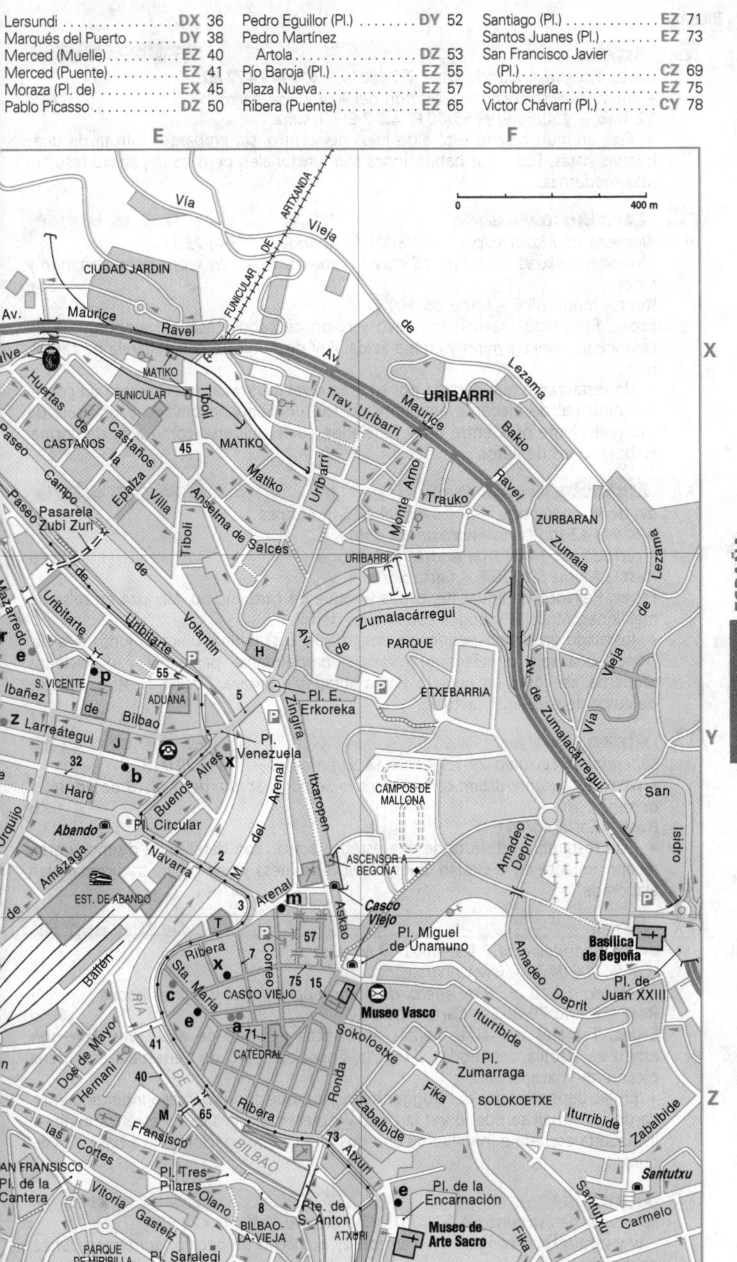

Artetxe sin rest

carret. Enékuri-Artxanda km 7 ✉ 48015 – ✆ 944 74 77 80 – www.hotelartetxe.com – cerrado del 1 al 15 de enero AVc

12 hab – 50/65 € 55/80 €, 7 € – 1 suite

◆ Este antiguo caserío está algo lejos del centro, sin embargo disfruta de unas buenas vistas. Todas sus habitaciones son funcionales, pero las del anexo resultan más modernas.

Zortziko (Daniel García)

Alameda de Mazarredo 17 ✉ 48001 Ⓜ Abando – ✆ 944 23 97 43 – www.zortziko.es – cerrado 15 días en febrero, 7 días en septiembre, domingo y lunes EYe

Rest – Menú 85 € – Carta 65/101 €

Espec. Espárragos, ravioli de huevo y caldo de cebolla asada. Hamburguesa de carabinero, blini de mirin y crema ácida. Rey de Armintza con acuarela de carabinero.

◆ Un restaurante que destaca por su gran nivel gastronómico. Presenta un comedor principal de elegante ambiente clásico, un pequeño privado y una sala de uso polivalente que, entre otras funciones, suele utilizarse como aula de cocina. Elaboraciones de autor.

Etxanobe (Fernando Canales)

av. de Abandoibarra 4-3° ✉ 48009 Ⓜ San Mamés – ✆ 944 42 10 71 – www.etxanobe.com – cerrado del 1 al 15 de agosto y domingo CXYu

Rest – Menú 69/120 € – Carta 55/95 €

Espec. Refresco de aguacate, ostras y toque de cardamomo. Merluza en salsa de mejillones. Mollejas y hogos con natillas de foie.

◆ Instalado en una dependencia del palacio Euskalduna, ubicado junto a la ría. Ofrece una sala de elegante montaje, parcialmente panelable y de estética moderna, así como un privado y una agradable terraza. Cocina creativa y platos de autor de excelente factura.

Aizian – Hotel Meliá Bilbao

Lehendakari Leizaola 29 ✉ 48001 Ⓜ San Mamés – ✆ 944 28 00 39 – www.restaurante-aizian.com – cerrado Semana Santa, del 1 al 18 de agosto y domingo CXb

Rest – Carta 40/64 €

◆ Este restaurante disfruta de una estética actual, con detalles de diseño, y gran reconocimiento en la ciudad. Buen servicio de mesa y una cocina tradicional bien elaborada.

Nerua

av. de Abandoibarra 2 ✉ 48001 Ⓜ Moyúa – ✆ 944 00 04 30 – www.nerua.com – cerrado del 10 al 30 de enero, domingo noche, lunes y martes noche

Rest – Menú 70/80 € – Carta 51/68 € DXd

Espec. Tomates en salsa, hierbas aromáticas y fondo de alcaparras. Foie-gras asado en parrilla, zanahorias y regaliz. Chocolate puro de Venezuela con arena picante de mazapán.

◆ En las dependencias del Guggenheim... aunque con un acceso independiente. Ya desde el hall se puede ver la cocina y presenta una sala de estética minimalista. Carta escueta e innovadora con dos menús degustación, uno a base de verduras.

Gure Kide

Particular de Estraunza 4 ✉ 48011 Ⓜ Indautxu – ✆ 944 42 11 29 – www.goizekocatering.com – cerrado 2ª quincena de agosto, domingo y lunes noche CDYa

Rest – Menú 37/58 € – Carta 43/68 €

◆ Ofrece un bar de espera, dos privados y un comedor bastante cuidado, con el techo en ladrillo visto y las paredes enteladas. Cocina tradicional de cuidadas presentaciones.

ESPAÑA

XXX **Guria**

Gran Vía de Don Diego López de Haro 66 ✉ 48011 – ✆ 944 41 57 80 – www.restauranteguria.com – cerrado domingo noche CY**s**

Rest – Menú 35/73 € – Carta 60/70 €

◆ Goza de cierto abolengo y tiene el acceso por una cafetería pública, donde sirven los menús. En su cuidado comedor clásico le ofrecerán una carta tradicional e internacional.

XXX **Yandiola**

pl. Arrikibar 4 (Edificio Alhóndiga) ✉ 48010 – ✆ 944 13 36 36 – www.yandiola.com – cerrado domingo y lunes noche DYZ**b**

Rest – Carta 37/58 €

◆ Disfruta de una estética neoyorquina, con las paredes en ladrillo visto, los tubos de ventilación al aire y la cocina acristalada. Cocina tradicional con detalles actuales.

XX **La Cuchara de Euskalduna**

Ribera de Botica Vieja 27 ✉ 48014 Ⓜ Deusto – ✆ 944 48 01 24 – www.restaurantelacuchara.com – cerrado domingo noche, lunes y martes noche CX**a**

Rest – Menú 41/49 € – Carta 37/59 €

◆ Próximo al palacio Euskalduna. Ofrece una sala de montaje moderno, con un buen servicio de mesa y cuadros de vistosos colores. Carta actual, sugerencias diarias y tres menús.

XX **Guetaria**

Colón de Larreátegui 12 ✉ 48001 Ⓜ Abando – ✆ 944 24 39 23 – www.guetaria.com – cerrado Semana Santa EY**z**

Rest – Menú 43 € – Carta 45/57 €

◆ Este negocio familiar se presenta con un bar público, tres privados y una sala principal en la que recrean dos ambientes, uno marinero y el otro, de mayor nivel, más clásico.

XX **Baita Gaminiz**

Alameda Mazarredo 20 ✉ 48009 Ⓜ Moyúa – ✆ 944 24 22 67 – cerrado Semana Santa, del 1 al 15 de septiembre, domingo, lunes noche y martes noche

Rest – Menú 50 € – Carta 43/67 € DX**c**

◆ Tiene un bar privado a la entrada, un comedor clásico distribuido en dos niveles y una agradable terraza asomada a la ría. Cocina tradicional especializada en bacalao.

XX **Serantes III**

Alameda Mazarredo 75 ✉ 48009 Ⓜ Moyúa – ✆ 944 24 80 04 – www.marisqueriaserantes.com – cerrado 28 junio-14 julio y domingo

Rest – Carta 45/67 € DX**b**

◆ Aquí se combina, con gran acierto, lo moderno y lo clásico. Posee una pequeña terraza, un buen bar de tapas y una sala de elegante clasicismo. Carta especializada en pescados.

X **Serantes**

Licenciado Poza 16 ✉ 48011 Ⓜ Indautxu – ✆ 944 21 21 29 – www.marisqueriaserantes.com – cerrado 29 agosto-14 septiembre DY**z**

Rest – Carta 40/67 €

◆ De céntrica localización y acceso por un concurrido bar público. En el 1er piso dispone de dos salones de montaje clásico-actual. Elaboraciones basadas en productos del mar.

X **Asador Ripa**

Ripa ✉ 48001 Ⓜ Abando – ✆ 944 24 92 95 – www.asadorripa.com – cerrado domingo noche EY**x**

Rest – Menú 65 € – Carta aprox. 45 €

◆ Este asador resulta convincente tanto por el trato familiar que dispensan como por su interior, de confort actual. Cocina vasca tradicional basada en la calidad del producto.

ESPAÑA

Serantes II

Alameda de Urquijo 51 ✉ 48011 Ⓜ Indautxu – ☎ 944 10 26 99 – www.marisqueriaserantes.com – cerrado 24 julio-8 agosto DY**u**

Rest – Carta 60/80 €

◆ Su fachada es en si misma toda una invitación, pues tiene un sugerente expositor de productos y un vivero de mariscos. Buen bar de tapas y dos salas de aire clásico-marinero.

Kikara

Iparraguirre 23 ✉ 48009 Ⓜ Moyúa – ☎ 944 23 68 40 – www.kikara.com – cerrado domingo y lunes DY**p**

Rest – Carta 39/59 €

◆ Ofrece un bar de tapas y varias salas, las de abajo para al menú y las del piso superior reservadas para la carta. Estética vanguardista, ambiente informal y platos de autor.

Colmado Ibérico

Alameda de Urquijo 20 ✉ 48008 Ⓜ Moyúa – ☎ 944 43 60 01 – www.colmadoiberico.com – cerrado domingo DYZ**c**

Rest – Tapa 1,65 € – Ración aprox. 11 € – Menú 20 €

◆ Este espacioso local se presenta con tres zonas muy bien diferenciadas, por eso encontrará un buen bar de tapas con algunas mesas, una charcutería y una tienda delicatessen.

Gatz

Santa María 10 ✉ 48005 Ⓜ Casco Viejo – ☎ 944 15 48 61 – www.bargatz.com – cerrado del 15 al 30 de septiembre y domingo noche EZ**c**

Rest – Tapa 1,60 €

◆ Pequeño bar de tapas que se desmarca un poco de la estética habitual en la zona. Posee un interior actual y centra su oferta en unos pintxos bien presentados y elaborados.

ESPAÑA

Xukela

El Perro 2 ✉ 48005 Ⓜ Casco Viejo – ☎ 944 15 97 72 – www.xukela.com

Rest – Tapa 2 € – Ración aprox. 12 € EZ**a**

◆ Este establecimiento resulta perfecto, dentro de su sencillez, para descubrir los múltiples sabores asociados al mundo del tapeo. Su especialidad son los quesos y patés.

Rio-Oja

El Perro 4 ✉ 48005 Ⓜ Casco Viejo – ☎ 944 15 08 71 – cerrado 15 días en Semana Santa, septiembre y lunes EZ**a**

Rest – Ración aprox. 10 €

◆ Un negocio familiar ideal tanto para tapear como para recuperar los sabores de la auténtica cocina casera. Sugerente expositor con cazuelas que muestran los guisos del día.

BINIBONA – **Balears – ver Balears (Mallorca) : Caimari**

BINISSALEM – **Balears – ver Balears (Mallorca)**

La BISBAL D'EMPORDÀ – Girona – 574 G39 – 10 397 h. – alt. 39 m 15 B1

Madrid 723 – Girona/Gerona 28 – Barcelona 125

L' Aigüeta 17, ☎ 972 64 55 00, www.visitlabisbal.cat

Castillo-palacio★

Castell d'Empordà

carret. del Castell, Norte : 1,5 km ✉ 17115 – ☎ 972 64 62 54 – www.castelldemporda.com – marzo-26 noviembre

38 hab – †105/145 € ††175/245 € **Rest** – Menú 20/60 € – Carta 39/61 €

◆ Castillo medieval rodeado por un hermoso bosque de 10 hectáreas. Ofrece dependencias decoradas con sumo gusto, ya que combinan la rusticidad del edificio y el confort actual. En su comedor podrá degustar platos propios de una cocina internacional actualizada.

BLANCA - Murcia - 577 R25 - 6 456 h. - alt. 233 m 23 B2

Madrid 372 - Murcia 40 - Albacete 121 - Alacant/Alicante 105

Conde La Vallesa

Gran Vía ✉ 30540 - ☎ 968 77 50 30 - www.condevallesa.com

18 hab - 54/60 € 72/80 €, 5 €

Rest ***Gurea*** - ver selección restaurantes

◆ Esta hermosa casa señorial disfruta de cálidas habitaciones, todas ellas vestidas con mobiliario en madera o forja, baños modernos y en algunos casos techos abuhardillados.

Gurea - Hotel Conde La Vallesa

Gran Vía ✉ 30540 - ☎ 968 77 50 30
- www.restaurantegurea.com

Rest - *(cerrado del 7 al 22 de noviembre, del 7 al 22 de febrero, domingo noche y lunes salvo festivos)* Menú 16 € - Carta 25/40 €

◆ Presenta dos salas de cuidado montaje, ambas con un estilo clásico-colonial que da continuidad a la estética predominante en todo el edificio. Su chef propone una cocina tradicional de raíces vascas y diversas jornadas gastronómicas.

BLANES - Girona - 574 G38 - 40 010 h. - Playa 15 A2

Madrid 691 - Barcelona 61 - Girona/Gerona 46

passeig de Catalunya 2, ☎ 972 33 03 48, www.visitblanes.net

Localidad★ - Jardín Botánico Marimurtra★ (<★), paseo Marítimo★

El Ventall

carret. de Blanes a Lloret, Noreste : 2 km ✉ 17300 - ☎ 972 33 29 81
- www.elventall.com - cerrado domingo, lunes y martes noche en invierno

Rest - Menú 17/41 € - Carta 30/53 €

◆ ¡Antigua masía emplazada a las afueras de la localidad! Encontrará una terraza acristalada, un pequeño hall, con chimenea y zona de espera, así como dos salas de aire rústico y un privado. Cocina tradicional con toques actuales.

S'Auguer

S'Auguer 2-1° ✉ 17300 - ☎ 972 35 14 05 - cerrado miércoles

Rest - Carta 26/35 €

◆ Está instalado en una casa de pueblo y ofrece varias salas, con la viguería vista y los suelos en madera. Cocina tradicional y marinera basada en la calidad del producto.

en la playa de S'Abanell :

Horitzó

passeig Marítim S'Abanell 11 ✉ 17300 Blanes - ☎ 972 33 04 00
- www.hotelhoritzo.com - marzo-octubre

110 hab - 53/74 € 77/139 €

Rest - Menú 21 €

◆ ¡En 1ª línea de playa! Tras una reforma total se presenta con una zona social de ambiente moderno y habitaciones de buen nivel, todas actuales y con balcón. El restaurante, panelable, funcional y de carácter polivalente, ofrece los tres servicios del día.

BOADELLA D'EMPORDÀ - Girona - 574 F38 - 255 h. - alt. 150 m 14 C3

Madrid 766 - Girona/Gerona 56

El Trull d'en Francesc

Placeta de L'Oli 1 ✉ 17723 - ☎ 972 56 90 27 - www.trull-boadella.com
- cerrado febrero, lunes y martes salvo festivos

Rest - Menú 25 € - Carta 25/42 €

◆ Ocupa una casa de piedra que antiguamente funcionó como molino de aceite. Encontrará un comedor de aire rústico en dos niveles y una amplia terraza acristalada, con vistas al río. Su carta regional y casera se completa con sugerencias.

ESPAÑA

BOADILLA DEL MONTE – Madrid – 576 – 575 K18 – 44 709 h. – alt. 689 m 22 A2

Madrid 26 – Toledo 85 – Segovia 86 – Ávila 108

Lomas-Bosque,, urb. El Bosque, ✆ 91 616 75 00

Las Encinas de Boadilla,, carret. de Boadilla-Pozuelo km 1,4, ✆ 91 632 27 46

El Antiguo Convento de Boadilla del Monte sin rest

de las Monjas ✉ 28660 – ✆ 916 32 22 20 – www.elconvento.net

16 hab – 142 € 161 € – 1 suite

◆ Convento del s. XVII dotado de un bello claustro y refectorio. Sus magníficas habitaciones poseen dosel en la mayoría de las camas, arcones antiguos y espléndidas tapicerías.

El BOALO – Madrid – 576 – 575 J18 – 6 638 h. 22 A2

Madrid 54 – Segovia 67 – Ávila 90

Casa Agustín

La Audiencia 4 ✉ 28413 – ✆ 918 55 94 88 – cerrado domingo noche y lunes

Rest – Menú 20 € – Carta 24/40 €

◆ Un negocio bastante popular, pues lleva más de 30 años trabajando. Tiene un agradable bar de tapeo, con chimenea, y un comedor rústico en el piso superior. Cocina tradicional.

ESPAÑA

BOBORÁS – Ourense – 571 E5 – 2 942 h. – alt. 42 m 19 B2

Madrid 529 – Ourense 34 – Pontevedra 61 – Santiago de Compostela 79

Pazo Almuzara

hab,

Almuzara, Este : 1 km ✉ 32514 – ✆ 988 40 21 75 – www.pazoalmuzara.com – cerrado 9 enero-9 febrero

19 hab – 35/68 € 40/85 €, 6 € **Rest** – *(solo clientes)* Menú 14 €

◆ Pazo del s. XIX rodeado por un cuidado jardín. Ofrece una acogedora zona social y dos tipos de habitaciones, las de estilo antiguo, con mobiliario de época, y las actuales.

BOCAIRENT – Valencia – 577 P28 – 4 509 h. – alt. 680 m 16 A3

Madrid 383 – Albacete 134 – Alacant/Alicante 84 – València 93

pl. del Ayuntamiento 2, ✆ 96 290 50 62, www.bocairent.org

L'Estació

rest,

Parc de l'Estació ✉ 46880 – ✆ 962 35 00 00 – www.hotelestacio.com

14 hab – 81/105 € 91/115 €, 9 € **Rest** – Menú 21 €

◆ Hotel con encanto instalado en la antigua estación de tren. Ofrece un salón social-cafetería y habitaciones detallistas. El restaurante, dotado con un correcto comedor y una sala algo más grande tipo invernadero, está especializado en hacer carnes a la piedra.

L'Àgora

Sor Piedad de la Cruz 3 ✉ 46880 – ✆ 962 35 50 39 – www.lagorahotel.com

8 hab – 66/90 € 80/105 €, 5 €

Rest *El Cancell* – ver selección restaurantes

◆ Este precioso hotel ocupa un edificio clásico-modernista que data de 1921. Tiene unas coquetas habitaciones, cuatro de ellas temáticas, y varios apartamentos como complemento.

El Cancell – Hotel L'Àgora

Sor Piedad de la Cruz 3 ✉ 46880 – ✆ 962 35 50 38 – www.elcancell.com

Rest – *(solo almuerzo salvo viernes y sábado)* Carta 21/36 €

◆ Aquí encontrará un comedor principal algo ecléctico, un salón panelable y un privado con el techo abovedado. Cocina regional especializada en arroces y precios ajustados.

por la carretera de Villena Suroeste : 2 km

XXX **Ferrero** con hab

carret. CV 81, km 15,5 ✉ 46880 Bocairent – ✆ 962 35 51 75 – www.hotelferrero.com – cerrado enero, febrero y 30 octubre-7 noviembre

11 hab – 175/210 € 195/230 € – 1 suite

Rest – *(cerrado domingo noche, lunes y martes)* Menú 49/80 € – Carta 42/59 €

Espec. Royal de apio, habas tiernas, aceite de guindilla y chopitos. Bacalao en costra con cebolleta tierna, lentejas y panceta crujiente. Leche ahumada, semillas de café y cacao especiado.

◆ Está instalado en una hermosa masía del s. XIX, aunque esta se construyó sobre otra anterior. Presenta dos espacios continuos de moderno montaje, uno de ellos acristalado y con vistas. Su cocina de autor conjuga técnica, producto y unas cuidadas presentaciones. ¡También ofrece unas magníficas habitaciones!

BOCEGUILLAS – **Segovia** – **575** H19 – **755 h.** – **alt. 957 m** **12** C2

Madrid 119 – Burgos 124 – Segovia 73 – Soria 154

XX **Área de Boceguillas**

autovía A 1 - salidas 115 y 118 ✉ *40560* – ✆ *921 54 37 03* – *cerrado 30 julio-22 agosto*

Rest – Menú 28 € – Carta 29/37 €

◆ Su amplia cafetería da paso a una sala circular con vistas a Somosierra. Acertada distribución de las mesas, sabrosos platos castellanos y un gran cuidado con los detalles.

BOHOYO – **Ávila** – **575** L13 – **339 h.** **11** B3

Madrid 202 – Valladolid 225 – Ávila 91 – Salamanca 102

Real de Bohoyo

carret. Navamediana ✉ *05690* – ✆ *920 34 72 31* – *www.hotelrealdebohoyo.com*

14 hab – 80/200 € 100/200 €, 12 € **Rest** – Carta 33/67 €

◆ Hotel construido con profusión de piedra y madera. Presenta una decoración clásica-elegante, agradables zonas nobles, un SPA y habitaciones de excelente confort. El restaurante sorprende con techos en madera tallada, una chimenea y varias vidrieras antiguas.

BOÍ – **Lleida** – **574** E32 – **199 h.** – **alt. 1 250 m** – **Balneario en Caldes de Boí** **13** B1

Madrid 575 – Lleida/Lérida 143 – Viella 56

Valle★★

Este : Parque Nacional de Aigües Tortes y Lago San Mauricio★★ – Caldes de Boí★

X **La Cabana**

carret. de Taüll 16 ✉ *25528* – ✆ *973 69 63 16* – *www.lacabana-boi.com* – *cerrado octubre, noviembre, mayo, junio y lunes salvo verano*

Rest – (es necesario reservar) Carta 30/45 €

◆ Encontrará una sala de correcto montaje, con profusión de madera, y la cocina a la vista del cliente. Elaboraciones de tinte casero donde se da gran protagonismo a las carnes.

BOLLULLOS PAR DEL CONDADO – **Huelva** – **578** T10 – **13 959 h.** – **alt. 111 m** **1** A2

Madrid 587 – Sevilla 54 – Huelva 44 – Castro Marím 94

X **El Postigo**

Rosario 2 ✉ *21710* – ✆ *959 41 14 04* – *cerrado del 9 al 15 de junio, del 12 al 20 de septiembre y lunes*

Rest – Menú 15 € – Carta 29/38 €

◆ Dispone de un bar público en la planta baja y un comedor en el 1er piso, con un adecuado servicio de mesa y el techo en madera. Cocina regional-casera a precios moderados.

BOLTAÑA – Huesca – 574 E30 – 1 051 h. – alt. 643 m 4 C1

Madrid 473 – Huesca 90 – Lleida/Lérida 143 – Sabiñánigo 72

av. de Ordesa 47, ✆ 974 50 20 43

Monasterio de Boltaña hab, hab, VISA AE

Afueras, Sur : 1 km ✉ 22340 – ✆ 974 50 80 00 – www.monasteriodeboltana.es

135 hab – 80/175 € 85/250 € – 5 suites

Rest – Carta 25/35 €

◆ Conjunto formado por un monasterio del s. XVII, un anexo en piedra y una serie de villas, todas con salón. Atractiva zona social y habitaciones de estética colonial. En su restaurante, que tiene un uso polivalente, podrá degustar elaboraciones creativas.

BOLVIR DE CERDANYA – Girona – 574 E35 – 395 h. – alt. 1 145 m 14 C1

Madrid 657 – Barcelona 172 – Girona/Gerona 156 – Lleida/Lérida 188

Torre del Remei VISA AE

Camí del Remei 3, Noreste : 1 km ✉ 17539 – ✆ 972 14 01 82 – www.torredelremei.com

7 suites – 286/935 €, 33 € – 4 hab

Rest ***Torre del Remei*** – ver selección restaurantes

◆ Magnífico palacete modernista dotado con vistas a la sierra del Cadí y a los Pirineos. La elegancia arquitectónica encuentra su réplica en unas estancias de sumo confort.

Torre del Remei – Hotel Torre del Remei VISA AE

Camí del Remei 3, Noreste : 1 km ✉ 17539 – ✆ 972 14 01 82 – www.torredelremei.com

Rest – Menú 60/80 € – Carta 60/75 €

◆ Restaurante de gran nivel gastronómico, acorde al hotel en el que se encuentra y con un montaje de impecable clasicismo. Su carta combina el recetario clásico con el catalán, siempre apostando por los productos autóctonos de temporada.

La BONANOVA – Balears – ver Balears (Mallorca) : Palma

Les BORGES BLANQUES – Lleida – 574 H32 – 6 049 h. – alt. 310 m 13 B2

Madrid 478 – Barcelona 148 – Lleida/Lérida 25 – Tarragona 69

Hostal Benet VISA

pl. Constitució 21-23 ✉ 25400 – ✆ 973 14 23 18 – www.hostalbenet.cat

17 hab – 35 € 50 €, 5 €

Rest – *(cerrado Navidades, del 7 al 30 de septiembre, domingo noche y lunes) (solo almuerzo de martes a jueves)* Menú 15 € – Carta 24/42 €

◆ Se encuentra en una hermosa casa restaurada del casco antiguo, con una pequeña recepción y habitaciones funcionales, las de mejor confort en un anexo. El restaurante posee dos salas, una de ellas de aire rústico, y elabora una cocina tradicional actualizada.

Les BORGES DEL CAMP – Tarragona – 574 I33 – 2 141 h. – alt. 247 m 13 B3

Madrid 527 – Lleida/Lérida 83 – Tarragona 28 – Tortosa 94

La Fonda Emilio VISA AE

av. Magdalena Martorell 65 ✉ 43350 – ✆ 977 81 70 25 – www.lafondaemilio.com – cerrado Navidades, 12 septiembre-4 octubre, viernes, domingo noche y festivos noche

Rest – *(solo almuerzo en invierno salvo sábado)* Carta 25/51 €

◆ Establecimiento llevado por dos hermanas. Cuenta con una barra de apoyo a la entrada y una acogedora sala acristalada de línea actual. Cocina catalana con toques creativos.

ESPAÑA

BORJA - Zaragoza - 574 G25 - 5 042 h. - alt. 448 m 3 B2

Madrid 309 - Logroño 135 - Iruña/Pamplona 138 - Soria 96

pl. de España 1, ✆ 976 85 20 01, www.borja.es

XX La Bóveda del Mercado

pl. del Mercado 4 ✉ 50540 - ✆ 976 86 82 51 - cerrado del 7 al 31 de enero, domingo noche y lunes

Rest - Menú 15 € - Carta 26/36 €

◆ Instalado en una casa del centro de la localidad. Sorprende por su comedor, distribuido en tres espacios en lo que fue una antigua bodega. Cocina tradicional y de mercado.

BORLEÑA - Cantabria - 572 C18 8 B1

Madrid 360 - Bilbao 111 - Burgos 117 - Santander 33

De Borleña

carret. N 623 ✉ 39699 - ✆ 942 59 76 22 - www.hoteldeborlena.com - cerrado noviembre

10 hab - 45/50 € 63/70 €

Rest *Mesón de Borleña* - ver selección restaurantes

◆ La zona social es algo reducida, sin embargo, sus habitaciones, que están abuhardilladas en la planta superior, resultan confortables y presentan un impecable mantenimiento.

X Mesón de Borleña - Hotel De Borleña

carret. N 623 ✉ 39699 - ✆ 942 59 76 43 - www.hoteldeborlena.com - cerrado del 8 al 30 de noviembre, domingo noche y lunes salvo verano

Rest - Carta 20/33 €

◆ Restaurante ubicado en un edificio anexo al hotel. Cuenta con un pequeño bar a la entrada y un comedor clásico, donde sirven una variada y completa carta de corte tradicional.

BOROA - Vizcaya - ver Amorebieta-Etxano

BOSSÒST - Lleida - 574 D32 - 1 184 h. - alt. 710 m 13 A1

Madrid 611 - Lleida/Lérida 179 - Vielha/Viella 16

Iglesia de la Purificació de Maria★★

X El Portalet con hab y sin rest,

Sant Jaume 32 ✉ 25550 - ✆ 973 64 82 00 - cerrado 15 días en junio y 15 días en octubre

6 hab - 50 €

Rest - *(cerrado domingo noche y lunes)* Menú 27/39 € - Carta 44/56 €

◆ Negocio familiar instalado en una casa de piedra, con una sala de línea funcional donde le ofrecerán una cocina bastante interesante. Menú al mediodía y carta por la noche. También cuenta con algunas habitaciones como complemento, algo sencillas pero limpias.

BOT - Tarragona - 574 I31 - 683 h. - alt. 290 m 13 A3

Madrid 474 - Lleida/Lérida 100 - Tarragona 102 - Tortosa 53

Can Josep

av. Catalunya 34 ✉ 43785 - ✆ 977 42 82 40 - www.canjosep.com - cerrado Navidades y del 1 al 15 de julio

9 hab - 77 € **Rest** - Menú 17 €

◆ Hotelito familiar en el que la carencia de zona noble se compensa con unas habitaciones espaciosas, equipadas con mobiliario moderno y baños actuales. Su restaurante, que presenta un correcto montaje, elabora platos tradicionales a precios moderados.

ESPAÑA

BREDA - Girona - 574 G37 - 3 771 h. - alt. 169 m 15 A1

Madrid 658 - Barcelona 56 - Girona/Gerona 53 - Vic 48

XX **Fonda Montseny** con hab

pl. Trunas 1 ✉ 17400 - ✆ 972 16 02 94 - www.fondamontsenybreda.es
- cerrado octubre
11 apartamentos - ††75 €, ☕ 5 €
Rest - *(cerrado martes)* Menú 45/70 € - Carta 40/65 €
♦ Presenta una terraza a la entrada, un buen bar, donde sirven el menú, y un comedor a la carta de notable montaje. Cocina clásica de corte tradicional e internacional. Como complemento al negocio ofrece unos apartamentos, todos actuales y bien equipados.

X **El Romaní de Breda**

Joan XXIII-36 ✉ 17400 - ✆ 972 87 10 51 - www.elromanidebreda.cat
- cerrado 22 diciembre-6 enero, domingo noche y jueves salvo festivos
Rest - *(solo almuerzo de septiembre a mayo salvo viernes y sábado)*
Carta aprox. 34 €
♦ Amable negocio familiar dotado con tres comedores de línea clásica y un privado junto a la bodega. Elaboraciones caseras arraigadas en la cultura gastronómica de la zona.

BRIHUEGA - Guadalajara - 576 - 575 J21 - 2 835 h. - alt. 897 m 10 C1

Madrid 92 - Toledo 162 - Guadalajara 36 - Soria 153

ESPAÑA

Niwa sin rest

paseo Jesús Ruíz Pastor 16 ✉ 19400 - ✆ 949 28 12 99 - www.hotelspaniwa.com
10 hab - ††115/135 €, ☕ 10 €
♦ Moderno, exclusivo y pensado para su relax. Presenta unas habitaciones de completo equipamiento y un coqueto SPA, especializado en masajes orientales y tratamientos estéticos.

Hospedería Princesa Elima

paseo de la Fábrica 15 ✉ 19400 - ✆ 949 34 00 05
- www.hospederiaprincesaelima.com
20 hab - †40/50 € ††52/80 €, ☕ 5 € **Rest** - Menú 11 €
♦ Hotel de organización familiar que sorprende por su decoración, con elementos de inspiración árabe y mobiliario de anticuario. Habitaciones detallistas de buen confort. Su restaurante, de ambiente castellano, está especializado en asados y carnes a la brasa.

BRIÑAS - La Rioja - 573 E21 - 252 h. - alt. 454 m 21 A2

Madrid 328 - Bilbao 99 - Burgos 96 - Logroño 49

Hospedería Señorío de Briñas sin rest

travesía de la calle Real 3 ✉ 26290 - ✆ 941 30 42 24
- www.hotelesconencantodelarioja.com
20 hab ☕ - †68/90 € ††89/119 €
♦ Bello palacete del s. XVIII decorado con mobiliario de época. Todas sus habitaciones resultan confortables, sin embargo, las de la última planta destacan por su mejor montaje.

BRIONES - La Rioja - 573 E21 - 867 h. - alt. 501 m 21 A2

Madrid 333 - Burgos 99 - Logroño 34 - Vitoria-Gasteiz 54

Museo de la Cultura del Vino-Dinastía Vivanco★ Sureste : 1 km

Casa El Mesón sin rest

travesía de la Estación 3 ✉ 26330 - ✆ 941 32 21 78 - www.elmesonbriones.es
8 hab - †28/33 € ††40/45 €, ☕ 4 €
♦ Agradable casa rural en piedra y ladrillo. Dispone de unas cálidas habitaciones con los techos en madera, mobiliario rústico y baños modernos. Amable organización familiar.

XX **Los Calaos de Briones** con hab

San Juan 13 ✉ 26330 – ✆ 941 32 21 31 – www.loscalaosdebriones.com – cerrado del 1 al 15 de enero

4 hab – ††58 €, ☕ 4 €

Rest – *(cerrado lunes) (solo almuerzo salvo viernes, sábado y verano)*
Carta 23/37 €

♦ Resulta céntrico y está llevado por dos amables matrimonios. Encontrará dos salas abovedadas, que ocupan las antiguas bodegas de la casa, y una carta de base tradicional. También dispone de unas coquetas habitaciones que le sorprenderán por sus detalles.

BRIVIESCA – Burgos – 575 E20 – 7 843 h. – alt. 725 m   12 C1

Madrid 285 – Burgos 42 – Vitoria-Gasteiz 78

Santa María Encimera 1, ✆ 947 59 39 39, www.turismo-briviesca.com

El Valles

carret. Madrid-Irún, km 280 ✉ 09240 – ✆ 947 59 00 25 – www.hotelelvalles.com – cerrado del 10 al 30 de enero

47 hab ☕ – †50/65 € ††60/85 €

Rest *El Valles* – ver selección restaurantes

♦ Lo encontrará junto a la carretera. Tras su frontal acristalado dispone de una correcta recepción con zona social, ascensores panorámicos y habitaciones de estilo actual.

Isabel sin rest, con cafetería

Santa María Encimera 21 ✉ 09240 – ✆ 947 59 29 59 – www.hotel-isabel.com

21 hab – †36/39 € ††48/60 €, ☕ 4 €

♦ Hotel de línea actual dotado con una cafetería pública, muy popular por sus pinchos y raciones. Sus cuidadas habitaciones poseen mobiliario funcional y suelos en madera.

XX **El Valles** – Hotel El Valles

carret. Madrid-Irún, km 280 ✉ 09240 – ✆ 947 59 00 25 – www.hotelelvalles.com – cerrado del 10 al 30 de enero

Rest – Menú 35/60 € – Carta 32/52 €

♦ Restaurante de montaje clásico dotado con dos salas, unas de ellas acristalada, y un buen salón de banquetes. De sus fogones surge una cocina tradicional actualizada.

X **El Concejo**

pl. Mayor 14 ✉ 09240 – ✆ 947 59 16 86 – www.restauranteelconcejo.com

Rest – Carta 29/40 €

♦ Céntrico y atractivo restaurante dotado con dos salas rústicas, una con chimenea y otra, en el piso superior, con el techo abuhardillado. Amplia carta de sabor tradicional.

BRONCHALES – Teruel – 574 K25 – 480 h. – alt. 1 569 m   3 B3

Madrid 261 – Teruel 55 – Zaragoza 184

Suiza ⛰   hab,

Fombuena 8 ✉ 44367 – ✆ 978 70 10 89 – www.hotelsuiza.es

45 hab – †39 € ††43 €, ☕ 6 €

Rest – Menú 15 €

♦ Céntrico hotelito rodeado de bellos paisajes y numerosas fuentes. Todas sus habitaciones resultan confortables, sin embargo, las del anexo gozan de un nivel superior. Su espacioso comedor, de línea clásica-regional, está decorado con trofeos de caza mayor.

¿Buenas comidas a precios moderados? Elija un Bib Gourmand.

ESPAÑA

BROTO – **Huesca** – **574** E29 – **542 h.** – **alt. 905 m** **4** C1

Madrid 484 – Huesca 94 – Jaca 56

Pradas rest,

av. de Ordesa 7 ✉ 22370 – ☎ 974 48 60 04 – www.hotelpradasordesa.com – cerrado febrero

24 hab – 30/60 € 50/75 €, 7 € – 8 suites

Rest – Menú 14/30 € – Carta 24/39 €

♦ Construcción pirenaica con la fachada en piedra. Cálida zona social con chimenea y habitaciones personalizadas, destacando ocho con salón independiente y tres abuhardilladas. Su agradable restaurante ofrece un buen montaje y una carta regional.

BROZAS – **Cáceres** – **576** N9 – **2 112 h.** – **alt. 411 m** **17** B1

Madrid 332 – Mérida 119 – Cáceres 51 – Castelo Branco 95

Convento de la Luz hab,

carret. de Herreruela, Sureste : 1 km ✉ 10950 – ☎ 927 39 54 39 – www.gruporiodehoteles.com

25 hab – 57/109 € 57/133 € **Rest** – Carta 30/45 €

♦ Antiguo convento franciscano orientado al turismo de naturaleza y relax. Ofrece un patio central, un gran salón en la capilla y amplias habitaciones, todas de confort actual. El restaurante, de cocina actual, se reparte entre varios rincones y privados.

El BRULL – **Barcelona** – **574** G36 – **255 h.** – **alt. 843 m** **14** C2

Madrid 635 – Barcelona 65 – Manresa 51

Osona Montanyë, Oeste : 3 km, ☎ 93 884 01 70

El Castell

✉ 08559 – ☎ 938 84 00 63 – www.elcastelldelbrull.com – cerrado septiembre y miércoles

Rest – *(solo almuerzo salvo fines de semana y festivos)* Carta 20/44 €

♦ Emplazado en un promontorio. Posee un bar, donde montan mesas para el menú, el salón principal y una sala más rústica en el piso superior. Carta regional con guisos de carne.

en el Club de Golf Oeste : 3 km

L'Estanyol

✉ 08559 El Brull – ☎ 938 84 03 54 – www.restaurantestanyol.com

Rest – *(solo almuerzo de septiembre a junio salvo viernes y sábado)* Carta 32/51 €

♦ Antigua masía ubicada junto a un campo de golf. Posee un bar, donde sirven el menú, y varios comedores de línea rústica-elegante. Cocina tradicional, regional e internacional.

BUENAVISTA DEL NORTE – **Santa Cruz de Tenerife** – **ver Canarias (Tenerife)**

BUENDIA – **Cuenca** – **576** K21 – **485 h.** – **alt. 741 m** **10** C1

Madrid 131 – Toledo 203 – Cuenca 101 – Guadalajara 74

La Casa de las Médicas hab,

San Pedro 2 ✉ 16512 – ☎ 969 37 31 45 – www.lacasadelasmedicas.com – cerrado enero-15 febrero

10 hab – 65 €, 5 € – 2 suites

Rest – *(sólo fines de semana y festivos)* Carta 29/44 €

♦ Ocupa la antigua casa del médico. Sus habitaciones están personalizadas en un bello estilo rústico, con los suelos en tarima y originales pinturas al fresco en las paredes. Dispone de dos correctos comedores, el más atractivo ubicado en una cueva-bodega.

BUERA – Huesca – 574 F30 – 100 h. – alt. 522 m 4 C1

Madrid 432 – Huesca 49 – Lleida/Lérida 95

La Posada de Lalola

La Fuente 14 ✉ 22146 – ✆ 974 31 84 37 – www.laposadadelalola.com – cerrado del 6 al 30 de enero

7 hab – †60/70 € ††80/90 €, ☐ 7 €

Rest ***Lalola*** – ver selección restaurantes

♦ Pequeño hotel con la recepción en el restaurante. Antigua casa restaurada, con habitaciones acogedoras y coquetas que emanan calidez en un estilo rústico actual.

Lalola – Hotel La Posada de Lalola

pl. Mayor ✉ 22146 – ✆ 974 31 84 37 – www.laposadadelalola.com – cerrado del 6 al 30 de enero

Rest – *(cerrado lunes) (solo menú)* Menú 30 €

♦ De sencilla organización a modo de casa particular, recreando un entorno íntimo y acogedor con cierto aire bohemio. Trabaja sin carta, basándose en los platos del día.

BUEU – Pontevedra – 571 F3 – 12 368 h. – Playa 19 A3

Madrid 621 – Pontevedra 19 – Vigo 32

Loureiro con hab

rest,

playa de Loureiro, 13, Noreste : 1 km ✉ 36930 – ✆ 986 32 07 19 – www.restauranteloureiro.com

26 hab ☐ – †30/50 € ††40/70 €

Rest – *(cerrado domingo noche salvo verano)* Carta 21/57 €

♦ Negocio familiar ubicado en 1ª línea de playa. Posee dos salas de buen montaje y un comedor para banquetes en el piso inferior. Carta marinera con un apartado de mariscos. También tiene habitaciones, todas actuales y la mitad con vistas a la ría de Pontevedra.

BURELA – Lugo – 571 B7 – 9 536 h. 20 D1

Madrid 612 – A Coruña 157 – Lugo 108

Palacio de Cristal

av. Arcadio Pardiñas 154 ✉ 27880 – ✆ 982 58 58 03 – www.hotelpalaciodecristal.com – cerrado 24 diciembre-7 enero

29 hab – †24/36 € ††36/60 €, ☐ 4,50 €

Rest ***Palacio de Cristal*** – ver selección restaurantes

♦ ¡Céntrico, funcional y con una clientela habitual de comerciales! Las habitaciones pueden resultar algo sencillas, sin embargo todas poseen baños completos.

Palacio de Cristal – Hotel Palacio de Cristal

av. Arcadio Pardiñas 154 ✉ 27880 – ✆ 982 58 58 03 – www.hotelpalaciodecristal.com – cerrado 24 diciembre-7 enero

Rest – Menú 20 € – Carta 30/45 €

♦ Con varios comedores de sencillo ambiente rústico. Lo mejor de este restaurante es que ofrece mariscos de su propia cetárea, sin embargo aquí también encontrará una parrilla para las carnes a la brasa y una zona que funciona como pulpería.

O BURGO – A Coruña – ver A Coruña

El BURGO DE OSMA – Soria – 575 H20 – 5 287 h. – alt. 895 m 12 C2

Madrid 183 – Aranda de Duero 56 – Soria 56

pl. Mayor 9, ✆ 975 36 01 16, www.burgosma.es

Catedral★ (sepulcro de Pedro de Osma★, museo : documentos antiguos y códices miniados★)

ESPAÑA

Il Virrey

Mayor 2 ✉ 42300 – ✆ 975 34 13 11 – www.virreypalafox.com – cerrado 21 diciembre-8 enero
52 hab – **†50/70 € ††60/100 €**, ☕ 12 €
Rest *Virrey Palafox* – ver selección restaurantes
◆ Ofrece detalles de gran elegancia, con un impresionante hall, una lujosa zona social y habitaciones de buen nivel definidas por el mobiliario en forja o torneado en madera.

Hospedería El Fielato sin rest

av. Juan Carlos I-1 ✉ 42300 – ✆ 975 36 82 36 – www.hospederiaelfielato.es
21 hab ☕ – **†35/55 € ††55/65 €**
◆ Con su nombre rinde un homenaje al carácter histórico del edificio, ya que aquí se pagaban los tributos e impuestos. Ofrece habitaciones de línea clásica y correcto confort.

Posada del Canónigo sin rest

San Pedro de Osma 19 ✉ 42300 – ✆ 975 36 03 62 – www.posadadelcanonigo.es
11 hab ☕ – **†60/70 € ††70/80 €**
◆ Atractivo edificio del s. XVII rehabilitado con acierto. Posee cálidas zonas sociales y habitaciones de buen confort, con gran profusión de madera y mobiliario de anticuario.

Virrey Palafox – Hotel Il Virrey

Universidad 7 ✉ 42300 – ✆ 975 34 02 22 – www.virreypalafox.com – cerrado 22 diciembre-8 enero, domingo noche y lunes
Rest – Carta 27/51 €
◆ Negocio familiar con cierto renombre en la zona. Posee varias salas de estilo castellano que destacan por sus atractivas vidrieras de colores. Completa carta tradicional.

BURGOHONDO – Ávila – 575 K15 – 1 279 h. – alt. 846 m — 11 B3

Madrid 156 – Valladolid 183 – Avila 43 – Toledo 124

El Linar del Zaire

carret. Avila-Casavieja 42 B ✉ 05113 – ✆ 920 28 40 91 – www.ellinardelzaire.com – cerrado 16 enero-6 febrero
17 hab ☕ – **†44 € ††65 €**
Rest – *(cerrado domingo noche, lunes noche y martes noche)* Menú 12 € – Carta 28/42 €
◆ Ocupa un robusto edificio de granito que antiguamente se utilizó como la escuela de la localidad. Ofrece cuidados exteriores y amplias habitaciones de estilo rústico-actual. El restaurante posee un buen montaje y amplios ventanales con vistas al jardín.

BURGOS P – 575 E18/ E19 – 178 574 h. – alt. 856 m — 12 C2

Madrid 239 – Bilbao 156 – Santander 154 – Valladolid 125
pl. Alonso Martínez 7, ✆ 947 20 31 25, www.turismocastillayleon.com
Nuño Rasura 7, ✆ 947 28 88 74
R.A.C.E. av. Arlanzón (edif. Villapilar) ✆ 947 27 40 63

Catedral★★★ (crucero, coro y Capilla Mayor★★, Girola★, capilla del Condestable★★, capilla de Santa Ana★) A – Museo de Burgos★ (arqueta hispanoárabe★, frontal de Santo Domingo★, sepulcro de Juan de Padilla★) B**M1** – Arco de Santa María★ A**B** – Iglesia de San Nicolás : retablo★ A- Iglesia de San Esteban★ A

Real Monasterio de las Huelgas★★ (sala Capitular : pendón★, museo de telas medievales★★) por av. del Monasterio de las Huelgas A – Cartuja de Miraflores : iglesia★ (conjunto escultórico de la Capilla Mayor★★★) B

NH Palacio de la Merced

La Merced 13 ✉ *09002 – ✆ 947 47 99 00*
– www.nh-hotels.com Ab
107 hab – 89/259 €, 16 € – 3 suites
Rest – *(cerrado domingo noche)* Menú 27 € – Carta 35/63 €

◆ Antiguo convento de fines del s. XVI que conserva la fachada y el claustro originales. Sus dependencias cuentan con mobiliario escogido y detalles de diseño en la decoración. Elegante restaurante de línea actual con atractiva carta de autor.

Abba Burgos

Fernán González 72 ✉ *09003 – ✆ 947 00 11 00 – www.abbaburgoshotel.com*
114 hab – 65/140 €, 13 € Aa
Rest – *(cerrado domingo)* Carta 33/47 €

◆ Magnífico hotel ubicado a escasos metros de la Catedral. Ofrece habitaciones de gran amplitud y equipamiento, muchas de ellas con terraza y algunas con su propio jardín. Restaurante luminoso y moderno donde se fusionan la cocina tradicional y la de autor.

Velada Burgos

Fernán González 10 ✉ *09003 – ✆ 947 25 76 80 – www.veladahoteles.com*
64 hab – 65/270 €, 14 € Ax
Rest ***El Tostado*** – *(cerrado domingo y lunes)* Carta 30/50 €

◆ Está instalado en un palacio del s. XVI que goza de cierto encanto. Correcto hall con sofás y modernas habitaciones, todas con salón independiente y algunas tipo dúplex. Su elegante restaurante ocupa un patio interior con el techo completamente acristalado.

ESPAÑA

BURGOS

Almirante Bonifaz . . . . B 2
Alonso Martínez (Pl. de) . . . . B 3
Aparicio y Ruiz. . . . . A 5
Arlanzón (Av. del). . . . . B 6
Cid Campeador (Av. del). . . . . B 8
Conde de Guadalhorce (Av.) . . . . A 9
Eduardo Martínez del Campo . . . . A 10
España (Pl.) . . . . B 12
Gen. Santocildes. . . . . B 15
Libertad (Pl. de la) . . . . B 16
Mayor (Pl.) . . . . AB 18
Miranda . . . . B 20
Monasterio de las Huelgas (Av. del) . . . . A 21
Nuño Rasura . . . . A 23
Paloma (La) . . . . A 24
Reyes Católicos (Av. de los). . . . . B 26
Rey San Fernando (Pl. del). . . . . . A 27
Santo Domingo de Guzmán (Pl. de) . . . . B 28
Vitoria . . . . B

AC Burgos sin rest
paseo de la Audiencia 7 ✉ 09003 – ☎ 947 25 79 66 – www.hotelacburgos.com
70 hab – ††65/140 €, ☕ 14 € – 2 suites Az
◆ Sorprende por tener una fachada clásica que contrasta con su interior, de tintes vanguardistas. Moderno patio-distribuidor y habitaciones actuales de completo equipamiento.

Rice
av. de los Reyes Católicos 30, por av. de los Reyes Católicos ✉ 09005 – ☎ 947 22 23 00 – www.hotelrice.com
50 hab – ††60/175 €, ☕ 10 € **Rest** – *(cerrado domingo noche)* Menú 16 €
◆ La profusión de maderas nobles y el alto confort definen un entorno de gran elegancia. Decoración de inspiración inglesa con mobiliario y materiales escogidos. El comedor, de estilo clásico, centra su trabajo en un menú diario y una pequeña carta tradicional.

Almirante Bonifaz
Vitoria 22 ✉ 09004 – ☎ 947 20 69 43 – www.almirantebonifaz.com
79 hab – ††60/160 €, ☕ 11 € Ba
Rest – *(solo clientes)* Carta 24/35 €
◆ Posee un buen confort general y está muy enfocado al cliente de negocios. Pone a su disposición cuidadas habitaciones de aire actual y salas de reuniones polivalentes. El restaurante, muy enfocado al cliente alojado, ofrece una sencilla carta tradicional.

Corona de Castilla
Madrid 15 ✉ 09002 – ☎ 947 26 21 42 – www.hotelcoronadecastilla.com
87 hab – †57/80 € ††57/90 €, ☕ 10 € **Rest** – Menú 14 € Bp
◆ Muy próximo a la estación de autobuses. Dispone de confortables habitaciones con los suelos en parquet y mobiliario funcional en la mayoría de los casos. Aseos actuales. El restaurante, sencillo y de carácter polivalente, ofrece básicamente un amplísimo menú.

Azofra
Don Juan de Austria 22, por ③ ✉ 09001 – ☎ 947 46 20 03 – www.hotelazofra.com
29 hab – †56/70 € ††65/100 €, ☕ 5 €
Rest ***Azofra*** – ver selección restaurantes
◆ Ubicado en la zona universitaria. Tiene acogedoras habitaciones con los suelos en tarima y mobiliario clásico, destacando las abuhardilladas y las que disponen de galería.

María Luisa sin rest
av. del Cid Campeador 42, por av. del Cid Campeador ✉ 09005 – ☎ 947 22 80 00 – www.marialuisahotel.com
46 hab – †50/90 € ††55/120 €, ☕ 7 €
◆ Instalaciones de estilo clásico elegante. Su escasa zona noble se compensa con unas habitaciones detallistas y bien equipadas, todas ellas con baños de línea actual.

Mesón del Cid
pl. Santa María 8 ✉ 09003 – ☎ 947 20 87 15 – www.mesondelcid.es
53 hab – †60/200 € ††60/225 €, ☕ 13 € Ah
Rest ***Mesón del Cid*** – ver selección restaurantes
◆ Disfruta de una excelente ubicación frente a la Catedral. Sus habitaciones se distribuyen en dos edificios de la misma calle, siendo las del anexo más completas y actuales.

Norte y Londres sin rest
pl. de Alonso Martínez 10 ✉ 09003 – ☎ 947 26 41 25 – www.hotelnorteylondres.com Br
50 hab – †45/60 € ††45/65 €, ☕ 7 €
◆ Está considerado como el hotel decano de Burgos, ya que abrió sus puertas en 1904. Tras su cuidada fachada encontrará unas dependencias bien equipadas de estilo clásico.

Cordón sin rest
La Puebla 6 ✉ 09004 – ☎ 947 26 50 00 – www.hotelcordon.com B**e**
35 hab – ♦40/100 € ♦♦50/175 €, ☕ 8 €
◆ Toma el nombre de la histórica Casa del Cordón, a escasos metros. Ofrece un moderno hall-recepción y habitaciones clásicas con los suelos en madera, algunas abuhardilladas.

Puerta de Burgos
Vitoria 69, por ① ✉ 09006 – ☎ 947 24 10 00 – www.puertadeburgos.es
159 hab – ♦♦49/160 €, ☕ 8 € – 3 suites
Rest *El Portón de Burgos* – *(cerrado domingo noche)* Carta 30/40 €
◆ Presenta una zona social de línea clásica-actual, varios salones panelables y unas habitaciones que resultan funcionales, con los suelos en tarima y baños de estética actual. El comedor cuenta con un acceso independiente y está distribuido en varios niveles.

La Puebla sin rest
La Puebla 20 ✉ 09004 – ☎ 947 20 00 11 – www.hotellapuebla.com
– cerrado 20 diciembre-8 enero B**q**
19 hab – ♦55/65 € ♦♦65/85 €, ☕ 8 €
◆ Tiene la recepción en el 1er piso, junto a su zona social, y unas habitaciones que gozan de cierto encanto, no muy amplias pero bastante bien personalizadas en su decoración.

Entrearcos sin rest, con cafetería
Paloma 4 ✉ 09003 – ☎ 947 25 29 11 – www.hotelentrearcos.com A**v**
14 hab – ♦50/75 € ♦♦54/95 €, ☕ 8 €
◆ Destaca por su céntrica situación y su planteamiento comercial, con un enfoque muy turístico. Sus habitaciones, algo pequeñas y funcionales, resultan modernas y confortables.

Casa Ojeda
Vitoria 5 ✉ 09004 – ☎ 947 20 90 52 – www.grupojeda.es – cerrado domingo noche
Rest – Carta 34/53 € B**c**
◆ Este negocio centenario posee, en el mismo edificio, un bar-cafetería, una pastelería y una tienda de delicatessen. Encontrará dos salas de aire castellano y tres privados.

Mesón del Cid – Hotel Mesón del Cid
pl. de Santa María 8 ✉ 09003 – ☎ 947 20 87 15 – www.mesondelcid.es
– cerrado domingo noche A**h**
Rest – Carta 30/45 €
◆ Ubicado en una casa del s. XV que conserva toda la sobriedad de la decoración castellana. Salas rústicas con profusión de madera y viguería vista. Buena bodega.

La Vianda
av. de la Paz 11 ✉ 09004 – ☎ 947 24 31 85 – www.restaurantelavianda.com
– cerrado domingo noche y lunes salvo festivos B**v**
Rest – Carta 27/46 €
◆ Local de estética actual y decoración moderna gestionado por un amable matrimonio, ambos en cocina. Elaboraciones de autor con productos de temporada y una nutrida bodega.

Azofra – Hotel Azofra
Juan de Austria 22, por ③ ✉ 09001 – ☎ 947 46 10 50 – www.hotelazofra.com
– cerrado domingo noche
Rest – Carta 36/65 €
◆ Posee un bar con dos hornos de leña a la vista, un comedor castellano definido por la profusión de madera y una sala para banquetes. La especialidad es el cordero asado.

Ponte Vecchio
Vitoria 111 (pasaje), por ① ✉ 09006 – ☎ 947 22 56 50 – www.pontevecchio.es
– cerrado lunes
Rest – Carta 21/33 €
◆ Restaurante de cocina italiana que, al igual que sus homólogos de Valladolid y Palencia, ostenta un exquisito gusto decorativo. Comedor de esmerado montaje en varios niveles.

XX **Puerta Real**

pl. Rey San Fernando 9 ✉ 09003 – ☎ 947 26 52 00 – www.puertareal.es – cerrado domingo noche A**u**

Rest – Menú 30/65 € – Carta 38/47 €

♦ Destaca por su excelente ubicación en la plaza de la Catedral, con un bar de tapas a la entrada y una sala de montaje actual. Cocina actualizada y un menú fiel a la tradición.

XX **Fábula**

La Merced 19 ✉ 09002 – ☎ 947 26 30 92 – www.restaurantefabula.com – cerrado domingo noche y lunes salvo festivos o vísperas A**b**

Rest – Carta 27/55 €

♦ Restaurante llevado por un amable matrimonio, con él en la sala y ella al frente de los fogones. Recrea dos ambientes de estética moderna y propone una cocina de tinte actual.

XX **L´Arruzz**

pl. Rey San Fernando ✉ 09003 – ☎ 947 27 80 00 – cerrado domingo noche y lunes noche en octubre-mayo A**d**

Rest – Carta 27/45 €

♦ Se puede acceder por dos calles, aunque la entrada más usada es la que da a la plaza de la Catedral, donde montan la terraza. Encontrará una carta de cocina tradicional y regional... con un buen apartado de arroces tradicionales y caldosos.

ESPAÑA

La Favorita

Avellanos 8 ✉ 09003 – ☎ 947 20 59 49 – www.lafavoritaburgos.com B**d**

Rest – Tapa 2 € – Ración aprox. 15 €

♦ Bar de tapas neorrústico que conserva las paredes originales en ladrillo visto y piedra. Cuenta con un comedor y destaca por la calidad de sus pinchos y carnes a la brasa.

La Cabaña Arandina

Sombrerería 12 ✉ 09003 – ☎ 947 26 19 32 A**c**

Rest – Tapa 2 € – Ración aprox. 7 €

♦ En la zona más popular para tapear. Construcción baja a modo de cabaña, con el techo en madera, decoración actual y terraza en verano. Carta completa de raciones y pinchos.

en la autovía A I por ② :

Landa

3,5 Km ✉ 09001 Burgos – ☎ 947 25 77 77 – www.landa.as

39 hab – †136/160 € ††170/200 €, ☕ 16 €

Rest – *(cerrado domingo noche salvo verano)* Carta 45/65 €

♦ Magnífico hotel que recrea la estética de un castillo. Posee amplias zonas nobles y habitaciones personalizadas, la mitad de ellas con hidromasaje en los baños. Acogedor comedor clásico-regional para el almuerzo y un salón de aire medieval para las cenas.

CABANAMOURA – A Coruña – 571 D3 — 19 A2

Madrid 646 – Santiago de Compostela 47 – A Coruña 79 – Pontevedra 78

Casa Perfeuto María — hab, rest

✉ 15237 – ☎ 981 85 10 09 – www.casaperfeutomaria.com

6 hab – †42/52 € ††52/65 €, ☕ 7 €

Rest – Menú 17/21 €

♦ Confortable casa rural dotada con una zona ajardinada. Su interior combina la piedra y la madera, destacando el mobiliario antiguo y las llamativas ventanas en tonos azules. En su coqueto comedor sirven un menú casero con productos de la zona.

CABANAS – A Coruña – 571 B5 – 3 375 h. – alt. 79 m 19 B1

Madrid 600 – Santiago de Compostela 83 – A Coruña 40 – Lugo 105

XX **O Muiño de Trigo**

Modias 2 - San Martín do Porto, Oeste : 1 km ✉ 15621 – ✆ 981 43 21 85 – www.restaurantemuinodetrigo.com – cerrado 10 días en mayo, del 15 al 30 de octubre, domingo noche y lunes

Rest – Carta 30/40 €

◆ ¡Ideal para una velada romántica! En este antiguo molino de agua encontrará unos coquetos espacios de aire rústico y una atractiva terraza. Carta tradicional y selecta bodega.

CABEZÓN DE LA SAL – Cantabria – 572 C17 – 8 322 h. – alt. 128 m 8 B1

Madrid 401 – Burgos 158 – Oviedo 161 – Palencia 191

pl. Ricardo Botín, ✆ 942 70 03 32, www.cabezondelasal.net

El Jardín de Carrejo sin rest

Sur : 1,5 km ✉ 39509 Carrejo – ✆ 942 70 15 16 – www.eljardindecarrejo.com

12 hab – 🛉79/98 € 🛉🛉89/122 €, ☕ 11 €

◆ Casona rodeada por un extenso y hermoso jardín. Sorprende la modernidad y armonía de su interior, con estancias donde se combinan distintas maderas en diseños limpios y puros.

X **La Villa**

pl. de la Bodega ✉ 39500 – ✆ 942 70 17 04 – www.restaurantelavillacabezon.com – cerrado 22 diciembre-7 enero,15 días en septiembre, domingo noche y lunes salvo agosto

Rest – *(solo almuerzo salvo viernes y sábado en invierno)* Menú 15 € – Carta aprox. 33 €

◆ Céntrico y de reducidas dimensiones. Dispone de un pequeño bar de apoyo y una sala de estilo funcional, con detalles clásicos y los suelos en tarima. Cocina tradicional.

CABEZÓN DE LIÉBANA – Cantabria – 572 C16 – 690 h. – alt. 779 m 8 A1

Madrid 404 – Santander 111 – Palencia 173

Casona Malvasia sin rest

Cabariezo, Noroeste : 1 km ✉ 39571 – ✆ 942 73 51 48 – www.hotelcasonamalvasia.com – cerrado 15 diciembre-enero

8 hab – 🛉70/100 € 🛉🛉86/100 €, ☕ 10 €

◆ Hotel de aire montañés construido sobre una bodega visitable. Ofrece un salón social con chimenea y habitaciones de elegante ambiente rústico personalizadas en su decoración.

CABEZUELA DEL VALLE – Cáceres – 576 L12 – 2 255 h. – alt. 500 m 18 C1

Madrid 229 – Mérida 187 – Cáceres 119 – Salamanca 116

Tauro sin rest

Hondón 53-55 ✉ 10610 – ✆ 927 47 20 78 – www.apartamentostauro.es

6 apartamentos – 🛉🛉50/60 €, ☕ 3 €

◆ Instalado en un atractivo edificio de aire rústico. Presenta la recepción en el bar de la planta baja y unos apartamentos bien equipados, todos con cocina y salón polivalente.

CABO – ver a continuación y el nombre propio del cabo

CABO DE GATA – Almería – 578 V23 – 1 377 h. – Playa 2 D2

Madrid 576 – Almería 30

Blanca Brisa hab, rest,

Las Joricas 49 ✉ 04150 – ✆ 950 37 00 01 – www.blancabrisa.com – cerrado octubre

34 hab ☕ – 🛉30/65 € 🛉🛉50/77 € **Rest** – Menú 10 €

◆ Negocio familiar orientado tanto al cliente vacacional como al de empresa. Sus habitaciones resultan espaciosas y actuales, además todas disponen de terraza. El restaurante centra su quehacer diario en la elaboración de platos de carácter tradicional.

ESPAÑA

CABO DE PALOS - Murcia - 577 T27 - 889 h. 23 B3

Madrid 465 - Alacant/Alicante 108 - Cartagena 26 - Murcia 75

La Tana

paseo de la Barra 33 ✉ 30370 - ☎ 968 56 30 03 - www.la-tana.com - cerrado febrero

Rest - Carta 25/47 €

◆ Negocio familiar ubicado en la zona del puerto, con comedores de correcto montaje y una carta rica en pescados y mariscos. Su terraza disfruta de buenas vistas al mar.

CABRA - Córdoba - 578 T16 - 21 266 h. - alt. 350 m 2 C2

Madrid 419 - Sevilla 200 - Córdoba 82 - Málaga 112

Fuente las Piedras hab,

av Fuente las Piedras ✉ 14940 - ☎ 957 52 97 40 - www.mshoteles.com

61 hab - 50/80 € 55/107 € **Rest** - Menú 15/20 € - Carta aprox. 30 €

◆ Se presenta con una agradable zona verde, una amplia recepción, la zona social en un patio interior y habitaciones de línea clásica, todas decoradas en tonos rojos y madera. El restaurante, bastante luminoso, combina los desayunos con una carta tradicional.

San Martín

pl. España 14 ✉ 14940 - ☎ 957 52 51 31 - cerrado agosto y jueves

Rest - Carta 22/42 €

◆ Este pequeño mesón cuenta con un bar a la entrada, un pasillo tipo patio y al fondo el comedor, lleno de cuadros, fotos y detalles rústicos. Cocina regional actualizada.

ESPAÑA

CABRILS - Barcelona - 574 H37 - 7 108 h. - alt. 147 m 15 B3

Madrid 650 - Barcelona 23 - Mataró 7

Mas de Baix sin rest

passeig Tolrà 1 ✉ 08348 - ☎ 937 53 80 84 - www.hotelmasdebaix.com - cerrado del 1 al 15 de enero

9 hab - 90/110 € 110/140 €, 10 €

◆ Se trata de una hermosa y céntrica casona que data del s. XVII. Ofrece zonas sociales de aire rústico, habitaciones personalizadas en su decoración y un entorno muy cuidado.

Ca L'Estrany

camí Coll de Port 19 ✉ 08348 - ☎ 937 50 70 66 - www.calestrany.com - cerrado domingo noche y lunes salvo festivos

Rest - Menú 19 € - Carta 30/40 €

◆ Instalado en una masía del s. XV. Presenta una decoración rústica-moderna, con algún detalle vanguardista, así como una terraza exterior y una cocina tradicional actualizada.

Hostal de la Plaça con hab rest,

pl. de l'Esglesia 32 ✉ 08348 - ☎ 937 53 19 02 - www.hostaldecabrils.cat - cerrado 7 días en febrero y 24 septiembre-8 octubre

14 hab - 62/100 € 72/110 €, 6,50 €

Rest - *(cerrado domingo noche y lunes)* Carta 33/58 €

◆ Casa con solera y tradición en la zona. Posee varios privados de aire regional y unos buenos comedores, dos de ellos acristalados y con vistas. Cocina regional y de temporada. También ofrece habitaciones, algo pequeñas pero con un atractivo aire mediterráneo.

CABUEÑES - Asturias - ver Gijón

CACABELOS - León - 575 E9 - 5 498 h. 11 A1

Madrid 393 - León 116 - Lugo 108 - Ponferrada 14

Santa María sin rest

Santa María 20-A ✉ 24540 - ☎ 987 54 95 88 - www.hostalsantamaria.net - cerrado 18 diciembre - 12 enero

20 hab - 28/41 €, 4 €

◆ Céntrico y de atención familiar. Dispone de una correcta zona social y unas confortables habitaciones, todas ellas con buen mobiliario y baños completos.

La Moncloa de San Lázaro con hab

Cimadevilla 97 ✉ 24540 – ☎ 987 54 61 01 – www.moncloadesanlazaro.com
8 hab – ††70/130 €, ☕ 8 € **Rest** – Menú 25 € – Carta aprox. 35 €
♦ Se construyó sobre un antiguo hospital de peregrinos, con profusión de piedra y madera. Tienda con productos del Bierzo, comedores de aire rústico y una carta regional. También ofrece habitaciones que dan continuidad a la estética reinante en la casa, todas confortables y con mobiliario de anticuario.

en Canedo Noreste : 6,5 km

Palacio de Canedo con hab

La Iglesia ✉ 24546 Canedo – ☎ 987 56 33 66 – www.pradaatope.es
14 hab ☕ – †91/265 € ††106/270 €
Rest – *(cerrado domingo noche)* Carta 27/35 €
♦ Este hermoso palacio está rodeado de viñedos y es la sede de los Prada a Tope. Disfruta de un cálido bar, una preciosa tienda y dos comedores de ambiente rústico-antiguo. Sus habitaciones resultan sumamente originales, ya que presentan mobiliario rústico diseñado por el mismo propietario.

CÁCERES P – 576 N10 – 94 179 h. – alt. 439 m **17** B2

Madrid 307 – Coimbra 292 – Córdoba 325 – Salamanca 217
pl. Mayor, ☎ 927 01 08 34
Norba,, urb. Ceres Golf, por la carret. de Mérida : 6 km, ☎ 927 23 14 41
El Cáceres Viejo★★★ BYZ: Plaza de Santa María★, Palacio de los Golfines de Abajo★ **D**
Virgen de la Montaña ≤★ Este : 3 km BZ – Arroyo de la Luz (Iglesia de la Asunción : tablas del retablo★) Oeste : 20 km

Plano página siguiente

Atrio

pl. San Mateo 1 ✉ 10003 – ☎ 927 24 29 28 – www.restauranteatrio.com
14 hab – †240/350 € ††250/360 €, ☕ 30 € BZ**n**
Rest *Atrio* – ver selección restaurantes
♦ ¡En pleno casco antiguo, donde el descanso está asegurado! Es un hotel que cuida todos los detalles, con profusión de madera, detalles de gran calidad y habitaciones de diseño en tonos blancos. En la terraza encontrará dos aljibes a modo de pequeñas piscinas.

NH Palacio de Oquendo hab,

pl. de San Juan 11 ✉ 10003 – ☎ 927 21 58 00 – www.nh-hotels.com
86 hab – ††61/190 €, ☕ 15 € – 1 suite BYZ**z**
Rest – *(cerrado domingo noche y lunes)* Menú 22 € – Carta 28/43 €
♦ Casa-palacio del s. XVI vinculada a los Marqueses de Oquendo. Encontrará un bonito patio y unas habitaciones de estilo moderno, algunas con los techos abuhardillados. El restaurante, de reducida capacidad, se complementa con un buen bar-tapería y una terraza.

Extremadura hab, rest,

av. Virgen de Guadalupe 28 ✉ 10001 – ☎ 927 62 96 39 – www.extremadurahotel.com AZ**t**
148 hab – †66/125 € ††66/180 €, ☕ 12 € – 3 suites
Rest *Orellana* – *☎ 927 62 92 46 (cerrado domingo noche)* Carta 31/48 €
♦ ¡A un paseo del centro pero sin los inconvenientes del mismo! Es un hotel amplio y moderno, con numerosas salas de reuniones, habitaciones bien equipadas y un cómodo parking. El restaurante Orellana recrea un ambiente acogedor en un marco actual.

AH Ágora hab,

Parras 25 ✉ 10004 – ☎ 927 62 63 60 – www.ahhotels.com BY**r**
64 hab – †60/200 € ††60/250 €, ☕ 11 € **Rest** – Menú 22 €
♦ Hotel de línea moderna que integra en su recepción tanto la zona social como la cafetería. Ofrece habitaciones funcionales de estética actual, en la 4ª planta con terraza. El restaurante se traslada en verano a la azotea, pues tiene unas vistas espectaculares.

ESPAÑA

CÁCERES

América (Pl. de)	AZ	2
Amor de Dios	BZ	3
Ancha	BZ	4
Antonio Reyes Huertas	BZ	6
Arturo Aranguren	AZ	7
Ceres	BY	9
Colón	BZ	10
Compañía (Cuesta de la)	BY	12
Diego María Crehuet	BZ	14
Fuente Nueva	BZ	15
Gabino Muriel	AZ	17
Gen. Primo de Rivera (Av. del)	AZ	22
Isabel de Moctezuma (Av.)	AZ	24
José L. Cotallo	AY	25
Juan XXIII	AZ	26
Lope de Vega	BY	28
Marqués (Cuesta del)	BY	30
Mayor (Pl.)	BY	
Médico Sorapán	BZ	31
Millán Astray (Av.)	BZ	32
Mono	BY	33
Perreros	BZ	35
Pintores	BY	36
Portugal (Av. de)	AZ	37
Profesor Hdez Pacheco	BZ	39
Ramón y Cajal (Pas. de)	AY	42
Reyes Católicos	AY	43
San Antón	AZ	47
San Blas (Av. de)	BY	45
San Jorge	AY	49
San Juan (Pl. de)	BZ	51
San Pedro	BZ	53
San Pedro de Alcántara (Av.)	AZ	54
San Roque	BZ	56
Tiendas	BY	58
Trabajo	AY	59
Universidad (Av. de la)	BY	60
Viena	AZ	62

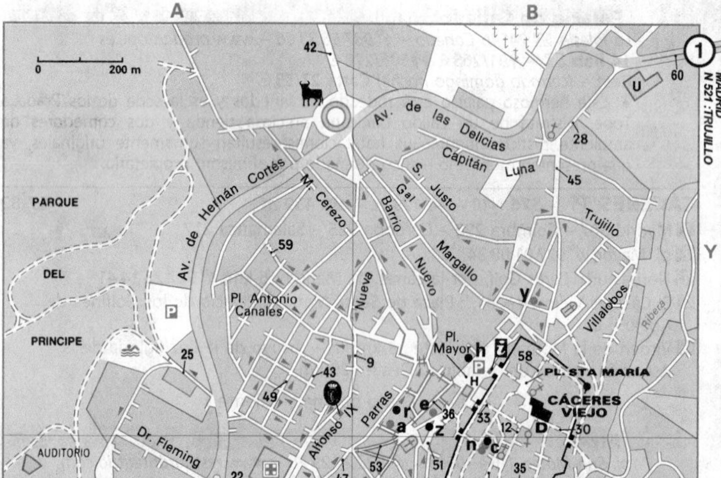

MADRID N 521 : TRUJILLO
PORTALEGRE N 521
A 66 - E 803 N 630 : PLASENCIA
EX 100 BADAJOZ N 630 - E 803 MÉRIDA
Virgen de la Montaña
MÉRIDA, BADAJOZ
MIAJADAS
PALACIO DE JUSTICIA

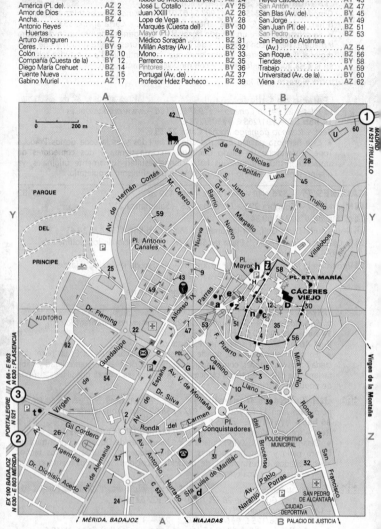

Casa Don Fernando sin rest
pl. Mayor 30 ✉ 10003 – ☎ 927 21 42 79
– www.casadonfernando.com BY**h**
36 hab ☕ – 🚹60/100 € 🚹🚹70/120 €

◆ Hotel de estética actual instalado en un edificio del s. XVI. Posee un moderno lobby, cuidadas habitaciones de línea clásica y un bar que deja el antiguo aljibe a la vista.

XXXX **Atrio** (Toño Pérez) – Hotel Atrio

pl. San Mateo 1 ✉ 10003 – ☎ 927 24 29 28 – www.restauranteatrio.com
Rest – Menú 119 € – Carta 99/109 € BZ**n**

Espec. Ostras, jugo tibio de melisa, meloso de apio-nabo y mostaza. Lomo de cordero asado con su ventresca crujiente y nuez de macadamia. Binomio de Torta del Casar.

◆ Un restaurante que conjuga a la perfección historia y actualidad. Su chef crea una cocina innovadora con maridajes clásicos, logrando magníficas texturas y unos sabores de extraordinaria pureza. La bodega, que es visitable, está considerada la joya de la casa.

XX **Botein**

Madre Isabel Larrañaga ✉ *10002 –* ☎ *927 24 08 40 – www.botein.es – cerrado agosto* ABZ**d**

Rest – *(solo almuerzo salvo jueves, viernes y sábado)* Menú 23/50 € – Carta 37/54 €

◆ ¡Un restaurante de ambiente moderno y excelente montaje! Se encuentra en una zona nueva de Cáceres, ofreciendo una cocina en la que se dan cita la tradición y la actualidad.

XX **Torre de Sande**

de los Condes 3 ✉ *10003 –* ☎ *927 21 11 47 – www.torredesande.com – cerrado 9 enero-2 febrero, domingo noche, lunes y martes noche* BZ**n**

Rest – Carta 40/55 €

◆ En esta antigua casa de piedra del centro histórico encontrará una zona de tapeo, varios comedores y una coqueta terraza con césped. Carta actual con un toque de creatividad.

XX **Madruelo**

Camberos 2 ✉ *10003 –* ☎ *927 24 36 76 – www.madruelo.com – cerrado 7 días en febrero, del 1 al 15 de agosto, domingo noche, lunes noche y martes noche* BY**y**

Rest – Menú 28/47 € – Carta aprox. 35 €

◆ Restaurante de acogedor aire rústico definido por el color blanco de sus paredes y el hecho de tener el techo ligeramente abovedado. Buen producto y cuidadas presentaciones.

X **La Tahona**

Felipe Uribarri 4 ✉ *10004 –* ☎ *927 22 44 55 – www.restaurantelatahona.com – cerrado del 10 al 17 de enero, del 15 al 31 de julio, domingo noche y martes salvo festivos y vísperas* BY**a**

Rest – Carta 38/49 €

◆ Presenta una bar-cafetería y un buen comedor en el piso inferior, este último con el horno de asar a la vista. Su carta es amplia, sin embargo la especialidad son los asados.

X **El Figón de Eustaquio**

pl. de San Juan 12 ✉ *10003 –* ☎ *927 24 81 94 – www.elfigondeeustaquio.com* BY**e**

Rest – Menú 25 € – Carta 35/70 €

◆ Casa rústica considerada toda una institución en la ciudad. Posee cinco salas que poco a poco han sido renovadas en un estilo clásico. Carta tradicional con platos regionales.

en la carretera N 521 por ② : 6 km

Fontecruz Cáceres

✉ *10005 Cáceres –* ☎ *927 62 04 90 – www.fontecruz.com*

46 hab – †69/500 € ††84/500 €, ☕ 16 €

Rest – *(cerrado domingo, lunes y martes)* Menú 28 €

◆ Instalado en la antigua casa-palacio de verano de una importante familia de Cáceres. Disfruta de un moderno SPA y unas habitaciones que combinan la elegancia con el diseño. El restaurante goza de un montaje moderno y con su carta da la opción de varios menús.

ESPAÑA

en la carretera N 630 :

Barceló V Centenario

Manuel Pacheco 4, Los Castellanos por ③ : 1,5 km
✉ 10005 Cáceres – ✆ 927 23 22 00 – www.barcelo.com
129 hab – 62/150 €, 11 € – 9 suites
Rest *Florencia* – *(cerrado domingo y lunes)* Menú 17 € – Carta aprox. 40 €
◆ ¡Destaca por su agradable entorno ajardinado! Sus espaciosas habitaciones se han renovando para ofrecer una estética moderna con detalles clásicos. El restaurante, de cuidado montaje, se completa con un privado y en verano da servicio junto a la piscina.

CADAQUÉS – Girona – 574 F39 – 2 892 h. – Playa — 14 D3

Madrid 776 – Figueres 31 – Girona/Gerona 70
Cotxe 2 A, ✆ 972 25 83 15, www.visitcadaques.org
Localidad★★ – Emplazamiento★, iglesia de Santa María (retablo barroco★★)
Cala de Portlligat★ Norte : 2 km – Casa-Museo Salvador Dalí★ Norte : 2 km – Parque Natural de Cap de Creus★★ Norte : 4 km

Playa Sol sin rest

platja Pianc 3 ✉ 17488 – ✆ 972 25 81 00 – www.playasol.com – cerrado enero - 10 febrero
48 hab – 79/126 € 107/191 €, 13 €
◆ Pese a ser todo un clásico, pues lleva más de 50 años llevado por la misma familia, hoy se muestra bien renovado y con baños actuales. ¡La mayoría de sus habitaciones disfrutan de vistas al mar, lo que supone un suplemento!

S'Aguarda sin rest

carret. de Port-Lligat 30 - norte: 1 km ✉ 17488 – ✆ 972 25 80 82 – www.hotelsaguarda.com – cerrado noviembre y enero-12 febrero
28 hab – 50/68 € 56/125 €, 9 €
◆ En la parte alta de la localidad. Posee una línea funcional, ofreciendo habitaciones de adecuado confort, la mayoría con terraza y buenas vistas. Piscina-solárium en el ático.

Blaumar sin rest

Massa d'Or 21 ✉ 17488 – ✆ 972 15 90 20 – www.hotelblaumar.com – 15 marzo-15 noviembre
27 hab – 80/110 € 85/130 €, 12 €
◆ Negocio familiar de carácter vacacional ubicado en una tranquila zona residencial. Ofrece unas cómodas habitaciones de aire mediterráneo, muchas con vistas a la piscina, y una agradable terraza para desayunar.

al Sureste 2 km

Sol Ixent

Sant Baldiri 10 (Paratge Els Caials) ✉ 17488 Cadaqués – ✆ 972 25 10 43 – www.hotelsolixent.com – cerrado 2 enero-15 marzo
49 hab – 77/204 €
Rest *Gala* – *(cerrado miércoles mediodía y martes salvo abril-octubre)*
Menú 23 € – Carta 29/46 €
◆ Se encuentra en un extremo del pueblo, en una zona residencial próxima a la Casa-Museo Salvador Dalí. Ofrece unas habitaciones de línea funcional-mediterránea, la mayoría con terraza. El restaurante, dedicado en su decoración a Gala y con una carta de gusto mediterráneo, ocupa una casita junto a la piscina.

CADAVEDO – Asturias – 572 B10 – Playa — 5 A1

Madrid 531 – A Coruña 212 – Gijón 74 – Lugo 153

Torre de Villademoros

Villademoros, Oeste : 1,5 km ✉ 33788 – ✆ 985 64 52 64 – www.torrevillademoros.com – abril-octubre
10 hab – 63/79 € 85/106 €, 8,50 € – 1 suite **Rest** – Carta 20/35 €
◆ Casona del s. XVIII con panera y un cuidado jardín junto a la torre medieval que le da nombre. Amplias habitaciones con decoración personalizada en estilo neorrústico.

ESPAÑA

CÁDIAR - Granada - 578 V20 - 1 637 h. - alt. 720 m 2 D1

Madrid 515 - Almería 105 - Granada 101 - Málaga 156

en la carretera de Torvizcón Suroeste : 3,5 km

Alquería de Morayma rest,

✉ 18440 Cádiar - ✆ 958 34 32 21 - www.alqueriamorayma.com

22 hab - 44/49 € 54/65 €, 3 € - 2 suites - 6 apartamentos

Rest - Menú 12/16 €

♦ Conjunto rústico situado en pleno campo, con espléndidas vistas a Las Alpujarras. Sus dependencias, todas personalizadas y con detalles antiguos, recrean una cálida atmósfera. Restaurante de cuidado ambiente regional y bodega con caldos de elaboración propia.

CÁDIZ P - 578 W11 - 125 826 h. - Playa 1 A2

Madrid 646 - Algeciras 124 - Córdoba 239 - Granada 306

para Canarias : Cía. Trasmediterránea, Muelle Alfonso XIII (Estación Marítima), ✆ 902 45 46 45 CY

av. Ramón de Carranza, ✆ 956 20 31 91, www.turismoydeportedeandalucia.com

paseo de Canalejas, ✆ 956 24 10 01, www.visitcadiz.es

Localidad★★ - Cárcel Real★ CZJ - Iglesia de Santa Cruz★ BCZ - Casa de la Contaduría : Museo Catedralicio★ CZ**M1** - Catedral★★ BZ - Oratorio de la Santa Cueva★ BY - Plaza de Mina★★ BY - Museo de Cádiz★ BY**M2** - Hospital de Mujeres★ BZ - Torre Tavira★ BY - Parque Genovés★AY

Planos páginas siguientes

Playa Victoria hab,

glorieta Ingeniero La Cierva 4, por ① ✉ 11010 - ✆ 956 20 51 00 - www.palafoxhoteles.com

184 hab - 119/176 € 150/220 €, 15 € - 4 suites **Rest** - Menú 28 €

♦ Goza de una situación privilegiada frente a la playa, con amplias zonas nobles de estilo vanguardista y confortables habitaciones de aire urbano-actual, todas con terraza. Su restaurante rodea la piscina y disfruta de buenas vistas al mar.

Monte Puertatierra sin rest, con cafetería

av. Andalucía 34, por ① ✉ 11008 - ✆ 956 27 21 11 - www.hotelesmonte.com

98 hab - 70/190 €, 11 €

♦ Céntrico y a su vez cercano a la playa. La reducida zona social se compensa con habitaciones amplias y bien equipadas. En su elegante cafetería ofrecen una carta tradicional.

Argantonio sin rest

Argantonio 3 ✉ 11004 - ✆ 956 21 16 40 - www.hotelargantonio.com

15 hab - 73/89 € 95/119 € CY**s**

♦ Edificio del s. XIX ubicado en una estrecha calle del casco antiguo. Posee un hall-patio, muchos detalles decorativos, suelos hidráulicos y las habitaciones personalizadas.

Las Cortes de Cádiz sin rest

San Francisco 9 ✉ 11004 - ✆ 956 22 04 89 - www.hotellascortes.com

36 hab - 57/103 € 62/137 €, 9 € BY**c**

♦ Edificio señorial del s. XIX ubicado en una calle comercial del casco antiguo. Tiene un patio cubierto, bellas balaustradas y habitaciones bien equipadas, algunas algo justas.

Cádiz Plaza sin rest

glorieta Ingeniero La Cierva 3, por ① ✉ 11010 - ✆ 956 07 91 90 - www.hotelcadizplaza.com

48 hab - 60/160 € 65/209 €, 5 € - 13 apartamentos

♦ Hotel de nueva construcción dividido en siete plantas. Tiene una cafetería, habitaciones de estética oriental, apartamentos con cocina y una suite-apartamento de gran confort.

CÁDIZ

Calle	Plano	Nº
Ancha	BY	2
Antonio López	BCY	
Apodaca (Alameda de)	BY	
Argüelles (Pl.)	CY	
Benito Pérez Galdós	AY	
Benjumeda	BY	
Calderón de la Barca	BY	3
Calesas	CZ	
Campo del Sur	ABZ	
Candelaria (Pl.)	BZ	4
Cardoso	BZ	
Carlos III (Paseo)	ABY	
Ceballos	ABY	
Cervantes	BY	
Columela	BYZ	
Compañía	BZ	5
Concepción Arenal	CZ	
Constitución (Pl. de la)	CZ	
Cristóbal Colón	CZ	6
Diego Arias	AY	
Doctor G. Ulla (Av.)	AY	
Doctor Marañón	AY	7
Duque de Najera (Av.)	AYZ	
España (Pl. de)	CY	
Falla (Pl.)	AY	
Fernando el Católico	CY	8
Fray Félix (Pl.)	BZ	9
Honduras	CY	
Marqués de Comillas (Alameda)	BY	
Mentidero (Pl. del)	BY	10
Mesón Nueva	CZ	12
Mina (Pl. de)	BY	
Montañés	BZ	13
Moreno de Mora	AYZ	
Novena	BY	15
Nueva	CZ	16
Pelota	CZ	17
Piratas (Callejón de los)	BZ	18
Plocia	CZ	
Puerto (Av. del)	CYZ	
Ramón de Carranza (Av.)	CZ	19
Rep. Argentina	CY	
Rosario	BY	
Sacramento	BY	
Sagasta	ABYZ	
Santa Maria	CZ	28
Santo Cristo	BCZ	29
San Agustin (Pl.)	CY	20
San Antonio (Pl.)	BY	21
San Francisco	BCY	22
San Francisco (Pl. de)	BY	23
San José	ABYZ	
San Juan	BZ	
San Juan de Dios	CZ	24
San Juan de Dios (Pl.)	CZ	25
San Martín (Pl.)	CZ	26
San Roque (Pl.)	CZ	27
Sopranis	CZ	30
Topete (Pl. de)	BZ	31
Vea Murguia	BY	
Virgen de la Palma	AZ	
Viudas (Pl. de las)	BY	

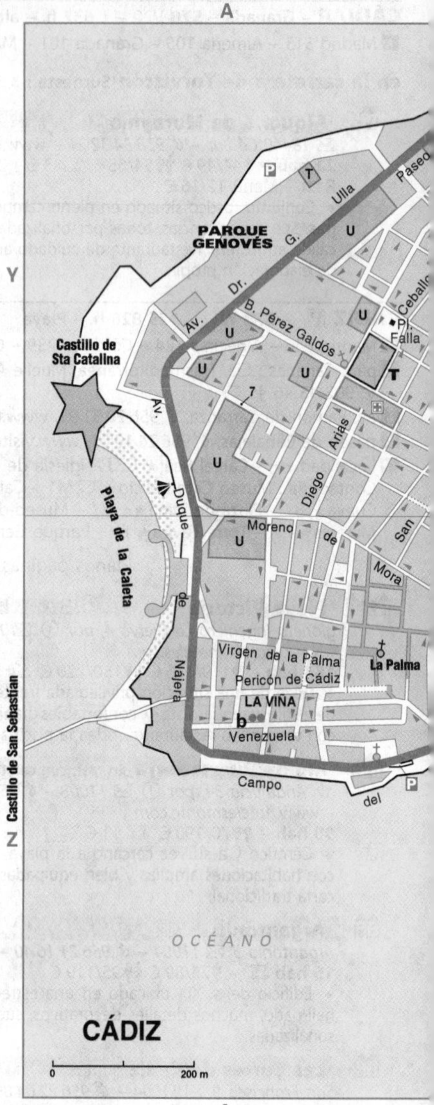

Regio sin rest

av. Ana de Viya 11, por ① ✉ *11009* – ✆ *956 27 93 31* – *www.hotelregiocadiz.com*

50 hab – †45/110 € ††60/165 €, ☕ 8 €

◆ Cercano a la playa, en la principal avenida de la ciudad. Dispone de unas habitaciones reducidas aunque bien equipadas, con mobiliario clásico-actual y baños modernos.

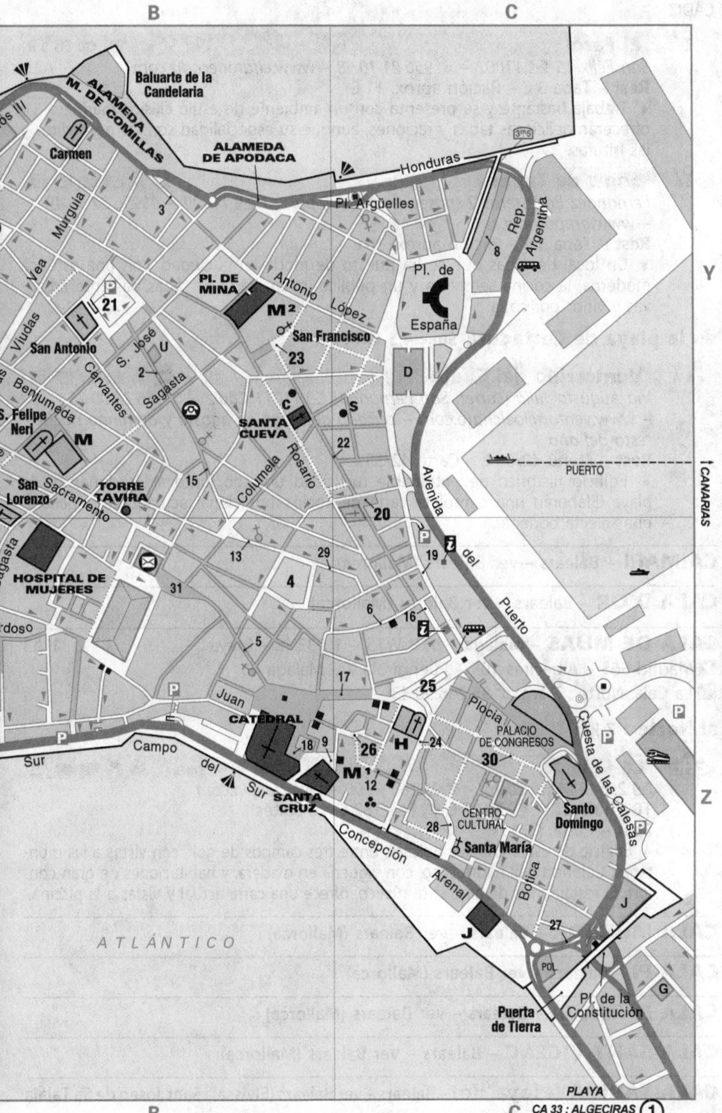

ESPAÑA

XX **El Faro**

San Félix 15 ✉ 11002 – ✆ 956 21 10 68 – www.elfarodecadiz.com AZ**b**

Rest – Carta 41/76 €

◆ Se trata de uno de los restaurantes más prestigiosos de Cádiz. Ofrece una completa carta de cocina regional, con predominio de los pescados y mariscos. Excelente bodega.

El Faro
San Félix 15 ✉ 11002 – ✆ 956 21 10 68 – www.elfarodecadiz.com AZ**b**
Rest – Tapa 3 € – Ración aprox. 11 €
◆ Trabaja bastante y se presenta con un ambiente de estilo clásico-marinero. Le ofrecerán deliciosas tapas y raciones, aunque su especialidad son los pescaditos y las frituras.

Show de Tapas
Fernandez Ballesteros 2 (paseo marítimo), por ① ✉ 11009 – ✆ 956 27 56 49 – www.gruposhow.es
Rest – Tapa 3 € – Ración aprox. 10 €
◆ Un local de tapas que se ha puesto de moda en la ciudad, con una estética moderna, la cocina semivista y un público joven. Carta de tapas bastante creativas y vinos por copa.

en la playa de Cortadura Sur : 4,5 km :

XX **Ventorrillo del Chato**
Vía Augusta Julia (carret. San Fernando) ✉ 11011 Cádiz – ✆ 956 25 00 25 – www.ventorrilloelchato.com – cerrado domingo en agosto y domingo noche resto del año
Rest – Menú 40/65 € – Carta 42/55 €
◆ Edificio histórico de entrañable rusticidad ubicado junto a las dunas de la playa. Elaboran una completa carta de cocina tradicional actualizada y poseen una selecta bodega.

CAIMARI – Balears – ver Balears (Mallorca)

CALA D'OR – Balears – ver Balears (Mallorca)

CALA DE MIJAS – Málaga – 578 W15 – **1 933 h. – Playa** **1** A3
Madrid 565 – Algeciras 105 – Fuengirola 7 – Málaga 40
La Cala, Norte : 7 km, ✆ 95 266 90 33

al Norte : 7 km

La Cala hab,
✉ 29649 Mijas Costa – ✆ 952 66 90 00 – www.lacala.com
102 hab – †95/117 € ††144/162 € – 5 suites
Rest – Carta 33/43 €
◆ Edificio de estilo andaluz ubicado entre tres campos de golf, con vistas a las montañas. Colorista hall neorrústico, con viguería en madera, y habitaciones de gran confort. El restaurante, de ambiente rústico, ofrece una carta actual y vistas a la piscina.

CALA MURADA – Balears – ver Balears (Mallorca)

CALA PI – Balears – ver Balears (Mallorca)

CALA RATJADA – Balears – ver Balears (Mallorca)

CALA SANT VICENÇ – Balears – ver Balears (Mallorca)

CALA TARIDA (Playa de) – Balears – ver Balears (Eivissa) : Sant Josep de Sa Talaia

CALABARDINA – Murcia – ver Águilas

CALACEITE – Teruel – 574 I30 – **1 145 h. – alt. 511 m** **4** C2
Madrid 411 – Zaragoza 140 – Teruel 180 – Tarragona 105

Cresol sin rest
Santa Bárbara 16 ✉ 44610 – ✆ 609 90 81 90 – www.hotelcresol.com
6 hab – †90/130 € ††120/160 €
◆ Conjunto rústico dotado con un acogedor salón social, un antiguo molino de aceite en el sótano y amplias habitaciones en las que se combina el mobiliario antiguo y el actual.

CALAFELL - Tarragona - 574 I34 - 24 423 h. - Playa 13 B3

Madrid 574 - Barcelona 65 - Tarragona 31

Sant Pere 29-31, ✆ 977 69 91 41, www.turisme.calafell.cat

en la playa :

Canadá Palace

av. Mossèn Jaume Soler 44 ✉ 43820 Calafell – ✆ 977 69 15 00 – www.hotelcanadapalace.com – abril-14 octubre

160 hab – †84/150 € ††120/200 €, ☕ 10 € – 2 suites

Rest – *(solo buffet)* 17 €

◆ Hotel de línea actual emplazado en 2ª línea de playa, con suficientes zonas nobles, vistas a la piscina exterior y habitaciones confortables de adecuado equipamiento. Su comedor propone un variado buffet.

Masia de la Platja

Vilamar 67 ✉ 43820 Calafell – ✆ 977 69 13 41 – www.masiadelaplatja.com – cerrado del 2 al 24 de noviembre, del 9 al 15 de enero, martes noche y miércoles

Rest – Menú 35/55 € – Carta 37/64 €

◆ Restaurante de organización familiar amable y profesional, con la sala dividida en dos partes y un cuidado servicio de mesa. Ofrece una carta basada en pescados y mariscos.

Vell Papiol

Vilamar 30 ✉ 43820 Calafell – ✆ 977 69 13 49 – www.vellpapiol.com – cerrado 22 diciembre-22 enero, lunes salvo agosto, domingo noche y martes noche en invierno

Rest – Menú 25 € – Carta 28/65 €

◆ Establecimiento de línea moderna, con buen servicio de mesa y un personal atento. Ofrece recetas de la cocina mediterránea, con un amplio apartado de pescados y mariscos.

en la carretera C-31 Sureste : 2 km

La Barca de Ca l'Ardet

Marinada 1 - urb. Mas Mel ✉ 43820 Calafell – ✆ 977 69 15 59 – www.labarcadecalardet.com – cerrado Navidades, lunes noche y martes

Rest – Carta 35/60 €

◆ Restaurante ubicado a las afueras de la localidad, en una casa tipo chalet. Dispone de una sala clásica-actual donde podrá degustar una cocina tradicional y de mercado.

CALAHORRA - La Rioja - 573 F24 - 24 876 h. - alt. 350 m 21 B2

Madrid 320 - Logroño 55 - Soria 94 - Zaragoza 128

Ángel Oliván 8, ✆ 941 10 50 61, www.ayto-calahorra.es

Parador de Calahorra hab,

paseo Mercadal ✉ 26500 – ✆ 941 13 03 58 – www.parador.es

60 hab – †106/114 € ††132/142 €, ☕ 16 € **Rest** – Menú 32 €

◆ Disfruta de una zona social sobria a la par que elegante y salas de reuniones bien equipadas. Sus confortables habitaciones poseen suelos en madera y mobiliario regional. En su acogedor comedor podrá degustar las especialidades gastronómicas de esta tierra.

Gala hab,

av. de la Estación 7 ✉ 26500 – ✆ 941 14 55 15 – www.hostalgala.es

14 hab ☕ – †52 € ††66 €

Rest – *(cerrado domingo noche)* Menú 13 € – Carta 29/41 €

◆ Hostal de fachada colorista y confort actual. Sus habitaciones gozan de buen equipamiento y baños con ducha, aunque todas dan a un patio interior. El restaurante, igualmente colorista y actual, presenta una carta tradicional y un correcto menú del día.

XX **Chef Nino**

Basconia 2 ✉ 26500 – ✆ 941 13 31 04 – www.chefnino.com – cerrado 20 diciembre-20 enero, domingo noche y lunes

Rest – Menú 15/36 € – Carta 35/48 €

◆ Este céntrico restaurante familiar está dotado con un elegante comedor clásico y un correcto privado. Completa carta de temporada con algunos detalles actuales.

XX **La Rana del Moral**

Ramón Subirán 34 ✉ 26500 – ✆ 941 14 76 39 – www.laranadelmoral.com – cerrado del 25 al 31 de enero, del 25 al 31 de julio, domingo noche, lunes noche y miércoles noche

Rest – Menú 30/40 € – Carta 27/38 €

◆ Está llevado directamente por el matrimonio propietario, que conoce muy bien su profesión. Cocina tradicional de tendencia riojana y extenso menú-carta a precio fijo.

La CALAHORRA – Granada – 578 U20 – 806 h. – alt. 1 300 m — 2 D1

Madrid 459 – Almería 100 – Granada 72 – Jaén 131

Localidad★ – Castillo★★

Puerto de la Ragua★★ Sur : 12 km

Hospedería del Zenete — hab,

carret. de Guadix 14 ✉ 18512 – ✆ 958 67 71 92 – www.hospederiadelzenete.com

34 hab – †50/67 € ††70/90 €, ☕ 6,50 € – 1 apartamento **Rest** – Menú 10 €

◆ Instalado en un edificio de aire rústico que recuerda, con sus recios muros en piedra, al castillo existente en la localidad. Habitaciones personalizadas de buen confort. El restaurante, dotado con varias salas, ofrece una carta fiel al recetario tradicional.

CALAMOCHA – Teruel – 574 J26 – 4 649 h. – alt. 884 m — 3 B2

Madrid 261 – Soria 157 – Teruel 72 – Zaragoza 110

Fidalgo — rest,

carret. N 234 ✉ 44200 – ✆ 978 73 02 77 – cerrado 23 diciembre-2 enero

20 hab – †30/35 € ††55/60 €, ☕ 5 € **Rest** – Menú 12 €

◆ Goza de un cálido ambiente familiar, con un acogedor salón social de estilo clásico-elegante, una concurrida cafetería-tienda y unas habitaciones de adecuado equipamiento. Comedor de aire regional con una nutrida selección de platos tradicionales.

CALATAÑAZOR – Soria – 575 G21 – 70 h. – alt. 1 027 m — 12 D2

Madrid 202 – Burgos 120 – Soria 33

Casa del Cura

Real 25 ✉ 42193 – ✆ 975 27 04 64 – www.casadelcuraposadas.com – cerrado 15 diciembre-15 marzo

12 hab – †55 € ††70 €, ☕ 5 €

Rest – *(cerrado domingo noche y lunes)* Menú 30 €

◆ En un pueblo pintoresco y con la categoría de Posada Real. Ocupa dos viejas casas decoradas en estilo neorrústico, con toques de diseño. Dispone de espléndidas habitaciones. En su cálido comedor podrá degustar platos de sabor tradicional.

CALATAYUD – Zaragoza – 574 H25 – 21 717 h. – alt. 534 m — 3 B2

Madrid 235 – Cuenca 295 – Iruña/Pamplona 205 – Teruel 139

pl. del Fuerte, ✆ 976 88 63 22, www.calatayud.es

Hospedería Mesón de la Dolores

pl. Mesones 4 ✉ 50300 – ✆ 976 88 90 55 – www.mesonladolores.com

34 hab – †49/63 € ††69/81 €, ☕ 9 €

Rest – *(cerrado domingo en invierno)* Carta 21/45 €

◆ Antigua posada con detalles alusivos a la vida de la Dolores, ensalzada en una popular copla. Posee habitaciones de estilo regional distribuidas en torno a un patio cubierto. Su cálido restaurante, de aire rústico, disfruta de un buen servicio de mesa.

ESPAÑA

Hospedería El Pilar hab,
Baltasar Gracián 15 ✉ 50300 – ✆ 976 89 70 20 – www.hospederiaelpilar.com
40 hab – 26/36 € 48/68 €, 4 €
Rest – *(cerrado sábado y domingo)* Menú 12 €
◆ Negocio familiar formado por varias casas comunicadas entre sí. Presenta el tipismo regional y una atractiva combinación de distintos tipos de mobiliario, en forja o madera. El restaurante resulta funcional y trabaja básicamente con clientes alojados o grupos.

Bílbilis
Madre Puy 1 ✉ 50300 – ✆ 976 88 39 55 – www.restaurantebilbilis.es – cerrado lunes salvo festivos
Rest – Carta 30/44 €
◆ Casa llevada directamente por su propietario. Dispone de un pequeño bar de espera y una sala en tonos azulones, con un buen servicio de mesa. Sencilla carta tradicional.

Posada Arco de San Miguel con hab
San Miguel 18 ✉ 50300 – ✆ 976 88 72 72 – www.arcodesanmiguel.com – cerrado 7 días en junio
7 hab – 35/50 € 62/100 €, 12 €
Rest – *(cerrado lunes)* Carta 36/60 €
◆ Edificio ubicado junto a un pasadizo, con arco, del que toma su nombre. Está llevado en familia y presenta un interior de línea moderna en varios niveles. Carta tradicional. Como complemento al negocio también ofrece habitaciones, combinando en ellas antiguos detalles de aire rústico y elementos modernos.

en la antigua carretera N II Este : 2 km

Calatayud rest,
salida 237 autovía ✉ 50300 Calatayud – ✆ 976 88 13 23 – www.hotelcalatayud.com
77 hab – 42/51 € 65/71 € **Rest** – Menú 12 €
◆ Hotel de correcta organización y ambiente clásico. Aunque posee algunas habitaciones de un nivel superior, en general todas presentan buen confort y baños actuales. Su comedor a la carta se ve complementado por varios salones para la celebración de banquetes.

Las CALDAS – **Asturias** – **572** C12 – **120 h.** – **alt. 125 m** **5** B1
Madrid 452 – Oviedo 10 – León 132

G.H. Las Caldas hab,
✉ 33174 – ✆ 985 79 87 87 – www.lascaldas.com
155 hab – 131/240 € 160/275 € – 11 suites
Rest *Viator* – Menú 38 € – Carta 48/65 €
◆ Excelente hotel-balneario instalado en dos edificios rehabilitados. Amplias zonas nobles, salas de reuniones, habitaciones de gran confort y completos servicios terapéuticos. En su restaurante, de techos altos y cuidado montaje, le ofrecerán una cocina tradicional bastante bien elaborada.

CALDAS DE LUNA – **León** – **575** D12 – **Balneario** **11** B1
Madrid 391 – León 62 – Oviedo 69 – Ponferrada 114

Balneario Caldas de Luna
Noreste : 1 km ✉ 24146 – ✆ 987 59 40 66 – www.balneariocaldasdeluna.com
23 hab – 65/85 € 76/124 € **Rest** – Menú 16 €
◆ Ubicado en plena naturaleza. Edificio en piedra que alberga unas modernas instalaciones de aire neorrústico. A destacar la excelente piscina interior de agua termal. Correcto comedor que basa su oferta en un menú tradicional.

CALDEBARCOS - A Coruña - 571 D2 - Playa 19 A2

Madrid 704 - Santiago de Compostela 68 - A Coruña 115 - Pontevedra 100

Casa Manolo

carret. AC 550 ✉ 15294 - ☎ 981 76 03 06 - cerrado del 15 al 30 de septiembre y lunes salvo verano y festivos

Rest - Carta 20/35 €

◆ Negocio familiar de larga trayectoria. Ofrece un bar y un comedor funcional, donde sirven pescados y mariscos a buen precio. El plato más popular es la caldeirada de pescado.

CALDERS - Barcelona - 574 G35 - 934 h. - alt. 552 m 14 C2

Madrid 593 - Barcelona 71 - Manresa 18 - Vic 35

en la carretera N 141 C Noreste : 2,5 km

Urbisol

✉ 08275 Calders - ☎ 938 30 91 53 - www.hotelurbisol.com - cerrado del 7 al 31 de enero

13 hab - †90/150 € ††150/210 €

Rest - *(cerrado domingo noche, lunes noche y martes)* Menú 35 € - Carta 31/77 €

◆ Masía ubicada en pleno bosque, con un SPA y el entorno ajardinado. Sus habitaciones, de línea actual, son coloristas y poseen bañeras de hidromasaje. El restaurante, que ofrece una cocina tradicional actualizada, posee dos salas y dos salones para banquetes.

ESPAÑA

CALDES D'ESTRAC (CALDETAS) - Barcelona - 574 H37 - 2 783 h. - Playa 15 A2

Madrid 661 - Barcelona 36 - Girona/Gerona 62

Colón

hab,

pl. de les Barques ✉ 08393 - ☎ 937 91 04 00 - www.hotel-colon.net

78 hab - †109/162 € ††152/216 € - 6 suites

Rest *Maria Galante* - *(cerrado domingo noche y lunes)* Carta 31/50 €

◆ Está en 1ª línea de playa y posee un SPA único en España, pues trabaja tanto con aguas termales como de mar. Habitaciones actuales, la mayoría asomadas al mediterráneo. En su restaurante, de elegante montaje, encontrará platos tradicionales e internacionales.

CALDES DE MALAVELLA - Girona - 574 G38 - 6 920 h. - alt. 94 m - Balneario 15 A1

Madrid 696 - Barcelona 83 - Girona/Gerona 21

P.G.A. Golf de Catalunya, por la carret. N II : Noroeste : 4,5 km, ☎ 972 47 25 77

Balneario Vichy Catalán

rest,

av. Dr. Furest 32 ✉ 17455 - ☎ 972 47 00 00 - www.balnearivichycatalan.com

82 hab - †52/113 € ††59/129 € - 4 suites

Rest - *(solo buffet)* Menú 23 €

Rest *Delicius* - *(cerrado domingo noche, lunes y martes) (solo menú)* Menú 23/35 €

◆ Hotel-balneario rodeado por un bello entorno ajardinado. Posee amplios espacios sociales, habitaciones funcionales de adecuado confort y un buen servicio terapéutico. Presenta dos restaurantes, uno funcional para el buffet y el Delicius, mucho más distinguido.

CALDES DE MONTBUI - Barcelona - 574 H36 - 17 019 h. - alt. 180 m - Balneario 15 B2

Madrid 636 - Barcelona 33 - Manresa 57

pl. Font del Lleó 20, ☎ 93 865 41 40

Vila de Caldes

pl. de l'Àngel 5 ✉ 08140 – ✆ 938 65 41 00 – www.grupbroquetas.com – cerrado 23 diciembre - 8 enero

30 hab – †60/120 € ††80/190 €, ☕ 13 € **Rest** – Carta 45/75 €

◆ Este céntrico hotel cuenta con una atractiva entrada ajardinada, un buen hall-recepción y completas habitaciones de ambiente clásico-actual. Piscina y solárium en el ático. En su restaurante encontrará una carta tradicional actualizada y un menú degustación.

Balneario Broquetas

pl. Font del Lleó 1 ✉ 08140 – ✆ 938 65 01 00 – www.grupbroquetas.com – cerrado 23 diciembre-8 enero

86 hab – †60/120 € ††80/175 €, ☕ 13 € – 8 apartamentos

Rest – Carta 30/52 €

◆ Este edificio de finales del s. XIX ofrece unas cuidadas dependencias, una piscina climatizada y una bella colección de búhos. Magnífica galería modernista de baños termales. Su luminoso restaurante se complementa con una agradable terraza durante el verano.

XX **Robert de Nola**

passeig del Remei 50 ✉ 08140 – ✆ 938 65 40 47 – www.robertdenola.cat – cerrado domingo noche y lunes salvo festivos

Rest – Menú 35/60 € – Carta 24/40 €

◆ Tras su fachada en piedra encontrará un comedor bastante actual, dividido en dos ambientes y con el suelo en pizarra. Carta tradicional con predominio de platos catalanes.

XX **Mirko Carturan Cuiner**

av. Pi i Margall 75 ✉ 08140 – ✆ 938 65 41 60 – www.mirkocarturan.com – cerrado Semana Santa, 15 días en agosto, sábado mediodía y domingo

Rest – Menú 44 € – Carta 33/43 €

◆ Tiene la cocina a la vista, el comedor decorado con libros de cocina y al fondo un patio-terraza para la época estival. Cocina tradicional actualizada con toques creativos.

CALELLA – Barcelona – 574 H37 – 18 625 h. – Playa — 15 A2

Madrid 683 – Barcelona 48 – Girona/Gerona 55

Sant Jaume 231, ✆ 93 769 05 59, www.calella.cat

XX **El Hogar Gallego**

Ànimes 73 ✉ 08370 – ✆ 937 66 20 27 – www.elhogargallego.com – cerrado domingo noche

Rest – Carta 44/70 €

◆ Este negocio familiar tiene un bar con mesas para raciones, un comedor principal de línea clásica y otros tres salones algo más actuales. Pescados y mariscos de gran calidad.

CALELLA DE PALAFRUGELL – Girona – 574 G39 – Playa — 15 B1

Madrid 727 – Girona/Gerona 44 – Palafrugell 6 – Palamós 17

Les Voltes 6, ✆ 972 61 44 75, www.visitpalafrugell.cat

Pueblo pesquero★

Jardín Botánico del Cap Roig★ ≤★★

Alga

hab, rest,

av. Joan Pericot i Garcia 55 ✉ 17210 – ✆ 972 61 70 80 – www.novarahotels.com – Semana Santa-octubre

60 hab ☕ – †75/145 € ††110/205 € – 2 suites

Rest – Menú 18/25 € – Carta 33/49 €

◆ ¡Una buena opción para pasar unos días con la familia! Se presenta con un agradable jardín, una completa área social y habitaciones de adecuado confort, todas actualizadas y muchas familiares. El restaurante, dominado por los tonos blancos y con vistas a su piscina, ofrece una cocina de tinte tradicional.

ESPAÑA

Garbí

Baldomer Gili i Roig 20 ✉ 17210 – ✆ 972 61 40 40 – www.hotelgarbi.com – 15 marzo-octubre

52 hab – 57/75 € 91/135 € **Rest** – Menú 23 €

♦ Ubicado en el centro de un pinar, con unas habitaciones funcionales aunque acogedoras y otras más actuales en un pabellón contiguo. Espaciosa zona noble dotada de vistas. Restaurante de correcto montaje, con amplios ventanales que trasmiten gran luminosidad.

Sant Roc

pl. Atlàntic 2 (barri Sant Roc) ✉ 17210 – ✆ 972 61 42 50 – www.santroc.com – abril-octubre

45 hab – 71/122 € 90/154 €, 13 €

Rest – *(cerrado martes en abril-junio)* Carta 30/40 €

♦ Este hotel familiar sorprende por su ubicación, sobre un acantilado que domina toda la costa. Ofrece acogedoras habitaciones de aire clásico, todas con balcón o terraza. El restaurante se reparte en dos salas y disfruta de unas magníficas vistas al mar.

Port-Bo sin rest

August Pi i Sunyer 6 ✉ 17210 – ✆ 972 61 49 62 – www.hotelportbo.net – 15 marzo-septiembre

29 hab – 63/100 € 84/135 € – 14 apartamentos

♦ Hotel de gestión familiar que ya va por la 3ª generación. Posee diferentes zonas sociales distribuidas en varios niveles, unas habitaciones funcionales y amplios apartamentos, todos con la cocina equipada y su propia terraza-balcón.

Mediterrani sin rest

Francesc Estrabau 40 ✉ 17210 – ✆ 972 61 45 00 – www.hotelmediterrani.com – mayo-octubre

38 hab – 50/130 € 60/150 €, 12 €

♦ Hotel de larga trayectoria familiar que destaca por su privilegiado emplazamiento, frente a una calita. Correcta zona social y estancias bien renovadas, todas con terraza. ¡Pida una de las 16 habitaciones que tienen vistas frontales al mar!

Sa Jambina

Boffil i Codina 21 ✉ 17210 – ✆ 972 61 46 13 – cerrado 15 diciembre-12 enero y lunes

Rest – *(solo almuerzo en invierno)* Carta 32/50 €

♦ Este restaurante cuenta con un bar de espera, un comedor de ambiente marinero y una sala para grupos. Ofrece una carta de palabra con numerosos pescados, platos de mercado y algunas especialidades. ¡No se marche sin probar su famoso arroz!

CALERUEGA – Burgos – 575 G19 – 491 h. – alt. 959 m 12 C2

Madrid 191 – Valladolid 124 – Burgos 92 – Soria 102

El Prado de las Merinas

RÍo 35 ✉ 09451 – ✆ 947 53 42 44 – www.pradodelasmerinas.com – cerrado 20 enero-20 febrero

20 hab – 52/73 € 70/96 €

Rest – *(cerrado lunes)* Menú 15/25 €

♦ Hotel rústico llevado por un amable matrimonio. Posee un jardín a la entrada, una correcta zona social y habitaciones amplias, con mobiliario en forja y los baños completos. El restaurante es bastante espacioso y disfruta de una gran cristalera.

La CALETA – Santa Cruz de Tenerife – ver Canarias (Tenerife)

CALETA DE FUSTE – Las Palmas – ver Canarias (Fuerteventura)

CALLDETENES - Barcelona - 574 G36 - 2 425 h. - alt. 489 m 14 C2

Madrid 673 - Barcelona 72 - Girona/Gerona 64 - Manresa 57

Can Jubany (Ferran Jubany)

carret. C 25 (salida 187), Este : 1,5 km ✉ 08506 - ☎ 938 89 10 23 - www.canjubany.com - cerrado del 1 al 17 de enero, Semana Santa, del 13 al 28 de agosto, domingo noche, lunes y martes

Rest - Menú 45/85 € - Carta 54/86 €

Espec. Gnocchis de calabaza con suero de parmesano y trufa (diciembre-marzo). Arroz seco de espardenyes con caldo de cigalas. Cordero lechal asado con alcachofas, parmentier de patatas, Tou de Til.lers y rebozuelos.

♦ Esta hermosa masía posee varias salas de ambiente rústico-actual y una mesa en la propia cocina, acristalada y asomada al jardín. Sus platos, actuales de base tradicional, están siempre elaborados con productos autóctonos de gran calidad.

CALO - A Coruña - 571 D4 19 B2

Madrid 663 - Santiago de Compostela 6 - A Coruña 76

Pazo de Adrán

Lugar de Adrán 4 ✉ 15886 - ☎ 981 57 00 00 - www.pazodeadran.com - cerrado enero-febrero

9 hab - 50/76 € 60/100 €, 9 €

Rest - *(cerrado domingo noche y lunes)* Menú 30/45 € - Carta 29/38 €

♦ Atractiva casa señorial ubicada en pleno campo. Disfruta de una elegante decoración interior, habitaciones detallistas y un magnífico entorno ajardinado. En su comedor, clásico y con las paredes en piedra, podrá degustar una cocina tradicional actualizada.

CALP (CALPE) - Alicante - 577 Q30 - 29 909 h. - Playa 16 B3

Madrid 464 - Alacant/Alicante 63 - Benidorm 22 - Gandía 48

av. Ejércitos Españoles 44, ☎ 96 583 69 20

pl. del Mosquit, ☎ 96 583 85 32

Peñón de Ifach★

G.H. Sol y Mar hab,

Benidorm 3 ✉ 03710 - ☎ 965 87 50 55 - www.granhotelsolymar.com

318 hab - 80/150 € 100/250 € - 9 suites

Rest *Abiss* - ver selección restaurantes

Rest - Menú 25 €

♦ ¡En 1ª línea de playa! Disfruta de amplias zonas sociales, un completo SPA y habitaciones de estética moderna, la mayoría con terraza y más de la mitad con vistas al mar. El restaurante del hotel presenta su menú o un buffet dependiendo del nivel de ocupación.

Villa Marisol hab, hab,

urb. Marisol Park 1-A ✉ 03710 - ☎ 965 87 57 00 - www.marisolpark.com

17 hab - 70/150 € **Rest** - Menú 16/33 € - Carta 29/46 €

♦ Algo alejado del centro aunque con cierto encanto, ya que ocupa un edificio tipo chalet dotado con agradables terrazas. Pequeño SPA y habitaciones de línea actual. Su acogedor restaurante oferta una cocina de gusto internacional y un "brunch" los domingos.

Abiss - G.H. Sol y Mar

Benidorm 3 ✉ 03710 - ☎ 965 83 91 43 - www.restauranteabiss.com - cerrado lunes

Rest - *(solo almuerzo salvo viernes, sábado y 15 mayo-15 noviembre)* (reserva aconsejable) Menú 28/65 € - Carta 34/55 €

♦ ¡Tiene una sala actual, acristalada y con vistas al mar! Su chef propone una cocina de carácter mediterráneo basada, sobre todo para las cenas, en distintos menús degustación.

El Bodegón

Delfín 8 ✉ 03710 – ✆ 965 83 01 64 – www.bodegon-calpe.com – cerrado 22 diciembre-23 enero, domingo en invierno y domingo mediodía resto del año

Rest – Carta 30/47 €

♦ Instalaciones bien cuidadas cuyo éxito radica en la sencillez. Encontrará una decoración rústica castellana y una cocina clásica, con platos tradicionales e internacionales.

por la carretera N 332 **Norte : 2,5 km y desvío a la izquierda 1,2 km**

Casa del Maco con hab

hab, rest, P, VISA, AE

Pou Roig 15 ✉ 03720 Benissa – ✆ 965 73 28 42 – www.casadelmaco.com – cerrado enero

5 hab – 72/109 € 84/121 €, 9 €

Rest – *(cerrado lunes mediodía, martes y miércoles mediodía)* Carta 37/61 €

♦ Casa de campo del s. XVIII y elegante rusticidad, con las salas distribuidas en dos niveles y una atractiva terraza. Cocina internacional actualizada con toques de autor. Como complemento también posee algunas habitaciones de inequívoco encanto.

CAMALEÑO – Cantabria – 572 C15 – 1 050 h. 8 A1

Madrid 483 – Oviedo 173 – Santander 126

El Jisu

rest, P, VISA

carret. de Fuente Dé, Oeste : 0,5 km ✉ 39587 – ✆ 942 73 30 38 – www.eljisu.com – cerrado Navidades-febrero

9 hab – 44/54 € 55/65 €, 5 € **Rest** – *(cerrado martes)* Carta 21/29 €

♦ Este hotel tipo chalet se presenta, gracias a su entorno, como una buena opción para los amantes de la montaña. Salón social con chimenea y habitaciones de correcto confort. El restaurante resulta ideal para degustar los platos típicos de la comarca lebaniega.

El Caserío

P, VISA

✉ 39587 – ✆ 942 73 30 48 – www.elcaseriodelaliebana.com

17 hab – 30/35 € 45/50 €, 4 € **Rest** – *(solo clientes)* Menú 12 €

♦ Negocio familiar de cuidadas instalaciones. Sus habitaciones, que presentan gran profusión de madera y un confort actual, se reparten entre varias casas unidas entre si.

CAMBADOS – Pontevedra – 571 E3 – 13 872 h. – Playa 19 A2

Madrid 638 – Pontevedra 34 – Santiago de Compostela 61

pl. do Concello, ✆ 986 52 07 86, www.cambados.es

Plaza de Fefiñanes★

Parador de Cambados

hab, P, VISA, AE

paseo de la Calzada ✉ 36630 – ✆ 986 54 22 50 – www.parador.es

57 hab – 106/133 € 132/166 €, 16 € – 1 suite **Rest** – Menú 32 €

♦ Elegante pazo del s. XVI ubicado en el centro de la localidad, rodeado de jardines y cerca de la ría. Amplia zona social y habitaciones con mobiliario neorrústico. El restaurante se presenta con un bello techo en madera y una completa carta de cocina gallega.

Casa Rosita

hab, P, VISA, AE

O Riveiro 8, Oeste : 1 km ✉ 36630 – ✆ 986 54 34 77 – www.hrosita.com

55 hab – 36/45 € 51/68 €, 7 €

Rest – *(cerrado domingo noche)* Carta 28/43 €

♦ Hotel de carácter familiar volcado con los banquetes. Presenta unas habitaciones de línea clásica-funcional bastante espaciosas, destacando las que tienen vistas a la ría. En su restaurante encontrará una cocina gallega especializada en pescados y mariscos.

Real Ribadomar sin rest

Real 8 ✉ 36630 – ✆ 986 52 44 04 – www.hotelrealribadomar.com

8 hab – 50/60 € 80/85 €

◆ ¡Un hotel íntimo, cuidado y con mucho encanto! Limita su zona social al coqueto hall-recepción, detalle que compensan con unas habitaciones bastante acogedoras, todas con mobiliario de estilo antiguo y algunas con las paredes en piedra.

Pazo A Capitana sin rest

Sabugueiro 46 ✉ 36630 – ✆ 986 52 05 13 – www.pazoacapitana.com – cerrado 15 diciembre-enero

11 hab – 55/65 € 65/84 €

◆ Pazo totalmente restaurado, con un gran portalón y una bella fuente en el patio. Conserva los antiguos lagares y cocinas, que conviven en armonía con sus cálidas habitaciones.

Yayo Daporta

Hospital 7 ✉ 36630 – ✆ 986 52 60 62 – www.yayodaporta.com – cerrado del 5 al 19 de mayo, domingo noche y lunes salvo festivos

Rest – Menú 42/61 €

Espec. Ostras de cuerda de Cambados con un suave marinado a modo de ceviche. Civet de lamprea del Ulla con arroz cremoso a la bordelesa (enero-abril). Cabrito asado con soufflé de patata al tomillo y los jugos del asado.

◆ Está en la 1ª planta de una casona que en el s. XVIII funcionó como Hospital Real. En contraste con sus fachadas presenta un interior actual. Cocina creativa con interesantes combinaciones en una carta a precio fijo, así como varios menús.

Pandemonium

Albariño 16 ✉ 36630 – ✆ 986 54 36 38 – www.pandemonium.com.es – cerrado del 1 al 10 de octubre y lunes

Rest – *(solo almuerzo salvo viernes y sábado)* Carta 35/43 €

◆ Resulta céntrico y está llevado entre dos hermanos, con un bar de tapas a la entrada y un comedor de montaje actual. Reducida carta de tintes creativos y un menú degustación.

Ribadomar

Valle Inclán 17 ✉ 36630 – ✆ 986 54 36 79 – www.ribadomar.es – cerrado 10 días en febrero-marzo, 15 días en septiembre-octubre, domingo noche y martes salvo julio-agosto

Rest – Carta 26/35 €

◆ Buen negocio familiar con el dueño al frente de los fogones. Presenta un comedor de montaje clásico y una carta tradicional gallega especializada en pescados y mariscos.

Posta do Sol

Ribeira de Fefiñans 22 ✉ 36630 – ✆ 986 54 22 85 – www.postadosol.com

Rest – Carta 34/51 €

◆ Instalado en un antiguo bar. El comedor posee antigüedades y detalles regionales, como los encajes de Camariñas. Su especialidad son la empanada de vieiras y los mariscos.

CAMBRE – A Coruña – 571 C4 – 23 621 h. 19 B1

Madrid 584 – Santiago de Compostela 64 – A Coruña 12 – Lugo 85

Iglesia de Santa María★

A Estación (Beatriz Sotelo y Juan Crujeiras)

carret. da Estación 51 ✉ 15660 – ✆ 981 67 69 11 – www.aestacion.com – cerrado martes y miércoles noche salvo verano, domingo noche y lunes

Rest – Menú 50 € – Carta 39/54 €

Espec. Vieira, algas y sésamo. Rape frito, guisantes tiernos y menta. Milhojas de choconaranja con helado de "Jivara Lactée".

◆ Edificio tipo pabellón ubicado en un antiguo almacén, junto a la estación de ferrocarril. Se presenta con una zona ajardinada, una agradable terraza y dos salas de cuidada decoración, ambas muy luminosas. Cocina de base tradicional con buenas actualizaciones.

ESPAÑA

CAMBRILS – Tarragona – 574 I33 – 32 422 h. – Playa 13 B3

Madrid 554 – Castelló de la Plana/Castellón de la Plana 165 – Tarragona 18

paseo de las Palmeras 1, ✆ 977 79 23 07, www.cambrils-turismo.com

Localidad★

Parque de Samá★ Norte : 8 km – Castillo-Monasterio de Escornalbou★ Noroeste : 26 km

Planos páginas siguientes

en el puerto :

Mónica H.
hab,

Galcerán Marquet 1 ✉ 43850 Cambrils – ✆ 977 79 10 00
– www.hotelmonica.com – cerrado 6 noviembre-17 febrero CZ**b**
100 hab – 62/105 € 92/152 €
Rest – Menú 22 €
◆ Hotel de bellos exteriores dotados de una zona recreativa con césped, piscina y palmeras. Acogedora área social y cuidadas habitaciones con baños actuales. Comedor privado.

Tryp Port Cambrils
hab,

Rambla Regueral 11 ✉ 43850 Cambrils – ✆ 977 35 86 00
– www.solmelia.com CY**e**
156 hab – 72/196 € 79/231 €, 15 €
Rest – *(solo cena)* Menú 20 €
◆ Orientado tanto al cliente vacacional como al de empresa, ya que cuenta con varias salas de reuniones. Habitaciones de aire moderno y funcional, todas con terraza. Si desea algún plato a la carta vaya al bar, pues en el comedor solo sirven el buffet y un menú.

Princep

Narcís Monturiol 2 ✉ 43850 Cambrils – ✆ 977 36 11 27 – www.hotelprincep.com
– cerrado 9 diciembre-9 enero CZ**c**
27 hab – 50/108 € 70/140 €
Rest *Can Pessic* – *(cerrado domingo noche y lunes salvo festivos)*
Menú 21/42 €
◆ Céntrico hotel de línea clásica-actual. Presenta una pequeña zona social y habitaciones amplias de correcto confort, todas ellas con baños completos y mobiliario funcional. El restaurante, bastante colorista, está dotado con una entrada independiente.

Can Solé

Ramón Llull 19 ✉ 43850 Cambrils – ✆ 977 36 02 36 – www.hotelcansole.com
– cerrado 22 diciembre-22 enero BZ**e**
26 hab – 38/52 € 53/79 €
Rest – *(cerrado domingo noche y lunes)* Menú 10 €
◆ Hotel familiar de correcto equipamiento, con habitaciones cuidadas, pequeñas y de mobiliario funcional, en su mayoría dotadas de plato ducha. Confortable comedor de estilo clásico con las paredes en ladrillo visto y detalles marineros en la decoración.

Can Bosch (Joan Bosch)

Rambla Jaume I-19 ✉ 43850 Cambrils
– ✆ 977 36 00 19 – www.canbosch.com
– cerrado 22 diciembre-enero, domingo noche y lunes BZ**d**
Rest – Menú 58 € – Carta 36/52 €
Espec. Tartar de cigalas con milhojas de sardinas. Rape a la brasa, alcachofas, tomate confitado y buñuelo de patata. Chocolate blanco con helado de cacahuetes caramelizados y bizcocho de melaza.
◆ Este restaurante, de larga y sólida trayectoria familiar, está dotado con un pequeño hall, una sala de línea moderna y un privado. Su chef-propietario ofrece una completa carta de cocina tradicional actualizada, con un buen apartado de mariscos y arroces.

XXX **Rincón de Diego** (Diego Campos)

Drassanes 19 ✉ 43850 Cambrils – ✆ 977 36 13 07 – www.rincondediego.com – cerrado 23 diciembre-26 enero, domingo noche y lunes CZ**v**

Rest – Menú 36/60 € – Carta 45/87 €

Espec. Huevos de corral con langosta y caviar. Ensalada de cangrejo real en panko con mahonesa de cítricos. Rubio con fideuá de algas, bogavante a la plancha y picada de ajo confitado y perejil.

◆ ¡Con prestigio y a dos pasos del Club Náutico! En este restaurante, muy cuidado y actual, encontrará una cocina tradicional actualizada que, trabajando mucho con pescados y mariscos, destaca por la excelente calidad de sus materias primas.

XX **Casa Gallau**

Pescadors 25 ✉ 43850 Cambrils – ✆ 977 36 02 61 – www.casagallau.com – cerrado 23 diciembre-23 enero y martes CZ**c**

Rest – Carta 31/42 €

◆ Tras su original acceso encontrará una sala decorada con maquetas de barcos, una terraza ajardinada y una sala para banquetes en el piso superior. Cocina tradicional-marinera.

XX **Joan Gatell**

passeig Miramar 26 ✉ 43850 Cambrils – ✆ 977 36 00 57 – www.joangatell.com – cerrado 15 diciembre-15 enero, domingo noche y lunes noche BZ**s**

Rest – Menú 64 € – Carta 65/78 €

◆ Todo un clásico que es llevado directamente por su propietario. Presenta dos salas de buen montaje y una magnífica terraza en el 1er piso. Sabrosas especialidades marineras.

XX **Miquel**

av. Diputació 3 ✉ 43850 Cambrils – ✆ 977 36 03 57 – www.restaurantmiquel.com – cerrado noviembre, lunes noche y martes

Rest – Carta 35/55 € CZ**t**

◆ Negocio familiar ubicado junto a la playa, con una sala interior de línea clásica y una agradable terraza. Ofrecen una carta tradicional marinera y muchos platos elaborados.

XX **Bresca**

travessia Àncora 21 ✉ 43850 Cambrils – ✆ 977 36 95 12 – www.brescarestaurant.com – cerrado 23 diciembre-14 enero, 10 días en mayo, domingo noche y lunes CZ**a**

Rest – Carta 36/44 €

◆ Establecimiento llevado por dos jóvenes con inquietudes y decorado en tonos fuertes, combinando diseño y rusticidad. Carta algo reducida aunque con esmeradas elaboraciones.

X **Acuamar-Casa Matas**

Consolat de Mar 66 ✉ 43850 – ✆ 977 36 00 59 – www.acuamar.com – cerrado 23 diciembre-3 enero, 15 octubre-15 noviembre, domingo noche en invierno, miércoles noche (salvo julio-agosto) y jueves CZ**k**

Rest – Carta aprox. 35 €

◆ Se encuentra frente al puerto y resulta popular por la buena relación calidad-precio de sus pescados y mariscos. Presenta un correcto montaje y mobiliario clásico-actual.

X **Montserrat**

Mestre Miquel Planas 9 ✉ 43850 – ✆ 977 36 16 40 – cerrado 15 diciembre-15 enero y lunes salvo festivos CZ**r**

Rest – Carta 33/43 €

◆ Propone una buena selección de platos marineros, en un marco sencillo pero con un cuidado servicio de mesa. Está especializado en mariscadas, "suquets", arroces y fideos.

CAMBRILS

ESPAÑA

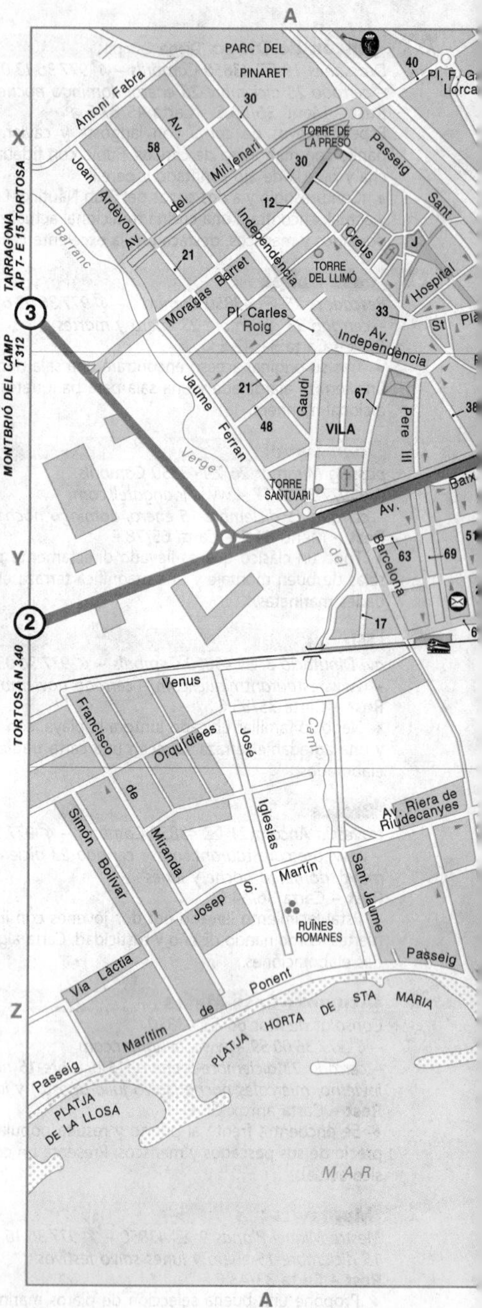

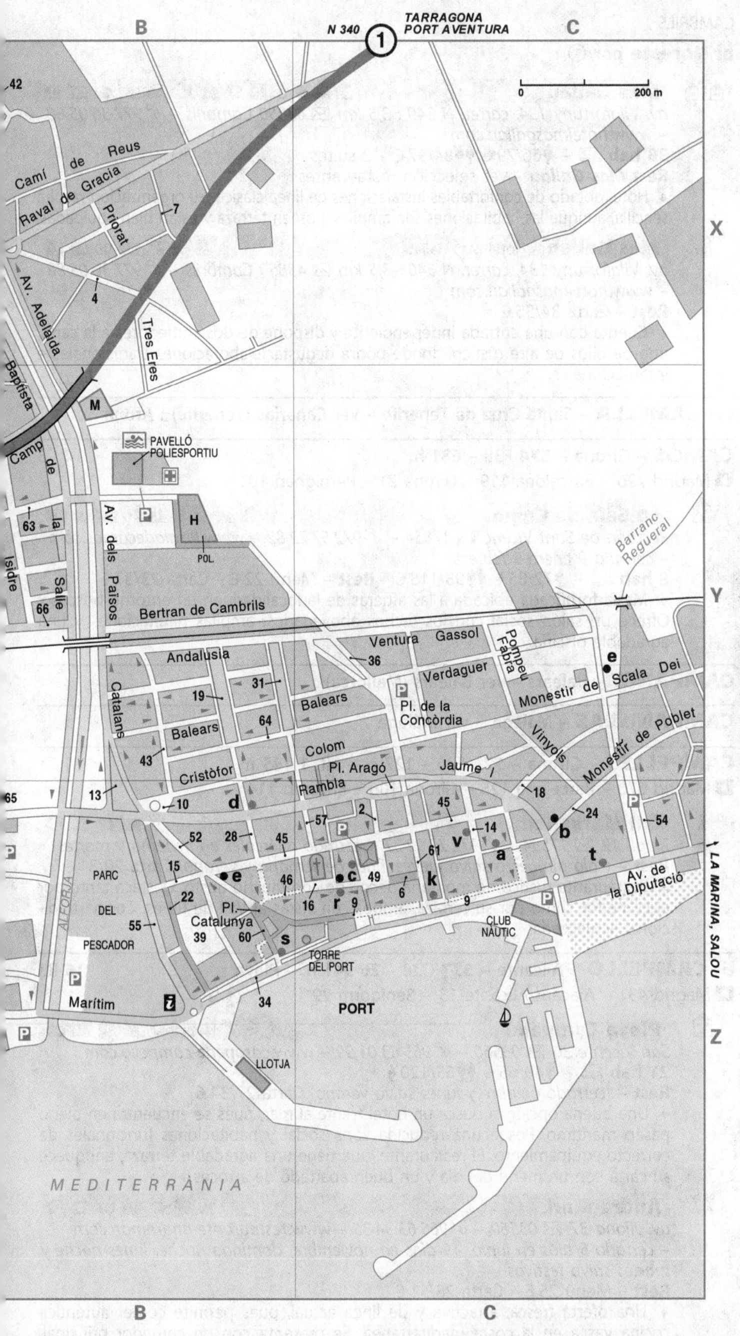

TARRAGONA
PORT AVENTURA
N 340
B
C
X
Y
Z
0
200 m
Camí de Reus
Raval de Gracia
Priorat
Av. Adelaida
Tres Eres
Baptista
Camp de la Salle
Isidre
PAVELLÓ POLIESPORTIU
POL
Av. dels Països Catalans
Bertran de Cambrils
Barranc Regueral
Andalusia
Ventura Gassol
Pompeu Fabra
Verdaguer
Monestir de Scala Dei
Balears
Pl. de la Concòrdia
Vinyols
Monestir de Poblet
Colom
Cristòfor
Pl. Aragó
Jaume I
Rambla
Av. de la Diputació
LA MARINA, SALOU
PARC DEL PESCADOR
ALFORJA
Pl. Catalunya
CLUB NAUTIC
TORRE DEL PORT
PORT
Marítim
LLOTJA
MEDITERRÀNIA

ESPAÑA

al Noreste por ① :

Mas Gallau
av. Vilafortuny 134, carret. N 340 : 3,5 km ✉ *43850 Cambrils* – ✆ *977 36 05 88* – *www.hotelmasgallau.com*
38 hab – 66/79 € 84/97 € – 2 suites
Rest ***Mas Gallau*** – ver selección restaurantes
◆ Hotel dotado de confortables instalaciones de línea clásica. Su organización resulta sencilla, aunque las habitaciones son amplias, poseen terraza y están bien equipadas.

Mas Gallau – Hotel Mas Gallau
av. Vilafortuny 134, carret. N 340 : 3,5 km ✉ *43850 Cambrils* – ✆ *977 36 05 88* – *www.hotelmasgallau.com*
Rest – Carta 34/55 €
◆ Cuenta con una entrada independiente y dispone de dos comedores a la carta, uno de ellos de aire rústico, donde podrá degustar elaboraciones tradicionales e internacionales.

La CAMELLA – Santa Cruz de Tenerife – ver Canarias (Tenerife) : Arona

CAMÓS – Girona – 574 F38 – 681 h. 14 C3

Madrid 726 – Barcelona 119 – Girona 21 – Perpignan 101

La Sala de Camós
Rectoria de Sant Vicenç ✉ *17834* – ✆ *972 57 22 82* – *www.lasaladecamos.com* – *cerrado 9 enero-9 febrero*
8 hab – 72/85 € 98/115 € **Rest** – Menú 22 € – Carta 23/37 €
◆ Masía fortificada ubicada a las afueras de la localidad, en un entorno boscoso. Ofrece un salón social con los techos abovedados, amplias habitaciones y una agradable piscina.

CAMPANET – Balears – ver Balears (Mallorca)

CAMPANILLAS – Málaga – ver Málaga

CAMPELLES – Girona – 574 F36 – 127 h. – alt. 1 145 m 14 C1

Madrid 670 – Barcelona 125 – Girona 106 – Encamp 114

Cal Marxened
Ripoll 12 ✉ *17534* – ✆ *972 72 92 37* – *cerrado miércoles en invierno y martes*
Rest – *(solo almuerzo salvo jueves, fines de semana y verano)* Carta 20/31 €
◆ Restaurante rústico de montaña decorado con mucho gusto. Destaca tanto por el comedor como por su terraza, ambos con vistas al Vall de Ribes. Cocina tradicional actualizada.

El CAMPELLO – Alicante – 577 Q28 – 26 941 h. – Playa 16 B3

Madrid 431 – Alacant/Alicante 13 – Benidorm 29

Playa Campello
hab,
San Vicente 36 ✉ *03560* – ✆ *965 63 01 99* – *www.casapepe-campello.com*
21 hab – 40/65 € 65/120 €
Rest – *(cerrado octubre y lunes salvo verano)* Carta 27/34 €
◆ Una buena opción si busca un hotel frente al mar, pues se encuentra en pleno paseo marítimo. Posee una reducida zona social y habitaciones funcionales de correcto equipamiento. El restaurante, que tiene una agradable terraza, enriquece su carta con un menú del día y un buen apartado de arroces.

Andra-Mari
av. Jijona 37 ✉ *03560* – ✆ *965 63 34 35* – *www.restaurante-andramari.com* – *cerrado 5 días en junio, 19 días en noviembre, domingo noche, lunes noche y martes salvo festivos*
Rest – Menú 25 € – Carta 28/51 €
◆ Una oferta fresca, atractiva y de línea actual, pues permite comer auténtica cocina vasca en la costa mediterránea. Se presenta con un comedor principal, tres privados y una terraza, pudiendo en esta última comer a la carta o tapear.

XX **La Peña**
San Vicente 12 ✉ 03560 – ✆ 965 63 10 48 – cerrado domingo noche en verano
Rest – *(solo almuerzo en invierno)* Menú 18/60 € – Carta 35/54 €
◆ Si desea comer en un ambiente marinero esta es la mejor opción, pues está en 1ª línea de playa y aquí todo ensalza la cultura del mar. Su carta, especializada en pescados, mariscos y calderos, contempla también un buen apartado de arroces.

CAMPO – **Huesca** – **574** E31 – **355 h.** – **alt. 691 m** **4** C1
Madrid 494 – Zaragoza 183 – Huesca 109 – Andorra la Vella 190

Cotiella sin rest
San Antonio ✉ 22450 – ✆ 974 55 03 03 – www.hotelcotiella.com
26 hab – 32/42 € 46/79 €, 8 €
◆ Sus modernas instalaciones disfrutan de unas correctas zonas nobles y espaciosas habitaciones con los suelos en madera, algunas de la última planta abuhardilladas.

CAMPO DE CRIPTANA – **Ciudad Real** – **576** N20 – **15 048 h.** – **alt. 707 m** **10** C2
Madrid 151 – Albacete 137 – Aranjuez 101 – Ciudad Real 99

La Casa de los Tres Cielos sin rest
Libertad 11 ✉ 13610 – ✆ 926 56 37 90 – www.casalos3cielos.com
7 hab – 25/35 € 50/60 € – 5 apartamentos
◆ Resulta céntrico y está construido en varias alturas, con un patio-terraza y la zona de desayunos en unas cuevas. Habitaciones rústicas dotadas con mobiliario restaurado.

X **Cueva La Martina**
Rocinante 13 ✉ 13610 – ✆ 926 56 14 76 – www.cuevalamartina.com – cerrado del 15 al 31 de octubre y lunes noche
Rest – Menú 14/40 € – Carta 30/45 €
◆ Cueva con mirador ubicada sobre una loma, junto a los molinos de viento y sobre el pueblo y la llanura manchega. Su carta combina la cocina de la zona con platos más actuales.

CAMPOS – **Balears** – **ver Balears (Mallorca)**

CAMPOSO – **Lugo** – **571** D7 – **24 h.** **20** C2
Madrid 496 – Santiago de Compostela 106 – Lugo 20 – Ourense 97

Casa Grande de Camposo rest,
Camposo 7 ✉ 27364 – ✆ 982 54 38 00 – www.camposo.com – cerrado 19 diciembre-9 enero
9 hab – 45/56 € 62/77 €, 6 € **Rest** – *(solo clientes)* Menú 20 €
◆ Casa típica construida en granito y datada en el s. XVII. Goza de unas atractivas zonas sociales y confortables habitaciones, con mobiliario rústico y los suelos en madera. En su comedor, repartido en dos espacios, podrá degustar la auténtica cocina casera.

CAMPRODÓN – **Girona** – **574** F37 – **2 479 h.** – **alt. 950 m** **14** C1
Madrid 699 – Barcelona 127 – Girona/Gerona 80
pl. d'Espanya 1, ✆ 972 74 00 10, www.camprodon.cat
Camprodón,, Bac de San Antoni, ✆ 972 13 01 25
Localidad★ – Pont Nou★ – Iglesia románica del Monasterio de Sant Pere★

Maristany
av. Maristany 20 ✉ 17867 – ✆ 972 13 00 78 – www.hotelmaristany.com – cerrado 10 diciembre-enero
10 hab – 120/140 €
Rest *Maristany* – ver selección restaurantes
◆ Instalado en una casa señorial tipo chalet, con una coqueta zona social, confortables habitaciones, las de la planta superior abuhardilladas, y un bello entorno ajardinado.

ESPAÑA

XX **El Pont 9**

camí Cerdanya 1 ✉ 17867 – ☎ 972 74 05 21 – www.restaurantelpont9.com – cerrado del 9 al 18 de enero, 25 junio-10 julio, del 15 al 24 de octubre y noches de lunes, martes y miércoles salvo agosto

Rest – Carta 28/42 €

◆ Restaurante familiar llevado con profesionalidad. Destaca por su estética actual, con paredes coloristas y un buen servicio de mesa. Sus fogones apuestan por la cocina actual.

XX **Maristany** – Hotel Maristany

av. Maristany 20 ✉ 17867 – ☎ 972 13 00 78 – www.hotelmaristany.com – cerrado 10 diciembre-enero y miércoles

Rest – (es necesario reservar) Carta 40/56 €

◆ Soprende por su ubicación, pues este coqueto restaurante ocupa la antigua cochera del hotel, ahora repartida en dos plantas muy agradables. Cocina tradicional actualizada.

CAMUÑO – Asturias – 572 B11 — 5 B1

Madrid 492 – Oviedo 50 – León 172

Quintana del Caleyo

al Norte : 1km ✉ 33860 – ☎ 985 83 22 34 – www.quintanadelcaleyo.com – Semana Santa-Octubre

10 hab – 71/84 € 84/106 €

Rest – *(solo clientes, solo cena)* Menú 30 €

◆ Este conjunto, de los ss. XVII y XVIII, está formado por una casona-palacio asturiana, una panera, un pajar y un antiguo palomar. Amplias habitaciones con vistas al valle.

Islas CANARIAS

7 B2

© Camille Moirenc / Hemis.fr

1 630 015 h. – 125

El archipiélago canario, situado en el Océano Atlántico, al Norte del Trópico de Cáncer, goza de un privilegiado clima durante todo el año. Se extiende sobre una superficie de 7.273 km^2. Está formado por nueve islas y cuatro islotes agrupados en dos provincias: Las Palmas (Gran Canaria, Fuerteventura y Lanzarote) y Santa Cruz de Tenerife (Tenerife, La Palma, La Gomera y El Hierro). Santa Cruz de Tenerife y Las Palmas de Gran Canaria comparten la capitalidad administrativa de la autonomía. Cada isla tiene su Cabildo Insular, que es en realidad el órgano de gobierno propio.

La temporada alta en Canarias va del 1 de noviembre al 30 de abril. No siempre es fácil reservar habitación por cuenta propia pues la mayoria de los hoteles canalizan su clientela a través de las agencias de viaje.

Aeropuerto

ver : Las Palmas de Gran Canaria, Fuerteventura, Lanzarote, Santa Cruz de Tenerife, La Gomera, El Hierro, La Palma.

Transportes marítimos

para Canarias ver : Cádiz. En Canarias ver : Las Palmas de Gran Canaria, Puerto del Rosario, Arrecife, Los Cristianos, Santa Cruz de Tenerife, San Sebastián de la Gomera, Valverde, Santa Cruz de la Palma.

ESPAÑA

GRAN CANARIA

La costa Norte y Oeste es abrupta y rocosa, mientras que el Sur, más accesible y con immensas playas arenosas, ha alcanzado un gran desarrollo turístico.

AGÜIMES – 125 F3 – 29 431 h. – alt. 275 m

7 B2

Las Palmas de Gran Canaria 33

en la playa de Arinaga Sureste : 8 km

Nelson

av. Polizón 47 35118 Arinaga – 928 18 08 60 – www.restaurantenelson.com – cerrado del 1 al 15 de septiembre, domingo y lunes noche

Rest – Carta 28/48 €

◆ Este negocio familiar disfruta de un bar privado y una sala clásica en un nivel superior, dominada por un ventanal con vistas al mar. Cocina marinera con productos locales.

ARUCAS – 125 E2 – 36 745 h.

7 B2

Las Palmas de Gran Canaria 17

Montaña de Arucas ★

Cenobio de Valerón★ Noroeste : 11 km

en la montaña de Arucas Norte : 2,5 km

Mesón de la Montaña

✉ *35400 Arucas – ✆ 928 60 14 75 – www.mesonarucas.es*

Rest – Carta 21/36 €

◆ Magnífico emplazamiento en lo alto de la montaña, con un entorno ajardinado dotado miradores y vistas que se pierden en el océano. Está orientado a trabajar con grupos.

MASPALOMAS – **125** E4 – **123 h.** – **Playa** **7** B2

Las Palmas de Gran Canaria 50

av. de España, ✆ 928 77 15 50

Maspalomas,, av. de Neckerman, ✆ 928 76 25 81

Salobre Golf,, urb. Salobre, por 2 : 7 km, ✆ 928 01 01 03

Playa★

Norte : Barranco de Fataga★★ – San Bartolomé de Tirajana (paraje★) Norte : 23 km por Fataga

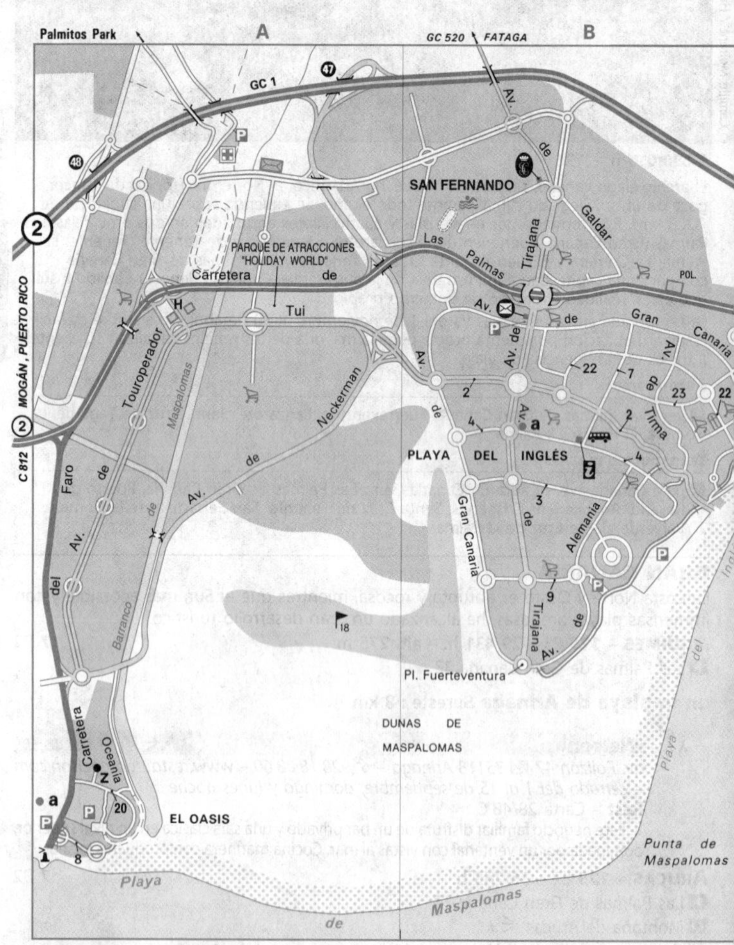

junto al faro :

Grand H. Residencia hab,
av. del Oasis 32 ✉ 35100 Maspalomas – ☎ 928 72 31 00
– www.grand-hotel-residencia.com A**z**
90 hab – 373/773 € 508/1014 € – 4 suites **Rest** – Carta 47/53 €
◆ Complejo hotelero formado por una serie de villas de estilo canario distribuidas en torno a una bella terraza con piscina. Distinguido confort y una exquisita decoración. Restaurante de elegante modernidad recreando un entorno coqueto y entrañable.

Las Rías
C.C. Varadero 2ª planta - local 173-174 ✉ 35100 Maspalomas – ☎ 928 14 00 62
– www.lasrias-meloneras.com A**a**
Rest – Carta 30/50 €
◆ Se encuentra en un centro comercial, con una parte abierta parcialmente al mar a modo de terraza. Buen expositor de pescado, un acuario de marisco y la cocina a la vista.

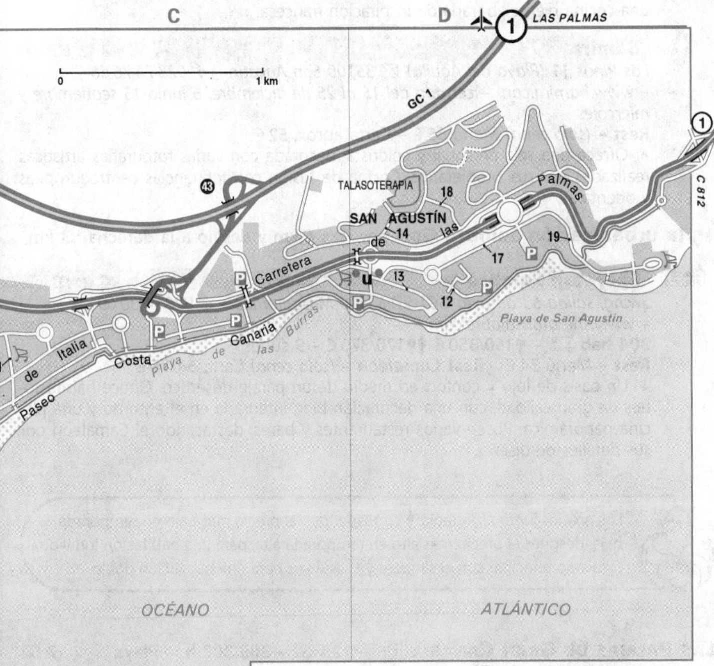

MASPALOMAS

C

en la playa del Inglés :

XX **Rías Bajas**
av. de Tirajana - edificio Playa del Sol ✉ 35100 Maspalomas – ✆ 928 76 40 33 – www.riasbajas-playadelingles.com Ba
Rest – Carta 26/50 €
◆ Su profesionalidad y la bondad de sus productos lo han convertido en un clásico. Casa de esmerado montaje, cuyo nombre evidencia una cocina sumergida en el recetario gallego.

en la playa de San Agustín :

XX **Anno Domini**
Centro Comercial San Agustín - local 82 a 85 ✉ 35100 Maspalomas – ✆ 928 76 29 15 – www.restaurantannodomini.com – octubre-abril
Rest – *(solo cena)* Carta 28/43 € Du
◆ Ubicado en un centro comercial... ¡aunque con clientela de buen nivel! Presenta dos salas de ambiente clásico y cuidado montaje, donde su chef propone una cocina bien elaborada de inspiración francesa.

XX **Bamira**
Los Pinos 11 (Playa del Águila) ✉ 35100 San Agustín – ✆ 928 76 76 66 – www.bamira.com – cerrado del 15 al 25 de diciembre, 6 junio-15 septiembre y miércoles
Rest – *(solo cena)* Menú 65 € – Carta aprox. 52 €
◆ Ofrece una sala personal y colorista, decorada con varias fotografías artísticas realizadas por sus propietarios. Cocina de fusión con influencias centroeuropeas y orientales.

ESPAÑA

en la urbanización Salobre Golf por ② : 4 km y desvío a la derecha : 3 km

Sheraton Salobre hab,
Swing, salida 53 autovía GC1 ✉ 35100 Maspalomas – ✆ 928 94 30 00 – www.sheratonsalobre.com
304 hab – ♦150/350 € ♦♦170/370 € – 9 suites
Rest – Menú 34 € **Rest *Camaleon*** – *(solo cena)* Carta 54/75 €
◆ Un oasis de lujo y confort en medio de un paraje desértico. Ofrece habitaciones de gran calidad, con una decoración bien integrada en el entorno y una piscina panorámica. Posee varios restaurantes y bares, destacando el Camaleon por sus detalles de diseño.

Los precios junto al símbolo ♦ corresponden al precio más bajo en temporada baja, después el precio más alto en temporada alta, para una habitación individual. El mismo principio con el símbolo ♦♦, esta vez para una habitación doble.

LAS PALMAS DE GRAN CANARIA P – 125 G2 – 383 308 h. – Playa 7 B2

Maspalomas 50
de Gran Canaria por ① : 30 km ✆ 902 404 704
Iberia : aeropuerto ✆ 902 400 500
para Tenerife, La Palma, Fuerteventura, Lanzarote y Cádiz : Cía. Trasmediterránea, pl. Mr. Jolly, ✆ 902 45 46 45 AS
León y Castillo 17, ✆ 928 21 96 00
R.A.C.E. Luis Doreste Silva 3 ✆ 928 23 07 88
Las Palmas,, Bandama, por la carret. de Cruz de Tejeda : 14 km, ✆ 928 35 10 50
Vegueta-Triana★ (Casa de Colón★, Museo Canario★) CZ – Playa de las Canteras★ BVX – Paseo Cornisa ❄★ AT

Planos páginas 277, 278, 279

PUERTO DE LA LUZ

Albareda CV
Alfredo L. Jones . . . . CV 3
Bernardo de la Torre. . . . . . . BX 7
Concepción Arenal . . . . BX 9
Eduardo Benot . . . . CV 18
España (Pl. de) . . . . BX 19
Galicia . . . . CX 21
General Vives. . . . . CVX 25
Grau Bassas . . . . BV 27
José María Durán . . . . BCX 30
Luis Morote CV
Los Martínez de Escobar . . . . . CX 43
Menéndez y Pelayo . . . . CX 55
Rafael Almeida . . . . BX 67
Ripoche. . . . . CV 71
Sagasta . . . . CV 72
29 de Abril . . . . CVX 91

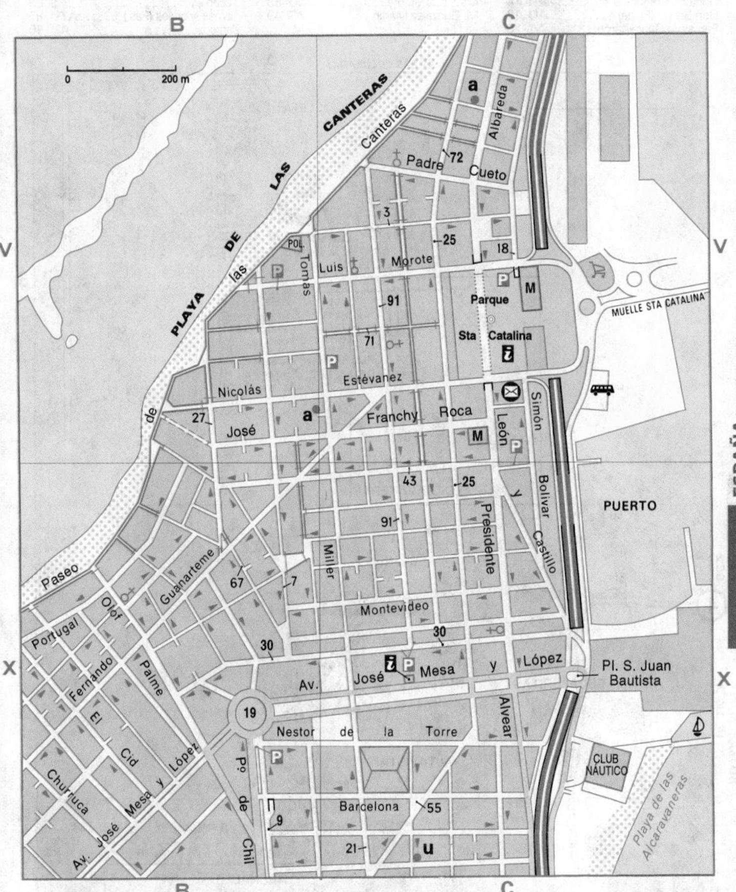

Santa Catalina
León y Castillo 227 ✉ 35005 – ✆ 928 24 30 40 – www.hotelsantacatalina.com
187 hab – 84/231 € 101/248 € – 16 suites ATz
Rest – Carta 40/55 €
♦ Edificio de estilo colonial inglés con detalles árabes y canarios, ubicado en un parque con palmeras. Ofrece excelentes salas de reuniones y habitaciones de confort clásico. Su cálido restaurante está repartido entre la terraza y una zona de interior.

Tryp Iberia sin rest, con cafetería
av. Alcalde Ramírez Bethencourt 8 ✉ 35003 – ✆ 928 36 11 33 – www.solmelia.com AUa
296 hab – 80/150 € 80/150 € – 1 suite
♦ Muy vocacionado a un turismo de congresos y negocios. Ofrece unas habitaciones confortables y funcionales que progresivamente van actualizando su equipamiento.

LAS PALMAS DE GRAN CANARIA

Alfonso XII . . . . **AU** 2
Ansite (Av.) . . . . **AT** 4
Cornisa (Pas.) . . . . **AT** 12
Doctor Marañón . . . . **AU** 14
Don Benito (Pl. de) . . . . **AU** 17
Fernando Guanarteme . . . . **AS** 20
Ingeniero Léon y Castillo (Pl.) . . **AU** 28
Juan Rejón . . . . **AS** 36
Juan XXIII (Av.) . . . . **AT** 37
Léon y Castillo . . . . **AT** 40
Lugo (Pas. de) . . . . **AT** 44
Luis Correa Medina . . . . **AU** 46
Marítima del Sur (Av.) . . . . **AU** 52
Mata (Carret. de) . . . . **AU** 53
M. González Martin . . . . **AT** 49
La Naval . . . . **AS**
Ortiz de Zàrate . . . . **AT** 59
Pérez Muñoz . . . . **AS** 63
Pino Apolinario . . . . **AU** 65
Pío XII . . . . **AT** 66
San José (Pas.) . . . . **AU** 76
Secretario Padilla . . . . **AT** 80
Simancas . . . . **AT** 81
Tecen . . . . **AS** 83
Tomás Morales (Pas.) . . . . **ATU** 85
Zaragoza . . . . **AU** 90

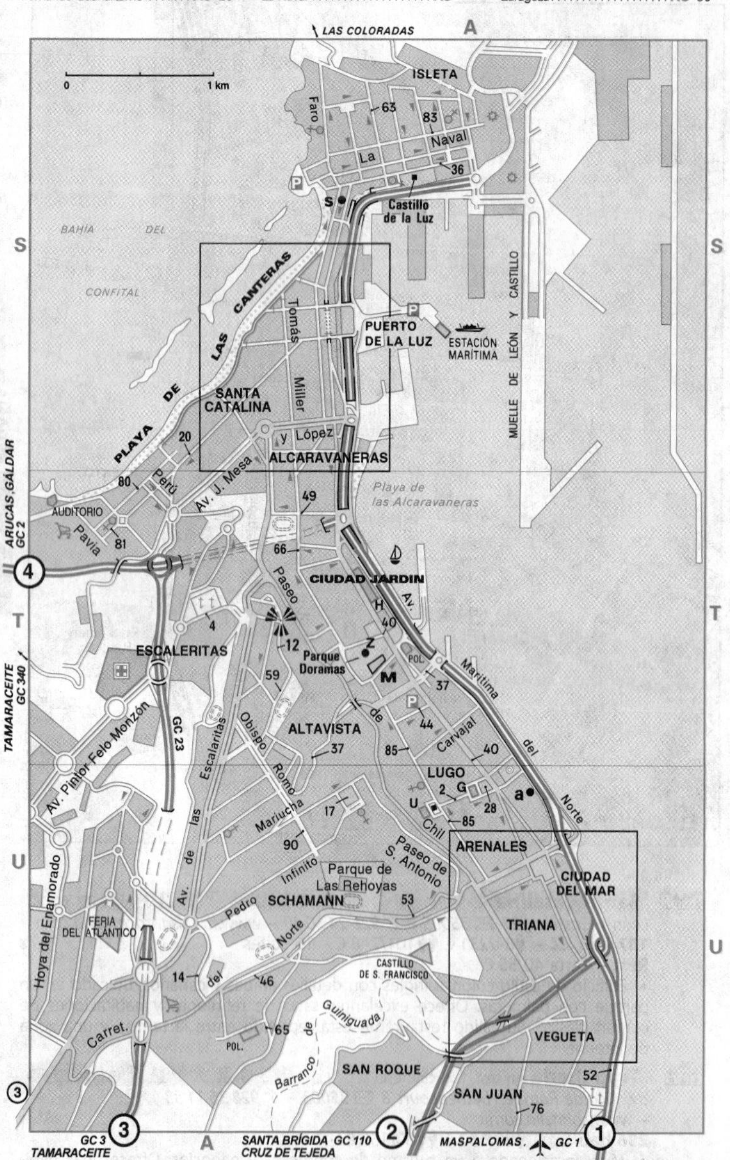

VEGUETA, TRIANA

Balcones (de los) . . . . CZ 5
Cano . . . . CY 8
Doctor Chil . . . . CZ 13
Domingo J. Navarro . . . . BY 16
General Bravo . . . . BY 23
General Mola . . . . CZ 24
Juan de Quesada . . . . CZ 31
Juan E. Doreste . . . . CZ 33
López Botas . . . . CZ 41
Luis Millares . . . . CZ 47
Malteses . . . . CZ 50
Mayor de Triana . . . . CY
Ntra Sra del Pino (Pl.) . . . . BY 56
Obispo Codina . . . . CZ 57
Las Palmas (Muelle de) . . . . . CY 38
Pelota . . . . CZ 60
Pérez Galdós . . . . BY 62
Ramón y Cajal . . . . BZ 69
San Antonio (Pas.) . . . . BY 73
San Pedro . . . . CZ 78
T. Massieu . . . . CZ 84
Viera Y Clavijo . . . . BY 88

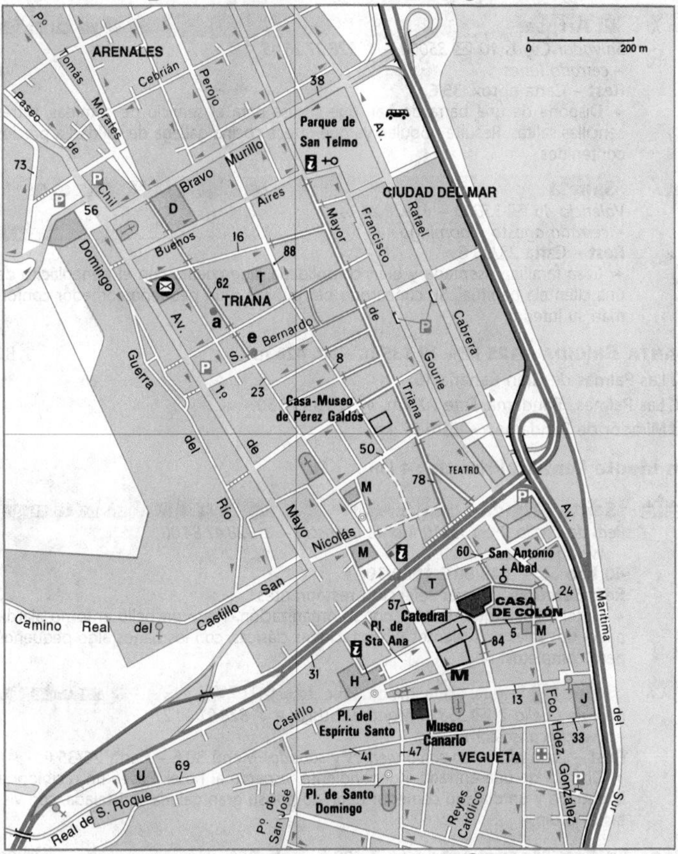

ESPAÑA

XX **Amaiur**

Pérez Galdós 2 ✉ 35002 – ☎ 928 37 07 17 – cerrado agosto y domingo BY**e**

Rest – Carta 32/40 €

◆ Llevado de forma profesional entre dos hermanos. Posee un comedor clásico y tres privados, donde podrá degustar una carta de raíces vascas acompañada por platos de temporada.

X **Deliciosamarta**

Pérez Galdós 23 ✉ 35002 – ☎ 928 37 08 82 – cerrado 15 días en abril, 15 días en agosto, domingo y martes noche BY**a**

Rest – Carta 27/38 €

◆ Este restaurante rompe un poco con el estilo tradicional de la isla, ya que presenta un montaje moderno, con detalles minimalistas en su decoración, y una cocina creativa.

Asturias
Capitán Lucena 6 ✉ 35007 – ✆ 928 27 42 19 BV**a**
Rest – Carta 37/53 €
◆ Casa de carácter familiar, con la dueña en los fogones, cuyo interior alberga un bar público a la entrada de gran amplitud y un comedor bien dispuesto en la 1ª planta.

El Arrosar
Salvador Cuyás 10 ✉ 35008 – ✆ 928 27 26 45
– cerrado lunes CV**a**
Rest – Carta aprox. 35 €
◆ Dispone de una barra de bar, que se usa para el servicio de comidas, y tres sencillas salitas. Resulta popular, ya que ofrece cocina gallega de calidad a precios contenidos.

Samoa
Valencia 46 ✉ 35006 – ✆ 928 24 14 71
– cerrado agosto y domingo CX**u**
Rest – Carta 23/35 €
◆ Casa familiar, asentada y bien consolidada, que cuenta con el beneplácito de una clientela habitual. Su concurrido bar público y un pequeño comedor conforman su interior.

SANTA BRÍGIDA – 125 F2 – 19 135 h. – alt. 426 m **7** B2

Las Palmas de Gran Canaria 15
Las Palmas,, Bandama, Este : 7 km, ✆ 928 35 10 50
Mirador de Bandama★★ Este : 7 km

en Monte Lentiscal Noreste : 4 km

Santa Brígida – (Hotel escuela)
Real de Coello 2 ✉ 35310 Monte Lentiscal – ✆ 928 47 84 00
– www.hecansa.com
40 hab – 48/60 € 60/100 €
Rest *Satautey* – ver selección restaurantes
◆ Hotel-escuela que destaca por su organización. Tiene un bello entorno ajardinado, dos salas polivalentes y habitaciones clásicas, con los baños algo pequeños pero completos.

Satautey – Hotel Santa Brígida (Hotel escuela)
Real de Coello 2 ✉ 35310 Monte Lentiscal – ✆ 828 01 04 21
– www.hecansa.com
Rest – *(solo almuerzo salvo viernes y sábado)* Menú 30 € – Carta 26/35 €
◆ Disfruta de una entrada independiente respecto al hotel. Posee un recibidor a la entrada y un diáfano comedor definido por su gran galería acristalada, con vistas al jardín.

VEGA DE SAN MATEO – 125 E2 – 7 699 h. – alt. 950 m **7** B2

Las Palmas de Gran Canaria 23

en La Lechuza Oeste : 4 km y desvío a la izquierda 0,5 km

Las Calas rest,
El Arenal 36 ✉ 35329 La Lechuza – ✆ 928 66 14 36
– www.hotelrurallascalas.com
9 hab – 70/80 € 80/96 € – 1 suite
Rest – *(solo clientes, solo cena)* Menú 18 €
◆ Este hotel combina el aire rústico de la mayoría de sus habitaciones con la estética moderna que define dos de sus estancias. Todo se distribuye en torno a un patio-jardín.

¿Hace buen tiempo? Disfrute el placer de comer en la terraza:

FUERTEVENTURA - Las Palmas

Por su superficie es la segunda después de Tenerife y la de menor densidad de población (28h./km²) después de El Hierro. El clima suave, la constancia de los vientos y las características del mar hacen de sus costas el lugar ideal para la práctica del "windsurfing" y de otros deportes náuticos.

ANTIGUA - 125 G3 - 10 458 h. - alt. 254 m 7 C2

Puerto del Rosario 20

Era de la Corte sin rest

La Corte 1 ✉ 35630 - ✆ 928 87 87 05 - www.eradelacorte.com

11 hab - 40/45 €

• Casona típica estructurada alrededor de dos patios que funcionan como salón social y terraza. Ofrece cálidas habitaciones de estilo rústico con detalles decorativos majoreros.

BETANCURIA - 125 G3 - 823 h. - alt. 395 m 7 C2

Puerto del Rosario 29

Pueblo★

Casa Santa María

pl. Santa María ✉ 35637 - ✆ 928 87 82 82
- www.restaurantecasasantamaria.com - cerrado 5 mayo-10 junio

Rest - Menú 22/57 € - Carta 29/47 €

• Destaca por su atractiva decoración, ya que muestra detalles típicos en un marco dominado por la madera y los objetos de inspiración árabe. Terraza de exuberante vegetación.

ESPAÑA

CALETA DE FUSTE - 125 I3 - 1 089 h. 7 C2

Puerto del Rosario 12

Fuerteventura Golf Club,, carret. Jandía, km 11, ✆ 928 16 00 34

Elba Palace Golf

urb. Fuerteventura Golf Resort - Norte 1,5 km ✉ 35630 - ✆ 928 16 39 22
- www.hoteleselba.com

61 hab - 83/195 € 92/220 € - 10 suites

Rest - Carta 30/46 €

Rest *St. Andrew's* - Carta aprox. 50 €

• Ubicado en un campo de golf y dotado de un bellísimo patio central con palmeras. Completa zona social y amplias habitaciones decoradas en un estilo clásico elegante. Restaurante de cuidado montaje donde se ofrece una carta de corte cosmopolita.

CORRALEJO - 125 I1 - 5 362 h. - Playa 7 C2

Puerto del Rosario 38

av. Marítima 2, ✆ 928 86 62 35

Puerto y Playas★

Gran Hotel Atlantis Bahía Real

av. Grandes Playas ✉ 35660 - ✆ 928 53 64 44
- www.atlantishotels.com

226 hab - 127/210 € 175/296 € - 16 suites

Rest *La Cúpula* - *(solo cena)* (es necesario reservar) Menú 70 € - Carta aprox. 54 €

Rest *Yamatori* - *(solo cena)* (es necesario reservar) Carta 28/44 €

Rest *Las Columnas* - *(solo cena)* (es necesario reservar) Carta 36/44 €

• Magnífico conjunto en cuya arquitectura se conjuga la estética neomudéjar con algunas influencias coloniales. Disfruta de buenas vistas a las islas de Lanzarote y Lobos. Entre sus restaurantes destaca La Cúpula, que ofrece un elegante estilo clásico y una carta cosmopolita.

LAJARES – 125 H1 – **800 h.** **7** C2

Puerto del Rosario 32

XX **El Patio de Lajares** con hab

La Cerca 9 ✉ 35650 – ✆ 650 13 40 30 – www.patio-lajares.com – cerrado 29 abril-15 mayo

6 hab – †80/100 € ††100/120 €

Rest – *(cerrado lunes y martes)* (es necesario reservar) Menú 40 € – Carta 35/59 €

◆ Está llevado por un matrimonio alemán y cuenta con un comedor principal de montaje clásico, una sala acristalada y una coqueta terraza. Su chef-propietario elabora una cocina internacional muy personal, pues tiene influencias germanas y españolas. ¡También ofrece unas correctas habitaciones donde alojarse!

ARRECIFE

Aniagua	B	2
Aquilino Fernãndez	C	3
Colombia	B	4
Emilio Ley	C	8
Fenauto	B	9
Fernández Ladreda	C	10
García de Hita	C	14
El Guinaguaria	B	7
Inés (La)	B	15
José Betancort	C	16
José Ortega y Gasset	B	17
Mercedes (La)	D	20
Miguel Primo de Rivera	C	21

PUERTO DEL ROSARIO – 125 I3 – 35 702 h. – Playa **7** C2

Corralejo 38

para Lanzarote y Cádiz : Cía Trasmediterránea, León y Castillo 58, ☎ 902 45 46 45

JM Puerto Rosario sin rest

av. Ruperto González Negrín 9 ✉ 35600 – ☎ 928 85 94 64
– www.hoteljmpuertodelrosario.com

88 hab – 54/65 € 70/85 €

♦ De línea moderna y adecuado equipamiento. Las habitaciones resultan confortables, con los suelos en pergo, baños actuales y vistas al puerto en la mitad de los casos.

LANZAROTE – Las Palmas

Declarada Reserva de la Biosfera. El turismo viene atraído por la peculiaridad de su paisaje: tierras volcánicas salpicadas de oasis de vegetación y cultivos.

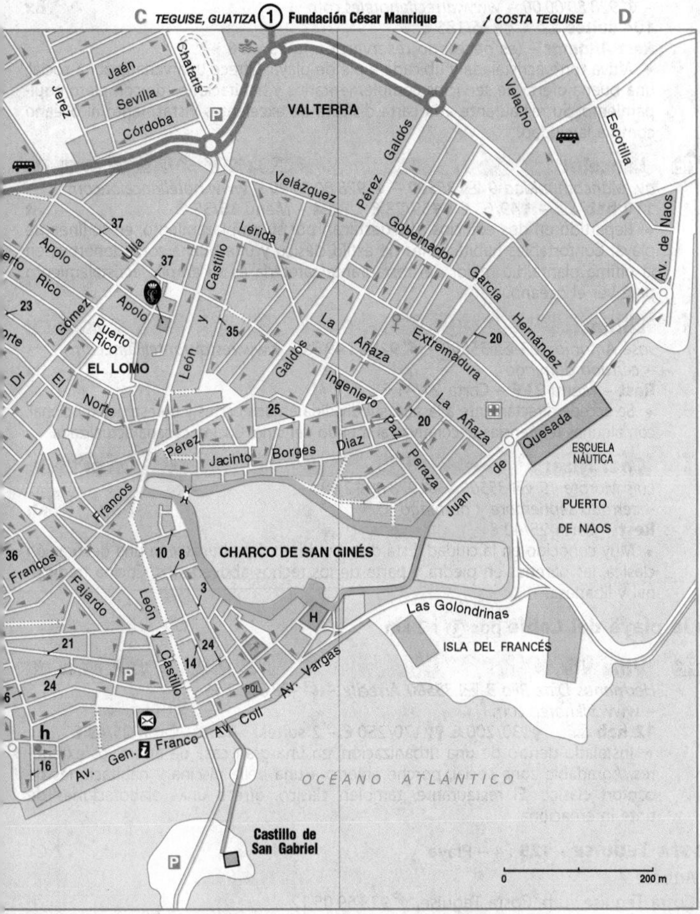

ARRECIFE – **125** E4 – **58 156 h.** – **Playa** **7** C1

Costa Teguise 7

de Lanzarote, Oeste : 6 km ✆ 902 404 704

para Gran Canaria, Tenerife, La Palma y Cádiz : Cía. Trasmediterránea, José Antonio 90, ✆ 902 45 46 45

parque José Ramírez Cerdá, ✆ 928 81 31 74

R.A.C.E. Blas Cabrera Tophan 8 ✆ 928 80 68 81

Fundación César Manrique★ por ① : 7 km – Teguise (castillo de Santa Bárbara ✻★) por ① : 11 km – Tiagua (Museo Agrícola El Patio★) por ③ : 13 km – Guatiza (Jardín de Cactus★) por ① : 15 km – La Geria★★ (de Mozaga a Yaiza) por ③ : 17 km - Cueva de los Verdes★★★ Noreste : 27 km por Guatiza – Jameos del Agua★ Noreste : 29 km por Guatiza - Mirador del Río★★ (✻★★) Noroeste : 33 km por Guatiza

Planos páginas anteriores

Arrecife G.H. hab,
parque Islas Canarias ✉ 35500 – ✆ 928 80 00 00 – www.arrecifehoteles.com B**x**
104 suites – 76/185 €
Rest *Altamar* – (es necesario reservar) Carta 25/46 €
◆ Altiva torre acristalada y ubicada a pie de playa. Ofrece una variada zona social, una buena oferta de servicios complementarios y habitaciones de completo equipamiento. Su restaurante a la carta disfruta de excelentes vistas, tanto al océano como a la ciudad.

Lancelot
av. Mancomunidad 9 ✉ 35500 – ✆ 928 80 50 99 – www.hotellancelot.com
110 hab – 49/63 € 59/78 € **Rest** – Menú 15/35 € B**t**
◆ Repartido en dos edificios que destacan por su emplazamiento, en 1ª línea de playa. Confortables habitaciones de estilo clásico y una buena zona deportiva en la última planta. Lo mejor del restaurante-cafetería es su amplio acristalamiento para ver el océano.

Lilium
José Antonio 103 ✉ 35500 – ✆ 928 52 49 78 – www.restaurantelilium.com – cerrado domingo B**a**
Rest – Menú 21 € – Carta 21/41 €
◆ Se accede directamente a la sala, subdividida en dos partes y de estética funcional, con algunas referencias decorativas al mundo del vino. Cocina canaria actualizada.

Chef Nizar
Luís Morote 19 ✉ 35500 – ✆ 928 80 12 60 – cerrado septiembre y domingo C**h**
Rest – Carta 25/40 €
◆ Muy conocido en la ciudad. Está distribuido en dos alturas, con una decoración clásica, las paredes en piedra y parte de los techos abovedados. Cocina tradicional y libanesa.

en la playa del Cable por ② : 2 km

Villa Vik hab,
Hermanos Díaz Rijo 3 ✉ 35500 Arrecife – ✆ 928 81 52 56 – www.vikhotels.com
12 hab – 130/200 € 170/250 € – 2 suites **Rest** – Carta 25/43 €
◆ Instalado dentro de una urbanización, en una gran casa de atractivos exteriores. Agradable zona social, porche abierto a una bella piscina y habitaciones de confort clásico. El restaurante, también clásico, ofrece unas elaboraciones de tinte internacional.

COSTA TEGUISE – **125** F4 – **Playa** **7** C1

Arrecife 7

Costa Teguise,, urb. Costa Teguise, ✆ 928 59 05 12

Gran Meliá Salinas
av. Islas Canarias ✉ 35509 – ☎ 928 59 00 40 – www.granmeliasalinas.com
242 hab – 🛉100/300 € 🛉🛉125/325 € – 28 suites
Rest *Atlántida* – *(solo cena buffet)* Menú 25/45 €
Rest *La Graciosa* – *(cerrado domingo) (solo cena)* Carta 70/105 €
Rest *Casa Canaria* – Carta 63/95 €
♦ Hotel vacacional que destaca tanto por sus instalaciones como por sus jardines, diseñados por Cesar Manrique. Posee preciosas villas y habitaciones bien renovadas. Entre sus restaurantes sobresale La Graciosa, por su elevado nivel gastronómico y su confort.

Neptuno
av. del Jablillo - Local 6 ✉ 35508 – ☎ 928 59 03 78 – cerrado domingo
Rest – Carta aprox. 32 €
♦ Llevado entre dos hermanos y emplazado en una avenida comercial de la playa. Ofrece una zona de bar, una terraza con toldos y una sala de sencillo montaje. Cocina tradicional.

MÁCHER – **125** C4 – **749 h.** **7** C1
Arrecife 16

La Tegala
carret. Tías-Yaiza 60 ✉ 35572 – ☎ 928 52 45 24 – www.lategala.com – cerrado domingo y lunes mediodía
Rest – Carta 27/36 €
♦ Restaurante de moderno montaje llevado por una familia con experiencia en el sector. Ofrece una sala acristalada que disfruta de vistas panorámicas, dos privados y una bodega.

PLAYA BLANCA – **125** B5 – **Playa** **7** C2
Arrecife 38
Limones, ☎ 928 51 92 38
Punta del Papagayo★ ≤★ Sur : 5 km

Aromas Yaiza
La Laja 1 ✉ 35570 – ☎ 928 34 96 91 – www.restaurantearomasyaiza.com – cerrado domingo
Rest – Carta 25/39 €
♦ Tras el porche de la entrada se accede directamente al comedor, bastante luminoso, clásico y con la cocina semivista. Elaboraciones tradicionales presentadas de forma actual.

PLAYA HONDA – **125** D4 – **10 081 h.** – **Playa** **7** C2
Arrecife 2

Aguaviva
Mástil 31 ✉ 35509 – ☎ 928 82 15 05 – www.restauranteaguaviva.com – cerrado domingo noche y lunes
Rest – Carta 35/51 €
♦ Agradable restaurante instalado en un chalet de una zona residencial. En sus salas, decoradas con numerosos detalles, podrá degustar una cocina actual de base tradicional.

PUERTO CALERO – **125** C5 – **Playa** **7** C2
Arrecife 20

Amura
paseo Marítimo ✉ 35771 – ☎ 928 51 31 81 – www.puertocalero.com – cerrado lunes
Rest – Carta aprox. 35 €
♦ Construcción octogonal en madera blanca que recuerda la estética de los edificios coloniales, con una gran terraza de excelente montaje y un interior de ambiente más actual.

YAIZA – **125** B4 – **14 242 h.** – **alt. 192 m** **7** C1
Arrecife 22
La Geria★★ (de Yaiza a Mozaga) Noreste : 17 km – Salinas de Janubio★ Suroeste : 6 km – El Golfo★★ Noroeste : 8 km

ESPAÑA

Finca de las Salinas
hab,

La Cuesta 17 ✉ 35570 – ✆ 928 83 03 25 – www.fincasalinas.com
17 hab – 65/100 € 92/130 € – 2 suites
Rest *Mariateresa* – *(cerrado domingo)* Menú 40 € – Carta 35/50 €
♦ Mansión del s. XVIII dotada con una atractiva fachada, una cálida zona social y un SPA. Sus bellas habitaciones de aire rústico ocupan lo que fueron las caballerizas. El restaurante Mariateresa propone una cocina creativa basada en los productos autóctonos.

TENERIFE – Santa Cruz de Tenerife

Es la mayor en superficie. Su cadena montañosa está dominada por el cono volcánico del Teide (3.718 m), el punto más alto de España. Los dos centros turísticos más importantes son el Puerto de la Cruz (en el Norte) y la Playa de las Américas (en el Sur).

LOS ABRIGOS – 125 E5 — 7 B2
Santa Cruz de Tenerife 69

Los Roques
La Marina 16 ✉ 38639 – ✆ 922 74 94 01 – www.restaurantelosroques.com – cerrado 15 días en diciembre, junio, domingo y lunes
Rest – *(solo cena)* Carta 29/44 €
♦ Sorprende encontrar un restaurante como este, de línea moderna, en una localidad típicamente pesquera. Su chef propone una cocina bastante atrevida, con dos menús degustación.

ESPAÑA

ALCALÁ – 125 C4 – 3 068 h. — 7 A2
Santa Cruz de Tenerife 98

Gran Meliá Palacio de Isora
hab,

Urbanizacion La Jaquita ✉ 38686 – ✆ 922 86 90 00 – www.solmelia.com
512 hab – 320/639 € – 91 suites
Rest *Calima* – *(cerrado domingo y lunes) (solo cena)* (es necesario reservar) Carta aprox. 78 €
Rest *Nami* – *(cerrado martes y miércoles) (solo cena)* Carta aprox. 66 €
Rest *Club Ocean* – *(solo cena)* Carta aprox. 55 €
♦ Complejo formado por diversos edificios. Disfruta de varias piscinas, una sobre el mar, amplias zonas sociales y unas habitaciones actuales, todas con terraza. Dentro de su nutrida oferta gastronómica destaca el restaurante Calima, con una carta de autor.

ARONA – 125 D5 – 79 377 h. – alt. 610 m — 7 A2
Santa Cruz de Tenerife 72
Mirador de la Centinela★ Sureste : 11 km

en La Camella Sur : 4,5 km

Mesón Las Rejas
carret. General del Sur 31 ✉ 38267 La Camella – ✆ 922 72 08 94 – www.mesonlasrejas.com – cerrado domingo noche
Rest – Carta aprox. 38 €
♦ Llevado por su propietario con criterio profesional. En su interior, de estilo regional, alberga un pequeño bar privado, dos salas y un reservado. Bodega climatizada.

BUENAVISTA DEL NORTE – Santa Cruz de Tenerife – 125 B3 – 5 151 h. — 7 A1
Santa Cruz de Tenerife 71

Vincci Buenavista
hab,

carret. La Finca, Oeste : 1,5 km ✉ 38480 – ✆ 922 06 17 00 – www.vinccihoteles.com
117 hab – 150/350 €
Rest – *(solo almuerzo salvo viernes y sábado)* Carta 33/68 €
Rest *El Gourmet Canario* – *(solo cena salvo fines de semana)* Menú 55 €
♦ Bello conjunto construido a modo de pueblo, con muchas palmeras, piscinas infinitas, su propio campo de golf y el mar de fondo. Casi todas las habitaciones poseen vestidor. En su restaurante gastronómico encontrará una cocina canaria con detalles actuales.

LA CALETA – 125 C5 — 7 A2

Santa Cruz de Tenerife 82

XXX El Jardín de Victor Rocha

av. Ayo (Royal Gardens Villa) Norte : 1.8 km ✉ 38670 – ✆ 922 77 56 50 – www.rjardin.com – cerrado junio

Rest – *(solo cena)* Menú 55/120 € – Carta 50/58 €

♦ Próximo a un campo de golf. Bajando por unas escaleras encontrará una sala actual, con mesas en mármol y una cuidada iluminación. Elaboraciones actuales y dos menús gourmet.

LAS CAÑADAS DEL TEIDE – 125 F3 – alt. 2 160 m – Deportes de invierno: 7 — 7 B2

Santa Cruz de Tenerife 67

Parque Nacional del Teide★★★

Pico del Teide★★★ Norte : 4 km, teleférico y 45 min. a pie – Boca de Tauce★★ Suroeste : 7 km. Ascenso por La Orotava★

Parador de Las Cañadas del Teide

hab, P

✉ 38300 La Orotava – ✆ 922 38 64 15 – www.parador.es

37 hab – †111 € ††139 €, ☕ 16 €

Rest – Menú 31 €

♦ Ubicado en un paraje volcánico, con instalaciones de notable calidad dotadas de un confort actual y una discreta zona noble. Posee habitaciones bien equipadas y detallistas.

LOS CRISTIANOS – 125 D5 – 7 681 h. – Playa — 7 A2

Santa Cruz de Tenerife 75

R.A.C.E. Mónaco (edificio Marte, oficina 116) ✆ 922 79 12 64

X El Rincón del Arroz

Los Sabandeños (edificio Soledad-Local 1) ✉ 38650 – ✆ 922 77 77 41 – www.rincondelarroz.com – cerrado 20 diciembre-15 enero, 20 junio-15 julio, domingo noche y lunes

Rest – Carta 30/50 €

♦ Casa familiar, apartada del barullo turístico, donde sirven una carta seria y compensada. Posee una terraza acristalada y una salita muy cuidada, con barra de bar y expositor.

X Le Bistrot d'Alain

Valle Menéndez 16 ✉ 38650 – ✆ 922 75 23 36 – cerrado 30 mayo-27 julio y lunes

Rest – Menú 30 € – Carta 26/39 €

♦ Este pequeño local se presenta a modo de bistrot francés, con una barra de apoyo, la cocina semivista al fondo de la sala y una terraza. Platos franceses y buenas sugerencias.

GARACHICO – 125 C3 – 5 413 h. — 7 A1

Santa Cruz de Tenerife 61

San Roque

rest,

Esteban de Ponte 32 ✉ 38450 – ✆ 922 13 34 35 – www.hotelsanroque.com

20 hab ☕ – †120/190 € ††185/260 € – 8 suites

Rest – Menú 26 € – Carta 25/49 €

♦ Casa señorial del s. XVIII distribuida en torno a un patio canario, con balconadas de madera. Sus coquetas estancias combinan los detalles modernos con el confort actual. El restaurante, que tiene un uso polivalente para los tres servicios del día, extiende sus mesas hasta el porche que rodea la piscina.

ESPAÑA

GRANADILLA DE ABONA – 125 F5 – 40 862 h. – alt. 670 m 7 B2

Santa Cruz de Tenerife 68

Senderos de Abona rest,

La Iglesia 5 ✉ 38600 – ✆ 922 77 02 00
– www.senderosdeabona.com
17 hab – 45/75 € 60/120 €
Rest *El Terrero* – Menú 20/40 € – Carta 20/40 €
◆ La cálida rusticidad de sus habitaciones, la serenidad de los patios ajardinados y su simpática organización familiar le confieren una personalidad propia y bien definida. En su acogedor restaurante podrá descubrir algunas especialidades típicas de la zona.

Casa Tagoro

Tagoro 28 ✉ 38600 – ✆ 922 77 22 40 – www.casatagoro.com – cerrado 21 junio-20 julio, martes y miércoles
Rest – Carta 23/43 €
◆ Esta preciosa casa restaurada ofrece dos salas de aire rústico y ambiente acogedor, con parte de sus paredes en piedra, los techos en madera y muchos detalles. Cocina actual.

GUÍA DE ISORA – 125 C4 – 20 535 h. 7 A2

Santa Cruz de Tenerife 95

al Suroeste : 12,5 km

Abama hab,

carret. TF 47 - km 9 ✉ 38687 Guía de Isora
– ✆ 922 12 60 00 – www.abamahotelresort.com
269 hab – 275/650 € – 102 suites
Rest *M.B.* **Rest *Kabuki*** – ver selección restaurantes
Rest *El Mirador* – Carta 50/80 €
◆ Este espectacular complejo disfruta de hermosos jardines y terrazas, así como un campo de golf, un SPA y un club de playa. Excelente zona social y magníficas habitaciones. Su amplia oferta gastronómica le permitirá degustar, en restaurantes de buen nivel, elaboraciones tradicionales, japonesas y hasta de autor.

M.B. – Hotel Abama

carret. TF 47 - km 9 ✉ 38687 Guía de Isora – ✆ 922 12 65 31
– www.abamahotelresort.com
Rest – *(cerrado 17 junio-18 julio, domingo y lunes) (solo cena)* Menú 90/105 €
– Carta 85/100 €
Espec. Perlitas de hinojo en crudo, en risotto y emulsionado. Lubina asada sobre cama de cebolla trufada, esfera de caldo ahumado y salsa de mostaza violeta. Tarta fina de hojaldre con manzana, su sorbete y chantilly de Armagnac.
◆ Restaurante gastronómico dotado con un coqueto hall-bar, una sala clásica-actual, salpicada con detalles coloniales, y una tranquila terraza. Su cocina de autor conjuga el uso de excelentes materias primas con una buena técnica y unas esmeradas presentaciones.

Kabuki – Hotel Abama

carret. TF 47 - km 9 ✉ 38687 Guía de Isora – ✆ 922 12 60 00
– www.abamahotelresort.com
Rest – *(cerrado martes y miércoles) (solo cena)* Menú 35/80 €
– Carta 60/90 €
◆ Sushi, sashimi, tempura, la excepcional carne de Wagyu Kobe... estas son solo algunas de las especialidades que encontrará en este restaurante, fiel al recetario japonés aunque con detalles actuales. Cuidado interior de estética minimalista.

Una clasificación en rojo destaca el encanto del establecimiento XXX.

ESPAÑA

GÜIMAR - 125 G3 - 17 852 h. - alt. 290 m 7 B2

Santa Cruz de Tenerife 36

Mirador de Don Martín★ Sur : 4 km

Finca Salamanca
rest,

carret. Puertito 2, Sureste : 1,5 km ✉ *38500 – ✆ 922 51 45 30 – www.hotel-fincasalamanca.com*

16 hab – 50/86 € 76/148 €, 4 suites **Rest** – *(solo clientes)* Menú 12 €

◆ Ubicado en una amplia finca con jardín botánico. Zona social clásica y diferentes tipos de habitaciones repartidas por varios edificios, la mayoría espaciosas y con terraza. El restaurante dispone de una sala polivalente para los desayunos y las comidas.

LA OROTAVA - 125 F3 - 41 427 h. - alt. 390 m 7 B1

Santa Cruz de Tenerife 36

Calvario, ✆ 922 32 30 41

R.A.C.E. Tomás Zerolo 71, Urbanización Mayorazgo (edificio El Drago) ✆ 922 32 54 43

Calle de San Francisco★ – Localidad★★

Mirador Humboldt★★★ Noreste : 3 km

Victoria

Hermano Apolinar 8 ✉ *38300 – ✆ 922 33 16 83 – www.hotelruralvictoria.com*

14 hab – 65/75 € 78/110 € **Rest** – Menú 30/36 €

◆ Antigua casona dotada con una hermosa fachada y un patio típico canario que funciona como zona social. Ofrece habitaciones de correcto confort, la mayoría clásicas. El restaurante se complementa con una zona de tapeo, tipo tasca, donde sirven los desayunos.

XX Lucas Maes

Barranco de la Arena 53 (salida 32 TF 5) ✉ *38300 – ✆ 922 32 11 59 www.lucasmaes-restaurante.com – cerrado 23 agosto-15 septiembre, domingo y lunes*

Rest – Menú 29/40 € – Carta 35/40 €

◆ Disfruta de tres salas de línea actual, una de ellas acristalada y con vistas tanto al jardín como al mar. Cocina semivista y carta actual, con varios menús degustación.

PLAYA DE LAS AMÉRICAS - 125 D5 - Playa 7 A2

Santa Cruz de Tenerife 75

av. Rafael Puig Lluvina 1, ✆ 922 75 06 33

Sur,, urb. Golf del Sur, Sureste : 15 km, ✆ 922 73 81 70

Adeje (Barranco del Infierno★, 2 km a pie) Norte : 7 km

G.H. Bahía del Duque
hab,

av. de Bruselas, (playa del Duque)
✉ *38660 Costa Adeje – ✆ 922 74 69 32 – www.bahia-duque.com*

300 hab – 360/446 € 389/474 € – 65 suites – 40 apartamentos

Rest *Las Aguas* – *(cerrado 15 días en junio, domingo y lunes) (solo cena)* Carta 46/67 €

Rest *La Trattoria* – Carta 28/58 €

Rest *Asia Kan* – *(solo cena)* Carta 33/51 €

◆ Espectacular complejo dotado con un bello hall y unas cuidadas habitaciones, muchas en edificios independientes tipo villa. Vegetación subtropical en torno a varias piscinas. Dentro de su amplia oferta culinaria destacan tres restaurantes, uno de cocina actual, otro italiano y por último uno oriental de fusión.

Vincci La Plantación del Sur
hab,

Roque Nublo 1 ✉ *38660 Costa Adeje – ✆ 922 71 77 73 – www.vinccihoteles.com*

165 hab – 140/300 € 220/590 €

Rest *El Gourmet Canario* – ✆ 922 71 84 83 – Menú 55 € – Carta 37/65 €

◆ Este hotel vacacional ofrece confortables habitaciones de aire colonial, las más independientes y con jacuzzi denominadas "villas". Completo SPA con centro de belleza. El restaurante, especializado en cocina canaria, se complementa con una agradable terraza.

ESPAÑA

Jardín Tropical

hab,

Gran Bretaña ✉ *38660 Costa Adeje – ✆ 922 74 60 00 – www.jardin-tropical.com*
424 hab – 🚹143/300 € 🚹🚹243/530 €
Rest *Las Rocas* – Carta 35/54 € **Rest *Las Mimosas*** – *(solo buffet)* Menú 32 €
Rest *El Patio* – *(cerrado mayo, domingo y lunes)* Menú 50/62 € – Carta 57/69 €
◆ Conjunto de incuestionable belleza que sabe combinar su arquitectura encalada de inspiración árabe con una exuberante vegetación. Habitaciones de completo equipamiento. El restaurante Las Rocas seduce por sus vistas al mar y El Patio por su nivel gastronómico.

PUERTO DE LA CRUZ – 125 F2 – 32 571 h. – Playa 7 B1

Santa Cruz de Tenerife 36
Las Lonjas s/n, ✆ 922 38 60 00, www.todotenerife.es
Pueblo★ – Paseo Marítimo★ (Lago Martiánez★) BZ
Playa Jardín★ por av. Blas Pérez González AZ – Jardín de aclimatación de La Orotava★★ por ① : 1,5 km – Mirador Humboldt★★★, La Orotava★★ por ①

Aguilar y Quesada . . . . CY 2	Constitución (Pl. de la) . . . . BZ 12	José Arroyo . . . . BY 20
Agustín de Bethencourt . . . . BY 3	Cupido . . . . BZ 13	José del Campo Llarena (Av.) . . . . AZ 21
Agustín Espinoza . . . . AZ 5	Doctor Ingrand . . . . BZ 15	Luis Pavaggi (Pas.) . . . . AZ 25
Álvarez Rixo . . . . AZ 6	Doctor Madán . . . . AYZ 16	Marina . . . . BY 27
Casino . . . . CY 8	Enrique Talg . . . . CZ 17	Martiánez (Calzada de) . . . . CZ 28
Cólogan . . . . BY 9	Iglesia (Pl. de la) . . . . BY 18	

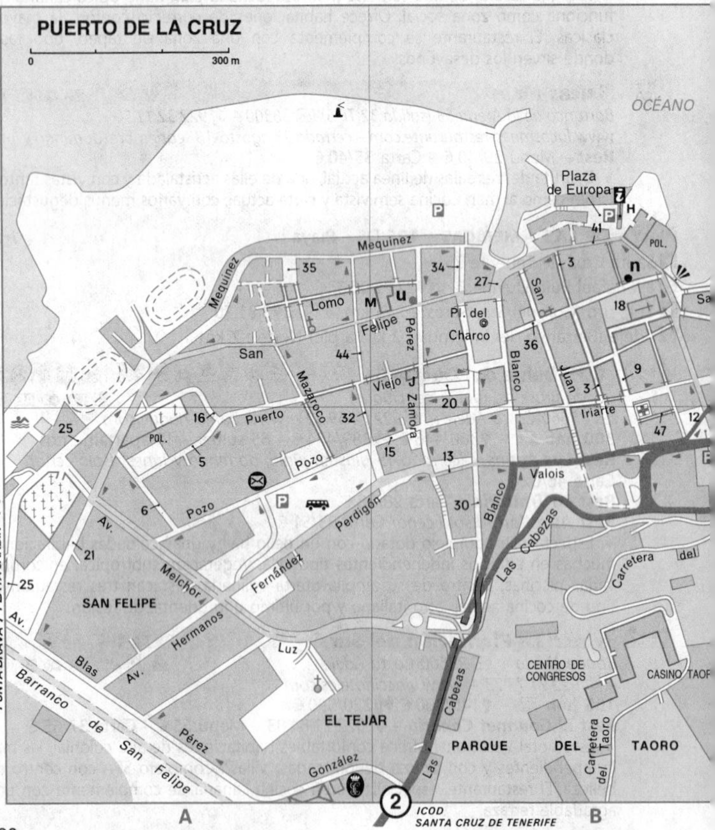

PUERTO DE LA CRUZ

Beatriz Atlantis

av. Venezuela 15 ✉ *38400 – ✆ 922 37 45 45 – www.beatrizhoteles.com*

290 hab – 55/101 € 62/152 € CY**d**

Rest – *(solo buffet)* Menú 25 €

◆ Destaca tanto por su emplazamiento, en 1ª línea de playa, como por sus servicios, con una completa zona SPA, confortables habitaciones de estilo actual y unas buenas vistas. El restaurante centra su oferta en un completo buffet internacional.

Monopol

rest, rest,

Quintana 15 ✉ *38400 – ✆ 922 38 46 11 – www.monopoltf.com* BY**n**

92 hab – 22/60 € 42/120 €

Rest – *(solo cena buffet)* Menú 13/35 €

◆ Casa de estilo canario que centra su actividad en el patio interior, bastante acogedor y con gran profusión de plantas tropicales. Correctas habitaciones de estilo clásico. El restaurante ofrece buffet a la cena y snacks al mediodía.

Nieves Ravelo	**BZ** 30	Quintana	**BY** 36	Tabaida	**DZ** 43
O.P. Cáceres (Av.)	**CY** 31	Retama	**DZ** 37	Teobaldo Power	**AY** 44
Peñón	**AZ** 32	Reyes Católicos (Pl.)	**CY** 38	Venezuela (Av.)	**CY** 46
Perdomo	**BY** 34	Santo Domingo	**BY** 41	Virtud	**BZ** 47
Pérez Galdós (Pl.)	**AY** 35	San Telmo	**CY**		

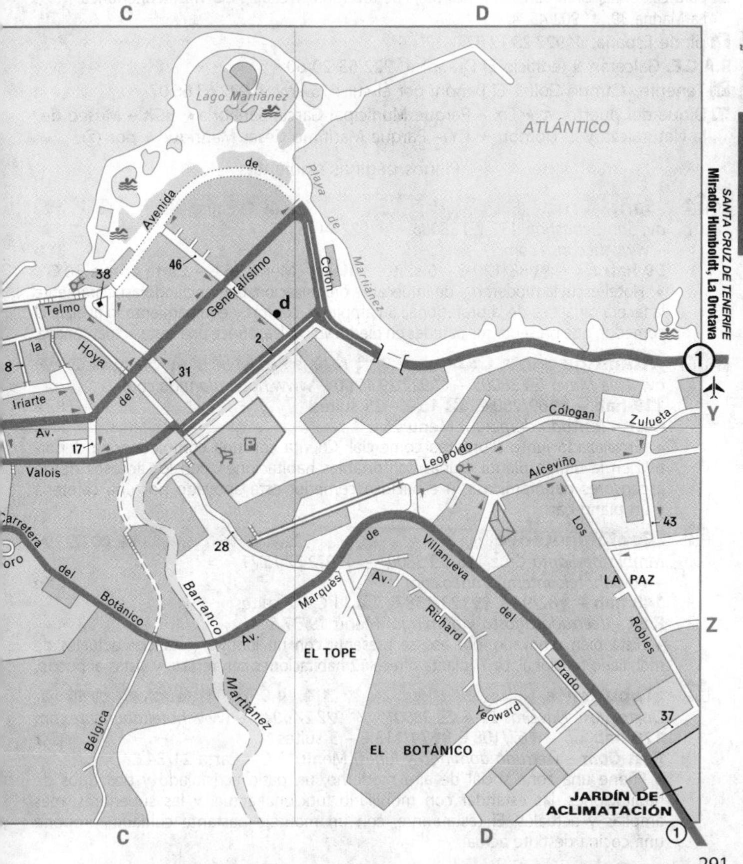

X **Régulo**

San Felipe 16 ✉ 38400 – ✆ 922 38 45 06 – www.restauranteregulo.com – cerrado julio, domingo y lunes mediodía BY**u**

Rest – Carta 25/35 €

♦ Instalado en una casa canaria del s. XVIII que destaca por su patio, repleto de plantas. Su carta contempla especialidades canarias y de gusto internacional. Personal amable.

en el barrio de La Vera por ② : Suroeste : 4,5 km

XX **El Duende**

La Higuerita 41 (TF-320) ✉ 38400 Puerto de la Cruz – ✆ 922 37 45 17 – www.el-duende.es – cerrado lunes y martes

Rest – Carta 30/46 €

♦ Su discreta fachada cobija un sobrio interior de aire rústico, con tres salas y un comedor-galería que disfruta de bellas vistas al pueblo. Carta de cocina creativa.

SANTA CRUZ DE TENERIFE P – 125 J2 – 222 643 h. 7 B1

Playa de las Américas 75 – Puerto de la Cruz 36

Tenerife-Norte por ② : 13 km ✆ 902 404 704 y Tenerife-Sur por ② : 62 km ✆ 902 404 704

Iberia : aeropuerto ✆ 902 400 500

para La Palma, Gran Canaria, Lanzarote, Fuerteventura y Cádiz : Cía Trasmediterránea, La Marina 39, ✆ 902 45 46 45

pl. de España, ✆ 922 28 12 87

R.A.C.E. Galcerán 9 (edificio El Drago) ✆ 922 53 20 60

Tenerife,, Campo Golf 1 El Peñón, por el sur : 16 km, ✆ 922 63 66 07

Dique del puerto ≤★ DX – Parque Municipal García Sanabria★ BCX – Museo de la Naturaleza y el Hombre★ CY – Parque Marítimo César Manrique★ por ②

Planos páginas siguientes

Santa Cruz – (Hotel escuela)

av. San Sebastián 152 ✉ 38006 – ✆ 922 84 75 00 – www.hecansa.com BY**b**

59 hab – 88/120 € – 6 suites **Rest** – Menú 36 € – Carta aprox. 30 €

♦ Hotel-escuela moderno y de impecable organización, diferenciando así claramente la faceta didáctica de la profesional. Su amplitud, confort y equipamiento lo avalan. El comedor, que presenta sus paredes en piedra volcánica, ofrece una carta actual canaria.

Atlántida Santa Cruz

av. 3 de Mayo ✉ 38005 – ✆ 922 29 45 00 – www.hotelatlantida.com

119 hab – 69/250 €, 16 € – 25 suites BZ**e**

Rest – *(cerrado domingo)* Menú 25 €

♦ Emplazado junto a un área comercial. Cuenta con una completa zona deportiva en la última planta y unas confortables habitaciones, con los accesos desde ascensores panorámicos. Su espacioso comedor está apoyado por una cafetería y un piano-bar.

Contemporáneo

rambla de Santa Cruz 116 ✉ 38001 – ✆ 922 27 15 71 – www.hotelcontemporaneo.com CX**e**

148 hab – 82/94 € 123/138 €, 11 € – 2 suites

Rest – *(cerrado agosto y domingo)* Menú 19/37 €

♦ Está bien renovado, por eso se presenta con un lobby y estancias actuales de mobiliario funcional. La 7ª planta ofrece 12 habitaciones con terraza y vistas al puerto.

Taburiente

Doctor José Naveiras 24-A ✉ 38001 – ✆ 922 27 60 00 – www.hoteltaburiente.com

170 hab – 67/108 € 74/113 € – 3 suites CX**r**

Rest *Gom* – *(cerrado domingo y lunes)* Menú 15 € – Carta 21/34 €

♦ Tiene una zona social de aire moderno, un patio acristalado y dos tipos de habitaciones, las estándar con mobiliario funcional-actual y las superiores, más amplias y actuales. El restaurante, con un montaje bastante cuidado, propone una cocina de tinte actual.

XX **Los Cuatro Postes**

Emilio Calzadilla 5 ✉ 38002 – ✆ 922 28 73 94
– cerrado agosto y domingo DY**k**

Rest – Carta aprox. 35 €

◆ Casa de organización familiar emplazada en pleno centro. En su sala, de línea clásica y vestida con muchísimas fotografías, podrá descubrir una completa carta tradicional.

X **Kazan**

Paseo Milicias de Garachico 1, local 4 ✉ 38004 – ✆ 922 24 55 98
– www.restaurantekazan.com DY**c**

Rest – Menú 70 € – Carta 40/65 €

◆ Destaca tanto por su céntrica situación como por su montaje, con las paredes en madera y una barra de sushi al fondo. Carta de cocina japonesa y hasta tres menús degustación.

X **Solana**

Pérez de Rozas 15 ✉ 38004 – ✆ 922 24 37 80 – www.solanarestaurante.es
– cerrado del 7 al 31 de agosto, domingo y lunes BY**a**

Rest – Carta 24/49 €

◆ Negocio regentado por una pareja profesional, con ella en la sala y él en la cocina. Ofrece un pequeño hall, una sala minimalista con las paredes desnudas y una carta actual.

X **El Coto de Antonio**

El Perdón13 ✉ 38006 – ✆ 922 27 21 05
– cerrado domingo noche AY**x**

Rest – Carta 29/45 €

◆ Restaurante de reducidas dimensiones y correcto montaje dotado con varios privados en la 1ª planta. Carta tradicional y de mercado, con platos clásicos como el "steak tartar".

ESPAÑA

EL SAUZAL – **125** G2 – **8 930 h.** – **alt. 450 m** **7** B1

Santa Cruz de Tenerife 24

X **La Ermita**

carret. La Virgen 16 (urb. Los Ángeles), Oeste : 1 km ✉ 38360 – ✆ 922 57 51 74
– cerrado domingo noche, martes noche y miércoles

Rest – Menú 20 € – Carta 23/44 €

◆ Esta casa de organización familiar disfruta de un porche con algunas mesas, un buen bar a la entrada y una sala de corte clásico. Amplia carta tradicional y clientela estable.

TEJINA – **Santa Cruz de Tenerife** – **125** H2 – **676 h.** **7** B1

Santa Cruz de Tenerife 22

en Valle de Guerra por la carretera TF 161 - Oeste : 2,4 km :

Costa Salada

Camino La Costa - Finca Oasis ✉ 38270 Valle de Guerra – ✆ 922 69 00 00
– www.costasalada.com – cerrado agosto

12 hab – 50/96 € 87/145 €

Rest – *(solo cena)* Carta 20/25 €

◆ A las afueras de la localidad, en un paraje aislado y con terrazas frente al mar. Destaca por sus exteriores, con piscina y una pequeña cala de piedras. El restaurante, con buenas vistas al mar y una carta tradicional, utiliza una cueva a modo de reservado.

¿Buenas comidas a precios moderados? Elija un Bib Gourmand.

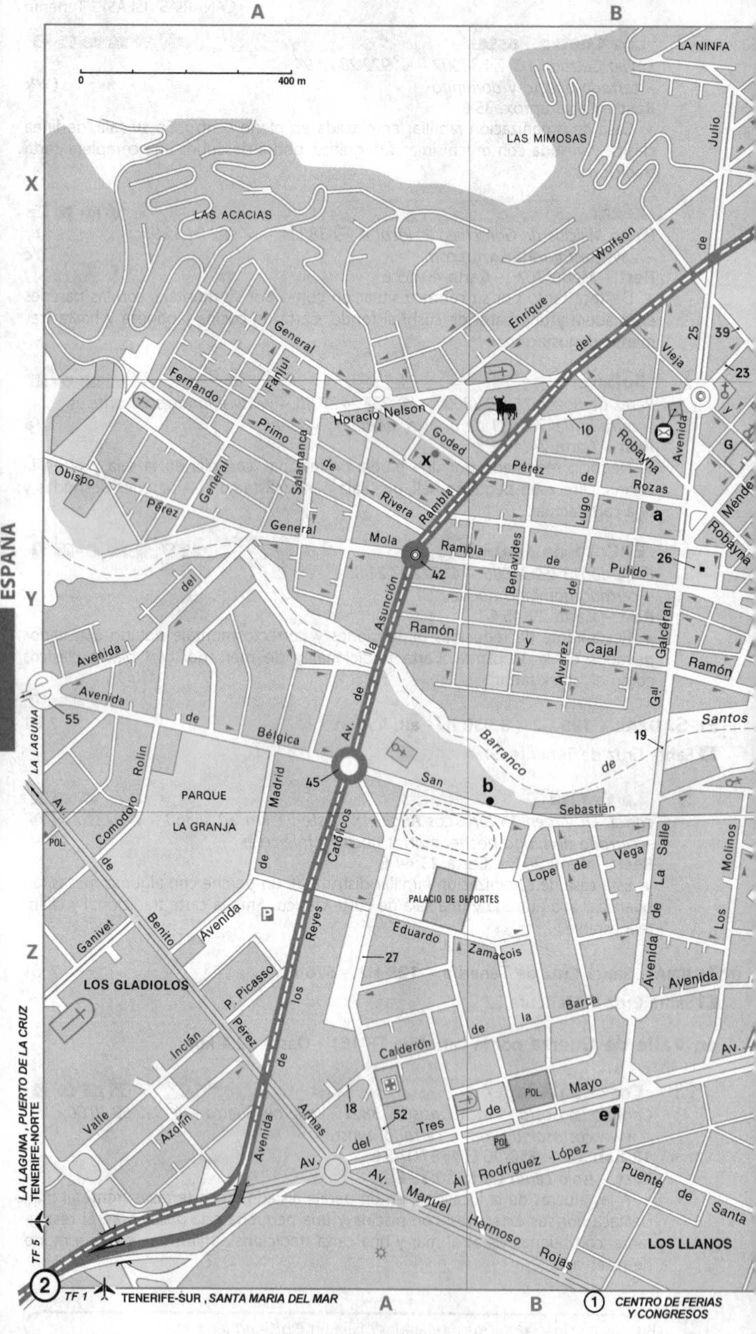

A
B
X
Y
Z
0
400 m
LA NINFA
LAS MIMOSAS
LAS ACACIAS
Julio
Enrique
Wolfson
General
Fanjul
Fernando
Primo
de
Rivera
Horacio Nelson
Goded
Salamanca
Obispo
Pérez
General
Mola
Rambla
Rambla
Pérez
de
Rozas
Robayna
Vieja
Avenida
25
39
23
10
G
Mendez
Robayna
Lugo
Benavides
de
Pulido
26
42
Av.
de
la
Asunción
Ramón
y
Cajal
Alvarez
de
Galcerán
Ramón
Gal
Santos
19
Barranco
de
San
Sebastián
Avenida
Avenida
de
Bélgica
55
LA LAGUNA
45
Rolín
Comodoro
PARQUE
LA GRANJA
Madrid
de
Avenida
Católicos
Reyes
los
de
Avenida
PALACIO DE DEPORTES
Lope
de
Vega
La
Salle
de
Avenida
Molinos
Los
Avenida
Av.
Eduardo
Zamacois
27
POL.
Av.
de
Benito
Pérez
Ganivet
LOS GLADIOLOS
P. Picasso
Inclán
Valle
Azorín
Armas
18
52
Calderón
de
la
Barca
Tres
de
Mayo
POL.
POL.
e
Av.
del
Av.
Manuel
Hermoso
Rojas
Ál
Rodríguez
López
Puente
de
Santa
LOS LLANOS
LA LAGUNA, PUERTO DE LA CRUZ
TENERIFE-NORTE
TF 5
2
TF 1
TENERIFE-SUR, SANTA MARIA DEL MAR
1
CENTRO DE FERIAS
Y CONGRESOS
x
a
b

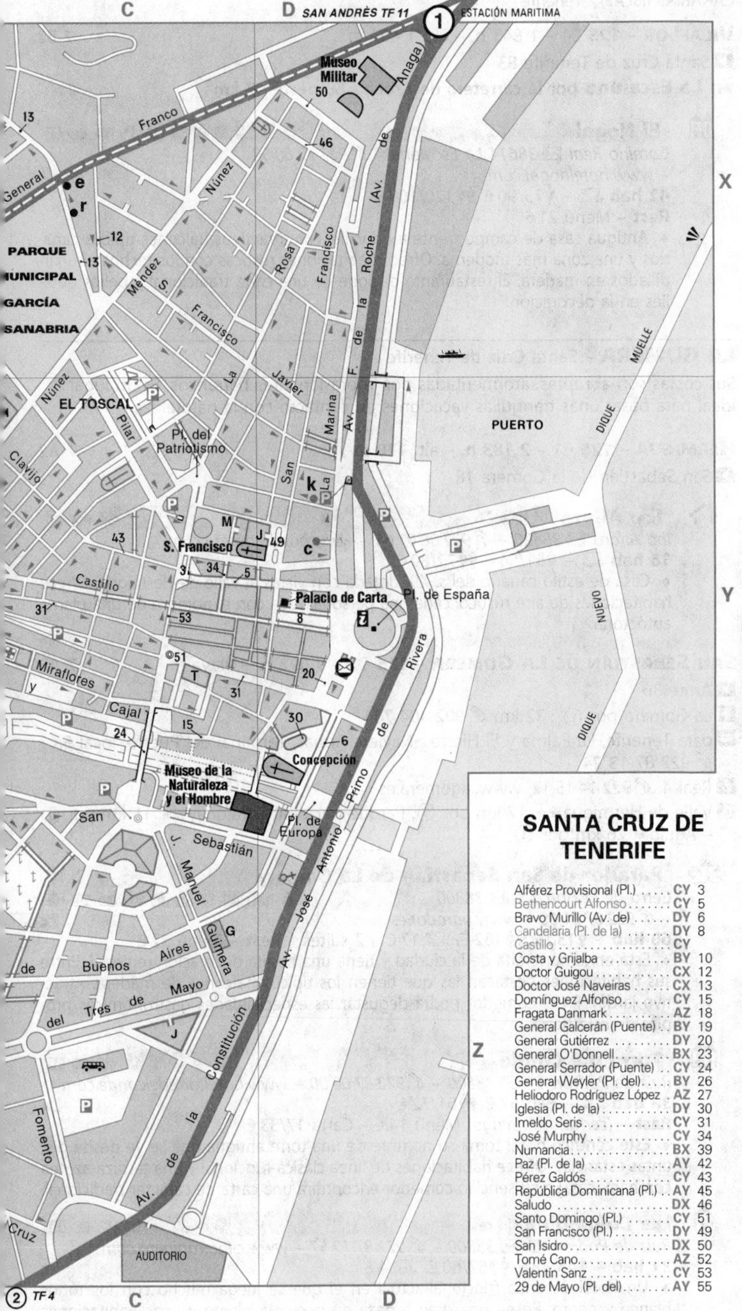
C
D
SAN ANDRÈS TF 11
1
ESTACIÓN MARITIMA
Museo Militar
Anaga)
Franco
General
PARQUE MUNICIPAL GARCÍA SANABRIA
Núnez
Méndez
S. Francisco
Rosa
Francisco
Roche
(Av. de
F. de la
La Javier
Marina
Av.
EL TOSCAL
Pilar
Pl. del Patriotismo
Clavijo
San
La
PUERTO
MUELLE
DIQUE
NUEVO
X
Y
Z
S. Francisco
Castillo
Palacio de Carta
Pl. de España
Miraflores
Cajal
Rivera
Concepción
Museo de la Naturaleza y el Hombre
Pl. de Europa
Primo de
Antonio
José
Av.
San
Sebastián
J. Manuel
Guimera
Aires
de Buenos
Mayo
de Tres del
Constitución
la
de
Av.
Fomento
Cruz
AUDITORIO
2 TF 4
SANTA CRUZ DE TENERIFE
Alférez Provisional (Pl.) . . . . . CY 3
Bethencourt Alfonso . . . . CY 5
Bravo Murillo (Av. de) . . . . . . DY 6
Candelaria (Pl. de la) . . . . . . DY 8
Castillo . . . . CY
Costa y Grijalba . . . . BY 10
Doctor Guigou . . . . CX 12
Doctor José Naveiras . . . . . . CX 13
Domínguez Alfonso . . . . CY 15
Fragata Danmark . . . . AZ 18
General Galcerán (Puente) . . BY 19
General Gutiérrez . . . . DY 20
General O'Donnell . . . . BX 23
General Serrador (Puente) . . . CY 24
General Weyler (Pl. del) . . . . . BY 26
Heliodoro Rodríguez López . . AZ 27
Iglesia (Pl. de la) . . . . DY 30
Imeldo Seris . . . . CY 31
José Murphy . . . . CY 34
Numancia . . . . BX 39
Paz (Pl. de la) . . . . AY 42
Pérez Galdós . . . . CY 43
República Dominicana (Pl.) . . AY 45
Saludo . . . . DX 46
Santo Domingo (Pl.) . . . . CY 51
San Francisco (Pl.) . . . . DY 49
San Isidro . . . . DX 50
Tomé Cano . . . . AZ 52
Valentín Sanz . . . . CY 53
29 de Mayo (Pl. del) . . . . AY 55

VILAFLOR - 125 E4 - 1 843 h. - alt. 1 400 m 7 B2

Santa Cruz de Tenerife 83

en La Escalona por la carretera de Arona - Suroeste : 7 km

El Nogal

Camino Real ✉ 38614 La Escalona – ☎ 922 72 60 50 – www.hotelnogal.com
42 hab – 75/90 € 120/160 €
Rest – Menú 21 €

◆ Antigua casa de campo frente a un valle, con atractivos balcones típicos canarios y una zona más moderna. Ofrece habitaciones rústicas con los techos abuhardillados en madera. El restaurante dispone de una carta tradicional y bellos detalles en la decoración.

LA GOMERA - Santa Cruz de Tenerife

Sus costas son abruptas, atormentadas por impresionantes barrancos. Es un lugar ideal para pasar unas tranquilas vacaciones en contacto con la naturaleza.

HERMIGUA - 125 C1 - 2 183 h. - alt. 170 m 7 A2

San Sebastián de la Gomera 18

Ibo Alfaro sin rest

Ibo Alfaro ✉ 38820 – ☎ 922 88 01 68 – www.hotel-gomera.com
16 hab – 51/56 € 72/80 €

◆ Casa de estilo canario del s. XIX dotada con vistas al valle de Hermigua. Ofrece habitaciones de aire rústico, cada una personalizada con el nombre de una planta autóctona.

SAN SEBASTIÁN DE LA GOMERA - 125 D2 - 9 092 h. - Playa 7 A2

Arure 36

La Gomera por ② : 32 km ☎ 902 404 704

para Tenerife, La Palma y El Hierro : Naviera Armas, Terminal del Puerto, local 5, ☎ 922 87 13 24

Real 4, ☎ 922 14 15 12, www.lagomera.es

Valle de Hermigua★★ 17 km por ①. Parque Nacional Garajonay★★ 15 km por ② – Agulo★ 26 km por ①

Parador de San Sebastián de La Gomera

Cerro de la Horca 1 ✉ 38800 – ☎ 922 87 11 00 – www.parador.es hab, Zc
60 hab – 130 € 162 €, 17 € – 2 suites **Rest** – Menú 32 €

◆ Está en la parte alta de la ciudad y tiene una bonita decoración regional. Entre sus habitaciones destacan las que tienen los típicos balcones de madera. Atractivo jardín. En el comedor podrá degustar las especialidades gastronómicas propias de esta tierra.

Torre del Conde

Ruiz de Padrón 19 ✉ 38800 – ☎ 922 87 00 00 – www.hoteltorredelconde.com
38 hab – 46/57 € 61/72 € Za
Rest – *(cerrado domingo)* Menú 14 € – Carta 17/33 €

◆ Este céntrico hotel toma su nombre de una torre antigua que se ve desde distintas estancias. Ofrece habitaciones de línea clásica-funcional y una terraza-azotea con hamacas. En su sencillo comedor encontrará una carta de carácter tradicional.

La Colombina sin rest

Ruiz de Padrón 83 ✉ 38800 – ☎ 922 87 12 57 – www.cilnairapinero.com
31 hab – 45/48 € 57/60 €, 4 € Yc

◆ Un hotel de línea funcional-actual en el que se juega mucho con los tonos blanco y negro. Posee una gran terraza en la cuarta planta y unas habitaciones de adecuado confort.

ESPAÑA

SAN SEBASTIÁN DE LA GOMERA

Américas (Pl. de las) . . . . Z
Cañada del Herrero . . . . Z 2
Colón (Av. de) . . . . ZY
Constitución (Pl. de la) . . . . Z
Descubridores (Av. de los) . . . . Z
Era (la) . . . . Y
Fred Olsen (Pas. de) . . . . Z
Horca (la) . . . . Z 3
Lomo del Clavio (Camino del) . . . . Y
Luz (La) . . . . Y
Majona . . . . Y
Medio (El) . . . . Y
Náutico (El) . . . . Z
Orilla del Llanos . . . . Y
Palmitas (Las) . . . . Y
Pista (La) . . . . Y
Profesor Armas Fernández . . . YZ
Puntallana (Camino de) . . . . . . Y
Quinto Centenario (Av. del) . . . . YZ
República de Chile . . . . Z 4
República de Cuba . . . . Y 6
República de Venezuela . . . . . Y 7
Ruiz de Padrón . . . . YZ
San Cristóbal (Camino) . . . . . . Y
San Sebastián . . . . Y
Tanquito (El) . . . . Y

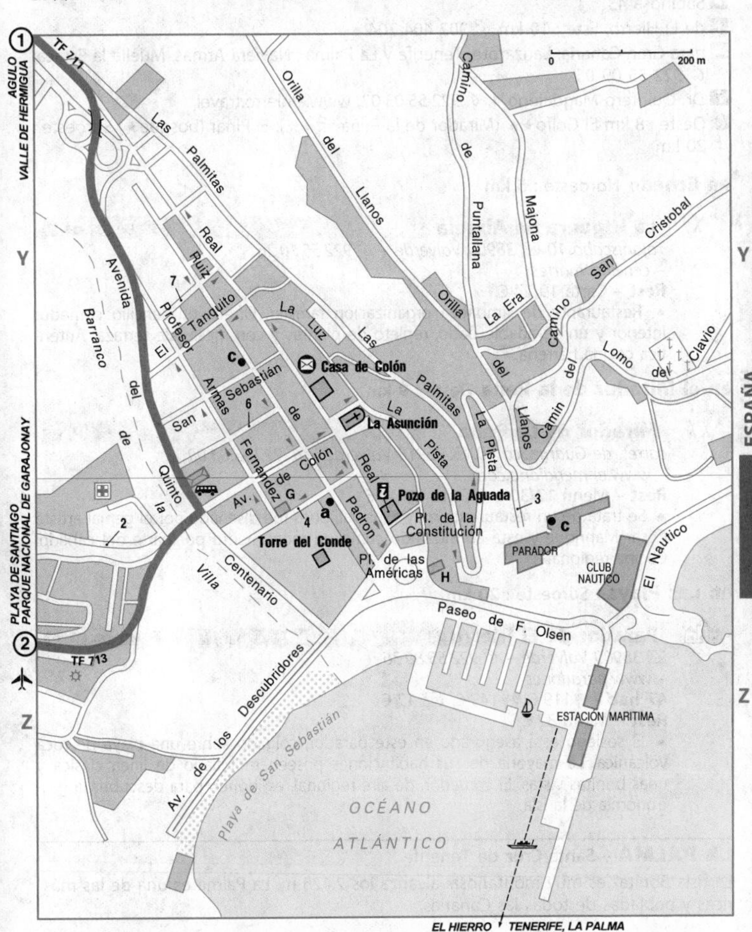

VALLEHERMOSO – **125** B1 – **3 123 h.**

San Sebastián de la Gomera 38

Tamahuche sin rest

La Hoya 20 ✉ 38840 – ✆ 922 80 11 76
– www.hoteltamahuche.com
10 hab – 50/53 € 75/78 €

◆ Con su nombre guanche, esta antigua casa del s. XIX hace referencia a una montaña de la zona. Presenta un interior de ambiente rústico, acogedor y con profusión de madera.

EL HIERRO – Santa Cruz de Tenerife

Es la más pequeña de las Canarias. Está poco poblada y sus principales fuentes económicas son el ganado y la agricultura; de sus viñas se obtiene un delicioso vino blanco. Su litoral rocoso es idóneo para la pesca submarina.

VALVERDE – 125 D2-E2 – 5 035 h. – alt. 600 m 7 A2

Sabinosa 43

de El Hierro, Este : 10 km ✆ 902 404 704

para Gran Canaria, Lanzarote, Tenerife y La Palma : Naviera Armas, Muelle la Estaca, ✆ 922 55 09 05

Dr. Quintero Magdaleno 4, ✆ 922 55 03 02, www.elhierro.travel

Oeste : 8 km El Golfo★★ (Mirador de la Peña ≤★★). El Pinar (bosque★) Suroeste : 20 km

en Echedo Noroeste : 5 km

La Higuera de Abuela

Tajaniscaba 10 ✉ 38900 Valverde – ✆ 922 55 10 26 – cerrado martes

Rest – Carta 19/24 €

◆ Restaurante de simpática organización familiar. Ofrece un sencillo comedor interior y un agradable patio, repleto de plantas y con mesas de terraza. Auténtica cocina herreña.

en el Mirador de la Peña Oeste : 9 km

Mirador de La Peña

carret. de Guarazoca 40 ✉ 38916 Valverde – ✆ 922 55 03 00 – www.el-meridiano.com

Rest – Menú 12/30 € – Carta 25/40 €

◆ Se trata de un restaurante muy especial, pues fue diseñado por el genial artista César Manrique y está considerado como un monumento por parte del cabildo. Cocina regional.

en Las Playas Suroeste : 20 km

Parador de El Hierro 

✉ 38900 Valverde – ✆ 922 55 80 36 – www.parador.es

47 hab – †119 € ††149 €, ☕ 17 €

Rest – Menú 32 €

◆ El sosiego está asegurado en este parador, colgado sobre una playa de roca volcánica. La mayoría de sus habitaciones poseen mobiliario de línea clásica y unas bonitas vistas. El comedor, de aire regional, es idóneo para descubrir la gastronomía de la isla.

LA PALMA – Santa Cruz de Tenerife

La "Isla Bonita" es muy montañosa: alcanza los 2.426 m. La Palma es una de las más ricas y pobladas de todas las Canarias.

SANTA CRUZ DE LA PALMA – 125 D4 – 17 128 h. – Playa 7 A1

Los Llanos de Aridane 37

de La Palma, Suroeste : 8 km ✆ 902 404 704

para Tenerife, Gran Canaria y Cádiz : Cía. Trasmediterránea : Antonio Pérez de Brito 2, ✆ 902 45 46 45

av. Blas Pérez González, ✆ 922 41 21 06

Iglesia de El Salvador (artesonados★) Y

Mirador de la Concepción ≤★ Suroeste : 9 km – Parque Nacional de la Caldera de Taburiente★★★ (La Cumbrecita y El Lomo de las Chozas ✲★★★) Oeste : 33 km – Noroeste : La Galga (barranco★), Los Tilos★, Roque de los Muchachos★★★ (✲★★★) 36 km por ①

en la carretera de San Antonio a Breña Alta Suroeste : 6 km

Parador de La Palma hab,

carret. El Zumacal ✉ 38712 Breña Baja – ✆ 922 43 58 28 – www.parador.es

78 hab – 🛉119 € 🛉🛉149 €, 17 € **Rest** – Menú 32 €

◆ Construido en una zona elevada, con amplios espacios verdes y hermosas vistas sobre el océano. El edificio tiene dos plantas, con una torre adosada y espaciosas habitaciones. En sus comedores podrá conocer los platos más representativos de la cocina palmera.

CANDÁS – Asturias – 572 B12 – Playa 5 B1

Madrid 477 – Avilés 17 – Gijón 14 – Oviedo 38

Braulio Busto 2, ✆ 98 588 48 88

Marsol sin rest, con cafetería

Astilleros ✉ 33430 – ✆ 985 87 01 00 – www.celuisma.com

85 hab – 🛉60/128 € 🛉🛉60/160 €, 11 €

◆ Ocupa una torre de 10 pisos ubicada frente al puerto, junto a una pequeña playa. Sus acogedoras habitaciones combinan un completo equipamiento con mobiliario actual.

en la carretera AS 239 Sureste : 2 km

Piedra rest,

Barrio Espasa 6 ✉ 33491 Perlora – ✆ 985 87 09 15 – www.hotelpiedra.es

98 hab – 🛉34/60 € 🛉🛉46/90 €

Rest – *(cerrado 14 días en enero)* Menú 12/18 €

◆ Funcional y de correcto confort. Dispone de habitaciones con mobiliario clásico, suelos en madera y baños actuales, algunas de ellas están en unas cabañas junto al hotel.

ESPAÑA

CANDELARIO – Salamanca – 575 K12 – 1 010 h. – alt. 1 126 m 11 A3

Madrid 217 – Ávila 108 – Béjar 5 – Plasencia 61

Pueblo típico★★

Casa de la Sal

Fuente de Perales 1 ✉ 37710 – ✆ 923 41 30 51 – www.casadelasal.com

10 hab – 🛉68 € 🛉🛉78 €

Rest – *(solo clientes, solo cena)* Menú 15 €

◆ Ocupa una fábrica de embutidos del s. XVIII ubicada en el centro del pueblo. Habitaciones rústicas de aire actual, con profusión de madera y predominio de los tonos pastel. El restaurante, de buen montaje, centra su oferta en una cocina de gusto tradicional.

Artesa

Mayor 57 ✉ 37710 – ✆ 923 41 31 11 – www.artesa.es – cerrado 25 junio-8 julio y del 1 al 15 de octubre

9 hab – 🛉45 € 🛉🛉65 €

Rest – *(cerrado miércoles) (solo almuerzo salvo viernes, sábado y verano)* Menú 15/40 €

◆ Centro de turismo rural con una tienda de artesanía en la recepción. Posee cálidas habitaciones de aire rústico y dos talleres, cerámico y textil, donde imparten cursos. El comedor, repartido en dos salas, sirve también para albergar exposiciones temporales.

¿Dormir confortablemente sin arruinarse? Busque los Bib Hotel.

CANDELEDA – Ávila – 575 L14 – 5 221 h. – alt. 428 m 11 B3

Madrid 163 – Ávila 93 – Plasencia 100 – Talavera de la Reina 64

en El Raso Oeste : 10 km

La Sayuela

hab,

camino de Las Sayuelas, Norte : 1 km ✉ 05480 Candeleda – ✆ 629 28 06 89 – www.lasayuela.com

5 hab – ††80/99 €, ☕ 12 €

Rest – *(cerrado domingo)* Menú 35 €

◆ Esta casa destaca por sus magníficas vistas al valle del Tiétar y a la sierra de Gredos. Coqueto salón social con chimenea y habitaciones dotadas de mobiliario en forja.

Posada Rincón de Alardos sin rest

por la carret. de Madrigal de la Vera : 1,5 km y desvío a la derecha 1,5 km (Finca Las Planas) ✉ 05480 Candeleda – ✆ 920 37 70 75 – www.rincondealardos.es

5 hab ☕ – ††74/83 €

◆ Pequeño hotel rural emplazado en pleno campo. Ofrece dos salones de estilo regional y unas habitaciones de correcto confort, en general con mobiliario antiguo recuperado.

Chozos de Tejea

por la carret. de Madrigal de la Vera : 1,2 km (Finca La Cercona) ✉ 05480 Candeleda – ✆ 920 37 73 06 – www.chozosdetejea.com

6 hab ☕ – †55/65 € ††65/75 € **Rest** – Menú 15 €

◆ Casa de aire rústico ubicada en una gran finca con el entorno ajardinado. Posee un salón-comedor con chimenea y correctas habitaciones dotadas de mobiliario en madera y forja.

ESPAÑA

CÁNDUAS – A Coruña – 571 C3 19 A1

Madrid 651 – Santiago de Compostela 66 – A Coruña 65

XX Mar de Ardora

As Revoltas - carret. AC 430, Este : 2 km ✉ 15116 – ✆ 981 75 43 11 – www.mardeardora.com – cerrado del 7 al 30 de enero, domingo noche en verano y lunes

Rest – *(solo almuerzo salvo viernes, sábado y verano)* Carta aprox. 35 €

◆ Se encuentra en una casita de piedra, con un bar privado de aire rústico, un precioso saloncito de sobremesa en un altillo y un comedor clásico-modernista en dos ambientes.

CANEDO – León – ver Cacabelos

CANFRANC-ESTACIÓN – Huesca – 574 D28 – 624 h. 4 C1

Madrid 504 – Huesca 114 – Iruña/Pamplona 134

pl. Ayuntamiento 1, ✆ 974 37 31 41, www.canfranc.es

Villa de Canfranc

rest,

Fernando el Católico 17 ✉ 22880 Canfranc – ✆ 974 37 20 12 – www.villadecanfranc.com – 4 diciembre-10 abril y 20 junio-10 septiembre

52 hab – †34/37 € ††56/65 €, ☕ 5 €

Rest – Menú 11 €

◆ Sencillo establecimiento llevado en familia cuyas habitaciones, con suelos en parquet y baños modernos, resultan funcionales. Correcta zona social.

en la antigua carretera de Candanchú **Norte : 2,5 km**

Santa Cristina hab,

22880 – 974 37 33 00 – *www.santacristina.es* – *cerrado octubre y noviembre*

56 hab – 55/74 € 81/118 € – 2 suites

Rest – *(solo cena salvo viernes, sábado y verano)* Carta 23/47 €

♦ Hotel de montaña ubicado en un bello entorno natural. Presenta una decoración en la que se combinan detalles rústicos y tablas pintadas a mano inspiradas en el arte románico. Restaurante panelable de correcto montaje y gran capacidad.

CANGAS – Pontevedra – 571 F3 – 25 913 h. 19 A3

Madrid 613 – Santiago de Compostela 98 – Pontevedra 40 – Viana do Castelo 108

Trébula

paseo Marítimo de Rodeiro 6 36940 – 986 30 31 56 – *www.restaurantetrebula.com* – *cerrado noviembre, domingo noche, lunes y martes*

Rest – Carta 36/49 €

♦ Está en el paseo marítimo y consta de dos partes, por un lado la vinoteca y por otro el comedor, este último acristalado y con buenas vistas a la ría desde algunas mesas. ¡Su carta de cocina actual se enriquece con dos menús degustación!

CANGAS DE ONÍS – Asturias – 572 B14 – 6 756 h. – alt. 63 m 5 C2

Madrid 419 – Oviedo 74 – Palencia 193 – Santander 147

av. de Covadonga, Casa Riera, 98 584 80 05, www.cangasdeonis.com

Desfiladero de los Beyos★★★ Sur : 18 km

Imperion sin rest

Puente Romano 33550 – 985 84 94 59 – *www.hotelimperion.es* – *3 abril-14 octubre*

18 hab – 40/100 € 50/110 €, 7 €

♦ A la entrada de la localidad, destacando por su buenos niveles de limpieza y mantenimiento. Presenta una correcta zona social y habitaciones de línea clásica, con los suelos en tarima e hidromasaje en todos sus baños.

Puente Romano sin rest

Puente Romano 33550 – 985 84 93 39 – *www.hotelimperion.com/puenteromano* – *5 abril-13 octubre*

27 hab – 30/80 € 40/90 €, 5 €

♦ Instalado en una villa señorial del s. XIX cuyas dependencias evocan el ambiente de antaño. Ofrece unas habitaciones de cuidado confort y línea clásica, las del último piso abuhardilladas.

Nochendi

Constantino González 4 33550 – 985 84 95 13 – *www.hotelnochendi.com* – *cerrado 20 diciembre-3 febrero*

11 hab – 54/87 € 65/108 €, 8 €

Rest ***El Molín de la Pedrera*** – ver selección restaurantes

♦ ¡Una opción muy recomendable en su categoría! La zona social resulta reducida, ya que el hotel ocupa una única planta en un edificio de viviendas. Habitaciones luminosas, funcionales y en cierto modo juveniles, con los suelos en tarima.

El Molín de la Pedrera – Hotel Nochendi

Río Güeña 2 33550 – 985 84 91 09 – *www.elmolin.com* – *cerrado enero, martes noche y miércoles*

Rest – Carta 27/36 €

♦ Ofrece una barra de espera y dos salas, la pequeña de aire rústico y la más amplia definida por su moderno montaje, con un gran expositor de botellas y lámparas de diseño. Su carta tradicional se complementa con algunas sugerencias.

ESPAÑA

en la carretera de Arriondas :

Parador de Cangas de Onís hab,
Villanueva, Noroeste : 3 km ✉ 33550 Cangas de Onís – ☎ 985 84 94 02 – www.parador.es
64 hab – 🛉122/133 € 🛉🛉153/166 €, ☕ 18 € **Rest** – Menú 33 €
◆ Parador de carácter histórico integrado en el antiguo monasterio de San Pedro de Villanueva, junto al río Sella. Ofrece un bello patio central, ubicado en lo que fue el claustro, y unas confortables habitaciones. El restaurante, que ensalza la cocina regional, también presta atención a diabéticos y celíacos.

CANIDO – Pontevedra – 571 F3 – Playa 19 A3

Madrid 612 – Ourense 108 – Vigo 10

Durán
playa de Canido 129 ✉ 36390 – ☎ 986 49 08 37 – www.restauranteduran.com – cerrado 20 diciembre-10 enero, del 10 al 20 de septiembre, domingo noche y lunes
Rest – Carta 28/69 €
◆ Buen restaurante de organización familiar. Ofrece dos salas de estilo clásico-actual, una pequeña terraza y una cocina tradicional especializada en pescados y mariscos.

CANTALLOPS – Girona – 574 E38 – 319 h. – alt. 200 m 14 D3

Madrid 758 – Girona/Gerona 61 – Figueres 22 – Perpignan 46

Can Xiquet rest,
Afores, carret. de La Jonquera, 0,5 km ✉ 17708 – ☎ 972 55 44 55 – www.canxiquet.com
15 hab ☕ – 🛉90/140 € 🛉🛉100/140 € – 2 suites
Rest – Menú 35 € – Carta 21/49 €
◆ Se encuentra en un singular paraje del Ampurdán, disfrutando de una bella panorámica. Sus dependencias, casi todas con terraza y mobiliario actual, poseen todo tipo de detalles. El restaurante, dotado con dos salas de buen montaje, ofrece una carta regional.

CANTAVIEJA – Teruel – 574 K28 – 748 h. – alt. 1 200 m 4 C3

Madrid 392 – Teruel 91

Balfagón hab,
av. del Maestrazgo 20 ✉ 44140 – ☎ 964 18 50 76 – www.hotelbalfagon.com – cerrado 20 diciembre - 10 enero
46 hab – 🛉47/77 € 🛉🛉67/98 €, ☕ 9 € – 3 apartamentos
Rest – *(cerrado domingo noche salvo verano y festivos)* Menú 14/18 € – Carta 22/30 €
◆ Sorprende por la magnífica actualización de sus instalaciones, definidas por su moderna zona social y de relax, así como unas cuidadas habitaciones, muchas abuhardilladas. El restaurante ofrece una interesante cocina tradicional a precios moderados.

CANTONIGRÒS – Barcelona – 574 F37 14 C2

Madrid 641 – Barcelona 94 – Figueres 84 – Manresa 72

Rupit★ Este : 9 km

Ca l'Ignasi
Major 4 ✉ 08569 – ☎ 938 52 51 24 – www.calignasi.com – cerrado lunes
Rest – *(solo almuerzo salvo viernes y sábado)* Menú 29/48 € – Carta 32/46 €
◆ En este restaurante encontrará tres salas de ambiente rústico catalán, la central con chimenea y la última con una biblioteca. Cocina regional fiel a los productos autóctonos.

Las CAÑADAS DEL TEIDE – **Santa Cruz de Tenerife** – **ver Canarias (Tenerife)**

CAÑETE - Cuenca - 576 L25 - 960 h. - alt. 1 105 m **10** D2

Madrid 237 - Toledo 252 - Cuenca 72

La Muralla con hab — rest,

carret. Valdemeca 20 ✉ 16300 - ☎ 969 34 62 99 - www.hostallamuralla.com

9 hab - 30/45 € 45/60 € - 8 apartamentos

Rest - *(cerrado 22 junio-9 julio, del 15 al 22 de septiembre y martes)*
Menú 15/35 € - Carta aprox. 35 €

♦ Se encuentra frente a una muralla antigua y cuenta con un cálido comedor de ambiente rústico. Carta tradicional, varios menús y elaboraciones de setas durante la temporada. El negocio se complementa con unas sencillas habitaciones y coquetos apartamentos emplazados en un anexo, la mayoría de ellos con chimenea.

A CAÑIZA - Pontevedra - 571 F5 - 6 517 h. **19** B3

Madrid 548 - Ourense 49 - Pontevedra 76 - Vigo 57

Reveca

Progreso 15 ✉ 36880 - ☎ 986 65 13 88 - cerrado junio y lunes

Rest - Carta 28/35 €

♦ Bien conocido en la zona. Dispone de un bar a la entrada y varios comedores, unos interiores y otros a modo de terraza acristalada. Cocina gallega con productos de la zona.

Los CAÑOS DE MECA - Cádiz - 578 X11 - 284 h. - Playa **1** A3

Madrid 697 - Sevilla 174 - Cádiz 68 - Gibraltar 107

La Breña — hab, rest,

av. Trafalgar 4 ✉ 11159 - ☎ 956 43 73 68 - www.soldetrafalgar.com - 17 marzo-16 octubre

7 hab - 45/95 € 60/105 €, 9 €

Rest - *(cerrado lunes salvo julio y agosto)* Carta 33/57 €

♦ Hotel ubicado en un entorno natural de gran belleza. Posee un pequeño patio y habitaciones bastante amplias, con mobiliario clásico de cierta calidad y baños completos. El comedor, que resulta algo básico, destaca por su agradable terraza con vistas al mar.

CAPDEPERA - Balears - ver Balears (Mallorca)

A CAPELA - A Coruña - 571 B5 - 1 399 h. **20** C1

Madrid 582 - Santiago de Compostela 90 - A Coruña 48 - Lugo 87

Fraga do Eume

Estoxa 4, Oeste : 1 km ✉ 15613 A Capela - ☎ 981 49 24 06 - www.hotelfragadoeume.com - cerrado 23 diciembre-6 enero

26 hab - 72/83 € 110/127 €, 8 €

Rest *Casa Peizás* - ver selección restaurantes

♦ Familiar, confortable, con el entorno ajardinado y unas cuidadas habitaciones de línea clásica-elegante. Destaca por su emplazamiento junto al Parque Natural de las Fragas do Eume, uno de los últimos bosques atlánticos de Europa.

Casa Peizás - Hotel Fraga do Eume

Estoxa 4, Oeste : 1 km ✉ 15613 A Capela - ☎ 981 49 24 06 - www.hotelfragadoeume.com - cerrado 23 diciembre-6 enero

Rest - Menú 25 € - Carta 32/43 €

♦ Está en un edificio independiente del Hotel Fraga do Eume, sin embargo fue la piedra angular de todo el complejo. Ofrece un buen comedor a la carta, numerosos salones para banquetes y una cocina tradicional especializada en mariscos.

ESPAÑA

CAPELLADES - Barcelona - 574 H35 - 5 498 h. - alt. 317 m 15 A3

Madrid 574 - Barcelona 75 - Lleida/Lérida 105 - Manresa 39

XX **Tall de Conill** con hab — AC rest, VISA MC AE

pl. Àngel Guimerà 11 ✉ 08786 - ✆ 938 01 01 30 - www.talldeconill.com - cerrado del 2 al 16 de enero y 30 julio-13 de agosto

10 hab ☕ - 48 € 75 €

Rest - *(cerrado domingo noche y lunes)* Carta 43/60 €

◆ Este negocio familiar dispone de dos comedores a la carta, con decoración personalizada y un correcto montaje, así como dos privados en el piso superior. Carta tradicional. Como complemento al negocio posee habitaciones funcionales de correcto equipamiento.

CAPILEIRA - Granada - 578 V19 - 541 h. - alt. 1 561 m 2 D1

Madrid 505 - Granada 80 - Motril 51

Sur : Barranco de Poqueira★★ - Pampaneira★★

Finca Los Llanos — AC rest, VISA MC AE

carret. de Sierra Nevada ✉ 18413 - ✆ 958 76 30 71 - www.hotelfincalosllanos.com

45 hab ☕ - 45/50 € 60/70 €

Rest - *(cerrado noches de noviembre-febrero salvo fines de semana)* Menú 15 €

◆ Hotel repartido entre varios edificios con nombres de escritores. Posee una zona social de aire rústico, habitaciones algo sobrias y una piscina con vistas a las montañas. En su comedor encontrará un mueble buffet, una carta tradicional y platos locales.

ESPAÑA

CAPMANY - Girona - 574 E38 - 620 h. - alt. 107 m 14 D3

Madrid 748 - Girona/Gerona 52 - Figueres 15 - Perpignan 51

XX **La Llar del Pagès** — AC VISA MC AE

Alt 11 ✉ 17750 - ✆ 972 54 91 70 - www.lallardelpages.com - cerrado del 19 al 29 de noviembre, del 24 al 31 de diciembre, del 7 al 29 de mayo, domingo noche, lunes, martes y festivos noche

Rest - (reserva aconsejable) Menú 30 € - Carta 25/39 €

◆ Ubicado en unas antiguas bodegas y con una carta de tinte actual. Presenta dos salas abovedadas donde se combinan el ambiente rústico y el mobiliario actual. ¡El local es algo pequeño, por lo que no es mala idea reservar!

CARABIAS - Guadalajara - 575 - 576 I21 - 20 h. - alt. 1 016 m 10 C1

Madrid 142 - Toledo 212 - Guadalajara 86 - Soria 96

Cardamomo — rest, VISA MC AE

Cirueches 2 ✉ 19266 - ✆ 902 88 31 08 - www.cardamomosiguenza.com - cerrado del 19 al 28 de diciembre

13 hab - 115/120 € 135/140 €, ☕ 12 € **Rest** - Carta 22/41 €

◆ Destaca por el carácter personal de su decoración, donde juegan tanto con los colores como con los muebles de diseño. Agradable sala de estar y habitaciones de buen confort. En su coqueto restaurante encontrará una reducida pero sugerente carta tradicional.

CARBONERO EL MAYOR - Segovia - 575 I17 - 2 586 h. 12 C2

Madrid 121 - Valladolid 89 - Segovia 27 - Ávila 118

XX **Mesón Riscal** — AC P VISA MC AE

carret. de Segovia 31 ✉ 40270 - ✆ 921 56 02 89 - www.elriscal.com - cerrado del 1 al 15 de julio y viernes noche en invierno

Rest - Carta 33/45 €

◆ Un restaurante único para los amantes de la auténtica carne de buey, ya que poseen su propia granja con reses "Cabu". Carta tradicional actualizada con detalles creativos.

CARDENETE - Cuenca - 576 M24 - 623 h. - alt. 963 m 10 D2

Madrid 229 - Toledo 296 - Cuenca 65 - Valencia 187

La Rebotica

Iglesia 27 ✉ 16373 - ✆ 969 34 80 24 - www.casaruralelatroje.com - cerrado 24 diciembre-1 enero, del 1 al 15 de septiembre y lunes

Rest - *(solo almuerzo salvo verano, viernes y sábado)* Carta 22/38 €

♦ Está instalado en la antigua casa de la farmacéutica y sorprende por su cuidado montaje, con una bar privado y dos bellas salas de ambiente neorrústico. Cocina tradicional.

CARDONA - Barcelona - 574 G35 - 5 182 h. - alt. 750 m 13 B2

Madrid 596 - Barcelona 99 - Lleida/Lérida 127 - Manresa 32

av. Rastrillo, ✆ 93 869 27 98, www.cardonaturisme.cat

Localidad★ - Colegiata★★ (cripta★) - Castillo★ - Montaña de la Sal★★

Parador de Cardona

hab,

✉ 08261 - ✆ 938 69 12 75 - www.parador.es

54 hab - 158/168 € 197/210 €

Rest - Menú 33 €

♦ Recia fortaleza medieval cuya silueta domina el entorno. Tiene dependencias de aire gótico, un patio y sobrias habitaciones, destacando las que poseen camas con dosel. El comedor resalta tanto por las paredes en piedra como por sus enormes arcos apuntados.

Bremon

Cambres 15 ✉ 08261 - ✆ 938 68 49 02 - www.hotelbremon.com

18 hab - 65/85 € 85/105 €

Rest - *(cerrado domingo noche)* Menú 15 €

♦ Singular edificio del s. XIX que funcionó como colegio de monjas. Posee un acogedor salón social, con chimenea y terraza panorámica, así como unas coquetas habitaciones. El restaurante está decorado con fotos antiguas de la escuela y ofrece cocina catalana.

CARIATIZ - Almería - ver Sorbas

CARIÑENA - Zaragoza - 574 H26 - 3 725 h. - alt. 591 m 3 B2

Madrid 285 - Zaragoza 48 - Teruel 136

La Rebotica

San José 3 ✉ 50400 - ✆ 976 62 05 56 - www.restaurantelarebotica.es - cerrado del 25 al 30 de abril, 25 julio-14 agosto y lunes

Rest - *(solo almuerzo salvo sábado)* Menú 25 € - Carta 24/35 €

♦ Sencillo restaurante ubicado en el casco antiguo y dotado de un entorno rústico acogedor. Basa su cocina en la gran calidad del producto y en unas exquisitas elaboraciones.

CARMONA - Sevilla - 578 T13 - 28 576 h. - alt. 248 m 1 B2

Madrid 500 - Córdoba 109 - Sevilla 46

Alcázar de la Puerta de Sevilla, ✆ 95 419 09 55, www.turismo.carmona.org

Localidad★★ - Casco antiguo★ - Puerta de Sevilla★ AZ - Iglesia de San Felipe★ BZ - Iglesia de San Pedro★ AZ - Santa María la Mayor★ BY - Convento de las Descalzas★ BY - Necrópolis romana★ por calle Sevilla AZ

Plano página siguiente

Parador de Carmona

hab,

Alcázar ✉ 41410 - ✆ 954 14 10 10 - www.parador.es

63 hab - 138/148 € 173/185 €, 18 € **Rest** - Menú 33 € BY**x**

♦ ¡Ocupa el antiguo alcázar de Pedro I, por lo que disfruta de unas vistas que no dejan nunca de sorprender! Tiene el aparcamiento en el patio de armas y unas habitaciones muy bien actualizadas, tanto en los aseos como en la iluminación y la decoración. En su comedor podrá descubrir los sabores regionales.

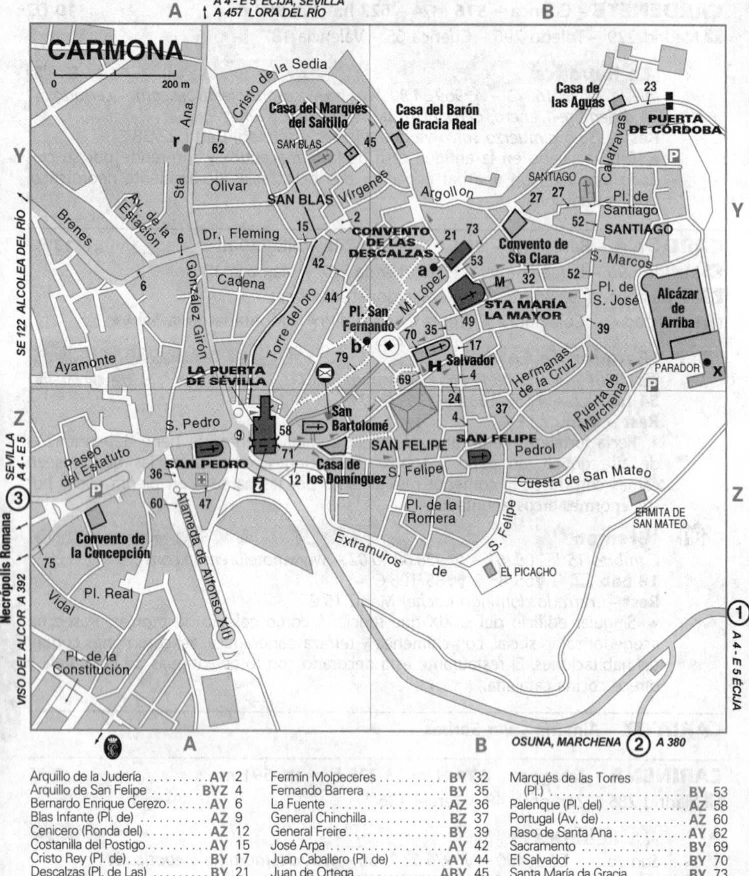

Arquillo de la Judería . . . . AY 2
Arquillo de San Felipe . . . . BYZ 4
Bernardo Enrique Cerezo . . . . AY 6
Blas Infante (Pl. de) . . . . AZ 9
Cenicero (Ronda del) . . . . AZ 12
Costanilla del Postigo . . . . AY 15
Cristo Rey (Pl. de) . . . . BY 17
Descalzas (Pl. de Las) . . . . BY 21
Dolores Quintanilla . . . . BY 23
Domínguez Pascual . . . . BYZ 24
Duquesa (Pas. de la) . . . . BY 27
Fermín Molpeceres . . . . BY 32
Fernando Barrera . . . . BY 35
La Fuente . . . . AZ 36
General Chinchilla . . . . BZ 37
General Freire . . . . BY 39
José Arpa . . . . AY 42
Juan Caballero (Pl. de) . . . . AY 44
Juan de Ortega . . . . ABY 45
Lonja Alta Carlota Quintanilla . . . . BY 49
María Auxiliadora . . . . BY 52
Marqués de las Torres (Pl.) . . . . BY 53
Palenque (Pl. del) . . . . AZ 58
Portugal (Av. de) . . . . AZ 60
Raso de Santa Ana . . . . AY 62
Sacramento . . . . BY 69
El Salvador . . . . BY 70
Santa María da Gracia . . . . BY 73
San Bartolomé . . . . AZ 71
Sevilla . . . . AZ 75
Torno de Madre de Dios . . . . AZ 79

El Rincón de las Descalzas sin rest

Descalzas 1 ✉ *41410*
– ✆ *954 19 11 72*
– *www.elrincondelasdescalzas.com* BY**a**

13 hab ☕ – 🚹45/70 € 🚹🚹60/100 €

◆ Instalado en una casona del s. XIX. Posee pequeños patios y múltiples rincones, pero lo más notable son sus habitaciones, todas diferentes y con mobiliario de época.

Posada San Fernando sin rest y sin ☕

pl. San Fernando 6 ✉ *41410*
– ✆ *954 14 14 08*
– *www.posadasanfernando.com* ABY**b**

18 hab – 🚹45/70 € 🚹🚹50/100 €

◆ Resulta céntrico y presenta sus estancias repartidas entre tres edificios, dos de ellos del s. XIV. Habitaciones muy bien personalizadas, las de la parte nueva más actuales.

XX **La Almazara de Carmona**
Santa Ana 33 ✉ 41410 – ☎ 954 19 00 76 – www.cateringalfardos.com
Rest – Menú 23/36 € – Carta 25/33 € AYr
♦ Está ubicado en una antigua almazara de aceite, con un concurrido bar de tapas y un comedor de estilo clásico-actual. Carta tradicional con un apartado de platos más modernos.

CARNOTA – A Coruña – 571 D2 – 4 904 h. 19 A2

Madrid 690 – Santiago de Compostela 76 – A Coruña 104 – Pontevedra 131

O Prouso sin rest
pl. San Gregorio 18 ✉ 15293 – ☎ 981 85 70 83 – www.oprousocarnota.com
12 hab – 35/50 € 40/60 €, 4 €
♦ Tras su cuidada fachada encontrará un correcto hall, un bar público con las paredes en piedra y espaciosas habitaciones, todas con mobiliario de calidad en madera maciza.

CARRACEDELO – León – 575 E9 – alt. 476 m 11 A1

Madrid 408 – León 126 – Lugo 99 – Ponferrada 12

La Tronera
El Caño 1, Suroeste. 1,5 km (Villadepalos) ✉ 24549 – ☎ 616 18 26 19 – www.hotelrurallatroneradelbierzo.es – cerrado 27 septiembre-3 octubre
10 hab – 70/92 € **Rest** – *(solo clientes)* Carta 21/50 €
♦ Casa de pueblo bien rehabilitada. Tiene un pequeño salón social con chimenea y habitaciones de aire rústico, no muy amplias pero donde se conjugan actualidad y funcionalidad. El restaurante ofrece una carta tradicional enriquecida con algunos arroces melosos.

X **Las Pallozas - Legado del Bierzo**
junto a la autovía A-6 (salida 399) Norte : 1,5 km ✉ 24549 – ☎ 987 11 14 56 – www.laspallozas.com
Rest – *(solo almuerzo de lunes a jueves en invierno)* Carta 24/32 €
♦ Resulta muy atractivo por la vistosidad de las pallozas, unas construcciones típicas de la zona que tienen las paredes en piedra y el techo de paja. Discreto servicio de mesa.

CARRANQUE – Toledo – 576 L18 – 4 067 h. 9 B2

Madrid 47 – Toledo 50

Comendador hab,
Serranillos 32 ✉ 45216 – ☎ 925 52 95 66 – www.hotelcomendador.es
40 hab – 50/70 €, 9 € – 4 suites
Rest *El Zaguán* – *(cerrado lunes y martes) (solo almuerzo salvo viernes y sábado)* Carta 28/44 €
♦ Con una organización familiar muy implicada en el negocio. Encontrará unas habitaciones bastante amplias, con mobiliario regional-funcional, y un moderno centro termal. El restaurante, de ambiente regional, se complementa con varios salones para banquetes.

CARRIL – Pontevedra – 571 E3 19 A2

Madrid 636 – Pontevedra 29 – Santiago de Compostela 48

Carril
Lucena 18 ✉ 36610 – ☎ 986 51 15 07 – www.hotelcarril.com
29 hab – 60/86 € 78/125 €
Rest *Plácido* – Carta 30/40 €
♦ Está bien organizado y disfruta de una zona social que sorprende por su modernidad. Habitaciones actuales-funcionales enfocadas a comerciales y clientes de empresa. En su cuidado restaurante encontrará una carta tradicional y algunas especialidades gallegas que ensalzan la calidad de sus productos.

ESPAÑA

Playa Compostela sin rest
av. Rosalía de Castro 138 ✉ 36610 – ✆ 986 50 40 10 – cerrado del 1 al 15 de enero
22 hab – 🚹38/80 € 🚹🚹45/80 €, ☕ 4 €
◆ Hotel familiar instalado en un edificio de atractiva fachada en piedra. Posee una acogedora zona social y habitaciones clásicas, en la 2ª planta más amplias y con balcón.

Casa Bóveda
La Marina 2 ✉ 36610 – ✆ 986 51 12 04 – www.restaurantecasaboveda.com – cerrado 20 diciembre-20 enero, domingo noche y lunes
Rest – Carta 32/48 €
◆ Pequeño restaurante ubicado en la zona del puerto, con un comedor clásico y tres privados. Ofrece una cocina especializada en pescados, mariscos, guisos marineros y arroces.

CARRIÓN DE LOS CONDES – Palencia – 575 E16 – 2 279 h. – alt. 830 m **11** B1

Madrid 282 – Burgos 82 – Palencia 39
Monasterio de San Zoilo (claustro★)
Villalcazar de Sirga (iglesia de Santa María La Blanca : portada sur★, sepulcros góticos★) Sureste : 7 km

Real Monasterio San Zoilo
Obispo Souto ✉ 34120 – ✆ 979 88 00 50 – www.sanzoilo.com
49 hab – 🚹65 € 🚹🚹93 €, ☕ 10 € – 5 suites
Rest ***Las Vigas*** – Carta 33/42 €
◆ Este precioso hotel ocupa las estancias del antiguo monasterio benedictino. Alto nivel de confort y elegancia, con espacios comunes sobrios y habitaciones cuidadas al detalle. Comedor rústico dotado con una robusta viguería.

CARRIZO DE LA RIBERA – León – 575 E12 – 2 537 h. – alt. 850 m **11** B1

Madrid 344 – Valladolid 163 – León 27 – Oviedo 112

La Posada del Marqués sin rest
pl. Mayor 4 ✉ 24270 – ✆ 987 35 71 71 – www.posadadelmarques.com – Semana Santa-noviembre
11 hab – 🚹55/74 € 🚹🚹63/77 €, ☕ 6 €
◆ Elegante edificio del s. XVII adosado a un monasterio cisterciense. Dispone de una variada zona social y unas magníficas habitaciones que destacan por su mobiliario de época.

CARTAGENA – Murcia – 577 T27 – 214 165 h. – alt. 3 m **23** B3

Madrid 444 – Alacant/Alicante 110 – Almería 240 – Murcia 49
pl. Almirante Bastarreche, Puertas de San José, ✆ 968 50 64 83

Alfonso XIII
paseo de Alfonso XIII-40 ✉ 30203 – ✆ 968 52 00 00 – www.hotelalfonsoxiii.com B**e**
120 hab – 🚹🚹60/120 €, ☕ 12 € – 4 suites
Rest ***La Cocina de Alfonso*** – ver selección restaurantes
◆ ¡Orientado a una clientela de negocios! Conjunto clásico-actual que destaca por su buen emplazamiento, su cómodo garaje y sus confortables habitaciones, todas con bañera de hidromasaje.

Carlos III sin rest
Carlos III-49 ✉ 30203 – ✆ 968 52 00 32 – www.carlosiiihotel.com B**x**
96 hab – 🚹🚹49/100 €, ☕ 12 €
◆ Comparte espacios con el hotel Alfonso XIII, como la sala de desayunos y los salones de trabajo... sin embargo, en conjunto, propone una estética mucho más juvenil, informal y funcional, combinando muchos colores y con muebles tipo IKEA.

CARTAGENA

América (Av. de) . . . . B 3
Bastarreche (Pl.) . . . . B 4
Cuatro Santos . . . . A
Duque . . . . B 6
Isaac Peral . . . . A 7
Jacinto Benavente . . . . B 9
Juan Fernández . . . . A 10
Juan Muñoz Delgado . . . . B 12
Mayor . . . . A
Menéndez y Pelayo . . . . A 13
Parque . . . . A 15
Puertas de Murcia . . . . A 16
Ronda . . . . A 18
Santa Florentina . . . . A 21
San Fernando . . . . A
San Francisco (Pl.) . . . . A 19
Serreta . . . . A 22
Universidad (Pl. de la) . . . . B 24

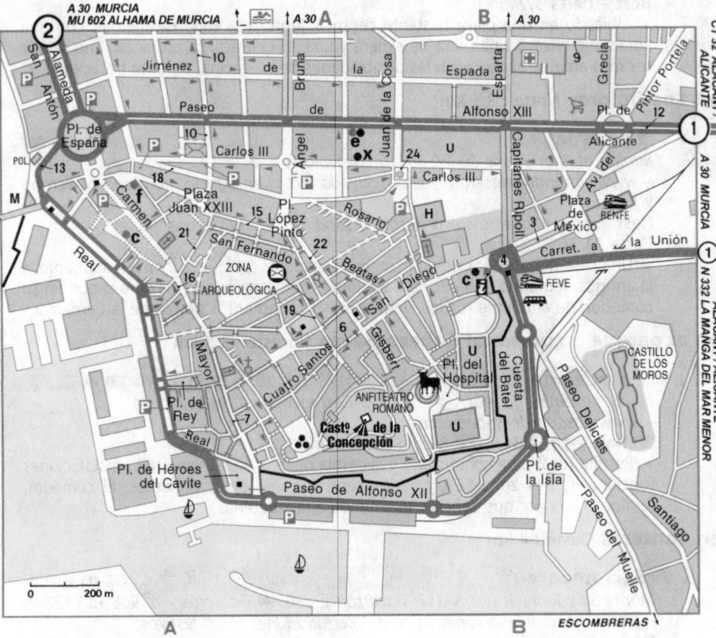

XX **La Cocina de Alfonso** – Hotel Alfonso XIII

paseo Alfonso XIII 40 ✉ 30203 – ✆ 968 32 00 36
– cerrado agosto y domingo **Be**

Rest – Menú 34 € – Carta aprox. 41 €

◆ Se sale un poco de lo habitual en la zona y resulta ideal para aquellos clientes del hotel que quieran darse un homenaje. Encontrará una carta tradicional con platos tradicionales, aunque aquí lo que mejor funciona es su "menú sorpresa".

XX **El Barrio de San Roque**

Jabonerías 30 ✉ 30201 – ✆ 968 50 06 00 – cerrado domingo salvo Semana Santa y diciembre **Ac**

Rest – Carta 23/30 €

◆ Ocupa un antiguo almacén que ha cuidado mucho su decoración original y que hoy se presenta con un montaje clásico-actual. Dentro de su carta tradicional merecen ser destacados los pescados de la zona y sus sabrosos guisos del día.

XX **La Braña**

Balcones 18, (barrio de la Concepción), por N 332 Mazarron ✉ 30202 – ✆ 968 12 27 22
– cerrado agosto, domingo noche y lunes

Rest – Carta aprox. 37 €

◆ Se encuentra cerca del campo de fútbol y dispone de una fachada moderna, acorde a un interior sobrio, diáfano y de estética actual. Carta de mercado con sugerencias del día.

X **La Marquesita**

pl. de Alcolea 6 ✉ 30201 – ✆ 968 50 77 47 – www.lamarquesita.net – cerrado del 1 al 20 de agosto y lunes Af

Rest – Carta 37/45 €

◆ Ubicado en una plaza bastante céntrica, junto a la zona de tiendas, con una agradable terraza, una barra de espera y una sala clásica. La propietaria no puede ser más amable al descubrir las posibilidades de su cocina, de tinte tradicional.

en Los Dolores Norte : 3,5 km

X **La Cerdanya**

Subida al Plan 5, por ② ✉ 30310 Los Dolores – ✆ 968 31 15 78 – www.elmundodelacerdanya.es – cerrado 7 días en agosto, domingo en verano y lunes

Rest – *(solo almuerzo salvo viernes y sábado)* (reserva aconsejable) Carta 24/36 €

◆ Una casa que destaca por la manera de elaborar sus guisos... muy lentamente, a la antigua, logrando una cocina tradicional y catalana con el máximo sabor. En su comedor, de ambiente rústico, verá aperos y ornamentos típicos de la Cerdanya.

en el parque empresarial Cabezo Beaza Noreste : 3,5 km

Posadas de España hab,

av. de Luxemburgo, por ① ✉ 30353 Cartagena – ✆ 968 32 43 24 – www.posadasdeespana.com

98 hab – ††47/84 €, ☕ 8 € **Rest** – Menú 11 €

◆ Resulta ideal para comerciales y clientela de ocio, pues tiene unas instalaciones funcionales, una zona SPA y varios centros comerciales próximos. El comedor, luminoso a la par que sencillo, está unido a la cafetería.

en Canteras Oeste : 4 km

X **Sacromonte**

Monte San Juan, 1, por N 332 Mazarrón ✉ 30394 Canteras – ✆ 968 53 53 28 – www.restaurantesacromonte.com – cerrado lunes salvo festivos

Rest – Carta 22/35 €

◆ Disfruta de un buen mesón de tapas a la entrada, un gran comedor de ambiente rústico para el menú del día y por último el salón a la carta, de línea clásica y con dos privados. ¡Excelente expositor de pescados, mariscos y carnes rojas!

CÁRTAMA – **Málaga** – **578** V15 – **22 173 h.** – **alt. 161 m** **1** B3

Madrid 551 – Sevilla 226 – Málaga 21 – Gibraltar 144

en Gibralgalia Noroeste : 17 km

Posada los Cántaros rest,

Don Ramón ✉ 29580 Gibralgalia – ✆ 952 42 35 63 – www.posadaloscantaros.com

5 hab ☕ – ††95/152 € **Rest** – *(solo clientes)* Menú 29 €

◆ Destaca tanto por sus vistas a la sierra de Gibralgalia como por sus curiosos detalles decorativos. Cálida zona social con chimenea y cuidadas habitaciones de aire rústico. El restaurante, que ofrece una carta internacional, se refuerza con una amplia terraza.

CARTAYA – **Huelva** – **578** U8 – **18 415 h.** – **alt. 20 m** **1** A2

Madrid 648 – Faro 89 – Huelva 27 – Sevilla 116

Golf Nuevo Portil,, urb. Nuevo Portil, Sureste : 13 km, ✆ 959 52 87 99

Marismas del río Piedras y Flecha de El Rompido★ 8,5 km al Sur

Plaza Chica sin rest

de la Plaza 29 ✉ 21450 – ✆ 959 39 03 30 – www.hotelplazachica.net

11 hab – †45/65 € ††65/85 €, ☕ 5 €

◆ Esta casa destaca por su decoración, con un bello patio repleto de plantas, todas sus habitaciones personalizadas, atractivos muebles restaurados y muchos detalles curiosos.

X Consolación

carret. Huelva-Ayamonte ✉ 21450 – ✆ 959 39 02 98
– www.restauranteconsolacion.es
– cerrado del 1 al 7 de octubre, domingo y lunes noche
Rest – Menú 28/30 € – Carta 24/51 €
◆ Negocio familiar de 3ª generación. Goza de cierta fama gracias a la calidad y el sabor de sus langostinos, pescados a "trasmallo" y con un incomparable punto de cocción. ¡Aquí, está claro, la especialidad son los pescados y mariscos!

por la carretera de El Rompido :

Fuerte el Rompido

hab, rest,
urb. Marina El Rompido, Sur : 8 km
✉ 21459 El Rompido – ✆ 959 39 99 29 – www.fuertehoteles.com
– marzo-octubre
297 hab – 54/152 € 60/190 €, 10 € – 1 suite
Rest – Menú 24/60 € – Carta 27/50 €
◆ Macrohotel ubicado en una urbanización privada. Ofrecen una completa oferta tanto de ocio como deportiva. Habitaciones amplias y luminosas, algunas de ellas familiares. Propone una variada oferta culinaria.

en la urbanización Nuevo Portil Sureste : 13 km

AC Nuevo Portil

✉ 21459 Cartaya – ✆ 959 52 82 40 – www.ac-hotels.com – cerrado
10 diciembre-28 enero
69 hab – 60/200 €
Rest *Albatros* – Menú 25 € – Carta 31/44 €
◆ Construido en madera, a modo de cabaña canadiense, y ubicado junto a un campo de golf. Las instalaciones se distribuyen entre dos edificios y posee unas habitaciones de línea actual, todas con su propia terraza. En su restaurante, luminoso, moderno y de carácter panorámico, encontrará una cocina de autor.

CASALARREINA – La Rioja – 573 E21 – 1 373 h. – alt. 499 m   21 A2

Madrid 319 – Bilbao 100 – Burgos 88 – Logroño 48

Hospedería Señorío de Casalarreina sin rest

pl. Santo Domingo de Guzmán 6 ✉ 26230
– ✆ 941 32 47 30 – www.alojamientosconencantodelarioja.com
– cerrado 10 días en Navidades
15 hab – 90/110 € 110/180 €
◆ Estupendo hotel instalado en un ala del monasterio de la Piedad. Sus dependencias están decoradas con gusto, cuidando mucho los detalles. Baños con bañera de hidromasaje.

XX La Vieja Bodega

av. de La Rioja 17 ✉ 26230 – ✆ 941 32 42 54 – www.viejabodega.com
– cerrado 10 enero-10 febrero, domingo noche de junio-octubre
y lunes
Rest – *(solo almuerzo de noviembre a mayo salvo viernes y sábado)*
Carta 30/35 €
◆ Conjunto rústico que ocupa una vieja bodega del s. XVII. La bondad de sus productos y una interesante carta de vinos lo han convertido en todo un clásico. Precios contenidos.

El símbolo le garantiza noches tranquilas. ¿En rojo ? Una deliciosa tranquilidad, solamente el canto de los pájaros al amanecer…

CASARABONELA – Málaga – 578 V15 – 2 723 h. – alt. 494 m 1 A3

Madrid 575 – Sevilla 261 – Málaga 46 – Gibraltar 131

por la carretera de Alozaina Sur : 6,5 km y desvío a la izquierda 0,5 km

Caicune hab, rest,

✉ *29655 Casarabonela – ✆ 952 45 65 42 – www.ruralcaicune.com*

8 hab – 60/80 € 112/140 € – 8 apartamentos

Rest – *(cerrado 15 días en mayo,15 días en septiembre, lunes y martes salvo festivos)* 45 €

♦ Construido sobre un antiguo cortijo que está en pleno campo, con un lago dentro de la finca y agua de su propio manantial. Ofrece varios patios y tres tipos de habitaciones. En su comedor, de ambiente rústico, encontrará una buena carta de gusto tradicional.

CASAR DE CÁCERES – Cáceres – 576 N10 – 4 841 h. – alt. 365 m 17 B2

Madrid 316 – Cáceres 14 – Plasencia 75 – Salamanca 202

La Encarnación sin rest

Camino de la Encarnación ✉ 10190 – ✆ 630 07 10 70 – www.casaruralencarnacion.com

5 hab – 70/96 €, 9 €

♦ Casa solariega ubicada en pleno campo pero cerca de la ciudad. Sus cálidas habitaciones, algunas con chimenea, ocupan lo que fueron las vaquerías. ¡Conserva una antigua plaza de toros cuadrada que ahora se utiliza como zona verde multiusos!

ESPAÑA

CASAREJOS – Soria – 575 G20 – 211 h. – alt. 1 261 m 12 C2

Madrid 201 – Burgos 97 – Logroño 162 – Soria 59

Cabaña Real de Carreteros rest,

Las Angustias 45 ✉ 42148 – ✆ 975 37 20 62 – www.posadacarreteros.com – cerrado del 1 al 20 de enero

15 hab – 50 € 63 €, 6 €

Rest – *(solo clientes, solo cena)* Carta 23/33 €

♦ Casona de carreteros cuyos orígenes se remontan al s. XVIII. Ofrece unas confortables habitaciones, algunas abuhardilladas, con techos en madera y mobiliario de aire antiguo.

CASARES – Málaga – 578 W14 – 5 182 h. – alt. 435 m 1 A3

Madrid 641 – Sevilla 227 – Málaga 115 – Gibraltar 46

Localidad★ – Emplazamiento★

Finca Cortesin hab,

carret. de Casares ✉ 29690 – ✆ 952 93 78 00 – www.fincacortesin.com – cerrado 9 enero-9 febrero

34 hab – 429/1650 € – 33 suites

Rest *Schilo* – *(cerrado domingo y lunes) (solo cena)* (es necesario reservar) Menú 125 €

Rest *El Jardín* – *(cerrado martes)* Carta 42/76 €

♦ Hotel tipo hacienda emplazado en una gran finca. Presenta materiales de 1ª calidad, detalles de lujo, un magnífico SPA y excelentes habitaciones. Entre sus restaurantes destaca el elegante Schilo, que ofrece una cocina contemporánea con influencias asiáticas.

en la carretera MA 8300 Sureste : 5 km

Venta García

✉ *29690 Casares – ✆ 952 89 41 91*

Rest – *(cerrado lunes)* Menú 25/50 € – Carta 25/42 €

♦ Casita blanca ubicada junto a la carretera, en un paraje de montaña. Dispone de dos salas, la principal de línea actual y con detalles rústicos. Cocina regional actualizada.

CASCANTE – Navarra – 573 F24 – 3 999 h. 24 A3

Madrid 307 – Logroño 104 – Iruña/Pamplona 94 – Soria 81

XX **Mesón Ibarra**

Vicente Tutor 3 ✉ *31520* – ✆ *948 85 04 77*
– www.restauranteibarra.com
Rest – Carta aprox. 36 €
◆ Combina los motivos regionales de su fachada con un cuidado interior de estética moderna, este último dominado por los tonos blancos. Carta tradicional y verduras de la zona.

CASES D'ALCANAR – Tarragona – ver Alcanar

CASTEJÓN DE SOS – Huesca – 574 E31 – 788 h. – alt. 904 m 4 D1

Madrid 524 – Huesca 134 – Lleida/Lérida 134

Plaza sin rest

pl. del Pilar 2 ✉ *22466* – ✆ *974 55 30 50 – www.hotelplazapirineos.com*
– cerrado del 10 al 20 de mayo y del 10 al 20 de noviembre
16 hab – 35/51 € 45/61 € – 2 apartamentos
◆ Coqueto hotel donde se cuidan mucho los detalles. Sus acogedoras habitaciones ofrecen una decoración personalizada y entre ellas destacan las del anexo, algo más amplias.

Es CASTELL – Balears – ver Balears (Menorca)

CASTELL DE CASTELLS – Alicante – 577 P29 – 493 h. – alt. 630 m 16 B3

Madrid 434 – Alacant/Alicante 78 – Benidorm 35 – València 129

Serrella

av. de Alcoi 2 ✉ *03793* – ✆ *965 51 81 38 – www.hotel-serrella.com*
16 hab – 40/50 € 70/75 € – 4 suites
Rest – *(cerrado domingo noche y miércoles)* Menú 20 €
◆ Negocio de carácter familiar que sorprende por sus cuidadas dependencias. Goza de unas confortables habitaciones con baños completos y mobiliario provenzal. Restaurante de excelente montaje en su categoría.

Casa Pilar

San José 2 ✉ *03793* – ✆ *965 51 81 57 – www.casapilar.com*
7 hab – 60/70 € **Rest** – *(solo clientes)* Menú 20 €
◆ Antigua casa de labranza dotada de cálidas habitaciones, todas ellas personalizadas en su decoración y con mobiliario restaurado. Elegante salón social y comedor privado.

El CASTELL DE GUADALEST – Alicante – 577 P29 – 246 h. – alt. 995 m 16 B3

Madrid 441 – Alcoi 36 – Alacant/Alicante 65 – València 145
av. Alicante s/n, ✆ 96 588 52 98, www.comunitatvalenciana.com
Situación★

X **Nou Salat**

carret. de Callosa d'En Sarrià, sureste 0,5 km ✉ *03517* – ✆ *965 88 50 19*
– cerrado 20 días en enero-febrero y 10 días en junio-julio y miércoles
Rest – Carta 23/35 €
◆ Ubicado a la entrada de la ciudad, en una casa con dependencias de línea clásica-funcional. De sus fogones surge una cocina tradicional-mediterránea con elaboraciones caseras. ¡Las salas acristaladas tienen buenas vistas a las montañas!

ESPAÑA

CASTELLAR DEL VALLÈS – Barcelona – **574** H36 – **23 129 h.** **15** B2

Madrid 625 – Barcelona 32 – Sabadell 8

por la carretera de Terrassa Suroeste : 5 km

XX **Can Font**

urb. Can Font ✉ 08211 Castellar del Vallés – ☎ 937 14 53 77 – www.boda-font.com – cerrado del 1 al 7 de enero, 21 días en agosto y martes
Rest – *(solo almuerzo salvo viernes y sábado)* Menú 35/60 € – Carta 36/60 €

◆ Este impecable restaurante presenta una sala de estilo rústico catalán, un privado y tres salones de banquetes. Cocina de mercado con platos tradicionales e internacionales.

CASTELLBISBAL – Barcelona – **574** H35 – **12 223 h.** – **alt. 132 m** **15** A3

Madrid 605 – Barcelona 30 – Manresa 40 – Tarragona 84

en la carretera de Martorell a Terrassa C 243c Oeste : 9 km

XX **Ca l'Esteve**

✉ 08755 – ☎ 937 75 56 90 – www.restaurantcalesteve.com – cerrado del 16 al 31 de agosto, domingo noche, lunes noche y martes noche
Rest – Carta 30/49 €

◆ Negocio familiar de 4ª generación instalado en una gran casa de piedra, próxima a los viñedos de la finca. Su carta, clásica catalana, se enriquece con sugerencias diarias.

CASTELLCIUTAT – Lleida – ver La Seu d'Urgell

CASTELLDEFELS – Barcelona – **574** I35 – **62 250 h.** – **Playa** **15** A3

Madrid 615 – Barcelona 29 – Tarragona 72

Pintor Serrasanta 4, ☎ 93 635 27 27, www.castelldefelsturisme.com

en el barrio de la playa :

Bel Air sin rest

passeig Marítim 169 ✉ 08860 Castelldefels – ☎ 936 65 16 00 – www.belair.es
44 hab – †75/240 € ††75/280 €

◆ Hotel de estética moderna que destaca por su magnífica situación a pie de playa. Completísimas habitaciones, la mayoría con vistas frontales al mar y todas con terraza.

Mediterráneo rest,

passeig Marítim 294 ✉ 08860 Castelldefels – ☎ 936 65 21 00 – www.hmediterraneo.com
67 hab – †80/199 € ††95/230 €, 13 € **Rest** – Carta 27/48 €

◆ Está repartido entre dos edificios que se unen por la terraza-piscina, resultando algo superiores y más actuales las habitaciones del anexo, al que denominan Plaza. El restaurante ofrece una completa carta con platos tradicionales, internacionales y arroces.

Ciudad de Castelldefels rest,

passeig de la Marina 212 ✉ 08860 Castelldefels – ☎ 936 65 19 00 – www.grup-soteras.com
103 hab – †70/124 € ††70/150 €, 12 € **Rest** – Menú 22/47 €

◆ Acoge unas instalaciones actuales y bien equipadas, con todo lo necesario para que disfrute de su estancia. Amplias zonas sociales y cuidada piscina con palmeras. En su luminoso comedor elaboran una carta que combina la cocina intenacional con la nacional.

ESPAÑA

Luna hab, rest,
passeig de la Marina 155 ✉ 08860 Castelldefels – ✆ 936 65 21 50 – www.hotelluna.es
29 hab – †65/90 € ††80/120 €, ☕ 12 € – 3 suites
Rest – *(cerrado domingo noche y lunes)* Menú 20 € – Carta 21/34 €
◆ Está algo alejado de la playa, detalle que compensan con agradables exteriores y una gran terraza bajo los pinos. Correctas habitaciones, con mobiliario funcional y terraza. El restaurante, luminoso y de cuidado montaje, elabora una carta de tinte tradicional.

La Canasta
passeig Marítim 197 ✉ 08860 Castelldefels – ✆ 936 65 68 57 – www.restaurantelacanasta.com
Rest – Menú 49 € – Carta 50/70 €
◆ Atesora una gran trayectoria profesional. En sus salas, de elegante estilo clásico-marinero, podrá descubrir una cocina especializada en arroces, fideos, pescados y mariscos.

CASTELLÓ D'EMPÚRIES – Girona – 574 F39 – 12 220 h. – alt. 17 m 14 D3

Madrid 753 – Figueres 8 – Girona/Gerona 47
pl. Jaume I-16, ✆ 972 15 62 33, www.castello.cat
Localidad★ – Iglesia de Santa María★ (retablo★, portada★★)

De La Moneda sin rest
pl. de la Moneda 8 ✉ 17486 – ✆ 972 15 86 02 – www.hoteldelamoneda.com – cerrado del 8 al 25 de diciembre y febrero
11 hab ☕ – †80/100 € ††100/120 €
◆ Mansión del s. XVII emplazada en el centro de la localidad. Presenta unas habitaciones coloristas, amplias y de confort actual, las de la 1ª planta con los techos originales abovedados. ¡Tienen buenos detalles!

Canet
pl. Joc de la Pilota 2 ✉ 17486 – ✆ 972 25 03 40 – www.hotelcanet.com – cerrado 7 noviembre-7 diciembre
29 hab ☕ – †45/60 € ††70/75 € **Rest** – *(cerrado lunes)* Carta 20/35 €
◆ Hotel céntrico y de organización familiar. Dispone de un correcto hall, una elegante cafetería que funciona como zona social y habitaciones funcionales. Su acogedor restaurante, que tiene los techos abovedados, presenta una decoración de carácter neorrústico.

Emporium
Santa Clara 31 ✉ 17486 – ✆ 972 25 05 93 – www.emporiumhotel.com – cerrado del 1 al 12 de enero, del 17 al 29 de octubre, domingo noche y lunes salvo verano y puentes
Rest – Menú 35/63 € – Carta 48/62 €
◆ Negocio llevado entre un matrimonio y sus hijos. En la sala, de línea funcional-actual, le ofrecerán una carta tradicional actualizada, con toques creativos, y varios menús.

en la carretera de Roses Este : 4,5 km

La Llar (Joan Viñas)
✉ 17480 Roses – ✆ 972 25 53 68 – www.restaurantlallar.com – cerrado del 1 al 15 de febrero, del 16 al 30 de noviembre, miércoles noche salvo verano y jueves
Rest – Menú 48/59 € – Carta 43/68 €
Espec. Tartar de lubina y salmón. Lubina en costra de hojaldre. Surtido de repostería del carro.
◆ Restaurante de ambiente neorrústico instalado en una antigua masía. En su comedor, con vigas de madera en el techo y una pared en ladrillo visto, podrá degustar una carta clásica-internacional muy bien elaborada. ¡Buen carro de repostería!

CASTELLÓ DE LA PLANA (CASTELLÓN DE LA PLANA) P
16 B1

– Castellón – **577** M29 – **180 690 h.** – **alt. 28 m**

Madrid 426 – Tarragona 183 – Teruel 148 – Tortosa 122

pl. María Agustina 5, ✆ 964 35 86 88, www.castello.cat

Mediterráneo,, urb. La Coma, Norte : 3,5 km por la carret. de Barcelona, ✆ 964 32 12 27

Costa de Azahar, Noreste : 6 km, ✆ 964 28 09 79

Luz Castellón

Pintor Oliet 3, por ③ ✉ 12006 – ✆ 964 20 10 10 – www.hotelluz.com
112 hab – 47/134 € 47/163 €, ☕ 10 € – 32 suites
Rest – Carta 20/35 €

♦ Aunque destaca por su diseño interior, de aire minimalista, también posee una gran zona social, varias salas de reuniones y unas habitaciones bastante amplias. En su restaurante, de línea moderna, encontrará una interesante carta actual con platos de autor.

Intur Castellón

Herrero 20 ✉ 12002 – ✆ 964 22 50 00 – www.hotelinturcastellon.com **An**
114 hab – 52/250 €, ☕ 12 € – 6 suites
Rest – Menú 15/40 €

♦ Aquí la actividad gira en torno al bello patio interior, muy luminoso gracias a su techo acristalado. Confortables habitaciones dotadas con mobiliario actual. El restaurante, de reducidas dimensiones, presenta una carta tradicional especializada en arroces.

ESPAÑA

Jaime I

rest,

Ronda Mijares 67 ✉ 12002 – ✆ 964 25 03 00 – www.hoteljaimei.com
89 hab – 50/120 €, ☕ 8 € **Ab**
Rest – Menú 12 € – Carta aprox. 28 €

♦ Bien organizado y de línea actual. Este hotel posee unas instalaciones funcionales pero bien actualizadas, con un gran salón de eventos y confortables habitaciones. El restaurante, de cocina italiana y carácter informal, disfruta de un acceso independiente.

Pairal

Dr. Fleming 24 ✉ 12005 – ✆ 964 23 34 04 – www.restaurantepairal.com – cerrado Semana Santa, 7 días en agosto, domingo y lunes noche
Rest – Carta 36/46 € **Az**

♦ Casa dotada con un buen comedor principal, en dos niveles, y dos privados. Su carta, tradicional actualizada, se enriquece con dos menús, uno de tapas y otro de degustación.

Arropes

Benárabe 5 ✉ 12005 – ✆ 964 23 76 58 – cerrado agosto, domingo noche y lunes **Au**
Rest – Menú 25 € – Carta aprox. 35 €

♦ Este restaurante se presenta con una barra privada y un salón clásico-actual, donde ofrecen una completa carta tradicional especializada en arroces, pescados y mariscos.

en el puerto (Grau) Este : 5 km

Club Náutico

Escollera Poniente ✉ 12100 El Grau – ✆ 964 28 24 33 – www.restauranteclubnautico.com – cerrado domingo noche y festivos noche **Bc**
Rest – Carta 31/50 €

♦ Con excelentes vistas a toda la marina. Encontrará una amplia sala distribuida en dos espacios, un privado panelable y una carta especializada en arroces, pescados y mariscos.

CASTELLÓ DE LA PLANA/CASTELLÓN DE LA PLANA

Calle	Plano	N.º
Arrufat Alonso	A	2
Barrachina	A	3
Benasal	A	4
Buenavista (Pas. de)	B	7
Burriana (Av.)	A	8
Cardenal Costa (Av.)	A	13
Carmen (Pl. del)	B	14
Churruca	B	18
Doctor Clará (Av.)	A	23
Enmedio	A	
Espronceda (Av.)	A	24
Guitarrista Tárrega	A	28
Joaquín Costa	A	29
Maestro Ripollés	A	30
María Agustina (Pl.)	A	32
Mar (Av. del)	A	31
Morella (Pas.)	A	33
Oeste (Parque del)	A	34
Orfebres Santalínea	A	35
País Valencià (Pl.)	A	36
Rafalafena	A	37
Sanahuja	A	39
San Pedro	B	38
Sebastián El Cano	B	40
Tarragona	A	42
Teodoro Llorens	A	44
Trevalladors del Mar	B	45
Vinatea (Ronda)	A	48
Zaragoza	A	49

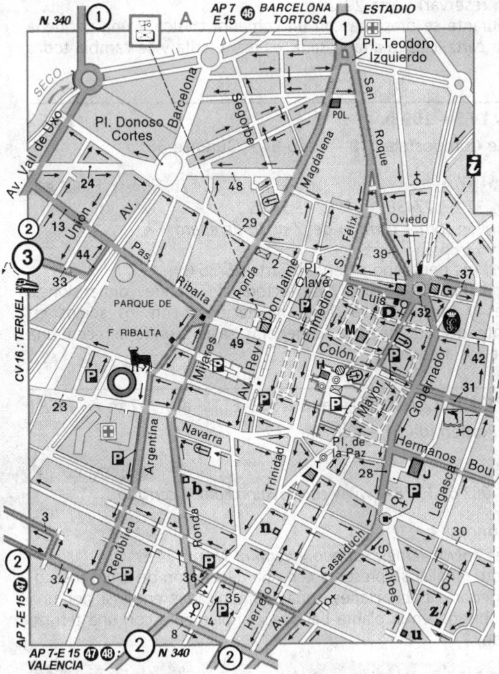

Tasca del Puerto

av. del Puerto 13 ✉ 12100 El Grau – ✆ 964 28 44 81 – www.tascadelpuerto.com – cerrado domingo noche y lunes **Ba**

Rest – Carta 35/60 €

◆ Está distribuido en dos casas y posee varias salas de reducida capacidad, todas con un buen montaje en su categoría. Carta tradicional basada en arroces, pescados y mariscos.

CASTELLOTE – Teruel – 574 J29 – 804 h. – alt. 774 m

4 C3

Madrid 417 – Zaragoza 144 – Teruel 146 – Castelló de la Plana/Castellón de la Plana 154

Castellote

paseo de la Mina 13 ✉ 44560 – ✆ 978 88 75 96 – www.hostalcastellote.com

42 hab – †35/45 € ††51/61 €, ☕ 4 € **Rest** – Carta aprox. 35 €

◆ Hotel de amable organización familiar. Ofrece unas instalaciones funcionales, con una pequeña recepción y confortables habitaciones dominadas por el mobiliario en pino. Su restaurante cuenta con un montaje clásico-actual y una carta tradicional a buen precio.

CASTELO DE ANDRADE – A Coruña – ver Pontedeume

CASTILLO DE GORRAIZ (Urbanización) – Navarra – ver Iruña/Pamplona

CASTILLO DE TAJARJA – Granada – 578 U18 – 402 h. – alt. 830 m 2 C2

Madrid 441 – Sevilla 236 – Granada 35 – Málaga 110

El Olivo de Miguel y Celia

Constitución 12 ✉ 18329 – ✆ 958 55 74 93 – cerrado del 22 al 29 de diciembre y lunes

Rest – (es necesario reservar) Carta 22/28 €

◆ Este curioso restaurante se presenta con un comedor clásico y una pequeña terraza acristalada. La carta, clásica-afrancesada, es manuscrita y se cambia todas las semanas.

CASTILLÓN – Lugo – 571 E7 – 109 h. 20 C2

Madrid 515 – Santiago de Compostela 110 – Lugo 84 – Ourense 38

Rectoral de Castillón

hab, rest, VISA

Santiago de Castillón 37 ✉ 27438 – ✆ 982 45 54 15 – www.rectoraldecastillon.com – cerrado del 7 al 30 de enero

8 hab – †42/69 € ††52/86 €, ☕ 5 €

Rest – *(cerrado lunes)* (es necesario reservar) Carta 25/35 €

◆ Buen turismo rural ubicado en una casa rectoral de grandes dimensiones, rodeada por jardines y bosques. Espaciosas habitaciones con los suelos en madera. El restaurante disfruta de dos acogedoras salas, donde ofrecen una carta tradicional a precios asequibles.

CASTRILLO DE LOS POLVAZARES – León – 575 E11 – alt. 907 m 11 A1

Madrid 339 – León 48 – Ponferrada 61 – Zamora 132

Cuca la Vaina

rest, VISA

Jardín ✉ 24718 – ✆ 987 69 10 78 – www.cucalavaina.com – cerrado 28 diciembre-20 enero

7 hab – †50/55 € ††60/65 €, ☕ 5 €

Rest – *(solo almuerzo salvo viernes, sábado y verano)* Menú 24 €

◆ Este hotelito de trato familiar se presenta con una decoración de estilo rústico-regional y unas acogedoras habitaciones, todas comunicadas entre sí por una galería. El comedor, ubicado en la planta baja, se complementa con una terraza en un patio acristalado.

Casa Coscolo con hab

AC rest, VISA

El Rincón 1 ✉ 24718 – ✆ 987 69 19 84 – www.casacoscolo.com – cerrado 10 días en febrero y 10 días en junio

4 hab – †45 € ††58 €, ☕ 4 €

Rest – *(cerrado lunes) (solo almuerzo salvo viernes y sábado)* Carta 20/34 €

◆ Antigua casa de piedra construida en el centro de este pintoresco pueblo. Ofrece un sencillo comedor de ambiente rústico y una carta tradicional con especialidades maragatas. Como complemento al negocio también dispone de unas cálidas habitaciones, personalizadas aunque con los techos y los suelos en madera.

CASTRILLO DEL VAL – Burgos – 575 F19 – 732 h. – alt. 939 m 12 C2

Madrid 243 – Burgos 11 – Logroño 114 – Vitoria-Gasteiz 116

en la carretera N 120 Noreste : 3 km

Camino de Santiago

AC rest, P VISA

urb. Los Tomillares ✉ 09193 Castrillo del Val – ✆ 947 42 12 93 – www.hotelcaminodesantiago.com

40 hab – †36/60 € ††40/100 €, ☕ 5 €

Rest – Menú 10/23 €

◆ Se presenta con una sencilla organización familiar y cierto eclecticismo decorativo. Habitaciones amplias y detallistas, con los suelos en parquet y un esmerado equipamiento. El restaurante basa la mayor parte de su trabajo en la elaboración de un menú diario.

CASTRO CALDELAS - Ourense - 571 E7 - 1 572 h. - alt. 720 m 20 C3

Madrid 504 - Lugo 88 - Ourense 48 - Ponferrada 110

Pousada Vicente Risco

Grande 4 ✉ 32760 - ✆ 988 20 33 60 - www.pousadavicenterisco.com
8 hab - 38 € 48 €
Rest - Menú 15 €
◆ La que antaño fue morada del ilustre escritor gallego es hoy una acogedora casa rural en piedra. Disfrute del bello entorno y de unas habitaciones decoradas con todo detalle. Comedor de correcto montaje en el 1er piso y una cafetería al nivel de la calle.

CASTRO URDIALES - Cantabria - 572 B20 - 32 258 h. - Playa 8 C1

Madrid 430 - Bilbao 36 - Santander 73
paseo Marítimo 1 bis, ✆ 942 87 15 12

El Manco

Lorenzo Maza ✉ 39700 - ✆ 942 86 00 16 - www.el-manco.com - cerrado domingo, lunes salvo festivos y vísperas
Rest - Menú 42 € - Carta 30/56 €
◆ Ofrece una terraza semicubierta a la entrada, seguida de un pequeño bar y una confortable sala de línea moderna. Cocina tradicional actualizada con buen apartado de mariscos.

Ardigales

Ardigales 18 ✉ 39700 - ✆ 942 78 06 03 - cerrado miércoles
Rest - Carta 30/45 €
◆ Negocio bien llevado por sus propietarios, presentes en sala y cocina. En su moderno comedor podrá degustar unos platos tradicionales elaborados con productos de buen nivel.

en la playa :

Las Rocas

rest,

Flaviobriga 1 ✉ 39700 Castro Urdiales - ✆ 942 86 04 00 - www.lasrocashotel.com
63 hab - 56/105 € 66/132 €, 11 €
Rest - *(cerrado 21 diciembre-4 enero)* Carta 30/41 €
◆ La zona social se reduce al hall y a la cafetería. Habitaciones clásicas espaciosas y de completo equipamiento, muy luminosas y la mitad de ellas con vistas a la playa. Amplio comedor de correcto montaje, con una sala de banquetes en un lateral acristalado.

CASTROJERIZ - Burgos - 575 F17 - 882 h. - alt. 808 m 12 C2

Madrid 249 - Burgos 43 - Palencia 48 - Valladolid 99

La Cachava

Real de Oriente 83 ✉ 09110 - ✆ 947 37 85 47 - www.lacachava.com
10 hab - 30/40 € 45/60 €, 7 €
Rest - Menú 13 €
◆ Acogedor hotelito ubicado en una antigua casa de labranza. Sus habitaciones, con cierto aire colonial, se distribuyen en torno a dos patios, uno transformado en zona social.

CASTROPOL - Asturias - 572 B8 - 3 807 h. - Playa 5 A1

Madrid 589 - A Coruña 173 - Lugo 88 - Oviedo 154

Peña-Mar

carret. N 640 ✉ 33760 - ✆ 985 63 51 49 - www.complejopenamar.com - mayo-15 octubre
24 hab - 42/68 € 48/74 €, 10 €
Rest *Peña-Mar* - ver selección restaurantes
◆ Hotel de sencilla organización ubicado al borde de la carretera. Ofrece una reducida zona social y habitaciones funcionales, con mobiliario de línea clásica en madera.

ESPAÑA

XX **Peña-Mar** – Hotel Peña-Mar

carret. N 640 ✉ 33760 – ✆ 985 63 50 06 – www.complejopenamar.com – cerrado 15 enero-febrero y miércoles salvo Semana Santa y verano
Rest – Carta 37/57 €
◆ Tiene un bar rústico, con llamativos relojes en la pared, y una sala a la carta de gran capacidad donde sirven platos gallegos y asturianos. Trabaja mucho los banquetes.

X **El Risón de Peña Mar**

El Muelle ✉ 33760 – ✆ 985 63 50 65 – www.complejopenamar.com – cerrado 7 enero-8 marzo y lunes salvo Semana Santa y verano
Rest – Carta 37/57 €
◆ Restaurante de aire regional dotado con vigas en madera vista y detalles marineros. Destaca por sus terrazas, con vistas sobre el río Eo, y disfruta de una barbacoa exterior.

La CAVA – Tarragona – ver Deltebre

CAZALLA DE LA SIERRA – Sevilla – 578 S12 – 5 009 h. – alt. 590 m 1 B2

Madrid 491 – Sevilla 88 – Córdoba 159 – Badajoz 204

Palacio de San Benito — hab, hab,

San Benito ✉ 41370 – ✆ 954 88 33 36 – www.palaciodesanbenito.es
9 hab – 160/180 €, 12 €
Rest – *(cerrado lunes y martes)* Carta 27/41 €
◆ ¡Instalado entre una preciosa ermita del s. XV y un anexo en consonancia, ambos edificios repletos de obras de arte originales! Posee un bello patio central y habitaciones bien personalizadas, todas decoradas con sumo gusto. Tanto el comedor como el salón de banquetes se encuentran en el antiguo santuario.

Posada del Moro

paseo del Moro 46 ✉ 41370 – ✆ 954 88 48 58 – www.laposadadelmoro.com
31 hab – 45/65 € 65/85 €
Rest *Posada del Moro* – ver selección restaurantes
◆ ¡En pleno Parque Natural de la Sierra Norte de Sevilla! Disfruta de un ambiente acogedor, un cuidadísimo entorno ajardinado y unas habitaciones de línea actual bastante bien equipadas, algunas con acceso al jardín a través del ventanal.

X **Agustina**

pl. del Concejo ✉ 41370 – ✆ 954 88 32 55 – www.agustinarestaurante.com – cerrado del 1 al 7 de octubre y martes
Rest – Carta 23/35 €
◆ El bar de tapas funciona como zona de iniciación para descubrir los platos servidos en el piso superior. Cocina agradable y actual, con pequeñas dosis de imaginación.

X **Posada del Moro**

paseo del Moro 46 ✉ 41370 – ✆ 954 88 48 58 – www.laposadadelmoro.com
Rest – *(cerrado lunes)* Menú 18 € – Carta aprox. 35 €
◆ Un restaurante que sintetiza la esencia del hotel homónimo. En su comedor, de línea clásica, podrá degustar una cocina casera, deliciosos platos de cuchara y suculentos asados, todos elaborados con productos locales de gran calidad.

CAZORLA – Jaén – 578 S20/ S21 – 8 104 h. – alt. 790 m 2 D2

Madrid 374 – Sevilla 333 – Jaén 106 – Granada 191
paseo del Santo Cristo 19, ✆ 953 71 01 02
Localidad★ – Emplazamiento★
La Iruela : carretera★ de los Miradores ★ - Noreste : 3 km – Parque Natural de la Sierra de Cazorla, Segura y Las Villas★★★ (Hornos ★). Cueva del Agua★ Sur : 38 km – Tíscar★ Sur : 39 km

ESPAÑA

Guadalquivir sin rest

Nueva 6 ✉ 23470 – ✆ 953 72 02 68 – www.hguadalquivir.com
12 hab – 34/36 € 46/49 €, ☕ 6 €
◆ Este hotelito familiar posee un pequeño salón social, donde sirven los desayunos, y habitaciones de impecable limpieza, todas con mobiliario en pino de línea provenzal.

La Sarga

pl. del mercado 11 ✉ 23470 – ✆ 953 72 15 07 – www.lasarga.com
– cerrado 10 días en enero, 10 días en septiembre, lunes noche y martes
Rest – Carta aprox. 35 €
◆ Este céntrico restaurante ofrece una sala de elegante clasicismo donde se miman mucho los detalles, tanto en el servicio de mesa como en las atenciones. Cocina tradicional.

Mesón Leandro

La Hoz 3 ✉ 23470 – ✆ 953 72 06 32 – www.mesonleandro.com
– cerrado del 15 al 30 de junio y miércoles
Rest – Carta 21/38 €
◆ Ocupa una casa de pueblo y está llevado por un matrimonio, con él en la sala y ella al frente de los fogones. Coqueta terraza, sala rústica-actual y platos de tinte regional.

en la carretera de la Sierra Noreste : 2,5 km

Sierra de Cazorla hab,

✉ 23476 La Iruela – ✆ 953 72 00 15 – www.hotelsierradecazorla.com
39 hab ☕ – 57/85 € 85/120 € **Rest** – Menú 17 €
◆ Amplia zona noble y unas confortables habitaciones decoradas en cuatro estilos, el propio de montaña, africano, oriental y marroquí. Excelente SPA con servicios terapéuticos. El restaurante a la carta resulta algo reducido pero actual y de buen montaje.

en la Sierra de Cazorla :

Parador de Cazorla rest,

Lugar Sacejo, Este : 26 km - alt. 1 400 ✉ 23470 Cazorla – ✆ 953 72 70 75
– www.parador.es – cerrado 20 diciembre-7 febrero
34 hab – 90/118 € 112/148 €, ☕ 16 €
Rest – Menú 32 €
◆ A su magnífica ubicación, en plena sierra de Cazorla, se unen las confortables instalaciones con una cuidada decoración de aire regional. La piscina brinda excelentes vistas. En su acogedor y amplio restaurante elaboran los platos típicos de la zona.

Paraíso de Bujaraiza hab,

carret. del Tranco, Noreste : 44,7 km ✉ 23478 Coto Ríos – ✆ 953 12 41 14
– www.paraisodebujaraiza.com – cerrado 6 enero-28 febrero
12 hab ☕ – 38/49 € 54/76 € – 4 suites
Rest – Menú 22 €
◆ Se encuentra en un precioso paraje natural, entre las montañas y el río. Varias de sus habitaciones disponen de chimenea y en general cuentan con mobiliario provenzal. En su comedor podrá degustar elaboraciones propias del recetario regional y tradicional.

Mirasierra

carret. del Tranco, Noreste : 36,3 km ✉ 23478 Coto Ríos – ✆ 953 71 30 44
– www.hotel-mirasierra.com – cerrado 6 enero-20 febrero
33 hab – 35/40 € 40/50 €, ☕ 4 €
Rest – Menú 10/20 €
◆ Ubicado en una antigua venta serrana. Ofrece un pequeño salón social, habitaciones de correcto confort decoradas con cierto aire regional, piscina y unas agradables vistas.

ESPAÑA

CEDEIRA - A Coruña - **571** B5 - **7 412 h.** - **Playa** **20** C1

Madrid 620 - Santiago de Compostela 134 - A Coruña 93 - Lugo 125

Herbeira sin rest

Cordobelas - carret. de Ferrol, Sur : 1 km ✉ 15350 - ☎ 981 49 21 67 - www.hotelherbeira.com - cerrado 22 diciembre-22 enero

16 hab - 50/75 € 60/85 €, ☕ 8 €

◆ Hotel de organización familiar que destaca por sus magníficas vistas a la ría de Cedeira. Ofrece espacios sociales de estética actual y habitaciones de buen confort general.

CELEIRO - Lugo - ver Viveiro

CENERA - Asturias - ver Mieres

CENES DE LA VEGA - Granada - **578** U19 - **7 085 h.** - **alt. 741 m** **2** D1

Madrid 439 - Granada 8

Ruta del Veleta

carret. de Sierra Nevada 136 ✉ 18190 - ☎ 958 48 61 34 - www.rutadelveleta.com - cerrado domingo noche

Rest - Menú 49 € - Carta 41/53 €

◆ Llevado con gran profesionalidad. Su interesante carta, la decoración típica y la ubicación en un lujoso edificio le otorgan el reconocimiento unánime. Bodega visitable.

ESPAÑA

CERCS - Barcelona - **574** F35 **14** C1

Madrid 636 - Barcelona 116 - Lleida/Lérida 162 - Girona 129

en el cruce de las carreteras C 16 y C 26 Sur : 4 km

Estany Clar (Josep Xandri)

carret. C 16 - km 99,4 ✉ 08600 Berga - ☎ 938 22 08 79 - www.estanyclar.com - cerrado del 6 al 12 de febrero, del 4 al 10 de junio, del 5 al 11 de noviembre y lunes

Rest - *(solo almuerzo salvo sábado)* Menú 80 € - Carta 45/86 €

Espec. Sardinas en maceración de tomillo con salteado de bogavante y trigo tierno. Lenguado cocinado a baja temperatura con texturas cítricas. Vainilla semi helada con emulsión de chantilly y milhojas de frambuesa.

◆ Acogedor restaurante ubicado en una masía del s. XIV. Tras su bar-hall encontrará un agradable comedor, con los techos abovedados en piedra, dos coquetos privados y un amplio salón de banquetes. Propone una carta de autor y un interesante menú degustación.

CERDANYOLA DEL VALLÈS - Barcelona - **574** H36 - **58 407 h.** **15** B3

Madrid 606 - Barcelona 15 - Mataró 39

Tast & Gust

Sant Martí 92 ✉ 08290 - ☎ 935 91 00 00 - www.tastandgust.com - cerrado Semana Santa, del 8 al 23 de agosto, domingo noche y lunes

Rest - Carta 28/54 €

◆ Este coqueto negocio combina su estética actual con una carta tradicional e internacional especializada en "Steak Tartar", ya que lo preparan hasta de seis maneras distintas.

CERECEDA - Asturias - **572** B14 **5** C1

Madrid 505 - Avilés 79 - Gijón 63 - Oviedo 57

Palacio de Rubianes

hab, rest,

Oeste: 2 km ✉ 33583 - ☎ 985 70 76 12 - www.palacioderubianes.com

23 hab ☕ - 78/110 € 86/145 €

Rest - *(cerrado lunes y martes salvo verano)* Menú 25 € - Carta 37/66 €

◆ Se construyó sobre una casa-palacio del s. XVII y en un entorno natural privilegiado. Salón social de línea actual, con chimenea, y habitaciones de serena decoración. El restaurante, que destaca por su montaje, elabora una cocina tradicional actualizada.

La Casa Nueva sin rest

✉ 33583 – ☎ 985 92 37 37 – www.lacasanuevaasturias.com

6 hab – ††55/70 €, ☕ 5 €

◆ Esta antigua casa de labranza posee una agradable zona social, con chimenea, y correctas habitaciones vestidas con mobiliario de época. Bellas vistas a la sierra del Sueve.

CERVELLÓ – Barcelona – 574 H35 – 8 566 h. – alt. 122 m — 15 A3

Madrid 608 – Barcelona 25 – Manresa 62 – Tarragona 82

al Noroeste : 4,5 km

Can Rafel

urb. Can Rafel ✉ 08758 Cervelló – ☎ 936 50 10 05 – www.canrafel.net – cerrado 7 enero-2 febrero

23 hab – †70 € ††93 €, ☕ 12 € – 1 suite

Rest *Can Rafel* – ver selección restaurantes

◆ Está en una zona elevada, junto a un campo de golf con pequeños hoyos tipo Pitch & Putt. Zona social variada y habitaciones de línea clásica-regional, algunas con terraza.

Can Rafel – Hotel Can Rafel

urb. Can Rafel ✉ 08758 Cervelló – ☎ 936 50 10 05 – www.canrafel.net – cerrado 7 enero-2 febrero

Rest – *(cerrado domingo noche y martes)* Menú 27 € – Carta 36/43 €

◆ Se presenta con dos salas y dos privados, destacando la principal por su luminosidad, sus vistas al campo de golf y su chimenea. Interesantes elaboraciones de tinte actual.

CERVERA DE PISUERGA – Palencia – 575 D16 – 2 579 h. – alt. 900 m — 12 C1

Madrid 348 – Burgos 118 – Palencia 122 – Santander 129

Pineda

paseo Valdesgares 1 ✉ 34840 – ☎ 979 87 03 90 – cerrado 22 diciembre-12 enero

13 hab – †30/35 € ††40/45 €, ☕ 4 € **Rest** – *(cerrado domingo noche)* 14 €

◆ Hotelito de organización familiar con buenos niveles de limpieza y mantenimiento. Presenta unas habitaciones algo pequeñas pero confortables, con mobiliario de buen nivel. El restaurante, dotado con dos salas de sencillo montaje, basa su oferta en un menú.

en la carretera de Resoba Noroeste : 2,5 km

Parador de Cervera de Pisuerga

✉ 34840 Cervera de Pisuerga – ☎ 979 87 00 75 – www.parador.es

80 hab – †86/106 € ††108/132 €, ☕ 16 € **Rest** – Menú 32 €

◆ En un magnífico entorno, con vistas a las montañas y al pantano de Ruesga. Posee varios salones sociales y espaciosas habitaciones de ambiente rústico, todas con terraza. Su amplio comedor tiene un carácter polivalente, pues atiende los tres servicios del día.

CERVERA DEL RÍO ALHAMA – La Rioja – 573 F24 – 2 826 h. – alt. 543 m — 21 B2

Madrid 309 – Logroño 113 – Iruña/Pamplona 117 – Soria 78

Cervera — rest,

San Juan 4 ✉ 26520 – ☎ 941 19 86 50 – www.hotelruralcervera.com – cerrado 20 diciembre-2 enero y del 8 al 19 de enero

8 hab ☕ – †40/50 € ††75/90 €

Rest – *(cerrado domingo noche y lunes)* Menú 15 €

◆ Casa del s. XVII transformada en hotel. Ofrece un salón social con terraza exterior y habitaciones en los dos primeros pisos, todas coloristas y de línea clásica-actual.

CERVO – Lugo – 571 A7 – 4 595 h. – alt. 69 m 20 C1

Madrid 611 – A Coruña 162 – Lugo 105

Casa do Mudo

hab,

Senra 25, Sur : 2 km ✉ 27891 – ☎ 982 55 76 89 – www.casadomudo.com – cerrado del 7 al 16 de septiembre

6 hab – ♦51/64 € ♦♦61/75 €, ☐ 7 € **Rest** – Menú 16 €

◆ Turismo rural instalado en una casa de labranza. Ofrece un jardín con hórreo, un porche y cálidas habitaciones, todas con mobiliario de aire antiguo y las paredes en piedra. El comedor, que ocupa la antigua cocina de la casa, está reservado al cliente alojado.

CEUTA – 742 – 734 F15 – 80 579 h. – Playa 1 B3

para Algeciras : Cía. Trasmediterránea, Muelle Cañonero Dato, ☎ 902 45 46 45 Z

Edrissis, ☎ 856 20 05 60, www.ceuta.es

R.A.C.E. av. Reyes Católicos 23, portal 2 ☎ 956 50 19 77

Monte Hacho★ : Ermita de San Antonio ★★

Parador H. La Muralla

pl. Virgen de África 15 ✉ 51001 – ☎ 956 51 49 40 – www.parador.es

106 hab – ♦82/103 € ♦♦101/126 €, ☐ 16 € – 1 suite Y**h**

Rest – Menú 31 €

◆ Este atractivo parador está instalado en lo que fueron las Murallas Reales de Ceuta, con un hall clásico y unas habitaciones algo sobrias pero de buen confort. Presenta dos comedores en los que podrá descubrir su cocina tradicional y algún plato típico ceutí.

El Refectorio

Poblado Marinero - local 37 ✉ 51001 – ☎ 956 51 38 84 – www.elrefectorio.es – cerrado del 10 al 31 de enero, domingo noche y lunes Y**v**

Rest – Carta 40/56 €

◆ Bien situado en la antigua lonja. Posee una agradable terraza con vistas al puerto, un bar, un pequeño privado y un comedor rústico que destaca por su bodega acristalada.

ESPAÑA

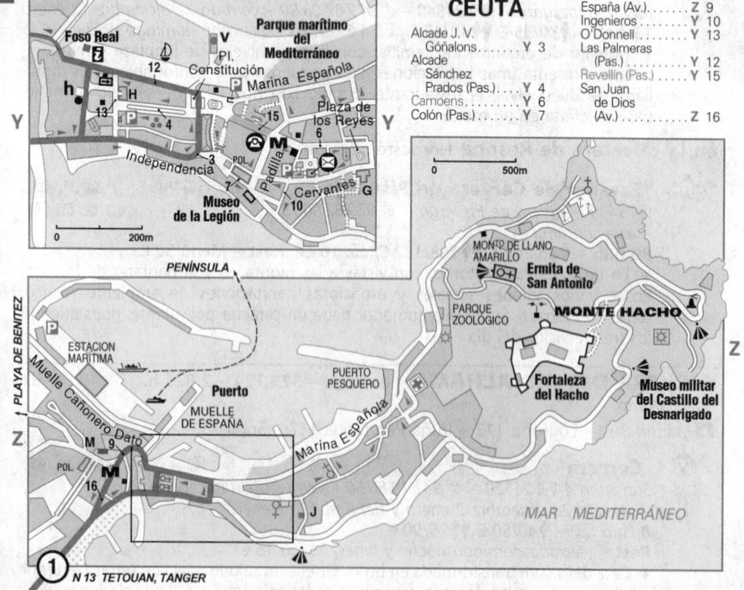

CHANTADA - Lugo - 571 E6 - 8 951 h. - alt. 483 m 20 C2

Madrid 534 - Lugo 55 - Ourense 42 - Santiago de Compostela 90

Oseira : Monasterio de Santa María la Real★ (sala capitular★) Suroeste : 15 km

Mogay

Antonio Lorenzana 3 ✉ 27500 - ☎ 982 44 08 47 - www.restaurantemogay.com

29 hab - 44/54 € 54/65 € - 3 suites

Rest ***Mogay*** - ver selección restaurantes

♦ Céntrico, de línea actual y llevado en familia. Las habitaciones, funcionales y con el mobiliario bastante variado, ofrecen un correcto confort. Su cafetería, de ambiente tranquilo, hace las veces de zona social y recepción.

Mogay - Hotel Mogay

Antonio Lorenzana 3 ✉ 27500 - ☎ 982 44 08 47 - www.restaurantemogay.com - cerrado domingo

Rest - Menú 15 € - Carta 30/55 €

♦ ¡Sin duda, el corazón de esta casa está en su restaurante! Encontrará una sala a la carta de línea clásica, otra para el menú y una cocina totalmente acristalada, siempre a la vista del cliente. Cocina tradicional con toques actuales.

al Noreste : 4 km

Pazo do Piñeiro

rest,

Pesqueiras - Soilán 1 ✉ 27516 Pesqueiras - ☎ 982 44 06 42 - www.pazodopineiro.com

11 hab - 45 € 56 €, 6 €

Rest - *(cerrado lunes) (solo almuerzo salvo viernes y sábado)* Carta 20/30 €

♦ Instalado en pleno campo, en un recio edificio de piedra que data del s. XV. Las habitaciones, todas con mobiliario de estilo antiguo, se distribuyen en torno a un patio. En su restaurante, de ambiente rústico elegante, encontrará una buena carta tradicional.

CHAÑE - Segovia - 575 H16 - 855 h. - alt. 767 m 11 B2

Madrid 153 - Aranda de Duero 85 - Salamanca 161 - Segovia 58

La Posada de Carmen

hab,

San Benito 11 ✉ 40216 - ☎ 921 15 51 34 - www.laposadadecarmen.com - cerrado del 5 al 18 de septiembre

7 hab - 35/45 € 66 €

Rest - *(cerrado domingo noche y lunes)* Menú 12 €

♦ Antigua casa rural bien restaurada por la propia familia. Posee una atractiva decoración rústica con nobles vigas de madera y paredes en piedra vista. Adecuado confort.

CHICLANA DE LA FRONTERA - Cádiz - 578 W11 - 78 591 h. - alt. 17 m - Playa 1 A3

Madrid 646 - Algeciras 102 - Arcos de la Frontera 60 - Cádiz 24

La Plaza 3, ☎ 956 53 59 69, www.turismochiclana.com

urbanización Novo Sancti Petri, ☎ 956 49 72 34

Novo Sancti Petri,, urb. Novo Sancti Petri, Suroeste : 10 km, ☎ 956 49 40 05

Playa de la Barrosa★★ Suroeste : 7 km

Alborán sin rest, con cafetería

pl. de Andalucía 1 ✉ 11130 - ☎ 956 40 39 06 - www.hotelesalboran.com

70 hab - 50/90 € 55/130 €, 4 €

♦ Céntrico y funcional. En este hotel encontrará unas habitaciones confortables decoradas en distintas tonos según la planta, todas con los cabeceros de las camas en forja.

ESPAÑA

en la urbanización Novo Sancti Petri :

Meliá Sancti Petri hab,
playa de La Barrosa, Suroeste : 11,5 km
11139 Novo Sancti Petri – 956 49 12 00 – www.melia-sanctipetri.com
222 hab – 161/315 € 174/350 € – 3 suites
Rest *Alhambra* – *(solo cena)* Carta 45/65 €
Rest *El Patio* – *(solo cena buffet)* Menú 37/51 €
Rest *San Marco* – *(solo almuerzo)* Carta 38/55 €
◆ Su arquitectura palaciega se ve realzada por la proximidad al mar y por su hermoso patio porticado, con terrazas y fuentes. Excelentes habitaciones y una magnífica piscina. El elegante restaurante Alhambra es el marco ideal para los paladares más exigentes.

El Jardín con hab hab,
C.C. El Patio, Suroeste : 8,5 km 11139 Novo Sancti Petri – 956 49 71 18 – www.el-jardin.com – cerrado del 10 al 30 de enero
17 hab – 45/85 € 55/107 €
Rest – *(cerrado lunes salvo verano y festivos)* Carta 25/50 €
◆ Llevado en familia. Cuenta con un gran bar, un comedor clásico y otro mucho más luminoso de ambiente rústico. Cocina tradicional especializada en carnes, asados y bacalaos. Como complemento al negocio también dispone de unas confortables habitaciones.

ESPAÑA

CHILLARÓN DE CUENCA – Cuenca – 576 L23 – 547 h. – alt. 915 m 10 C2

Madrid 166 – Toledo 181 – Cuenca 11 – Guadalajara 127

Midama sin rest y sin
Real - carret. N 320 16190 – 969 27 31 61 – www.hotelmidama.com – cerrado 20 diciembre-10 enero
30 hab – 40/80 €
◆ Un hotel de línea actual que sorprende tras su modesta fachada. Las habitaciones se distribuyen en tres plantas, todas con mobiliario funcional-actual y baños muy coloristas.

CHINCHÓN – Madrid – 576 – 575 L19 – 5 344 h. – alt. 753 m 22 B3

Madrid 46 – Aranjuez 26 – Cuenca 131
pl. Mayor 6, 91 893 53 23
Plaza Mayor ★★

Parador de Chinchón hab,
Huertos 1 28370 – 918 94 08 36 – www.parador.es
38 hab – 130/138 € 163/173 €, 18 € **Rest** – Menú 33 €
◆ Instalado en un convento del s. XVII que aún conservan el sosiego propio de su origen. Disfruta de un bello jardín y cuidadas habitaciones, todas de línea actual. El restaurante es famoso por ofrecer un único plato en temporada, el "Cocido completo de Taba".

Condesa de Chinchón sin rest
Los Huertos 26 28370 – 918 93 54 00 – www.condesadechinchon.com
35 hab – 35/120 € 50/120 €, 10 €
◆ Disfruta de una cuidada fachada, un agradable patio y unas elegantes habitaciones de línea clásica, todas con bañera de hidromasaje y en la última planta abuhardilladas.

La Casa del Convento hab,
Zurita 7 28370 – 918 94 09 36 – www.spalacasadelconvento.com
5 hab – 150 € 170 € **Rest** – Carta 33 €
◆ ¡Un hotel rural de gran nivel! Ocupa una casa del s. XVIII, completamente rehabilitada, en la que han sabido combinar detalles rústicos y actuales. También cuenta con un SPA y un restaurante, donde ofrecen platos tradicionales y regionales.

La Casa Rural sin rest
Sociedad de Cosecheros 5 ✉ 28370 – ☎ 918 94 11 77 – www.hotel-lacasarural.com
16 hab – 30/40 € 45/60 €, ☕ 6 € – 8 apartamentos
◆ Este hostal familiar reduce su zona social a un patio interior y posee habitaciones funcionales. En un edificio independiente ofrece apartamentos, más amplios y confortables.

La Graja sin rest
Paje 7 ✉ 28370 – ☎ 687 31 78 66 – www.lagraja.com
8 hab ☕ – 36/45 € 52/70 €
◆ Casa rural a la que se accede atravesando un portalón. Dispone de un patio interior acristalado, una pequeña sala de estar y habitaciones de acogedor ambiente rústico.

Casa de la Marquesa sin rest
Morata 9 ✉ 28370 – ☎ 918 94 11 71 – www.casadelamarquesa.com
5 hab – 80 €, ☕ 8 €
◆ ¡Próxima a la plaza Mayor! Lo más llamativo de esta casa son las obras pictóricas y de arte que constituyen su decoración. Amplio patio interior y habitaciones de línea actual, muy confortables para su categoría.

Café de la Iberia
pl. Mayor 17 ✉ 28370 – ☎ 918 94 08 47 – www.cafedelaiberia.com
Rest – Carta 26/45 €
◆ Ocupa un antiguo café, fundado en 1879, y disfruta de tres cuidados comedores, uno en un patio. ¡Su precioso balcón da a una plaza pintoresca y la especialidad son los asados!

La Casa del Pregonero
pl. Mayor 4 ✉ 28370 – ☎ 918 94 06 96 – www.lacasadelpregonero.com – cerrado martes
Rest – Carta 29/43 €
◆ Instalado en la casa del antiguo pregonero. Ofrece un bar, un patio rústico-actual que sirve de comedor y dos salas de aire moderno en el piso superior. Cocina tradicional.

por la carretera de Titulcia Oeste : 3 km

Nuevo Chinchón
urb. Nuevo Chinchón ✉ 28370 Chinchón – ☎ 918 94 05 44 – www.hotelnuevochinchon.com
17 hab – 67 € 75 €, ☕ 8 € **Rest** – Menú 20/35 €
◆ Este tranquilo hotel disfruta de unos cuidados exteriores, con piscina y jacuzzi, así como de suficientes zonas nobles y correctas habitaciones, algunas de ellas con terraza. El restaurante se presenta con un comedor tipo patio y varios salones para banquetes.

CHURRIANA – Málaga – 578 V16 — 1 B2

Madrid 541 – Sevilla 229 – Málaga 15

La Cónsula – (Restaurante escuela)
Finca La Cónsula, carret. de Coín ✉ 29140 – ☎ 952 62 24 24 – www.laconsula.com – cerrado Navidades, Semana Santa, agosto, sábado, domingo y festivos
Rest – *(solo almuerzo)* Menú 39 € – Carta 35/56 €
◆ Muy bien llevado entre los profesores y alumnos de una escuela de hostelería. Encontrará un salón amplio, luminoso y de cuidado montaje, así como una carta de línea actual.

CINCTORRES – Castellón – 577 K29 – 493 h. — 16 B1

Madrid 504 – Valencia 169 – Castelló de la Plana / Castellón de la Plana 100 – Teruel 124

Morella : Emplazamiento★- Basílica de Santa María La Mayor★- Castillo ≤★ Noreste : 15 km

ESPAÑA

El Faixero
carret. Iglesuela 7 ✉ 12318 – ✆ 964 18 10 75 – www.elfaixero.com – cerrado del 5 al 8 de noviembre
25 hab – 35/50 € 55/80 € **Rest** – Menú 12/25 €
◆ ¡Sorprendente! Este hotel familiar se reparte entre dos edificios: el principal con cálidas habitaciones de ambiente neorrústico mientras que el nuevo, justo enfrente, disfruta de unas estancias de excelente nivel. En su comedor, amplio y de estética rústica, encontrará una carta regional con varios menús.

CINES – A Coruña – ver Oza dos Ríos

CINTRUÉNIGO – Navarra – 573 F24 – 7 740 h. – alt. 391 m — 24 A3

Madrid 308 – Iruña/Pamplona 87 – Soria 82 – Zaragoza 99

Alhama
carret. N 113 - km 91 ✉ 31592 – ✆ 948 81 27 74 – www.hotelalhama.com
36 hab – 36/47 € 63/70 €, 6 € **Rest** – Menú 14 €
◆ Está junto a la carretera y tras él encontrará una zona residencial. Cuenta con dos tipos de habitaciones, las antiguas de línea funcional y las reformadas más actuales. Ofrece un comedor para el menú, otro clásico-actual para la carta y un salón de banquetes.

CISTIERNA – León – 575 D14 – 3 720 h. – alt. 935 m — 11 B1

Madrid 380 – Valladolid 164 – León 62 – Oviedo 135

Río Esla
Esteban Corral 5 ✉ 24800 – ✆ 987 70 10 25 – www.hotelrioesla.com
18 hab – 42/48 € 57/68 € – 1 suite **Rest** – Carta 25/45 €
◆ Ubicado en una calle cercana al centro de la ciudad. Posee un luminoso salón social, un pequeño SPA y espaciosas habitaciones de aire rústico-familiar. En su sencillo restaurante, prácticamente unido a la cafetería, encontrará una cocina de tinte tradicional.

CIUDAD REAL P – 576 P18 – 74 345 h. – alt. 635 m — 9 B3

Madrid 204 – Albacete 212 – Badajoz 324 – Córdoba 196
Alarcos 21, ✆ 926 20 00 37, www.turismocastillalamancha.com

Guadiana
Guadiana 36 ✉ 13002 – ✆ 926 22 33 13 – www.hotelguadiana.es — Z**h**
94 hab – 50/150 €, 6 € – 11 suites
Rest *El Rincón de Cervantes* – *(cerrado domingo noche)* Carta 24/41 €
◆ Se distingue por su marcada línea clásica y por la calidad de los materiales utilizados en su construcción. Habitaciones de completo equipamiento, con los suelos en parquet. En el restaurante, elegante y con profusión de maderas, elaboran una carta de autor.

Santa Cecilia
Tinte 3 ✉ 13001 – ✆ 926 22 85 45 – www.santacecilia.com — Z**a**
70 hab – 50/110 € 60/140 €, 8 €
Rest – *(cerrado domingo noche)* Menú 35 € – Carta 25/45 €
◆ Tras una importante reforma ahora combina sus cuidadas zonas nobles con unas habitaciones de línea clásica-actual, las cinco superiores algo más amplias. El restaurante, que tiene un montaje actual, propone una carta de tinte tradicional.

Alfonso X
Carlos Vázquez 8 ✉ 13001 – ✆ 926 22 42 81 – www.hotelalfonsox.com
66 hab – 50/140 € 50/160 €, 12 € — Z**c**
Rest – *(cerrado agosto)* Menú 16 €
◆ Este hotel de línea moderna compensa su reducida zona social con unas habitaciones de buen confort en su categoría, todas dotadas de terraza a partir de la 4ª planta. El restaurante, que resulta bastante funcional, se ve reforzado por una cafetería anexa.

CIUDAD REAL

Alarcos . . . . Z
Alcántara . . . . Z 2
Antonio Blázquez . . . . Z 3
Azucena . . . . YZ 5
Bernardo Mulleras . . . . Z 6
Caballeros . . . . YZ 8
Calatrava . . . . YZ
Camarín . . . . YZ 10
Cañas . . . . YZ 12
Cardenal Monescillo . . . . Z 13
Corazón de María . . . . YZ 15
Cruz . . . . Z 16
Elisa Cendreros . . . . Y 18
General Aguilera . . . . Z 21
General Rey . . . . Z 23
Infantes . . . . Y 24
Inmaculada Concepción . . . . . . Y 26
Lanza . . . . Z 27
Lirio . . . . YZ 29
Mayor (Pl.) . . . . Z
Norte . . . . Y 31
Olivo . . . . Z 32
Ramón y Cajal . . . . Z 34
Refugio . . . . YZ 35
Reyes . . . . YZ 37
Rosa . . . . Y 38
Sancho Rey (Camino) . . . . Y 39
Tinte . . . . Z 41
Vásquez . . . . Z 42

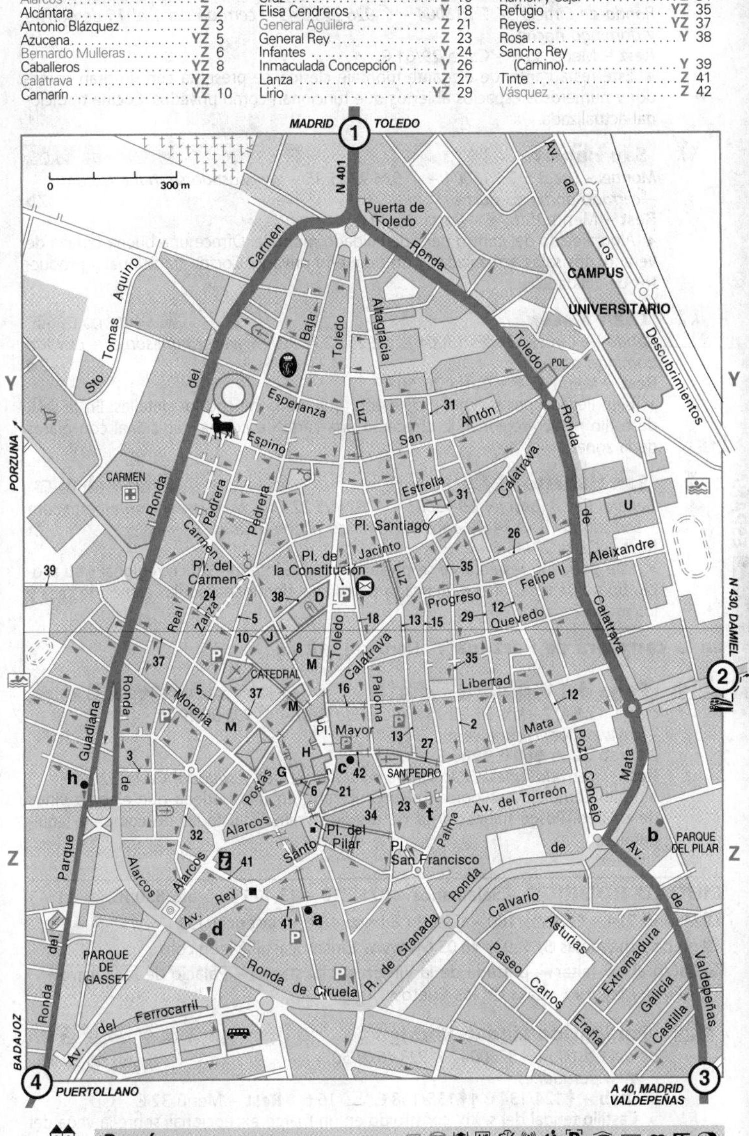

Paraíso

Cruz de los Casados 1, por ④ ✉ 13002 – ☎ 926 21 06 06 – www.hparaiso.com
65 hab ☕ – 🚹45/70 € 🚹🚹70/100 €
Rest *Sándalo* – Carta 30/45 €

◆ Hotel de línea actual ubicado en una de las salidas de la ciudad. Ofrece cuidadas zonas sociales y habitaciones funcionales de adecuado confort, con los suelos en tarima. El restaurante, de buen montaje, tiene como especialidad las carnes rojas al ladrillo.

XXX **Miami Park**

Ronda de Ciruela 34 ✉ 13004 – ✆ 926 22 20 43 – cerrado del 1 al 15 de agosto y domingo noche Z**d**

Rest – Menú 45 € – Carta 29/61 €

◆ Este restaurante, de elegante montaje clásico, se presenta con un gran comedor y numerosos espacios abiertos que funcionan como privados. Cocina tradicional actualizada.

XX **San Huberto**

Montiel - Local 5 ✉ 13004 – ✆ 926 92 35 35 – www.asadorsanhuberto.com – cerrado domingo noche Z**b**

Rest – Menú 25/65 € – Carta 26/39 €

◆ Algo alejado del centro pero de cuidado montaje. Ofrece una buena terraza de verano, dos salas acristaladas y un pequeño privado. Cocina tradicional y productos de calidad.

XX **Gran Mesón**

Ronda de Ciruela 34 ✉ 13004 – ✆ 926 22 72 39 – www.granmeson.es – cerrado domingo noche Z**d**

Rest – Menú 22 € – Carta 26/50 €

◆ Bien llevado por su chef-propietario, que cuida mucho los detalles. En la sala, de estilo rústico-regional, le ofrecerán una carta de cocina tradicional con platos de la zona.

X **San Huberto**

General Rey 8 (pasaje) ✉ 13001 – ✆ 926 25 22 54 – www.asadorsanhuberto.com – cerrado del 1 al 14 de agosto, domingo noche y lunes Z**t**

Rest – Carta 27/45 €

◆ Este pequeño restaurante se presenta con un interior rústico-regional y su propio horno de leña. Ofrece una carta tradicional dominada por las carnes de caza y los asados.

en la carretera de Porzuna Y Noroeste : 10 km

Pago del Vicario

hab,

carret. CM 412 - km 16 ✉ 13196 Ciudad Real – ✆ 902 09 29 26 – www.pagodelvicario.com

24 hab – 60 € 86 €

Rest – *(cerrado lunes) (solo almuerzo salvo viernes y sábado)* Carta 32/51 €

◆ Gran complejo enológico-turístico ubicado en una bodega que elabora vinos de calidad. Posee habitaciones de diseño minimalista, todas de completo equipamiento.

CIUDAD RODRIGO – Salamanca – 575 K10 – 13 777 h. – alt. 650 m   11 A3

Madrid 294 – Cáceres 160 – Castelo Branco 164 – Plasencia 131

pl. de Amayuelas 5, ✆ 923 46 05 61, www.turismocastillayleon.com

Catedral★★ (altar★, portada de la Virgen★, claustro★) – Palacio de los Castro★ – Plaza Mayor★ – Casa de los Cueto★

Parador de Ciudad Rodrigo

rest,

pl. del Castillo ✉ 37500 – ✆ 923 46 01 50 – www.parador.es

35 hab – 124/134 € 155/168 €, 16 € **Rest** – Menú 32 €

◆ Castillo feudal del s. XIV construido en un marco excepcional, sobre la vega del río Águeda. Disfruta de un entorno muy agradable, una correcta zona social y confortables habitaciones, todas con mobiliario castellano. El restaurante, neorrústico aunque con detalles medievales, ofrece una carta regional.

CIUTADELLA DE MENORCA – Balears – ver Balears (Menorca)

CIZUR MENOR – Navarra – ver Iruña/Pamplona

COCENTAINA – Alicante – 577 P28 – 11 534 h. – alt. 445 m 16 A3

Madrid 397 – Alacant/Alicante 63 – València 104

Nou Hostalet sin rest

av. Xàtiva 4 ✉ 03820 – ✆ 902 82 08 60 – www.nouhostalet.com

26 hab – 30/50 € 48/80 €, 5 €

◆ Hotel de organización familiar y aspecto general bastante cuidado, con habitaciones funcionales de línea actual. Pequeña recepción y cafetería con acceso independiente.

XX **El Laurel**

Juan María Carbonell 3 ✉ 03820 – ✆ 965 59 17 38 – www.ellaurelrestaurante.com – cerrado del 8 al 15 de enero, del 15 al 31 de agosto y lunes

Rest – *(solo almuerzo salvo viernes y sábado)* Menú 25/35 € – Carta 30/40 €

◆ Posee una terraza y salones de elegante rusticidad, la mayoría con mobiliario antiguo y sillas clásicas actuales. Su carta tradicional contempla algunos platos actualizados.

XX **La Montaña**

Partida Els Algars 139, Sureste : 1 km ✉ 03820 – ✆ 965 59 08 32 – www.restaurantelamontana.es – cerrado agosto y martes

Rest – *(solo almuerzo salvo sábado)* Menú 26/34 € – Carta 27/39 €

◆ Caserón aislado en plena montaña. Ofrece unos agradables exteriores y dos comedores de aire rústico bastante cuidados, uno de ellos con amplios ventanales y vistas al valle.

por la carretera N 340 (km 803) Norte : 1,5 km y desvío a la izquierda 0,5 km

XXX **L'Escaleta** (Kiko Moya)

Pujada Estació del Nord 205 ✉ 03820 Cocentaina – ✆ 965 59 21 00 – www.lescaleta.com – cerrado del 9 al 16 de enero, domingo noche, lunes, martes noche y miércoles noche

Rest – Menú 37/75 € – Carta 50/71 €

Espec. Queso fresco de almendras, miel y aceite. Churrasco de cordero pura raza, berenjenas asadas y miel de lavanda. Jugo de calabaza asada con crema helada de almendras, arrope de regaliz y mentas.

◆ Instalado en un atractivo chalet a las afueras de la localidad, donde se presenta con un bello entorno ajardinado, una sala principal clásica-elegante y dos privados. De sus fogones surge una cocina actualizada de base regional que cuida mucho los detalles.

COÍN – Málaga – 578 W15 – 22 030 h. – alt. 209 m 1 A3

Madrid 561 – Algeciras 108 – Antequera 81 – Málaga 35

Albaicín

Canónigo Ordoñez 17 ✉ 29100 – ✆ 952 45 05 50 – www.hotelalbaicin.es

20 hab – 50/72 € 75/90 €, 6 €

Rest – *(cerrado domingo)* Carta 25/38 €

◆ Está formado por tres edificios que se comunican a través de un patio interior. Las habitaciones, de línea actual, se decoran combinando detalles antiguos y modernos. El restaurante, de montaje actual, sorprende al dejar la estructura del tejado a la vista.

en la carretera de Monda Suroeste : 2 km

X **Santa Fé** con hab

✉ 29100 Coín – ✆ 952 45 29 16 – www.santafe-hotel.com – cerrado 15 días en noviembre

3 hab – 60/65 € 70/75 €

Rest – *(cerrado martes)* Menú 25/38 € – Carta 27/40 €

◆ Casita rústica situada a las afueras de la ciudad. Posee un bar de espera, salitas de agradable decoración y una terraza junto a la piscina, a la sombra de un olmo centenario. Sus habitaciones se presentan con llamativas vigas de madera y baños actuales.

COLERA – **Girona** – **574** E39 – **576 h.** – **alt. 10 m** – **Playa** **14** D3
Madrid 756 – Banyuls-sur-Mer 22 – Girona/Gerona 67
Labrun 34, ✆ 972 38 90 50
carretera de Portbou★★

en la carretera de Llançà **Sur : 3 km**

XX **Garbet**
✉ *17496 Colera* – ✆ *972 38 90 02* – *www.restaurantgarbet.es* – *mayo-septiembre*
Rest – Carta 54/78 €
◆ Negocio familiar que destaca por su situación en una cala protegida. Ofrece un reducido comedor y dos agradables terrazas con vistas al mar. Excelentes pescados y mariscos.

COLES – **Ourense** – **ver Ourense**

Es COLL D'EN RABASSA – **Balears** – **ver Balears (Mallorca) : Palma**

COLLADO HERMOSO – **Segovia** – **575** I18 – **160 h.** – **alt. 1 222 m** **12** C3
Madrid 113 – Valladolid 204 – Segovia 21

Posada Fuenteplateada sin rest
camino de las Rozas ✉ *40170* – ✆ *921 40 30 87* – *www.fuenteplateada.net*
11 hab – **†**65/75 € **††**90/117 €
◆ Este turismo rural, decorado por su dueña con gran mimo, ofrece un salón social con biblioteca y unas magníficas habitaciones, todas amplias, con chimenea e hidromasaje.

ESPAÑA

COLLADO MEDIANO – **Madrid** – **576** – **575** J17 – **6 527 h.** **22** A2
– **alt. 1 030 m**
Madrid 47 – Segovia 54 – Ávila 77

X **Martín**
Real 84 ✉ *28450* – ✆ *918 59 85 07* – *www.restaurante-martin.com* – *cerrado del 1 al 15 de septiembre y lunes*
Rest – Menú 20/35 € – Carta aprox. 38 €
◆ Negocio de organización familiar y línea clásica. Ofrece un bar público con algunas mesas y un comedor a un lado, algo pequeño pero acogedor. Cocina tradicional.

COLLBATÓ – **Barcelona** – **574** H35 – **4 114 h.** – **alt. 388 m** **15** A3
Madrid 609 – Barcelona 52 – Lleida/Lérida 146 – Tarragona 102

Can Missé
rest, rest, **P**
Amadeu Vives 9 ✉ *08293* – ✆ *937 77 90 61* – *www.canmisse.com* – *cerrado Navidades*
11 hab – **†**48/57 € **††**80/95 €, 8 € **Rest** – *(cerrado martes)* Carta 22/36 €
◆ Hotel con encanto ubicado en una antigua casa señorial del centro del pueblo. Sus confortables habitaciones poseen mobiliario de calidad y baños actuales. El comedor recrea un marco acogedor, con un correcto montaje y los techos en madera.

COLLOTO – **Asturias** – **ver Oviedo**

COLMENAR DEL ARROYO – **Madrid** – **576** – **575** K17 – **1 446 h.** **22** A2
– **alt. 690 m**
Madrid 58 – Ávila 82 – Toledo 116 – Segovia 82

XX **El Mesón de Doña Filo**
San Juan 3 ✉ *28213* – ✆ *918 65 14 71* – *cerrado del 16 al 30 de junio, del 16 al 30 de agosto, lunes y martes*
Rest – *(solo menú)* Menú 50/60 €
◆ Casa céntrica, rústica y de ambiente familiar, con las paredes en piedra y una cuidada decoración. Su carta está basada en dos menús degustación y un apartado de sugerencias.

Chicote's
General Franco 1 ✉ 28213 – ☏ 918 65 12 26 – www.restaurantechicotes.com – cerrado del 15 al 30 de septiembre y lunes
Rest – *(solo almuerzo salvo viernes y sábado de octubre-junio)* Carta 35/50 €
♦ Negocio de organización familiar a cargo de dos hermanos. Posee un bar a la entrada, donde sirven el menú del día, y un cálido comedor a la carta de ambiente rústico-regional.

COLOMBRES – Asturias – 572 B16 – 1 865 h. – alt. 110 m 5 C2

Madrid 445 – Oviedo 124 – Santander 73

por la carretera N 634 Oeste : 2 km y desvío a la izquierda 1 km

Don Silvio
carret. Noriega - La Mata Vieja ✉ 33590 Colombres – ☏ 985 41 28 67 – www.hoteldonsilvio.com – julio-septiembre y fines de semana resto del año
17 hab – †78/89 € ††98/120 € **Rest** – *(solo clientes)* Menú 28 €
♦ Este pequeño hotel destaca por ofrecer un buen confort con un estilo rústico-actual bastante cuidado. Posee algunas habitaciones abuhardilladas y otras al pie de la piscina.

en Villanueva de Colombres Sur : 2,5 km

Quinta de Villanueva
✉ 33590 Colombres – ☏ 985 41 28 04 – www.quintadevillanueva.com – Semana Santa-15 octubre
19 hab – †44/74 € ††65/97 €, 8 € **Rest** – Carta 20/25 €
♦ Esta atractiva casa de indianos, ya centenaria, destaca tanto por su fachada como por sus exteriores. Coqueta zona social y habitaciones de aire colonial, nueve con galería. El comedor, que solo sirve cenas a los clientes alojados, ofrece vistas al jardín.

COLUNGA – Asturias – 572 B14 – 3 778 h. – alt. 21 m 5 C1

Madrid 489 – Oviedo 63

Mar del Sueve sin rest
av. del Generalísimo 22 ✉ 33320 – ☏ 985 85 21 11 – www.mardelsueve.com – 18 marzo - 11 diciembre
10 hab – †65/97 € ††71/108 €, 8 €
♦ Hermosa casa señorial que aún conserva elementos originales como la escalera, las paredes en piedra, la viguería y los suelos en madera. Buen confort y gusto por los detalles.

Sa COMA – Balears – ver Balears (Mallorca)

La COMA I La PEDRA – Lleida – 574 F34 – 271 h. – alt. 1 004 m 13 B1

Madrid 610 – Berga 37 – Font Romeu-Odeilo Vía 102 – Lleida/Lérida 151

Fonts del Cardener
carret. de Tuixén, Norte : 1 km ✉ 25284 – ☏ 973 49 23 77 – www.hotelfontsdelcardener.com – cerrado del 10 al 31 de mayo y noviembre
13 hab – †48 € ††75 €, 9 € – 4 apartamentos
Rest – *(cerrado miércoles y jueves salvo Navidades, Semana Santa, verano y festivos)* Carta 20/35 €
♦ Establecimiento familiar a pie de carretera, con instalaciones actuales de adecuado mantenimiento. Habitaciones de distinto confort, bien equipadas con baños completos. Restaurante de aire rústico que ofrece una cocina de calidad.

COMA-RUGA – Tarragona – 574 I34 – Playa 13 B3

Madrid 567 – Barcelona 81 – Tarragona 24

av. Brisamar 1, ☏ 977 68 00 10, www.elvendrellturistic.com

XX **Joila**

av. Generalitat 34 ✉ 43880 – ✆ 977 68 08 27 – www.joila.com – cerrado 9 enero-9 febrero, domingo noche, martes noche y miércoles

Rest – Menú 30/50 € – Carta 27/50 €

♦ Este moderno negocio disfruta de un acogedor comedor, una sala privada, con profusión de madera, y una tienda de productos precocinados que goza de un acceso independiente.

COMBARRO – Pontevedra – 571 E3 – Playa 19 B2

Madrid 610 – Pontevedra 6 – Santiago de Compostela 63 – Vigo 29

Pueblo pesquero★ - Hórreos★

Stella Maris sin rest

carret. de La Toja - av. de Chanceles 7 ✉ 36993 – ✆ 986 77 03 66 – www.hotel-stellamaris.com – Semana Santa-8 diciembre

35 hab – 🛉35/80 € 🛉🛉58/87 €

♦ Este establecimiento destaca tanto por el emplazamiento, prácticamente colgado sobre el mar, como por las vistas que ofrece a la ría de Pontevedra desde algunas habitaciones.

COMILLAS – Cantabria – 572 B17 – 2 462 h. – Playa 8 B1

Madrid 412 – Burgos 169 – Oviedo 152 – Santander 43

Joaquín del Piélago 1, ✆ 942 72 07 68, www.comillas.es

Pueblo pintoresco★

Abba Comillas Golf

urb. Rovacías, Sureste : 2 km ✉ 39520 – ✆ 942 72 04 70 – www.abbacomillasgolfhotel.com – cerrado 16 diciembre-18 enero

55 hab – 🛉60/210 € 🛉🛉60/220 €, 11 € **Rest** – Menú 16 €

♦ Construcción moderna, luminosa y dirigida al ocio de calidad, con una nutrida oferta deportiva y junto a un campo de golf. Ofrece habitaciones amplias y de confort actual. El restaurante se presenta acristalado y disfruta de unas vistas agradables.

Comillas

paseo de Solatorre 1 ✉ 39520 – ✆ 942 72 23 00 – www.hcomillas.com – marzo-noviembre

30 hab – 🛉66/96 € 🛉🛉64/120 €, 8 € **Rest** – Menú 18 €

♦ Este conjunto, de planta horizontal, disfruta de cierto aire montañés y un amplio entorno ajardinado. Aquí encontrará unas habitaciones de acogedor ambiente rústico.

Josein

Manuel Noriega 27 ✉ 39520 – ✆ 942 72 02 25 – www.hoteljosein.com – marzo-octubre

28 hab – 🛉50/80 € 🛉🛉75/135 €

Rest – *(15 junio-agosto)* Menú 22 € – Carta 30/58 €

♦ Hotel de organización familiar situado en 1ª línea de playa y con acceso directo a la misma. Ofrece habitaciones actuales, con mobiliario funcional y excelentes vistas al mar. Su bar público disfruta de entrada independiente y cuenta con un correcto comedor.

El Tejo de Comillas sin rest

paseo de Solatorre 3 ✉ 39520 – ✆ 942 72 04 51 – www.hoteleltejodecomillas.com – cerrado 8 enero-7 febrero

24 hab – 🛉44/80 € 🛉🛉54/100 €, 9 €

♦ Tras el porche encontrará su recepción integrada en la cafetería, un cálido salón social y habitaciones de marcado ambiente rústico, todas las del último piso abuhardilladas.

en Trasvía Oeste : 2 km

Dunas de Oyambre sin rest

barrio La Cotera ✉ 39528 Trasvía – ☎ 942 72 24 00 – www.dunasdeoyambre.com – Semana Santa-16 octubre

21 hab – 45/65 € 50/90 €, 6 €

◆ Casona de piedra construida en un alto. Posee habitaciones sencillas, aunque algunas de ellas, y el mirador, gozan de relajantes vistas al valle. Amplio entorno con césped.

por la carretera de Ruiseñada Sur : 2,5 km y desvío a la derecha 1 km

Torre del Milano sin rest

✉ 39529 Ruiseñada – ☎ 942 72 22 44 – www.torredelmilano.com

14 hab – 75/90 € 85/120 €

◆ Está en lo alto de una montaña y ofrece opciones de relax que combinan el turismo rural con los servicios propios de un balneario. Habitaciones coloristas y de confort actual.

en El Tejo Suroeste : 3,5 km

Los Trastolillos sin rest

barrio Ceceño 46 ✉ 39528 El Tejo – ☎ 942 72 22 12 – www.lostrastolillos.com

10 hab – 70/100 € 80/110 €

◆ Casa rural de nueva construcción. Su zona social consta de varias salitas y posee unas luminosas habitaciones personalizadas en su decoración. Entorno ajardinado con frutales.

en Rioturbio Suroeste : 5 km

Posada Rural Rioturbio — rest, hab,

Rioturbio 13 ✉ 39528 Rioturbio – ☎ 942 72 04 11 – www.posadarioturbio.com – cerrado febrero

7 hab – 51/67 € 62/83 € **Rest** – *(solo clientes)* Carta aprox. 25 €

◆ Esta gran casa de aire montañés se encuentra en una pequeña aldea, rodeada de campos y con vistas al monte Corona. Habitaciones neorrústicas con mobiliario de estilo antiguo.

CONIL DE LA FRONTERA – Cádiz – 578 X11 – 21 331 h. – Playa — 1 A3

Madrid 657 – Algeciras 87 – Cádiz 40 – Sevilla 149

Carretera 1, ☎ 956 44 05 01

al Noroeste :

Diufain sin rest

av. Fuente del Gallo, 1 km ✉ 11140 Conil de la Frontera – ☎ 956 44 25 51 – www.hoteldiufain.com – marzo-octubre

30 hab – 39/60 € 54/92 €, 4 € – 16 apartamentos

◆ Establecimiento familiar, tipo cortijo, distribuido en tres edificios, el principal con las estancias alrededor de un patio y los otros dos pensados para apartamentos. Sus sencillas habitaciones poseen mobiliario provenzal en pino.

CONSTANTINA – Sevilla – 578 S13 – 6 586 h. – alt. 556 m — 1 B2

Madrid 526 – Sevilla 97 – Córdoba 136 – Badajoz 224

Casa Grande — rest,

carret. de Cazalla de la Sierra, Noroeste : 1,5 km ✉ 41450 – ☎ 955 88 16 08 – www.casagrande-rural.com – cerrado del 10 al 24 de enero

9 hab – 35/40 € 70/80 € **Rest** – *(cerrado lunes)* Menú 25/35 €

◆ Caserón rehabilitado con gusto y dotado de un agradable jardín. Sus habitaciones cuentan con mobiliario clásico de cierta elegancia y unos cuidados baños de plato ducha. El comedor, bastante luminoso y con grandes ventanales, propone una cocina de carácter tradicional y casero.

CONSUEGRA - Toledo - 576 N19 - 10 945 h. - alt. 704 m 9 B2

Madrid 132 - Toledo 65 - Ciudad Real 90

La Vida de Antes sin rest

Colón 2 ✉ 45700 - ☎ 925 48 06 09 - www.lavidadeantes.com - cerrado del 9 al 31 de enero y del 2 al 17 de julio

9 hab - †45/55 € ††60/75 €, ☕ 4 €

♦ Casa manchega del s. XIX recuperada con gran acierto. Ofrece un atractivo patio central, con lucernario, y habitaciones personalizadas en su decoración, algunas tipo dúplex.

CORBERA DE LLOBREGAT - Barcelona - 574 H35 - 14 000 h. 15 A3 - alt. 342 m

Madrid 592 - Barcelona 27 - Girona/Gerona 116 - Tarragona 87

XX **Casa Nostra**

Federic Soler Pitarra ✉ 08757 - ☎ 936 50 06 52 - www.restaurantcasanostra.com - cerrado martes noche y miércoles noche en invierno, domingo noche y lunes

Rest - Menú 30/60 € - Carta 36/51 €

♦ Ofrece una sala clásica, un privado y una zona de terraza, con piscina, que utilizan para el servicio al aire libre. Cocina actual, platos de temporada y una cuidada bodega.

CORÇÀ - Girona - 574 G39 - 1 296 h. - alt. 43 m 15 B1

Madrid 733 - Barcelona 126 - Girona 29 - Perpignan 108

en la carretera C 66 Sureste : 2 km

XX **Bo.Tic** (Albert Sastregener)

✉ 17121 Corçà - ☎ 972 63 08 69 - www.bo-tic.com - cerrado 18 octubre-17 noviembre, domingo noche y martes salvo verano, y lunes

Rest - Menú 40/65 € - Carta 48/83 €

Espec. Texturas de foie representadas como un jardín. Calamares, rocas de cebolla y consomé de pollo con jengibre. Salmonetes con brécol, azafrán y caldo de suquet de bogavante.

♦ Destaca tanto por los valores de su cocina como por su singular emplazamiento, pues ocupa un antiguo molino de harina. Patio-terraza de estética surrealista, luminosa sala de aire neorrústico e interesante carta de autor, con menús degustación y de temporada.

ESPAÑA

CÓRDOBA

Planos de la ciudad en páginas siguientes **1** B2

© Tommaso Di Girolamo / Tips / Photononstop

ESPAÑA

P - **Córdoba - 328 547 h. - alt. 124 m** - 578 S15

Madrid 407 - Badajoz 278 - Granada 166 - Málaga 175

Oficina de Turismo

Torrijos 10, ✆957 35 51 79

Automóvil Club

R.A.C.E. Isla Formentera, esquina Islas Cíes ✆ 957 76 20 35

Golf

Córdoba, Norte : 9 km por av. del Brillante, ✆957 35 02 08

VER

Mezquita-Catedral *** (mihrab***, Capilla Real*, silleria**, púlpitos**) BZ • Judería** AZ • Palacio de Viana** BY • Museo Arqueológico Provincial** BZ **M1** • Alcázar de los Reyes Cristianos* (mosaicos*, sarcófago romano*, jardines*) AZ • Iglesias Fernandinas* (Santa Marina de Aguas Santas BY, San Miguel BY, San Lorenzo V) • Torre de la Calahorra : maqueta* BZ • Museo Julio Romero de Torres* BZ **M7** • Plaza de los Capuchinos* BY • Palacio de la Diputación ABY.

Alrededor : Medina Azahara★★★ Oeste : 6 km X - Las Ermitas : vistas★★ 13 km V.

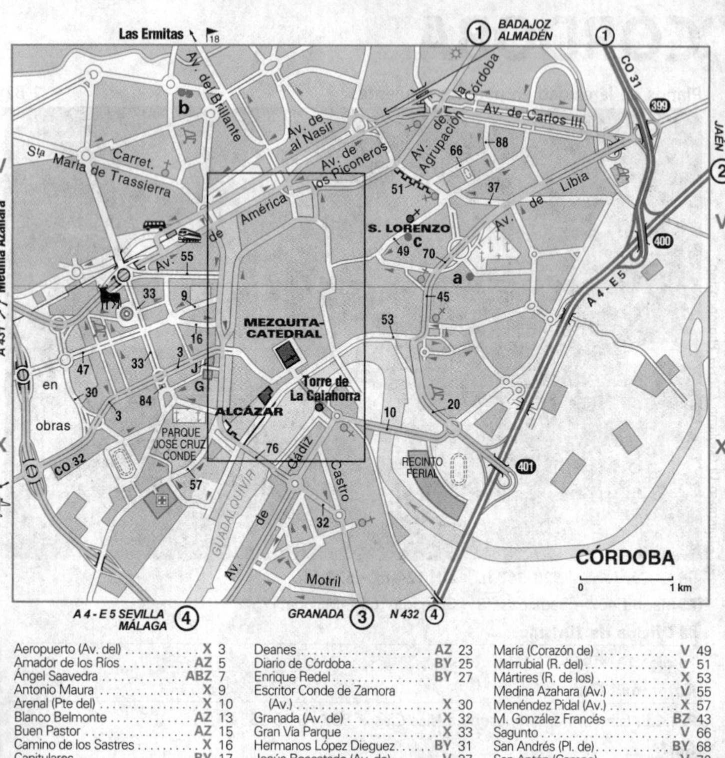

Aeropuerto (Av. del) . . . . . X 3
Amador de los Ríos . . . . . AZ 5
Ángel Saavedra . . . . . ABZ 7
Antonio Maura . . . . . X 9
Arenal (Pte del) . . . . . X 10
Blanco Belmonte . . . . . AZ 13
Buen Pastor . . . . . AZ 15
Camino de los Sastres . . . . . X 16
Capitulares . . . . . BY 17
Cardenal González . . . . . BZ 19
Compositor Rafael Castro (Av. del) . . . . . X 20
Conde de Gondomar . . . . . AY 21
Conde de Torres . . . . . BY 22
Cruz Conde . . . . . ABY
Deanes . . . . . AZ 23
Diario de Córdoba . . . . . BY 25
Enrique Redel . . . . . BY 27
Escritor Conde de Zamora (Av.) . . . . . X 30
Granada (Av. de) . . . . . X 32
Gran Vía Parque . . . . . X 33
Hermanos López Dieguez . . . . . BY 31
Jesús Rescatado (Av. de) . . . . . V 37
Judería . . . . . AZ 38
Judíos . . . . . AZ 39
Lineros . . . . . BZ 41
Madre de Dios (Campo) . . . . . X 45
Maimónides (Pl. del) . . . . . AZ 46
Manolete (Av. de) . . . . . X 47
María (Corazón de) . . . . . V 49
Marrubial (R. del) . . . . . V 51
Mártires (R. de los) . . . . . X 53
Medina Azahara (Av.) . . . . . V 55
Menéndez Pidal (Av.) . . . . . X 57
M. González Francés . . . . . BZ 43
Sagunto . . . . . V 66
San Andrés (Pl. de) . . . . . BY 68
San Antón (Campo) . . . . . V 70
San Rafael (Pte de) . . . . . X 76
Sastres (Cam. de los) . . . . . X 78
Toril (Calleja del) . . . . . BY 80
Torrijos . . . . . AZ 81
Vista Alegre (Pl. de) . . . . . X 84
28 de Febrero (Av.) . . . . . V 88

Palacio del Bailío

hab, VISA

Ramírez de las Casas Deza 10-12 ✉ *14001 – ✆ 957 49 89 93 – www.hospes.com* BY**g**

53 hab – †150/440 € ††150/460 €, ☕ 20 €

Rest – Menú 35/55 € – Carta 27/42 €

◆ Instalado en un palacio del casco viejo, donde se combinan a la perfección la belleza arquitectónica y decorativa de los ss. XVI-XVII con el confort más actual. El restaurante, de cocina actual, está montado parcialmente en un patio con el suelo acristalado.

Las Casas de la Judería

hab, rest, VISA

Tomás Conde 10 ✉ *14004 – ✆ 957 20 20 95 – www.casasypalacios.com* AZ**b**

61 hab – †120/240 € ††150/300 €, ☕ 18 € – 3 suites

Rest *Las Caballerizas de los Marqueses* – ✆ 957 20 20 94 – Menú 22/60 € – Carta 30/47 €

◆ Ocupa varias casas rehabilitadas del s. XVI, así que encontrará bellos patios, valiosos restos arquitectónicos, confortables habitaciones y un auténtico laberinto de pasillos. El restaurante, de buen montaje, ofrece una cocina fiel al recetario tradicional.

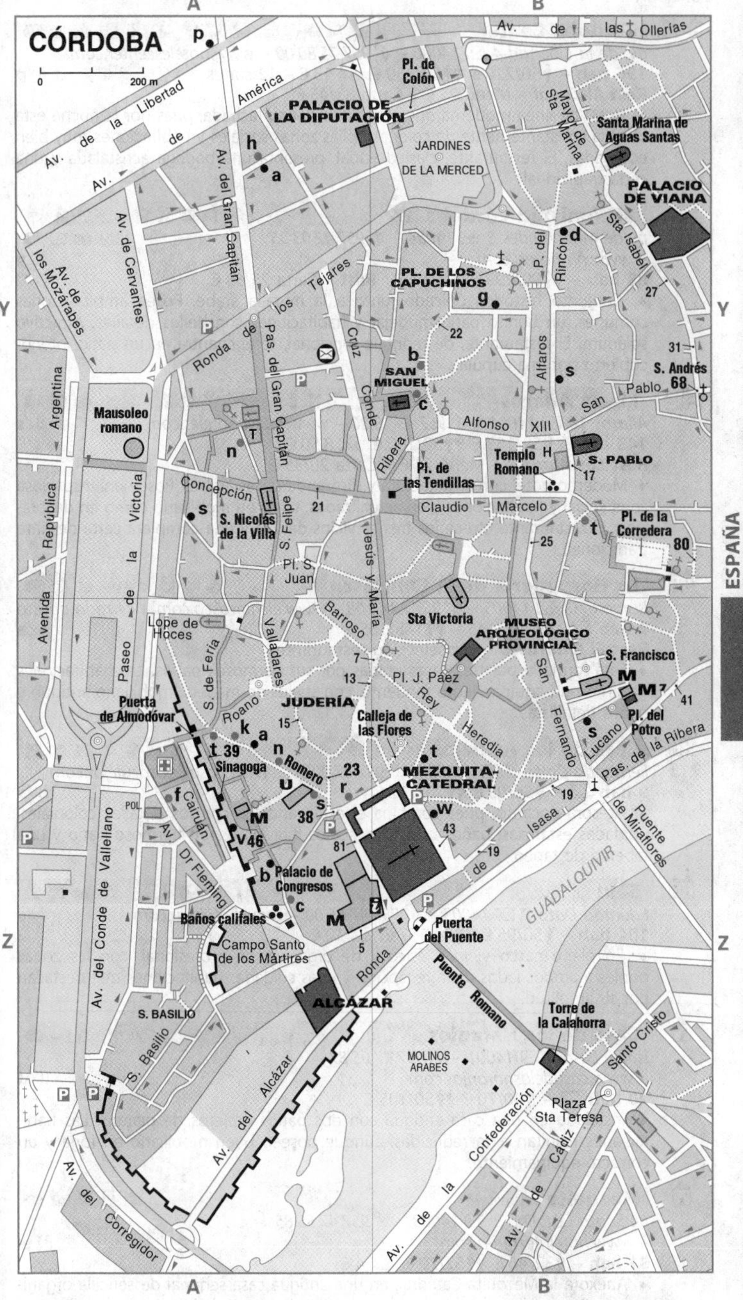

CÓRDOBA
0
200 m
A
B
Y
Z
Av. de las Ollerías
Av. de la Libertad
Av. de América
Pl. de Colón
PALACIO DE LA DIPUTACIÓN
JARDINES DE LA MERCED
Mayor de Sta Marina
Santa Marina de Aguas Santas
PALACIO DE VIANA
Sta Isabel
Av. del Gran Capitán
Av. de Cervantes
Av. de los Mozárabes
Ronda de los Tejares
PL. DE LOS CAPUCHINOS
P. del Rincón
Pas. del Gran Capitán
Cruz Conde
SAN MIGUEL
Alfaros
S. Andrés
San Pablo
Alfonso XIII
Argentina
Mausoleo romano
Ribera
Pl. de las Tendillas
Templo Romano
S. PABLO
Concepción
S. Nicolás de la Villa
S. Felipe
Claudio Marcelo
Pl. de la Corredera
República
Av. de la Victoria
Pl. S. Juan
Jesús y María
Avenida
Paseo de la Victoria
Lope de Hoces
Barroso
Sta Victoria
MUSEO ARQUEOLÓGICO PROVINCIAL
Valladares
S. de Feria
Pl. J. Páez
S. Francisco
San Fernando
Puerta de Almodóvar
Roano
JUDERÍA
Calleja de las Flores
Rey Heredia
Pl. del Potro
Lucano
Sinagoga
Romero
MEZQUITA-CATEDRAL
Pas. de la Ribera
Cairuán
Av. Dr Fleming
Isasa
de
Puente de Miraflores
Av. del Conde de Vallellano
Palacio de Congresos
GUADALQUIVIR
Baños califales
Puerta del Puente
Campo Santo de los Mártires
Ronda
Puente Romano
ALCÁZAR
S. BASILIO
S. Basilio
Torre de la Calahorra
MOLINOS ARABES
Santo Cristo
Av. del Alcázar
Plaza Sta Teresa
Av. de la Confederación
Av. de Cádiz
Av. del Corregidor
POL.

ESPAÑA

Córdoba Center
av. de la Libertad 4 ✉ 14006 – ☎ 957 75 80 00 – www.hotelescenter.com
196 hab – 50/220 € 50/350 €, 13 € – 12 suites AY**p**
Rest *Al-Zagal* – Menú 25 € – Carta 33/45 €
◆ Hotel de línea moderna que sorprende por su fachada, pues por la noche esta cambia constantemente de color. Amplias zonas sociales y habitaciones muy bien equipadas. El restaurante, clásico-actual, presenta una bodega acristalada y una carta tradicional.

NH Amistad Córdoba
pl. de Maimónides 3 ✉ 14004 – ☎ 957 42 03 35 – www.nh-hotels.com AZ**v**
83 hab – 99/299 €, 17 € **Rest** – Carta 25/35 €
◆ Conjunto histórico ubicado junto a la muralla árabe. Posee amplias zonas comunes, un bonito patio mudéjar y habitaciones con bellos detalles. Atractivo solárium. El restaurante, de montaje funcional, se encuentra en un patio interior cubierto por una cúpula.

Maciá Alfaros
Alfaros 18 ✉ 14001 – ☎ 957 49 19 20 – www.maciahoteles.com BY**s**
143 hab – 59/153 € 59/200 €, 8,50 €
Rest *Los Alarifes* – Menú 21 € – Carta 20/35 €
◆ Moderno hotel con arquitectura y diseño de raíces árabes. Posee una espaciosa zona social y habitaciones bien actualizadas, tanto en mobiliario como en decoración. El restaurante ofrece los tres servicios del día y una completa carta de tinte tradicional.

ESPAÑA

La Hospedería de El Churrasco
Romero 38 ✉ 14003 – ☎ 957 29 48 08 – www.elchurrasco.com – cerrado agosto
9 hab – 125/145 € 145/165 € AZ**a**
Rest *El Churrasco* – ver selección restaurantes
◆ Está formada por tres casas unidas por sus hermosos patios. Las habitaciones gozan de un equipamiento moderno, con suelos en madera, mobiliario antiguo y baños detallistas.

Casa de los Azulejos sin rest
Fernando Colón 5 ✉ 14002 – ☎ 957 47 00 00 – www.casadelosazulejos.com
9 hab – 56/93 € 75/112 € BY**a**
◆ Atesora encanto, pues combina el estilo andaluz con los detalles coloniales. Cuidadas estancias, baños coloristas, suelos hidráulicos, un hermoso patio y una taberna de tapeo.

Selu sin rest
Eduardo Dato 7 ✉ 14003 – ☎ 957 47 65 00 – www.hotelselu.com AY**s**
104 hab – 50/95 € 50/157 €, 10 €
◆ En pleno casco viejo. Clásico y de organización profesional, con las zonas nobles a ambos lados de la recepción y unas cuidadas habitaciones que destacan por su amplitud.

Casa de los Naranjos sin rest
Isabel Losa 8 ✉ 14001 – ☎ 957 47 05 87 – www.casadelosnaranjos.com BY**d**
20 hab – 40/70 € 50/105 €
◆ Instalado en una casa antigua con dos patios repletos de plantas. Las habitaciones resultan algo reducidas, aunque poseen buen mobiliario en forja y un correcto equipamiento.

Mezquita sin rest
pl. Santa Catalina 1 ✉ 14003 – ☎ 957 47 55 85 – www.hotelmezquita.com BZ**w**
31 hab – 32/46 € 57/79 €, 4 €
◆ Anexo a la Mezquita-Catedral, en una antigua casa señorial de sencilla organización. Recepción comunicada con un patio interior y habitaciones amplias con baños actuales.

Maestre sin rest

Romero Barros 4 ✉ 14003 – ✆ 957 47 24 10 – www.hotelmaestre.com
26 hab – †28/42 € ††40/60 €, ☕ 5 € – 7 apartamentos BZ**s**
♦ Sencillo hotelito dotado con habitaciones de línea clásica y apartamentos bien equipados, estos últimos más actuales. El servicio de desayunos lo dan en el hostal anexo.

Los Omeyas sin rest

Encarnación 17 ✉ 14003 – ✆ 957 49 22 67 – www.hotel-losomeyas.com
29 hab – †35/60 € ††45/100 €, ☕ 4,50 € BZ**t**
♦ Modesto pero muy bien situado, junto a la Mezquita-Catedral. Posee un bello patio andaluz, con columnas y suelos en mármol, así como amplias habitaciones de línea funcional.

XXX **El Caballo Rojo**

Cardenal Herrero 28 ✉ 14003 – ✆ 957 47 53 75 – www.elcaballorojo.com
Rest – Menú 35/47 € – Carta 38/50 € AZ**r**
♦ Casa emblemática dotada de una gran cafetería, comedores clásicos y una terraza con vistas en el 2º piso. Cocina regional con especialidades andaluzas, mozárabes y sefardíes.

XXX **Los Berengueles**

Conde de Torres Cabrera 7 ✉ 14001 – ✆ 957 47 28 28 – www.losberengueles.com – cerrado agosto, domingo noche y lunes noche
Rest – Carta 25/52 € BY**b**
♦ Instalado en la antigua casa de la Marquesa de Valdeloro, un edificio de raíces andaluzas que aún conserva sus zócalos de azulejos y una belleza atemporal. Cocina tradicional.

XXX **El Blasón**

José Zorrilla 11 ✉ 14008 – ✆ 957 48 06 25 – www.elcaballorojo.com
Rest – Menú 47 € – Carta 35/47 € AY**n**
♦ En una zona histórica y comercial. Presenta un bar, con un patio cubierto al fondo para tapear, y comedores de cuidada decoración en la 1ª planta. Carta de cocina tradicional.

XXX **Almudaina**

pl. Campo Santo de los Mártires 1 ✉ 14004 – ✆ 957 47 43 42 – www.restaurantealmudaina.com – cerrado domingo noche AZ**c**
Rest – Menú 30/60 € – Carta 40/57 €
♦ Acogedor restaurante situado cerca del alcázar. Su señorial interior se realza mediante detalles regionales y dispone de un agradable patio cubierto por una cúpula-vidriera.

XX **Choco** (Kisko García)

Compositor Serrano Lucena 14 ✉ 14010 – ✆ 957 26 48 63 – www.restaurantechoco.es – cerrado del 15 al 31 de agosto, domingo noche y lunes V**a**
Rest – Menú 40 € – Carta 39/47 €
Espec. Verduras de la Vega del Guadalquivir. Rabo de toro marino, (galete de atún de almadraba guisado). Milhojas de citricos con jengibre.
♦ ¡Un placer gastronómico! La ubicación no es la más atractiva, sin embargo presenta un buen interior de estética contemporánea. Su chef ejecuta, con brillantez y técnica, una cocina actual basada en la calidad de los productos autóctonos.

XX **El Churrasco** – Hotel La Hospedería de El Churrasco

Romero 16 ✉ 14003 – ✆ 957 29 08 19 – www.elchurrasco.com – cerrado agosto AZ**n**
Rest – Carta 35/45 €
♦ Antiguas casas judías con bar de acceso, salas en dos niveles repletas de obras de arte y un acogedor patio cordobés. Bodega-museo en un anexo, con varios comedores privados.

ESPAÑA

XX **El Buey y el Fuego**

Benito Pérez Galdós 1 ✉ 14001 – ✆ 957 49 10 12 – www.asadoresdecordoba.net – cerrado domingo noche AY**h**

Rest – Menú 21 € – Carta 28/44 €

◆ Negocio que trabaja con productos de gran calidad y goza de una buena clientela. Posee dos comedores de estilo clásico-regional y su especialidad son las carnes a la brasa.

XX **Casa Rubio**

Puerta Almodóvar 5 ✉ 14003 – ✆ 957 42 08 53 – www.tabernarestaurantecasarubio.com AZ**t**

Rest – Carta 35/45 €

◆ Posee un bar de tapas y dos confortables comedores de estilo clásico-actual, con las paredes en tonos beige. La agradable terraza de la azotea brinda vistas a las murallas.

XX **El Envero**

Teruel 21 ✉ 14011 – ✆ 957 20 31 74 – www.elenvero.com – cerrado del 8 al 21 de agosto, domingo noche y lunes V**b**

Rest – Menú 35/50 € – Carta 30/46 €

◆ ¡Su nombre hace referencia a la época de coloración de las uvas! Cuenta con un bar, donde sirven tapas bastante elaboradas, un comedor y un privado. Cocina de tinte actual.

X **Taberna Casa Pepe de la Judería**

Romero 1 ✉ 14003 – ✆ 957 20 07 44 – www.casapepejuderia.com AZ**s**

Rest – Menú 21 € – Carta 37/49 €

◆ En plena judería. Antigua casa con típico patio andaluz, bar de tapas y comedor principal en el 1er piso. Destaca la atractiva terraza de su azotea, con vistas a la Catedral.

X **El Alma**

Teruel 23 ✉ 14012 – ✆ 957 28 27 98 – www.elalmacordoba.es – cerrado domingo en verano V**b**

Rest – Carta 32/45 €

◆ Restaurante de aire rústico-actual llevado con dedicación. Dispone de una agradable terraza bajo un soportal, una barra de apoyo y un comedor. Cocina de mercado actualizada.

X **La Cuchara de San Lorenzo**

Arroyo de San Lorenzo 2 ✉ 14002 – ✆ 957 47 78 50 – cerrado agosto, domingo noche y lunes salvo festivos V**c**

Rest – Carta 30/54 €

◆ Este pequeño negocio está llevado entre dos hermanos y se presenta con una buena combinación de piedra y madera. Cocina actual de base tradicional y platos típicos cordobeses.

X **La Fragua**

Calleja del Arco 2 ✉ 14003 – ✆ 957 48 45 72 – cerrado domingo noche AZ**c**

Rest – Carta 34/40 €

◆ Se encuentra en una calleja de la judería, donde se presenta con una taberna, un agradable patio y varias salas vestidas con detalles de inspiración árabe. Cocina tradicional.

Taberna San Miguel-Casa El Pisto

pl. San Miguel 1 ✉ 14002 – ✆ 957 47 83 28 – www.casaelpisto.com – cerrado agosto, domingo y lunes noche BY**c**

Rest – Tapa 2,50 € – Ración aprox. 7 € – Menú 18 €

◆ Taberna centenaria con una cuidada decoración regional que goza de gran reputación en la ciudad. Excelentes pinchos y raciones, para acompañar con caldos de Moriles.

ESPAÑA

Mesón Juan Peña
av. Doctor Fleming 1 ✉ 14004 – ☎ 957 20 07 02 – cerrado 15 julio-agosto y domingo
Rest – Tapa 3 € – Ración aprox. 14 € AZ**f**
◆ Este curioso bar de tapas está decorado con aperos de labranza, artesanía, antiguas cajas fuertes y motivos de carácter taurino. Carta muy variada de cocina casera y andaluza.

Casa Rubio
Puerta Almodóvar 5 ✉ 14003 – ☎ 957 42 08 53 – www.restaurantecasarubio.com
Rest – Tapa 4,50 € – Ración aprox. 9 € AZ**t**
◆ Bar de tapas emplazado junto a la imponente Puerta de Almodóvar, en una casa antigua dotada con una barra a la entrada, una sala de aire rústico y un bellísimo patio sefardí.

Taberna Casa Pepe de la Judería
Romero 1 ✉ 14003 – ☎ 957 20 07 44 – www.casapepejuderia.com AZ**s**
Rest – Tapa 3 € – Ración aprox. 12 €
◆ Un clásico en la zona turística, que sirve como lugar de encuentro habitual para la degustación de tapas y raciones de calidad, pudiendo utilizar las mesas del comedor.

Taberna Salinas
Tundidores 3 ✉ 14002 – ☎ 957 48 01 35 – www.tabernasalinas.com – cerrado agosto y domingo BY**t**
Rest – Ración aprox. 6,50 €
◆ Esta taberna, cargada de tipismo y decoración andaluza, distribuyen sus salitas en torno a un patio central cordobés. Raciones de cocina tradicional y regional a buen precio.

por la av. del Brillante V :

Parador de Córdoba hab,
av. de la Arruzafa 37, Norte : 3,5 km ✉ 14012 Córdoba – ☎ 957 27 59 00 – www.parador.es
88 hab – †118/129 € ††148/161 €, ☕ 16 € – 6 suites **Rest** – Menú 32 €
◆ Edificio de sobria arquitectura construido sobre el antiguo palacete de recreo de Abderramán I, con magníficos exteriores ajardinados y unas dependencias de gran confort. El restaurante se complementa con una atractiva terraza-bar dotada de excelentes vistas.

CORESES – **Zamora** – **575** H13 – **1 159 h.** – **alt. 646 m** **11** B2
Madrid 247 – Salamanca 78 – Valladolid 88 – Zamora 15

Convento I
carret. de la Estación, Sur : 1,5 km ✉ 49530 – ☎ 980 50 04 22 – www.hotel-convento.com
63 hab ☕ – †63/95 € ††95/112 € – 7 suites **Rest** – Carta 30/45 €
◆ Un marco deslumbrante. Dese un paseo por el arte en sus magníficas zonas nobles y disfrute con una decoración que cambia de estilo según las dependencias. Atractivo SPA. Su acogedor comedor se complementa con una cafetería y elegantes salones para banquetes.

CORIA DEL RÍO – **Sevilla** – **578** U11 – **28 654 h.** **1** B2
Madrid 539 – Sevilla 16 – Huelva 91 – Cádiz 134

Sevruga
av. de Andalucía 5 ✉ 41100 – ☎ 954 77 66 95 – www.sevruga.es – cerrado del 12 al 26 de septiembre, domingo noche y lunes salvo verano
Rest – Menú 36 € – Carta 27/54 €
◆ Posee una agradable terraza a orillas del Guadalquivir, un moderno bar de tapas, dos salas privadas y una pequeña bodega de uso exclusivo. Elaboraciones cuidadas y actuales.

CORRALEJO – **Las Palmas** – **ver Canarias (Fuerteventura)**

CORTADURA (Playa de) – **Cádiz** – **ver Cádiz**

ESPAÑA

A CORUÑA P - 571 B4 - 246 047 h. - Playa 19 B1

Madrid 603 - Bilbao 622 - Porto 305 - Santiago de Compostela 73
de A Coruña por ② : 10 km ✆ 902 404 704
Iberia : aeropuerto ✆ 902 400 500
Dársena de la Marina, ✆ 981 22 18 22, www.turgalicia.es
R.A.C.E. Rosalía de Castro 12 ✆ 981 20 34 17
A Coruña, por la carret. de Lugo : 7 km, ✆ 981 28 52 00
Avenida de la Marina★ ABY - Domus-Casa del Hombre★ V
Cambre (Iglesia de Santa María★) 11 km por ②

Hesperia Finisterre

paseo del Parrote 2 ✉ 15001 - ✆ 981 20 54 00 - www.hesperia-finisterre.com BZc
52 hab - 89/599 €, 18 € - 40 suites
Rest - Menú 32 €
◆ Espléndido hotel dotado de vistas y de una fachada clásica que contrasta con sus vanguardistas instalaciones, decoradas en un estilo moderno con muchos detalles de diseño. Su restaurante, luminoso y actual, ofrece una carta tradicional con toques de autor.

Meliá María Pita

av. Pedro Barrié de la Maza 1 ✉ 15003 - ✆ 981 20 50 00 - www.solmelia.com AYa
176 hab - 70/160 €, 14 € - 7 suites
Rest *Trueiro* - Carta 29/43 €
◆ Disfruta de un emplazamiento privilegiado en 1ª línea de playa, con vistas tanto al mar como a la ciudad. Ofrece amplias zonas nobles y habitaciones con mobiliario escogido. En su restaurante encontrará una carta internacional con bastantes platos gallegos.

AC A Coruña sin rest, con cafetería

Enrique Mariñas 34-Matogrande ✉ 15009 - ✆ 981 17 54 90 - www.ac-hotels.com Xb
116 hab - 60/135 €, 12 € - 2 suites
◆ Instalaciones de línea moderna con detalles de diseño. Posee un salón polivalente, que funciona como zona social, bar y cafetería, así como unas habitaciones de buen confort.

Hesperia A Coruña sin rest

Juan Flórez 16 ✉ 15004 - ✆ 981 01 03 00 - www.hesperia.com AZc
127 hab - 59/134 € 59/154 €, 13 €
◆ Ubicado en una céntrica calle comercial. Destaca por el confort de sus habitaciones, todas de ambiente actual, algunas con terraza y en general de completo equipamiento.

Zenit Coruña

Comandante Fontanes 19 ✉ 15003 - ✆ 981 21 84 84 - www.zenithoteles.com AZd
70 hab - 60/160 €, 10 €
Rest - *(cerrado sábado y domingo en julio-agosto)* Menú 14 €
◆ Céntrico y de estilo actual. Su acogedor hall integra la recepción, el bar y el salón social. Posee habitaciones muy completas, con mobiliario moderno y el suelo en tarima. Restaurante de línea funcional que destaca por sus cuidadas elaboraciones.

Tryp Coruña sin rest

Ramón y Cajal 53 ✉ 15006 - ✆ 981 24 27 11 - www.trypcoruna.solmelia.com Xc
175 hab - 45/150 €, 12 € - 2 suites
◆ En una prestigiosa zona comercial. Establecimiento clásico-actual dotado con salas de reuniones bien dispuestas y unas habitaciones que destacan por su correcto equipamiento.

A CORUÑA

Alcade Alfonso Molina (Av. del). X 2
Arteijo (Av. de) . . . . VX 3
Buenos Aires (Av. de). . . . . V 4
Cantón Grande . . . . AZ 7
Cantón Pequeño . . . . AZ 8
Circunvalación (Carret. de) . . . . . V 9
Compostela . . . . AZ 13
Damas . . . . BY 14
Ejército (Av. del) . . . . X 15
Ferrol . . . . AZ 18
Finisterre (Av. de) . . . . AZ 19
Gómez Zamalloa . . . . AZ 20
Gran Canaria (Av. de) . . . . V 22
Herrerías . . . . BY 23
Joaquín Planelles (Av. de) . . . . . X 24
Juana de Vega (Av.) . . . . AZ 26
Juan Canalejo . . . . AY 25
Maestranza . . . . BY 27
María Pita (Pl. de) . . . . BY 28
Marqués de Figueroa . . . . X 31
Padre Feijóo . . . . AZ 32
Pasaje (Av. del) . . . . X 33
Payo Gómez . . . . AZ 36
Picavia . . . . AZ 37
Pontevedra (Pl. de) . . . . AZ 40
Real . . . . AY
Riego del Agua . . . . BY 42
Rubine (Av. de) . . . . AZ 45
Sánchez Bregua . . . . AZ 50
Santa Catalina . . . . AZ 52
Santa María . . . . BY 51
San Agustín . . . . BY 46
San Agustín (Cuesta de) . . . . . . BY 47
San Andrés . . . . AYZ
Teresa Herrera . . . . AZ 55
Torre . . . . V 56

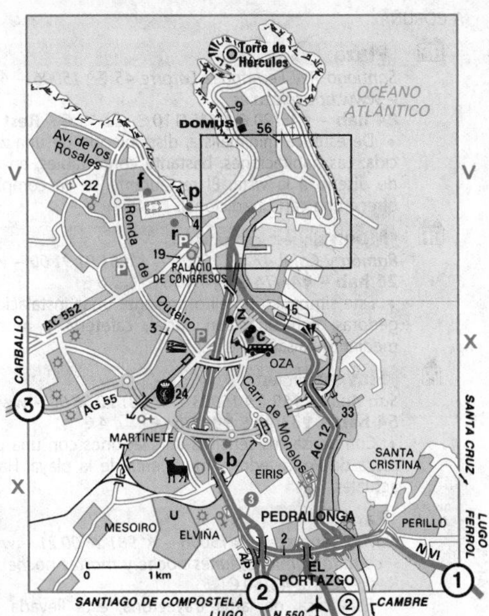

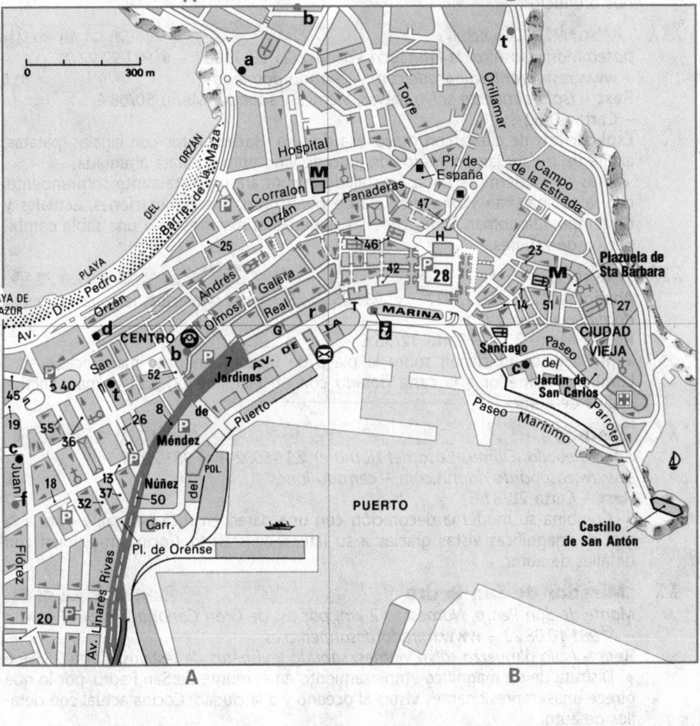

Plaza hab,
Santiago Rey Fernández Latorre 45 ✉ 15006 – ✆ 981 29 01 11 – www.hotelplaza.es Xz
84 hab – 45/90 € 45/110 €, 11 € **Rest** – Menú 11 €
◆ De estética minimalista, disponiendo de una zona social moderna pero reducida. Las habitaciones, bastante confortables, en algunos casos tienen los baños de diseño a la vista. El restaurante se ve complementado por una cafetería y ofrece una carta tradicional.

Moon sin rest, con cafetería
Ramón y Cajal 47 ✉ 15006 – ✆ 981 91 91 00 – www.mooncoruna.com
26 hab – 44/74 € 47/76 €, 6 € Xc
◆ Este simpático hotelito presenta unas instalaciones no muy amplias pero acogedoras, con un salón social, cafetería y modernas habitaciones decoradas mediante paisajes lunares.

Maycar sin rest
San Andrés 159 ✉ 15003 – ✆ 981 22 56 00 – www.hotelmaycar.com
54 hab – 33/42 € 47/61 €, 4 € AZt
◆ Compensa sus sencillas instalaciones con una privilegiada situación, junto a la plaza de Pontevedra y muy cerca de la playa. Habitaciones funcionales y baños actuales.

Pardo
Novoa Santos 15 ✉ 15006 – ✆ 981 28 00 21 – www.casapardo-domus.com – cerrado domingo, lunes noche y martes noche Xc
Rest – Carta 43/60 €
◆ Esta casa, de larga trayectoria, está llevada directamente por sus dueños. Ofrece una decoración clásica-actual y una carta tradicional elaborada con buenos productos.

Alborada (Luis Veira)
paseo Marítimo Alcalde Francisco Vázquez 25 ✉ 15002 – ✆ 981 92 92 01 – www.restaurantesalborada.com – cerrado domingo BYt
Rest – *(solo almuerzo salvo jueves, viernes y sábado)* Menú 50/68 € – Carta 40/52 €
Espec. Fritos de cigala con mayonesa de soja. Huevos rotos con cigalas, patatas, aceite de trufa y jamón. Mero con jugo de vino tinto y patata ahumada.
◆ Tras su moderna fachada acristalada encontrará un restaurante sorprendente, con la cocina vista y una clientela de buen nivel. Sus elaboraciones, actuales y de temporada, toman como base las materias primas frescas y una sabia combinación de sabores.

Playa Club
Andén de Riazor ✉ 15011 – ✆ 981 25 71 28 – www.playaclub.net – cerrado domingo noche y lunes Vp
Rest – Menú 35 € – Carta 32/55 €
◆ Privilegiada ubicación sobre la playa de Riazor, con unas magníficas vistas. Luminoso comedor a la carta dotado con un elegante privado y una atractiva cocina de autor.

Domus
Ángel Rebollo (Domus-Casa del Hombre) ✉ 15002 – ✆ 981 20 11 36 – www.casapardo-domus.com – cerrado lunes Va
Rest – Carta 28/37 €
◆ Combina su moderna decoración con una pared en roca natural, y dota a la sala de magníficas vistas gracias a su lateral acristalado. Cocina tradicional con detalles de autor.

Mirador de San Pedro
Monte de San Pedro, Noroeste : 2 km, por av. de Gran Canaria ✉ 15011 – ✆ 981 10 08 23 – www.miradordesanpedro.es
Rest – *(solo almuerzo salvo viernes, sábado y vísperas de festivos)* Carta 25/59 €
◆ Disfruta de un magnífico emplazamiento en el monte de San Pedro, por lo que ofrece unas impresionantes vistas al océano y a la ciudad. Cocina actual con detalles de autor.

ESPAÑA

XX **A la Brasa**

Juan Florez 38 ✉ 15004 – ✆ 981 27 07 27 – www.gasthof.es AZ**f**

Rest – Menú 33 € – Carta 29/53 €

◆ En pleno centro. Tiene una barra de apoyo a la entrada, con expositor y vivero, así como dos salas de correcto montaje donde ofrecen una completa carta de cocina tradicional.

XX **Coral**

callejón de la Estacada 9, (av. de la Marina) ✉ 15001 – ✆ 981 20 05 69 – www.restaurantemarisqueriacoral.com – cerrado domingo AY**r**

Rest – Carta 31/52 €

◆ Negocio de larga trayectoria familiar. Posee una única sala de estilo clásico que contrasta con la rusticidad de sus paredes en piedra. Carta tradicional con muchos mariscos.

XX **Artabria**

Fernando Macías 28 ✉ 15004 – ✆ 981 26 96 46 – www.restauranteartabria.com – cerrado 15 días en junio V**r**

Rest – Carta 28/35 €

◆ Cercano a la playa de Riazor. Posee un bar privado y una sala actual vestida con cuadros de autores gallegos. Carta tradicional e internacional, así como un menú degustación.

X **A Mundiña**

Estrella 10 ✉ 15003 – ✆ 881 89 93 27 – www.amundina.com – cerrado Semana Santa y domingo AZ**b**

Rest – Carta 33/48 €

◆ Pequeño restaurante de línea actual. Tiene un bar-vinoteca a la entrada y una sala que deja la cocina semivista. Carta tradicional con platos gallegos, pescados y mariscos.

X **Carbonada**

Manuel Murguía 6 ✉ 15011 – ✆ 981 27 10 14 – www.restaurantecarbonada.es – cerrado martes V**f**

Rest – *(solo almuerzo salvo fines de semana)* Carta 22/34 €

◆ Frente al estadio de Riazor. Presenta una barra de espera y un comedor clásico, con detalles en piedra y madera. Carta internacional, algún plato gallego y carnes a la brasa.

X **Adega O Bebedeiro**

Ángel Rebollo 34 ✉ 15002 – ✆ 981 21 06 09 – www.adegaobebedeiro.com – cerrado 21 diciembre-8 enero, domingo noche y lunes AY**b**

Rest – Carta 25/35 €

◆ Goza de gran éxito gracias a su carta, variada y a precios asequibles. Comedor rústico con profusión de piedra, y una bonita decoración a base de aperos y objetos antiguos.

Comarea

Carlos Martínez Barbeito y Morás 4 ✉ 15009 – ✆ 981 13 26 58 – www.comarea.es – cerrado domingo X**b**

Rest – Ración aprox. 15 €

◆ Bar de tapas-vinoteca de estética actual emplazado en un barrio residencial. Entre sus raciones destacan algunos mariscos, el pulpo y los ibéricos. Excelente carta de vinos.

en O Burgo Sur : 4 km

XX **Agar Agar**

Amparo López Jeán 24 (A Corveira), por N 550 ✉ 15174 O Burgo – ✆ 981 65 35 36 – www.restauranteagaragar.com – cerrado domingo noche y lunes

Rest – Menú 18/42 € – Carta 30/36 €

◆ Ocupa los bajos de un edificio de viviendas, con un pequeño bar de espera y un comedor de línea actual dotado de vistas a la ría. Carta tradicional con detalles de autor.

COSGAYA – Cantabria – 572 C15 – 86 h. – alt. 530 m 8 A1

Madrid 413 – Palencia 187 – Santander 129

Del Oso

39539 – 942 73 30 18 – www.hoteldeloso.com – cerrado enero-15 febrero
51 hab – 59/68 € 71/85 €, 11 €
Rest ***Del Oso*** – ver selección restaurantes
◆ Precioso hotel de línea tradicional con dos edificios en piedra. Sus acogedoras habitaciones de aire rústico lo conforman como un lugar idóneo para hacer un alto en el camino.

La Casona de Cosgaya

barrio Areños 39582 – 942 73 30 77 – www.casonadecosgaya.com – cerrado del 12 al 26 de diciembre
13 hab – 41/59 € 69/92 €, 12 €
Rest ***El Urogallo*** – ver selección restaurantes
◆ Instalado en una casona rehabilitada del s. XVI que presenta sus fachadas en piedra. Posee un salón con chimenea, cálidas habitaciones de aire rústico-actual y un pequeño SPA.

Del Oso – Hotel Del Oso

39539 – 942 73 30 18 – www.hoteldeloso.com – cerrado enero-15 febrero
Rest – Menú 25/28 € – Carta 30/40 €
◆ El restaurante, de marcado ambiente rústico, es muy conocido en la zona gracias tanto a la contundencia de sus platos como al sabor de su popular cocido lebaniego.

El Urogallo – Hotel La Casona de Cosgaya

barrio Areños 39582 – 942 73 30 77 – www.casonadecosgaya.com – cerrado del 12 al 26 de diciembre
Rest – *(cerrado martes)* Carta 30/42 €
◆ ¡Una de las opciones gastronómicas más interesantes en Los Picos de Europa! El comedor, decorado con diversos trofeos de caza, se complementa con una galería acristalada. Carta tradicional con claro protagonismo a los platos cinegéticos.

COSLADA – Madrid – 576 – 575 L20 – 91 218 h. – alt. 621 m 22 B2

Madrid 17 – Guadalajara 43

La Ciaboga

av. del Plantío 5 28821 – 916 73 59 18 – www.laciaboga.com – cerrado del 1 al 15 de agosto, sábado noche y domingo
Rest – Carta 33/51 €
◆ Está llevado por la familia propietaria con gran dedicación y profesionalidad. Ofrece un pequeño bar, una sala de ambiente clásico y una cocina fiel al recetario tradicional.

en el barrio de la estación Noreste : 4,5 km

La Fragata

av. San Pablo 14 28823 Coslada – 916 73 38 02 – www.lafragatacoslada.com – cerrado Semana Santa, 21 días en agosto y domingo
Rest – *(solo almuerzo salvo jueves, viernes y sábado)* Carta 35/52 €
◆ Esta casa disfruta de un pequeño bar, un comedor clásico, presidido por la maqueta de una hermosa fragata, y una carta tradicional con un buen apartado de sugerencias.

COSTA – ver a continuación y el nombre propio de la costa

COSTA DE LOS PINOS – Balears – ver Balears (Mallorca) : Son Servera

COSTA TEGUISE – Las Palmas – ver Canarias (Lanzarote)

COVADONGA - Asturias - 572 C14 - alt. 260 m 5 C2

Madrid 429 - Oviedo 84 - Palencia 203 - Santander 157

explanada de la Basílica, ☎ 98 584 60 35

Emplazamiento★★ - Museo (corona★)

Mirador de la Reina ≤★★ Sureste : 8 km - Lagos de Enol y de la Ercina★ Sureste : 12,5 km

G.H. Pelayo

Real Sitio de Covadonga ✉ 33589 - ☎ 985 84 60 61 - www.arceahoteles.com - cerrado 3 enero-3 febrero

52 hab - 45/120 € 50/140 €, 7 € **Rest** - Menú 13 € - Carta 25/65 €

♦ Junto a la basílica de Covadonga, con un hall-recepción de aire clásico, varios saloncitos sociales y confortables habitaciones definidas por la calidad del mobiliario. El restaurante está acristalado y disfruta de hermosas vistas a Los Picos de Europa.

El Huerto del Ermitaño de Covadonga

Real Sitio de Covadonga 25 ✉ 33589 - ☎ 985 84 61 12 - www.elhuertodelermitanodecovadonga.com - cerrado Navidades y jueves salvo verano

Rest - *(solo almuerzo salvo julio-septiembre)* Carta 36/43 €

♦ Ocupa una antigua casa restaurada junto al santuario. Cuenta con una terracita junto al río, un bar, una salita y el comedor principal en un piso inferior, todo con profusión de piedra y madera. ¡Sabores asturianos y raciones copiosas!

en la carretera AS 262 :

Auseva sin rest

El Repelao, Noroeste : 1,5 km ✉ 33589 Covadonga - ☎ 985 84 60 23 - www.hotelauseva.com - Semana Santa-octubre

12 hab - 36/61 € 50/76 €, 6 €

♦ ¡A la entrada del Parque Nacional de los Picos de Europa! En líneas generales ofrece unas habitaciones cálidas a la par que funcionales, con mobiliario en pino y baños actuales, destacando las dos abuhardilladas de la planta superior.

Casa Asprón sin rest

Noroeste : 0,5 km ✉ 33589 - ☎ 985 84 60 92 - www.casaspron.com

7 hab - 43/52 € 54/75 €

♦ Casa de turismo rural rodeada por una zona de césped. Posee un salón social con chimenea y unas habitaciones de línea funcional, en general algo pequeñas aunque algunas son tipo dúplex.

COVARRUBIAS - Burgos - 575 F19 - 638 h. - alt. 840 m 12 C2

Madrid 228 - Burgos 39 - Palencia 94 - Soria 117

Monseñor Vargas, ☎ 947 40 64 61

Colegiata★ - Museo (tríptico★)

Quintanilla de las Viñas : Iglesia★ Noreste : 24 km

Doña Sancha sin rest

av. Victor Barbadillo 31 ✉ 09346 - ☎ 947 40 64 00 - www.hoteldonasancha.com

14 hab - 33/47 € 45/70 €, 5 €

♦ Este hotelito disfruta de una agradable zona de césped con pérgola, un salón social con chimenea y coloristas habitaciones, ocho de ellas abuhardilladas y cuatro con terraza.

De Galo

Monseñor Vargas 10 ✉ 09346 - ☎ 947 40 63 93 - www.degalo.com - cerrado Navidades, febrero y miércoles

Rest - *(solo almuerzo salvo fines de semana en agosto)* Carta 21/32 €

♦ Acogedor restaurante de estilo rústico instalado en una antigua posada. Hall con una bella cocina serrana y un comedor de correcto montaje en lo que fueron las cuadras.

COVELO - Pontevedra - 571 F4 - 3 341 h. - alt. 490 m 19 B3

Madrid 555 - Ourense 62 - Pontevedra 47 - Vigo 49

en Fofe Noreste : 8 km

Rectoral de Fofe rest, VISA

Aldea de Arriba 13 ✉ 36873 Fofe - ✆ 986 66 87 50 - www.turismoruralrectoraldefofe.com

9 hab - 47/57 € 68/88 €, 6 €

Rest - (es necesario reservar) Menú 15 €

◆ Singular turismo rural aislado en plena naturaleza, con decoración neorrústica y vistas al valle. Agradable piscina, coqueta terraza-porche y habitaciones de correcto confort. En su comedor podrá degustar un menú casero y algunos platos elaborados por encargo.

CRETAS - Teruel - 574 J30 - 618 h. 4 C2

Madrid 471 - Zaragoza 151 - Teruel 198 - Tarragona 117

Villa de Cretas VISA

pl. de España 7 ✉ 44623 - ✆ 978 85 05 42 - www.hotelvilladecretas.com - cerrado enero y octubre

12 hab - 80 € 90 € **Rest** - *(cerrado lunes y martes)* Menú 24/30 €

◆ Esta casa señorial ha tenido diversas funciones públicas antes de convertirse en hotel con encanto. Posee habitaciones no muy amplias pero bastante mimadas en su decoración. El restaurante, de excelente montaje, elabora una cocina tradicional actualizada.

ESPAÑA

Los CRISTIANOS - Santa Cruz de Tenerife - ver Canarias (Tenerife)

El CRUCERO - Asturias - ver Tineo

CUACOS DE YUSTE - Cáceres - 576 L12 - 908 h. - alt. 520 m 18 C1

Madrid 223 - Ávila 153 - Cáceres 130 - Plasencia 45

Moregón VISA

av. de la Constitución 77 ✉ 10430 - ✆ 927 17 21 81 - www.moregon.com

16 hab - 36/48 €, 4 € **Rest** - Menú 15 €

◆ Pequeño negocio familiar emplazado muy cerca del monasterio de Yuste. Habitaciones de gran funcionalidad, todas con buenos niveles de mantenimiento y mobiliario provenzal. El restaurante, que basa su trabajo en el menú, ofrece una cocina de carácter regional.

en la carretera de Valfrío Sur : 4,5 km

La Casona de Valfrío VISA

carret. de Valfrío ✉ 10430 Cuacos de Yuste - ✆ 927 19 42 22 - www.lacasonadevalfrio.com - cerrado 23 diciembre-23 enero

6 hab - 70/80 € 70/90 €, 8 € **Rest** - *(solo clientes)* Menú 25 €

◆ Casa rústica levantada en un paraje de bellos exteriores, con la piscina rodeada de césped. Decoración rústica detallista y habitaciones abuhardilladas en el piso superior.

CUBAS - Cantabria - 572 B18 8 B1

Madrid 478 - Santander 27 - Bilbao 86

Posada Río Cubas sin rest VISA

Horna 12, Sureste : 1,5 km ✉ 39793 - ✆ 942 50 82 41 - www.posadariocubas.com - 15 marzo -12 diciembre

14 hab - 50/85 € 66/115 €

◆ Casa que cuida mucho su atmósfera de tranquilidad y gusto por los detalles, rodeada por un pequeño prado y con habitaciones de cálido confort, tres de ellas abuhardilladas.

CUDILLERO – Asturias – **572** B11 – **5 763 h.** **5** B1

Madrid 505 – Oviedo 57

Puerto del Oeste, ✆ 98 559 13 77

Muelle : ≤★

Ermita del Espiritu Santo (≤★) Este : 7 km – Cabo Vidio★★ (≤★★) Noroeste : 14 km

Casona de la Paca sin rest

El Pito, Sureste : 1 km ✉ 33150 – ✆ 985 59 13 03 – www.casonadelapaca.com – cerrado 10 diciembre-12 febrero

19 hab – †62/87 € ††78/104 €, ☕ 9 € – 10 apartamentos

◆ Instalado en una casona de indianos cuyas dependencias mantienen el ambiente de antaño. Destaca por su elegante sala acristalada y sus habitaciones, algunas con miradores.

Casa Prendes sin rest

San José 4 ✉ 33150 – ✆ 985 59 15 00 – www.hotelprendes.com

9 hab – †45/90 € ††56/90 €, ☕ 6 €

◆ Sus habitaciones pueden resultar pequeñas, sin embargo, tienen una cálida decoración de aire rústico, con las paredes en piedra, mobiliario clásico y los suelos en tarima.

El Pescador con hab

El Pito-Tolombreo de Arriba, Sureste : 1,5 km ✉ 33150 – ✆ 985 59 09 37 – www.hotelrestauranteelpescador.com – cerrado 19 diciembre-5 enero

8 hab ☕ – †62/72 € ††78/98 € **Rest** – Carta 33/55 €

◆ Ocupa una casa tipo chalet y es muy conocido en la zona por la excelente calidad de sus pescados. Sus salas resultan muy luminosas y presenta un ambiente rústico-elegante. Las habitaciones se encuentran en el piso superior y quedan definidas tanto por su amplitud como por su cuidado mobiliario clásico.

al Oeste : 5 km

Mariño con hab

Concha de Artedo ✉ 33150 Concha de Artedo – ✆ 985 59 11 88 – www.concha-artedo.com – cerrado enero

12 hab ☕ – †25/30 € ††45/55 €

Rest – *(cerrado domingo noche y lunes)* Menú 25 € – Carta 36/50 €

◆ Situado en la ladera de un monte, por lo que brinda espléndidas vistas a la playa. Tiene un bar-sidrería y una gran sala acristalada, donde podrá degustar su carta marinera. Desde sus habitaciones verá un paisaje conocido como El Balcón de la Concha de Artedo.

CUÉLLAR – Segovia – **575** I16 – **9 730 h.** – **alt. 857 m** **12** C2

Madrid 147 – Aranda de Duero 67 – Salamanca 138 – Segovia 60

San Francisco con hab

av. Camilo José Cela 2 ✉ 40200 – ✆ 921 14 20 67 – www.hmsanfrancisco.com

25 hab – †30/40 € ††50 €, ☕ 3 €

Rest – *(cerrado domingo noche)* Menú 25/45 € – Carta 22/46 €

◆ Restaurante de organización familiar instalado en una antigua casa de piedra. En sus salones de línea clásica-actual podrá degustar una cocina fiel al recetario regional. Por si desea alojarse también ofrece habitaciones, todas con mobiliario castellano.

en la carretera CL 601 Sur : 3,5 km :

Florida con hab y sin ☕

✉ 40200 – ✆ 921 14 02 75 – www.restaurantehotelflorida.es – cerrado Navidades y 10 días en noviembre

10 hab – †40/50 € ††50/60 €

Rest – *(cerrado domingo noche y lunes)* Menú 20 € – Carta 21/49 €

◆ Un establecimiento que, además del restaurante, posee un elegante salón de banquetes con acceso independiente. Cocina tradicional con ciertas dosis de actualidad. Como complemento al negocio también encontrará unas confortables habitaciones de línea clásica.

CUENCA P – 576 L23 – 56 189 h. – alt. 923 m 10 C2

Madrid 164 – Albacete 145 – Toledo 185 – València 209

pl. de la Hispanidad 2, ✆ 902 10 01 31

Villar de Olalla, por la carret. de Ciudad Real : 10,5 km, ✆ 969 26 71 98

Emplazamiento★★ – Ciudad Antigua★★ Y : Catedral★ (portada de la sala capitular★ Rejas★, Museo Diocesano★ : díptico bizantino★ **M1)** – Casas Colgadas★ ≤★ : Museo de Arte Abstracto Español★★ - Museo de Cuenca★ **M2** – Plaza de las Angustias★ Y – Puente de San Pablo ≤★ Y

Hoz del Huécar : ≤★ Y – Las Torcas★ 20 km por ① – Ciudad Encantada★ Noroeste : 25 km Y

Parador de Cuenca

paseo del Huécar (subida a San Pablo) ✉ *16001* – ✆ *969 23 23 20* – *www.parador.es* Y**f**

61 hab – 128/138 € 160/173 €, 18 € – 2 suites **Rest** – Menú 33 €

◆ Ocupa un convento del s. XVI, junto a la hoz del Huécar y con vistas a las Casas Colgadas. Claustro acristalado y habitaciones de confort actual con mobiliario castellano. El comedor destaca por tener un precioso techo artesonado y un gran mural de azulejos.

Torremangana

rest,

San Ignacio de Loyola 9 ✉ *16002* – ✆ *969 24 08 33* – *www.hoteltorremangana.com*

118 hab – 55/99 € 55/110 €, 12 € – 2 suites Y**u**

Rest ***La Cocina*** – *(cerrado domingo noche)* Menú 18 € – Carta 35/45 €

◆ Hotel de línea clásica-actual dotado con un acceso ajardinado y una variada zona social. Aunque todas sus habitaciones son muy confortables algunas resultan superiores. En el restaurante, de estética actual, encontrará una carta tradicional bastante completa.

ESPAÑA

AC Cuenca sin rest, con cafetería

av. Juan Carlos I, por ① ✉ *16004* – ✆ *969 24 15 50* – *www.hotelaccuenca.com*

81 hab – 65/230 €, 11 €

◆ Se encuentra en una zona industrial, por ello trabaja con clientes de empresa. Interior funcional propio de la cadena, zona social con bar-cafetería y baños de diseño actual.

Convento del Giraldo

San Pedro 12 ✉ *16001* – ✆ *969 23 27 00* – *www.hotelconventodelgiraldo.com*

34 hab – 105/120 € 130/150 €, 11 € Y**a**

Rest ***El Aljibe*** – Menú 25/41 € – Carta aprox. 43 €

◆ Está instalado en un antiguo convento del casco histórico, sin embargo se muestra con unas instalaciones actuales, unas correctas zonas sociales y habitaciones bien equipadas. El restaurante, dotado con un acceso independiente, ofrece una cocina tradicional.

Leonor de Aquitania

San Pedro 60 ✉ *16001* – ✆ *969 23 10 00* – *www.hotelleonordeaquitania.com*

46 hab – 92/100 € 115/135 €, 11 € Y**z**

Rest ***Horno de las Campanas*** – *(cerrado domingo noche y lunes)* Menú 23 €

◆ Casa-palacio del s. XVIII dotada de modernas instalaciones. Destacan las habitaciones orientadas a la hoz del Huécar y las tres que tienen los techos en madera. Su acogedor restaurante posee tres salas de aire rústico donde se combinan la piedra y la madera.

Posada de San José sin rest

Julián Romero 4 ✉ *16001* – ✆ *969 21 13 00* – *www.posadasanjose.com*

22 hab – 54/61 € 77/96 €, 9 € Y**e**

◆ Hotel con encanto ubicado en un edificio del s. XVII. Ofrece hermosos rincones, un pequeño jardín y aposentos de época, la mayoría con terraza o balcones asomados al Huécar.

Cánovas sin rest y sin

Fray Luis de León 38-1° ✉ *16001* – ✆ *969 21 39 73* – *www.hostalcanovas.com*

17 hab – 35/40 € 55/60 € Y**h**

◆ Céntrico hostal ubicado en una zona muy comercial. Recepción en el 1er piso, pequeño salón social y confortables habitaciones de línea clásica, con los suelos en madera.

XX Ars Natura

Río Gritos 5, por ① ✉ 16004 – ✆ 969 21 95 12 – www.restaurantearsnatura.com – cerrado domingo noche y lunes

Rest – Menú 50 € – Carta 43/53 €

♦ Instalado en el Centro Ars Natura, un museo de diseño vanguardista rodeado de zonas verdes. El restaurante ofrece una estética minimalista y una cocina creativa de gran nivel.

XX Figón del Huécar

Julián Romero 6 ✉ 16001 – ✆ 969 24 00 62 – www.figondelhuecar.es – cerrado domingo noche y lunes Ye

Rest – Menú 22/37 € – Carta aprox. 37 €

♦ En una casa antigua, con vistas al Huécar, que perteneció al cantante José Luis Perales. Posee varios comedores, una bodega visitable y una maravillosa terraza panorámica.

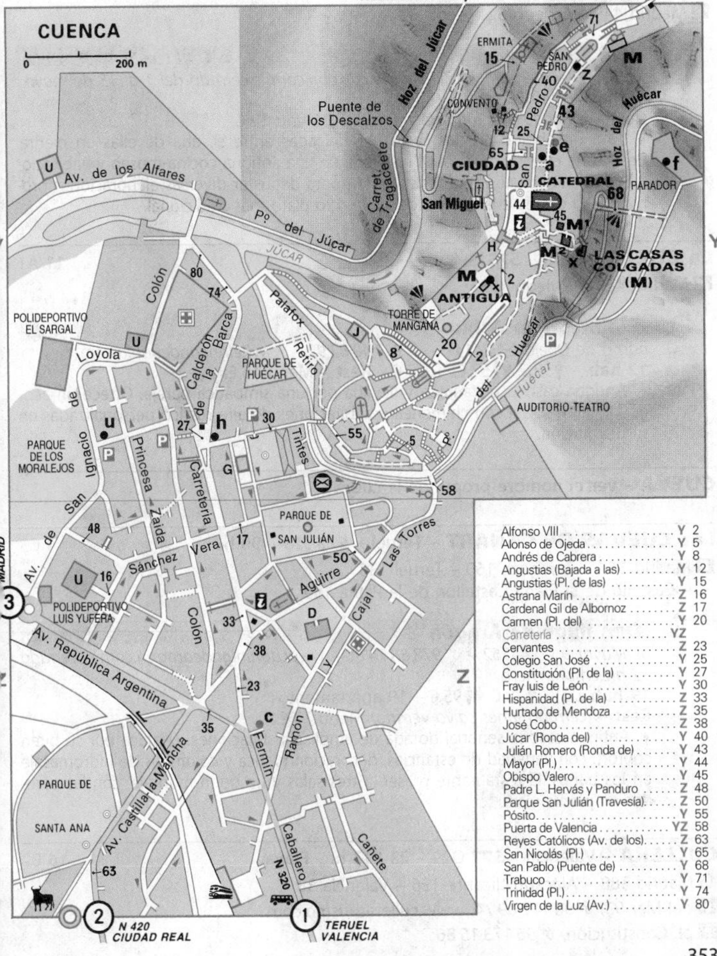

XX **Meson Casas Colgadas**
Canónigos ✉ 16001 – ☏ 969 22 35 09 – www.mesoncasascolgadas.com – cerrado lunes noche y martes Yx
Rest – Menú 27/38 € – Carta aprox. 40 €
♦ Resulta emblemático, ya que está dentro de las famosas Casas Colgadas. Ofrece dos luminosos comedores, un privado, buenas vistas y una carta con platos castellano-manchegos.

XX **Raff**
Federico García Lorca 3 ✉ 16004 – ☏ 969 69 08 55 – www.restauranteraff.es – cerrado 15 julio-15 agosto, sábado mediodía y domingo Zc
Rest – Menú 30 € – Carta 27/35 €
♦ Representa un nuevo concepto gastronómico en la ciudad. Local de estética moderna dotado con una barra en "U", a modo de japonés, y un comedor. Cocina tradicional actualizada.

CUÉRIGO – Asturias – 572 C13 – 63 h. — 5 B2

Madrid 449 – Oviedo 52 – León 89

C'al Xabu
✉ 33680 – ☏ 985 48 73 31 – www.calxabu.com – cerrado del 1 al 15 de mayo
10 hab – †40/50 € ††50/70 €, 6 €
Rest – *(cerrado domingo noche y lunes)* Menú 12 €
♦ Está distribuido en dos casas comunicadas entre sí, una de ellas en piedra. Posee una curiosa zona social instalada en una antigua cocina-museo y habitaciones de línea actual. En su restaurante podrá degustar diversas elaboraciones propias de la cocina creativa y algún que otro plato más tradicional.

La CUETA – León – 575 C11 — 11 A1

Madrid 428 – Oviedo 105

El Rincón de Babia
barrio de Quejo ✉ 24141 – ☏ 987 48 82 92 – www.elrincondebabia.com
12 hab – †52 € ††57 €, 5 € **Rest** – Menú 16 €
♦ Antigua casona restaurada y llevada por una simpática pareja. Ofrece un acogedor salón social con chimenea y habitaciones de aire rústico personalizadas en su decoración.

CUEVA – ver el nombre propio de la cueva

Las CUEVAS DE CAÑART – Teruel – 578 J28 – 90 h. — 4 C3

Madrid 367 – Zaragoza 160 – Teruel 136 – Castelló de la Plana/Castellón de la Plana 159

Don Iñigo de Aragón hab, rest,
pl. Mayor 9 ✉ 44562 – ☏ 978 88 74 86 – www.doninigodearagon.com – cerrado 12 diciembre-enero
19 hab – †78 € ††95 € – 19 apartamentos
Rest – *(cerrado lunes salvo verano)* Menú 17 €
♦ Antigua casona señorial dotada de amplias instalaciones. Destaca por su buen confort, con variedad de estancias, decoración rústica y columnas de hidromasaje en los baños. El restaurante presenta tres salas y un buen montaje, con las paredes en piedra vista.

CULLERA – Valencia – 577 O29 – 23 813 h. – Playa — 16 B2

Madrid 388 – Alacant/Alicante 136 – València 38
del Mar 93, ☏ 96 172 09 74, www.culleraturismo.com
pl. Constitución, ☏ 96 173 15 86

Cullera Holiday hab, hab, rest,

av. Racó 27 ✉ *46400 –* ✆ *961 73 15 55*
– www.culleraholiday.com
125 hab – ♦65/115 € ♦♦79/148 € **Rest** – Menú 18/50 €
♦ Hotel de línea moderna y urbana con el que procuran dar servicio tanto a la clientela vacacional como a la de negocios. Salones polivalentes y habitaciones bien equipadas. De momento centran su oferta gastronómica en un correcto buffet.

XX **Eliana Albiach**

Peset Alexandre 2 ✉ *46400 –* ✆ *961 73 22 29 – www.elianaalbiach.com*
– cerrado 7 enero-12 febrero y lunes salvo festivos
Rest – Menú 24/60 € – Carta 28/52 €
♦ Este pequeño restaurante presenta una estética actual y se encuentra a unos 20 metros de la playa. Carta de cocina creativa con un gran apartado de arroces tradicionales.

El CUMIAL – Ourense – ver Ourense

DAIMIEL – Ciudad Real – 576 O19 – 18 656 h. – alt. 625 m 9 B2

Madrid 173 – Toledo 121 – Ciudad Real 34

Doña Manuela hab,

paseo del Carmen ✉ *13250 –* ✆ *926 26 07 03 – www.hoteldemanuela.com*
39 hab – ♦54/80 € ♦♦71/90 €
Rest – *(cerrado domingo noche)* Menú 14 €
♦ Hotel de estética rústica-regional ubicado a la entrada de la ciudad. Ofrece espaciosas habitaciones, unas clásicas, otras más modernas y algunas abuhardilladas. El comedor, que se encuentra en la 1ª planta, posee techos rústicos y una coqueta terraza-patio.

XX **Bodegón**

Luchana 20 ✉ *13250 –* ✆ *926 85 26 52 – www.mesonbodegon.com – cerrado domingo noche, lunes noche y martes noche*
Rest – Carta 42/55 €
♦ Instalado en una antigua bodega. Sorprende con varias salas donde se combina lo rústico y lo moderno, unas mesitas para parejas metidas en tinajas y un privado. Cocina actual.

DAIMÚS – Valencia – 577 P29 – 3 171 h. – alt. 6 m – Playa 16 B2

Madrid 414 – València 73 – Alacant/Alicante 110

en la playa Noreste : 1,5 km

XX **Casa Manolo**

paseo Marítimo ✉ *46710 Daimús –* ✆ *962 81 85 68*
– www.restaurantemanolo.com
Rest – *(solo almuerzo de noviembre a mayo salvo fines de semana)*
Carta 24/56 €
♦ Casa en auge que destaca por su magnífico emplazamiento sobre la playa. Disfruta de unas cuidadas instalaciones, una cocina tradicional actualizada y una estupenda bodega.

DARNIUS – Girona – 574 E38 – 529 h. – alt. 193 m 14 C3

Madrid 759 – Girona/Gerona 56

Can Massot sin rest

carret. Maçanet 17 ✉ *17722 –* ✆ *972 53 57 00 – www.canmassot.com*
6 hab – ♦38 € ♦♦65 €
♦ Casa de payés del s. XVII con estancias rústicas de suma sencillez, aunque todas las habitaciones poseen baño y mobiliario antiguo restaurado. Salón social con chimenea.

ESPAÑA

en la antigua carretera de Darnius a Maçanet de Cabrenys
Suroeste : 5,5 km

La Central

✉ 17720 Maçanet de Cabrenys – ☎ 972 53 50 53 – www.hlacentral.com – cerrado 8 enero-8 febrero
21 hab – 50/100 € 60/160 € **Rest** – Menú 15/25 €
◆ Edificio de aire modernista ubicado en un paraje verde y aislado, junto al río. Ofrece unas habitaciones confortables, con los baños modernos y agradables vistas. En su coqueto restaurante encontrará menús tipo carta a precio cerrado.

DAROCA – Zaragoza – 574 I25 – 2 300 h. – alt. 797 m 3 B2

Madrid 269 – Soria 135 – Teruel 96 – Zaragoza 85

Murallas★ – Colegiata de Santa María (retablos★, capilla de los Corporales★, Museo Parroquial★)

Posada del Almudí

Grajera 7 ✉ 50360 – ☎ 976 80 06 06 – www.posadadelalmudi.com
30 hab – 45 € 65 € **Rest** – Menú 12 € – Carta aprox. 30 €
◆ Bella casa-palacio dotada con habitaciones de ambiente rústico, muchas abuhardilladas y algunas con terraza. En un anexo, ubicado enfrente, poseen estancias más actuales. En su comedor, con vistas a un patio arbolado, ofrecen una cocina de tinte tradicional.

DAROCA DE RIOJA – La Rioja – 573 E22 – 59 h. – alt. 726 m 21 A2

Madrid 346 – Burgos 108 – Logroño 20 – Vitoria-Gasteiz 90

Venta Moncalvillo (Ignacio Echapresto)

carret. de Medrano 6 ✉ 26373 – ☎ 941 44 48 32 – www.ventamoncalvillo.com – cerrado Navidades y domingo salvo festivos
Rest – *(solo almuerzo salvo viernes y sábado)* Menú 50/60 € – Carta 34/42 €
Espec. Verduras de nuesto huerto (primavera-verano). Ciervo ahumado con cacao, setas y frutos secos (otoño-invierno). Nuestro postre de chocolate.
◆ Esta sorprendente casa familiar se presenta con una barra a la entrada, un elegante comedor de aire rústico, un saloncito para la sobremesa y varios privados. Cocina tradicional actualizada que destaca por el extraordinario nivel de calidad de sus productos.

DEBA – Guipúzcoa – 573 C22 – 5 384 h. – Playa 25 B2

Madrid 459 – Bilbao 66 – Donostia-San Sebastián 41

Carretera en cornisa★ de Deba a Lekeitio ≤★

Urgain

Hondartza 5 ✉ 20820 – ☎ 943 19 11 01 – www.urgain.net – cerrado martes noche salvo verano
Rest – Carta 46/70 €
◆ Resulta original, ya que combina su montaje actual con algunos detalles de inspiración rupestre en alusión a las cuevas de la zona. Carta de temporada con productos del mar.

DEHESA DE CAMPOAMOR – Alicante – 577 S27 – 4 068 h. – Playa 16 A3

Madrid 458 – Alacant/Alicante 60 – Cartagena 46 – Murcia 63

Real Club de Golf Campoamor, Norte : 6,5 km, ☎ 96 532 04 10

Casa Alfonso (Alfonso Egea)

Garcilaso de la Vega 70 A ✉ 03189 – ☎ 965 32 13 65 – www.casaalfonso.es – marzo-septiembre
Rest – *(cerrado martes de marzo-15 junio y lunes)* Menú 45/60 € Carta 47/59 €
Espec. Espardenyes salteadas con panceta y piñones asados. Atún, puré de berenjena y tomate confitado. Pichón a la naranja con pasta fresca.
◆ Instalado en una hermosa villa dotada con una terraza-jardín y una sala clásica-elegante. Su chef presenta una cocina tradicional con detalles actuales que marca las diferencias, pues siempre trabaja con materias primas de la mejor calidad.

DEIÀ – Balears – ver Balears (Mallorca)

DELTEBRE – Tarragona – 574 J32 – 12 098 h. – alt. 26 m

13 A3

Madrid 541 – Amposta 15 – Castelló de la Plana/Castellón de la Plana 130 – Tarragona 77

Parque Natural del Delta del Ebro★★

en La Cava

Rull

av. Esportiva 155 43580 Deltebre – 977 48 77 28 – www.hotelrull.com

47 hab – 45/61 € 70/99 €

Rest – *(cerrado domingo noche)* Menú 11 € – Carta 29/48 €

◆ Hotel moderno y funcional ubicado en el centro de la localidad. Dispone de un correcto hall, salones de reuniones y habitaciones espaciosas, algunas de ellas más actuales. En su luminoso comedor sirven una carta de tendencia regional.

Delta H.

av. del Canal 43580 Deltebre – 977 48 00 46 – www.deltahotel.es

24 hab – 40/52 € 62/86 €, 7 € **Rest** – Menú 12/30 € – Carta 28/36 €

◆ Construcción horizontal rodeada de amplios espacios ajardinados. Ofrece habitaciones bien equipadas, todas con una estética que rememora las típicas barracas de la zona. Dispone de dos comedores, uno de ellos dotado con magníficas vistas sobre los arrozales.

Can Casanova

av. del Canal 43580 Deltebre – 977 48 11 94 – cerrado 24 diciembre-4 enero

Rest – Menú 25 € – Carta 22/32 €

◆ Este sencillo restaurante de organización familiar disfruta de un bar público y una sala de correcto montaje. Aquí podrá degustar una carta atenta al recetario regional.

ESPAÑA

DÉNIA – Alicante – 577 P30 – 44 498 h. – Playa

16 B2

Madrid 447 – Alacant/Alicante 92 – València 99

para Baleares : Balearia, Estación Marítima Principal, 902 16 01 80

Dr. Manuel Lattur 1E, 96 642 23 67, www.denia.net

La Posada del Mar

pl. de les Drassanes 2 03700 – 966 43 29 66 – www.laposadadelmar.com

25 hab – 101/152 € 120/166 €

Rest ***Sal de Mar*** – Carta 34/45 €

◆ Emblemático edificio del s. XIII ubicado junto al puerto deportivo y dotado de unas espaciosas habitaciones, muchas de ellas con vistas a las embarcaciones. El restaurante, que disfruta de mobiliario colonial y una agradable terraza, presenta una carta regional-mediterránea con una nutrida sección de arroces.

El Raset sin rest

Bellavista 1 03700 – 965 78 65 64 – www.hotelelraset.com

20 hab – 70/113 € 86/138 €

◆ Ocupa lo que fue la escuela de los hijos de la cofradía de pescadores, que destaca por sus magníficas vistas al puerto deportivo. Tiene un interior de carácter actual-funcional y una estética minimalista. ¡Clientela empresarial y turística!

Costa Blanca

Pintor Llorens 3 03700 – 965 78 03 36 – www.hotelcostablanca.com

50 hab – 42/51 € 59/92 € **Rest** – Menú 12 €

◆ ¡A unos 100 m. de la estación marítima que va a las Baleares! Este hotel, céntrico y de fachada clásica, se presenta con una correcta recepción, cafetería y diferentes habitaciones de línea funcional. Se combina una clientela de turistas y comerciales. El restaurante basa su trabajo en el menú del día.

Adsubia sin rest

av. Miguel Hernández 35 03700 – 966 43 55 99 – www.hoteladsubia.com – cerrado noviembre-14 marzo

46 hab – 40/68 € 54/90 €

◆ Parece más un hotel urbano que uno de playa, estando muy enfocado al cliente de trabajo y al viajante. Resulta ideal si busca una opción algo más económica, sin pretensiones de lujo, y un poco apartada del bullicio turístico habitual.

XX **El Raset**

Bellavista 7 ✉ 03700 – ✆ 965 78 50 40 – www.grupoelraset.com
Rest – Menú 23/31 € – Carta 34/48 €
♦ Este acogedor restaurante cuenta con una terraza cubierta y dos salas, ambas con una decoración actual muy agradable. Cocina tradicional actualizada. ¡Ideal para tomarse un pescado a la sal, una de las especialidades de esta casa!

XX **Peix & Brases**

pl. de Benidorm 18 ✉ 03700 – ✆ 965 78 50 83 – www.peixibrases.com – cerrado lunes salvo agosto
Rest – Menú 50 € – Carta 45/55 €
♦ ¡Frente al puerto deportivo! Se presenta con dos ambientes, uno de carácter informal en la planta baja y otro actual de mejor montaje en el piso superior, donde está el restaurante gastronómico. Cocina mediterránea actualizada y de fusión.

XX **El Asador del Puerto**

pl. del Raset 10 ✉ 03700 – ✆ 966 42 34 82 – www.grupoelraset.com
Rest – Menú 24 € – Carta 28/37 €
♦ Destaca por su emplazamiento y por tener un interior rústico que deja tanto el horno de leña como la parrilla a la vista del cliente. ¡La mejor opción si lo que busca son carnes y asados... de hecho estos últimos son su especialidad!

X **La Barqueta**

Bellavista 10 ✉ 03700 – ✆ 966 42 16 26 – www.grupoelraset.com
Rest – Carta aprox. 32 €
♦ Establecimiento compuesto por dos terrazas y dos salas, desde la 2ª planta con atractivas vistas panorámicas al puerto. Presenta una suave decoración rústica y una cocina tradicional a precios ajustados. ¡Es muy popular por sus frituras!

ESPAÑA

en la carretera de Las Marinas

Los Ángeles

hab,

Noroeste : 5 km ✉ 03700 Dénia – ✆ 965 78 04 58 – www.hotellosangelesdenia.com – cerrado 13 noviembre- febrero
80 hab – †78/120 € ††96/250 € **Rest** – Menú 25 €
♦ El principal reclamo de este hotel está en su emplazamiento, pues tiene la playa a sus pies y la mitad de las habitaciones asomadas al mar. Encontrará un pequeño SPA en la última planta y un restaurante-galería, con vistas al Mediterráneo y una carta tradicional que destaca por su nutrido apartado de arroces.

XXX **Quique Dacosta - El Poblet**

urb. El Poblet, Noroeste : 3 km ✉ 03700 Dénia – ✆ 965 78 41 79 – www.quiquedacosta.es – 7 marzo-octubre
Rest – *(cerrado lunes y martes)* Menú 110/140 € – Carta 80/108 €
Espec. Gamba roja de Denia en cuatro servicios. Arroz sénia meloso en caldo de anguilas ahumadas y cerezas con flores de romero silvestre. Suquet del Mediterráneo con pescados de roca y jugo de algas frescas.
♦ Villa mediterránea dotada con un pabellón acristalado junto a la terraza, dos modernas salas y un privado, este con la cocina vista. Carta de autor en constante evolución, con técnicas muy sofisticadas y un evidente derroche imaginativo.

en la carretera de Les Rotes Sureste : 4 km

Les Rotes

hab, rest,

carret. del Barranc del Monyo 85 ✉ 03700 Dénia – ✆ 965 78 03 23 – www.hotellesrotes.com
33 hab – †51/93 € ††77/128 €
Rest – Menú 30 € – Carta 36/48 €
♦ ¡Ideal para el descanso, pues se encuentra en una zona residencial próxima a una cala! Presenta una variada zona social y habitaciones de buen confort, 12 de ellas con vistas al mar y de mayor amplitud. Su restaurante trabaja sobre una carta regional, con un buen apartado de arroces.

A DERRASA - Ourense - 571 F6 20 C3

Madrid 509 - Pontevedra 110 - Ourense 10

Roupeiro

Roupeiro (carret. C 536) ✉ 32792 - ✆ 988 38 00 38 - cerrado del 10 al 30 de julio

Rest - Carta 24/36 €

◆ Este restaurante, de sencillo montaje y decoración rústica, ofrece una carta tradicional a precios moderados. Posee dos salas, una de ellas presidida por una gran chimenea.

DESFILADERO - ver el nombre propio del desfiladero

DESIERTO DE LAS PALMAS - Castellón - ver Benicàssim

DEVA - Asturias - ver Gijón

DÍLAR - Granada - 578 U19 - 1 727 h. 2 C1

Madrid 436 - Sevilla 274 - Granada 16

Zerbinetta hab, rest,

paseo de La Laguna 3 ✉ 18152 - ✆ 958 59 52 02 - www.hotelzerbinetta.com

27 hab - †35/60 € ††44/90 € **Rest** - Menú 15 €

◆ Integrado en el paisaje y emplazado en la parte alta del pueblo, junto a la ermita de Dílar. Ofrece habitaciones de línea rústica actual, la mayoría con excelentes vistas. En su restaurante, de carácter panorámico, encontrará una sencilla carta tradicional.

Los DOLORES - Murcia - ver Cartagena

DONAMARIA - Navarra - 573 C24 - 438 h. - alt. 175 m 24 A1

Madrid 481 - Biarritz 61 - Iruña/Pamplona 57 - Donostia-San Sebastián 57

Donamaria'ko Benta con hab rest,

barrio de la Venta 4, Oeste : 1 km ✉ 31750 - ✆ 948 45 07 08 - www.donamariako.com - cerrado 15 diciembre-4 enero

5 hab - †50 € ††70/80 €, 7 €

Rest - *(cerrado domingo noche y lunes)* Menú 18 € - Carta aprox. 29 €

◆ El restaurante centra la actividad de este negocio familiar, instalado en una venta del s. XIX definida por su entrañable rusticidad. Cocina actualizada de base tradicional. Las habitaciones, también de ambiente rústico, se encuentran en un edificio anexo.

DONOSTIA-SAN SEBASTIÁN P - Guipúzcoa - 573 C24 - 185 506 h. 25 B2

Madrid 453 - Bayonne 54 - Bilbao 102 - Iruña/Pamplona 79

de San Sebastián, Fuenterrabía, por la carret. de Irún : 20 km ✆ 902 404 704 - Iberia : aeropuerto, 902 400 500.

Boulevard Zumardia 8, ✆ 943 48 11 66, www.sansebastianturismo.com

R.A.C.V.N. Foruen pasealekua 4 ✆ 943 43 08 00

Real Golf Club de San Sebastián, Jaizkibel por N I : 14 km, ✆ 943 61 68 45

R.N.C.G. Basozabal,, camino de Goyaz Txiki 41, por Oriamendi pasealekua - Sur : 7 km (BX), ✆ 943 47 27 36

Emplazamiento y bahía★★★ ABV - Aquarium-Palacio del Mar★ AV - Monte Igueldo ≤★★★ AV - Monte Urgull ≤★★ DY.

Alrededor : Monte Ulía ≤★ Noreste : 7 km por N I CV

Planos páginas 361, 362, 363

Centro :

María Cristina rest,

República Argentina 4, (cierre temporal por obras) ✉ 20004 – ✆ 943 43 76 00 – www.luxurycollection.com EY**h**

136 hab – ††510 €, ☕ 27 € – 28 suites

Rest ***Café Saigón*** – Menú 30 € – Carta 27/51 €

◆ Buque insignia de la hostelería donostiarra. Este precioso edificio de principios del s. XX ofrece un interior sumamente elegante y unas magníficas habitaciones. En su restaurante, Café Saigón, elaboran una cocina oriental de fusión con raíces vietnamitas.

Londres y de Inglaterra hab,

Zubieta 2 ✉ 20007 – ✆ 943 44 07 70 – www.hlondres.com – cerrado enero y febrero DZ**z**

141 hab – †85/200 € ††114/250 €, ☕ 17 € – 7 suites

Rest ***La Brasserie Mari Galant*** – Menú 21/36 € – Carta 35/52 €

◆ Emblemático y de hermoso clasicismo. Si su cálido salón social nos brinda serenas vistas a la playa, las habitaciones nos sumergen en una entorno de gran confort y elegancia. En la luminosa sala de su restaurante podrá degustar una cocina de base tradicional.

Niza

Zubieta 56 ✉ 20007 – ✆ 943 42 66 63 – www.hotelniza.com DZ**b**

40 hab – †56/69 € ††110/155 €, ☕ 11 €

Rest ***Narru*** – ver selección restaurantes

◆ Recomendable por su magnífico emplazamiento y por su entrañable decoración. Las habitaciones son alegres y confortables, aunque hay que destacar las 18 con vistas al mar.

Alemana sin rest

San Martín 53-1° ✉ 20007 – ✆ 943 46 25 44 – www.hostalalemana.com DZ**d**

21 hab – †52/95 € ††62/110 €, ☕ 7 €

◆ Tras su atractiva fachada clásica encontrará un negocio familiar de buen confort general, con la recepción en la 1ª planta y habitaciones actuales de impecable mantenimiento.

Parma sin rest

Salamanca pasealekua 10 ✉ 20003 – ✆ 943 42 88 93 – www.hotelparma.com EY**u**

27 hab – †60/88 € ††95/156 €, ☕ 10 €

◆ Hotelito de organización familiar bien situado junto a la parte vieja, con el mar de fondo. Ofrece habitaciones funcionales y algo pequeñas, pero correctas en su categoría.

Juanito Kojua

Portu 14 ✉ 20003 – ✆ 943 42 01 80 – www.juanitokojua.com – cerrado Navidades, 10 días en junio, domingo noche y lunes noche DY**m**

Rest – Carta 35/57 €

◆ Negocio familiar ubicado en una calle peatonal del casco antiguo. Posee un hall y varias salas de carácter costumbrista, con detalles regionales y marineros. Cocina vasca.

Kokotxa (Daniel López)

Campanario 11 ✉ 20003 – ✆ 943 42 19 04 – www.restaurantekokotxa.com – cerrado del 12 al 28 de febrero, 27 mayo-4 junio, del 14 al 30 de octubre, martes noche de enero-mayo, domingo noche y lunes DY**a**

Rest – Menú 66/80 € – Carta 49/70 €

Espec. Bogavante asado con cous-cous negro, puerros breseados y purrusalda tibia. Taco de atún al punto con gel de tomates y pulpa de berenjena a la parrilla. Kokotxas de merluza en su pil-pil.

◆ Este acogedor restaurante está ubicado en pleno casco viejo, con un pequeño hall y una única sala que resulta al mismo tiempo sencilla y actual. De sus fogones surgen una cocina tradicional actualizada y dos deliciosos menús, uno diario y otro de degustación.

DONOSTIA-SAN SEBASTIÁN

Andía . . . . DZ 2
Argentinako Errepublikaren (Pas.) . . . . EY 6
Askatasunaren (Hiribidea) . DEZY
Bulebar Zumardia . . . . DY 14
Errigina Erregentearen . . . . . . EY 17
Euskadi (Pl.) . . . . EY 18
Fermin Calbetón . . . . DY 19
Garibai . . . . DY
Hernani . . . . DY
Konstituzio (Pl.) . . . . DY 28
Maria Kristina (Zubia) . . . . EZ 31
Miramar . . . . DZ 32
Portu . . . . DY 36
Ramón Maria Lili (Pas.) . . . . . . EY 38
Santa Katalina (Zubia) . . . . EY 45
San Jerónimo . . . . DY 42
San Juan . . . . DEY 43
Urbieta . . . . DEZ
Urdaneta . . . . EZ 49
Zabaleta . . . . EY 53
Zurriola (Zubia) . . . . EY 58

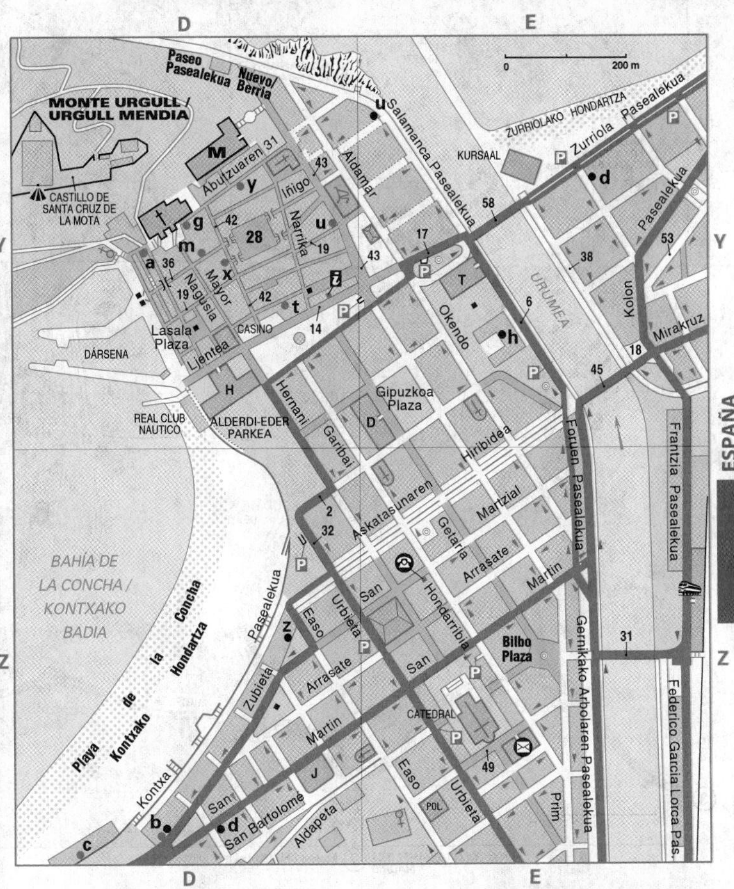

La Muralla

Embeltrán 3 ✉ 20003 – ✆ 943 43 35 08 – www.restaurantelamuralla.com – cerrado domingo noche DY**t**

Rest – Menú 23/35 € – Carta 26/35 €

◆ Está en pleno casco antiguo y tiene a su propietaria volcada en el negocio. Encontrará una única sala de línea actual, una carta de cocina tradicional actualizada y dos menús.

Bodegón Alejandro

Fermín Calbetón 4 ✉ 20003 – ✆ 943 42 71 58 – www.bodegonalejandro.com – cerrado 22 diciembre-14 enero, domingo noche, lunes y martes noche

Rest – Menú 39 € – Carta 33/45 € DY**u**

◆ ¿Busca un lugar en el casco viejo que ensalce los valores vascos y recupere el recetario tradicional? No indague más, pues aquí además encontrará calidad y dedicación.

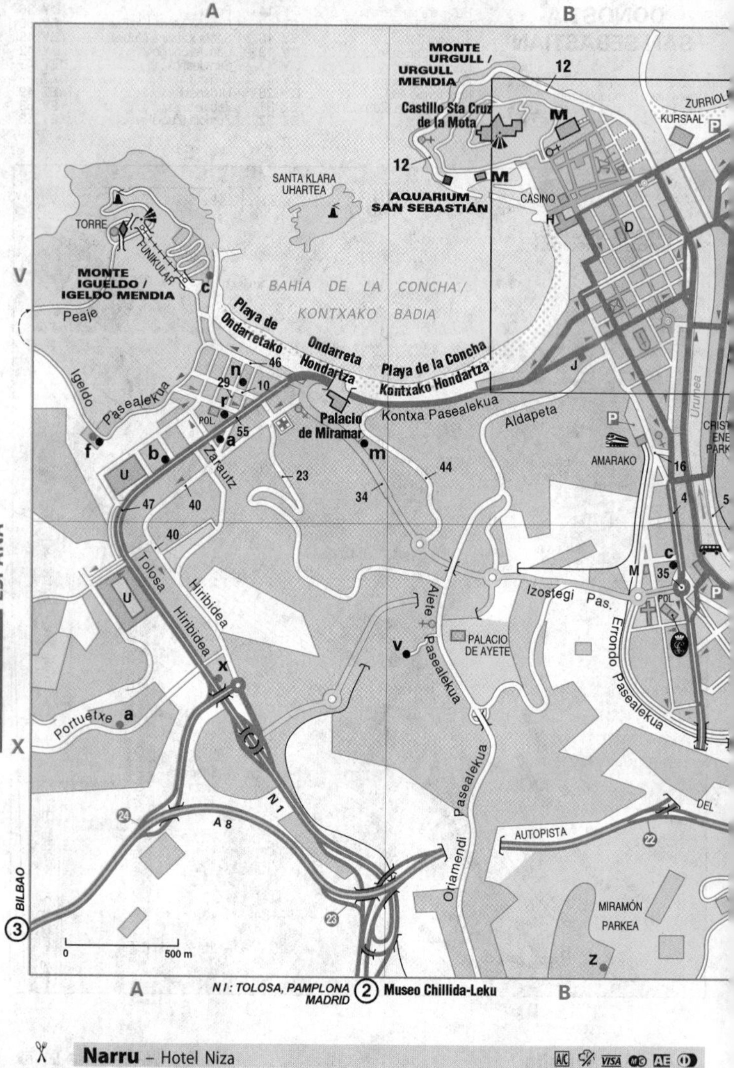

Narru – Hotel Niza

Zubieta 56 ✉ 20007 – ✆ 943 42 34 49 – www.narru.es – cerrado domingo noche y lunes DZ**b**

Rest – Menú 26 € – Carta 35/50 €

◆ Lo mejor es su emplazamiento, con un buen bar de carácter panorámico asomado al paseo de la Concha y un comedor de diseño actual ubicado en el semisótano. Su chef, formado en prestigiosos restaurantes, propone una cocina de tinte actual.

Ganbara

San Jerónimo 21 ✉ 20003 – ✆ 943 42 25 75 – www.ganbarajatetxea.com – cerrado 2ª quincena de junio, 2ª quincena de noviembre, domingo noche y lunes

Rest – Tapa 3 € – Ración aprox. 15 € DY**x**

◆ Muy popular gracias a la calidad de sus pinchos, que sirven en el bar o en el pequeño comedor del sótano. Ofrece una carta regional de asador y su especialidad son las setas.

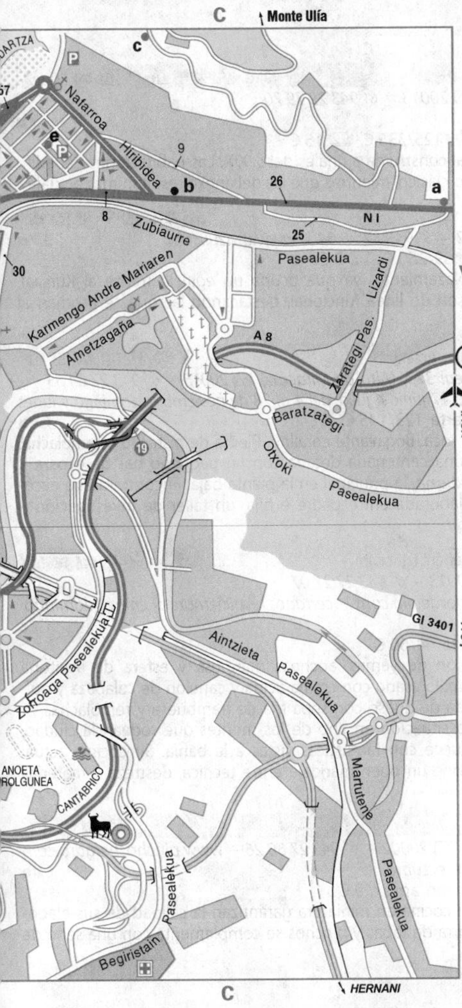

DONOSTIA-SAN SEBASTIÁN

Antso Jakitunaren (Hiribidea) . . . . **BV** 4
Argentinako Errepublikaren (Pas.) . . . . **BV** 6
Ategorrietako Galtzara Zaharra. . . . . **CV** 10
Ategorrieta (Hiribidea) . . **CV** 9
Beatriz Infantaren . . . . . . **AV** 12
Bizkaia (Pas.). . . . . **BX** 13
Ehunurteurrenaren (Pl.) . **BV** 16
Garibai . . . . **BV** 21
Heriz (Pas.) . . . . **AV** 23
Intxaurrondo . . . . **CV** 25
Jose Elosegi Alkatearen (Hiribidea) . . . . **CV** 26
Kristina Infantaren. . . . . . **AV** 29
Mandasko Dukearen (Pas.) . . . . **CV** 30
Pasealeku Berria. . . . . . . **BV** 33
Pio Baroja (Pas.) . . . . **AV** 34
Pio XII (Aren Pl.) . . . . **BX** 35
Resurreccion Maria Azkue. . . . . **AV** 40
Sanserreka (Pas.) . . . . . . **BV** 44
Satrustegi (Hiribidea) . . . **AV** 46
Tolosa (Hiribidea). . . . . . . **AV** 47
Urumea (Pas.). . . . . **BV** 50
Zumalakarregi (Hiribidea) **AV** 55
Zurriola (Pas.) . . . . **CV** 57

ESPAÑA

Martínez

Abutzuaren 31-13 ✉ 20003 – ✆ 943 42 49 65 – www.barmartinez.com – cerrado del 1 al 15 de febrero, del 1 al 15 de junio, jueves y viernes mediodía

Rest – Tapa 3 € – Ración aprox. 8 € DY**y**

♦ Negocio de arraigada tradición familiar ubicado en pleno casco antiguo. La sugerente variedad de sus pinchos, tanto fríos como calientes, han hecho de él un auténtico clásico.

A Fuego Negro

31 de Agosto-31 ✉ 20003 – ✆ 650 13 53 73 – www.afuegonegro.com – cerrado 15 días en febrero y lunes DY**g**

Rest – Tapa 3,20 € – Ración aprox. 15 € – Menú 35/45 €

♦ Bar de tapas de estética actual emplazado en el barrio antiguo. Describen su oferta en una gran pizarra y ofrecen varias mesas para degustar sus menús de pinchos creativos.

al Este :

Villa Soro sin rest

av. de Ategorrieta 61 ✉ 20013 – ☎ 943 29 79 70 – www.villasoro.com CV**b**

25 hab – †100/210 € ††125/335 €, ☕ 15 €

◆ Magnífica villa señorial construida a finales del s. XIX. Las habitaciones del edificio principal son de estilo clásico, mientras que las del anexo resultan más actuales.

Arrizul sin rest

Peña y Goñi 1 ✉ 20002 – ☎ 943 32 28 04 – www.arrizul.com EY**d**

12 hab – †59/169 € ††69/250 €, ☕ 8 €

◆ Lo mejor es su emplazamiento, ya que ocupa un edificio frente al Kursaal. Todas las habitaciones son de línea funcional, destacando las que se asoman al Palacio de Congresos.

Arzak (Juan Mari y Elena Arzak)

av. del Alcalde José Elosegi 373, (Alto de Miracruz) ✉ 20015 – ☎ 943 27 84 65 – www.arzak.es – cerrado 17 junio-4 julio, del 4 al 28 de noviembre, domingo y lunes

Rest – Menú 175 € – Carta 123/145 € CV**a**

Espec. Huevo marino de roca. Bogavante coralino. Piedra de pistacho y remolacha.

◆ Instalado en una casona centenaria dotada con un pequeño bar de espera y dos salas de estética moderna, la principal en la planta baja. Encontrará una excelente cocina de autor elaborada entre padre e hija, un taller de investigación y una completísima bodega.

ESPAÑA

Mirador de Ulía (Rubén Trincado)

paseo de Ulía 193 ✉ 20013 – ☎ 943 27 27 07 – www.restaurantemiradordeulia.com – cerrado 19 diciembre-5 enero, domingo noche, lunes y martes CV**c**

Rest – Menú 65 € – Carta 44/60 €

Espec. Gilda con emulsión de yemas, anchoas mariposa y esfera de aceituna (junio-septiembre). Cochinillo asado con crema ácida y canelón de calabaza y quinoa. Tarta desestructurada de queso con sopa fría de frambuesa y remolacha.

◆ Tiene una privilegiada situación en uno de los montes que rodean la ciudad, por ello la sala se enriquece con fantásticas vistas a la bahía. Su cocina, actual con tintes creativos, supone un buen maridaje entre técnica, destreza y materias primas de calidad.

Bergara

General Arteche 8 (Gros) ✉ 20002 – ☎ 943 27 50 26 – www.pinchosbergara.com – cerrado del 15 al 31 de octubre CV**e**

Rest – Tapa 2,50 € – Ración aprox. 9 €

◆ Varios premios de alta cocina en miniatura garantizan la calidad de sus elaboraciones. Su excelente barra de tapas y pinchos se complementa con una serie de mesas tipo asador.

al Sur :

Palacio de Aiete hab,

Goiko Galtzara-Berri 27 ✉ 20009 – ☎ 943 21 00 71 – www.hotelpalaciodeaiete.com

75 hab – †65/130 € ††65/170 €, ☕ 14 € BX**v**

Rest *BeraBera* – Carta 29/46 €

◆ Ubicado en una tranquila zona residencial. Tiene la cafetería integrada en el hall, varias salas de reuniones y unas habitaciones de línea funcional, la mitad con terraza. En su restaurante encontrará una carta de cocina tradicional y dos menús degustación.

Astoria7

Sagrada Familia 1 ✉ 20010 – ☎ 943 44 50 00 – www.astoria7hotel.com

102 hab – †70/190 € ††90/190 €, ☕ 16 € BX**c**

Rest – *(solo almuerzo salvo jueves, viernes y sábado)* Menú 22/27 €

◆ Ocupa un antiguo cine, por eso este es el tema central de su decoración. Cada habitación está dedicada a un actor o director que ha pasado por el festival de cine de Donostia. El comedor, de línea funcional, también recurre al 7º arte para su ambientación.

XX **Miramón Arbelaitz** (José María Arbelaitz)
Mikeletegi 53 (Miramón Parkea) ✉ 20009 – ☎ 943 30 82 20 – www.arbelaitz.com – cerrado 22 diciembre-9 enero, 15 días en Semana Santa, 25 julio-8 agosto, domingo, lunes noche y martes noche BX**z**
Rest – Menú 30/64 € – Carta 52/85 €
Espec. Verduras asadas sobre sabayón de berenjenas. Merluza al vapor, maridaje de pimientos amarillos y pil-pil. Juego de queso, manzana y membrillo.
♦ Se encuentra en pleno parque tecnológico, con un pequeño bar a la entrada y una única sala de ambiente funcional-actual distribuida en diferentes alturas. Su chef-propietario elabora varios menús y una atractiva carta de cocina actual con bases tradicionales.

al Oeste :

Barceló Costa Vasca
Pío Baroja 15 ✉ 20008 – ☎ 943 31 79 50 – www.barcelo.com AV**m**
196 hab – ††80/350 €, ☕ 20 € – 7 suites
Rest – *(cerrado domingo en invierno)* Menú 24 €
♦ Presenta un buen hall, una zona social de aire moderno y habitaciones actuales, con los suelos en tarima, mobiliario funcional y ducha de hidromasaje en la mitad de los baños. En el restaurante, de gran capacidad, se cocina a la vista del cliente.

NH Aránzazu hab,
Vitoria-Gasteiz 1 ✉ 20018 – ☎ 943 21 90 77 – www.nh-hotels.com AV**b**
176 hab – ††64/215 €, ☕ 15 € – 4 suites
Rest – *(cerrado domingo noche) (solo menú)* Menú 25/30 €
♦ Cercano a la playa de Ondarreta. En conjunto resulta bastante funcional, con una importante zona de salones y correctas habitaciones, las renovadas en una línea NH más actual. El restaurante propone un interesante menú y diversas sugerencias diarias.

San Sebastián rest,
Zumalakarregi hir 20 ✉ 20008 – ☎ 943 31 66 60 – www.hotelsansebastian.net AV**r**
90 hab – †75/170 € ††80/205 €, ☕ 17 € – 3 suites
Rest – Menú 18 € – Carta 23/38 €
♦ Hotel de línea clásica-actual emplazado a unos 200 m de la playa de Ondarreta. Disfruta de una completa zona social y habitaciones bien equipadas, con mobiliario de calidad. Su elegante y amplia cafetería cuenta con un pequeño comedor integrado en la misma.

La Galería sin rest
Kristina Infantaren 1 ✉ 20008 – ☎ 943 21 60 77 – www.hotellagaleria.com AV**n**
23 hab – †65/110 € ††110/135 €, ☕ 6 €
♦ Marco acogedor en un edificio de finales del s. XIX equipado con mobiliario de época. Sus habitaciones, elegantes y confortables, homenajean a reconocidos artistas.

Codina sin rest
Zumalakerregi 21 ✉ 20008 – ☎ 943 21 22 00 – www.hotelcodina.es
65 hab – †65/132 € ††70/165 €, ☕ 13 € AV**a**
♦ Presenta un aspecto moderno y actual, por lo que es una buena opción cerca de la playa. Correcta zona social, con cafetería pública, y habitaciones de completo equipamiento.

Avenida sin rest
Igeldo pasealekua 55 ✉ 20008 – ☎ 943 21 20 22 – www.hotelavenida.net – 15 marzo-8 diciembre AV**f**
47 hab – †60/160 € ††60/175 €, ☕ 11 €
♦ Disfruta de una situación dominante, con vistas a la ciudad. De larga trayectoria y eficiente organización, va renovando sus instalaciones poco a poco. Correcto equipamiento.

ESPAÑA

XXXX **Akelaŕe** (Pedro Subijana)

✿✿✿ *paseo del Padre Orcolaga 56, (barrio de Igueldo), 7,5 km por Igeldo pasealekua* ✉ *20008 – ✆ 943 31 12 09 – www.akelarre.net – cerrado febrero, del 1 al 15 de octubre, martes salvo julio-diciembre, domingo noche y lunes salvo festivos o vísperas*

Rest – Menú 145 € – Carta 94/155 €

Espec. Carpaccio de pasta, piquillo e ibérico con setas y parmesano. Caja de bacalao "desalao" con virutas. Fresón en capas con nata.

♦ Esta casa combina sus hermosas vistas al mar con un magnífico servicio de mesa. De sus fogones surge una propuesta gastronómica excepcional, de corte creativo pero sin negar las raíces tradicionales, con los sabores muy bien marcados y las texturas definidas.

XX **Rekondo**

Paseo de Igueldo 57 ✉ *20008 – ✆ 943 21 29 07 – www.rekondo.com – cerrado del 11 al 24 de junio, del 5 al 28 de noviembre, martes noche (salvo julio-agosto) y miércoles* AV**f**

Rest – Carta 44/63 €

♦ Caserío situado en la subida al monte Igueldo, con una sala clásica-funcional, dos privados y una bodega realmente excepcional. Cocina vasca, buenos productos y parrilla.

XX **Xarma**

av. de Tolosa 123 ✉ *20018 – ✆ 943 31 71 62 – www.xarmajatetxea.com – cerrado domingo noche, lunes y martes noche* AX**x**

Rest – Menú 40/65 € – Carta 48/64 €

♦ Llevado por el matrimonio propietario, que como cocineros se ocupan de los fogones. Ofrece dos salas actuales, al igual que su cocina, con sabores y texturas bien combinados.

XX **Branka**

paseo Eduardo Chillida 13 ✉ *20008 – ✆ 943 31 70 96 – www.branka-tenis.com – cerrado domingo* AV**c**

Rest – Carta 40/65 €

♦ Tiene un emplazamiento privilegiado, en la playa de Ondarreta y junto al Peine de los vientos. Cocina actual y de temporada, con detalles de asador y pescados a la parrilla.

X **Agorregi**

Portuetxe bidea 14 ✉ *20008 – ✆ 943 22 43 28 – www.agorregi.com – cerrado Navidades, 20 agosto-4 septiembre y domingo* AX**a**

Rest – *(solo almuerzo salvo jueves, viernes y sábado)* Menú 20/37 € – Carta 29/40 €

♦ El local dispone de una pequeña barra a la entrada, con algunas mesas donde también sirven comidas, y al fondo el comedor, de línea actual. Cocina vasca con detalles actuales.

DURANGO – **Vizcaya** – **573** C22 – **28 261 h.** – **alt. 119 m** **25** B3

Madrid 425 – Bilbao 34 – Donostia-San Sebastián 71 – Vitoria-Gasteiz 40

Lariz Torre 2, ✆ 94 603 39 38, www.durango-udala.net

G.H. Durango hab,

Gasteiz bidea 2 ✉ *48200 – ✆ 946 21 75 80 – www.granhoteldurango.com*

66 hab – ††77/162 €, ☕ 14 € – 2 suites

Rest – *(cerrado domingo noche)* Menú 21 €

♦ Construcción tipo palacete en la que se combinan los materiales de calidad y el buen gusto decorativo. Zona social de elegante clasicismo y habitaciones de estética actual. El restaurante goza de un correcto montaje y trabaja con carnes de su propia ganadería.

EA – Vizcaya – **573** B22 – **897 h.** – **alt. 100 m** **25** B3

Madrid 434 – Bilbao 52 – Donostia-San Sebastián 70 – Vitoria-Gasteiz 82

en Natxitua Noroeste : 3,5 km

Ermintxo con hab hab, rest,

barrio Elejalde ✉ 48311 Natxitua – ✆ 946 27 77 00 – cerrado noviembre

9 hab – 45 € 55 €, 6 €

Rest – *(cerrado lunes noche y martes salvo verano)* Carta aprox. 35 €

◆ Está ubicado en un edificio actual que destaca por sus magníficas vistas al mar. Ambiente familiar, montaje clásico-funcional y elaboraciones de gusto regional-tradicional. Sus habitaciones, bastante acogedoras, gozan de un buen confort general.

ECHEDO – Santa Cruz de Tenerife – ver Canarias (El Hierro) : Valverde

ÉCIJA – Sevilla – **578** T14 – **40 534 h.** – **alt. 101 m** **1** B2

Madrid 458 – Antequera 86 – Cádiz 188 – Córdoba 51

Elvira 1a, ✆ 95 590 29 33, www.turismoecija.com

Localidad★ – Iglesia de Santiago★ (retablo★) – Iglesia de San Juan (torre★) – Palacios de Benamejí, Peñaflor y Valdehermoso (fachadas★)

Infanta Leonor hab,

av de los Emigrantes 43 ✉ 41400 – ✆ 954 83 03 03 – www.hotelinfantaleonor.com

29 hab – 70/105 € 81/119 €, 7 €

Rest – Carta 22/41 €

◆ Hotel de diseño actual y carácter urbano que sorprende en una ciudad como Écija. Entre sus estancias destacan las suites temáticas: Marrakech, New York, Balinesa, Versalles... Su restaurante, que está abierto al jardín, ofrece una carta de tinte tradicional.

Platería hab, rest,

Platería 4 ✉ 41400 – ✆ 955 90 27 54 – www.hotelplateria.net

18 hab – 40/55 € 55/88 €, 2 € **Rest** – Carta 15/21 €

◆ Este céntrico hotel ofrece tranquilas habitaciones de línea clásica, con correctos baños y mobiliario lacado en tonos blancos. La zona noble ocupa un luminoso patio cubierto. En el restaurante encontrará una carta tradicional y un económico menú del día.

EIBAR – Guipúzcoa – **573** C22 – **27 378 h.** – **alt. 120 m** **25** B2

Madrid 439 – Bilbao 46 – Iruña/Pamplona 117 – Donostia-San Sebastián 55

Arrate rest,

Ego Gain 5 ✉ 20600 – ✆ 943 20 72 42 – www.hotelarrate.com

88 hab – 64/76 € 80/91 €, 8 €

Rest – *(solo menú)* Menú 15 €

◆ Resulta céntrico y funcional. Este hotel distribuye sus habitaciones en siete plantas, todas con los suelos en tarima, correcto confort en su categoría y los baños renovados.

Chalcha

Isasi 7 ✉ 20600 – ✆ 943 20 11 26 – www.restaurantechalcha.com – cerrado agosto, domingo noche y lunes

Rest – Carta 35/52 €

◆ Restaurante vasco con la dueña al frente de los fogones. De estilo clásico-regional y escasa amplitud, posee un mobiliario y un servicio de mesa que dan la talla.

EIVISSA – Balears – ver Balears

El EJIDO – Almería – **578** V21 – **85 389 h.** – **alt. 140 m** **2** D2

Madrid 586 – Almería 32 – Granada 157 – Málaga 189

R.A.C.E. carret. Almerimar, Centro Comercial Copo, local 34 ✆ 950 48 94 25

Almerimar, Sur : 10 km, ✆ 950 60 77 68

ESPAÑA

XXX **La Costa** (José Álvarez)
Bulevar 48 ✉ 04700 – ✆ 950 48 17 77 – www.restaurantelacosta.com – cerrado domingo y martes noche
Rest – Menú 42 € – Carta 35/52 €
Espec. Emulsión de tomate raf con gamba y aceite de trufa blanca (diciembre-mayo). Manitas de cerdo deshuesadas con setas y foie. Fluido de chocolate negro con helado de leche merengada.
♦ Presenta varios privados, sugerentes expositores y un comedor clásico-actual dominado por una atractiva bodega acristalada. Cocina de tinte tradicional basada en la excelente calidad de sus productos, especialmente los pescados y mariscos.

XX **La Pampa**
pl. de la ONU 2 ✉ 04700 – ✆ 950 48 25 25 – www.restaurante-lapampa.com – cerrado agosto y domingo
Rest – Carta 30/40 €
♦ Salón de estilo clásico, decorado con plantas y de correcto montaje, donde podrá degustar sus sabrosas carnes a la brasa. Buen servicio de mesa con la dueña al frente.

ELCHE – Alicante – ver Elx

ELCIEGO – Álava – 573 E22 – 1 051 h. – alt. 450 m

25 A3

Madrid 356 – Vitoria-Gasteiz 77 – Logroño 31 – Iruña/Pamplona 115

Marqués de Riscal hab, rest,
Torrea 1 - Bodegas Marqués de Riscal ✉ 01340 – ✆ 945 18 08 88 – www.hotel-marquesderiscal.com – cerrado del 3 al 31 de enero
43 hab – 300/875 €
Rest *Marqués de Riscal* – ver selección restaurantes
Rest *Bistró 1860* – Carta aprox. 55 €
♦ Forma parte del impresionante edificio creado por Frank O. Gehry para albergar las bodegas de las que toma su nombre, con habitaciones de lujoso diseño y un moderno SPA. También posee dos restaurantes, uno gastronómico y otro tradicional llamado Bistró 1860.

XXXX **Marqués de Riscal** – Hotel Marqués de Riscal
Torrea 1 - Bodegas Marqués de Riscal ✉ 01340 – ✆ 945 18 08 88 – www.hotel-marquesderiscal.com – cerrado del 8 al 31 de enero
Rest – *(cerrado domingo y lunes) (solo menú)* Menú 75/91 €
Espec. Cuajada de foie-gras con caviar de vino tinto. Merluza confitada a 45º sobre pimientos asados y sopa de arroz. Costillar de cordero cocinado a baja temperatura sobre pastel de patata y cebolla.
♦ Presenta una sala realmente singular, con un excelente montaje. Su cocina creativa de bases tradicionales se ve traducida en dos menús degustación, uno innovador y otro más tradicional. ¡Permiten extraer platos a la carta de ambos menús!

ELDA – Alicante – 577 Q27 – 54 815 h. – alt. 395 m

16 A3

Madrid 381 – Albacete 134 – Alacant/Alicante 37 – Murcia 80

AC Elda hab,
pl. de la Ficia ✉ 03600 – ✆ 966 98 12 21 – www.ac-hotels.com
88 hab – 55/150 €, 10 € – 2 suites
Rest – *(cerrado domingo noche)* Carta 30/46 €
♦ Combina perfectamente la actualidad y la funcionalidad, presentándose con una zona social de estética moderna y unas confortables habitaciones, todas al estilo de la cadena. El restaurante, actual y con mucha luz natural, ofrece una carta de corte tradicional.

X **Fayago**
Colón 19 ✉ 03600 – ✆ 965 38 10 13 – cerrado 21 días en agosto, domingo noche, lunes, martes noche y miércoles noche
Rest – Carta aprox. 35 €
♦ Presenta una estética actual, con un vivero de marisco a la entrada y una sala diáfana, dotada con una barra lateral que funciona como bar. Carta de producto a buen precio.

ESPAÑA

ELIZONDO - Navarra - **573** C25 - **alt. 196 m** **24** B1

Madrid 497 - Iruña/Pamplona 51 - Vitoria-Gasteiz 144 - Logroño 146

X **Santxotena**

Pedro Axular ✉ 31700 - ✆ 948 58 02 97 - www.santxotena.net
- cerrado Navidades, del 1 al 15 de septiembre y lunes
Rest - *(solo almuerzo salvo sábado y verano)* Carta 22/41 €
♦ El esmerado servicio de mesa, la amable atención y el cálido ambiente familiar son valores en alza en este restaurante, donde sirven una carta de elaboración tradicional.

ELOSU - Álava - **573** D21 - **100 h.** **25** A2

Madrid 369 - Vitoria-Gasteiz 22 - Logroño 111 - Bilbao 57

Haritz Ondo

hab, rest,

Elosu 20 ✉ 01170 - ✆ 945 45 52 70 - www.hotelharitzondo.es
15 hab - 55/58 € 77 €
Rest - *(cerrado 20 diciembre-31 enero y lunes)* Menú 17 €
♦ Ocupa un tranquilo caserío completamente restaurado, de ambiente acogedor y con decoración rústica. Sus confortables habitaciones poseen mobiliario antiguo y baños actuales. El espacioso restaurante acristalado dispone de excelentes vistas al parque natural.

ELX (ELCHE) - Alicante - **577** R27 - **230 822 h.** - **alt. 90 m** **16** A3

Madrid 406 - Alacant/Alicante 24 - Murcia 57
Plaça del Parc 3, ✆ 96 665 81 96, www.turismedelx.com
R.A.C.E. Jacarilla, Centro Comercial L'Aljub ✆ 96 543 40 96
El Palmeral★★ YZ - Huerto del Cura★★ Z- Parque Municipal★ Y - Basílica de Santa María (portada★) Y

Plano página siguiente

Huerto del Cura

hab,

Porta de la Morera 14 ✉ 03203 - ✆ 966 61 00 11
- www.huertodelcura.com Z**c**
71 hab - 71/150 €, 12 € - 10 suites
Rest *Els Capellans* - Carta 31/50 €
♦ Se presenta con una zona social de estilo urbano, un bar bastante moderno y las habitaciones, tipo bungalows y de confort actual, distribuidas por el palmeral. El restaurante, de cuidado montaje y con una carta actual, se ve apoyado por una agradable terraza.

Jardín Milenio

hab,

Prolongación de Curtidores ✉ 03203 - ✆ 966 61 20 33 - www.hotelmilenio.com
- cerrado 7 enero-7 febrero Z**b**
70 hab - 65/130 €, 9 € - 1 suite
Rest *La Taula del Milenio* - *(cerrado domingo noche y lunes)* Carta 34/47 €
♦ Su ubicación, en pleno palmeral, le brinda la tranquilidad y sosiego que su trabajo precisa. Ofrece habitaciones espaciosas y bien iluminadas, en un entorno privilegiado. El restaurante propone una carta tradicional actualizada, con un apartado de arroces.

XXX **La Magrana**

av. de Alicante 109 ✉ 03202 - ✆ 965 45 82 16 - www.restaurantelamagrana.com
- cerrado domingo noche y lunes salvo festivos X**v**
Rest - Carta 35/50 €
♦ Precedido de una bonita zona ajardinada. Presenta unas salas de cuidado montaje, con detalles de diseño en la decoración y una cocina actual basada en el producto regional.

X **Asador Ilicitano**

Maestro Giner 9 ✉ 03201 - ✆ 965 43 58 64 - www.asadorilicitano.com
- cerrado del 15 al 31 de agosto y domingo X**t**
Rest - Carta 30/43 €
♦ Negocio de ambiente rústico y buen montaje, con una pequeña barra a la entrada y la sala repartida en dos espacios. Su carta tradicional presenta sabrosos asados.

ELX / ELCHE

Alfonso XII . . . . Z 3
Almórida . . . . Z 4
Antonio Machado (Av. d') X, Z 6
Baix (Pl. de) . . . . Z 7
Bassa dels Moros (Camí) . . Y 8
Camino del Gato . . . . Z 13
Camino de l'Almassera . . . . Z 12
Camí dels Magros . . . . X 10
Canalejas (Puente de) . . . . . Z 15
Clara de Campoanor . . . . . . Y 16
Conrado del Campo . . . . . . Z 17
Corredora . . . . Z
d'Alacant (Av.) . . . . X 2
Diagonal del Palau . . . . Y 18
Eres de Santa Llucia . . . . . . Y 19
Escultor Capuz . . . . Z 20
Estació (Pas. de l') . . . . Y 21
Federico García Lorca . . X, Z 23
Fernanda Santamaría . . . . . Z 24
Fray Luis de Léon . . . . X 25
Jiménez Díaz (Doctor) . . . . . Y 28
Jorge Juan . . . . YZ 29
José María Pemán . . . . Z 31
Juan Ramón Jiménez . . . . . . Z 32
Luis Gonzaga Llorente . . . . Y 33
Maestro Albéniz . . . . Y 35
Major de la Vila . . . . Y 36
Marqués de Asprella . . . . . . Y 37
Ntra Sra de la Cabeza . . . . . Y 39
Pont dels Ortissos . . . . Y 40
Porta d'Alacant . . . . Y 41
Rector . . . . Z 43
Reina Victoria . . . . Z
Santa Anna . . . . Z 45
Santa Pola (Av. de) . . . . X, Y 47
Santa Teresa (Puente) . . . . Z 48
Sant Joan (Pl. de) . . . . Z 44
Sucre . . . . X 49
Tomás i Valiente . . . . X 50
Vicente Blasco Ibáñez . . . . . Y 51
Xop Il. Licitá . . . . Z 52

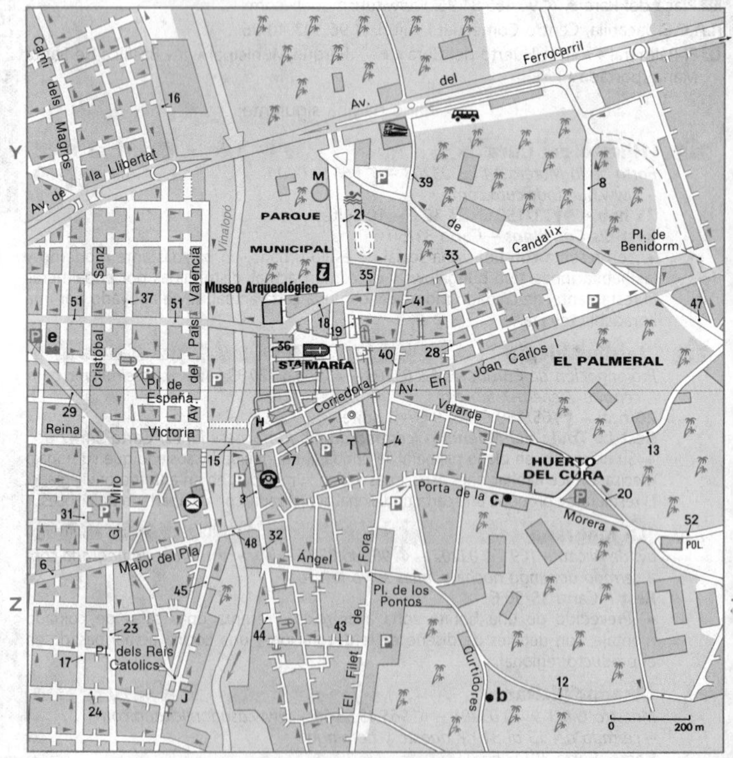

Mesón El Granaíno
Josep María Buck 40 ✉ 03201 – ☎ 966 66 40 80 – www.mesongranaino.com – cerrado 15 días en agosto y domingo Ye
Rest – Carta 30/43 €
♦ Disfruta de un concurrido bar público, dotado con una excelente barra, así como dos salas bien acondicionadas y un comedor-bodega en el sótano. Cocina de base tradicional.

Mesón El Granaíno
Josep María Buck 40 ✉ 03201 – ☎ 966 66 40 80 – www.mesongranaino.com – cerrado del 16 al 31 de agosto y domingo Ye
Rest – Tapa 3 € – Ración aprox. 6 €
♦ Una buena opción para tomar tapas o raciones, ya que siempre trabaja con productos de gran calidad. Basa la mayor parte de sus pinchos en los pescados y mariscos de la zona.

en la carretera N 340 por ①: 5 km

La Masía de Chencho
partida de Jubalcoy 1-9 ✉ 03295 Elx – ☎ 965 45 97 47 – www.lamasiadechencho.com – cerrado domingo noche
Rest – Carta 35/49 €
♦ Instalado en una antigua masía. Tanto en su sala principal, de elegante aire rústico, como en sus privados podrá degustar una cocina de base tradicional con platos actuales.

por la carretera de El Altet X Sureste : 4,5 km y desvío a la derecha 1 km

La Finca (Susi Díaz)
partida de Perleta 1-7 ✉ 03295 Elx – ☎ 965 45 60 07 – www.lafinca.es – cerrado domingo noche y martes noche de enero-junio, domingo en verano y lunes
Rest – Menú 60/90 € – Carta 51/65 €
Espec. Cohombros de mar, guisantes tiernos, pil-pil de hierbas y pequeños brotes. Lomo de caballa con escabeche de verduras, pimientos y patata morada. Diferentes versiones de interpretar el chocolate.
♦ Bonita casa de campo rodeada por una terraza ajardinada. Posee un moderno hall de entrada y un comedor de ambiente rústico, con elementos actuales, donde prestan atención a todos los detalles. Atractiva carta de base regional con toques actuales y creativos.

EMPURIABRAVA – Girona – **574** F39 – **2 877 h.** – **Playa** **14** D3

Madrid 752 – Figueres 15 – Girona/Gerona 52
Pompeu Fabra, ☎ 972 45 08 02, www.castello.cat
Urbanización ★

Port Salins
av. Fages de Climent 10-15 ✉ 17487 – ☎ 902 45 47 00 – www.hotelportsalins.com
42 hab – †78/180 € ††95/210 €, ☕ 17 €
Rest *Noray* – ver selección restaurantes
♦ Destaca su emplazamiento, junto al amarre de los yates en un canal. Zona social con ascensor panorámico y habitaciones funcionales de atrevido diseño, la mayoría con terraza.

Noray – Hotel Port Salins
av. Fages de Climent 10-15 ✉ 17487 – ☎ 902 45 47 00 – www.hotelportsalins.com
Rest – Carta 40/68 €
♦ Si por algo destaca sobre manera es por su singular emplazamiento, con una agradable terraza junto al canal principal y un interior muy cuidado de montaje clásico-actual. Cocina creativa de raíces mediterráneas y completísima bodega.

ERRATZU - Navarra - 573 C25 **24** B1

Madrid 457 – Donostia-San Sebastián 72 – Iruña/Pamplona 58

en la carretera de Pamplona Oeste : 1,5 km

Casa Kordoa sin rest

31714 Erratzu – 948 45 32 22 – www.kordoa.com

6 hab – 42/45 €, 5 €

◆ Atractivo caserío del s. XVIII llevado por sus propietarios. Posee un coqueto salón social y correctas habitaciones, con mobiliario clásico, vigas vistas y baños completos.

ERRENTERIA (RENTERÍA) - Guipúzcoa - 573 C24 - 39 020 h. - alt. 11 m **25** B2

Madrid 463 – Vitoria-Gasteiz 115 – Donostia-San Sebastián 10 – Iruña/Pamplona 90

San Marko, 943 44 96 38, www.oarsoaldea-turismo.net

en el cruce de la carretera de Astigarraga a Oiartzun

Sur : 4 km y desvío 1,5 km

Mugaritz (Andoni Luis Aduriz)

Aldura Aldea 20-Otzazulueta Baserria 20100 Errenteria – 943 52 24 55 – www.mugaritz.com – cerrado 15 diciembre-18 abril, martes mediodía de mayo-septiembre, domingo noche, lunes y martes

Rest – *(solo menú)* Menú 150/200 €

Espec. Sopa de mortero con especias, semillas, hierbas frescas y caldo de pescados. Texturas de pescado de roca. Crema fría de limón con nabo.

◆ Instalado en un antiguo caserío, con un comedor de aire neorrústico y un espacio para la sobremesa en un anexo. Su chef elabora una cocina muy personal, pues procura recuperar los sabores originales a través de técnicas vanguardistas y modernas presentaciones.

ESPAÑA

ERRIBERRI (OLITE) - Navarra - 573 E25 - 3 722 h. - alt. 380 m **24** A2

Madrid 370 – Iruña/Pamplona 43 – Soria 140 – Zaragoza 140

plaza de los Teobaldos 4, 948 74 17 03

Castillo de los Reyes de Navarra★★ – Iglesia de Santa María la Real (fachada★)

Parador de Olite hab,

pl. de los Teobaldos 2 31390 – 948 74 00 00 – www.parador.es

43 hab – 149/160 € 186/200 € **Rest** – Menú 32 €

◆ Instalado parcialmente en un ala del antiguo castillo de los reyes de Navarra. Ofrece elegantes dependencias donde conviven en armonía el pasado histórico y el confort actual. En su comedor podrá descubrir los platos más representativos del recetario regional.

Merindad de Olite sin rest

Rua de la Judería 11 31390 – 948 74 07 35 – www.hotelmerindaddeolite.com

10 hab – 48/68 € 58/78 €, 8 €

◆ Este hotel familiar está construido sobre los restos de una antigua muralla romana y decorado con una cálida rusticidad. Sus habitaciones presentan mobiliario muy variado.

Casa Zanito con hab

Rua Mayor 10 31390 – 948 74 00 02 – www.casazanito.com – cerrado 15 diciembre-15 enero

16 hab – 40/57 € 50/67 €, 5 €

Rest – *(cerrado martes de septiembre-junio, domingo noche en julio-agosto y lunes)* Carta 39/58 €

◆ Casa de esmerado montaje instalada en el casco antiguo de Olite. En su comedor, de ambiente clásico-elegante, podrá degustar una carta de claras raíces locales. Las habitaciones, dotadas con mobiliario de calidad, son un buen complemento para el restaurante.

L'ESCALA - Girona - 574 F39 - 10 387 h. - Playa 14 D3

Madrid 748 - Barcelona 135 - Girona/Gerona 39

pl. de Les Escoles 1, 972 77 06 03

Villa turística★

Empúries★★ (ruinas griegas y romanas) - Emplazamiento★★ Norte : 2 km

Nieves-Mar

rest,

passeig Marítim 8 ✉ 17130 – 972 77 03 00 – www.hotelnievesmar.com – Semana Santa-15 octubre

75 hab – 67/87 € 107/140 €

Rest – Carta 30/58 €

◆ Emplazado a los pies del paseo marítimo, con excelentes vistas al mar y a la bahía. Posee unos exteriores bastante cuidados y habitaciones amplias a la par que funcionales. En su comedor, también con buenas vistas, podrá degustar una cocina tradicional.

El Roser 2

passeig Lluís Albert 1 ✉ 17130 – 972 77 11 02 – www.elroser2.com – cerrado febrero, domingo noche y miércoles

Rest – Menú 45/85 € – Carta 43/70 €

◆ Bien llevado entre hermanos y con una sala que le sorprenderá por sus vistas al mar. Completa carta internacional en la que destacan un menú de degustación y otro de mariscos.

Els Pescadors

Port d'en Perris 5 ✉ 17130 – 972 77 07 28 – www.pescadors.com – cerrado noviembre, domingo noche y jueves salvo julio-agosto

Rest – Menú 20/35 € – Carta 29/58 €

◆ En el casco antiguo y con vistas al mar. Su barra de apoyo da paso a dos salas de buen montaje, ambas clásicas y abovedadas. Carta amplia basada en los productos de la zona.

Miryam con hab

rest,

Ronda del Pedró 4 ✉ 17130 – 972 77 02 87 – cerrado 17 diciembre-11 enero

12 hab – 68/80 €, 10 €

Rest – *(cerrado domingo noche salvo julio-agosto)* Menú 44 € – Carta 32/66 €

◆ Casa familiar que tiene en el restaurante su actividad principal, con un vivero, un bar privado y dos salas de aire rústico. Carta basada en pescados y mariscos de la zona. Como complemento también cuenta con varias habitaciones de estilo rústico-castellano.

ESCALANTE - Cantabria - 572 B19 - 755 h. - alt. 7 m 8 C1

Madrid 479 – Bilbao 82 – Santander 45

San Román de Escalante

rest,

carret. de Castillo, 1,5 km ✉ 39795 – 942 67 77 28 – www.sanromandeescalante.com

16 hab – 146/208 € **Rest** – Carta 34/56 €

◆ Casona montañesa del s. XVII dotada con una bella ermita románica. Sus habitaciones están decoradas en un estilo clásico-elegante, en muchos casos con mobiliario restaurado. Posee dos comedores de aire rústico y excelso montaje, con profusión de madera.

La ESCALONA - Santa Cruz de Tenerife - ver Canarias (Tenerife) : Vilaflor

ESCUNHAU - Lleida - ver Vielha

ESKORIATZA - Guipúzcoa - 573 C22 - 4 055 h. 25 A2

Madrid 387 – Vitoria-Gasteiz 30 – Donostia-San Sebastián 76 – Logroño 123

Azkoaga Enea

Gastañadui 4 ✉ 20540 – ✆ 943 71 45 66 – www.hotelazkoagaenea.com
14 hab – 56/75 € 68/105 € **Rest** – Menú 20/35 €
◆ Ocupa una casa típica considerada como elemento de valor arquitectónico. Aquí encontrará habitaciones actuales personalizadas en su decoración, todas con los suelos en tarima. El comedor, íntimo y también actual, se asoma a un pequeño patio trasero con césped.

ESPASANTE – A Coruña – 571 A6 — 20 C1

Madrid 615 – A Coruña 107 – Lugo 104 – Viveiro 28

Viento del Norte

puerto, Norte : 1 km ✉ 15339 – ✆ 981 40 81 82 – www.vientodelnorte.com – cerrado del 1 al 20 de enero
12 hab – 38/47 € 51/75 €, 5 € – 1 suite
Rest – *(cerrado jueves)* Menú 15 € – Carta 25/40 €
◆ Aparentemente es un hotel más de la zona del puerto, sin embargo goza de cierto encanto y demuestra que cuidan mucho cada detalle. ¡Lo mejor son las habitaciones! En su coqueto restaurante la cocina italiana convive con algún plato tradicional gallego.

Planeta

puerto, Norte : 1 km ✉ 15339 – ✆ 981 40 83 66 – www.restauranteplaneta.es – cerrado 15 días en febrero-marzo y lunes
Rest – Carta 30/52 €
◆ Un negocio que tiene buen nombre gracias a la calidad de sus pescados y mariscos. Ofrece un comedor clásico-funcional, destacando las cinco mesas con vistas a la playa.

ESPINAVESSA – Girona – 574 F38 — 14 C3

Madrid 732 – Barcelona 133 – Girona 35

La Rectoria

La Font 15 ✉ 17747 – ✆ 972 55 37 66 – www.larectoriaespinavessa.com – cerrado del 1 al 15 de julio, 15 días en noviembre, domingo noche y lunes
Rest – *(solo almuerzo en invierno salvo fin de semana)* Menú 35/45 € – Carta 27/47 €
◆ Ocupa una casa rehabilitada en un pequeño pueblo de paso. Sorprende por su interior, ya que combina las partes originales de la casa, como las bóvedas de ladrillo, con otras de diseño moderno. Cocina actual y de mercado.

ESPINOSA DE CERVERA – Burgos – 575 G19 – 102 h. – alt. 1 028 m — 12 C2

Madrid 205 – Valladolid 137 – Burgos 91 – Soria 107

La Parada del Cid

La Era ✉ 09610 – ✆ 947 53 43 16 – www.laparadadelcid.com
15 hab – 70 €, 7 € – 6 apartamentos **Rest** – Menú 24 €
◆ Se presenta con un saloncito social y espaciosas habitaciones, unas de aire rústico y otras, tipo dúplex y más actuales, en un anexo. Gran piscina cubierta. El restaurante, de techos altos, recrea un ambiente castellano y tiene un horno de asar a la vista.

ESPINOSA DE LOS MONTEROS – Burgos – 575 C19 – 2 094 h. — 12 C1

Madrid 365 – Valladolid 235 – Burgos 118 – Santander 109

Posada Real Torre Berrueza

Nuño de Rasura 5 ✉ 09560 – ✆ 947 14 38 22 – www.torreberrueza.es
8 hab – 60/85 € 78/95 € **Rest** – (reserva aconsejable) Carta 31/55 €
◆ Instalado en una torre rehabilitada del s. XII. Aquí encontrará un salón social con chimenea y habitaciones de ambiente moderno, todas muy coloristas y de buen confort. El restaurante se encuentra en un edificio anexo de nueva construcción. Cocina regional.

en Quintana de los Prados **Sureste: 3,5 km**

El Cajigal sin rest

El Cajigal 69 ✉ 09569 Quintana de los Prados – ✆ 947 12 01 35 – www.elcajigal.com

5 hab – 40 € 50 €, 5 €

◆ Es un establecimiento modesto, sin embargo la tranquilidad está asegurada. Posee una zona social con chimenea y sencillas habitaciones, todas con antiguo mobiliario familiar.

L'ESPLUGA DE FRANCOLÍ – **Tarragona** – **574** H33 – **3 949 h.** – **alt. 414 m** **13** B2

Madrid 521 – Barcelona 123 – Lleida/Lérida 63 – Tarragona 39

pl. Mil.lenari 1, ✆ 977 87 12 20

L'Ocell Francolí rest,

passeig Cañellas 2-3 ✉ 43440 – ✆ 977 87 12 16 – www.ocellfrancoli.com – cerrado del 1 al 15 de enero y del 1 al 15 de julio

12 hab – 30/40 € 50/60 €, 7 €

Rest – *(cerrado domingo noche)* Menú 23/40 €

◆ Instalado en el centro de la localidad, en una antigua fonda renovada. Sus dependencias, que resultan sencillas pero acogedoras, poseen mobiliario provenzal. Comedor clásico funcional donde proponen una carta variada y atenta a las especialidades regionales.

ESPLUGUES DE LLOBREGAT – **Barcelona** – **ver Barcelona : Alrededores**

ESPONELLÀ – **Girona** – **574** F38 – **461 h.** – **alt. 142 m** **14** C3

Madrid 739 – Figueres 19 – Girona/Gerona 29

Can Roca

av. Carlos de Fortuny 1 ✉ 17832 – ✆ 972 59 70 12 – cerrado 1ª quincena de marzo, 2ª quincena de septiembre y martes

Rest – *(solo almuerzo en invierno salvo fines de semana)* Menú 23 € – Carta aprox. 35 €

◆ Negocio de atención familiar dotado con una barra de apoyo, dos comedores clásicos y una agradable terraza de verano. ¡Encontrará unos platos de sabor local y deliciosos guisos, estos elaborados aún en cocina de leña!

ESQUEDAS – **Huesca** – **574** F28 – **74 h.** – **alt. 509 m** **4** C1

Madrid 404 – Huesca 14 – Iruña/Pamplona 150

Venta del Sotón

carret. A 132 ✉ 22810 – ✆ 974 27 02 41 – www.ventadelsoton.com – cerrado 7 enero-7 febrero, domingo noche, lunes y martes noche

Rest – Carta 40/60 €

◆ Esta casa a modo de venta posee un buen bar, una gran sala circular, presidida por una parrilla central, y varios comedores de aire rústico. Elaboraciones tradicionales.

L'ESTARTIT – **Girona** – **574** F39 – **1 994 h.** – **Playa** **15** B1

Madrid 745 – Figueres 39 – Girona/Gerona 35

passeig Marítim, ✆ 972 75 19 10, www.visitestartit.com

Islas Medes★★ (en barco)

Bell.Aire

Església 39 ✉ 17258 – ✆ 972 75 13 02 – www.hotelbellaire.com – Semana Santa- octubre

70 hab – 30/44 € 50/78 € **Rest** – Menú 11 €

◆ Hotel de atención familiar profesional y línea clásica. Posee un amplio hall y habitaciones funcionales, con los baños limpios aunque algo anticuados. En su restaurante encontrará una carta de tinte casero y un correcto menú.

ESPAÑA

Cal Tet
Santa Anna 38 ✉ 17258 – ✆ 972 75 11 79 – www.caltet.com – cerrado 20 diciembre-enero
11 hab – 44/65 € 54/98 € **Rest** – Menú 30/60 €
◆ Se encuentra en una calle bastante céntrica y tiene la recepción en la barra de una marisquería, donde tuvo origen al negocio. Habitaciones de estilo funcional-actual. El restaurante, de ambiente rústico, ofrece una carta típica de pescados y mariscos.

ESTEIRO – A Coruña – 571 D3 – Playa 19 A2

Madrid 648 – Santiago de Compostela 49 – A Coruña 96 – Pontevedra 80

Punta Uia
carret. AC 550, Sureste : 1,5 km ✉ 15240 – ✆ 981 85 50 05 – www.hotelpuntauia.com – cerrado 22 diciembre-8 enero
10 hab – 55/83 € 83/97 €, 6 €
Rest *A Lareira* – *(cerrado lunes)* Menú 30 € – Carta 32/44 €
◆ Este hotel goza de gran encanto, ya que disfruta de bellos hórreos e idílicas vistas a la ría. Entre sus habitaciones, todas detallistas, destacan las tres con terraza. En su restaurante, bastante coqueto, podrá degustar una carta tradicional bien elaborada.

Muiño
Ribeira de Mayo - carret. AC 550 ✉ 15240 – ✆ 981 76 38 85 – www.restaurantemuino.com – cerrado del 8 al 25 de noviembre y lunes salvo verano
Rest – Carta 23/35 €
◆ Restaurante de sencillo montaje en estilo clásico funcional, con buen vivero de mariscos, una sala para el menú y otra a la carta. Su plato estrella es el bogavante con arroz.

ESTELLA – Navarra – ver Lizarra

ESTEPONA – Málaga – 578 W14 – 66 150 h. – Playa 1 A3

Madrid 640 – Algeciras 51 – Málaga 85
av. San Lorenzo 1, ✆ 95 280 20 02, www.estepona.es
El Paraíso, Noreste : 13 km por N 340, ✆ 95 288 38 46
Localidad★ – Casco antiguo★

El Palangre
Colón 20 ✉ 29680 – ✆ 952 80 58 57 – cerrado 15 días en febrero, 15 días en noviembre y miércoles
Rest – Carta 23/38 €
◆ Está en una zona alta de la ciudad, por lo que ofrece vistas parciales al mar. Agradable terraza, decoración marinera y una cocina especializada en pescados y mariscos.

por la autovía de Málaga

La Alcaría de Ramos
urb. El Paraíso, Noreste : 11,5 km y desvío 1,5 km ✉ 29688 Cancelada – ✆ 952 88 61 78 – www.laalcariaderamos.es – cerrado domingo
Rest – *(solo cena)* Carta 23/37 €
◆ El negocio, llevado con amabilidad entre dos hermanos, se presenta con un agradable comedor principal, donde esperan al comensal con la chimenea encendida. Carta tradicional.

en la carretera de Cádiz N 340 Suroeste : 5 km

La Menorah
urb. Arena Beach ✉ 29680 Estepona – ✆ 952 79 27 34 – cerrado 7 enero-7 febrero y lunes
Rest – Carta aprox. 35 €
◆ Encontrará una agradable terraza, un pequeño hall y una sala de cuidado montaje, con las paredes en tonos blancos. Amplia carta de cocina tradicional con pescados de la zona.

ESPAÑA

ESTERRI D'ÀNEU - Lleida - 574 E33 - 946 h. - alt. 957 m 13 B1

Madrid 624 - Lleida/Lérida 168 - La Seu d'Urgell/Seo de Urgel 84

Major 40 bis, ✆ 973 62 63 45

Vall d'Àneu★★

Iglesia de Sant Joan d'Isil★ Noroeste : 9 km

La Creu sin rest

Major 3 ✉ 25580 - ✆ 973 62 64 37 - www.pensiolacreu.com - cerrado noviembre

21 hab - 26/28 € 48/52 €

◆ Céntrica pensión familiar dotada de habitaciones no muy espaciosas, aunque de buen confort actual, la mayoría adaptadas para minusválidos. Zona social nueva y amplia.

Els Puis con hab

av. Dr. Morelló 13 ✉ 25580 - ✆ 973 62 61 60 - www.hotelpuis.com - cerrado mayo y 2ª quincena de octubre

6 hab - 26/32 € 32/40 €, 6 €

Rest - *(cerrado domingo noche y lunes salvo verano)* Carta 21/44 €

◆ Acogedora casa familiar en la que podrá degustar una cocina de tintes creativos. Su atento servicio de mesa se enriquece con una amplia selección de vinos y licores. Las habitaciones que complementan este negocio resultan muy sencillas, sin embargo destacan por su limpieza y mantenimiento.

A ESTRADA - Pontevedra - 571 D4 - 21 828 h. 19 B2

Madrid 599 - Ourense 100 - Pontevedra 44 - Santiago de Compostela 23

Nixon

av. de Puenteareas 4 ✉ 36680 - ✆ 986 57 02 61 - www.restaurantenixon.com - cerrado del 10 al 30 de noviembre, domingo noche y lunes

Rest - Carta 26/43 €

◆ Negocio de larga trayectoria familiar dotado con un bar público y una sala de línea funcional. Ofrece una carta tradicional que destaca por su apartado de platos con salmón.

ETXALAR - Navarra - 573 C25 - 827 h. - alt. 100 m 24 B1

Madrid 494 - Biarritz 48 - Iruña/Pamplona 65 - Donostia-San Sebastián 40

en la carretera N 121 A Oeste : 4 km

Venta de Etxalar hab,

✉ 31760 Etxalar - ✆ 948 63 50 00 - www.etxalar.com - cerrado 23 diciembre-15 enero

39 hab - 45/57 € 70/80 €

Rest - *(solo almuerzo salvo viernes y sábado)* Menú 10 €

◆ Cercano a la carretera y con un buen parking exterior. Ofrece un salón social y habitaciones de correcto confort, todas de línea clásica y con el mobiliario macizo en roble. El restaurante, de ambiente rústico, propone una cocina de gusto tradicional.

EZCARAY - La Rioja - 573 F20 - 2 098 h. - alt. 813 m - Deportes de invierno en Valdezcaray : 9 21 A2

Madrid 316 - Burgos 73 - Logroño 61 - Vitoria-Gasteiz 80

Sagastía 1, ✆ 941 35 46 79, www.ezcaray.org

Echaurren

Padre José García 19 ✉ 26280 - ✆ 941 35 40 47 - www.echaurren.com - cerrado del 17 al 25 de diciembre

25 hab - 60/150 € 90/180 €, 9 €

Rest *El Portal* **Rest *Echaurren*** - ver selección restaurantes

◆ Hotel de tradición familiar con prestigio en la región. Excelente organización, correcta zona social, bar de línea actual y habitaciones de adecuado confort.

Palacio Azcárate sin rest

Padre José García 17 ✉ 26280 – ✆ 941 42 72 82 – www.palacioazcarate.com – cerrado del 12 al 30 de noviembre

23 hab – 60/100 € 75/128 € – 1 suite

◆ Está formado por dos edificios de aire señorial. Sus habitaciones resultan muy confortables, con mobiliario de calidad y los suelos en tarima. Agradable terraza-jardín.

El Portal (Francis Paniego) – Hotel Echaurren

Padre José García 19 ✉ 26280 – ✆ 941 35 40 47 – www.echaurren.com – cerrado del 17 al 26 de diciembre, 9 enero-8 febrero, martes salvo julio-diciembre, domingo noche y lunes

Rest – Menú 60/80 € – Carta 49/57 €

Espec. Carpaccio de gamba roja con tartar de tomate y ajo blanco. Espárragos blancos sobre una mahonesa de perrechicos. Merluza a la romana confitada sobre pimientos asados y sopa de arroz.

◆ En los bajos del hotel familiar, con un interior de estética minimalista y muchos detalles de diseño. Su cocina fusiona, con gran maestría, lo tradicional y lo creativo. Solo presenta dos menús degustación, pudiendo extraer de ellos los platos a la carta.

Casa Masip con hab

Academia Militar de Zaragoza 6 ✉ 26280 – ✆ 941 35 43 27 – www.casamasip.com – cerrado del 15 al 30 de noviembre

12 hab – 50/60 € 70/90 €

Rest – *(cerrado martes) (solo almuerzo salvo viernes, sábado, Semana Santa y verano)* Menú 40 € – Carta 24/42 €

◆ Instalado en una casa solariega. Posee un comedor rústico-actual, con algunas paredes en piedra y vigas de madera. En su carta encontrará platos actuales y de gusto regional. Como complemento ofrece un buen salón social y unas habitaciones neorrústicas.

Echaurren – Hotel Echaurren

Padre José García 19 ✉ 26280 – ✆ 941 35 40 47 – www.echaurren.com – cerrado del 19 al 25 de diciembre

Rest – *(cerrado domingo noche salvo julio-agosto)* Menú 20/45 € – Carta 38/52 €

◆ Este restaurante, que fue la piedra angular del negocio, hoy se presenta como el templo que guarda la memoria gastronómica de toda una vida y una profesión, la de su chef-propietaria Marisa Sánchez. Completa carta tradicional con dos menús.

en Zaldierna Sur : 5 km

Río Zambullón sin rest

del Molino ✉ 26289 Zaldierna – ✆ 941 35 41 70 – www.riozambullon.com

6 hab – 64/80 €

◆ Casa típica construida en piedra. Tiene un salón con chimenea y las habitaciones distribuidas en dos plantas, todas con una acogedora decoración rústica y bellos detalles.

FALSET – Tarragona – 574 I32 – 2 935 h. – alt. 364 m 13 A3

Madrid 518 – Lleida/Lérida 96 – Tarragona 43 – Tortosa 66

Bonaventura Pascó, ✆ 977 83 10 23

Localidad★

Sport

Miquel Barceló 6 ✉ 43730 – ✆ 977 83 00 78 – www.hotel-hostalsport.com

29 hab – 70 € 90 € **Rest** – Menú 25 € – Carta 22/32 €

◆ Antiguo hostal de línea neorrústica que dispone de habitaciones con suelos en moqueta, mobiliario funcional y espaciosos baños. Confortable salón social. El comedor ofrece gran variedad de platos y una carta de vinos que destaca por su selección de Prioratos.

ESPAÑA

XX **El Celler de L'Aspic**
Miquel Barceló 31 ✉ 43730 – ☎ 977 83 12 46 – www.cellerdelaspic.com – cerrado 15 días en Navidades, 15 días en junio, domingo noche, lunes noche, martes noche y miércoles
Rest – Menú 30 € – Carta 29/35 €
◆ Restaurante de línea moderna centrado en el mundo del vino, con numerosas vitrinas y expositores como parte de su decoración. Cocina tradicional actualizada a buen precio.

FANALS (Playa de) – Girona – ver Lloret de Mar

FANO – Asturias – 572 B13 – 218 h. 5 B1

Madrid 481 – Oviedo 41 – León 152

XX **La Tabla**
camino de Lavandera 60 - carret. AS 248 - km 11 ✉ 33391 – ☎ 985 13 64 56 – www.restaurantelatabla.es – cerrado 15 días en febrero, 15 días en septiembre, lunes noche y martes
Rest – Carta 40/57 €
◆ Conjunto rústico-actual llevado entre hermanos. El comedor ocupa lo que fue la cuadra, con altos techos en madera, chimenea y una bonita bodega acristalada. Cocina actual.

FELECHOSA – Asturias – 572 C13 5 B2

Madrid 467 – Oviedo 52 – Mieres 37 – Gijón 56

De Torres rest,
carret. General 85 ✉ 33688 – ☎ 985 48 70 11 – www.hrdetorres.com
13 hab – 30/40 € 50/60 €, 5 €
Rest – *(cerrado lunes noche y martes salvo festivos)* Menú 10 €
◆ Pequeño hotel construido con cierto aire montañés. La recepción se encuentra junto al bar de la entrada y ofrece habitaciones actuales con mobiliario de estilo rústico. El restaurante posee dos comedores, destacando el de la carta por su mejor montaje.

La FELGUERA – Asturias – 572 C13 5 B2

Madrid 448 – Gijón 40 – Mieres 14 – Oviedo 21

Palacio de las Nieves hab, rest,
carret. a Pajomal ✉ 33930 – ☎ 985 67 88 99 – www.palaciodelasnieves.com
14 hab – 99 € 129 €
Rest – *(cerrado agosto y lunes salvo festivos) (solo almuerzo salvo viernes y sábado)* Menú 20 €
◆ Palacete de elegante ambiente clásico ubicado a las afueras de la ciudad. Posee dos salones sociales y habitaciones personalizadas en su decoración, con mobiliario de calidad. En su impecable restaurante se elabora una cocina de carácter imaginativo.

FENE – A Coruña – 571 B5 – 14 092 h. – alt. 30 m 19 B1

Madrid 609 – A Coruña 58 – Ferrol 6 – Santiago de Compostela 86

por la carretera N 651 Sur : 3 km y desvío a San Marcos 1 km

X **Muiño do Vento**
Cadavás 4B-Magalofes ✉ 15509 Magalofes – ☎ 981 34 09 21 – cerrado 23 diciembre-2 enero, del 3 al 25 de septiembre, domingo noche y lunes
Rest – Carta aprox. 35 €
◆ Casa familiar de larga trayectoria y confortables instalaciones en su categoría. Posee un bar de espera, dos salas de correcto montaje y una gran bodega con 450 referencias.

FERROL – A Coruña – 571 B5 – 73 638 h. – Playa 19 B1

Madrid 608 – A Coruña 61 – Gijón 321 – Oviedo 306

Magdalena 56, ✆ 981 94 42 72

Puerto de Curuxeiras, ✆ 682 24 80 16

Hesperia Ferrol sin rest

Estrada de Castela 75 ✉ 15403 – ✆ 981 33 02 26 – www.nh-hotels.com CY**h**

94 hab – †85/123 € ††90/150 €, ☕ 11 € – 1 suite

◆ Hotel de línea clásica situado en una de las principales arterias de acceso a la ciudad. Destaca el confort de sus habitaciones, muy luminosas y con mobiliario de calidad.

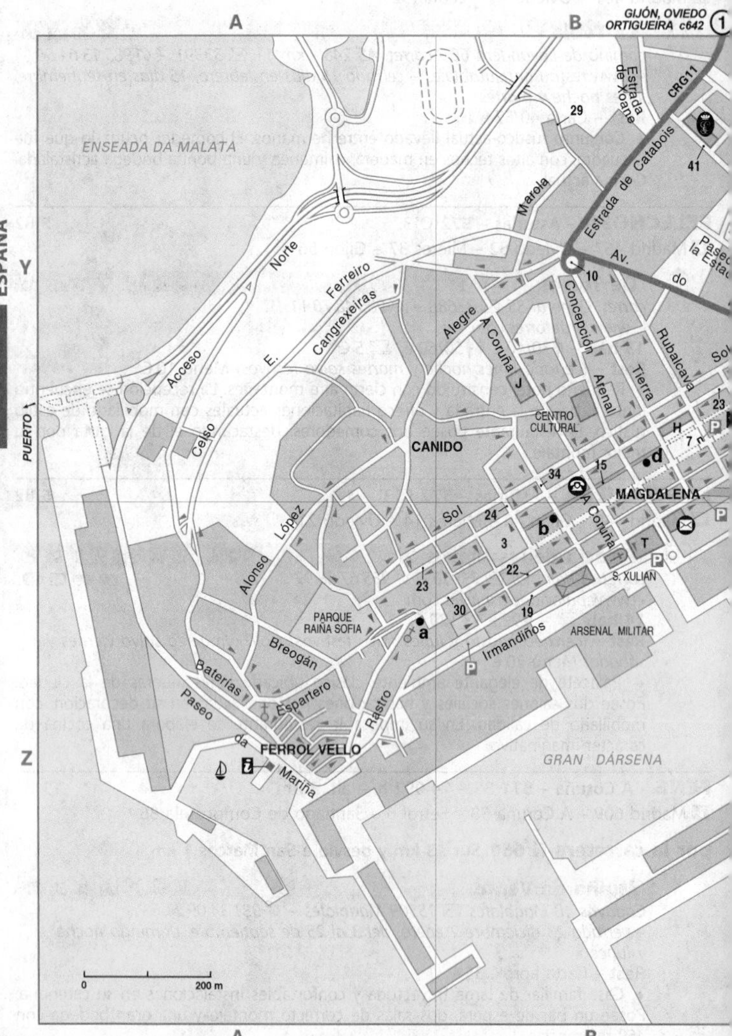

ESPAÑA

Parador de Ferrol

pl. Contralmirante Azarola Gresillón ✉ 15401 – ✆ 981 35 67 20 – www.parador.es
36 hab – †106/133 € ††132/166 €, ☕ 16 € **Rest** – Menú 32 € AZ**a**

◆ Edificio regional dotado de buenas vistas, tanto al puerto como al mar. Sus confortables habitaciones, algunas con galería, ofrecen mobiliario clásico y suelos en parquet. El restaurante disfruta de varias salas, la más usada con vistas y detalles marineros.

El Suizo sin rest

Dolores 67 ✉ 15402 – ✆ 981 30 04 00 – www.hotelsuizo.es BZ**b**
34 hab – †55/64 € ††70/79 €, ☕ 8 €

◆ Tras su hermosa fachada se conjugan la elegancia y la funcionalidad. Sus habitaciones, poco espaciosas pero algunas abuhardilladas, tienen suelos en madera y baños en mármol.

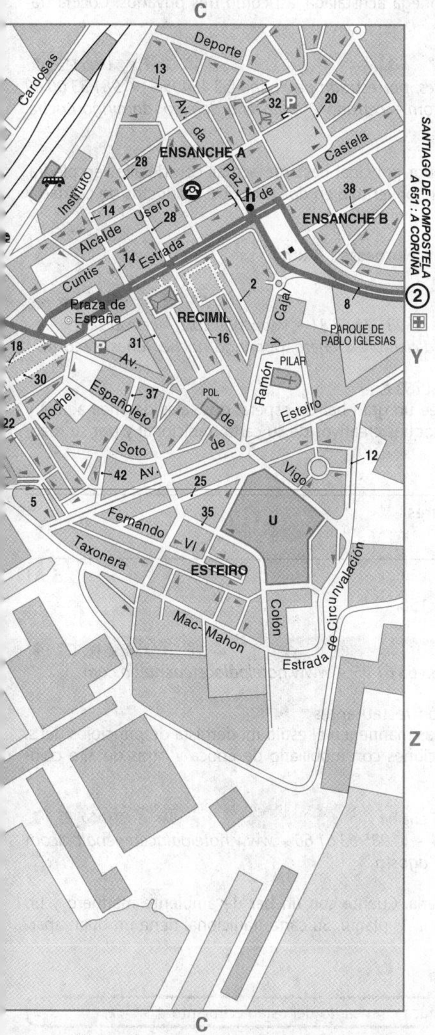

FERROL

Calle	Plano	Nº
Acceso Norte	AY	
Alcade Usero	CY	
Alegre	ABY	
Alonso López	AYZ	
Álvarez de Sotomayor	CY	2
Amboaxe (Pr. de)	BZ	3
Angustias (Pr. das)	CZ	5
Armas (Pr. de)	BY	7
As Pías (Av.)	CY	8
A Coruña	BYZ	
Baterías	AZ	
Breogán	AZ	
Cangrexeiras	AY	
Canido (Pr. de)	BY	10
Caranza (Estrada de)	CY	12
Cardosas (Camiño de)	CY	
Castela (Estrada de)	CY	
Castillo de Andrade	CY	13
Catabois (Estrada de)	BY	
Catalunya	CY	14
Celso E. Ferreiro	AY	
Circunvalación (Estrada de)	CZ	
Colón	CZ	
Concepción Arenal	BY	
Cuntis	CY	
Deporte	CY	
Dolores	BYZ	15
España (Pr. de)	CY	
Españoleto	CY	
Espartero	AZ	
Esteiro (Av. de)	CYZ	
Euzkadi	CY	16
Fernando VI	CZ	
Galiano	BCY	18
Iglesia	BCYZ	19
Inferniño	CY	20
Instituto	CY	
Irmandiños	BZ	
Mac-Mahón	CZ	
Magdalena	BCYZ	22
María	ABYZ	23
Mariña (Pas. da)	AZ	
Marola	BY	
Méndez Núñez	BZ	24
Naturalista López Seoane	CYZ	25
Paz (Av. da)	CY	
Pontevedra	CY	28
Ramón y Cajal	CY	
Raposeiro (Estrada do)	BY	29
Rastro	AZ	
Real	BCYZ	30
Rei (Av. da)	BCY	
Ricardo Carballo Calero	CY	31
Río Mera	CY	32
Rochel	CY	
Rubalcava	BY	
Sánchez Barcaiztegui	BY	34
San Roque y Ánimas	CZ	35
Sol	BYZ	
Soto	CY	
Taxonera	CZ	
Tierra	BY	
Velázquez	CY	37
Venezuela	CY	38
Vigo (Av. de)	CYZ	
Villarrube	BY	40
Virgen de la Cabeza	BY	41
Zurbarán	CY	42

ESPAÑA

Real sin rest y sin

Dolores 11 ✉ 15402 – ☎ 981 36 92 55 – www.hotelrealferrol.com BY**d**

40 hab – 27/37 € 37/46 €

◆ Interesante y a buen precio. Este conjunto de línea actual disfruta de un cuidado salón social y unas habitaciones funcionales, todas con un confort superior a su categoría.

O Parrulo

av. de Catabois 401, por ① ✉ 15405 – ☎ 981 31 86 53 – www.restauranteoparrulo.com – cerrado 29 diciembre-8 enero, del 1 al 21 de agosto, domingo y miércoles noche

Rest – Carta aprox. 45 €

◆ Casa de larga trayectoria familiar. Ofrece un buen comedor principal, con un expositor y una completa bodega acristalada, así como tres privados. Cocina tradicional gallega.

Medulio

lugar del Bosque 73 - Serantes, por estrada de Xoane ✉ 15405 – ☎ 981 33 00 89 – www.restaurantemedulio.com – cerrado 2ª quincena de julio, domingo noche y lunes

Rest – Carta 42/55 €

◆ Se presenta con un comedor principal bastante actual, con detalles en piedra, y una sala en el piso superior convertible en dos privados. Productos de calidad y buena bodega.

ESPAÑA

por estrada do Raposeiro BY Noroeste : 4 km

A Gabeira

Balón 172 ✉ 15593 Ferrol – ☎ 981 31 68 81 – www.nove.biz – cerrado 12 octubre-7 noviembre, 24 diciembre-3 enero, domingo noche, lunes y martes noche

Rest – Menú 40 € – Carta 40/63 €

◆ Este negocio familiar posee un gran bar de espera, dos salas de línea actual y un privado. Destaca por los toques creativos de su carta tradicional y por su magnífica bodega.

FIGAREDO – Asturias – ver Mieres

FIGUERAS – Asturias – 572 B8 5 A1

Madrid 593 – Lugo 92 – Oviedo 150

Palacete Peñalba

El Cotarelo ✉ 33794 – ☎ 985 63 61 25 – www.hotelpalacetepenalba.com

20 hab – 135/160 €

Rest *Peñalba* – ver selección restaurantes

◆ Sus elegantes dependencias mantienen el estilo modernista de principios del s. XX. Posee magníficas habitaciones con mobiliario de época y otras de aire colonial en un anexo.

Peñalba – Hotel Palacete Peñalba

av. Trenor (puerto) ✉ 33794 – ☎ 985 63 61 66 – www.hotelpalacetepenalba.com – cerrado lunes salvo julio y agosto

Rest – Carta 35/66 €

◆ Situado en la zona portuaria. Cuenta con un bar de ambiente marinero y un elegante comedor clásico en la 1ª planta. Su carta tradicional tiene un buen apartado de mariscos.

Una clasificación en rojo destaca el encanto del establecimiento.

FIGUERES - Girona - **574** F38 - **44 255 h. - alt. 30 m** **14** D3

Madrid 744 - Girona/Gerona 42 - Perpignan 58

pl. del Sol, ✆ 972 50 31 55, www.figueres.cat

R.A.C.C. Sant Antoni 97 ✆ 972 67 33 95

Torremirona,, Navata, por la carret. de Olot : 9,5 km, ✆ 972 55 37 37

Localidad★ - Teatre-Museu Dalí★★ BY - Torre Galatea★ BY - Museo de Juguetes (Museu de Joguets★) BZ - Castillo de Sant Ferran★ AY

Vilabertran★ (Monasterio de Santa María de Vilabertran★★) Noreste : 5 km

Planos páginas siguientes

Duràn
hab,

Lasauca 5 ✉ 17600 - ✆ 972 50 12 50 - www.hotelduran.com BZ**c**

65 hab - 54/104 € 69/119 €, 11 €

Rest - Menú 20/45 € - Carta 38/58 €

◆ Atesora cierto prestigio y una indudable solera..., no en vano ya es centenario y, por encima, está muy cerca del famoso Teatre-Museu Dalí. Ofrece unas habitaciones totalmente actualizadas y un restaurante de línea clásica, destacando aquí un privado al que llaman "Ca la Teta", lleno de recuerdos de famosos.

President

av. Salvador Dalí 82 ✉ 17600 - ✆ 972 50 17 00 - www.hotelpresident.info

76 hab - 40/50 € 55/80 €, 8 € BZ**v**

Rest - Menú 15 € - Carta 30/49 €

◆ Es un hotel de contrastes, pues en general ofrece habitaciones personalizadas y algo recargadas, en unos casos con detalles actuales y en otros un poco obsoletos. El restaurante, también personalizado, no deja a nadie indiferente. ¡Posee un singular museo dedicado a la vida, personajes e historia de Figueres!

ESPAÑA

Pirineos

Salvador Dalí 68 ✉ 17600 - ✆ 972 50 03 12 - www.hotelpirineospelegri.com

56 hab - 58/67 € 70/88 €, 10 € BZ**e**

Rest *El Pelegrí* - *(cerrado domingo noche y lunes)* Menú 13/32 € - Carta 22/39 €

◆ Ideal para el viajero de paso, tanto por su céntrica situación como por el hecho de poseer aparcamiento y garaje propios. Tiene la zona social decorada con mobiliario antiguo y unas habitaciones bien renovadas. El restaurante, que recrea un marco de aire rústico, propone una cocina tradicional actualizada.

Ronda
hab, rest,

av. Salvador Dalí 17, por ③ ✉ 17600 - ✆ 972 50 39 11 - www.hotelronda.com

61 hab - 47/65 € 61/79 €, 10 €

Rest - *(cerrado domingo mediodía)* Menú 15/24 €

◆ Este hotel de gestión familiar ofrece una correcta zona social y habitaciones de adecuado confort, con mobiliario funcional-actual y buen equipamiento. En su restaurante le propondrán varios tipos de menús (dietéticos, celiacos, vegetarianos...) así como una carta tradicional especializada en bacalaos.

Travé
hab, rest,

Balmes 70 ✉ 17600 - ✆ 972 50 05 91 - www.hoteltrave.com AZ**b**

76 hab - 56/76 € 66/96 €, 8 €

Rest - *(cerrado domingo noche y lunes)* Menú 17 €

◆ De seria organización familiar y correcto confort general. Ofrece varios tipos de habitaciones, unas con mobiliario funcional y otras de estilo castellano. El restaurante cuenta con varias salas y una completa carta, trabajando mucho los pescados y mariscos.

Rambla sin rest

Rambla 33 ✉ 17600 - ✆ 972 67 60 20 - www.hotelrambla.net BZ**x**

24 hab - 45/66 € 55/75 €, 6 €

◆ Céntrico y con una cuidada fachada clásica. En la recepción dispone de varios ordenadores a modo de cybercafé. Habitaciones funcionales con mobiliario sencillo pero actual.

en la antigua carretera N II

Empordà

av. Salvador Dalí 170, por ① : 1,5 km ✉ 17600 Figueres
– ✆ 972 50 05 62
– www.hotelemporda.com
39 hab – 50/90 € 60/110 €, ☕ 13 € – 3 suites
Rest *El Motel* – ver selección restaurantes
◆ Está considerado un clásico y no es de extrañar, pues sus habitaciones presentan una estética moderna al estilo años 60..., eso sí, con un equipamiento actual y baños de diseño, todos con bañeras de hidromasaje.

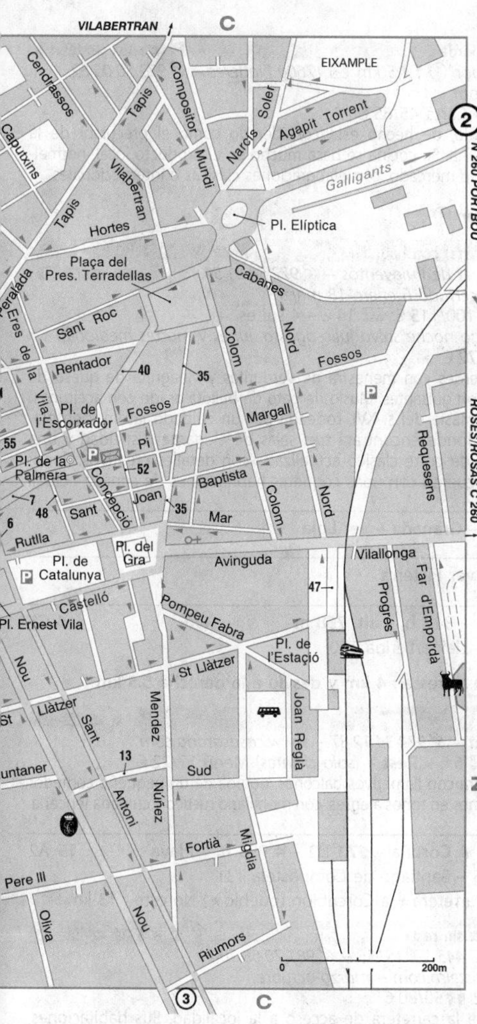

FIGUERES

Barceloneta	BY	3
Besalú	BY	4
Blanc	CZ	6
Caamaño	BCZ	7
Camil la Lloret (Pl.)	BY	8
Canigó	BY	9
Cap de Creus	BY	10
Clerch i Nicolau	CZ	13
Compositor Juncà	AZ	14
Dalmau de Creixell	AZ	15
Enginyers	BYZ	16
Eres d'en Sans	BY	18
Forn Baix	BY	19
Forn Nou	BZ	20
Gala i S. Dalí (Pl.)	BY	21
Germanes Massanet	BY	23
Joan Maragall	BY	26
Jòncols	BY	27
Jonquera	BY	29
Josep de Masdevall	AZ	30
Llers	BY	33
Maria Àngels Vayreda	BY	34
Monjos (Calçada dels)	CYZ	35
Monturiol	BZ	37
Patates (Pl. de les)	BY	38
Pella i Forgas	CY	40
Pep Ventura	BZ	41
Píus XII (Pl.)	BY	43
Poeta Marquina	AZ	44
Rosa	BZ	46
Rubaudonadeu	CZ	47
Sant Cristòfol	CZ	48
Sant Domènec	BY	49
Sant Esteve	BZ	51
Sant Francesc Paula	CY	52
Sant Pere de Roda	BY	54
Sant Rafael	BCY	55
Sant Vicenç	BZ	57
Sibil.la de Fortià (Pl.)	AZ	59
Sol d'Isern	CY	61
Sol (Pl. del)	AZ	60
Triangular (Pl.)	BZ	63
Vicenç Dauner	BZ	65

ESPAÑA

Bon Retorn

hab, VISA

av. Barcelona 36, por ③ : 2,5 km ✉ 17600 Figueres
– ✆ 972 50 46 23
– www.bonretorn.com
50 hab – †59/150 € ††69/190 €, ☕ 10 €
Rest – *(cerrado 15 días en febrero, 15 días en noviembre y lunes)*
Carta 35/60 €

◆ Familiar y en progresiva mejora. Posee un correcto hall con cafetería y habitaciones funcionales de adecuado equipamiento. Exterior ajardinado y una atractiva piscina. En su comedor podrá degustar un completo menú degustación y una excelente bodega.

XXX **El Motel** - Hotel Empordà
av. Salvador Dalí 170, por ① : 1,5 km ✉ 17600 Figueres - ☎ 972 50 05 62 - www.hotelemporda.com
Rest - Menú 43/60 € - Carta 45/65 €
◆ Goza de gran prestigio, de hecho está considerado como el precursor de la nueva gastronomía catalana. Su cocina se basa mucho en el producto local, normalmente de temporada y de mercado, con elaboraciones clásicas e internacionales.

en la carretera de Olot por ④ :

XXX **Mas Pau** (Xavier Sagristà) con hab hab,
✿ *5 km ✉ 17742 Avinyonet de Puigventós - ☎ 972 54 61 54 - www.maspau.com - cerrado 6 enero-18 marzo*
16 hab - †80/88 € ††100/115 €, ☕ 14 € - 4 suites
Rest - *(cerrado domingo noche salvo julio-agosto, lunes y martes mediodía)* Menú 65 € - Carta 53/72 €
Espec. Nido de judías verdes con menestra de verduritas y vinagreta de queso de oveja. Raviolis de sepia con guisantes. Muslo de pato de bellota asado con aceitunas.
◆ Ocupa una preciosa masía del s. XVI, rodeada por un cuidado jardín y emplazada en pleno campo, donde encontrará tres salas de elegante rusticidad y una terraza cubierta. Cocina de corte clásico actualizada con detalles creativos. Por si desea alojarse también cuenta con unas coquetas habitaciones de confort actual.

FINCA LA BOBADILLA - **Granada** - **ver Loja**

FINISTERRE - **A Coruña** - **ver Fisterra**

FISCAL - **Huesca** - **574** E29 - **317 h.** - **alt. 768 m** **4** C1
Madrid 534 - Huesca 144 - Lleida/Lérida 160

por la carretera de Ainsa **Sureste : 4 km y desvío a la derecha 5,5 km**

Casa Arana
Albella ✉ 22371 Albella - ☎ 974 34 12 87 - www.casasarana.com
8 hab - ††57/60 €, ☕ 6 € **Rest** - *(solo clientes)* Menú 17/22 €
◆ Bonita casona en piedra con llamativos balcones, dotada de un pequeño comedor privado, y unas habitaciones en tonos alegres, con mobiliario rústico y cuidada lencería.

FISTERRA (FINISTERRE) - **A Coruña** - **571** D2 - **4 995 h.** - **Playa** **19** A2
Madrid 733 - A Coruña 115 - Santiago de Compostela 131
Cabo★ ★ Sur : 3,5 km, carretera★ a Corcubión (pueblo★) Noreste : 13 km

Playa Langosteira sin rest
Lugar de Escaselas - AC 445 ✉ 15155 - ☎ 981 70 68 30 - www.hotelplayalangosteira.com - marzo-octubre
28 hab ☕ - †35/70 € ††50/80 €
◆ Se encuentra junto a la carretera de acceso a la localidad. Sus habitaciones, actuales, funcionales y con los suelos en tarima, están distribuidas en tres plantas.

X **O'Centolo**
Bajada del Puerto ✉ 15155 - ☎ 981 74 04 52 - www.centolo.com - cerrado 22 diciembre-15 febrero
Rest - Menú 35 € - Carta 21/43 €
◆ Establecimiento de organización familiar ubicado en la zona del puerto. Posee un bar de línea actual, un comedor en el piso superior y un privado. Carta tradicional marinera.

X **O Fragón**
pl. da Cerca 8 ✉ 15155 - ☎ 981 74 04 29 - www.ofragon.es - cerrado 15 días en noviembre y 15 días en febrero
Rest - Carta 25/50 €
◆ Con el mar y el castillo de San Carlos como telón de fondo. Presenta un comedor de aire actual vestido con detalles rústicos y marineros. Carta de cocina gallega actualizada.

FOFE - Pontevedra - ver Covelo

FONTANARS DELS ALFORINS - Valencia - **577** P27 - **1 038 h.** - **alt. 628 m** **16** A2

Madrid 359 - València 108 - Alacant/Alicante 91 - Albacete 108

Julio

Conde Salvatierra 9 ✉ 46635 - ✆ 962 22 22 38 - www.juliorestaurant.es - cerrado 10 diciembre-3 enero, 7 dias en abril, lunes y martes

Rest - *(solo almuerzo salvo viernes y sábado)* Menú 45/62 € - Carta 38/47 €

Espec. Marmitako de bacoreta aromatizado con macis (primavera-verano). Arroz de pencas (invierno). Sobao pasiego con helado de arroz con leche.

◆ El negocio, situado en la calle principal, disfruta de unas modernas instalaciones, con una coqueta cafetería para el menú y un comedor a la carta de estética actual. Cocina tradicional de tintes creativos, elaborada con buenos productos y técnicas actuales.

FONTIBRE - Cantabria - **572** C17 - **82 h.** **8** B2

Madrid 352 - Burgos 116 - Bilbao 169 - Vitoria-Gasteiz 178

Fuentebro

✉ 39212 - ✆ 942 77 97 72 - www.restaurantefuentebro.com

Rest - *(solo almuerzo salvo viernes, sábado, festivos y julio-agosto)* Carta 24/39 €

◆ Ofrece un bar, un saloncito con chimenea y un comedor rústico-elegante en el piso superior, este último con los techos en madera y una galería acristalada. Carta tradicional.

FORMENTERA - Illes Balears - ver Balears

El FORMIGAL - Huesca - ver Sallent de Gállego

FORNALUTX - Balears - ver Balears (Mallorca)

FORNELLS - Balears - ver Balears (Menorca)

FORTUNA - Murcia - **577** R26 - **9 813 h.** - **alt. 240 m** - **Balneario** **23** B2

Madrid 388 - Albacete 141 - Alacant/Alicante 96 - Murcia 25

en Baños de Fortuna Noreste : 3 km

Victoria

✉ 30620 Fortuna - ✆ 902 44 44 10 - www.leana.es

71 hab - 78 € 123 € - 1 suite **Rest** - Menú 27 €

◆ Un destino ideal para quien quiera relajarse, ya que combina un marco histórico de singular belleza con todos los tratamientos balneoterápicos asociados a las aguas termales. El comedor, clásico y de sencillo montaje, basa su trabajo en un menú.

Balneario

✉ 30620 Fortuna - ✆ 902 44 44 10 - www.leana.es

58 hab - 78 € 123 € **Rest** - Menú 27 €

◆ Conjunto muy clásico en el que se combinan el confort actual y algunos elementos decorativos propios del s. XX. Habitaciones bien equipadas y una zona de aguas termales.

España

✉ 30620 Fortuna - ✆ 902 44 44 10 - www.leana.es

43 hab - 60 € 80 € **Rest** - Menú 18 €

◆ Es el más sencillo de los hoteles del balneario, sin embargo, tras su renovación, resulta coqueto y actual. Una buena opción para olvidarse del estrés en las aguas termales.

ESPAÑA

FORUA - Vizcaya - 573 B21 - 1 012 h. - alt. 28 m 25 A3

Madrid 430 - Bilbao 35 - Donostia-San Sebastián 85 - Vitoria-Gasteiz 70

XX **Baserri Maitea**

barrio de Atxondoa, Noroeste : 1,5 km ✉ 48393 - ✆ 946 25 34 08 - www.grupozaldua.com - cerrado 20 diciembre-18 enero

Rest - *(solo almuerzo salvo viernes y sábado)* Menú 45/80 € - Carta 37/56 €

◆ Caserío rústico del s. XVIII próximo al bosque. Posee un comedor de estilo antiguo en dos niveles y una sala anexa para banquetes, con chimenea y viejas vigas a la vista.

La FOSCA - Girona - ver Palamós

FRAGA - Huesca - 574 H31 - 14 539 h. - alt. 118 m 4 C2

Madrid 438 - Zaragoza 122 - Huesca 134 - Tarragona 119

XX **+Billauba**

av. de Aragón 41 ✉ 22520 - ✆ 974 47 41 67 - www.billauba.com - cerrado del 1 al 7 de enero, del 15 al 31 de agosto y domingo

Rest - *(solo almuerzo salvo viernes y sábado)* Menú 35/55 € - Carta 33/43 €

◆ ¡Un buen restaurante de gestión familiar! Posee una pequeña tienda de vinos a la entrada y un único comedor clásico-actual, totalmente acristalado y con un altillo para comidas más privadas. Cocina tradicional actualizada y completa bodega.

La FRANCA - Asturias - 572 B16 - Playa 5 C2

Madrid 438 - Gijón 114 - Oviedo 124 - Santander 81

Mirador de la Franca

rest,

playa, Oeste : 1,2 km ✉ 33590 - ✆ 985 41 21 45 - www.arceahoteles.com - marzo-octubre

61 hab - †55/120 € ††60/130 €, ☐ 9 € **Rest** - Menú 22 €

◆ Privilegiado emplazamiento en la playa. Ha mejorado sus instalaciones, ofreciendo confortables habitaciones y zonas sociales con detalles antiguos que aportan cierto encanto. Su espacioso comedor con el techo en madera brinda excelentes vistas al mar.

ESPAÑA

FREGENAL DE LA SIERRA - Badajoz - 576 R10 - 5 203 h. - alt. 579 m 17 B3

Madrid 445 - Aracena 55 - Badajoz 97 - Jerez de los Caballeros 22

Cristina

El Puerto 56 ✉ 06340 - ✆ 924 70 00 40 - www.hotelcristinafregenal.com

39 hab - †49/54 € ††61/66 €, ☐ 4 €

Rest - *(cerrado lunes)* Menú 20 € - Carta 40/49 €

◆ Presenta un funcionamiento hotelero que se desmarca de los alojamientos habituales en la zona, pues el resto tienen un carácter más rural. Agradable terraza y acogedores salones sociales. El restaurante, con una estética regional, propone una carta tradicional muy ligada a los productos ibéricos.

La FRESNEDA - Teruel - 574 J30 - 511 h. - alt. 585 m 4 C2

Madrid 413 - Teruel 181 - Alcañiz 27 - Lleida/Lérida 128

El Convent

El Convento 1 ✉ 44596 - ✆ 978 85 48 50 - www.hotelelconvent.com - cerrado del 19 al 26 de diciembre

20 hab ☐ - †70/120 € ††90/140 €

Rest - *(cerrado domingo noche y lunes)* (es necesario reservar) Carta 39/56 €

◆ Cuenta con amplias zonas sociales que se ven comunicadas gracias al patio interior, completamente acristalado. Conjunto ubicado sobre los muros de una antigua iglesia. Restaurante con decoración rústica elegante y una cálida iluminación.

X **Matarraña**

pl. Nueva 5 ✉ 44596 - ✆ 978 85 45 03 - cerrado 7 días en septiembre y martes salvo festivos

Rest - Menú 18 € - Carta 16/35 €

◆ Negocio familiar instalado en una antigua casa de piedra, con un bar de espera, dos comedores rústicos y dos salas más en el 1er piso. Carta tradicional a precios moderados.

FRESNEDOSO DE IBOR - Cáceres - 576 M13 - 331 h. - alt. 516 m 18 C2

Madrid 214 - Mérida 155 - Cáceres 115

Casa Grande sin rest

Calvo Sotelo 13 ✉ 10328 - ☎ 957 57 52 93 - www.casagranderural.com
7 hab - 40/45 € 55/60 €, 4 €

◆ Negocio rural bien atendido, ya que la propietaria vive en una casa anexa. Todas las habitaciones son distintas, tanto en su personalizada decoración como en la distribución.

FRIGILIANA - Málaga - 578 V18 - 3 171 h. - alt. 311 m 2 C2

Madrid 555 - Granada 111 - Málaga 58

Localidad★ - Barrio Morisco-mudéjar★★

por la carretera de Torrox Noroeste : 2,5 km

La Posada Morisca

Loma de la Cruz ✉ 29788 Frigiliana - ☎ 952 53 41 51 - www.laposadamorisca.com
12 hab - 40/60 € 50/90 €, 6 €
Rest - *(cerrado martes) (solo clientes, solo cena)* Carta 18/35 €

◆ Tranquilo y con buenas vistas, ya que está colgado en la ladera de una montaña. Las habitaciones disfrutan de una decoración rústica, con algunos detalles actuales y terraza. En su restaurante podrá degustar una cocina propia del recetario tradicional.

en la carretera de Nerja Sur : 4 km

Almazara rest,

Los Tablazos 197 ✉ 29788 Frigiliana - ☎ 952 53 42 00 - www.hotelruralalmazara.com
22 hab - 58/76 € 66/100 €
Rest - *(cerrado 8 enero-27 marzo)* Menú 16 €

◆ Hotel de estilo rural montañés, con profusión de madera y ladrillo en su decoración. Dispone de una acogedora zona social y habitaciones de buen confort, todas con terraza. El restaurante, de ambiente rústico, ofrece excelentes vistas desde su terraza-mirador.

ESPAÑA

FRÓMISTA - Palencia - 575 F16 - 816 h. - alt. 780 m 12 C2

Madrid 257 - Burgos 78 - Palencia 31 - Santander 170

Arquitecto Anibal 2, ☎ 979 81 01 80

Iglesia de San Martín★★

Doña Mayor hab,

Francesa 31 ✉ 34440 - ☎ 979 81 05 88 - www.hoteldonamayor.com - cerrado enero y febrero
12 hab - 71 € 89 €, 8 €
Rest *La Esclusa* - Menú 24 € - Carta 22/30 €

◆ Conjunto de cuidadas instalaciones y amable organización familiar. Aquí encontrará unas habitaciones de estética actual, con detalles de diseño y en algunos casos terraza. El restaurante, dotado con un acceso independiente, propone una cocina tradicional.

San Martín sin rest

pl. San Martín 7 ✉ 34440 - ☎ 979 81 00 00 - www.hotelsanmartin.es - cerrado enero
12 hab - 38 € 50 €, 4,50 €

◆ Hotel bien ubicado frente a la iglesia románica que le da nombre. Correcta recepción, habitaciones completas de sencillo mobiliario y baños actuales. Conjunto acogedor.

Hostería de los Palmeros

pl. San Telmo 4 ✉ 34440 - ☎ 979 81 00 67 - www.hosteriadelospalmeros.com - cerrado 10 enero-4 febrero y martes salvo Navidades, Semana Santa, verano y festivos
Rest - Carta 29/55 €

◆ Antiguo hospital de peregrinos, con buena cafetería en la planta baja y salón clásico en el 1er piso. Destacan su mobiliario y el maridaje de la cocina vasco-castellana.

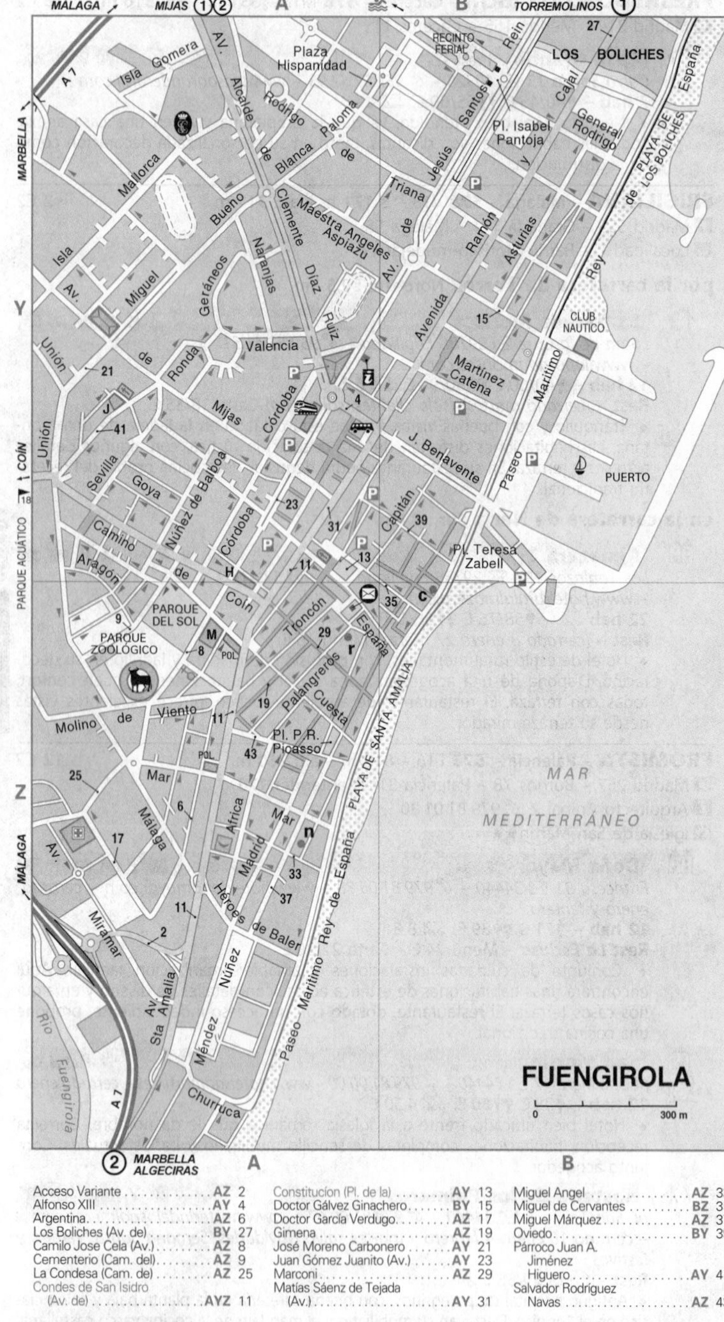

Acceso Variante	AZ	2
Alfonso XIII	AY	4
Argentina	AZ	6
Los Boliches (Av. de)	BY	27
Camilo Jose Cela (Av.)	AZ	8
Cementerio (Cam. del)	AZ	9
La Condesa (Cam. de)	AZ	25
Condes de San Isidro (Av. de)	AYZ	11
Constitucion (Pl. de la)	AY	13
Doctor Gálvez Ginachero	BY	15
Doctor García Verdugo	AZ	17
Gimena	AZ	19
José Moreno Carbonero	AY	21
Juan Gómez Juanito (Av.)	AY	23
Marconi	AZ	29
Matías Sáenz de Tejada (Av.)	AY	31
Miguel Angel	AZ	33
Miguel de Cervantes	BZ	35
Miguel Márquez	AZ	37
Oviedo	BY	39
Párroco Juan A. Jiménez Higuero	AY	41
Salvador Rodríguez Navas	AZ	43

FUENGIROLA - Málaga - **578** W16 - **71 783 h.** - **Playa** **1** B3

Madrid 575 - Algeciras 104 - Málaga 31

av. Jesús Santos Rein 6, ✆ 95 246 74 57, www.visitafuengirola.com

Beatriz Palace

por ② ✉ 29640 - ✆ 952 92 20 00 - www.beatrizhoteles.com

285 hab - 71/175 € 80/250 € - 3 suites

Rest ***La Alacena*** - *(cerrado lunes) (solo cena en verano)* Carta 41/65 €

◆ Consta de tres edificios, con la fachada y todas las habitaciones mirando al mar. Gran hall con patio central, amplios salones y habitaciones de línea clásica-funcional. Su restaurante presenta una carta de tinte tradicional, con un buen apartado de arroces.

Girol

av. de las Salinas 10, por ① ✉ 29640 - ✆ 952 66 02 68 - www.restaurantegirol.com - cerrado domingo y lunes mediodía

Rest - Menú 45 € - Carta 34/54 €

◆ Casa familiar de estetica moderna, con los padres pendientes de la sala y los hijos a los fogones. Ofrece un buen servicio de mesa y una cocina actual con detalles de autor.

Monopol

Palangreros 7 ✉ 29640 - ✆ 952 47 44 48 - cerrado domingo AZ**r**

Rest - *(solo cena)* Menú 20 € - Carta 24/40 €

◆ Este negocio familiar, a cargo del matrimonio propietario, presenta un interior que combina la estética clásica con el ambiente centroeuropeo. Cocina de gusto internacional.

Old Swiss House

Marina Nacional 28 ✉ 29640 - ✆ 952 47 26 06 - www.oldswisshouse.com - cerrado martes AZ**n**

Rest - Menú 21 € - Carta 22/41 €

◆ Su fachada recuerda la estética de las casitas suizas e intentan reflejar también ese ambiente en el interior. Carta internacional con platos centroeuropeos y helvéticos.

FUENMAYOR - La Rioja - **573** E22 - **3 219 h.** - **alt. 433 m** **21** A2

Madrid 346 - Logroño 13 - Vitoria-Gasteiz 77

Asador Alameda

pl. Félix Azpilicueta 1 ✉ 26360 - ✆ 941 45 00 44 - www.restaurantealameda.com - cerrado agosto, Navidades, domingo noche y lunes

Rest - Carta 56/63 €

◆ Esta casa familiar dispone de dos salas, una en la planta baja, con una gran parrilla vista, y otra más clásica en el piso superior. Cocina tradicional y excelente producto.

Chuchi

carret. de Vitoria 2 ✉ 26360 - ✆ 941 45 04 22 - www.mesonchuchi.com - cerrado del 1 al 15 de septiembre y miércoles noche

Rest - Menú 24/60 € - Carta 36/55 €

◆ Posee un bar público y dos salas de elegante ambiente rústico, dejando la zona de asados y brasas a la vista del cliente. Gran vinoteca-tienda con todos los vinos a la venta.

FUENSALDAÑA - Valladolid - **575** G15 - **1 443 h.** - **alt. 749 m** **11** B2

Madrid 218 - León 132 - Palencia 49 - Valladolid 10

La Despensa del Príncipe

Ronda 24 ✉ 47194 - ✆ 983 58 31 39 - cerrado del 9 al 19 de enero, del 6 al 28 de agosto, domingo noche y lunes

Rest - Carta aprox. 57 €

◆ Restaurante de línea moderna ubicado en el 1er piso de una casa actual. Ofrece dos salas de correcto montaje en las que sirven una carta de tendencia tradicional.

FUENTE BERROCAL (Urbanización) - Valladolid - ver Valladolid

FUENTE DÉ – Cantabria – 572 C15 – alt. 1 070 m – 1 — 8 A1

Madrid 424 – Palencia 198 – Potes 25 – Santander 140

Paraje★★

Mirador del Cable ★★ estación superior del teleférico

Parador de Fuente Dé hab, rest

alt. 1 005 ✉ 39588 Espinama – ✆ 942 73 66 51 – www.parador.es – cerrado 18 diciembre-1 febrero

77 hab – 86/106 € 108/132 €, 16 € **Rest** – Menú 32 €

◆ Gran edificio en piedra recorrido por una amplia cristalera. Por su ubicación, al pie de los Picos de Europa, resulta el alojamiento idóneo para los amantes de la montaña. Posee dos comedores, uno para clientes y otro para grupos, ambos de estilo rústico.

Rebeco rest,

alt. 1 005 ✉ 39588 Espinama – ✆ 942 73 66 01

30 hab – 59/70 €, 6 € **Rest** – Menú 16 €

◆ Casa de montaña dotada con bellos balcones de madera y buenas vistas, al valle y a los Picos de Europa. Ofrece sencillas habitaciones de ambiente rústico, varias tipo dúplex. Su restaurante cuenta con dos comedores, donde sirven platos del recetario regional.

FUENTEHERIDOS – Huelva – 578 S10 – 599 h. – alt. 717 m — 1 A2

Madrid 492 – Sevilla 99 – Huelva 113

Aracena★ : Gruta de las Maravillas★★★ Sureste : 10 km

Noroeste : Parque Natural Sierra de Aracena y Picos de Aroche★★

ESPAÑA

La Arquería

av. Hermanos Maristas 6 - 1º ✉ 21292 – ✆ 959 10 24 82 – www.restaurantelaarqueria.com – cerrado domingo noche (salvo verano) y lunes

Rest – *(solo fines de semana en febrero-marzo)* Carta 32/49 €

◆ Está en un primer piso, con las zonas del bar y del servicio a la carta separadas mediante un sencillo biombo. Su chef propone una carta de tinte actual con buenos detalles.

FUENTERRABÍA – Guipúzcoa – ver Hondarribia

FUENTES DE LEÓN – Badajoz – 576 R10 – 2 542 h. — 17 B3

Madrid 467 – Mérida 121 – Badajoz 115 – Barrancos 53

Convento San Diego hab, hab,

Convento ✉ 06280 – ✆ 924 72 41 88 – www.hotelconventosandiego.com

12 hab – 86/130 € **Rest** – *(cerrado lunes)* Carta 30/45 €

◆ ¡Alójese en convento del s. XVI, aquí la tranquilidad esta garantizada! Encontrará espacio polivalente en la antigua iglesia, un claustro y habitaciones de línea moderna, la mayoría con inmensos ventanales panorámicos. El restaurante, que propone una cocina actual, suele organizar jornadas micológicas.

FUENTES DE NAVA – Palencia – 575 F15 – 732 h. — 11 B2

Madrid 288 – Valladolid 78 – Palencia 31

La Taberna de la Nava

pl. Calvo Sotelo 5 ✉ 34337 – ✆ 979 84 20 50 – www.latabernadelanava.com – cerrado del 1 al 7 de septiembre, domingo noche y lunes

Rest – *(solo almuerzo salvo viernes y sábado)* Carta 30/38 €

◆ Restaurante de aire rústico llevado por un matrimonio, con ella en sala y él al frente de los fogones. Cocina de base tradicional, con buen producto y cuidadas elaboraciones.

FUENTESPALDA - Teruel - 574 J30 - 341 h. - alt. 712 m 4 C3

Madrid 446 - Alcañiz 26 - Lleida/Lérida 116 - Teruel 182

por la carretera de Valderrobres

Noreste : 6,3 km y desvío a la izquierda 5,3 km

La Torre del Visco rest, rest,

44587 Fuentespalda - 978 76 90 15 - www.torredelvisco.com - cerrado del 8 al 19 de enero

13 hab - 151/181 € 161/191 € - 4 suites

Rest - *(solo cena salvo fines de semana)* (es necesario reservar) Menú 47 €

◆ Noble masía del s. XV ubicada en pleno campo, donde reina la tranquilidad. Las acogedoras estancias combinan el mobiliario antiguo y modernista con detalles de buen gusto. Su restaurante ofrece platos del día y elaboraciones de temporada.

FUERTEVENTURA - Las Palmas - ver Canarias

GALAPAGAR - Madrid - 576 - 575 K17 - 32 393 h. - alt. 881 m 22 A2

Madrid 37 - Ávila 79 - Segovia 66 - Toledo 105

Garnacha

carret. Las Rozas-El Escorial 12, (km 16) 28260 - 918 58 33 24 - www.restaurantegarnacha.com - cerrado noviembre, domingo noche y lunes

Rest - Carta 44/52 €

◆ Se presenta con un comedor algo reducido pero de buen montaje, decorado en piedra vista y con vigas de madera, así como un reservado y una coqueta bodega. Cocina tradicional.

GALAROZA - Huelva - 578 S9 - 1 606 h. - alt. 556 m 1 A1

Madrid 485 - Aracena 15 - Huelva 113 - Serpa 89

Galaroza Sierra rest,

carret. N 433, Oeste : 0,5 km 21291 - 959 12 32 37 - www.hotelgalaroza.com

22 hab - 50/60 € 60/65 €, 6 € - 7 apartamentos

Rest - Menú 15/35 €

◆ Ubicado en plena sierra de Aracena. Sus habitaciones, equipadas con mobiliario de inspiración rústica, ofrecen un cuidado confort. Posee algunos apartamentos tipo dúplex.

GALDAKAO (GALDÁCANO) - Vizcaya - 573 C21 - 29 254 h. - alt. 60 m 25 A3

Madrid 403 - Bilbao 11 - Donostia/San Sebastián 91 - Vitoria-Gasteiz 68

Andra Mari

barrio Elexalde 22 48960 - 944 56 00 05 - www.andra-mari.com - cerrado del 5 al 10 de abril, del 6 al 31 de agosto y lunes

Rest - *(solo almuerzo salvo fines de semana)* Menú 39/60 € - Carta 32/68 €

Espec. Mejillones al vapor con su jugo, pomelo y Campari. Lomo de salmonete con salsa verde de berberechos. Pollo de caserío con crema de rúcula y leche de oveja.

◆ Caserío vasco emplazado en lo alto de la localidad. Posee una zona de espera con bar a la entrada, varias salas de ambiente rústico-regional y un bello espacio en el sótano dedicado tanto al vino como a la sidra. Cocina vasca tradicional con toques actuales.

Aretxondo

barrio Elexalde 16-A 48960 - 944 56 76 71 - www.restaurante-aretxondo.com - cerrado del 1 al 15 de enero, del 1 al 15 de agosto y lunes

Rest - *(solo almuerzo salvo sábado)* Menú 25/60 € - Carta 34/58 €

◆ Este caserío de línea actual se presenta con un bar-hall privado, dos comedores de aire rústico y una sala polivalente para banquetes. La bodega está excavada en la roca.

GALDO – Lugo – ver Viveiro

GALIZANO – Cantabria – 572 B18 – 666 h. **8** C1

Madrid 408 – Santander 30 – Bilbao 88

Casona Las Cinco Calderas

hab, hab, P

barrio Linderrío 13, Este : 1.5 km ✉ 39160 – ✆ 942 50 50 89 – www.lascincocalderas.com

12 hab – 74/100 € 82/110 €

Rest – *(solo clientes, solo cena)* 20 €

◆ Esta casona disfruta de un agradable jardín, un porche, un salón-biblioteca y unas habitaciones de línea actual, con profusión de maderas claras y algún mueble restaurado.

GALLEGOS – Segovia – 575 I18 **12** C3

Madrid 124 – Valladolid 217 – Segovia 34

La Posada de Gallegos

hab,

camino de Matabuena ✉ 40162 – ✆ 921 50 90 70 – www.laposadadegallegos.com – cerrado del 1 al 7 de septiembre

8 hab – 50/65 € 65/80 € – 1 suite

Rest – *(cerrado domingo noche)* (es necesario reservar) Carta 24/40 €

◆ Excelente turismo rural ubicado a unos 200 m. del pueblo, en un edificio de piedra. Salón social con chimenea y coquetas habitaciones, cuatro con terraza. Su atractivo restaurante se complementa, en el sótano, con un "txoko" rústico a modo de sociedad vasca.

ESPAÑA

La Data

Lámpara 29 ✉ 40162 – ✆ 921 50 90 87 – www.ladata.es

11 hab – 65/75 € **Rest** – *(solo clientes)* Carta 20/27 €

◆ Ocupa un edificio de nueva construcción y aire regional, donde encontrará un salón rústico-actual y cuidadas habitaciones, la mayoría abuhardilladas y con vistas a los prados. El comedor, de ambiente rústico y con chimenea, ofrece una carta regional.

GANDÍA – Valencia – 577 P29 – 79 430 h. – Playa **16** B2

Madrid 416 – Albacete 170 – Alacant/Alicante 109 – València 68

Marqués de Campo 16, ✆ 96 287 77 88, www.turismo.gandia.org

passeig Marítim Neptú 45, ✆ 96 284 24 07

en el puerto (Grau) Noreste : 3 km

L'Ham

Germans Benlliure 22 ✉ 46730 Grau de Gandía – ✆ 962 84 60 06 – cerrado lunes Zn

Rest – *(solo almuerzo salvo agosto, viernes y sábado)* Menú 35/60 € – Carta 28/52 €

◆ Está en una calle poco transitada de la zona del puerto, sin embargo goza de gran aceptación por su cocina, basada en arroces y mariscos. ¡En su azotea se pueden tomar copas!

en la zona de la playa Noreste : 4 km

Albatros sin rest, con cafetería por la noche

P

Clot de la Mota 11 ✉ 46730 Grau de Gandía – ✆ 962 84 56 00 – www.hotel-albatros.com Yc

44 hab – 40/85 € 55/130 €, 7 €

◆ Hotel de línea funcional orientado al hombre de negocios, pese a estar en una zona de playa. Ofrece habitaciones sencillas pero bien equipadas, algunas de ellas con terraza.

GANDÍA

Armada Espanyola .... X 3
Baladre (Pl. del) .... X 4
Cibeles .... Y 6
Ciutat Ducal (Pl.) .... X 7
Daoiz i Velarde .... Z 9
Formentera .... X 10
Gavina (La) .... Z 12
Joan XXIII .... Z 13
Legazpi .... XY 15
Mare de Déu Blanqueta .... Z 16
Mare de Déu del Carme .... Z 18
Mediterrània (Pl.) .... Z 19
Menorca .... X 21
Oltra .... Z 22
Orient (Pl. d') .... Z 24
Venecia (Ronda de) .... Z 25
Vicent Calderón .... X 27

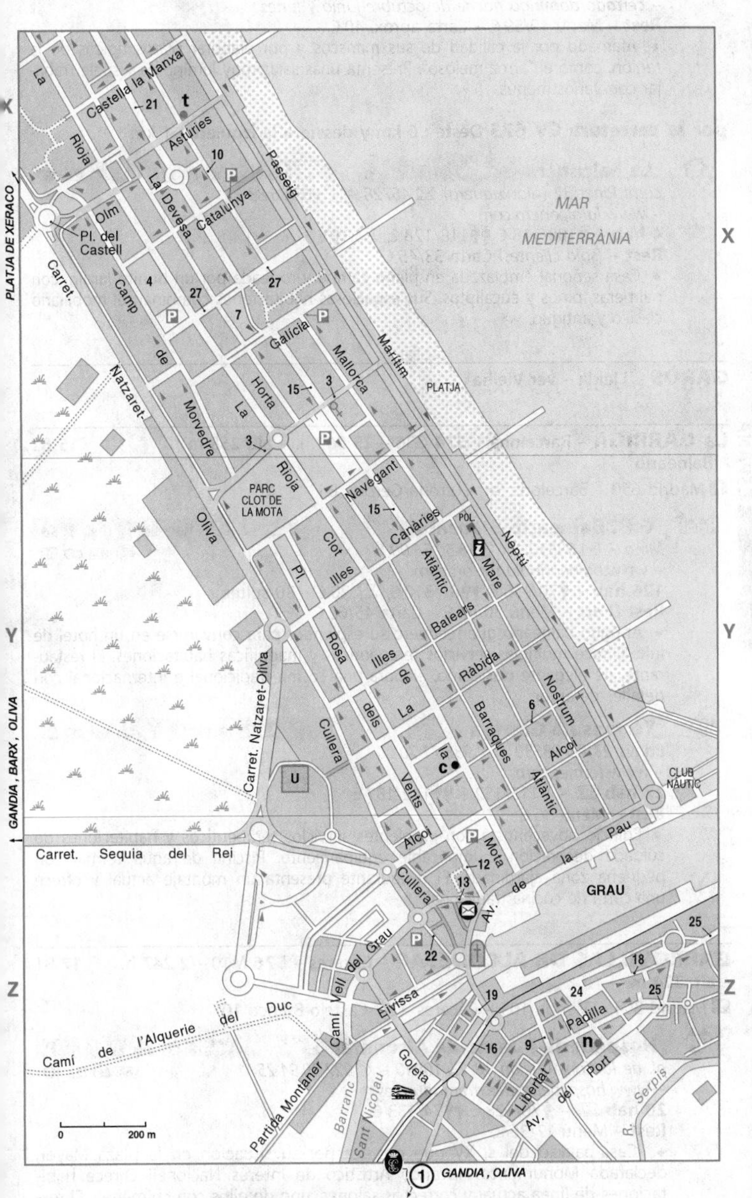

Kayuko
Formentera 16 ✉ *46730 Grau de Gandía*
– ✆ 962 84 01 37 – www.restaurantekayuko.com
– cerrado domingo noche de octubre-junio y lunes Xt
Rest – Menú 19/59 € – Carta aprox. 40 €
◆ Afamado por la calidad de sus mariscos y por elaborar platos típicos de la región, como el "arroz meloso". Presenta unas salas muy luminosas y suele trabajar con varios menús.

por la carretera CV 675 Oeste : 6 km y desvío a la izquierda 1 km

La Falconera hab, rest,
cami Pinet 32 (Marxuquera) ✉ *46728 – ✆ 962 86 83 15*
– www.lafalconera.com
4 hab – 108/118 € 118/128 €, 10 €
Rest – *(solo clientes)* Carta 33/45 €
◆ Casa señorial emplazada en pleno campo y rodeada por un bonito jardín, con palmeras, pinos y eucaliptos. Sus espaciosas habitaciones combinan el mobiliario clásico y antiguo.

GARÒS – **Lleida** – **ver Vielha**

La GARRIGA – **Barcelona** – **574** G36 – **15 069 h.** – **alt. 258 m** **15** B2
– **Balneario**
Madrid 650 – Barcelona 38 – Girona/Gerona 84

G.H. Balneario Blancafort hab, rest,
Mina 7 ✉ *08530 – ✆ 938 60 56 00*
– www.balnearioblancafort.com
126 hab – 70/155 € 81/310 €, 20 € – 30 suites
Rest *D'ors* – Menú 30/60 € – Carta 45/62 €
◆ Antiguo balneario que recuperó su esplendor para convertirse en un hotel de lujo. Ofrece múltiples servicios terapéuticos y magníficas habitaciones. El restaurante, de elegante clasicismo, elabora una cocina tradicional e internacional con detalles de autor.

Termes La Garriga
Banys 23 ✉ *08530 – ✆ 938 71 70 86*
– www.termes.com
22 hab – 115/152 € 142/187 €
Rest – Menú 36 €
◆ Edificio novecentista con excelentes servicios terapéuticos y habitaciones de cuidada decoración e impecable equipamiento. Piscina de agua termal con pequeña zona ajardinada. El restaurante presenta un montaje actual y ofrece una carta de cocina tradicional.

GARROVILLAS DE ALCONÉTAR – **Cáceres** – **576** M10 – **2 247 h.** **17** B1
– **alt. 324 m**
Madrid 304 – Mérida 105 – Cáceres 42 – Castelo Branco 107

Hospedería Puente de Alconétar hab,
pl. de la Constitución 18 ✉ *10940 – ✆ 927 30 94 25*
– www.hospederíasdeextremadura.es
20 hab – 70/128 € 74/133 €
Rest – Menú 17/36 €
◆ ¡Casa-palacio del s. XV que destaca por su situación en la plaza Mayor, declarada Monumento Histórico Artístico de Interés Nacional! Ofrece habitaciones de línea actual y correctos salones, uno de ellos con chimenea. El restaurante, instalado en las antiguas caballerizas, propone una cocina de tinte actual.

ESPAÑA

GARRUCHA – Almería – **578** U24 – **8 441 h.** – **alt. 24 m** – **Playa** **2** D2

Madrid 536 – Almería 100 – Murcia 140

paseo del Malecón 42, 950 13 27 83

Tikar hab,

carret. Garrucha a Vera 17 ✉ 04630 – 950 61 71 31 – www.hoteltikar.com – abril-noviembre

6 hab – 54/130 € 60/130 €

Rest – *(cerrado domingo y lunes mediodía)* Menú 26 €

◆ Este pequeño hotel presenta habitaciones confortables y de línea funcional, todas con su propio salón y los suelos en parquet. Destacan las dos que tienen vistas al mar. El restaurante, que se decora con exposiciones temporales de pintura, ofrece carta y menú.

Una clasificación en rojo destaca el encanto del establecimiento XXX.

GAUTEGIZ-ARTEAGA – Vizcaya – **573** B22 – **869 h.** – **alt. 40 m** **25** B3

Madrid 431 – Bilbao 52 – Donostia-San Sebastián 94 – Vitoria-Gasteiz 98

Castillo de Arteaga hab,

Gaztelubide 7 ✉ 48314 – 946 27 04 40 – www.castillodearteaga.com – cerrado enero

13 hab – 120/145 € 140/170 €

Rest – *(cerrado domingo noche)* Menú 43/68 €

◆ Data del s. XVI y disfruta de excelentes vistas a la reserva de Urdibai. Sus habitaciones poseen mobiliario de época y artesonados originales, destacando las de las torres. El restaurante ofrece dos salas de ambiente clásico, una de ellas con chimenea.

en la carretera de Ibarrangelu

Txopebenta sin rest

barrio Zendokiz, Noreste : 3 km ✉ 48314 Gautegiz-Arteaga – 946 25 49 23

6 hab – 49/55 €, 6 €

◆ Coqueta casa de turismo rural dotada con un pequeño porche. Aquí el ambiente hogareño se respira tanto en el salón, con chimenea, como en sus sencillas habitaciones.

Urresti sin rest

barrio Zendokiz, Noreste : 3,5 km ✉ 48314 Gautegiz-Arteaga – 946 25 18 43 – www.urresti.net

6 hab – 40 € 50 €, 5 € – 2 apartamentos

◆ Casa construida a modo de granja, en pleno campo y con varios animales. Posee unas sencillas habitaciones de línea provenzal y algunos apartamentos más amplios, tipo dúplex.

GAVÀ – Barcelona – **574** I36 – **46 383 h.** – **Playa** **15** B3

Madrid 620 – Barcelona 24 – Tarragona 77

en la zona de la playa Sur : 5 km

XXX **Les Marines**

Calafell 21 ✉ 08850 Gavà – 936 33 35 70 – www.lesmarines.com – cerrado 7 días en agosto, domingo noche y lunes

Rest – Menú 22/34 € – Carta 29/47 €

◆ Está emplazado en una finca arbolada próxima al mar, con una atractiva terraza y acogedoras salas de ambiente clásico. Cocina tradicional actualizada y sugerencias del día.

GER – Girona – 574 E35 – 461 h. – alt. 1 434 m 14 C1

Madrid 634 – Ax-les-Thermes 58 – Andorra la Vella 56 – Girona/Gerona 153

Cal Reus sin rest

Major 4 - Quatre Cantons 6 ✉ 17539 – ℘ 972 89 40 02 – www.calreus.com

7 hab – 30/35 € 50/55 €

◆ Casa de pueblo muy sencilla que encaja perfectamente dentro del concepto de alojamiento rural. Ofrece unas habitaciones algo justas pero cuidadas, todas con su propio baño.

El Rebost de Ger

pl. Major 2 ✉ 17539 – ℘ 972 14 70 55 – www.elrebostdeger.com – cerrado 2ª quincena de junio, lunes y martes

Rest – Carta 39/52 €

◆ Negocio rústico-regional dotado con un comedor, un privado, un espacio chill-out en la buhardilla y una bodega para comidas informales. Cocina regional con actualizaciones.

GERNIKA-LUMO (GUERNICA Y LUNO) – Vizcaya – 573 C21 25 A3

– 16 295 h. – alt. 10 m

Madrid 429 – Bilbao 33 – Donostia-San Sebastián 84 – Vitoria-Gasteiz 69

Artekalea 8, ℘ 94 625 58 92, www.gernika-lumo.net

Norte : Carretera de Bermeo ≤★- Ría de Guernica★ – Balcón de Vizcaya ≤★★ Sureste : 18 km

Gernika sin rest

Carlos Gangoiti 17 ✉ 48300 – ℘ 946 25 03 50 – www.hotel-gernika.com – cerrado 23 diciembre-23 enero

40 hab – 49/55 € 69/85 €, 6 €

◆ Hotel familiar dotado con un elegante bar y un buen salón social. Ofrece dos tipos de habitaciones, las más modernas con aire acondicionado y los baños en mármol.

Zallo Barri

Juan Calzada 79 ✉ 48300 – ℘ 946 25 18 00 – www.zallobarri.com

Rest – *(solo almuerzo salvo viernes y sábado)* Carta 35/51 €

◆ Moderno local de estilo minimalista dotado de comedores con paneles móviles, diferenciando así la carta del menú. Elaboran una cocina tradicional actualizada.

GERONA – Girona – ver Girona

GETAFE – Madrid – 576 – 575 L18 – 169 130 h. – alt. 623 m 22 B2

Madrid 14 – Aranjuez 38 – Toledo 56

Casa de Pías

pl. Escuelas Pías 4 ✉ 28901 – ℘ 916 96 47 57 – www.casadepias.com – cerrado Semana Santa, agosto, domingo noche, lunes noche y martes noche

Rest – Menú 38 € – Carta 32/65 €

◆ Este céntrico negocio presenta una estética de gusto contemporáneo, con cuadros actuales y un claro dominio de las tonalidades blancas. Cocina actual con detalles de autor.

en la autovía A 4 Sureste : 5,5 km

Tryp Los Ángeles hab,

✉ 28906 Getafe – ℘ 916 83 94 00 – www.tryp-losangeles.com

121 hab – 42/98 € 51/112 €, 4 € – 2 suites

Rest – Menú 13 €

◆ Hotel que vive inmerso en un lento pero constante proceso de remodelación, pues quiere ofrecer unas habitaciones de línea actual y mayor confort. En su restaurante, ya puesto al día, encontrará una carta fiel al recetario tradicional.

GETARIA (GUETARIA) - Guipúzcoa - 573 C23 - 2 675 h. 25 B2

Madrid 487 - Bilbao 77 - Iruña/Pamplona 107 - Donostia-San Sebastián 24

Parque Aldamar 2, ✆ 943 14 09 57, www.getaria.org

Carretera en cornisa★★ de Guetaria a Zarauz

Saiaz Getaria sin rest

Roke Deuna 25 ✉ 20808
– ✆ 943 14 01 43 – www.saiazgetaria.com
– cerrado 15 diciembre-15 enero

17 hab – 88/109 € 88/150 €, 9 €

◆ Casa del s. XV donde aún se conservan algunos muros en piedra. Presenta una coqueta zona social, una luminosa cafetería y correctas habitaciones, la mayoría asomadas al mar.

Itxas-Gain sin rest

Roke Deuna 1 ✉ 20808 – ✆ 943 14 10 35
– www.hotelitxasgain.com

16 hab – 42/47 € 56/65 €, 5 €

◆ Su nombre significa "Sobre el mar". Ofrece un buen hall, un jardín y habitaciones de adecuado confort, en líneas generales de estilo moderno y en la 3ª planta abuhardilladas.

Elkano

Herrerieta 2 ✉ 20808 – ✆ 943 14 06 14
– www.restauranteelkano.com
– cerrado del 9 al 23 de abril, del 1 al 15 de noviembre, domingo noche, lunes y martes noche (salvo julio y agosto)

Rest – Carta 55/72 €

◆ Negocio familiar dotado con un bar de espera y una sala de cuidado montaje, en un estilo clásico-marinero. Trabajan mucho con la parrilla y ofrecen productos de gran calidad.

Kaia Kaipe

General Arnao 4 ✉ 20808 – ✆ 943 14 05 00 – www.kaia-kaipe.com
– cerrado 1ª quincena de marzo, 2ª quincena de octubre, lunes y miércoles noche salvo verano

Rest – Menú 65 € – Carta 45/65 €

◆ Esta casa posee un bar privado, un comedor de montaje clásico-marinero y otro, más sencillo, con acceso a la terraza. Gran bodega, vivero propio y vistas al puerto pesquero.

Iribar con hab y sin

Nagusia 34 ✉ 20808 – ✆ 943 14 04 06
– cerrado 10 días en abril, 10 días en junio, 10 días en octubre y 10 días en noviembre

5 hab – 40/60 € 50/75 €

Rest – *(cerrado miércoles noche y jueves)* Carta 35/51 €

◆ Se encuentra en el casco antiguo de la localidad, con una decoración de ambiente rústico y algún detalle marinero. Carta de cocina vasca bastante rica en pescados. Como complemento cuenta con unas correctas habitaciones, renovadas y de carácter funcional.

en el alto de Meagas Sur : 4,5 km

Azkue con hab — hab, rest, rest

✉ 20808 Getaria – ✆ 943 83 05 54
– www.hotelazkue.com

18 hab – 39/50 € 60/80 €

Rest – *(cerrado martes salvo verano)* Carta 24/32 €

◆ Esta casa familiar ofrece un bar público, un comedor regional de sencillo montaje y una agradable terraza arbolada. Precios moderados y elaboraciones de tinte casero. Como complemento disfruta de unas habitaciones clásicas de adecuado confort.

GETXO – Vizcaya – **573** B21 – **80 277 h.** – **alt. 51 m** **25** A3

Madrid 407 – Bilbao 14 – Donostia-San Sebastián 113

en Algorta : playa de Ereaga, ✆ 94 491 08 00, www.getxo.net/turismo

Neguri, Noroeste : 2 km, ✆ 94 491 02 00

en Getxoko Andramari (Santa María de Getxo)

Cubita

carret. de La Galea 30 ✉ 48993 Getxo – ✆ 944 91 17 00 – www.cubita.biz – cerrado agosto, domingo noche y miércoles

Rest – Carta 44/65 €

◆ Adosado al bello molino de Aixerrota, que funciona como una galería de arte. Posee un bar público, dos privados y comedores clásicos de buen montaje, todos con vistas al mar.

en Neguri

Artaza

av. de Los Chopos 12 ✉ 48991 Neguri – ✆ 944 91 28 52 – www.hotelartaza.com

21 hab – †55/63 € ††75/90 €

Rest – *(cerrado domingo noche)* Menú 44 €

◆ Atractiva villa veraniega construida en 1952. Disfruta de una buena cafetería y unas cálidas habitaciones, algunas abuhardilladas y todas con un ligero estilo inglés. El restaurante, dotado con varias salas de línea clásica, propone una cocina muy tradicional.

ESPAÑA

en Areeta (Las Arenas)

Embarcadero hab, rest,

av. Zugazarte 51 ✉ 48930 Areeta – ✆ 944 80 31 00 – www.hotelembarcadero.com

27 hab – †122/165 € ††145/220 €, 14 €

Rest – *(cerrado domingo noche y lunes)* Menú 56 € – Carta 44/62 €

◆ Antigua casona señorial emplazada junto al mar, con la estructura exterior a modo de caserío y el interior de diseño actual. Luminosa zona social y confortables habitaciones. En su comedor encontrará una carta tradicional con algunos platos internacionales.

GETXOKO ANDRAMARI – Vizcaya – ver Getxo

GIBRALGALIA – Málaga – ver Cártama

GIBRALTAR – **578** X13/ X14 – **28 875 h.** **1** B3

Madrid 673 – Cádiz 144 – Málaga 127

de Gibraltar, Norte : 2,7 km ✆ 00 350 200 73026

British Airways : aeropuerto ✆ 34 902 111 333 – **Iberia** : 2A Main Street, Unit G 10 ✆ 00 350 200 77666

R.A.C.E. 4, Cathedral Square ✆ 00 350 200 75161

Localidad★

The Caleta

Catalan Bay – ✆ 003 50 20 07 65 01 – www.caletahotel.com **V**

151 hab – ††95/189 €, 10 € – 10 apartamentos

Rest ***Nuno's*** – Carta 35/52 €

◆ Privilegiada situación sobre el mar, que contrasta con el discreto aspecto exterior. Hotel bien organizado y de adecuadas instalaciones. Pida las habitaciones con vistas. Restaurante italiano de cuidado montaje que destaca por su bellísima terraza panorámica.

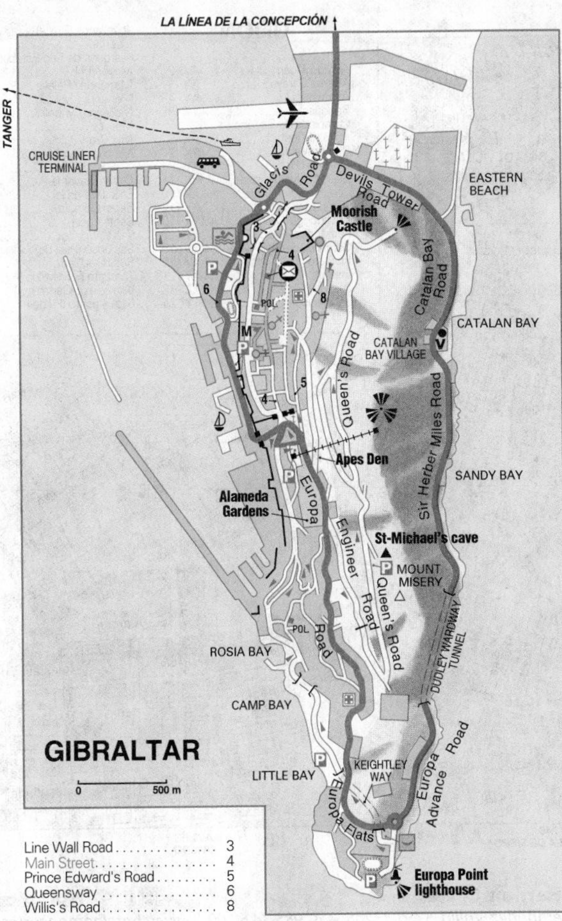

GIJÓN – Asturias – 572 B12 – 277 198 h. – Playa **5** B1

Madrid 474 – Bilbao 296 – A Coruña 341 – Oviedo 30

Rodríguez San Pedro, ✆ 98 534 17 71, www.gijon.info

R.A.C.E. Palacio Valdés 19 ✆ 98 535 53 60

Castiello, Sureste : 5 km, ✆ 98 536 63 13

Plano página siguiente

NH Gijón

hab, VISA

paseo del Doctor Fleming 71 ✉ 33203 – ✆ 985 19 57 55 – www.nh-hotels.com CYk

64 hab – 70/180 €, 14 €

Rest ***Avant Garde*** – *(cerrado domingo noche y lunes)*

Carta aprox. 42 €

◆ Se presenta con una correcta zona social, varios salones panelables y unas habitaciones actuales de notable amplitud. Buen solárium en el ático y zona de belleza en el sótano. En el restaurante, dinámico e innovador, se combinan tapas, bocados y raciones.

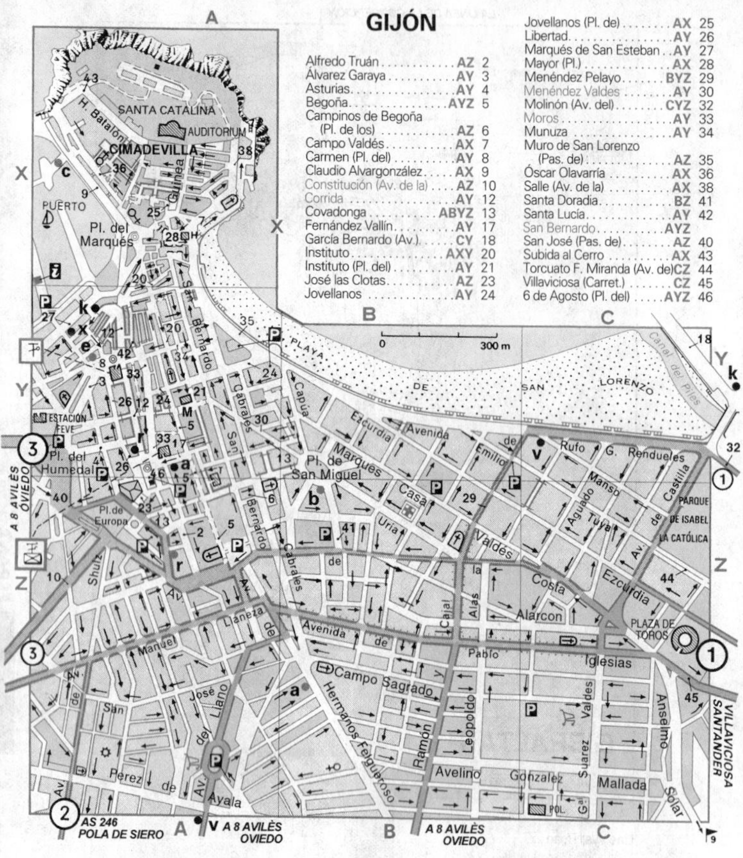

Hernán Cortés sin rest

Fernández Vallín 5 ✉ 33205 – ☎ 985 34 60 00 – www.hotelhernancortes.es
60 hab – ††85/145 €, ☕ 11 € – 16 suites AY**a**

◆ Céntrico hotel de línea clásica dotado de espaciosas instalaciones. Combina su elegante decoración con un gran nivel de confort y una atención especial a los detalles.

Parador de Gijón Molino Viejo

parque de Isabel la Católica, por av. del Molinón ✉ 33203 – ☎ 985 37 05 11 – www.parador.es
40 hab – †124/134 € ††155/168 €, ☕ 16 € **Rest** – Menú 32 €

◆ Ocupa un antiguo molino ubicado junto al parque. Sus luminosas dependencias le brindan todas las comodidades dentro de un ambiente cálido y distinguido. El restaurante se viste de gala para acoger una cocina arraigada en los sabores de la tierra.

Abba Playa Gijón

paseo del Doctor Fleming 37 ✉ 33203 – ☎ 985 00 00 00 – www.abbagijonhotel.com CY**k**
80 hab – †66/169 € ††66/182 €, ☕ 14 € **Rest** – Menú 20 €

◆ El edificio, en forma de cubo y con vistas al mar, está orientado tanto al cliente de negocios como al vacacional. Moderno bar, luminosas habitaciones y una terraza-solárium. En su restaurante encontrará una reducida carta tradicional y varios tipos de menús.

Tryp Rey Pelayo hab,

av. Torcuato Fernández Miranda 26, por av. Torcuato Fernández Miranda ✉ 33203 – ✆ 985 19 98 00 – www.tryphotels.com
125 hab – 65/180 €, 14 € – 4 suites
Rest – Menú 16 €
◆ Moderno hotel situado frente a un tranquilo parque. Dispone de unas espaciosas habitaciones completamente equipadas, con solado en madera y baños en mármol. Restaurante de estilo clásico con un servicio de mesa de buen nivel.

Príncipe de Asturias sin rest, con cafetería por la noche

Manso 2 ✉ 33203 – ✆ 985 36 71 11 – www.hotelprincipeasturias.com CY**v**
74 hab – 72/150 € 72/187 €, 13 € – 6 suites
◆ Clasicismo y elegancia se aúnan para aportar al conjunto un buen nivel de confort. Le sorprenderá su salón de desayunos, ya que brinda una excelente vista panorámica.

Marqués de San Esteban sin rest, con cafetería

Marqués de San Esteban 11 ✉ 33206 – ✆ 985 09 09 29 – www.bluehoteles.es AY**x**
27 hab – 54/130 €
◆ Sus habitaciones, no muy amplias pero bien equipadas, disfrutan de un estilo actual, con los suelos en tarima y en muchos casos balcón. Posee dos estancias abuhardilladas.

Pasaje sin rest, con cafetería

Marqués de San Esteban 3 ✉ 33206 – ✆ 985 34 24 00 – www.hotelpasaje.net AY**k**
29 hab – 40/70 € 60/100 €, 6 €
◆ Hotel de organización familiar con vistas al puerto deportivo. Sus correctas habitaciones se complementan con una cafetería pública y un salón social en el 1er piso.

Bahía sin rest y sin

av. del LLano 44 ✉ 33209 – ✆ 985 16 37 00 – www.hotelbahiagijon.es AZ**v**
34 hab – 33/50 € 45/70 €
◆ Ocupa la 1ª planta de un edificio de viviendas y es una buena opción en su categoría, tanto por el mantenimiento de sus dependencias como por el confort de sus habitaciones.

Castilla sin rest

Corrida 50 ✉ 33206 – ✆ 985 34 62 00 – www.hotelcastillagijon.com AY**r**
43 hab – 35/62 € 45/82 €, 5 €
◆ Hotel de línea clásica con habitaciones funcionales y baños modernos, estos últimos algo pequeños. Impecable nivel de limpieza y la sala de desayunos como única zona social.

El Puerto

Claudio Alvargonzález ✉ 33201 – ✆ 985 16 81 86 – cerrado domingo noche y lunes AX**c**
Rest – Menú 68 € – Carta 40/60 €
◆ En pleno puerto de Gijón y con buenas vistas al mismo, especialmente desde su agradable terraza. En su sala, de estética actual aunque con los techos y los suelos en madera, podrá degustar una cocina tradicional actualizada.

La Zamorana

Hermanos Felgueroso 38 ✉ 33209 – ✆ 985 38 06 32 – www.lazamorana.net – cerrado del 9 al 22 de abril, del 15 al 31 de octubre y lunes BZ**a**
Rest – Menú 15/50 € – Carta 40/50 €
◆ Este negocio ofrece una sidrería, varias salas rústicas y un comedor de superior montaje dotado con una entrada independiente. Carta tradicional y una bodega muy completa.

XX **V. Crespo**

Periodista Adeflor 3 ✉ 33205 – ☎ 985 34 75 34 – www.restaurantecrespo.com – cerrado julio, domingo noche y lunes AZ**r**

Rest – Menú 50 € – Carta 41/59 €

◆ Casa sólida y sería dotada con un bar en la entrada y una sala de aire marinero distribuida en varios espacios. Cocina de base tradicional basada en la calidad del producto.

XX **La Salgar**

paseo Dr. Fleming 859, por av. del Molinón ✉ 33203 – ☎ 985 33 11 55 – www.lasalgar.es – cerrado domingo noche, lunes y martes noche

Rest – Carta 38/42 €

◆ Restaurante de línea moderna ubicado junto al Museo del Pueblo de Asturias. En su atractivo comedor podrá degustar una carta de tinte tradicional con un apartado creativo.

X **La Casa Pompeyana**

Nava 5, por ③ ✉ 33207 – ☎ 984 19 24 19 – www.lacasapompeyana.com – cerrado martes salvo festivos

Rest – Menú 18/43 € – Carta 37/50 €

◆ Restaurante decorado con atractivos frescos alegóricos que rememoran la cultura e historia de Pompeya. Carta tradicional italiana con un apartado de pasta fresca y pizzas.

X **Alejandro G. Urrutia**

pl. San Miguel 10 ✉ 33202 – ☎ 984 15 50 50 – cerrado del 1 al 15 de febrero, del 1 al 15 de septiembre, domingo noche y lunes BZ**b**

Rest – Carta 40/50 €

◆ ¡Un local de carácter informal... eso sí, moderno y con mucho diseño! Posee un bar-vinoteca y una sala, esta última con un reservado y la cocina abierta a la vista del cliente. Su carta combina la cocina tradicional con otra más creativa.

X **El Candil**

Numa Guilhou 1 ✉ 33206 – ☎ 985 35 30 38 – www.elcandilgijon.es – cerrado Navidades, 26 junio-10 julio y domingo AY**e**

Rest – Menú 45 € – Carta 31/52 €

◆ Coqueto restaurante decorado con detalles marineros y candiles. Ofrece una cocina tradicional de tintes vascos en la que se explotan las excelentes materias primas de la zona.

en Somió por ① CZ

XX **La Pondala**

av. Dioniso Cifuentes 58 - 3 km ✉ 33203 Gijón – ☎ 985 36 11 60 – www.lapondala.com – cerrado del 5 al 23 de junio y jueves

Rest – Carta 38/55 €

◆ Fundado en 1891. Propone una cocina clásica-tradicional que se elabora con productos escogidos, procurando así mantener el sabor de siempre. Atractiva terraza posterior.

en Cabueñes por ① CZ

Quinta Duro sin rest

camino de las Quintas 384, 5 km ✉ 33394 Cabueñes – ☎ 985 33 04 43 – www.hotelquintaduro.com

11 hab – †55/67 € ††77/96 €, ☕ 6 €

◆ Atractiva casa señorial rodeada por una extensa zona verde con árboles centenarios. Tanto su zona social como las espaciosas habitaciones se visten con mobiliario antiguo.

Casona de Cefontes sin rest

Camino de la Carbayera 564, 6 km ✉ 33394 Cabueñes – ☎ 985 33 81 29 – www.casonadecefontes.com

13 hab – †55/87 € ††81/98 €, ☕ 11 €

◆ Casa de estética regional rodeada por una amplia zona de césped y prados. Sala de desayunos con chimenea e impecables habitaciones, todas actuales pero con detalles rústicos.

en Deva por ① : 6 km y desvío a la derecha 1 km CZ

La Ermita de Deva sin rest

Camin del Vallenquin 432 ✉ 33394 Deva – ✆ 985 33 34 22 – www.laermitadeva.com – cerrado diciembre-febrero

9 hab – 80/100 € 111/180 €

◆ Casa de labranza del s. XVIII dotada con su propia capilla en el jardín, dedicada a San Antonio. Porche acristalado y habitaciones muy confortables, algunas abuhardilladas.

por la carretera N 632 por ① : 7 km CZ

Palacio de la LLorea

carret. de Villaviciosa - Campo de Golf La Llorea ✉ 33394 Gijón – ✆ 985 13 18 12 – www.palaciodelallorea.com

62 hab – 75/124 € 75/144 €, 10 €

Rest – *(cerrado domingo noche y lunes)* Menú 20 €

◆ Conjunto horizontal ubicado junto a un campo de golf. Posee una elegante zona social, un completo SPA con servicios terapéuticos y habitaciones actuales muy bien equipadas. El restaurante ocupa la antigua capilla del palacio, que ha sido restaurada.

en Santurio por ① : 7,5 km CZ

Los Nogales

Camin de la Matona 118 ✉ 33394 Santurio – ✆ 985 33 63 34 – www.restaurantelosnogales.es – cerrado 24 diciembre-1 enero, lunes noche y martes

Rest – *(solo almuerzo en invierno salvo viernes y sábado)* Carta 44/65 €

◆ Ubicado en pleno campo, sorprende por la calidad de los productos con que elabora sus platos. Terraza acristalada precediendo al bar-sidrería, y correctas salas a la carta.

ESPAÑA

GIMENELLS – Lleida – 574 H31 – 1 183 h. 13 A2

Madrid 472 – Barcelona 185 – Lleida 26 – Huesca 106

Malena

Roques Blanques ✉ 25112 – ✆ 973 74 85 23 – www.malenagastronomia.com – cerrado del 1 al 7 de enero y lunes

Rest – *(solo almuerzo salvo viernes y sábado)* Menú 40 € – Carta 35/58 €

◆ Instalado en una antigua vaquería, con la cocina a la vista y un comedor clásico-actual. Productos locales elaborados con técnicas modernas y nuevas aplicaciones de la brasa.

GINES – Sevilla – 578 T11 – 13 108 h. – alt. 122 m 1 B2

Madrid 535 – Sevilla 12 – Huelva 84

Asador Almansa

Arnilla 12 (carret. Espartinas) ✉ 41960 – ✆ 954 71 34 51 – www.restaurantealmansa.com – cerrado 2ª quincena de agosto y domingo en verano

Rest – *(solo almuerzo en invierno salvo fines de semana)* Carta 29/57 €

◆ Asador de ambiente clásico muy conocido en la zona. Ofrece dos confortables comedores y está especializado tanto en carnes, de Ávila o Galicia, como en lechazo castellano.

¿Buenas comidas a precios moderados? Elija un Bib Gourmand.

GIRONA (GERONA) P – 574 G38 – 96 236 h. – alt. 70 m 15 A1

Madrid 708 – Barcelona 97 – Manresa 134 – Mataró 77

de Girona por ② : 13 km ✆ 902 404 704

Joan Maragall 2, ✆ 872 97 59 75, www.turismedecatalunya.com

R.A.C.C. carret. de Barcelona 22 ✆ 972 22 36 62

Girona,, Sant Julià de Ramis, Norte : 4 km, ✆ 972 17 16 41

Ciudad antigua (Força Vella)★★ – Catedral★ (nave★★, retablo mayor★, Tesoro★★ : Beatus★★, Tapiz de la Creación★★★, Claustro★) BY – Museu d'Art★★ : Viga de Cruilles★, retablo de Púbol★, retablo de Sant Miquel de Cruilles★★ BY**M1** – Colegiata de Sant Feliu★ : Sarcófagos★ BY**R** – Monasterio de Sant Pere de Galligants★ : Museo Arqueológico (sepulcro de las Estaciones★) BY – Baños Árabes★ BY**S**

Púbol (Casa-Museu Castell Gala Dalí★) Este : 16 km por C 255

AC Palau de Bellavista

hab,

Pujada Polvorins 1 ✉ 17004 – ✆ 872 08 06 70 – www.ac-hotels.com BZ**b**

74 hab – 75/140 €, 16 €

Rest ***Numun*** – *(cerrado del 2 al 17 de enero, domingo y lunes)* Menú 24/37 € – Carta aprox. 55 €

◆ Se encuentra en una zona residencial, rodeado de árboles y con bonitas vistas a la ciudad desde su amplio hall-terraza. Habitaciones actuales, con los suelos en tarima. Restaurante de estética moderna donde podrá disfrutar con elaboraciones de corte creativo.

Meliá Girona

hab,

Barcelona 112, por ② ✉ 17003 – ✆ 972 40 05 00 – www.solmelia.com

111 hab – 50/140 €, 14 € – 3 suites **Rest** – Menú 14/18 €

◆ Resulta moderno y confortable, con una reducida zona social y varias salas de reuniones. Sus habitaciones gozan de un completo equipamiento, con mobiliario clásico de calidad. En el restaurante, también de ambiente clásico, encontrará una carta internacional.

Carlemany

pl. Miquel Santaló 1 ✉ 17002 – ✆ 972 21 12 12 – www.carlemany.es

89 hab – 86/160 € 88/175 €, 14 € AZ**w**

Rest ***El Pati Verd*** – ver selección restaurantes

◆ Céntrico y de línea actual. Posee una elegante zona noble, con piano-bar, una buena oferta en salones y amplias habitaciones de estética actual. Trabaja mucho los congresos.

Ciutat de Girona

Nord 2 ✉ 17001 – ✆ 972 48 30 38 – www.hotel-ciutatdegirona.com

44 hab – 85/156 € 95/194 €, 12 € – 8 apartamentos ABY**b**

Rest – Menú 11/30 €

◆ Compensa su escueta zona social con unas espléndidas estancias. En un anexo ofrece habitaciones y apartamentos de línea actual, con una pequeña piscina en un patio interior. El restaurante sorprende por la fusión de cocinas de otras culturas a buen precio.

Llegendes de Girona Catedral sin rest

Portal de la Barca 4 ✉ 17004 – ✆ 972 22 09 05 – www.llegendeshotel.com BY**a**

15 hab – 113/123 €, 10 €

◆ Se encuentra en pleno casco histórico, con detalles ornamentales antiguos y, en general, una decoración de diseño. Habitaciones no muy amplias pero de buen confort.

Costabella

rest,

av. de Francia 61, por ① ✉ 17007 – ✆ 972 20 25 24 – www.hotelcostabella.com

45 hab – 60/85 € 70/120 €, 9 € – 2 suites

Rest – *(cerrado domingo) (solo cena) (solo menú)* Menú 17/25 €

◆ Disfruta de unas acogedoras habitaciones, algo reducidas pero todas de estilo funcional-actual y con los suelos en mármol. Variada oferta en servicios complementarios.

GIRONA

Álvarez de Castro . . . . AZ 2
Argenteria . . . . BY 3
Ballesteríes . . . . BY 4
Bellaire . . . . BY 6
Berenguer Carnicer . . . . AY 7
Bonastruc de Porta . . . . AY 9
Carme . . . . BZ 10
Ciutadans . . . . BZ 12
Cúndaro . . . . BY 13
Devesa (Pas. de la) . . . . AY 14
Eduard Marquína (Pl. de) . . . . AZ 15
General Fournàs . . . . BY 16
General Peralta (Pas. del) . . . . BZ 17
Joaquim Vayreda . . . . AY 18
Juli Garreta . . . . AZ 19
Llibertat (Rambla de la) . . . . . . BZ 23
Nou . . . . AZ
Nou del Teatre . . . . BZ 27
Oliva i Prat . . . . BY 26
Palafrugell . . . . BY 28
Pedreres (Pujada de les) . . . . . BZ 29
Ramon Folch (Av. d'en) . . . . . AY 31
Reina Isabel la Católica . . . . . . BZ 36
Reina Joana (Pas. de la) . . . . . BY 37
Rei Ferran el Católic . . . . BY 33
Rei Martí (Pujada del) . . . . BY 34
Santa Clara . . . . ABYZ
Santa Eugénia . . . . AZ 49
Sant Cristòfol . . . . BY 39
Sant Daniel . . . . BY 40
Sant Domènec (Pl. de) . . . . BY 42
Sant Feliu (Pujada de) . . . . BY 44
Sant Francesc (Av. de) . . . . . . AZ 45
Sant Pere (Pl. de) . . . . BY 48
Ultònia . . . . AZ 53

FIGUERES AP 7 - E 15 : PERPIGNAN
OLOT BANYOLES
C 66 PALAMÓS
Giratori del Pont del Pedret
ESPLANADA DE SAULÓ
Sant Nicolau
SANT PERE DE GALLIGANTS
Passeig Arqueològic
CATEDRAL
PARC DE LA DEVESA
Giratori del Relotge
FORÇA
VELLA
Pl. de la Independència
Pl. de la Constitució
Pl. J. Pla
Pl. del Vi
Pl. de Catalunya
Sta Caterina
Plaça d'Espanya
Pl. M. Santaló
N 141 AP 7-E 15 : BARCELONA , Casa Ensesa
C 65 : S. FELIU DE GUIXOLS
C 65 : QUART D'ONYAR

Condal sin rest
Joan Maragall 10 ✉ 17002
– ☎ 972 20 44 62
– www.hotelcondalgirona.com AZ**p**
38 hab – 🚹41/50 € 🚹🚹69 €, ☕ 4 €
◆ Posee una sencilla organización y habitaciones funcionales, un poco sobrias en su decoración y con plato ducha en la mayoría de los baños. Se está actualizado poco a poco.

ESPAÑA

XXX **Massana** (Pere Massana)
✿ *Bonastruc de Porta 10-12 ✉ 17001 – ☎ 972 21 38 20 – www.restaurantmassana.com – cerrado Navidades, 7 días en agosto, domingo y martes noche* AY**t**

Rest – Menú 75/117 € – Carta 50/65 €

Espec. Arroz meloso de escórpora y espardenyes. Lubina de costa, estofado de verduras, calamares y ceps. Choco-pasión, traslúcido de hierba luisa, helado de maracuyá y chocolate blanco.

◆ Un negocio en constante auge. Presenta un comedor de línea actual, con una bodega acristalada, así como una zona de reservados independiente. Cocina tradicional donde cuidan tanto los detalles como los productos y las presentaciones. Completa carta de vinos.

XX **Cal Ros**
Cort Reial 9 ✉ 17004 – ☎ 972 21 91 76 – www.calros-restaurant.com – cerrado 10 días en enero,10 días en julio,10 días en noviembre, domingo noche y lunes BY**c**

Rest – Menú 38 € – Carta 33/49 €

◆ ¡En el corazón del casco antiguo! Restaurante de aire rústico dotado con varias salas..., la del piso superior reservada para grupos. Cocina de base tradicional actualizada y bien presentada.

XX **Nu**
Abeuradors 4 ✉ 17001 – ☎ 972 22 52 30 – www.nurestaurant.cat – cerrado 10 días en enero-febrero, 7 días en junio, 10 días en noviembre y domingo BZ**x**

Rest – Menú 40 € – Carta 29/35 €

◆ Restaurante de ambiente moderno y juvenil emplazado en una céntrica calle peatonal. Tiene la cocina semivista y sorprende porque muchos de sus platos se terminan de preparar ante el cliente. ¡Cocina actual con pinceladas orientales!

XX **El Pati Verd** – Hotel Carlemany
pl. Miquel Santaló 1 ✉ 17002 – ☎ 972 21 12 12 – www.carlemany.es – cerrado del 15 al 31 de agosto, sábado y domingo AZ**w**

Rest – *(solo cena)* Carta 34/49 €

◆ Negocio con personalidad propia. Presenta un comedor circular completamente acristalado, tipo jardín de invierno, donde ofrecen una carta de cocina tradicional actualizada.

XX **Mimolet**
Pou Rodo 12 ✉ 17007 – ☎ 972 20 21 24 – www.mimolet.net – cerrado 24 diciembre-6 enero, domingo y lunes BY**v**

Rest – Carta 35/48 €

◆ Presenta una estética actual, resultando diáfano y colorista, con el comedor distribuido en varias alturas y un buen privado. Cocina regional actualizada y menú degustación.

al Noroeste por ① y desvío a la izquierda dirección Sant Gregori y cruce desvío a Taialà 2 km

XXXX **El Celler de Can Roca** (Joan y Jordi Roca)
✿✿✿ *Can Sunyer 48 ✉ 17007 Girona – ☎ 972 22 21 57 – www.cellercanroca.com – cerrado Navidades, Semana Santa, 26 agosto-3 septiembre, domingo y lunes*

Rest – Menú 97/144 € – Carta 96/129 €

Espec. Gambas a la brasa con caldo acidulado de setas. Lenguado sabores mediterráneos, hinojo, bergamota, piñones, naranja y olivas. Nube de limón.

◆ En esta casa familiar encontrará una sala triangular de estética moderna, luminosa y acristalada en torno a un jardín interior, así como una singular bodega dotada de diferentes espacios sensoriales. Cocina creativa de excelente nivel, interesante y sugerente.

ESPAÑA

GOMBRÈN - Girona - 574 F36 - 224 h. - alt. 919 m 14 C1

Madrid 661 - Barcelona 117 - Girona 98 - Encamp 125

La Fonda Xesc (Francesc Rovira) con hab rest,

pl. Roser 1 ✉ 17531 - ✆ 972 73 04 04 - www.fondaxesc.com - cerrado 10 días en julio

14 hab - †41/45 € ††75/79 €

Rest - *(cerrado lunes) (solo almuerzo salvo viernes, sábado y festivos)*

Menú 34/57 € - Carta 46/66 €

Espec. Setas y verduras primaverales, huevo y manteca de hierbas (primavera-verano). Cervatillo con membrillo y salsa de especies (noviembre-marzo). Sopa de manzana, hierba luisa y sorbete de lichi.

◆ Sorprendente casa de atención familiar emplazada en una aldea de montaña. La sala está distribuida en varios espacios, entre arcos, muros en piedra y grandes cristaleras. Cocina creativa bien elaborada. Sus habitaciones se ven algo sencillas, con mobiliario provenzal, sin embargo resultan interesantes como recurso.

La GOMERA - Santa Cruz de Tenerife - ver Canarias

GORGUJA - Girona - ver Llívia

El GRADO - Huesca - 574 F30 - 493 h. - alt. 467 m 4 C1

Madrid 460 - Huesca 70 - Lleida/Lérida 86

Torreciudad ≤★★ Noreste : 5 km

Bodega del Somontano

barrio del Cinca 11 (carret. de Barbastro) ✉ 22390 - ✆ 974 30 40 30 - www.bodegadelsomontano.com - cerrado 25 junio-3 julio

Rest - *(solo almuerzo)* Carta aprox. 30 €

◆ Establecimiento ubicado a la entrada de la localidad. Posee dos salas de línea clásica-funcional, aunque una tiene chimenea y resulta algo más rústica. Cocina tradicional.

GRAN CANARIA - Las Palmas - ver Canarias

GRANADA

Planos de la ciudad en páginas siguientes **2** C1

© John Frumm / Hemis.fr

ESPAÑA

P – **Granada – 239 154 h. – alt. 682 m** – **578** U19

Madrid 416 – Málaga 124 – Murcia 278 – Sevilla 250

Oficinas de Turismo

pl. de Mariana Pineda 10, ✆958 24 71 28, www.turgranada.es
Santa Ana 4, ✆958 57 52 02, www.andalucia.org

Automóvil Club

R.A.C.E. camino de Ronda 98 ✆ 958 26 21 50

Golf

Granada,, av. de los Cosarios (Las Gabias), por la carret. de Motril : 8 km, ✆958 58 49 13

Aeropuerto

de Granada por la carret. de Sevilla : 17 km ✆ 902 404 704 – Iberia : aeropuerto, ✆ 902 400 500.

VER

Emplazamiento*** • Alhambra*** CDY (Bosque* , Puerta de la Justicia*) • Palacios Nazaries*** : jardines y torres** CY • Palacio de Carlos V** CY : Museo de la Alhambra* (jarrón azul*), Museo de Bellas Artes (Cardo y zanahorias** de Sánchez Cotán) • Alcazaba* CY • Generalife** DX • Capilla Real** (reja***, sepulcros***, retablo*, Museo : colección de obras de arte**) BY • Catedral* BY (Capilla Mayor*, portada norte de la Capilla Real*, órganos*) • Cartuja* : sacristía** • Iglesia de San Juan de Dios* AX • Monasterio de San Jerónimo* (iglesia**, retablo**) AX • Albayzín** : terraza de la iglesia de San Nicolás (⋞***) CX N2 • El Bañuelo* CX • Museo Arqueológico (portada plateresca*) CX • Parque de las Ciencias* T

Alrededores. : Sierra Nevada** Sureste : 46 km T

GRANADA

Ancha de Capuchinos . . . . S 2
Ancha de la Virgen . . . . BZ 3
Andaluces (Av.) . . . . S 5
Andalucía (Av. de) . . . . S 6
Ángel Ganivet . . . . BZ
Bomba (Pas. de la) . . . . T 10
Capuchinas . . . . AY 12
Cárcel Alta . . . . BY 13
Cardenal Parrado . . . . S 14
Carmen (Pl. del) . . . . BY 16
Cartuja (Pas. de la) . . . . S 18
Casillas del Prats . . . . T 19
Cervantes (Av. de) . . . . T 21
Colón (Gran Vía de) . . . . BXY
Conde las Infantas . . . . AY 22
Constitución (Av. de la) . . . . S 23
Doctor Olóriz (Av. del) . . . . S 24
Emperatriz Eugenia . . . . T 27
Fuente Nueva (Av.) . . . . T 31
Genil (Ribera del) . . . . T 34
Horno de la Charca . . . . CX 37
Horno de Abad . . . . AY 36
Isabel la Católica (Pl. de) . . . . . BY 38
Malaga (Av. de) . . . . S 8
Marqués de Falces . . . . BX 40
Martínez de la Rosa . . . . T 41
Méndez Nuñez . . . . T 43
Murcia (Av. de) . . . . S 45
Navarrete . . . . AX 44
Nueva del Santísimo . . . . AX 46
Nueva San Antón . . . . AZ 47
Obispo Hurtado . . . . T 49
Picón (Carril del) . . . . AY 52
Pintor Rodríguez Acosta . . . . . . T 54
Real de la Cartuja . . . . S 56
Real (Puerta) . . . . BYZ
Reyes Católicos . . . . BY
Sacromonte (Camino del) . . . . . T 59
Santa Ana (Pl. de) . . . . BY 66
Santa Escolástica . . . . BY 67
Santo Domingo
(Callejón de) . . . . BZ 68
San Antón (Pl. de) . . . . AZ 61
San Isidro (Pl. de) . . . . S 62
San Juan de la Cruz (Pl.) . . . . . BY 63
San Nicolás
(Camino Nuevo de) . . . . . . CX 64
San Nicolás (Cuesta de) . . . . . CX 65
Severo Ochoa . . . . S 70
Sierra Nevada
(Carret. de la) . . . . T 71
Solarillo de Gracia . . . . T 72
Tendillas de Santa Paula . . . . AX 73
Tinajilla . . . . AX 76
Tovar (Pl.) . . . . BY 77
Universidad (Pl. de la) . . . . AX 78
Violón (Pas. del) . . . . T 81

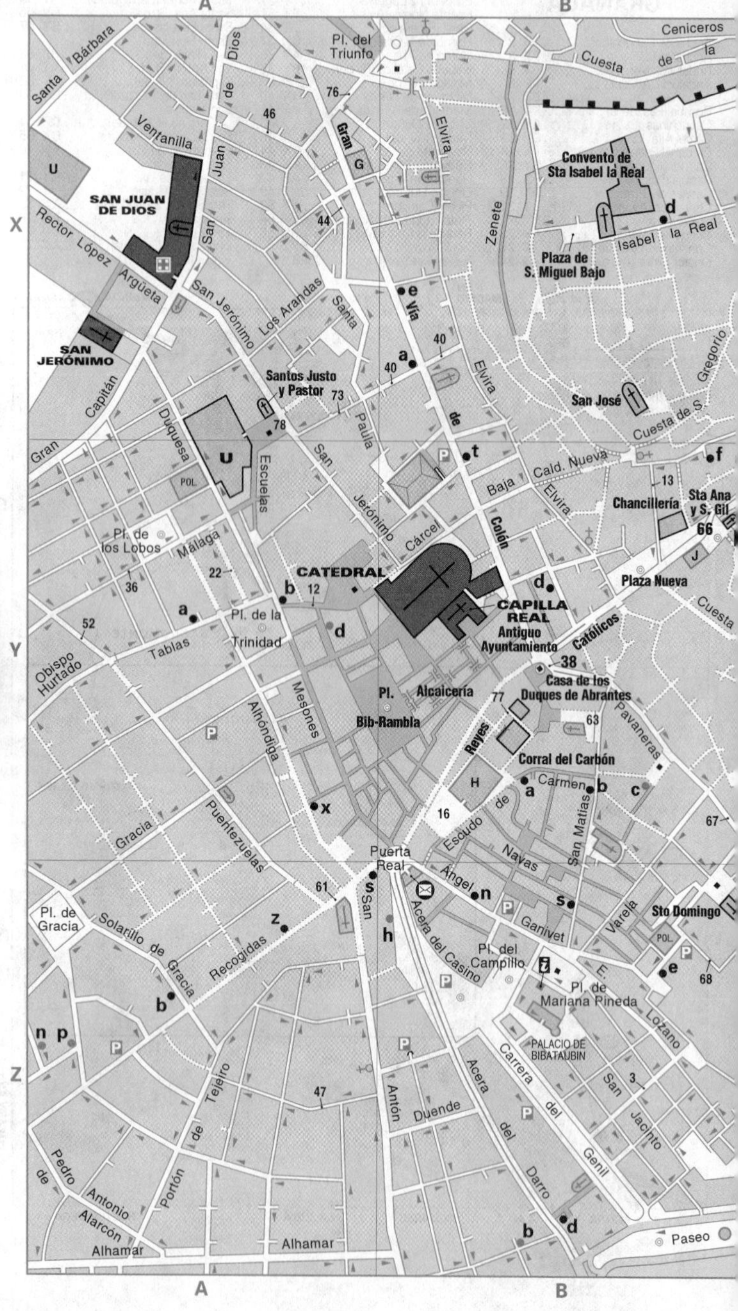
A
B
X
Y
Z
SAN JUAN DE DIOS
SAN JERÓNIMO
Convento de Sta Isabel la Real
Plaza de S. Miguel Bajo
Santos Justo y Pastor
San José
Chancillería
Sta Ana y S. Gil
CATEDRAL
CAPILLA REAL
Antiguo Ayuntamiento
Casa de los Duques de Abrantes
Alcaicería
Pl. Bib-Rambla
Corral del Carbón
Plaza Nueva
Sto Domingo
PALACIO DE BIBATAUBIN
Pl. del Triunfo
Pl. de los Lobos
Pl. de la Trinidad
Pl. de Gracia
Pl. del Campillo
Pl. de Mariana Pineda
Puerta Real
Gran Vía de Colón
Elvira
Cuesta de la Ceniceros
Isabel la Real
Zenete
San Juan de Dios
Ventanilla
Santa Bárbara
Rector López Argüeta
San Jerónimo
Los Arandas
Santa Paula
Gran Capitán
Duquesa
Escuelas
Málaga
Cárcel Baja
Cald. Nueva
Cuesta de S. Gregorio
Reyes Católicos
Cuesta
Obispo Hurtado
Tablas
Mesones
Alhóndiga
Gracia
Puentezuelas
Solarillo de Gracia
Recogidas
San Antón
Acera del Casino
Ángel
Ganivet
Navas
Escudo de Carmen
San Matías
Pavaneras
Varela
E. Lozano
Carrera del Genil
Acera del Darro
San Jacinto
Duende
Tejeiro
Portón de Tejeiro
Pedro Antonio de Alarcón
Alhamar
Paseo
ESPAÑA

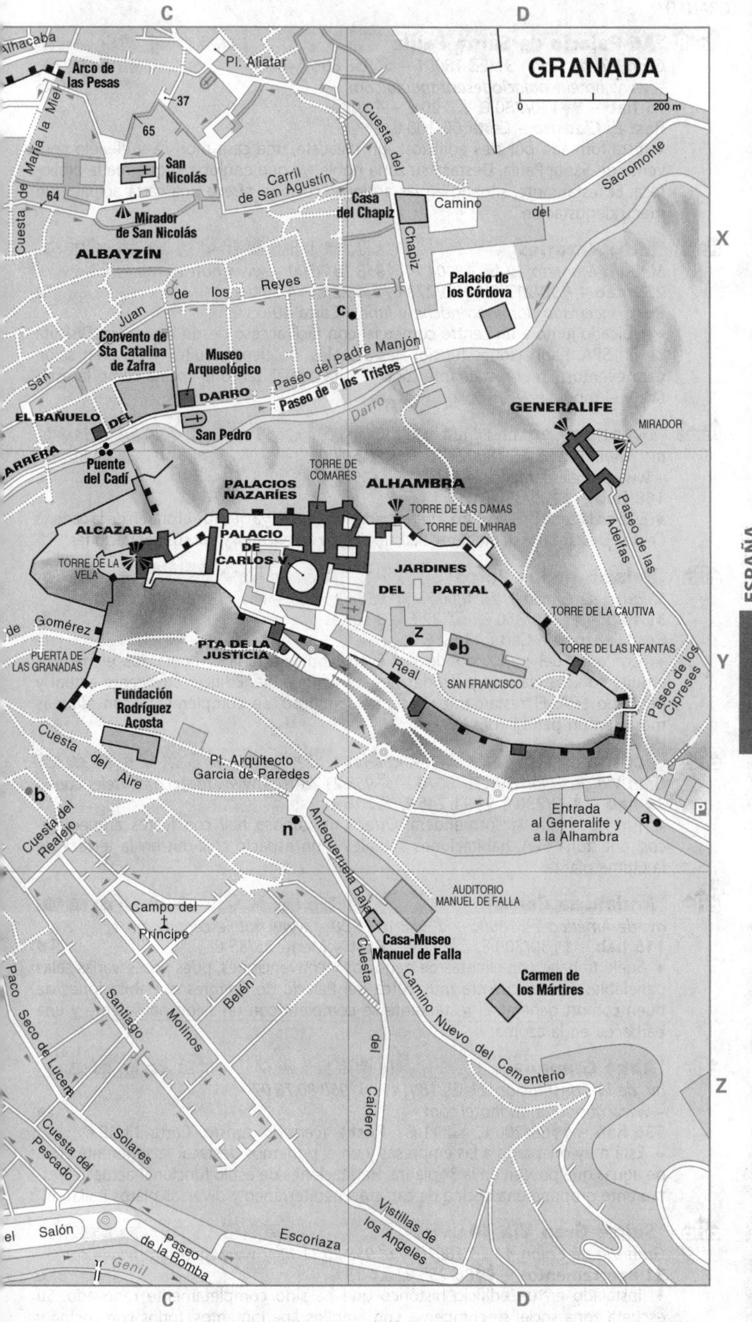

GRANADA
0
200 m
C
D
X
Y
Z
ESPAÑA
Arco de las Pesas
Pl. Aliatar
San Nicolás
Mirador de San Nicolás
ALBAYZÍN
Carril de San Agustín
Cuesta del Chapiz
Casa del Chapiz
Camino del Sacromonte
Palacio de los Córdova
Convento de Sta Catalina de Zafra
Museo Arqueológico
Paseo del Padre Manjón
Paseo de los Tristes
DARRO
EL BAÑUELO
San Pedro
Puente del Cadí
PALACIOS NAZARÍES
TORRE DE COMARES
ALHAMBRA
TORRE DE LAS DAMAS
TORRE DEL MIHRAB
GENERALIFE
MIRADOR
ALCAZABA
TORRE DE LA VELA
PALACIO DE CARLOS V
JARDINES DEL PARTAL
TORRE DE LA CAUTIVA
TORRE DE LAS INFANTAS
PTA DE LA JUSTICIA
SAN FRANCISCO
Paseo de las Adelfas
Paseo de los Cipreses
PUERTA DE LAS GRANADAS
Cuesta de Gomérez
Fundación Rodríguez Acosta
Cuesta del Aire
Pl. Arquitecto Garcia de Paredes
Entrada al Generalife y a la Alhambra
Cuesta del Realejo
Antequeruela Baja
AUDITORIO MANUEL DE FALLA
Casa-Museo Manuel de Falla
Campo del Príncipe
Carmen de los Mártires
Camino Nuevo del Cementerio
Cuesta del Caidero
Santiago
Molinos
Belén
Paco Seco de Lucena
Cuesta del Pescado
Solares
Paseo del Salón
Paseo de la Bomba
Escoriaza
Vistillas de los Angeles
Genil
Cuesta de María la Miel
Alhacaba
37
65
64

AC Palacio de Santa Paula hab,
Gran Vía de Colón 31 ✉ *18001* – ☎ *958 80 57 40*
– *www.hotelacpalaciodesantapaula.com* BX**a**
75 hab – 130/780 €, 20 € – 4 suites
Rest ***El Claustro*** – Carta 60/100 €
◆ Está formado por tres edificios... un palacete, una casa morisca y el viejo convento de Santa Paula. Destaca su zona noble, ya que engloba lo que fue la biblioteca. El restaurante, situado en las antiguas cocinas, ofrece una carta actual y un menú degustación.

M.A. Nazaríes hab,
Maestro Montero 12 ✉ *18004* – ☎ *958 18 76 00* – *www.hoteles-ma.es*
253 hab – 90/217 € 90/273 €, 22 € – 4 suites T**a**
Rest – *(cerrado domingo noche y lunes)* Carta 40/63 €
◆ Ubicado junto a un centro comercial con fácil acceso desde la autovía. Disfruta de un SPA, habitaciones funcionales-actuales, excelentes suites y un gran salón para eventos. En el restaurante todo resulta actual, tanto la cocina como la estética y el montaje.

Granada Center sin rest, con cafetería
av. Fuentenueva ✉ *18002* – ☎ *958 20 50 00*
– *www.hotelescenter.com* T**e**
168 hab – 50/300 €, 13 €
◆ Está en la zona universitaria y tiene cierta relevancia, ya que fue el origen de la cadena Center. Destaca por su moderno hall, tipo lobby americano, y por sus habitaciones.

Palacio de los Patos hab,
Solarillo de Gracia 1 ✉ *18002* – ☎ *958 53 57 90* – *www.hospes.com*
39 hab – 140/350 €, 22 € – 3 suites AZ**b**
Rest ***Senzone*** – Carta 43/62 €
◆ Conjunto del s. XIX donde conviven, con inusitada armonía, los elementos arquitectónicos clásicos y los detalles de vanguardia. Edificio adyacente actual y pequeño SPA. El restaurante, bastante luminoso, se complementa con algunas mesas en un patio-jardín.

Fontecruz Granada sin rest, con cafetería
Gran Via de Colón 20 ✉ *18010* – ☎ *958 21 78 10* – *www.fontecruzhoteles.com*
39 hab – 79/230 € 94/245 €, 16 € BY**t**
◆ ¡Un hotel que le sorprenderá! Ofrece un curioso hall con restos arqueológicos, una zona SPA, habitaciones actuales y un espacio chill-out en la terraza de la última planta.

Andalucía Center hab,
av. de América ✉ *18006* – ☎ *958 18 15 00* – *www.hotelescenter.com*
115 hab – 50/300 €, 12 € **Rest** – Menú 25/35 € T**d**
◆ Suele trabajar con clientes de negocios y convenciones, pues posee varias salas panelables y se encuentra muy cerca del Palacio de Congresos. Habitaciones de buen confort general. El restaurante se completa con un salón polivalente y una barbacoa en la azotea.

Abba Granada hab, rest,
av. de la Constitución 21 ✉ *18014* – ☎ *958 80 78 07*
– *www.abbagranadahotel.com* S**a**
136 hab – 65/200 €, 11 € **Rest** – *(cerrado agosto)* Carta 33/49 €
◆ Está muy orientado a las empresas y en él podemos destacar la sugerente zona de aguas que poseen en la 3ª planta. Habitaciones de estilo funcional-actual. El restaurante propone una cocina de carácter mediterráneo y diversos platos italianos.

Suites Gran Vía 44 sin rest
Gran Vía de Colón 44 ✉ *18010* – ☎ *958 20 11 11* – *www.suitesgranvia44.com*
21 apartamentos – 86/255 €, 13 € BX**e**
◆ Instalado en un edificio histórico que ha sido completamente renovado. Su escueta zona social se compensa con amplios apartamentos, todos con cocina y un equipamiento moderno.

ESPAÑA

Casa 1800 sin rest
Benalúa 11 ✉ 18010 – ✆ 958 21 07 00 – www.hotelcasa1800.com BY**f**
24 hab – ††135/310 €, ☕ 11 € – 1 suite
♦ Ocupa una típica casa granadina del s. XVII, cargada de historia y en pleno barrio del Albaicín. Traspasar su portalón y acceder al bellísimo patio supone viajar en el tiempo.

Meliá Granada
Ángel Ganivet 7 ✉ 18009 – ✆ 958 22 74 00 – www.melia.com BZ**n**
232 hab ☕ – †60/220 € ††70/230 € – 1 suite **Rest** – Menú 18 €
♦ En una zona muy comercial y céntrica de la ciudad. Distribuye sus estancias en seis plantas, todas de línea clásica y con los niveles de confort habituales en esta cadena. El restaurante ofrece una carta tradicional enriquecida con un buen apartado de arroces.

Hesperia Granada sin rest, con cafetería
pl. Gamboa ✉ 18009 – ✆ 958 01 84 00 – www.hesperia.es
69 hab – †69/139 € ††69/219 €, ☕ 15,50 € – 1 suite BY**a**
♦ Antigua corrala de vecinos recuperada, con un bello patio cubierto que funciona como zona social y antigüedades en la decoración. Habitaciones clásicas con el suelo en tarima.

NH Victoria
Puerta Real 3 ✉ 18005 – ✆ 958 53 62 16 – www.nh-hotels.com ABZ**s**
69 hab – †70/250 € ††70/275 €, ☕ 15 €
Rest – *(cerrado 15 julio-15 septiembre, sábado y domingo)* Menú 20 €
♦ Este céntrico hotel combina su fachada clásica con unas instalaciones actuales, muy al estilo de la cadena. Encontrará una correcta zona social y habitaciones bien equipadas. En su comedor, de ambiente funcional, se elabora una cocina tradicional actualizada.

Gar-Anat sin rest
placeta de los Peregrinos 1 ✉ 18009 – ✆ 958 22 55 28 – www.gar-anat.es
15 hab ☕ – †69/140 € ††89/179 € BY**b**
♦ Instalado en un palacete del s. XVII. Posee unas habitaciones personalizadas y un curioso patio, presidido por un árbol metálico en el que los clientes cuelgan sus deseos.

Reina Cristina
Tablas 4 ✉ 18002 – ✆ 958 25 32 11 – www.hotelreinacristina.com AY**a**
56 hab ☕ – †46/90 € ††66/139 €
Rest ***El Rincón de Lorca*** – *(cerrado agosto y lunes)* Carta 28/46 €
♦ Ocupa la que fuera casa del poeta Luis Rosales, gran amigo de Federico García Lorca, con un patio típico y confortables habitaciones, algo más amplias las del anexo. El restaurante ofrece una carta tradicional enriquecida con algunas especialidades regionales.

La Casa de la Trinidad sin rest y sin ☕
Capuchinas 2 ✉ 18001 – ✆ 958 53 60 33 – www.casadelatrinidad.com
36 hab – †50/120 € ††60/150 € AY**b**
♦ Destaca por su céntrico emplazamiento, en un edificio cuya fachada se remonta a finales del s. XIX. La mayoría de sus habitaciones se asoman a la popular plaza de La Trinidad.

Palacio de los Navas sin rest
Navas 1 ✉ 18009 – ✆ 958 21 57 60 – www.palaciodelosnavas.com
19 hab ☕ – †70/95 € ††80/125 € BZ**s**
♦ Instalado en la antigua casa de los Condes de Nava, del s. XVI. Tiene un patio típico que ejerce de zona social y confortables habitaciones, en el último piso abuhardilladas.

Maciá Cóndor
av. de la Constitución 6 ✉ 18012 – ✆ 958 28 37 11 – www.maciahoteles.com
104 hab – †50/100 € ††60/170 €, ☕ 11 € **Rest** – Menú 17 € S**b**
♦ Edificio de fachada clásica situado en pleno centro. Distribuye sus habitaciones entre siete plantas, todas de línea clásica-funcional y algunas de carácter familiar. El restaurante, muy enfocado al cliente alojado, elabora una carta de tinte tradicional.

ESPAÑA

Dauro sin rest
acera del Darro 19 ✉ 18005 – ✆ 958 22 21 57 – www.hoteles-dauro.com
36 hab – †50/173 € ††50/324 €, ☕ 10 € BZ**d**
◆ Pequeño hotel ubicado en el centro monumental y dotado con una agradable atmósfera de carácter familiar. Aquí, la mayoría de los baños cuentan con duchas de hidromasaje.

Casa Morisca sin rest
cuesta de la Victoria 9 ✉ 18010 – ✆ 958 22 11 00 – www.hotelcasamorisca.com
14 hab – ††95/219 €, ☕ 10 € DX**c**
◆ ¡Casa del s. XV que emana el sosiego de otros tiempos! Es todo un capricho, tanto por la belleza de sus habitaciones como por su patio porticado, con ruido de agua y plantas.

Universal sin rest
Recogidas 16 ✉ 18002 – ✆ 958 26 00 16 – www.hoteluniversalgranada.com
56 hab ☕ – †45/70 € ††50/100 € AZ**z**
◆ Céntrico, de línea actual-funcional y muy confortable en su categoría. Disfruta de una cafetería en la sexta planta, donde sirven los desayunos, y una correcta zona social.

Santa Isabel la Real sin rest
Santa Isabel la Real 17 ✉ 18010 – ✆ 958 29 46 58
– www.hotelsantaisabellareal.com BX**d**
11 hab ☕ – †75/175 € ††85/185 €
◆ Casona del s. XVI ubicada en la zona alta del Albayzín, junto al convento del que toma su nombre. Agradable patio andaluz y sobrias habitaciones, una con vistas a La Alhambra.

Casa del Capitel Nazarí sin rest
Cuesta Aceituneros 6 ✉ 18010 – ✆ 958 21 52 60 – www.hotelcasacapitel.com
18 hab – †56/88 € ††69/110 €, ☕ 8 € BY**l**
◆ Dicen que aquí habita la historia y no es de extrañar, pues las memorias de la casa se remontan al s. XVI. Patio porticado y sobrias habitaciones, en general de aire rústico.

Anacapri sin rest
Joaquín Costa 7 ✉ 18010 – ✆ 958 22 74 77 – www.hotelanacapri.com
49 hab – †47/65 € ††56/90 €, ☕ 11 € BY**d**
◆ Disfruta de un patio cubierto, usado como zona social, y confortables habitaciones, algunas con el techo artesonado, otras de tipo dúplex y la mayoría con mobiliario colonial.

Carlos V sin rest
pl. de los Campos 4 - 4° ✉ 18009 – ✆ 958 22 15 87
– www.hotelcarlosvgranada.com BZ**e**
23 hab – †26/49 € ††36/79 €, ☕ 4 €
◆ Ubicado en el 4º piso de un céntrico edificio de viviendas. Ofrece unas habitaciones muy correctas, tres de ellas con balcón y todas con columna de hidromasaje en los baños.

Las Nieves sin rest, con cafetería
Alhóndiga 8 ✉ 18001 – ✆ 958 26 53 11 – www.hotellasnieves.com
30 hab – †35/75 € ††45/93 €, ☕ 6 € AY**x**
◆ Un hotel sencillo pero con gran tradición, emplazado en una céntrica calle peatonal. Presenta unas habitaciones muy cuidadas, con mobiliario funcional y los baños actuales.

XX **Los Santanderinos**
Albahaca 1 ✉ 18006 – ✆ 958 12 83 35 – www.lossantanderinos.com – cerrado agosto y domingo T**f**
Rest – *(solo almuerzo salvo jueves, viernes y sábado)* (reserva aconsejable)
Menú 60/75 € – Carta 29/63 €
◆ ¡Un restaurante con merecido prestigio! Presenta una carta tradicional amplia y variada, fiel a los sabores del Cantábrico y con un buen apartado para los platos de cuchara.

ESPAÑA

XX **Alacena de las Monjas**

pl. Padre Suárez 5 ✉ 18009 – ☎ 958 22 95 19 – www.alacenadelasmonjas.com – cerrado domingo BY**c**

Rest – Menú 43/46 € – Carta 35/55 €

◆ Céntrico y curioso, pues presenta un bar de tapas y un atractivo comedor en el sótano, instalado en un antiguo aljibe con los techos abovedados. Cocina actual y de temporada.

XX **Las Tinajas**

Martínez Campos 17 ✉ 18002 – ☎ 958 25 43 93 – www.restaurantelastinajas.com – cerrado 16 julio-14 agosto AZ**p**

Rest – Menú 42/46 € – Carta 42/50 €

◆ Un negocio de dilatada trayectoria. Su amplia carta se divide en dos partes, una para la cocina regional y otra para la española... aunque también son interesantes sus menús.

XX **La Leñera**

paseo Jardín de la Reina 4 ✉ 18006 – ☎ 958 81 88 10 – www.asadorlalenera.es – cerrado del 1 al 15 de agosto, domingo en verano y martes en invierno

Rest – Carta 35/55 € T**v**

◆ Este restaurante-asador cuenta con un bar público a la entrada y dos comedores, ambos de montaje clásico y ambiente rústico. Carta tradicional especializada en carnes.

XX **Damasqueros**

Damasqueros 3 ✉ 18009 – ☎ 958 21 05 50 – www.damasqueros.com – cerrado domingo noche y lunes CY**b**

Rest – Menú 20/60 € – Carta 33/48 €

◆ ¡Un restaurante a seguir! La chef-propietaria propone una cocina actual y de temporada, sin embargo en su carta también deja un hueco para los platos de cuchara y los arroces.

XX **La Ermita en la Plaza de Toros**

av. Doctor Olóriz 25 ✉ 18012 – ☎ 958 29 02 57 – www.grupoermita.com

Rest – Menú 18/50 € – Carta 22/44 € S**e**

◆ Resulta singular, pues recrea una atmósfera de calida rusticidad en un ambiente de marcado carácter taurino. Cocina tradicional especializada en carnes a la brasa y bacalaos.

X **Oryza**

Nueva de la Virgen 12 ✉ 18005 – ☎ 958 25 34 79 – www.oryza.com – cerrado 15 días en agosto y domingo BZ**b**

Rest – Carta 30/45 €

◆ Una coqueta terraza, un bar de tapas... y sin embargo, el corazón de este negocio está en su moderno comedor. Carta actual y de temporada, con un buen apartado de arroces.

X **Cunini**

pl. Pescadería 14 ✉ 18001 – ☎ 958 26 75 87 – www.marisqueriacunini.es – cerrado domingo noche y lunes AY**d**

Rest – Carta 30/50 €

◆ Uno de los restaurantes más populares de la ciudad, pues en él encontrará platos marineros, sabrosos pescados y mariscos de calidad. Concurrido bar de tapas y comedor actual.

X **Mariquilla**

Lope de Vega 2 ✉ 18002 – ☎ 958 52 16 32 – www.restaurantemariquilla.com – cerrado 6 julio-3 septiembre, domingo noche y lunes AZ**n**

Rest – Carta 27/32 €

◆ Restaurante de carácter familiar ubicado en una zona céntrica aunque de difícil aparcamiento. En su sala, de estilo clásico, podrá degustar platos tradicionales y caseros.

ESPAÑA

De Costa a Costa

Ancha de Gracia 3 ✉ 18003 – ✆ 958 52 31 37 – www.grupocosta.com – cerrado lunes Ts

Rest – Tapa 5 € – Ración aprox. 10 €

◆ Una casa que ha cuidado mucho los detalles, actuales y marineros, dejando la cocina a la vista a través de varios ojos de buey. ¡Sugerente expositor de pescados y mariscos!

Casa Enrique

acera del Darro 8 ✉ 18005 – ✆ 958 25 50 08 – cerrado domingo BZ**h**

Rest – Tapa 2 € – Ración aprox. 12 €

◆ Barriles de Manzanilla, de Olorosos, de Palo Cortado... jamones y lomos colgados del techo... deliciosos salazones... ¡Estamos en una taberna típica con 140 años de historia!

Taberna Tendido 1

av. Doctor Olóriz 25 ✉ 18012 – ✆ 958 27 23 02 – www.tendido1.com

Rest – Tapa 4 € – Ración aprox. 13 € S**n**

◆ Ubicado en un enclave único, bajo las gradas de la plaza de toros, este local se ha convertido en uno de los puntos de encuentro a la hora del tradicional tapeo "granaino".

Mesón Luis

Pedro Antonio de Alarcón 41 ✉ 18004 – ✆ 958 52 13 09 – cerrado 15 agosto-15 septiembre y lunes T**a**

Rest – Tapa 1,50 € – Ración aprox. 10 €

◆ Este sencillo mesón, con más de 20 años de vida, basa su oferta en la elaboración de sabrosas raciones, solo de pescados y mariscos. Cuenta con varias mesas tras unos biombos.

ESPAÑA

en La Alhambra :

Alhambra Palace

hab, rest, VISA

pl. Arquitecto Garcia de Paredes 1, (cierre temporal por obras) ✉ 18009 – ✆ 958 22 14 68 – www.h-alhambrapalace.es CY**n**

113 hab – †110/230 € ††120/230 €, ☕ 20 € – 3 suites **Rest** – Menú 46 €

◆ Un hotel emblemático y ya centenario, pues fue inaugurado por el rey Alfonso XIII en 1910. Aquí se combinan por doquier los detalles palaciegos con los de influencia árabe e inspiración nazarí. El restaurante, suntuoso y con una terraza cubierta que destaca por sus vistas, propone una cocina de gusto internacional.

Parador de Granada

hab, VISA

Real de la Alhambra ✉ 18009 – ✆ 958 22 14 40 – www.parador.es DY**b**

35 hab – ††330 €, ☕ 20 € – 5 suites **Rest** – Menú 34 €

◆ Alojarse aquí es convivir con la historia, pues ocupa un antiguo convento franciscano construido sobre los restos de un palacio nazarí. ¡Evocadores rincones e idílicas vistas! En su comedor podrá descubrir la cocina andaluza y alguna especialidad nazarí.

Guadalupe

rest, VISA

paseo de la Sabica ✉ 18009 – ✆ 958 22 34 24 – www.hotelguadalupe.es

42 hab – †50/75 € ††60/115 €, ☕ 9 € **Rest** – Menú 20 € DY**a**

◆ Junto a La Alhambra, en un entorno de inusitada belleza. Habitaciones amplias y confortables, destacando todas las del 4º piso por contar con bañeras de hidromasaje y balcón. Su sencillo comedor ofrece una modesta carta tradicional, con un apartado de pizzas.

América

hab, VISA

Real de la Alhambra 53 ✉ 18009 – ✆ 958 22 74 71 – www.hotelamericagranada.com – marzo-noviembre DY**z**

17 hab – †56/84 € ††84/149 €, ☕ 8 €

Rest – *(cerrado sábado)* Carta 25/41 €

◆ ¡En la ciudadela de La Alhambra! Tiene un marcado carácter familiar y dos edificios que se unen por un patio-jardín. Entrañable zona social y habitaciones de ambiente rústico. En su comedor se pueden degustar diversos platos "granainos" y de sabor casero.

por la carretera de Sierra Nevada T : 4 km

Real de la Alhambra
Mirador del Genil 2 ✉ 18008 – ☎ 958 21 66 93 – www.maciahoteles.com
185 hab – 52/175 € 52/195 €, 11 € **Rest** – Menú 20 €
◆ Disfruta de un espacio social bastante moderno, con varias salas de reuniones, unas habitaciones actuales y una zona de aguas que reproduce los bellos azulejos de La Alhambra. El restaurante, de montaje actual-funcional, propone una cocina de base tradicional.

GRANADILLA DE ABONA – Santa Cruz de Tenerife – ver Canarias (Tenerife)

La GRANJA (SAN ILDEFONSO) – Segovia – 575 J17 – 5 702 h. – alt. 1 192 m
12 C3

Madrid 74 – Segovia 13

Palacio de La Granja de San Ildefonso★★ (Museo de Tapices★★) – Jardines★★ (surtidores★★)

Parador de La Granja
Infantes 3 ✉ 40100 – ☎ 921 01 07 50 – www.parador.es
102 hab – 133/142 € 166/177 €, 18 € – 25 suites
Rest ***Puerta de la Reina*** – Menú 33 € – Carta 35/45 €
◆ Instalado en la antigua Casa de los Infantes, del s. XVIII. Posee un interior actual, tres patios, un buen SPA y espaciosas habitaciones, todas con los baños muy cuidados. En su luminoso restaurante elaboran una carta tradicional y varios menús "especiales".

Roma
Guardas 2 ✉ 40100 – ☎ 921 47 07 52 – www.hotelroma.org – cerrado del 20 al 28 de diciembre, del 20 al 30 de junio y del 15 al 30 de noviembre
16 hab – 45/48 € 65/70 €, 5 €
Rest – *(cerrado lunes noche y martes salvo verano)* Menú 15 €
◆ Edificio de finales del s. XIX ubicado junto al palacio y sus jardines. Aquí encontrará dos tipos de habitaciones, en una planta rústicas y en la otra un poco más clásicas.

Reina XIV
Reina 14 ✉ 40100 – ☎ 921 47 05 48 – www.reina14.com – cerrado enero, 25 junio-5 julio y lunes
Rest – *(solo almuerzo salvo viernes y sábado)* Carta 27/46 €
◆ Negocio llevado por el matrimonio propietario. Posee una bonita bodega vista a la entrada y dos comedores, el principal de ambiente clásico. Cocina de tinte tradicional.

en la carretera del puerto de Navacerrada

El Jardín de la Hilaria
Valsain, Sur : 3 km ✉ 40109 Valsain – ☎ 921 47 80 42 – www.eljardindelahilaria.com
14 hab – 50 € 70 €
Rest ***Hilaria*** – ver selección restaurantes
◆ Atractivo edificio ubicado al borde de la carretera. Posee un acogedor salón social con chimenea y confortables habitaciones, cuatro de ellas más amplias y abuhardilladas.

Hilaria – Hotel El Jardín de la Hilaria
Valsain, Sur : 3 km ✉ 40109 Valsain – ☎ 921 47 02 92 – www.eljardindehilaria.com – cerrado lunes
Rest – *(solo almuerzo salvo fines de semana y verano)* Carta 25/38 €
◆ Esta casa se presenta con una terraza acristalada, un bar público y las salas repartidas en dos plantas, ambas de ambiente clásico-regional. Cocina regional y platos típicos.

ESPAÑA

GRANOLLERS - Barcelona - 574 H36 - 59 691 h. - alt. 148 m 15 B2

Madrid 641 - Barcelona 29 - Girona/Gerona 75 - Manresa 70

Anselm Clavé 2, ✆ 93 860 41 15, www.turismevalles.net

Granollers
av. Francesc Macià 300 ✉ 08401 - ✆ 938 79 51 00 - www.hotelgranollers.com AZn

72 hab - †42/125 € ††45/225 €, ☕ 9 €

Rest ***La Piranya*** - *(cerrado domingo noche y lunes)* Carta 35/45 €

♦ Situado a la salida de la ciudad, en una zona industrial, con amplias salas para reuniones y dependencias de adecuado confort. Dispone de dos restaurantes, uno dedicado solo al buffet y el otro, La Piranya, con una carta marinera y un buen apartado de arroces.

Iris sin rest
av. Sant Esteve 92 ✉ 08402 - ✆ 938 79 29 29 - www.hoteliris.com

54 hab - †45/65 € ††58/65 €, ☕ 6 € BZk

♦ Próximo a la estación de cercanías. Posee un pequeño hall, con el bar integrado, y habitaciones funcionales de distintos tipos, destacando las renovadas por su mayor confort.

La Taverna d'en Grivé
Josep Maria Segarra 98 (carret. de Sant Celoni) ✉ 08400 - ✆ 938 49 57 83 - cerrado agosto, domingo noche, lunes y miércoles noche BYc

Rest - Carta 40/60 €

♦ Restaurante familiar que sorprende, tras su discreta fachada, por su buen nivel de montaje, con tres salas de acogedora rusticidad. Carta de cocina tradicional actualizada.

El Trabuc
carret. de El Masnou, por carret. de El Masnou ✉ 08400 - ✆ 938 70 86 57 - www.eltrabuc.com - cerrado del 16 al 31 de agosto y domingo noche

Rest - Carta 30/52 €

♦ Antigua masía dotada con varias salas de cuidado aire rústico. Ofrece una amplísima carta de cocina tradicional, trabajando mucho los caracoles, el bacalao y a la brasa.

Casa Fonda Europa con hab
Anselm Clavé 1 ✉ 08402 - ✆ 938 70 03 12 - www.casafondaeuropa.com

37 hab - ††75/79 €, ☕ 7 € **Rest** - Carta 22/39 € BYf

♦ Goza de gran tradición, pues abrió en 1771. Ofrece un bar público, dos salas de línea clásica-antigua y tres privados. Cocina catalana, platos caseros y un apartado de brasa. Mención aparte merecen sus magníficas habitaciones, personalizadas y con detalles.

en Vilanova del Vallès por la carretera de El Masnou AZ

Augusta Vallès
Sur : 4,5 km (salida 13 AP-7) ✉ 08410 Vilanova del Vallès - ✆ 938 45 60 50 - www.hotelaugustavalles.com

101 hab - ††65/350 €, ☕ 11 € **Rest** - Menú 26 €

♦ Hotel de planta horizontal y línea moderna que ofrece unas habitaciones algo sobrias pero perfectamente equipadas, la mitad de ellas con vistas al circuito de Cataluña. El restaurante se complementa durante la época estival con una agradable terraza exterior.

El Bon Caliu
Verge de Nuria 26, Sur : 6 km ✉ 08410 Vilanova del Vallès - ✆ 938 45 60 68 - www.elboncaliu.com - cerrado Semana Santa, 15 días en agosto y domingo

Rest - *(solo almuerzo salvo viernes)* Menú 24 € - Carta 30/45 €

♦ Su amplio hall, con barra de apoyo, está seguido de una sala de correcto montaje y un reservado. Cocina tradicional elaborada con productos de temporada y una completa bodega.

GRANOLLERS

Agustí Vinyamata . . . . BY 2
Anselm Clavé . . . . BY 3
Camí Vell de Canovelles . . . . . AY 5
Caserna (Pl. de la) . . . . AY 6
Costa Rica . . . . BY 8
Cristòfol Colom (Pg. de) . . . . . BZ 9
Emili Botey Alsina . . . . ABZ 10
Església (Pl. de l') . . . . AY 12
Fernao Magalhaes . . . . AZ 14
Font Verda (Pl. de la) . . . . BY 15
Jaume Balmes . . . . AY 17
Joanot Martorell . . . . AY 18
Josep Maluquer i Salvador (Pl. de) . . . . BY 20
Josep María Folch i Torres (Pl. de) . . . . AY 21
Lluís Perpinyà (Pl. de) . . . . BY 23
Mare de Dèu de Núria . . . . . . AY 24
Masnou (Carret. del) . . . . AZ 26
Museu . . . . AY 27
Nou . . . . ABY 28
Oli (Pl. de l') . . . . BY 30
Olles (Pl. de les) . . . . ABY 31
Parc (Av. del) . . . . BY 32
Porxada (Pl. de la) . . . . AY 34
Santa Anna . . . . AY 36
Santa Esperança . . . . BY 37
Sant Josep . . . . AY 35

N 152 ª LA GARRIGA CÀNOVES

C 17 VIC

C 35 CARDEDEU

ESPAÑA

SABADELL, BARCELONA C 17

AP 7-E 15 GIRONA / GERONA C 60 MATARÓ

C 33 BARCELONA EL MASNOU

GRATALLOPS - Tarragona - 574 I32 - 263 h. - alt. 301 m 13 A3

Madrid 512 - Barcelona 146 - Tarragona 52

Cal Llop

Dalt 21 ✉ 43737 - ☎ 977 83 95 02
- www.cal-llop.com
- cerrado 10 enero-10 febrero

10 hab - 70/85 € 100/125 €

Rest - *(cerrado martes) (solo cena salvo sábado, domingo y festivos)* Carta 24/42 €

♦ Se encuentra en la zona alta del pueblo y dispone de habitaciones sobrias pintadas en diferentes tonalidades, con mobiliario funcional y baños de plato ducha muy coloristas. Su comedor está repartido en dos partes, una de ellas a modo de patio de luces.

GRAZALEMA - Cádiz - 578 V13 - 2 203 h. - alt. 823 m 1 B2

Madrid 567 - Cádiz 136 - Ronda 27 - Sevilla 135

Localidad★

Puerta de La Villa

pl. Pequeña 8 ✉ 11610 - ☎ 956 13 23 76
- www.grazalemahotel.com

28 hab - 81/101 € 101/127 €, 10 €
- 5 apartamentos

Rest *La Garrocha* - *(cerrado domingo noche y lunes)* Carta aprox. 40 €

♦ Excelente entorno natural. Merecen atención las buenas instalaciones y las calidades escogidas. Habitaciones y apartamentos correctos, con mobiliario en madera y forja. La elegancia es la nota predominante en el restaurante, clásico y con el techo entelado.

Cádiz el Chico

pl. de España 8 ✉ 11610 - ☎ 956 13 20 67
- cerrado lunes

Rest - Carta 21/34 €

♦ Casa de ambiente familiar dotada con dos salas, ambas de aire rústico y con el techo en madera a dos aguas. Amplia carta de cocina tradicional basada en platos como el cordero, los asados y la carne de monte.

GREDOS - Ávila - 575 K14 11 B3

Madrid 169 - Ávila 63 - Béjar 71

Sierra★★ - Emplazamiento del Parador★★

Carretera del Puerto del Pico★ (★) Sureste : 18 km

Parador de Gredos

alt. 1 650 ✉ 05635 - ☎ 920 34 80 48
- www.parador.es

72 hab - 90/110 € 112/137 €, 16 € - 2 suites

Rest - Menú 32 €

♦ Edificio de piedra ubicado en un hermoso y aislado entorno natural. Fue el 1er parador de la cadena y es donde se reunieron los políticos que redactaron la Constitución española. En su comedor, bastante espacioso, podrá descubrir los platos típicos de la región.

GRIÑÓN - Madrid - 576 - 575 L18 - 9 546 h. - alt. 670 m 22 A2

Madrid 32 - Aranjuez 36 - Toledo 47

El Mesón de Griñón

Palo 2 ✉ 28971 - ☎ 918 14 01 13
- www.elmesondegrinon.com
- cerrado julio, domingo noche y lunes

Rest - Carta 23/39 €

♦ Goza de gran tipismo y ofrece una atractiva terraza. Bar público con un buen expositor de productos y tres salas decoradas con fotos, trofeos de caza y detalles taurinos.

ESPAÑA

Madrid 635 – Pontevedra 31 – Santiago de Compostela 74

pl. de O Corgo, ✆ 986 73 14 15

Maruxia sin rest

av. Luis Casais 14 ✉ 36980 – ✆ 986 73 27 95 – www.hotelmaruxia.com – cerrado 15 diciembre-marzo

58 hab – 45/73 € 60/96 € – 2 suites

◆ Hotel de línea actual llevado en familia. Correcta zona social y habitaciones funcionales de buen confort, decoradas con mobiliario escogido. Solárium con vistas en la azotea.

Puente de la Toja sin rest

Castelao 206 ✉ 36980 – ✆ 986 73 07 61 – www.hotelpuentedelatoja.com – cerrado 18 diciembre-15 marzo

42 hab – 55/113 € 60/119 €

◆ Ofrece una zona social de vistosa modernidad y confortables habitaciones, la mayoría amplias y actuales. Tiene acuerdos con el centro termal de La Toja y sus campos de golf.

Serantes sin rest, con cafetería

Castelao 40 ✉ 36980 – ✆ 986 73 22 04 – www.hotelserantes.com – abril-octubre

32 hab – 30/67 € 33/70 €, 5 €

◆ Clásico establecimiento emplazado en pleno centro, dotado de equipadas habitaciones. La recepción y la cafetería, donde sirven platos combinados, forman las áreas comunes.

A Solaina

Peralto B 8 ✉ 36980 – ✆ 986 73 34 04 – www.marisqueriassolaina.com – cerrado 20 diciembre-25 enero, martes noche y miércoles salvo verano, festivos y vísperas

Rest – Carta 30/52 €

◆ En una callejuela cercana al puerto. Esta casa de organización familiar disfruta de una sala de línea actual y siempre trabaja con pescados y mariscos de excelente calidad.

D'Berto

av. Teniente Domínguez 84 ✉ 36980 – ✆ 986 73 34 47 – www.dberto.com – cerrado 20 diciembre-2 enero, 15 días en abril-mayo y martes

Rest – Carta 24/54 €

◆ Bien llevado entre dos hermanos. Ofrece un bar de espera con vinoteca, una sala actual y un privado. Cocina especializada en pescados y mariscos, todo de excepcional calidad.

Beiramar

av. Beiramar 30 ✉ 36980 – ✆ 986 73 10 81 – www.restaurantebeiramar.com – cerrado noviembre, domingo noche y lunes salvo festivos

Rest – Carta 35/50 €

◆ Restaurante de larga trayectoria familiar, y reducidas dimensiones, situado frente al puerto. Combina una estética actual con una carta especializada en pescados y mariscos.

La Posada del Mar

Castelao 202 ✉ 36980 – ✆ 986 73 01 06 – cerrado 10 diciembre-enero, domingo mediodía en julio-agosto, domingo noche y lunes resto del año

Rest – Carta 40/49 €

◆ Negocio familiar dotado de dos salas de adecuado montaje, con barra de apoyo a la entrada y un pequeño vivero. Cocina tradicional con buen apartado de pescados y mariscos.

Solaina

av. Beiramar ✉ 36980 – ✆ 986 73 29 69 – www.marisqueriassolaina.com – cerrado 20 diciembre-enero, domingo noche y martes salvo verano

Rest – Carta 26/46 €

◆ Este sencillo restaurante-marisquería está llevado por sus propietarios y trabaja mucho gracias a la calidad de sus productos. La sala superior ofrece buenas vistas al puerto.

en Reboredo Suroeste : 3 km

Mirador Ría de Arosa

Reboredo 110 ✉ 36988 Reboredo – ✆ 986 73 18 99 – www.miradorriadearosa.com – cerrado enero

32 hab – 40/60 € 55/90 € **Rest** – Menú 20 € – Carta 34/48 €

◆ Combina su atractiva zona social con unas correctas habitaciones de línea clásica, la mayoría de ellas dotadas de balcón-terraza y vistas a la ría. También dispone de una cafetería y un comedor a la carta, este último con elaboraciones gallegas típicas y grandes ventanales panorámicos.

Culler de Pau

Reboredo 73 ✉ 36980 Reboredo – ✆ 986 73 22 75 – www.cullerdepau.com – cerrado 15 enero-15 febrero, lunes noche, martes y jueves noche salvo julio-agosto

Rest – Menú 45 € – Carta 36/52 €

◆ Llevado por su chef-propietario. En el comedor, de línea minimalista y con grandes ventanales para ver la ría, podrá elegir entre un buen menú degustación o una carta actual que emana claras raíces gallegas y algunas influencias japonesas.

en la carretera de Pontevedra Sur : 4 km

Abeiras

hab,

Ensenada de O Bao ✉ 36980 – ✆ 986 73 51 34 – www.hotelabeiras.com – cerrado 11 diciembre-marzo

46 hab – 47/136 € 59/136 € **Rest** – *(solo clientes)* Menú 25 €

◆ Hotel construido en piedra y ubicado al borde del mar, en una finca repleta de pinos y eucaliptos. Ofrece un salón social con chimenea y unas habitaciones de buen confort.

en San Vicente do Mar Suroeste : 8,5 km

Mar Atlántico

✉ 36988 San Vicente del Mar – ✆ 986 73 80 61 – www.hotelspatlantico.com – 15 abril-20 octubre

47 hab – 50/140 € 60/160 € **Rest** – Carta 21/38 €

◆ Atractivo exterior, correcta zona noble, confortables habitaciones y una completa oferta lúdica para que su estancia resulte más grata. Entorno ajardinado con piscina y SPA. Alegre restaurante de línea clásica.

GUADALAJARA P – 576 K20 – 83 789 h. – alt. 679 m — 10 C1

Madrid 55 – Aranda de Duero 159 – Calatayud 179 – Cuenca 156

pl. de los Caídos 6, ✆ 949 21 16 26

Palacio del Infantado★ (fachada★, patio★) AY

Tryp Guadalajara

autovía A 2 Km 55, por ① ✉ 19002 – ✆ 949 20 93 00 – www.hotelguadalajara.com

159 hab – 100/110 €, 13 € **Rest** – *(solo cena en agosto)* Menú 26 €

◆ Hotel de cadena especializado en la organización de congresos. Posee una amplia zona social, numerosos salones y unas habitaciones funcionales-actuales, todas bien equipadas. En su restaurante, panelable y de ambiente clásico, encontrará una carta tradicional.

AC Guadalajara

av. del Ejército 6 ✉ 19004 – ✆ 949 24 83 70 – www.ac-hotels.com AY**t**

103 hab – 60/80 €, 10 € – 2 suites **Rest** – Menú 21 €

◆ Al más puro estilo de la cadena. Edificio moderno pero de discreta fachada, con un buen hall-recepción, un salón polivalente y habitaciones actuales de completo equipamiento. El restaurante, muy luminoso y de línea actual, ofrece una carta tradicional.

ESPAÑA

GUADALAJARA

Alvarfáñez de Minaya . . . . AY 3
Arcipreste de Hita . . . . BY 4
Arrabal del Agua . . . . BZ 6
Aviación Militar Española . . . . AY 7
Barcelona (Av. de) . . . . BY 9
Barrio Nuevo . . . . AZ 10
Bejanaque (Pl. de) . . . . BY 12
Caidos (Pl. de los) . . . . AY 13
Calderón (Cuesta) . . . . BY 15
Cap. Boixereu Rivera . . . . BZ 16
Cap. Diego de Urbina . . . . BZ 18
Carmen . . . . BY 19
Dávalos (Pl. de) . . . . AY 21
Doctor Fléming . . . . BZ 22
Doctor Mayoral . . . . AY 24
Dr. Benito Hernando . . . . BY 25
Dr. Ramón Atienza . . . . AY 27
Enrique Benito Chávarri . . . . . BY 28
Enrique Fluiters Aguado . . . . . AZ 30
Fernando Beladíez (Calle, Pl.) . . . . BY 31
Gen. Moscardó Guzmán . . . . . AY 33
Hermanos Fernández Galiano . . . . AY 34
Jazmín . . . . AZ 36
Juan Diges Antón . . . . AZ 37
Matadero (Cuesta del) . . . . AZ 39
Mayor . . . . BY
Miguel de Cervantes . . . . AY 40
Miguel Fluiters . . . . AY 42
Padre Tabernero . . . . BZ 43
Pedro Pascual . . . . BY 45
Salazaras . . . . BY 46
Santo Domingo (Pl. de) . . . . . . BZ 52
Santo Domingo (Traversía) . . . . BY 54
San Antonio (Ronda de) . . . . . . AY 48
San Esteban . . . . BY 49
San Sebastian . . . . BY 51
Vega del Pozo . . . . BY 55
Vizcondesa de Jorbalan . . . . . . BY 57
Zaragoza . . . . BY 58

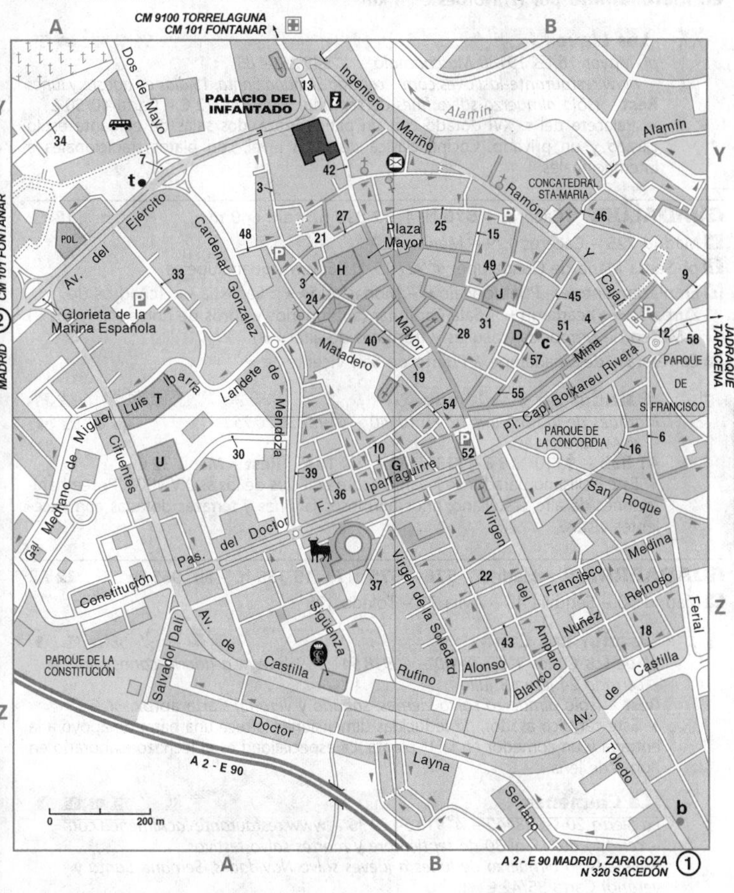

XXX **Amparito Roca**

Toledo 19 ✉ 19002 – ✆ 949 21 46 39
– www.amparitoroca.com
– cerrado Semana Santa y domingo BZ**b**

Rest – Carta 44/52 €

◆ Instalado en un chalet, donde se presenta con una pequeña terraza, un bar privado y una acogedora sala de línea clásica-actual. Carta tradicional y completo menú degustación.

XX **Lino**

Vizcondesa de Jorbalán 10 ✉ 19001 – ☎ 949 25 38 45 – www.restaurantelino.com – cerrado 15 días en agosto, domingo noche y miércoles
Rest – Menú 33/39 € – Carta 35/42 € BY**c**
♦ Ofrece una amplia cafetería, un comedor clásico, con una cava acristalada, y una zona de banquetes transformable en cuatro privados. Cocina tradicional con detalles actuales.

en Marchamalo por ② Noroeste : 4 km

XX **Las Llaves**

pl. Mayor 16 ✉ 19180 Marchamalo – ☎ 949 25 04 85 – www.restaurante-lasllaves.com – cerrado Semana Santa, 15 días en agosto y lunes
Rest – *(solo almuerzo salvo fines de semana)* Menú 48/72 € – Carta 40/50 €
♦ Palacete del s. XVI dotado con un patio-terraza, dos salas de elegante estilo clásico y un privado. Cocina clásica de buen nivel, con platos tradicionales e internacionales.

GUADALUPE – Cáceres – 576 N14 – 2 090 h. – alt. 640 m 18 C2

Madrid 225 – Cáceres 129 – Mérida 129

pl. Santa María de Guadalupe, ☎ 927 15 41 28, www.guadalupe.es

Emplazamiento★ - Pueblo viejo★ – Monasterio★★ : Sacristía★★ (cuadros de Zurbarán★★) camarín★ – Sala Capitular (antifonarios y libros de horas miniados★) – Museo de bordados (casullas y frontales de altar★★)

Carretera★ de Guadalupe a Puerto de San Vicente ≤★

Parador de Guadalupe

Marqués de la Romana 12 ✉ 10140 – ☎ 927 36 70 75 – www.parador.es
41 hab – †110/118 € ††137/148 €, ☕ 16 € **Rest** – Menú 32 €
♦ Este bellísimo parador se levantó sobre edificios de los ss. XV y XVI. Posee habitaciones de aire castellano, unos hermosos jardines y terrazas dotadas con excelentes vistas.

GUADARRAMA – Madrid – 576 – 575 J17 – 15 155 h. – alt. 965 m 22 A2

Madrid 50 – Segovia 48 – Ávila 71 – Toledo 125

X **Asador Los Caños**

pl. de Los Caños 1 ✉ 28440 – ☎ 918 54 02 69 – www.asadorloscanos.com – cerrado 24 junio-8 julio
Rest – *(solo almuerzo salvo viernes, sábado y verano)* Carta aprox. 34 €
♦ Este céntrico asador, de reducidas dimensiones, ofrece una barra de apoyo a la entrada y un comedor en la 1ª planta. La especialidad es el lechazo elaborado en horno de leña.

X **La Chimenea**

La Sierra 20 ✉ 28440 – ☎ 918 54 29 36 – www.restaurante-lachimenea.com – cerrado del 15 al 30 de septiembre y martes salvo festivos
Rest – *(solo almuerzo de lunes a jueves salvo Navidades, Semana Santa y verano)* Carta 35/42 €
♦ Casa famosa por sus carnes a la parrilla. Cuenta con un bar y dos salas de ambiente rústico, ambas con chimenea. En su carta encontrará un buen apartado de carnes rojas.

X **La Calleja**

calleja del Potro 6 ✉ 28440 – ☎ 918 54 85 63 – www.restaurantelacalleja.com – cerrado del 1 al 15 de junio y lunes
Rest – *(solo almuerzo en invierno salvo viernes y sábado)* Menú 25/36 € – Carta 20/34 €
♦ Este agradable establecimiento familiar dispone de un pequeño bar de espera y un único comedor rústico, con las paredes en ladrillo visto. Trabaja mucho las carnes a la brasa.

ESPAÑA

El Portón de Guadarrama

San Macario 4 ✉ 28440 – ✆ 918 54 98 46
Rest – *(solo almuerzo salvo jueves, viernes y sábado)* Carta 23/56 €
♦ Tras el portón de acceso se presenta con el bar y la sala en un mismo espacio, amplio, de aire rústico y con detalles taurinos. Acogedor privado y cocina de sabor tradicional.

GUADIX – Granada – 578 U20 – 20 407 h. – alt. 949 m 2 D1

Madrid 436 – Almería 112 – Granada 57 – Murcia 226
pl. de la Constitución, ✆ 958 69 95 74
Localidad★ - Catedral★ (fachada★) – Barrio de Santiago★ – Barrio de las Cuevas★
Carretera★★ de Guadix a Purullena (Oeste : 5 km)

Abentofail hab, hab, VISA

Abentofail ✉ 18500 – ✆ 958 66 92 81 – www.hotelabentofail.com
19 hab – 48/66 € 66/75 € **Rest** – Carta 28/50 €
♦ Se encuentra en el casco viejo y toma su nombre de un filósofo árabe oriundo de esta localidad. Patio típico y habitaciones de línea funcional-actual. El restaurante, dotado con dos salas donde se combinan lo rústico y lo actual, ofrece una carta tradicional.

Comercio hab, rest, VISA

Mira de Amezcua 3 ✉ 18500 – ✆ 958 66 05 00 – www.hotelcomercio.com
40 hab – 49/54 € 65/71 €, 7 € – 2 suites **Rest** – Carta 20/42 €
♦ Este hotel, fundado en 1905, ocupa un bello palacete de ambiente clásico. Correcta zona social, habitaciones amplias con mobiliario de aire antiguo y una azotea-solárium. El restaurante, dotado con dos acogedoras salas, propone una cocina de tinte tradicional.

GUALBA – Barcelona – 574 G37 – 1 235 h. – alt. 177 m 15 A2

Madrid 657 – Girona/Gerona 52 – Barcelona 57

al Sureste 3 km y desvío a la izquierda 1 km

Masferrer VISA

✉ 08474 Gualba – ✆ 938 48 77 05 – www.hotelmasferrer.com
– cerrado enero
11 hab – 89/117 € 125/155 €
Rest – *(cerrado domingo noche) (solo cena)* (es necesario reservar) Menú 30 € – Carta 21/40 €
♦ Antigua masía ubicada en plena naturaleza, con la sierra del Montseny al fondo. Sus habitaciones poseen mobiliario antiguo y bañera de hidromasaje en la mayoría de los baños. El restaurante, dotado con grandes ventanales, ofrece una carta de cocina catalana.

GUALTA – Girona – 574 F39 – 365 h. – alt. 15 m 15 B1

Madrid 732 – Barcelona 130 – Girona 32 – Perpignan 99
Empordà Golf Resort, por la carret. de Palafrugell a Torroella de Montgrí - Este : 3,5 km, ✆ 972 76 04 50

en la carretera C31 Este : 3,5 km

Empordà Golf rest, VISA

carret. Torroella de Montgrí a Palafrugell ✉ 17257 Gualta – ✆ 972 78 20 30 – www.hotelempordagolf.com – cerrado 11 noviembre-21 diciembre
78 hab – 75/165 € 99/185 € **Rest** – Menú 27 €
♦ Se encuentra dentro del complejo de golf, por lo que está rodeado de campos de césped. Instalaciones actuales, pequeño SPA y habitaciones de vivos colores, todas con terraza. El restaurante, encargado también de los desayunos, ofrece una carta tradicional.

ESPAÑA

A GUARDA (La GUARDIA) – **Pontevedra** – **571** G3 – **10 472 h.** **19** A3
– **alt. 40 m** – **Playa**

Madrid 628 – Ourense 129 – Pontevedra 72 – Porto 148

Praza do Reló 1, ✆ 986 61 45 46, www.aguarda.es

Monte de Santa Tecla★ (≤★★) Sur : 3 km

Convento de San Benito sin rest

pl. de San Benito ✉ 36780 – ✆ 986 61 11 66 – www.hotelsanbenito.com

30 hab – †47/53 € ††65/77 €, ☐ 6 €

◆ Hotel con encanto instalado en un edificio histórico. Todas sus habitaciones cuentan con mobiliario de época, sin embargo las superiores también tienen las paredes en piedra.

Eli-Mar sin rest

Vicente Sobrino 12 ✉ 36780 – ✆ 986 61 30 00 – www.eli-marhotel.com

18 hab ☐ – †31/49 € ††50/66 €

◆ Sencillo, familiar y orientado a trabajar con comerciales. Ofrece unas habitaciones bastante funcionales, con mobiliario castellano y baños completos pero muy reducidos.

Bitadorna

Porto 30 ✉ 36780 – ✆ 986 61 19 70 – www.bitadorna.com – cerrado Navidades, 7 días en febrero, domingo noche, lunes noche y martes noche salvo julio-agosto

Rest – Carta 31/37 €

◆ Ubicado en la zona del puerto. Cuidado comedor con toques actuales en la decoración, donde degustará una esmerada cocina que aúna sabores típicos, tradicionales e innovadores.

Marusía

Porto 29 ✉ 36780 – ✆ 986 61 38 09 – cerrado 22 diciembre-22 enero, domingo noche y martes salvo verano

Rest – Menú 27 € – Carta 23/32 €

◆ Establecimiento familiar especializado en bogavante y otros productos de la ría. Se accede por un bar de apoyo que da paso a un comedor funcional, con la cocina semivista.

GUARDAMAR DE LA SAFOR – **Valencia** – **577** P29 – **442 h.** **16** B2
– **alt. 11 m**

Madrid 422 – Gandía 6 – València 70

Arnadí

Molí 14 ✉ 46711 – ✆ 962 81 90 57 – www.restaurantearnadi.com – cerrado noviembre, domingo noche y lunes salvo en verano

Rest – *(solo cena en verano)* Menú 18 € – Carta 25/47 €

◆ En el centro del pueblo, donde se presenta con dos coquetas salas, algo recargadas, y una terraza que sorprende por su vegetación. ¡Sugerente carta de inspiración francesa!

GUARDAMAR DEL SEGURA – **Alicante** – **577** R28 – **16 423 h.** **16** A3
– **Playa**

Madrid 442 – Alacant/Alicante 36 – Cartagena 74 – Murcia 52

pl. de la Constitución 7, ✆ 96 572 44 88

Meridional

av. de la Libertad 64 - urb. Las Dunas ✉ 03140 – ✆ 965 72 83 40 – www.hotelmeridional.es

52 hab – †52/95 € ††58/118 €, ☐ 12 €

Rest *El Jardín* – ver selección restaurantes

◆ Se encuentra en 1ª línea de playa y la mayoría de las habitaciones disfrutan de vistas al mar. Sus estancias resultan algo pequeñas, pero con mobiliario moderno y colorista.

ESPAÑA

El Jardín - Hotel Meridional

av. de la Libertad 64 - urb. Las Dunas ✉ 03140 – ☎ 965 72 83 40 – www.hotelmeridional.es

Rest – Carta 29/44 €

◆ Agradable restaurante donde se dan cita un cuidado servicio de mesa y una cocina tradicional actualizada, con un destacable apartado de arroces.

La GUARDIA – Pontevedra – ver A Guarda

La GUARDIA – Toledo – 576 M19 – 2 472 h. — 9 B2

Madrid 86 – Toledo 72 – Ciudad Real 123

en la autovía A 4 Norte : 3,5 km

Real Castillo rest,

salida 79 autovía ✉ 45760 La Guardia – ☎ 925 13 83 46 – www.hotelrealcastillo.com

10 hab – 41 € 62/72 € **Rest** – Carta 21/41 €

◆ Edificio de nueva construcción que recuerda a un castillo con su fachada. Ofrece habitaciones amplias, de estética medieval y con mobiliario en forja. Baños con hidromasaje. El restaurante anexo tiene un aire rústico y elaboraciones de gusto tradicional.

GUERNICA Y LUNO – Vizcaya – ver Gernika-Lumo

GUETARIA – Guipúzcoa – ver Getaria

GUÍA DE ISORA – Santa Cruz de Tenerife – ver Canarias (Tenerife)

GUIJUELO – Salamanca – 575 K12 – 6 046 h. – alt. 1 010 m — 11 B3

Madrid 206 – Ávila 99 – Plasencia 83 – Salamanca 49

pl. Mayor 21, ☎ 923 58 04 72, www.guijuelo.es

Entredos sin rest

Encina 26 ✉ 37770 – ☎ 923 15 81 97 – www.hotelentredos.com – cerrado 24 diciembre-6 enero

20 hab – 45/60 € 60/75 €

◆ Ubicado a las afueras de la ciudad, junto a la línea de tren abandonada. Resulta coqueto y acogedor, con una estética actual y un evidente gusto por los detalles. Clientela habitual de empresarios y comerciales.

El Pernil Ibérico

Chinarral 62 ✉ 37770 – ☎ 923 58 14 02

Rest – Menú 25/50 € – Carta 22/36 €

◆ ¡Un buen sitio para degustar las chacinas de esta tierra! Posee un bar público, un rincón de productos ibéricos, con mesas para tapear, y un comedor rústico en el sótano. Ofrece una carta tradicional con magníficas carnes y embutidos.

GÜÍMAR – Santa Cruz de Tenerife – ver Canarias (Tenerife)

HARO – La Rioja – 573 E21 – 11 960 h. – alt. 479 m — 21 A2

Madrid 330 – Burgos 87 – Logroño 49 – Vitoria-Gasteiz 43

pl. Monseñor Florentino Rodríguez, ☎ 941 30 33 66

Balcón de La Rioja ★★ Este : 26 km

Los Agustinos

San Agustín 2 ✉ 26200 – ☎ 941 31 13 08 – www.hotellosagustinos.com

62 hab – 74/94 € 92/122 €, 15 € – 2 suites

Rest *Las Duelas* – *(cerrado domingo en invierno)* Carta 37/55 €

◆ Ocupa un edificio del s. XIV que sirvió como convento, con habitaciones clásicas y un majestuoso claustro cubierto que hace de zona polivalente. El restaurante ofrece tres salas, dos de ellas en los pasillos del claustro, y una cocina tradicional actualizada.

ESPAÑA

HECHO – Huesca – 574 D27 – 960 h. – alt. 833 m 3 B1

Madrid 497 – Huesca 102 – Jaca 49 – Iruña/Pamplona 122

Localidad★

Canteré

Aire 1 ✉ 22720 – ☎ 974 37 52 14 – www.cantere.es – cerrado del 15 al 29 de febrero, del 25 al 30 de junio y miércoles

Rest – Menú 20/35 € – Carta 24/33 €

♦ Negocio familiar con el propietario a cargo de los fogones. Dispone de un bar público en la planta baja y un comedor clásico en el 1er piso, decorado con piedra y madera.

en la carretera de Selva de Oza Norte : 7 km

Usón

✉ 22720 Hecho – ☎ 974 37 53 58 – www.hoteluson.com – 15 marzo-10 diciembre

11 hab – †40/50 € ††53/58 €, ☕ 7 €

Rest – *(Semana Santa, junio, julio y agosto)* Menú 16 €

♦ Hotelito emplazado en plena naturaleza. Se autoabastece de energía y posee habitaciones funcionales de correcto confort, con baños de plato ducha y hermosas vistas al valle.

HELLÍN – Albacete – 576 Q24 – 31 109 h. – alt. 566 m 10 D3

Madrid 306 – Albacete 59 – Murcia 84 – València 186

Emilio

rest,

carret. de Jaén 23 ✉ 02400 – ☎ 967 30 15 80 – www.hremilio.com

51 hab ☕ – †45/55 € ††60/70 €

Rest – Menú 12 €

♦ Instalado parcialmente en un edifico moderno y actual, aunque interiormente se comunica con el antiguo. Destacan las 30 habitaciones nuevas, con mobiliario clásico-actual. El restaurante, que presenta un montaje clásico, propone una correcta carta tradicional.

Reina Victoria

rest,

Coullaut Valera 3 ✉ 02400 – ☎ 967 30 02 50 – www.hotelreinavictoriahellin.com

25 hab – †45/65 € ††80/115 €, ☕ 5 € **Rest** – Menú 13 €

♦ Un hotel de sencilla organización familiar emplazado en el centro de la localidad. Tiene habitaciones de buen equipamiento y confort repartidas en cuatro plantas. El restaurante, tradicional con detalles rústicos, disfruta de una entrada independiente.

D'on Manuel

Murcia 31 ✉ 02400 – ☎ 967 30 55 01 – www.donmanuelrestaurante.com

Rest – Carta 20/32 €

♦ En la salida sur de la localidad. Encontrará un comedor a la carta clásico-funcional y una sala más moderna en el piso superior, esta última pensada para el menú degustación.

HERMIGUA – Santa Cruz de Tenerife – ver Canarias (La Gomera)

HERNANI – Guipúzcoa – 573 C24 – 19 285 h. 25 B2

Madrid 452 – Biarritz 56 – Bilbao 103 – Donostia-San Sebastián 8

en la carretera de Goizueta Sureste : 5 km

Fagollaga

Ereñozu Auzoa 68-69 ✉ 20120 Hernani – ☎ 943 55 00 31 – www.fagollaga.com – cerrado 7 días en Navidades, 15 días en Semana Santa, domingo noche, lunes, martes noche y miércoles noche

Rest – Menú 30/80 € – Carta 39/58 €

♦ Casa de trayectoria familiar fundada en 1903. Ofrece un bar de espera, una sala de montaje actual, un pequeño privado y una cocina que conjuga la tradición con la innovación.

La HERRADURA – Granada – 578 V18 – Playa 2 C2

Madrid 523 – Almería 138 – Granada 90 – Málaga 66

Oeste : Carretera★ de La Herradura a Nerja ★★

Almijara hab, VISA

acera del Pilar 6 ✉ 18697 – ✆ 958 61 80 53 – www.hotelalmijara.com

40 hab – 38/68 € 45/79 €, 5 €

Rest – *(solo cena salvo Semana Santa y verano) (solo buffet)* Menú 10 €

◆ Destaca por su gran nivel de limpieza y mantenimiento, ofreciendo unas habitaciones espaciosas y bien equipadas, todas con balcón o terraza. El restaurante, muy centrado en el menú, se complementa con un bar en la azotea, donde sirven los desayunos en verano.

LAS HERRERÍAS DE VALCARCE – León – 575 D9 11 A1

Madrid 433 – León 152 – Lugo 76 – Ponferrada 39

Paraíso del Bierzo P VISA

✉ 24526 – ✆ 987 68 41 37 – www.paraisodelbierzo.com – cerrado enero

13 hab – 38/46 € 49/59 €, 7 € **Rest** – Menú 12 €

◆ Antigua casa de arquitectura popular ubicada en pleno Camino de Santiago. Los detalles de época salpican su interior, recreando un ambiente rústico realmente entrañable. Comedor de sencillo montaje cuya decoración combina piedra, ladrillo, madera y forja.

HERVÁS – Cáceres – 576 L12 – 4 156 h. – alt. 685 m 18 C1

Madrid 241 – Mérida 192 – Cáceres 124 – Salamanca 97

Hospedería Valle del Ambroz hab, P VISA

pl. del Hospital ✉ 10700 – ✆ 927 47 48 28

– www.hospederiasdeextremadura.es

26 hab – 70/108 € **Rest** – Menú 22 € – Carta aprox. 35 €

◆ Instalado en un convento del s. XVII que destaca por su bello claustro. Habitaciones amplias y equipadas, la mayoría de línea clásica-actual y algunas de estética minimalista. El restaurante, que conserva el techo artesonado, propone una cocina tradicional.

El Jardín del Convento sin rest VISA

pl. del Convento 22 ✉ 10700 – ✆ 927 48 11 61 – www.eljardindelconvento.com

9 hab – 61 € 61/93 €

◆ Casa de pueblo que sorprende por su tipismo. Ofrece habitaciones detallistas de gran autenticidad, con las paredes en piedra, los techos en madera y buen mobiliario antiguo.

XX **Nardi** VISA

Braulio Navas 19 ✉ 10700 – ✆ 927 48 13 23 – www.restaurantenardi.com

– cerrado del 1 al 15 de junio y martes salvo festivos

Rest – Menú 17/34 € – Carta 24/44 €

◆ Se encuentra en una calle peatonal, donde montan una pequeña terraza. Posee un bar privado y una sala distribuida en dos ambientes. Cocina tradicional con detalles creativos.

XX **El Almirez** VISA

Collado 19 ✉ 10700 – ✆ 927 47 34 59 – www.restauranteelalmirez.com

– cerrado 8 días en junio, 8 días en septiembre, domingo noche salvo agosto y lunes no festivos

Rest – Menú 20 € – Carta 29/35 €

◆ Disfruta de una acogedora terraza cruzando la calle y un reducido comedor distribuido en dos niveles, con mobiliario clásico y las paredes en tonos burdeos. Carta tradicional.

El HIERRO – Santa Cruz de Tenerife – ver Canarias

HINOJOSA DE DUERO - Salamanca - 575 J9 - 736 h. - alt. 601 m 11 A2

Madrid 331 – Valladolid 242 – Salamanca 122 – Guarda 90

en la carretera a Salto Saucelle Noroeste : 9 km

Quinta de la Concepción rest, VISA

✉ 37230 Hinojosa de Duero – ✆ 923 51 30 70 – www.quintadelaconcepcion.es
10 hab – ♦45 € ♦♦55 €, ☐ 5 € – 1 suite **Rest** – *(solo cena)* Menú 17 €
◆ Ubicado en un paraje con hermosas vistas al Duero. Dispone de una completa zona social, un apartamento con cocina americana y confortables habitaciones, algunas con terraza.

HÍO - Pontevedra - 571 F3 19 A3

Madrid 620 – Santiago de Compostela 88 – Pontevedra 29 – Viana do Castelo 111

Crucero★

Doade con hab VISA AE

bajada playa de Arneles 1 ✉ 36948 – ✆ 986 32 83 02 – www.hoteldoade.com – cerrado noviembre
8 hab ☐ – ♦40/65 € ♦♦60/76 € **Rest** – *(cerrado lunes)* Carta 24/45 €
◆ Casa familiar de larga trayectoria. Posee un bar público y dos salas de montaje clásico-actual, donde podrá degustar platos marineros y deliciosos pescados al horno. En la planta superior encontrará sus habitaciones, de estilo funcional-actual y completo equipamiento.

ESPAÑA

HONDARRIBIA (FUENTERRABÍA) - Guipúzcoa - 573 B24 - 16 464 h. 25 B2 - Playa

Madrid 512 – Iruña/Pamplona 95 – Donostia-San Sebastián 19

de San Sebastián ✆ 902 404 704

Iberia : aeropuerto ✆ 902 400 500

Minatera 9, ✆ 943 64 54 58, www.bidasoaturismo.com

Ciudad Vieja★

Ermita de San Marcial (≤★★) Este : 9 km - Cabo Higuer★ (≤★) Norte : 4 km – Trayecto★★ de Hondarribia a Pasai Donibane por el Jaizkíbel : capilla de Nuestra Señora de Guadalupe ≤★ – Hostal del Jaizkíbel ≤★★, descenso a Pasai Donibane ≤★ – Pasai Donibane★

Parador de Hondarribia sin rest VISA AE

pl. de Armas 14 ✉ 20280 – ✆ 943 64 55 00 – www.parador.es AYa
36 hab ☐ – ♦192 € ♦♦240 €
◆ Fortaleza medieval dotada de magníficas vistas al estuario del Bidasoa. Un patio cubierto une la parte antigua con el anexo, situando aquí la mayoría de sus habitaciones.

Jaizkibel hab, VISA AE

Baserritar Etorbidea 1, por Jaizkibel Etorbidea ✉ 20280 – ✆ 943 64 60 40 – www.hoteljaizkibel.com – cerrado 7 días en enero
24 hab – ♦94/144 € ♦♦114/179 €, ☐ 12 €
Rest – *(cerrado domingo noche)* Menú 24 €
◆ De construcción moderna, con solárium y exteriores ajardinados. Sus habitaciones gozan de un estilo actual, con sobria decoración de aire minimalista y un buen equipamiento. El restaurante, luminoso y dotado de terraza, centra su oferta en un variado menú.

Obispo sin rest VISA

pl. del Obispo 1 ✉ 20280 – ✆ 943 64 54 00 – www.hotelobispo.com
16 hab ☐ – ♦78/125 € ♦♦90/160 € AZc
◆ Instalado en un palacio del s. XIV con profusión de madera y piedra. Destaca tanto por su coqueta terraza junto a la muralla como por sus habitaciones, algunas abuhardilladas.

HONDARRIBIA/ FUENTERRABÍA

Apezpiku . . . . AZ 3
Apezpiku (Pl.) . . . . AZ 4
Arma (Pl.) . . . . AY 6
Barra . . . . ABZ 7
Beleztarren Markes . . . . AX 9
Bitoriano Juaristi . . . . AY 10
Butrón . . . . AX 12
Damarri . . . . AZ 13
Domingo Egia . . . . AX 15
Etxenagusia Margolari . . . . . . AZ 16
Fraxkueneko
  Murrua . . . . AZ 18
Iparraldeko . . . . AY 19
Jaizkibel Etorbidea . . . . AY 21
Kale Nagusia . . . . AZ 22
Matxin Arzu . . . . AX
Santiago . . . . AXY
Santiago Konpostela . . . . AY 24
San Pedro . . . . AXY
Uriaeneko
  Murrua . . . . AY 25
Zuloaga . . . . AX

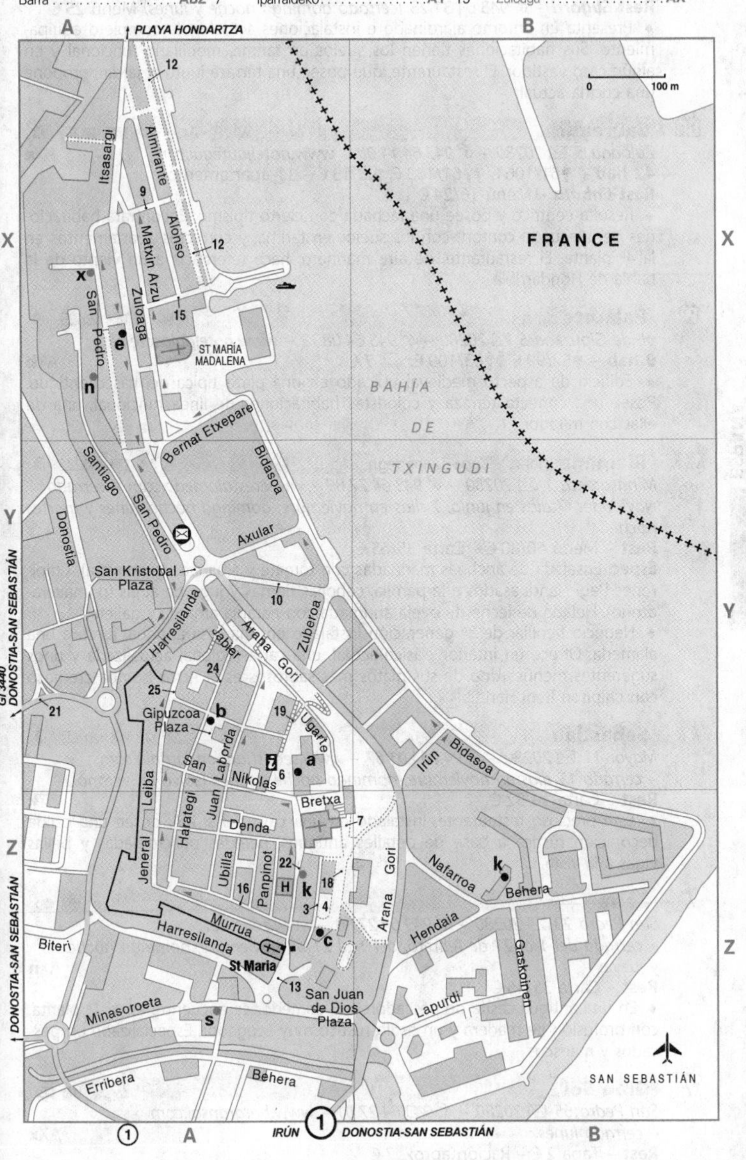

Río Bidasoa
hab,

Nafarroa Behera 1 ✉ 20280 – ☎ 943 64 54 08 – www.hotelriobidasoa.com BZ**k**

42 hab – †78/135 € ††107/178 €, ☕ 12 €

Rest *Sugarri* – ☎ 943 64 31 23 *(cerrado domingo noche y lunes)* Menú 25 €

◆ Presenta un entorno ajardinado e instalaciones actuales de completo equipamiento. Sus habitaciones tienen los suelos en tarima, mobiliario funcional y en algún caso vestidor. El restaurante, que posee una terraza junto al jardín, propone una cocina actual.

Jauregui
hab,

Zuloaga 5 ✉ 20280 – ☎ 943 64 14 00 – www.hoteljauregui.com AX**e**

42 hab – †61/106 € ††61/163 €, ☕ 13 € – 11 apartamentos

Rest *Enbata* – Menú 16/24 €

◆ Resulta céntrico y posee una fachada con cierto tipismo. Encontrará habitaciones de adecuado confort, con los suelos en tarima, y correctos apartamentos en la 4ª planta. El restaurante, de aire marinero, hace referencia a un viento de la bahía de Hondarribia.

Palacete sin rest

pl. de Gipuzkoa 5 ✉ 20280 – ☎ 943 64 08 13 – www.hotelpalacete.net

9 hab – †52/99 € ††63/109 €, ☕ 7 € AY**b**

◆ Edificio de aspecto medieval ubicado en una plaza típica del casco antiguo. Posee una correcta terraza y coloristas habitaciones de línea funcional, una de ellas con mirador.

ESPAÑA

Alameda (Gorka y Kepa Txapartegi)

Minasoroeta 1 ✉ 20280 – ☎ 943 64 27 89 – www.restalameda.com – cerrado Navidades, 7 días en junio, 7 días en noviembre, domingo noche, lunes y martes noche AZ**s**

Rest – Menú 50/80 € – Carta 35/65 €

Espec. Ensalada de anchoas marinadas con tomate y albahaca (primavera). Chipirones Begi Handi asados a la parrilla, cebollas tiernas y jugo de algas (primavera-otoño). Helado de leche de oveja ahumada con naranja amarga y galleta.

◆ Negocio familiar de 3ª generación instalado en una casa antigua, junto a una alameda. Ofrece un interior clásico-actual, una carta regional actualizada y unos sugerentes menús. ¡Uno de sus platos más sabrosos es el Arroz bomba cremoso con chipirón Begi Handi!

Sebastián

Mayor 11 ✉ 20280 – ☎ 943 64 01 67 – www.sebastianhondarribia.com – cerrado 15 días en noviembre, domingo noche y lunes (salvo en verano)

Rest – Carta 38/52 € AZ**k**

◆ Este precioso restaurante, instalado en una casa del s. XVI, posee una cálida decoración rústica a base de detalles antiguos, paredes policromadas y bellas vigas a la vista.

Zeria

San Pedro 23 ✉ 20280 – ☎ 943 64 27 80 – www.zeria.net – cerrado del 1 al 21 de febrero, del 1 al 21 de noviembre, domingo noche y jueves AX**n**

Rest – Carta 35/46 €

◆ En una antigua casita de pescadores. El comedor se encuentra en la 1ª planta, con profusión de madera y un estilo rústico muy acogedor. Especializado en pescados y mariscos.

Gran Sol

San Pedro 65 ✉ 20280 – ☎ 943 64 27 01 – www.bargransol.com – cerrado lunes AX**x**

Rest – Tapa 2 € – Ración aprox. 7 €

◆ Bar de tapas de aire rústico, a modo de taberna vasca, con pinchos fríos en la barra y los calientes, más creativos, elaborados al momento. Comedor para el menú y terraza.

por la carretera de Lezo AY: 2 km y desvío a la izquierda 0,5 km

Haritzpe sin rest

Zimizarga Auzoa 49 ✉ 20280 Hondarribia – ☎ 943 64 11 28 – www.haritzpe.net – cerrado enero-marzo

6 hab – †65/70 € ††70/85 €, ☕ 7 €

◆ Caserío vasco ubicado en pleno campo. Posee un agradable porche, un salón social con chimenea y excelentes habitaciones, las del piso superior más amplias y abuhardilladas.

por ① : 2 km y desvío a la derecha 1 km

Maidanea sin rest

Arkoll ✉ 20280 Hondarribia – ☎ 943 64 08 55

6 hab – †40/48 € ††50/60 €, ☕ 5 €

◆ El matrimonio propietario ha dado su propio estilo a este caserío, con un salón-biblioteca, los desayunos en un atractivo porche acristalado y habitaciones de corte clásico.

HONTORIA DE VALDEARADOS – Burgos – 575 G19 – 237 h. – alt. 870 m   12 C2

Madrid 176 – Aranda de Duero 20 – Burgos 92 – Segovia 140

por la carretera de Caleruega Noreste : 2 km

XX **La Posada de Salaverri** con hab

✉ 09450 Hontoria de Valdearados – ☎ 947 56 10 31 – www.laposadadesalaverri.com – cerrado del 7 al 22 de enero y del 2 al 22 de noviembre

6 hab ☕ – ††69 € – 1 suite

Rest – *(cerrado domingo noche, lunes y martes no festivos salvo verano)* Carta 29/41 €

◆ Casona restaurada y emplazada en pleno campo, con la fachada en piedra y un atractivo interior de estilo rústico-regional. Comedor de buen montaje con profusión de madera. Las habitaciones dan continuidad a la estética predominante en todo el edificio.

HORCAJO MEDIANERO – Salamanca – 575 K13 – 263 h. – alt. 1 008 m   11 B3

Madrid 195 – Ávila 84 – Plasencia 108 – Salamanca 47

Casona Valdejimena

Estanco 1 ✉ 37860 – ☎ 923 15 15 59 – www.casonavaldejimena.com

7 hab ☕ – †53/58 € ††53/68 €

Rest – *(cerrado lunes)* (es necesario reservar) Menú 22 €

◆ Marco de ambiente acogedor en esta casona de labranza del s. XIX. Cálidas habitaciones con mobiliario antiguo, cuidado salón social y comedor en la cocina original de la casa.

HORNA – Burgos – ver Villarcayo

L'HOSPITALET DE L'INFANT (HOSPITALET DEL INFANTE) – Tarragona – 574 J32 – 5 839 h. – Playa   13 B3

Madrid 579 – Castelló de la Plana/Castellón de la Plana 151 – Tarragona 37 – Tortosa 52

Alamanda 2, ☎ 977 82 33 28, www.hospitalet-valldellors.cat

Pino Alto

urb. Pino Alto, Noreste : 1 km ✉ 43892 Miami Platja – ☎ 977 81 10 00 – www.hotel-pinoalto.com – 19 mayo-25 septiembre

137 hab ☕ – †50/92 € ††66/150 € **Rest** – Menú 17/35 €

◆ Complejo hotelero de estructura semicircular, en torno a una atractiva terraza ajardinada con piscina. Dispone de habitaciones bien equipadas con mobiliario funcional. Sencillo restaurante con servicio de buffet y algunas sugerencias.

ESPAÑA

Vistamar

del Mar 24 ✉ 43890 – ☎ 977 82 30 00 – www.hoteles-vistamar.com – 24 mayo-2 octubre

72 hab – 48/90 € 64/148 € – 9 apartamentos

Rest – Menú 12 € – Carta 22/41 €

♦ Hotel de línea clásica emplazado en 1ª línea de playa. Tiene una piscina exterior junto al paseo marítimo y unas habitaciones bastante funcionales, todas con terraza.

Itxas-Begi

Puerto Deportivo, local 2 ✉ 43890 – ☎ 977 82 34 09 – cerrado 18 diciembre-30 enero y lunes

Rest – Menú 28 € – Carta 30/35 €

♦ Resulta agradable y destaca por su emplazamiento, ya que está en pleno puerto deportivo. Sala de ambiente actual, pequeña terraza acristalada y una cocina tradicional vasca.

L'Olla

Via Augusta 40 ✉ 43890 – ☎ 977 82 04 38 – cerrado 17 diciembre-13 enero, del 24 al 28 de septiembre, lunes salvo julio-agosto y domingo noche

Rest – *(solo almuerzo salvo viernes, sábado y verano)* Carta 23/52 €

♦ Restaurante bien llevado, de aspecto muy decoroso y buen mantenimiento, que goza de cierto reconocimiento en la localidad. Carta variada.

L'HOSPITALET DE LLOBREGAT – Barcelona – ver Barcelona : Alrededores

Els HOSTALETS D'EN BAS – Girona – 574 F37 – 137 h. 14 C2

Madrid 711 – Girona/Gerona 47 – Olot 10 – Vic 44

L'Hostalet

Vic 18 ✉ 17177 – ☎ 972 69 00 06 – cerrado julio y martes

Rest – *(solo almuerzo salvo viernes, sábado y agosto)* Menú 18/32 € – Carta 21/33 €

♦ Un sencillo establecimiento de ambiente neorrústico que destaca por los techos abovedados de su comedor principal. Cocina catalana con un buen apartado de carnes a la brasa.

HOYO DE MANZANARES – Madrid – 576 – 575 K18 – 7 600 h. – alt. 1 001 m 22 A2

Madrid 36 – Segovia 66 – Ávila 89 – Toledo 111

El Vagón de Beni

San Macario 6 ✉ 28240 – ☎ 918 56 68 12 – www.elvagondebeni.es – cerrado del 2 al 17 de octubre, domingo noche y lunes

Rest – Carta 43/56 €

♦ Evocador conjunto, a modo de antigua estación, instalado dentro de dos vagones de tren. Ofrece una coqueta terraza sobre el andén de acceso y una cocina actual bien elaborada.

HOYOS DEL ESPINO – Ávila – 575 K14 – 452 h. 11 B3

Madrid 174 – Ávila 68 – Plasencia 107 – Salamanca 130

Laguna Grande★ (≤★) Sur : 12 km

El Milano Real hab, rest,

Toleo 2 ✉ 05634 – ☎ 920 34 91 08 – www.elmilanoreal.com

21 hab – 65/107 € 80/145 €, 15 €

Rest – *(cerrado martes mediodía salvo junio-15 octubre)* Menú 55 € – Carta 30/39 €

♦ Hotel típico de montaña. Sus estancias están definidas por la profusión de madera y el gusto por los detalles, destacando las habitaciones abuhardilladas y la biblioteca. Su comedor disfruta de atractivas vistas y ofrece una cocina tradicional actualizada.

ESPAÑA

Mira de Gredos con hab
carret. de Barco ✉ 05634 – ☎ 920 34 90 23 – www.lamiradegredos.com – cerrado del 9 al 15 de enero y 24 septiembre-7 octubre
15 hab – 36 € 50 €
Rest – *(cerrado lunes) (solo almuerzo salvo viernes y sábado)* Menú 33 € – Carta 31/47 €
◆ Este acogedor restaurante cuenta con una gran sala acristalada desde la que podrá contemplar la sierra de Gredos. Cocina tradicional con un buen apartado de carnes. Agradables salones sociales y unas correctas habitaciones como complemento al negocio.

HOZNAYO – Cantabria – 572 B18 — 8 B1

Madrid 399 – Bilbao 86 – Burgos 156 – Santander 22

Villa Pasiega hab,
Las Barreras - carret. N 634 ✉ 39716 – ☎ 942 52 59 62 – www.grupolospasiegos.com – cerrado Navidades
87 hab – 67/74 € 82/165 €, 7 € **Rest** – *(solo cena buffet)* Menú 18 €
◆ Posee diferentes tipos de habitaciones, personalizadas y algunas abuhardilladas, aunque todas de gran amplitud, con buen equipamiento y baños modernos. Completo SPA. El restaurante, que centra su oferta en el buffet, se ve apoyado por una espaciosa cafetería.

HUELVA P – 578 U9 – 149 310 h. – alt. 56 m — 1 A2

Madrid 629 – Badajoz 248 – Faro 105 – Mérida 282
pl. Alcalde Coto Mora 2, ☎ 959 65 02 00, www.andalucia.org
Bellavista, carret. de Aljaraque km 6, ☎ 959 31 90 17
Localidad★ – Barrio de Reina Victoria★
Paraje Natural de las Marismas del Odiel★★ 2 km por ③

Plano página siguiente

Tartessos sin rest
av. Martín Alonso Pinzón 13 ✉ 21003 – ☎ 959 28 27 11 – www.eurostarshotels.com BZ**x**
106 hab – 53/300 € – 7 suites
◆ Tras una gran renovación se presenta con un estilo bastante actual, complementando su reducida zona social con habitaciones de buen confort general, la mitad con balcón.

AC Huelva sin rest, con cafetería por la noche
av. de Andalucía ✉ 21005 – ☎ 959 54 52 00 – www.achotelhuelva.com BY**a**
65 hab – 50/120 €, 10 €
◆ Un buen hotel enfocado a los clientes de paso y de negocios. Las escasas zonas sociales son polivalentes y se compensan mediante unas habitaciones bien equipadas.

Familia Conde sin rest, con cafetería
Alameda Sundheim 14 ✉ 21003 – ☎ 959 28 24 00 – www.hotelfamiliaconde.com BZ**b**
54 hab – 48/60 € 50/70 €
◆ Establecimiento actual gracias a que van renovando sus habitaciones poco a poco. La cafetería, también para clientes del exterior, ofrece platos combinados y un menú del día.

Azabache
Vázquez López 22 ✉ 21001 – ☎ 959 25 75 28 – www.restauranteazabache.com – cerrado del 1 al 7 de agosto, sábado noche, domingo y festivos AZ**m**
Rest – Carta 34/55 €
◆ Este céntrico restaurante se presenta con un concurrido bar a la entrada y un comedor de ambiente clásico. Elaboraciones sencillas pero bastante fieles al recetario regional.

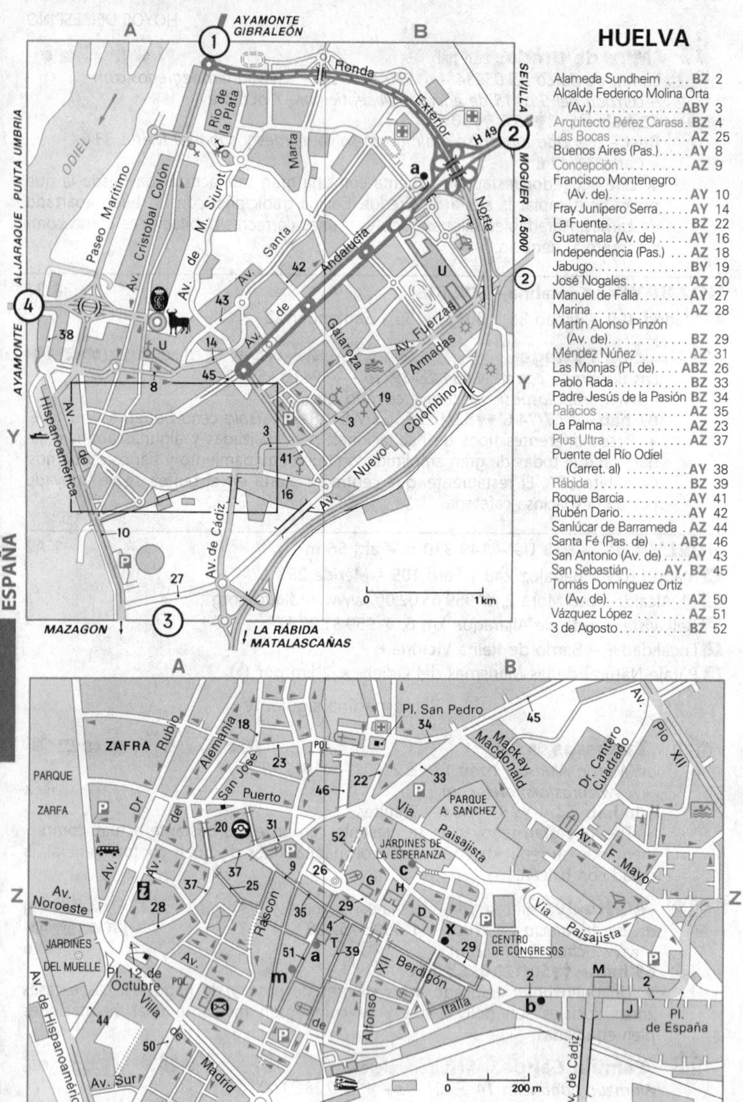

Portichuelo

Vázquez López 15 ✉ 21003 – ✆ 959 24 57 68
– www.restauranteportichuelo.com – cerrado domingo noche AZ**a**

Rest – Carta 29/67 €

♦ Situado en una zona de calles peatonales junto al Gran Teatro. Dispone de un bar público y un comedor actual dominado por el expositor de vinos del fondo. Cocina regional.

XX **Acanthum**

San Salvador 17 ✉ 21003 – ✆ 959 24 51 35 – www.acanthum.com – cerrado agosto, domingo, lunes noche, martes noche y miércoles noche BZ**c**
Rest – Carta 28/40 €
♦ ¡En una callecita cercana al centro! Ofrece un bar de tapas y una sala de ambiente contemporáneo. Cocina de tinte actual que van cambiando según la temporada.

HUESCA P – 574 F28 – 52 347 h. – alt. 466 m 4 C1

Madrid 392 – Lleida/Lérida 123 – Iruña/Pamplona 164 – Pau 211

pl. López Allué, ✆ 974 29 21 70, www.huescaturismo.com

Catedral★ (retablo de Damián Forment★★) BY**A** – Museo Arqueológico Provincial★ (colección de primitivos aragoneses★) AY**M1** – Iglesia de San Pedro el Viejo★ (claustro★) BZ**B**

Castillo de Loarre★★ (✻★★) Noroeste : 36 km por ④

Plano página siguiente

Abba Huesca

Tarbes 14 ✉ 22005 – ✆ 974 29 29 00 – www.abbahuescahotel.com
74 hab – †70/125 € ††75/135 €, ☕ 13 € – 10 suites BZ**a**
Rest – *(cerrado domingo y lunes)* Menú 26 €
♦ Este hotel, actual y con filosofía de cadena, disfruta de un gran hall, un patio con lucernario y luminosas zonas sociales. Habitaciones amplias y bien equipadas. El restaurante sigue la línea de los Abba Mía y ofrece una carta fiel a la gastronomía italiana.

La Posada de la Luna sin rest

Joaquín Costa 10 ✉ 22003 – ✆ 974 24 08 57 – www.posadadelaluna.com
8 hab – †51/95 € ††59/130 €, ☕ 9 € AY**b**
♦ Instalado en un edificio bien rehabilitado. Posee una reducida zona social y unas espaciosas habitaciones que tienen en la luna y los planetas sus referencias decorativas.

San Marcos sin rest

San Orencio 10 ✉ 22002 – ✆ 974 22 29 31 – www.hostalsanmarcos.es
27 hab – †32/40 € ††52/60 €, ☕ 4 € BZ**f**
♦ Pequeño hotel de organización familiar. La sala de TV sirve también para los desayunos, y posee unas sencillas habitaciones con mobiliario en pino y los baños completos.

XXX **Las Torres**

✿ *María Auxiliadora 3 ✉ 22003 – ✆ 974 22 82 13 – www.lastorres-restaurante.com – cerrado 15 días en Semana Santa, del 16 al 31 de agosto, domingo y lunes noche* AY**d**
Rest – Menú 55 € – Carta 46/53 €
Espec. Setas, morros y meloso de ternera (primavera-otoño). Rey con ajoaceite de patatas y algas con pomada de erizos. Ternasco al chilindrón.
♦ Restaurante distribuido en dos niveles y decorado en un estilo clásico-moderno. Destaca su original cocina, con las paredes de cristal opaco, y el excelente servicio de mesa. Elaboraciones creativas de bases tradicionales, siempre con productos de calidad.

XX **Lillas Pastia** (Carmelo Bosque)

✿ *pl. de Navarra 4 ✉ 22002 – ✆ 974 21 16 91 – www.lillaspastia.es – cerrado domingo noche y lunes* AZ**k**
Rest – Menú 35/50 € – Carta 38/52 €
Espec. Perrechicos con guisantes estofados, butifarra y huevo poché. Rape asado al romero. Sopa de melocotón de viña y tomate con yogur.
♦ Goza de gran distinción, pues ocupa la planta baja del antiguo casino, el edificio más representativo del Modernismo oscense. En su comedor, de techos altos y cuidado montaje, podrá degustar una cocina bien actualizada de bases regionales.

HUESCA

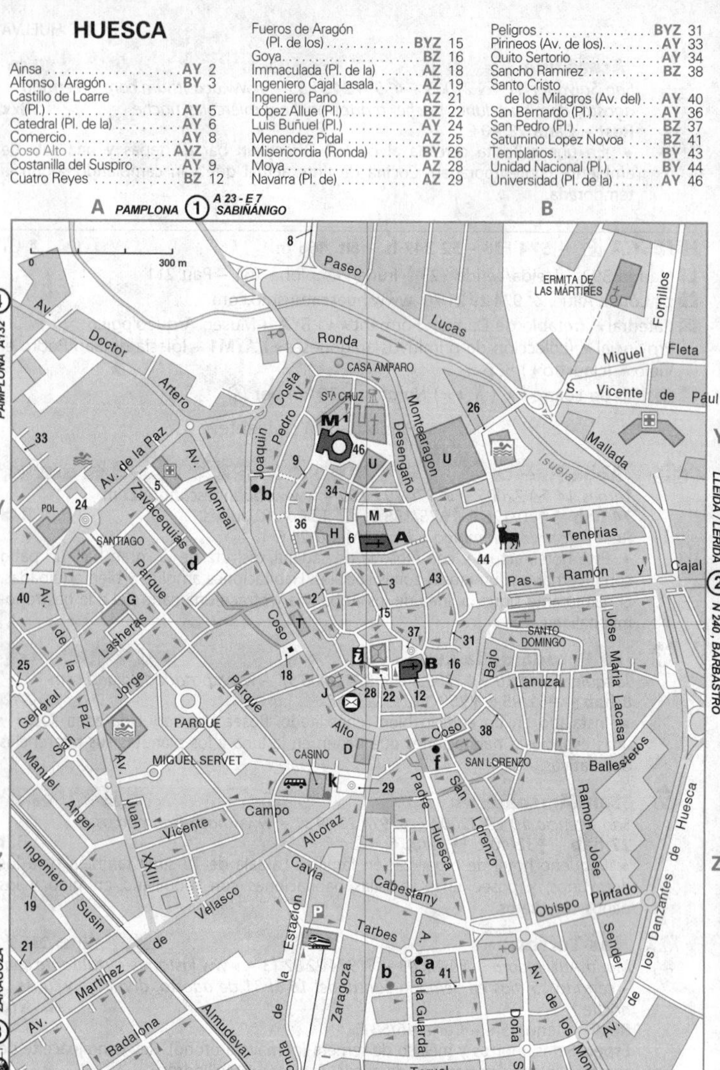

My Way

Saturnino López Novoa 3 ✉ 22005 – ✆ 974 22 67 21 – www.restaurantemyway.com – cerrado Semana Santa, del 4 al 13 de septiembre, domingo noche y lunes BZ**b**

Rest – Menú 23 € – Carta 24/37 €

◆ Próximo a la estación de tren. Tras su fachada acristalada encontrará un buen hall, con sofás, y una confortable sala de ambiente moderno. Cocina tradicional actualizada.

HUÉTOR VEGA – **Granada** – **578** U19 – **11 551 h.** – **alt. 685 m** **2** D1

Madrid 436 – Granada 7 – Málaga 133 – Murcia 292

Villa Sur sin rest

av. Andalucía 57 ✉ 18198 – ☎ 958 30 22 83 – www.hotelvillasur.com

11 hab – †50/56 € ††56/65 €, ☕ 7 €

♦ Elegancia, calidez y sabor andaluz se funden en esta villa, decorada con exquisito gusto. Sorprenden sus detalles hogareños y el luminoso salón de desayunos asomado al jardín.

HUMANES DE MADRID – **Madrid** – **576** – **575** L18 – **18 541 h.** – **alt. 677 m** **22** A2

Madrid 26 – Aranjuez 41 – Ávila 132 – Segovia 119

Coque (Mario Sandoval)

Francisco Encinas 8 ✉ 28970 – ☎ 916 04 02 02 – www.restaurantecoque.com – cerrado 24 diciembre-2 enero, junio, julio, agosto y lunes

Rest – *(solo almuerzo salvo viernes y sabado)* Menú 75/130 € – Carta 58/70 €

Espec. Cromatismos de verduras con hojas orgánicas. Ravioli de gamba blanca con caviar de beluga, nécora y jamón ibérico. Texturas de chocolates con especias y licor de avellana.

♦ Esta casa familiar disfruta de unas cuidadísimas instalaciones, con un buen hall, una sala clásica-actual y una bodega visitable. Cocina de autor en constante desarrollo, ya que combina el dominio técnico con unas agradables texturas y unos logrados maridajes.

IBI – **Alicante** – **577** Q28 – **23 861 h.** – **alt. 820 m** **16** A3

Madrid 390 – Albacete 138 – Alacant/Alicante 41 – València 123

Ricardo

Juan Brotóns 11 ✉ 03440 – ☎ 966 55 11 03 – www.restaurantericardo.es – cerrado del 7 al 31 de agosto, lunes, martes noche y miércoles noche

Rest – Carta 30/35 €

♦ Restaurante situado en una calle cercana al centro de la localidad, con una estética actual dominada por los tonos grises. En su carta verá platos tradicionales e innovadores.

por la carretera de Alcoi **Este : 2,5 km y desvío a la izquierda 0,5 km**

Serafines

Parque Natural San Pascual ✉ 03440 Ibi – ☎ 966 55 40 91 – cerrado Semana Santa, del 8 al 31 de agosto, domingo noche y lunes

Rest – *(solo almuerzo salvo fines de semana)* Carta 22/40 €

♦ En plena naturaleza. Este negocio recrea un marco de cálida rusticidad aderezado con toques clásicos, a modo de refugio de montaña. Cocina de bases regionales y tradicionales.

IBIZA – **Balears** – **ver Balears (Eivissa)**

La IGLESUELA DEL CID – **Teruel** – **574** K29 – **505 h.** – **alt. 1 227 m** **4** C3

Madrid 415 – Morella 37 – Teruel 113

Casa Amada

Fuentenueva 10 ✉ 44142 – ☎ 964 44 33 73 – www.casaamada.es – cerrado del 22 al 28 de diciembre

21 hab – †30 € ††42 €, ☕ 3 € **Rest** – *(cerrado domingo noche)* Menú 16 €

♦ Una casa seria dentro de su sencillez. Ofrece habitaciones de correcto mobiliario y suficiente equipamiento. Amable organización familiar y excelente nivel de limpieza. Cuenta con dos espacios para el restaurante, uno en la cafetería y otro en el 1er piso.

IGUALADA – Barcelona – **574** H34 – **39 149 h.** – **alt. 315 m** **15** A3

Madrid 555 – Barcelona 73 – Lleida/Lérida 95 – Tarragona 120

Les Olles

pl. Sant Miquel 3 ✉ 08700 – ☎ 938 03 27 44 – www.restaurantlesolles.com – cerrado domingo noche y lunes

Rest – Menú 13/45 € – Carta 30/48 €

◆ En pleno centro, ocupando parcialmente un trocito de la antigua muralla de la ciudad. Encontrará un buen menú del día y una cocina tradicional actualizada que cuida las presentaciones.

ILLESCAS – Toledo – **576** L18 – **22 482 h.** – **alt. 588 m** **9** B2

Madrid 37 – Aranjuez 31 – Ávila 144 – Toledo 34

El Bohío (José Rodríguez)

av. Castilla-La Mancha 81 ✉ 45200 – ☎ 925 51 11 26 – www.elbohio.com – cerrado agosto, domingo noche, lunes, martes noche y miércoles

Rest – Menú 60/100 € – Carta 59/94 €

Espec. La ropa vieja con el caldo del cocido. Cabrito asado con cebolletas. Bizcocho de yogur y cereales.

◆ Instaliciones renovadas en las que su chef propone una cocina actualizada de base regional, con buenas dosis de creatividad y gran autenticidad en los sabores.

IRÚN

Calle	Plano	Nº
Aldapeta	BZ	4
Alondegia	AZ	6
Arbesko Errota	CZ	7
Argentinar Errepublika	BY	9
Artaleku	ABZ	10
Bartolomé de Urdinso	AY	12
Beraketa	BYZ	13
Cipriano Larrañaga	AY	15
Colon (Ibilbidea)	ABY	
Eguzkitzaldea	BCZ	16
Erlaitz	CZ	18
Eskoleta	CYZ	19
Fermín Calbetón	BZ	21
Francisco de Gainza	BY	22
Jenaro Etxeandia (Pl.)	BZ	24
Jenerala Bergaretxe	CY	25
Jose Joaquin Tadeo Murgia	CY	27
Juan Arana	AZ	28
Juan Thalamas Labandibar	CZ	30
Junkal (Pl.)	CZ	31
Lapitze	AZ	33
Larretxipi	CZ	34
Lekaenea	AY	36
Letxunborro (Hiribidea)	AY	37
Lope de Irigoien	AY	39
Lucas de Berroa	AY	40
Luis de Uranzu	AY	41
Luis Mariano	BZ	42
Oiartzun	AY	43
Pikoketa	BZ	45
Policarpo Baltzola	BY	46
Prudencia Arbide	BZ	48
Salis (Hiribidea)	CY	49
San Juan Harria (Pl.)	BZ	51
Uztapide Bertsolariak	CZ	52
Vicente Lafitte	BY	54
Zabaltza (Pl.)	BY	55
Zubiaurre	AY	57

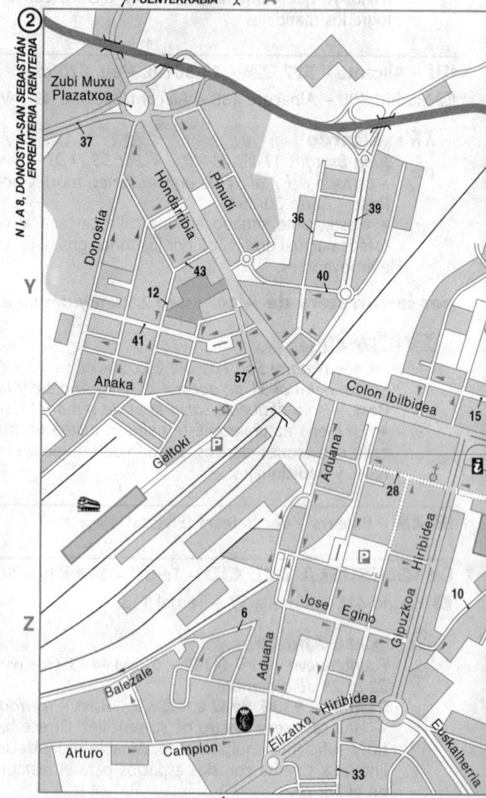

Ses ILLETES – Balears – ver Balears (Mallorca)

IMÓN – Guadalajara – 576 I21 – 30 h. – alt. 955 m 10 C1

Madrid 149 – Aranda de Duero 117 – Guadalajara 92 – Soria 85

La Botica

Cervantes 40 ✉ 19269 – ✆ 949 39 74 15 – www.laboticahotelrural.com

6 hab – 80/100 € 110/130 € **Rest** – Menú 30 € – Carta 30/36 €

◆ La antigua botica del pueblo ha sido transformada en una casa rural con encanto. Ofrece bellas habitaciones, personalizadas en su decoración, y una agradable terraza-porche. En su comedor encontrará una reducida carta de gusto tradicional.

INCA – Balears – ver Balears (Mallorca)

INGLÉS (Playa del) – Las Palmas – ver Canarias (Gran Canaria) : Maspalomas

IRÚN – Guipúzcoa – 573 C24 – 60 938 h. – alt. 20 m 25 B2

Madrid 509 – Bayonne 34 – Iruña/Pamplona 90 – Donostia-San Sebastián 16

barrio de Behobia por ①, Complejo Comercial, ✆ 943 62 26 27

Ermita de San Marcial ★★ Este : 3 km

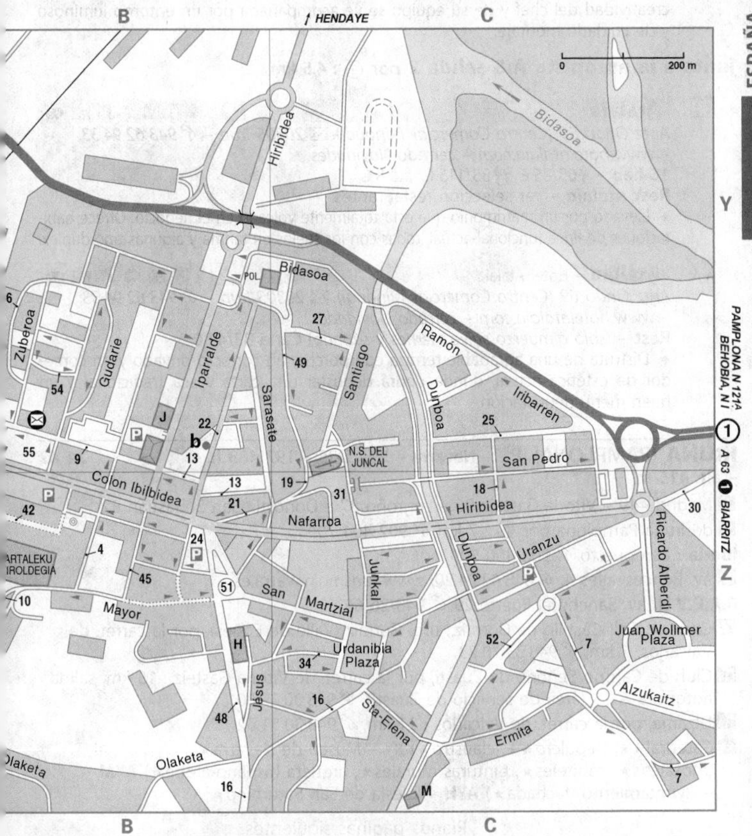

ESPAÑA

XX **Labeko Etxea**

barrio de Olaberria 49, por Eguzkitzaldea : 2 km ✉ 20303 – ☎ 943 63 19 64 – www.labekoetxea.com – cerrado del 15 al 30 de noviembre y miércoles
Rest – *(solo almuerzo salvo jueves, viernes y sábado)* Menú 30/75 € – Carta 33/69 €

◆ Atractivo caserío dotado con instalaciones de elegante rusticidad. Ofrece un restaurante gastronómico y una sidrería de tendencia actual en la que sirven una cocina renovada.

XX **Mertxe**

Francisco de Gainza 9 ✉ 20302 – ☎ 943 62 46 82 – www.mertxerestaurante.com – cerrado 15 días en febrero, 7 días en julio y lunes BY**b**
Rest – *(solo almuerzo salvo viernes y sábado)* Carta aprox. 45 €

◆ Llevado por una pareja, con ella en la sala y él pendiente de los fogones. Ofrece una sala clásica, una coqueta terraza cubierta y una carta actual basada en medias raciones.

XX **Iñigo Lavado**

av. Iparralde 43 - Ficoba, por Iparralde Hiribidea ✉ 20302 – ☎ 943 63 96 39 – www.inigolavado.com – cerrado del 9 al 22 de enero, del 13 al 26 de agosto, lunes y martes
Rest – *(solo almuerzo salvo viernes y sábado)* Menú 35/75 € – Carta 36/74 €

◆ Construcción moderna, tipo cubo, ubicada a la entrada del recinto ferial. La creatividad del chef y de su equipo se ve acompañada por un entorno luminoso y de cuidado montaje.

ESPAÑA

junto a la autopista A 8 salida 2 por ② : 4,5 km

Atalaia

Aritz Ondo 69 (Centro Comercial Txingudi) ✉ 20305 Irún – ☎ 943 62 94 33 – www.hotelatalaia.com – cerrado Navidades
16 hab – †65/85 € ††85/115 €, ☕ 8 €
Rest *Atalaia* – ver selección restaurantes

◆ Llevado por un matrimonio que está totalmente volcado en el negocio. Ofrece habitaciones de línea funcional-actual, todas con los suelos en tarima y algunas tipo dúplex.

XX **Atalaia** – Hotel Atalaia

Aritz Ondo 69 (Centro Comercial Txingudi) ✉ 20305 Irún – ☎ 943 62 94 33 – www.hotelatalaia.com – cerrado Navidades
Rest – *(solo almuerzo salvo viernes y sábado)* Carta 33/47 €

◆ Disfruta de una agradable terraza con porche, un correcto privado y un comedor de estética actual, donde podrá degustar una carta vasca tradicional y un buen menú degustación.

IRUÑA (PAMPLONA) P – Navarra – 573 D25 – 197 488 h. – alt. 415 m **24** A2

Madrid 449 – Vitoria-Gasteiz 96 – Logroño 87 – Donostia-San Sebastián 82

de Iruña/Pamplona por ③ : 7 km ☎ 902 404 704

Iberia : aeropuerto ☎ 902 400 500

av. Roncesvalles 4, ☎ 848 42 04 20, www.turismo.navarra.es

R.A.C.V.N. av. Sancho el Fuerte 29 ☎ 948 26 65 62

18 Club de Golf Castillo de Gorraiz,, urb. Gorraiz (Valle de Egües), por la carret. de Valcarlos: 7 km, ☎ 948 33 70 73

18 Club de Campo Señorío de Zuasti, por la carret. de Vitoria-Gasteiz : 15 km, salida autopista A 15 (área de servicio de Zuasti), ☎ 948 30 29 00

18 Ulzama, por la carret. de Valcarlos : 21 km, ☎ 948 30 51 62

Catedral★★ (sepulcro★★, claustro★) BY – Museo de Navarra★ (mosaicos★, capiteles★, pinturas murales★, arqueta hispano-árabe★) AY**M** – Ayuntamiento (fachada★) AY**H** – Iglesia de San Saturnino★ AY

Planos páginas siguientes

Tres Reyes
Jardines de la Taconera ✉ *31001* – ✆ *948 22 66 00*
– *www.hotel3reyes.com* AY**x**
152 hab – ♦88/374 € ♦♦88/399 €, ☕ 18 € – 8 suites
Rest – Menú 23 € – Carta 49/61 €
♦ Este hotel presenta una zona social clásica, un piano-bar, numerosas salas de reuniones y unas habitaciones de muy buen confort, las denominadas ejecutivas algo más amplias. En su restaurante, también clásico, encontrará una cocina de gusto internacional.

G.H. La Perla hab,
pl. del Castillo 1 ✉ *31001* – ✆ *948 22 30 00*
– *www.granhotellaperla.com* BY**a**
43 hab – ♦130/270 € ♦♦140/280 €, ☕ 20 € – 1 suite
Rest *La Cocina de Alex Múgica* – ✆ 948 51 01 25 *(cerrado Semana Santa, 1ª quincena de septiembre, domingo noche y lunes)* Menú 25/45 €
♦ Todo un clásico que se presenta bien reformado, con un interior actual y las habitaciones dedicadas a los personajes ilustres que aquí se han alojado. El restaurante propone una cocina que combina las raíces de la cocina navarra con las técnicas más actuales.

Muga de Beloso hab,
Beloso Bajo 11 ✉ *31006* – ✆ *948 29 33 80* – *www.almahotels.com* V**d**
59 hab – ♦♦149/700 €, ☕ 16 € – 1 suite **Rest** – Carta 26/42 €
♦ Edificio de diseño moderno situado en la ribera del río, junto a un club deportivo. Pequeño SPA, garaje gratuito y espaciosas habitaciones, todas con estores eléctricos. El restaurante, que propone una cocina tradicional actualizada, destaca por sus verduras.

Palacio Guendulain
Zapatería 53 ✉ *31001* – ✆ *948 22 55 22* – *www.palacioguendulain.com*
23 hab – ♦♦124/537 €, ☕ 16 € – 2 suites **Rest** – Carta 45/64 € AY**s**
♦ Le sorprenderá, pues decora su zona social con carruajes y objetos históricos. Bar inglés, biblioteca, salones de aire regio y confortables habitaciones, la mayoría clásicas. Su elegante restaurante propone una cocina elaborada y de tinte actual.

Blanca de Navarra
av. Pío XII-43 ✉ *31008* – ✆ *948 17 10 10*
– *www.hotelblancadenavarra.com* X**e**
100 hab – ♦79/110 € ♦♦79/135 €, ☕ 13 € – 2 suites
Rest – Menú 26/32 € – Carta aprox. 35 €
♦ El cuidado puesto en cada detalle es una de las características que mejor definen sus instalaciones. Algo parco en zonas comunes pero con habitaciones bien equipadas. En el restaurante, de ambiente clásico, ofrecen una correcta carta tradicional.

AC Ciudad de Pamplona sin rest, con cafetería
Iturrama 21 ✉ *31007* – ✆ *948 26 60 11*
– *www.ac-hotels.com* X**a**
99 hab – ♦♦70/400 €, ☕ 15 € – 9 suites
♦ Sigue las pautas decorativas propias del grupo, con unas instalaciones modernas, personal dinámico y confortables habitaciones de estilo funcional-minimalista.

Reino de Navarra
Acella 1 ✉ *31008* – ✆ *948 17 75 75* – *www.abbahoteles.com* X**n**
83 hab – ♦70/350 € ♦♦70/380 €, ☕ 13 € **Rest** – Menú 25 €
♦ Destaca por la amplitud de todas sus habitaciones, la mitad reformadas en un estilo funcional-actual y las de la última planta, algo más clásicas, de carácter ejecutivo.

Albret sin rest, con cafetería
Ermitagaña 3 ✉ *31008* – ✆ *948 17 22 33* – *www.hotelalbret.net* X**v**
107 hab – ♦♦68/310 €, ☕ 13 € – 2 suites
♦ La zona social se reduce a su hall-recepción, sin embargo posee unas correctas habitaciones de línea funcional actualizada. Bar-cafetería con menús y buenos platos combinados.

ESPAÑA

IRUÑA/PAMPLONA

Abejeras . . . . . . X 3
Artica . . . . . . V 7
Baja Navarra (Av.) . . . . . . X 8
Barañáin (Av. de) . . . . . . X 10
Bayona (Av.) . . . . . . V 13
Biurdana . . . . . . VX 14
Buenaventura Iñiguez . . . . . . X 15
Ermitagaña . . . . . . X 24
Fuente de la Teja (Camino) . . . . X 28
Julián Gayarre . . . . . . X 34
Lezkairu (Camino) . . . . . . X 37
Magdalena . . . . . . V 39
Mendigorría . . . . . . V 42
Monasterio Belate . . . . . . X 46
Monasterio Irache . . . . . . X 45
Pío XII (Av.) . . . . . . X 53
Río Queiles . . . . . . X 58
San Cristóbal . . . . . . V 62
Tajonar . . . . . . X 75
Valle de Aranguren . . . . . . X 76

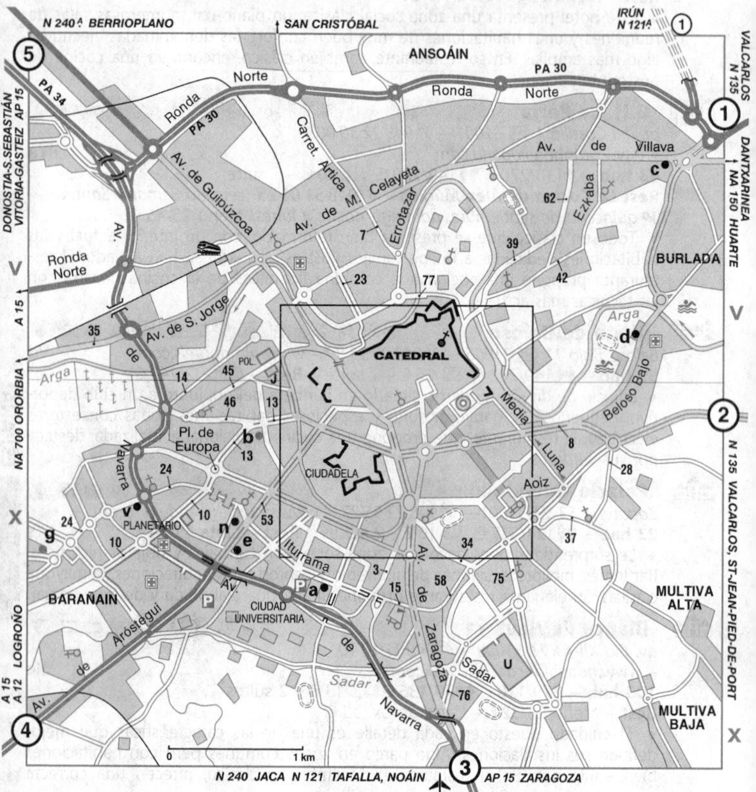

Yoldi sin rest

av. de San Ignacio 11 ✉ 31002 – ☎ 948 22 48 00
– www.hotelyoldi.com BZ**r**

50 hab – †65/240 € ††80/346 €, ☕ 10 €

◆ Destaca por su emplazamiento junto a la plaza del Castillo y por tener una línea actual-funcional. Las habitaciones, bien equipadas y con baños reformados, resultan luminosas.

Europa

Espoz y Mina 11-1º ✉ 31002 – ☎ 948 22 18 00
– www.hreuropa.com BY**r**

25 hab – †75/120 € ††80/155 €, ☕ 10 €

Rest *Europa* ✿ – ver selección restaurantes

◆ Ofrece una correcta organización familiar, un céntrico emplazamiento y habitaciones pequeñas aunque bien equipadas, con los baños en mármol. Un recurso válido en su categoría.

IRUÑA/PAMPLONA

Amaya .... BYZ 4
Ansoleaga .... AY 5
Bayona (Av. de) .... AY 13
Carlos III (Av. de) .... BYZ
Castillo de Maya .... BZ 16
Chapitela .... BY 17
Conde Oliveto (Av. del) .... AZ 19
Cortes de Navarra .... BY 20
Cruz (Pl. de la) .... BZ 22
Esquiroz .... AZ 25
Estafeta .... BY 26
García Castañón .... ABY 30
Juan de Labrit .... BY 33
Leyre .... BYZ 36
Mayor .... AY 40
Mercaderes .... BY 43
Navarrería .... BY 48
Navas de Tolosa .... AY 50
Paulino Caballero .... BZ 51
Príncipe de Viana (Pl. del) .... BZ 54
Reina (Cuesta de la) .... AY 56
Roncesvalles (Av. de) .... BY 59
Sancho el Mayor .... ABZ 60
Sangüesa .... BZ 69
Santo Domingo .... AY 70
San Fermín .... BZ 63
San Francisco (Pl. de) .... AY 65
San Ignacio (Av. de) .... BYZ 66
Sarasate (Paseo de) .... AY 72
Taconera (Recta de) .... AY 73
Vínculo (Pl. del) .... AYZ 78
Zapatería .... AY 89

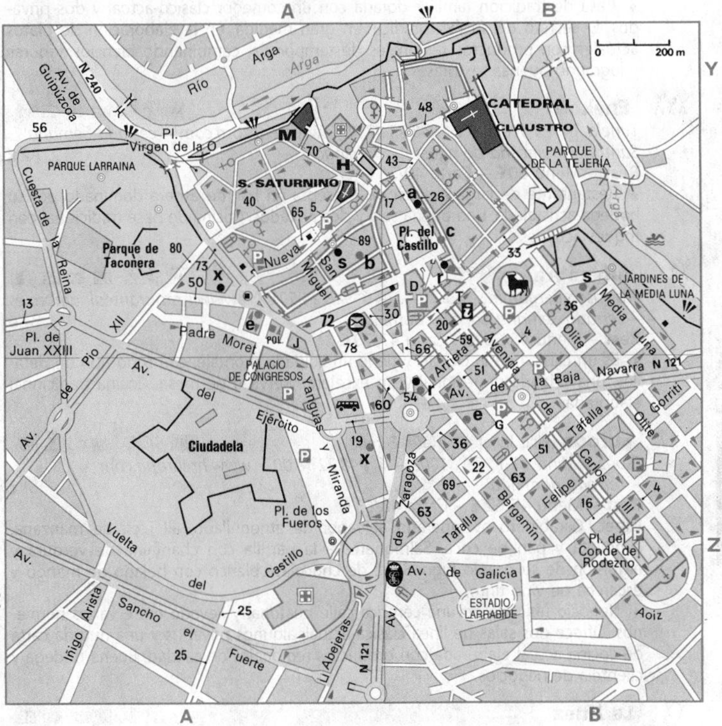

AH San Fermín sin rest
av. Villava 90 (Burlada) ✉ 31600 – ✆ 948 13 60 00 – www.ahsanfermin.com Vc
86 apartamentos – ††62/400 €, ☕ 9 €
♦ Bien comunicado. Este aparthotel se presenta con una pequeña cafetería y apartamentos bastante amplios, todos con cocina completa, buenos electrodomésticos y baños modernos.

XXXX **Josetxo**
pl. Príncipe de Viana 1 ✉ 31002 – ✆ 948 22 20 97 – www.restaurantejosetxo.com – cerrado Semana Santa, agosto y domingo BZr
Rest – Menú 48/70 € – Carta 44/73 €
♦ Casa señorial definida por su elegancia y profesionalidad. Combina un magnífico marco, un servicio de mesa de nivel y elaboraciones tanto tradicionales como internacionales.

XXX **Rodero** (Koldo Rodero)

Arrieta 3 ✉ 31002 – ✆ 948 22 80 35 – www.restauranterodero.com – cerrado del 14 al 21 de julio, domingo y lunes noche BY**s**

Rest – Menú 50/75 € – Carta 45/65 €

Espec. Tomate marmande en texturas con queso Idiazábal, albahaca y ajonegro. Bacalao con sus torreznos, menestra de kokotxas y verduras. Fondue templada de queso Stilton con higos y chantillí de vainilla.

◆ Casa de tradición familiar dotada con un comedor clásico-actual y dos privados. El secreto de su éxito radica, en gran medida, en la elaboración de platos actuales con productos regionales de temporada, combinando bien los sabores y logrando buenas texturas.

XXX **Enekorri**

Tudela 14 ✉ 31003 – ✆ 948 23 07 98 – www.enekorri.com – cerrado Semana Santa, 2ª quincena de agosto y domingo AZ**x**

Rest – Menú 60 € – Carta 40/55 €

◆ Restaurante de larga trayectoria. Presenta un hall de espera dominado por su bodega acristalada, una buena sala y dos privados. Cocina de base tradicional con toques actuales.

XXX **Alhambra**

Francisco Bergamín 7 ✉ 31003 – ✆ 948 24 50 07 – www.restaurantealhambra.es – cerrado Semana Santa y domingo BZ**e**

Rest – Menú 45/56 € – Carta 47/70 €

◆ Es un clásico de la ciudad y tiene un cuidado montaje, con todo tipo de detalles, una brigada profesional y un excelente servicio de mesa. Cocina tradicional elaborada.

XXX **Europa** (Pilar Idoate) – Hotel Europa

Espoz y Mina 11-1° ✉ 31002 – ✆ 948 22 18 00 – www.hreuropa.com – cerrado domingo BY**r**

Rest – Menú 45/62 € – Carta 48/63 €

Espec. Carabinero atemperado al vapor de amontillado, all i oli de manzana, cebolleta y pan de coca. Salmonetes a la parrilla con chanfaina de verdura y emulsión de su propio jugo. Sopa de chocolate blanco con helado de mango y escarcha de vino tinto.

◆ Negocio ubicado en una céntrica calle peatonal y llevado entre varios hermanos. Ofrece dos salas de línea clásica-actual, algunos privados y una nutrida carta de cocina actual elaborada con productos regionales de calidad. Buena bodega y clientela de negocios.

XX **La Nuez**

Taconera 4 ✉ 31001 – ✆ 948 22 81 30 – www.restaurantelanuez.com – cerrado Semana Santa, 21 días en agosto, domingo y lunes AY**e**

Rest – Carta aprox. 56 €

◆ Presenta un portalón de madera a la entrada y una sala de línea clásica-actual. Su chef propone una cocina de carácter clásico-internacional con ligeras influencias francesas.

X **La Casona**

Pueblo Viejo (Barañain) ✉ 31010 – ✆ 948 18 67 13 – www.lacasonarestaurante.net – cerrado domingo noche y lunes X**g**

Rest – Menú 18/28 € – Carta 30/43 €

◆ Casona tipo asador, con una sidrería a un lado y un comedor con parrilla a la vista al otro. Posee salones para banquetes y en su carta destacan los pescados a la brasa.

Letyana

Travesía de Bayona 2 ✉ 31011 – ✆ 948 25 50 45 – cerrado del 15 al 31 de julio

Rest – Tapa 3 € – Ración aprox. 15 € X**b**

◆ Bar de tapas decorado con numerosos premios y diplomas. Presenta una barra repleta de pinchos y un pequeño comedor en la entreplanta, donde ofrecen sus menús degustación.

ESPAÑA

Baserri
San Nicolás 32 ✉ 31001 – ✆ 948 22 20 21 – www.restaurantebaserri.com
Rest – Tapa 2 € – Ración aprox. 8 € AY**b**
◆ Es muy popular y desde hace años se muestra volcado con la "cocina en miniatura". Posee un sencillo comedor al fondo para degustar un menú a base de tapas y pinchos creativos.

Bodegón Sarria
Estafeta 52 ✉ 31001 – ✆ 948 22 77 13 – www.bodegonsarria.com BY**c**
Rest – Tapa 2 € – Ración aprox. 10 €
◆ Negocio familiar decorado con sugerentes jamones colgados del techo. Es una buena opción para disfrutar de los pinchos tradicionales, sobre todo con sus embutidos ibéricos.

en la urbanización Castillo de Gorraiz por ② : 4 Km

Castillo de Gorraiz
av. Egües 78 ✉ 31620 Gorraiz – ✆ 948 33 77 22 – www.cghotel.es
46 hab – 88/98 € 98/110 € – 1 suite
Rest ***Palacio Castillo de Gorraiz*** – ver selección restaurantes
◆ Está ubicado en un edificio actual y destaca tanto por la calidad de sus materiales como por tener un acceso directo al campo de golf. Habitaciones bien equipadas y SPA.

Palacio Castillo de Gorraiz – Hotel Castillo de Gorraiz
av. Egües 78 ✉ 31620 Gorraiz – ✆ 948 33 73 30 – www.cgrestaurante.es – cerrado Navidades, Semana Santa, domingo noche, lunes y martes noche
Rest – Menú 55 € – Carta 34/64 €
◆ Se trata de un atractivo palacio del s. XVI dotado con un comedor clásico-actual y gran variedad de salones para banquetes. Cocina tradicional actualizada y completa bodega.

en el Parque Comercial Galaria por ③ : 4 km

Zenit Pamplona
X-1 ✉ 31191 Cordovilla – ✆ 948 29 26 00 – www.zenithoteles.com
82 hab – 65/95 €, 11 € – 3 suites **Rest** – Menú 18/29 €
◆ Un hotel actual, orientado a la empresa y emplazado en una zona comercial cercana al aeropuerto. Posee varios espacios sociales y amplias habitaciones de estética funcional. En su restaurante encontrará un menú tradicional con detalles actuales.

en Zizur Nagusia (Zizur Mayor)por ④ : 4 km

AC Zizur Mayor sin rest, con cafetería
Etxesakan 3 ✉ 31180 Zizur Mayor – ✆ 948 28 71 19 – www.ac-hotels.com
71 hab – 55/300 €, 12 € – 2 suites
◆ Posee las características clásicas de la cadena y se encuentra en una localidad residencial, junto a la autovía de Logroño. Instalaciones modernas y de completo equipamiento.

en Cizur Menor por ④ : 5 km

Martintxo
Irunbidea 1 ✉ 31190 Cizur Menor – ✆ 948 18 00 20 – www.martintxo.com – cerrado domingo noche
Rest – Carta 29/50 €
◆ Este negocio familiar cuenta con dos entradas bien diferenciadas, una a la sidrería y la otra para el asador, este último con varias salas de aire clásico. Cocina tradicional.

ISLA – ver a continuación y el nombre propio de la isla

ISLA - Cantabria - 572 B19 - Playa 8 C1

Madrid 426 – Bilbao 81 – Santander 40

en la playa de La Arena Noroeste : 2 km

Campomar rest, VISA

✉ 39195 Isla – ☎ 942 67 94 32 – www.hotelcampomar.com – cerrado 6 noviembre-15 marzo

41 hab – †35/90 € ††40/100 €, ☕ 9 € **Rest** – Menú 25 €

◆ Sencillo negocio familiar ubicado frente a la playa. Presenta unas habitaciones bastante amplias, la mayoría de ellas reformadas y las de la 3ª planta abuhardilladas. El restaurante ofrece un luminoso comedor con detalles marineros y una sala para grupos.

en la playa de Quejo Este : 3 km

Olimpo VISA AE

Finca Los Cuarezos ✉ *39195 Isla* – ☎ *942 67 93 32 – www.hotelesdecantabria.com – cerrado enero-15 febrero*

69 hab – †50/109 € ††66/137 €, ☕ 12 € **Rest** – Menú 25 €

◆ Singular emplazamiento frente al mar, con acceso a dos calas. Amplio hall-recepción y habitaciones de buen nivel, todas exteriores. Goza de zonas recreativas muy cuidadas. Su comedor posee viveros propios y disfruta de excelentes vistas sobre la playa.

Estrella del Norte VISA AE

av. Juan Hormaechea ✉ *39195 Isla* – ☎ *942 65 99 70 – www.hotelestrelladelnorte.com – cerrado 9 enero-9 febrero*

47 hab – †50/90 € ††65/120 €, ☕ 9 € **Rest** – Menú 18 € – Carta 25/49 €

◆ Posee ascensores panorámicos y un atractivo diseño exterior que combina la piedra y el vidrio. Las habitaciones disfrutan del confort más actual, con aseos completos. En su restaurante, panelable y con vistas a la piscina, encontrará una carta tradicional.

Isla Bella VISA AE

paseo El Sable 2 ✉ *39195 Isla* – ☎ *942 67 93 06 – www.hotelesdecantabria.com*

64 hab – †57/83 € ††81/111 €, ☕ 8 € **Rest** – Carta aprox. 40 €

◆ Aquí encontrará unas instalaciones de buen confort general, con una zona social clásica-actual, una cafetería pública, habitaciones bastante actuales y un completo SPA. El restaurante, también de montaje actual, tiene una pequeña bodega a la vista del cliente.

ISLA CRISTINA - Huelva - 578 U8 - 21 719 h. - Playa 1 A2

Madrid 672 – Beja 138 – Faro 69 – Huelva 56

Islantilla,, urb. Islantilla, Este : 6,5 km, ☎ 959 48 60 39

Paraíso Playa hab, VISA

av. de la Playa ✉ *21410* – ☎ *959 33 02 35 – www.hotelparaisoplaya.com – cerrado 15 diciembre-15 enero*

39 hab ☕ – †40/75 € ††60/130 € – 6 apartamentos

Rest – *(15 junio-septiembre)* Menú 15 €

◆ De carácter playero y atenta organización familiar. Poco a poco se está actualizando, por eso presenta unas habitaciones de estilo clásico y otras con mobiliario castellano. ¡En un edificio cercano también posee apartamentos!

Casa Cacherón VISA

Emiliano Cabot 47 ✉ *21410* – ☎ *959 33 26 82 – cerrado 20 días en octubre y lunes*

Rest – *(solo almuerzo salvo viernes ,sábado y verano)* Carta 21/41 €

◆ ¡Un restaurante sin grandes lujos pero donde se come francamente bien! El chef ha retomado el negocio familiar para ofrecer la cocina tradicional andaluza... eso sí, bien actualizada.

IZNÁJAR - Córdoba - 4 714 h. - alt. 345 m 2 C2

Madrid 426 - Sevilla 212 - Córdoba 104 - Málaga 89

en El Adelantado Suroeste : 7 km

Cortijo La Haza
Adelantado 119 ✉ 14978 Iznájar - ✆ 957 33 40 51 - www.cortijolahaza.com
5 hab - 65 € 85 € **Rest** - *(solo clientes, solo cena)* Menú 25 €
♦ Este antiguo cortijo se encuentra en plena naturaleza y disfruta de un ambiente rústico bastante acogedor, con una zona ajardinada, un patio y cálidas habitaciones. Su restaurante propone una cocina internacional y un menú degustación que cambian a diario.

JÁBAGA - Cuenca - 576 L23 - 556 h. - alt. 971 m 10 C2

Madrid 155 - Albacete 168 - Cuenca 13 - Toledo 174

en la carretera N 400 Sur : 3,5 km

La Casita de Cabrejas
(vía de servicio) ✉ 16194 Jábaga - ✆ 969 27 10 08 - www.lacasitadecabrejas.com - cerrado Navidades
13 hab - 75/87 € **Rest** - *(cerrado domingo)* Carta 25/44 €
♦ Destaca por su rusticidad y se encuentra en una finca rodeada de árboles. Salón social con chimenea y cálidas habitaciones, todas con mobiliario antiguo y vigas de madera.

JACA - Huesca - 574 E28 - 13 374 h. - alt. 820 m 4 C1

Madrid 481 - Huesca 91 - Iruña/Pamplona 111

pl. San Pedro 11-13, ✆ 974 36 00 98, www.jaca.es

Club de Golf Jaca,, urb. Lomas de Badaguas, Este : 12 km, ✆ 974 35 07 70

Catedral★ (capiteles historiados★) - Museo Diocesano (frescos★) Y - Museo Ángel Oresanz y Artes de Serralbo★

Monasterio de San Juan de la Peña★★ : paraje★★ - Claustro★★ (capiteles★★) Suroeste : 21 km por ③

Plano página siguiente

Reina Felicia hab,
paseo Camino de Santiago 16-20, por ③ ✉ 22700 - ✆ 974 36 53 33 - www.pronihoteles.com - cerrado noviembre
70 hab - 55/350 € 65/350 €, 10 € - 6 suites **Rest** - Menú 17 €
♦ Hotel de línea actual ubicado en una zona residencial de la localidad. Dispone de buenos espacios sociales, habitaciones modernas y espaciosas así como una pequeña zona SPA. En su comedor, luminoso y de cuidado montaje, se ofrece un menú bastante amplio.

Conde Aznar
paseo de la Constitución 3 ✉ 22700 - ✆ 974 36 10 50 - www.condeaznar.com Z**c**
34 hab - 50/76 € 61/131 €
Rest *La Cocina Aragonesa* - ver selección restaurantes
♦ Pequeña recepción precedida por una terraza a la entrada y atractivas habitaciones de acogedora rusticidad, unas con los suelos en madera y otras con losetas de barro cocido.

Real hab,
Membrilleras 7 ✉ 22700 - ✆ 974 36 30 08 - www.eizasahoteles.com Z**a**
78 hab - 50/86 € 55/108 €, 8 € **Rest** - Menú 14 €
♦ Tras su cuidada fachada encontrará un hotel de línea actual, con una correcta zona social y habitaciones funcionales de adecuada amplitud, todas con los baños completos. El comedor, junto a la cafetería y polivalente, disfruta de una terraza-patio interior.

JACA

Aragón	Y 2	Catedral (Pl. de la)	Y 10	Ramón y Cajal	Z 25
Arco	Y 3	Cervantes	Z 13	Ripa	Y 27
Biscós (Pl.)	Y 5	Correos	Z 14	Sancho Ramírez	Z 31
Cambras	Z 6	Cortes de Aragón (Pl.)	Z 16	Santa Orosia	Y 32
Campoy I	Z 8	Gil Bergés	Z 18	San Nicolás	Y 28
Castillo	Y 9	Mayor	Z	San Pedro (Pl.)	Y 30
		Puerta Nueva	Z 24	Valle de Ansó	Y 34

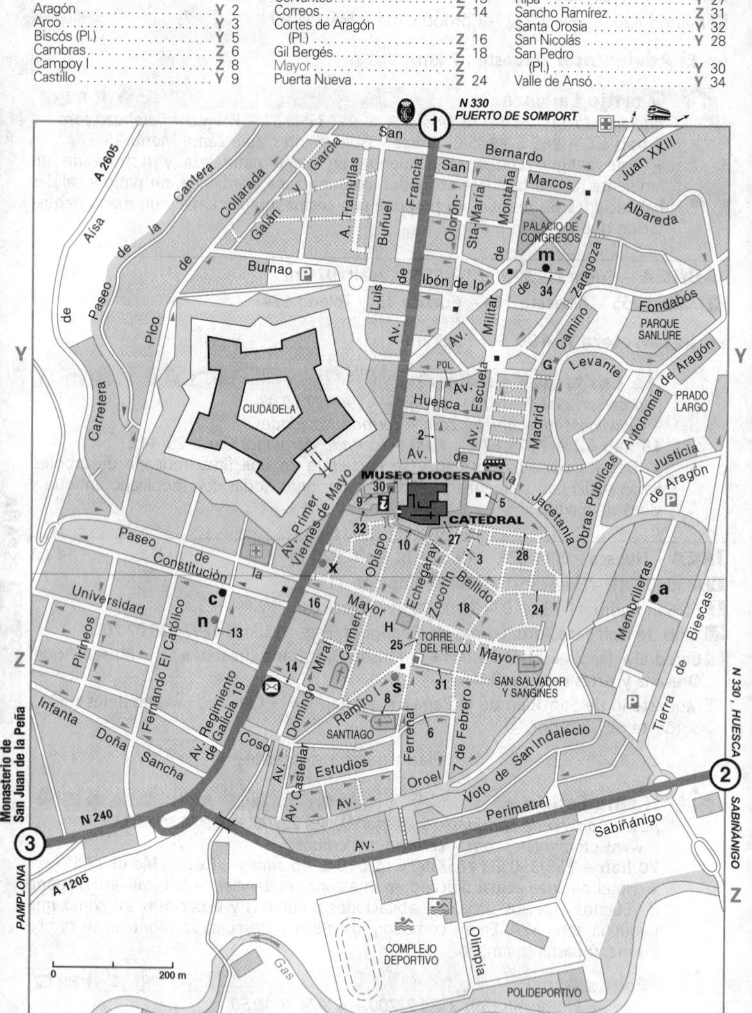

A Boira sin rest
Valle de Ansó 3 ✉ 22700 – ✆ 974 36 38 48 – www.hotelaboira.com
30 hab – †35/40 € ††49/60 €, ☕ 7 € Y**m**
◆ Sus cuidadas habitaciones disfrutan de un buen confort, con los suelos en parquet y el mobiliario en madera. Posee algunas estancias abuhardilladas en la última planta.

La Cocina Aragonesa – Hotel Conde Aznar
Cervantes 5 ✉ 22700 – ✆ 974 36 10 50 – www.condeaznar.com
– cerrado 20 días en noviembre, 10 días en junio, martes noche y miércoles
Rest – Menú 16/58 € – Carta 38/56 € Z**n**
◆ Este atractivo restaurante presenta diversos detalles regionales y una gran chimenea en piedra presidiendo el comedor. Su prestigio toma forma con el buen hacer en la cocina.

XX **Lilium**

av. Primer Viernes de Mayo 8 ✉ 22700 – ✆ 974 35 53 56 – cerrado domingo noche y lunes salvo festivos y víperas Y**x**

Rest – Menú 12/18 € – Carta 22/43 €

◆ Este concurrido negocio está bien llevado por su propietario. Posee una sala de aire moderno en dos niveles y otra de estilo rústico, en el sótano, con bonito techo en madera.

XX **El Portón**

pl. Marqués de Lacadena 1 ✉ 22700 – ✆ 974 35 58 54 – cerrado del 1 al 15 de junio, del 1 al 15 de noviembre y miércoles Z**s**

Rest – Menú 14/23 € – Carta 35/44 €

◆ Establecimiento de línea clásica y seria organización familiar. Ofrece comedores de cuidado montaje, la cocina semivista y una gastronomía actualizada de base tradicional.

en la urb. Lomas de Bedaguás Este : 12 km

Barceló Jaca

hab,

Le Paul, (Badaguas) ✉ 22714 Badaguas – ✆ 974 35 82 00 – www.barcelo.com – cerrado mayo, octubre y noviembre

74 hab – ††50/120 €, ☕ 10 € – 8 suites **Rest** – Menú 15/18 €

◆ Se encuentra dentro de una gran urbanización y presenta la estética propia de un edificio montañés, con amplias zonas sociales y cálidas habitaciones de confort actual. El restaurante tiene un uso polivalente, complementándose con una cafetería y una terraza.

ESPAÑA

JAÉN P – **578** S18 – **116 790 h.** – **alt. 574 m** 2 C2

Madrid 336 – Almería 232 – Córdoba 107 – Granada 94

Ramón y Cajal, ✆ 953 31 32 82, www.turjaen.org

Localidad★ – Catedral★★ (imagen gótica de la Vírgen de la Antigua★) BZ – Capilla de San Andrés★ BY – Iglesia de San Ildefonso★ CZ – Baños árabes★★ BY

Castillo de Santa Catalina★ ✳★★) AZ

Planos páginas siguientes

Parador de Jaén

Oeste : 4,5 km ✉ 23001 – ✆ 953 23 00 00 – www.parador.es AZ**h**

45 hab – †106/133 € ††153/166 €, ☕ 18 € **Rest** – Menú 33 €

◆ Instalado junto al castillo-fortaleza de Jaén, del s. XIII, con el que comparte algunos muros. Recrea un ambiente medieval y destaca por sus magníficas vistas sobre la ciudad. El restaurante presenta altas bóvedas en piedra y una carta de carácter regional.

Infanta Cristina

hab,

av. de Madrid ✉ 23009 – ✆ 953 26 30 40 – www.hotelinfantacristina.com

72 hab – †60/106 € ††60/122 €, ☕ 10 € – 1 suite CX**z**

Rest *Az-zait* – *(cerrado domingo)* Menú 21 € – Carta 30/40 €

◆ Buen hotel de elegante línea clásica ubicado a la entrada de la ciudad. Las habitaciones se disponen en torno a un hall central, que culmina en una bóveda acristalada. El restaurante tiene una exquisita decoración y ofrece una cocina de raíces españolas.

XXX **Casa Antonio**

Fermín Palma 3 ✉ 23008 – ✆ 953 27 02 62 – www.casantonio.es – cerrado agosto, domingo noche y lunes BY**k**

Rest – Carta 42/66 €

◆ Se presenta con un pequeño bar de espera, un comedor principal de cuidado montaje y línea actual, así como dos salitas a modo de privados. Carta de cocina actual.

JAÉN

Adarves Bajos .... CZ 2
Álamos .... BZ 3
Alcalde García Segovia ... CX 5
Alféreces Provisionales .. BX 8
Alhama .... BY 58
Ángel (Puerta del) ...... CZ 9
Bernabé Soriano .... BZ 12
Capitán Aranda Alta ..... BZ 13
Carmello Torres .... BY 14
Castilla .... BY 16
Coca de la Piñera (Pl.) .... BY 17
Condestable Iranzo ..... AX 18
Correa Weglison .... BY 20
Doctor Civera .... BZ 21
Doctor Eduardo Arroyo .. BY 22
Doctor Eduardo García Triviño López .... BX 24
Ejido de Alcantarilla ...... BZ 25
Extremadura .... BX 26
Francisco Coello .... BZ 27
Frente a Jesús .... BZ 44
Fuerte del Rey .... AX 30
Hermanos Pinzón .... BX 31
Ignacio Figueroa .... BZ 32
Juanito el Practicante .... AY 34
Juan Pedro Gutiérrez Higueras .... AX 35
Madre de Dios .... BZ 36
Madre Soledad Torres Acosta .... BY 38
Maestra .... BZ 39
Magdalena Baja .... AY 40
Manuel Caballero Venzala CX 41
Manuel Jontoya .... BZ 43
Molino de la Condesa .... AY 45
Muñoz Garnica .... BZ 47
Navas de Tolosa .... BY 48
Núñez de Balboa .... BY 49
Obispo Alonso Suárez ... CY 51
Obispo García de Castro (Pl.) .... CYZ 54
Obispo González .... BZ 55
Obispo Stúñiga .... BX 52
Puerta del Sol .... BY 56
Salvador Vicente de la Torre .... AX 59
Santa Luisa de Marillac (Pl. de) .... AY 70
Santo Domingo .... AY 71
San Agustín (Pl. de) ..... BY 61
San Andrés .... BY 62
San Bartolomé (Pl.) ...... BZ 63
San Clemente .... BYZ 65
San Francisco (Pl.) .... BZ 67
San Juan (Pl. de) .... BY 68
Vicente Montuno .... CZ 72
Virgen Capilla .... BCY 74
Virgen de la Cabeza ..... BX 73

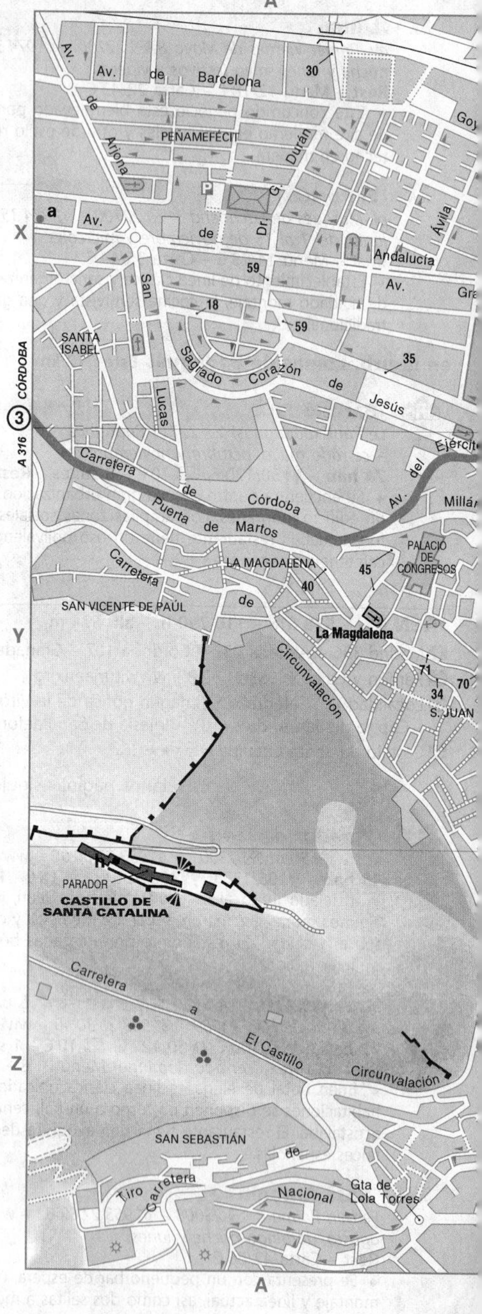

ESPAÑA

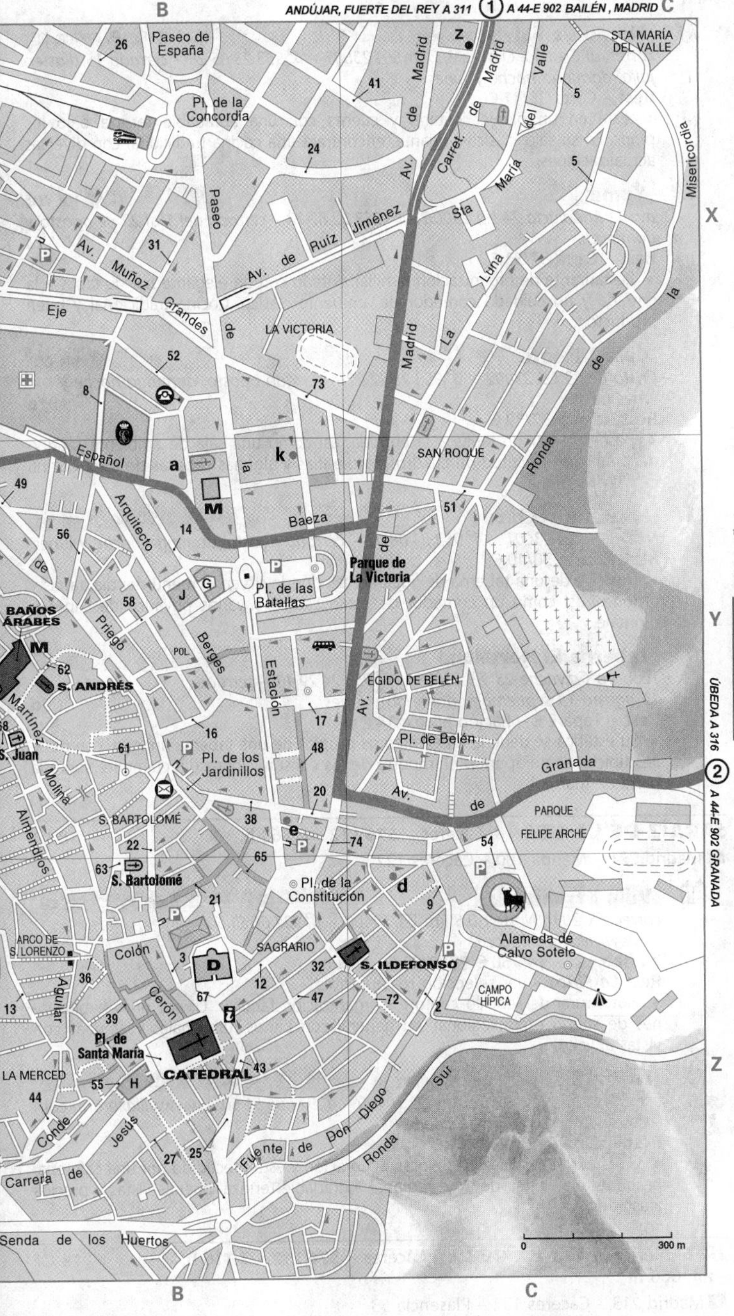

B
ANDÚJAR, FUERTE DEL REY A 311
1
A 44-E 902 BAILÉN, MADRID
C
Paseo de España
26
Pl. de la Concordia
41
Madrid
de
Z
Av.
de Madrid
Carret.
del Valle
STA MARÍA DEL VALLE
5
5
Misericordia
24
Sta María
Paseo
Av. de Ruíz Jiménez
X
31
Av. Muñoz Grandes
Eje
de
LA VICTORIA
Luna
La
Madrid
la
de
52
73
8
Español
a
k
SAN ROQUE
Ronda
49
M
Baeza
51
56
Arquitecto
14
de
Parque de La Victoria
de
ESPAÑA
BAÑOS ÁRABES
M
G
J
Pl. de las Batallas
58
Priego
POL.
Berges
Y
Estación
62
S. ANDRÉS
EGIDO DE BELÉN
Martínez
17
Av.
ÚBEDA A 316
68
16
S. Juan
61
P
Pl. de los Jardinillos
48
Pl. de Belén
Molina
Granada
2
Almendros
Av.
de
20
S. BARTOLOMÉ
38
e
74
PARQUE FELIPE ARCHE
22
54
A 44-E 902 GRANADA
63
S. Bartolomé
65
Pl. de la Constitución
d
21
9
ARCO DE S. LORENZO
SAGRARIO
Alameda de Calvo Sotelo
Colón
3
D
32
S. ILDEFONSO
36
Aguilar
CAMPO HÍPICA
12
67
47
72
13
39
Cerón
2
Pl. de Santa María
CATEDRAL
43
Z
LA MERCED
55
H
44
Sur
Conde
Jesús
Diego
27
25
Fuente de Don
Ronda
Carrera de
Senda de los Huertos
0
300 m
B
C

XX **Horno de Salvador**

carret. al Castillo, Oeste : 3,5 km ✉ 23001 – ☎ 953 23 05 28 – cerrado 15 días en julio, domingo noche y lunes

Rest – Carta 35/41 €

◆ Está en un paraje solitario y cuenta con una agradable terraza bajo los pinos. En su sala, clásica-elegante, encontrará una cocina tradicional con diversas actualizaciones.

XX **Yuma's**

av. de Andalucía 74 ✉ 23006 – ☎ 953 22 82 73 – cerrado del 1 al 22 de agosto y domingo AX**a**

Rest – Carta 37/53 €

◆ Restaurante de organización familiar dotado con un elegante bar de tapas a la entrada y un cuidado comedor de ambiente clásico. Cocina tradicional y buen producto.

X **Casa Vicente**

Cristo Rey 3 ✉ 23002 – ☎ 953 23 22 22 – cerrado agosto, domingo noche y lunes noche BY**a**

Rest – Carta 32/39 €

◆ Posee un bar de tapas a la entrada, así como una sala de ambiente taurino decorada con multitud de cuadros, fotografías y algunas cabezas de toro. Cocina de sabor regional.

X **Mesón Río Chico**

Nueva 12 ✉ 23001 – ☎ 953 24 08 02 – cerrado agosto, domingo noche y lunes

Rest – Carta 30/40 € BY**e**

◆ Dispone de una taberna de línea actual, donde sirven el menú del día, tapas y raciones, así como un comedor de estilo clásico y varios privados de superior montaje.

Taberna El Hortelano

Teodoro Calvache 25 ✉ 23001 – ☎ 953 24 29 40 – cerrado 15 agosto-15 septiembre, domingo y lunes CZ**d**

Rest – Tapa 2 € – Ración aprox. 14 €

◆ Su estética se detiene en elementos propios de una taberna antigua, con detalles típicos como apuntar el importe de las consumiciones directamente sobre la barra de mármol.

JARAÍZ DE LA VERA – Cáceres – 576 L12 – 6 863 h. 18 C1

Madrid 221 – Mérida 180 – Cáceres 122

Villa Xarahiz

carret. EX 203 , Norte : 0,5 km ✉ 10400 – ☎ 927 66 51 50 – www.villaxarahiz.com

24 hab – †45/50 € ††70/80 € – 1 suite

Rest *La Finca* – ver selección restaurantes

◆ Hotel rural de sencillo confort y organización familiar. Ofrece unas habitaciones de sobrio estilo regional, en general con baños funcionales y algunas con vistas al valle.

XX **La Finca** – Hotel Villa de Xarahiz

carret. EX 203, Norte : 0,5 km ✉ 10400 – ☎ 927 66 51 50 – www.villaxarahiz.com – cerrado domingo noche y lunes

Rest – Carta 25/31 €

◆ El restaurante, que goza de gran aceptación y está precedido por una cafetería, propone una cocina de tinte regional. Agradable terraza, buenas vistas y precios ajustados.

JARANDILLA DE LA VERA – Cáceres – 576 L12 – 3 116 h. – alt. 660 m 18 C1

Madrid 213 – Cáceres 132 – Plasencia 53

Monasterio de Yuste★ Suroeste : 12 km

Parador de Jarandilla de La Vera hab,
av. García Prieto, 1 ✉ 10450 – ✆ 927 56 01 17 – www.parador.es
52 hab – 110/134 € 137/168 €, 16 € **Rest** – Menú 32 €
♦ Castillo feudal del s. XV que aún conserva sus murallas, el patio interior y el entorno ajardinado. Habitaciones algo sobrias pero de cuidado confort. El restaurante, que oferta la carta regional clásica de Paradores, disfruta de un exquisito servicio de mesa.

Ruta Imperial hab,
Machoteral ✉ 10450 – ✆ 927 56 13 30 – www.hotelruralrutaimperial.com
17 hab – 55/87 € 65/97 €
Rest *Ruta Imperial* – *(cerrado 2ª quincena de enero)* Menú 24 €
♦ Este hotel se ha construido bajo la estética tradicional de la zona, por lo que sus habitaciones recrean un ambiente rústico, con terrazas y vistas a la sierra de Gredos. El comedor ofrece un cuidado montaje y una carta tradicional actualizada.

Don Juan de Austria sin rest
av. Soledad Vega Ortíz 101 ✉ 10450 – ✆ 927 56 02 06 – www.donjuandeaustria.com
26 hab – 60/70 € 70/80 €
♦ Negocio de organización familiar que se complementa con un moderno SPA. Sus habitaciones, personalizadas en distintos estilos, alternan el mobiliario en madera y forja.

JÁTIVA – Valencia – ver Xàtiva

JÁVEA – Alicante – ver Xàbia

JAVIER – Navarra – 573 E26 – 106 h. – alt. 475 m

24 B2

Madrid 411 – Jaca 68 – Iruña/Pamplona 51

El Mesón con hab rest,
Explanada ✉ 31411 – ✆ 948 88 40 35 – www.hotelmeson.com – cerrado 15 diciembre-15 febrero
8 hab – 45/53 € 55/67 €, 7 € **Rest** – Menú 17 € – Carta 18/37 €
♦ Este sencillo negocio familiar ofrece un bar, un comedor clásico salpicado con detalles actuales y una agradable terraza. Cocina tradicional y pichón casero como especialidad. También posee unas correctas habitaciones de línea funcional-actual en la 1ª planta.

JEREZ DE LA FRONTERA – Cádiz – 578 V11 – 208 896 h. – alt. 55 m

1 A2

Madrid 622 – Antequera 176 – Cádiz 35 – Écija 155
de Jerez, por la A 4 ① : 11 km ✆ 902 404 704
Iberia : aeropuerto ✆ 902 400 500
Alameda Cristina, ✆ 956 34 17 11
Montecastillo Barceló, por la carret. de Ronda : 11,3 km, ✆ 956 15 12 13
Localidad★★ - Plaza de Ponce de León : ventana plateresca★★ AY**C6** – Iglesia de San Juan de los Caballeros★ AY – Plaza de la Asunción★ BZ**13** (Cabildo★★ ABZ**C2)** – Palacio del Marqués de Bertemati★ AZ**R** – Catedral★★ AZ – Alcázar★ AZ – Iglesia de San Miguel★★ BZ – Casa Domecq★ BY**C4** – Palacio del Tiempo★★ AY - Real Escuela Andaluza de Arte Ecuestre★ (espectáculo★★) BY.
La Cartuja★ Sur : 6 km por calle Cartuja BZ – La Yeguada de La Cartuja★ Sur : 6,5 km por calle Cartuja BZ.

Plano página siguiente

Villa Jerez hab,
av. de la Cruz Roja 7, por ① ✉ 11407 – ✆ 956 15 31 00 – www.villajerez.com
16 hab – 96/334 €, 12 € – 2 suites **Rest** – Carta 29/46 €
♦ Elegante casa señorial rodeada de jardines y decorada con detalles de sumo gusto. Pone a su disposición una acogedora zona noble y habitaciones de excelente equipamiento. Su restaurante ofrece carta internacional y una agradable terraza junto a la piscina.

ESPAÑA

JEREZ DE LA FRONTERA

Algarve . . . . BZ 2
Angustias (Pl. de las) . . . . BZ 5
Arenal (Pl. del) . . . . BZ 8
Armas . . . . ABZ 10
Arroyo (Calzada del) . . . . AZ 12
Asunción (Pl. del) . . . . BZ 13
Beato Juan Grande . . . . BY 15
Cabezas . . . . AYZ 18
Conde de Bayona . . . . BZ 21
Consistorio . . . . BZ 23
Cordobeses . . . . AY 26
Cristina (Alameda) . . . . BY 28
Doña Blanca . . . . BZ 31
Duque de Abrantes (Av.) . . . . . . BY 32
Eguilaz . . . . BYZ 33
Encarnación (Pl. de la) . . . . . . AZ 35
Gaspar Fernández . . . . BYZ 40
José Luis Díez . . . . AZ 42
Lancería . . . . BZ 45
Larga . . . . BZ 47
Letrados . . . . ABZ 50
Luis de Isasy . . . . AYZ 52
Manuel María González . . . . . . AZ 55
Mercado (Pl. del) . . . . AYZ 56
Monti (Pl.) . . . . BZ 57
Nuño de Cañas . . . . BY 60
Pedro Alonso . . . . BZ 62
Peones (Pl.) . . . . AZ 65
Plateros (Pl.) . . . . BZ 67
Pozuelo . . . . ABZ 70
Rafael Bellido Caro . . . . AZ 71
Rafael Rivero (Pl.) . . . . BY 72
Santiago (Pl.) . . . . AY 81
San Agustín . . . . BZ 75
San Fernando . . . . AZ 77
San Lucas (Pl.) . . . . AYZ 80
Tornería . . . . BY 82
Vieja (Alameda) . . . . AZ 84

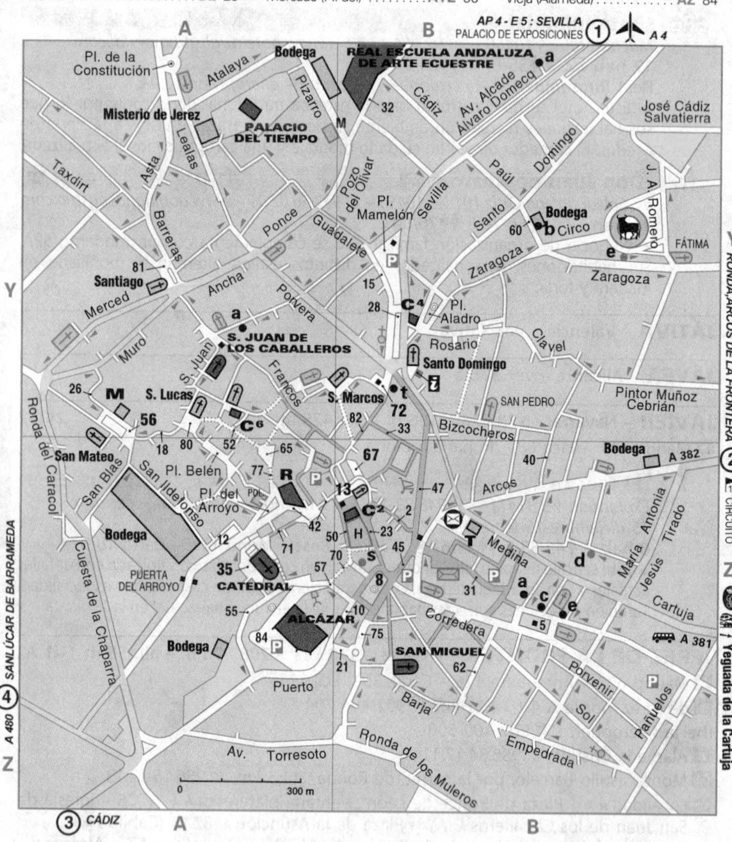

Jerez

av. Alcalde Álvaro Domecq 35, por ① ✉ 11405
– ✆ 956 30 06 00
– www.jerezhotel.com
117 hab – 68/326 €, ☕ 12 € – 9 suites
Rest – Menú 22/60 € – Carta 25/45 €

◆ Los atractivos exteriores y las amplias zonas nobles avalan su calidad. Cuenta con varias salas de reuniones, un SPA y confortables habitaciones en proceso de actualización. El restaurante propone un equilibrio entre la cocina tradicional y la internacional.

Palacio Garvey
hab,
Tornería 24 ✉ 11403 – ✆ 956 32 67 00 – www.sferahoteles.com BY**t**
16 hab – ♦60/80 € ♦♦60/90 €, ☐ 11 €
Rest *La Condesa* – Carta 21/32 €
♦ Este magnífico palacete del s. XIX esconde tras su fachada un bello patio y espaciosas habitaciones definidas por el diseño y el confort. El restaurante, de línea moderna, se complementa con un gran salón de banquetes ubicado en la antigua bodega.

Sherry Park H.
av. Alcalde Álvaro Domecq 11 bis ✉ 11405 – ✆ 956 31 76 14 – www.hipotels.com BY**a**
174 hab – ♦108 € ♦♦136 €, ☐ 15 €
Rest *El Ábaco* – Menú 30 € – Carta aprox. 35 €
♦ En pleno centro urbano y rodeado por un frondoso jardín. Está distribuido por bloques, con terraza en la mayoría de las habitaciones y una amplia gama de servicios. Restaurante de montaje clásico donde se ofrece una cocina de corte internacional.

Los Jándalos Jerez sin rest, con cafetería
Nuño de Cañas 1 ✉ 11402 – ✆ 956 32 72 30 – www.jandalos.com BY**b**
58 hab – ♦♦50/310 €, ☐ 11 €
♦ Céntrico hotel situado en una antigua bodega. Dispone de una reducida zona social y acogedoras habitaciones de estilo clásico-actual, algunas tipo dúplex. Pequeño SPA anexo.

Ítaca Jerez
hab, rest,
Diego Fernández Herrera 1 ✉ 11401 – ✆ 956 35 04 62 – www.itacahoteles.com
53 hab – ♦♦60/400 €, ☐ 10 € **Rest** – Menú 18/25 € BZ**e**
♦ Convento del s. XIX muy bien recuperado. Posee unas habitaciones funcionales de buen confort, destacando la que en su día ocupara el obispo, con bóveda y planta circular. El restaurante, que propone una cocina tradicional, está en lo que fue la capilla.

Casa Grande sin rest
pl. de las Angustias 3 ✉ 11402 – ✆ 956 34 50 70 – www.casagrande.com.es
15 hab – ♦65/160 € ♦♦85/180 €, ☐ 10 € BZ**c**
♦ Hermosa casa señorial de principios del s. XX. Ofrece una atractiva zona social, confortables habitaciones, muchas con mobiliario de época, y un buen solárium en el ático.

Chancillería
Chancillería 21 ✉ 11403 – ✆ 956 30 10 38 – www.hotelchancilleria.com
14 hab ☐ – ♦55/70 € ♦♦70/90 € AY**a**
Rest *Sabores* – *(cerrado lunes mediodía)* Carta 22/46 €
♦ Instalado en dos casas del s. XVIII unidas por un patio. Sus sobrias habitaciones poseen mobiliario funcional y baños actuales. Azotea con vistas al casco antiguo. El restaurante, que tiene personalidad propia, ofrece una carta actual con raíces andaluzas.

Serit sin rest
Higueras 7 ✉ 11402 – ✆ 956 34 07 00 – www.hotelserit.com BZ**a**
35 hab – ♦♦38/130 €, ☐ 7 €
♦ De sencilla organización y escasa zona social, aunque se muestran muy atentos a la actualización y el mantenimiento. Entre sus habitaciones destacan las del edificio anexo.

Tendido 6
Circo 12 ✉ 11405 – ✆ 956 34 48 35 – www.tendido6.com – cerrado domingo
Rest – Carta 20/35 € BY**e**
♦ Cuenta con un buen bar de tapas y dos salas de ambiente regional en las que se rinde un homenaje al mundo taurino. Carta tradicional y especialidades como el Rabo de toro.

ESPAÑA

La Carboná

San Francisco de Paula 2 ✉ 11401 – ✆ 956 34 74 75 – www.lacarbona.com – cerrado julio y martes BZ**d**

Rest – Menú 35 € – Carta aprox. 35 €

◆ Instalado en una antigua nave-bodega del centro de Jerez. Cocina tradicional andaluza elaborada con productos de gran calidad, siempre apostando por una mínima intervención.

Juanito

Pescadería Vieja 8-10 ✉ 11402 – ✆ 956 33 48 38 – www.bar-juanito.com – cerrado domingo noche BZ**s**

Rest – Tapa 2 € – Ración aprox. 10 €

◆ Afamado bar de aire regional emplazado en el casco viejo. De ambiente informal, destaca por la calidad de sus productos y por su bello patio-terraza con el techo acristalado.

en la autovía A 382 por ② :

La Cueva Park

10,5 km ✉ 11406 Jerez de la Frontera – ✆ 956 18 91 20 – www.hotellacueva.com

53 hab – ††70/120 €, ☕ 10 € – 2 suites

Rest ***Mesón La Cueva*** – ver selección restaurantes

◆ Está junto al circuito de velocidad, por lo que trabaja mucho con clientes vinculados al motor. Habitaciones de buen confort, con los suelos en tarima y mobiliario provenzal.

ESPAÑA

Mesón La Cueva – Hotel La Cueva Park

10,5 km ✉ 11406 Jerez de la Frontera – ✆ 956 18 90 20 – www.hotellacueva.com

Rest – Carta 30/44 €

◆ Ofrece varias salas de aire regional y un buen bar de tapas, con numerosos jamones colgados del techo, expositor y un pequeño vivero. Carta regional muy atenta al marisco.

JERTE – Cáceres – 576 L12 – 1 324 h. – alt. 613 m **18** C1

Madrid 220 – Ávila 110 – Cáceres 125 – Plasencia 40

Túnel del Hada

travesía Fuente Nueva 2 ✉ 10612 – ✆ 927 47 00 00 – www.tuneldelhada.com

15 hab – ††97/125 €, ☕ 13 € – 2 suites **Rest** – Carta 34/48 €

◆ Varias casas comunicadas entre sí, donde se conjugan los materiales arquitectónicos de aire rústico y el mobiliario de diseño moderno. Ofrece tecnologías actuales y un SPA. El restaurante, que presenta un destacable montaje, propone una cocina de tinte actual.

El Cerezal de los Sotos

camino de las Vegas, Sureste : 1 km ✉ 10612 – ✆ 927 47 04 29 – www.elcerezaldelossotos.net – cerrado enero y febrero

6 hab ☕ – †64 € ††79 € **Rest** – *(solo clientes)* Menú 19 €

◆ Esta casa serrana disfruta de un salón-comedor privado, con chimenea, y habitaciones detallistas, todas abuhardilladas, con la viguería vista y las camas en madera o forja.

Valle del Jerte la Sotorriza

Gargantilla 16 ✉ 10612 – ✆ 927 47 00 52 – www.donbellota.com – cerrado 27 junio-11 julio, domingo noche y lunes salvo festivos

Rest – Menú 30 € – Carta 20/39 €

◆ En pleno valle del Jerte. Este negocio posee dos salas de aire rústico y una completa bodega, con más de 450 referencias. Basa su éxito en la calidad de las materias primas.

JESÚS POBRE – Alicante – 577 P30 **16** B2

Madrid 449 – Valencia 108 – Alacant/Alicante 84

La Sella,, carret. de La Xara, Noroeste : 2,5 km, ✆ 96 645 42 52

en la carretera de La Xara Noroeste : 2,5 km

Dénia Marriott La Sella

Alquería de Ferrando ✉ 03749 Jesus Pobre – ☏ 966 45 40 54 – www.lasellagolfresort.com

178 hab – 71/176 € 88/223 € – 8 suites **Rest** – Carta 31/59 €

◆ ¡En el sosegado entorno del Parque Natural de Montgó, con agradables terrazas y junto a un campo de golf! Su alto nivel de confort se refuerza con diversos servicios complementarios, como su completo SPA. En el restaurante, de ambiente rústico-actual y carácter polivalente, elaboran una cocina internacional.

JOANETES – Girona – 574 F37 – 299 h. 14 C1

Madrid 660 – Barcelona 111 – Figueres 53 – Girona/Gerona 47

Vall de Bas

Can Trona, Noreste: 1,5 km ✉ 17176 – ☏ 972 69 01 01 – www.hotelvalldebas.com

36 hab – 110 € 135 €

Rest ***Puigsacalm*** – *(cerrado domingo noche)* Carta 35/48 €

◆ Está repartido entre dos edificios anexos, una antigua masía catalana y una nueva construcción acristalada. Destaca por su decoración, con muchas obras de arte, mobiliario antiguo rescatado de otras masías y detalles de diseño. El restaurante, en un pabellón independiente, ofrece una cocina tradicional.

Mas Les Comelles

Sur : 1,5 km ✉ 17176 – ☏ 628 61 77 59 – www.maslescomelles.com

5 hab – 85/110 € 125/175 €

Rest – *(solo clientes, solo cena)* Menú 48 €

◆ Excelente masía del s. XIV emplazada en la ladera de una montaña, con vistas al valle y la piscina integrada en el paisaje. Salón social con chimenea y habitaciones de línea moderna que contrastan con la rusticidad de toda la casa. El restaurante, exclusivo para clientes, presenta un buen menú degustación.

El Ferrés

Mas El Ferrés, Sur : 1 km ✉ 17176 – ☏ 972 69 00 29 – www.elferres.com

7 hab – 37 € 74 € **Rest** – *(solo clientes, solo cena)* Menú 20 €

◆ Tranquila casa de aire rústico y nueva construcción, rodeada de extensos campos con ganado. Posee correctas habitaciones dotadas con mobiliario provenzal y baños actuales.

JUARROS DE VOLTOYA – Segovia – 575 I16 – 276 h. 11 B3

Madrid 122 – Valladolid 111 – Segovia 43 – Ávila 54

Casa la Abuela

Doctor Nieto 24 ✉ 40445 – ☏ 921 58 21 88 – www.restaurantecasalaabuela.com – cerrado lunes y martes

Rest – *(solo almuerzo salvo viernes y sábado)* Carta 30/45 €

◆ Presenta un bar público, un buen comedor rústico-castellano, una sala más íntima en el piso superior y un privado. Carta tradicional especializada en carnes rojas de calidad.

JUNCO – Asturias – ver Ribadesella

KEXAA (QUEJANA) – Álava – 573 C20 25 A2

Madrid 377 – Bilbao 32 – Burgos 148 – Vitoria-Gasteiz 50

Los Arcos de Quejana

carret. Beotegi ✉ 01478 – ☏ 945 39 93 20 – www.arcosdequejana.com – cerrado 23 diciembre-5 enero

16 hab – 59 € 72 €, 8 €

Rest ***Los Arcos de Quejana*** – ver selección restaurantes

◆ Antiguo palacio medieval enclavado en pleno Valle de Ayala. Posee un anexo de nueva construcción donde se albergan las habitaciones, cuidadas aunque de escasa amplitud.

ESPAÑA

Los Arcos de Quejana – Hotel Los Arcos de Quejana
carret. Beotegi ✉ 01478 – ☎ 945 39 93 20 – www.arcosdequejana.com – cerrado 23 diciembre-5 enero
Rest – *(cerrado domingo noche)* Menú 18/44 € – Carta 33/69 €
◆ Ofrece una moderna bodega visitable, varias salas panelables a la carta y un salón de banquetes abuhardillado en el último piso, este con el acceso por un ascensor panorámico.

LABUERDA – Huesca – 574 E30 – 167 h. – alt. 569 m 4 C1

Madrid 496 – Huesca 109 – Jaca 95 – Lleida/Lérida 128

en la carretera A 138 Sur : 2 km

Peña Montañesa rest,
✉ 22360 Labuerda – ☎ 974 51 00 51 – www.hotelpenamontanesa.com – cerrado enero y febrero
49 hab – 50/80 € 70/115 € **Rest** – Menú 15/25 €
◆ Hotel de carretera con carácter vacacional y orientado al cliente familiar. Posee habitaciones espaciosas y de buen confort, muchas tipo apartamento y con hidromasaje. El luminoso comedor posee vistas al valle y se complementa con una terraza acristalada.

LAGUARDIA – Álava – 573 E22 – 1 512 h. – alt. 635 m 25 A2

Madrid 348 – Logroño 17 – Vitoria-Gasteiz 66
Mayor 52, ☎ 945 60 08 45, www.laguardia-alava.com
Pueblo★ – Iglesia de Santa María de los Reyes (portada★★)

Villa de Laguardia hab,
paseo de San Raimundo 15 ✉ 01300 – ☎ 945 60 05 60 – www.hotelvilladelaguardia.com
79 hab – 66/99 € 66/112 €, 13 € – 5 suites
Rest ***El Medoc Alavés*** – *(cerrado domingo noche y lunes)* Carta 35/55 €
◆ Hotel vinculado a un centro temático del vino, constituyendo esta una de sus mejores ofertas. Ofrece habitaciones decoradas con gran mimo y calidez, así como un moderno SPA. El restaurante, dotado con una sala y dos privados, propone una carta tradicional.

Hospedería de los Parajes hab, rest,
Mayor 46-48 ✉ 01300 – ☎ 945 62 11 30 – www.hospederiadelosparajes.com
18 hab – 110/140 € 120/160 € **Rest** – Carta 34/55 €
◆ Destaca tanto por su equipamiento como por su originalidad, pero sobre todo por como cuidan cada detalle. Habitaciones personalizadas, coqueta bodega y tienda delicatessen. El restaurante sorprende con su cocina de tinte actual y un impecable servicio de mesa.

Castillo El Collado
paseo El Collado 1 ✉ 01300 – ☎ 945 62 12 00 – www.hotelcollado.com – cerrado 15 enero-15 de febrero
10 hab – 85/95 € 105/125 €, 11 € **Rest** – Carta 36/45 €
◆ Elegancia y distinción en una casa señorial adosada a las antiguas murallas. Cuenta con unas coquetas habitaciones, en diferentes estilos, equipadas con mobiliario de época. El restaurante ofrece tres confortables salones y una carta de sabor tradicional.

Antigua Bodega de Don Cosme Palacio
carret. de Elciego ✉ 01300 – ☎ 945 62 11 95 – www.cosmepalacio.com – cerrado 22 diciembre-22 enero
12 hab – 74/78 € 84/90 €, 9 €
Rest – *(cerrado domingo noche y lunes)* Menú 30 € – Carta 24/47 €
◆ Antigua bodega en piedra que ha sido rehabilitada. Presenta una curiosa zona social, con vistas a las cubas de fermentación, y amplias habitaciones de estilo rústico-actual. El restaurante, también rústico y de gran capacidad, ofrece una cocina tradicional.

Aitetxe sin rest y sin
pl. San Juan 2 ✉ 01300 – ✆ 620 53 76 50 – www.aitetxe.com
6 hab – 60 €
◆ Una opción económica dentro del casco histórico. Disfruta de una sencilla pero amable organización familiar, una reducida zona social y habitaciones de máxima funcionalidad.

Posada Mayor de Migueloa con hab rest,
Mayor de Migueloa 20 ✉ 01300 – ✆ 945 62 11 75 – www.mayordemigueloa.com – cerrado 10 enero-9 febrero
8 hab – 70/115 € 82/115 €
Rest – Menú 35/50 € – Carta 31/58 €
◆ La nobleza de antaño pervive en este palacio del s. XVII, dotado con un bello zaguán y varias salitas de aire clásico-rústico. Pequeña bodega para tapeo y carta regional. En la planta superior se encuentran las habitaciones, de cálida rusticidad.

Marixa con hab
Sancho Abarca 8 ✉ 01300 – ✆ 945 60 01 65 – www.hotelmarixa.com
10 hab – 40/80 € 40/100 €, 8 €
Rest – Carta 28/50 €
◆ Restaurante llevado con profesionalidad entre hermanos. Posee una entrañable sala de aire regional y otra acristalada, esta última con hermosas vistas a la sierra y al valle. Como complemento al negocio también ofrece habitaciones, todas con su propia terraza.

LAJARES – Las Palmas – ver Canarias (Fuerteventura)

LALÍN – Pontevedra – 571 E5 – 21 216 h. – alt. 552 m 19 B2

Madrid 551 – Santiago de Compostela 53 – Pontevedra 108 – Viana do Castelo 193

Pontiñas
da Ponte 82 ✉ 36500 – ✆ 986 78 71 47 – www.hotelpontinas.com
23 hab – 28 € 45 € **Rest** – Menú 15 €
◆ Hotel ubicado a la salida de la localidad. La sencillez decorativa de sus habitaciones, amuebladas con cierta funcionalidad, se ve compensada por unos baños actuales. En su espacioso comedor podrá degustar una correcta carta tradicional.

Cabanas
Pintor Laxeiro 3 ✉ 36500 – ✆ 986 78 23 17 – www.restaurantecabanas.com – cerrado domingo noche
Rest – Carta 30/45 €
◆ De sus fogones surge una cocina tradicional actualizada que se ve enriquecida con diversos platos de temporada y de caza. ¡No dude en probar el famoso cocido gallego de Lalín!

LANDROVE – Lugo – ver VIVEIRO

LANJARÓN – Granada – 578 V19 – 3 861 h. – alt. 720 m – Balneario 2 D1

Madrid 475 – Almería 157 – Granada 51 – Málaga 140
av. de Madrid, ✆ 958 77 04 62
Las Alpujarras★★

Alcadima hab,
Francisco Tárrega 3 ✉ 18420 – ✆ 958 77 08 09 – www.alcadima.com
35 hab – 47/61 € 61/79 €, 8 €
Rest – Menú 15 €
◆ Está formado por varios edificios ubicados en la parte baja de la localidad y cuenta con unas habitaciones de estilo rústico, la mayoría de ellas con vistas a la sierra. En su coqueto comedor podrá degustar deliciosos platos regionales y locales.

LANUZA – Huesca – ver Sallent de Gállego

LANZAROTE – Las Palmas – ver Canarias

LAREDO – Cantabria – 572 .19 – 12 378 h. – alt. 5 m – Playa 8 C1

Madrid 427 – Bilbao 58 – Burgos 184 – Santander 48

Alameda de Miramar, ✆ 942 61 10 96

XX Plaza

Comandante Villar 7 ✉ 39770 – ✆ 942 61 19 42 – cerrado domingo noche salvo julio-agosto

Rest – Carta 39/57 €

♦ Se accede por un soportal, tras el cual encontrará una terraza, un bar de tapas y una sala de elegante línea clásica presidida por un gran espejo. Cocina regional actualizada.

X Casa Felipe

Corregimiento 5 ✉ 39770 – ✆ 942 60 32 12 – cerrado diciembre y lunes

Rest – Carta 37/48 €

♦ Posee un buen bar de tapas y un coqueto comedor, este último distribuido en dos alturas y dominado por un gran botellero de madera. Carta tradicional con lechazo de calidad.

en el barrio de la playa

El Ancla

rest, rest,

González Gallego 10 ✉ 39770 Laredo – ✆ 942 60 55 00 – www.hotelelancla.com

32 hab – †48/81 € ††79/139 €, ☕ 10 €

Rest – *(cerrado noviembre y lunes)* Menú 18/36 €

♦ Ofrece un bonito jardín a la entrada y habitaciones confortables pero algo desfasadas en su decoración, ya que muchas presentan los suelos en moqueta y mobiliario castellano. En su sencillo comedor podrá degustar una cocina atenta al recetario tradicional.

ESPAÑA

LARRABETZU – Vizcaya – 573 C21 – 1 917 h. – alt. 100 m 25 A3

Madrid 402 – Vitoria-Gasteiz 71 – Bilbao 19 – Donostia-San Sebastián 90

junto a la autovía N 637 salida 25

XXX Azurmendi (Eneko Atxa Azurmendi)

✿✿ *Legina Auzoa, Oeste : 2,8 km ✉ 48195 Larrabetzu – ✆ 944 55 88 66 – www.azurmendi.biz – cerrado Navidades, Semana Santa, agosto y lunes*

Rest – *(solo almuerzo salvo viernes y sábado)* Menú 75/95 € – Carta 53/75 €

Espec. La huerta. Papada de cerdo ibérico, deuxelle de setas y suero de pimientos asados en casa. Chocolate "apasionado".

♦ Se encuentra en pleno campo, asentado sobre una gran bodega de txacolí que sorprende por su estética, rústica a la par que actual. Su chef elabora una cocina innovadora que conjuga la creatividad con un excelente producto y una incuestionable maestría técnica.

LASARTE-ORIA – Guipúzcoa – 573 C23 – 17 856 h. – alt. 42 m 25 B2

Madrid 491 – Bilbao 98 – Donostia-San Sebastián 8 – Tolosa 22

XXXX Martín Berasategui

✿✿✿ *Loidi 4 ✉ 20160 – ✆ 943 36 64 71 – www.martinberasategui.com – cerrado 17 diciembre-18 enero, sábado mediodía, domingo noche, lunes y martes*

Rest – Menú 165 € – Carta 111/122 €

Espec. Ensalada tibia de tuétanos de verdura con marisco, crema de lechuga de caserío y jugo yodado. Salmonetes con cristales de escamas comestibles, rabo y jugo de chocolate blanco con algas. Chocolate y miel de acacia con café amargo irlandés.

♦ Instalado en una villa de estética actual. Disfruta de un elegante hall y un comedor acristalado de excelente montaje, con relajantes vistas al campo y una chimenea central. Maestría, talento y creatividad definen a la perfección sus delicadas elaboraciones.

LASTRES – Asturias – **572** B14 – **1 396 h.** – **alt. 21 m** – **Playa** **5** C1

Madrid 497 – Gijón 46 – Oviedo 62

Eutimio

San Antonio ✉ 33330 – ✆ 985 85 00 12 – www.casaeutimio.com
11 hab – 36/48 € 54/60 €, 9 €
Rest ***Eutimio*** – ver selección restaurantes
◆ Céntrico hotel que ocupa una casona de piedra, con habitaciones de estilo neorrústico cuidadas al detalle. A destacar el cálido salón social con terraza y vistas al mar.

Eutimio – Hotel Eutimio

San Antonio ✉ 33330 – ✆ 985 85 00 12 – www.casaeutimio.com – cerrado febrero, 7 días en junio, 7 días en noviembre, domingo noche y lunes
Rest – Carta 30/55 €
◆ Casa de aire regional con cierto prestigio en la zona. En su mesa encontrará una esmerada cocina y una selecta carta de vinos. ¡Pregunte por sus mariscos y pescados del día!

LAUJAR DE ANDARAX – Almería – **578** V21 – **1 799 h.** – **alt. 921 m** **2** D2

Madrid 497 – Almería 70 – Granada 115 – Málaga 191

Almirez

carret. de Berja, Oeste : 1 km ✉ 04470 – ✆ 950 51 35 14 – www.hotelalmirez.es
17 hab – 33/36 € 43/47 €, 6 € – 1 suite **Rest** – Menú 14 €
◆ Situado en un paraje solitario de la alpujarra almeriense, donde podrá disfrutar de un entorno diáfano y natural. Habitaciones sencillas y funcionales, todas con terraza. Cuenta con un comedor principal de aire rústico y una sala algo más impersonal para grupos.

LAVACOLLA – A Coruña – **571** D4 **19** B2

Madrid 628 – A Coruña 77 – Lugo 97 – Santiago de Compostela 11
de Santiago de Compostela ✆ 902 404 704
Iberia : aeropuerto ✆ 902 400 500

Ruta Jacobea

antigua carret. N 634 ✉ 15820 – ✆ 981 88 82 11 – www.rutajacobea.net
20 hab – 60 € 60/76 €, 8 €
Rest ***Ruta Jacobea*** – ver selección restaurantes
◆ Una buena opción para alojarse en la última etapa del Camino de Santiago. Ofrece un cuidado exterior y habitaciones bastante actuales, abuhardilladas en la planta superior.

Ruta Jacobea – Hotel Ruta Jacobea

antigua carret. N 634 ✉ 15820 – ✆ 981 88 82 11 – www.rutajacobea.net
Rest – Carta 29/44 €
◆ Unido al hotel está el restaurante, dotado con una cafetería, dos salas de línea clásica-actual, dos privados y una carpa para banquetes. Carta tradicional y platos del día.

LAXE – A Coruña – **571** C2 – **3 417 h.** – **Playa** **19** A1

Madrid 665 – Santiago de Compostela 66 – A Coruña 69

Playa de Laxe sin rest

av. Cesáreo Pondal 27 ✉ 15117 – ✆ 981 73 90 00 – www.playadelaxe.com – cerrado enero y febrero
28 hab – 38/76 € 49/87 €, 6 € – 2 suites
◆ Buen hotelito de línea clásica-actual situado a un paso de la playa. Posee un saloncito social, una cafetería moderna y habitaciones bien equipadas, con mobiliario funcional.

Zurich

Isidro Parga Pondal 8 ✉ 15117 – ✆ 981 72 80 81 – www.marisqueriazurich.es – cerrado lunes
Rest – Carta 36/60 €
◆ Restaurante-marisquería muy conocido en la zona por la gran calidad de sus productos. Disfruta de un pequeño bar y un comedor, ambos decorados en un estilo moderno y actual.

La LECHUZA – Las Palmas – ver Canarias (Gran Canaria) : Vega de San Mateo

LEGASA – Navarra – 573 C25 24 A1

Madrid 497 – Iruña/Pamplona 49 – Vitoria-Gasteiz 140 – Donostia-San Sebastián 55

XX **Arotxa**

Santa Catalina 34 ✉ 31792 – ☎ 948 45 61 00 – www.arotxa.com – cerrado del 10 al 25 de enero y martes

Rest – *(solo almuerzo salvo viernes y sábado)* Carta 25/44 €

◆ En su comedor, diáfano, de cuidado montaje y con vigas de madera a la vista, encontrará una carta tradicional rica en detalles, con buenas carnes y sugerencias diarias.

LEINTZ-GATZAGA (SALINAS DE LENIZ) – Guipúzcoa – 573 D22 – 262 h. 25 A2

Madrid 377 – Bilbao 68 – Donostia-San Sebastián 83 – Vitoria-Gasteiz 22

en el puerto de Arlabán por la carretera GI 627 - Suroeste : 3 km

XX **Gure Ametsa**

✉ 20530 Leintz Gatzaga – ☎ 943 71 49 52 – cerrado 23 diciembre-3 enero, 5 agosto-3 septiembre y lunes

Rest – *(solo almuerzo en invierno salvo viernes y sábado)* Carta aprox. 35 €

◆ Negocio familiar ubicado en las cercanías de un puerto de montaña. Posee un bar a la entrada y dos comedores, el más acogedor con chimenea y el otro reservado para banquetes.

ESPAÑA

LEIRO – Ourense – 571 E5 – 1 833 h. – alt. 99 m 19 B3

Madrid 531 – Ourense 37 – Pontevedra 72 – Santiago de Compostela 93

Mosteiro de San Clodio

San Clodio, Este : 1 km ✉ 32420 – ☎ 988 48 56 01 – www.monasteriodesanclodio.com – cerrado enero y febrero

25 hab – †65/110 € ††75/125 €, ☕ 8 €

Rest – *(cerrado domingo noche y lunes)* Carta 30/44 €

◆ La calidez de la piedra y el sobrio estilo románico se funden en este antiguo monasterio. Recréese en unas instalaciones que destacan por su confort y equipamiento. Su atractivo comedor brinda una bella imagen del claustro y de sus zonas ajardinadas.

LEKEITIO – Vizcaya – 573 B22 – 7 438 h. – alt. 10 m 25 B2

Madrid 452 – Bilbao 56 – Donostia-San Sebastián 61 – Vitoria-Gasteiz 82

pl. de la Independencia, ☎ 94 684 40 17, www.faro-lekeitio.com

Carretera en cornisa de Lekeitio a Deba ★

Zubieta sin rest

Portal de Atea ✉ 48280 – ☎ 946 84 30 30 – www.hotelzubieta.com – 9 febrero-octubre

20 hab – †63/79 € ††78/96 €, ☕ 10 € – 4 suites

◆ Su fachada rústica esconde una pequeña recepción, bien apoyada por una zona de bar y un salón social con chimenea. Habitaciones de cálido confort, algunas abuhardilladas.

LEÓN P – 575 E13 – 134 012 h. – alt. 822 m 11 B1

Madrid 327 – Burgos 192 – A Coruña 325 – Salamanca 197

de León por ④ : 6 km ☎ 902 404 704

Iberia: aeropuerto ☎ 902 400 500

pl. de Regla 2, ☎ 987 23 70 82, www.turismocastillayleon.com

Catedral★★★ B (vidrieras★★★,trascoro★, Descendimiento★, claustro★) – San Isidoro★★ B(Panteón Real★★★ : capiteles★ y frescos★★★ - Tesoro★★ : Cáliz de Doña Urraca★, Arqueta de los marfiles★) – Antiguo Convento de San Marcos★ (fachada★★, Museo de León★, Cristo de Carrizo★★★, sacristía★) A

San Miguel de la Escalada★ (pórtico exterior★, iglesia★) 28 km por ② – Cuevas de Valporquero★★ Norte : 47 km B

LEÓN

Alcalde Miguel Castaño . . . . . . B 2
Almirante Martín-Granizo (Av. del) . . . . . . A 3
Ancha . . . . . . B 16
Arquitecto Ramón Cañas del Rio . . . . . . B 4
Caño Badillo . . . . . . B 8
Cruz Roja de León . . . . . . A 9
Espolón (Pl. de) . . . . . . B 12
Facultad (Av. de la) . . . . . . A 15
González de Lama . . . . . . B 18
Guzmán el Bueno (Glorieta de) . . . . . . A 23
Independencia (Av. de) . . . . . . B 25
Inmaculada (Pl. de) . . . . . . A 5
Jorge de Montemayor . . . . . . B 26
Mariano Andrés (Av. de) . . . . . . B 28
Murias de Paredes . . . . . . B 30
Ordoño II . . . . . . A
Padre Isla (Av. del) . . . . . . AB
Palomera . . . . . . B 31
Papalaguinda (Pas. de) . . . . . . A 33
Quevedo (Av. de) . . . . . . A 40
Ramiro Valbuena . . . . . . A 45
Rúa . . . . . . B
Sáez de Miera (Pas. de) . . . . . . A 47
Santo Domingo (Pl. de) . . . . . . B 58
Santo Martino (Pl. de) . . . . . . B 61
San Francisco (Pas. de) . . . . . . B 48
San Isidoro (Pl. de) . . . . . . B 50
San Marcelo (Pl. de) . . . . . . B 52
San Marcos (Pl. de) . . . . . . A 55
San Pedro . . . . . . B 38

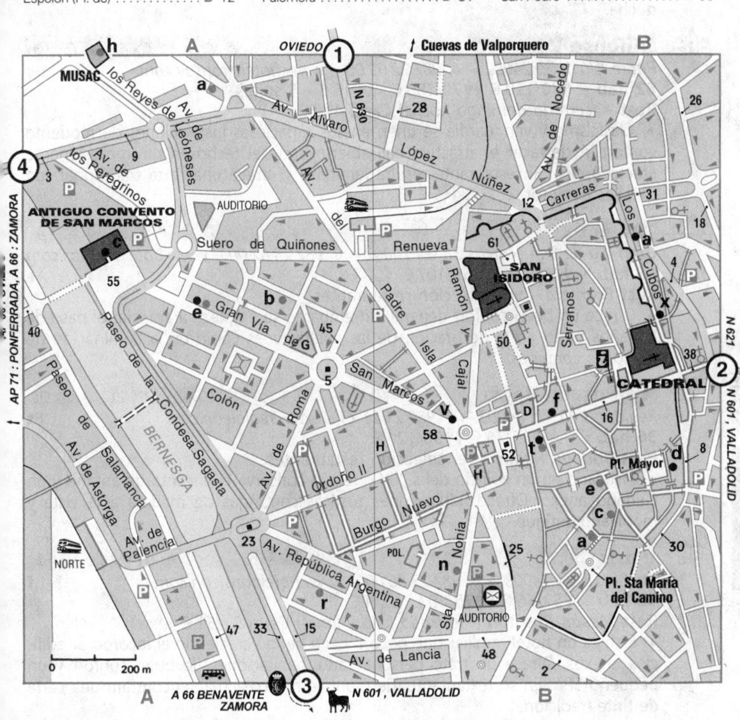

Parador Hostal San Marcos

pl. de San Marcos 7 ✉ 24001 – ✆ 987 23 73 00 – www.parador.es A**c**

203 hab – 186 € 232 € – 8 suites

Rest – Menú 37 €

◆ Convento del s. XVI cuyos muros, testigos de excepción de la historia, albergan magníficos salones de aire regio y espléndidas habitaciones decoradas con obras de arte. Su elegante comedor acoge una excelente muestra de la gastronomía leonesa.

NH Plaza Mayor sin rest, con cafetería

pl. Mayor 15 ✉ 24003 – ✆ 987 34 43 57 – www.nh-hotels.com B**d**

51 hab – 100/160 € 120/180 €, 14 €

◆ Instalado en un antiguo edificio que destaca por su fachada en piedra y por saber combinar la modernidad con el confort. Zonas nobles polivalentes y equipamiento completo.

AC San Antonio sin rest, con cafetería por la noche
Velázquez 10, por Alcalde Miguel Castaño ✉ 24005 – ☎ 987 21 84 44 – www.ac-hotels.com
83 hab – ††60/150 €, ☕ 12 €
♦ Confortable hotel dotado de un elegante hall, y del clásico salón polivalente. Habitaciones con suelo en madera y baños en mármol, en su mayoría con plato ducha.

Alfonso V
Padre Isla 1 ✉ 24002 – ☎ 987 22 09 00 – www.hotelalfonsov.com B**v**
62 hab – †70/120 € ††70/180 €, ☕ 16 € – 5 suites
Rest – *(cerrado domingo noche)* Carta 41/62 €
♦ Clasicismo y vanguardia se unen en sus espaciosas instalaciones de moderno confort. A destacar el atractivo hall abierto hasta el techo en un impresionante efecto óptico. El restaurante resulta luminoso y ofrece una carta tradicional con detalles de autor.

Quindós
Gran Vía de San Marcos 38 ✉ 24002 – ☎ 987 23 62 00 – www.hotelquindos.com
96 hab – †45/68 € ††59/107 €, ☕ 7 € A**e**
Rest *Formela* – ver selección restaurantes
♦ Ofrece un buen confort general, sin embargo se empieza a apreciar el paso de los años tanto en la decoración de las habitaciones como en la iluminación de las zonas comunes.

La Posada Regia
Regidores 11 ✉ 24003 – ☎ 987 21 31 73 – www.regialeon.com B**t**
36 hab ☕ – †55/75 € ††90/120 €
Rest *Bodega Regia* – ver selección restaurantes
♦ Instalado en un edificio del s. XIV que aún conserva el encanto de antaño y un cuidado anexo. Ofrece habitaciones rústicas con vigas de madera a la vista y mobiliario antiguo.

París hab,
Ancha 18 ✉ 24003 – ☎ 987 23 86 00 – www.hotelparisleon.com B**f**
59 hab – †52/56 € ††75/80 €, ☕ 4 €
Rest *Mesón Rosetón* – *(cerrado julio y lunes)* Carta 32/51 €
♦ Este es un hotel familiar que poco a poco ha ido creciendo al incorporar edificios anexos. Ofrece un trato personalizado, habitaciones de buen confort y un pequeño SPA. En su restaurante, de montaje rústico-actual, encontrará una carta de tinte tradicional.

Centro León sin rest
av. Los Cubos 6 ✉ 24007 – ☎ 987 87 55 80 – www.qhhoteles.com B**x**
22 hab – ††50/140 €, ☕ 3 €
♦ Su casi inexistente zona social se compensa con un buen bar-cervecería. Ofrece unas habitaciones reducidas pero actuales, algunas con vistas a la Catedral, y un pequeño SPA.

Fernando I
av. de los Cubos 32 ✉ 24007 – ☎ 987 22 06 01 – www.hospederiafernandoi.com
27 hab – †40/60 € ††60/80 €, ☕ 5 € **Rest** – Menú 22/40 € B**a**
♦ Acogedor y cercano a la Catedral. Disfruta de unas agradables habitaciones con los suelos en tarima y unos baños muy cuidados, aunque estos son algo pequeños. El restaurante posee una decoración que recuerda la época medieval y ofrece una carta tradicional.

Formela – Hotel Quindós
Gran Vía de San Marcos 38 ✉ 24002 – ☎ 987 22 45 34 – www.hotelquindos.com – cerrado domingo noche, lunes y martes noche A**e**
Rest – Menú 18/35 € – Carta 23/45 €
♦ Definen su ambiente el mobiliario de diseño, las obras de arte y el adecuado servicio de mesa. Propone una carta basada en la tradición, acompañada con selectos caldos.

ESPAÑA

XX **Palacio Jabalquinto**

Juan de Arfe 2 ✉ 24003 – ✆ 987 21 53 22 – www.palaciojabalquinto.com – cerrado domingo noche y lunes B**c**

Rest – Carta 34/42 €

◆ Ocupa la 1ª planta de un edificio señorial del s. XVII, con un bar a la entrada y una sala que destaca por su decoración, actual y de líneas puras. Servicio de mesa de diseño.

XX **Vivaldi**

av. Reyes Leoneses 24 - Museo Musac ✉ 24008 – ✆ 987 26 07 70 – www.restaurantevivaldi.com – cerrado del 10 al 21 de junio, del 1 al 15 de septiembre, domingo noche, lunes y martes noche A**h**

Rest – Menú 38 € – Carta aprox. 48 €

◆ Este famoso restaurante abre ahora sus puertas en la 1ª planta del MUSAC, lo que marca, en cierto modo, su estética de carácter minimalista. Ofrece una carta actual y un menú degustación, pudiendo seleccionar platos sueltos de este último.

XX **Barandal**

Don Gutierre 10 ✉ 24003 – ✆ 987 22 14 18 – www.restaurantebarandal.com – cerrado 15 días en agosto, domingo noche y lunes B**b**

Rest – *(solo menú)* Menú 38 €

◆ Se oculta en una estrecha callejuela, el acceso puede resultar algo confuso y hay que llamar al timbre para entrar... sin embargo, una vez dentro, sorprende con una sala de notable montaje. Interesante menú degustación de tinte actual.

XX ✿ **Cocinandos** (Yolanda León y Juanjo Pérez)

Las Campanillas 1 ✉ 24008 – ✆ 987 07 13 78 – www.cocinandos.com – cerrado 15 días en febrero, 20 días en agosto, domingo y lunes A**a**

Rest – Menú 38 €

Espec. Taco de brandada de bacalao, berenjena adobada y piñones. Merluza al vapor con shitake a la plancha, miso y pil-pil de jengibre. Lomo de vacuno, falso risotto de hongos y jugo de cebollino.

◆ Emplazado en una de las zonas más nuevas de la ciudad. Ofrece un interior de línea moderna, con la cocina vista, así como una carta de tintes creativos que basa su oferta en un único menú degustación, variando los platos aproximadamente una vez a la semana.

XX **Bodega Regia** – Hotel La Posada Regia

Regidores 9 ✉ 24003 – ✆ 987 21 31 73 – www.regialeon.com – cerrado 2ª quincena de enero, 1ª quincena de septiembre y domingo B**t**

Rest – Menú 35 € – Carta 33/46 €

◆ Entrañable restaurante de estilo rústico dotado de varias salas, dos de las cuales conservan restos de la muralla romana en sus paredes. Carta típica de la zona.

XX **Adonías**

Santa Nonia 16 ✉ 24003 – ✆ 987 20 67 68 – cerrado domingo B**n**

Rest – Carta 30/45 €

◆ Negocio familiar acreditado en la ciudad. En sus comedores, de aire regional y correcto montaje, podrá degustar una completa carta de corte tradicional.

XX **La Cocina de César**

El Chantre 1, por Alcalde Miguel Castaño ✉ 24005 – ✆ 987 26 01 82 – www.lacocinadecesar.es – cerrado 15 agosto-15 septiembre

Rest – *(solo almuerzo salvo viernes y sábado)* Carta 28/43 €

◆ Este local se encuentra en una calle peatonal, con un buen montaje y cierta elegancia. En su sala, única y diáfana, le ofrecerán una carta de cocina tradicional actualizada.

X **Amancio**

Juan Madrazo 15 ✉ 24002 – ✆ 987 27 34 80 – www.amanciorestaurante.com – cerrado domingo noche, lunes y miércoles noche A**b**

Rest – Menú 20/30 € – Carta 38/54 €

◆ Este restaurante familiar dispone de dos salas, una con mobiliario clásico y otra para grupos en el piso inferior. Aquí encontrará una carta tradicional y un correcto menú.

ESPAÑA

La Gitana

travesía Carnicería 5 ✉ 24003 – ✆ 987 21 51 71 – cerrado del 15 al 31 de octubre, miércoles noche y jueves Be

Rest – Carta 30/45 €

♦ Está llevado en familia y se ha convertido en todo un clásico del Barrio Húmedo, con un bar en la planta baja y un comedor de aire rústico en el piso superior. Buen producto.

Prada a Tope

Alfonso IX-9 ✉ 24004 – ✆ 987 25 72 21 – www.pradaatope.es – cerrado del 15 al 30 de julio y lunes Ar

Rest – Ración aprox. 8 €

♦ Típico bar de tapas ambientado con fotografías de El Bierzo. Cuenta con una larga barra en madera donde exponen los productos a la venta y un comedor de aire rústico.

en la carretera N 621 por ② : 4 km

Del Pozo sin rest, con cafetería

✉ 24197 Villarrodrigo de las Regueras – ✆ 987 28 19 03 – www.hoteldelpozo.com – cerrado 23 diciembre-6 enero

60 hab – 50/85 € 50/125 €, 7 €

♦ Instalaciones actuales y de amable organización familiar. Ofrecen habitaciones de completo equipamiento y mobiliario escogido, con suelos en madera y baños actuales.

ESPAÑA

LÉRIDA – Lleida – ver Lleida

LERMA – Burgos – 575 F18 – 2 798 h. – alt. 844 m **12** C2

Madrid 206 – Burgos 37 – Palencia 72

Audiencia 6, ✆ 947 17 70 02, www.citlerma.com

Lerma,, autovía A I, Sur : 8 km, ✆ 947 17 12 14

Plaza Mayor★

Parador de Lerma

hab,

pl. Mayor 1 ✉ 09340 – ✆ 947 17 71 10 – www.parador.es

70 hab – 138/148 € 173/185 €, 18 € **Rest** – Menú 33 €

♦ Hermoso palacio del s. XVII ubicado en plena Plaza Mayor. Su agradable zona noble ocupa un patio columnado con lucernario y las habitaciones gozan de un completo equipamiento. Restaurante de elegante montaje y techos altos, con un horno de leña a la vista.

Alisa

rest, rest,

antigua carret. N I - salida 203 autovía ✉ 09340 – ✆ 947 17 02 50 – www.hotelalisa.com

49 hab – 45/51 € 61/79 €, 6 € **Rest** – Menú 16 €

♦ Con la fachada en ladrillo visto y una amplia cafetería. Las habitaciones, bastante luminosas y espaciosas, ofrecen sencillo mobiliario y unos baños de línea actual-funcional. El restaurante propone una carta de cocina tradicional y varias sugerencias diarias.

La Hacienda de mi Señor sin rest

El Barco 6 ✉ 09340 – ✆ 947 17 70 52 – www.lahaciendademisenor.com

15 hab – 47 € 70 €

♦ Este céntrico hotel ocupa una antigua construcción del s. XVII. Dispone de una amplia zona social con las paredes en piedra, habitaciones muy coloristas y una terraza-patio.

El Zaguán sin rest

Barquillo 6 ✉ 09340 – ✆ 617 76 25 47 – www.elzaguanlerma.com

10 hab – 50 € 60 €, 6 €

♦ Casa solariega del s. XVII dotada con varias salas de calida rusticidad, un patio regional y un salón muy moderno. Sus habitaciones también presentan un contraste de estilos.

XX **Asador Ojeda**

pl. Mayor ✉ 09340 – ☎ 947 17 12 56 – www.grupojeda.com – cerrado del 15 al 31 de enero

Rest – *(solo almuerzo salvo viernes y sábado)* Carta 32/47 €

◆ Posee una tienda de productos típicos y una sala en cada planta, la de abajo con un horno de leña y la superior, más elegante, con un privado. Su especialidad son los asados.

X **Casa Brigante**

pl. Mayor 5 ✉ 09340 – ☎ 947 17 05 94 – www.casabrigante.com – cerrado 15 días en marzo y 15 días en noviembre

Rest – *(solo almuerzo)* Carta 26/38 €

◆ Está instalado en una casa centenaria dotada de soportales. Ofrece un atractivo comedor rústico, con un horno de leña a la vista, dos salas en el piso superior y un privado.

LES – **Lleida** – **574** D32 – **alt. 630 m** **13** A1

Madrid 616 – BagnèresdeLuchon 23 – Lleida/Lérida 184

av. Sant Jaume 39, ☎ 973 64 73 03

Talabart hab, P VISA

Baños 1 ✉ 25540 – ☎ 973 64 80 11 – www.hoteltalabart.com – cerrado noviembre

24 hab – 40 € 70 €

Rest – *(cerrado lunes salvo verano y festivos)* Menú 14/18 €

◆ Modesto establecimiento familiar dotado con habitaciones funcionales y de sencillo mobiliario, aunque disponen de baños completos. Tranquila zona ajardinada. En su comedor, que resulta cálido y trabaja bastante, ofrecen una correcta carta regional.

ESPAÑA

LESAKA – **Navarra** – **573** C24 – **2 822 h.** – **alt. 77 m** **24** A1

Madrid 482 – Biarritz 41 – Iruña/Pamplona 71 – Donostia-San Sebastián 37

X **Kasino**

pl. Vieja 23 ✉ 31770 – ☎ 948 63 71 52 – www kasinolesaka.com – cerrado lunes noche salvo festivos

Rest – Carta aprox. 35 €

◆ Restaurante llevado en familia, en una antigua y céntrica casa de piedra. Posee un bar rústico y una sala donde ofrecen una cocina casera de buen nivel a precios asequibles.

LEVANTE (Playa de) – **Valencia** – **ver Valencia**

LEYRE (Monasterio de) – **Navarra** – **573** E26 – **alt. 750 m** **24** B2

Madrid 419 – Jaca 68 – Iruña/Pamplona 51

★★ – Monasterio★ (iglesia★★ : cripta★★, interior★, portada oeste★)

Hoz de Lumbier★, Oeste : 14 km, Hoz de Arbayún★ (mirador : ★★) Norte : 31 km

Hospedería de Leyre rest, P VISA

✉ 31410 – ☎ 948 88 41 00 – www.hotelhospederiadeleyre.com – marzo-10 diciembre

32 hab – 33/40 € 59/75 €, 6 € **Rest** – Menú 17/20 € – Carta 33/44 €

◆ Situación privilegiada junto al monasterio de Leyre. Posee habitaciones de aspecto actual y buen confort en su categoría, todas asomadas al patio de piedra de la entrada. El comedor, de aire rústico, basa su trabajo en un menú del día y algunas sugerencias.

LEZA – **Álava** – **573** E22 – **236 h.** **25** A2

Madrid 364 – Vitoria-Gasteiz 41 – Logroño 26 – Iruña/Pamplona 116

Laguardia★ – Iglesia de Santa María de los Reyes (portada★★) Sureste : 7,5 km

El Encuentro sin rest
Herriko Plaza 3 ✉ 01309 – ✆ 660 58 37 36 – www.agroturismoelencuentro.com
5 hab – ††50 €, ☕ 6 €
◆ Hermosa casa del s. XVI con el exterior en piedra. Sus habitaciones poseen un estilo rústico-actual, bellos detalles, suelos en barro y en algunos casos están abuhardilladas.

LEZAMA – Vizcaya – 573 C21 – 2 287 h. – alt. 352 m — 25 A3

Madrid 394 – Bilbao 14 – Donostia-San Sebastián 91 – Vitoria-Gasteiz 71

Matsa sin rest
Aretxalde 153 ✉ 48196 – ✆ 944 55 60 86 – www.ruralmatsa.com – cerrado 22 diciembre-10 enero
12 hab – †54/58 € ††65/77 €, ☕ 6 €
◆ Casa rústica situada a las afueras de la localidad, en un entorno bastante tranquilo. Ofrece un salón social con chimenea y habitaciones funcionales, algunas abuhardilladas.

LEZAMA – Álava – 573 C21 – alt. 350 m — 25 A2

Madrid 369 – Bilbao 36 – Burgos 136 – Vitoria-Gasteiz 42

Iruaritz
barrio San Prudencio 29 ✉ 01450 – ✆ 945 89 26 76 – www.grupolezama.es – cerrado del 1 al 15 de febrero
5 hab – †50/60 € ††62/69 €, ☕ 6 € **Rest** – Menú 18 €
◆ Un marco ideal para el descanso, pues se trata de un caserío vasco del s. XV dotado con dependencias de gran confort, todas distintas y con mobiliario antiguo restaurado.

ESPAÑA

LIENDO – Cantabria – 572 B19 – 995 h. — 8 C1

Madrid 446 – Santander 51 – Vitoria-Gasteiz 117 – Bilbao 55

Posada La Torre de la Quintana sin rest
barrio de Hazas, casa 26 ✉ 39776 – ✆ 942 67 74 39 – www.casasypalacios.com – cerrado 7 enero-10 febrero
10 hab – ††65/87 €, ☕ 6 €
◆ Ocupa un antiguo edificio cuya torre, del s. XV, está considerada patrimonio artístico. Correctas habitaciones de aire rústico, las del piso superior abuhardilladas.

LIÉRGANES – Cantabria – 572 B18 – 2 462 h. – alt. 110 m – Balneario — 8 B1

Madrid 389 – Santander 24 – Bilbao 93 – Burgos 151

El Arral sin rest
Convento 1 ✉ 39722 – ✆ 942 52 84 75 – www.casonaelarral.com – 12 marzo-12 diciembre
10 hab – †56/73 € ††70/92 €, ☕ 7 €
◆ Casona en piedra construida junto al río Miera, con diversas zonas comunes y un jardín. Ofrece habitaciones amplias y coloristas, así como su propia ermita abierta al culto.

LIGÜERZANA – Palencia – 575 D16 – 81 h. – alt. 970 m — 12 C1

Madrid 340 – Burgos 101 – Palencia 117 – Santander 119

Casa Mediavilla
✉ 34839 – ✆ 979 87 76 36 – www.casamediavilla.com
6 hab – †30 € ††40 €, ☕ 4 € **Rest** – (es necesario reservar) Menú 12 €
◆ Antigua casa de labranza de entrañable rusticidad. Disfruta de un acogedor salón social, unas correctas habitaciones con mobiliario actual y un pequeño comedor.

LIMPIAS - Cantabria - **572** B19 - **1 802 h.** - **alt. 29 m** **8** C1

Madrid 378 - Santander 48 - Vitoria-Gasteiz 125 - Bilbao 66

Parador de Limpias

hab,

Fuente del Amor ✉ 39820 - ☎ 942 62 89 00 - www.parador.es

65 hab - 122/133 € 153/166 €, 18 € **Rest** - Menú 33 €

• En una finca arbolada de gran extensión. Está formado por dos construcciones, un recio palacio del s. XIX y un anexo más actual, con habitaciones modernas y confortables. El restaurante, que disfruta de un acceso independiente, ofrece una carta tradicional.

LINARES - Jaén - **578** R19 - **61 306 h.** - **alt. 418 m** **2** C2

Madrid 297 - Ciudad Real 154 - Córdoba 122 - Jaén 51

Localidad★ - Museo Arqueológico★

Santiago

hab,

Santiago 3 ✉ 23700 - ☎ 953 69 30 40 - www.hotel-santiago.es

66 hab - 50/78 € 50/97 €, 9 €

Rest - *(cerrado domingo noche)* Menú 20/35 €

• Ubicado junto a la plaza del Ayuntamiento. Ofrece unas instalaciones de línea clásica-elegante, con habitaciones confortables y la zona social compartida con la cafetería. En su restaurante, de ambiente clásico, encontrará una cocina tradicional actualizada.

Victoria

hab, rest,

Cervantes 7 ✉ 23700 - ☎ 953 69 25 00 - www.hotelvictoria.org

51 hab - 36/50 € 55/75 €, 4 €

Rest - *(cerrado del 1 al 15 de agosto)* Menú 10 €

• En conjunto resulta funcional. Encontrará unas correctas zonas nobles y dos tipos de habitaciones, las más actualizadas con sencillo mobiliario clásico y los suelos en tarima. El restaurante, de buen montaje, combina su carta regional con un menú del día.

Los Sentidos

Doctor 13 ✉ 23700 - ☎ 953 65 10 72 - www.restaurantelossentidos.com - cerrado del 1 al 15 de agosto, domingo noche y lunes

Rest - Menú 37 € - Carta aprox. 38 €

• Tras su atractiva fachada en piedra presenta una pequeña recepción y cuatro salas de estética actual, una de ellas asomada a un pequeño patio interior. Cocina de autor.

Canela en Rama

República Argentina 12 ✉ 23700 - ☎ 953 60 25 32 - cerrado del 21 al 31 de enero, martes noche y miércoles

Rest - Menú 30 € - Carta 31/35 €

• Bien llevado por una pareja, con ella pendiente de la sala y él atento a los fogones. Ofrece una taberna de línea actual, un coqueto comedor y una carta regional actualizada.

Taberna Lagartijo

Ventanas 27 ✉ 23700 - ☎ 697 92 49 93 - cerrado del 8 al 22 de agosto y lunes

Rest - Tapa 2 € - Ración aprox. 10 €

• Esta taberna-museo es todo un santuario de la Fiesta Nacional, con un marcado aire rústico-andaluz, las paredes repletas de motivos taurinos y un espacio dedicado a Manolete.

LINARES DE LA SIERRA - Huelva - **578** S10 - **295 h.** - **alt. 497 m** **1** A2

Madrid 499 - Sevilla 98 - Huelva 111 - Barrancos 63

Arrieros

Arrieros 2 ✉ 21207 - ☎ 959 46 37 17 - www.arrieros.net - cerrado del 1 al 6 de enero, 20 junio-20 julio y lunes salvo festivos

Rest - *(solo almuerzo)* Carta 26/35 €

• Típica casa serrana ubicada en un pueblo de calles empedradas. Posee un comedor rústico con una chimenea central y los techos en madera. Carta regional actualizada.

ESPAÑA

LINYOLA - Lleida - 2 774 h. - alt. 220 m **13** B2

Madrid 503 - Barcelona 144 - Lleida 35 - Sant Julià de Lòria 133

Cal Rotés sin rest

Isabel II-19 ✉ 25240 - ✆ 933 63 76 60 - www.calrotes.cat

6 hab - 78/107 € 128/162 €

♦ ¡En el centro del pueblo! Este encantador hotelito está instalado en una casa pairal catalana del s. XVIII, con una acogedora zona social y habitaciones bien personalizadas mediante mobiliario antiguo restaurado.

Amoca

Llibertat 32 ✉ 25240 - ✆ 973 57 51 10 - www.amocarestaurant.com - cerrado 16 agosto-6 septiembre y lunes

Rest - Carta 25/42 €

♦ Este restaurante de gestión familiar presenta un interior de línea actual, con la cocina a la vista desde la sala. Su chef-propietario ofrece una carta de gusto tradicional, normalmente elaborada con productos autóctonos.

LIZARRA (ESTELLA) - Navarra - 573 D23 - 14 207 h. - alt. 430 m **24** A2

Madrid 380 - Logroño 48 - Iruña/Pamplona 45 - Vitoria-Gasteiz 70

San Nicolás 4, ✆ 948 55 63 01

Palacio de los Reyes de Navarra★ - Iglesia San Pedro de la Rúa : (portada★, capiteles★★) - Iglesia de San Miguel : (fachada★, altorrelieves★★)

Monasterio de Irache★ (iglesia★) Suroeste : 3 km - Monasterio de Iranzu (garganta★) Norte : 10 km. carretera del Puerto de Lizarraga★★ (mirador★), carretera del Puerto de Urbasa★★

Tximista

hab,

Zaldu 15 ✉ 31200 - ✆ 948 55 58 70 - www.hoteltximista.com - cerrado 24 diciembre-9 enero

29 hab - 75/85 € 95/110 €, 12 €

Rest - *(cerrado domingo y lunes mediodía)* Menú 17/30 €

♦ Instalado en una fabrica harinera del s. XIX que hay junto al río. Ofrece cuidadas habitaciones de línea actual, algunas emplazadas en unos antiguos silos de planta octogonal. En su comedor le ofrecerán una cocina tradicional con detalles actuales.

Richard

av. de Yerri 10 ✉ 31200 - ✆ 948 55 13 16 - www.barrestauranterichard.com - cerrado del 1 al 15 de septiembre y lunes

Rest - Carta 38/53 €

♦ Disfruta de una amable organización familiar y está comunicado con el bar público anexo. Aquí ofrecen una cocina de sabor regional especializada en verduras de temporada.

LLAFRANC - Girona - 574 G39 - Playa **15** B1

Madrid 726 - Girona/Gerona 43 - Palafrugell 5 - Palamós 16

Faro de San Sebastián★ (✻★) Este : 2 km

Llafranch

passeig de Cipsela 16 ✉ 17211 - ✆ 972 30 02 08 - www.hllafranch.com - cerrado noviembre-26 diciembre

32 hab - 65/140 € 85/230 € **Rest** - Carta 25/52 €

♦ ¡Bien ubicado frente a la playa, en pleno paseo marítimo! Ofrece unas habitaciones de línea clásica, destacando las nueve con vistas frontales al mar y las cuatro de la azotea, más actuales y de mejor confort. El restaurante, que se reparte entre dos terrazas, elabora la cocina mediterránea tradicional.

Llevant

rest,

Francesc de Blanes 5 ✉ 17211 - ✆ 972 30 03 66 - www.hotel-llevant.com - cerrado noviembre

26 hab - 72/143 € 98/195 €

Rest - *(cerrado domingo noche y lunes en invierno)* Menú 25 €

♦ Negocio de larga trayectoria familiar situado junto al mar. Posee unas correctas habitaciones, algunas abuhardilladas, destacando las que se asoman directamente al Mediterráneo. El restaurante, dotado con dos terrazas, ofrece una carta tradicional e internacional bastante completa, así como un buen menú.

Terramar

passeig de Cipsela 1 ✉ 17211 – ✆ 972 30 02 00 – www.hterramar.com – Semana Santa-15 octubre

53 hab – 54/171 € 67/171 €, 13 € **Rest** – Menú 22 €

◆ ¡Muy bien situado en 1ª línea de playa! Encontrará una recepción con algunos detalles marineros, un correcto solárium y unas habitaciones de línea funcional que poco a poco están siendo actualizadas. El restaurante recrea un ambiente actual y cuenta tanto con un bar como con una terraza acristalada.

Casamar

Nero 3 ✉ 17211 – ✆ 972 30 01 04 – www.hotelcasamar.net – abril-diciembre

21 hab – 75/102 € 98/116 €

Rest ***Casamar*** – ver selección restaurantes

◆ Resulta agradable y destaca por sus vistas, pues se encuentra en la parte alta del pueblo... en un extremo de la bahía. Se presenta totalmente renovado, con balcones y vistas al mar desde la mayor parte de sus habitaciones.

Casamar (Quim Casellas) – Hotel Casamar

Nero 3 ✉ 17211 – ✆ 972 30 01 04 – www.hotelcasamar.net – abril-diciembre

Rest – *(cerrado domingo noche y lunes)* Carta 40/65 €

Espec. Caballa del Mediterráneo con microensalada y aceite de escabeche. Chateaubriand con cebollas glaseadas y garnacha. Vieiras con ligero sofrito de cebolla y puntas de espárragos.

◆ La formación es un grado y esto se aprecia claramente en este chef, que retoma todo lo aprendido para presentarlo bajo su propia personalidad. En sus salas, ambas de línea moderna, podrá degustar una cocina elaborada de tinte actual.

ESPAÑA

LLAGOSTERA – Girona – 574 G38 – 7 915 h. – alt. 60 m 15 A1

Madrid 699 – Barcelona 86 – Girona/Gerona 23

en la carretera de Sant Feliu de Guíxols:

Els Tinars (Marc Gascons)

Este : 5 km ✉ 17240 – ✆ 972 83 06 26 – www.elstinars.com – cerrado 9 enero-9 febrero, domingo noche y lunes

Rest – Menú 34/59 € – Carta 45/73 €

Espec. Raviolis de patata y gamba de Palamós a la brasa con rebozuelos. Lomo de lubina a la sal, ensalada de judías verdes, hinojo, eneldo y brotes tiernos. Espalda de cabrito asada con hueso y su jugo.

◆ Casa llevada por una pareja de hermanos, con ella pendiente de las salas y él de los fogones. Ofrece un hall con sofás, unos comedores de línea clásica-regional y una extensa carta de cocina tradicional, enriquecida con un buen apartado de platos más actuales.

Ca la María

Este : 4,5 km ✉ 17240 – ✆ 972 83 13 34 – www.restaurantcalamaria.cat – cerrado 23 diciembre-12 enero y martes

Rest – Carta 31/50 €

◆ Esta atractiva masía del s. XVII cuenta con dos salas de aire rústico y un acogedor privado en lo que fue la cocina. Carta tradicional actualizada de tendencia catalana.

LLANARS – Girona – 574 F37 – 571 h. – alt. 1 080 m 14 C1

Madrid 701 – Barcelona 129 – Girona/Gerona 82

Grèvol

av. Les Saletes 7 ✉ 17869 – ✆ 972 74 10 13 – www.hotelgrevol.com – cerrado del 7 al 23 de mayo y del 5 al 21 de noviembre

36 hab – 99/157 € 131/180 €

Rest ***Grèvol*** – ver selección restaurantes

◆ Atractivo chalet de montaña de diseño tirolés definido por la profusión de maderas. Ofrece amplias zonas sociales, habitaciones con mobiliario rústico y un completo SPA.

XX **Grèvol** - Hotel Grèvol
av. Les Saletes 7 ✉ 17869 – ☎ 972 74 10 13 – www.hotelgrevol.com – cerrado del 7 al 23 de mayo y del 5 al 21 de noviembre
Rest – Carta 35/45 €
◆ ¡Amplio, luminoso y con un gran ventanal que enmarca las montañas! Le sorprenderá tanto por su montaje, con muchísima madera, como por su cocina tradicional actualizada.

LLANÇÀ - Girona - 574 E39 - 5 214 h. - Playa 14 D3

Madrid 767 – Banyuls 31 – Girona/Gerona 60

Camprodón 16-18, ☎ 972 38 08 55, www.llanca.cat

Carbonell
Major 19 ✉ 17490 – ☎ 972 38 02 09 – www.hotelcarbonell.es
35 hab – 35/50 € 60/80 €, 5 €
Rest – *(Semana Santa y 20 junio-20 septiembre)* Menú 17 €
◆ Establecimiento familiar en constante renovación. Ofrece habitaciones sencillas, unas con mobiliario clásico y otras de estilo más actual. Cafetería y zona social conjuntas. El amplio restaurante centra su trabajo en la elaboración de dos correctos menús.

en el puerto Noreste : 1,5 km

La Goleta sin rest
Pintor Terruella 22 ✉ 17490 Llançà – ☎ 972 38 01 25 – www.hotellagoleta.com – cerrado 15 enero-10 febrero
28 hab – 50/75 € 65/95 €
◆ Hotel vacacional emplazado en la parte alta del puerto. Presenta dos tipos de habitaciones, unas con mobiliario antiguo decapado en tonos blancos y otras con una línea marinara más funcional.

XXX **Miramar** (Paco Pérez) con hab
passeig Marítim 7 ✉ 17490 Llançà – ☎ 972 38 01 32 – www.miramar.cat – cerrado enero y febrero
10 hab – 60/100 € 80/100 €
Rest – *(cerrado domingo noche y lunes)* Menú 95 € – Carta 75/90 €
Espec. Tartar de ostras, caviar y aire de manzana. Lasaña de cigalas, panceta ibérica, alcachofas y trufa. Risotto de amanita cesárea y tartufo bianco de Alba.
◆ ¡Disfruta de un excelente emplazamiento, pues está en pleno paseo marítimo! Presenta un buen hall, una sala interior con la cocina semivista y un espacio acristalado a modo de terraza. El chef armoniza, con talento y técnica, tradición marinera e innovación. Sus habitaciones resultan válidas como recurso.

XX **Els Pescadors**
Castellà 41 ✉ 17490 Llançà – ☎ 972 38 01 25 – www.restaurantelspescadors.com – cerrado 15 enero-10 febrero, domingo noche y lunes salvo en julio-agosto
Rest – Carta 40/70 €
◆ ¡En pleno puerto! Posee un comedor actual, con detalles marineros de diseño y la cocina semivista, así como una agradable terraza en verano y un privado. Carta de pescados y mariscos con platos clásicos, como los calamares o el suquet.

XX **La Vela**
av. Pau Casals 23 ✉ 17490 Llançà – ☎ 972 38 04 75 – www.restaurantlavela.com – cerrado diciembre, domingo noche y lunes salvo verano
Rest – Carta aprox. 45 €
◆ Goza de un comedor luminoso y actual, con un cubierto moderno y una agradable terraza al fondo de la estancia. Su amplia carta matiza los valores de la cocina tradicional, dando mayor relevancia a los pescados, los mariscos y los arroces.

ESPAÑA

XX **El Vaixell**

Castellar 62 ✉ 17490 Llançà – ✆ 972 38 02 95 – www.elvaixell.com – cerrado 15 diciembre-15 enero y lunes salvo agosto y festivos
Rest – *(solo almuerzo salvo Semana Santa, verano, viernes y sábado)* Menú 13/36 € – Carta 26/47 €
♦ Comedor diáfano, luminoso y de montaje actual, con pocas mesas para dar mejor servicio. Encontrará una carta tradicional-marinera bastante amplia y varios menús, dedicando un apartado especial a los arroces.

X **La Brasa**

pl. Catalunya 6 ✉ 17490 Llançà – ✆ 972 38 02 02 – www.restaurantlabrasa.com – cerrado 15 diciembre-15 febrero, lunes noche y martes
Rest – *(solo almuerzo salvo viernes y sabado en invierno)* Carta 25/44 €
♦ ¡Está considerado todo un clásico en la localidad! Cuentan con un único comedor de estilo rústico-regional y una pequeña terraza, ofreciendo una carta tradicional con varios platos a la brasa, en general más pescados que carnes.

LLANES – Asturias – 572 B15 – 13 950 h. – Playa 5 C1

Madrid 453 – Gijón 103 – Oviedo 113 – Santander 96
Posada Herrera 15, ✆ 98 540 01 64, www.llanes.com
La Cuesta, Sureste : 3 km, ✆ 98 541 70 84

La Hacienda de Don Juan

La Concepcion 5 ✉ 33500 – ✆ 985 40 35 58 – www.haciendadedonjuan.com – cerrado enero-29 marzo
28 hab – †45/101 € ††60/128 €, ☕ 10 € – 4 suites **Rest** – Menú 20/25 €
♦ Este moderno edificio disfruta de acogedoras zonas nobles, que incluyen una pequeña biblioteca, un SPA y confortables habitaciones, unas abuhardilladas y otras con terraza. El restaurante, tipo invernadero, llama la atención por su sala semicircular.

La Posada del Rey sin rest

Mayor 11 ✉ 33500 – ✆ 985 40 13 32 – www.laposadadelrey.es
6 hab – †30/75 € ††40/103 €, ☕ 3 €
♦ Instalado en una antigua casa de piedra del casco histórico. Sus habitaciones, algo pequeñas, tienen una decoración rústica-actual y están abuhardilladas en la última planta.

en Pancar Suroeste : 1,5 km

X **El Retiro**

✉ 33500 Pancar – ✆ 985 40 02 40 – www.restaurantebarelretiro.com – cerrado 10 enero-1 febrero, 2ª quincena de noviembre, domingo noche y lunes
Rest – Carta 36/56 €
♦ Ocupa lo que fue un bar-tienda familiar. Tras su modesta fachada se esconde un restaurante de cuidado montaje, con un bar y una sala interior parcialmente excavada en la roca. Cocina de base tradicional y corte actual-creativo.

X **El Jornu** con hab y sin ☕

Cuetu Molin ✉ 33509 Pancar – ✆ 985 40 16 15 – cerrado noviembre
5 apartamentos – ††61/99 €
Rest – *(cerrado domingo noche y lunes salvo julio-agosto)* Carta aprox. 33 €
♦ Esta casa familiar goza de buena reputación en la zona gracias, en gran medida, a la calidad de los productos con que elabora sus platos. Salas de ambiente clásico-funcional. Como complemento al negocio ofrece varios apartamentos tipo dúplex.

en La Arquera Sur : 2 km

Finca La Mansión sin rest

✉ 33500 Llanes – ✆ 985 40 23 25 – www.fincalamansion.net – Semana Santa-octubre
24 hab ☕ – †52/157 € ††65/157 €
♦ Tras su fachada clásica encontrará un agradable patio-salón social, que destaca por su gran chimenea, y habitaciones muy espaciosas vestidas con mobiliario clásico-colonial.

ESPAÑA

La Arquera sin rest

✉ *33500 Llanes – ☎ 985 40 24 24 – www.hotelarquera.com*
13 hab – 🚹40/96 € 🚹🚹55/120 €, ☕ 8 € – 9 apartamentos
◆ Casona típica en la que aún conservan un antiguo hórreo. Las habitaciones, de línea clásica-regional, se complementan con nueve apartamentos más actuales ubicados en un anexo.

en La Pereda Sur : 4 km

La Posada de Babel

rest,

✉ *33509 La Pereda – ☎ 985 40 25 25 – www.laposadadebabel.com – cerrado 15 diciembre-15 marzo*
12 hab – 🚹74/94 € 🚹🚹94/120 €, ☕ 10 € **Rest** – Menú 25 €
◆ Está distribuido en varios edificios y disfruta de una extensa zona de césped con árboles. Sus habitaciones resultan bastante acogedoras y disfrutan de una estética actual.

El Habana

✉ *33509 La Pereda – ☎ 985 40 25 26 – www.elhabana.net – abril-octubre*
12 hab – 🚹70/109 € 🚹🚹79/119 €, ☕ 8 € **Rest** – *(solo clientes)* Carta 19/29 €
◆ Establecimiento familiar cuyas habitaciones, espaciosas y con mobiliario de aire antiguo, le brindan un sosegado descanso. Amplias zonas verdes y comedor privado.

ESPAÑA

Arpa de Hierba sin rest

✉ *33509 La Pereda – ☎ 985 40 34 56 – www.arpadehierba.com – cerrado 12 diciembre-enero*
8 hab ☕ – 🚹65/105 € 🚹🚹85/125 €
◆ Hotel de amable organización familiar. Presenta una decoración de elegante clasicismo, un salón social con chimenea e impecables habitaciones personalizadas en su mobiliario.

al Oeste : 6,5 km

Arredondo

rest,

carret. Celorio - Porrua ✉ 33595 Celorio – ☎ 985 92 56 27 – www.hotelrural-arredondo.com – cerrado del 2 al 20 de enero
16 hab – 🚹55/85 € 🚹🚹63/85 €, ☕ 6 € **Rest** – Menú 17 €
◆ Caserío del s. XVIII emplazado en una finca con bosques, prado y ganado propio. Buena zona social de aire rústico y cálidas habitaciones, algunas con chimenea e hidromasaje.

en Barro Oeste : 6,5 km

Miracielos sin rest

playa de Miracielos ✉ 33595 Barro – ☎ 985 40 25 85 – www.hotelmiracielos.com – cerrado 15 diciembre-marzo
21 hab ☕ – 🚹45/95 € 🚹🚹60/120 €
◆ Hotel de línea actual situado cerca de la playa. Dispone de una pequeña galería acristalada como zona social y habitaciones de correcto confort, todas sencillas y funcionales.

en Niembro Oeste : 8 km

XX **San Pelayo**

✉ *33595 Niembro – ☎ 985 40 73 76 – www.restaurantesanpelayo.com – cerrado 15 enero-15 febrero y lunes salvo verano*
Rest – *(solo almuerzo salvo viernes y sábado)* Menú 30 € – Carta 27/44 €
◆ Restaurante de montaje actual decorado con originales detalles marineros. Posee dos comedores bien dispuestos, complementados por una espaciosa terraza tipo porche.

Los LLAOS – **Cantabria** – **ver San Vicente de la Barquera**

LLAVORSÍ - Lleida - 574 E33 - 380 h. - alt. 811 m 13 B1

Madrid 600 - Barcelona 243 - Lleida 139 - Andorra la Vella 87

Riberies hab,

camí de Riberies ✉ 25595 - ☎ 973 62 20 51 - www.riberies.com - cerrado noviembre

34 hab - 85/102 € 116/150 € **Rest** - Menú 19 €

◆ Este atractivo hotel disfruta de una confortable zona social y unas coquetas habitaciones, la mayoría de aire clásico-actual y algunas de la parte antigua abuhardilladas.

LLEIDA (LÉRIDA) P - 574 H31 - 137 387 h. - alt. 151 m 13 A2

Madrid 470 - Barcelona 169 - Huesca 123 - Iruña/Pamplona 314

pl. Ramón Berenguer IV, ☎ 973 24 88 40

Major 31 bis, ☎ 902 25 00 50, www.turismedelleida.com

R.A.C.C. av. del Segre 6 ☎ 973 24 12 45

Raimat, por la carret. de Huesca : 9 km, ☎ 973 73 75 39

La Seu Vella★★ : Situación★, Iglesia★★ (capiteles★), claustro★★ (capiteles★ campanario★★) Y - Iglesia de Sant Martí★ Z - Hospital de Santa María (patio★) Z**M2** - Palau de la Paeria (fachada★) Z**H**

Plano página siguiente

NH Pirineos hab,

Gran Passeig de Ronda 63 ✉ 25006 - ☎ 973 27 31 99 - www.nh-hotels.com

91 hab - 42/148 €, 13 € Y**c**

Rest - *(cerrado agosto, domingo y festivos)* Menú 18 €

◆ Al estilo de la cadena. Modernas instalaciones que destacan por el buen confort y el correcto equipamiento, en el centro comercial de la ciudad. Notable capacidad en salones.

Real hab,

av. de Blondel 22 ✉ 25002 - ☎ 973 23 94 05 - www.eizasahoteles.com

58 hab - 50/200 € 50/250 €, 9 € Z**d**

Rest - *(cerrado domingo y festivos)* Menú 15 €

◆ Su céntrica ubicación, los precios asequibles y la renovación integral lo configuran como una buena opción. Habitaciones amplias y actuales, todas ellas bien equipadas. El restaurante, que posee una entrada independiente, ofrece menú y una carta tradicional.

Ramón Berenguer IV sin rest

pl. Berenguer IV 2 ✉ 25007 - ☎ 973 23 73 45 Y**n**

52 hab - 42/50 € 46/55 €, 7 €

◆ Se presenta con un aire bastante actual dentro de su funcionalidad. Las habitaciones resultan algo pequeñas pero confortables, con plato ducha en la mayoría de sus baños.

Cassia

av. Rovira Roure 41 ✉ 25007 - ☎ 973 10 40 15 - www.restaurantcassia.com - cerrado del 2 al 23 de agosto y domingo Y**a**

Rest - *(solo almuerzo salvo jueves, viernes y sábado)* Menú 28/40 € - Carta 24/35 €

◆ Sorprende por su ubicación en un centro deportivo, sin embargo, se presenta con una estética actual, la bodega acristalada y la cocina a la vista. Reducida carta de autor.

Grevol

Alcalde Pujol 19, por av. de Doctor Fleming ✉ 25006 - ☎ 973 28 98 95 - www.grevol.es - cerrado 7 días en agosto, domingo noche, lunes y martes noche

Rest - Carta 40/62 €

◆ En los bajos de un edificio de viviendas, con un hall a la entrada y un comedor alargado de línea actual. Carta tradicional donde prima la calidad del producto.

LLEIDA

Almadi Vell . . . . Z 3
Bisbe Messeguer . . . . YZ 5
Canyeret . . . . YZ 7
Cardenal Cisneros . . . . Z 8
Carme . . . . Y 9
Catedral (Pl. de la) . . . . Z 10
Comtes d'Urgell . . . . Y 12
Exèrcit (Av. de l') . . . . Z 14
Exèrcit (Pl. de l') . . . . Z 15
Francesc Macià . . . . Y 16
Gov. Montcada . . . . Z 18
Magdalena . . . . Y 24
Major . . . . Z
Missions (Pl. de les) . . . . Y 26
Mossèn Jacint Verdaguer (Pl. del) . . . . Y 27
Paeria (Pl. de la) . . . . Z 29
Pallars . . . . Y 30
Pi i Margall . . . . Y 31
Ramon Berenguer IV (Pl. de) . . . . Y 32
República del Paraguai . . . . . . Z 33
Ricard Vinyes (Pl. de) . . . . Y 34
Sal (Pl. de la) . . . . Y 36
Sant Andreu . . . . YZ 38
Sant Antoni . . . . Z
Sant Crist . . . . Z 39
Sant Joan . . . . Y 41
Sant Joan (Pl. de) . . . . YZ 42
Sant Josep (Pl. de) . . . . Z 43
Sant Llorenç (Pl. de) . . . . Z 45
Sant Martí (Ronda) . . . . Y 46
Saragossa . . . . YZ 49
Vallcalent . . . . Y 55

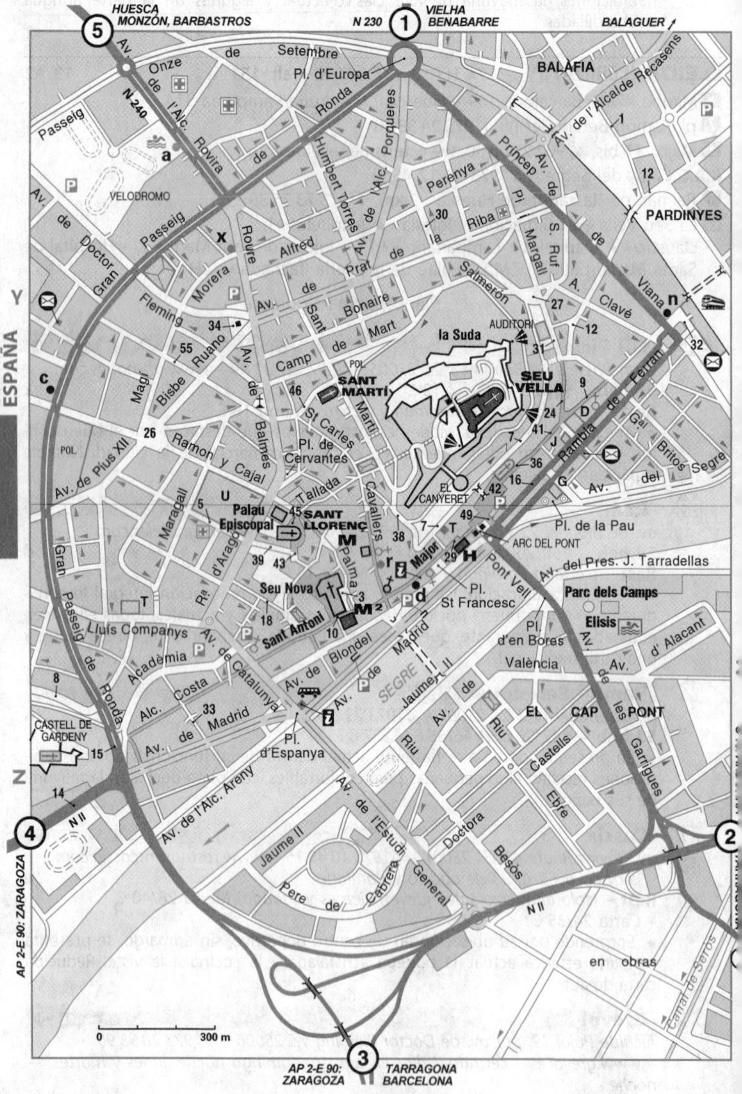

X **Xalet Suís**

av. Alcalde Rovira Roure 9 ✉ 25006 – ✆ 973 23 55 67 – cerrado 2ª quincena de enero y 2ª quincena de agosto Yx

Rest – Carta 30/45 €

♦ Este negocio familiar posee un coqueto exterior, con aspecto de casita suiza, y una acogedora sala de ambiente rústico. Elaboraciones atentas al recetario tradicional.

X **El Celler del Roser**

Cavallers 24 ✉ 25002 – ✆ 973 23 90 70 – www.cellerdelroser.com – cerrado domingo noche Zr

Rest – Menú 18/33 € – Carta 25/38 €

♦ Restaurante ubicado en pleno casco antiguo. Posee dos salas de sencillo montaje, una de ellas en el sótano ocupando lo que fue la bodega. Elaboraciones de sabor tradicional.

en la carretera N II a por ④ : 3,5 km

XX **Carballeira**

✉ 25194 Butsenit – ✆ 973 27 27 28 – www.carballeira.net – cerrado del 4 al 11 de enero, del 6 al 10 de abril, del 6 al 20 de agosto, domingo noche y lunes

Rest – Carta 41/83 €

♦ Elegante montaje y una selecta clientela, con el matrimonio propietario en la sala. Escuche las recomendaciones del chef y sorpréndase con la calidad de sus productos.

en la vía de servicio de la A 22 por ⑤: 7 km

Finca Prats

carret. N-240, km 102,5 ✉ 25198 Lleida – ✆ 902 44 56 66 – www.fincaprats.com

36 hab – 130/160 € – 4 suites **Rest** – Carta 43/52 €

♦ Hotel de línea moderna que sorprende tanto por su diseño, en hormigón, madera y cristal, como por su ubicación, rodeado de césped y junto a un campo de golf. Amplio SPA. El restaurante, luminoso y de cuidado montaje, ofrece una cocina tradicional actualizada.

LLERANA – Cantabria – **572** C18 – **136 h.** **8** B1

Madrid 429 – Santander 41 – Bilbao 111

Casona de LLerana

La Magdalena ✉ 39639 – ✆ 942 59 35 39 – www.casonadellerana.com

12 hab – 90/120 € 110/150 €

Rest – *(cerrado domingo noche y lunes)* Carta 36/55 €

♦ Coqueto hotelito instalado en una casona del s. XVIII. Presenta una zona social con muebles de diseño y confortables habitaciones, todas domotizadas y con profusión de madera. El restaurante, luminoso y de buen montaje, propone una cocina de tinte actual.

LLERENA – Badajoz – **576** R11 – **5 982 h.** **17** B3

Madrid 438 – Mérida 98 – Badajoz 152 – Sevilla 124

Hospedería Mirador de Llerena

Aurora 7 ✉ 06900 – ✆ 924 87 05 97 – www.hospederiasdeextremadura.es

23 hab – 70/128 € 70/133 € – 2 suites

Rest – Menú 18 € – Carta 32/45 €

♦ ¡Esta casa señorial atesora carácter y personalidad! Presenta un hermoso patio cubierto, que funciona como zona social, y habitaciones de buen confort, destacando las cinco del edificio antiguo. En su moderno restaurante encontrará una carta tradicional que ensalza los exquisitos ibéricos de la zona.

ESPAÑA

LLES DE CERDANYA – Lleida – 574 E35 – 268 h. – alt. 1 471 m 13 B1

Madrid 624 – Andorra la Vella 48 – Lleida/Lérida 165 – Puigcerdà 36

Cal Rei rest, VISA

Cadí 4 ✉ 25726 – ✆ 659 06 39 15 – www.calrei.cat – cerrado 25 junio-13 julio
8 hab – †60/64 € ††75/80 €, ☕ 8 €
Rest – *(cerrado martes) (solo clientes)* Menú 16 €
♦ Se encuentra en unos antiguos establos, donde ofrece habitaciones de aire rústico, alguna tipo dúplex, y un salón social con chimenea. Bellas vistas a la sierra del Cadí.

LLESP – Lleida – 574 E32 13 A1

Madrid 537 – Bagnéres de Luchon 78 – Lleida/Lérida 130 – Vielha/Viella 45

Villa María P VISA AE

carret. de Caldes de Boí ✉ 25526 – ✆ 973 69 10 29 – www.restvillamaria.com – cerrado del 15 al 23 de junio, del 1 al 10 de septiembre y lunes salvo julio-agosto
Rest – Menú 18/24 € – Carta 21/40 €
♦ A pie de carretera, donde dispone de unas instalaciones acogedoras en su sencillez. Posee un bar y un correcto comedor, con el suelo en parquet y algunas paredes en madera.

LLÍVIA – Girona – 574 E35 – 1 608 h. – alt. 1 224 m 14 C1

Madrid 658 – Girona/Gerona 156 – Puigcerdà 6

Museo Municipal (farmacia★)

Aparthotel Les Corts sin rest P VISA

Cana 7 ✉ 17527 – ✆ 972 14 62 56 – www.aparthotellescorts.com – cerrado 28 mayo-17 junio y 24 septiembre-7 octubre
5 hab ☕ – †64/78 € ††85/104 € – 3 apartamentos
♦ Instalado en un atractivo edificio de piedra. Dispone de unos apartamentos tipo dúplex y habitaciones con cocina, todo bastante acogedor y con equipamiento de buen nivel.

Can Ventura VISA

pl. Major 1 ✉ 17527 – ✆ 972 89 61 78 – www.canventura.com – cerrado 24 junio-15 julio, 15 días en octubre, lunes y martes
Rest – Menú 25/64 € – Carta 28/52 €
♦ Restaurante familiar emplazado en un edificio del s. XVII. Posee un interior cuidado hasta el más mínimo detalle, con dos bellas salas y las paredes en piedra. Carta regional.

en Gorguja Noreste : 2 km

La Formatgeria de Llívia P VISA

Pla de Ro ✉ 17527 Llívia – ✆ 972 14 62 79 – www.laformatgeria.com – cerrado 23 junio-15 julio, martes y miércoles (salvo agosto, Navidades y festivos)
Rest – Carta 32/44 €
♦ Compagina su actividad con la producción de sus propios quesos. Presenta un hall-bar y un comedor de línea actual, con una chimenea central y vistas al jardín. Cocina actual.

LLODIO – Álava – 573 C21 – 18 420 h. – alt. 130 m 25 A3

Madrid 385 – Bilbao 20 – Burgos 142 – Vitoria-Gasteiz 49

junto al acceso 3 de la autopista AP 68 Este : 3 km

Palacio de Anuncibai AC P VISA

barrio Anuncibai ✉ 01400 Llodio – ✆ 946 72 61 88 – www.palacioanuncibai.com – cerrado Semana Santa y 21 días en agosto
Rest – *(solo almuerzo salvo sábado)* Menú 28/48 € – Carta 44/50 €
♦ Aquí encontrará un bar, dos terrazas acristaladas, varios comedores clásicos y un salón abuhardillado que reservan para los banquetes. En los jardines tienen su propia ermita.

ESPAÑA

LLORET DE MAR - Girona - 574 G38 - 39 794 h. - Playa 15 A2

Madrid 695 - Barcelona 67 - Girona/Gerona 43

passeig Camprodón i Arrieta 1, ✆ 972 36 47 35

av. de les Alegries 3 , ✆ 972 36 57 88

G.H. Guitart Monterrey

hab, rest,

av. Vila de Tossa 27 ✉ 17310 – ✆ 972 34 60 54 – www.freurestaurant.com – cerrado febrero **x**

200 hab – 🛉96/179 € 🛉🛉134/224 €, ☕ 16 €

Rest – Menú 33 € – Carta 36/68 €

Rest *Freu* – ✆ *972 36 93 26 (cerrado domingo noche y lunes)* Menú 46/65 € – Carta 38/61 €

♦ ¡Destaca por sus exteriores, con un jardín subtropical y una atractiva piscina! Cuenta con amplias zonas nobles de línea clásica-actual y múltiples servicios, como un SPA con circuito de aguas, un centro de negocios y hasta un casino. Entre sus restaurantes destaca el Freu, que ofrece una cocina actual.

Can Tarradas

pl. d'Espanya 7 ✉ 17310 – ✆ 972 36 97 95 – www.restaurantecantarradas.com – cerrado noviembre-25 de diciembre y miércoles en invierno **e**

Rest – Menú 11/45 € – Carta aprox. 50 €

♦ Dispone de un comedor amplio, bastante bien actualizado, así como un gran botellero y una agradable terraza. Completa carta de cocina tradicional con un apartado de pizzas.

Can Bolet

Sant Mateu 6 ✉ 17310 – ✆ 972 37 12 37 – www.canbolet.com – cerrado 3 enero-15 febrero y lunes salvo julio-agosto **r**

Rest – Menú 30 € – Carta 32/42 €

♦ Posee una barra adaptada para dar los menús en la planta baja y un comedor funcional en el piso superior, este con las mesas algo apretadas. Amplia carta de cocina regional.

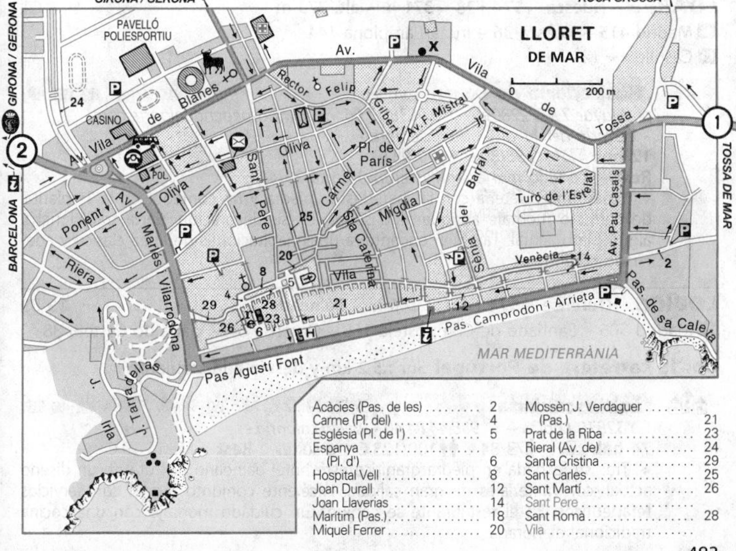

en la urbanización Playa Canyelles por ① : 3 km

XX **El Trull**

✉ *17310 Lloret de Mar* – ✆ *972 36 49 28* – *www.eltrull.com*
Rest – Menú 20/56 € – Carta 38/57 €
♦ Negocio con gran aceptación. Tiene una sala de aire rústico, una terraza sobre la piscina y varios salones para banquetes con cocinas independientes. Amplia carta tradicional.

en la playa de Fanals por ② : 2 km

Rigat Park

av. América 1 ✉ *17310 Lloret de Mar* – ✆ *972 36 52 00* – *www.rigat.com*
– marzo-octubre
99 hab – 200/320 € 250/360 € – 21 suites
Rest – Menú 54/70 € – Carta 55/85 €
♦ ¡Hotel con detalles rústicos y coloniales emplazado en un parque arbolado frente al mar! Las habitaciones, de estilo clásico-elegante, cuentan con mobiliario restaurado original. El restaurante a la carta, que se distribuye en torno a una terraza de verano, siempre amplia su oferta durante la temporada alta.

en la playa de Santa Cristina por ② : 3 km

Santa Marta

rest,

✉ *17310 Lloret de Mar* – ✆ *972 36 49 04* – *www.hotelsantamarta.net*
– cerrado 16 diciembre-12 febrero
76 hab – 118/195 € 130/322 €, 16 € – 2 suites **Rest** – Menú 55 €
♦ Emplazado en un frondoso pinar frente a la playa. Presenta una cuidada zona social, un pequeño SPA y confortables habitaciones, las redecoradas con un estilo clásico-actual. El restaurante, dotado con una chimenea y vistas al mar, tiene un uso polivalente.

ESPAÑA

LLORET DE VISTALEGRE – Balears – ver Balears (Mallorca)

LLOSETA – Balears – ver Balears (Mallorca)

LLUCMAJOR – Balears – ver Balears (Mallorca)

LOARRE – Huesca – 574 F28 – 371 h. – alt. 773 m 4 C1

Madrid 415 – Huesca 36 – Iruña/Pamplona 144
Castillo★★ (✳★★)

XX **Hospedería de Loarre** con hab

rest,

pl. Mayor 7 ✉ *22809* – ✆ *974 38 27 06* – *www.hospederiadeloarre.com*
– cerrado del 11 al 27 de diciembre
12 hab – 56/80 € 70/98 €
Rest – *(cerrado martes salvo verano)* Carta 29/44 €
♦ Posee una cafetería con las paredes en piedra y un comedor en la 1ª planta, de correcto montaje aunque algo sobrio en su decoración. Carta tradicional y algún plato actual. También encontrará unas habitaciones de línea clásica y adecuado confort.

LOBIOS – Ourense – 571 G5 – 2 246 h. – Balneario 19 B3

Madrid 506 – Santiago de Compostela 165 – Ourense 64 – Viana do Castelo 88

por la carretera de Portugal Sur : 5,2 km y desvío a la izquierda

Lobioscaldaria

hab,

✉ *32870 Lobios* – ✆ *988 44 84 40* – *www.caldaria.es*
74 hab – 73/84 € 100/123 € – 6 suites **Rest** – Menú 19 €
♦ Tras su fachada en piedra granítica este hotel-balneario disfruta de un diseño actual, con materiales de gran calidad. Excelente conjunto termal con servicios terapéuticos. En el restaurante se conjuga un cuidado montaje con una cocina tradicional elaborada.

LODOSA – Navarra – **573** E23 – **4 966 h.** – **alt. 320 m** **24** A2

Madrid 334 – Logroño 34 – Iruña/Pamplona 81 – Zaragoza 152

Marzo con hab rest, VISA

Ancha 24 ✉ 31580 – ✆ 948 69 30 52 – www.hrmarzo.com – cerrado 24 diciembre-5 enero, del 5 al 22 de agosto y último fin de semana de cada mes

14 hab – †22/25 € ††39/44 €, ☕ 4 €

Rest – *(cerrado domingo noche)* Carta 19/37 €

◆ El restaurante centra la actividad de este negocio familiar, dotado con un bar privado a la entrada y un comedor clásico en la 1ª planta. Cocina fiel al recetario regional. Como complemento también dispone de habitaciones, sencillas pero correctas.

LOGROÑO P – La Rioja – **573** E22 – **152 650 h.** – **alt. 384 m** **21** A2

Madrid 331 – Burgos 144 – Iruña/Pamplona 92 – Vitoria-Gasteiz 93

Logroño-Agoncillo por ② : 10 km ✆ 902 404 704

Iberia: aeropuerto ✆ 902 400 500

Príncipe de Vergara 1, ✆ 902 27 72 00, www.lariojaturismo.com

Portales 50, ✆ 941 27 33 53, www.logroturismo.org

Valle del Iregua★ (contrafuertes de la sierra de Cameros★) 50 km por ③

LOGROÑO

Alférez Provisional (Pl. del) . . . . A 2
Autonomía de la Rioja (Av. de la) . . . . B 3
Bretón de los Herreros . . . . A 4
Capitán Gaona . . . . B 5
Carmen (Muro del) . . . . B 6
Cervantes (Muro de) . . . . B 7
Daniel Trevijano . . . . A 9
Doce Ligero de Artillería (Av. del) . . . . B 12
Duquesa de la Victoria . . . . B 13
España (Av. de) . . . . B 14
Fausto Elhuyar . . . . A 15
Francisco de la Mata (Muro) . . . . B 16
Ingenieros Pino y Amorena . . . . B 19
Juan XXIII (Av. de) . . . . B 22
Marqués de Murrieta . . . . A 23
Marqués de San Nicolás . . . . AB 25
Mercado (Pl. del) . . . . B 26
Miguel Villanueva . . . . AB 27
Navarra (Av. de) . . . . B 28
Navarra (Carret. de) . . . . B 29
Once de Junio . . . . A 30
Pío XII (Av. de) . . . . B 31
Portales . . . . B 32
Portugal (Av. de) . . . . A 33
Rioja (Av. de la) . . . . A 34
Rodríguez Paterna . . . . B 35
Sagasta . . . . A 36
Teniente Coronel Santos Ascarza . . . . B 40
Tricio . . . . B 41
Viana (Av. de) . . . . B 42

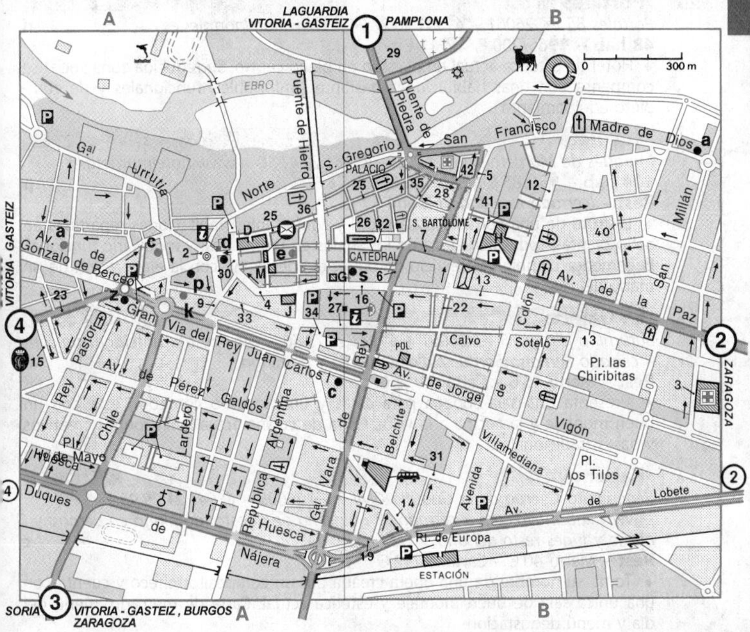

ESPAÑA

G.H. AC La Rioja
Madre de Dios 21 ✉ 26004 – ☏ 941 27 23 50 – www.hotelaclarioja.com
76 hab – ††65/90 €, ☕ 12 € Ba
Rest – *(cerrado domingo noche) (solo cena)* Menú 17/36 € – Carta 25/37 €
◆ Construido en una zona de gran expansión. Posee espaciosas zonas nobles y cuidadas habitaciones, todas con el confort habitual de los AC, suelos en tarima y baños actuales. En el restaurante, de montaje informal, encontrará una reducida carta tradicional.

Carlton Rioja hab, rest,
Gran Vía del Rey Juan Carlos I-5 ✉ 26002 – ☏ 941 24 21 00 – www.hotelcarltonriola.es Ac
114 hab – †60/130 € ††60/162 €, ☕ 13 € – 2 suites **Rest** – Menú 20 €
◆ Lo encontrará en una de las mejores zonas de la ciudad, con un reducido hall-recepción, un buen salón social en la 1ª planta y completas habitaciones de línea funcional. El comedor, bastante luminoso y de montaje clásico, se complementa con una terraza.

Gran Vía sin rest
Gran Vía del Rey Juan Carlos I-71 bis ✉ 26005 – ☏ 941 28 78 50 – www.hotelhusagranvia.com Az
91 hab – †60/134 € ††60/177 €, ☕ 13 €
◆ Ofrece un pequeño bar junto a la recepción, varias salas de reuniones panelables y unas habitaciones de estilo clásico bastante bien equipadas, con los baños en mármol.

ESPAÑA

Marqués de Vallejo sin rest
Marqués de Vallejo 8 ✉ 26001 – ☏ 941 24 83 33 – www.hotelmarquesdevallejo.com Bs
50 hab – †65/175 € ††65/216 €, ☕ 11 €
◆ Resulta singular, pues ocupa tres casas del casco viejo, la principal con una llamativa fachada. Bello hall-patio cubierto, gran salón social y habitaciones de línea actual.

Portales sin rest
Portales 85 ✉ 26001 – ☏ 941 50 27 94 – www.hotelportales.es Ad
48 hab – ††65/200 €, ☕ 11 €
◆ Hotel de estética actual emplazado en pleno centro. Su reducida zona social se compensa con unas habitaciones bastante confortables, funcionales y de completo equipamiento.

Murrieta hab, rest,
Marqués de Murrieta 1 ✉ 26005 – ☏ 941 22 41 50 – www.hotelmurrieta.es
104 hab – †50/83 € ††50/102 €, ☕ 6 € Ap
Rest – *(cerrado Navidades)* Menú 17 €
◆ Disfruta de una correcta zona social y confortables habitaciones repartidas en ocho plantas, todas actuales, con los suelos en tarima azul y mobiliario funcional. El comedor combina el servicio de buffet del desayuno con la elaboración de un menú del día.

XX **La Galería**
Saturnino Ulargui 5 ✉ 26001 – ☏ 941 20 73 66 – www.restaurantelagaleria.com – cerrado Semana Santa, 7 días en junio y domingo Ak
Rest – Menú 46 € – Carta 40/53 €
◆ Presenta una sala-bodega para catas y un moderno comedor, este con un buen montaje y la cocina a la vista. Carta de cocina actual, con toques creativos y bases tradicionales.

XX **Kabanova**
Benemérito Cuerpo de la Guardia Civil 9 ✉ 26005 – ☏ 941 21 29 95 – www.kabanova.com – cerrado 2ª quincena de agosto, domingo en verano y otoño y lunes resto del año Ac
Rest – Menú 40 € – Carta 28/42 €
◆ Toma su nombre de una ópera creada por un compositor checo y cuenta con una única sala de buen montaje y estética actual. Carta de mercado, menú del día y menú degustación.

Zubillaga

San Agustín 3 ✉ 26001 – ☎ 941 22 00 76 – cerrado del 1 al 15 de noviembre, martes noche y miércoles A**e**

Rest – Carta 34/42 €

♦ Restaurante de larga tradición familiar y entrañable decoración donde se recrea un espacio regional con profusión de maderas. Cocina tradicional con platos vascos y riojanos.

Mesón Egües

La Campa 3 ✉ 26005 – ☎ 941 22 86 03 – www.mesonegues.com – cerrado Navidades, Semana Santa y domingo A**a**

Rest – Carta 20/50 €

♦ Ofrece un bar, un comedor de aire rústico y dos privados, uno de ellos dedicado a la cata de vinos. Cocina tradicional con protagonismo de la parrilla y el chuletón de buey.

LOIU – Vizcaya – 573 C21 – 2 205 h. — 25 A3

Madrid 399 – Bilbao 7 – Bermeo 29 – Vitoria-Gasteiz 76

Loiu

rest,

Lastetxe 24 ✉ 48180 – ☎ 944 53 50 38 – www.hotel-loiu.com

24 hab – 62/135 €, 9 €

Rest – *(cerrado agosto, sábado y domingo)* Carta 23/46 €

♦ Se encuentra en una zona residencial, donde ofrece unas instalaciones bastante actuales. Las habitaciones se presentan con mobiliario clásico-actual y los suelos en moqueta. El restaurante, que se encuentra en el sótano, elabora platos de sabor tradicional.

ESPAÑA

LOJA – Granada – 578 U17 – 21 688 h. – alt. 475 m — 2 C2

Madrid 484 – Antequera 43 – Granada 55 – Málaga 71

en la carretera A 328 Noroeste : 2 km

Llano Piña

hab,

✉ 18312 Loja – ☎ 958 32 74 80 – www.llanopina.com

12 hab – 38/46 € 65/85 € **Rest** – Menú 15 €

♦ Hotel rural ubicado a las afueras del pueblo, en una finca. Presenta un interior rústico-actual, con cálidas habitaciones que combinan el mobiliario en madera y forja. El comedor se completa con dos reservados, un salón de banquetes y una terraza-barbacoa.

en la Finca La Bobadilla por la autovía A 92 - Oeste : 18 km y desvío 3 km

La Bobadilla

rest,

por salida a Villanueva de Tapia ✉ 18300 Loja – ☎ 958 32 18 61 – www.barcelolabobadilla.com – marzo-octubre

60 hab – 164/289 € 193/318 € – 10 suites

Rest – Carta 38/54 €

Rest *La Finca* – *(cerrado domingo y lunes en mayo-julio)* Menú 56 € – Carta 46/72 €

♦ Precioso cortijo emplazado en una gran finca repleta de olivos. Su lujoso interior se ve enriquecido con unas habitaciones personalizadas en su decoración y un completo SPA. El restaurante La Finca le sorprenderá, tanto por su interior rústico-elegante como por su cuidada carta internacional-mediterránea.

LORCA – Murcia – 577 S24 – 92 694 h. – alt. 331 m — 23 A2

Madrid 460 – Almería 157 – Cartagena 83 – Granada 221

Lope Gisbert, ☎ 968 44 19 14

Plano página siguiente

LORCA

Abad de los Arcos . . . . Y 3
Alcade Peregrín Rodríguez . . . . Y 4
Alfonso X el Sabio . . . . Z 6
Caldereros (Carril) . . . . Y 7
Constitución (Alameda de la) . . . . Z 9
Corredera . . . . YZ 10
Del Alamo . . . . YZ 12
Doctor José Parra Garriguez (Alameda) . . . . Z 13
Doctor José Rodriguez (Alameda) . . . . Z 15
Doctor Martinez Minguez (Alameda) . . . . Z 16
Doctor Miguel Campoy Robles (Alameda) . . . . Z 18
Don Juan II . . . . Y 19
Floridablanca . . . . Y 21
General Eytier . . . . Z 22
General Terrer Leones . . . . Z 24
Gomelez . . . . Y 25
Granero . . . . Z 27
José Maria Zarauz . . . . Z 28
Leonés . . . . Y 30
Lope Gisbert . . . . YZ 31
Marchena (Rambla de) . . . . Z 33
Mayor de Santa Maria . . . . Y 34
Menchirón (Alameda de) . . . . . Z 36
Menchirón (Callejón) . . . . Z 37
Musso Valiente . . . . Z 39
Narciso Yepes . . . . Z 40
Nogalte . . . . Z 42
Paco Rabal (Alameda) . . . . Z 43
Periodista López Barnés . . . . . . Z 45
Poeta Carlos Mellado . . . . Z 46
Presbitero Emilio Garcia Navarro . . . . Z 48
Santa Paula . . . . Z 51
San Lázaro (Rambla de) . . . . . . Z 49
Serrallo . . . . Z 52
Vicente Ruiz Llamas . . . . Z 54
Virgen de las Huertas (Alameda) . . . . Z 55
Zapatería . . . . Y 57

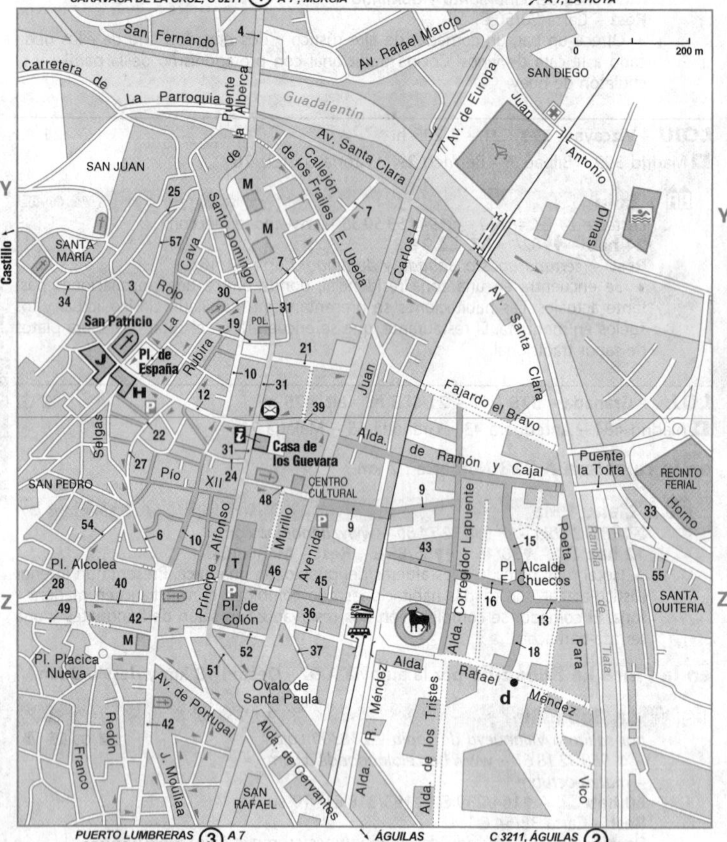

Jardines de Lorca

Alameda Rafael Méndez ✉ *30800 – ☎ 968 47 05 99*
– www.hotelesdemurcia.com Z**d**

45 hab – 🛉60/155 € 🛉🛉60/175 €, ☕ 8 €

Rest – Menú 12/38 €

◆ Disfruta de varias salas de reuniones y confortables habitaciones, las de la última planta abuhardilladas y con terraza. En un edificio anexo destaca su completo SPA. Posee un comedor de línea clásica y trabaja bastante en la organización de banquetes.

LUANCO - Asturias - **572** B12 - Playa **5** B1

Madrid 478 – Gijón 15 – Oviedo 42

Cabo de Peñas★

La Estación de Luanco sin rest, con cafetería por la noche

Gijón 10 ✉ 33440 – ☎ 985 88 35 16 – www.asociacion-chf.com

24 hab – 65/97 € 86/129 € – 4 suites

♦ Se presenta con dos salones polivalentes y unas luminosas habitaciones, todas vestidas con mobiliario moderno. Destaca la piscina cubierta del sótano, con sauna e hidromasaje.

La Plaza sin rest

pl. de la Baragaña 9 ✉ 33440 – ☎ 985 88 08 79 – www.laplazahotel.net

28 hab – 38/75 € 48/110 €

♦ Distribuido en dos edificios de una plaza bastante céntrica. Las habitaciones del principal son funcionales-actuales, mientras que las del anexo sorprenden más por su diseño.

XX **Robus**

Ortega y Gasset 16 ✉ 33440 – ☎ 985 88 11 95

Rest – Carta 37/56 €

♦ Dispone de un diminuto bar-recepción a la entrada y una sala que, gracias a unas mamparas móviles, se reparte en varios espacios. Buen servicio de mesa y carta de producto.

LUARCA - Asturias - **572** B10 - **13 371 h.** - Playa **5** A1

Madrid 536 – A Coruña 226 – Gijón 97 – Oviedo 101

pl. Alfonso X "El Sabio", ☎ 98 564 00 83

Emplazamiento★ (<★)

Suroeste, Valle de Navia : recorrido de Navia a Grandas de Salime (✻★★ Embalse de Arbón, Vivedro ✻★★, confluencia★★ de los ríos Navia y Frío)

Villa de Luarca sin rest

Álvaro de Albornoz 6 ✉ 33700 – ☎ 985 47 07 03 – www.hotelvilladeluarca.com

14 hab – 50/96 €, 4 €

♦ Céntrico hotel con encanto ubicado en una casa señorial. Sus habitaciones gozan de buen confort, con techos altos, suelos originales en madera y mobiliario de aire colonial.

Báltico sin rest

Párroco Camino 36 ✉ 33700 – ☎ 985 64 09 91 – www.hotelbaltico.com

27 hab – 35/60 € 45/70 €, 4 €

♦ Hotel de organización familiar que comparte servicios con su cercano homónimo. Ofrece habitaciones bastante actuales, todas con los suelos en tarima y algunas abuhardilladas.

La Colmena sin rest y sin

Uría 2 ✉ 33700 – ☎ 985 64 02 78 – www.lacolmena.com

15 hab – 33/42 € 47/61 €

♦ Céntrico, acogedor y de amable organización familiar. Las habitaciones disfrutan de un cuidado equipamiento, con los suelos en madera y duchas de hidromasaje en los baños.

XX **Villa Blanca**

av. de Galicia 25 ✉ 33700 – ☎ 985 64 10 79 – cerrado noviembre y lunes en invierno

Rest – Carta 33/46 €

♦ Bar a la entrada y sala de estilo clásico, con amplios ventanales que se abren a una agradable terraza llena de plantas. Su carta combina el sabor local y el más tradicional.

XX **Sport**

Rivero 9 ✉ 33700 – ✆ 985 64 10 78 – cerrado 8 enero-10 febrero y miércoles noche salvo verano
Rest – Carta 35/48 €
◆ Junto a la lonja de pescado. Bar público con un comedor enfrente de estilo regional y otro más clásico en el 1er piso, dotado de un gran ventanal sobre la ría. Selecta bodega.

en Almuña Sur : 2,5 km

Casa Manoli sin rest

carret. de Paredes y desvío a la izquierda 1 km ✉ 33700 Luarca – ✆ 985 47 07 03 – www.hotelluarcarural.com
14 hab – ††36/65 €, 4 €
◆ Acogedor hotel ubicado en un bello paraje, entre el mar y la montaña. Posee un salón social con galería acristalada y unas habitaciones de estilo clásico con baños actuales.

Una clasificación en rojo destaca el encanto del establecimiento XXX.

LUCENA – Córdoba – **578** T16 – **42 308 h.** – **alt. 485 m** 2 C2

Madrid 471 – Antequera 57 – Córdoba 73 – Granada 150
Castillo del Moral, ✆ 957 51 32 82, www.turlucena.com

Santo Domingo

Juan Jiménez Cuenca 16 ✉ 14900 – ✆ 957 51 11 00 – www.mshoteles.com
30 hab – †50/73 € ††60/80 €, 6 €
Rest ***La Espadaña*** – Carta 25/39 €
◆ Antigua casa-convento que conserva elementos constructivos originales. Posee habitaciones de estilo clásico bien equipadas y un agradable patio interior. El restaurante, de línea clásica y con los techos abovedados, propone una cocina de tinte tradicional.

en la carretera N 331 Suroeste : 2,5 km :

Los Bronces

✉ 14900 Lucena – ✆ 957 51 62 80 – www.hotellosbronces.com
40 hab – †36/42 € ††60/68 €, 8 €
Rest ***Asador Los Bronces*** – ver selección restaurantes
◆ Se encuentra en un polígono industrial y está llevado en familia. Encontrará un gran hall, una escalera de caracol en mármol y cuidadas habitaciones, todas de línea clásica.

XX **Asador Los Bronces** – Hotel Los Bronces

✉ 14900 Lucena – ✆ 957 51 62 80 – www.hotellosbronces.com
Rest – *(cerrado domingo en verano y domingo noche resto del año)* Menú 70 € – Carta aprox. 40 €
◆ Este asador ofrece un buen bar a la entrada, un privado y un comedor en el piso superior, este último con vidrieras y maderas nobles. Especializado en asados y parrilladas.

LUCES – Asturias – **572** B14 – **265 h.** 5 C1

Madrid 495 – Oviedo 58

Palacio de Luces

carret. AS-257 ✉ 33328 – ✆ 985 85 00 80 – www.palaciodeluces.com
40 hab – †163/205 € ††183/280 € – 4 suites
Rest – *(cerrado domingo noche y lunes)* Menú 35 € – Carta 46/84 €
◆ Se encuentra en un palacio del s. XVI que ha sido renovado y al que se le han añadido varios anexos modernos. Completa zona noble y habitaciones actuales muy bien equipadas.

ESPAÑA

LUGO 🅿 – **571** C7 – **97 635 h.** – **alt. 485 m** **20** C2

Madrid 506 – A Coruña 97 – Ourense 96 – Oviedo 255

Miño 12, ✆ 982 23 13 61, www.turgalicia.es

Murallas★★ – Catedral★ (portada Norte : Cristo en Majestad★) ZA

Orbán e Sangro sin rest

Travesía do Miño 6 ✉ 27001 – ✆ 982 24 02 17 – www.pazodeorban.es – cerrado del 22 al 29 de diciembre Z**d**

12 hab – †54/130 € ††65/200 €, ☕ 10 € – 2 suites

◆ Coqueto hotel instalado en una casa señorial del s. XVIII. Sus habitaciones poseen mobiliario de época y preciosos baños de diseño, sin embargo destacan las abuhardilladas.

Mesón de Alberto

Cruz 4 ✉ 27001 – ✆ 982 22 83 10 – www.mesondealberto.com – cerrado domingo y martes noche Z**c**

Rest – Carta 36/45 €

◆ Encontrará una tapería en la planta baja, un buen comedor a la carta en el 1er piso y dos privados. Carta amplia de cocina tradicional gallega y un expositor de mariscos.

España

Teatro 10 ✉ 27002 – ✆ 982 24 27 17 – www.restespana.com – cerrado del 15 al 30 de enero, domingo noche y lunes Y**r**

Rest – Menú 39 € – Carta 26/49 €

◆ Negocio llevado entre hermanos. Posee una gran cafetería, dos salas de línea actual y un privado. Su carta tradicional actualizada se completa con un apartado de setas y caza.

La Barra

San Marcos 27 ✉ 27001 – ✆ 982 25 29 20 – www.restaurantelabarra.es – cerrado domingo Y**d**

Rest – Carta 26/50 €

◆ Cuenta con un bar público, un comedor principal neorrústico y tres privados más actuales en el sótano. Su variada carta tradicional está especializada en pescados y mariscos.

ESPAÑA

LUGO

Ánxel López Pérez (Av.) . . . Z 2
Bispo Aguirre . . . Z 3
Bolaño Rivadeneira . . . Y 5
Campo (Pr. do) . . . Z 8
Comandante Manso (Pr.) . . . Z 12
Conde Pallarés . . . Z 15
Coruña (Av. da) . . . Y 21
Cruz . . . Z 23
Dezaoito de Xullo (Av. do) . . . Y 24
Doctor Castro . . . Z 27
Marior (Pr.) . . . Z 30
Montero Ríos (Av.) . . . Z 37
Paxariños . . . Z 39
Pío XII (Pr. de) . . . Z 43
Progreso . . . Y 47
Quiroga Ballesteros . . . Y 50
Raíña . . . Y 53
Ramón Ferreiro . . . Z 56
Rodríguez Mourelo (Av.) . . . Z 62
Santa María (Pr. de) . . . Z 74
Santo Domingo (Pr. de) . . . YZ 77
San Fernando . . . Y 65
San Marcos . . . Y 68
San Pedro . . . Z 71
Teatro . . . Y 78
Teniente Coronel Teijeiro . . . YZ 79
Tinería . . . Z 80
Vilalba . . . Z 83

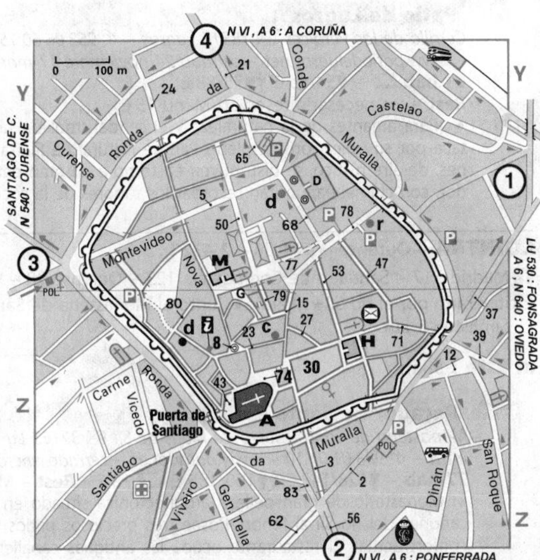

en la carretera N 640 por ① :

Jorge I
La Campiña - 3 km ✉ 27192 Muxa – ✆ 982 30 32 55 – www.hoteljorge1.com
30 hab – †42/110 € ††42/150 €, ☕ 7 € – 2 suites
Rest – *(cerrado domingo noche)* Carta 13/38 €
◆ Se encuentra en una zona industrial, pero resulta atractivo por su fachada parcialmente acristalada. Habitaciones amplias, actuales y bien equipadas, con los baños completos. Su restaurante está especializado en carnes a la brasa y trabaja mucho con banquetes.

La Palloza
5,5 km ✉ 27192 Muxa – ✆ 982 30 30 32 – cerrado domingo noche, lunes y martes salvo festivos y vísperas
Rest – Carta aprox. 35 €
◆ Está especializado en banquetes, sin embargo cuida la carta con dos salas de línea clásica-actual y tres privados. Cocina tradicional y un buen apartado de caza en temporada.

en la carretera N 540 por ③ : 4,5 km

Santiago
urb. Bellavista ✉ 27297 Lugo – ✆ 982 01 01 01 – www.hotelsantiago-sl.es
60 hab – †63/195 € ††63/250 €, ☕ 9 € **Rest** – Menú 12 €
◆ Tras su moderna fachada acristalada encontrará una reducida zona social, una correcta cafetería y varias salas de reuniones. Habitaciones funcionales de adecuado confort. En sus comedores ofrecen un menú económico y una reducida carta de tinte tradicional.

ESPAÑA

LUGROS – Granada – 578 U20 – 350 h. – alt. 1 237 m 2 D1

Madrid 448 – Sevilla 311 – Granada 63 – Almería 132

al Sureste : 4 km y desvío a la derecha 1 km

Patio de Lugros
Cerrillo de las Perdices ✉ 18516 Lugros – ✆ 958 06 60 15 – www.patiodelugros.net – cerrado 24 noviembre-17 marzo y del 1 al 27 de julio
11 hab ☕ – †54/65 € ††75/88 €
Rest – (es necesario reservar) Menú 15 €
◆ ¡Para amantes de la naturaleza y el senderismo! Un hotel ecológico que destaca por su ubicación, en pleno Parque Natural de Sierra Nevada. Las habitaciones, de aire rústico, se distribuyen en torno a un gran patio central. En su comedor, con chimenea, podrán recordar los sabores de la cocina casera.

LUINTRA – Ourense – 571 E6 – 2 432 h. 20 C3

Madrid 517 – Santiago de Compostela 123 – Ourense 28 – Viana do Castelo 175
Itinerario por el río Sil★ (Paraje★ junto al Monasterio de Santo Estevo de Ribas de Sil) Este : 5 km

al Este : 5 km

Parador de Santo Estevo
Monasterio de Santo Estevo de Ribas de Sil ✉ 32162 Luintra – ✆ 988 01 01 10 – www.parador.es – cerrado enero-17 febrero
77 hab – †128/148 € ††160/185 €, ☕ 18 € **Rest** – Menú 33 €
◆ Monasterio de gran belleza arquitectónica situado en pleno bosque, con los cañones del río Sil al fondo. Posee tres preciosos patios y unas habitaciones de confort actual. El restaurante ocupa las antiguas caballerizas y tiene los techos abovedados en piedra.

LUZAIDE (VALCARLOS) - Navarra - 573 C26 - 407 h. - alt. 365 m 24 B1

Madrid 511 - Iruña/Pamplona 65 - Logroño 153 - Donostia-San Sebastián 110

Maitena con hab

Elizaldea ✉ 31660 - ☎ 948 79 02 10 - www.hostalmaitena.com
- cerrado 6 enero-15 marzo

6 hab - †35/40 € ††47/55 €, ☕ 5 € **Rest** - Menú 23 € - Carta aprox. 35 €

◆ Casa familiar fundada en 1950. Disfruta de una terraza, un bar público a la entrada y dos correctos comedores, ambos con vistas a las montañas. Platos de sabor tradicional. Como complemento al negocio también dispone de habitaciones, todas con buenos niveles de mantenimiento y suficiente confort.

MAÇANET DE CABRENYS - Girona - 574 E38 - 728 h. - alt. 370 m 14 C3

Madrid 769 - Figueres 28 - Girona/Gerona 67

Els Caçadors

urb. Casanova ✉ 17720 - ☎ 972 54 41 36 - www.hotelelscassadors.com
- cerrado del 6 al 10 de febrero

18 hab ☕ - †50 € ††99 € - 2 suites

Rest ***Els Caçadors*** - ver selección restaurantes

◆ Este edificio de estilo montañés disfruta de un gran salón social, con chimenea, y confortables habitaciones, todas con sencillo mobiliario castellano y baños actuales. ¡Atractivo entorno ajardinado, con frondosa vegetación y piscina!

Els Caçadors - Hotel Els Caçadors

urb. Casanova ✉ 17720 - ☎ 972 54 41 36 - www.hotelelscassadors.com
- cerrado del 6 al 10 de febrero, domingo noche y miércoles salvo verano

Rest - Menú 20 € - Carta 30/35 €

◆ Ocupa las antiguas caballerizas de la casa, que aún conservan los pilares originales, los techos abovedados y las paredes en piedra... eso sí, con un cuidado servicio de mesa. Cocina casera-regional especializada en guisos y platos de caza.

MACHER - Las Palmas - ver Canarias (Lanzarote)

MADREMANYA - Girona - 574 G38 - 250 h. - alt. 177 m 15 B1

Madrid 717 - Barcelona 115 - Girona/Gerona 19 - Figueres 49

La Plaça

Sant Esteve 17 ✉ 17462 - ☎ 972 49 04 87 - www.laplacamadremanya.com
- cerrado 15 enero-15 febrero

8 suites - ††112/182 €, ☕ 14 € - 3 hab

Rest - *(cerrado martes, lunes y miércoles en invierno) (solo cena en verano salvo fines de semana)* Menú 43 € - Carta 34/58 €

◆ En una antigua masía. Presenta atractivas habitaciones tipo suite, la mayoría con chimenea y todas con una grata combinación de elementos rústicos y modernos. El restaurante, dividido en dos salas y con los techos abovedados, ofrece una cocina tradicional.

MADRID

Planos de la ciudad en páginas siguientes **22** B2

3 273 049 h. – **alt. 646 m** – **576** K19

▶ Barcelona 617 – Bilbao 395 – A Coruña 603 – Lisboa 625

Oficinas de Turismo

Duque de Medinaceli 2, ☎ 902 100 007 , www.turismomadrid.es

pl. Mayor 27, ☎ 91 588 16 36, www.esmadrid.com

aeropuerto de Madrid-Barajas Terminales T1 y T4, ☎ 91 305 86 56, www.madrid.org

Principales bancos :

Invierno (abiertos de lunes a viernes de 8.30 a 14 h. y sábados de 8.30 a 14 h. salvo festivos).

Verano (abiertos de lunes a viernes de 8.30 a 14 h. salvo festivos).

En las zonas turísticas suele haber oficinas de cambio no oficiales

Taxi : cartel visible indicando LIBRE durante el día y luz verde por la noche. Compañías de radio-taxi.

Metro y Autobuses : Una completa red de metro y autobuses enlaza las diferentes zonas de Madrid.

Para el aeropuerto, además del metro, existe una línea exprés de autobuses que conecta Atocha (Cibeles en horario nocturno) con Barajas las 24 horas del día (cada 15 minutos durante el día y cada 35 durante la noche). Desde el intercambiador de la Av. de América, también es posible desplazarse al aeropuerto, tomando el autobús de la línea 200.

Aeropuerto y Compañías Aéreas :

✈ Aeropuerto de Madrid-Barajas por ② : 12 km, ☎ 902 404 704.

Iberia, Velázquez 130, ☎ 902 400 500 HUV

Iberia, aeropuerto, ☎ 902 400 500.

🚆 Chamartín, ☎ 902 320 320 HR.

🚆 Atocha, ☎ 902 320 320 GYZ

Golf

45 Club de Campo,, Villa de Madrid, ✆91 550 20 10
27 La Moraleja, por la carret. de Burgos : 11 km, ✆91 650 07 00
9 Club Barberán & Collar, por la carret. de Toledo : 10 km, ✆91 648 95 27
27 Las Lomas,, El Bosque, por la carret. de Talavera de la Reina : 18 km, ✆91 616 75 00
27 Club Jarama R.A.C.E., por la carret. de Burgos : 28 km, ✆91 657 00 11
18 Nuevo Club de Madrid,, Las Matas, por la carret. de Segovia : 26 km, ✆91 630 08 20
9 Somosaguas, Oeste : 10 km por Casa de Campo, ✆91 352 16 47
27 Club Olivar de la Hinojosa, por M-40, ✆91 721 18 89
18 La Dehesa,, Villanueva de la Cañada, por la carret. de Segovia y desvío a El Escorial : 28 km, ✆91 815 70 22
36 Real Sociedad Hípica Española, Club de Campo, por la carret. de Burgos : 28 km, ✆91 657 10 18

Avis, ✆902 180 854 – Europcar, ✆902 105 030 – Hertz, ✆902 402 405 – National Atesa, ✆902 100 101.

Automóvil Club

R.A.C.E. (Real Automóvil Club de España)
Eloy Gonzalo 32 ✆ 91 594 73 00

Grandes almacenes : calles Preciados, Carmen, Goya, Serrano, Arapiles, Princesa, Raimundo Fernández Villaverde.

Centros comerciales : El Jardín de Serrano, ABC, La Galería del Prado, La Vaguada.

Comercios de lujo : calles Serrano, Velázquez, Goya, Ortega y Gasset.

Antigüedades : calle del Prado, barrio de Las Cortes, barrio Salamanca, calle Ribera de Curtidores (El Rastro).

VER

Panorámicas de Madrid : Faro de Madrid : ✳** DU.

Museos : Museo del Prado*** NY • Museo Thyssen Bornemisza*** MY **M6** • Palacio Real** KXY (Palacio* : Salón del trono*, Real Armería**, Museo de Carruajes Reales* DX **M1**) • Museo Arqueológico Nacional** (Dama de Elche**) NV • Museo Lázaro Galdiano** (colección de esmaltes y marfiles***) GU **M4** • Casón del Buen Retiro* NY • Museo Nacional Centro de Arte Reina Sofía* (El Guernica***) MZ • Museo de América* (Tesoro de los Quimbayas*, Códice Trocortesiano***) DU • Real Academia de Bellas Artes de San Fernando* LX **M2** • Museo Cerralbo* KV • Museo Sorolla* FU **M5** • Museo de la Ciudad (maquetas*) HT **M7** • Museo Naval (modelos*, mapa de Juan de la Cosa**) NXY **M3** • Museo Nacional de Artes Decorativas* NX **M8** • Museo Municipal (portada**, maqueta de Madrid*) LV **M10** • Museo Nacional de Ciencia y Tecnología (ballestilla**) FZ **M9**.

Iglesias y Monasterios : Monasterio de las Descalzas Reales** KLX • Iglesia de San Francisco el Grande (sillería*, sillería de la sacristía*) KZ • Real Monasterio de la Encarnación* KX • Iglesia de San Antonio de la Florida* (frescos**) DV • Iglesia de San Miguel* KY.

Barrios Históricos : Barrio de Oriente** KVXY • El Madrid de los Borbones** MNXYZ • El Viejo Madrid* KYZ.

Lugares Pintorescos : Plaza Mayor** KY • Parque del Buen Retiro** HY • Zoo-Aquarium** AM • Plaza de la Villa* KY • Jardines de las Vistillas (Q *) KYZ • Campo del Moro* DX • Ciudad Universitaria* DT • Casa de Campo* AL • Plaza de Cibeles* MNX • Paseo del Prado★ MNXYZ • Puerta de Alcalá★ NX • Plaza Monumental de las Ventas★ JUV • Parque del Oeste* DV.

Parques Temáticos : Faunia* CM. Warner Bros Park* por ④ : 30 km.

Lista alfabética de los hoteles
Lista alfabética dos hotéis
Index of hotels

Lista alfabética de los restaurantes
Lista alfabética dos restaurantes
Index of restaurants

MADRID

Establecimientos con estrellas
Estabelecimentos com estrelas
Starred restaurants

✿✿2012		página
El Club Allard **N**	XXX	525
Diverxo **N**	XX	531
Ramón Freixa Madrid	XXXX	521
Santceloni	XXXX	526
Sergi Arola Gastro	XXX	527
La Terraza del Casino	XXXX	516

✿2012		página
Kabuki	X	531
Kabuki Wellington	XXX	521
Zalacain	XXXXX	530

Bib Gourmand

Buenas comidas a precios moderados
Refeições cuidadas a preços moderados
Good food at moderate prices

		página
La Bola	X	518
Quintana 30 **N**	XX	525
Sal Gorda	XX	525

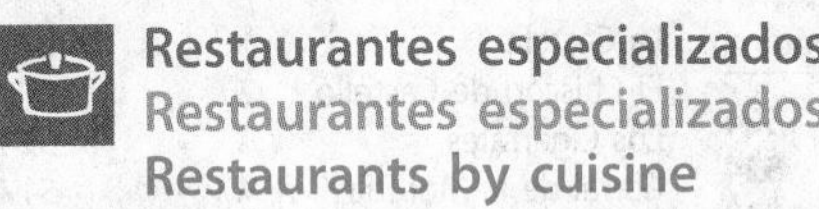

Restaurantes especializados
Restaurantes especializados
Restaurants by cuisine

Actual

		página
Le Cabrera	🍷	518
La Gastroteca de Santiago	X	518
Kulto al Plato	🍷	526
Lúa	XX	528
Pedro Larumbe	XXX	521

Arroces

		página
La Arrocería de María	X	534
Aynaelda	XX	524

Asturianos

		página
El Bosque Sagrado	XX	525
La Hoja	XX	523
El Oso	XX	534

Bacalaos

		página
Don Sancho	X	528
Tasca La Farmacia	🍷	532
Tasca La Farmacia	🍷	523

Carnes y asados

		página
Casa Matías	XX	517
Julián de Tolosa	XX	517
Rancho Texano	X	534
La Tahona	XX	531

Castellanos

		página
Botín	X	518
Mesón del Cid	XX	527

Clásicos

		página
Aldaba	XXX	530
El Bodegón	XXXX	530
Casa Hilda	XX	528
La Paloma	XX	522
Piñera	XX	530
Sal Gorda	XX ☺	525
La Torcaz	XX	522
Zalacain	XXXXX ✿	530

Cocido

		página
La Bola	X ☺	518
Taberna de la Daniela	🍷	524

Creativa

		página
La Broche	XXX	526
El Club Allard	XXX ✿✿	525
Dassa Bassa	XX	522
Diverxo	XX ✿✿	531
Europa Decó	XX	517
Ramón Freixa Madrid	XXXX ✿✿	521
Santceloni	XXXX ✿✿	526
Sergi Arola Gastro	XXX ✿✿	527
La Terraza del Casino	XXXX ✿✿	516
Viavélez	XX	531

Embutidos Ibéricos

		página
Cinco Jotas	🍷	523
Cinco Jotas	🍷	524
Cinco Jotas	🍷	532

Franceses

		página
El Comité	X	531
La Esquina del Real	X	517

Gallegos

		página
Carta Marina	XX	531
Casa d'a Troya	X	534
O'Grelo	XX	522
La Lanzada	X	534
Villa de Foz	X	528

Internacionales

		página
Castelló 9	XXX	521
Club 31	XXXX	521
Krachai	X	518

Italianos

		página
Il Gusto	XXX	527

Japoneses

		página
Kabuki	X ✿	531
Kabuki Wellington	XXX ✿	521
Shikku	XX	522

Peruanos

		página
Astrid & Gastón	XXX	527

MADRID

Restaurantes abiertos sábado y domingo
Restaurantes abertos sábado e domingo
Restaurants open on saturday and sunday

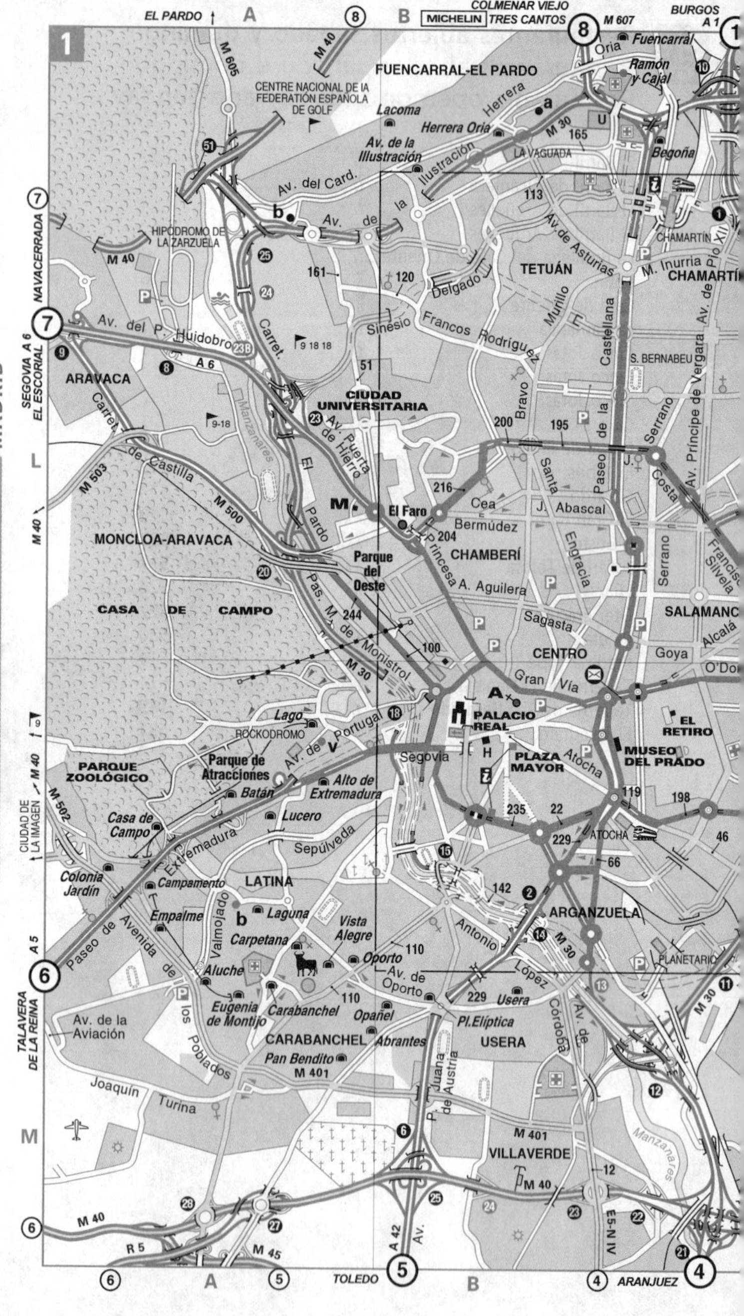

MADRID
1
EL PARDO
COLMENAR VIEJO
MICHELIN
TRES CANTOS
BURGOS A 1
M 607
FUENCARRAL-EL PARDO
CENTRE NACIONAL DE LA FEDERACIÓN ESPAÑOLA DE GOLF
Lacoma
Herrera Oria
Av. de la Illustración
Fuencarral
Ramón y Cajal
Begoña
LA VAGUADA
CHAMARTÍN
HIPODROMO DE LA ZARZUELA
NAVACERRADA
SEGOVIA A 6
EL ESCORIAL
Av. del P. Huidobro
ARAVACA
TETUÁN
Av. de Asturias
M. Inurria
Sinesio Delgado
Francos Rodríguez
Bravo Murillo
Castellana
S. BERNABEU
Av. Príncipe de Vergara
CIUDAD UNIVERSITARIA
Av. Puerta de Hierro
Carret. de Castilla
Serrano
Santa Engracia
Paseo de la Castellana
MONCLOA-ARAVACA
El Faro
Cea Bermúdez
J. Abascal
CHAMBERÍ
Princesa
A. Aguilera
Parque del Oeste
Pas. M. de Monistrol
CASA DE CAMPO
Sagasta
CENTRO
SALAMANCA
Goya
Alcalá
Gran Vía
PALACIO REAL
PLAZA MAYOR
MUSEO DEL PRADO
EL RETIRO
Lago
ROCKODROMO
Parque de Atracciones
PARQUE ZOOLÓGICO
Av. de Portugal
Segovia
Atocha
Batán
Alto de Extremadura
Lucero
Casa de Campo
CIUDAD DE LA IMAGEN
Colonia Jardín
Campamento
Extremadura
Sepúlveda
LATINA
ATOCHA
Empalme
Laguna
Vista Alegre
ARGANZUELA
Carpetana
Oporto
Antonio López
PLANETARIO
Paseo de Extremadura
Av. de Oporto
Aluche
Eugenia de Montijo
Carabanchel
Opañel
Usera
Pl. Elíptica
CARABANCHEL
Abrantes
USERA
Av. de la Aviación
TALAVERA DE LA REINA
Pan Bendito
M 401
Joaquín Turina
Av. de los Poblados
P. Juana de Austria
Av. de Córdoba
VILLAVERDE
Manzanares
M 40
M 30
A 42
E5-N IV
R 5
M 45
M 503
M 500
M 502
A 5
A 6
M 605
TOLEDO
ARANJUEZ

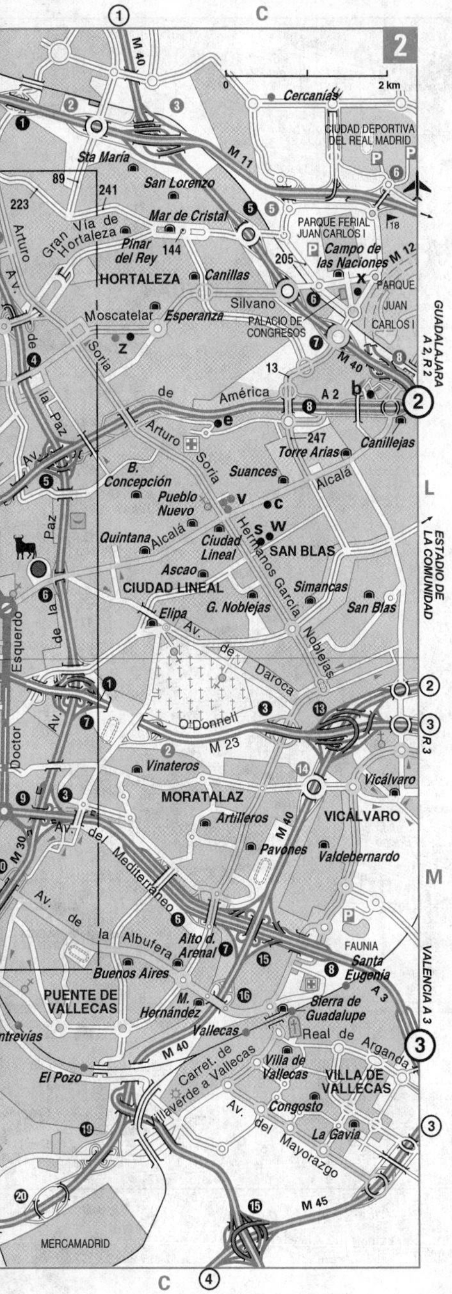

MADRID

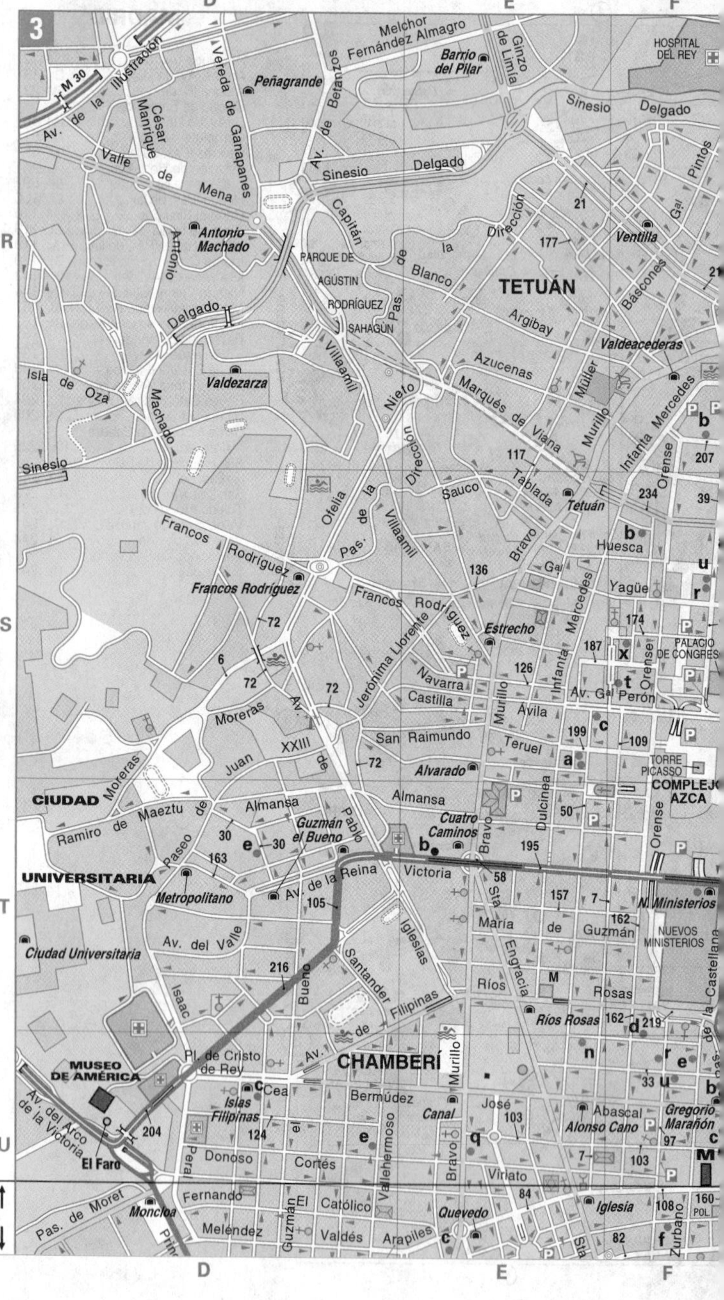
3
D
E
F
R
S
T
U
M 30
Av. de la Ilustración
Melchor Fernández Almagro
Barrio del Pilar
Ginzo de Limia
HOSPITAL DEL REY
Vereda de Ganapanes
Peñagrande
Av. de Betanzos
César Manrique
Valle de Mena
Sinesio Delgado
Pintos
Antonio Machado
Capitán
Dirección
Ventilla
PARQUE DE AGÚSTIN RODRÍGUEZ SAHAGÚN
Pas. de la Dirección
Blanco
TETUÁN
Bāscones
Argibay
Valdeacederas
Villaamil
Azucenas
Isla de Oza
Valdezarza
Nieto
Marqués de Viana
Müller
Murillo
Infanta Mercedes
Machado
Sinesio
Tablada
Tetuán
Orense
Sauco
Ofelia
Francos Rodríguez
Bravo
Huesca
Yagüe
Estrecho
Jerónima Llorente
PALACIO DE CONGRES
Navarra
Castilla
Moreras
Ávila
Av. Gal Perón
San Raimundo
Teruel
Juan XXIII
Av. de Pablo
Alvarado
TORRE PICASSO
COMPLEJO AZCA
CIUDAD UNIVERSITARIA
Almansa
Dulcinea
Ramiro de Maeztu
Paseo de
Guzmán el Bueno
Cuatro Caminos
Victoria
Metropolitano
Av. de la Reina
N. Ministerios
Sta María de Guzmán
NUEVOS MINISTERIOS
Ciudad Universitaria
Av. del Valle
Iglesias
Santander
Engracia
Ríos Rosas
Isaac
Bueno
Filipinas
Pas. de la Castellana
MUSEO DE AMÉRICA
Pl. de Cristo de Rey
Av. de
CHAMBERÍ
Cea Bermúdez
Islas Filipinas
Canal
José Abascal
Alonso Cano
Gregorio Marañón
Av. del Arco de la Victoria
El Faro
Peral
Donoso Cortés
Vallehermoso
Virìato
Moncloa
Fernando El Católico
Pas. de Moret
Melendez Valdés
Arapiles
Quevedo
Iglesia
Zurbano
POL.
Guzmán

G H J

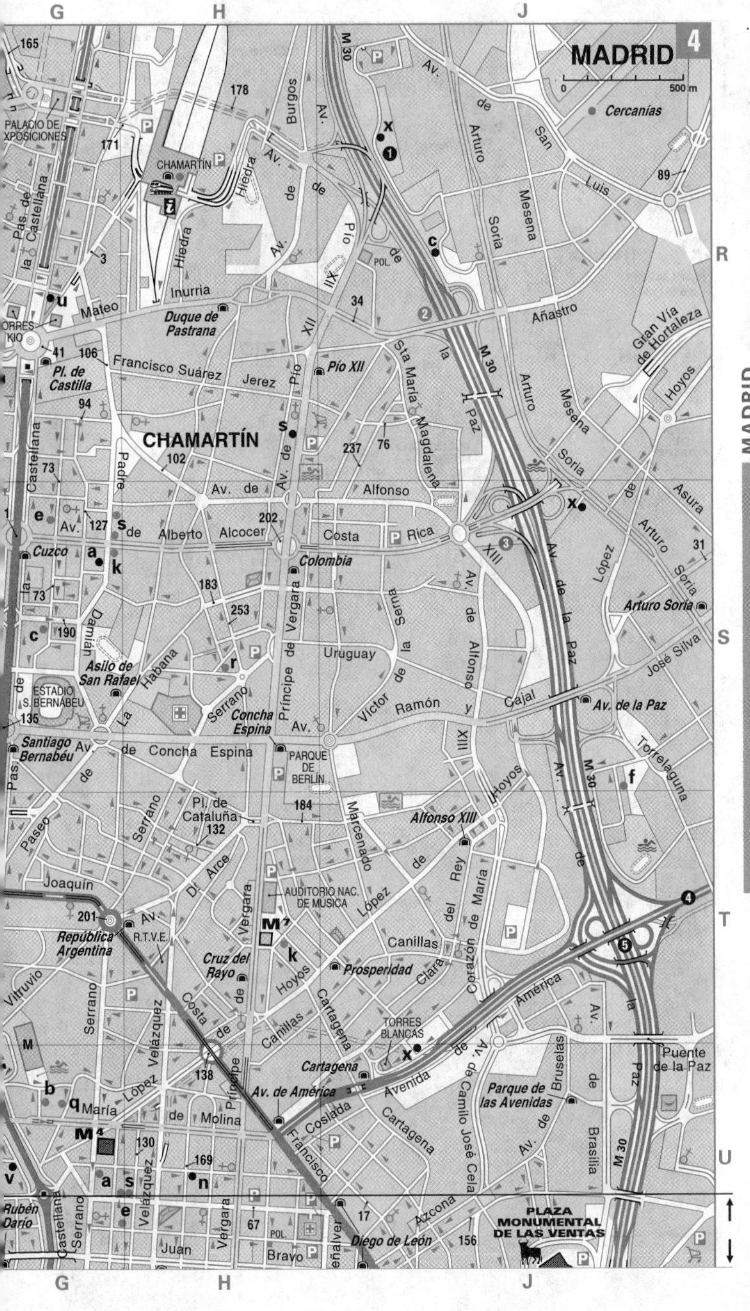

MADRID
4
0
500 m
Cercanías
PALACIO DE EXPOSICIONES
CHAMARTÍN
Duque de Pastrana
Pl. de Castilla
Pío XII
CHAMARTÍN
Cuzco
Colombia
Arturo Soria
Asilo de San Rafael
ESTADIO S. BERNABEU
Santiago Bernabéu
Concha Espina
Av. de la Paz
PARQUE DE BERLÍN
Alfonso XIII
AUDITORIO NAC. DE MÚSICA
República Argentina
R.T.V.E.
Cruz del Rayo
Prosperidad
TORRES BLANCAS
Cartagena
Av. de América
Parque de las Avenidas
Puente de la Paz
Rubén Darío
Diego de León
PLAZA MONUMENTAL DE LAS VENTAS
MADRID

G H J

R S T U

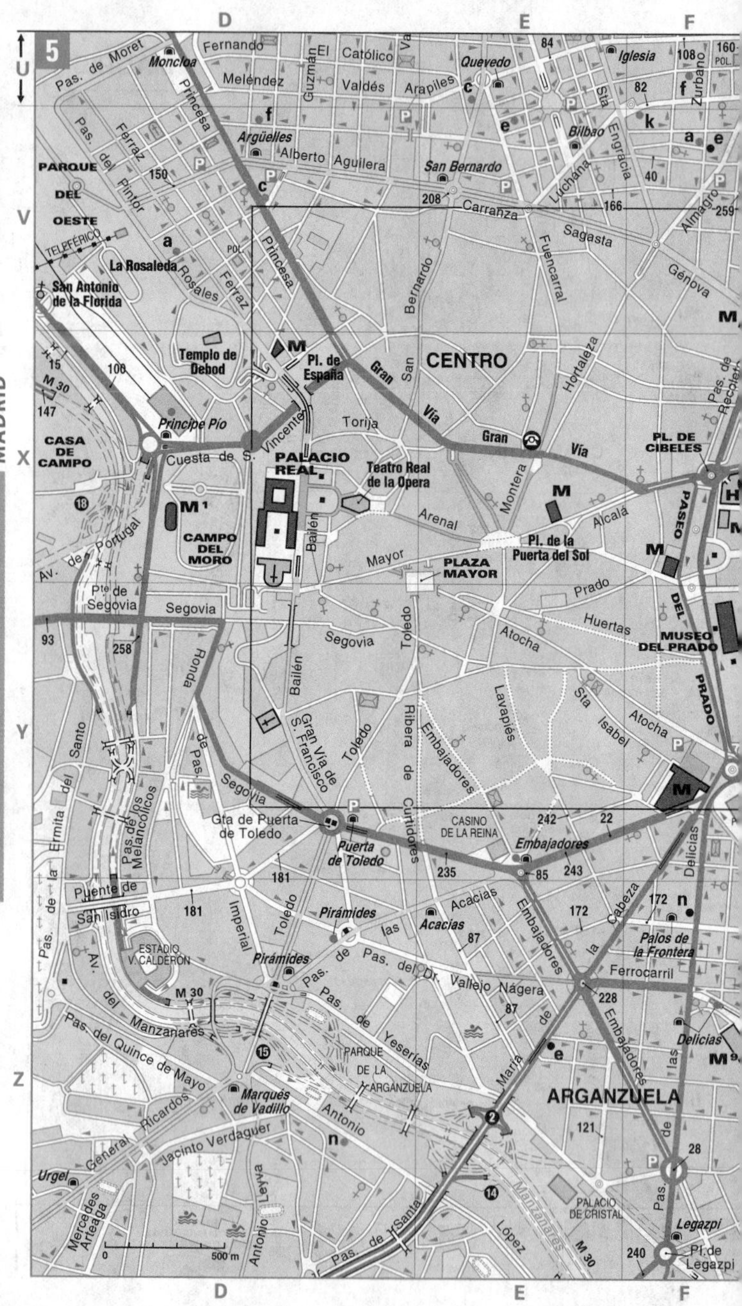
5
MADRID
CENTRO
ARGANZUELA
PARQUE DEL OESTE
CASA DE CAMPO
PALACIO REAL
Teatro Real de la Opera
Templo de Debod
CAMPO DEL MORO
PLAZA MAYOR
Pl. de la Puerta del Sol
Pl. de España
PL. DE CIBELES
MUSEO DEL PRADO
PASEO DEL PRADO
Gran Vía
La Rosaleda
San Antonio de la Florida
Moncloa
Argüelles
Quevedo
Iglesia
Bilbao
San Bernardo
Príncipe Pío
Puerta de Toledo
Embajadores
Pirámides
Acacias
Palos de la Frontera
Delicias
Marqués de Vadillo
Urgel
Legazpi
Pl. de Legazpi
ESTADIO V. CALDERÓN
PARQUE DE LA ARGANZUELA
PALACIO DE CRISTAL
CASINO DE LA REINA
Gta de Puerta de Toledo
Puente de San Isidro
Pte de Segovia
0
500 m

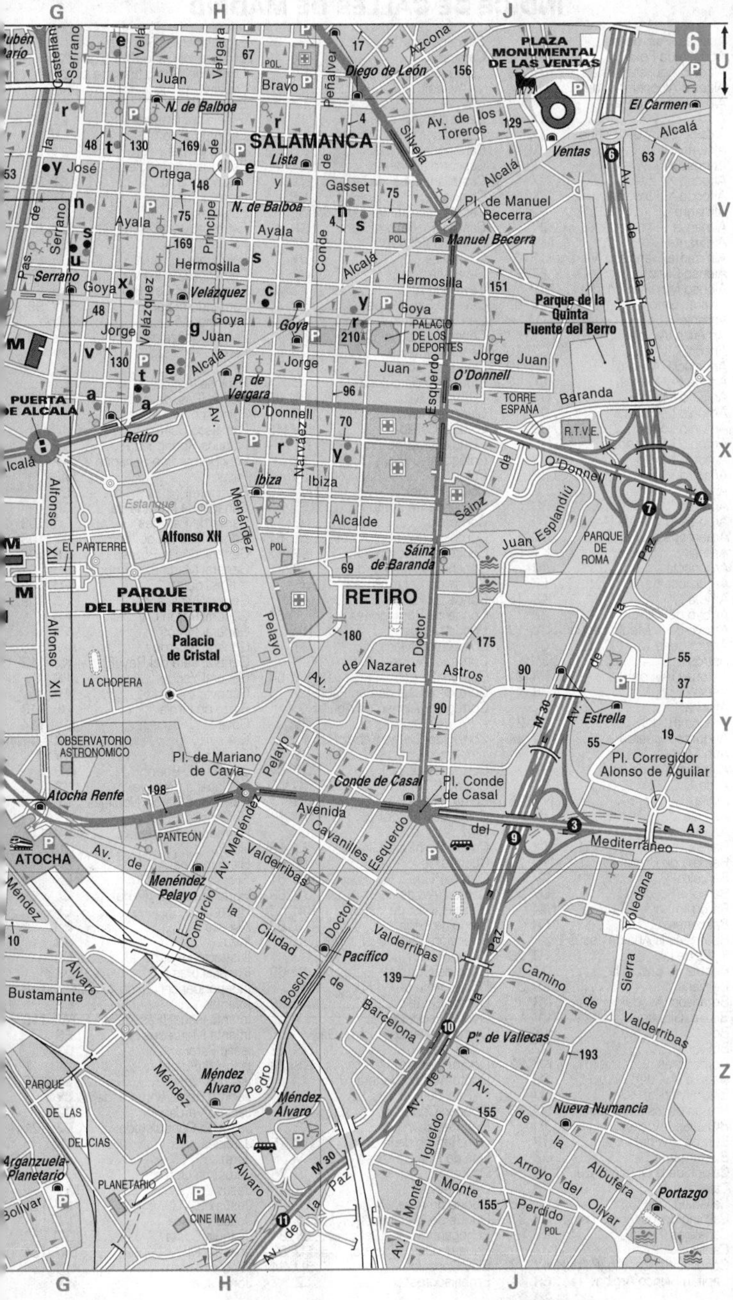

G H J

6

U

V

X

Y

Z

MADRID

PLAZA MONUMENTAL DE LAS VENTAS

SALAMANCA

RETIRO

PUERTA DE ALCALÁ

PARQUE DEL BUEN RETIRO

Palacio de Cristal

Alfonso XII

EL PARTERRE

LA CHOPERA

OBSERVATORIO ASTRONÓMICO

Estanque

Parque de la Quinta Fuente del Berro

PALACIO DE LOS DEPORTES

TORRE ESPAÑA

R.T.V.E.

PARQUE DE ROMA

PANTEÓN

ATOCHA

Atocha Renfe

PARQUE DE LAS DELICIAS

Arganzuela-Planetario

PLANETARIO

CINE IMAX

Diego de León

Núñez de Balboa

Lista

Velázquez

Serrano

Goya

Manuel Becerra

Ventas

El Carmen

O'Donnell

P. de Vergara

Retiro

Ibiza

Sáinz de Baranda

Estrella

Conde de Casal

Menéndez Pelayo

Pacífico

Pº de Vallecas

Nueva Numancia

Portazgo

Méndez Álvaro

Bolívar

Pl. de Manuel Becerra

Pl. de Mariano de Cavia

Pl. Conde de Casal

Pl. Corregidor Alonso de Aguilar

Juan Bravo

José Ortega y Gasset

Ayala

Hermosilla

Goya

Jorge Juan

Alcalá

O'Donnell

Ibiza

Alcalde Sáinz de Baranda

Av. de los Toreros

Av. de la Paz

Azcona

Peñalver

Silvela

Conde de Peñalver

Príncipe de Vergara

Velázquez

Castellana

Pas. de Serrano

Narváez

Doctor Esquerdo

Av. Menéndez Pelayo

Alfonso XII

Av. de Nazaret

Astros

Baranda

Juan Esplandiú

Avenida Cavanilles

Valderribas

Av. de la Ciudad de Barcelona

Doctor Esquerdo

Comercio

Bosch

Pedro Bosch

Av. de Méndez Álvaro

Méndez Álvaro

Bustamante

Av. del Mediterráneo

A 3

M 30

Camino de Valderribas

Sierra Toledana

Av. de la Albufera

Arroyo del Olivar

Monte Igueldo

Av. Monte Perdido

Av. de la Paz

POL.

ÍNDICE DE CALLES DE MADRID

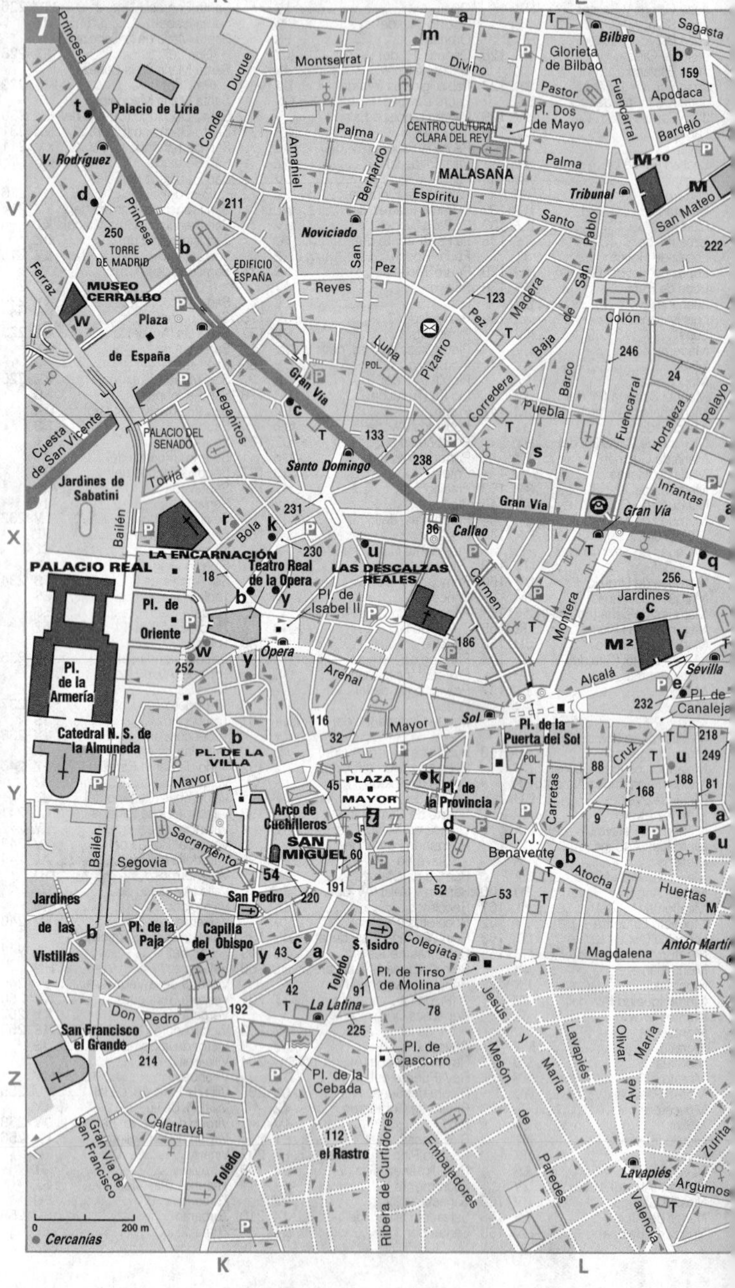

7
MADRID
K
L
V
X
Y
Z
Princesa
Palacio de Liria
V. Rodríguez
Conde Duque
Montserrat
Amaniel
San Bernardo
Noviciado
Palma
Divino
Pastor
Glorieta de Bilbao
Bilbao
Sagasta
Apodaca
Barceló
Fuencarral
Pl. Dos de Mayo
CENTRO CULTURAL CLARA DEL REY
MALASAÑA
Espíritu
Tribunal
San Mateo
Santo
San Pablo
Pez
Reyes
Madera
Baja de San Pablo
Colón
Torre de Madrid
Edificio España
Ferraz
Museo Cerralbo
Plaza de España
Cuesta de San Vicente
Palacio del Senado
Leganitos
Gran Vía
Luna
POL
Pizarro
Corredera
Barco
Puebla
Hortaleza
Pelayo
Santo Domingo
Infantas
Jardines de Sabatini
Torija
Bailén
La Encarnación
Bola
Callao
Palacio Real
Teatro Real de la Opera
Las Descalzas Reales
Pl. de Isabel II
Pl. de Oriente
Opera
Arenal
Carmen
Montera
Jardines
Alcalá
Sevilla
Pl. de Canalejas
Pl. de la Armería
Catedral N. S. de la Almuneda
Mayor
Sol
Pl. de la Puerta del Sol
Cruz
Pl. de la Villa
Plaza Mayor
Arco de Cuchilleros
San Miguel
Pl. de la Provincia
Carretas
Sacramento
Segovia
Pl. J. Benavente
Atocha
Huertas
Jardines de las Vistillas
San Pedro
Pl. de la Paja
Capilla del Obispo
S. Isidro
Colegiata
Toledo
Pl. de Tirso de Molina
Magdalena
Antón Martín
Don Pedro
La Latina
San Francisco el Grande
Pl. de Cascorro
Pl. de la Cebada
Jesús y María
Lavapiés
Olivar
Ave María
Mesón de Paredes
Calatrava
el Rastro
Ribera de Curtidores
Embajadores
Gran Vía de San Francisco
Zurita
Argumosa
Valencia
0
200 m
Cercanías

M
N
8
226
A. Martínez
99
25
u
Zurbano
x
Pl. Alonso Martínez
Paseo de la Castellana
Pl. Sta. Bárbara
Hermosilla
159
Génova
c
114
Hortaleza
a
Argensola
Colón
V
255
MUSEO DE CERA
Fernando VI
JARDINES DEL DESCUBRIMIENTO
Pelayo
49
J
Recoletos
MUSEO ARQUEOLÓGICO NACIONAL
CHUECA
Z 27
Recoletos
Gravina
Almirante
Villanueva
Chueca
u
Serrano
Prim
p
24
SALAMANCA
Recoletos
S. Marcos
196
Palacio de Buenavista
Paseo de
Palacio de Linares
t
PUERTA DE ALCALÁ
b
r
Barquillo
Alcalá
PL. DE CIBELES
X
Gran Vía
c
Banco de España
e
118
Palacio de Comunicaciones
Alfonso XI
Alfonso XII
BANCO DE ESPAÑA
H
Alcalá
Teatro de la Zarzuela
Montalbán
M3
M8
145
141
PASEO DEL PRADO
Bolsa de Madrid
Antonio Maura
M6
PALACIO DEL CONGRESO
218
Pl. de la Lealtad
c
57
e
Pl. Cánovas del Castillo
H. Ritz
Y
Prado
g
Felipe IV
CASÓN DEL BUEN RETIRO
79
z
Moreto
PARQUE DEL BUEN RETIRO
x
s
Huertas
Jesús
PASEO DEL PRADO
MUSEO DEL PRADO
Espalter
Pl. de Murillo
Moratín
Fúcar
Alfonso XII
JARDÍN BOTÁNICO
Atocha
Z
Sta Isabel
b
Claudio Moyano
Pl. Emperador Carlos V
OBSERVATORIO ASTRONÓMICO
Atocha
CENTRO DE ARTE REINA SOFÍA
119
ATOCHA
46
M
M
N

MADRID

Centro

The Westin Palace
pl. de las Cortes 7 ✉ 28014 Ⓜ Sevilla – ☏ 913 60 80 00 – www.westin.com 8MYe
420 hab – ††215/550 €, ☕ 34 € – 47 suites **Rest** – Carta 31/55 €
◆ Elegante edificio de carácter histórico considerado un símbolo de la Belle Époque. Su sorprendente zona social se encuentra bajo una bóveda acristalada de estilo Art Nouveau y disfruta de unas magníficas habitaciones, todas de línea clásica. En su restaurante La Rotonda podrá degustar una carta internacional.

Villa Real
pl. de las Cortes 10 ✉ 28014 Ⓜ Sevilla – ☏ 914 20 37 67 – www.derbyhotels.com 8MYc
96 hab – †240/385 € ††270/430 €, ☕ 21 € – 19 suites
Rest *East 47* – Menú 32/38 € – Carta 40/71 €
◆ Cuenta con una valiosa colección de arte griego y romano en todas sus dependencias. Sus confortables habitaciones poseen atractivos detalles y mobiliario en caoba. El restaurante, informal y con mucha luz natural, ofrece una cocina de sabor internacional.

Urban
Carrera de San Jerónimo 34 ✉ 28014 Ⓜ Sevilla – ☏ 917 87 77 70 – www.derbyhotels.com 7-8LMYz
102 hab – †270/450 € ††300/500 €, ☕ 21 € – 21 suites
Rest *Europa Decó* – ver selección restaurantes
◆ Hotel de vanguardia definido por la calidad de sus materiales, con atractivos juegos de luces, numerosas obras de arte y unas habitaciones que poseen todo tipo de detalles.

Tryp Ambassador
cuesta de Santo Domingo 5-7 ✉ 28013 Ⓜ Santo Domingo – ☏ 915 41 67 00 – www.solmelia.com 7KXk
183 hab – ††90/220 €, ☕ 18 € – 3 suites **Rest** – Carta aprox. 47 €
◆ Señorial y con un bello patio interior cubierto, en concordancia con la zona noble de la ciudad. Sus confortables habitaciones gozan de un mobiliario elegante y de calidad. Restaurante con el techo acristalado a modo de jardín de invierno.

De las Letras
Gran Vía 11 ✉ 28013 Ⓜ Gran Vía – ☏ 915 23 79 80 – www.hoteldelasletras.com 7LXq
109 hab – ††157/342 €, ☕ 17 € – 1 suite **Rest** – Menú 20 €
◆ Edificio restaurado que contrasta con un interior actual y colorista. Sus habitaciones ofrecen un diseño neoyorquino, con una iluminación intimista y poemas en las paredes. El restaurante, moderno y casi unido al lounge-bar, trabaja básicamente con dos menús.

María Elena Palace
Aduana 19 ✉ 28013 Ⓜ Sol – ☏ 913 60 49 30 – www.chh.es 7LXc
87 hab – †150/250 € ††250/500 €, ☕ 18 €
Rest – Menú 19/23 € – Carta aprox. 30 €
◆ Disfruta de un diáfano hall y un magnífico patio cubierto por una bóveda acristalada. Habitaciones clásicas con mobiliario de buen nivel, moqueta y los baños en mármol. Su restaurante, de acogedor estilo clásico, propone una carta actual y un menú diario.

NH Paseo del Prado
pl. Cánovas del Castillo 4 ✉ 28014 Ⓜ Banco de España – ☏ 913 30 24 00 – www.nh-hotels.com 8MYz
114 hab – ††89/514 €, ☕ 27 €
Rest *Estado Puro* – Carta aprox. 25 €
◆ Goza de una situación privilegiada y resulta ideal tanto para visitas culturales como de negocios. Presenta habitaciones algo pequeñas pero de calidad, con mobiliario moderno. El restaurante, muy dinámico, basa su trabajo en raciones, platos y tapas clásicas.

Ópera hab, hab, hab, VISA AE
cuesta de Santo Domingo 2 ✉ 28013 Ⓜ Ópera – ✆ 915 41 28 00 – www.hotelopera.com **7**KX**b**
79 hab – †90/187 € ††109/235 €, ☕ 15 €
Rest ***El Café de La Ópera*** – *(cerrado agosto)* Carta 50/70 €
◆ Posee un bar de ambiente clásico que hace de zona social, una sala de desayunos polivalente y otra más para reuniones. Habitaciones modernas y actuales. El restaurante tiene la particularidad de que ameniza sus veladas con Ópera o Zarzuela en directo.

Catalonia Las Cortes hab, VISA AE
Prado 6 ✉ 28014 Ⓜ Antón Martín – ✆ 913 89 60 51 – www.hoteles-catalonia.com **7**LY**u**
65 hab ☕ – †120/280 € ††280/350 € **Rest** – Menú 20 €
◆ Palacio del s. XVIII que perteneció a los Duques de Noblejas. Posee un interior clásico-actual que está definido por su luminosidad. Habitaciones de completo equipamiento.

Lusso Infantas VISA AE
Infantas 29 ✉ 28004 Ⓜ Chueca – ✆ 915 21 28 28 – www.hotelinfantas.com **8**MX**r**
40 hab – ††76/234 €, ☕ 13 €
Rest ***Ex Libris*** – ver selección restaurantes
◆ Se encuentra en un antiguo edificio que ha sido completamente remodelado, con una decoración bastante actual. Tanto las habitaciones como los baños están bien equipados.

Husa Paseo del Arte hab, VISA AE
Atocha 123 ✉ 28012 Ⓜ Atocha – ✆ 912 98 48 00 – www.husa.es **8**MNZ**b**
254 hab – ††95/300 €, ☕ 20 € – 6 suites
Rest – *(cerrado agosto)* Menú 22/38 €
◆ Como su nombre indica, está muy bien situado para visitar los museos más prestigiosos de Madrid. Posee espacios luminosos y diáfanos, con habitaciones funcionales de calidad. El restaurante ocupa el patio interior, con el techo acristalado y un pequeño jardín.

Preciados hab, VISA AE
Preciados 37 ✉ 28013 Ⓜ Callao – ✆ 914 54 44 00 – www.preciadoshotel.com **7**KX**u**
68 hab – †95/160 € ††105/300 €, ☕ 15 € – 5 suites **Rest** – Carta 35/45 €
◆ El sobrio clasicismo de su arquitectura, que data del s. XIX, contrasta con el moderno y completo equipamiento de las dependencias. Zona social escasa pero acogedora. El restaurante, que tiene un carácter polivalente, ofrece una carta tradicional y dos menús.

Catalonia Moratín sin rest VISA AE
Atocha 23 ✉ 28012 Ⓜ Sol – ✆ 913 69 71 71 – www.hoteles-catalonia.com **7**LY**b**
63 hab – ††70/515 €, ☕ 16 €
◆ Este palacete del s. XVIII combina elementos originales, como su bella escalera, con otros más modernos. Zona social en el antiguo patio de carruajes y habitaciones actuales.

Mayorazgo VISA AE
Flor Baja 3 ✉ 28013 Ⓜ Plaza de España – ✆ 915 47 26 00 – www.hotelmayorazgo.com **7**KV**c**
200 hab ☕ – †100/130 € ††140/170 € **Rest** – Menú 22 €
◆ Es uno de los clásicos de la ciudad. Dispone de un buen hall, una piano-bar actualizado y una zona de salones modulares. Habitaciones algo anticuadas pero correctas. El restaurante, que disfruta de un ambiente clásico, propone un pequeño menú tipo carta.

MADRID

Ada Palace hab,
Marqués de Valdeiglesias 1 ✉ 28004 Ⓜ Banco de España – ☎ 917 01 19 19 – www.chh.es **8**MX**c**
78 hab – †90/600 € ††110/750 €, ☕ 13 €
Rest *Ágora* – Carta 36/52 €
♦ Ocupa un edificio histórico, lo que le reporta ventajas y algún inconveniente, como el reducido tamaño de su recepción. Habitaciones clásicas de buen confort. El restaurante se encuentra en la sexta planta, junto a la cafetería y sus privilegiadas terracitas.

Suite Prado sin rest
Manuel Fernández y González 10 ✉ 28014 Ⓜ Antón Martín – ☎ 914 20 23 18 – www.suiteprado.com **7**LY**a**
9 hab – †76/136 € ††76/216 €, ☕ 9 € – 9 suites
♦ De ambiente familiar, con fachada clásico-actual. En su interior alberga una encantadora escalera antigua. Habitaciones tipo apartamento con salón independiente y cocina.

Meninas sin rest
Campomanes 7 ✉ 28005 Ⓜ Ópera – ☎ 915 41 28 05 – www.hotelmeninas.com
37 hab – †89/149 € ††99/189 €, ☕ 15 € **7**KX**y**
♦ Está instalado en un edificio de viviendas y destaca por su trato, de carácter familiar y personalizado. Acogedora zona social con biblioteca y habitaciones de corte actual.

Quo Puerta del Sol sin rest
Sevilla 4 ✉ 28014 Ⓜ Sevilla – ☎ 915 32 90 49 – www.hotelquopuertadelsol.es
62 hab – †89/250 € ††105/305 €, ☕ 17 € **7**LY**e**
♦ Prácticamente carece de zona social y las habitaciones son algo pequeñas, sin embargo, compensan estos detalles con un buen equipamiento y una cuidada decoración minimalista.

Plaza Mayor sin rest
Atocha 2 ✉ 28012 Ⓜ Sol – ☎ 913 60 06 06 – www.h-plazamayor.com
34 hab – †60/80 € ††60/110 €, ☕ 8 € **7**LY**d**
♦ A un paso de la Plaza Mayor. Pequeño hotel de agradable funcionalidad y aspecto actual, con habitaciones alegres aunque algo reducidas. Cafetería pública en la planta baja.

Gonzalo sin rest y sin ☕
Cervantes 34-3ª planta ✉ 28014 Ⓜ Antón Martín – ☎ 914 29 27 14 – www.hostalgonzalo.com **8**MY**s**
15 hab – †50 € ††60 €
♦ Este hostal, típicamente familiar, está ubicado en una casa de vecinos del barrio de Las Letras. Sus espaciosas habitaciones cuentan con un mobiliario básico y funcional.

La Terraza del Casino (Paco Roncero)
Alcalá 15-3° ✉ 28014 Ⓜ Sevilla – ☎ 915 32 12 75 – www.casinodemadrid.es – cerrado agosto, sábado mediodía, domingo y festivos **7**LX**v**
Rest – Menú 65/125 € – Carta 70/95 €
Espec. Ventresca de salmón con salsa tártara en deconstrucción. Mero con crema de vainas. Declinación de la liebre.
♦ En un edificio del s. XIX. Encontrará un marco palaciego, una estética actual y una de las terrazas con más prestigio de Madrid. Su chef trabaja con mesura sobre una carta moderna y creativa, siempre con excelentes calidades y unos perfectos puntos de cocción.

Paradis Madrid
Marqués de Cubas 14 ✉ 28014 Ⓜ Banco de España – ☎ 914 29 73 03 – www.paradismadrid.es – cerrado sábado mediodía, domingo y festivos
Rest – Carta 40/55 € **8**MY**v**
♦ Modernas instalaciones ubicadas junto al Palacio del Congreso, con acceso a través de un hall-tienda de delicatessen. Dispone de un amplio comedor y una zona para tapear.

XXX **Café de Oriente**

pl. de Oriente 2 ✉ 28013 Ⓜ Ópera – ✆ 915 41 39 74 – www.grupolezama.es
Rest – Menú 49 € – Carta 45/59 € **7**KXY**w**
♦ Propone varios ambientes frente al Palacio Real: el de una lujosa cafetería y el de bodega-comedor, con reservados de buen nivel. Carta tradicional con tendencias vascas.

XXX **La Manduca de Azagra**

Sagasta 14 ✉ 28004 Ⓜ Alonso Martínez – ✆ 915 91 01 12 – cerrado agosto, domingo y festivos **7**LV**b**
Rest – Carta 45/50 €
♦ A su privilegiada ubicación se suma un amplio local de estilo minimalista, donde se cuidan tanto el diseño como la iluminación. Cocina basada en la calidad del producto.

XX **Casa Matías**

San Leonardo 12 ✉ 28015 Ⓜ Plaza de España – ✆ 915 41 76 83 – www.casamatias.es – cerrado domingo noche **7**KV**b**
Rest – Menú 25/39 € – Carta 44/52 €
♦ A modo de sidrería vasca, con grandes toneles en los que el cliente puede escanciar la sidra. Posee dos espaciosas salas de aire rústico-moderno, una con parrilla a la vista.

XX **Julián de Tolosa**

Cava Baja 18 ✉ 28005 Ⓜ La Latina – ✆ 913 65 82 10 – www.casajuliandetolosa.com – cerrado lunes noche **7**KZ**c**
Rest – Menú 65 € – Carta 47/58 €
♦ Este prestigioso asador de ambiente neorrústico ofrece uno de los mejores chuletones de buey de la ciudad. Su reducida carta se ve compensada por la calidad de los productos.

XX **Europa Decó** – Hotel Urban

Carrera de San Jerónimo 34 ✉ 28014 Ⓜ Sevilla – ✆ 917 87 77 80 – www.derbyhotels.com – cerrado agosto, sábado mediodía y domingo
Rest – Carta 40/59 € **7-8**LMY**z**
♦ Va de boca en boca por su diseño innovador y el excelente servicio de mesa, elaborando una cocina mediterránea, de mercado y de "globalización", basada en productos exóticos.

XX **Ex Libris** – Hotel Lusso Infantas

Infantas 29 ✉ 28004 Ⓜ Chueca – ✆ 915 21 28 28 – www.restauranteexlibris.com
Rest – Carta 31/47 € **8**MX**r**
♦ Este restaurante se presenta con un estilo actual bastante cuidado y una original decoración a base de "Ex Libris". Cocina tradicional con detalles actuales y diversos menús.

XX **Corral de la Morería**

Morería 17 ✉ 28005 Ⓜ Ópera – ✆ 913 65 84 46 – www.corraldelamoreria.com
Rest – *(solo cena)* Menú 40/92 € – Carta 55/74 € **7**KZ**b**
♦ Restaurante con espectáculo flamenco de gran nivel. Las mesas están un poco apretadas, ya que se distribuyen en torno al "tablao". Ofrece carta y varios menús gastronómicos.

XX **Esteban**

Cava Baja 36 ✉ 28005 Ⓜ La Latina – ✆ 913 65 90 91 – www.rte-esteban.com – cerrado 20 julio-10 agosto, domingo noche, lunes noche y martes noche
Rest – Carta 26/49 € **7**KZ**y**
♦ Sus acogedoras instalaciones presentan una decoración de aire clásico-castellano, con fotos de personajes famosos y algunos detalles castizos. Cocina de sabor tradicional.

X **La Esquina del Real**

Amnistía 4 ✉ 28013 Ⓜ Ópera – ✆ 915 59 43 09 – www.laesquinadelreal.es – cerrado 15 agosto-15 septiembre, sábado mediodía, domingo y festivos
Rest – Carta 40/52 € **7**KY**y**
♦ Agradable e íntimo establecimiento de estilo rústico, con las paredes en piedra y ladrillo. Ofrecen buen trato y una carta atractiva, con platos de tendencia francesa.

Bolívar

Manuela Malasaña 28 ✉ 28004 Ⓜ San Bernardo – ✆ 914 45 12 74 – www.restaurantebolivar.com – cerrado agosto y domingo **7**LV**a**

Rest – Menú 38 € – Carta 25/45 €

♦ Local familiar en el barrio tradicional de Malasaña, con excelente trato personal y carta variada a buenos precios. Acogedora sala de corte moderno.

Zerain

Quevedo 3 ✉ 28014 Ⓜ Antón Martín – ✆ 914 29 79 09 – www.restaurante-vasco-zerain-sidreria.es – cerrado domingo noche

Rest – Carta 35/45 € **8**MY**x**

♦ Marco de sidrería vasca con grandes toneles. Ambiente acogedor y simpática decoración, con fotografías de pueblos y rincones típicos. Carta asequible de tipo asador.

Krachai

Fernando VI-11 ✉ 28004 Ⓜ Alonso Martínez – ✆ 918 33 65 56 – www.krachai.es – cerrado agosto y domingo noche **8**MV**a**

Rest – Menú 30 € – Carta 20/53 €

♦ Repartido en dos salas, ambas con una iluminación bastante cuidada y de montaje actual. La carta, de cocina tailandesa, distribuye los platos según su técnica de elaboración.

La Gastroteca de Santiago

pl. Santiago 1 ✉ 28013 Ⓜ Ópera – ✆ 915 48 07 07 – www.lagastrotecadesantiago.es – cerrado Semana Santa, del 15 al 31 de agosto, domingo noche y lunes **7**KY**b**

Rest – Carta 50/68 €

♦ Tras sus dos grandes cristaleras encontrará un restaurante reducido pero acogedor, de organización amable y aire moderno. Tiene la cocina semivista y una carta actual.

La Tasquita de Enfrente

Ballesta 6 ✉ 28004 Ⓜ Gran Vía – ✆ 915 32 54 49 – www.latasquitadeenfrente.com – cerrado Semana Santa, agosto, domingo y lunes **7**LX**s**

Rest – (es necesario reservar) Carta 50/80 €

♦ Este pequeño negocio familiar se caracteriza por haber sabido fidelizar a su clientela. Propone una buena cocina de mercado, tratada con sencillez, cariño e inteligencia.

La Bola

Bola 5 ✉ 28013 Ⓜ Santo Domingo – ✆ 915 47 69 30 – www.labola.es – cerrado domingo noche **7**KX**r**

Rest – Menú 30/35 € – Carta aprox. 35 €

♦ Esta casa familiar mantiene el sabor castizo del viejo Madrid. Ofrece un interior de carácter tradicional, con gran tipismo y fotografías antiguas. ¡Pida el cocido madrileño!

Botín

Cuchilleros 17 ✉ 28005 Ⓜ Sol – ✆ 913 66 42 17 – www.botin.es **7**KY**s**

Rest – Carta aprox. 51 €

♦ Abrió sus puertas en 1725, por lo que figura en el Libro Guinness de los Records como el restaurante más antiguo del mundo. Su decoración evoca la esencia del viejo Madrid.

Le Cabrera

Bárbara de Braganza 2 ✉ 28004 Ⓜ Colón – ✆ 913 19 94 57 – www.lecabrera.com – cerrado domingo **8**NV**z**

Rest – Ración aprox. 9 €

♦ El negocio, original y con mucho diseño, se divide en dos zonas, una con acceso al chef que prepara los platos tras la barra y la otra, en el sótano, pensada más para copas.

La Botillería del Café de Oriente

pl. de Oriente 4 ✉ 28013 Ⓜ Ópera – ✆ 915 48 46 20 – www.grupolezama.es
Rest – Tapa 4 € – Ración aprox. 12 € **7**KX**w**
◆ En zona de gran ambiente gastronómico y nocturno. Decoración clásica de café vienés, con gran variedad de canapés y la posibilidad de tomar buenos vinos por copa.

La Camarilla

Cava Baja 21 ✉ 28005 Ⓜ Latina – ✆ 913 54 02 07 – www.lacamarillarestaurante.com – cerrado 21 días en julio y miércoles mediodía **7**KZ**a**
Rest – Tapa 4 €
◆ ¡Un buen lugar si desea comer a base de tapas! Presenta una gran barra para tapear y a continuación el comedor, este último de montaje moderno e informal.

Bocaito

Libertad 6 ✉ 28004 Ⓜ Chueca – ✆ 915 32 12 19 – www.bocaito.com – cerrado agosto, sábado mediodía y domingo **8**MX**b**
Rest – Tapa 3,80 € – Ración aprox. 10,50 € – Menú 23/47 €
◆ Se reparte entre dos locales comunicados entre sí y ofrece cuatro salas, todas de aire rústico-castellano aunque con detalles taurinos en su decoración. Cocina tradicional.

Prada a Tope

Príncipe 11 ✉ 28012 Ⓜ Sevilla – ✆ 914 29 59 21 – www.pradaatope.es
Rest – Tapa 5 € – Ración aprox. 8 € **7**LY**u**
◆ Fiel a las directrices estéticas de la cadena. Presenta una barra y varias mesas desnudas, decorando la sala con mucha madera, fotos antiguas y productos típicos de El Bierzo.

Taberna de San Bernardo

San Bernardo 85 ✉ 28015 Ⓜ San Bernardo – ✆ 914 45 41 70 – cerrado lunes
Rest – Tapa 3 € – Ración aprox. 7 € **7**LV**m**
◆ Bar tipo taberna de ambiente castizo. Posee una gran barra, una sala principal y dos privados, el del sótano con las paredes en ladrillo visto. ¡Pida sus famosos Bernarditos!

Retiro, Salamanca

Ritz hab, rest

pl. de la Lealtad 5 ✉ 28014 Ⓜ Banco de España – ✆ 917 01 67 67 – www.ritzmadrid.com **8**NY**k**
137 hab – ††255/580 €, ☐ 34 € – 30 suites **Rest** – Menú 61/100 €
◆ Hotel de prestigio internacional ubicado en un palacete de principios del s. XX. Disfruta de unos bellísimos espacios comunes y ofrece habitaciones de suntuosa decoración. El restaurante cuenta con un elegante comedor y una agradable terraza de verano.

Villa Magna hab

paseo de la Castellana 22 ✉ 28046 Ⓜ Rubén Darío – ✆ 915 87 12 34 – www.hotelvillamagna.es **6**GV**y**
164 hab – †335/550 € ††395/610 €, ☐ 37 € – 17 suites
Rest *Villa Magna* – Carta aprox. 75 €
Rest *Tsé Yang* – *(rest. chino)* Carta aprox. 70 €
◆ Tras una importante reforma se presenta con una zona social mucho más luminosa y habitaciones de estética actual, destacando las suites de la última planta por su terraza. En el restaurante Villa Magna encontrará una deliciosa cocina de autor.

Hospes Madrid rest,

pl. de la Independencia 3 ✉ 28001 Ⓜ Retiro – ✆ 914 32 29 11 – www.hospes.com **8**NX**v**
40 hab – ††190/600 €, ☐ 24 € – 1 suite **Rest** – Menú 20/70 €
◆ Ocupa un edificio que data de 1883, con la recepción en el paso de carruajes, dos salas de reuniones, un SPA y modernas habitaciones, muchas asomadas a la Puerta de Alcalá. El restaurante, que presenta un montaje moderno, ofrece una carta de cocina actual.

Gran Meliá Fénix hab,

Hermosilla 2 ✉ 28001 Ⓜ Serrano – ☎ 914 31 67 00 – www.granmeliafenix.com
212 hab – ††165/425 €, ☕ 26 € – 12 suites **8**NV**c**
Rest – Carta 50/65 €
♦ Conjunto dotado de señorío y distinción. Posee amplias zonas nobles, como su llamativo hall bajo cúpula, y habitaciones de elegante línea clásica equipadas a un gran nivel. El restaurante recrea una atmósfera relajada y ofrece una cocina de tinte mediterráneo.

Wellington

Velázquez 8 ✉ 28001 Ⓜ Retiro – ☎ 915 75 44 00 – www.hotel-wellington.com
255 hab – †150/325 € ††150/375 €, ☕ 22 € – 7 suites **6**HX**t**
Rest *Kabuki Wellington* **Rest *Goizeko Wellington*** – ver selección restaurantes
♦ Está en una zona elegante, junto al Retiro, y es famoso por ser aquí donde se alojan muchos toreros durante la Feria de San Isidro. Presenta un interior de línea clásica-elegante, un centro deportivo y habitaciones de muy buen confort.

Adler

Velázquez 33 ✉ 28001 Ⓜ Velázquez – ☎ 914 26 32 20 – www.hoteladler.es
44 hab – †250/400 € ††300/495 €, ☕ 27 € **6**HV**x**
Rest – Menú 55 € – Carta 50/73 €
♦ Exclusivo y selecto, recreando su elegante interior con materiales de gran calidad. Destacan las confortables habitaciones, con un equipamiento al más alto nivel. Restaurante de atmósfera acogedora y montaje detallista.

AC Palacio del Retiro hab,

Alfonso XII-14 ✉ 28014 Ⓜ Retiro – ☎ 915 23 74 60 – www.ac-hotels.com
50 hab – †220/300 € ††230/310 €, ☕ 29 € **8**NXY**c**
Rest – Carta 32/49 €
♦ Edificio señorial de principios del s. XX. La recepción ocupa lo que era el paso de carruajes, acompañada por una elegante zona social y unas excelentes habitaciones. El restaurante, enfocado claramente al cliente alojado, ofrece una carta tradicional-actual.

Único Madrid

Claudio Coello 67 ✉ 28001 Ⓜ Serrano – ☎ 917 81 01 73
– www.unicohotelmadrid.com **6**GV**s**
44 hab – ††210/350 €, ☕ 26 € – 1 suite
Rest *Ramón Freixa Madrid* – ver selección restaurantes
♦ Tras su atractiva fachada clásica encontrará un hall-recepción de diseño, una elegante zona social y confortables habitaciones, todas con elementos clásicos y vanguardistas.

Vincci Soma hab, hab,

Goya 79 ✉ 28001 Ⓜ Goya – ☎ 914 35 75 45 – www.vinccihoteles.com
176 hab ☕ – †90/150 € ††100/175 € **6**HV**c**
Rest – *(cerrado agosto)* Menú 25 € – Carta 32/52 €
♦ Céntrico y de instalaciones actuales. Disfruta de un bello salón-biblioteca con chimenea y habitaciones de completo equipamiento, destacando las que poseen terraza. El restaurante, luminoso, moderno y decorado en tonos blancos, ofrece una carta de autor.

Petit Palace Embassy hab,

Serrano 46 ✉ 28001 Ⓜ Serrano – ☎ 914 31 30 60 – www.hthoteles.com
75 hab – †110/250 € ††120/300 €, ☕ 16 € **Rest** – Menú 20 € **6**GV**u**
♦ Combina la belleza de un edificio del s. XIX con un interior de diseño, resultando algo atrevido pero acogedor. Habitaciones de completo equipamiento, todas con ordenador. El restaurante es como un patio cubierto, luminoso y alargado, con un pequeño privado.

Jardín de Recoletos

Gil de Santivañes 4 ✉ 28001 Ⓜ Serrano – ☎ 917 81 16 40 – www.vphoteles.com
43 hab ☕ – ††134/260 € **Rest** – Menú 25 € **8**NV**p**
♦ Atractiva fachada con balcones abalaustrados. Dispone de un elegante hall-recepción con una vidriera en el techo, amplias habitaciones tipo estudio y un buen patio-terraza. Su pequeño comedor de estilo clásico ofrece una carta de tinte tradicional.

NH Balboa sin rest, con cafetería

Núñez de Balboa 112 ✉ 28006 Ⓜ Núñez de Balboa – ☎ 915 63 03 24 – www.nh-hotels.com **4HUn**

120 hab – 🚹49/297 € 🚹🚹59/307 €, ☕ 17 €

♦ Tras su reducido hall dispone de un espacio polivalente que funciona como barra de bar, área de desayunos y zona de lectura. La mayoría de sus habitaciones han sido renovadas.

Club 31

Alcalá 58 ✉ 28014 Ⓜ Retiro – ☎ 915 31 00 92 – www.club31.net – cerrado agosto y festivos **8NXe**

Rest – Carta 43/92 €

♦ Un restaurante con prestigio en la ciudad. Posee un interior en el que se combinan los detalles clásicos y modernos, así como una carta de cocina internacional bien elaborada.

Ramón Freixa Madrid – Hotel Único Madrid

Claudio Coello 67 ✉ 28001 Ⓜ Serrano – ☎ 917 81 82 62 – www.ramonfreixamadrid.com – cerrado Navidades, Semana Santa, agosto, domingo y lunes **6GVs**

Rest – Menú 70/115 € – Carta 67/96 €

Espec. Esparragos blancos en micro menú. Lenguado con zanahorias sin fin y garbanzos. Fresones, apio y vinagre.

♦ De estética moderna, con pocas mesas pero bien dispuestas y precedido por una agradable terraza de verano. De sus fogones surge una cocina de autor que sorprende por sus elaboraciones, coherentes, muy bien presentadas y con productos de excelente calidad.

Sanxenxo

José Ortega y Gasset 40 ✉ 28006 Ⓜ Núñez de Balboa – ☎ 915 77 82 72 – www.sanxenxo.com.es – cerrado Semana Santa, agosto y domingo noche

Rest – Carta 68/85 € **6HVe**

♦ Magníficas instalaciones en las que predominan el granito y la madera, con las salas repartidas en dos plantas. Cocina tradicional gallega con pescados y mariscos de calidad.

Pedro Larumbe

Serrano 61-ático 2ª planta ✉ 28006 Ⓜ Rubén Darío – ☎ 915 75 11 12 – www.larumbe.com – cerrado 15 días en agosto, domingo y festivos

Rest – Carta 43/50 € **6GVr**

♦ En el piso superior de un palacete reconvertido en centro comercial. Posee tres salas de aire regio, todas con detalles exquisitos. Carta internacional con toques creativos.

Castelló 9

Castelló 9 ✉ 28001 Ⓜ Príncipe de Vergara – ☎ 914 35 00 67 – www.castello9.es – cerrado Semana Santa, agosto, domingo y festivos **6HXe**

Rest – Menú 50 € – Carta 36/53 €

♦ Disfruta de una estética clásica-elegante y se encuentra a dos pasos del Retiro. En sus salas ofrecen una carta de cocina clásica-internacional y un buen menú degustación, con variedad de platos y medias raciones.

Kabuki Wellington (Ricardo Sanz) – Hotel Wellington

Velázquez 6 ✉ 28001 Ⓜ Retiro – ☎ 915 77 78 77 – www.restaurantekabuki.com – cerrado 10 días en Semana Santa, del 1 al 21 de agosto, sábado mediodía, domingo y festivos **6HXa**

Rest – Menú 66/91 € – Carta 48/78 €

Espec. Usuzukuri de toro (noviembre-marzo). Erizo de mar fresco con papa arrugada canaria y huevo de corral. Costilla de buey Wagyu con salsa teriyaki y yuka frita.

♦ Un restaurante que está teniendo mucho éxito en la ciudad. Presenta una gran sala de línea actual en dos alturas, con una barra de sushi y detalles de diseño. Cocina japonesa elaborada con productos de excelente calidad, siempre bien tratados y presentados.

XXX **Goizeko Wellington** - Hotel Wellington

Villanueva 34 ✉ 28001 Ⓜ Retiro - ✆ 915 77 01 38 - www.goizekogaztelupe.com - cerrado sábado mediodía en julio-agosto y domingo **6**HX**t**

Rest - Menú 80 € - Carta 43/78 €

♦ Disfruta de un comedor clásico-moderno y dos privados, todo de exquisito montaje. Su carta, que fusiona la cocina tradicional, la internacional y la creativa, se ha visto también enriquecida con varios platos de origen nipón.

XX **La Paloma**

Jorge Juan 39 ✉ 28001 Ⓜ Príncipe de Vergara - ✆ 915 76 86 92 - www.rtelapaloma.com - cerrado Semana Santa, agosto, domingo y festivos

Rest - Menú 50/60 € - Carta 48/64 € **6**HX**g**

♦ Tiene una organización profesional y una clientela elegante, con un comedor en dos niveles y un excelente servicio de mesa. Combina platos internacionales y tradicionales.

XX **O'Grelo**

Menorca 39 ✉ 28009 Ⓜ Ibiza - ✆ 914 09 72 04 - www.restauranteogrelo.com - cerrado domingo noche **6**JX**y**

Rest - Carta 32/88 €

♦ Conozca las excelencias de la cocina tradicional gallega, con gran variedad de pescados y mariscos. Bar de raciones en la entrada y detalles neorrústicos en la decoración.

XX **La Torcaz**

Lagasca 81 ✉ 28006 Ⓜ Núñez de Balboa - ✆ 915 75 41 30 - www.latorcaz.com - cerrado del 1 al 21 de agosto y domingo **6**GHV**t**

Rest - Carta 40/58 €

♦ Acogedor y dotado con un buen expositor de vinos. Posee una sala en tres ambientes, con una decoración clásica-actual, excelente servicio de mesa y una completa bodega.

XX **Dassa Bassa**

Villalar 7 ✉ 28001 Ⓜ Retiro - ✆ 915 76 73 97 - www.dassabassa.com - cerrado Semana Santa, agosto, domingo y lunes **8**NX**t**

Rest - Menú 25/80 € - Carta 40/60 €

♦ ¡Ocupa lo que era una antigua carbonera! Presenta un buen hall-bar de entrada, donde podrá tomarse unas tapas, y cuatro modernas salas decoradas con detalles de diseño. Cocina actual en la que se cuidan los sabores.

XX **Oter Epicure**

Claudio Coello 71 ✉ 28001 Ⓜ Serrano - ✆ 914 31 67 70 - www.oterepicure.com **6**GV**n**

Rest - Carta 40/50 €

♦ Posee un bar a la entrada y una sala alargada tipo bistrot, con detalles rústicos y las mesas algo apretadas. Su amplia carta se ve enriquecida con interesantes sugerencias.

XX **El Gran Barril**

Goya 107 ✉ 28009 Ⓜ Goya - ✆ 914 31 22 10 - www.elgranbarril.com

Rest - Carta aprox. 50 € **6**JV**y**

♦ Negocio de confortables instalaciones con la fachada acristalada. Presenta un bar público y dos amplias salas, ambas de línea actual. ¡La especialidad de la casa son los pescados y mariscos!

XX **Shikku**

Lagasca 5 ✉ 28001 Ⓜ Retiro - ✆ 914 31 93 08 - www.shikku.es - cerrado del 8 al 22 de agosto, domingo y festivos **4**GX**a**

Rest - Carta 40/68 €

♦ Disfruta de una barra de apoyo a la entrada y una sala de montaje actual, con los suelos en moqueta. Cocina japonesa elaborada con productos de calidad.

XX **Gerardo**

D. Ramón de la Cruz 86 ✉ 28006 Ⓜ Manuel Becerra – ☎ 914 01 89 46 – www.restaurantegerardo.com **6**JV**s**

Rest – Carta 40/59 €

♦ Buen bar de espera con expositor de productos, un privado y un comedor clásico que destaca por sus vistas a un patio interior ajardinado. Carta de cocina tradicional.

XX **El Almirez**

Maldonado 5 ✉ 28006 Ⓜ Núñez de Balboa – ☎ 914 11 54 69 – www.restauranteelalmirez.es – cerrado Semana Santa, del 7 al 21 de agosto y domingo noche **4**GHU**e**

Rest – Carta 33/47 €

♦ Establecimiento de estilo clásico en dos niveles, con dos comedores, un bar con algunas mesas, a modo de taberna, y una carta tradicional con predominio de la cocina vasca.

XX **El Chiscón de Castelló**

Castelló 3 ✉ 28001 Ⓜ Príncipe de Vergara – ☎ 915 75 56 62 – www.elchiscon.com – cerrado agosto, domingo y lunes noche **6**HX**e**

Rest – Carta 34/50 €

♦ Su fachada típica esconde un interior que por su cálida decoración se asemeja a una casa particular, sobre todo en las salas de la 1ª planta. Cocina tradicional a buen precio.

XX **La Hoja**

Doctor Castelo 48 ✉ 28009 Ⓜ O'Donnell – ☎ 914 09 25 22 – www.lahoja.es – cerrado domingo **6**JX**y**

Rest – Carta 39/53 €

♦ Ofrece dos salones de ambiente clásico en los que podrá degustar una copiosa cocina asturiana, con un apartado de fabada y pollos de su propia granja. Tienda delicatessen.

X **Pelotari**

Recoletos 3 ✉ 28001 Ⓜ Colón – ☎ 915 78 24 97 – www.pelotari-asador.com – cerrado domingo **8**NV**u**

Rest – Carta 40/61 €

♦ Clásico asador vasco llevado por sus propietarios, uno en sala y el otro en cocina. Posee cuatro comedores de estilo clásico regional, dos de ellos convertibles en privados.

X **La Castela**

Doctor Castelo 22 ✉ 28009 Ⓜ Ibiza – ☎ 915 74 00 15 – www.lacastela.com – cerrado Semana Santa, agosto y domingo **6**HX**r**

Rest – Carta 32/39 €

♦ Sigue la línea de las históricas tabernas madrileñas, con bar de tapeo a la entrada. Sencilla pero correcta sala de estilo clásico, donde ofrecen una carta tradicional.

Cinco Jotas

Puigcerdá ✉ 28001 Ⓜ Serrano – ☎ 915 75 41 25 – www.mesoncincojotas.com

Rest – Tapa 3 € – Ración aprox. 16 € **6**GX**v**

♦ Reconocido por la gran calidad en su oferta de productos ibéricos, con tapas y raciones. Posee una espléndida terraza y tres acogedoras salas distribuidas en tres pisos.

Tasca La Farmacia

Diego de León 9 ✉ 28006 Ⓜ Diego de León – ☎ 915 64 86 52 – www.asadordearanda.com – cerrado 11 julio-7 agosto y domingo

Rest – Tapa 4 € – Ración aprox. 12 € **4**GHU**s**

♦ De estilo tradicional, destacando una bellísima barra azulejada con motivos nobiliarios. No deje de probar las tapas o raciones de bacalao y zancarrón.

Cinco Jotas
Serrano 118 ✉ 28006 Ⓜ Núñez de Balboa – ✆ 915 63 27 10 – www.mesoncincojotas.com **4**GU**a**
Rest – Tapa 3 € – Ración aprox. 16 €
♦ Establecimiento de línea actual dotado con una correcta selección de tapas, tostas y raciones, donde priman los derivados del cerdo ibérico. Disponen de un buen comedor.

El Barril
Goya 86 ✉ 28009 Ⓜ Goya – ✆ 915 78 39 98 – www.elbarrildegoya.com
Rest – Tapa 12 € – Ración aprox. 18 € **6**JVX**r**
♦ Marisquería con la barra muy bien acondicionada, donde exponen una extensa gama de productos de impecable aspecto. Al fondo disponen de un comedor con una correcta carta.

Taberna de la Daniela
General Pardiñas 21 ✉ 28001 Ⓜ Goya – ✆ 915 75 23 29 **6**HV**s**
Rest – Tapa 4 € – Ración aprox. 12 €
♦ Taberna típica del barrio de Salamanca, con la fachada azulejada y varios comedores para degustar sus tapas y raciones. Es famosa, principalmente, por su cocido madrileño en tres vuelcos.

El Barril de Alcántara
Don Ramón de la Cruz 91 ✉ 28006 Ⓜ Manuel Becerra – ✆ 914 01 33 05 – www.elbarrilalcantara.com **6**JV**n**
Rest – Tapa 7 € – Ración aprox. 15 €
♦ Marisquería con gran aceptación, tanto por el servicio como por la calidad ofrecida. Dispone de un bar-cervecería y dos comedores, para degustar sus mariscos y raciones.

Arganzuela, Carabanchel, Villaverde

AC Carlton Madrid sin rest
paseo de las Delicias 26 ✉ 28045 Ⓜ Atocha – ✆ 915 39 71 00 – www.ac-hotels.com **5**FZ**n**
122 hab – ††80/200 €, ☕ 15 €
♦ Hotel de larga trayectoria. Posee un hall-bar, donde ofrecen platos tipo snack, y unas habitaciones actualizadas, con mobiliario funcional-actual y unos grandes cabeceros.

Abba Atocha
paseo de Santa María de la Cabeza 73 ✉ 28045 Ⓜ Delicias – ✆ 914 73 91 11 – www.abbahoteles.com **5**EZ**e**
108 hab – †50/140 € ††50/153 €, ☕ 14 €
Rest – *(cerrado agosto, sábado y domingo)* Carta 23/35 €
♦ Presenta unos salones de conferencias panelables y bien equipados. Las habitaciones, de línea funcional y con los baños actuales, poseen ducha en la mayoría de los casos. El restaurante, colorista, actual y con un horno de leña, propone una cocina tradicional.

Aynaelda
Los Yébenes 38 ✉ 28047 Ⓜ Casa de Campo – ✆ 917 10 10 51 – www.aynaelda.com – cerrado domingo noche **1**AM**b**
Rest – Carta 30/41 €
♦ Disfruta de una amplia terraza, un buen bar, una sala de aire rústico y otra más funcional en el piso superior. Carta tradicional muy completa, con gran variedad de arroces.

Los Cigarrales
Antonio López 52 ✉ 28019 Ⓜ Marqués de Vadillo – ✆ 914 69 74 52 – www.restaurantelloscigarrales.com – cerrado domingo noche **5**DZ**n**
Rest – Menú 25/35 € – Carta aprox. 42 €
♦ Este restaurante de aire castellano cuenta con una atractiva sala y un salón para banquetes, ambos con profusión de madera. Completa y variada carta de platos tradicionales.

Moncloa

Meliá Madrid Princesa

Princesa 27 ✉ *28008* Ⓜ *Ventura Rodríguez – ✆ 915 41 82 00 – www.meliamadridprincesa.com* **7**KV**t**

269 hab – 🚹160/290 € 🚹🚹165/290 € – 5 suites

Rest ***Uno*** – *(cerrado agosto)* Menú 20/35 € – Carta 39/66 €

♦ Emblemático y bien actualizado. Dispone de una buena zona social, donde combinan el mobiliario actual con las antigüedades, y habitaciones bien equipadas de ambiente moderno. El restaurante, que elabora una carta actual, posee un espacio lounge para tapear.

AC Monte Real

Arroyofresno 17 ✉ *28035 – ✆ 917 36 52 73 – www.ac-hotels.com* **1**AL**b**

68 hab – 🚹🚹75/120 €, 15 € – 4 suites **Rest** – *(cerrado agosto)* Menú 26 €

♦ En una zona tranquila y bien comunicada. Hoy se presenta actualizado bajo la moderna estética de la cadena AC. Buen salón social, coqueta terraza y confortables habitaciones. El restaurante ofrece un montaje informal y una correcta carta de tinte tradicional.

Mercure Madrid Plaza de España sin rest

Tutor 1 ✉ *28008* Ⓜ *Ventura Rodríguez – ✆ 915 41 98 80 – www.mercure.com* **7**KV**d**

97 hab – 🚹87/330 € 🚹🚹90/355 €

♦ Hotel de línea clásica dotado con una agradable zona social y acogedoras habitaciones, todas con cierta elegancia. Los detalles y el confort se combinan en perfecta armonía.

El Club Allard (Diego Guerrero)

Ferraz 2 ✉ *28008* Ⓜ *Plaza España – ✆ 915 59 09 39 – www.elcluballard.com – cerrado agosto, sábado mediodía, domingo, lunes noche y festivos*

Rest – *(solo menú)* Menú 61/74 € **7**KV**w**

Espec. Huevo con pan y panceta sobre crema ligera de patata. Taco de liebre. La pecera.

♦ Está en un edificio modernista protegido, por lo que no posee ninguna indicación exterior. Ofrece un interior de elegante ambiente clásico y una cocina creativa de excelente nivel técnico, con fusiones acertadas y delicadas presentaciones.

El Bosque Sagrado

av. de las Provincias - Casa de Campo ✉ *28011* Ⓜ *Lago – ✆ 915 26 78 17 – www.elbosquesagrado.com – cerrado del 1 al 15 de enero, del 15 al 30 de agosto, domingo noche, lunes y martes mediodía* **1**AM**v**

Rest – *(solo cena salvo fin de semana)* Carta 42/70 €

♦ Instalado en el antiguo pabellón de Asturias en la Casa de Campo. Posee un gran patio, un comedor con detalles rústicos y un salón para banquetes con servicios independientes.

Quintana 30

Quintana 30 ✉ *28008* Ⓜ *Argüelles – ✆ 915 42 65 20 – www.quintana30.es – cerrado Semana Santa, agosto y domingo noche* **5**DV**a**

Rest – Menú 37 € – Carta aprox. 38 €

♦ Restaurante de estética moderna-actual dotado con una sala en dos alturas, y dos ambientes, así como un pequeño privado. Completa carta de cocina tradicional vasco-navarra.

Sal Gorda

Beatriz de Bobadilla 9 ✉ *28040* Ⓜ *Guzmán El Bueno – ✆ 915 53 95 06 – www.restaurantesalgorda.es – cerrado Semana Santa, agosto y domingo*

Rest – Carta 29/35 € **3**DT**e**

♦ Restaurante de reducidas dimensiones llevado por reconocidos profesionales. Cocina clásica bien elaborada, basada en el recetario tradicional y con algún plato internacional.

Kulto al Plato

Serrano Jover 1 ✉ 28015 Ⓜ Argüelles – ✆ 917 58 59 46 – www.kultoalplato.com – cerrado domingo 5DVc

Rest – Tapa 3,25 € – Ración aprox. 12 € – Menú 19/30 €

♦ Moderno, repartido en varios niveles y dotado con dos zonas, una para sus menús degustación a base de tapas y la otra para el picoteo. En las mesas bajas sirven carta y destaca por sus "pintxos", de raíces vascas con toques de vanguardia.

Chamberí

AC Santo Mauro

Zurbano 36 ✉ 28010 Ⓜ Alonso Martínez – ✆ 913 19 69 00 – www.ac-hotels.com 5FVe

43 hab – †200/300 € ††240/360 €, ☕ 30 € – 8 suites

Rest ***Santo Mauro*** – *(cerrado domingo y lunes)* Carta aprox. 85 €

♦ Precioso palacete de estilo francés emplazado en una zona aristócrata y de embajadas. Encontrará un marco elegante y con lujosos detalles, todo rodeado de un bonito jardín. El restaurante goza de gran distinción, ya que ocupa un bellísimo salón-biblioteca.

InterContinental Madrid

paseo de la Castellana 49 ✉ 28046 Ⓜ Gregorio Marañón – ✆ 917 00 73 00 – www.madrid.intercontinental.com 4GUv

279 hab – ††159/550 €, ☕ 32 € – 33 suites

Rest – Menú 42/60 €

♦ Goza de un elegante hall clásico, con cúpula y profusión de mármoles, así como de un agradable patio-terraza interior y unas habitaciones que destacan por su gran confort. En su restaurante, anexo al hall-bar, podrá degustar una cuidada carta internacional.

Hesperia Madrid

paseo de la Castellana 57 ✉ 28046 Ⓜ Gregorio Marañón – ✆ 912 10 88 00 – www.hesperia-madrid.com 3FUb

139 hab – †122/411 € ††157/421 €, ☕ 29 € – 32 suites

Rest ***Santceloni*** ✿✿ – ver selección restaurantes

Rest – *(solo almuerzo)* Menú 29 €

♦ Disfruta de un buen emplazamiento en una céntrica zona de negocios. Su pequeño hall se compensa con una gran variedad de salones. Habitaciones de elegante estilo clásico. El restaurante, que está en el patio interior, también sirve los desayunos.

Santceloni – Hotel Hesperia Madrid

✿✿

paseo de la Castellana 57 ✉ 28046 Ⓜ Gregorio Marañón – ✆ 912 10 88 40 – www.restaurantesantceloni.com – cerrado Semana Santa, agosto, sábado mediodía, domingo y festivos

Rest – Menú 142 € – Carta 108/135 € 3FUb

Espec. Ravioli de ricota ahumada con puré de hinojo, anchoa y aceitunas. Salmonetes con huevos estrellados, migas y el aceite de pimentón. Crema montada de haba tonka con plátano, café y whisky.

♦ Toda una experiencia culinaria. Este elegante restaurante presenta una sala de línea clásica-actual, distribuida en dos niveles y de excelente montaje. De sus fogones surge una cocina tradicional actualizada, bien elaborada y con sugerentes detalles creativos.

La Broche

Miguel Ángel 29 ✉ 28010 Ⓜ Gregorio Marañón – ✆ 913 99 34 37 – www.labroche.com – cerrado Semana Santa, agosto, domingo, lunes y festivos

Rest – *(solo menú)* Menú 38/100 € 3FUc

♦ Su comedor, diáfano y asomado a la calle por un gran ventanal, presenta una estética minimalista dominada por los tonos blancos. Aquí el chef propone varios menús, todos con elaboraciones que sorprenden por su creatividad. Excelente bodega.

MADRID

XXX **Il Gusto**

Espronceda 27 ✉ 28003 Ⓜ Canal – ✆ 915 35 39 02 – www.restauranteilgusto.com **3**FTU**d**

Rest – Carta 40/50 €

◆ Descubra los deliciosos matices de la gastronómica italiana. Sus modernas instalaciones disponen de hall y de un elegante comedor en el que se combinan el mármol y la madera.

XXX **Sergi Arola Gastro**

✿✿ *Zurbano 31 ✉ 28010 Ⓜ Rubén Darío – ✆ 913 10 21 69 – www.sergiarola.es – cerrado Navidades, Semana Santa, del 12 al 31 de agosto, sábado mediodía y domingo* **5**FV**a**

Rest – *(solo menú)* Menú 95/160 € ✿

Espec. Cohombros de mar y colmenillas salteadas con tagliollinis caseros y crema de parmesano. Solomillo de Ternera relleno de queso de cabra y anchoas. Soufflé de mandarina y helado de lichis.

◆ Le sorprenderá, pues disfruta de un cocktail-bar, una sala de estética moderna y un singular privado emplazado al mismo pie de los fogones. Cocina de autor que destaca por su dominio técnico, la delicadeza de las elaboraciones y la perfección de sus maridajes.

XXX **Lur Maitea**

Fernando el Santo 4 ✉ 28010 Ⓜ Alonso Martínez – ✆ 913 08 03 50 – www.lurmaitearestaurante.com – cerrado agosto y domingo **8**MV**u**

Rest – Menú 55/65 € – Carta 55/64 €

◆ Se ha convertido en uno de los clásicos de la ciudad. Su elegante comedor tiene el suelo en parquet y una decoración definida por los tonos azules. Cocina vasca actualizada.

XXX **Astrid & Gastón**

paseo de la Castellana 13 ✉ 28046 Ⓜ Serrano – ✆ 917 02 62 62 – www.astridygastonmadrid.com – cerrado domingo **8**NV**x**

Rest – Menú 48/72 € – Carta 60/68 €

◆ Se encuentra en los bajos de un edificio y dispone de dos plantas, ambas amplias y de ambiente actual. Ofrece un bar de espera y una carta que nos descubre la cocina peruana.

XX **La Galerna de Pablo**

San Bernardo 115 ✉ 28015 Ⓜ Quevedo – ✆ 914 46 08 99 – www.lagalernadepablo.com – cerrado agosto, domingo y festivos **5**EU**c**

Rest – *(solo almuerzo salvo jueves, viernes y sábado)* Carta 35/52 €

◆ ¡Encontrará precios razonables y platos copiosos, con la opción de tomar medias raciones! Disfruta de un bar y un comedor en el piso superior, ambos de estética actual. Su chef-propietario apuesta por la cocina tradicional actualizada.

XX **El Barril de Argüelles**

Andrés Mellado 69 ✉ 28015 Ⓜ Islas Filipinas – ✆ 915 44 36 15 – www.grupo-oter.com **3**DU**c**

Rest – Carta 40/55 €

◆ Presenta un bar-marisquería, con unos sugerentes expositores, y a continuación el comedor, clásico-actual pero con detalles marineros. Casa especializada en mariscos y pulpo.

XX **Mesón del Cid**

Fernández de la Hoz 57 ✉ 28003 Ⓜ Gregorio Marañón – ✆ 914 42 07 55 – www.mesondelcid.es – cerrado Semana Santa, del 1 al 15 de agosto, domingo y festivos noche **3**FU**r**

Rest – Menú 29 € – Carta 32/57 €

◆ La casa madre de este restaurante se encuentra en Burgos. Ofrece un amplio bar de tapas y varios comedores de carácter castellano. Carta fiel al recetario tradicional.

MADRID

XX **Gala** [A/C] [VISA] [AE]

Espronceda 14 ✉ 28003 Ⓜ Alonso Cano – ✆ 914 42 22 44 – www.restaurantegala.com – cerrado 21 días en agosto y domingo noche

Rest – Menú 25/70 € – Carta 37/50 € **3EUn**

◆ Cuenta con un hall, un reservado y un moderno comedor de diseño actual. Al fondo dispone de otro reservado, con una bodega a la vista, que contrasta por su estilo rústico.

XX **Casa Hilda**

Bravo Murillo 24 ✉ 28015 Ⓜ Quevedo – ✆ 914 46 35 69 – cerrado agosto, domingo noche, lunes noche y martes noche **3EUq**

Rest – Carta 25/35 €

◆ Organización correcta, sencilla y familiar. Ambiente algo austero donde predomina el mármol, salvo el reservado, que es tipo bodega. Carta clásica compensada.

XX **La Plaza de Chamberí**

pl. de Chamberí 10 ✉ 28010 Ⓜ Iglesia – ✆ 914 46 06 97 – www.restaurantelaplazadechamberi.com – cerrado domingo noche

Rest – Carta 35/41 € **5FVk**

◆ Goza de cierto tipismo y está asentado en la zona. Dispone de un comedor de estilo clásico-antiguo distribuido en dos niveles. Su carta está atenta al recetario tradicional.

XX **Lúa**

Zurbano 85 ✉ 28003 Ⓜ Gregorio Marañón – ✆ 913 95 28 53 – www.restaurantelua.com **3FUe**

Rest – *(solo menú)* Menú 47 €

◆ Este pequeño restaurante resulta joven y divertido, con la sala repartida en tres espacios. Basa su trabajo en un menú diario, tipo degustación, de corte creativo-actual.

XX **Las Tortillas de Gabino**

Rafael Calvo 20 ✉ 28010 Ⓜ Rubén Darío – ✆ 913 19 75 05 – www.lastortillasdegabino.com – cerrado agosto, domingo y festivos

Rest – Menú 37/49 € – Carta 26/35 € **3FUf**

◆ Negocio llevado entre dos hermanos. Dispone de un recibidor, dos salas actuales decoradas con paneles de madera y un privado. Carta tradicional con un apartado de tortillas.

X **Villa de Foz**

Gonzálo de Córdoba 10 ✉ 28010 Ⓜ Bilbao – ✆ 914 46 89 93 – www.villadefoz.com – cerrado agosto y domingo **5EVe**

Rest – Menú 35/60 € – Carta aprox. 44 €

◆ Disfruta de dos correctos comedores, ambos de línea clásica-actual. Su carta de cocina tradicional gallega se ve enriquecida con un apartado de raciones y postres caseros.

X **Don Sancho**

Bretón de los Herreros 58 ✉ 28003 Ⓜ Gregorio Marañón – ✆ 914 41 37 94 – cerrado agosto, domingo, lunes noche y festivos **3FUu**

Rest – Carta 23/37 €

◆ Bien organizado, con el dueño y el chef al frente del negocio. Tiene una sala de línea actual en dos niveles y una clientela habitual. Especializado en bacalaos y carnes.

𝕐/ **El Barril de Argüelles**

Andrés Mellado 69 ✉ 28015 Ⓜ Islas Filipinas – ✆ 915 44 36 15 – www.grupo-oter.com **3DUc**

Rest – Ración aprox. 15 €

◆ Una buena marisquería. Disfruta de un elegante montaje y una barra muy popular, tanto por sus magníficos mariscos como por su pulpo o sus deliciosos pescaditos a la andaluza.

Taberna El Maño
Vallehermoso 59 ✉ 28015 Ⓜ Canal – ☎ 914 48 40 35 – cerrado domingo
Rest – Tapa 3 € – Ración aprox. 11 € **3**DU**e**
◆ Antiguo local definido por su tipismo y por tener algunos detalles de ambiente taurino. Ofrece pinchos, tapas y raciones elaborados con productos de buena calidad.

1929
Rodríguez San Pedro 66 ✉ 28015 Ⓜ Argüelles – ☎ 915 49 91 16 – www.taberna1929.com – cerrado agosto , domingo y festivos **5**DV**f**
Rest – Tapa 5 € – Ración aprox. 8 €
◆ Local de aire rústico llevado por su propietario. Posee una barra bien surtida, algunos barriles que se usan como mesas y dos salas para degustar sus elaboraciones.

Chamartín, Tetuán

Puerta América
hab,
av. de América 41 ✉ 28002 Ⓜ Cartagena – ☎ 917 44 54 00 – www.hotelpuertamerica.com **4**JU**x**
315 hab – 120/1500 €, 27 € – 12 suites
Rest *Lágrimas Negras* – ☎ 917 44 54 05 *(cerrado domingo noche)*
Menú 60/90 € – Carta 44/79 €
◆ Resulta colorista y está marcado por el diseño, ya que en cada una de sus plantas se refleja la creatividad de un prestigioso artista. Las habitaciones son muy originales. Su moderno restaurante tiene cierto aire neoyorquino, con zona de bar y techos altos.

Mirasierra Suites H.
hab,
Alfredo Marquerie 43 ✉ 28034 Ⓜ Herrera Oria – ☎ 917 27 79 00 – www.mirasierrasuiteshotel.com **1**BL**a**
180 hab – 140/400 €, 25 € **Rest** – Carta 45/55 €
◆ Disfruta de una espaciosa recepción ubicada bajo una cúpula abierta, habitaciones muy bien equipadas, tipo apartamento, y una gran terraza de verano con distintos ambientes. Su restaurante ofrece una cocina tradicional con toques actuales e internacionales.

NH Eurobuilding
hab, rest,
Padre Damián 23 ✉ 28036 Ⓜ Cuzco – ☎ 913 53 73 00 – www.nh-hotels.com
426 hab – 86/313 €, 23 € – 4 suites **4**GS**a**
Rest – Menú 30/32 € – Carta 35/89 €
◆ Da continuidad a la filosofía de confort de la cadena, ofreciendo unas dependencias amplias y bien equipadas. Cuenta con numerosas salas de reuniones y un moderno SPA. Los fogones de su restaurante se muestran fieles al recetario tradicional.

AC Cuzco
hab,
paseo de la Castellana 133 ✉ 28046 Ⓜ Cuzco – ☎ 915 56 06 00 – www.ac-hotels.com **3**FS**a**
319 hab – 100/400 €, 20 € – 14 suites **Rest** – Carta 44/53 €
◆ Está completamente renovado, con las características de confort, diseño y modernidad que habitualmente representan a la cadena AC. Habitaciones de adecuado equipamiento. Su restaurante permanece abierto las 24 horas del día.

Jardín Metropolitano
hab,
av. Reina Victoria 12 ✉ 28003 Ⓜ Cuatro Caminos – ☎ 911 83 18 10 – www.vphoteles.com **3**ET**b**
101 hab – 104/190 € – 7 suites
Rest – *(cerrado agosto, sábado noche y domingo)* Carta 30/51 €
◆ Ofrece una atractiva distribución en torno a un patio, así como unas habitaciones clásicas y bien equipadas, destacando las suites de la última planta. Su restaurante de cocina tradicional posee una sala clásica y un atractivo comedor, tipo jardín de invierno.

Don Pío sin rest, con cafetería
av. Pío XII-25 ✉ 28016 Ⓜ Pio XII – ✆ 913 53 07 80 – www.hoteldonpio.com
41 hab – †80/110 € ††99/142 €, ☕ 15 € **4**HR**s**
◆ Buen hall-patio, con claraboya de estilo clásico-moderno, al que dan todas sus habitaciones, de notables dimensiones y detalles como los baños con hidromasaje.

Castilla Plaza hab, rest,
paseo de la Castellana 220 ✉ 28046 Ⓜ Plaza Castilla – ✆ 915 67 43 00 – www.abbacastillaplaza.com **4**GR**u**
228 hab – ††57/400 €, ☕ 17 € **Rest** – Carta 41/48 €
◆ Bello edificio acristalado que forma parte, junto a las Torres Kio, del conjunto arquitectónico conocido como la Puerta de Europa. Confortable, actual y rico en detalles. El restaurante elabora una cocina de sabor mediterráneo y tiene interesantes sugerencias.

Zalacain
Álvarez de Baena 4 ✉ 28006 Ⓜ Gregorio Marañón – ✆ 915 61 48 40 – www.restaurantezalacain.com – cerrado Semana Santa, agosto, sábado mediodía, domingo y festivos **4**GU**b**
Rest – Menú 96 € – Carta 55/97 €
Espec. Pastel de anguila ahumada con verdurita y ortiguilla. Yema de huevo trufada con foie de oca, hongos y puré de guisantes. Lubina al vapor con vinagreta de marisco y crujiente de calabacín.
◆ Esta casa, una de las más prestigiosas y elegantes de España, se presenta con un buen hall, un bar privado y varias salas de refinado ambiente clásico. Fiel a sí misma mantiene firme, y a gran nivel, el estandarte de la cocina clásica. Excelente organización.

El Bodegón
Pinar 15 ✉ 28006 Ⓜ Gregorio Marañón – ✆ 915 62 88 44 – www.grupovips.com – cerrado agosto, sábado mediodía y domingo **4**GU**q**
Rest – Menú 60 € – Carta 56/78 €
◆ Resulta elegante y disfruta de una cuidada línea clásica, con un bar de espera privado y el comedor repartido en varios niveles. Ofrece elaboraciones de corte tradicional.

Combarro
Reina Mercedes 12 ✉ 28020 Ⓜ Nuevos Ministerios – ✆ 915 54 77 84 – www.combarro.com – cerrado Semana Santa, agosto y domingo noche
Rest – Carta 65/84 € **3**ES**a**
◆ Cocina gallega basada en la calidad del producto, visible en sus viveros. Bar público, comedor en el 1er piso y varias salas en el sótano, todo bajo un elegante clasicismo.

Aldaba
av. de Alberto Alcocer 5 ✉ 28036 Ⓜ Cuzco – ✆ 913 59 73 86 – www.aldaba-restaurante.com – cerrado Semana Santa, agosto, sábado mediodía, domingo y festivos **4**GS**e**
Rest – Carta 60/72 €
◆ Posee un bar de apoyo en la entrada y tras él un agradable comedor de estilo clásico-moderno, complementado por varios saloncitos privados. Excelente carta de vinos.

Goizeko Kabi
Comandante Zorita 37 ✉ 28020 Ⓜ Alvarado – ✆ 915 33 01 85 – www.goizekogaztelupe.com – cerrado domingo **3**ES**a**
Rest – Menú 55 € – Carta 55/62 €
◆ Restaurante de cocina vasca actualizada con cierto prestigio en la ciudad. La distribución de sus mesas resulta algo apretada, aunque no está exento de elegancia y confort.

Piñera
Rosario Pino 12 ✉ 28012 Ⓜ Valdeacederas – ✆ 914 25 14 25 – www.restaurantepinera.com – cerrado 15 dias en agosto. **3**FR**b**
Rest – Carta 43/67 €
◆ Disfruta de un buen hall a la entrada, con una barra de espera, así como dos salas de estética actual y dos privados. Cocina tradicional e internacional actualizada.

Diverxo (David Muñoz)

Pensamiento 28 ✉ 28020 Ⓜ Cuzco – ✆ 915 70 07 66 – www.diverxo.com – cerrado Navidades, Semana Santa, 15 días en agosto, domingo y lunes

Rest – (es necesario reservar) *(solo menú)* Menú 90/200 € **3**FS**b**

Espec. Bun mollete chino de trompetas a la crema. Rape chifa versión glaseado express. Estofado express de costilla de buey.

♦ Moderno, acogedor y con el acceso por un bar-coctelería. En su sala, luminosa y de estética actual, le propondrán varios menús degustación que reflejan una cocina de fusión sumamente original y creativa, con marcadas tendencias asiáticas.

Viavélez

av. General Perón 10 ✉ 28020 Ⓜ Santiago Bernabeu – ✆ 915 79 95 39 – www.restauranteviavelez.com – cerrado Semana Santa, agosto, domingo noche y lunes **3**ES**c**

Rest – Menú 50/60 € – Carta 40/59 €

♦ Esta taberna-restaurante disfruta de un selecto bar de tapas a la entrada y un moderno e íntimo comedor en el sótano. Su cocina creativa toma como base el recetario asturiano.

La Tahona

Capitán Haya 21 (lateral) ✉ 28020 Ⓜ Cuzco – ✆ 915 55 04 41 – www.asadordearanda.com – cerrado agosto y domingo noche **3**FS**u**

Rest – Carta 29/40 €

♦ Bar de entrada con horno de leña y artesonado en madera que da paso a varias salas de ambiente castellano y medieval. Disfrute del tradicional asado y el clarete de la casa.

El Telégrafo

Padre Damián 44 ✉ 28036 Ⓜ Cuzco – ✆ 913 59 70 83 – www.eltelegrafomarisqueria.com **4**GS**s**

Rest – Carta aprox. 50 €

♦ Este local imita en su decoración el interior de un barco, con las salas repartidas en varios espacios y niveles. Buen bar de entrada y marisquería con expositor de productos.

Carta Marina

Padre Damián 40 ✉ 28036 Ⓜ Cuzco – ✆ 914 58 68 26 – www.restaurantecartamarina.com – cerrado Semana Santa, agosto y domingo noche **4**GS**k**

Rest – Carta 32/87 €

♦ Establecimiento con profusión de madera en su decoración. Bar privado de buen montaje y acogedores comedores con terraza de verano e invierno. Fiel a la tradición gallega.

El Comité

pl. de San Amaro 8 ✉ 28020 Ⓜ Nuevos Ministerios – ✆ 915 71 87 11 – cerrado sábado mediodía y domingo **3**FS**x**

Rest – Carta 34/58 €

♦ Restaurante de un acogedor estilo bistrot y mobiliario tipo café, que muestra en sus paredes un sinfín de fotografías antiguas. Carta especializada en cocina francesa.

Kabuki

av. Presidente Carmona 2 ✉ 28020 Ⓜ Santiago Bernabeu – ✆ 914 17 64 15 – cerrado Semana Santa, del 8 al 31 de agosto, sábado mediodía, domingo y festivos **3**FS**t**

Rest – Menú 70/80 € – Carta 55/70 €

Espec. Tataki de pez limón, corujas y cebolla. Tartar de toro, angulas y caviar de arenque. Cremoso de yuzu, fresa y pipas de calabaza.

♦ Íntimo restaurante japonés de estética minimalista. Cuenta con una moderna terraza y una barra-cocina donde se elabora, entre otros platos, una amplia oferta de "nigiri-sushi". Trabajan con productos de calidad, tratándolos con delicadeza.

Al-Fanus

Pechuán 6 ✉ 28002 Ⓜ Cruz del Rayo – ✆ 915 62 77 18 – www.alfanus.es – cerrado domingo noche **4HTk**

Rest – Carta 31/40 €

◆ Genuina cocina siria en un local con barra de apoyo en la entrada y comedor de estilo árabe. La iluminación intimista de los artesanales apliques metálicos recrea sus paredes.

Tasca La Farmacia

Capitán Haya 19 ✉ 28020 Ⓜ Cuzco – ✆ 915 55 81 46 – www.asadordearanda.com – cerrado 10 agosto-6 septiembre y domingo

Rest – Tapa 4 € – Ración aprox. 12 € **3FSr**

◆ Este precioso local se ha decorado con azulejos, arcos en piedra, ladrillo visto, celosías en forja y una hermosa vidriera en el techo del comedor. Es famoso por su bacalao.

Cinco Jotas

Padre Damián 42 ✉ 28036 Ⓜ Cuzco – ✆ 913 50 31 73 – www.mesoncincojotas.com **4GSs**

Rest – Tapa 3 € – Ración aprox. 16 €

◆ Pertenece a una cadena especializada en jamón y embutidos ibéricos de calidad. Posee dos salas bien montadas donde se puede disfrutar de sus raciones y de una correcta carta.

Ciudad Lineal, Hortaleza, Campo de las Naciones, San Blas

Foxá M-30

hab,

Serrano Galvache 14 ✉ 28033 – ✆ 913 84 04 00 – www.hotelesfoxa.com

73 hab – 59/286 €, 15 € – 2 suites **4JRx**

Rest – Menú 23 € – Carta 37/57 €

◆ Resulta magnífico, está orientado al cliente de negocios y debe su nombre a su emplazamiento, junto a la M-30. Disfruta de una hermosa escalera imperial y diáfanas habitaciones, todas personalizadas con obras de arte y antigüedades. Su restaurante brinda las mejores especialidades clásicas e internacionales.

Puerta Madrid

hab,

Juan Rizi 5 ✉ 28027 – ✆ 917 43 83 00 – www.hotelpuertamadrid.com

188 hab – 50/265 € – 6 suites **2CLe**

Rest – *(cerrado agosto, sábado y domingo)* Carta 30/56 €

◆ Tras su llamativa fachada acristalada encontrará una espaciosa zona social con columnas y paredes en hormigón visto, así como habitaciones modernas con excelentes baños. El restaurante disfruta de un estilo actual y cuenta con un horno de leña a la vista.

Pullman Madrid

hab,

av. Capital de España 10 ✉ 28042 – ✆ 917 21 00 70 – www.pullmanhotels.com

174 hab – 90/340 € – 5 suites **2CLx**

Rest *Mare Nostrum* – Carta 30/42 €

◆ Junto al IFEMA y orientado al cliente de empresa. Resulta interesante tanto por sus salas de reuniones, muy variadas, como por sus confortables habitaciones de línea clásica-actual. ¡"Transfer" gratuito al aeropuerto! Entre sus restaurantes destaca Mare Nostrum, que ofrece una cocina tradicional actualizada.

Quinta de los Cedros

rest,

Allendesalazar 4 ✉ 28043 Ⓜ Arturo Soria – ✆ 915 15 22 00 – www.quintadeloscedros.com **4JSx**

32 hab – 70/149 € 99/158 €, 15 €

Rest *Los Cedros* – *(cerrado agosto)* Menú 32 € – Carta 40/53 €

◆ Moderna construcción a modo de villa toscana, rodeada de césped y con hermosos detalles decorativos. Habitaciones personalizadas de buen equipamiento. El restaurante, elegante y dotado con una agradable terraza, elabora una cocina tradicional actualizada.

Velada Madrid

Alcalá 476 ✉ 28027 – ✆ 913 75 68 00 – www.veladahoteles.com **2**CL**c**
257 hab – ††60/335 €, ☕ 17 € – 4 suites
Rest *El Tostado* – *(cerrado agosto, sábado y domingo)* Carta aprox. 44 €
◆ Hotel de gran capacidad que destaca por su amplia oferta en salones de conferencias, algunos con su propia entrada. Correctas habitaciones de línea clásica y una zona SPA. El restaurante disfruta de un acceso independiente y una carta tradicional.

Nuevo Madrid

Bausá 27 ✉ 28033 – ✆ 912 98 26 00 – www.hotelnuevomadrid.com
225 hab – ††69/149 €, ☕ 17 € **Rest** – Carta aprox. 34 € **4**JR**c**
◆ Al lado de la M-30. Tras su fachada acristalada encontrará un hotel de línea actual dotado con un luminoso lobby, ascensores panorámicos, un centro de convenciones y confortables habitaciones, todas actuales y bien equipadas. El restaurante refleja un carácter polivalente, pues también sirve los desayunos.

Barceló Torre Arias

Julián Camarillo 19 ✉ 28037 Ⓜ Ciudad Lineal – ✆ 913 87 94 00 – www.barcelo.com **2**CL**w**
108 hab – ††65/480 €, ☕ 14 €
Rest – *(cerrado agosto, sábado, domingo y festivos)* Menú 17/40 €
◆ Hotel moderno, luminoso y funcional, dotado con numerosos detalles de diseño en correspondencia a su llamativa fachada acristalada. Habitaciones de excelente equipamiento. El restaurante ofrece la cocina propia de un recetario internacional.

Globales Acis y Galatea sin rest

Galatea 6 ✉ 28042 Ⓜ Canillejas – ✆ 917 43 49 01 – www.hotelesglobales.com
25 hab – †57/94 € ††62/99 €, ☕ 10 € **2**CL**b**
◆ Goza de cierto encanto, pues combina su amable organización familiar con una decoración que busca el contrasta de colores. Presenta unas habitaciones de línea clásica-actual, destacando las tres que disfrutan de su propia terraza privada.

Julia sin rest

Julián Camarillo 9 ✉ 28037 – ✆ 914 40 12 17 – www.hoteljulia.es **2**CL**s**
47 hab – †52/57 € ††57/77 €, ☕ 7 €
◆ Ubicado junto a los juzgados. Posee una correcta recepción, un salón polivalente y dos ascensores panorámicos para ir a las habitaciones, todas clásicas y con baños actuales.

Zenit Conde de Orgaz

Moscatelar 24 ✉ 28043 Ⓜ Esperanza – ✆ 917 48 97 60 – www.zenithoteles.com
89 hab – †54/149 € ††54/179 €, ☕ 10 € **Rest** – Menú 14 € **2**CL**z**
◆ ¡En una zona residencial bastante tranquila y bien comunicada con el aeropuerto! Presenta una correcta zona social y habitaciones recientemente reformadas, por lo que ahora muestran una estética más actual. El comedor, ubicado en una sala acristalada, propone una cocina de gusto tradicional.

Jota Cinco

Alcalá 423 ✉ 28027 Ⓜ Ciudad Lineal – ✆ 917 42 93 85 – www.grupojotacinco.com – cerrado Semana Santa, del 6 al 26 de agosto y domingo noche **2**CL**v**
Rest – Carta 40/50 €
◆ Encontrará un bar público en el que sirven raciones de gran nivel gastronómico y unas confortables salas de ambiente clásico-regional. Su carta, de base tradicional, se enriquece con un buen apartado de sugerencias y recetas de bacalao.

Nicomedes

Moscatelar 18 ✉ 28043 Ⓜ Arturo Soria – ✆ 913 88 78 28 – www.nicomedesrestaurante.es – cerrado Semana Santa, agosto, domingo noche y lunes noche **2**CL**z**
Rest – Carta 40/54 €
◆ Atractiva casa dotada de una terraza a la entrada y una cuidada bodega en el sótano. Destaca su comedor colonial acristalado y el del 3er piso, más acogedor y con chimenea.

X **Casa d'a Troya**

Emiliano Barral 14 ✉ 28043 Ⓜ Avenida de la Paz – ☎ 914 16 44 55 – www.casadatroya.es – cerrado 24 diciembre-2 enero, Semana Santa, 15 julio-agosto, noches de lunes a jueves, domingo y festivos **4**JS**f**

Rest – Menú 65 € – Carta 39/54 €

◆ Establecimiento de organización familiar. Cuenta con un hall-bar a la entrada y dos comedores, ambos de buen confort en su categoría. Encontrará una cocina gallega sabrosa y bien elaborada, siempre con materias primas de altísima calidad.

X **La Arrocería de María**

Arturo Soria 2 ✉ 28027 Ⓜ Ciudad Lineal – ☎ 913 68 00 27 – www.grupojotacinco.com – cerrado domingo noche **2**CL**v**

Rest – Carta 30/40 €

◆ Disfruta de unas instalaciones actuales, con una sala de estilo moderno emplazada en un semisótano. Correcta carta tradicional dominada por un amplio apartado de arroces.

X **La Lanzada**

Arturo Soria 2 ✉ 28027 Ⓜ Ciudad Lineal – ☎ 917 42 85 64 – www.grupojotacinco.com – cerrado domingo noche **2**CL**v**

Rest – Carta 28/39 €

◆ Casa de ambientación clásica-marinera donde predominan la madera y las tonalidades azules. Cocina tradicional gallega elaborada con productos de correcta calidad.

Alrededores

por la salida ① :

XX **El Oso**

av. de Burgos 214 (vía de servicio La Moraleja) ✉ 28050 – ☎ 917 66 60 60 – www.restauranteeloso.com – cerrado domingo noche

Rest – Carta 45/65 €

◆ Casita de dos plantas dotada con varias salas de estética actual, todas amplias, luminosas y con algún detalle "astur". Cocina asturiana centrada en el producto de la huerta.

en la zona del aeropuerto Madrid-Barajas, por la salida ② :

Hilton Madrid Airport hab, hab,

av. de la Hispanidad 2-4 ✉ 28042 Ⓜ Alameda de Osuna – ☎ 911 53 40 00 – www.madridairport.hilton.es

275 hab – ††109/299 €, ☕ 26 € – 9 suites **Rest** – Carta 47/56 €

◆ Hotel de línea moderna formado por dos edificios, con forma de cubos, comunicados entre sí. Está orientado a clientes de empresa y ferias por su cercanía al aeropuerto. El restaurante se encuentra en uno de los patios, con una carta internacional y buffet.

Meliá Barajas hab, rest,

av. de Logroño 305, A 2 y desvío a Barajas pueblo : 15 km ✉ 28042 Ⓜ Barajas – ☎ 917 47 77 00 – www.melia-barajas.com

221 hab – ††88/235 €, ☕ 19 € – 8 suites **Rest** – Menú 31 €

◆ Ofrece unas instalaciones confortables y de línea clásica, con habitaciones de completo equipamiento y gran variedad de salones rodeando la zona del jardín-piscina. En su comedor encontrará una carta internacional con alguna que otra influencia asiática.

X **Rancho Texano**

av. de Aragón 364 - A 2, y acceso vía de servicio Coslada-San Fernando : 12 km ✉ 28022 – ☎ 917 47 47 36 – www.ranchotexano.com – cerrado domingo noche

Rest – Menú 24/38 € – Carta 23/57 €

◆ Ofrece unas instalaciones de sabor añejo, con dos amplios comedores, bar-discoteca y una agradable terraza. Su especialidad son las carnes a la brasa, a modo de steak-house.

por la salida ⑦ :

AC Aravaca sin rest, con cafetería por la noche

camino de la Zarzuela 3, Aravaca : 10,2 km - salida 10 autopista ✉ 28023 – ✆ 917 40 06 80 – www.ac-hotels.com

110 hab – ††70/155 €, ☕ 12 €

◆ Hotel de negocios al más típico estilo de la cadena. Posee una zona social junto a la cafetería, varias salas de reuniones y confortables habitaciones, todo de gran calidad.

MADRIDEJOS – **Toledo** – **576** N19 – **11 314 h.** – **alt. 688 m** **9** B2

Madrid 120 – Alcázar de San Juan 29 – Ciudad Real 84 – Toledo 74

en la autovía A 4 Norte : 6 km

XX **Un Alto en el Camino**

km 113 ✉ 45710 Madridejos – ✆ 925 46 26 99 – cerrado del 12 al 22 de septiembre y sábado

Rest – Carta 34/45 €

◆ Dispone de un bar público a la entrada, con un apartado a modo de tienda, seguido de un correcto comedor decorado con murales de El Quijote. Carta con cierta innovación.

MADRONA – **Segovia** – **575** J17 – **alt. 1 088 m** **12** C3

Madrid 90 – Ávila 58 – Segovia 9

Sotopalacio sin rest

Segovia 15 ✉ 40154 – ✆ 921 48 51 00 – www.sotopalacio.com

12 hab – †35/60 € ††48/65 €, ☕ 5 €

◆ Un hostal bien equipado que goza de una instalación impecable. La escasez de zona noble se ve compensada por unas habitaciones decorosas con baños actuales.

MADROÑERA – **Cáceres** – **576** N12 – **2 874 h.** – **alt. 589 m** **18** C2

Madrid 262 – Cáceres 62 – Mérida 102 – Plasencia 99

Soterraña

Real 75 ✉ 10210 – ✆ 927 33 42 62 – www.soterrana.com

23 hab – †36/85 € ††42/85 €, ☕ 6 € **Rest** – Menú 10 €

◆ Ocupa dos edificios situados a ambos lados de la carretera, el principal en una casa solariega distribuida en torno a un patio. Algunas habitaciones están abuhardilladas. El comedor a la carta se complementa con un agradable mesón de ambiente rústico.

MAGAZ – **Palencia** – **575** G16 – **1 024 h.** – **alt. 728 m** **12** C2

Madrid 237 – Burgos 79 – León 137 – Palencia 9

Europa Centro hab, rest,

urb. Castillo de Magaz, (carret. de Palencia), Oeste : 1 km ✉ 34220 – ✆ 979 78 40 00 – www.hotelessuco.com

122 hab – †45/85 € ††50/100 €, ☕ 9 € – 1 suite **Rest** – Menú 20 €

◆ Gran hotel dotado con amplias zonas nobles y múltiples salones para convenciones. Elegante hall-recepción, área de servicio dinámica y habitaciones de adecuado confort. En su restaurante, clásico y de buen montaje, encontrará una interesante carta tradicional.

MAJADAHONDA – **Madrid** – **576** – **575** K18 – **69 439 h.** – **alt. 743 m** **22** A2

Madrid 19 – Segovia 77 – Toledo 92 – Ávila 100

18 Las Rejas,, Isaac Albéniz, Suroeste : 4,5 km, ✆ 91 634 79 30

XX **Jiménez**

av. de la Estación (antiguo apeadero) ✉ 28220 – ✆ 913 72 81 33 – www.restaurantejimenez.es – cerrado Semana Santa, 21 días en agosto y noches de domingo a miércoles

Rest – Menú 23/50 € – Carta 34/58 €

◆ Ocupa el edificio de un antiguo apeadero, reformado y embellecido con una decoración clásica no exenta de cierta elegancia. Buen servicio de mesa y agradable terraza.

XX **El Viejo Fogón**

San Andrés 14 ✉ 28220 – ✆ 916 39 39 34 – www.elviejofogon.com – cerrado domingo noche y lunes noche

Rest – Menú 20/35 € – Carta 35/47 €

◆ Este negocio se presenta con una pequeña barra de apoyo, un comedor rústico y una sala que usan como privado en el piso inferior. Carta de cocina tradicional actualizada.

X **Lisboa Antiga**

Iglesia 3 (posterior) ✉ 28220 – ✆ 916 34 51 86 – cerrado del 1 al 25 de agosto, domingo noche y lunes

Rest – Carta 24/40 €

◆ Bastante agradable y de ambiente familiar. Aquí podrá descubrir los sabores de la auténtica cocina portuguesa y una amplia variedad de platos elaborados con bacalao.

MÁLAGA P – 578 V16 – 568 507 h. – Playa 2 C2

Madrid 538 – Córdoba 175 – Sevilla 217 – València 651

de Málaga por la carret. de Algeciras : 9 km ✆ 902 404 704

Iberia : aeropuerto ✆ 902 400 500

para Melilla : Cia. Trasmediterránea, Estación Marítima, Local E-1 CZ ✆ 902 45 46 45

pasaje de Chinitas 4, ✆ 95 130 89 11, www.turismodeandalucia.com

pl. de la Marina 11, ✆ 95 192 60 20, www.malagaturismo.com

R.A.C.E. Córdoba 17 ✆ 95 222 98 36

Real Club de Campo de Málaga, por la carret. de Algeciras : 9 km, ✆ 95 237 66 77

El Candado, por la carret de Almería : 5 km, ✆ 95 229 93 40

Gibralfaro : ≤** EY – Alcazaba* (Museo Arqueológico*) FY – Catedral* DY – Iglesia de El Sagrario (portada*, retablo manierista**) DY **F** – Santuario de la Virgen de la Victoria* por calle Victoria EY – Museo Picasso** EY **M³**.

Alrededores :

Finca de la Concepción* 7 km por ④ .

Planos páginas siguientes

Parador de Málaga Gibralfaro

Castillo de Gibralfaro ✉ 29016 – ✆ 952 22 19 02 – www.parador.es FY**a**

38 hab – 138/148 € 173/185 €, 18 € **Rest** – Menú 33 €

◆ Auténtica balconada sobre la bahía y la ciudad, a los pies de la alcazaba. Las habitaciones, todas con buenas vistas, reflejan el compromiso entre lo clásico y lo moderno. En su luminoso restaurante podrá descubrir los platos más típicos de la cocina andaluza.

Vincci Selección Posada del Patio

pasillo de Santa Isabel 7 ✉ 29005 – ✆ 951 00 10 20 – www.vinccihoteles.com CY**b**

106 hab – 99/299 € 99/379 €, 16 € – 4 suites

Rest *Baraka* – Carta 41/52 €

◆ Este magnífico hotel está formado por dos edificios, ambos reformados y presentados con un luminoso interior de línea minimalista. Habitaciones diáfanas y actuales. Al restaurante Baraka, de estilo clásico-actual, se accede por la antigua puerta de la Posada.

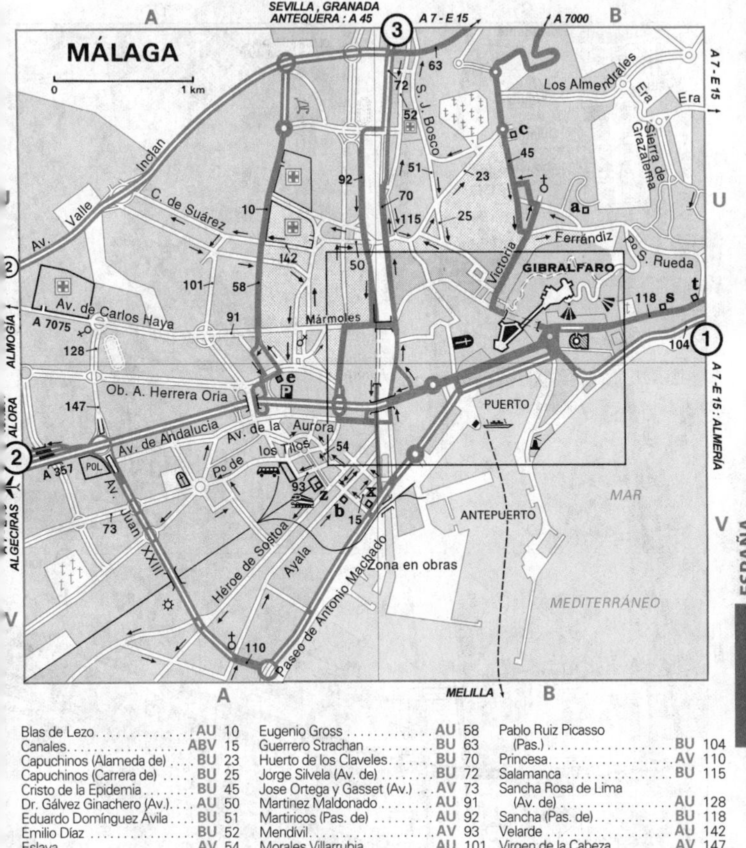

Calle		
Blas de Lezo	AU	10
Canales	ABV	15
Capuchinos (Alameda de)	BU	23
Capuchinos (Carrera de)	BU	25
Cristo de la Epidemia	BU	45
Dr. Gálvez Ginachero (Av.)	AU	50
Eduardo Domínguez Avila	BU	51
Emilio Díaz	BU	52
Eslava	AV	54
Eugenio Gross	AU	58
Guerrero Strachan	BU	63
Huerto de los Claveles	BU	70
Jorge Silvela (Av. de)	BU	72
Jose Ortega y Gasset (Av.)	AV	73
Martinez Maldonado	AU	91
Martiricos (Pas. de)	AU	92
Mendívil	AV	93
Morales Villarrubia	AU	101
Pablo Ruiz Picasso (Pas.)	BU	104
Princesa	AV	110
Salamanca	BU	115
Sancha Rosa de Lima (Av. de)	AU	128
Sancha (Pas. de)	BU	118
Velarde	AU	142
Virgen de la Cabeza	AV	147

AC Málaga Palacio

hab,

Cortina del Muelle 1 ✉ *29015* – ✆ *952 21 51 85*
– *www.hotelacmalagapalacio.com* DZ**n**

211 hab – 100/210 €, 19 € – 3 suites

Rest – Menú 30 €

◆ Disfruta de una línea moderna, al estilo de la cadena, y está bien situado cerca del puerto. Amplia zona social y habitaciones confortables dotadas con mobiliario actual. Su comedor resulta bastante luminoso y ofrece una carta de sabor tradicional.

Barceló Málaga

hab,

Héroe de Sostoa 2 ✉ *29002* – ✆ *952 04 74 94*
– *www.barcelo.com* AV**z**

216 hab – 76/225 €, 15 € – 5 suites

Rest – *(cerrado domingo)* Menú 32/58 €

◆ Está junto a la estación del AVE y posee un acceso que le comunica interiormente con ella. Excelente organización, diseño y toda clase de innovaciones tecnológicas. El restaurante cuenta con dos espacios, uno para el buffet y otro de carácter gastronómico.

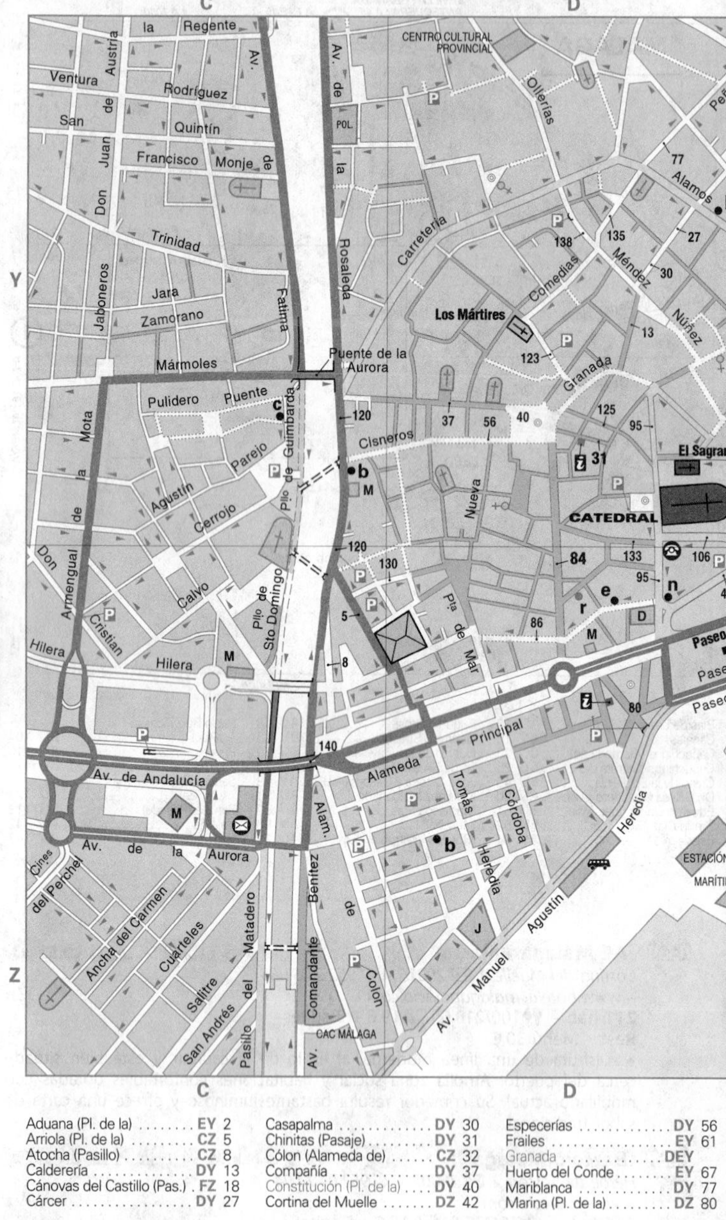
C
D
Y
Z
ESPAÑA
CENTRO CULTURAL PROVINCIAL
Los Mártires
CATEDRAL
El Sagrari
Puente de la Aurora
Av. de Andalucía
Av. de la Aurora
Alameda Principal
Paseo
ESTACIÓN MARÍTIM
CAC MÁLAGA
Av. Manuel Agustín Heredia
Av. Comandante Benítez
Alam. de Colon
Av. de la Rosaleda
Av. Fatima
Armengual de la Mota
Pllo de Guimbarda
Pllo de Sto Domingo
Cisneros
Carretería
Granada
Nueva
Pta de Mar
Tomás Heredia
Córdoba
Hilera
Cristian
Don Cristian
Calvo
Cerrojo
Agustín
Parejo
Pulidero
Puente
Mármoles
Zamorano
Jara
Trinidad
Jaboneros
Don Juan de Austria
Ventura
San
Rodríguez
Quintín
Francisco Monje
la Regente
Ollerías
Comedias
Méndez Núñez
Alamos
Peña
Cines del Perchel
Ancha del Carmen
Cuarteles
Salitre
San Andrés
Pasillo del Matadero
POL.
M
J
D

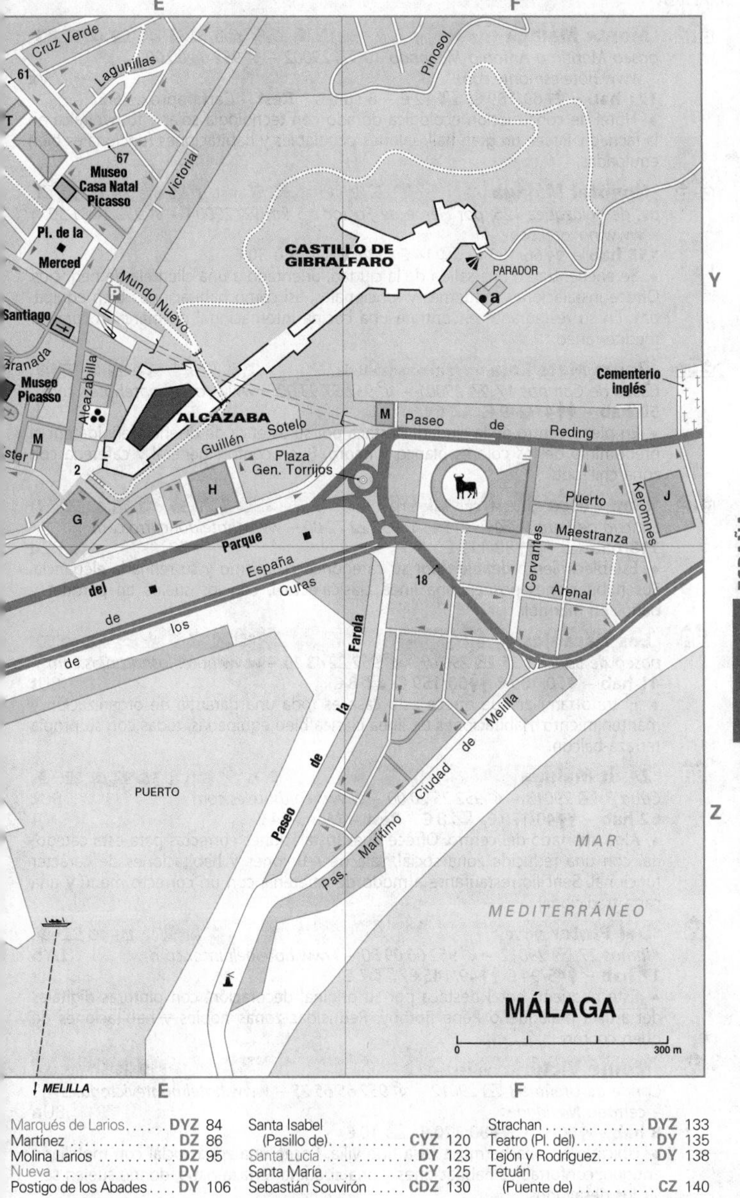

Marqués de Larios....... **DYZ** 84
Martínez.............. **DZ** 86
Molina Larios........... **DZ** 95
Nueva................ **DY**
Postigo de los Abades.... **DY** 106
Santa Isabel
(Pasillo de)........... **CYZ** 120
Santa Lucía............ **DY** 123
Santa María............ **CY** 125
Sebastián Souvirón...... **CDZ** 130
Strachan............... **DYZ** 133
Teatro (Pl. del)......... **DY** 135
Tejón y Rodríguez........ **DY** 138
Tetuán
(Puente de)........... **CZ** 140

Monte Málaga hab, VISA AE
paseo Marítimo Antonio Machado 10 ✉ 29002 – ✆ 952 04 60 00 – www.hotelesmonte.com AV**x**
171 hab – ††69/189 €, ☕ 12 € – 8 suites **Rest** – Carta aprox. 35 €
◆ Hotel de construcción ecológica dotado con tecnología solar y fotovoltaica en la fachada. Posee un gran hall, salones panelables y habitaciones funcionales bien equipadas.

Novotel Málaga hab, rest, VISA AE
av. de Velázquez 126, por Héroe de Sostoa : 5 km ✉ 29004 – ✆ 952 24 81 50 – www.novotel.com
155 hab – ††66/182 €, ☕ 14 € **Rest** – Menú 30 €
◆ Se encuentra en una salida de la ciudad, orientado a una clientela de negocios. Ofrece instalaciones modernas y funcionales, así como habitaciones bien equipadas. En su restaurante encontrará una cocina internacional de marcado carácter mediterráneo.

Room Mate Lola sin rest, con cafetería VISA AE
Casas de Campos 17 ✉ 29001 – ✆ 952 57 93 00 – www.room-matehotels.com
50 hab – ††47/249 €, ☕ 6 € DZ**b**
◆ En pleno centro de la ciudad. Destaca por su estética de diseño, definida por el predominio de los colores blanco y negro. Buen confort general y cafetería con zona chill-out.

Don Curro sin rest, con cafetería VISA AE
Sancha de Lara 9 ✉ 29015 – ✆ 952 22 72 00 – www.hoteldoncurro.com
118 hab ☕ – ††80/115 € DZ**e**
◆ Establecimiento definido por su categórico clasicismo y su refinada elegancia. Sus habitaciones poseen una línea clásica-actual, con los suelos en parquet y baños en mármol.

Los Naranjos sin rest VISA AE
paseo de Sancha 35 ✉ 29016 – ✆ 952 22 43 16 – www.hotel-losnaranjos.com
41 hab – †50/105 € ††50/159 €, ☕ 8 € BU**t**
◆ El trato familiar que ofrece esta casa es toda una garantía de organización y mantenimiento. Habitaciones de línea clásica bien equipadas, todas con su propia terraza-balcón.

Zenit Málaga hab, VISA AE
Cuba 3 ✉ 29013 – ✆ 952 25 20 00 – www.zenithoteles.com BU**c**
62 hab – ††40/120 €, ☕ 8 € **Rest** – Menú 14 €
◆ Algo apartado del centro. Ofrece unas instalaciones correctas para esta categoría, con una reducida zona social, sala de reuniones y habitaciones de carácter funcional. Sencillo restaurante a modo de cafetería, con un correcto menú y una carta tradicional.

Del Pintor sin rest VISA AE
Álamos 27 ✉ 29012 – ✆ 952 06 09 80 – www.hoteldelpintor.com DY**b**
17 hab – †45/94 € ††49/145 €, ☕ 7 €
◆ Este pequeño hotel destaca por su original decoración, con pinturas digitales del artista malagueño Pepe Bornoy. Reducidas zonas nobles y habitaciones de buen confort.

Monte Victoria sin rest VISA
Conde de Ureña 58 ✉ 29012 – ✆ 952 65 65 25 – www.hotelmontevictoria.es – cerrado Navidades BU**a**
8 hab – †60/90 € ††80/120 €, ☕ 10 €
◆ Ubicado en una hermosa casa tipo villa. Posee una zona social con mobiliario antiguo, confortables habitaciones y una coqueta terraza-patio, donde suelen servir los desayunos.

California sin rest VISA AE
paseo de Sancha 17 ✉ 29016 – ✆ 952 21 51 64 – www.hotelcalifornianet.com
24 hab – †60/105 € ††81/121 €, ☕ 10 € BU**s**
◆ Ocupa una antigua villa actualizada en sus instalaciones, con pequeños salones de aire antiguo y unas acogedoras habitaciones de línea clásica. Buen solárium en el ático.

Don Paco sin rest
Salitre 53 ✉ 29002 – ☎ 952 31 90 08 – www.hotel-donpaco.com AV**b**
31 hab – 45/125 € 50/150 €, ☕ 8 €
♦ Hotel de organización familiar llevado entre dos hermanos. Recrea un ambiente clásico bastante hogareño, con correctos espacios sociales y habitaciones de buen confort.

Ibis Málaga Centro sin rest
Pasillo Guimbarda 5 ✉ 29007 – ☎ 952 07 07 41 – www.ibishotel.com
189 hab – 63/69 €, ☕ 6,50 € CY**c**
♦ En conjunto resulta muy funcional, sin embargo es una buena opción en su categoría por su céntrico emplazamiento. Habitaciones de correcto confort y bar-cafetería.

María
av. Pintor Joaquín Sorolla 45, por paseo de Sancha ✉ 29016 – ☎ 952 60 11 95 – cerrado domingo noche
Rest – Carta aprox. 35 €
♦ Presenta una barra de espera y una sala de cuidado montaje, con profusión de madera, varios arcos y diversos espacios en ladrillo visto. Cocina tradicional y sabrosos guisos.

Figón de Juan
pasaje Esperanto 1 ✉ 29007 – ☎ 952 28 75 47 – www.restaurantefigondejuan.com – cerrado agosto y festivos noche
Rest – Carta 25/41 € AV**e**
♦ Su aspecto exterior, un tanto discreto, se ve compensado por el cuidado servicio de mesa y una atenta brigada. De sus fogones surge una cocina tradicional bien elaborada.

El Trillo
Don Juan Díaz 4 ✉ 29015 – ☎ 952 60 39 20 – www.grupotrillo.es DZ**r**
Rest – Tapa 2 € – Ración aprox. 10 €
♦ Este establecimiento cuenta con una barra de tapeo y un simpático comedor al fondo, decorado en un estilo rústico. Productos de calidad y presentaciones bastante cuidadas.

en El Palo por ① : 6 km

El Cobertizo
av. Pío Baroja 25 (urb. Echeverría) ✉ 29017 Málaga – ☎ 952 29 59 39 – cerrado 15 septiembre- 15 octubre y miércoles salvo festivos
Rest – Carta 22/35 €
♦ Casa de organización familiar y aire rústico con cierto tipismo. Tiene el bar a un lado y el comedor al otro, ofreciendo una carta tradicional y diversas sugerencias diarias.

en Campanillas por ② : 12,2 km y desvío a la derecha 1,7 km

Posadas de España Málaga hab,
Graham Bell 4 ✉ 29590 Málaga – ☎ 951 23 30 00 – www.posadasdeespana.com
92 hab – 50/250 €, ☕ 8 €
Rest – *(cerrado sabado mediodía y domingo mediodía)* Carta 20/36 €
♦ Situado en el parque tecnológico, con una concepción muy funcional. Correctas habitaciones dotadas de mobiliario diseñado para trabajar, la mitad con camas de matrimonio. En su comedor, también funcional, se combina el menú del día con una carta tradicional.

¿Buena cocina sin arruinarse? Busque los Bib Gourmand. ¡ Le ayudarán a encontrar las buenas mesas sabiendo unir la cocina de calidad y el precio ajustado!

ESPAÑA

MALLEZA - Asturias - 572 B11 5 B1

Madrid 504 - Oviedo 56

XX **Al Son del Indiano**

pl. Conde de Casares 1 ✉ 33866
- ✆ 985 83 58 44 - www.alsondelindiano.com
- cerrado martes salvo agosto

Rest - *(solo almuerzo salvo viernes, sábado y verano)* Menú 30 €
- Carta 26/38 €

◆ Se trata de una antigua fonda restaurada junto a la iglesia de la localidad. Dispone de un atractivo bar con chimenea y tres cálidos comedores de acogedor estilo rústico.

MALLORCA - Illes Balears - ver Balears

MALPARTIDA DE PLASENCIA - Cáceres - 576 M11 - 4 696 h. 18 C1
- alt. 467 m

Madrid 227 - Ávila 158 - Cáceres 88 - Ciudad Real 313

Cañada Real

hab, hab,

carret. EX-108, Sur : 1 km ✉ 10680 - ✆ 927 45 94 07
- www.hotelcreal.es

61 hab - 49/92 € 65/119 €

Rest ***Asador del Abuelo Bruno*** - Carta 25/40 €

◆ Hotel de línea actual dotado con una espaciosa cafetería y un acogedor salón-biblioteca. Las habitaciones resultan confortables aunque algo sencillas en su equipamiento. En su restaurante-asador podrá degustar una carta basada en asados y platos tradicionales.

¡No confunda los cubiertos X y las estrellas ✿! Los cubiertos definen una categoría de confort y de servicio. La estrella consagra únicamente la calidad de la cocina cualquiera que sea el standing del establecimiento.

MALPICA DE BERGANTIÑOS - A Coruña - 571 C3 - 6 178 h. 19 B1
- Playa

Madrid 651 - Carballo 18 - A Coruña 58 - Santiago de Compostela 63

Fonte do Fraile sin rest

playa de Canido 9 ✉ 15113 - ✆ 981 72 07 32
- www.hotelfontedofraile.com
- cerrado enero y febrero

22 hab - 40/68 € 55/85 €, 8 €

◆ Se encuentra en el casco urbano, aunque solo a 100 m. de la playa. Buen hall, salón clásico con vistas al césped, cafetería, jacuzzi y unas habitaciones montadas a capricho.

en Barizo Oeste : 7 km

XX ✿ **As Garzas** (Fernando Agrasar) con hab

Porto Barizo 40, (carret. DP 4306 - km 2,7)
✉ 15113 Malpica de Bergantiños
- ✆ 981 72 17 65 - www.asgarzas.com
- cerrado del 7 al 15 de noviembre y lunes

4 hab - 73 € 85 €

Rest - *(solo almuerzo salvo viernes, sábado, verano y festivos)* Menú 45/60 €
- Carta 33/66 €

Espec. Mejillones de ría con nuestro escabeche. Mero con potaje de garbanzos y espinacas. Arroz con pollo de corral.

◆ Casa tipo chalet aislada en plena costa y ubicada frente al mar. Posee una sala acristalada de línea actual, destacando tanto por el montaje como por sus vistas. Cocina gallega actualizada y bien elaborada, con unos productos de excepcional calidad. También ofrece habitaciones, todas de estética moderna.

ESPAÑA

MANACOR - Balears - ver Balears (Mallorca)

MANLLEU - Barcelona - **574** F36 - **20 450 h.** - **alt. 461 m** **14** C2

Madrid 649 - Barcelona 78 - Girona/Gerona 104 - Vic 9

Torres

passeig de Sant Joan 40 ✉ 08560
– ✆ 938 50 61 88 – www.hoteltorres.com
– cerrado 23 diciembre-6 enero

17 hab – 🛉32/55 € 🛉🛉51/88 €, ☕ 8 €

Rest ***Torres Petit*** – ver selección restaurantes

Rest ***La Fonda 1910*** – Carta 20/41 €

◆ Hotel familiar dirigido por dos hermanos. Dispone de una reducida zona social y de unas habitaciones funcionales, con mobiliario estándar y baños completos. El restaurante La Fonda 1910 ofrece una modesta carta de cocina tradicional a precios moderados.

XX Torres Petit - Hotel Torres

passeig de Sant Joan 38 ✉ 08560
– ✆ 938 50 61 88 – www.torrespetit.com
– cerrado 23 diciembre-6 enero, Semana Santa, del 16 al 30 de agosto, domingo, martes noche y miércoles noche

Rest – Menú 25 € – Carta 31/55 €

◆ Restaurante de línea clásica-actual donde ofrecen una carta tradicional actualizada, con algún plato internacional y dos menús. Comedores de cuidado montaje y completa bodega.

MANRESA - Barcelona - **574** G35 - **76 209 h.** - **alt. 205 m** **15** A2

Madrid 591 - Barcelona 59 - Lleida/Lérida 122 - Perpignan 239

Via Sant Ignasi 40, ✆ 93 878 40 90, www.manresaturisme.cat

Localidad ★ - Basílica-Colegiata de Santa María★★ BZ - Cova de Sant Ignasi★★ BZ - Pont Vell★ BZ

Plano página siguiente

Els Noguers

av. Països Catalans 167 - carret. C-55, km 29, por ① ✉ 08243 – ✆ 938 74 32 58
– www.hotelelsnoguers.cat

30 hab – 🛉70/75 € 🛉🛉90/95 €, ☕ 5 €

Rest – *(cerrado agosto, domingo y lunes noche)* Menú 15 €

◆ Algo alejado del centro aunque bien situado junto a un centro comercial. Posee habitaciones confortables y bien equipadas que compensan su escasa zona social. El comedor, con carta tradicional y varios menús, se encuentra en un edificio anexo.

XX Aligué

barriada El Guix 10 (carret. de Vic), por ① ✉ 08243 – ✆ 938 73 25 62
– www.restaurantaligue.es

Rest – *(solo almuerzo salvo viernes y sábado.)* Carta 30/54 €

◆ Posee un bar a la entrada con mesas para el menú, dos comedores y dos privados. Cocina tradicional de temporada con detalles de autor, trabajando mucho la trufa y las setas.

XX La Cuina

Alfons XII-18 ✉ 08241 – ✆ 938 72 89 69
– www.restaurantlacuina.com
– cerrado del 8 al 22 de agosto, domingo noche y jueves AZ**e**

Rest – Menú 23 € – Carta 35/52 €

◆ Disfruta de un pequeño vivero y tres comedores, uno más amplio y de inferior montaje dedicado al menú. Carta tradicional que destaca por su apartado de pescados y mariscos.

ESPAÑA

MANRESA

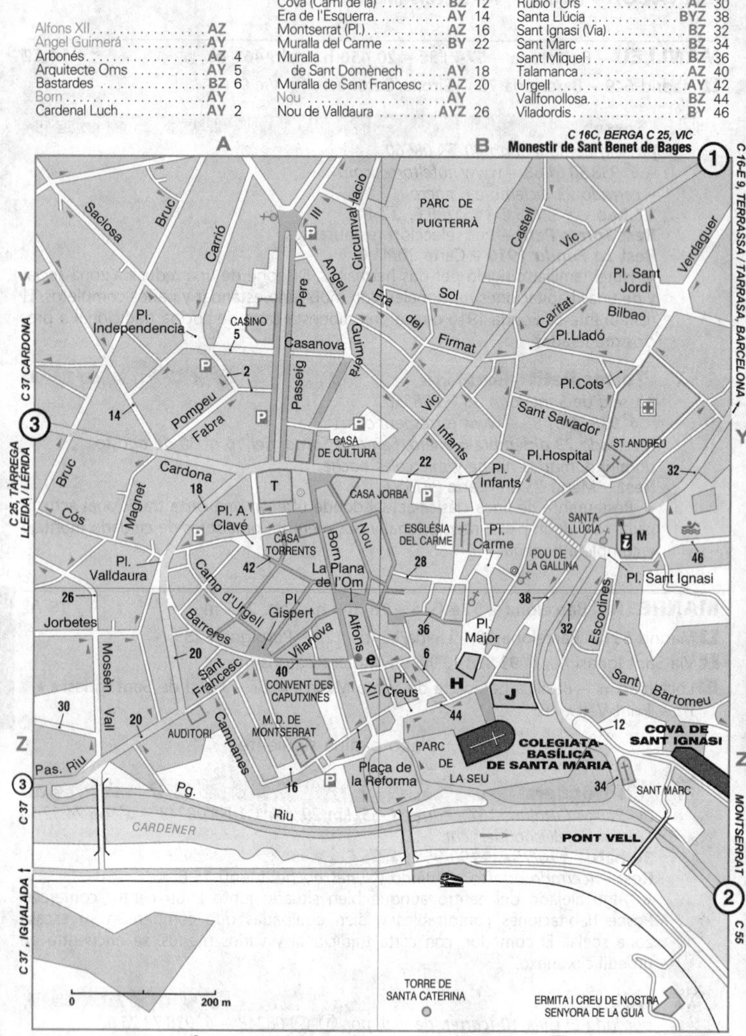

MANZANARES – Ciudad Real – 576 O19 – 19 242 h. – alt. 645 m 9 B3

▶ Madrid 173 – Alcázar de San Juan 63 – Ciudad Real 52 – Jaén 159

Parador de Manzanares

autovía A 4 ✉ 13200 – ✆ 926 61 04 00 – www.parador.es
50 hab – †86/106 € ††108/132 €, ☕ 16 €
Rest – Menú 32 €

♦ Presenta un estilo rústico-funcional, con amplios exteriores, cocheras individuales y una zona ajardinada. Sus habitaciones tienen mobiliario clásico-regional. El restaurante cuenta con dos salas, la principal de forma circular y asomada a un jardín.

El Cruce
autovía A 4 ✉ 13200 – ✆ 926 61 19 00 – www.hotelelcruce.com
38 hab – †54/71 € ††79/88 €, ☕ 6,50 € **Rest** – Menú 21 €
◆ Hotel de carretera dotado de correctas zonas nobles y habitaciones de buen confort general, la mayoría de ellas con un pequeño balcón y los baños actuales. El comedor, que goza de un buen montaje, sabe combinar el mobiliario regional con la estética actual.

Antigua Casa de la Bodega sin rest
Clérigos Camarenas 58 ✉ 13200 – ✆ 926 61 17 07 – www.antiguacasadelabodega.com – cerrado febrero
6 hab ☕ – †20 € ††74 €
◆ Esta casa familiar formó parte de la histórica bodega Larios, que data del s. XIX. Ofrece una cálida zona social y habitaciones detallistas vestidas con mobiliario de época.

MAÓ – **Balears – ver Balears (Menorca)**

MARBELLA – **Málaga** – **578** W15 – **136 322 h.** – **Playa** 1 A3

Madrid 602 – Algeciras 77 – Cádiz 201 – Málaga 59
glorieta de la Fontanilla, ✆ 95 277 46 93, www.marbellaexclusive.com
pl. de los Naranjos 1, ✆ 95 282 35 50, www.marbellaexclusive.com
Río Real, por la carret. de Malaga : 5 km, ✆ 95 276 57 33
Los Naranjos, por la carret. de Cádiz : 7 km, ✆ 95 281 24 28
Aloha,, urb. Aloha, por la carret. de Cádiz : 8 km, ✆ 95 290 70 85
Las Brisas,, Nueva Andalucía, por la carret. de Cádiz : 11 km, ✆ 95 281 30 21
Localidad★★ – Casco antiguo★ – Plaza de los Naranjos★ – Museo del grabado Español Contemporáneo★

Plano página siguiente

Gran Meliá Don Pepe
José Meliá, por ② ✉ 29602 – ✆ 952 77 03 00 – www.gran-melia-don-pepe.com
196 hab ☕ – †160/380 € ††175/410 € – 5 suites
Rest *Calima* – ver selección restaurantes
Rest *Grill La Farola* – Carta 44/57 €
◆ Un oasis de serenidad y belleza junto al mar, rodeado por un bello jardín subtropical. Sus excelentes estancias le sorprenderán por el confort y la profusión en los detalles. El restaurante Grill La Farola ofrece platos de carácter tradicional e internacional.

Claude sin rest
San Francisco 5 ✉ 29601 – ✆ 952 90 08 40 – www.hotelclaudemarbella.com – cerrado 15 días en enero Aa
7 hab ☕ – †150/255 € ††175/280 €
◆ Casa familiar del s. XVII en la que vivió la emperatriz Eugenia de Montijo. Destaca por su cuidado salón social y sus habitaciones, todas personalizadas en diferentes estilos.

Princesa Playa sin rest
av. Duque de Ahumada - Paseo Marítimo ✉ 29602 – ✆ 952 82 09 44 – www.princesaplaya.com Ba
100 hab ☕ – ††56/450 € – 36 suites
◆ Aquí encontrará habitaciones tipo apartamento, con la cocina integrada, suelos en tarima y un estilo clásico-actual. Desayunos en el último piso, con hermosas vistas al mar.

La Villa Marbella sin rest
Príncipe 10 ✉ 29601 – ✆ 952 76 62 20 – www.lavillamarbella.com Ay
21 hab ☕ – †85/189 € ††95/219 €
◆ Ocupa varios edificios del casco viejo, todos con habitaciones de completo equipamiento y detalles personalizados en su decoración. Destaca la terraza del edificio principal.

ESPAÑA

Alameda . . . . . . A 2
Ancha . . . . . . A 3
Carlos Mackintosch . . . . . . A 4
Chorrón . . . . . . A 5
Enrique del Castillo . . . . . . AB 8
Estación . . . . . . A 9
Fontanilla (Glorieta de la) . . . . . . A 10
Huerta Chica . . . . . . A 12
Marítimo (Pas.) . . . . . . A 15
Mar (Av. del) . . . . . . A 14
Naranjos (Pl. de los) . . . . . . A 16
Pedraza . . . . . . A 17
Portada . . . . . . AB 18
Ramón y Cajal (Av.) . . . . . . AB 20
Santo Cristo (Pl. de) . . . . . . A 21
Valdés . . . . . . A 24
Victoria (Pl. de la) . . . . . . A 26

The Town House sin rest
Alderete 7 ✉ 29600 – ✆ 952 90 17 91 – www.townhouse.nu Bb
9 hab – 97/115 € 115/134 €
◆ Pequeño hotel instalado en una casa rehabilitada del casco antiguo. Ofrece un interior de línea clásica-actual, muy personal, y habitaciones de buen confort. Terraza-solárium.

XXXX ✿✿ **Calima** (Dani García) – Hotel Gran Meliá Don Pepe
José Meliá, por ② ✉ 29600 – ✆ 952 76 42 52 – www.restaurantecalima.es – abril-octubre
Rest – *(cerrado domingo y lunes) (solo cena) (solo menú)* Menú 134 €
Espec. Caja de espetos. Nido de golondrinas de Jabugo. Gazpachuelo de anguilas del Guadalquivir.
◆ Presenta una estética minimalista tanto en la cocina, completamente a la vista, como en la sala, esta última amplia, de excelente montaje y con una gran cristalera abierta al mar. Sus completos menús degustación conjugan técnica y originalidad.

XX **Messina**
av. Severo Ochoa 12 ✉ 29603 – ✆ 952 86 48 95 – www.restaurantemessina.com – cerrado del 16 al 30 de enero y domingo Bv
Rest – *(solo cena)* Menú 60 € – Carta 41/53 €
◆ Tras las grandes cristaleras de su entrada encontrará un local diáfano y de línea actual. Carta creativa enriquecida con algunos platos malagueños, asiáticos e italianos.

XX **Santiago**
av. Duque de Ahumada 5 ✉ 29602 – ✆ 952 77 00 78 – www.restaurantesantiago.com – cerrado noviembre Ab
Rest – Menú 45 € – Carta 37/55 €
◆ Se encuentra en el paseo marítimo y está considerado todo un clásico de la ciudad, con una terraza de verano, una barra de espera y varios comedores. Pescados y mariscos.

XX **La Tirana**

urb. La Merced Chica - Huerta Márquez, por ② ✉ 29600 – ✆ 952 86 34 24 – www.restaurantelatirana.es – cerrado 9 enero-9 febrero y domingo en invierno
Rest – *(solo cena en julio y agosto)* Carta 39/49 €
◆ Agradable restaurante instalado en una bonita villa, con jardín propio y una espléndida terraza repleta de plantas. Posee un bar de espera y una sala de cuidado montaje.

XX **Casa de la Era**

Finca El Chorraero, Noreste : 1 km por carret. de Ojén A-355 ✉ 29602 – ✆ 952 77 06 25 – www.casadelaera.com – cerrado domingo (salvo Semana Santa y verano)
Rest – *(solo almuerzo salvo viernes, sábado y verano)* Menú 20/30 € – Carta 30/40 €
◆ Está instalado en una casa tipo chalet, donde ofrece una sala acristalada con bellas vistas a la montaña. Carta regional andaluza con un pequeño apartado de cocina marroquí.

XX **Buenaventura**

pl. de la Iglesia de la Encarnación 5 ✉ 29601 – ✆ 952 85 80 69 – www.demarbella.net B**z**
Rest – *(solo cena en julio y agosto)* Menú 35/55 € – Carta 35/62 €
◆ Marco de cálida rusticidad en tonalidades ocres, con chimenea y bodega acristalada. En su bonito patio interior podrá degustar una carta tradicional con toques creativos.

X **Skina**

Aduar 12 ✉ 29601 – ✆ 952 76 52 77 – www.restauranteskina.com – cerrado del 8 al 28 de enero, del 10 al 16 de junio, sábado mediodía de octubre-mayo, domingo y lunes salvo verano A**x**
Rest – *(solo cena en verano)* Menú 79 € – Carta 75/85 €
Espec. Nuestro salmorejo (verano). Paletilla de chivo lechal malagueño, queso de cabra y remolacha. La manzana de la feria.
◆ Interesante y atrevido. Este minúsculo restaurante se encuentra en una zona peatonal del casco antiguo y recrea un ambiente actual, con el suelo en tarima y una excelente bodega acristalada. Su cocina creativa toma como base el recetario malagueño tradicional.

X **Los Guisos de Santiago**

av. del Mar 20 ✉ 29602 – ✆ 952 77 43 39 – www.restaurantesantiago.com – cerrado noviembre A**p**
Rest – Menú 30 € – Carta aprox. 35 €
◆ Ofrece una decoración clásica bastante cuidada, con espejos y citas escritas, así como una carta tradicional que destaca tanto por sus guisos como por sus platos de cuchara.

La Taberna de Santiago

av. del Mar 20 ✉ 29602 – ✆ 952 77 00 78 – www.restaurantesantiago.com – cerrado noviembre A**p**
Rest – Tapa 2 € – Ración aprox. 6 €
◆ Local de tapeo con la fachada repleta de azulejos. Disfruta de una pequeña barra con expositor de productos, varias mesas en mármol y una espaciosa terraza.

en la autovía de Málaga por ① :

Vincci Selección Estrella del Mar hab,

urb Estrella del Mar, salida km 190
✉ 29604 Marbella – ✆ 951 05 39 70 – www.vinccihoteles.com
133 hab – 99/400 €, 12 € **Rest** – Carta 40/48 €
◆ Un edificio de diseño horizontal que recuerda en su estética interior esencias del mundo árabe y andalusí. Habitaciones amplias y luminosas, con vistas al mar o a la montaña. Posee dos zonas de restauración, así que encontrará una buena oferta gastronómica.

ESPAÑA

XX **El Lago**

av. Las Cumbres - urb. Elviria Hills, salida Elviria : 10 km y desvío 2 km
✉ 29604 Marbella – ✆ 952 83 23 71 – www.restauranteellago.com
– cerrado lunes salvo julio y agosto

Rest – Menú 45/60 € – Carta 53/62 €

Espec. Milhojas de pollo en escabeche con manzana caramelizada y foie. Salmonete con patatas aliñadas, emulsión de gazpachuelo y almejas. Pichón con guiso de higaditos sobre pan de miel y peras.

◆ Destaca por su emplazamiento, en un relajante campo de golf y frente a un pequeño lago artificial. Ofrece una coqueta terraza de verano y una sala de cuidado montaje, esta última dotada con una gran cristalera semicircular. Cocina actual e innovadora.

en la carretera de Cádiz por ② :

Marbella Club

Boulevard Príncipe Alfonso von Hohenlohe, 3 km ✉ 29602 Marbella
– ✆ 952 82 22 11 – www.marbellaclub.com

84 hab – †215/415 € ††230/430 €, ☕ 35 € – 51 suites **Rest** – Carta 58/82 €

◆ Emblemático, ya que rezuma elegancia clásica y siempre sabe actualizarse. Disfruta de un piano-bar, amplias estancias, un SPA frente al mar y excelentes habitaciones. El restaurante-grill, con la parrilla en el centro, ofrece una carta de tinte internacional.

Puente Romano

Boulevard Príncipe Alfonso von Hohenlohe, 3,5 km
✉ 29602 Marbella – ✆ 952 82 09 00 – www.puenteromano.com

204 hab – †200/400 € ††220/450 €, ☕ 30 € – 81 suites

Rest ***Roberto*** – Carta 55/75 €

◆ Elegante conjunto de ambiente andaluz dotado con un magnífico jardín subtropical. Posee habitaciones tipo bungalow, espaciosas y de elevado confort. El restaurante, que está especializado en cocina italiana, disfruta de una magnífica terraza con vistas al mar.

XXX **Villa Tiberio**

2,5 km ✉ 29600 Marbella – ✆ 952 77 17 99 – www.villatiberio.com – cerrado domingo salvo julio-agosto

Rest – (solo cena) Carta 52/80 €

◆ Restaurante italiano ubicado en una villa que destaca por su atractiva terraza ajardinada. Comedor clásico, detalles decorativos de gusto refinado y música de piano en vivo.

XXX **La Meridiana del Alabardero**

camino de la Cruz, salida Nagüeles : 3,5 km y desvío a la derecha 0,7 km
✉ 29600 Marbella – ✆ 952 77 61 90 – www.lameridiana.es

Rest – Menú 70/150 € – Carta 53/62 €

◆ Negocio de amplios espacios definido por su decoración, pues combina detalles asiáticos e hindús. El jardín, con camas balinesas, se usa como zona chill-out. Carta actual.

XX **El Rodeito**

carret. N-340, 7,8 km ✉ 29660 Nueva Andalucía – ✆ 952 81 08 61
– www.elrodeito.com

Rest – Carta 55/70 €

◆ Mesón asador bastante acogedor, con ambientación típica castellana y aperos de labranza decorativos. Ofrece dos comedores con chimeneas centrales y una terraza de verano.

MARCHAMALO – Guadalajara – ver Guadalajara

¿Buenas direcciones a precios moderados? Siga los Bibs: Bib Gourmand rojo para restaurantes y Bib Hotel azul para hoteles.

ESPAÑA

MARCILLA - Navarra - 573 E24 - 2 838 h. - alt. 290 m 24 A2

Madrid 345 - Logroño 65 - Iruña/Pamplona 63 - Tudela 38

Villa Marcilla

carret. Estación,Noreste : 2 km ✉ 31340 - ☎ 948 70 82 87 - www.sanvirilahoteles.com - cerrado 23 diciembre-8 enero

24 hab - 70/90 € 80/100 €, 11 € **Rest** - Menú 12 €

◆ Tras su atractiva fachada en piedra descubrirá un hall amplio y luminoso, un agradable salón social y confortables habitaciones, todas personalizadas y de ambiente colonial. En su cafetería, por las noches, también sirven un correcto menú.

Villa Marcilla

carret. Estación, Noreste : 2 km ✉ 31340 - ☎ 948 71 37 37 - www.restaurantevillamarcilla.es - cerrado del 1 al 15 de julio

Rest - *(solo almuerzo salvo fines de semana)* Menú 25/42 € - Carta 30/55 €

◆ Esta antigua casa señorial se presenta con un hall, dos salas de ambiente clásico y un patio-porche que hace de terraza. Carta regional actualizada y un buen menú degustación.

MARÍN - Pontevedra - 571 E3 - 25 997 h. - alt. 14 m 19 B2

Madrid 619 - Santiago de Compostela 66 - Pontevedra 8 - Viana do Castelo 110

Villa de Marín sin rest

Calvo Sotelo 37 ✉ 36900 - ☎ 986 89 22 22 - www.hotelvillademarin.com

25 hab - 37/46 € 42/75 €, 5 €

◆ Céntrico y de línea clásico-funcional. Posee habitaciones confortables con mobiliario de buen nivel, un correcto hall y una moderna cafetería orientada al público de la calle.

ESPAÑA

MARTORELL - Barcelona - 574 H35 - 26 815 h. - alt. 56 m 15 A3

Madrid 598 - Barcelona 33 - Manresa 37 - Lleida/Lérida 141

AC Martorell sin rest

av. Pau Claris ✉ 08760 - ☎ 937 74 51 60 - www.ac-hotels.com

92 hab - 60/155 €, 11 €

◆ Con la decoración actual propia de la cadena. Ofrece suficientes zonas nobles y confortables habitaciones, con los suelos en tarima y plato ducha en la mayoría de sus baños.

El MASNOU - Barcelona - 574 H36 - 22 536 h. 15 B3

Madrid 628 - Barcelona 14 - Girona/Gerona 87 - Vic 56

Torino

Pere Grau 21 ✉ 08320 - ☎ 935 55 23 13 - www.hoteltorinoelmasnou.com - cerrado 23 diciembre-6 enero

13 hab - 52 € 72 €, 7 €

Rest - *(cerrado sábado y domingo noche)* Menú 12 €

◆ Este céntrico hotelito de organización familiar compensa su reducida zona social con unas habitaciones cuidadas y bien equipadas, algo pequeñas pero correctas en su categoría. El comedor, que presenta un sencillo montaje, limita su oferta a un menú del día.

MASPALOMAS - Las Palmas - ver Canarias (Gran Canaria)

MATAPOZUELOS - Valladolid - 575 H15 - 1 053 h. 11 B2

Madrid 175 - Valladolid 38 - Segovia 109 - Ávila 104

La Botica

pl. Mayor 2 ✉ 47230 - ☎ 983 83 29 42 - www.asadorlabotica.com - cerrado del 1 al 15 de enero

Rest - *(solo almuerzo salvo fines de semana y verano)* Carta 31/38 €

◆ Instalado en una antigua casa de labranza que funcionó como farmacia. Presenta unas instalaciones de aire rústico, un privado en lo que fue la botica y una carta que conjuga la cocina tradicional y los asados con otros platos más actuales.

MATARÓ - Barcelona - **574** H37 - **122 905 h.** - Playa **15** B3

Madrid 661 - Barcelona 28 - Girona/Gerona 72 - Sabadell 47

Localidad★

NH Ciutat de Mataró

hab, VISA AE

Camí Ral 648, por Camí Ral ✉ 08302 - ☎ 937 57 55 22 - www.nh-hoteles.com AZ

101 hab - ††54/150 €, ☕ 12 € - 4 suites - 17 apartamentos

Rest *Camí Real* - *(cerrado agosto, sábado, domingo y festivos)* Menú 16/20 €

♦ Con fácil acceso desde la autopista y enfocado, claramente, al cliente de empresa. Ofrece unas instalaciones de línea actual, un SPA, habitaciones de buen confort y algunos apartamentos para las estancias de larga duración. El restaurante, muy luminoso, propone una cocina de carácter tradicional.

MATARÓ

Calle	Cuadro	Nº
Ajuntament (Pl.)	AY	4
America (Av.)	BY	2
Can Xammar	AYZ	6
Escaletes (Baixada de les)	AZ	8
Geganta (Cami de la)	AY	10
Genovesos (Muralla dels)	AY	12
Havana (Pl. l')	BY	14
Hospital	ABY	16
Josep Anselm Clavé	AY	18
Massot (Baixada d'en)	AY	21
Pascual Madoz	BY	24
Portal de Valldeix	AY	25
Santa Maria	AY	39
Sant Bonaventura	AY	30
Sant Francesc d'Assis	AY	32
Sant Llorenc (Muralla de)	AZ	34
Sant Simó	AY	37
Tigre (Muralla del)	AY	41
Xammar	AYZ	49

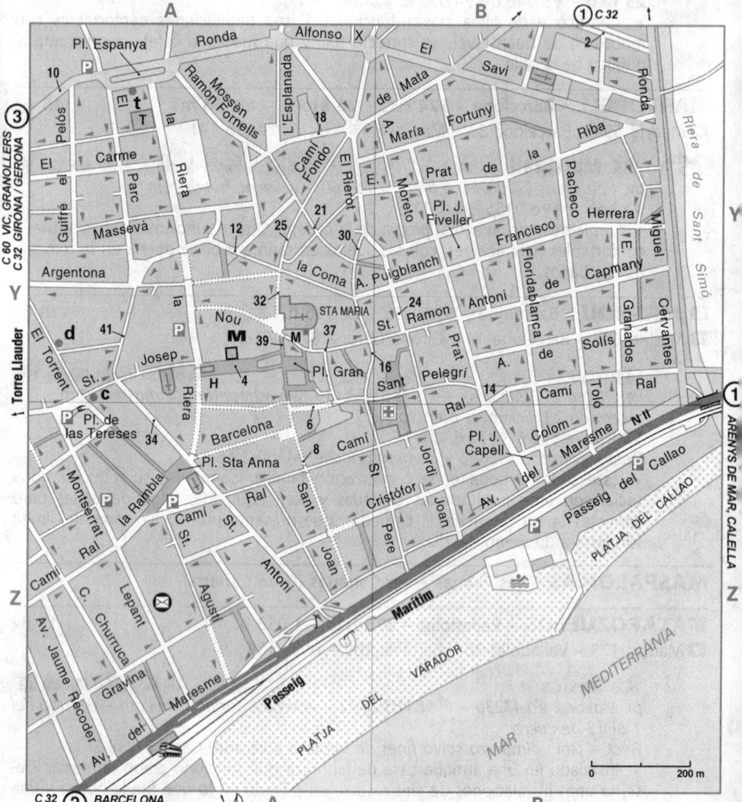

XXX **El Nou-Cents**

El Torrent 21 ✉ 08302 – ✆ 937 99 37 51 – www.elnou-cents.com – cerrado 15 días en agosto y domingo noche AY**d**

Rest – Menú 38/58 € – Carta 33/76 €

◆ Presenta un buen hall y dos comedores, uno clásico con detalles rústicos y el otro más actual. Cocina actual de bases clásicas, trabajando mucho la trufa, las setas y la caza.

XXX **Sangiovese**

Sant Josep 31 ✉ 08302 – ✆ 937 41 02 67 – www.sangioveserestaurant.com – cerrado 21 días en agosto, domingo noche y lunes AY**c**

Rest – Carta 27/48 €

◆ Disfruta de una estética moderna, con detalles de diseño, dejando tanto la cocina como su completa bodega a la vista. Elaboraciones de tendencia actual con toques creativos.

XX **Bocca**

pl. d'Espanya 18 ✉ 08302 – ✆ 937 41 12 69 – www.boccarestaurante.com – cerrado Semana Santa, 21 días en agosto, domingo y lunes noche

Rest – Carta 31/48 € AY**t**

◆ Restaurante familiar de larga trayectoria. En su acogedora sala de línea clásica-actual podrá degustar una completa carta de cocina tradicional actualizada.

MATURANA – Álava – 573 D22 — 25 B2

Madrid 375 – Vitoria-Gasteiz 18 – Logroño 111 – Iruña/Pamplona 88

Sagasti Zahar

Sagati Zahar 10 ✉ 01206 – ✆ 945 31 71 58 – www.casarural-vitoria.com

6 hab – 34/44 € 42/55 €, 5 € **Rest** – Menú 12/18 €

◆ Casa rural construida en piedra, rodeada de césped y dotada con un agradable porche. Ofrece unas habitaciones de cuidado ambiente rústico, aunque todas están personalizadas.

MAZAGÓN – Huelva – 578 U9 – Playa — 1 A2

Madrid 638 – Huelva 23 – Sevilla 102

pl. Odón Betanzos, ✆ 959 37 63 00

por la carretera de Matalascañas

Parador de Mazagón

Sureste : 7 km ✉ 21130 Mazagón – ✆ 959 53 63 00 – www.parador.es

63 hab – 128/148 € 160/185 €, 18 € **Rest** – Menú 33 €

◆ Disfruta de un enclave privilegiado, pues está a la entrada del Parque Natural de Doñana. Habitaciones clásicas con detalles rústicos, la mayoría con magníficas vistas al mar. En su luminoso restaurante encontrará una completa carta de carácter regional.

MEAÑO – Pontevedra – 571 E3 – 5 455 h. — 19 A2

Madrid 640 – Santiago de Compostela 67 – Pontevedra 28 – Viana do Castelo 131

Quinta de San Amaro

lugar de San Amaro 6 ✉ 36968 – ✆ 986 74 89 38 – www.quintadesanamaro.com

14 hab – 76/105 € 90/125 €

Rest – *(cerrado lunes noche y martes de 15 octubre-mayo)* Menú 28/55 € – Carta 26/45 €

◆ Magnífico hotel rural situado en una finca rústica que conserva sus edificios en piedra. Buen salón social y habitaciones de excelente confort, todas con mobiliario colonial. El restaurante, que resulta muy luminoso por estar completamente acristalado, ofrece una buena carta de cocina tradicional.

ESPAÑA

MECINA FONDALES – Granada – 578 V20 – alt. 930 m 2 D1

Madrid 488 – Granada 69 – Almería 139 – Málaga 128

Mecina Fondales

La Fuente 2 ✉ 18416 – ✆ 958 76 62 41
– www.hoteldemecina.com
21 hab – ♦60 € ♦♦88 €, ☕ 6 €
Rest *Mecina Fondales* – ver selección restaurantes
◆ ¡Finca con árboles frutales emplazada en un pueblecito de Las Alpujarras! Posee una coqueta zona social, un patio árabe y habitaciones de aire rústico, casi todas con terraza.

Mecina Fondales – Hotel Mecina Fondales

La Fuente 2 ✉ 18416 – ✆ 958 76 62 41
– www.hoteldemecina.com
Rest – Carta 24/33 €
◆ El comedor, como no podía ser de otra manera, recrea un espacio de sosegado ambiente rústico, con una agradable chimenea para caldear la estancia. Su carta refleja un delicioso viaje por los platos más típicos del recetario alpujarreño.

MEDINA DE POMAR – Burgos – 575 D19 – 6 311 h. – alt. 607 m 12 C1

Madrid 329 – Bilbao 81 – Burgos 86 – Santander 108

La Alhama hab, rest,

carret. de la Cerca, Noreste : 1 km ✉ 09500 – ✆ 947 19 08 46
– www.hralhama.es – cerrado 23 diciembre-enero
17 hab ☕ – ♦39/43 € ♦♦56/59 € – 1 suite
Rest – *(cerrado domingo noche y lunes)* Menú 10/19 €
◆ Hotel de línea actual llevado por un amable matrimonio. Sus reducidas zonas sociales se completan con un pequeño salón y posee habitaciones funcionales de buen confort. El restaurante, luminoso y de correcto montaje, está comunicado con la cafetería.

ESPAÑA

MEDINA DE RIOSECO – Valladolid – 575 G14 – 5 042 h. – alt. 735 m 11 B2

Madrid 223 – León 94 – Palencia 50 – Valladolid 41

Iglesia de Santa María (capilla de los Benavente★)

Los Almirantes rest,

San Juan 36 ✉ 47800 – ✆ 983 72 05 21
– www.losalmirantes.com
17 hab – ♦60/100 € ♦♦80/150 €, ☕ 10 €
Rest – Menú 35 € – Carta 32/45 €
◆ ¡Singular, exclusivo y sorprendente! Tras su modesta fachada se esconde un hotel con mayúsculas que destaca tanto por sus acogedoras instalaciones como por sus excepcionales habitaciones, todas domotizadas y vestidas con originales detalles de diseño. Pequeño SPA y dos restaurantes, uno de ellos gastronómico.

Pasos

Lázaro Alonso 44 ✉ 47800 – ✆ 983 70 10 02 – www.restaurantepasos.net
– cerrado noviembre, domingo noche y lunes
Rest – Carta 30/40 €
◆ Entrada por un bar público de pulcro montaje. Comedor de estilo medieval castellano, con excelente servicio de mesa, chimenea, sillas en forja y variada carta tradicional.

MEDINA DEL CAMPO – Valladolid – 575 I15 – 21 632 h. – alt. 721 m 11 B2

Madrid 154 – Salamanca 81 – Valladolid 43

pl. Mayor de la Hispanidad 48, ✆ 983 81 13 57

Castillo de la Mota★

Villa de Ferias hab,

av. V Centenario 3 ✉ 47400 – ✆ 983 80 27 00 – www.villadeferias.com

37 hab – ††44/63 €, ☕ 4 €

Rest – Menú 16 € – Carta 34/50 €

◆ De línea actual, poniendo a su disposición una reducida zona noble con hall y habitaciones dotadas de suelos en tarima, mobiliario clásico de calidad y baños modernos. Acogedor restaurante con dos salas, una de aire colonial y la otra a modo de patio cubierto.

La Mota sin rest

Fernando el Católico 4 ✉ 47400 – ✆ 983 80 04 50 – www.domus-hoteles.es

44 hab – †50/60 € ††62/80 €, ☕ 4 €

◆ Un hotel que va reformándose poco a poco. Ofrece un correcto hall-recepción y habitaciones funcionales de confort actual, la mayoría de ellas con los suelos en tarima.

Continental

pl. Mayor de la Hispanidad 15 ✉ 47400 – ✆ 983 80 10 14 – cerrado del 15 al 30 de octubre y martes

Rest – Carta 28/37 €

◆ Bien ubicado en la Plaza Mayor y con acceso por un soportal. Encontrará un concurrido bar de tapas y una sala clásica, donde sirven tanto el menú como una carta tradicional.

MEDINA SIDONIA – Cádiz – 578 W12 – 11 741 h. – alt. 304 m — 1 B3

Madrid 620 – Algeciras 73 – Arcos de la Frontera 42 – Cádiz 42

Ortega 10, ✆ 956 41 24 04

Localidad★ – Conjunto arqueológico romano★ – Iglesia de Santa María la Mayor★ (retablo★)

El Castillo con hab — hab, rest,

Ducado de Medina Sidonia 3 ✉ 11170 – ✆ 956 41 08 23 – www.hotelrestauranteelcastillo.com

7 hab ☕ – †30/35 € ††50/60 €

Rest – Carta 20/35 €

◆ ¡Está en la parte alta del pueblo y es un buen lugar para descubrir los sabores de esta tierra! En su carta, de perfil casero, se dan cita varios platos de caza, carnes de la zona, especialidades de campo y algún que otro pescado. Como complemento al negocio también ofrece unas sencillas habitaciones.

El Duque con hab y sin ☕

av. del Mar 10 ✉ 11170 – ✆ 956 41 00 40 – www.hotelelduque.com – cerrado lunes

9 hab – †28/37 € ††46/50 €

Rest – Carta 20/34 €

◆ Disfruta de un bar, con chimenea y varias mesas para el menú, así como una acogedora sala a la carta rodeada de ventanales. Amplia carta tradicional dominada por las carnes. También cuenta con unas sencillas habitaciones por si desea alojarse.

en la carretera de Vejer Sureste : 3 km

Venta La Duquesa

carret. A 396 - Km 7,7 ✉ 11170 Medina Sidonia – ✆ 956 41 08 36 – www.duquesa.com – cerrado del 16 al 29 de febrero, del 7 al 22 de noviembre y martes

Rest – Carta aprox. 32 €

◆ Típica venta situada en pleno campo, bien acondicionada en un estilo clásico-regional. Trabajan con gran amabilidad y elaboran una cocina recomendable a precios asequibles.

MEDINACELI – Soria – 575 I22 – 813 h. – alt. 1 201 m 12 D3

Madrid 154 – Soria 76 – Zaragoza 178

Bavieca con hab

Campo de San Nicolás 6 ✉ 42240 – ✆ 975 32 61 06 – www.bavieca.net – cerrado Navidades

7 hab – 55 € 75 € **Rest** – Carta 29/35 €

◆ Casa de piedra dotada con un interior de estilo actual. Su actividad principal es el restaurante, ofreciendo en él una carta compensada de cocina tradicional e internacional. Aquí también puede alojarse, ya que cuentan con unas habitaciones confortables, coloristas y de línea actual, algunas abuhardilladas.

en la antigua carretera N II Sureste : 3,5 km

Nico rest,

✉ 42240 Medinaceli – ✆ 975 32 60 11 – www.hotelnicomedinaceli.com

21 hab – 49/53 € 58/70 €, 7 €

Rest – Menú 20 €

◆ Un buen recurso de carretera. Dispone de una espaciosa cafetería en la planta baja y habitaciones de correcta amplitud, con mobiliario clásico y los baños completos. En su restaurante, bastante luminoso, podrá degustar elaboraciones de sabor tradicional.

MELIDE – A Coruña – 571 D5 – 7 838 h. – alt. 454 m 20 C2

Madrid 556 – A Coruña 72 – Santiago de Compostela 55 – Lugo 54

en la carretera N 547 Sureste : 6 km

Casa de los Somoza

Coto ✉ 15808 Melide – ✆ 981 50 73 72 – cerrado 15 diciembre-febrero

10 hab – 46 € 54 €, 6 € **Rest** – *(cerrado domingo)* Menú 16 €

◆ ¡En pleno Camino de Santiago! Esta casona disfruta de un cuidado jardín y sencillas habitaciones, con algunas paredes en piedra, techos en madera y mobiliario de aire antiguo. El comedor, de cálido ambiente rústico, se encuentra junto a un viejo horno de pan.

MELILLA – 742 6/11 – 76 034 h. – Playa 2 C3

de Melilla, carret. de Yasinen por av. de la Duquesa Victoria 4 km AY ✆ 902 404 704

Iberia : aeropuerto ✆902 400 500

para Almería y Málaga : Cía. Trasmediterránea, General Marina 1, ✆ 902 45 46 45 AY

pl. de las Cuatro Culturas, ✆95 297 61 90, www.melillaturismo.com

Ciudad antigua★ : Terraza Museo Municipal ★ BZ**M**

Parador de Melilla hab,

av. Cándido Lobera 16 ✉ 52001 – ✆ 952 68 49 40 – www.parador.es AY**a**

40 hab – 82/100 € 102/125 €, 16 €

Rest – Menú 31 €

◆ Destaca por su emplazamiento sobre un promontorio y junto a un recinto fortificado, disfrutando de las mejores vistas sobre la ciudad. Ofrece unas correctas habitaciones, la gran mayoría con mobiliario de inspiración colonial y su propia terraza. Atractivo comedor circular de carácter panorámico.

Rusadir sin rest, con cafetería

Pablo Vallescà 5 ✉ 52001 – ✆ 952 68 12 40 – www.hotelrusadir.com AY**e**

39 hab – 60/85 € 75/100 €, 8 €

◆ ¡Se encuentra en pleno centro y con su nombre nos recuerda la denominación primitiva de la ciudad! La reducida zona social se complementa con la cafetería y cuenta con habitaciones de buen equipamiento.

MELILLA

Calle	Cuadrícula	Nº
Actor Tallavi	AZ	
Aljibes (Pl. de)	BZ	2
Alvaro de Bazán	AZ	
Armas (Pl. de)	BZ	
Avanzadilla (Pl. de la)	BZ	
Castillejos	AY	3
Ciudad de Málaga	AZ	
Comandante Benitez (Pl.)	AY	4
Concepción	BZ	6
Democracia (Av. de la)	AY	
Duquesa Victoria (Av.)	AY	7
España (Pl. de)	AY	
Florentina (Túnel de)	BZ	
Francisco Mir Berlanga (Pas. Marítimo)	AZ	
Juan Carlos I (Av. del Rey)	AY	10
Luis de Sotomayor	AY	
Macias (Av. del Gen.)	BY, BZ	
Marina Española (Av. de)	AYZ	
Marina (Gen.)	AY	
Marina (Puerta de la)	BZ	
Marítimo (Pas.)	AZ	
Marqués de Montémar	AZ	13
Menéndez y Pelayo (Pl.)	AY	15
Miguel Acosta	BZ	16
Músico Granados	AZ	
O'Donnell (Gen.)	AY	
Pablo Vallescá	AY	18
Parada (Pl. de la)	BZ	
Pintos (Gen.)	AZ	
Polavieja (Gen.)	AZ	
Prim (Gen.)	AY	
Querol	AYZ	
Rafael Ginel (Pas. Marítimo)	AZ	
Reyes Católicos (Av.)	AY	
Santiago (Puerta de)	BZ	
San Miguel	BZ	19

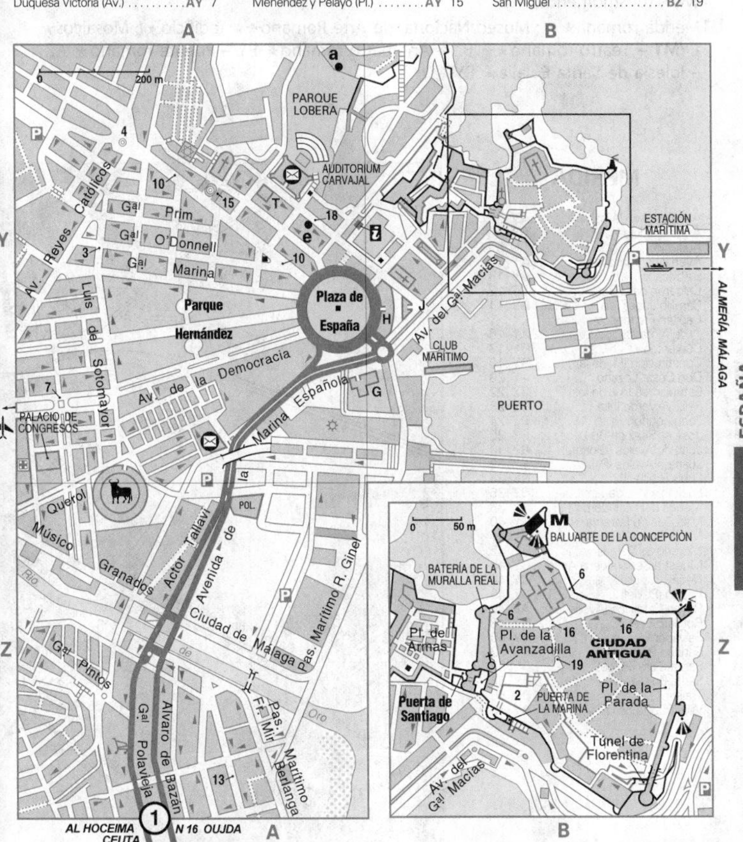

ESPAÑA

MENORCA – Illes Balears – ver Balears

MERANGES – Girona – 574 E35 – 89 h. – alt. 1 540 m 14 C1

Madrid 652 – Girona/Gerona 166 – Puigcerdà 18 – La Seu d'Urgell/Seo de Urgel 50

Can Borrell con hab

Retorn 3 ✉ 17539 – ✆ 972 88 00 33 – www.canborrell.com – cerrado del 5 al 27 de diciembre

9 hab – 79/92 € 92/105 €

Rest – *(cerrado lunes, martes y miércoles de diciembre-abril salvo en Semana Santa)* Menú 30/44 € – Carta 29/54 €

◆ En un pueblo de montaña con muchísimo encanto. Restaurante de aire rústico donde podrá saborear una cocina propia del recetario catalán aunque con sugerentes actualizaciones. Como complemento al negocio también ofrece habitaciones, varias con vistas al valle.

Es MERCADAL – Balears – ver Balears (Menorca)

MÉRIDA – Badajoz – 576 P10 – 57 127 h. – alt. 221 m 17 B2

Madrid 347 – Badajoz 62 – Cáceres 71 – Ciudad Real 252

paseo de José Alvárez Sáenz de Buruaga, ✆ 924 33 07 22, www.turismomerida.org

Mérida romana★★ : Museo Nacional de Arte Romano★★ (edificio★), Mosaicos★ BY**M1** – Teatro romano★★ BZ – Anfiteatro romano★ BY – Puente romano★ AZ – Iglesia de Santa Eulalia★ BY

MÉRIDA

Calle	Cuadro	Nº
Abadias (Av. de las)	AY	2
Artes y Oficios	CZ	4
Ausonio	CY	5
Avenal de Pancaliente	AY	6
Berzocana	BY	18
Calderon de la Barca	BZ	12
Camillo José Cela	BY	14
Capitan Francesco de Almaraz	AY	16
Cervantes	BY	17
Constitucion (Pl. de la)	BY	10
Don César Lozano	AY	20
Estudiantes (Av. de los)	BZ	22
Félix Valverde Lillo	BY	23
John Lennon	BZ	24
José A. Saez de Buruaga	BZ	25
Juan de Avalos (Glorieta)	BZ	30
Juan de Avalos (Pl.)	BZ	32
Louis Braille	BY	34
Lusitania (Av. de)	BZ	35
Manga del Matadero	AY	38
Marques de Paterna	CY	40
Mártir Sta. Eulalia (Rambla)	BY	41
Moreno de Vargas	BY	42
Muestra Senora de la Antigua	CY	43
Nerja	CY	44
Rastro (Pl. del)	BZ	45
Reyes Catolicos (Av. de los)	AZ	46
Romero Leal	BZ	48
Salvador	AY	50
Sancho Pèrez	AY	52
Santa Clara (Pl. de)	BY	53
Santa Eulalia	AY	54
Trajano	BY	56
Villa (Puerta de la)	BY	60

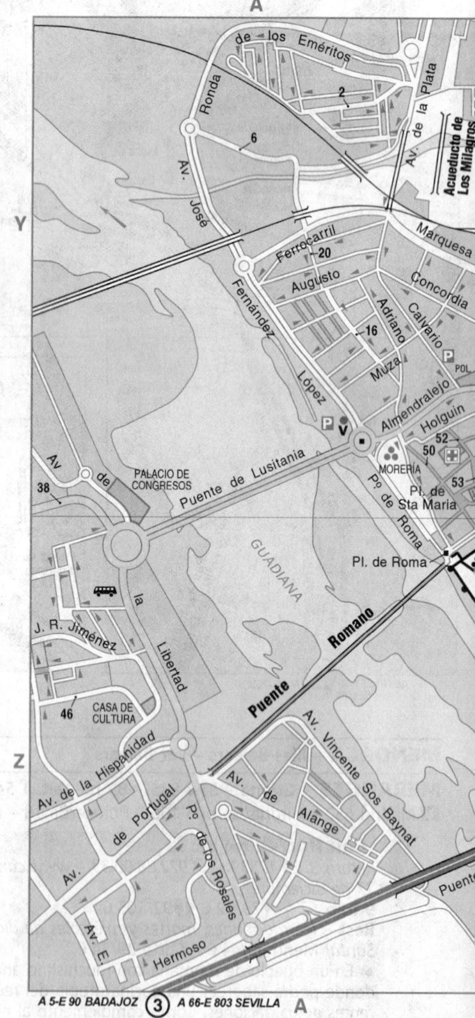

Parador de Mérida

pl. de la Constitución 3 ✉ 06800 – ✆ 924 31 38 00 – www.parador.es

BYa

79 hab – 118/129 € 148/161 €, 16 € – 3 suites

Rest – Menú 32 €

◆ Ocupa parte de un convento franciscano del s. XVIII, íntimo y acogedor, con habitaciones sobrias y mobiliario castellano. El patio conserva restos arqueológicos originales. En su restaurante podrá degustar una cocina que toma como base el recetario regional.

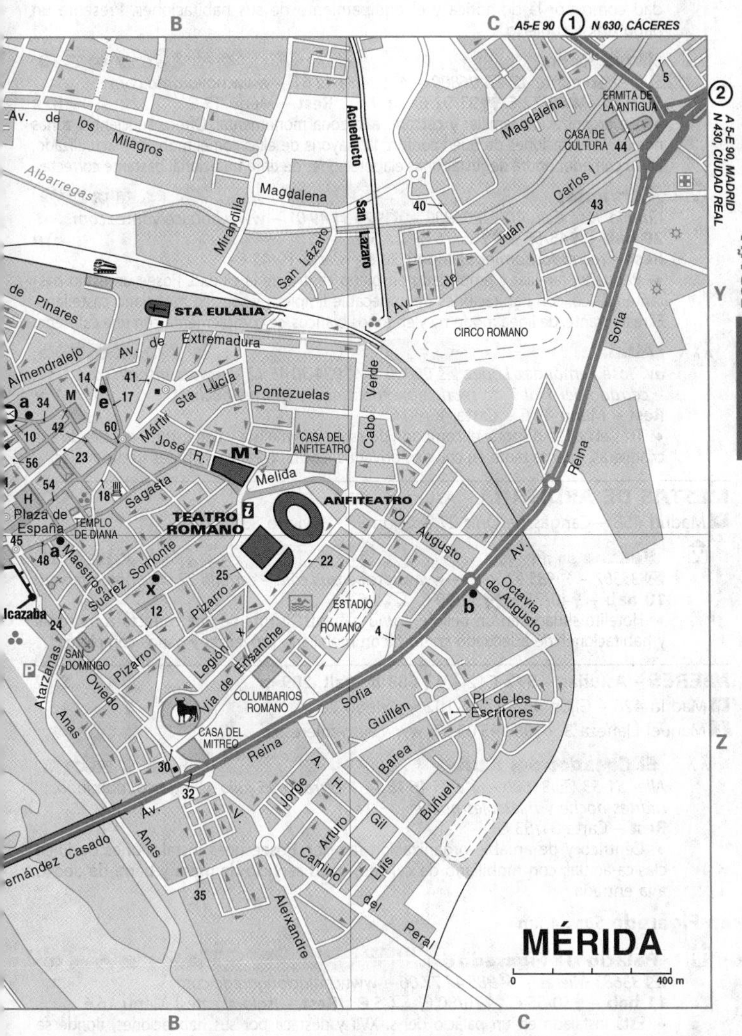

Velada Mérida hab, VISA AE
av. Reina Sofía ✉ 06800 – ☎ 924 31 51 10 – www.veladahoteles.com
99 hab – 60/220 €, 10 € CZ**b**
Rest *Alcazaba* – *(cerrado domingo noche y lunes)* Menú 16/30 € – Carta 29/46 €
◆ Hotel de línea actual apto tanto para el turismo como para el negocio. Disfruta de una organización a la altura y unas habitaciones de correcta amplitud. El restaurante, que elabora una carta tradicional y dos menús, se ve complementado por una cafetería.

Adealba sin rest VISA
Romero Leal 18 ✉ 06800 – ☎ 924 38 83 08 – www.hoteladealba.com
18 hab – 90/256 € 99/265 € BYZ**a**
◆ Instalado en una casa señorial del s. XIX que sorprende tanto por la modernidad como por la domótica y el equipamiento de sus habitaciones. Presenta un patio típico cubierto.

Nova Roma VISA AE
Suárez Somonte 42 ✉ 06800 – ☎ 924 31 12 61 – www.novaroma.com
55 hab – 69/72 € 93/97 €, 7 € **Rest** – Menú 12 € BZ**x**
◆ De organización familiar y cercano a la zona monumental. Ofrece suficientes zonas nobles y habitaciones de buen confort, la mayoría de ellas con el mobiliario actualizado. En su comedor podrá degustar unas elaboraciones de tinte tradicional bastante correctas.

Cervantes hab, VISA AE
Camilo José Cela 10 ✉ 06800 – ☎ 924 31 49 01 – www.hotelcervantes.com
29 hab – 45/55 € 65/75 €, 5 € BY**e**
Rest – *(cerrado domingo)* Menú 20 € – Carta 19/42 €
◆ Pequeño, familiar y emplazado en pleno centro de la ciudad. Posee un estilo bastante clásico, con habitaciones de impecable limpieza y sencillo mobiliario castellano. El restaurante, de línea moderna y en tonos blancos, se complementa con una cafetería.

ESPAÑA

Altair VISA AE
av. José Fernández López ✉ 06800 – ☎ 924 30 45 12 – www.turispain.com – cerrado del 1 al 7 de septiembre, domingo y martes noche AY**v**
Rest – Menú 49 € – Carta 46/60 €
◆ Tras el hall se dispone el comedor, de estilo minimalista y con estores cubriendo sus cristaleras. Cuenta también con dos privados. Cocina creativa de bases tradicionales.

MESTAS DE ARDISANA – Asturias – 572 B15 — 5 C1

Madrid 458 – Cangas de Onís 27 – Gijón 96 – Oviedo 83

Benzua sin rest VISA AE
✉ 33507 – ☎ 985 92 56 85 – www.hotelbenzua.com – cerrado 22 diciembre - febrero
10 hab – 40/75 € 50/90 €, 5 €
◆ Hotelito situado en un bello entorno natural. Disfruta de una correcta zona social y habitaciones de adecuado confort, con mobiliario provenzal y baños completos.

MIERES – Asturias – 572 C12 – 43 688 h. – alt. 209 m — 5 B2

Madrid 426 – Gijón 48 – León 102 – Oviedo 20
Manuel Llaneza 8, ☎ 98 545 05 33, www.ayto-mieres.es

El Cenador del Azul VISA AE
Aller 51-53 ✉ 33600 – ☎ 985 46 18 14 – cerrado 25 julio-15 agosto, domingo, martes noche y miércoles noche
Rest – Carta 31/53 €
◆ Céntrico y de amable organización familiar. Posee unas instalaciones de línea clásica-actual, con mobiliario de calidad, buen servicio de mesa y barra de apoyo a la entrada.

en Figaredo Sur : 4 km

Palacio de Figaredo VISA
✉ 33683 Mieres – ☎ 985 42 77 06 – www.palaciofigaredo.com
11 hab – 50/55 € 70/80 €, 5 € **Rest** – *(solo clientes)* Menú 16 €
◆ Está instalado en un palacio del s. XVII y destaca por sus habitaciones, donde se juega con grandes espacios, una decoración actual y detalles de carácter minimalista.

en Cenera Suroeste : 7 km

Palacio de Arriba
Lg. Cenera 76 ✉ 33615 Cenera – ☎ 985 42 78 01 – www.palaciodearriba.es – cerrado 9 enero-8 febrero
13 hab – 🛉38/47 € 🛉🛉47/56 €, ☕ 5 € – 1 suite
Rest – *(cerrado domingo noche)* Menú 12/19 € – Carta 15/32 €
♦ Hotel de organización familiar y buen confort ubicado en una casona-palacio restaurada, con una correcta zona social y habitaciones bien equipadas de línea moderna. El restaurante se reparte entre dos zonas, una en el edificio principal y la otra en un anexo.

Cenera
✉ 33615 Cenera – ☎ 985 42 63 50 – www.valledecenera.com – cerrado 18 octubre-20 noviembre
6 hab ☕ – 🛉40/60 € 🛉🛉50/90 €
Rest ***La Panoya*** – *(cerrado miércoles salvo festivos)* Carta 20/40 €
♦ Típica casona asturiana en piedra y madera. Posee un pequeño salón social con chimenea y cálidas habitaciones, cada una con su propio estilo y mobiliario rústico.

MIJAS – **Málaga** – **578** W16 – **76 362 h.** – **alt. 475 m** **1** B3

Madrid 585 – Algeciras 115 – Málaga 30
pl. Virgen de la Peña, ☎ 95 258 90 34, www.mijas.es
Mijas, Sur : 5 km, ☎ 95 247 68 43
Pueblo★ ≤★

El Capricho
Los Caños 5-1° ✉ 29650 – ☎ 952 48 51 11 – cerrado 15 noviembre-15 diciembre y domingo
Rest – Carta 27/42 €
♦ Este restaurante familiar disfruta de un coqueto comedor de aire regional y una terraza, con hermosas vistas sobre el pueblo. Cocina internacional con matices centroeuropeos.

MIRAFLORES DE LA SIERRA – **Madrid** – **576** – **575** J18 – **5 934 h.** – **alt. 1 150 m** **22** B2

Madrid 52 – El Escorial 50 – Segovia 92

Palacio Miraflores
Fuente del Pino 6 ✉ 28792 – ☎ 918 44 90 50 – www.palaciomiraflores.com
15 hab – 🛉🛉107/241 €, ☕ 8 €
Rest – *(solo fin de semana salvo en verano)* Menú 55 € – Carta 37/50 €
♦ Instalado en un palacete que sorprende por sus estancias, acogedoras, detallistas y bastante elegantes. Destaca por su mobiliario antiguo y su buen equipamiento. En el restaurante, de excelente montaje, podrá degustar una cocina tradicional bien actualizada.

Miraflores
del Río ✉ 28792 – ☎ 918 44 90 90 – www.metropol-rooms-miraflores.com
45 hab ☕ – 🛉56/70 € 🛉🛉61/75 € **Rest** – Menú 20 € – Carta 30/42 €
♦ Negocio de línea moderna y espíritu funcional. Disfruta de suficientes zonas nobles, cafetería y habitaciones de adecuado confort, la mayoría con baños de plato ducha. Su luminoso restaurante ofrece unas relajantes vistas a la sierra y una carta tradicional.

Asador La Fuente
Mayor 12 ✉ 28792 – ☎ 918 44 42 16 – www.asadorlafuente.com – cerrado del 15 al 30 de septiembre y lunes
Rest – *(solo almuerzo salvo viernes y sábado)* Carta 30/46 €
♦ Este asador disfruta de una sala de aire regional, con un horno de leña y la cocina a la vista. Posee también una atractiva terraza y utiliza productos de su propia huerta.

Mesón Maito
Calvo Sotelo 5 ✉ 28792 – ☎ 918 44 35 67 – www.asadormaito.es
Rest – Menú 18/50 € – Carta 31/40 €
♦ Restaurante clásico-castellano distribuido en tres plantas, todas con chimenea, reservando una para el bar-mesón y las otras para los comedores. Carta tradicional y asados.

ESPAÑA

MOAÑA - Pontevedra - 571 F3 - 19 231 h. - Playa 19 A3

Madrid 607 - Pontevedra 28 - Vigo 21

Bienestar Moaña hab, rest, VISA

Donato Bernárdez ✉ 36950 - ✆ 986 39 31 76 - www.bienestarhoteles.com
51 hab - 72/110 € 84/135 €, 10 €
Rest *Fonte das Donas* - Menú 20/30 € - Carta 25/40 €
◆ Hotel de línea moderna emplazado en la parte alta de Moaña. Su reducida zona social se compensa con unas habitaciones muy bien equipadas y amplias, varias con terraza-balcón. El restaurante, luminoso y actual, ofrece una carta de cocina tradicional gallega.

Prado Viejo con hab VISA AE

Ramón Cabanillas 16 ✉ 36950 - ✆ 986 31 16 34 - www.pradoviejo.com - cerrado del 15 al 30 de febrero y del 12 al 30 de octubre
15 hab - 25/40 € 36/54 €, 4 €
Rest - *(solo almuerzo salvo jueves, viernes y sábado)* Carta 29/35 €
◆ Este restaurante, que está llevado en familia, se presenta con un bar a la entrada y un moderno comedor. De sus fogones surge una cocina de mercado con detalles actuales. Como complemento al negocio también ofrece habitaciones, bastante funcionales y enfocadas tanto a los comerciales como al turista vacacional.

MOGARRAZ - Salamanca - 575 K11 - 308 h. - alt. 766 m 11 A3

Madrid 264 - Valladolid 218 - Salamanca 102 - Almeida 96

Mirasierra VISA AE

Miguel Ángel Maillo 58 ✉ 37610 - ✆ 923 41 81 44 - www.restaurantemirasierra.com - cerrado del 7 al 31 de enero, 7 días en junio, 7 días en septiembre, lunes salvo verano y martes en invierno
Rest - *(solo almuerzo salvo sábado)* Carta 25/41 €
◆ Ocupa un caserón típico y cuenta con varias salas, destacando la del fondo por sus hermosas vistas. En su carta encontrará deliciosos guisos, varios derivados del cerdo ibérico, setas, carnes a la brasa y una gran selección de quesos.

ESPAÑA

MOGUER - Huelva - 578 U9 - 20 040 h. - alt. 50 m 1 A2

Madrid 618 - Huelva 19 - Sevilla 82

Localidad★ - Monasterio de Santa Clara★ - Casa-Museo Zenobia y Juan Ramón★ - calle Andalucía★ - Torre de la Iglesia de Nuestra Señora de la Granada★

Plaza Escribano sin rest VISA AE

Lora Tamayo 5 ✉ 21800 - ✆ 959 37 30 63 - www.hotelplazaescribano.com
20 hab - 35/52 €, 5 €
◆ Se encuentra en una de las plazas de la localidad. Tras su fachada encalada encontrará una pequeña zona social polivalente y habitaciones bien equipadas de ambiente clásico.

MOIÀ - Barcelona - 574 G38 - 5 713 h. - alt. 776 m 14 C2

Madrid 611 - Barcelona 72 - Manresa 26

Monasterio de Santa María de l'Estany★, (claustro★ : capiteles★★) Norte : 8 km

Les Voltes de Sant Sebastià VISA

Sant Sebastià 9 ✉ 08180 - ✆ 938 30 14 40 - www.lesvoltes.com - cerrado del 15 al 28 de febrero, del 24 al 30 de junio, lunes, martes y noches de miércoles, jueves y domingo
Rest - Menú 35/50 € - Carta 26/47 €
◆ Local ubicado en unas antiguas cuadras, con los techos abovedados en piedra. En su comedor podrá degustar una carta regional, con detalles actuales y productos de la zona.

MOJÁCAR - Almería - 578 U24 - 7 745 h. - alt. 175 m - Playa 2 D2

Madrid 527 - Almería 95 - Murcia 141

pl. del Frontón, ✆ 950 61 50 25, www.mojacar.es

Cortijo Grande, (Turre), ✆ 950 47 91 76

Marina Golf,, urb. Marina de la Torre, Noreste : 5,5 km, ✆ 950 13 32 35

Localidad★ - Emplazamiento★

en la playa

Parador de Mojácar hab,
paseo del Mediterráneo 339, Sureste : 2,5 km
✉ 04638 Mojácar – ☎ 950 47 82 50 – www.parador.es
98 hab – 🛉106/114 € 🛉🛉132/142 €, ☐ 16 € **Rest** – Menú 32 €
♦ Está emplazado en un bellísimo paraje y presenta unas instalaciones de línea moderna, con detalles de diseño tanto en la zona social como en sus confortables habitaciones. En su comedor, de uso polivalente, podrá degustar todos los platos típicos de la zona.

MOLINA DE ARAGÓN – Guadalajara – 576 J24 – 3 646 h. – alt. 1 060 m — 10 D1

Madrid 197 – Guadalajara 141 – Teruel 104 – Zaragoza 144

Molino del Batán sin rest
carret. de Castilnuevo, Sur : 1 km ✉ 19300 – ☎ 949 83 11 11
29 hab ☐ – 🛉30/40 € 🛉🛉50/60 € – 8 apartamentos
♦ Antiguo molino de agua y recio batán emplazados en un tranquilo paraje. Las habitaciones, que tienen cierto encanto rústico, presentan buen mobiliario y las paredes en piedra.

Es MOLINAR – Balears – ver Balears (Mallorca) : Palma

MOLINASECA – León – 575 E10 – 818 h. – alt. 585 m — 11 A1

Madrid 383 – León 103 – Lugo 125 – Oviedo 213

De Floriana
av. Astorga 5 ✉ 24413 – ☎ 987 45 31 46 – www.defloriana.com – *cerrado 7 enero-2 febrero*
20 hab – 🛉48/58 € 🛉🛉60/72 €, ☐ 10 €
Rest – *(cerrado domingo noche y lunes)* Menú 25/35 € – Carta aprox. 25 €
♦ Este pequeño hotel, que goza de unas modernas instalaciones, posee habitaciones amplias y de buen confort, con los suelos en madera. La planta superior está abuhardillada. El comedor goza de un cuidado montaje y destaca por su bodega acristalada a la vista.

La Posada de Muriel
pl. del Santo Cristo ✉ 24413 – ☎ 987 45 32 01 – www.laposadademuriel.com – *cerrado enero*
8 hab – 🛉40/50 € 🛉🛉65/80 €, ☐ 3 € **Rest** – Carta 18/30 €
♦ Entrañable marco de aire regional definido por la pizarra y la madera. Acogedoras habitaciones con nombres propios de caballeros templarios, buena lencería y baños completos.

Casa Ramón
Jardines Ángeles Balboa 2 ✉ 24413 – ☎ 987 45 31 53 – *cerrado lunes*
Rest – Carta 32/45 €
♦ Negocio afamado en la zona gracias a la calidad de sus productos. Se encuentra en una antigua casa de piedra, con un bar a la entrada y un comedor rústico en el 1er piso.

MOLINOS DE DUERO – Soria – 575 G21 – 182 h. – alt. 1 323 m — 12 D2

Madrid 232 – Burgos 110 – Logroño 75 – Soria 38

San Martín sin ☐ rest,
pl. San Martín Ximénez 3 ✉ 42156 – ☎ 975 37 84 42 – www.hsanmartin.com
14 hab – 🛉28/32 € 🛉🛉40/46 € – 1 suite **Rest** – Menú 12 €
♦ Antigua escuela cuyo interior ha sido rehabilitado con un criterio moderno y actual, mientras su exterior ha sabido conservar la piedra. Habitaciones pequeñas pero curiosas. En su sencillo comedor podrá degustar varios platos de sabor tradicional.

ESPAÑA

MOLINS DE REI - Barcelona - 574 H36 - 24 236 h. - alt. 37 m 15 B3

Madrid 600 - Barcelona 18 - Tarragona 92

Calasanz
av. de Barcelona 36-38 ✉ 08750 - ✆ 936 68 16 39 - www.hotelcalasanz.com
20 hab - 43/53 € 49/59 €, 6 €
Rest ***Calasanz*** - ver selección restaurantes
◆ En el centro de la localidad. Posee habitaciones confortables y de completo equipamiento, resultando algo pequeñas las camas de matrimonio. La cafetería suple al salón social.

Calop
passeig del Terraplè 35 ✉ 08750 - ✆ 936 80 57 83 - www.restaurantcalop.com - cerrado del 8 al 21 de agosto, domingo, lunes noche y festivos
Rest - Menú 18/35 € - Carta 35/49 €
◆ Presenta una decoración de aire minimalista, con las paredes en tonos oscuros, una iluminación muy cuidada y un buen servicio de mesa. Cocina actual de raíces tradicionales.

Calasanz - Hotel Calasanz
av. de Barcelona 36-38 ✉ 08750 - ✆ 936 68 16 39 - www.hotelcalasanz.com
Rest - Menú 20 € - Carta 27/35 €
◆ Restaurante de organización familiar muy apreciado en la ciudad. Ofrece una cocina tradicional de base catalana, con correcta carta, y numerosos menús a diferentes precios.

ESPAÑA

MOLLET DE PERALADA - Girona - 574 E39 - 170 h. - alt. 59 m 14 D3

Madrid 751 - Girona/Gerona 53 - Figueres 15 - Perpignan 59

Ca La Maria
Unió 5 ✉ 17752 - ✆ 972 56 33 82 - www.restaurantcalamaria.net - cerrado febrero, domingo noche y martes
Rest - *(solo almuerzo en invierno)* Menú 30/45 € - Carta 25/35 €
◆ Este concurrido restaurante ocupa una antigua bodega. Dispone de una amplia sala, definida por sus grandes arcos, y dos comedores privados. Su carta ensalza la cocina local.

MOLLET DEL VALLÈS - Barcelona - 574 H36 - 52 459 h. - alt. 65 m 15 B3

Madrid 626 - Barcelona 23 - Girona 85

La Garnatxa
av. de Burgos 9 ✉ 08100 - ✆ 935 79 41 61 - www.lagarnatxa.com - cerrado del 15 al 31 de agosto, domingo, martes noche y miércoles noche
Rest - Menú 25/35 € - Carta 22/38 €
◆ El negocio, bien llevado por un matrimonio, se presenta con dos salas de línea actual, una por planta. Ofrece una sencilla carta tradicional, con platos catalanes y caseros.

MOLLÓ - Girona - 574 E37 - 354 h. - alt. 1 140 m 14 C1

Madrid 683 - Barcelona 138 - Girona 88 - Canillo 150

Beget★★ (iglesia románica★★ : Majestad de Beget★) Sureste : 18 km

Calitxó
hab,
passatge El Serrat ✉ 17868 - ✆ 972 74 03 86 - www.hotelcalitxo.com - cerrado del 7 al 21 de noviembre
25 hab - 52/82 € 70/152 € **Rest** - Menú 19/28 € - Carta aprox. 32 €
◆ Casa de estilo suizo-montañés ubicada en lo alto de la localidad. Presenta un acogedor interior definido por la profusión de madera, con predominio del mobiliario rústico. El restaurante, luminoso y agradable, ofrece una variada carta tradicional tipo menú.

MONACHIL - Granada - **578** U19 - **7 294 h.** - **alt. 730 m** **2** D1

Madrid 440 - Granada 10 - Málaga 137 - Murcia 296

Los Cerezos

av. de la Libertad, (urb. Los Llanos) ✉ 18193 - ✆ 958 30 00 04 - www.loscerezos.com

19 hab - 47 € 69 € **Rest** - Menú 19 €

♦ Negocio familiar emplazado en una urbanización. Tiene unas habitaciones de adecuado confort, todas con mobiliario en pino, dos abuhardilladas y la mitad con su propia terraza. En el comedor, panelable y de línea clásica, ofrecen una carta de tinte tradicional.

Huerta del Laurel

hab,

Madre Trinidad Carreras 2 (casco antiguo) ✉ 18193 - ✆ 958 50 18 67 - www.huertadellaurel.com

21 hab - 25/40 € 40/60 €, 5 € **Rest** - Menú 15 €

♦ Hotel rural de atenta organización familiar. Compensa su reducida zona social con unas acogedoras habitaciones, todas de sobrio ambiente rústico y algunas abuhardilladas. El comedor, presidido por una chimenea, se viste con diversas fotos de Sierra Nevada.

Alicia Carolina sin rest

Granada 1 (cruce Colinas) ✉ 18193 - ✆ 958 50 03 93 - www.aliciacarolina.com

10 hab - 33/50 € 65/75 €

♦ Pequeño hotel de gestión familiar. Posee un salón social muy hogareño, con chimenea, y unas correctas habitaciones, dos abuhardilladas y todas personalizadas en su decoración.

La Almunia del Valle

rest,

camino de la Umbría, (casco antiguo), Este : 1,5 km ✉ 18193 - ✆ 958 30 80 10 - www.laalmuniadelvalle.com - cerrado del 21 al 30 de noviembre y 12 diciembre-2 enero

11 hab - 89/98 € 125/140 €

Rest - *(cerrado domingo noche) (solo clientes, solo cena)* Menú 35 €

♦ Situado en una ladera e integrado en el paisaje. Presenta un atractivo salón-biblioteca y habitaciones bastante actuales, dos con forma de cubo. El comedor, iluminado por un lucernario y de ambiente casero, ofrece una cocina de mercado con toques actuales.

ESPAÑA

MONASTERIO - ver el nombre propio del monasterio

MONDÉJAR - Guadalajara - **575** - **576** L20 - **2 688 h.** - **alt. 799 m** **10** C1

Madrid 73 - Toledo 134 - Guadalajara 54 - Cuenca 142

Casona de Torres

Mayor 1 ✉ 19110 - ✆ 949 38 77 14 - www.casonadetorres.com

16 hab - 45/60 € 70/90 €

Rest - *(cerrado lunes) (solo almuerzo salvo viernes y sábado)* Menú 20 € Carta 22/46 €

♦ Un hotelito con encanto, muy céntrico y familiar. Presenta una coqueta zona social y habitaciones de diferentes estilos, todas detallistas y de completo equipamiento. El restaurante, con parte de su sala en un patio, ofrece una carta tradicional actualizada.

MONDRAGÓN - Guipúzcoa - ver Arrasate/Mondragón

MONELLS - Girona - **574** G38 - **1 233 h.** **15** B1

Madrid 713 - Girona/Gerona 28 - Barcelona 114 - Palamós 24

Arcs de Monells

hab, rest,

Vilanova 1 ✉ 17121 - ✆ 972 63 03 04 - www.hotelarcsmonells.com - cerrado 15 diciembre-15 enero

21 hab - 100/167 € 128/208 €

Rest - *(cerrado domingo noche y lunes)* Menú 32 € - Carta 23/36 €

♦ Instalado parcialmente en una antigua masía, rodeada de césped y a las afueras del pueblo. Sus espaciosas dependencias combinan la rusticidad de antaño y el diseño más actual. El restaurante se encuentra en una moderna construcción acristalada de hormigón.

MONFORTE DE LEMOS – Lugo – 571 E7 – 19 638 h. – alt. 298 m **20** C2

Madrid 501 – Lugo 65 – Ourense 49 – Ponferrada 112

Parador de Monforte de Lemos

hab,

pl. Luis de Góngora y Argote ✉ 27400 – ✆ 982 41 84 84 – www.parador.es – cerrado 8 enero-20 febrero

50 hab – 106/133 € 132/166 €, 16 € – 5 suites

Rest – Menú 32 €

♦ Bello conjunto arquitectónico situado sobre un promontorio con vistas panorámicas. El edificio principal ocupa un antiguo monasterio dotado de un hermoso claustro neoclásico. El restaurante disfruta de un cuidado montaje y un precioso techo en madera.

O Grelo

Campo de la Virgen (subida al Castillo) ✉ 27400 – ✆ 982 40 47 01 – www.resgrelo.com

Rest – Menú 21 € – Carta aprox. 38 €

♦ Antiguo edificio de piedra dotado con un bar, donde conservan una bodega excavada en la roca, y un confortable comedor. Carta tradicional con abundante caza en temporada.

MONISTROL DE CALDERS – Barcelona – 574 G36 – 690 h. – alt. 447 m **14** C2

Madrid 589 – Barcelona 54 – Girona/Gerona 107 – Lleida/Lérida 132

La Masia del Solà con hab

carret. B-124 ✉ 08275 – ✆ 938 39 90 25 – www.lamasiadelsola.com – cerrado del 7 al 25 de enero y martes

8 hab – 120/150 € 210/240 €

Rest – *(solo almuerzo salvo viernes y sábado)* Carta 22/41 €

♦ Restaurante familiar emplazado en una antigua masía, con tres comedores y dos privados de aspecto rústico-actual. Completa carta de mercado, de línea tradicional actualizada. También encontrará unas magníficas habitaciones de diseño, con las paredes en piedra.

MONÒVER (MONÓVAR) – Alicante – 577 Q27 – 12 928 h. **16** A3

Madrid 391 – València 150 – Alacant/Alicante 41 – Murcia 93

Xiri

parque Alameda ✉ 03640 – ✆ 965 47 29 10 – www.restaurantexiri.com – cerrado 7 días en enero, del 1 al 15 de julio, domingo noche y lunes

Rest – *(solo almuerzo salvo viernes y sábado)* Menú 25 € – Carta 25/52 €

♦ Dispone de un sencillo bar público y un comedor clásico-regional de excelente montaje. Cocina tradicional actualizada, con asados en horno de leña, arroces y pasta fresca.

MONROYO – Teruel – 574 J29 – 379 h. **4** C3

Madrid 465 – Zaragoza 153 – Teruel 191 – Castelló de la Plana / Castellón de la Plana 128

al Norte 2,5 km

Consolación

carret. N-232, (km 96) ✉ 44652 Monroyo – ✆ 978 85 67 55 – www.consolacion.com.es

11 hab – 140/195 € 155/210 €

Rest – *(cerrado lunes y martes)* Carta 30/45 €

♦ ¡Genial concepto arquitectónico en plena naturaleza! Aquí verá como conviven, armónicamente, una ermita del s. XVI y unas estructuras independientes en forma de cubos, estas últimas con fantásticos miradores, buenos detalles de diseño y curiosas chimeneas. Su restaurante elabora una cocina de tinte actual.

MONTBRIÓ DEL CAMP - Tarragona - 574 I33 - 2 298 h. 13 B3
- alt. 132 m

Madrid 554 - Barcelona 125 - Lleida/Lérida 97 - Tarragona 21

Termes Montbrió hab,
Nou 38 ✉ 43340 - ✆ 977 81 40 00
- www.rocblanchotels.com
- cerrado del 10 al 23 de diciembre
207 hab - ♦85/160 € ♦♦115/190 € - 8 suites
Rest - *(solo menú)* Menú 30 €

♦ A su privilegiado emplazamiento en una gran finca, con un frondoso jardín, se une la excelente oferta lúdico-termal. Magnífico hall con salón social y elegantes habitaciones. En su comedor ofrecen un elaborado menú internacional.

St. Jordi sin rest
av. de Sant Jordi 24 ✉ 43340 - ✆ 977 82 67 19 - www.hotelstjordi.com
- cerrado del 21 al 27 de diciembre
23 hab - ♦36/49 € ♦♦45/61 € - 6 apartamentos

♦ Este impecable hotel está instalado en una casa antigua, con un acogedor saloncito social y unas vistosas habitaciones. Ofrecen también seis modernos apartamentos en un anexo.

MONTE - ver el nombre propio del monte

MONTEAGUDO - Murcia - 577 R26 - 3 676 h. 23 B2

Madrid 400 - Alacant/Alicante 77 - Murcia 5

Monteagudo
av. Constitución 93 ✉ 30160 - ✆ 968 85 00 64
- www.restaurantemonteagudo.com - cerrado domingo noche y lunes noche
Rest - Carta aprox. 38 €

♦ Negocio consolidado y con clientela habitual de negocios. Ofrece un bar de espera, un buen comedor clásico, dos salas acristaladas y un privado de aire rústico en la bodega.

ESPAÑA

MONTEAGUDO DE LAS SALINAS - Cuenca - 576 M24 - 159 h. 10 D2
- alt. 1 007 m

Madrid 248 - Toledo 265 - Cuenca 48

El Romeral
Romero 1, Este : 1 km ✉ 16361 - ✆ 680 95 68 92 - www.hotelromeral.com
12 hab - ♦55/85 € ♦♦65/85 €, 9 €
Rest - *(solo menú)* Menú 25 €

♦ Instalaciones actuales y de organización familiar. Ofrece una reducida zona social y correctas habitaciones en las que se combina el mobiliario en madera, metal y forja. En el restaurante, de adecuado montaje, podrá degustar una cocina de sabor internacional.

MONTEALEGRE DE CAMPOS - Valladolid - 575 G15 - 144 h. 11 B2
- alt. 813 m

Madrid 249 - Valladolid 44 - Palencia 44

Fátima-Posada la Casona con hab hab,
Nicolás Rodríguez 64 ✉ 47816 - ✆ 983 71 80 92
- www.restaurantefatima.es - cerrado enero y febrero
7 hab - ♦65/80 € ♦♦75/90 €
Rest - *(cerrado martes salvo verano y lunes) (solo almuerzo salvo viernes y sábado)* Menú 20/50 € - Carta 34/46 €

♦ Antigua casona de piedra decorada con una estética actual. Disfruta de un bar público y dos salas de cuidado montaje, donde podrá degustar una cocina de carácter creativo. También encontrará habitaciones de buen confort, con los suelos y los techos en madera.

MONTEMOLÍN – Badajoz – 576 R11 – 1 511 h. – alt. 559 m 17 B3

Madrid 437 – Badajoz 116 – Córdoba 190 – Mérida 94

El Águila

Corredera Alta 32 ✉ 06291 – ☎ 924 51 02 64 – www.casaruralelaguila.es
6 hab – 35 € 60 € **Rest** – *(solo clientes)* Menú 25 €

◆ Casa de pueblo de carácter señorial y trato muy familiar. Disfruta de varios salones sociales, un atractivo patio-terraza y habitaciones de buen confort, todas con nombres de campos de la zona. ¡Organizan actividades en plena naturaleza!

MONTFALCO MURALLAT – Lleida – ver Les Oluges

MONTILLA – Córdoba – 578 T16 – 23 907 h. – alt. 400 m 1 B2

Madrid 443 – Córdoba 45 – Jaén 117 – Lucena 28

Capitán Alonso Vargas 3, ☎ 957 65 23 54, www.montilla.es

Las Camachas

av. Europa 3 ✉ 14550 – ☎ 957 65 00 04 – www.restaurantelascamachas.com
Rest – Menú 45 € – Carta 22/32 €

◆ Mesón de arquitectura andaluza con varias salas de buen montaje, complementadas por un bar y una atractiva bodega. Su cocina elabora platos de la región a la antigua usanza.

en la carretera N 331

Don Gonzalo

Suroeste : 3 km ✉ 14550 Montilla – ☎ 957 65 06 58 – www.hoteldongonzalo.com
33 hab – 45/50 € 65/70 € – 3 suites
Rest – Menú 10 € – Carta aprox. 30 €

◆ Con su nombre rinde honores al hijo más ilustre de la ciudad, Don Gonzalo Fernández de Córdoba, El Gran Capitán. Posee dependencias de buen confort y completo equipamiento. El comedor ofrece un montaje bastante cuidado y una carta atenta al recetario regional.

MONTMELÓ – Barcelona – 574 H36 – 9 001 h. – alt. 72 m 15 B3

Madrid 627 – Barcelona 20 – Girona/Gerona 80 – Manresa 54

Can Major

Major 27 ✉ 08160 – ☎ 935 68 02 80 – www.canmajor.com – cerrado 14 días en agosto, domingo y noches de lunes, martes y miércoles
Rest – Menú 16/37 € – Carta 23/39 €

◆ Negocio llevado entre dos hermanas. El comedor, que emana una estética actual, posee detalles modernistas. Propone una cocina tradicional con toques actuales y un buen menú.

MONTORO – Córdoba – 578 R16 – 9 915 h. – alt. 195 m 2 C2

Madrid 364 – Sevilla 191 – Córdoba 47 – Jaén 110

por la carretera de Villa del Rio A-3102
Noreste : 5 km y desvío a la derecha 1 km

Molino la Nava

hab, hab,

camino La Nava 6 ✉ 14600 Montoro – ☎ 957 33 60 41 – www.molinonava.com
8 hab – 75/124 € **Rest** – *(solo clientes, solo cena)* Carta 21/37 €

◆ Molino de aceite del s. XIX rodeado de olivos. Posee un agradable patio interior, un acogedor salón social y cuidadas habitaciones, personalizadas y con baños actuales. El restaurante, de buen montaje, ocupa la nave donde están los antiguos tanques de aceite.

MONTSENY – Barcelona – 574 G37 – 312 h. – alt. 522 m 14 C2

Madrid 673 – Barcelona 60 – Girona/Gerona 68 – Vic 36

pl. de la Vila 7, ☎ 93 847 31 37

Sierra de Montseny★

XX **Can Barrina** con hab – rest, rest, VISA

carret. de Palautordera, Sur : 1,2 km ✉ 08469 – ☎ 938 47 30 65 – www.canbarrina.com – cerrado 22 diciembre-10 enero

14 hab – 🚹70 € 🚹🚹115 €, ☕ 12 €

Rest – *(cerrado domingo noche en invierno)* Menú 20/40 € – Carta 26/44 €

♦ Idílica masía familiar emplazada en pleno Parque Natural del Montseny. Ofrece un bar privado, varios comedores de aire rústico y una terraza acristalada dotada de chimenea. Durante la semana suele trabajar con empresas, ya que dispone de una buena sala de reuniones y habitaciones rústicas de adecuado confort.

por la carretera de Tona Noroeste : 7 km y desvío a la derecha 1 km

Sant Bernat – hab, rest, VISA AE

✉ 08469 Montseny – ☎ 938 47 30 11 – www.hotelhusasantbernat.com

32 hab ☕ – 🚹75/145 € 🚹🚹85/155 € – 2 suites **Rest** – Menú 20 €

♦ Situado en plena montaña, con un entorno de gran belleza, buenas vistas y una coqueta terraza. Las habitaciones del anexo son más actuales que las del edificio principal. El restaurante ofrece dos salas de aire rústico-montañés, una con la parrilla a la vista.

MONTSERRAT – Barcelona – 574 H35 – alt. 725 m — 15 A2

Madrid 594 – Barcelona 49 – Lleida/Lérida 125 – Manresa 22

Lugar★★★ – La Moreneta★★

Carretera de acceso por el oeste ★★ – Ermita Sant Jeroni★, Ermita de Santa Cecilia (iglesia★), Ermita de Sant Miquel★

Abat Cisneros – hab, rest, VISA AE

pl. Monestir ✉ 08199 – ☎ 938 77 77 01 – www.monserratvisita.cat

82 hab ☕ – 🚹41/63 € 🚹🚹72/110 € **Rest** – Menú 21/29 €

♦ Edificio histórico ubicado en pleno santuario, con un correcto salón social y habitaciones funcionales de adecuado confort. El comedor ocupa las antiguas caballerizas, con el techo abovedado, bellos detalles neorrústicos y una completa carta tradicional.

MONZÓN – Huesca – 574 G30 – 17 115 h. – alt. 368 m — 4 C2

Madrid 463 – Huesca 70 – Lleida/Lérida 50

Porches del Ayuntamiento, ☎ 974 41 77 74, www.monzon.es

Vianetto – rest, VISA AE

av. de Lérida 25 ✉ 22400 – ☎ 974 40 19 00 – www.hotelvianetto.com

84 hab – 🚹39 € 🚹🚹62 €, ☕ 6 € **Rest** – Carta 25/32 €

♦ Sencillo y de amable organización familiar. Dispone de habitaciones funcionales y se aprecia que poco a poco están actualizando tanto el equipamiento como el confort. Su correcto restaurante se complementa con una amplia cafetería pública.

XX **Piscis** VISA

pl. de Aragón 1 ✉ 22400 – ☎ 974 40 00 48 – www.piscismonzon.com – cerrado domingo noche

Rest – Carta 23/42 €

♦ Céntrico negocio con una cafetería a la entrada. Ofrece un cuidado comedor a la carta, otro más amplio para el menú y un salón de acceso independiente para los banquetes.

MORA – Toledo – 576 M18 – 10 516 h. – alt. 717 m — 9 B2

Madrid 100 – Ciudad Real 92 – Toledo 31

Los Conejos VISA AE

Cánovas del Castillo 16 ✉ 45400 – ☎ 925 30 15 04 – www.losconejoshosteleria.com

25 hab ☕ – 🚹35 € 🚹🚹60 € **Rest** – Carta 31/46 €

♦ Negocio familiar que poco a poco ha mejorado y ampliado sus instalaciones. La mayoría de las habitaciones tienen un correcto mobiliario funcional y cabinas de ducha. El restaurante, de montaje actual, ofrece una carta tradicional y asados en horno de leña.

ESPAÑA

MORA DE RUBIELOS - Teruel - 574 L27 - 1 706 h. - alt. 1 035 m 3 B3

Madrid 341 - Castelló de la Plana/Castellón de la Plana 92 - Teruel 40 - València 129

La Trufa Negra

hab,

av. Ibáñez Martín 10 ✉ 44400 - ✆ 978 80 71 44 - www.latrufanegra.com

37 hab - 66/103 € 83/129 €, 12 € - 2 suites

Rest - Menú 22 € - Carta aprox. 45 €

◆ Sin duda le sorprenderá por el gran nivel de equipación que presentan sus instalaciones, con reducidas zonas nobles, habitaciones modernas de buen confort y un completo SPA. Su restaurante goza de un excelente montaje y elabora una carta de sabor tradicional.

El Rinconcico

Santa Lucía 4 ✉ 44400 - ✆ 978 80 60 63 - www.elrinconcico.com - cerrado del 1 al 15 de julio y martes

Rest - Carta 26/35 €

◆ Este pequeño restaurante está dotado con una bar de espera en la planta baja y un cuidado comedor en el piso superior. Cocina tradicional y buena relación calidad-precio.

MORAIRA - Alicante - 577 P30 - 956 h. - Playa 16 B3

Madrid 483 - Alacant/Alicante 75 - Gandía 65

carret. Moraira-Teulada 51, ✆ 96 574 51 68, www.teulada.moraira.es

La Sort sin rest, con cafetería

av. de la Paz 24 ✉ 03724 - ✆ 966 49 19 49 - www.lasort.com

22 hab - 93/130 € 118/146 €

◆ ¡Actual, en 1ª línea de playa y pocos metros del castillo de Moraira! Compensa su reducida zona social con unas espaciosas habitaciones, todas bastante modernas, bien equipadas y dotadas de hidromasaje en los baños.

La Sort

av. de Madrid 1 ✉ 03724 - ✆ 966 49 11 61 - www.lasort.com - cerrado 22 diciembre-18 enero

Rest - Menú 45 € - Carta 35/65 €

◆ ¡Junto al puerto deportivo, a poco más de 100 m. del hotel homónimo! Ofrece unas instalaciones actuales, con grandes cristaleras, así como una cocina internacional actualizada. En su carta de vinos encontrará caldos nacionales y foráneos.

por la carretera de Calp Suroeste : 1,5 km

La Bona Taula

✉ 03724 Moraira - ✆ 966 49 02 06 - www.bonataula.com - cerrado lunes

Rest - Menú 58 € - Carta aprox. 50 €

◆ Está fuera de la ciudad y destaca por sus magníficas vistas, pues se encuentra en una zona muy agradable a la orilla del mar. Presenta dos acogedoras terrazas, un salón clásico-elegante y una carta de cocina tradicional bien actualizada.

MORALZARZAL - Madrid - 576 J18 - 575 J18 - 11 801 h. - alt. 979 m 22 A2

Madrid 44 - Ávila 77 - Segovia 57

Zalea

España 57 ✉ 28411 - ✆ 918 57 76 46 - www.restaurantezalea.es - cerrado lunes noche y martes

Rest - Carta 28/35 €

◆ Acogedor chalet en piedra al que se accede bajando unas escaleras. Cuenta con una barra de espera, una sala rústica-actual, una galería acristalada y una terraza de verano. Cocina tradicional y de mercado con buenas actualizaciones.

MORAÑA - Pontevedra - 571 E4 — 19 B2

Madrid 591 – Santiago de Compostela 61 – Pontevedra 45 – Viana do Castelo 161

por la carretera de Campo Lameiro Sureste: 4 km y desvío a la derecha 1 km

Pazo La Buzaca — hab,

Lugar de San Lorenzo 36 ✉ 36668 Moraña – ☎ 986 55 36 84 – www.pazolabuzaca.com

13 hab – 98/119 €, 11 € **Rest** – *(solo menú)* Menú 25 €

◆ Este pazo se encuentra en pleno campo y destaca por su bello entorno ajardinado. Ofrece habitaciones de gran autenticidad, todas con mobiliario antiguo y baños actuales.

MORATALLA - Murcia - 577 R24 - 8 444 h. - alt. 700 m — 23 A2

Madrid 390 – Murcia 86 – Albacete 139

El Olivar

Caravaca 50 ✉ 30440 – ☎ 968 72 40 54 – www.firo.com – cerrado lunes y martes

Rest – *(solo almuerzo salvo sábado)* Carta 38/49 €

◆ Bien situado en la calle principal y con un interior de ambiente rústico-actual. Su chef-propietario elabora una cocina regional en la que apuesta por los productos de la zona, sobre todo el aceite de oliva y el famoso arroz de Calasparra.

MOREDA DE ALLER - Asturias - 572 C12 — 5 B2

Madrid 436 – Gijón 60 – León 103 – Oviedo 30

Teyka

Constitución 35 ✉ 33670 – ☎ 985 48 10 20 – cerrado lunes

Rest – Carta 28/40 €

◆ Encontrará un espacioso bar-cafetería y una sala clásica, esta última con chimenea y el techo acristalado a modo de lucernario. Cocina tradicional con productos de la zona.

ESPAÑA

El MORELL - Tarragona - 574 I33 - 3 395 h. - alt. 85 m — 13 B3

Madrid 528 – Lleida/Lérida 84 – Tarragona 29 – Tortosa 95

La Grava

Pareteta 6 ✉ 43760 – ☎ 977 84 25 55 – www.lagrava.com – cerrado Navidades

12 hab – 69/99 € 79/119 €

Rest ***La Grava*** – ver selección restaurantes

◆ Este coqueto hotel ofrece magníficas habitaciones personalizadas en su decoración, con mobiliario de aire antiguo, múltiples detalles decorativos e hidromasaje en los baños.

La Grava - Hotel La Grava

Pareteta 6 ✉ 43760 – ☎ 977 84 25 55 – www.lagrava.com – cerrado Navidades, domingo noche y lunes

Rest – Carta 29/46 €

◆ Casa familiar dotada de un agradable comedor neorrústico con chimenea. Ofrece una atractiva carta tradicional con detalles de autor. Extensa bodega y buen servicio de mesa.

MORELLA - Castellón - 577 K29 - 2 834 h. - alt. 1 004 m — 16 B1

Madrid 440 – Castelló de la Plana/Castellón de la Plana 98 – Teruel 139

pl. de San Miguel, ☎ 964 17 30 32, www.morellaturistica.com

Emplazamiento★ – Basílica de Santa María la Mayor★ – Castillo ★

Rey Don Jaime

Juan Giner 6 ✉ 12300 – ☎ 964 16 09 11 – www.reydonjaimemorella.com – cerrado del 11 al 26 de diciembre

44 hab – 37/55 € 61/90 €, 8,50 €

Rest – *(cerrado domingo noche)* Menú 16 €

◆ Está en pleno centro del recinto amurallado, instalado en una antigua casa señorial. Entre sus habitaciones, todas de sencillo mobiliario, escoja las de la 3ª planta, pues estas destacan por sus vistas. En su restaurante encontrará la cocina de la comarca de Els Ports y diversas especialidades morellanas.

Del Pastor sin rest

San Julián 12 ✉ 12300 – ☎ 964 16 10 16 – www.hoteldelpastor.com – cerrado del 17 al 26 de diciembre
12 hab – 38/45 € 59/73 €
◆ Disfruta de una organización familiar y una atractiva fachada en piedra. El buen gusto decorativo queda patente en sus habitaciones, todas de ambiente clásico y las dos de la azotea con terrazas más amplias.

Daluan

Callejón Cárcel 4 ✉ 12300 – ☎ 964 16 00 71 – www.daluan.es – cerrado 15 días en enero y jueves
Rest – *(solo almuerzo salvo viernes, sábado y verano.)* Carta 25/35 €
◆ ¡Una opción sorprendente en la ciudad! Aquí encontrará una carta de nivel medio en la que combinan las especialidades morellanas tradicionales con algunos platos más actuales, denotando estos últimos unas interesantes dosis de creatividad.

Meson del Pastor

Cuesta Jovaní 7 ✉ 12300 – ☎ 964 16 02 49 – www.mesondelpastor.com – cerrado del 1 al 10 de julio y miércoles salvo festivos
Rest – *(solo almuerzo salvo viernes, sábado y agosto)* Carta 15/34 €
◆ Esta casa familiar ofrece una sala principal de línea clásica-regional y otra para grupos en el piso superior. Su carta regional se enriquece con varias jornadas gastronómicas, dedicadas a las setas en noviembre y a las trufas en febrero.

Vinatea

Blasco de Alagón 17 ✉ 12300 – ☎ 964 16 07 44 – www.vinatea.es – cerrado 19 diciembre-febrero y lunes
Rest – Carta 25/35 €
◆ Este restaurante de organización familiar disfruta de un entorno muy atractivo, pues se encuentra en una casa reformada del s. XII que, a su vez, forma parte de una bella calle porticada. ¡Cocina tradicional morellana con toques actuales!

La Fonda

García 21 ✉ 12300 – ☎ 964 17 31 81 – cerrado del 15 al 31 de mayo, domingo noche y lunes
Rest – Menú 17/27 € – Carta 21/30 €
◆ Ocupa una casa del casco antiguo dotada con tres salitas en diferentes alturas, destacando la de la 3ª planta por su techo en madera, sus vistas y su mayor amplitud. Carta regional con especialidades morellanas e interesantes menús.

MORGA – Vizcaya – 573 C21 – 419 h. – alt. 248 m 25 A3

Madrid 407 – Vitoria/Gasteiz 83 – Bilbao 29 – Donostia/San Sebastián 95

en el barrio Andra Mari

Katxi

Foruen Bidea 20 ✉ 48115 Morga – ☎ 946 27 07 40 – www.katxi.com
9 hab – 86/95 €, 12 €
Rest *Katxi* – ver selección restaurantes
◆ Construcción a modo de caserío en plena reserva natural del Urdaibai. En conjunto resulta muy coqueto, con numerosos detalles y habitaciones personalizadas en su decoración.

Katxi – Hotel Katxi

Foruen Bidea 20 ✉ 48115 Morga – ☎ 946 25 02 95 – www.katxi.com – cerrado del 9 al 31 de enero, domingo noche y lunes
Rest – Carta 40/60 €
◆ Esta casa, ya centenaria, posee un bar con chimenea y una sala amplia a la par que luminosa. Carta regional e interesantes sugerencias, siempre con productos de gran calidad.

MORÓN DE ALMAZÁN - Soria - 575 H22 - 228 h. - alt. 1 011 m 12 D2

Madrid 185 – Valladolid 218 – Soria 49 – Logroño 153

La Vieja Estación de Morón sin rest

av. de la Estación ✉ 42223 – ✆ 975 30 60 86 – www.laviejaestaciondemoron.com

7 hab – 40 € 50 €

◆ Dispone de un salón social con chimenea y una sala para desayunar, mientras que en la planta superior se distribuyen las habitaciones, funcionales y con mobiliario en forja.

MOS - Pontevedra - 571 F4 - 14 471 h. - alt. 110 m 19 B3

Madrid 588 – Santiago de Compostela 101 – Pontevedra 44 – Viana do Castelo 74

en Sanguiñeda Sur : 2,5 km

Esteban

barrio do Monte 20 ✉ 36418 Sanguiñeda – ✆ 986 33 01 50 – www.seleccionculinaria.com – cerrado Navidades, 15 días en agosto, domingo, lunes noche y martes noche

Rest – Carta 30/44 €

◆ Resulta original por la combinación de elementos arquitectónicos tradicionales y modernos. Buen montaje, cocina semivista y una carta tradicional con platos de temporada.

MOTILLA DEL PALANCAR - Cuenca - 576 N24 - 6 195 h. - alt. 900 m 10 D2

Madrid 202 – Cuenca 68 – València 146

Seto con hab

carret. Madrid 54 ✉ 16200 – ✆ 969 33 21 18 – www.hotelrestauranteseto.com

21 hab – 30 € 50 €, 5 € **Rest** – Carta 26/37 €

◆ Este restaurante disfruta de un ambiente rústico bastante cuidado y destaca por sus comedores, con preciosos techos en madera. En su mesa priman los platos tradicionales. También ofrece un buen número de habitaciones, sencillas pero correctas, con mobiliario castellano y alguna pieza de anticuario.

MOZÁRBEZ - Salamanca - 575 J13 - 470 h. - alt. 871 m 11 B3

Madrid 219 – Béjar 64 – Peñaranda de Bracamonte 53 – Salamanca 14

Mozárbez

carret. N 630 ✉ 37796 – ✆ 923 30 82 91 – www.hotelmozarbez.com

32 hab – 35/62 € 49/92 € **Rest** – Menú 18 € – Carta 22/41 €

◆ Este acogedor hotelito de carácter familiar se presenta con unas instalaciones de línea actual, destacando tanto la cafetería como las habitaciones reformadas. El restaurante, dotado con varios comedores y un salón de banquetes, ofrece una cocina tradicional.

MUGA DE SAYAGO - Zamora - 575 H11 - 400 h. - alt. 790 m 11 A2

Madrid 296 – Valladolid 145 – Zamora 44 – Bragança 92

El Paraje de Sayago rest,

av. José Luis Gutiérrez 4 ✉ 49212 – ✆ 980 61 76 77 – www.elparajedesayago.com

45 hab – 51/55 € 60/70 € **Rest** – Menú 15 €

◆ Céntrico y dotado de un bonita fachada en granito. Posee una elegante cafetería y habitaciones clásicas, con los suelos en madera y ducha-columna de hidromasaje en los baños. En los fogones de su cuidado restaurante elaboran una cocina tradicional variada.

MUGARDOS - A Coruña - 571 B5 - 5 536 h. - alt. 8 m 19 B1

Madrid 612 - Santiago de Compostela 90 - A Coruña 51 - Ferrol 13

La Pedreira

La Pedreira 33, Sureste : 1,5 km ✉ 15620 - ✆ 981 47 08 08 - cerrado del 16 al 31 de octubre, domingo noche y lunes noche

Rest - Carta 30/38 €

♦ Presenta una sala-vinoteca bastante actual y un comedor clásico algo impersonal en la decoración. Su cocina tradicional-gallega se ve respaldada por una buena carta de vinos.

MUGIRO - Navarra - 573 D24 - 999 h. 24 A2

Madrid 433 - Iruña/Pamplona 34 - Vitoria/Gasteiz 86 - Logroño 124

Venta Muguiro

Autovía A 15 - salida 123 ✉ 31878 - ✆ 948 50 41 02 - cerrado 15 octubre-15 noviembre y miércoles

Rest - *(solo almuerzo salvo viernes, sabado y domingo de noviembre a junio)* Menú 15 € - Carta 20/35 €

♦ Venta del s. XIX ubicada junto a la autovía. Disfruta de un marco rústico acogedor, con las paredes en piedra y la viguería en madera. Cocina tradicional vasco-navarra.

MÚJICA - Vizcaya - ver Muxika

MUNDAKA - Vizcaya - 573 B21 - 1 938 h. - Playa 25 A3

Madrid 436 - Bilbao 37 - Donostia-San Sebastián 105

Kepa Deuna, ✆ 94 617 72 01, www.mundaka.org

Atalaya sin rest, con cafetería

Itxaropen 1 ✉ 48360 - ✆ 946 17 70 00 - www.atalayahotel.es

13 hab - †60/86 € ††78/108 €, ☕ 10 €

♦ Casa de atractiva fachada ubicada cerca del puerto. Posee una reducida zona social, con cafetería, y habitaciones de estilo antiguo que, en conjunto, resultan muy acogedoras.

El Puerto sin rest

Portu 1 ✉ 48360 - ✆ 946 87 67 25 - www.hotelelpuerto.com

11 hab - †40/80 € ††60/95 €, ☕ 9 €

♦ Antigua casa de pescadores con fachada típica de la zona. Ofrece una pequeña área social, un bar público para los desayunos y confortables habitaciones con vistas al puerto.

Kurutziaga Jauregia sin rest

Kurtzio Kalea 1 ✉ 48360 - ✆ 946 87 69 25 - www.mundakahotelkurutziaga.com

22 hab - †38/60 € ††49/73 €, ☕ 6 €

♦ Céntrica casa-palacio del s. XVIII a la que también se llama Palacio de la Cruz. Posee un bar privado y habitaciones clásicas con detalles rústicos, algunas abuhardilladas.

en la carretera de Gernika Sur : 1,2 km

Portuondo

barrio Portuondo ✉ 48360 Mundaka - ✆ 946 87 60 50 - www.restauranteportuondo.com - cerrado 11 diciembre-26 enero, domingo noche y lunes

Rest - *(solo almuerzo en invierno salvo fin de semana)* Menú 18/40 € - Carta 40/58 €

♦ Instalado en un antiguo caserío, con una espectacular terraza sobre la playa de Laida. Cuenta con una zona para tapeo en la planta baja y un comedor rústico en el 1er piso.

MUNITIBAR (ARBACEGUI) – Vizcaya – **573** C22 – **415 h.** – **alt. 198 m** **25** B3

Madrid 424 – Bilbao 43 – Donostia-San Sebastián 70 – Vitoria-Gasteiz 62

Garro sin rest

Gerrikaitz 33 ✉ 48381 – ☎ 946 16 41 36 – www.nekatur.net

6 hab – 46/48 €, 5 €

◆ Caserío ubicado en plena naturaleza. Posee una bella terraza-mirador, una zona social con chimenea y habitaciones que combinan el confort actual con los detalles rústicos.

MURCIA P – **577** S26 – **441 345 h.** – **alt. 43 m** **23** B2

Madrid 404 – Albacete 146 – Alacant/Alicante 81 – Cartagena 49

de Murcia-San Javier por ② : 50 km ☎ 902 404 704

pl. Cardenal Belluga, ☎ 968 35 87 49, www.murciaciudad.com

R.A.C.E. San Leandro 1 (edificio Martinica) ☎ 968 25 00 72

Catedral★ (fachada★, Capilla de los Vélez★, Museo : San Jerónimo★, campanario : ★) DY – Museo Salzillo★ CY - calle de la Trapería★ DY

Plano página siguiente

7 Coronas

paseo de Garay 5 ✉ 30003 – ☎ 968 21 77 73 – www.hotelsietecoronas.com

153 hab – 55/215 € 55/265 €, 15 € – 3 suites Xx

Rest – Menú 30/50 €

◆ Bien organizado y con buen nombre en la ciudad. Posee un elegante hall de línea actual, salones de gran capacidad y habitaciones espaciosas decoradas al estilo de la cadena.

Nelva

av. Primero de Mayo 9 ✉ 30006 – ☎ 968 06 02 00 – www.hotelnelva.es Xv

242 hab – 60/200 € 60/216 €, 14 € – 8 suites **Rest** – Carta 32/48 €

◆ Es un gran hotel y cuenta con dos accesos, siendo uno de ellos para la zona de salones y convenciones. Ofrece habitaciones confortables, actuales y de completo equipamiento. El restaurante sorprende por su estética actual, con tonos negros y detalles dorados.

NH Rincón de Pepe

Apóstoles 34 ✉ 30001 – ☎ 968 21 22 39 – www.nh-hotels.com DYr

146 hab – 50/250 €, 14 € – 2 suites

Rest *Rincón de Pepe* – ver selección restaurantes

◆ Ideal tanto para el cliente de negocios como para el turista, ya que se encuentra en pleno centro, junto a la Catedral. Instalaciones actuales al estilo NH.

AC Murcia sin rest, con cafetería por la noche

av. Juan Carlos I, 39 ✉ 30009 – ☎ 968 27 42 50 – www.hotelacmurcia.com Xc

107 hab – 60/120 €, 13 € – 1 suite

◆ Instalado en un edificio moderno dotado de suficientes zonas sociales. Dispone de varios tipos de habitaciones, todas con un completo equipamiento y los suelos en madera.

Novotel Murcia

camino de Nelva ✉ 30006 – ☎ 968 37 47 99 – www.novotel.com Xa

126 hab – 60/150 €, 13 € **Rest** – Menú 14/25 €

◆ ¡Enfocado a clientes de empresa entre semana y a familias los fines de semana! Se encuentra a la entrada de Murcia, con unas zonas nobles actuales, unas salas bien dispuestas y habitaciones de confort actual. El restaurante, de montaje funcional, combina su menú del día con una pequeña carta tradicional.

El Churra con cafetería

av. Marqués de los Vélez 12 ✉ 30008 – ☎ 968 23 84 00 – www.elchurra.net

120 hab – 54/90 € 54/120 €, 5 € – 1 suite Xz

Rest *El Churra* – ver selección restaurantes

◆ Establecimiento de línea clásica cuya zona noble se complementa con una concurrida cafetería. Sus habitaciones son confortables y las junior-suites disfrutan de hidromasaje.

ESPAÑA

MURCIA

Alfonso X el Sabio (Gran Vía) . . . . DY, X 2
Cardenal Belluga (Pl.) . . . . DY 5
Ciudad de Almería (Av.) . . . . X 7
Colón (Alameda de) . . . . DZ
Constitución (Av. de la) . . . . . . X 9
Emilio Díez de Revenga (Pl.) . . . . X 12
España (Glorieta de) . . . . DZ 15
Floridablanca . . . . DZ, X 18
Garay (Pas. de) . . . . DZ 20
General Primo de Rivera (Av.) . . . . X 22
General Yagüe . . . . X 25
Gómez Cortina . . . . CY 28
Industria . . . . X 30
Infante Don Juan Manuel (Avenida) . . . . DZ 33
Intendente Jorge Palacio (Av.) . . . . X 35
Isaac Albeniz . . . . X 37
Isidoro de la Cierva . . . . DY 40
Jaime I el Conquistador . . . . . . X 42
José Antonio Ponzoa . . . . DY 44
Juan Carlos I (Av.) . . . . X 46
Juan XXIII (Pl.) . . . . X 48
Levante (Ronda de) . . . . X 50
Libertad (Av. de la) . . . . X 53
Licenciado Cascales . . . . DY 56
Luis Fontes Pagán . . . . X 58
Marcos Redondo . . . . CY 60
Marqués de Corvera (Pas.) . . . . X 63
Martínez Tornel (Pl.) . . . . DZ 65
Melilla . . . . X 66
Miguel de Cervantes (Av.) . . . . X 67
Norte (Ronda) . . . . X 69
Obispo Frutos . . . . X 71
Perea (Av.) . . . . X 73
Platería . . . . DY
Proclamación . . . . DZ 75
Puerta de Orihuela . . . . X 76
Rector José Loustau . . . . X 77
San Francisco (Plano de) . . . CYZ 78
Sociedad . . . . DY 80
Teniente Flomesta (Av.) . . . . . DZ 83
Trapería . . . . DY
Vistabella (Puente de) . . . . X 85

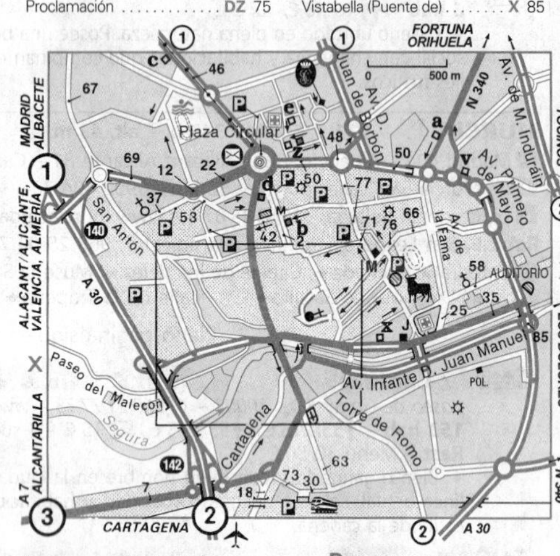

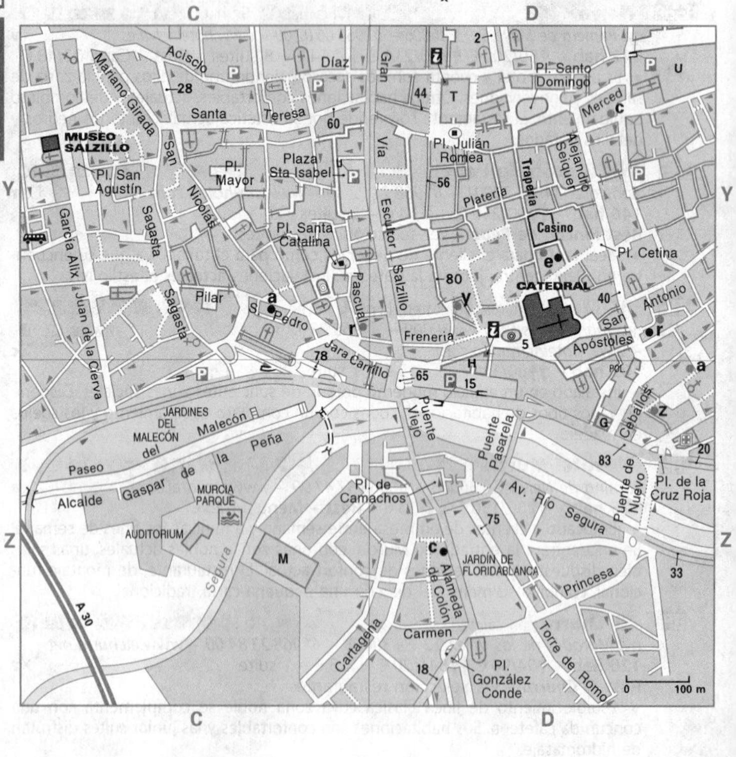

ESPAÑA

Churra-Vistalegre sin rest, con cafetería
Arquitecto Juan J. Belmonte 4 ✉ 30007 – ☎ 968 20 17 50 – www.elchurra.net Xe
57 hab – 45/60 € 50/90 €, ☕ 7 €
◆ Actual y acogedor, aunque resulta algo justo en las zonas comunes. Posee habitaciones de correcto confort, con mobiliario tintado y de aire provenzal. Clientela comercial.

Zenit Murcia sin rest
pl. San Pedro 5 ✉ 30004 – ☎ 968 21 47 42 – www.zenithoteles.com
61 hab – 42/115 € 47/150 €, ☕ 8 € CYa
◆ En pleno centro de la ciudad. Ofrece un hall bastante moderno, una correcta cafetería y habitaciones bien equipadas, con los suelos en tarima y mobiliario funcional-actual.

Hispano 2
Radio Murcia 3 ✉ 30001 – ☎ 968 21 61 52 – www.restaurantehispano.es
35 hab ☕ – 40/90 € 50/150 € DYe
Rest *Hispano* – ver selección restaurantes
Rest *Hispano Nueva Tradición* –Radio Murcia 4 *(cerrado sábado noche, domingo en verano y domingo noche resto del año)* Menú 30/45 € – Carta 25/38 €
◆ ¡Negocio familiar de 3ª generación! Lo mejor es su emplazamiento en el casco histórico y el hecho de que poco a poco se está actualizando, presentando las estancias renovadas una línea funcional-actual. Cuenta con dos restaurantes, el más tradicional a la vuelta de la esquina y uno moderno frente al hotel.

Casa Emilio sin rest, con cafetería
Alameda de Colón 9 ✉ 30002 – ☎ 968 22 06 31 – www.hotelcasaemilio.com
46 hab – 40 € 45 €, ☕ 4 € DZc
◆ Hotel de gestión familiar ubicado en pleno centro comercial. Posee una pequeña cafetería, salas de reuniones cruzando la calle y habitaciones confortables en su categoría.

Rincón de Pepe – Hotel NH Rincón de Pepe
pl. Apóstoles 34 ✉ 30001 – ☎ 968 21 22 39 – www.restauranterincondepepe.com
Rest – *(cerrado fines de semana en julio-agosto, domingo noche y lunes noche)* Carta 40/60 € DYr
◆ Presenta dos ambientes, uno informal en la zona de la barra y otro más serio en el comedor, elegante y actual. Podrá elegir entre su menú degustación o una carta tradicional actualizada, siempre elaborada con productos de mercado.

El Churra – Hotel El Churra
Obispo Sancho Dávila 13 ✉ 30008 – ☎ 968 27 15 22 – www.elchurra.net
Rest – *(cerrado domingo noche)* Carta 26/40 € Xz
◆ Un clásico de Murcia dotado con un sugerente bar de tapas, dos comedores y varios privados. Carta tradicional con productos de la región, detalles actuales y especialidades.

Alborada
Andrés Baquero 15 ✉ 30001 – ☎ 968 23 23 23 – www.alboradarestaurante.com – cerrado sábado en julio-agosto, y domingo noche DYc
Rest – Menú 25 € – Carta aprox. 35 €
◆ Posee un moderno bar de tapas, con botellero acristalado, así como un sobrio comedor en tonos blancos y dos privados polivalentes. Carta tradicional con productos de mercado.

Acuario
pl. Puxmarina 1 ✉ 30004 – ☎ 968 21 99 55 – www.restauranteacuario.com – cerrado 15 días en agosto, domingo noche y lunes noche DYy
Rest – Carta 25/36 €
◆ En una zona peatonal próxima a la Catedral. Cuenta con una sala distribuida en dos niveles y un privado, donde podrá degustar una cocina tradicional con toques personales.

ESPAÑA

X **Hispano** - Hotel Hispano 2
Arquitecto Cerdá 7 ✉ 30001 – ✆ 968 21 61 52 – www.restaurantehispano.es – cerrado sábado noche, domingo en verano y domingo noche resto del año
Rest – Carta 30/45 € DY**e**
◆ ¡Con el prestigio derivado de una larga trayectoria! Ofrece un bar rústico, un comedor y tres privados, todo con detalles decorativos referentes tanto a la cocina como a la huerta murciana. Carta tradicional y platos del día a buen precio.

X **Morales**
av. de la Constitución 12 ✉ 30008 – ✆ 968 23 10 26 – cerrado del 15 al 31 de agosto, sábado noche y domingo X**d**
Rest – Carta 35/50 €
◆ Bien llevado entre dos hermanos. Posee un bar de espera, un sugerente expositor de productos y dos salas clásicas. Carta tradicional con un apartado de pescados y mariscos.

Entrecol y col
Alfonso X "El Sabio" 14 ✉ 30002 – ✆ 968 97 44 20 – cerrado agosto y domingo
Rest – Tapa 4 € – Ración aprox. 14 € X**b**
◆ ¡Disfruta de una línea moderna y se sale un poco de lo habitual! Aquí descubrirá tapas y raciones de gran calidad, pues combinan la gastronomía tradicional con algunas tapas propias de una cocina más elaborada y de diseño.

La Pequeña Taberna
pl. San Juan 7 ✉ 30003 – ✆ 968 21 98 40 – www.lapequenataberna.com – cerrado del 6 al 30 de agosto, domingo noche y lunes DZ**z**
Rest – Tapa 3,50 € – Ración aprox. 9 €
◆ ¡En una calle peatonal del casco antiguo! Disfruta de una agradable terraza y un interior que combina la estética actual con la regional. Sus especialidades son las verduras a la plancha, el cabrito al horno y los pescados de la zona.

Pura Cepa
pl. Cristo del Rescate 8 ✉ 30003 – ✆ 968 21 73 97 – www.puracepamurcia.com – cerrado del 15 al 31 de agosto, domingo y lunes mediodía DZ**a**
Rest – Tapa 2,50 € – Ración aprox. 8 €
◆ Este céntrico bar-vinoteca, con terraza y un moderno comedor, rompe un poco con la estética habitual de los locales de tapeo murcianos. Aquí podrá elegir entre tapear por libre, un menú selección y un menú degustación con maridaje de vinos.

Mesón Las Viandas
Pascual 2-4 ✉ 30004 – ✆ 968 22 11 88 – www.mesonlasviandas.com
Rest – Tapa 3 € – Ración aprox. 5 € CY**r**
◆ Casa tipo mesón dotada con varias mesas de tapeo y una sala interior para las raciones. Entre sus especialidades están los arroces, las verduras y las migas murcianas.

en El Palmar por ② : **8 km**

XXX **La Cabaña de la Finca Buenavista** (Pablo González)
urb. Buenavista ✉ 30120 El Palmar – ✆ 968 88 90 06 – www.restaurantelacabana.com – cerrado Navidades, agosto, sábado, domingo y festivos
Rest – *(solo almuerzo salvo jueves)* Menú 59 € – Carta 36/64 €
Espec. Verduras en distintas cocciones con ajos tiernos y patatas violeta. Pez mantequilla sobre judías con jamón y helado de pimiento verde. Huevo 62-50 con cocido crujiente.
◆ Sorprende por su ubicación, pues ocupa una especie de cabaña africana, rodeada de jardines y con las cubiertas de brezo. En su sala, de excelso montaje, podrá degustar una cocina creativa elaborada con productos de mercado de gran calidad.

MURGIA (MURGUÍA) – Álava – **573** D21 – **2 401 h.** – **alt. 620 m** **25** A2
Madrid 362 – Bilbao 45 – Vitoria-Gasteiz 19
Zuia,, zona deportiva de Altube, Noroeste : 5 km, ✆ 945 43 09 22

La Casa del Patrón rest, VISA
San Martín 2 ✉ 01130 – ✆ 945 46 25 28 – www.casadelpatron.com
14 hab – 43/48 € 55/60 €, 5 € **Rest** – Carta 23/42 €
• Hotel de amable organización familiar. La zona social resulta algo reducida, sin embargo esto se ve compensado por unas habitaciones muy correctas, con los suelos en madera. En un pabellón acristalado anexo encontrará el bar, la cafetería y el restaurante.

en Sarria Norte : 1,5 km

Arlobi VISA
Elizalde 31 ✉ 01139 Sarria – ✆ 945 43 02 12 – www.restaurantearlobi.com
Rest – *(solo almuerzo salvo verano y fin de semana)* Carta 30/43 €
• Caserío vasco dotado con un patio-terraza, un bar público y dos comedores, uno rústico en la planta baja y otro mucho más funcional en el piso superior, este con un privado.

MURILLO EL FRUTO – Navarra – 573 E25 – 714 h. – alt. 366 m 24 B2

Madrid 361 – Iruña/Pamplona 69 – Jaca 115 – Logroño 91

Txapi-Txuri rest, rest, VISA
Santa Úrsula 59 ✉ 31313 – ✆ 948 71 58 08 – www.turismoruralbardenas.com – cerrado enero-15 febrero
5 hab – 40/50 € 55/62 €, 8 €
Rest – *(sólo fines de semana y festivos)* Menú 18/25 €
• Este establecimiento está formado por dos edificios, uno en piedra que hace de hostal rural y el otro, a pocos metros, a modo de casa de alquiler, completa o por habitaciones. En su sencillo comedor le ofrecerán una cocina de tinte tradicional.

ESPAÑA

MUSKIZ – Vizcaya – 573 C20 – 7 331 h. – alt. 10 m 25 A3

Madrid 419 – Bilbao 28 – Santander 82

por la carretera de Pobeña Norte : 2,5 km

Palacio Muñatones hab, VISA
barrio San Julián ✉ 48550 Muskiz – ✆ 946 33 88 71 – www.hotelpalaciomunatones.com
13 hab – 45/77 € 50/80 € **Rest** – Menú 15 €
• Palacete del s. XVIII emplazado en la ruta del Camino de Santiago. Su escasa zona social se compensa con unas habitaciones de línea moderna, en el último piso abuhardilladas. El comedor, tipo asador-parrilla, ocupa una carpa anexa y tiene un montaje funcional.

MUTRIKU – Guipúzcoa – 573 C22 – 5 021 h. 25 B2

Madrid 428 – Vitoria-Gasteiz 70 – Donostia-San Sebastián 47 – Bilbao 69
Sureste : Carretera a Deba en cornisa★ (★)

por la carretera de Deba Este : 2 km

Arbe sin rest y sin VISA
Laranga Auzoa ✉ 20830 Mutriku – ✆ 943 60 47 49 – www.hotelarbe.com
11 hab – 90/100 €
• Está a las afueras de la localidad, en un edificio de ambiente moderno dotado con unas magníficas vistas a la costa. La mayor parte de su energía es de origen geotérmico.

MUXIKA (MÚJICA) – Vizcaya – 573 C21 – 1 466 h. – alt. 40 m 25 A3

Madrid 406 – Bilbao 32 – Donostia-San Sebastián 84 – Vitoria-Gasteiz 56

en la carretera BI 635

Iberreko Errota sin rest
barrio Ariatza, Sureste : 4 km ✉ 48392 Muxika – ✆ 946 25 45 67
6 hab – 40/50 €, 4 €
• Atractiva casa en piedra que antaño funcionó como molino, conservando en la sala de desayunos piezas de la maquinaria original. Confortables habitaciones de estilo clásico.

NATXITUA – Vizcaya – ver Ea

NAVACERRADA – Madrid – 576 – 575 J17 – 2 765 h. – alt. 1 203 m – 22 A2

Deportes de invierno en el Puerto de Navacerrada : 9

Madrid 52 – Segovia 66 – Ávila 88

Hacienda Los Robles
rest,

av. de Madrid 27 ✉ 28491 – ✆ 918 56 02 00 – www.haciendalosrobles.com

29 hab – 75 € 96 € – 5 suites **Rest** – Menú 27/60 €

◆ Hotel rural dotado con parte de la fachada en piedra y bellas balconadas de madera. Ofrece una cálida zona social, un SPA, tres salas de reuniones y confortables habitaciones. El restaurante, centrado en el menú, se completa con una cafetería de estilo inglés.

Nava Real

Huertas 1 ✉ 28491 – ✆ 918 53 10 00 – www.hotelnavareal.com

16 hab – 56 € 63 €, 4 € **Rest** – Menú 36 €

◆ Este sólido edificio en piedra ofrece unas habitaciones amplias y confortables, todas decoradas con un gusto exquisito. Las estancias del anexo también poseen cierto encanto. El restaurante combina la calidez del ambiente rústico con una carta tradicional.

en la carretera M 601

Las Postas

Suroeste : 1,5 km ✉ 28491 Navacerrada – ✆ 918 56 02 50 – www.hotelaspostas.com

Rest – Menú 25 € – Carta 28/44 €

◆ Ocupa una casa de postas del s. XIX, un curioso detalle recordado con el carruaje decorativo que tienen a la entrada. Espacioso comedor acristalado y carta tradicional.

ESPAÑA

NAVAFRÍA – Segovia – 575 I18 – 374 h. – alt. 1 193 m 12 C3

Madrid 103 – Segovia 32 – Aranda de Duero 90 – Valladolid 134

Posada Mingaseda
hab, rest,

Campillo 12 ✉ 40161 – ✆ 921 50 69 02 – www.posadamingaseda.com

14 hab – 75/100 € 110/125 € **Rest** – Menú 20 €

◆ Instalado en una antigua casa restaurada con acierto. Sus dependencias, equipadas con mobiliario escogido y detalles de sumo gusto, resultan muy confortables.

NAVALCARNERO – Madrid – 576 – 575 L17 – 23 115 h. – alt. 671 m 22 A2

Madrid 32 – El Escorial 42 – Talavera de la Reina 85

pl. de Segovia 1, ✆ 91 810 11 42, wwww.turismo-navalcarnero.com

Hostería de las Monjas

la Iglesia 1 ✉ 28600 – ✆ 918 11 18 19 – www.hosteriadelasmonjas.com – cerrado del 15 al 31 de julio y lunes

Rest – *(solo almuerzo salvo viernes y sábado)* Carta 34/48 €

◆ Bello edificio de estética castellana. Encontrará un bar público, donde sirven el menú, y dos salas a la carta en los pisos superiores, ambas con detalles rústicos y chimenea.

NAVALENO – Soria – 575 G20 – 900 h. – alt. 1 200 m 12 D2

Madrid 219 – Burgos 97 – Logroño 108 – Soria 48

La Lobita

av. La Constitución 54, (carret. N 234) ✉ 42149 – ✆ 975 37 40 28 – www.lalobita.es – cerrado del 1 al 8 de febrero, del 15 al 30 de septiembre, domingo noche y lunes

Rest – Carta 30/50 €

◆ Este sencillo restaurante dispone de un bar público, donde sirven el menú del día, y un comedor de ambiente funcional. Su carta de autor resulta algo atrevida en la zona.

El Maño
Calleja del Barrio 5 ✉ 42149 – ✆ 975 37 41 68 – cerrado del 1 al 15 de enero del 1 al 15 de septiembre
Rest – *(solo almuerzo salvo julio-agosto, fines de semana y festivos)*
Carta 16/29 €
◆ Una antigua casona dotada de un interior sencillo que, no obstante, posee cierto encanto. La bondad de sus precios y una carta interesante lo han convertido en un clásico.

NAVARRETE – La Rioja – 573 E22 – 2 856 h. – alt. 512 m
21 A2

Madrid 345 – Burgos 106 – Logroño 11 – Vitoria-Gasteiz 84

San Camilo sin rest
carret. de Fuenmayor 4 ✉ 26370 – ✆ 941 44 11 11 – www.sanmillan.com – cerrado 14 diciembre-8 enero
38 hab – †48/69 € ††48/92 €, ☕ 9 €
◆ Antiguo seminario rodeado de una amplísima zona ajardinada. Posee varias salas de reuniones y habitaciones bien equipadas, todas con columna de hidromasaje en los baños.

NAVEDA – Cantabria – 572 C17 – 62 h.
8 B2

Madrid 362 – Santander 86 – Palencia 142

Casona de Naveda
pl. del Medio Lugar 37 ✉ 39211 – ✆ 942 77 95 15 – www.casonadenaveda.com
9 hab – †70/80 € ††80/88 €, ☕ 8 € **Rest** – Menú 21 €
◆ Casa-palacio del s. XVII decorada con atractivas piezas de anticuario. Ofrece unas buenas zonas sociales y confortables habitaciones, dos de ellas con galerías acristaladas.

NAVIA – Asturias – 572 B9 – 9 085 h. – Playa
5 A1

Madrid 565 – A Coruña 203 – Gijón 118 – Oviedo 122
av. de la Darsena, ✆ 98 547 37 95

Palacio Arias sin rest
av. de los Emigrantes 11 ✉ 33710 – ✆ 985 47 36 71 – www.palacioarias.es
16 hab – †54/58 € ††84/95 €, ☕ 7 €
◆ Elegante palacete obra del insigne arquitecto Luis Menéndez Pidal. Posee algunas habitaciones abuhardilladas y varios salones sociales decorados con mobiliario antiguo.

Blanco
hab,
La Colorada, Norte : 1,5 km ✉ 33710 – ✆ 985 63 07 75 – www.hotelblanco.es
62 hab ☕ – †38/48 € ††65/96 €
Rest *Blanco* – Carta 35/59 €
◆ Este hotel ha sido renovado recientemente, por lo que ahora se presenta con un moderno SPA y habitaciones actuales, todas bastante lineales y mejoradas en su equipamiento. El restaurante destaca tanto por su luminosidad como por su cuidado servicio de mesa.

Casona Naviega sin rest
av. de los Emigrantes 37 ✉ 33710 – ✆ 985 47 48 80 – www.casonanaviega.com
14 hab – †40/75 € ††50/75 €, ☕ 6 €
◆ Casa de indianos de color azul ubicada a la entrada de la localidad. Posee habitaciones muy luminosas, con los suelos de tarima, mobiliario colonial y un buen equipamiento.

Arias sin rest
av. de los Emigrantes 11 ✉ 33710 – ✆ 985 47 36 71 – www.palacioarias.es
42 hab – †33/45 € ††55/85 €, ☕ 7 € – 21 apartamentos
◆ Conjunto funcional situado dentro de la finca del hotel Palacio Arias, con el que comparte la recepción. Sus habitaciones ofrecen mobiliario estándar y baños actuales.

XX **La Barcarola**
Las Armas 15 ✉ 33710 – ☎ 985 47 45 28 – cerrado del 15 al 31 de enero, lunes noche y martes salvo agosto
Rest – Carta 35/55 €
◆ Acogedor marco neorrústico con mobiliario antiguo. Dispone de un bar en la planta baja y una sala en el 1er piso, con gruesos muros en piedra y las vigas del techo en madera.

Las NEGRAS – **Almería** – **578** V23 – **335 h.** – **Playa** **2** D2
Madrid 590 – Sevilla 463 – Almería 64

Cala Grande hab,
Navegante 1 ✉ 04116 – ☎ 950 38 82 28 – www.calagrande.es
44 hab – 65/120 € 80/200 € **Rest** – *(solo cena)* Menú 25 €
◆ Edificio de estilo moderno y líneas puras complementado por tres villas. Ofrece una zona social con cafetería, un SPA y habitaciones bastante actuales, todas con balcón. El restaurante, bastante funcional, elabora una correcta carta tradicional.

NEGREIRA – **A Coruña** – **571** D3 – **7 029 h.** – **alt. 183 m** **19** B2
Madrid 633 – A Coruña 92 – Santiago de Compostela 20

Tamara hab,
av. de Santiago ✉ 15830 – ☎ 981 88 52 01 – www.hotel-tamara.com
32 hab – 40/52 € 52/64 €, 4 € – 20 apartamentos **Rest** – Menú 11 €
◆ Hotel de sencillas instalaciones y gran capacidad ubicado a la entrada de la localidad. Posee correctas habitaciones y apartamentos, siendo más actuales los de la 1ª planta. El restaurante trabaja mucho con banquetes y ofrece una carta bastante completa.

Casa de Bola sin rest
Covas 9, Noroeste : 1 km ✉ 15830 – ☎ 981 88 50 04 – www.casadebola.com – 15 abril-noviembre
5 hab – 43/55 € 53/66 €, 4 €
◆ Casa de aldea datada en 1830, construida en piedra y en una finca con un hórreo típico. Salón rústico con chimenea, habitaciones con mobiliario antiguo y aseos actuales.

XX **Casa Barqueiro**
av. de Santiago 13 ✉ 15830 – ☎ 981 81 82 34 – cerrado 15 días en noviembre y martes salvo agosto
Rest – Menú 14 € – Carta 26/35 €
◆ Llevado entre hermanos. Dispone de un buen bar-vinoteca, la cocina semivista y una sala de cuidado montaje. Cocina gallega en la que destacan las carnes y una completa bodega.

NEGURI – **Vizcaya** – **ver Getxo**

NERJA – **Málaga** – **578** V18 – **21 957 h.** – **Playa** **2** C2
Madrid 549 – Almería 169 – Granada 107 – Málaga 52
Carmen 1, ☎ 95 252 15 31
Localidad★ – Balcón de Europa★
Cueva de Nerja★★ Noreste : 4 km – Carretera★ de Nerja a La Herradura ★★

Parador de Nerja hab,
Almuñécar 8 ✉ 29780 – ☎ 952 52 00 50 – www.parador.es
96 hab – 128/148 € 160/185 €, 18 € – 2 suites **Rest** – Menú 33 €
◆ Destaca por su emplazamiento en un acantilado. Posee un jardín, una elegante zona noble y habitaciones funcionales, la mayoría con terraza. Ascensor panorámico hasta la playa. El comedor se complementa con una agradable terraza dotada de vistas al mar.

ESPAÑA

Balcón de Europa

paseo Balcón de Europa 1 ✉ 29780 – ✆ 952 52 08 00 – www.hotelbalconeuropa.com

110 hab – †72/109 € ††100/142 €, ☕ 12 € **Rest** – Menú 20 €

◆ Disfruta de excelentes vistas al mar desde la mayoría de sus confortables habitaciones, todas de ambiente clásico y adecuado confort. Genuina terraza-solárium. Idílico restaurante panorámico.

Paraíso del Mar sin rest

prolongación de Carabeo 22 ✉ 29780 – ✆ 952 52 16 21 – www.hotelparaisodelmar.es – cerrado 12 noviembre-8 febrero

12 hab ☕ – †79/110 € ††89/127 € – 4 suites

◆ Junto al Mirador del Bendito, por lo que tiene espectaculares vistas desde la piscina y las habitaciones, todas clásicas y de diseño personalizado. Acceso privado a la playa.

Plaza Cavana

pl. Cavana 10 ✉ 29780 – ✆ 952 52 40 00 – www.hotelplazacavana.com

39 hab ☕ – †29/129 € ††39/139 €

Rest – *(cerrado noviembre-febrero y martes)* Menú 16 €

◆ Hotel de línea actual y atractivo exterior emplazado en pleno centro, en una calle peatonal. Ofrece habitaciones de buen confort general y una agradable azotea con piscina. El comedor, que tiene acceso directo desde la calle, presenta una carta tradicional.

Carabeo

hab,

Hernando de Carabeo 34 ✉ 29780 – ✆ 952 52 54 44 – www.hotelcarabeo.com – marzo-noviembre

7 hab ☕ – †75 € ††75/195 € – 4 suites

Rest – *(cerrado lunes) (solo cena)* Menú 25 €

◆ Disfruta de unas habitaciones detallistas, una agradable zona social con un bar de estilo inglés y un precioso patio ajardinado, con piscina y vistas al Mediterráneo. Su restaurante, de estilo clásico y en varias alturas, elabora platos de gusto internacional.

Udo Heimer

Andalucía 27 ✉ 29780 – ✆ 952 52 00 32 – www.udoheimer.net – cerrado enero y miércoles

Rest – *(solo cena)* Menú 45/54 € – Carta 36/48 €

◆ Bien llevado por su propietario, que está pendiente de todo. En sus salas, de línea actual, podrá degustar una cocina innovadora de base internacional y dos menús degustación.

Sollun

Almirante Ferrándiz 53 ✉ 29780 – ✆ 952 52 59 82 – www.sollunrestaurante.com – cerrado domingo y lunes

Rest – *(solo cena)* Menú 32 € – Carta 33/41 €

◆ Pequeño restaurante de línea actual emplazado en una céntrica calle peatonal. El chef, totalmente volcado en el negocio, elabora una cocina actual con detalles interesantes.

Au Petit Paris

Málaga - Edif. 4 Caminos ✉ 29780 – ✆ 649 83 82 27 – cerrado 20 noviembre-8 enero y domingo

Rest – Menú 27 € – Carta 27/54 €

◆ Se presenta con una terraza a la entrada y una sala de cuidado montaje, esta última decorada con sugerentes fotos en blanco y negro de París. Cocina de inspiración francesa.

NIEMBRO – **Asturias** – **ver Llanes**

¿Buenas comidas a precios moderados? Elija un Bib Gourmand ㊊.

NOJA - Cantabria - 572 B19 - 2 613 h. - Playa 8 C1

Madrid 422 - Bilbao 79 - Santander 45

XX **Sambal**

El Arenal (Campo de golf Berceda) ✉ 39180 - ✆ 942 63 15 31 - www.restaurantesambal.es - cerrado 15 diciembre-marzo

Rest - *(solo almuerzo salvo viernes, sábado, festivos y verano)* Menú 35 € - Carta 28/35 €

◆ Junto al campo de golf de la ciudad. Presenta un hall, la cocina acristalada y dos salas de montaje actual, una con vistas a las "calles" y la otra a una terraza. Carta actual.

NOREÑA - Asturias - 572 B12 - 5 470 h. - alt. 199 m 5 B1

Madrid 447 - Oviedo 16

Don Alberto sin rest y sin ☕

Flórez Estrada 4 ✉ 33180 - ✆ 985 74 21 08 - www.hoteldonalberto.com

14 hab - 🚹35/50 € 🚹🚹40/66 €

◆ Su organización puede ser sencilla, sin embargo resulta eficaz. Cuenta con una pequeña recepción, una cafetería pública y habitaciones algo reducidas pero de línea moderna.

Doña Nieves

Pío XII ✉ 33180 - ✆ 985 74 35 50 - www.hotelnieves-asturias.com

27 hab - 🚹36/66 € 🚹🚹54/86 €, ☕ 6 € **Rest** - *(en el Hotel Cabeza)*

◆ Funciona como un anexo del hotel Cabeza, ya que centraliza en él muchos de sus servicios. Las habitaciones están bien equipadas, con mobiliario clásico y los suelos en pergo.

Cabeza rest,

Javier Lauzurica 4 ✉ 33180 - ✆ 985 74 02 74 - www.hotelcabeza-asturias.com

40 hab - 🚹32/53 € 🚹🚹46/68 €, ☕ 6 € **Rest** - Menú 15 €

◆ Encontrará unas habitaciones de línea clásica-tradicional, con mobiliario de madera maciza y baños actuales. Sus clientes pueden acceder al gimnasio del hotel Doña Nieves. El restaurante centra su oferta en un menú elaborado a base de platos tradicionales.

por la antigua carretera de Gijón Norte : 1,5 km

Cristina

Las Cabañas ✉ 33180 Noreña - ✆ 985 74 47 47 - www.hotelcristina-asturias.com

55 hab - 🚹70/86 € 🚹🚹88/108 €, ☕ 7 € **Rest** - Menú 12 €

◆ Conjunto actual a las afueras de la ciudad, definido por su fachada azul, con balcones y un amplio porche. Habitaciones amplias, funcionales y dotadas de mobiliario clásico. Disfruta de un restaurante a la carta y de una sidrería decorada con gran tipismo.

NOVO SANCTI PETRI (Urbanización) - Cádiz - ver Chiclana de la Frontera

La NUCIA - Alicante - 577 Q29 - 18 225 h. - alt. 85 m 16 B3

Madrid 450 - Alacant/Alicante 56 - Gandía 64

XX **El Xato**

Iglesia 3 ✉ 03530 - ✆ 965 87 09 31 - www.elxato.com - cerrado 24 junio-8 julio, noches de martes a jueves en invierno, domingo noche y lunes

Rest - Carta 27/45 €

◆ Presenta unas instalaciones modernas de línea minimalista, con un buen comedor principal y un privado en el sótano. Cocina tradicional actualizada y excelente carta de vinos.

NUÉVALOS - Zaragoza - 574 I24 - 356 h. - alt. 724 m 3 B2

Madrid 223 - Guadalajara 166 - Tudela 139 - Zaragoza 108

Monasterio de Piedra : Parque y cascadas★★ (Sur : 3 km)

ESPAÑA

Río Piedra

travesía Monasterio de Piedra 1 ✉ 50210 – ☎ 976 84 90 07 – www.hotelriopiedra.com – cerrado 7 enero-7 febrero

30 hab – 50/60 € 60/70 € **Rest** – Menú 15/35 € – Carta 23/47 €

◆ Céntrico hotel de gestión familiar. Posee una pequeña recepción y correctas habitaciones en dos estilos, unas de estética provenzal y las renovadas con mobiliario en forja. Disfruta de dos comedores, uno de ellos con una bodega, y un gran salón de banquetes.

en el Monasterio de Piedra Sur : 3 km

Monasterio de Piedra hab, rest,

✉ 50210 Nuévalos – ☎ 902 19 60 52 – www.monasteriopiedra.com

62 hab – 90/109 € 95/140 € **Rest** – Menú 22 €

◆ Monasterio cisterciense del s. XII. Presenta elegantes corredores gótico-renacentistas, hermosos patios y habitaciones de sobria decoración, la mayoría con vistas al parque. El restaurante, vestido con cuadros de reyes de Aragón, ofrece una carta tradicional.

NUEVO PORTIL (Urbanización) – Huelva – ver Cartaya

OCAÑA – Toledo – 576 M19 – 10 098 h. – alt. 730 m 9 B2

Madrid 66 – Alcázar de San Juan 90 – Aranjuez 15 – Toledo 52

Palio

Mayor 12 ✉ 45300 – ☎ 925 13 00 45 – www.paliorestaurante.es – cerrado 7 días en enero, 7 días en agosto y martes

Rest – *(solo almuerzo salvo jueves, viernes y sábado)* Menú 25 € – Carta 29/43 €

◆ Muy céntrico, pues se encuentra junto a la plaza Mayor. Se distribuye en tres plantas y sorprende tanto por su exquisito servicio como por sus detalles. Carta tradicional.

Casa Carmelo

Santa Catalina 10 ✉ 45300 – ☎ 925 13 07 77 – www.casacarmelo.com – cerrado domingo noche, lunes noche y martes noche

Rest – Menú 40 € – Carta 31/44 €

◆ Sabores de la tierra en una casa del s. XV cuya sala principal, a modo de patio toledano, rebosa de luz natural. La galería de la planta superior se utiliza como privados.

OCHAGAVÍA – Navarra – ver Otsagabia

OIARTZUN (OYARZUN) – Guipúzcoa – 573 C24 – 9 947 h. – alt. 81 m 25 B2

Madrid 469 – Vitoria-Gasteiz 122 – Donostia-San Sebastián 21 – Iruña/Pamplona 97

al Sur :

Zuberoa (Hilario Arbelaitz)

pl. Bekosoro 1, (barrio Iturriotz), 2,2 km ✉ 20180 Oiartzun – ☎ 943 49 12 28 – www.zuberoa.com – cerrado 30 diciembre-18 enero, del 8 al 25 de abril, del 14 al 31 de octubre, domingo y miércoles

Rest – Menú 120 € – Carta 67/93 €

Espec. Vieiras a la vinagreta de pomelo y endibias (noviembre-mayo). Lenguado asado a la vinagreta de berberechos y zanahoria al curry. Pichón asado al romero, puré de patata y tosta de higaditos.

◆ Hermoso caserío vasco del s. XV de aspecto recio y cuidado. Presenta una agradable terraza, dos privados y un comedor de elegante rusticidad. Cocina clásica de raíces vascas y buen nivel, con excelentes puntos de cocción y unas materias primas de gran calidad.

ESPAÑA

por la carretera de Irún **Noreste : 2,5 km y desvío a la izquierda 1,5 km**

Usategieta hab,

Maldaburu bidea 15 (barrio Gurutze) ✉ 20180 Oiartzun – ☎ 943 26 05 30 – www.hotelusategieta.com
13 hab – 60/115 € 80/130 €
Rest – *(cerrado domingo noche) (solo almuerzo en invierno salvo jueves, viernes y sábado)* Menú 20 € – Carta 28/56 €
◆ Caserío de ambiente rústico ubicado en un bello paraje. Posee un luminoso salón social y coquetas habitaciones, la mitad con balcón y las del piso superior abuhardilladas. El comedor, acogedor y con parte de sus paredes en piedra, ofrece una carta tradicional especializada en carnes y pescados a la parrilla.

OJÉN – Málaga – 578 W15 – 2 949 h. – alt. 780 m   1 A3

Madrid 610 – Algeciras 85 – Málaga 64 – Marbella 8

en la Sierra Blanca **Noroeste : 10 km por MA 5300 y carretera particular**

Refugio de Juanar rest,

✉ 29610 Ojén – ☎ 952 88 10 00 – www.juanar.com
23 hab – 62 € 88 € – 3 suites **Rest** – Menú 26/35 €
◆ Hotel de montaña ubicado en una reserva cinegética. Tiene unas cuidadas instalaciones, donde predomina el ladrillo visto, y espaciosas habitaciones con mobiliario provenzal. El comedor, de aire castellano, propone una cocina tradicional rica en carnes de caza.

OLABERRIA – Guipúzcoa – 573 C23 – 948 h. – alt. 332 m   25 B2

Madrid 422 – Bilbao 85 – Donostia-San Sebastián 44 – Iruña/Pamplona 74

Zezilionea con hab hab, rest,

San Joan Plaza ✉ 20212 – ☎ 943 88 58 29 – www.hotelzezilionea.com – cerrado 23 diciembre-6 enero
9 hab – 45 € 65 €
Rest – *(cerrado domingo noche y lunes noche)* Carta 26/59 €
◆ Casa de organización familiar ubicada en el centro de la localidad. Ofrece un bar con algunas mesas para el menú, un comedor clásico de cuidado montaje y un coqueto privado. También ofrece habitaciones, todas ellas sencillas, funcionales y con los baños actuales.

OLAVE – Navarra – 573 D25 – 232 h.   24 B2

Madrid 463 – Iruña/Pamplona 12 – Vitoria-Gasteiz 105 – Logroño 104

Ibaiondo

carret. N121 A, km 11 ✉ 31799 – ☎ 948 33 00 61 – www.hotelibaiondo.com – cerrado enero y febrero
14 hab – 60/80 €, 8 €
Rest – *(solo clientes, solo cena)* Menú 23 € – Carta 19/27 €
◆ Hotel emplazado en una casa típica, junto al río Ulzama. Presenta un interior alegre y colorista, con dos salones sociales y coquetas habitaciones, dos de ellas con chimenea. El comedor se complementa con una agradable terraza cubierta para los desayunos.

OLEIROS – A Coruña – 571 B5 – 33 550 h. – alt. 79 m   19 B1

Madrid 580 – A Coruña 16 – Ferrol 45 – Santiago de Compostela 78

El Refugio

pl. de Galicia 11 ✉ 15173 – ☎ 981 61 08 03 – www.restaurante-elrefugio.com – cerrado 20 días en septiembre, domingo noche y lunes salvo agosto y festivos
Rest – Carta 39/49 €
◆ Negocio de gran prestigio y sólida trayectoria profesional. Ofrece una completa carta de cocina tradicional e internacional, con algunos mariscos y una bodega excepcional.

XX **Comei Bebei**

av. Ramón Núñez Montero 20 ✉ 15173 – ☎ 981 61 17 41 – cerrado del 15 al 31 de octubre, noches de domingo a miércoles de noviembre-abril, domingo noche y lunes resto del año

Rest – Carta aprox. 35 €

♦ Tiene un bonito bar-vinoteca y dos salas de línea actual. Aquí encontrará una cocina tradicional de temporada y una cuidada carta de vinos, actualizada y a precios razonables.

OLITE – **Navarra** – **ver Erriberri**

OLIVENZA – **Badajoz** – **576** P8 – **11 906 h.** – **alt. 268 m** **17** A3

Madrid 434 – Badajoz 30 – Cáceres 125 – Mérida 90

Palacio Arteaga

Moreno Nieto 5 ✉ 06100 – ☎ 924 49 11 29 – www.palacioarteaga.com

25 hab – 69/74 € 79/84 € **Rest** – Menú 24 €

♦ Esta atractiva casa-palacio del s. XIX está dotada con un bello patio señorial y unas habitaciones bastante bien equipadas, la mayoría de ellas con los suelos originales. Su cuidado restaurante se reparte por distintas salas, tanto de la casa como de un anexo.

OLOST – **Barcelona** – **574** G36 – **1 202 h.** – **alt. 669 m** **14** C2

Madrid 618 – Barcelona 85 – Girona/Gerona 98 – Manresa 71

XX **Sala** (Antonio Sala) con hab rest,

pl. Major 17 ✉ 08516 – ☎ 938 88 01 06 – www.fondasala.com – cerrado Navidades y del 1 al 21 de septiembre

6 hab – 35 € 60 €, 7 €

Rest – *(cerrado domingo noche, lunes noche y martes)* Carta 47/76 €

Espec. Salteado de vieiras con verduras, reducción de vinagre de cabernet y ajos tiernos. Tronco de rodaballo al horno con patatas de Olost. Liebre a la Royal "a la cuchara" (noviembre-febrero).

♦ Presenta un bar, con mesas para el menú, y un buen comedor a la carta de línea clásica-funcional. Cocina tradicional e internacional, con platos de caza y trufa en temporada. Como complemento ofrece unas sencillas habitaciones, todas con mobiliario antiguo.

OLOT – **Girona** – **574** F37 – **33 589 h.** – **alt. 443 m** **14** C1

Madrid 700 – Barcelona 130 – Girona/Gerona 57

Hospici 8, ☎ 972 26 01 41, www.turismeolot.com

Localidad★ - Iglesia de Sant Esteve★ (cuadro de El Greco★) BY, Museo Comarcal de la Garrotxa★ BY**M** – Casa Solà-Morales★ (fachada modernista★) BY

Parque Natural de la Zona Volcánica de la Garrotxa★

Plano página siguiente

Riu Olot sin rest

carret. de Santa Pau ✉ 17800 – ☎ 972 26 94 44 – www.riu.com BZ**c**

28 hab – 78/83 €, 10 € – 4 suites

♦ Conjunto de línea clásica dotado de excelentes vistas a la montaña. Su luminoso hall se completa con una agradable zona social y cuidadas habitaciones, la mitad con terraza.

Les Cols

Mas Les Cols - carret. de La Canya, por ① ✉ 17800 – ☎ 699 81 38 17 – www.lescolspavellons.com – cerrado del 1 al 26 de enero

5 hab – 220/275 € 275/290 €

Rest *Les Cols* – ver selección restaurantes

♦ ¡Una experiencia singular, muy alejada del funcionamiento hotelero habitual! El complejo consta de cinco cubos acristalados, con cuya construcción se busca la conquista de mayores sensaciones y la integración de cada espacio en el entorno.

OLOT

Street	Grid	No.
Alt de la Maduixa	BY	2
Amèrica (Pl.)	AZ	4
Anselm Clavé (Av.)	BZ	5
Antoni Llopis	BY	6
Balears (Av.)	AZ	8
Balmes (Pl.)	AY	9
Bisbe Guillamet (Pas. del)	AY	10
Bisbe Vilanova	ABZ	12
Blay (Pas. d'en)	BY	13
Cal Russet (Pont de)	BZ	14
Carme	BY	15
Carme (Pl.)	BY	16
Cuba (Av.)	AZ	20
Dr. Joaquim Danés (Av.)	AY	22
Esgleiers	BY	26
Francesc Vayreda (Pl. de)	BZ	29
Major	BY	32
Major (Pl.)	BY	34
Marià Vayreda	BY	35
Mig (Pl. del)	BY	36
Pont Nou	BY	37
República Argentina (Av.)	AZ	38
Sabina Sureda	BY	39
Santa Pau (Ctra)	BZ	40
Sant Esteve	BY	41
Sant Rafel	ABY	
Sastres	BY	43
Serra i Ginesta	BY	44
Valls Nous	BY	46
Verge de Montserrat	BZ	52

Can Blanc sin rest

carret. La Deu, Sur : 2 km por ② ✉ 17800 – ✆ 972 27 60 20 – www.canblanc.es
12 hab – 50/61 € 84/100 €

◆ Un hotel con cierto encanto, ya que se ubica en una masía típica rodeada de árboles y frondosos parajes. Salón rústico con chimenea y habitaciones actuales en vivos colores.

Borrell sin rest

Notari Nonet Escubós 8 ✉ 17800 – ✆ 972 27 61 61 – www.hotelborrell.com – cerrado 24 diciembre-1 enero AZ**a**
24 hab – 50/60 € 60/80 €, 10 €

◆ Céntrico, funcional y de eficiente organización familiar. Destaca por el buen mantenimiento de sus instalaciones, con unas habitaciones amplias y correctamente equipadas.

La Perla y Perla d'Olot hab, rest,

carret. La Deu 9, por ② ✉ 17800 – ✆ 972 26 23 26 – www.laperlahotels.com
36 hab – 36/58 € 59/93 €, 9 € – 30 apartamentos
Rest – *(cerrado del 19 al 31 de diciembre)* Menú 13/25 €

◆ Se trata de dos hoteles, sin embargo ambos son de la misma propiedad y están unidos interiormente, con la recepción en La Perla. Habitaciones y apartamentos funcionales. El restaurante tiene un montaje actual y basa su trabajo en la elaboración de dos menús.

Les Cols (Fina Puigdevall) – Hotel Les Cols

Mas Les Cols - carret. de La Canya, por ① ✉ 17800 – ✆ 972 26 92 09 – www.lescols.com – cerrado del 2 al 22 de enero y 23 julio-12 agosto
Rest – *(cerrado domingo, lunes, martes noche y festivos)* Menú 85 € – Carta 52/65 €
Espec. Cebolla dulce del volcán Croscat rellena de queso de oveja. Berenjena quemada, miel, café, leche de oveja y flor de acacia. Requesón helado, nueces garrapiñadas, yogur, miel y frutos secos.

◆ Instalado en una masía catalana típica que sorprende al comensal por su estética interior de diseño puro, con buen mobiliario en forja, acero y oro lacado. Su chef propone una cocina creativa de raíces regionales y locales.

Les OLUGES – Lleida – 574 G33 – 176 h. 13 B2

Barcelona 110 – Lleida/Lérida 63 – Tarragona 89 – Sant Julià de Lòria 116

en Montfalcó Murallat Sureste : 2,5 km

Montfalcó

Rodó 6 ✉ 25214 Montfalcó Murallat – ✆ 973 53 17 55 – cerrado del 14 al 21 de febrero, 17 octubre-7 noviembre y lunes
Rest – *(solo almuerzo salvo viernes y sábado)* (es necesario reservar) Carta 25/40 €

◆ Se encuentra en la plaza de este pequeño pueblo amurallado, en una antigua casa de piedra. Dispone de un cálido hall, un comedor de cuidado montaje y una bonita bodega.

ONDARA – Alicante – 577 P30 – 6 570 h. – alt. 35 m 16 B2

Madrid 431 – Alcoi 88 – Alacant/Alicante 84 – Denia 10

Casa Pepa (Soledad Ballester)

partida Pamis 7-30, Suroeste : 1,5 km ✉ 03760 – ✆ 965 76 66 06 – www.casapepa.es – cerrado martes noche de noviembre-febrero, domingo noche y lunes
Rest – *(solo cena en julio y agosto)* Menú 45/90 € – Carta 48/71 €
Espec. Lomo de caballa en vinagre blanco, dados de melón al tomillo y crema helada de gazpacho. Habitas tiernas, alcachofas y papada ibérica con puré ligero de guisantes y hierbabuena. Bacalao confitado, roca de aceituna negra, emulsión de espinacas y láminas de almendra.

◆ Casa de campo emplazada entre huertas, naranjos y olivos, con una agradable terraza, una sala de aire rústico y otra acristalada más actual. Cocina muy natural y creativa, de base mediterránea, elaborada con productos escogidos de la zona.

ESPAÑA

ONTINYENT (ONTENIENTE) – Valencia – 577 P28 – 37 935 h. – alt. 400 m
16 A2

Madrid 369 – Albacete 122 – Alacant/Alicante 91 – València 84

pl. Sant Roc 36, ✆ 96 291 60 90, www.ontinyent.es

Kazar

Dos de Mayo 117 ✉ 46870 – ✆ 962 38 24 43 – www.hotelkazar.com

40 hab – 65 € 70 € **Rest** – *(cerrado lunes)* Menú 17 €

◆ Bello palacete de estilo neomudéjar flanqueado por palmeras. Disfruta de un saloncito árabe, unas confortables habitaciones y una piscina en la azotea, con solárium y jacuzzi. El comedor se complementa con un salón para banquetes en un edificio independiente.

El Tinell de Calabuig

Josep Melcior Gomis 23 ✉ 46870 – ✆ 962 91 50 48 – cerrado Semana Santa, 7 días en agosto, 7 días en octubre, domingo, lunes noche y martes noche

Rest – Menú 35/50 € – Carta 24/38 €

◆ Casa seria y de cuidado montaje. Ofrece una carta tradicional actualizada, con base en la cocina de mercado, y varias jornadas gastronómicas tanto vegetarianas como de caza.

OÑATI – Guipúzcoa – 573 C22 – 10 957 h. – alt. 231 m
25 B2

Madrid 401 – Bilbao 62 – Donostia-San Sebastián 74 – Vitoria-Gasteiz 45

San Juan 14, ✆ 943 78 34 53, www.oinati.eu/turismo

Carretera★ a Arantzazu

en la carretera de Urrejola Oeste : 2 km

Etxe-Aundi con hab

Torre Auzo 9 ✉ 20560 Oñati – ✆ 943 78 19 56 – www.etxeaundi.com – cerrado Navidades

12 hab – 48 € 54 €, 7 €

Rest – *(cerrado domingo noche)* Carta 35/46 €

◆ Tras sus recios muros en piedra esta casa solariega recrea un ambiente bastante acogedor, con un bar público, un comedor clásico y dos privados. Cocina de raíces locales. Como complemento al restaurante también ofrecen habitaciones, todas con baños modernos.

OREÑA – Cantabria – 572 B17 – 2 600 h.
8 B1

Madrid 388 – Santander 30 – Bilbao 128 – Oviedo 158

Caborredondo sin rest

barrio Caborredondo 81, Noroeste : 1,5 km ✉ 39525 – ✆ 942 71 61 81 – www.posadacaborredondo.com – cerrado 15 diciembre-15 marzo

14 hab – 45/80 € 55/80 €, 5 €

◆ Casa de estilo rústico-actual cuyas habitaciones combinan la madera, la piedra y el ladrillo visto, siendo abuhardilladas las de la última planta. Porche con vistas al prado.

ÓRGIVA – Granada – 578 V19 – 5 789 h. – alt. 450 m
2 D1

Madrid 485 – Almería 121 – Granada 60 – Málaga 121

Taray Botánico

carret. A 348, Sur : 1,5 km ✉ 18400 – ✆ 958 78 45 25 – www.hoteltaray.com – cerrado del 16 al 30 de noviembre y 10 diciembre-25 febrero

15 hab – 60 € 74 €, 7 € **Rest** – Menú 12 €

◆ La arquitectura típica, la decoración rústica y un bello entorno arbolado se dan cita en este agradable complejo. Posee unas habitaciones renovadas de buen confort general. El restaurante, dotado con dos salas de montaje clásico, ofrece una carta tradicional.

ORÍS - Barcelona - 574 F36 - 278 h. - alt. 708 m 14 C2

Madrid 638 - Girona/Gerona 83 - Barcelona 87 - Font-Romeu 104

L'Auró

carret. C 17 - km 76,2 - salida Oris ✉ 08573 - ✆ 938 59 53 01 - cerrado Semana Santa, del 16 al 31 de agosto y lunes

Rest - *(solo almuerzo salvo viernes y sábado)* Carta 32/48 €

◆ Negocio familiar dotado con un bar, una sencilla sala para el menú y un amplio comedor a la carta, este más actual. Cocina tradicional con toques actuales y una buena bodega.

OROPESA - Toledo - 576 M14 - 2 942 h. - alt. 420 m 9 A2

Madrid 155 - Ávila 122 - Talavera de la Reina 33

Castillo★

Parador de Oropesa

pl. del Palacio 1 ✉ 45560 - ✆ 925 43 00 00 - www.parador.es

44 hab - †106/114 € ††132/142 €, ☕ 16 € - 4 suites **Rest** - Menú 32 €

◆ Instalado en un castillo-palacio del s. XIV. Encontrará un atractivo patio, amplias zonas nobles y habitaciones de buen confort, con mobiliario actual que imita al antiguo. El comedor, con una terraza-mirador y el techo artesonado, presenta una carta regional.

La Hostería

paseo Escolar 5 ✉ 45460 - ✆ 925 43 08 75 - www.lahosteriadeoropesa.com

12 hab - †55 € ††70 €, ☕ 3 €

Rest *La Hostería* - ver selección restaurantes

◆ Establecimiento de atención familiar dotado de unas confortables habitaciones, correctamente equipadas y decoradas en un estilo neorrústico. Acogedora zona social.

La Hostería - Hotel La Hostería

paseo Escolar 5 ✉ 45460 - ✆ 925 43 08 75 - www.lahosteriadeoropesa.com

Rest - Menú 30 €

◆ Encontrará un comedor de ambiente regional, muy en la línea del tipo de cocina que elaboran. Aquí la especialidad son las carnes y los asados, aunque siempre procuran trabajar con productos autóctonos y de caza en temporada.

La OROTAVA - Santa Cruz de Tenerife - ver Canarias (Tenerife)

ORREAGA (RONCESVALLES) - Navarra - 573 C26 - 24 h. - alt. 952 m 24 B2

Madrid 495 - Iruña/Pamplona 48 - Logroño 137 - Donostia-San Sebastián 127

Antiguo Molino, ✆ 948 76 03 01, www.turismo.navarra.es

Pueblo★ - Conjunto Monumental : museo★

Roncesvalles

✉ 31650 - ✆ 948 76 01 05 - www.hotelroncesvalles.com - 15 marzo-10 diciembre

24 apartamentos - ††60/70 €, ☕ 9 € - 16 hab **Rest** - Menú 17 €

◆ Ocupa la antigua Casa de los Beneficiados, que data de 1725 y está integrada en un ala de la Real Colegiata de Roncesvalles. Habitaciones y apartamentos de línea funcional. El comedor, bastante sencillo, centra su oferta en un correcto menú del día.

La Posada

✉ 31650 - ✆ 948 76 02 25 - www.laposadaderoncesvalles.com - cerrado noviembre

18 hab - †44/54 € ††54/60 €, ☕ 7 € **Rest** - Carta 25/35 €

◆ Establecimiento de sólida construcción emplazado en un antiguo casón en piedra. Sus habitaciones, en algunos casos tipo dúplex, presentan un acogedor estilo rústico-regional. El comedor, precedido por un bar con chimenea, suele estar lleno de peregrinos.

ORUÑA – Cantabria – 572 B18 8 B1

Madrid 426 – Santander 19 – Bilbao 113

XX **Casa Setien**

Barrio El Puente 5 ✉ 39477 – ✆ 942 57 52 51 – www.casasetien.com – cerrado domingo noche, martes noche y miércoles noche

Rest – Menú 29 € – Carta 24/50 €

♦ Este restaurante se presenta con un hall, una barra de espera y dos grandes salones, uno rústico y el otro clásico-actual, dando paso este último a una terraza acristalada.

OSUNA – Sevilla – 578 U14 – 17 926 h. – alt. 328 m 1 B2

Madrid 489 – Córdoba 85 – Granada 169 – Málaga 123

Carrera 82, ✆ 954 81 57 32, www.turismosuna.es

Localidad★★ - Zona monumental★ – Colegiata★ (lienzos de Ribera★★, Panteón Ducal★★) – Monasterio de la Encarnación★ – Palacios y Casas Señoriales★★ – calle San Pedro★ – Torre de la Iglesia de la Merced★

La Casona de Calderón

pl. Cervantes 16 ✉ 41640 – ✆ 954 81 50 37 – www.casonacalderon.es

15 hab – †84/93 € ††104/115 €

Rest – *(cerrado domingo noche y lunes)* Carta 28/40 €

♦ Entre sus muchos detalles, esta preciosa casa del s. XVII cuenta con un acogedor patio, diversas esculturas, una fuente, un pozo y todas las habitaciones personalizadas. Su restaurante está vestido con una curiosa colección de grabados del s. XVIII y ofrece una carta tradicional.

Las Casas del Duque sin rest

Granada 49 ✉ 41640 – ✆ 954 81 58 27 – www.lacasadelduque.com

16 hab – †45/50 € ††70/90 €

♦ En una calle tranquila y cercana al centro. Aquí encontrará dos patios cubiertos, que funcionan como zona social, y unas confortables habitaciones de ambiente clásico-actual.

El Caballo Blanco

Granada 1 ✉ 41640 – ✆ 954 81 01 84 – www.lacasadelduque.com

12 hab – †35/45 € ††50/55 €, 4 €

Rest – *(cerrado sábado noche y domingo)* Carta 17/31 €

♦ Pequeño hostal emplazado en el casco antiguo de Osuna. Entre sus dependencias destacan el patio andaluz y las habitaciones, algunas instaladas en las antiguas cuadras. El comedor se presenta recorrido por un bello zócalo de azulejos sevillanos.

X **Asador La Trapería**

Doctor Manuel Elkin Patarroyo 36 ✉ 41640 – ✆ 954 81 24 57 – www.asadorlatraperia.es – cerrado del 17 al 21 de mayo y del 3 al 16 de septiembre

Rest – *(solo almuerzo salvo viernes y sábado)* Carta 26/36 €

♦ Negocio de ambiente rústico llevado por una pareja. Encontrará una nutrida carta de tinte tradicional, sin embargo aquí la especialidad son los asados y las carnes a la brasa.

OTSAGABIA (OCHAGAVÍA) – Navarra – 573 D26 – 626 h. – alt. 765 m 24 B2

Madrid 472 – Bayonne 119 – Iruña/Pamplona 75 – Tudela 165

Auñamendi rest,

pl. Gurpide 1 ✉ 31680 – ✆ 948 89 01 89 – www.hostalauniamendi.com – cerrado 11 septiembre-8 octubre

11 hab – †56/59 € ††75/78 €, 8 € **Rest** – Menú 15/20 €

♦ Negocio familiar ubicado en la plaza del pueblo. Se presenta con la recepción en la 1ª planta, un buen salón social y habitaciones de correcto confort, algunas abuhardilladas. El comedor ofrece una carta tradicional rica en carnes y un buen menú del día.

OTUR - Asturias - 572 B10 - Playa 5 A1

Madrid 548 - A Coruña 193 - Gijón 91 - Lugo 134

Casa Consuelo

carret. N 634 ✉ 33792 - ☎ 985 47 07 67 - www.casaconsuelo.com
37 hab - 27/43 € 43/54 €, 5 €
Rest ***Casa Consuelo*** - ver selección restaurantes

♦ Buen hotel de carretera. Compensa lo reducido de su zona social con unas impecables habitaciones, la mayoría actualizadas y las del piso superior abuhardilladas.

Casa Consuelo - Hotel Casa Consuelo

carret. N 634 ✉ 33792 - ☎ 985 64 16 96 - www.casaconsuelo.com - cerrado noviembre y lunes
Rest - Carta 30/45 €

♦ Acreditado restaurante con salas de estilo clásico-regional y una destacable colección de botellas de vino. Su cocina ofrece una grata selección gastronómica.

OURENSE P - 571 E6 - 108 673 h. - alt. 125 m 20 C3

Madrid 499 - Ferrol 198 - A Coruña 183 - Santiago de Compostela 111

Caseta do Legoeiro, ☎ 988 37 20 20

Catedral★ (Pórtico del Paraíso★★,Cimborrio★) AY**B** - Museo Arqueológico y de Bellas Artes (Camino del Calvario★) AZ**M** - Claustro de San Francisco★ AY

Ribas de Sil (Monasterio de San Esteban : paraje★) 27 km por ② - Gargantas del Sil★ 26 km por ②

Plano página siguiente

G.H. Ourense San Martín sin rest, con cafetería

Curros Enríquez 1 ✉ 32003 - ☎ 988 37 18 11 - www.gh-hoteles.com AY**a**
89 hab - 61/227 € 61/260 €, 13 €

♦ Todo un clásico en la ciudad. Dotado de suficientes zonas sociales y unas habitaciones de buen confort. Cafetería de línea moderna y terraza en el último piso.

Zarampallo con hab rest, rest,

Hermanos Villar 19 ✉ 32005 - ☎ 988 23 00 08 - www.zarampallo.com - cerrado del 1 al 15 de julio AY**c**
15 hab - 33 € 47 €, 4 €
Rest - *(cerrado domingo noche)* Carta 28/45 €

♦ Este restaurante distribuye sus salas en dos plantas, la del piso inferior con chimenea y la ubicada en el superior con la cocina abierta. Ambiente actual y carta tradicional. Sus habitaciones, pequeñas, luminosas y bastante funcionales, resultan válidas como recurso.

A Taberna

Julio Prieto Nespereira 32 ✉ 32005 - ☎ 988 24 33 32 - www.ataberna.com - cerrado Semana Santa, del 15 al 31 de agosto, domingo en verano, domingo noche y lunes resto del año AZ**a**
Rest - Carta 20/47 €

♦ Un amable matrimonio, con él al frente de los fogones, lleva las riendas del negocio. Posee dos salas de aire rústico y buen montaje, donde ofrecen una carta tradicional.

Adega San Cosme (Casa Sindo)

pl. de San Cosme 2 ✉ 32005 - ☎ 988 24 88 00 - cerrado del 15 al 31 de enero y domingo AZ**d**
Rest - Carta 30/45 €

♦ Pequeño restaurante de estilo rústico definido por sus paredes en piedra, con los suelos en mármol y profusión de madera. Cocina sencilla basada en productos de la tierra.

OURENSE

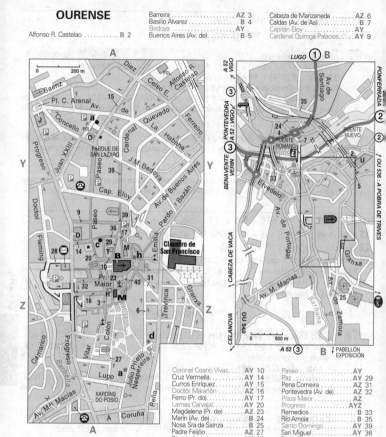

Porta da Aira

Fornos 2 ✉ 32005 – ✆ 988 25 07 49 – cerrado del 15 al 30 de septiembre, domingo noche y lunes AY**h**

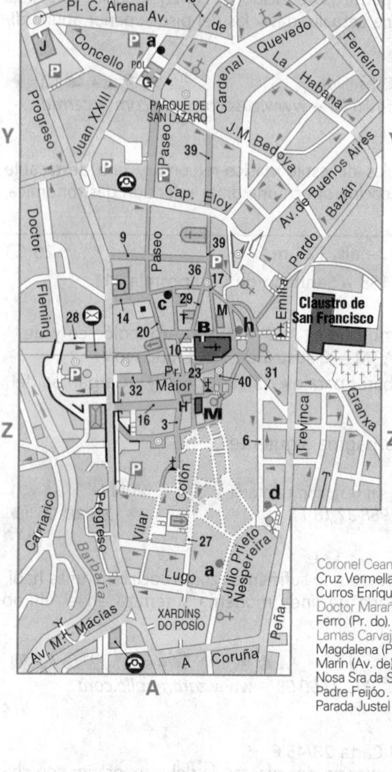

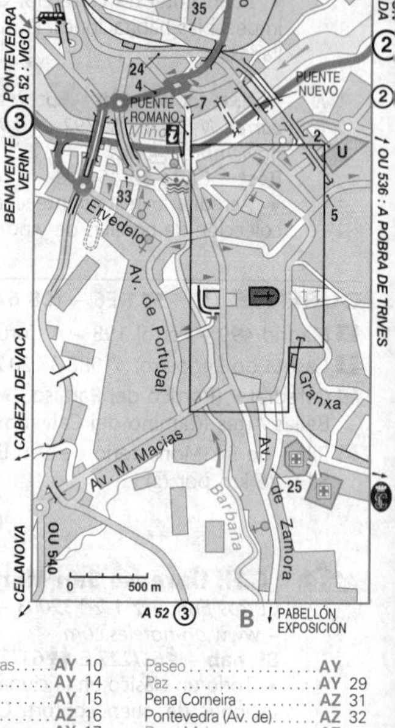

Rest – Tapa 4 € – Ración aprox. 14 €

◆ Bar de tapas muy conocido en la ciudad por sus huevos rotos, la especialidad de la casa. Posee algunas mesas junto a la barra y ofrece una buena selección de vinos por copas.

en Coles por ① : 8 km

Casa Grande de Soutullo sin rest

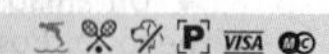

Soutullo de Abaixo ✉ 32152 Soutullo de Abaixo – ✆ 988 20 56 11 – www.pazodesoutullo.com

8 hab – 🛉52/68 € 🛉🛉65/85 €, ☕ 8 €

◆ Pazo familiar del s. XVIII. Dispone de un bello patio, una cálida zona social con chimenea y amplias habitaciones que combinan la piedra, la madera y el mobiliario de época.

Una clasificación en rojo destaca el encanto del establecimiento 🏠🏠 XXX.

en El Cumial por ③ : 6 km

Auriense
El Cumial 12 ✉ 32915 El Cumial – ☎ 988 23 49 00
– www.eurostarsauriense.com
134 hab – 45/179 € 54/189 €, 9 € – 10 suites
Rest – *(cerrado sábado y domingo)* Carta 18/30 €
♦ Construcción moderna y con amplios exteriores ajardinados. Espaciosa zona noble y unas habitaciones que compensan la funcionalidad del mobiliario con un completo equipamiento. Su restaurante denota cierta estética medieval y ofrece un buen servicio de mesa.

OVIEDO P – Asturias – 572 B12 – 225 155 h. – alt. 236 m 5 B1

Madrid 446 – Bilbao 306 – A Coruña 326 – Gijón 29
de Asturias por ① : 47 km ☎ 902 404 704
Iberia : aeropuerto ☎ 902 400 500
pl. de la Constitución 4, ☎ 98 408 60 60, www.aviedo.es
Marqués de Santa Cruz, ☎ 98 522 75 86, www.turismo.ayto-oviedo.es
Cimadevilla 4, ☎ 902 30 02 02, www.infoasturias.com
R.A.C.E. Foncalada 6 ☎ 98 522 31 06
Real Club de Golf La Barganiza, 12 km, ☎ 98 574 24 68
Ciudad Viejay - Catedralx (retablo mayory, Cámara Santa : estatuas y columnasy, tesoroy) BY - Museo de Bellas Artes de Asturiasx BZ**M1** – Antiguo Hospital del Principado (escudox) AY**P** - Iglesia de San Julián de Los Pradosx BY
Santuarios del Monte Naranco★ (Santa María del Naranco★★, San Miguel de Lillo★ : jambas★★) Noroeste : 4 km por av. de los Monumentos AY. Iglesia de Santa Cristina de Lena★ (✳★) 34 km por ② – Teverga ★ de Peñas Juntas - Desfiladero de Teverga★ 43 km por ③

Plano página siguiente

Meliá H. De la Reconquista hab,
Gil de Jaz 16 ✉ 33004 – ☎ 985 24 11 00
– www.melia.com AY**P**
132 hab – 110/120 € 130/150 €, 20 € – 10 suites
Rest – Carta aprox. 47 €
♦ Suntuoso hotel-monumento en un edificio del s. XVIII que en su origen funcionó como hospicio y hospital. Sus habitaciones y el salón porticado son joyas de gran exquisitez. Restaurante polivalente, elegante y de ambiente distinguido.

AC Forum Oviedo hab,
pl. de los Ferroviarios 1 ✉ 33003 – ☎ 985 96 54 88
– www.ac-hotels.com AY**h**
148 hab – 70/170 €, 13 € – 7 suites
Rest – *(cerrado domingo)* Menú 21 € – Carta 29/44 €
♦ Moderno edificio instalado en la misma estación del ferrocarril. Cuenta con una amplia zona social, diversas salas de reuniones y habitaciones de completo equipamiento. El restaurante, instalado en el 2º piso, resulta actual dentro de su funcionalidad.

Barceló Oviedo Cervantes hab,
Cervantes 13 ✉ 33004 – ☎ 985 25 50 00
– www.barcelo.com AZ**k**
70 hab – 86/300 €, 14 € – 2 suites
Rest ***La Galatea*** – *(cerrado agosto y lunes)* Carta 30/45 €
♦ Realmente sorprendente, ya que integra una antigua casona rehabilitada en una solución arquitectónica final de diseño moderno. Interior espacioso y muy detallista. El restaurante ofrece una sala de aire minimalista y una cocina de carácter temático.

OVIEDO

Adelantado de la Florida . . . . . BY 2
Alcalde G. Conde . . . . BY 3
Alfonso II (Pl.) . . . . BZ 4
Argüelles . . . . ABY 5
Arzobispo Guisasola . . . . BZ 6
Cabo Noval . . . . AZ 7
Campo de los Patos (Pl.) . . . . BY 8
Canóniga . . . . BZ 9
Cimadevilla . . . . BZ 10
Constitución (Pl. de la) . . . . . . BZ 12
Covadonga . . . . AY 13
Daoiz y Velarde (Pl. de) . . . . . . BZ 14
División Azul . . . . AZ 15
Fruela . . . . ABZ 17
Ingeniero Marquina . . . . AY 18
Marqués de Gastañaga . . . . BZ 20
Marqués de Santa Cruz . . . . . . AZ 21
Martínez Marina . . . . ABZ 22
Martínez Vigil . . . . BY 23
Melquíades Álvarez . . . . AY 25
Monumentos (Av. de los) . . . . . AY 27
Padre Vinjoy . . . . AZ 28
Palacio Valdés . . . . AY 29
Pelayo . . . . AYZ 30
Pérez de la Sala . . . . AZ 31
Porlier (Pl. de) . . . . BZ 32
Postigo Alto . . . . BZ 33
Riego (Pl.) . . . . BZ 34
San Antonio . . . . BZ 36
San Francisco . . . . ABZ 37
San José . . . . BZ 38
San Vicente . . . . BYZ 39
Tenderina (La) . . . . BY 42
Teniente Alfonso Martínez . . . . BY 44
Uría . . . . AY 45

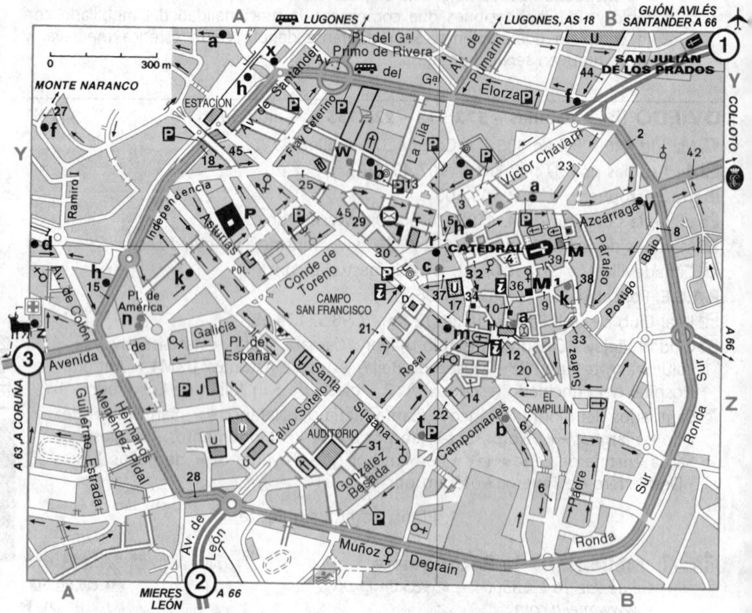

Monumental Naranco

Marcelino Suárez 29 ✉ *33012* – ✆ *985 96 32 80* – *www.hotelmonumentalnaranco.com* AY**d**
64 hab – ††62/250 €, ☕ 12 €
Rest – *(cerrado domingo noche)* Menú 24/60 €

◆ Hotel de línea moderna dotado con una gran recepción, cafetería acristalada, varios salones y confortables habitaciones, todas con mobiliario clásico y los suelos en moqueta. El restaurante presenta una carta de gusto tradicional sin demasiadas complicaciones.

Tryp Oviedo

hab, VISA AE
Pepe Cosme 1 ✉ *33001* – ✆ *985 11 71 11* – *www.melia.com* AY**x**
116 hab – ††60/233 €, ☕ 15 € – 2 suites
Rest – *(cerrado Navidades)* Menú 16/42 €

◆ Edificio moderno y acristalado. Cuenta con un buen hall, varias salas de reuniones y habitaciones actuales de gran amplitud, las superiores con su propio aparato de gimnasia. El restaurante ofrece una carta tradicional bastante sencilla y un correcto menú.

G.H. Regente sin rest

Jovellanos 31 ✉ *33003* – ✆ *985 22 23 43* – *www.granhotelregente.es*
120 hab – †65/140 € ††76/297 €, ☕ 13 € – 1 suite BY**a**

◆ Este céntrico hotel cuenta con varios tipos de habitaciones, unas clásicas, otras más modernas, algunas minimalistas y unas suites dotadas de las mejores vistas a la Catedral.

Nap sin rest
José Ramón Zaragoza 6 ✉ 33013 – ✆ 985 08 08 00 – www.naphotel.es
38 hab – 50/90 €, ☕ 5 € – 2 suites AZ**z**
♦ Hotel de última generación dominado por las nuevas tecnologías. Todo en la habitación se controla desde la pantalla del televisor y posee columnas de hidromasaje en los baños.

Ciudad de Oviedo sin rest
Gascona 21 ✉ 33001 – ✆ 985 22 22 24 – www.hotelciudaddeoviedo.es
51 hab – 60/130 € 60/150 €, ☕ 11 € BY**e**
♦ Su sobria fachada protege un interior de línea clásica y atenta organización. Posee habitaciones de correcta amplitud, con los suelos en moqueta y baños completos en mármol.

La Gruta
Fuertes Acevedo 140, (alto de Buenavista), por ③ ✉ 33006 – ✆ 985 23 24 50 – www.lagruta.com
105 hab ☕ – 39/49 € 49/59 €
Rest *La Gruta* – ver selección restaurantes
♦ Goza de una reconocida trayectoria en la ciudad. Conjunto de adecuadas instalaciones, con habitaciones funcionales y bien equipadas. Gran disponibilidad para congresos.

Ayre Hotel Alfonso II sin rest
Ramiro I-30 ✉ 33012 – ✆ 985 27 76 60 – www.ayrehoteles.com AY**f**
19 hab ☕ – 60/232 €
♦ Bella villa colonial situada en una zona residencial próxima al centro. Sus habitaciones, elegantes, amplias y luminosas, están imbuidas por un clima de calma y tranquilidad.

MHotel sin rest
Comandante Vallespín 3 ✉ 33013 – ✆ 985 27 40 60 – www.mhotel.es
24 hab – 60/160 € 65/170 €, ☕ 11 € AZ**h**
♦ Bonito hotel definido por el diseño de sus dependencias, desde el diáfano hall hasta las habitaciones, algo justas de espacio pero bien equipadas y con los baños abiertos.

Fruela sin rest, con cafetería
Fruela 3 ✉ 33000 – ✆ 985 20 81 20 – www.hotelfruela.com BZ**m**
28 hab – 60/120 € 60/190 €, ☕ 12 €
♦ Su bella fachada está restaurada y presenta un hotel bastante actual, con una cafetería pública. Habitaciones bien equipadas, con cierto diseño y los suelos en madera.

Campus sin rest, con cafetería
Fernando Vela 13 ✉ 33001 – ✆ 985 11 16 19 – www.aparthotelcampus.es
65 apartamentos – 55/150 €, ☕ 10 € BY**f**
♦ Apartamentos con funcionamiento hotelero. Decoración funcional y un correcto equipamiento, con cocina y baños completos. Correcto hall y cafetería como únicas zonas nobles.

El Magistral sin rest
Jovellanos 3 ✉ 33003 – ✆ 902 30 59 02 – www.magistralhoteles.com
51 hab – 50/104 € 50/180 €, ☕ 11 € BY**h**
♦ Moderno establecimiento dotado de equipadas habitaciones, todas con los suelos en tarima, mobiliario funcional y baños actuales. Discreto hall-recepción y pequeña cafetería.

Astures sin rest
Campo de los Patos 7 ✉ 33010 – ✆ 985 20 09 08 – www.hotelastures.es
65 hab – 43/150 €, ☕ 7 € BY**v**
♦ Típico hotel de ciudad orientado al cliente de negocios. Posee una zona social en la planta superior y varios tipos de habitaciones, todas ellas con los suelos en parquet.

ESPAÑA

Campoamor hab, hab,

Argüelles 23 ✉ 33003 – ✆ 985 21 07 20 – www.hotelcampoamoroviedo.com

42 hab – 59/91 € 64/129 € AZ**r**

Rest – Menú 20 € – Carta 37/44 €

◆ ¡Frente al famoso Teatro Campoamor, donde hacen la entrega de los Premios Príncipe de Asturias! Presenta unas instalaciones totalmente reformadas, con un reducido hall-bar como única zona social y unas coquetas habitaciones. En su restaurante, funcional-actual, encontrará una cocina de gusto tradicional.

Carreño sin rest

Monte Gamonal 4 ✉ 33012 – ✆ 985 11 86 22 – www.hotelcarreno.com

42 hab – 50/75 € 50/80 €, 5 € AY**a**

◆ Cuenta con unas instalaciones sencillas y funcionales, sin embargo en conjunto se muestra bastante renovado y cuidado. Las habitaciones son muy correctas en su categoría.

Casa Fermín

San Francisco 8 ✉ 33003 – ✆ 985 21 64 52 – www.casafermin.com – cerrado domingo AZ**c**

Rest – Menú 45/60 € – Carta 45/55 €

◆ Negocio acreditado y de larga trayectoria. Disfruta de un atractivo comedor en dos alturas con los suelos en tarima, paredes en mármol travertino y el techo acristalado.

Del Arco

pl. de América ✉ 33005 – ✆ 985 25 55 22 – www.delarco.com – cerrado domingo AZ**n**

Rest – Menú 35 € – Carta 41/68 €

◆ Ofrece un cuidado bar de estilo inglés a la entrada y un elegante comedor a la carta en la 1ª planta, con moqueta y las paredes forradas en madera. Cocina tradicional.

La Corrada del Obispo

Canóniga 18 ✉ 33003 – ✆ 985 22 00 48 – www.lacorradadelobispo.com – cerrado domingo noche y lunes BZ**k**

Rest – Menú 16/55 € – Carta 35/57 €

◆ Instalado en una casa del s. XVIII que muestra los muros en piedra vista y una decoración rústica salpicada con detalles modernos. Bar privado y amplias salas en la 1ª planta.

El Asador de Aranda

Jovellanos 19 ✉ 33003 – ✆ 985 21 32 90 – www.asadordearanda.com – cerrado domingo en julio-agosto y domingo noche resto del año BY**r**

Rest – Carta 30/41 €

◆ Encontrará una oferta culinaria especializada en asados, con los clásicos corderos, cochinillos y chuletones. Disfruta de un agradable patio a la entrada y una sala de noble estilo castellano.

Casa Conrado

Argüelles 1 ✉ 33003 – ✆ 985 22 39 19 – www.casaconrado.com – cerrado agosto y domingo BY**h**

Rest – Menú 33 € – Carta 32/50 €

◆ Una cita obligada para los amantes de la gastronomía asturiana. La experiencia y el buen hacer definen la cotidianeidad de la casa, que cuenta con una elegante clientela.

La Goleta

Covadonga 32 ✉ 33002 – ✆ 985 21 38 47 – www.lagoleta.com – cerrado julio y domingo AY**b**

Rest – Menú 33 € – Carta 32/67 €

◆ La filial marinera de Casa Conrado. Cálido marco cuya característica decoración anuncia una cocina basada en productos del mar. Bar en planta baja y comedor en el 1er piso.

XX **La Puerta Nueva**

Leopoldo Alas 2 ✉ 33008 – ☎ 985 22 52 27 – www.lapuertanueva.com – cerrado domingo en julio y agosto BZ**b**

Rest – *(solo almuerzo salvo jueves, viernes y sábado)* Menú 33 € – Carta 32/54 €

◆ Su chef-propietario ha conseguido marcar su impronta en cada plato, logrando una cocina tradicional con detalles personalizados. Entorno acogedor y buen servicio de mesa.

XX **La Gruta** – Hotel La Gruta

Fuertes Acevedo 140, (alto de Buenavista), por ③ ✉ 33006 – ☎ 985 23 24 50 – www.lagruta.com

Rest – Menú 20 € – Carta 35/54 €

◆ Merece la mención aparte respecto al hotel por su prestigio, carta y funcionamiento, con un amplio bar de raciones a modo de mesón y varias salas bien separadas entre sí.

X **Casa Arturo**

pl. de San Miguel 1 ✉ 33007 – ☎ 985 22 94 88 – cerrado Semana Santa, domingo en verano y domingo noche resto del año AZ**t**

Rest – Carta 40/63 €

◆ Marco neorrústico, tipo asador, con la parrilla vista. La especialidad son las carnes, aunque en su carta también verá platos asturianos, arroces, bacalaos y pescados del día.

X **El Raitán y El Chigre**

pl. de Trascorrales 6 ✉ 33009 – ☎ 985 21 42 18 – www.elraitan.com – cerrado martes noche y miércoles noche BZ**a**

Rest – Menú 18/36 € – Carta 27/50 €

◆ Dos céntricos restaurantes con entradas independientes. Ambos disfrutan de un cuidado estilo rústico y la misma carta, sin embargo, El Chigre está más orientado al tapeo.

X **Las Campanas de San Bernabé**

San Bernabé 7 ✉ 33002 – ☎ 985 22 49 31 – cerrado del 15 al 31 de agosto y domingo AY**w**

Rest – Carta 21/34 €

◆ Restaurante de sencillo montaje en estilo regional, con el suelo en baldosas de barro, las paredes en ladrillo visto y maderas policromadas en el techo. Carta algo reducida.

Del Arco Taberna

pl. de América 6 ✉ 33005 – ☎ 985 25 55 22 – cerrado domingo AZ**n**

Rest – Tapa 6 € – Ración aprox. 12 €

◆ Taberna de buen montaje donde podrá degustar una variada selección de tostas y raciones. Se trata de una sala alargada y de estilo actual, con mesas y bancos corridos.

al Norte : 3 km

Casa Camila sin rest

Fitoria 28, por Fray Ceferino ✉ 33194 Oviedo – ☎ 985 11 48 22 – www.casacamila.com

7 hab – †71/90 € ††89/109 €, ☕ 10 €

◆ Hotel con encanto, tipo chalet, cuya ubicación en la falda del Naranco brinda bellas vistas de la ciudad y sus alrededores. Acogedoras dependencias cuidadas al detalle.

en Colloto Noreste : 4 km

Palacio de la Viñona sin rest

Julián Clavería 14, por La Tenderina ✉ 33010 Colloto – ☎ 985 79 33 99 – www.palaciovinona.com

15 hab – †55/88 € ††64/112 €, ☕ 11 €

◆ Una estancia encantadora entre el campo y la ciudad. Antigua casona reformada con interiores modernos y alegres. Organización familiar y elevado nivel de confort.

OYARZUN – Guipúzcoa – ver Oiartzun

OZA DOS RÍOS - A Coruña - 571 C5 - 3 198 h. 19 B1

Madrid 571 - Santiago de Compostela 67 - A Coruña 29 - Lugo 76

en Cines Oeste : 3 km

Rectoral de Cines

Casasnovas 4 ✉ 15389 Cines - ☎ 981 77 77 10 - www.larectoraldecines.com
12 hab - 50/71 € 60/98 €, 8 € - 1 suite
Rest - *(solo viernes, sábado y domingo mediodía)* Carta 20/33 €
♦ Magnífica casona en piedra rodeada por una zona de césped. Elegante salón social con chimenea y confortables habitaciones que destacan por sus detallistas baños. Su atractivo restaurante posee dos salas neorrústicas donde ofrecen una carta muy correcta.

PADRÓN - A Coruña - 571 D4 - 8 985 h. - alt. 5 m 19 B2

Madrid 634 - A Coruña 94 - Ourense 135 - Pontevedra 37

Pazo de Lestrove hab,

O Piñón-Lestrove ✉ 15916 Lestrove - ☎ 981 81 71 27 - www.pousadasdecompostela.com - abril-octubre y fines de semana resto del año
23 hab - 70/110 € 75/135 €, 8 €
Rest - *(cerrado domingo noche y lunes)* Menú 21 € - Carta 20/37 €
♦ Este imponente edificio en piedra se construyó en el s. XVI como residencia veraniega del arzobispo de Santiago. La mayoría de sus habitaciones presentan mobiliario antiguo. El restaurante ofrece un elegante comedor y una cocina de sabor tradicional.

A Casa Antiga do Monte

Boca do Monte-Lestrove, Suroeste : 1,5 km ✉ 15900 - ☎ 981 81 24 00 - www.susavilaocio.es
16 hab - 44/65 € 65/98 €, 6 €
Rest - *(solo cena) (solo clientes)* Carta 25/34 €
♦ Instalado en un edificio de piedra con encanto, ya que tiene un hórreo del s. XVIII y preciosos jardines con terrazas. Elegante zona social y habitaciones de cálido confort.

Chef Rivera con hab

enlace Parque 7 ✉ 15900 - ☎ 981 81 04 13 - www.chefrivera.com
17 hab - 29/44 € 46/54 €, 5 €
Rest - *(cerrado domingo noche, lunes noche y festivos noche salvo agosto)* Menú 21/38 € - Carta 25/42 €
♦ Posee un comedor clásico, un privado y una bodega que destaca por sus Oportos. En la carta, tradicional e internacional, también encontrará diversos mariscos y platos de caza. El negocio se complementa con un salón de banquetes y unas correctas habitaciones.

A Casa dos Martínez

Longa 7 ✉ 15900 - ☎ 981 81 05 77 - cerrado del 24 al 30 de agosto y lunes
Rest - *(solo almuerzo salvo viernes y sábado)* Carta aprox. 35 €
♦ Restaurante de organización familiar ubicado en el casco antiguo, con una sala de línea actual dotada de sencillo mobiliario. Cocina de mercado y menú a un precio moderado.

Lo PAGÁN - Murcia - ver San Pedro del Pinatar

PÁGANOS - Álava - 573 E22 - 63 h. 25 A2

Madrid 367 - Vitoria-Gasteiz 44 - Logroño 22 - Iruña/Pamplona 105

Laguardia★ - Iglesia de Santa María de los Reyes (portada★★) Sureste : 2,5 km

Eguren Ugarte sin rest

carret. A 124 km 61 ✉ 01309 - ☎ 945 60 07 66 - www.egurenugarte.com
21 hab - 92/120 € 92/160 €
♦ Un torreón sirve de silueta identificativa a este hotel, ubicado en una bodega. Ofrece una zona noble polivalente, buenas vistas a los viñedos y habitaciones de línea moderna.

ESPAÑA

Héctor Oribe

Gasteiz 8 ✉ 01309 – ✆ 945 60 07 15 – www.hectororibe.es – cerrado domingo
Rest – *(solo almuerzo salvo viernes y sábado)* Menú 18 € – Carta 27/42 €
◆ Presenta una barra de apoyo, una sala rústica-funcional y una pequeña bodega vista. Cocina de base tradicional con algún toque creativo y materias primas de su propia huerta.

PAGUERA – **Balears** – **ver Balears (Mallorca) : Peguera**

PAIPORTA – **Valencia** – **ver València**

Los PALACIOS Y VILLAFRANCA – **Sevilla** – **578** U12 – **37 279 h.** – **alt. 12 m** **1** B2

▶ Madrid 529 – Cádiz 94 – Huelva 120 – Sevilla 33

Manolo Mayo

av. de Sevilla 29 ✉ 41720 – ✆ 955 81 10 86 – www.manolomayo.com
45 hab – †45/56 € ††73/85 €, ☕ 5 €
Rest ***Manolo Mayo*** – ver selección restaurantes
◆ Este hotel disfruta de un correcto hall-recepción y habitaciones clásicas de completo equipamiento, la mayoría amplias. La cafetería se presenta como la única zona social.

Manolo Mayo – Hotel Manolo Mayo

av. de Sevilla 29 ✉ 41720 – ✆ 955 81 10 86 – www.manolomayo.com
Rest – Menú 25/35 € – Carta 22/65 €
◆ Casa familiar con cierto prestigio en la zona. Ofrece un comedor de montaje clásico, donde podrá degustar una cocina tradicional bien elaborada. Suele llenarse a diario.

PALAFRUGELL – **Girona** – **574** G39 – **22 622 h.** – **alt. 87 m** – **Playa** **15** B1

▶ Madrid 724 – Barcelona 124 – Girona 44

Pa i Raïm

Torres Jonama 56 ✉ 17200 – ✆ 972 30 45 72 – www.pairaim.com – cerrado lunes mediodía y martes mediodía en julio y agosto, domingo y lunes resto del año
Rest – Menú 22/50 € – Carta 31/50 €
◆ ¡En la antigua casa del escritor Josep Pla! Ofrece una sala clásica, otra tipo jardín de invierno y una coqueta terraza presidida por dos tilos centenarios. Su carta de temporada combina los platos tradicionales con otros más actuales.

La Xicra

Sant Antoni 17 (Estret) ✉ 17200 – ✆ 972 30 56 30 – www.restaurantlaxicra.com – cerrado noviembre, domingo noche, martes noche y miércoles salvo agosto
Rest – Menú 45 € – Carta 33/52 €
◆ Céntrico, llevado en familia e instalado en una casa tradicional, con un bar-hall de línea clásica y las tres salas repartidas en las antiguas habitaciones del edificio. Carta tradicional, regional y de mercado... con un menú degustación.

PALAMÓS – **Girona** – **574** G39 – **18 057 h.** – **Playa** **15** B1

▶ Madrid 726 – Barcelona 109 – Girona/Gerona 46

ℹ passeig del Mar, ✆ 972 60 05 50, www.visitpalamos.org

Trias

passeig del Mar ✉ 17230 – ✆ 972 60 18 00 – www.hoteltrias.com
83 hab ☕ – †79/153 € ††111/182 € **Rest** – Menú 12 €
◆ Se presenta como un clásico aunque está bien actualizado, con numerosos detalles coloniales y de diseño. Habitaciones espaciosas, la mayoría con terraza y vistas al mar. En su comedor, amplio, luminoso y con dos salas anexas, elaboran una cocina tradicional.

Sant Joan sin rest

av. Llibertat 79 ✉ 17230 – ✆ 972 31 42 08 – www.hotelsantjoan.com – junio-octubre y fines de semana de febrero a mayo

22 hab – 🛉58/82 € 🛉🛉86/112 €

♦ Hotel familiar con mucho trabajo los fines de semana y en temporada. Sus habitaciones, alegres y actuales, se reparten por una casona a modo de masía. Piscina con césped.

La Gamba

pl. Sant Pere 1 ✉ 17230 – ✆ 972 31 46 33 – www.lagambapalamos.com – cerrado 15 días en noviembre y 15 días en febrero

Rest – *(solo almuerzo en invierno salvo viernes y sábado)* Menú 32/46 € – Carta 30/59 €

♦ Disfruta de dos coquetas terrazas y una sala muy original construida por la compañía "Eiffel", con profusión de hierro y las paredes en ladrillo visto. Extensa carta marinera.

Gamas

Indústria 3 ✉ 17230 – ✆ 972 31 76 51 – cerrado 20 diciembre-20 enero, domingo noche y lunes

Rest – Carta aprox. 43 €

♦ Especializado en pescados y mariscos. Encontrará una pizarra con los precios en la pared y un impecable expositor separando el comedor, clásico-marinero, de la cocina vista.

ESPAÑA

en La Fosca Noreste : 2 km

Áncora

Josep Plà ✉ 17230 Palamós – ✆ 972 31 48 58 – www.hotelancora.net

46 hab – 🛉49/75 € 🛉🛉70/105 €, 9 €

Rest – Menú 24 € – Carta 29/43 €

♦ El hotel, algo alejado de la playa, destaca por sus exteriores, con mini golf, jardín y piscina. Instalaciones funcionales y habitaciones sencillas, todas con terraza-balcón. El restaurante, de aire neorrústico, ofrece una buena carta tradicional y un menú.

en Plà de Vall-Llobregà carretera de Palafrugell C 31 - Norte : 3,5 km

Mas dels Arcs

✉ 17230 Palamós – ✆ 972 31 51 35 – cerrado 10 enero-24 febrero, lunes noche salvo verano y martes salvo agosto

Rest – Menú 20/38 € – Carta 26/39 €

♦ Disfruta de dos salas, un comedor tipo privado y una terraza arbolada con zona chill out. Su cocina catalana se enriquece con algunos arroces, cigalas y gambas de Palamós.

en la carretera de playa Castell
por la carretera de Palafrugell C 31 - Norte : 4,5 km

La Malcontenta

Paratge Torre Mirona-Platja Castell 12 ✉ 17230 Palamós – ✆ 972 31 23 30 – www.lamalcontentahotel.com

14 hab – 🛉170/315 € 🛉🛉190/315 € – 5 suites

Rest – *(cerrado domingo noche, lunes, martes noche y miércoles noche de noviembre-mayo)* Carta 35/55 €

♦ Un hotel realmente atractivo, pues ocupa una masía del s. XVI emplazada en un paraje protegido. Bello entorno ajardinado y magníficas habitaciones, todas en tonos blancos. El luminoso restaurante se encuentra en un anexo y presenta una carta de cocina actual.

¿Buenas comidas a precios moderados? Elija un Bib Gourmand.

PALAU-SATOR – Girona – 574 G39 – 290 h. – alt. 20 m 15 B1

Madrid 732 – Girona/Gerona 37 – Figueres 51 – Palafrugell 17

Mas Pou

pl. de la Mota 4 ✉ 17256 – ☎ 972 63 41 25 – www.maspou.com – cerrado 23 diciembre-enero, domingo noche salvo julio-agosto y lunes

Rest – Menú 27/39 € – Carta aprox. 35 €

◆ Instalado en una casona de piedra a modo de masía. Posee un hall de espera, comedores rústicos de sencillo montaje, algunos abovedados, y un pequeño museo rural.

PALAU-SAVERDERA – Girona – 574 F39 – 1 475 h. – alt. 78 m 14 D3

Madrid 763 – Figueres 17 – Girona/Gerona 57

Niu de Sol

rest, VISA

Nou 34 ✉ 17495 – ☎ 671 60 03 03 – www.hotelruralpalau.com

8 hab – 74 € 82/93 € **Rest** – Menú 23 €

◆ Ocupa una casa rehabilitada que presenta por un lado el hotel y por otro el turismo rural. Correcta zona social, profusión de madera y baños actuales, todos con bañera. Ambos establecimientos comparten el comedor, muy enfocado al cliente alojado.

El Cau de Palau

rest, VISA

La Costa 19 ✉ 17495 – ☎ 671 60 03 03 – www.elcaudepalau.com

5 hab – 64 € 82 € **Rest** – *(en el Hotel Niu del Sol)*

◆ Este turismo rural tiene un buen confort general y posee una decoración definida por la combinación de los estilos rústico, regional y mediterráneo. Zona social con chimenea.

ESPAÑA

PALENCIA P – 575 F16 – 82 169 h. – alt. 781 m 11 B2

Madrid 235 – Burgos 88 – León 128 – Santander 203

Mayor 105, ☎ 979 74 00 68, www.turismocastillayleon.com

R.A.C.E. av. Casado del Alisal 37 ☎ 979 74 69 50

Catedral★★ (interior★★ : tríptico★ - Museo★ : tapices★) AY

Baños de Cerrato (Basílica de San Juan Bautista★) 14 km por ②

Plano página siguiente

Castilla Vieja

hab, rest, rest, VISA

av. Casado del Alisal 26 ✉ 34001 – ☎ 979 74 90 44 – www.hotelessuco.com

60 hab – 50/140 €, 12 € – 9 suites BZ**x**

Rest – Menú 18 € – Carta 21/49 €

◆ Céntrico y con todos los servicios que se le suponen a un hotel de su categoría. Posee salones de buena capacidad, habitaciones amplias y una decoración de línea clásica. El restaurante, a modo de mesón típico, se complementa con una espaciosa cafetería.

Diana Palace

VISA

av. de Santander 12 ✉ 34003 – ☎ 979 01 80 50 – www.eurostarsdianapalace.com BY**a**

65 hab – 45/399 €, 9 € **Rest** – *(cerrado domingo)* Carta 33/57 €

◆ Este hotel compensa su reducida zona social con unas habitaciones bastante bien equipadas, amplias y de estética actual, todas con los suelos en tarima y modernos aseos. El restaurante tiene un uso polivalente, ya que también sirven en él los desayunos.

AC Palencia sin rest, con cafetería por la noche

VISA

av. de Cuba 25, Noreste : 1 km por Pasarela de Villalobón ✉ 34004 – ☎ 979 16 57 01 – www.ac-hotels.com

63 hab – 60/118 €, 10 € – 2 suites

◆ Posee el sello de la cadena, con suficientes zonas comunes y una atenta organización. Amplias habitaciones con los suelos en parquet, mobiliario escogido y baños actuales.

PALENCIA

Antigua Florida (Av. de la) .... AY 2
Asturias (Av. de) .... AY 3
Barrio y Mier .... AY 4
Cardenal Almaraz .... AZ 5
Cervantes (Pl.) .... AY 8
La Cestilla .... AZ 23
Eduardo Dato .... AY 14
Gil de Fuentes .... AZ 17
Ignacio Martínez de Azcoitia .... BY 20
Jorge Manrrique .... AY 21
Juan de Castilla .... AY 22
Mayor .... AYZ
Mayor (Pl.) .... AY 24
Mayor (Puente) .... AZ 25
Menéndez Pelayo .... AY 26
Padre Faustino Calvo (Pas. del) .... AZ 28
Salvino Sierra .... AY 32
Santander (Av. de) .... ABY 38
Santo Domingo de Guzmán .... AY 40
San Francisco (Pl.) .... BZ 6
San Juan de Dios .... BZ 33
San Marcos .... AZ 34

Palacio Congresos sin rest

Clara Campoamor 13, por av. de Santander ✉ *34003*
– ✆ *979 10 07 61*
– *www.hotelpalaciocongresos.com*

48 hab – 🚹45/150 € 🚹🚹50/200 €, ☕ 8 €

◆ Edificio de nueva construcción ubicado en una zona residencial. Disfruta de unas instalaciones modernas bastante funcionales, con habitaciones luminosas y una cafetería.

XX **La Traserilla**
San Marcos 12 ✉ 34001 – ✆ 979 74 54 21 – www.latraserilla.es AZ**x**
Rest – Menú 30 € – Carta 26/43 €
◆ Está instalado en una casa restaurada del s. XIX, con un bar y cinco comedores, uno rústico y el resto de estética actual. Su carta combina la cocina tradicional y la actual.

XX **Casa Lucio**
Don Sancho 2 ✉ 34001 – ✆ 979 74 81 90 – www.restaurantecasalucio.com – cerrado del 1 al 15 de julio y domingo salvo mayo AZ**s**
Rest – Menú 20/35 € – Carta 24/38 €
◆ Tiene un bar público a la entrada, popular y que ofrece buenos pinchos, así como un comedor clásico de correcto montaje con el techo abovedado. Cocina palentina tradicional.

XX **Pepe´s**
av. Manuel Rivera 16 ✉ 34002 – ✆ 979 10 06 50 – cerrado del 1 al 26 de agosto y lunes BZ**c**
Rest – Menú 36 € – Carta 37/75 €
◆ Posee un concurrido bar a la entrada y un comedor de ambiente castellano distribuido en dos niveles. Carta tradicional bastante completa, con bastantes pescados y mariscos.

XX **Asador La Encina**
Casañé 2 ✉ 34002 – ✆ 979 71 09 36 – www.asadorlaencina.com BZ**m**
Rest – Menú 25/70 € – Carta 36/44 €
◆ Se presenta con las características propias de un asador aunque algo más moderno y dotado con salas panelables. El horno de leña a la vista toma el protagonismo en el bar.

X **Isabel**
Valentín Calderón 6 ✉ 34001 – ✆ 979 74 99 98 – cerrado 2ª quincena de febrero, 2ª quincena de septiembre, domingo noche y lunes AY**b**
Rest – Carta 24/31 €
◆ Este negocio familiar dispone de un pequeño bar que usan como zona de espera y un íntimo comedor de línea clásica. Buen servicio de mesa y platos de elaboración tradicional.

Casa Matías-Bar Ecuador
Los Soldados 19 ✉ 34001 – ✆ 979 74 41 18 – cerrado 16 julio-2 agosto y miércoles salvo festivos o vísperas ABY**w**
Rest – Tapa 3 € – Ración aprox. 9 €
◆ Un bar de tapas con gran popularidad en la ciudad. Posee una sugerente barra repleta de raciones y montaditos, así como varios "camarotes" con mesas en el sótano.

PALMA – Balears – ver Balears (Mallorca)

La PALMA – Santa Cruz de Tenerife – ver Canarias

La PALMA DE CERVELLÓ – Barcelona – 574 H35 15 A3

Madrid 613 – Barcelona 22 – Girona 115 – Tarragona 99

XX **Amarena**
carret. de Corbera km 1,3 ✉ 08756 – ✆ 936 72 09 14 – www.restaurantamarena.com – cerrado 15 días en febrero, 15 días en septiembre, domingo noche y lunes
Rest – *(solo almuerzo salvo viernes, sabado y verano)* Carta 27/40 €
◆ Negocio familiar dotado de una sala neorrústica y una terraza arbolada, con profusión de plantas. Cocina actual y de temporada, con especialidades como el foie y el chocolate.

ESPAÑA

PALMA DEL RÍO – Córdoba – 578 S14 – 21 605 h. – alt. 54 m 1 B2

Madrid 462 – Córdoba 55 – Sevilla 92

Monasterio de San Francisco

av. Pío XII-35 ✉ 14700 – ✆ 957 71 01 83 – www.monasteriodesanfrancisco.es

35 hab – 65/95 € 85/125 €, 10 € **Rest** – Menú 25 €

◆ Convento del s. XV distribuido en torno a tres patios. Sus habitaciones, algunas abovedadas, ofrecen muebles rústicos, enormes camas y baños actuales. El restaurante, decorado con una vitrina llena de uniformes, propone una cocina regional con actualizaciones.

PALMANOVA – Balears – ver Balears (Mallorca)

El PALMAR (Playa de) – Cádiz – ver Vejer de la Frontera

El PALMAR – Murcia – ver Murcia

PALMONES – Cádiz – 578 X13 – Playa 1 B3

Madrid 661 – Algeciras 8 – Cádiz 125 – Málaga 133

La Lonja

Andalucía 50 ✉ 11379 – ✆ 956 67 60 87 – cerrado domingo

Rest – Carta 25/46 €

◆ Casa de gran éxito en la zona gracias al buen hacer de sus propietarios, uno en la sala y el otro como mayorista de pescados. Su plato más popular es el arroz con bogavante.

El PALO – Málaga – ver Málaga

PALS – Girona – 574 G39 – 2 745 h. – alt. 55 m 15 B1

Madrid 744 – Girona/Gerona 40 – Palafrugell 8

pl. Major 7, ✆ 972 63 73 80

Golf Platja de Pals,, camí del Golf (playa), ✆ 972 66 77 39

Pueblo medieval★ (El Pedró★)

Mas Salvi

rest,

Carmany, Este : 1 km ✉ 17256 – ✆ 972 63 64 78 – www.massalvi.com – cerrado enero-15 febrero

20 hab – 188/241 € 235/301 € – 2 suites

Rest – *(cerrado domingo noche y lunes salvo verano)* Menú 45 € – Carta 36/54 €

◆ Hotel de lujo instalado en una masía familiar del s. XVII completamente restaurada. Posee varias zonas sociales y habitaciones de aire rústico-actual con detalles de calidad. En el restaurante, con grandes ventanales, se elabora una cocina de base tradicional.

Sol Blanc

carret. de Torroella de Montgrí, Norte : 1,5 km ✉ 17256 – ✆ 972 66 73 65 – www.restaurantsolblanc.com – cerrado noviembre, miércoles salvo julio-agosto y martes

Rest – Carta 26/46 €

◆ ¡Masía del s. XIX ubicada en pleno campo! Disfruta de una amplia terraza y dos salas, la principal decorada con objetos de labranza y la otra, con chimenea, instalada en lo que fue el granero. Cocina catalana de mercado bien elaborada.

en la playa

Sa Punta

Este : 6 km ✉ 17256 Pals – ✆ 972 66 73 76 – www.hotelsapunta.com

30 hab – 90/160 € 110/220 €, 13 € – 3 suites

Rest *Sa Punta* – ver selección restaurantes

◆ Hotel de gestión familiar ubicado en una zona de playa, con una correcta zona social, salas polivalentes y cuidados exteriores. ¡Todas las habitaciones tienen su terraza!

XXX **Sa Punta** - Hotel Sa Punta

Este : 6 km ✉ 17256 Pals - ☎ 972 66 73 76 - www.hotelsapunta.com
Rest - Menú 60 € - Carta 46/74 €
◆ Recrea un interior de ambiente clásico, con una bodega acristalada, un privado y un comedor que destaca por sus vistas al jardín. Carta tradicional con detalles actuales.

PAMPLONA - Navarra - ver Iruña

PANCAR - Asturias - ver Llanes

PANES - Asturias - 572 C16 - alt. 50 m 5 C2

Madrid 427 - Oviedo 128 - Santander 89
carret. general, ☎ 98 541 42 97, www.aytopanespbaja.com
Desfiladero de La Hermida★★ Suroeste : 12 km

Covadonga rest,
Virgilio Linares ✉ 33570 - ☎ 985 41 42 30 - www.hotelcovadonga.net
22 hab - 25/45 € 45/75 €, 5 € **Rest** - Menú 14/30 € - Carta 17/44 €
◆ Una buena opción si lo que desea es disfrutar del Parque Nacional de los Picos de Europa. En líneas generales ofrece unas habitaciones de buen confort, todas con mobiliario funcional. Su restaurante propone una cocina de carácter regional.

El Tilo rest,
Mayor ✉ 33570 - ☎ 985 41 41 67 - www.hoteleltilo.com - cerrado febrero
27 hab - 29/58 € 42/84 €, 5 € **Rest** - Menú 14 €
◆ Próximo al río Deva-Cares, muy conocido entre los aficionados a la pesca del salmón. En conjunto resulta práctico y funcional, con un confort actual y unas espaciosas habitaciones, todas con el mobiliario en pino. En su restaurante encontrará una sencilla carta tradicional.

Villa Elena sin rest
carret. General ✉ 33570 - ☎ 985 41 42 33 - marzo-octubre
10 hab - 37/57 € 48/72 €
◆ En su estructura se aprecia cierto estilo montañés. Posee un salón social, correctas habitaciones con detalles rústicos y una sala acristalada para los desayunos.

en Alevia Noroeste : 3 km

Casona d'Alevia sin rest
✉ 33579 Peñamellera Baja - ☎ 985 41 41 76 - www.casonadalevia.com - cerrado enero
9 hab - 70/100 €, 8 €
◆ Antigua casona restaurada según los dictados de la arquitectura popular asturiana. Acogedoras habitaciones con suelo en madera, vigas en el techo y baños actuales.

en la carretera de Cangas de Onís :

X **Casa Julián** con hab
Oeste : 9 km ✉ 33578 Niserias - ☎ 985 41 57 97 - www.casajulian.com - cerrado 16 diciembre-febrero
4 hab - 49/65 € 54/75 €, 5 € **Rest** - Carta 25/35 €
◆ Este negocio está llevado en familia y destaca por su emplazamiento, entre la carretera y el río Cares. En su carta encontrará platos tradicionales y regionales. En el piso superior cuenta con cuatro habitaciones bastante amplias y funcionales, eso sí, con magníficas terrazas para disfrutar del paisaje circundante.

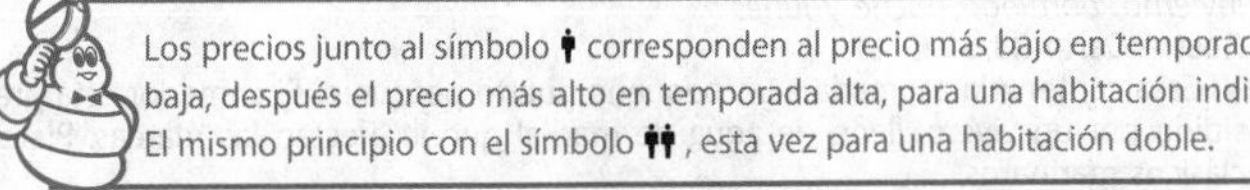
Los precios junto al símbolo corresponden al precio más bajo en temporada baja, después el precio más alto en temporada alta, para una habitación individual. El mismo principio con el símbolo , esta vez para una habitación doble.

PANTICOSA - Huesca - 574 D29 - 819 h. - alt. 1 185 m - Deportes de invierno : 15 1 - Balneario 4 C1

Madrid 481 - Huesca 86

Balneario de Panticosa★ - Norte : Garganta del Escalar★★

Sabocos

Fondón 1 ✉ 22661 - ✆ 974 48 74 88 - www.hotelsabocos.es - cerrado mayo y noviembre

28 hab - 56/65 € 76/80 €, 11 € **Rest** - *(solo cena)* Menú 18 €

◆ Pequeño hotel decorado con mimo, llevado por un joven matrimonio. Sus alegres habitaciones, con suelo en madera, buena lencería y baños actuales, resultan muy cómodas.

Morlans

rest,

San Miguel 4 ✉ 22661 - ✆ 974 48 70 37 - www.hotelmorlans.com

25 hab - 51/67 € 78/110 € **Rest** - Menú 12 €

◆ Este hotel, típico de montaña, está definido por la profusión de madera en todas sus dependencias. Reducida área social y habitaciones sencillas pero de buen mantenimiento. El restaurante se muestra reformado y divide la sala en dos partes bien diferenciadas, una para el menú y otra de superior montaje para la carta.

Valle de Tena

La Cruz 69 ✉ 22661 - ✆ 974 48 70 73 - www.hotelvalledetena.com - diciembre-15 abril y 18 junio-15 septiembre

24 hab - 40/65 € 55/80 €, 10 € **Rest** - *(solo clientes)* Menú 17 €

◆ Muy familiar y ubicado en la entrada de la localidad. Posee una cuidada zona social con chimenea, dotándose de habitaciones funcionales y un sencillo comedor privado.

La Ripera

El Viero 2 ✉ 22661 - ✆ 974 48 70 95 - www.laripera.com - cerrado 7 días en septiembre, 7 días en octubre-noviembre y lunes salvo festivos, verano e invierno

Rest - Menú 22/55 € - Carta 33/48 €

◆ Se encuentra en el centro del pueblo, junto a la iglesia, con un bar público a la entrada, varios comedores de cálido aire montañés y un pequeño privado. Cocina tradicional.

La PARRA - Badajoz - 576 Q10 - 1 393 h. - alt. 536 m 17 B3

Madrid 395 - Mérida 57 - Badajoz 60 - Barrancos 92

Hospedería Convento de la Parra

rest,

Santa María 16 ✉ 06176 - ✆ 924 68 26 92 - www.laparra.net - cerrado 8 enero-8 febrero

21 hab - 57/98 € 68/113 € **Rest** - Menú 30 € - Carta 28/34 €

◆ ¡Emana autenticidad y resulta interesante para quien quiera aislarse del mundo! Las paredes encaladas definen un conjunto que ha sabido cuidar mucho los detalles, instalando sus habitaciones en las sobrias celdas del convento. El restaurante también goza de cierto encanto, con las mesas en madera natural.

PASAI DONIBANE (PASAJES DE SAN JUAN) - Guipúzcoa - 573 C24 - 15 977 h. 25 B2

Madrid 456 - Vitoria-Gasteiz 109 - Donostia-San Sebastián 5 - Iruña/Pamplona 85

Donibane 63, ✆ 943 34 15 56, www.victorhugopasaia.net

Localidad pintoresca★

Trayecto★★ de Pasajes de San Juan a Fuenterrabía por el Jaizkíbel

Casa Cámara

San Juan 79 ✉ 20110 - ✆ 943 52 36 99 - cerrado miércoles noche en invierno, domingo noche y lunes

Rest - Carta 33/51 €

◆ Casa centenaria asomada a un pequeño puerto pesquero. El comedor está presidido por un vivero, lleno de agua de mar, al que le afectan las mareas. Platos clásicos marineros.

ESPAÑA

X **Txulotxo**

San Juan 71 ✉ 20110 – ☎ 943 52 39 52 – www.restaurantetxulotxo.com – cerrado 23 enero - febrero, domingo noche y martes noche

Rest – Carta 25/38 €

◆ Emplazado en la calle más pintoresca de la ciudad, al borde del mar. En su comedor, clásico-actual y con vistas al puerto, podrá degustar una cocina típica vasca y marinera.

PASAIA (PASAJES DE SAN PEDRO) – Guipúzcoa – 573 C24 – 15 977 h.

25 B2

Madrid 458 – Bayonne 50 – Iruña/Pamplona 84 – Donostia-San Sebastián 6

Donibane 63, ☎ 943 34 15 56, www.victorhugopasaia.net

XX **Izkiña**

Euskadi Etorbidea 19 - Trintxerpe ✉ 20110 – ☎ 943 39 90 43 – www.restauranteizkina.com – cerrado del 23 al 30 de enero, Semana Santa, 20 agosto-3 septiembre, domingo noche, lunes y miércoles noche

Rest – Carta 27/65 €

◆ Negocio familiar de 3ª generación. Presenta un bar de pinchos a la entrada y dos salas, la principal de ambiente actual-marinero. Carta especializada en pescados y mariscos.

PEDRAZA – Segovia – 575 I18 – 473 h. – alt. 1 073 m

12 C2

Madrid 127 – Valladolid 150 – Segovia 42

Real 3, ☎ 921 50 86 66

Pueblo histórico★★

Hospedería de Santo Domingo sin rest

Matadero 3 ✉ 40172 – ☎ 921 50 99 71 – www.hospederiadesantodomingo.com

17 hab – ††87/124 €, ☕ 14 €

◆ Casa rehabilitada que ha conservado su encanto y su estructura original. Acogedora zona social, con un elegante salón en dos ambientes, y habitaciones de equipamiento actual.

La Posada de Don Mariano

Mayor 14 ✉ 40172 – ☎ 921 50 98 86 – www.hoteldonmariano.com

18 hab – †76 € ††90 €, ☕ 10 €

Rest – *(cerrado del 1 al 15 de enero, del 15 al 30 de junio, domingo noche y lunes)* Menú 15/38 € – Carta 23/43 €

◆ Resulta sereno, desde la fachada en piedra hasta sus excelentes instalaciones. Coquetas habitaciones decoradas con gusto, la mayoría con mobiliario antiguo bien restaurado. Acogedor restaurante de cocina tradicional a precios asequibles.

Hostería del Arco sin rest

Cordovilla 1 ✉ 40172 – ☎ 921 50 86 47 – www.hosteriadelarco.com

10 hab ☕ – †95 € ††115 €

◆ Su fachada en piedra respeta la estética medieval dominante en todo el pueblo. Presenta un interior rústico-actual, con todas las habitaciones personalizadas en su decoración.

XX **La Olma**

pl. del Alamo 1 ✉ 40172 – ☎ 921 50 99 81 – www.laolma.com – cerrado martes salvo festivos

Rest – Menú 33/55 € – Carta aprox. 49 €

◆ Antigua casa de piedra dotada con una pequeña barra, las salas de aire rústico distribuidas en dos plantas y una agradable terraza cubierta. Cocina tradicional actualizada.

X **El Jardín**

Calzada 6 ✉ 40172 – ☎ 921 50 98 62 – cerrado lunes

Rest – Menú 25/35 € – Carta 26/33 €

◆ Restaurante típico castellano dotado con una barra a la entrada y el horno de asar a la vista. Ofrece una reducida carta de sabor regional y varias agradables terrazas.

ESPAÑA

Las PEDROÑERAS - Cuenca - 576 N21/ N22 - 7 228 h. - alt. 700 m 10 C2

Madrid 160 - Albacete 89 - Alcázar de San Juan 58 - Cuenca 111

XXX ✿ **Las Rejas** (Manuel de La Osa)

General Borrero 49 ✉ 16660 - ✆ 967 16 10 89 - www.lasrejas.es - cerrado del 15 al 30 de junio y lunes salvo festivos

Rest - *(solo almuerzo salvo viernes y sábado)* Menú 80/100 € - Carta 68/75 €

Espec. Crema de patata, papada ibérica, setas y especias. Pichón con miel de romero, lima y polen. Cremoso de azafrán con helado de cacao.

♦ Casa de reconocido prestigio gastronómico. Posee varias salas de estilo rústico-elegante y un comedor que contrasta por su estética moderna. El chef ha vuelto la mirada hacia la cocina manchega tradicional, eso sí, muy elaborada y con cuidadas presentaciones.

El PEDROSO - Sevilla - 578 S12 - 2 218 h. - alt. 415 m 1 B2

Madrid 506 - Sevilla 73 - Córdoba 149 - Badajoz 220

X **Los Álamos** con hab rest,

carret. de Sevilla A 432, Suroeste : 0,5 km ✉ 41360 - ✆ 954 88 96 11 - www.apartamentoslosalamos.com

5 apartamentos - ††36/50 €, ☕ 2 €

Rest - Carta 22/28 €

♦ Negocio familiar situado a las afueras de la localidad. Dispone de un bar y un pequeño comedor, con chimenea, de línea clásica-regional. Cocina casera a precios moderados. También ofrece apartamentos en un edificio anexo, algo funcionales pero confortables.

PEGUERA - Balears - ver Balears (Mallorca)

PEÑAFIEL - Valladolid - 575 H17 - 5 571 h. - alt. 755 m 12 C2

Madrid 176 - Aranda de Duero 38 - Valladolid 55

pl. del Coso 31-32, ✆ 983 88 15 26, www.turismopenafiel.com

Castillo★

Convento Las Claras hab, rest,

pl. de los Comuneros 1 ✉ 47300 - ✆ 983 87 81 68 - www.hotelconventolasclaras.com

62 hab ☕ - †115/130 € ††130/150 € - 2 suites

Rest *Conde Lucanor* - Menú 23/30 € - Carta 38/52 €

♦ Ocupa un antiguo convento y destaca por su hermoso claustro, rodeado por una galería-balconada en madera y con el techo acristalado. Pequeño SPA y habitaciones clásicas. El restaurante, de buen montaje y cocina actual, está instalado en lo que fue la capilla.

PEÑARANDA DE BRACAMONTE - Salamanca - 575 J14 - 6 744 h. - alt. 730 m 11 B3

Madrid 164 - Ávila 56 - Salamanca 43

pl. de España 14, ✆ 923 54 12 00

Las Cabañas

Carmen 14 ✉ 37300 - ✆ 923 54 02 03 - www.lascabanas.es

23 hab - †42/50 € ††53/65 €, ☕ 5 €

Rest *Las Cabañas - El Tostón de Oro* - ver selección restaurantes

♦ Un hotelito céntrico, familiar y de línea actual. Presenta una moderna cafetería a la entrada, un coqueto salón social y habitaciones de buen confort, algunas con hidromasaje.

XX **Las Cabañas - El Tostón de Oro** - Hotel Las Cabañas

Carmen 14 ✉ 37300 - ✆ 923 54 02 03 - www.lascabanas.es - cerrado lunes

Rest - Carta 40/50 €

♦ Casa de larga trayectoria familiar dotada con una sala en un patio interior, bajo una cúpula acristalada. Su carta tradicional tiene en el cochinillo asado su plato estrella.

PEÑARANDA DE DUERO - Burgos - 575 G19 - 587 h. - alt. 855 m 12 C2

Madrid 175 – Burgos 90 – Aranda de Duero 18 – Segovia 137

Localidad★ - Plaza Mayor★ - Palacio de Avellaneda★ (artesonados★)

La Posada Ducal con hab

pl. Mayor 1 ✉ 09410 – ✆ 947 55 23 47 – www.laposadaducal.com

15 hab – 60/70 € 75/80 € **Rest** – Carta 28/49 €

♦ Ocupa una casa señorial y destaca por su emplazamiento, con vistas a una bonita plaza. Encontrará una pequeña cafetería y un comedor de ambiente castellano en la 1ª planta. Como complemento al negocio también ofrece unas correctas habitaciones de aire rústico.

PEÑARRUBIAS DE PIRÓN - Segovia - 575 I17 12 C2

Madrid 117 – Valladolid 208 – Segovia 23 – Avila 112

Del Verde al Amarillo

camino de Pinillos ✉ 40393 – ✆ 921 49 75 02 – www.delverdealamarillo.com – cerrado 25 julio-25 agosto

11 hab – 62/70 € 73/83 €

Rest – *(cerrado domingo noche)* (es necesario reservar) Menú 27 €

♦ Instalado en una antigua granja bien recuperada. Disfruta de unas confortables habitaciones, mucha luz natural, una gran terraza con porche y agradables vistas al campo. El restaurante, de buen montaje, presenta una reducida carta tradicional de corte casero.

PEÑÍSCOLA - Castellón - 577 K31 - 8 051 h. - Playa 16 B1

Madrid 494 – Castelló de la Plana/Castellón de la Plana 76 – Tarragona 124 – Tortosa 63

Paseo Marítimo, ✆ 964 48 02 08, www.peniscola.es

Ciudad Vieja★ (castillo★ ≤★)

Hostería del Mar – (Parador Colaborador) rest,

av. Papa Luna 18 ✉ 12598 – ✆ 964 48 06 00 – www.hosteriadelmar.net

85 hab – 49/100 € 68/133 €, 8 € **Rest** – Menú 19 €

♦ Resulta singular por su decoración castellana y su magnífico emplazamiento en 1ª línea de playa. Elegante zona social y habitaciones completas, todas con terraza. En su restaurante podrá degustar platos tradicionales, internacionales, mariscos y arroces.

Estrella del Mar sin rest

av. de la Mar 31 B ✉ 12598 – ✆ 964 48 00 71 – www.hotelestrelladelmar.com – 15 marzo-octubre

10 hab – 50/150 € 70/150 €

♦ Este hotel familiar cuenta con uno de los mejores emplazamientos de Peñíscola, en 1ª línea de playa y cerca del castillo. Ofrece unas habitaciones de línea moderna, destacando las seis dotadas con su propia terraza y vistas al mar.

La PERA - Girona - 574 F38 - 446 h. - alt. 89 m 15 B1

Madrid 715 – Girona/Gerona 20 – Barcelona 117 – Figueres 51

por la carretera C 66 Este : 2 km y desvío a la derecha 0,5 km

Mas Duràn

✉ 17120 La Pera – ✆ 972 48 83 38 – www.masduran.com

6 hab – 64 € 80 € **Rest** – Menú 18 €

♦ Masía del s. XVII emplazada en pleno campo. Disfruta de unas cuidadas habitaciones, todas personalizadas, así como una atractiva zona social y un comedor privado.

PERALADA - Girona - 574 F39 - 1 826 h. - alt. 2 m 14 D3

Madrid 738 – Girona/Gerona 47 – Perpignan 61

pl. Peixateria 6, ✆ 972 53 88 40

Peralada,, Paraje La Garriga, ✆ 972 53 82 87

Localidad★ – Castillo-palacio de Peralada★ – Convento del Carme★ (Museo del Castell de Peralada★ : colección de vidrio★★) – Claustro de Sant Domènec★

ESPAÑA

Hostal de la Font sin rest

baixada de la Font 15-19 ✉ 17491 – ✆ 972 53 85 07 – www.hostaldelafont.es

12 hab – 🚹70/75 € 🚹🚹75/122 €

♦ Antigua casa de piedra dotada de un acogedor salón social con chimenea y un patio interior. Sus habitaciones están bien equipadas, con baños actuales y los suelos en madera.

Cal Sagristà

Rodona 2 ✉ 17491 – ✆ 972 53 83 01 – cerrado 21 días en febrero, 21 días en noviembre, lunes noche y martes salvo julio-agosto y festivos

Rest – Carta aprox. 35 €

♦ Acogedor restaurante llevado directamente por su propietaria. Ocupa una bonita casa dotada con una sala neorrústica. Cocina tradicional de buen nivel y productos de calidad.

al Noreste : 1,5 km

Golf Peralada hab, rest,

av. Rocaberti ✉ 17491 Peralada – ✆ 972 53 88 30 – www.hotelperalada.com

55 hab – 🚹121/297 € 🚹🚹130/297 € – 1 suite

Rest – *(solo cena salvo fines de semana)* Carta 40/60 €

♦ Está en un campo de golf, destacando tanto por sus atractivas habitaciones como por sus originales ofertas terapéuticas y vitivinícolas. Posee un buen restaurante de ambiente regional y otro, con menú al mediodía, de carácter más informal.

ESPAÑA

PERALEJO – Madrid – 576 – 575 K17 — 22 A2

Madrid 51 – Segovia 62 – Ávila 84 – Toledo 117

Casavieja

Galarza 8 ✉ 28211 – ✆ 918 99 20 11 – www.peralejocasavieja.com – cerrado del 1 al 15 de septiembre y lunes salvo festivos

Rest – Carta 27/39 €

♦ Negocio familiar instalado en una casa de piedra que antaño sirvió como vaquería. La atractiva rusticidad interior supone un buen marco para degustar sus elaboraciones.

PERALES DEL PUERTO – Cáceres – 576 L9 – 984 h. – alt. 441 m — 17 B1

Madrid 300 – Alcántara 68 – Cáceres 101 – Salamanca 149

Don Julio sin rest

av. Sierra de Gata 20 ✉ 10896 – ✆ 927 51 46 51 – www.hotelruraldonjulio.com

9 hab – 🚹50/56 € 🚹🚹62/70 €

♦ Agradable casa familiar transformada en hotel rural. Dispone de un salón social con chimenea y amplias habitaciones de techos altos, con detalles rústicos y baños actuales.

PERAMOLA – Lleida – 574 F33 – 387 h. – alt. 566 m — 13 B2

Madrid 567 – Lleida/Lérida 98 – La Seu d'Urgell/Seo de Urgel 47

al Noreste : 2,5 km

Can Boix hab, rest,

Afueras ✉ 25790 Peramola – ✆ 973 47 02 66 – www.canboix.cat – cerrado 15 días entre noviembre-diciembre y 30 días entre enero- febrero

41 hab – 🚹86/119 € 🚹🚹107/149 €, 13 €

Rest – Menú 38/63 € – Carta 44/64 €

♦ Destaca por su tranquilidad y por la belleza del entorno, al pie de las sierras prepirenaicas. Correctas zonas nobles y habitaciones de buen confort, con los suelos en madera. El restaurante, de línea clásica y con chimenea, ofrece una carta de tinte regional.

PERATALLADA – Girona – 574 G39 – 411 h. – alt. 43 m 15 B1

Madrid 752 – Girona/Gerona 33 – Palafrugell 16

Localidad★★

Aatu hab, hab, VISA

Oeste : 1,2 km ✉ 17113 – ☎ 617 46 49 14 – www.hotelaatu.net

13 hab – 84/120 € 105/150 €

Rest – *(cerrado noviembre y lunes)* Menú 26 € – Carta 25/37 €

◆ En una extensa finca a las afueras de la localidad. Distribuye sus confortables estancias entre el edificio principal, con la zona social y algunas habitaciones, y un anexo. El comedor, de sencillo montaje actual, ofrece una carta basada en la cocina italiana.

Ca l'Aliu sin rest VISA

Roca 6 ✉ 17113 – ☎ 972 63 40 61 – www.calaliu.com

7 hab – 50/62 € 60/70 €

◆ Hotel rural dotado de unas acogedoras habitaciones, todas con mobiliario antiguo restaurado y algunas de ellas abuhardilladas. Reducida zona social y pequeño patio-terraza.

Bonay VISA

pl. les Voltes 13 ✉ 17113 – ☎ 972 63 40 34 – www.bonay.com
– cerrado 13 diciembre-9 enero, domingo noche y lunes

Rest – *(solo almuerzo en invierno salvo viernes y sábado)* Carta aprox. 35 €

◆ Está llevado entre dos hermanos, con una interesante bodega-museo y un comedor de aire rústico en el piso superior. Carta regional con un apartado de caza en temporada.

El PERDIGÓN – Zamora – 575 H12 – 766 h. – alt. 720 m 11 B2

Madrid 243 – Salamanca 74 – Valladolid 88 – Zamora 12

Bodega Pámpano VISA

Iglesia 31 ✉ 49720 – ☎ 980 57 62 17 – www.bodegapampano.com – cerrado del 1 al 15 de septiembre y lunes salvo festivos

Rest – Carta 29/38 €

◆ Restaurante ubicado en una bodega con 300 años de antigüedad, entrando por una angosta escalera que baja hasta 12 m. de profundidad. Especializado en carnes a la brasa.

La PEREDA – Asturias – ver Llanes

El PERELLÓ – Tarragona – 574 J32 – 3 303 h. – alt. 142 m 13 A3

Madrid 519 – Castelló de la Plana/Castellón de la Plana 132 – Tarragona 59 – Tortosa 33

La Panavera sin rest VISA

pl. del Forn 25 ✉ 43519 – ☎ 977 49 03 18
– www.hostallapanavera.es

6 hab – 60/75 € 80/100 €

◆ Céntrica casa de piedra que en su día funcionó como molino de aceite. Disfruta de habitaciones acogedoras, con mobiliario antiguo restaurado y atractivos detalles decorativos.

PERUYES – Asturias – 572 B14 – 67 h. 5 C1

Madrid 523 – Oviedo 91 – Santander 126

Aultre Naray VISA

Los Campos 12 ✉ 33547 – ☎ 985 84 08 08 – www.aultrenaray.com

11 hab – 65/92 € 76/125 €, 6 € **Rest** – Menú 27 €

◆ Ocupa una casona centenaria emplazada en una aldea rodeada de montañas. Buena zona social y cuidadas habitaciones, aunque las abuhardilladas tienen los techos un poco bajos.

ESPAÑA

PETRER – Alicante – 577 Q27 – 34 634 h. – alt. 640 m 16 A3

Madrid 380 – Albacete 130 – Alacant/Alicante 36 – Elda 2

XXX **La Sirena**

av. de Madrid 14 ✉ 03610 – ✆ 965 37 17 18 – www.lasirena.net – cerrado Semana Santa, del 10 al 31 de agosto, domingo noche y lunes

Rest – Menú 30/56 € – Carta 23/53 €

◆ Posee un amplio bar y tres salas actuales. La especialidad son los pescados y mariscos, no obstante, en su carta, procura ofrecer tanto platos clásicos como evolucionados.

PIEDRA (Monasterio de) – Zaragoza – ver Nuévalos

PIEDRAHÍTA – Ávila – 575 K14 – 2 073 h. – alt. 1 062 m 11 B3

Madrid 172 – Ávila 62 – Plasencia 88 – Salamanca 70

Gran Duque rest,

Pastelería 17 ✉ 05500 – ✆ 920 36 02 77 – www.hostalgranduque.net

21 hab – †40 € ††55 €, ☕ 5 € **Rest** – Carta 21/41 €

◆ Este hotel, de sencilla organización familiar, ofrece unas habitaciones confortables pero algo pequeñas, con los suelos en parqué, correctos baños y mobiliario castellano. El restaurante combina su buen servicio de mesa con una cocina tradicional actualizada.

El PILAR DE LA MOLA – Balears – ver Balears (Formentera)

PILES – Valencia – 577 P29 – 2 842 h. – Playa 16 B2

Madrid 422 – València 80 – Alacant/Alicante 107

en la playa Este : 2 km

XX **GloriaMar**

av. del Mar 1 ✉ 46712 – ✆ 962 83 13 53 – www.gloriamar.es – cerrado lunes en invierno, domingo noche, lunes noche y martes noche salvo verano

Rest – Menú 20/50 € – Carta aprox. 35 €

◆ Negocio familiar ubicado en 1ª línea de playa. Ofrece dos modernas salas, la del piso superior con magníficas vistas al mar, y una carta tradicional con algún toque creativo.

PINAR DE ANTEQUERA – Valladolid – ver Valladolid

PINETA (Valle de) – Huesca – ver Bielsa

El PINÓS (PINOSO) – Alicante – 577 Q26 – 7 909 h. – alt. 450 m 16 A3

Madrid 399 – Albacete 148 – Alacant/Alicante 59 – Murcia 61

X **Paco Gandía**

San Francisco 10 ✉ 03650 – ✆ 965 47 80 23 – cerrado agosto

Rest – *(solo almuerzo)* Carta 35/45 €

◆ Goza de cierta popularidad y presenta un buen montaje en su categoría, combinando lo rústico y lo actual. Reducida carta de carácter regional, con toques caseros y sabrosos arroces. ¡No se pierda su Arroz con conejo y caracoles!

PINTO – Madrid – 576 – 575 L18 – 44 524 h. – alt. 604 m 22 B2

Madrid 20 – Aranjuez 28 – Toledo 59

Indiana sin rest

Castilla 8 ✉ 28320 – ✆ 916 92 62 53 – www.hotel-indiana.com

42 hab – ††45/60 €, ☕ 8 €

◆ Tras una importante ampliación de sus instalaciones se presenta totalmente renovado, comunicando las dos partes del edificio interiormente y con espaciosas habitaciones.

XX **El Asador de Pinto**

Castilla 19 ✉ 28320 – ✆ 916 91 53 35 – www.asadordepinto.es – cerrado del 15 al 30 de agosto y domingo noche

Rest – Menú 15 € – Carta 35/45 €

♦ Disfruta de una concurrida sidrería vasca, un comedor castellano en el piso superior y dos privados. Buen menú sidrería y carta tradicional, con un apartado de sugerencias.

PITRES – Granada – 578 V20 – alt. 1 295 m 2 D1

Madrid 468 – Granada 70 – Almería 140 – Málaga 128

San Roque

paseo Marítimo 57 ✉ 18414 – ✆ 958 85 75 28 – www.hotelruralsanroque.com

8 hab – 40 € 58 € **Rest** – Carta 17/28 €

♦ Edificio típico con un cálido interior, definido por las vigas en madera y la sobria decoración de estilo tradicional. Goza de correctas habitaciones en un ambiente familiar. Salón-comedor con chimenea, de aspecto hogareño y cotidiano.

PLÀ DE VALL-LLOBREGÀ – Girona – ver Palamós

PLASENCIA – Cáceres – 576 L11 – 41 447 h. – alt. 355 m 18 C1

Madrid 257 – Ávila 150 – Cáceres 85 – Ciudad Real 332

Santa Clara 2, ✆ 927 42 38 43

Catedral★ (retablo★, sillería★)

 **Parador de Plasencia**

pl. de San Vicente Ferrer ✉ 10600 – ✆ 927 42 58 70 – www.parador.es

64 hab – 133/142 € 166/177 €, 18 € – 2 suites **Rest** – Menú 33 €

♦ Combina, en un convento del s. XV, la austeridad dominica con un exquisito gusto decorativo. Impresionantes zonas nobles, extraordinarios claustros y mobiliario español. Su magnífico comedor está instalado en el refectorio y cuenta con azulejos antiguos como parte de su decoración.

Alfonso VIII

Alfonso VIII-34 ✉ 10600 – ✆ 927 41 02 50 – www.hotelalfonsoviii.com

53 hab – 68 € 76/150 €, 11 € – 2 suites **Rest** – Menú 20 €

♦ En este céntrico hotel, instalado en un edificio emblemático, encontrará unas dependencias de línea clásica con profusión de madera. Destaca su bonita escalera central. El restaurante, de buen nivel, se complementa con un espacioso salón para banquetes.

Rincón de la Magdalena sin rest

Rincón de la Magdalena 1 ✉ 10600 – ✆ 659 51 13 07 – www.rincondelamagdalena.com

5 apartamentos – 62/109 €, 3 €

♦ Conjunto de apartamentos emplazados en pleno centro histórico. Su organización resulta sencilla, sin embargo todos son amplios y están muy cuidados, con saloncito y cocina.

XX **Viña La Mazuela**

av. de las Acacias 1 (urb. La Mazuela) ✉ 10600 – ✆ 927 42 58 42 – www.restaurantelamazuela.es – cerrado del 1 al 15 de agosto, domingo en verano y miércoles en invierno

Rest – Carta 30/45 €

♦ Se presenta con un concurrido bar público, un buen comedor y varias salas en un local anexo, estas pensadas para grupos y banquetes. Cocina actual de gran calidad técnica.

ESPAÑA

en la carretera N 110 Noreste : 4,5 Km

Ciudad del Jerte hab,
carret. N 110 ✉ 10600 Plasencia – ✆ 927 41 22 28
– www.hotelciudaddeljerte.com
52 hab – 60/110 € 65/142 €, 10 € – 1 suite **Rest** – Menú 18 €
◆ Hotel de moderna construcción ubicado en una finca. Posee unas instalaciones amplias y luminosas, con diáfanos salones panelables y habitaciones de línea clásica-tradicional. El restaurante se complementa con una agradable terraza dotada de vistas al valle.

PLATJA D'ARO – Girona – 574 G39 – Playa 15 B1

Madrid 715 – Barcelona 102 – Girona/Gerona 39
Mossèn Cinto Verdaguer 4, ✆ 972 81 71 79, www.platjadaro.com
D'Aro-Mas Nou,, urb. Mas Nou, Noroeste : 4,5 km, ✆ 972 81 67 27

Cala del Pi
av. Cavall Bernat 160, Este : 1,5 km ✉ 17250 – ✆ 972 82 84 29
– www.salleshotels.com
41 hab – 112/295 € 145/315 € – 8 suites
Rest – Menú 60 € – Carta 42/77 €
◆ Complejo de lujo ubicado al borde del mar, junto a una pequeña cala. Ofrece una variada zona social, habitaciones completas, todas con terraza, y un SPA muy personalizado. El restaurante, rústico y con atractivas terrazas, propone una cocina de tinte actual.

ESPAÑA

NM Suites
av. Onze de Setembre 70 ✉ 17250 – ✆ 972 82 57 70 – www.nm-suites.com
39 hab – 72/125 € 95/170 €
Rest ***Sa Cova*** – Carta 35/50 €
◆ Presenta una línea actual y hasta tres tipos de habitaciones, en el edificio principal a modo de estudio, con cocina, y en el anexo más de diseño, bien dobles o tipo suites. En su luminoso restaurante encontrará una cocina de gusto actual y una selecta bodega.

PLATJA DE SANT JOAN (PLAYA DE SAN JUAN) – Alicante 16 B3
– 577 Q28 – Playa

Madrid 424 – Alacant/Alicante 7 – Benidorm 33

Husa Alicante hab,
av. de las Naciones ✉ 03540 – ✆ 965 23 50 00
– www.husa.es
154 hab – 52/124 €, 11 € – 2 suites **Rest** – Menú 20 €
◆ Goza de un excelente nivel general y está ubicado junto a un campo de golf. Destaca por sus amplias zonas sociales y ofrece habitaciones bien equipadas, todas con terraza. Su restaurante ofrece una carta atenta al recetario tradicional.

Holiday Inn Alicante-Playa de San Juan hab,
av. de Cataluña 20 ✉ 03540
– ✆ 965 15 61 85 – www.holidayinnalicante.com
126 hab – 60/110 €, 12 € **Rest** – Menú 17 €
◆ De línea actual, bien insonorizado y de confortable funcionalidad. Parece más un hotel de ciudad que de playa, ya que trabaja mucho con empresas. Predominio de tonos claros. El comedor resulta algo más sencillo que el resto de sus instalaciones.

Mío Cid hab, rest,
av. Costablanca 22-A ✉ 03540 – ✆ 965 15 27 00 – www.hotelmiocid.com
43 hab – 49/65 € 54/76 €, 9 € **Rest** – Menú 24 €
◆ Resulta llamativo por su eclecticismo, que combina detalles clásicos y propios del mudéjar-castellano. Ofrece habitaciones acogedoras aunque algo pequeñas, todas exteriores. Su sencillo bar-restaurante está dominado por el ladrillo visto y la madera.

XX **Estella**

av. Costa Blanca 125 ✉ 03540 – ☎ 965 16 04 07 – cerrado del 10 al 20 de junio, del 10 al 30 de noviembre, domingo noche y lunes
Rest – Carta 34/41 €

◆ Restaurante de amable organización familiar. Posee un comedor clásico y un privado, ambos con un cuidado servicio de mesa. Carta internacional con influencias francesas.

en la carretera de Sant Joan d'Alacant Noroeste : 2 km

X **La Vaquería**

carret. Benimagrell 52 ✉ 03560 El Campello – ☎ 965 94 03 23 – www.asadorlavaqueria.com – cerrado domingo noche, lunes noche y martes noche en invierno
Rest – Carta 35/60 €

◆ Pintoresco asador de estilo rústico-actual que resulta vistoso por su colorista montaje. Dispone de una agradable terraza y su especialidad son las carnes a la brasa.

PLAYA – ver el nombre propio de la playa

PLAYA BLANCA – Las Palmas – ver Canarias (Lanzarote)

PLAYA CANYELLES (Urbanización) – Girona – ver Lloret de Mar

PLAYA HONDA – Las Palmas – ver Canarias (Lanzarote)

PLAYA DE ARINAGA – Las Palmas – ver Canarias (Gran Canaria) : Agüimes

---

PLAYA DE LAS AMÉRICAS – Santa Cruz de Tenerife – ver Canarias (Tenerife)

PLAYA DE SAN JUAN – Alicante – ver Platja de Sant Joan

PLAYA DEL INGLÉS – Las Palmas – ver Canarias (Gran Canaria) : Maspalomas

---

Las PLAYAS – Santa Cruz de Tenerife – ver Canarias (El Hierro) : Valverde

---

PLENTZIA – Vizcaya – **573** B21 – **4 292 h.** **25** A3

Madrid 421 – Bilbao 25 – Santander 114 – Vitoria-Gasteiz 93

XX **Kaian** con hab

hab,

Areatza 38 ✉ 48620 – ☎ 946 77 54 70 – www.kaianplentzia.com – cerrado 15 días en noviembre y 15 días en febrero
7 hab – 70/100 € 85/115 €
Rest – *(cerrado lunes) (solo almuerzo salvo viernes y sábado)* Menú 19/42 € – Carta 37/55 €

◆ Casa señorial, tipo chalet, dotada con un bar y tres salas, dos clásicas y la otra a modo de terraza acristalada. Su carta tradicional se suele ver algo reducida en invierno. Aquí también podrá encontrar unas confortables habitaciones, todas personalizadas.

POBEÑA – Vizcaya – **573** B20 – **218 h.** – **Playa** **25** A3

Madrid 405 – Vitoria/Gasteiz 81 – Bilbao 21 – Santander 84

X **Mugarri** con hab

rest,

pl. de Pobeña 2 ✉ 48550 – ☎ 946 70 77 99 – www.apartamentosmugarri.com
8 apartamentos – 60 €, 8 €
Rest – *(cerrado 23 diciembre-3 enero, agosto y martes)* Carta 47/60 €

◆ Este negocio se presenta con un bar de tapas y un comedor distribuido en dos zonas, una interior y la otra en un porche acristalado. Parrilladas, pescados y mariscos. Como complemento también posee unos sencillos apartamentos, todos con la cocina equipada.

La POBLA DE FARNALS – Valencia – **577** N29 – **7 461 h.** – **alt. 14 m** **16** B2

Madrid 369 – Castelló de la Plana/Castellón de la Plana 58 – València 17

en la playa Este : 5 km

De la Playa hab, hab,
paseo de Colón 1 ✉ 46137 Playa Pobla de Farnals – ✆ 961 46 84 64 – www.hoteldelaplaya.com
12 hab – ✝95/215 € ✝✝100/250 €, ☕ 12 €
Rest – *(cerrado domingo noche salvo en verano)* Menú 19/35 € – Carta 36/47 €
◆ ¡En el paseo marítimo y con la playa a pocos metros! Posee unas habitaciones muy luminosas y de estética minimalista, todas con vistas al mar. El restaurante, ubicado en el sótano, presenta una carta de mercado con matices actuales.

Bergamonte
av. del Mar 13 ✉ 46137 Playa Pobla de Farnals – ✆ 961 46 16 12 – www.bergamonte.es – cerrado domingo noche y lunes noche
Rest – Carta 30/46 €
◆ Disfruta de varios comedores y privados, aunque destaca el principal por su típica estructura de barraca. Cocina valenciana y tradicional, con un buen apartado de arroces.

POBLET (Monasterio de) – Tarragona – **574** H33 – **73 h.** – **alt. 490 m** **13** B2

Madrid 528 – Barcelona 122 – Lleida/Lérida 51 – Tarragona 46

paseo del Abat Conill 9, ✆ 977 87 12 47

Paraje★ – Monasterio★★★ (capilla de Sant Jordi★★, Plaza Mayor★, Puerta Real★, Palacio del Rey Martín★, claustro★★ : capiteles★, templete★, sala capitular★★; Iglesia★★ : Panteón Real★★, Retablo Mayor★★)

ESPAÑA

Masía del Cadet rest, rest,
Les Masies, Este : 1 km ✉ 43449 Les Masies – ✆ 977 87 08 69 – www.masiadelcadet.com – cerrado noviembre
12 hab ☕ – ✝75/85 € ✝✝85/110 €
Rest – *(cerrado domingo noche y lunes salvo festivos)* Carta 24/42 €
◆ Antigua masía ubicada en un entorno tranquilo y de cuidados exteriores. Cuenta con dos saloncitos sociales, uno de ellos con chimenea, y habitaciones de correcto confort. El restaurante goza de una línea clásica-regional y ofrece una atractiva carta catalana.

Monestir sin rest
Les Masies, Este : 1 km ✉ 43449 Les Masies – ✆ 977 87 00 58 – www.hotelmonestir.com – cerrado 10 diciembre-marzo
25 hab ☕ – ✝✝88/102 €
◆ De larga tradición familiar, construido en piedra y reconocido como el más antiguo de la localidad. Sus habitaciones, espaciosas y de techos altos, resultan confortables.

A POBRA DE TRIVES (La PUEBLA DE TRIVES) – Ourense – **571** E8 – **2 511 h.** – **alt. 730 m** **20** C3

Madrid 479 – Bragança 146 – Lugo 115 – Ourense 74

Casa Grande de Trives sin rest
Marqués de Trives 17 ✉ 32780 – ✆ 988 33 20 66 – www.casagrandetrives.com
9 hab – ✝48/64 € ✝✝55/66 €, ☕ 7 €
◆ Casa familiar en el centro del pueblo. Las habitaciones, con mobiliario de época y baños actuales, ofrecen un buen confort. Destacan su capilla privada y el salón social.

al Norte : 2 km

Pazo Paradela
carret. de Barrio - km 2 ✉ 32780 A Pobra de Trives – ✆ 988 33 07 14 – cerrado 22 diciembre-2 enero
8 hab – ✝45 € ✝✝57 €, ☕ 8 € **Rest** – *(solo cena) (solo clientes)* Menú 25 €
◆ Los primeros documentos sobre esta casa, construida en piedra, muy tranquila y en pleno campo, datan de 1611. Conjunto rústico con un patio central y amplias habitaciones.

POBRA DO CARAMIÑAL (PUEBLA DEL CARAMIÑAL) - A Coruña - 571 E3 - 9 858 h. - Playa 19 A2

Madrid 665 - A Coruña 123 - Pontevedra 68 - Santiago de Compostela 51

Mirador de la Curota★★ Norte : 10 km

A Terraza de Chicolino

Castelao 7 1º ✉ 15940 - ✆ 981 83 02 67 - www.aterrazadechicolino.es - cerrado martes salvo verano

Rest - Carta 35/45 €

◆ Está en la 1ª planta del mercado de abastos, con un bar, una sala actual, un privado, terraza y vistas al puerto deportivo. Cocina tradicional actualizada, mariscos y arroces.

O Lagar

Condado 7 ✉ 15940 - ✆ 981 83 00 37 - www.restaurantelagar.com - cerrado 23 diciembre-15 enero, domingo noche y lunes

Rest - *(solo almuerzo salvo viernes y sábado en invierno)* Carta 30/55 €

◆ En este céntrico restaurante podrá degustar una carta de cocina tradicional con algunos platos internacionales. Dispone de un comedor principal de línea clásica y un privado.

Castelo

Díaz de Rábago 2 ✉ 15940 - ✆ 981 83 31 30 - www.restaurantecastelo.es

Rest - Carta 35/50 €

◆ Negocio de ambiente rústico-actual ubicado en la avenida principal, junto al puerto, con vistas a la ría. Cocina tradicional y gallega basada en la excelencia del producto.

POLA DE SOMIEDO - Asturias - 572 C11 5 B2

Madrid 444 - Oviedo 86

Castillo del Alba

rest,

Flórez Estrada ✉ 33840 - ✆ 985 76 39 96 - www.hotelcastillodelalba.es - cerrado febrero

17 hab - 45/65 € 55/80 €

Rest - *(cerrado lunes salvo verano)* Menú 15/25 €

◆ Construcción montañesa dotada de una correcta zona social y un bar-cafetería. Ofrece habitaciones de estilo rústico-actual, con mobiliario sencillo y los armarios abiertos. En su restaurante podrá degustar los platos más tradicionales de la cocina asturiana.

Casa Miño sin rest

Rafael Rey López ✉ 33840 - ✆ 985 76 37 30 - www.hotelcasamino.com - cerrado 20 diciembre-5 febrero

15 hab - 40/50 € 54/70 €

◆ Edificio de estilo montañés en un magnífico entorno natural. Acogedor salón social con chimenea, y habitaciones que aúnan el calor rústico con el confort actual.

POLLENÇA - Balears - ver Balears (Mallorca)

POLOP - Alicante - 577 Q29 - 4 294 h. - alt. 230 m 16 B3

Madrid 449 - Alacant/Alicante 57 - Gandía 63

Ca l'Àngels

Gabriel Miró 12 ✉ 03520 - ✆ 965 87 02 26 - cerrado martes

Rest - *(solo almuerzo salvo viernes, sábado y junio-septiembre)* Carta 40/47 €

◆ Casa de aire rústico que procura recuperar los auténticos sabores de antaño, siempre tomando como base la calidad de las materias primas. Ofrece un cálido comedor principal, dos privados y una cocina fiel al recetario tradicional.

PONFERRADA - León - 575 E10 - 68 767 h. - alt. 543 m 11 A1

Madrid 385 - Benavente 125 - León 105 - Lugo 121

Gil y Carrasco 4, ✆ 987 42 42 36

Peñalba de Santiago★ Sureste : 21 km - Las Médulas★ Suroeste : 22 km

Ponferrada Plaza

av. Escritores 6 ✉ 24400 – ✆ 987 40 61 71 – www.hotelponferradaplaza.es
38 hab – 🚹55/100 € 🚹🚹55/115 €, ☕ 8 € – 2 suites
Rest – *(cerrado domingo noche)* Menú 12 €
◆ En una zona residencial. Este hotel cuenta con un gran hall, amplias salas de reuniones y habitaciones de estilo clásico-actual, todas con los suelos en tarima. El restaurante, que tiene un horno de asar a la vista, presenta una carta de gusto tradicional.

Aroi Bierzo Plaza

pl. del Ayuntamiento 4 ✉ 24400 – ✆ 987 40 90 01 – www.aroihoteles.com
34 hab – 🚹70/75 € 🚹🚹80/85 €, ☕ 9 €
Rest ***La Violeta*** – Carta aprox. 49 €
◆ Llama la atención tanto por su emplazamiento, en pleno centro, como por sus atractivas fachadas, pues ocupa tres edificios contiguos. Habitaciones amplias y bien equipadas, las del piso superior abuhardilladas. El restaurante, clásico y de buen montaje, presenta una carta de tinte tradicional.

El Castillo

av. del Castillo 115 ✉ 24400 – ✆ 987 45 62 27 – www.hotel-elcastillo.com
48 hab – 🚹53/55 € 🚹🚹61/70 €, ☕ 5 €
Rest – *(cerrado domingo)* Menú 11/25 €
◆ De moderna construcción junto al Castillo de los Templarios. Posee una adecuada zona social y habitaciones de confort actual, con tarima flotante y mobiliario funcional.

Aroi Ponferrada sin rest

Marcelo Macías 4 ✉ 24400 – ✆ 987 40 94 27 – www.aroihoteles.com
39 hab – 🚹70/75 € 🚹🚹80/85 €, ☕ 9 €
◆ Instalado en un edificio céntrico muy bien rehabilitado. Las habitaciones resultan algo pequeñas, detalle que compensan con una decoración moderna y un buen equipamiento. ¡Ideal para el cliente de empresa que simplemente busca el descanso!

Los Templarios sin rest, con cafetería

Flórez Osorio 3 ✉ 24400 – ✆ 987 41 14 84 – www.hotellostemplarios.es
18 hab – 🚹35/40 € 🚹🚹46/50 €, ☕ 3 €
◆ Céntrico y de amable organización familiar. Ofrece habitaciones funcionales de correcto confort, con los suelos en tarima y plato ducha en la mayoría de los baños.

Menta y Canela

Alonso Cano 10, (barrio Cuatrovientos), Noroeste : 2 km ✉ 24400 – ✆ 987 40 32 89 – www.mentaycanela.com – cerrado del 16 al 31 de julio
Rest – *(solo almuerzo salvo jueves, viernes y sábado)* Menú 30 € – Carta 26/48 €
◆ Negocio llevado en familia. Posee un comedor de aire regional, con un horno de leña a la vista, donde podrá degustar una carta tradicional basada en productos de la zona.

por la carretera de Cacabelos Noroeste : 5 km y desvío a la derecha 1 km

La Casona

Real 72 - Fuentesnuevas ✉ 24411 Ponferrada – ✆ 987 45 53 58 – www.restaurantelacasona.com – cerrado domingo noche
Rest – Menú 18/25 € – Carta 27/44 €
◆ Casa rústica restaurada y emplazada a las afueras de Ponferrada. Disfruta de un amplio vestíbulo, un bar, una sala rústica-actual y un patio-terraza para la temporada estival.

PONT D'ARRÒS – Lleida – ver Vielha

El PONT DE BAR – Lleida – 574 E34 – 194 h. 13 B1

Madrid 614 – Puigcerdà 34 – La Seu d'Urgell/Seo de Urgel 23

en la carretera N 260 Este : 4,5 km

La Taverna dels Noguers

✉ 25723 El Pont de Bar – ✆ 973 38 40 20 – cerrado 6 enero-6 febrero, julio (salvo fines de semana) y jueves

Rest – *(solo almuerzo salvo sábado)* Carta aprox. 32 €

◆ Casa llevada en familia con sala de estilo regional, presidida por una chimenea y techos en madera. Carta de elaboración casera con guisos y platos de la cocina catalana.

PONT DE MOLINS – Girona – 574 F38 – 498 h. – alt. 84 m 14 D3

Madrid 749 – Figueres 6 – Girona/Gerona 42

El Molí

carret. Les Escaules, Oeste : 2 km ✉ 17706 – ✆ 972 52 92 71 – www.hotelelmoli.es – cerrado 22 diciembre-22 enero

15 hab – †67/110 € ††98/145 €

Rest ***El Molí*** – ver selección restaurantes

◆ Ocupa un singular molino harinero del s. XVIII y se presenta con dos tipos de habitaciones: las del edificio original, más rústicas, con mobiliario isabelino y las del anexo, mucho más amplias y modernas, con detalles de diseño y terraza.

El Molí – Hotel El Molí

carret. Les Escaules, Oeste : 2 km ✉ 17706 – ✆ 972 52 92 71 – www.hotelelmoli.es – cerrado 17 diciembre-22 enero

Rest – *(cerrado martes noche y miércoles)* Carta 28/43 €

◆ Restaurante de ambiente rústico dotado con varias salas, la principal con chimenea. Propone una cocina regional en la que toman el protagonismo las carnes a la brasa y algunas especialidades de l'Empordà. ¡En verano disfrute de su terraza!

ESPAÑA

PONTE CALDELAS – Pontevedra – 571 E4 – 6 371 h. – alt. 320 m – Balneario 19 B2

Madrid 582 – Ourense 88 – Pontevedra 14 – Vigo 41

Las Colonias sin rest

av. de Pontevedra 3 ✉ 36820 – ✆ 986 76 63 08 – www.hotel-lascolonias.com

29 hab – †32/46 € ††46/63 €, 5 €

◆ Instalado en un antiguo edificio de piedra. Ofrece una concurrida cafetería pública y unas habitaciones sencillas, con mobiliario funcional y los suelos en parquet.

PONTE ULLA (PUENTE ULLA) – A Coruña – 571 D4 19 B2

Madrid 585 – Santiago de Compostela 22 – A Coruña 94 – Pontevedra 58

Villa Verde

Lugar de Figueiredo 10 ✉ 15885 – ✆ 981 51 26 52 – www.villa-verde.es – cerrado 22 diciembre-4 enero

Rest – *(solo almuerzo salvo jueves, viernes y sábado)* Carta 24/49 €

◆ Casa de campo del s. XVIII construida en piedra. Presenta dos salas de buen confort, una de aire rústico presidida por una "lareira" y la otra, más amplifia y luminosa, con un montaje clásico-elegante. Cocina tradicional y bodega-lagar.

PONTEAREAS (PUENTEAREAS) – Pontevedra – 571 F4 – 23 316 h. – alt. 50 m 19 B3

Madrid 576 – Ourense 75 – Pontevedra 45 – Vigo 26

por la carretera de Mondariz Norte : 5,5 km y desvío a la izquierda 100 m

Casa das Pías

Cotobade 11 - Pías ✉ 36895 Pías – ✆ 986 64 55 19 – www.casadaspias.com

7 hab – †42/56 € ††55/65 €, 6 € **Rest** – *(solo clientes)* Menú 20 €

◆ Construida en piedra, con un atractivo porche y piscina. Dispone de un salón social neorrústico, habitaciones con mobiliario en forja y madera, así como un comedor privado.

PONTECESURES – Pontevedra – 571 D4 – 3 143 h. 19 B2

Madrid 622 – Santiago de Compostela 29 – Pontevedra 42 – Viana do Castelo 145

XX **Olivo**

av. de Vigo 12 ✉ 36640 – ☎ 986 55 73 63 – www.restauranteolivo.com – cerrado del 1 al 15 de septiembre, domingo noche, lunes noche y martes

Rest – Menú 20/55 € – Carta 28/50 €

◆ Negocio de línea actual y cuidado montaje. Su propietario se formó como chef en Suiza y elabora una carta de gusto internacional, con numerosos platos italianos y gallegos.

PONTEDEUME (PUENTEDEUME) – A Coruña – 571 B5 – 8 370 h. 19 B1 – Playa

Madrid 599 – A Coruña 48 – Ferrol 15 – Lugo 95

en Castelo de Andrade Sureste : 7 km

Casa do Castelo de Andrade sin rest

✉ 15608 Castelo de Andrade – ☎ 981 43 38 39 – www.casteloandrade.com – marzo-15 diciembre

10 hab – †68/84 € ††85/105 €, ☕ 11 €

◆ Entre sus estancias destacan los dos salones del edificio principal, ambos rústicos y con "lareira", así como la biblioteca del anexo. Ofrece habitaciones con mobiliario de aire antiguo, piedra vista, techos en madera, excelente lencería...

ESPAÑA

¿Buenas comidas a precios moderados? Elija un Bib Gourmand.

PONTEJOS – Cantabria – 572 B18 8 B1

Madrid 443 – Santander 12 – Bilbao 99

XXX **La Atalaya**

av. de Pedrosa 52 ✉ 39618 – ☎ 942 50 39 06 – www.laatalayarestaurante.com

Rest – Carta 28/44 €

◆ Posee un buen hall, una barra de apoyo y una sala acristalada de línea clásica, esta última con vistas a la ría y un piano de cola que ameniza las cenas los fines de semana.

PONTEVEDRA P – 571 E4 – 81 981 h. 19 B2

Madrid 599 – Lugo 146 – Ourense 100 – Santiago de Compostela 57

Marqués de Riestra 30, ☎ 986 85 08 14

Barrio antiguo★ : Plaza de la Leña★ BY- Museo Provincial (tesoros célticos★) BY**M1** – Iglesia de Santa María la Mayor★ (fachada oeste★) AY – Ría★

Mirador de Coto Redondo★★ ※★★ 14 km por ③

Parador de Pontevedra hab,

Barón 19 ✉ 36002 – ☎ 986 85 58 00 – www.parador.es AY**a**

45 hab – †106/133 € ††132/166 €, ☕ 16 € – 2 suites

Rest – Menú 32 €

◆ La tradición del pasado se funde con la arquitectura señorial en este pazo, definido por su magnífico emplazamiento y la serena belleza de sus muros en piedra. Destaca la terraza del restaurante, situada frente a un hermoso jardín y en pleno centro histórico.

Rías Bajas rest, rest,

Daniel de la Sota 7 ✉ 36001 – ☎ 986 85 51 00 – www.hotelriasbajas.com

100 hab – †48/80 € ††52/115 €, ☕ 7 € **Rest** – Menú 14/20 € BZ**n**

◆ Tiene gran tradición y se encuentra en el corazón de la localidad. Dispone de una correcta zona social y habitaciones muy clásicas, la mitad de ellas con terraza o balcón. El comedor se complementa con una sala polivalente que usan para comidas de grupos.

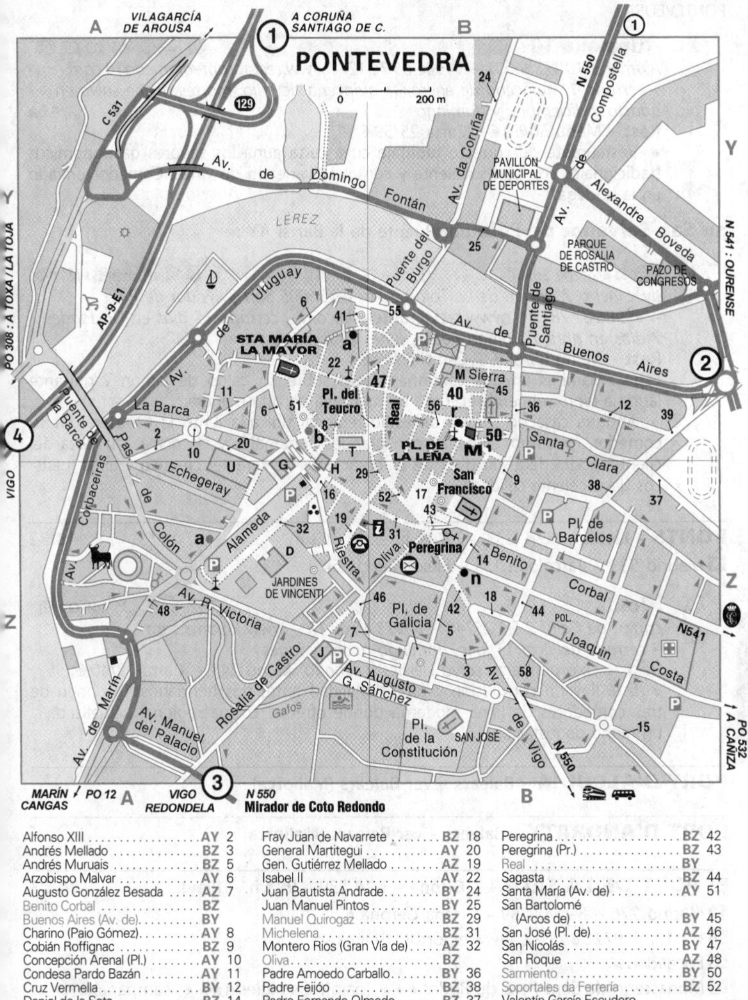

Alfonso XIII . . . . AY 2
Andrés Mellado . . . . BZ 3
Andrés Muruais . . . . BZ 5
Arzobispo Malvar . . . . AY 6
Augusto González Besada . . . . . AZ 7
Benito Corbal . . . . BZ
Buenos Aires (Av. de) . . . . BY
Charino (Paio Gómez) . . . . AY 8
Cobián Roffignac . . . . BZ 9
Concepción Arenal (Pl.) . . . . AY 10
Condesa Pardo Bazán . . . . AY 11
Cruz Vermella . . . . BY 12
Daniel de la Sota . . . . BZ 14
Eduardo Pondal (Av. de) . . . . BZ 15
España (Pr. de) . . . . AZ 16
Ferrería (Pl. de la) . . . . BZ 17
Fray Juan de Navarrete . . . . BZ 18
General Martitegui . . . . AY 20
Gen. Gutiérrez Mellado . . . . AZ 19
Isabel II . . . . AY 22
Juan Bautista Andrade . . . . BY 24
Juan Manuel Pintos . . . . BY 25
Manuel Quirogaz . . . . BZ 29
Michelena . . . . BZ 31
Montero Rios (Gran Vía de) . . . . . AZ 32
Oliva . . . . BZ
Padre Amoedo Carballo . . . . BY 36
Padre Feijóo . . . . BZ 38
Padre Fernando Olmedo . . . . BZ 37
Padre Gaite . . . . BY 39
Pedreira (Pr. de la) . . . . BY 40
Peirao (Pr. do) . . . . AY 41
Peregrina . . . . BZ 42
Peregrina (Pr.) . . . . BZ 43
Real . . . . BY
Sagasta . . . . BZ 44
Santa María (Av. de) . . . . AY 51
San Bartolomé (Arcos de) . . . . BY 45
San José (Pl. de) . . . . AZ 46
San Nicolás . . . . BY 47
San Roque . . . . AZ 48
Sarmiento . . . . BY 50
Soportales da Ferrería . . . . BZ 52
Valentín García Escudero (Pr.) . . . . BY 55
Verdura (Pr. da) . . . . BY 56
Virgen del Camino . . . . BZ 58

Ruas

rest,

Sarmiento 20 ✉ 36002 – ✆ 986 84 64 16 – www.hotelruas.net BY**r**

22 hab – 30/40 € 45/60 €, 5 € **Rest** – Menú 12 €

◆ Se encuentra en pleno casco antiguo y tiene la fachada en piedra. Las habitaciones, algo sencillas pero bastante cuidadas, presentan un buen confort y los suelos en parquet. El restaurante se completa con dos agradables terrazas emplazadas bajo soportales.

La Casa de las 5 Puertas

av. Santa María 8 ✉ 36002 – ✆ 986 85 19 48 – www.5puertas.com – cerrado domingo noche AY**b**

Rest – Carta 24/32 €

◆ Tras su atractiva fachada en piedra dispone de un bar-vinoteca, tres salas de estética actual, distribuidas en dos alturas, y un privado. Cocina tradicional y completa bodega.

X **Alameda 10**

Alameda 10 ✉ 36001 – ✆ 986 85 74 12 – www.restaurantealameda10.com – cerrado 1ª quincena de enero, 1ª quincena de julio, martes noche salvo en agosto y diciembre, y domingo AZ**a**

Rest – Menú 30/50 € – Carta 25/59 €

♦ Restaurante de correcto montaje cuya carta aúna los sabores gastronómicos tradicionales con una excelente y completa variedad de vinos. Comedor privado en la bodega.

en San Salvador de Poio por Puente de la Barca AY :

XXX **Solla** (Pepe Solla)

av. Sineiro 7, carret. de La Toja : 2 km ✉ 36005 San Salvador de Poio – ✆ 986 87 28 84 – www.restaurantesolla.com – cerrado 15 días en Navidades, 7 días en abril, domingo noche, lunes y jueves noche

Rest – Menú 65/89 € – Carta 47/69 €

Espec. Gambas en dos cocciones. Mero sobre un caldo de jamón y guisante lágrima (abril-septiembre). Tarta de manzana de otra manera.

♦ Antigua casa de campo de estilo regional ubicada junto la carretera. En su comedor, moderno, elegante, con grandes ventanales y la cocina a la vista del cliente, podrá degustar distintas elaboraciones de carácter creativo y unos mariscos de excelente calidad.

PONTS – Lleida – 574 G33 – 2 744 h. – alt. 363 m **13** B2

Madrid 533 – Barcelona 131 – Lleida/Lérida 64

XX **Ponts**

carret. de Calaf 2 ✉ 25740 – ✆ 973 46 00 17 – www.loponts.com – cerrado del 1 al 15 julio, domingo noche y lunes

Rest – *(solo almuerzo salvo viernes y sábado)* Menú 24 € – Carta 29/40 €

♦ Está llevado con ilusión y profesionalidad entre dos hermanos. Disponen de tres comedores de línea moderna donde ofrecen cocina regional actualizada y un menú degustación.

PORT D'ALCÚDIA – Balears – ver Balears (Mallorca)

PORT D'ANDRATX – Balears – ver Balears (Mallorca)

El PORT DE LA SELVA – Girona – 574 E39 – 993 h. – Playa **14** D3

Madrid 776 – Banyuls 39 – Girona/Gerona 67

Illa 13, ✆ 972 38 71 22, www.elportdelaselva.cat

Localidad★

Monasterio de Sant Pere de Rodes★★★ (paraje★★, iglesia★★★, campanario★★, capiteles★) Suroeste : 8 km

Porto Cristo sin rest

Major 59 ✉ 17489 – ✆ 972 38 70 62 – www.hotelportocristo.com – cerrado 12 diciembre-14 febrero

50 hab – †95/160 € ††105/210 €

♦ Edificio de fachada clásica emplazado en pleno centro de la localidad. Disfruta de una zona SPA y unas habitaciones bastante bien equipadas, la mayoría con bañera de hidromasaje. ¡Si tiene opción escoja las estancias de la 3ª planta!

Cap de Creus hab,

Illa 10 ✉ 17489 – ✆ 972 38 81 07 – www.hotelcapdecreus.com – abril-octubre

20 apartamentos – ††110/160 € **Rest** – Menú 24/28 €

♦ ¡Ubicado en la zona del puerto! Tanto el área social como su SPA pueden resultar un poco reducidos, sin embargo esto lo compensan con unos correctos apartamentos de línea funcional, todos con cocina y la gran mayoría con vistas al mar.

Cal Mariner con hab
carret. de Cadaqués 2 ✉ 17489 – ✆ 972 38 80 05 – www.calmariner.com – cerrado 9 diciembre-febrero
8 hab – ††60/85 €, ☕ 7 € **Rest** – Carta 23/48 €
◆ Negocio familiar de 3ª generación dotado con dos salas distribuidas en dos niveles, ambas de ambiente marinero y la del piso superior con una pequeña terraza. Carta tradicional con un buen apartado de arroces. ¡También posee habitaciones!

PORT DE POLLENÇA – Balears – ver Balears (Mallorca)

PORT DE SÓLLER – Balears – ver Balears (Mallorca)

PORTALS NOUS – Balears – ver Balears (Mallorca)

PORTO CRISTO – Balears – ver Balears (Mallorca)

PORTOCOLOM – Balears – ver Balears (Mallorca)

PORTONOVO – Pontevedra – 571 E3 – 2 081 h. – Playa 19 A2

Madrid 626 – Pontevedra 22 – Santiago de Compostela 79 – Vigo 49
carret. A Lanzada 21, ✆ 986 69 11 28, www.sanxenxoturismo.com

Royal Nayef sin rest
Canelas 4, bajada a la playa, Oeste : 1 km ✉ 36970 – ✆ 986 72 13 13 – www.royalnayef.com – cerrado 2 noviembre-16 marzo
26 hab ☕ – †65/170 € ††75/200 €
◆ En la bajada a la playa de Canelas. Ofrece habitaciones de diseño actual, con materiales de calidad, terrazas e hidromasaje en los baños. Piscina con vistas en la azotea.

Siroco sin rest
av. de Pontevedra 12 ✉ 36970 – ✆ 986 72 08 43 – Semana Santa-20 octubre
28 hab ☕ – †32/48 € ††48/70 €
◆ Céntrico emplazamiento con vistas al mar. Correcta zona social en la 4ª planta, con terraza-solárium, pequeño jardín y habitaciones amuebladas en un estilo funcional.

Martín-Esperanza
av. de Pontevedra 60 ✉ 36970 – ✆ 986 72 05 21 – www.hotelmartinesperanza.com – Semana Santa y junio-octubre
16 hab – †45/70 € ††60/70 €, ☕ 10 € – 1 suite **Rest** – Menú 12 €
◆ Familiar y en 1ª línea de playa. Posee habitaciones de aire funcional, con mobiliario en pino y terraza en la mayoría de los casos. La zona social se limita a la cafetería.

Nuevo Cachalote sin rest
Rua da Mariña ✉ 36970 – ✆ 986 72 34 54 – www.cachalote.com – abril-octubre
31 hab ☕ – †29/41 € ††43/67 €
◆ Céntrico establecimiento de organización familiar. Dispone de una sencilla zona social y habitaciones funcionales dotadas con mobiliario provenzal y baños actuales. El restaurante ofrece una carta muy variada, con predominio de platos gallegos.

Titanic
Rafael Picó 46 ✉ 36970 – ✆ 986 72 36 45 – www.restaurantetitanic.com – cerrado 22 diciembre-7 enero y lunes en invierno
Rest – Carta 25/45 €
◆ Este restaurante familiar se encuentra en una zona elevada y desde su comedor disfruta de vistas al puerto. Carta tradicional con un buen apartado de mariscos.

ESPAÑA

en la carretera PO 308 :

Galatea hab, VISA
Paxariñas, Oeste : 1,5 km ✉ 36970 Portonovo – ☎ 986 72 70 27 – www.hotelgalatea.com – cerrado enero
86 hab – 59/125 € 73/139 €, 26 € **Rest** – Menú 24 €
◆ Atractivo hotel de nueva construcción, que combina el confort con un completo centro de tratamientos terapéuticos. Goza de unas confortables habitaciones de línea moderna.

Canelas hab, VISA
Oeste : 1 km ✉ 36970 Portonovo – ☎ 986 72 08 67 – www.hotelcanelas.com – Semana Santa-15 octubre
36 hab – 42/78 € 50/90 €, 8 € **Rest** – Menú 20 €
◆ A las afueras de la localidad y muy próximo a la playa que le da nombre. Posee habitaciones con mobiliario funcional repartidas en cuatro plantas, la superior abuhardillada. El comedor disfruta de un montaje actual y ofrece una correcta carta tradicional.

POSADA DE LLANERA – Asturias – 572 B12 – 13 919 h. 5 B1

Madrid 462 – Oviedo 15 – Leon 140

ESPAÑA

La Corriquera VISA
av. de Oviedo 19 ✉ 33424 – ☎ 985 77 32 30 – www.lacorriquera.com – cerrado Semana Santa, 21 días en agosto, domingo noche y lunes
Rest – Carta 28/35 €
◆ Este restaurante, de línea actual, ofrece un pequeño bar, una moderna cocina acristalada y una sala interior en la que podrá degustar elaboraciones tradicionales y de mercado.

POSADA DE VALDEÓN – León – 575 C15 – 487 h. – alt. 940 m 11 B1

Madrid 411 – León 123 – Oviedo 140 – Santander 170

Puerto de Pandetrave★★ Sureste : 9 km – Puerto de Panderruedas★ (Mirador de Piedrafitas★★) Suroeste : 6 km – Puerto del Pontón★ ★★ Suroeste : 12 km

Picos de Europa VISA
✉ 24915 – ☎ 987 74 05 93 – www.picoseuropa.org – abril-noviembre
8 hab – 45/50 € 55/60 € **Rest** – Menú 20 €
◆ Un turismo rural muy agradable. Ofrece acogedoras habitaciones de aire rústico, todas pintadas en vivos colores, con mobiliario antiguo y cuatro de ellas abuhardilladas.

POTES – Cantabria – 572 C16 – 1 511 h. – alt. 291 m 8 A1

Madrid 399 – Palencia 173 – Santander 115

Independencia 10, ☎ 942 73 07 87

Paraje★

Santo Toribio de Liébana ★ Suroeste : 3 km – Desfiladero de La Hermida★★ Norte : 18 km – Puerto de San Glorio★ (Mirador de Llesba ★★) Suroeste : 27 km y 30 mn. a pie

El Bodegón VISA
San Roque 4 ✉ 39570 – ☎ 942 73 02 47 – cerrado 22 diciembre-8 enero y miércoles
Rest – Menú 30 € – Carta 22/31 €
◆ Antigua casa que conserva parte de su estructura original, con la fachada en piedra. Combina detalles rústicos y actuales, ofreciendo una buena cocina a precios moderados.

POZAL DE GALLINAS - Valladolid - 575 I15 - 535 h. - alt. 737 m 11 B2

Madrid 160 – Valladolid 60 – Segovia 97 – Ávila 88

al Sureste : 3,3 km

La Posada del Pinar

Pinar de San Rafael ✉ 47450 Pozal de Gallinas – ✆ 686 48 42 01 – www.laposadadelpinar.com – cerrado 15 enero-7 febrero

18 hab – 80 € 95 € **Rest** – *(cerrado martes) (solo cena)* Carta 20/29 €

◆ Buen turismo rural rodeado de pinares. Disfruta de varias zonas sociales, algunas con chimenea, y unas cuidadas habitaciones de estilo clásico. Elegante comedor privado.

POZOBLANCO - Córdoba - 578 Q15 - 17 796 h. - alt. 649 m 1 B1

Madrid 361 – Ciudad Real 164 – Córdoba 67

Pozoblanco, Sur : 3 km, ✆ 957 33 91 71

Dueñas Muñoz

Ronda de los Muñoces 2 ✉ 14400 – ✆ 957 77 00 19 – www.hotelruraldm.com

22 hab – 38/42 € 63/75 €, 6 €

Rest ***La Casona de la Abuela*** – ver selección restaurantes

◆ Este hotelito de carácter familiar se presenta con una reducida zona social, detalles rústicos y confortables habitaciones, todas personalizadas y con los suelos en tarima.

La Casona de la Abuela – Hotel Dueñas Muñoz

Ronda de los Muñoces 2 ✉ 14400 – ✆ 957 77 00 19 – www.hotelruraldm.com – cerrado domingo noche

Rest – Carta 25/35 €

◆ Posee un acceso independiente respecto al hotel y resulta bastante acogedor, ya que recrea un ambiente rústico-clásico. Cocina de base tradicional con buenas actualizaciones.

POZUELO DE ALARCÓN - Madrid - 576 - 575 K18 - 82 804 h. - alt. 690 m 22 B2

Madrid 14 – Segovia 86 – Toledo 94

Zurito

Lope de Vega 2 ✉ 28223 – ✆ 913 52 95 43 – www.zurito.com – cerrado Semana Santa, del 8 al 21 de agosto y domingo noche

Rest – Menú 39/52 € – Carta 37/50 €

◆ Tiene un bar donde sirven pinchos y raciones, un comedor de ambiente tradicional, otro minimalista y tres privados. Cocina tradicional con buenas actualizaciones del chef.

junto a la autovía M 502 Sureste : 2,5 km

Urrechu

Barlovento 1-1° (C.C. Zoco de Pozuelo) ✉ 28223 Pozuelo de Alarcón – ✆ 917 15 75 59 – www.urrechu.com – cerrado Semana Santa, del 1 al 20 de agosto y domingo noche

Rest – Menú 50/70 € – Carta 45/61 €

◆ Posee una gran sidrería en planta baja y una sala rústica-actual en el piso superior, con varios privados y terraza. Cocina tradicional actualizada y excelente carta de vinos.

El PRAT DE LLOBREGAT - Barcelona - 574 I36 - 63 434 h. - alt. 5 m 15 B3

Madrid 611 – Barcelona 15 – Girona/Gerona 113

de El Prat-Barcelona ✆ 902 404 704

en el Parque de Negocios Mas Blau II Suroeste : 3 km

Tryp Barcelona Aeropuerto sin rest, con cafetería
pl. del Pla de L'Estany 1-2 ✉ 08820 El Prat de llobregat – ✆ 933 78 10 00 – www.trypbarcelonaaeropuerto.solmelia.com
196 hab – ††80/265 €, ☕ 15 € – 9 suites
◆ Conjunto funcional-actual ubicado en un parque de negocios junto al aeropuerto. Posee un gran hall abierto hasta el techo y prácticas habitaciones de completo equipamiento.

PRENDES – Asturias – **572** B12 **5** B1

Madrid 484 – Avilés 17 – Gijón 10 – Oviedo 32

Casa Gerardo (Marcos Morán)
carret. AS 19 ✉ 33438 – ✆ 985 88 77 97 – www.casa-gerardo.com – cerrado lunes
Rest – *(solo almuerzo salvo sábado y domingo)* Menú 65/85 € – Carta 46/75 €
Espec. Ensalada de nabo, manzana verde y aliño lacto cremoso. Rey al limón, como si fuese un pescado a la espalda. Chocolate, Martini y pasión.
◆ ¡Uno de los restaurantes más prestigiosos del Principado! Presenta un buen hall, un bar-vinoteca actual y acogedoras salas de ambiente neorrústico. Sus elaboraciones reflejan una perfecta simbiosis entra la tradición y la innovación.

ESPAÑA

PRIEGO DE CÓRDOBA – **Córdoba** – **578** T17 – **23 563 h.** – **alt. 649 m** **2** C2

Madrid 395 – Antequera 85 – Córdoba 103 – Granada 79

Localidad★★ – Fuentes del Rey y de la Salud★★ – Parroquia de la Asunción★ : Capilla del Sagrario★★ – Barrio de la Villa★★ – El Adarve★

Balcón del Adarve
paseo de Colombia 36 ✉ 14800 – ✆ 957 54 70 75 – www.balcondeladarve.com – cerrado del 1 al 8 de septiembre y lunes
Rest – Carta 28/35 €
◆ Sorprende por su ubicación sobre unas antiguas murallas que sirven como balcón a las montañas y a los campos de olivos. Comedores de excelente montaje y terraza con vistas.

por la carretera de Zagrilla Noroeste : 4 km

Huerta de las Palomas hab,
✉ 14800 Priego de Córdoba – ✆ 957 72 03 05 – www.zercahoteles.com – cerrado 9 enero-10 febrero
34 hab ☕ – †62/82 € ††82/100 € **Rest** – Menú 19 €
◆ Conjunto de estilo regional emplazado en pleno campo. Posee una correcta zona social y cálidas habitaciones distribuidas en torno a un bonito patio cubierto de aire andaluz. Ofrece dos restaurantes, uno rústico decorado con un pozo y otro para las barbacoas.

PRUVIA – Asturias – **572** B12 **5** B1

Madrid 468 – Avilés 29 – Gijón 13 – Oviedo 15

La Venta del Jamón
carret. AS 266 ✉ 33192 – ✆ 985 26 28 02 – www.laventadeljamon.com – cerrado domingo noche
Rest – Carta 33/59 €
◆ Este negocio, ya centenario, disfruta de un bar-sidrería que funciona como zona de espera, un comedor rústico y otra sala más clásica en el piso superior. Cocina de temporada.

PUÇOL - Valencia - 577 N29 - 19 295 h. - alt. 48 m 16 B2

Madrid 373 - Castelló de la Plana/Castellón de la Plana 54 - València 23

Alba sin rest

carret. de Barcelona 12 ✉ 46530 - ☎ 961 42 24 44 - www.hotelesalba.com

42 hab - 39/100 € 45/140 €, 6 €

◆ Hotel dotado de un moderno hall con cafetería y habitaciones de adecuado confort, todas ellas con mobiliario actual-funcional, buen aislamiento y baños reducidos.

PUEBLA DE ALFINDÉN - Zaragoza - 574 H27 - 5 250 h. - alt. 197 m 3 B2

Madrid 340 - Huesca 83 - Lleida/Lérida 139 - Zaragoza 17

Galatea

Barrio Nuevo 6 (carret. N II) ✉ 50171 - ☎ 976 10 79 99
- www.restaurantegalatea.es - cerrado 15 días en agosto y domingo

Rest - *(solo almuerzo salvo sábado)* Carta 31/56 €

◆ Esta acogedora casa tiene un pequeño privado en la planta de acceso y el comedor principal, de ambiente clásico, en la 1ª planta. Ofrece una carta tradicional actualizada.

PUEBLA DE SANABRIA - Zamora - 575 F10 - 1 565 h. - alt. 898 m 11 A2

Madrid 341 - León 126 - Ourense 158 - Valladolid 183

Carretera a San Martín de Castañeda ★ Noreste : 20 km

Parador de Puebla de Sanabria hab, rest,

av. del Lago 18 ✉ 49300
- ☎ 980 62 00 01 - www.parador.es

40 hab - 90/110 € 112/137 € - 2 suites **Rest** - Menú 32 €

◆ ¡Una opción a tener en cuenta si desea pasar unos días practicando turismo activo! Está totalmente reformado y emplazado en una zona de fácil acceso para el vehículo particular. Encontrará unas habitaciones de estética actual y un restaurante de línea moderna que sorprende por su amplia oferta gastronómica.

Posada de las Misas

pl. Mayor 13 ✉ 49300 - ☎ 980 62 03 58 - www.posadadelasmisas.com

14 hab - 70/126 € 87/126 € - 1 apartamento

Rest *Posada de las Misas* - ver selección restaurantes

◆ ¡Lo mejor es su emplazamiento en el recinto amurallado! Tras sus vetustas paredes en piedra encontrará un edificio totalmente nuevo, bastante colorista y con mobiliario de vanguardia. Biblioteca en el ático, galerías y terraza con vistas.

La Cartería

Rua 16 ✉ 49300 - ☎ 980 62 03 12 - www.lacarteria.com

8 hab - 70/126 € 87/126 € **Rest** - Carta 21/38 €

◆ Casa del s. XVIII en piedra que combina la rusticidad de sus paredes y techos con detalles de diseño moderno, logrando un entorno muy cálido y gratificante. El comedor resulta un poco reducido, aunque cuenta con una cuidada decoración.

La Pascasia

Costanilla 11 ✉ 49300 - ☎ 980 62 02 42 - www.lapascasia.com

5 hab - 75/136 € 93/136 € - 2 apartamentos **Rest** - Carta 20/33 €

◆ Casa rehabilitada que ahora presenta una estética moderna y un equipamiento actual, guardando pocos recuerdos del pasado. Posee unas habitaciones espaciosas, algunas abuhardilladas y dos con su propia cocinita, así como varios servicios vinculados a otros hoteles. La carta de su restaurante es muy sencilla.

Posada de las Misas - Hotel Posada de las Misas

pl. Mayor 13 ✉ 49300 - ☎ 980 62 03 58 - www.posadadelasmisas.com

Rest - Carta 21/38 €

◆ ¡Un lugar donde comer bien y barato a escasos metros del castillo! Presenta una reducida carta tradicional que sin duda le sorprenderá, tanto por la calidad de sus materias primas como por sus cuidadas presentaciones.

PUEBLA DEL CARAMIÑAL - A Coruña - ver Pobra do Caramiñal

PUENTE ARCE – Cantabria – 572 B18 8 B1

Madrid 406 – Santander 22 – Bilbao 115

XXX **El Nuevo Molino** (José Antonio González)

barrio Monseñor 18 - carret. N 611 ✉ 39478 – ☎ 942 57 50 55 – www.elnuevomolino.es – cerrado martes salvo agosto y domingo noche

Rest – Menú 38/58 € – Carta 41/53 €

Espec. Bocarte marinado, tartar de tomate y cecina e infusión de pimiento rojo (abril-junio). Tronco de rape asado, tapenade de kalamata y bastones de ruibarbo. Postre naranja.

◆ Antiguo molino de agua decorado con detalles rústicos y grandes vigas de madera. Ofrece un buen hall con chimenea, una salita para la sobremesa en lo que fue la capilla, dos comedores de cuidado montaje y un hórreo que funciona como reservado. Cocina actual.

PUENTE DE SAN MIGUEL – Cantabria – 572 B17 8 B1

Madrid 376 – Burgos 141 – Santander 26 – Torrelavega 4

X **Hostería Calvo** con hab

carret. de Oviedo 182 ✉ 39530 – ☎ 942 82 00 56

8 hab – †20/30 € ††40/50 €, ☕ 6 €

Rest – *(cerrado junio y lunes)* Carta 21/32 €

◆ Esta casa goza de gran aceptación gracias a la calidad de sus productos, por eso, tiene una clientela habitual. La sala está decorada con cuadros del propio chef-propietario. Sus habitaciones, muy sencillas, se pueden considerar válidas como recurso.

PUENTE DE VADILLOS – Cuenca – 576 K23 – 246 h. 10 C1

Madrid 234 – Cuenca 70 – Teruel 164

Caserío de Vadillos

av. San Martín de Porres ✉ 16892 – ☎ 969 31 32 39 – www.caseriovadillos.com

22 hab – †45 € ††55 €, ☕ 4 € **Rest** – Menú 13/26 €

◆ Este acogedor hotelito, llevado entre hermanos, sorprende por su atractiva fachada de estilo antiguo. Cafetería de aire regional, con chimenea, y habitaciones funcionales. En su restaurante, decorado con arcos y paredes en piedra, encontrará una carta de cocina tradicional.

PUENTE DUERO – Valladolid – 575 H15 – 1 120 h. 11 B2

Madrid 208 – Valladolid 18 – Segovia 114 – Palencia 67

X **Dámaso**

Real 14 ✉ 47152 – ☎ 983 40 53 72 – cerrado domingo noche y lunes

Rest – Carta 28/41 €

◆ Este restaurante, de interesante cocina, ocupa una casa de pueblo dotada con dos salas y un pequeño patio. El chef-propietario informa en mesa sobre los platos disponibles.

PUENTE GENIL – Córdoba – 578 T15 – 30 245 h. – alt. 171 m 1 B2

Madrid 457 – Sevilla 130 – Córdoba 69 – Málaga 101

X **Casa Pedro**

Poeta García Lorca 5 ✉ 14500 – ☎ 957 60 42 76 – www.restaurantecasapedro.com – cerrado julio y lunes salvo festivos

Rest – Carta aprox. 35 €

◆ Negocio familiar de línea actual. Posee una buena cafetería donde montan mesas para el menú y un comedor a la carta de correcto montaje, con las paredes en madera y piedra.

PUENTE ULLA – A Coruña – ver Ponte Ulla

PUENTE VIESGO – Cantabria – 572 C18 – 2 807 h. – alt. 71 m 8 B1
– Balneario

Madrid 364 – Bilbao 128 – Burgos 125 – Santander 26

Cueva del castillo★

G.H. Puente Viesgo rest, VISA AE

Manuel Pérez Mazo ✉ 39670 – ✆ 942 59 80 61
– www.balneariodepuenteviesgo.com
142 hab – †100/140 € ††110/150 €, ☕ 12 € – 6 suites
Rest *El Jardín* – Carta 34/49 €

◆ Dé un respiro a su salud en este hotel-balneario. Ofrece una correcta zona noble, numerosos servicios terapéuticos y unas confortables habitaciones, todas exteriores. En el restaurante encontrará una cocina tradicional actualizada y varios menús degustación.

PUENTEAREAS – Pontevedra – ver Ponteareas

PUENTEDEUME – A Coruña – ver Pontedeume

PUERTO – ver a continuación y el nombre propio del puerto

PUERTO BANÚS – Málaga – 578 W15 – 27 820 h. – Playa 1 A3

Madrid 622 – Algeciras 69 – Málaga 68 – Marbella 8

Puerto deportivo★★

XXX **Cipriano** VISA AE

av. Playas del Duque - edificio Sevilla ✉ 29660 Nueva Andalucía
– ✆ 952 81 10 77 – www.restaurantecipriano.com – cerrado domingo
Rest – Menú 40 € – Carta 35/71 €

◆ Magníficas instalaciones de estilo clásico, con maderas de calidad y detalles de gran elegancia. Buen bar-hall de espera, dos amplias salas y una coqueta terraza de verano.

PUERTO CALERO – Las Palmas – ver Canarias (Lanzarote)

PUERTO DE ALCÚDIA – Balears – ver Balears (Mallorca) : Port d'Alcúdia

PUERTO DE ANDRATX – Balears – ver Balears (Mallorca) : Port d'Andratx

PUERTO DE LA CRUZ – Santa Cruz de Tenerife – ver Canarias (Tenerife)

PUERTO DE MAZARRÓN – Murcia – 577 T26 – 5 686 h. – Playa 23 B3

Madrid 459 – Cartagena 33 – Lorca 55 – Murcia 69

pl. de Toneleros, ✆ 968 59 44 26

La Cumbre VISA AE

urb. La Cumbre ✉ 30860 – ✆ 968 59 48 61 – www.hotellacumbre.com
119 hab – †30/85 € ††35/127 €, ☕ 7 € **Rest** – Carta aprox. 22 €

◆ Ubicado a las afueras, en una zona elevada de una urbanización. Posee un confort clásico, buenas zonas comunes y habitaciones actualizadas, casi todas con terraza. Dispone de dos comedores, aunque suelen reservar el más espacioso para la temporada alta.

PUERTO DE POLLENSA – Balears – ver Balears (Mallorca) : Port de Pollença

El PUERTO DE SANTA MARÍA – Cádiz – 578 W11 – 88 503 h. – Playa 1 A2

Madrid 638 – Cádiz 23 – Jerez de la Frontera 12 – Sevilla 113

Pl. Alfonso X El Sabio, ✆ 956 54 24 13

Vista Hermosa, Oeste : 1,5 km, ✆ 956 54 19 68

Localidad★ – Iglesia Mayor Prioral (portada del Sol★) BZ – Monasterio de Nuestra Señora de la Victoria (portada★) CY

Planos páginas siguientes

ESPAÑA

EL PUERTO DE SANTA MARÍA

Alfonso X El Sabio (Pl.) . . BZ 3
Antonio Fernández Sevilla . . . . AZ
Arzobispo Bizarrón . . . . ABY 4
Aurora . . . . BZ 6
Caldevilla . . . . CY 7
Carmen Pérez Pascual . . BY 9
Catavino . . . . BZ 10
Curva . . . . BZ 12
Dr Múñoz Seca . . . . BY 13
Ejército (Av. del) . . . . AZ
Elias Ahuja (Pl. de) . . . . . AZ 15
Enrique Bartolomé (Pl. de) . . . . AZ 16
Fernán Caballero . . . . BZ 18
Fray Bernal Boyl (Av.) . . . CY 19
Galeras Reales (Pl. de las) . . . . BZ 21
Ganado . . . . BY
Herrería (Pl. de la) . . . . . BZ 22
Isaac Peral (Pl. de) . . . . . BZ 24
Javier de Burgos . . . . CZ 25
Libertad (Av. de la) . . . . . AZ 27
Luis Mazzantini . . . . AZ 28
Luna . . . . BZ
Magisterio (Rotonda) . . . AZ 30
Menesteo . . . . BZ 31
Micalea Aramburu de Mora . . . . BZ 33
Miguel del Pino (Pl.) . . . . AZ 34
Misericordia . . . . BZ 36
Pedro Múñoz Seca . . . . . BZ 37
Polvorista (Pl. del) . . . . . BZ 39
Pozos Dulces . . . . CY 40
Ribera del Marisco . . . . . CZ 41
Ribera del Río . . . . CYZ 42
Ricardo Alcón . . . . BZ 43
Santa M. de la Cabeza . . AY 51
Santísima Trinidad . . . . . CY 52
Santo Domingo . . . . BZ 54
San Juan . . . . BY 46
San Juan (Pl.) . . . . AY 48
San Sebastian . . . . . . ABYZ 49
Varilargueros . . . . AZ 55
Virgen de los Milagros BCYZ

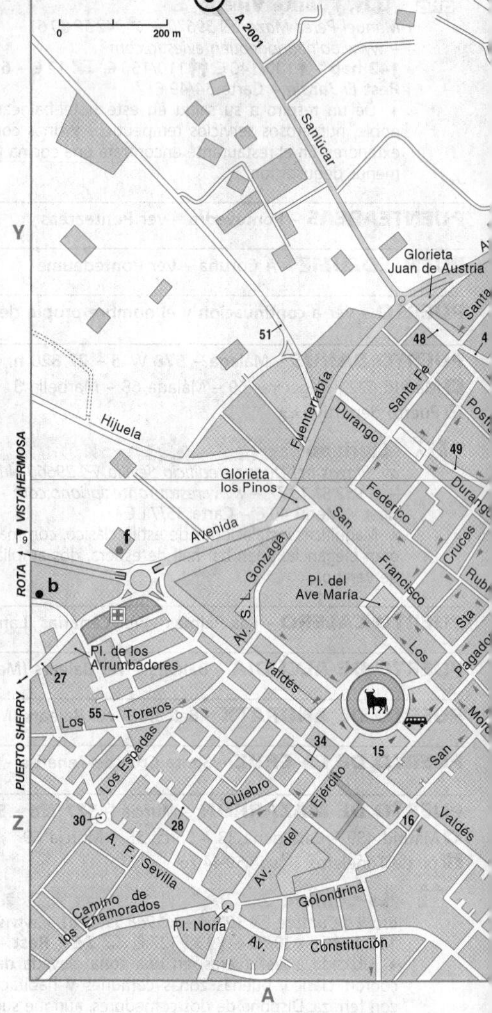

Duques de Medinaceli

pl. de los Jazmines 2 ✉ *11500*
– ✆ 956 86 07 77
– www.jale.com CY**b**

19 hab – 🛉80/140 € 🛉🛉100/200 € – 9 suites
Rest *Reina Isabel* – Menú 40 € – Carta 27/42 €

◆ Palacete del s. XVIII dotado con un atractivo jardín botánico y una pequeña capilla. Sus espaciosas dependencias están decoradas con sumo gusto en estilo isabelino. Restaurante elegante y de excelente montaje, con una apacible terraza como complemento.

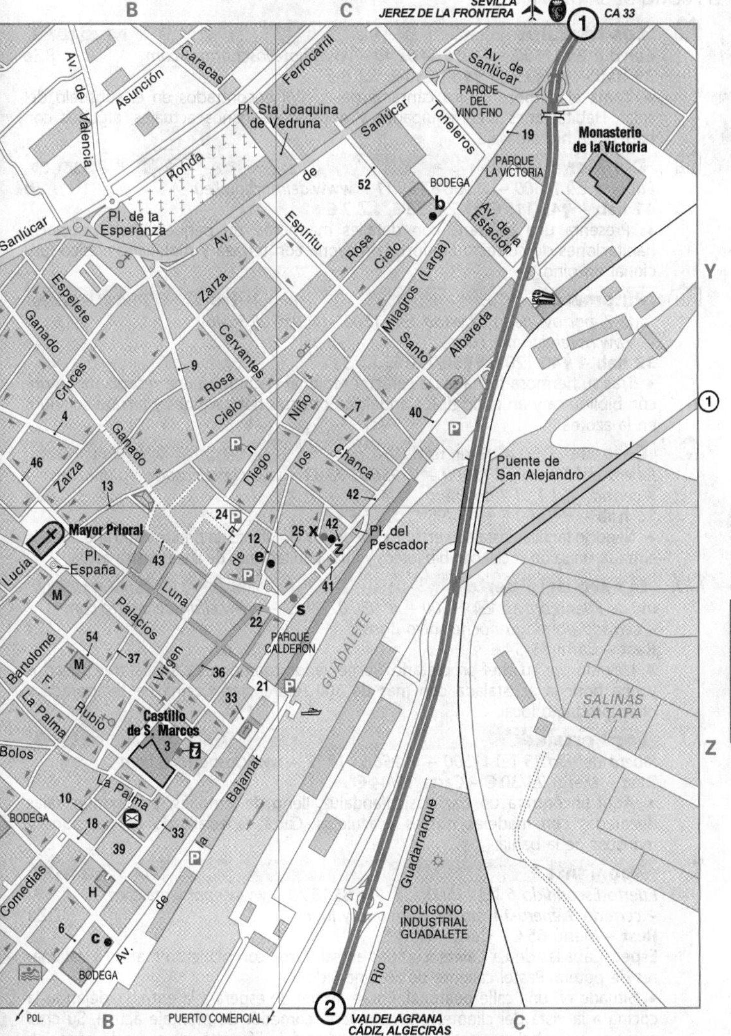

Los Jándalos Santa María

av. de la Bajamar ✉ *11500*
– ✆ *956 87 32 11*
– *www.jandalos.com* BZ**c**

97 hab – 🚹64/99 € 🚹🚹74/123 €, ☕ 8 € – 3 suites

Rest – *(solo menú)* Menú 16 €

◆ Conserva la portada de la antigua casa-palacio y un interior que invita al descanso. Amplia zona noble, cuidadas habitaciones y un atractivo solárium con piscina en el ático. Su comedor cuenta con dos salas donde se elabora un correcto menú diario.

Los Cántaros sin rest, con cafetería
Curva 6 ✉ 11500 – ☎ 956 54 02 40 – www.hotelloscantaros.com BZ**e**
39 hab – †66/250 € ††80/250 €, ☕ 8 €
◆ Toma el nombre de los cántaros del s. XVII encontrados en el subsuelo del solar. Habitaciones bien equipadas y dotadas de baños actuales, algunos con bañera de hidromasaje.

Del Mar sin rest
Babor 5 ✉ 11500 – ☎ 956 87 59 11 – www.delmarhotel.eu AZ**b**
41 hab – †45/115 € ††55/135 €, ☕ 7 €
◆ Presenta una cafetería con detalles marineros, un pequeño salón social y habitaciones de correcto confort, la mayoría con terraza y mobiliario clásico-funcional en pino.

Pinomar sin rest
Jade 7, por av. de la Libertad ✉ 11500 – ☎ 956 05 86 46 – www.hotelpinomar.com
32 hab – †40/120 € ††50/120 €, ☕ 5 €
◆ Tras su hermosa fachada de carácter regional encontrará una recepción, un rincón biblioteca y un patio típico andaluz. Correctas habitaciones y terraza-solárium en la azotea.

Casa del Regidor sin rest
Ribera del Rio 30 ✉ 11500 – ☎ 956 87 73 33 – www.hotelcasadelregidor.com – cerrado del 1 al 7 de enero CZ**z**
15 hab – †40/60 € ††60/95 €, ☕ 6 €
◆ Negocio familiar instalado en una casa del s. XVII. Ofrece un bonito patio andaluz a la entrada, un salón social con biblioteca y unas habitaciones de línea clásica-actual.

ESPAÑA

XXX **El Faro del Puerto**
av. de Fuentebravía ✉ 11500 – ☎ 956 87 09 52 – www.elfarodelpuerto.com – cerrado domingo noche salvo agosto AZ**f**
Rest – Carta 35/54 €
◆ Llevado por su chef-propietario. Posee varios comedores clásicos, tres privados y una bodega acristalada con más de 300 referencias. Cocina de temporada y buen producto local.

XX **Los Portales**
Ribera del Río 13 ✉ 11500 – ☎ 956 54 18 12 – www.losportales.com
Rest – Menú 25/30 € – Carta 19/44 € CZ**s**
◆ Aquí encontrará un bar clásico-andaluz, lleno de jamones, y elegantes salas decoradas con maderas nobles y azulejos. Carta especializada en pescados y mariscos de la bahía.

XX **Aponiente**
Puerto Escondido 6 ✉ 11500 – ☎ 956 85 18 70 – www.aponiente.com – cerrado 9 enero-14 marzo, domingo y lunes CZ**x**
Rest – Menú 65 € – Carta 40/74 €
Espec. Caballas de La Caleta, curadas en sal. Arroz con plancton marino y calamares de potera. Pastel caliente de Medina Sidonia.
◆ Situado en una calle peatonal. Posee un bar de espera a la entrada, dejando la cocina a la vista del cliente, y un pequeño comedor de montaje actual. Su chef propone una cocina creativa que no le dejará indiferente, destacando especialmente con los pescados.

en la carretera de Rota AZ : Oeste : 1,5 km

Los Jándalos Vistahermosa hab,
Amparo Osborne - Vistahermosa ✉ 11500 El Puerto de Santa María – ☎ 956 87 34 11 – www.jandalos.com
45 apartamentos – ††85/270 €, ☕ 10 € – 18 hab
Rest – *(cerrado octubre-diciembre)* Menú 18 €
◆ Sobre todo destaca por el gran confort y la calidad de sus habitaciones, muy superiores a los apartamentos y a los dúplex del anexo. Espléndido entorno ajardinado y SPA. El restaurante, de buen montaje, se complementa con un agradable porche acristalado.

PUERTO DE SÓLLER – **Balears** – **ver Balears (Mallorca) : Port de Sóller**

PUERTO DE VEGA – Asturias – 572 B10 – 1 849 h. 5 A1

Madrid 550 – Oviedo 103 – Lugo 158

Pleamar sin rest

Párroco Penzol ✉ 33790 – ☎ 985 64 88 66 – www.hotelpleamar.com – cerrado 9 enero-9 febrero

9 hab – †61/73 € ††70/84 €, ☕ 8 €

♦ Este coqueto hotel le sorprenderá por su cuidadísima decoración. Ofrece habitaciones personalizadas de estilo rústico-actual, todas con detalles marineros y vistas al mar.

PUERTO DEL ROSARIO – Las Palmas – ver Canarias (Fuerteventura)

PUERTO LÁPICE – Ciudad Real – 576 O19 – 1 022 h. – alt. 676 m 9 B2

Madrid 135 – Alcázar de San Juan 25 – Ciudad Real 62 – Toledo 85

El Puerto rest,

av. de Juan Carlos I-59 ✉ 13650 – ☎ 926 58 30 50 – www.hotelpuertolapice.com – cerrado del 9 al 23 de enero y 19 septiembre-3 octubre

33 hab – †36/50 € ††50 €, ☕ 5 € **Rest** – Menú 12 €

♦ Hotel familiar, a modo de venta típica, situado a la entrada del pueblo. Posee un agradable salón social con chimenea y habitaciones tan sobrias que resultan algo básicas. Su espacioso restaurante tiene un aire rústico y un correcto servicio de mesa.

PUERTO LUMBRERAS – Murcia – 578 T24 – 14 120 h. – alt. 333 m 23 A3

Madrid 479 – Murcia 91 – Almería 140

Riscal hab,

autovía A7 - salida 580, Norte : 2,5 km ✉ 30890 – ☎ 968 40 20 50 – www.hotelriscal.com

61 hab – †50/80 € ††50/100 €, ☕ 7 € **Rest** – Menú 20 €

♦ Tras su colorista fachada encontrará un hotel de carácter familiar enfocado a una clientela de viajantes y comerciales. Las instalaciones son modernas pero muy funcionales. En su restaurante elaboran una sencilla carta de gusto tradicional.

PUERTOLLANO – Ciudad Real – 576 P17 – 52 300 h. – alt. 708 m 9 B3

Madrid 235 – Ciudad Real 38

Castillo Convento de Calatrava la Nueva★ Este : 35 km

Tryp Puertollano sin rest

Lope de Vega 3 ✉ 13500 – ☎ 926 41 07 68 – www.tryppuertollano.melia.com

38 hab – †55/70 € ††65/120 €, ☕ 10 €

♦ Este hotel cuenta con unas instalaciones bastante funcionales. Ofrece una correcta zona social y habitaciones de adecuado confort que se van actualizando poco a poco.

El Comendador

Encina 16 ✉ 13500 – ☎ 926 42 91 27 – www.restauranteelcomendador.com – cerrado del 3 al 16 de julio y domingo

Rest – *(solo almuerzo salvo viernes y sábado)* Carta 32/43 €

♦ Dedicación y profesionalidad. Tiene un bar a la entrada, la cocina a la vista y una sala de aire rústico dotada con un buen servicio de mesa. Carta de cocina tradicional.

PUIG-REIG – Barcelona – 574 G35 – 4 333 h. – alt. 455 m 14 C2

Madrid 605 – Andorra la Vella 101 – Barcelona 86 – Girona/Gerona 129

El Celler de Ca la Quica

Major 48 ✉ 08692 – ☎ 938 38 02 20 – cerrado del 16 al 22 de abril, 20 agosto-9 septiembre y lunes

Rest – *(solo almuerzo salvo viernes y sábado)* Carta 31/40 €

♦ Esta casa del s. XIX posee varias salitas, todas con las paredes en piedra y los techos abovedados. Pequeña carta tradicional de mercado, menú del día y una bodega visitable.

PUIGCERDÀ - Girona - 574 E35 - 8 746 h. - alt. 1 152 m 14 C1

Madrid 653 - Barcelona 169 - Girona/Gerona 152 - Lleida/Lérida 184

Querol 1, ☎ 972 88 05 42

Cerdanya, Suroeste : 1 km, ☎ 972 14 14 08

Campanario★

Villa Paulita

av. Pons i Gasch 15 ✉ 17520 – ☎ 972 88 46 22 – www.hospes.es – solo fines de semana en octubre-noviembre

38 hab – 100/215 € 115/230 €

Rest ***L'Estany Senzone*** – ver selección restaurantes

◆ Villa señorial emplazada junto a un lago artificial. Sus habitaciones están distribuidas entre el edificio principal, donde tienen un estilo clásico, y un anexo más moderno.

Del Lago sin rest

av. Dr. Piguillem 7 ✉ 17520 – ☎ 972 88 10 00 – www.hotellago.com

24 hab – 100/120 € 120/140 €, 10 €

◆ Hotel de ambiente familiar dotado con un bello entorno ajardinado. Presenta una acogedora zona social, un espacio acristalado para los desayunos y unas correctas habitaciones.

L'Estany Senzone - Hotel Villa Paulita

av. Pons i Gasch 15 ✉ 17520 – ☎ 972 88 46 22 – www.hospes.com – cerrado lunes en primavera y otoño

Rest – Carta 45/63 €

◆ Buen restaurante donde confluyen un ambiente muy cuidado, un destacable servicio de mesa, idílicas vistas al lago y un chef con cualidades. Cocina actual de calidad.

Taverna del Call

pl del Call ✉ 17520 – ☎ 972 14 10 36

Rest – Carta 28/35 €

◆ Restaurante rústico-actual que sorprende, pues aparte de la sala interior presenta otra, más vistosa, a modo de terraza cubierta acristalada. Buen producto y cocina regional.

en la carretera de Llívia Noreste : 1 km

Del Prado hab, rest, rest,

carret. de Llívia 1 ✉ 17520 Puigcerdà – ☎ 972 88 04 00 – www.hoteldelprado.cat

53 hab – 65/71 € 96/110 €, 12 €

Rest – Menú 20/35 € – Carta 32/45 €

◆ Un hotel de atenta organización familiar. Posee un cuidado jardín, una variada zona social y habitaciones bastante amplias, la mayoría actualizadas. El restaurante, de ambiente clásico, destaca por su completa carta regional con especialidades de la Cerdanya.

PUIGPUNYENT - Balears - ver Balears (Mallorca)

Es PUJOLS - Balears - ver Balears (Formentera)

PUNTA UMBRÍA - Huelva - 578 U9 - 14 714 h. - Playa 1 A2

Madrid 648 - Huelva 21

av. Ciudad de Huelva 1, ☎ 959 49 51 60, www.puntaumbria.es

Ayamontino

av. de Andalucía 35 ✉ 21100 – ☎ 959 31 14 50 – www.hotelayamontino.com – cerrado Navidades

45 hab – 41/80 € 60/123 € **Rest** – Menú 15 €

◆ Su larga trayectoria avala el buen hacer de este hotel, situado en pleno centro de la localidad. Hall-recepción de aspecto actual y habitaciones de correcto equipamiento.

ESPAÑA

en la carretera de El Portil-Huelva Noroeste : 7,5 km :

El Paraíso
21100 Punta Umbría – 959 31 27 56 – www.restauranteelparaiso.com
Rest – Menú 32 € – Carta 36/45 €
◆ Restaurante lleno a diario. Su completa carta, elaborada con productos de calidad, avala el gran prestigio del que goza en toda la provincia. Clientela de negocios.

QUEJANA – Álava – ver Kexaa

QUIJAS – Cantabria – 572 B17 — 8 B1

Madrid 386 – Burgos 147 – Oviedo 172 – Santander 30

La Torre de Quijas sin rest
barrio Vinueva 76 - carret. N 634 39590 – 942 82 06 45 – www.casonatorredequijas.com – cerrado 15 diciembre-15 febrero
22 hab – †50/70 € ††62/92 €, 6,50 €
◆ En piedra y de carácter indiano. Posee una cálida zona social, un patio cubierto y habitaciones de aire rústico, todas con mobiliario antiguo y algunas abuhardilladas.

Posada Andariveles sin rest
barrio Vinueva 181 - carret. N 634 39590 – 942 82 09 24 – www.casonaandariveles.com – cerrado 18 octubre-marzo
15 hab – †60 € ††70/80 €, 5 €
◆ Se reparte en dos casas de estilo montañés, una con la agradable zona social y la otra con la mayoría de las habitaciones, personalizadas y algo recargadas. Pequeño SPA.

QUINTANA DE LOS PRADOS – Burgos – ver Espinosa de los Monteros

QUINTANADUEÑAS – Burgos – 575 E18 – alt. 850 m — 12 C1

Madrid 241 – Burgos 6 – Palencia 90 – Valladolid 125

La Galería hab,
Gregorio López Bravo 2, Sureste : 1,3 km 09197 – 947 29 26 06 – www.hotelhqlagaleria.com
60 hab – †50/70 € ††50/80 €, 8 €
Rest – *(cerrado domingo noche)* Carta 25/35 €
◆ Ubicado a las afueras de la ciudad, junto a un polígono industrial. Posee una cafetería, una moderna zona social y espaciosas habitaciones, funcionales pero de línea actual. El restaurante a la carta tiene un acceso independiente respecto a la zona del menú.

QUINTANALUENGOS – Palencia – 575 D16 – alt. 960 m — 12 C1

Madrid 338 – Burgos 99 – Palencia 115 – Santander 117

La Aceña
del Puente 34839 – 979 87 02 64 – www.casarural-acena.com
6 hab – †30 € ††45 €, 4 € **Rest** – *(solo clientes, solo cena)* Menú 18 €
◆ Antigua casa de labranza llevada por un amable matrimonio. Presenta un acogedor salón-comedor con chimenea, un patio-jardín y habitaciones rústicas de suficiente confort.

QUINTANILLA DE ONÉSIMO – Valladolid – 575 H16 – 1 140 h. – alt. 745 m — 12 C2

Madrid 215 – Aranda de Duero 63 – Valladolid 38

Posada Fuente de la Aceña hab,
camino del Molino 47350 – 983 68 09 10 – www.fuenteacena.com
22 hab – †73/80 € ††98/104 €
Rest – *(cerrado domingo noche y lunes)* Menú 38 €
◆ Instalado parcialmente en un antiguo molino a orillas del Duero. Las habitaciones, ubicadas en un edificio anexo, presentan una línea funcional-actual y baños modernos. El restaurante, dotado con dos salas de aire rústico-actual, ofrece una cocina creativa.

ESPAÑA

en la carretera N 122 Este : 3 km

Arzuaga hab,
km 325 ✉ 47350 Quintanilla de Onésimo – ☎ 983 68 70 04 – www.hotelarzuaga.com
96 hab – 114 € 151 € – 5 suites **Rest** – Menú 45 €
◆ Forma parte de la bodega Arzuaga y cuenta con un anexo de estética actual, donde está la recepción. Habitaciones de gran nivel y un completo SPA, con servicios de vinoterapia. El restaurante, de aire rústico, tiene dos salas ubicadas en terrazas acristaladas.

QUINTANILLA DEL AGUA – Burgos – 575 F19 – 527 h. – alt. 851 m 12 C2

Madrid 213 – Burgos 45 – Palencia 88 – Soria 131

El Batán del Molino
El Molino, Sur : 1 km ✉ 09347 – ☎ 947 17 47 15 – www.elbatandelmolino.com – cerrado enero
9 hab – 50 € 60 €, 6 € **Rest** – *(solo cena) (solo clientes)* Menú 15 €
◆ Molino del s. XI emplazado en un paraje muy tranquilo y de agradables exteriores. Su arquitectura tradicional combina el ladrillo y la piedra con las vigas en madera vista.

QUINTUELES – Asturias – 572 B13 – 578 h. 5 B1

Madrid 475 – Oviedo 41

Bal H. hab, hab,
carret. N-632 , Sur : 2 km ✉ 33314 – ☎ 985 34 19 97 – www.balhotel.com
44 hab – 90/290 € 95/300 € – 1 suite
Rest ***Doble Q*** – *(cerrado lunes salvo verano)* Menú 25/60 € – Carta 34/50 €
◆ Destaca tanto por el confort de las habitaciones como por su agradable zona social, con un piano-bar y una curiosa salita de proyecciones que conserva las antiguas butacas del Teatro Jovellanos. Moderno SPA y restaurante de cocina actual.

RÁBADE – Lugo – 571 C7 – 1 723 h. 20 C2

Madrid 530 – A Coruña 79 – Lugo 15 – Ponferrada 133

Coto Real
av. A Coruña 107 ✉ 27370 – ☎ 982 39 00 12 – www.cotoreal.com
40 hab – 39/75 € 50/93 €, 6 €
Rest ***Asador Coto Real*** – ver selección restaurantes
◆ Hotel de línea moderna situado en el centro de la localidad. Presenta una correcta zona noble y coquetas habitaciones, no muy espaciosas pero con materiales de calidad.

XX **Asador Coto Real** – Hotel Coto Real
av. A Coruña 107 ✉ 27370 – ☎ 982 39 00 12 – www.cotoreal.com
Rest – Carta 30/47 €
◆ Este restaurante tiene cierto prestigio en la zona y basa su oferta tanto en asados como en carnes a la brasa. Amplia sala de línea actual presidida por un gran horno de leña.

RABANAL DEL CAMINO – León – 575 E11 – alt. 1 150 m 11 A1

Madrid 353 – León 67 – Ponferrada 34 – Zamora 86

La Posada de Gaspar
Real 27 ✉ 24722 – ☎ 987 63 16 29 – www.laposadadegaspar.com – cerrado 20 días en enero-febrero
11 hab – 38/41 € 50/54 €, 6 € **Rest** – Carta 14/34 €
◆ Esta atractiva casa conserva los ideales de la arquitectura regional, con muchos detalles en piedra y sobrias habitaciones de aire rústico. Está muy orientada al peregrino. En su espacioso restaurante podrá degustar las especialidades propias de esta tierra.

RACÓ DE SANTA LLUCÍA – Barcelona – ver Vilanova i la Geltrú

ESPAÑA

RÁFALES - Teruel - **574** J30 - **170 h.** - **alt. 627 m** **4** C3

Madrid 456 – Zaragoza 143 – Teruel 192 – Castelló de la Plana/Castellón de la Plana 149

La Alquería

pl. Mayor 9 ✉ 44589 – ✆ 978 85 64 05 – www.lalqueria.net
6 hab – 59/85 € 72/85 €
Rest – *(cerrado domingo noche)* Carta 28/49 €
◆ Esta antigua casa restaurada compensa su ausencia de espacios sociales con unas habitaciones de línea actual, casi todas con mobiliario en forja y baños de plato ducha. El restaurante se encuentra en la planta baja del edificio y en él podrá degustar una cocina tradicional actualizada.

¿Desayuno incluido? La taza aparece junto al número de habitaciones.

RAÍCES - A Coruña - **571** D4 **19** B2

Madrid 604 – Santiago de Compostela 9 – A Coruña 81 – Pontevedra 60

Casa do Cruceiro sin rest

✉ 15895 – ✆ 981 54 85 96 – www.casadocruceiro.com
7 hab – 36/44 € 54/66 €, 5 €
◆ Cuidada casa de piedra con un pequeño jardín y piscina. Acogedora zona social y confortables habitaciones dotadas de mobiliario antiguo e hidromasaje en todos los baños.

RANDA - Balears - ver Balears (Mallorca)

RASCAFRÍA - Madrid - **576** - **575** J18 - **2 004 h.** - **alt. 1 163 m** **22** A1

Madrid 78 – Segovia 51

Cartuja de El Paular★ (iglesia : retablo★★)

Santa María de El Paular

rest,

carret. M 604, Sur : 1,5 km ✉ 28741 – ✆ 918 69 10 11 – www.sheratonelpaular.com – cerrado enero
44 hab – 89/169 € – 5 suites
Rest *Dom Lope* – Menú 25/70 € – Carta 43/70 €
◆ Instalado en una antigua y hermosa hospedería, junto al monasterio del s. XV del que toma su nombre. Bello patio porticado y equipadas habitaciones de línea clásica. El restaurante ofrece una carta tradicional castellana especializada en asados y carnes rojas.

El Valle sin rest

av. del Valle 39 ✉ 28740 – ✆ 918 69 12 13 – www.hotelruralelvalle.com
30 hab – 40 € 60 €, 3 €
◆ Un alojamiento de estilo rústico-actual y agradable ambiente familiar. Cuenta con una coqueta zona social y unas habitaciones bien actualizadas, todas con los baños renovados.

Los Calizos con hab

carret. de Miraflores, Este : 1 km ✉ 28740 – ✆ 918 69 11 12 – www.loscalizos.com
12 hab – 60 € 80 € **Rest** – Carta 30/49 €
◆ Ubicado en pleno campo, con una terraza ajardinada y unas salas de aire rústico. Cocina tradicional actualizada que sorprende tanto por los productos como por su elaboración. También ofrece habitaciones por si quiere disfrutar del Parque Natural de Peñalara.

El RASO - Ávila - ver Candeleda

RAXO – Pontevedra – 571 E3 – 1 051 h. 19 A2

Madrid 626 – Santiago de Compostela 77 – Pontevedra 14 – Viana do Castelo 129

en Serpe Norte : 1,5 km

Pepe Vieira (Xosé T. Cannas)
camiño da Serpe ✉ 36992 Raxó – ✆ 986 74 13 78 – www.pepevieira.com – cerrado domingo noche y lunes
Rest – *(solo almuerzo salvo fines de semana y verano)* Menú 63/79 € – Carta 42/54 €
Espec. Sardina marinada con torrija en caldo de cebiche. Merluza de pincho frita en un rebozado de huevo, ajo asado y perejil, con mayonesa de lima. Dim sum de caldo gallego.
◆ Restaurante de estética moderna y cuidados exteriores llevado entre dos hermanos. En su comedor, diáfano, luminoso y de ambiente minimalista, podrá descubrir las elaboraciones propias de una cocina creativa y dos sugerentes menús degustación.

REBOREDO – Pontevedra – ver O Grove

REDONDELA – Pontevedra – 571 F4 – 30 067 h. 19 B3

Madrid 600 – Santiago de Compostela 83 – Pontevedra 24 – Viana do Castelo 104

O Xantar de Otelo
av. Estación de Ferrocarril 27 ✉ 36800 – ✆ 986 40 15 20 – www.oxantardeotelo.com – cerrado domingo noche y lunes
Rest – Carta 25/35 €
◆ Este negocio familiar cuenta con sus propios barcos de pesca, por lo que siempre ofrece pescados y mariscos de calidad a precios interesantes. Cocina gallega con especialidades, como la Caldereta de pescados o las Zamburiñas a la plancha.

REGENCÓS – Girona – 574 G39 – 315 h. – alt. 78 m 15 B1

Madrid 721 – Barcelona 128 – Girona/Gerona 42 – Perpignan 115

Del Teatre
pl. Major ✉ 17214 – ✆ 972 30 62 70 – www.hoteldelteatre.com – abril-octubre
7 hab – †104/192 € ††130/240 €
Rest *La Cuina del Teatre* – *(cerrado lunes y martes) (solo cena salvo fines de semana y julio-agosto)* (reserva aconsejable) Carta 37/48 €
◆ Disfruta de una correcta zona social y amplias habitaciones, donde combinan la estética actual con los detalles de vanguardia. El restaurante, que ocupa un antiguo teatro al otro lado de la calle, posee un espacio para comidas informales y otro, a modo de cubo negro, para el servicio a la carta.

Els REGUERS – Tarragona – 574 J31 – 626 h. 13 A3

Madrid 546 – Castelló de la Plana/Castellón de la Plana 134 – Tarragona 93 – Tortosa 7

El Celler d'en Panxampla con hab
carret. d'Alfara, Norte : 0,5 km ✉ 43527 – ✆ 977 47 41 35 – www.elcellerdenpanxampla.com
4 hab – ††110 €
Rest – *(cerrado domingo noche y lunes)* Menú 35 € – Carta 25/40 €
◆ Masía de aire rústico con cuyo nombre se recuerda a un legendario bandolero. Su comedor ocupa un antiguo molino de aceite y cuenta con una parrilla a la vista del cliente. Sus coquetas habitaciones están personalizadas con nombres de diferentes vientos de la zona y dan continuidad al ambiente rústico del negocio.

Calau
Cabassers 26 ✉ 43527 – ✆ 977 47 40 05 – cerrado martes noche y miércoles
Rest – Carta 20/33 €
◆ Negocio de organización familiar dotado con un bar público y un sencillo comedor de aire rústico. Ofrece una carta tradicional y su especialidad son las carnes a la brasa.

REINOSA - Cantabria - **572** C17 - **10 277 h. - alt. 850 m - Balneario en Fontibre - Deportes de invierno en Alto Campóo, Oeste : 25 Km : 13 1** **8** B2

Madrid 355 – Burgos 116 – Palencia 129 – Santander 69

av. Puente de Carlos III - 23, 942 75 52 15, www.aytoreinosa.es

Pico de Tres Mares★★★ (★★★) Oeste : 26 km y telesilla

Villa Rosa sin rest

Héroes de la Guardia Civil 4 ✉ 39200 – 942 75 47 47 – www.villarosa.com

12 hab – 40/45 € 50/85 €

◆ Hotelito de ambiente clásico instalado en una hermosa villa de principios del s. XX. Ofrece unos cuidados exteriores, un pequeño SPA y habitaciones bastante bien equipadas.

en Alto Campóo Oeste : 25 km

Corza Blanca

alt. 1 660 ✉ 39200 Reinosa – 942 77 92 50 – www.altocampoo.com – cerrado octubre-noviembre y mayo

68 hab – 56/67 € 61/84 €, 10 € **Rest** – Carta 20/30 €

◆ Establecimiento de montaña de aspecto moderno y funcional. Disfruta de una amplia zona social, acogedoras habitaciones y una gran oferta para practicar deportes al aire libre. En su luminoso comedor podrá degustar una cocina fiel al recetario tradicional.

REIS - Pontevedra - ver Sanxenxo

RENTERÍA - Guipúzcoa - ver Errenteria

REQUENA - Valencia - **577** N26 - **21 448 h. - alt. 292 m** **16** A2

Madrid 279 – Albacete 103 – València 69

García Montes s/n, 96 230 38 51, www.requena.es

La Villa

pl. Albornoz 8 ✉ 46340 – 962 30 12 75 – www.hotellavillarestaurante.com

18 hab – 36/40 € 55 €, 4 €

Rest – *(cerrado 7 días en junio, 7 días en septiembre y domingo noche)*
Menú 15 € – Carta 14/25 €

◆ Hotelito de organización familiar ubicado en la principal plaza del casco histórico. Disfruta de una pequeña terraza y cuidadas habitaciones, todas con muebles de época. El restaurante, de estilo rústico-regional, ofrece una carta sencilla a precios ajustados.

REQUIJADA - Segovia - **575** I18 - **19 h. - alt. 1 107 m** **12** C2

Madrid 127 – Valladolid 107 – Segovia 41

Posada de las Vegas

La Ermita 17 ✉ 40173 – 921 12 70 08 – www.posadalasvegas.es

6 hab – 70/90 € 75/95 € **Rest** – (es necesario reservar) Carta 32/46 €

◆ Aquí la tranquilidad está garantizada. Dispone de un confortable salón social y unas cálidas habitaciones de estilo rústico, con equipamiento actual y la viguería a la vista. Su coqueto restaurante trabaja sobre una reducida carta especializada en bacalaos.

REUS - Tarragona - **574** I33 - **106 622 h. - alt. 134 m** **13** B3

Madrid 547 – Barcelona 118 – Castelló de la Plana/Castellón de la Plana 177 – Lleida/Lérida 90

de Reus por ② : 3 km 902 404 704

pl. Mercadal 3, 977 01 06 70, www.reusturisme.cat

Reus Aigüesverds, carret. de Cambrils km 1,8 - Mas Guardi, 977 75 27 25

Localidad★ - Casa Navàs★★ BY – Palau Bofarull★ BY

Universal Studios Port Aventura★★★ por ③

Planos páginas siguientes

ESPAÑA

REUS

Street	Grid	No.
Alt del Carme	AZ	3
Amargura	BY	4
Baluard (Pl. del)	BZ	7
Barreres	BZ	8
Bertran de Castellet	BX	9
Bisbe Borràs	AX	10
Castell (Pl.)	BY	12
Comte de Reus (Pl. de)	AZ	13
Doctor Codina Castellví	AZ	15
Font	BZ	16
Francesc Bartrina	AX	18
Galera	BYZ	21
Galió	BY	22
Hospital	BY	24
Josep Anselm Clavé	BY	25
Josep Anselm Clavé (Pl.)	CY	27
Josep M. Arnavat i Vilaró	CY	28
Josep Sardà i Cailà	AY	30
Jueus (Carreró dels)	BZ	31
Major	BZ	33
Mar	BY	34
Marià Benlliure	BZ	36
Mercadal (Pl. del)	BY	37
Mestres (Closa de)	BZ	38
Misericordia (Pssg de)	AZ	39
Monsenyor Higini Anglès	CZ	40
O'Donnell	ABZ	42
Pallol (Raval del)	BY	43
Pintor Fortuny (Pl. del)	AY	45
Pintor Tapiró (Avgd. del)	AX	46
Puríssima Sang (Pl. de la)	CY	48
Ramón J. Sender	BZ	49
Rigoberta Menchu	AZ	50
Robuster (Raval de)	BZ	52
Sales (Raseta de)	BZ	54
Salvador Espriu Misericordia	BY	55
Santa Anna (Raval de)	BY	66
Sant Elíes	AY	56
Sant Francesc Xavier	BZ	57
Sant Jaume	BZ	58
Sant Miquel	BY	61
Sant Pere (Raval de)	BY	63
Sant Vicenç	BY	64
Segle XX (Avgd. del)	AX	69
Selva del Camp	BY	72
Vallroquetas	BY	73
Vapor Nou	AY	74
Víctor (Pl. del)	AX	75
Vidre	BY	78

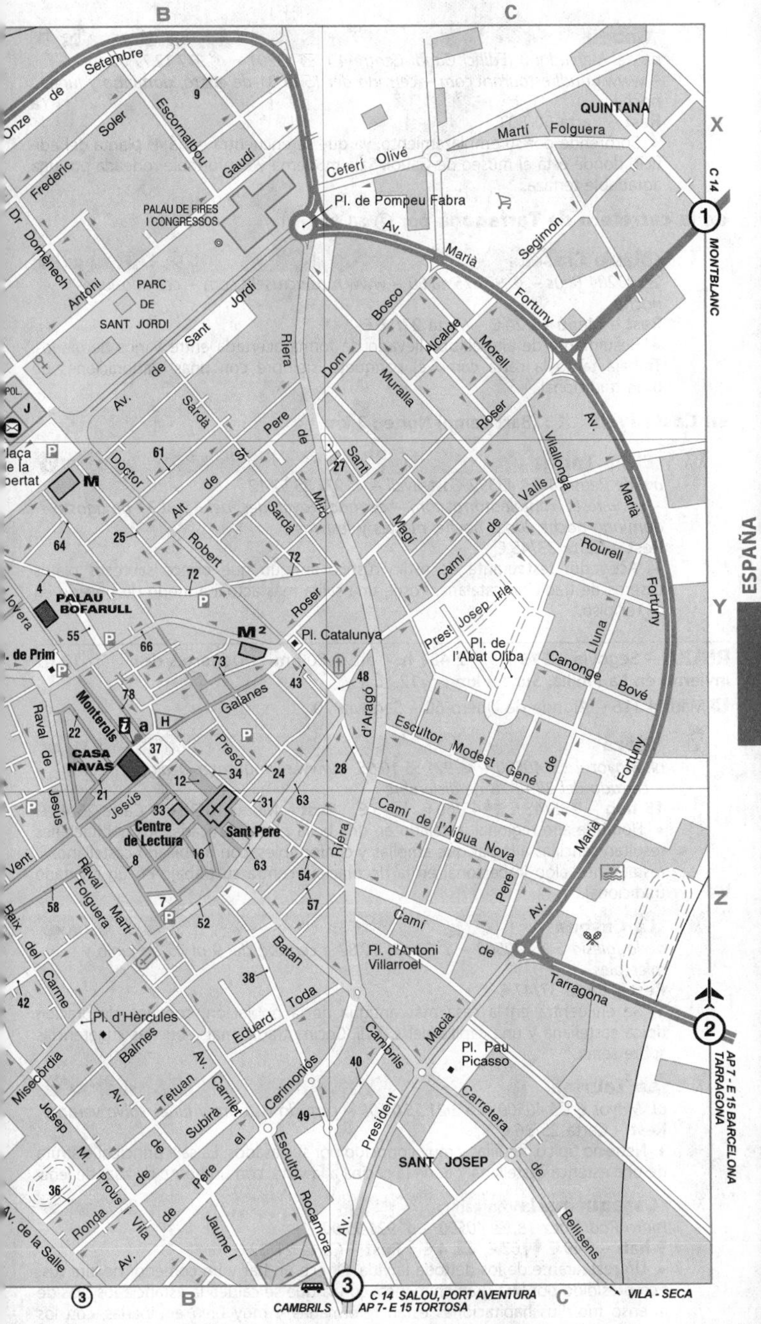

B
C
X
Y
Z
ESPAÑA
QUINTANA
PALAU DE FIRES I CONGRESSOS
PARC DE SANT JORDI
Pl. de Pompeu Fabra
PALAU BOFARULL
CASA NAVÀS
Centre de Lectura
Sant Pere
Pl. Catalunya
Pl. de l'Abat Oliba
Pl. d'Antoni Villarroel
Pl. d'Hèrcules
Pl. Pau Picasso
SANT JOSEP
C 14 MONTBLANC
AP 7 - E 15 BARCELONA TARRAGONA
C 14 SALOU, PORT AVENTURA
AP 7 - E 15 TORTOSA
CAMBRILS
VILA - SECA

XX **Gaudir**

pl. del Mercadal 3 (Edifici Gaudí Centre-4°) ✉ 43201 – ☎ 977 12 77 02 – www.gaudirestaurant.com – cerrado del 15 al 31 de enero, domingo y lunes noche BYa

Rest – Carta 50/80 €

◆ Sorprende por su emplazamiento, ya que se encuentra en la 4ª planta del edificio donde está el museo de Gaudí. Sala moderna y confortable rodeada por una agradable terraza.

en la carretera de Tarragona por ② : 1 km

X **Masía Crusells**

✉ 43204 Reus – ☎ 977 75 40 60 – www.masiacrusells.com – cerrado lunes noche

Rest – Menú 18/24 € – Carta 27/56 €

◆ Restaurante de aire clásico llevado de forma acertada entre varios hermanos. Trabaja tanto la carta como el banquete, siempre con unas elaboraciones de base tradicional.

en Castellvell AX : (Baix Camp) Norte : 2 km

XX **El Pa Torrat**

av. de Reus 24 ✉ 43392 Castellvell – ☎ 977 85 52 12 – www.restaurantelpatorrat.com – cerrado Navidades, del 15 al 31 de agosto, domingo noche, lunes noche, martes y festivos

Rest – Carta 33/45 €

◆ Acogedor restaurante de estilo rústico antiguo que ofrece sabrosos platos caseros de tradición catalana. Posee una salita más actual a modo de privado en el 1er piso.

ESPAÑA

RIAZA - **Segovia** - **575** I19 - **2 481 h.** - **alt. 1 200 m** - **Deportes de invierno en La Pinilla, Sur : 9 km : 12 1** **12** C2

Madrid 116 – Aranda de Duero 60 – Segovia 70

Plaza

pl. Mayor 4 ✉ 40500 – ☎ 921 55 10 55 – www.restautanteplazaiguazu.com – cerrado del 22 al 28 de diciembre

15 hab – †35/45 € ††45/60 €, ☕ 5 € **Rest** – Menú 10/30 € – Carta 25/43 €

◆ Hotel de aire regional instalado en una bella plaza porticada. Sus habitaciones resultan sencillas a la par que amplias y confortables, con mobiliario castellano. El restaurante, algo impersonal en la decoración, centra su trabajo en un recetario tradicional.

X **La Casona**

de la Iglesia 5 ✉ 40500 – ☎ 921 55 10 82 – cerrado del 9 al 25 de junio y miércoles

Rest – Carta 37/47 €

◆ Se encuentra en la casa más antigua de la población, con una decoración típica castellana y una capilla del s. XVII. Cocina tradicional y buenas sugerencias sobre setas.

X **La Taurina**

pl. Mayor 6 ✉ 40500 – ☎ 921 55 01 05 – cerrado octubre y lunes salvo verano

Rest – Carta 25/36 €

◆ Negocio típico, familiar y muy conocido por sus asados. La sala principal disfruta de una estética castellana y tiene la cocina a la vista, con un horno de asar de leña.

X **Casaquemada** con hab

Isidro Rodríguez 18 ✉ 40500 – ☎ 921 55 00 51

9 hab – †49 € ††63 €, ☕ 4 € **Rest** – Carta 21/32 €

◆ Un restaurante de los de toda la vida. Ofrece un bar y un comedor de aire rústico presidido por una gran chimenea, con la que se caldea la estancia los días de intenso frío. Sus habitaciones están reformadas y muy bien equipadas, con los suelos en moqueta.

RIBADEO - Lugo - 571 B8 - 9 988 h. - alt. 46 m 20 D1

Madrid 591 - A Coruña 158 - Lugo 90 - Oviedo 169

Dionisio Gamallo Fierros 7, ✆ 982 12 86 89

Puente ≤ ★

Parador de Ribadeo ≤ rest,

Amador Fernández 7 ✉ 27700 – ✆ 982 12 88 25 – www.parador.es

47 hab – †110/138 € ††137/173 €, ☕ 16 € – 1 suite **Rest** – Menú 32 €

♦ En un paraje de gran belleza, dominado por la ría y los pueblos asturianos de la otra orilla. La mayoría de sus habitaciones disfrutan de galería-mirador y buenas vistas. En el restaurante, de aire rústico, podrá descubrir deliciosas especialidades gallegas.

O Cabazo hab, rest,

Río do Amalló 1 ✉ 27700 – ✆ 982 12 85 17 – www.hotelrestauranteocabazo.com

38 hab – †36/70 € ††45/90 €, ☕ 9 €

Rest – *(cerrado domingo noche salvo julio-octubre)* Menú 12 €

♦ Tras su ampliación se presenta con una zona social renovada, con una parte acristalada, así como nuevas y confortables habitaciones de ambiente clásico-colonial. El comedor, bastante luminoso y con detalles rústicos, disfruta de unas agradables vistas.

Casona de Lazúrtegui sin rest

Julio Lazúrtegui 26 ✉ 27700 – ✆ 982 12 00 97 – www.hotelcasona.com – cerrado 22 diciembre - 22 enero

29 hab – †35/48 € ††54/81 €, ☕ 7 €

♦ Hotel con encanto instalado en una casa señorial de finales del s. XIX. Ofrece elegantes habitaciones, todas con mobiliario de estilo antiguo y algún detalle en piedra.

Bouza sin rest, con cafetería

José Vicente Pérez Martínez 13 ✉ 27700 – ✆ 982 13 00 87 – www.hotelbouza.com

28 hab – †30/48 € ††45/60 €, ☕ 5 €

♦ Céntrico y de cuidadas instalaciones. Encontrará unas habitaciones muy correctas de línea funcional-actual, destacando todas aquellas que además tienen vistas a la ría.

Balastrera

Carlos III-37 ✉ 27700 – ✆ 982 12 00 21 – www.balastrera.es – cerrado 20 diciembre-10 febrero

8 hab – †30/60 € ††50/84 €, ☕ 6 € **Rest** – Menú 12 €

♦ Llamativa casa de principios del s. XX con cuyo nombre se recuerda una antigua locomotora. Espacioso salón social, habitaciones clásicas y una agradable terraza con césped. Su coqueto restaurante a la carta se encuentra en un edificio anexo.

Rolle sin rest

Ingeniero Schulz 6 ✉ 27700 – ✆ 982 12 06 70 – www.hotelrolle.com

10 hab ☕ – †45/90 € ††60/90 €

♦ Hotel con encanto instalado en el centro del pueblo, en una casona de piedra del s. XVIII. Ofrece habitaciones muy confortables y un buen desayuno, con productos de calidad.

A.G. Porcillán sin rest

Guimaran 5 (muelle de Porcillán) ✉ 27700 – ✆ 982 12 05 70 – www.hotelagporcillan.com – cerrado 15 diciembre-15 enero

11 hab – †30/40 € ††50/80 €, ☕ 4 €

♦ ¡Coqueto, muy familiar y cuidado al detalle! Posee varios tipos de habitaciones: seis de línea náutica, dos neorrústicas y tres más actuales; además, dos están abuhardilladas.

ESPAÑA

San Miguel

porto deportivo ✉ 27700 – ✆ 982 12 97 17 – www.restaurantesanmiguel.org – cerrado del 9 al 28 de enero, domingo noche y lunes noche salvo julio-agosto
Rest – Menú 18 € – Carta 31/58 €
◆ Lo mejor es su emplazamiento en el puerto deportivo, con una preciosa terraza de verano y fantásticas vistas. Cocina tradicional marinera con platos gallegos y asturianos.

en Vilaframil Oeste : 5 km

La Villa con hab

carret. N 634 - km 559 ✉ 27797 Vilaframil – ✆ 982 12 30 01 – www.hotelrestaurantelavilla.com – cerrado del 15 al 31 de diciembre y domingo noche
10 hab – †30/45 € ††45/75 € **Rest** – Menú 20 € – Carta 21/35 €
◆ El restaurante centra la actividad de este negocio familiar, que tiene un pequeño bar y tres salas de correcto montaje en la 1ª planta, con los suelos y las vigas en madera. También ofrece unas cuidadas habitaciones, las del piso superior semi-abuhardilladas.

en Vilela Suroeste : 6 km

Casa Doñano

✉ 27714 Vilela – ✆ 982 13 74 29 – www.casadonano.com – cerrado 15 diciembre-15 marzo
9 hab – †71/117 € ††103/141 €, 10 €
Rest – *(solo clientes, solo cena)* Carta aprox. 40 €
◆ Esta antigua casa de labranza perteneció a un indiano y se encuentra en plena naturaleza. Recrea un ambiente hogareño que combina el confort actual con mobiliario de época.

ESPAÑA

RIBADESELLA – Asturias – 572 B14 – 6 301 h. – Playa 5 C1

Madrid 485 – Gijón 67 – Oviedo 84 – Santander 128
Paseo Princesa Letizia, ✆ 98 586 00 38, www.ribadesella.es
Cuevas Tito Bustillo★ (pinturas rupestres★)

El Jardín de Eugenia sin rest

Palacio Valdés 22 ✉ 33560 – ✆ 985 86 08 05 – www.eljardindeugenia.com
14 hab – †73/100 € ††90/128 €
◆ Rompe un poco con la estética de los hoteles de la zona, pues es moderno y tiene detalles de vanguardia. Ofrece habitaciones de buen confort, en la 2ª planta abuhardilladas.

en la playa

G.H. del Sella

Ricardo Cangas 17 ✉ 33560 Ribadesella – ✆ 985 86 01 50 – www.granhoteldelsella.com – abril-octubre
77 hab – †80/115 € ††125/175 € – 4 suites **Rest** – Carta 30/58 €
◆ Se encuentra en 1ª línea de playa y está instalado parcialmente en el antiguo palacio de verano de los marqueses de Argüelles, dotado con elegantes dependencias. Completo SPA. El restaurante ofrece una carta tradicional, con varios arroces y platos marineros.

Ribadesella Playa sin rest

Ricardo Cangás 3 ✉ 33560 Ribadesella – ✆ 985 86 07 15 – www.hotelribadesellaplaya.com – abril-octubre
17 hab – †59/90 € ††73/130 €
◆ Instalado en una elegante villa que tiene acceso directo a la playa. Adecuada zona noble y confortables habitaciones de aire clásico, destacando las que ofrecen vistas al mar.

Verdemar sin rest
Elías Pando 19 ✉ 33560 Ribadesella – ✆ 985 86 17 17 – www.hotelverdemar.net – cerrado 19 diciembre-19 enero
12 hab – 45/90 € 60/140 €
◆ Próximo al mar. Tanto la zona social como la cafetería pueden parecer algo pequeñas, sin embargo sus habitaciones son correctas, con mobiliario funcional y baños actuales.

El Corberu sin rest
Ardines - Suroeste : 1,5 km ✉ 33569 Ribadesella – ✆ 985 86 01 13 – www.elcorberu.com – cerrado 11 diciembre-febrero
8 hab – 40/60 € 52/75 €, 6 €
◆ Turismo rural ubicado en una tranquila ladera, con vistas al valle del Sella y a las montañas. Posee un cálido salón social con chimenea y unas coquetas habitaciones.

La Huertona
carret. de Junco, Suroeste : 1,5 km ✉ 33560 Ribadesella – ✆ 985 86 05 53 – www.restaurantelahuertona.com – cerrado 15 días en junio, 15 días en octubre, lunes noche y martes salvo julio-agosto
Rest – Carta 44/50 €
◆ Negocio de organización familiar con cierto prestigio y reconocimiento en la zona. Pequeño bar de espera y un cuidado comedor, muy luminoso y con vistas a los alrededores.

por la carretera de Collía

La Biesca sin rest
Sebreño - Suroeste : 2,5 km ✉ 33567 Ribadesella – ✆ 985 86 00 00 – www.labiesca.com – cerrado octubre
11 hab – 45/65 € 55/75 €, 6 €
◆ Acogedor hotelito con habitaciones de correcto confort, en un bello entorno natural. A destacar el atractivo porche y la gran sala de desayunos con arcos en ladrillo visto.

El Carmen sin rest
El Carmen, Suroeste : 4 km ✉ 33567 El Carmen – ✆ 985 86 12 89 – www.hotelelcarmen.com – cerrado 18 diciembre-11 marzo
8 hab – 46/70 € 50/78 €, 7 €
◆ Casa de nueva construcción que reproduce el estilo arquitectónico de la zona. Ofrece unas acogedoras dependencias de aire rústico y cuenta con un agradable entorno ajardinado.

en la carretera AS 263 Este : 4,5 km

Camangu sin rest
Camango ✉ 33568 Camango – ✆ 985 85 76 46 – www.camangu.com – cerrado enero y febrero
10 hab – 40/60 € 50/70 €
◆ Hotelito familiar ubicado junto a la carretera, en un bello paraje. Posee un acogedor salón social, donde sirven los desayunos, y unas cálidas habitaciones de línea clásica.

en Junco

Paraje del Asturcón
Suroeste : 4 km ✉ 33560 – ✆ 985 86 05 88 – www.parajedelasturcon.com
10 hab – 40/80 € 60/100 €, 5 € – 1 suite
Rest – (es necesario reservar) Carta 19/37 €
◆ Resulta tranquilo y disfruta de excelentes vistas. Aquí encontrará un acogedor salón social con chimenea y habitaciones rústicas de notable amplitud, algunas abuhardilladas.

ESPAÑA

Mirador del Sella sin rest
Suroeste : 4,5 km ✉ 33569 Junco – ☎ 985 86 18 41 – www.miradordelsella.com – 15 marzo-12 octubre
13 hab – 🛉89 € 🛉🛉128 €, ☕ 11 €
◆ Su propietario ha sabido sacarle partido al hermoso entorno circundante. Buen salón social y confortables habitaciones de línea actual, algunas con hidromasaje en los baños.

La Calma sin rest
El Escayón 8- Suroeste : 3 km ✉ 33569 Junco – ☎ 985 86 18 04 – www.la-calma.es – cerrado 12 enero-12 febrero
5 hab ☕ – 🛉🛉75/120 €
◆ Pequeño hotel rural llevado por un matrimonio inglés. Ofrece habitaciones de aire rústico-actual, no muy amplias pero con buenos detalles de acogida y unas vistas agradables.

RIBERA DE CARDÓS – Lleida – 574 E33 – alt. 920 m — 13 B1

Madrid 614 – Lleida/Lérida 157 – Sort 21
Valle de Cardós★

Sol i Neu
Llimera 1 ✉ 25570 – ☎ 973 62 31 37 – 15 marzo-15 diciembre
27 hab – 🛉35/38 € 🛉🛉59/63 €, ☕ 7 €
Rest – *(solo clientes, solo menú)* Menú 20 €
◆ Establecimiento llevado en familia, dotado de unas instalaciones sencillas pero decorosas, en un bello paraje. Habitaciones de distinto confort que van renovando poco a poco.

RIBES DE FRESER – Girona – 574 F36 – 1 930 h. – alt. 920 m – Balneario — 14 C1

Madrid 689 – Barcelona 118 – Girona/Gerona 101
pl. Ajuntament 3, ☎ 972 72 77 28, www.vallderibes.cat
Vall de Núria★ (tren cremallera ≤★★)

Resguard dels Vents
camí de Ventaiola, Norte : 1 km ✉ 17534 – ☎ 972 72 88 66 – www.hotelresguard.com – cerrado 21 días en noviembre
16 hab ☕ – 🛉120/150 € 🛉🛉134/200 € – 1 suite
Rest – Menú 25 € – Carta 29/51 €
◆ Una buena opción para disfrutar de la estancia y el entorno en pareja, pues se encuentra en la falda de una montaña. Fachadas en piedra, buen SPA y magníficas vistas al valle. En su restaurante elaboran una sencilla carta de tinte actual.

Els Caçadors
Balandrau 24 ✉ 17534 – ☎ 972 72 70 77 – www.hotelsderibes.com – cerrado noviembre
36 hab – 🛉25/36 € 🛉🛉25/43 €, ☕ 8 € **Rest** – Menú 15/23 €
◆ Llevado por la 4ª generación de la misma familia. Presenta unas habitaciones bastante detallistas y de línea actual, en algunos casos hasta con cromoterapia en los baños. El restaurante, que tiene un menú para los clientes alojados, ofrece una carta regional.

Catalunya Park H.
passeig Mauri 9 ✉ 17534 – ☎ 972 72 71 98 – www.catalunyaparkhotels.com – Semana Santa y 20 junio-26 septiembre
55 hab ☕ – 🛉45/68 € 🛉🛉68/78 € **Rest** – *(solo menú)* Menú 15 €
◆ ¡Destaca por su trato, muy cercano y familiar! Encontrará un amplio jardín con piscina, una correcta zona social y habitaciones espaciosas a la par que funcionales. El comedor, diáfano y luminoso, elabora un menú tradicional con hasta nueve platos a elegir.

ESPAÑA

Catalunya
Sant Quintí 37 ✉ 17534 – ✆ 972 72 70 17 – www.catalunyaparkhotels.com
23 hab – 36/67 € 62/67 € **Rest** – Menú 14 €
◆ Es sencillo y funcional, sin embargo su gran atractivo está en el exquisito trato familiar que brindan a sus clientes... por eso algunos les son fieles desde hace 50 años. El comedor, de estilo clásico algo anticuado, basa su oferta en un correcto menú diario.

RICOTE – Murcia – 577 R25 – 1 441 h. – alt. 400 m 23 B2

Madrid 371 – Archena 10 – Cieza 15 – Cehegín 40

El Sordo
Alharbona ✉ 30610 – ✆ 968 69 71 50 – www.elsordo.es – cerrado julio y lunes
Rest – Menú 30 € – Carta 30/40 €
◆ Este moderno restaurante dispone de un bar público y un comedor actual, con detalles de diseño. Ofrece una carta tradicional variada en la que destacan los platos de caza.

Sa RIERA (Playa de) – Girona – ver Begur

RIÓPAR – Albacete – 576 Q22 – 1 486 h. – alt. 1 139 m 10 C3

Madrid 295 – Albacete 119 – Ciudad Real 173 – Valdepeñas 108

Riópar sin rest
Choperas 2 ✉ 02450 – ✆ 967 43 51 91 – www.hotelriopar.com
30 hab – 50/80 € 75/85 €
◆ Sólida construcción de montaña. Ofrece una correcta zona social y cálidas habitaciones dotadas con suelos en madera, mobiliario en forja y en la mayoría de los casos balcón.

RIOTURBIO – Cantabria – ver Comillas

RIPOLL – Girona – 574 F36 – 10 991 h. – alt. 682 m 14 C1

Madrid 651 – Barcelona 105 – Girona 84 – Encamp 120
pl. de l'Abat Oliba, ✆ 972 70 23 51
Localidad★ - Antiguo Monasterio de Santa María★ (portada★★★, iglesia★, claustro★)
San Juan de las Abadesas★ : puente medieval★, Monasterio★★ (iglesia★ : descendimiento de la Cruz★★, claustro★) Noreste : 10 km

Reccapolis
carret. Sant Joan 68 (C 151a) ✉ 17500 – ✆ 972 70 21 06 – www.reccapolis.com – cerrado 23 agosto-19 septiembre
Rest – *(solo almuerzo salvo viernes y sábado)* Menú 25 € – Carta 30/47 €
◆ Este restaurante posee tres acogedoras salas, coloristas y de línea clásica-modernista, así como un coqueto balcón-terraza con vistas al río. Cocina tradicional actualizada.

RIUDARENES – Girona – 574 G38 – 2 123 h. – alt. 84 m 15 A1

Madrid 693 – Barcelona 80 – Girona/Gerona 27

La Brasa
carret. Santa Coloma 21 ✉ 17421 – ✆ 972 85 60 17 – www.labrasa.com – cerrado julio
19 hab – 35/45 € 70/75 €
Rest *La Brasa* – ver selección restaurantes
◆ Modesto hotelito de organización familiar. Presenta unas habitaciones sencillas y funcionales, destacando todas tanto por su nivel de limpieza como por sus baños.

ESPAÑA

La Brasa – Hotel La Brasa

carret. Santa Coloma 21 ✉ 17421 – ☎ 972 85 60 17 – www.labrasa.com – cerrado julio y lunes salvo festivos

Rest – *(solo almuerzo)* Carta 16/27 €

♦ Negocio familiar formado por cuatro salas rústicas de sencillo montaje, dos de ellas instaladas en una bodega con barricas de vino. Cocina catalana casera y platos a la brasa.

RIVAS-VACIAMADRID – Madrid – 576 – 575 L19 – 70 840 h. – alt. 590 m

22 B2

Madrid 20 – Toledo 81 – Segovia 118 – Guadalajara 61

La Rotonda

paseo Las Provincias (C.C. Covibar 2) ✉ 28523 – ☎ 916 66 93 65 – cerrado domingo noche

Rest – Carta 30/52 €

♦ Restaurante familiar emplazado en un gran centro comercial de Rivas Urbanizaciones. Decoración rústica y mobiliario en mimbre. Carta tradicional con muchas sugerencias.

ROBLEDILLO DE LA VERA – Cáceres – 576 L13 – 300 h.

18 C1

Madrid 214 – Mérida 182 – Cáceres 140

El Haldón Country sin rest

carret. Robledillo a Cuartos, Norte : 1km ✉ 10493 – ☎ 927 57 10 04 – www.hotelhaldoncountry.com

18 hab – 62/78 € 92/125 €

♦ Hotel con encanto instalado en una finca arbolada. Posee una sala para eventos, un salón social con chimenea, habitaciones de línea actual y una singular piscina climatizada.

ROBLEDO DE CHAVELA – Madrid – 576 – 575 K17 – 3 876 h. – alt. 903 m

22 A2

Madrid 84 – Ávila 98 – Segovia 75 – Toledo 111

Rincón de Traspalacio

Traspalacio 24 ✉ 28294 – ☎ 918 98 15 30 – www.rincondetraspalacio.com

20 hab – 67/83 € 83/102 € **Rest** – Carta 27/45 €

♦ Destaca por su estética rústica-elegante, con un espacio interior ajardinado, una acogedora zona social y habitaciones personalizadas en su decoración. El restaurante ofrece una carta reducida pero cuidada, con opción a menús, carnes y platos tradicionales.

ROCAFORT – Valencia – 577 N28 – 6 748 h. – alt. 35 m

16 B2

Madrid 361 – València 9

Été

Francisco Carbonell 33 ✉ 46111 – ☎ 961 31 11 90 – www.eterestaurante.com – cerrado 7 días en marzo, Semana Santa, del 10 al 31 de agosto, domingo, lunes y festivos

Rest – Carta 32/37 €

♦ Acogedora sala de ambiente clásico decorada con carteles antiguos y una chimenea. Sus fogones son fieles al recetario internacional, predominando el de inspiración francesa.

El ROCÍO – Huelva – 578 U10

1 A2

Madrid 607 – Huelva 67 – Sevilla 78

Parque Nacional de Doñana★★★

La Malvasía rest,

Sanlúcar 38 ✉ 21750 – ✆ 959 44 38 70 – www.lamalvasiahotel.com – cerrado del 19 al 27 de diciembre
16 hab – 50/110 € 60/120 €
Rest – *(cerrado lunes y martes) (solo cena en agosto)* Carta aprox. 35 €
◆ Tras su atractiva fachada encalada encontrará unas habitaciones acogedoras y bien equipadas, cada una de ellas personalizada para combinar detalles clásicos y rústicos. El restaurante presenta un montaje actual y una carta de cocina tradicional.

Toruño

pl. del Acebuchal 22 ✉ 21750 – ✆ 959 44 23 23 – www.toruno.es
30 hab – 59/350 € 80/350 € **Rest** – Menú 16 €
◆ En un emplazamiento privilegiado junto a las marismas de Doñana. Posee habitaciones funcionales, con buen nivel de confort y equipamiento. El restaurante, de estilo rústico andaluz y dotado con buenas vistas, se encuentra en un edificio anexo.

en la carretera de Matalascañas **Suroeste : 4 km**

El Cortijo de los Mimbrales rest, rest,

✉ 21750 Almonte – ✆ 959 44 22 37 – www.cortijomimbrales.com
26 hab – 90/100 € 100/125 € – 6 apartamentos
Rest – *(cerrado domingo noche y lunes salvo verano)* Carta 25/40 €
◆ Antiguo poblado convertido en atractivo conjunto rústico con habitaciones y apartamentos, en una extensa finca de naranjos. Las albercas y el jardín centran su oferta lúdica. El comedor se complementa con una espléndida terraza.

La RODA – Albacete – 576 O23 – 16 299 h. – alt. 716 m 10 C2

Madrid 210 – Albacete 37

Flor de la Mancha

Alfredo Atienza 139 ✉ 02630 – ✆ 967 44 09 00 – www.flordelamancha.com
76 hab – 45/50 € 65/75 €, 7 € **Rest** – Menú 15 € – Carta 18/36 €
◆ Pequeño hotel ubicado a la salida de la localidad. Las habitaciones resultan amplias y confortables en su categoría, con mobiliario en madera maciza de buena calidad. El restaurante, cálido y de cierto aire castellano, se complementa con un privado.

Juanito con hab rest,

Mártires 15 ✉ 02630 – ✆ 967 54 80 41 – www.hoteljuanito.com
29 hab – 27 € 52/60 €, 4 €
Rest – *(cerrado domingo noche)* Carta 21/43 €
◆ Dispone de una cafetería y un comedor clásico-elegante repartido en dos zonas, donde podrá degustar una cocina bastante variada. Bodega completa en su categoría. Como complemento cuentan con unas habitaciones de muy buen confort y estilo clásico-actual.

RODA DE ISÁBENA – Huesca – 574 F31 – 36 h. – alt. 751 m 4 D1

Madrid 491 – Huesca 106 – Lleida/Lérida 95

Hospedería de Roda de Isábena

pl. de la Catedral ✉ 22482 – ✆ 974 54 45 54 – www.hospederia-rdi.com – cerrado 20 al 30 de diciembre
10 hab – 35/50 € 45/65 €, 8 €
Rest *Hospedería La Catedral* – ver selección restaurantes
◆ Un remanso de paz y tranquilidad en el interior de un sobrio edificio medieval. Posee unas habitaciones equipadas con mobiliario actual, casi todas con balcón o terraza.

ESPAÑA

Hospedería La Catedral – Hotel Hospedería de Roda de Isábena
pl. Pons Sorolla ✉ 22482 – ✆ 974 54 45 45
– www.hospederia-rdi.com – cerrado 20 al 30 de diciembre y domingo noche salvo verano
Rest – Carta 19/31 €
◆ Emplazado en un refectorio cisterciense, con vistas al bonito claustro del s. XII. Su interior recrea un cálido ambiente con las paredes y bóveda en piedra.

RODALQUILAR – Almería – 578 V23 – 155 h. 2 D2

Madrid 587 – Sevilla 456 – Almería 52

Rodalquilar hab, rest,
paraje de los Albacetes, Oeste : 0,7 km ✉ 04115 – ✆ 950 38 98 38
– www.hotelrodalquilar.com
25 hab – 54/121 € 121/176 € **Rest** – Menú 18 € – Carta 28/44 €
◆ Hotel horizontal definido por tener su propia sala de exposiciones y distribuirse en torno a un patio, con una piscina y palmeras. Habitaciones clásicas de correcto confort. Restaurante de adecuado montaje donde se ofrece una reducida carta tradicional.

ROIS – A Coruña – 571 D4 19 B2

Madrid 638 – A Coruña 98 – Pontevedra 41 – Santiago de Compostela 46

Casa Ramallo
Castro 5 ✉ 15911 – ✆ 981 80 41 80 – cerrado 24 diciembre-2 enero y lunes
Rest – *(solo almuerzo)* Carta aprox. 32 €
◆ Negocio familiar fundado en 1898. Encontrará una sala clásica con las paredes en piedra y una carta de palabra que destaca tanto por los guisos como por su exquisita lamprea.

ROJALES – Alicante – 577 R27 – 20 953 h. – alt. 125 m 16 A3

Madrid 436 – Valencia 197 – Alacant/Alicante 43 – Murcia 66

La Marquesa, av. Justo Quesada, ✆ 96 671 42 58

en la carretera CV 895 Sureste : 8 km

La Laguna hab,
av. Antonio Quesada 53 - urb. Doña Pepa ✉ 03170 Rojales – ✆ 965 72 55 77
– www.hotellalaguna.com
95 hab – 60/100 € 80/120 € **Rest** – Carta 30/48 €
◆ Cercano a los Parques Naturales de Las Lagunas. Dispone de habitaciones cálidas y confortables, donde se miman los detalles. Buena oferta en servicios complementarios. Su restaurante elabora una carta actual-creativa y se complementa con una terraza-grill.

La ROMANA – Alicante – 577 Q27 – 2 602 h. 16 A3

Madrid 406 – Valencia 165 – Alacant / Alicante 45 – Murcia 80

La Romana hab, rest,
Partida Casa Azorín, Sur : 1 km ✉ 03669 – ✆ 966 19 26 00
– www.laromanahotel.es
18 hab – 64/93 € 75/111 €
Rest – *(cerrado domingo noche)* Carta 24/44 €
◆ Casa de campo ubicada a las afueras de la localidad. Presenta una recepción minimalista, un sobrio salón social y unas habitaciones de línea actual, algunas con terraza. El comedor ofrece dos salas de montaje actual y una carta de tinte tradicional.

ROMANYÀ DE LA SELVA – Girona – 574 G38 – 145 h. 15 B1

Madrid 710 – Barcelona 103 – Girona 32 – Perpignan 125

XX Can Roquet

pl. de l'Esglesia 1 ✉ 17240 – ✆ 972 83 30 81 – www.canroquet.com – cerrado 15 noviembre-febrero, lunes y martes mediodía

Rest – Carta 34/53 €

◆ Se encuentra en un pequeño pueblo de montaña, instalado en una antigua casa de piedra que destaca por su coqueta decoración. Cocina actual elaborada de influencias francesas.

RONCESVALLES – Navarra – ver Orreaga

RONDA – Málaga – 578 V14 – 36 909 h. – alt. 750 m 1 A3

Madrid 612 – Algeciras 102 – Antequera 94 – Cádiz 149

pl. de España 9, ✆ 95 216 93 11, www.andalucia.org

paseo Blas Infante, ✆ 952 18 71 19, www.turismoderonda.es

Localidad★★ - La Ciudad★★ – Puente Nuevo★ Y - Jardines de Forestier★ Y**A** – Baños árabes★ Z – Minarete de San Sebastián★ Z**F** – Santa María la Mayor★ Z – Palacio de Mondragón★★ : Museo de la Ciudad Z**M4** – Arco de Cristo ≤★★ Y – Plaza de Toros★ Y**M6** – Templete de la Virgen de los Dolores★ Y**V**

Iglesia rupestre de la Virgen de la Cabeza★ ≤★★ 2,7 km por ③ – Cueva de la Pileta★ 20 km por ①. carretera★★ de Ronda a San Pedro de Alcántara por ②

Plano página siguiente

Parador de Ronda

pl. de España ✉ 29400 – ✆ 952 87 75 00 – www.parador.es Y**a**

78 hab – †138/148 € ††173/185 €, ☐ 18 € **Rest** – Menú 33 €

◆ Ubicado al borde del Tajo. Posee un buen hall-recepción, cubierto por una cúpula moderna, y habitaciones de completo equipamiento, todas con los suelos en tarima. En su comedor, muy luminoso y de montaje clásico, encontrará una cocina de tinte regional.

Montelirio

Tenorio 8 ✉ 29400 – ✆ 952 87 38 55 – www.hotelmontelirio.com Y**b**

15 hab – †100 € ††150 €, ☐ 10 €

Rest *Albacara* – Menú 38 € – Carta 26/39 €

◆ Casa-palacio del s. XVII dotada de impresionantes vistas al Tajo. Posee habitaciones personalizadas en su decoración, un patio y una espectacular terraza-balconada. Desde algunas mesas de su restaurante también se disfruta de una magnífica panorámica.

San Gabriel sin rest

Marqués de Moctezuma 19 ✉ 29400 – ✆ 952 19 03 92 – www.hotelsangabriel.com – cerrado 21 diciembre-9 enero y del 19 al 31 de julio Z**v**

22 hab – †66/78 € ††88/98 €, ☐ 6 €

◆ Mansión señorial del s. XVIII que conserva el encanto de un pasado noble. Cuenta con un coqueto patio, bellas habitaciones de ambiente clásico y un personal sumamente atento.

Reina Victoria

av. Dr. Fleming 25, por ① ✉ 29400 – ✆ 952 87 12 40 – www.hotelreinavictoria.es

88 hab ☐ – †70/100 € ††90/120 € **Rest** – Menú 20 €

◆ Atractivo edificio de aire inglés emplazado al borde del Tajo, con espléndidas vistas al valle y a la serranía de Ronda. Posee amplias habitaciones y una elegante zona noble. En su comedor, de ambiente clásico-funcional, le propondrán una carta tradicional.

RONDA

Armiñán .... YZ
Carmen Abela (Pl. de) .... Y 5
Cerillo .... Y
Descalzos (Pl. de los) ..... Y
Doctor Fleming (Av.)....... Y 6
Duquesa de Parcent
(Pl. de la) .... Z 8
España (Pl. de) .... Y 12
Espinel (Carrera de) .... Y
Gigante (Pl. del) .... Y 14
González Campos......... Z 15
Imágenes (Cuesta de làs) . Z 18
Juan José de Puya....... Y 3
María Auxiliadora (Pl.) .... Z 2
Marqués de Salvatierra ... Z 21
Merced (Pl. de la).......... Y 24
Padre Mariano Soubirón .. Y 26
Peñas .... Y
Poeta Abul-Beca (Pl.) ..... Z 27
Prado Nuevo.............. Z
Real....................... Y
Ruedo Alameda (Pl.)....... Z
Ruedo Gameros........... Z 29
Santa Cecilia .... Y 30
Santo Domingo .... Y 33
Sevilla.................... Y
Sor Ángela................ Z 34
Tenorio .... YZ
Virgen de la Paz .... Y 36
Virgen de los Dolores...... Y

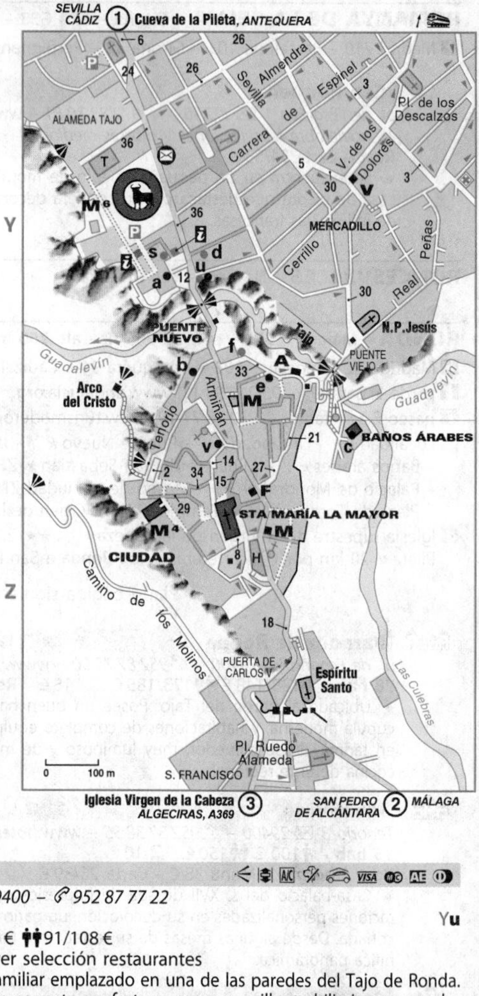

ESPAÑA

Don Miguel
pl. de España 4 ✉ 29400 – ✆ 952 87 77 22 – www.dmiguel.com Yu
30 hab ☕ – 🚹59/70 € 🚹🚹91/108 €
Rest *Don Miguel* – ver selección restaurantes
◆ Hotel de carácter familiar emplazado en una de las paredes del Tajo de Ronda. Ofrece habitaciones de correcto confort, unas con sencillo mobiliario provenzal y otras en forja.

Alavera de los Baños sin rest
Hoyo San Miguel ✉ 29400 – ✆ 952 87 91 43 – www.alaveradelosbanos.com – cerrado enero Zc
9 hab ☕ – 🚹60/65 € 🚹🚹79/88 €
◆ Se encuentra junto a los baños árabes, con una decoración en colores vivos, un pequeño patio-jardín con alberca y unas coquetas habitaciones, la mayoría con ducha de obra.

Ronda sin rest y sin ☕
Ruedo Doña Elvira 12 ✉ 29400 – ✆ 952 87 22 32 – www.hotelronda.net Ye
5 hab – 🚹52/77 € 🚹🚹67/92 €
◆ Antigua casa rehabilitada. Casi no tiene zona social, sin embargo, compensa este detalle con unas habitaciones cuidadas y en vivos colores, todas con baños de plato ducha.

XXX **Tragabuches**
José Aparicio 1 ✉ 29400 – ✆ 952 19 02 91 – www.tragabuches.com – cerrado domingo noche y lunes Y**s**
Rest – Carta 54/64 €
◆ Este restaurante destaca por su emplazamiento, pues ocupa un edificio del s. XIX con interiorismo de vanguardia. Cocina de base tradicional bien actualizada.

XX **Casa Santa Pola**
Santo Domingo 3 ✉ 29400 – ✆ 952 87 92 08 – cerrado jueves Y**f**
Rest – Carta 28/56 €
◆ Preciosa casa de origen árabe dotada con múltiples salitas y balcones, algunos colgados literalmente sobre el Tajo. Cocina tradicional y rondeña de excelente elaboración.

X **Don Miguel** – Hotel Don Miguel
pl. de España 5 ✉ 29400 – ✆ 952 87 10 90 – www.dmiguel.com – cerrado domingo mediodía en verano Y**u**
Rest – Carta 20/40 €
◆ Disfruta de una situación privilegiada, con bellas terrazas a modo de balcones escalonados sobre el Tajo. Salas sencillas y acogedoras dotadas de un correcto montaje.

Tragatapas
Nueva 4 ✉ 29400 – ✆ 952 87 72 09 – cerrado domingo noche en invierno
Rest – Tapa 3 € – Ración aprox. 13 € Y**d**
◆ Bar de tapas ubicado en una céntrica calle peatonal. Ofrece una terraza y una sala de montaje actual, con varias pizarras en las que informan sobre sus pinchos y raciones.

en la carretera A 374 por ① :

La Fuente de la Higuera
5,5 km y desvío a la derecha 3,2 km - Partido de los Frontones ✉ 29400 Ronda – ✆ 952 16 56 08 – www.hotellafuente.com
7 suites – **††**179/245 € – 4 hab
Rest – ✆ 952 11 43 55 (es necesario reservar) Menú 28/42 €
◆ Elegante mansión rural dotada con magníficas vistas a los olivares. Lujo y confort a su servicio, con amplias habitaciones que destacan por mimar cada detalle. El restaurante ofrece una carta desenfadada al mediodía y platos más elaborados por la noche.

ROQUETAS DE MAR – Almería – 578 V22 – 85 808 h. — 2 D2

Madrid 562 – Sevilla 437 – Almería 23 – Granada 164
av. del Mediterráneo 2, ✆ 950 33 32 03

XXX **Alejandro** (Alejandro Sánchez)
av. Antonio Machado 32 ✉ 04740 – ✆ 950 32 24 08 – www.restaurantealejandro.es – cerrado 2ª quincena de enero, 2ª quincena de mayo, domingo noche, lunes y martes noche
Rest – *(solo menú)* Menú 40/60 €
Espec. Gachas con caldo de pimentón y gamba blanca. Salmonete de roca sin trabajo con un guiso de trigo yodado. El americano del kiosko Amalia.
◆ Moderno restaurante situado en la zona del puerto. Ofrece un hall con sofás, un comedor de cuidado montaje, dejando la cocina a la vista, y dos privados. Elaboraciones actuales, ligeras y bien presentadas, siempre a través de unos sugerentes menús degustación.

ROQUETES – Tarragona – ver Tortosa

ROSES (ROSAS) – Girona – 574 F39 – 20 418 h. – Playa — 14 D3

Madrid 763 – Barcelona 153 – Girona/Gerona 56
av. de Rhode 77, ✆ 972 25 73 31, www.roses.cat
Localidad★ – Ciudadela★

Terraza rest,
av. Rhode 32 ✉ 17480 – ☎ 972 25 61 54 – www.hotelterraza.com – cerrado enero-marzo
100 hab – 76/172 € 95/214 € – 5 suites
Rest – Menú 43 € – Carta 30/53 €
◆ Se encuentra en pleno paseo marítimo, donde está llevado, de forma impecable, por la 3ª generación de la misma familia. Encontrará una variada zona social, habitaciones de línea clásica-actual y un coqueto SPA con solárium en la 5ª planta. El restaurante tiene mucha luz natural y un correcto montaje.

Ramblamar
av. de Rhode 153 ✉ 17480 – ☎ 972 25 63 54 – www.hotelramblamar.com – Semana Santa-15 octubre
52 hab – 50/70 € 59/120 € **Rest** – Menú 18/24 €
◆ Hotel de línea actual e instalaciones funcionales situado frente a la playa. Todas sus habitaciones ofrecen buen confort y terraza, aunque destacan las 16 con vistas directas al mar. El restaurante-cafetería de la planta baja está orientado al cliente externo, pero hay un comedor reservado al cliente alojado.

Risech rest,
av. de Rhode 185 ✉ 17480 – ☎ 972 25 62 84 – www.hotelsrisech.com
78 hab – 40/59 € 49/97 € **Rest** – Menú 20/27 € – Carta aprox. 42 €
◆ ¡Repartido entre varios edificios ubicados frente al mar! Cuenta con unas dependencias muy funcionales... aunque las más interesantes, por sus vistas, son las que poseen terraza y están en las últimas plantas. El comedor, que trabaja muy bien con menús, está claramente enfocado al cliente exterior.

ESPAÑA

XX **Flor de Lis**
Cosconilles 47 ✉ 17480 – ☎ 972 25 43 16 – www.flor-de-lis.com – Semana Santa-10 octubre
Rest – *(cerrado martes salvo julio-septiembre) (solo cena)* Menú 45/59 € – Carta 38/53 €
◆ ¡Instalado en una antigua y hermosa casa de piedra! Encontrará dos salas de inspiración rústica, con el techo abovedado y las mesas distribuidas por acogedores rincones. Su carta se muestra fiel a la tradición culinaria francesa.

XX **Die Insel**
Pescadors 17 ✉ 17480 – ☎ 972 25 71 23 – www.dieinsel.info – cerrado 10 enero-10 marzo y martes
Rest – Carta 35/64 €
◆ Llevado por su chef-propietario, un alemán afincado desde hace años en la localidad. En su carta, tradicional e internacional, encontrará platos tan dispares como el Tartar de ternera sobre torta de patata con caviar o la Lubina a la sal.

en la urbanización Santa Margarida Oeste : 2 km

Marítim hab,
Jacinto Benavente 2 ✉ 17480 Roses – ☎ 972 25 63 90 – www.hotelmaritim.es – abril-octubre
144 hab – 65/85 € 90/130 € **Rest** – Menú 14 €
◆ Negocio familiar ubicado en 1ª línea de playa. Disfruta de unas habitaciones funcionales pero de línea actual, todas con terraza, destacando las que poseen vistas frontales al mar. Atractiva cafetería asomada al Mediterráneo y correcto restaurante-buffet, con especialidades frías y calientes.

Monterrey rest,
passeig Marítim 72 ✉ 17480 Roses – ☎ 972 25 76 50 – www.hotelmonterreyroses.com – 15 marzo-octubre
135 hab – 51/84 € 69/134 € **Rest** – Menú 17 €
◆ Situado en 1ª línea de playa y con acceso directo a la misma. Disfruta de una completa zona social y habitaciones de correcto confort, con baños reducidos y terraza. El amplio comedor, que centra su trabajo en el servicio de buffet, disfruta de unas agradables vistas a la piscina.

Montecarlo hab, rest,

av. de la Platja 2 ✉ 17480 Roses – ✆ 972 25 66 73 – www.hotelmontecarlo.net – cerrado 16 noviembre-26 diciembre y 2 enero-14 marzo

126 hab – 57/80 € 75/130 € **Rest** – *(solo buffet)* Menú 15 €

◆ Bien situado frente al mar. Posee una zona social bastante actual, una sala de reuniones y correctas habitaciones dotadas de mobiliario clásico, todas con terraza. El comedor, diáfano y de sencillo montaje, centra su actividad en el servicio de buffet.

en la playa de Canyelles Petites Sureste : 2,5 km

Vistabella rest,

av. Díaz Pacheco 26 ✉ 17480 Roses – ✆ 972 25 62 00 – www.hotelvistabella.com – 15 abril-15 octubre

21 hab – 110/295 € 135/320 € – 8 suites

Rest ***Els Brancs*** – ver selección restaurantes

Rest – Carta aprox. 55 €

◆ Goza de un magnífico emplazamiento frente a una cala y posee una agradable terraza ajardinada. Acogedoras habitaciones y espléndidas suites, la real de estética surrealista.

Els Brancs – Hotel Vistabella

av. Díaz Pacheco 26 ✉ 17480 Roses – ✆ 972 25 62 00 – www.elsbrancs.com – abril-octubre

Rest – *(cerrado lunes) (solo cena)* Menú 45/120 € – Carta 54/98 €

◆ Ofrece una refrescante estética mediterránea, con un buen servicio de mesa y una bella terraza abierta al mar. Cocina creativa con acertada conjunción de técnica y producto.

en la Urbanización Mas Buscà Norte : 3 km

San Carlos hab,

Solsonès 19-21 ✉ 17480 Roses – ✆ 972 25 43 00 – www.hotel-sancarlos.com – Semana Santa-septiembre

110 hab – 52/120 € 65/150 € **Rest** – *(solo buffet)* Menú 18/28 €

◆ Este hotel vacacional se encuentra a las afueras de la localidad y está rodeado de instalaciones deportivas. Posee suficientes zonas sociales y unas habitaciones funcionales. El comedor resulta sencillo a la par que original, ya que combina las paredes pintadas con otras en piedra.

en la playa de La Almadraba Sureste : 3 km

Almadraba Park H. hab, rest,

✉ 17480 Roses – ✆ 972 25 65 50 – www.almadrabapark.com – 4 abril-14 octubre

60 hab – 115/155 € 146/240 € – 6 suites

Rest – Menú 43 € – Carta 35/95 €

◆ Atractivo hotel de cuidados exteriores, emplazado en una pequeña colina con terrazas ajardinadas sobre la bahía. Confortables habitaciones equipadas con baños modernos. Luminoso comedor desde donde se contempla el mar.

ROTA – **Cádiz** – **578** W10 – **28 904 h.** – **Playa** 1 A2

Madrid 653 – Cádiz 45 – Sevilla 128

Cuna 2, ✆ 956 84 63 45

Villa vieja★ – Iglesia de Nuestra Señora de la O★ – Playa de la Costilla★

Duque de Nájera hab,

Gravina 2 ✉ 11520 – ✆ 956 84 60 20 – www.hotelduquedenajera.com

92 hab – 65/155 € 65/193 €, 13 €

Rest ***El Embarcadero*** – ver selección restaurantes

Rest ***La Bodega*** – *(solo buffet)* Menú 30 €

◆ Magnífico, de ambiente clásico-actual y emplazado en 1ª línea de playa. Ofrece espléndidas instalaciones y unas habitaciones bastante luminosas, la mitad de ellas con terraza y vistas al mar.

ESPAÑA

XX **El Embarcadero** - Hotel Duque de Nájera
Gravina 2 ✉ 11520 – ✆ 956 84 60 20
– www.hotelduquedenajera.com
Rest – Carta 28/45 €
♦ Disfruta de un acceso independiente y se presenta con una estética de gusto marinero-actual... sin caer en los tipismos. La cercanía al puerto pesquero habla por si sola de su carta, bien elaborada y ahora con una línea más tradicional.

en la carretera de Chipiona Oeste : 2 km

Playa de la Luz hab,
av. Diputación ✉ 11520 Rota – ✆ 956 81 05 00
– www.hotelplayadelaluz.com – cerrado noviembre-enero
228 hab – 56/155 €, 11 €
Rest – *(junio-septiembre)* Menú 24 € – Carta 20/50 €
♦ Complejo hotelero ubicado en 1ª línea de playa, con varios pabellones y jardines. El aire decorativo andaluz inunda sus completas dependencias. El restaurante, que se complementa con una gran terraza, sabe combinar la carta con un buen buffet para las cenas.

La Espadaña hab,
av. Diputación 150, Oeste : 2,5 km ✉ 11520 Rota – ✆ 956 84 61 03
– www.hotelespadana.com
40 apartamentos – 75/145 €
Rest – Carta 29/40 €
♦ Conjunto de aire regional emplazado frente a un pinar y cerca de la playa. Distribuye sus apartamentos en varios edificios, todos con cocina, terraza y unos baños actuales. En su comedor encontrará una sencilla carta de cocina tradicional y diversas raciones.

ESPAÑA

Las ROZAS DE MADRID – Madrid – 576 – 575 K18 – 88 065 h. – alt. 718 m 22 A2

Madrid 20 – Segovia 75 – Toledo 97 – Ávila 97

en la autovía A 6

G.H. Las Rozas hab,
Chile 2, Norte : 6 km - vía de servicio, salida 24 ✉ 28290 Las Rozas de Madrid
– ✆ 916 30 84 10 – www.granhotellasrozas.com
90 hab – 75/189 €, 15 €
Rest – Menú 20 €
♦ Hotel de estética moderna. Su acogedora zona social se complementa con varias salas de reunión y unas espaciosas habitaciones, todo con mobiliario funcional-actual de calidad. El restaurante propone una reducida carta de cocina tradicional actualizada.

RUBIELOS DE MORA – Teruel – 574 L28 – 772 h. – alt. 929 m 3 B3

Madrid 357 – Castelló de la Plana/Castellón de la Plana 93 – Teruel 56
pl. Hispano América 1, ✆ 978 80 40 01

De la Villa rest,
pl. del Carmen 2 ✉ 44415 – ✆ 978 80 46 40 – www.hotel-de-la-villa.com
– cerrado del 4 al 14 de julio
14 hab – 68 € 92/102 €
Rest – *(cerrado domingo noche y lunes)* Menú 15 € – Carta 30/48 €
♦ Casa palaciega del s. XV dotada de un precioso hall social. Disfruta de unas correctas habitaciones de estilo antiguo, con los techos en madera y ladrillo visto. Su elegante restaurante goza de un cuidado montaje y se complementa con una agradable terraza.

Montaña Rubielos

av. de los Mártires ✉ 44415 – ✆ 978 80 42 36 – www.hotelrubielos.com
36 hab – 50/63 € 77/100 €
Rest – Menú 16 €
♦ Conjunto de correcta distribución rodeado por un amplio jardín. Posee habitaciones funcionales de buen confort, todas ellas con mobiliario actual y baños completos. Comedor luminoso y de adecuado montaje.

RUENTE – Cantabria – **572** C17 – **1 048 h.** **8** B1

Madrid 440 – Santander 54 – Palencia 204

La Fuentona sin rest

Ruente 1 ✉ 39513 – ✆ 942 70 91 65 – www.posadalafuentonaenruente.com – cerrado del 15 al 30 de noviembre
9 hab – 25/40 € 45/65 €
♦ Toma el nombre de un manantial próximo, donde nace un pequeño riachuelo. Ofrece un buen salón, con mesa para los desayunos, y unas acogedoras habitaciones de línea clásica.

Casa Nacho González

Barrio Monasterio ✉ 39513 – ✆ 942 70 91 25 – www.restaurantecasanachogonzalezenruente.com
Rest – Menú 37 € – Carta 23/40 €
♦ Tras su terraza encontrará un bar a modo de taberna típica, con la cocina abierta a un lado, y en el piso superior un salón de aire rústico. Cocina tradicional y a la brasa.

¿Buena cocina sin arruinarse? Busque los Bib Gourmand. ¡Le ayudarán a encontrar las buenas mesas sabiendo unir la cocina de calidad y el precio ajustado!

ESPAÑA

SABADELL – Barcelona – **574** H36 – **207 338 h.** – **alt. 188 m** **15** B3

Madrid 626 – Barcelona 23 – Lleida/Lérida 169 – Mataró 47

R.A.C.C. av. Barberà 56 ✆ 93 711 94 72

Planos páginas siguientes

Urpí hab,

av. 11 Setembre 40 ✉ 08208 – ✆ 937 23 54 19 – www.hotelurpi.com
126 hab – 37/42 € 46/55 €, 9 € BX**c**
Rest – *(solo cena salvo fines de semana.)* Carta aprox. 30 €
♦ Negocio familiar de larga trayectoria. Ofrece una correcta recepción y habitaciones con diferentes tipos de confort, las renovadas de mejor equipamiento y línea más moderna. El restaurante, bastante clásico, se complementa con una concurrida cafetería.

Can Feu

Pintor Borrassà 43 ✉ 08205 – ✆ 937 26 27 91 – www.restaurantcanfeu.com – cerrado agosto, sábado noche, domingo y festivos
Rest – Menú 35/55 € – Carta 32/51 € AZ**e**
♦ Trabaja bastante. En cualquiera de sus salas, de líneas clásicas, podrá degustar una cocina tradicional especializada en pescados y mariscos, con un buen apartado de arroces.

Forrellat

Horta Novella 27 ✉ 08201 – ✆ 937 25 71 51 – www.forrellatcatering.com – cerrado Semana Santa, 21 días en agosto, domingo noche y lunes BZ**d**
Rest – Menú 35/60 € – Carta 33/67 €
♦ Este negocio, llevado por un matrimonio, ofrece una sala de línea minimalista e impecable montaje. Carta tradicional de tendencia catalana y algunos platos internacionales.

SABADELL

Street	Grid	No.
Advocat Cirera	BY	2
Angel Guimera	BZ	3
Borriana	BY	4
Can Feu (Pg.)	AYZ	5
Casanovas i Bosch	CY	6
Doctor Puig	BY	8
Doctor Robert (Pl.)	BY	7
Escola Industrial	BY	10
Església	BY	11
Francesc Izard	CX	12
Joan Maragall	BY	14
Lluís Carreras	AX	15
Lluna	BY	17
Mare de Deu de les Neus	BY	18
María Fortuny	BY	19
Mestre Rius	BY	20
Monterols	BX	22
Mossèn Gaietà	BZ	23
Narcisa Freixas	CY	24
Pedregar	BY	25
Prats de Lluçanès (Ctra. de)	AX	27
Puigcerda	AZ	28
Rosa	BY	29
Sant Antoni	BY	31
Sant Antoni M Claret	BY	32
Sant Feliu	BY	33
Sant Francesc	BY	34
Sant Roc (Pl.)	BY	35

ESPAÑA

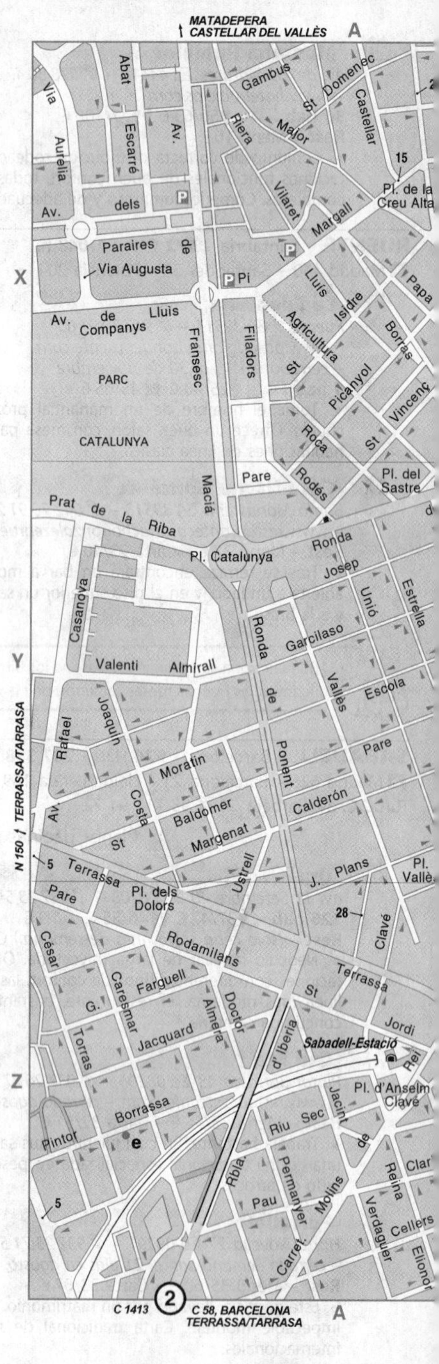

MATADEPERA
CASTELLAR DEL VALLÈS
C 155, GRANOLLERS
C 1413, CALDES DE MONTBUI
C 58
Santa Maria de Barberà
A 18
Sabadell-Rambla
SABADELL-CENTRE
PARC TAULÍ
TORRE DE L'AIGUA
ST. SALVADOR
LA PURÍSSIMA
ST FELIU
ST ANTONI
ESCOLA TEXTIL D'ARTS I OFICIS
ESPAÑA

S'ABANELL (Playa de) - Girona - ver Blanes

SABIÑÁNIGO - Huesca - 574 E28 - 10 383 h. - alt. 798 m 4 C1

Madrid 443 - Huesca 53 - Jaca 18

av. del Ejército 27, 974 48 42 72, www.turismodearagon.com

Villa Virginia

av. del Ejército 25 (salida Huesca) 22600 - 974 48 44 40 - www.hotelvillavirginia.com - cerrado del 12 al 27 de octubre

22 hab - 78/115 € 80/130 €

Rest - *(cerrado domingo noche)* Menú 23 € - Carta 24/39 €

◆ Ocupa un antiguo edificio en piedra, con amplias zonas nobles y unas habitaciones muy espaciosas definidas por el confort, la calidad del mobiliario y los suelos en madera. El luminoso restaurante sustenta su carta con platos propios del recetario tradicional.

SACEDÓN - Guadalajara - 575 - 576 K21 - 1 839 h. - alt. 740 m 10 C1

Madrid 107 - Guadalajara 51

Mariblanca sin

pl. de Abajo 2 19120 - 949 35 00 44 - www.hotelmariblanca.com

31 hab - 28 € 47 €

Rest - *(cerrado fines de semana en septiembre y domingo noche)* Carta 25/37 €

◆ Posee una amplia cafetería y una reducida zona social. Las habitaciones, correctas aunque de sencillo mobiliario, se distribuyen en anexos en torno al jardín y la piscina. Comedor de cálida decoración que tiene en el cabrito asado la especialidad de la casa.

ESPAÑA

S' AGARÓ - Girona - 574 G39 - Playa 15 B1

Madrid 717 - Barcelona 103 - Girona/Gerona 42

Localidad★ (<★)

Hostal de La Gavina

rest,

pl. de la Rosaleda 17248 - 972 32 11 00 - www.lagavina.com - Semana Santa-12 octubre

60 hab - 215/380 €, 32 € - 14 suites

Rest *Candlelight* - Menú 65/81 € - Carta 62/70 €

◆ Un gran hotel dotado de hermosos exteriores y amplias instalaciones, en general decoradas con antigüedades, donde combinan el confort con la elegancia. Fitness e hidroterapia. El exquisito restaurante Candlelight hace gala de un bellísimo patio señorial.

Barcarola

Pau Picasso 1 - 19 17220 - 972 32 69 32 - www.barcarola.com

44 hab - 70/130 € 85/145 € **Rest *Las Dunas*** - Carta 24/45 €

◆ Ubicado en 2ª línea de playa y repartido entre dos edificios, uno con la mayoría de las zonas sociales y el otro con las habitaciones, todas con terraza y de línea actual. Su restaurante ofrece una completa carta internacional con algunos platos tradicionales.

Sant Pol

rest,

platja de Sant Pol 125 17248 - 972 32 10 70 - www.hotelsantpol.com - cerrado noviembre

22 hab - 61/107 € 75/176 €

Rest - *(cerrado jueves salvo junio-septiembre)* Menú 20 €

◆ Destaca por su emplazamiento en 1ª línea de playa. En general posee habitaciones de línea actual, algunas con jacuzzi, todas con terraza y de mayor confort las renovadas. El restaurante, que recrea tres ambientes en su sala, ofrece una buena carta tradicional.

La Taverna del Mar

platja de Sant Pol 17248 - 972 32 38 00 - www.latavernadelmar.com - cerrado 15 diciembre-26 febrero

Rest - Menú 86 € - Carta 55/80 €

◆ Un restaurante definido por su privilegiado emplazamiento en la playa y por su decoración mediterránea de aire marinero. Trabaja con pescados y mariscos de excelente calidad.

SAGÀS - Barcelona - **574** F35 - **141 h. - alt. 738 m** **14** C2

Madrid 617 - Barcelona 105 - Escaldes-Engordany 112 - Encamp 124

por la carretera C 154 Sur : 1,5 km y desvío a la derecha 0,5 km

XX **Els Casals** (Oriol Rovira) con hab — hab, AC, P, VISA

Finca Els Casals ✉ 08517 Sagàs – ✆ 938 25 12 00 – www.hotelelscasals.com – cerrado del 2 al 24 de enero y del 1 al 9 de octubre

10 hab – 58/100 € 102/162 €

Rest – *(cerrado lunes y martes salvo verano) (solo almuerzo salvo viernes, sábado y verano)* Menú 54/100 € – Carta 45/60 €

Espec. Terrina de pulpo, panceta, anguila ahumada y ensalada de chicorias. Cadera de vaca asada con pimientos de la casa y patatas asadas. Buñuelos de chocolate con helado de calabaza, mandarina y pimienta negra.

♦ Masía ubicada en una finca que le abastece de casi todos sus productos. Su cocina, actual y de hondas raíces locales, se sirve en el comedor que ocupa las antiguas cuadras. Como complemento también encontrará unas habitaciones actuales con detalles rústicos.

SAGUNT (SAGUNTO) - Valencia - **577** M29 - **66 259 h. - alt. 45 m** **16** B2

Madrid 350 - Castelló de la Plana/Castellón de la Plana 40 - Teruel 120 - València 28

pl. Cronista Chabret, ✆ 96 265 58 59, www.sagunto.es/turismo

av. Mediterráneo 67, ✆ 96 269 04 02, www.sagunto.es/turismo

Acrópolis ★

X **L'Armeler** — AC, VISA, AE

Castillo 44 ✉ 46500 – ✆ 962 66 43 82 – www.larmeler.com – cerrado 20 junio-3 julio y martes

Rest – *(solo almuerzo de septiembre a junio salvo jueves, viernes y sábado)* Carta aprox. 42 €

♦ Instalado en una casa del casco antiguo. Ofrece un hall con una barra de apoyo a la entrada, varias salas distribuidas en distintas alturas y una carta de tinte tradicional.

en el puerto Este : 6 km

NH Puerto de Sagunto — AC, hab, P, VISA, AE

av. Ojos Negros 55 ✉ 46520 Puerto de Sagunto – ✆ 962 69 83 84 – www.nh-hotels.com

97 hab – 49/230 €, 11 € – 2 suites **Rest** – Carta 15/25 €

♦ Pensado para el cliente de empresa más que para el turista vacacional. Disfruta de unas instalaciones de línea moderna, destacando las habitaciones por su equipamiento. El restaurante, que ofrece los tres servicios del día, presenta una carta tradicional.

Vent de Mar sin rest — AC, VISA, AE

Isla de Córcega 61 ✉ 46520 Puerto de Sagunto – ✆ 962 69 80 84 – www.hotelventdemar.com

86 hab – 43/69 € 53/104 €

♦ ¡Resulta sencillo pero está muy cuidado! Posee un pequeño salón social y habitaciones de estética actual, la mayor parte de ellas con terraza. Amplio solárium en la azotea.

XX **Negresca** — AC, VISA

av. Mediterráneo 141 ✉ 46520 Puerto de Sagunto – ✆ 962 68 04 04 – www.negresca.net – cerrado domingo noche y lunes

Rest – Menú 30 € – Carta 27/52 €

♦ Ubicado frente al mar, de línea actual y con grandes ventanales para ver la playa. Aquí encontrará una carta tradicional especializada en bacalaos y arroces.

SAHAGÚN – León – **575** E14 – **2 817 h. – alt. 816 m** **11** B1

Madrid 298 – León 66 – Palencia 63 – Valladolid 110

Puerta de Sahagún

hab,

carret. de Burgos ✉ 24320 – ☎ 987 78 18 80 – www.hotelpuertadesahagun.com – 2 abril - octubre

90 hab – 50/60 € 75/85 €, 7 € – 3 suites **Rest** – Menú 18 €

◆ De línea moderna y emplazado a las afueras de la localidad. Disfruta de una espaciosa zona social y amplias habitaciones, con mobiliario de calidad y buen equipamiento. En el luminoso restaurante ofrecen una carta tradicional y dos menús degustación.

XX Luis

pl. Mayor 4 ✉ 24320 – ☎ 987 78 10 85

Rest – Carta 30/55 €

◆ Casa donde podrá degustar una cocina tradicional bastante variada. Dispone de un bar a la entrada y dos salas de montaje clásico, con vistas a un bonito patio interior.

XX San Facundo con hab

rest,

av. de la Constitución 99 ✉ 24320 – ☎ 987 78 02 76 – www.hostallacodorniz.com

37 hab – 30/40 € 45/50 €, 5 € **Rest** – Carta 28/44 €

◆ Restaurante de buen montaje y cuidada decoración. Aquí podrá disfrutar del sabroso lechazo churro, de los puerros de Sahagún o de sus populares jornadas de caza. Como complemento también dispone de habitaciones, funcionales y con los baños un poco pequeños.

SALAMANCA

Planos de la ciudad en páginas siguientes **11** B3

© Jon Arnold / Hemis.fr

P - **Salamanca - 154 462 h. - alt. 800 m** - **575** J12/J13

Madrid 206 - Ávila 98 - Cáceres 217 - Valladolid 115

Oficinas de Turismo

rúa Mayor (Casa de las Conchas), ✆923 26 85 71, www.turismocastillayleon.com
pl. Mayor 32, ✆923 21 83 42

Golf

urbanización Vega de Salamanca (Villamayor), por av de Italia : 7 km, ✆923 33 70 11

VER

El centro monumental*** : Plaza Mayor*** BY, Patio de Escuelas*** (fachada de la Universidad***) BZ **U** • Escuelas Menores (patio**, cielo de Salamanca*) BZ **U**[1] • Catedral Nueva** (fachada occidental***) BZ • Catedral Vieja*** (retablo mayor**, sepulcro** del obispo Anaya, órgano*) BZ • Convento de San Esteban* (fachada**, claustro*) BZ • Convento de las Dueñas (claustro**) BZ **F** • Palacio de Fonseca (patio*) BY **D** • Iglesia de la Purísima Concepción (retablo de la Inmaculada Concepción*) BY **P** • Convento de las Úrsulas (sepulcro*) BY **X** • Colegio Fonseca (patio*) AY • Casa de las Conchas* BY.

ESPAÑA

SALAMANCA

Calle	Plano	Nº
Álvaro Gil	BY	3
Anaya (Pl.)	BZ	4
Ancha	ABY	
Ángel (Pl.)	BY	6
Azafranal	CY	
Balmes	AZ	
Bandos (Pl. de los)	BY	7
Bordadores	BY	9
Caldereros	BZ	10
Calderón de la Barca	BZ	12
Campaña	BY	
Canalejas (Pas. de)	CYZ	
Carmelitas (Pas. de las)	ABY	
Carmen (Cuesta del)	BY	13
Cervantes	BY	
Champagnat (Av. de)	AY	
Comuneros (Av. de los)	CY	16
Concilio de Trento (Pl.)	BZ	18
Condes de Crespo Rascón	BY	19
Constitución (Pl. de la)	CY	21
Corillo (Pl.)	BY	22
Desengaño (Pas.)	AZ	24
Diego de Cobarrubias (Pl.)	AY	
Dr. Gregorio Marañón (Av.)	AY	
Dr. Torres Villarroel (Pas. del)	BY	25
Enrique Esteban (Puente)	BZ	27
España (Pl. del)	CY	
Espoz y Mina	BY	28
Estación (Pas. de la)	CY	30
Federico Anaya (Av. de)	CY	31
Filiberto Villalobos (Av. de)	AY	33
Fray Luis de Granada	BY	34
Fregeneda	AZ	
Fuente (Pl. de la)	BY	36
García Tejado	AY	
Gran Via	CY	
Grillo	CYZ	
Italia (Av. de)	BY	
Juan de la Fuente	BZ	37
Libertad (Pl. de la)	BY	39
Libreros	BZ	40
María Auxiliadora	CY	42
Marquesa de Almarza	CZ	43
Mayor (Pl.)	BY	
Meléndez	BY	45
Mirat (Av. de)	BCY	
Monterrey (Pl. de)	BY	46
Obispo Jarrín	BY	48
Padilla	CY	49
Palominos	BZ	51
Patio Chico	BZ	52
Pedro Mendoza	CY	54
Poeta Iglesias (Pl.)	BY	57
Portugal (Av. de)	CY	
Pozo Amarillo	BY	58
Principe de Asturias (Puente)	BZ	59
Prior	BY	
Progreso (Pas. del)	AZ	
Puerta de Zamora (Pl.)	BY	
Ramón y Cajal	AY	60
Rector Esperabe (Pas. del)	BZ	
Rector Lucena	BY	15
Reina (Pl. de la)	CY	61
Reyes de España (Av.)	BZ	63
Rosario	BCZ	
Rúa Mayor	BZ	
Sánchez Fabres (Puente)	AZ	73
Sancti Spiritus (Cuesta)	CY	75
Santa Clara	CZ	
Santa Eulalia (Pl.)	CY	69
Santa Teresa (Pl. de)	BY	70
Santo Domingo (Pl.)	BZ	72
San Antonio (Pas. de)	CY	
San Blas	AY	64
San Gregorio	AZ	
San Isidro (Pl. de)	BYZ	66
San Julián (Pl.)	CY	67
San Justo	BY	
San Pablo	BZ	
San Vicente (Pas. de)	AY	
Serranos	BZ	76
Sorias	BY	
Toro	BCY	
Tostado	BZ	78
Vergara	CYZ	
Villamayor (Av. de)	AY	
Wences Moreno	BY	79
Zamora	BY	

A

Av. de Villamayor

Av. de Champagnat

Pl. Diego de Cobarrubias

Av. Dr. Gregorio Marañón

Paseo de Vincente S.

G. Tejado

Colegio Fonseca

PARQ DE S. FRANCIS

PALACIO DE CONGRESOS

Palma

Balmes

San Gregorio

PUENTE ROMANO

Paseo del Progreso

Fregeneda

A 62 - E 80, CIUDAD RODRIGO

LA ALBERCA

CL 512

A 66 - E 803, PLASENCIA

A

ESPAÑA

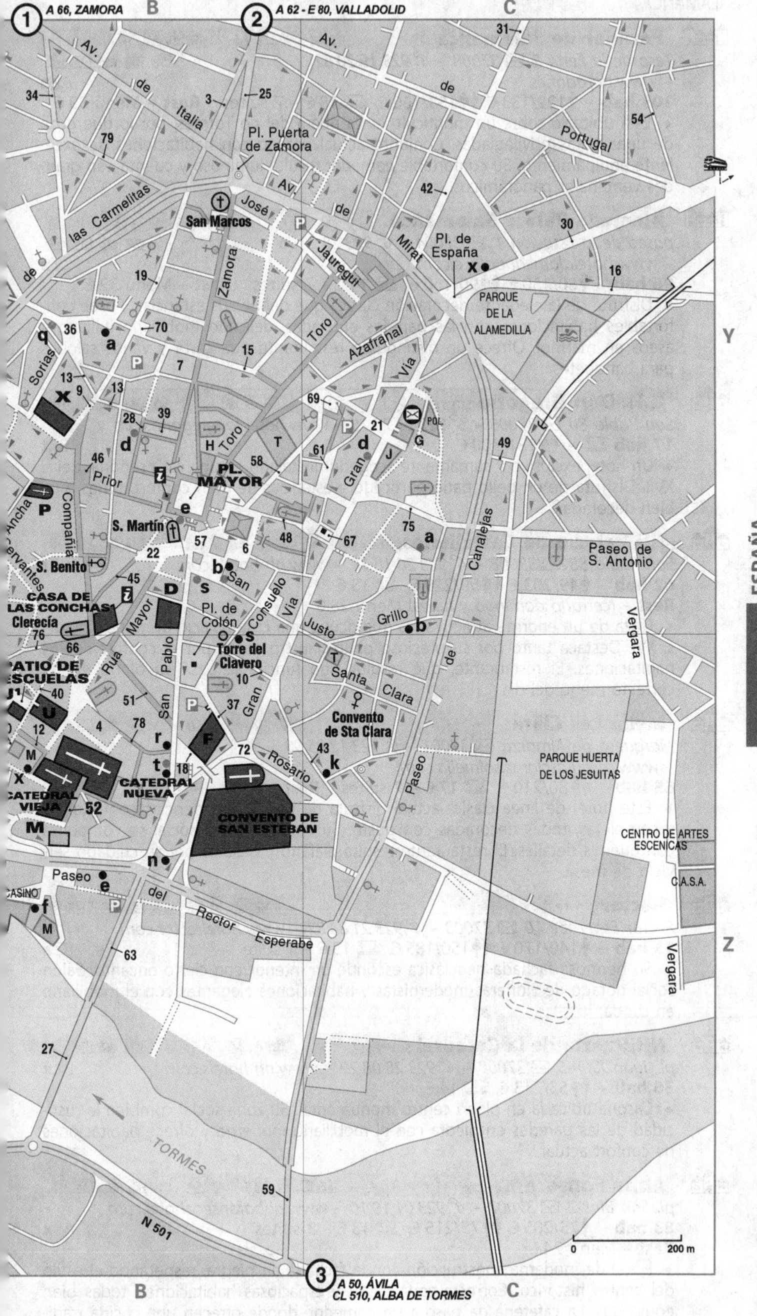
A 66, ZAMORA
A 62 - E 80, VALLADOLID
B
C
Y
Z
1
2
3
Av. de Italia
Av. de Portugal
Pl. Puerta de Zamora
Av. de las Carmelitas
Av. José de Mirat
San Marcos
Zamora
Jauregui
Toro
Azafranal
Pl. de España
PARQUE DE LA ALAMEDILLA
Sorias
Prior
Compañía
Ancha
Cervantes
S. Benito
PL. MAYOR
S. Martín
CASA DE LAS CONCHAS
Clerecía
PATIO DE ESCUELAS
Rua Mayor
San Pablo
Pl. de Colón
Torre del Clavero
Consuelo
Gran Vía
San Justo
Grillo
Santa Clara
Convento de Sta Clara
Canalejas
Paseo de Canalejas
Paseo de S. Antonio
Vergara
PARQUE HUERTA DE LOS JESUITAS
CENTRO DE ARTES ESCENICAS
C.A.S.A.
Rosario
CATEDRAL NUEVA
CATEDRAL VIEJA
CONVENTO DE SAN ESTEBAN
Paseo del Rector Esperabe
CASINO
TORMES
N 501
POL.
0
200 m
A 50, ÁVILA
CL 510, ALBA DE TORMES
ESPAÑA

Parador de Salamanca
Teso de la Feria 2 ✉ 37008 – ✆ 923 19 20 82 – www.parador.es AZa
103 hab – 122/133 € 153/166 €, 18 € – 7 suites **Rest** – Menú 33 €
♦ Está ubicado sobre un montículo en la ribera del río Tormes, por lo que goza de unas vistas privilegiadas. Conjunto actual dotado con habitaciones de excelente equipamiento. Su confortable comedor resulta luminoso y cuenta con grandes ventanales panorámicos.

Alameda Palace Salamanca
paseo de la Estación 1 ✉ 37004 – ✆ 923 28 26 26 – www.hotelalamedapalace.com CYx
96 hab – 80/150 € 90/160 €, 14 € – 7 suites **Rest** – Menú 32 €
♦ Disfrute de la elegante decoración clásica que define sus estancias. Posee confortables habitaciones con las paredes enteladas, delicado mobiliario italiano y aseos en mármol. Ofrece un distinguido restaurante a la carta y varios salones para banquetes.

G.H. Don Gregorio sin rest
San Pablo 80 ✉ 37008 – ✆ 923 21 70 15 – www.hoteldongregorio.com
17 hab – 181/300 € BZt
♦ Un hotel exclusivo y sumamente acogedor instalado en una casa señorial del s. XVII. Disfruta de un bello patio porticado y estancias de gran confort, todas muy bien decoradas.

NH Palacio de Castellanos
San Pablo 58 ✉ 37008 – ✆ 923 26 18 18 – www.nh-hotels.com BZr
62 hab – 49/203 € 59/229 €, 15 €
Rest – *(cerrado domingo y lunes)* Menú 28 €
♦ Goza de un enorme atractivo, ya que ocupa una casa-palacio de principios del s. XVI. Destaca tanto por su precioso patio-claustro como por el confort de sus habitaciones. El restaurante, que resulta algo funcional, basa su oferta en un correcto menú del día.

Meliá Las Claras
Marquesa de Almarza ✉ 37001 – ✆ 923 12 85 00 – www.melialasclaras.solmelia.com CZk
65 hab – 80/210 €, 17 € – 7 suites **Rest** – Carta 30/45 €
♦ Este hotel de línea clásica-actual disfruta de unas dependencias confortables y completas, todas decoradas con gusto. Su reducida zona social se compensa con buenos detalles. El restaurante resulta diáfano y destaca por su cuidado servicio de mesa.

Rector sin rest
Rector Esperabé 10 ✉ 37008 – ✆ 923 21 84 82 – www.hotelrector.com
13 hab – 140/170 € 150/185 €, 13 € – 1 suite BZe
♦ Su hermosa fachada neoclásica esconde un interior con cierto encanto. Salón social dotado de vidrieras modernistas y habitaciones elegantes con el mobiliario en caoba.

NH Puerta de la Catedral sin rest
pl. Juan XXIII-5 ✉ 37008 – ✆ 923 28 08 29 – www.nh-hotels.com BZx
36 hab – 55/213 €, 14 €
♦ Casona ubicada en pleno centro monumental. Su zona social combina la rusticidad de las paredes en piedra con el mobiliario moderno y ofrece habitaciones de confort actual.

Abba Fonseca
pl. San Blas 2 ✉ 37007 – ✆ 923 01 10 10 – www.abbafonsecahotel.com
83 hab – 75/205 € 75/215 €, 13 € – 3 suites AYx
Rest – Menú 24 €
♦ Hotel de moderna construcción con la fachada en piedra, respetando el estilo del centro histórico. Correcta zona social y espaciosas habitaciones, todas bien equipadas. La cafetería da paso a un comedor, donde ofrecen una cocina tradicional actualizada.

ESPAÑA

Casino del Tormes
La Pesca 5 ✉ 37008 – ☎ 923 21 47 87
– www.hotelcasinodeltormes.com BZ**f**
22 hab – †80/120 € ††90/150 €, ☕ 10 €
Rest – Carta 37/58 €
♦ Disfruta de un buen emplazamiento, compartiendo edificio con el Casino, frente a la Casa Lis y a orillas del río Tormes. Habitaciones actuales con mobiliario funcional. Su restaurante se ubica en un anexo, en lo que era una antigua fábrica de harinas.

Puente Romano de Salamanca sin rest
pl. Chica 10 ✉ 37008 – ☎ 923 19 37 36
– www.hotelpuenteromanodesalamanca.com AZ**b**
35 hab – †52/85 € ††62/145 €, ☕ 8 €
♦ En la ribera opuesta del Tormes. Encontrará unas instalaciones clásicas, un bar integrado en la zona social y habitaciones de buen confort, las de la 3ª planta con terraza.

Microtel Placentinos sin rest
Placentinos 9 ✉ 37008 – ☎ 923 28 15 31 – www.microtelplacentinos.com
9 hab ☕ – †56/99 € ††65/120 € AZ**k**
♦ Este pequeño hotel con encanto hace gala de una sabia distribución del espacio. Sus habitaciones tienen las paredes en piedra, viguería en el techo e hidromasaje en los baños.

Estrella Albatros sin rest
Grillo 18 ✉ 37001 – ☎ 923 26 60 33 – www.estrellaalbatros.com CY**b**
43 hab – †50/120 € ††56/180 €, ☕ 9 € – 1 suite
♦ Edificio distribuido en cinco plantas, cada una de ellas decorada de una manera diferente. Sus espaciosas habitaciones tienen los suelos en tarima e hidromasaje en los baños.

Rona Dalba sin rest
pl. San Juan Bautista 12 ✉ 37002 – ☎ 923 26 32 32
– www.hotelronadalba.com BY**a**
88 hab – ††50/125 €, ☕ 12 €
♦ Este céntrico hotel se presenta con la cafetería y el salón de desayunos como sus únicas zonas sociales, sin embargo ofrece unas habitaciones bien equipadas para su categoría.

San Polo
Arroyo de Santo Domingo 2 ✉ 37008 – ☎ 923 21 11 77
– www.hotelsanpolo.com BZ**n**
37 hab – †54/98 € ††54/130 €, ☕ 11 €
Rest – *(cerrado domingo noche y lunes)* Menú 20/38 €
♦ Su moderno exterior contrasta con las ruinas de la iglesia románica anexa. Las habitaciones ofrecen confort y equipamiento actuales, así como hidromasaje en muchos baños. Restaurante muy funcional con solo menú en invierno y carta tradicional el resto del año.

Torre del Clavero sin rest
Consuelo 21 ✉ 37001 – ☎ 923 28 04 10 – www.hoteltorredelclavero.com
26 hab – ††54/135 €, ☕ 5 € BZY**s**
♦ Toma el nombre del torreón castrense situado frente a su entrada. Ofrece habitaciones actuales abuhardilladas en la última planta, con baños modernos y los suelos en tarima.

Eurowest sin rest
Pico del Naranco 2 ✉ 37008 – ☎ 923 19 40 21 – www.hoteleurowest.com
25 hab ☕ – †35/82 € ††45/120 € AZ**c**
♦ Este coqueto hotel de carácter familiar disfruta de una acogedora zona social y unas habitaciones funcionales, en su mayoría algo pequeñas y con baños de plato ducha.

ESPAÑA

Hostería Casa Vallejo

San Juan de la Cruz 3 ✉ 37001 – ✆ 923 28 04 21 – www.hosteriacasavallejo.com – cerrado del 14 al 29 de febrero y del 15 al 31 de julio BY**b**

13 hab – †28/45 € ††38/100 €, ☕ 4 €

Rest ***Casa Vallejo*** – ver selección restaurantes

♦ En una casa antigua junto a la plaza Mayor. Compensa su falta de zona social con coquetas habitaciones, todas dotadas de vigas de madera, suelos en tarima y correctos baños.

XX **Víctor Gutiérrez**

San Pablo 66 ✉ 37008 – ✆ 923 26 29 73 – www.restaurantevictorgutierrez.com – cerrado 15 días en enero, 15 días en julio, domingo y lunes mediodía

Rest – Menú 55/80 € – Carta 54/79 € BZ**t**

Espec. Ceviche de ostras. Becada asada en su jugo (noviembre-enero). Pichón asado con guiso de quinoa.

♦ Este pequeño restaurante disfruta de un único comedor de línea actual, con un buen servicio de mesa y unos modernos cuadros vistiendo sus paredes. Su interesante cocina de autor gira en torno a dos menús degustación, pudiendo pedir platos sueltos de ambos.

XX **Plaza 23**

pl. Mayor 23 ✉ 37001 – ✆ 923 27 13 53 – www.restauranteplaza23.es

Rest – Menú 35/55 € – Carta 45/55 € BY**e**

♦ Tiene un emplazamiento inmejorable, con un pequeño bar de tapas en la planta baja y la sala, asomada a la plaza Mayor, en el piso superior. Cocina actual de base tradicional.

XX **El Alquimista**

pl. San Cristóbal 6 ✉ 37001 – ✆ 923 21 54 93 – www.elalquimistarestaurante.com – cerrado Navidades, 25 marzo-5 abril, 16 julio-2 agosto, del 6 al 13 de septiembre, martes noche y miércoles

Rest – Menú 18/36 € – Carta 35/50 € CY**a**

♦ Resulta original y acogedor tanto por su reducida capacidad como por su decoración, pues combina el ladrillo visto con el hierro y diversos detalles de diseño. Cocina actual.

XX **Casa Paca**

San Pablo 1 ✉ 37001 – ✆ 923 21 89 93 – www.casapaca.com BY**s**

Rest – Carta 42/72 €

♦ Céntrico y muy concurrido como bar de tapas. Posee varias salas de ambiente clásico, con detalles rústicos, así como dos privados. Carta tradicional con pescados y mariscos.

XX **La Cocina de Toño**

Gran Vía 20 ✉ 37001 – ✆ 923 26 39 77 – cerrado domingo y lunes mediodía en julio-agosto, domingo noche y lunes resto del año CY**d**

Rest – Menú 17/41 € – Carta 30/43 €

♦ Disfruta de un buen bar de tapas, un comedor de ambiente neorrústico-castellano y un privado. Carta singular de cocina tradicional, con toques actuales e influencias vascas.

XX **Le Sablon**

Espoz y Mina 20 ✉ 37002 – ✆ 923 26 29 52 – www.restaurantlesablon.com – cerrado julio, lunes noche y martes BY**d**

Rest – Carta 27/43 €

♦ Bien llevado por el matrimonio propietario. En su sala, de cuidado montaje y elegante ambiente clásico, ofrecen una carta internacional con muchos platos de caza en temporada.

X **Casa Vallejo** – Hotel Hostería Casa Vallejo

San Juan de la Cruz 3 ✉ 37001 – ✆ 923 28 04 21 – www.hosteriacasavallejo.com BY**b**

Rest – *(cerrado del 14 al 28 de febrero, del 15 al 31 de julio, domingo noche y lunes)* Menú 35 € – Carta 35/45 €

♦ Con gran tradición en la ciudad. Disfruta de un buen bar de tapas a la entrada y un comedor neorrústico en el sótano, donde ofrecen una cocina tradicional actualizada.

X **El Majuelo**

pl. de la Fuente 8 ✉ 37002 – ☎ 923 21 47 11 – cerrado Semana Santa, del 1 al 20 de agosto y domingo BY**q**

Rest – Carta 33/41 €

◆ Restaurante de aire rústico dotado con una barra, algunas mesas para tapear y un reducido comedor. Tapas elaboradas al momento y platos tradicionales con toques creativos.

en Villamayor por ① y carretera SA 300 - Noroeste : 4,5 km

X **La Caserna**

Larga 5 ✉ 37185 Villamayor – ☎ 923 28 95 03 – www.lacaserna.com – cerrado domingo noche y lunes

Rest – Menú 25 € – Carta 27/54 €

◆ Cálido restaurante donde se ensalza la cocina regional, con un patio a la entrada y dos comedores rústicos definidos por las paredes en piedra y los detalles castellanos.

SALARDÚ – **Lleida** – **574** D32 – **alt. 1 267 m** – **Deportes de invierno en Baqueira-Beret, Este : 4 km : 32 1 1** **13** B1

Madrid 611 – Lleida/Lérida 172 – Vielha/Viella 9

Localidad★ – Iglesia de Sant Andreu★ (pinturas góticas★★, Majestad de Salardú★★)

Petit Lacreu

carret. de Viella ✉ 25598 – ☎ 973 64 41 42 – www.hoteleslacreu.com – diciembre-abril y julio-septiembre

30 hab – †58/68 € ††88/100 € **Rest** – *(solo clientes en el Hotel Lacreu)*

◆ Este acogedor establecimiento disfruta de una coqueta zona social y habitaciones con mobiliario escogido, abuhardilladas en la 3ª planta. El comedor está en el Hotel Lacreu.

Lacreu rest,

carret. de Viella ✉ 25598 – ☎ 973 64 42 22 – www.hoteleslacreu.com – diciembre-abril y julio-septiembre

59 hab – †52/56 € ††70/90 € **Rest** – *(solo clientes)* Menú 18 €

◆ Negocio familiar de larga trayectoria, con habitaciones de distintos tipos pero de similar confort, renovadas en varias fases. Comidas solo para los clientes alojados.

Deth Païs sin rest

pl. de la Pica ✉ 25598 – ☎ 973 64 58 36 – www.hotelpais.es – diciembre-10 abril y 3 julio-septiembre

18 hab – †40/63 € ††58/90 €

◆ Bien llevado en familia, en un tranquilo paraje. Cuidada zona social, buen salón con barra de bar a un lado, y unas habitaciones de adecuado confort en su categoría.

X **Prat Aloy**

Dera Mola ✉ 25598 – ☎ 630 08 46 06 – www.prataloy.com – cerrado 15 abril-15 junio y lunes

Rest – Carta 25/38 €

◆ En una finca ajardinada, a la entrada de la localidad. Conjunto rústico con una correcta terraza, bar en la planta baja y un comedor con profusión de madera en el 1er piso.

en Tredós por la carretera del port de la Bonaigua :

De Tredós hab,

Este : 1,4 km ✉ 25598 Salardú – ☎ 973 64 40 14 – www.hoteldetredos.com – cerrado mayo, junio, octubre y noviembre

42 hab – †62/102 € ††84/154 € **Rest** – *(solo cena)* Menú 25 €

◆ Cálido establecimiento de montaña dotado de amplias instalaciones de aire clásico-regional, decoradas con sumo gusto. Gran salón social y habitaciones con baños detallistas.

ESPAÑA

en Bagergue Norte : 2 km

Casa Perú

Sant Antoni 6 ✉ 25598 Bagergue – ☎ 973 64 54 37 – www.casaperu.es – cerrado mayo, del 1 al 15 de julio y miércoles en invierno
Rest – Carta 25/39 €
◆ Tras su atractiva fachada en piedra encontrará unas acogedoras instalaciones de estilo clásico-regional y cuidado montaje. Cocina tradicional bien actualizada y alguna que otra especialidad, como su ya clásica y sabrosa tortilla de patata.

SALAS – Asturias – 572 B11 – 5 886 h. – alt. 239 m — 5 B1

Madrid 480 – Oviedo 46 – León 157

Castillo de Valdés Salas

pl. Campa ✉ 33860 – ☎ 985 83 01 73 – www.castillovaldesalas.com – cerrado 22 diciembre-12 enero
12 hab – †49/73 € ††61/91 €, ☕ 8 €
Rest – *(cerrado domingo noche)* Carta 25/45 €
◆ Instalado en el edificio del antiguo ayuntamiento, que tiene un bonito patio. Dispone de un salón social con chimenea y habitaciones de buen confort general. En su restaurante, muy luminoso y actual, encontrará una carta tradicional y un buen menú del día.

SALDUERO – Soria – 575 G21 – 184 h. – alt. 1 096 m — 12 D2

Madrid 228 – Burgos 108 – Logroño 85 – Soria 42

Las Nieves

Rafael García 20 ✉ 42156 – ☎ 975 37 84 17 – www.hostallasnieves.com
16 hab ☕ – †28 € ††55 € **Rest** – Menú 14 €
◆ Este hotelito combina su modestia con la pulcritud. Presenta una correcta zona social y habitaciones bastante amplias, con los suelos en tarima y mobiliario provenzal. El comedor posee cierto aire rústico, con sus nobles vigas de madera y una carta regional.

El SALER – Valencia – 577 N29 – 1 122 h. — 16 B2

Madrid 366 – València 13 – Castelló de la Plana/Castellón de la Plana 85

al Sur : 7 km

Parador de El Saler

hab,

av. de los Pinares 151 ✉ 46012 – ☎ 961 61 11 86 – www.parador.es
63 hab – †187 € ††234 €, ☕ 18 € – 2 suites **Rest** – Menú 34 €
◆ Está en un enclave protegido, junto a la playa y con un magnífico campo de golf. Amplias instalaciones de línea moderna y luminosas habitaciones, todas con terraza. El restaurante, que destaca por sus vistas, ofrece la clásica carta regional de Paradores.

SALINAS – Asturias – 572 B12 – Playa — 5 B1

Madrid 488 – Avilés 5 – Gijón 24 – Oviedo 39

Desde la Peñona ≤★ de la playa

Real Balneario (Isaac Loya)

Juan Sitges 3 ✉ 33400 – ☎ 985 51 86 13 – www.realbalneario.com – cerrado 7 enero-7 febrero, domingo noche y lunes
Rest – Menú 100 € – Carta 45/58 €
Espec. Ensalada de vieiras con gelée de tomate, crujiente de trigo y packchoy. Lomo de virrey al natural sobre el jugo de sus espinas y salicornia. Solomillo asado al horno en su propio jugo.
◆ Situado frente a la playa. Presenta un buen hall, con un bar de espera, y unas salas de estilo clásico-marinero, destacando las dos acristaladas, a modo de terrazas cubiertas, por sus magníficas vistas. Cocina tradicional especializada en pescados y mariscos.

ESPAÑA

SALINILLAS DE BURADÓN - Álava - 573 E21 25 A2

Madrid 331 - Bilbao 88 - Vitoria-Gasteiz 39 - Logroño 51

Areta Etxea sin rest

Mayor 17 ✉ 01212 - ✆ 945 33 72 75

5 hab - 40 € 50 €, 5 €

♦ Casona del s. XVII ubicada en un pueblecito con casco medieval. Salón social con chimenea, habitaciones dotadas de mobiliario antiguo y una pequeña cocina para los clientes.

SALLENT - Barcelona - 574 G35 - 7 029 h. - alt. 275 m 14 C2

Madrid 593 - Barcelona 75

Ospi

Estació 4 ✉ 08650 - ✆ 938 20 64 98 - www.restaurantospi.com - cerrado Semana Santa, del 8 al 21 de agosto, domingo noche, lunes noche, martes noche y miércoles noche

Rest - Menú 30 € - Carta 35/48 €

♦ Presenta un moderno comedor y una cocina semivista, donde su chef elabora platos tradicionales con toques actuales. La cafetería anexa sirve raciones extraídas de esta carta.

junto a la autovía C 16 :

Hostal del Camp

hab,

salida 59, Sur : 3,8 km ✉ 08650 Sallent - ✆ 938 37 08 77 - www.hostaldelcamp.com

26 hab - 44 € 59 €, 8 € **Rest** - Menú 20 €

♦ Edificio de aire regional emplazado en pleno campo. Reducida zona social y acogedoras habitaciones de ambiente clásico-regional, destacando las dobles por su mayor amplitud. En sus comedores podrá degustar una cocina tradicional de marcadas raíces catalanas.

La Sala

salida 59 y camino de servicio, Sur : 4,5 km ✉ 08650 Sallent - ✆ 938 37 02 68 - www.lasala.com

Rest - *(solo almuerzo salvo viernes y sábado)* Carta 30/56 €

♦ Masía del s. XIII dotada con un pequeño hall, un privado y un comedor principal, este con los techos abovedados y las paredes en piedra. Carta tradicional y excelente bodega.

SALLENT DE GÁLLEGO - Huesca - 574 D29 - 1 542 h. - alt. 1 305 m 4 C1

- Deportes de invierno en El Formigal : 21

Madrid 485 - Huesca 90 - Jaca 52 - Pau 78

Bocalé sin rest

Puente Gállego 29 ✉ 22640 - ✆ 974 48 85 55 - www.bocale.com - cerrado 2 mayo-15 junio y 12 octubre-noviembre

21 hab - 70/103 € 90/130 €

♦ Llevado directamente por el matrimonio propietario. Posee una decoración de estilo rústico con mobiliario y materiales de calidad, demostrando gran gusto por los detalles.

Valle de Izas sin rest

Francia 26 ✉ 22640 - ✆ 974 48 85 08 - www.hotelvalledeizas.com - cerrado 2 mayo-14 junio y 16 octubre-noviembre

16 hab - 64/100 € 86/140 €

♦ Tras su fachada en piedra ofrece un interior bastante actual. Buen salón social y confortables habitaciones, con los suelos en madera y abuhardilladas en la última planta.

ESPAÑA

Almud

Vico 11 ✉ 22640 – ✆ 974 48 83 66 – www.hotelalmud.com

11 hab – 60/69 € 83/102 € **Rest** – *(solo cena menú)* Menú 18 €

◆ Céntrico y acogedor hotelito ubicado en una antigua casa de montaña. Destacan sus habitaciones, personalizadas y con mobiliario de época. Coqueto comedor de uso privado.

en Lanuza **Sureste : 3 km**

La Casueña

Troniecho ✉ 22640 Lanuza – ✆ 974 48 85 38 – www.lacasuena.com – cerrado noviembre

10 hab – 70/90 € 90/115 €

Rest – *(solo clientes, solo cena)* Menú 22 €

◆ Edificio de estilo montañés que destaca por sus atractivas pinturas de inspiración medieval, su acogedora zona social y sus detallistas habitaciones, algunas abuhardilladas.

en El Formigal **Noroeste : 4 km**

Meliá Alto Aragón hab,

✉ 22640 El Formigal – ✆ 974 49 05 05 – www.solmelia.com – 30 noviembre-8 abril y 6 julio-9 septiembre

134 hab – 75/150 € 85/300 € – 1 suite

Rest – *(solo buffet)* Menú 25/30 €

◆ Este hotel de aire montañés disfruta de un buen hall, una tienda de esquíes, un SPA y habitaciones de línea funcional, las del 2º piso con terraza y las del 3º abuhardilladas. En su comedor, amplio y funcional, le propondrán un correcto buffet.

Aragón Hills

✉ 22640 El Formigal – ✆ 974 49 02 92 – www.aragonhills.es – diciembre-25 abril, julio-12 septiembre

157 hab – 54/112 € 84/160 € – 23 suites **Rest** – Menú 25 €

◆ Su hall puede resultar reducido, pero se complementa con una cafetería. Amplio SPA y habitaciones de estilo clásico-actual, la mitad con balcón y 24 tipo dúplex. El restaurante, orientado al buffet, también tiene una sala panelable para el servicio a la carta.

Villa de Sallent hab, rest,

✉ 22640 El Formigal – ✆ 974 49 02 23 – www.hotelvillasallent.com – cerrado mayo,octubre y noviembre

82 hab – 110/160 € 146/238 € **Rest** – Menú 28 €

◆ Ocupa dos edificios anexos, con las fachadas en piedra y vistas de alta montaña. Cuidadas zonas nobles y dos tipos de habitaciones, unas actuales y otras de aire rústico. El comedor goza de un correcto montaje y ofrece una carta tradicional.

Eguzki-Lore rest,

✉ 22640 El Formigal – ✆ 974 49 01 23 – www.hoteleguzkilore.com – diciembre-abril y junio-septiembre

35 hab – 47/75 € 54/160 € **Rest** – Menú 15 €

◆ Encontrará una fachada bastante colorista, bellas vistas a las montañas y un interior algo recargado, con muchas plantas y antigüedades. Habitaciones reducidas pero actuales. El restaurante ofrece una cocina de corte internacional con tendencias vascas.

SALOU – **Tarragona** – **574** I33 – **27 016 h.** – **Playa** **13** B3

Madrid 556 – Lleida/Lérida 99 – Tarragona 10

passeig Jaume I-4, ✆ 977 35 01 02, www.visitsalou.es

Localidad★ – Paseo de Jaume I★

Universal Studios Port Aventura★★★

Planos páginas siguientes

ESPAÑA

Magnolia

Madrid 8 ✉ 43840 – ☎ 977 35 17 17
– www.magnoliahotelsalou.com BY**x**
72 hab – 🚹90/202 € 🚹🚹92/204 €, ☕ 11 € **Rest** – *(solo cena)* Menú 15 €
♦ Actual y próximo al paseo marítimo. Tiene la recepción integrada en la zona social y espaciosas habitaciones, todas con los suelos en tarima, los baños originales y terraza. Restaurante funcional y de sencillo montaje.

Blaumar H.

paseo Jaime I ✉ 43840 – ☎ 977 35 00 48
– www.blaumarhotel.com – marzo-octubre AY**f**
250 apartamentos ☕ – 🚹🚹101/190 €
Rest *Arena* – ver selección restaurantes
Rest – *(solo buffet)* Menú 18 €
♦ Ideado para la familia, ya que cuenta con estancias tipo apartamento, muy luminosas y dotadas de una pequeña cocina. Amplia zona de entretenimiento, sobre todo para los niños.

Planas

pl. Bonet 3 ✉ 43840 – ☎ 977 38 01 08
– www.hotelplanas.com
– mayo-octubre AY**e**
99 hab – 🚹42/55 € 🚹🚹60/95 €, ☕ 8 € **Rest** – Menú 18 € – Carta 16/41 €
♦ Todo un clásico en la localidad. Ofrece una bonita terraza a la entrada, con árboles y palmeras, así como unas habitaciones algo antiguas pero de impecable mantenimiento. En el comedor podrá elegir entre su menú diario o una correcta carta internacional.

Albatros

Brussel.les 60 ✉ 43840 – ☎ 977 38 50 70
– cerrado del 6 al 30 de enero, domingo noche y lunes salvo festivos
Rest – Menú 25/50 € – Carta 25/41 € BZ**f**
♦ Todo un clásico, bien dirigido y con una nutrida carta tradicional. Cuenta con una sala de buen confort y cuidado servicio de mesa, complementada por una agradable terraza.

La Morera de Pablo & Ester

Berenguer de Palou 10 ✉ 43840 – ☎ 977 38 57 63
– cerrado febrero, domingo noche y lunes AY**x**
Rest – Carta 34/49 €
♦ Un matrimonio lleva las riendas de este acogedor restaurante. Su pequeño comedor, completamente acristalado, se complementa con una atractiva terraza al aire libre.

La Goleta

Gavina - playa Capellans ✉ 43840
– ☎ 977 38 35 66 – www.lagoletasalou.com
– cerrado domingo noche salvo verano BZ**k**
Rest – Carta 50/65 €
♦ Salpicado de detalles marineros y rodeado por una terraza acristalada con buena panorámica de la playa. En su mesa degustará platos de sabor tradicional e internacional.

Arena – Hotel Blau Mar

Paseo Jaime I ✉ 43840 – ☎ 977 38 40 00
– www.arenarestaurant.com
– cerrado del 9 al 15 de enero, domingo noche y lunes salvo marzo-octubre AY**f**
Rest – Carta 30/43 €
♦ Establecimiento de espíritu joven, con talante algo informal y de ambiente mediterráneo. Destaca por su gran luminosidad, con grandes superficies acristaladas y una terraza.

ESPAÑA

SALOU

ESPAÑA

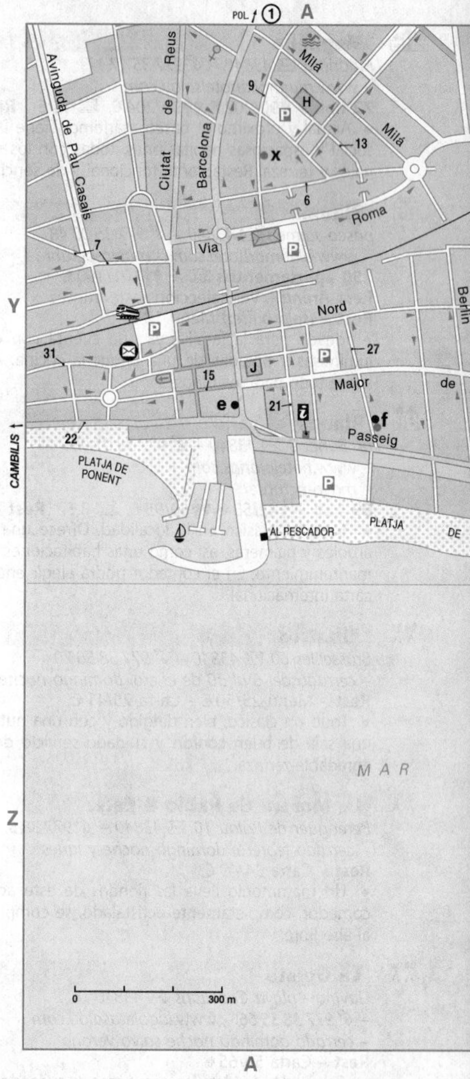

SAMANIEGO – **Álava** – **573** E21 – **329 h.** – **alt. 572 m** **25** A2

Madrid 339 – Bilbao 107 – Burgos 108 – Logroño 34

Palacio de Samaniego hab, VISA

Constitución 12 ✉ 01307 – ☎ 945 60 91 51 – www.palaciosamaniego.com – cerrado 15 diciembre-15 enero

12 hab – 55/66 € 77/99 €, 8 €

Rest – *(cerrado domingo noche) (solo menú)* Menú 30 €

◆ La sobriedad de los antiguos señoríos aún pervive en esta atractiva casa, cuyo interior abriga unas habitaciones cálidas y confortables, decoradas con gusto. El restaurante, dotado con dos salitas y un privado, basa su oferta en unos menús de cocina actual.

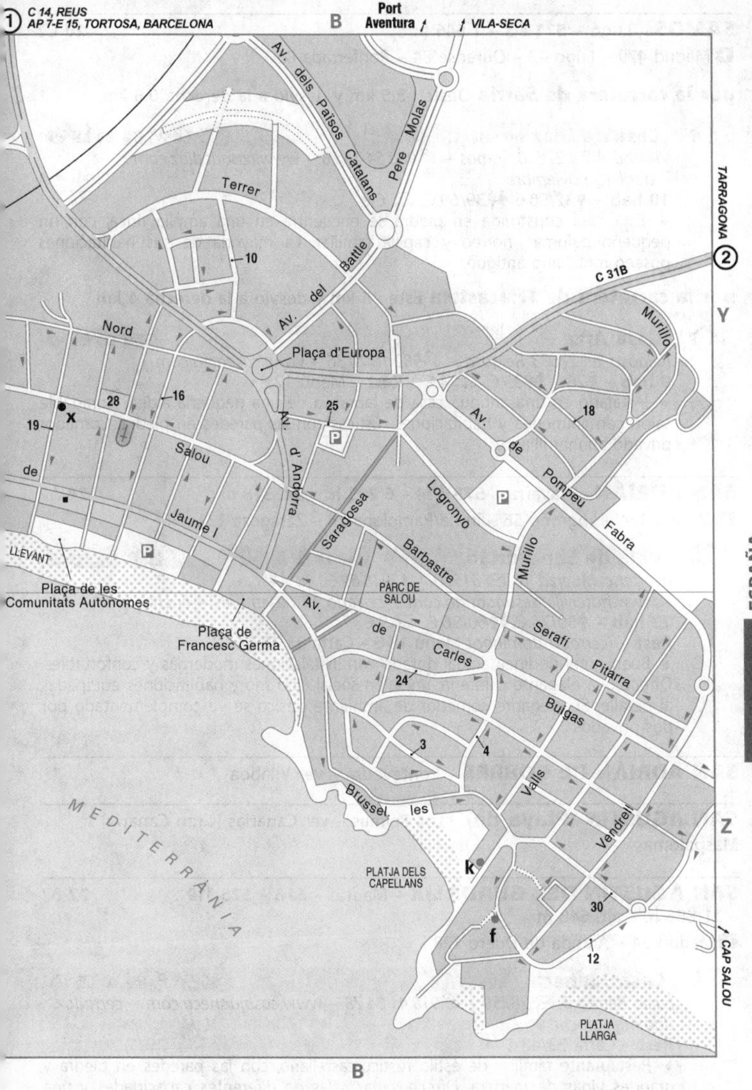

SAMIEIRA – Pontevedra – 571 E3 – 1 063 h. – Playa **19** A2

Madrid 616 – Pontevedra 12 – Santiago de Compostela 69 – Vigo 38

Villa Covelo

Covelo 37 ✉ *36992* – ✆ *986 74 11 21* – *www.hotelvillacovelo.es* – *Semana Santa-15 octubre*

50 hab – 44/80 € 46/100 €, 7 € **Rest** – *(cerrado lunes)* Menú 21 €

♦ Hotel clásico-actual donde se cuidan mucho los detalles. Posee zonas sociales bien equipadas, habitaciones de correcto confort y un atractivo solárium en la azotea. El restaurante ofrece una pequeña carta y un buen menú, pues centran en este último su trabajo.

SAMOS – Lugo – **571** D8 – **1 646 h.** **20** C2

Madrid 479 – Lugo 42 – Ourense 84 – Ponferrada 85

por la carretera de Sarria Oeste : 3,5 km y desvío a la derecha 0,8 km

Casa de Díaz sin rest

Vilachá 4 ✉ 27620 Samos – ☎ 982 54 70 70 – www.casadediaz.com – abril-15 noviembre

10 hab – 32/56 € 39/69 €, 6 €

◆ Esta casa construida en piedra se encuentra en una amplia finca, con un pequeño palomar, hórreo y capilla familiar. La mayoría de sus habitaciones poseen mobiliario antiguo.

por la carretera de Triacastela Este : 6 km y desvío a la derecha 4 km

Casa Arza

Reigosa ✉ 27633 Reigosa – ☎ 982 18 70 36 – www.casaarza.com

9 hab – 28 € 35 €, 4 € **Rest** – Menú 12 €

◆ Instalado en una antigua casa de labranza de una pequeña aldea. Agradable salón con chimenea y habitaciones rústicas con las paredes en piedra. Comedor privado abuhardillado.

SAN ADRIÁN – Navarra – **573** E24 – **6 293 h.** – **alt. 318 m** **24** A2

Madrid 324 – Logroño 56 – Iruña/Pamplona 74 – Zaragoza 131

Villa de San Adrián hab,

av. Celso Muerza 18 ✉ 31570 – ☎ 948 69 60 68 – www.hotelvilladesanadrian.com – cerrado 17 diciembre-14 enero

23 hab – 50/74 € 60/96 €, 9 €

Rest – *(cerrado domingo)* Menú 18 € – Carta 33/48 €

◆ Buen hotel de línea actual dotado con instalaciones modernas y confortables. Ofrece una elegante cafetería, un salón social algo frío y habitaciones equipadas al detalle. Su elegante comedor de ambiente clásico se ve complementado por dos privados.

ESPAÑA

SAN ADRIÁN DE COBRES – Pontevedra – ver Vilaboa

SAN AGUSTÍN (Playa de) – Las Palmas – ver Canarias (Gran Canaria) : Maspalomas

SAN AGUSTÍN DEL GUADALIX – Madrid – **576** – **575** J19 – **11 885 h.** – **alt. 648 m** **22** B2

Madrid 34 – Aranda de Duero 128

Casa Juaneca

Lucio Benito 3 ✉ 28750 – ☎ 918 41 84 78 – www.casajuaneca.com – cerrado domingo noche

Rest – Carta 33/48 €

◆ Restaurante familiar de estilo rústico-castellano, con las paredes en piedra y grandes vigas de madera. Ofrece varias salas de diferentes capacidades y una carta tradicional.

SAN CLEMENTE – Cuenca – **576** N22 – **7 204 h.** – **alt. 709 m** **10** C2

Madrid 197 – Toledo 179 – Cuenca 105 – Albacete 81

Casa de los Acacio sin rest

Cruz Cerrada 10 ✉ 16600 – ☎ 969 30 03 60 – www.casadelosacacio.es – cerrado 23 diciembre-2 enero

11 hab – 55/80 € 70/100 €, 8 €

◆ Conjunto señorial del s. XVII en el que destaca su hermoso patio porticado, utilizado como salón social. Sus sobrias habitaciones poseen mobiliario antiguo en perfecto estado.

SAN ESTEBAN DE GORMAZ - Soria - 575 H20 - 3 291 h. - alt. 879 m
12 C2

Madrid 164 - Valladolid 139 - Soria 75 - Segovia 120

Rivera del Duero

av. Valladolid 131 ✉ 42330 - ✆ 975 35 00 59 - www.hotelrivera.es - cerrado Navidades

25 hab - 42/50 € 51/66 € **Rest** - *(cerrado domingo)* Carta 25/36 €

◆ Se encuentra en la avenida principal y presenta unas habitaciones de muy buen confort en su categoría, con mobiliario de calidad, aseos actuales y los suelos en tarima. El restaurante, de estética castellana, se complementa con una amplia cafetería.

SAN ESTEBAN DEL VALLE - Ávila - 575 L15 - alt. 778 m
11 B3

Madrid 177 - Ávila 67 - Plasencia 160 - Talavera de la Reina 57

Posada de Esquiladores sin rest

Esquiladores 1 ✉ 05412 - ✆ 920 38 34 98 - www.esquiladores.com

12 hab - 90/125 €, 8 €

◆ Ocupa dos edificios unidos que fueron restaurados con acierto. Dispone de un bello interior y dos tipos de habitaciones, unas de cuidado aire rústico y otras más actuales. El restaurante ocupa lo que era una antigua tienda y ofrece una cocina tradicional.

SAN FELICES - Soria - 575 G23 - 76 h. - alt. 1 050 m
12 D2

Madrid 278 - Valladolid 263 - Soria 52 - Logroño 100

La Casa de Santos y Anita sin rest, con cafetería

Fuente 9 ✉ 42113 - ✆ 975 18 55 10 - www.lacasadesantosyanita.com

9 hab - 28 € 38 €, 5 €

◆ Casona en piedra ubicada en un pueblo de la sierra soriana. Posee un bar en la planta baja y habitaciones en los dos pisos superiores, de línea actual con detalles rústicos.

SAN FERNANDO - Cádiz - 578 W11 - 96 689 h. - Playa
1 A3

Madrid 634 - Algeciras 108 - Cádiz 13 - Sevilla 126

Real 26, ✆ 956 94 42 26, www.turismosanfernando.org

R.A.C.E. Caño Herrera, Centro Comercial Bahía Sur ✆ 956 88 60 63

Asador La Isla

Calderón de la Barca 7 ✉ 11100 - ✆ 956 88 08 35 - www.asadorlaisla.com - cerrado domingo noche y lunes

Rest - Menú 33/42 € - Carta 27/51 €

◆ Al lado del Ayuntamiento. Tras su fachada clásica encontrará un hall con fotos antiguas, un comedor de cuidado montaje y un privado. Cocina tradicional, carnes y bacalaos.

SAN ILDEFONSO - Segovia - ver La Granja

SAN JOSÉ - Almería - 578 V23 - 845 h. - Playa
2 D2

Madrid 590 - Almería 40

Doña Pakyta

Del Correo 51 ✉ 04118 - ✆ 950 61 11 75 - www.hotelpakyta.es - cerrado 7 enero-27 febrero

21 hab - 75/160 €, 8 € - 1 suite

Rest *San Jose* - *(cerrado domingo noche y lunes salvo verano)* Carta 37/53 €

◆ Ubicado en 1ª línea de playa y dotado de excelentes vistas al mar. Ofrece luminosas zonas nobles y habitaciones con nombres de calas, la mayoría funcionales y con terraza. En el restaurante, algo sobrio pero de buen montaje, se elabora una carta tradicional.

M.C. San José sin rest

El Faro 2 ✉ 04118 – ✆ 950 61 11 11 – www.hotelesmcsanjose.com
31 hab ☕ – 🛉88/145 € 🛉🛉105/195 €

◆ Conjunto de construcción actual donde priman los espacios de estética moderna. Disfruta de una correcta zona social, balcones en todas sus habitaciones y un pequeño SPA.

Cortijo El Sotillo

hab, AC, VISA, AE

carret. entrada a San José, Norte : 1 km ✉ 04118 – ✆ 950 61 11 00 – www.cortijoelsotillo.es
25 hab – 🛉🛉75/160 €, ☕ 8 € **Rest** – Menú 18/25 €

◆ Instalado en las antiguas caballerizas del cortijo, con una decoración que afianza su carácter popular. Ofrece amplias habitaciones de aire mediterráneo, todas con terraza. Comedor de aire rústico donde se ofrecen platos de sabor tradicional.

SAN JUAN DE ALICANTE – Alicante – ver Sant Joan d'Alacant

SAN JUAN DEL PUERTO – Huelva – 578 U9 – 8 190 h. – alt. 14 m 1 A2

Madrid 614 – Sevilla 80 – Huelva 12 – Castro Marim 66

Real sin rest y sin ☕

Real 35 ✉ 21610 – ✆ 959 70 13 31 – www.hostal-real.es
19 hab – 🛉28/32 € 🛉🛉35/40 €

◆ Su zona social se reduce a un rincón con un ordenador. Las habitaciones disfrutan de un cuidado confort, con mobiliario rústico actual, colores vivos y baños modernos.

ESPAÑA

SAN LORENZO DE EL ESCORIAL – Madrid – 576 – 575 K17 22 A2 – 18 352 h. – alt. 1 040 m

Madrid 57 – Segovia 56 – Ávila 78 – Toledo 133
Grimaldi 4, ✆ 91 890 53 13, www.sanlorenzoturismo.org
La Herrería, ✆ 91 890 51 11
Monasterio★★★ (Palacios★★ : tapices★ - Panteones★★ : Panteón de los Reyes★★★, Panteón de los Infantes★) – Salas capitulares★ - Basílica★★ - Biblioteca★★ – Nuevos Museos★★ : El Martirio de San Mauricio y la legión Tebana★ – Casita del Príncipe★ (Techos pompeyanos★)
Silla de Felipe II ≤★ Sur : 7 km

Los Lanceros

Calvario 47 ✉ 28200 – ✆ 918 90 80 11 – www.loslanceros.com
36 hab ☕ – 🛉60/80 € 🛉🛉60/120 € **Rest** – Menú 20 €

◆ Hotel de línea clásica-actual orientado al cliente de empresa. Ofrece habitaciones de completo equipamiento, muchas con un pequeño balcón y todas con hidromasaje en los baños. En su restaurante encontrará una agradable terraza acristalada y una carta actual.

XX **Charolés**

Floridablanca 24 ✉ 28200 – ✆ 918 90 59 75
Rest – Carta 39/60 €

◆ Goza de merecido prestigio, tanto por la belleza del local, con las paredes en piedra, como por su cocina tradicional de temporada. Una de sus especialidades es el cocido.

al Noroeste : 1,8 km

XX **Horizontal**

Camino Horizontal ✉ 28200 San Lorenzo de El Escorial – ✆ 918 90 38 11 – www.restaurantehorizontal.com – cerrado lunes noche, martes noche y miércoles noche en invierno
Rest – Menú 36 € – Carta 31/56 €

◆ Cálido restaurante ubicado en pleno monte. Posee una agradable terraza, un bar con chimenea y un impecable comedor clásico que combina las paredes pintadas y en piedra vista.

SAN MARTÍN DE TREVEJO - Cáceres - 576 L9 - 907 h. 17 B1
- alt. 610 m

Madrid 329 - Alcántara 82 - Cáceres 122 - Castelo Branco 95

Casa Antolina sin rest
La Fuente 1 ✉ 10892 - ✆ 630 60 53 71 - www.casa-antolina.com
8 hab - 60 € 65 €
♦ Casa de pueblo que destaca por sus impecables niveles de mantenimiento. Posee una luminosa galería, a modo de zona social, y confortables habitaciones, algunas abuhardilladas.

en la carretera EX 205 Suroeste : 8 km

Finca El Cabezo sin rest
✉ 10892 San Martín de Trevejo - ✆ 689 40 56 28 - www.elcabezo.com
6 hab - 56/66 € 79/94 €
♦ Casa de labranza de gran rusticidad ubicada en pleno campo. Encontrará un acogedor salón social y espaciosas habitaciones de ambiente rústico, algunas con su propia chimenea.

SAN MIGUEL - Balears - ver Balears (Eivissa) : Sant Miquel de Balansat

SAN MIGUEL DE REINANTE - Lugo - 571 B8 20 D1

Madrid 593 - Santiago de Compostela 188 - Lugo 112

Casa do Merlo hab,
Sargendez 4, Norte : 1 km ✉ 27793 - ✆ 982 13 49 06 - www.casadomerlo.com - cerrado febrero y noviembre
10 hab - 65/95 € 76/110 €
Rest - *(cerrado domingo noche)* Menú 26 €
♦ Este acogedor hotel rural está instalado en una antigua casa señorial, en pleno campo. Ofrece dos salones sociales con chimenea, una biblioteca y habitaciones de buen confort. El restaurante, que se encuentra en un edificio anexo, se presenta acristalado y posee vistas al patio central. Cocina de gusto tradicional.

SAN MIGUEL DE VALERO - Salamanca - 575 K12 - 376 h. 11 A3

Madrid 267 - Valladolid 180 - Salamanca 58 - Ávila 159

Sierra Quil'ama
paraje los Perales ✉ 37763 - ✆ 923 42 30 00 - www.hotelsierraquilama.com
13 hab - 35/45 € 55/85 €
Rest - *(solo almuerzo salvo fines de semana)* Menú 9 €
♦ Resulta atractivo, pues tiene el entorno ajardinado y la fachada en piedra. Lo más llamativo son sus habitaciones, alegres, coloristas y con mobiliario muy variado, ya que combinan elementos antiguos y de época con otros actuales. Su restaurante ofrece una carta de tinte tradicional y un menú degustación.

SAN MILLÁN DE LA COGOLLA - La Rioja - 573 E21 - 278 h. 21 A2
- alt. 728 m

Madrid 326 - Burgos 96 - Logroño 53 - Soria 114

Monasterio de Suso★ - Monasterio de Yuso (marfiles tallados★★)

en el Monasterio de Yuso :

Hostería del Monasterio de San Millán rest,
✉ 26326 San Millán de la Cogolla - ✆ 941 37 32 77 - www.sanmillan.com - cerrado enero y febrero
22 hab - 45/108 € 54/135 €, 11 € - 3 suites
Rest - *(solo cena salvo fines de semana, festivos y agosto.)* Carta 35/45 €
♦ Ocupa un ala del monasterio de San Millán de Yuso, cuna de la lengua castellana. Los viejos aires monacales y el confort actual conviven al calor de sus muros en piedra. En el comedor, que tiene un montaje clásico, podrá degustar sus especialidades regionales.

ESPAÑA

SAN PANTALEÓN DE ARAS – Cantabria – 572 B19 – 299 h. 8 C1
– alt. 50 m

Madrid 464 – Santander 49 – Vitoria-Gasteiz 133 – Bilbao 74

La Casona de San Pantaleón de Aras

barrio Alvear 65 (carret. CA 268) ✉ 39766 – ✆ 942 63 63 20
– www.casonadesanpantaleon.com
7 hab – 64/88 € 80/110 € **Rest** – *(solo cena)* Menú 21 €

◆ Casona rural del s. XVII dotada con paredes en piedra y un amplio entorno ajardinado. Habitaciones de aire rústico personalizadas en su decoración, con los suelos en madera.

SAN PEDRO DE ALCÁNTARA – Málaga – 578 W14 – 27 820 h. 1 A3
– Playa

Madrid 624 – Algeciras 69 – Málaga 70
Marqués del Duero 69, ✆ 95 278 52 52
Guadalmina,, urb. Guadalmina Alta, Oeste : 3 km, ✆ 95 288 33 75
Aloha,, urb. Aloha, Oeste : 3 km, ✆ 95 290 70 85
Atalaya Golf, Oeste : 3,5 km, ✆ 95 288 28 12
La Quinta Golf,, urb. La Quinta Golf, Norte : 3,3 km, ✆ 95 276 23 90
Carretera★★ de San Pedro de Alcántara a Ronda (cornisa★★)

Albert & Simon

urb. Nueva Alcántara (Edificio Mirador) ✉ 29670 – ✆ 952 78 37 14
– www.albertysimon.com – cerrado del 15 al 29 de febrero, del 15 al 30 de junio y domingo
Rest – *(solo cena)* Menú 30/55 € – Carta 35/62 €

◆ Acogedor restaurante llevado entre dos hermanos, uno en cocina y el otro en la sala. En su confortable comedor podrá degustar elaboraciones de sabor tradicional actualizado.

Casa Fernando

av. del Mediterráneo ✉ 29670 – ✆ 952 78 46 41 – www.casafernandos.com
– cerrado 10 enero-10 febrero, domingo y lunes mediodía
Rest – Carta 30/41 €

◆ Edificio a modo de hacienda andaluza rodeada por un jardín. Ofrece dos salas de aire rústico, un sugerente expositor de pescado, su propio vivero y una carta tradicional.

por la carretera de Ronda y desvío a la derecha :

El Gamonal

camino La Quinta, Norte : 2 km ✉ 29670 San Pedro de Alcántara
– ✆ 952 78 99 21 – www.restauranteelgamonal.com
– cerrado miércoles
Rest – *(solo cena en verano)* Menú 28/50 € – Carta 25/53 €

◆ Negocio de amable organización familiar. Posee dos alegres comedores de estilo neorrústico, ambos con los techos en madera y chimenea. Cocina basada en productos de la zona.

por la carretera de Cádiz :

Villa Padierna

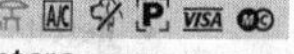

carret. de Cádiz - km 166, salida Cancelada : 6 Km y desvío 2 Km ✉ 29679 Marbella – ✆ 952 88 91 50
– www.hotelvillapadierna.com
76 hab – 250/400 € 250/500 € – 36 suites
Rest – Carta aprox. 45 €
Rest *La Veranda* – *(solo cena)* Carta 55/65 €

◆ Hotel construido a modo de villa señorial, con profusión de mármol, muebles antiguos y obras de arte. Dispone de un luminoso patio central, excelentes habitaciones y un SPA. En el restaurante La Veranda le sorprenderán con una carta actual de tintes creativos.

XX **Víctor**

Centro Comercial Guadalmina, Suroeste : 2,2 km ✉ 29670 San Pedro de Alcántara – ✆ 952 88 34 91 – www.restaurante-victor.com – cerrado del 15 al 30 de junio, domingo noche y lunes

Rest – Carta 38/56 €

◆ Casa de reducidas dimensiones en estilo clásico, con bar-hall privado en la entrada. Ambiente tranquilo, buen mantenimiento y platos basados en la calidad del producto.

SAN PEDRO DE RUDAGÜERA – Cantabria – 572 B17 – 442 h. – alt. 70 m 8 B1

Madrid 387 – Santander 36 – Santillana del Mar 23 – Torrelavega 14

X **La Ermita 1826** con hab rest,

✉ 39539 – ✆ 942 71 90 71 – www.laermita1826.com – cerrado del 1 al 20 de noviembre y miércoles salvo agosto

5 hab – †26/33 € ††36/42 €, ☕ 4 €

Rest – *(solo almuerzo salvo sábado y domingo)* Menú 28 € – Carta 32/50 €

◆ Acogedora casita de piedra dotada con un bar público, una gran sala en la que las vigas de madera toman el protagonismo y un comedor más clásico en el piso superior. También ofrece unas correctas habitaciones, aunque estas empiezan a acusar el paso del tiempo.

SAN PEDRO DEL PINATAR – Murcia – 577 S27 – 23 903 h. – Playa 23 B2

Madrid 441 – Alacant/Alicante 70 – Cartagena 40 – Murcia 51

av. de las Salinas 55, ✆ 968 18 23 01, www.sanpedroturismo.com

Thalasia hab, hab,

av. del Puerto 327 ✉ 30740 – ✆ 968 18 20 07 – www.thalasia.com

208 hab ☕ – †72/112 € ††80/125 € – 3 suites

Rest – Menú 25 €

Rest *La Sal* – *(cerrado domingo mediodía salvo verano)* Menú 25/60 € – Carta aprox. 38 €

◆ Moderno y bien situado, ya que se ubica frente al Parque Natural de Las Salinas. Posee habitaciones actuales de completo equipamiento y un centro de talasoterapia. El restaurante gastronómico presenta detalles minimalistas y una carta tradicional actualizada.

XX **Juan Mari**

Emilio Castelar 113 C ✉ 30740 – ✆ 968 18 62 98 – www.juanmari.es – cerrado domingo noche y lunes noche

Rest – Menú 25/35 € – Carta 24/40 €

◆ Este pequeño negocio familiar dispone de una barra de apoyo, un comedor actual y una terraza. Tiene la cocina semivista y ofrece una carta tradicional con platos temporada.

en Lo Pagán :

Traíña hab,

av. Generalísimo 84, Sur : 1 km ✉ 30740 San Pedro del Pinatar – ✆ 968 33 50 22 – www.hoteltraina.com – cerrado 18 diciembre-8 enero

78 hab – †50/70 € ††56/76 €, ☕ 7 €

Rest – *(solo almuerzo en verano)* Carta 30/42 €

◆ Hotel de fachada clásica ubicado en la principal avenida de la ciudad. Posee habitaciones de correcto confort, algunas con terraza, y suele tener clientes de empresa. En su comedor, de montaje funcional, se trabaja sobre la base de un menú degustación.

Bahía sin rest

Mar Adriático 4, Sur : 1 km ✉ 30740 San Pedro del Pinatar – ✆ 968 17 83 86 – www.aparthotelbahia.com

35 apartamentos – ††45/100 €, ☕ 6 €

◆ En este aparthotel encontrará un hall polivalente y apartamentos funcionales, equipados con cocina y baños modernos, la mayoría dotados de ducha. Solárium en la azotea.

Neptuno
av. Generalísimo 19, Sur : 2,5 km ✉ *30740 Lo Pagán* – ✆ *968 18 19 11* – *www.hotelneptuno.net*
40 hab – 🚹31/97 € 🚹🚹43/97 €, ☕ 5 €
Rest – *(abril-septiembre)* Carta 20/31 €
◆ A pocos metros de Las Salinas, disfrutando de una ubicación privilegiada en 1ª línea de playa. Tanto la zona social como parte de sus habitaciones han sido actualizadas. Agradable comedor panorámico complementado con una terraza bajo toldos.

Venezuela
Campoamor, Sur : 2,5 km ✉ *30740 Lo Pagán* – ✆ *968 18 15 15* – *www.restaurantevenezuela.com* – *cerrado 12 octubre-12 noviembre, domingo noche y lunes*
Rest – Carta 30/53 €
◆ Un clásico en la zona. Sus pescados y mariscos le han otorgado el reconocimiento unánime. Casa seria llevada con profesionalidad por una atenta brigada.

SAN RAFAEL – Segovia – 575 J17 — 12 C3

Madrid 62 – Segovia 39 – Ávila 52 – Toledo 132

en la carretera de Segovia N 603 Norte : 8 km

Tryp Comendador
Río Tajo - urb. Los Ángeles de San Rafael ✉ *40424 Los Ángeles de San Rafael* – ✆ *921 19 58 00* – *www.solmelia.com*
150 hab – 🚹🚹46/158 €, ☕ 13 € **Rest** – Menú 23 € – Carta 26/45 €
◆ Hotel de línea actual-funcional decorado con algún que otro detalle regional. Posee una acogedora zona social, con bar y chimenea, así como confortables habitaciones. El restaurante propone una carta tradicional enriquecida con un buen apartado de arroces.

SAN ROQUE – Cádiz – 578 X13 – 29 588 h. – alt. 109 m — 1 B3

Madrid 661 – Sevilla 192 – Cádiz 130 – Gibraltar 16

en la Estación de San Roque Oeste : 6 km

Mesón el Guadarnés
av. Guadarranque 15 ✉ *11368 San Roque* – ✆ *956 78 65 04* – *cerrado 7 días en junio, 7 días en agosto y domingo*
Rest – Carta 22/41 €
◆ Restaurante rústico y de reducida capacidad, dirigido desde la sala por su propietario. Ofrece una carta tradicional e internacional que tiene su especialidad en las carnes.

SAN SALVADOR DE POIO – Pontevedra – ver Pontevedra

SAN SEBASTIÁN – Guipúzcoa – ver Donostia-San Sebastián

SAN SEBASTIÁN DE LA GOMERA – Santa Cruz de Tenerife – ver Canarias (La Gomera)

SAN SEBASTIÁN DE LOS REYES – Madrid – 576 – 575 K19 – 78 157 h. – alt. 678 m — 22 B2

Madrid 18

Izamar
av. Matapiñonera 6 ✉ *28700* – ✆ *916 54 38 93* – *www.izamar.com* – *cerrado domingo noche y lunes*
Rest – Menú 35 € – Carta 35/74 €
◆ Negocio serio cuya cocina está especializada en la elaboración de productos del mar. Elegante marco con profusión de madera y detalles marineros. Posee vivero propio y tienda.

XX **Vicente**

Lanzarote 26 ✉ 28700 – ✆ 916 63 95 32 – www.restaurantevicente.com – cerrado del 6 al 26 de agosto y domingo

Rest – Menú 25 € – Carta 27/37 €

◆ Aquí encontrará un concurrido bar de tapas y varias salas de ambiente rústico-actual. Su carta presenta numerosos platos tradicionales y unas deliciosas carnes a la brasa.

en la carretera de Algete **Noreste : 7 km**

X **El Molino**

✉ 28700 San Sebastián de los Reyes – ✆ 916 53 59 83 – www.asadorelmolino.com

Rest – Carta 40/52 €

◆ Este negocio demuestra buen montaje en todos sus comedores, definidos por el estilo típico castellano. Está especializado en cochinillo asado, cordero y carnes a la parrilla.

SAN VICENTE DE LA BARQUERA – Cantabria – 572 B16 – 4 508 h. 8 A1

– Playa

Madrid 421 – Gijón 131 – Oviedo 141 – Santander 64

av. Generalísimo 20, ✆ 942 71 07 97

Emplazamiento★

Carretera de Unquera ≤★

Villa de San Vicente sin rest

Fuente Nueva 1 ✉ 39540 – ✆ 942 71 21 38 – www.hotelvsvicente.com – 15 marzo-octubre

50 hab – 35/75 € 52/115 €

◆ Goza de una ubicación privilegiada que permite contemplar la ciudad. Sus habitaciones resultan luminosas, actuales y alegres, decorándose en distintos tonos según la planta.

Azul de Galimar sin rest

Camino Alto Santiago 11 ✉ 39540 – ✆ 942 71 50 20 – www.hotelazuldegalimar.es

16 hab – 45/80 € 60/100 €, 5 €

◆ Hotel de organización familiar emplazado en la parte alta de la localidad. Ofrece una luminosa zona social, una terraza acristalada y habitaciones de línea clásica-actual.

Luzón sin rest

av. Miramar 1 ✉ 39540 – ✆ 942 71 00 50 – www.hotelluzon.net – cerrado enero

36 hab – 29/43 € 47/66 €, 3 €

◆ Casona bien situada y con encanto, cuya zona noble evoca la decoración de principios del s. XX. Posee habitaciones funcionales dotadas con mobiliario de diferentes estilos.

XXX **Annua** (Oscar Calleja)

paseo de la Barquera ✉ 39540 – ✆ 942 71 50 50 – www.annuagastro.com – cerrado enero-15 marzo, domingo noche salvo verano y lunes

Rest – *(solo almuerzo salvo jueves, viernes y sábado en invierno)* Menú 65/78 € – Carta 35/50 €

Espec. Desierto de foie-gras con rocas de avellana. Bosque cántabro de corzo y setas de primavera. Salmón salvaje ahumado in situ y rocas de cebolla .

◆ ¡Bien situado a orillas del mar! Presenta una gran terraza, dos salas asomadas al Cantábrico y un espacio "chill out" para la sobremesa. Basa su oferta en dos creativos menús degustación, ambos derivados de una excelente cocina de autor.

XX **Maruja**

av. Generalísimo ✉ 39540 – ✆ 942 71 00 77 – www.restaurantemaruja.es – cerrado del 1 al 15 de marzo, del 15 al 30 de noviembre, domingo noche y miércoles.

Rest – Menú 19 € – Carta 36/42 €

◆ Negocio de larga tradición familiar. Está repartido en tres zonas decoradas en un estilo clásico de inspiración inglesa, con las paredes en tela y un buen servicio de mesa.

ESPAÑA

X **BogaBoga**

pl. José Antonio 9 ✉ 39540 – ✆ 942 71 01 50 – cerrado 12 diciembre-febrero y martes salvo verano
Rest – Carta 42/54 €
◆ Restaurante de organización familiar muy conocido en la localidad. Presenta un bar público y un comedor de montaje clásico con las mesas algo apretadas. Cocina tradicional.

por la carretera N 634 Oeste : 3 km

Valle de Arco sin rest

Barrio Arco 26 ✉ 39548 Prellezo – ✆ 942 71 15 65 – www.hotelvalledearco.com – cerrado 15 diciembre-febrero
23 hab – 60/90 € 72/100 €
◆ Bella casona construida en piedra y madera. Ofrece una acogedora zona social y habitaciones de aire rústico personalizadas en su decoración, las más atractivas abuhardilladas.

en Los Llaos Noreste : 5 km

Gerra Mayor sin rest

carret. de la playa de Gerra ✉ 39547 Los Llaos – ✆ 942 71 14 01 – www.hgerramayor.com – marzo-15 diciembre
19 hab – 39/60 € 55/75 €, 5 €
◆ Se encuentra en la cima de un monte, abarcando con sus vistas las playas, el mar y los Picos de Europa. Cafetería con terraza acristalada y habitaciones de estilo actual.

SAN VICENTE DE LA SONSIERRA – La Rioja – 573 E21 – 1 133 h. – alt. 528 m 21 A2

Madrid 334 – Bilbao 107 – Burgos 103 – Logroño 35

Villa Sonsierra sin rest

Zumalacárregui 29 ✉ 26338 – ✆ 941 33 45 75 – www.villasonsierra.com – cerrado 24 diciembre-2 enero
13 hab – 42/51 € 65/75 €
◆ Instalado en una preciosa casa del piedra del casco antiguo. Ofrece una reducida zona social y magníficas habitaciones, todas actuales y con buen mobiliario en su categoría.

XX **Casa Toni**

Zumalacárregui 27 ✉ 26338 – ✆ 941 33 40 01 – www.casatoni.es – cerrado domingo noche y lunes
Rest – *(solo almuerzo salvo viernes, sábado, vísperas de festivos y verano)* Menú 30/65 € – Carta 34/56 €
◆ Tras su fachada en piedra se oculta un interior muy moderno. Destaca tanto por su carta, una perfecta simbiosis entre la cocina tradicional y la creativa, como por su bodega.

SAN VICENTE DO MAR – Pontevedra – ver O Grove

SANDINIÉS – Huesca – 574 D29 – 47 h. 4 C1

Madrid 460 – Huesca 79 – Jaca 43

X **Casa Pelentos** con hab

rest,

del Medio 6 ✉ 22664 – ✆ 974 48 75 00 – www.casapelentos.com – cerrado mayo y noviembre
7 hab – 45/55 € 60/80 € **Rest** – Menú 25 € – Carta 30/43 €
◆ Este céntrico restaurante está instalado en un acogedor hotel rural que destaca por su atractiva fachada en piedra. Platos típicos de la zona y propios de una cocina casera. Las habitaciones, algo pequeñas, resultan correctas dentro de su sencillez.

SANGENJO – Pontevedra – ver Sanxenxo

SANGÜESA – Navarra – ver Zangoza

SANGUIÑEDA – Pontevedra – ver Mos

SANLÚCAR DE BARRAMEDA – Cádiz – 578 V10 – 66 541 h. – Playa 1 A2

Madrid 649 – Sevilla 126 – Cádiz 52 – Huelva 211

Calzada Duquesa Isabel, 956 36 61 10, www.sanlucardebarrameda.es

Localidad★ – Iglesia de Nuestra Señora de la O (portada★★) – Covachas★

Posada de Palacio

hab,

Caballeros 11 (barrio alto) 11540 – 956 36 48 40 – www.posadadepalacio.com – cerrado noviembre-febrero

32 hab – 65/99 € 75/120 € – 2 suites

Rest ***El Espejo*** – *(cerrado domingo noche y lunes)* Carta 25/35 €

◆ Hermosas casas del s. XVIII decoradas con mobiliario de época y piezas de anticuario. Posee tres patios interiores y algunas habitaciones con preciosos suelos originales. En el restaurante, que cuenta con un gastrobar a la entrada y dos salas, le propondrán una cocina actualizada de gusto tradicional.

Casa Bigote

Pórtico de Bajo de Guía 10 11540 – 956 36 32 42 – www.restaurantecasabigote.com – cerrado noviembre y domingo

Rest – Carta 29/35 €

◆ Acreditado restaurante de estilo neorrústico, salpicado con detalles marineros. Productos frescos y buenos precios son sus claves. ¡No deje de probar sus guisos y frituras!

SANLÚCAR DE GUADIANA – Huelva – 578 T7 – 408 h. 1 A2

Madrid 686 – Sevilla 163 – Huelva 77 – Beja 236

Casa La Alberca

hab, rest,

Danzadores 2 21595 – 959 38 81 70 – www.casalaalberca.com

9 hab – 65 € 80/90 € **Rest** – *(solo cena con reserva)* Menú 25 €

◆ Atractiva casa de turismo rural decorada en un estilo moderno, con mucho diseño, destacando sus habitaciones por estar personalizadas y en algunos casos abuhardilladas.

SANT ANDREU DE LLAVANERES – Barcelona – 574 H37 – 10 303 h. – alt. 114 m 15 A2

Madrid 666 – Barcelona 35 – Girona/Gerona 67

en la carretera N II Sureste : 2,5 km

Las Palmeras

Km 652 08392 Sant Andreu de Llavaneres – 937 93 00 44 – www.restaurantlaspalmeras.com – cerrado del 15 al 30 de enero, domingo noche y lunes

Rest – Menú 30/40 € – Carta 40/69 €

◆ Instalado en un gran edificio con torreón. En su sala, de aire neorrústico-colonial, le ofrecerán una carta tradicional actualizada, con arroces y algún plato internacional.

SANT ANTONI DE CALONGE – Girona – 574 G39 – Playa 15 B1

Madrid 717 – Barcelona 107 – Girona/Gerona 48

av. Catalunya 26, 972 66 17 14, www.calonge.cat

Rosamar

rest,

Josep Mundet 43 17252 – 972 65 05 48 – www.rosamar.com – abril-septiembre

78 hab – 65/120 € 74/188 € **Rest** – *(solo buffet)* Menú 12 €

◆ Acogedor establecimiento situado frente al mar, en el paseo marítimo. Posee una correcta zona social y habitaciones actualizadas, todas con terraza y mobiliario en mimbre. Su espacioso comedor disfruta de vistas tanto a la piscina como al Mediterráneo y basa su trabajo en el servicio de un buffet.

SANT BOI DE LLOBREGAT - Barcelona - **574** H36 - **81 181 h.** **15** B3 - alt. 30 m

Madrid 626 - Barcelona 19 - Tarragona 83

El Castell

Castell 1 ✉ 08830 - ☎ 936 40 07 00 - www.elcastell.com

48 hab - 45 € 66 € **Rest** - Carta 32/40 €

◆ Está en la cima de una colina, rodeado de terrazas con pinos. Ofrece una zona social totalmente renovada y habitaciones de diferentes estilos: actuales, rústicas y coloniales. El restaurante cuenta con dos comedores, uno para el menú y el otro para la carta.

¿Te apetece una pausa para tomar unas tapas en la barra o en la terraza? Localiza los establecimientos indicados con el símbolo

SANT CARLES DE LA RÁPITA - Tarragona - **574** K31 - **15 583 h.** **13** A3 - Playa

Madrid 505 - Castelló de la Plana/Castellón de la Plana 91 - Tarragona 90 - Tortosa 29

pl. Carles III-13, ☎ 977 74 46 24

Miami Mar

passeig Marítim 18 ✉ 43540 - ☎ 977 74 58 59 - www.miamicanpons.com

30 hab - 60/124 € 88/164 €

Rest *Miami Can Pons* - ver selección restaurantes

◆ En 1ª línea de playa. Dispone de una pequeña recepción con salón-bar y confortables habitaciones de estilo actual, todas con mobiliario moderno, terraza y vistas al mar.

Juanito Platja

passeig Marítim ✉ 43540 - ☎ 977 74 04 62 - www.juanitoplatja.com - abril-9 octubre

35 hab - 40/45 € 64/75 €, 8 € **Rest** - Carta 21/36 €

◆ Posee una situación privilegiada, ya que tiene un agradable solárium volcado al mar. Correcta zona social y habitaciones de suficiente equipamiento, todas con terraza.

Llansola

Sant Isidre 98 ✉ 43540 - ☎ 977 74 04 03 - www.llansolahotel.com - cerrado noviembre

21 hab - 34/51 € 52/86 €

Rest - *(cerrado domingo noche y lunes)* Carta 26/44 €

◆ Hotel de organización familiar situado en el centro de la localidad. Ofrece unas cuidadas dependencias, con habitaciones funcionales aunque de correcto equipamiento. En su restaurante de estilo clásico podrá degustar una completa carta tradicional-marinera.

Miami Can Pons - Hotel Miami Mar

passeig Marítim ✉ 43540 - ☎ 977 74 05 51 - www.miamicanpons.com - cerrado del 15 al 31 de enero

Rest - Menú 32 € - Carta aprox. 35 €

◆ De gran prestigio en la localidad y orientado a una clientela externa al hotel. Destaca su terraza acristalada junto a la piscina y elaboran una cocina tradicional-marinera.

Varadero

av. Constitució 1 ✉ 43540 - ☎ 977 74 10 01 - www.varaderolarapita.com - cerrado 22 diciembre-3 febrero

Rest - Menú 30/50 € - Carta aprox. 37 €

◆ Sólido negocio ubicado frente al club náutico. Dispone de una amplia cafetería, un comedor con un buen servicio de mesa, y dos salones para banquetes en la entreplanta.

SANT CELONI - Barcelona - **574** G37 - **16 905 h.** - **alt. 152 m** **15** A2

Madrid 662 - Barcelona 51 - Girona/Gerona 54

Noroeste, Sierra de Montseny★ : itinerario★★ de Sant Celoni a Santa Fé del Montseny - Carretera★ de Sant Celoni a Vic por Montseny

Suis sin rest

Major 152 ✉ 08470 - ✆ 938 67 00 02 - www.hotelsuis.com
34 hab - ♦55/80 € ♦♦70/105 €, ☕ 5 €
♦ Hotel de organización familiar y atractiva fachada instalado en un precioso edificio de 1860. Ofrece habitaciones muy funcionales pero de línea actual, algunas con terraza.

Can Fabes (Xavier Pellicer) con hab

Sant Joan 6 ✉ 08470 - ✆ 938 67 28 51 - www.canfabes.com
5 hab - ♦183 € ♦♦235/280 €, ☕ 30 €
Rest - *(cerrado domingo noche, lunes y martes)* Menú 130/210 € - Carta 163/191 €
Espec. Angulas del Delta, remoulade y caviar. Bogavante azul, las pinzas en ensalada, la cola con jugo de asado de pollo y curry. Soufflè frío de frutos rojos, tartar de fresones, aceite de oliva y pimienta.
♦ Ofrece dos espléndidas salas, una de ambiente rústico-regional y la otra actual, así como una sorprendente mesa ubicada en la misma cocina. Platos creativos de raíces locales. Como complemento encontrará unas habitaciones amplias, de líneas puras y estética actual, con muy buenas calidades y unos magníficos desayunos.

Aroma

Sant Joan 33 ✉ 08470 - ✆ 938 67 46 38 - www.aromarestaurant.es - cerrado del 1 al 23 de agosto, 2 semanas en enero, domingo noche, lunes noche y martes
Rest - Carta 25/47 €
♦ Restaurante familiar de línea actual emplazado en el centro de la localidad. Propone una carta de cocina tradicional con predominio de platos catalanes y precios contenidos.

SANT CLIMENT - Balears - ver Balears (Menorca)

SANT CUGAT DEL VALLÈS - Barcelona - **574** H36 - **81 745 h.** - **alt. 180 m** **15** B3

Madrid 615 - Barcelona 20 - Sabadell 9

Sant Cugat,, Villa, ✆ 93 674 39 08

Monasterio★★ (Iglesia★ : retablo de todos los Santos★, claustro★ : capiteles románicos★)

Sant Cugat

César Martinell 2 ✉ 08172 - ✆ 935 44 26 70 - www.hotel-santcugat.com - cerrado 29 julio-19 agosto
97 hab - ♦♦82/315 €, ☕ 14 €
Rest *Vermell* - *(cerrado domingo noche)* Menú 17/30 €
♦ Moderno edificio de forma lenticular ubicado junto al ayuntamiento. Ofrece unas instalaciones de línea minimalista con mucho diseño, buen confort y mobiliario de calidad. El restaurante, bastante luminoso y colorista, se complementa con una magnífica terraza.

Casablanca

Sabadell 47 ✉ 08172 - ✆ 936 74 53 07 - www.casablancasantcugat.com - cerrado Semana Santa, del 6 al 19 de agosto y domingo
Rest - Carta 20/35 €
♦ Céntrica casa dotada con un comedor rústico, en ladrillo y madera, dividido en tres espacios. Cocina tradicional e internacional, con especialidades como el "Steak Tartar".

ESPAÑA

SANT ESTEVE DE PALAUTORDERA - Barcelona - **574** G37 **15** B2

– 2 500 h. – alt. 231 m

Madrid 655 – Barcelona 56 – Girona 63

por la carretera del Montseny Noreste : 2 km

Can Marc con hab — rest, rest, VISA AE

Camino de Can Marc 6 ✉ 08461 Sant Esteve de Palautordera – ☎ 938 48 27 13 – www.canmarc.com – cerrado del 15 al 30 de septiembre

4 hab – 40 € 55 €, 5 €

Rest – *(cerrado lunes salvo festivos)* Carta 32/40 €

◆ Ubicado en una masía restaurada. Encontrará un comedor a la carta de ambiente rústico-actual, una sala para menús de aire antiguo y una cocina actual de bases tradicionales. Sus sencillas habitaciones son una buena opción si desea pasar unos días en el campo.

SANT FELIU DE GUÍXOLS - Girona - **574** G39 - **21 975 h.** **15** B1

– Playa

Madrid 713 – Barcelona 100 – Girona/Gerona 37

passeig del Mar 8-12, ☎ 972 82 00 51, www.guixols.cat

Localidad★, Iglesia Monasterio de Sant Feliu★ (portada★★) A – Capilla de Sant Elm (<★★) A – Pedralta★ por ③

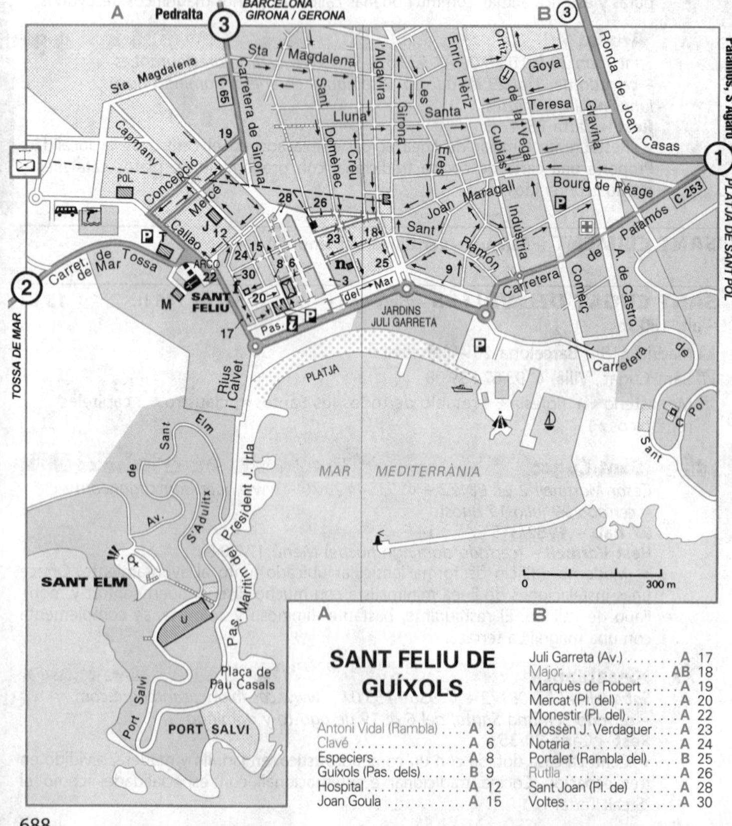

Curhotel Hipócrates
carret. de Sant Pol 229 ✉ 17220 – ✆ 972 32 06 62 – www.hipocratescurhotel.com – cerrado 8 diciembre-2 febrero Bc
93 hab – 🛉80/124 € 🛉🛉116/180 € – 2 suites **Rest** – Menú 25 €
♦ Uno de los hoteles pioneros en cuanto a los tratamientos de salud y belleza, con gran variedad de servicios. Habitaciones clásicas de completo confort. Su comedor se reparte en dos zonas, en una sirven un buffet dietético y en la otra una carta tradicional.

Plaça sin rest
pl. Mercat 22 ✉ 17220 – ✆ 972 32 51 55 – www.hotelplaza.org Af
19 hab – 🛉59/118 € 🛉🛉90/123 €
♦ Hotel de gestión familiar e instalaciones funcionales. Ofrece habitaciones de correcto confort, sin embargo, lo más atractivo es el solárium con jacuzzi de su azotea.

Cau del Pescador
Sant Domènec 11 ✉ 17220 – ✆ 972 32 40 52 – www.caudelpescador.com – cerrado del 3 al 18 de enero, lunes noche y martes en invierno An
Rest – Menú 20/35 € – Carta 35/60 €
♦ Negocio familiar de ambiente rústico con diversos detalles náuticos. Presenta una carta tradicional marinera con arroces, pescados, mariscos y un buen apartado de sugerencias.

SANT FERRIOL – Girona – ver Besalú

SANT FRUITÓS DE BAGES – Barcelona – 574 G35 – 8 184 h. – alt. 246 m 15 A2

Madrid 596 – Barcelona 72 – Manresa 5
Monasterio de Sant Benet de Bages★★

La Sagrera sin rest
av. Bertrand i Serra 2 ✉ 08272 – ✆ 938 76 09 42 – www.hotel-lasagrera.com
8 hab – 🛉49 € 🛉🛉72 €, 6 €
♦ Casa del s. XVIII de excelente fachada. Presenta una sala polivalente para los desayunos, un salón social con el techo abovedado y habitaciones funcionales pero algo pequeñas.

Can Ladis
carret. de Vic 56 ✉ 08272 – ✆ 938 76 00 19 – www.restaurante-marisqueria-canladis.com – cerrado del 2 al 9 de enero, 20 agosto-8 septiembre y lunes
Rest – Carta 34/64 €
♦ Se encuentra en la avenida principal y está llevado totalmente en familia. Ofrece una cocina tradicional actualizada, especializada en pescados y mariscos, así como dos menús.

en la carretera de Sant Benet Sureste : 3 km

Món
camí de Sant Benet ✉ 08272 Sant Fruitós de Bages – ✆ 938 75 94 04 – www.monstbenet.com
86 hab – 🛉🛉80/120 € – 1 suite
Rest *L'Angle* – ver selección restaurantes
Rest – Menú 25/35 €
♦ Hotel de línea moderna ubicado en un tranquilo paraje junto al Monasterio de Sant Benet, que data del s. X. Ofrece amplias zonas nobles y habitaciones de muy buen confort. El restaurante, luminoso y de línea actual, ofrece una cocina tradicional actualizada.

XXX ✿ **L'Angle** (Jordi Cruz) - Hotel Món
camí de Sant Benet ✉ 08272 Sant Fruitós de Bagés – ☎ 938 75 94 29 – www.restaurantangle.com – cerrado 15 días en enero, 15 días en agosto, domingo noche y lunes
Rest – (reserva aconsejable para cenar) Menú 70/95 € – Carta 58/92 €
Espec. Pasta cocinada en agua de calamar con cohombros de mar y lemongrass. Lubina del Mediterráneo asada con percebes, hinojo y tomates pasificados a la naranja. Royal de ternera con Pedro Ximénez, foie gras y texturas de manzana.
◆ Situado en pleno campo, frente al Monasterio de Sant Benet. Se accede por el hall del hotel y presenta una sala de ambiente moderno, con amplios espacios acristalados y una cuidada iluminación. Cocina creativa elaborada con productos de excelente calidad.

SANT GREGORI – Girona – 574 G38 – 3 243 h. – alt. 112 m 15 A1

Madrid 707 – Girona/Gerona 9 – Barcelona 108 – Figueres 52

XX **Maràngels**
carret. GI 531, Este : 1 km ✉ 17150 – ☎ 972 42 91 59 – www.marangels.com – cerrado 7 días en febrero, del 1 al 6 de septiembre, domingo noche y lunes
Rest – Menú 40 € – Carta 39/70 €
◆ Instalado en una masía que se presenta rodeada por un precioso entorno ajardinado. Ofrece acogedoras salas de atmósfera rústica-actual y una cocina tradicional actualizada.

SANT HILARI SACALM – Girona – 574 G37 – 5 729 h. – alt. 801 m 15 A1 – Balneario

Madrid 664 – Barcelona 82 – Girona/Gerona 45 – Vic 36
pl. Dr. Robert, ☎ 972 86 96 86
Localidad★

Balneari Font Vella hab, rest
passeig de la Font Vella 57 ✉ 17403 – ☎ 972 86 83 05 – www.balnearifontvella.cat – cerrado enero-17 febrero
30 hab – 105/115 € **Rest** – Menú 36/60 €
◆ Hotel-balneario levantado sobre un palacete de línea modernista. Posee habitaciones de gran confort, todas con vestidores y maderas nobles. Tratamientos terapéuticos. El restaurante propone una carta de producto, con platos tradicionales e internacionales.

Ripoll hab,
Vic 26 ✉ 17403 – ☎ 972 86 80 25 – www.hotelripoll.com
28 hab – 42/90 € 53/60 €
Rest – *(cerrado enero y martes)* Menú 21 € – Carta 29/46 €
◆ Hotel familiar renovado prácticamente en su totalidad, ya que ocupa un edificio centenario. Sus habitaciones resultan actuales, algunas con detalles rústicos y abuhardilladas. El comedor disfruta de un acceso independiente y está distribuido en dos niveles.

Torras rest, rest,
pl. Gravalosa 13 ✉ 17403 – ☎ 972 86 80 96 – www.hostaltorras.com – cerrado 23 diciembre-enero
23 hab – 35/40 € 60/75 €, 7 €
Rest *El Celler d'En Jordi* – *(cerrado domingo noche y viernes mediodía salvo verano)* Menú 14/38 € – Carta 24/40 €
◆ Céntrico establecimiento familiar dotado de habitaciones funcionales, aunque las están actualizando poco a poco y resultan muy correctas. Cálido salón social con chimenea. El restaurante disfruta de una cuidada decoración rústica, con las paredes en piedra.

ESPAÑA

SANT JOAN D'ALACANT (SAN JUAN DE ALICANTE) – Alicante 16 B3
– **577** Q28 – **22 138 h.** – **alt. 50 m**

Madrid 426 – Alcoi 46 – Alacant/Alicante 9 – Benidorm 34

XX **La Quintería**

Dr. Gadea 17 ✉ 03550 – ☎ 965 65 22 94 – cerrado 20 junio-15 julio, domingo noche y miércoles noche

Rest – *(solo almuerzo)* Carta 41/66 €

◆ Resulta céntrico y tiene al dueño al frente del negocio. Encontrará varias salas de montaje clásico-tradicional y una carta bastante amplia, con numerosos platos gallegos basados en la calidad de las materias primas, pescados y mariscos.

SANT JOAN DESPÍ – Barcelona – ver Barcelona : Alrededores

SANT JORDI – Balears – ver Balears (Eivissa)

SANT JOSEP DE SA TALAIA – Balears – ver Balears (Eivissa)

SANT JULIÀ DE VILATORTA – Barcelona – 574 G36 – 2 974 h. 14 C2
– **alt. 595 m**

Madrid 643 – Barcelona 72 – Girona/Gerona 85 – Manresa 58

Masalbereda — rest, rest,

av. Sant Llorenç 68 ✉ 08504 – ☎ 938 12 28 52 – www.masalbereda.com

20 hab – 🛉98/121 € 🛉🛉125/150 €

Rest – *(cerrado domingo noche)* Menú 23/43 € – Carta 33/56 €

◆ Hotel con encanto ubicado en una antigua masía. Posee un bello entorno ajardinado, acogedoras instalaciones y unas cálidas habitaciones, con detalles rústicos y modernos. El restaurante, de cocina tradicional actualizada, posee un atractivo balcón acristalado.

Torre Martí — hab,

Ramón Llull 11 ✉ 08504 – ☎ 938 88 83 72 – www.hoteltorremarti.com – cerrado enero

8 hab – 🛉89/99 € 🛉🛉140/180 €

Rest – *(cerrado domingo noche y lunes mediodía) (solo clientes)* Menú 29/48 €

◆ Esta atractiva casa señorial posee un salón-biblioteca y confortables habitaciones, casi todas con muebles antiguos de distintos estilos y algunas con acceso al jardín. En su acogedor restaurante, de línea modernista, se ofrece una cocina actual con dos menús.

XX **Ca la Manyana** con hab

av. Nostra Senyora de Montserrat 38 ✉ 08504 – ☎ 938 12 24 94 – www.calamanyana.com – cerrado 15 días en invierno y 15 días en verano

17 hab – 🛉62 € 🛉🛉79 €, 10 €

Rest – *(cerrado lunes) (solo almuerzo salvo viernes y sábado)* Menú 17 € Carta 27/60 €

◆ Instalado en una casona señorial de atractiva fachada. Su principal actividad se centra en el restaurante, donde podrá degustar la más arraigada tradición culinaria catalana. Como complemento al negocio ofrece habitaciones de buen confort general.

SANT JUST DESVERN – Barcelona – ver Barcelona : Alrededores

SANT LLORENÇ DE BALAFIA – Balears – ver Balears (Eivissa)

SANT LLUÍS – Balears – ver Balears (Menorca)

SANT MARÇAL – Barcelona – 574 G37 14 C2

Madrid 686 – Barcelona 86 – Girona/Gerona 60 – Vic 36

Sant Marçal

✉ 08460 – ☎ 938 47 30 43 – www.hotelhusasantmarcal.com – cerrado enero

12 hab – 🛉80/220 € 🛉🛉90/230 € **Rest** – Carta 32/44 €

◆ Emplazado en plena montaña, ocupa un antiguo monasterio cuyas habitaciones, con decoración rústica personalizada, conservan el sosiego de antaño. Espléndida zona noble. El coqueto restaurante está repartido en dos partes, la exterior con vistas a la sierra.

SANT MIQUEL DE BALANSAT - Balears - ver Balears (Eivissa)

SANT PAU D'ORDAL - Barcelona - 574 H35 15 A3

Madrid 587 - Barcelona 51 - Lleida/Lérida 116 - Tarragona 66

XX **Cal Saldoni**

Ponent 4 ✉ 08739 - ☎ 938 99 31 47 - www.calsaldoni.com - cerrado 24 diciembre-7 enero, 19 julio-7 agosto, lunes y martes

Rest - *(solo almuerzo salvo sábado)* Menú 27/33 € - Carta 35/46 €

◆ Negocio de organización familiar dotado con dos salas de estética neorrústica y buen montaje. El chef, autodidacta, presenta una carta de autor con algún plato regional.

XX **Cal Xim**

pl. Subirats 5 ✉ 08739 - ☎ 938 99 30 92 - www.calxim.com - cerrado 23 agosto-5 septiembre

Rest - *(solo almuerzo salvo viernes y sábado)* Carta 24/35 €

◆ Llevado entre dos hermanos. La clave de su éxito radica en la calidad del producto y en los precios moderados. Cocina catalana de temporada, a la brasa y con una buena bodega.

SANT PERE DE RIBES - Barcelona - 574 I35 - 28 399 h. - alt. 44 m 15 A3

Madrid 596 - Barcelona 46 - Sitges 4 - Tarragona 52

Major 110, ☎ 93 896 28 57, www.santperederibes.cat

Palou sin rest

Palou 15 ✉ 08810 - ☎ 938 96 05 95 - www.hotelpalou.com

10 hab - 80/90 € 90/100 €

◆ Hotelito con encanto ubicado en una casa de finales del s. XIX. Sus habitaciones están personalizadas con una bella combinación de mobiliario de diseño y de estilo antiguo.

XX **Ibai** con hab

carret. de Canyelles 1 ✉ 08810 - ☎ 938 96 54 90 - www.ibaiosteria.com

14 hab - 140/150 € 160/180 €, 17 €

Rest - Menú 53 € - Carta 31/60 €

◆ Antigua casa de campo de ambiente señorial dotada con un luminoso comedor principal, una sala que deja la parrilla a la vista, bodega y terraza. Cocina tradicional y catalana. También cuenta con unas habitaciones en las que se cuidan mucho los detalles.

XX **El Secreto de Juanfran**

Blades 1 - urb. Los Viñedos ✉ 08810 - ☎ 938 96 47 97 - www.elsecreto.cat - cerrado del 17 al 21 de enero, 26 abril-3 mayo, del 19 al 27 de septiembre, miércoles noche y jueves noche salvo en verano, lunes y martes

Rest - Menú 19/55 € - Carta 29/48 €

◆ Esta casa, tipo villa, se encuentra a las afueras de la localidad, con una terraza ajardinada, un bar, dos salas de buen montaje y un privado. Cocina tradicional actualizada.

en la carretera de Olivella Noreste : 1,5 km

X **Can Lloses**

urb. Can Lloses-Milà ✉ 08810 Sant Pere de Ribes - ☎ 938 96 07 46 - www.canlloses.com - cerrado octubre y martes

Rest - Carta 20/40 €

◆ Negocio de organización familiar dotado con un bar independiente y tres salas de ambiente rústico-regional. Cocina catalana de corte casero, lo que aquí se llama "Casolana".

SANT POL DE MAR - Barcelona - 574 H37 - 5 076 h. - Playa 15 A2

Madrid 679 - Barcelona 46 - Girona/Gerona 53

Sant Pau (Carme Ruscalleda)

Nou 10 ✉ 08395 - ✆ 937 60 06 62 - www.ruscalleda.cat - cerrado 21 días en mayo, 21 días en noviembre, domingo, lunes y jueves mediodía

Rest - Menú 146 € - Carta 114/124 €

Espec. Mondrian gastronómico, brandada de bacalao, pimientos de colores y olivas negras. Colas de gambas sobre terciopelo de tomate (verano). Filete de potro del Pirineo, bala de hierbas, setas y vegetales.

◆ Ofrece dos salas de elegante montaje, destacando la exterior por sus vistas tanto al jardín como al mar. Presenta unas elaboraciones muy creativas y delicadas pero también de hondas raíces locales, pues la mayoría de sus platos tienen reminiscencias catalanas.

SANT QUIRZE DEL VALLÈS - Barcelona - 574 H36 - 18 702 h. 15 B3 - alt. 188 m

Madrid 611 - Barcelona 22 - Manresa 46 - Mataró 34

en la carretera de Rubí C 1413a Suroeste : 4,5 km

Can Ferran

✉ 08192 Sant Quirze del Vallès - ✆ 936 99 17 63 - www.masiacanferran.com - cerrado agosto, sábado noche, domingo y festivos

Rest - Carta 22/31 €

◆ Negocio familiar ubicado en una antigua masía, con tres amplias salas y un privado. Ofrecen platos regionales, judías del ganxet y carnes a la brasa. No acepta reservas.

SANT SADURNÍ D'ANOIA - Barcelona - 574 H35 - 12 323 h. 15 A3 - alt. 162 m

Madrid 578 - Barcelona 46 - Lleida/Lérida 120 - Tarragona 68

Cal Blay Vinticinc

Josep Rovira 27 ✉ 08770 - ✆ 938 91 00 32 - www.calblay.com - cerrado martes

Rest - *(solo almuerzo salvo viernes y sábado)* Carta aprox. 32 €

◆ ¡Ocupa un edificio modernista que sirvió como bodega! Encontrará dos salas y dos privados, todo muy moderno como fruto de combinar elementos rústicos y de diseño. Cocina catalana de temporada y excelente carta de vinos, todos del Penedés.

La Cava d'en Sergi

València 17 ✉ 08770 - ✆ 938 91 16 16 - www.lacavadensergi.com - cerrado Semana Santa, del 1 al 21 de agosto, último domingo de mes y lunes

Rest - *(solo almuerzo salvo viernes y sábado)* Menú 16/39 € - Carta aprox. 35 €

◆ Negocio llevado por un atento matrimonio. Presenta una carta de cocina tradicional actualizada, con toques creativos, así como dos menús, uno diario y otro de degustación.

SANT VICENÇ DE MONTALT - Barcelona - 574 H7 - 5 776 h. 15 A2

Madrid 663 - Barcelona 41 - Girona 65

Castell de l'Oliver

Norte : 1,5 km ✉ 08394 - ✆ 937 91 15 29 - www.hotelcastelldeloliver.es

10 hab - †132/164 € ††146/183 €, ☕ 16 € **Rest** - *(cerrado domingo noche y lunes) (solo almuerzo en invierno salvo fines de semana)* Menú 32 € Carta 35/56 €

◆ Antigua casa señorial, tipo castillo, ubicada en una finca con muchos espacios ajardinados. Su reducida zona noble se ve compensada mediante habitaciones de excelente nivel. El restaurante destaca tanto por su montaje clásico como por el hecho de tener la cocina a la vista. Carta tradicional con toques actuales.

Montaltmar

hab,

av. Montaltmar 1 ✉ 08394 - ✆ 937 91 10 17 - www.montaltmar.com - cerrado del 1 al 15 de noviembre y 15 días en febrero

9 hab ☕ - †125 € ††135/165 € **Rest** - *(cerrado lunes)* Menú 30 €

◆ Este pequeño hotel, que se ha renovado completamente, presenta habitaciones modernas, luminosas y de excelente confort, todas con vistas al mar. Trato personalizado. El restaurante ofrece una carta de cocina tradicional elaborada con productos de temporada.

SANT VICENT DEL RASPEIG (SAN VICENTE DEL RASPEIG) 16 A3
– Alicante – 577 Q28 **– 54 088 h. – alt. 110 m**

Madrid 422 – Alcoi 49 – Alacant/Alicante 9 – Benidorm 48

La Paixareta

Torres Quevedo 10 ✉ 03690 – ✆ 965 66 58 39

Rest – *(cerrado del 15 al 31 de agosto y domingo noche)* Carta 30/44 €

◆ Un buen restaurante para quien busque materias primas de calidad. Posee un pequeño expositor de pescados y mariscos a la entrada, una sala principal con las paredes en madera y un privado. ¡Deliciosos guisos y un buen apartado de arroces!

SANTA BAIA – Ourense – 571 F6 19 B3

Madrid 493 – Ourense 13 – Pontevedra 113 – Vigo 87

Galileo

carret. OU 536 ✉ 32792 – ✆ 988 38 04 25 – www.restaurantegalileo.com – cerrado domingo noche y lunes de junio a septiembre

Rest – *(solo almuerzo de octubre a mayo salvo viernes y sábado)* Menú 45/65 € – Carta 36/50 €

◆ Esta casona, ubicada junto a la carretera, sorprende por su interior, pues combina la piedra vista con espectaculares detalles de diseño. Cocina actual con ciertas dosis de creatividad y claras influencias, tanto italianas como gallegas.

SANTA BÁRBARA – Tarragona – 574 J31 – 3 965 h. – alt. 79 m 13 A3

Madrid 515 – Castelló de la Plana/Castellón de la Plana 107 – Tarragona 98 – Tortosa 15

Venta de la Punta

Major 207 ✉ 43570 – ✆ 977 71 89 63 – www.ventadelapunta.com

22 hab – 🚹36 € 🚹🚹56 €

Rest ***Venta de la Punta*** – ver selección restaurantes

◆ Se trata de un hotel de instalaciones funcionales, muy enfocado a trabajar con viajantes. Ofrece habitaciones de buen tamaño, con mobiliario actual y la mínima equipación.

Venta de la Punta – Hotel Venta de la Punta

carret. de Madrid 2 ✉ 43570 – ✆ 977 71 90 95 – www.ventadelapunta.com – cerrado domingo noche

Rest – Menú 12 €

◆ Emplazado en un edificio cercano al hotel. Distribuye sus salas en dos plantas, aunque se suele utilizar la del piso inferior para servir el menú del día. Carta tradicional.

SANTA COLOMA DE FARNERS – Girona – 574 G38 – 11 948 h. 15 A1
– alt. 104 m – Balneario

Madrid 700 – Barcelona 87 – Girona/Gerona 29

Localidad ★

Balneario Termas Orión

Afueras, Sur : 2 km ✉ 17430 – ✆ 972 84 00 65 – www.termesorion.cat – cerrado 2 enero-febrero

67 hab – 🚹50/90 € 🚹🚹74/126 €, ☕ 11 € **Rest** – Menú 24 €

◆ Hotel-balneario ubicado en un parque a las afueras de la ciudad. Encontrará varios espacios sociales, confortables habitaciones y un centro lúdico termal en un anexo cercano. El restaurante cuenta con dos salas de línea clásica y un gran salón para banquetes.

en la carretera de Sils Sureste : 2 km

Mas Solà

✉ 17430 – ✆ 972 84 08 48 – www.massola.com

Rest – Menú 35 € – Carta 24/59 €

◆ Preciosa masía en piedra rodeada de césped y piscinas. Aquí encontrará dos salas de ambiente rústico y diversos privados. Carta tradicional actualizada y varios menús.

SANTA COLOMA DE GRAMENET – Barcelona – ver Barcelona : Alrededores

SANTA COLOMA DE QUERALT – Tarragona – 574 H34 – 3 153 h. 13 B2

Madrid 536 – Barcelona 91 – Lleida/Lérida 85 – Tarragona 59

Hostal Colomí

Raval de Jesús 10 ✉ 43420 – ✆ 977 88 06 53 – cerrado 7 días en septiembre

Rest – *(solo almuerzo salvo sábado)* Menú 35/45 € – Carta 24/54 €

◆ En una antigua casa del centro de la localidad. Correcta sala con parrilla a la vista, un pequeño reservado en un lateral y otro en el 1er piso. Surtida oferta gastronómica.

SANTA COLOMBA DE SOMOZA – León – 575 E11 – 463 h. 11 A1 – alt. 989 m

Madrid 344 – Valladolid 193 – León 64 – Oviedo 166

Casa Pepa

Mayor 2 ✉ 24722 – ✆ 987 63 10 41 – www.casapepa.com – cerrado 20 diciembre-8 enero

6 hab – ††60/84 € **Rest** – Menú 15 € – Carta 19/34 €

◆ Caserón de arrieros del s. XVIII ubicado en el corazón de La Maragatería. Conserva la estructura original, con un patio central y habitaciones rústicas llenas de encanto. En el restaurante podrá degustar una cocina tradicional con nuevos matices.

SANTA COMBA – A Coruña – 571 C3 – 10 683 h. – alt. 352 m 19 B1

Madrid 653 – A Coruña 67 – Santiago de Compostela 33

Retiro da Costiña (Maria Pastora García)

av. de Santiago 12 ✉ 15840 – ✆ 981 88 02 44 – www.retirodacostina.com – cerrado del 1 al 15 de octubre, domingo noche, lunes noche y miércoles

Rest – (reserva aconsejable para cenar) Menú 50 € – Carta 40/51 €

Espec. Sarda marinada, asada sobre pulpa de tomate confitado y masa de maíz tostada. Rodaballo de la ría braseado con unas verduritas en tempura, aderezadas con una salsa de soja. Crema de canela caramelizada con un helado de vainilla y ralladura de pastilla Juanola.

◆ Bella casa de piedra dotada con una moderna bodega, un elegante comedor de línea clásica-actual y un agradable salón para la sobremesa, donde le ofrecerán una selección de licores y cafés. Cocina actualizada de base tradicional que destaca por sus productos.

SANTA CRISTINA (Playa de) – Girona – ver Lloret de Mar

SANTA CRISTINA D'ARO – Girona – 574 G39 – 5 067 h. 15 B1

Madrid 709 – Barcelona 96 – Girona/Gerona 33

Estació 4, ✆ 972 83 52 93, www.santacristina.net/turisme

Costa Brava,, urb. Golf Costa Brava "La Masía", ✆ 972 83 70 55

en la carretera de Platja d'Aro Este : 2 km

Mas Torrellas

hab,

✉ 17246 Santa Cristina D'Aro – ✆ 972 83 75 26 – www.mastorrellas.com – abril-septiembre

17 hab – †47/62 € ††67/82 € **Rest** – Menú 25/40 €

◆ Esta antigua masía, situada en pleno campo, ofrece una correcta zona noble y habitaciones funcionales, con el mobiliario en pino y los baños actuales. Discreta organización. El restaurante, de ambiente rústico, posee el techo abovedado y las paredes en piedra.

en la carretera de Girona Noroeste : 2 km

Les Panolles

✉ 17246 Santa Cristina D'Aro – ✆ 972 83 70 11 – cerrado lunes noche y martes salvo en verano

Rest – Menú 19/42 € – Carta 35/50 €

◆ En esta atractiva masía del s. XVII encontrará un comedor de aire rústico, con chimenea, así como varios privados. Carta tradicional con buen apartado de platos a la brasa.

al Noroeste : 5 km

Mas Tapiolas hab,
Veïnat de Solius ✉ 17246 Solius – ☎ 972 83 70 17
– www.salleshotels.com – Semana Santa-15 octubre y fines de semana resto del año.
38 hab – 75/205 € 90/220 € – 1 suite **Rest** – Carta 37/55 €
◆ Hotel instalado parcialmente en una masía del s. XVII con grandes zonas ajardinadas. Sus dependencias están decoradas con sumo gusto y muchas tienen vistas al valle de Solios. El restaurante, muy acogedor y de línea rústica, ocupa lo que fueron los establos.

SANTA CRUZ – Murcia – 577 R26 — 23 B2

Madrid 403 – Murcia 9

La Seda
Vereda del Catalán, Norte : 1 km ✉ 30162 – ☎ 968 87 08 48
– www.palacetelaseda.com – cerrado 15 días en enero, del 7 al 23 de agosto, domingo, lunes y festivos
Rest – Menú 40/100 € – Carta 48/69 €
◆ Mobiliario isabelino, arañas de Murano, techos artesonados y piezas de museo comparten mesa en este singular palacete, repleto de plantas y ubicado en plena huerta murciana. ¡Cocina creativa elaborada con productos de gran calidad!

SANTA CRUZ DE BEZANA – Cantabria – 572 B18 – 11 607 h. – alt. 45 m — 8 B1

Madrid 378 – Bilbao 102 – Santander 8 – Torrelavega 18

Los Sauces sin rest
Alto de San Mateo 4, Sur : 2 km ✉ 39108 Maoño – ☎ 942 58 03 76 – www.sauces.es
10 hab – 30/50 € 40/60 €
◆ Válido como recurso. Todas sus habitaciones son dobles, exteriores y están forradas en madera. Entorno rodeado de césped, con una caseta acristalada a modo de merendero.

SANTA CRUZ DE LA PALMA – Santa Cruz de Tenerife – ver Canarias (La Palma)

SANTA CRUZ DE LA SERÓS – Huesca – 574 E27 – 136 h. – alt. 788 m — 4 C1

Madrid 480 – Huesca 85 – Jaca 14 – Iruña/Pamplona 105

Pueblo★

Monasterio de San Juan de la Peña★★ (paraje★★, claustro★ : capiteles★★) Sur : 5 km

El Mirador de Santa Cruz sin rest
Ordana 8 ✉ 22792 – ☎ 974 35 55 93 – www.elmiradordesantacruz.com
– cerrado del 16 al 26 de abril y del 12 al 27 de noviembre
7 hab – 59/79 € 109/129 €
◆ Hotel rural con las paredes en piedra. Posee un salón social con chimenea y habitaciones en las que se aprecia el gusto por los detalles. Sauna y jacuzzi en la planta baja.

SANTA CRUZ DE TENERIFE – Santa Cruz de Tenerife – ver Canarias (Tenerife)

SANTA ELENA – Jaén – 578 Q19 – 1 007 h. – alt. 742 m — 2 C1

Madrid 256 – Sevilla 280 – Jaén 79 – Ciudad Real 114

por la carretera de Miranda del Rey
Noroeste : 2 km y desvío a la derecha 2 km

Mesa del Rey rest,
salida 257 autovía ✉ 23213 Santa Elena – ☎ 953 12 50 55
– www.mesadelrey.com
12 hab – 45 € **Rest** – (es necesario reservar) Menú 22 €
◆ Casa de campo donde la tranquilidad y el contacto con la naturaleza están asegurados. Salón social con chimenea y habitaciones sobrias, la mayoría de ellas con plato ducha. El comedor, sencillo y con una gran chimenea, ofrece su cocina casera de palabra.

SANTA EUGÈNIA – Illes Balears – ver Balears (Mallorca)

SANTA EULALIA DEL RÍO – Balears – ver Balears (Eivissa)

SANTA EULALIA DE OSCOS – Asturias – 572 C8 – 501 h. – alt. 547 m   5 A1

Madrid 579 – A Coruña 169 – Lugo 78 – Oviedo 181

Casa Pedro

Teresa de Francisco ✉ 33776 – ☎ 985 62 60 97 – www.hotelcasapedro.com – cerrado 23 diciembre-6 enero

8 hab – †30/33 € ††42/46 €, ☕ 6 €

Rest – *(cerrado domingo en invierno)* Menú 12 € – Carta 15/31 €

♦ Hotelito familiar de cuidada fachada. Dispone de unas habitaciones funcionales, con mobiliario estándar y baños actuales, que destacan por su buen mantenimiento. Comedor a la carta de discreto montaje, con un bar a la entrada donde también sirven menús.

Casona del Bosque de Pumares sin rest

Pumares, Oeste : 1 km ✉ 33776 – ☎ 985 62 12 97 – www.casonapumares.com – cerrado 15 diciembre-15 febrero

9 hab ☕ – †74/87 € ††83/96 €

♦ Magnífica casona del s. XVII en cuyo interior conviven rusticidad y confort. Ofrece un hermoso rincón con chimenea, en lo que fue la cocina, y habitaciones personalizadas.

Casona Cantiga del Agüeira sin rest

Pumares, Oeste : 1 km ✉ 33776 – ☎ 985 62 62 24 – www.cantigadelagueira.com

9 hab ☕ – †79/93 € ††89/103 €

♦ Casona asturiana que en su rehabilitación ha procurado ser respetuosa con los materiales. Su propietaria es aficionada a la música y eso se ve reflejado en numerosos detalles.

SANTA GERTRUDIS DE FRUITERA – Balears – ver Balears (Eivissa)

SANTA MARGALIDA – Balears – ver Balears (Mallorca)

SANTA MARGARIDA (Urbanización) – Girona – ver Roses

SANTA MARÍA DE GETXO – Vizcaya – ver Getxo (Getxoko Andramari)

SANTA MARÍA DEL CAMÍ – Balears – ver Balears (Mallorca)

SANTA MARÍA DE MAVE – Palencia – 575 D17 – 46 h.   12 C1

Madrid 323 – Burgos 79 – Santander 116

El Convento de Mave

✉ 34492 – ☎ 979 12 36 11 – www.elconventodemave.com – cerrado noviembre, enero y febrero

27 hab – †65/135 € ††75/250 €, ☕ 8 €

Rest – *(cerrado domingo noche, lunes y martes mediodía)* Carta 25/48 €

♦ En un antiguo monasterio benedictino. Posee correctas zonas sociales y dos tipos de habitaciones, unas tradicionales y otras, las más nuevas, de diseño rústico exclusivo. El comedor presenta dos salas revestidas en piedra y una cocina de elaboración actual.

SANTA POLA – Alicante – 577 R28 – 32 507 h. – Playa   16 A3

Madrid 423 – Alacant/Alicante 19 – Cartagena 91 – Murcia 75

Astilleros 4, ☎ 96 669 60 52, www.turismosantapola.es

pl. Diputación 6, ☎ 96 669 22 76

Quatre Llunes sin rest

Marqués de Molins 41 ✉ 03130 – ☎ 966 69 60 80 – www.hostal4llunes.com

25 hab – †28/38 € ††38/54 €, ☕ 4 €

♦ Hostal de línea actual ubicado cerca del puerto deportivo. La zona social del 1er piso se asoma sobre la recepción y poseen habitaciones algo pequeñas aunque de buen confort.

ESPAÑA

en la carretera N 332

El Faro

Norte : 2,5 km ✉ 03130 Santa Pola – ✆ 965 41 21 36 – www.restaurantefaro.es

Rest – Carta 35/51 €

◆ Local dotado con un buen hall-recibidor, tres correctos comedores contiguos y una sala algo más pequeña de estilo clásico. Su carta se basa en pescados, mariscos y arroces.

en la carretera de Elx Noroeste : 3 km

María Picola

✉ 03130 Santa Pola – ✆ 965 41 35 13 – cerrado octubre, domingo noche y lunes salvo julio y agosto

Rest – Carta 26/50 €

◆ Instalado en un bello chalet que destaca por su atractiva zona ajardinada, con una amplia terraza y un interior acogedor. Su carta tradicional posee un apartado de arroces.

SANTA PONÇA – Balears – ver Balears (Mallorca)

SANTA SUSANNA – Barcelona – 574 H38 – 3 308 h. – alt. 10 m – Playa 15 A2

Madrid 670 – Girona/Gerona 50 – Barcelona 56

Can Rosich

Camino de la Riera, Noroeste : 1,5 Km ✉ 08398 – ✆ 937 67 84 73 – www.canrosich.com – cerrado del 22 al 27 de diciembre

7 hab – ††55/70 €, ☕ 7 € **Rest** – *(solo clientes)* Menú 18 €

◆ Masía del s. XVIII rodeada por un tranquilo paraje de montaña. Sus habitaciones, de sencillo montaje, cuentan con mobiliario antiguo original y baños de estilo rústico-actual. El comedor, que está caldeado por una chimenea, solo trabaja con clientes alojados.

SANTANDER P – Cantabria – 572 B18 – 181 589 h. – Playa 8 B1

Madrid 389 – Bilbao 116 – Burgos 154 – León 266

de Santander por ③ : 7 km ✆ 902 404 704

Iberia : aeropuerto ✆ 902 400 500

para Portsmouth y Plymouth : Brittany Ferries, Puerto de Santander (Estación Marítima), ✆ 902 10 81 47

Jardines de Pereda, ✆ 942 20 30 00, www.turismodecantabria.com

Hernán Cortés 4, ✆ 942 31 07 08

R.A.C.E. Marcelino Sanz de Sautuola 4 ✆ 942 22 32 37

Pedreña, por la carret. de Laredo : 24 km, ✆ 942 50 00 01

Emplazamiento★★ – Catedral : iglesia del Cristo★ EZ – Museo Regional de Prehistoria y Arqueología★ (bastones de mando★) FZ**M1** – El Sardinero★★ CDY – Paseo de Pereda★ EFZ – Península de la Magdalena★★ DY – Paseo al Cabo Mayor★ CY

Planos páginas siguientes

Bahía

av. Alfonso XIII-6 ✉ 39002 – ✆ 942 20 50 00 – www.hotelbahiasantander.es EZ**h**

188 hab – †79/167 € ††79/223 €, ☕ 16 € – 21 suites

Rest – Menú 23 € – Carta 37/66 €

◆ Hotel de línea clásica dotado con una correcta recepción, dos cafeterías, varias salas de reuniones y confortables habitaciones, todas amplias y con los suelos en moqueta. El comedor tiene un uso polivalente, ya que también ofrece el servicio de desayunos.

Coliseum

pl. de los Remedios 1 ✉ 39001 – ☎ 942 31 80 81 – www.hoteles-silken.com
92 hab – †60/165 € ††70/195 €, ☕ 15 € EZ**b**
Rest – *(cerrado domingo noche)* Menú 33 € – Carta 31/40 €
◆ Ubicado en una zona céntrica y comercial. En conjunto está diseñado para el cliente de negocios, con varios salones panelables y habitaciones actuales de completo confort. El restaurante, moderno y de líneas puras, trabaja con los tres servicios del día.

Abba Santander sin rest

Calderón de la Barca 3 ✉ 39002 – ☎ 942 21 24 50 – www.abbasantanderhotel.com EZ**a**
37 hab – †70/145 € ††80/220 €, ☕ 14 €
◆ Conjunto urbano de buena fachada, con balcones y galerías acristaladas. La zona social es algo justa, aunque esto se compensa con unas habitaciones actuales y bien equipadas.

Vincci Puertochico sin rest

Castelar 25 ✉ 39004 – ☎ 942 22 52 00 – www.vinccihoteles.com CY**s**
52 hab – †60/220 € ††90/270 €, ☕ 13 € – 1 suite
◆ Edificio de modernas instalaciones emplazado a orillas de la bahía. La cafetería está integrada en la zona social y presenta habitaciones funcionales de estética actual.

NH Ciudad de Santander sin rest

Menéndez Pelayo 13 ✉ 39006 – ☎ 942 31 99 00 – www.nh-hotels.com FZ**e**
62 hab – †63/140 € ††75/160 €, ☕ 13 €
◆ Posee las características de la cadena aunando diseño y funcionalidad, sin menoscabo de un confort a la altura de las exigencias actuales. Cafetería con acceso independiente.

El Serbal (Fernando Sainz)

Andrés del Río 7 ✉ 39004 – ☎ 942 22 25 15 – www.elserbal.com – cerrado domingo noche y lunes FZ**k**
Rest – Menú 38/68 € – Carta 40/54 €
Espec. Arroz negro con cachón y langostinos en témpura. Merluza asada con pulpo y pimiento en tres texturas. Plátano flambeado con crema y helado de yogur.
◆ Restaurante de línea clásica-actual dotado con un hall, tres salas distribuidas en torno a una pequeña bodega y un privado. Propone una cocina tradicional con toques actuales y ofrece unos buenos detalles complementarios, como el carro de panes artesanales.

Del Puerto

Hernán Cortés 63 ✉ 39003 – ☎ 942 21 56 55 – www.barcelopuerto.com – cerrado domingo noche y lunes FZ**m**
Rest – Carta 36/85 €
◆ Negocio con cierto prestigio en la localidad. Dispone de un bar público, un buen expositor de productos y una elegante sala de línea clásica adornada con detalles marineros.

Lasal

Castelar 5 ✉ 39004 – ☎ 942 21 46 46 – www.lasaldesantander.com
Rest – Carta 30/55 € FZ**x**
◆ Disfruta de un pequeño porche acristalado, que funciona como zona de espera, una acogedora sala principal de ambiente clásico y una terraza en temporada. Cocina tradicional.

Asador Lechazo Aranda

Tetuán 15 ✉ 39004 – ☎ 942 21 48 23 – www.hotelaranda.com – cerrado 24 junio-7 julio y lunes noche FZ**t**
Rest – Menú 24 € – Carta 24/41 €
◆ Sus instalaciones recrean sabiamente la belleza y atmósfera de la más noble decoración castellana. Ofrece una carta basada en carnes y especialidades como el cordero asado.

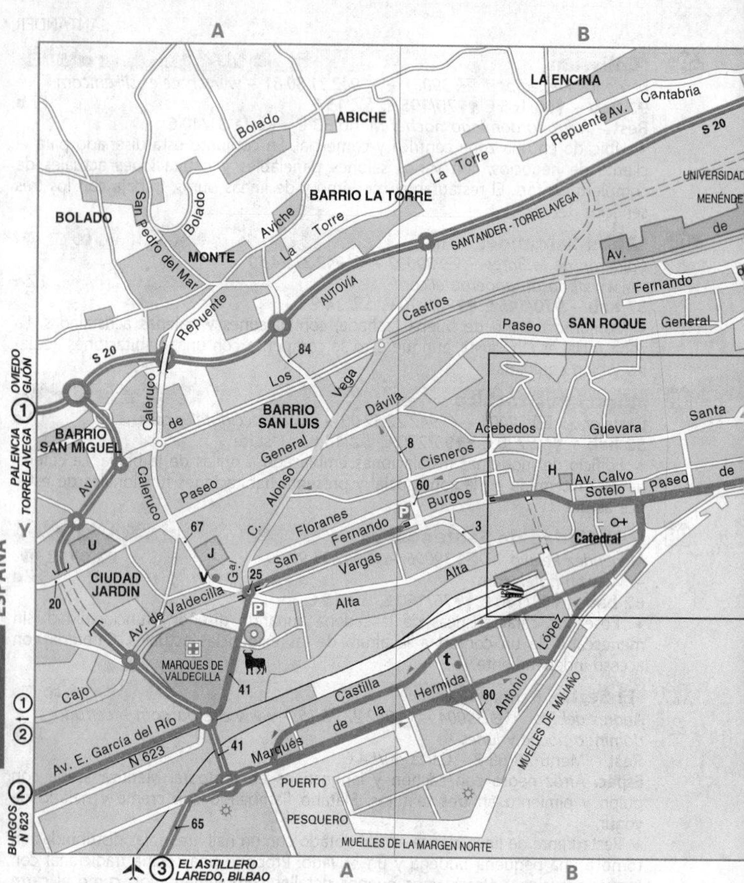

SANTANDER

Acebedos . . . . BY
Alcalde Vega Lamera . . . . . . CY
Alcazar de Toledo . . . . BY 3
Alfonso XIII (Av.) . . . . EZ 4
Alta . . . . ABY
Alto de Miranda (Pl.) . . . . CY
Andrés del Rio . . . . FZ 6
Antonio López . . . . BY, EZ
Antonio Mendoza . . . . ABY 8
Arrabal . . . . EFZ 10
Atalaya (Cuesta de la) . . . . . . EZ 12
Atilano Rodríguez . . . . EZ 13
Aviche . . . . AY
Bolado . . . . AY
Brisas (Pl. las) . . . . CY
Burgos . . . . BY
Cádiz . . . . EZ
Cajo . . . . AY
Calderón de la Barca (Av.) . . . EZ 15
Caleruco (Bajada del) . . . . . . AY
Calvo Sotelo (Av.) . . . . EZ
Canalejas (Pas.) . . . . CY
Cantabria (Av.) . . . . BY
Cañadio (Pl.) . . . . FZ 19
Cardenal Herrera Oria (Av.) . . AY 20
Casimiro Sáinz . . . . FZ 21
Castañeda (Av.) . . . . CY
Castelar . . . . CY
Castilla . . . . ABY, EZ
Castros (Av. los) . . . . ADY
Catalayud . . . . CY
Cervantes . . . . EZ
Cisneros . . . . BY
Cuatro Caminos (Pl.) . . . . AY 25
Daoíz y Velarde . . . . FZ 27
Duque de Santo Mauro . . CDY
Eduardo García del Río . . . . . AY
Escalantes . . . . EZ 30
Estaciones (Pl.) . . . . EZ
Fernando de los Ríos . . . . . BCY
Floranes . . . . AY
Francisco de Quevedo . . . . . EZ 32
Gándara . . . . FZ
General Camilo Alonso Vega AY
General Dávila (Pas.) . . . . . . ACY
General Mola . . . . EFZ
Guevara . . . . EZ
Hernán Cortès . . . . FZ
Honduras . . . . CY
Hospital (Cuesta del) . . . . . . EZ 37
Infantes (Av. los) . . . . CY
Isabel II . . . . EZ
Jerónimo Saínz de la Maza . AY 41
Jesús de Monasterio . . . . . . EZ 42
Joaquín Costa . . . . CY
José Antonio (Pl.) . . . . FZ 44
Juan de Herrera . . . . EZ 46
Juan de la Cosa . . . . FZ 47
Lealtad . . . . EZ 49
Lope de Vega . . . . FZ
Luis Carrero Blanco . . . . CY 51
Luis Martínez . . . . DY 52
Marcelino Sautuola . . . . FZ 55
Marqués de la Hermida . . . ABY
Matiás Montero (Pl.) . . . . FZ 56
Menéndez Pelayo (Pas.) CY, FZ
Numancia (Pl.) . . . . BY 60
Parayas (Av.) . . . . AY 65
Pedro San Martín (Av.) . . . . . AY 67
Peña Herbosa . . . . FZ 69
Pereda (Pas. de) . . . . EFZ
Pérez Galdós (Pas.) . . . . . . CDY
Porticada (Pl.) . . . . EZ 72
Ramón Dóriga . . . . FZ 75
Ramón y Cajal . . . . CDY
Reina Victoria (Av.) . . . . . . CDY
Repuente . . . . AY
Rúalasal . . . . EZ

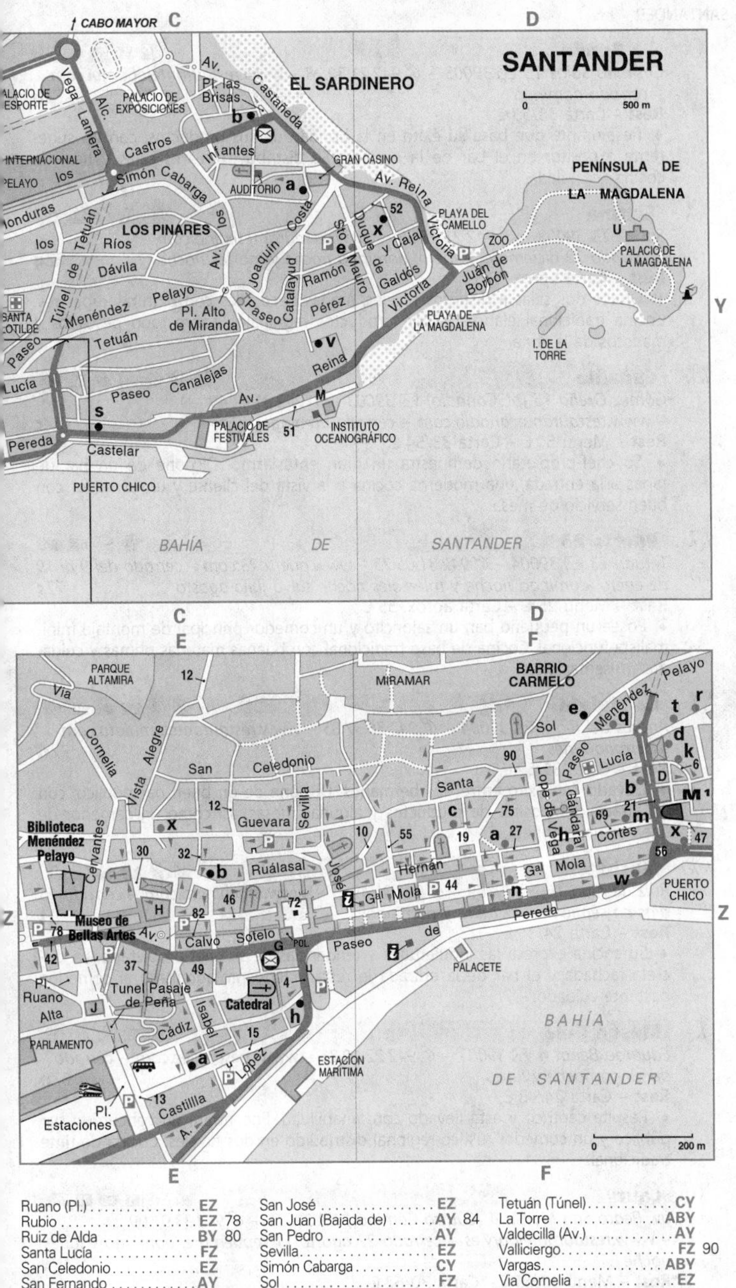
SANTANDER
CABO MAYOR
EL SARDINERO
0
500 m
C
D
Y
Av. Castañeda
Pl. las Brisas
PALACIO DE EXPOSICIONES
Vega Lamera
Alc.
Castros
Infantes
Simón Cabarga
INTERNACIONAL
PELAYO
GRAN CASINO
AUDITORIO
Av. Reina Victoria
PENÍNSULA DE LA MAGDALENA
PLAYA DEL CAMELLO
ZOO
PALACIO DE LA MAGDALENA
LOS PINARES
Honduras
los Ríos
Túnel de Tetuán
Dávila
Joaquín Costa
Catalayud
Sto Mauro
Duque de
y Cajal
Ramón
Galdós
Pérez
Juan de Borbón
Menéndez Pelayo
Pl. Alto de Miranda
Paseo
Victoria
PLAYA DE LA MAGDALENA
I. DE LA TORRE
SANTA CLOTILDE
Tetuán
Reina
Lucía
Paseo Canalejas
Av.
PALACIO DE FESTIVALES
INSTITUTO OCEANOGRÁFICO
Pereda
Castelar
PUERTO CHICO
BAHÍA DE SANTANDER
E
F
Z
PARQUE ALTAMIRA
MIRAMAR
BARRIO CARMELO
Via Cornelia
Vista Alegre
San Celedonio
Santa
Sol
Menéndez Pelayo
Paseo Lucía
Lope de Vega
Gándara
Cortés
Guevara
Sevilla
Biblioteca Menéndez Pelayo
Cervantes
Ruálasal
San José
Hernán
Gal Mola
Mola
Museo de Bellas Artes
Av. Calvo Sotelo
Paseo de Pereda
PUERTO CHICO
PALACETE
Pl. Ruano
Alta
Tunel Pasaje de Peña
Cádiz
Isabel
Catedral
López
PARLAMENTO
ESTACION MARITIMA
Pl. Estaciones
Castillla
A.
BAHÍA DE SANTANDER
0
200 m

XX **La Bombi** AC VISA AE

Casimiro Sáinz 15 ✉ 39003 – ☎ 942 21 30 28 – www.restaurantelabombi.com – cerrado domingo FZ**b**

Rest – Carta 33/55 €

◆ Restaurante que basa su éxito en la bondad de sus productos, con un sugerente expositor en el bar de la entrada. Se distribuye en tres salas y tiene la cocina acristalada.

XX **Sixtina** AC VISA

Sol 47 ✉ 39003 – ☎ 942 21 95 95 – www.restaurantesixtina.com – cerrado 22 diciembre-5 enero, domingo noche y martes noche FZ**q**

Rest – Carta aprox. 35 €

◆ Ofrece dos salas a distintos niveles, ambas decoradas con pinturas rupestres. Cocina tradicional elaborada con productos regionales, sobre todo pescados y mariscos de la zona.

XX **Cañadío** AC VISA AE

Gómez Oreña 15 (pl. Cañadío) ✉ 39003 – ☎ 942 31 41 49 – www.restaurantecanadio.com – cerrado domingo FZ**c**

Rest – Menú 50 € – Carta 33/54 €

◆ Su chef-propietario demuestra un gran entusiasmo. Dispone de un bar de tapas a la entrada, una moderna cocina a la vista del cliente y un comedor con buen servicio de mesa.

XX **Puerta 23** AC VISA

Tetuán 23 ✉ 39004 – ☎ 942 31 05 73 – www.puerta23.com – cerrado del 9 al 19 de enero, domingo noche y miércoles noche salvo julio-agosto FZ**r**

Rest – Menú 25 € – Carta aprox. 35 €

◆ Posee un pequeño bar, un saloncito y un comedor principal de montaje minimalista-funcional. Cocina de base tradicional con buenas materias primas y cuidadas presentaciones.

XX **La Mulata** AC VISA AE

Andrés del Río 7 ✉ 39004 – ☎ 942 36 37 85 – www.restaurantelamulata.com – cerrado lunes FZ**d**

Rest – Carta 35/52 €

◆ Llevado con éxito entre dos hermanos. Dispone de un buen bar público, con un atractivo expositor de productos y algunas mesas, así como un comedor de línea actual-marinera.

XX **Machinero** AC VISA AE

Ruiz de Alda 16 ✉ 39009 – ☎ 942 31 49 21 – www.machinero.com – cerrado 15 días en septiembre-octubre y domingo BY**t**

Rest – Carta 24/35 €

◆ Su cocina expresa las inquietudes y tendencias de su chef-propietario. La discreta fachada y el bar de la entrada le restan cierto protagonismo al comedor, bastante cuidado.

X **Mesón Gele** AC VISA AE

Eduardo Benot 4 ✉ 39003 – ☎ 942 22 10 21 – www.mesongele.com – cerrado domingo noche y lunes FZ**n**

Rest – Carta 24/48 €

◆ Resulta céntrico y está llevado con amabilidad. Encontrará un concurrido bar público y un comedor rústico-regional distribuido en dos niveles. Cocina de tinte tradicional.

X **Laury** AC VISA AE

av. Pedro San Martín 4 (Cuatro Caminos) ✉ 39010 – ☎ 942 33 01 09 – www.restaurantelaury.es – cerrado 22 agosto-11 septiembre, domingo y lunes noche AY**v**

Rest – Menú 30/65 € – Carta 30/62 €

◆ Posee un amplio bar en el que toman protagonismo su vivero y una parrilla a la vista. El comedor, luminoso, actual y de correcto montaje, está distribuido en dos niveles.

ESPAÑA

Bodega Cigaleña

Daoiz y Velarde 19 ✉ 39003 – ☏ 942 21 30 62 – cerrado domingo

Rest – Carta 40/45 € FZ**a**

◆ Este atractivo establecimiento de aire rústico cuenta con multitud de detalles alusivos al mundo del vino y la vendimia. En su expositor se pueden ver botellas de gran valía.

Prada a Tope

Guevara 7 ✉ 39001 – ☏ 942 21 00 97 – www.pradaatope-santander.com – cerrado domingo en verano y lunes resto del año EZ**x**

Rest – Menú 20 € – Carta 22/35 €

◆ Un clásico de la cadena más representativa de la comarca de El Bierzo. Lo definen la rusticidad de sus maderas y los exquisitos productos en venta. Posee dos comedores.

Días de Sur

Hernán Cortés 47 ✉ 39003 – ☏ 942 36 20 70 – www.diasdesur.es FZ**h**

Rest – Tapa 3 € – Ración aprox. 9 € – Menú 13/25 €

◆ Amplio local de ambiente rústico-actual en el que se mezcla el servicio de tapas y raciones con una zona de mesas distribuida en dos alturas. Menú de cocina internacional.

Casa Lita

paseo de Pereda 37 ✉ 39004 – ☏ 942 36 48 30 – www.casalita.es – cerrado lunes salvo julio y agosto FZ**w**

Rest – Tapa 2,40 € – Ración aprox. 12 €

◆ Taberna ubicada frente a Puertochico, una zona privilegiada de Santander. Ofrece una buena terraza, una gran barra repleta de pinchos vascos y una pequeña carta de raciones.

en El Sardinero :

Real

hab, rest,

paseo Pérez Galdós 28 ✉ 39005 Santander – ☏ 942 27 25 50 – www.hotelreal.es

122 hab – ††150/300 €, ☕ 24 € – 9 suites CY**v**

Rest *El Puntal* – Carta 41/65 €

◆ Este hermoso edificio destaca por su estratégica situación. Ofrece un amplio hall, luminosos salones tipo pérgola, elegantes habitaciones y un buen centro de talasoterapia. El restaurante El Puntal disfruta de un estilo clásico y agradables vistas a la bahía.

Hoyuela

av. de los Hoteles 7 ✉ 39005 Santander – ☏ 942 28 26 28 – www.hotelhoyuela.es CY**a**

49 hab – †61/158 € ††65/227 €, ☕ 13 € – 6 suites **Rest** – Menú 23 €

◆ Edificio tipo palacete cuyo interior, de corte clásico, se combina con un moderno mobiliario. Hermoso lucernario central, zona social circular y habitaciones de buen confort. Elegante comedor a la carta que evidencia en su montaje cierta inspiración inglesa.

G.H. Victoria

María Luisa Pelayo 38 ✉ 39005 Santander – ☏ 942 29 11 00 – www.granhotelvictoria.com DY**x**

70 hab – ††70/250 €, ☕ 10 € – 3 suites **Rest** – Menú 21 €

◆ Singular edificio cuyo diseño, con el tejado en forma de pirámide, lo dota de una gran luminosidad. Posee unas habitaciones actuales y luminosas, todas con su propia terraza. El restaurante, de línea moderna y adecuado montaje, ofrece una carta tradicional.

Las Brisas sin rest

La Braña 14 ✉ 39005 Santander – ☏ 942 27 50 11 – www.hotellasbrisas.net

13 hab ☕ – †50/100 € ††65/125 € CY**b**

◆ Este acogedor hotelito destaca por su esbelto torreón y sorprende al visitante tanto por su ambiente como por su decoración, con un estilo clásico y detalles muy elegantes.

XXX **Deluz**

Ramón y Cajal 18 ✉ 39005 Santander – ✆ 942 29 06 06 – www.deluz.es
Rest – Menú 33/45 € – Carta 36/42 € CDY**e**
◆ Ubicado en un chalet de la zona residencial de El Sardinero. Disfruta de varios espacios y salones, todos con mobiliario de diseño y cubertería de plata. Entorno ajardinado.

por la salida ③ : 3,5 Km

NH Santander Parayas sin rest

av. Parayas 50 (Polígono Industrial Nueva Montaña) ✉ 39011 Santander – ✆ 942 35 22 66 – www.nh-hotels.com – cerrado 23 diciembre-8 enero
103 hab – ††55/145 €, ☕ 10 €
◆ Disfruta de una espaciosa zona noble, con cafetería, y unas habitaciones funcionales dotadas de mobiliario actual y baños de plato ducha. Amplia zona de aparcamiento.

SANTERVÁS DE LA VEGA – Palencia – 575 E15 – 517 h. – alt. 920 m

11 B1

▶ Madrid 327 – Valladolid 116 – Palencia 67 – León 97

El Moral

carret. de Saldaña ✉ 34112 – ✆ 979 89 20 92 – www.elmoral.com
12 hab ☕ – †40 € ††70 € **Rest** – Menú 40 € – Carta 27/42 €
◆ Destaca por su amable organización, con un buen hall-recepción, salón social y un atractivo porche. Habitaciones bien equipadas, muchas con hidromasaje y el suelo radiante. El restaurante presenta una carta superior a la media en este tipo de hotelitos.

SANTES CREUS (Monasterio de) – Tarragona – 574 H34 – alt. 340 m

13 B2

▶ Madrid 555 – Barcelona 95 – Lleida/Lérida 83 – Tarragona 32

◙ Monasterio★★★ (Gran claustro★★★ - Sala capitular★★ - Iglesia★★ : rosetón★ - tumbas reales★★, patio del Palacio Real★)

X **Grau**

Pere El Gran 3 ✉ 43815 – ✆ 977 63 83 11 – www.hostal-grau.com – cerrado 15 diciembre-15 enero y lunes
Rest – *(solo almuerzo salvo Semana Santa y verano)* Carta 22/42 €
◆ Negocio familiar de sencillas instalaciones. Posee un comedor de montaje clásico donde podrá degustar una cocina tradicional catalana con platos caseros y carnes a la brasa.

ESPAÑA

SANTIAGO DE COMPOSTELA

Planos de la ciudad en páginas siguientes **19** B2

ESPAÑA

A Coruña – **94 824 h.** – **alt. 264 m** – 571 D4

Madrid 613 – A Coruña 72 – Ferrol 103 – Ourense 111

Oficinas de Turismo

rúa do Vilar 30, ✆981 58 40 81
rúa do Vilar 63, ✆981 55 51 29, www.santiagoturismo.com

Aeropuerto

de Santiago de Compostela, Lavacolla por ② : 12 km ✆ 902 404 704 –
Iberia : aeropuerto ✆ 902 400 500

Golf

Santiago, por la carret. de A Coruña : 9 km, ✆981 88 82 76

VER

Praza do Obradoiro*** V – Catedral*** (Fachada del Obradoiro***, Pórtico de la Gloria***, Museo de tapices**, Claustro*, Puerta de las Platerias**) V – Palacio Gelmírez (salón sinodal*) V **A** – Hostal de los Reyes Católicos* : fachada* V – Barrio antiguo** VX : Praza da Quintana** – Puerta del Perdón* – Monasterio de San Martín Pinario* V – Colegiata de Santa María del Sar* (arcos geminados*) Z – Paseo de la Ferradura ⋞* XY – Rúa do Franco ⋞* X.

Alrededores :

Pazo de Oca* : parque** 25 km por ③

Parador Hostal dos Reis Católicos hab,
praza do Obradoiro 1 ✉ 15705 – ☎ 981 58 22 00 – www.parador.es Va
131 hab – 135/224 € 210/280 € – 6 suites
Rest *Dos Reis* – Menú 21/48 € – Carta 37/50 €
Rest *Enxebre* – Carta aprox. 37 €
◆ Impresionante edificio del s. XVI donde conviven fe, arte y tradición. Posee una magnífica zona noble y habitaciones de época distribuidas en torno a cuatro patios interiores. El restaurante Dos Reis, dotado con enormes arcos de piedra, ofrece una carta tradicional en la que predominan los platos gallegos.

Meliá Araguaney hab, rest,
Alfredo Brañas 5 ✉ 15701 – ☎ 981 55 96 00 – www.araguaney.com
79 hab – 187 € 210 €, 20 € – 5 suites Zc
Rest – *(cerrado domingo)* Menú 23 € – Carta 24/53 €
◆ Resulta emblemático y se encuentra en la zona moderna de la ciudad, con unas magníficas habitaciones que destacan tanto por su amplitud como por su elegante clasicismo. El restaurante, tambien clásico, elabora una carta tradicional y cuenta con tres privados.

NH Obradoiro hab,
av. Burgo das Nacions, por av. de Xoán XXIII ✉ 15705 – ☎ 981 55 80 70 – www.nh-hotels.com
159 hab – 70/220 € 80/240 € **Rest** – Menú 25 €
◆ Edificio de arquitectura moderna ubicado en la zona universitaria. Ofrece un buen hall de entrada, con mobiliario de diseño, y confortables habitaciones de estética actual. En su espacioso comedor podrá degustar una cocina tradicional actualizada.

ESPAÑA

Puerta del Camino hab,
Miguel Ferro Caaveiro, por ② ✉ 15707 – ☎ 981 56 94 00 – www.puertadelcamino.com
152 hab – 70/199 €, 12 € – 8 suites
Rest *Berenguela* – Menú 25/36 € – Carta 35/45 €
◆ Conjunto acristalado y de moderna factura, con una amplia zona noble y habitaciones que miman los detalles. La ubicación junto al Palacio de Congresos define su clientela. El espacioso restaurante disfruta de una línea clásica muy cuidada y varios privados.

AC Palacio del Carmen hab,
Oblatas ✉ 15703 – ☎ 981 55 24 44 – www.ac-hotels.com
70 hab – 80/200 €, 14 € – 4 suites Yt
Rest *Camelio* – Carta 30/45 €
◆ Este precioso hotel está emplazado en un antiguo convento y disfruta de una amplia zona ajardinada. Sus habitaciones tienen mobiliario y baños de diseño actual. El restaurante recrea un ambiente neorrústico y ofrece una carta de cocina tradicional actualizada.

A Quinta da Auga hab,
Paseo da Amaia 23 b, por ⑤ : 1,5 km ✉ 15706 – ☎ 981 53 46 36 – www.aquintadaauga.com
45 hab – 113/179 € 138/220 € – 1 suite
Rest *Filigrana* – Carta 33/56 €
◆ Ocupa una fabrica de papel del s. XVIII instalada junto a un meandro del río Sar, con unos preciosos jardines, un gran SPA, una bella fachada en piedra y estancias de singular encanto, todas personalizadas. En su coqueto restaurante podrá degustar una interesante cocina tradicional-actualizada.

San Francisco hab,
Campillo San Francisco 3 ✉ 15705 – ☎ 981 58 16 34 – www.sanfranciscohm.com Vx
82 hab – 80/139 € 90/235 €, 15 € **Rest** – Carta aprox. 45 €
◆ Se trata de un hotel-monumento, pues ocupa un convento del s. XVIII. Encontrará una variada zona social con restos arqueológicos, dos claustros y habitaciones de adecuado confort, siempre con mobiliario de línea antigua. Su restaurante se complementa con dos espléndidos salones para banquetes.

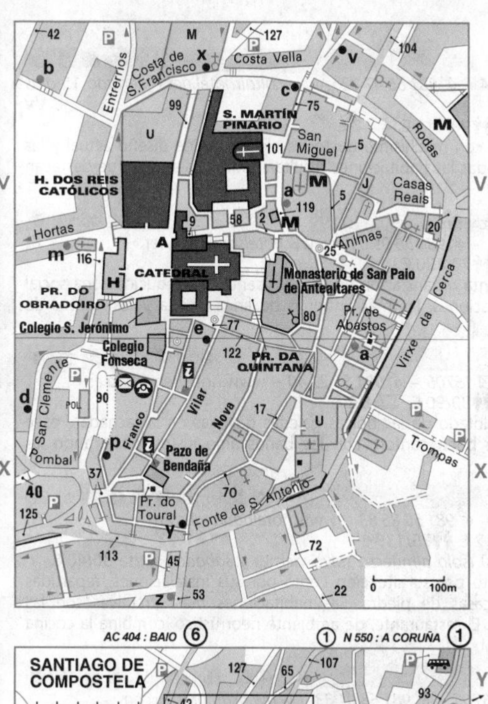

AC 404 : BAIO
N 550 : A CORUÑA

SANTIAGO DE COMPOSTELA

CATEDRAL

Av. de Lugo

FONTE DE SAR

COLEGIATA DE STA MARIA DEL SAR

AP 9 - E 1 : A CORUÑA

N 634 : LUGO

AC 543 : NOIA

AP 9 - E 1 : VIGO

AP 9 - E 1 N 525 : OURENSE

Pazo de Oca

SANTIAGO DE COMPOSTELA

ESPAÑA

Rua Villar sin rest

Rúa do Vilar 8 ✉ *15705*
– ✆ 981 51 98 58
– www.hotelruavillar.com VX**e**

16 hab – †62/90 € ††70/120 €, ☕ 7 €

♦ Casa del s. XVIII de indudable encanto, ya que está decorada con elegancia y disfruta de algunas obras de arte. La mayoría de sus habitaciones tienen las paredes en piedra.

Altair sin rest

Loureiros 12 ✉ 15704 – ☎ 981 55 47 12 – www.altairhotel.net – cerrado 15 días en enero V**v**

11 hab – 70/92 € 90/115 €, 8 €

◆ Esta casa combina con muchísimo gusto los elementos de diseño actual y las paredes en piedra. Todas las habitaciones resultan confortables, aunque destacan las abuhardilladas.

San Carlos sin rest y sin

Hórreo 106 ✉ 15702 – ☎ 981 56 05 05 – www.hotelsancarlos.net Z**t**

21 hab – 70/90 € 70/120 €

◆ Acogedor y de atenta organización familiar. Presenta una reducida zona social y dos tipos de habitaciones, las más antiguas de línea clásica y las nuevas de estética actual.

Herradura sin rest

av. Xoán Carlos I-1 ✉ 15706 – ☎ 981 55 23 40 – www.hotelherradura.es

20 hab – 68/75 € 80/90 €, 8 € Y**v**

◆ Atractivo edificio dotado de las típicas galerías gallegas en la fachada. Posee unas habitaciones de buen confort, con los baños algo justos, destacando las abuhardilladas.

Bonaval hab,

Bonaval 2 ✉ 15703 – ☎ 981 55 88 83 – www.hotelbonaval.com Y**d**

18 hab – 56/112 € 75/139 €

Rest – *(cerrado lunes) (solo almuerzo salvo viernes y sábado.)* Carta 30/40 €

◆ Es interesante tanto por su situación como por sus instalaciones, repartidas entre dos antiguas casas de piedra. Las habitaciones más atractivas son las que tienen chimenea. El restaurante, de ambiente neorrústico, combina la cocina italiana y la tradicional.

ESPAÑA

San Lorenzo hab,

San Lourenzo 2 ✉ 15705 – ☎ 981 58 01 33 – www.hsanlorenzo.com

54 hab – 46/62 € 68/103 €, 8 € **Rest** – Menú 14 € Y**n**

◆ Su organización puede resultar algo sencilla, sin embargo está muy cerca del casco histórico. Adecuada zona social y habitaciones correctas dentro de su funcionalidad.

Costa Vella sin rest

Porta da Pena 17 ✉ 15704 – ☎ 981 56 95 30 – www.costavella.com

14 hab – 54/60 € 70/81 €, 6 € V**c**

◆ Íntimo hotel ubicado en una casa restaurada. Destaca por su agradable terraza interior con jardín y por sus coquetas habitaciones, cuatro de ellas con galería y bellas vistas.

San Clemente sin rest

San Clemente 28 ✉ 15705 – ☎ 981 56 93 50 – www.pousadasdecompostela.com – cerrado enero-marzo X**d**

10 hab – 40/85 € 50/95 €, 6 €

◆ De pequeñas dimensiones pero bien situado en el casco histórico. Las habitaciones ofrecen un cuidado montaje y un buen confort, con el suelo en madera y las paredes en piedra.

Entrecercas sin rest

Entrecercas 11 ✉ 15705 – ☎ 981 57 11 51 – www.hotelentrecercas.com

7 hab – 55/70 € 75/98 € X**p**

◆ En una antigua casa de piedra con varios siglos de historia. Posee un correcto salón social y unas habitaciones que, aunque algo reducidas, resultan bastante coquetas.

Mapoula sin rest y sin

Entremurallas 10-3° ✉ 15702 – ☎ 981 58 01 24 – www.mapoula.com

11 hab – 30/36 € 42/50 € X**y**

◆ Destaca por su localización en pleno casco antiguo. Negocio definido por su organización familiar, con habitaciones funcionales de correcto equipamiento y suelos en tarima.

XX **El Mercadito**

Galeras 18 ✉ 15705 – ✆ 981 57 42 39 – vvvvw.elmercadito.es – cerrado domingo noche y lunes Ye

Rest – Menú 50 € – Carta 37/53 €

♦ Restaurante de línea actual dotado con un hall-saloncito de espera, dos privados y un comedor. Cocina tradicional actualizada, con toques creativos y dos menús degustación.

XX **Casa Marcelo** (Marcelo Tejedor)

Hortas 1 ✉ 15705 – ✆ 981 55 85 80 – www.casamarcelo.net – cerrado domingo y lunes Vm

Rest – *(solo menú)* Menú 42/70 €

Espec. Capuchino de remolacha. Cabracho en fritura con pil-pil de ají limo. Sanmartiño asado, guiso de habitas y ramallo de mar.

♦ Tras su fachada en piedra posee una sala de estética actual, con los fogones a la vista. Centra su oferta en unos sugerentes menús degustación de carácter creativo. ¡Tanto los menús como su carta de vinos se muestran en tabletas digitales!

XX **Pedro Roca**

Domingo García Sabell 1 ✉ 15705 – ✆ 981 58 57 76 – www.pedroroca.es – cerrado domingo noche salvo vísperas de festivos Vb

Rest – Menú 50 € – Carta 35/63 €

♦ Local de estética actual dotado con un amplio interior y dos salas, una solo de mesas y la otra con la cocina a la vista. Cocina gallega actualizada y un excelente producto.

XX **Asador Castellano**

Nova de Abaixo 2 ✉ 15705 – ✆ 981 59 03 57 – www.asadorcastellano.net – cerrado domingo (julio-agosto), domingo noche y lunes resto del año

Rest – Menú 25/60 € – Carta 23/41 € Zx

♦ Bar con mesas para tapear y dos salas de noble estilo castellano. La especialidad son las carnes y los asados en horno de leña, acompañados por vinos de la Ribera del Duero.

XX **Calderón**

carreira do Conde 8 ✉ 15706 – ✆ 981 55 43 56 – www.calderoncatering.com – cerrado del 1 al 18 de agosto y domingo Yx

Rest – Menú 50/72 € – Carta 46/74 €

♦ Esta casa del s. XVIII, con gruesas paredes en piedra, ofrece una terraza ajardinada, un bar y cinco privados en lo que fueron las habitaciones, todos con detalles de diseño.

XX **Fornos**

Hórreo 24 ✉ 15702 – ✆ 981 56 57 21 – www.restaurantemarisqueriafornos.es – cerrado domingo Xz

Rest – Carta 35/48 €

♦ Posee un bar de espera, varios privados y un comedor definido por la profusión de madera y las paredes enteladas. Su cocina apuesta por la bondad de los productos gallegos.

XX **Don Quijote**

Galeras 20 ✉ 15705 – ✆ 981 58 68 59 – www.quijoterestaurante.com

Rest – Carta 23/64 € Ye

♦ Este negocio familiar se presenta con un bar público, el comedor principal al fondo, dos salas de banquetes y un privado. Su carta de cocina gallega tiene un apartado de caza.

X **Acio**

Galeras 28 ✉ 15705 – ✆ 981 57 70 03 – www.acio.es – cerrado del 1 al 15 de enero, domingo y martes noche Ye

Rest – Menú 15/38 € – Carta aprox. 35 €

♦ Restaurante de sencillas instalaciones y ambiente neorrústico llevado por una joven pareja. De sus fogones surge una cocina actual, con un menú degustación y otro del día.

ESPAÑA

Bierzo Enxebre
Troia 10 ✉ 15704 – ☎ 981 58 19 09 – www.bierzoenxebre.es Va
Rest – Carta aprox. 25 €
◆ Este negocio cuenta con un bar, donde sirven tanto raciones como vinos por copa, y tres comedores de ambiente rústico. Cocina tradicional con platos gallegos y de El Bierzo.

Caney – Hotel Meliá Araguaney
Alfredo Brañas 5 ✉ 15701 – ☎ 981 55 96 03 – www.caney.es Zc
Rest – Tapa 2,40 € – Ración aprox. 6 € – Menú 24 €
◆ Magnífico bar de tapas con entrada independiente respecto al hotel. Correcta barra para tapeo y elegante comedor al fondo. Organizan diferentes jornadas gastronómicas.

Abastos 2.0
Plaza de Abastos - Casetas 13-18 ✉ 15705 – ☎ 981 57 61 45 – www.abastosdouspuntocero.es Xa
Rest – *(cerrado enero, domingo, lunes y festivos) (solo almuerzo salvo viernes y sábado en invierno)* Tapa 4 € – Ración aprox. 8 €
◆ Resulta sorprendente y singular, ya que ocupa seis casetas del mercado y se presenta con una estética actual. Es necesario reservar su única mesa y personalizan los menús.

en la antigua carretera N 634 por ② :

Los Abetos
San Lázaro - carret. Arines : 3 km ✉ 15820 – ☎ 981 55 70 26 – www.hotellosabetos.com
78 hab – ††70/180 €, ☕ 15 € – 70 suites **Rest** – Menú 20 € – Carta 35/56 €
◆ Ofrece habitaciones de completo equipamiento, varias zonas sociales y un hermoso jardín. Servicio gratuito de minibús y suites en un anexo, cada una con su propio parking. El restaurante presenta buenas vistas y una cocina actualizada de base tradicional.

en la carretera N 550 Noreste : 6 km

Mar de Esteiro
Lugar Ponte Sionlla - Enfesta ✉ 15884 Sionlla – ☎ 981 88 80 57 – cerrado domingo noche y lunes salvo agosto
Rest – Carta 23/36 €
◆ Junto a la carretera, en una casona que sorprende por sus magníficas instalaciones. Encontrará pescados y mariscos de gran calidad, pues aquí el primero es salvaje y el segundo sale de sus propios viveros. ¡Pruebe el Arroz con bogavante!

SANTIAGO MILLAS – León – 575 E11 – 347 h. – alt. 955 m 11 A1

Madrid 329 – Benavente 59 – León 55 – Ponferrada 81

en el Barrio de Abajo Este : 3 km

Guts Muths
Matanza 1 ✉ 24732 Santiago Millas – ☎ 987 69 11 23 – www.gutsmuths.es
6 hab ☕ – †50/55 € ††59/63 €
Rest – *(cerrado lunes, martes y miércoles)* Menú 19 €
◆ Antigua casa de arrieros convertida en hotelito rural. Ofrece una sala de exposiciones en lo que fue el pajar y habitaciones de aire rústico pintadas por diferentes artistas. El restaurante ocupa la primitiva cocina, con bonitos azulejos y el hogar a la vista.

SANTILLANA DEL MAR – Cantabria – 572 B17 – 4 040 h. – alt. 82 m 8 B1

Madrid 393 – Bilbao 130 – Oviedo 171 – Santander 26
Jesús Otero 20, ☎ 942 81 88 12, www.turismodecantabria.com
Pueblo pintoresco★★ : Colegiata★ (interior : cuatro Apóstoles★, retablo★, claustro★ : capiteles★★)
Museo de Altamira★★ (techo★★★) Suroeste : 2 km

Parador de Santillana Gil Blas

pl. Mayor ✉ 39330 – ✆ 942 02 80 28 – www.parador.es

28 hab – 🛉138/148 € 🛉🛉173/185 €, ☕ 18 € **Rest** – Menú 33 €

♦ Antigua mansión solariega construida en piedra y con un bello zaguán empedrado. Sus habitaciones gozan de gran confort, con recias vigas de madera y mobiliario castellano. Su amplio comedor posee detalles de cierta elegancia y platos típicos de la región.

Casa del Marqués sin rest

Cantón 26 ✉ 39330 – ✆ 942 81 88 88 – cerrado 11 diciembre-2 marzo

15 hab ☕ – 🛉105/175 € 🛉🛉127/195 €

♦ Esta casa señorial del s. XIV sirvió como residencia al primer Marqués de Santillana. Sus estancias se decoran con gusto y elegancia, combinando el confort con la tradición.

Parador de Santillana

pl. Ramón Pelayo ✉ 39330 – ✆ 942 81 80 00 – www.parador.es – cerrado enero y febrero

28 hab – 🛉118/129 € 🛉🛉148/161 €, ☕ 16 € **Rest** – Menú 33 €

♦ No se limita a ser un anexo del parador principal, ya que funciona con independencia y solo comparte algún servicio. Construido en el estilo arquitectónico típico de la zona.

La Casona de Revolgo sin rest

Parque de Revolgo 3 ✉ 39330 – ✆ 942 81 82 77 – www.lacasonaderevolgo.com – 15 marzo-octubre y fines de semana resto del año

14 hab ☕ – 🛉50/85 € 🛉🛉65/130 €

♦ Casona del s. XVII que funcionó un tiempo como casa de postas. Posee un porche de entrada, una correcta zona social con chimenea y confortables habitaciones de línea colonial.

Altamira

Cantón 1 ✉ 39330 – ✆ 942 81 80 25 – www.hotelaltamira.com

32 hab – 🛉53/76 € 🛉🛉70/115 €, ☕ 6 € **Rest** – Menú 15 €

♦ Casona señorial del s. XVII dotada con mobiliario castellano, detalles antiguos y habitaciones que conservan el noble encanto de otros tiempos. La madera abunda por doquier. Restaurante rústico en dos niveles, donde se crea una atmósfera que rezuma calidez.

Siglo XVIII sin rest

Revolgo 38 ✉ 39330 – ✆ 942 84 02 10 – www.hotelsigloxviii.com – cerrado 12 diciembre-febrero

16 hab ☕ – 🛉50/75 € 🛉🛉55/80 €

♦ Casa tradicional con la fachada en piedra y madera. Ofrece estancias de cálido confort y habitaciones vestidas con mobiliario castellano, las del último piso abuhardilladas.

Casa del Organista sin rest

Los Hornos 4 ✉ 39330 – ✆ 942 84 03 52 – www.casadelorganista.com – cerrado 22 diciembre-15 de enero

14 hab – 🛉49 € 🛉🛉60 €, ☕ 6 €

♦ Casona montañesa del s. XVIII sabiamente combinada en piedra y madera. Ofrece unas acogedoras habitaciones de ambiente rústico, unas con terraza y otras abuhardilladas.

Los Blasones

pl. de la Gándara 8 ✉ 39330 – ✆ 942 81 80 70 – abril-octubre

Rest – *(cerrado lunes)* Menú 28 € – Carta 32/47 €

♦ Tras su fachada en piedra dispone de dos salas, una funcional para el menú y otra rústica, con la cocina a la vista, para la carta. Platos tradicionales y pescados al horno.

X **Gran Duque**

Jesús Otero 7 ✉ 39330 – ✆ 942 84 03 86 – www.granduque.com – cerrado 25 diciembre-enero, domingo noche y lunes mediodía salvo verano
Rest – Menú 18 € – Carta 23/56 €
♦ Pequeño restaurante de organización familiar. Encontrará una sala de aire rústico, un vivero de marisco y la cocina a la vista. Amplia carta tradicional y tres tipos de menús.

por la carretera de Puente de San Miguel Sureste : 2,5 km

Palacio Los Caballeros sin rest

barrio Vispieres ✉ 39360 Santillana del Mar – ✆ 942 82 10 74 – www.casonaloscaballeros.com – cerrado 15 diciembre-febrero
30 hab – †54/79 € ††70/110 €, ☕ 8 €
♦ Casona llevada con dedicación y ubicada en una extensa finca. Destaca por la gran amplitud de sus habitaciones, todas coloristas, luminosas y personalizadas en su decoración.

en Ubiarco Norte : 5 km

Mar de Santillana sin rest

barrio Urdiales ✉ 39360 Santillana del Mar – ✆ 942 84 00 80 – www.mardesantillana.com
15 hab ☕ – †59/76 € ††65/95 €
♦ Esta agradable casona disfruta de dos anexos actuales, uno acristalado hacia el jardín y el otro con balcones de madera. En sus habitaciones encontrará mobiliario balinés.

ESPAÑA

SANTO DOMINGO DE LA CALZADA – La Rioja – 573 E21 — 21 A2

– 6 737 h. – alt. 639 m
Madrid 310 – Burgos 67 – Logroño 47 – Vitoria-Gasteiz 65
Mayor 33, ✆ 941 34 12 38, www.elcaminoexpress.com
Catedral★ (retablo mayor★★) – Parte antigua★

Parador de Santo Domingo de la Calzada hab,

pl. del Santo 3 ✉ 26250 – ✆ 941 34 03 00 – www.parador.es
59 hab – †128/138 € ††160/173 €, ☕ 18 € – 2 suites **Rest** – Menú 33 €
♦ Antiguo hospital de peregrinos ubicado junto a la catedral. Posee una agradable zona social dotada de bellos arcos en piedra y confortables habitaciones de estilo clásico. El restaurante disfruta de una cálida rusticidad y un buen servicio de mesa.

El Corregidor rest,

Mayor 14 ✉ 26250 – ✆ 941 34 21 28 – www.hotelelcorregidor.com – cerrado 20 diciembre-2 febrero
32 hab – †58 € ††73 €, ☕ 7 € **Rest** – Menú 15 € – Carta 22/30 €
♦ El edificio, construido por los actuales propietarios, presenta una fachada que continúa la tradición del ladrillo visto. Buena zona social y habitaciones de línea funcional. Restaurante de correcto montaje realzado mediante mobiliario clásico en tonos suaves.

XX **Los Caballeros**

Mayor 58 ✉ 26250 – ✆ 941 34 27 89 – www.restauranteloscaballeros.com – cerrado del 1 al 15 de enero y domingo noche salvo agosto
Rest – Carta 30/47 €
♦ Ocupa una casa de piedra emplazada en una céntrica calle peatonal, con un hall, una barra de apoyo y dos salas, una de aire rústico y la otra algo más actual. Carta regional.

X **El Rincón de Emilio**

pl. Bonifacio Gil 7 ✉ 26250 – ✆ 941 34 09 90 – www.rincondeemilio.com – cerrado febrero, lunes noche y martes salvo julio-septiembre
Rest – Menú 15/34 € – Carta aprox. 35 €
♦ Esta casa familiar cuenta con un comedor de ambiente rústico, un reservado y una agradable terraza, donde se encuentra la parrilla. Cocina fiel al recetario tradicional.

SANTO TOMÉ DEL PUERTO - Segovia - 575 I19 - 351 h. - alt. 1 129 m 12 C2

Madrid 104 – Valladolid 154 – Segovia 58 – Soria 138

Venta Juanilla

antigua carret. N I - km 99 ✉ 40590 – ☎ 921 55 73 52 – www.hotelventajuanilla.es – cerrado del 6 al 30 de noviembre

32 hab – 60 € 70/80 €, 5 € – 4 suites **Rest** – Carta 26/40 €

♦ Instalado parcialmente en una venta del s. X. Ofrece una espaciosa recepción, con las paredes en piedra, y confortables habitaciones, algunas abuhardilladas. Su restaurante, rústico-castellano, presenta un horno de leña en la sala y una carta tradicional.

SANTOÑA - Cantabria - 572 B19 - 11 584 h. - Playa 8 C1

Madrid 441 – Bilbao 81 – Santander 48

La Marisma 2

Manzanedo 19 ✉ 39740 – ☎ 942 66 06 06 – cerrado 15 diciembre-15 enero

Rest – *(solo almuerzo en invierno salvo viernes y sábado)* Menú 26/45 € – Carta 36/48 €

♦ Disfruta de un espacioso bar y un comedor de montaje clásico, con las paredes forradas en madera. Elaboraciones sencillas y honestas basadas en diversos productos del mar.

en la playa de Berria Noroeste : 3 km

Juan de la Cosa

✉ 39740 Santoña – ☎ 942 66 12 38 – www.hoteljuandelacosa.com – cerrado enero y de octubre a abril salvo fines de semana

52 hab – 57/84 € 68/123 € – 19 apartamentos **Rest** – Menú 25/43 €

♦ Su nombre rinde homenaje al insigne navegante de la localidad. Cuenta con modernas instalaciones junto a la playa, ofreciendo cómodas habitaciones y equipados apartamentos. Disfrute de las hermosas vistas que le brinda su comedor acristalado.

Posada Las Garzas sin rest

✉ 39740 Santoña – ☎ 942 66 34 84 – www.posadalasgarzas.com

11 hab – 44/68 € 56/88 €

♦ Instalado en una casa que guarda la estética constructiva de la zona, con una agradable zona social, un porche acristalado y coquetas habitaciones de ambiente rústico.

SANTORCAZ - Madrid - 576 - 575 K19 - 822 h. - alt. 878 m 22 B2

Madrid 52 – Toledo 126 – Guadalajara 30 – Segovia 145

La Casona de Éboli

Embudo 6 ✉ 28818 – ☎ 918 84 04 72 – www.casonaeboli.com – cerrado agosto

6 hab – 97/105 € 115/123 €, 12 €

Rest – *(sólo fines de semana) (solo clientes)* Menú 24 €

♦ Esta casa de pueblo ha sido rehabilitada con mucho gusto. Ofrece un cálido salón social con chimenea, un pequeño SPA y habitaciones de aire rústico, algunas con hidromasaje. En su coqueto comedor podrá degustar un correcto menú de sabor casero.

Los SANTOS DE LA HUMOSA - Madrid - 576 - 575 K20 - 2 165 h. 22 B2

Madrid 51 – Toledo 120 – Guadalajara 24 – Segovia 140

El Pontifical

Río Henares 3 ✉ 28817 – ☎ 918 84 92 34 – www.elpontifical.com

5 hab – 60/140 € 70/150 €

Rest – *(cerrado del 8 al 18 de agosto, lunes y martes) (solo almuerzo salvo viernes y sábado)* Menú 19/40 € – Carta 24/37 €

♦ Ocupa un edificio del s. XVII emplazado en la parte alta del pueblo, junto a la iglesia. Encontrará un interior de línea actual, con habitaciones amplias y baños modernos. El restaurante, ubicado parcialmente en la antigua bodega, ofrece una carta tradicional.

SANTPEDOR – Barcelona – 574 G35 – 7 071 h. – alt. 320 m 14 C2

Madrid 638 – Barcelona 69 – Manresa 6 – Vic 54

Ramón
Camí de Juncadella ✉ 08251 – ☎ 938 32 08 50 – www.ramonpark-hotel.com
32 hab – 76/83 € 92/100 € – 2 suites
Rest ***Ramón*** – ver selección restaurantes
◆ Hotel clásico-rural dotado con un gran hall, tipo patio, que está presidido por una colección de coches antiguos. Habitaciones amplias, actuales y de completo equipamiento.

Ramón – Hotel Ramón
Camí de Juncadella ✉ 08251 – ☎ 938 32 08 50 – www.ramonpark-hotel.com – cerrado domingo noche y festivos noche
Rest – Menú 16/35 € – Carta 36/47 €
◆ Negocio familiar, con buena trayectoria, que decora sus salas a base de molinillos, relojes y pesas. Carta tradicional con un apartado de pescados y sugerencias de temporada.

SANTUARIO – ver el nombre propio del santuario

SANTULLANO – Asturias – 572 B12 – 2 003 h. – alt. 167 m 5 B1

Madrid 470 – Avilés 20 – Gijón 34 – Oviedo 25

ESPAÑA

en Biedes Este : 3 km

Casa Edelmiro
✉ 33190 Biedes – ☎ 985 79 90 11 – www.casaedelmiro.com – cerrado del 1 al 20 de agosto y martes
Rest – *(solo almuerzo salvo sábado y domingo)* Menú 20 € – Carta 26/39 €
◆ Casa familiar fundada en 1890 que goza de buen nombre en la zona. En su bien dispuesta mesa sirven una cocina que mantiene las raíces gastronómicas locales.

SANTURIO – Asturias – ver Gijón

SANTURTZI (SANTURCE) – Vizcaya – 573 C20 – 47 101 h. 25 A3

Madrid 411 – Bilbao 20 – Santander 97

av. Cristóbal Murrieta 25, ☎ 94 483 94 94, www.santurtzi.net

NH Palacio de Oriol hab,
av. Cristóbal Murrieta 27 ✉ 48980 – ☎ 944 93 41 00 – www.nh-hotels.com – cerrado 24 diciembre-7 enero
88 hab – 65/150 €, 16 €
Rest – *(solo almuerzo salvo sábado)* Menú 28 €
◆ Antiguo palacio familiar cuyo interior ha conservando la estructura original. Excelente salón de eventos, zona social en lo que era la capilla y habitaciones de buen confort. El comedor, que disfruta de un cuidado montaje, se complementa con dos saloncitos.

SANXENXO (SANGENJO) – Pontevedra – 571 E3 – 17 500 h. – Playa 19 A2

Madrid 622 – Ourense 123 – Pontevedra 18 – Santiago de Compostela 75

Porto deportivo Juan Carlos I, ☎ 986 72 02 85, www.sanxenxo.es

Augusta hab,
Lugar de Padriñán ✉ 36960 – ☎ 986 72 78 78 – www.augustasparesort.com
56 hab – 57/200 € 65/300 €, 14 € – 51 apartamentos
Rest – Menú 24 €
◆ Elegante complejo distribuido en dos edificios, ambos con magníficos SPA, exteriores ajardinados y unas instalaciones montadas con materiales de calidad. Posee dos restaurantes, uno con una cocina tradicional y el otro, más actual, con platos internacionales.

Carlos I

Vigo ✉ 36960 – ✆ 986 72 70 36 – www.carlosprimero.com
129 hab ☕ – 🚹56/157 € 🚻72/196 € – 1 suite
Rest – Menú 30 € – Carta 20/44 €
◆ Está cerca de la playa y destaca por su elegante zona noble, con varios salones sociales, un bar-cafetería, un completo SPA y amplias habitaciones de línea funcional-actual. Cuenta con un comedor de gran capacidad y un restaurante a la carta de buen montaje.

Rotilio

av. do Porto 7 ✉ 36960 – ✆ 986 72 02 00 – www.hotelrotilio.com – cerrado 15 diciembre-15 enero
38 hab – 🚹50/70 € 🚻70/110 €, ☕ 9 € – 1 suite
Rest ***La Taberna de Rotilio*** – ver selección restaurantes
◆ Sorprende por su atractiva área social, con una terraza solárium y una sala panorámica en el ático. Todas sus habitaciones disfrutan de terraza, la mayoría con vistas al mar.

Justo

paseo praia de Silgar 2 ✉ 36960 – ✆ 986 69 07 50 – www.hoteljusto.es – cerrado 12 diciembre-febrero
30 hab ☕ – 🚹40/70 € 🚻61/101 € **Rest** – *(julio-15 septiembre)* Carta 21/30 €
◆ Bien situado en el paseo de la playa. Disfruta de una amplia zona social y habitaciones de línea funcional, destacando las 12 que poseen terraza-balcón con vistas al mar.

ESPAÑA

La Taberna de Rotilio – Hotel Rotilio

av. do Porto 9 ✉ 36960 – ✆ 986 72 02 00 – www.hotelrotilio.com – cerrado 15 diciembre-15 enero, domingo noche y lunes salvo verano
Rest – Menú 45 € – Carta 34/44 €
◆ Goza de cierto prestigio y se presenta con dos comedores, uno clásico y el otro actual. Carta tradicional con pescados, mariscos, un menú degustación y varios platos de autor.

en Reis Norte : 2 km

Antiga Casa de Reis sin rest

Reis 39 ✉ 36966 Padriñán – ✆ 610 46 45 03 – www.antigacasadereis.com – junio-octubre
6 hab ☕ – 🚹75 € 🚻102/124 €
◆ Casa reconstruida que ha respetado, en lo posible, su distribución original. Posee numerosos detalles decorativos que combinan la piedra, la madera y el mobiliario antiguo.

en la carretera PO 308 :

Nanín Playa

hab, rest,

playa de Nanín, Este : 1 km ✉ 36960 Sanxenxo – ✆ 986 69 15 00 – www.nanin.com – Semana Santa-octubre
52 hab – 🚹45/86 € 🚻56/107 €, ☕ 11 € – 28 apartamentos
Rest – Menú 23 €
◆ Este hotel, funcional y de línea actual, destaca por su privilegiada situación en una playa, con terrazas y vistas a la ría. Habitaciones y apartamentos de buen confort. El restaurante, espacioso pero algo impersonal, ofrece un sencillo menú tradicional.

El SARDINERO – Cantabria – ver Santander

SARRIA – Álava – ver Murgia

SARRIA - Lugo - **571** D7 - **13 611 h. - alt. 420 m** **20** C2

Madrid 491 - Lugo 32 - Ourense 81 - Ponferrada 109

NH Alfonso IX

rest, VISA AE

Peregrino 29 ✉ 27600 - ✆ 982 53 00 05 - www.carrishoteles.com

60 hab - 50/80 € 59/102 €, 11 € **Rest** - Menú 14 €

◆ Bien situado en el centro de la localidad. Cuenta con una espaciosa cafetería y habitaciones de carácter funcional, todas ellas con los suelos en moqueta y baños abiertos. Agradable comedor y una buena oferta complementaria en salones para banquetes.

SARVISÉ - Huesca - **574** E29 - **89 h.** **4** C1

Madrid 475 - Huesca 93 - Jaca 58

Casa Frauca con hab

rest, VISA AE

carret. de Ordesa ✉ 22374 - ✆ 974 48 63 53 - www.casafrauca.com - cerrado 9 enero-4 marzo

12 hab - 38/48 € 50/70 €

Rest - *(cerrado domingo noche salvo verano y festivos)* Carta aprox. 35 €

◆ Pequeño negocio repartido en dos salas de ambiente rústico, con las vigas de madera a la vista y algunas paredes en piedra. Aquí encontrará una cocina regional-casera. Como complemento también ofrece habitaciones, íntimas, coquetas y con muchos detalles, destacando las abuhardilladas.

El SAUZAL - Santa Cruz de Tenerife - ver Canarias (Tenerife)

SEGORBE - Castellón - **577** M28 - **9 267 h. - alt. 358 m** **16** A2

Madrid 395 - Castelló de la Plana/Castellón de la Plana 57 - Sagunt/Sagunto 34 - Teruel 83

Marcelino Blasco 3, ✆ 964 71 32 54, www.turismo.segorbe.es

Museo (colección de retablos★)

María de Luna

VISA AE

av. Comunidad Valenciana 2 ✉ 12400 - ✆ 964 71 13 13 - www.hotelmariadeluna.es - cerrado 24 diciembre-2 enero

44 hab - 37/46 € 59/64 €

Rest - *(cerrado domingo noche y lunes)* Menú 33 € - Carta 30/35 €

◆ Hotel de línea actual y sencilla organización. Disfruta de una pequeña zona social y habitaciones funcionales, todas de correcto confort. En su moderno restaurante encontrará una interesante carta de vinos y una destacable cocina tradicional actualizada.

SEGOVIA P - **575** J17 - **55 748 h. - alt. 1 005 m** **12** C3

Madrid 98 - Ávila 67 - Burgos 198 - Valladolid 110

pl. Mayor 10, ✆ 921 46 03 34, www.turismocastillayleon.com

Azoguejo 1, ✆ 921 46 67 20

Acueducto romano★★★ BY - Ciudad vieja★★ : Catedral★★ AY(claustro★, tapices★) - Plaza de San Martín★ (iglesia de San Martín★) BY - Iglesia de San Millán★ BY- Iglesia de San Juan de los Caballeros★ BY**M1**- Iglesia de San Esteban (torre★) AX - Alcázar★★ AX- Capilla de la Vera Cruz★ AX - Monasterio de El Parral★ AX

Palacio de La Granja de San Ildefonso★★ (Museo de Tapices ★★, Jardines★★ : surtidores★★) Sureste :11 km por ③ - Palacio de Riofrío★ Sur : 11 km por ⑤

Parador de Segovia

hab, P VISA AE

carret. CL 601 ✉ 40003 - ✆ 921 44 37 37 - www.parador.es AZ**v**

106 hab - 122/133 € 153/166 €, 18 € - 7 suites **Rest** - Menú 33 €

◆ Destaca por su emplazamiento, con impresionantes vistas sobre la ciudad y la sierra de Guadarrama. La línea moderna y actual contrasta con el marco de la antigua urbe. El restaurante disfruta de una atractiva chimenea central y un horno de asar a la vista.

ESPAÑA

SEGOVIA

Alférez Provisional	AZ	2
Azoguejo (Pl. de)	BY	8
Cervantes	BY	15
Colón	BY	18
Conde de Cheste (Pl. del)	BY	21
Constitución (Av. de la)	AZ	43
Cronista Lecea	BY	23
Doctor Laguna	BY	24
Escuderos	AY	25
Fernández Ladreda (Av.)	BY	27
Gobernador F. Jiménez	BY	30
Independencia	BY	36
Isabel la Católica	BY	39
Juan Bravo	BY	47
Juan Carlos I	AZ	50
Juderia Vieja	AY	51
Marqués del Arco	AY	56
Mayor (Pl.)	ABY	59
Merced (Pl. de la)	AX	62
Obispo Gandasegui	BY	67
Padre Claret (Av.)	BY	70
Ruiz de Alda	BY	73
Salón (Pas. del)	BY	76
Santiago (Puerta de)	AX	83
Santo Tomás	AZ	85
San Lorenzo (Pl.)	AZ	77
San Martín (Pl.)	BY	78
San Quirze	BX	81
Serafín	BY	88
Socorro	AY	91
Valdeláguila	BX	94
Zuloaga	BY	96

San Antonio El Real

hab, VISA

San Antonio El Real ✉ *40001 – ✆ 921 41 34 55*
– www.sanantonioelreal.es AZ**a**
51 hab – 100/365 €
Rest – Menú 28 € – Carta 30/47 €

◆ Ocupa un monasterio franciscano del s. XV dotado con agradables zonas sociales, un bello claustro central y habitaciones de línea moderna, todas con mobiliario de calidad. El comedor, de techos altos y cuidado montaje, ofrece una cocina tradicional y regional.

Palacio San Facundo sin rest
pl. San Facundo 4 ✉ 40001 – ✆ 921 46 30 61 – www.hotelpalaciosanfacundo.com BY**d**
33 hab – 92/167 € 102/185 €
◆ Edificio del s. XVI rebosante de historia. Su interior, en el que destaca el patio-claustro porticado, combina con gusto los elementos arquitectónicos y el mobiliario actual.

Eurostars Plaza Acueducto sin rest
av. Padre Claret 2-4 ✉ 40001 – ✆ 921 41 34 03 – www.eurostarshotels.com BY**g**
70 hab – 69/399 € 79/399 €, 12 € – 2 suites
◆ Está bien integrado en el entorno del acueducto romano, sobre el que tiene buenas vistas. Habitaciones de completo equipamiento, con mobiliario actual y los suelos en tarima.

Infanta Isabel
pl. Mayor 12 ✉ 40001 – ✆ 921 46 13 00 – www.hotelinfantaisabel.com
37 hab – 56/95 € 56/120 €, 9 € **Rest** – Carta 24/45 € BY**a**
◆ Una casa del s. XIX que ha sabido mantener su arquitectura original. Atractivas habitaciones en un bello marco señorial, donde tradición y confort conviven en armonía.

Los Arcos
paseo de Ezequiel González 26 ✉ 40002 – ✆ 921 43 74 62 – www.hotellosarcos.com BY**t**
59 hab – 60/240 € 60/280 €, 12 €
Rest *La Cocina de Segovia* – ver selección restaurantes
◆ Hotel muy orientado al cliente de empresa, de hecho dispone de varias salas de reuniones y un gran salón de banquetes. Habitaciones funcionales de completo equipamiento.

La Casa Mudéjar hab,
Isabel La Católica 8 ✉ 40001 – ✆ 921 46 62 50 – www.lacasamudejar.com
42 hab – 56/158 €, 10 € BY**v**
Rest *El Fogón Sefardí* – Carta 30/45 €
◆ Este edificio, muy bien rehabilitado, combina sus dependencias con un aljibe romano, excelentes artesonados mudéjares y hermosos detalles decorativos. En su comedor, ubicado en el patio, podrá degustar platos tradicionales y los propios de la cocina sefardí.

Alcazar sin rest
San Marcos 5 ✉ 40003 – ✆ 921 43 85 68 – www.alcazar-hotel.com
8 hab – 70/125 € 75/145 €, 13 € AX**a**
◆ Casa señorial totalmente decorada con mobiliario antiguo restaurado. Presenta habitaciones de muy buen confort, cada una con el nombre de una reina de Castilla y León.

Fornos sin rest y sin
Infanta Isabel 13-1° ✉ 40001 – ✆ 921 46 01 98 – www.hostalfornos.com
17 hab – 32/38 € 45/51 € BY**n**
◆ Alojamiento emplazado en el corazón de la ciudad. Ofrece coquetas aunque sencillas habitaciones de línea actual, con las paredes en tonos pastel y el mobiliario pintado.

XX **Villena** (Julio Reoyo)
pl. Mayor 10 ✉ 40001 – ✆ 921 46 17 42 – www.restaurante-villena.com – cerrado 2ª quincena de julio, domingo noche, lunes y martes noche
Rest – Menú 35/59 € – Carta 40/60 € BY**r**
Espec. Judiones de La Granja estofados con cangrejos de río y espárragos verdes. Cochinillo confitado con brotes, orejones y su jugo. Crema tostada, espuma de frutos rojos y helado de cardamomo.
◆ Su chef propone una gastronomía de autor con algunos platos de bases tradicionales, lo que da como resultado una cocina original, fresca y divertida. Encontrará dos magníficos menús degustación y otro, más corto, al que denominan Express.

XX **La Cocina de Segovia** – Hotel Los Arcos

paseo de Ezequiel González 26 ✉ 40002 – ☎ 921 43 74 62 – www.lacocinadesegovia.es – cerrado domingo noche BY**t**

Rest – Carta 33/45 €

♦ Su carta ensalza los sabores de esta tierra. El comedor, de ambiente clásico-regional, se presenta con dos hornos de asar, uno para el cochinillo y el otro para el cordero.

XX **José María**

Cronista Lecea 11 ✉ 40001 – ☎ 921 46 60 17 – www.rtejosemaria.com

Rest – Menú 45 € – Carta 35/51 € BY**u**

♦ Ofrece varias salas de estilo castellano donde podrá degustar las especialidades típicas de la región y algunos platos de sorprendente actualidad. El propietario también posee una importante bodega circunscrita en la D.O. Ribera del Duero.

XX **Maracaibo -Casa Silvano-**

paseo de Ezequiel González 25 ✉ 40002 – ☎ 921 46 15 45 – www.restaurantemaracaibo.com – cerrado 20 días en julio y lunes

Rest – Menú 35/55 € – Carta 45/57 € BY**h**

♦ Sus elaboraciones se han desmarcado un poco de los tradicionales asados segovianos. Aquí, en un entorno funcional-actual, encontrará platos modernos y una bodega equilibrada.

XX **Convento de Mínimos**

pl. de Valdeláguila 3 ✉ 40001 – ☎ 921 46 09 98 – www.conventodeminimos.com – cerrado domingo noche y lunes

Rest – Menú 16/35 € – Carta 35/47 € BY**c**

♦ Marco vanguardista que recupera la antigua iglesia de Mínimos, reconvertida más tarde en teatro. Posee un gran comedor principal y varios privados en lo que fueron los palcos.

XX **Mesón de Cándido**

pl. Azoguejo 5 ✉ 40001 – ☎ 921 42 59 11 – www.mesondecandido.es

Rest – Carta 35/51 € BY**s**

♦ ¡Toda una institución en la ciudad! Raigambre y tradición se dan cita en una casa del s. XV que, por méritos propios, se ha convertido en un referente de la cocina regional.

XX **Duque**

Cervantes 12 ✉ 40001 – ☎ 921 46 24 87 – www.restauranteduque.es

Rest – Carta 35/45 € BY**e**

♦ El mesón más antiguo de Segovia, ya que se fundó en 1895 y ha ido pasando de padres a hijos. Posee varias salas de cuidado montaje y resulta famoso por sus carnes y asados.

XX **Di Vino**

Valdelaguila 7 ✉ 40003 – ☎ 921 46 16 50 – www.restaurantedivino.com – cerrado martes salvo festivos BY**k**

Rest – Carta 33/49 €

♦ Ubicado en pleno casco antiguo. Cuenta con un bar público, una sala para tapear y un comedor de montaje actual distribuido en dos alturas. Carta creativa de base tradicional.

X **El Bernardino**

Cervantes 2 ✉ 40001 – ☎ 921 46 24 77 – www.elbernardino.com BY**e**

Rest – Menú 15/28 € – Carta 23/44 €

♦ Restaurante de línea clásica llevado entre dos hermanos. Ofrece salas espaciosas y una carta de base tradicional con algún plato más actual. Terraza con vistas sobre Segovia.

X **La Taurina**

pl. Mayor 8 ✉ 40001 – ☎ 921 46 09 02 BY**x**

Rest – Menú 18/24 € – Carta 35/51 €

♦ Este negocio se presenta con un bar típico a la entrada y las salas en dos niveles, todas de ambiente rústico-regional. Correcto montaje y elaboraciones propias de la zona.

Cuevas de Duque

Santa Engracia 6 ✉ 40001 – ✆ 921 46 24 86 – www.restauranteduque.es
Rest – Tapa 3 € – Ración aprox. 12 € BY**e**
◆ Aunque con acceso independiente, pertenece a la misma propiedad que el restaurante Duque. Decoración típica algo recargada, un horno antiguo y una buena carta de raciones.

en la carretera N 110 por ② :

Puerta de Segovia hab,

2,8 km ✉ 40196 La Lastrilla – ✆ 921 43 71 61 – www.hotelpuertadesegovia.com
205 hab – ††60/140 €, ☕ 10 € **Rest** – Carta 25/40 €
◆ Hotel ubicado a las afueras de la ciudad y especializado tanto en convenciones como en banquetes. Posee amplios salones modulares y habitaciones funcionales de buen confort. En su restaurante encontrará una correcta carta de cocina regional.

por la carretera de La Granja por ③ : **3,5 km**

Cándido hab,

av. Gerardo Diego ✉ 40006 Segovia – ✆ 921 41 39 72 – www.candidohotel.es
109 hab ☕ – ††80/200 € **Rest** – Carta 25/46 €
◆ Resulta atractivo y se aprecia que en él han utilizado materiales de gran calidad. Encontrará amplias zonas nobles, bellos patios, habitaciones de buen confort y un SPA. Ofrece dos cuidados restaurantes, uno para invierno y el otro, con terraza, para verano.

ESPAÑA

en la carretera de Arévalo C 605 por ⑤ : **4,5 km**

La Parrilla de Tejadilla

✉ 40196 Zamarramala – ✆ 921 44 21 49 – cerrado del 9 al 31 de enero, domingo noche y lunes
Rest – Menú 14/25 € – Carta 23/48 €
◆ Este restaurante posee un bar, dos agradables comedores de línea clásica y una amplia terraza de verano. Elaboran platos de base tradicional y deliciosas carnes a la parrilla.

SEGUR DE CALAFELL – Tarragona – 574 I34 – Playa 13 B3

Madrid 577 – Barcelona 62 – Tarragona 33
Sant Joan de Déu, ✆ 977 15 90 58

Mediterràni

pl. Mediterràni ✉ 43882 – ✆ 977 16 23 27 – cerrado 22 diciembre-10 enero y lunes salvo festivos
Rest – Carta 30/56 €
◆ Posee una pequeña barra de apoyo a la entrada, dos comedores de línea clásica con detalles marineros y otra sala más grande para grupos. Carta basada en la cocina catalana.

SEGURA DE LA SIERRA – Jaén – 578 R22 – 2 026 h. 2 D1

Madrid 332 – Sevilla 386 – Jaén 159 – Albacete 152
Localidad★ (Panorámicas★★)

Mirador de Peñalta

San Vicente 29 ✉ 23379 – ✆ 953 48 20 71 – cerrado lunes
Rest – Carta 21/31 €
◆ Se encuentra en la calle de acceso a la localidad. Encontrará un gran bar y un comedor, ambos de ambiente rústico y el último decorado con aperos de labranza. Cocina regional.

SEGURA DE LEÓN - Badajoz - 576 R10 - 2 115 h. - alt. 698 m 17 B3

Madrid 453 - Mérida 110 - Badajoz 109 - Barrancos 49

Castillo de Segura de León

rest, VISA

Castillo ✉ 06270 - ✆ 924 70 31 10 - www.hotelcastillodesegura.com

9 hab - 55/65 € 120/130 € **Rest** - Menú 15/30 €

◆ Aunque el acceso es algo complicado merece la pena, pues está parcialmente instalado en un castillo medieval que domina la ciudad. Encontrará la zona social en una galería y unas habitaciones bastante sobrias. Entre las especialidades de su restaurante destacan el bacalao y la caza en temporada.

SENA DE LUNA - León - 575 D12 - 397 h. - alt. 1 142 m 11 B1

Madrid 411 - León 65 - Oviedo 64 - Ponferrada 147

Días de Luna

VISA

Magistrado Rodríguez Quirós 24 ✉ 24145 - ✆ 987 59 77 67 - www.diasdeluna.com - Semana Santa-octubre y fines de semana resto del año

17 hab - 41 € 59 € **Rest** - Menú 18 €

◆ Casa rural ubicada en un bonito paraje, con una atractiva fachada en piedra y un ambiente acogedor. Sus habitaciones recrean un ambiente rústico y están decoradas con gusto.

SENCELLES - Balears - ver Balears (Mallorca)

SEO DE URGEL - Lleida - ver La Seu d'Urgell

SEPÚLVEDA - Segovia - 575 I18 - 1 255 h. - alt. 1 014 m 12 C2

ESPAÑA

Madrid 131 - Valladolid 116 - Segovia 88

Emplazamiento★

Vado del Duratón

VISA

San Justo y Pastor 10 ✉ 40300 - ✆ 921 54 08 13 - www.vadodelduraton.com

21 hab - 58/76 € 66/88 €

Rest *Fogón del Azogue* - *(cerrado martes) (solo almuerzo salvo viernes y sabado)* Carta 25/46 €

◆ Muy céntrico, de amplias instalaciones y emplazado en una casona antigua. Ofrece una variada zona social y habitaciones de buen confort, todas con los baños actuales. El restaurante, de estilo clásico-actual, está especializado tanto en asados como en carnes.

Posada de San Millán

VISA

Vado 12 ✉ 40300 - ✆ 921 54 01 77 - www.posadasanmillan.es

8 hab - 78 €

Rest - *(sólo fines de semana)* (es necesario reservar) Menú 25 €

◆ Edificio románico del s. XI dotado con un patio porticado y muchos muebles restaurados. Sus confortables habitaciones están decoradas con antigüedades y detalles religiosos.

Cristóbal

VISA

Conde de Sepúlveda 9 ✉ 40300 - ✆ 921 54 01 00 - www.restaurantecristobal.com - cerrado del 1 al 15 de septiembre, del 15 al 30 de diciembre, lunes noche y martes

Rest - Menú 28 € - Carta 30/40 €

◆ Todo un clásico en la localidad. Dispone de un bar a la entrada seguido de un espacioso comedor y, en el sótano, otro salón con chimenea acompañado por una acogedora bodega.

SERINYÀ - Girona - 574 F38 - 1 104 h. 14 C3

Madrid 714 - Barcelona 122 - Girona/Gerona 26 - Perpignan 89

Can Solanas

hab, VISA

Sant Sebastià 48 ✉ 17852 - ✆ 972 59 31 99 - www.cansolanas.com

5 hab - 54/59 € 81/88 €

Rest - Menú 18 €

◆ Masía familiar que ha sido rehabilitada respetando, en lo posible, la distribución original. Destaca su gran terraza cubierta y la decoración, algo ecléctica pero muy cuidada. ¡Cerca de aquí hay unas interesantes cuevas prehistóricas!

SERPE – Pontevedra – ver Raxó

SERRA DE OUTES – A Coruña – 571 D3 – 7 313 h. – alt. 16 m 19 A2

Madrid 642 – Santiago de Compostela 42 – A Coruña 119 – Pontevedra 78

por AC 550 **Sur : 2 km y desvío a la derecha 1 km**

Casa do Zuleiro sin rest

Brion de Arriba 52 - San Xoan de Roo ✉ 15230 Outes – ☎ 981 76 55 31 – www.casadozuleiro.com

8 hab – 48/56 € 60/70 €

◆ Este conjunto rural, formado por varias casas, resulta realmente encantador. Ofrece una zona social con chimenea y acogedoras habitaciones, con profusión de madera y piedra.

SERRADUY – Huesca – 574 F31 – alt. 917 m 4 D1

Madrid 508 – Huesca 118 – Lleida/Lérida 100

Roda de Isábena : enclave★ montañoso - Catedral : sepulcro de San Ramón★ (Suroeste : 6 km)

Casa Peix

✉ 22483 – ☎ 974 54 44 30 – www.hotelcasapeix.com – cerrado del 8 al 25 de diciembre y del 7 al 31 de enero

26 hab – 26/30 € 41/47 €

Rest – *(cerrado domingo noche y lunes salvo festivos)* Menú 42 € – Carta 25/36 €

◆ Este discreto establecimiento de montaña se presenta con unas habitaciones sencillas y unas instalaciones algo desfasadas, aunque en conjunto todo goza de un correcto mantenimiento. En su restaurante, bastante amplio y cuidado, encontrará un extenso menú y una carta de cocina tradicional actualizada.

La SEU D'URGELL (SEO DE URGEL) – Lleida – 574 E34 – 13 060 h. – alt. 700 m 13 B1

Madrid 602 – Andorra la Vella 20 – Barcelona 200 – Lleida/Lérida 133

av. Valls d'Andorra 33, ☎ 973 35 15 11, www.turismeseu.com

Localidad★ - Catedral de Santa María★★ (Claustro★ : Iglesia de Sant Miquel★ - Museo diocesano★ : Beatus★★, retablo de la Abella de la Conca★)

Parador de la Seu d'Urgell

Sant Domènec 6 ✉ 25700 – ☎ 973 35 20 00 – www.parador.es

78 hab – 106/134 € 132/168 €, 16 € **Rest** – Menú 32 €

◆ Remotos orígenes medievales se ciernen sobre sus modernas instalaciones de línea minimalista. Zona social emplazada en el patio interior y habitaciones con baños en mármol. Su amplio restaurante combina perfectamente el diseño con la cocina de sabor regional.

Nice

av. Pau Claris 4 ✉ 25700 – ☎ 973 35 21 00 – www.hotelnice.net

59 hab – 49/64 € 70/94 €, 9 € **Rest** – Menú 13/18 €

◆ Sencillo establecimiento llevado en familia y situado en la calle principal de la localidad. Dispone de habitaciones funcionales, con los suelos en parquet y baños actuales. El comedor ofrece un adecuado montaje y centra su atención en el recetario regional.

Avenida

av. Pau Claris 24 ✉ 25700 – ☎ 973 35 01 04 – www.avenhotel.com

50 hab – 41/52 € 61/87 €, 6 €

Rest – *(cerrado domingo noche)* Menú 12 €

◆ Este hotel compensa su reducida zona social con unas habitaciones de buen confort, la gran mayoría renovadas y en la última planta con aire acondicionado. Su restaurante ofrece una carta que toma como referencia la cocina italiana y la tradicional española.

X **Cal Pacho**

La Font 11 ✉ 25700 – ✆ 973 35 27 19 – cerrado 23 diciembre-7 enero, del 1 al 15 de julio y domingo
Rest – *(solo almuerzo salvo junio-septiembre, viernes y sábado en invierno)* Carta 19/35 €
♦ Casa familiar con muchos años de vida donde se combinan lo rústico y lo actual. Dispensa un cuidado servicio de mesa y unas elaboraciones caseras a precios ajustados.

en Castellciutat Suroeste : 1 km

El Castell de Ciutat

carret. N 260 ✉ 25700 La Seu d'Urgell – ✆ 973 35 00 00 – www.hotelelcastell.com
35 hab – 130/204 € 162/264 € – 3 suites
Rest ***Tapies*** – ver selección restaurantes
♦ Definido por su elegante decoración clásica. Ofrece buenas vistas al valle, una zona SPA y habitaciones de gran confort, las de la planta baja superiores a las abuhardilladas.

XXX **Tapies** – Hotel El Castell de Ciutat

carret. N 260 ✉ 25700 La Seu d'Urgell – ✆ 973 35 00 00 – www.hotelelcastell.com
Rest – *(cerrado del 9 al 24 de enero, del 5 al 20 de noviembre, lunes y martes)* Menú 33/79 € – Carta 42/81 €
♦ Si busca un restaurante para una cena romántica este puede resultar interesante, pues ofrece una cocina actual de gran nivel gastronómico y tiene buenas vistas panorámicas, tanto desde el comedor como desde la terraza. ¡Fantástica bodega!

al Noreste : 6 km

Cal Serni

Calbinyà, (es necesario reservar) ✉ 25798 Valls de Valira – ✆ 973 35 28 09 – www.calserni.com
6 hab – 38 € 76 € **Rest** – *(solo clientes)* Menú 12 €
♦ Se encuentra en una pequeña aldea de montaña, en una casa del s. XV donde también podrá visitar el Museo del Pagès. Ofrece habitaciones de estilo rústico con gran encanto.

SEVILLA

Planos de la ciudad en páginas siguientes **1** B2

© George Mollering Nijm / ANP Photo / Age fotostock

ESPAÑA

P – **Sevilla – 704 198 h. – alt. 12 m – 578** T11/T12

Madrid 531 – A Coruña 917 – Lisboa 410 – Málaga 211

Oficinas de Turismo

av. de la Constitución 21 B, ☎95 478 75 78, www.turismoydeportedeandalucia.com
estación de Santa Justa, ☎95 453 76 26
aeropuerto, ☎95 478 20 35, www.andalucia.org

Aeropuerto

de Sevilla-San Pablo por ① : 14 km ☎902 404 704
Iberia : aeropuerto ☎902 400 500

Golf

18 Pineda, ☎95 461 14 00
9 Las Minas Golf "Duasa" (Aznalcázar), SO : 25 km por la carret. de Huelva, ☎95 575 06 78

Automóvil Club

R.A.C.E. av. Eduardo Dato 22 ☎95 463 13 50

VER

La Giralda*** (✻***) BX • Catedral*** (retablo Capilla Mayor***, Capilla Real**) BX • Real Alcázar*** BXY (Cuarto del Almirante : retablo de la Virgen de los Mareantes* • Palacio de Pedro el Cruel*** : cúpula*** del Salón de Embajadores ; Palacio de Carlos V : tapices** ; Jardines* : galería del grutesco★) • Barrio de Santa Cruz*** BCX (Hospital de los Venerables*) • Museo de Bellas Artes*** (sala V***, sala X) AV • Casa de Pilatos** (azulejos**, escalera** : cúpula*) CX • Parque de María Luisa★★ FR (Plaza de España★ FR **114** • Museo Arqueológico* FR : Tesoro de Carambolo*, colección romana*)

Otras curiosidades : Hospital de la Caridad* (iglesia) BY • Convento de Santa Paula* CV (portada* iglesia) • Iglesia del Salvador* BX (retablos barrocos**) • Palacio de la Condesa de Lebrija* BV • Capilla de San José* BX • Ayuntamiento (fachada oriental*) BX **H** • Iglesia de Santa María la Blanca* CX • Iglesia de San Luis de los Franceses* (interior**) FR **R** • Parque temático : Isla Mágica* FP

Alrededores : Itálica* 9 km por ⑥

Alfonso XIII hab, rest,
San Fernando 2, (cierre temporal por obras) ✉ *41004 –* ☎ *954 91 70 00 – www.luxurycollection.com* BY**c**
128 hab – †195/545 € ††219/679 €, ☕ 25 € – 19 suites **Rest** – Menú 35 €
◆ Majestuoso edificio de estilo andaluz con un interior de exquisito gusto decorativo, combinando arcos, arabescos y mosaicos. Ha emprendido un notable proceso de remodelación.

Gran Meliá Colón hab,
Canalejas 1 ✉ *41001 –* ☎ *954 50 55 99 – www.granmeliacolon.com*
189 hab – ††180/250 €, ☕ 26 € – 26 suites AX**k**
Rest – Carta 40/60 €
◆ Se presenta totalmente reformado y modernizado, con la nueva línea de los Gran Meliá. Sus habitaciones se distribuyen en siete plantas, cada una dedicada a un pintor español. En su "gastro-bar", El Burladero, se refleja un atractivo ambiente taurino.

Sevilla Center hab, hab,
av. de la Buhaira 24 ✉ *41018 –* ☎ *954 54 95 00 – www.hotelescenter.com* FR**n**
209 hab – †50 € ††500 €, ☕ 14 € – 24 suites **Rest** – Carta 30/45 €
◆ Posee una espaciosa zona noble y habitaciones de buen confort, sin embargo, debemos destacar las que hay en las dos platas superiores, con mejores vistas y mayor equipamiento. El restaurante le sorprenderá por su magnífica panorámica de la ciudad.

Palacio de Villapanés hab, rest,
Santiago 31 ✉ *41003 –* ☎ *954 50 20 63 – www.almasevilla.com* CV**a**
45 hab – ††169/309 €, ☕ 20 € – 5 suites **Rest** – Carta aprox. 45 €
◆ Parcialmente instalado en un palacio del s. XVIII. Disfruta de un hermoso patio y espaciosas habitaciones, todas de línea elegante y excelente equipamiento. Pequeño SPA. El restaurante, de estilo actual y con los techos abovedados, ocupa las antiguas bodegas.

Eme Catedral hab,
Alemanes 27 ✉ *41004 –* ☎ *954 56 00 00 – www.emecatedralhotel.com*
60 hab – †139/926 € ††371/2778 €, ☕ 19 € – 1 suite BX**m**
Rest *Santo* ✿ – ver selección restaurantes
Rest *Japo* – Menú 42 € – Carta 22/40 €
◆ Destaca por su magnífico emplazamiento junto a la Giralda y por ofrecer unas habitaciones de gran nivel, amplias zonas sociales y una azotea que sorprende por sus vistas.

Las Casas de la Judería hab,
pl. Santa María la Blanca 5 ✉ *41004 –* ☎ *954 41 51 50 – www.casasypalacios.com* CX**k**
178 hab – †120/294 € ††140/368 €, ☕ 19 €
Rest – Menú 38/90 € – Carta 46/63 €
◆ ¡Un hotel con muchísimo encanto! Sus magníficas habitaciones, el SPA y las zonas sociales están distribuidas en numerosas casas antiguas que, en total, llegan a tener hasta 37 patios. El restaurante destaca tanto por su elegancia como por su carta tradicional.

Inglaterra hab, rest,
pl. Nueva 7 ✉ *41001 –* ☎ *954 22 49 70 – www.hotelinglaterra.es* AX**r**
86 hab – †98/215 € ††119/275 €, ☕ 15 €
Rest – *(cerrado agosto)* Carta 26/45 €
◆ Tiene solera y tradición, aunque está bien actualizado. Su elegante zona social se completa con un pub irlandés y unas habitaciones renovadas, las mejores asomadas a la plaza. El comedor se encuentra en la 1ª planta y ofrece una carta de carácter tradicional.

ESPAÑA

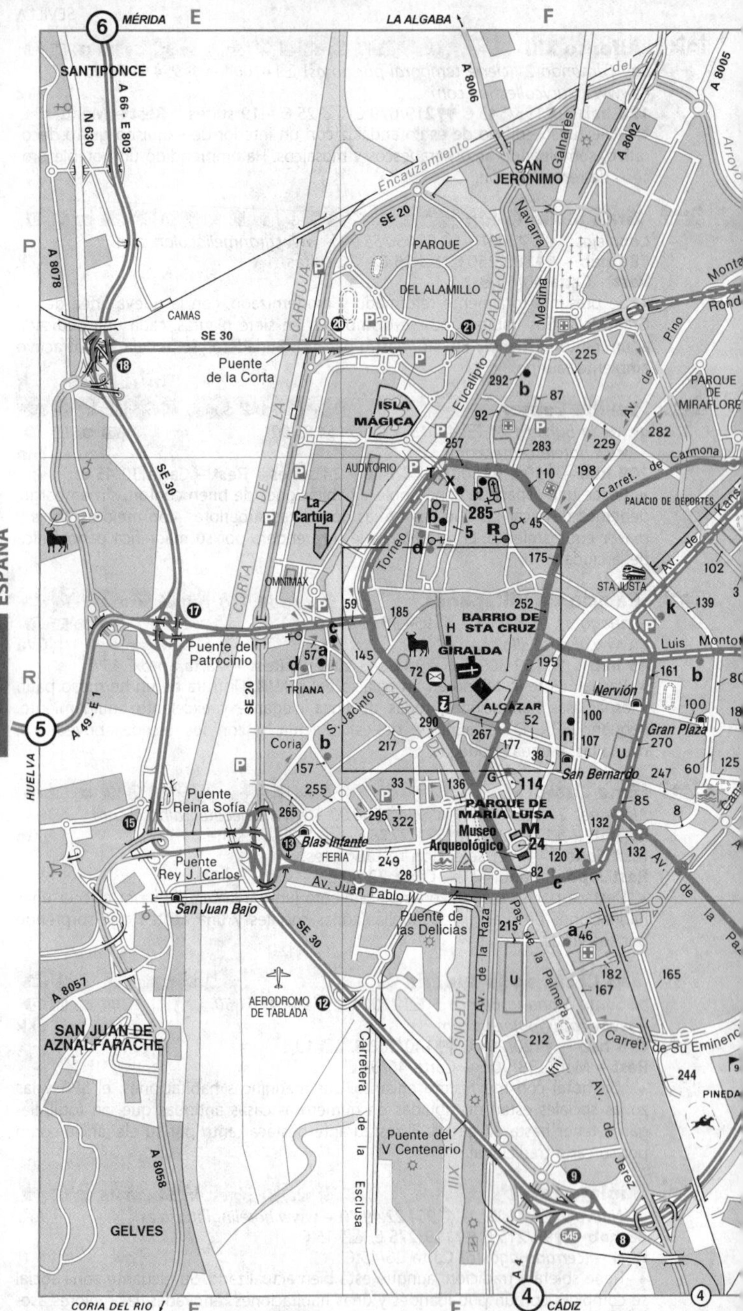
MÉRIDA
LA ALGABA
SANTIPONCE
SAN JERONIMO
PARQUE DEL ALAMILLO
CAMAS
Puente de la Corta
ISLA MÁGICA
AUDITORIO
La Cartuja
OMNIMAX
BARRIO DE STA CRUZ
GIRALDA
ALCAZAR
TRIANA
Puente del Patrocinio
Puente Reina Sofía
Puente Rey J. Carlos
San Juan Bajo
Blas Infante
FERIA
Av. Juan Pablo II
Puente de las Delicias
PARQUE DE MARÍA LUISA
Museo Arqueológico
PARQUE DE MIRAFLORES
PALACIO DE DEPORTES
STA JUSTA
Nervión
Gran Plaza
San Bernardo
AERODROMO DE TABLADA
SAN JUAN DE AZNALFARACHE
GELVES
Puente del V Centenario
PINEDA
HUELVA
CÁDIZ
CORIA DEL RIO
ESPAÑA

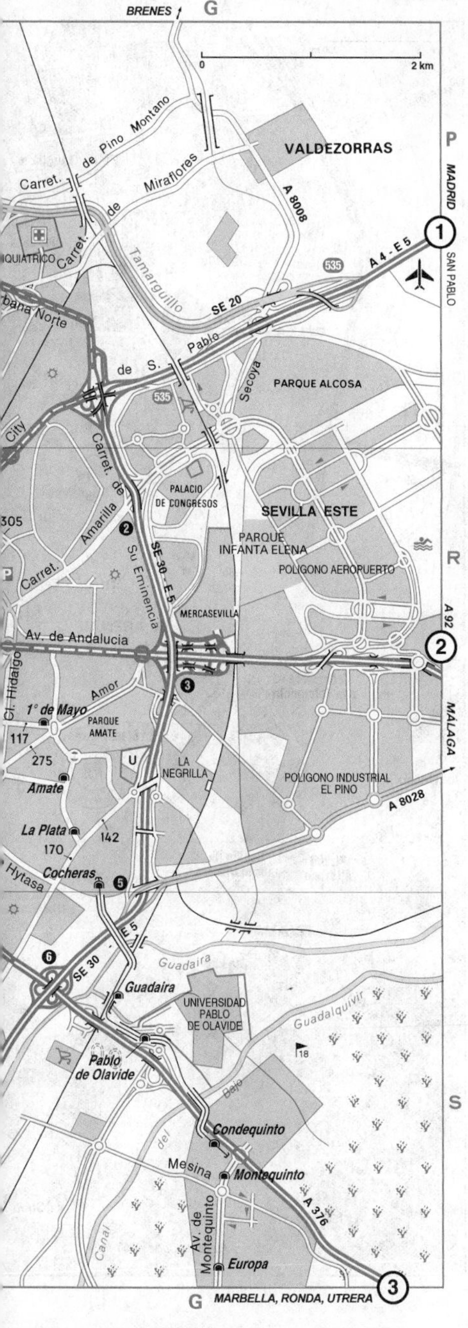

SEVILLA

Street	Grid	No.
Ada	FR	3
Alameda de Hércules	FR	5
Alcade Juan Fernández	FR	8
América (Pl. de)	FR	24
Antonio Bienvenida	FR	28
Asunción	FR	33
Borbolla (Av. de)	FR	38
Capuchinos (Ronda)	FR	45
Cardenal Ilundain	FS	46
Carlos V (Av.de)	FR	52
Castilla	ER	57
Chapina (Puente)	FR	59
Ciudad Jardín (Av.)	FR	60
Cristóbal Colón (Pas. de)	FR	72
Cruz del Campo (Av.)	FR	80
Delicias (Pas. de las)	FR	82
Diego Martínez Barrio	FR	85
Doctor Fedriani	FP	87
Don Fabrique	FP	92
Eduardo Dato (Av.)	FR	100
Éfeso	FR	102
Enramadilla	FR	107
Eritaña (Av.)	FR	110
España (Pl. de)	FR	114
Federico Mayo Gayarre	GR	117
Felipe II	FR	120
Francisco Buendía	FR	125
Generalísimo (Puente del)	FR	136
General Merry	FR	132
El Greco (Av.)	FR	139
Isabel II o de Triana (Puente)	FR	145
López de Gomara	ER	157
Luis de Morales	FR	161
Manuel Fal Conde	FS	165
Manuel Siurot (Av.)	FS	167
Maqueda	GR	170
María Auxiliadora	FR	175
María Luisa (Av.)	FR	177
Marqués de Luca de Tena	FS	182
Marqués de Paradas (Av.)	FR	185
Marqués de Pickman	FR	187
Menéndez Pelayo	FR	195
Miraflores (Av.)	FR	198
Padre García Tejero (Av.)	FS	212
Páez de Rivera	FS	215
Pagés del Corro	FR	217
Pedro Gual Villalbi (Av.)	FP	225
Pío XII (Ronda)	FP	229
Quintillo (Camino)	FS	244
Ramón de Carranza (Av.)	FR	249
Ramón y Cajal (Av.)	FR	247
Recaredo	FR	252
República Argentina (Av.)	ER	255
Resolana	FR	257
Rubén Darío	ER	265
Sánchez Pizjuán (Av.)	FP	292
Santa Fé	FR	295
San Fernando	FR	267
San Francisco Javier (Av.)	FR	270
San Juan de la Cruz (Av.)	GR	275
San Juan de la Salle	FP	282
San Juan de Ribera	FP	283
San Luis	FR	285
San Telmo (Puente de)	FR	290
Tesalónica	GR	305
Virgen de Luján	FPR	322

SEVILLA

Agua (Callejón del) ..... CY 4
Alemanes .... BX 12
Alfaro (Pl. de) .... CXY 15
Alianza (Pl.) .... BX 19
Almirante Apodaca..... CV 20
Almirante Lobo .... BY 21
Álvarez Quintero....... BX 22
Amador de los Ríos .... CV 23
Antillano Campos...... AX 26
Aposentadores........ BV 29
Arco de la Judería...... BY 30
Argote de Molina ...... BX 31
Banderas (Patio de las) BXY 35
Capitán Vigueras....... CY 42
Cardenal Spínola....... AV 47
Castelar.............. AX 55
Chapina (Puente) ...... AX 59
Doña Elvira (Pl. de) ..... BX 95
Doña Guiomar .... AX 97
Escuelas Pías .... CV 112
Farmacéutico E. Murillo
Herrera............. AY 115
Feria................ BV
Francisco Carrión Mejías CV 126
Francos .... BX
Fray Ceferino González . BX 127
García de Vinuesa...... BX 130
General Polavieja ...... BX 135
Gloria .... BXY 137
Gonzalo Bilbao .... CV 138
Jesús de la Vera Cruz. . . AV 147
José Laguillo (Av.)...... CV 302
José María Martínez Sánchez
Arjona.............. AY 150
Julio César .... AX 152
Júpiter............... CV 153
Luis Montoto .... CX 160
Marcelino Champagnat . AY 172
Marqués de Paradas
(Av.)............. AVX 185
Martín Villa .... BV 190
Mateos Gago .... BX 192
Mesón del Moro....... BX 197
Murillo............... AV 202
Museo (Pl. del) .... AV 205
Navarros............ CVX 207
O'Donnell .... BV 210
Pascual de Gayangos... AV 220
Pastor Landero........ AX 222
Pedro del Toro......... AV 227
Pimienta o Susona.... BCY 228
Ponce de León (Pl.) .... CV 234
Puente y Pellón .... BV 242
Puerta de Jerez........ BY 243
República Argentina (Av.) AY 255
Reyes Católicos .... AX 260
Rodrigo Caro
(Callejón de) .... BX 261
Romero Morube....... BX 264
Santander .... BY 300
Santa Isabel (Pl. de) .... CV 296
Santa María La Blanca . . CX 297
Santa Marta (Pl. de) .... BX 298
Santa Teresa.......... CX 299
San Gregorio.......... BY 272
San Juan de la Palma... BV 277
San Pedro (Pl.) .... BV 286
San Sebastián (Pl.) ..... CY 287
Sierpes .... BVX
Temprado .... BY 304
Tetuán .... BX
Tres Cruces (Pl. de las).. CX 306
Triunfo (Pl. del) .... BX 307
Velázquez .... BV 310
Venerables (Pl. de los). BCX 312
Virgen de los Reyes
(Pl. de la) .... BX 324
Viriato............... BV 329

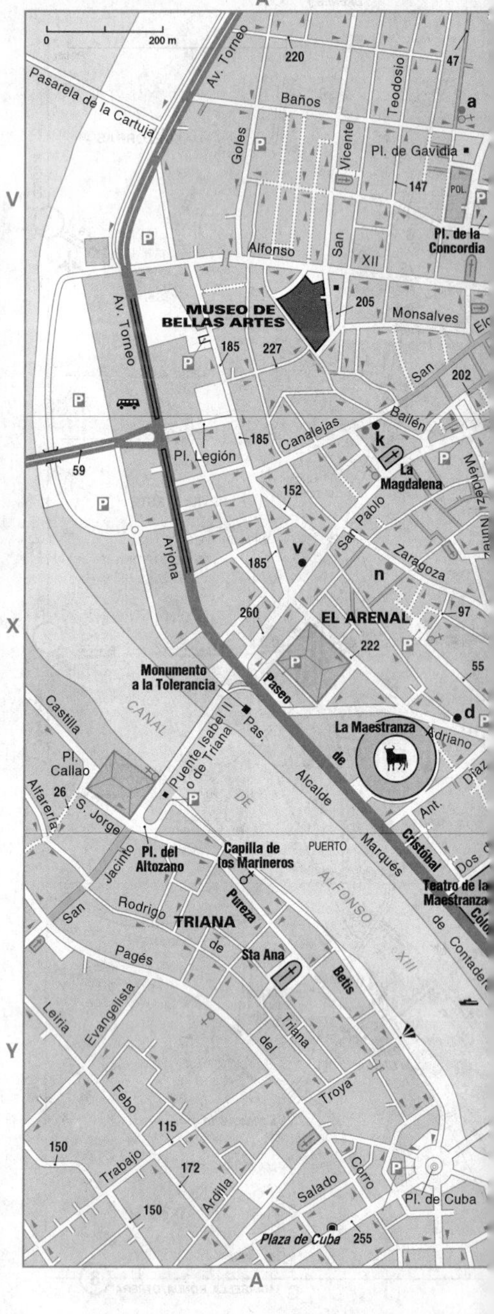

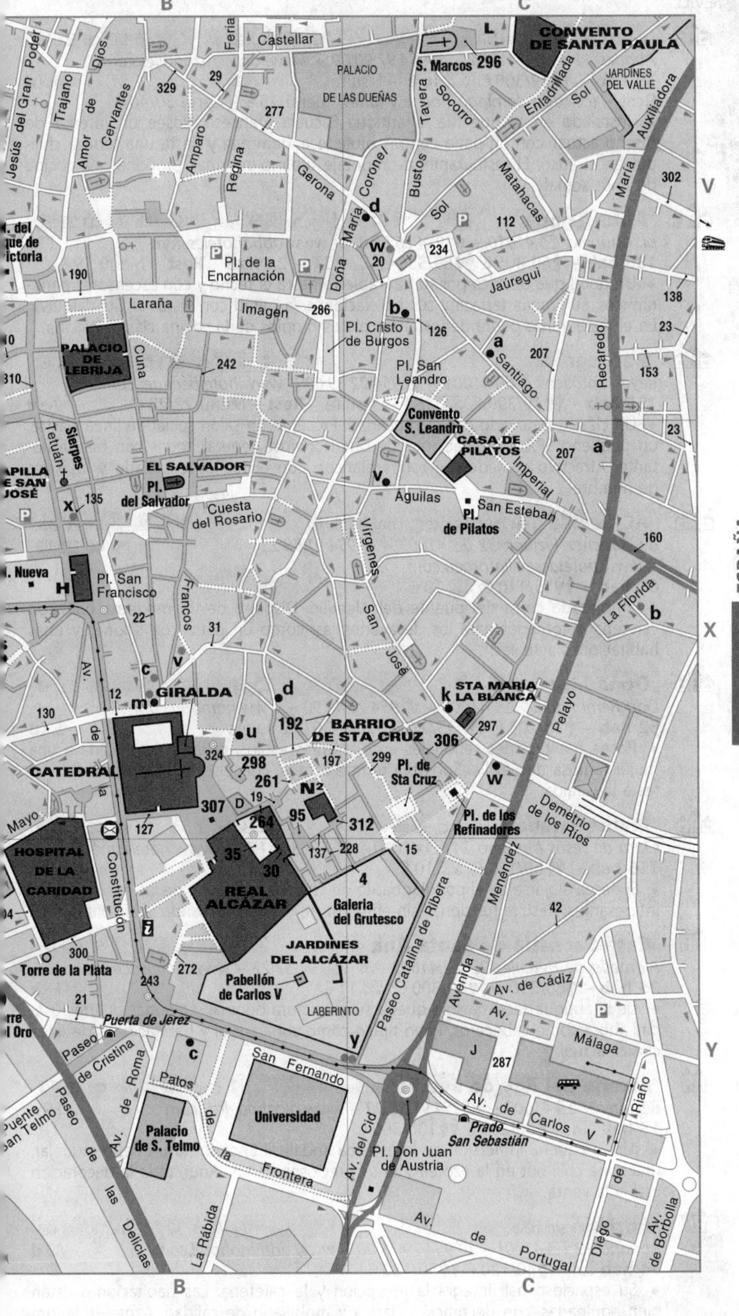

B
C
CONVENTO DE SANTA PAULA
L
S. Marcos 296
JARDINES DEL VALLE
PALACIO DE LAS DUEÑAS
Castellar
Feria
Jesús del Gran Poder
Trajano
Amor de Dios
Cervantes
329
29
277
Amparo
Regina
Gerona
Coronel
Doña María
Bustos
Tavera
Socorro
Enladrillada
Sol
Auxiliadora
María
Matahacas
302
V
112
234
Jaúregui
138
23
153
Recaredo
Pl. de la Encarnación
190
Laraña
Imagen
286
20
Pl. Cristo de Burgos
126
Santiago
207
PALACIO DE LEBRIJA
Cuna
242
310
Pl. San Leandro
Convento S. Leandro
CASA DE PILATOS
Imperial
Tetuán
Sierpes
EL SALVADOR
Pl. del Salvador
135
Cuesta del Rosario
Águilas
Pl. de Pilatos
San Esteban
160
Vírgenes
Pl. San Francisco
Francos
22
31
San José
La Florida
X
Av. de la Constitución
12
GIRALDA
130
CATEDRAL
STA MARÍA LA BLANCA
Pelayo
297
192
BARRIO DE STA CRUZ
306
324
298
197
299
Pl. de Sta Cruz
261
19
307
264
95
312
Pl. de los Refinadores
Demetrio de los Ríos
Mayo
127
HOSPITAL DE LA CARIDAD
35
30
137
228
15
4
REAL ALCÁZAR
Galeria del Grutesco
JARDINES DEL ALCÁZAR
Menéndez
Paseo Catalina de Ribera
42
300
Torre de la Plata
272
243
Pabellón de Carlos V
LABERINTO
Avenida
Av. de Cádiz
21
Puerta de Jerez
Paseo de Cristina
San Fernando
Av. Málaga
J
287
Y
Patos
Av. de Roma
Universidad
Av. de Carlos V
Riaño
Paseo de las Delicias
Palacio de S. Telmo
Av. de la Frontera
Av. del Cid
Pl. Don Juan de Austria
Prado San Sebastián
La Rábida
Av. de Portugal
Diego de Riaño
Av. de Borbolla
ESPAÑA

Fontecruz Sevilla
Abades 41-43 ✉ 41004 – ✆ 954 97 90 09 – www.fontecruzhoteles.com
39 hab – ††89/300 €, ☕ 16 € – 1 suite BX**d**
Rest – *(cerrado domingo noche y lunes)* Menú 25 € – Carta 30/40 €
♦ Instalado en lo que fue la antigua Escuela Francesa. Posee un interior de diseño actual, con un patio central, biblioteca, hamman y hasta una terraza chill-out en el ático. El restaurante, de montaje urbano-informal, propone una cocina de tinte actual.

Abba Triana hab, rest,
pl. Chapina ✉ 41010 – ✆ 954 26 80 00 – www.abbahoteles.com ER**c**
135 hab – †69/305 € ††69/330 €, ☕ 15 € – 2 suites **Rest** – Menú 19 €
♦ Un hotel que destaca por su hall, abierto hasta el techo y con ascensores panorámicos, su amplia terraza y sus habitaciones, la mitad con vistas al Guadalquivir. En el restaurante podrá degustar los platos propios de la cocina clásica italiana.

Bécquer
Reyes Católicos 4 ✉ 41001 – ✆ 954 22 89 00 – www.hotelbecquer.com
133 hab – ††79/399 €, ☕ 15 € – 1 suite **Rest** – Menú 22/28 € AX**v**
♦ Un clásico renovado con puntualidad. Presenta un salón social de línea clásica, un pequeño SPA y habitaciones de buen confort general, todas con tarima flotante. Atractivo comedor en tonos blancos, con el techo acristalado y las sillas de mimbre.

AC Sevilla Torneo sin rest, con cafetería
av. Sánchez Pizjuan 32 ✉ 41009 – ✆ 954 91 59 23 – www.hotelacsevillatorneo.com FP**b**
81 hab – ††55/110 €, ☕ 10 €
♦ Emplazado cerca del puente del Alamillo. Dispone de un moderno hall, con cafetería y comedor para los desayunos, así como un patio con sillones y unas habitaciones actuales.

Doña María sin rest
Don Remondo 19 ✉ 41004 – ✆ 954 22 49 90 – www.hdmaria.com
62 hab – †96/203 € ††123/270 €, ☕ 15 € – 2 suites BX**u**
♦ Posee habitaciones señoriales en diferentes estilos, cada una dedicada a una mujer famosa de Sevilla. Soberbia terraza-azotea, con piscina e inmejorables vistas a la Giralda.

Monte Triana sin rest, con cafetería
Clara de Jesús Montero 24 ✉ 41010 – ✆ 954 34 31 11 – www.hotelesmonte.com
116 hab – ††50/160 €, ☕ 10 € ER**a**
♦ Si desea alojarse en el popular barrio de Triana esta es una de las opciones más interesantes. Resulta funcional, sin embargo se está actualizando y es confortable.

Casa Sacristía de Santa Ana sin rest
Alameda de Hércules 22 ✉ 41002 – ✆ 954 91 57 22 – www.hotelsacristia.com
25 hab – †60/290 € ††60/300 €, ☕ 11 € FR**b**
♦ De la antigua sacristía solo queda su estructura original y algunas puertas usadas ahora como cabeceros. Patio típico como zona social y habitaciones de línea clásica-actual.

Alcoba del Rey de Sevilla sin rest
Bécquer 9 ✉ 41002 – ✆ 954 91 58 00 – www.alcobadelrey.com FR**p**
15 hab ☕ – †90/225 € ††100/300 €
♦ ¡Una pequeña inmersión en la estética andalusí! Encontrará un patio mudéjar, una zona chill-out en la azotea y unos preciosos baños. Aquí, toda la decoración está a la venta.

Adriano sin rest
Adriano 12 ✉ 41001 – ✆ 954 29 38 00 – www.adrianohotel.com AX**d**
34 hab ☕ – †40/120 € ††50/160 €
♦ Su espacioso hall integra la recepción y la cafetería. Las habitaciones están bien equipadas, con decoración clásica y mobiliario de calidad. Azotea-solárium con jacuzzi.

Patio de la Alameda sin rest

Alameda de Hércules 56 ✉ *41002* – ✆ *954 90 49 99*
– *www.patiodelaalameda.com* FR**x**

39 hab – 🚹50/150 € 🚹🚹60/280 €, ☕ 6 €

♦ Tras un cambio en la filosofía de la casa ahora se presenta con unas habitaciones bastante amplias, todas con el mobiliario en forja. ¡Lo mejor son sus tres agradables patios!

La Casa del Maestro sin rest

Niño Ricardo 5 ✉ *41003* – ✆ *954 50 00 07* – *www.lacasadelmaestro.com*
– *cerrado agosto* CV**b**

11 hab ☕ – 🚹90/130 € 🚹🚹110/162 €

♦ Hotel con encanto donde vivió el famoso guitarrista flamenco Niño Ricardo. Posee un pequeño patio, terraza-solárium en la azotea y unas coquetas habitaciones personalizadas.

Maestranza sin rest y sin ☕

Gamazo 12 ✉ *41001* – ✆ *954 56 10 70* – *www.hotelmaestranza.es*

18 hab – 🚹38/51 € 🚹🚹53/81 € BX**s**

♦ Establecimiento edificado sobre una típica casa sevillana, que ha sido restaurada y acondicionada para su bienestar. Habitaciones prácticas y un pequeño patio a modo de hall.

Don Pedro sin rest y sin ☕

Gerona 24 ✉ *41003* – ✆ *954 29 33 33* – *www.hoteldonpedro.net* CV**d**

18 hab – 🚹50/65 € 🚹🚹60/85 €

♦ Casa señorial del s. XVIII dotada con un hermoso patio central, donde está la zona social. La mitad de sus habitaciones se asoman a la calle y cinco disfrutan de terraza.

Puerta de Sevilla sin rest

Puerta de la Carne 2 ✉ *41004* – ✆ *954 98 72 70*
– *www.hotelpuertadesevilla.com* CX**w**

16 hab – 🚹52/69 € 🚹🚹67/95 €, ☕ 6 €

♦ Bien ubicado a la entrada del barrio de Santa Cruz. Tras su elegante fachada encontrará una reducida zona social y habitaciones algo pequeñas pero cuidadas y alegres.

Abanico sin rest

Aguilas 17 ✉ *41003* – ✆ *954 21 32 07* – *www.hotelabanico.com* CX**v**

22 hab – 🚹🚹60/100 €, ☕ 6 €

♦ Casa sevillana del s. XIX emplazada en pleno casco antiguo. Ofrece un patio típico decorado con azulejos y habitaciones de línea clásica, todas con colores bastante vivos.

Egaña Oriza

San Fernando 41 ✉ *41004* – ✆ *954 22 72 54* – *www.restauranteoriza.com*
– *cerrado agosto y domingo* CY**y**

Rest – Menú 65/80 € – Carta 48/64 €

♦ Un elegante comedor tipo invernadero, un tranquilo ambigú donde tomar una copa, una cocina tradicional actualizada de gran calidad... ¡Egaña Oriza es todo eso y mucho más!

Taberna del Alabardero con hab

Zaragoza 20 ✉ *41001* – ✆ *954 50 27 21*
– *www.tabernadelalabardero.es* – *cerrado agosto* AX**n**

7 hab ☕ – 🚹100/250 € 🚹🚹140/350 € – 3 suites

Rest – Menú 58 € – Carta 42/62 €

♦ Esta casa-palacio del s. XIX tiene sus elegantes salas distribuidas en torno a un bucólico patio andaluz, que funciona como salón de té. Excelente montaje y cocina creativa. Si está pensando en alojarse aquí encontrará unas magníficas habitaciones, todas de gran confort y la mayoría con mobiliario de época.

ESPAÑA

XXX **Abantal** (Julio Fernández) AC VISA MC AE

Alcalde José de la Bandera 7 ✉ 41003
– ✆ 954 54 00 00
– www.abantalrestaurante.es
– cerrado del 23 al 30 de abril, 21 días en agosto, domingo y lunes
Rest – Menú 57/115 € – Carta 48/58 € CX**b**

Espec. Fideuá de chocos en su tinta con anchoas marinadas. Atún rojo de almadraba con canelón de tomates, pimientos asados y cañaillas (primavera-verano). Fresas en licor con ganache de vinagre, helado de chocolate blanco y caramelo de frambuesa (primavera-verano).

◆ Aquí encontrará una única sala de ambiente moderno, con las paredes desnudas, blancas o en madera, para que todos sus sentidos se centren en los platos. Cocina creativa elaborada con productos de gran calidad, cuidando mucho los detalles y las presentaciones.

XXX **Santo** – Hotel Eme Catedral AC VISA MC AE

Argote de Molina 6 ✉ 41004 – ✆ 954 56 10 20
– www.emecatedralhotel.com BX**m**
Rest – *(cerrado agosto, domingo y lunes)* Menú 85 € – Carta 66/85 €

Espec. Milhojas de foie, anguila ahumada, cebolleta fresca y manzana ácida. Pichón hecho en asador, con guiso de trigo, espinaca y compota de cerezas. Yogur natural casero, mermelada de mango-pasión, granizado de vainilla y helado de miel.

◆ Este restaurante supone una fantástica oportunidad para conocer las claves de la cocina de Martín Berasategui en el mismo Sevilla, pues aquí los fogones están llevados con gran acierto por sus discípulos. ¡Técnica y creatividad en un ambiente distendido!

XX **Salvador Rojo** AC VISA MC AE

av. Manuel Siurot 33 ✉ 41013
– ✆ 954 22 97 25 – www.salvadorrojo.com
– cerrado agosto, domingo en verano y domingo noche resto del año
Rest – Menú 35/55 € – Carta 40/55 € FS**a**

◆ Instalado en un edificio que, simplemente por su arquitectura, ya es todo un reclamo. Combinan las formas irregulares y los detalles de diseño con una cocina de tinte actual.

XX **Az-Zait** AC VISA MC AE

pl. San Lorenzo 1 ✉ 41002
– ✆ 954 90 64 75 – www.az-zaitrestaurantes.com
– cerrado agosto y domingo FR**d**
Rest – Carta 30/35 €

◆ Bien organizado, clásico y con un cuidadísimo servicio de sala. Su carta ofrece un maridaje entre la cocina internacional y los platos tradicionales de tintes creativos.

XX **Casa Robles** AC VISA MC AE

Álvarez Quintero 58 ✉ 41004 – ✆ 954 56 32 72
– www.roblesrestaurantes.com BX**c**
Rest – Carta 30/45 €

◆ Resulta turística y tiene prestigio, con su terraza, un bar de tapas y varias salas de línea clásica-regional distribuidas tanto en la casa como en los anexos. Nutrida bodega.

XX **El Asador de Aranda** AC P VISA MC AE

Luis Montoto 150 ✉ 41005
– ✆ 954 57 81 41 – www.asadoresdearanda.com
– cerrado agosto FR**b**
Rest – Menú 30 € – Carta 24/35 €

◆ Casa señorial que sorprende por sus bellos exteriores. Las salas, de aire castellano, se definen por la profusión de maderas y vidrieras. ¡Aquí la especialidad es el lechazo!

ESPAÑA

XX **Jaylu**

López de Gomara 19 ✉ 41010 – ✆ 954 33 94 76 – www.restaurantejaylu.com – cerrado sábado y domingo en agosto y domingo noche resto del año

Rest – Carta 50/76 € ER**b**

♦ Es muy conocido por la calidad de los pescados y mariscos que sirven, muchos de ellos procedentes de la pesca de bajura realizada, siempre con artes tradicionales, en las costas andaluzas.

XX **Becerrita**

Recaredo 9 ✉ 41003 – ✆ 954 41 20 57 – www.becerrita.com – cerrado sabado noche y domingo en verano,domingo noche resto del año CX**a**

Rest – Carta 30/48 €

♦ Este acogedor negocio ha actualizado bien su decoración, combinando diversos detalles clásicos con otros de aire andaluz. Sabrosas especialidades regionales y completa bodega.

X **Eslava**

Eslava 5 ✉ 41002 – ✆ 954 90 65 68 – www.espacioeslava.com – cerrado del 15 al 31 de enero, del 15 al 31 de agosto, domingo noche y lunes FR**d**

Rest – Carta 25/38 €

♦ Este restaurante familiar, muy conocido en la ciudad, se alza como un referente de la cocina tradicional actualizada, siempre con una espléndida relación calidad-precio.

X **El Espigón**

Bogotá 1 ✉ 41013 – ✆ 954 23 92 56 – www.elespigon.com – cerrado domingo

Rest – Carta 32/49 € FR**c**

♦ Frecuentado por gente de negocios. Ocupa una casa sevillana del barrio residencial del Porvenir, con las paredes cubiertas de madera y detalles marineros. Pescados y mariscos.

X **Manolo Vázquez**

Baltasar Gracián 5 ✉ 41007 – ✆ 954 57 21 46 FR**k**

Rest – Menú 22/35 € – Carta 30/39 €

♦ Restaurante de cocina tradicional andaluza en el que los pescados y mariscos se alzan con un especial protagonismo. Decoración algo recargada y una clientela de negocios.

X **El Rinconcillo**

Gerona 40 ✉ 41003 – ✆ 954 22 31 83 – www.elrinconcillo.es – cerrado 24 diciembre-6 enero y del 1 al 16 de agosto CV**w**

Rest – Menú 28/55 € – Carta 29/53 €

♦ Negocio llevado entre dos hermanos. Dispone de una atractiva taberna en la planta baja y dos salas rústicas en los pisos superiores. Carta tradicional muy variada, con asados.

Robles Placentines

Placentines 2 ✉ 41004 – ✆ 954 21 31 62 – www.roblesrestaurantes.com

Rest – Tapa 3 € – Ración aprox. 13 € BX**v**

♦ Buen bar tipo mesón, con profusión de maderas y una sala en la 1ª planta, donde todo gira en torno al mundo de la tauromaquia. Ofrece una sugerente carta de tapas y raciones.

Dos de Mayo

pl.de la Gavidia 6 ✉ 41002 – ✆ 954 90 86 47 – cerrado domingo en julio y agosto

Rest – Tapa 2 € – Ración aprox. 11 € AV**a**

♦ Este negocio, que está totalmente reformado en un estilo clásico-antiguo, emana historia y tradición, pues el local data de finales del s. XIX. Tapas típicas de la ciudad.

España

San Fernando 41 ✉ 41004 – ✆ 954 22 72 54 – www.restauranteoriza.com – cerrado del 1 al 22 de agosto CY**y**

Rest – Tapa 4 € – Ración aprox. 15 €

♦ ¡Un bar con gran tradición en Sevilla! Se presenta con un estilo clásico-actual, dominado por sus grandes cristaleras y por un bello vitral de la centenaria casa Maumejean.

ESPAÑA

El Burladero – Hotel Gran Meliá Colón

Canalejas 1 ✉ 41001 – ✆ 954 50 78 62 – www.granmeliacolon.com

Rest – Tapa 3,50 € – Ración aprox. 12 € AX**k**

◆ Gastro-bar de estética moderna decorado con fotos de toreros. Posee un buen expositor de vinos y chacinas, una sala con dos privados y unas deliciosas tapas de cocina actual.

Casa La Viuda

Albareda 2 ✉ 41001 – ✆ 954 21 54 20 – cerrado domingo en julio y agosto

Rest – Tapa 3 € – Ración aprox. 12 € BX**x**

◆ Resulta céntrico y posee todo el calor de los bares de tapas, con una gran variedad de elaboraciones. Un magnífico lugar para charlar entre amigos mientras toman algo.

Puratasca

Numancia 5 ✉ 41010 – ✆ 954 33 06 80 – www.puratasca.com – cerrado 7 días en enero, 7 días en abril, domingo y lunes. ER**d**

Rest – Tapa 4,50 €

◆ Un bar de tapas que ha sabido, por meritos propios, ganarse un nombre en el barrio de Triana. Aquí encontrará unos platos actuales, bien concebidos y con raciones abundantes.

Eslava

Eslava 3 ✉ 41002 – ✆ 954 90 65 68 – www.espacioeslava.com – cerrado del 15 al 31 de enero, del 15 al 31 de agosto, domingo noche y lunes FR**d**

Rest – Tapa 3 € – Ración aprox. 9 €

◆ Reconocido por el público y la crítica, de hecho fue galardonado con un premio al mejor pincho de Sevilla. Encontrará tapas tradicionales, actuales... y hasta algunos guisos.

El Rinconcillo

Gerona 40 ✉ 41003 – ✆ 954 22 31 83 – www.elrinconcillo.es CV**w**

Rest – Tapa 3 € – Ración aprox. 12 €

◆ Una visita obligada si piensa hacer una ruta de tapas, pues goza de auténtico encanto, solera y tradición. Ocupa dos locales, uno de ellos en una vieja tienda de ultramarinos.

SIERRA BLANCA – Málaga – ver Ojén

SIERRA DE CAZORLA – Jaén – ver Cazorla

SIERRA NEVADA – Granada – 578 U19 – alt. 2 080 m – Deportes de invierno : 26 2 1 **2** D1

Madrid 461 – Granada 31

Meliá Sierra Nevada

pl. Pradollano ✉ 18196 – ✆ 958 48 04 00 – www.melia-sierra-nevada.com – diciembre-abril

217 hab – 69/269 € 84/378 € – 4 suites **Rest** – Menú 21 €

◆ ¡En plena estación invernal! Disfruta de un hall clásico, donde hay una academia de esquí, un completo SPA dotado de vistas a las montañas y unas confortables habitaciones. Restaurante de montaña con profusión de madera.

Kenia Nevada rest,

Virgen de las Nieves 6 ✉ 18196 – ✆ 958 48 09 11 – www.kenianevada.com

66 hab – 73/167 € 211/389 € **Rest** – *(solo buffet)* Menú 34 €

◆ Precioso edificio de estética alpina. Tanto las zonas sociales como sus habitaciones poseen detalles de ambiente rústico-montañés y, en muchos casos, vistas a las montañas. El comedor basa su oferta gastronómica en un nutrido servicio de buffet.

SIGÜENZA – Guadalajara – 575 – 576 I22 – 4 960 h. – alt. 1 070 m **10** C1

Madrid 129 – Guadalajara 73 – Soria 96 – Zaragoza 191

Serrano Sanz 9, ✆ 949 34 70 07, www.siguenza.es

Catedral★★ (Interior : puerta capilla de la Anunciación★, conjunto escultórico del crucero★★, techo de la sacristía★, cúpula de la capilla de las Reliquias★, púlpitos presbiterio★, crucifijo capilla girola★ - Capilla del Doncel : sepulcro del Doncel★★)

Parador de Sigüenza sin
19250 – 949 39 01 00 – www.parador.es
81 hab – 118/129 € 148/161 €, 16 € **Rest** – Menú 32 €
♦ Instalado en un castillo medieval cuyas murallas testimonian un pasado colmado de historia. Bellas estancias con decoración de época y numerosas comodidades actuales. En su hermoso salón-comedor podrá degustar los platos más típicos.

La Casona de Lucía sin rest
bajada de San Jerónimo 12 19250 – 949 39 01 33 – www.lacasonadelucia.com
10 hab – 55/65 € 70/80 €, 6 €
♦ Tras su fachada en piedra encontrará unas instalaciones cuidadas con mimo. Posee un patio interior, un coqueto salón social y habitaciones acogedoras a la par que detallistas.

El Doncel con hab
paseo de la Alameda 3 19250 – 949 39 00 01 – www.eldoncel.com – cerrado del 23 al 31 de diciembre y del 15 al 28 de febrero
18 hab – 62/78 € 78 €, 8 €
Rest – *(cerrado domingo noche y lunes)* Menú 45/55 € – Carta 45/54 €
♦ Disfruta de un comedor rústico-moderno, con las paredes en piedra y vigas de madera. Su carta, actual, de bases tradicionales y con tintes de autor, se completa con dos menús. También ofrece unas confortables habitaciones, todas actuales con detalles rústicos.

Calle Mayor
Mayor 21 19250 – 949 39 17 48 – www.restaurantecallemayor.com – cerrado del 20 al 31 de diciembre, domingo noche y lunes salvo verano
Rest – Menú 27 € – Carta 30/37 €
♦ Restaurante de estilo neorrústico. Dispone de una sala en dos niveles de buen montaje, donde podrá degustar una cocina de base tradicional con algún toque actual.

SILLEDA – Pontevedra – 571 D5 – 9 248 h. – alt. 463 m — 19 B2

Madrid 563 – Santiago de Compostela 41 – Pontevedra 96 – Viana do Castelo 192

Ramos sin rest
Antón Alonso Ríos 24 36540 – 986 58 12 12 – www.hotelramos.com
33 hab – 20/35 € 30/50 €, 5 € – 2 apartamentos
♦ Dispone de una pequeña recepción, un coqueto salón y una moderna cafetería en dos niveles. Habitaciones funcionales de buen confort y espaciosos apartamentos.

Ricardo
San Isidro 15 36540 – 986 58 08 77
Rest – Carta 27/37 €
♦ Un buen lugar para degustar las carnes gallegas y el pescado fresco. Posee un comedor independiente, amplio y de correcto montaje, y una cafetería con mesas para el menú.

SIMANCAS – Valladolid – 575 H15 – 5 291 h. – alt. 725 m — 11 B2

Madrid 197 – Ávila 117 – Salamanca 103 – Segovia 125

18 Entrepinos,, carret. de Pesqueruela km 1,5, 983 59 05 11

Patio Martín
Las Tercias 2 47130 – 983 59 11 33 – www.patiomartin.es – cerrado 15 días en enero, 15 días en agosto y lunes
Rest – *(solo almuerzo salvo viernes y sábado)* Carta 34/43 €
♦ Casa de pueblo rehabilitada a la que se accede por un patio, donde está la parrilla a la vista. Posee un comedor de cuidado montaje y un privado. Buen producto de temporada.

SÍSAMO - A Coruña - 571 C3 - 876 h. 19 B1

Madrid 624 - Santiago de Compostela 112 - A Coruña 39 - Pontevedra 171

Pazo do Souto

rest, VISA AE

Torre 1 ✉ 15106 - ✆ 981 75 60 65 - www.pazodosouto.com - cerrado enero y febrero

11 hab - 36/55 € 50/75 €, 6 € **Rest** - Menú 15 €

◆ En un antiguo pazo del s. XVII. Disfruta de un bello entorno, cálidos rincones y confortables habitaciones, la mayoría con bañera de hidromasaje y algunas abuhardilladas. El coqueto comedor se sitúa en la 1ª planta.

SITGES - Barcelona - 574 I35 - 28 130 h. - Playa 15 A3

Madrid 597 - Barcelona 45 - Lleida/Lérida 135 - Tarragona 53

Sinia Morera 1, ✆ 93 894 50 04, www.sitgestur.cat

Terramar, ✆ 93 894 05 80

Localidad★★ - Casc antic★★ - Museo del Cau Ferrat★★ EZ - Museo Maricel de Mar★ EZ - Casa Llopis★ DY

Planos páginas siguientes

San Sebastián Playa H.

hab, VISA AE

Port Alegre 53 ✉ 08870 - ✆ 938 94 86 76 - www.hotelsansebastian.com CV**e**

51 hab - 84/284 € 99/299 € **Rest** - Menú 14 € - Carta aprox. 40 €

◆ Destaca tanto por su emplazamiento en el paseo marítimo como por sus cuidadas habitaciones, todas con mobiliario de gran calidad y unos preciosos cabeceros pintados a mano. Restaurante de cocina mediterránea con un buen apartado de arroces.

La Niña

hab, rest, VISA AE

passeig de la Ribera 65 ✉ 08870 - ✆ 938 11 21 00 - www.laninahotel.com - cerrado del 18 al 29 de diciembre DZ**b**

47 hab - 97/161 € 115/193 € **Rest** - *(cerrado martes)* Carta 32/45 €

◆ Se encuentra en el paseo marítimo y destaca por su hermosa fachada clásica. Hall con detalles náuticos y habitaciones funcionales, 16 de ellas con terraza y vistas al mar. El restaurante disfruta de una gran terraza y propone una extensa carta tradicional.

Platjador

VISA AE

passeig de la Ribera 35 ✉ 08870 - ✆ 938 94 50 54 - www.hotelsitges.com - abril-octubre DZ**m**

59 hab - 51/136 € 65/215 €

Rest *El Rincón de Pepe* - ver selección restaurantes

◆ Hotel de línea actual-funcional y buen confort general. En la 5ª planta ofrece un salón-bar con gran encanto, pues tiene una atractiva terraza-solárium panorámica.

El Velero

VISA AE

passeig de la Ribera 38 ✉ 08870 - ✆ 938 94 20 51 - www.restaurantevelero.com - cerrado 15 días en enero, domingo noche salvo julio-agosto y lunes

Rest - Carta 38/60 € DZ**m**

◆ Establecimiento de seria organización familiar dotado con una terraza cubierta, dos comedores clásicos y un privado. Cocina mediterránea de temporada y una nutrida bodega.

Maricel

VISA AE

passeig de la Ribera 6 ✉ 08870 - ✆ 938 94 20 54 - www.maricel.es - cerrado del 15 al 30 de noviembre EZ**r**

Rest - Carta 41/60 €

◆ Este restaurante familiar posee una atractiva terraza acristalada y dos comedores clásicos. Su carta alterna platos tradicionales, como los arroces, con otros más creativos.

Fragata

passeig de la Ribera 1 ✉ 08870
– ✆ 938 94 10 86
– www.restaurantefragata.com EZ**p**

Rest – Carta 31/52 €

◆ Ha sabido conjugar su rica tradición familiar con una atractiva modernización de las instalaciones. Completa carta de cocina actual y un apartado de arroces más tradicionales.

Casa Hidalgo

Sant Pau 12 ✉ 08870 – ✆ 938 94 38 95
– www.casahidalgo.es
– cerrado 15 diciembre-15 enero, domingo noche y lunes EZ**c**

Rest – Menú 20/40 € – Carta 33/73 €

◆ Este céntrico local ofrece una sala de correcto montaje, un privado en el sótano y una carta de cocina tradicional enriquecida con algunos mariscos y platos gallegos.

SITGES

Animes . . . . . EY 3
Artur Carbonell (Av.) . . . . . DY 6
Baluard (Pl.) . . . . . EZ 7
Barcelona . . . . . EZ 10
Camí dels Capellans (Avgd.) . . . . . EY 12
Cap de la Vila (Pl.) . . . . . EY
Devallada . . . . . EZ 15
Eduard Maristany (Pl.) . . . . . EY 16
Espanya (Pl.) . . . . . DZ 20
Fonollar . . . . . EZ 21
Francesc Gumà . . . . . EY 23
Jesús . . . . . EY
Major . . . . . EZ
Marquès de Montroig . . . . . DZ 30
Migdia (Rambla) . . . . . DY 31
Mossèn Joan Llopis . . . . . DZ 33
Parellades . . . . . DZ
Sant Bartomeu . . . . . DEY 39
Sant Francesc . . . . . DY
Sant Gaudenci . . . . . DEY 40
Sant Honorat . . . . . EY 42
Vilafranca (Pas.) . . . . . DY 47

ESPAÑA

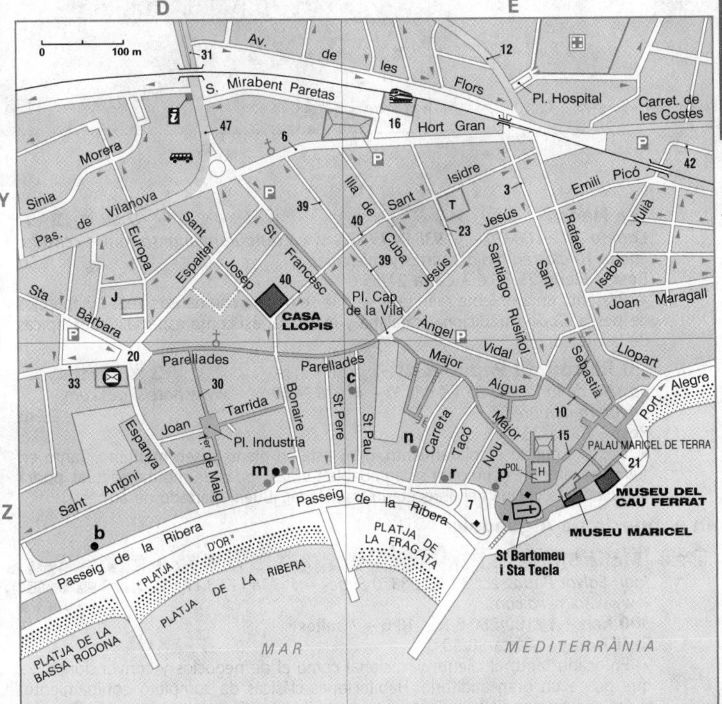

SITGES

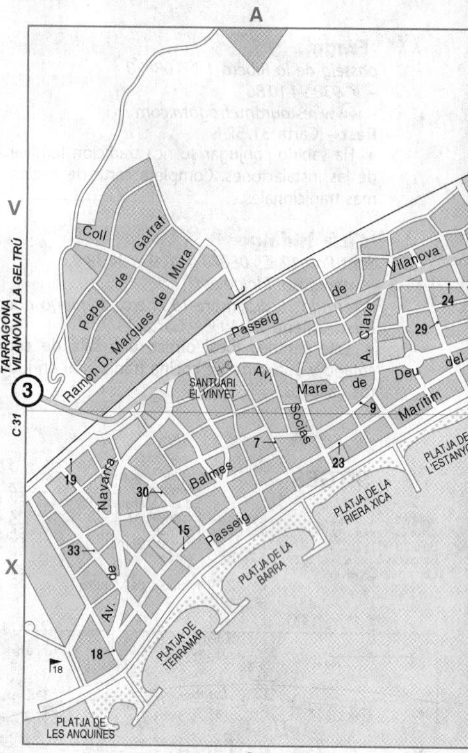

La Nansa
Carreta 24 ✉ 08870 – ☎ 938 94 19 27 – www.restaurantlanansa.com – cerrado enero, 10 días en junio, martes y miércoles EZ**n**
Rest – Menú 25/35 € – Carta 24/55 €
♦ Presenta un ambiente marinero, ya que se decora con nansas, redes y aparejos de pesca. Cocina tradicional catalana y marinera, así como especialidades típicas de la ciudad.

El Rincón de Pepe – Hotel Platjador
passeig de la Ribera 35 ✉ 08870 – ☎ 938 94 50 54 – www.hotelsitges.com – febrero-octubre DZ**m**
Rest – Carta 26/31 €
♦ Destaca por su emplazamiento, pues está en pleno paseo marítimo. Tanto en sus salas interiores como en su agradable terraza, todas de montaje actual, podrá degustar una cocina fiel al recetario tradicional. ¡Buen apartado de arroces!

en el puerto de Aiguadolç

Meliá Sitges
hab,
Joan Salvat Papassect 38 ✉ 08870 Sitges – ☎ 938 11 08 11 – www.solmelia.com CV**a**
300 hab – 100/250 €, 18 € – 7 suites
Rest *Noray* – Carta 38/59 €
♦ Enfocado tanto al cliente vacacional como al de negocios y convenciones, ya que posee un gran auditorio. Habitaciones clásicas de completo equipamiento, todas con terraza. El espacioso restaurante se complementa, si es necesario, con una carpa para banquetes.

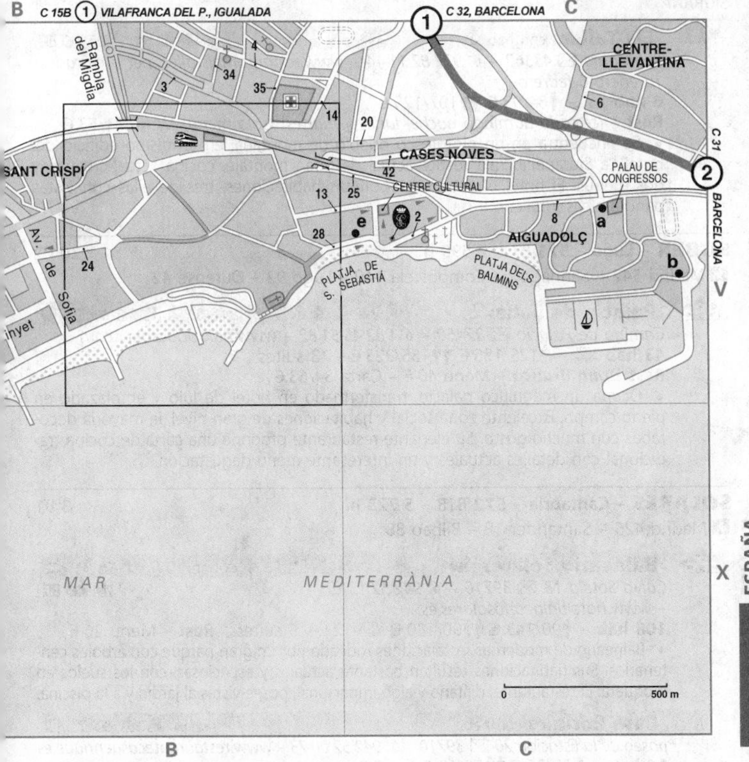

Estela Barcelona

av. Port d'Aiguadolç 8 ✉ 08870 Sitges – ☎ 938 11 45 45 – www.hotelestela.com

CVb

64 hab – 90/145 € 100/180 €

Rest – Menú 30 € – Carta 35/42 €

♦ ¡De línea actual y frente a una pequeña playa! Este hotel ofrece confortables habitaciones y unas zonas sociales que se caracterizan por tener esculturas y pinturas de arte contemporáneo expuestas durante todo el año. En su restaurante encontrará una carta tradicional con un buen apartado de arroces.

al Oeste : 6 km

Dolce Sitges

av. Camí de Miralpeix 12, por Juan de la Cierva ✉ 08870 Sitges – ☎ 938 10 90 00 – www.dolcesitges.com – cerrado 22 diciembre-5 enero

260 hab – 147/367 € 147/441 € – 3 suites

Rest – Menú 45/90 € – Carta 38/56 €

♦ Hotel de estética actual ubicado junto a un campo de golf. Ofrece modernos espacios sociales, cálidas habitaciones y una zona preparada tanto para reuniones como para conferencias. ¡Amplia y variada oferta gastronómica!

SIURANA – Tarragona – **574** I32 **13** B3

Madrid 536 – Barcelona 147 – Tarragona 52 – Lleida 87

Emplazamiento★★★ (≤★★)

XX **Els Tallers** con hab
Rentadors ✉ 43362 – ✆ 977 82 11 44 – www.restaurantelstallers.net – cerrado 16 enero-6 febrero
6 hab – 84/93 € 107/125 €
Rest – *(cerrado domingo noche, lunes y martes) (solo menú)* Menú 31/53 €
◆ Se encuentra en un pintoresco pueblo de montaña, en el mismo edificio del hotel La Siuranella. Sala rústica-actual de buen montaje, cocina actual-creativa y dos menús. El hotel ofrece unas coquetas habitaciones, tres de ellas con vistas panorámicas y balcón.

SOBER – Lugo – 571 E7 – 2 599 h.
20 C2

Madrid 542 – Santiago de Compostela 149 – Lugo 92 – Ourense 42

Palacio de Sober rest,
Camino de Palacio ✉ 27460 – ✆ 982 45 51 82 – www.palaciodesober.com
43 hab – 125/185 € 155/225 € – 13 suites
Rest *Dona Branca* – Menú 40 € – Carta 34/63 €
◆ Ocupa un magnífico palacio, transformado en hotel de lujo y emplazado en pleno campo. Excelente zona social y habitaciones de gran nivel, la mayoría decoradas con mucho gusto. Su elegante restaurante propone una carta de cocina tradicional con detalles actuales y un interesante menú degustación.

SOLARES – Cantabria – 572 B18 – 5 723 h.
8 B1

Madrid 425 – Santander 18 – Bilbao 88

Balneario Solares hab,
Calvo Sotelo 13 ✉ 39710 – ✆ 942 52 13 13 – www.hotelbalneariosolares.es
108 hab – 90/143 € 90/180 €, 12 € – 5 suites **Rest** – Menú 26 €
◆ Balneario de modernas instalaciones rodeado por un gran parque con árboles centenarios. Sus habitaciones resultan bastante actuales y espaciosas, con los suelos en moqueta. El restaurante, diáfano y algo impersonal, posee vistas al jardín y a la piscina.

X **Casa Enrique** con hab rest,
paseo de la Estación 20 ✉ 39710 – ✆ 942 52 00 73 – www.restaurantecasaenrique.es
16 hab – 28/35 € 50/60 €, 5 €
Rest – *(cerrado domingo noche)* Menú 30 € – Carta 28/41 €
◆ Negocio de carácter centenario ubicado frente a la estación de ferrocarril. Ofrece un agradable porche, un bar y dos salas de línea clásica-actual, la principal con chimenea. Aquí, como complemento, también encontrará unas habitaciones de estilo funcional.

SOLIVELLA – Tarragona – 574 H33 – 678 h.
13 B2

Madrid 525 – Lleida/Lérida 66 – Tarragona 51
Monasterio de Vallbona de les Monges★★ (iglesia★★, claustro★)

XX **Cal Travé**
carret. d'Andorra 56 ✉ 43412 – ✆ 977 89 21 65 – www.sanstrave.com – cerrado del 1 al 15 de julio, del 1 al 15 de noviembre y miércoles
Rest – *(solo almuerzo salvo jueves en verano, viernes y sábado)* Carta aprox. 35 €
◆ Negocio de larga trayectoria familiar. Ofrece una cocina catalana con sabrosas elaboraciones caseras y carnes a la brasa. Reducida bodega con vinos de producción propia.

SÓLLER – Balears – ver Balears (Mallorca)

SOLSONA – Lleida – 574 G34 – 9 219 h. – alt. 664 m
13 B2

Madrid 577 – Lleida/Lérida 108 – Manresa 52
carret. Bassella 1, ✆ 973 48 23 10, www.turismesolsones.com
Localidad★★ - Museo Diocesano y Comarcal★★ (pinturas★★ románicas y góticas, frescos de Sant Quirze de Pedret★★, frescos de Sant Pau de Caserres★, Cena de Santa Constanza★) – Catedral★ (Virgen del Claustro★)

Sant Roc

pl. Sant Roc ✉ 25280 – ✆ 973 48 00 06 – www.hotelsantroc.com
25 hab – 74 € 97 €, 10 €
Rest *El Buffi* – Carta 33/44 €
◆ Bello edificio de principios del s. XX donde se combinan el confort actual y los detalles de vanguardia. Destacan las habitaciones del tercer piso, amplias y abuhardilladas. El restaurante disfruta de un cuidado montaje, con techos altos y grandes ventanales.

SOMAÉN – **Soria** – **575** I23 – **52 h.** **12** D2

Madrid 172 – Valladolid 386 – Soria 96 – Guadalajara 116

Posada Real de Santa Quiteria

rest,

Barrio Alto 8 ✉ 42257 – ✆ 975 32 03 93
– www.posadasantaquiteria.com – cerrado 10 enero-10 febrero
10 hab – 130/179 €, 17 €
Rest – *(cerrado lunes)* Menú 32/45 € – Carta 30/50 €
◆ ¡Maravilloso! Sorprende por sus magníficas instalaciones, distribuidas en una casa-portazgo del s. XVIII y una torre árabe del s. XI, ambas restauradas con muchísimo gusto. El luminoso restaurante presenta una estética rústica-elegante y una cocina de autor.

SOMIÓ – **Asturias** – **ver Gijón**

SON SERVERA – **Balears** – **ver Balears (Mallorca)**

SON VIDA – **Balears** – **ver Balears (Mallorca) : Palma**

SONDIKA – **Vizcaya** – **573** C21 – **4 515 h.** – **alt. 42 m** **25** A3

Madrid 400 – Bilbao 14 – Vitoria-Gasteiz 72 – Donostia-San Sebastián 100
de Sondika-Bilbao ✆ 902 404 704
Iberia: aeropuerto ✆ 902 400 500

XX **Gaztañaga**

Txorri Erri 34 ✉ 48150 – ✆ 944 53 15 10 – www.restaurantegaztanaga.com
– cerrado agosto, sábado y domingo
Rest – *(solo almuerzo salvo viernes)* Carta 40/52 €
◆ Esta amable casa familiar presenta un bar de espera y un comedor clásico de impecable montaje, con los suelos en madera. Carta tradicional-regional y buenas sugerencias.

SORBAS – **Almería** – **578** U23 – **2 905 h.** – **alt. 409 m** **2** D2

Madrid 552 – Almería 59 – Granada 174 – Murcia 167
Terraplén 9, ✆ 950 36 44 76
Emplazamiento★

en Cariatiz Noreste : 10 km

Cortijo Alto de Cariatiz

hab,

Los Alias ✉ 04270 Sorbas – ✆ 950 36 91 31 – www.cortijoaltodecariatiz.com
11 hab – 50/70 € 60/90 €, 6 €
Rest – (es necesario reservar) Menú 17/25 €
◆ Resulta bastante acogedor, ya que dispone de un edificio principal para las zonas sociales y siete casitas distribuidas a su alrededor, todo en un estilo rústico-actual. El restaurante, que elabora platos de sabor tradicional, se complementa con una terraza.

SORIA P – **575** G22 – **39 838 h.** – **alt. 1 050 m** **12** D2

Madrid 225 – Burgos 142 – Calatayud 92 – Guadalajara 169
Medinaceli 2, ✆ 975 21 20 52, www.turismocastillayleon.com
Iglesia de Santo Domingo★ (portada★★) A – Catedral de San Pedro (claustro★) B – San Juan de Duero (claustro★) B

Plano página siguiente

ESPAÑA

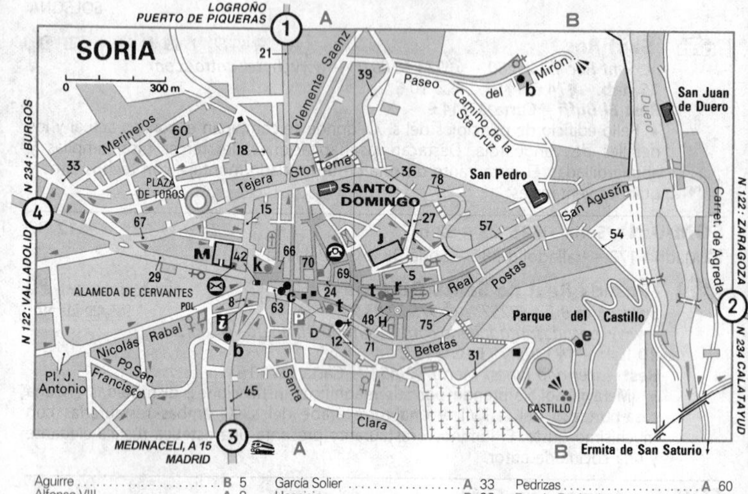

Parador de Soria hab,
parque del Castillo ✉ *42005 – ☎ 975 24 08 00 – www.parador.es* Be
67 hab – †128/138 € ††160/173 €, ☐ 18 € **Rest** – Menú 33 €
♦ Edificio de nueva construcción en el que lo más valorado son sus magníficas vistas, tanto al valle del Duero como a las montañas. Decoración actual con detalles regionales. En el comedor podrá degustar platos propios de estas tierras.

Alfonso VIII hab,
Alfonso VIII-10 ✉ *42003 – ☎ 975 22 62 11 – www.hotelalfonsoviiisoria.com*
88 hab – †86/110 € ††110/134 €, ☐ 14 € **Rest** – Menú 21 € Ab
♦ Hotel de cuidada línea clásica. La zona social se complementa con una espaciosa cafetería y las habitaciones disfrutan de un buen confort, con amplios baños en mármol. El restaurante, que cuenta con un acceso independiente, ofrece una carta tradicional.

Leonor Mirón hab,
paseo del Mirón ✉ *42005 – ☎ 975 22 02 50 – www.hotel-leonor.com*
33 hab – †47/75 € ††93/109 €, ☐ 10 € **Rest** – Menú 20/25 € Bb
♦ El nombre de este bello edificio no es gratuito, pues evoca a la mujer que tantos versos inspiró a Machado. Ofrece habitaciones de elegante estilo clásico y buenas vistas. El comedor ha mejorado en el montaje y combina su carta tradicional con un buen menú.

Leonor Centro qto, qto,
pl. Ramón y Cajal 5 ✉ *42002 – ☎ 975 23 93 03 – www.hotel-leonor.com*
24 qto – †47/75 € ††93/109 €, ☐ 10 € **Rest** – Menu 20/25 € Ac
♦ ¡Una buena opción como hotel urbano! Compensa su reducida zona social con unas confortables habitaciones, todas con mobiliario funcional de línea actual. El restaurante presenta una carta tradicional enriquecida con varios tipos de menús.

Hostería Solar de Tejada sin rest y sin ☐
Claustrilla 1 ✉ *42002 – ☎ 975 23 00 54 – www.hosteriasolardetejada.es*
18 hab – †39/49 € ††52 € Ac
♦ Hotel coqueto y familiar de gran atractivo, ubicado en el casco antiguo de la ciudad. Gusto exquisito y alegres habitaciones con baños originales.

ESPAÑA

XXX **Rincón de San Juan**

Diputación 1 ✉ 42002 – ✆ 975 21 50 36 – www.rincondesanjuan.com – cerrado del 1 al 15 de febrero y domingo **At**

Rest – *(solo almuerzo salvo viernes y sábado)* Menú 16 € – Carta aprox. 40 €

◆ Negocio que combina la decoración rústica con un buen servicio de mesa. Ofrecen una carta tradicional y cuando el clima es benigno montan una terraza en un patio interior.

XX **Fogón del Salvador**

pl. del Salvador 1 ✉ 42001 – ✆ 975 23 01 94 – www.fogonsalvador.com

Rest – Menú 20/22 € – Carta 27/48 € **Ak**

◆ La calidad de sus productos y una dirección profesional le han labrado un hueco en la ciudad. Adecuado montaje, y una cocina basada en carnes a la brasa.

X **Mesón Castellano**

pl. Mayor 2 ✉ 42002 – ✆ 975 21 30 45 – www.mesoncastellanosoria.com

Rest – Carta 28/45 € **Bt**

◆ Una casa bien cimentada que ha dado buenos frutos. Su interior alberga dos salas rústico-castellanas, en donde ofrecen una carta tipo asador que contempla también el pescado.

X **Casa Augusto**

pl. Mayor 5 ✉ 42002 – ✆ 975 21 30 41 – www.casaaugusto.com – cerrado 15 enero- febrero **Br**

Rest – Carta 27/33 €

◆ Su cálido comedor está decorado con gusto, combinando zonas azulejadas con numerosas fotografías de gente de las letras y el espectáculo. Ofrece una carta de base tradicional.

X **El Mesón de Isabel**

pl. Mayor 4 ✉ 42002 – ✆ 975 21 30 41 – www.casaaugusto.com – cerrado 15 enero-febrero **Br**

Rest – Carta aprox. 29 €

◆ Se trata del hermano pequeño del restaurante Casa Augusto, con el que comparte cocina, aunque no carta, siendo esta última más reducida. Coqueto entorno clásico-regional.

por la carretera N 234 por ④ : 8 km y desvío a la derecha 1,2 km

Valonsadero

Monte Valonsadero ✉ 42005 Soria – ✆ 975 18 00 06 – www.hotelvalonsadero.com – cerrado 26 diciembre-15 enero

8 hab – 45/75 € 65/110 €

Rest – *(cerrado domingo noche y lunes)* Carta 29/41 €

◆ El elegante estilo y su privilegiada ubicación en pleno campo, lo convierten en un recurso decididamente atractivo. Sus habitaciones con mobiliario de época son una joya. Luminoso comedor en tonos suaves, con grandes ventanas y bellas vistas.

SORT – **Lleida** – **574** E33 – **2 387 h.** – **alt. 720 m** **13** B1

Madrid 593 – Lleida/Lérida 136

camí de la Cabanera, ✆ 973 62 10 02

Pessets

carret. de Seo de Urgel ✉ 25560 – ✆ 973 62 00 00 – www.hotelpessets.com – cerrado noviembre

75 hab – 52/73 € 64/92 € – 1 suite

Rest – Menú 19 € – Carta 32/48 €

◆ Bien llevado en familia. Dispone de una zona social de aire actual-funcional y confortables habitaciones, destacando algunas de la 4ª planta por tener detalles de diseño. Su cuidado restaurante tiene un uso polivalente, ya que completa su actividad dando también el servicio de desayunos. Carta actualizada.

XX **Fogony** (Zaraida Cotonat)

av. Generalitat 45 ✉ 25560 – ☎ 973 62 12 25 – www.fogony.com – cerrado del 7 al 22 de enero, domingo noche, lunes y martes
Rest – (es necesario reservar) Carta 51/73 €
Espec. Colmenillas a la crema de foie-gras de pato macerado con Armagnac y Oporto. Pollo de corral ecológico a la cocotte. Caribe: lingote de chocolate, granizado de mojito y plátano osmotizado.
♦ El matrimonio propietario, que está al frente del negocio, apuesta claramente por la cocina creativa, siempre elaborada con productos de la zona y cuidando mucho tanto las presentaciones como los puntos de cocción. Cálido comedor de ambiente rústico-actual.

SOS DEL REY CATÓLICO – Zaragoza – 574 E26 – 662 h. – alt. 652 m 3 B1

Madrid 423 – Huesca 109 – Iruña/Pamplona 59 – Zaragoza 122
Iglesia de San Esteban★ (cripta★, coro★)
Uncastillo (iglesia de Santa María : portada Sur★, sillería★, claustro★) Sureste : 22 km

Parador de Sos del Rey Católico

Arquitecto Sáinz de Vicuña 1 ✉ 50680 – ☎ 948 88 80 11 – www.parador.es – cerrado enero-13 febrero
66 hab – 106/114 € 132/142 €, ☕ 16 € **Rest** – Menú 32 €
♦ Edificio de estilo regional construido en piedra, dentro del casco antiguo y junto a la muralla medieval. Ofrece habitaciones de completo equipamiento y sobria decoración. En su diáfano comedor encontrará la cocina típica de Paradores, de carácter regional.

Casa del Infanzón sin rest

Coliseo 3 ✉ 50680 – ☎ 605 94 05 36 – www.casadelinfanzon.com
10 hab – 53/58 € 56/82 €, ☕ 6 €
♦ Construcción en piedra donde abundan los elementos rústicos. Posee una agradable zona social y coquetas habitaciones en las que se combinan los detalles en forja y madera.

El Sueño de Virila sin rest

Coliseo 8 ✉ 50680 – ☎ 948 88 86 59 – www.elsuenodevirila.com
6 hab – 121 €, ☕ 8 €
♦ Antigua casa de origen medieval ubicada en lo que fue la judería. Posee un acogedor salón-biblioteca, un patio y habitaciones llenas de encanto, todas con los muros en piedra.

XX **La Cocina del Principal**

Fernando El Catolico 13 ✉ 50680 – ☎ 948 88 83 48 – www.lacocinadelprincipal.com – cerrado del 7 al 26 de enero, domingo noche y lunes
Rest – Carta 27/35 €
♦ Sólida construcción en piedra dotada con un buen comedor principal y una sala más íntima en la antigua bodega. Su cocina tradicional siempre enaltece los productos de la zona.

SOTO DE CANGAS – Asturias – 572 B14 – 175 h. – alt. 84 m 5 C2

Madrid 439 – Oviedo 73 – Santander 134

La Ablaneda sin rest

El Bosque - carret. de Covadonga, Sur : 1 km ✉ 33589 El Bosque – ☎ 985 94 02 45 – www.ablaneda.com – marzo-3 noviembre
10 hab – 42/61 € 51/75 €, ☕ 6 €
♦ Chalet rodeado por un extenso prado. Dispone de un pequeño porche, una luminosa zona social y habitaciones de diferentes tamaños, algunas abuhardilladas y con mucha madera.

La Balsa sin rest

carret. de Covadonga ✉ 33559 – ✆ 985 94 00 56 – www.labalsa.es – cerrado diciembre, enero y febrero
14 hab ☕ – 🚹35/70 € 🚹🚹40/80 €
◆ Instalado en una casona de piedra al borde de la carretera. Dispone de unas cuidadas habitaciones con suelo en madera y vigas en el techo, destacando las abuhardilladas.

SOTO DE LUIÑA – Asturias – 572 B11 5 B1

Madrid 520 – Avilés 37 – Gijón 60 – Luarca 30

Casa Vieja del Sastre

Barrio los Quintos ✉ 33156 – ✆ 985 59 61 90 – www.casaviejadelsastre.com – cerrado noviembre
14 hab – 🚹28/48 € 🚹🚹55/73 €, ☕ 8 €
Rest – *(fines de semana, Semana Santa y 15 junio-septiembre)* Menú 25 €
◆ Casa de organización plenamente familiar. Posee dos salones sociales polivalentes y unas habitaciones de impecable mantenimiento, las de la parte nueva con mejores baños. Su acogedor restaurante elabora una carta casera, de tipo asturiano, con toques actuales.

al Noroeste : 1,5 km

Cabo Vidio con hab

acceso carret. N 632 ✉ 33156 Soto de Luiña – ✆ 985 59 61 12 – www.cabovidio.com – cerrado 24 diciembre-5 enero y del 18 al 31 de octubre
12 hab ☕ – 🚹40/50 € 🚹🚹50/60 €
Rest – *(cerrado domingo noche y lunes salvo verano)* Carta 31/49 €
◆ Esta casa familiar se presenta con un comedor rústico-actual y vistas al jardín. Ofrece una cocina casera de línea actual y destaca por la calidad de sus materias primas. También cuenta con unas habitaciones de impecable mantenimiento y un agradable solárium.

SOTO DEL REAL – Madrid – 576 – 575 J18 – 8 434 h. – alt. 921 m 22 B2

Madrid 47 – El Escorial 47 – Guadalajara 92 – Segovia 83

La Cabaña

pl. Chozas de la Sierra (urb. La Ermita) ✉ 28791 – ✆ 918 47 78 82 – www.lacabanadesoto.com – cerrado lunes noche y martes
Rest – Carta 38/49 €
◆ Está instalado en un chalet, con un amplio jardín a la entrada y un porche que usan como terraza de verano. En sus comedores podrá degustar una cocina de base tradicional.

SOTOGRANDE – Cádiz – 578 X14 – Playa 1 B3

Madrid 641 – Sevilla 212 – Cádiz 149 – Gibraltar 29

27 Sotogrande,, paseo del Parque, ✆ 956 78 50 14

18 Valderrama,, urb. Sotogrande, Suroeste : 4 km, ✆ 956 79 12 00

27 Almenara,, urb. Sotogrande, Suroeste : 5,5 km, ✆ 956 58 20 54

Boka

pl. de las Palmeras ✉ 11310 – ✆ 956 79 02 06 – www.bokarestaurante.es – cerrado 15 enero-15 febrero, domingo y lunes salvo julio-15 septiembre
Rest – Carta 33/55 €
◆ ¡En la marina de Sotogrande, una zona exclusiva, comercial y de acceso restringido! Presenta una sala actual, con la cocina a la vista, así como unas elaboraciones contemporáneas que priman la calidad del producto sobre la experimentación.

ESPAÑA

SOTOSALBOS - Segovia - 575 I18 - 131 h. - alt. 1 161 m 12 C3

Madrid 111 - Valladolid 130 - Segovia 21

XXX **La Finca de Duque** con hab

carret. N 110, km 172 ✉ 40170 - ☎ 921 40 30 13 - www.lafincadeduque.es

12 hab ☕ - ††93 € **Rest** - *(cerrado domingo noche y lunes)* Carta 40/60 €

◆ Complejo de magníficas instalaciones ubicado en una finca. El restaurante, que posee una excelente sala de línea actual, se complementa con un gran salón de banquetes. Las habitaciones, de línea clásica y buen nivel, se encuentran en un edificio independiente.

SOVILLA - Cantabria - 572 C17 8 B1

Madrid 402 - Santander 46 - Bilbao 134

XX **El Regajal de la Cruz**

barrio Sovilla 20 ✉ 39409 - ☎ 625 38 90 36 - cerrado 10 días en febrero

Rest - *(cena solo con reserva)* Carta 30/51 €

◆ Este curioso restaurante ocupa una casona del s. XVIII y cuenta con un patio que hace de terraza en temporada. Atractiva decoración, espacios amplios y una carta tradicional.

SUANCES - Cantabria - 572 B17 - 8 365 h. - Playa 8 B1

Madrid 394 - Bilbao 131 - Oviedo 182 - Santander 28

en la zona del puerto :

Playa Ribera sin rest

Comillas 14 ✉ 39340 Suances - ☎ 942 81 18 98 - www.hotelplayaribera.com

14 hab ☕ - †49/84 € ††50/112 €

◆ Hotel de organización familiar y línea vanguardista. Presenta un buen nivel, combinando su mobiliario actual con detalles de diseño. Se desayuna en un pabellón acristalado.

XX **La Dársena**

Muelle 23 ✉ 39340 Suances - ☎ 942 84 44 89 - www.ladarsena.es

Rest - Menú 12 € - Carta aprox. 35 €

◆ Este restaurante disfruta de cierta popularidad en la ciudad. Posee un amplio bar de tapas a la entrada y un comedor de cuidado montaje decorado con detalles marineros.

en la zona de la playa :

Cuevas III rest,

Ceballos 53 ✉ 39340 Suances - ☎ 942 84 43 43

- www.turismosantillanadelmar.com - cerrado 11 diciembre-febrero

62 hab ☕ - †53/96 € ††76/137 € **Rest** - *(solo cena) (solo buffet)* Menú 25 €

◆ Edificio de arquitectura tradicional donde se combinan la piedra y la madera. Sus habitaciones, sobrias y la mayoría con los suelos en tarima, reflejan un ambiente clásico. El restaurante basa su oferta en un sencillo buffet.

Azul sin rest

Acacio Gutiérrez 98 ✉ 39340 Suances - ☎ 942 81 15 51 - www.elhotelazul.com

- cerrado enero-14 febrero

30 hab - †40/90 € ††50/120 €, ☕ 8 €

◆ Moderno y fiel a su nombre, ya que tiene la fachada pintada en tonos azules. Ofrece una zona de convenciones y confortables habitaciones decoradas en colores muy vivos.

en la zona del faro :

Albatros rest,

Madrid 18-B (carret. de Tagle) ✉ 39340 Suances - ☎ 942 84 41 40

- www.supremahoteles.com - cerrado noviembre-enero

40 hab ☕ - †50/150 € ††70/190 €

Rest - *(solo cena de febrero a mayo)* Menú 14 €

◆ Su exuberante fachada está cubierta por una enredadera que mimetiza el edificio con el verde paisaje cántabro. Encontrará habitaciones funcionales y un pequeño SPA. El restaurante, alegre y de sencillo montaje, centra su oferta en un menú tradicional.

Apart. El Caserío hab,
av. Acacio Gutiérrez 157 ✉ 39340 Suances – ☎ 942 81 05 75 – www.caserio.com – cerrado 23 diciembre-27 enero
19 apartamentos – 65/110 €, 5 €
Rest – *(comida en el Rest. El Caserío)*
♦ Apartamentos actuales y de equipamiento completo, en su mayoría tipo dúplex y con terraza privada. Su emplazamiento sobre el mar le confiere una belleza singular.

El Castillo sin rest y sin
av. Acacio Gutiérrez 141 ✉ 39340 Suances – ☎ 942 81 03 83 – www.alojamientoencantabria.com
9 hab – 45/66 €
♦ Construcción a modo de castillo emplazado en un bello entorno. Ofrece coquetas habitaciones personalizadas en su decoración, muchas con los cabeceros en forja y vistas al mar.

El Caserío con hab rest,
av. Acacio Gutiérrez 159 ✉ 39340 Suances – ☎ 942 81 05 75 – www.caserio.com – cerrado 23 diciembre-27 enero
9 hab – 35/65 € 50/75 €, 6 €
Rest – *(cerrado lunes salvo verano) (solo almuerzo salvo viernes y sábado de octubre a mayo)* Menú 38 € – Carta 38/50 €
♦ Su especialidad son los banquetes, sin embargo, también disfruta de una gran cafetería y un luminoso comedor acristalado a modo de galería. Carta tradicional. Para gestionar sus sencillas habitaciones cuenta con una pequeña recepción independiente.

SUDANELL – Lleida – **574** H31 – **878 h.** – **alt. 152 m** **13** A2
Madrid 453 – Huesca 127 – Lleida/Lérida 11 – Tarragona 105

La Lluna
av. Catalunya 11 ✉ 25173 – ☎ 973 25 81 93 – cerrado Semana Santa, del 15 al 31 de agosto y lunes
Rest – *(solo almuerzo)* Carta 21/35 €
♦ ?A3B2 tw=6.7pt?>Cuenta con un bar a la entrada y dos salas definidas por tener parte de sus paredes en piedra. Carta regional con especialidades como los caracoles y las carnes a la brasa.

SUESA – Cantabria – **572** B18 **8** B1
Madrid 399 – Santander 26 – Bilbao 87

La Casona de Suesa sin rest
La Pola 5 ✉ 39150 – ☎ 942 50 40 63 – www.lacasonadesuesa.com – cerrado 7 días en septiembre y Navidades
10 hab – 80/90 € 90/115 €, 10 €
♦ Casa rústica muy bien rehabilitada. Encontrará dos salas con chimenea y unas habitaciones personalizadas, todas con los suelos en madera y cuatro de ellas abuhardilladas.

TAFALLA – Navarra – **573** E24 – **11 413 h.** – **alt. 426 m** **24** A2
Madrid 365 – Logroño 86 – Iruña/Pamplona 38 – Zaragoza 135
Ujué★ Este : 19 km

Beratxa
Escuelas Pías 7 ✉ 31300 – ☎ 948 70 40 46 – www.hotelberatxa.com
15 hab – 63/78 € 89/120 €, 7 €
Rest – *(cerrado domingo noche)* Menú 14/32 €
♦ Este negocio familiar distribuye sus habitaciones en tres plantas, todas con los suelos en moqueta, mobiliario clásico-funcional y las paredes de los cabeceros en madera. El comedor recrea un ambiente rústico, con la parrilla y el horno de leña a la vista.

ESPAÑA

XXX **Tubal**

pl. Francisco de Navarra 4-1° ✉ 31300 – ☎ 948 70 08 52 – www.restaurantetubal.com – cerrado domingo noche, lunes y martes noche
Rest – Carta 30/52 €
♦ Negocio familiar de reconocido prestigio. Ofrece una tienda delicatessen, elegantes salas de estilo clásico y un bonito patio. Carta de cocina navarra y una completa bodega.

TALAVERA DE LA REINA – Toledo – 576 M15 – 88 986 h. – alt. 371 m 9 A2

Madrid 120 – Ávila 121 – Cáceres 187 – Córdoba 435
Palenque 2, ☎ 925 82 63 22
R.A.C.E. Cervantes 4 ☎ 925 72 02 60

Ebora

av. de Madrid 1 ✉ 45600 – ☎ 925 80 76 00 – www.hotelebora.com
165 hab – 49/67 € 60/82 €, 7 €
Rest *Anticuario* – ver selección restaurantes
♦ Hotel de línea clásica-actual situado en el centro de la ciudad. Ofrece suficientes zonas nobles y unas confortables habitaciones, con mobiliario clásico-funcional.

XX **Anticuario** – Hotel Ebora

av. de Madrid 1 ✉ 45600 – ☎ 925 80 76 00 – www.restauranteanticuario.com
Rest – *(cerrado agosto) (solo almuerzo salvo viernes y sábado)* Carta 33/45 €
♦ Posee un acceso independiente respecto al hotel y una sala clásica, con los suelos en moqueta, mobiliario de calidad y un buen servicio de mesa. Cocina tradicional elaborada.

XX **Ruiz de Luna**

av. de la Constitución 7 ✉ 45600 – ☎ 925 81 89 95 – www.restauranteruizdeluna.com
Rest – Carta 35/48 €
♦ Tiene un hall en la planta baja, con un gran mueble-bodega, y las salas en la 1ª planta, estas últimas de estética minimalista. Cocina de base tradicional con toques actuales.

El Esturión

Miguel Hernández 7 ✉ 45600 – ☎ 925 82 46 38 – cerrado del 1 al 15 de julio, domingo noche y lunes
Rest – Tapa 4 € – Ración aprox. 14 €
♦ Negocio ubicado en una zona nueva de la ciudad. Ofrece un bar de tapas de ambiente marinero y un cuidado comedor. Su especialidad son las frituras y los productos ibéricos.

Taberna Mingote

pl. Federico García Lorca 5 ✉ 45600 – ☎ 925 82 56 33 – cerrado del 15 al 31 de julio, martes noche y miércoles
Rest – Tapa 5 € – Ración aprox. 13 €
♦ Esta simpática taberna se presenta con una decoración rústica dominada por los motivos taurinos y los dibujos de Mingote. Su comedor está presidido por un gran mural cerámico.

TAMARIU – Girona – 574 G39 – Playa 15 B1

Madrid 731 – Girona/Gerona 48 – Palafrugell 10 – Palamós 21

Tamariu

rest,

passeig del Mar 2 ✉ 17212 – ☎ 972 62 00 31 – www.tamariu.com – 11 febrero-octubre
17 hab – 70/91 € 100/143 € **Rest** – Carta 25/45 €
♦ ¡La mejor opción para alojarse en este turístico pueblo costero! Ofrece una correcta zona social y habitaciones de estética actual-funcional, la mayoría con balcón. El restaurante, que destaca por sus vistas a la playa, elabora una cocina de gusto tradicional.

ESPAÑA

TAPIA DE CASARIEGO - Asturias - **572** B9 - **4 121 h.** - **Playa** **5** A1

Madrid 578 - A Coruña 184 - Lugo 99 - Oviedo 143

El Mercado, ✆985 47 10 99, www.tapiadecasariego.es

San Antón

pl. de San Blas 2 ✉ 33740 - ✆ 985 62 80 00 - www.hrsananton.com - cerrado Navidades

18 hab - 42/58 € 60/85 €

Rest - *(cerrado domingo noche)* Carta 21/38 €

◆ Hotelito llevado directamente por el matrimonio propietario. Posee unas instalaciones muy correctas, con una reducida zona social y habitaciones bastante cuidadas. Su carta de cocina casera se enriquece con varios guisos del día y arroces caldosos por encargo.

El Bote

Marqués de Casariego 30 ✉ 33740 - ✆ 985 62 82 82 - www.restauranteelbote.com - cerrado febrero y miércoles

Rest - Carta 35/47 €

◆ Disfruta de un bar, una acogedora sala con el suelo en parquet y un privado. El negocio se comunica interiormente con una taberna, donde ofrecen una cocina más informal.

TARAMUNDI - Asturias - **572** B8 - **733 h.** - **alt. 276 m** **5** A1

Madrid 571 - Lugo 65 - Oviedo 195

Solleiro 18, ✆ 98 564 68 77

La Rectoral

La Villa ✉ 33775 - ✆ 985 64 67 67 - www.arceahoteles.com

18 hab - 55/103 € 60/129 €, 10 €

Rest - *(cerrado martes)* Carta 32/50 €

◆ Estamos ante una magnífica casona del s. XVIII, de estilo rústico-regional y con vistas al valle. Aquí se combinan el confort actual y el sosiego propio de su emplazamiento. Su impecable comedor se ve complementado con una espléndida terraza.

Casa Paulino

av. Galicia ✉ 33775 - ✆ 985 64 67 36 - www.casapaulinotaramundi.com

8 hab - 38/51 € 45/57 €, 5 € **Rest** - Menú 12 €

◆ Resulta acogedor, con la fachada en piedra y el bar dotado de entrada independiente. Ofrece habitaciones de aire rústico, confortables y en algunos casos abuhardilladas. En el comedor, luminoso y de buen montaje, podrá degustar platos de sabor tradicional.

Casa Petronila

pl. del Campo ✉ 33775 - ✆ 985 64 68 74 - www.casapetronila.com

19 hab - 30/42 € 42/54 €, 3 € **Rest** - Menú 14 €

◆ Este hotel disfruta de una amable organización familiar. Sus espaciosas habitaciones combinan la funcionalidad con un correcto confort, suelos en tarima y unos aseos actuales. Bar público con puerta independiente y un comedor de sencillo montaje.

TARANCÓN - Cuenca - **576** L20 - **15 732 h.** - **alt. 806 m** **10** C2

Madrid 81 - Cuenca 82 - València 267

en la carretera N 400 Noreste : 5,5 km

Hospedería la Estacada con hab

✉ 16400 Tarancón - ✆ 902 76 06 63 - www.fincalaestacada.com

25 hab - 75/107 € - 3 suites **Rest** - Carta 40/60 €

◆ Se encuentra en la bodega Finca La Estacada, ubicada en pleno campo, con un comedor de estética actual, dos privados y una sala de catas. Cocina tradicional y vinos propios. Como complemento al negocio también ofrece unas confortables habitaciones y un SPA.

ESPAÑA

TARANES - Asturias - 572 C14 5 C2

Madrid 437 - Gijón 116 - León 186 - Oviedo 111

en la carretera AS 261 Este : 3 km

La Casona de Mestas

✉ 33557 Taranes - ✆ 985 84 30 55 - www.casonademestas.com - cerrado 20 enero-febrero

14 hab - 42/50 € 55/65 €, 5 € **Rest** - Menú 15 €

♦ Casona de corte regional en un bello entorno natural montañoso. La sencilla calidez de las habitaciones encuentra el complemento perfecto en la bondad de sus aguas termales. Comedor instalado en un pabellón acristalado de techo alto con viguería.

TARAZONA - Zaragoza - 574 G24 - 11 131 h. - alt. 480 m 3 B1

Madrid 294 - Iruña/Pamplona 107 - Soria 68 - Zaragoza 88

pl. de San Francisco 1, ✆ 976 64 00 74, www.tarazona.es

Catedral (capilla★)

Monasterio de Veruela★★ (iglesia abacial★★, claustro★ : sala capitular★)

Condes de Visconti sin rest

Visconti 15 ✉ 50500 - ✆ 976 64 49 08 - www.condesdevisconti.com

15 hab - 59/81 € 68/92 €, 8 €

♦ Palacete del s. XVI que ha conservado su estructura original. Disfruta de un hermoso patio interior y unas habitaciones detallistas, la mitad con hidromasaje en los baños.

Santa Águeda sin rest

Visconti 26 ✉ 50500 - ✆ 976 64 00 54 - www.santaagueda.com

11 hab - 35/45 € 55/65 €, 5 €

♦ Hostal dedicado a la artista turiasonense Raquel Meller. Posee una salita y habitaciones funcionales de suficiente confort, combinando el mobiliario en madera y forja.

TARIFA - Cádiz - 578 X13 - 17 768 h. - Playa 1 B3

Madrid 715 - Algeciras 22 - Cádiz 99

para Tánger : FRS Iberia, S.L., Estación Marítima, ✆ 956 68 18 30

paseo de la Alameda, ✆ 956 68 09 93, www.aytotarifa.com

Mirador del Estrecho ≤★★ - Playa de los Lances★

Ruinas romanas de Baelo Claudia★ 15 km al Noroeste

en la carretera de Cádiz Noroeste : 6,5 km

La Codorniz

✉ 11380 Tarifa - ✆ 956 68 47 44 - www.lacodorniz.com

37 hab - 50/87 € 63/120 €, 6 € **Rest** - Menú 15/70 €

♦ Arquitectura de aire andaluz que recuerda las tradicionales ventas. Sus habitaciones resultan confortables y destacan las que dan al jardín, a modo de bungalows con porche. El restaurante, rústico-regional con chimenea, ofrece una completa carta tradicional.

en la carretera de Málaga Noreste : 11 km

Mesón de Sancho rest,

✉ 11380 Tarifa - ✆ 956 68 49 00 - www.mesondesancho.com

40 hab - 40/85 € 56/90 €, 6 € **Rest** - Menú 19 € - Carta aprox. 38 €

♦ Bien situado para ver el Estrecho de Gibraltar. Ofrece amplias habitaciones a ambos lados de la carretera, pero recomendamos las del edificio principal por ser más actuales. En el restaurante elaboran una completa carta de cocina tradicional.

TARRAGONA 🅿 – **574** I33 – **140 184 h.** – **alt. 49 m** – **Playa** **13** B3

Madrid 555 – Barcelona 109 – Castelló de la Plana/Castellón de la Plana 184 – Lleida/Lérida 97

Fortuny 4, ☎ 977 23 34 15, www.catalunya.com

Major 39, ☎ 977 25 07 95

R.A.C.C. Rambla Nova 48 ☎ 977 21 19 62

Costa Dorada, Este : 8 km, ☎ 977 65 33 61

Tarragona romana★★ : Passeig Arqueológic★ DZ, Museu Nacional Arqueològic de Tarragona★ DZ**M4** – Recinte Monumental del Pretori i del Circ Romà★ DZ**M1** – Anfiteatro★★ DZ – Ciudad medieval : Catedral★★ (Museo Diocesano★, claustro★★, retablo de Santa Tecla★★★) DZ.
Otras curiosidades : – El Serrallo★ AY

Acueducto de les Ferreres★★ 4 km por ④ – Mausoleo de Centcelles★★ Noroeste : 5 km por ③ – Torre de los Escipiones★ 5 km por ① – Villa romana de Els Munts★ : emplazamiento★★, termas★ 12 km por ①. Arco de Barà★ 20 km por ① (Roda de Barà)

Ciutat de Tarragona

hab, rest,

pl. Imperial Tarraco 5 ✉ 43005 – ☎ 977 25 09 99 – www.sbhotels.es AY**a**

156 hab – 64/150 €, ☕ 11 € – 12 suites

Rest – Menú 17 €

♦ Muy bien situado, con buena iluminación natural y mobiliario moderno. Sus espaciosas habitaciones poseen un equipamiento capaz de satisfacer los más mínimos detalles. Comedor amplio y funcional ubicado en el 1er piso.

ESPAÑA

TARRAGONA

Cuixa (Camí de la) . . . . **BY** 13
Generalitat (Pl. de la) . . . . **AY** 15
Independència (Pssg de la) . . **AY** 16
Mallorca . . . . **AY** 21
President F. Macià (Avgd.) . . . **AY** 36
President Lluís Companys (Avgd.) . . . . **AY** 37
Rafael de Casanova (Pas. Marítim de) . . . . **BY** 38
Rovira i Virgili . . . . **BY** 44
Trafalgar . . . . **AY** 54

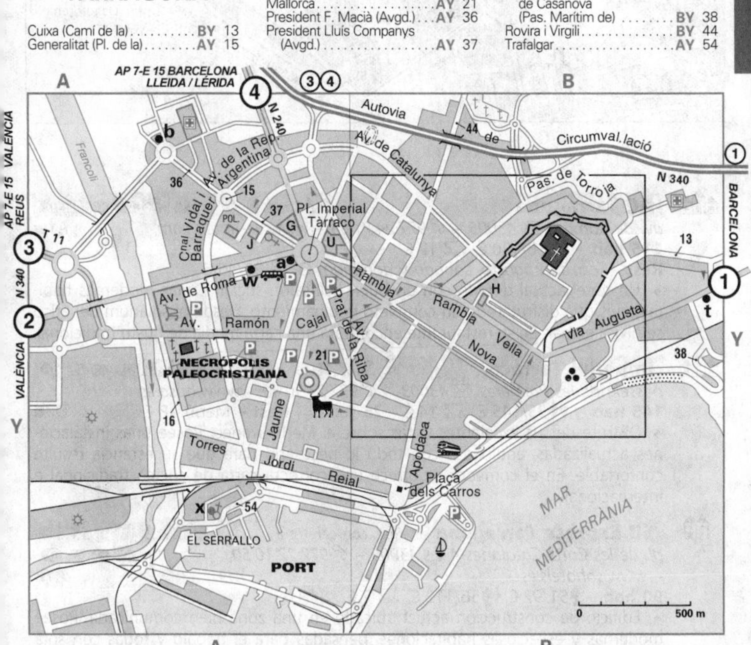

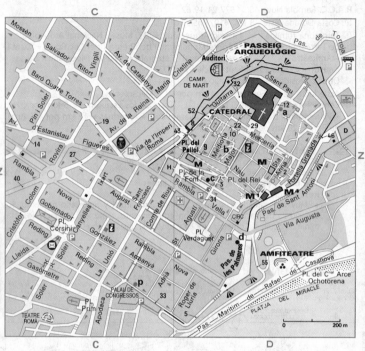

TARRAGONA

Àngels (Pl.) . . . . DZ 2
Baixada de Misericòrdia . . . . . DZ 3
Baixada de Toro . . . . DZ 5
Baixada Roser . . . . DZ 8
Cavallers . . . . DZ 9
Civadería . . . . DZ 10
Coques (Les) . . . . DZ 12
Enginyer Cabestany . . . . CZ 14
López Peláez . . . . CZ 19
Mare de Déu del Claustre . . . . DZ 22
Nova (Rambla) . . . . CDZ
Pau Casals (Av.) . . . . CZ 27
Pla de la Seu . . . . DZ 29
Pla de Palau . . . . DZ 32
Ponç d'Icart . . . . CZ 33
Portalet . . . . DZ 34
Ramón i Cajal (Av.) . . . . CZ 40
Roser (Portal del) . . . . DZ 43
Sant Agustí . . . . DZ
Sant Antoni (Portal de) . . . . . . DZ 46
Sant Joan (Pl.) . . . . DZ 52
Unió . . . . CZ
William J. Bryant . . . . DZ 55

AC Tarragona
hab
av. de Roma 8 ✉ *43005 – ✆ 977 24 71 05 – www.ac-hotels.com* AY**w**
115 hab – 60/120 €, 12 €
Rest – *(cerrado agosto, sábado y domingo)* Carta 31/45 €
♦ Un hotel actual dotado con un buen hall-salón social y unas modernas habitaciones que disfrutan de un completo equipamiento. Desde el solárium del ático se divisa el mar. En su restaurante encontrará una carta media de gusto tradicional.

Imperial Tarraco
hab
passeig de les Palmeres ✉ *43003 – ✆ 977 23 30 40 – www.husa.es*
145 hab – 55/145 €, 14 € – 25 suites **Rest** – Menú 18 € DZ**d**
♦ Disfrute de sus excelentes vistas sobre el Mediterráneo. Posee unas instalaciones actualizadas, equipadas con todo lo necesario para que su estancia resulte confortable. En el comedor se ofrece una correcta carta de cocina tradicional e internacional.

SB Express Tarragona sin rest, con cafetería
pl. de les Corts Catalanes 4 ✉ *43005 – ✆ 977 22 10 50 – www.sbhotels.es* AY**b**
90 hab – 51/92 € 56/112 €, 7 €
♦ Edificio de construcción actual ubicado en una zona bien comunicada. Posee modernas y espaciosas habitaciones, pensadas para el trabajo y todas con sofá convertible en cama.

ESPAÑA

Astari sin rest, con cafetería por la noche

Via Augusta 95 ✉ 43003 – ☎ 977 23 69 00 – www.hotelastari.com BY**t**

80 hab – †65/96 € ††73/96 €, ☕ 8 €

◆ Orientado a la actividad empresarial, con un amplio hall-recepción de línea actual, habitaciones de gran calidez y una luminosa cafetería en la que sirven una pequeña carta.

Nuria sin rest, con cafetería

Via Augusta 145 - 1,5 km, por Vía Augusta ✉ 43007 – ☎ 977 23 50 11 – www.hotelnuria.com – cerrado 21 diciembre-15 enero

57 hab – †53/76 € ††67/95 €, ☕ 9 €

◆ Hotel de larga trayectoria familiar. Posee unas instalaciones de línea actual, un correcto salón social y habitaciones de adecuado equipamiento, la mayoría con terraza.

Plaça de la Font

pl. de la Font 26 ✉ 43003 – ☎ 977 24 61 34 – www.hotelpdelafont.com

20 hab – †45/55 € ††55/70 €, ☕ 5 € DZ**c**

Rest – *(cerrado diciembre y domingo)* Menú 13/16 €

◆ Resulta céntrico y está junto a un parking público. Dispone de unas reducidas pero coquetas instalaciones y habitaciones de buen confort, las que dan a la plaza con balcón. La sencilla cafetería-restaurante se complementa con una agradable terraza.

XX **El Terrat**

Pons d'Icart 19 ✉ 43004 – ☎ 977 24 84 85 – www.elterratrestaurant.com – cerrado 24 enero-7 febrero, 24 agosto-7 septiembre, domingo noche y lunes

Rest – Carta 35/42 € CZ**p**

◆ Dotado con dos salas de línea moderna y un cuidado montaje. Disfruta de gran aceptación, ya que ofrece una interesante combinación entre la cocina tradicional y la de autor.

XX **Aq**

Les Coques 7 ✉ 43003 – ☎ 977 21 59 54 – www.aq-restaurant.com – cerrado Navidades, 15 días en julio, domingo y lunes DZ**a**

Rest – Menú 18/50 € – Carta 35/47 €

◆ Se encuentra junto a la catedral, con un montaje moderno y detalles de diseño. Propone una cocina creativa que atesora técnica y se muestra fiel a los productos de mercado.

XX **Arcs**

Misser Sitges 13 ✉ 43003 – ☎ 977 21 80 40 – www.restaurantarcs.com – cerrado del 2 al 21 de enero, 10 días en julio, domingo y lunes DZ**b**

Rest – Menú 23/55 € – Carta 35/44 €

◆ Este restaurante dispone de una barra de apoyo y una sala de ambiente rústico-actual, con las paredes y arcos originales en piedra. Cocina actualizada de base tradicional.

X **Manolo**

Gravina 61 ✉ 43004 – ☎ 977 22 34 84 – www.restaurantmanolo.net – cerrado domingo noche y lunes AY**x**

Rest – Menú 35 € – Carta 34/51 €

◆ Negocio familiar con sencillo bar en la entrada, comedor de cuidado mantenimiento en un lateral, y terraza exterior. Carta especializada en productos del mar.

en la carretera N 240 por ④ : 2 km

XX **Les Fonts de Can Sala**

✉ 43007 Tarragona – ☎ 977 22 85 75 – www.lesfontsdecansala.com

Rest – Carta 27/42 €

◆ Ubicado a las afueras de la ciudad, en una bella masía de ambiente rústico. También posee dos anexos para banquetes, uno de ellos con árboles en su interior. Carta regional.

TARRASA – **Barcelona** – **ver Terrassa**

TÀRREGA - Lleida - 574 H33 - 17 189 h. - alt. 373 m 13 B2

Madrid 503 - Balaguer 25 - Barcelona 112 - Lleida/Lérida 44

Pintor Marsà rest, rest,

av. Catalunya 112 ✉ 25300 - ✆ 973 50 15 16 - www.hostaldelcarme.com

23 hab - 51/88 € 63/88 €, 6 € **Rest** - *(cerrado lunes)* Menú 13/25 €

◆ Sencillo establecimiento de organización familiar. Ofrece una correcta zona social, un bar de cierta elegancia y habitaciones funcionales aunque con los aseos algo pequeños. Su coqueto comedor se ve complementado con una terraza-barbacoa.

TARRIBA - Cantabria - 572 C17 8 B1

Madrid 402 - Santander 46 - Bilbao 134

Palacio García Quijano sin rest

Tarriba 13-14 ✉ 39409 - ✆ 942 81 40 91 - www.garciaquijano.com - cerrado enero y febrero

17 hab - 60/100 € 70/100 €, 7 €

◆ Ocupa una casa palaciega que data de 1606, con las fachadas en piedra y el entorno ajardinado. Tanto las zonas comunes como las habitaciones tienen un estilo clásico-elegante.

TAÜLL - Lleida - 574 E32 - alt. 1 630 m - Deportes de invierno : 16 13 B1

Madrid 567 - Lleida/Lérida 150 - Vielha/Viella 57

Iglesia de Sant Climent★★ - Iglesia de Santa María★

El Caliu

carret. de Pistas ✉ 25528 - ✆ 973 69 62 12 - www.elcaliutaull.com - cerrado 15 días en noviembre, 15 días en mayo y martes salvo festivos

Rest - Carta 15/32 €

◆ En los bajos de un bloque de apartamentos. Su fachada de estilo montañés contrasta con la moderna y colorida decoración interior. Carta sencilla con elaboraciones a la brasa.

A TEIXEIRA - Ourense - 571 E7 - 447 h. - alt. 560 m 20 C3

Madrid 481 - Lugo 89 - Ourense 46 - Ponferrada 108

Casa Grande de Cristosende hab,

Cristosende, Suroeste : 1,7 km ✉ 32765 - ✆ 988 20 75 29 - www.casagrandecristosende.com

7 hab - 40/45 € 49/79 €, 6 € **Rest** - Menú 16 €

◆ Antigua casona solariega donde la piedra vista toma el protagonismo en cada estancia. Correcta zona social y confortables habitaciones, con los suelos y los techos en madera. Su comedor se complementa con el patio de la casa durante la época estival.

TEJINA - Santa Cruz de Tenerife - ver Canarias (Tenerife)

El TEJO - Cantabria - ver Comillas

TENERIFE - Santa Cruz de Tenerife - ver Canarias

TERRADELLES - Girona - 574 F38 - 85 h. 14 D3

Madrid 710 - Barcelona 118 - Girona/Gerona 19 - Perpignan 76

Mas Alba hab,

✉ 17468 - ✆ 972 56 04 88 - www.masalba.cat - cerrado 7 enero-8 febrero

5 hab - 55/65 € 70/90 € **Rest** - *(solo clientes)* Menú 15 €

◆ Masía familiar que data de 1748. Posee una recepción abovedada, un salón-comedor con chimenea y bellas habitaciones de aire rústico. Cuenta con su propia quesería en un anexo.

ESPAÑA

TERRADES - Girona - 574 F38 - 317 h. 14 C3

Madrid 748 - Girona/Gerona 50 - Figueres 14 - Perpignan 60

X **La Fornal dels Ferrers** con hab

Major 31 ✉ 17731 - ✆ 972 56 90 95 - www.lafornal.com - cerrado 15 enero-7 febrero

4 hab - 107/124 € 133/155 €

Rest - *(cerrado domingo noche y lunes)* Carta 30/43 €

◆ Esta acogedora casa posee dos comedores de buen montaje y aire rústico, uno de ellos decorado con arcos. Cocina fiel al recetario tradicional. Como complemento al negocio ofrece una cálida zona social con chimenea y amplias habitaciones personalizadas en su decoración, cada una dedicada a un oficio.

TERRASSA (TARRASA) - Barcelona - 574 H36 - 212 724 h. - alt. 277 m 15 B3

Madrid 613 - Barcelona 31 - Lleida/Lérida 156 - Manresa 41

Raval de Montserrat 14, ✆ 93 739 70 19, www.visitaterrassa.cat

R.A.C.C. Puig Novell 1 ✆ 93 785 72 41

Conjunto Monumental de Iglesias de Sant Pere★★ : Sant Miquel★, Santa María★ (retablo de los Santos Abdón y Senén★★) - Iglesia de Sant Pere (retablo de piedra★) - Masía Freixa★ - Museo de la Ciencia y la Técnica de Cataluña★

Plano página siguiente

Vapor Gran

Portal Nou 42 ✉ 08221 - ✆ 937 36 90 30 - www.hotelvaporgran.com

77 hab - 61/124 € 61/134 €, 13 € - 2 suites AZ**h**

Rest *Mun* - Carta 30/47 €

◆ Es moderno y está en pleno centro de la ciudad, con un correcto hall-recepción, salón-cafetería, confortables habitaciones de diseño y un pequeño solárium en el ático. El restaurante propone una cocina actual, con toques creativos y raíces tradicionales.

Don Cándido hab, rest

Rambleta Pare Alegre 98 ✉ 08224 - ✆ 937 33 33 00 - www.hoteldoncandido.com AZ**a**

103 hab - 61/128 € 61/139 €, 14 € - 3 suites

Rest - Menú 16 € - Carta aprox. 30 €

◆ Este hotel ocupa un curioso edificio de planta circular situado a la entrada de la ciudad. Posee un gran lobby-bar con salón social abierto y habitaciones de confort actual. Su restaurante elabora una carta tradicional, un menú del día y un menú degustación.

Terrassa Park sin rest, con cafetería

av. Santa Eulàlia 236 ✉ 08223 - ✆ 937 00 44 00 - www.hotelterrassapark.com

74 hab - 41/106 € 41/114 €, 8 € BZ**c**

◆ De línea actual, con reducidas zonas nobles y la cafetería integrada. Sus habitaciones disfrutan de suficiente equipamiento, con mobiliario funcional y los suelos en tarima.

XX **Capritx** (Artur Martínez)

Pare Millán 140, por Pardo Bazán ✉ 08225 - ✆ 937 35 80 39 - www.capritx.com - cerrado Navidades, Semana Santa, del 6 al 20 de agosto, domingo y lunes

Rest - *(solo menú)* Menú 25/48 €

Espec. Raíz de apio a la carbonara. Velouté ibérica con vainas y estragón. Gallineta con tres mostazas.

◆ El chef-propietario es el nieto del fundador, por eso conoce los orígenes de la casa cuando esta solo era un bar. En su comedor, íntimo y de línea moderna, podrá degustar una cocina creativa rica en detalles. Basa su trabajo en unos variados menús degustación.

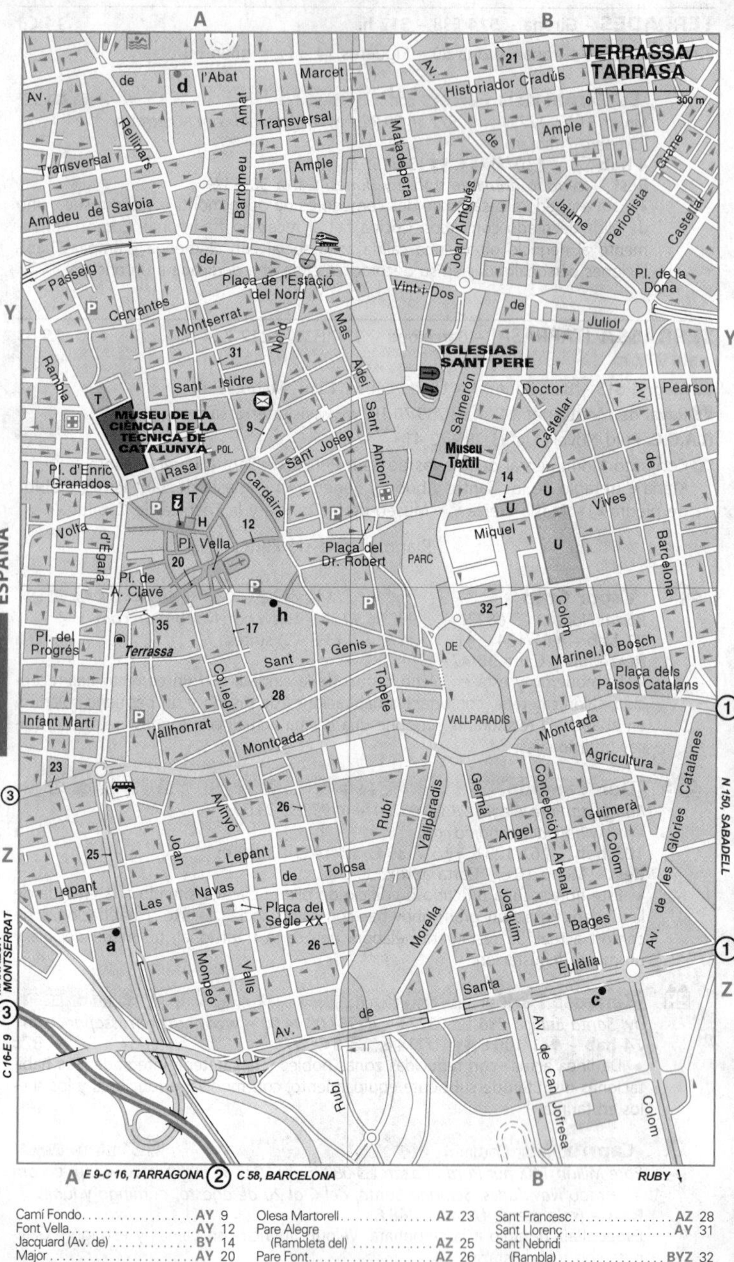

Camí Fondo	AY 9	Olesa Martorell	AZ 23	Sant Francesc	AZ 28
Font Vella	AY 12	Pare Alegre (Rambleta del)	AZ 25	Sant Llorenç	AY 31
Jacquard (Av. de)	BY 14	Pare Font	AZ 26	Sant Nebridi (Rambla)	BYZ 32
Major	AY 20	La Rutlla	AZ 17	Sant Roc (Portal de)	AZ 35
Manresa	BY 21				

Sara

av. Abat Marcet 201 ✉ 08225 – ☎ 937 35 80 25 – cerrado Semana Santa, 3 semanas en agosto, domingo y miércoles noche AY**d**

Rest – Carta 27/35 €

◆ Está llevado por el matrimonio propietario y se presenta con una sala clásica dividida en dos ambientes. Cocina tradicional con elaboraciones cuidadas y precios interesantes.

TERUEL P – 574 K26 – 35 241 h. – alt. 916 m 3 B3

Madrid 301 – Albacete 245 – Cuenca 152 – Lleida/Lérida 334

San Francisco 1, ☎ 978 64 14 61, www.teruel.es

pl. de los Amantes 6, ☎ 978 62 41 05, www.teruel.es

R.A.C.E. Miguel de Cervantes 11 ☎ 978 60 34 95

Emplazamiento★ – Museo Provincial★ Y, Torres mudéjares★ YZ – Catedral (techo artesonado★) Y

Plaza Boulevard sin rest, con cafetería

pl. Tremedal 3 ✉ 44001 – ☎ 978 60 86 55 – www.bacohoteles.com Z**c**

18 hab – †35/70 € ††50/100 €, ☐ 7 €

◆ Su pequeña recepción junto a la cafetería se ve compensada por unas habitaciones de adecuado confort y equipamiento, dos de ellas abuhardilladas y una con su propia sauna.

La Tierreta

Francisco Piquer 6 ✉ 44001 – ☎ 978 61 79 23 – www.latierreta.com – cerrado domingo noche y lunes Y**a**

Rest – Menú 19 € – Carta aprox. 45 €

◆ Resulta interesante, ya que ofrece una cocina creativa basada en los productos de la zona. Posee un comedor principal con el suelo en tarima y un privado en el sótano.

ESPAÑA

TERUEL

Abadía . . . . . Z 2
Amantes . . . . . Y 3
Amantes (Pl. de los) . . . . Z 4
Ambeles (Ronda de) . . . Z 5
Bretón (Pl.) . . . . . Z 6
Carlos Castel o del Torico (Pl.) . . . . YZ 7
Catedral (Pl. de la) . . . . . Y 8
Chantria . . . . . Z 9
Comte Fortea . . . . . Y 10
Cristo Rey (Pl. de) . . . . . Y 12
Dámaso Torán (Ronda de) . . . . . Y 13
Fray Anselmo Polanco (Pl.) . . . . . Y 14
General Pizarro . . . . . Z 20
Joaquín Costa . . . . . Y 15
Miguel Ibáñez . . . . . Y 16
Óvalo (Pas.) . . . . . Z 18
Pérez Prado (Pl.) . . . . . Y 19
Ramón y Cajal . . . . . Z 22
Rubio . . . . . Y 23
Salvador . . . . . Z 24
San Francisco . . . . . Z 25
San Juan (Pl.) . . . . . Z 27
San Martín . . . . . Y 28
San Miguel . . . . . Y 29
Temprado . . . . . Y 30
Venerable F. de Aranda (Pl.) . . . . . Y 35
Yagüe de Salas . . . . . Y 37

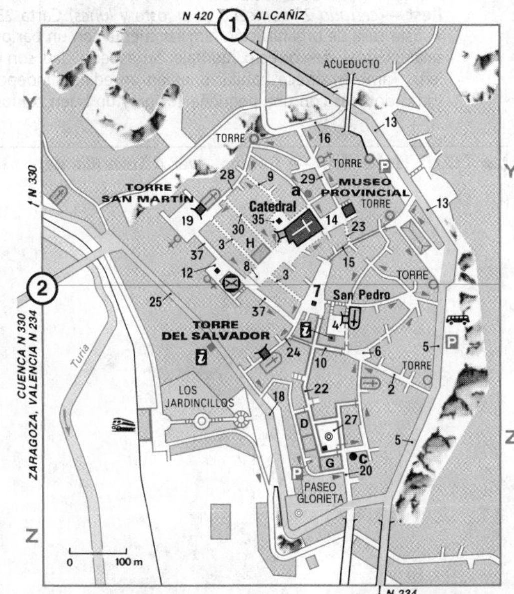

en la carretera N 234 Noroeste : 2 km

Parador de Teruel hab,

✉ *44003 Teruel – ✆ 978 60 18 00 – www.parador.es*

54 hab – †90/110 € ††112/137 €, ☕ 16 € – 6 suites **Rest** – Menú 32 €

◆ Palacete típico turolense ubicado en un paraje arbolado. Cuenta con unas zonas sociales bien acondicionadas y ofrece habitaciones amplias vestidas con mobiliario castellano. Su cocina le guiará en un recorrido por los platos más significativos de la región.

TINEO – **Asturias** – **572** B10 – **11 018 h.** – **alt. 673 m** **5** A1

Madrid 523 – León 185 – Lugo 184 – Oviedo 68

★★

en El Crucero Noreste : 3,5 km

Casa Lula

antigua carret. C 630 ✉ 33877 Tineo – ✆ 985 80 02 38 – www.casalula.com – cerrado del 2 al 20 de enero y viernes

Rest – Carta 25/35 €

◆ Bien valorado desde su fundación en 1925. Ofrece un comedor de aire regional, otro más íntimo con las paredes en piedra y un salón para banquetes con acceso independiente.

TITULCIA – **Madrid** – **576** – **575** L19 – **1 179 h.** – **alt. 509 m** **22** B2

Madrid 37 – Aranjuez 21 – Ávila 159

El Rincón de Luis y H. La Barataria con hab

Grande 31 ✉ 28359 – ✆ 918 01 01 75 – www.elrincondeluis.com

7 hab – ††35/50 €, ☕ 8 €

Rest – *(cerrado 2ª quincena de agosto y lunes)* Carta 23/35 €

◆ Esta casa de organización familiar cuenta con un bar público a la entrada y dos salas clásicas de correcto montaje. Su especialidad son los asados en horno de leña. También ofrece habitaciones en un edificio independiente de línea actual, todas dotadas con una pequeña cocina y un buen confort general.

La TOJA (Isla de) – **A Coruña** – ver A Toxa (Illa de)

TOLEDO

Planos de la ciudad en páginas siguientes **9** B2

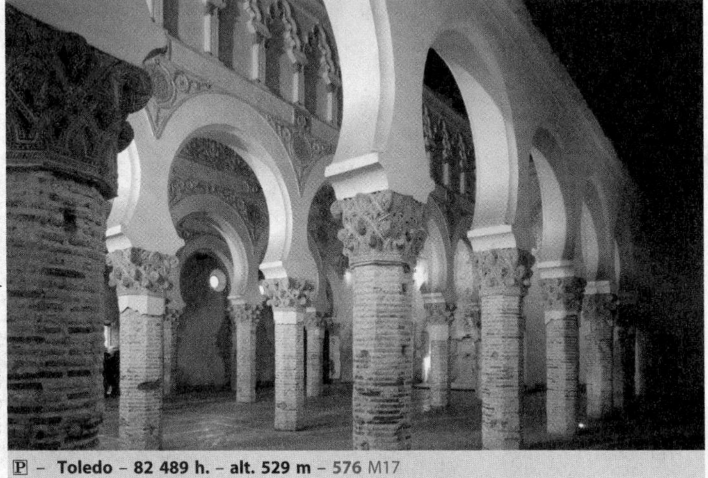

© Simeone / Photononstop

🅿 – **Toledo** – **82 489 h.** – **alt. 529 m** – 576 M17

▶ Madrid 71 – Ávila 137 – Ciudad Real 120 – Talavera de la Reina 78

Oficinas de Turismo

puerta Bisagra, ✆ 925 22 08 43, www.turismocastillalamancha.org
pl. del Ayuntamiento 1, ✆ 925 25 40 30, www.toledo-turismo.org

Automóvil Club

R.A.C.E. Colombia 10 ✆ 925 21 16 37

VER

Emplazamiento*** • El Toledo Antiguo*** • Catedral*** BY (Retablo de la Capilla Mayor**, Sillería del coro***, transparente girola*, artesonado mudéjar de la sala capitular*, Sacristía : obras de El Greco*, Tesoro : custodia**)•Iglesia de Santo Tomé : El Entierro del Conde de Orgaz*** AY • Casa y Museo de El Greco* AY **M**[1]) • Sinagoga del tránsito** (decoración mudéjar) AYZ • Iglesia de Santa María la Blanca* : capiteles AY • Monasterio de San Juan de los Reyes* (iglesia : décoración escultórica*) AY • Iglesia de San Román : museo de los concilios y de la cultura visigoda* BY • Museo de Santa Cruz** (fachada**, colección de pintura de los s. XVI y XVII*, obras de El Greco*, obras de primitivos*, retablo de la Asunción de El Greco*, patio plateresco*, escalera de Covarrubias*) CXY.

Otras curiosidades : Hospital de Tavera* : palacio* • Iglesia : El bautismo de Cristo de El Greco* BX.

ESPAÑA

TOLEDO

Alcántara (Puente de) . . CX
Alfileritos . . . . BY
Alfonso VI (Pl. de) . . . . . BX
Alfonso XII . . . . BY 3
Alfonso X el Sabio . . . . . BY 2
América (Av. de) . . . . . . AX
Ángel . . . . AY
Ave María . . . . BZ
Ayuntamiento (Pl. del) . BY 4
Azarquiel (Puente de) . . CX
Cabestreros (Pas. de) . . CZ
Cadenas . . . . BY 7
Campana (Travesía) . . . . BY 8
Cardenal Lorenzana . . . BY 9
Cardenal Tavera . . . . . . BX
Carlos III (Av. de) . . . . . . AX
Carlos V (Cuesta de) . . . BY 13
Carmelitas . . . . AY 14
Cava (Av. de la) . . . . AX
Cervantes . . . . CY
Circo Romano (Pas. del) AX
Colegio de Doncellas . . AY 17
Comercio . . . . BY
Conde (Pl. del) . . . . AY 18
Consistorio (Pl. del) . . . . BY 19
Cordonerías . . . . BY 20
Cruz Verde (Pas. de la) . BZ
Duques de Lerma
(Av. de los) . . . . BX
Esteban Illán . . . . BY 24
Gerardo Lobo . . . . BX
Hombre de Palo . . . . . . BY 27
Honda . . . . BX 28
Juanelo (Ronda de) . . . . CY
Mas del Ribero (Av. de) AX
Matías Moreno . . . . AY
Merced . . . . BY
Nuncio Viejo . . . . BY 29
Núñez de Arce . . . . BX 32
Padilla (Pl. y Calle de) . ABY 33
Padre Mariana (Pl.) . . . . BY 34
Pascuales
(Cuesta de los) . . . . . CY 36
Plata . . . . BY
Pozo Amargo . . . . BZ
Real del Arrabal . . . . BX
Recaredo (Pas. de) . . . . AX
Reconquista
(Av. de la) . . . . ABX
Reyes Católicos . . . . . . AY
Rosa (Pas. de la) CX
El Salvador . . . . BY 22
Santa Leocadia
(Cuesta de) . . . . AY
Santo Tomé . . . . ABY
San Cristóbal (Pas.) . . . . BZ 38
San Juan de Dios . . . . . AY 40
San Justo (Cuesta) . . . . CY
San Justo (Pl.) . . . . BY 41
San Marcos . . . . BY 42
San Martín (Puente) . . . AY
San Román . . . . BY 44
San Sebastián
(Carreras de) . . . . BZ
San Torcuato . . . . BZ
San Vicente (Pl. de) . . . . BY 45
Sillería . . . . BX
Sixto Ramón Parro . . . . BY 46
Sola . . . . BZ
Taller del Moro . . . . BY 48
Tendillas . . . . BY 10
Toledo de Ohio . . . . BY 49
Tornerías . . . . BY 50
Tránsito (Pas. del) . . . . AYZ 52
Trinidad . . . . BY
Venancio González . . . . CX 53
Zocodover (Pl. de) . . . . . CY

ESPAÑA

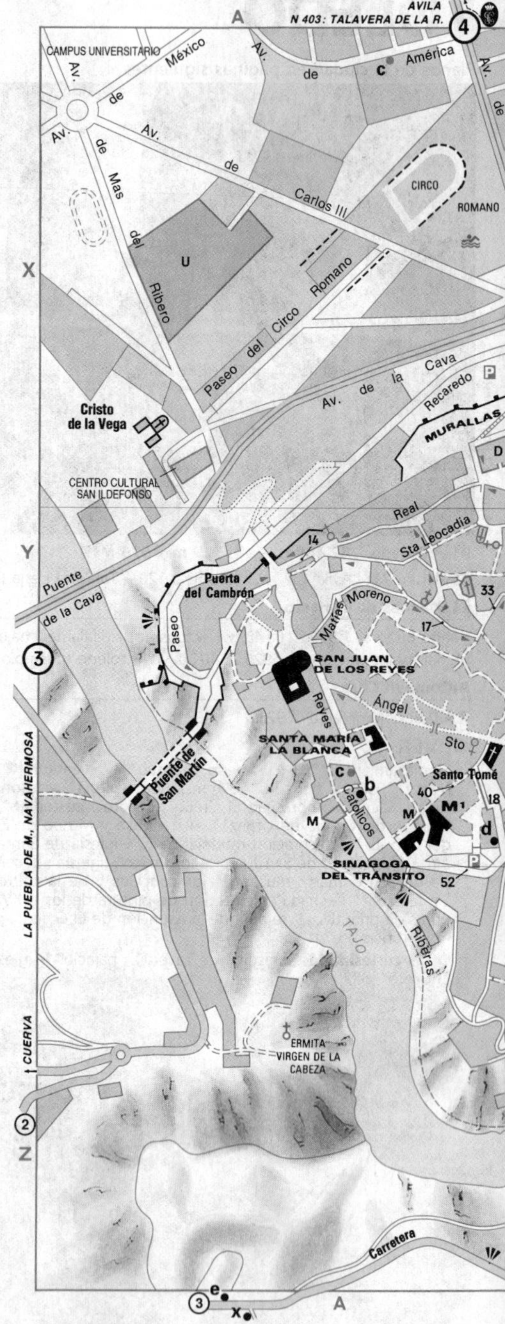

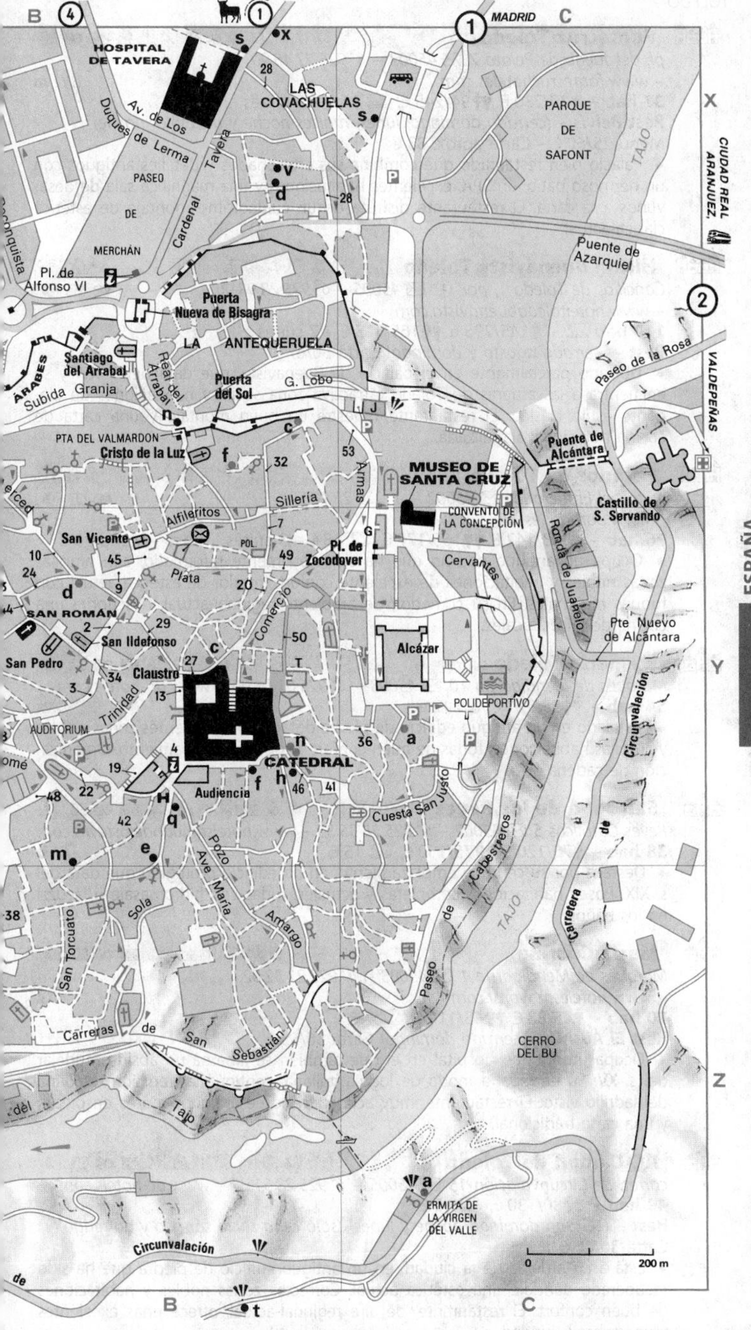
B
4
1
MADRID
C
HOSPITAL DE TAVERA
LAS COVACHUELAS
PARQUE DE SAFONT
TAJO
X
CIUDAD REAL ARANJUEZ
Av. de Los Duques de Lerma
Cardenal Tavera
PASEO DE MERCHÁN
Reconquista
Pl. de Alfonso VI
Puente de Azarquiel
2
Puerta Nueva de Bisagra
LA ANTEQUERUELA
Santiago del Arrabal
ÁRABES
Subida Granja
Real del Arrabal
Puerta del Sol
G. Lobo
Paseo de la Rosa
VALDEPEÑAS
PTA DEL VALMARDON
Cristo de la Luz
Sillería
Armas
MUSEO DE SANTA CRUZ
Puente de Alcántara
Castillo de S. Servando
CONVENTO DE LA CONCEPCIÓN
Alfileritos
San Vicente
POL
Pl. de Zocodover
Cervantes
Ronda de Juanelo
Plata
SAN ROMÁN
San Ildefonso
Comercio
Alcázar
Pte Nuevo de Alcántara
San Pedro
Claustro
Y
Trinidad
AUDITORIUM
POLIDEPORTIVO
CATEDRAL
Audiencia
Cuesta San Justo
Circunvalación
Pozo
Ave María
Sola
Amargo
Paseo de Cabestreros
Carretera de
San Torcuato
Carreras de San Sebastián
CERRO DEL BU
Z
Tajo
ERMITA DE LA VIRGEN DEL VALLE
Circunvalación
0
200 m
B
C

ESPAÑA

Fontecruz Toledo
pl. del Juego de Pelota 7 ✉ 45002 – ☎ 925 27 46 90 – www.fontecruzhoteles.com BYZ**m**
37 hab – †79/230 € ††94/245 €, ☕ 16 € – 3 suites
Rest *Belvís* – *(cerrado domingo, lunes, martes noche y miércoles noche)*
Menú 25/60 € – Carta aprox. 33 €
◆ Palacio bien restaurado que combina sus artesonados y detalles antiguos con un hermoso patio, un SPA, excelentes habitaciones y una magnífica sala de desayunos a la carta. El restaurante disfruta de un cuidadísimo montaje de estética clásica-actual.

Hilton Buenavista Toledo
Concilios de Toledo 1, por ④ ✉ 45005 – ☎ 925 28 98 00 – www.hoteltoledobuenavista.com
110 hab ☕ – †145/295 € ††165/315 € – 7 suites
Rest – *(cerrado agosto y domingo)* Carta 50/67 €
◆ Ubicado parcialmente en el palacio de Buenavista, que data del s. XVI y se encuentra a las afueras de Toledo. Atractiva zona social y habitaciones de elegante estilo clásico. El restaurante muestra un buen montaje y una carta de cocina tradicional actualizada.

Parador de Toledo
cerro del Emperador ✉ 45002 – ☎ 925 22 18 50 – www.parador.es BZ**t**
76 hab – †133/142 € ††166/177 €, ☕ 18 € – 3 suites **Rest** – Menú 33 €
◆ Ocupa un antiguo edificio que ha sido totalmente reformado, con amplias zonas nobles y habitaciones de excelente confort. Interior de estética actual con toques regionales. En su comedor, de ambiente regional-actual, descubrirá una cocina de raíces locales.

Hesperia Toledo sin rest
Marqués de Mendigorría 10 ✉ 45003 – ☎ 925 01 06 00 – www.nh-hotels.com
54 hab – ††55/221 €, ☕ 12 € BX**x**
◆ Instalado en un antiguo edificio de piedra dotado con suficientes zonas nobles y amplias habitaciones, todas de buen confort y correcto equipamiento. Organización de cadena.

San Juan de los Reyes sin rest
Reyes Católicos 5 ✉ 45002 – ☎ 925 28 35 35 – www.hotelsanjuandelosreyes.com
38 hab – †75/120 € ††75/150 €, ☕ 15 € AY**b**
◆ Destaca por su céntrico emplazamiento, en un edificio protegido que data del s. XIX. Posee habitaciones completas y actuales, todas con hidromasaje o jacuzzi en los baños.

María Cristina
Marqués de Mendigorría 1 ✉ 45003 – ☎ 925 21 32 02 – www.hotelesmayoral.com BX**s**
70 hab – †45/88 € ††45/111 €, ☕ 7 €
Rest *El Ábside* – *(cerrado domingo)* Carta 36/53 €
◆ Ocupa un antiguo hospital en el que también se alberga un ábside mudéjar del s. XV. Su entrada, a modo de loggia italiana, continúa la tradición toledana del ladrillo visto. El restaurante, muy acogedor, posee antiguos muros en piedra y una carta tradicional.

AC Ciudad de Toledo
carret. de Circunvalación 15 ✉ 45005 – ☎ 925 28 51 25 – www.ac-hotels.com
49 hab – ††80/130 €, ☕ 13 € AZ**e**
Rest – *(cerrado domingo noche y lunes) (solo cena salvo sábado y domingo)*
Carta 30/41 €
◆ Está a las afueras de la ciudad, en un antiguo edificio de piedra que ha sido recuperado dándole una estética actual. Correctas zonas nobles y habitaciones de buen confort. El restaurante, de aire regional-actual, ofrece unas excelentes vistas sobre la ciudad.

ESPAÑA

Pintor El Greco sin rest
Alamillos del Tránsito 13 ✉ *45002* – ☎ *925 28 51 91* – *www.hotelpintorelgreco.com* AY**d**
60 hab – †60/155 € ††60/300 €, ☕ 10 € – 1 suite
♦ Consta de dos partes, una de ambiente regional que ha sido actualizada y otra nueva. Reducidas zonas nobles y dos tipos de habitaciones, unas funcionales y otras más actuales.

Abad Toledo sin rest
Real del Arrabal 1 ✉ *45003* – ☎ *925 28 35 00* – *www.hotelabadtoledo.com*
22 hab – †60/93 € ††60/114 €, ☕ 8 € BX**n**
♦ Ocupa una antigua casa que en otro tiempo funcionó como herrería. Tras su rehabilitación se caracteriza por conservar, en lo posible, los elementos constructivos originales.

Mayoral
av. Castilla-La Mancha 3 ✉ *45003* – ☎ *925 21 60 00* – *www.hotelesmayoral.com*
110 hab – †45/88 € ††45/111 €, ☕ 7 € CX**s**
Rest – *(cerrado domingo)* Menú 17 €
♦ Hotel funcional ubicado a poca distancia de la estación del AVE. Ofrece varias salas de reuniones y habitaciones amplias, de correcto equipamiento y con mobiliario clásico.

Princesa Galiana sin rest
paseo de la Rosa 58, por paseo de la Rosa ✉ *45006* – ☎ *925 25 72 00* – *www.hotelprincesagaliana.com*
27 hab – †50/80 € ††50/105 €, ☕ 8 €
♦ Su fachada en piedra conserva la tradición de la arquitectura toledana. Habitaciones con detalles mudéjares, poseyendo las de la 3ª planta una estructura abuhardillada.

Eurico sin rest
Santa Isabel 3 ✉ *45002* – ☎ *925 28 41 78* – *www.hoteleurico.com* BY**q**
23 hab – ††40/150 €, ☕ 8 €
♦ Está ubicado en pleno casco histórico. Ofrece habitaciones amplias, con suelos en tarima y mobiliario funcional, así como un patio, un bello arco mudéjar y cuevas del s. XV.

Abacería
Pontezuelas 8 ✉ *45004* – ☎ *925 25 00 00* – *www.hotelabaceria.com*
40 hab – †50/60 € ††50/110 €, ☕ 8 € **Rest** – Menú 16/24 € AZ**x**
♦ Un hotel que destaca por sus buenas vistas sobre la ciudad. Dispone de espaciosas zonas comunes y habitaciones de suficiente confort, con mobiliario rústico-moderno. El restaurante, que está complementado con un bar y una terraza, ofrece una carta tradicional.

Duque de Lerma sin rest
Espino 4 ✉ *45003* – ☎ *925 22 25 00* – *www.hotelesmartin.com* BX**v**
18 hab – †45/55 € ††48/65 €, ☕ 8 €
♦ Hotel de organización familiar. Presenta correctas zonas sociales y unas habitaciones de adecuado confort, con los baños reducidos, unos con bañera y otros con plato ducha.

Casa de Cisneros sin rest
Cardenal Cisneros 12 ✉ *45001* – ☎ *925 22 88 28* – *www.hostal-casa-de-cisneros.com* BY**f**
10 hab ☕ – †45/60 € ††60/75 €
♦ Casa del s. XVI excelentemente restaurada. Ofrece habitaciones algo pequeñas pero muy bien decoradas, con mobiliario rústico, recias vigas de madera y baños de plato ducha.

La Posada de Manolo sin rest
Sixto Ramón Parro 8 ✉ *45001* – ☎ *925 28 22 50* – *www.laposadademanolo.com*
14 hab ☕ – †35/50 € ††66/72 € BY**h**
♦ En una antigua casa restaurada. Posee una reducida zona social, habitaciones decoradas en diferentes estilos y un agradable comedor para desayunos con vistas a la Catedral.

ESPAÑA

Santa Isabel sin rest

Santa Isabel 24 ✉ 45002 – ☎ 925 25 31 20 – www.hotelsantaisabelcom

41 hab – †33/42 € ††43/65 €, ☕ 5 € BY**e**

♦ Este sencillo hotel está distribuido en dos edificios cercanos a la Catedral. El más atractivo y confortable, que data del s. XIV, disfruta de un precioso patio castellano.

Martín sin rest

Espino 10 ✉ 45003 – ☎ 925 22 17 33 – www.hotelmartin.es BX**d**

29 hab – †42/50 € ††55/65 €, ☕ 8 € – 2 apartamentos

♦ Está en una zona tranquila del casco antiguo. Tiene sus habitaciones repartidas en dos zonas, las de la parte nueva con mayor calidad y confort. Discretos apartamentos.

Adolfo con hab

hab,

Hombre de Palo 7 ✉ 45001 – ☎ 925 22 73 21 – www.grupoadolfo.com

9 apartamentos ☕ – ††97/130 € BY**c**

Rest – *(cerrado del 9 al 15 de enero, domingo noche)* Carta 64/85 €

♦ Dispone de un buen hall y dos salas de línea actual, ambas con mobiliario clásico y hermosos techos artesonados. Carta actualizada de base tradicional. Como complemento al negocio presenta nueve confortables apartamentos en un edificio anexo, todos con cocina.

As de Espadas

paseo de la Rosa 64, por ② ✉ 45006 – ☎ 925 21 27 07 – cerrado agosto, domingo y noches de lunes, martes y miércoles

Rest – Menú 40 € – Carta 33/58 €

♦ Restaurante de aire actual ubicado frente a la estación del AVE. Combina luz, espacio y muy buen confort para ofrecer una carta de base tradicional con productos de calidad.

La Perdiz

Reyes Católicos 7 ✉ 45002 – ☎ 925 25 29 19 – www.grupoadolfo.com – cerrado domingo noche AY**c**

Rest – Carta 35/45 €

♦ Una casa que, siendo la hermana menor del restaurante Adolfo, ha sabido mantener el listón bien alto: profesionalidad, calidad y saber hacer. Correcta cocina regional.

Locum

Locum 6 ✉ 45001 – ☎ 925 22 32 35 – www.locum.es – cerrado 2ª quincena de agosto, lunes noche y martes BY**n**

Rest – Carta 32/50 €

♦ Ocupa una casa del s. XVII emplazada en una callejuela, junto a la Catedral. Cuenta con un hall, una barra de apoyo, dos salas y un privado. Cocina actual de base tradicional.

El Palacete

Soledad 2 ✉ 45001 – ☎ 925 22 53 75 – www.restauranteelpalacete.com – cerrado domingo noche y lunes noche CY**a**

Rest – Carta 32/47 €

♦ Casa hispanomusulmana del s. XI declarada de interés cultural. Presenta un bello patio central, decoración mozárabe y la viguería labrada. Cocina tradicional actualizada.

La Ermita

carret. de Circunvalación ✉ 45004 – ☎ 925 25 31 93 – www.laermitarestaurante.com – cerrado 15 días en agosto, domingo noche y lunes CZ**a**

Rest – Menú 45 € – Carta 36/47 €

♦ Casa de piedra que sorprende por su situación al borde del río Tajo, con soberbias vistas de la ciudad. Comedor moderno, grandes ventanales y elaboraciones tradicionales.

ESPAÑA

XX **Los Cuatro Tiempos**

Sixto Ramón Parro 5 ✉ 45001 – ✆ 925 22 37 82 – www.restauranteloscuatrotiempos.com – cerrado domingo noche

Rest – Carta 32/38 € BY**n**

◆ Ofrece un comedor principal muy luminoso, con las paredes en ladrillo visto, y varias salas a diferentes alturas. Cocina tradicional actualizada y buena bodega climatizada.

XX **Almena**

Núñez de Arce 11 ✉ 45001 – ✆ 925 21 04 42 – www.almenarestaurante.com – cerrado agosto BX**c**

Rest – *(solo almuerzo salvo viernes, sábado, festivos y vísperas)* Carta 36/50 €

◆ Situado en el casco antiguo de la ciudad. Ofrece una sala principal de línea actual, con los suelos en madera, y un buen privado. Cocina tradicional con toques actuales.

XX **La Orza**

Descalzos 5 ✉ 45002 – ✆ 925 22 30 11 – www.restaurantelaorza.com – cerrado domingo noche AY**a**

Rest – Menú 25 € – Carta 28/42 €

◆ Restaurante de poca capacidad y ambiente rústico que sacrifica el número de comensales para dar un mejor confort. Cocina tradicional evolucionada y buen servicio de mesa.

XX **El Pórtico**

av. de América 1 ✉ 45004 – ✆ 925 21 43 15 – cerrado agosto y domingo

Rest – Menú 23/60 € – Carta 40/50 € AX**c**

◆ Este acogedor restaurante cuenta con una barra de apoyo, dos comedores de aire regional y dos salas más en el sótano, una de ellas en la misma bodega. Cocina tradicional.

XX **Cúrcuma**

Tendillas 3 ✉ 45002 – ✆ 925 25 02 02 – www.restaurante-curcuma.com – cerrado del 16 al 23 de enero, del 6 al 28 de agosto, domingo noche y lunes

Rest – Carta 25/43 € BY**d**

◆ Disfruta de un vestíbulo, una sala actual con el techo acristalado, un privado y una terraza arbolada en la parte posterior. Cocina tradicional y platos típicos de la zona.

X **Hierbabuena**

callejón de San José 17 ✉ 45003 – ✆ 925 22 39 24 – www.restaurantehierbabuena.com – cerrado agosto, domingo en julio y domingo noche resto del año BX**f**

Rest – Carta 34/45 €

◆ Presenta una distribución rectangular alrededor de un patio con vegetación. Ambiente rústico, mobiliario clásico y un correcto servicio de mesa. Cocina clásica-tradicional.

por la carretera de Circunvalación AZ Sur : 5 km

Cigarral del Pintor sin rest

urb. La Pozuela 50 ✉ 45004 Toledo – ✆ 678 74 95 75 – www.cigarraldelpintor.com

9 hab – †70/75 € ††80/105 €, ☕ 6 €

◆ Esta casa rural se encuentra en pleno campo y ofrece vistas al valle de los Cigarrales. Dispone de un elegante salón social y habitaciones bastante bien equipadas.

TOLOSA – Guipúzcoa – **573** C23 – **18 095 h.** – **alt. 77 m** **25** B2

Madrid 444 – Iruña/Pamplona 64 – Donostia-San Sebastián 26 – Vitoria-Gasteiz 89

pl. Santa María 1, ✆ 943 69 74 13, www.tolosaldea.net

Oria

Oria 2 ✉ 20400 – ☎ 943 65 46 88 – www.hoteloria.com
45 hab – †60/70 € ††80/120 €, ☕ 10 €
Rest *Botarri* – ☎ *943 65 49 21 (cerrado domingo)* Menú 18/40 € – Carta 18/28 €

◆ Sus habitaciones están distribuidas en dos edificios, uno actual y el otro a modo de chalet, con un estilo de principios del s. XX y estancias algo más espaciosas. El amplio restaurante, tipo asador, está decorado con barriles de sidra y detalles neorrústicos.

Frontón

San Francisco 4-1° ✉ 20400 – ☎ 943 65 29 41 – www.restaurantefronton.com – cerrado Navidades, domingo noche, lunes y martes noche
Rest – Menú 22/55 € – Carta 34/48 €

◆ Singular edificio de estética racionalista adosado a un frontón. Disfruta de un gran comedor de estilo Art-déco y un acogedor privado-bodega. Carta tradicional variada.

TOLOX – **Málaga** – **578** V15 – **2 346 h.** – **alt. 315 m** – **Balneario** **1** A3

Madrid 600 – Antequera 81 – Málaga 54 – Marbella 46

al Noroeste : 3,5 km

Cerro de Hijar

✉ 29109 Tolox – ☎ 952 11 21 11 – www.cerrodehijar.com
18 hab – †38/51 € ††56/75 €, ☕ 7 € **Rest** – Menú 21 € – Carta 22/40 €

◆ Privilegiada situación en un cerro con vistas a la sierra de las Nieves. Su arquitectura evoca una típica hacienda andaluza, con espaciosas habitaciones de aire colonial. El restaurante ofrece un servicio de mesa de diseño y un menú con platos creativos.

ESPAÑA

TONA – **Barcelona** – **574** G36 – **7 984 h.** – **alt. 600 m** **14** C2

Madrid 627 – Barcelona 56 – Manresa 42

Sierra de Montseny★ : Carretera★ de Vic a Sant Celoni por Montseny

Aloha

carret. de Manresa 6 ✉ 08551 – ☎ 938 87 02 77 – www.hotelaloha.com – cerrado 24 diciembre-6 enero
32 hab – †60/80 € ††84/110 €, ☕ 13 €
Rest – *(cerrado domingo noche)* Menú 21/30 €

◆ Acogedor y de agradable organización familiar. Sus habitaciones poseen un correcto equipamiento, destacando las dos especiales y las cinco abuhardilladas de la última planta. En su restaurante, de línea clásica, encontrará dos menús y una carta tradicional.

La Ferrería

av. dels Balnearis ✉ 08551 – ☎ 938 12 53 56 – www.laferreria.es – cerrado miércoles
Rest – *(solo almuerzo salvo viernes y sábado)* Menú 33 € – Carta 26/55 €

◆ Esta bellísima masía en piedra disfruta de un patio, un moderno bar de espera y varias salitas rústicas con detalles de vanguardia. Cocina de temporada con toques creativos.

Torre Simón

Doctor Bayés 75 ✉ 08551 – ☎ 938 87 00 92 – www.torresimon.com – cerrado 15 días en agosto, domingo y lunes
Rest – *(solo almuerzo salvo viernes y sábado)* Carta 35/49 €

◆ Hermosa villa de veraneo de estilo modernista dotada con dos comedores clásicos, dos privados y una agradable terraza. Cocina de temporada actualizada y sugerencias del día.

TOPAS - Salamanca - **575** I13 - **628 h.** - **alt. 820 m** **11** B2

Madrid 222 - Valladolid 120 - Salamanca 26 - Zamora 52

por la carretera N 630 Oeste : 9,5 km y desvío a la derecha 2,3 km

Castillo del Buen Amor hab, rest,

37799 Topas - 923 35 50 02 - www.buenamor.net

41 hab - 66/83 € 77/97 € - 4 suites

Rest - (es necesario reservar) Menú 37 € - Carta 29/44 €

♦ Castillo-palacio del s. XV construido sobre una fortaleza. Posee una variada zona noble, un patio gótico-renacentista y espaciosas habitaciones, algunas bajo cúpulas. El restaurante conserva cierto aire medieval, con las paredes en piedra y el techo abovedado.

TORÀ - Lleida - **574** G34 - **1 367 h.** - **alt. 448 m** **13** B2

Madrid 542 - Barcelona 110 - Lleida/Lérida 83 - Manresa 49

Hostal Jaumet con hab

carret. C 1412 25750 - 973 47 30 77 - www.hostaljaumet.com

- cerrado 10 días en enero y 10 días en noviembre

17 hab - 50/60 € 80/90 €

Rest - Menú 18 € - Carta aprox. 35 €

♦ Negocio familiar de 4ª generación, ya que abrió sus puertas en 1890. Dispone de un gran bar y un comedor clásico, donde podrá degustar deliciosos guisos y platos regionales. Quien se quiera alojar encontrará habitaciones de ambiente clásico y buen confort general, así como algunos servicios superiores a su categoría.

TORAZO - Asturias - **572** B13 - **280 h.** **5** B1

Madrid 505 - Oviedo 52 - León 176

Hosteria de Torazo hab,

pl. de la Sienra 1 33310 - 985 89 80 99

- www.hosteriadetorazo.com

22 hab - 90/130 € 110/180 € - 8 suites

Rest - Menú 22/36 €

♦ Casona reconvertida en hotel, pues cuenta con varios anexos y numerosos servicios. Encontrará unas instalaciones modernas, habitaciones de confort actual y un completo SPA. En su restaurante podrá degustar una cocina tradicional bastante contundente.

TORDESILLAS - Valladolid - **575** H14 - **9 213 h.** - **alt. 702 m** **11** B2

Madrid 179 - Ávila 109 - León 142 - Salamanca 85

Casas del Tratado, 983 77 10 67, www.tordesillas.net

Convento de Santa Clara★ (artesonado★★, patio★)

Parador de Tordesillas hab,

carret. de Salamanca, Suroeste : 1 km 47100

- 983 77 00 51 - www.parador.es

68 hab - 110/138 € 137/173 €, 16 € **Rest** - Menú 32 €

♦ Casa solariega al abrigo de un frondoso pinar, auténtico remanso de paz y tranquilidad. Agradable zona noble, varias salas de reunión y habitaciones de estilo castellano. Luminoso comedor con el techo artesonado y sobria decoración.

Los Toreros con hab rest,

av. de Valladolid 26 47100 - 983 77 19 00

- www.hotellostoreros.com

27 hab - 26/37 € 47/58 €, 4 €

Rest - *(cerrado del 25 al 31 de diciembre)* Carta 25/41 €

♦ Forma parte de un hotel, sin embargo, aquí quien lleva el peso del negocio es el restaurante, dotado con un bar y un gran comedor. Carta de sabor tradicional y varios menús. Las habitaciones, válidas como recurso, sorprenden por su sencillez.

en la autovía A 62 Este : 5 km

El Montico rest, rest, VISA

47100 El Montico – 983 02 82 00 – www.elmontico.com

60 hab – 50/70 € 60/105 €, 6 € – 4 suites **Rest** – Carta 42/66 €

♦ ¡Disfrute del descanso en un paraje de frondosos pinares! Dentro de sus instalaciones encontrará un gran salón-bar con chimenea y confortables habitaciones de línea clásica. El agradable comedor a la carta destaca por la altura de sus techos y su luminosidad.

TORIJA – Guadalajara – 576 J20 – 1 424 h. – alt. 964 m — 10 C1

Madrid 77 – Toledo 147 – Guadalajara 22 – Segovia 168

El Alcominero sin rest

General Aldeanueva 5 19190 – 659 63 15 54 – abril-noviembre

4 hab – 25 € 50 €

♦ Casa de pueblo adaptada como turismo rural. Presenta un patio con alberca, una sala de desayunos con chimenea y sencillas habitaciones vestidas con mobiliario castellano.

TORLA – Huesca – 574 E29 – 328 h. – alt. 1 113 m — 4 C1

Madrid 482 – Huesca 92 – Jaca 54

Paisaje★

Parque Nacional de Ordesa y Monte Perdido★★★ Noreste : 8 km

ESPAÑA

Abetos sin rest VISA

carret. de Ordesa 22376 – 974 48 64 48 – www.hotelabetos.es – Semana Santa-10 diciembre

22 hab – 42/50 € 51/70 €, 8 €

♦ Típica construcción pirenaica rodeada de césped. Tiene una cálida zona social con chimenea y acogedoras habitaciones, con el suelo en parquet y abuhardilladas en el 2º piso.

Villa Russell sin rest VISA

Arruata 8 22376 – 974 48 67 70 – www.hotelvillarussell.com – Semana Santa-10 diciembre

17 hab – 57/80 € 80/114 € – 1 suite

♦ En el centro de la localidad. Dispone de suficientes zonas sociales y espaciosas habitaciones dotadas de un completo equipamiento, con columna de hidromasaje en los baños.

Bujaruelo hab, VISA

carret. de Ordesa 22376 – 974 48 61 74 – www.torla.com – cerrado 8 enero-29 abril

23 hab – 36/50 € 49/65 €, 8 € **Rest** – *(solo cena)* Menú 16 €

♦ Tras su fachada en piedra se esconde un interior completamente renovado. Posee un salón social dotado de chimenea y habitaciones de estilo actual, con los suelos en madera. El restaurante presenta una estética rústica y basa su oferta en un menú.

Villa de Torla rest, VISA

pl. Aragón 1 22376 – 974 48 61 56 – www.hotelvilladetorla.com – cerrado 7 enero-15 marzo

38 hab – 33/42 € 49/64 €, 6 € **Rest** – Menú 15 €

♦ Goza de habitaciones en distintos estilos, pero dentro de una misma línea rústica con profusión de madera. Completa su oferta con dos terrazas-solárium y un comedor privado.

El Duende VISA

La Iglesia 22376 – 974 48 60 32 – www.restauranteelduende.com – cerrado 9 enero-2 febrero y martes salvo junio-octubre

Rest – Carta 25/35 €

♦ Casa en piedra dotada con un bar de espera en la planta baja y dos salas en los pisos superiores, ambas rústicas y de cuidado montaje. Cocina tradicional de buen nivel.

TORNAVACAS - Cáceres - 576 L12 - 1 173 h. - alt. 871 m 18 C1

Madrid 216 - Mérida 200 - Cáceres 132 - Salamanca 104

Antigua Posada

Real de Abajo 32 ✉ 10611 - ✆ 927 17 70 19 - www.antiguaposada.com
5 hab - 39 € 58 € **Rest** - *(solo cena)* Menú 15/20 €
◆ Casa del s. XVIII con la fachada en piedra. Posee un comedor con chimenea y habitaciones rústicas personalizadas, con los suelos en madera y ducha en la mayoría de sus baños.

TORO - Zamora - 575 H13 - 9 748 h. - alt. 745 m 11 B2

Madrid 210 - Salamanca 66 - Valladolid 63 - Zamora 33

pl. Mayor 6, ✆ 980 69 47 47, www.toroayto.es

Colegiata★ (portada occidental★★ - Interior : cúpula★, cuadro de la Virgen de la Mosca★)

Juan II

rest, VISA AE

paseo del Espolón 1 ✉ 49800 - ✆ 980 69 03 00 - www.hoteljuanii.com
42 hab - 58/61 € 78/81 €, 6 € **Rest** - Carta 25/43 €
◆ Dotado de hermosas vistas sobre la vega del Duero. Sus habitaciones poseen baños actuales y mobiliario castellano, aunque destacan las del 1er piso y las que tienen terraza. Dispone de dos comedores, donde ofrecen una carta regional, y un salón para banquetes.

por la carretera de Peleagonzalo Suroeste : 11,5 km

Valbusenda

hab, hab, rest, VISA AE

carret. Toro-Peleagonzalo ✉ 49800 Toro - ✆ 980 69 95 73 - www.valbusenda.com
28 hab - 132/279 € 149/360 € - 7 suites **Rest** - Carta 35/55 €
◆ Orientado al turismo enológico, pues pertenece a una bodega y está en pleno campo. Sus instalaciones, modernas y luminosas, están pensadas para el relax, por eso cuenta también con un SPA. El restaurante, de línea minimalista, ofrece una carta actual y varios menús degustación. ¡Las vistas son casi infinitas!

Sa TORRE - Balears - ver Balears (Mallorca) : Llucmajor

TORRE DEL COMPTE - Teruel - 574 J30 - 153 h. - alt. 497 m 4 C2

Madrid 409 - Teruel 189 - Tortosa 71 - Zaragoza 136

La Parada del Compte

rest, VISA AE

antigua Estación del Ferrocarril, Noreste : 2,5 km ✉ 44597 - ✆ 978 76 90 72 - www.hotelparadadelcompte.com
11 hab - 90/110 € 110/120 €
Rest - (es necesario reservar) Carta 22/43 €
◆ Un nuevo concepto de hotel rural ubicado en una antigua estación de tren. La decoración de las estancias, identificadas como apeaderos, se inspira en el lugar de origen. Su restaurante le propone un apetitoso viaje por la cocina tradicional.

TORRE DEL MAR - Málaga - 578 V17 - 15 791 h. - Playa 2 C2

Madrid 570 - Almería 190 - Granada 141 - Málaga 31

paseo de Larios, ✆ 95 254 11 04

Mainake

hab, VISA AE

Los Fenicios 1 ✉ 29740 - ✆ 952 54 72 46 - www.hotelmainake.com
40 hab - 60/100 €, 10 € **Rest** - Menú 20 €
◆ Se presenta con un nombre de origen fenicio, una zona social de línea clásica y unas confortables habitaciones, todas con elegantes detalles y materiales de notable calidad. El restaurante, también clásico, se complementa con una terraza y una cafetería.

ESPAÑA

Miraya sin rest

Patrón Veneno 6 ✉ 29740 – ✆ 952 54 59 69 – www.hotelmiraya.com

21 hab – 🚹40/55 € 🚹🚹50/80 €, ☕ 4 €

◆ Hotel de línea actual y gestión familiar. Todas las habitaciones tienen un sencillo mobiliario provenzal y los baños completos, aunque destacan las que disfrutan de terraza.

TORRE-PACHECO – Murcia – 577 S27 – 32 471 h. – alt. 17 m — 23 B2

Madrid 438 – Murcia 41 – Alicante 109

al Este : 3 km y desvío a la izquierda 1 km

Intercontinental Mar Menor hab, rest,

Ceiba, (urb. Mar Menor Golf) ✉ 30700 Torre -Pacheco – ✆ 968 04 18 40 – www.intercontinentalmarmenor.com

62 hab ☕ – 🚹🚹116/186 € – 2 suites **Rest** – Carta aprox. 58 €

◆ ¡En una urbanización que cuenta con su propio campo de golf! Disfruta de un buen hall, una gran zona social, un completo SPA y habitaciones de línea mediterránea, todas con terraza. Amplia oferta gastronómica, destacando los restaurantes de cocina italiana y mediterránea.

TORRECABALLEROS – Segovia – 575 J17 – 1 206 h. – alt. 1 152 m — 12 C3

Madrid 97 – Segovia 12

El Rancho

pl.del Mediodía 1 ✉ 40160 – ✆ 921 40 10 60 – www.el-rancho.com

50 hab ☕ – 🚹🚹85/112 €

Rest *El Rancho de la Aldegüela* – ver selección restaurantes

◆ Instalado en un gran complejo con tiendas. Posee una elegante zona noble y habitaciones de buen confort, combinando el estilo tradicional castellano y los detalles orientales.

Burgos sin rest

carret. N 110 ✉ 40160 – ✆ 921 40 12 18 – www.hostalburgos.com

25 hab – 🚹43 € 🚹🚹60 €, ☕ 4 €

◆ Hotel de carácter familiar y cuidadas instalaciones. Presenta unas acogedoras habitaciones con los cabeceros pintados a mano. Piscina cubierta o descubierta según la estación.

La Portada de Mediodía

San Nicolás de Bari 31 ✉ 40160 – ✆ 921 40 10 11 – www.laportadademediodia.com – cerrado domingo noche y lunes salvo festivos

Rest – Menú 40 € – Carta 35/46 €

◆ Instalado en una antigua casa de postas, con una terraza y varias salas de aire rústico. Carta de cocina castellana donde reinan tanto los asados como las carnes a la brasa.

El Rancho de la Aldegüela – Hotel El Rancho

pl. Marqués de Lozoya 3 ✉ 40160 – ✆ 921 40 10 60 – www.el-rancho.com – cerrado domingo noche

Rest – *(solo almuerzo salvo viernes y sábado)* Carta aprox. 35 €

◆ Su ubicación en una finca de esquileo le confiere un cálido sabor rústico, reforzado por unos exteriores muy cuidados. Está especializado en asados y carnes a la parrilla.

El Huerto de San Roque

camino del Molino 1 ✉ 40160 – ✆ 921 40 13 04 – www.elhuertodesanroque.com – cerrado del 15 al 30 de enero, domingo noche y lunes

Rest – Carta 31/44 €

◆ Vistosa casa construida en un estilo regional. Posee dos salas de línea rústica, destacando la del piso superior por tener chimenea, vigas de madera y mejores vistas.

TORREJÓN DE ARDOZ - Madrid - 576 - 575 K19 - 118 441 h. - alt. 585 m 22 B2

Madrid 24 - Toledo 90 - Segovia 117 - Guadalajara 37

Asset Torrejón hab,

av. de la Constitución 32 ✉ 28850 - ☎ 916 77 06 49 - www.posadasdeespana.com

131 hab - 60/90 €, 16 €

Rest *Asset Torrejón* - *(cerrado sábado y domingo)* Menú 15/30 €

♦ Una buena opción para alojarse, ya que posee unas instalaciones de estética actual y se encuentra en el centro de la ciudad. Ofrece habitaciones de equipamiento completo. El restaurante, de línea moderna, combina su carta tradicional con varios tipos de menús.

Torre Hogar

av. de la Constitución 96 ✉ 28850 - ☎ 916 77 59 75 - www.torrehogar.com

84 hab - 60/140 € 60/161 €, 12 €

Rest - *(cerrado agosto, sábado y domingo)* Menú 16/30 € - Carta aprox. 43 €

♦ Disfruta de un correcto hall-recepción, con una acogedora cafetería contigua, y dos tipos de habitaciones, todas clásicas pero algo mejor equipadas en el ático. En su alegre comedor le ofrecerán una carta tradicional y un buen apartado de arroces.

Plaza Mayor sin rest

Cristo 21 ✉ 28850 - ☎ 916 48 78 50 - www.hostal-plazamayor.com

34 hab - 50/180 € 60/250 €

♦ Hotel de organización familiar que va actualizando sus instalaciones poco a poco, recreando tanto en las zonas sociales como en las habitaciones un estilo más urbano y actual.

ESPAÑA

TORRELAGUNA - Madrid - 576 - 575 J19 - 4 928 h. - alt. 744 m 22 B2

Madrid 58 - Guadalajara 47 - Segovia 108

La Posada del Camino Real

San Francisco 6 ✉ 28180 - ☎ 918 43 12 58 - www.posadadelcaminoreal.com

14 hab - 42/50 € 68/70 € **Rest** - Menú 36 €

♦ Conjunto castellano dotado con un bello patio porticado. Sus habitaciones, acogedoras y en diferentes colores, poseen mobiliario rústico en hierro forjado y en madera. Restaurante distribuido en dos salas, destacando la ubicada en una cueva-bodega del s. XVII.

TORRELAVEGA - Cantabria - 572 B17 - 55 888 h. - alt. 23 m 8 B1

Madrid 384 - Bilbao 121 - Oviedo 178 - Santander 24

Juan José Ruano 9, ☎ 942 89 29 82, www.camaratorrelavega.com

Plano página siguiente

Montedobra

paseo Joaquín Fernández Vallejo 21, por paseo Joaquín Fernández Vallejo ✉ 39316 Tanos - ☎ 942 88 17 37 - www.hotelmontedobra.com - cerrado del 22 al 31 de diciembre

15 hab - 45/61 € 67/88 €, 4 €

Rest - *(cerrado domingo noche)* Menú 15 €

♦ Hotel de organización familiar y diseño exterior actual. Posee unas habitaciones de buen nivel, todas actuales, con los suelos en tarima y abuhardilladas en la última planta. El restaurante ofrece un montaje funcional y una carta fiel al recetario tradicional.

Cuatro Caminos sin rest y sin

Julián Ceballos 8 ✉ 39300 - ☎ 942 80 42 30 - www.pensioncuatrocaminos.es

8 hab - 40/50 € 48/60 € Zc

♦ Establecimiento de ambiente acogedor e impecable mantenimiento. Aquí encontrará cuatro habitaciones redecoradas en tonos claros y otras cuatro con un estilo algo más clásico.

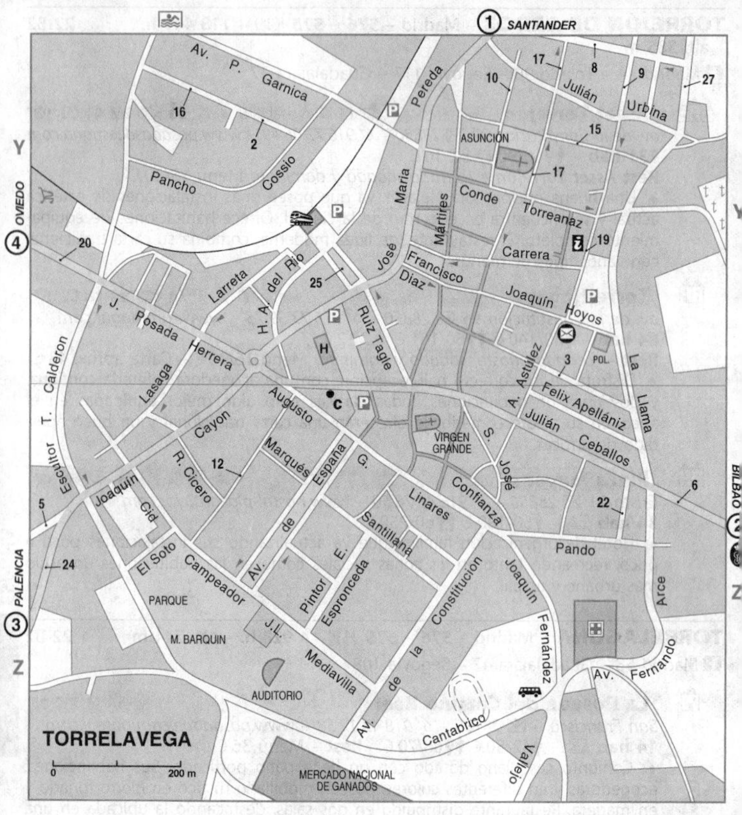

Alonso Riaño . . . . Y 2
Berta Perogordo . . . . Y 3
Besaya (Av. del) . . . . Z 5
Bilbao (Av. de) . . . . Z 6
Bonifacio Castillo Orcajo . . . . Y 8
Casimiro Sainz . . . . Y 9
Ceferino Calderón . . . . Y 10
Garcilaso de la Vega . . . . Z 12
General Ceballos . . . . Y 15
José Gutiérrez . . . . Y 16
Juan J. Ruano . . . . Y 19
Juan XXIII . . . . Y 17
Julio Hauzeur (Av.) . . . . Y 20
Palencia (Av. de) . . . . Z 24
Pelayo (Av. M.) . . . . Y 25
Pintor Varela . . . . Y 27
P. Molleda . . . . Z 22

XX Los Avellanos

paseo Joaquín Fernández Vallejo 122 - 2 km, por paseo Joaquín Fernández Vallejo ✉ 39316 Tanos – ☎ 942 88 12 25 – www.losavellanos.com – cerrado 20 días en septiembre-octubre y lunes

Rest – *(solo almuerzo salvo jueves, viernes y sábado)* Menú 48/70 € – Carta 35/54 €

Espec. Huevo de corral a baja temperatura, patata Robuchon y trufa (diciembre-marzo). Bonito del Cantábrico, pistachos verdes, tomate y jengibre (junio-septiembre). Lomo de vaca de Cantabria, manzana y apionabo.

◆ Cuenta con un pequeño hall, una bodega acristalada y una sala de línea minimalista dominada por los tonos blancos. De sus fogones surge una cocina creativa y varios platos tradicionales, siempre con buenas materias primas y unas cuidadas presentaciones.

XX El Palacio

paseo Joaquín Fernández Vallejo 192 - Sur 1,5 km, por paseo Joaquín Fernández Vallejo ✉ 39316 Tanos – ☎ 942 80 11 61 – www.elpalacio.es – cerrado del 1 al 15 de septiembre, domingo noche y lunes

Rest – Menú 25/37 € – Carta 31/46 €

◆ Se presenta con un jardín, una carpa que utilizan como terraza y tres salas de línea clásica en la 1ª planta, todas personalizadas. Cocina actual de cuidadas presentaciones.

TORRELLANO - Alicante - **577** R28 - **4 436 h.** **16** A3

Madrid 425 - Valencia 192 - Alacant 15 - Murcia 76

Areca hab,

del Limón 2 ✉ 03320 - ☎ 965 68 54 78 - www.hotelareca.es

72 hab - 60/128 € 60/140 €, 10 €

Rest *Carabí* - Carta aprox. 44 €

◆ Hotel de línea moderna dirigido al cliente de empresa. Posee un pequeño SPA y resulta ideal si tiene que ir al aeropuerto, pues tiene un servicio gratuito para trasladar allí a sus clientes. Su restaurante ofrece una carta tradicional, con un buen apartado de arroces, y una terraza de verano por las noches.

TORRELODONES - Madrid - **576** - **575** K18 - **22 117 h.** - **alt. 845 m** **22** A2

Madrid 29 - Ávila 85 - Segovia 67 - Toledo 99

El Trasgu

Cudillero 2 ✉ 28250 - ☎ 918 59 08 40 - www.restauranteeltrasgu.es - cerrado domingo noche y lunes

Rest - Menú 55 € - Carta aprox. 50 €

◆ Instalado en un elegante chalet, con un bar de espera y tres salas de ambiente clásico-actual. Carta tradicional con un apartado de guisos, arroces y mariscos. ¡No se pierda su magnifica terraza!

La Casita

camino de Valladolid 10 ✉ 28250 - ☎ 918 59 55 05 - www.lacasitadetorre.com - cerrado domingo noche

Rest - Menú 28/38 € - Carta 44/56 €

◆ Ocupa una casita de piedra en la que encontrará un pequeño bar, un comedor principal, a modo de cabaña acristalada, y un gran privado. Carta tradicional con toques creativos.

ESPAÑA

TORREMENGA - Cáceres - **576** L12 - **656 h.** - **alt. 530 m** **18** C1

Madrid 227 - Ávila 161 - Cáceres 118 - Plasencia 33

El Turcal

carret. EX 203, Suroeste : 1,5 km ✉ 10413 - ☎ 616 61 11 16 - www.elturcal.com - cerrado del 5 al 31 de enero

11 hab - 82/98 € 92/98 €, 7 €

Rest - Menú 21 €

◆ Hotel rural de arquitectura bioclimática, con acogedoras dependencias de línea moderna que combinan diseño y tradición mediante la utilización de piedra, hierro y madera.

TORREMOLINOS - Málaga - **578** W16 - **66 957 h.** - **Playa** **1** B2

Madrid 569 - Algeciras 124 - Málaga 16

pl. Blas Infante 1, ☎ 95 237 95 12

pl. de las Comunidades Autónomas, ☎ 95 237 19 09

Plano página siguiente

Meliá Costa del Sol hab,

paseo Marítimo 11 ✉ 29620 - ☎ 952 38 66 77 - www.melia.com Y**b**

548 hab - 100/200 € 100/250 € - 18 suites

Rest - Carta 30/55 €

◆ Complejo vacacional y de negocios dotado con amplias instalaciones frente a la playa. Disfruta de un gran hall y unas confortables habitaciones, todas con vistas al mar. El comedor ofrece un completo servicio de buffet y la posibilidad de un menú dietético.

Isabel sin rest

paseo Marítimo 47 ✉ 29620 - ☎ 952 38 17 44 - www.hotelisabel.net - cerrado noviembre-febrero Y**n**

70 hab - 58/123 € 72/152 €

◆ Este hotel disfruta de un luminoso hall, con gran profusión de mármol, y habitaciones de cuidado equipamiento, unas con bañera y otras con cabina-ducha de hidromasaje.

TORREMOLINOS

XX **Med**

Las Mercedes 12-2°, (Balcón de San Miguel) ✉ 29620 – ☎ 952 05 88 30 – www.restaurantemed.es – cerrado lunes y noches de martes, miércoles y jueves salvo en verano Y**a**

Rest – Carta 40/50 €

◆ Se encuentra en la 2ª planta de un edificio y destaca por sus magníficas vistas al mar, tanto desde la terraza como desde su comedor. Platos actuales y carnes a la brasa.

al Suroeste : barrios de La Carihuela y Montemar

La Luna Blanca

pasaje del Cerrillo 2 ✉ 29620 Torremolinos – ☎ 952 05 37 11 – www.hotellalunablanca.com Z**b**

9 hab – †60/118 € ††70/130 €

Rest – (es necesario reservar) Menú 30/45 € – Carta 25/40 €

◆ Hotel tipo chalet llevado directamente por sus propietarios nipones. Posee un buen salón social y amplias habitaciones, la suite japonesa con tatami en vez de cama. En su restaurante, de línea informal, ofrecen platos internacionales y especialidades de Japón.

X **Figón de Montemar**

av. Pez Espada 101 ✉ 29620 Torremolinos – ☎ 952 37 26 88 – cerrado 10 enero-10 febrero, domingo en verano, domingo noche y lunes noche resto del año Z**v**

Rest – Carta 25/33 €

◆ Resulta bastante acogedor. Encontrará una única sala de techos altos y línea clásica, así como una terraza acristalada en la parte trasera. Carta amplia de cocina tradicional.

X **Juan**

paseo Marítimo 28 ✉ 29620 Torremolinos – ☎ 952 38 56 56 – www.restaurantejuan.es – cerrado 22 diciembre-22 enero Z**t**

Rest – Menú 20 € – Carta aprox. 35 €

◆ Negocio familiar decorado con motivos marineros. Ofrece un bar público y un comedor acristalado con vistas al mar. Carta tradicional con pescados y mariscos de calidad.

en la carretera de Málaga por ①:

Parador de Málaga del Golf hab,

junto al campo de golf - 5 km ✉ 29080 Málaga – ☎ 952 38 12 55 – www.parador.es

82 hab – †133/150 € ††166/188 €, 18 € – 6 suites **Rest** – Menú 33 €

◆ Bello parador integrado en un entorno ideal para la práctica del golf. Disfruta de espacios modernos, terrazas y amplias habitaciones de línea clásica-actual. En su comedor, luminoso y bastante agradable, encontrará una carta tradicional y un buen menú.

TORRENT – Girona – **574** G39 – **190 h.** **15** B1

Madrid 744 – Barcelona 133 – Girona/Gerona 37 – Palafrugell 4

Mas de Torrent hab, rest,

✉ 17123 – ☎ 972 30 32 92 – www.mastorrent.com

32 hab – †225/500 € ††275/650 € – 7 suites

Rest – *(cerrado domingo noche y lunes salvo abril-15 octubre)* Carta 50/79 €

◆ Disfruta de unas dependencias magníficas, decoradas con sumo gusto y distribuidas entre la masía del s. XVIII y sus anexos. Completo SPA y atractivo entorno natural. Cuenta con dos cuidados restaurantes, uno con vistas a la terraza y otro junto a la piscina.

¿Buenas comidas a precios moderados? Elija un Bib Gourmand.

TORRICO - Toledo - 575 - 576 M14 - 850 h. - alt. 445 m 9 A2

Madrid 169 - Toledo 136 - Cáceres 161 - Ávila 151

en Valdepalacios Noreste : 6 km

Valdepalacios

carret. Oropesa a Puente del Arzobispo ✉ 45572 Torrico - ✆ 925 45 75 34 - www.valdepalacios.es

27 hab - 200/560 € 250/700 €, 20 €

Rest ***Tierra*** - ver selección restaurantes

◆ Presenta la fisonomía de una gran hacienda, con amplias zonas ajardinadas y construcciones anexas. Ofrece un estilo clásico-elegante y habitaciones de excelente equipamiento.

Tierra - Hotel Valdepalacios

carret. Oropesa a Puente del Arzobispo ✉ 45572 Torrico - ✆ 925 45 75 34 - www.valdepalacios.es

Rest - *(cerrado domingo noche, lunes y martes mediodía)* Menú 70/110 € - Carta 64/81 €

◆ Su sala, agradable, luminosa y de montaje clásico-elegante, disfruta de grandes cristaleras para ver tanto la piscina como la terraza. ¡De sus fogones surge una cocina actual que sorprende por su nivel gastronómico!

TORRIJOS - Toledo - 576 M17 - 13 374 h. - alt. 529 m 9 B2

ESPAÑA

Madrid 87 - Ávila 113 - Toledo 29

El Mesón hab,

Puente 19 ✉ 45500 - ✆ 902 88 96 36 - www.hotelelmeson.es

44 hab - 37/47 € 59/74 €, 3 €

Rest - Carta 24/49 €

◆ Este pequeño hotel disfruta de un ambiente familiar y se va actualizando poco a poco. Sus habitaciones son confortables y acogedoras, con mobiliario actual y baños modernos. El comedor, de correcto montaje, ofrece una interesante carta de cocina tradicional.

Tinín

Puente 62 ✉ 45500 - ✆ 925 76 11 65 - www.restaurantetinin.com - cerrado 17 agosto-8 septiembre y miércoles

Rest - Menú 12/25 € - Carta 21/35 €

◆ Restaurante de estilo castellano dotado con dos entradas, una para el bar y otra para el comedor. Ofrece una carta tradicional que trabaja mucho con los productos locales.

TORROELLA DE MONTGRÍ - Girona - 574 F39 - 11 522 h. - alt. 20 m 15 B1

Madrid 740 - Barcelona 127 - Girona/Gerona 30

Ullà 31, ✆ 972 75 51 80

Empordá, Sur : 1,5 km, ✆ 972 76 04 50

Localidad★ - Castillo ≤★★

al Sureste :

Clipper hab,

urb. Mas Pinell, 8 km ✉ 17257 Torroella de Montgrí - ✆ 972 76 29 00 - www.clipperhotel.com - cerrado 10 diciembre-11 febrero

39 hab - 78/118 € 96/176 € **Rest** - Menú 21 €

◆ Tranquilo, confortable y de aire moderno. Sus habitaciones se distribuyen en torno a la piscina, todas con terraza, suelos en tarima y una pequeña cocina integrada. El restaurante, dotado con dos salas de línea actual, ofrece una cocina de gusto internacional.

Picasso
carret. de Pals 1 km y desvío a la izquierda 6 km ✉ 17257 Torroella de Montgrí – ✆ 972 75 75 72 – www.hotelpicasso.net – cerrado 9 enero-28 febrero
17 hab – 42/54 € 64/102 €
Rest – *(cerrado lunes salvo verano)* Menú 14/18 €
◆ Un hotel que destaca por su emplazamiento, en un paraje tranquilo y próximo a la playa. Aquí encontrará habitaciones de línea actual con baños de aire rústico. El restaurante, espacioso y con una terraza acristalada, presenta una carta de tinte tradicional.

TORTOSA – **Tarragona** – **574** J31 – **34 473 h.** – **alt. 10 m** **13** A3

Madrid 486 – Castelló de la Plana/Castellón de la Plana 123 – Lleida/Lérida 129 – Tarragona 83

pl. del Carrilet 1, ✆ 977 44 96 48

Localidad★ - Catedral★★ BY – Palacio Episcopal★ : capilla gótica★ BY – Reales Colegios de Tortosa★ (Colegio Sant Lluís★ patio★★) CY

Planos páginas siguientes

Parador de Tortosa
Castell de la Suda ✉ 43500 – ✆ 977 44 44 50 – www.parador.es CY**a**
72 hab – 106/114 € 132/142 €, 16 € – 3 suites
Rest – Menú 32 €
◆ Ocupa un castillo medieval sobre una colina, con vistas a la vega del Ebro. Sus magníficas dependencias recrean el ambiente de épocas pasadas, sin olvidar el confort actual. Comedor con predominio de piedra y madera, destacando sus ventanales góticos.

Corona Tortosa rest,
pl. Corona de Aragón 7 ✉ 43500 – ✆ 977 58 04 33 – www.hotelcoronatortosa.com AX**b**
102 hab – 50/88 € 61/116 €, 8 € – 2 suites – 30 apartamentos
Rest – *(cerrado domingo noche)* Menú 20 €
◆ Conjunto funcional dotado de amplias dependencias y una atractiva piscina rodeada de césped. Ofrece habitaciones confortables, con mobiliario escogido y baños completos. Luminoso comedor a la carta.

Berenguer IV sin rest
Historiador Cristófol Despuig 36 ✉ 43500 – ✆ 977 44 95 80 – www.hotelberenguer.com BZ**c**
54 hab – 65/83 € 73/83 €, 8 €
◆ Cuenta con un buen hall unido a la zona social y a la moderna sala de desayunos. Sus habitaciones gozan de un completo equipamiento, con suelos en tarima y baños actuales.

Rosa Pinyol
Hernán Cortés 17 ✉ 43500 – ✆ 977 50 20 01 – www.rosapinyol.com – cerrado del 1 al 7 de febrero, del 15 al 30 de septiembre, domingo y lunes noche
Rest – Menú 25/40 € – Carta aprox. 35 € AY**e**
◆ Bien llevado en familia, con el propietario a los fogones y su esposa en la sala. Destaca por ofrecer un cuidado servicio de mesa y una carta tradicional a precios moderados.

en Roquetes :

Amaré
av. Port de Caro 2, por av. dels Ports de Tortosa-Beseit ✉ 43520 Roquetes – ✆ 977 50 03 80 – cerrado del 2 al 29 de agosto, martes noche y miércoles salvo festivos
Rest – Menú 13/21 € – Carta 32/41 €
◆ Sencillo negocio de larga trayectoria familiar. Destaca por elaborar platos caseros y una cocina catalana muy respetuosa con los sabores de antaño. Trabaja mucho los menús.

ESPAÑA

TORTOSA

ESPAÑA

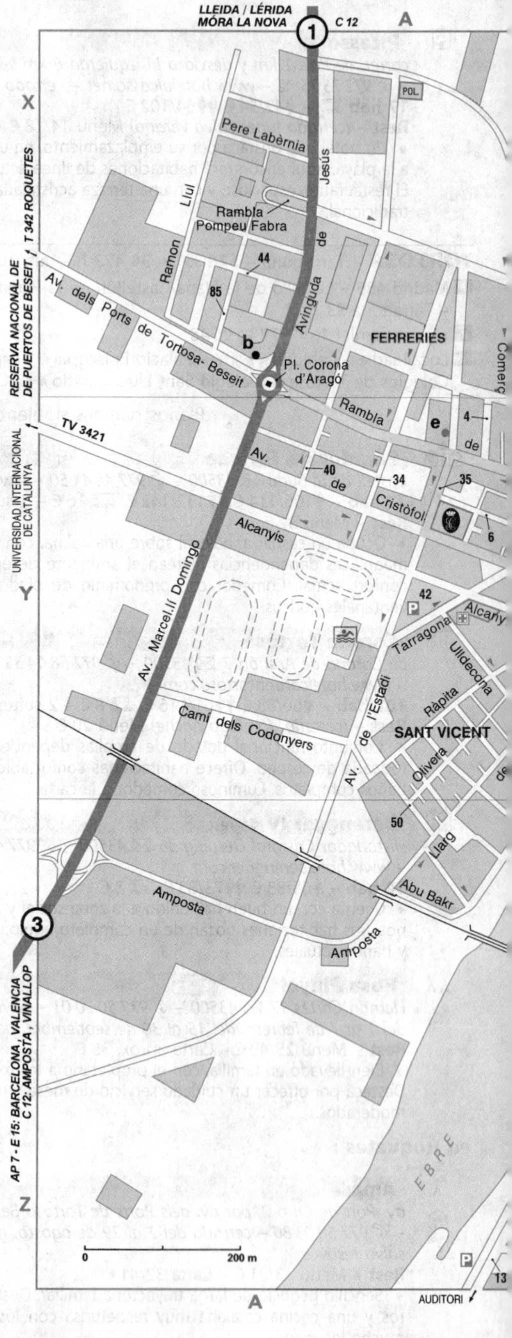

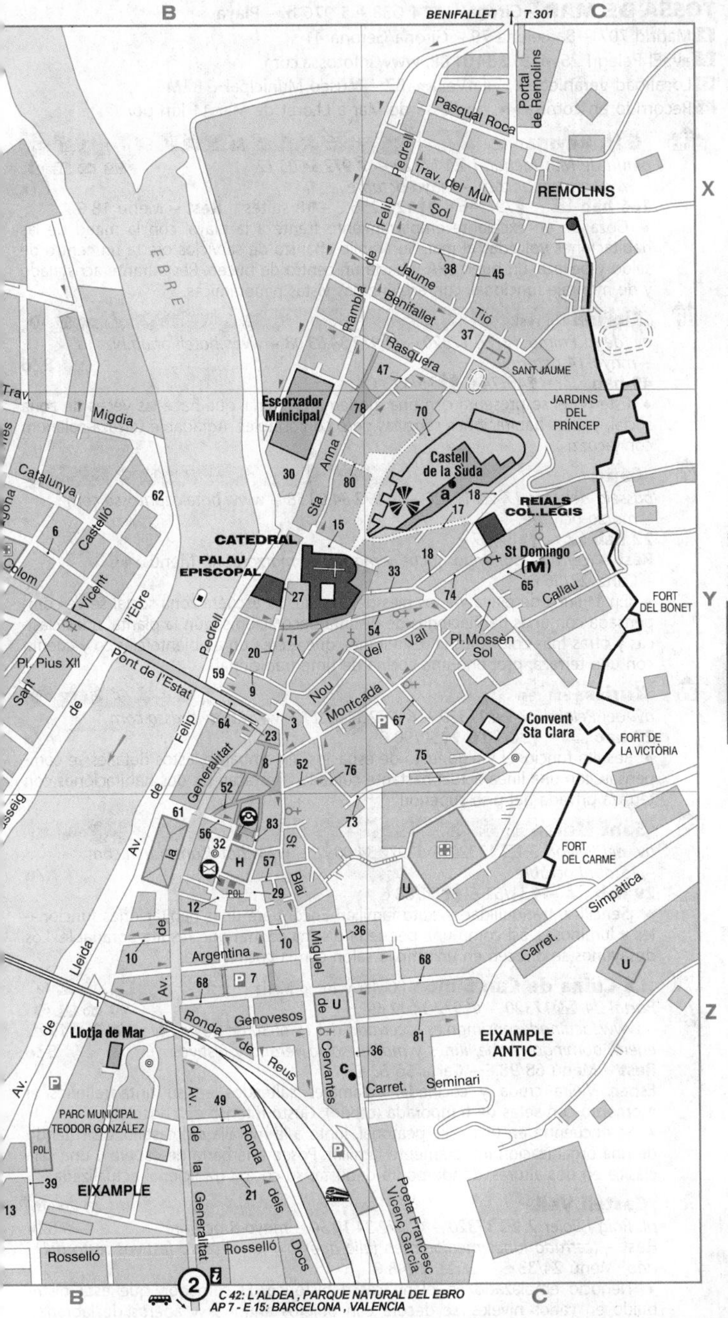

BENIFALLET
T 301
Portal de Remolins
Pasqual Roca
REMOLINS
Trav. del Mur
Sol
Felip Pedrell
Rambla de
Jaume
Benifallet
Tió
Rasquera
SANT JAUME
JARDINS DEL PRÍNCEP
E B R E
Escorxador Municipal
Castell de la Suda
REIALS COL.LEGIS
CATEDRAL
PALAU EPISCOPAL
St Domingo
Callau
FORT DEL BONET
Pl.Mossèn Sol
Nou del Vall
Montcada
Convent Sta Clara
FORT DE LA VICTÒRIA
FORT DEL CARME
Sta Anna
Trav.
Migdia
Catalunya
Castelló
Colom
Vicent
Pl. Pius XII
Pont de l'Estat
Pedrell
Felip
Generalitat
de
la
Av.
St Blai
Simpàtica
Carret.
Argentina
Miguel de Cervantes
Genovesos
Ronda de Reus
Llotja de Mar
EIXAMPLE ANTIC
Carret. Seminari
PARC MUNICIPAL TEODOR GONZÁLEZ
EIXAMPLE
Ronda dels Docs
Poeta Francesc Vicenç Garcia
Rosselló
Av. de Lleida
C 42: L'ALDEA , PARQUE NATURAL DEL EBRO
AP 7 - E 15: BARCELONA , VALENCIA
B
C
X
Y
Z

ESPAÑA

TOSSA DE MAR - Girona - 574 G38 - 5 976 h. - Playa 15 B2

Madrid 707 - Barcelona 79 - Girona/Gerona 41

av. El Pelegrí 25, ☎ 972 34 01 08, www.infotossa.com

Localidad veraniega★, Vila Vella★ BZ - Museo Municipal★ BZ**M**

Recorrido en cornisa★★ de Tossa de Mar a LLoret de Mar 11 km por ②

G.H. Reymar rest,

platja de Mar Menuda ✉ 17320 - ☎ 972 34 03 12 - www.ghreymar.com - mayo-octubre BY**x**

166 hab - †79/146 € ††124/256 € - 18 suites **Rest** - Menú 18 €

◆ Goza de un excelente emplazamiento frente a la playa, con la mitad de las habitaciones volcadas al mar. Su amplio abanico de servicios oferta un centro de salud y belleza, un buen SPA y hasta un centro de buceo. Restaurante acristalado y de montaje funcional, con espléndidas vistas panorámicas.

Florida sin rest

av. de la Palma 12 ✉ 17320 - ☎ 972 34 03 08 - www.hotelflorida.biz - mayo-14 octubre BZ**d**

49 hab - †46/74 € ††75/123 €

◆ Este hotel se presenta con una moderna cafetería, que hace las veces de zona social, y unas habitaciones sencillas pero confortables. Agradable terraza-solárium con jacuzzi.

Capri rest,

passeig del Mar 17 ✉ 17320 - ☎ 972 34 03 58 - www.hotelcapritossa.com - marzo-octubre BZ**r**

22 hab - ††64/97 €

Rest - *(cerrado domingo noche y martes de marzo-abril)* Menú 14 € - Carta 22/56 €

◆ ¡En 1ª línea de playa y a los pies del castillo! Su escueta zona social se ve compensada con unas habitaciones de distinta decoración según la planta, unas clásicas y otras más coloristas. El restaurante, que recrea un ambiente clásico y cuenta con una terraza, propone una cocina de tinte tradicional.

Turissa sin rest

av. del Pelegrí 27 ✉ 17320 - ☎ 972 34 02 11 - www.hotelturissa.com

27 hab - †30/70 € ††50/90 € AZ**a**

◆ Resulta funcional y algo justo de espacios, sin embargo, estos detalles se compensan con una línea actual bastante cuidada. ¡Destacan las dos habitaciones con terraza privada del piso superior!

Sant March sin rest

av. del Pelegrí 2 ✉ 17320 - ☎ 972 34 00 78 - www.hotelsantmarch.com - 15 abril-octubre AZ**u**

29 hab - †31/51 € ††54/88 €

◆ ¡Sencillez, tranquilidad y trato familiar! Encontrará unas habitaciones funcionales y luminosas, así como una pequeña piscina central que resulta agradable. Los desayunos se ofrecen en un amplio salón con la cocina vista.

La Cuina de Can Simon (Xavier y Josep María Lores)

Portal 24 ✉ 17320 - ☎ 972 34 12 69 - www.lacuinadecansimon.es - cerrado del 15 al 30 de noviembre, del 9 al 19 de enero, domingo noche, lunes y martes salvo verano y festivos BZ**e**

Rest - Menú 68/98 € - Carta 56/83 €

Espec. Vieira cruda y cocinada. Calamares salteados en su tinta rellenos al momento con setas de temporada (otoño). Gusto intenso de chocolate.

◆ Se encuentra en una calle peatonal, junto a la muralla del castillo, disfrutando de una organización íntegramente familiar. Posee una barra de espera y una sala clásica en dos alturas, donde podrá degustar su cocina tradicional actualizada.

Castell Vell

pl. Roig i Soler 2 ✉ 17320 - ☎ 972 34 10 30 - mayo-8 octubre BZ**v**

Rest - *(cerrado lunes mediodía en julio-agosto y lunes salvo festivos resto del año)* Menú 24/33 € - Carta 35/48 €

◆ Negocio emplazado en pleno casco histórico. El comedor, que está distribuido en varios niveles, se decora con objetos antiguos y aperos de labranza. Carta tradicional.

TOSSA DE MAR

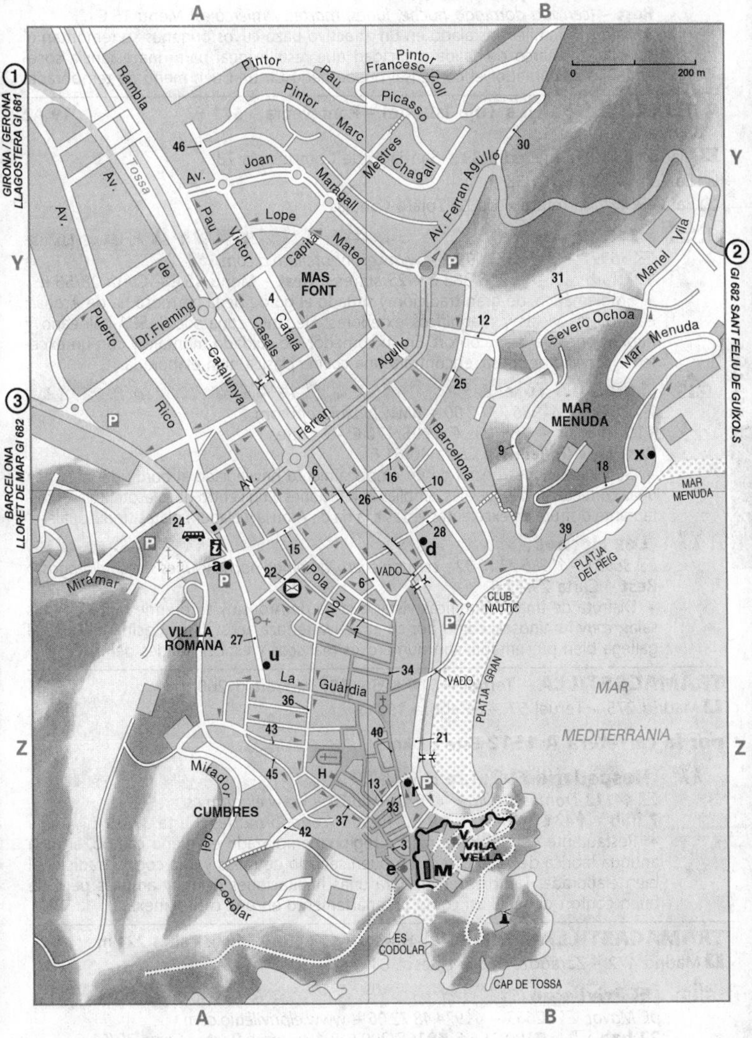

TOURO - A Coruña - **571** D5 - **4 151 h.** - **alt. 310 m** **19** B2

Madrid 589 - Santiago de Compostela 31 - A Coruña 82 - Lugo 86

al Este : 7 km

Pazo de Andeade

Andeade-Lugar de Casa Grande 1 ✉ 15824 Andeade - ☎ 981 51 73 59 - www.pazodeandeade.com

9 hab - 43 € 53 €, 8 €

Rest - *(cerrado domingo noche, lunes, martes y miércoles)* Menú 15 €

◆ Negocio familiar instalado en un atractivo pazo cuyos orígenes se remontan al s. XVIII. Un marco de cálida rusticidad que resulta ideal para una estancia sosegada. En su comedor el comensal puede degustar un buen menú de temporada.

A TOXA (Illa de) (La Toja Isla de) - **Pontevedra** - **571** E3 **19** A2

- **Balneario** - **Playa**

Madrid 637 - Pontevedra 33 - Santiago de Compostela 73

La Toja, ☎ 986 73 01 58

Paraje★★ - Carretera★ de La Toja a Canelas

G.H. La Toja

✉ 36991 - ☎ 986 73 00 25 - www.granhotellatoja.com

197 hab - 216/388 € - 25 suites **Rest** - Menú 45 € - Carta 28/55 €

◆ Emblemático, de gran tradición y situado al borde de la hermosa ría de Arousa, con idílicas vistas y magníficos exteriores. Elegante zona social, SPA-balneario y habitaciones de gran confort. En su comedor, de cuidado montaje y con un excelente servicio de mesa, encontrará una cocina clásica bien elaborada.

Louxo La Toja hab,

✉ 36991 - ☎ 986 73 02 00 - www.louxolatoja.com

115 hab - 85/135 € 95/170 € - 6 suites

Rest ***Rias Gallegas*** - Carta 40/61 €

◆ Sus instalaciones gozan de un emplazamiento privilegiado al borde del mar, con unas correctas zonas sociales, amplias habitaciones y un centro de talasoterapia. El restaurante disfruta de excelentes vistas a la ría de Arousa y elabora platos tradicionales.

Los Hornos

✉ 36991 - ☎ 986 73 10 32 - cerrado enero, domingo noche y lunes salvo julio-agosto

Rest - Carta 29/47 €

◆ Disfruta de unas magníficas vistas a la ría de Arousa y sorprende tanto por sus salas, muy luminosas, como por su atractiva terraza acristalada. Cocina tradicional gallega bien presentada, con numerosos mariscos y especialidades del día.

TRAMACASTILLA - **Teruel** - **574** K25 - **107 h.** - **alt. 1 260 m** **3** B3

Madrid 275 - Teruel 57 - Zaragoza 198

por la carretera A 1512 **Este : 1 km**

Hospedería El Batán con hab

✉ 44112 Tramascastilla - ☎ 978 70 60 70 - www.elbatan.es

7 hab - 42 € 64 €, 9 € **Rest** - *(cerrado martes)* Carta 37/56 €

◆ Restaurante de ambiente rústico-regional emplazado en pleno campo, en una antigua fábrica de lana. Ofrece un buen servicio de mesa y una cocina tradicional bien elaborada. También encontrará unas habitaciones no muy amplias pero de buen confort general, así como un apartamento en una casita anexa.

TRAMACASTILLA DE TENA - **Huesca** - **574** D29 - **148 h.** - **alt. 1 224 m** **4** C1

Madrid 472 - Zaragoza 151 - Huesca 81

El Privilegio hab,

pl. Mayor ✉ 22663 - ☎ 974 48 72 06 - www.elprivilegio.com

22 hab - 100/165 € 165/200 € - 4 suites **Rest** - Carta 30/51 €

◆ Tras su atractiva fachada en piedra encontrará un hotel moderno y acogedor. Sus habitaciones, algunas abuhardilladas, poseen mobiliario de calidad y suelos en tarima. El restaurante disfruta de un buen montaje y presenta una cuidada carta de cocina actual.

TRASVÍA - **Cantabria** - ver Comillas

TRECEÑO - Cantabria - 572 C17 — 8 B1

Madrid 402 - Burgos 163 - Oviedo 140 - Santander 47

Palacio Guevara

barrio La Plaza 22 ✉ 39592 - ✆ 942 70 33 30 - www.palacioguevara.com

16 hab - 50/90 € 60/110 €, ☕ 8 € **Rest** - Menú 12/24 €

◆ Hermoso palacio montañés construido en 1713. Presenta un luminoso salón social y habitaciones rústicas donde conviven en armonía la piedra, la madera y el confort actual. Su cálido restaurante se complementa con un anexo acristalado para las celebraciones.

Prada a Tope con hab

barrio El Ansar 1 ✉ 39592 - ✆ 942 70 51 00 - www.pradaatope-treceno.com - cerrado del 20 al 27 de marzo, del 18 al 29 de junio y del 15 al 26 de octubre

8 hab ☕ - 54/74 € 59/79 €

Rest - *(cerrado miércoles)* Menú 17/20 € - Carta 17/33 €

◆ Está ubicado en una casa de estilo regional y dispone de dos salas, una de aire rústico y la otra montada en una terraza-porche acristalada. Venta de productos propios. Si desea alojarse aquí encontrará unas sencillas habitaciones de ambiente rústico-actual.

TREDÓS - Lleida - ver Salardú

TREGURÀ DE DALT - Girona - 574 F37 — 14 C1

Madrid 695 - Barcelona 141 - Girona 92 - Canillo 154

Fonda Rigà

final carret. Tregurà ✉ 17869 - ✆ 972 13 60 00 - www.fondariga.com - cerrado 10 días en noviembre y 10 días en junio

16 hab ☕ - 54/64 € 106/120 €

Rest *Fonda Rigà* - ver selección restaurantes

◆ Negocio familiar ubicado en un entorno de gran autenticidad rural. Ofrece unas habitaciones de línea actual y una terraza con inmejorables vistas al valle.

Fonda Rigà - Hotel Fonda Rigà

final carret. Tregurà ✉ 17869 - ✆ 972 13 60 00 - www.fondariga.com - cerrado 10 días en noviembre y 10 días en junio

Rest - Menú 25 € - Carta 25/42 €

◆ El restaurante, que goza de personalidad propia respecto al hotel, propone una cocina de tinte tradicional... eso sí, bien actualizada y a precios contenidos.

TRES CANTOS - Madrid - 576 - 575 K18 - 41 147 h. - alt. 802 m — 22 B2

Madrid 26

Foxá 3 Cantos hab, rest

ronda de Europa 1 ✉ 28760 - ✆ 918 05 48 00 - www.hotelesfoxa.com

88 hab - 90/172 € 120/215 €, ☕ 12 € - 2 suites **Rest** - Menú 18 €

◆ Presenta un gran hall, presidido por una colección de Lladrós, y unas habitaciones muy bien equipadas, todas con mobiliario antiguo de calidad. Club deportivo y SPA. El restaurante posee dos salas, una de línea clásica y otra con luz natural en una galería.

Jardín de Tres Cantos

av. de los Encuartes 17 ✉ 28760 - ✆ 918 06 49 99 - www.vphoteles.com

54 hab ☕ - 78/134 € 78/165 € **Rest** - Menú 10,50 €

◆ Este hotel de línea clásica tiene una buena clientela de ejecutivos. La zona social resulta algo justa, sin embargo ofrece un gran nivel de confort en sus habitaciones. El restaurante, separado de la cafetería por unos biombos, presenta una carta tradicional.

TRESGRANDAS - Asturias - 572 B16 — 5 C2

Madrid 421 - Gijón 101 - Oviedo 111 - Santander 77

Puerta del Oriente rest,

✉ 33598 - ✆ 985 41 12 89 - www.puertadeloriente.com

8 hab ☕ - 76/140 € **Rest** - *(solo clientes)* Menú 16 €

◆ Pequeño hotel de estilo funcional rodeado de verdes prados. Dispone de una correcta zona social con chimenea y espaciosas habitaciones, con los suelos en tarima.

El Molino de Tresgrandas
rest,

33598 – 985 41 11 91 – www.molinotresgrandas.com
8 hab – 65/75 € 88/96 €, 10 € **Rest** – *(solo clientes)* Menú 22 €
◆ Antiguo molino rehabilitado en un bello paraje. Presenta una sencilla organización familiar, así como unas habitaciones de estilo rústico correctamente equipadas.

TRUJILLO – Cáceres – 576 N12 – 9 692 h. – alt. 564 m **18** C2

Madrid 254 – Cáceres 47 – Mérida 89 – Plasencia 80

pl. Mayor, 927 32 26 77, www.trujillo.es

Pueblo histórico★★ . Plaza Mayor★★ (palacio de los Duques de San Carlos★, palacio del Marqués de la Conquista : balcón de esquina★) – Iglesia de Santa María★ (retablo★)

Parador de Trujillo
hab,

Santa Beatriz de Silva 1 *10200* – *927 32 13 50*
– *www.parador.es*
48 hab – 124/134 € 155/168 €, 16 € – 2 suites **Rest** – Menú 32 €
◆ Ocupa el antiguo convento de Santa Clara, del s. XVI. Las habitaciones, que contrastan con el edificio por su modernidad, se distribuyen alrededor de un hermoso claustro. El comedor se complementa con una antigua capilla, donde suelen servir los desayunos.

NH Palacio de Santa Marta sin rest

Ballesteros 6 *10200* – *927 65 91 90*
– *www.nh-hotels.com*
50 hab – 70/170 € 70/180 €, 15 €
◆ Ocupa un edificio histórico... sin embargo, salvo detalles, en su interior no se aprecia, pues refleja una estética actual. Habitaciones modernas y de completo equipamiento.

Izán Trujillo
hab, hab,

pl. del Campillo 1 *10200* – *927 45 89 00* – *www.izanhoteles.es*
76 hab – 54/150 € – 1 suite **Rest** – Menú 17 € – Carta aprox. 35 €
◆ Atrayente, pues está parcialmente instalado en un convento del s. XVI. Tiene algunas habitaciones asomadas al claustro, una estética de aire antiguo y un equipamiento actual.

Victoria
hab,

pl. del Campillo 22 *10200* – *927 32 18 19* – *www.hotelvictoriatrujillo.es*
27 hab – 54/125 €, 5 € **Rest** – Menú 16 €
◆ Agradable casa solariega de principios del s. XX. Posee un bonito patio distribuidor, cuidadas zonas sociales y habitaciones funcionales, las del piso superior abuhardilladas. El restaurante, ubicado un edificio anexo, presenta una carta de cocina tradicional.

Casa de Orellana sin rest

Palomas 5-7 *10200* – *927 65 92 65* – *www.casadeorellana.com*
5 hab – 120/140 €
◆ Lo mejor es su emplazamiento, pues se encuentra en la hermosa casa natal de D. Francisco de Orellana, el descubridor del Amazonas ¡Todas las habitaciones están personalizadas!

por la carretera EX 208 Sureste : 11 km y desvío a la derecha 1 km

Viña Las Torres sin rest

camino de Buenavista *10200 Trujillo* – *927 31 93 50*
– *www.vinalastorres.com*
8 hab – 56 € 68 €
◆ Esta antigua villa vacacional supone una magnífica opción si busca un turismo de naturaleza, especialmente ornitológico. ¡Los propietarios orientan sobre rutas y excursiones!

Madrid 316 - Logroño 103 - Iruña/Pamplona 84 - Soria 90

Juicio 4, ☎ 948 84 80 58

Catedral★ (claustro★★, portada del Juicio Final★, interior - capilla de Nuestra Señora de la Esperanza★)

AC Ciudad de Tudela

Misericordia ✉ 31500 - ☎ 948 40 24 40 - www.ac-hotels.com

41 hab - ††100/120 €, ☕ 13 €

Rest - *(cerrado domingo)* Menú 30/40 €

◆ Tras la antigua fachada del edificio original se esconde un hotel muy actual. Buena zona social, patio con palmeras y cuidadas habitaciones, las del piso superior con terraza. El restaurante, de estética actual, elabora una cocina tradicional actualizada.

Santamaría sin rest, con cafetería

Camino San Marcial 14 ✉ 31500 - ☎ 948 82 12 00 - www.hotelsantamaria.net

50 hab - †54/80 € ††60/180 €, ☕ 5 €

◆ Cercano al casco antiguo. Aquí encontrará habitaciones de línea funcional, todas con los suelos en tarima y terraza-balcón. En su cafetería también ofrecen platos combinados.

Treintaitres

Pablo Sarasate 7 ✉ 31500 - ☎ 948 82 76 06 - www.restaurante33.com - cerrado Navidades, domingo, lunes noche y martes noche

Rest - Carta 30/47 €

◆ Posee una barra de bar con varias mesas y dos salas, una por planta, ambas de línea clásica-actual. Cocina regional actualiza, buenos platos de verdura y un menú degustación.

Iruña

Muro 11 ✉ 31500 - ☎ 948 82 10 00 - www.restauranteiruna.com - cerrado del 15 al 30 de septiembre, domingo noche y jueves salvo festivos

Rest - Carta 24/50 €

◆ Casa de organización familiar dotada con un pequeño bar y un comedor, este último clásico-actual y con partes panelables. Completa carta de cocina regional y tradicional.

Pichorradicas - Casa Ignacio con hab

Cortadores 11 ✉ 31500 - ☎ 948 82 10 21 - www.pichorradicas.es

7 hab - ††50/90 €, ☕ 8 €

Rest - *(cerrado domingo noche y lunes salvo festivos)* Carta 27/38 €

◆ Ofrece dos salas de reducida capacidad y buen montaje, ambas de estilo rústico-actual, con vigas de madera y las paredes en piedra o ladrillo visto. Cocina vasco-navarra. Sus habitaciones suponen una buena opción si desea alojarse en Tudela, pues gozan de una línea bastante actual, buen mobiliario y excelente confort.

en la carretera N 232 Sureste : 3 km

Beethoven

av. Tudela 30 ✉ 31512 Fontellas - ☎ 948 82 52 60 - www.rtebeethoven.com - cerrado agosto, domingo, lunes noche y martes noche

Rest - Carta 31/44 €

◆ Tras su discreta fachada encontrará un establecimiento de elegante ambiente clásico, con un cuidado servicio de mesa y las paredes en madera. Amplia carta de cocina regional.

por la carretera NA 125 Noreste : 4 km y desvío a la derecha 0,5 km

Aire de Bardenas

✉ 31500 Tudela - ☎ 948 11 66 66 - www.airedebardenas.com

22 hab - ††165/290 €, ☕ 14 € **Rest** - Carta 32/44 €

◆ Ha ganado varios premios de arquitectura y resulta original por su inhóspito emplazamiento, junto al desierto de las Bardenas Reales. Habitaciones muy actuales y sobrias. El restaurante, también de diseño moderno, elabora una cocina tradicional actualizada.

TUDELA DE DUERO - Valladolid - 575 H16 - 8 630 h. - alt. 701 m 11 B2

Madrid 188 - Aranda de Duero 77 - Segovia 107 - Valladolid 16

Jaramiel
rest,

carret. N 122, Noroeste : 1 km ✉ *47320 –* ✆ *983 52 02 67 – www.jaramiel.com – cerrado 23 diciembre-2 enero*

50 hab – 40 € 60 € **Rest** – *(cerrado domingo) (solo cena)* Menú 12 €

◆ Este hotel distribuye sus habitaciones en tres pequeños edificios, presentándose todas ellas con un buen confort general, una estética castellana y los aseos completos. Comedor clásico-regional y un gran salón para banquetes a modo de invernadero acristalado.

Mesón 2,39

Antonio Machado 39 ✉ *47320 –* ✆ *983 52 07 34 – cerrado del 16 al 31 de agosto y lunes*

Rest – *(solo almuerzo salvo viernes y sábado)* Carta 24/33 €

◆ Sorprendente restaurante de ambiente castellano escondido tras una fachada en piedra. Propone una cocina que ensalza los productos de la tierra y las verduras de temporada.

TUI - Pontevedra - 571 F4 - 17 306 h. - alt. 44 m 19 B3

Madrid 604 - Ourense 105 - Pontevedra 48 - Porto 124

Colón, ✆ 986 60 17 89

Emplazamiento★, Catedral★ (portada★)

ESPAÑA

Parador de Tui
hab,

av. de Portugal ✉ *36700 –* ✆ *986 60 03 00 – www.parador.es*

31 hab – 106/139 € 132/166 €, 16 € – 1 suite **Rest** – Menú 32 €

◆ El granito y la madera recrean la ornamentación de este Parador, que reproduce, en un bello paraje, un típico pazo gallego. Habitaciones neorrústicas de completo equipamiento. En su elegante comedor encontrará platos propios de la cocina tradicional gallega.

Colón Tuy

Colón 11 ✉ *36700 –* ✆ *986 60 02 23 – www.hotelcolontuy.com*

45 hab – 54/70 € 67/87 €, 10 € – 21 apartamentos

Rest *Silabario* – ver selección restaurantes

◆ Familiar y bastante actualizado. Cuenta con una zona social de aire moderno, una cafetería pública y habitaciones funcionales pero bien equipadas. También ofrece apartamentos.

Silabario (Alberto González) – Hotel Colón Tuy

Colón 11 ✉ *36700 –* ✆ *986 60 70 00 – www.restaurantesilabario.com – cerrado 23 diciembre-4 enero, domingo y lunes*

Rest – Menú 35/50 € – Carta 36/51 €

Espec. Centollo de la ría con huevo al punto, cebolla y huevas. Salmón del Miño a la brasa con tomillo, limón y tomate confitado (abril-junio). Lamprea a la bordelesa (febrero-abril).

◆ Sorprende por sus instalaciones, pues presenta un interior actual-minimalista con grandes ventanales hacia el pueblo, la cocina semivista y algún que otro detalle de diseño. Su chef propone una cocina actual de marcadas raíces regionales.

TURÉGANO - Segovia - 575 I17 - 1 098 h. - alt. 935 m 12 C2

Madrid 128 - Valladolid 121 - Segovia 34

El Zaguán con hab

pl. de España 16 ✉ *40370 –* ✆ *921 50 11 65 – www.el-zaguan.com*

15 hab – 40/60 € 53/66 €, 6 € **Rest** – Menú 18 € – Carta 22/40 €

◆ Conjunto castellano de atractivo ambiente rústico-regional, definido por sus recias vigas de madera y el horno de asar a la vista. Carta regional especializada en asados. Ofrece calidas habitaciones de aire rústico en el mismo edificio y en un anexo.

TURIENO - Cantabria - 572 C16 - 108 h. 8 A1

Madrid 412 - Santander 110 - Palencia 181

Posada Laura sin rest

✉ 39586 - ✆ 942 73 08 54 - www.posadalaura.com - cerrado 2 diciembre-8 enero

10 hab - 50/60 € 55/75 €, ☕ 6 €

◆ Disfruta de una pequeña zona ajardinada, un coqueto salón social con chimenea y confortables habitaciones, de ambiente rústico-actual pero personalizadas en su decoración.

ÚBEDA - Jaén - 578 R19 - 36 025 h. - alt. 757 m 2 C2

Madrid 323 - Albacete 209 - Almería 227 - Granada 141

Baja del Marqués 4, ✆ 953 77 92 04, www.andalucia.org

Localidad★★ - Barrio Antiguo★★ : plaza Vázquez de Molina★★ BZ, Palacio de las Cadenas★ BZ**H**, capilla de El Salvador★★ BZ - Iglesia de Santa María de los Alcázares★ BZ - Iglesia de San Pablo★ BY - Palacio del Conde de Guadiana (torre★) AY**Q**

Plano página siguiente

Parador de Úbeda

pl. Vázquez Molina ✉ 23400 - ✆ 953 75 03 45 - www.parador.es BZ**c**

36 hab - 138/148 € 173/185 €, ☕ 18 € **Rest** - Menú 33 €

◆ Palacio del s. XVI dotado con un gran patio de doble galería, una hermosa escalera en piedra y bellos artesonados. Habitaciones de línea rústica-elegante y buen nivel. En su restaurante podrá descubrir la cocina típica regional y unos curiosos menús.

Palacio de la Rambla sin rest

pl. del Marqués 1 ✉ 23400 - ✆ 953 75 01 96 - www.palaciodelarambla.com - cerrado del 8 al 27 de enero y 15 julio-12 agosto AY**a**

8 hab ☕ - 96 € 120 €

◆ Sumérjase en el exquisito pasado de este palacio del s. XVI. Ofrece estancias decoradas con mobiliario de época, un bello patio renacentista y habitaciones de estilo clásico.

Las Casas del Cónsul sin rest

pl del Marqués 5 ✉ 23400 - ✆ 953 79 54 30 - www.lascasasdelconsul.com

9 hab ☕ - 85/120 € 95/120 € AZ**a**

◆ Casa señorial rehabilitada en un estilo clásico-actual. Ofrece un patio central, coquetos rincones y elegantes habitaciones, una de ellas dúplex y otra tipo apartamento.

El Postigo sin rest

Postigo 5 ✉ 23400 - ✆ 953 75 00 00 - www.hotelelpostigo.com AZ**c**

26 hab - 38/130 € 46/139 €, ☕ 5 €

◆ Ocupa un edificio de nueva factura y ambiente minimalista, con predominio de los tonos blancos y mucho diseño. Amplio salón social con chimenea y habitaciones de línea actual.

María de Molina sin rest

pl. del Ayuntamiento ✉ 23400 - ✆ 953 79 53 56 - www.hotelmariademolina.es

27 hab - 55/75 € 79/105 €, ☕ 7 € BZ**a**

◆ Se encuentra en pleno centro histórico. Su hermoso patio cubierto funciona como distribuidor de las habitaciones, resultando todas amplias y personalizadas en su mobiliario.

La Paz sin rest

Andalucía 1, por Minas ✉ 23400 - ✆ 953 75 08 48 - www.hotel-lapaz.com

39 hab - 50 € 80 €, ☕ 5 €

◆ Casa de atenta y amable organización familiar. Aquí la escasez de zonas sociales se ve compensada por unas habitaciones confortables y de impecable limpieza.

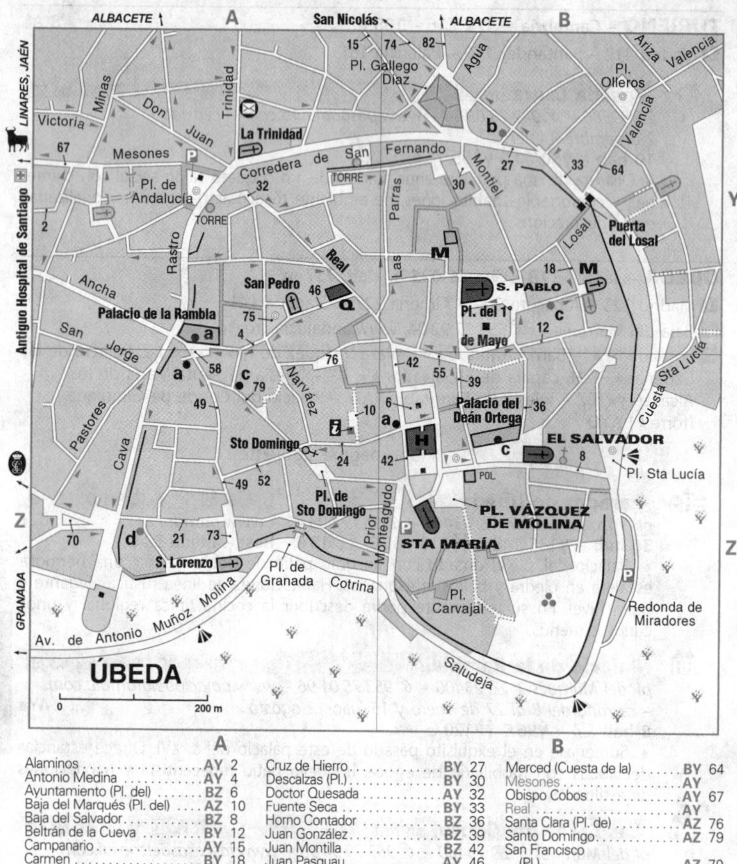

Alaminos **AY** 2	Cruz de Hierro **BY** 27	Merced (Cuesta de la) **BY** 64
Antonio Medina **AY** 4	Descalzas (Pl.) **BY** 30	Mesones **AY**
Ayuntamiento (Pl. del) **BZ** 6	Doctor Quesada **AY** 32	Obispo Cobos **AY** 67
Baja del Marqués (Pl. del) **AZ** 10	Fuente Seca **BY** 33	Real **AY**
Baja del Salvador **BZ** 8	Horno Contador **BZ** 36	Santa Clara (Pl. de) **AZ** 76
Beltrán de la Cueva **BY** 12	Juan González **BZ** 39	Santo Domingo **AZ** 79
Campanario **AY** 15	Juan Montilla **BZ** 42	San Francisco (Pl.) **AZ** 70
Carmen **BY** 18	Juan Pasquau **AY** 46	San Lorenzo (Pl.) **AZ** 73
Condestable Dávalos **AZ** 21	Jurando Gómez **AZ** 49	San Nicolás **BY** 74
Corazón de Jesús **AZ** 24	Luna y Sol **AZ** 52	San Pedro (Pl. de) **AY** 75
Corredera de San Fernando **ABY**	María de Molina **BYZ** 55	Trillo **BY** 82
	Marqués (Pl. del) **AZ** 58	

XX **Zeitúm**

San Juan de la Cruz 10 ✉ 23400
– ✆ 953 75 58 00 – www.zeitum.com
– cerrado 10 julio-10 agosto, domingo noche y lunes salvo festivos
Rest – Menú 45 € – Carta 32/54 € BY**c**

◆ Ocupa una casa antigua que ha sido remozada dándole una estética actual, con detalles de diseño y el mundo de la aceituna como eje temático de su decoración. Cocina de autor.

XX **Asador de Santiago**

av Cristo Rey 4, por Obispo Cobos ✉ 23400
– ✆ 953 75 04 63 – www.asadordesantiago.com
– cerrado del 1 al 14 de agosto y domingo noche
Rest – Menú 42 € – Carta 30/58 €

◆ Todo un clásico de la ciudad. Posee un animado bar de tapas y dos salas, una de línea actual-contemporánea y la otra algo más clásica. Elaboraciones actuales y buen producto.

XX **Cantina La Estación**

cuesta Rodadera 1 ✉ 23400 – ✆ 687 77 72 30 – cerrado del 15 al 25 de septiembre, martes noche y miércoles BY**b**

Rest – Menú 30 € – Carta 29/37 €

♦ Le sorprenderá por su ambientación, pues tiene un bar de tapas a modo de estación y una sala que imita el interior de un antiguo vagón de tren. Cocina actual y buen montaje.

X **Amaranto**

Hortelanos 6 ✉ 23400 – ✆ 953 75 21 00 – www.restauranteamaranto.es – cerrado del 9 al 19 de enero, domingo noche y lunes

Rest – *(solo almuerzo salvo viernes, sábado y junio-octubre)* AZ**d**

Carta aprox. 35 €

♦ Llevado por un matrimonio, con ella pendiente de los clientes y él atento a los fogones. En su sala, sencilla y de línea actual, le ofrecerán una cocina regional actualizada.

UBIARCO – Cantabria – ver Santillana del Mar

ULLDECONA – Tarragona – 574 K31 – 7 335 h. – alt. 134 m   13 A3

Madrid 510 – Castelló de la Plana/Castellón de la Plana 88 – Tarragona 104 – Tortosa 30

en la carretera de La Sénia :

XX **Les Moles**

Noroeste : 2 km ✉ 43550 Ulldecona – ✆ 977 57 32 24 – www.lesmoles.com – cerrado noviembre, domingo noche, lunes y martes noche

Rest – Menú 47/59 € – Carta 35/63 €

♦ De aire neorrústico, con la sala en piedra vista y un privado en un altillo. Elaboran una cocina de tintes creativos y poseen también un pabellón acristalado para banquetes.

XX **L'Antic Molí**

Barri Castell, Noroeste : 10 km ✉ 43559 El Castell – ✆ 977 57 08 93 – www.anticmoli.com – cerrado del 15 al 30 de noviembre y lunes

Rest – *(solo almuerzo salvo viernes y sábado)* Carta 34/49 €

♦ Disfruta de tres comedores, uno de ambiente mediterráneo, otro más rústico y el último, a modo de privado, con terraza. Gran salón para banquetes y una cocina de tinte actual.

UNCASTILLO – Zaragoza – 574 E26 – 781 h. – alt. 601 m   3 B1

Madrid 386 – Huesca 88 – Iruña/Pamplona 83 – Zaragoza 107

Posada La Pastora sin rest

Roncesvalles 1 ✉ 50678 – ✆ 976 67 94 99 – www.lapastora.net – cerrado del 7 al 31 de enero

8 hab – 56 € 80 €, 7 € – 2 suites

♦ Caserón de piedra ubicado en el centro de la localidad. Presenta un salón con chimenea, donde sirven los desayunos, y unas sobrias habitaciones, todas ellas personalizadas.

URDA – Toledo – 576 N18 – 3 073 h. – alt. 763 m   9 B2

Madrid 145 – Toledo 74 – Ciudad Real 56

Los Laureles

camino Tembleque 12 ✉ 45480 – ✆ 925 47 40 50 – www.casarurallosaureles.es

7 hab – 30/35 € 45/50 €, 4 € **Rest** – *(solo clientes)* Menú 15 €

♦ Ofrece una zona social con chimenea y habitaciones de correcto confort, con mobiliario rústico y baños de plato ducha. Huerto, cuadras y un jacuzzi cubierto en el jardín.

ESPAÑA

URDAITZ (URDÁNIZ) - Navarra - 573 D25 - 76 h. - alt. 696 m 24 B2

Madrid 413 - Iruña/Pamplona 18 - Bilbao 176 - Donostia-San Sebastián 96

XX ✿ **El Molino de Urdániz** (David Yárnoz)

carret. N 135, Suroeste : 0,5 km ✉ 31698 - ✆ 948 30 41 09 - www.elmolinourdaniz.com - cerrado 15 días en febrero, lunes, martes noche, miércoles noche y domingo noche

Rest - Menú 70 € - Carta 44/60 €

Espec. Salteado de espárragos, jengibre, lima, melisa y huevas vegetales. Chicharro asado, coliflor y tapioca cocinada en un caldo de atún, mucílago vegetal y brotes de berro. Crema cuajada de maracuyá, té Earl Grey, cítricos y frutas.

◆ Casa familiar construida en piedra y llevada con gran acierto. Presenta un bar público con chimenea y dos comedores de elegante ambiente rústico en el piso superior. Su chef propone una carta de cocina creativa bastante variada y un completo menú degustación.

URDAZUBI (URDAX) - Navarra - 573 C25 - 361 h. - alt. 95 m 24 B1

Madrid 475 - Bayonne 26 - Iruña/Pamplona 80

Irigoienea sin rest

barrio Iribere, Noreste : 0,5 km ✉ 31711 - ✆ 948 59 92 67 - www.irigoienea.com - Semana Santa, junio-15 septiembre y de jueves a domingo resto del año

10 hab - †51/56 € ††71/80 €, ☕ 8 €

◆ Caserón del s. XVIII donde conviven el encanto de antaño y el confort actual. Entre sus habitaciones, sobrias y con detalles rústicos, destacan las cuatro abuhardilladas.

X **La Koska**

San Salvador 3 ✉ 31711 - ✆ 948 59 90 42 - cerrado 15 diciembre-15 enero y lunes salvo festivos

Rest - Carta 39/52 €

◆ Ocupa una casa típica y se presenta con una única sala de aire rústico, presidida por una chimenea. Propone una carta tradicional y su especialidad son las carnes a la brasa.

URDILDE - A Coruña - 571 D3 - 60 h. 19 B2

Madrid 617 - Santiago de Compostela 21 - A Coruña 96 - Pontevedra 73

por la carretera de Negreira Norte : 0,5 km y desvío a la izquierda 1 km

Fogar do Selmo

Casal do Poño ✉ 15281 Urdilde - ✆ 981 80 52 69 - www.fogardoselmo.com

10 hab ☕ - †40/60 € ††50/80 €

Rest - *(cerrado lunes)* (es necesario reservar) Menú 15/30 €

◆ Turismo rural instalado en una antigua casa de labranza. Ofrece una decoración rústica-actual, atractivas paredes en piedra y cálidas habitaciones con mobiliario restaurado. En su coqueto restaurante elaboran una carta de gusto tradicional, aunque normalmente es necesario reservar.

URKIOLA (Puerto de) - Vizcaya - 573 C22 - alt. 700 m 25 A2

Madrid 386 - Bilbao 40 - Donostia-San Sebastián 79 - Vitoria-Gasteiz 31

X **Bizkarra** con hab

✉ 48211 - ✆ 946 81 20 26 - www.burdi-kurutze.com - cerrado 24 diciembre-8 enero y lunes

3 hab ☕ - †40/50 € ††60/80 € **Rest** - Carta 23/56 €

◆ Este negocio, llevado en familia, goza ya de una larga trayectoria. Posee un modesto comedor junto al bar público y, en la 1ª planta, otro de superior montaje. En un edificio anexo, que en su día funcionó como posada, ofrecen habitaciones de confort actual.

URRÚNAGA - Álava - 573 D22 - 81 h. 25 A2

Madrid 361 - Vitoria-Gasteiz 14 - Logroño 103 - Iruña/Pamplona 101

XX **Urtegi Alde**

Urrúnaga 13 ✉ 01170 - ✆ 945 46 57 01

Rest - *(solo almuerzo salvo viernes y sábado)* Carta 32/40 €

◆ Instalado parcialmente en un antiguo caserío con dos partes bien diferenciadas, una rústica que conserva los viejos pesebres de la cuadra y otra acristalada de estilo moderno.

UTIEL - Valencia - 577 N26 - 12 421 h. - alt. 720 m 16 A2

Madrid 269 - Albacete 117 - València 82

El Tollo

hab,

Alto San Agustín ✉ 46300 - ✆ 962 17 02 31 - www.hoteltollo.com

35 hab - 49/62 € 60/76 € - 8 apartamentos

Rest - Menú 12/16 € - Carta 21/39 €

◆ Hotel de carretera que reparte sus confortables dependencias entres dos edificios. Correcta zona social, habitaciones de línea actual y apartamentos bien equipados. El restaurante posee dos salas, una informal para el menú y otra superior para la carta.

XX **El Carro** con hab

Héroes del Tollo 21 ✉ 46300 - ✆ 962 17 11 31 - www.restauranteelcarro.com

2 hab - 50 € 75 €

Rest - *(cerrado domingo y miércoles noche)* Carta 27/49 €

◆ Presenta una barra a la entrada y una luminosa sala de línea actual, esta distribuida en varios niveles. Carta tradicional de temporada con algún que otro plato creativo. Como complemento al negocio también ofrece unas habitaciones de buen nivel.

ESPAÑA

UTRERA - Sevilla - 578 U12 - 51 177 h. - alt. 49 m 1 B2

Madrid 523 - Sevilla 37 - Cádiz 106 - Huelva 127

Veracruz sin rest

Corredera 44 ✉ 41710 - ✆ 955 86 52 52 - www.hotelveracruz.com

18 hab - 49/60 € 75/100 €

◆ Disfruta de un luminoso patio interior y coquetas habitaciones, todas con mobiliario clásico-actual y plato ducha en la mayoría de los baños. Agradable azotea-terraza.

VALDASTILLAS - Cáceres - 576 L12 - 368 h. - alt. 638 m 18 C1

Madrid 242 - Mérida 172 - Cáceres 102 - Salamanca 141

Garza Real

hab,

Piscina 12 ✉ 10614 - ✆ 626 98 27 84 - www.garzareal.com
- cerrado 15 enero-10 febrero y 15 septiembre-6 octubre

6 hab - 55/85 € 70/85 €

Rest - *(cerrado de lunes a jueves en invierno, lunes y martes en verano)* (es necesario reservar) Menú 28 € - Carta 29/46 €

◆ Casa llevada por una pareja. Dispone de una pequeña salita social y habitaciones personalizadas de estilo rústico, con mobiliario antiguo restaurado y baños de plato ducha. El restaurante sorprende tanto por su cuidado servicio de mesa como por su carta.

VALDEMORO - Madrid - 576 - 575 L18 - 65 922 h. - alt. 615 m 22 B2

Madrid 27 - Aranjuez 21 - Toledo 53

XXX **Chirón**

Alarcón 27 ✉ 28341 - ✆ 918 95 69 74 - www.restaurantechiron.com - cerrado Semana Santa, 15 días en agosto y domingo noche

Rest - Menú 48/58 € - Carta 38/51 €

◆ Este elegante restaurante disfruta de una bodega acristalada a la entrada y otra en el piso superior, justo en el acceso a los comedores. Excelente servicio y carta de autor.

XX **La Fontanilla**

Illescas 2 ✉ 28340 – ✆ 918 09 55 82 – www.restaurantelafontanilla.com – cerrado domingo noche y lunes

Rest – Carta 27/50 €

◆ Casa de línea clásica dotada con un gastrobar y varias salas, la principal en la 1ª planta. En su amplia carta podrá encontrar platos tradicionales, regionales e innovadores.

VALDEPEÑAS – Ciudad Real – 576 P19 – 31 370 h. – alt. 720 m — 9 B3

Madrid 203 – Albacete 168 – Alcázar de San Juan 87 – Aranjuez 156

San Carlos del Valle★ (plaza Mayor★) Noreste : 22 km

Veracruz Plaza sin rest, con cafetería

pl. Veracruz ✉ 13300 – ✆ 926 31 30 00 – www.hotelveracruzplaza.com

55 hab – †65/120 € ††65/135 €, ☕ 8 € – 2 suites

◆ Resulta céntrico y destaca tanto por su diseño de interiores, bastante actual, como por los tratamientos que ofrece en su zona SPA. Equipadas habitaciones de aire minimalista.

Central sin rest

Capitán Fillol 4 ✉ 13300 – ✆ 926 31 33 88 – www.hotelcentralval.com

26 hab – †55 € ††60 €, ☕ 4 €

◆ Encontrará la recepción en la 1ª planta. Este hotel ofrece un excelente nivel de limpieza y espaciosas habitaciones, con mobiliario funcional y aseos actuales completos.

XX **La Fonda de Alberto**

Cristo 67 ✉ 13300 – ✆ 926 31 61 76 – www.lafondadealberto.com – cerrado domingo noche

Rest – Carta 30/47 €

◆ Ofrece un bar de tapas, dos salas de buen confort y un privado clásico-actual, este último con una bodega acristalada. Honesta cocina tradicional y sugerencias del día.

X **Sucot**

av. 1° de Julio 91 ✉ 13300 – ✆ 926 31 29 32 – www.restaurantsucot.es – cerrado lunes

Rest – Carta 30/40 €

◆ Presenta una estética rústica actualizada, con una barra de bar, dos salas y una decoración definida por las paredes en ladrillo, antiguas tinajas y una bodega acristalada.

en la autovía A 4 Norte : 4 km

XX **La Aguzadera**

dirección Córdoba ✉ 13300 Valdepeñas – ✆ 926 32 32 08 – www.laaguzadera.com – cerrado domingo noche, lunes y martes noche

Rest – Carta 35/49 €

◆ Negocio de seria organización familiar. Tras su cuidada fachada encontrará un buen hall de entrada, una bodega vista y tres salas de línea clásica-actual. Cocina tradicional.

X **Venta La Quintería**

dirección Madrid ✉ 13300 Valdepeñas – ✆ 926 33 82 93 – www.laaguzadera.com – cerrado miércoles

Rest – *(solo almuerzo)* Menú 25 € – Carta 28/42 €

◆ Venta típica manchega dotada con patio y tienda. Posee dos comedores, uno con chimenea y otro más amplio regional, este adornado con grandes tinajas y la viguería a la vista.

ESPAÑA

VALDESOTO - Asturias - **572** B13 - **2 110 h.** **5** B1

Madrid 451 - Oviedo 22 - León 129

La Quintana de Valdés sin rest

barrio de Tiroco de Arriba 53, Oeste : 1,8 km ✉ 33938 - ☎ 985 73 55 77 - www.laquintanadevaldes.com - cerrado 15 enero-15 febrero
6 hab - †54/75 € ††75/96 €, ☕ 4 €

◆ Esta casa campesina tiene sus orígenes en el s. XVII. Posee habitaciones de estilo rústico, la mayoría con mobiliario de anticuario y columna de hidromasaje en los baños.

VALDEVIMBRE - León - **575** E13 - **1 063 h.** - **alt. 811 m** **11** B1

Madrid 332 - León 25 - Palencia 123 - Ponferrada 104

Los Poinos

canal de Rozas 81 ✉ 24230 - ☎ 987 30 40 18 - www.lospoinos.com - cerrado del 9 al 26 de enero, lunes noche, martes noche y miércoles
Rest - Menú 35 € - Carta 20/34 €

◆ Su nombre rememora los tacos de madera sobre los que se apoyan las cubas. Bar rústico a la entrada y diversos comedores excavados en la piedra caliza de una antigua bodega.

ESPAÑA

VALÈNCIA

Planos de la ciudad en páginas siguientes **16** B2

© Karl Johaentges / Look / Photononstop

ESPAÑA

🅿 – **Valencia – 809 267 h. – alt. 13 m** – **577** N28/N29

▶ Madrid 352 – Albacete 183 – Alacant/Alicante 174 – Barcelona 355

Oficinas de Turismo

Paz 48, ☎ 96 398 64 22, www.comunitatvalenciana.com
San Vicente Martir 171 (Estación Joaquín Sorolla), ☎ 96 380 36 26
Poeta Querol, ☎ 96 351 49 07

Aeropuerto

✈ de Valencia-Manises por ④ : 11 km ☎ 902 404 704
Iberia : aeropuerto ☎ 902 400 500

Transportes marítimos

⛴ para Baleares : Cia. Trasmediterránea, Muelle de Poniente (Estación Marítima), ☎ 902 45 46 45 CV.

Golf

⛳ Club de Golf Manises, por la carret. de Madrid : 12 km, ☎ 96 153 40 69
⛳ Club Escorpión, NO : 19 km por carretera de Liria, ☎ 96 160 12 11
⛳ El Saler (Parador de El Saler), por la carret. d'El Saler : 15 km, ☎ 96 161 03 84

Automóvil Club

R.A.C.V. Marqués del Turia 79 ☎ 96 334 55 22

VER

La Ciudad Vieja* : Catedral* (El Miguelete*, Capilla del Santo Cáliz*) EX, Palau de la Generalitat* (artesonado* del Salón dorado) EX ; Lonja* (sala de la contratación**) DY, Plaza de la Virgen* EX • Ciutat de les Arts i les Ciències* (L'Oceanogràfic**, Museu de les Ciències Príncipe Felipe**, L'Hemisfèric*, L'Umbracle*) BV.

Otras curiosidades : Museo de Cerámica** (Palacio del Marqués de Dos Aguas**) EY **M**[1] • Museo de Bellas Artes San Pio V* (primitivos valencianos**) FX • Colegio del Patriarca o del Corpus Christi* (triptico de la Pasión*) EY **N** • Torres de Serranos* EX • IVAM* DX • Museo de historia de Valencia (MhV)* AU.

The Westin València

Amadeo de Saboya 16 ✉ *46010* Ⓜ *Alameda* – ✆ *963 62 59 00*
– *www.westinvalencia.com* BU**p**
130 hab – 180/590 € – 5 suites
Rest *The Gourmet* – Menú 35/50 € – Carta 40/71 €
◆ Instalado en un edificio histórico. Disfruta de un gran patio, un magnífico SPA y unas habitaciones de línea clásica-elegante, todas muy amplias y de excelente equipamiento. El restaurante gastronómico, que tiene un montaje de gran nivel, presenta tres privados, la cocina vista y una carta tradicional.

Sorolla Palace

av. Cortes Valencianas 58 ✉ *46015* Ⓜ *Beniferri* – ✆ *961 86 87 00*
– *www.hotelsorollapalace.com* AU**s**
271 hab – 65/324 €, 17 € – 13 suites
Rest – Menú 18 € – Carta 24/49 €
◆ Disfruta de una clientela de negocios gracias a su estética moderna y a la proximidad respecto al Palacio de Congresos. Habitaciones de línea funcional-actual. El restaurante, instalado en una sala modulable de montaje funcional, se completa con tres privados.

Palau de la Mar

Navarro Reverter 14 ✉ *46004* Ⓜ *Colón* – ✆ *963 16 28 84* – *www.fuenso.com*
65 hab – 115/495 €, 19 € – 1 suite FY**c**
Rest *Senzone* – Carta 39/46 €
◆ Ocupa parcialmente dos palacetes del s. XIX, donde encontrará su área social y la mayoría de las habitaciones, todas de líneas puras y completo equipamiento. Zona de SPA. El restaurante ofrece una cocina mediterránea-creativa con arroces muy variados.

ESPAÑA

Ayre Astoria Palace

pl. Rodrigo Botet 5 ✉ *46002* Ⓜ *Colón* – ✆ *963 98 10 00* – *www.ayrehoteles.com*
196 hab – 80/336 € 80/394 €, 15 € – 8 suites EY**p**
Rest *AB Vinatea* – ver selección restaurantes
◆ Ofrece dos tipos de habitaciones, unas de línea clásica y otras de estética más moderna. Atractiva sala de desayunos en el ático, muy luminosa y con vistas sobre la ciudad.

Meliá Plaza

pl. del Ayuntamiento 4 ✉ *46002* Ⓜ *Xàtiva* – ✆ *963 52 06 12*
– *www.solmelia.com* EY**d**
101 hab – 85/190 €, 18 € **Rest** – Menú 23 €
◆ Céntrica ubicación. Su reducida zona social se compensa con unas habitaciones de línea clásica, bien equipadas para su categoría, y un completo fitness con vistas en el ático. En su restaurante, de corte moderno, encontrará una carta tradicional y un menú.

Abba Acteón

Escultor Vicente Beltrán Grimal 2 ✉ *46023* Ⓜ *Ayora* – ✆ *963 31 07 07*
– *www.abbahoteles.com* BUV**a**
182 hab – 55/300 € 55/320 €, 15 € – 5 suites
Rest *Amalur* – *(cerrado domingo)* Carta aprox. 42 €
◆ Este hotel de cadena se presenta con una buena oferta en salones de trabajo y unas habitaciones de notable amplitud, todas exteriores, luminosas y de estilo funcional. En su restaurante, de sencillo montaje, encontrará una correcta carta tradicional.

NH Center

Ricardo Micó 1 ✉ *46009* Ⓜ *Turia* – ✆ *963 47 50 00* – *www.nh-hotels.com*
192 hab – 58/375 €, 15 € **Rest** – Menú 18 € AU**r**
◆ Ofrece confortables habitaciones y destaca por sus atractivos complementos, como la piscina polivalente con techo móvil, el bar-terraza panorámico de la azotea o su fitness. El comedor, de ambiente acogedor y montaje funcional, presenta una carta tradicional.

VALÈNCIA

Street	Grid	No.
Alcade Reig	BV	2
Ángel Guimerá	AU	7
Burjassot (Av. de)	AU	9
Campanar (Av.)	AU	10
Cavanilles	BU	14
Constitución (Av. de la)	BU	15
Doctor Peset Aleixandre (Av.)	BU	20
Doctor Tomás Sala (Av. del)	AV	21
Fernando el Católico (G. Vía)	AU	26
Filipinas	BV	29
Gaspar Aguilar (Av. de)	AV	31
General Avilés (Av.)	AU	32
General Urrutia	BV	36
Giorgeta (Av.)	AV	37
Guadalaviar	BU	38
Hermanos Maristas (Av. de)	BV	42
Ingeniero Manuel Soto (Av.)	CV	43
José Soto Mico	AV	46
Junta de Murs y Valls	BV	44
Liano de la Zaidia	BU	47
Maestro Rodrigo (Av.)	AU	51
Mandingora (Av. de)	AV	52
Manuel de Falla (Av.)	AU	53
Menéndez Pidal (Av.)	AU	58
Morenas (Camino)	CV	60
Pechina (Paseo)	AU	68
Pérez Galdós (Av. de)	AU	69
Peris y Valero (Av. de)	BV	71
Pianista Martinez Carrasco (Av. del)	BV	72
Plata (Av. de la)	BV	76
Primado Reig (Av. del)	BU	78
San josé de Calasanz	AU	82
San Vicente Mártir (Av.)	AV	84
Tirso de Molina (Av.)	AU	92
9 de Octubre	AU	99

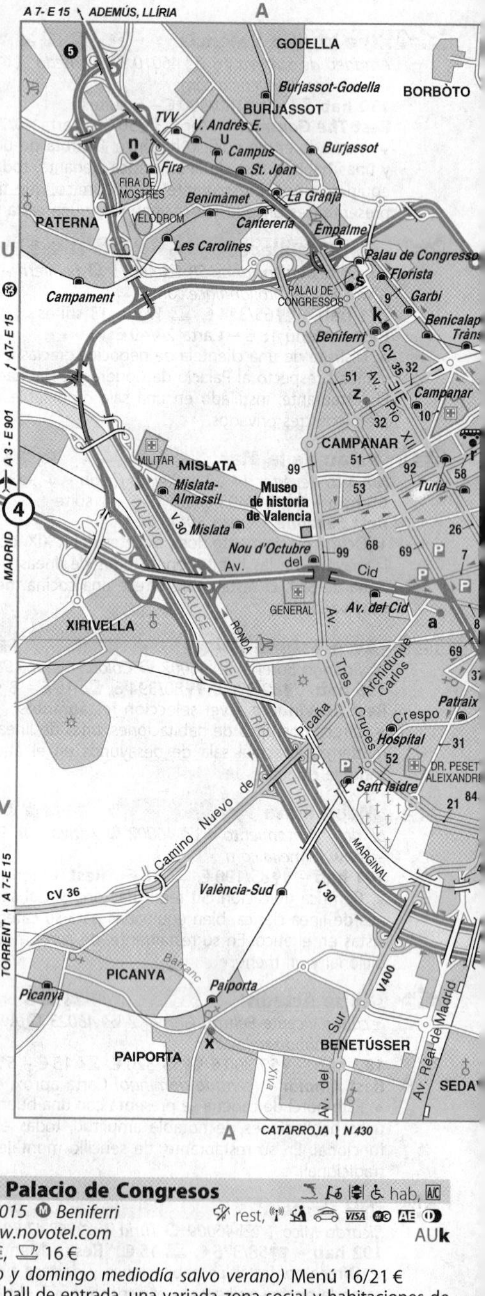

Novotel València Palacio de Congresos hab, AC

Valle de Ayora 1 ✉ *46015* Ⓜ *Beniferri* – ✆ *963 99 74 00* – *www.novotel.com* rest, VISA AE **AUk**

151 hab – ††65/195 €, ☕ 16 €

Rest – *(cerrado sábado y domingo mediodía salvo verano)* Menú 16/21 €

◆ Dispone de un buen hall de entrada, una variada zona social y habitaciones de adecuado equipamiento, con buenas mesas de trabajo y baños completos. El restaurante, que disfruta de una estética actual, deja la cocina a la vista del cliente.

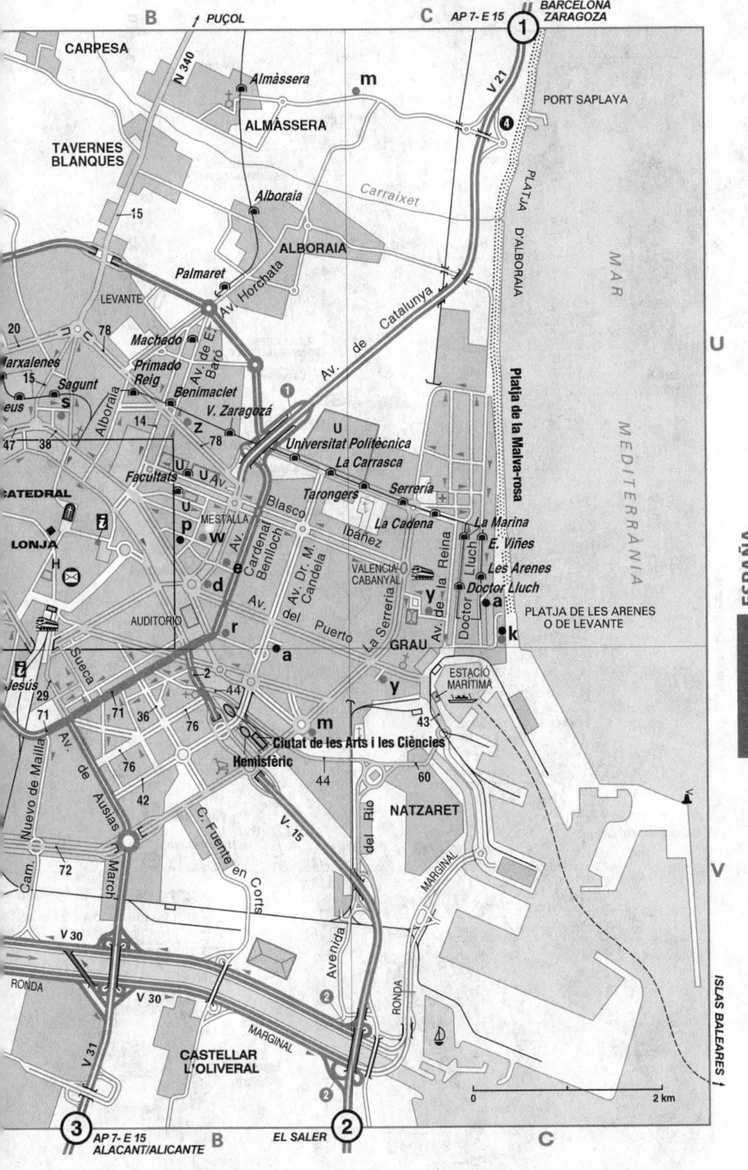

Reina Victoria

Barcas 4 ✉ *46002* Ⓜ *Xàtiva* – ✆ *963 52 04 87* – *www.husa.es* EY**s**

96 hab – 🛉60/333 € 🛉🛉60/350 €, ☕ 13 €

Rest – *(cerrado agosto)* Menú 22 €

◆ Disfruta de una bella fachada, propia de un edificio histórico, y una magnífica ubicación a un paso de los principales museos. Habitaciones espaciosas y de línea clásica. El comedor, que basa su oferta en un completo buffet, se encuentra en la 1ª planta.

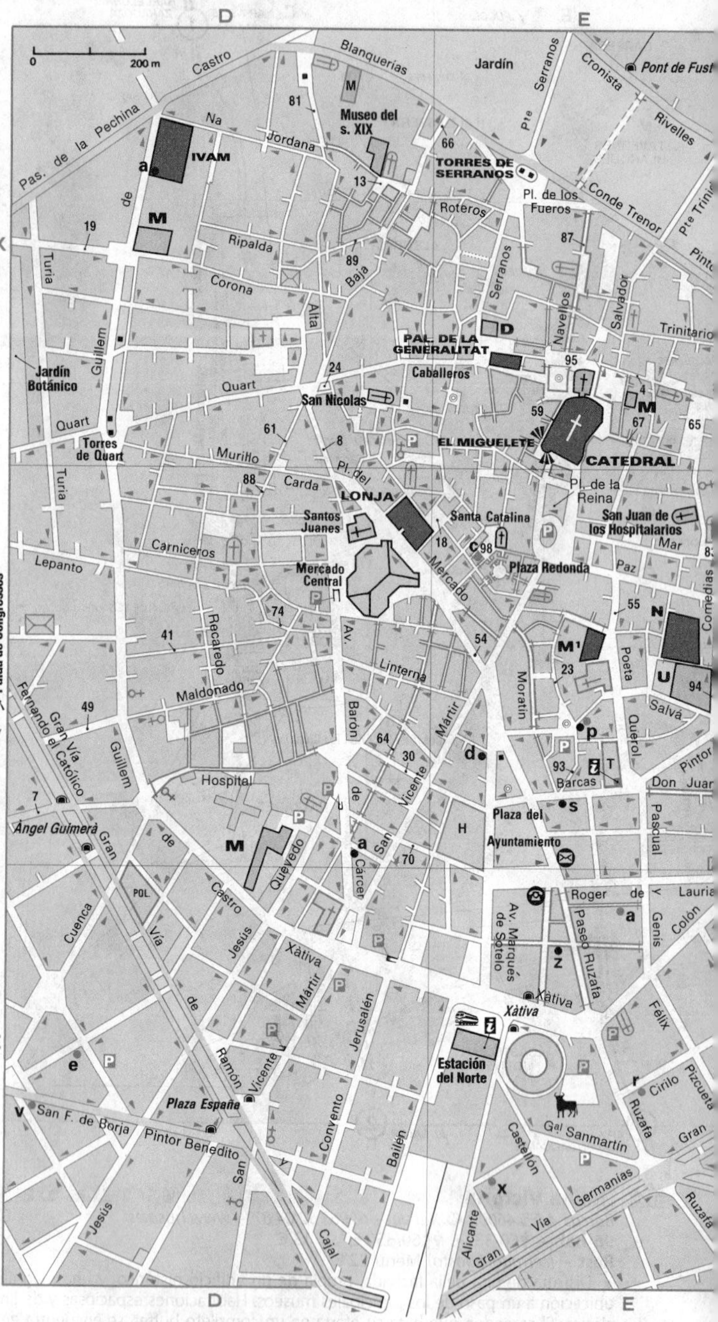

D
E
0
200 m
Castro
Blanquerías
Jardín
Serranos
Pte
Cronista
Pont de Fust
Rivelles
Pas. de la Pechina
Na
Jordana
M
81
Museo del s. XIX
66
IVAM
a
TORRES DE SERRANOS
13
Pl. de los Fueros
Conde Trenor
Pte Trinidad
Pinto
de
M
19
X
Roteros
Ripalda
89
Baja
87
Turia
Corona
Serranos
Navellos
Salvador
Alta
D
Trinitarios
Guillem
PAL. DE LA GENERALITAT
Jardín Botánico
24
Caballeros
95
Quart
San Nicolás
4
M
59
67
65
Quart
61
Torres de Quart
8
EL MIGUELETE
CATEDRAL
Murillo
Pl. del
88
Carda
Pl. de la Reina
Turia
LONJA
Santos Juanes
Santa Catalina
San Juan de los Hospitalarios
18
c
98
Mar
Carniceros
Lepanto
Mercado
Plaza Redonda
Paz
Mercado Central
Comedias
55
N
Recaredo
74
41
Av.
54
M1
Linterna
23
Poeta
Moratín
U
94
Fernando el Católico
Maldonado
Salvá
49
Barón
Mártir
p
Gran Vía
Querol
Y
64
d
30
Pintor
Guillem
Vicente
93
T
Barcas
Don Juan
Hospital
de
s
7
Pascual
Ángel Guimerà
Gran
Plaza del Ayuntamiento
H
de
a
M
San
Quevedo
70
Cárcer
Castro
Roger de Lauria
POL.
Av. Marqués de Sotelo
Paseo Ruzafa
a
Genís
Colón
Cuenca
Vía
Jesús
Xàtiva
z
Mártir
Jerusalén
Xàtiva
Xàtiva
de
Félix
Z
Estación del Norte
e
Ramón
Vicente
Pizcueta
r
Cirilo
Plaza España
Convento
v
San F. de Borja
Ruzafa
Pintor Benedito
Bailén
Gal Sanmartín
Gran
y
Castellón
San
x
Germanías
Ruzafa
Jesús
Cajal
Alicante
Vía
Gran
D
E
ESPAÑA
Palau de Congressos

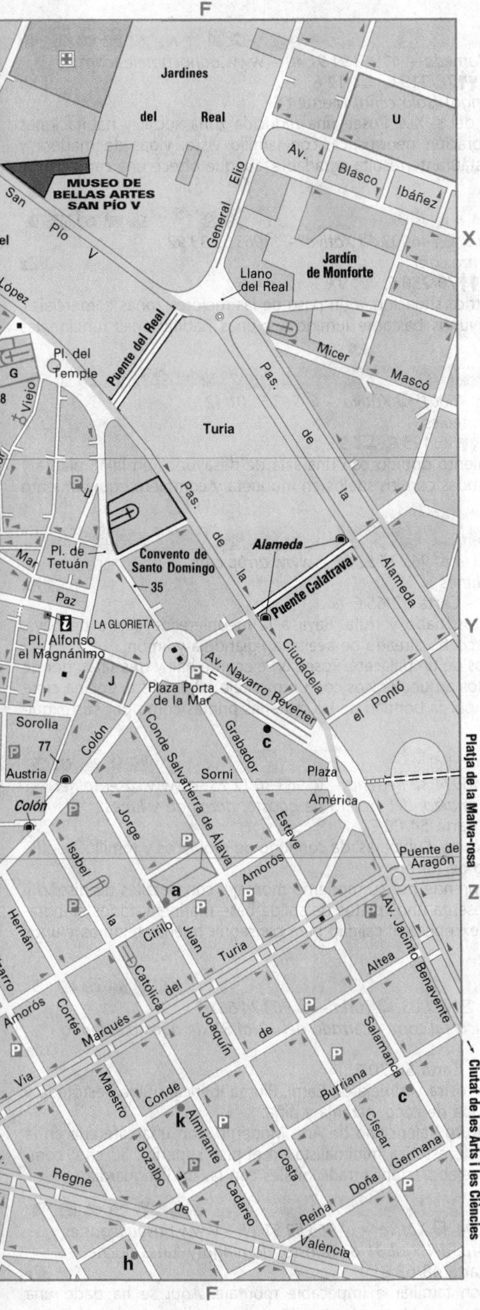

F
Jardines
del
Real
U
MUSEO DE BELLAS ARTES SAN PÍO V
San
Pío
V
López
Av.
Blasco
Ibáñez
General
Elio
Jardín de Monforte
Llano del Real
Puente del Real
Pl. del Temple
G
Viejo
48
Micer
Mascó
Pas.
de
la
Alameda
Turia
Pas.
de
la
Ciudadela
Convento de Santo Domingo
Alameda
Puente Calatrava
Pl. de Tetuán
35
Mar
Paz
LA GLORIETA
Pl. Alfonso el Magnánimo
J
Plaza Porta de la Mar
Av. Navarro Reverter
el
Pontó
Sorolla
77
Colón
Austria
Colón
Conde Salvatierra de Álava
Grabador
Esteve
c
Sorni
Plaza
América
Jorge
Juan
Isabel
la
Católica
Puente de Aragón
Amorós
a
Cirilo
Turia
Altea
Av. Jacinto Benavente
Hernán
Cortés
Amorós
del
Marqués
Joaquín
de
Salamanca
Vía
Maestro
Gozalbo
Conde
Almirante
k
Cadarso
Costa
Burriana
Císcar
c
Germana
Doña
Reina
Regne
de
València
h
X
Y
Z
Platja de la Malva-rosa
Ciutat de les Arts i les Ciències

VALÈNCIA

Ad-Hoc rest,

Boix 4 ✉ 46003 Ⓜ Alameda – ☎ 963 91 91 40 – www.adhochoteles.com
28 hab – †65/167 € ††76/219 €, ☕ 12 € FX**a**
Rest – *(cerrado domingo) (solo cena)* Menú 11 €
♦ Atractivo conjunto del s. XIX. Posee una reducida zona social y habitaciones definidas por su decoración neorrústica, con ladrillo visto, vigas de madera y losetas de barro. El restaurante resulta agradable, aunque ofrece una carta demasiado reducida.

Sorolla Centro sin rest

Convento Santa Clara 5 ✉ 46002 Ⓜ Xàtiva – ☎ 963 52 33 92 – www.hotelsorollacentro.com EZ**z**
58 hab – †60/150 € ††70/230 €, ☕ 9 €
♦ Destaca por su céntrica situación, a un paso de las mejores zonas comerciales, con una sala de desayunos bastante luminosa y unas habitaciones funcionales pero bien equipadas.

Mediterráneo sin rest

Barón de Cárcer 45 ✉ 46001 Ⓜ Xàtiva – ☎ 963 51 01 42 – www.hotel-mediterraneo.es DY**a**
34 hab – †56/140 € ††56/195 €, ☕ 9 €
♦ Céntrico establecimiento dotado con una sala de desayunos en la 1ª planta y habitaciones clásicas, todas con los suelos en moqueta y completo equipamiento en su categoría.

ESPAÑA

Arrop (Ricard Camarena)

Almirante 14 ✉ 46003 – ☎ 963 15 52 87 – www.arrop.com – cerrado domingo y lunes FX**x**
Rest – Menú 58/79 € – Carta 52/65 €
Espec. Arroz de pulpitos, nabo y trufa. Raya a la meunière de aceite de oliva, alcahofas y tomate. Bizcocho aireado de avellana, gianduja y limón.
♦ Instalado en los bajos de un palacete. Posee un elegante hall y tres salas, donde combinan algunos restos arqueológicos con un montaje minimalista. Cocina creativa que destaca tanto por la bondad de las materias primas como por sus exquisitas presentaciones.

Ca'Sento (Raúl Aleixandre)

Méndez Núñez 17 ✉ 46024 Ⓜ Serrería – ☎ 963 30 17 75 – www.casento.net – cerrado del 15 al 31 marzo, del 1 al 15 de agosto, domingo y lunes
Rest – Menú 110 € – Carta 54/80 € CV**y**
Espec. Buñuelos de bacalao. Lubina asada con jugo de moluscos y tomillo. Soufflé de avellana con helado de turrón.
♦ Un negocio que sorprende por su moderno montaje, con detalles de diseño y la cocina semivista. Presenta unos platos de sólida base marinera, todos elaborados con productos de excepcional calidad para conseguir buenas texturas y unos sabores más definidos.

La Sucursal

Guillém de Castro 118 ✉ 46003 Ⓜ Túria – ☎ 963 74 66 65 – www.restaurantelasucursal.com – cerrado del 13 al 31 de agosto, sábado mediodía y domingo DX**a**
Rest – Menú 48/70 € – Carta 50/70 €
Espec. Arroz meloso de ostra y almeja de Carril. Pluma ibérica, quinoa estofada y tuétano de salsifí. Cuajada de coco, naranja y piña.
♦ Está dentro del Instituto Valenciano de Arte Moderno, con una cafetería en la planta baja y una sala de estética minimalista en el piso superior. Su chef combina a la perfección las elaboraciones tradicionales con las de vanguardia.

Rías Gallegas

Cirilo Amorós 4 ✉ 46004 Ⓜ Xàtiva – ☎ 963 52 51 11 – www.riasgallegas.es – cerrado Semana Santa, del 7 al 31 de agosto, domingo y lunes noche
Rest – Menú 35 € – Carta 48/68 € EZ**r**
♦ Casa de organización familiar e impecable montaje. Aquí se ha dado una vuelta a los orígenes, por eso ahora ofrecen una cocina gallega tradicional pero con detalles actuales.

Torrijos (Josep Quintana)
Dr. Sumsi 4 ✉ 46005 Ⓜ Colón – ✆ 963 73 29 49 – www.restaurantetorrijos.com – cerrado del 10 al 16 de enero, del 25 al 30 de abril, del 15 al 31 de agosto, del 5 al 11 de septiembre, domingo y lunes FZ**h**
Rest – Menú 58/80 € – Carta 60/80 €
Espec. Langostino de Vinaroz con alcachofas, puré de limón y sopa de pan de centeno. Cochinillo confitado con puré de patata, azafrán y mango. Bogavante del Mediterráneo con suquet de fideuá y verduritas asadas.
♦ Tras su puerta de acceso encontrará un espacio gastronómico polivalente, con una elegante sala de línea actual, una atractiva bodega acristalada y dos privados, uno de ellos en la misma cocina. Sus elaboraciones de autor demuestran un gran dominio técnico.

Alejandro del Toro
Amadeo de Saboya 15 ✉ 46010 Ⓜ Aragón – ✆ 963 93 40 46 – www.restaurantealejandrodeltoro.com – cerrado domingo mediodía y lunes
Rest – Carta 40/70 € BU**w**
♦ El chef-propietario elabora una cocina creativa y presenta un espacioso comedor de estética minimalista, con una bodega acristalada que deja la cocina a la vista del cliente.

Vertical (Jorge De Andrés)
Luis García Berlanga 19 ✉ 46013 – ✆ 963 30 38 00 – www.restaurantevertical.com – cerrado domingo BV**m**
Rest – *(solo menú)* Menú 50/63 €
Espec. Micro vegetales y moluscos con licuado de ensalada valenciana. Rabo de buey con pasta fresca y crema de coliflor. Pescado de lonja con "rosejat" de fideos y pulpitos.
♦ Este singular restaurante se encuentra en la última planta del hotel Confortel Aqua 4 y destaca tanto por sus instalaciones como por sus vistas. Sala de estética actual, curiosa terraza chill-out e interesante cocina creativa a través de un menú gastronómico.

ESPAÑA

Riff (Bernd Knöller)
Conde de Altea 18 ✉ 46005 Ⓜ Colón – ✆ 963 33 53 53 – www.restaurante-riff.com – cerrado Semana Santa, agosto, domingo y lunes FZ**k**
Rest – Menú 59/85 € – Carta 47/72 €
Espec. Mojama casera con almendras, aceite de oliva virgen y tomate valenciano. Rape asado con cilantro seco y canela, con humus de guisantes. "Mousse au chocolat" caliente, achicoria, sal y aceite de oliva.
♦ Este negocio de estética minimalista, muy cuidada, ahora se ve apoyado por la tienda delicatessen que poseen en el local anexo. Su chef-propietario ofrece una cocina de autor basada en los productos de temporada, siempre bien tratados y de la mejor calidad.

AB Vinatea – Hotel Ayre Astoria Palace
Vilaragut 4 ✉ 46002 Ⓜ Colón – ✆ 963 98 10 00 – www.ayrehoteles.com – cerrado domingo noche, lunes noche y martes noche EY**p**
Rest – Menú 20/60 € – Carta 30/56 €
♦ Disfruta de un acceso independiente. En su moderno comedor podrá degustar una cocina de base tradicional y regional, con elaboraciones actuales y un buen apartado de arroces.

El Alto de Colón
Jorge Juan 19 ✉ 46004 Ⓜ Colón – ✆ 963 53 09 00 – www.grupoelalto.com – cerrado Semana Santa, agosto, sábado mediodía y domingo FZ**a**
Rest – Menú 49/65 € – Carta 41/56 €
♦ Establecimiento singular ubicado en uno de los torreones del mercado de Colón, de estilo modernista. Presenta atractivos techos con azulejos y una cocina actual mediterránea.

XX **Askua**
Felip María Garín 4 ✉ 46021 Ⓜ Aragón – ☎ 963 37 55 36 – www.restauranteaskua.com – cerrado 7 días en Navidades, 21 días en agosto, sábado mediodía, domingo y festivos BU**d**
Rest – Carta 44/65 €
◆ Restaurante con prestigio y clientela de buen nivel. Se presenta con una pequeña sala de diseño moderno y una carta basada en la calidad del producto, normalmente escogido.

XX **El Gastrónomo**
av. Primado Reig 149 ✉ 46020 Ⓜ Benimaclet – ☎ 963 69 70 36 – www.elgastronomorestaurante.com – cerrado agosto, domingo y lunes noche
Rest – Carta 30/43 € BU**z**
◆ Un restaurante a la antigua usanza, de organización profesional, ambiente clásico y con una nutrida selección gastronómica entre cuyos platos destaca su famoso Steak Tartare.

XX **Civera**
Mosén Femades 10 ✉ 46002 Ⓜ Colón – ☎ 963 52 97 64 – www.marisqueriascivera.com – cerrado del 1 al 7 de agosto EZ**a**
Rest – Carta aprox. 62 €
◆ Especializado en pescados, mariscos y arroces. Encontrará un bar con varias mesas, unos sugerentes expositores y una sala de ambiente marinero. Interesante bodega acristalada.

ESPAÑA

XX **Kaymus**
av. Maestro Rodrigo 44 ✉ 46015 Ⓜ Beniferri – ☎ 963 48 66 66 – www.kaymus.es – cerrado lunes noche AU**z**
Rest – Carta 32/48 €
◆ Establecimiento de línea moderna que llama la atención por su cocina, de elaboraciones sencillas aunque siempre con gran fineza y calidad. Se puede decir que miman su bodega.

XX **Canyar**
Segorbe 5 ✉ 46004 Ⓜ Bailén – ☎ 963 41 80 82 – www.canyarrestaurante.com – cerrado agosto, sábado mediodía y domingo EZ**x**
Rest – Menú 73 €
◆ Resulta singular, pues tiene una decoración antigua con detalles modernistas. Ofrece una cuidada bodega y unos pescados de gran calidad, ya que se traen diariamente de Denia.

XX **Apicius**
Eolo 7 ✉ 46021 Ⓜ Aragón – ☎ 963 93 63 01 – www.restaurante-apicius.com – cerrado agosto,sábado mediodía y domingo BU**e**
Rest – Carta 36/53 €
◆ Se presenta con un único salón, amplio y de estética actual, donde ofrecen una moderna cocina de mercado. Su completa bodega hace hincapié en los vinos blancos alemanes.

XX **El Bressol**
Salamanca 26 ✉ 46005 Ⓜ Colón – ☎ 963 74 75 22 – cerrado Semana Santa, agosto, sábado mediodía y domingo FZ**c**
Rest – Menú 50 € – Carta 45/64 €
◆ Íntimo restaurante de aire moderno-minimalista. Su especialidad es el pescado, siempre salvaje y basado en la oferta del mercado. Buena bodega internacional y de champagnes.

XX **Chust Godoy**
Boix 6 ✉ 46003 Ⓜ Alameda – ☎ 963 91 38 15 – www.chustgodoy.com – cerrado Semana Santa, agosto, sábado mediodía y domingo FX**a**
Rest – Menú 22/51 € – Carta 42/62 €
◆ Casa seria dirigida por el chef-propietario y su esposa. Dispone de un comedor neorrústico y un buen privado en un altillo. Carta de mercado con un buen apartado de arroces.

XX **Eladio**

Chiva 40 ✉ 46018 – ✆ 963 84 22 44 – www.restauranteeladio.es – cerrado Semana Santa, domingo y lunes noche AU**a**

Rest – Menú 32/50 € – Carta 29/43 €

◆ Este negocio de organización profesional se presenta con un vivero, un bar privado, una sala de línea clásica y un reservado. Carta tradicional de arraigadas raíces gallegas.

X **Montes**

pl. Obispo Amigó 5 ✉ 46007 Ⓜ Pl. Espanya – ✆ 963 85 50 25 – cerrado Semana Santa, agosto, domingo noche, lunes y martes noche DZ**v**

Rest – Carta 25/35 €

◆ Dispone de un pequeño hall a la entrada, una sala alargada y el comedor principal al fondo, clásico pero con algún detalle regional. Cocina tradicional a precios moderados.

X **Mey Mey**

Historiador Diago 19 ✉ 46007 Ⓜ Pl. Espanya – ✆ 963 84 07 47 – www.mey-mey.com DZ**e**

Rest – Carta 20/35 €

◆ Su cuidado montaje cuenta con la estética habitual de un restaurante chino, destacando la fuente circular con peces de colores. Carta cantonesa y apartado de platos al vapor.

X **Ocho y Medio**

pl. Lope de Vega 5 ✉ 46001 – ✆ 963 92 20 22 – www.elochoymedio.com

Rest – Carta 42/50 € EY**c**

◆ Lo mejor de esta casa es su ubicación, en una plazoleta llena de encanto. Ofrece una agradable terraza, dos salas y una carta tradicional con varios arroces, secos y melosos.

ESPAÑA

Casa Montaña

José Benlliure 69 ✉ 46011 Ⓜ Cabañal – ✆ 963 67 23 14 – www.emilianobodega.com – cerrado domingo noche CU**y**

Rest – Tapa 4 € – Ración aprox. 12 €

◆ Taberna antigua decorada con detalles típicos y grandes toneles. Posee varias salas a modo de privados, una buena carta de tapas y una bodega con vinos de gran prestigio.

en la playa de Levante (Les Arenes) CUV :

Las Arenas

Eugenia Viñes 22 ✉ 46011 Ⓜ Neptú – ✆ 963 12 06 00 – www.h-santos.es

243 hab – ††132/540 €, ☕ 22 € – 10 suites CU**a**

Rest *Brasserie Sorolla* – Carta 44/72 €

◆ Lujoso hotel ubicado frente a la playa. Se distribuye en tres edificios, con unas acogedoras zonas nobles, magníficas salas de reuniones y habitaciones muy bien equipadas. En su elegante restaurante Brasserie Sorolla proponen una carta de corte creativo.

Neptuno

paseo de Neptuno 2 ✉ 46011 Ⓜ Neptú – ✆ 963 56 77 77 – www.hotelneptunovalencia.com – cerrado del 9 al 29 de enero CU**k**

50 hab – †106/136 € ††110/150 €, ☕ 16 €

Rest *Tridente* – ver selección restaurantes

◆ Hotel de estética actual ubicado frente a la playa. Ofrece habitaciones muy luminosas y de diseño minimalista, todas con mobiliario de teca y bañeras de hidromasaje.

XXX **Tridente** – Hotel Neptuno

paseo de Neptuno 2 ✉ 46011 Ⓜ Neptú – ✆ 963 56 77 77 – www.hotelneptunovalencia.com – cerrado del 9 al 29 de enero CU**k**

Rest – *(cerrado domingo noche y lunes)* Menú 32/58 € – Carta 36/43 €

◆ La mejor baza de esta casa es su emplazamiento, pues el hotel está bien situado frente a la playa. Ofrece una sala panelable de estética vanguardista y una interesante carta de autor, con varios menús degustación y algunos arroces.

junto a la Fira de Mostres :

Vora Fira

Cullera 67 ✉ 46035 Benimàmet – ☎ 963 64 00 52 – www.hotelvorafira.es
127 hab – 50/225 € 60/225 € AU**n**
Rest – Menú 22 € – Carta 30/35 €
◆ Pensado y diseñado para el cliente de ferias. Se trata de un hotel funcional y completamente renovado, con una correcta zona social y habitaciones de línea actual. El comedor, muy enfocado al exterior, combina su carta tradicional con unos equilibrados menús.

en Almàssera :

Lluna de València

camí del Mar 56 ✉ 46132 Almàssera – ☎ 961 85 10 86 – www.llunadevalencia.com – cerrado domingo noche, lunes noche y martes noche CU**m**
Rest – Carta 30/45 €
◆ Un olivo milenario preside la entrada y reparte sus salas en lo que fue una alquería, con la principal de aire rústico-elegante. Carta tradicional con un apartado de arroces.

en Paiporta :

Machado Dotze

Antonio Machado 12 ✉ 46200 Paiporta – ☎ 963 97 22 27 – cerrado Semana Santa, agosto, sábado mediodía y domingo AV**x**
Rest – Carta 35/47 €
◆ Esta casa destaca por su carácter íntegramente familiar y ofrece unas instalaciones muy acogedoras. En su reducida carta encontrará platos tradicionales e internacionales.

ESPAÑA

VALÈNCIA D'ÀNEU – Lleida – 574 E33 – alt. 1 075 m — 13 B1

Madrid 626 – Lleida/Lérida 170 – La Seu d'Urgell/Seo de Urgel 86

La Morera

carret. C 28 ✉ 25587 – ☎ 973 62 61 24 – www.hotel-lamorera.com – cerrado 15 octubre-noviembre
26 hab – 47/67 € 74/94 € **Rest** – Menú 17 €
◆ Cuidados exteriores con piscina, y unas habitaciones de línea funcional decoradas con mobiliario de pino, todas con balcón excepto las abuhardilladas.

VALENCIA DE DON JUAN – León – 575 F13 – 5 079 h. – alt. 765 m — 11 B1

Madrid 285 – León 38 – Palencia 98 – Ponferrada 116

Casa Alcón

pl. Mayor ✉ 24200 – ☎ 987 75 10 96 – www.casaalcon.es – cerrado 24 diciembre-4 enero y lunes noche en verano
Rest – *(solo almuerzo salvo Semana Santa, verano y fines de semana)* Menú 20 € – Carta 26/35 €
◆ Negocio familiar dotado con un bar de espera a la entrada y una sala de estilo clásico-regional. Trabaja mucho el menú, aunque también propone una carta interesante.

VALL D'ALBA – Castellón – 577 L29 – 2 954 h. – alt. 300 m — 16 B1

Madrid 447 – València 98 – Castelló de la Plana 30 – Teruel 189

Cal Paradís

av. Vilafranca 30 ✉ 12194 – ☎ 964 32 01 31 – www.calparadis.es – cerrado 26 diciembre-4 enero
Rest – *(solo almuerzo salvo viernes y sabado)* Menú 35/48 € – Carta 30/44 €
◆ Un magnífico restaurante de carácter familiar. En su moderno comedor podrá descubrir una cocina de tintes creativos y una bodega variada a la par que interesante.

La VALL DE BIANYA - Girona - **574** F37 - **1 228 h.** - **alt. 480 m** **14** C1

Madrid 706 – Figueres 48 – Girona/Gerona 74 – Vic 74

en L'Hostalnou de Bianya :

Mas El Guitart sin rest

Oeste : 1,5 km ✉ 17813 La Vall de Bianya – ✆ 972 29 21 40 – www.guitartrural.com – cerrado 1 semana en junio

5 hab – 60 €, 9 € – 2 apartamentos

◆ ¡En plena montaña y con buenas vistas! Sin duda está muy orientada a las familias, pues posee unas habitaciones bastante amplias con camas supletorias. Correctos apartamentos.

en la carretera C 26 :

Ca l'Enric (Jordi e Isabel Juncà)

Noroeste : 2 km ✉ 17813 La Vall de Bianya – ✆ 972 29 00 15 – www.calenric.net – cerrado 31 diciembre-20 enero, del 4 al 20 de julio, domingo noche, lunes, martes noche y miércoles noche

Rest – Menú 75/90 € – Carta 63/101 €

Espec. Canapé de anchoas con ricotta. Paletilla de cabrito confitada al romero. Pichón con colmenillas (primavera).

◆ Negocio familiar emplazado en una bella casa de piedra. Antes de pasar al comedor podrá ver la carta, mientras toma una copa de cava, o seleccionar usted mismo el vino en su bodega. De sus fogones, en constante evolución, surge una cocina de carácter creativo.

VALLADOLID P - **575** H15 - **315 522 h.** - **alt. 694 m** **11** B2

Madrid 191 – Burgos 125 – León 139 – Salamanca 115

de Valladolid por ⑥ : 13 km ✆ 902 404 704

Iberia : aeropuerto ✆902 400 500

Pabellón de Cristal Campo Grande, ✆ 983 21 93 10

R.A.C.E. Santa María 21 ✆983 39 20 99

Museo Nacional de Escultura★★★ en el colegio de San Gregorio (portada★★★, patio★★, capilla★) CX – Iglesia de San Pablo (fachada★★★) CX.

Otras curiosidades : – Catedral★ (museo Diocesano y Catedralicio★) CY- Iglesia de las Angustias (Virgen de los siete cuchillos★) CY**L** - Museo Oriental (colección de Arte Chino★, marfiles★**)** BZ**M1**

Planos páginas siguientes

Meliá Recoletos hab,

acera de Recoletos 13 ✉ 47004 – ✆ 983 21 62 00 – www.melia.com BZ**b**

80 hab – 70/250 €, 14 € **Rest *El Hereje*** – Carta 38/49 €

◆ Hace gala de una magnífica situación frente al Campo Grande y dispone de unas habitaciones espaciosas, con los suelos en moqueta y abuhardilladas en la última planta. Su restaurante elabora una cocina tradicional actualizada y deliciosos arroces.

Olid Meliá hab,

pl. San Miguel 10 ✉ 47003 – ✆ 983 35 72 00 – www.solmelia.com BX**a**

210 hab – 75/135 €, 15 € – 4 suites **Rest** – Menú 25 €

◆ Una de las referencias hoteleras en la ciudad. Destaca por su céntrico emplazamiento, con un equipamiento completo y numerosos salones. Habitaciones de estilo clásico-actual. El comedor a la carta, luminoso y de ambiente clásico, se encuentra en la 1ª planta.

Marqués de la Ensenada hab, rest,

av. Gijón 1 (Puente Mayor) ✉ 47009 – ✆ 983 36 14 91 – www.hotelmarquesdelaensenada.com BX**x**

29 hab – 90/190 €, 15 € – 4 suites

Rest *Antonio de Ulloa* – *(cerrado domingo noche, lunes y martes noche)* Menú 45 € – Carta 32/58 €

◆ Resulta elegante, recupera las instalaciones de la antigua fábrica de harinas "La Perla" y está tematizado sobre diversos personajes ilustres del s. XVIII. El restaurante, construido sobre lo que fue el almacén, propone una cocina tradicional actualizada.

VALLADOLID

Arco de Ladrillo (Pas. del) .... BZ 2
Arzobispo Gandásegui . CY 3
Bailarín Vicente Escudero .... CY 5
Bajada de la Libertad . BCY 6
Cadenas de San Gregorio .... CX 8
Cánovas del Castillo . . BCY 9
Cardenal Mendoza .... CY 10
Chancillería .... CX 13
Claudio Moyano .... BY 14
Colegio de Santa Cruz (Pl.) .... CY 40
Doctrinos.............. BY 16
Duque de la Victoria ... BY 17
España (Pl. de) .... BY 18
Fuente Dorada (Pl. de) . BY 20
Gondomar............ CX 21
Industrias............ CY 23
Jorge Guillén .... BXY 24
Maldonado .... CY 25
Marqués del Duero . . CXY 26
Miguel Iscar .... BY 29
Pasión .... BY 30
Portillo de Balboa ..... CX 32
Santiago............... BY 41
Santuario .... CY 42
Sanz y Forés......... CXY 45
San Ildefonso .... BY 36
San Pablo (Pl. de) ..... BX 37
Teresa Gil............. BY
Zorrilla (Pas. de) ...... ABZ 47

ESPAÑA

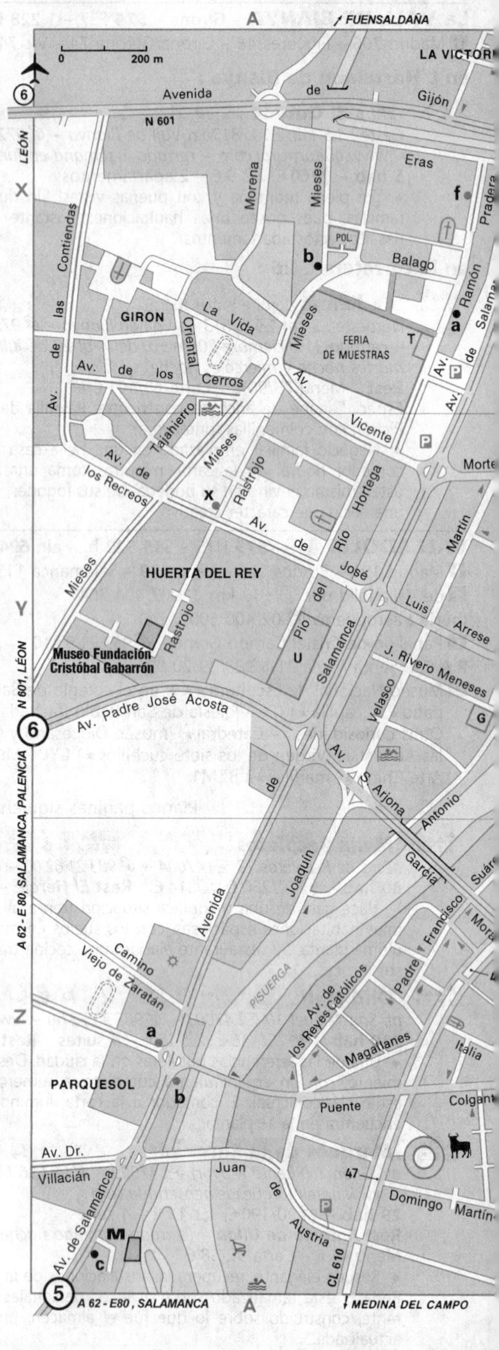

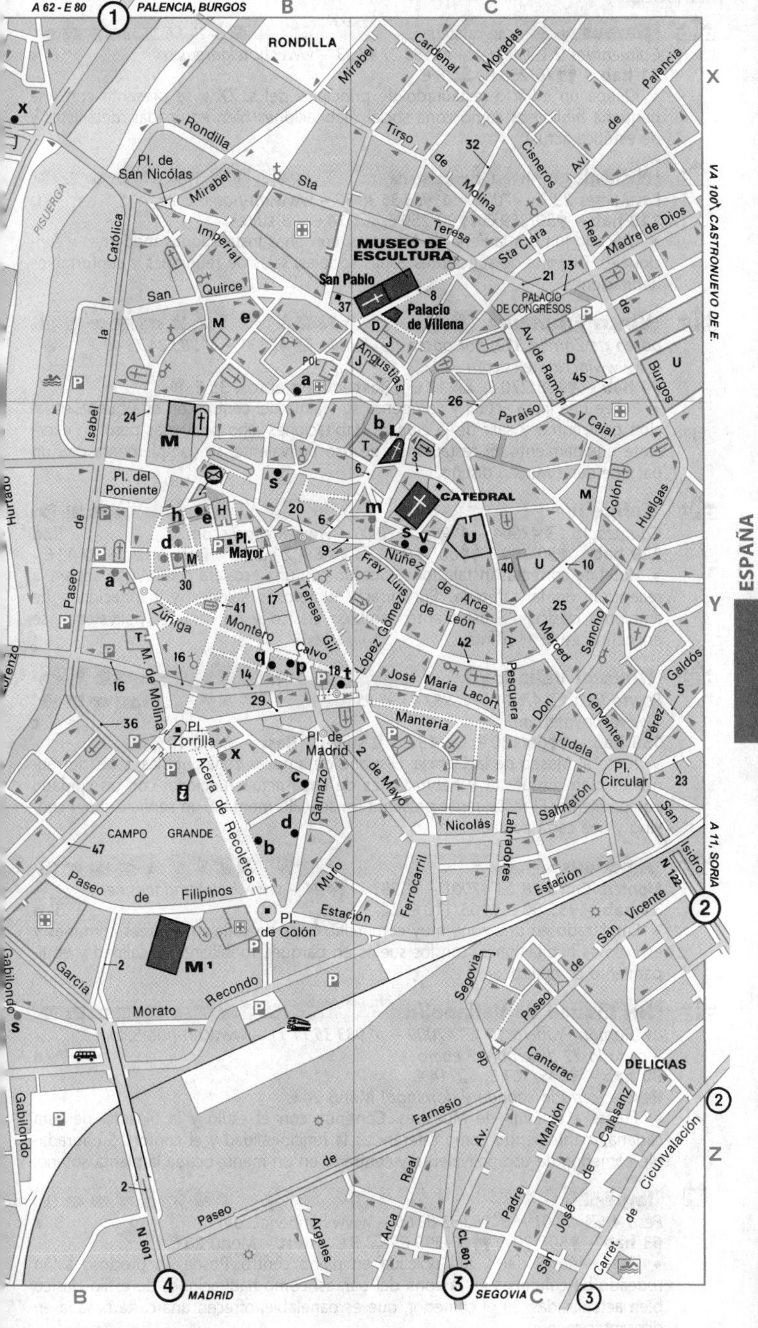

A 62 - E 80
PALENCIA, BURGOS
RONDILLA
Mirabel
Cardenal
Moradas
Palencia
Rondilla
Tirso
de
Molina
Cisneros
Av.
Pl. de San Nicólas
Mirabel
Sta
Teresa
PISUERGA
Católica
Imperial
MUSEO DE ESCULTURA
San Pablo
Palacio de Villena
Sta Clara
Real
Madre de Dios
PALACIO DE CONGRESOS
San
Quirce
la
Angustias
Av. de Ramón y Cajal
Burgos
Isabel
Paraiso
Colón
Huelgas
Pl. del Poniente
CATEDRAL
Pl. Mayor
Paseo
de
Fray Luis de León
Núñez de Arce
López Gómez
Teresa Gil
Zúñiga
Montero
Calvo
M. de Molina
José María Lacort
A. Pesquera
Merced
Sancho
Don
Tudela
Cervantes
Pérez
Galdós
Pl. Circular
Salmerón
San
Isidro
Pl. Zorrilla
Acera de Recoletos
Pl. de Madrid
2 de Mayo
Gamazo
Manteria
Nicolás
Labradores
CAMPO GRANDE
Paseo de Filipinos
Muro
Ferrocarril
Estación
Pl. de Colón
Paseo de San Vicente
García Morato
Recondo
Segovia
Canterac
DELICIAS
Gabilondo
Farnesio
Av.
Real
Manjón
Calasanz
Padre
José
de
Paseo
Argales
Arca
San
Carret. de Cicunvalación
N 601
MADRID
CL 601
SEGOVIA
N 122
VA 100 CASTRONUEVO DE E.
A 11, SORIA
Hurtado
Lorenzo
B
C
X
Y
Z
ESPAÑA

Gareus sin rest, con cafetería

Colmenares 2 ✉ 47004 – ✆ 983 21 43 33 – www.hotelgareus.com BY**c**

41 hab – ††76/238 €, ☕ 8 €

◆ Ocupa un edificio restaurado de principios del s. XX y se presenta con una pequeña biblioteca como zona social. Habitaciones bien equipadas, detallistas y de estética actual.

NH Bálago sin rest, con cafetería

Las Mieses 28 ✉ 47009 – ✆ 983 36 38 80 – www.nh-hotels.com AX**b**

112 hab – †50/259 € ††90/259 €, ☕ 14 € – 8 suites

◆ Ubicado junto a la Feria de Muestras, con unas instalaciones modernas y funcionales. Dispone de suficientes zonas sociales, salas de reuniones y confortables habitaciones.

Vincci Frontaura hab,

paseo de Zorrilla 332, por paseo de Zorrilla ✉ 47008 – ✆ 983 24 75 40 – www.vinccihoteles.com

94 hab – ††68/270 €, ☕ 12 € **Rest** – Carta aprox. 35 €

◆ Posee una línea actual y compensa su lejanía del centro con una buena situación para entrar y salir de la ciudad. Habitaciones algo pequeñas pero de excelente equipamiento. El restaurante, de uso polivalente, se complementa con un bar que tiene mucho diseño.

Felipe IV

Gamazo 16 ✉ 47004 – ✆ 983 30 70 00 – www.hfelipeiv.com BZ**d**

129 hab – †50/100 € ††60/160 €, ☕ 14 € – 2 suites **Rest** – Carta 30/43 €

◆ Hotel de correctas instalaciones dotado con una escalera central que separa la recepción de la cafetería. Encontrará numerosos salones y habitaciones de ambiente clásico. El restaurante, también clásico y de carácter polivalente, se encuentra en la 1ª planta.

Novotel Valladolid hab, rest,

Puerto Rico ✉ 47014 – ✆ 983 45 95 95 – www.novotel.com AZ**c**

138 hab – ††66/180 €, ☕ 15 € – 2 suites **Rest** – Menú 19 €

◆ Junto al Museo de la Ciencia. Dispone de amplias zonas nobles, salas de reuniones bien dispuestas y habitaciones de línea actual-funcional con un cuidado equipamiento. El restaurante presenta un sencillo montaje, un servicio show cooking y una carta actual.

Amadeus sin rest

Montero Calvo 18 ✉ 47001 – ✆ 983 21 94 44 – www.hotelamadeus.net

31 hab – †55/90 € ††65/110 €, ☕ 7 € BY**p**

◆ Emplazado en una zona muy comercial. Goza de suficientes áreas comunes y espaciosas habitaciones, con los suelos en parquet, mobiliario de calidad y equipamiento completo.

NH Ciudad de Valladolid

av. Ramón Pradera 10 ✉ 47009 – ✆ 983 35 11 11 – www.nh-hotels.com – cerrado 22 diciembre-7 enero AX**a**

80 hab – ††45/107 €, ☕ 14 €

Rest – *(cerrado sábado y domingo)* Menú 24 €

◆ Frente a la Feria de Muestras. Continúa con el estilo y la filosofía de esta cadena, manteniendo como referencias la funcionalidad y el confort. Su agradable comedor, de uso polivalente y centrado en un menú, ocupa la planta sótano.

Imperial rest,

Peso 4 ✉ 47001 – ✆ 983 33 03 00 – www.himperial.com BY**e**

63 hab – †50/120 € ††60/299 €, ☕ 8 € **Rest** – Menú 26 €

◆ Casa señorial del s. XVI ubicada en pleno centro. Posee un precioso salón rodeado de columnas en la zona del bar, así como habitaciones de estilo clásico bien actualizadas. En el comedor, que es panelable, ofrecen una carta basada en diferentes menús.

Mozart sin rest, con cafetería
Menéndez Pelayo 7 ✉ 47001 – ✆ 983 29 77 77 – www.hotelmozart.net
42 hab – †51/67 € ††60/110 €, ☕ 7 € BY**q**
◆ En una histórica casa residencial de estilo ecléctico que está rodeada de calles peatonales. Ofrece habitaciones de estética moderna, las del último piso abuhardilladas.

Atrio sin rest, con cafetería
Núñez de Arce 5 ✉ 47002 – ✆ 983 15 00 50 – www.hotelatrio.es CY**s**
27 hab – †60/108 € ††65/135 €, ☕ 12 €
◆ Hotel de línea actual ubicado en pleno casco histórico. Disfruta de una coqueta zona social y habitaciones bastante bien equipadas, todas con hidromasaje en los baños.

El Nogal
Conde Ansurez 10 ✉ 47003 – ✆ 983 34 03 33 – www.hotelelnogal.com
26 hab – †45/65 € ††60/110 €, ☕ 8 € BY**s**
Rest – *(cerrado domingo noche)* Menú 14/25 €
◆ Íntimo, céntrico y de amable organización familiar. Reducida zona social y confortables habitaciones, casi todas con balcón y columna de hidromasaje en los baños. El comedor está repartido en varias salas y presenta un buen montaje.

Enara sin rest
Montero Calvo 30 ✉ 47001 – ✆ 983 30 02 11 – www.enarahotel.es
55 hab – †60/250 € ††70/300 €, ☕ 7 € BY**t**
◆ Destaca por su ubicación, en el centro y asomado a la plaza España desde la mitad de sus habitaciones. Encontrará un salón-recepción tipo lobby y unas estancias funcionales-actuales, todas personalizadas con enormes imágenes de Valladolid.

Catedral sin rest
Núñez de Arce 11 ✉ 47002 – ✆ 983 29 88 11 – www.hotelesvalladolid.com
27 hab – ††54/108 €, ☕ 10 € CY**v**
◆ De bella fachada y en un entorno de ambiente universitario. Salita de reuniones, habitaciones funcionales pero detallistas, con aseos reducidos, y cafetería para desayunos.

Ramiro's
av. Monasterio Nuestra Señora del Prado 2, (Centro Cultural Miguel Delibes) ✉ 47015 – ✆ 983 38 48 12 – www.ramiros.es – cerrado domingo noche
Rest – Menú 38/69 € – Carta 38/54 €
◆ En un gran edificio con carácter multidisciplinar, diseñado por el prestigioso arquitecto Ricardo Bofill. El restaurante, ubicado en la 3ª planta, irradia creatividad, proponiendo una cocina fresca, original y divertida. ¡Completa bodega!

La Parrilla de San Lorenzo
Pedro Niño 1 ✉ 47001 – ✆ 983 33 50 88 – www.hotel-convento.com – cerrado lunes en julio-agosto y domingo noche BY**a**
Rest – Carta 22/33 €
◆ Ocupa los bajos de un convento de clausura del s. XVI declarado Monumento Nacional, con un bar, comedores abovedados de aire medieval y una bodega visitable. Cocina regional.

Trigo
Los Tintes 8 ✉ 47002 – ✆ 983 11 55 00 – www.restaurantetrigo.com – cerrado 2ª quincena de agosto, domingo en verano, domingo noche y miércoles resto del año CY**m**
Rest – Menú 28/38 € – Carta 41/55 €
◆ Restaurante de buen montaje y estética minimalista ubicado cerca de la Catedral. Aquí encontrará una cocina tradicional actualizada que cuida mucho las presentaciones.

ESPAÑA

XX **La Viña de Patxi**

Rastrojo 9 ✉ 47014 – ✆ 983 34 10 18 – www.lavinadepatxi.com – cerrado domingo noche y lunes AY**x**

Rest – Menú 38 € – Carta 28/52 €

◆ Se encuentra en una zona residencial, con una terraza exterior, un bar a la entrada y un comedor, todo en una línea bastante actual. Cocina tradicional y de raíces vascas.

XX **El Figón de Recoletos**

acera de Recoletos 3 ✉ 47004 – ✆ 983 39 60 43 – cerrado 20 julio-13 agosto y domingo noche BY**x**

Rest – Menú 35/45 € – Carta 30/38 €

◆ Restaurante con toda la hidalguía castellana. Dispone de varias salas, aunque destacan las de la entrada por su decoración nobiliaria, con profusión de madera y vidrieras.

XX **Gabino**

Angustias 3-1° ✉ 47003 – ✆ 983 14 01 90 – www.restaurantegabino.com – cerrado agosto y domingo noche CY**b**

Rest – Menú 26/44 € – Carta 27/43 €

◆ Ubicado en el 1er piso de un edificio histórico junto al Teatro Calderón, con varias salas que pueden convertirse en privados. Cocina tradicional evolucionada y de mercado.

ESPAÑA

XX **La Perla de Castilla**

av. Ramón Pradera 15 ✉ 47009 – ✆ 983 37 18 28 – cerrado Semana Santa y domingo AX**f**

Rest – Menú 30 € – Carta 31/42 €

◆ Negocio familiar con acceso por bar público. Posee un comedor de línea clásico-regional, con vigas de madera, donde ofrecen una cocina tradicional con detalles actuales.

XX **Don Bacalao**

pl. Santa Brígida 5 ✉ 47003 – ✆ 983 34 39 37 – www.restaurantedonbacalao.es – cerrado del 1 al 15 de agosto, domingo noche y lunes BX**e**

Rest – Carta 30/35 €

◆ Un local bastante concurrido donde le sorprenderán con interesantes elaboraciones y cuidadas presentaciones. Ambiente animado, carta tradicional y gran profesionalidad.

X **La Raíz**

San José 23 ✉ 47007 – ✆ 983 22 82 47 – cerrado 10 días en enero, domingo y lunes noche en verano, domingo noche y lunes resto del año BZ**s**

Rest – Carta 26/35 €

◆ Dispone de una zona de barra a la entrada y un comedor algo reducido pero bastante acogedor, con una decoración de aire rústico. Cocina de mercado y un apartado de bacalaos.

X **La Goya**

puente Colgante 79 ✉ 47014 – ✆ 983 34 00 23 – cerrado agosto, domingo noche y lunes AZ**b**

Rest – Carta 30/46 €

◆ Goza de gran arraigo, con una carta basada en guisos y platos de caza. Comedor de invierno de aire regional y otro de verano bajo los soportales de un bello patio castellano.

🍷 **La Tasquita**

Caridad 2 ✉ 47001 – ✆ 983 35 13 51 – www.la-tasquita.com – cerrado del 16 al 31 de julio y lunes BY**d**

Rest – Tapa 3 € – Ración aprox. 8 €

◆ Bar de tapas tipo taberna antigua, con una sala definida por el zócalo de azulejos y su precioso suelo. Ofrece deliciosas tostas y canapés, así como montaditos y raciones.

La Taberna del Herrero

Calixto Fernández de la Torre 4 ✉ 47001 – ✆ 983 34 23 10 – www.latabernadelherrero.es – cerrado del 1 al 15 de agosto BY**d**

Rest – Tapa 1,50 € – Ración aprox. 5 €

◆ Sala neorrústica con mesas, amplia barra y la cocina a la vista. Elaboran pinchos y raciones que sirven en cazuelitas o sartenes, pudiéndose acompañar con vinos por copa.

Vino Tinto Joven

Campanas 1 ✉ 47001 – ✆ 983 37 80 26 – cerrado del 16 al 31 de julio y domingo noche BY**h**

Rest – Tapa 3 € – Ración aprox. 7 €

◆ Un buen lugar para degustar tapas y raciones, eso sí, todas ellas de cocina actual. Se encuentra bajo unos soportales y presenta una estética actual. Personal joven y amable.

Villa Paramesa

Calixto Fernández de la Torre 5 ✉ 47001 – ✆ 619 13 77 58 – www.villaparamesa.com – cerrado lunes mediodía BY**d**

Rest – Tapa 3 € – Ración aprox. 9 €

◆ Está llevado entre dos hermanos y se presenta con un salón de aire rústico-actual. Buena barra con expositor de tapas, raciones y tostas de cocina actual sobre pizarras.

por la salida ④ : 3 km

Foxa Valladolid

hab,

av. de Madrid 46 ✉ 47008 Valladolid – ✆ 983 45 93 30 – www.hotelesfoxa.com

70 hab – 60/240 €, 9 € **Rest** – Menú 16 €

◆ Está distribuido en dos edificios, reservando el espacio entre ambos para su club deportivo. Todas las habitaciones son amplias, con mobiliario oriental o antiguo restaurado. Zona de restauración con cafetería, salón de desayunos y comedor bastante funcional.

en Pinar de Antequera Sur : 6 km

Llantén

Encina 11, por paseo Zorrilla ✉ 47153 Valladolid – ✆ 983 24 42 27 – www.restaurantellanten.com – cerrado del 15 al 30 de octubre, domingo noche y lunes

Rest – Menú 48/75 € – Carta 38/45 €

◆ Coqueta villa que destaca por su entorno ajardinado y su emplazamiento, dentro de una tranquila urbanización. En sus salas, ambas de ambiente rústico y con chimenea, le propondrán una cocina actual de bases tradicionales e internacionales.

por la salida ⑤ :

AC Palacio de Santa Ana

Santa Ana - 4 km ✉ 47195 Arroyo de la Encomienda – ✆ 983 40 99 20 – www.ac-hotels.com

95 hab – 70/185 €, 13 € – 3 suites

Rest ***Los Jerónimos*** – Carta 31/59 €

◆ En el antiguo monasterio de los Jerónimos, rodeado de una bonita pradera con mirador frente al río Pisuerga. Magnífico claustro y habitaciones con mobiliario de diseño. El restaurante presenta un montaje clásico-actual y una carta de tinte tradicional.

La Vega

hab,

av. de Salamanca - 6 km ✉ 47195 Arroyo de la Encomienda – ✆ 983 40 71 00 – www.lavegahotel.com

143 hab – 82/118 € 94/132 €, 11 € – 6 suites

Rest – Menú 20/36 € – Carta 45/53 €

◆ Hotel moderno de equilibrada fachada. Atractivo hall-recepción con ascensores panorámicos, amplias zonas nobles y salones de convenciones. Habitaciones de buen confort. Su acogedor restaurante fusiona la cocina tradicional con la de autor.

ESPAÑA

en la urbanización Fuente Berrocal Norte : 4 km

XX **El Hueco**

pl. de la Ópera 4, por carret. de Fuensaldaña ✉ 47009 Valladolid – ✆ 983 38 07 02 – www.elhueco.es – cerrado domingo noche

Rest – Carta 30/55 €

♦ Concurrido bar a la entrada, con horno de leña a la vista, y un correcto comedor clásico decorado con numerosas antigüedades. Dispone de varios salones anexos para banquetes.

VALLDEMOSSA – Balears – ver Balears (Mallorca)

VALLE – ver el nombre propio del valle

VALLE DE CABUÉRNIGA – Cantabria – 572 C17 – 1 086 h. – alt. 260 m 8 B1

Madrid 389 – Burgos 154 – Oviedo 163 – Palencia 172

Camino Real rest,

Selores, Sur : 1,5 km ✉ 39511 Selores – ✆ 942 70 61 71 – www.caminorealdeselores.com

21 hab – †73/120 € ††95/160 € – 4 suites

Rest – *(cerrado lunes y martes)* Menú 20/40 €

♦ Casona del s. XVII en la que se mezclan elementos rústicos originales con otros de diseño moderno. Las habitaciones, repletas de detalles, ocupan también cuatro edificios más. El restaurante, de ambiente muy acogedor, recupera lo que un día fueron las cuadras.

Casona del Peregrino rest,

Terán, Sur : 1 km ✉ 39510 Terán de Cabuérniga – ✆ 942 70 63 43 – www.casonadelperegrino.es – cerrado enero - febrero

12 hab – †67/86 € ††75/118 € **Rest** – *(cerrado lunes)* Menú 17 €

♦ Esta casona familiar, ubicada en el centro del pueblo, destaca por su encantadora balconada de madera. Ofrece habitaciones amplias, algunas abuhardilladas, y baños actuales. En su restaurante, que está muy enfocado al cliente alojado, encontrará una correcta carta tradicional.

VALLE DE GUERRA – Santa Cruz de Tenerife – ver Canarias (Tenerife) : Tejina

VALLEHERMOSO – Santa Cruz de Tenerife – ver Canarias (La Gomera)

VALLEJERA DE RIOFRÍO – Salamanca – 575 K12 – 69 h. – alt. 1 141 m 11 A3

Madrid 210 – Ávila 100 – Plasencia 64 – Salamanca 70

Cubino H. hab, rest,

antigua carret. N 630 ✉ 37717 – ✆ 923 40 46 00 – www.cubinohotel.com

30 hab – †50/68 € ††61/84 € **Rest** – Menú 11/15 €

♦ Hotel moderno, funcional y colorista, ubicado en plena sierra de Béjar. Resulta ideal para los amantes del deporte, con amplias zonas nobles y habitaciones de buen confort. Su restaurante brinda unas magníficas vistas y una carta de gusto tradicional.

VALLFOGONA DE BALAGUER – Lleida – 574 G32 – 1 788 h. – alt. 235 m 13 B2

Madrid 486 – Barcelona 181 – Lleida 25 – Tarragona 125

XX **El Dien**

Estació 28 ✉ 25680 – ✆ 973 05 30 14 – www.eldien.com – cerrado del 3 al 18 de enero, del 12 al 27 de septiembre y martes

Rest – *(solo almuerzo salvo viernes y sábado)* Menú 44 € – Carta 39/57 €

♦ Tras su sencilla fachada encontrará un hall espacioso, con sillones para la sobremesa y un espacio para fumadores, así como un comedor clásico-funcional. Carta actualizada.

ESPAÑA

VALLROMANES - Barcelona - 574 H36 - 2 367 h. - alt. 153 m 15 B3

Madrid 643 - Barcelona 22 - Tarragona 123

Vallromanes,, Afueras, ✆ 93 572 90 64

XX **Sant Miquel**

pl. de l'Església 12 ✉ 08188 - ✆ 935 72 90 29 - www.stmiquel.cat - cerrado del 8 al 23 de enero, del 6 al 20 de agosto y lunes

Rest - *(solo almuerzo salvo viernes y sábado)* Carta 35/55 €

♦ Este negocio familiar, asentado y bastante céntrico, disfruta de dos comedores, uno funcional y el otro tipo jardín de invierno. Carta de temporada y completa bodega.

X **Mont Bell**

carret. de Granollers, Oeste : 1 km ✉ 08188 - ✆ 935 72 81 00 - www.mont-bell.es - cerrado Semana Santa, del 1 al 21 de agosto y domingo noche

Rest - Menú 18 € - Carta 20/59 €

♦ Restaurante de larga tradición familiar dotado con dos comedores clásicos, otro más actual y un salón anexo. Extensa carta de cocina tradicional y bodega con caldos propios.

VALLS - Tarragona - 574 I33 - 25 158 h. - alt. 215 m 13 B3

Madrid 535 - Barcelona 100 - Lleida/Lérida 78 - Tarragona 19

La Cort 61, ✆ 977 61 25 30

Localidad★ - Teatro Principal★

Class Valls hab,

passeig President Tarradellas - carret. N 240 ✉ 43800 - ✆ 977 60 80 90 - www.hotelclassvalls.com

83 hab - †56/80 € ††66/95 €, ☐ 10 € **Rest** - Menú 15/25 €

♦ Hotel de estética actual. La recepción está integrada en la zona social y disfruta de unas habitaciones funcionales, con los suelos en tarima y el mobiliario en tonos claros. En el restaurante El Tast se combina la carta tradicional con un correcto menú.

en la carretera N 240 :

Félix

Sur : 1,5 km ✉ 43800 Valls - ✆ 977 60 90 90 - www.felixhotel.net

53 hab - †40/60 € ††50/89 €, ☐ 8 €

Rest ***Casa Félix*** - ver selección restaurantes

♦ Un buen recurso de carretera, ya que compensa su reducida zona social con unas habitaciones clásicas de adecuado confort. También cuenta con un agradable entorno ajardinado.

XX **Casa Félix** - Hotel Félix

Sur : 1,5 km ✉ 43800 Valls - ✆ 977 60 13 50 - www.felixhotel.net

Rest - Carta 20/37 €

♦ Casa muy conocida por sus "calçotadas". Posee una cafetería para tapear, tres salones clásicos y cinco privados, algunos muy originales por encontrarse en enormes toneles.

X **Les Espelmes**

Norte : 8 km ✉ 43813 Fontscaldes - ✆ 977 60 10 42 - www.lesespelmes.com - cerrado 25 junio-26 julio y miércoles

Rest - *(solo almuerzo salvo jueves, viernes y sábado)* Carta 27/40 €

♦ Cuenta con una clientela habitual de negocios y ofrece cinco coquetos comedores de estilo clásico-regional, donde podrá degustar elaboraciones catalanas y una selecta bodega.

VALVERDE - Santa Cruz de Tenerife - ver Canarias (El Hierro)

VALVERDE DEL FRESNO – Cáceres – 576 L9 – 2 481 h. – alt. 498 m 17 B1

Madrid 334 – Mérida 199 – Cáceres 126

A Velha Fábrica

hab,

D. Miguel Robledo Carrasco 24 ✉ 10890 – ✆ 927 51 19 33 – www.avelhafabrica.com

18 hab – 50/60 € 65/85 € **Rest** – Menú 18 € – Carta 20/41 €

◆ Instalado en una antigua fábrica de mantas. Aquí encontrará unas habitaciones bastante espaciosas, todas tipo dúplex y de estilo rústico-funcional. El restaurante, de montaje clásico, propone una cocina tradicional con productos regionales y de caza.

VALVERDE DEL MAJANO – Segovia – 575 J17 – 1 027 h. – alt. 923 m 12 C3

Madrid 94 – Segovia 12 – Ávila 63 – Valladolid 118

al Noreste : 3,5 km por la carretera de Eresma y desvío 1,5 km

Caserío de Lobones

✉ 40140 Valverde del Majano – ✆ 921 12 84 08 – www.lobones.com

10 hab – 95 € 121 €, 11 €

Rest – *(solo clientes, solo cena)* Carta 25/35 €

◆ Casa de labranza del s. XVII situada en un paraje aislado, junto al río Eresma y con un agradable entorno ajardinado. Ofrece un salón social con chimenea, un comedor de ambiente neorrústico y habitaciones de buen confort, la mayoría con el techo en madera y mobiliario antiguo restaurado.

ESPAÑA

VARGAS – Cantabria – 572 C18 – 815 h. 8 B1

Madrid 418 – Santander 35 – Bilbao 110

Los Lienzos

barrio El Acebal ✉ 39679 – ✆ 942 59 81 80 – www.posadaloslienzos.com – cerrado del 6 al 31 de enero

8 hab – 60/92 €, 8 € **Rest** – Menú 20 €

◆ Ocupa una casa de indianos, con el entorno ajardinado, que data de 1913. Posee dos salones clásicos, un porche acristalado y coquetas habitaciones de estilo rústico-elegante.

VEGA DE SAN MATEO – Las Palmas – ver Canarias (Gran Canaria)

VEGA DE TIRADOS – Salamanca – 575 I12 – 196 h. – alt. 789 m 11 A2

Madrid 235 – Valladolid 141 – Salamanca 25 – Bragança 186

Rivas

Gómez Mateos 19 ✉ 37170 – ✆ 923 32 04 71 – www.restauranterivas.com – cerrado 24 junio-7 julio y lunes

Rest – *(solo almuerzo salvo viernes y sábado)* Carta 30/45 €

◆ Restaurante de ambiente familiar y línea clásica. Presenta una sala a la entrada, en lo que fue el bar, y otra mayor al fondo, ambas con profusión de madera. Cocina regional.

VEGA DE VALDETRONCO – Valladolid – 575 H14 – 138 h. 11 B2

Madrid 199 – Valladolid 46 – Zamora 82 – Salamanca 101

Tordesillas : Convento de Santa Clara★ (artesonado★★) Sureste : 16 km

La Torre

A-6 (salida 196) ✉ 47133 – ✆ 983 78 80 47 – www.latorre-hotel.com

28 hab – 50 €, 4 €

Rest ***Los Palomares*** – ver selección restaurantes

◆ Interesante si desea reponer sus fuerzas en un viaje largo. Destaca tanto por su agradable cafetería como por sus confortables habitaciones de estilo funcional-actual, todas muy cuidadas para ser un hotel de carretera.

XX **Los Palomares** - Hotel La Torre

A-6 (salida 196) ✉ 47133 - ✆ 983 78 80 47 - www.latorre-hotel.com - cerrado domingo noche

Rest - *(cena solo con reserva)* Menú 60 € - Carta 36/53 €

◆ ¡Sorprende encontrar un restaurante así en un área de servicio! Se presenta con una sala de línea actual, luminosa y de buen montaje, así como una carta de cocina tradicional actualizada que está apoyada por dos amplios menús degustación.

VEJER DE LA FRONTERA - Cádiz - 578 X12 - 12 876 h. - alt. 193 m 1 A3

Madrid 667 - Algeciras 82 - Cádiz 50

av. los Remedios 2, ✆ 956 45 17 36, www.turismovejer.es

Localidad★

Parque Natural La Breña y Marismas de Barbate★ - Playa de los Caños de Meca★★

Convento de San Francisco

La Plazuela ✉ 11150 - ✆ 956 45 10 01 - www.tugasa.com

25 hab - 50/60 € 50/73 €

Rest ***El Refectorio*** - *(cerrado lunes salvo verano)* Menú 17 €

◆ Antiguo convento donde se funden la sobriedad de antaño y el confort actual. Las habitaciones, la mayoría de techos altos, poseen mobiliario rústico y una sencilla decoración. El restaurante, que ocupa lo que fue el refectorio, elabora una cocina tradicional.

La Casa del Califa

pl. de España 16 ✉ 11150 - ✆ 956 44 77 30 - www.lacasadelcalifa.com - cerrado 10 diciembre-8 febrero

20 hab - 60/105 € 82/125 €

Rest ***El Jardín del Califa*** - ver selección restaurantes

◆ Este singular hotel está repartido en varias casitas contiguas del centro de la ciudad. Sus habitaciones resultan detallistas, con mobiliario de anticuario y baños coloristas. ¡La distribución es como un laberinto... pero con mucho encanto!

X **El Jardín del Califa** - Hotel La Casa del Califa

pl. de España 16 ✉ 11150 - ✆ 956 45 17 06 - www.lacasadelcalifa.com - cerrado 10 diciembre-8 febrero

Rest - Carta 24/35 €

◆ Ofrece un patio con barbacoa, una sala acristalada y un comedor con el techo abovedado, este de superior montaje. Su amplia carta deshoja los sabores de la cocina marroquí y libanesa, aunque también tiene unas sabrosas carnes a la brasa.

X **Trafalgar**

pl. de España 31 ✉ 11150 - ✆ 956 44 76 38 - cerrado diciembre, enero, domingo noche y lunes salvo verano

Rest - Carta 20/31 €

◆ Tras su renovación se presenta con una pequeña terraza, la cocina vista desde el pasillo de acceso y la sala en el piso superior, esta última de línea actual-minimalista y con una cava de vinos acristalada. Cocina tradicional actualizada.

en la playa de El Palmar Oeste : 11 km

X **Casa Francisco** con hab

playa de El Palmar (Vejer Costa) ✉ 11150 Vejer de la Frontera - ✆ 956 23 22 49 - www.casafranciscoeldesiempre.com - cerrado 11 diciembre-febrero

12 hab - 45/60 € 50/90 €

Rest - *(cerrado miércoles salvo verano)* Menú 35 € - Carta 37/49 €

◆ En 1ª línea de playa. Dispone de un bar de tapas, un comedor rústico y una terraza acristalada, esta última con vistas al mar. Carta tradicional basada en pescados y arroces. Como complemento posee unas sencillas habitaciones vestidas con mobiliario provenzal.

ESPAÑA

VÉLEZ BLANCO – Almería – 578 S23 – 2 282 h. – alt. 1 070 m 2 D2

Madrid 506 – Almería 148 – Granada 168 – Murcia 122

XX **El Molino**

Curtidores ✉ 04830 – ☎ 950 41 50 70 – cerrado 15 días en julio

Rest – *(solo almuerzo salvo viernes y sábado)* Menú 30 € – Carta 30/45 €

◆ Ocupa un antiguo molino y destaca por su emplazamiento, en una calle peatonal del casco antiguo. En sus comedores de aire rústico podrá degustar platos tradicionales y especialidades como el cabrito, las setas, las croquetas de ibérico...

Las VENTAS CON PEÑA AGUILERA – Toledo – 576 N17 – 1 364 h. – alt. 790 m 9 B2

Madrid 124 – Toledo 54 – Ciudad Real 121

XX **Casa Parrilla**

av. Toledo 3 ✉ 45127 – ☎ 925 41 82 07 – www.casaparrilla.es – cerrado 7 días en enero, del 1 al 15 de julio, del 1 al 7 de septiembre y miércoles salvo festivos

Rest – *(solo almuerzo salvo viernes y sábado)* Carta 36/48 €

◆ Ofrece un cuidado montaje, con una barra de espera y un comedor rústico. Su cocina regional, especializada en caza y venado, está acompañada por una buena carta de vinos.

VERA – Almería – 578 U24 – 14 371 h. – alt. 102 m 2 D2

Madrid 512 – Almería 95 – Murcia 126

XX **Terraza Carmona** con hab

Del Mar 1 ✉ 04620 – ☎ 950 39 07 60 – www.terrazacarmona.com – cerrado del 10 al 24 de enero y lunes

38 hab – 🚹50/58 € 🚹🚹66/76 €, ☕ 8 € **Rest** – Menú 20 € – Carta 27/35 €

◆ Negocio familiar que goza de buen nombre. Entre sus acogedoras instalaciones destaca el comedor principal, con encanto y solera. Carta regional y platos locales. También posee unas correctas habitaciones, en la 1ª planta con terraza y en la 2ª con balcón.

XX **Juan Moreno**

carretera de Ronda, Bloque 3 ✉ 04620 – ☎ 950 39 30 51 – www.restaurantejuanmoreno.es – cerrado domingo y lunes noche

Rest – Menú 21 € – Carta 25/49 €

◆ ¡En la zona nueva de Vera y muy próximo a la plaza de toros! Se presenta con una barra de apoyo a la entrada, un comedor de estética actual y tres privados. Su carta tradicional se enriquece con un buen apartado de sugerencias diarias.

VERA DE BIDASOA – Navarra – ver Bera

VERDICIO – Asturias – 572 B12 5 B1

Madrid 493 – Oviedo 43 – Avilés 14 – Gijón 26

Palacio de Fiame sin rest

Fiame ✉ 33448 – ☎ 985 87 81 50 – www.palaciodefiame.com

18 hab ☕ – 🚹30/50 € 🚹🚹40/70 €

◆ Junto a un pequeño palacio del que toma nombre. Posee unas confortables habitaciones con mobiliario moderno y baños completos, algunas con hidromasaje y otras con terraza.

X **La Fustariega**

Fiame ✉ 33448 – ☎ 985 87 81 03 – www.restaurantelafustariega.com – cerrado del 1 al 15 de noviembre y miércoles salvo festivos

Rest – Carta 33/46 €

◆ Bar-sidrería dotado de una espaciosa sala para el menú y de dos correctos comedores para la carta. Cocina tradicional variada elaborada con productos escogidos.

VERÍN – Ourense – 571 G7 – 14 633 h. – alt. 612 m – Balneario 20 C3

Madrid 430 – Ourense 69 – Vila Real 90

San Lázaro 26, ☎ 988 41 16 14

Castillo de Monterrey (✱★ - Iglesia : portada★) Oeste : 6 km

ESPAÑA

junto al castillo Noroeste : 4 km

Parador de Verín

subida al Castillo ✉ 32600 Verín – ✆ 988 41 00 75 – www.parador.es – cerrado 15 diciembre-4 febrero

22 hab – 86/106 € 108/132 €, 16 € **Rest** – Menú 32 €

♦ Sólida construcción a modo de pazo ubicado junto al antiguo castillo. Tiene unas cuidadas zonas nobles y las habitaciones distribuidas en dos plantas, todas con buenas vistas.

en la carretera N 525 Noroeste : 4,5 km

Gallego rest, rest,

✉ 32618 Verín – ✆ 988 41 82 02 – www.hotelgallego.com

35 hab – 39 € 60 €, 6 € **Rest** – Carta 20/27 €

♦ El valle de Monterrei recrea su entorno en un paraje natural de gran belleza. Hotel de línea clásica dotado de correctas zonas sociales y habitaciones con baños completos.

VIANA – **Navarra** – **575** E22 – **3 937 h.** – **alt. 470 m** **24** A2

Madrid 341 – Logroño 10 – Iruña/Pamplona 82

Palacio de Pujadas hab,

Navarro Villoslada 24 ✉ 31230 – ✆ 948 64 64 64 – www.palaciodepujadas.com – cerrado Navidades

28 hab – 60/85 € 80/110 €

Rest – *(cerrado domingo noche y lunes en invierno)* Menú 23 €

♦ Esta casa-palacio del s. XVI se presenta con un hall en piedra, una correcta zona social y unas habitaciones de línea clásica-actual, destacando las temáticas del último piso.

Borgia

Serapio Urra ✉ 31230 – ✆ 948 64 57 81 – cerrado 15 días en agosto

Rest – *(solo almuerzo salvo fines de semana)* Carta 35/50 €

♦ Disfruta de una fachada en piedra, forja y madera. La sala combina su decoración rústica con algunos detalles de diseño. Cocina de producto, con un toque personal del chef.

VIBAÑO – **Asturias** – **572** B15 – **479 h.** – **alt. 90 m** **5** C1

Madrid 477 – Oviedo 104 – Santander 105

al Noroeste : 3,5 km

La Montaña Mágica hab,

El Allende ✉ 33508 El Allende – ✆ 985 92 51 76 – www.lamontanamagica.com

16 hab – 50/65 € 55/80 €, 6 € **Rest** – *(solo cena)* Menú 14 €

♦ Está formada por tres edificios en piedra y destaca por sus magníficas vistas, tanto a la sierra del Cura como a los Picos de Europa. Habitaciones amplias y confortables.

VIC – **Barcelona** – **574** G36 – **40 422 h.** – **alt. 494 m** **14** C2

Madrid 637 – Barcelona 66 – Girona/Gerona 79 – Manresa 52

Ciutat 4, ✆ 93 886 20 91, www.victurisme.cat

Localidad★★ - Museo episcopal★★★ BY – Catedral★ (pinturas★★, retablo★★, claustro★) BCY – Plaça Major★ BY

L'Estany★ : Monasterio de Santa María de L'Estany★ Suroeste : 19 km – Monasterio de Sant Pere de Casserres★, emplazamiento★★ Noreste : 17 km

Planos páginas siguientes

ESPAÑA

VIC

Adoberies . . . . CY 3
Aluders . . . . CY 4
Argenters . . . . BY 6
Bisbat (Rambla del) . . . . . BY 8
Bisbe Casadevall . . . . CY 9
Bisbe Oliba (Pl. del) . . . . BY 12
Canyelles . . . . BY 14
Catedral (Pl. de la) . . . . . BY 17
Davallades
(Rambla de les) . . . . . . BY 18
Dues Soles . . . . CY 20
Escales . . . . BY 22
Estret de Sant Cristòfol . BY 24
Estudiant de Vic . . . . BZ 25
Font de Sant Pere . . . . . . CZ 27
Jaume Balmes (Pl. de) . . BY 29
Josep Maria Pericas
(Pl. de) . . . . CZ 31
Josep M. Folch i Torres . CZ 30
Josep Tarradellas
(Rambla de) . . . . BZ 32
Manuel Carrasco
i Fromiguera . . . . CZ 34
Mare de Déu de la Guia . CZ 35
Mare de Déu
de les Neus . . . . BY 36
Mastrot (Pl.) . . . . BX 38
Misericòrdia . . . . CY 41
Montcada (Rambla dels) CY 42
Montserrat . . . . CY 43
Mossèn Llorenç Villacís . CX 45
Narcís Verdaguer i Callís . BZ 46
Pare Gallisà . . . . AX 47
Passeig (Rambla del) . . . CY 48
Pietat (Pl.) . . . . CY 49
Pont . . . . BY 51
Puig dels Jueus . . . . CX 52
Queralt (Pont de) . . . . . . BY 54
Rafael Subirachs i Ricart . CZ 55
Ramon Sala i Saçala . . . . CX 57
Remei (Pont) . . . . AZ 58
Santa Clara (Pl. de) . . . . BY 71
Santa Joaquima
de Vedruna . . . . CY 72
Santa Maria . . . . BY 74
Sants Màrtirs (Pl. dels) . CY 75
Sant Antoni M. Claret . . . BY 60
Sant Domènec
(Rambla de) . . . . BY 61
Sant Felip (Pl.) . . . . BY 63
Sant Miquel Arcàngel . . . BY 64
Sant Miquel dels Sants . . BY 66
Sant Sadurní . . . . BY 67
Sant Sebastià . . . . CXY 69

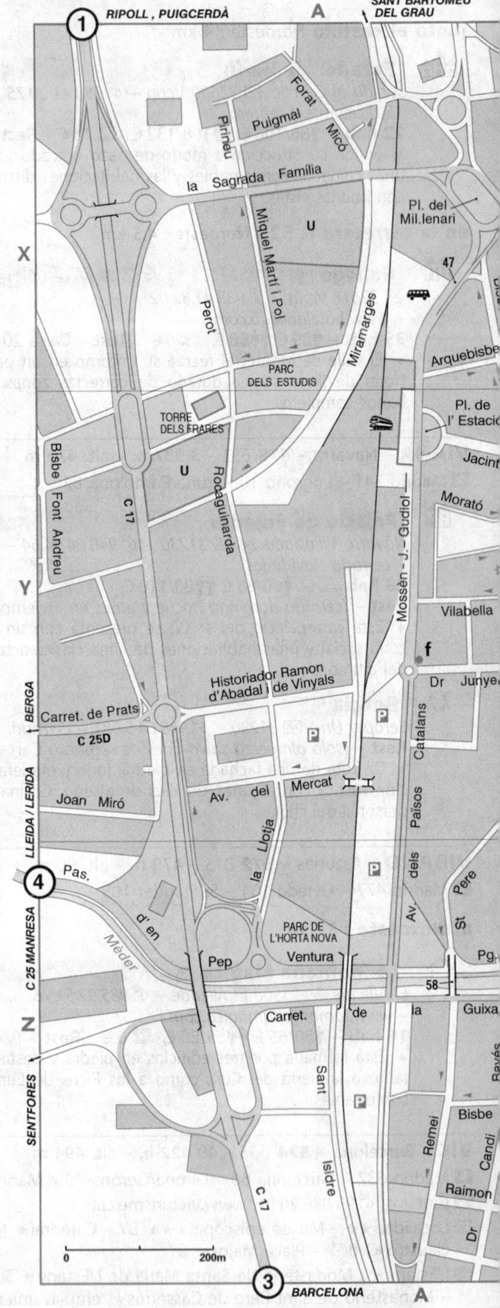

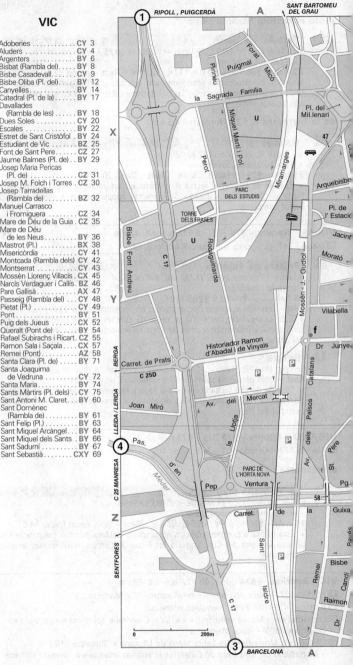

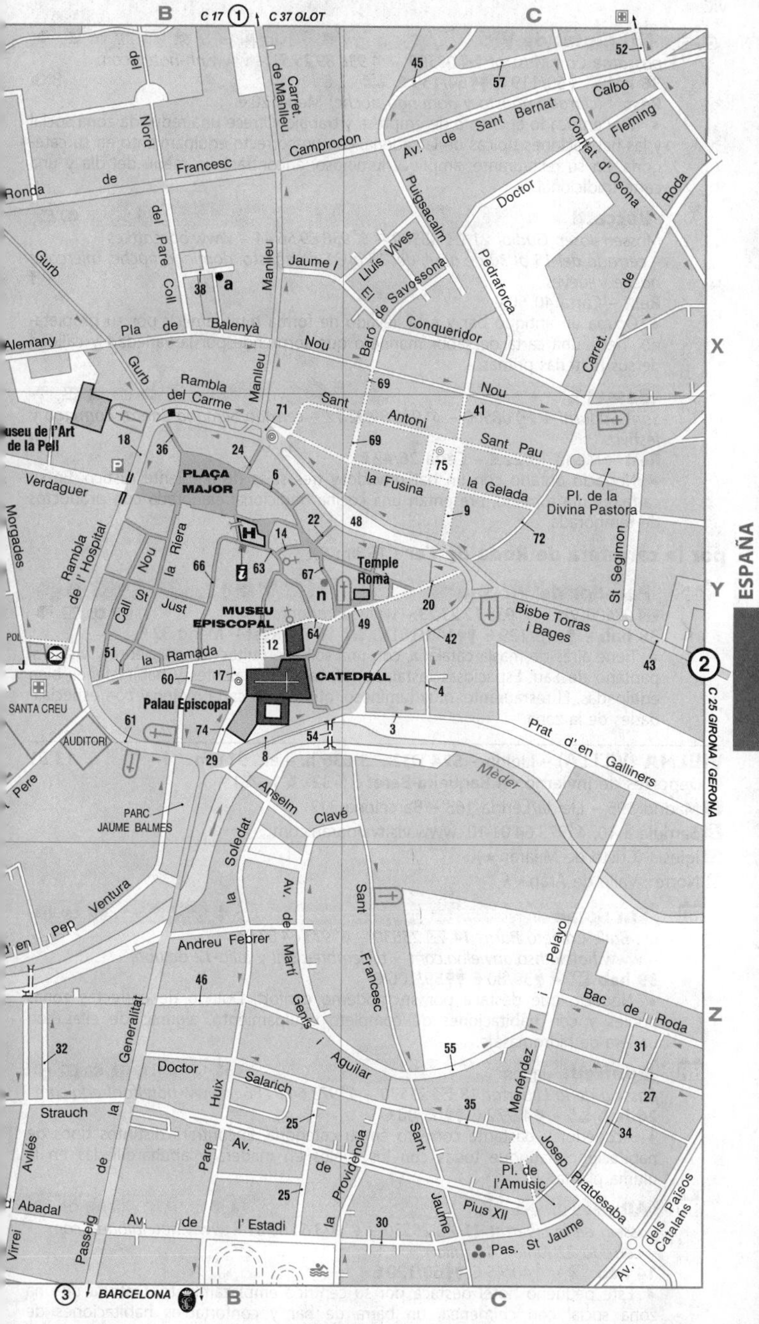

C 17
1
C 37 OLOT
2
C 25 GIRONA / GERONA
3
BARCELONA
B
C
X
Y
Z
PLAÇA MAJOR
MUSEU EPISCOPAL
CATEDRAL
Temple Romà
Palau Episcopal
Museu de l'Art de la Pell
SANTA CREU
AUDITORI
PARC JAUME BALMES
Pl. de la Divina Pastora
Pl. de l'Amusic
Rambla del Carme
Rambla de l' Hospital
Ronda de Francesc Camprodon
Av. de Sant Bernat Calbó
Carret. de Manlleu
Comtat d' Osona
Pedraforca
Jaume I
Lluís Vives
El Baró de Savossona
Conquerido
Pla de Balenyà
Nou
Sant Antoni
Sant Pau
la Fusina
la Gelada
St Segimon
Bisbe Torras i Bages
Prat d' en Galliners
Mèder
Anselm Clavé
la Soledat
Av. de Martí Genís i Aguilar
Sant Francesc
Pelayo
Menéndez
Bac de Roda
Andreu Febrer
Pep Ventura
Generalitat
Doctor Salarich
Doctor Fleming
Carret. de Roda
Doctor Junyent
Huix
Strauch
Av. Pare de Providencia
Pius XII
Josep Pratdesaba
Av. dels Països Catalans
Pas. St Jaume
Av. de l' Estadi
Passeig de la
Virrei Avilés
d' Abadal
Verdaguer
Morgades
Call
Nou
St Just
la Riera
la Ramada
Gurb
Alemany
Pla de Balenyà
Nord
del Pare Coll
Manlleu
Sant Jaume
ESPAÑA

NH Ciutat de Vic
hab,

passatge Can Mastrot ✉ 08500 – ✆ 938 89 25 51 – www.nh-hotels.com
36 hab – 50/119 € 64/159 €, 12 € BX**a**
Rest – *(cerrado agosto y domingo noche)* Menú 20 €
◆ Muy enfocado al cliente de empresa y trabajo. Ofrece una reducida zona social y las habitaciones típicas de la cadena, con un correcto equipamiento en su categoría. En su restaurante, amplio y luminoso, encontrará un menú del día y una carta tradicional.

Boccatti
Mossèn Josep Gudiol 21 ✉ 08500 – ✆ 938 89 56 44 – www.boccatti.es – cerrado del 15 al 30 de abril, del 15 al 31 de agosto, domingo noche, miércoles noche y jueves AY**f**
Rest – Carta 40/50 €
◆ Ocupa un antiguo bar y está llevado de forma muy familiar por su propietario. Tiene una carta de sabor marinero que sorprende por la variedad y calidad de sus materias primas.

Basset
Sant Sadurní 4 ✉ 08500 – ✆ 938 89 02 12 – cerrado Semana Santa, domingo y festivos BY**n**
Rest – Menú 13/22 € – Carta 26/42 €
◆ Negocio dotado con un bar privado y tres salas de ambiente rústico. En su carta, escrita a mano, presentan una cocina tradicional elaborada con productos de temporada.

ESPAÑA

por la carretera de Roda de Ter : 15 km CX

Parador de Vic-Sau
hab,

✉ 08500 Vic – ✆ 938 12 23 23 – www.parador.es
38 hab – 118/129 € 148/161 €, 16 € **Rest** – Menú 32 €
◆ Tiene aires de masía catalana, con una sólida arquitectura en piedra y vistas al pantano de Sau. Espaciosas instalaciones, salas polivalentes y habitaciones bien equipadas. El restaurante, muy luminoso, ofrece una carta regional con especialidades de la zona.

VIELHA (VIELLA) – Lleida – 574 D32 – 5 636 h. – alt. 971 m **13** B1
– **Deportes de invierno en Baqueira-Beret : 32 1 1**

Madrid 595 – Lleida/Lérida 163 – Barcelona 317

Sarriulera 10, ✆ 973 64 01 10, www.visitvaldaran.com

Iglesia (Cristo de Mijaran★)

Norte : Valle de Arán★★

Eth Solan sin rest
av. Baile Calbetó Barra 14 ✉ 25530 – ✆ 973 64 02 04 – www.hotelethsolanvielha.com – diciembre-abril y julio-12 octubre
39 hab – 39/80 € 59/106 €
◆ Negocio que destaca por su moderno confort. Dotado de correctas zonas nobles y con habitaciones de completo equipamiento, algunas de ellas con bañera de hidromasaje.

Fonfreda sin rest
passeig de la Llibertat 18 ✉ 25530 – ✆ 973 64 04 86 – www.hotelfonfreda.com
26 hab – 42/72 € 65/88 €
◆ Acogedor y bastante correcto en su categoría. Encontrará distintos tipos de habitaciones, aunque todas con los suelos en madera y abuhardilladas en la última planta.

Albares sin rest
passeig de la Libertat 11 ✉ 25530 – ✆ 973 64 00 81 – www.hotelalbares.com – cerrado 22 junio - 11 julio
14 hab – 40/45 € 60/120 €
◆ Este pequeño hotel destaca por su céntrico emplazamiento. Disfruta de una zona social con chimenea, un barra de bar y confortables habitaciones de ambiente rústico-actual.

Husa Riu Nere
Mayor 4 ✉ 25530 – ☎ 973 64 01 50 – www.hotelhusariunere.com – cerrado mayo y noviembre
48 hab ☕ – ††40/110 € **Rest** – Menú 13 €
♦ Son dos hoteles ubicados en un mismo edificio del casco viejo, con una recepción común y una amplia zona noble. Las habitaciones tienen un correcto confort y suelos en tarima.

El Ciervo sin rest
pl. de Sant Orenç 3 ✉ 25530 – ☎ 973 64 01 65 – www.hotelelciervo.net – diciembre-9 abril y 7 julio-octubre
20 hab ☕ – †38/54 € ††59/85 €
♦ ¡Un hotel que cuida mucho los detalles! Presenta unas habitaciones mimadas en su decoración, todas diferentes, con los suelos en madera y en la última planta abuhardilladas.

Apart. Serrano
San Nicolás 2 ✉ 25530 – ☎ 973 64 01 50 – www.hotelriunere.com – cerrado mayo y noviembre
9 apartamentos – ††50/160 €, ☕ 7 € **Rest** – *(en el Hotel Riu Nere)*
♦ Apartamentos acogedores y espaciosos, algunos tipo buhardilla y de estilo clásico, con cocina bien equipada y en los cuartos de baño más modernos con bañera de hidromasaje.

Era Lucana
av. Alcalde Calbetó 10, edificio Portals d'Arán ✉ 25530 – ☎ 973 64 17 98 – www.eralucana.com – cerrado 25 junio-15 julio y lunes no festivos salvo agosto
Rest – Menú 21 € – Carta 28/37 €
♦ Dispone de un bar de espera, una sala principal de buen montaje y dos privados de estilo clásico-actual, con los techos en madera. Ofrece cocina tradicional actualizada.

Nicolás
Castèth 7 ✉ 25530 – ☎ 973 64 18 20 – cerrado del 1 al 15 de junio y lunes
Rest – Menú 28 € – Carta 28/42 €
♦ De amable organización con el chef-propietario al frente. Posee dos salas de correcto montaje y mobiliario clásico donde podrá degustar una cocina de corte internacional.

Deth Gormán
Met Día 8 ✉ 25530 – ☎ 973 64 04 45 – cerrado mayo y martes salvo Navidades y agosto
Rest – Carta 16/35 €
♦ Este es un negocio ya tradicional, pues abrió sus puertas hace más de 25 años. En su comedor podrá degustar los platos más representativos de la gastronomía aranesa.

All i Oli
Major 9 ✉ 25530 – ☎ 973 64 17 57
Rest – Menú 25 € – Carta 24/45 €
♦ Pequeño negocio familiar dotado con una sala de adecuado montaje, una barra de apoyo y parrilla a la vista. Carta amplia especializada en caracoles y verduras a la brasa.

en Escunhau por la carretera de Salardú - Este : 3 km

Casa Estampa
Sortaus 9 ✉ 25539 Escunhau – ☎ 973 64 00 48 – www.hotelcasaestampa.com
18 hab ☕ – †50/94 € ††65/100 € **Rest** – Menú 16 €
♦ Antigua casa de piedra totalmente restaurada, donde destacan el salón social con chimenea y las habitaciones, de equipamiento actual y decoradas al estilo montañés. Restaurante rústico típico aranés, con la viguería vista en madera y los suelos en piedra.

Es Pletieus

carret. C 28 ✉ 25539 Escunhau – ✆ 973 64 07 90 – www.espletieus.com – cerrado mayo y noviembre
20 hab – 30/50 € 50/70 €
Rest ***Es Pletieus*** – ver selección restaurantes
◆ Esmerada organización con los propietarios al frente. Suficiente zona social, y unas habitaciones de cuidado confort con mobiliario funcional y baños actuales.

Es Pletieus – Hotel Es Pletieus

carret. C 28 ✉ 25539 Escunhau – ✆ 973 64 04 85 – www.espletieus.com
Rest – *(cerrado abril, martes mediodía en invierno y martes resto del año)*
Carta 25/41 €
◆ Los techos altos en madera definen su cálida decoración. Posee un comedor de correcto montaje, dos privados en la planta superior y una carta atenta a la cocina tradicional.

El Niu

Deth Pònt 1 ✉ 25539 Escunhau – ✆ 973 64 14 06 – cerrado 22 junio-22 julio y domingo noche
Rest – Carta 26/35 €
◆ Situado junto a la carretera general y bien organizado desde la cocina por su propietario. El comedor de línea clásica se caldea durante las cenas mediante una chimenea.

ESPAÑA

en Betlán Noroeste : 4,5 km

Tierras de Arán sin rest

Sacorreges 5 ✉ 25537 Betlán – ✆ 973 08 60 30 – www.tierrasdearan.com
13 hab – 86/135 €
◆ Este encantador hotelito posee una reducida zona social con chimenea y confortables habitaciones de estilo rústico-actual, algunas con un altillo e hidromasaje en los baños.

en Garòs por la carretera de Salardú - Este : 5 km

Garós Ostau sin rest

Cal 3 ✉ 25539 Garós – ✆ 973 64 23 78 – cerrado del 1 al 15 de julio y del 1 al 7 de septiembre
8 hab – 50/75 €, 7 €
◆ Instalado en una antigua cuadra de ganado, con abundancia de piedra y madera en su decoración. Salón social con chimenea y habitaciones de buen nivel, algunas abuhardilladas.

en Pont d'Arrós Noroeste : 6 km

Peña hab, rest, hab

carret. N 230 ✉ 25537 Pont d'Arrós – ✆ 973 64 08 86 – www.hotelpenha.com
59 hab – 47/53 € 67/86 €, 10 €
Rest – Menú 18 €
◆ Junto a la carretera. Se presenta con dos zonas bien diferenciadas, destacando la más nueva por la mejor calidad de sus habitaciones, muchas tipo dúplex o con terraza. También ofrece dos comedores, uno clásico-actual en la parte nueva y otro más funcional, aunque para fumadores, en la zona antigua del hotel.

Boixetes de Cal Manel

carret. N 230 ✉ 25537 Pont d'Arrós – ✆ 973 64 11 68 – www.calmanel.es – cerrado del 9 al 20 de mayo, del 2 al 18 de noviembre y lunes salvo festivos
Rest – Carta 24/39 €
◆ Se encuentra en una casa de piedra a las afueras de la localidad. Barra de apoyo a la entrada y una sala con dos ambientes, uno de línea clásica y el otro algo más rústico.

VIGO – Pontevedra – 571 F3 – 297 124 h. – alt. 31 m — 19 A3

Madrid 588 – A Coruña 156 – Ourense 101 – Pontevedra 27

de Vigo por N 550 : 9 km BZ ✆ 902 404 704

Iberia : aeropuerto ✆ 902 400 500

Cánovas del Castillo 22, ✆ 986 43 05 77, www.turgalicia.es

Cánovas del Castillo 3, ✆ 986 22 47 57, www.turismodevigo.org

R.A.C.E. Oporto 17 ✆ 986 22 70 61

Real Aero Club de Vigo, por la carret. de Ourense : 11 km, ✆ 986 48 66 45

Emplazamiento★ – El Castro ≤★★ AZ

Ría de Vigo★★ – Mirador de la Madroa★★ ≤★★ por carret. del aeropuerto : 6 km BZ

Plano página siguiente

Pazo Los Escudos ≤ hab, VISA AE
av. Atlántida 106, por av. Beiramar : 5 km ✉ 36208 – ✆ 986 82 08 20 – www.pazolosescudos.com
48 hab – ††112/499 €, ☐ 16 € – 6 suites
Rest – Menú 54 € – Carta 45/60 €
◆ Distribuido en dos edificios: uno de nueva construcción, con grandes espacios acristalados y el otro, en un antiguo pazo, con las paredes en piedra. Magníficos exteriores. El restaurante disfruta de una elegante línea neorrústica y en él encontrará la carta propia de una cocina tradicional.

NH Palacio de Vigo hab, VISA AE
av. de García Barbón 17 ✉ 36201 – ✆ 986 43 36 43 – www.nh-hotels.com
107 hab – ††69/230 €, ☐ 16 € – 1 suite **Rest** – Menú 25/35 € — BY**y**
◆ Instalado en un atractivo edificio de fachada clásica, tras la cual encontrará un elegante hall. Las habitaciones resultan confortables y gozan de un completo equipamiento. El restaurante se complementa con un patio cubierto donde sirven los desayunos.

Ciudad de Vigo VISA AE
Concepción Arenal 5 ✉ 36201 – ✆ 986 22 78 20 – www.ciudaddevigo.com
99 hab – †70/180 € ††180/400 €, ☐ 12 € – 2 suites — BY**z**
Rest – *(cerrado fin de semana salvo en verano)* Menú 24 €
◆ Hotel de línea clásica emplazado cerca del puerto. Ofrece unas salas de conferencias bien equipadas y habitaciones de adecuado confort, la mayoría con los baños en mármol. En su reducido comedor sirven una carta tradicional e internacional.

Coia VISA AE
Sanxenxo 1, por ③ ✉ 36209 – ✆ 986 20 18 20 – www.hotelcoia.com
110 hab – ††80/150 €, ☐ 10 € – 16 suites **Rest** – Menú 17 €
◆ Este hotel, bien actualizado y orientado al cliente de empresa, se presenta con unas habitaciones bastante amplias, luminosas, mobiliario moderno y baños actuales. El restaurante, que se complementa con una cafetería, ofrece una sencilla carta tradicional.

América sin rest VISA AE
Pablo Morillo 6 ✉ 36201 – ✆ 986 43 89 22 – www.hotelamerica-vigo.com
45 hab ☐ – †58/66 € ††70/98 € — AY**r**
◆ Tras su fachada en piedra encontrará un interior moderno, con habitaciones amplias y baños originales. La sala para los desayunos, con terraza, brinda bellas vistas a la ría.

Zenit Vigo VISA AE
Gran Vía 1 ✉ 36204 – ✆ 986 41 72 55 – www.zenithoteles.com — BZ**m**
92 hab – †70/150 € ††80/160 €, ☐ 8 €
Rest – *(cerrado domingo)* Menú 14 €
◆ Céntrico y confortable. Posee unas habitaciones de estilo clásico-actual, siendo las mejores las tres que tienen terraza en la 9ª planta y las que ofrecen vistas a la ría. El restaurante centra su trabajo en la elaboración de un menú, completo y económico.

ESPAÑA

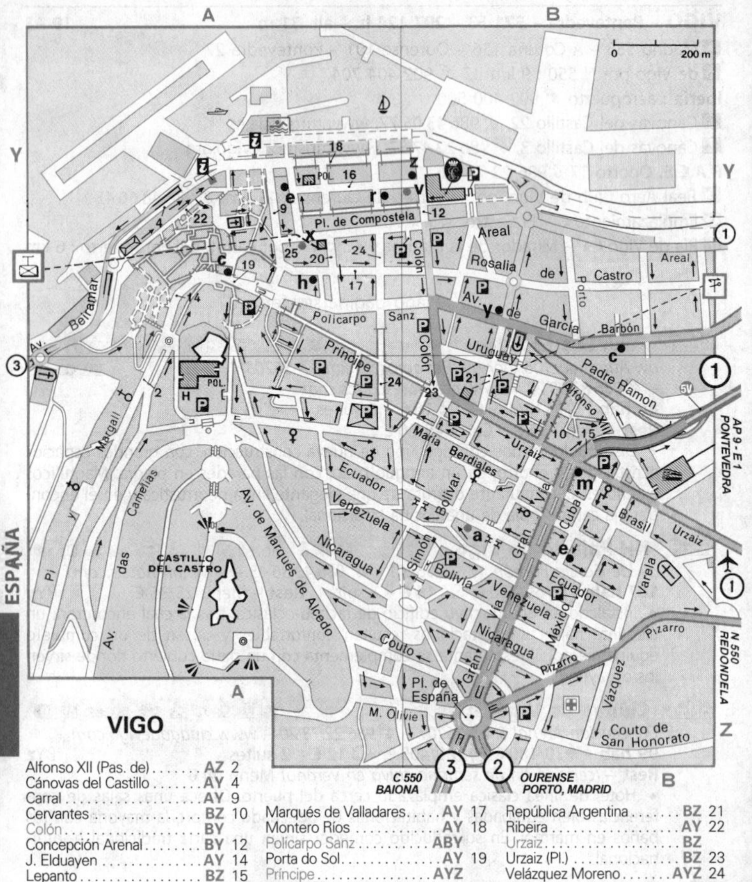

Alfonso XII (Pas. de) .... AZ 2	Marqués de Valladares ..... AY 17	República Argentina .... BZ 21
Cánovas del Castillo .... AY 4	Montero Ríos .... AY 18	Ribeira .... AY 22
Carral .... AY 9	Policarpo Sanz .... ABY	Urzaiz .... BZ
Cervantes .... BZ 10	Porta do Sol .... AY 19	Urzaiz (Pl.) .... BZ 23
Colón .... BY	Príncipe .... AYZ	Velázquez Moreno .... AYZ 24
Concepción Arenal .... BY 12	Reconquista .... AY 20	Victoria .... AY 25
J. Elduayen .... AY 14		
Lepanto .... BZ 15		
Luis Taboada .... AY 16		

Inffinit sin rest
Marqués de Valladares 8 ✉ *36201 – ✆ 986 44 22 24 – www.inffinit.com*
30 hab – †70/250 € ††80/300 € – 4 suites AY**h**
◆ ¡Íntimo, exclusivo y bien situado! Tras su fachada en granito y cristal encontrará unas instalaciones bastante acogedoras, decoradas en un estilo moderno que juega con los colores blanco y negro e incorpora múltiples detalles de diseño.

Compostela sin rest
García Olloqui 5 ✉ *36201 – ✆ 986 22 82 27 – www.hcompostela.com*
30 hab – †49/65 € ††62/79 €, 8 € AY**e**
◆ Disfruta de una excelente ubicación en la zona centro, cerca del puerto. Lo mejor son sus habitaciones, con mobiliario funcional, una buena equipación y los suelos en tarima.

Puerta del Sol sin rest
Porta do Sol 14 ✉ *36202 – ✆ 986 22 23 64 – www.alojamientosvigo.com*
15 hab – †44/59 € ††56/73 €, 4 € AY**c**
◆ Este hotel ofrece un buen confort general. Posee habitaciones de estilo rústico-actual bastante coloristas y baños pequeños pero cuidados, con columnas de hidromasaje.

Canaima sin rest, con cafetería
av. de García Barbón 42 ✉ 36201 – ☎ 986 43 09 34 – www.hotelcanaimavigo.es BYZ**c**
52 hab – 🛉40/50 € 🛉🛉50/75 €, ☕ 5 €
♦ De suficiente confort en su categoría. Todas sus habitaciones están vestidas con mobiliario castellano, aunque las más atractivas son las que tienen terraza-balcón en galería.

Maruja Limón (Rafael Centeno)
Victoria 4 ✉ 36201 – ☎ 986 47 34 06 – cerrado Navidades, del 15 al 30 de septiembre, domingo y lunes AY**x**
Rest – Menú 55/65 € – Carta 37/65 €
Espec. Vieiras con tocino de cerdo confitado y fruta de la pasión. Mero asado, moluscos y cítricos. Molleja de ternera glaseada, uvas y queso San Simón.
♦ Dicen que su nombre le viene de la suegra del chef, mujer de la que aprendió algunas recetas. Presenta un hall y una sala bastante diáfana, con la cocina semi-vista, una pared en piedra y una sobria decoración. Elaboraciones actualizadas y un menú degustación.

Bitadorna Vigo
Ecuador 56 ✉ 36203 – ☎ 986 13 69 51 – www.bitadorna.com – cerrado 7 días en febrero, del 15 al 31 de agosto y domingo BZ**a**
Rest – Menú 30/50 € – Carta 32/44 €
♦ Restaurante de estética actual donde se combinan los tonos azules con los motivos marineros. Pescados y mariscos de calidad, algunos con toques actuales en su elaboración.

Puesto Piloto
av. Atlántida 98, por av. Beiramar : 5 km ✉ 36208 – ☎ 986 24 09 92 – cerrado 15 días en noviembre y domingo noche
Rest – Menú 32/45 € – Carta 32/40 €
♦ Es un clásico de la localidad y refleja una clara orientación al trabajo con empresas, pues a parte del bar y el comedor principal dispone de hasta cuatro privados. Carta tradicional completa con apartado de arroces, pescados y mariscos.

La Oca
Purificación Saavedra 8 (frente mercado de Teis), por av. de García Barbón ✉ 36207 – ☎ 986 37 12 55 – cerrado Semana Santa, 2ª quincena de julio, sábado y domingo
Rest – *(solo almuerzo salvo viernes y vísperas de festivos)* Carta 28/35 €
♦ Su sala, algo reducida, se presenta con el suelo en tarima y mobiliario clásico de buen nivel. Interesante menú degustación, platos de temporada y una variada carta de vinos.

Casa Esperanza
Luis Taboada 28 ✉ 36201 – ☎ 986 22 86 15 – cerrado del 15 al 31 de agosto, domingo y festivos BY**v**
Rest – Menú 22/45 € – Carta aprox. 41 €
♦ Restaurante de gran tradición familiar. Posee dos salas de reducidas dimensiones, ambas coloristas y la de la entrada con un buen expositor de productos. Cocina tradicional.

en Bembrive por ② : 6 km

Soriano
Chans 25 ✉ 36313 Bembrive – ☎ 986 48 13 73 – www.asadorsoriano.com – cerrado domingo noche
Rest – Carta aprox. 40 €
♦ El acceso es algo difícil aunque está bien señalizado. Ofrece varias salas neo-rrústicas y una carta tradicional apreciada por sus carnes. Excelente bodega y hermosas vistas.

VILA DE CRUCES - Pontevedra - 571 D5 - 6 437 h. - alt. 375 m 19 B2

Madrid 579 - Santiago de Compostela 51 - Pontevedra 106 - A Coruña 122

por la carretera de Ponte Ledesma

Oeste : 15 km y desvío a la izquierda 1,5 km

Casa dos Cregos rest,

Bascuas 18 ✉ 36580 - ☎ 986 58 37 78 - www.casadoscregos.com
7 hab - 40/50 € 50/62 €, 4 €
Rest - (es necesario reservar) *(solo clientes)* Menú 23 €
◆ Casa de labranza en piedra rodeada por un jardín con estanque y árboles frutales. Ofrece habitaciones sobrias, la mayoría con mobiliario antiguo y dos abuhardilladas.

La VILA JOIOSA (VILLAJOYOSA) - Alicante - 577 Q29 - 34 344 h. - Playa 16 B3

Madrid 450 - Alacant/Alicante 32 - Gandía 79

Colón 40, ☎ 96 685 13 71, www.villajoyosa.com

por la carretera de Alacant Suroeste : 3 km

El Montíboli rest,

✉ 03570 La Vila Joiosa - ☎ 965 89 02 50 - www.montiboli.es
85 hab - 83/152 € 150/215 € - 2 suites
Rest *Emperador* - ver selección restaurantes
Rest *Minarete* - *(julio-agosto)* Carta 30/40 €
◆ Hotel de línea rústica-elegante emplazado sobre un promontorio, en un entorno dominado por el Mediterráneo. Disfruta de zonas ajardinadas y habitaciones personalizadas.

XX **Emperador** - Hotel El Montíboli

✉ 03570 La Vila Joiosa - ☎ 965 89 02 50 - www.montiboli.es
Rest - Menú 35/50 €
◆ ¡De ambiente clásico y con maravillosas vistas al mar! Propone una cocina regional basada en dos correctos menús degustación y un sugerente buffet, todo con la particularidad de que aquí los platos se preparan a la vista del cliente.

VILA-REAL (VILLARREAL) - Castellón - 577 M29 - 51 367 h. - alt. 35 m 16 B1

Madrid 416 - Castelló de la Plana/Castellón de la Plana 8 - València 61

XX **Espliego**

Escultor Fuster ✉ 12540 - ☎ 964 53 03 05 - www.espliegorestaurante.com
Rest - *(solo almuerzo salvo viernes y sábado)* Menú 24/33 € - Carta 30/39 €
◆ Este atractivo restaurante disfruta de varios espacios independientes, todos con una línea clásica-actual y detalles rústicos de buen gusto. Su carta, actual y de mercado, se ve enriquecida con un sugerente menú.

VILABOA - Pontevedra - 571 E4 - 6 015 h. - alt. 50 m 19 B2

Madrid 618 - Pontevedra 9 - Vigo 19

en San Adrián de Cobres Suroeste : 7,5 km

Rectoral de Cobres sin rest

✉ 36142 San Adrián de Cobres - ☎ 986 67 38 10 - www.rectoral.com
8 hab - 60/80 € 80/160 €, 10 €
◆ En una antigua casa de sacerdotes que data de 1729. Goza de unas cuidadas dependencias en las que se combinan la decoración rústica, las vistas y los detalles de diseño.

VILABOA - Ourense - ver Allariz

VILADECANS – Barcelona – 574 I36 – 64 077 h. – alt. 18 m 15 B3

Madrid 603 – Barcelona 22 – Tarragona 78 – Manresa 63

Cal Mingo

carret. C 245, Noreste : 0,5 km ✉ 08840 – ☎ 936 37 38 47 – www.calmingo.net – cerrado Semana Santa, agosto, domingo noche, lunes noche y martes noche

Rest – Menú 34 € – Carta 24/48 €

♦ Antigua masía restaurada en un estilo muy funcional. En sus salas encontrará una carta de gusto tradicional, con un buen apartado de arroces, bacalaos, carpaccios y foies.

VILADECAVALLS – Barcelona – 574 H35 – 7 323 h. 15 A3

Madrid 619 – Barcelona 32 – Girona/Gerona 111 – Lleida/Lérida 132

Ristol Viladecavalls

Antoni Soler Hospital 1 ✉ 08232 – ☎ 937 88 29 98 – www.ristol.com – cerrado Semana Santa, agosto, domingo noche, lunes y martes

Rest – Menú 24 € – Carta 29/56 €

♦ Amplio restaurante de estética actual que destaca por tener la cocina a la vista. Carta tradicional actualizada con platos de bacalao, arroces y especialidades catalanas.

VILAFAMÉS – Castellón – 577 L29 – 1 984 h. – alt. 321 m 16 B1

Madrid 441 – Valencia 92 – Castelló de la Plana/Castellón de la Plana 28 – Teruel 150

pl. Ajuntament 2, ☎ 964 32 99 70

El Jardín Vertical

Nou 15 ✉ 12192 – ☎ 964 32 99 38 – www.eljardinvertical.com

9 hab – 115 € **Rest** – *(cerrado lunes y martes) (solo menú)* Menú 35 €

♦ Este antiguo edificio ha sido restaurado con gusto, conservando su rusticidad y los muros en piedra. Zona social con chimenea y magnífica vistas desde algunas habitaciones. Su coqueto restaurante, que dispone de dos salas, ofrece un completo menú a precio fijo.

VILAFLOR – Santa Cruz de Tenerife – ver (Canarias) Tenerife

VILAFRAMIL – Lugo – ver Ribadeo

VILAFRANCA DEL PENEDÈS – Barcelona – 574 H35 – 38 218 h. – alt. 218 m 15 A3

Madrid 572 – Barcelona 54 – Tarragona 54

Cort 14, ☎ 93 818 12 54

Localidad★ – Museo de Vilafranca★ – Museo del Vino★ – Convento de Sant Francesc★

Casa Torner i Güell

Rambla de Sant Francesc 26 ✉ 08720 – ☎ 938 17 47 55 – www.casatorneriguell.com

13 hab – 130/165 €, 12 € – 4 suites

Rest – *(cerrado domingo y lunes) (solo cena martes, miércoles y jueves)* Menú 22/35 € – Carta 32/44 €

♦ Ocupa una casa señorial que data de 1884 y destaca por sus magníficas habitaciones, todas con un interiorismo de diseño, muebles de gran calidad y un excelente equipamiento. El restaurante, totalmente acristalado, propone una cocina tradicional actualizada.

Pere III El Gran sin rest

pl. Penedès 2 ✉ 08720 – ☎ 938 90 31 00 – www.hotelpedrotercero.com

52 hab – 55/68 € 55/85 €, 7 €

♦ Hotel de línea actual dotado con un correcto hall, una cafetería que hace de zona social y varias salas de reuniones. Las habitaciones resultan confortables y funcionales.

ESPAÑA

Cal Ton

Casal 8 ✉ 08720 – ☎ 938 90 37 41 – www.restaurantcalton.com – cerrado Semana Santa, del 1 al 21 de agosto, domingo noche, lunes, martes noche y festivos noche
Rest – Carta 35/55 €
◆ Negocio dotado con varios salas, una tipo jardín de invierno. Cocina catalana actualizada y tradicional, con platos tan singulares como sus minicanelones. Excelente bodega.

Casa Joan

pl. de l'Estació 8 ✉ 08720 – ☎ 938 90 31 71 – cerrado Navidades, Semana Santa, 2ª quincena de agosto, domingo y festivos
Rest – *(solo almuerzo)* Carta 28/40 €
◆ Posee un bar de espera, dos salas y un privado, todo con mobiliario de época y un estilo clásico-antiguo bastante cuidado. Cocina tradicional e internacional de corte clásico.

VILAGRASSA – Lleida – 574 H33 – 458 h. – alt. 355 m 13 B2

Madrid 510 – Barcelona 119 – Lleida/Lérida 41 – Tarragona 78

Del Carme

hab, rest,
antigua carret. N II ✉ 25330 – ☎ 973 31 10 00 – www.hostaldelcarme.com
37 hab – †48 € ††60 €, ☕ 5 € **Rest** – Menú 13/24 €
◆ Hotel de organización familiar ubicado junto a la carretera. Presenta una correcta zona social y habitaciones funcionales, todas ellas con los suelos en tarima. El restaurante, que destaca por su montaje, ofrece una sala acristalada y una cocina tradicional.

ESPAÑA

VILALBA – Lugo – 571 C6 – 15 327 h. – alt. 492 m 20 C1

Madrid 540 – A Coruña 87 – Lugo 36

Parador de Vilalba

hab,
Valeriano Valdesuso ✉ 27800 – ☎ 982 51 00 11 – www.parador.es
48 hab – †102/110 € ††128/138 €, ☕ 16 € **Rest** – Menú 32 €
◆ El encanto de antaño y las comodidades del presente se funden en este noble hotel, instalado parcialmente en una torre medieval. Habitaciones de cuidada decoración. Entrañable comedor definido por la calidez de sus recios muros.

Villamartín

av. Terra Chá ✉ 27800 – ☎ 982 51 12 15 – www.hotelvillamartin.com
60 hab – †42/50 € ††51/60 €, ☕ 7 €
Rest – *(cerrado domingo noche)* Menú 13 € – Carta 16/75 €
◆ Amplias y variadas instalaciones de línea funcional. Disponen de una correcta zona noble, habitaciones espaciosas, salón de banquetes y servicios complementarios.

VILAMARTÍN DE VALDEORRAS – Ourense – 571 E8 – 2 072 h. – alt. 314 m 20 D3

Madrid 448 – Lugo 129 – Ourense 104 – Ponferrada 54

Paladium

rest,
Valdegodos, Noreste : 1,5 km ✉ 32340 – ☎ 988 33 68 01 – www.chpaladium.es
27 hab – †45/50 € ††60/65 €, ☕ 4,50 €
Rest – *(cerrado 15 días en febrero, 15 días en octubre, domingo noche y lunes)* Menú 13 €
◆ Combina un estilo rústico algo recargado con cierta estética de montaña. Buen jardín, un merendero a modo de bodega excavado en la roca y habitaciones con mobiliario macizo. Comedor de discreto montaje y unas enormes salas para la organización de banquetes.

VILAMARXANT - Valencia - 577 N28 - 9 129 h. - alt. 160 m 16 A2

Madrid 342 - Valencia 34 - Castellón de la Plana 95

por la carretera de Pedralba Oeste : 3 km

Mas de Canicattí

carret. de Pedralba, km 2,9 ✉ 46191 Vilamarxant – ☎ 961 65 05 34 – www.masdecanicatti.com

20 hab – 125/203 € – 7 suites

Rest ***El Càdec*** – Menú 47 € – Carta 45/55 €

♦ Repartido entre una antigua masía y un edificio actual, ambos en una atractiva finca de naranjos. Decoración moderna, habitaciones minimalistas y SPA. El restaurante, dotado con varios salones polivalentes, ofrece una carta actual y varios menús degustación.

VILANOVA DEL VALLÈS - Barcelona - ver Granollers

VILANOVA I LA GELTRÚ - Barcelona - 574 I35 - 66 532 h. - Playa 15 A3

Madrid 589 - Barcelona 50 - Lleida/Lérida 132 - Tarragona 46

passeig del Carme, ☎ 93 815 45 17

Localidad★ - Museo romántico-Casa Papiol★ - Biblioteca-Museo Balaguer★, Museo del Ferrocarril★

en la zona de la playa :

Ceferino

passeig Ribes Roges 2 ✉ 08800 Vilanova i la Geltrú – ☎ 938 15 17 19 – www.hotelceferino.com

27 hab – 65/105 € 80/160 €, 10 €

Rest – *(cerrado 10 enero-10 febrero, domingo noche y lunes)* Menú 25/45 €

♦ Aquí encontrará unas cuidadas instalaciones, atractivas terrazas y una gran zona social. Posee dos tipos de habitaciones, destacando las más actuales por su excelente confort. El restaurante combina su cocina tradicional actualizada con una completa bodega.

Ribes Roges sin rest

Joan d'Àustria 7 ✉ 08800 Vilanova i la Geltrú – ☎ 938 15 03 61 – www.hotelribesroges.com – cerrado Navidades

12 hab – 57/60 € 72/92 €

♦ Acogedor hotelito dotado con una terraza en la parte posterior. Correcta zona social y habitaciones coloristas de buena amplitud, todas con un mobiliario completo y actual.

Negrefum

pl. de la Mediterrània 2 ✉ 08800 Vilanova i la Geltrú – ☎ 938 15 33 62 – www.negrefum.cat – cerrado martes noche y miércoles noche salvo verano, domingo noche y lunes

Rest – Menú 20/59 € – Carta 30/46 €

♦ Este negocio presenta un hall de espera y una sala de ambiente moderno, con bastante luz natural, buen montaje y múltiples detalles de diseño. Cocina tradicional actualizada.

Peixerot

passeig Marítim 56 ✉ 08800 Vilanova i la Geltrú – ☎ 938 15 06 25 – www.peixerot.com – cerrado domingo noche salvo julio-agosto

Rest – Carta 35/68 €

♦ Casa con cierto prestigio en la zona. Dispone de un sugerente expositor a la entrada, un buen comedor principal y dos privados. Especializado en arroces pescados y mariscos.

ESPAÑA

en Racó de Santa Llúcia Oeste : 2 km

XX **La Cucanya**

✉ 08800 Vilanova i La Geltrú – ☏ 938 15 19 34 – www.restaurantlacucanya.com – cerrado martes salvo julio, agosto, festivos y vísperas

Rest – Menú 36/45 € – Carta 38/57 €

♦ Al borde del mar, en un edificio acristalado y rodeado de terrazas. Ofrece una carta internacional y nacional, pero también la organización de catas y jornadas gastronómicas.

VILCHES – **Jaén** – **578** R19 – **4 892 h.** **2** C1

Madrid 281 – Sevilla 287 – Jaén 83 – Ciudad Real 141

por la carretera de La Carolina a Úbeda
Noreste : 3 km y desvío a la izquierda 7 km

El Añadío hab, hab, rest,

Dehesa El Añadío ✉ 23220 – ☏ 953 06 60 31 – www.elanadio.es

8 hab – 65 € 99/120 € **Rest** – *(solo clientes)* Menú 18 €

♦ Establecimiento rural emplazado en una gran finca-dehesa dedicada a la cría de toros bravos. Bellas estancias y habitaciones de aire rústico, todas decoradas con mucho gusto. El comedor, que atiende los tres servicios del día, basa su oferta en un menú casero.

ESPAÑA

VILELA – **Lugo** – **ver Ribadeo**

VILLABLINO – **León** – **575** D11 – **10 553 h.** – **alt. 1 014 m** **11** A1

Madrid 430 – Valladolid 240 – León 108 – Oviedo 110

av. Constitución 23, ☏ 987 47 19 84, www.aytovillablino.com

La Brañina sin rest

La Brañina 20 ✉ 24100 – ☏ 987 48 03 61 – www.hotel-labranina.com

40 hab – 40 € 58 €

♦ Hotel de línea actual ubicado en una de las salidas de la localidad. Ofrece un espacioso salón social con chimenea y unas habitaciones confortables con los baños completos.

X **Arándanos**

pl. Sierra Pambley 10 ✉ 24100 – ☏ 987 48 03 96 – www.hostalarandanos.com – cerrado lunes

Rest – Carta 26/36 €

♦ Este negocio dispone de un bar de espera y un comedor con las paredes en piedra. Como parte de su decoración muestra unas curiosas maquinas antiguas de picar carne.

VILLABUENA DE ÁLAVA – **Álava** – **573** E21 – **316 h.** **25** A2

Madrid 356 – Vitoria-Gasteiz 64 – Logroño 37 – Iruña/Pamplona 121

Viura hab,

Mayor ✉ 01307 – ☏ 945 60 90 00 – www.hotelviura.com – cerrado 15 enero-15 febrero

33 hab – 110/215 € 110/255 €

Rest – *(cerrado lunes) (solo cena salvo sábado y domingo)* Menú 40/70 € – Carta 36/48 €

♦ Muy moderno, vinculado a la cultura del vino y construido en forma de cubos. Habitaciones amplias y luminosas, con mucho diseño y los suelos en cemento pulido. Su original restaurante, decorado con duelas de barricas, ofrece una cocina tradicional actualizada.

VILLACARRIEDO - Cantabria - **572** C18 - **1 753 h.** - **alt. 211 m** **8** B1

Madrid 379 - Santander 33 - Bilbao 116 - Burgos 140

Palacio de Soñanes

barrio Quintanal 1 ✉ 39640 - ☎ 942 59 06 00
- www.abbapalaciodesonaneshotel.com
28 hab - 69/171 € 69/180 €, 10 € - 2 suites
Rest *Iniro* - Carta 35/45 €

♦ Este impresionante palacio barroco destaca tanto por su fachada como por su espectacular escalera. Las habitaciones combinan con sumo gusto el mobiliario antiguo y el moderno. En el restaurante, de ambiente clásico, encontrará una cocina elaborada y actual.

Las Piscinas

Parque de la Pesquera ✉ 39649 - ☎ 942 59 02 14 - cerrado noviembre
Rest - Carta aprox. 35 €

♦ Restaurante familiar emplazado en un parque municipal. Disfruta de una agradable terraza, un bar a la entrada y una sala de ambiente rústico distribuida en dos alturas.

VILLACORTA - Segovia - **575** I19 - **alt. 1 092 m** **12** C2

Madrid 125 - Segovia 87 - Aranda de Duero 78

Molino de la Ferrería

rest,

camino del Molino, Sur : 1 km ✉ 40512 - ☎ 921 12 55 72
- www.molinodelaferreria.es - cerrado del 5 al 11 de enero y 16 julio-1 agosto
12 hab - 60/86 € 75/91 €
Rest - *(solo cena salvo fines de semana y festivos)* (es necesario reservar)
Menú 24 €

♦ Antiguo molino emplazado en plena naturaleza, al borde de un río. Tanto el entorno como sus cuidadas habitaciones de aire rústico lo convierten en una opción acertada. En su acogedor restaurante encontrará una reducida carta de cocina tradicional y un menú.

VILLAFRANCA DEL BIERZO - León - **575** E9 - **3 516 h.** **11** A1
- alt. 511 m

Madrid 403 - León 130 - Lugo 101 - Ponferrada 21

av. Bernardo Díaz Ovelar 10, ☎ 987 54 00 28, www.villafrancadelbierzo.org

Parador Villafranca del Bierzo

hab,

av. de Calvo Sotelo 28 ✉ 24500 - ☎ 987 54 01 75
- www.parador.es - cerrado 22 diciembre-enero
49 hab - 90/110 € 112/137 €, 16 € - 2 suites **Rest** - Menú 32 €

♦ Tras una profunda reforma hoy se presenta con un aspecto mucho más moderno y actual, utilizando energías renovables respetuosas con el medio ambiente. Habitaciones amplias, luminosas y muy bien equipadas. El restaurante resalta las bondades de la cocina regional y sorprende por su nutrida oferta de menús.

Casa Méndez

rest, rest,

Espíritu Santo 1 ✉ 24500 - ☎ 987 54 24 08 - www.casamendez.es
12 hab - 42 € 49 €, 6 € **Rest** - Carta 17/38 €

♦ Este pequeño hostal familiar compensa sus sencillas dependencias con unas habitaciones muy limpias y de correcto confort, dotadas de mobiliario castellano. El comedor se presenta con mobiliario provenzal, vistas al río y una carta de sabor tradicional.

Las Doñas del Portazgo

rest,

Ribadeo 2 (calle del Agua) ✉ 24500 - ☎ 987 54 27 42 - www.elportazgo.es
17 hab - 57/62 € 80 €, 11 € **Rest** - *(solo clientes)* Menú 25 €

♦ Casa rehabilitada de organización familiar. Presenta unas habitaciones no muy grandes pero sumamente acogedoras, abuhardilladas en la última planta y con las paredes en tela. El comedor, de uso polivalente, se ve acompañado por un privado que hay en el sótano.

ESPAÑA

Plaza Mayor sin rest

pl. Mayor 4 ✉ 24500 – ☏ 987 54 06 20 – www.villafrancaplaza.com
15 hab – †57/59 € ††68/73 €, ☕ 8 €

♦ Está en la misma plaza Mayor y ofrece habitaciones de equipamiento actual, en la última planta abuhardilladas. Posee un amplio garaje, explota el turismo enológico y acoge, en sus bajos, una de las farmacias más bellas y antiguas de España.

La Puerta del Perdón AC hab, rest, VISA

pl. de Prim 4 ✉ 24500 – ☏ 987 54 06 14 – www.lapuertadelperdon.com – cerrado 10 diciembre-12 enero
7 hab ☕ – †42 € ††65 € **Rest** – *(cerrado lunes)* Menú 20 €

♦ Instalado en una casa, con 400 años de historia, que se encuentra junto al castillo monumental. Organiza actividades de enoturismo y tiene habitaciones de aire rústico, algunas abuhardilladas. El restaurante presenta una carta tradicional que imita las credenciales y sellados que llevan los peregrinos.

VILLAGONZALO-PEDERNALES – Burgos – 575 F18 – 1 584 h. – alt. 900 m 12 C2

Madrid 231 – Aranda de Duero 76 – Burgos 8 – Palencia 81

Rey Arturo hab, AC rest, P VISA AE

autovía A 62 - salida 2 ✉ 09195 – ☏ 947 29 42 51 – www.hotelreyarturo.com
52 hab – †40/80 € ††45/100 €, ☕ 7 € **Rest** – Menú 15 € – Carta 20/33 €

♦ Hotel de carretera que sorprende por su buena organización. Ofrece unas habitaciones bastante funcionales, con mobiliario clásico-tradicional y un correcto equipamiento. El comedor a la carta, acristalado y de aire clásico, se ve apoyado por una cafetería.

ESPAÑA

VILLAJOYOSA – Alicante – ver La Vila Joiosa

VILLALBA DE LA SIERRA – Cuenca – 576 L23 – 568 h. – alt. 950 m 10 C2

Madrid 183 – Cuenca 21

Este : Ventano del Diablo (≤ garganta del Júcar★)

Mesón Nelia AC P VISA

carret. de Cuenca ✉ 16140 – ☏ 969 28 10 21 – www.mesonnelia.com – cerrado 10 enero-10 febrero, lunes noche, martes noche y miércoles salvo julio-agosto
Rest – Carta 25/35 €

♦ Un restaurante con prestigio en la zona. Posee un bar de aire rústico, donde también sirven la carta diaria, y un gran salón de banquetes. Cocina tradicional bien actualizada.

VILLALCÁZAR DE SIRGA – Palencia – 575 F16 – 178 h. – alt. 800 m 11 B2

Madrid 285 – Burgos 81 – Palencia 46

Mesón de Villasirga AC VISA

pl. Mayor ✉ 34449 – ☏ 979 88 80 22 – cerrado Navidades y enero
Rest – *(solo almuerzo salvo fines de semana)* Carta 20/37 €

♦ Cálido local con una decoración típica que ensalza los valores de antaño. Es muy conocido por las bondades de su lechazo y de sus famosos tropezones de morcilla casera.

VILLALLANO – Palencia – 575 D17 – 45 h. 12 C1

Madrid 330 – Valladolid 148 – Palencia 103 – Santander 110

Ticiano AC VISA

Concepción ✉ 34815 – ☏ 979 12 36 10 – www.ticiano.es – cerrado del 10 al 31 de enero y lunes
Rest – Carta 30/48 €

♦ Este restaurante, instalado en lo que fueron unas cuadras, presenta un bar con chimenea y un comedor con los techos en madera, a modo de cabaña. Carta tradicional actualizada.

VILLAMANRIQUE DE LA CONDESA - Sevilla - 578 U11 - 4 162 h. 1 A2

Madrid 569 - Sevilla 46 - Huelva 70 - Cádiz 168

Ardea Purpurea hab,

camino Vereda de los Labrados, Este : 1 km ✉ 41850 - ✆ 955 75 54 79 - www.ardeapurpureaturismo.com

11 hab - 75/120 € - 3 apartamentos **Rest** - Carta 31/42 €

◆ Esta curiosa construcción reproduce, prácticamente a las puertas del parque de Doñana, las antiguas casas de los marismeños, con las paredes encaladas y los techos de caña. El restaurante, de cuidado montaje, ensalza los sabores gastronómicos tradicionales.

VILLAMARTÍN - Cádiz - 578 V13 1 B2

Madrid 555 - Algeciras 131 - Cádiz 87 - Ronda 61

La Antigua Estación sin rest y sin

carret de los Higuerones, Norte : 1,5 km ✉ 11650 - ✆ 617 56 03 51 - www.antiguaestacion.com

25 hab - 50/70 € 70/90 €

◆ Ocupa una antigua estación de ferrocarril dotada con un aeródromo privado y buenas vistas a la localidad. Diáfano salón social con chimenea y habitaciones de línea actual.

VILLAMAYOR - Asturias - 572 B14 5 C1

Madrid 508 - Avilés 74 - Gijón 70 - Oviedo 52

Palacete Real

El Caneyu ✉ 33583 - ✆ 985 70 29 70 - www.palacetereal.es - cerrado enero

9 hab - 75/79 € 85/89 € **Rest** - *(solo clientes, solo cena)* Menú 15 €

◆ Bonito palacete de estilo colonial. Ofrece una zona social de aire clásico y unas cuidadas habitaciones, variantes en su decoración aunque todas con los suelos en tarima.

por la carretera de Borines y desvío a Cereceda Noreste : 5 km

Palacio de Cutre

La Goleta ✉ 33583 Villamayor - ✆ 985 70 80 72 - www.palaciodecutre.com - cerrado enero-marzo

18 hab - 65/120 € 85/145 €

Rest - *(cerrado domingo noche y lunes)* Menú 32 € - Carta 30/51 €

◆ Antigua casa señorial en un pintoresco paraje con espléndidas vistas a los valles y montañas. Sus confortables dependencias recrean un marco de entrañable rusticidad. Comedor de correcto montaje.

VILLAMAYOR - Salamanca - ver Salamanca

VILLANÚA - Huesca - 574 D28 - 492 h. - alt. 953 m 4 C1

Madrid 496 - Huesca 106 - Jaca 15

El Reno

carret. de Francia 23 ✉ 22870 - ✆ 974 37 80 66 - www.hotelelreno.com - cerrado mayo y noviembre

15 hab - 30/45 € 50/65 €

Rest - *(cerrado lunes salvo festivos)* Carta 22/38 €

◆ El acceso se hace por un bar público, donde está la recepción, y ofrece unas habitaciones bastante discretas, con unos correctos aseos y un reducido salón social en la 1ª planta. El restaurante, de marcado ambiente rústico y con profusión de madera, presenta una carta regional con algunos platos de caza.

VILLANUEVA DE ARGAÑO - Burgos - 575 E18 - 113 h. 12 C1 - alt. 838 m

Madrid 264 - Burgos 21 - Palencia 78 - Valladolid 115

Las Postas de Argaño
av. Rodríguez de Valcarce ✉ 09132 – ✆ 947 45 01 56 – www.laspostas.es – cerrado febrero y domingo noche
Rest – Carta aprox. 35 €
◆ Esta antigua casa de postas se presenta rehabilitada y centra su actividad en dos sencillos comedores castellanos, ambos con un correcto servicio de mesa. Carta tradicional.

VILLANUEVA DE COLOMBRES – Asturias – ver Colombres

VILLANUEVA DE GÁLLEGO – Zaragoza – 574 G27 – 4 376 h. – alt. 243 m

3 B2

Madrid 333 – Huesca 57 – Lleida/Lérida 156 – Iruña/Pamplona 179

Sella-La Val d'Onsella
Pilar Lorengar 1 ✉ 50830 – ✆ 976 18 03 88 – www.sellacomplejohostelero.com – cerrado Semana Santa,15 días en agosto y lunes
Rest – *(solo almuerzo salvo fines de semana)* Carta 41/51 €
◆ Complejo hostelero de grandes dimensiones en el que se han empleado materiales de calidad, con modernos comedores y varios privados. Excelentes prestaciones para banquetes.

VILLANUEVA DE LA SERENA – Badajoz – 576 P12 – 26 111 h.

18 C2

Madrid 325 – Mérida 58 – Badajoz 118 – Cáceres 124

en la carretera N 430 Norte : 10 Km

Cortijo Santa Cruz
✉ 06700 Villanueva de la Serena – ✆ 924 83 24 15 – www.hotelcortijosantacruz.es
44 hab – †60/70 € ††70/90 € – 4 suites
Rest ***La Encomienda*** – *(cerrado domingo noche, lunes, martes noche y miércoles noche)* Carta 28/41 €
◆ Instalado en un cortijo algo aislado pero de aspecto moderno. Resulta interesante tanto por su club deportivo como si es de los que ama el turismo ornitológico. El restaurante se ve acompañado por una cafetería y un gran salón para banquetes.

VILLANUEVA DE LOS INFANTES – Ciudad Real – 576 P20 – 5 772 h. – alt. 650 m

10 C3

Madrid 242 – Toledo 192 – Ciudad Real 97 – Jaén 169
pl. Mayor 3, ✆ 926 36 13 21

La Morada de Juan de Vargas sin rest
Cervantes 3 ✉ 13320 – ✆ 926 36 17 69 – www.lamoradadevargas.com
6 hab – †46/60 € ††54/85 €
◆ Casa del s. XVI ubicada junto a la Plaza Mayor. Posee una coqueta zona social, un patio interior y hermosas habitaciones de aire rústico, la mayoría con mobiliario de época.

Posada Abuela Fidela sin rest
Don Quijote 16 ✉ 13320 – ✆ 619 33 97 36 – www.abuelafidela.com
7 hab – †40/60 € ††50/69 €
◆ En una casa de dos plantas, siendo la inferior para los dueños y la superior para los clientes. Zona social con chimenea y cálidas habitaciones, dos de ellas abuhardilladas.

VILLANUEVA DE SAN CARLOS – Ciudad Real – 576 Q18 – 373 h. – alt. 654 m

9 B3

Madrid 264 – Toledo 212 – Ciudad Real 61 – Jaén 154

en La Alameda Sureste : 3,5 km

XX **La Encomienda**

Queipo de Llano 34 ✉ 13379 Villanueva de San Carlos – ☎ 926 87 91 69 – cerrado agosto

Rest – *(solo almuerzo)* Carta 25/35 €

◆ Bello restaurante de ambiente rústico ubicado en una antigua quesería. Dispone de un hall, un patio y dos comedores, uno acristalado y el otro en lo que fueron las cuadras.

en Belvis Noreste : 9 km

El Tamujo de Calatrava sin rest

camino Finca Cantohincado ✉ 13379 Villanueva de San Carlos – ☎ 678 71 16 68

7 hab – †40/55 € ††45/65 €, ☕ 6 €

◆ En pleno campo, disfrutando de un entorno muy cuidado y con piscina. Atractivo jacuzzi, zona social con chimenea y sencillas habitaciones, algunas con muebles restaurados.

VILLANUEVA DE TAPIA – Málaga – 578 U17 – 1 675 h. 2 C2

Madrid 484 – Sevilla 201 – Málaga 76 – Córdoba 140

por la carretera A 333 Sur : 3 km

La Paloma

km 63 ✉ 29315 Villanueva de Tapia – ☎ 952 75 04 09 – www.hotelrurallapaloma.com – 6 junio-3 noviembre

8 hab ☕ – †35/55 € ††45/59 € **Rest** – *(cerrado lunes)* Carta 22/37 €

◆ Esta casita, situada al borde de la carretera, es muy frecuentada por senderistas, pues supone un buen punto de partida para aquellos que quieren recorrer la Sierra Norte de Málaga. Correcta zona social y habitaciones de ambiente rústico. Completa carta de cocina internacional con especialidades italianas.

VILLARCAYO – Burgos – 575 D19 – 4 855 h. – alt. 615 m 12 C1

Madrid 321 – Bilbao 81 – Burgos 78 – Santander 100

en Horna Sur : 1 km

Doña Jimena

Zamora ✉ 09554 Horna – ☎ 947 13 05 63 – www.hoteljimena.es – Semana Santa-noviembre

22 hab ☕ – †45 € ††60 € – 1 suite

Rest *Mesón El Cid* – ver selección restaurantes

◆ Presenta dos zonas sociales, por un lado su salón con chimenea y por otro el patio interior, que tiene el techo acristalado. Las habitaciones se visten con mobiliario clásico.

XX **Mesón El Cid** – Hotel Doña Jimena

Zamora ✉ 09554 Horna – ☎ 947 13 11 71 – www.hoteljimena.es – cerrado 25 octubre-3 diciembre y lunes salvo agosto

Rest – Carta 20/45 €

◆ Un negocio que sabe combinar los detalles rústicos y regionales con el mobiliario clásico. Ofrece un bar, un salón con chimenea, dos cálidos comedores y una carta tradicional.

en la carretera de Medina de Pomar Este : 5 km

Granja Ribacardo rest, rest,

✉ 09513 Villanueva la Lastra – ☎ 947 19 15 34 – www.posadagranjaribacardo.com

8 hab – †45/50 € ††60/70 €, ☕ 6 €

Rest – *(solo clientes, solo cena)* Menú 20 €

◆ Recio palacete adosado a una torre defensiva del s. XV. Destaca tanto por su salón social, con chimenea, como por el buen confort que ofrece en sus cálidas habitaciones. El comedor, acogedor y con las paredes en piedra, presenta una carta de tinte tradicional.

ESPAÑA

VILLARICOS - Almería - 578 U24 - 571 h. - Playa 2 D2

Madrid 541 - Sevilla 457 - Almería 101 - Murcia 151

X **Playa Azul** con hab

Baria 87 ✉ 04616 - ☎ 950 46 70 75 - www.hostalplayaazul.com - cerrado del 20 al 30 de octubre

30 hab - 25/38 € 40/60 €, 4 €

Rest - *(cerrado domingo noche salvo verano)* Carta 30/45 €

◆ Negocio familiar situado a unos 50 m. de la playa. Disfruta de una terraza cubierta, dos comedores y un privado. Carta tradicional con numerosos pescados, mariscos y arroces. Como complemento también posee unas sencillas habitaciones de línea funcional.

VILLARREAL - Castellón - ver Vila-real

VILLARROBLEDO - Albacete - 576 O22 - 26 686 h. - alt. 724 m 10 C2

Madrid 188 - Toledo 177 - Albacete 85 - Cuenca 126

pl. de Ramón y Cajal 9, ☎ 967 14 19 80, www.venavillarrobledo.com

Juan Carlos I sin rest

pl. Ramón y Cajal 22 ✉ 02600 - ☎ 967 13 71 71 - www.villahotel2000.com

34 hab - 39 € 59 €, 5 €

◆ Ubicado en el centro de la localidad, con una agradable cafetería pública a la entrada y una terraza en el último piso. Habitaciones de estilo clásico bien insonorizadas.

ESPAÑA

VILLAVERDE DE PONTONES - Cantabria - 572 B18 8 B1

Madrid 387 - Bilbao 86 - Burgos 153 - Santander 14

XXX **Cenador de Amós** (Jesús Sánchez)

pl. del Sol ✉ 39793 - ☎ 942 50 82 43 - www.cenadordeamos.com - cerrado 23 diciembre-20 enero, domingo noche, lunes y noches de martes y miércoles salvo Semana Santa y verano

Rest - Menú 82 € - Carta 42/71 €

Espec. Ostra frita con caviar de borraja, espinacas, crema de ostras y cava. Rodaballo con juliana de apio y puerro, jugo de naranjas sanguinas y azafrán. Lechal de los Picos de Europa.

◆ Casa solariega del s. XVIII rehabilitada en un estilo neorrústico. Posee varias salas y acogedores privados, todos de cuidado montaje y algunos con las paredes enteladas. Su chef propone una cocina actualizada en la que se aúnan la técnica y la imaginación.

VILLAVICIOSA - Asturias - 572 B13 - 14 840 h. - alt. 4 m 5 B1

Madrid 493 - Gijón 30 - Oviedo 43

Iglesia y Monasterio de San Salvador de Valdediós★ Suroeste : 7 km

Carlos I sin rest

pl. Carlos I-4 ✉ 33300 - ☎ 985 89 01 21 - cerrado enero y febrero

16 hab - 30/50 € 45/65 €

◆ Casona señorial del s. XVIII. Su pequeña zona social se ve compensada por unas habitaciones de notable amplitud, la mayoría con mobiliario de época y algunas abuhardilladas.

Casa España sin rest

pl. Carlos I-3 ✉ 33300 - ☎ 985 89 20 30 - www.hcasaespana.com

14 hab - 40/56 € 50/70 €, 5 €

◆ Ocupa un atractivo edificio de aire indiano, de principios del s. XX. Decorado con gusto, conserva la escalera de madera original que da acceso a las habitaciones.

Avenida Real sin rest

Carmen 10 ✉ 33300 - ☎ 985 89 20 47 - www.hotelavenidareal.com

8 hab - 35/45 € 55/80 €, 6 €

◆ Pequeño hotel de moderna concepción interior. Posee un agradable saloncito en la 1ª planta y habitaciones reducidas pero detallistas, todas personalizadas en su decoración.

El Conventín sin rest

Carmen 14 ✉ 33300 – ✆ 985 89 33 89 – www.hcasaespana.com
8 hab – †40/56 € ††50/70 €, ☕ 5 €
◆ Dispone de una pequeña zona social y correctas habitaciones, combinando mobiliario en forja y de aire colonial. En temporada baja funciona como anexo del hotel Casa España.

VILLAVIEJA DEL LOZOYA – Madrid – 576 – 575 I18 – 254 h. – alt. 1 066 m   22 B1

Madrid 86 – Guadalajara 92 – Segovia 85

Hospedería El Arco con hab   rest,

El Arco 6 ✉ 28739 – ✆ 918 68 09 11 – www.hospederiaelarco.com – julio-agosto y fines de semana resto del año salvo Navidades
4 hab ☕ – †80 € ††88 €
Rest – *(cerrado domingo noche y lunes)* Carta 31/48 €
◆ Esta casa, llevada por un matrimonio de arqueólogos, disfruta de una sala rústica-actual que está presidida por un arco mudéjar del s. XIII. Cocina tradicional. Las habitaciones, amplias, cálidas y luminosas, se presentan como un buen recurso en la zona.

VILLENA – Alicante – 577 Q27 – 34 968 h. – alt. 503 m   16 A3

Madrid 361 – Albacete 110 – Alacant/Alicante 58 – València 122

Museo Arqueológico (tesoro de Villena★★) - Iglesia de Santiago (pilares helicoidales★)

Salvadora

av. de la Constitución 102 ✉ 03400 – ✆ 965 80 09 50 – www.hotelsalvadora.com
39 hab – †40/45 € ††61/64 €, ☕ 4 €
Rest *Salvadora* – ver selección restaurantes
◆ Casi un siglo de historia avala la trayectoria de esta antigua y céntrica posada familiar, regentada hoy por los nietos de sus fundadores. Se ha actualizado poco a poco.

Salvadora – Hotel Salvadora

av. Constitución 102 ✉ 03400 – ✆ 965 80 09 50 – www.hotelsalvadora.com
Rest – Carta aprox. 35 €
◆ Presenta un bar público, una zona de comidas informal y dos amplias salas de ambiente funcional. Su carta sorprende, ya que tiene platos tradicionales, regionales y actuales.

VILLOLDO – Palencia – 575 F16 – 401 h. – alt. 790 m   11 B2

Madrid 291 – Valladolid 81 – Palencia 30 – Burgos 101

Estrella del Bajo Carrión con hab   rest,

Mayor 32 ✉ 34131 – ✆ 979 82 70 05 – www.estrellabajocarrion.com
10 hab ☕ – †80/90 € ††90/130 €
Rest – *(cerrado lunes salvo agosto y domingo noche)* Carta 40/54 €
◆ Recrea una atmósfera muy acogedora, con un salón de uso polivalente y un luminoso comedor de estética actual. Cocina tradicional con toques actuales y buenas presentaciones. Las habitaciones tienen un estilo bastante moderno, con detalles rústicos y de diseño.

VILORIA DE RIOJA – Burgos – 575 E20 – 46 h.   12 C1

Madrid 297 – Valladolid 181 – Burgos 60 – Logroño 61

Santo Domingo de la Calzada : Catedral★ (Retablo Mayor★★) Este : 14 km

Mi Hotelito   hab,

pl. Mayor 16 ✉ 09259 – ✆ 947 58 52 25 – www.mihotelito.es – reserva aconsejable, cerrado enero y febrero
7 hab ☕ – †74/84 € ††88/99 €   **Rest** – *(solo menú)* Menú 27 €
◆ Ocupa una antigua casa restaurada que destaca por su emplazamiento, en pleno Camino de Santiago. Reducida zona social con chimenea y habitaciones de buen confort, todas personalizadas en su mobiliario y algunas abuhardilladas. El comedor, de línea actual, basa su trabajo en un correcto menú del día.

ESPAÑA

VINARÒS – Castellón – 577 K31 – 28 291 h. – Playa 16 B1

Madrid 498 – Castelló de la Plana/Castellón de la Plana 76 – Tarragona 109 – Tortosa 48

pl. Jovellar 2, 964 45 33 34, www.turisme.vinaros.es

Faro de Vinaròs

port de Vinaròs ✉ 12500 – 964 45 63 62 – www.elfarovinaros.com – cerrado del 15 al 30 de noviembre, domingo noche y lunes salvo verano

Rest – Menú 22/40 € – Carta 32/41 €

◆ Ocupa la antigua casa del farero, dotada con un buen comedor principal y una sala más informal para las tapas. Carta actualizada, con mariscos, arroces y un menú degustación.

VINUESA – Soria – 575 G21 – 1 001 h. – alt. 1 110 m 12 D2

Madrid 230 – Burgos 112 – Logroño 81 – Soria 36

La Pinariega sin rest

Reina Sofía 4 ✉ 42150 – 975 37 80 16 – www.lapinariega.com

5 hab – 49 €

◆ Casona del s. XIX en piedra cuyas habitaciones, con viguería en el techo y mobiliario escogido, conservan el suelo en madera antigua. Pequeño jardín con gallinero y palomar.

VIÑUELA – Málaga – 578 V17 – 1 993 h. – alt. 150 m 2 C2

Madrid 500 – Almería 188 – Granada 114 – Málaga 48

por la carretera A 335 Noroeste : 1,5 km y desvío a la izquierda 1,5 km

La Viñuela hab,

✉ 29712 Viñuela – 952 51 91 93 – www.hotelvinuela.com

36 hab – 70/79 € 98/112 € – 3 suites **Rest** – Menú 25 €

◆ Conjunto acogedor junto al embalse de La Viñuela, con la sierra al fondo y un jardín que invita al relax. Ofrece habitaciones personalizadas de carácter clásico y moderno. Su restaurante disfruta de un buen montaje y agradables vistas al entorno natural.

VITORIA-GASTEIZ P – Álava – 573 D21 – 238 247 h. – alt. 524 m 25 A2

Madrid 350 – Bilbao 64 – Burgos 111 – Logroño 93

de Vitoria por ④ : 8 km 902 404 704

Iberia : aeropuerto 902 400 500

pl. España 1, 945 16 15 98, www.turismo.vitoria-gasteiz.org

R.A.C.V.N. Micaela de Portilla 2 945 14 65 90

Ciudad Vieja★★ - Visita a las obras de restauración de la Catedral de Santa María★★ BY - Museo del Naipe "Fournier"★ BY**M4** - Museo de Armería★ AZ - Artium★ BY

Gaceo (iglesia : frescos góticos★★) 21 km por ②

G.H. Lakua hab,

Tarragona 8, por ④ ✉ 01010 – 945 18 10 00 – www.granhotelakua.com

115 hab – 80/140 € 80/220 €, 15 € – 32 apartamentos

Rest – Menú 25/35 € – Carta 40/56 €

◆ Bien comunicado pero algo lejos del centro urbano. Ofrece una gran recepción, con una zona de piano-bar integrada, y modernas habitaciones dotadas de lo último en domótica. Tiene un restaurante a la carta y una cafetería que también sirve comidas informales.

Jardines de Uleta

Uleta 1, (Armentia), por ③ : 2 km ✉ 01007 – 945 13 31 31 – www.jardinesdeuleta.com

102 apartamentos – 70/176 €, 15 €

Rest *Arimendi* – ver selección restaurantes

◆ Emplazado en una zona residencial próxima al centro de la ciudad. Encontrará un patio central de uso polivalente y varios tipos de apartamentos, todos modernos y de gran amplitud.

VITORIA-GASTEIZ

Calle	Cuadro	Nº
Angulema	BZ	2
Becerro de Bengoa	AZ	5
Cadena y Eleta	AZ	8
Dato	BZ	
Diputación	AZ	12
Escuelas	BY	15
España (Pl. de)	BZ	18
Gasteiz (Av. de)	AYZ	
Herrería	AY	24
Independencia	BZ	27
Machete (Pl. del)	BZ	30
Madre Vedruna	AZ	33
Nueva Fuera	BY	34
Ortiz de Zárate	BZ	36
Pascual de Andagoya (Pl. de)	AY	39
Portal del Rey	BZ	42
Postas	BZ	
Prado	AZ	45
Santa María (Cantón de)	BY	51
San Francisco	BZ	48
Virgen Blanca (Pl. de la)	BZ	55

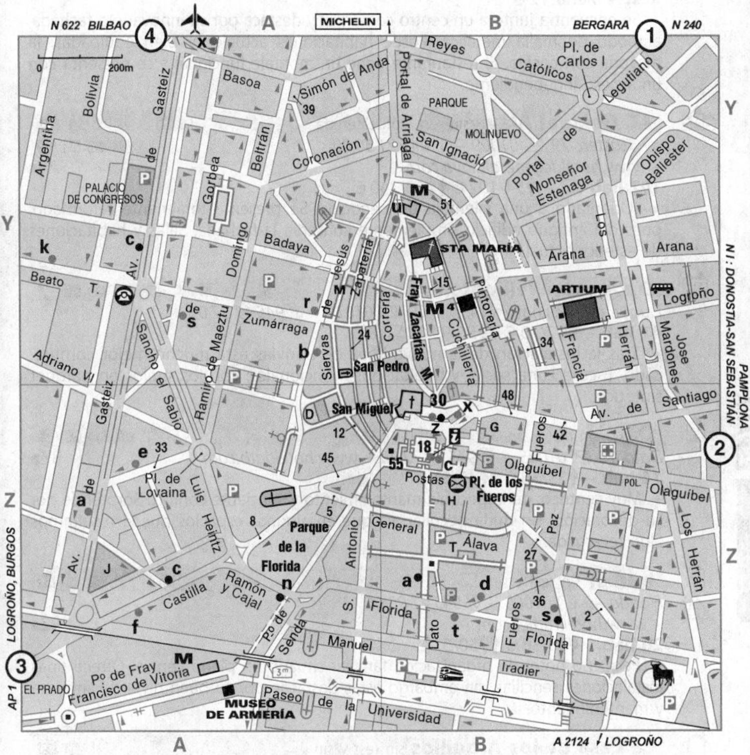

Ciudad de Vitoria

Portal de Castilla 8 ✉ *01008* – ✆ *945 14 11 00*
– *www.hotelciudaddevitoria.com* AZ**c**

148 hab ☐ – 👥60/220 € – 1 suite

Rest – *(cerrado domingo)* Menú 23 €

◆ Disfruta de una serena fachada y está muy orientado hacia una clientela de negocios. Su marcada funcionalidad y excelente equipamiento dan paso a un confort moderno y actual. El restaurante, de montaje clásico-actual, destaca por su amplia variedad de menús.

NH Canciller Ayala

Ramón y Cajal 5 ✉ *01007* – ✆ *945 13 00 00*
– *www.nh-hotels.com* AZ**n**

173 hab – 👥60/150 €, ☐ 14 €

Rest – Carta 25/31 €

◆ Hotel de carácter urbano dotado con una correcta zona social, diversos salones y unas habitaciones bastante bien equipadas, en general amplias, actuales y de buen confort. El restaurante, que centra su trabajo en el menú, ocupa una sala de uso polivalente.

Boulevard

Zaramaga 3, por ① ✉ 01013 – ☎ 945 18 04 00
– www.hotelboulevard.es
54 apartamentos – ††60/155 €, ☕ 11 € – 36 hab
Rest – Menú 12 €

◆ Se encuentra junto a un centro comercial y destaca por su innovadora fachada, a modo de malla metálica. Posee habitaciones actuales y bien equipadas, la mayoría con cocina. El restaurante tiene un montaje funcional y se presenta con un acceso independiente.

AC General Álava sin rest, con cafetería

av. Gasteiz 79 ✉ 01009 – ☎ 945 21 50 00
– www.hotelacgeneralalava.com AY**c**
107 hab ☕ – †54/192 € ††60/240 €

◆ ¡Orientado a una clientela de negocios! Se presenta totalmente reformado, pues del antiguo edificio simplemente conserva la fachada. Salas y habitaciones de estética actual.

Duque de Wellington sin rest

Duque de Wellington 14, por ④ ✉ 01010 – ☎ 945 17 57 07
41 hab – †42/70 € ††50/99 €, ☕ 8 €

◆ Tras la instalación de la nueva línea de tranvías está mucho mejor comunicado. Escasa zona social y habitaciones funcionales, con los suelos en parquet sintético.

ESPAÑA

Dato sin rest y sin ☕

Dato 28 ✉ 01005 – ☎ 945 14 72 30 – www.hoteldato.com BZ**a**
14 hab – †33/36 € ††47/51 €

◆ Muy céntrico, de impecable mantenimiento y suficiente confort. Sorprende por su decoración, sin duda peculiar, ya que en algunos espacios puede resultarnos algo recargada.

Iradier sin rest y sin ☕

Florida 49 ✉ 01005 – ☎ 945 27 90 66
– www.hoteliradier.com BZ**s**
20 hab – †30/36 € ††50/57 €

◆ Pequeño hotel de organización familiar situado en pleno centro. Ofrece unas instalaciones sencillas, sin embargo estas destacan por su buen nivel de limpieza y mantenimiento.

La Casa de los Arquillos sin rest y sin ☕

paseo Los Arquillos 1 2º ✉ 01001 – ☎ 945 15 12 59
– www.lacasadelosarquillos.com BZ**z**
8 hab – †69/80 € ††69/90 €

◆ Su encanto es indiscutible, pues ocupa un edificio antiguo del casco histórico y ofrece habitaciones bien personalizadas. Una vez acogido, el cliente tiene su propia llave.

Ikea

Portal de Castilla 27 ✉ 01007 – ☎ 945 14 47 47 – www.restauranteikea.com
– cerrado 10 agosto-3 septiembre, domingo noche y lunes AZ**f**
Rest – Menú 70 € – Carta 47/77 €

◆ Está instalado en una antigua villa, donde muestra un sorprendente interior de estética actual dominado por la madera y el original diseño de Javier Mariscal. De sus fogones surge una cocina creativa con bases tradicionales.

El Portalón

Correría 151 ✉ 01001 – ☎ 945 14 27 55 – www.restauranteelportalon.com
– cerrado domingo noche BY**u**
Rest – Carta 40/57 €

◆ Data del s. XV y es un buen ejemplo de arquitectura tradicional, con un interior rústico dominado por el ladrillo y la madera. Bodega visitable en las antiguas caballerizas.

XXX **Zaldiarán**

av. Gasteiz 21 ✉ 01008 – ✆ 945 13 48 22 – www.restaurantezaldiaran.com – cerrado Semana Santa, domingo noche, lunes noche y martes AZ**a**

Rest – Menú 55 € – Carta 42/72 €

Espec. Láminas de trufa negra con yema de huevo a baja temperatura, tocino confitado y espuma de patata. Lasaña de bogavante con brunoise de hortalizas a la infusión de champiñón. Soufflé de avellana con helado de romero.

◆ Sus instalaciones pueden resultar algo impersonales, ya que se reparten entre varios salones panelables y una sala a la carta definida tanto por su montaje clásico como por la independencia de sus mesas. Elaboraciones creativas con productos de gran calidad.

XXX **Andere**

Gorbea 8 ✉ 01008 – ✆ 945 21 49 30 – www.restauranteandere.com – cerrado 15 días en agosto, domingo noche y lunes AY**s**

Rest – Carta 45/57 €

◆ Negocio con muchos años de vida. Dispone de un amplio hall, un comedor clásico, varios salones para banquetes y un bello patio cubierto al estilo de un jardín de invierno.

XX **El Clarete**

Cercas Bajas 18 ✉ 01008 – ✆ 945 26 38 74 – www.elclareterestaurante.com – cerrado Semana Santa, del 10 al 31 de agosto, domingo, lunes noche, martes noche y miércoles noche AY**b**

Rest – Menú 45 € – Carta aprox. 37 €

◆ Posee un aspecto actual, con las paredes en piedra, los suelos de pizarra, bodega acristalada en una sala y la cocina semivista en la otra. Cocina interesante a buen precio.

XX **Arkupe**

Mateo Moraza 13 ✉ 01001 – ✆ 945 23 00 80 – www.restaurantearkupe.com

Rest – Menú 39/59 € – Carta 30/55 € BZ**z**

◆ Este bello edificio de finales del s. XIX está dotado con dos acogedoras salas, la de la planta baja redecorada en un estilo actual-elegante y la superior algo más rústica.

XX **Olárizu**

Beato Tomás de Zumárraga 54 ✉ 01009 – ✆ 945 21 75 00 – www.olarizu.com – cerrado Semana Santa, del 10 al 24 de agosto y lunes AY**k**

Rest – *(solo almuerzo salvo viernes y sábado)* Menú 28/59 € – Carta 30/45 €

◆ Tras ser reformado se presenta con una pequeña sala a la carta y varios salones de línea moderna. Su carta, de gusto tradicional, se complementa con una buena oferta de menús.

XX **Arimendi** – Hotel Jardines de Uleta

Uleta 1, (Armentia), por ③ : 2 km ✉ 01007 – ✆ 945 13 31 31 – www.jardinesdeuleta.com

Rest – *(solo almuerzo salvo viernes, sábado y vísperas)* Carta 36/70 €

◆ Presenta un comedor de línea funcional-actual y dos privados. Su chef propone una cocina tradicional-actualizada, siempre usando materias primas de calidad y en lo posible autóctonas. ¡Aquí trabajan mucho la parrilla!

XX **Gurea**

pl. de la Constitución 10 ✉ 01012 – ✆ 945 24 59 33 – cerrado del 9 al 31 de agosto

Rest – *(solo almuerzo salvo jueves, viernes y sábado)* AY**x**

Menú 21/25 € – Carta 27/42 €

◆ De ambiente moderno y organización familiar. La sala está repartida entre varios rincones y cuenta con dos privados. Carta tradicional con un buen apartado de sugerencias.

XX **Dos Hermanas**

Madre Vedruna 10 ✉ 01008 – ✆ 945 13 29 34 – www.restaurantedoshermanas.com – cerrado domingo noche AZ**e**

Rest – Carta 35/45 €

◆ Restaurante con evocador ambiente clásico que destaca por todos sus detalles decorativos. Aquí encontrará una carta tradicional-actualizada y varios tipos de menús.

ESPAÑA

Izaga

Beato Tomás de Zumárraga 2 ✉ 01008 – ✆ 945 13 82 00 – www.restauranteizaga.com – cerrado Semana Santa, 10 agosto-4 septiembre, domingo noche y lunes AY**r**

Rest – Menú 32/35 € – Carta 35/45 €

◆ Llevado en familia con gran profesionalidad. Este negocio de línea moderna ofrece una barra de apoyo para el tapeo y dos pequeñas salas de correcto montaje. Carta tradicional.

El Mesón

Ortiz de Zárate 5 ✉ 01005 – ✆ 945 14 27 30 – cerrado 1ª quincena de febrero, 1ª quincena de septiembre, lunes noche y martes BZ**d**

Rest – Carta 35/58 €

◆ El negocio, llevado de forma familiar entre dos matrimonios, se presenta con un buen bar de tapas y raciones, así como una sala de sencillo montaje en un nivel superior.

Toloño

Cuesta San Francisco 3 ✉ 01001 – ✆ 945 23 33 36 – www.tolonobar.com – cerrado domingo noche y lunes en agosto BZ**x**

Rest – Tapa 2 € – Ración aprox. 9 €

◆ Este es un bar con mucha historia, sin embargo, ahora refleja un estilo actual. Tiene las especialidades escritas en una pizarra y con sus tapas organiza temporadas temáticas.

ESPAÑA

El Rincón de Luis Mari

Rioja 14 ✉ 01005 – ✆ 945 25 01 27 – cerrado septiembre y martes

Rest – Tapa 2 € – Ración aprox. 8 € BZ**s**

◆ Céntrico establecimiento de carácter familiar. Ofrece una barra repleta de tapas y jamones ibéricos, así como una sala más tranquila, con mesas, para el servicio de raciones.

Izartza

pl. de España 5 ✉ 01001 – ✆ 945 23 55 33 – cerrado domingo noche

Rest – Tapa 3 € – Ración aprox. 10 € BZ**c**

◆ Bar tipo bistrot dedicado tanto a las tapas como a las raciones, todo bastante elaborado y fiel reflejo de una cocina actual. Su pequeño privado solo se ofrece bajo reserva.

Dólar

Florida 26 ✉ 01005 – ✆ 945 23 00 71 – www.bardolar.es BZ**t**

Rest – Tapa 2 € – Ración aprox. 8 €

◆ Este bar, con las paredes en piedra, tiene un estilo bastante actual y dispone de un salón acristalado hacia un patio-terraza interior. Completa y variada barra de tapas.

Es VIVÉ – Balears – ver Balears (Eivissa)

VIVEIRO – Lugo – **571** B7 – **16 211 h.** **20** C1

Madrid 642 – Santiago de Compostela 171 – Lugo 102 – A Coruña 129

av. Ramón Canosa, ✆ 982 56 08 79, www.viveiro.es

en Celeiro Norte : 2 km

Boa Vista con hab

carret. LU 862 ✉ 27863 Celeiro – ✆ 982 56 22 90 – www.boavistahotel.com

20 hab – †35 € ††46 €, ☕ 5 €

Rest – *(cerrado domingo noche salvo julio y agosto)* Menú 15 € – Carta 26/35 €

◆ Negocio familiar dotado con una terraza frente a la carretera, un bar y un comedor de línea actual, donde sirven una cocina tradicional actualizada y dos económicos menús. Habitaciones amplias, confortables y de buen nivel general.

en Galdo Suroeste : 3,5 km

Pazo da Trave rest,
Trave ✉ 27867 Galdo – ✆ 982 59 83 31 – www.pazodatrave.com – cerrado enero
18 hab – †49/71 € ††66/108 €, ☕ 10 € **Rest** – Carta 29/45 €
♦ Resulta encantador, pues tiene más de 500 años de historia y en él se han cuidado todos los detalles. Atractiva fachada en piedra, hórreo, capilla y precioso jardín. El restaurante ocupa un cenador acristalado, tipo cabaña, y ofrece una carta tradicional.

en la playa de Area por la carretera C 642 - Norte : 4 km

Ego
✉ 27850 Viveiro – ✆ 982 56 09 87 – www.hotelego.es
45 hab – †70/100 € ††100/150 €, ☕ 12 €
Rest ***Nito*** – ver selección restaurantes
♦ Se encuentra en una ladera frente a la ría, por lo que disfruta de unas hermosas vistas. Encontrará unas instalaciones amplias y cuidadas, con un confort bastante actual.

Nito – Hotel Ego
✉ 27850 Viveiro – ✆ 982 56 09 87 – www.hotelego.es
Rest – Carta 45/75 €
♦ ¡Casa familiar con prestigio en la zona! Posee una espaciosa sala de estilo actual y una atractiva terraza, esta última concebida como un magnífico balcón a la ría de Viveiro.

en Landrove Sur : 4 km

Casa da Torre sin rest
Toxeiras 47 ✉ 27866 Landrove – ✆ 982 59 80 26 – www.casadatorre.es – cerrado 10 diciembre-13 enero
8 hab ☕ – ††80/100 €
♦ Casona de piedra dotada con una excelente zona social y elegantes habitaciones, todas con mobiliario antiguo o colonial. En el jardín poseen un hórreo, un palomar y un molino.

VIVER – Castellón – **577** M28 – **1 695 h.** – **alt. 550 m** **16** A1

Madrid 412 – Castelló de la Plana/Castellón de la Plana 90 – Teruel 56 – València 85

Thalassa
Cazadores 3 ✉ 12460 – ✆ 964 14 12 58 – www.restaurantethalassa.com – cerrado 15 enero-15 marzo y lunes
Rest – Menú 26 € – Carta 30/44 €
♦ Negocio familiar de aire moderno, con las paredes en colores vivos y detalles de diseño. La carta resulta un poco reducida, aunque ofrece platos de cuidada elaboración.

VÍZNAR – Granada – **578** U19 – **845 h.** **2** D1

Madrid 420 – Sevilla 266 – Granada 23 – Jaén 93

Horno de Víznar
av. Andalucía 2 ✉ 18179 – ✆ 958 54 02 53 – www.hornodeviznar.com – cerrado julio-agosto, domingo noche, lunes y martes noche
Rest – (es necesario reservar) Carta 23/41 €
♦ Instalado en una antigua tahona que aún conservan su viejo horno. Ofrece un comedor rústico y un buen privado, este con el techo abuhardillado. Platos tradicionales y asados.

ESPAÑA

XÀBIA (JÁVEA) – Alicante – 577 P30 – 31 909 h. – Playa 16 B2

Madrid 457 – Alacant/Alicante 87 – València 109

en el puerto : pl. Almirante Bastarreche 11, ✆ 96 579 07 36, www.xabia.org

por la carret. del Cabo de la Nao-Plá 136, ✆ 96 646 06 05

Jávea, carret. de Benitachell : 4,5 km, ✆ 96 579 25 84

Cabo de San Antonio★ (≤★) Norte : 5 km – Cabo de la Nao★ (≤★) Sureste : 10 km

al Sureste por la carretera del Cabo de la Nao :

Parador de Jávea

av. Mediterráneo 233 ✉ 03730 Xàbia – ✆ 965 79 02 00 – www.parador.es

70 hab – 🚹167/170 € 🚹🚹202/213 € **Rest** – Menú 33 €

◆ ¡Ideal para combinar la playa con el confort! Está actualizado y presenta un buen nivel general, con una zona ajardinada y vistas al mar. Sus espaciosas habitaciones poseen mobiliario colonial. El comedor, centrado en la gastronomía regional, no se olvida de tener algunos platos para vegetarianos o celíacos.

Los Remos La Nao

av. Libertad 21, 3,5 km ✉ 03730 Xàbia – ✆ 966 47 07 76 – www.losremoslanao.com – cerrado martes salvo julio-agosto

Rest – Carta 34/42 €

◆ ¡Perfecto para comer mientras ve la playa y el mar! Cuenta con una barra de espera, una bodega acristalada y dos salas, la segunda unida a la terraza. Cocina tradicional con pescados de lonja, siempre muy bien presentados.

Es Tapa Ti

av. Libertad, bloque 11, 3,5 km ✉ 03730 Xàbia – ✆ 966 47 31 27 – www.estapati.net – cerrado miércoles salvo mayo-septiembre

Rest – Tapa 2 € – Ración aprox. 8 €

◆ ¡Tapas variadas, guisos, mariscos, bocadillos, postres caseros, menú del día... perfecto para una comida informal con vistas al mar! La sala, de línea actual, está acristalada tanto en el techo como en las paredes, que son móviles.

en el camino Cabanes Sur : 7 km

La Rústica

camino Cabanes 39 ✉ 03730 Xàbia – ✆ 965 77 08 55 – cerrado domingo noche y lunes salvo verano

Rest – Menú 16 € – Carta 32/45 €

◆ Villa llevada en familia y emplazada a las afueras del casco urbano. Disfruta de una zona ajardinada, una agradable terraza de verano y dos pequeños comedores de ambiente rústico. Carta de cocina internacional actualizada.

Na XAMENA (Urbanización) – Balears – ver Balears (Eivissa) : Sant Miquel de Balansat

XÀTIVA (JÁTIVA) – Valencia – 577 P28 – 29 361 h. – alt. 110 m 16 A2

Madrid 379 – Albacete 132 – Alacant/Alicante 108 – València 59

Alameda Jaume I-50, ✆ 96 227 33 46

Ermita de Sant Feliu (pila de agua bendita★).

Vernisa sin rest, con cafetería por la noche

Académico Maravall 1 ✉ 46800 – ✆ 962 27 10 11 – www.hotelvernisa.com

39 hab – 🚹48/65 € 🚹🚹59/80 €, ☕ 5 €

◆ En conjunto se trata de un recurso sencillo y anticuado, sin embargo posee un nivel de limpieza muy notable. Destaca por el trato que ofrecen al cliente, amable y familiar.

Portal Fosc

Portal de València 22 ✉ 46800 – ✆ 962 28 82 37 – www.portalfosc.com

Rest – *cerrado domingo noche, martes noche, miércoles noche y lunes*
Menú 25/38 €

◆ Casa de pueblo dotada con dos salitas, la principal frente a una cocina abierta que permite ver trabajar a los cocineros. ¡Concreta su oferta en un sugerente menú degustación!

XERTA - Tarragona - **574** J31 - **1 304 h.** - **alt. 26 m** **13** A3

Madrid 553 - Barcelona 196 - Tarragona 100 - Castelló de la Plana/Castellón de la Plana 137

Villa Retiro

Dels Molins 2 ✉ 43592 - ☎ 977 47 38 10 - www.hotelvillaretiro.com - cerrado enero
7 hab - 97/203 € 150/257 € - 2 suites
Rest ***Torreo de l'India*** - ver selección restaurantes
◆ Palacete rodeado por un exuberante jardín arbolado. Consta de dos edificios y ofrece habitaciones de gran confort, algunas con los suelos originales y mobiliario antiguo.

Torreo de l'India (Francesc López) - Hotel Villa Retiro

Dels Molins 2 ✉ 43592 - ☎ 977 47 38 10 - www.hotelvillaretiro.com - cerrado enero, domingo noche y lunes
Rest - Menú 62/90 € - Carta 52/73 €
Espec. Arroz cremoso con lomos de conejo y colmenillas. Anguila del Delta a baja temperatura con aceite de romero, habitas, cebollas tiernas, crujiente de arroz y ajo. Postre de cerezas de Paüls.
◆ Emplazado en un edificio anexo al hotel. Se presenta con un ficus centenario justo a la entrada, un buen hall, una sala para la sobremesa y un comedor rústico-elegante en el piso superior. Cocina delicada y creativa, con influencias francesas y tradicionales.

YAIZA - Las Palmas - ver Canarias (Lanzarote)

YECLA - Murcia - **577** Q26 - **34 945 h.** - **alt. 570 m** **23** B1

Madrid 359 - Alacant/Alicante 82 - Albacete 108 - Murcia 101

La Paz

av. de la Paz 180 ✉ 30510 - ☎ 968 75 13 50 - www.lapaz-hotel.com
32 hab - 45/60 € 60/75 €, 6 €
Rest ***Ródenas*** - ver selección restaurantes
◆ Emplazado en un polígono industrial a las afueras de la ciudad. Compensa su escasa zona social con una gran cafetería y ofrece habitaciones de línea funcional.

Ródenas - Hotel La Paz

av. de la Paz 180 ✉ 30510 - ☎ 968 75 13 50 - www.lapaz-hotel.com - cerrado 21 días en agosto y domingo
Rest - Carta 33/50 €
◆ Bien llevado por el chef-propietario, autodidacta e ilusionado con el negocio. Posee un comedor luminoso y de excelente montaje, con la cocina semivista. Cocina de mercado.

YEGEN - Granada - **578** V20 - **419 h.** - **alt. 1 030 m** **2** D1

Madrid 522 - Almería 99 - Granada 104 - Jaén 194

El Rincón de Yegen con hab

camino de las Eras 2 ✉ 18460 - ☎ 958 85 12 70 - www.elrincondeyegen.com - cerrado 15 enero-15 febrero
4 hab - 35/40 € 55/60 € - 2 apartamentos
Rest - *(cerrado lunes noche y martes)* Menú 12 € - Carta 19/36 €
◆ Está formado por un conjunto de casitas ubicadas a las afueras del pueblo, con un bar y dos salas de ambiente regional. Platos tradicionales y especialidades de la zona. El negocio se completa con habitaciones de sencillo confort y apartamentos tipo dúplex.

YUSO (Monasterio de) - La Rioja - ver San Millán de la Cogolla

ZAFRA - Badajoz - **576** Q10 - **16 433 h.** - **alt. 509 m** **17** B3

Madrid 401 - Badajoz 76 - Mérida 58 - Sevilla 147
pl. de España 8 b, ☎ 924 55 10 36, www.zafra.es
Las Plazas★

Parador de Zafra

pl. Corazón de María 7 06300 – 924 55 45 40 – www.parador.es
51 hab – 118/129 € 148/161 €, 16 € **Rest** – Menú 32 €
◆ Solera y tradición conviven en este monumental castillo del s. XV, donde un día se alojó Hernán Cortés. Posee un hermoso patio renacentista y confortables habitaciones, destacando las que tienen los techos artesonados originales. Su restaurante es una buena opción para descubrir la cocina típica extremeña.

Casa Palacio Conde de la Corte sin rest

pl. del Pilar Redondo 2 06300 – 924 56 33 11 – www.condedelacorte.com
15 hab – 88/112 € 96/110 €
◆ ¡Casa-palacio íntimamente ligada al mundo del toro bravo y de lidia! Presenta un hermoso patio central, una galería acristalada y elegantes habitaciones de ambiente clásico. Su patio-terraza trasero disfruta de abundante vegetación.

Huerta Honda

López Asme 32 06300 – 924 55 41 00 – www.hotelhuertahonda.com
48 hab – 59/150 € 65/180 €, 5 €
Rest *Barbacana* – ver selección restaurantes
◆ Es entrañable y cuenta con muchos detalles. Aquí encontrará dos tipos de habitaciones, las superiores de atractivo aire regional y las más nuevas de inspiración minimalista.

ESPAÑA

Los Balcones de Zafra sin rest, con cafetería

pl. Grande 9 06300 – 924 55 06 06 – www.hotellosbalconesdezafra.com
14 hab – 78/88 €
◆ Destaca por su emplazamiento, pues ocupa una casa señorial en pleno centro histórico de Zafra. Todas las habitaciones resultan confortables, sin embargo las más interesantes son las que poseen terraza-mirador con vistas a la plaza.

Las Eras sin rest, con cafetería

Alcazaba 06300 – 924 56 32 12 – www.hotellaseras.com
25 hab – 45/130 € 57/130 €, 4 €
◆ Hotel de organización familiar y estética actual. Tiene una cafetería pública, una espaciosa zona social y habitaciones bien equipadas, las del piso superior abuhardilladas.

Plaza Grande

hab, rest

Pasteleros 2 06300 – 924 56 31 63 – www.hotelplazagrande.com
16 hab – 26/55 € 42/115 € **Rest** – Carta 22/43 €
◆ Sus habitaciones gozan de un cálido confort, con solado rústico y el mobiliario en madera o forja. La mitad de ellas están abuhardilladas y todas poseen baños actuales. El restaurante emana un encanto especial, pues tiene los techos abovedados y está decorado con diversos ornamentos de carácter religioso.

La Rebotica

Botica 12 06300 – 924 55 42 89 – www.lareboticadezafra.com – cerrado del 15 al 31 de julio, domingo noche y lunes
Rest – Carta 29/40 €
◆ Restaurante de cuidada decoración, con un hall-bar a la entrada y la cocina a la vista según se accede al comedor. Ofrece una correcta carta tradicional y de mercado.

Barbacana – Hotel Huerta Honda

López Asme 30 06300 – 924 55 41 00 – www.hotelhuertahonda.com – cerrado domingo noche y lunes
Rest – Carta 35/50 €
◆ Recrea un entorno muy acogedor gracias a su elegante decoración, en tonos rojizos y con numerosos detalles rústicos originales. Cocina de raíces regionales y buen servicio de mesa.

Josefina

López Asme 1 ✉ 06300 – ☎ 924 55 17 01 – cerrado domingo noche y lunes noche

Rest – Carta 25/41 €

◆ Aquí le espera un trato afable y familiar. Ofrece una sala de cuidado estilo clásico y una carta fiel al recetario tradicional. ¡No se marche sin probar el pisto o sus deliciosas croquetas caseras!

Lacasabar

av. del Rosario 2 ✉ 06300 Zafra – ☎ 924 55 39 72 – www.lacasabar.net – jueves noche, viernes, sábado y domingo

Rest – *(cerrado del 6 al 16 de enero, del 9 al 19 de abril y del 5 al 17 de octubre)* Tapa 3 € – Ración aprox. 20 € – Menú 28 €

◆ ¡Singular, diferente y con un encanto indudable! Ocupa una casa del s. XV que hoy se presenta con una estética ecléctica, ofreciendo una zona de tapas, otra de raciones y una más para su pequeña carta. Agradable terraza-azotea panorámica.

ZAHARA DE LOS ATUNES – Cádiz – 578 X12 – 1 591 h. – Playa 1 B3

Madrid 687 – Algeciras 62 – Cádiz 70 – Sevilla 179

La Almadraba con hab

María Luisa 15 ✉ 11393 – ☎ 956 43 93 32 – www.hotelesalmadraba.es – cerrado noviembre y martes

15 hab – 35/55 € 55/85 € **Rest** – Menú 15/20 € – Carta 32/49 €

◆ Encontrará varias salas de ambiente rústico-marinero, un coqueto patio y una carta amplia dominada por los pescados frescos de la bahía, especialmente el atún rojo, los mariscos y sus sabrosas carnes de Retinto. También cuenta con habitaciones para alojarse, sencillas pero válidas como recurso.

Albedrío

Pajares 9 ✉ 11393 – ☎ 956 43 93 86 – www.albedrio.es – marzo-diciembre

Rest – (es necesario reservar) Carta aprox. 43 €

◆ Este pequeño y simpático negocio, emplazado en una céntrica callecita, refleja un concepto gastronómico que procura crear una cocina fresca y de técnicas sencillas utilizando los productos locales. ¡Cocina actual respetuosa con los sabores!

ESPAÑA

en la carretera de Atlanterra :

Antonio II sin rest

Sureste : 1 km ✉ 11393 Zahara de los Atunes – ☎ 956 43 91 41 – www.antoniohoteles.com – abril-15 octubre

38 hab – 57/98 € 91/183 €

◆ Sorprende tanto por la calidad de los materiales como por su confort. Amplio hall-recepción con cafetería anexa, elegante salón social y habitaciones clásicas de completo equipamiento. ¡Servicio de almuerzo y cena en el restaurante Antonio!

Porfirio hab,

paseo del Pradillo 33, Sureste : 0,5 km ✉ 11393 Zahara de los Atunes – ☎ 956 44 95 15 – www.hotelporfirio.com – marzo-octubre

63 hab – 45/130 € 130/140 € – 2 suites

Rest – *(cerrado lunes salvo verano) (solo almuerzo en verano)* Carta 24/50 €

◆ Buen hotel de organización familiar que destaca por sus completas habitaciones de línea clásica, todas con terraza. El área social se limita a una amplia cafetería. Su sencillo restaurante se completa con algunas mesas en la zona ajardinada de la piscina.

Antonio

Sureste : 1 km ✉ 11393 Zahara de los Atunes – ☎ 956 43 91 41 – www.antoniohoteles.com – cerrado diciembre y enero

30 hab – 40/81 € 70/163 €

Rest *Antonio* – ver selección restaurantes

◆ Hotelito familiar ubicado en 1ª línea de playa. Pone a su disposición unas dependencias luminosas y acogedoras, todas dominadas por el color blanco y con mobiliario de estilo rústico-actual. Agradable piscina con terraza cubierta.

XX **Antonio** - Hotel Antonio

Sureste : 1 km ✉ 11393 Zahara de los Atunes - ☎ 956 43 91 41 - www.antoniohoteles.com - cerrado diciembre y enero

Rest - Menú 22 € - Carta 27/45 €

♦ Encontrará una coqueta terraza, una zona de espera con expositor de productos y dos salas, ambas de línea clásica con detalles marineros. Carta especializada en pescados de la zona, sobre todo atún de almadraba, así como mariscos y arroces.

ZALDIERNA - La Rioja - ver Ezcaray

ZAMORA P - 575 H12 - 65 998 h. - alt. 650 m 11 B2

Madrid 246 - Benavente 66 - Ourense 266 - Salamanca 62

Principe de Asturias 1, ☎ 980 53 18 45, www.turismocastillayleon.com

pl. Arias Gonzalo 6, ☎ 980 53 36 94, www.zamora.es

R.A.C.E. av. Requejo 34 ☎ 980 51 59 72

Catedral★ (cimborrio★, sillería★★) A- Museo Catedralicio (tapices flamencos★★) - Iglesias románicas★ (La Magdalena, Santa María la Nueva, San Juan, Santa María de la Orta, Santo Tomé, Santiago del Burgo) AB

Arcenillas (Iglesia : Tablas de Fernando Gallego★) Sureste : 7 km - Iglesia visigoda de San Pedro de la Nave★ Noroeste : 19 km por ④

Parador de Zamora

pl. de Viriato 5 ✉ 49001 - ☎ 980 51 44 97 - www.parador.es B**a**

52 hab - †124/149 € ††155/186 €, ☕ 16 € **Rest** - Menú 32 €

♦ Ubicado en un céntrico palacio del s. XV, con bello patio renacentista y un interior que recrea aromas medievales. Amplia zona noble y habitaciones de gran confort. Elegante comedor castellano donde ofrecen una cocina regional con toques actuales.

Horus Zamora

pl. del Mercado 20 ✉ 49003 - ☎ 980 50 82 82 - www.hotelhorus.com

38 hab - †60/120 € ††60/240 €, ☕ 13 € - 7 suites B**c**

Rest ***La Bóveda*** - *(cerrado domingo noche)* Carta aprox. 25 €

♦ Establecimiento de línea clásica ubicado en un antiguo edificio del casco histórico. Ofrece elegantes zonas sociales y habitaciones de completo equipamiento. El restaurante, que toma su nombre del techo abovedado, disfruta de un excelente servicio de mesa.

NH Palacio del Duero

pl. de la Horta 1 ✉ 49002 - ☎ 980 50 82 62 - www.nh-hotels.com

49 hab - ††60/245 €, ☕ 14 € B**w**

Rest ***La Vinícola*** - *(cerrado domingo noche y lunes)* Carta 38/49 €

♦ Definido por la modernidad y el diseño, con una espaciosa zona social, completo equipamiento y una decoración que mima todos los detalles. El restaurante, ubicado en la antigua alcoholera, da paso a un hermoso salón de banquetes abovedado y pintado al fresco.

AC Zamora

av. Príncipe de Asturias 43, por av. Príncipe de Asturias ✉ 49029 - ☎ 980 55 79 40 - www.ac-hotels.com

75 hab - ††55/220 €, ☕ 10 €

Rest - *(cerrado domingo) (solo cena)* Carta 28/40 €

♦ Edificio de línea moderna con las características clásicas de confort en esta cadena. Posee un buen hall-recepción y habitaciones bien equipadas, con baños actuales.

Dos Infantas sin rest

Cortinas de San Miguel 3 ✉ 49015 - ☎ 980 50 98 98 - www.hoteldosinfantas.com B**b**

68 hab - †40/100 € ††50/250 €, ☕ 8 €

♦ Tras su moderna fachada y el atractivo hall encontrará un hotel en constante proceso de mejoras. Posee una cuidada zona social y dispone de habitaciones de confort actual.

ESPAÑA

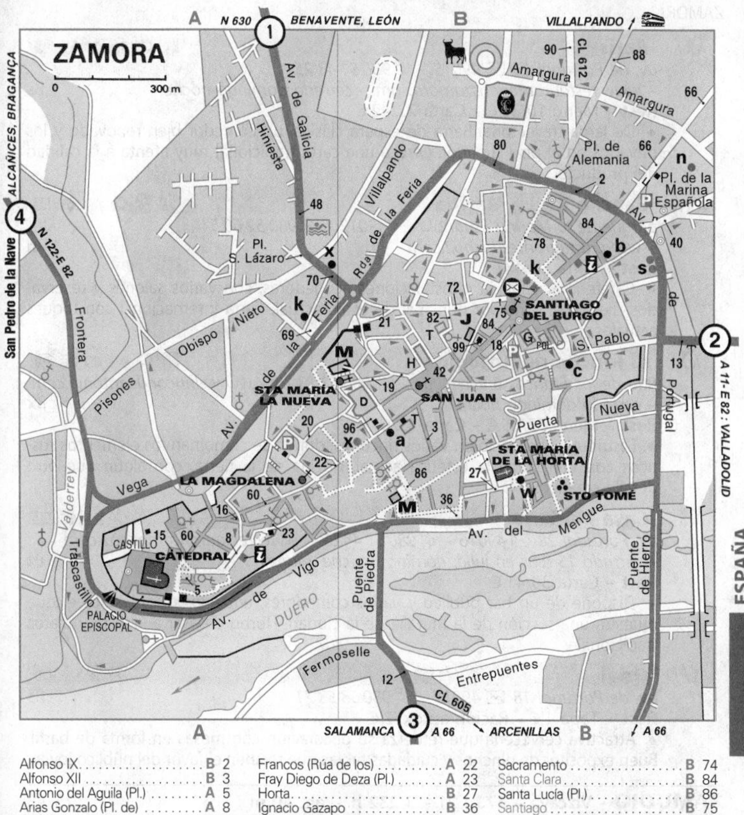

Alfonso IX . . . . B 2	Francos (Rúa de los) . . . . A 22	Sacramento . . . . B 74
Alfonso XII . . . . B 3	Fray Diego de Deza (Pl.) . . . . A 23	Santa Clara . . . . B 84
Antonio del Aguila (Pl.) . . . . A 5	Horta . . . . B 27	Santa Lucía (Pl.) . . . . B 86
Arias Gonzalo (Pl. de) . . . . A 8	Ignacio Gazapo . . . . B 36	Santiago . . . . B 75
Cabañales . . . . B 12	Leopoldo Alas Clarín . . . . B 40	San Torcuato . . . . B 78
Candelaría (Pas.) . . . . B 13	Mayor (Pl.) . . . . B 42	San Tortucato (Ronda de) . . . . B 80
Catedral (Pl. de la) . . . . A 15	Morana (Cuesta de la) . . . . A 48	San Vicente . . . . B 82
Ciento (Pl. de los) . . . . A 16	Notarios (Rúa de los) . . . . A 60	Tres Cruces (Av.) . . . . B 88
Constitución (Pl. de) . . . . B 18	Príncipe de Asturias (Av.) . . . . B 66	Víctor Gallego . . . . B 90
Corral Pintado . . . . B 19	Puebla de Sanabria . . . . A 70	Viriato (Pl.) . . . . B 96
Damas . . . . A 20	Puentica (Pl. de la) . . . . A 69	Zorilla (Pl. de) . . . . B 99
Feria . . . . B 21	Riego . . . . B 72	

Sayagués
hab, VISA

pl. Puentica 2 ✉ *49031* – ✆ *980 52 55 11*
– *www.hotelsayagues.net* A**k**

52 hab – 🛉32/42 € 🛉🛉60/110 €, ☕ 6 € – 4 suites

Rest – Menú 10 €

◆ Pequeña recepción, cafetería pública y zona social escasa, ya que sus salones se aprovechan para los numerosos banquetes. Progresiva actualización de las habitaciones.

Doña Urraca sin rest
VISA

pl. La Puebla 8 ✉ *49005* – ✆ *980 16 88 00*
– *www.hoteldonaurraca.com* A**x**

40 hab – 🛉34/42 € 🛉🛉50/56 €, ☕ 4 €

◆ Hotel de línea actual dotado con una cafetería pública independiente. Dispone de un luminoso salón social en el 1er piso y correctas habitaciones, con los suelos en tarima.

XXX **París**
av. de Portugal 14 ✉ 49015 – ✆ 980 51 43 25 – www.restaurantepariszamora.com – cerrado domingo noche B**s**
Rest – Menú 10/30 € – Carta 22/42 €
◆ De larga trayectoria. Barra de espera clásica, un comedor bien renovado y los privados en el piso superior. Ofrece una carta tradicional muy atenta a la calidad del producto.

XXX **Sancho 2 - La Marina**
parque de la Marina Española ✉ 49012 – ✆ 980 52 60 54 – www.restaurantesancho2.com B**n**
Rest – Carta 30/48 €
◆ Cafetería acristalada e instalaciones acogedoras, con varios salones y reservados, siendo el comedor principal de estilo actual. Carta internacional con toques actuales.

XX **El Rincón de Antonio**
Rúa de los Francos 6 ✉ 49001 – ✆ 980 53 53 70 – www.elrincondeantonio.com – cerrado domingo noche B**x**
Rest – Menú 33/65 € – Carta 42/61 €
◆ Distribuye el espacio en varios rincones, donde se combinan los elementos rústicos con una colorista estética actual. Cocina de la tierra, con algún que otro detalle creativo.

XX **Casa Mariano**
av. Portugal 28 ✉ 49016 – ✆ 980 53 44 87 – www.restaurantesancho2.com – cerrado 15 días en julio, domingo noche y lunes B**t**
Rest – Carta 30/41 €
◆ Dispone de un bar público y varios comedores, entre los que destaca el que muestra una sección de la muralla de la ciudad. Horno de asar a la vista y platos tradicionales.

Y/ **Grial**
av. de Portugal 18 ✉ 49015 – ✆ 980 53 53 21 B**s**
Rest – Tapa 1 € – Ración aprox. 7 €
◆ Atractiva cervecería que refuerza su decoración con mesas en forma de barril. Buen expositor de pinchos y cuidadas tablas que reciben el favor del público joven.

ZAMUDIO – Vizcaya – 573 C21 – 3 232 h. – alt. 40 m **25** A3

Madrid 396 – Bilbao 10 – Donostia-San Sebastián 103

al Noreste : 2,5 km

Aretxarte hab,
Parque Tecnológico - Ibaizabal 200 ✉ 48170 Zamudio – ✆ 944 03 69 00 – www.aretxarte.com
30 hab – †64/74 € ††74/84 €
Rest – *(cerrado domingo salvo mayo)* Menú 23 € – Carta 35/46 €
◆ ¡Se encuentra en el área empresarial de la localidad! Su pequeña recepción está integrada en la zona social y ofrece habitaciones actuales, todas con mobiliario funcional. El restaurante, amplio, moderno y luminoso, trabaja bastante bien con los clientes no alojados y elabora una cocina de tinte tradicional.

XX **Gaminiz**
Parque Tecnológico - Ibaizabal 212 ✉ 48170 – ✆ 944 31 70 25 – www.gaminiz.com – cerrado Navidades, Semana Santa, agosto y domingo
Rest – *(solo almuerzo salvo viernes y sábado)* Menú 24/52 € – Carta 43/58 €
◆ Su moderna estructura imita la forma de un caserío. Cuenta con un concurrido bar público y una sala de cuidado montaje, donde también suelen organizar exposiciones temporales.

ZANGOZA (SANGÜESA) – Navarra – 573 E26 – 5 248 h. – alt. 404 m **24** B2

Madrid 408 – Huesca 128 – Iruña/Pamplona 46 – Zaragoza 140
Mayor 2, ✆ 948 87 14 11, www.turismo.navarra.es
Iglesia de Santa María la Real★ (portada sur★★)

Yamaguchi rest,
carret. de Javier, Este : 0,5 km ✉ 31400 – ✆ 948 87 01 27 – www.hotelyamaguchi.com
37 hab – 50/54 € 63/69 €, 7 € – 1 suite
Rest – Menú 14 € – Carta 28/49 €
♦ Este negocio, llevado en familia, resulta un recurso válido en su categoría. Ofrece habitaciones de distinto confort, la mitad de ellas asomadas a un patio ajardinado. Posee un amplio comedor clásico y suele organizar banquetes durante los fines de semana.

ZARAGOZA P – 574 H27 – 675 121 h. – alt. 200 m   3 B2

Madrid 312 – Barcelona 307 – Bilbao 305 – Lleida/Lérida 150
de Zaragoza, por ⑥ : 9 km ✆902 404 704
Iberia : aeropuerto ✆902 400 500 Z
glorieta Pío XII, Torreón de la Zuda, ✆ 902 14 20 08, www.zaragozaturismo.es
pl. de Nuestra Señora del Pilar, ✆ 902 20 12 12, www.zaragozaturismo.es
av. de Navarra 80, ✆ 902 14 20 08, www.zaragozaturismo.es
R.A.C.E. San Juan de la Cruz 2 ✆ 976 35 79 72
La Peñaza, por la carret. de Madrid : 12 km, ✆ 976 34 28 00
La Seo★★ (retablo del altar mayor★, cúpula★ mudéjar de la parroquieta, Museo capitular★, Museo de tapices★★) Y – La Lonja★ Y – Basílica de Nuestra Señora del Pilar★ (retablo del altar mayor★, Museo pilarista★) Y – Aljafería★ : artesonado de la sala del trono★ AU

Planos páginas siguientes

Reina Petronila sin rest, con cafetería
av. Alcalde Sáinz de Varanda 2 ✉ 50009 – ✆ 876 54 11 36 – www.palafoxhoteles.com AV**b**
181 hab – 85/220 €, 20 €
♦ ¡Diseñado por el prestigioso arquitecto Rafael Moneo! Su atractivo exterior encuentra la réplica en un interior muy moderno, con un SPA, un auditorio y numerosos servicios. En su cafetería ofrecen una pequeña carta de tinte actual.

Palafox hab,
Marqués de Casa Jiménez ✉ 50004 – ✆ 976 23 77 00 – www.palafoxhoteles.com
160 hab – 85/180 €, 20 € – 19 suites Z**k**
Rest ***Aragonia*** – *(cerrado agosto y domingo)* Carta 42/63 €
♦ De excelente organización. Presenta una recepción firmada por el famoso interiorista Pascua Ortega, salones de gran capacidad y habitaciones bien equipadas en su categoría. Restaurante de cuidado montaje, con una destacable bodega y una genuina cava de puros.

Hiberus hab,
paseo de los Puentes 2 ✉ 50018 – ✆ 876 54 20 08 – www.palafoxhoteles.com
176 hab – 61/176 € 61/195 €, 13 € – 8 suites AT**b**
Rest ***Celebris*** – *(cerrado domingo y lunes)* Carta 30/41 €
♦ Magnífico hotel ubicado junto al Parque Metropolitano del Agua. Ofrece amplias zonas comunes, interiores minimalista y luminosas habitaciones, casi todas con vistas al Ebro. El restaurante presenta un diseño vanguardista y una carta con elaboraciones de autor.

Boston hab,
av. de Las Torres 28 ✉ 50008 – ✆ 976 59 91 92 – www.hotelboston.es
312 hab – 60/150 €, 15 € – 17 suites BV**e**
Rest – *(cerrado agosto)* Menú 35 € – Carta 40/65 €
♦ Destaca su amplio y atractivo hall-recepción, que tiene un uso polivalente. Buen confort general y habitaciones bien equipadas, todas con un nivel bastante alto en domótica. La celebración de banquetes privados y de empresa tienen aquí su referencia.

ZARAGOZA

Calle	Cuadrícula	Nº
Alcalde Gómez Laguna (Av.)	**AV**	2
Alonso V	**BU**	6
América (Av.)	**BV**	5
Aragón (Pl.)	**BU**	7
Batalla de Lepanto	**BV**	9
Capitán Oroquieta	**BV**	12
Clavé (Av. de)	**AU**	16
Colón (Paseo de)	**BV**	19
Constitución (Pas. de la)	**BU**	22
Damas (Pas. de las)	**BV**	24
Escoriaza y Fabro	**AU**	25
Fernando el Católico (Pas. de)	**AV**	26
Franco y López	**AUV**	28
Gascón y Guimbao	**BV**	29
Jaime Ferrán	**BT**	30
Jorge Coci	**BU**	31
José Galiay	**BV**	32
José García Sánchez	**AUV**	33
Juan Pablo Bonet	**BV**	36
Lapuyade	**BV**	37
Luis Aula	**BV**	39
Mariano Barbasán	**AV**	46
Mina (Pas. de la)	**BU**	50
Paraíso (Pl.)	**BUV**	51
Pintor Marín Bagüés	**BV**	52
Privilegio de la Unión	**BV**	53
Rodrigo Rebolledo	**BV**	57
Salvador (Av.)	**BT**	58
San Fernando (Vía de)	**BV**	59
San Francisco (Pl. de)	**AV**	60
San Juan Bosco (Av.)	**AV**	61
San Juan de la Cruz	**AV**	62
Silvestre Pérez	**BU**	64
Los Sitios (Pl. de)	**BU**	65
Sobrarbe	**BT**	66
Tomás Higuera	**BV**	68
Torrecillas (Camino de)	**BT**	69
Vado (Camino del)	**BU**	72
Yolanda de Bar	**BV**	73

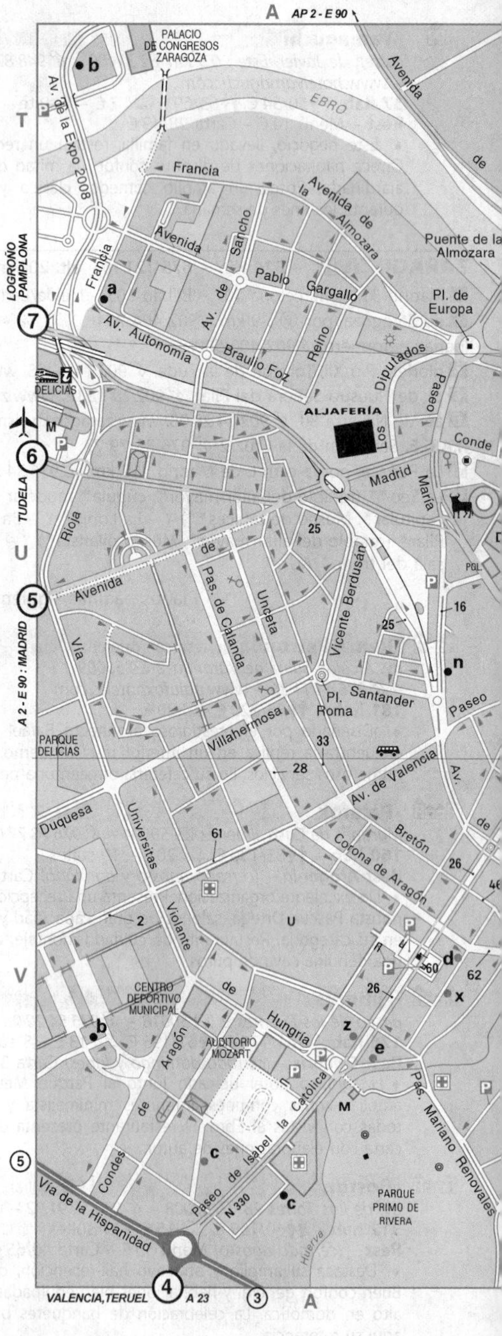

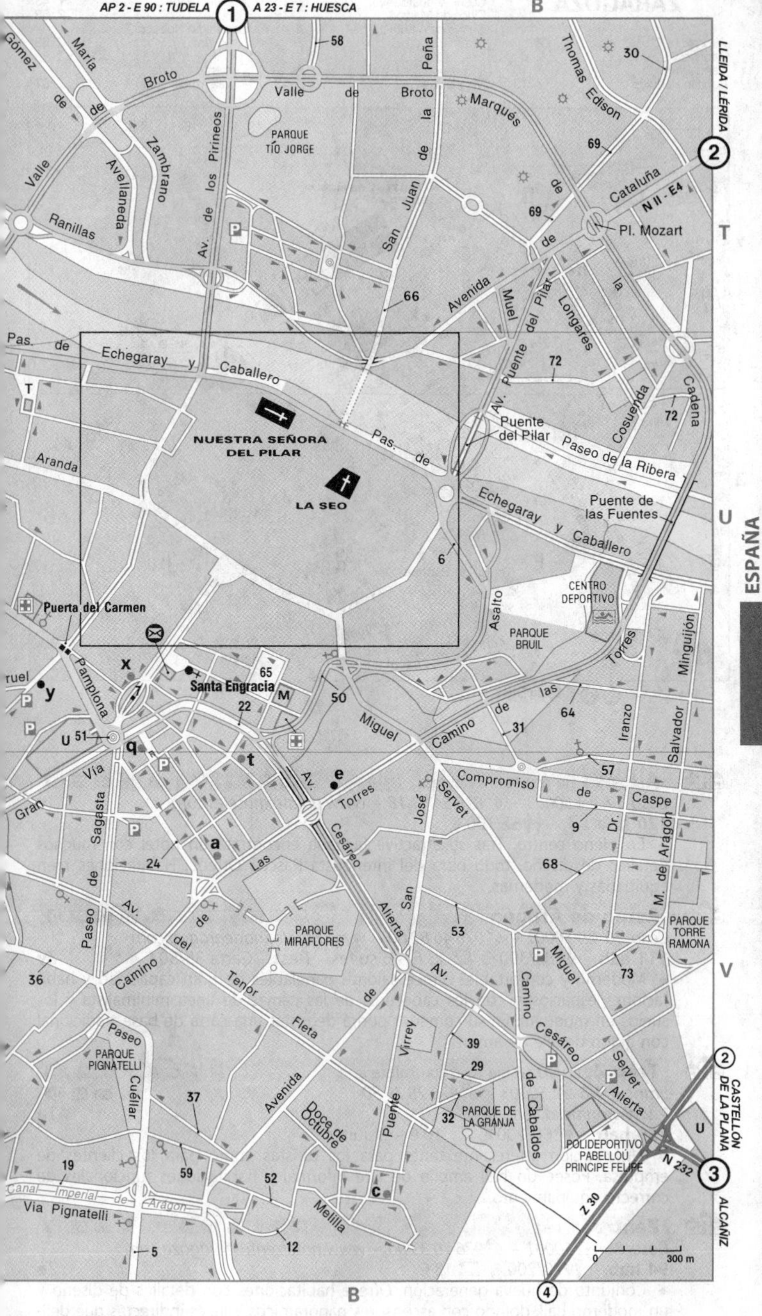

AP 2 - E 90 : TUDELA
1
A 23 - E 7 : HUESCA
B
LLEIDA / LÉRIDA
2
N II - E4
T
U
V
Gómez de Avellaneda
María Zambrano
Valle de Broto
Av. de los Pirineos
PARQUE TÍO JORGE
San Juan de la Peña
Marqués de la Cadena
Thomas Edison
Avenida de Cataluña
Pl. Mozart
Ranillas
Muel
Av. Puente del Pilar
Longares
Cosuenda
Pas. de Echegaray y Caballero
NUESTRA SEÑORA DEL PILAR
LA SEO
Puente del Pilar
Paseo de la Ribera
Puente de las Fuentes
Aranda
Asalto
CENTRO DEPORTIVO
PARQUE BRUIL
Puerta del Carmen
Santa Engracia
Pamplona
Teruel
Camino de las Torres
Miguel Servet
Compromiso de Caspe
Iranzo
Salvador Minguijón
Dr. Iranzo
Gran Vía
Paseo de Sagasta
Av. Torres
José Servet
Av. Cesáreo Alierta
San José
Las Torres
Av. de Tenor Fleta
Camino del Tenor
PARQUE MIRAFLORES
M. de Aragón
PARQUE TORRE RAMONA
Camino Cesáreo Alierta
Miguel Servet
Paseo Cuéllar
PARQUE PIGNATELLI
Avenida
Doce de Octubre
Puente de Virrey
PARQUE DE LA GRANJA
de Cabaldos
POLIDEPORTIVO PABELLÓN PRINCIPE FELIPE
N 232
Z 30
CASTELLÓN DE LA PLANA
3
ALCAÑIZ
4
Canal Imperial de Aragón
Via Pignatelli
Melilla
300 m
0
58
30
69
66
72
6
65
M
50
22
51
64
31
57
9
68
53
73
24
36
39
29
32
37
59
19
52
12
5
x
y
q
t
e
a
c
P
T
U
7

ESPAÑA

ZARAGOZA

Alfonso I . . . . YZ
Alfonso V . . . . Z 6
Candalija . . . . Z 10
Capitán Portolés . . . . Z 13
César Augusto (Av.). . . . . Z 15
Cinco de Marzo . . . . Z 18
Conde de Aranda. . . . . Z
Coso. . . . . Z
Don Jaime I. . . . . YZ
Independencia (Pas.). . . . . Z
Magdalena . . . . Z 42
Manifestación . . . . Y 43
Sancho y Gil . . . . Z 58
San Pedro Nolasco (Pl. de) . . . . Z 63
San Vicente de Paul . . . . YZ
Teniente Coronel Valenzuela . . . . Z 67

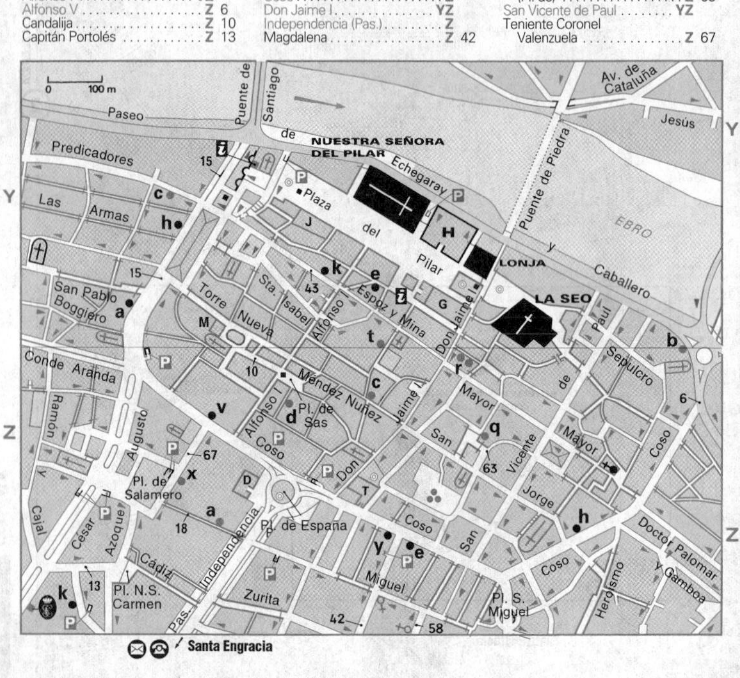

Alfonso sin rest, con cafetería
Coso 17 ✉ 50003 – ☎ 876 54 11 18 – www.palafoxhoteles.com Z**v**
120 hab ☕ – 62/160 €
◆ En pleno centro. Tras su atractiva fachada encontrará un hotel con muchos detalles de diseño, todo obra del interiorista Pascua Ortega. Habitaciones bien equipadas y modernas.

Reino de Aragón
Coso 80 ✉ 50001 – ☎ 976 46 82 00 – www.hotelreinodearagon.com
111 hab – 80/300 €, ☕ 13 € – 6 suites **Rest** – Carta 35/50 € Z**y**
◆ Moderno y confortable. Ofrece salones panelables de gran capacidad y habitaciones espaciosas, con los cabeceros de las camas de línea minimalista y los suelos en moqueta. En su comedor podrá degustar una carta de base tradicional con algún detalle de autor.

Tryp Zaragoza sin rest, con cafetería
Francia 4-6 ✉ 50003 – ☎ 976 28 79 50 – www.solmelia.com AT**a**
159 hab – 60/200 €, ☕ 10 € – 3 suites
◆ Una opción interesante tanto para los turistas como para los clientes de empresa. Posee un hall amplio de aire informal y habitaciones funcionales de correcto equipamiento.

Zentro sin rest
Coso 86 ✉ 50001 – ☎ 976 70 33 00 – www.hotelzentrozaragoza.com
94 hab – 70/200 €, ☕ 13 € Z**e**
◆ Conjunto de nueva generación. Ofrece habitaciones con detalles de diseño y un moderno hall, dotado con ascensores panorámicos y luces indirectas que delimitan los ambientes.

Cesaraugusta sin rest
av. Anselmo Clavé 45 ✉ 50004 – ✆ 976 28 27 27 – www.hotelcesaraugusta.com
39 hab – †45/115 € ††50/125 €, ☕ 6 € AU**n**
◆ Ha renovado progresivamente la mayoría de sus habitaciones, que resultan espaciosas y poseen mobiliario de diferentes estilos. Pequeña cafetería para servir los desayunos.

Conquistador sin rest, con cafetería por la noche salvo fines de semana
Hernán Cortés 21 ✉ 50005 – ✆ 976 21 49 88 – www.conquistadorhotel.com BU**y**
44 hab – †43/100 € ††48/120 €, ☕ 7 €
◆ Hotel de organización familiar. Ofrece habitaciones de buena amplitud, con mobiliario clásico y los suelos en pergo. La sala de desayunos y la cafetería están en el sótano.

Villa Gomá hab, rest,
Cardenal Gomá 1 ✉ 50009 – ✆ 976 56 74 60 – www.hotelvillagoma.es
35 hab – ††50/120 €, ☕ 7 € **Rest** – Menú 13 € AV**c**
◆ Suele alojar entre sus clientes a familiares de personas ingresadas en un hospital cercano. Ofrece habitaciones de estética moderna, sin grandes calidades pero confortables. En su comedor, que está casi unido a la cafetería y trabaja bastante, podrá encontrar una completa carta tradicional.

El Príncipe sin rest, con cafetería
Santiago 12 ✉ 50003 – ✆ 976 29 41 01 – www.hotel-elprincipe.com
57 hab – ††40/180 €, ☕ 9 € Y**e**
◆ Disfruta de un buen emplazamiento para el turista. Todas sus habitaciones resultan confortables, sin embargo, son más atractivas las del anexo, que tienen un estilo moderno.

Ramiro I sin rest
Coso 123 ✉ 50001 – ✆ 976 29 82 00 – www.hotelramiro.es Z**h**
69 hab – ††49/195 €, ☕ 8 €
◆ Es interesante tanto para el cliente de empresa como para el turista de fin de semana. Ofrece instalaciones actuales y habitaciones funcionales que destacan por su amplitud.

Avenida sin rest
av. César Augusto 55 ✉ 50003 – ✆ 976 43 93 00 – www.hotelavenida-zaragoza.com Y**a**
85 hab ☕ – †40/110 € ††45/130 €
◆ Disfruta de una organización familiar muy dedicada, de hecho, constantemente realizan mejoras. Sus habitaciones presentan mobiliario renovado y un buen equipamiento.

Hispania sin rest
av. César Augusto 95 ✉ 50003 – ✆ 976 28 49 28 – www.hotelhispania.com
46 hab – †50/65 € ††55/70 €, ☕ 7 € Y**h**
◆ Conjunto funcional de atenta organización. Las habitaciones presentan un confort actual y baños completos, aunque el mobiliario puede resultar sencillo en sus calidades.

La Mar
pl. Aragón 12 ✉ 50004 – ✆ 976 21 22 64 – www.restaurantelamar.com – cerrado Semana Santa, agosto, domingo y festivos BU**x**
Rest – Menú 45 € – Carta 49/71 €
◆ Casa palaciega con palmeras en la entrada y un interior de estilo clásico elegante, con hermoso artesonado y frescos en el techo. Ofrece un excelente servicio de mesa.

Goyesco
Manuel Lasala 44 ✉ 50006 – ✆ 976 35 68 71 – www.restaurantegoyesco.com – cerrado del 8 al 21 de agosto, domingo y lunes noche AV**e**
Rest – Menú 30/50 € – Carta 35/49 €
◆ Goza de cierta fama en la ciudad, con una inteligente distribución y un montaje de indudable entidad. Elaboraciones tradicionales, destacando su sabroso costillar de cordero.

XX **La Granada**

San Ignacio de Loyola 14 ✉ 50008 – ☎ 976 22 39 03 – cerrado domingo y lunes noche BUV**q**

Rest – Menú 33 € – Carta aprox. 55 €

◆ Su buen nivel gastronómico se confirma en una carta inventiva y de autor. La sala combina el clasicismo con detalles de diseño y modernidad, siempre con un esmerado montaje.

XX **Bal d'Onsera** (Josetxu Corella)

Blasón Aragonés 6 ✉ 50003 – ☎ 976 20 39 36 – www.baldonsera.com – cerrado Navidades, 7 días en agosto, 7 días en octubre, domingo y lunes

Rest – Menú 72 € – Carta 58/70 € Z**d**

Espec. Ensalada contemporánea de borrajas. Cordero de la Sierra de Guara perfumado con miel y sauco. Fresas con vino y chocolate blanco.

◆ Pequeño restaurante emplazado en una calle peatonal del casco antiguo. Ofrece un hall y una reducida sala de aire minimalista, con mobiliario moderno, la cocina semivista y los suelos en madera. Elaboraciones muy cuidadas y creativas, con bases tradicionales.

XX **Novodabo**

Juan II de Aragón 5 ✉ 50009 – ☎ 976 56 78 46 – www.novodabo.com – cerrado Semana Santa, 7 días en agosto, domingo noche y lunes noche. AV**c**

Rest – Menú 28/49 € – Carta aprox. 56 €

◆ Se presenta con una pequeña recepción en la planta baja, un comedor de estética actual en el piso superior y un privado. Elaboraciones actuales e interesante menú degustación.

XX **El Chalet**

Santa Teresa de Jesús 25 ✉ 50006 – ☎ 976 56 91 04 – www.elchaletrestaurante.es – cerrado Semana Santa, del 16 al 31 de agosto, domingo y lunes mediodía en verano, domingo noche y lunes resto del año.

Rest – Carta 34/51 € AV**x**

◆ Su ubicación en una villa permite la distribución de sus salas en dos plantas, con un cuidado servicio de mesa y una decoración clásica-moderna. Atractiva terraza de verano.

XX **Goralai**

Santa Teresa de Jesús 26 ✉ 50006 – ☎ 976 55 72 03 – www.goralai.es – cerrado Semana Santa, del 13 al 26 de agosto, domingo noche y lunes AV**d**

Rest – Menú 20/50 € – Carta 40/58 €

◆ Llevado por una pareja. En su sala, colorista, actual y con cuadros de pintores aragoneses, podrá degustar una cocina bien elaborada que va evolucionando según la temporada.

XX **Txalupa**

paseo Fernando el Católico 62 ✉ 50009 – ☎ 976 56 61 70 – www.txalupazaragoza.com – cerrado Semana Santa, domingo noche, lunes noche y martes noche AV**z**

Rest – Carta 35/41 €

◆ Se respira seriedad y buen hacer por los cuatro costados. Posee una barra de espera a la entrada, dos comedores y un reservado, todo montado con materiales de gran calidad.

XX **La Bastilla**

Coso 177 ✉ 50001 – ☎ 976 29 84 49 – www.labastilla.com – cerrado del 8 al 22 de agosto, domingo noche, lunes y martes noche YZ**b**

Rest – Menú 40/50 € – Carta 47/63 €

◆ Ocupa lo que antaño fueron los graneros del convento del Santo Sepulcro y parte de la antigua muralla. Atractivo marco de aire rústico, con ladrillo visto y vigas de madera.

ESPAÑA

XX **Antonio**

pl. San Pedro Nolasco 5 ✉ 50001 – ✆ 976 39 74 74 – cerrado del 16 al 31 de agosto, domingo noche y lunes Z**q**

Rest – Carta 30/39 €

◆ Resulta íntimo, acogedor y detallista, tanto en el mobiliario como en su servicio de mesa. Aquí podrá degustar una cocina de base tradicional con toques de actualidad.

XX **La Matilde**

Predicadores 7 ✉ 50003 – ✆ 976 43 34 43 – www.lamatilde.com – cerrado Semana Santa, domingo y festivos Y**c**

Rest – Menú 44 € – Carta 35/49 €

◆ Casa de amable organización familiar, cuyo aspecto general de sabor antiguo no está exento de buen confort y cierto encanto. Amplia carta de vinos y licores.

XX **Borago**

Teniente Coronel Valenzuela 13 ✉ 50002 – ✆ 976 21 96 73 – www.boragorestaurante.com – cerrado domingo y lunes noche Z**x**

Rest – Menú 25/60 € – Carta 40/57 €

◆ Se presenta con un amplio bar de tapas y un comedor de estilo clásico en el sótano. Elaboraciones actuales y un buen menú degustación, siempre con productos de temporada.

X **Churrasco**

Francisco Vitoria 19 ✉ 50008 – ✆ 976 22 91 60 – cerrado domingo en agosto

Rest – Carta 33/48 € BV**t**

◆ Bar-mesón muy concurrido que dispone de mesas para el menú diario. La sala a la carta evoca a una bodega, y aunque se antoja algo apretada resulta confortable.

X **La Prensa**

José Nebra 3 ✉ 50007 – ✆ 976 38 16 37 – www.restaurantelaprensa.com – cerrado Semana Santa, 15 días en agosto, domingo noche y lunes

Rest – Carta 38/60 € BV**c**

◆ Llevado en familia, con el propietario en la sala y su esposa a los fogones. Posee un bar de espera y dos salas de línea clásica-actual. Carta creativa de base tradicional.

X **Casa Portolés**

Santa Cruz 21 ✉ 50003 – ✆ 976 39 06 65 – www.casaportoles.com – cerrado domingo noche y lunes YZ**t**

Rest – Menú 16/21 € – Carta 30/40 €

◆ Su bar da paso a un coqueto comedor de aire rústico, repartido en dos espacios y con las paredes pintadas en colores vivos. Ofrece carta, un menú y sugerencias del día.

X **Alberto**

Pedro María Ric 35 ✉ 50008 – ✆ 976 23 65 03 BV**a**

Rest – Carta aprox. 24 €

◆ Posee dos entradas, una por un pequeño bar donde ofrecen un buen surtido de tapas y la otra directa al comedor. Elaboran una carta de tinte tradicional y platos de la zona.

𝕐/ **Los Victorinos**

José de la Hera 6 ✉ 50001 – ✆ 976 39 42 13 – cerrado del 15 al 31 de mayo y del 15 al 30 de noviembre Z**r**

Rest – Tapa 3 € – Ración aprox. 12 €

◆ Sugerente expositor de pinchos en la barra, que supone la mejor carta de presentación. El calor de la decoración taurina crea una atmósfera cálida y muy acogedora.

𝕐/ **Los Zarcillos**

José de la Hera 2 ✉ 50001 – ✆ 976 39 49 04 – cerrado del 15 al 30 de junio, del 15 al 30 de noviembre y lunes Z**r**

Rest – Tapa 3 € – Ración aprox. 12 €

◆ Este sencillo local, de aspecto cuidado, ofrece una elaborada variedad de tapas y pinchos, así como cuatro mesas para saborear sus raciones. Amplia variedad de vinos.

Continental

Cinco de Marzo 2 ✉ 50004 – ✆ 976 23 73 31 Za

Rest – Tapa 2 € – Ración aprox. 9 €

◆ Un bar pequeño y sin zona de mesas, aunque está muy concurrido desde el desayuno hasta el cierre. Cuelgan pizarras en las que anuncian tapas, raciones y tablas variadas.

El Ensanche de Carlos

Santa Cruz 2-4 ✉ 50003 – ✆ 976 39 47 03 – cerrado agosto, domingo y festivos

Rest – Tapa 2 € – Ración aprox. 6 € Zc

◆ Un establecimiento que, siendo algo reducido y modesto en sus instalaciones, goza de una notable popularidad. Aquí encontrará buen producto y unas sencillas elaboraciones.

en la carretera del aeropuerto por ⑥ : 8 km

Gayarre

✉ 50190 Garrapinillos – ✆ 976 34 43 86 – www.restaurantegayarre.com – cerrado Semana Santa, 2ª quincena de agosto, martes noche, miércoles noche y jueves noche

Rest – Carta 31/46 €

◆ Lujoso chalet dotado de una agradable zona ajardinada. En su carta combinan elaboraciones creativas y otras de tendencia más tradicional. Salón de banquetes y bonita bodega.

ZARAUTZ – **Guipúzcoa** – **573** C23 – **22 658 h.** – **Playa** **25** B2

Madrid 482 – Bilbao 85 – Iruña/Pamplona 103 – Donostia-San Sebastián 20

Nafarroa 3, ✆ 943 83 09 90, www.turismozarautz.com

Zarautz, Este : 1 km, ✆ 943 83 01 45

Carretera en cornisa★★ de Zarauz a Guetaria

Zarauz rest,

Nafarroa 26 ✉ 20800 – ✆ 943 83 02 00 – www.hotelzarauz.com – cerrado Navidades

75 hab – †77/101 € ††93/123 €, ☕ 9 €

Rest – *(cerrado domingo noche salvo verano)* Menú 13 €

◆ Goza de un correcto equipamiento y confort, con unas habitaciones de línea clásica algo desfasadas que se ven compensadas por una zona social bien dispuesta. El restaurante presenta un montaje clásico-antiguo y una carta de gusto internacional.

Roca Mollarri sin rest

Zumalakarregi 11 ✉ 20800 – ✆ 943 89 07 67 – www.hotel-rocamollari.com – cerrado 12 diciembre-6 enero

12 hab – †55/85 € ††75/98 €, ☕ 8 €

◆ Esta coqueta casa de gestión familiar cuenta con una parte destinada a hotel y otra a vivienda particular. El salón social armoniza con las habitaciones, bastante cálidas.

Gure Txokoa

Gipuzkoa 22 ✉ 20800 – ✆ 943 83 59 59 – www.restauranteguretxokoa.es – cerrado 15 días en febrero, 15 días en noviembre, domingo noche y lunes

Rest – Carta 40/60 €

◆ Presenta un pequeño bar privado y a continuación la sala, rústica y de cuidado montaje. Cocina vasca con productos de temporada, diversos platos a la parrilla y algo de caza.

ZEANURI – **Vizcaya** – **573** C21 – **1 302 h.** – **alt. 230 m** **25** A2

Madrid 394 – Bilbao 33 – Donostia-San Sebastián 101 – Vitoria-Gasteiz 43

en el barrio de Altzusta Sureste: 3,5 km

Ellauri sin rest

Altzusta 38 ✉ 48144 Zeanuri – ✆ 946 31 78 88 – www.ellauri.com

9 hab – †85/125 € ††125/350 €, ☕ 12 €

◆ Dotado con una sobria fachada en piedra y un torreón. El interior contrasta mucho con el exterior, pues tanto las habitaciones como la zona social son de estética minimalista.

en el barrio de Ipiñaburu Sur: 4 km

Etxegana hab, rest,

Ipiñaburu 38 ✉ 48144 Zeanuri – ✆ 946 33 84 48 – www.etxegana.com
18 hab – 84/102 € 111/139 € **Rest** – Menú 32 €
◆ Singular y en plena naturaleza. Ofrece habitaciones dominadas por el estilo hindú, con materiales de calidad, numerosas tallas y algún que otro detalle moderno. Pequeño SPA.

ZIERBENA – **Vizcaya** – **573** B20 **25** A3

Madrid 410 – Bilbao 24 – Santander 80

barrio El Puero s/n, ✆ 946 40 49 74, www.zierbena.net

Lazcano

Travesía Virgen del Puerto 21 ✉ 48508 – ✆ 946 36 50 32 – cerrado Semana Santa, agosto, domingo, lunes noche, martes noche y miércoles noche
Rest – Carta 35/63 €
◆ Instalaciones sencillas pero decorosas, con un bar a la entrada y el comedor en el 1er piso. Ofrece una cocina marinera de correcta elaboración y posee su propio vivero.

ZIZUR NAGUSIA – **Navarra** – **ver Iruña/Pamplona**

La ZUBIA – **Granada** – **578** U19 – **18 240 h.** – **alt. 760 m** **2** C1

Madrid 438 – Granada 8 – Málaga 135 – Murcia 294

La Zubia sin rest

Murcia 23 ✉ 18140 – ✆ 958 59 03 54 – www.hotellazubia.com
12 hab – 40/45 € 55/75 €
◆ Construcción típica dotada de habitaciones clásicas. En su patio morisco podrá contemplar el bello arte del empedrado y la frescura emanada de la arquitectura andaluza.

ZUBIRI – **Navarra** – **573** D25 **24** B2

Madrid 414 – Iruña/Pamplona 20 – Donostia-San Sebastián 97

Hostería de Zubiri rest,

av. Roncesvalles 6 ✉ 31630 – ✆ 948 30 43 29 – www.hosteriadezubiri.com – abril-noviembre
10 hab – 50/65 € 62/82 €
Rest – *(solo clientes, solo cena)* Carta 22/41 €
◆ Típico hotel de montaña que descubre un cálido interior neorrústico, con habitaciones alegres y baños detallistas. Servicio de restaurante con cena solo para clientes.

ZUMARRAGA – **Guipúzcoa** – **573** C23 – **10 037 h.** – **alt. 354 m** **25** B2

Madrid 410 – Bilbao 65 – Donostia-San Sebastián 54 – Vitoria-Gasteiz 55

Kabia

Legazpi 5 – ✆ 943 72 62 74 – www.restaurantekabia.com – cerrado 7 días en agosto y lunes
Rest – *(solo almuerzo salvo viernes y sábado)* Carta 33/45 €
◆ Este restaurante presenta una línea funcional-actual, con dos salas para el menú en la planta baja y un reducido comedor a la carta en el piso superior. Cocina de buen nivel.

ESPAÑA

Andorra

ANDORRA LA VELLA - Andorra - alt. 1 029 m **13** B1

Madrid 625 – Barcelona 199 – Carcassonne 165 – Foix 102
Dr. Vilanova 13, ☎ 00 376 82 02 14
pl. de la Rotonda, ☎ 00 376 87 31 03
A.C.A. Babot Camp 13 ☎ 00 376 80 34 00

Andorra Park H.
hab, AC, VISA, MC, AE

Les Canals 24 ✉ AD500 – ☎ (376) 87 77 77 – www.parkhotelandorra.com Bb

89 hab – 105/164 € 120/300 € – 1 suite – 8 apartamentos
Rest *És Andorra* – Carta aprox. 55 €
Rest *Racó del Park* – Carta 30/44 €

♦ Rodeado de jardines y en la parte alta de la ciudad. Presenta amplias zonas sociales, habitaciones de excelente confort, todas con terraza, y un completo SPA. És Andorra, el restaurante gastronómico, combina las vistas con una carta tradicional actualizada.

Plaza
hab, AC, rest, VISA, MC, AE

María Pla 19 ✉ AD500 – ☎ (376) 87 94 44 – www.plazandorra.com
45 hab – 70/232 € 80/276 €, 18 € – 45 suites Ca
Rest – *(cerrado lunes noche y martes)* Carta aprox. 51 €

♦ Hotel de línea clásica no exento de cierta elegancia. Destaca su diáfano lobby, con dos ascensores panorámicos y los pasillos de las habitaciones a la vista. Buen confort. En su restaurante, también de cuidado montaje, proponen una cocina de tendencia actual.

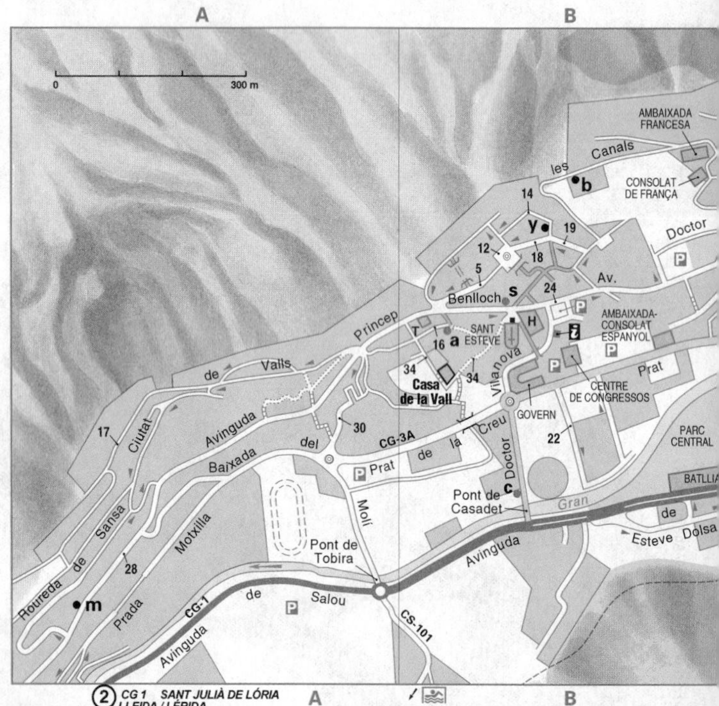

Arthotel

Prat de la Creu 15-25 ✉ AD500 – ☎ (376) 76 03 03 – www.arthotel.ad
125 hab ☕ – 👤81/198 € 👥102/244 € Cd
Rest – Menú 20 €
Rest *Plató* – Carta 30/50 €
◆ Aquí encontrará una buena combinación de profesionalidad y estética actual. La zona noble se complementa con la cafetería y ofrece unas habitaciones bastante espaciosas. El restaurante Plató cuenta con un montaje funcional y goza de un acceso independiente.

President

av. Santa Coloma 44 ✉ AD500 – ☎ (376) 87 72 77 – www.janhotels.com
100 hab – 👤50/228 € 👥59/299 €, ☕ 8 € Am
Rest – Menú 19 € – Carta 36/50 €
◆ Conjunto clásico-actual dotado de suficientes espacios sociales y confortables habitaciones, todas con los suelos en parquet. Piscina cubierta y solárium en la 7ª planta. El restaurante posee un correcto montaje dentro de una depurada línea moderna.

Diplomatic

av. Tarragona ✉ AD500 – ☎ (376) 80 27 80 – www.diplomatichotel.com
83 hab ☕ – 👤53/117 € 👥67/167 € – 2 suites Cm
Rest – Carta 25/39 €
◆ Situado en pleno centro comercial y de negocios. Ofrece habitaciones funcionales que resultan adecuadas tanto para el cliente de empresa como para el turista. Cocina internacional sin pretensiones servida en un sencillo marco de estética contemporánea.

ANDORRA

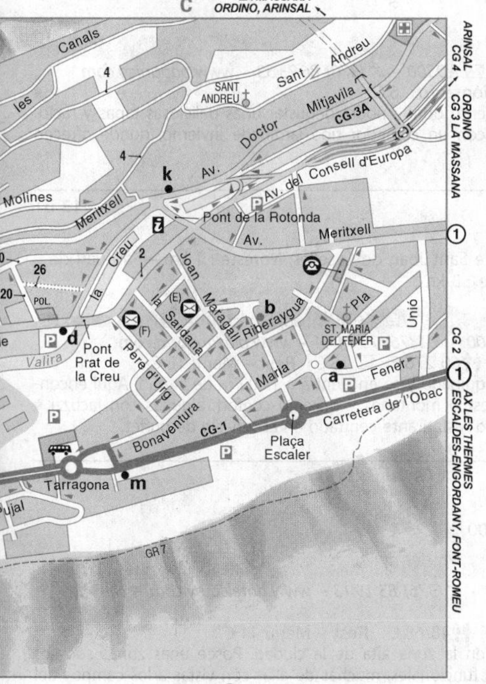

ANDORRA LA VELLA

Baixada del Molí . . . . . A
Bonaventura Armengol . . . . . C 2
Bonaventura Riberaygua C
Canals . . . . . BC
Casadet (Pont de) . . . . . B
Ciutat de Valls . . . . . A
Consell d'Europa (Av. del) C
Creu Grossa . . . . . C 4
Doctor Mitjavila (Av.) C
Doctor Molines . . . . . BC
Doctor Néqui . . . . . B 5
Doctor Vilanova . . . . . B
Escaler (Pl.) C
Esteve Dolça Pujal . . . . . BC
Fener C
Fiter i Rossell . . . . . C 10
Guillemó (Pl.) . . . . . B 12
Joan Maragall C
Llacuna . . . . . B 14
Major (Antic Carrer) . . . . . B 16
Maria Pla C
Meritxell (Av.) C
Mestre Xavier Plana . . . . . A 17
Mossèn Cinto Verdaguer . . . . . B 18
Mossèn Tremosa . . . . . B 19
Obac C
Pere d'Urg C
Pompeu Fabra . . . . . C 20
Prada Casadet . . . . . B 22
Prada de la Creu . . . . . BC
Prada Motxilla . . . . . A
Prat de la Creu (Pont) C
Príncep Benlloch (Av. de) . . . . . AB
Rebés (Pl.) . . . . . B 24
Roda . . . . . C 26
Rotonda (Pont de la) C
Roureda de Sansa . . . . . A
Salou (Av.) . . . . . A
Santa Coloma (Av. de) . . . . . A 28
Sant Andreu C
Sardana C
Tarragona (Av. de) . . . . . BC
Toriba . . . . . A 30
Toriba (Pont de) . . . . . A
Unió C
Vall . . . . . B 34

Florida sin rest
Llacuna 15 ✉ AD500 – ☎ (376) 82 01 05 – www.hotelflorida.ad B**y**
27 hab ☕ – 🛉43/90 € 🛉🛉56/104 €
◆ El trato familiar define a este hotel de fachada actual. Posee unas reducidas zonas nobles, confortables habitaciones con los suelos en tarima, un pequeño gimnasio y sauna.

XX **La Borda Pairal 1630**
Doctor Vilanova 7 ✉ AD500 – ☎ (376) 86 99 99 – www.labordapairal1630.com – cerrado domingo noche y lunes B**c**
Rest – Carta 26/40 €
◆ Antigua borda de piedra que destaca por su decoración rústica. Posee una barra de apoyo, un comedor dotado de bodega acristalada y una sala para banquetes en la 1ª planta.

XX **Taberna Ángel Belmonte**
Ciutat de Consuegra 3 ✉ AD500 – ☎ (376) 82 24 60 – www.tabernaangelbelmonte.com C**b**
Rest – Carta 40/60 €
◆ Agradable restaurante con aires de taberna. Cuenta con una bonita decoración dominada por la madera en un entorno impecable. Productos locales, pescados y mariscos.

XX **Can Benet**
antic carrer Major 9 ✉ AD500 – ☎ (376) 82 89 22 – www.restaurant_canbenet.com – cerrado del 15 al 30 de junio y lunes salvo festivos B**a**
Rest – Menú 20/42 € – Carta 35/50 €
◆ Posee una pequeña sala con barra de apoyo en la planta baja y el comedor principal en el piso superior, de aire andorrano, con las paredes en piedra y el techo en madera.

Papanico
av. Princep Benlloch 4 ✉ AD500 – ☎ (376) 86 73 33 – www.papanico.com
Rest – Tapa 3 € – Ración aprox. 6 € B**s**
◆ Céntrico establecimiento donde podrá degustar unas deliciosas tapas y raciones. Se complementa con un comedor tipo jardín de invierno, donde ofrecen una carta tradicional.

ANDORRA

CANILLO – alt. 1 531 m **13** B1

Andorra la Vella 12

Crucifixión★ en la iglesia de Sant Joan de Caselles, Noreste : 1 km – Santuari de Meritxell (paraje★) Suroeste : 3 km

Ski Plaza hab, rest, rest,
carret. General ✉ AD100 – ☎ (376) 73 94 44 – www.plazandorra.com
110 hab – 🛉60/233 € 🛉🛉60/276 €, ☕ 18 € **Rest** – Menú 18 €
◆ Está bastante bien equipado y se encuentra a 1.600 m de altitud. Aquí encontrará habitaciones de estilo montañés y máximo confort, algunas con jacuzzi y otras para niños. Amplio restaurante centrado en el servicio de buffet.

ENCAMP – alt. 1 313 m **13** B1

Andorra la Vella 8

pl. Consell, ☎ 00 376 73 10 00

Coray rest,
Caballers 38 ✉ AD200 – ☎ (376) 83 15 13 – www.hotelcoray.com – cerrado noviembre
85 hab ☕ – 🛉29/39 € 🛉🛉48/68 € **Rest** – Menú 11 €
◆ Hotel bien situado en la zona alta de la ciudad. Posee unas zonas sociales actuales y habitaciones funcionales, muchas de ellas con vistas a los campos del entorno. El amplio y luminoso comedor basa su actividad en el servicio de buffet.

Univers

René Baulard 13 ✉ AD200 – ✆ (376) 73 11 05 – www.hoteluniversandorra.com – cerrado noviembre

31 hab – 42/45 € 64/83 € **Rest** – Menú 14 €

◆ Negocio de amable organización familiar ubicado a orillas del Valira Oriental. Ofrece un estilo clásico-funcional y habitaciones algo pequeñas aunque de suficiente confort. En su correcto comedor podrá degustar una reducida carta de sabor tradicional.

ESCALDES ENGORDANY – alt. 1 105 m **13** B1

Andorra la Vella 2

pl. Co-Prínceps, ✆ 00 376 82 09 63, www.e-e.ad

Roc Blanc

hab, rest,

pl. dels Co-Prínceps 5 ✉ AD700 – ✆ (376) 87 14 00 – www.rocblanchotels.com

157 hab – 83/233 € 110/310 € – 3 suites D**a**

Rest *L'Entrecôte* – Carta 30/40 €

◆ Se encuentra en el centro de la localidad y está repartido en tres edificios unidos entre sí. Completa zona social y habitaciones acogedoras, con mobiliario clásico-actual. Su restaurante L'Entrecôte disfruta de un correcto montaje y un acceso independiente.

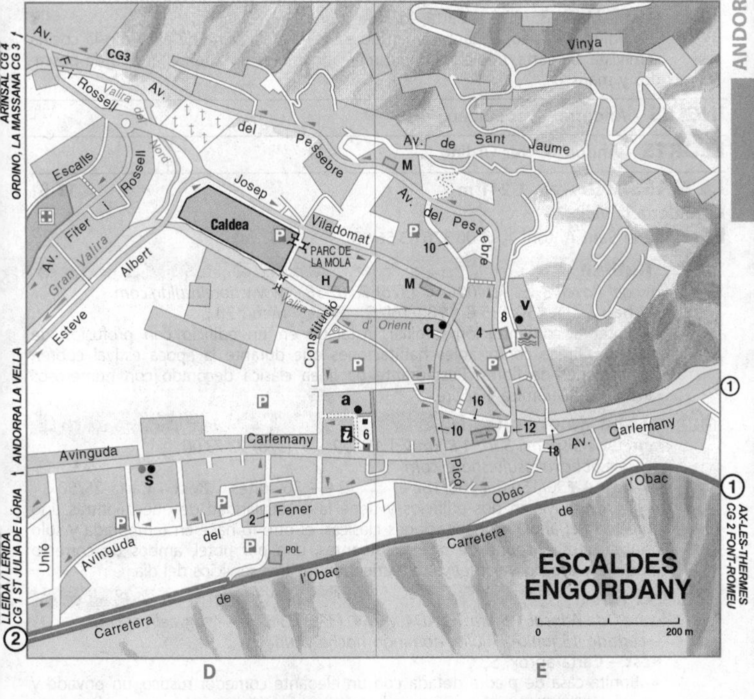

Casa Canut
av. Carlemany 107 ✉ AD700 – ☎ (376) 73 99 00 – www.acasacanuthotel.com
33 hab – ††120/250 €, ☕ 15 € Ds
Rest ***Casa Canut*** – ver selección restaurantes
♦ Al pasar el umbral de su discreta fachada quedará seducido por el refinamiento de este hotel. Habitaciones personalizadas, muy confortables y de extraordinario equipamiento.

Espel hab, rest, VISA
pl. Creu Blanca 1 ✉ AD700 – ☎ (376) 82 08 55 – www.hotelespel.com
– cerrado 2 mayo - 24 junio Ev
84 hab ☕ – †49/71 € ††68/102 € **Rest** – Menú 16 €
♦ Tras una importante reforma se presenta con una estética mucho más actual. Las habitaciones, confortables y con los suelos en tarima, poseen mobiliario funcional. Su sencillo restaurante combina el buffet de los desayunos con la elaboración de un menú.

Metropolis sin rest
av. de les Escoles 25 ✉ AD700 – ☎ (376) 80 83 63 – www.hotel-metropolis.com
69 hab ☕ – †60/141 € ††74/162 € – 1 suite Eq
♦ Establecimiento de sobria decoración que destaca por su ubicación, entre Caldea y las tiendas libres de impuestos. Cuenta con habitaciones funcionales de adecuado confort.

Casa Canut – Hotel Casa Canut
av. Carlemany 107 ✉ AD700 – ☎ (376) 73 99 00 – www.acasacanut.com
Rest – Menú 35/69 € – Carta 46/79 € Ds
♦ Conjunto clásico elegante repartido en varias salas, una de ellas con la cocina semivista. Su carta, tradicional y de mercado, posee un buen apartado de pescados y mariscos.

ANDORRA

INCLES – Andorra – ver Soldeu

LLORTS – Andorra – ver Ordino

La MASSANA – alt. 1 241 m 13 B1

Andorra la Vella 7
Avinguda Sant Antoni 1, ☎ 00 376 83 56 93

Rutllan hab, rest, rest, VISA
av. del Ravell 3 ✉ AD400 – ☎ (376) 73 87 38 – www.hotelrutllan.com
96 hab ☕ – †50/135 € ††80/160 € **Rest** – Menú 28 €
♦ Hotel de organización familiar instalado en un edificio con profusión de madera. Ofrece confortables habitaciones que durante la época estival cubren sus balcones de flores. Restaurante de línea clásica decorado con numerosos jarrones de cerámica y cobre.

Abba Xalet Suites H. rest, VISA
carret. de Sispony, Sur : 1,8 km ✉ AD400 – ☎ (376) 73 73 00
– www.abbaxaletsuiteshotel.com
47 hab – †50/150 € ††60/186 €, ☕ 12 € – 36 suites **Rest** – Carta 25/50 €
♦ Se distribuye en dos edificios y tiene la particularidad de que mientras uno abre todo el año, con habitaciones clásicas, el otro lo hace en temporada y solo ofrece suites. Dispone de dos restaurantes, uno por hotel, ambos de correcto montaje y uso polivalente, ya que atienden los tres servicios del día.

El Rusc VISA
carret. de Arinsal 1,5 km ✉ AD400 – ☎ (376) 83 82 00 – www.elrusc.com
– cerrado 15 junio-15 julio, domingo noche y lunes
Rest – Carta aprox. 58 €
♦ Bonita casa de piedra dotada con un elegante comedor rústico, un privado y un salón para banquetes. Ofrece platos vascos, tradicionales y una bodega bastante completa.

MERITXELL – alt. 1 527 m 13 B1

Andorra la Vella 11
Santuari de Meritxell (paraje★)

L'Ermita hab, VISA

Meritxell ✉ AD100 – ☎ (376) 75 10 50 – www.hotelermita.com – cerrado 6 junio-12 julio y 17 octubre-21 noviembre
27 hab – 29/49 € 49/89 €, 7 € **Rest** – Carta 21/38 €
◆ Hotel familiar ubicado en un bello paraje de montaña, junto al santuario de la Virgen de Meritxell. Disfruta de una agradable zona social y habitaciones funcionales. Su restaurante presenta una estética rústica y tiene una completa carta regional.

ORDINO – alt. 1 304 m – Deportes de invierno : 1 940/2 625 m. 15 1 — 13 B1

Andorra la Vella 9

Coma hab, rest, VISA

✉ AD300 – ☎ (376) 73 61 00 – www.hotelcoma.com
48 hab – 38/85 € 75/135 € **Rest** – Carta 25/40 €
◆ Resulta acogedor y está llevado por la misma familia desde 1932. Sus habitaciones poseen mobiliario funcional de línea actual, bañera de hidromasaje y en muchos casos terraza. En su restaurante, amplio y polivalente, podrá degustar una cocina tradicional bastante sabrosa.

en Llorts :

XX **La Neu** VISA

carret. General, Noroeste : 5,5 km ✉ AD300 – ☎ (376) 85 06 50 – www.restaurant-laneu.com – cerrado 21 días en mayo, 10 días en noviembre, lunes y martes
Rest – Carta 24/35 €
◆ Este pequeño restaurante, llevado por una joven pareja, presenta una sala acristalada que destaca tanto por su montaje como por sus vistas a las montañas. De sus fogones surge una cocina tradicional catalana.

PAS DE LA CASA – alt. 2 085 m – Deportes de invierno : 1 710/2 640 m. 65 4 — 14 C1

Andorra la Vella 29
Emplazamiento★
Port d'Envalira★★

por la carretera de Soldeu Suroeste : 10 km

Grau Roig hab, rest, VISA AE

Grau Roig ✉ AD200 – ☎ (376) 75 55 56 – www.hotelgrauroig.com – cerrado 15 abril-21 junio y 14 octubre-22 noviembre
42 hab – 95/292 € 115/354 € **Rest** – Carta 34/61 €
◆ Con el circo de Pessons como telón de fondo, esta típica construcción de montaña resulta ideal para pasar unos días. Habitaciones coquetas y bien equipadas. Agradable restaurante con el techo artesonado, paredes en piedra y objetos antiguos.

SANT JULIÀ DE LÒRIA – alt. 909 m — 13 B1

Andorra la Vella 7

al Sureste : 7 km

Coma Bella VISA

bosque de La Rabassa - alt. 1 300 ✉ AD600 – ☎ (376) 74 20 30 – www.hotelcomabella.com – cerrado del 15 al 25 de abril y del 4 al 21 de noviembre
30 hab – 38/58 € 57/97 € **Rest** – Menú 13/35 €
◆ Conjunto aislado y tranquilo por su ubicación, en pleno bosque de La Rabassa. Ofrece amplias zonas nobles y unas habitaciones funcionales dotadas con baños actuales. Correcto restaurante que destaca por sus magníficas vistas a las cumbres colindantes.

ANDORRA

SOLDEU - alt. 1 826 m - Deportes de invierno : 1 710/2 640 m. 65 4 — 13 B1

Andorra la Vella 20

Xalet Montana

hab, VISA

carret. General ✉ AD100 – ☎ (376) 73 93 33 – www.xaletmontana.net – 20 diciembre-15 abril

40 hab – 87/119 € 118/160 € **Rest** – Menú 18 €

◆ Hotel de esmerada decoración donde todas las habitaciones disfrutan de vistas a las pistas de esquí. Posee un salón de ambiente nórdico y una agradable zona de relax.

en Incles **Oeste : 1,5 km**

Galanthus

hab, VISA

carret. General ✉ AD100 – ☎ (376) 75 33 00 – www.somriuhotels.com – cerrado 2 mayo-24 junio y 17 octubre - 24 noviembre

55 hab – 60/100 € 80/160 € – 2 suites **Rest** – Menú 25 €

◆ Se presenta con una línea actual y varios salones que sirven de complemento a la zona social. Las habitaciones poseen mobiliario funcional, suelos en tarima y duchas de obra. En su restaurante encontrará una carta creativa y algunas especialidades japonesas.

en El Tarter **Oeste : 3 km**

Nordic

rest, VISA

✉ AD100 – ☎ (376) 73 95 00 – www.grupnordic.ad – cerrado del 1 al 15 de mayo y noviembre

120 hab – 60/205 € 80/274 €

Rest – *(solo cena) (solo buffet)* Menú 15/25 €

◆ Posee un gran vestíbulo en el que encontrará una colección de motos y coches antiguos. Todas sus habitaciones tienen terraza, unas con vistas al pueblo y otras a las montañas. El restaurante resulta bastante amplio y está centrado en el servicio de buffet.

El TARTER - Andorra - ver Soldeu

CARLOS BRANCO
PINTOU
ECCE SIGNUM SALUTIS
SALUS IN PERICULIS

Portugal

Distinções 2012

Distinciones 2012

Awards 2012

Estabelecimentos com estrelas 2012

A cor está de acordo com o estabelecimento de maior número de estrelas da localidade

Praia da Galé — A localidade possui pelo menos um restaurante 2 estrelas ✻✻

Lisboa — A localidade possui pelo menos um restaurante 1 estrela ✻

Estabelecimentos com estrelas

Establecimientos con estrellas
Starred establishments

PORTUGAL

✿✿ 2012

N **Nuevo** ✿✿ → Novo ✿✿ → New ✿✿

Albufeira/Praia da Galé	Vila Joya	
Armação de Pêra	Ocean	**N**

✿ 2012

N **Nuevo** ✿ → Novo ✿ → New ✿

Almancil	São Gabriel	
Almancil / Vale Formoso	Henrique Leis	
Amarante	Largo do Paço	
Cascais / Praia do Guincho	Fortaleza do Guincho	
Coimbra	Arcadas	
Funchal	Il Gallo d'Oro	
Lisboa	Feitoria	**N**
Lisboa	Tavares	
Quarteira / Vilamoura	Willie's	
Vila Nova de Gaia	The Yeatman	**N**

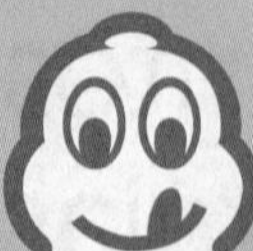

Os Bib Gourmand 2012

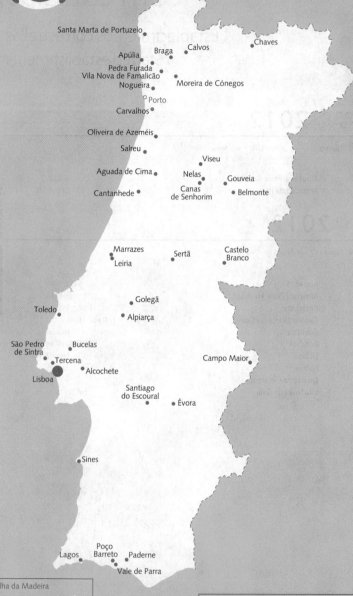

Bib Gourmand

Refeições cuidadas a preços moderados
Buenas comidas a precios moderados
Good food at moderate prices

Águeda / Aguada de Cima	Adega do Fidalgo
Albufeira / Vale de Parra	A Casa do Avô
Alcochete	O Arrastão
Alpiarça	A Casa da Emília
Belmonte	Quinta da Bica
Braga	Centurium
Bucelas	Barrete Saloio
Campo Maior	ApertAzeite **N**
Canas de Senhorim	Zé Pataco
Cantanhede	Marquês de Marialva
Carvalhos	Mário Luso
Castelo Branco	Praça Velha
Chaves	Carvalho
Chaves	A Talha
Estreito de Câmara de Lobos	Adega da Quinta
Évora	BL Lounge **N**
Évora	Dom Joaquim
Fão / Apúlia	Camelo Apulia
Golegã	O Barrigas
Gouveia	O Júlio
Lagos	Aquário **N**
Leiria / Marrazes	Casinha Velha
Leiria	O Casarão
Lisboa	D'Avis
Lisboa	Solar dos Nunes
Maia / Nogueira	Machado
Moreira de Cónegos	S. Gião
Nelas	Os Antónios
Oliveira de Azeméis	Diplomata
Paderne	Moiras Encantadas **N**
Pedra Furada	Pedra Furada
Poço Barreto	O Alambique
Póvoa de Lanhoso / Calvos	Maria da Fonte
Queluz / Tercena	O Parreirinha
Salreu	Casa Matos
Santiago do Escoural	Manuel Azinheirinha
Sertã	Santo Amaro
Sines	Trinca Espinhas **N**
Sintra / São Pedro de Sintra	Cantinho de S. Pedro
Toledo	O Pão Saloio
Viana do Castelo / Santa Marta de Portuzelo	Camelo
Vila Nova de Famalicão	Tanoeiro
Viseu	Muralha da Sé

N Novo ☺ → Nuevo ☺ → New ☺

Bib Hotel

Grato descanso a preço moderado
Grato descanso a precio moderado
Good accommodation at moderate prices

PORTUGAL

Arganil	De Arganil
Aveiro	Aveiro Center
Aveiro	Das Salinas
Batalha	Casa do Outeiro
Curia	Do Parque
Manteigas	Albergaria Berne
Pombal	Do Cardal
Portalegre	Mansão Alto Alentejo
Porto	América

Alojamentos agradáveis

Alojamientos agradables

Particularly pleasant accommodations

Sintra	Penha Longa H.

Armação de Pêra	Vila Vita Parc
Armação de Pêra	Vilalara Thalassa Resort
Beja	Pousada de São Francisco
Estoril	Palácio
Évora	Convento do Espinheiro
Funchal	Choupana Hills
Funchal	Quinta das Vistas
Lisboa	Lapa Palace
Lisboa	Pestana Palace
Portimão	Le Méridien Penina
Sintra	Tivoli Palácio de Seteais
Vidago	Vidago Palace

Amarante	Casa da Calçada
Cascais	Estalagem Villa Albatroz
Cascais / Praia do Guincho	Fortaleza do Guincho
Évora	Pousada dos Lóios
Funchal	Estalagem Casa Velha do Palheiro
Lagos	Vila Valverde
Viana do Castelo	Casa Melo Alvim
Vieira do Minho / Caniçada	Aquafalls
Vila Viçosa	Pousada de D. João IV

Lisboa	As Janelas Verdes
Lisboa	Solar do Castelo

Monsaraz	Estalagem de Monsaraz

Alcobaça	Challet Fonte Nova
Calheiros	Paço de Calheiros
Cascais	Casa da Pérgola
Fataunços	Casa de Fataunços
Manteigas	Casa das Obras
Monção	Solar de Serrade
Montemor-o-Novo	Monte do Chora Cascas
Pinhão	Casa do Visconde de Chanceleiros
Quintela de Azurara	Casa de Quintela
Santarém	Casa da Alcáçova

Restaurantes agradáveis

Restaurantes agradables
Particularly pleasant restaurants

PORTUGAL

XXXX

Albufeira / Praia da Galé	Vila Joya
Armação de Pêra	Ocean
Cascais / Praia do Guincho	Fortaleza do Guincho

XXX

Almancil / Quinta do Lago	Casa Velha
Almancil / Vale Formoso	Henrique Leis
Almancil	Pequeno Mundo
Almancil	Vincent
Amarante	Largo do Paço
Funchal	Xôpana
Lisboa	Tavares

XX

Faro / Estói	Monte do Casal

X

Leiria / Marrazes	Casinha Velha
Maia / Nogueira	Machado

Turismo rural

Albergaria-a-Velha / Alquerubim	Casa de Fontes
Alcantarilha	Casa do Catavento
Alcobaça	Challet Fonte Nova
Alcobaça / Aljubarrota	Casa da Padeira
Almancil	Quinta dos Rochas
Alvarrões	Quinta do Barrieiro
Amares	Quinta do Burgo
Armação de Pêra	Casa Bela Moura
Belver	Quinta do Belo-Ver
Borba	Casa de Borba
Borba	Casa do Terreiro do Poço
Cabeçudo	Quinta de Santa Teresinha
Calheiros	Paço de Calheiros
Cascais	Casa da Pérgola
Castelo de Vide	Casa Amarela
Castelo Novo	Quinta do Ouriço
Cercal	Herdade da Matinha
Chaves / Nantes	Quinta da Mata
Chaves / Santo Estêvão	Quinta de Santa Isabel
Colares / Azoia	Quinta do Rio Touro
Cumieira	Quinta da Cumieira
Ervedal da Beira	Solar do Ervedal
Fataunços	Casa de Fataunços
Figueira da Foz / Caceira de Cima	Casa da Azenha Velha
Frossos	Quinta da Vila Francelina
Lamego	Quinta da Timpeira

Lamego	Villa Hostilina
Lousada	Casa de Juste
Macedo de Cavaleiros / Chacim	Solar de Chacim
Manteigas	Casa das Obras
Mesão Frio	Casa de Canilhas
Monção	Solar de Serrade
Moncarapacho	Casa da Calma
Mondim de Basto	Quinta do Fundo
Monsaraz	Monte Alerta
Montemor-o-Novo	Monte do Chora Cascas
Óbidos	Casa d'Óbidos
Óbidos	Quinta da Torre
Pinhão	Casa de Casal de Loivos
Pinhão	Casa do Visconde de Chanceleiros
Póvoa e Meadas	Quinta da Bela Vista
Quintela de Azurara	Casa de Quintela
Redondo / Aldeia da Serra	Água d'Alte
Ruivães	Casa de Dentro (Capitão-Mor)
Santa Cruz da Trapa	Quinta do Pendão
Santa Marinha do Zêzere	Casarão
Santa Marta de Penaguião	Casal Agrícola de Cevêr
Santarém	Casa da Alcáçova
Serrazes	Quinta do Pedreno
Silveiros	Casa de Mourens
Sintra	Casa Miradouro
Tabuaço	Quinta das Heredias
Tabuadelo	Paço de São Cipriano

Para saber mais

Para saber más

Further information

Os vinhos

Los vinos

Wines

①	*Vinhos Verdes*
②, ③	*Porto e Douro, Dão*
④	*Bairrada*
⑤ *a* ⑧	*Bucelas, Colares, Carcavelos, Setúbal*
⑨ *a* ⑫	*Lagoa, Lagos, Portimão, Tavira*
⑬ *a* ⑮	*Borba, Redondo, Reguengos*
⑯	*Madeira*

Vinhos e especialidades regionais

Portugal possui uma tradição vitivinícola muito antiga. A diversidade das regiões vinícolas tem determinado a necessidade de regulamentar os seus vinhos com Denominações de Origem, indicadas no mapa correspondente.

Regiões e localização no mapa	Características dos vinhos	Especialidades regionais
Minho, Douro Litoral, Trás-Os-Montes, Alto Douro ① *e* ②	**Tintos** *encorpados, novos, ácidos* **Brancos** *aromáticos, suaves, frutados, delicados, encorpados* **Portos** *(Branco, Tinto, Ruby, Tawny, Vintage) ricos em açúcares*	***Caldo verde, Lampreia, Salmão, Bacalhau, Presunto,*** ***Cozido, Feijoada, Tripas***
Beira Alta, Beira Baixa, Beira Litoral ③ *e* ④	**Tintos** *aromáticos, suaves, aveludados, equilibrados, encorpados* **Brancos** *cristalinos, frutados, delicados, aromáticos*	***Queijo da Serra, Papos de Anjo, Mariscos, Caldeiradas, Ensopado de enguias, Leitão assado, Queijo de Tomar, Aguardentes***
Estremadura, Ribatejo ⑤ *e* ⑧	**Tintos** *de cor rubí, persistentes, secos, encorpados* **Brancos** *novos, delicados, aromáticos, frutados, elevada acidez* **Moscatel de Setúbal,** *rico em álcool, de pouca acidez*	***Amêijoas à bulhão pato, Mariscos, Caldeiradas, Queijadas de Sintra, Fatias de Tomar***
Algarve ⑨ *e* ⑫	**Tintos** *aveludados, suaves, frutados* **Brancos** *suaves*	***Peixes e mariscos na cataplana, Figos, Amêndoas***
Alentejo ⑬ *e* ⑮	**Tintos** *robustos e elegantes*	***Migas, Sericaia, Porco à Alentejana, Gaspacho, Açordas, Queijo de Serpa***
Madeira ⑯	*Ricos em álcool, secos, de subtil aroma*	***Espetadas (carne, peixe), Bolo de mel***

Vinos y especialidades regionales

Portugal posee una tradición vinícola muy antigua. La diversidad de las regiones vinícolas ha determinado la necesidad de regular sus vinos con Denominaciones de Origen (Denominações de Origem), indicadas en el mapa correspondiente.

Regiones y localización en el mapa	Características de los vinos	Especialidades regionales
Minho, Douro Litoral, Trás-Os-Montes, Alto Douro ① *y* ②	**Tintos** *con cuerpo, jóvenes, ácidos* **Blancos** *aromáticos, suaves, afrutados, delicados, con cuerpo* **Oportos** *(Blanco, Tinto, Ruby, Tawny, Vintage) ricos en azúcares*	***Caldo verde (Sopa de berza), Lamprea, Salmón,*** ***Bacalao, Jamón, Cocido, Feijoada (Fabada), Callos***
Beira Alta, Beira Baixa, Beira Litoral ③ *y* ④	**Tintos** *aromáticos, suaves, aterciopelados, equilibrados, con cuerpo* **Blancos** *cristalinos, afrutados, delicados, aromáticos,*	***Queso de Serra, Papos de Anjo (Repostería), Mariscos, Calderetas, Guiso de pan y anguilas, Cochinillo asado, Queso de Tomar, Aguardientes***
Estremadura, Ribatejo ⑤ *al* ⑧	**Tintos** *de color rubí, persistentes, secos, con cuerpo* **Blancos** *jóvenes, delicados aromáticos, afrutados, elevada acidez* **Moscatel de Setúbal,** *rico en alcohol, bajo en acidez*	***Almejas al ajo, Mariscos, Calderetas, Queijadas (Tarta de queso) de Sintra, Torrijas de Tomar***
Algarve ⑨ *al* ⑫	**Tintos** *aterciopelados, suaves* **Blancos** *suaves*	***Pescados y mariscos « na cataplana », Higos, Almendras***
Alentejo ⑬ *al* ⑮	**Tintos** *robustos y elegantes*	***Migas, Sericaia (Repostería), Cerdo a la Alentejana, Gazpacho (Sopa fría de tomate y cebolla), Açordas (Sopa de pan y ajo), Queso de Serpa***
Madeira ⑯	*Ricos en alcohol, secos, de sutil aroma*	***Brochetas (carne, pescado), Pastel de miel***

Wines and regional specialities

Portugal has a very old wine producing tradition. The diversity of the wine growing regions made it necessary to regulate those wines by the Appellation d'Origine (Denominações de Origem) indicated on the corresponding map.

Regions and location on the map	Wine's characteristics	Regional Specialities
Minho, Douro Litoral, Trás-Os-Montes, Alto Douro ① *and* ②	**Reds** *full bodied, young, acidic* **Whites** *aromatic, sweet, fruity, delicate, full bodied* **Port** *(White, Red, Ruby, Tawny, Vintage), highly sugared*	***Caldo verde (Cabbage soup), Lamprey, Salmon, Codfish, Ham, Stew, Feijoada (Pork and bean stew), Tripes***
Beira Alta, Beira Baixa, Beira Litoral ③ *and* ④	**Reds** *aromatic, sweet, velvety, well balanced, full bodied* **Whites** *crystal-clear, fruity, delicate, aromatic*	***Serra Cheese, Papos de Anjo (Cake), Seafood, Fishsoup, Ensopado de enguias (Eel stew), Roast pork, Tomar Cheese, Aguardentes (distilled grape skins and pips)***
Estremadura, Ribatejo ⑤ *to* ⑧	*Ruby coloured* **reds,** *big, dry, full bodied* **Young whites** *delicate, aromatic, fruity, acidic* **Moscatel from Setúbal,** *strong in alcohol, slightly acidic*	***Clams with garlic, Seafood, Fish soup, Queijadas (Cheesecake) from Sintra, Fatias (Sweet bread) from Tomar***
Algarve ⑨ *to* ⑫	*Velvety* **reds**, *light, fruity* *Sweet* **whites**	***Fish and Seafood « na cataplana », Figs, Almonds***
Alentejo ⑬ *to* ⑮	*Robust elegant* **reds**	***Migas (Fried breadcrumbs), Sericaia (Cake), Alentejana pork style, Gaspacho (Cold tomato and onion soup), Açordas (Bread and garlic soup), Serpa Cheese***
Madeira ⑯	*Strong in alcohol, dry with a delicate aroma*	***Kebab (Meat, Fish), Honey cake***

A aventura Michelin

Todo começou com umas bolas de borracha! A pequena empresa de Clermont-Ferrand dedicava-se a produzi-las em 1880, quando André e Edouard Michelin a herdaram. A seguir, os dois irmãos reparam no enorme potencial dos novos meios de transporte. A invenção do pneu desmontável para bicicletas foi o seu primeiro êxito. Mas com o automóvel conseguiram dar a verdadeira medida da sua criatividade. Ao longo do século XX, a Michelin não deixou de inovar, criando uns pneus mais fiáveis e com maiores prestações, tanto para pesados, como para a F1, tanto no metro como no avião.

Muito cedo, a Michelin começou a oferecer aos seus clientes ferramentas e serviços pensados para facilitar-lhes os seus deslocamentos e fazê-los mais agradáveis... e frequentes. Desde 1900, o Guia Michelin oferece aos condutores toda a informação prática necessária para a manutenção dos seus veículos ou para encontrar um lugar onde dormir ou comer. Em breve converteu-se numa referência em matéria gastronómica. Paralelamente, o Escritório de Itinerários oferece aos viajantes conselhos e itinerários personalizados.

Em 1910, a primeira coleção de mapas de estrada obtêm um êxito fulgurante! Em 1926, o primeiro guia regional convida a descobrir os mais belos lugares da Bretanha. Muito em breve, todas as regiões da França têm o seu Guia Verde. A coleção tem-se expandido a destinos mais distantes (desde Nova York em 1968... a Taiwan em 2011).

Com o auge digital do século XXI, os mapas e os guias Michelin enfrentam-se a um novo desafio para continuar a acompanhar aos pneus. Hoje como ontem, a missão da Michelin continua a ser a ajuda à mobilidade, ao serviço dos viajantes.

MICHELIN NA ACTUALIDADE

N°1 MUNDIAL EM PNEUS

- 70 centros de produção em 18 países
- 110.000 empregados de todas as culturas, em todos os continentes
- 6.000 pessoas nos centros de Investigação e Desenvolvimento

Avançar juntos onde a mobilidade

Avançar melhor começa por inovar para criar uns pneus que travem em menos distância e que ofereçam uma maior aderência, seja qual for o estado da estrada.

A PRESSÃO JUSTA

- Segurança
- Longevidade
- Óptimo consumo de combustível

-0,5 bar

- A vida útil dos pneus reduz-se em 20% (- 8.000 km)

- Risco de ruptura do pneu
- Aumento do consumo de combustível
- A distância de travagem em superfície molhada aumenta

para um mundo
seja mais segura

Também ajudar aos condutores a preocupar-se pela sua segurança e pelos seus pneus. Para isto, a Michelin organiza em todo o mundo campanhas de controle de pressão, para lembrar a todos de que a correcta pressão dos pneus é um assunto vital.

O DESGASTE

COMO SE DETECTA O DESGASTE

A profundidade mínima das esculturas por lei é de 1,6 mm. Os fabricantes incluem nos pneus indicadores de desgaste; são uns desenhos de molde em borracha situados no fundo dos canais principais da banda de rolamento tendo uma altura de 1,6 mm.

O único ponto de contacto entre o veículo e a estrada são os pneus.

Na seguinte fotografia mostra-se a zona de contacto real

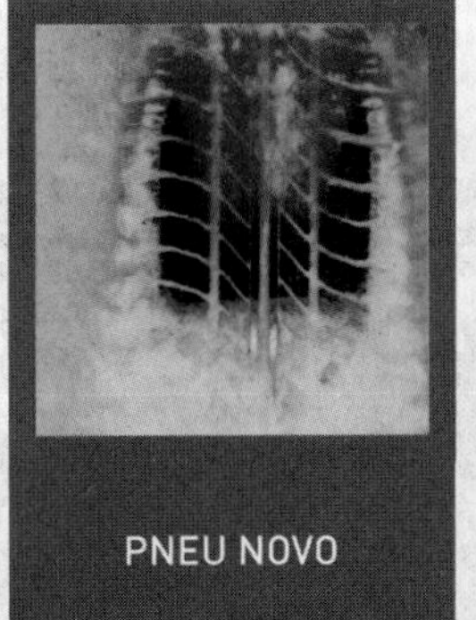
PNEU NOVO

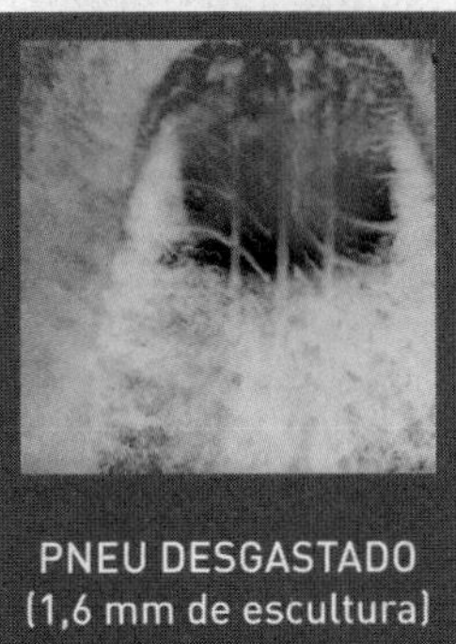
PNEU DESGASTADO
(1,6 mm de escultura)

Abaixo de este valor, os pneus consideram-se gastos e são perigosos quando a estrada está molhada.

Avançar melhor,
é desenvolver uma mobilidade sustentável

INOVAÇÃO E MEIO AMBIENTE

A Michelin inova cada dia para reduzir à metade, de aqui até a 2050, a quantidade de matérias-primas usadas na fabricação dos pneus, desenvolvendo nas suas fábricas energias renováveis. O desenho dos pneus MICHELIN permite poupar milhares de milhões de litros de combustível e, consequentemente, milhares de milhões de toneladas de CO2.

De igual forma, a Michelin imprime os seus mapas e guias em "papéis provenientes de bosques geridos sustentadamente". A obtenção da certificação ISO14001 é testemunho do seu compromisso diário com uma criação ecológica.

Um compromisso que a Michelin confirma, diversificando os seus suportes de publicação e propondo soluções digitais para encontrar facilmente o caminho a seguir e gastar menos combustível... para aproveitar e desfrutar melhor as viagens!

Porque a Michelin, como você, compromete-se a preservar o planeta.

Chat com o Bibendum

Poderá conversar via chat com o Bibemdum em:
www.michelin.com/corporate/fr
Descubra a actualidade e a
história da Michelin.

JOGO

Michelin desenvolve pneus para todo o tipo de veículos.
Jogue a identificar o pneu correcto...

Solução : A-6 / B-4 / C-2 / D-1 / E-3 / F-7 / G-5

Localidades

de A a Z

Localidades

de A a Z

Towns

from A to Z

PORTUGAL

AGUADA DE CIMA - Aveiro - ver Águeda

ÁGUEDA - Aveiro - **733** - **591** K4 - **4 341 h.** **4** B2

Lisboa 250 - Aveiro 22 - Coimbra 42 - Porto 85

Largo Dr. João Sucena, 234 60 14 12

Conde d'Águeda sem rest

Praça Conde de Águeda 3750-109 - 234 61 03 90 - www.hotelcondedagueda.com

28 qto - 50/65 € 65/85 €

◆ Destaca tanto pelo seu moderno exterior como pela sua central localização, com uma atractiva esplanada-bar no terraço. Confortáveis quartos dotados de mobiliário actual.

em Aguada de Cima Sudeste : 9,5 km

Adega do Fidalgo

Almas da Areosa 3750-043 Aguada de Cima - 234 66 95 01 - fechado 2ª feira

Rest - Lista 25/35 €

◆ Negócio de carácter familial com ambiente rústico, dispõe de duas salas de refeição, ambas com tecto de madeira e mobiliário provençal. Bom terraço de verão, um forno a lenha e uma grelha.

PORTUGAL

ALANDROAL - Évora - **733** - **593** P7 - **1 422 h.** **2** C2

Lisboa 192 - Badajoz 53 - Évora 56 - Portalegre 86

Praça da República, 268 44 00 45, www.cm-alandroal.pt

A Maria

Rua João de Deus 12 7250-142 - 268 43 11 43 - fechado do 16 ao 31 de agosto e 2ª feira noite

Rest - Menu 20/30 € - Lista 29/40 €

◆ Este restaurante típico possui o encanto das coisas simples. A sua sala é original pois as paredes imitam as fachadas das casas alentejanas. Cozinha regional.

ALBERGARIA-A-VELHA - Aveiro - **733** - **591** J4 - **5 279 h.** **4** B1

Lisboa 261 - Aveiro 20 - Coimbra 62 - Viseu 73

em Alquerubim Sudoeste : 9 km

Casa de Fontes

3850-365 Alquerubim - 234 93 87 01 - www.casadefontes.pt

10 qto - 60/70 € 70/80 €

Rest - *(só jantar com reserva) (só clientes)* Menu 25 €

◆ Esta casa senhorial de 1873 exala antiguidade por todos seus poros. Dispõe de um grande jardim, uma área social variada e quartos simples, com mobiliário provençal.

ALBERNOA - Beja - **733** - **593** S6 - **846 h.** **1** B3

Lisboa 196 - Évora 104 - Faro 125 - Setúbal 165

ao Noroeste : 7 km

Vila Galé Clube de Campo

qto,

Herdade da Figueirinha 7801-732 Beja - 284 97 01 00 - www.vilagale.pt

78 qto - 68/106 € 80/125 € - 3 suites **Rest** - Lista 24/30 €

◆ O hotel, composto por vários edifícios, todos eles dentro de uma grande propriedade, oferece um SPA completo, sua própria adega, várias opções de lazer, e quartos de estilo alentejano. Refeitório rústico com grandes vigas de madeira e uma lareira que preside a sala.

ALBUFEIRA - Faro - 733 - 593 U5 - 8 459 h. - Praia 3 B2

Lisboa 257 – Faro 45 – Beja 126 – Lagoa 31

Rua 5 de Outubro, 289 58 52 79

Estrada de Santa Eulália, 289 51 59 73

Vale de Parra, Oeste : 8,5 km Salgados Golf Club, 289 58 30 30

Sítio★

Alísios

qto,

Av. Infante Dom Henrique 83 8200-916 – 289 58 92 84 – www.hotelalisios.com

115 qto – 100/150 € 110/245 € **Rest** – Lista 31/41 €

♦ Hotel funcional cuja localização, ao pé da praia, evidencia uma orientação para férias. Impecável nível de manutenção, tanto nas suas instalações como na sua varanda-solarium.

Vila Galé Cerro Alagoa

qto,

Rua do Município 8200-916 – 289 58 31 00 – www.vilagale.pt

243 qto – 56/136 € 65/160 €

Rest – *(só jantar)* Menu 20/31 € – Lista aprox. 31 €

♦ Um hotel de grande capacidade, mas algo afastado da praia. Oferece amplas zonas sociais, quartos espaçosos e uma grande piscina coberta de ambiente tropical. Restaurante em dois níveis com uma zona para a ementa e outra para o buffet.

em Areias de São João Este : 2,5 km

Três Palmeiras

Av. Infante D. Henrique 51 8200-261 Albufeira – 289 51 54 23 – fechado janeiro e domingo

Rest – Lista 24/33 €

♦ Restaurante assentado e bem consolidado, que deve a sua fama à qualidade dos seus peixes. Séria organização familiar, esmerada manutenção e um simples serviço de mesa.

na praia de Santa Eulália Este : 4 km

Grande Real Santa Eulália

hab,

8200-916 Albufeira – 289 59 80 00 – www.realhotelsgroup.com – fechado do 8 ao 25 de dezembro

160 hab – 59/338 € – 29 suites – 155 apartamentos

Rest – Menú 40 € – Carta 45/64 €

♦ Complexo com atractivos exteriores situado na 1ª linha de praia. Possui quartos completos de estilo clássico-colonial, bem como apartamentos mais coloristas e funcionais.

em Sesmarias Oeste : 4 km

São Rafael Atlantic H.

qto,

Praia de São Rafael 8200-613 Albufeira – 289 59 94 20 – www.cshotelsandresorts.com

149 qto – 55/315 € – 7 suites **Rest** – Lista 32/61 €

♦ Surpreende pela sua variada zona social, com uma grande recepção, um piano-bar, um espaço chill-out e uma boa oferta relax-SPA. Quartos muito amplos, modernos e luminosos. O restaurante principal concentra a sua actividade num completo serviço buffet.

São Rafael Suite H.

qto, qto,

Praia de São Rafael 8200-613 Albufeira – 289 54 03 00 – www.cshotelsandresorts.com

86 suites – 120/243 € 158/263 € – 15 qto

Rest – Menu 16/35 € – Lista 32/61 €

♦ É moderno, tranquilo e funcional, com a particularidade de ter uma boa oferta em serviços de relaxação e descanso. Quartos bastante espaçosos, tipo suite. O cuidado refeitório com ementa complementa-se com outro mais funcional para o buffet.

XX **O Marinheiro**

Caminho da Praia da Coelha ✉ 8200-385 Albufeira – ✆ 289 59 23 50 – www.o-marinheiro.com – fechado dezembro, janeiro e domingo salvo abril-outubro

Rest – Lista 20/39 €

◆ Esta casa, tipo vila, oferece uma sala principal distribuída em dois níveis e outra muito mais acolhedora onde se combina a madeira com o mobiliário moderno. Cozinha tradicional.

em Olhos de Água Este : 6,5 km

XX **La Cigale**

Praia de Olhos de Água ✉ 8200 Olhos de Água – ✆ 289 50 16 37 – www.restaurantelacigale.net – fechado 25 novembro-26 dezembro

Rest – Lista 40/60 €

◆ Apresenta um pequeno balcão privado, bons expositores de produtos e uma luminosa sala de ambiente marinheiro, com o tecto em madeira e excelentes vistas para o mar. Varanda grande.

na Praia da Galé Oeste : 6,5 km

XXXX **Vila Joya** com qto

Estrada da Praia da Galé ✉ 8201-917 Albufeira – ✆ 289 59 17 95 – www.vilajoya.com

16 qto – 305/430 € – 4 suites

Rest – *(só menú)* Menu 89/155 € – Lista 87/124 €

Espec. Carabineiro sobre vinagreta de cabeça de vitela e feijão. Pato Miral com fígado de ganso salteado, lentilhas, balsamico e ravioli de aipo. Quente e frio, composição de chocolate Valrhona.

◆ Esta bela villa é um pequeno paraíso em frente ao mar e o seu restaurante um templo gastronómico onde a elegância e a criatividade culinária se encontram em equilíbrio. Dispõe de um terraço com alpendre, uma adega, aberta ao público, belos jardins e quartos encantadores, todos eles personalizados.

em Vale de Parra Noroeste : 7,5 km

XX **A Casa do Avô**

Sítio de Vale de Parra ✉ 8200-427 Albufeira – ✆ 289 51 32 82 – www.restaurante-acasadoavo.com – fechado janeiro e 2ª feira salvo maio-agosto

Rest – Lista 26/35 €

◆ Bem dirigido pelo seu proprietário, que está à frente do negócio. Apresenta um ambiente regional bastante cuidado e destaca por oferecer pratos tradicionais muito fartos.

na Praia da Falésia Este : 10 km

Sheraton Algarve

✉ *8200-909 Albufeira – ✆ 289 50 01 00 – www.luxurycollection.com/algarve*

232 apartamentos – 140/490 €

Rest *O Pescador* – *(fechado novembro-março) (só jantar)* Menu 45 €

Rest *Il Giardino* – *(fechado outubro -fevereiro)* Lista 52/61 €

◆ Magnífico edifício situado sobre uma falésia, num local de grande beleza. O seu elevado conforto e um alto equipamento conformam um interior luxuoso e cuidado. Dispõe de vários restaurantes, onde se destaca O Pescador, tanto pela sua ementa como pela montagem.

ALCÁCER DO SAL – **Setúbal** – **733** – **593** Q4 – **3 902 h.** **1** B2

Lisboa 97 – Beja 94 – Évora 75 – Setúbal 55

Largo Pedro Nunes, ✆ 265 61 00 70

Pousada D. Afonso II

Castelo de Alcácer ✉ 7580-197 – ☎ 265 61 30 70 – www.pousadas.pt
35 qto – 90/200 € 100/210 € – 2 suites
Rest – Menu 30 €
◆ O passado e o presente convivem num castelo-convento situado sobre uma colina, com o rio Sado ao fundo. Sabe conjugar a sobriedade decorativa e o desenho funcional. O espaçoso restaurante dispõe de grandes vidraças com vistas ao jardim.

ALCANTARILHA – Faro – 733 – 593 U4 – 964 h. 3 B2

Lisboa 258 – Albufeira 12 – Faro 48 – Lagos 36

Capela das Artes sem rest

Quinta da Cruz ✉ 8365-908 – ☎ 282 32 02 00 – www.capeladasartes.com – fechado dezembro-fevereiro
26 qto – 70/120 €
◆ Tem um encanto especial, já que combina o seu trabalho de hotel com a organização de cursos e exposições. Quartos de ar rústico, amplos embora algo sóbrios.

pela estrada N 269 Nordeste : 6,5 km

Casa do Catavento sem rest

Escorrega do Malhão ✉ 8365-024 Alcantarilha – ☎ 282 44 90 84 – www.casadocatavento.com – fevereiro-outubro
4 qto – 57/81 € 60/85 €
◆ Situado em pleno campo, com um pequeno jardim, esplanada e piscina. Aconchegante zona social com lareira e quartos correctos, todos eles, com a excepção de um, possuem duche.

ALCOBAÇA – Leiria – 733 – 592 N3 – 4 987 h. – alt. 42 m 6 A2

Lisboa 110 – Leiria 32 – Santarém 60
Praça 25 de Abril, ☎ 262 58 23 77
Mosteiro de Santa Maria★★ : Igreja★★ (túmulo de D. Inês de Castro★★, túmulo de D. Pedro★★), edifícios da abadia★★

Challet Fonte Nova sem rest

Rua da Fonte Nova 8 ✉ 2460-046 – ☎ 262 59 83 00 – www.challetfontenova.pt – fechado Natal
9 qto – 85 € 120 €
◆ Esta casa senhorial, do final do século XIX. e cercada por jardins, oferece uma área social elegante e quartos com mobiliário de época, os mais modernos situados em um anexo.

em Aljubarrota Nordeste : 6,5 km

Casa da Padeira sem rest

Estrada N 8-19 ✉ 2460-711 Aljubarrota – ☎ 262 50 52 40 – www.casadapadeira.com
13 qto – 50/55 € 65/75 €, 7 € – 1 suite
◆ Bonita casa com mobiliário português. Possui um acolhedor salão social com lareira e quartos correctos, a maioria dos mesmos um pouco sóbrios e com casas de banho com prato de duche.

ALCOCHETE – Setúbal – 733 – 593 P3 – 7 376 h. 1 A2

Lisboa 59 – Évora 101 – Santarém 81 – Setúbal 29
Largo da Misericórdia, ☎ 21 234 86 55

O Arrastão

Praia dos Moinhos ✉ 2890-166 – ☎ 212 34 21 51 – www.oarrastao.com – fechado agosto, domingo noite e 2ª feira
Rest – Menu 23/35 € – Lista 15/30 €
◆ Encontra-se ao pé da praia e tem um ambiente de marcada inspiração marítima, com um restaurante de montagem simples e uma sala privada. Peixe de excelente qualidade e frescura.

ALDEIA DA SERRA – Évora – ver Redondo

ALDEIA DAS DEZ – Coimbra – **733** – **592** L6 – **318 h.** – **alt. 450 m** **4** B2

Lisboa 286 – Coimbra 81 – Guarda 93

Quinta da Geia

Largo do Terreiro do Fundo do Lugar ✉ 3400-214 – ✆ 238 67 00 10 – www.quintadageia.com – fechado janeiro

20 qto – 59/90 € 138/178 € **Rest** – Menu 20 €

◆ O encanto dos tempos passados e o conforto actual convivem neste atractivo conjunto do séc. XVII. Ambiente rústico e boas vistas, tanto ao vale como à serra da Estrela. O seu refeitório simples complementa-se, no verão, com uma agradável esplanada.

ALFERRAREDE – Santarém – **733** – **592** N5 – **4 302 h.** **6** B2

Lisboa 145 – Abrantes 2 – Santarém 79

Cascata

Rua Manuel Lopes Valente Junior 19-A ✉ 2200-260 Abrantes – ✆ 241 36 10 11 – www.cascata.pt – fechado domingo noite e 2ª feira

Rest – Lista 20/34 €

◆ Esta casa familiar conta com um restaurante no térreo, uma sala de refeição mais clássica no andar de cima e um espaço moderno para banquetes.

PORTUGAL

ALIJÓ – Vila Real – **733** – **591** I7 – **2 127 h.** **8** B3

Lisboa 411 – Bragança 115 – Vila Real 44 – Viseu 117

Pousada do Barão de Forrester

Rua Comendador José Rufino ✉ 5070-031 – ✆ 259 95 92 15 – www.pousadas.pt

21 qto – 80/145 € 90/155 € **Rest** – Menu 30 €

◆ Se uma adequada reforma melhorou o nível de conforto, a sua ampliação incrementou o número de quartos. Cuidados exteriores e uma aconchegante zona social. Elegante restaurante com sossegadas vistas aos jardins.

ALJUBARROTA – Leiria – ver Alcobaça

ALMADA – Setúbal – **733** – **593** P2 – **19 513 h.** **1** A2

Lisboa 12 – Setúbal 42 – Santarém 92

Amarra ò Tejo

Alameda do Castelo (Jardim do Castelo) ✉ 2800-034 – ✆ 212 73 06 21 – fechado 3ª feira meio-dia e 2ª feira no verão, domingo noite e 2ª feira meio-dia resto do ano

Rest – Lista 30/39 €

◆ O melhor de tudo são as suas espectaculares vistas da capital! Está localizado no alto da cidade, junto ao castelo, numa construção com a forma de cubo envidraçado de estilo clássico-actual. Cozinha tradicional com toques actuais e matérias-primas de qualidade.

ALMANCIL – Faro – **733** – **593** U5 – **3 117 h.** **3** B2

Lisboa 306 – Faro 13 – Huelva 115 – Lagos 68

Vale Formoso, ✆ 289 39 26 59

Vale de Lobo, Sudoeste : 6 km, ✆ 289 35 34 65

Quinta do Lago, ✆ 289 39 07 00

Igreja de S. Lourenço★ (azulejos★★)

Vincent

Rua do Comércio - Estrada de Quarteira ✉ 8135-906 – ✆ 289 39 90 93 – fechado 15 novembro-15 dezembro, 2ª feira em junho-agosto e domingo

Rest – Menu 51 € – Lista 43/67 €

◆ Casa de campo dotada com uma agradável esplanada ajardinada, um salão-bar de espera e um refeitório com uma acolhedora decoração clássica-regional. Ementa reduzida de estilo internacional.

XXX Pequeno Mundo

Pereiras - Caminho de Pereiras, Oeste : 1,5 km ✉ 8135-907 – ☎ 289 39 98 66 – www.restaurantepequenomundo.com – fechado dezembro-janeiro e domingo
Rest – *(só jantar)* Lista 35/56 €
◆ Ideal para casais, pois ocupa uma preciosa casa algarvia dotada com românticos pátios e cálidos refeitórios. Ementa internacional com claras influências francesas.

XX Couleur France

Vale de Éguas, Noroeste : 1,5 km ✉ 8135-033 – ☎ 289 39 95 15 – www.couleur-france.net – fechado domingo
Rest – *(só menú)* Lista 30/46 €
◆ Negócio de estética moderna com um funcionamento muito particular, pois oferece um menu de preço fixo ao meio-dia e uma ementa mais completa pela noite. Cozinha internacional.

X Fuzios

Rua do Comércio 286 - Estrada de Quarteira ✉ 8135-127 – ☎ 289 39 90 19 – www.fuziosalmancil.com – fechado 15 novembro-25 dezembro e 4ª feira
Rest – *(só jantar)* Lista 30/54 €
◆ Encontra-se à beira da estrada de Quarteira e possui duas salas de jantar de acolhedora decoração clássica-regional. Cozinha internacional com predomínio de pratos italianos.

em Vale Formoso Nordeste : 1,5 km

XXX Henrique Leis ✿

✉ 8100-267 Loulé – ☎ 289 39 34 38 – www.henriqueleis.com – fechado 15 novembro-dezembro, 2ª feira salvo julho-agosto e domingo
Rest – Menu 53/80 € – Lista 49/70 €
Espec. Ovo bio em conquilha com caviar imperial. Pombo de Bresse com marmelada crua de repolho roxo. Palete para os amantes de puro chocolate.
◆ Nesta casa bela encontrará duas salas com ar rústico, decoradas com muito gosto, e uma atractiva varanda-sacada no 1° andar, esta com boas vistas. Cozinha actual com bases clássicas que cuida muito as suas elaborações, sempre com detalhes criativos.

ao Sul

XXX São Gabriel ✿

Estrada de Vale do Lobo a Quinta do Lago, 4 km ✉ 8136-912 Almancil ☎ 289 39 45 21 – www.sao-gabriel.com – fechado 20 novembro-15 março e 2ª feira
Rest – *(só jantar)* Lista 46/75 €
Espec. Camarões tigre salteados sobre batatas esmagadas com alho e ervas. Filete de pregado salteado com variação de alho porro e batatas estaladiças. Costoletas e perna de borrego sobre cassoulet de feijão, alho assado e vinagre balsâmico.
◆ Restaurante de ambiente clássico-algarviano com detalhes mediterrânicos O seu chef propõe uma cozinha criativa que combina o domínio técnico com diversas maridagens clássicas. No anexo encontrará outro estabelecimento, este de cozinha tailandesa e inferior nível.

XX Casa dos Pinheiros

Corgo da Zorra - Estrada de Vale do Lobo, 3 km ✉ 8135-107 Almancil – ☎ 289 39 48 32 – www.casadospinheiros.net – fechado dezembro e domingo
Rest – *(só jantar)* Menu 26 € – Lista 35/54 €
◆ Arroz de tamboril, peixe no sal, caril de tamboril e camarão... Estas são só algumas das especialidades que a tornaram popular. Bom expositor de peixes e mariscos.

XX Alambique

Estrada de Vale do Lobo a Quinta do Lago, 4 km ✉ 8135-160 Almancil – ☎ 289 39 45 79 – www.restaurantalambique.pt – fechado do 5 ao 22 de dezembro e domingo
Rest – Lista 31/56 €
◆ Um bom restaurante para descobrir a cozinha tradicional portuguesa. Possui duas salas requintadas de ambiente clássico-regional e uma das suas especialidades é o Arroz de tamboril.

PORTUGAL

XX **Florian**

Vale Verde , 7 km ✉ 8135-107 Almancil – ☎ 289 39 66 74 – www.florianrestaurant.com – fechado 26 novembro-23 janeiro e 5ª feira

Rest – *(só jantar)* Lista 43/66 €

◆ Encontra-se num condomínio próximo a um campo de golfe, com uma agradável esplanada e um refeitório de estética colonial. Cozinha internacional de inspiração francesa!

X **Mr. Freddie's**

Escanxinas - Estrada de Vale do Lobo, 2 km ✉ 8135-107 Almancil – ☎ 289 39 36 51 – www.mrfreddies.net – fechado domingo salvo junho-agosto

Rest – *(só jantar)* Lista 29/46 €

◆ À beira da estrada! Oferece tanto pratos tradicionais (como a Cataplana de amêijoas e peixe) como internacionais (como o Steak Diana que o dono elabora na sala).

na estrada de Quarteira

Quinta dos Rochas sem rest

Fonte Coberta, Sudoeste : 3,5 km ✉ 8135-019 Almancil – ☎ 289 39 31 65 – www.quintadosrochas.pt.vu – abril-outubro

10 qto – 45/60 € 50/80 €, 5 €

◆ Casa muito familiar de ar mediterrâneo rodeada de árvores. Põe à sua disposição quartos amplos e cómodos, equipados com mobiliário standard.

em Vale do Garrão Sul : 6 km

Formosa Park

Praia do Ancão ✉ 8135-172 Almancil – ☎ 289 35 28 00 – www.formosapark-hotel.com – fechado 28 novembro-15 janeiro

61 apartamentos – 83/275 € **Rest** – Menu 25 € – Lista 30/40 €

◆ Encontra-se numa zona tranquila situada a cerca de 700 m. da praia, com ambiente familiar e de golfe. Oferece amplos apartamentos T1 e T2, todos com cozinha e varanda. O seu restaurante simples e tradicional monta mesas junto à piscina.

na Quinta do Lago Sul : 8,5 km

XXX **Casa Velha**

✉ 8135-024 Almancil – ☎ 289 39 49 83 – www.restaurante-casavelha.com – fechado dezembro, janeiro e domingo

Rest – *(só jantar)* Menu 68 € – Lista 57/73 €

◆ Esta esplêndida vila desfruta de uma agradável esplanada, um bar de espera e um refeitório de elegante estilo clássico, este último com detalhes rústicos, uma grande lareira e tecto tipo cabana. Ementa de inspiração francesa e vários menus degustação.

X **Casa do Lago**

✉ 8135-024 Almancil – ☎ 289 39 49 11 – www.casadolagoqdl.com

Rest – Lista 40/60 €

◆ Desfrute de uma localização realmente idílica, entre dois lagos e em pleno Parque Natural Ria de Formosa! Cozinha tradicional portuguesa especializada em peixes e mariscos.

ALMEIDA – Guarda – **733** – **591** J9 – **1 317 h.** **5** D1

Lisboa 357 – Guarda 49 – Viseu 119 – Bragança 166

Localidade★ – Sistema de fortificações★

Estrada de Almeida a Pinhel : Paisagem★

Parador de Almeida

rua da Muralha ✉ 6350-112 – ☎ 271 57 42 83 – www.hotelparadordealmeida.com

21 qto – 58/158 € 70/170 € **Rest** – Menu 15/26 €

◆ A sua linha actual contrasta claramente com a tradição arquitectónica desta formosa vila amuralhada. Espaços amplos, mobiliário rústico e equipamento correcto. O restaurante, muito luminoso, propõe uma ementa tradicional com pratos de caça durante a temporada.

PORTUGAL

ALMEIRIM – Santarém – 733 – 592 O4 – 10 627 h. 6 B2

Lisboa 88 – Santarém 7 – Setúbal 116

O Novo Príncipe sem rest

Timor 1 ✉ 2080-103 – ☎ 243 57 06 00 – www.hotelnovoprincipe.com

60 qto – 38/70 € 56/140 €

◆ Apresenta um aspecto actual e uma zona social bem renovada. Entre os seus quartos, confortáveis e com preços muito acessíveis, destacam os novos por serem maiores.

ALPIARÇA – Santarém – 733 – 592 O4 – 6 243 h. 6 B2

Lisboa 93 – Fátima 68 – Santarém 11 – Setúbal 107

A Casa da Emília

Rua Manuel Nunes Ferreira 101 ✉ 2090-115 – ☎ 243 55 63 16 – fechado do 1 ao 21 de novembro, 2ª feira e 3ª feira meio-dia

Rest – Lista 19/27 €

◆ A sala de jantar, bastante agradável mas um pouco reduzida, está compensada por um excelente serviço de mesa e por atenções exemplares. Pequena ementa de cozinha caseira.

ALQUERUBIM – Aveiro – ver Albergaria-a-Velha

ver Albergaria-a-Velha

ALTURA – Faro – 733 – 593 U7 – 665 h. – Praia 3 C2

Lisboa 352 – Ayamonte 7 – Faro 47

A Chaminé

Av 24 de Junho , Sul : 1 km ✉ 8950-411 – ☎ 281 95 01 00 – www.restaurante-chamine.com – fechado 3ª feira

Rest – Menu 20 € – Lista 21/40 €

◆ Localizado numa avenida importante e ao mesmo tempo próxima à praia. Oferece uma completa ementa tradicional portuguesa, com peixes, mariscos e algum prato internacional.

Fernando

Rua da Alagoa, Sul : 1 km ✉ 8950-411 – ☎ 281 95 64 55 – fechado 2ª feria salvo julho-agosto

Rest – Lista 23/41 €

◆ Simples, central e dotado com um único refeitório. A sua ampla ementa tradicional contempla algumas especialidades regionais como a Cataplana de peixes ou a Feijoada de cherne.

ALVARRÕES – Portalegre – 733 – 592 N7 – 28 h. 2 C1

Lisboa 226 – Portalegre 10 – Castelo Branco 79 – Santarém 159

pela estrada de Portalegre Sul : 1 km e desvio a esquerda 3 km

Quinta do Barrieiro sem rest e sem

Reveladas ✉ 7330-336 Alvarrões – ☎ 00 35 19 64 05 49 35 – www.quintadobarrieiro.com

7 qto – 60 € 85/120 €

◆ Casa completamente remodelada num lugar isolado. As suas divisões dispõem de uma agradável decoração rústica e conta com originais detalhes de escultura no exterior.

ALVITO – Beja – 733 – 593 R6 – 1 247 h. 2 C2

Lisboa 161 – Beja 39 – Grândola 73

Rua dos Lobos 13, ☎ 284 48 08 08

Pousada Castelo de Alvito qto,

Largo do Castelo ✉ 7920-999 – ☎ 284 48 07 00 – www.pousadas.pt

20 qto – 90/170 € 100/180 € **Rest** – Menu 30 €

◆ Antigo castelo convertido em Pousada, com um pátio central e quartos de ar medieval. Oferece amplos espaços, equipamento correcto e jardim com piscina. No restaurante, que tem um belo tecto abobadado, elaboram pratos de sabor tradicional.

PORTUGAL

A Varanda

Praça da República 9 ✉ *7920-028 –* ✆ *284 48 51 35 – www.avaranda-hospedaria.planetaclix.pt*

9 qto – 45 € 70/90 € **Rest** – Lista 24/30 €

♦ Um pequeno hotel bastante original que oferece quartos de excelente conforto para a sua categoria, todos eles personalizados e dedicados a vários amigos do proprietário. O hotel também tem um bom restaurante com cozinha tradicional e um pub-bar original, em homenagem à Lady Di.

AMARANTE – Porto – 733 – 591 I5 – 10 113 h. – alt. 100 m — 8 B2

Lisboa 372 – Porto 64 – Vila Real 49

Largo Conselheiro António Candido, ✆ 255 42 02 46, www.amarante.pt

Localidade★, Igreja do convento de S. Gonçalo (órgão★) – Igreja de S. Pedro (tecto★)

Travanca : Igreja (capitéis★) Noroeste : 18 km por N 15, Estrada de Amarante a Vila Real ★ Picão de Marão★★

Casa da Calçada

Largo do Paço 6 ✉ *4600-017 –* ✆ *255 41 08 30 – www.casadacalcada.com – fechado do 3 ao 25 de janeiro*

26 qto – 90/220 € 110/290 € – 4 suites

Rest ***Largo do Paço*** – ver selecção restaurantes

♦ Antiga casa senhorial situada junto à zona histórica. A zona social possui vários espaços e os quartos estão decorados com muito bom gosto. Amplo exterior ajardinado.

Largo do Paço – Hotel Casa da Calçada

Largo do Paço 6 ✉ *4600-017 –* ✆ *255 41 08 30 – www.casadacalcada.com – fechado do 3 ao 25 de janeiro*

Rest – Menu 60/100 € – Lista 60/90 €

Espec. Foie-gras em terrina com redução de Pedro Ximenez e frutos silvestres. Cherne assado no forno e choco confitado em azeite, cremoso de batata ratte e tinta de chocos. Crepe Suzette com sabayon de laranja, gelado de Grand Marnier, torta de cenoura e creme de limão.

♦ Instalado em um belo palacete, com um interior clássico e elegante, o restaurante oferece uma cozinha moderna bastante imaginativa, com uma boa base tradicional, um cozimento perfeito, produtos de alta qualidade e um domínio técnico evidente.

pela estrada IP 4 Sudeste : 17 km

Pousada de S. Gonçalo

Serra do Marão - alt. 885 ✉ *4604-909 Amarante –* ✆ *255 46 00 30 – www.pousadadomarao.com*

15 qto – 75/160 € 85/170 € – 1 suite **Rest** – Menu 30 €

♦ Proporciona o prazer de algumas vistas privilegiadas sobre a serra de Marão. Quartos clássicos com detalhes de certo encanto e uma área nobre reduzida mas aconchegante. Refeitório de agradável atmosfera e esplêndida vista panorâmica.

AMARES – Braga – 733 – 591 H4 – 956 h. — 8 A2

Lisboa 371 – Braga 15 – Porto 65

pela estrada de Póvoa de Lanhoso
Sudeste : 2,5 km, desvio a direita 0,5 km e desvio a esquerda 0,5 km

Quinta do Burgo sem rest

Lugar dos Almeidas ✉ *4720-612 Prozelo AMR –* ✆ *253 99 27 49 – www.quintadoburgo.com*

6 qto – 37/79 € 46/79 €

♦ Casa rústica rodeada por um campo de vinhedos. Interiores cuidados e com numerosos detalhes, mas com uma linha decorativa simples. Possui espaçosos apartamentos T1 anexos.

PORTUGAL

AMIEIRA - Évora - 733 - 593 R7 - 410 h. 2 C2

Lisboa 194 - Évora 61 - Beja 59 - Setúbal 160

ao Nordeste: 3,5 km

Amieira Marina

7220-999 Amieira - 266 61 11 73 - www.amieiramarina.com - só aos fins de semana em janeiro-março

Rest - *(só almoço salvo 6ª feira, sábado, domingo e feriados)* Lista 26/44 €

◆ Restaurante panorâmico construído sobre as águas do Grande Lago de Alqueva. O restaurante dispõe de duas salas modernas e luminosas com uma bela vista. Cozinha tradicional e regional.

ANADIA - Aveiro - 733 - 591 K4 - 3 034 h. 4 B2

Lisboa 229 - Coimbra 30 - Porto 92

Cabecinho sem rest

Av. Eng. Tavares da Silva 3780-203 - 231 51 09 40 - www.hotel-cabecinho.com

49 qto - 38/60 € 45/80 € - 2 suites

◆ Entre as suas diferentes zonas sociais destaca a sala-adega da cave, dotada com arcos em tijolo à vista. Os quartos possuem mobiliário funcional e chãos em alcatifa.

APÚLIA - Braga - ver Fão

AREIAS DE SÃO JOÃO - Faro - ver Albufeira

ARGANIL - Coimbra - 733 - 592 L5 - 2 677 h. - alt. 115 m 4 B2

Lisboa 260 - Coimbra 60 - Viseu 80

Av. das Forças Armadas, 235 20 01 37, www.cm-arganil.pt

De Arganil sem rest

Av. das Forças Armadas 3300-011 - 235 20 59 59

34 qto - 38 € 50 €

◆ Este hotel tem instalações cuidadas mas com um conforto algo básico. Possui um salão-bar como zona social e quartos com mobiliário simples com casas de banho actuais.

Canário sem rest

Rua Oliveira Matos 3300-062 - 235 20 24 57

24 qto - 38 € 50 €

◆ Situado numa rua central pedonal. Possui quartos de suficiente conforto, com mobiliário funcional e casas de banho actuais. Zona nobre reduzida.

ARMAÇÃO DE PÊRA - Faro - 733 - 593 U4 - 3 005 h. - Praia 3 B2

Lisboa 262 - Faro 51 - Beja 131 - Lagoa 11

Av. Marginal, 282 31 21 45

passeio de barco★★ : grutas marinhas★★

ao Oeste :

Vila Vita Parc

Alporchinhos, 2 km 8400-450 Porches - 282 31 01 00 - www.vilavitaparc.com

87 qto - 184/476 € - 83 suites - 12 apartamentos

Rest *Ocean* - ver selecção restaurantes

◆ Arquitecturas serenas num complexo onde o gosto e a elegância convivem em harmonia com um estilo de inspiração árabe. Jardins bonitos em frente ao mar e um completo Spa.

PORTUGAL

Vilalara Thalassa Resort qto,
Praia das Gaivotas, 2 km ✉ 8400-450 Porches
– ✆ 282 32 01 23 – *www.vilalararesort.com – fechado 8 janeiro-10 fevereiro*
111 qto – †119/434 € ††154/533 € – 13 apartamentos
Rest *B & G – (só jantar no verão)* (reserva aconselhada) Menu 39/45 €
– Lista 34/61 €
◆ Pequeno paraíso dividido em vários edifícios e com acesso à praia. Os quartos, muito amplos e muito bem equipados, estão rodeados por magníficos jardins. O restaurante B & G completa-se com locais tipo grill junto às piscinas.

Casa Bela Moura sem rest
Estrada de Porches, 2 km ✉ 8400-450 Porches – ✆ *282 31 34 22*
– *www.casabelamoura.com – 15 fevereiro-15 novembro*
15 qto – †60/120 € ††90/180 €
◆ Excelente, pois ocupa uma Casa de Campo distribuída em dois edifícios. Elegante salão social, quartos de conforto actual, arredores ajardinados com piscina climatizada.

Ocean – Hotel Vila Vita Parc
Alporchinhos, 2 km ✉ 8400-450 Porches – ✆ *282 31 01 00*
– *www.vilavitaparc.com – fechado janeiro, 3ª feira e 4ª feira*
Rest – *(só jantar)* Menu 95/125 € – Lista 80/98 €
Espec. Fígado de ganso Périgord fumado e presunto Jabugo. Salmonete cristalizado, berbigão, funcho selvagem e pepino da horta. Framboesa, pimenta de Sechuan e manteiga-champagne.
◆ Instalado em uma vila anexada ao hotel, o restaurante oferece um ambiente classic e elegante e um terraço com vista agradável para o mar. Cozinha moderna com detalhes próprios ao seu autor e algumas influências do norte da Europa, sempre com boas associações de sabores.

PORTUGAL

ARRAIOLOS – Évora – 733 – 593 P6 – 2 433 h. 2 C2

Lisboa 125 – Badajoz 102 – Évora 22 – Portalegre 103

Pousada Nossa Senhora da Assunção
Quinta dos Loios, Norte : 1 km ✉ 7041-909
– ✆ *266 41 93 40 – www.pousadas.pt*
30 qto – †125/240 € ††135/250 € – 2 suites **Rest** – Menu 30 €
◆ Instalada parcialmente em um antigo convento, cuja igreja, revestida de azulejos, data de 1585. Elementos clássicos, detalhes modernos, um claustro e quartos sóbrios. A luminosa sala de refeição com tecto abobadado está dividida em dois espaços.

AVEIRO P – Aveiro – 733 – 591 K4 – 35 948 h. 4 A1

Lisboa 252 – Coimbra 56 – Porto 70 – Vila Real 170
Rua João Mendonça 8, ✆ 234 42 07 60, www.turismodocentro.pt
A.C.P. Av. Dr. Lourenço Peixinho 89 D ✆ 234 42 25 71
Bairro dos canais★ (canal Central, canal de São Roque) Y – Antigo Convento de Jesus★★ : Igreja★★ (capela-mor★★, coro baixo★, túmulo da princesa Santa Joana★★), Museu★★ (retrato da princesa Santa Joana★) Z
Ria de Aveiro★

Meliá Ria qto,
Cais da Fonte Nova, Lote 5 ✉ 3810-200 – ✆ *234 40 10 00*
– *www.meliaria.com* Xc
126 qto – ††100/165 € – 2 suites **Rest** – Lista 27/37 €
◆ A forma cúbica do edifício, o seu revestimento que chama a atenção e localização junto à ria, são os seus melhores atributos. Luminosas zonas nobres, confortáveis quartos e SPA. O restaurante é polivalente e desfruta dum bom serviço de mesa.

AVEIRO

Street	Grid	No.
Antónia Rodrigues (R.)	Y	3
Apresentação (Largo da)	Y	4
Belém do Pará	Y	6
Bourges (R. de)	X	7
Capitão Sousa Pizarro (R.)	Z	9
Clube dos Galitos (R.)	Y	10
Coimbra (R.)	Y	12
Comb. da Grande Guerra (R.)	Z	13
Dr Francisco Sá Carneiro (R.)	X	14
Dr Lourenço Peixinho (Av.)	Y	
Eça de Queiroz (R.)	Z	15
Eng. Adelino Amaro da Costa (R.)	X	16
Eng. Pereira da Silva (R.)	Y	17
Gustavo F. P.-Basto (R.)	Z	18
Hintze Ribeiro (R.)	X	19
Humberto Delgado (Pr.)	Y	21
Jorge de Lencastre (R.)	Y	22
José Estevão (R.)	Y	24
José Luciano de Castro (R.)	X	25
José Rabumba (R.)	Y	27
Luis de Magalhães (R. do C.)	Y	28
Mário Sacramento (R.)	X	30
Marquês de Pombal (Pr.)	Z	31
República (Pr. da)	Y	34
Santa Joana (R.)	Z	37
Santo António (Largo de)	Z	39
Sá (R. de)	X	36
Universidade (Av. da)	X	40
Viana do Castelo (R.)	Y	42
5 de Outubro (Av.)	Y	44
14 de Julho (Pr.)	Y	

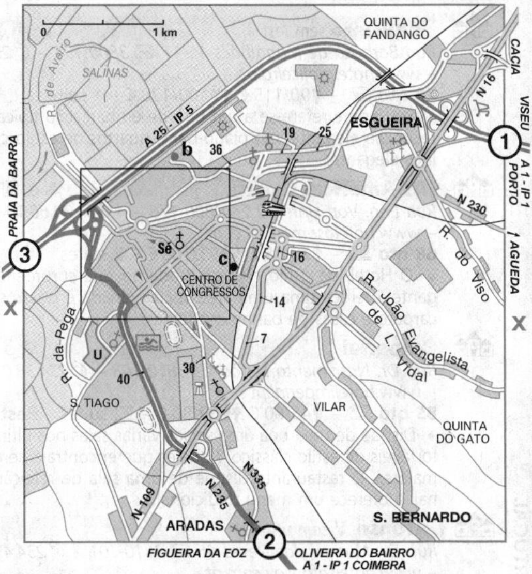

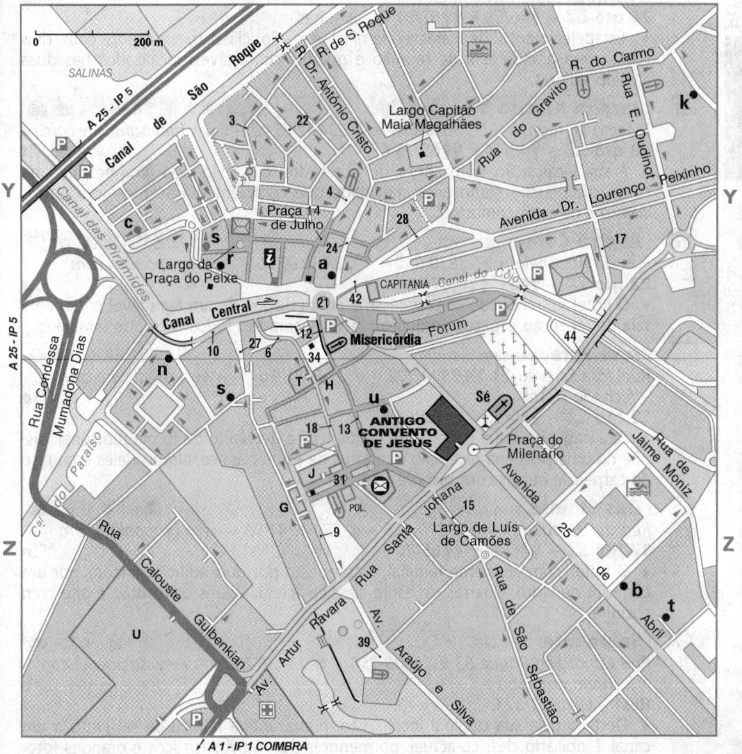

Moliceiro sem rest
Rua Barbosa de Magalhães 15-17 ✉ 3800-154 – ☎ 234 37 74 00 – www.hotelmoliceiro.pt Y**r**
48 qto – 90/115 € 100/128 € – 1 suite
◆ Seu nome refere-se a um tipo de embarcação típica da região. Dispõe de uma recepção elegante, um piano-bar e quartos de estilo clássico-moderno com detalhes elegantes.

As Américas sem rest
Rua Eng. Von Hafe 20 ✉ 3800-176 – ☎ 234 34 60 10 – www.hotelasamericas.com Y**k**
68 qto – 78/85 € 93/106 € – 2 suites
◆ O Hotel, de estilo clássico-moderno que surpreende pela sua decoração elegante, oferece uma uma área social variada e quartos confortáveis, com piso de carpete e casas de banho modernas.

Imperial qto,
Rua Dr. Nascimento Leitão ✉ 3810-108 – ☎ 234 38 01 50 – www.hotelimperial.pt Z**u**
85 qto – 45/60 € 59/80 € – 22 suites **Rest** – Lista 25/50 €
◆ Dispõe de uma boa área social, várias salas nos últimos andares e quartos confortáveis de estilo clássico. Aqueles que encontram-se na parte mais moderna são maiores. O restaurante dispõe de uma sala de refeição de estilo actual e funcional, e oferece um menu tradicional.

Afonso V sem rest
Rua Dr. Manuel das Neves 65 ✉ 3810-101 – ☎ 234 42 51 91 – www.hoteisafonsov.com.pt Z**b**
76 qto – 46/59 € 67/81 € – 2 suites
◆ Estabelecimento de carácter familial e estilo clássico, equipado com dois bares, uma grande sala de reunião e quartos confortáveis localizados nas duas alas do edifício.

Jardim Afonso V sem rest
Praceta D. Afonso V ✉ 3810-094 – ☎ 234 42 65 42 – www.hoteisafonsov.com.pt
48 qto – 48/54 € 65/75 € Z**t**
◆ A sua localização, num anexo do hotel Afonso V, evidencia uma propriedade compartida, assim como uma actividade que complementa ao mesmo. Quartos clássicos de bom conforto.

Aveiro Center sem rest
Rua da Arrochela 6 ✉ 3810-052 – ☎ 234 38 03 90 – www.grupoalboi.com
22 qto – 46 € 65/70 € Z**s**
◆ O hotel foi renovado com sucesso e agora dispõe de um agradável pátio, uma sala de recepção espaçosa e quartos bem decorados, todos com piso laminado.

José Estevão sem rest
Rua José Estevão 23 ✉ 3800-202 – ☎ 234 38 39 64 – www.joseestevao.com – fechado Natal Y**a**
12 qto – 50/56 € 60/66 €
◆ Este pequeno hotel de carácter residencial e decorado de forma funcional, dispõe de uma pequena recepção e quartos de estilo clássico, alguns deles com piso de carpete e outros com piso de madeira.

Das Salinas sem rest
Rua da Liberdade 10 ✉ 3810-126 – ☎ 234 40 41 90 – www.grupoalboi.com
17 qto – 46/48 € 65/70 € YZ**n**
◆ O hotel, com ambiente familial, é composto por dois edifícios ligados por um corredor de vidro. Quartos de estilo clássico-actual, alguns com sótão e oito com cozinha.

Salpoente
Rua Canal São Roque 83 ✉ 3800-256 – ☎ 234 38 26 74 – www.salpoente.com – fechado domingo X**b**
Rest – Lista 22/32 €
◆ Destaca pela sua original localização, numa antiga fábrica de sal junto a um canal. Mobiliário clássico-actual, pormenores decorativos rústicos e grandes fotografias antigas.

À Linha

Rua Joào Afonso 13-15 ✉ 3800-198 – ✆ 939 21 02 10 – fechado do 15 ao 31 de janeiro e domingo Yc

Rest – Lista 24/34 €

♦ Na entrada do restaurante encontra-se um porta-garrafas e uma sala de refeição simples de estilo rústico e tradicional. Menu composto principalmente de peixes e frutos do mar grelhados.

O Moliceiro

Largo do Rossio 6 ✉ 3800-246 – ✆ 234 42 08 58 – fechado do 15 ao 30 de junho, do 15 ao 30 de outubro e 5ª feira Ys

Rest – Lista 22/31 €

♦ Casa familial especializada em peixes frescos e na brasa. O restaurante dispõe de uma sala simples com cozinha aberta, uma câmara de vidro para mostrar seus produtos.

na Praia da Barra por ③ : 9 km

Farol sem rest

Largo do Farol ✉ 3830-753 Gafanha da Nazaré – ✆ 234 39 06 00 – www.residencialfarol.com

12 qto ☕ – 🚹45/70 € 🚹🚹65/95 € – 3 suites

♦ Edifício de ar colonial situado perto do farol e da praia. Possui uma zona social com lareira e quartos actuais, com mobiliário funcional e as paredes em tons vivos.

em Costa Nova do Prado por ③ : 9,5 km

Azevedo sem rest

Rua Arrais Ançã 16 ✉ 3830-455 Gafanha da Encarnação – ✆ 234 39 01 70 – www.hotelazevedo.com

16 qto ☕ – 🚹40/65 € 🚹🚹50/75 €

♦ Possui uma fachada original, ao estilo dos celeiros tradicionais desta região, e um interior acolhedor, com paredes de ladrilho e piso de madeira. Quartos funcionais.

AZOIA – Lisboa – ver Colares

AZURARA – Porto – ver Vila do Conde

BARCELOS – Braga – **733** – **591** H4 – **20 625 h.** – **alt. 39 m** **8** A2

Lisboa 366 – Braga 18 – Porto 48

Largo Sr. José Novais 8, ✆ 253 81 18 82

Interior★ da Igreja Matriz, Igreja de Nossa Senhora do Terço★, (azulejos★)

Bagoeira

Av. Dr. Sidónio Pais 495 ✉ 4750-333 – ✆ 253 80 95 00 – www.bagoeira.com

51 qto ☕ – 🚹45/55 € 🚹🚹55/75 € – 3 suites

Rest *Bagoeira* – ver selecção restaurantes

♦ Este hotel de desenho actual, oferece uns confortáveis quartos com casas de banho cuidadas embora algo pequenas. Sala de pequenos almoços e bar no terraço, onde há uma esplanada.

Do Terço sem rest

Rua de S. Bento - Edif. do Terço ✉ 4750-267 – ✆ 253 80 83 80 – www.hoteldoterco.com

37 qto – 🚹35/50 € 🚹🚹40/55 €, ☕ 8 €

♦ Este pequeno hotel, distribuído em três andares, apresenta-se como uma boa opção de descanso na cidade. Os seus quartos são simples mas muito actuais.

Bagoeira – Hotel Bagoeira

Av. Dr. Sidónio Pais 495 ✉ 4750-333 – ✆ 253 81 12 36 – www.bagoeira.com

Rest – Menu 15/30 € – Lista 20/35 €

♦ Negocio assentado na localidade e com muitos anos de história às suas costas. Nele poderá degustar vários pratos tradicionais e especialidades típicas da região.

BARROSELAS - Viana do Castelo - 733 - 591 H3 - 3 795 h. 8 A2

Lisboa 384 - Viana do Castelo 15 - Braga 44 - Porto 74

Quinta de São Sebastião sem rest
Rua Faria Torres 2 ✉ 4905-475 - ✆ 258 77 05 20
- www.quintadesaosebastiao.com
11 qto - 60/70 € 70/95 € - 1 apartamento
◆ Antiga Casa de Campo localizada dentro da sua própria quinta mas ao mesmo tempo dentro da localidade. Oferece zonas ajardinadas, esplanadas, espaços sociais e quartos com conforto correcto.

BATALHA - Leiria - 733 - 592 N3 - 2 082 h. - alt. 71 m 6 A2

Lisboa 120 - Coimbra 82 - Leiria 11

Praça Mouzinho de Albuquerque, ✆ 244 76 51 80

Mosteiro★★★ : Claustro Real★★★, igreja★★ (vitrais★, capela do Fundador★), Sala do Capítulo★★ (abóbada★★★, vitral★), Capelas imperfeitas★★ (portal★★) - Lavabo dos Monges★, Claustro de D. Afonso V★

Villa Batalha qto,
Rua Dom Duarte I-248 ✉ 2440-415 - ✆ 244 24 04 00
- www.hotelvillabatalha.pt
73 qto - 70/85 € 90/100 € - 20 suites **Rest** - Lista 25/35 €
◆ Este hotel destaca-se pela sua extensa área rodeada por jardins, com gramados e um campo de golfe. Dispõe de uma área social elegante e quartos modernos totalmente equipados. O restaurante de estilo clássico-actual, oferece um menu tradicional com alguns pratos da cozinha internacional.

Mestre Afonso Domingues qto,
Largo Mestre Afonso Domingues 6 ✉ 2440-102 - ✆ 244 76 52 60
- www.hotel.mestreafonsodomingues.pt
20 qto - 56/90 € 70/120 € - 2 suites
Rest - *(fechado domingo noite)* Lista 15/26 €
◆ Seu nome é uma homenagem ao arquiteto que concebeu o mosteiro, situado em frente ao hotel. Quartos de estilo moderno, mobiliário funcional e casas de banho pequenas. O restaurante, bem montado, surpreende por sua varanda a poucos metros do mosteiro.

Casa do Outeiro sem rest
Largo Carvalho do Outeiro 4 ✉ 2440-128 - ✆ 244 76 58 06
- www.casadoouteiro.com
15 qto - 46/60 € 51/70 €
◆ Esta casa familial oferece instalações bem cuidadas, sempre em processo de modernização. Possui quartos alegres e coloridos com um conforto excelente para sua categoria.

BEJA P - 733 - 593 R6 - 21 658 h. - alt. 277 m 2 C3

Lisboa 194 - Évora 78 - Faro 186 - Huelva 177

Largo Dr. Lima Faleiro, ✆ 284 31 19 13

Antigo Convento da Conceição★, BZ- Castelo (torre de menagem★) BY

Pousada de São Francisco qto,
Largo D. Nuno Álvares Pereira ✉ 7801-901
- ✆ 284 31 35 80 - www.pousadas.pt CZ**a**
34 qto - 100/160 € 110/170 € - 1 suite
Rest - Menu 30 € - Lista 30/48 €
◆ Instalado num convento do séc. XIII, do qual ainda se conservam o seu primitivo traçado e a capela. Interior onde a elegância antecede um conforto moderno. Restaurante com belas abóbadas de cruzeiros, criando assim um estilo sereno e distinguido.

Francis sem rest
Praça Fernando Lopes Graça-Lote 31 ✉ 7800-430 - ✆ 284 31 55 00
- www.hotel-francis.com A**c**
45 qto - 60/70 € 70/80 €
◆ O hotel está localizado perto da estação de trem e de autocarro. Dentre suas instalações deve-se destacar o ginásio totalmente equipado e os quartos, todos eles com mobiliário funcional e varanda.

PORTUGAL

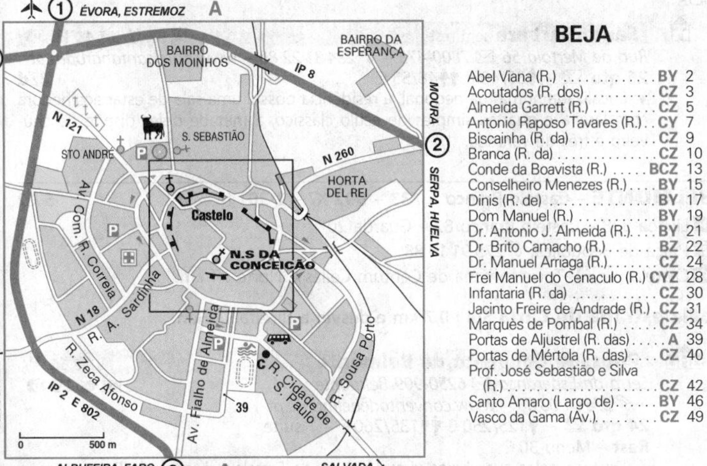

BEJA

Abel Viana (R.)	**BY**	2
Acoutados (R. dos)	**CZ**	3
Almeida Garrett (R.)	**CZ**	5
Antonio Raposo Tavares (R.)	**CY**	7
Biscainha (R. da)	**CZ**	9
Branca (R. da)	**CZ**	10
Conde da Boavista (R.)	**BCZ**	13
Conselheiro Menezes (R.)	**BY**	15
Dinis (R. de)	**BY**	17
Dom Manuel (R.)	**BY**	19
Dr. Antonio J. Almeida (R.)	**BY**	21
Dr. Brito Camacho (R.)	**BZ**	22
Dr. Manuel Arriaga (R.)	**CZ**	24
Frei Manuel do Cenaculo (R.)	**CYZ**	28
Infantaria (R. da)	**CZ**	30
Jacinto Freire de Andrade (R.)	**CZ**	31
Marquès de Pombal (R.)	**CZ**	34
Portas de Aljustrel (R. das)	**A**	39
Portas de Mértola (R. das)	**CZ**	40
Prof. José Sebastião e Silva (R.)	**CZ**	42
Santo Amaro (Largo de)	**BY**	46
Vasco da Gama (Av.)	**CZ**	49

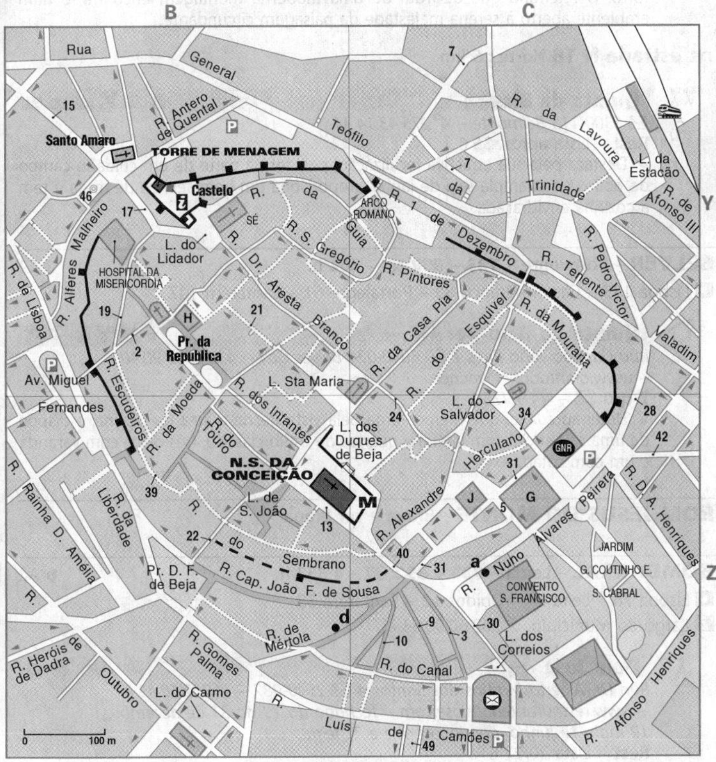

PORTUGAL

B C

Rua General Teófilo
R. Antero de Quental
Santo Amaro
TORRE DE MENAGEM
Castelo
SÉ
ARCO ROMANO
R. da Lavoura
L. da Estacão
R. da Trinidade
R. 1 de Dezembro
R. de Afonso III
R. da Guia
R. S. Gregório
R. Pintores
R. Tenente Valadim
R. Pedro Victor
L. do Lidador
HOSPITAL DA MISERICORDIA
R. Alferes Malheiro
R. de Lisboa
R. Dr. Aresta Branco
R. da Casa Pia
R. do Esquivel
R. da Mouraria
Pr. da Republica
Av. Miguel Fernandes
R. Escudeiros
R. da Moeda
L. Sta Maria
R. dos Infantes
R. do Touro
L. do Salvador
L. dos Duques de Beja
N.S. DA CONCEIÇÃO
Herculano
R. Alexandre
R. D. A. Henriques
R. Rainha D. Amélia
R. da Liberdade
L. de S. João
Nuno Alvares Peirera
JARDIM G. COUTINHO E. S. CABRAL
R. do Sembrano
R. Cap. João F. de Sousa
Pr. D. F. de Beja
CONVENTO S. FRANCISCO
R. de Mértola
L. dos Correios
R. Heróis de Dadra
R. Outubro
R. Gomes Palma
R. do Canal
Afonso Henriques
L. do Carmo
R. Luís de Camões
0 100 m
Y Z

B C

Santa Bárbara sem rest

Rua de Mértola 56 ✉ 7800-475 – ✆ 284 31 22 80 – www.hotelsantabarbara.pt
26 qto – 35/40 € 48/55 € BZ**d**

◆ Localizada numa rua pedonal, a residência possui uma sala de estar acolhedora com lareira e quartos simples de estilo clássico, a metade deles dispõe de chuveiro e três de varanda.

BELMONTE – **Castelo Branco** – **733** – **592** K7 – **2 301 h.** **5** C2

Lisboa 338 – Castelo Branco 82 – Guarda 20

Praça de Republica, ✆ 275 91 14 88

Castelo (✶★)- Torre romana de Centum Cellas★ Norte : 4 km

pela estrada de Caria Sul : 0,7 km e desvio a direita 1,5 km

Pousada Convento de Belmonte

Serra da Esperança ✉ 6250-909 Belmonte – ✆ 275 91 03 00 – www.conventodebelmonte.pt
24 qto – 125/250 € 135/260 € – 1 suite
Rest – Menu 30 €

◆ Destaca pelas suas belas vistas à serra da Estrela e à cova da Beira. A zona nobre aproveita as ruínas dum antigo convento e possui quartos de bom conforto. O refeitório que desfruta de uma moderna montagem encontra-se num ambiente aberto à serena majestade da paisagem circundante.

na estrada N 18 Norte : 5 km

Quinta da Bica

✉ 6300-115 Belmonte – ✆ 275 43 14 34
Rest – Lista aprox. 35 €

◆ Destaca pela sua atractiva localização, pois forma parte de um cuidado campo de golfe. A sua ampla sala de jantar proporciona um bom serviço de mesa e tem a cozinha envidraçada.

BELVER – **Portalegre** – **733** – **592** N6 – **302 h.** **2** C1

Lisboa 175 – Castelo Branco 85 – Portalegre 61 – Santarém 107

Quinta do Belo-Ver sem rest

Rua Capitão João Pires 2 ✉ 6040-024 Belver Gav – ✆ 241 63 90 40 – www.quintadobelover.net
7 qto – 65/75 €

◆ Hotel agradável que oferece uma bela vista desde a área da piscina, e dispõe de uma sala social com lareira e quartos de estilo clássico, três deles com varanda e um com sótão.

BOM JESUS DO MONTE – **Braga** – **ver Braga**

BOMBARRAL – **Leiria** – **733** – **592** O2 – **4 352 h.** **6** A2

Lisboa 76 – Leira 84 – Óbidos 12 – Santarém 58

Largo do Município, ✆ 262 60 90 53

Dom José

Rua Dr. Alberto Martins dos Santos 4 ✉ 2540-087 – ✆ 262 60 43 84 – www.restaurantedomjose.com – fechado do 19 ao 31 de dezembro, 19 maio-12 junho, domingo noite e 2ª feira
Rest – Lista 20/27 €

◆ Esta casa familial dispõe de uma sala de refeição simples e impecável e uma sala de exposição e venda de vinhos. Menu com apenas 10 pratos do dia, todos eles caseiros.

BORBA - Évora - 733 - 593 P7 - 3 984 h. 2 C2

Lisboa 180 - Évora 57 - Badajoz 50 - Portalegre 69

Casa do Terreiro do Poço sem rest
Largo dos Combatentes da Grande Guerra 12 ✉ 7150-152 - ☎ 917 25 60 77 - www.casadoterreirodopoco.com
9 qto - 65/95 € 75/110 €
• Casa acolhedora cuja primeira edificação data do séc. XVII. Apresenta uma atractiva zona social e quartos aconchegantes, a maioria dos quais com mobiliário de época e belas casas de banho.

Casa de Borba sem rest
Rua da Cruz 5 ✉ 7150-125 - ☎ 268 89 45 28 - www.casadeborba.com - fechado do 20 ao 27 de dezembro
5 qto - 70 € 80 €
• Lindo edifício do século XVIII. Destaca-se tanto pela escadaria de mármore quanto pelo quartos, com mobiliário de época e decoração com detalhes retrô.

BOURO - Braga - 733 - 591 H5 8 A2

Lisboa 370 - Braga 35 - Guimarães 43 - Porto 85

Pousada de Santa Maria do Bouro
✉ 4720-633 - ☎ 253 37 19 70 - www.pousadas.pt
30 qto - 70/288 € 80/300 € - 2 suites
Rest - Menu 30 € - Lista 32/47 €
• Construída sobre as ruínas dum convento beneditino. A decoração interior quis manter a sobriedade do estilo primitivo, utilizando um mobiliário de vanguarda. Refeitório austero mas confortável, onde se oferece uma ementa tradicional.

PORTUGAL

BRAGA P - 733 - 591 H4 - 117 272 h. - alt. 190 m 8 A2

Lisboa 368 - Bragança 223 - Pontevedra 122 - Porto 54

Av. Liberdade 1, ☎ 253 26 25 50, www.cm-braga.pt

A.C.P. Rua Dom Diogo de Sousa 35 ☎ 253 21 70 51

Sé Catedral★ Z: estátua da Senhora do Leite★, interior★ (abóbada★, altar flamejante★, caixas de órgãos★) - Tesouro★, capela da Glória★ (túmulo★)

Santuário de Bom Jesus do Monte★★ (perpectiva★) 6 km por ① - Capela de São Fructuoso de Montélios★ 3,5 km ao Norte pela N 101 -Monte Sameiro★ (✵★★) 9 km por ①

Planta página seguinte

Bracara Augusta
Av. Central 134 ✉ 4710-229 - ☎ 253 20 62 60 - www.bracaraaugusta.com
19 qto - 59/89 € 69/99 € - 2 suites Y**e**
Rest *Centurium* - ver selecção restaurantes
• Edifício histórico remodelado com materiais de qualidade, como o soalho de carvalho ou a escada central. Possui quartos bem equipados, no andar superior açoitados.

Pousada de São Vicente sem rest
Largo de Infias ✉ 4710-299 - ☎ 253 20 95 00 - www.pousadas.pt Y**b**
26 qto - 70/80 € 80/90 € - 2 suites
• Instalado num atractivo palacete de finais do séc. XIX, com oito quartos em estilo antigo e o resto num edifício anexo comunicado, mais actuais e funcionais.

D. Sofia sem rest
Largo S. João do Souto 131 ✉ 4700-326 - ☎ 253 26 31 60 - www.hoteldonasofia.com Z**f**
34 qto - 45/50 € 60/65 €
• Situado na zona monumental da cidade. Organização amável, detalhes de muito bom gosto na decoração e no mobiliário, e quartos de completo equipamento.

BRAGA

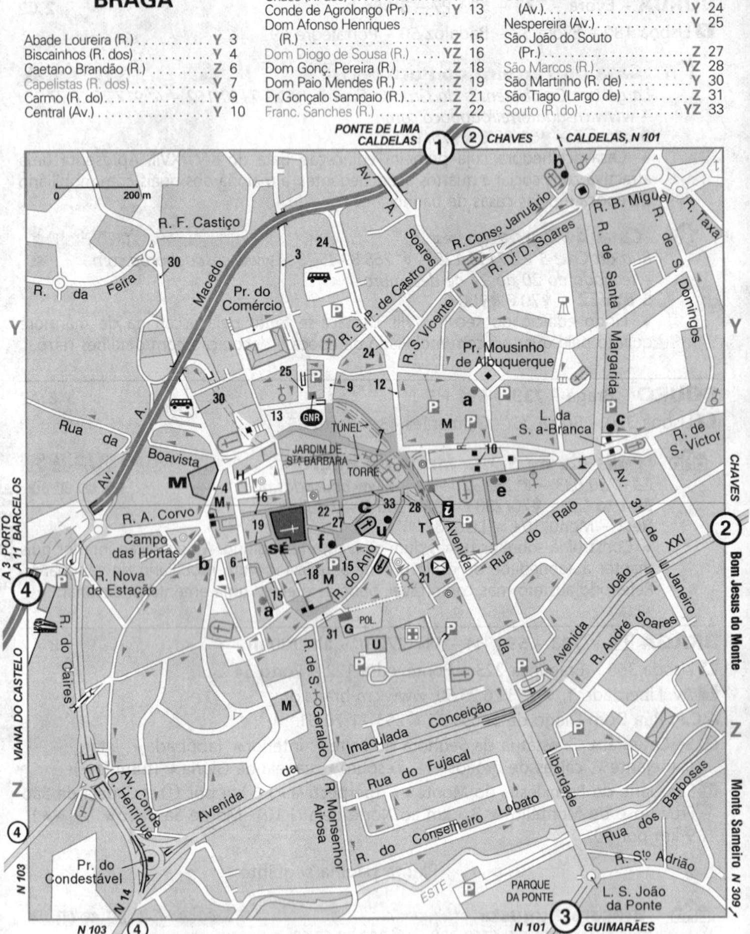

Albergaria Senhora-a-Branca sem rest

Largo da Senhora-a-Branca 58 ✉ 4710-443

– ✆ 253 26 99 38 – www.albergariasrabranca.pt Yc

18 qto – 38/40 € 50/55 € – 2 suites

◆ Fachada de estilo clássico, em harmonia com os edifícios adjacentes, em pleno centro urbano. Espaços comuns de bom conforto e quartos bem acondicionados.

Centurium – Hotel Bracara Augusta

Av. Central 134 ✉ 4710-229 – ✆ 253 20 62 60 – www.bracaraaugusta.com

– fechado domingo Ye

Rest – Lista 26/30 €

◆ Desfruta duma localização privilegiada num edifício do séc. XIX, com elegantes arcos e colunas em pedra no refeitório principal e um aprazível jardim-esplanada de verão.

XX **De Bouro**

Rua Santo António das Travessas 30-32 ✉ 4700-040 – ☎ 253 26 16 09 – www.debouro.com – fechado domingo Za

Rest – Lista 15/25 €

◆ Situado numa típica ruela do centro histórico. Moderno refeitório onde servem directamente uma pequena variedade de entradas, deixando ao cliente a eleição do 2º prato.

XX **Brito's**

Praça Mouzinho de Alburquerque 49-A ✉ 4710-301 – ☎ 253 61 75 76 – fechado do 1 ao 15 de setembro e 4ª feira Ya

Rest – Lista 17/27 €

◆ Possui umas discretas instalações com balcão de apoio, cozinha à vista, decoração típica portuguesa e um refeitório principal alongado presidido por um arco de pedra.

X **O Alexandre**

Campo das Hortas 10 ✉ 4700-210 – ☎ 253 61 40 03 – fechado do 1 ao 15 de setembro e 4ª feira Zb

Rest – Lista 22/32 €

◆ Sério e de boa organização familiar, num edifício do bairro antigo com certo carisma. Destaca o seu moderno interior em contraste com o tipismo dos locais adjacentes.

X **Inácio**

Campo das Hortas 4 ✉ 4700-210 – ☎ 253 61 32 35 – fechado Natal, Páscoa, do 14 ao 29 de setembro e 3ª feira Zb

Rest – Lista 24/33 €

◆ Restaurante típico com as paredes em pedra, lareira e vigas de madeira à vista. Esta casa está especializada em pratos regionais de tendência caseira. Bom produto.

X **Cruz Sobral**

Campo das Hortas 7-8 ✉ 4700-210 – ☎ 253 61 66 48 – www.restaurantesobral.com.pt – fechado do 5 ao 20 de abril, do 21 ao 31 de julho e domingo noite Zb

Rest – Menu 22 € – Lista 26/40 €

◆ Varias gerações duma mesma família à frente do negócio. Elabora uma cozinha de sabor popular em fogão de lenha e à vista da clientela. Destaca a sua ementa de vinhos.

pela estrada do Bom Jesus do Monte por ② : **4 km**

X **O Pórtico**

Arco-Bom Jesus (junto ao elevador) ✉ 4710-454 Braga – ☎ 253 67 66 72 – www.restaurantetorres.pt – fechado 5ª feira

Rest – Lista 18/44 €

◆ Pequeno e modesto na sua montagem, ambientado num estilo rústico-regional que o torna aconchegante. Na sua mesa primam os peixes sobre as carnes. Amável atenção.

no Bom Jesus do Monte por ② :

Elevador

6 km ✉ 4715-056 Braga – ☎ 253 60 34 00 – www.hoteisbomjesus.pt

22 qto – †68/85 € ††84/102 € **Rest** – Menu 20 € – Lista 18/40 €

◆ Deve o seu nome ao pitoresco ascensor do séc. XIX movido à água. Confortável salão-bar, e quartos de linha clássica actualizados com elegância. O restaurante panorâmico oferece uma das vistas mais belas da cidade.

Parque sem rest

6,2 km ✉ 4715-056 Braga – ☎ 253 60 34 70 – www.hoteisbomjesus.pt

43 qto – †68/85 € ††84/102 € – 4 suites

◆ Ocupa um edifício nobre do parque. A atractiva decoração da sua zona comum, realçada com distinguidos detalhes, convida ao repouso. Quartos clássicos de bom conforto.

Templo sem rest

6,3 km ✉ 4715-056 Braga – ☎ 253 60 36 10 – www.hoteisbomjesus.pt
42 qto – 68/85 € 84/102 €
◆ Conjunto de estilo actual equipado com uma boa área social, um bar, um solário e uma piscina. Quartos funcionais, um pouco pequenos mas confortáveis.

Do Lago sem rest

6,5 km ✉ 4715-056 Braga – ☎ 253 60 30 20 – www.hoteisbomjesus.pt
53 qto – 43/48 € 49/57 €
◆ Hotel com instalações luminosas, modernas e funcionais. Sua área social é complementada por uma boa distribuição em cada um dos andares. Quartos confortáveis.

na antiga estrada de Ponte de Lima Noroeste : 3,5 km

Casa das Artes

Rua Costa Gomes 353 (Real), por L. da Estação ✉ 4700-262 Braga – ☎ 253 62 20 23 – www.restaurantecasadasartes.com – fechado domingo
Rest – Lista 24/34 €
◆ Antiga loja com uma original decoração à base de brinquedos, bonecas e objectos de circo. Oferece duas salas, uma delas é uma esplanada coberta. Música ao vivo de piano ou harpa.

BRAGANÇA P – 733 – 591 G9 – 20 086 h. – alt. 660 m — 9 D2

PORTUGAL

Lisboa 521 – Ciudad Rodrigo 221 – Guarda 206 – Ourense 189
Av. Cidade de Zamora, ☎ 273 38 12 73
A.C.P. Av. Sá Carneiro (edifício Translande, loja 41) ☎ 273 32 50 70
Cidadela medieval★ – Museu do Abade de Baçal★
– Mosteiro de Castro de Avelãs★, Oeste : 5 km

Pousada de São Bartolomeu

Estrada de Turismo, Sudeste : 0,5 km ✉ 5300-271 – ☎ 273 33 14 93 – www.pousadas.pt
28 qto – 80/130 € 90/140 € **Rest** – Menu 30 €
◆ Destaca pela sua situação, no alto duma encosta, com magníficas vistas tanto para o castelo de Bragança como para a cidade. Quartos de conforto actual dotados de esplanada. Restaurante panorâmico num ambiente banhado com abundante luz natural.

São Lázaro

Av. Cidade de Zamora, Nordeste : 1,8 km ✉ 5300-111 – ☎ 273 30 27 00 – www.hoteis-arco.com
266 qto – 52/72 € 59/79 € – 6 suites **Rest** – Menu 18 €
◆ É o maior hotel da região. Dispõe de uma ampla recepção, várias salas de reuniões e quartos espaçosos de estilo clássico-actual. O restaurante combina a sua ementa de cozinha tradicional com diversas especialidades brasileiras e internacionais.

Nordeste Shalom sem rest

Av. Abade de Baçal 39, Oeste : 1 km ✉ 5300-068 – ☎ 273 33 16 67
30 qto – 30/35 € 40/45 €
◆ Desfruta de uma correcta zona social, de uma luminosa sala de pequenos-almoços no último andar e quartos de conforto adequado, a maioria com varanda. Clientela comercial.

pela estrada de Cabeça Boa Sul : 2,5 km

Estalagem Turismo

Estrada de Turismo ✉ 5300-852 Bragança – ☎ 273 32 42 04 – www.estalagemturismo.com
34 qto – 30/40 € 45/55 € **Rest** – Menu 15 €
◆ A origem do negócio está no restaurante; porém, actualmente dispõe de quartos cuidados com ambiente clássico, todos com bom mobiliário e casas de banho actuais. No seu refeitório encontrará uma ementa de cozinha tradicional bem elaborada.

pela estrada N 103-7 Norte : 4.5 km

O Javali

Quinta do Reconco ✉ 5300-672 Bragança – ✆ 273 33 38 98
Rest – Lista 26/35 €
♦ Por trás do bar público da entrada, aquecido por uma lareira, encontrará dois refeitórios de ambiente rústico com profusão de pedra e madeira. Cozinha regional e pratos de caça.

BUCELAS – Lisboa – 733 – 592 P2 – 1 833 h. – alt. 100 m — 6 A2

Lisboa 30 – Santarém 62 – Sintra 40

Barrete Saloio

Rua Luís de Camões 28 ✉ 2670-662 – ✆ 219 69 40 04 – www.barretesaloio.eu – fechado do 6 ao 22 de agosto, 2ª feira noite e 3ª feira
Rest – Lista 19/26 €
♦ Casa familiar de íntimo ambiente regional, que experimentou diversos usos ao longo da sua história. Uma sucessão de detalhes rústicos conforma um quadro muito aconchegante.

CABANÕES – Viseu – ver Viseu

CABEÇUDO – Castelo Branco – 733 – 592 M5 – 54 h. — 4 B3

Lisboa 177 – Castelo Branco 76 – Coimbra 77 – Leiria 97

Quinta de Santa Teresinha sem rest

Largo de Igreja ✉ 6100-730 – ✆ 918 79 54 06 – www.santosemarcal.pt
6 qto – 50/60 € 60/80 €
♦ Este bonito casarão possui uma agradável zona social, quartos amplos com mobiliário torneado, cuidados exteriores e uma grande tenda para diferentes eventos.

CACEIRA DE CIMA – Coimbra – ver Figueira da Foz

CALDAS DA RAINHA – Leiria – 733 – 592 N2 – 24 918 h. – alt. 50 m – Termas — 6 A2

Lisboa 92 – Leiria 59 – Nazaré 29
Rua Engenheiro Duarte Pacheco, ✆ 262 83 97 00
Parque D. Carlos I★, Igreja de N. S. do Pópulo (tríptico★)

Sabores d'Itália

Praça 5 de Outubro 40 ✉ 2500-198 – ✆ 262 84 56 00 – www.saboresditalia.com – fechado do 5 ao 19 novembro e 2ª feira salvo agosto
Rest – Lista 28/48 €
♦ Detrás de sua fachada discreta esconde-se um restaurante elegante com duas salas modernas. O menu de cozinha italiana também inclui alguns pratos portugueses.

CALDAS DE MONCHIQUE – Faro – ver Monchique

CALHEIROS – Viana do Castelo – 733 – 591 G4 — 8 A1

Lisboa 391 – Viana do Castelo 29 – Braga 43 – Porto 85

Paço de Calheiros sem rest

✉ 4990-575 – ✆ 258 94 71 64 – www.pacodecalheiros.com
9 qto – 90 € 125 € – 6 apartamentos
♦ Formoso paço senhorial rodeado de jardins. Possui salas e quartos de ambiente antigo, vários apartamentos anexos tipo duplex e boas vistas ao vale de Lima.

CALVOS – Braga – ver Póvoa de Lanhoso

CAMINHA – Viana do Castelo – 733 – 591 G3 – 2 315 h. — 8 A1

Lisboa 411 – Porto 93 – Vigo 60
Rua Ricardo Joaquim de Sousa, ✆ 258 92 19 52
Igreja Matriz (tecto★)

Duque de Caminha

Rua Ricardo Joaquim de Sousa 111 ✉ 4910-155 – ✆ 258 72 20 46 – fechado 15 dias em dezembro, domingo noite e 2ª feira salvo agosto

Rest – Lista 25/35 €

♦ Antiga casa de pedra na parte histórica da localidade, cujo interior alberga um agradável refeitório de ar rústico, com mesas um pouco apertadas. Gratificante quotidianidade.

Solar do Pescado

Rua Visconde Sousa Rego 85 ✉ 4910-156 – ✆ 258 92 27 94 – www.solardopescado.com – fechado do 15 ao 30 de maio, do 15 ao 30 de novembro, domingo noite e 2ª feira salvo julho-setembro

Rest – Lista 35/50 €

♦ Negócio especializado em peixes e mariscos. Possui um refeitório clássico português com dois arcos em pedra e belos azulejos, assim como uma sala interior com pormenores rústicos.

CAMPO MAIOR - Portalegre - 733 - 592 O8 - 7 439 h. 2 D1

Lisboa 227 – Portalegre 48 – Évora 100 – Mérida 79

ApertAzeite

Estrada dos Celeiros ✉ 7370-075 – ✆ 268 69 90 90 – fechado domingo noite e 2ª feira

Rest – Lista 23/35 €

♦ Instalado num antigo lagar que serviu, durante um tempo, para a elaboração de azeite! Possui um amplo bar, onde se serve o buffet, e um refeitório à la carte decorado com detalhes de inspiração indiana. Cozinha regional alentejana.

PORTUGAL

CANAS DE SENHORIM - Viseu - 733 - 591 K6 - 2 377 h. 4 B2

Lisboa 269 – Coimbra 74 – Viseu 25

Urgeiriça

Estrada N 234, Nordeste : 1,5 km ✉ 3525-301 – ✆ 232 67 12 67 – www.hotelurgeirica.pt

83 qto – 50/90 € 70/130 € **Rest** – Menu 20 €

♦ Elegante hotel que possui uma decoração clássica de estilo inglês, porém, a pouco e pouco está a adaptar o seu mobiliário de época para oferecer um maior conforto. O refeitório está presidido por uma grande lareira e dois quadros da realeza britânica.

Zé Pataco

Rua do Comércio 124 ✉ 3525-052 – ✆ 232 67 11 21 – www.restaurantezepataco.com – fechado do 1 ao 15 de setembro e 3ª feira

Rest – Lista 22/30 €

♦ Casa familiar muito consolidada, cujos muros albergam um refeitório aconchegante de estilo regional com cobertura de madeira, onde servem uma ementa média a preços atractivos.

CANIÇADA - Braga - ver Vieira do Minho

CANIÇO - Ilha da Madeira - ver Madeira (Arquipélago da)

CANTANHEDE - Coimbra - 733 - 592 K4 - 5 004 h. 4 A2

Lisboa 222 – Aveiro 42 – Coimbra 23 – Porto 112

Varziela : retábulo★ Nordeste : 4 km.

Marialva Park H.

Av. Comandante Xavier Gomes da Gama 1 ✉ 3060-000 – ✆ 231 41 02 20 – www.marialvaparkhotel.pt

64 qto – 60/70 € 75/90 € – 2 suites

Rest – *(fechado domingo noite) (só buffet)* Menu 11 € – Lista 18/39 €

♦ Parte da sua fachada está envidraçada, fazendo que as suas divisões desfrutem de grande luminosidade. Zona social polivalente com detalhes de desenho e quartos funcionais. O seu moderno restaurante combina o serviço de ementa com o de buffet.

XX **Marquês de Marialva**

Largo do Romal 16 ✉ 3060-129 – ☎ 231 42 00 10 – www.marquesdemarialva.com – fechado domingo noite
Rest – Lista 22/35 €
◆ Afamado na zona. Possui várias salas com uma montagem adequada e decoração intimista, uma delas com lareira. Dispõe de ementa, trabalhando sobretudo com diferentes menus.

CARAMULO – Viseu – **733** – **591** K5 – **1 546 h.** – **alt. 800 m** **4** B2

Lisboa 280 – Coimbra 78 – Viseu 38
Av. Jerónimo Lacerda 750, ☎ 232 86 14 37
Museu de Caramulo★ (Exposição de automóveis★)
Caramulinho★★ (miradouro) Sudoeste : 4 km – Pinoucas★ : ✳ Noroeste : 3 km.

Do Caramulo

Av. Dr. Abel Lacerda ✉ 3475-031 – ☎ 232 86 01 00 – www.wrhotels.com
83 qto – 89/121 € 109/148 € – 4 suites **Rest** – Lista 22/31 €
◆ Antigo hospital reconvertido em hotel. Dispõe de suficientes zonas sociais, quartos de bom conforto, um completo SPA e excelentes vistas para a serra da Estrela. No seu restaurante poderá degustar uma cozinha bastante bem elaborada de base tradicional.

CARCAVELOS – Lisboa – **733** – **592** P1 – **6 782 h.** – **Praia** **6** B3

Lisboa 20 – Sintra 15

na praia

Riviera

Rua Bartolomeu Dias-Junqueiro ✉ 2775-551 Carcavelos – ☎ 214 58 66 00 – www.rivierahotel.pt
115 qto – 100/150 € 130/180 € – 15 suites **Rest** – Menu 19/25 €
◆ Actual, focado no cliente de empresa e com um ambiente cuidado. Possui uma correcta zona social e quartos bem equipados, todos em tons claros e com as suas próprias varandas. No seu restaurante combina-se o buffet e a ementa, dependendo do nível de ocupação.

XX **A Pastorinha**

Av. Marginal ✉ 2775-604 Carcavelos – ☎ 214 58 04 92 – fechado 15 dias em abril, 15 dias em outubro e 3ª feira
Rest – Lista 31/44 €
◆ De grande aceitação na zona. O seu refeitório, moderno e colorista, complementa-se com um reconfortante serviço de creche para crianças, um bar e uma esplanada de frente para o mar.

CARREGAL DO SAL – Viseu – **733** – **591** K6 – **1 480 h.** **4** B2

Lisboa 257 – Coimbra 63 – Viseu 29

XXX **Quinta de Cabriz**

Antiga Estrada N 234, Sudoeste : 1 km ✉ 3430-909 – ☎ 232 96 12 22 – www.daosul.com
Rest – Lista 25/40 €
◆ Restaurante localizado dentro das adegas, aonde cada passo transforma-se em uma experiência sensorial. A cozinha combina os vinhos da casa com a gastronomia tradicional das Beiras.

CARVALHOS – Porto – **733** – **591** I4 **8** A3

Lisboa 310 – Amarante 72 – Braga 62 – Porto 12

XX **Mário Luso**

Largo França Borges 308 ✉ 4415-240 – ☎ 227 84 21 11 – www.marioluso.com – fechado do 16 ao 31 de agosto, domingo noite e 2ª feira
Rest – Lista 20/27 €
◆ Os detalhes rústicos e regionais desenham o seu cálido ambiente, realçado por uma amável atenção. Dificuldade do estacionamento compensada por uma boa e bem elaborada cozinha.

PORTUGAL

CASCAIS – Lisboa – 733 – 592 P1 – 6 475 h. – Praia 6 B3

Lisboa 32 – Setúbal 72 – Sintra 16

Rua Visconde da Luz 14, ☎ 21 482 23 27

Quinta da Marinha, Oeste : 3 km, ☎ 21 486 01 80

Estrada de Cascais a Praia do Guincho★ - Sudoeste: Boca do Inferno★ (precipicio★) AY - Praia do Guincho★ por③: 9 km.

Grande Real Villa Itália

Rua Frei Nicolau de Oliveira 100 ✉ 2750-319 – ☎ 210 96 60 00 – www.realhotelsgroup.com AY**b**

102 qto – 130/380 € 150/400 € – 22 suites

Rest – Lista 38/46 €

◆ Está na 1ª linha de praia, dividindo-se entre dois edifícios, um deles é o antigo palácio do rei Humberto II de Itália. Instalações de excelente equipamento e SPA completo. O restaurante propõe uma cozinha de carácter internacional.

Albatroz

Rua Frederico Arouca 100 ✉ 2750-353 – ☎ 214 84 73 80 – www.albatrozhotels.com AZ**e**

46 qto – 125/540 € 145/580 € – 6 suites

Rest – Lista 31/45 €

◆ Complexo com vários palacetes junto ao mar e um anexo de nova construção. Conforto elevado; a zona antiga merece uma especial menção pela sua gratificante decoração. Elegante restaurante com uma impressionante visão panorâmica sobre a infinidade do oceano.

Cascais Miragem

Av. Marginal 8554 ✉ 2754-536 – ☎ 210 06 06 00 – www.cascaismirage.com BX**a**

177 qto – 160/335 € 180/355 € – 15 suites

Rest – *(só buffet)* Menu 35 €

Rest *Gourmet* – *(só jantar)* Lista 46/62 €

◆ Desfruta de numerosos espaços sociais e grande variedade de salões, com quartos clássicos de completo equipamento e mobiliário de qualidade. Excelente organização. O restaurante Gourmet destaca-se pelo seu cuidado e elegante serviço de mesa.

Estalagem Villa Albatroz

Rua Fernandes Tomaz 1 ✉ 2750-342 – ☎ 214 86 34 10 – www.albatrozhotels.com – março-novembro AZ**v**

11 qto – 100/330 € 100/365 €

Rest *Vin Rouge* – *(fechado domingo noite e 2ª feira)* Lista 34/46 €

◆ Edifício senhorial localizado em frente ao oceano. Suas paredes abrigam um interior bastante acolhedor com quartos de estilo clássico que se destacam pelos seus detalhes elegantes. O restaurante que dispõe de um terraço, oferece uma cozinha moderna e bem apresentada.

Pestana Cascais

Av. Manuel Julio Carvalho e Costa 115, pela estrada do Guincho ✉ 2754-518 – ☎ 214 82 59 00 – www.pestana.com

142 qto – 101/236 € 115/251 € – 7 suites

Rest – Menu 23 €

◆ Hotel moderno e funcional com atractivos exteriores ajardinados. Completa oferta lúdico-desportiva e pequenos quartos tipo apartamentos, todos com cozinha. A actividade do refeitório varia entre a ementa e o buffet, dependendo da ocupação.

Casa da Pérgola sem rest

Av. Valbom 13 ✉ 2750-508 – ☎ 214 84 00 40 – www.pergolahouse.com – fechado 16 novembro-14 fevereiro AZ**y**

10 qto – 61/76 € 121/153 €

◆ Uma maravilha de carácter mediterrânico! Esta casa senhorial centenária é bela por dentro e por fora, pois possui um jardim e um interior que emana o gosto pelos detalhes.

PORTUGAL

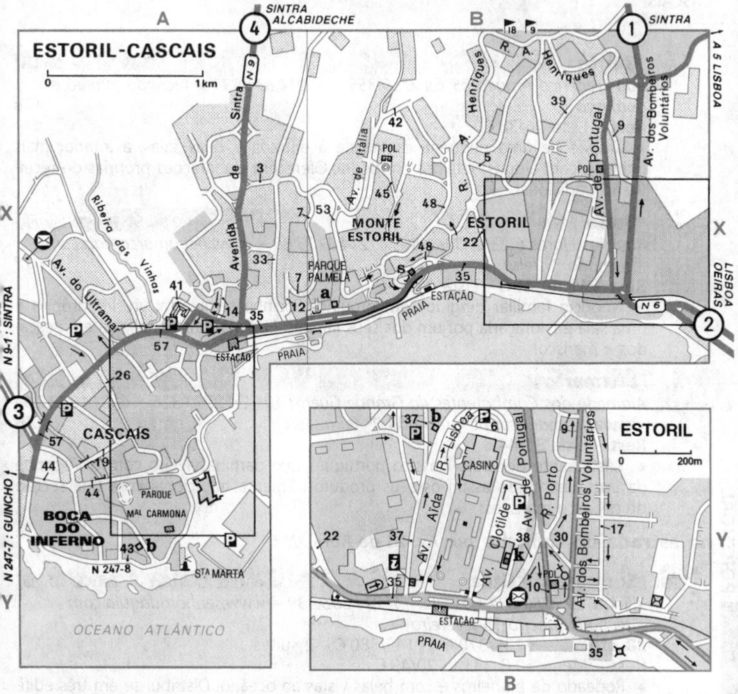

ESTORIL-CASCAIS

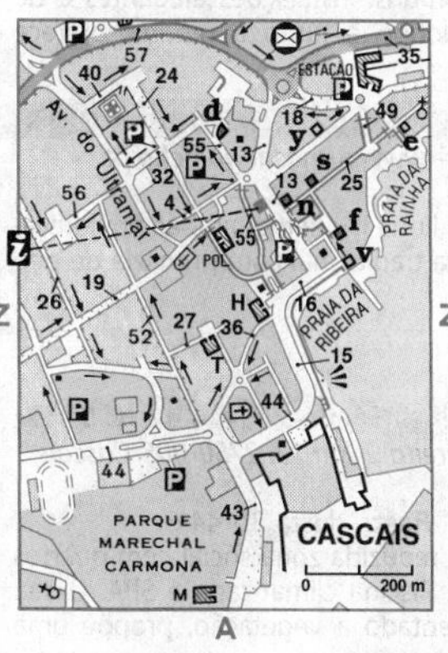

Rua	Quadrícula	N.º
Alcaide (R. do)	AX	3
Alexandre Herculano (R.)	AZ	4
Algarve (R. do)	BX	5
Almeida Garrett (Pr.)	BX, BY	6
Argentina (Av. de)	ABX	7
Beira Litoral (R. da)	BY, BX	9
Biarritz (Av.)	BY	10
Brasil (Av. do)	AX	12
Combatentes G. Guerra (Alameda)	AZ	13
Costa Pinto (Av.)	AX	14
Dom Carlos I (Av.)	AZ	15
Dom Luis (Pas.)	AZ	16
Dr.Iracy Doyle (R.)	AZ	18
Dr. António Martins (R.)	BY	17
Emídio Navarro (Av.)	AY, AZ	19
Fausto Figueiredo (Av.)	BY	22
Francisco de Avilez (R.)	AZ	24
Frederico Arouca (R.)	AZ	25
Freitas Reis (R.)	AZ	26
Gomes Freire (R.)	AZ	27
Joaquim do Nascimento Gourinho (R.)	BY	30
Manuel J. Avelar (R.)	AZ	32
Marechal Carmona (Av.)	AX	33
Marginal (Av.)	AZ, BZ	35
Marquês Leal Pancada (R.)	AZ	36
Melo e Sousa (R.)	BY	37
Nice (Av. de)	BY	38
Nuno Álvares Pereira (Av. D.)	BX	39
Padre José Maria Loureiro (R.)	AZ	40
Padre Moisés da Silva (R.)	AX	41
Piemonte (Av.)	BX	42
Rei Humberto II de Itália (Av.)	AY, AZ	43
República (Av. da)	AY, AZ	44
Sabóia (Av.)	BX	48
Sebastião J. de Carvalho e Melo (R.)	AZ	49
S. Pedro (Av. de)	BX	45
Vasco da Gama (Av.)	AZ	52
Venezuela (Av. da)	BX	53
Visconde da Luz (R.)	AZ	55
Vista Alegre (R. da)	AZ	56
25 de Abril (Av.)	AY, AZ	57

XX Visconde da Luz

Jardim Visconde da Luz ✉ 2750-416 – ☎ 214 84 74 10 – www.viscondedaluz.com – fechado 3ª feira AZ**d**

Rest – Lista 40/61 €

◆ Um restaurante que inspira confiança tanto por ter a cozinha à vista como pelo seu magnífico expositor de peixes e mariscos. Curiosa colecção de vinhos do Porto!

Está bom tempo? Aproveite o prazer de comer na esplanada:

XX **Reijos**

Rua Frederico Arouca 35 ✉ 2750-355 – ✆ 214 83 03 11 – fechado janeiro e domingo AZ**s**

Rest – Lista 26/38 €

♦ Dispõe de uma pequena esplanada à entrada e duas salas, a interior mais íntima e com alguns detalhes em pedra. Oferecem elaborações próprias do receituário tradicional.

X **Beira Mar**

Rua das Flores 6 ✉ 2750-348 – ✆ 214 82 73 80 – www.beiramarcascais.com – fechado 3ª feira AZ**f**

Rest – Menu 41 € – Lista 41/57 €

♦ Negócio familiar dirigido com orgulho. Cozinha semi-vista, viveiro próprio e uma sala envidraçada por um dos seus laterais. Ementa tradicional, rica em pescados e marisco.

X **Luzmar**

Alameda dos Combatentes da Grande Guerra 104 ✉ 2750-326 – ✆ 214 84 57 04 – www.luzmar.dcsa.pt – fechado 2ª feira AZ**n**

Rest – Lista 35/44 €

♦ Restaurante de estilo clássico português que partilha viveiro com o Visconde da Luz, garantindo assim os seus produtos. Ementa tradicional com boa secção de peixes e mariscos.

PORTUGAL

na estrada do Guincho por Av. 25 de Abril AY :

Senhora da Guia qto,

3,5 km ✉ 2750-642 Cascais – ✆ 214 86 92 39 – www.senhoradaguia.com – fechado janeiro-15 fevereiro

38 qto – 135/370 € 145/380 € – 2 suites

Rest – Menu 50 € – Lista 20/49 €

♦ Rodeado de pinheiros e com belas vistas ao oceano! Distribui-se em três edifícios, deixando o mais antigo para as zonas comuns. Instalações elegantes e de grande conforto. O restaurante, luminoso, colorido e junto à piscina, oferece uma ementa tradicional.

XX **Furnas do Guincho**

3,5 km ✉ 2750-642 Cascais – ✆ 214 86 92 43 – www.furnasdoguincho.pt

Rest – Lista 33/52 €

♦ Apresenta grandes varandas e duas salas de linha moderna, ambas envidraçadas e com excelentes vistas ao Atlântico. Ementa tradicional com primazia de peixes e mariscos.

na Quinta da Marinha por Av. 25 de Abril : AY

Vivamarinha

Rua das Palmeiras - Lote 5, 4 km e desvio a direita 2 km ✉ 2750-005 Cascais – ✆ 214 82 91 00 – www.vivamarinha.pt

139 apartamentos – 120/160 €, 15 € **Rest** – Lista 30/44 €

♦ Está rodeado de pinheiros e compensa a sua reduzida zona social com quartos bastante amplas, todos actuais e com cozinha. Piscina climatizada e SPA. O seu restaurante, também actual e envidraçado orientado à vegetação, propõe uma cozinha internacional.

Quinta da Marinha qto,

4 km e desvio a direita 2 km ✉ 2750-715 Cascais – ✆ 214 86 01 00 – www.quintadamarinha.com

188 qto – 290 € 310 € – 10 suites

Rest – *(só buffet)* Menu 38 €

Rest *Rocca* – *(só jantar)* Lista 48/60 €

♦ Gosta de golfe? Se for verdade, não duvide, pois o hotel está ao lado de um bom bom campo para a prática deste desporto. Linha clássica-actual, SPA e quartos requintados, todos com varanda. No seu restaurante gastronómico encontrará uma ementa de degustação e uma carta internacional.

The Oitavos ⚘ – qto, rest,

Rua de Oitavos, 4,8 km e desvio a direita 0,4 km

✉ *2750-374 Cascais – ✆ 214 86 00 20 – www.theoitavos.com – fechado 12 dezembro-22 janeiro*

142 qto – †245/300 € ††275/500 €, ☕ 18 € – 2 suites **Rest** – Lista 30/40 €

♦ Uma boa opção para quem busca tranquilidade num espaço de grande conforto e design, rodeado por um campo de golfe. Completo SPA e quartos modernos, todos com varanda. O restaurante, integrado à zona social, propõe uma ementa de índole internacional.

na Praia do Guincho por Av. 25 de Abril : 9 km AY

Fortaleza do Guincho ⚘

✉ *2750-642 Cascais – ✆ 214 87 04 91 – www.guinchotel.pt*

27 qto ☕ – †160/310 € ††170/320 €

Rest ***Fortaleza do Guincho*** ✿ – ver selecção restaurantes

♦ Antiga fortaleza num promontório rochoso sobre o mar. Belo pátio porticado e quartos de cuidada decoração, com mobiliário de qualidade.

Fortaleza do Guincho – Hotel Fortaleza do Guincho

✿

✉ *2750-642 Cascais – ✆ 214 87 04 91 – www.guinchotel.pt*

Rest – Menu 50/70 € – Lista 70/100 €

Espec. Trufas em tarte fina, compota de chalotas assadas e queijo fresco (dezembro-março). Robalo cozido ao vapor com tártaro de ostras da Ria Formosa e caviar da Aquitânia. Porco de raça alentejana assado com acompanhamentos sazonais.

♦ Este restaurante maravilhoso dispõe de uma pequena sala de estar elegante, um bar e uma sala de refeição de vidro que se destaca tanto pelo seu conforto quanto pela sua maravilhosa vista para o mar. Cozinha internacional perfeita, bem apresentada e realizada.

Porto de Santa Maria

✉ *2750-642 Cascais – ✆ 214 87 94 50 – www.portosantamaria.com – fechado 2ª feira*

Rest – Menu 82 € – Lista 55/68 €

♦ Localizado na 1ª linha de praia e com boas vistas ao oceano. Destaca-se pelo grande nível da sua cozinha, bem apresentada e baseada na inquestionável qualidade das suas matérias-primas.

Panorama

✉ *2750-642 Cascais – ✆ 214 87 00 62 – fechado 3ª feira*

Rest – Lista 48/62 €

♦ Possui uma sala distribuída em dois níveis; ementa a base de peixes e mariscos. Montagem simples mas correcta, com viveiro próprio e expositor de produtos.

CASTELO BRANCO 🅿 – 733 – 592 M7 – 30 449 h. – alt. 375 m 5 C3

Lisboa 256 – Cáceres 137 – Coimbra 155 – Portalegre 82

av. Nuno Álvares 30, ✆ 272 33 03 39

A.C.P. Av. General Humberto Delgado16 B ✆272 32 53 75

Jardim do Antigo Paço Episcopal★★

Planta página seguinte

Tryp Colina do Castelo ⚘ – qto,

Rua da Piscina ✉ 6000-453 – ✆ 272 34 92 80 – www.trypcolinacastelo.com **e**

97 qto ☕ – †79/85 € ††90/96 € – 6 suites

Rest – Menu 15/18 € – Lista 20/28 €

♦ Hotel moderno e funcional situado na parte alta da cidade, tendo portanto, boas vistas. Idóneo para congressos, pois a sua zona nobre está diversificada. No refeitório, combinam-se a ementa e o buffet.

PORTUGAL

CASTELO BRANCO

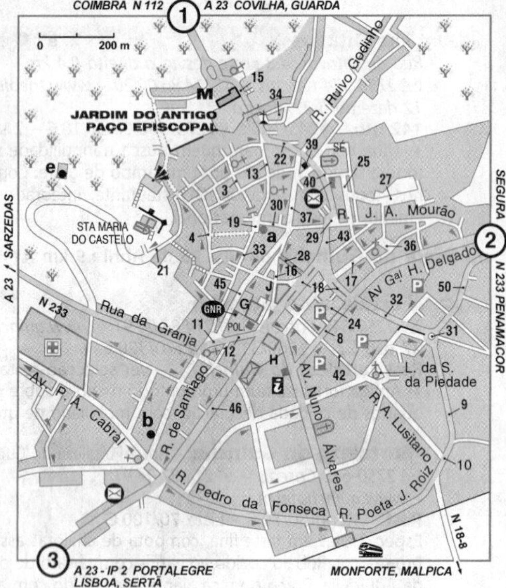

PORTUGAL

Rainha D. Amélia

Rua de Santiago 15 ✉ 6000-179 – ☎ 272 34 88 00 – www.hotelrainhadamelia.pt **b**

64 hab – 53/74 € 62/91 € **Rest** – Carta 17/21 €

◆ Encontra-se no centro da cidade, próximo à zona comercial, com salas de reuniões bem equipadas e quartos confortáveis de estilo clássico-funcional. O restaurante, que resulta ser acolhedor e detalhista, oferece uma cozinha regional variada.

Praça Velha

Largo Luís de Camões 17 ✉ 6000-116 – ☎ 272 32 86 40 – www.pracavelha.com – fechado domingo noite e 2ª feira **a**

Rest – Menu 13/40 € – Lista 25/30 €

◆ Restaurante central com solos e colunas de pedra vista. Excelente montagem e impecável manutenção, realçado pela cálida decoração rústica. Ambiente aconchegante.

CASTELO DE VIDE – Portalegre – 733 – 592 N7 – 2 678 h. – alt. 575 m – Termas 2 C1

Lisboa 213 – Cáceres 126 – Portalegre 22

Praça D. Pedro V, ☎ 245 90 13 61

Castelo ≤★ – Judiaria★

Capela de Na. Sra. de Penha ≤★ Sul : 5 km – Estrada★ escarpada de Castelo de Vide a Portalegre por Carreiras, Sul : 17 km

Sol e Serra

av. da Europa 1 ✉ 7320-202 – ☎ 245 90 00 00 – www.baratahotels.com

86 qto – 40/60 € 50/80 €

Rest *A Palmeira* – Lista 20/35 €

◆ Desfrute da boa área social, do bar com terraço e dos quartos alegres decorados ao estilo alentejano, alguns deles com mobiliário de ferro forjado e outros de madeira pintada. O restaurante, bastante grande e dominado por uma lareira, oferece um menu tradicional.

Casa Amarela sem rest
Praça D. Pedro V-11 ✉ 7320-113 – ☎ 245 90 58 78 – www.casaamarelath.com
10 qto – †65/80 € ††75/140 €
◆ Casa senhorial central do s. XVIII, cuja bela fachada, decorada com motivos de rocalha, alberga um interior caseiro. Possui quartos sóbrios de estilo antigo e conforto actual.

CASTELO NOVO – Castelo Branco – 733 – 592 L7 – 168 h. 5 C3

Lisboa 261 – Castelo Branco 32 – Coimbra 179 – Guarda 80

Quinta do Ouriço sem rest
Rua da Bica ✉ 6230-160 – ☎ 275 56 72 36 – www.quintadoourico.com
5 qto – †50/65 € ††60/75 € – 2 suites
◆ Discreta casa do séc. XVII com detalhes decorativos da época e um ambiente ajardinado. Está repartida em duas partes, uma delas ocupada pela família proprietária.

CERCAL – Setúbal – 733 – 593 S3 1 B3

Lisboa 183 – Setúbal 149 – Beja 109 – Faro 152

pela estrada de Vila Nova de Milfontes 1,5 km e desvio a direita 3 km :

Herdade da Matinha
✉ 7555-231 Cercal do Alentejo – ☎ 933 73 92 45 – www.herdadedamatinha.com
15 qto – †78/208 € ††98/218 € **Rest** – Menu 25/45 €
◆ Situa-se em plena natureza e desfruta de um ambiente muito cuidado. Excelente sala de estar e quartos atractivos de ar rústico, simples mas alegres e coloridos.

CHACIM – Bragança – ver Macedo de Cavaleiros

CHAVES – Vila Real – 733 – 591 G7 – 20 188 h. – alt. 350 m – Termas 9 C2

Lisboa 475 – Ourense 99 – Vila Real 66
Av. Teniente Valadim 39, ☎ 276 34 06 61
Vidago, Sudoeste : 20 km, ☎ 276 90 96 62
Igreja da Misericórdia★
Oeste : Alto Vale do rio Cávado★ : estrada de Chaves a Braga pelas barragens do Alto Rabagão★), da Paradela★ (local★), da Caniçada (≤★) – e ≤★★ do Vale e Serra do Gerês - Montalegre (local★)

Forte de S. Francisco
Alto da Pedisqueira ✉ 5400-435 – ☎ 276 33 37 00 – www.fortesaofrancisco.com
56 qto – †65/95 € ††75/105 € – 2 suites
Rest *Cozinha do Convento* – Lista 21/35 €
◆ Fortaleza que tem as suas raízes no séc. XVII. Recinto amuralhado carregado de história, onde se une a tranquilidade dos tempos passados com um excelente e moderno conforto. Refeitório panorâmico montado com detalhe e bom gosto.

A Talha
Rua Comendador Pereira da Silva 6 - Bairro da Trindade ✉ 5400-443 – ☎ 276 34 21 91 – fechado sábado
Rest – Lista 14/23 €
◆ Tem sabido fidelizar aos seus clientes e ganhar-se certa fama graças, em grande medida, à sua saborosa cozinha tradicional com grelha de carvão. Bom refeitório e esplanada envidraçada.

Carvalho
Alameda do Tabolado ✉ 5400-523 – ☎ 276 32 17 27 – fechado Natal, Páscoa, 7 dias em julho, domingo noite e 2ª feira
Rest – Lista 20/30 €
◆ Casa acreditada que deve o seu sucesso à plena dedicação da sua proprietária. No seu refeitório poderá degustar uma ementa tradicional, com peixe fresco, que muda diariamente.

PORTUGAL

em Nantes Sudeste : 5 km

Quinta da Mata rest,

Estrada de Valpaços ✉ 5400-581 apartado 194 Chaves – ✆ 276 34 00 30 – www.quintadamata.net

6 qto – 65/75 € 65/80 € **Rest** – (a pedido) *(só clientes)* Menu 20 €

◆ Conjunto rústico de cálidas dependências, onde poderá recuperar a tranquilidade própria dum ambiente rural. Ambiente familiar, com profusão de pedra e mobiliário antigo.

em Santo Estêvão Nordeste : 8 km

Quinta de Santa Isabel sem rest

✉ 5400-750 Chaves – ✆ 276 35 18 18 – www.quintadesantaisabel.com.pt

5 apartamentos – 40/90 €

◆ Formado por varias casas em pedra, tipo apartamento, que dão para um pátio comum. O antigo lagar funciona como zona social e os quartos têm grande encanto.

CINFÃES – Viseu – 733 – 591 I5 – 1 327 h. 4 B1

Lisboa 357 – Braga 93 – Porto 71 – Vila Real 69

em Porto Antigo Nordeste : 8 km

Porto Antigo

✉ 4690-423 Oliveira do Douro – ✆ 255 56 01 50 – www.hotelportoantigo.com

20 qto – 61/101 € 75/110 €.

Rest – Menu 24 € – Lista 18/33 €

◆ Hotel de construção moderna junto à barragem de Carrapatelo. Possui instalações muito cuidadas nas quais se reúnem funcionalidade e conforto. No seu refeitório alegre, actual e com vistas do rio, oferecem pratos de elaboração tradicional.

PORTUGAL

COIMBRA

Plantas da cidade nas páginas seguintes **4** B2

© José Antonio Moreno / Age fotostock

PORTUGAL

Coimbra – **101 069 h.** – **alt. 75 m** – **733 - 592 L4**

Lisboa 200 – Cáceres 292 – Porto 118 – Salamanca 324

Postos de Turismo

Largo da Portagem, ✆ 239 48 81 20
Largo da Porta Férrea, ✆ 239 83 41 58, www.turismodecoimbra.pt

Automóvel Club

A.C.P. Rua Couraça da Estrela 9 ✆ 239 85 20 20

VER

Sítio* • Cidade Velha e Universidade* : Sé Velha** (retábulo*, Capela do Sacramento*) Z • Museu Nacional Machado de Castro** (cavaleiro medieval*) YZ **M²** • Velha Universidade** (balcão ≤*) : capela (caixa de órgão**), biblioteca** Z • Mosteiro de Santa Cruz* : igreja* (pùlpito*), claustro do Silêncio*, coro (cadeiral*) Y • Convento de Celas (retábulo*) V • Convento de Santa Clara a Nova (túmulo*) X.

Arredores : Miradouro do Vale do Inferno* 4 km por ③ • Ruinas de Conimbriga* (Casa de Cantaber*, casa dos Repuxos** : mosaicos**) 17 km por ③ • Penela ※* desde o castelo 29 km por ②.

Quinta das Lágrimas

Rua António Augusto Gonçalves ✉ *3041-901* – ✆ *239 80 23 80* – *www.quintadaslagrimas.pt* X**a**

47 qto ☕ – 🚹139/179 € 🚹🚹169/245 € – 5 suites

Rest ***Arcadas*** ✿ – ver selecção restaurantes

◆ Palácio luxuoso do século XVIII, rodeado por um jardim botânico. Você encontrará quartos de de diversos estilos e um grande anexo, aonde situa-se a área de conferência e o SPA moderno.

Tivoli Coimbra

Rua João Machado 4 ✉ *3000-226* – ✆ *239 85 83 00* – *www.tivolihotels.com*

95 qto – 🚹60/150 € 🚹🚹70/200 €, ☕ 10 € – 5 suites V**b**

Rest – Menu 18/30 €

◆ Oferece reduzidas mas suficientes zonas nobres e quartos que, sobretudo, destacam pelo seu amplo tamanho. Conforto correcto e um bom centro de fitness. O restaurante dispõe de uma sala de refeição aconchegante de estilo clássico-actual e com carácter polivalente.

COIMBRA

Antero de Quental (R.) . . . . V, Y 3
António Augusto Gonçalves (R.) . . . . X 4
Augusta (R.) . . . . V 5
Augusto Rocha (R.) . . . . V 6
Aveiro (R. de) . . . . V 8
Bernardo de Albuquerque (R.) . . . . V 9
Combatentes da Gde Guerra (R. dos) . . . . X 13
Dom Afonso Henriques (Av.) . . . . V 17
Dr Júlio Henriques (Alameda) . . . . X 21
Figueira da Foz (R. da) . . . . V 28
Guerra Junqueiro (R.) . . . . V 30
Jardim (Arcos do) . . . . X 33
João das Regras (Av.) . . . . X 34
Lourenço de Almeida Azevedo (Av.) . . . . V 36
República (Pr. da) . . . . V 46
Santa Teresa (R. de) . . . . X 48

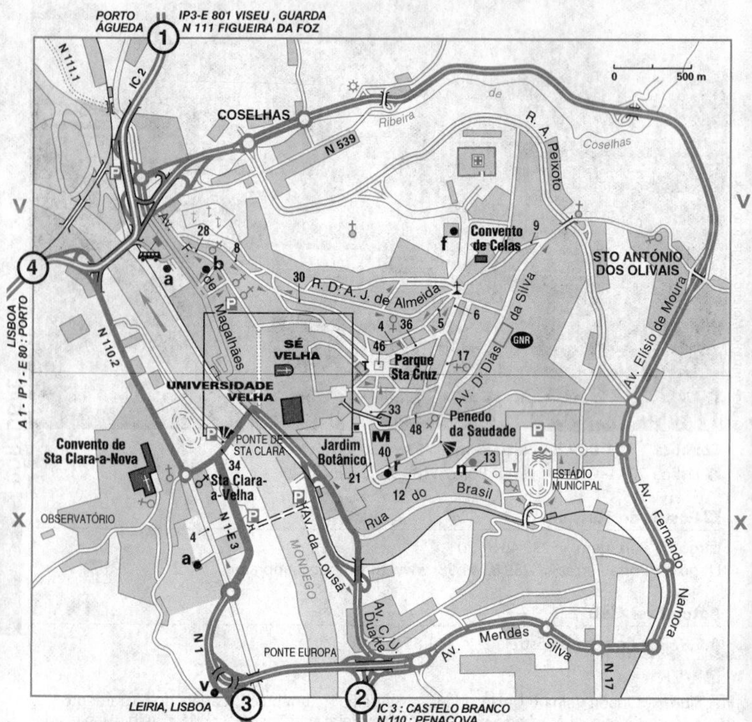

Dona Inês

qto,

Rua Abel Dias Urbano 12 ✉ 3000-001 – ☎ 239 85 58 00 – www.hotel-dona-ines.pt

122 qto – 45/100 € 50/120 € – 2 suites Va

Rest – *(fechado domingo ao meio-dia)* Lista 20/40 €

♦ Após uma grande obra de renovação, o hotel oferece um novo anexo e quartos de estilo moderno e funcional. O restaurante dispõe de uma entrada independente e oferece uma cozinha internacional.

Tryp Coimbra

hab,

Av. Armando Gonsalves-Lote 20 ✉ 3000-059 – ☎ 239 48 08 00 – www.trypcoimbra.com Vf

133 hab – 80/116 € 90/128 € **Rest** – Carta 28/42 €

♦ Possui uma boa área social com bar integrado, várias salas de reunião e quartos bastante funcionais, com decoração simples e com carpete. O restaurante, muito luminoso e de concepção clássica, está localizado no andar térreo.

D. Luís

qto,

Santa Clara ✉ 3040-091 – ☎ 239 80 21 20 – www.hoteldluis.pt Xv

102 qto – 61/70 € 73/84 € – 2 suites

Rest – Menu 16/30 € – Lista 15/27 €

♦ Desfruta de vistas para o rio Mondego, amplas zonas nobres, salões de grande capacidade e quartos espaçosos; porém, o seu mobiliário é algo simples e funcional. Também dispõe dum amplo restaurante panorâmico.

COIMBRA

Ameias (Largo) . . . . Z 2
Antero de Quental (R.) . . . . V, Y 3
Borges Carneiro (R.) . . . . Z 10
Colégio Novo (R. do) . . . . Y 12
Comércio (P. do) . . . . Z
Coutinhos (R.) . . . . Y 15
Dr João Jacinto (R.) . . . . Y 18
Fernandes Tomás (R.) . . . . Z 25
Fernão de Magalhães (Av.) . . . . Y
Ferreira Borges (R.) . . . . Z 27
Guilherme Moreira (R.) . . . . Z 31
José Falcão (R.) . . . . Z 35
Manutenção Militar (R.) . . . . Y 37
Portagem (Largo da) . . . . Z 42
Quebra-Costas (Escadas do) . . . . . Z 44
Saragoça (R. de) . . . . Y 50
Sobre Ribas (R. de) . . . . Z 52
Sofia (R. de) . . . . Y
Visconde da Luz (R.) . . . . Y 54
8 de Maio (Pr.) . . . . Y 56

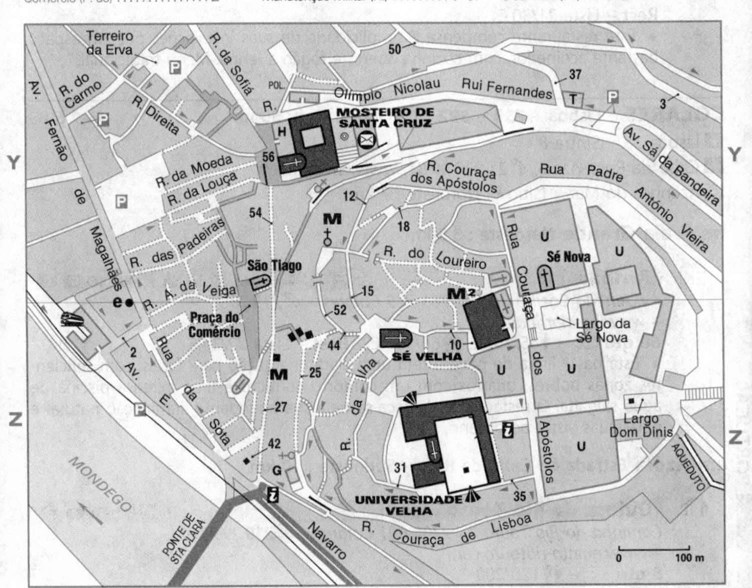

Oslo sem rest

Av. Fernão de Magalhães 25 ✉ 3000-175 – ℘ 239 82 90 71 – www.hotel-oslo.web.pt YZ**e**

36 qto – 50/60 € 60/75 €

◆ Pequeno hotel de carácter familiar que, a pouco e pouco, actualiza e unifica os seus quartos, simples mas de conforto correcto. Destacável bar-miradouro no último andar.

Botánico sem rest

Rua Combatentes da Grande Guerra (Ao cimo)-Bairro São José 15 ✉ 3030-207 – ℘ 239 71 48 24 X**r**

25 qto – 40 € 55 €

◆ Localizado na parte alta da cidade, este pequeno hotel oferece uma área social de estilo moderno e quartos de estilo clássico, todos eles com mobiliário e piso de madeira.

Arcadas – Hotel Quinta das Lágrimas

Rua António Augusto Gonçalves ✉ 3041-901 – ℘ 239 80 23 80 – www.quintadaslagrimas.pt X**a**

Rest – *(só jantar de junho a setembro)* Menu 49/80 € – Lista 48/68 €

Espec. Salada com coração de vieira, vinagreta de borbulha fina e botões de groselha. Filete de pregado com cebola vermelha confitada, crosta de broa de milho e amêndoa, molho de cebola. Leite creme queimado em aroma de rosmaninho com gelado de tomilho e telha de papoila.

◆ O restaurante dispõe de duas salas que se comunicam e que ocupam as antigas cavalariças do palácio, cada uma com uma decoração sóbria de estilo clássico-moderno, uma delas possui uma estrutura de vidro com vista para o jardim. Cozinha com base tradicional e toques internacionais.

A Taberna

Rua Dos Combatentes da Grande Guerra 86 ✉ 3030-181 – ✆ 239 71 62 65 – www.restauranteataberna.com – fechado do 1 ao 15 de agosto, domingo noite e 2ª feira Xn

Rest – Lista 21/30 €

◆ Este restaurante compensa a simplicidade de suas instalações por um espaço bastante acolhedor, com cozinha aberta e fogão a lenha. Menu tradicional.

COLARES – **Lisboa** – **733** – **592** P1 – **306 h.** – **alt. 50 m** **6** B3

Lisboa 35 – Sintra 8

Cabo da Roca-Azóia, ✆ 21 928 00 81, www.cm-sintra.pt

Azenhas do Mar★ (sítio★) Noroeste : 7 km

na Praia Grande **Noroeste : 3,5 km**

Arribas

qto,

Av. Alfredo Coelho 28 ✉ 2705-329 Colares – ✆ 219 28 90 50 – www.hotelarribas.pt

60 qto – †45/100 € ††60/150 € **Rest** – Lista 22/34 €

◆ Está na 1ª linha de praia e tem uma clara orientação para férias, com suficientes zonas nobres, quartos com um conforto correcto e uma extensa piscina de água salgada. O restaurante destaca-se pela sua abundante iluminação natural e pelas suas vistas ao oceano.

em Azóia **Estrada do Cabo da Roca - Sudoeste : 10 km**

Quinta do Rio Touro sem rest

Caminho do Rio Touro ✉ 2705-001 Colares – ✆ 219 29 28 62 – www.quinta-riotouro.com

8 qto – ††120/200 €

◆ Desfruta de um ambiente privilegiado, pois está junto ao Cabo da Roca. Zonas nobres com ar antigo, quartos de carácter personalizado e um grande espaço ajardinado.

CONDEIXA-A-NOVA – **Coimbra** – **733** – **592** L4 – **3 268 h.** **4** A2

Lisboa 192 – Coimbra 15 – Figueira da Foz 34 – Leiria 62

Pousada de Santa Cristina

Rua Francisco Lemos ✉ 3150-142 – ✆ 268 98 07 42 – www.pousadas.pt

39 qto – †80/130 € ††90/140 € – 3 suites **Rest** – Menu 30 €

◆ Pousada de impecáveis instalações dotadas com um amplo ambiente de relva e piscina. Oferece uma reduzida zona social e confortáveis quartos de estilo clássico. O restaurante, também de estilo clássico e feito de vidro, goza de uma bela vista para o jardim.

COSTA NOVA DO PRADO – **Aveiro** – **ver Aveiro**

COVA DA IRIA – **Santarém** – **ver Fátima**

COVILHÃ – **Castelo Branco** – **733** – **592** L7 – **18 774 h.** – **alt. 675 m** – **Desportos de inverno na Serra da Estrela : 4 1** **5** C2

Lisboa 301 – Castelo Branco 62 – Guarda 45

Av. Frei Heitor Pinto, ✆ 275 31 95 60, www.turismoserradaestrela.pt

Estrada★ da Covilhã a Seia (★), Torre★★ 49 km – Estrada★★ da Covilhã a Gouveia (vale glaciário de Zêzere★★) (★), Poço do Inferno★ : cascata★, (★) por Manteigas : 65 km – Unhais da Serra (sítio★) Sudoeste : 21 km

ao Sudeste

Tryp Dona María
Alameda Pêro da Covilhã, 2,5 km ✉ *6200-507 Covilhã* – ✆ *275 31 00 00* – *www.solmelia.com*
81 qto – 62/83 € 72/110 € – 6 suites **Rest** – Lista 18/29 €
◆ O hotel, localizado em uma importante porta de entrada para a cidade, dispõe de uma bela área social e quartos espaçosos com mobiliário clássico-funcional. Centro de fitness completo. A sala de refeição é polivalente pois também serve-se o pequeno-almoço.

Turismo da Covilhã
Acesso à Estrada N 18, 3,5 km ✉ *6201-909 Covilhã* – ✆ *275 33 04 00* – *www.hotelturismo.com.pt*
100 qto – 49/105 € 70/150 € – 10 suites
Rest ***Piornos*** – Menu 15/17 € – Lista 20/30 €
◆ Hotel de linha moderna que destaca pelas suas cuidadas instalações, com uma ampla zona nobre, vários salões para convenções e um completo centro de fitness e beleza. O restaurante combina buffet com serviço "à la carte".

Santa Eufêmia sem rest
Av. da Universidade, 2 km ✉ *6200-374 Covilhã* – ✆ *275 31 02 10* – *www.viveaserra.com*
85 qto – 38/48 € 50/60 €
◆ É um hotel simples e funcional, vocacionado ao cliente de trabalho. Oferece uma reduzida zona social e quartos actuais, com os solos alcatifados e casas de banho completas.

na estrada das Penhas da Saúde Noroeste : 5 km

Dos Carqueijais
✉ *6200-073 Covilhã* – ✆ *275 31 91 20* – *www.turistrela.pt*
50 qto – 55/150 € 65/170 € **Rest** – Menu 26 € – Lista 21/35 €
◆ Apresenta uma estética moderna que contrasta com o magnífico ambiente natural. Zona social acolhedora com lareira e quartos bastante cuidados, com mobiliário de design. Refeitório panorâmico com vistas para a imensidão das suas belas paisagens.

PORTUGAL

CRATO – **Portalegre** – **733** – **592** O7 – **1 620 h.** **2** C1
Lisboa 206 – Badajoz 84 – Estremoz 61 – Portalegre 20
Mosteiro de Santa Maria de Flor da Rosa, ✆ 245 99 73 41
Mosteiro de Flor da Rosa★ : igreja★ Norte : 2 km

em Flor da Rosa Norte : 2 km

Pousada Flor da Rosa
✉ *7430-999 Flor da Rosa* – ✆ *245 99 72 10* – *www.pousadas.pt*
24 qto – 110/200 € 120/210 € **Rest** – Menu 30 €
◆ Antigo mosteiro do séc. XIV que une a sua condição histórica com um interior vanguardista. Quartos distribuídos entre o núcleo primitivo e uma ala de nova construção. Refeitório com as paredes em pedra vista e mobiliário actual.

CUMIEIRA – **Vila Real** – **733** – **591** I6 – **273 h.** **8** B2
Lisboa 369 – Braga 98 – Porto 93 – Vila Real 9

Quinta da Cumieira sem rest
✉ *5030-053 Santa Marta de Penaguião* – ✆ *259 96 95 44* – *www.quintadacumieira.com*
5 qto – 45/65 €
◆ Quinta rústica rodeada de vinhedos. Os quartos giram ao redor dum atractivo pátio interior, com um correcto conforto, casas de banho com duche e mobiliário de estilo antigo.

CURIA – **Aveiro** – **733** – **591** K4 – **2 704 h.** – **alt. 40 m** – **Termas** **4** B2
Lisboa 229 – Coimbra 27 – Porto 93
Largo, ✆ 231 51 22 48

Curia Palace H.
✉ *3780-541 Tamengos – ✆ 231 51 03 00 – www.almeidahotels.com*
100 qto – 70/230 € 80/250 € **Rest** – Lista 24/32 €
◆ Instalado em um edifício senhorial de 1926. Dispõe de um belo jardim, um SPA e dois tipos de quarto, uns de estilo moderno e outros com mobiliário de época. O restaurante ocupa o que era antes o salão de baile, com tectos altos e balcões.

Do Parque sem rest
✉ *3780-541 Tamengos – ✆ 231 51 20 31 – www.hoteldoparquecuria.com – 15 abril-4 novembro*
21 qto – 30/35 € 45/55 €
◆ Este edifício agradável de carácter familial com um certo halo de romantismo, dispõe de áreas sociais bem cuidadas e quartos clássicos modernizados com sucesso.

EIRA DO SERRADO – Ilha da Madeira – ver Madeira (Arquipélago da)

ELVAS – Portalegre – 733 – 592 P8 – 15 115 h. – alt. 300 m 2 D2

Lisboa 222 – Portalegre 55
Praça da República, ✆ 268 62 22 36
Muralhas★★ – Aqueduto da Amoreira★ – Largo de Santa Clara★ (pelourinho★) – Igreja de N. S. da Consolação★ (azulejos★)

Pousada de Santa Luzia
Av. de Badajoz (Estrada N 4) ✉ *7350-097 – ✆ 268 63 74 70 – www.pousadas.pt*
25 qto – 80/110 € 90/120 € **Rest** – Menu 30 €
◆ Pousada de estilo clássico-regional e impecável manutenção, situada nos arredores da localidade. Zona nobre aconchegante e quartos de confortável ar alentejano. O restaurante, que possui vistas à piscina, trabalha bem com o cliente de passagem.

na estrada N 4

Varchotel
Varche, Oeste : 5,5 km ✉ *7350-473 Elvas – ✆ 268 62 16 21 – www.varchotel.com*
30 qto – 40/50 € 65/70 € – 4 suites
Rest – *(fechado 2ª feira)* Lista 17/26 €
◆ A sua atractiva fachada, de muros caiados e vãos debruados, dá-nos a bem-vinda a um interior de correcto equipamento e conforto, com quartos de estilo clássico. Refeitório principal de simples montagem e ampla sala de banquetes.

ERVEDAL DA BEIRA – Coimbra – 733 – 592 K6 – 550 h. 4 B2

Lisboa 276 – Coimbra 72 – Guarda 86

Solar do Ervedal
Rua Dr. Francisco Brandão 12 ✉ *3405-063 – ✆ 238 64 42 83 – fechado novembro*
5 qto – 80 € 90 € **Rest** – *(jantar só com reserva)* Menu 25 €
◆ Esta casa solarenga oferece umas instalações bastante cuidadas, com espaçosos quartos, boas casas de banho e mobiliário português, tanto antigo como actual. Refeitório privado.

ESPOSENDE – Braga – 733 – 591 H3 – 9 197 h. – Praia 8 A2

Lisboa 367 – Braga 33 – Porto 49 – Viana do Castelo 21
Largo Rodrigues Sampaio 47, ✆ 253 96 13 54
Quinta da Barca, em Gemeses, Sudeste : 4,5 km, ✆ 253 96 67 23

Suave Mar
Av. Eng. Eduardo Arantes e Oliveira ✉ *4740-204 – ✆ 253 96 94 00 – www.suavemar.com*
84 qto – 55/98 € 60/103 €
Rest *Varanda do Cávado* – *(fechado domingo noite e 2ª feira)* Menu 15 € – Lista 19/36 €
◆ Muito cuidado, com instalações decoradas com grande detalhe e uma agradável piscina no pátio interior. Peça os quartos com vistas para o mar e à Foz do Cávado. Aconchegante restaurante com uma magnífica panorâmica.

ESTARREJA - Aveiro - 733 - 591 J4 - 4 261 h. 4 A1

Lisboa 272 - Aveiro 22 - Porto 50 - Viseu 85

Eurosol Estarreja qto,
Rua Marquês Rodrigues 36, Nordeste : 1,8 km ✉ 3860-404 - ☎ 234 84 04 30 - www.eurosol.pt
67 qto - 80 € 100 € **Rest** - Menu 15 €
◆ O edifício principal abriga os quartos, de estilo actual, as áreas sociais e o SPA. Os apartamentos ocupam vilas independentes. O restaurante que dispõe de grandes janelas, oferece um menu tradicional.

ESTEFÂNIA - Lisboa - ver Sintra

ESTÓI - Faro - ver Faro

ESTORIL - Lisboa - 733 - 592 P1 - 2 247 h. - Praia 6 B3

Lisboa 23 - Sintra 13
Arcadas do Parque, ☎ 21 468 76 30
A.C.P. Av. Nice 68 A ☎ 21 466 53 04
Estoril, ☎ 21 468 01 76
Estância balnear★

Ver planta de Cascais

Palácio
Rua do Parque ✉ 2769-504 - ☎ 214 64 80 00 - www.palacioestorilhotel.com
129 qto - 340/370 € 370/400 €, 26 € - 32 suites BY**k**
Rest *Four Seasons* - ver selecção restaurantes
◆ Pensa visitar o histórico Casino de Estoril? Indubitavelmente, este é um hotel que está à sua altura pois oferece distinção, grandes doses de elegância e um excelente conforto. SPA Completo.

Alvorada sem rest
Rua de Lisboa 3 ✉ 2765-240 - ☎ 214 64 98 60 - www.hotelalvorada.com
51 qto - 55/132 € 68/154 € BY**b**
◆ Destaca-se pela sua localização junto ao famoso Casino de Estoril. Dispõe de uma correcta zona social e quartos de linha actual e funcional, a maioria deles com varanda.

Cimas
Av. de Sabóia 9 ✉ 2765-278 - ☎ 214 68 04 13 - www.cimas.com.pt - fechado do 1 ao 21 de agosto e domingo BX**s**
Rest - Lista 42/70 €
◆ Casa com tradição na zona. Ocupa um edifício de estilo inglês dotado de um pequeno bar e de um refeitório, destacando este último pelas suas grandes vidraças com vistas sobre a baía.

Four Seasons - Hotel Palácio
Rua do Parque ✉ 2769-504 - ☎ 214 64 80 00 - www.palacioestorilhotel.com
Rest - *(só jantar)* Lista 45/66 € BY**k**
◆ Sabe unir a elegância clássica com a estética de gosto inglês, combinando madeiras nobres, tapetes e um magnífico serviço de mesa. Cozinha clássica de carácter internacional.

ESTREITO DE CÂMARA DE LOBOS - Ilha da Madeira - ver Madeira (Arquipélago da)

ESTREMOZ - Évora - 733 - 593 P7 - 7 682 h. - alt. 425 m 2 C2

Lisboa 179 - Badajoz 62 - Évora 46
A Vila Velha★ - Sala de Audiência de D. Dinis (colunata gótica★)
Évoramonte : Sítio★, castelo★ (✻★) Sudoeste : 18 km.

Estalagem Páteo dos Solares qto,
Rua Brito Capelo ✉ *7100-562* – ☎ *268 33 84 00*
– *www.pateosolares.com*
42 qto – 150/170 € 160/180 € – 1 suite
Rest *Alzulaich* – Lista 16/32 €
◆ Esta casa senhorial possui um ambiente ajardinado, com terraços e piscina, junto à muralha. Hall atractivo e salão social, salas de conferências e quartos clássicos. O restaurante, decorado com azulejos do Alentejo, oferece uma cuidada ementa tradicional.

O Gadanha sem rest
Largo General Graça 56 ✉ *7100-112* – ☎ *268 33 91 10*
– *www.residencialogadanha.com*
12 qto – 20 € 33 €, 3 €
◆ Residência de localização central com organização familiar. Os quartos são bastante funcionais, sendo correctos e com alguns detalhes de bom gosto. Preços económicos.

PORTUGAL

ÉVORA

Plantas da cidade nas páginas seguintes **2** C2

© Bruno Barbier / Hemis.fr

Évora – **41 159 h.** – **alt. 301 m** – 733-593 Q6

Lisboa 153 – Badajoz 102 – Portalegre 105 – Setúbal 102

Posto de Turismo

Praça de Giraldo 73, ✆266 77 70 71, www.cm-evora.pt

Automóvel Club

A.C.P. Rua Alcárcova de Baixo 7 ✆ 266 70 75 33

VER

Sé** BY : interior* (cúpula*, cadeiral*), Museu de Arte Sacra* (Virgem do Paraíso**), Claustro* • Museu Regional* BY **M** [1] (Baixo-relevo*, Anunciação*) • Templo romano* BY • Convento dos Lóios* BY : Igreja*, Edifícios conventuais (portal*), Paço dos Duques de Cadaval* BY **P** • Largo da Porta de Moura (fonte*) BCZ • Igreja de São Francisco (interior*, capela dos Ossos*) BZ • Fortificações* • Antiga Universidade dos Jesuitas (claustro*) CY.

Arredores :

Convento de São Bento de Castris (claustro*) 3 km por N 114-4.

PORTUGAL

ÉVORA

Álvaro Velho (Largo) . . . . BZ 3
Aviz (R. de) . . . . BY 4
Bombeiros Voluntários de Évora (Av.) . . . . CZ 6
Caraça (Trav. da) . . . . BZ 7
Cenáculo (R. do) . . . . BY 9
Combatentes da Grande Guerra (Av. dos) . . . . BZ 10
Conde de Vila-Flor (Largo) . . . . . . BY 12
Diogo Cão (R.) . . . . BZ 13
Freiria de Baixo (R. da) . . . . BY 15
Giraldo (Pr. do) . . . . BZ
João de Deus (R.) . . . . AY 16
José Elias Garcia (R.) . . . . AY 18
Lagar dos Dizimos (R. do) . . . . . . BZ 19
Luís de Camões (Largo) . . . . AY 21
Marquês de Marialva (Largo) . . . BY 22
Menino Jesus (R. do) . . . . BY 24
Misericórdia (Largo) . . . . BZ 25
Penedos (Largo dos) . . . . AY 28
República (R. da) . . . . BZ
Santa Clara (R. de) . . . . AZ 30
São Manços (R. de) . . . . BZ 31
São Miguel (Largo de) . . . . BY 32
Senhor da Pobreza (Largo) . . . . . CZ 33
Torta (Trav.) . . . . AZ 34
Vasco da Gama (R.) . . . . BY 36
1_ de Maio (Pr.) . . . . BZ
5 de Outubro (R.) . . . . BYZ 37

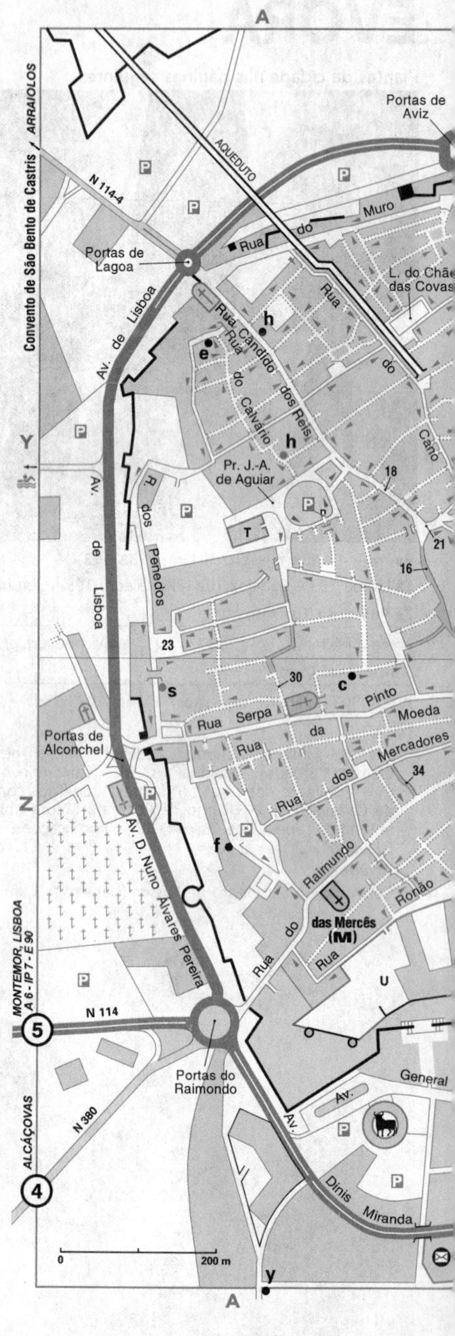

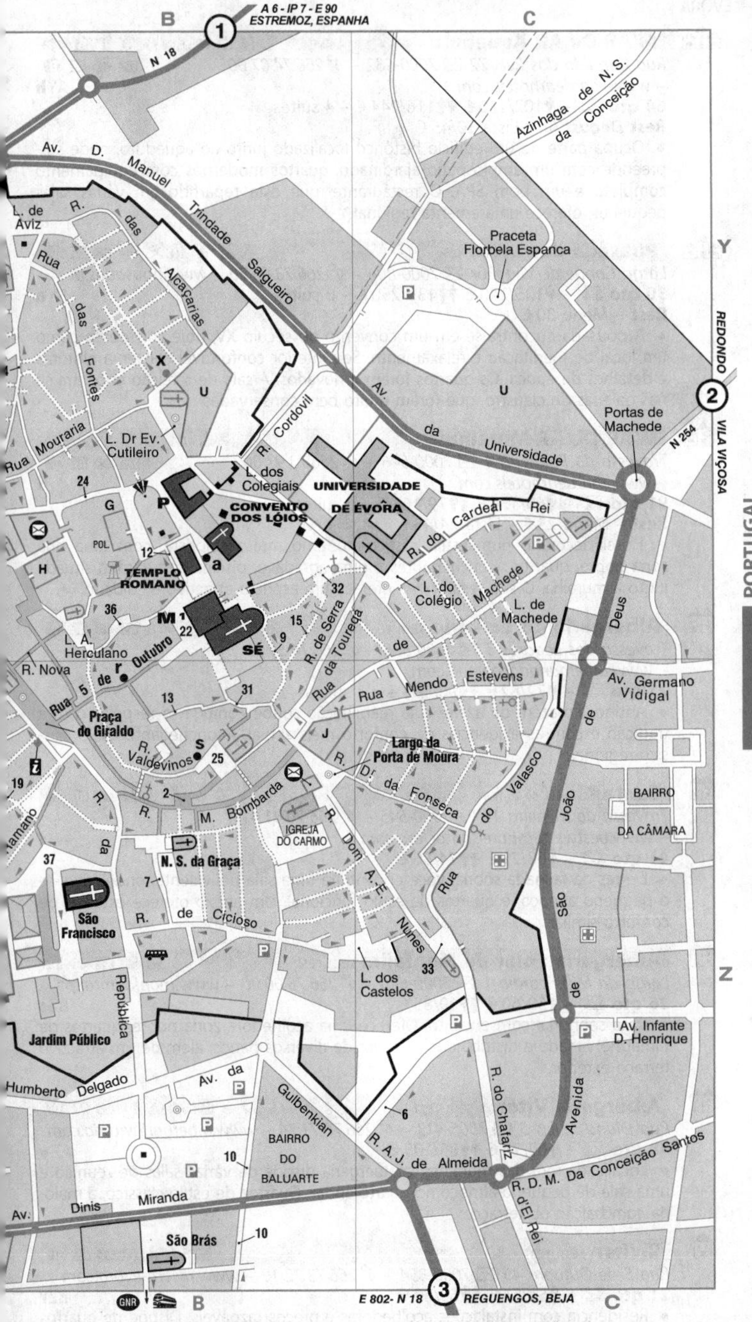
A 6 - IP 7 - E 90
ESTREMOZ, ESPANHA
B
C
1
N 18
Azinhaga de N. S. da Conceição
Av. D. Manuel Trindade Salgueiro
L. de Aviz
R. das Alcaçarias
Rua das Fontes
Praceta Florbela Espanca
Y
REDONDO
2
VILA VIÇOSA
Portas de Machede
N 254
Av. da Universidade
R. Cordovil
U
X
Rua Mouraria
L. Dr Ev. Cutileiro
L. dos Colegiais
UNIVERSIDADE DE ÉVORA
CONVENTO DOS LÓIOS
R. do Cardeal Rei
24
G
P
POL
H
12
a
TEMPLO ROMANO
L. do Colégio
Machede
L. de Machede
32
36
M1
22
SÉ
15
9
R. de Serra
Rua da Tourega
L. A. Herculano
R. Nova
Rua 5 de Outubro
r
de
Rua Mendo Estevens
Deus
Av. Germano Vidigal
13
31
Praça do Giraldo
J
R. Valdevinos
S
25
Largo da Porta de Moura
R. Dr da Fonseca
Rua do Valasco
João
BAIRRO DA CÂMARA
19
2
R. M. Bombarda
IGREJA DO CARMO
R. Dom A. E. Nunes
R. da
37
N. S. da Graça
7
São Francisco
R. de Cicioso
Rua São de
República
L. dos Castelos
33
Z
Jardim Público
Av. Infante D. Henrique
Humberto Delgado
Av. da
Gulbenkian
6
R. do Chafariz
Avenida
BAIRRO DO BALUARTE
10
R. A. J. de Almeida
R. D. M. Da Conceição Santos
Av. Dinis Miranda
d'El Rei
São Brás
10
GNR
E 802- N 18
3
REGUENGOS, BEJA

M'AR De AR Aqueduto
Rua Candido dos Reis 72 ✉ 7000-582 – ☎ 266 74 07 00 – www.mardearhotels.com AYh
64 qto – 102/230 € 116/244 € – 4 suites
Rest *Degust'Ar* – Lista 30/45 €
◆ Ocupa parte de um edifício histórico localizado junto ao aqueduto, onde surpreende com um amplo pátio ajardinado, quartos modernos com equipamento completo e um bom SPA. O restaurante, que está repartido em várias salas pequenas, oferece uma ementa regional.

Pousada dos Lóios
Largo Conde de Vila Flor ✉ 7000-804 – ☎ 266 73 00 70 – www.pousadas.pt
30 qto – 125/240 € 135/250 € – 6 suites BYa
Rest – Menu 30 €
◆ A pousada encontra-se em um convento do século XV, hoje concebido como um local de meditação e relaxamento. Seu interior confortável conserva pinturas e detalhes de época. Os quartos foram renovados. A sala de refeição encontra-se nas galerias do claustro, que foram muito bem conservadas.

M'AR De AR Muralhas
Travessa da Palmeira 4 ✉ 7000-546 – ☎ 266 73 93 00 – www.mardearhotels.com AZf
91 qto – 69/154 € 79/164 € – 6 suites
Rest – Menu 23 € – Lista 24/43 €
◆ Hotel decorado num estilo rústico-moderno muito colorista, com uma boa zona nobre, quartos aconchegantes e uma agradável piscina com jardim situada junto à muralha. O seu restaurante oferece um aspecto atractivo e cuidado.

PORTUGAL

Albergaria do Calvário sem rest
Travessa dos Lagares 3 ✉ 7000-565 – ☎ 266 74 59 30 – www.albergariadocalvario.com AYe
21 qto – 72/82 € 90/108 € – 2 suites
◆ Antigo armazém de azeite cuja reabilitação soube conjugar o respeito com a tradição e com as exigências do conforto mais actual. Aconchegante estilo clássico-regional.

Santa Clara sem rest
Travessa da Milheira 19 ✉ 7000-545 – ☎ 266 70 41 41 – www.bestwesternhotelsantaclara.com AZc
41 qto – 68/79 € 74/86 €
◆ Detrás da fachada sóbria, você encontrará uma sala polivalente, onde serve-se o pequeno almoço, e quartos de estilo funcional. Um anexo oferece estadias de conforto similar.

Albergaria Solar de Monfalim sem rest
Largo da Misericórdia 1 ✉ 7000-646 – ☎ 266 75 00 00 – www.monfalimtur.pt
26 qto – 50/60 € 60/85 € BZs
◆ Casa senhorial com encanto. Oferece uma acolhedora zona nobre, quartos de tamanho variado e distribuídos ao redor de diversos pátios, além de um atractivo terraço exterior.

Albergaria Vitória sem rest
Rua Diana de Lis 5 ✉ 7005-413 – ☎ 266 70 71 74 – www.albergariavitoria.com
48 qto – 62/76 € 85/105 € AZy
◆ Localizada fora das muralhas, a albergaria dispõe de várias salas de reunião e uma sala de pequeno-almoço no quarto andar. Quartos de estilo clássico, a maioria com balção ou terraço.

Riviera sem rest
Rua 5 de Outubro 49 ✉ 7000-854 – ☎ 266 73 72 10 – www.riviera-evora.com
21 qto – 54/64 € 69/80 € BZr
◆ Residência com instalações acolhedoras e preços razoáveis. Dispõe de quartos confortáveis, todos com os solos de madeira e a maioria dos tectos abobadados.

XX **Fialho**
Travessa das Mascarenhas 16 ✉ 7000-557 – ✆ 266 70 30 79 – www.restaurantefialho.com – fechado 24 dezembro-1 janeiro, do 1 ao 22 de setembro e 2ª feira AY**h**
Rest – Lista 24/38 €
♦ Negócio de família de mais de meio século. Aqui encontra-se duas salas de refeição de estilo clássico, uma ementa variada, sobremesas da casa e uma adega completa.

XX **Dom Joaquim**
Rua dos Penedos 6 ✉ 7000-537 – ✆ 266 73 11 05 – fechado do 1 ao 15 de janeiro, do 1 ao 15 de agosto, domingo noite e 2ª feira AZ**s**
Rest – Menu 21 € – Lista 22/30 €
♦ Este negócio de família oferece uma única sala bem concebida e elegante, com paredes tipo pedra e vários empregados à sua disposição. Menu variado, menu de degustação e sugestões diárias.

XX **BL Lounge**
Rua das Alcaçarias 1 ✉ 7000-587 – ✆ 266 77 13 23 – fechado Natal, do 1 ao 15 de agosto, domingo e feriados BY**x**
Rest – Lista 20/35 €
♦ Junto ao templo romano, ocupando o que foi uma fábrica de azulejos! Apresenta-se com um interior funcional-actual e o telhado de duas águas. Cozinha tradicional bem apresentada.

X **O Antão**
Rua João de Deus 5 ✉ 7000-534 – ✆ 266 70 64 59 – www.antao.pt – fechado 2ª feira e 3ª feria meio-dia BY**f**
Rest – Lista 20/32 €
♦ Local bem dirigido. Possui duas salinhas à entrada e outra num pátio coberto, realçando o conjunto com muitos pormenores decorativos. Ementa variada e com preços acessíveis.

pela estrada de Estremoz N 18 por ① : Noreste : 4 km

Convento do Espinheiro qto,
Canaviais ✉ 7002-502 Évora – ✆ 266 78 82 00 – www.conventodoespinheiro.com
92 qto – 149/254 € 297/509 € – 6 suites
Rest – Menu 49 € – Lista 44/62 €
♦ Instalado em um convento que data de 1458. Aqui você encontrará uma área social variada, um claustro, uma bela igreja e dois tipos de quarto, aqueles que foram reformados são mais modernos. O bar ocupa o que era antes a cozinha e a sala de refeição a antiga adega, com tectos abobadados

FAFE – **Braga** – **733** – **591** H5 – **15 323 h.** **8** B2
Lisboa 375 – Amarante 37 – Guimarães 14 – Porto 67

Comfort Inn qto,
Av. do Brasil ✉ 4820-121 – ✆ 253 00 07 00 – www.choicehotels.com
60 qto – 42/65 € 48/75 € **Rest** – Menu 14 €
♦ Ao estilo da cadeia, numa zona nova à entrada da localidade. Interior muito funcional e quartos equipados com mobiliário de qualidade standard.

FÃO – **Braga** – **733** – **591** H3 – **2 843 h.** – **Praia** **8** A2
Lisboa 365 – Braga 35 – Porto 47

em Apúlia pela estrada N 13 - Sul : 6,3 km

XX **Camelo Apulia**
Rua do Facho ✉ 4740-055 Apulia – ✆ 253 98 76 00 – www.camelorestaurantes.com – fechado 2ª feira salvo feriados
Rest – Lista 18/31 €
♦ Destaca pelo seu desenho, com grandes superfícies envidraçadas para desfrutar das vistas sobre a praia e sobre o mar. Salas de montagem actual, viveiro, expositor e produtos de excelente qualidade.

PORTUGAL

FARO Ⓟ - Faro - **733** - **593** U6 - **36 824 h.** - Praia **3** B2

Lisboa 309 – Huelva 105 – Setúbal 258

de Faro por ① : 7 km ✆ 289 800 801

T.A.P. ✆ 707 205 700

Rua da Misericórdia 8, ✆ 289 80 36 04

A.C.P. Av. 5 de Outubro 42 ✆ 289 89 89 50

Vila Sol (Vilamoura), 23 km pela estrada de Lagos, ✆ 289 30 05 05

Laguna Golf Course (Vilamoura), ✆ 289 31 01 80

Pinhal Golf Course (Vilamoura), ✆ 289 31 03 90

Old Course (Vilamoura), ✆ 289 31 03 41

Vale de Lobo, 20 km pela estrada de Lagos, ✆ 289 35 34 65

Quinta do Lago, 16 km pela estrada de Lagos, ✆ 289 39 07 00

Vila-a-dentro★-Miradouro de Santo António ✳★ B

Praia de Faro ⋞★ 9 km por ① – Olhão (campanário da igreja ✳★) 8 km por ③

Santa María

Rua de Portugal 17 ✉ 8000-281 – ✆ 289 89 80 80 – www.jcr-group.com Aa

60 qto ☕ – 🚹43/100 € 🚹🚹54/122 €

Rest – Menu 7 €

◆ Este hotel apresenta-se completamente reformado, pelo que oferece um conforto muito actual. Zona social correcta e dois tipos de quartos, alguns com varanda. O restaurante, modesto e de montagem simples, complementa-se com um bar.

FARO

Alex. Herculano (Pr.) . . . . A 3
Ataide de Oliveira (R.) . . . . B 4
Bocage (R.a do) . . . . A 6
Carmo (Largo de) . . . . A 7
Conselheiro Bivar (R.) . . . . A 9
Cruz das Mestras (R.) . . . . A 10
Dr José de Matos (R.) . . . . B 13
Dr Teixeira Guedes (R.) . . . . B 14
D. F. Gomes (Pr.) . . . . A 12
Eça de Queirós (R.) . . . . B 15
Ferreira de Almeida (Pr.) . . . . A 16
Filipe Alistão (R.) . . . . A 18
Francisco Barreto (R.) . . . . A 19
Inf. D. Henrique (R.) . . . . A 20
Ivens (R.) . . . . A 21
Lethes (R.) . . . . A 22
Miguel Bombarda (R.) . . . . A 23
Mouras Velhas (Largo das) . . . . A 24
Pé da Cruz (Largo do) . . . . B 25
Santo António (R. de) . . . . A 27
São Pedro (Largo de) . . . . A 26
São Sebastião (Largo de) . . . . A 28
1_ de Maio (R.) . . . . A 31

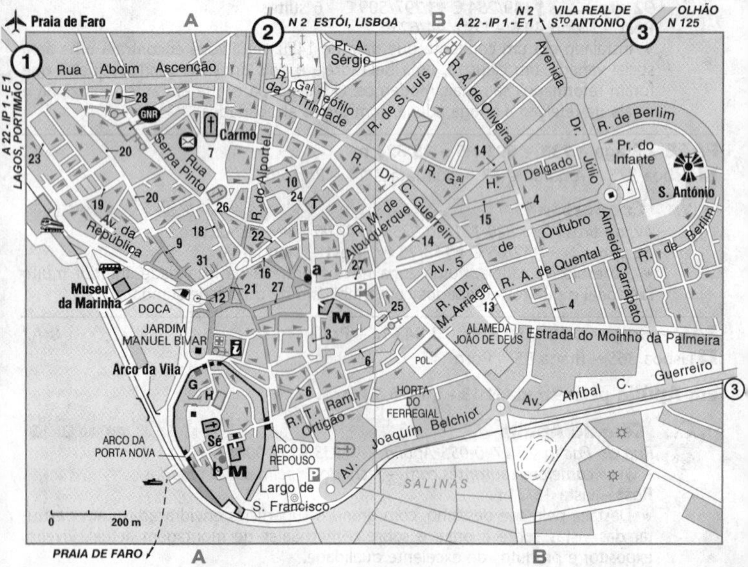

XX **Faz Gostos**

Rua do Castelo 13 ✉ 8000-243 – ☎ 289 87 84 22 – www.fazgostos.com – fechado sábado meio-dia e domingo Ab

Rest – Menu 25/45 € – Lista 25/46 €

◆ Casa de organização familiar situada perto da Catedral. Na sua sala, de linha clássica-actual, propõem uma ementa tradicional portuguesa bem complementada com vários menus.

na Praia de Faro por ① : 9 km

XX **O Costa**

Av. Nascente 7 ✉ 8005-520 Faro – ☎ 289 81 74 42 – www.restauranteocosta.com – fechado 27 outubro-5 novembro, 24 dezembro-15 janeiro, domingo noite no inverno e 3ª feira

Rest – Lista 40/60 €

◆ O restaurante combina vista espectacular para a ria e a cidade com belos detalhes decorativos. Cozinha tradicional e elaborada e produtos de qualidade, como a excelente carne de Wagyu.

em Estói por ② : 11 km

Pousada de Faro - Estoi Palace H.

Rua S. José ✉ 8005-465 Faro – ☎ 289 99 01 50 – www.pousadas.pt qto,

63 qto – 110/240 € 120/250 € – 3 suites **Rest** – Menu 30 €

◆ Ocupa um palácio do séc. XVIII que surpreende pela sua atractiva piscina panorâmica. Moderna recepção, salões palacianos, capela e quartos com linha funcional-actual. O restaurante, de montagem simples, apresenta tanto pratos regionais como tradicionais.

XX **Monte do Casal** com qto

Estrada de Moncarapacho, Sudeste : 3 km ✉ 8000-661 Faro – ☎ 289 99 01 40 – www.montedocasal.pt

12 qto – 85/250 € 115/300 € – 6 suites

Rest – Menu 28 € – Lista aprox. 43 €

◆ Casa do séc. XVIII situada em pleno campo, com dois pequenos lagos rodeados de jardins e idílicas esplanadas. No seu refeitório, de ar regional, oferecem una ementa internacional. Os quartos destacam-se pelas suas varandas, magníficas e rodeadas de natureza.

PORTUGAL

FATAUNÇOS – Viseu – 733 – 591 J5 – 272 h. 4 B1

Lisboa 311 – Aveiro 70 – Viseu 25

Casa de Fataunços sem rest

✉ 3670-095 – ☎ 232 77 26 97 – www.casadefatauncos.com – fechado Natal

8 qto – 45/55 € 55/70 €

◆ Bela mansão do séc. XVIII com agradáveis exteriores. O interior define-se pelos seus elegantes detalhes decorativos, com aconchegantes zonas comuns e quartos de bom nível.

FÁTIMA – Santarém – 733 – 592 N4 – 7 788 h. – alt. 346 m – Centro de Peregrinação. 6 B2

Lisboa 135 – Leiria 26 – Santarém 64

Av. D. José Alves Correia da Silva, ☎ 249 53 11 39, www.rt-leiriafatima.pt

Parque natural das serras de Aire e de Candeeiros★ : Sudoeste Grutas de Mira de Aire★ o dos Moinhos Velhos

XX **Tia Alice**

Rua do Adro 152 ✉ 2495-557 – ☎ 249 53 17 37 – fechado do 10 ao 21 de julho e 2ª feira

Rest – Lista 35/42 €

◆ O restaurante encontra-se em plena parte antiga da cidade e dispõe de duas salas de ambiente actual, ambas dominadas por tons de branco e paredes de pedra. Cozinha caseira e tradicional.

na Cova da Iria Noroeste : 2 km

Dom Gonçalo
Rua Jacinta Marto 100 ✉ 2495-450 Fátima – ☎ 249 53 93 30 – www.hoteldg.com
71 qto – 59/88 € 68/110 €
Rest *O Convite* – ver selecção restaurantes
◆ Localizado próximo ao Santuário e dividido em duas partes, uma antiga e a outra moderna, o hotel oferece portanto dois tipos de quarto. Dispõe de uma área social renovada e um grande SPA.

Lux Fátima
Av. D. José Alves Correia da Silva Lt. 2 ✉ 2495-402 Fátima – ☎ 249 53 06 90 – www.luxhotels.pt
67 qto – 53/300 € 58/350 € – 1 suite
Rest *Palatus* – Lista 20/32 €
◆ O edifício, em forma de "U", reserva sua parte central para o hotel e as alas laterais para os apartamentos privados. Quartos de estilo moderno. O restaurante oferece um menu tradicional, com detalhes modernos.

Estrela de Fátima
Rua Dr. Cónego Manuel Formigão 40 ✉ 2496-908 Fátima – ☎ 249 53 11 50 – www.fatima-hotels.com
66 qto – 40/88 € 43/98 €, 5 € **Rest** – Menu 14 €
◆ O hotel foi modernizado aos poucos, e agora dispõe de uma sala de estar moderna, várias salas de reunião, um terraço-pátio e quartos de estilo funcional e moderno. O restaurante, que conta com uma sala simples, oferece receitas tradicionais.

Cruz Alta sem rest
Rua Dr. Cónego Manuel Formigão 10 ✉ 2496-908 Fátima – ☎ 249 53 14 81 – www.fatima-hotels.com – fechado Natal
43 qto – 32/80 € 40/85 €, 5 €
◆ Estabelecimento de aspecto acolhedor e linha actual. Tem um pequeno salão social junto à recepção e quartos espaçosos, com as casas de banho bem equipadas.

Santo António rest,
Rua de São José 10 ✉ 2495-434 Fátima – ☎ 249 53 36 37 – www.hotelsantoantonio.com
36 qto – 35/45 € 45/55 € **Rest** – Lista 25/35 €
◆ Organizado com seriedade e com bom aspecto geral. Hotelzinho dotado de quartos confortáveis, correctos na sua funcionalidade e discreta zona social. Sala de jantar onde servem pratos variados e económicos, e um menu turístico.

XXX **O Convite** – Hotel Dom Gonçalo
Rua Jacinto Marto 100 ✉ 2495-450 Fátima – ☎ 249 53 93 30 – www.hoteldg.com
Rest – Lista 25/45 €
◆ O restaurante dispõe de uma entrada própria, um acesso a partir do hall do hotel e uma sala de jantar confortável de estilo actual. Menu tradicional com algumas sugestões diárias.

FELGUEIRAS – Porto – 733 – 591 H5 – 15 525 h. **8** A2

Lisboa 379 – Braga 38 – Porto 65 – Vila Real 57

Horus sem rest
Av. Dr. Leonardo Coimbra 57 ✉ 4614-909 – ☎ 255 31 24 00 – www.horus-ii.pt
46 qto – 45/60 € 62/75 € – 12 suites
◆ Modernas instalações que ressaltam pelos seus quartos vanguardistas, com mobiliário de bom nível e chãos em madeira. Interessante oferta de serviços complementares.

FERMENTELOS - Aveiro - 733 - 591 K4 - 3 135 h. 4 A2

Lisboa 244 - Aveiro 20 - Coimbra 42

na margem do lago Nordeste : 1 km

Estalagem da Pateira qto,
Rua da Pateira 84 ✉ 3750-439 Fermentelos - ☎ 234 72 12 05 - www.pateira.com
56 qto - 40/67 € 60/89 € **Rest** - Menu 13 €
♦ Situada perto do lago, a estalagem oferece diversas actividades lúdicas, uma área social variada e dois tipos de quarto, uns de estilo rústico e outros de estilo funcional e moderno. A sala de refeição panorâmica e relaxante combina uma vista esplêndida com um menu regional.

FERRAGUDO - Faro - 733 - 593 U4 - 1 644 h. - Praia 3 A2

Lisboa 288 - Faro 65 - Lagos 21 - Portimão 3

em Vale de Areia Sul : 2 km

Casabela H. qto,
Praia Grande ✉ 8400-275 Ferragudo - ☎ 282 49 06 50 - www.hotel-casabela.com - fechado dezembro-janeiro
63 qto - 135/198 € 145/220 € **Rest** - Menu 24 €
♦ O melhor desta casa é a sua localização em plena natureza, com um cuidado ambiente ajardinado e uma impressionante vista panorâmica Quartos amplos e funcionais. O restaurante, dividido em duas salas, baseia o seu trabalho numa ementa diário.

PORTUGAL

O símbolo que lhe garante noites calmas. En vermelho ? Uma deliciosa calma, só os pássaros cantando ao amanhecer...

FIGUEIRA DA FOZ - Coimbra - 733 - 592 L3 - 10 848 h. - Praia 4 A2

Lisboa 181 - Coimbra 44
Av. 25 de Abril, ☎ 233 42 26 10
A.C.P. Av. Saraiva de Carvalho 140 ☎ 233 42 41 08
Localidade★

Plantas páginas seguintes

Sweet Atlantic qto,
Av. 25 de Abril 21 ✉ 3080-086 - ☎ 233 40 89 00 - www.sweethotels.pt
68 qto - 86/140 € 99/185 €, 8 € A**v**
Rest - *(fechado domingo salvo agosto)* Menu 26 €
♦ Torre com design elegante localizada em frente à praia. Dispõe de quartos de estilo moderno, a maioria com sala separada e kitchenette. O restaurante dispõe duas áreas, uma para o pequeno-almoço e outra para as refeições.

Aviz sem rest
Rua Dr. Lopes Guimarães 16 ✉ 3080-169 - ☎ 233 42 26 35 - www.residencialaviz.pt.to A**b**
17 qto - 20/50 € 25/60 €
♦ Pequeno hotel de organização familiar localizado no centro da cidade. Os seus quartos são muito adequados na sua categoria, com os solos e o mobiliário de madeira.

em Caceira de Cima C Nordeste : 5,5 km

Casa da Azenha Velha sem rest
Antiga Estrada de Coimbra ✉ 3080-399 Figueira da Foz - ☎ 233 42 50 41
6 qto - 50/55 € 60/65 € - 1 apartamento
♦ Bela casa de turismo rural de estilo senhorial, bem conservada e rodeada por jardins. A casa oferece uma área social acolhedora, quartos correctos e um apartamento.

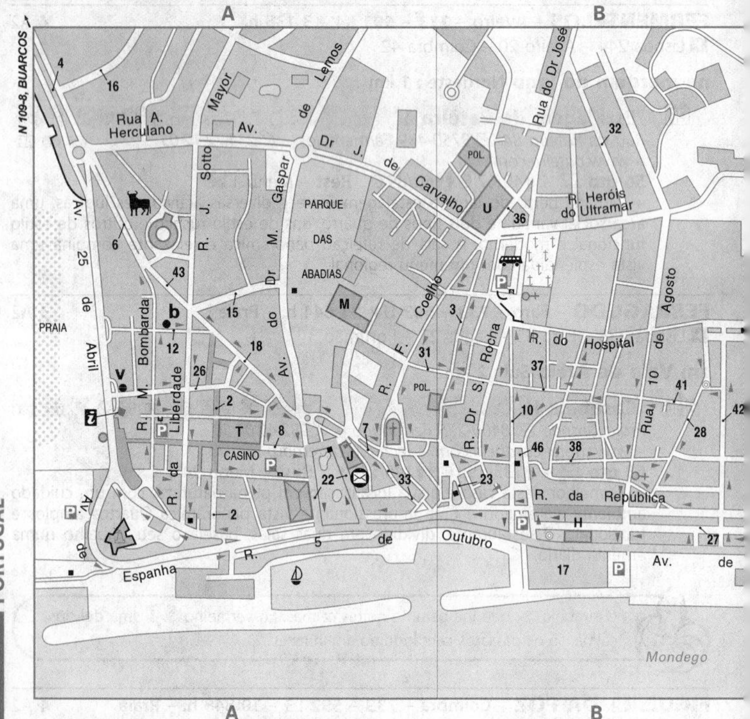

FLOR DA ROSA - Portalegre - ver Crato

FOLGOSA - Viseu - 733 - 591 I6 - 457 h. 5 C1

Lisboa 399 - Viseu 79 - Vila Real 48 - Porto 142

XX DOC

Estrada Nacional 222 ✉ 5110-204 - ✆ 254 85 81 23 - www.ruipaula.com

Rest - Menu 55/65 € - Lista 45/63 €

◆ Ocupa um edifício de linha actual que se situa na própria margem do Douro, com uma esplanada atractiva sobre o rio. Cozinha tradicional com toques criativos e boas vistas.

FOZ DO ARELHO - Leiria - 733 - 592 N2 - 1 215 h. 6 A2

Lisboa 101 - Leiria 62 - Nazaré 27

Penedo Furado sem rest

Rua dos Camarções 3 ✉ 2500-481 - ✆ 262 97 96 10 - www.hotelpenedofurado.com

28 qto - 35/65 € 45/80 €

◆ Este pequeno hotel familial dispõe de uma área social correcta e quartos confortáveis, a maioria deles foram renovados com um estilo funcional e moderno.

FIGUEIRA DA FOZ

Bernardo Lopes (R.) . . . . A 2
Bombeiros Voluntários (R. dos) B 3
Brasil (Av. do). . . . . A 4
Buarcos (R. de) . . . . A 6
Cadeia (R. da) . . . . A 7
Cândido dos Reis (R.) . . . . A 8
Combatentes da Grande Guerra (R. dos) . . . . B 10
Dr António Lopes Guimarães (R.) . . . . A 12
Dr Luis Carriço (R.) . . . . A 15
Dr Simões Barreto (R.) . . . . . . A 16
Europa (Pr. da) . . . . B 17
Fonte (R. da) . . . . A 18
Infante D. Henrique (P.) . . . . . . A 22
Luís de Camões (Largo) . . . . . . B 23
Maestro David de Sousa (R.) . . A 26
Manuel Fernandes Tomas (R.). B 27
Mato (R. do) . . . . B 28
Mauricio Pinto (R.) . . . . AB 31
Moçambique (R. de) . . . . B 32
Paço (R. do) . . . . A 33
Pinhal (R. do) . . . . B 36
República (R. da) . . . . B
Restauração (R. a da) . . . . B 37
Rosas (R. das) . . . . B 38
Travessa do Mato . . . . B 41
Vasco da Gama (R.) . . . . B 42
Viso (R. a do) . . . . A 43
5 de Outubro (R.) . . . . AB
8 de Maio (Pr.) . . . . B 46

FROSSOS – **Aveiro** – **733** – **591** K4 – **802 h.** **4** A1

▶ Lisboa 265 – Aveiro 19

Quinta da Vila Francelina sem rest

✉ *3850-663* – ✆ *917 20 34 71* – *www.quintadavilafrancelina.pt*

10 qto – 68/75 € 78/85 €

◆ Surpreendente pela sua estética, semelhante a uma casa de indianos, mas com detalhes modernos. Os quartos do edifício principal são de estilo clássico-senhorial e os anexos de estilo moderno.

FUNCHAL – **Ilha da Madeira** – **ver Madeira (Arquipélago da)**

FUNDÃO – **Castelo Branco** – **733** – **592** L7 – **7 744 h.** **5** C2

▶ Lisboa 303 – Castelo Branco 44 – Coimbra 151 – Guarda 63

ℹ Largo da Estaçao, ✆ 275 77 30 32, www.fundaoturismo.pt

na estrada N 18

O Alambique de Ouro qto,

Sítio da Gramenesa, Norte : 2,5 Km ✉ *6230-463 Fundão* VISA AE

– ✆ *275 77 41 45* – *www.hotelalambique.com*

150 qto – 36/48 € 48/100 € – 2 suites

Rest – *(fechado sábado)* Menu 20 € – Lista 17/38 €

◆ Apresenta um ambiente atractivo e dois tipos de quartos: os clássicos, com as cabeceiras das camas de cerâmica, e os de estilo moderno, bastante mais amplos. O restaurante, com um agradável ar rústico, completa-se com vários salões para banquetes.

Fundão Palace sem rest
Norte : 3 Km ✉ 6230-476 Fundão – ☎ 275 77 93 40
– www.fundaopalacehotel.com
42 qto – 30/45 € 45/65 € – 2 suites
◆ É uma boa opção pelos seus serviços e conforto, com quartos muito amplos e bem equipados. Porém, é algo frio e impessoal pela sua escassa decoração.

GIBRALTAR – Lisboa – ver Torres Vedras

GOLEGÃ – Santarém – 733 – 592 N4 – 3 743 h. 6 B2

Lisboa 133 – Santarém 64 – Leiria 73 – Portalegre 122
Igreja matriz (pórtico★)

Lusitano
Gil Vicente 4 ✉ 2150-193 – ☎ 249 97 91 70 – www.hotellusitano.com
24 qto – 135 € 150 € – 1 suite
Rest *Capriola* – ver selecção restaurantes
◆ Esta casa familiar data de 1924 e o seu nome provém de uma raça de cavalos natural desta região. Apresenta uma zona social actual, quartos bem equipados e um completo SPA.

Capriola – Hotel Lusitano
Gil Vicente 4 ✉ 2150-193 – ☎ 249 97 91 70
– www.hotellusitano.com
Rest – *(fechado domingo noite e 2ª feira)* Lista 25/42 €
◆ Uma boa opção para almoçar ou jantar! Em conjunto, podemos dizer que estamos perante um restaurante bastante luminoso e confortável, de linha elegante, que se destaca pelas suas vistas que dão para um relaxante jardim. Ementa completa de tendência tradicional.

O Barrigas
Largo 5 de Outubro 55 ✉ 2150-124 – ☎ 249 71 76 31 – www.obarrigas.com
– fechado domingo noite e 2ª feira
Rest – Menu 14/17 € – Lista 17/21 €
◆ Singular, moderno e bastante popular. Aqui apenas pode-se comer escolhendo a partir do buffet completo ou de um pequeno menu de pratos principais, todos a preços acessíveis.

GONDARÉM – Viana do Castelo – ver Vila Nova de Cerveira

GONDOMAR – Porto – 733 – 591 I4 – 25 717 h. 8 A3

Lisboa 306 – Braga 52 – Porto 7 – Vila Real 86

na estrada N 108 Sul : 5 km

Estalagem Santiago rest,
Aboínha ✉ 4420-088 Gondomar – ☎ 224 54 00 34
– www.estalagemsantiago.com
20 qto – 60 € 70 €
Rest – Menu 25 €
◆ Possui uma agradável localização frente ao rio, num ambiente de grande beleza natural. Desfrute da paisagem serena e tenha um bom descanso nos seus simples quartos.

GOUVEIA – Guarda – 733 – 591 K7 – 3 653 h. – alt. 650 m 5 C2

Lisboa 310 – Coimbra 111 – Guarda 59
Jardim da Ribeira, ☎ 238 08 39 30, www.dlcg.pt
Estrada★★ de Gouveia a Covilhã (≤★, Poço do Inferno★ : cascata★, vale glaciário do Zêzere★★, ≤★) por Manteigas : 65 km.

PORTUGAL

O Júlio

VISA

Rua do Loureiro 11-A ✉ 6290-534 – ☎ 238 49 80 16
– fechado do 1 ao 15 de setembro, 2ª feira ao jantar e 3ª feira
Rest – Lista 20/35 €
◆ Situado em frente ao bar que deu origem ao negócio familiar. Possui um balcão de apoio que cobre a cozinha semi-vista. Refeitório de cuidada montagem, com as paredes em pedra.

GRANJA – Porto – 733 – 591 I4 – 417 h. – Praia

8 A3

Lisboa 317 – Amarante 79 – Braga 69 – Porto 18

Solverde

qto, VISA

Av. da Liberdade ✉ 4410-154 São Félix da Marinha – ☎ 227 33 80 30
– www.solverde.pt
169 qto – †99/250 € ††109/275 € – 5 suites
Rest – Menu 25 € – Lista 20/51 €
◆ Desfrute das suas modernas instalações, equipadas com materiais de qualidade, que sem ter um excesivo luxo oferecem um conforto de alto nível. Magníficos exteriores. Refeitório panorâmico com formosas vistas sobre o mar.

GUARDA P – Guarda – 733 – 591 K8 – 23 696 h. – alt. 1 000 m

5 C2

PORTUGAL

Lisboa 361 – Castelo Branco 107 – Ciudad Rodrigo 74 – Coimbra 161
Praça Luís de Camões, ☎ 271 20 55 30
A.C.P. Rua Batalha dos Reis 107 ☎ 271 21 34 67
Sé★ (interior★)
Castelo Melhor★ (recinto★) 77 km a Nordeste – Sortelha★ (fortaleza★ ✳★) 45 km a Sul – Vila Nova de Foz Côa (Igreja Matriz : fachada★) 92 km a Norte – Parque Arqueológico do Vale do Côa★★ 77 km a Norte

Vanguarda

qto, VISA

Av. Monsenhor Mendes do Carmo ✉ 6300-586 – ☎ 271 20 83 90
– www.naturaimbhotels.com
76 qto – †56/76 € ††76/120 € – 6 suites
Rest – Menu 16 € – Lista 15/25 €
◆ Situado na parte alta da cidade, num edifício de linha actual. Possui quartos espaçosos e na sua maior parte com varanda. Destaca-se o restaurante panorâmico do 4º andar.

Santos sem rest

VISA

Rua Tenente Valadim 14 ✉ 6300-764 – ☎ 271 20 54 00
– www.residencialsantos.com
27 qto – †25/30 € ††40/50 €
◆ Atractiva residência contígua aos muros da antiga muralha, pelo que possui diferentes paredes em pedra. Quartos funcionais, com chãos em madeira e casas de banho reduzidas.

pela estrada N 16 Nordeste : 4 km

Lusitania Parque

qto, VISA

Urb. Quinta das Covas - Lote 34 ✉ 6300-389 Guarda – ☎ 271 23 82 85
– www.hotellusitania.com.pt
56 qto – †67/84 € ††84/120 € – 7 suites
Rest – Menu 16/30 €
◆ Hotel de linha actual que destaca pela sua variada oferta de serviços. Possui uns quartos espaçosos e de completo equipamento, assim como um magnífico ginásio. Bar elegante e um luminoso restaurante de estética actual.

Boa comida a preços moderados? Escolha um Bib Gourmand.

GUIMARÃES - Braga - 733 - 591 H5 - 53 040 h. - alt. 175 m **8** A2

Lisboa 364 – Braga 22 – Porto 52 – Viana do Castelo 70

Alameda de S. Dâmaso 83, ✆ 253 41 24 50, www.guimaraesturismo.com

Praça de S. Tiago, ✆ 253 51 87 90, www.guimaraesturismo.com

Castelo★ – Paço dos Duques★ (tectos★, tapeçarias★) – Museu Alberto Sampaio★ (estátua jacente★, ourivesaria★, tríptico★, cruz processional★) **M1** – Praça de São Tiago★ – Igreja de São Francisco (azulejos★, sacristia★)

Penha (✳★) Sudeste : 8 km - Trofa★Sudeste : 7,5 km.

Pousada de Nossa Senhora da Oliveira

Rua de Santa Maria ✉ 4801-910 apartado 101 – ✆ 253 51 41 57 **a**

10 qto – 80/210 € 90/220 € – 6 suites

Rest – Menu 30 €

◆ As reminiscências de um belo passado delimitam a sua localização em plena zona histórica. Desde as janelas, as vistas ao ambiente medieval constituem um grande espectáculo. O bom ofício da cozinha manifesta-se com esmero numa mesa que cuida de cada detalhe.

Villa H. sem rest

Av. D. João IV-631, por Av. D. João IV ✉ 4810-532 – ✆ 253 42 14 40 – www.villa-hotel.net

44 qto – 70 € 85 € – 3 suites

◆ Conjunto de estética actual e funcional, dominado pelas linhas puras com materiais de qualidade. Os seus quartos desfrutam duma notável amplitude e casas de banho completas.

PORTUGAL

Toural sem rest

Feira do Pão ✉ 4800-153 – ✆ 253 51 71 84 – www.hoteltoural.com **e**

30 qto – 55/70 € 75/90 €

◆ Moderno hotel situado no centro da cidade, com espaços diáfanos e mobiliário em ratan. Bar, zona social e espaçosos quartos com os chãos em alcatifa.

GUIMARÃES

Agostinho Barbosa (R.)	3
Alberto Sampaio (Av.)	4
Condessa do Juncal (Largo da)	11
Condessa Mumadona (Largo da)	8
Conde Margaride (Av.)	7
Dom Alfonso Henriques (Av.)	16
Dona Teresa (R. de)	15
Doutor Joaquim de Meira (R.)	17
Duques de Bragança (R.a)	19
D. João IV (Av.)	12
Gen. Humberto Delgado (Av.)	20
João Franco (Largo de)	22
Martins Sarmento (Largo)	23
Navarros de Andrade (Largo)	25
Nuno Alvares (R.)	26
Oliveira (Largo da)	28
Paio Galvão (R.)	29
Rainha (R. da)	30
Santo António (R.a de)	33
Serpa Pinto (R.)	34
Toural (Largo do)	
Valentin Moreina de Sá (Largo)	38

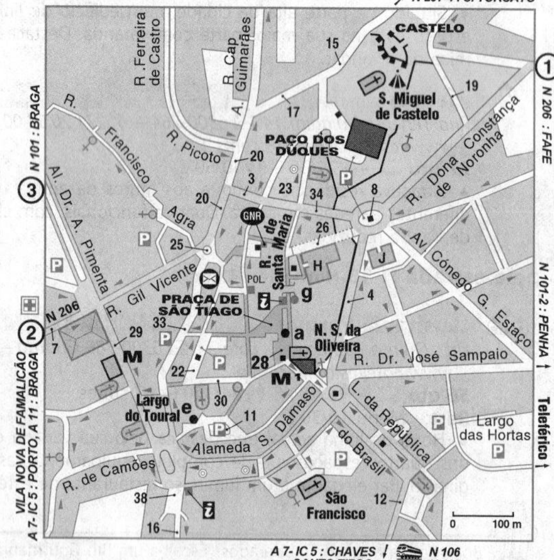

XX **Solar do Arco**

Rua de Santa Maria 48 ✉ 4810-443 – ✆ 253 51 30 72 – www.solardoarco.com – fechado 4ª feira em janeiro-março g

Rest – Menu 18 € – Lista 20/33 €

♦ Instalado num edifício antigo da zona histórica, com área de espera e duas salas de correcta montagem. Cozinha variada com predomínio dos pratos tradicionais.

na estrada da Penha Este : 2,5 km

Pousada de Santa Marinha

✉ 4810-011 Guimarães – ✆ 253 51 12 49

49 qto – †100/210 € ††110/220 € – 2 suites **Rest** – Menu 30 €

♦ Situada num convento cuja reabilitação recebeu o prémio Europa Nostra. Na sua arquitectura e decoração há vestígios de distintas épocas. Destacável salão azulejado. Esmerado restaurante onde convivem em harmonia os patrimónios artístico e culinário.

pela estrada N 101 Noroeste : 4 km

XX **Quinta de Castelães**

Lugar de Castelães ✉ 4805-339 Guimarães – ✆ 253 55 70 02 – www.quintadecastelaes.com – fechado domingo noite e 2ª feira

Rest – Lista 20/32 €

♦ Negócio rústico-regional situado numa antiga quinta. Conserva a cozinha original como museu. Os quartos converteram-se em reservados e oferece uma extensa ementa.

LAGOA – Faro – **733** – **593** U4 – **4 839 h.** – Praia **3** B2

Lisboa 300 – Faro 54 – Lagos 26

Largo da Praia do Carvoeiro 2, ✆ 282 35 77 28

Carvoeiro : Algar Seco (sítio marinho★★) Sul : 6 km.

na Praia do Carvoeiro :

Vale da Lapa

Estrada das Sesmarias, Sul : 5 km ✉ 8400-535 Lagoa – ✆ 282 38 08 00 – www.aguahotels.pt

85 apartamentos – ††120/530 € **Rest** – Lista 28/44 €

♦ Conjunto formado por várias vilas dentro de um recinto, todas rodeadas por cuidadas zonas verdes e piscinas. Possuem um excelente equipamento, de linha moderna e com cozinha. O restaurante, de ambiente moderno-funcional, propõe elaborações de índole actual.

Monte Santo

Sítio do Mato Serrão, Sul : 4,5 km ✉ 8400-559 Lagoa – ✆ 282 32 10 00 – www.montesantoalgarve.com

133 apartamentos – ††90/300 €, 15 €

Rest – Menu 20/45 € – Lista 45/63 €

♦ Complexo formado por diferentes vilas, apartamentos e espaços sociais, tudo num estilo de cidade de férias. Encontrará um equipamento moderno e de bom nível. O restaurante oferece um serviço snack durante o dia e uma ementa de índole actual pelas noites.

XX **L'Orange**

Sítio do Mato Serrão, Sul : 4,5 km ✉ 8400-556 Lagoa – ✆ 282 35 72 97 – fechado dezembro, janeiro e domingo

Rest – *(só jantar)* Lista 28/32 €

♦ Esta acolhedora casa, tipo villa, desfruta de uma pequena esplanada na entrada e um refeitório de estilo clássico. Bom serviço de mesa para uma ementa de gosto internacional.

PORTUGAL

LAGOS – Faro – 733 – 593 U3 – 14 697 h. – Praia 3 A2

Lisboa 290 – Beja 167 – Faro 82 – Setúbal 239

Praça Gil Eanes, antigos Paços do Concelho, ☎ 282 76 30 31, www.visitalgarve.pt

Campo de Palmares, Meia Praia, ☎ 282 79 05 00

Sítio ★ – Igreja de Santo António★ (decoração barroca★) ZA

Ponta da Piedade★★ (sítio★★, ★), Praia de Dona Ana★ Sul : 3 km – Barragem da Bravura★ 15 km por ②

Marina Rio sem rest

Av. dos Descobrimentos ✉ 8600-645 – ☎ 282 78 08 30 – www.marinario.com Ya

36 qto – 56/119 € 59/123 €

◆ Este hotel de carácter familiar oferece uma elegante zona nobre e quartos funcionais, todos com terraço e metade deles com vistas à marina. Solarium no último andar.

Dos Artistas

Rua Cândido dos Reis 68 ✉ 8600-567 – ☎ 282 76 06 59 – www.lagos-artistas.com – fechado domingo Zc

Rest – Menu 20/43 € – Lista 31/54 €

◆ Desfruta de certo encanto, pois possui uma atractiva esplanada interior e um refeitório de ambiente clássico-colonial. Propõe uma ementa internacional com três menus de degustação.

Dom Sebastião

Rua 25 de Abril 20 ✉ 8600-763 – ☎ 282 78 04 80 – www.restaurantedonsebastiao.com Yr

Rest – Lista 17/31 €

◆ A estética neo-rústica e as suas esplanadas, uma exterior e a outra num pátio, são os seus pontos fortes. Cozinha tradicional portuguesa, numerosos mariscos e uma adega visitável.

Dom Henrique

Rua 25 de Abril 75 ✉ 8600-763 – ☎ 282 76 35 63 – www.dhenrique.grupoadm.pt Zv

Rest – Lista 21/33 €

◆ Negócio de ambiente actual, jovem e informal. Tem duas salas de correcta montagem, a do andar superior de menor utilização e comunicada com um bar adjacente.

PORTUGAL

na Praia do Canavial Sul : 2,5 km

Cascade

qto,

Rua do Canavial, por Rua da Torraltinha ✉ 8600-282 Lagos – ☎ 282 77 15 10 – www.cascade-resort.com

63 qto – 155/405 € 205/450 € – 23 suites – 58 apartamentos

Rest – Lista 33/52 €

◆ Reflete a estética arquitetônica da área, combinando o tipismo do Algarve com um tema de decoração que gira em torno das descobertas do Infante D. Henrique. Amplas áreas comuns, bom SPA e quartos confortáveis, todos com terraço. Nutrida oferta gastronómica.

na Praia do Porto de Mós Sul : 2,5 km

Vivenda Miranda

qto,

Rua das Violetas, por Rua da Torraltinha ✉ 8600-282 Lagos – ☎ 282 76 32 22 – www.vivendamiranda.pt – fechado do 1 ao 22 de dezembro

22 qto – 100/140 € 150/200 € – 4 suites

Rest – Menu 45 € – Lista 32/57 €

◆ Hotel com encanto situado em frente ao mar numa zona elevada que desfruta de cuidados jardins. Zona social escassa e quartos confortáveis distribuídos em vários níveis. No seu restaurante encontrará uma montagem clássica e uma grande esplanada, esta última dotada com impressionantes vistas. Cozinha internacional.

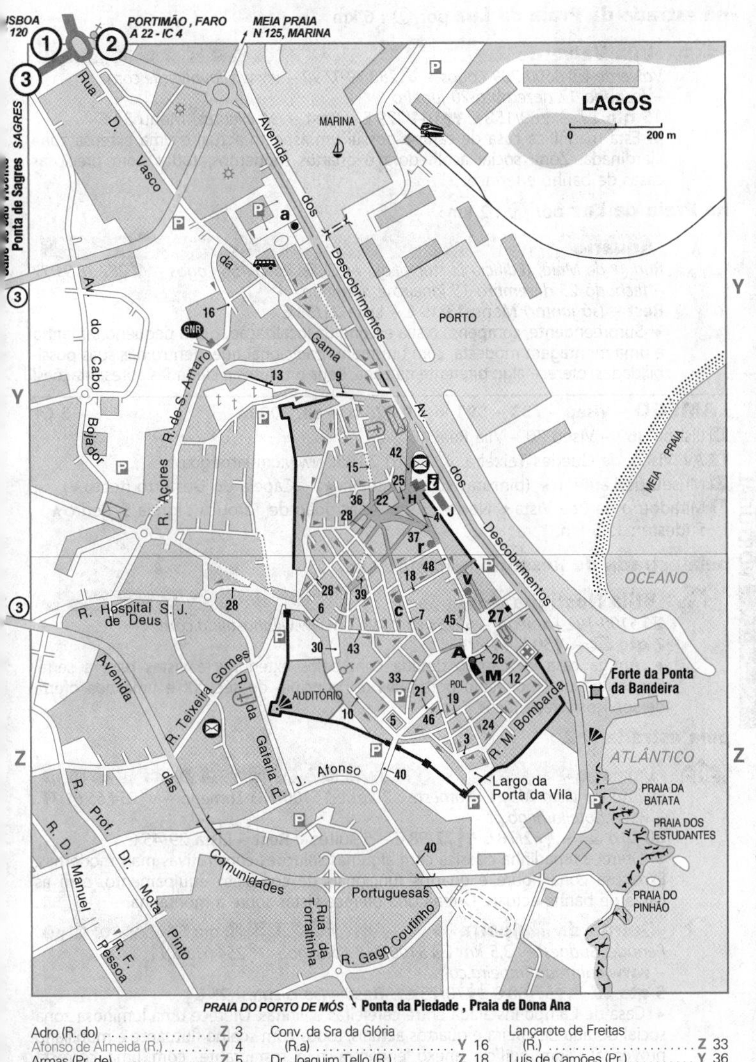

Adro (R. do)	Z 3	Conv. da Sra da Glória (R.a)	Y 16	Lançarote de Freitas (R.)	Z 33
Afonso de Almeida (R.)	Y 4	Dr. Joaquim Tello (R.)	Z 18	Luís de Camões (Pr.)	Y 36
Armas (Pr. de)	Z 5	Dr. Mendonça (R.)	Z 19	Marquês de Pombal (R.)	Y 37
Atalaia (R. da)	Z 6	Forno (Travessa do)	Z 21	Marreiros Netto (R.)	YZ 39
Cândido dos Reis (R.)	Z 7	Garrett (R.)	Y 22	Porta da Piedade (Estr. da)	Z 40
Capelinha (R. da)	Y 9	Gen. Alberto Silveira (R.)	Z 24	Porta de Portugal (R.)	Y 42
Cardeal Netto (R.a)	Z 10	Gil Eanes (Pr.)	Y 25	Prof. Luís de Azevedo (R.)	Z 43
Castelo dos Governadores (R. do)	Z 12	Henrique C. Silva (R.)	Z 26	Silva Lopes (R.)	Z 45
Cemitério (R. do)	Y 13	Infante de Sagres (R.)	YZ 28	5 de Outubro (R.)	Z 46
Conselheiro J. Machado (R.)	Y 15	Infante D. Henrique (Pr.)	Z 27	25 de Abril (R.)	Z 48
		João Bonança (R.)	Z 30		

na estrada da Praia da Luz por ③ : 6 km

Vila Valverde

Valverde ✉ 8600-209 Lagos – ☎ 282 79 07 90 – www.vilavalverde.com – fechado 17 dezembro-20 janeiro

15 qto – 89/158 € 104/229 € **Rest** – *(só clientes)* Menu 34 €

♦ Esta magnífica casa de campo possui um aspecto actual e uma extensa zona ajardinada. Zona social acolhedora e quartos modernos, todos com preciosas casas de banho e terraço.

na Praia da Luz por ③ : 7 km

Aquário

Rua 1º de Maio, (Edifício Luztur - Loja ACC) ✉ 8600-166 Lagos – ☎ 282 78 91 77 – fechado 25 dezembro-15 janeiro e domingo

Rest – *(só jantar)* Menu 13/19 € – Lista 21/33 €

♦ Surpreendente, compensa a sua escondida localização, o seu pequeno tamanho e uma montagem modesta, com um menu tradicional que, dentro das suas possibilidades, oferece algo diferente na zona. Bons produtos e cuidadas apresentações!

LAMEGO – **Viseu** – **733** – **591** I6 – **9 626 h.** – **alt. 500 m** **5** C1

Lisboa 369 – Viseu 70 – Vila Real 40

Av. Visconde Guedes Teixeira, ☎ 254 61 20 05, www.cm-lamego.pt

Museu de Lamego★ (pinturas sobre madeira★) – Capela do Desterro (tecto★)

Miradouro da Boa Vista★ Norte : 5 km – São João de Tarouca : Igreja S. Pedro★ Sudeste : 15,5 km.

pela estrada de Resende Nordeste : 2 km

Villa Hostilina sem rest

✉ 5100-192 Lamego – ☎ 254 61 23 94 – www.villahostilina.com

7 qto – 30 € 55 €

♦ Antiga casa de campo dotada com belos exteriores e vistas para a serra. Encontrará um mobiliário português do princípio do séc. XX e uma boa oferta de serviços terapêuticos.

pela estrada N 2 :

Lamego qto,

Quinta da Vista Alegre, Nordeste : 2 km ✉ 5100-183 Lamego – ☎ 254 65 61 71 – www.hotellamego.pt

88 qto – 62/78 € 77/98 € – 5 suites **Rest** – Lista 29/45 €

♦ Oferece uma linha clássica com algumas soluções construtivas mais modernas. Espaçosa zona nobre e quartos funcionais de completo equipamento, com as casas de banho actuais. O refeitório oferece vistas sobre a montanha.

Quinta da Timpeira qto,

Penude, Sudoeste : 3,5 km ✉ 5100-718 Lamego – ☎ 254 61 28 11 – www.quintadatimpeira.com

5 qto – 57/60 € 70/75 € **Rest** – *(só clientes)* 25 €

♦ Casa de Campo instalada entre cerejeiras e vinhas. Oferece uma luminosa zona social dotada de lareira e quartos actuais, todos com soalho flutuante e mobiliário provençal. Num edifício anexo encontra-se o restaurante, com uma correcta ementa de sabor caseiro.

LAVRE – **Évora** – **733** – **593** P4 – **578 h.** **1** B2

Lisboa 101 – Évora 52 – Santarém 65 – Setúbal 69

na estrada N 114 Sudeste : 2,5 km

Courelas da Mata qto,

✉ 7050-488 Lavre – ☎ 265 84 71 90 – www.hotelruralcourelasdamata.net

11 qto – 40/50 € 60/70 € **Rest** – Lista aprox. 24 €

♦ Encontra-se em pleno campo, com umas instalações actuais e um ambiente muito cuidado. Os seus quartos coloristas dispõem de mobiliário funcional e varanda com vistas. Luminoso restaurante de estilo clássico distribuído em duas salas.

PORTUGAL

LEÇA DA PALMEIRA - Porto - 733 - 591 I3 - Praia 8 A2

Lisboa 322 - Amarante 76 - Braga 55 - Porto 13

ver plano de Porto aglomeração

Tryp Porto Expo

qto,

Rotunda da Exponor ✉ 4450-801 - ☎ 229 99 00 00 - www.trypportoexpo.com
117 qto - 88/102 € 102/115 € - 3 suites AU**p**
Rest - Lista 20/35 €

◆ Interessante localização junto a um centro de exposições. Dirigido para a clientela de negócios, dispõe de quartos bem equipados e correctas salas de congressos.

O Chanquinhas

Rua de Santana 243 ✉ 4450-781 - ☎ 229 95 18 84 - www.chanquinhas.com - fechado 10 dias em Natal, 15 dias em agosto e domingo AU**s**
Rest - Lista 25/42 €

◆ Antiga casa senhorial convertida num elegante restaurante familiar, de reconhecido prestígio na zona. O seu agradável refeitório clássico sugere-lhe uma ementa de bom nível.

LEIRIA P - 733 - 592 M3 - 42 061 h. - alt. 50 m 6 A2

Lisboa 129 - Coimbra 71 - Portalegre 176 - Santarém 83
Jardim Luís de Camões, ☎ 244 84 87 70, www.rt-leiriafatima.pt
A.C.P. Av. Marquês de Pombal 462 ☎ 244 82 36 32
Castelo★ (sítio★) BY

Plantas páginas seguintes

Eurosol Residence

qto,

Rua Comissão da Iniciativa 13 ✉ 2410-098 - ☎ 244 86 04 60 - www.eurosol.pt
58 apartamentos - 85/145 € CY**c**
Rest - *(fechado sábado noite e domingo)* Menu 18 €

◆ O hotel dispõe de uma pequena área social, limitada ao bar do nono andar e de apartamentos espaçosos, todos funcionais e com cozinha. Agradável piscina panorâmica na açoteia. O seu charmoso restaurante oferece um pequeno menu de pratos tradicionais.

Pontuel

Largo de Camões 15 ✉ 2410-127 - ☎ 244 82 15 17 - www.pontuel.pt - fechado sábado meio-dia, domingo noite e 2ª feira CZ**b**
Rest - Menu 25 € - Lista 23/36 €

◆ Dispõe de duas salas modernas, uma por andar, com detalhes design, fachada de vidro com vista para o castelo. Cozinha moderna com raízes tradicionais e toques criativos.

em Marrazes na estrada N 109 por ① : 1 km

Casinha Velha

Rua Professores Portelas 23 ✉ 2415-534 Marrazes - ☎ 244 85 53 55 - www.casinhavelha.com - fechado 10 dias em janeiro, 20 dias em julho, domingo noite e 3ª feira
Rest - Lista 22/35 €

◆ Casa familiar de ambiente acolhedor, com uma bonita sala de jantar de ar rústico no primeiro andar e curiosos detalhes. Ementa caseira, especialidades diárias e uma adega completa.

na estrada IC 2 por ④ : 4,5 km

O Casarão

Estrada da Maceira 10 ✉ 2400-823 Leiria - ☎ 244 87 10 80 - www.ocasarao.pt - fechado 2ª feira
Rest - Lista aprox. 29 €

◆ O vigamento aparente, os azulejos e os ornamentos de latão coexistem em um ambiente rústico elegante. Aqui você encontrará uma cozinha tradicional em porções generosas e uma excelente adega.

LEIRIA

Afonso Henriques (R. D.) . . . BY 3
Alcobaça (R. de) . . . . BZ 4
Alfredo Keil (R.) . . . . BYZ
Barão de Viamonte (R.) . . . . BY 6
Beneficiência (R. da). . . . . . BY 7
Camões (Largo de) . . . . CZ 9
Cândido dos Reis (Largo) . BYZ 10
Capitão Mouzinho Albuquerque (R.) . . . . BCY 12
Cidade de Maringá (Av. de) BCY 13
Cidade Tokushima (R.) . . . . . AZ 15
Comandante João Belo (R.) . BZ 16
Combatentes da Grande Guerra (Av. dos). . . . . BZ 18
Comendador José L. Silva (Largo) . . . . CY 19
Comissão de Iniciativa (R.). . CY
Comissão Municipal de Turismo (Largo da). . . . . BZ 21
Conde Ferreira (R.) . . . . CZ
Cristiano Cruz (R.). . . . . BY
Dom Dinis (R.) . . . . BY 22
Dom João III (Av.). . . . . CY 23
Dr. Américano Cortês Pinto (R.) . . . . CY 24
Dr. Correia Mateus (R.). . . . . BZ 25
Dr. João Soares (R.) . . . . . . ABZ
Dr. José Jardim (Av.). . . . . . . BZ
Dr. José Lopes Vieira (Alameda) . . . . BCY 27
Dr. Magalhães Pessoa (R.). . BZ 30
Dr. Manuel Arriaga (Largo). . BY 31
Ernesto Korrodi (Av.). . . . . . . BY
Estação (Estrada da) . . . . . . AX
Fabrica do Papel (R. da) . . . . CZ 33
Forças Armadas (Largo das) BY 34
Francisco Pereira da Silva (R.) . . . . BZ 36
Glória Barata Rodrigues (R.) . . . . BCX
Goa Damão e Diu (Pr.) . . . . BZ 37
Henrique Sommer (R.) . . . . . CZ 39
Heróis de Angola (Av.). . . . . BCY
João de Deus (R.) . . . . BZ 40
José Alves Correia da Silva (R. D.) . . . . BZ 42
Manuel Simões Maia (R.) . ABX 43
Marinha Grande (Estrada da) . . . . AYZ
Marinheiros (Estrada dos) . BCX
Marquês de Pombal (Av.) . BCZ
Marrazes (Estrada dos) . . . . BX
Mártires do Tarrafal (R. dos). AY 46
Mártires (R. dos) . . . . BZ 45
Mestre de Avis (R.). . . . . BY 48
Municipio (R. do) . . . . BZ 49
Nuno Alvares Pereira (R. D.) BZ 51
N. Sra da Encarnação (R. da) CZ
N. Sra de Fátima (Av.). . . . . . CZ
Padre António (R.) . . . . BY 52
Paio Guterres (Largo) . . . . . . BY 54
Paulo VI (Pr.). . . . . BCY
Pero Alvito (R.) . . . . BY
Rainha Santa Isabel (Largo) . CZ 55
Restauração (R. da) . . . . CZ 57
Rodrigues Lobo (Pr.). . . . . . . BY 58
Santana (Largo de) . . . . BZ 60
Santos (R. dos) . . . . BZ
Santo António (R. de) . . . . . . CY 61
S. Francisco (R. de). . . . . CY
Tomar (R. de). . . . . CZ
5 de Outubro de 1910 (Largo) . . . . BY 63
25 de Abril (Av.) . . . . ABY

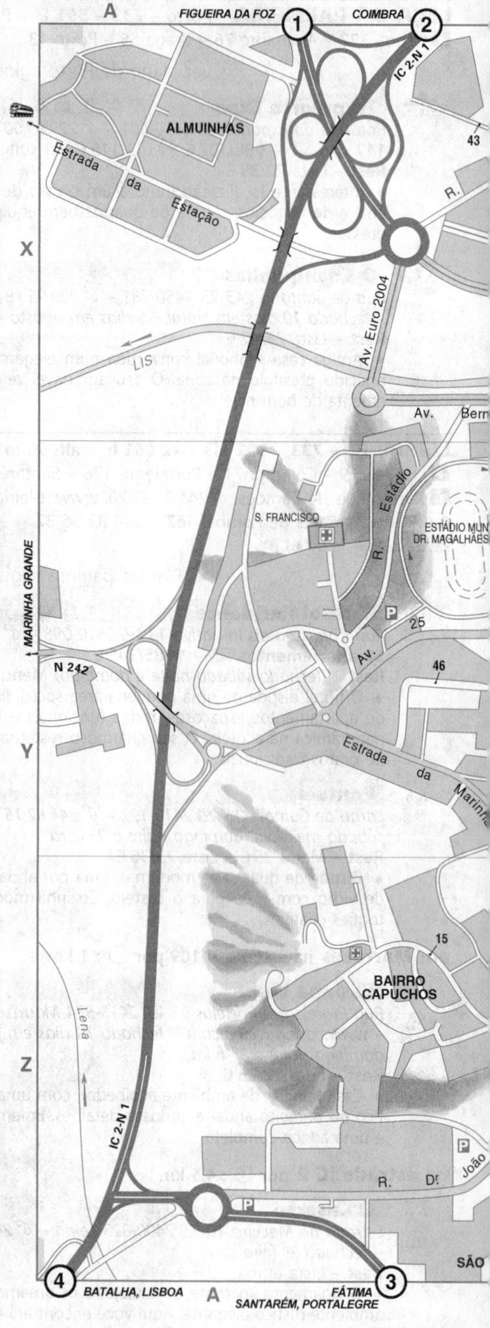

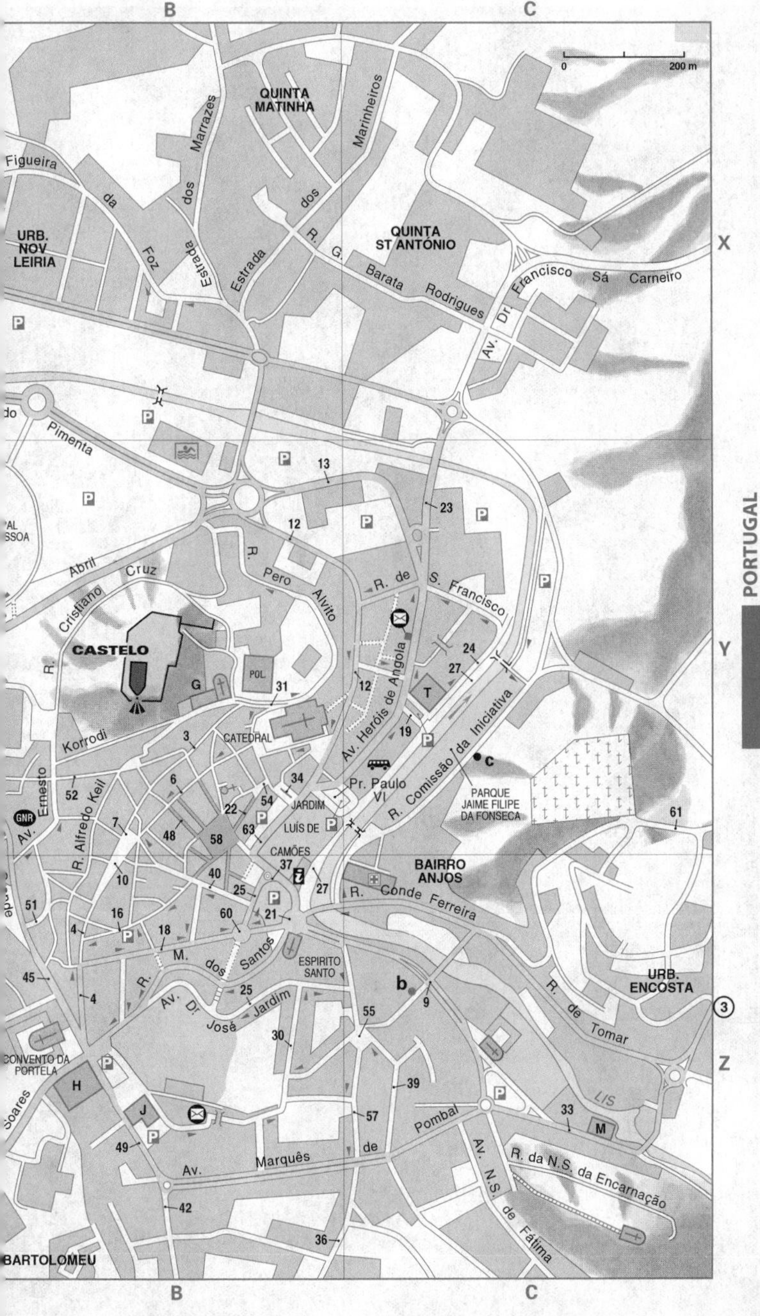

QUINTA MATINHA
QUINTA ST ANTÓNIO
URB. NOV LEIRIA
CASTELO
CATEDRAL
BAIRRO ANJOS
URB. ENCOSTA
PARQUE JAIME FILIPE DA FONSECA
CONVENTO DA PORTELA
BARTOLOMEU
ESPIRITO SANTO
JARDIM LUÍS DE CAMÕES
Pr. Paulo VI
Estrada dos Marrazes
Estrada dos Marinheiros
Figueira da Foz
R. G. Barata Rodrigues
Av. Dr. Francisco Sá Carneiro
Pimenta
Abril
R. Cristiano Cruz
R. Pero Alvito
R. de S. Francisco
Av. Heróis de Angola
R. Comissão da Iniciativa
Korrodi
Av. Ernesto
R. Alfredo Keil
R. M. dos Santos
Av. Dr. José Jardim
R. Conde Ferreira
R. de Tomar
Av. Marquês de Pombal
Av. N.S. de Fátima
R. da N.S. da Encarnação
Soares
LIS
PORTUGAL

LISBOA

Plantas da cidade nas páginas seguintes **6** B3

© Jon Arnold / Hemis.fr

509 751 h. - alt. 111 m - 733-592-593 P2

Madrid 631 - Porto 319 - Elvas 209 - Faro 278

Postos de Turismo

Palácio Foz, Praça dos Restauradores, ☎21 346 33 14

Estação Santa Apolónia, ☎21 882 16 06

Todos os bancos : abertos de 2ª a 6ª feira das 8,30 h. às 15 h. Encerram aos sábados, domingos e feriados.

Taxi : Dístico com a palavra « Táxi » iluminado sempre que está livre. Companhias de rádio-táxi, ☎21 811 90 00

Metro, carro eléctrico e autocarros : Rede de metro, eléctricos e autocarros que ligam as diferentes zonas de Lisboa. Para o aeroporto existe uma linha de autocarros -aerobus- com terminal no Cais do Sodré.

Aeroporto e Companhias Aéreas :

Aeroporto de Lisboa, N : 8 km, ☎21 841 35 00 CDN.

T.A.P., Av. Duque de Loulé 125 ☎21 707 205 700.

Santa Apolónia, ☎ 808 208 208 MX.

Rossio, ☎ 808 208 208 KX.

Cais do Sodré, ☎ 808 208 208 JZ.

Oriente, ☎808 208 208 DN.

Golf

Lisbon Sports Club, 20 km pela estrada de Sintra, ☎21 431 00 77

Club de Campo da Aroeira, 15 km pela estrada de Setúbal, ☎21 297 91 10

Avis, ☎ 800 20 10 02 - Europcar, ☎ 21 940 77 90 - Hertz, ☎ 808 20 20 38 - Budget, ☎ 808 25 26 27.

Automóvel Club

A.C.P. (Automóvel Club de Portugal)

Rua Rosa Araújo 24 ☎21 318 01 00

Bairros comerciais : Baixa (Rua Augusta), Chiado (Rua Garrett).

Antiguidades : Rua D. Pedro V, Rua da Escola Politécnica, Feira da Ladra (3ª feira e sábado).

Centro comercial : Torres Amoreiras, Colombo.

Desenhadores : Bairro Alto.

VER

Panorâmicas de Lisboa : Ponte 25 de Abril* por ② : ≤** • Cristo Rei por ②: ✻**• Castelo de São Jorge** : ≤*** LX • Miradouro de Santa Luzia* : ≤** LY **L¹**) • Elevador de Santa Justa* : ≤* KY • Miradouro de São Pedro de Alcântara* : ≤** JX **L²** • Miradouro do Alto de Santa Catarina* JZ **A¹**) • Miradouro da Senhora do Monte : ≤***LV • Largo das Portas do Sol* : LY. Igreja e Convento de Nossa Senhora da Graça (Miradouro*) LX.

Museus : Museu Nacional de Arte Antiga*** (políptico da Adoração de S. Vicente***, Tentação de Santo Antão***, Biombos japoneses**, Doze Apóstolos*, Anunciação*, Capela*) EU **M¹⁶** • Fundação Gulbenkian (Museu Calouste Gulbenkian*** FR, Centro de Arte Moderna* FR **M²**• Museu da Marinha* (modelos*** de embarcações) AQ **M⁷** • Museu Nacional do Azulejo (Convento da Madre de Deus**) : igreja**, sala do capítulo* DP **M¹⁷** • Museu da Água da EPAL* HT **M⁵** • Museu Nacional do Traje* BN **M²¹** • Museu Nacional do Teatro* BN **M¹⁹** • Museu Militar (tectos*) MY **M¹⁵** – Museu de Artes Decorativas** (Fundação Ricardo do Espírito Santo Silva) LY **M¹³** • Museu Arqueológico –• Igreja do Carmo* KY **M⁴** • Museu de Arte Sacra de São Roque* (ornamentos sacerdotais*) JKX **M¹¹** • Museu Nacional do Chiado* KZ **M¹⁸** • Museu da Música* BN **M⁹** • Museu Rafael Bordalo Pinheiro (cerámicas*) CN **M²³**.

Igrejas e Mosteiros : Sé*** (túmulos góticos*, grade, tesouro) LY • Mosteiro dos Jerónimos*** (Igreja de Santa Maria : abóbada**, claustro ; Museu Nacional de Arqueologia : tesouro*) AQ • Igreja de São Roque* (capela de São João Baptista**, interior) JX • Igreja de São Vicente de Fora (azulejos*) MX • Basílica da Estrela* (jardim*) EU **A²** • Igreja da Conceição Velha (fachada sul) LZ **D¹** • Igreja de Santa Engrácia MX.

Bairros Históricos : Belém** (Centro Cultural*) AQ • A Baixa pombalina** JKXYZ • Alfama** LY • Chiado e Bairro Alto* JKY.

Lugares Pitorescos : Praça do Comércio (ou Terreiro do Paço**) KZ • Torre de Belém*** AQ • Palacio dos Marqueses de Fronteira** (azulejos**) ER • Rossio* (estação : fachada* neo-manuelina) KX • Rua do Carmo e Rua Garrett* KY • Avenida da Liberdade JV • Parque Eduardo VII* FS • Jardim Zoológico** ER • Aqueduto das Águas Livres ES • Jardim Botánico JV • Parque Florestal de Monsanto (Miradouro : ✻*) APQ • Campo de Santa Clara MX • Escadinhas de Santo Estêvão (≤*) MY • Palacio da Ajuda AQ • Fundação Arpad Szenes-Vieira da Silva EFS • Passeio no Tejo (≤**) • Ponte Vasco da Gama** DN • Oceanário de Lisboa** DN • Estação de Oriente DN • Parque das Nações DN.

Lista alfabética dos hotéis
Lista alfabética de los hoteles
Index of hotels

Lista alfabética dos restaurantes
Lista alfabética de los restaurantes
Index of restaurants

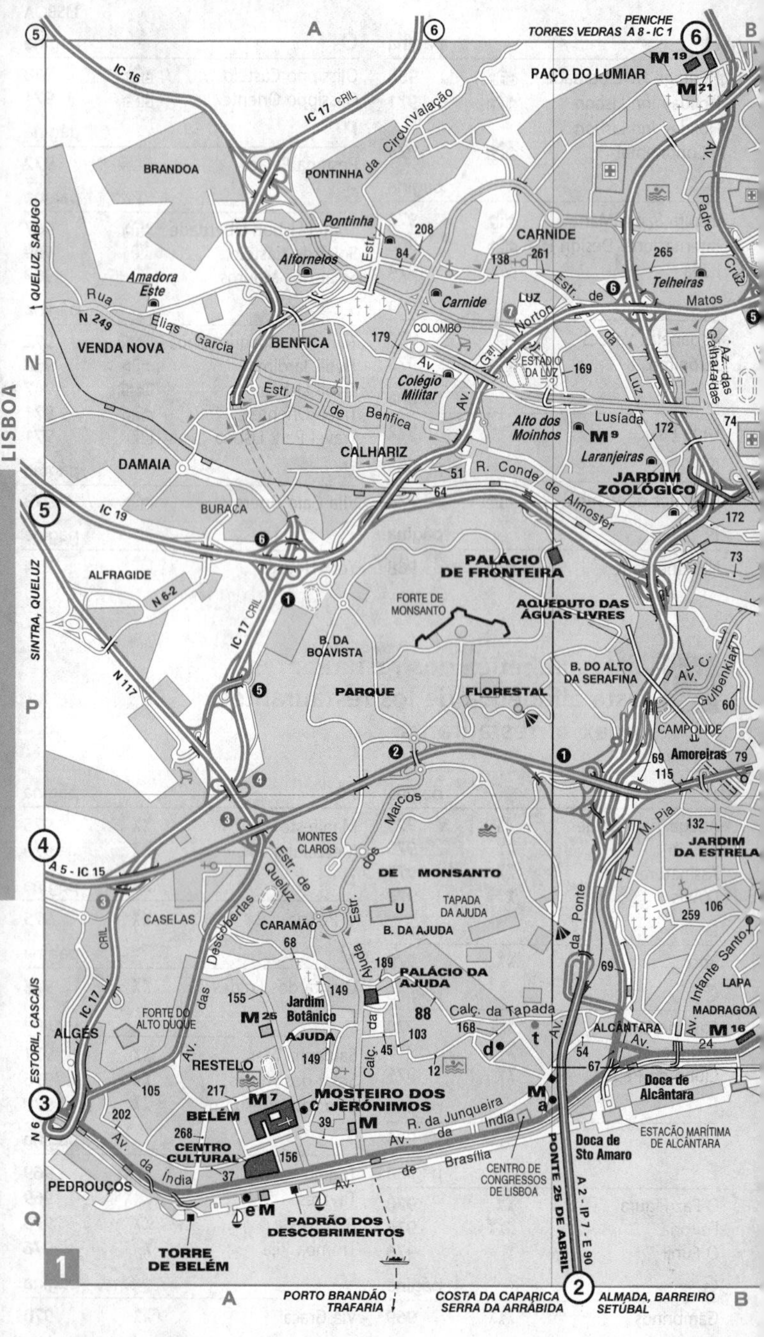
LISBOA
PENICHE
TORRES VEDRAS A 8 - IC 1
PAÇO DO LUMIAR
IC 16
IC 17 CRIL
da Circunvalação
BRANDOA
PONTINHA
Pontinha
Alfornelos
CARNIDE
Carnide
Telheiras
Amadora Este
Rua Elias Garcia
N 249
VENDA NOVA
BENFICA
LUZ
COLOMBO
ESTÁDIO DA LUZ
Colégio Militar
Estr. de Benfica
Alto dos Moinhos
Lusíada
Laranjeiras
JARDIM ZOOLÓGICO
CALHARIZ
DAMAIA
R. Conde de Almoster
BURACA
IC 19
PALÁCIO DE FRONTEIRA
ALFRAGIDE
N 6-2
FORTE DE MONSANTO
AQUEDUTO DAS ÁGUAS LIVRES
B. DA BOAVISTA
B. DO ALTO DA SERAFINA
PARQUE
FLORESTAL
N 117
CAMPOLIDE
Amoreiras
Estr. dos Marcos
MONTES CLAROS
JARDIM DA ESTRELA
A 5 - IC 15
DE MONSANTO
Estr. de Queluz
TAPADA DA AJUDA
CASELAS
CARAMÃO
B. DA AJUDA
PALÁCIO DA AJUDA
LAPA
MADRAGOA
FORTE DO ALTO DUQUE
Jardim Botânico
AJUDA
Calc. da Tapada
ALCÂNTARA
ALGÉS
RESTELO
Av. das Descobertas
Doca de Alcântara
MOSTEIRO DOS JERÓNIMOS
BELÉM
R. da Junqueira
Av. da Índia
CENTRO CULTURAL
ESTACÃO MARÍTIMA DE ALCÂNTARA
Doca de Sto Amaro
Av. de Brasília
CENTRO DE CONGRESSOS DE LISBOA
PEDROUÇOS
PONTE 25 DE ABRIL
A 2 - IP 7 - E 90
PADRÃO DOS DESCOBRIMENTOS
TORRE DE BELÉM
PORTO BRANDÃO TRAFARIA
COSTA DA CAPARICA SERRA DA ARRÁBIDA
ALMADA, BARREIRO SETÚBAL
QUELUZ, SABUGO
SINTRA, QUELUZ
ESTORIL, CASCAIS

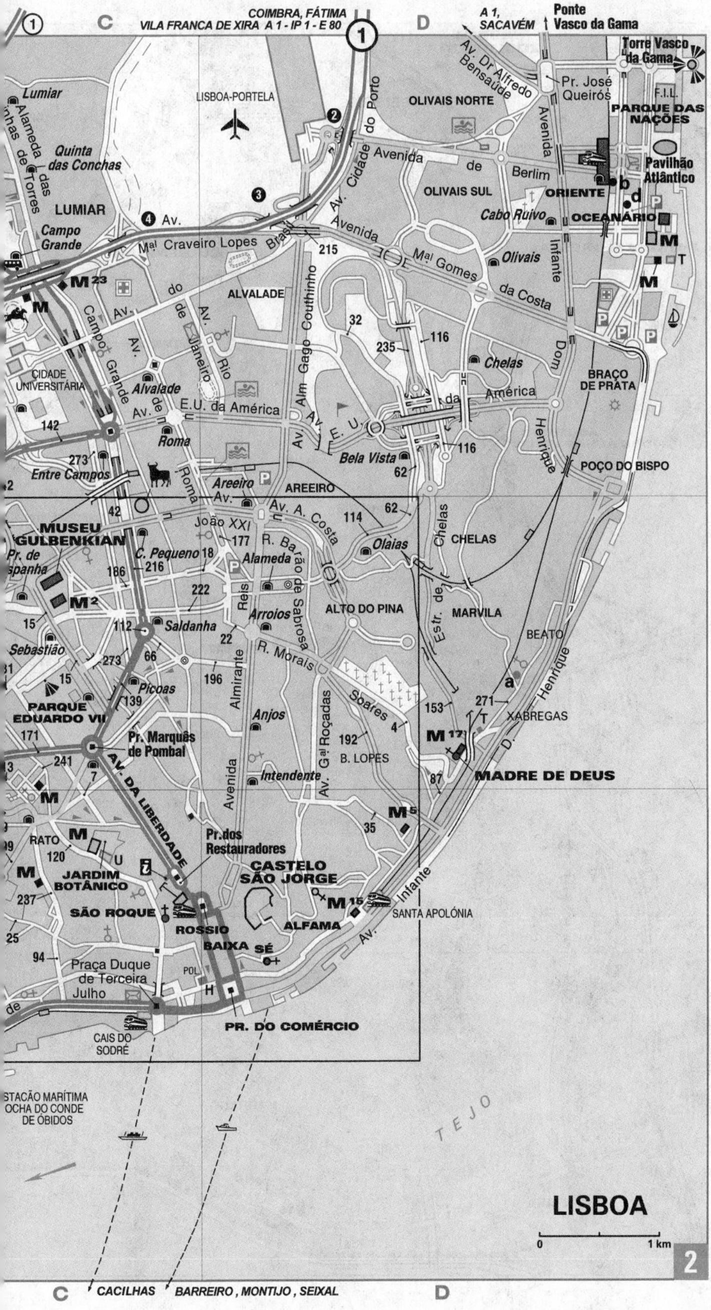

COIMBRA, FÁTIMA
VILA FRANCA DE XIRA A 1 - IP 1 - E 80
A 1, SACAVÉM
Ponte Vasco da Gama
Torre Vasco da Gama
LISBOA-PORTELA
OLIVAIS NORTE
PARQUE DAS NAÇÕES
Pavilhão Atlântico
ORIENTE
OCEANÁRIO
OLIVAIS SUL
LUMIAR
Campo Grande
ALVALADE
CIDADE UNIVERSITÁRIA
Alvalade
Roma
Entre Campos
Areeiro
AREEIRO
Bela Vista
Chelas
CHELAS
BRAÇO DE PRATA
POÇO DO BISPO
MUSEU GULBENKIAN
Saldanha
Arroios
ALTO DO PINA
MARVILA
BEATO
XABREGAS
MADRE DE DEUS
PARQUE EDUARDO VII
Pr. Marquês de Pombal
AV. DA LIBERDADE
Picoas
Anjos
Intendente
B. LOPES
Pr.dos Restauradores
CASTELO SÃO JORGE
JARDIM BOTÂNICO
SÃO ROQUE
ROSSIO
BAIXA
ALFAMA
SÉ
SANTA APOLÓNIA
Praça Duque de Terceira
CAIS DO SODRÉ
PR. DO COMÉRCIO
ESTACÃO MARÍTIMA ROCHA DO CONDE DE ÓBIDOS
TEJO
LISBOA
0 1 km
CACILHAS
BARREIRO, MONTIJO, SEIXAL

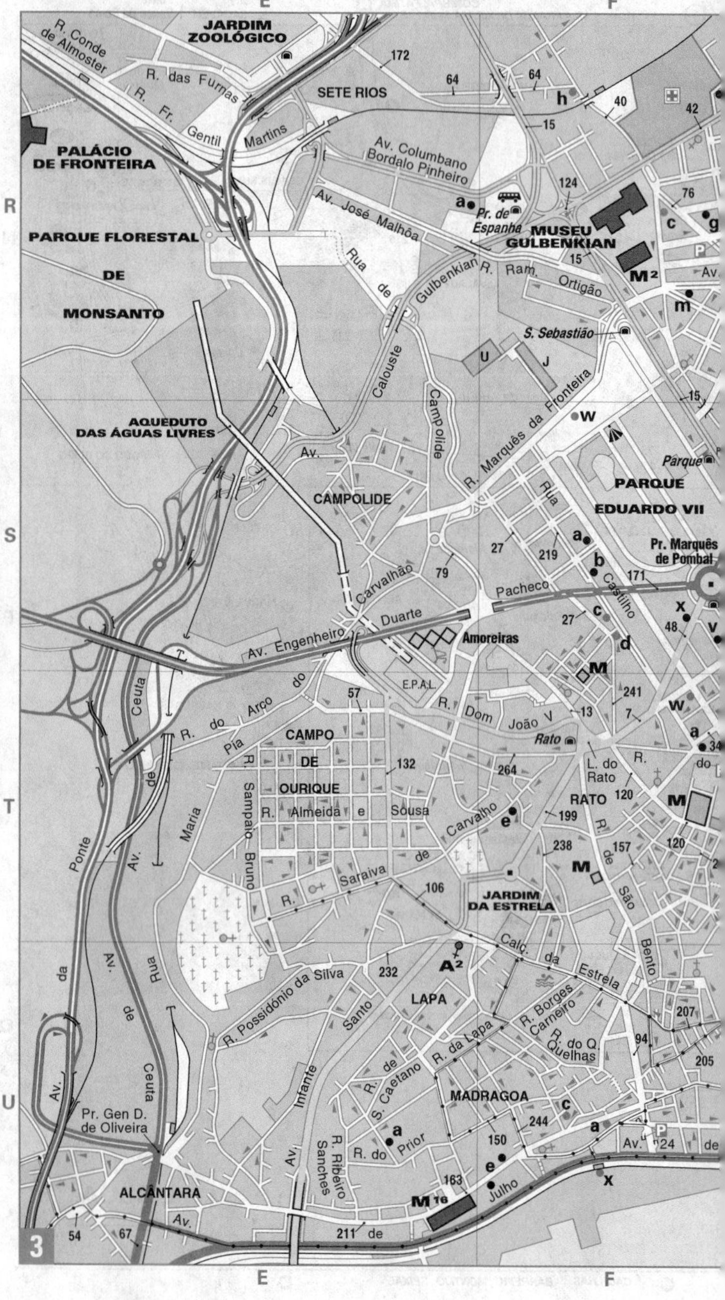

JARDIM ZOOLÓGICO
SETE RIOS
PALÁCIO DE FRONTEIRA
PARQUE FLORESTAL DE MONSANTO
AQUEDUTO DAS ÁGUAS LIVRES
CAMPOLIDE
MUSEU GULBENKIAN
PARQUE EDUARDO VII
Pr. Marquês de Pombal
Amoreiras
CAMPO DE OURIQUE
RATO
JARDIM DA ESTRELA
LAPA
MADRAGOA
ALCÂNTARA
Pr. de Espanha
S. Sebastião
Parque
Rato
Pr. Gen D. de Oliveira
R. Conde de Almoster
R. das Furnas
R. Fr. Gentil Martins
Av. Columbano Bordalo Pinheiro
Av. José Malhôa
Rua de Campolide
Calouste Gulbenkian
R. Ram. Ortigão
R. Marquês da Fronteira
Av. Engenheiro Duarte Pacheco
Carvalhão
Rua Castilho
R. Dom João V
L. do Rato
R. do Arco do Pia
R. Sampaio Bruno
R. Almeida e Sousa
R. Saraiva de Carvalho
Calç. da Estrela
R. de São Bento
R. Possidónio da Silva
Santo
R. da Lapa
R. Borges Carneiro
R. do Q. Quelhas
R. de S. Caetano
R. do Prior
R. Ribeiro Sanches
Av. Infante
Rua Maria
Av. de Ceuta
Av. da Ponte
Av. 24 de Julho
E.P.A.L.
LISBOA
E
F
R
S
T
U
3

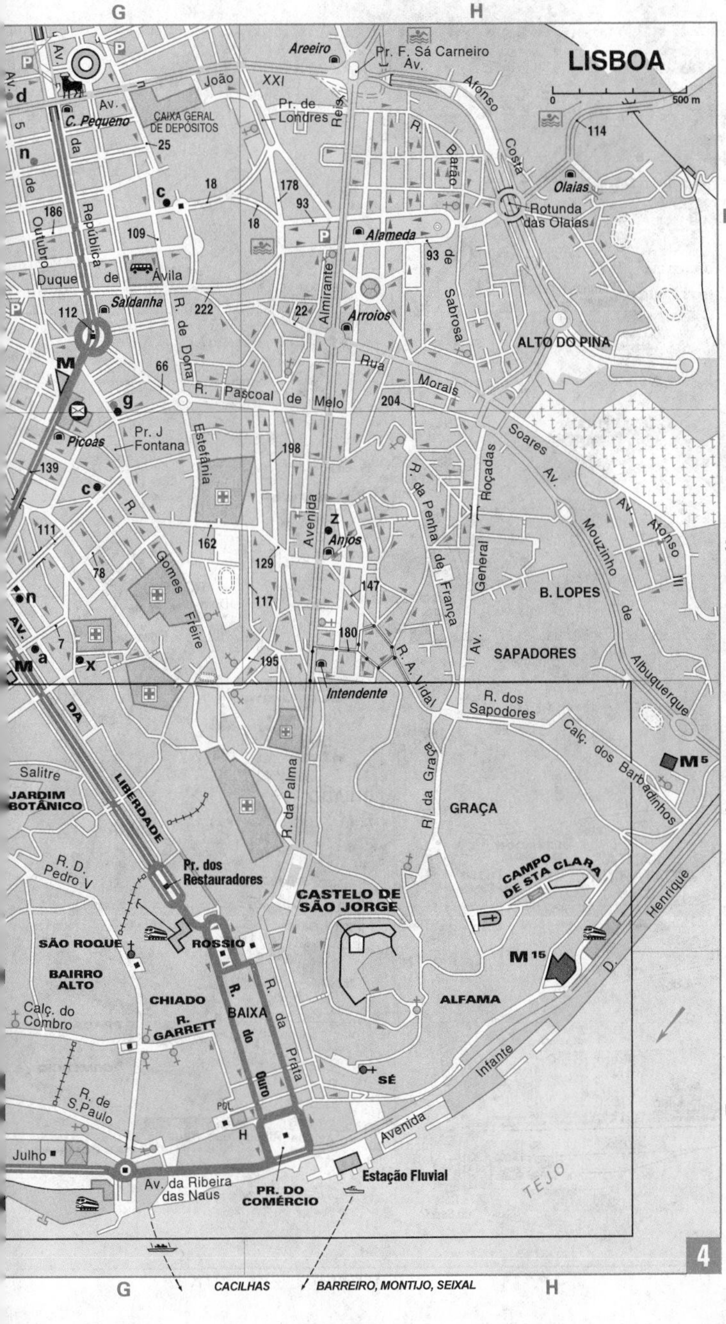

LISBOA

G H

0 500 m

Areeiro
Pr. F. Sá Carneiro
Av. João XXI
Av. Afonso Costa
Pr. de Londres
Av. Reis
CAIXA GERAL DE DEPÓSITOS
C. Pequeno
Av. 5 de Outubro
Av. da República
R. Barão de Sabrosa
Olaias
Rotunda das Olaias
Alameda
Av. Almirante
Duque de Ávila
Saldanha
R. de Dona Estefânia
Arroios
ALTO DO PINA
Rua Morais Soares
R. Pascoal de Melo
Picoas
Pr. J Fontana
R. Gomes Freire
Avenida
Anjos
R. da Penha de França
Av. General Roçadas
Av. Afonso
Av. Mouzinho de Albuquerque
B. LOPES
SAPADORES
R. A. Vidal
Intendente
R. dos Sapadores
Calç. dos Barbadinhos
M5
AV. DA LIBERDADE
Salitre
JARDIM BOTÂNICO
R. da Palma
R. da Graça
GRAÇA
R. D. Pedro V
Pr. dos Restauradores
CASTELO DE SÃO JORGE
CAMPO DE STA CLARA
Av. D. Henrique
SÃO ROQUE
ROSSIO
M15
BAIRRO ALTO
CHIADO
R. GARRETT
BAIXA
R. do Ouro
R. da Prata
ALFAMA
Calç. do Combro
SÉ
R. de S.Paulo
Avenida Infante
Julho
Av. da Ribeira das Naus
PR. DO COMÉRCIO
Estação Fluvial
TEJO

R S T U

4

CACILHAS
BARREIRO, MONTIJO, SEIXAL

G H

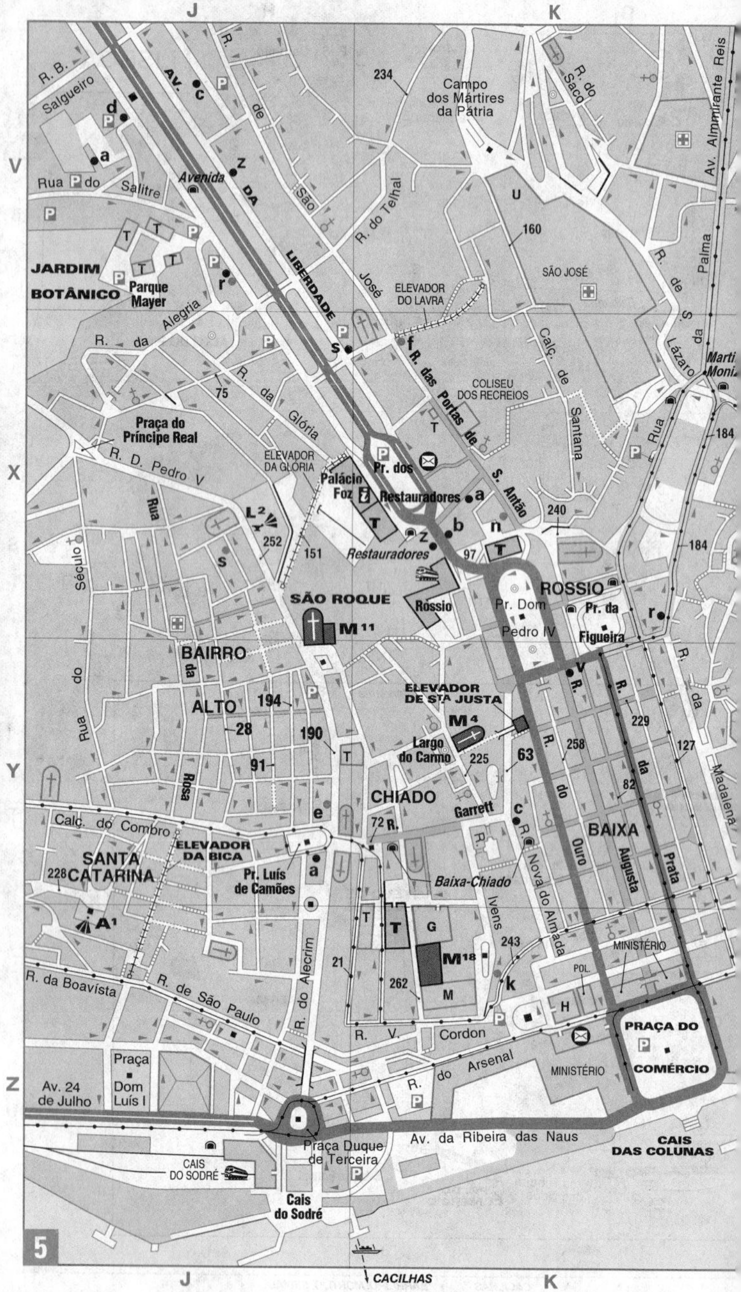
J
K
V
X
Y
Z
R. B. Salgueiro
Rua do Salitre
JARDIM BOTÂNICO
Parque Mayer
R. da Alegria
Av. DA LIBERDADE
Avenida
R. de São José
R. do Telhal
234
Campo dos Mártires da Pátria
R. do Saco
Av. Almirante Reis
U
160
SÃO JOSÉ
R. de S. Lázaro
Rua da Palma
Martim Moniz
ELEVADOR DO LAVRA
R. das Portas de S. Antão
Calç. de Santana
COLISEU DOS RECREIOS
75
R. da Glória
Praça do Príncipe Real
R. D. Pedro V
ELEVADOR DA GLÓRIA
Palácio Foz
Pr. dos Restauradores
Restauradores
240
184
252
151
97
Rua Século
SÃO ROQUE
M 11
Rossio
ROSSIO
Pr. Dom Pedro IV
Pr. da Figueira
BAIRRO ALTO
Rua do Rosa
194
28
190
91
ELEVADOR DE Sta JUSTA
M 4
Largo do Carmo
225
63
258
229
127
82
R. do Ouro
R. Augusta
R. da Prata
R. da Madalena
CHIADO
R. Garrett
BAIXA
Calç. do Combro
ELEVADOR DA BICA
SANTA CATARINA
228
A 1
Pr. Luís de Camões
72
Baixa-Chiado
R. Nova do Almada
Ivens
R. do Alecrim
21
262
G
M 18
M
243
MINISTÉRIO
POL.
H
R. da Boavista
R. de São Paulo
R. V. Cordon
R. do Arsenal
PRAÇA DO COMÉRCIO
MINISTÉRIO
Av. 24 de Julho
Praça Dom Luís I
Praça Duque de Terceira
Av. da Ribeira das Naus
CAIS DAS COLUNAS
CAIS DO SODRÉ
Cais do Sodré
5
CACILHAS

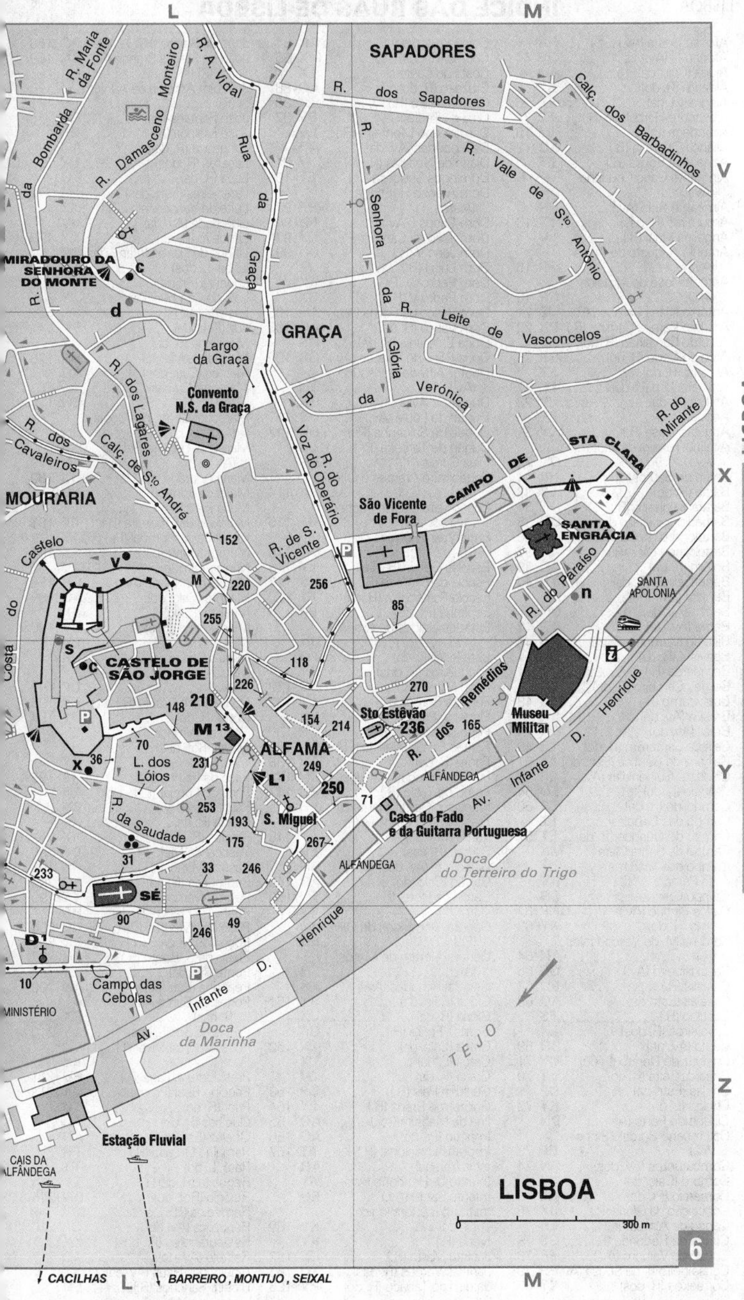
L
M
SAPADORES
R. Maria da Fonte
R. Damasceno Monteiro
R. A. Vidal
R. dos Sapadores
Calç. dos Barbadinhos
da Bombarda
Rua da Graça
R. Senhora da Glória
R. Vale de Sto António
V
MIRADOURO DA SENHORA DO MONTE
C
d
GRAÇA
R. Leite de Vasconcelos
Largo da Graça
R. dos Lagares
Convento N.S. da Graça
R. da Verónica
R. do Mirante
R. dos Cavaleiros
Calç. de Sto André
R. Voz do Operário
R. do Vicente
STA CLARA
CAMPO DE
X
MOURARIA
São Vicente de Fora
SANTA ENGRÁCIA
R. de S. Vicente
152
Castelo
V
M
220
256
R. do Paraíso
n
SANTA APOLÓNIA
Costa do
85
255
S
C
CASTELO DE SÃO JORGE
118
226
210
148
270
R. dos Remédios
Henrique
P
M 13
154
214
Sto Estêvão
236
165
Museu Militar
70
ALFAMA
D.
36
X
L. dos Lóios
231
249
ALFÂNDEGA
Infante
L 1
250
Y
R. da Saudade
253
71
Av.
193
S. Miguel
Casa do Fado e da Guitarra Portuguesa
175
267
31
Doca do Terreiro do Trigo
233
33
246
ALFÂNDEGA
SÉ
90
Henrique
246
49
D 1
D.
P
10
Campo das Cebolas
Infante
MINISTÉRIO
Av.
Doca da Marinha
TEJO
Z
Estação Fluvial
CAIS DA ALFÂNDEGA
LISBOA
0
300 m
6
CACILHAS
L
BARREIRO, MONTIJO, SEIXAL
M
LISBOA

ÍNDICE DAS RUAS DE LISBOA

LISBOA

Centro

Tivoli Lisboa

Av. da Liberdade 185 ✉ 1269-050 – ✆ 213 19 89 00 – www.tivolihotels.com
306 qto ☕ – 🛉132/630 € 🛉🛉132/660 € – 15 suites **5**JV**d**
Rest *Terraço* – Lista 40/55 €
Rest *Brasserie Flo Lisboa* – Lista 32/52 €
◆ Elegante, confortável e com uma magnífica sala social. Quartos aconchegantes e bem equipados de refinada decoração. Atractiva piscina rodeada de árvores. O restaurante Terraço dispõe de uma sala envidraçada no último andar com belas vistas.

Avenida Palace sem rest

Rua 1° de Dezembro 123 ✉ 1200-359 Ⓜ Restauradores – ✆ 213 21 81 00 – www.hotelavenidapalace.pt **5**KX**z**
64 qto ☕ – 🛉145/350 € 🛉🛉178/400 € – 18 suites
◆ Edifício elegante e com prestigio que data de 1892. Possui uma esplêndida zona nobre complementada por um bonito bar de estilo inglês e quartos de cuidado classicismo.

Sofitel Lisbon Liberdade

Av. da Liberdade 127 ✉ 1269-038 Ⓜ Avenida – ✆ 213 22 83 00 – www.sofitel-lisboa.com **5**JV**r**
167 qto – 🛉🛉150/460 €, ☕ 18 € – 4 suites
Rest *Ad Lib* – ver selecção restaurantes
◆ Apresenta uma decoração moderna e múltiplos detalhes de design. Os quartos estão equipados ao máximo nível, com materiais de primeira qualidade.

Altis Avenida

rest,

Rua 1º de Dezembro 120 ✉ 1200-360 – ✆ 210 44 00 00 – www.altisavenidahotel.com **5**KX**b**
68 qto ☕ – 🛉135/375 € 🛉🛉155/395 € – 2 suites **Rest *Rossio*** – Lista 39/48 €
◆ Sem dúvida, o melhor deste hotel é a sua localização e os seus quartos, não muito grandes mas de estilo clássico-actual, alguns com uma pequena varanda e a maioria com uma bela vista. No 7 º andar encontra-se um elegante restaurante panorâmico.

Bairro Alto H

qto,

Praça Luis de Camões 2 ✉ 1200-243 Ⓜ Baixa-Chiado – ✆ 213 40 82 88 – www.bairroaltohotel.com **5**JY**a**
51 qto ☕ – 🛉215/330 € 🛉🛉230/385 € – 4 suites
Rest – Menu 21/35 € – Lista 39/50 €
◆ Belo edifício da zona monumental que foi restaurado. Apresenta uma decoração actual, com detalhes minimalistas, bem como um terraço com vistas na cobertura do edifício. O restaurante combina a sua montagem simples com grandes janelas com vistas à praça.

Heritage Av Liberdade sem rest

Av. da Liberdade 28 ✉ 1250-145 Ⓜ Avenida – ☎ 213 40 40 40 – www.heritage.pt **5**JX**s**

42 qto – 🚹150/295 € 🚹🚹163/325 €, ☕ 14 €

◆ Possui uma fachada clássica e uma zona social de carácter polivalente, já que também se serve neste local o pequeno-almoço. Oferece quartos bem equipados e de estilo actual.

Internacional Design H. sem rest

Rua da Betesga 3 ✉ 1100-090 Ⓜ Rossio – ☎ 213 24 09 90 – www.idesignhotel.com **5**KY**v**

55 qto ☕ – 🚹🚹250/500 €

◆ O hotel possui uma decoração que não deixa ninguém indiferente. Quartos repartidos em quatro andares, cada um com um estilo diferente: urbano, tribo, zen e pop.

Do Chiado sem rest

Rua Nova do Almada 114 ✉ 1200-290 Ⓜ Baixa-Chiado – ☎ 213 25 61 00 – www.hoteldochiado.pt **5**KY**c**

38 qto ☕ – 🚹🚹195/300 € – 1 suite

◆ Está situado em pleno Chiado e surpreende pelo excelente equipamento dos seus quartos, destacando os do 7º andar pelas suas varandas privadas com vistas sobre a cidade.

Britania sem rest

Rua Rodrigues Sampaio 17 ✉ 1150-278 Ⓜ Avenida – ☎ 213 15 50 16 – www.heritage.pt **5**JV**c**

33 qto – 🚹130/230 € 🚹🚹143/255 €, ☕ 14 €

◆ A sua zona social limita-se ao bar, com um bonito chão em madeira e pinturas que falam das antigas colónias Portuguesas. Quartos amplos com certo ar Art-déco.

NH Liberdade

qto,

Av. da Liberdade 180-B ✉ 1250-146 Ⓜ Avenida – ☎ 213 51 40 60 – www.nh-hotels.com **5**JV**z**

83 qto ☕ – 🚹109/239 € 🚹🚹123/253 €

Rest – *(só jantar aos fins de semana)* Lista 30/45 €

◆ Uma boa opção na zona de negócios! Destaca-se pelo conforto dos seus quartos, de linha actual, e pelo seu terraço, com magníficas vistas da Lisboa antiga. O restaurante, de carácter polivalente, apresenta uma ementa portuguesa com uma secção de massas.

Tivoli Jardim

Rua Julio Cesar Machado 7 ✉ 1250-135 Ⓜ Avenida – ☎ 213 59 10 00 – www.tivolihotels.com **5**JV**a**

119 qto ☕ – 🚹130/270 € 🚹🚹140/290 €

Rest – Menu 34/51 €

◆ A modernidade e a funcionalidade dos nossos dias ao serviço do cliente de empresa. Apresenta quartos actuais, os superiores mais amplos e com varanda. O restaurante, que também recebe os pequenos-almoços, oferece uma ementa tradicional com toques actuais.

Olissippo Castelo sem rest

Rua Costa do Castelo 120 ✉ 1100-179 – ☎ 218 82 01 90 – www.olissippohotels.com **6**LX**v**

24 qto ☕ – 🚹200/220 € 🚹🚹220/240 €

◆ Situado junto ao castelo de São Jorge, com um dos seus muros colados à muralha. Quartos de grande nível, 12 com a sua própria varanda ajardinada e magníficas vistas.

Boa comida a preços moderados? Escolha um Bib Gourmand.

Solar do Castelo sem rest

Rua das Cozinhas 2 ✉ 1100-181 – ✆ 218 80 60 50 – www.heritage.pt 6LY**c**

14 qto – 🛉162/310 € 🛉🛉176/340 €, ☕ 14 €

◆ Instalado parcialmente num palacete do séc. XVIII. Desfruta de um bonito pátio empedrado, por onde passeiam perus, um pequeno museu de cerâmica e quartos de linha clássica-actual, os sete do palacete são personalizados e de maior conforto.

Evidencia Tejo Creative sem rest

Rua dos Condes de Monsanto 2 ✉ 1100-159 Ⓜ Rossio – ✆ 218 86 61 82 – www.evidenciahoteis.com 5KX**r**

51 qto ☕ – 🛉80/115 € 🛉🛉85/150 € – 7 suites

◆ Definido pela sua decoração em tons azuis, tanto na fachada como em cada uma das suas divisões. Bom hall de estilo modernista e quartos de correcto equipamento.

Solar dos Mouros sem rest

Rua do Milagre de Santo António 6 ✉ 1100-351 – ✆ 218 85 49 40 – www.solardosmouros.com 6LY**x**

13 qto – 🛉109/199 € 🛉🛉119/239 €, ☕ 15 €

◆ Casa típica personalizada na sua decoração, com uma distribuição algo irregular e um moderno interior. Possui quartos coloristas e em vários casos com excelentes vistas.

Albergaria Senhora do Monte sem rest

Calçada do Monte 39 ✉ 1170-250 Ⓜ Martim Moniz – ✆ 218 86 60 02 – www.albergariasenhoradomonte.com 6LV**c**

28 qto ☕ – 🛉60/85 € 🛉🛉70/120 €

◆ Aprazível alojamento no bairro residencial da Graça. Aconchegantes quartos de linha clássica-funcional e um bar esplanada que desfruta de esplêndidas vistas.

Gat Rossio sem rest

Rua Jardim do Regedor 27-35 ✉ 1150-193 Ⓜ Restauradores – ✆ 213 47 83 00 – www.gatrooms.com 5KX**a**

71 qto ☕ – 🛉🛉80/130 €

◆ Um bom recurso na zona centro da cidade! Em conjunto, resulta ser moderno e funcional, pois oferece um agradável pátio interior e quartos de adequado conforto.

Tavares

Rua da Misericórdia 37 ✉ 1200-270 Ⓜ Baixa-Chiado – ✆ 213 42 11 12 – www.restaurantetavares.pt – fechado domingo e 2ª feira 5JY**e**

Rest – Menu 58/78 € – Lista 55/79 €

Espec. Foie gras de Pato, unagui, nêspera e sansho. Coelho, caracoletas, tomate, feijão verde, azeitona e pinhões. "Tártaro e Rossini".

◆ Emblemático, tanto pela sua elegância quanto pela sua antiguidade, este restaurante, fundado em 1784 dispõe de um bom hall e uma sala decorada majestosamente com grandes e belos espelhos dourados e candeeiros. Cozinha criativa elaborada a partir de uma sólida base tradicional.

Gambrinus

Rua das Portas de Santo Antão 25 ✉ 1150-264 Ⓜ Restauradores – ✆ 213 42 14 66 – www.gambrinuslisboa.com 5KX**n**

Rest – Lista 56/82 €

◆ Um clássico de Lisboa. Possui um bom bar e um refeitório com lareira onde poderá degustar pratos tradicionais portugueses e internacionais, com um bom apartado de marisco.

Tágide

Largo da Academia Nacional de Belas Artes 18-20 ✉ 1200-005 Ⓜ Baixa-Chiado – ✆ 213 40 40 10 – www.restaurantetagide.com – fechado agosto, domingo e 2ª feira 5KZ**k**

Rest – Menu 38 € – Lista 35/51 €

◆ Num edifício de aspecto senhorial ! A sua sala principal desfruta de certo encanto, pois está decorada com belos azulejos portugueses. Cozinha de gosto tradicional com toques actuais.

XXX **Casa do Leão**

Castelo de São Jorge ✉ 1100-129 – ☎ 218 87 59 62 – www.pousadas.pt

Rest – Lista 34/55 € 6LXY**s**

◆ No interior das muralhas do castelo de São Jorge. Refeitório clássico-português com lareira e o tecto em abóbada, assim como uma esplanada dotada de espectaculares vistas.

XX **O Faz Figura**

Rua do Paraíso 15-B ✉ 1100-396 – ☎ 218 86 89 81 – www.fazfigura.com

Rest – Lista 34/46 € 6MX**n**

◆ Nos arredores da Alfama. Tem uma sala interior de linha actual, outra envidraçada e uma agradável esplanada. Cozinha tradicional com algum detalhe de criatividade.

XX **Via Graça**

Rua Damasceno Monteiro 9-B ✉ 1170-108 – ☎ 218 87 08 30 – www.restauranteviagraca.com – fechado sábado meio-dia e domingo meio-dia 6LV**d**

Rest – Lista 30/41 €

◆ Uma boa opção para casais, pois uma das suas maiores atracções está nas suas magníficas vistas panorâmicas. Cozinha tradicional portuguesa e adega esmerada.

XX **Solar dos Presuntos**

Rua das Portas de Santo Antão 150 ✉ 1150-269 Ⓜ Avenida – ☎ 213 42 42 53 – www.solardospresuntos.com – fechado agosto, Natal, domingo e feriados

Rest – Lista 30/44 € 5KX**f**

◆ Dirigido pelos seus proprietários, com boa exposição de produtos e um conforto correcto. Ampla selecção de pratos tradicionais e marisco, assim como uma excelente adega.

XX **Ad Lib** – Hotel Sofitel Lisbon Liberdade

Av. da Liberdade 127 ✉ 1269-038 – ☎ 213 22 83 50 – www.restauranteadlib.pt – fechado sábado meio-dia e domingo meio-dia 5JV**r**

Rest – Menu 20 € – Lista 33/55 €

◆ Actual com toques coloniais. Oferece dois tipos de ementa, uma ao meio-dia que combina a cozinha tradicional com o "brasserie" francês, e outra mais elaborada para os jantares.

X **100 Maneiras**

Rua do Teixeira 35 ✉ 1200-459 – ☎ 210 99 04 75 – www.restaurante100maneiras.com – fechado domingo 5JX**s**

Rest – *(só jantar) (só menú)* Menu 35/80 €

◆ Pequeno restaurante situado numa ruela do bairro alto. O seu jovem chef propõe um menu de degustação de cozinha criativa, fresca e ligeira, sempre com bons detalhes.

Este

Inspira Santa Marta — & qto,

Rua Santa Marta 48 ✉ 1150-297 Ⓜ Marquês de Pombal – ☎ 210 44 09 00 – www.inspirahotels.com 4GS**x**

89 qto – †100/200 € ††115/215 €, ☕ 13 €

Rest *Open* – Menu 25 € – Lista 20/39 €

◆ Presume de ser ecologicamente sustentável e distribui as suas dependências seguindo os princípios orientais do Feng Shui. Design, conforto, comodidade e um SPA. O seu restaurante propõe uma cozinha sadia e actual, sempre tomando como base os produtos orgânicos.

Fontana Park H.

Rua Engenheiro Vieira da Silva 2 ✉ 1050-105 Ⓜ Picoas – ☎ 210 41 06 00 – www.fontanaparkhotel.com 4GRS**g**

139 qto ☕ – †180/270 € ††200/290 €

Rest *Saldanha Mar* – ver selecção restaurantes

◆ Apresenta uma decoração minimalista com detalhes de design, um jardim interior fiel à filosofia Zen e quartos confortáveis , os do último andar com varanda. O que é que lhe apetece mais, cozinha portuguesa ou japonesa? Aqui poderá ter as duas!

Tivoli Oriente

Av. D. João II (Parque das Nações) ✉ 1990-083 Ⓜ Oriente – ✆ 218 91 51 00 – www.tivolihotels.com **2DNb**

277 qto – 🛉80/100 € 🛉🛉80/110 €, ☕ 10 € – 2 suites **Rest** – Lista aprox. 32 €

♦ Ocupa uma torre de belo design situada na zona da Expo, com um moderno hall e confortáveis quartos, os renovados actuais e o resto de linha clássica-funcional. Junto à recepção há um restaurante simples especializado em carnes na brasa.

Olissippo Oriente

Rua D. João II, Parque das Nações ✉ 1990-083 Ⓜ Oriente – ✆ 218 92 91 00 – www.olissippohotels.com **2DNd**

182 qto ☕ – 🛉102/200 € 🛉🛉112/220 € **Rest** – Menu 18/50 € – Lista 22/31 €

♦ Hotel instalado no recinto da Expo. Desfruta de instalações bastante modernas, com suficientes zonas nobres, salas de reuniões e quartos de bom conforto. No seu cuidado refeitório combina-se o serviço buffet com uma correcta ementa tradicional.

Holiday Inn Lisbon

Av. António José de Almeida 28-A ✉ 1000-044 Ⓜ Saldanha – ✆ 210 04 40 00 – www.holiday-inn.com **4GRc**

161 qto ☕ – 🛉75/230 € 🛉🛉85/240 € – 9 suites **Rest** – Lista 20/37 €

♦ Conjunto de linha actual orientado ao homem de negócios. Possui uma correcta zona social e quartos de adequado equipamento dotados com mobiliário clássico-moderno. No seu refeitório oferecem uma correcta ementa tradicional.

Dom Carlos Park sem rest

Av. Duque de Loulé 121 ✉ 1050-089 Ⓜ Marquês de Pombal – ✆ 213 51 25 90 – www.domcarloshoteis.com **4GSn**

76 qto ☕ – 🛉70/147 € 🛉🛉77/196 €

♦ É clássico e elegante, conjugando a sua localização privilegiada com um ambiente tranquilo. Quartos confortáveis de linha clássica, a maioria com mobiliário funcional.

Travel Park Lisboa sem rest

Av. Almirante Reis 64 ✉ 1150-020 Ⓜ Anjos – ✆ 218 10 21 00 – www.hoteltravelpark.com **4HSz**

61 qto ☕ – 🛉70/140 € 🛉🛉80/150 €

♦ Dotado de uma correcta zona social e de um pátio exterior com esplanada. Oferece quartos funcionais com o chão em alcatifa, salvo no 1º andar que são antialérgicas. Refeitório interior de estilo clássico.

Dom Carlos Liberty sem rest

Rua Alexandre Herculano 13 ✉ 1150-005 Ⓜ Marquês de Pombal – ✆ 213 17 35 70 – www.domcarloshoteis.com **4GSa**

59 qto ☕ – 🛉70/147 € 🛉🛉77/196 €

♦ Este hotel apresenta-se com instalações modernas, uma reduzida zona social e quartos de bom conforto geral, a maioria deles com casas de banho com pratos de duche.

Alicante sem rest

Av. Duque de Loulé 20 ✉ 1050-090 – ✆ 213 53 05 14 – www.hotelalicantelisboa.com **4GSc**

53 qto ☕ – 🛉55/70 € 🛉🛉65/90 €

♦ Alojamento de carácter familiar e linha funcional. Os seus quartos são adequados dentro da sua categoria, com os chãos em soalho flutuante e casas de banho actuais.

Saldanha Mar – Hotel Fontana Park H.

Rua Engenheiro Vieira da Silva 2 ✉ 1050-105 Ⓜ Picoas – ✆ 210 41 06 00 – www.fontanaparkhotel.com **4GRSg**

Rest – Menu 25 € – Lista 37/59 €

♦ Restaurante de estética minimalista dominado pelos tons brancos e com a cozinha à vista. Oferece dois tipos de ementas: uma para os almoços, que se concentra no peixe fresco e nas sugestões, e outra mais elaborada para os jantares.

D'Avis

Rua do Grilo 98 ✉ 1950-146 – ✆ 218 68 13 54 – www.davis.com.pt – fechado agosto, domingo e feriados **2DPa**

Rest – Lista 14/20 €

◆ Um bom lugar para descobrir a cozinha alentejana! O seu pequeno refeitório de ambiente regional está repleto de objectos antigos, típicos do Alentejo e próprios do mundo rural.

Oeste

Four Seasons H. Ritz Lisbon

Rua Rodrigo da Fonseca 88 ✉ 1099-039 – ✆ 213 81 14 00 – www.fourseasons.com **3FSb**

241 qto – 🛉390/495 € 🛉🛉415/520 €, ☕ 32 € – 41 suites

Rest *Varanda* – Lista 66/98 €

◆ Pensado para que a sua estadia se converta num verdadeiro prazer! A estética actual do edifício contrasta com o seu interior, de linha clássica-elegante. O seu belo restaurante propõe um buffet completo nos almoços e uma ementa de tendência actual durante os jantares.

Pestana Palace

Rua Jau 54 ✉ 1300-314 – ✆ 213 61 56 00 – www.pestana.com **1AQd**

177 qto ☕ – 🛉185/308 € 🛉🛉200/329 € – 17 suites

Rest *Valle Flor* – Menu 39/85 € – Lista 41/78 €

◆ Formoso palácio do séc. XIX decorado conforma a época, com sumptuosos salões e quartos muito detalhistas. As suas imediações parecem um jardim botânico! O restaurante, que elabora vários menus ao meio-dia e uma ementa tradicional actualizada pelas noites, completa-se com uma salinha tipo privada na antiga cozinha.

Lapa Palace

Rua do Pau de Bandeira 4 ✉ 1249-021 Ⓜ Rato – ✆ 213 94 94 94 – www.olissippohotels.com **3EUa**

102 qto – 🛉🛉370/430 €, ☕ 29 € – 7 suites **Rest** – Lista 52/62 €

◆ Fastuoso e clássico sobre uma colina, com o Tejo ao fundo! Palácio do séc. XIX dotado de cantinhos íntimos e evocadores jardins, que guardam uma cascata entre as árvores. O restaurante, elegante, luminoso e com belos lustres estilo antigo, propõe uma cozinha tradicional portuguesa bem actualizada.

Tiara Park Atlantic Lisboa

Rua Castilho 149 ✉ 1099-034 Ⓜ Marquês de Pombal – ✆ 213 81 87 00 – www.tiara-hotels.com **3FSa**

314 qto – 🛉100/450 € 🛉🛉120/470 €, ☕ 23 € – 17 suites

Rest *L'Appart* – Menu 32/48 € – Lista 30/50 €

◆ Completas instalações e profissionalismo num esmerado ambiente de modernos quartos e suites. Casas de banho em mármore e mobiliário de qualidade. Restaurante de gratificante decoração em quatro ambientes, com buffet, ementa ou prato do dia.

Altis Belém

Doca do Bom Sucesso ✉ 1400-038 – ✆ 210 40 02 00 – www.altisbelemhotel.com

45 qto ☕ – 🛉190/230 € 🛉🛉210/250 € – 5 suites **1AQe**

Rest *Feitoria* ✿ – ver selecção restaurantes

Rest – Lista 26/52 €

◆ Combina o luxo e a modernidade! SPA completo, zona chill-out no terraço, cafetaria minimalista e quartos muito amplos, todos personalizados e com vistas ao rio. No seu elegante e límpido restaurante poderá degustar de uma cozinha de tendência actual.

Eurostars Das Letras

Rua Castilho 6-12 ✉ 1250-069 – ✆ 213 57 30 94 – www.eurostarshotels.com **3FTb**

101 qto ☕ – 🛉150 € 🛉🛉200 € – 6 suites **Rest** – Lista 31/48 €

◆ O moderno "look" da zona social, que surpreende pelos seus detalhes de design, rivaliza com a estética cuidada dos quartos, são confortáveis e de linha clássica-actual. O restaurante, de carácter polivalente, elabora uma cozinha tradicional.

CS Vintage Lisboa
qto,

Rua Rodrigo da Fonseca 2 ✉ 1250-191 Ⓜ Rato – ✆ 210 40 54 00 – www.cshotelandresorts.com **3**FT**a**

53 qto – 120/200 € 150/250 € – 3 suites

Rest – Menu 18/35 € – Lista 31/42 €

◆ Demonstra que cuidou os detalhes para criar um espaço pessoal e ao mesmo tempo acolhedor. Pequeno SPA e quartos de estilo clássico-actual, todos equipados com grande nível. Restaurante de carácter polivalente para atender os três serviços do dia.

Da Estrela

Rua Saraiva de Carvalho 35 ✉ 1250-242 Ⓜ Rato – ✆ 211 90 01 00 – www.hoteldaestrela.com **3**FT**e**

19 qto – 139/149 € 169/179 €

Rest – *(fechado domingo e 2ª feira)* Menu 32 € – Lista 28/41 €

◆ A sua decoração original evoca o espírito da antiga escola que ocupou o edifício, por isso, agora combinam os velhos quadro-negros, mesas e cabides com móveis de design. O restaurante, de uso polivalente, oferece os três serviços do dia.

Holiday Inn Lisbon Continental
qto,

Rua Laura Alves 9 ✉ 1069-169 Ⓜ Campo Pequeno – ✆ 210 04 60 00 – www.holidayinn.com **3**FR**q**

220 qto – 70/180 € 80/220 € – 10 suites

Rest – Menu 18 € – Lista 23/34 €

◆ Hotel de fachada actual onde se encontram os executivos de empresa. Aconchegantes quartos dotados de numerosos detalhes e correctas zonas sociais. Refeitório de nível algo inferior.

Vila Galé Ópera
qto,

Travessa do Conde da Ponte ✉ 1300-141 – ✆ 213 60 54 00 – www.vilagale.pt **1**ABQ**a**

243 qto – 68/102 € 80/120 € – 16 suites

Rest – Menu 20 € – Lista 16/31 €

◆ Encontra-se junto ao centro de congressos, que determina o seu tipo de clientela. Amplo hall, quartos modernos de conforto funcional e uma completa oferta de fitness. Restaurante de montagem actual, decorado com detalhes alusivos ao mundo da música.

Jerónimos 8 sem rest, com snack-bar

Rua dos Jerónimos 8 ✉ 1400-211 – ✆ 213 60 09 00 – www.almeidahotels.com **1**AQ**c**

65 qto – 160/220 € 180/240 €

◆ Está instalado num antigo edifício que foi completamente renovado, justamente ao lado do Mosteiro dos Jerónimos. Bastante confortável e de estética minimalista.

Aviz
qto,

Rua Duque de Palmela 32 ✉ 1250-098 Ⓜ Marquês de Pombal – ✆ 210 40 20 00 – www.hotelaviz.com **3**FS**v**

70 qto – 120/150 € 150/280 € – 14 suites

Rest *Aviz* – Lista 33/55 €

◆ Este hotel de linha clássica oferece um hall elegante e quartos com equipamento cuidado, alguns deles dedicados a personalidades históricas que se alojaram nos mesmos.

Marquês de Pombal
qto,

Av. da Liberdade 243 ✉ 1250-143 – ✆ 213 19 79 00 – www.hotel-marquesdepombal.pt **3**FS**e**

120 qto – 138/172 € 150/184 € – 3 suites

Rest – Lista 23/38 €

◆ Oferece um ambiente moderno e funcional envolvido em materiais insignes, tecnologias actuais e com uma sala de conferências modulável. Bom conforto geral. O restaurante está unido ao café e nele poderá degustar uma correcta cozinha internacional.

Açores Lisboa

Av. Columbano Bordalo Pinheiro 3 ✉ 1070-060 Ⓜ Praça de Espanha – ✆ 217 22 29 20 – www.bensaude.pt **3**ER**a**

123 qto – 76/103 € 85/115 € – 5 suites

Rest – Menu 15 € – Lista 17/25 €

♦ Conjunto actual-funcional dotado com uma amável organização de cadeia. Compensa a sua reduzida zona social com quartos bem equipados e casas de banho completas. O restaurante oferece buffet ao meio-dia e uma ementa tradicional à noite.

Evidencia Astoria Creative

Rua Braamcamp 10 ✉ 1250-050 Ⓜ Marquês de Pombal – ✆ 213 86 13 17 – www.evidenciaastoria.com **3**FS**x**

68 qto – 90/115 € 100/135 €

Rest – *(fechado fins de semana) (só almoço)* Menu 12/25 €

♦ Surpreende, pois atrás da sua fachada de linha clássica oculta-se um interior moderno e com detalhes de design. Destacam-se os quartos que têm salão e galeria envidraçada. O restaurante, momentaneamente, só serve o pequeno-almoço e um buffet internacional ao meio-dia.

As Janelas Verdes sem rest

Rua das Janelas Verdes 47 ✉ 1200-690 – ✆ 213 96 81 43 – www.heritage.pt **3**FU**e**

29 qto – 143/280 € 157/298 €, 14 €

♦ Situado parcialmente numa casa senhorial do séc. XVIII, com uma bonita sala-biblioteca e boas vistas. O conjunto é cálido e romântico, com um íntimo classicismo.

York House

Rua das Janelas Verdes 32 ✉ 1200-691 Ⓜ Cais do Sodré – ✆ 213 96 24 35 – www.yorkhouselisboa.com **3**FU**e**

32 qto – 80/200 € 80/250 €, 10 € **Rest** – Lista 25/40 €

♦ Num convento do séc. XVII. Oferece um interior plenamente actualizado tanto em conforto como em decoração, sabendo combinar o mobiliário de época com outro mais actual. Restaurante de montagem clássica com um friso de azulejos antigos que chama a atenção.

Itália sem rest

Av. Visconde de Valmor 67 ✉ 1050-239 Ⓜ Saldanha – ✆ 217 97 77 36 – www.residencial-italia.com **3**FR**g**

44 qto – 39/69 € 45/90 €

♦ Desfruta de um atractivo pátio com algumas mesas, relvado e laranjeiras, algo que surpreende no centro da cidade. Os quartos são actuais, simples e funcionais.

Eleven

Rua Marquês de Fronteira ✉ 1070 Ⓜ São Sebastião – ✆ 213 86 22 11 – www.restauranteleven.com – fechado domingo **3**FS**w**

Rest – Menu 35/125 € – Lista 66/82 €

♦ Instalado num edifício onde prima o design. Na sua sala, moderna, luminosa e com magníficas vistas tanto ao parque como à cidade, poderá degustar de uma cozinha criativa.

Feitoria – Hotel Altis Belém

Doca do Bom Sucesso – ✆ 210 40 02 07 – www.altisbelemhotel.com

Rest – *(fechado do 7 ao 23 de agosto, domingo e 2ª feira)* **1**AQ**e**

Menu 58/75 € – Lista 42/82 €

Espec. Salada de Sapateira com notas cítricas, funcho e coração de tomate. Carabineiro com tagliolini de trufa, emulsão de bivalves, salicórnia e caviar da terra. Bolo húmido regional com creme de requeijão e gelado de mel.

♦ Possui uma sala de estilo moderno com dois andares, equipado com um bom hall, um bar de espera e um terraço. Propõe uma cozinha criativa com base na qualidade das matérias-primas, cuidadas apresentações e respeito aos sabores.

XX **Assinatura**

Rua Vale do Pereiro 19 ✉ 1250-270 Ⓜ Rato – ✆ 213 86 76 96 – www.assinatura.com.pt **3**FT**w**

Rest – *(fechado sábado meio-dia, domingo e 2ª feira meio-dia)* Menu 26/55 € – Lista 35/58 €

♦ Restaurante de ambiente minimalista onde se joga com as cores vermelho e branco. Possui um reservado que chamam "A mesa do Chef". Cozinha tradicional actualizada.

XX **Quinta dos Frades**

Rua Luís Freitas Branco 5-D ✉ 1600-488 – ✆ 217 59 89 80 – www.quintadosfrades.com – fechado sábado meio-dia, domingo e feriados

Rest – Lista 25/44 € **2**CN**r**

♦ Negócio de organização séria e profissional. No seu refeitório, de tectos altos e ambiente moderno, poderá degustar pratos próprios do receituário tradicional e internacional.

XX **Bocca**

Rua Rodrigo da Fonseca 87 D ✉ 1250-190 Ⓜ Marquês de Pombal – ✆ 213 80 83 83 – www.bocca.pt – fechado domingo e 2ª feira **3**FS**c**

Rest – Menu 21/52 € – Lista 35/64 €

♦ O restaurante conta com duas salas de estética actual, a principal com a cozinha aberta, e um espaço na adega chamado "gastro-bar" que propõe tapas e petiscos. Cozinha criativa.

XX **Manifesto**

Largo de santos 9-C ✉ 1200-808 – ✆ 213 96 34 19 – www.restaurantemanifesto.com – fechado sábado meio-dia e domingo

Rest – Menu 35 € – Lista 29/42 € **3**FU**a**

♦ Surpreende pela sua estética despreocupada, com frases curiosas escritas nas paredes e discos de vinil como pratos de apresentação. Cozinha actual com toques criativos.

XX **Clube do Peixe**

Av. 5 de Outubro 180 ✉ 1050-063 Ⓜ Campo Pequeno – ✆ 217 97 34 34 – www.clube-do-peixe.com – fechado domingo **4**GR**d**

Rest – Lista 25/35 €

♦ Desfruta de certo êxito na zona. Após o sugestivo expositor de peixes e mariscos que tem na entrada, encontrará uma sala clássico-actual, com alguns detalhes marinheiros.

XX **Adega Tia Matilde**

Rua da Beneficência 77 ✉ 1600-017 Ⓜ Praça de Espanha – ✆ 217 97 21 72 – www.adegatiamatilde.com – fechado sábado noite e domingo **3**FR**h**

Rest – Lista 25/37 €

♦ Casa de longa tradição familiar com grande sucesso na zona. As suas instalações são amplas, compensando a sua situação com uma magnífica garagem na cave. Cozinha tradicional.

XX **A Travessa**

Travessa do Convento das Bernardas 12 ✉ 1200-638 – ✆ 213 90 20 34 – www.atravessa.com – fechado domingo **3**FU**c**

Rest – Lista 42/60 €

♦ Ocupa parte dum convento do séc. XVII. O refeitório possui um bonito tecto em abóbada, solos rústicos e complementa-se com uma esplanada no claustro.

XX **O Polícia**

Rua Marquês Sá da Bandeira 112 ✉ 1050-150 Ⓜ São Sebastião – ✆ 217 96 35 05 – www.restauranteopolicia.com – fechado sábado noite, domingo e feriados **3**FR**c**

Rest – Lista 30/48 €

♦ A qualidade dos seus peixes é conhecida em toda a cidade! Apresenta instalações de linha funcional e expositores que são todo um convite. Aconselha-se reservar.

Mezzaluna

Rua Artilharia Um 16 ✉ 1250-039 Ⓜ Rato – ✆ 213 87 99 44 – www.mezzalunalisboa.com – fechado Natal, sábado meio-dia e domingo

Rest – Lista 28/37 € **3**FS**d**

◆ Restaurante de ambiente casual-chic dirigido directamente pelo seu chef-proprietário. Na sua ementa encontrará a cozinha tradicional italiana e algumas variações ítalo-portuguesas.

Solar dos Nunes

Rua dos Lusíadas 68-72 ✉ 1300-372 – ✆ 213 64 73 59 – www.solardosnunes.pt – fechado do 7 ao 31 de agosto e domingo **1**AQ**t**

Rest – Menu 20/35 € – Lista 22/36 €

◆ Aconchegante ambiente e dependências de ar típico, com uma adequada montagem e um esplêndido chão empedrado. Completa ementa tradicional portuguesa e uma boa adega.

Tromba Rija

Rua Cintura do Porto de Lisboa - edif 254 ✉ 1200-109 Ⓜ Cais do Sodré – ✆ 213 97 15 07 – www.trombarija.com – fechado domingo noite e 2ª feira meio-dia **3**FU**x**

Rest – *(só buffet)* Menu 35 €

◆ Encontra-se num antigo armazém do porto e baseia o seu trabalho em elaborar um completíssimo buffet tradicional português, com mais de 50 pratos diferentes.

O Funil

Av. Elias Garcia 82-A ✉ 1050-100 Ⓜ Campo Pequeno – ✆ 217 96 60 07 – www.ofunil.com – fechado domingo noite **4**GR**n**

Rest – Lista 21/38 €

◆ Oferece instalações actuais e tem as suas salas repartidas em dois andares, todas com um bom mobiliário. Cozinha tradicional e especialidades como o bacalhau ao estilo Funil.

LOULÉ – Faro – 733 – 593 U5 – 12 075 h. 3 B2

Lisboa 299 – Faro 16

Av. 25 de Abril 9, ✆ 289 46 39 00

Loulé Jardim H. sem rest

Praça Manuel de Arriaga ✉ 8100-665 – ✆ 289 41 30 94 – www.loulejardimhotel.com

52 qto ☕ – 👥50/73 €

◆ Destaca pelo seu cálido interior, com uma sala social dotada de lareira e um pátio repleto de plantas. Os quartos são funcionais, embora muito luminosos e confortáveis.

LOUSADA – Porto – 733 – 591 I5 – 4 051 h. 8 A2

Lisboa 349 – Porto 44 – Braga 47 – Vila Real 60

na estrada N 207-2 Nordeste : 10 km

Casa de Juste

✉ 4620-823 Lousada – ✆ 255 82 16 26 – www.casadejuste.com – março-outubro

11 qto ☕ – 👤80 € 👥100 € **Rest** – *(fechado domingo) (só menú)* Menu 25 €

◆ Casa senhorial do séc. XVII situada numa extensa quinta agrícola dedicada à produção de vinho. Zona social de ar clássico e quartos decorados em diferentes estilos. No seu restaurante, de linha actual, poderá degustar um completo prato do dia.

LUSO – Aveiro – 733 – 591 K4 – 1 582 h. – alt. 200 m – Termas 4 B2

Lisboa 230 – Aveiro 44 – Coimbra 28 – Viseu 69

Rua Emídio Navarro 136, ✆ 231 93 91 33, www.turismodocentro.pt

Alegre sem rest

Rua Emidio Navarro 2 ✉ 3050-224 – ✆ 231 93 02 56 – www.alegrehotels.com

18 qto ☕ – 👤35/45 € 👥45/65 €

◆ Esta bela casa senhorial construída em 1859 dispõe de um pequeno jardim, tectos altos, piso de madeira, móveis e decoração de estilo clássico português.

MACEDO DE CAVALEIROS - Bragança - **733** - **591** H9 - **8 784 h.** - alt. 580 m **9** C2

Lisboa 510 - Bragança 42 - Vila Real 101

Casa Falcao, ✆ 278 42 61 93

O Montanhês

Rua Camilo Castelo Branco 19 ✉ 5340-237 - ✆ 278 42 24 81 - fechado domingo noite e 2ª feira

Rest - Menu 10 € - Lista 20/31 €

◆ Negócio dotado de dois refeitórios rústicos, um deles com uma grelha à vista, assim como um privado numa zona ligeiramente sobre elevada. Cozinha regional especializada em carnes à brasa.

em Chacim Sudeste : **12 km**

Solar de Chacim

✉ 5340-092 Macedo de Cavaleiros - ✆ 278 46 80 00 - www.solardechacim.com

6 qto - 50 € 70 € **Rest** - *(só clientes)* Menu 20 €

◆ Antiga casa senhorial dotada de uma bela fachada e cuidados exteriores. Sala social com lareira e confortáveis quartos, com os chãos em madeira e mobiliário de época.

Arquipélago da MADEIRA - 733 - 245 806 h.

Arquipélago de origem volcânico, está situado a 800 km da Costa Africana e a mais de 900 km ao sudoeste de Lisboa.

O clima suave todo o ano (entre 16ºC e 20ºC) e sua vegetação exuberante fazem das ilhas um lugar privilegiado para o descanso e o ócio.

O arquipélago da Madeira, com uma superficie de 782 km2 é composto de duas ilhas (Madeira e Porto Santo) e dois grupos de ilhéus inabitados, as ilhas Desertas e as ilhas Selvagens.

Transportes

ver : Funchal e Vila Baleira

para Madeira ver : Lisboa. Em Madeira ver : Funchal, Vila Baleira (Porto Santo)

PORTUGAL

MADEIRA

A ilha é constituída por uma cadeia de montanhas com uma altitude superior a 1.200 m., onde culminam alguns picos (Pico Ruivo : 1.862 m.). O litoral é muito escarpado. As praias são raras e geralmente pedregosas.

A capital da ilha é Funchal.

A cultura do vinho da ilha foi introduzida na Madeira a partir do séc. XV. As três principais castas são o Sercial, o Boal e o Malvasía, o mais afamado. Também se produz o Verdelho.

Os bordados (em tela, linho, organdi) são uns dos principais recursos da ilha.

CANIÇO - 733 B3 **7** A2

Funchal 8

Rua Robert Baden Powell, ✆ 291 93 29 19

em Caniço de Baixo Sul : **2,5 km**

Inn & Art

Robert Baden Powell 61-62 ✉ 9125-036 Caniço de Baixo - ✆ 291 93 82 00 - www.innart.com

19 qto - 57/92 € 67/107 € - 10 suites **Rest** - Lista 20/35 €

◆ Neste atractivo hotel, situado sobre uma falésia, respira-se uma atmosfera que combina o boémio e o artístico com agradáveis quartos de estilo funcional. O seu restaurante tem a cozinha à vista do cliente e uma espectacular esplanada.

EIRA DO SERRADO – **733** B2 **7** A2

Funchal 14

Estalagem Eira do Serrado

Alt. 1 095 ✉ 9000-421 Funchal – ☎ 291 71 00 60 – www.eiradoserrado.com

25 qto – 40/50 € 50/70 € **Rest** – Menu 35 € – Lista aprox. 32 €

◆ Cenário natural presidido pelas imponentes montanhas do Curral das Freiras. Desfrute das vistas e das suas confortáveis instalações. Concorrido mas correcto refeitório panorâmico.

ESTREITO DE CÂMARA DE LOBOS – **733** B2 – **1 047 h.** **7** A2

Funchal 9

Quinta do Estreito

Rua José Joaquim da Costa ✉ 9325-034 – ☎ 291 91 05 30 – www.charminghotelsmadeira.com

48 qto – 144/191 € 155/263 €

Rest *Adega da Quinta* **Rest *Bacchus*** – ver selecção restaurantes

◆ Quinta situada na maior região vinícola da Madeira, a aproximadamente 8 km do Funchal. Oferece quartos muito relaxantes, todos com madeiras exóticas, mármores e vistas sobre o mar.

Bacchus – Hotel Quinta do Estreito

Rua José Joaquim da Costa ✉ 9325-034 – ☎ 291 91 05 30 – www.charminghotelsmadeira.com

Rest – Lista 41/55 €

◆ Um restaurante que recria duas atmosferas diferentes. Na sua cozinha, bastante criativa, utilizam produtos frescos combinados com elementos próprios da gastronomia madeirense.

Adega da Quinta – Hotel Quinta do Estreito

Rua José Joaquim da Costa ✉ 9325-034 – ☎ 291 91 05 30 – www.charminghotelsmadeira.com

Rest – Menu 34 € – Lista aprox. 35 €

◆ Destaca tanto pelas suas vistas sobre a costa como pela sua adega, pois nela conservam grandes barris de vinho. Propõe eventos gastronómicos e uma cozinha típica madeirense.

Funchal – **733** B3 – **103 932 h.**

do Funchal por ② : 16 km ☎ 291 520 700

T.A.P., Av. das Comunidades Madeirenses 8 ☎ 707 205 700

para Porto Santo : Porto Santo Line, cais sul do Porto de Funchal ☎ 291 21 03 00

Av. Arriaga 18, ☎ 291 21 19 02, www.turismomadeira.pt

A.C.P. Rua Dr. Brito Câmara 9, Centro Comercial Dolce Vita ☎ 291 22 36 59

Santo da Serra, 25 km pela estrada de Quinta do Palheiro Ferreiro, ☎ 291 55 01 00

★ de ponta da angra BZ**V**- Sé★ (tecto★) BZ – Museu de Arte Sacra (colecção de quadros★) BY**M2**- Museu Frederico de Freitas★ **BY** – Quinta das Cruzes★★ AY – Largo do Corpo Santo★ DZ – Jardim Botánico★ ★ Y

Miradouro do Pináculo★★ 4 km por ② Pico dos Barcelos★ (★) 3 km por ③ Monte (localidade★★) 5 km por ① – Quinta do Palheiro Ferreiro★★ 5 km por ② – Câmara de Lobos (localidade★, estrada ★) passeio pela levada do Norte★ - Cabo Girão★ 9 km por ③ X – Eira do Serrado ★★★ (estrada ★★, ★) Noroeste : 13 km pela Rua Dr. Pita – Curral das Freiras (localidade★, ★) Noroeste : 17 km pela Rua Dr. Pita.

Plantas páginas seguintes

Reid's Palace

Estrada Monumental 139 ✉ 9000-098 – ☎ 291 71 71 71 – www.reidspalace.com

150 qto – 200/295 € 310/410 € – 13 suites Xz

Rest *Les Faunes* Rest *Villa Cipriani* – ver selecção restaurantes

◆ Todo um símbolo cuja história remonta ao ano 1891. Elegantes instalações, SPA e exteriores de luxo, com um jardim semi-tropical sobre um promontório rochoso. Os seus restaurantes desfrutam de maravilhosas vistas!

FUNCHAL

Bela de S. Tiago (R.) . . . . . X 8
Carne Azeda (R. da) . . . . . V 12
Carvalho Araújo (R.) . . . . . X 15
Casa Branca (Caminho da) . . . . X 18
Comboio (R. do) . . . . . V 21
Dr João Abel de Freitas (Estr.) . . . . . V 27
Favila (R.) . . . . . X 31
Gorgulho (R.) . . . . . X 33
Lazarêto (Caminho do) . . . . . X 42
Levada dos Barreiros (R. da) . . . . . X 43
Luís de Camões (Av.) . . . . . X 45
Maravilhas (R. das) . . . . . X 46
Monumental (Estr.) . . . . . X 47
Nova (Estr.) . . . . . V 54
Palheiro (Caminho do) . . . . . X 55
Pedro José Ornelas (R.) . . . . . V 57
Rochinha (R. da) . . . . . V 64
São Roque (Caminho de) . . . . . V 70
Velho da Ajuda (Caminho) . . . . X 76
Voltas (Caminho das) . . . . . V 79
V. Cacongo (Estr.) . . . . . V 75

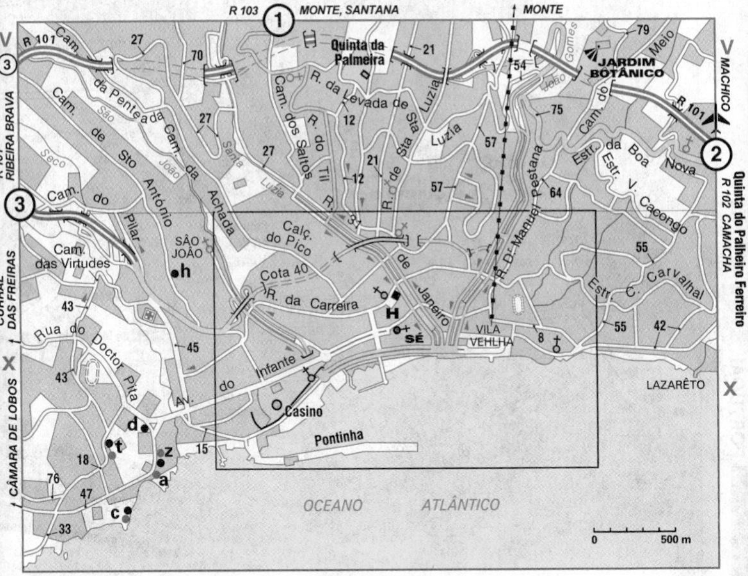

Quinta das Vistas

Caminho de Santo António 52 ✉ 9000-187 – ✆ 291 75 00 07 – www.charminghotelsmadeira.com Xh

63 qto – 201/304 € 211/314 € – 8 suites

Rest – Menu 35/45 € – Lista 45/55 €

◆ Possui espectaculares vistas graças à sua situação na parte alta da cidade. Excelentes espaços sociais, um SPA e quartos equipados com materiais de qualidade. O restaurante possui uma sala envidraçada e uma esplanada panorâmica coberta.

The Cliff Bay

Estrada Monumental 147 ✉ 9004-532 – ✆ 291 70 77 00 – www.portobay.com Xc

194 qto – 170/470 € 195/495 € – 6 suites

Rest *Il Gallo d'Oro* ✿ – ver selecção restaurantes

Rest *The Rose Garden* – *(só jantar)* Lista 37/46 €

Rest *Blue Lagoon* – *(só almoço)* Lista 29/49 €

◆ Deixe-se seduzir pela beleza da ilha e desfrute duma estadia inesquecível neste elegante hotel. Quartos de excelente equipamento e exóticos jardins.

Royal Savoy

Rua Carvalho Araújo ✉ 9000-022 – ✆ 291 21 35 00 – www.savoyresort.com AZs

178 apartamentos – 500/750 € **Rest** – Lista 42/59 €

◆ Magnífico hotel situado na 1ª linha de mar, com piscinas e esplanadas em terrenos ganhos ao mesmo. Ampla zona social com piano-bar e uns quartos de elevado conforto. Este elegante restaurante é decorado com um estilo moderno e alguns detalhes orientais.

FUNCHAL

Alfândega (R. da) . . . . BZ 3
Aljube (R. do) . . . . BZ 4
Aranhas (R. dos) . . . . ABZ 6
Autonomia (Pr. da) . . . . CZ 7
Bettencourt (R. do) . . . . CY 9
Brigadeiro Oudinot (R.) . . . . CY 10
Carmo (Pr. do) . . . . CY 20
Carne Azeda (R. da) . . . . BY 12
Carvalho Araújo (R.) . . . . AZ 15
Casa da Luz (R.) . . . . CZ 16
Chafariz (Largo do) . . . . CZ 19
Conceição (R. da) . . . . CY 22
Conselheiro Aires Ornelas (R.). CY 24
Conselheiro José Silvestre Ribeiro (R.) . . . . BZ 25
Dr Fernão de Ornelas (R.) . . . . . CZ 28
Encarnação (Calç da) . . . . BY 30
Hospital Velho (R. do) . . . . CYZ 34

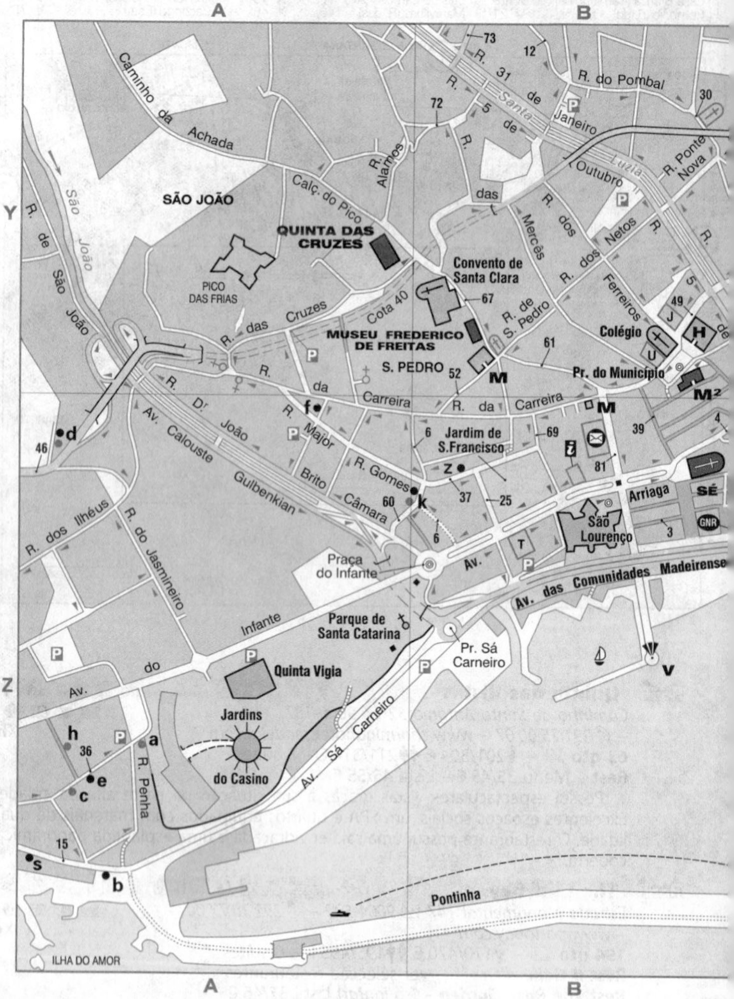

The Vine

Rua dos Aranhas 27-A, centro comercial Dolce Vita ✉ *9000-044*
– ✆ 291 00 90 00 – www.hotelthevine.com ABZ**k**

77 qto ☕ – 🚹152/289 € 🚻182/342 € – 2 suites

Rest *Uva* – ver selecção restaurantes

Rest *Terra Lounge* – Menu 50 € – Lista 35/56 €

♦ É moderno e está na zona mais animada de Funchal, integrado num complexo comercial. Área social de design actual, SPA e quartos minimalistas.

Imperatriz D. Amélia (R. da) . . . AZ 36
Ivens (R.) . . . . BZ 37
João Tavira (R.) . . . . BZ 39
Latino Ceolho (R.) . . . . CZ 40
Lazareto (Caminho do) . . . . DZ 42
Maravilhas (R. das) . . . . AZ 46
Marquês do Funchal (R.) . . . . . BY 49
Miguel Carvalho (R.) . . . . CY 51
Mouraria (R. da) . . . . BY 52
Phelps (Largo do) . . . . CY 58
Ponte de S. Lázaro (R.) . . . . AZ 60
Pretas (R. das) . . . . BY 61
Ribeirinho (R.) . . . . CY 63
Sabão (R. do) . . . . CZ 66
Santa Clara (Calç.) . . . . BY 67
São Francisco (R. de) . . . . BZ 69
Saúde (Calç.) . . . . BY 72
Til (R. do) . . . . BY 73
Visconde do Anadia (R.) . . . . CYZ 78
Zarco (Av.) . . . . BZ 81

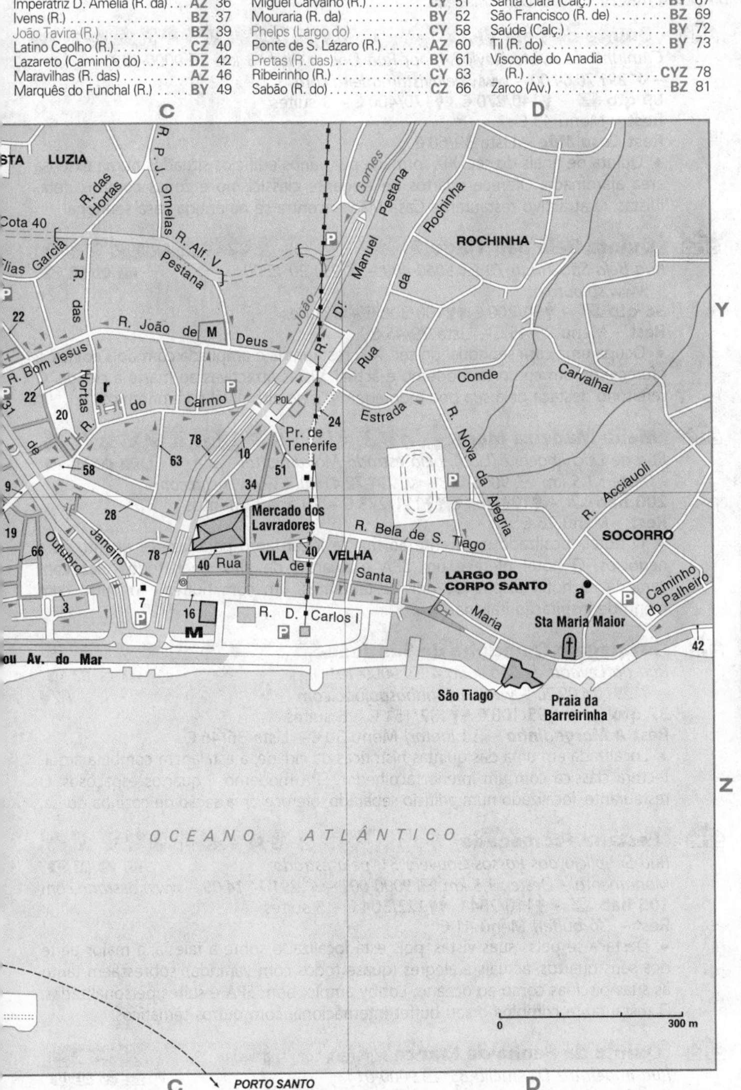

Quinta da Casa Branca

Rua da Casa Branca 7 ✉ *9000-088 – ✆ 291 70 07 70*
– www.quintacasabranca.pt Xt

41 qto – 👥205 €, ☕ 20 € – 2 suites

Rest ***Casa da Quinta*** – ver selecção restaurantes

◆ Hotel de estética totalmente moderna localizados numa antiga quinta. Possui belas imediações ajardinadas, uma correcta zona nobre, um SPA e quartos com um grande conforto.

Quinta da Bela Vista

Caminho do Avista Navios 4, por Rua Doctor Pita : 3 km ✉ 9000-129 – ✆ 291 70 64 00 – www.belavistamadeira.com

89 qto – 140/270 € 170/400 € – 3 suites

Rest – Menu 43 €

Rest *Casa Mãe* – Lista 39/60 €

◆ Quinta de finais do séc. XIX formada por vários edifícios situados numa extensa área ajardinada. Oferece quartos de elegante classicismo e zonas comuns detalhistas. O atractivo restaurante Casa Mãe encontra-se na antiga casa senhorial.

Quinta Bela São Tiago

Rua Bela São Tiago 70 ✉ 9060-400 – ✆ 291 20 45 00 – www.solpuro.pt

DZ**a**

56 qto – 90/200 € 100/300 € – 8 suites

Rest – Menu 25/45 € – Lista 29/45 €

◆ Ocupa uma casa senhorial do séc. XIX, restaurada e ampliada com dois edifícios, oferecendo um conforto moderno e actual. Vistas atractivas ao mar e à cidade. O refeitório destaca pela sua boa montagem e pelo alto nível gastronómico.

Meliã Madeira Mare

hab,

Rua de Leichlingen 2 (Lido), pela estrada Monumental - Oeste : 1,5 km ✉ 9000-003 – ✆ 291 72 41 40 – www.melia.com

200 hab – 108/264 € 111/273 € – 20 apartamentos

Rest – Menú 25 €

◆ O hotel, localizado em frente ao mar, é ideal tanto para lazeres quanto para negócios. O hotel oferece um SPA e quartos de alto nível, todos eles com varanda. O hotel dispõe de dois restaurantes, um com buffet e o outro com menu de inspiração italiana.

Estalagem Quintinha de São João

Rua da Levada de São João 4 ✉ 9000-191 – ✆ 291 74 09 20 – www.quintinhasaojoao.com

AZ**d**

37 qto – 95/108 € 132/151 € – 6 suites

Rest *A Morgadinha* – *(só jantar)* Menu 30 € – Lista 36/46 €

◆ Localizada em uma das quintas históricas da cidade, a estalagem combina arquitectura clássica com um interior acolhedor. SPA moderno e quartos espaçosos. O restaurante, localizado num edifício separado, oferece uma seção de cozinha goesa.

Pestana Promenade

hab,

Rua Simplicio dos Passos Gouveia 31, pela estrada Monumental - Oeste : 1,5 km ✉ 9000-001 – ✆ 291 14 14 00 – www.pestana.com

105 hab – 110/284 € 122/304 € – 5 suites

Rest – *(só buffet)* Menú 41 €

◆ Destaca-se pelas suas vistas, pois está localizado sobre a falésia; a maior parte dos seus quartos, actuais e alegres (quase todos com varanda), sobressaem tanto às suas piscinas como ao oceano. Lobby amplo, bom SPA e suites personalizadas. O restaurante combina o seu buffet internacional com outros temáticos.

Quinta da Penha de França sem rest, com snack-bar

Rua Imperatriz D. Amélia 85 ✉ 9000-014 – ✆ 291 20 46 50 – www.hotelquintapenhafranca.com

AZ**e**

76 qto – 75/98 € 75/142 €

◆ Belo conjunto de estilo português, cujos quartos estão repartidos entre a antiga casa senhorial e os edifícios mais recentes, rodeados por um frondoso jardim.

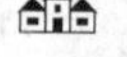

Penha França Mar sem rest, com snack-bar ao almoço

Rua Carvalho Araújo 1 ✉ 9000-022 – ✆ 291 20 46 50 – www.hotelquintapenhafranca.com

AZ**b**

33 qto – 80/98 € 117/142 €

◆ Funciona como um anexo da Quinta da Penha de França, com o qual se comunica através de um elevador e de uma ponte exterior. Quartos amplos e funcionais.

Estalagem Quinta Perestrello
Rua Dr. Pita 3 ✉ 9000-089 – ☎ 291 70 67 00
– www.charminghotelsmadeira.com Xd
36 qto – 107/241 € 117/251 €
Rest – Menu 18 €
◆ Atractiva casa senhorial do séc. XIX com um cuidado jardim. Alberga uns quartos de corte clássico, com os chãos em madeira, mobiliário português e em muitos casos varanda.

Madeira sem rest
Rua Ivens 21 ✉ 9001-801 – ☎ 291 23 00 71 – www.hotelmadeira.com
51 qto – 50/57 € 60/66 € – 4 suites BZz
◆ Instalações de aspecto actual e ar funcional, em plena zona urbana. Possui uma zona social correcta e quartos de adequado conforto, a maioria dos mesmos algo reduzidos.

Funchal Design
Rua da Alegria 2 ✉ 9000-040 – ☎ 291 20 18 00
– www.funchaldesignhotel.com AZf
8 qto – 135/210 € 150/230 €, 12 € – 8 apartamentos
Rest ***560*** – Lista 19/27 €
◆ O hotel, de estilo moderno e simples, revela-se urbano, central e funcional. Os quartos, um pouco pequenos, brincam com as cores preta e branca. O restaurante oferece um menu conciso, que combina cozinha regional e italiana.

PORTUGAL

Les Faunes – Hotel Reid's Palace
Estrada Monumental 139 ✉ 9000-098 – ☎ 291 71 71 71
– www.reidspalace.com Xz
Rest – *(fechado julho-setembro, domingo e 3ª feira) (só jantar)* Lista aprox. 75 €
◆ É o restaurante gastronómico do hotel Reid's Palace e destaca-se tanto pela sua elegante montagem como pela sua cozinha de tendência criativa, muito elaborada e bem apresentada. Desfruta de incríveis vistas sobre a baía e a zona portuária!

Il Gallo d'Oro – Hotel The Cliff Bay
Estrada Monumental 147 ✉ 9004-532 – ☎ 291 70 77 00
– www.portobay.com Xc
Rest – *(só jantar)* Menu 62/82 € – Lista 69/91 €
Espec. Medalhões de lavagante, trilogia de tomate, abacate, aipo e vinagrete de tapenade. Costeleta de vitela corada, cogumelos "morille" frescos e mini pastelão caseiro. Folhas finas de chocolate negro Caraibe, creme de baunilha do Tahiti e choux caramelizado.
◆ O restaurante dispõe de um pequeno hall de estilo inglês, uma sala elegante de estilo clássico dividida em dois níveis e um terraço. O chefe oferece uma cozinha internacional e moderna com vários menus de degustação e apresentações requintadas.

Uva – Hotel The Vine
Rua dos Aranhas 27-A, centro comercial Dolce Vita ✉ 9000-044
– ☎ 291 00 90 00 – www.hotelthevine.com
– fechado domingo noite e 2ª feira noite ABZk
Rest – Menu 60/120 € – Lista 70/90 €
◆ Instalado sobre o terraço do hotel, junto à piscina. Apresenta um interior moderno e luminoso, com uma montagem de grande qualidade, solos de vidro e gosto pelos materiais sintéticos. Ementa de tendência actual com influências mediterrânicas

Villa Cipriani – Hotel Reid's Palace
Estrada Monumental 139 ✉ 9000-098 – ☎ 291 71 71 71 – www.reidspalace.com
Rest – *(só jantar)* Lista 50/75 € Xa
◆ Apesar de pertencer ao hotel Reid's Palace, está instalado numa pequena vila totalmente independente, elegante e ao mesmo tempo informal. Oferece uma boa cozinha italiana e magníficas vistas às falésias, sobretudo desde a esplanada.

XX **Casa da Quinta** – Hotel Quinta da Casa Branca

Rua da Casa Branca 7 ✉ 9000-088 – ☎ 291 70 07 70 – www.quintacasabranca.pt Xt

Rest – Menu 45 € – Lista 48/67 €

◆ Ocupa a parte mais antiga da quinta, remontando as suas origens até ao séc. XIX. Apresenta-se com várias salas, todas de linha clássica-elegante, e alguns recintos privados no andar superior. O seu chef propõe uma cozinha elaborada de gosto actual.

X **Casa Velha**

Rua Imperatriz D. Amélia 69 ✉ 9000-018 – ☎ 291 20 56 00 – www.casavelharestaurant.com AZa

Rest – Lista 34/50 €

◆ Este edifício elegante de estilo clássico repartido em dois andares, dispõe de um bar com ambiente inglês e um belo terraço. Serviço agradável e profissional.

X **Dona Amélia**

Rua Imperatriz D. Amélia 83 ✉ 9000-018 – ☎ 291 22 57 84 – www.casavelharestaurant.com AZc

Rest – Lista 34/42 €

◆ Do mesmo proprietário que o restaurante Casa Velha. Refeitório em dois níveis, de aspecto cuidado, decorado com detalhes que lhe conferem um aconchegante ambiente.

ao Nordeste da cidade : 5,5 km

Choupana Hills

Travessa do Largo da Choupana, por Caminho do Meio ✉ 9060-348 Funchal – ☎ 291 20 60 20 – www.choupanahills.com

58 qto – 251/275 € 281/305 € – 4 suites

Rest *Xôpana* – ver selecção restaurantes

◆ O edifício principal está formado por duas grandes cabanas unidas, com um elegante interior de design moderno. Os quartos, distribuídos em bungalows, desfrutam do máximo conforto. Completo SPA com piscina exterior climatizada!

XXX **Xôpana** – Hotel Choupana Hills

Travessa do Largo da Choupana, por Caminho do Meio ✉ 9060-348 Funchal – ☎ 291 20 60 20 – www.choupanahills.com

Rest – Lista 44/52 €

◆ Tem um acesso independente e um carácter polivalente, pois aqui também oferecem o serviço de pequenos-almoços. Ocupa uma grande cabana dotada com um interior amplo, elegante e de ambiente tropical. Cozinha de tendência actual com toques exóticos.

pela estrada de Camacha por ② : 8 km

Estalagem Casa Velha do Palheiro rest,

Rua da Estalagem 23 - São Gonçalo ✉ 9060-415 Funchal – ☎ 291 79 03 50 – www.palheiroestate.com

34 qto – 151/185 € 199/257 € – 3 suites

Rest – Menu 80 € – Lista aprox. 66 €

◆ Situada numa bela paisagem rodeada de idílicos jardins, próximo a um campo de golfe. Uma antiga casa senhorial e dois edifícios novos anexos albergam as suas elegantes dependências. Refeitório de excelente montagem e brigada profissional.

MONTE – 733 B2 **7** A2

Funchal 4

Localidade★★

Quinta do Monte

Caminho do Monte 192 ✉ 9050-288 – ☎ 291 78 01 00 – www.charminghotelsmadeira.com

42 qto – 152/266 € 163/276 € – 5 suites

Rest – Menu 35/45 € – Lista 38/55 €

◆ A paz do ambiente e a arquitectura típica fundem-se nesta quinta de frondosa vegetação. Antiga casa senhorial, mobilada com óptimo gosto em elegantes dependências. O restaurante possui uma esplanada envidraçada ao estilo miradouro.

PORTUGAL

Quinta Mirabela

Caminho do Monte 105-107 ✉ 9050-288 – ✆ 291 78 02 10 – www.quinta-mirabela.com

24 qto – 165/235 € 180/260 €

Rest *O Refúgio do Monte* – Lista 20/40 €

◆ Esta antiga quinta localizada na rua por onde deslizam os típicos Carros de Cesto, dispõe de um SPA, quartos modernos e um terraço com uma vista maravilhosa. O restaurante oferece um menu tradicional português, muito atento às apresentações.

PONTA DO SOL – **733** A2 – **138 h.** **7** A2

Funchal 22

Estalagem da Ponta do Sol

qto, rest,

Quinta da Rochinha ✉ 9360-529 – ✆ 291 97 02 00 – www.pontadosol.com

54 qto – 55/69 € 65/136 € **Rest** – Lista 23/32 €

◆ A estalagem surpreende pelo seu design, pois trata-se de um edifício antigo, com anexos modernos, localizado no topo de um rochedo. Decoração funcional e moderna, vista magnífica. O seu restaurante desfruta de uma montagem actual e uma bela panorâmica sobre o oceano.

PORTO MONIZ – **733** A2 – **402 h.** **7** A2

Funchal 106

Porto Moniz, ✆ 291 85 01 93

Localidade★, escolhos★

Estrada de Santa ★ Sudoeste : 6 km – Seixal (localidade★) Sudeste : 10 km – Estrada escarpada★★ (★) de Porto Moniz a São Vicente, Sudeste : 18 km.

Salgueiro

Lugar do Tenente 34 ✉ 9270-095 – ✆ 291 85 00 80 – www.pensaosalgueiro.com

19 qto – 28/33 € 35/40 € – 1 apartamento

Rest – Menu 30 € – Lista 18/30 €

◆ Situado numa bela paisagem de vinhedos e pescadores, junto a piscinas naturais. Estabelecimento dotado de aconchegantes quartos, bem dirigido pelos seus empregados. O seu popular restaurante, que foi a origem do negócio, possui agradáveis vistas para o mar.

SANTA CRUZ – **733** B2 – **6 026 h.** **7** A2

Funchal 14

na via rápida : Noreste : 1,3 km

Quinta Albatroz

qto,

Quinta Dr. Américo Durão, Sítio da Terça ✉ 9100-187 Santa Cruz – ✆ 291 52 02 90 – www.albatrozhotel.com

13 qto – 98/124 € 110/149 € – 2 suites **Rest** – Lista 24/39 €

◆ Aprecia-se o interesse por dar um bom serviço ao cliente. Os seus amplos quartos estão decorados num estilo rústico actual, todos com um pequeno terraço e boas vistas. No restaurante, diáfano e de uso polivalente, oferecem uma ementa tradicional.

PORTO SANTO

A ilha prestasse aos maiores contrastes. É constituída por uma vasta planície onde se erguem alguns picos, sendo o mais elevado o Pico do Facho (517 m.).

Uma imensa praia de areia dourada com mais de 7 km., situada ao longo da Costa Sul, um clima ameno e mais seco do que na Madeira, atraem os turistas para esta ilha pacata.

Os habitantes de Porto Santo vivem da pesca e de algumas culturas. A vinha produz um excelente vinho branco, muito doce.

PORTUGAL

Vila Baleira - **733** D1 - **567 h.** - **Praia**

do Porto Santo : 2 km, ✆ 291 980 120
T.A.P. ✆707 205 700
para Funchal : Porto Santo Line, cais sul do Porto de Abrigo ✆291 21 03 00
Av. Henrique Vieira e Castro 5, ✆291 98 23 61
Sítio das Marinhas, ✆291 98 37 78
Largo do Pelourinho★
A Pedreira★ 8 km ao Sudoeste - Pico das Flores ≤★ 9 km ao Sudoeste.

Torre Praia

Rua Goulart Medeiros ✉ 9400-164 - ✆ 291 98 04 50
- www.portosantohotels.com
62 qto - 75/190 € 100/235 € - 4 suites
Rest - Menu 21/34 €
◆ Instalações de vanguarda e uma localização de luxo, uma praia de fina areia amarela. Desfrute dos seus espaçosos quartos dotados de adequados salões. O restaurante surpreende na zona pelo desenho actual e a sua variada ementa internacional.

MAIA - **Porto** - **733** - **591** I4 - **35 625 h.** **8** A2

Lisboa 314 - Braga 44 - Porto 11 - Vila Real 98

Central Parque sem rest

Av. Visconde de Barreiros 83 ✉ 4470-151 - ✆ 229 47 55 63
- www.hotelcentralparque.com
40 qto - 54/71 € 59/81 €
◆ Na avenida principal da localidade. Moderno hotelzinho dotado de aconchegantes zonas comuns, decoradas com detalhes de bom gosto e quartos confortáveis.

em Nogueira **Este : 3,5 km**

Albergaria Machado

Rua Dr. António José de Almeida 442 ✉ 4475-456 Nogueira Maia
- ✆ 229 61 70 40 - www.restaurantemachado.com
10 qto - 30/40 € 50 €
Rest ***Machado*** - ver selecção restaurantes
◆ Hotel de amável organização familiar. A zona social é algo reduzida e possui quartos muito cuidados, com os chãos em parquet e casas de banho modernas em mármore.

Machado - Hotel Albergaria Machado

Rua Dr. António José de Almeida 467 ✉ 4475-456 Nogueira Mai
- ✆ 229 41 08 39 - www.restaurantemachado.com
- fechado 2ª e 3ª feira
Rest - *(só menú)* Menu 23 €
◆ Restaurante rústico de grande tipismo, onde se combinam a madeira, a pedra e o granito. Oferece um bom prato do dia e a sua especialidade é a vitela asada ao estilo de Lafões.

MALHOU - **Santarém** - **733** - **592** N3 **6** B2

Lisboa 101 - Santarém 27 - Leiria 53 - Coimbra 112

O Malho

Rua Padre Reis ✉ 2380-537 - ✆ 249 88 27 81 - www.restauranteomalho.com
- fechado agosto, domingo noite e 2ª feira
Rest - Menu 20/30 € - Lista aprox. 27 €
◆ Surpreendente vila familial de estilo ribatejano. Possui um bar na entrada, com exposição de produtos e três salas de estilo clássico decoradas com detalhes regionais.

MANGUALDE – Viseu – **733** – **591** K6 – **5 457 h.** – **alt. 545 m** 5 C2

Lisboa 317 – Guarda 67 – Viseu 18

Estalagem Casa d'Azurara rest,

Rua Nova 78 ✉ 3530-215 – ✆ 232 61 20 10 – www.azurara.com – fechado 15 dias em fevereiro

15 qto – 89/98 € 112/120 € **Rest** – (preciso reservar) Menu 30 €

◆ Hotelzinho cheio de graça e encanto instalado numa antiga casa senhorial, que dispõe de atractivos quartos decorados com um gosto apurado. Refeitório situado num sítio sereno e aberto a um bonito jardim.

pela estrada N 16 Este : 2,8 km

Senhora do Castelo qto, rest,

Monte da Senhora do Castelo ✉ 3534-909 – ✆ 232 61 99 50 – www.cotel.pt

87 qto – 40/47 € 55/62 € – 4 suites

Rest – Menu 15 € – Lista 12/34 €

◆ Desfrute de uma situação dominante com vistas as serras da Estrela e do Caramulo. O seu funcional interior alberga quartos amplos e bem equipados, com casas de banho actuais. Refeitório panorâmico muito correcto mas sem grandes detalhes.

MANTEIGAS – Guarda – **733** – **591** K7 – **3 065 h.** – **alt. 775 m** – 5 C2

Desportos de Inverno na Serra da Estrela : 4 1 – Termas

Lisboa 355 – Guarda 49

Rua Dr. Estevez de Carvalho 2, ✆ 275 98 11 29

Poço do Inferno★ (cascata★) Sul : 9 km – Sul : Vale glaciário do Zêzere★★, ★

Casa das Obras sem rest

Rua Teles de Vasconcelos ✉ 6260-185 – ✆ 275 98 11 55 – www.casadasobras.pt

6 qto – 50/70 € 64/100 €

◆ Casa Senhorial que conserva no seu interior a atmosfera do séc. XVIII, com aconchegantes detalhes e mobiliário de época nos quartos. Pequeno jardim com piscina ao atravessar a rua.

pela estrada das Caldas Sul : 2 km e desvio a esquerda 1,5 km

Albergaria Berne

Quinta de Santo António ✉ 6260-191 Manteigas – ✆ 275 98 13 51 – www.albergariaberne.com – fechado do 15 ao 30 de setembro

17 qto – 55/65 € **Rest** – *(fechado domingo noite e 2ª feira)* Menu 17 €

◆ Acolhedor hotelzinho dirigido por uma família proprietária. Possui uma boa sala social e cuidados quartos, a maioria dotados de varanda e alguns com excelentes vistas. O seu restaurante oferece uma ementa muito variada, com predomínio de pratos internacionais.

MARRAZES – Leiria – ver Leiria

MARVÃO – Portalegre – **733** – **592** N7 – **178 h.** – **alt. 865 m** 2 C1

Lisboa 240 – Portalegre 22 – Castelo Branco 106 – Santarém 172

Largo de Santa Maria, ✆ 245 90 91 31, www.cm-marvao.pt

Sítio★★ – A Vila★ (balaustradas★) – Castelo★ (★★) : aljibe★

Pousada de Santa Maria

Rua 24 de Janeiro 7 ✉ 7330-122 – ✆ 245 99 32 01 – www.pousadas.pt

28 qto – 80/110 € 90/120 € – 3 suites **Rest** – Menu 30 €

◆ Pousada central, de ar regional, cujo interior alberga uma cuidada zona social, com confortáveis quartos com mobiliário antigo e casas de banho actuais. Refeitório panorâmico com grandes janelas que se abrem às montanhas.

El Rei D. Manuel
Largo de Olivença ✉ 7330-104 – ✆ 245 90 91 50 – www.turismarvao.pt
15 qto – 55/65 € 65/95 €
Rest – *(fechado 3ª feira e 4ª feira)* Lista 18/25 €
◆ Pequeno hotel de organização familiar situado no coração desta pitoresca localidade. Oferece quartos confortáveis, destacando-se nove deles pelas excelentes vistas. Refeitório atractivo e de ar regional onde encontrará um ambiente cómodo e agradável.

Casa D. Dinis sem rest
Rua Dr. Matos Magalhães 7 ✉ 7330-121 – ✆ 245 99 39 57 – www.casadomdinis.pai.pt
8 qto – 35/45 € 45/55 €
◆ Casa tradicional levada por um amável casal. Dispõe de uma acolhedora sala social com lareira e quartos muito correctos na sua categoria, com as casas de banho renovadas.

MATOSINHOS – Porto – ver Porto

MELGAÇO – Viana do Castelo – 733 – 591 F5 – 761 h. – Termas 8 B1

Lisboa 451 – Braga 110 – Ourense 61 – Viana do Castelo 89
Rua da Loja Nova, ✆ 251 40 24 40

PORTUGAL

ao Noroeste : 3 km

Monte Prado
no complexo desportivo e de lazer ✉ 4960-320 Prado – ✆ 251 40 01 30 – www.hotelmonteprado.pt
43 qto – 77/90 € 95/107 € – 7 suites
Rest *Foral de Melgaço* – Lista 18/31 €
◆ Construído numa encosta junto ao rio, caracteriza-se por estar rodeado dumas cuidadas instalações desportivas. Conjunto moderno, confortável, amplo e de linhas rectas. O restaurante, que é diáfano e luminoso, desfruta duma entrada independente.

em Peso Oeste : 3,5 km

Quinta do Reguengo sem rest
✉ 4960-267 Melgaço – ✆ 251 41 01 50 – www.reguendodemelgaco.pt
12 qto – 75/90 € – 3 suites
◆ Hotel de amável organização familiar, rodeado por um pequeno vinhedo graças ao qual produzem o seu próprio vinho Albarinho. Quartos de excelente conforto na sua categoria.

Adega do Sossego
✉ 4960-235 Melgaço – ✆ 251 40 43 08 – www.adegadosossego.com – fechado 21 junho-14 julho, do 8 ao 12 de outubro e 4ª feira
Rest – Lista 25/35 €
◆ Restaurante familiar situado numa pequena ruela. Dispõe de dois andares, com uma cálida decoração rústica que combina as paredes em pedra e os tectos em madeira.

MESÃO FRIO – Vila Real – 733 – 591 I6 – 848 h. 8 B3

Lisboa 402 – Vila Real 47 – Porto 84 – Viseu 83

na estrada N 108 Este : 2 km

Pousada Solar da Rede
Santa Cristina ✉ 5040-336 – ✆ 254 89 01 30 – www.pousadas.pt
29 qto – 105/200 € 115/210 € **Rest** – Menu 30 €
◆ Casa senhorial do séc. XVIII rodeada de vinhas. O núcleo principal alberga os quartos mais aconchegantes, distribuindo o resto em edifícios anexos. Vistas ao rio Douro. Elegante refeitório onde a sobriedade evidencia um óptimo gosto decorativo.

pela estrada N 108 **Este : 2 km e desvio a esquerda 0,8 km**

Casa de Canilhas sem rest
Lugar de Banduja ✉ 5040-302 Mesão Frio – ☎ 254 89 11 81 – www.canilhas.com
7 qto – 60/90 € 70/100 €
◆ Casa familiar dotada de amplas esplanadas e magníficas vistas sobre o rio Douro. Possui uma acolhedora sala social com biblioteca e uns quartos repletos de atractivos pormenores.

MINA DE SÃO DOMINGOS – Beja – 733 – 593 S7 – 664 h. 2 C3

Lisboa 242 – Beja 68 – Faro 136 – Mértola 18

São Domingos qto, VISA
Rua Dr. Vargas ✉ 7750-171 Mértola – ☎ 286 64 00 00 – www.hotelsaodomingos.com
31 qto – 74/130 € 92/160 € **Rest** – Menu 18 € – Lista 18/26 €
◆ As zonas sociais e alguns quartos ocupam o palacete que funcionou como sede administrativa das minas. As restantes divisões encontram-se num anexo mais actual. O restaurante oferece uma estética actual e uma cozinha regional com detalhes pertinentes.

MIRANDELA – Bragança – 733 – 591 H8 – 10 775 h. 9 C2

Lisboa 475 – Bragança 67 – Vila Real 71
Rua D. Afonso III, ☎ 800 30 02 78
Museu Municipal Armindo Teixeira Lopes★

Flor de Sal VISA
Parque Dr. José Gama ✉ 5370-527 – ☎ 278 20 30 63 – www.flordesalrestaurante.com – fechado do 3 ao 9 de janeiro, 30 outubro-6 novembro, domingo noite e 2ª feira de outubro-fevereiro
Rest – Menu 35 € – Lista 24/37 €
◆ Sem dúvida ficará surpreendido! Possui um atractivo hall com porta-garrafas, uma sala moderna adornada com detalhes de design e um bar com esplanada junto ao rio. Boa adega e cozinha actual.

D. Maria VISA
Rua Dr. Jorge Pires 3 ✉ 5370-430 – ☎ 278 24 84 55 – www.rdmaria.com
Rest – Menu 16 € – Lista 20/31 €
◆ Restaurante de estilo actual levado com bom fazer pelo seu proprietário. Oferece uma montagem actual e uma completa ementa tradicional, com variados mariscos e algum prato francês.

O Grês VISA
Av. Nossa Senhora do Amparo ✉ 5370-210 – ☎ 278 24 82 02 – fechado domingo noite
Rest – Lista 26/34 €
◆ Todo um clássico, já que abriu as suas portas há mais de 30 anos. Na sua sala, que está repartida em duas partes, poderá degustar uma completa ementa tradicional e pratos locais.

MOIMENTA DA BEIRA – Viseu – 733 – 591 J7 – 2 238 h. 5 C1

Lisboa 338 – Viseu 51 – Guarda 84 – Vila Real 62

pela estrada N 226 **Sudeste : 2,5 km**

Verdeal qto, VISA
✉ 3620 Moimenta da Beira – ☎ 254 58 40 61 – www.hotel-verdeal.com
34 qto – 30/40 € 45/60 € **Rest** – *(fechado 2ª feira)* Menu 12/30 €
◆ Situado nos arredores da localidade. Desfruta de suficientes zonas comuns e quartos actuais de bom conforto, todos com mobiliário funcional e os chãos em soalho.

PORTUGAL

MONÇÃO – Viana do Castelo – 733 – 591 F4 – 2 379 h. – Termas **8** A1

Lisboa 451 – Braga 71 – Viana do Castelo 69 – Vigo 48

Praça Deu-La-Deu, ✆ 251 65 27 57

Miradouro★

na estrada de Sago Sudeste : 3 km

Solar de Serrade sem rest

Mazedo ✉ 4950-280 Mazedo – ✆ 251 65 40 08 – www.solardeserrade.pt

6 qto – 55/65 € – 2 suites

◆ Casa armoriada de arquitectura senhorial, numa quinta agrícola dedicada à produção de vinho Alvarinho. Salões de época e elegantes quartos, a maioria com mobiliário antigo.

MONCARAPACHO – Faro – 733 – 593 U6 – 968 h. **3** C2

Lisboa 286 – Faro 18 – Beja 156 – Olhão 9

Vila Monte

Sítio dos Caliços, Norte : 2 km ✉ 8700-069 – ✆ 289 79 07 90 – www.vilamonte.com

29 qto – 99/162 € 110/180 € – 24 suites

Rest ***Orangerie*** – *(só jantar salvo outubro-maio)* Menu 30/45 € – Lista 26/75 €

◆ Esta quinta tem os quartos decorados em diferentes estilos e distribuídos em diferentes edifícios, tendo grande privacidade. Agradável zona ajardinada. O restaurante, de cuidada montagem e com esplanada, ressalta pelo seu bom fazer aos fogões.

na estrada N 398 Norte : 4,5 km

Casa da Calma rest,

Sítio do Pereiro ✉ 8700-123 Moncarapacho – ✆ 289 79 10 98 – www.casadacalma.com

8 qto – 50/70 € 70/100 €

Rest – *(fechado 3ª feira) (só clientes)* Lista 22/36 €

◆ Conjunto de estilo regional situado em pleno campo. Oferece quartos cuidados com mobiliário típico e antiguidades, bem como uma agradável esplanada.

MONCHIQUE – Faro – 733 – 593 U4 – 2 593 h. – alt. 458 m – Termas **3** A1

Lisboa 260 – Faro 86 – Lagos 42

Largo de S. Sebastião, ✆ 282 91 11 89

Estrada★ de Monchique à Fóia ★, Monte Fóia★ ★

nas Caldas de Monchique Sul : 6,5 km

Albergaria do Lageado qto,

✉ 8550-232 Monchique – ✆ 282 91 26 16 – maio-outubro

20 qto – 40/50 € 45/60 € **Rest** – Lista 15/25 €

◆ Apesar das suas modestas instalações, é um recurso atractivo. Possui uma sala social com lareira e uma estética que homenageia as tradições do país. Restaurante decorado com certo tipismo, cujas paredes são realçadas por base de azulejos.

MONDIM DE BASTO – Vila Real – 733 – 591 H6 – 2 013 h. **8** B2

Lisboa 404 – Amarante 35 – Braga 66 – Porto 96

pela estrada de Vila Real Sul : 2,5 km

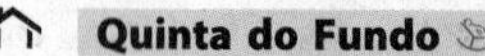

Quinta do Fundo

Vilar de Viando ✉ 4880-212 Mondim da Basto – ✆ 255 38 12 91 – www.quintadofundo.com – fechado janeiro

5 qto – 50 € – 2 suites **Rest** – Menu 30 €

◆ Cálido ambiente familiar numa quinta agrícola, com bodegas próprias, onde se produz e engarrafa o popular vinho verde. Quartos simples com mobiliário antigo.

PORTUGAL

MONFORTINHO (Termas de) – Castelo Branco – 733 – 592 L9 5 D3
– 163 h. – alt. 473 m – Termas

Lisboa 310 – Castelo Branco 70 – Santarém 229

Av. Conde da Covilhã, ☎ 277 43 42 23

Fonte Santa
qto,

✉ *6060-072 – ☎ 277 43 03 00 – www.ohotelsandresorts.com*

39 qto – 45/95 € 50/120 € – 3 suites **Rest** – Menu 22/28 €

◆ Este hotel-balneário foi remodelado num estilo moderno e actual, dando assim serviço às necessidades de um público mais jovem. Possui um frondoso parque privado. No seu luminoso restaurante poderá degustar uma cozinha tradicional actualizada.

Astória
qto,

Padre Alfredo ✉ 6060-072 – ☎ 277 43 03 00 – www.ohotelsandresorts.com

39 qto – 45/95 € 50/120 € – 3 suites

Rest – Menu 17 € – Lista 20/38 €

◆ Destaca pelo seu completo SPA, que dá serviço tanto a este hotel como ao Fonte Santa. Oferece cuidadas instalações de linha clássica e quartos confortáveis. As grandes janelas e a alegre decoração conformam um refeitório cheio de graça e encanto.

Das Termas

Padre Alfredo ✉ 6060-072 – ☎ 277 43 03 10 – fechado 15 dezembro-15 janeiro

20 qto – 35/45 € 45/55 € **Rest** – Menu 13 €

◆ Hotelzinho de carácter familiar, cujo equipamento cumpre com as necessidades básicas do conforto. Aconchegantes quartos com mobiliário em madeira e casas de banho actuais.

MONSARAZ – Évora – 733 – 593 Q7 – 126 h. – alt. 342 m 2 C2

Lisboa 191 – Badajoz 96 – Évora 59 – Portalegre 144

Rua Direita, ☎ 927 99 73 16

Localidade★★ – Sítio★★ – Rua Direita★

Estalagem de Monsaraz
qto,

Largo de S. Bartolomeu 5 ✉ 7200-175 – ☎ 266 55 71 12 – www.estalagemdemonsaraz.com

19 qto – 56/63 € 70/84 €, 7 €

Rest *Sabores de Monsaraz* – *(fechado 2ª feira e 3º feira meio-dia)* Menu 25 € – Lista 26/30 €

◆ Conjunto rústico-regional situado ao pé das muralhas, com uma piscina-jardim que desfruta de belas vistas. As suas cálidas instalações têm o aroma do quotidiano. O restaurante ocupa uma casa de pedra típica localizada a cerca de 50 m.

pela estrada de Telheiro Norte : 1,5 km e desvío a direita 1,3 km

Monte Alerta sem rest

✉ *7200-175 apartado 101 Monsaraz – ☎ 266 55 70 65 – www.montealerta.pt – fechado janeiro*

8 qto – 50/65 € 65/90 €

◆ Casa de campo familiar com magníficas instalações e atractivos exteriores. Dispõe de uma ampla zona social e espaçosos quartos decorados com mobiliário de época.

MONTE – Ilha da Madeira – ver Madeira (Arquipélago da)

MONTE REAL – Leiria – 733 – 592 M3 – 1 149 h. – alt. 50 m – Termas 6 A1

Lisboa 147 – Leiria 16 – Santarém 97

Largo Manuel da Silva Pereira, ☎ 244 61 21 67, www.rt-leiriafatima.pt

Palace H. Monte Real

Rua de Leiria 1 ✉ 2426-909 – ☎ 244 61 89 00 – www.termasdemontereal.pt

95 qto – 80/96 € 96/115 € – 5 suites

Rest *Paços da Rainha* – Menu 20 € – Lista aprox. 38 €

◆ Este hotel instalado em um edifício imponente de aparência palaciana com uma fachada maravilhosa e um anexo moderno, oferece quartos muito confortáveis, aqueles que encontram-se na parte nova dispõem de varanda. O restaurante, muito bem concebido, oferece um menu de carácter internacional.

D. Afonso

Rua Dr. Oliveira Salazar 19 ✉ 2425-044 – ✆ 244 61 12 38 – www.hoteldomafonso.com – abril-dezembro

74 qto – 48/66 € 58/75 € **Rest** – Menu 15 €

◆ Um hotel de cuidadas instalações, embora na sua decoração e mobiliário começa a apreciar-se o passar do tempo. Quartos bem equipados e boa zona de lazer. Refeitório de grande capacidade e adequada montagem, onde basicamente oferecem um prato do dia.

Santa Rita

Rua de Leiria 35 ✉ 2425-039 – ✆ 244 61 21 47 – www.hotel-santarita.com – abril-novembro

39 qto – 40/50 € 50/75 € **Rest** – Menu 14 €

◆ Pequeno hotel com uma organização séria e impecável manutenção. Possui quartos de linha clássica decorados com mobiliário antigo, uma piscina rodeada de relva e um solarium. O restaurante tem um certo encanto dentro da sua estética classicista.

MONTEMOR-O-NOVO – Évora – 733 – 593 Q5 – 8 298 h. – alt. 240 m   1 B2

Lisboa 112 – Badajoz 129 – Évora 30

Largo Calouste Gulbenkian, ✆ 266 89 81 03, www.cm-montemornovo.pt

pela estrada de Alcácer do Sal Sudoeste : 3 km e desvio a direita 1 km

Monte do Chora Cascas

✉ 7050-013 Montemor-o-Novo – ✆ +35 12 66 89 96 90 – www.choracascas.pt

6 qto – 160/200 € 180/220 € **Rest** – Menu 50 €

◆ Uma Casa de Campo de autêntico luxo. Desfruta de magníficos quartos, personalizados e decorados com muito bom gosto, assim como de uma elegante sala social com piano e lareira. A acolhedora sala de refeição ocupa o antigo galinheiro, tema de sua decoração.

MORA – Évora – 733 – 593 P5 – 2 453 h.   1 B1

Lisboa 117 – Évora 59 – Santarém 75 – Portalegre 114

Afonso

Rua de Pavia 1 ✉ 7490-207 – ✆ 266 40 31 66 – www.restauranteafonso.com – fechado 15 dias em março, do 16 ao 30 de setembro e 4ª feira

Rest – Lista 28/39 €

◆ Restaurante administrado em família equipado com um bar e uma sala de refeição de estilo neorrústico, com tecto de ladrilhos de barro e belos arcos. Cozinha alentejana, pratos de caça e uma boa adega.

MOREIRA DE CÓNEGOS – Braga – 733 – 591 H4/ H5 – 5 828 h.   8 A2

Lisboa 362 – Braga 34 – Porto 53 – Viana do Castelo 82

S. Gião

Rua Comendador Joaquim de Almeida Freitas 56 ✉ 4815-270 – ✆ 253 56 18 53 – www.sgiao.com – fechado domingo noite e 2ª feira

Rest – Lista 22/35 €

◆ Restaurante de cozinha tradicional que destaca por ter um forno de lenha e os seus próprios fumados. O seu diáfano refeitório possui grandes vidrais com vistas sobre as montanhas.

NANTES – Vila Real – ver Chaves

NAZARÉ – Leiria – 733 – 592 N2 – 9 587 h. – Praia   6 A2

Lisboa 123 – Coimbra 103 – Leiria 32

Av. da República, ✆ 262 56 11 94

Sítio★★ - O Sítio <★ B- Farol : sítio marinho★★ – Igreja da Misericórdia (miradouro★) B

PORTUGAL

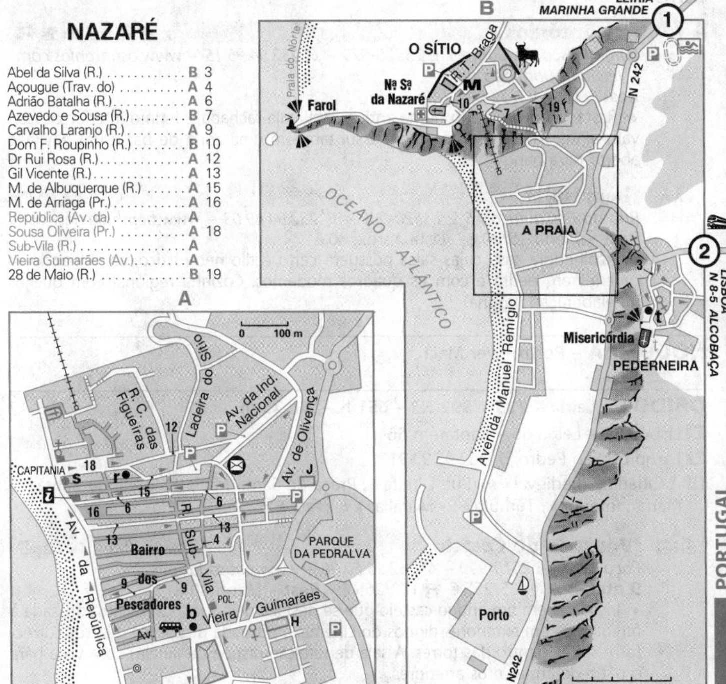

Praia sem rest
Av. Vieira Guimarães 39 ✉ 2450-110 – ☎ 262 56 92 00 – www.hotelpraia.com
72 qto ☕ – 🚹60/140 € 🚹🚹70/160 € – 4 suites – 4 apartamentos Ab
◆ Localizado perto da praia, o hotel possui uma área social espaçosa, quartos modernos, todos com varanda ou balcão e apartamentos duplex com cozinha.

Mar Bravo com qto rest,
Praça Sousa Oliveira 71 ✉ 2450-159 – ☎ 262 56 91 60 – www.marbravo.com – fechado do 22 ao 26 de dezembro As
16 qto ☕ – 🚹40/125 € 🚹🚹45/130 € **Rest** – Lista 25/53 €
◆ Apresenta uma montagem actual, esplanada e vistas sobre o mar. Aqui encontrará um ementa mediterrânica-marinheira, produtos ao peso e saborosos peixes ao sal, que são a sua especialidade. Os quartos, de estilo moderno, oferecem uma deslumbrante vista panorâmica para a praia.

NELAS – Viseu – 733 – 591 K6 – 3 073 h. 5 C2

Lisboa 277 – Coimbra 81 – Viseu 19
Largo Dr. Veiga Simão, ☎ 232 94 43 48

Nelas Parq qto, rest,
Av. Dr. Fortunato de Almeida ✉ 3520-056 – ☎ 232 94 14 70 – www.hotelnelasparq.com
72 qto ☕ – 🚹45/65 € 🚹🚹55/75 € – 3 suites **Rest** – Menu 13 €
◆ Hotel de linha actual dotado duma correcta zona social. Põe à sua disposição uns quartos funcionais e em geral bem equipados, com os chãos em alcatifa. Cuidado refeitório e uma sala para banquetes com acceso independente.

XX **Os Antónios**

Largo Vasco da Gama 1 ✉ 3520-079 – ✆ 232 94 95 15 – www.osantonios.com – fechado domingo noite
Rest – Lista 21/32 €
◆ Restaurante instalado numa antiga casa, cuja fachada e íntimo interior conservam ainda o calor da tradição. Possui também uma zona de bar e um pavilhão aberto para banquetes.

XX **Bem Haja**

Rua da Restauração 5 ✉ 3520-069 – ✆ 232 94 49 03 – www.bemhaja.net
Rest – Menu 15/20 € – Lista aprox. 30 €
◆ Acolhedora casa cujas salas possuem certo estilo neo-rústico, combinando as paredes em pedra e com os quadros modernos. Cozinha regional com queijos de elaboração própria.

NOGUEIRA – Porto – ver Maia

ÓBIDOS – Leiria – 733 – 592 N2 – 651 h. – alt. 75 m

6 A2

Lisboa 92 – Leiria 66 – Santarém 56
Largo de São Pedro, ✆ 262 95 92 31
A Cidadela medieval★★ (Rua Direita★, Praça de Santa Maria★, Igreja de Santa Maria : interior★, Túmulo★) - Murallas★★ (≤★★)

PORTUGAL

Pousada do Castelo

Paço Real ✉ 2510-999 – ✆ 262 95 50 80 – www.pousadas.pt
9 qto – 165/255 € 170/265 € **Rest** – Menu 30 €
◆ Instalada em um antigo castelo que se destaca pela sua localização, adossada à muralha e com exteriores dignos do cinema, a pousada dispõe de quartos correctos e suites dentro das torres. A sala de refeição dispõe de janelas com vista para o pátio de armas e os arredores.

Real d'Óbidos sem rest

Rua D. João de Ornelas ✉ 2510-074 – ✆ 262 95 50 90 – www.hotelrealdobidos.com
15 qto – 85/150 € 100/188 € – 2 suites
◆ Edifício senhorial localizado ao lado das muralhas, com exteriores agradáveis, uma piscina com vista magnífica e quartos confortáveis de estilo rústico.

Casa das Senhoras Rainhas

Rua Padre Nunes Tavares 6 ✉ 2510-070 – ✆ 262 95 53 60 – www.senhorasrainhas.com
10 qto – 149/166 € 163/179 €
Rest *Cozinha das Rainhas* – Lista 30/40 €
◆ Na parte antiga da cidade. A casa oferece uma boa sala social e quartos clássicos com mobiliário colonial orientados para as muralhas, a maioria deles com varanda. Este elegante restaurante com um terraço ao lado da muralha, oferece uma cozinha com um toque moderno.

Casa d'Óbidos sem rest

Quinta de S. José, Nordeste : 1,5 km ✉ 2510-135 – ✆ 262 95 09 24 – www.casadobidos.com
6 qto – 64/75 € 77/90 € – 4 apartamentos
◆ Extensa quinta nos arredores da cidade. O edifício principal possui quartos com os chãos em madeira e mobiliário de época, reservando os seus apartamentos para o anexo.

X **Alcaide**

Rua Direita 60 ✉ 2510-001 – ✆ 262 95 92 20 – www.restaurantealcaide.com – fechado 15 dias em novembro e 4ª feira
Rest – Lista aprox. 29 €
◆ Este restaurante é um exemplo típico dentro da área murada e dispõe de uma única sala de refeição de estilo simples e regional. Peça as especialidades da casa.

ao Noroeste :

Quinta da Torre sem rest

estrada do Bairro, 2 km e desvío particular 0,5 km ✉ 2510-080 Óbidos – ✆ 917 64 95 96 – www.quintadatorre-obidos.com

6 qto – 55/75 € 65/85 € – 2 apartamentos

◆ A quinta ocupa uma grande propriedade e possui dois edifícios, o principal com uma área social aconchegante e quartos de estilo neorrústico, o anexo abriga os apartamentos.

OLHÃO – Faro – 733 – 593 U6 – 26 022 h. – Praia

3 C2

Lisboa 299 – Faro 9 – Beja 142 – Portimão 74

Real Marina

Av. 5 de Outubro ✉ 8700-307 – ✆ 289 09 13 00 – www.realhotelsgroup.com – fechado de 8 ao 26 de dezembro

132 qto – 105/295 € – 12 suites **Rest** – Lista 29/44 €

◆ Situado numa grande avenida, em frente da marina desportiva e da ria de Formosa. Destaca-se tanto pelo seu SPA, com serviços de talassoterapia, como pelas vistas desde a sua piscina. O restaurante, luminoso e de linha actual, oferece uma ementa de cozinha tradicional.

ao Noroeste : 5 km

Quinta dos Poetas

Pechão - Sitio da Arretorta ✉ 8701-905 Olhão – ✆ 289 99 09 90 – www.quintadospoetas.com

22 qto – 50/99 € 59/119 € **Rest** – *(fechado 2ª feira)* Lista 22/34 €

◆ Em pleno campo e junto a um campo de golfe, o resultado...ideal para o descanso! Tem um "Putting Green" e um "Pitch & Putt" de cinco buracos. O restaurante, a cerca de 100 m, e com vistas para o percurso, oferece uma ementa tradicional com toques actuais.

OLHOS DE ÁGUA – Faro – ver Albufeira

OLIVEIRA DE AZEMÉIS – Aveiro – 733 – 591 J4 – 11 689 h.

4 B1

Lisboa 275 – Aveiro 38 – Coimbra 76 – Porto 40

Praça José da Costa, ✆ 256 67 44 63

Arouca (Museu de Arte Sacra : quadros primitivos★) 33 km a Nordeste

Diplomata

Rua Dr. Simões dos Reis 125 ✉ 3720-245 – ✆ 256 68 25 90 – www.diplomata.com.sapo.pt – fechado do 15 ao 31 de agosto, sábado e domingo noite

Rest – Lista 25/30 €

◆ Este restaurante acolhedor dispõe de um corrimão, duas salas de estilo clássico e uma maior para grupos, localizada no segundo andar. Menu de pratos regionais.

OURÉM – Santarém – 733 – 592 N4 – 4 582 h.

6 B2

Lisboa 135 – Castelo Branco 139 – Leiria 23

Rua Beato Simão Lopes, ✆ 249 54 46 54, www.rt-leiriafatima.pt

Pousada Conde de Ourém

Largo João Manso - zona do castelo ✉ 2490-481 – ✆ 249 54 09 20 – www.pousadas.pt

30 qto – 80/130 € 90/140 € **Rest** – Menu 30 €

◆ A pousada está localizada na parte antiga da cidade e conta com dois edifícios, o antigo hospital e a casa senhorial. Os quartos dispõem de mobiliário funcional e piso de madeira. O restaurante de estilo clássico-actual é completado por um terraço de verão íntimo.

OUTEIRO - Vila Real - 733 - 591 G6 — 8 B2

Lisboa 431 - Braga 74 - Ourense 85 - Porto 123

Estalagem Vista Bela do Gerês

Estrada N 308, Este : 1 km ✉ 5470-332 Outeiro MTR - ☎ 276 56 01 20 - www.vistabela.com

14 qto - 50/60 € 60/75 € - 2 suites

Rest - *(fechado 2ª feira)* Menu 10/30 €

◆ Oferece uma bela localização de interesse paisagístico. A sua construção em pedra garante uma perfeita integração com as montanhas e a barragem de Paradela. Simples restaurante de linha regional, onde uma lareira esquenta o ambiente.

OVAR - Aveiro - 733 - 591 J4 - 10 935 h. - Praia — 4 A1

Lisboa 285 - Aveiro 43 - Porto 45 - Viseu 99

Rua Elias Garcia, ☎ 256 57 22 15, www.cm-ovar.pt

Aqua H. — qto,

Rua Aquilino Ribeiro 1 ✉ 3880-151 - ☎ 256 57 51 05 - www.aquahotel.pt

53 qto - 55/85 € 60/95 € - 4 suites

Rest - Menu 20/35 € - Lista 16/31 €

◆ O hotel, com personalidade própira, dispõe de uma agradável área social e quartos modernos, todos com piso de tarima, mobiliário de venguê e cabeceiras de tecido. O restaurante, anexado à cafeteria, oferece uma cozinha tradicional.

na Praia do Areinho Sudoeste : 6 km

Esplanada da Ria

Praia do Areinho ✉ 3880-223 Ovar - ☎ 256 59 14 93

Rest - Menu 20 € - Lista 20/34 €

◆ Pequeno restaurante familial localizado na língua de terra que separa o estuário do mar. Possui um terraço de verão, uma sala luminosa decorada com motivos marinhos.

PORTUGAL

PAÇO DE ARCOS - Lisboa - 733 - 592 P2 - 12 823 h. - Praia — 6 B3

Lisboa 20

Real Oeiras — qto,

Rua Alvaro Rodrigues de Azevedo 5 ✉ 2770-197 - ☎ 214 46 99 00 - www.realhotelsgroup.com

97 qto - 80/160 € 90/180 € - 3 suites **Rest** - Menu 20 €

◆ Hotel de linha moderna, actual e funcional que pela sua situação num alto domina uma grande extensão. Quartos luminosos, com os chãos em alcatifa e correctas casas de banho.

Os Arcos

Rua Costa Pinto 47 ✉ 2770-582 - ☎ 214 43 33 74

Rest - Lista 30/55 €

◆ Oferece dois refeitórios, um deles com vistas para o mar. Recriam um ambiente dominado pelo tijolo à vista e a madeira. Especializado em peixes e mariscos.

Fornos do Padeiro

Estrada de Paço de Arcos 6 B ✉ 2770-129 - ☎ 214 69 41 48 - www.fornosdopadeiro.pt - fechado 2ª feira

Rest - Menu 25/33 € - Lista aprox. 38 €

◆ Local temático onde tudo gira em torno do pão, com muitas fotos de fornos, um pequeno canto-museu e um sala de refeição de estilo neorrústico. Cozinha tradicional portuguesa.

PAÇOS DE VILHARIGUES - Viseu - 733 - 591 J5 — 4 B1

Lisboa 299 - Viseu 36 - Aveiro 58 - Coimbra 103

Eira da Bica

Casa da Bica-Touça ✉ 3670-151 - ☎ 964 11 82 63 - www.eiradabica.com - fechado 2º feira

Rest - Menu 10 € - Lista 15/26 €

◆ Atrás da sua fachada de pedra encontrará um interior bastante aberto e actual. Ementa tradicional, pratos regionais e deliciosas carnes, tanto Arouquesas como de Lafões.

PADERNE – **Faro** – **733** – **593** U5 – **484 h.** **3** B2

Lisboa 245 – Faro 49 – Beja 114 – Albufeira 13

XX **Moiras Encantadas** com qto — rest, P VISA AE

Rua Miguel Bombarda 2 ✉ 4960 – ✆ 289 36 87 97 – www.restaurantemoirasencantadas.com

6 qto – 35/60 € 45/70 €

Rest – *(fechado domingo noite)* Lista 25/35 €

◆ Neste restaurante encontrará uma cafetaria pública e um refeitório bastante acolhedor, com as paredes em pedra e uma lareira que aquece o ambiente. Cozinha de sabor regional. Como complemento ao negócio também possui quartos simples.

PALMELA – **Setúbal** – **733** – **593** Q3 – **5 326 h.** **1** B2

Lisboa 43 – Setúbal 8

Castelo de Palmela, ✆ 21 233 21 22

Castelo★ (※★), Igreja de São Pedro (azulejos★)

Pousada de Palmela — P VISA AE

Castelo de Palmela ✉ 2950-317 – ✆ 212 35 12 26 – www.pousadas.pt

28 qto – 100/165 € 110/175 €

Rest – Menu 30 €

◆ Excelente pousada situada num convento do séc. XV, junto às muralhas do castelo de Palmela. Tem um grande nível, com agradáveis zonas nobres e elegantes quartos. O restaurante oferece uma montagem muito cuidada e uma interessante ementa tradicional.

PORTUGAL

PAREDE – **Lisboa** – **733** – **592** P1 – **8 650 h.** – **Praia** **6** B3

Lisboa 21 – Cascais 7 – Sintra 15

XX **Toscano** — VISA AE

Travessa Barbosa de Magalhães 2 ✉ 2775-162 – ✆ 214 57 28 94 – www.restaurantetoscano.com.pt – fechado 3ª feira

Rest – Lista 32/39 €

◆ Oferece um bar privado e duas salas, a principal com lareira e a outra, localizada no andar superior, de carácter panorâmico. Serviço profissional e clientela de bom nível.

PAREDES – **Porto** – **733** – **591** I5 **8** A3

Lisboa 356 – Porto 47 – Braga 78 – Aveiro 117

Paredes — qto, qto, P VISA AE

Rua Almeida Garrett ✉ 4580-038 – ✆ 255 78 04 90 – www.paredeshotel.com

76 apartamentos – 47/55 €

Rest – *(fechado domingo)* Menu 12/18 €

◆ Uma boa opção em uma cidade conhecida pela sua indústria de móveis! O que você vai encontrar são apartamentos, todos com cozinha equipada e mobiliário funcional. O restaurante, de linha actual, oferece um menu de cozinha tradicional.

PEDRA FURADA – **Braga** – **733** – **591** H4 **8** A2

Lisboa 344 – Braga 29 – Porto 40 – Viana do Castelo 36

X **Pedra Furada** — P VISA AE

Estrada N 306 ✉ 4755-392 – ✆ 252 95 11 44 – www.restaurantepedrafurada.com – fechado do 22 ao 31 de agosto e 2ª feira noite

Rest – Lista 21/29 €

◆ Casa familiar com certo reconhecimento na zona. Oferecem uma cozin caseira com produtos cultivados por eles próprios. Refeitório rústico domin por uma grande lareira.

PENHAS DA SAÚDE – **Castelo Branco** – **733** – **592** L7 – **Desportos de inverno na Serra da Estrela** : ⛷4 🚡1 **5** C2

Lisboa 311 – Castelo Branco 72 – Covilhã 10 – Guarda 55

Serra da Estrela

Alt. 1 550 ✉ 6200-073 Covilhã – ✆ 275 31 03 00 – www.turistrela.pt

80 qto – 55/150 € 65/170 €

Rest – Lista 21/35 €

◆ Hotel de montanha instalado num edifício horizontal, cujo interior alberga os quartos exteriores, funcionais e bem equipados com casas de banho actuais. Refeitório agradável, muito cuidado e de cálida iluminação.

PENICHE – **Leiria** – **733** – **592** N1 – **15 595 h.** – **Praia** **6** A2

Lisboa 92 – Leiria 89 – Santarém 79

para a Ilha da Berlenga (15 maio-15 setembro) : Viamar, no porto de Peniche, ✆ 262 78 56 46

Rua Alexandre Herculano, ✆ 262 78 95 71

O Porto : regresso da pesca★

Cabo Carvoeiro★ – Papoa (✳★) – Remédios (Nossa Senhora dos Remédios : azulejos★) ✳★. - Ilha Berlenga★★ : passeio em barco★★★, passeio a pé★★ (sítio★, ★) 1 h. de barco.

Pinhalmar qto,

estrada Marginal Sul (Cabo Carvoeiro) ✉ 2520-227 – ✆ 262 78 93 49 – www.pinhalmar.com

27 qto – 38/80 € 45/90 €

Rest – *(só clientes)* Menu 18 €

◆ O hotel encontra-se em um lugar bastante isolado, a 200 m. do farol do Cabo Carvoeiro. Bar-sala social e quartos funcionais e modernos, a metade deles com varanda e vista para o mar.

Nau dos Corvos

Cabo Carvoeiro (junto ao farol) ✉ 2520-605 – ✆ 262 78 31 68 – www.naudoscorvos.com – fechado domingo noite e 2ª feira de outubro-maio

Rest – Lista 26/47 €

◆ O restaurante destaca-se pela sua localização sobre um promontório rochoso, quase acima do mar. Hall com viveiro de marisco, bar privado panorâmico e sala de refeição toda de vidro.

PEREIRA – **Coimbra** – **733** – **592** L4 – **302 h.** **4** A2

Lisboa 208 – Coimbra 17 – Aveiro 73 – Leiria 77

Quinta São Luiz

Rua do Pedrão ✉ 3140-337 – ✆ 239 64 20 00 – www.quintasluiz.com – fechado 2ª feira

Rest – Lista 33/45 €

◆ Magnífico restaurante instalado numa quinta do século XVII que serviu como convento e lagar. Encontrará uma estética minimalista e uma cozinha criativa de base internacional.

PESO – **Viana do Castelo** – **ver Melgaço**

PESO DA RÉGUA – **Vila Real** – **733** – **591** I6 – **9 101 h.** **8** B3

Lisboa 379 – Braga 93 – Porto 102 – Vila Real 25

Rua da Ferreirinha, ✆ 254 31 28 46, www.visit-douro.com

Régua Douro

Largo da Estação da CP ✉ 5050-237 – ☎ 254 32 07 00 – www.hotelreguadouro.pt

67 qto – 52/96 € 68/127 € – 10 suites

Rest – Menu 20 €

◆ Concebido com certo luxo e amplitude de espaços, numa linha urbana que surpreende pela sua localização. Quartos confortáveis e um ambiente natural com boas vistas. Restaurante panorâmico com vistas para o Douro e os vinhedos na outra margem.

Douro In

Av. João Franco ✉ 5050-264 – ☎ 254 09 80 75 – www.douroin.com

Rest – Lista 30/46 €

◆ Tem várias salas no 1ª andar, todas clássicas de linha atual, e um cocktail bar no piso superior, este último equipado com um magnífico terraço com vista para o rio Douro. Cozinha tradicional com detalhes criativos de actualidade.

PINHÃO – Vila Real – **733** – **591** I7 – **820 h.** – **alt. 120 m** 8 B3

Lisboa 399 – Vila Real 30 – Viseu 100

Norte : Estrada de Sabrosa★★ ★

Vintage House

Lugar da Ponte ✉ 5085-034 – ☎ 254 73 02 30 – www.cs-vintagehouse.com

41 qto – 120/218 € 135/233 € – 2 suites

Rest ***Rabelo*** – ver selecção restaurantes

◆ Este elegante hotel desfruta duma decoração de estilo inglês e magníficas vistas sobre o Douro. Zonas nobres cuidadas e quartos clássicos muito detalhistas.

Rabelo – Hotel Vintage House

Lugar da Ponte ✉ 5085-034 – ☎ 254 73 02 30 – www.cs-vintagehouse.com

Rest – Lista 25/35 €

◆ Um restaurante muito agradável e acolhedor! Comer aqui significa uma boa opção se deseja degustar tanto os pratos regionais como os tradicionais lusitanos...tudo isso, com elaborações e apresentações bem actualizadas.

ao Norte : 5 km

Casa do Visconde de Chanceleiros

Chanceleiros ✉ 5085-201 Pinhão – ☎ 254 73 01 90 – www.chanceleiros.com

10 qto – 115/135 € 130/145 €

Rest – (a pedido) Menu 30 €

◆ A decoração original combina perfeitamente os estilos clássico e regional. As áreas sociais encontram-se no edifício principal e os quartos nos anexos, com vista para as vinhas.

Casa de Casal de Loivos

✉ 5085-010 Casal de Loivos – ☎ 254 73 21 49 – www.casadecasaldeloivos.com – fechado janeiro

6 qto – 80 € 100 €

Rest – Menu 25 €

◆ Antiga casa de pedra situada na parte alta de uma colina, desfrutando de uma magníficas vistas panorâmicas do rio Douro. Sala social com lareira e quartos correctos.

PORTUGAL

POÇO BARRETO - Faro - 733 - 593 U4 - 219 h. 3 B2

Lisboa 253 - Faro 52 - Beja 122 - Lagoa 12

XX **O Alambique**

Estrada de Silves ✉ 8300-042
- ✆ 282 44 92 83 - www.alambique.de
- fechado 3 novembro-14 dezembro, 4ª feira (novembro-fevereiro) e 3ª feira
Rest - Menu 20 € - Lista 25/35 €
◆ Casa situada ao rés-do-chão, localizada junto a uma estrada, com duas salas de tectos altos e uma montagem correcta, separadas por dois arcos de pedra. Ementa internacional com preços razoáveis.

POMBAL - Leiria - 733 - 592 M4 - 5 779 h. 6 B1

Lisboa 153 - Coimbra 43 - Leiria 28

Pombalense qto,

Rua Alexandre Herculano 26 ✉ 3100-494 - ✆ 236 20 09 90
- www.hotelpombalense.pt
39 qto - 53/62 € 67/78 €
Rest *Palomino* - Menu 14 € - Lista 18/23 €
◆ Hotel com equipamento moderno situado junto à estação de comboios. Possui um hall-recepção actual, uma sala polivalente e quartos confortáveis com um ar funcional. O restaurante oferece uma cozinha tradicional portuguesa e pratos internacionais.

Do Cardal sem rest

Largo do Cardal ✉ 3100-440 - ✆ 236 20 02 20
- www.residencialdocardal.com
27 qto - 40/50 € 50/60 €
◆ Hotelzinho central de organização familiar. Possui quartos decorados com mobiliário clássico e casas de banho espaçosas que nalguns casos contam com varanda.

Sra. de Belém sem rest

Av. Heróis do Ultramar 185 ✉ 3100-462 - ✆ 236 20 08 00
- www.senhoradebelem.com
26 qto - 40/45 € 50/60 €
◆ Estabelecimento administrado em família e equipado com belas instalações. Os quartos são modernos e oferecem um equipamento completo, alguns dispõem de varanda.

na estrada N 1 Noroeste : 2 km

XX **O Manjar do Marquês**

✉ 3100-373 Pombal - ✆ 236 20 09 60
- www.omanjardomarques.com
- fechado do 16 ao 30 de julho e domingo noite
Rest - Lista 19/27 €
◆ Grande complexo equipado com um snack-bar, uma sala de refeição "à la carte", uma sala de banquetes e sua própria loja de productos típicos. Um serviço de estrada a preços acessíveis.

PONTA DO SOL - Ilha da Madeira - ver Madeira (Arquipélago da)

PONTE DE LIMA - Viana do Castelo - 733 - 591 G4 - 2 752 h. - alt. 22 m 8 A2

Lisboa 392 - Braga 33 - Porto 85 - Vigo 70
Torre de Cadeia Velha, ✆ 258 94 23 35, www.portoenorte.pt
Golfe de Ponte de Lima, Sul : 3 km, ✆ 258 74 34 15
Ponte★ - Igreja-Museu dos Terceiros (talhas★)

PORTUGAL

pela estrada N 201 Sul : 3 km

Axis Ponte de Lima sem rest
Quinta de Pias - Fornelos ✉ 4990-620 Ponte de Lima
– ✆ 258 90 02 50 – www.axishoteisegolfe.com
40 qto – 58/75 € 67/83 €
♦ Definido pela sua estética de linhas rectas. Oferece uma correcta zona social, uma magnífica piscina interior e quartos funcionais, metade dos quais com vistas sobre um campo de golfe.

Como escolher entre duas direções equivalentes na mesma cidade? Dentro de cada categoria nos classificamos os estabelecimentos por ordem de preferência, começando pelos nossos preferidos.

PORTALEGRE P – 733 – 592 O7 – 15 274 h. – alt. 477 m   2 C1

Lisboa 238 – Badajoz 74 – Cáceres 134 – Mérida 138
Rua Guilherme Gomes Fernandes 22, ✆ 245 30 74 45, www.cm-portalegre.pt
Pico São Mamede ★ – Estrada★ escarpada de Portalegre a Castelo de Vide por Carreiras, Norte : 17 km

Mansão Alto Alentejo sem rest
Rua 19 de Junho 59 ✉ 7300-155 – ✆ 245 20 22 90
– www.mansaoaltoalentejo.com.pt
12 qto – 32/37 € 40/45 €
♦ Situado em pleno centro histórico da cidade, junto à Catedral. Ficará surpreendido com os quartos chiques, todos de gosto regional alentejano e conforto correcto.

XX **Tomba Lobos**
Av. Movimento das Forças Armadas ✉ 7300-072
– ✆ 245 33 12 14 – www.tombalobos.pt
– fechado 31 julho-13 agosto, domingo noite e 2ª feira
Rest – Menu 20/50 € – Lista aprox. 35 €
♦ Ocupa um edifício localizado junto a um parque e no centro, apresenta umas luminosas instalações contemporâneas. O chef-proprietário faz uma cozinha tradicional actualizada com toques inovadores. Excelente carta de vinhos!

PORTEL – Évora – 733 – 593 R6 – 2 713 h.   2 C2

Lisboa 176 – Beja 41 – Évora 42 – Faro 181

Refúgio da Vila & qto,
Largo Dr. Miguel Bombarda 8 ✉ 7220-369 – ✆ 266 61 90 10
– www.refugiodavila.com
30 qto – 95/111 € 117/137 €
Rest *Adega do Refúgio* – *(fechado 3ª feira no inverno)* Lista 27/33 €
♦ Esta casa senhorial do século XIX brilhantemente recuperada, oferece uma elegante área social e quartos bem decorados com mobiliário de época, situados no edifício principal. O restaurante, que se destaca pelo seu tecto abobadado, oferece uma cozinha regional.

PORTIMÃO – Faro – 733 – 593 U4 – 17 710 h. – Praia   3 A2

Lisboa 290 – Faro 62 – Lagos 18
Av. Tomás Cabreira, ✆ 282 41 91 32
Penina, pela estrada de Praia da Rocha : 5 km, ✆ 282 42 02 00
≤★ da ponte sobre o rio Arade X
Praia da Rocha★★ (miradouro★, enseadas★★) ZA

Planta página seguinte

PORTUGAL

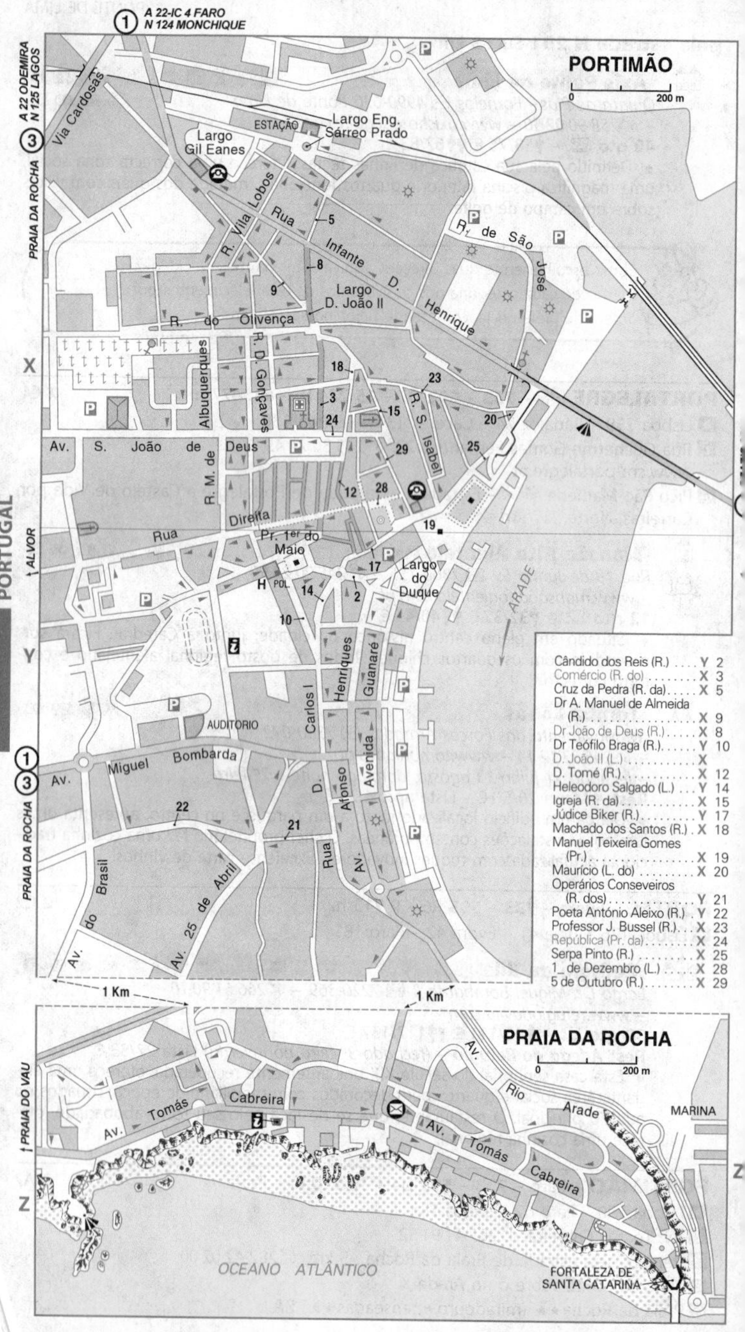

Cândido dos Reis (R.)	Y	2
Comércio (R. do)	X	3
Cruz da Pedra (R. da)	X	5
Dr A. Manuel de Almeida (R.)	X	9
Dr João de Deus (R.)	X	8
Dr Teófilo Braga (R.)	Y	10
D. João II (L.)	X	
D. Tomé (R.)	X	12
Heleodoro Salgado (L.)	Y	14
Igreja (R. da)	X	15
Júdice Biker (R.)	Y	17
Machado dos Santos (R.)	X	18
Manuel Teixeira Gomes (Pr.)	X	19
Maurício (L. do)	X	20
Operários Conseveiros (R. dos)	Y	21
Poeta António Aleixo (R.)	Y	22
Professor J. Bussel (R.)	X	23
República (Pr. da)	X	24
Serpa Pinto (R.)	X	25
1_ de Dezembro (L.)	X	28
5 de Outubro (R.)	X	29

na Praia dos Três Irmãos Sudoeste : 4,5 km

XX **Búzio**

Aldeamento da Prainha ✉ 8500-904 Alvor – ✆ 282 45 87 72
– www.restaurantebuzio.com – fechado janeiro, fevereiro e domingo noite
Rest – Lista 26/60 €

◆ Negocio de sólida trajectória localizado num edifício tipo villa. Possui um espaçoso Lounge Bar, um refeitório de montagem moderna e uma esplanada chique com vistas sobre o mar.

na estrada N 125 por ③ : 5 km

Le Méridien Penina

✉ 8501-952 Portimão – ✆ 282 42 02 00
– www.lemeridien.com
179 qto – †85/270 € ††105/290 €, ☕ 15 € – 17 suites
Rest *Sagres* – *(só jantar) (só buffet)* Menu 34 €
Rest *Le Grill* – *(só jantar)* Lista 27/40 €
Rest *L'Arlecchino* – *(só jantar)* Lista 23/33 €

◆ Um referencial para os amantes do golfe, onde o equipamento e o conforto alcançam a sua máxima expressão. Excelente direcção, belos exteriores e uma elegante zona nobre. Entre os seus restaurantes destaca Le Grill pelo seu belíssimo mobiliário de estilo inglês.

PORTUGAL

PORTO

Plantas da cidade nas páginas seguintes **8** A3

© Philippe Michel / Age fotostock

PORTUGAL

Porto – 227 790 h. – alt. 90 m – 733-591 I3

Lisboa 310 – A Coruña 305 – Madrid 591

Postos de Turismo

Rua Clube dos Fenianos 25, ✆22 339 34 72, www.visitporto.travel
Praça D. João I-43, ✆22 205 75 14
Rua do Infante D. Henrique 63, ✆22 206 04 12, www.visitporto.travel

Aeroporto

Francisco Sá Carneiro, 17 km por ① ✆ 22 943 24 00
T.A.P. ✆ 707 205 700

Golf

Miramar, pela estrada de Espinho : 9 km, ✆22 762 20 67

Automóvel Club

A.C.P. Rua Gonçalo Cristovão 2 ✆ 22 205 67 32

VER

Sítio** – Vista de Nossa Senhora da Serra do Pilar* EZ – As Pontes (ponte Maria Pia* FZ, ponte D. Luis I** EZ) – As Caves do vinho do Porto* (Vila Nova de Gaia) DEZ O Velho Porto** : Sé (altar*) – Claustro (azulejos*) EZ– Casa da Misericórdia (quadro Fons Vitae*) EZ **P** – Palácio da Bolsa (Salão árabe*) EZ – Igreja de São Francisco** (decoração barroca**, árvore de Jessé*) EZ – Cais da Ribeira* EZ – Torre dos Clérigos* ✻* EY.

Outras curiosidades :

Fundação Engo António de Almeida (colecção de moedas de ouro*) BU **M1** – Igreja de Santa Clara* (talhas douradas*) EZ **R** – Fundação de Serralves* (Museu Nacional de Arte Moderna) : Jardim*, grades de ferro forjado* AU

Porto Palácio

Av. da Boavista 1269 ✉ *4100-130 – ✆ 226 08 66 00*
– www.hotelportopalacio.com BU**e**
232 qto – 130/360 € 280/850 €, 13 € – 18 suites
Rest *Salsa & Loureiro* – *(fechado domingo)* Lista 23/43 €
Rest *Grappa* – *(fechado domingo)* Lista 25/42 €
♦ Foi remodelado, por isso agora possui uma grande zona social, um centro de congressos, um SPA e até um espectacular andar top onde há um bar panorâmico. Dentro de seus restaurantes encontra-se uma cozinha tradicional portuguesa, mediterrânea e italiana.

Pousada do Porto Palácio do Freixo

Estrada N-108 ✉ *4300-416* qto, qto, qto,
– ✆ 225 31 10 00 – www.pousadas.pt CV**a**
77 qto – 140/250 € 150/260 € – 10 suites **Rest** – Menu 30 €
♦ A pousada ocupa um belo palácio declarado Patrimônio Nacional. Você encontrará áreas sociais bem cuidadas e quartos de estilo clássico, localizados em um anexo. O restaurante, dividido em três salas modernas, oferece um menu tradicional.

Sheraton Porto

qto,
Rua de Tenente Valadim 146 ✉ *4100-476 – ✆ 220 40 40 00*
– www.sheratonporto.com BU**c**
266 qto – 110/280 € 135/305 €, 22 € – 16 suites **Rest** – Lista 30/50 €
♦ Um grande hotel em todos os sentidos, com um enorme hall que aglutina as zonas sociais e o piano-bar. Quartos de linha actual que ressaltam pelas suas casas de banho envidraçadas. O seu moderno restaurante complementa-se com uma zona para pequenos almoços.

Tiara Park Atlantic Porto

qto, rest,
Av. da Boavista 1466 ✉ *4100-114 – ✆ 226 07 25 00*
– www.tiara-hotels.com BU**a**
232 qto – 300/400 €, 21 € – 7 suites **Rest** – Lista 37/52 €
♦ Oferece grande conforto em todos os seus quartos, decorados com materiais nobres num ambiente elegante e harmonioso. Boa oferta para a organização de convenções e congressos. No seu luminoso refeitório poderá degustar uma ementa cuidada e de corte cosmopolita.

Infante de Sagres

Praça D. Filipa de Lencastre 62 ✉ *4050-259 – ✆ 223 39 85 00*
– www.hotelinfantesagres.pt EY**b**
70 qto – 193 € 215 € – 4 suites
Rest – *(só buffet)* Menu 23 € – Lista 27/37 €
♦ Este hotel foi redecorado, por isso agora apresenta um chamativo contraste entre as zonas comuns, muito clássicas, e os seus cuidadíssimos quartos, todos de linha actual. No seu elegante restaurante encontrará uma cozinha internacional e elaborações actuais.

Teatro

qto,
Rua Sá da Bandeira 84 ✉ *4000-427 – ✆ 220 40 96 20 – www.hotelteatro.pt*
73 qto – 91/240 € 101/250 € – 1 suite EY**x**
Rest – Menu 35/50 € – Lista 30/44 €
♦ Muito original pois recria um ambiente boémio e teatral! Trata-se dum edifício de nova construção que se ergue no mesmo lugar onde noutros tempos havia um teatro. O restaurante, de carácter polivalente, oferece uma cozinha tradicional actualizada.

Grande H. do Porto

qto,
Rua de Santa Catarina 197 ✉ *4000-450 – ✆ 222 07 66 90*
– www.grandehotelporto.com FY**q**
86 qto – 55/142 € 60/152 € – 8 suites
Rest – *(só buffet)* Menu 15/30 €
♦ Numa rua pedonal muito central e comercial. A zona nobre toma protagonismo numa elegante sala com colunas e possui quartos que foram recentemente actualizados.

PORTUGAL

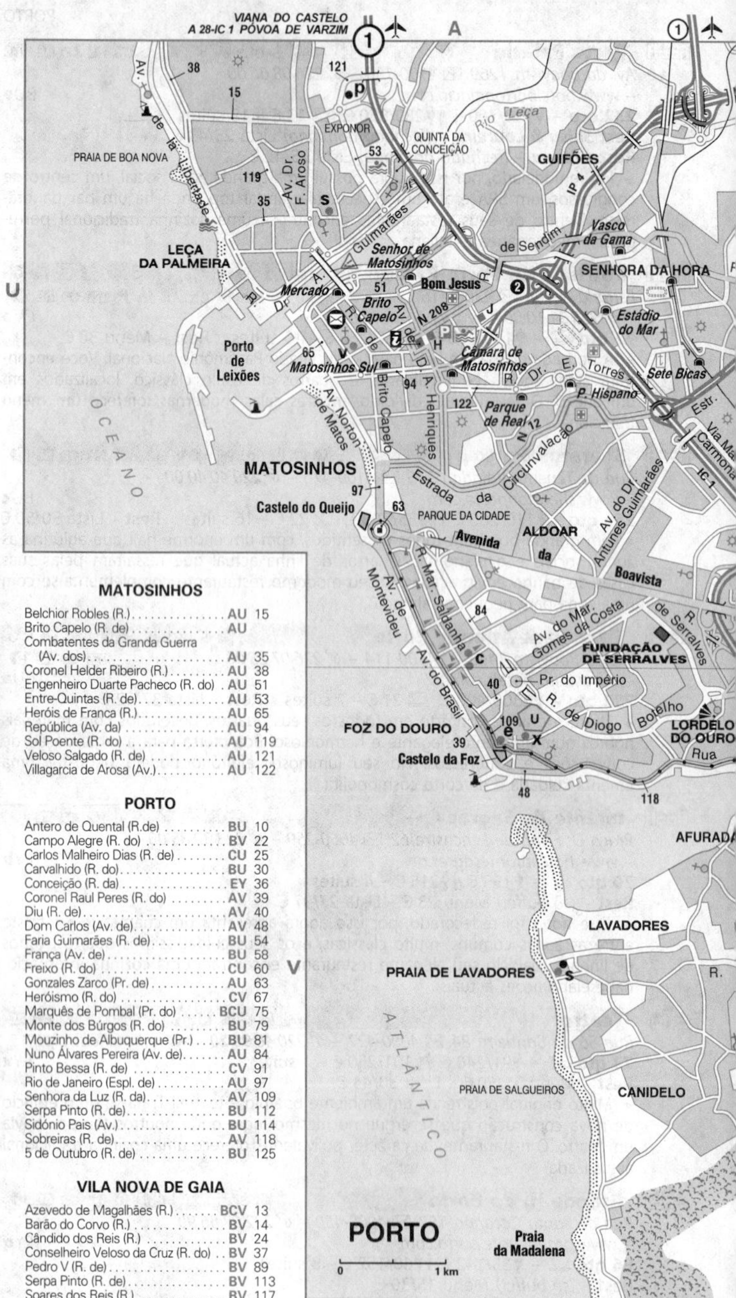

MATOSINHOS

Belchior Robles (R.)	AU	15
Brito Capelo (R. de)	AU	
Combatentes da Granda Guerra (Av. dos)	AU	35
Coronel Helder Ribeiro (R.)	AU	38
Engenheiro Duarte Pacheco (R. do)	AU	51
Entre-Quintas (R. de)	AU	53
Heróis de Franca (R.)	AU	65
República (Av. da)	AU	94
Sol Poente (R. do)	AU	119
Veloso Salgado (R. de)	AU	121
Villagarcia de Arosa (Av.)	AU	122

PORTO

Antero de Quental (R.de)	BU	10
Campo Alegre (R. do)	BV	22
Carlos Malheiro Dias (R. de)	CU	25
Carvalhido (R. do)	BU	30
Conceição (R. da)	EY	36
Coronel Raul Peres (R. do)	AV	39
Diu (R. de)	AV	40
Dom Carlos (Av. de)	AV	48
Faria Guimarães (R. de)	BU	54
França (Av. de)	BU	58
Freixo (R. do)	CU	60
Gonzales Zarco (Pr. de)	AU	63
Heróismo (R. do)	CV	67
Marquês de Pombal (Pr. do)	BCU	75
Monte dos Búrgos (R. do)	BU	79
Mouzinho de Albuquerque (Pr.)	BU	81
Nuno Álvares Pereira (Av. de)	AU	84
Pinto Bessa (R. de)	CV	91
Rio de Janeiro (Espl. de)	AU	97
Senhora da Luz (R. da)	AV	109
Serpa Pinto (R. de)	BU	112
Sidónio Pais (Av.)	BU	114
Sobreiras (R. de)	AV	118
5 de Outubro (R. de)	BU	125

VILA NOVA DE GAIA

Azevedo de Magalhães (R.)	BCV	13
Barão do Corvo (R.)	BV	14
Cândido dos Reis (R.)	BV	24
Conselheiro Veloso da Cruz (R. do)	BV	37
Pedro V (R. de)	BV	89
Serpa Pinto (R. de)	BV	113
Soares dos Reis (R.)	BV	117

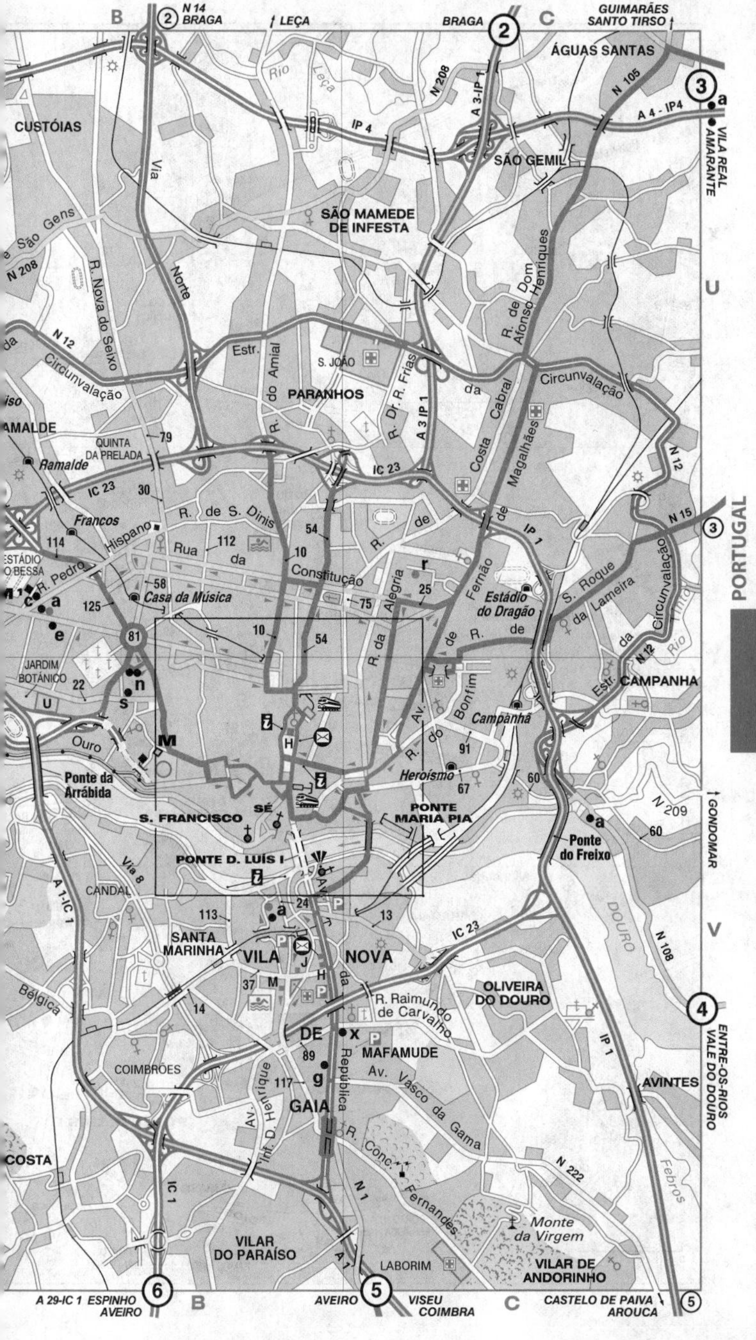

N 14 BRAGA
LEÇA
BRAGA
GUIMARÃES SANTO TIRSO
ÁGUAS SANTAS
CUSTÓIAS
SÃO GEMIL
SÃO MAMEDE DE INFESTA
VILA REAL AMARANTE
A 4 - IP4
IP 4
N 105
N 208
A 3-IP 1
Via Norte
R. Nova do Seixo
N 12
Circunvalação
S. JOÃO
PARANHOS
R. do Amial
R. Dr. R. Frias
A 3 IP 1
R. de Dom Afonso Henriques
Costa Cabral
R. de Fernão de Magalhães
RAMALDE
Ramalde
QUINTA DA PRELADA
IC 23
Francos
R. de S. Dinis
Hispano
Rua da Constituição
R. da Alegria
Av. de R. de Bonfim
Estádio do Dragão
S. Roque da Lameira
IP 1
N 15
Casa da Música
R. Pedro
ESTÁDIO DO BESSA
JARDIM BOTÂNICO
CAMPANHA
Campanhã
Estr.
Ouro
Ponte da Arrábida
S. FRANCISCO
SÉ
PONTE MARIA PIA
Heroísmo
PONTE D. LUÍS I
Ponte do Freixo
N 209
GONDOMAR
Via 8
A 1-IC 1
CANDAL
SANTA MARINHA
VILA NOVA DE GAIA
OLIVEIRA DO DOURO
DOURO
N 108
Bélgica
R. Raimundo de Carvalho
MAFAMUDE
COIMBRÕES
Av. da República
Av. Vasco da Gama
Av. Inf. D. Henrique
R. Conc. Fernandes
AVINTES
ENTRE-OS-RIOS VALE DO DOURO
COSTA
IC 1
N 1
N 222
Monte da Virgem
Febros
VILAR DO PARAÍSO
LABORIM
VILAR DE ANDORINHO
A 29-IC 1 ESPINHO AVEIRO
AVEIRO
VISEU COIMBRA
CASTELO DE PAIVA AROUCA
PORTUGAL

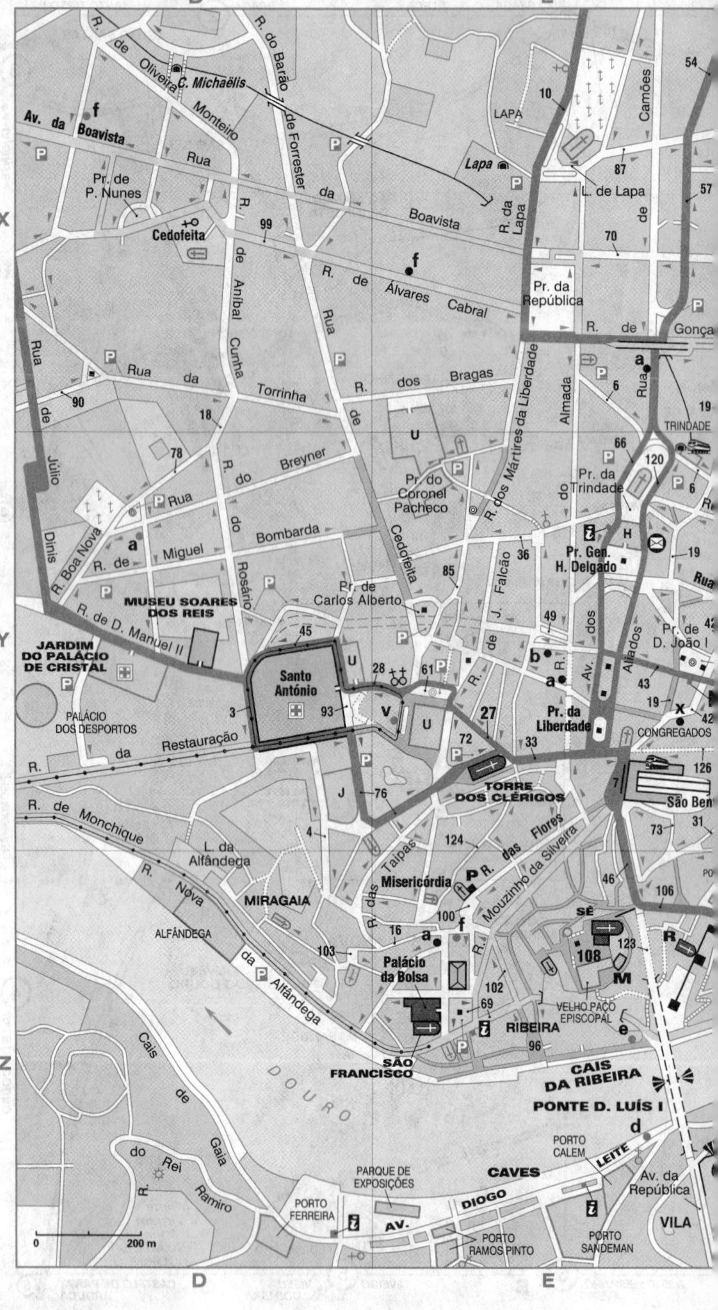
D
E
X
Y
Z
C. Michaëlis
Lapa
LAPA
L. de Lapa
Av. da Boavista
Rua da Boavista
Pr. de P. Nunes
Cedofeita
R. de Oliveira Monteiro
R. do Barão de Forrester
R. de Aníbal Cunha
R. de Álvares Cabral
R. da Lapa
Rua de Camões
Pr. da República
R. de Gonçalo
Rua de Cedofeita
Rua da Torrinha
R. dos Bragas
Rua de Júlio Dinis
R. do Breyner
Rua do Rosário
R. dos Mártires da Liberdade
Rua do Almada
Pr. do Coronel Pacheco
Pr. da Trindade
TRINDADE
Rua Bombarda
Rua de Miguel
R. Boa Nova
R. de J. Falcão
Pr. Gen. H. Delgado
Pr. de Carlos Alberto
MUSEU SOARES DOS REIS
JARDIM DO PALÁCIO DE CRISTAL
PALÁCIO DOS DESPORTOS
R. de D. Manuel II
Santo António
Pr. de D. João I
Av. dos Aliados
Pr. da Liberdade
CONGREGADOS
R. da Restauração
TORRE DOS CLÉRIGOS
São Bento
R. de Monchique
L. da Alfândega
MIRAGAIA
R. Nova da Alfândega
ALFÂNDEGA
R. das Taipas
Misericórdia
R. das Flores
R. Mouzinho da Silveira
SÉ
VELHO PAÇO EPISCOPAL
Palácio da Bolsa
RIBEIRA
SÃO FRANCISCO
DOURO
CAIS DA RIBEIRA
PONTE D. LUÍS I
Cais de Gaia
R. do Rei Ramiro
PORTO CALEM
CAVES
PARQUE DE EXPOSIÇÕES
AV. DIOGO LEITE
Av. da República
PORTO FERREIRA
PORTO RAMOS PINTO
PORTO SANDEMAN
VILA
0
200 m

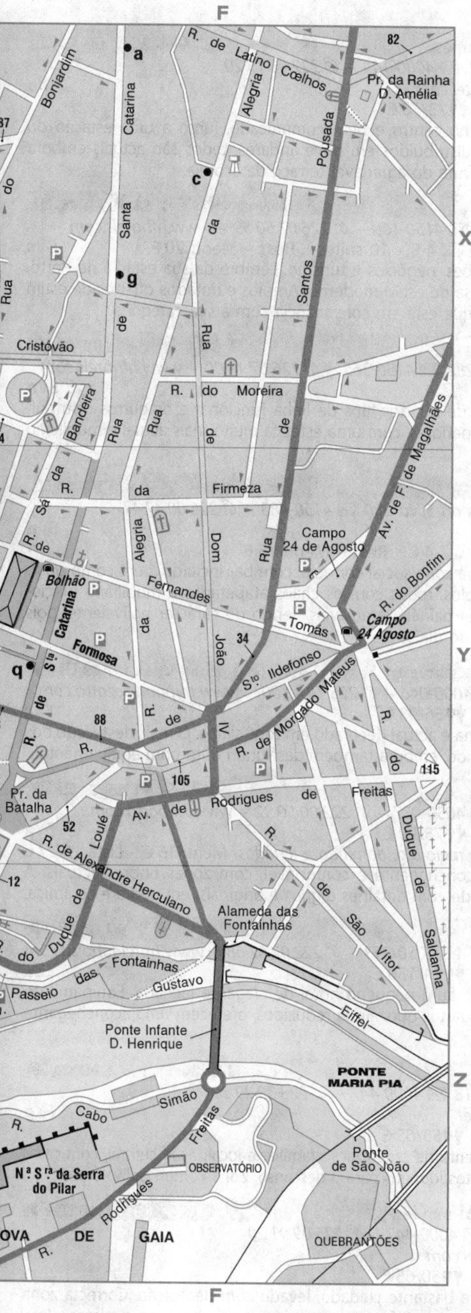

PORTO

Street	Grid	No.
Alberto Aires Gouveia (R. de)	DY	3
Albuquerque (R. Af. de)	DYZ	4
Alferes Malheiro (R. do)	EXY	6
Almada (R. do)	EXY	
Almeida Garrett (Pr. de)	EY	7
Antero de Quental (R.de)	EX	10
Augusto Rosa (R. de)	FZ	12
Belomonte (R. de)	EZ	16
Boa Hora (R. da)	DXY	18
Bonjardim (R. do)	EXY	19
Carmelitas (R. das)	EY	27
Carmo (R. do)	DEY	28
Cimo da Vila (R. de)	EY	31
Clérigos (R. dos)	EY	33
Coelho Neto (R. de)	FY	34
Dom Afonso Henriques (Av.)	EYZ	46
Dona Filipa de Lencastre (Pr. de)	EY	49
Dr António Emílio de Magalhães (R. do)	EY	42
Dr Magalhães Lemos (R. do)	EY	43
Dr Tiogo de Almeida (R. do)	DY	45
Entreparedes (R. de)	FY	52
Faria Guimarães (R. de)	EX	54
Fernandes Tomás (R. de)	EFY	
Flores (R. das)	EYZ	
Fonseca Cardoso (R. de)	EX	57
Formosa (R.)	EFY	
Gomes Teixeira (Pr. de)	EY	61
Guedes de Azevedo (R. de)	FXY	64
Heróis e Mártires de Angola (R. dos)	EY	66
Infante Dom Henrique (Pr. e R. do)	EZ	69
João das Regras (R. de)	EX	70
Lisboa (Pr. de)	EY	72
Loureiro (R. do)	EY	73
Mártires da Pátria (Campo dos)	DEY	76
Maternidade (R. da)	DY	78
Nova de São Crispim (R.)	FX	82
Oliveiras (R. das)	EY	85
Paraíso (R. do)	EFX	87
Passos Manuel (R. de)	FY	88
Piedade (R. da)	DX	90
Prov. Vincente José de Carvalho (R. do)	DY	93
Ribeira (Pr. da)	EZ	96
Sacadura Cabral (R.)	DX	99
Santa Catarina (R. de)	FXY	
São Domingos (L. de)	EZ	100
São João Novo (Pr. de)	DZ	103
São João (R. de)	EZ	102
São Lázaro (Passeio de)	FY	105
Saraiva de Carvalho (R. de)	EZ	106
Sá da Bandeira (R. de)	FXY	
Sé (Terreiro da)	EZ	108
Soares dos Reis (L. de)	FY	115
Trindade (R. da)	EY	120
Vimara Peres (Av.)	EZ	123
Vitória (R. da)	EYZ	124
31 de Janeiro (R. de)	EY	126

Porto Trindade sem rest
Rua de Camões 129-131 ✉ 4000-144 – ☎ 222 06 15 20 – www.portotrindadehotel.com EX**a**
52 qto ☕ – 🚹65/70 € 🚹🚹73/78 €
◆ Moderno, localizado no centro e bem comunicado, junto a uma estação do metropolitano. Quartos distribuidos em nove andares, todos são actuais embora não muito grandes, desfrute do agradável terraço da açoteia.

Ipanema Porto H.
Rua Campo Alegre 156 ✉ 4150-169 – ☎ 226 07 50 59 – www.hfhotels.com
140 qto – 🚹🚹60/260 €, ☕ 4 € – 10 suites **Rest** – Menu 20 € BV**s**
◆ Na Boavista, convenções, negócios e turismo. Lembre da sua estadia no Porto, hospedando-se nesta casa de estilo moderno. Amplos e dotados quartos de estilo actual. Cálido refeitório que está em consonância com a sua categoria.

Fenix Porto sem rest
Rua Gonçalo Sampaio 282 ✉ 4150-365 – ☎ 226 07 18 00 – www.hfhotels.com
148 qto – 🚹🚹61/261 €, ☕ 4 € BV**n**
◆ Apresenta dois tipos de quartos, uns de linha funcional e os outros distribuídos nos dois andares superiores, com uma estética muito mais actual e mobiliário de design.

Tuela Porto
Rua Arquitecto Marques da Silva 200 ✉ 4150-483 – ☎ 226 00 47 47 – www.hfhotels.com BV**n**
154 qto – 🚹🚹55/200 €, ☕ 4 € **Rest** – Menu 15 €
◆ Este hotel oferece uma zona social correcta, com bar incluído, bem como quartos mais ou menos amplos, todos com os chãos atapetados e mobiliário funcional. O restaurante possui painéis removíveis, sendo de carácter polivalente, pois oferece os três serviços do dia.

PORTUGAL

Tryp Porto Centro sem rest
Rua da Alegria 685 ✉ 4000-046 – ☎ 225 19 48 00 – www.trypportocentro.com
62 qto ☕ – 🚹60/88 € 🚹🚹66/98 € FX**c**
◆ Hotel de linha moderna e actual decorado em tons claros. O mais destacado dos seus quartos é a amplitude, embora também desfrutam dum bom equipamento.

Internacional
Rua do Almada 131 ✉ 4050-037 – ☎ 222 00 50 32 – www.hi-porto.com
35 qto ☕ – 🚹65/75 € 🚹🚹75/90 € EY**a**
Rest – *(fechado sábado meio-dia, domingo e feriados)* Menu 15 € – Lista 16/27 €
◆ Pequeno, familiar, aconchegante e confortável, com zonas nobres actuais. A sua decoração surpreende com detalhes dignos e originais, em pedra e cerâmica.

Da Bolsa sem rest
Rua Ferreira Borges 101 ✉ 4050-253 – ☎ 222 02 67 68 – www.hoteldabolsa.com
36 qto ☕ – 🚹62/77 € 🚹🚹74/130 € EZ**a**
◆ A cálida familiaridade dum pequeno hotel de elegante fachada. Equipamento básico mas cuidado e quartos que, ainda reduzidos, oferecem uma aconchegante decoração.

América sem rest
Rua Santa Catarina 1018 ✉ 4000-447 – ☎ 223 39 29 30 – www.hotel-america.net FX**g**
21 qto ☕ – 🚹45/55 € 🚹🚹55/65 €
◆ Pequeno estabelecimento de organização familiar e localização central, com casas de banho actuais e quartos idóneos para o descanso. Zona comun polivalente.

Século Residencial sem rest
Santa Catarina 1256 ✉ 4000-447 – ☎ 225 09 91 20 – www.seculoresidencial.com FX**a**
23 qto ☕ – 🚹40/55 € 🚹🚹50/65 €
◆ Hotel simples embora bastante cuidado, levado com dedicação. Correcta zona de pequenos almoços e quartos funcionais com casas de banho completas, algumas com hidromassagem.

Mira D'Aire sem rest
Rua Álvares Cabral 197 ✉ 4050-041 – ☎ 222 08 31 13
– www.hotelmiradaire.com EX**f**
11 qto – 50/60 € 55/70 €
◆ Casa centenária, simples e familiar, com uma bela escada em madeira. Os quartos são reduzidos embora confortáveis, com mobiliário provençal e casas de banho completas.

DOP
Largo de São Domingos 18 (Palácio das Artes) ✉ 4050-545 – ☎ 222 01 43 13
– www.ruipaula.com EZ**f**
Rest – Menu 65/75 € – Lista 44/68 €
◆ Quer comer num bom restaurante? Este oferece duas salas de linha clássica-actual, a cozinha está à vista do cliente, com elaborações actuais de cuidada apresentação.

D. Tonho
Cais da Ribeira 13-15 ✉ 4050-509 – ☎ 222 00 43 07
– www.dtonho.com EZ**e**
Rest – Menu 22/40 € – Lista 30/45 €
◆ Em pleno centro histórico e em frente ao Douro. As paredes de pedra da muralha medieval cercam um ambiente clássico-vanguardista de boa montagem. Ementa de gosto tradicional.

Lider
Alameda Eça de Queiroz 126 ✉ 4200-274 – ☎ 225 02 00 89
– www.restaurantelider.com – fechado domingo em agosto CU**r**
Rest – Lista 32/45 €
◆ Situado numa zona tranquila e nova da cidade. Magnífica direcção e cuidada manutenção onde a luz natural inunda o seu clássico interior. Ambiente suave e atento serviço.

Artemisia
Rua Adolfo Casais Monteiro 135 ✉ 4050-014 – ☎ 226 06 22 86
– www.restauranteartemisia.com – fechado domingo meio-dia DY**a**
Rest – Lista 29/36 €
◆ Resulta ser bastante central e pela tarde funciona como salão de chá. Possui um pequeno hall na entrada e um refeitório de montagem moderna. Cozinha internacional de corte actual.

Irene Jardim
Praça Parada Leitão 17 ✉ 4050-456 – ☎ 222 01 17 87
– www.irenejardim.izispot.com – fechado do 1 ao 15 de janeiro e domingo
Rest – Menu 15/25 € – Lista 20/30 € EY**v**
◆ Restaurante tipo bistrot situado num edifício clássico protegido. Dispõe de uma esplanada, um bar envidraçado e um refeitório que deixa a cozinha à vista. Ementa internacional.

Toscano
Rua Dr. Carlos Cal Brandão 22 ✉ 4050-160 – ☎ 226 09 24 30
– www.restaurantetoscano.net – fechado domingo DX**f**
Rest – Lista 20/41 €
◆ Pequeno restaurante ao rés-do-chão dum edifício de localização central. Espaços reduzidos mas bem aproveitados, uma decoração actual e boa ementa de cozinha italiana.

Mendi
Av. da Boavista 1430-loja 1 ✉ 4100-114 – ☎ 226 09 12 00
– www.mendirestauranteindiano.com – fechado 21 dias em agosto e domingo
Rest – Menu 35 € – Lista 22/37 € BU**a**
◆ Exótico estabelecimento de estilo alegre e juvenil que destaca pela cozinha indiana, elaborada por profissionais autóctones, muito correcta e com uma extensa ementa.

na Foz do Douro :

XX **Pedro Lemos**
Rua do Padre Luis Cabral 974 ✉ 4150-459 Foz do Douro – ✆ 220 11 59 86 – www.pedrolemos.net – fechado domingo, 2ª feira ao meio-dia e 3ª feira ao meio-dia AV**x**
Rest – Lista 38/50 €
◆ Encontra-se numa antiga casa de pedra dotada com duas salas de ambiente clássico-actual, a do andar superior com lareira. Cozinha de linha actual com detalhes criativos.

XX **Foz Velha**
Esplanada do Castelo 141 ✉ 4150-196 Foz do Douro – ✆ 226 15 41 78 – www.fozvelha.com – fechado do 1 ao 15 de agosto, domingo e 2ª feira ao meio-dia AV**e**
Rest – Menu 34 € – Lista 30/51 €
◆ Combinam à perfeição as cores vivas e a decoração moderna, com as características próprias duma antiga casa senhorial. Algumas mesas desfrutam de vistas sobre o mar.

XX **Cafeína**
Rua do Padrão 100 ✉ 4150-557 Foz do Douro – ✆ 226 10 80 59 – www.cafeina.pt
Rest – Lista 26/35 € AU**c**
◆ É um dos restaurantes que está na moda, pelo que costuma estar cheio quase todos os dias. Ao seu moderno refeitório acrescenta-se uma zona para fumadores e outra de bar nocturno.

XX **Terra**
Rua do Padrão 103 ✉ 4150-559 Foz do Douro – ✆ 226 17 73 39 – www.restauranteterra.com AU**c**
Rest – Lista 26/34 €
◆ Casa de singular fachada, por estar coberta de azulejos. Possui um sushi-bar e uma sala de ar neo-rústico, com pormenores de desenho e predomínio das cores lilás.

em Matosinhos :

XX **Esplanada Marisqueira Antiga**
Rua Roberto Ivens 628 ✉ 4450-249 Matosinhos – ✆ 229 38 06 60 – www.esplanadamarisqueria.com – fechado 2ª feira AU**v**
Rest – Lista 38/55 €
◆ Um estabelecimento que resulta bastante popular. Boa organização, ambiente animado e peixes e mariscos de grande qualidade, pois possui um viveiro próprio.

XX **Os Lusiadas**
Rua Tomás Ribeiro 257 ✉ 4450-297 Matosinhos – ✆ 229 37 82 42 – www.oslusiadas.com.pt – fechado domingo AU**v**
Rest – Lista 44/52 €
◆ A sua moderna ambientação inspira-se nos Lusíadas, a obra maestra de Camões. Sala aconchegante com expositor de produtos, que combina com um discreto serviço de mesa.

PORTO ANTIGO – **Viseu** – **ver Cinfães**

PORTO MONIZ – **Ilha da Madeira** – **ver Madeira (Arquipélago da)**

PORTO SALVO – **Lisboa** – **733** – **592** P2 – **7 666 h.** **6** B3

Lisboa 19 – Setúbal 59 – Oeiras 4 – Amadora 17

Lagoas Park H. qto,
Rua Encosta das Lagoas ✉ 2740-245 – ✆ 211 10 97 00 – www.tdhotels.pt
180 qto – 81/140 € 100/170 € – 2 suites
Rest ***Treinta y Tres*** – ver selecção restaurantes
Rest – Menu 18 €
◆ Este hotel de concepção moderna, localizado em uma área de expansão empresarial, dispõe de um hall luminoso, salas de reunião de grande capacidade e quartos modernos e confortáveis. O restaurante, localizado próximo ao lobby-bar, é luminoso e bem concebido.

XX **Treinta y Tres** – Hotel Lagoas Park H.
Rua Encosta das Lagoas ✉ 2740-245 – ☎ 211 10 97 33
– www.treintaytres.com.pt – fechado sábado e domingo
Rest – Lista 25/40 €
◆ O restaurante ocupa uma estrutura de vidro original e seu nome é uma homenagem à região do Uruguai de onde vem os gaúchos. Intalações modernas e carnes de alta qualidade.

PORTO SANTO – Ilha de Porto Santo – ver Madeira (Arquipélago da)

PÓVOA DE LANHOSO – Braga – 733 – 591 H5 – 3 564 h. 8 A2

Lisboa 375 – Braga 19 – Caldelas 24 – Guimarães 21

pela estrada N 205 Este : 1,5 km e desvío a esquerda 0,5 km

Vila Joaquina sem rest
Lugar da Aldeia ✉ 4830-191 Póvoa de Lanhoso – ☎ 253 63 90 90
– www.vilajoaquina.com
15 qto – 30/55 € 55/75 €
◆ Casa de estilo colonial do princípio do séc. XX, restaurada e ampliada como hotel rural, num relaxante sítio entre campos, com horta própria e piscina.

em Calvos Nordeste : 3 km

Maria da Fonte qto,
✉ 4830-065 Póvoa de Lanhoso – ☎ 00 35 12 53 63 96 00
– www.mariadafonte.com
27 qto – 62/79 € 81/102 € – 3 suites
Rest – *(fechado domingo noite e 2ª feira meio-dia)* Menu 18/25 €
– Lista 17/37 €
◆ Diferentes edifícios em pedra, típicos da região, formam este conjunto situado num ambiente rural. Os seus cálidos quartos são amplos e possuem casas de banho completas. No seu luminoso restaurante poderá degustar uma saborosa cozinha tradicional.

PÓVOA DE VARZIM – Porto – 733 – 591 H3 – 27 810 h. – Praia 8 A2

Lisboa 348 – Braga 40 – Porto 31
Praça Marquês de Pombal, ☎ 252 29 81 20, www.cm-pvarzim.pt
O bairro dos pescadores★ AZ
Rio Mau : Igreja de S. Cristóvão (capitéis★) por ② : 12 km

Planta página seguinte

G. H. da Póvoa qto,
Largo do Passeio Alegre 20 ✉ 4490-428 – ☎ 252 29 04 00 – www.elpohotels.com
84 qto – 45/65 € 55/75 € – 2 suites AZ**a**
Rest – Lista 25/45 €
◆ Desfruta de uma localização de luxo, pois ocupa um edifício histórico situado em frente ao mar. Zona social correcta e quartos funcionais com equipamento completo. No seu refeitório poderá degustar pratos tradicionais ou um variado buffet.

pela estrada N 13 AY :

Torre Mar sem rest
A Ver-o-Mar, Norte : 2,3 km ✉ 4490-091 A Ver-o-Mar – ☎ 252 29 86 70
– www.hotel-torre-mar.pt
31 qto – 38/60 € 51/75 €
◆ A acertada organização e a boa manutenção são as suas notas características. Dotado de discretas zonas comuns e de um conforto muito válido dentro da sua categoria.

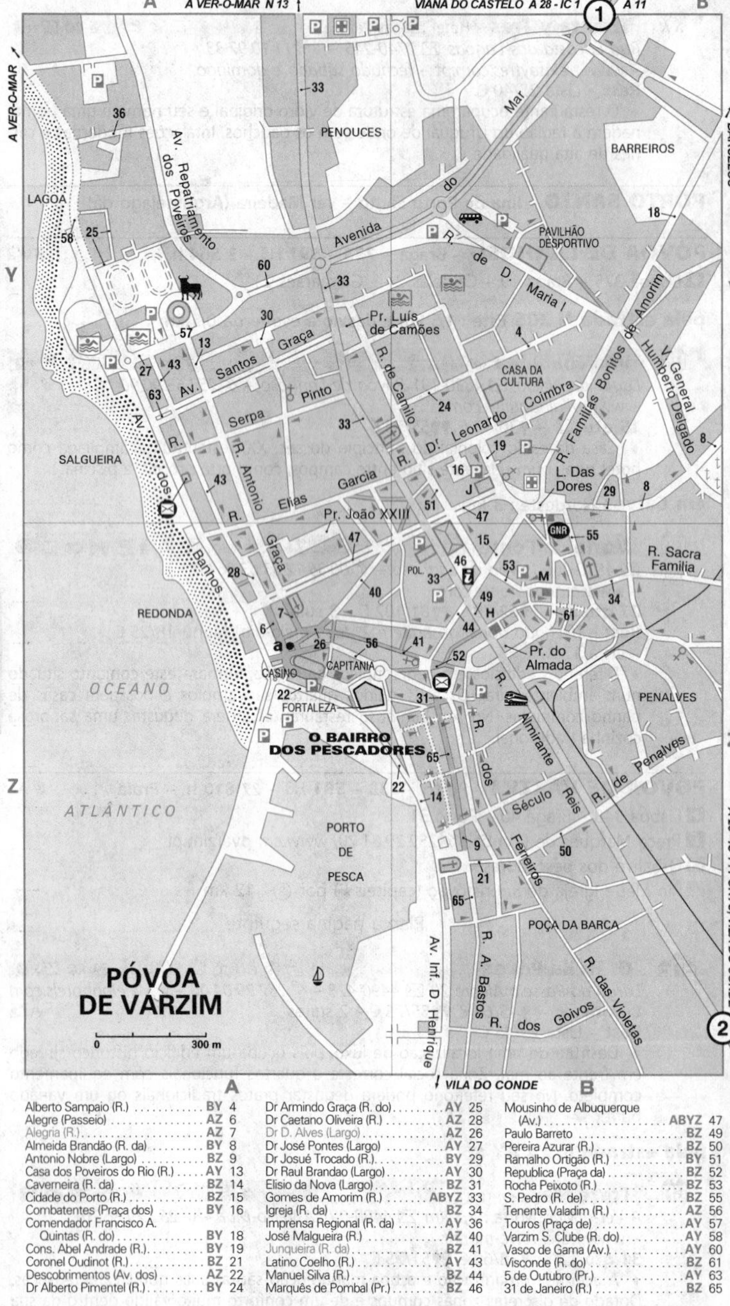

Alberto Sampaio (R.)	BY 4	Dr Armindo Graça (R. do)	AY 25	Mousinho de Albuquerque (Av.)	ABYZ 47
Alegre (Passeio)	AZ 6	Dr Caetano Oliveira (R.)	AZ 28	Paulo Barreto	BZ 49
Alegria (R.)	AZ 7	Dr D. Alves (Largo)	AZ 26	Pereira Azurar (R.)	BZ 50
Almeida Brandão (R. da)	BY 8	Dr José Pontes (Largo)	AY 27	Ramalho Ortigão (R.)	BY 51
Antonio Nobre (Largo)	BZ 9	Dr Josué Trocado (R.)	BY 29	Republica (Praça da)	BZ 52
Casa dos Poveiros do Rio (R.)	AY 13	Dr Raul Brandao (Largo)	AY 30	Rocha Peixoto (R.)	BZ 53
Caverneira (R. da)	BZ 14	Elisio da Nova (Largo)	BZ 31	S. Pedro (R. de)	BZ 55
Cidade do Porto (R.)	BZ 15	Gomes de Amorim (R.)	ABYZ 33	Tenente Valadim (R.)	AZ 56
Combatentes (Praça dos)	BY 16	Igreja (R. da)	BZ 34	Touros (Praça de)	AY 57
Comendador Francisco A. Quintas (R. do)	BY 18	Imprensa Regional (R. da)	AY 36	Varzim S. Clube (R. do)	AY 58
Cons. Abel Andrade (R.)	BY 19	José Malgueira (R.)	AZ 40	Vasco de Gama (Av.)	AY 60
Coronel Oudinot (R.)	BZ 21	Junqueira (R. da)	BZ 41	Visconde (R. do)	BZ 61
Descobrimentos (Av. dos)	AZ 22	Latino Coelho (R.)	AY 43	5 de Outubro (Pr.)	AY 63
Dr Alberto Pimentel (R.)	BY 24	Manuel Silva (R.)	BZ 44	31 de Janeiro (R.)	BZ 65
		Marquês de Pombal (Pr.)	BZ 46		

Sol Póvoa sem rest
Rua José Morneiro 100, Norte : 1,8 km ✉ 4490-100 A Ver-o-Mar – ☎ 252 29 05 10 – www.solpovoahotel.pt
30 qto – 44/75 € 49/89 €
◆ Estabelecimento de organização simples mas amável, com divisões funcionais embora de adequado conforto. Possui uma agradável zona de relvado na parte posterior.

O Marinheiro
A Ver-o-Mar, Norte : 2 km ✉ 4490-091 A Ver-o-Mar – ☎ 252 68 21 51
Rest – Lista aprox. 35 €
◆ Um barco encalhado em terra firme alberga este original restaurante disposto em dois andares e com um atractivo ambiente marinheiro. A sua especialidade são os produtos do mar.

PÓVOA E MEADAS – Portalegre – 733 – 592 N7 – 666 h. 2 C1

Lisboa 210 – Castelo Branco 60 – Portalegre 25 – Santarém 142

na estrada da Barragem da Póvoa Sudoeste : 1.5 km

Quinta da Bela Vista sem rest
✉ 7320-014 Póvoa e Meadas – ☎ 245 96 81 25 – www.quintabelavista.net – fechado do 5 ao 20 de janeiro
4 qto – 65/75 € 75/80 € – 3 apartamentos
◆ Casa de campo dos anos 30 definida pelo seu mobiliário de finais do séc. XIX. Ambiente familiar numa atmosfera de época, com aconchegante zona social e refeitório privado.

PRAIA DA BARRA – Aveiro – ver Aveiro

PRAIA DA FALÉSIA – Faro – ver Albufeira

PRAIA DA GALÉ – Faro – ver Albufeira

PRAIA DA LUZ – Faro – ver Lagos

PRAIA DE FARO – Faro – ver Faro

PRAIA DE LAVADORES – Porto – ver Vila Nova de Gaia

PRAIA DE SANTA EULÁLIA – Faro – ver Albufeira

PRAIA DE SÃO TORPES – Setúbal – ver Sines

PRAIA DO CANAVIAL – Faro – ver Lagos

PRAIA DO CARVOEIRO – Faro – ver Lagoa

PRAIA DO GUINCHO – Lisboa – ver Cascais

PRAIA DO MARTINHAL – Faro – ver Sagres

PRAIA DO PORTO DE MÓS – Faro – ver Lagos

PRAIA DOS TRES IRMÃOS – Faro – ver Portimão

PRAIA GRANDE – Lisboa – ver Colares

QUARTEIRA – Faro – 733 – 593 U5 – 12 164 h. – Praia 3 B2

Lisboa 308 – Faro 22
Praça do Mar, ☎ 289 38 92 09
Vila Sol (Vilamoura), Noroeste : 6 km, ☎ 289 30 05 05
Laguna Golf Course (Vilamoura), Noroeste : 6 km, ☎ 289 31 01 80
Pinhal Golf Course (Vilamoura), Noroeste : 6 km, ☎ 289 31 03 90

em Vilamoura

Hilton Vilamoura As Cascatas
Rua da Torre D'Agua Lote 4.11.1B
8125-615 Vilamoura – 289 30 40 00 – www.hiltonvilamouraresort.com
183 qto – 120/1500 €
Rest – Menu 39 €
Rest *Cilantro* – Lista 28/51 €
◆ Tem vários edifícios distribuídos em torno a uma zona central de piscinas e esplanadas. Ampla clientela de golfe, quartos de excelente nível e completo SPA. Entre os seus restaurantes destaca-se o coentro, especializado em cozinha portuguesa e latino-americana.

Tivoli Victoria qto, rest,
Victoria Gardens, Noroeste : 7 km 8125-135 Vilamoura
– 289 31 70 00 – www.tivolivictoria.com
280 qto – 135/300 € 155/320 € – 17 suites
Rest – Lista 30/48 €
Rest *Emo* – Lista 40/67 €
◆ O hotel, de grande tamanho, está localizado entre vários campos de golfe. Dispõe de um grande hall com um bar, um bom SPA e quartos modernos, todos eles com varanda. O restaurante Emo oferece uma concepção moderna, uma cozinha actual-mediterrânea e uma boa vista.

PORTUGAL

The Lake Resort
Av. do Cerro da Vila - Praia da Falésia, Oeste : 4,5 km 8126-910 Vilamoura
– 289 32 07 00 – www.thelakeresort.com – fechado 21 novembro-29 dezembro
183 qto – 100/335 € 116/353 € – 9 suites
Rest – Menu 28 € – Lista 43/52 €
◆ Grande construção com quartos grandes, luminosos e modernos. Completíssimo SPA e amplos exteriores, com piscina e lago. Entre os seus restaurantes destacam-se o Fusion, de tendência asiática, e o Marenostrum, sobre o lago e com produtos na brasa.

Willie's (Wilhelm Wurger)
Rua do Brasil 2, Área do Pinhal Golf Course - Noroeste : 6 km 8125 Quarteira
– 289 38 08 49 – www.willies-restaurante.com – fechado março e 4ª feira
Rest – *(só jantar)* Lista 52/74 €
Espec. Vieiras em carpaccio de beterraba com maçã verde e creme de wasabi. Peixe galo em espinafre com molho de champagne e mousse de batata. Triologia de maracujà, cannelloni, sopa e sorvete.
◆ Localizado em uma zona residencial, próximo a um hotel de luxo e rodeado por jardins, o restaurante dispõe de uma sala de refeição de estilo clássico e oferece uma cozinha internacional e bem apresentada. O chefe e proprietário do restaurante é atento aos mínimos detalhes.

QUATRO ÁGUAS – Faro – ver Tavira

QUELUZ – Lisboa – 733 – 592 P2 – 48 860 h. – alt. 125 m 6 B3

Lisboa 15 – Sintra 15

Palácio Nacional de Queluz★★ (sala do trono★) – Jardins do Palácio (escada dos Leões★)

Pousada de D. Maria I
Largo do Palácio 2745-191 – 214 35 61 58 – www.pousadas.pt
24 qto – 105/135 € 115/145 € – 2 suites
Rest *Cozinha Velha* – ver selecção restaurantes
◆ Magnífico palacete de fachada clássica que forma parte dum interessante conjunto histórico. Interior elegante, cujo estilo e decoração homenageiam à rainha Maria I.

Cozinha Velha – Hotel Pousada de D. Maria I
Largo do Palácio 2745-191 – 214 35 61 58 – www.pousadas.pt
Rest – Lista 41/60 €
◆ Instalado nas antigas cozinhas do palácio, que conservam a estrutura original dominada por uma grande lareira central. Amplo salão para banquetes e agradável esplanada.

em Tercena Oeste : 4 km

O Parreirinha

Av. Santo António 5 ✉ 2730-069 Barcarena – ✆ 214 37 93 11 – www.restauranteparreirinha.pt – fechado agosto, sábado meio-dia e domingo

Rest – Lista 25/31 €

◆ Negócio familiar dividido em três simples refeitórios, todos reduzidos e com uma montagem tipicamente portuguesa. Cozinha tradicional e caseira bem elaborada mas com preços moderados.

QUINTA DO LAGO – Faro – ver Almancil

QUINTELA DE AZURARA – Viseu – 733 – 591 K6 – 372 h. 5 C2

Lisboa 299 – Guarda 64 – Viseu 21

Casa de Quintela

Largo José Tavares 1 ✉ 3530-334 – ✆ 232 62 29 36

5 qto – 60/70 € 75/120 € **Rest** – *(só clientes)* Menu 25 €

◆ Conjunto em pedra do séc. XVII dotado dum rico mobiliário. As dependências possuem certo encanto, com tectos em madeira e um cálido conforto. Refeitório familiar de uso privado.

REDONDO – Évora – 733 – 593 Q7 – 3 796 h. – alt. 306 m 2 C2

Lisboa 179 – Badajoz 69 – Estremoz 27 – Évora 34

O Barro

Rua D. Arnilda e Eliezer Kamenezky 44 ✉ 7170-062 – ✆ 266 90 98 99 – www.obarro-restaurante.com – fechado do 11 ao 25 de janeiro, do 11 ao 21 de maio, do 17 ao 24 de agosto, domingo noite e 2ª feira

Rest – Lista 25/34 €

◆ Atractivo embora de reduzida capacidade. Conta com uma minúscula sala à entrada e outra mais confortável a diferente altura, de estilo rústico-regional e com o tecto em madeira.

em Aldeia da Serra

Água d'Alte sem rest

✉ 7170-120 Redondo – ✆ 266 98 91 70

10 qto – 75/90 € 85/95 €

◆ Casa de construção actual situada em pleno campo. Possui uma sala social de ar rústico e diferentes quartos de conforto actual, todos com varanda. Refeitório privado.

REGUENGOS DE MONSARAZ – Évora – 733 – 593 Q7 – 5 900 h. 2 C2

Lisboa 169 – Badajoz 94 – Beja 85 – Évora 39

ao Sudeste : 6 km

Herdade do Esporão

✉ 7200-999 Reguengos de Monsaraz – ✆ 266 50 92 80 – www.esporao.com – fechado 7 dias em agosto

Rest – *(só almoço)* Lista 22/45 €

◆ Conjunto regional localizado numa zona de vinhas, com uma barragem ao fundo. O terraço e a sua agradável sala são um convite para desfrutar de uma cozinha tradicional com toques criativos.

RIO MAIOR – Santarém – 733 – 592 N3 – 7 433 h. 6 A2

Lisboa 77 – Leiria 50 – Santarém 31

Paulo VI sem rest

Av. Paulo VI 66 ✉ 2040-325 – ✆ 243 90 94 70 – www.hotelpaulovi.pt

25 qto – 30/45 € 45/60 €

◆ Central, moderno e com aspecto actual. Está vocacionado a uma clientela de vendedores e gente de negócios graças aos seus preços acessíveis e à facilidade de estacionamento.

RUIVÃES – Braga – **733** – **591** G5 **8** B2

Lisboa 404 – Braga 49 – Porto 98

Casa de Dentro (Capitão-Mor) sem rest

4850-341 Vieira do Minho – 253 65 81 17 – www.casadedentro.com

4 qto – 50 € 63 €

◆ De organização familiar, numa pequena quinta agrícola com sítios ajardinados e castanheiros. Possui um salão polivalente de estilo actual e quartos de ar rústico.

SAGRES – Faro – **733** – **593** U3 – **1 906 h.** – **Praia** **3** A2

Lisboa 286 – Faro 113 – Lagos 33

Rua Comandante Matoso, 282 62 48 73

Ponta de Sagres★★★ Sudoeste : 1,5 km – Cabo de São Vicente★★★ (★★)

Memmo Baleeira qto,

Vila de Sagres *8650-357* – *282 62 42 12*

– *www.memmobaleeira.com*

111 qto – 80/165 € 90/180 € – 39 apartamentos

Rest – *(só jantar)* Lista 25/40 €

◆ É luminoso e está situado perto do porto, com uma estética minimalista. Oferece quartos de design, a maioria deles em tons brancos, com terraço e vistas para o mar. No seu moderno restaurante poderá degustar os pratos próprios do receituário tradicional e internacional.

na Praia do Martinhal Noreste : 3,5 km

Martinhal qto, qto,

Vila de Sagres *8650-908 Sagres* – *282 24 02 00* – *www.martinhal.com*

– *fechado 8 novembro-janeiro*

38 qto – 190/368 €

Rest ***O Terraço*** – Menu 30 € – Lista aprox. 40 €

◆ É parte de um grande complexo cercado por moradias e apartamentos para aluguer, embora estes últimos com a obrigação de alugar por um mínimo de dias. Os quartos são de alto nível, todos com mobiliário de design, muitos serviços e vários restaurantes, estando o gastronómico no edifício principal.

SALREU – Aveiro – **733** – **591** J4 **4** A1

Lisboa 267 – Aveiro 20 – Porto 57 – Viseu 79

Casa Matos

Rua Padre Antonio Almeida 7-A *3865-282* – *234 84 13 19*

– *fechado do 1 ao 15 de janeiro, do 1 ao 15 de junho, domingo e feriados*

Rest – Lista 18/27 €

◆ Na entrada do restaurante encontra-se um bar animado com paredes de pedra e uma sala elegante de estilo clássico-rústico sobre dois níveis. Menu amplio de cozinha regional.

SANTA CLARA-A-VELHA – Beja – **733** – **593** T4 – **283 h.** **1** B3

Lisboa 219 – Beja 110 – Faro 92 – Portimão 56

na barragem de Santa Clara Este : 5,5 km

Pousada de Santa Clara qto,

7665-879 Santa Clara a Velha – *283 88 22 50*

– *www.pousadas.pt*

18 qto – 80/180 € 90/200 € **Rest** – Menu 30 €

◆ Pousada encravada numa interessante paisagem natural. Instalações actuais, quartos com equipamento completo e magníficas vistas tanto à albufeira como às montanhas.

SANTA CRUZ – **Ilha da Madeira** – **ver Madeira (Arquipélago da)**

SANTA CRUZ DA TRAPA - Viseu - 733 - 591 J5 - 1 389 h. **4** B1

Lisboa 318 - Aveiro 76 - Viseu 31

Quinta do Pendão sem rest

Rua do Pendão ✉ 3660-259 - ☎ 232 79 95 39 - www.quintadopendao.com

23 qto - 50/70 € 55/75 € - 1 suite

♦ O tipismo e a rusticidade definem umas instalações situadas em pleno campo. Alguns dos seus quartos têm lareira e todos eles possuem casas de banho completas. Restaurante rústico-actual presidido por um velho lagar onde pisavam as uvas.

SANTA LUZIA - Viana do Castelo - ver Viana do Castelo

SANTA MARIA DA FEIRA - Aveiro - 733 - 591 J4 - 11 040 h. **4** B1
- alt. 125 m

Lisboa 291 - Aveiro 47 - Coimbra 91 - Porto 31

Praça da República, ☎ 256 37 08 02, www.cm-feira.pt

Castelo★

Dos Lóios sem rest

Rua Dr. Antonio C. Ferreira Soares 2 ✉ 4520-214 - ☎ 256 37 95 70 - www.hoteldosloios.com

32 qto - 37/42 € 47/52 € - 4 suites

♦ A pequena área social é compensada por uma boa sala de pequeno-almoço com vista para o castelo, quartos espaçosos, todos com mobiliário funcional e casa de banho completa.

na estrada N 1 :

Feira Pedra Bela sem rest

Rua Malaposta 510, Nordeste : 5 km ✉ 4520-506 Santa Maria da Feira - ☎ 256 91 03 50 - www.hotelpedrabela.com

62 qto - 39/50 € 65/120 €

♦ Estabelecimento familiar tratado com amabilidade. Tem uma adequada zona social e quartos actuais vestidos com móveis de madeiras nobres, muitos deles com varanda.

Pedra Bela

Rua Malaposta 496, Nordeste : 5 km ✉ 4520-506 Santa Maria da Feira - ☎ 256 91 13 38 - www.hotelpedrabela.com

Rest - Lista 23/33 €

♦ O restaurante possui uma decoração funcional e tradicional, mobiliário de madeira e um friso de azulejos portugueses que protege as paredes. Menu tradicional e pratos do dia.

SANTA MARINHA DO ZÊZERE - Porto - 733 - 591 I6 - 166 h. **8** B3

Lisboa 385 - Porto 81 - Viseu 94 - Vila Real 45

Casarão sem rest

Igreja ✉ 4640-465 - ☎ 254 88 21 77

5 qto - 50 € 65 €

♦ Desfruta de excelentes vistas, dominando todo o Vale do Douro. Sala social com lareira, uma antiga cozinha em pedra e correctos quartos com os chãos em madeira.

SANTA MARTA DE PENAGUIÃO - Vila Real - 733 - 591 I6 - 773 h. **8** B3

Lisboa 360 - Braga 99 - Porto 96 - Vila Real 17

na estrada N 2 Norte : 1 km

Casal Agrícola de Cevêr sem rest

Quinta do Pinheiro-Sarnadelo ✉ 5030-569 Sevêr SMP - ☎ 254 81 12 74 - www.casalagricoladecever.com

5 qto - 70 € 80 €

♦ O prazer do tradicional num ambiente gratificante e familiar, onde a cultura do vinho é o grande protagonista. A zona social possui um refeitório privado e correctos quartos.

SANTA MARTA DE PORTUZELO - Viana do Castelo - ver Viana do Castelo

SANTARÉM [P] – 733 – 592 O3 – 27 831 h. – alt. 103 m 6 A2

Lisboa 78 – Évora 115 – Faro 330 – Portalegre 158

Campo Emílio Infante da Câmara, ✆ 243 33 03 30, www.cultur.pt

Rua Capelo e Ivens 63, ✆ 243 30 44 37

A.C.P. Av. Bernardo Santareno 43, Loja R ✆ 243 30 35 20

Miradouro de São Bento★ ※★ B – Igreja de São João de Alporão (Museu Arqueológico★) B – Igreja da Graça★ B

Alpiarça : Casa dos Pátudos★ (tapeçarias★, faianças e porcelanas★) 10 km por ②

Casa da Alcáçova

Largo da Alcáçova 3 ✉ *2000-110*
– ✆ *243 30 40 30*
– *www.alcacova.com* Bc

7 qto – ♦95/165 € ♦♦105/175 €

Rest – *(só jantar)* (só clientes a pedido) Menu 45 €

♦ Esta casa senhorial do século XVII oferece algumas ruínas romanas, uma muralha antiga, uma vista maravilhosa para o rio Tejo, uma sala de estar elegante e quartos de estilo clássico.

PORTUGAL

SANTARÉM

Rua		N.º
Alex Herculano (R.)	A	3
Alf. de Santarém (R.)	B	4
Braamcamp Freire (R.)	B	6
Cândido dos Reis (Largo)	A	7
Capelo Ivens (R.)	AB	9
G. de Azevedo (R.)	A	10
João Afonso (R.)	A	12
Miguel Bombarda (R.)	B	13
Piedade (Largo da)	A	15
São Martinho (R. de)	B	16
Serpa Pinto (R.)	AB	
Teixeira Guedes (R.)	A	18
Tenente Valadim (R.)	B	19
Vasco da Gama (R.)	A	21
Zeferino Brandão (R.)	A	22
1_ de Dezembro (R.)	B	24
5 de Outubro (Av.)	B	25
31 de Janeiro (R.)	A	27

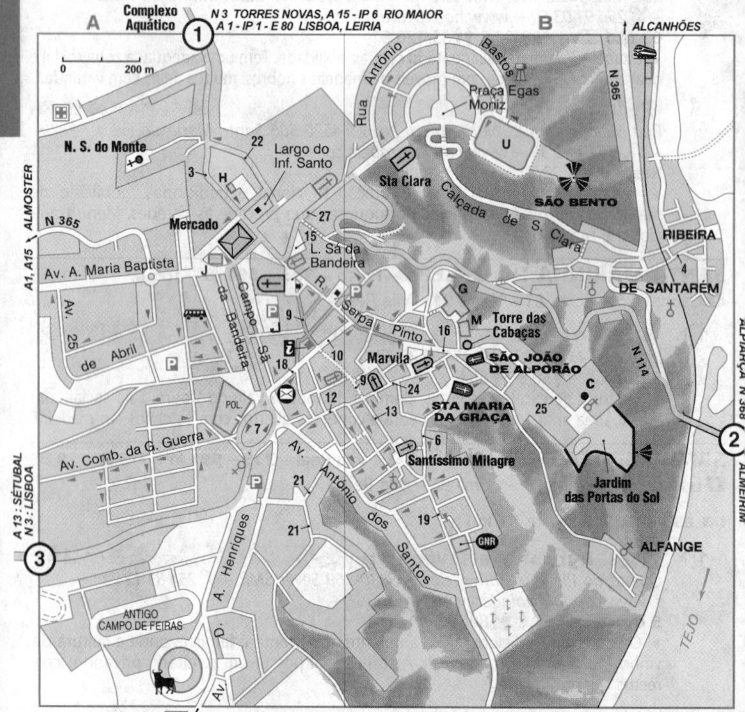

SANTIAGO DO CACÉM - Setúbal - 733 - 593 R3 - 5 240 h. 1 B2
- alt. 225 m

Lisboa 146 - Setúbal 98

Largo do Mercado, ✆ 269 82 66 96

Á saida sul da Vila ≤★

Caminhos de Santiago

Rua Cidade de Beja ✉ 7540-909 - ✆ 269 82 53 50
- www.hotelcaminhosdesantiago.pt
35 qto - †120/155 € ††135/170 €
Rest *O Peregrino* - ver seleccão restaurantes

♦ Design e confortabilidade! Este hotel ocupa dois edifícios, um do tipo casa senhorial e o outro actual, ambos estão comunicados interiormente e com modernos quartos que combinam o design mais puro com diversos detalhes regionais.

D. Nuno sem rest

Av. D. Nuno Álvares Pereira 90 ✉ 7450-103 - ✆ 269 82 33 25
- www.albdnuno.com
75 qto - †48/56 € ††66/100 €

♦ Actualiza-se a pouco e pouco ... porém, dentro da sua simplicidade, continua a ser um recurso interessante nesta localidade. Quartos com mobiliário clássico--funcional.

O Peregrino - Hotel Caminhos de Santiago

Rua Cidade de Beja ✉ 7540-909
- ✆ 269 82 53 50
Rest - Lista 24/35 €

♦ Instalado naquilo que antanho foi uma pousada! Tem um refeitório clássico-actual, com lareira, onde se recria um ambiente muito acolhedor, pois as noites ornamentam as mesas com algumas velas. Cozinha alentejana apresentada de forma actual.

Boa comida a preços moderados? Escolha um Bib Gourmand.

SANTIAGO DO ESCOURAL - Évora - 733 - 593 Q5 1 B2

Lisboa 117 - Évora 28 - Setúbal 85 - Beja 86

Manuel Azinheirinha

Rua Dr. Magalhães de Lima 81 ✉ 7050-556 - ✆ 266 85 75 04
- fechado do 10 ao 21 de outubro, 2ª feira noite e 3ª feira
Rest - Lista 26/30 €

♦ Embora resulte muito modesto destaca pelo seu bom nível gastronómico, com uma equilibrada ementa de especialidades alentejanas e pratos tradicionais portugueses.

SANTO ANTÓNIO DAS AREIAS - Portalegre - 733 - 592 N8 2 C1
- 734 h.

Lisboa 245 - Portalegre 27 - Castelo Branco 112 - Santarém 178

Marvão★★ - A Vila★ (balaustradas★) - Castelo★ (✲★★) : aljibe★ Sudoeste : 5,5 km

O Poejo

qto,

av. 25 de Abril 20 ✉ 7330-251 - ✆ 245 99 26 40
- www.a-poejo.com
13 qto - †40/63 € ††75/113 €
Rest - *(fechado 2ª feira)* Lista aprox. 24 €

♦ Este pequeno hotel dispõe de um pátio agradável uma área social parecida com uma biblioteca e quartos de estilo actual, geralmente bem equipados, alguns deles com varanda. O restaurante, polivalente e de estilo funcional, ocupa o que era antes um moinho de azeite.

SANTO ESTÊVÃO - Vila Real - ver Chaves

SANTO TIRSO – Porto – 733 – 591 H4 – 13 961 h. – alt. 75 m 8 A2

Lisboa 345 – Braga 29 – Porto 28

Praça 25 Abril, ✆ 252 83 04 11, www.cm-stirso.pt

Cidnay qto,

Rua Dr. João Gonçalves ✉ 4784-909 apartado 232 – ✆ 252 85 93 00 – www.hotel-cidnay.pt

67 qto – 125 € 145 € – 1 suite **Rest** – Menu 24 €

◆ Concebido para oferecer o maior bem-estar, conjugando tradição e modernidade. Quartos aconchegantes, áreas comuns abertas e jardins interiores de ar tropical. A fundadora do convento de Santo Tirso, Dona Unisco, dá nome ao restaurante.

SÂO PEDRO DE MOEL – Leiria – 733 – 592 M2 – 436 h. – Praia 6 A2

Lisboa 135 – Coimbra 79 – Leiria 22

Mar e Sol qto,

Av. da Liberdade 1 ✉ 2430-501 – ✆ 244 59 00 00 – www.hotelmaresol.com

57 qto – 55/150 €

Rest – *(fechado do 1 ao 7 de novembro, domingo noite salvo no verão e 2ª feira meio-dia)* Menu 16 € – Lista aprox. 45 €

◆ Localizado em frente ao oceano. Atrás de sua fachada de vidro, você encontrará uma área social bastante diáfana e quartos luminosos, confortáveis e modernos. O restaurante combina menu tradicional com uma vista maravilhosa para o Atlântico.

SÃO PEDRO DE SINTRA – Lisboa – ver Sintra

SÃO PEDRO DO SUL – Viseu – 733 – 591 J5 – 2 647 h. – alt. 169 m – Termas 4 B1

Lisboa 321 – Aveiro 76 – Viseu 22

Da Barroca 3, ✆ 232 71 13 20

nas Termas Sudoeste : 3 km

Vouga qto,

Estrada Principal 575 ✉ 3660-692 Várzea SPS – ✆ 232 72 30 63 – www.hotelvouga.com

48 qto – 31/63 € 40/74 € **Rest** – Menu 12 €

◆ De organização familiar e construído em várias fases. Tem uma zona social com um bar actual, salão e recepção, mas o mais destacado é o conforto dos seus quartos. Refeitório muito luminoso graças às grandes janelas panorâmicas.

Aparthotel Vouga sem rest

Rua de Mendes Frazão 83 ✉ 3660-692 Várzea SPS – ✆ 232 72 85 02 – www.hotelvouga.com

20 qto – 39/63 € 50/74 €

◆ Modernas instalações dotadas dumas correctas zonas nobres e quartos funcionais, todos eles com os chãos em soalho, uma pequena cozinha incorporada e esplanada.

Adega do Ti Joaquím

Rua Central 781 ✉ 3660-692 Várzea SPS – ✆ 232 71 12 50 – www.adegatijoaquim.com – fechado janeiro e 3ª feira

Rest – Lista 25/45 €

◆ Situado num edifício de linha clássico-actual dotado com um correcto serviço de mesa. Na sua cozinha, que está parcialmente à vista, elaboram-se pratos tradicionais de Portugal.

SEIA – Guarda – 733 – 591 K6 – 5 561 h. – alt. 532 m 5 C2

Lisboa 303 – Guarda 69 – Viseu 45

Rua Pintor Lucas Marrão, ✆ 238 31 77 62

Estrada★★ de Seia à Covilhã (≤★★, Torre★★, ≤★) 49 km

XX **Museu do Pão**

Quinta Fonte do Marrão - Estrada de Covilhã ✉ 6270-909 – ☎ 238 31 07 60 – www.museudopao.pt – fechado 2ª feira

Rest – *(só jantar salvo 6ª feira e sábado) (só menú)* Menu 18 €

♦ Está situado na cave dum museu dedicado à histórica elaboração do pão. Encontrará uma esplanada panorâmica e um refeitório atractivo presidido por um moinho de água.

SERRAZES – Viseu – 733 – 591 J5 – 107 h. 4 B1

Lisboa 313 – Viseu 32 – Aveiro 72 – Porto 111

 **Quinta do Pedreno**

qto,

Norte : 0,5 km ✉ 3660-606 – ☎ 232 72 83 96 – www.quintadopedreno.com

15 qto – 55/60 € 65/70 € **Rest** – Menu 15 €

♦ Este antigo palacete reabilitado oferece umas instalações actuais que contrastam com a pedra à vista de algumas das suas divisões. Quartos clássicos muito agradáveis. No seu restaurante, também clássico, encontrará uma cozinha fiel ao receituário tradicional.

SERTÃ – Castelo Branco – 733 – 592 M5 – 2 184 h. 4 B3

Lisboa 248 – Castelo Branco 72 – Coimbra 86

XX **Pontevelha**

Alameda da Carvalha ✉ 6100-730 – ☎ 274 60 01 60 – www.santosemarcal.pt – fechado 2ª feira

Rest – Lista 18/26 €

♦ Sala de jantar espaçosa e panorâmica com vistas para a imensidão do ambiente, com uma atractiva grelha à vista e um grande salão para banquetes. Saborosa cozinha de teor regional.

X **Santo Amaro**

Rua Bombeiros Voluntários ✉ 6100-730 – ☎ 274 60 41 15 – www.santosemarcal.pt – fechado 4ª feira

Rest – Lista 20/34 €

♦ Destaca desde o exterior pelas suas amplas vidraças de design moderno, onde está situada a cafetaria. Sala de jantar com uma montagem esmerada e ambiente clássico e um pessoal atento.

SESIMBRA – Setúbal – 733 – 593 Q2 – 5 776 h. – Praia 1 A2

Lisboa 39 – Setúbal 26

Largo da Marinha 26-27, ☎ 21 228 85 40, www.cm-sesimbra.pt

Porto★

Castelo ★ Noroeste : 6 km – Cabo Espichel★ (sítio★) Oeste : 15 km – Serra da Arrábida★ (Portinho de Arrábida★, Estrada de Escarpa★★) Este : 30 km

Sesimbra

qto,

Praça de Califórnia ✉ 2970-773 – ☎ 212 28 98 00 – www.sesimbrahotelspa.com

92 qto – 125/220 € 145/240 € – 8 suites **Rest** – Menu 28 €

♦ Na 1ª linha de praia e com SPA! A sua fisionomia em cascata permite que todos os quartos tenham a sua própria varanda e idílicas vistas ao mar. Apesar de ser um hotel para férias, não se descuida do cliente que está de passagem, pois para todos oferece uns quartos de conforto cuidado. Amplo restaurante de carácter polivalente.

XX **Ribamar**

Av. dos Náufragos 29 ✉ 2970-637 – ☎ 212 23 48 53

Rest – Menu 23/46 € – Lista 38/44 €

♦ Apresenta um bom nível de conforto, com elegantes instalações com motivos marítimos, cozinha à vista e um agradável terraço envidraçado. Peixe fresco de excelente qualidade.

SESMARIAS – Faro – ver Albufeira

PORTUGAL

SETÚBAL 🅿 – **733** – **593** Q3 – **87 521 h.** **1** B2

▶ Lisboa 45 – Badajoz 196 – Beja 143 – Évora 102

⛴ para Tróia : Atlantic Ferries ☎265 23 51 01

ℹ Travessa Frei Gaspar 10, ☎265 53 91 35, www.turismolisboavaledotejo.pt

A.C.P. Av. Bento Gonçalves 18 A ☎265 53 22 92

◉ Castelo de São Felipe★ (✳★) por Rua São Filipe AZ – Igreja de Jesus★ (quadros★) AY

◉ Serra da Arrábida★(Estrada de Escarpa★★) por ② – Quinta da Bacalhoa★: jardins (azulejos★) por ③ : 12 km

PORTUGAL

SETÚBAL

Alexandre Herculano (Av. de) . . . . **BY** 3
Almirante Reis (P. do) . . . . . **AZ** 4
Almocreves (R. dos) . . . . . . **BZ** 6
Álvaro Castelões (R.) . . . . . **BZ** 7
António Girão (R.) . . . . **BZ** 9
Arronches Junqueiro (R.) . . **BZ** 12
Augusto Cardoso (R. de) . . **BZ** 13
Bela Vista (Travessa da) . . . **AZ** 15
Bocage (Pr. do) . . . . **BZ** 16
Bocage (R. do) . . . . **BZ** 18
Ciprestes (Estrada dos) . . . **CY** 19
Clube Naval (R.) . . . . **AZ** 20
Combatentes da Grande Guerra (Av. dos) . . . . **AZ** 21
Defensores da República (Largo dos) . . . . **CZ** 22
Dr António J. Granjo (R.) . . **BZ** 24
Dr Paula Borba (R.) . . . . **BZ** 25
Exército (Pr. do) . . . . **BZ** 27
Machado dos Santos (Pr.) . **AZ** 31
Major Afonso Pala (R. do) . **BZ** 33
Mariano de Carvalho (Av.) . **BY** 34
Marquês da Costa (R.) . . . . **AZ** 36
Marquês de Pombal (Pr.) . . **AZ** 37
Mirante (R. do) . . . . **CY** 38
Ocidental do Mercado (R.) . **AZ** 39
Paulino de Oliveira (R. de) . **AZ** 40
República de Guiné-Bissau (Av.) . . . . **BY** 42
Santo António (Largo de) . . **BZ** 43
Tenente Valadim (R.) . . . . . **AZ** 44
Trabalhadores do Mar (R. Dos) . . . . **AZ** 45
22 de Dezembro (Av.) . . . . **BY** 46

Do Sado

Rua Irene Lisboa 1-3 ✉ *2900-028*
– ✆ *265 54 28 00*
– *www.hoteldosado.com* AY**a**
57 qto – 90/135 € 110/145 € – 9 suites
Rest – *(fechado domingo)* Lista 23/49 €

♦ Destaca-se pelas suas magníficas vistas, pois ocupa parcialmente um bonito palacete, com um anexo actual, situado na parte alta de Setúbal. Salas polivalentes, amplos quartos e uma esplanada requintada com guarda-sóis tipo "haimas". O restaurante está no terraço, razão pela qual tem um carácter panorâmico.

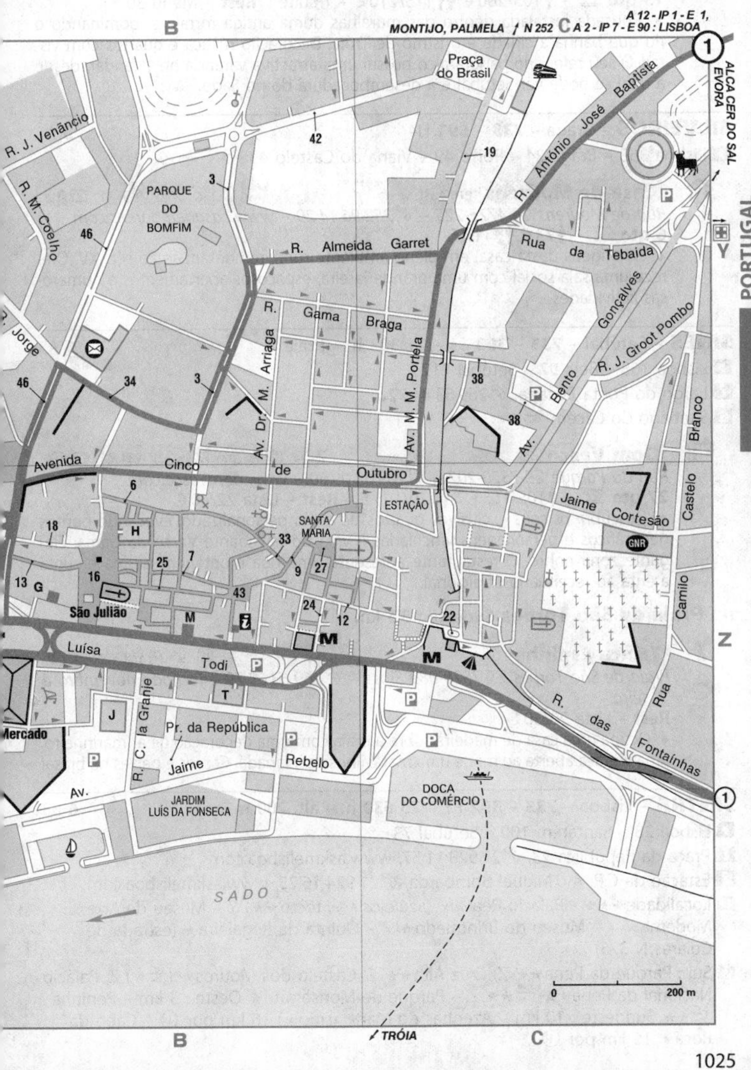

na estrada N 10 por ① :

Novotel Setúbal
Monte Belo, 2,5 km ✉ 2910-509 Setúbal – ☎ 265 73 93 70 – www.novotel.com
105 qto – 60/110 € 65/120 €, 9 € **Rest** – *(só jantar)* Menu 20 €
◆ É um hotel funcional e actual, no estilo da cadeia. Oferece quartos amplos com um equipamento correcto, bem como um cuidado jardim e uma magnífica piscina.

no Castelo de São Filipe **Oeste : 1,5 km**

Pousada de São Filipe
por Rua São Filipe ✉ 2900-300 Setúbal – ☎ 265 55 00 70 – www.pousadas.pt
15 qto – 105/200 € 115/210 € – 1 suite **Rest** – Menu 30 €
◆ Pousada instalada dentro das muralhas duma antiga fortaleza, dominando o rio que banha a cidade e o istmo de Tróia. Decoração rústica e quartos com vistas. O seu refeitório panorâmico possui uma atractiva varanda no 1º andar, desde a qual se pode ver Setúbal e a desembocadura do rio Sado.

SILVEIROS – **Braga** – **733** – **591** H4 **8** A2
Lisboa 358 – Braga 24 – Porto 49 – Viana do Castelo 43

Casa de Mourens sem rest
Rua de Mourens ✉ 4775-225 – ☎ 252 96 14 29 – www.casademourens.com
6 qto – 73 € 117 €
◆ As origens desta casa, em pleno ambiente rural, remontam-se ao séc. XV. Oferece uma sala social com uma grande lareira, espaçosos apartamentos e numerosas actividades.

SINES – **Setúbal** – **733** – **593** S3 – **11 303 h.** – **Praia** **1** A3
Lisboa 165 – Beja 97 – Setúbal 117
Largo do Poeta Bocage, ☎ 269 63 44 72
Santiago do Cacém ★

Dom Vasco
Rua do Parque ✉ 7520-202 – ☎ 269 63 09 60 – www.domvasco.com
27 qto – 105/165 € 120/195 € **Rest** – Lista 22/40 €
◆ Descubra os seus exclusivos quartos de estilo personalizado, evocando pontos geográficos e personagens vinculadas à vida do navegante Vasco da Gama. Elegante zona nobre. O restaurante apresenta uma boa montagem e uma ementa atenta ao receituário tradicional.

na Praia de São Torpes **Sudeste : 8,5 km**

Trinca Espinhas
Praia de São Torpes ✉ 7520-089 Sines – ☎ 269 63 63 79 – fechado novembro e 5ª feira
Rest – Lista 20/30 €
◆ Ocupa uma casa de madeira sobre a praia com uma decoração de ar marinheiro, uma vidraça aberta ao mar e uma maravilhosa esplanada. Carnes e peixes na brasa!

SINTRA – **Lisboa** – **733** – **592** P1 – **25 630 h.** – **alt. 200 m** **6** B3
Lisboa 28 – Santarém 100 – Setúbal 73
Praça da República 23, ☎ 21 923 11 57, www.askmelisboa.com
Estação da C.P. Av. Miguel Bombarda, ☎ 21 924 16 23, www.askmelisboa.com
Localidade★★★ - Palácio Real★★ (azulejos★★, tecto★★) Y – Museu de Arte Moderna★ Y – Museu do Brinquedo★ Z – Quinta da Regaleira★ (estrada de Colares N 375) Z
Sul : Parque da Pena★★ Z, Cruz Alta★★ Z, Castelo dos Mouros★ (★) Z, Palácio Nacional da Pena★★ ★★ Z – Parque de Monserrate★ Oeste : 3 km – Peninha ★★ Sudoeste : 10 km – Azenhas do Mar★ (sítio★) 16 km por ① – Cabo da Roca★ 16 km por ①

PORTUGAL

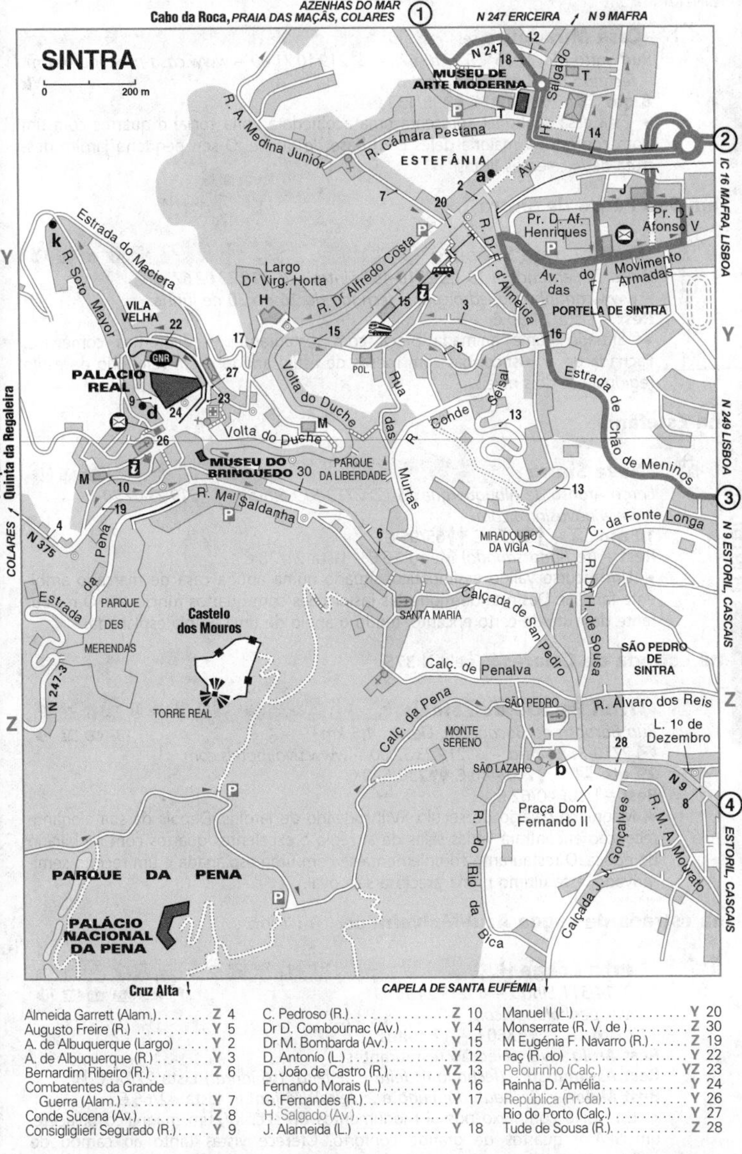

Almeida Garrett (Alam.) . . . . Z 4
Augusto Freire (R.) . . . . Y 5
A. de Albuquerque (Largo) . . . . . Y 2
A. de Albuquerque (R.) . . . . Y 3
Bernardim Ribeiro (R.) . . . . Z 6
Combatentes da Grande Guerra (Alam.) . . . . Y 7
Conde Sucena (Av.) . . . . Z 8
Consigliglieri Segurado (R.) . . . . . Y 9
C. Pedroso (R.) . . . . Z 10
Dr D. Combournac (Av.) . . . . Y 14
Dr M. Bombarda (Av.) . . . . Y 15
D. António (L.) . . . . Y 12
D. João de Castro (R.) . . . . YZ 13
Fernando Morais (L.) . . . . Y 16
G. Fernandes (R.) . . . . Y 17
H. Salgado (Av.) . . . . Y
J. Alameida (L.) . . . . Y 18
Manuel I (L.) . . . . Y 20
Monserrate (R. V. de) . . . . Z 30
M Eugénia F. Navarro (R.) . . . . . . Z 19
Paç (R. do) . . . . Y 22
Pelourinho (Calç.) . . . . YZ 23
Rainha D. Amélia . . . . Y 24
República (Pr. da) . . . . Y 26
Rio do Porto (Calç.) . . . . Y 27
Tude de Sousa (R.) . . . . Z 28

Tivoli Sintra qto,

Praça da República ✉ 2710-616 – ✆ 219 23 72 00 – www.tivolihotels.com

77 qto – 87/107 € 97/127 € – 1 suite **Yd**

Rest – Lista 20/36 €

◆ Destaca-se pela sua localização, a poucos metros do Palácio Real. Apresenta uma zona social com boas vistas e quartos espaçosos de linha clássica, a maioria deles com varanda. O refeitório, que tem um carácter panorâmico, oferece uma cozinha de sabor tradicional.

Casa Miradouro sem rest

Rua Sotto Mayor 55 ✉ 2710-628 – ✆ 219 10 71 00 – www.casa-miradouro.com – fechado do 7 ao 21 de janeiro Yk

8 qto – 85/120 € 95/135 €

♦ Esta casa senhorial apresenta uma acolhedora zona social e quartos com um bom conforto, a maioria deles com base de duche. O seu pequeno jardim desfruta de excelentes vistas!

em São Pedro de Sintra

Cantinho de S. Pedro

Praça D. Fernando II-18 ✉ 2710-483 Sintra – ✆ 219 23 02 67 – www.cantinhosaopedro.com – fechado do 16 ao 30 de junho Zb

Rest – Lista 24/30 €

♦ Situado numa animada praça com restaurantes e diferentes comércios. Fachada de ar rústico, bar com mesas de estilo antigo e um refeitório de estilo regional em dois níveis.

na Estefânia

Nova Sintra

Largo Afonso de Albuquerque 25 ✉ 2710-519 Sintra – ✆ 219 23 02 20 – www.novasintra.com Ya

10 qto – 50/70 € 65/95 €

Rest – *(fechado sábado)* Menu 16 € – Lista 21/28 €

♦ Um recurso válido e simpático, situado numa antiga casa de marcado ambiente familiar. Desfruta de modestas instalações com quartos funcionais. O restaurante desfruta de certo encanto, tendo o apoio de uma ampla esplanada.

na estrada de Colares Z pela N 375 :

Tivoli Palácio de Seteais

Rua Barbosa do Bocage 10, Oeste : 1,5 km ✉ 2710-517 Sintra – ✆ 219 23 32 00 – www.tivolihotels.com

29 qto – 200/480 € 230/520 €

Rest – Lista 40/62 €

♦ Magnífico palácio do século XVIII rodeado de jardins. Depois da sua elegante recepção encontrará várias salas de ar régio e excelentes quartos com mobiliário de época. O restaurante complementa-se com uma esplanada e um recinto semi-privado, este último numa preciosa sala oval.

na estrada da Lagoa Azul-Malveira por ④ : 7 km

Penha Longa H.

qto, rest,

✉ 2714-511 Sintra – ✆ 219 24 90 11 – www.penhalonga.com

177 qto – 350 € – 17 suites

Rest *Arola* – ver selecção restaurantes

Rest *Assamassa* – *(fechado 4ª feira e 5ª feira) (só jantar)* Lista 27/50 €

Rest *Midori* – *(fechado domingo e 2ª feira) (só jantar)* Lista 42/66 €

♦ Este belo complexo possui monumentos do séc. XV, um magnífico palacete, um SPA e quartos de grande conforto. Oferece vistas tanto ao campo de golfe como ao Parque Natural. Os seus restaurantes propõem uma variada oferta culinária de carácter internacional.

Arola – Hotel Penha Longa H.

✉ 2714-511 Sintra – ✆ 219 24 90 11 – www.penhalonga.com

Rest – *(fechado 2ª feira noite e 3ª feira noite)* Menu 33/45 € – Lista 48/59 €

♦ Num campo de golfe e com relaxantes vistas ao percurso! Cozinha tradicional portuguesa bem actualizada e de carácter informal, nascida sob a tutela do chef Sergi Arola.

PORTUGAL

na Quinta da Beloura por ④ : 8 km

Pestana Sintra Golf
Rua Mato da Mina 19 ✉ 2710-692 Sintra – ✆ 210 42 43 00 – www.pestana.com
137 qto – 99/123 € **Rest** – Lista 25/32 €
◆ Hotel de linha moderna situado num campo de golfe. Tem suficientes zonas nobres, um SPA e quartos com um bom conforto geral, muitos deles tipo duplex e com cozinha. O restaurante, bastante luminoso e de montagem actual, propõe uma cozinha de gosto internacional.

TABUAÇO – **Viseu** – **733** – **591** I7 – **1 647 h.** 5 C1
Lisboa 416 – Viseu 96 – Vila Real 64 – Guarda 179

pela estrada N 323 Sul : 6 km e desvio a esquerda 1 km

Quinta das Heredias
Granjinha ✉ 5120-203 Tabuaço – ✆ 254 78 70 04 – www.quintadasheredias.com
10 qto – 60/70 € 80/90 € **Rest** – Menu 25 €
◆ Instalado numa antiga quinta rodeada de vinhas, olivais e laranjeiras. Possui quartos de estilo clássico-actual, bem como um apartamento-duplex num anexo.

TABUADELO – **Braga** – **733** – **591** H5 8 A2
Lisboa 355 – Porto 49 – Braga 29

Paço de São Cipriano sem rest
✉ 4835-461 – ✆ 253 56 53 37 – www.pacoscipriano.com
7 qto – 90 € 110 €
◆ Magnífico paço do séc. XV rodeado de belos jardins e um floresta autóctone. O seu interior transporta-nos a outras épocas, destacando a alcova da torre, de autêntico sonho.

TAVIRA – **Faro** – **733** – **593** U7 – **10 434 h.** – **Praia** 3 C2
Lisboa 314 – Faro 30 – Huelva 72 – Lagos 111
Rua da Galeria 9, ✆ 281 32 25 11
Localidade★

Pousada Convento da Graça
Rua D. Paio Peres Correia ✉ 8800-407 – ✆ 281 32 90 40 – www.pousadas.pt
30 qto – 120/240 € 130/250 € – 6 suites **Rest** – Menu 30 €
◆ Ocupa parte de um convento do séc. XVI ao qual se acrescentou um anexo de nova construção. Quartos algo pequenos mas bem equipados e uma atractiva piscina-solarium. O restaurante tem o tecto de madeira e uma esplanada montada no antigo claustro.

em Quatro Águas

Vila Galé Albacora
Sitio de Quatro Águas , Sul : 3 km ✉ 8800-901 Tavira – ✆ 281 38 08 00 – www.vilagale.pt
162 qto – 40/163 € 55/192 € – 5 suites **Rest** – Menu 20 €
◆ Localizado junto à ria, numa antiga aldeia de pescadores. Está distribuído entre vários edifícios ao rés-do-chão que rodeiam a piscina. Quartos alegres e funcionais. No seu restaurante, de grande capacidade, servem buffet e uma pequena ementa tradicional.

4 Águas
Sul : 2 km ✉ 8800-602 Tavira – ✆ 281 32 53 29 – www.4aguas.net – fechado 2ª feira salvo feriados
Rest – Lista 25/38 €
◆ Destaca-se pela sua localização, com vistas às marismas e a um pequeno porto desportivo. Oferece uma sala com detalhes marinheiros e está especializado em peixes e mariscos.

TERCENA – **Lisboa** – **ver Queluz**

PORTUGAL

TERRUGEM – Portalegre – **733** – **592** P7 – **1 231 h.** **2** C2

Lisboa 193 – Badajoz 37 – Evora 73 – Portalegre 63

XXX **A Bolota Castanha**

Quinta das Janelas Verdes ✉ 7350-491 – ☎ 268 65 61 18 – fechado domingo noite e 2ª feira

Rest – Lista 33/44 €

♦ Este restaurante de aparência clássica dispõe de um bar, uma lareira e uma sala de refeição com dois ambientes, um deles com uma varanda de vidro. Decoração detalhista.

TOLEDO – Lisboa – **733** – **592** O2 – **415 h.** **6** A2

Lisboa 69 – Peniche 26 – Torres Vedras 14

X **O Pão Saloio**

Rua Guerra Peninsular 27 ✉ 2530-782 – ☎ 261 98 43 55 – www.opaosaloio.pt – fechado do 1 ao 16 de maio, do 1 ao 17 de outubro e 2ª feira

Rest – Lista 25/30 €

♦ Possui um claro ambiente rústico, com as salas em vários níveis e curiosos bancos de madeira construídos a partir de raízes de troncos e restos de carros antigos. Cozinha tradicional.

TOMAR – Santarém – **733** – **592** N4 – **15 764 h.** – **alt. 75 m** **6** B2

Lisboa 145 – Leiria 45 – Santarém 65

Av. Dr. Cândido Madureira, ☎ 249 32 24 27

Convento de Cristo★★ : igreja★ (charola dos Templários★★) edifícios conventuais★ (janela★★★) – Igreja de São João Baptista (portal★)

Dos Templários

Largo Cândido dos Reis 1 ✉ 2304-909 – ☎ 249 31 01 00 – www.hoteldostemplarios.pt

171 qto – †65/112 € ††78/132 € – 5 suites

Rest – Lista 24/48 €

♦ Este estabelecimento, com exteriores bem cuidados, está localizado ao lado do rio que divide a cidade. Dispõe de um grande hall, várias salas de reunião e quartos espaçosos, todos eles com varanda. O restaurante, luminoso e de estilo clássico, oferece um menu internacional.

TORRÃO – Setúbal – **733** – **593** R5 – **2 099 h.** **1** B2

Lisboa 126 – Beja 51 – Évora 46 – Faro 168

Viana do Alentejo (Igreja : portal★) 25 km a Nordeste

ao Sudoeste pela estrada N 5 : 13,6 km

Pousada de Vale do Gaio

Junto da Barragem Trigo de Morais ✉ 7595-034 Torrão – ☎ 265 66 96 10 – www.pousadas.pt

14 qto – †105/200 € ††115/210 € **Rest** – Menu 30 €

♦ Um lugar para esquecer-se do mundanal ruído desfrutando do seu idílico ambiente natural. Solicite os quartos do 1º andar, com excelentes vistas sobre a barragem. Coqueto refeitório com uma agradável esplanada exterior.

TORREIRA – Aveiro – **733** – **591** J3 – **1 678 h.** – **Praia** **4** A1

Lisboa 290 – Aveiro 42 – Porto 54

Av. Hintze Ribeiro 30, ☎ 234 83 82 50

na estrada N 327 Sul : 5 km

Pousada da Ria

Bico do Muranzel ✉ 3870-301 Torreira – ☎ 234 86 01 80 – www.pousadas.pt

19 qto – †80/200 € ††90/210 € **Rest** – Menu 30 €

♦ Esta confortável Pousada que, além de instalações muito aconchegantes, tem uma encantadora esplanada sobre as águas calmas da ria de Aveiro. A beleza dos arredores encontra seu eco em uma sala de refeição íntima e calma.

TORRES NOVAS – Santarém – 733 – 592 N4 – 11 815 h. 6 B2

Lisboa 118 – Castelo Branco 138 – Leiria 52 – Portalegre 120

Largo dos Combatentes 4-5, ✆ 249 81 30 19

Torres Novas

Praça 5 de Outubro 5 ✉ 2350-418 – ✆ 249 81 36 60 – www.hoteltorresnovas.com

38 qto – 38/41 € 46/52 € – 1 suite **Rest** – Menu 9 €

◆ Este edifício com localização central oferece atrás de sua fachada clássica, um hall de estilo funcional, uma sala de estar e quartos confortáveis, todos eles com casa de banho moderna. O restaurante que dispõe de uma sala de refeição dividida em duas partes, oferece um menu tradicional enriquecido pelas sugestões do dia.

TORRES VEDRAS – Lisboa – 733 – 592 O2 – 2 350 h. – alt. 30 m – Termas 6 A2

Lisboa 52 – Santarém 74 – Sintra 62

Rua 9 de Abril, ✆ 261 31 04 83

Império

qto,

Praça 25 de Abril 17 ✉ 2560-285 – ✆ 261 31 42 32 – www.hotel-imperio.com

47 qto – 64 € 78 € **Rest** – Menu 18/25 €

◆ Em pleno centro e vocacionado ao cliente de empresa. Quase não tem zona social, o que se compensa com uns quartos de linha moderna, os superiores com varanda. O restaurante, simples e de cozinha tradicional, desfruta de uma enoteca anexa.

ao Sudeste

pela estrada N 8 : 4 km e desvío a esquerda pela estrada de Cadriceira 2,5 km

Camporeal

qto,

Rua do Campo ✉ 2565-770 Turcifal – ✆ 261 96 09 00 – www.camporeal.pt

140 qto – 110/155 € 125/175 € – 11 suites

Rest – Menu 19 € – Lista 21/34 €

Rest *Grande Escolha* – *(fechado domingo e 2ª feira) (só jantar)* Lista 40/61 €

◆ Ideal para o descanso, o relax... e para todo aquele que queira jogar a golfe! Também possui um grande SPA, com muitos tratamentos terapêuticos e de relaxação. No seu elegante restaurante gastronómico encontrará uma ementa tradicional com pratos actualizados.

em Gibraltar na estrada N 9 - Oeste : 5,5 km

Pátio da Figueira sem rest

✉ 2560-122 Ponte do Rol – ✆ 261 33 22 64 – www.patiodafigueira.com

19 qto – 30/35 € 45/50 €

◆ Um hotelzinho interessante tanto pelos seus preços como pela sua localização no campo. Oferece um salão social polivalente, com lareira central, e quartos de linha clássica.

TRANCOSO – Guarda – 733 – 591 J7 – 2 209 h. 5 C1

Lisboa 351 – Coimbra 145 – Guarda 45 – Viseu 71

Av. Heroes de São Marcos, ✆ 271 81 11 47, www.cm-trancoso.pt

Fortificações★

Turismo de Trancoso

qto,

Rua Professora Irene Avillez ✉ 6420-227 – ✆ 271 82 92 00 – www.hotel-trancoso.com

49 qto – 55/90 € 65/135 € – 4 suites

Rest – Menu 17/45 € – Lista 25/35 €

◆ Hotel de linha moderna dotado de divisões alegres e luminosas. Desfruta dum atractivo hall aberto e quartos de completo equipamento, com os chãos em soalho. O restaurante oferece uma ementa tradicional e alguns pratos internacionais.

PORTUGAL

XX **Área Benta**

Rua dos Cavaleiros 30-A ✉ 6420-040 – ✆ 271 81 71 80 – www.areabenta.pt – fechado 10 dias em julho, domingo noite e 2ª feira

Rest – Lista 24/35 €

◆ Casa dotada com um acolhedor bar privado e uma sala de exposições. No 1º andar situam-se os refeitórios, definidos pela sua moderna decoração com as paredes em pedra.

TRÓIA – Setúbal – 733 – 593 Q3 1 A2

Lisboa 138 – Setúbal 104 – Évora 146 – Palmela 100

Tróia Design H. qto, qto,

Marina de Tróia ✉ 7570-789 – ✆ 265 49 80 07 – www.troiadesignhotel.com – fechado do 10 ao 26 de dezembro

126 qto – †83/205 € ††103/205 € – 79 suites

Rest – *(só buffet)* Menu 29 €

Rest ***B&G*** – *(só jantar)* Lista 30/41 €

◆ O melhor é a sua localização na Península de Tróia... um Parque Natural com extensas praias! Encontrará umas instalações modernas e de grande nível, com um completo SPA, quartos tipo apartamento e, num anexo, tanto um casino como um grande centro de conferências. Entre os seus restaurantes destaca-se o B&G, com a cozinha à vista do cliente.

PORTUGAL

UNHAIS DA SERRA – Castelo Branco – 733 – 592 L7 – 1 046 h. 5 C2

Lisboa 288 – Castelo Branco 66 – Guarda 65 – Viseu 148

Sítio★

H2otel qto,

av. das Termas ✉ 6201-909 – ✆ 275 97 00 20 – www.h2otel.com.pt

84 qto – †90/170 € ††120/260 € – 6 suites

Rest – Menu 20/40 € – Lista 25/40 €

◆ O edifício, cuja concepção define-se pela sua fantástica fachada, oferece duas áreas sociais, vários salas, um SPA completo e quartos de estilo clássico-actual de altíssimo nível. O restaurante tem um carácter polivalente pois oferece três serviços por dia.

VALE DE AREIA – Faro – ver Ferragudo

VALE DE PARRA – Faro – ver ALBUFEIRA

VALE DO GARRÃO – Faro – ver Almancil

VALE FORMOSO – Faro – ver Almancil

VALENÇA DO MINHO – Viana do Castelo – 733 – 591 F4 – 3 106 h. – alt. 72 m 8 A1

Lisboa 440 – Braga 88 – Porto 122 – Viana do Castelo 52

Av. de Espanha, ✆ 251 82 33 29

Vila Fortificada★ (<★)

Monte do Faro★★ (✻★★) Este : 7 km e 10 min. a pé

XX **Mané**

Av. Miguel Dantas 5 ✉ 4930-678 – ✆ 251 82 34 02 – fechado janeiro e 2ª feira

Rest – Lista 22/30 €

◆ Negócio familiar com uma espaçosa esplanada, café e os refeitórios do restaurante no andar superior. Oferecem uma cozinha tradicional e uma destacável ementa de vinhos.

dentro das muralhas :

Pousada do São Teotónio

qto, AC, VISA, MC, AE

Baluarte do Socorro ✉ 4930-619 Valença do Minho – ☎ 251 80 02 60 – www.pousadas.pt

18 qto ☕ – †85/165 € ††95/175 €

Rest – Menu 30 €

◆ Situado numa das extremidades da muralha, oferece-nos uma privilegiada vista panorâmica sobre as águas do Minho. Actualizado e bem dirigido, possui um completo equipamento. Luminoso refeitório envidraçado, com o tecto em madeira.

Fortaleza

AC, VISA, MC, AE

Rua Apolinário da Fonseca 5 ✉ 4930-706 Valença do Minho – ☎ 251 82 31 46

Rest – Lista 21/35 €

◆ Casa assentada na zona e bem dirigida pelo casal proprietário. O seu impecável aspecto e uma decoração simples mas actual conformam um ambiente cálido e aconchegante.

VIANA DO CASTELO Ⓟ – 733 – 591 G3 – 28 725 h. – Praia 8 A2

Lisboa 388 – Braga 53 – Ourense 154 – Porto 74

Rua do Hospital Velho, ☎ 258 82 26 20

A.C.P. Rua Martim Velho 4 ☎ 258 09 83 63

O Bairro Antigo★ B : Praça da República★ B – Hospital da Misericórdia★ B- Museu Municipal★ (azulejos★★, faianças portuguesas★) A**M**

Monte de Santa Luzia★★, Basílica de Santa Luzia ✳★★ Norte : 6 km

PORTUGAL

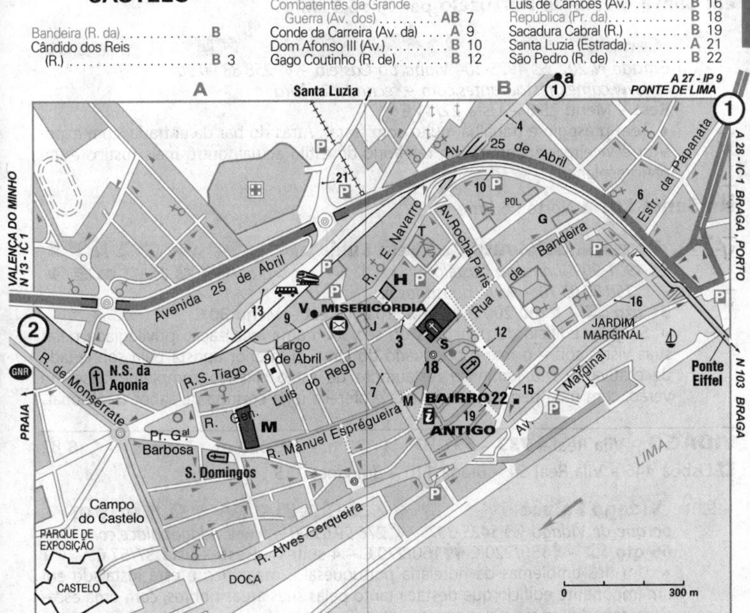

Flôr de Sal

Av. de Cabo Verde 100, (Praia Norte), por Rua de Monserrate ✉ 4900-568 – ☏ 258 80 01 00 – www.hotelflordesal.com

57 qto – 115/135 € 135/195 € – 3 suites

Rest – Menu 25 € – Lista 21/35 €

◆ Edifício de estilo moderno aberto ao mar. Desfruta dum espaçoso hall com boas vistas e mobiliário de desing, assim como quartos de completo equipamento e um SPA. Refeitório luminoso e de estética actual.

Axis Viana

Av.Capitão Gaspar de Castro ✉ 4900-462 – ☏ 258 80 20 00 – www.axisviana.com B**a**

83 qto – 100/130 € – 4 suites **Rest** – Lista 18/30 €

◆ Ocupa um edifício de design dotado com uma espectacular fachada, um grande hall, um Lobby-Bar e uma luminosa zona social. Quartos amplos, modernos e bem equipados. O restaurante, algo frio, combina a sua actividade à la carte com o serviço de pequeno-almoço.

Casa Melo Alvim sem rest

Av. Conde da Carreira 28 ✉ 4900-343 – ☏ 258 80 82 00 – www.meloalvimhouse.com A**v**

17 qto – 95/150 € 115/175 € – 3 suites

◆ Casa senhorial do séc. XVI, onde se apreciam diferentes estilos artísticos fruto das suas sucessivas ampliações. Os seus quartos possuem mobiliário português e casas de banho em mármore.

PORTUGAL

Os 3 Potes

Beco dos Fornos 7 ✉ 4900-523 – ☏ 258 82 99 28 B**s**

Rest – Lista 19/29 €

◆ Restaurante situado num atractivo espaço histórico. A sua decoração rústico-regional reveste-o dum tipismo decididamente acolhedor, com um antigo forno de pão em pedra.

em Santa Marta de Portuzelo por ① : 5,5 km

Camelo

Estrada N 202 ✉ 4925-104 Viana do Castelo – ☏ 258 83 90 90 – www.camelorestaurantes.com – fechado 2ª feira

Rest – Menu 25 € – Lista 22/31 €

◆ Tem prestígio e trabalha muito com festas. Atrás do bar da entrada, com expositor e viveiro, encontrará um refeitório de estilo actual, outro mais rústico e um pátio-esplanada.

em Santa Luzia Norte : 6 km

Pousada do Monte de Santa Luzia

✉ 4901-909 Viana do Castelo – ☏ 258 80 03 70 – www.pousadas.pt

51 qto – 100/200 € 110/210 € **Rest** – Menu 30 €

◆ Singular edifício de princípios do séc. XX, numa localização privilegiada pelas suas vistas sobre o mar e o estuário do Lima. O interior aposta pela sobriedade decorativa. O seu luminoso restaurante de estilo clássico complementa-se, no verão, com uma pequena esplanada e oferece uma cozinha de sabor tradicional.

VIDAGO – Vila Real – **733** – **591** H7 – **1 177 h.** – **alt. 350 m** – **Termas** **8** B2

Lisboa 446 – Vila Real 54 – Braga 110 – Bragança 115

Vidago Palace

parque de Vidago ✉ 5425-307 – ☏ 276 99 09 00 – www.vidagopalace.com

66 qto – 130/220 € 160/270 € – 4 suites **Rest** – Lista 37/57 €

◆ Um dos emblemas da hotelaria portuguesa! É magnífico e está instalado em um imponente edifício que destaca tanto pelas suas áreas nobres, com uma escadaria soberba, como pelos seus quartos. Também oferece um SPA, um campo de golfe e dois restaurantes, um deles no antigo salão de baile.

VIEIRA DO MINHO - Braga - 733 - 591 H5 - 1 656 h. - alt. 390 m 8 B2

Lisboa 398 - Braga 33 - Viana do Castelo 95 - Vila Real 140

em Caniçada

Aquafalls

Estrada de Parada de Bouro (Lugar de S. Miguel), Noroeste: 7 km y desvio a dereita 1,5 km ✉ 4850-053 Caniçada - ✆ 253 64 90 00 - www.aquafalls.pt

14 qto - 126/185 € 138/324 € - 10 suites

Rest - Menu 30 € - Lista 34/51 €

◆ O edifício principal abriga uma área social moderna e um SPA, com vista maravilhosa para o rio Cávado. Os quartos, em formato de bungaló, encontram-se no jardim. O restaurante, bem conservado, oferece uma cozinha moderna e dispõe de um bar-terraço panorâmico.

Pousada de São Bento

Estrada N 304, Noroeste : 7 km ✉ 4850-047 Caniçada - ✆ 253 64 91 50 - www.pousadas.pt

38 qto - 80/190 € 90/200 € **Rest** - Menu 30 €

◆ Situa-se numa bela paragem dotada com magníficas vistas à serra do Gerês e ao rio Cávado. Interior de ar montanhês, com muita madeira e quartos bem equipados. No seu agradável restaurante elabora-se uma cozinha fiel ao receituário tradicional.

VILA BALEIRA - Ilha de Porto Santo - ver Madeira (Arquipélago da) : Porto Santo

VILA DO CONDE - Porto - 733 - 591 H3 - 25 731 h. - Praia 8 A2

Lisboa 342 - Braga 40 - Porto 28 - Viana do Castelo 42

Rua 25 de Abril 103, ✆ 252 24 84 73, www.cm-viladoconde.pt

Convento de Santa Clara★ (túmulos★)

em Azurara pela estrada N 13 - Sudeste : 1 km

Santana

✉ 4480-188 Vila do Conde - ✆ 252 64 04 60 - www.santanahotel.net

74 qto - 78/88 € 102/117 € - 8 suites

Rest *Santa Clara* - Lista 25/45 €

◆ Situado numa localização privilegiada. O seu interior faz gala duma múltipla zona nobre e recreativa, além de quartos muito bem equipados. Restaurante envidraçado com magníficas vistas sobre o mosteiro de Santa Clara e o rio Ave.

VILA FRANCA DE XIRA - Lisboa - 733 - 592 P3 - 16 480 h. 6 A2

Lisboa 32 - Évora 111 - Santarém 49

Praça Afonso de Albuquerque 12, ✆ 263 28 56 05, www.cm-vfxira.pt

O Forno

Rua Dr. Miguel Bombarda 143 ✉ 2600-195 - ✆ 263 28 21 06 - fechado 3ª feira

Rest - Lista 20/35 €

◆ Oferece duas salas de ambiente regional, sendo que a do andar superior costuma reservar-se para refeições programadas. Aqui a especialidade são as espetadas de peixes e carnes!

VILA NOVA DE CERVEIRA - Viana do Castelo - 733 - 591 G3 - 781 h. 8 A1

Lisboa 425 - Viana do Castelo 37 - Vigo 46

Praça do Município, ✆ 251 70 80 23, www.cm-vncerveira.pt

em Gondarém pela estrada N 13 - Sudoeste : 4 km

Estalagem da Boega

Quinta do Outeiral ✉ 4920-061 Gondarém - ✆ 251 70 05 00 - www.estalagemboega.com

27 qto - 45/100 € 55/110 € - 2 suites

Rest - *(fechado domingo noite)* Menu 25 €

◆ Casa senhorial de gratificantes exteriores cujos quartos são distribuídos em três edifícios, sendo que os mais aconchegantes albergam o núcleo primitivo. Os detalhes antigos evocam o seu passado. Dispõe de dois refeitórios, o principal tem azulejos e mobiliário clássico.

na estrada de Valença do Minho Nordeste : 6 km

Turismo do Minho
Vila Mea ✉ *4920-140 Vila Mea* – ✆ *251 70 02 45* – *www.hotelminho.com*
60 qto – 45/75 € 60/100 €
Rest *Braseirão do Minho* – Lista 20/35 €
◆ Conjunto de estética actual que surpreende exteriormente pelo seu jogo de linhas puras. Oferece um moderno interior, com quartos funcionais e apartamentos tipo duplex. O restaurante está separado do hotel e tem um estilo mais regional.

VILA NOVA DE FAMALICÃO – Braga – 733 – 591 H4 – 30 184 h. 8 A2

Lisboa 350 – Braga 18 – Porto 33
Praça D. Maria II, ✆ 252 31 25 64, www.vilanovadefamalicao.org

Tanoeiro
Praça Da Maria II-720 ✉ *4760-111* – ✆ *252 32 21 62* – *www.tanoeiro.com* – *fechado domingo noite*
Rest – Menu 15 € – Lista 24/30 €
◆ Assim que entrar reparará que aqui se come bem. Casa com tradição na zona, dotada de cuidadas instalações e uma cozinha à vista com fogo de lenha. Pratos regionais.

na estrada N 206 Nordeste : 1,5 km

Moutados
Av. do Brasil 1223 ✉ *4764-983 Vila Nova de Famalicão* – ✆ *252 31 23 77* – *www.moutados.com.pt*
57 qto – 40/53 € 50/65 €
Rest *Moutados de Baixo* – ver selecção restaurantes
◆ Situado nos arredores da cidade e orientado ao cliente de negócios. Zona comum de adequado conforto e quartos de linha funcional.

Moutados de Baixo – Hotel Moutados
Av. do Brasil 1701 ✉ *4764-983 Vila Nova de Famalicão* – ✆ *252 32 22 76* – *www.moutados.com.pt* – *fechado do 1 ao 15 de agosto e 2ª feira*
Rest – Menu 17 € – Lista 14/29 €
◆ Desfruta duma sala espaçosa e bem organizada, com a cozinha à vista num dos seus laterais e grandes superfícies envidraçadas noutro. Elaboram pratos de sabor regional.

VILA NOVA DE GAIA – Porto – 733 – 591 I4 – 96 877 h. 8 A3

Lisboa 316 – Porto 3
Av. Diogo Leite 242, ✆ 22 377 30 89
Av. Ramos Pinto - Loja 510, ✆ 22 375 62 16

ver planta do Porto

The Yeatman
Rua do Choupelo ✉ *4400-088* – ✆ *220 13 31 00* – *www.theyeatman.com*
70 qto – 139/248 € 154/263 €, 15 € – 12 suites BV**a**
Rest *The Yeatman* ✿ – ver selecção restaurantes
◆ Conjunto escalonado frente à parte antiga do Porto. Apresenta quartos de linha clássica-actual, todos com varandas e muitos deles personalizados com temas de carácter vinícola.

Gaiahotel
Av. da República 2038 ✉ *4430-195* – ✆ *223 74 26 00* – *www.gaiahotel.pt*
92 qto – 55/80 € – 2 suites **Rest** – Menu 11/35 € BV**g**
◆ Desfrute duma gratificante estadia nas suas equipadas instalações. Quartos dirigidos para o cliente de negócios e zonas nobres um pouco reduzidas mas bem mobiladas. Atractivo restaurante panorâmico situado no 10º andar.

ClipHotel sem rest
Av. da República 1559 ✉ *4430-205* – ✆ *223 74 59 10* – *www.cliphotel.pt*
53 qto – 50/100 € 60/120 € BCV**x**
◆ Este hotel situado no centro renovou recentemente a sua recepção, criando também uma pequena zona social. Oferece quartos funcionais e simples, com mobiliário actual.

XXXX **The Yeatman** – Hotel The Yeatman

Rua do Choupelo ✉ 4400-088 – ☎ 220 13 31 00 – www.theyeatman.com
Rest – Menu 70/105 € – Lista 60/83 € BV**a**
Espec. Carabineiro de Sagres com terrina de enguias e foie gras. Pregado de mar cozinhado em caldo aromatizado e molho de caviar. Caramelização, pastel de leite creme queimado com iogurte de caramelo.
◆ Apresenta uma estética actual e destaca-se tanto pela sua luminosidade como pelas suas vistas da cidade do Porto. O seu chef propõe uma cozinha tradicional actualizada que toma como base os produtos autóctones. Oferece duas ementas: degustação e executivo!

X **D. Tonho em Gaia**

Av. Diogo Leite ✉ 4400-111 – ☎ 223 74 48 35 – www.dtonho.com EZ**d**
Rest – Menu 20/30 € – Lista 22/43 €
◆ É alegre, moderno e informal, por estar situado numa espécie de carruagem envidraçada junto ao rio, com esplanada, relvado e boas vistas. Serviço de cozinha continuo.

na Praia de Lavadores Oeste : 7 km

Casa Branca

Rua da Belgica 86 ✉ 4400-044 Vila Nova de Gaia – ☎ 227 72 74 00 – www.casabranca.com AV**s**
53 qto – ♦80/150 € ♦♦90/165 € – 4 suites
Rest *Casa Branca* – ver selecção restaurantes
◆ Serena localização numa atractiva paisagem da Costa Verde. Elegantes instalações de estilo clássico, áreas comuns mobiladas com detalhe e um completo fitness.

XX **Casa Branca** – Hotel Casa Branca

Av. Beira Mar 751 ✉ 4400-382 Vila Nova de Gaia – ☎ 227 72 74 00 – www.casabranca.com – fechado 2ª feira e 3ª feira ao meio-dia AV**s**
Rest – Lista 30/45 €
◆ Casa de organização profissional onde se combinam o desenho e a modernidade do presente com os pormenores do passado. Bom serviço de mesa e excelentes vista sobre o mar.

VILA POUCA DA BEIRA – Coimbra – 733 – 592 L6 – 245 h. 4 B2

▶ Lisboa 271 – Coimbra 67 – Castelo Branco 118 – Viseu 55

Pousada Convento do Desagravo — qto,

✉ 3400-758 – ☎ 238 67 00 80 – www.pousadas.pt
22 qto – ♦80/160 € ♦♦90/170 € – 7 suites
Rest – Menu 30 € – Lista 23/49 €
◆ Situado num antigo convento restaurado, com diferentes zonas nobres, um pátio central com colunas e a sua própria igreja. Os quartos e as suas casa de banho são de linha actual. Restaurante de cuidada montagem onde oferecem uma ementa de tendência tradicional.

VILA PRAIA DE ÂNCORA – Viana do Castelo – 733 – 591 G3 – 4 111 h. – Termas – Praia 8 A1

▶ Lisboa 403 – Viana do Castelo 15 – Vigo 68
ℹ Av. Dr. Ramos Pereira, ☎ 258 91 13 84

Meira — qto, rest,

Rua 5 de Outubro 56 ✉ 4910-386 – ☎ 258 91 11 11 – www.hotelmeira.com
52 qto – ♦60/120 € ♦♦75/140 € – 3 suites **Rest** – Lista aprox. 37 €
◆ Dirigido pessoalmente pelo seu proprietário. Oferece uma correcta zona social e quartos bem equipados, repartidos em dois andares e em vários casos com varanda. No restaurante encontrará uma cozinha tradicional e um buffet económico durante o almoço.

PORTUGAL

VILA REAL P – 733 – 591 I6 – 16 138 h. – alt. 425 m **8** B2

▶ Lisboa 400 – Braga 103 – Guarda 156 – Ourense 159

i Av. Carvalho Araújo 94, ☎ 259 32 28 19

A.C.P. Alameda de Grasse, Centro Comercial Dolce Vita Douro, Loja 01A ☎ 259 37 56 50

👁 Igreja de São Pedro (tecto★)

Solar de Mateus★★ (fachada★★) Este : 3,5 Km Z – Estrada de Vila Real a Amarante ≤★ – Estrada de Vila Real a Mondim de Basto (descida escarpada★)

VILA REAL

Alexandre Herculano (R.) . . . . . Y 2
Almeida Lucena (Av.) . . . . Y 3
António de Azevedo (R.) . . . . . . Y 4
Aureliano Barriga (Av.) . . . . . . Y 5
Avelino Patena (R.) . . . . Y 6
Bessa Monteiro (R.) . . . . Y 7
Boavista (R.) . . . . Y 8
Calvario (Rampa do) . . . . Y 9
Camilo Castelo Branco (R.) . . . . Z 10
Cândido dos Reis (R.) . . . . Y 12
Central (R.) . . . . Y
Direita (R.) . . . . Y
D. Margarida Chaves (R.) . . . . . Y 14
D. Pedro de Meneses (R.) . . . . . Y 15
Gonçalo Cristóvão (R.) . . . . Y 18
Irmã Virtudes (R.) . . . . Z 20
Isabel Carvalho (R.) . . . . Y 21
Santo António (R. de) . . . . Y 25
Sarg Belizário Augusto (R.) . . . . Y 26
Serpa Pinto (R.) . . . . Y 28
S. Domingos (Tr.) . . . . Z 24
Teixeira de Sousa (R.) . . . . Z 30
31 de Janeiro (R.) . . . . Y 31

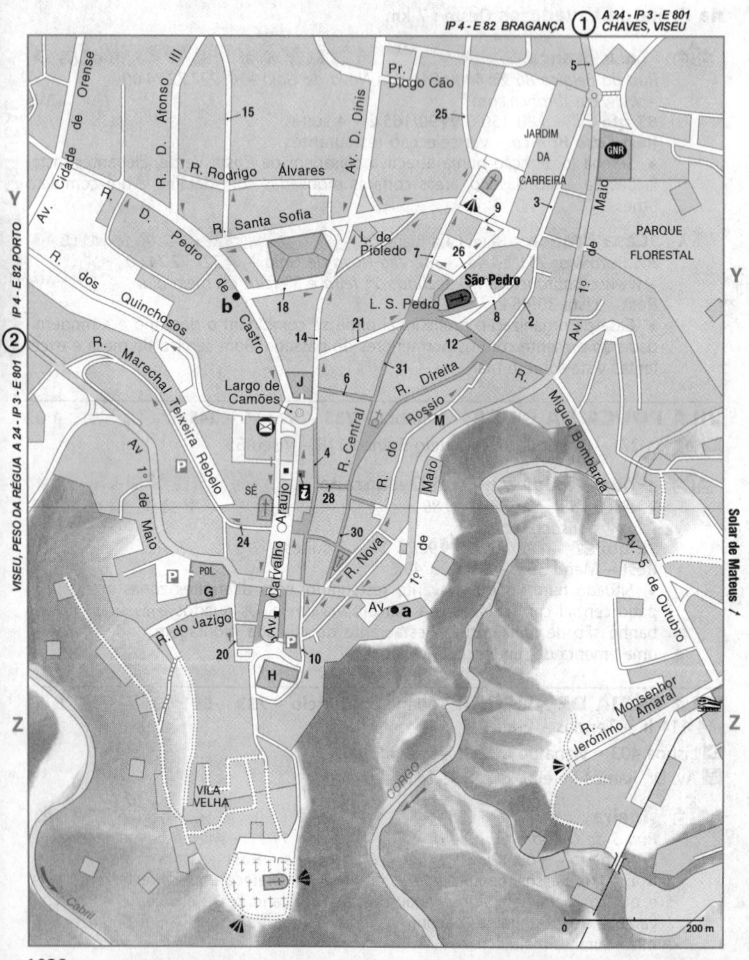

Miracorgo

Av. 1° de Maio 76 ✉ 5000-651 – ☎ 259 32 50 01 – www.hotelmiracorgo.com Za

144 qto – 49 € 71/98 € – 22 suites

Rest – Menu 18 €

◆ Desfruta dum amplo hall-recepção, um discreto bar anexo e correctas zonas sociais, todas elas com os chãos em alcatifa. Quartos espaçosos e remodelados. Atractivo restaurante panorâmico onde também se servem pequenos almoços.

Miraneve (Cabanelas) rest,

Rua D. Pedro de Castro ✉ 5000-669 – ☎ 259 32 31 53 – www.miraneve.com Yb

26 qto – 30/45 € 50/75 €

Rest – Menu 25 €

◆ Pequeno e situado no centro da localidade. De eficiente organização e correcto conforto, propõe quartos bem cuidados e equipados com casas de banho actuais.

VILA VIÇOSA – Évora – 733 – 593 P7 – 5 354 h. 2 C2

Lisboa 185 – Badajoz 53 – Évora 56 – Portalegre 76

Localidade★ – Terreiro do Paço★ (Paço Ducal★, Museu dos Coches★ : cavalariças reais★) – Porta dos Nós★

Pousada de D. João IV qto,

Terreiro do Paço ✉ 7160-251 – ☎ 268 98 07 42 – www.pousadas.pt

39 qto – 90/140 € 100/180 € – 3 suites

Rest – Menu 30 € – Lista 30/49 €

◆ No antigo convento real das Chagas de Cristo. O seu interior une a herança histórica com um elevado conforto, fazendo girar as zonas públicas ao redor do claustro. Elegante sala para pequenos almoços com o tecto abobadado e um luminoso refeitório.

Solar dos Mascarenhas qto,

Rua Florbela Espanca 125 ✉ 7160-283 – ☎ 268 88 60 00 – www.solardosmascarenhas.com

18 qto – 75/95 € 85/105 € – 4 suites

Rest – Menu 20 €

◆ Parcialmente instalado em uma casa senhorial do século XVI e em um pavilhão anexo, aonde encontram-se os quartos. Combinação moderna de tons de preto e branco. A sala de jantar, que ocupa a antiga adega, está dividida em duas partes e oferece um menu tradicional.

VILAMOURA – Faro – ver Quarteira

VILAR DO PINHEIRO – Porto – 733 – 591 I4 – 2 579 h. 8 A2

Lisboa 330 – Braga 43 – Porto 17

Rio de Janeiro

Estrada N 13, Noroeste : 1 km ✉ 4485-016 – ☎ 229 27 02 04 – fechado domingo noite de outubro-junho e 2ª feira

Rest – Lista aprox. 30 €

◆ Próximo a uma área de serviço. Restaurante de grande aceitação na zona, que oferece uma ementa baseada em especialidades brasileiras. Discreta organização no seu estilo.

Questão de standing: não espere o mesmo serviço em um X ou em um que em um XXXXX or .

PORTUGAL

Lisboa 292 – Aveiro 96 – Coimbra 92 – Guarda 85

Av. Gulbenkian, ☎ 232 42 09 50, www.turismodocentro.pt

A.C.P. Rua da Paz 36 ☎ 232 42 24 70

Cidade Velha★ : Adro da Sé★ Museu Grão Vasco★★ **M** (Trono da Graça★, primitivos★★) – Sé★ (liernes★, retábulo★) – Igreja de São Bento (azulejos★)

Montebelo

Urb. Quinta do Bosque, por Av. Infante D. Henrique ✉ 3510-020 – ☎ 232 42 00 00 – www.montebeloviseu.pt

172 qto – 76/115 € 91/135 € – 7 suites **Rest** – Menu 32 €

◆ De linha moderna e magníficas instalações, o seu interior revela um gosto pelos grandes espaços. Confortáveis quartos com mobiliário de qualidade e casas de banho actuais. Restaurante panorâmico e de cuidada decoração onde oferecem uma cozinha diversificada.

Pousada de Viseu

Rua do Hospital ✉ 3500-161 – ☎ 232 45 63 20 – www.pousadas.pt

81 qto – 80/110 € 90/120 € – 3 suites **x**

Rest – Menu 30 €

◆ Instalado no antigo hospital de São Teotónio, este lindo edifício de 1842 dispõe de um agradável pátio coberto e quartos de estilo moderno, aqueles que encontram-se no último andar possuem varanda. O restaurante combina estética moderna com menu tradicional.

Palácio dos Melos

Rua Chão Mestre 4 ✉ 3500-103 – ☎ 232 43 92 90 – www.hotelpalaciodosmelos.pt **b**

27 qto – 70/80 € 82/90 € **Rest** – Menu 26 € – Lista 22/42 €

◆ Antigo casarão da nobreza situado na zona monumental. Oferece espaços sociais bem restaurados e quartos confortáveis, os da parte nova são mais actuais. O restaurante, de montagem actual, elabora uma ementa internacional com algum prato regional.

PORTUGAL

VISEU

Alexandre Herculano (R. de) 3
Alexandre Lobo (R.) 4
Andrades (R. dos) 5
Árvore (R. da) 6
Augusto Hilário (R.) 7
Casimiros (R. dos) 8
Chão do Mestre (R.) 9
Comércio (R. do) 10
Conselheiro Sousa Mercado (R.) 12
Direita (R.) 13
Dom Duarte (R.) 15
Dr M. de Aragão (R.) 16
Emídio Navarro (Av.) 18
Escura (R.) 19
Formosa (R.) 21
Gen. Humberto Delgado (Largo) 25
G. Barreiros (R.) 24
Hospital (R. do) 27
Infante D. Henrique (Av.) 28
Maj. Leop. da Silva (R.) 30
Nunes de Carvalho (R.) 31
República (Pr. da) 33
São Lázaro (R.) 34
Senhora da Piedade (R. da) 37
Sé (Adro da) 36
Vigia (Calçada da) 39
Vitória (R.) 40

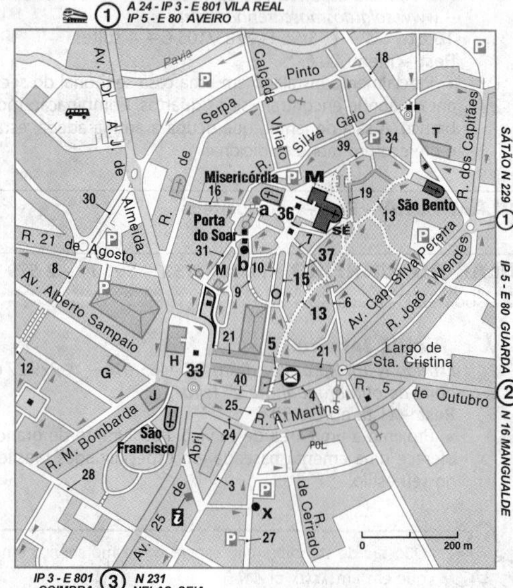

XX **Muralha da Sé**

Adro da Sé 24 ✉ 3500-195 – ☎ 232 43 77 77 – fechado do 15 ao 31 de outubro, domingo noite e 2ª feira **a**

Rest – Lista 22/30 €

◆ Singular edifício situado em plena zona antiga. Possui um pequeno hall, um agradável refeitório com as paredes em pedra e um privado. Cozinha tradicional a preços comedidos.

na estrada N 16 por ② : 6,5 km

XX **Quinta da Magarenha**

Via Caçador - junto a saída 20 da Auto-Estrada A 25 ✉ 3505-764 Viseu – ☎ 232 47 91 06 – www.magarenha.com – fechado 1ª quinzena de janeiro, 1ª quinzena de julho, domingo noite e 2ª feira

Rest – Lista 19/33 €

◆ Negócio de organização profissional com instalações bem cuidadas de linha clássica. Dispõe de quatro refeitórios, dois com serviço à carte e o resto para banquetes.

em Cabanões por ③ : 3 km

Príncipe Perfeito

Bairro da Misericórdia ✉ 3500-895 Viseu – ☎ 232 46 92 00 – www.hotelprincipeperfeito.pt

38 qto – 59/69 € 68/79 € – 5 suites

Rest *O Grifo* – Menu 13/30 € – Lista 20/32 €

◆ De traçado nobre e tranquila localização, possui uma ampla zona social, atractivos exteriores e quartos confortáveis e bem equipados com casas de banho actuais. Restaurante em tons esbranquecidos, com tectos elevados e abundante luz natural.

Prefijos telefónicos internacionales

Importante: para las llamadas internacionales, no se debe marcar el cero (0) inicial del prefijo interurbano (exepto para llamar a Italia).

Indicativos telefónicos internacionais

Importante: para as chamadas internacionais, o (0) inicial do indicativo interurbano não se deve marcar (exepto nas ligações para Italia).

desde/da/d'/ dalla/von/from — a/para/en/in nach/to	AND	A	B	CH	CZ	D	DK	E	FIN	F	GB	GR
AND Andorra		0043	0032	0041	00420	0049	0045	0034	00358	0033	0044	0030
A Austria	00376		0032	0041	00420	0049	0045	0034	00358	0033	0044	0030
B Belgium	00376	0043		0041	00420	0049	0045	0034	00358	0033	0044	0030
CH Swizerland	00376	0043	0032		00420	0049	0045	0034	00358	0033	0044	0030
CZ Czech Republic.	00376	0043	0032	0041		0049	0045	0034	00358	0033	0044	0030
D Germany	00376	0043	0032	0041	00420		0045	0034	00358	0033	0044	0030
DK Denmark	00376	0043	0032	0041	00420	0049		0034	00358	0033	0044	0030
E Spain	00376	0043	0032	0041	00420	0049	0045		00358	0033	0044	0030
FIN Finland	00376	0043	0032	0041	00420	0049	0045	0034		0033	0044	0030
F France	00376	0043	0032	0041	00420	0049	0045	0034	00358		0044	0030
GB United Kingdom	00376	0043	0032	0041	00420	0049	0045	0034	00358	0033		0030
GR Greece	00376	0043	0032	0041	00420	0049	0045	0034	00358	0033	0044	
H Hungary	00376	0043	0032	0041	00420	0049	0045	0034	00358	0033	0044	0030
I Italy	00376	0043	0032	0041	00420	0049	0045	0034	00358	0033	0044	0030
IRL Ireland	00376	0043	0032	0041	00420	0049	0045	0034	00358	0033	0044	0030
J Japan	001376	00143	00132	00141	001420	00149	00145	00134	001358	00133	00144	00130
L Luxembourg	00376	0043	0032	0041	00420	0049	0045	0034	00358	0033	0044	0030
N Norway	00376	0043	0032	0041	00420	0049	0045	0034	00358	0033	0044	0030
NL Netherlands	00376	0043	0032	0041	00420	0049	0045	0034	00358	0033	0044	0030
PL Poland	00376	0043	0032	0041	00420	0049	0045	0034	00358	0033	0044	0030
P Portugal	00376	0043	0032	0041	00420	0049	0045	0034	00358	0033	0044	0030
RUS Russia		81043	81032	81041	810420	81049	81045	*	810358	81033	81044	*
S Sweden	009376	00943	00932	00941	009420	00949	00945	00934	009358	00933	00944	00930
USA	011376	01143	01132	01141	011420	01149	01145	01134	01358	01133	01144	01130

** No es posible la conexión automática*
** Não é possível a ligação automática*

International Dialling Codes

Note: When making an international call, do not dial the first (0) of the city codes (except for calls to Italy).

H	I	IRL	J	L	N	NL	PL	P	RUS	S	USA	
0036	0039	00353	0081	00352	0047	0031	0048	00351	007	0046	001	**Andorra AND**
0036	0039	00353	0081	00352	0047	0031	0048	00351	007	0046	001	**Austria A**
0036	0039	00353	0081	00352	0047	0031	0048	00351	007	0046	001	**Belgium B**
0036	0039	00353	0081	00352	0047	0031	0048	00351	007	0046	001	**Swizerland CH**
0036	0039	00353	0081	00352	0047	0031	0048	00351	007	0046	001	**Czech CZ Republic**
0036	0039	00353	0081	00352	0047	0031	0048	00351	007	0046	001	**Germany D**
0036	0039	00353	0081	00352	0047	0031	0048	00351	007	0046	001	**Denmark DK**
0036	0039	00353	0081	00352	0047	0031	0048	00351	007	0046	001	**Spain E**
0036	0039	00353	0081	00352	0047	0031	0048	00351	007	0046	001	**Finland FIN**
0036	0039	00353	0081	00352	0047	0031	0048	00351	007	0046	001	**France F**
0036	0039	00353	0081	00352	0047	0031	0048	00351	007	0046	001	**United GB Kingdom**
0036	0039	00353	0081	00352	0047	0031	0048	00351	007	0046	001	**Greece GR**
	0039	00353	0081	00352	0047	0031	0048	00351	007	0046	001	**Hungary H**
0036		00353	0081	00352	0047	0031	0048	00351	*	0046	001	**Italy I**
0036	0039		0081	00352	0047	0031	0048	00351	007	0046	001	**Ireland IRL**
00136	00139	001353		001352	00147	00131	00148	001351	*	00146	0011	**Japan J**
0036	0039	00353	0081		0047	0031	0048	00351	007	0046	001	**Luxembourg L**
0036	0039	00353	0081	00352		0031	0048	00351	007	0046	001	**Norway N**
0036	0039	00353	0081	00352	0047		0048	00351	007	0046	001	**Netherlands NL**
0036	0039	00353	0081	00352	0047	0031		00351	007	0046	001	**Poland PL**
0036	0039	00353	0081	00352	0047	0031	0048		007	0046	001	**Portugal P**
81036	*	*	*	*	*	81031	81048	*		*	*	**Russia RUS**
00936	00939	009353	0981	009352	00947	00931	00948	009351	0097		0091	**Sweden S**
01136	01139	011353	01181	011352	01147	01131	01148	011351	*	01146	–	**USA**

** Direct dialling not possible*

Léxico gastronómico
Léxico gastronómico
Gastronomical lexicon
Lexique gastronomique
Lessico gastronomico
Gastronomisches Lexikon

Léxico gastronómico
Léxico gastronómico
Gastronomical lexicon

→ LEGUMBRES	→ LEGUMES	→ VEGETABLES
Aceitunas	Azeitonas	Olives
Aguacate	Abacate	Avocado
Alcachofas	Alcachofras	Artichokes
Berenjena	Beringela	Aubergine
Calabacín	Abobrinha	Courgette
Calabaza	Cabaça	Pumpkin
Cardo	Cardo	Cardoon
Coliflor	Couve-flor	Cauliflower
Endibias	Escarola	Chicory
Escarola	Escarola	Endive
Espárragos	Espargos	Asparagus
Espinacas	Espinafres	Spinach
Garbanzos	Grão de bico	Chickpeas
Guisantes	Ervilhas	Peas
Habas	Favas	Broad beans
Judías	Feijão	Beans
Judías verdes	Feijão verde	French beans
Judiones	Feijão grande	Butter beans
Lechuga	Alface	Lettuce
Lentejas	Lentilhas	Lentils
Patatas	Batatas	Potatoes
Pepino	Pepino	Cucumber
Pimientos	Pimentos	Peppers
Puerros	Alhos franceses	Leeks
Repollo/col	Repolho/Couve	Cabbage
Tomates	Tomates	Tomatoes
Zanahoria	Cenoura	Carrot

Lexique gastronomique
Lessico gastronomico
Gastronomisches Lexikon

→ LÉGUMES	→ LEGUMI	→ GEMÜSE
Olives	Olive	Oliven
Avocat	Avocado	Avocado
Artichauts	Carciofi	Artischocken
Aubergines	Melanzane	Auberginen
Courgettes	Zucchine	Zucchini
Courge	Zucca	Kürbis
Cardon	Cardo	Kardonen
Chou-fleur	Cavolfiore	Blumenkohl
Endives	Indivia	Chicoree
Scarole	Scarola	Endivien
Asperges	Asparagi	Spargel
Épinards	Spinaci	Spinat
Pois chiches	Ceci	Kichererbsen
Petits pois	Piselli	Erbsen
Fèves	Fave	Dicke Bohnen
Haricots	Fagioli	Bohnen
Haricots verts	Fagiolini	Grüne Bohnen
Fèves	Fagioli	Saubohnen
Laitue	Lattuga	Kopfsalat
Lentilles	Lenticchie	Linsen
Pommes de terre	Patate	Kartoffeln
Concombre	Cetriolo	Gurken
Poivrons	Peperoni	Paprika
Poireaux	Porri	Lauch
Chou	Cavoli	Kohl
Tomates	Pomodori	Tomaten
Carotte	Carote	Karotten

→ ARROZ, PASTA Y CHAMPIÑONES	→ ARROZ, MASSA E COGUMELOS	→ RICE, PASTA AND MUSHROOMS
Arroz blanco	Arroz branco	White rice
Arroz de marisco	Arroz de marisco	Seafood rice
Arroz de pollo	Arroz com frango	Chicken rice
Arroz de verduras	Arroz com legumes	Vegetable rice
Arroz negro	Arroz preto	Black rice
Boleto	Seta	Cep mushrooms
Canelones	Canelões	Cannelloni
Champiñones	Cogumelos	Small mushrooms
Colmenillas	Espécie de cogumelo	Morel mushrooms
Espaguetis	Espaguetes	Spaghetti
Lasaña	Lasanha	Lasagne
Níscalos	Míscaros	Mushrooms
Seta de cardo	Seta de cardo	Oyster mushrooms
Trufa	Trufa	Truffle

→ MARISCOS	→ MARISCO	→ SEAFOOD
Almejas	Amêijoas	Clams
Angulas	Eirós	Eels
Berberechos	Amêijoas	Cockles
Bogavante	Lavagante	Lobster
Calamares	Lulas	Squid
Camarón	Camarão	Shrimp
Cangrejo	Caranguejo	Crab
Carabineros	Camarão vermelho	Jumbo prawn
Centollo	Santola	Spider crab
Chipirones	Lulinhas	Squid
Cigalas	Lagostim	Langoustine
Gambas	Gambas	Prawns
Langosta	Lagosta	Lobster
Langostinos	Lagostims	Prawns
Mejillones	Mexilhões	Mussels
Navajas	Navalhas	Razor clams
Nécoras	Caranguejos	Small crabs
Ostras	Ostras	Oysters
Percebes	Perceves	Barnacles
Pulpo	Polvo	Octopus
Sepia	Sépia	Cuttlefish
Vieiras	Vieiras	Scallops
Zamburiñas	Leques	Queen scallops

→ RIZ, PÂTES ET CHAMPIGNONS	→ RISO, PASTA E FUNGHI	→ REIS, NUDELN UND PILZE
Riz blanc	Riso bianco	Weißer Reis
Riz aux fruits de mer	Risotto ai frutti di mare	Reis mit Meeresfrüchten
Riz au poulet	Risotto al pollo	Reis mit Huhn
Riz aux légumes	Risotto alle verdure	Gemüsereis
Riz noir	Risotto al nero di seppia	Schwarzer Reis
Bolet	Porcini	Pilze
Cannelloni	Cannelloni	Cannelloni
Champignons de Paris	Champignon	Champignons
Morilles	Ovoli	Morcheln
Spaghetti	Spaghetti	Spaghetti
Lasagne	Lasagne	Lasagne
Mousserons	Prugnolo	Reizker
Pleurote du Panicot	Cardoncello	Distelpilz
Truffe	Tartufo	Trüffel

→ FRUITS DE MER	→ FRUTTI DI MARE	→ MEERESFRÜCHTE
Clovisses	Arselle	Muscheln
Anguille	Anguilla	Aal
Coques	Vongole	Herzmuscheln
Homard	Astice	Hummer
Encornets	Calamari	Tintenfisch
Petite crevette	Gamberetti	Garnelen
Crabe	Granchi	Krabben
Grande crevette rouge	Gambero rosso	Cambas
Araignée de mer	Gransevola	Teufelskrabbe
Calmar	Calamari	Tintenfische
Langoustines	Scampi	Kaisergranat
Gambas	Gamberi	Garnelen
Langouste	Aragosta	Languste
Crevette	Gamberone	Langustinen
Moules	Cozze	Miesmuscheln
Couteaux	Cannolicchio	Scheidenmuscheln
Étrilles	Granchi	Kleine Meereskrebse
Huîtres	Ostriche	Austern
Anatifes	Lepadi	Entenmuscheln
Poulpe	Polpo	Kraken
Seiche	Seppia	Tintenfisch
Coquilles Saint-Jacques	Capesante	Jakobsmuscheln
Pétoncles	Capesante	Kammmuscheln

→ PESCADOS	→ PEIXES	→ FISH
Arenques	Arenques	Herring
Atún / bonito	Atum / Bonito	Tuna
Bacalao	Bacalhau	Cod
Besugo	Besugo	Sea bream
Boquerones/anchoas	Boqueirão/Anchova	Anchovies
Caballa	Sarda	Mackerel
Dorada	Dourada	Dorado
Gallos	Peixe-galo	John Dory
Lenguado	Linguado	Sole
Lubina	Robalo	Sea bass
Merluza	Pescada	Hake
Mero	Mero	Halibut
Rape	Tamboril	Monkfish
Rodaballo	Rodovalho	Turbot
Salmón	Salmão	Salmon
Salmonetes	Salmonetes	Red Mullet
Sardinas	Sardinhas	Sardines
Trucha	Truta	Trout

→ CARNES	→ CARNE	→ MEAT
Buey	Boi	Ox
Cabrito	Cabrito	Kid
Callos	Tripas	Tripe
Cerdo	Porco	Pork
Chuletas	Costeletas	Chops
Cochinillo	Leitão	Suckling pig
Cordero	Cordeiro	Lamb
Costillas	Costelas	Ribs
Entrecó	Bife	Entrecote
Hígado	Fígado	Liver
Jamón	Presunto	Ham
Lechazo	Cordeiro novo	Milk-fed lamb
Lengua	Língua	Tongue
Lomo	Lombo	Loin
Manitas	Pés	Pig's trotters
Mollejas	Moelas	Sweetbreads
Morros	Focinhos	Snout
Oreja	Orelha	Pig's ear
Paletilla	Pá	Shoulder
Rabo	Rabo	Tail
Riñones	Rins	Kidneys
Solomillo	Lombo	Sirloin
Ternera	Vitela	Veal
Vaca	Vaca	Beef

→ POISSON	→ PESCI	→ FISCH
Harengs	Aringhe	Heringe
Thon	Tonno	Thunfisch
Morue/Cabillaud	Merluzzo	Kabeljau
Pagre	Pagro	Seebrasse
Anchois	Alici/acciughe	Anchovy
Maquereau	Sgombri	Makrele
Dorade	Orata	Dorade
Cardine	Rombo giallo	Butt
Sole	Sogliola	Seezunge
Bar	Branzino	Wolfsbarsch
Merlu	Nasello	Seehecht
Mérou	Palombo	Heilbutt
Lotte	Rana Pescatrice	Seeteufel
Turbot	Rombo	Steinbutt
Saumon	Salmone	Lachs
Rougets	Triglie	Rotbarbe
Sardines	Sardine	Sardine
Truite	Trota	Forelle

→ VIANDE	→ CARNI	→ FLEISCH
Bœuf	Manzo	Ochse
Cabri	Agnellino da latte	Lamm
Tripes	Trippa	Kutteln
Porc	Maiale	Schwein
Côtelettes d'agneau	Costolette	Kotelett
Cochon de lait	Maialino da latte arrosto	Spanferkelbraten
Agneau	Agnello	Lamm
Côtelettes	Costolette	Kotelett
Entrecôte	Bistecca	Entrecote
Foie	Fegato	Leber
Jambon	Prosciutto	Schinken
Agneau de lait	Agnello	Lamm
Langue	Lingua	Zunge
Filet	Lombo	Filet
Pieds de porc	Piedino	Schweinefuß
Ris de veau	Animelle	Bries
Museaux	Musetto	Maul
Oreille de porc	Orecchio di maiale	Schweineohr
Épaule	Spalla	Schulter
Queue	Coda	Schwanz
Rognons	Rognoni	Nieren
Filet	Filetto	Lendenstück
Veau	Vitello	Kalb
Bœuf	Bue	Rind

→ AVES Y CAZA	→ AVES E CAÇA	→ FOWL AND GAME
Avestruz	Avestruz	Ostrich
Becada	Galinhola	Woodcock
Capón	Capão	Capon
Ciervo	Cervo	Venison
Codorniz	Codorniz	Quail
Conejo	Coelho	Rabbit
Faisán	Faisão	Pheasant
Jabalí	Javali	Wild boar
Liebre	Lebre	Hare
Oca	Ganso	Goose
Paloma	Pomba	Pigeon
Pato	Pato	Duck
Pavo	Peru	Turkey
Perdiz	Perdiz	Partridge
Pichón	Pombinho	Squab pigeon
Pintada	Galinha da Guiné	Guinea fowl
Pollo	Frango	Chicken
Pularda	Frango	Chicken
Venado	Veado	Deer

→ CONDIMENTOS	→ CONDIMENTOS	→ CONDIMENTS
Aceite de oliva	Azeite da azeitona	Olive oil
Ajo	Alho	Garlic
Albahaca	Alfavaca	Basil
Azafrán	Açafrão	Saffron
Canela	Canela	Cinnamon
Cebolla	Cebola	Onion
Cominos	Cominhos	Cumin
Eneldo	Endro	Dill
Estragón	Estragão	Tarragon
Guindilla	Guindia	Chilli pepper
Hierbabuena-menta	Hortelã-pimenta	Mint
Laurel	Loureiro	Laurel
Mantequilla	Manteiga	Butter
Mostaza	Mostarda	Mustard
Orégano	Orégão	Oregano
Perejil	Salsa	Parsley
Pimentón	Pimentão	Paprika
Pimienta	Pimenta	Pepper
Romero	Alecrim	Rosemary
Sal	Sal	Salt
Tomillo	Tomilho	Thyme
Vinagre	Vinagre	Vinegar

→ VOLAILLES ET GIBIER	→ GALLINACE I CACCIAGIONE	→ GEFLÜGEL UND WILDBRET
Autruche	Struzzo	Strauß
Bécasse	Beccaccia	Schnepfe
Chapon	Cappone	Kapaun
Cerf	Cervo	Reh
Caille	Quaglia	Wachtel
Lapin	Coniglio	Kaninchen
Faisan	Fagiano	Fasan
Sanglier	Cinghiale	Wildschwein
Lièvre	Lepre	Hase
Oie	Oca	Gans
Pigeon	Colomba	Taube
Canard	Anatra	Ente
Dinde	Tacchino	Truthahn
Perdrix	Pernice	Rebhuhn
Pigeonneau	Piccione	Täubchen
Pintade	Faraona	Perlhuhn
Poulet	Pollo	Huhn
Poularde	Pollo	Poularde
Cerf	Cervo	Hirsch

→ CONDIMENTS	→ CONDIMENTI	→ ZUTATEN
Huile d'olive	Olio d'oliva	Olivenöl
Ail	Aglio	Knoblauch
Basilic	Basilico	Basilikum
Safran	Zafferano	Safran
Cannelle	Cannella	Zimt
Oignon	Cipolla	Zwiebel
Cumin	Cumino	Kümmel
Aneth	Aneto	Dill
Estragon	Dragoncello	Estragon
Piment rouge	Peperoncino	Roter Pfeffer
Menthe	Menta	Minze
Laurier	Alloro	Lorbeer
Beurre	Burro	Butter
Moutarde	Senape	Senf
Marjolaine	Origano	Oregano
Persil	Prezzemolo	Petersilie
Paprika	Paprica	Paprika
Poivre	Pepe	Pfeffer
Romarin	Rosmarino	Rosmarin
Sel	Sale	Salz
Thym	Timo	Thymian
Vinaigre	Aceto	Essig

→ EMBUTIDOS Y CURADOS	→ ENCHIDOS E CURADOS	→ SAUSAGES AND CURED MEATS
Butifarra	Linguiça da Catalunha	Catalan sausage
Cecina	Chacina	Cured meat
Chorizo	Chouriço	Spiced sausage
Jamón	Presunto	Ham
Lacón	Lacão	Shoulder of pork
Morcilla	Morcela	Black pudding
Salchicha	Salsicha	Sausage
Salchichón	Salsichão	Salami
Sobrasada	Paio das Baleares	Majorcan sausage
Tocino	Toucinho	Bacon

→ FRUTAS Y POSTRES	→ FRUTAS E SOBREMESAS	→ FRUITS AND DESSERTS
Castañas	Castanhas	Chestnut
Chocolate	Chocolate	Chocolate
Cuajada	Coalhada	Curd
Flan	Pudim	Crème caramel
Fresas	Morangos	Strawberries
Fruta	Fruta	Fruit
Fruta en almíbar	Fruta em calda	Fruit in syrup
Helados	Gelados	Ice cream
Higos	Figos	Figs
Hojaldre	Folhado	Puff pastry
Manzanas asadas	Maçãs assadas	Baked apple
Melón	Melão	Melon
Miel	Mel	Honey
Mousse de chocolate	Mousse de chocolate	Chocolate mousse
Nata	Nata	Cream
Natillas	Doce de ovos	Custard
Nueces	Nozes	Walnut
Peras	Pêras	Pears
Piña	Ananás	Pineapple
Plátano	Banana	Banana
Queso curado	Queijo curado	Smoked cheese
Queso fresco	Queijo fresco	Fromage frais
Requesón	Requeijão	Fromage blanc
Sandía	Melancia	Watermelon
Tartas	Torta	Cakes/tarts
Yogur	Iogurte	Yoghurt
Zumo de naranja	Sumo de laranja	Orange juice

→ CHARCUTERIES	→ SALSICCE E CURED	→ WÜRSTE
Saucisse catalane	Salsiccia Catalana	Katalanische Wurst
Viande séchée	Scatti	Trockenfleisch
Saucisson au piment	Salsicce piccanti	Pfefferwurst
Jambon	Prosciutto	Schinken
Épaule de porc	Spalla di maiale	Schweineschulter
Boudin	Salsiccia	Blutwurst
Saucisse	Salsicce	Würstchen
Saucisson	Salame	Salami
Saucisse de Majorque	Soppressata	Mallorquinische Wurst
Lard	Lardo	Speck

→ FRUITS ET DESSERTS	→ FRUTTA E DESSERT	→ FRÜCHTE UND DESSERTS
Châtaignes	Castagne	Kastanien
Chocolat	Cioccolato	Schokolade
Lait caillé	Cagliata	Dickmilch
Crème au caramel	Crème caramel	Pudding
Fraises	Fragole	Erdbeeren
Fruits	Frutta	Früchte
Fruits au sirop	Frutta sciroppata	Obst in Sirup
Glaces	Gelato	Eis
Figues	Fichi	Feigen
Feuilleté	Pasta sfoglia	Gebäck
Pomme braisée	Mela al forno	Bratapfel
Melon	Melone	Melone
Miel	Miele	Honig
Mousse au chocolat	Mousse di cioccolato	Schokoladenmousse
Crème	Crema	Sahne
Crème anglaise	Budino	Cremespeise
Noix	Noci	Walnuss
Poires	Pere	Birnen
Ananas	Ananas	Ananas
Banane	Banana	Banane
Fromage sec	Formaggio stagionato	Hartkäse
Fromage frais	Formaggio fresco	Frischkäse
Fromage blanc	Formaggio bianco	Quark
Pastèque	Cocomero	Wassermelone
Tartes	Torte	Torten
Yaourt	Yogurt	Joghurt
Jus d'orange	Succo d'arancia	Orangensaft

Localidad que posee como mínimo

- ● un hotel o un restaurante
- una de las mejores mesas del año
- un restaurante « Bib Gourmand »
- un hotel « Bib Hotel »
- un restaurante agradable
- una casa rural agradable
- un hotel agradable
- un hotel muy tranquilo

Localidade que possui como mínimo

- ● um hotel ou um restaurante
- uma das melhores mesas do ano
- um restaurante « Bib Gourmand »
- um hotel « Bib Hotel »
- um restaurante agradável
- uma casa rural agradável
- um hotel agradável
- um hotel muito tranquilo

Place with at least

- ● a hotel or a restaurant
- a starred establishment
- a restaurant « Bib Gourmand »
- a hotel « Bib Hôtel »
- a particularly pleasant restaurant
- a particularly pleasant guesthouse
- a particularly pleasant hotel
- a particularly quiet hotel

Mapas

Mapas de las localidades citadas, por regiones

Mapas

Mapas das localidades citadas, por regiões

Maps

Regional maps of listed towns

Distancias

ALGUNAS PRECISIONES

En el texto de cada localidad encontrará la distancia a las ciudades de los alrededores y a la capital del estado.
Las distancias entre capitales de este cuadro completan las indicadas en el texto de cada localidad.
El kilometraje está calculado a partir del centro de la ciudad por la carretera más cómoda, o sea la que ofrece las mejores condiciones de circulación, pero que no es necesariamente la más corta.

Distâncias

ALGUMAS PRECISÕES

No texto de cada localidade encontrará a distância até às cidades dos arredores e à capital do país.
As distâncias deste quadro completam assim as que são dadas no texto de cada localidade.
A quilometragem é contada a partir do centro da localidade e pela estrada mais prática, ou seja, aquela que oferece as melhores condições de condução, mas que não é necessàriamente a mais curta.

Distances

COMMENTARY

The text on each town includes its distance from its immediate neighbours and from the capital.
The distances in the table completes that given under individual town headings in calculating total distances.
Distances are calculated from centres and along the best roads from a motoring point of view - not necessarily the shortest..

Barcelona	Lisboa	Madrid	Málaga	Donostia-San Sebastián	
1549	2265	1802	2330	1335	***Amsterdam***
1035	2057	1594	2024	1127	***Barcelona***
1871	2804	2342	2861	1874	***Berlin***
941	2066	1544	1931	1136	***Bern***
1633	2343	1880	2408	1413	***Birmingham***
635	1174	712	1240	244	***Bordeaux***
1878	2970	2481	2868	2040	***Bratislava***
1899	3070	2502	2888	2140	***Brindisi***
1339	2056	1594	2122	1126	***Bruxelles/Brussel***
1284	1862	1399	1927	932	***Cherbourg***
622	1545	1082	1613	615	***Clermont-Ferrand***
1906	2614	2151	2679	1684	***Dublin***
1388	2249	1787	2315	1319	***Düsseldorf***
1334	2317	1854	2323	1387	***Frankfurt am Main***
785	1876	1387	1774	946	***Genève***
2067	2777	2314	2842	1847	***Glasgow***
1820	2643	2180	2708	1712	***Hamburg***
2128	2951	2488	3016	2021	***Kobenhavn***
1253	1971	1508	2036	1041	***Lille***

Barcelona	Lisboa	Madrid	Málaga	Donostia-San Sebastián	
1433	2142	1680	2208	1212	***London***
1153	2110	1647	2142	1180	***Luxembourg***
639	1731	1241	1628	800	***Lyon***
507	1678	1110	1496	748	***Marseille***
980	2151	1583	1969	1221	***Milano***
1374	2452	1976	2363	1522	***München***
958	1497	1035	1562	567	***Nantes***
1559	2730	2162	2548	1799	***Napoli***
2439	3277	2815	3342	2347	***Oslo***
2252	3422	2854	3241	2492	***Palermo***
1037	1754	1292	1820	824	***Paris***
1721	2724	2261	2711	1793	***Praha***
1371	2541	1973	2360	1611	***Roma***
2775	3598	3135	3663	2668	***Stockholm***
1132	2135	1672	2122	1204	***Strasbourg***
393	1278	815	1290	348	***Toulouse***
2353	3360	2897	3343	2430	***Warszawa***
1807	2885	2409	2796	1955	***Wien***
1600	2771	2203	2589	1841	***Zagreb***

Madrid - Birmingham ***1880 km***

Distancias entre las ciudades principales
Distâncias entre as cidades principais
Distances between major towns

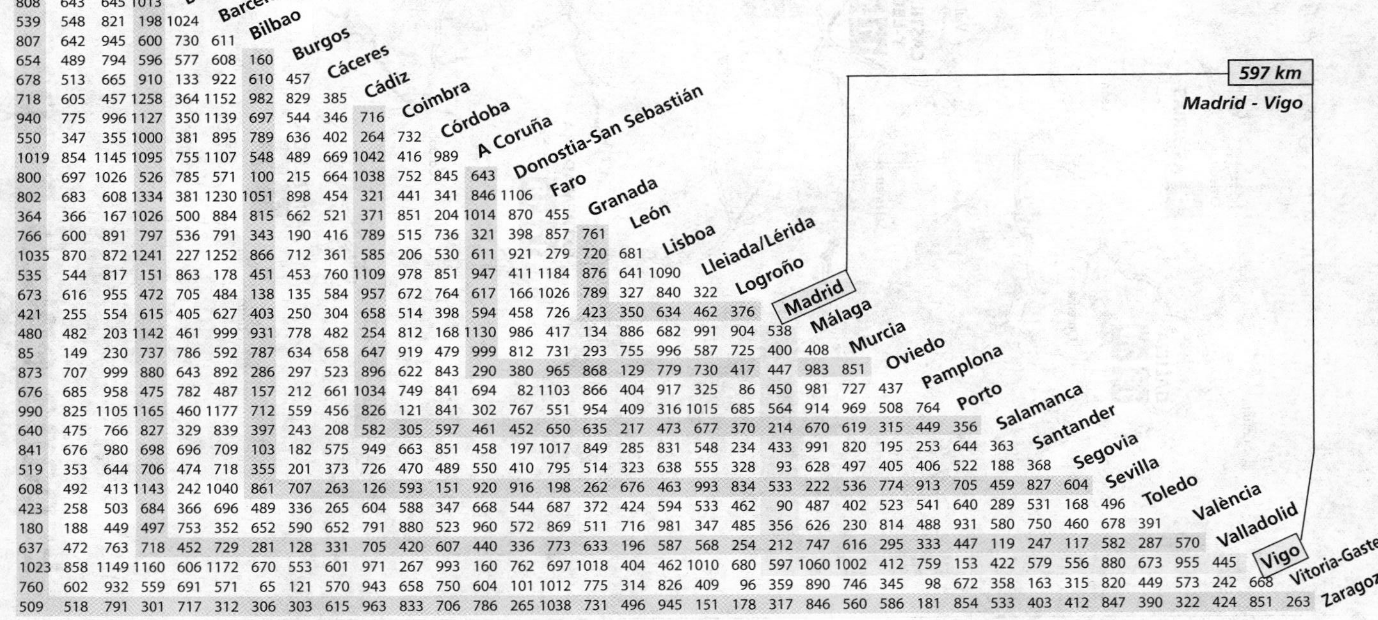

597 km
Madrid - Vigo

	Alacant/Alicante	Albacete	Almería	Andorra la Vella	Badajoz	Barcelona	Bilbao	Burgos	Cáceres	Cádiz	Coimbra	Córdoba	A Coruña	Donostia-San Sebastián	Faro	Granada	León	Lisboa	Lleiada/Lérida	Logroño	Madrid	Málaga	Murcia	Oviedo	Pamplona	Porto	Salamanca	Santander	Segovia	Sevilla	Toledo	València	Valladolid	Vigo	Vitoria-Gasteiz
Albacete	170																																		
Almería	302	366																																	
Andorra la Vella	683	692	965																																
Badajoz	808	643	645	1013																															
Barcelona	539	548	821	198	1024																														
Bilbao	807	642	945	600	730	611																													
Burgos	654	489	794	596	577	608	160																												
Cáceres	678	513	665	910	133	922	610	457																											
Cádiz	718	605	457	1258	364	1152	982	829	385																										
Coimbra	940	775	996	1127	350	1139	697	544	346	716																									
Córdoba	550	347	355	1000	381	895	789	636	402	264	732																								
A Coruña	1019	854	1145	1095	755	1107	548	489	669	1042	416	989																							
Donostia-San Sebastián	800	697	1026	526	785	571	100	215	664	1038	752	845	643																						
Faro	802	683	608	1334	381	1230	1051	898	454	321	441	341	846	1106																					
Granada	364	366	167	1026	500	884	815	662	521	371	851	204	1014	870	455																				
León	766	600	891	797	536	791	343	190	416	789	515	736	321	398	857	761																			
Lisboa	1035	870	872	1241	227	1252	866	712	361	585	206	530	611	921	279	720	681																		
Lleiada/Lérida	535	544	817	151	863	178	451	453	760	1109	978	851	947	411	1184	876	641	1090																	
Logroño	673	616	955	472	705	484	138	135	584	957	672	764	617	166	1026	789	327	840	322																
Madrid	421	255	554	615	405	627	403	250	304	658	514	398	594	458	726	423	350	634	462	376															
Málaga	480	482	203	1142	461	999	931	778	482	254	812	168	1130	986	417	134	886	682	991	904	538														
Murcia	85	149	230	737	786	592	787	634	658	647	919	479	999	812	731	293	755	996	587	725	400	408													
Oviedo	873	707	999	880	643	892	286	297	523	896	622	843	290	380	965	868	129	779	730	417	447	983	851												
Pamplona	676	685	958	475	782	487	157	212	661	1034	749	841	694	82	1103	866	404	917	325	86	450	981	727	437											
Porto	990	825	1105	1165	460	1177	712	559	456	826	121	841	302	767	551	954	409	316	1015	685	564	914	969	508	764										
Salamanca	640	475	766	827	329	839	397	243	208	582	305	597	461	452	650	635	217	473	677	370	214	670	619	315	449	356									
Santander	841	676	980	698	696	709	103	182	575	949	663	851	458	197	1017	849	285	831	548	234	433	991	820	195	253	644	363								
Segovia	519	353	644	706	474	718	355	201	373	726	470	489	550	410	795	514	323	638	555	328	93	628	497	405	406	522	188	368							
Sevilla	608	492	413	1143	242	1040	861	707	263	126	593	151	920	916	198	262	676	463	993	834	533	222	536	774	913	705	459	827	604						
Toledo	423	258	503	684	366	696	489	336	265	604	588	347	668	544	687	372	424	594	533	462	90	487	402	523	541	640	289	531	168	496					
València	180	188	449	497	753	352	652	590	652	791	880	523	960	572	869	511	716	981	347	485	356	626	230	814	488	931	580	750	460	678	391				
Valladolid	637	472	763	718	452	729	281	128	331	705	420	607	440	336	773	633	196	587	568	254	212	747	616	295	333	447	119	247	117	582	287	570			
Vigo	1023	858	1149	1160	606	1172	670	553	601	971	267	993	160	762	697	1018	404	462	1010	680	597	1060	1002	412	759	153	422	579	556	880	673	955	445		
Vitoria-Gasteiz	760	602	932	559	691	571	65	121	570	943	658	750	604	101	1012	775	314	826	409	96	359	890	746	345	98	672	358	163	315	820	449	573	242	668	
Zaragoza	509	518	791	301	717	312	306	303	615	963	833	706	786	265	1038	731	496	945	151	178	317	846	560	586	181	854	533	403	412	847	390	322	424	851	263

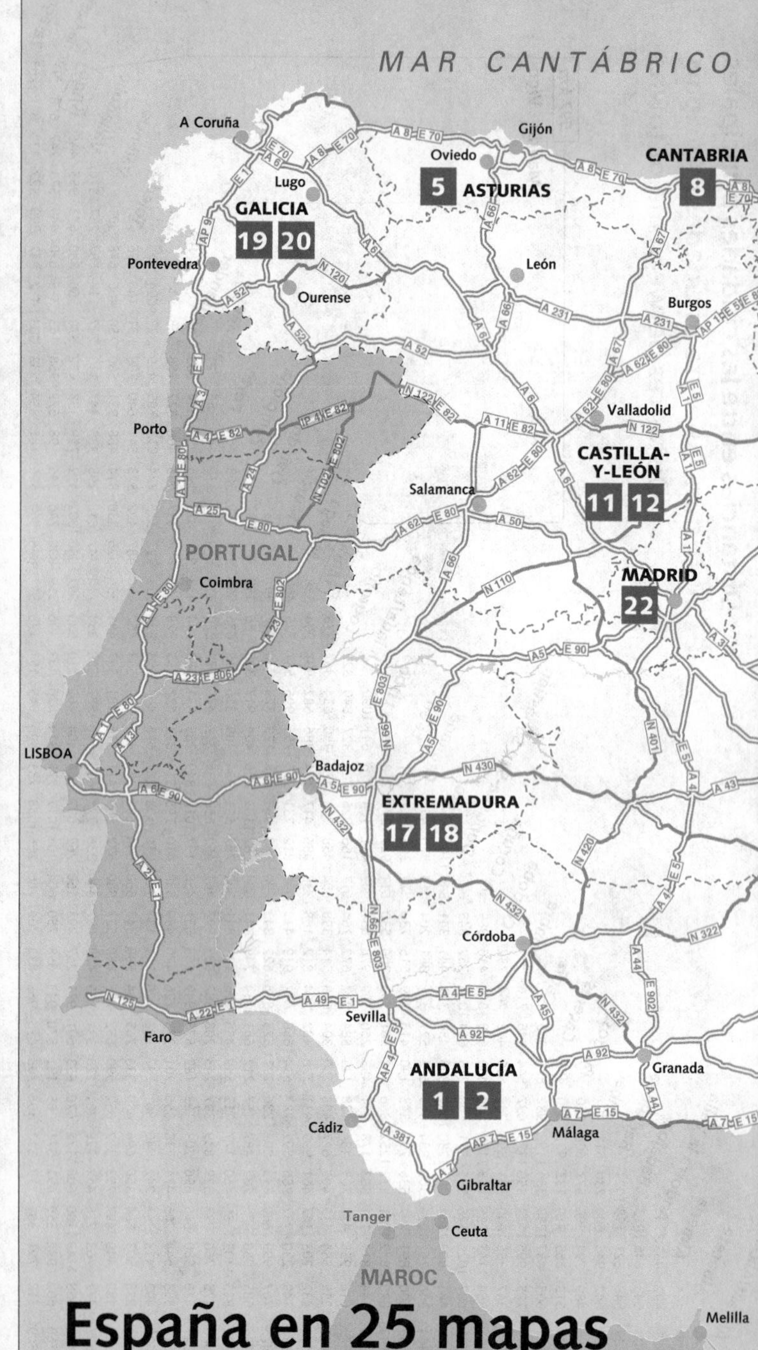

España en 25 mapas

FRANCE
Biarritz
Bilbao
Toulouse
Pau
PAÍS VASCO
25
Pamplona
NAVARRA
24
Perpignan
ANDORRA
LA RIOJA
21
CATALUÑA
13
14
15
Zaragoza
Barcelona
ARAGÓN
3
4
CASTILLA-LA-MANCHA
9
10
COMUNIDAD VALENCIANA
16
Palma
València
BALEARES
6
Alacant/Alicante
MURCIA
23
Murcia
MAR MEDITERRÁNEO
OCÉANO ATLÁNTICO
Sta Cruz de Tenerife
Las Palmas
CANARIAS
7
MAROC

1 Andalucía, Ceuta, Melilla, Gibraltar

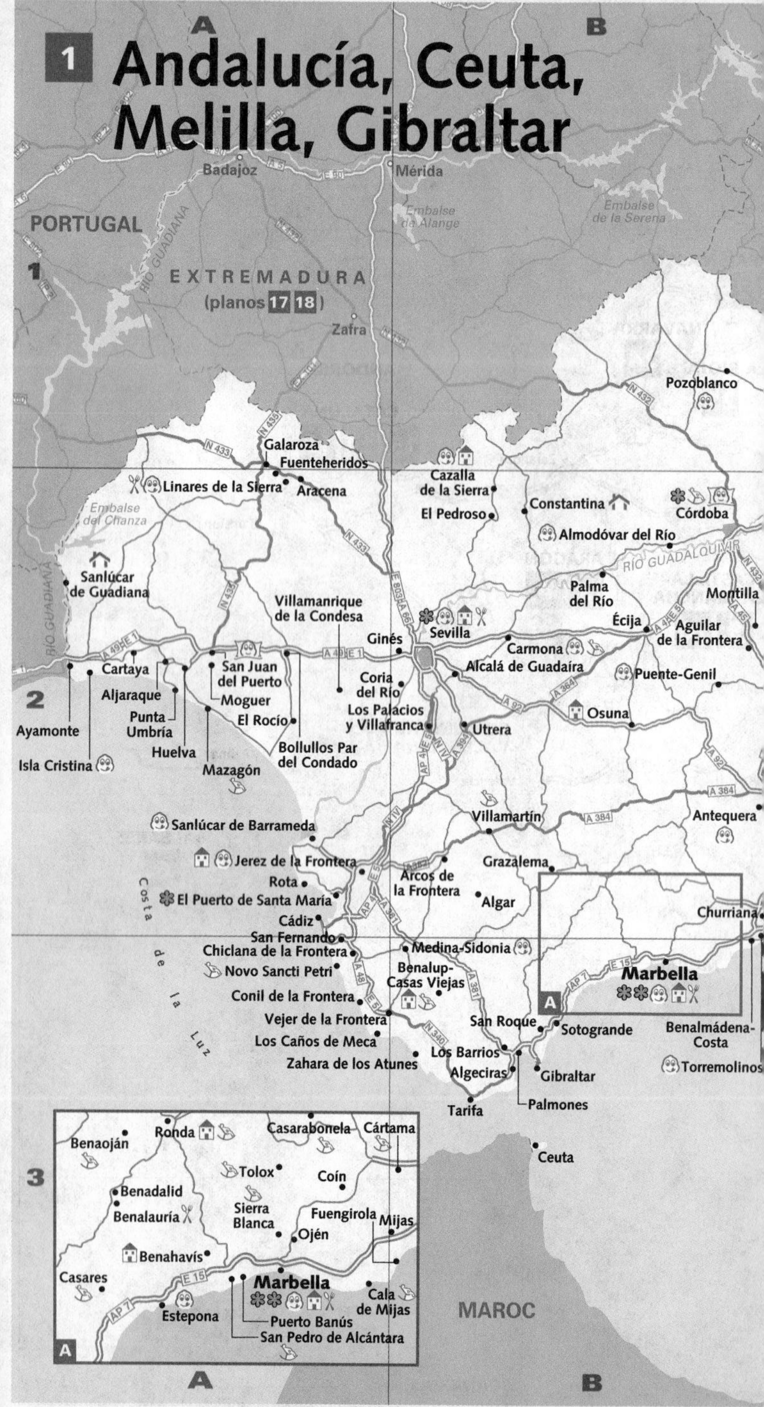

C
D
2
B
CASTILLA-LA MANCHA
(planos 9 10)
Ciudad Real
Río Guadiana
Víznar
Guadix
La Alhambra
Lugros
Granada
Cenes de la Vega
La Calahorra
La Zubia
Monachil
Dílar
Huétor-Vega
Sierra Nevada
Albacete
1
Capileira
Yegen
Cádiar
Lanjarón
Pitres
Órgiva
Mecina Fondales
Santa Elena
Segura de la Sierra
Vilches
Andújar
Bailén
Linares
Montoro
Río Guadalquivir
Baeza
Úbeda
Sierra de Cazorla
MURCIA
(plano 23)
Cazorla
Jaén
Vélez Blanco
Lorca
Cabra
Alcalá la Real
Lucena
Priego de Córdoba
Baza
Benalúa de Guadix
El Adelantado
Iznájar
Loja
Granada
Villanueva de Tapia
Castillo de Tajarja
Vera
Villaricos
Cariatiz
Garrucha
Láujar de Andarax
Sorbas
Mojácar
Viñuela
Frigiliana
Agua Amarga
Aguadulce
El Alquían
Las Negras
Nerja
Almería
Rodalquilar
Málaga
El Ejido
Roquetas de Mar
Cabo de Gata
San José
Torre del Mar
Almuñécar
La Herradura
Costa del Sol
Costa del Sol
MAR MEDITERRÁNEO
3
Localidad que posee como mínimo :
un hotel o un restaurante
un restaurante con estrella
un restaurante "Bib Gourmand"
un hotel "Bib Hotel"
un restaurante agradable
un turismo rural agradable
un hotel agradable
un hotel muy tranquilo
un bar de tapas agradable
Melilla
C
D

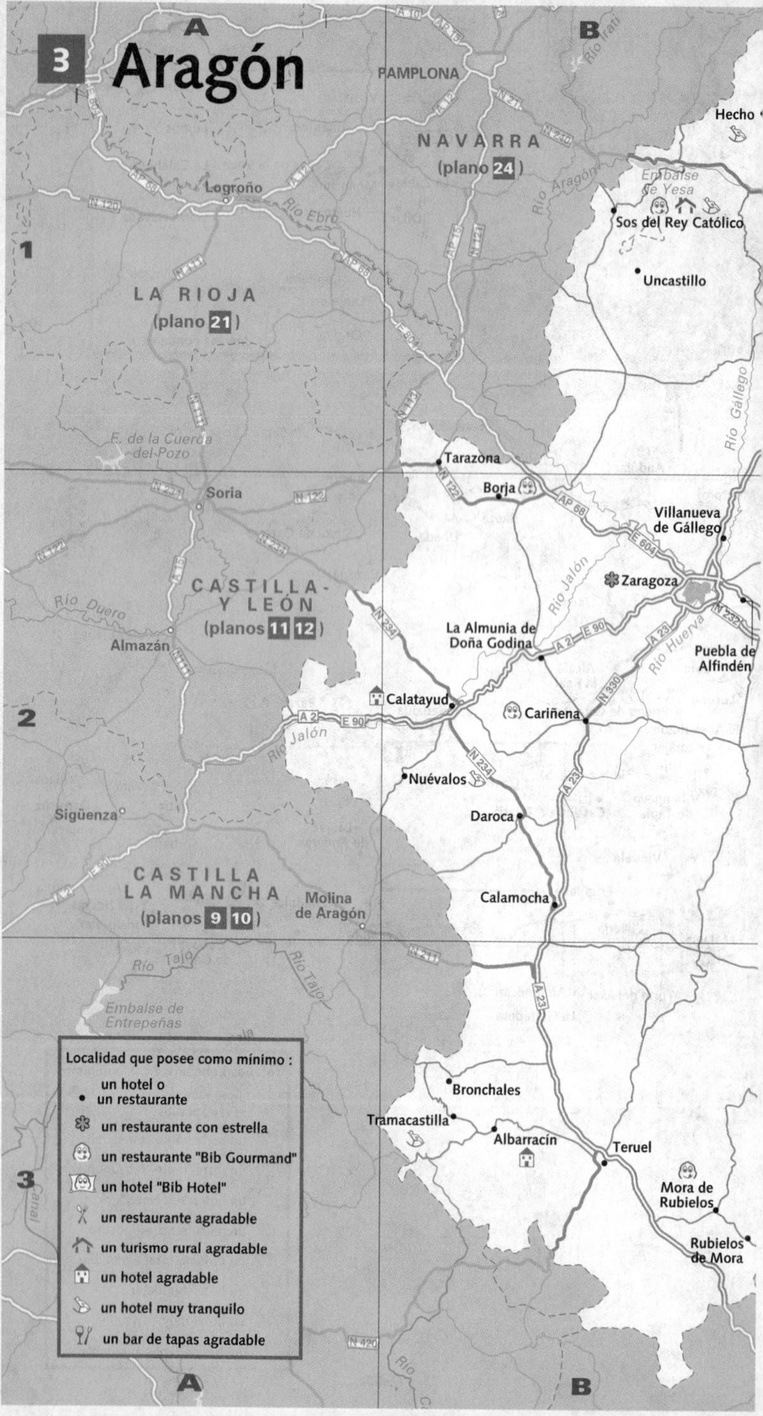
3 Aragón
A
B
1
2
3
PAMPLONA
NAVARRA
(plano 24)
Hecho
Embalse de Yesa
Sos del Rey Católico
Uncastillo
Logroño
Río Ebro
LA RIOJA
(plano 21)
E. de la Cuerda del Pozo
Tarazona
Borja
Soria
Villanueva de Gállego
Zaragoza
CASTILLA-Y LEÓN
(planos 11 12)
Río Duero
Almazán
La Almunia de Doña Godina
Puebla de Alfindén
Calatayud
Cariñena
Río Jalón
Río Huerva
Río Gállego
Río Aragón
Río Irati
Nuévalos
Daroca
Sigüenza
CASTILLA LA MANCHA
(planos 9 10)
Molina de Aragón
Calamocha
Río Tajo
Embalse de Entrepeñas
Bronchales
Tramacastilla
Albarracín
Teruel
Mora de Rubielos
Rubielos de Mora
Canal
Localidad que posee como mínimo :
un hotel o un restaurante
un restaurante con estrella
un restaurante "Bib Gourmand"
un hotel "Bib Hotel"
un restaurante agradable
un turismo rural agradable
un hotel agradable
un hotel muy tranquilo
un bar de tapas agradable

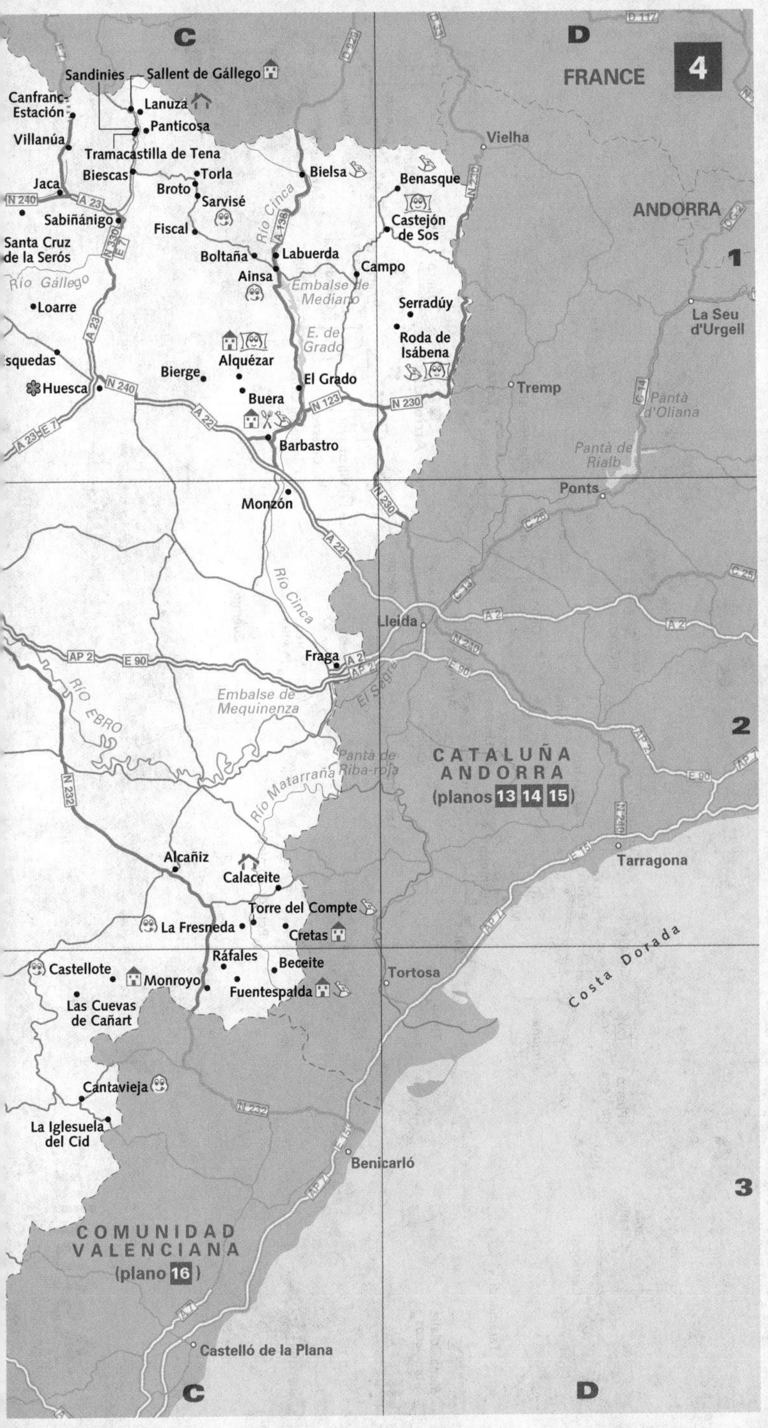

C
D
FRANCE
4
Sandinies
Sallent de Gállego
Canfranc-Estación
Lanuza
Panticosa
Villanúa
Tramacastilla de Tena
Biescas
Torla
Jaca
Broto
Sarvisé
Sabiñánigo
Fiscal
Santa Cruz de la Serós
Boltaña
Labuerda
Ainsa
Río Gállego
Loarre
Bielsa
Benasque
Vielha
Castejón de Sos
Campo
Serradúy
Roda de Isábena
ANDORRA
La Seu d'Urgell
Tremp
Pantà d'Oliana
Pantà de Rialb
Embalse de Mediano
E. de Grado
Río Cinca
1
squedas
Huesca
Bierge
Alquézar
Buera
El Grado
Barbastro
Monzón
Ponts
Lleida
Fraga
El Segre
Embalse de Mequinenza
Río Ebro
Río Matarraña
Pantà de Riba-roja
CATALUÑA
ANDORRA
(planos 13 14 15)
2
Alcañiz
Calaceite
Torre del Compte
La Fresneda
Cretas
Ráfales
Beceite
Castellote
Monroyo
Fuentespalda
Las Cuevas de Cañart
Tortosa
Tarragona
Costa Dorada
Cantavieja
La Iglesuela del Cid
Benicarló
3
COMUNIDAD
VALENCIANA
(plano 16)
Castelló de la Plana
C
D
N 240
A 23
N 330
E 7
A 22
N 123
N 230
A 138
A 2
AP 2
E 90
N 232
AP 7
E 15
C 14
C 25
C 26
N 240

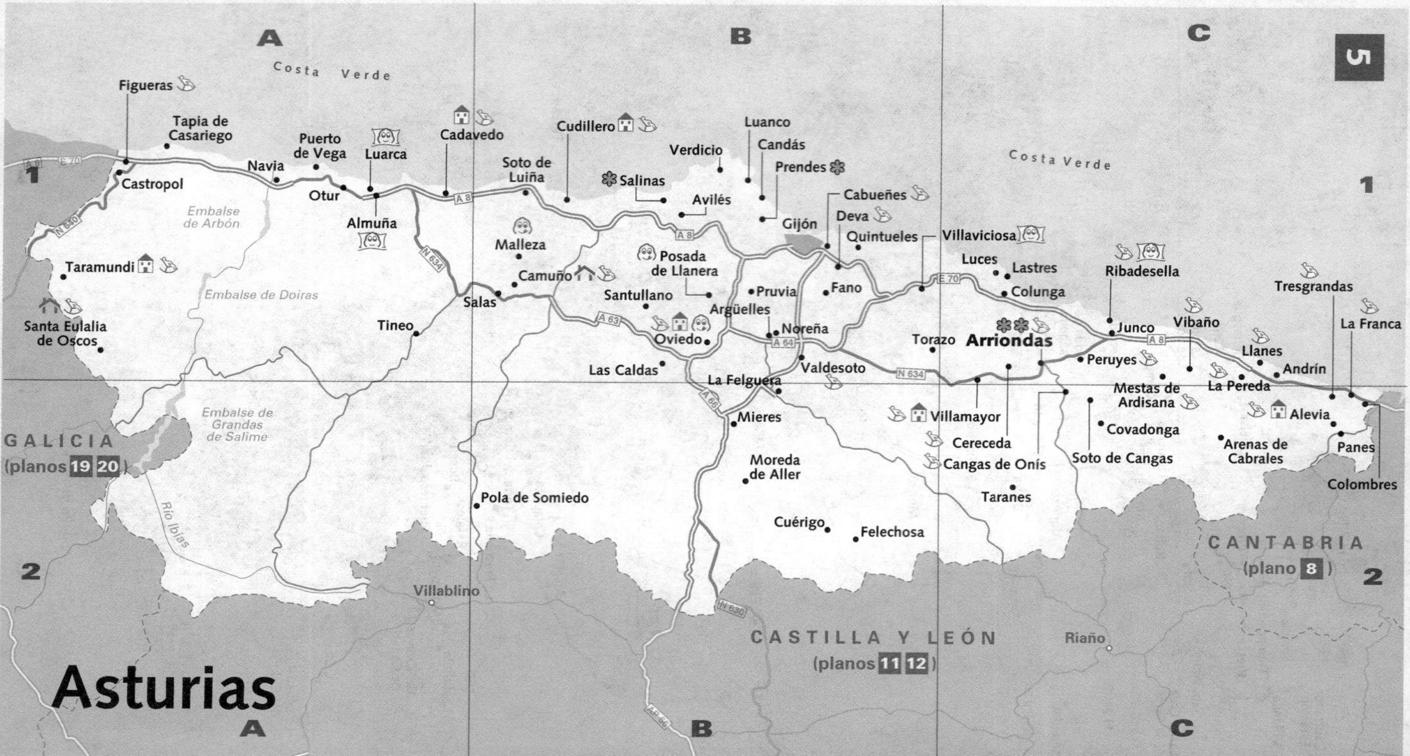

5
Asturias
A
B
C
1
2
Costa Verde
Costa Verde
Figueras
Tapia de Casariego
Castropol
Navia
Puerto de Vega
Otur
Luarca
Almuña
Cadavedo
Soto de Luiña
Cudillero
Salinas
Verdicio
Avilés
Luanco
Candás
Prendes
Gijón
Cabueñes
Deva
Quintueles
Villaviciosa
Luces
Lastres
Colunga
Ribadesella
Junco
Vibaño
Tresgrandas
La Franca
Llanes
Andrín
La Pereda
Peruyes
Mestas de Ardisana
Alevia
Covadonga
Arenas de Cabrales
Panes
Colombres
Soto de Cangas
Cangas de Onís
Cereceda
Villamayor
Arriondas
Torazo
Taranes
Fano
Pruvia
Noreña
Argüelles
Valdesoto
La Felguera
Mieres
Moreda de Aller
Cuérigo
Felechosa
Oviedo
Posada de Llanera
Santullano
Las Caldas
Camuño
Malleza
Salas
Tineo
Pola de Somiedo
Taramundi
Santa Eulalia de Oscos
Embalse de Arbón
Embalse de Doiras
Embalse de Grandas de Salime
Río Ibias
Villablino
Riaño
GALICIA (planos 19 20)
CASTILLA Y LEÓN (planos 11 12)
CANTABRIA (plano 8)
A 8
E 70
N 640
N 634
A 63
A 64
A 66
N 630
AP 66

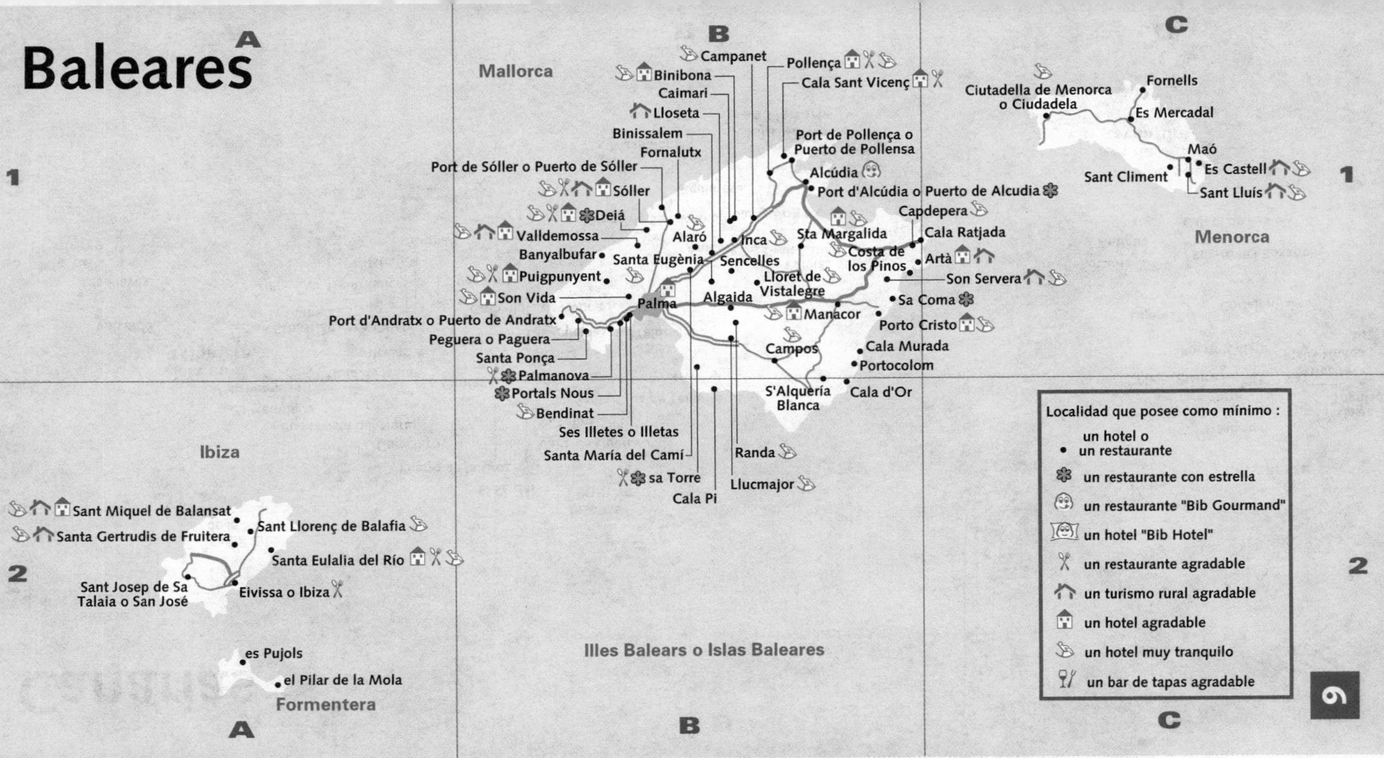
Baleares
Mallorca
Campanet
Binibona
Caimari
Lloseta
Binissalem
Fornalutx
Port de Sóller o Puerto de Sóller
Sóller
Deiá
Valldemossa
Banyalbufar
Puigpunyent
Son Vida
Port d'Andratx o Puerto de Andratx
Peguera o Paguera
Santa Ponça
Palmanova
Portals Nous
Bendinat
Ses Illetes o Illetas
Santa María del Camí
sa Torre
Cala Pi
Alaró
Santa Eugènia
Palma
Inca
Sencelles
Algaida
Lloret de Vistalegre
Randa
Llucmajor
Pollença
Cala Sant Vicenç
Port de Pollença o Puerto de Pollensa
Alcúdia
Port d'Alcúdia o Puerto de Alcudia
Sta Margalida
Costa de los Pinos
Capdepera
Cala Ratjada
Artà
Son Servera
Sa Coma
Manacor
Porto Cristo
Campos
Cala Murada
Portocolom
S'Alquería Blanca
Cala d'Or
Ciutadella de Menorca o Ciudadela
Fornells
Es Mercadal
Maó
Sant Climent
Es Castell
Sant Lluís
Menorca
Ibiza
Sant Miquel de Balansat
Santa Gertrudis de Fruitera
Sant Llorenç de Balafia
Santa Eulalia del Río
Sant Josep de Sa Talaia o San José
Eivissa o Ibiza
es Pujols
el Pilar de la Mola
Formentera
Illes Balears o Islas Baleares
Localidad que posee como mínimo :
un hotel o un restaurante
un restaurante con estrella
un restaurante "Bib Gourmand"
un hotel "Bib Hotel"
un restaurante agradable
un turismo rural agradable
un hotel agradable
un hotel muy tranquilo
un bar de tapas agradable
A
B
C
1
2
6

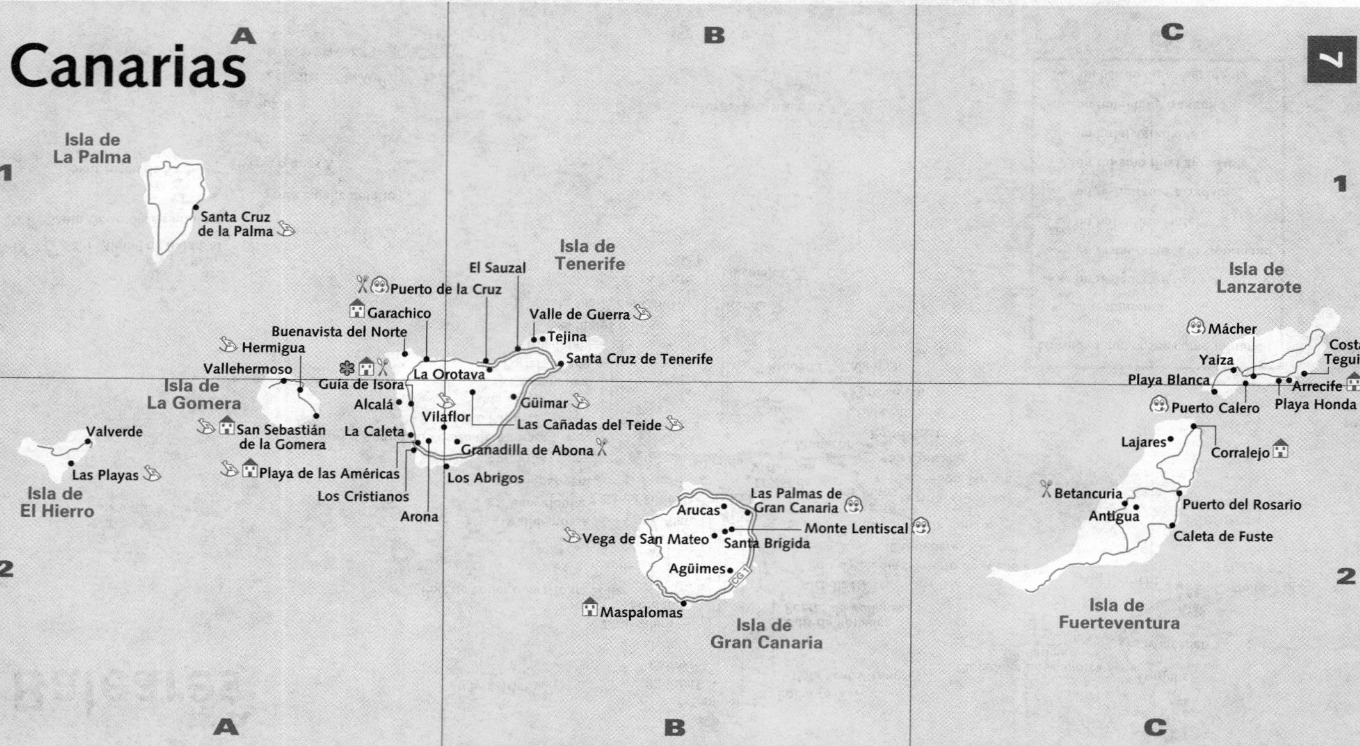
Canarias
7
A
B
C
1
2
Isla de La Palma
Santa Cruz de la Palma
Isla de El Hierro
Valverde
Las Playas
Isla de La Gomera
Hermigua
Vallehermoso
San Sebastián de la Gomera
Playa de las Américas
Isla de Tenerife
Puerto de la Cruz
Garachico
Buenavista del Norte
El Sauzal
Valle de Guerra
Tejina
Santa Cruz de Tenerife
La Orotava
Guía de Isora
Alcalá
Vilaflor
Güimar
Las Cañadas del Teide
La Caleta
Granadilla de Abona
Los Abrigos
Los Cristianos
Arona
Isla de Gran Canaria
Las Palmas de Gran Canaria
Arucas
Monte Lentiscal
Vega de San Mateo
Santa Brígida
Agüimes
Maspalomas
CG 1
Isla de Lanzarote
Mácher
Costa Teguise
Yaiza
Playa Blanca
Arrecife
Puerto Calero
Playa Honda
Isla de Fuerteventura
Lajares
Corralejo
Betancuria
Antigua
Puerto del Rosario
Caleta de Fuste

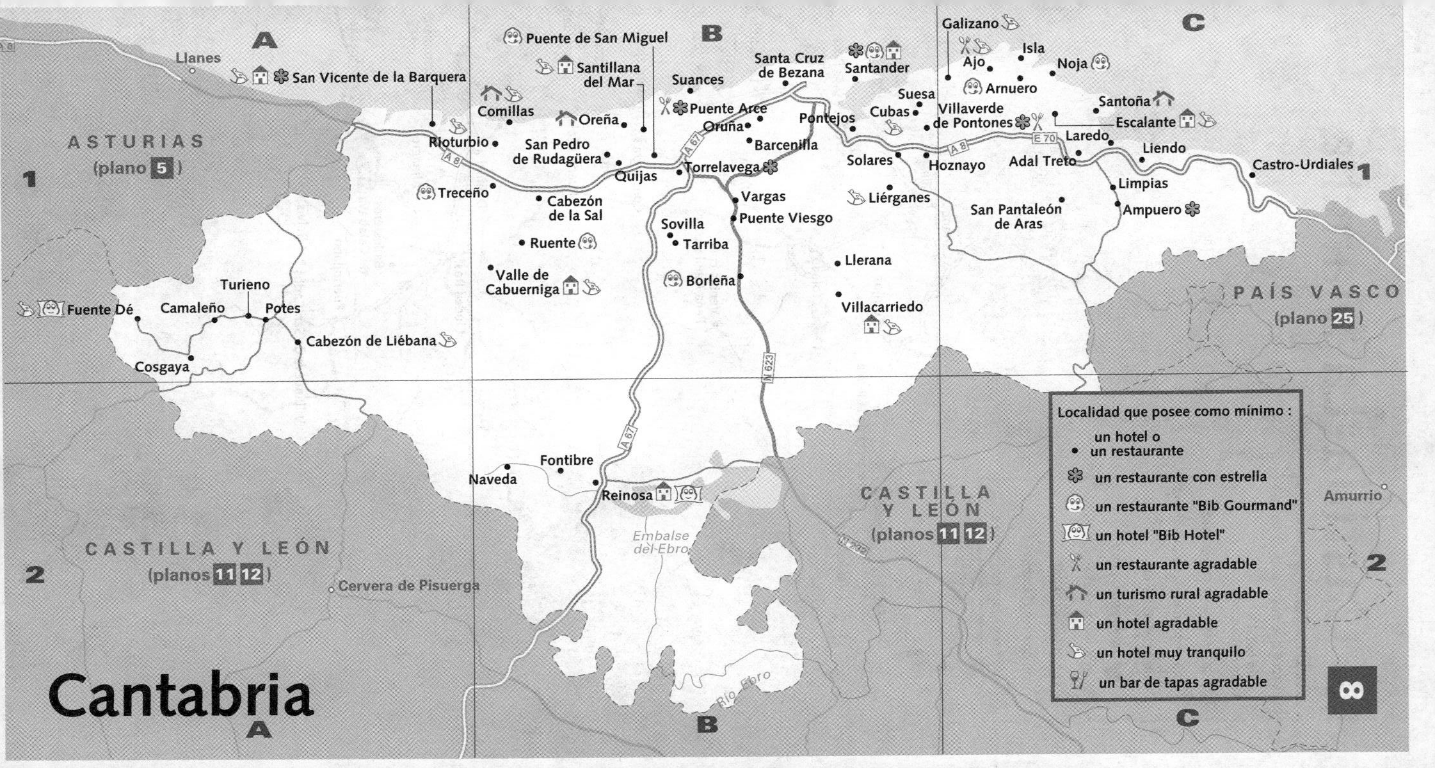
Cantabria
8
Localidad que posee como mínimo :
un hotel o un restaurante
un restaurante con estrella
un restaurante "Bib Gourmand"
un hotel "Bib Hotel"
un restaurante agradable
un turismo rural agradable
un hotel agradable
un hotel muy tranquilo
un bar de tapas agradable
ASTURIAS
(plano 5)
PAÍS VASCO
(plano 25)
CASTILLA Y LEÓN
(planos 11 12)
CASTILLA Y LEÓN
(planos 11 12)
Llanes
San Vicente de la Barquera
Puente de San Miguel
Santillana del Mar
Comillas
Oreña
Rioturbio
San Pedro de Rudagüera
Treceño
Cabezón de la Sal
Quijas
Suances
Puente Arce
Oruña
Santa Cruz de Bezana
Barcenilla
Torrelavega
Santander
Pontejos
Cubas
Suesa
Solares
Hoznayo
Villaverde de Pontones
Galizano
Ajo
Isla
Arnuero
Noja
Santoña
Escalante
Laredo
Adal Treto
Liendo
Castro-Urdiales
Limpias
Ampuero
San Pantaleón de Aras
Liérganes
Vargas
Puente Viesgo
Sovilla
Tarriba
Ruente
Valle de Cabuerniga
Borleña
Llerana
Villacarriedo
Fuente Dé
Camaleño
Turieno
Potes
Cosgaya
Cabezón de Liébana
Fontibre
Naveda
Reinosa
Embalse del Ebro
Río Ebro
Cervera de Pisuerga
Amurrio
A 8
A 67
E 70
N 623
N 232
A
B
C
1
2

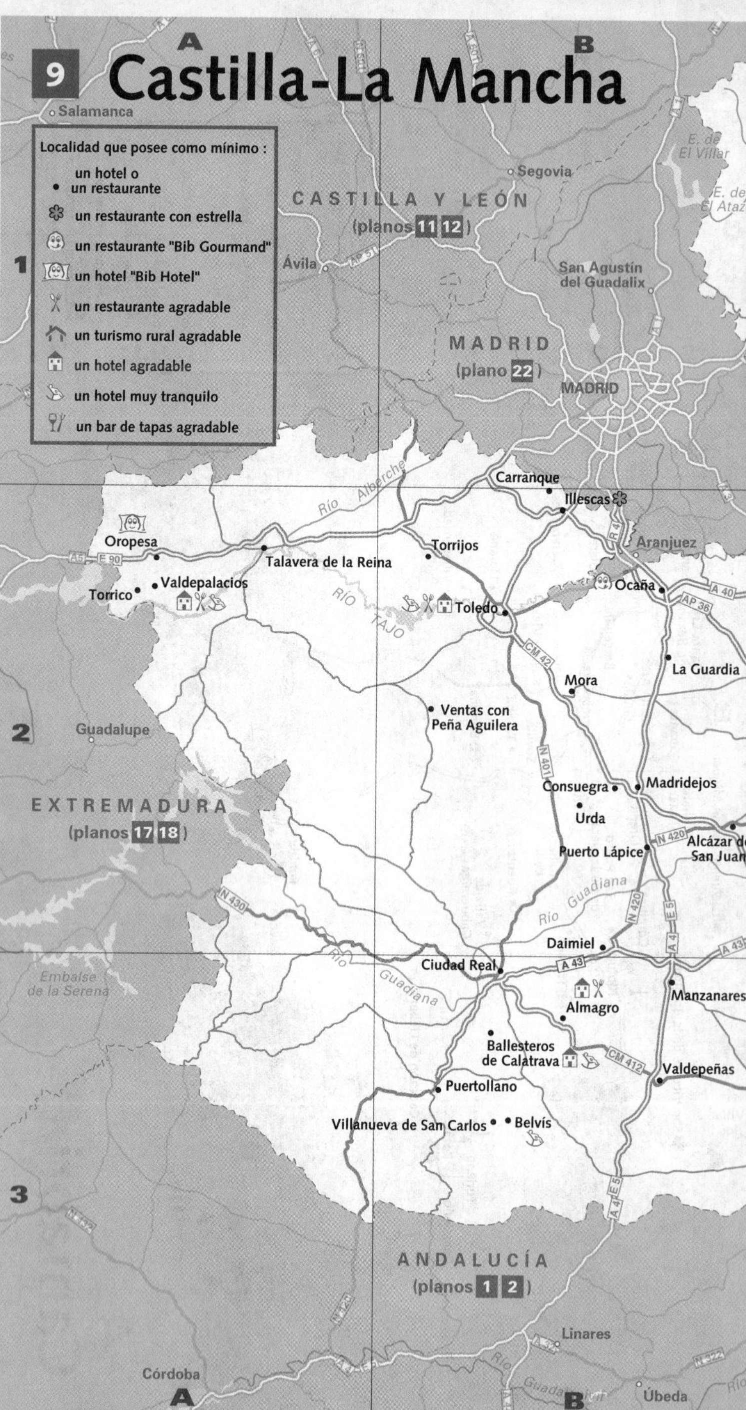

9
Castilla-La Mancha
A
B
Salamanca
Localidad que posee como mínimo :
un hotel o
un restaurante
un restaurante con estrella
un restaurante "Bib Gourmand"
un hotel "Bib Hotel"
un restaurante agradable
un turismo rural agradable
un hotel agradable
un hotel muy tranquilo
un bar de tapas agradable
Segovia
CASTILLA Y LEÓN
(planos 11 12)
Ávila
San Agustín
del Guadalix
MADRID
(plano 22)
MADRID
1
Carranque
Illescas
Río Alberche
Oropesa
Talavera de la Reina
Torrijos
Aranjuez
Torrico
Valdepalacios
Río Tajo
Toledo
Ocaña
La Guardia
Mora
Ventas con
Peña Aguilera
2
Guadalupe
Consuegra
Madridejos
Urda
EXTREMADURA
(planos 17 18)
Puerto Lápice
Alcázar de
San Juan
Río Guadiana
Daimiel
Ciudad Real
Embalse
de la Serena
Almagro
Manzanares
Ballesteros
de Calatrava
Valdepeñas
Puertollano
Villanueva de San Carlos
Belvís
3
ANDALUCÍA
(planos 1 2)
Linares
Córdoba
Úbeda

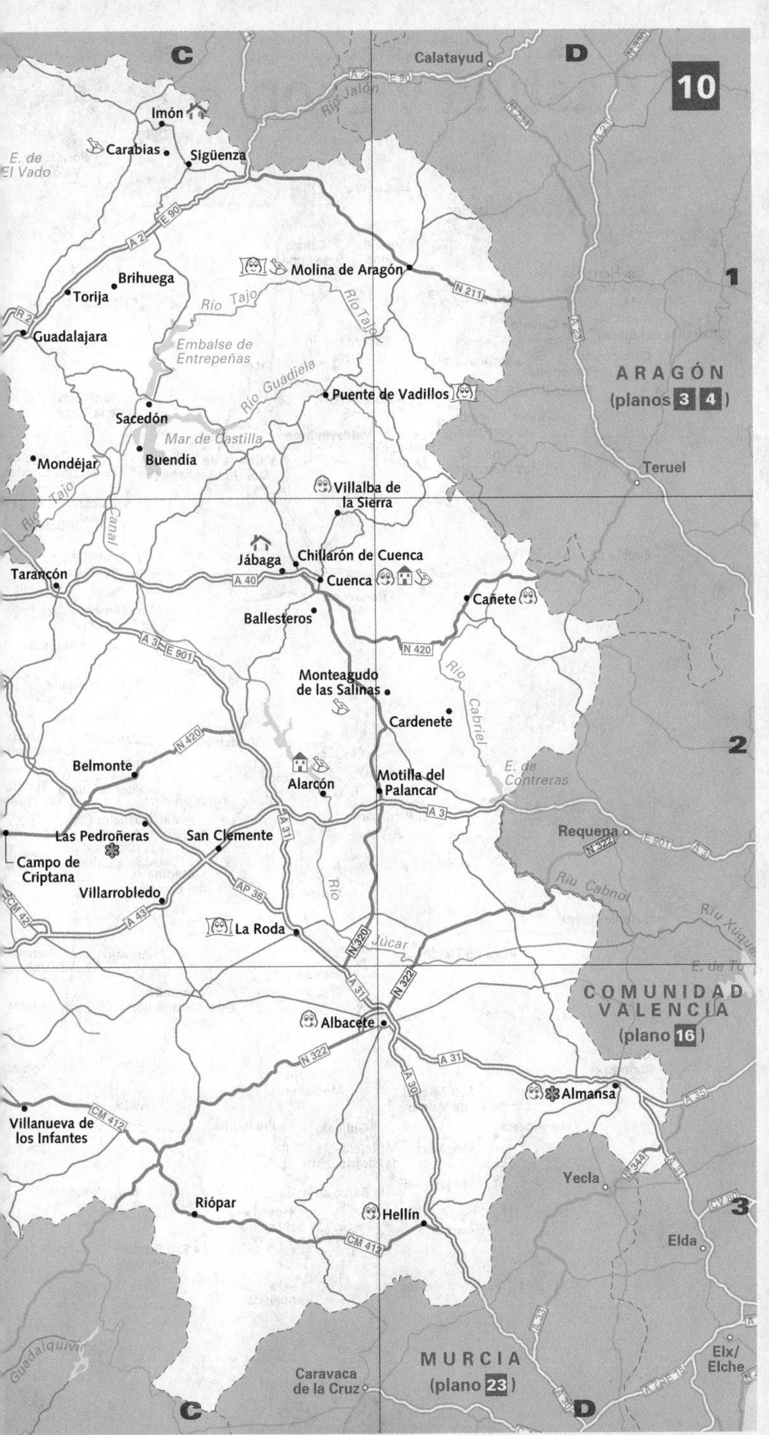

10
C
D
Calatayud
Imón
Carabias
Sigüenza
E. de El Vado
Río Jalón
Molina de Aragón
Brihuega
Torija
Guadalajara
Río Tajo
Embalse de Entrepeñas
Río Guadiela
Puente de Vadillos
Sacedón
Mar de Castilla
Buendía
Mondéjar
Villalba de la Sierra
Canal
Jábaga
Chillarón de Cuenca
Tarancón
Cuenca
Cañete
Ballesteros
Monteagudo de las Salinas
Cardenete
Río Cabriel
Belmonte
Alarcón
Motilla del Palancar
E. de Contreras
Las Pedroñeras
San Clemente
Campo de Criptana
Villarrobledo
La Roda
Júcar
Requena
Riu Cabnol
Riu Xuque
Albacete
Almansa
Villanueva de los Infantes
Yecla
Riópar
Hellín
Elda
Guadalquivir
Caravaca de la Cruz
Elx/ Elche
ARAGÓN
(planos 3 4)
Teruel
COMUNIDAD VALENCIA
(plano 16)
MURCIA
(plano 23)
1
2
3

11 Castilla y León

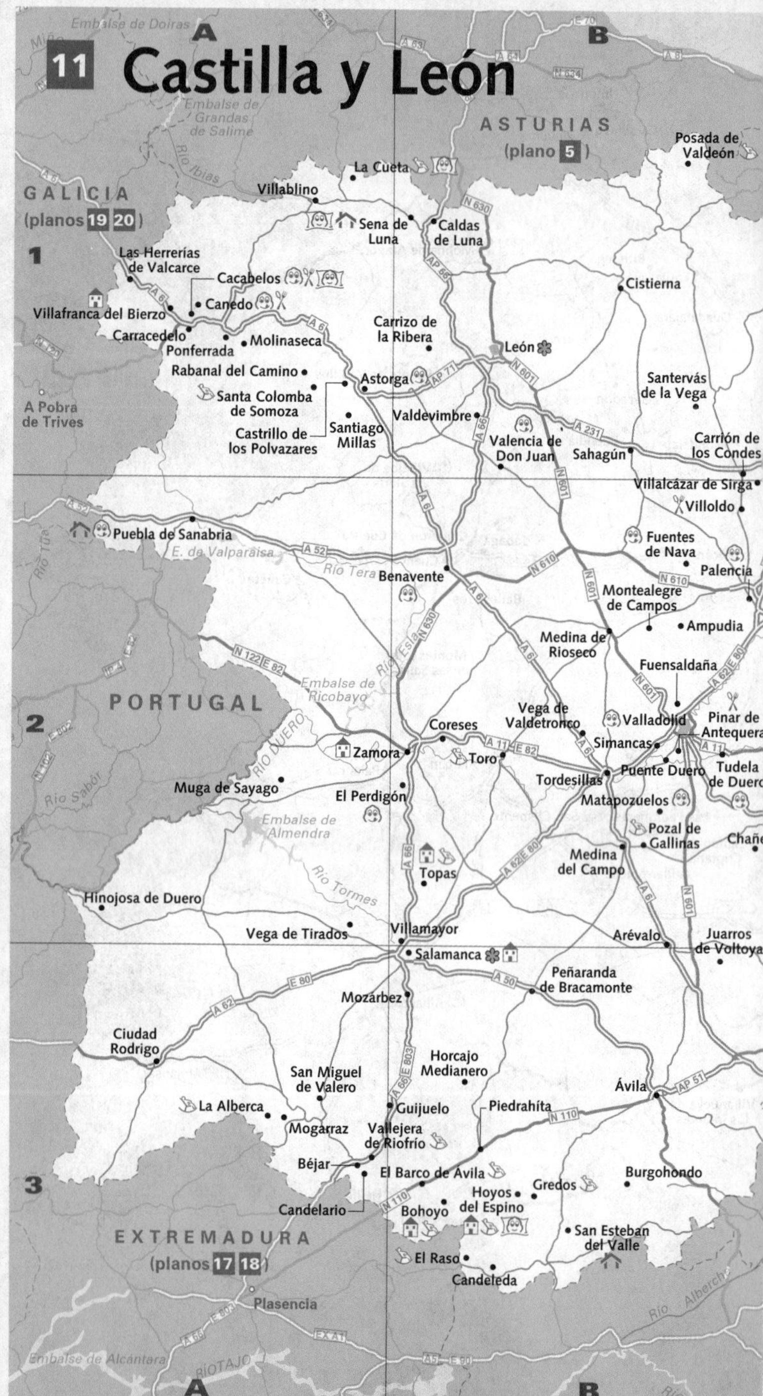

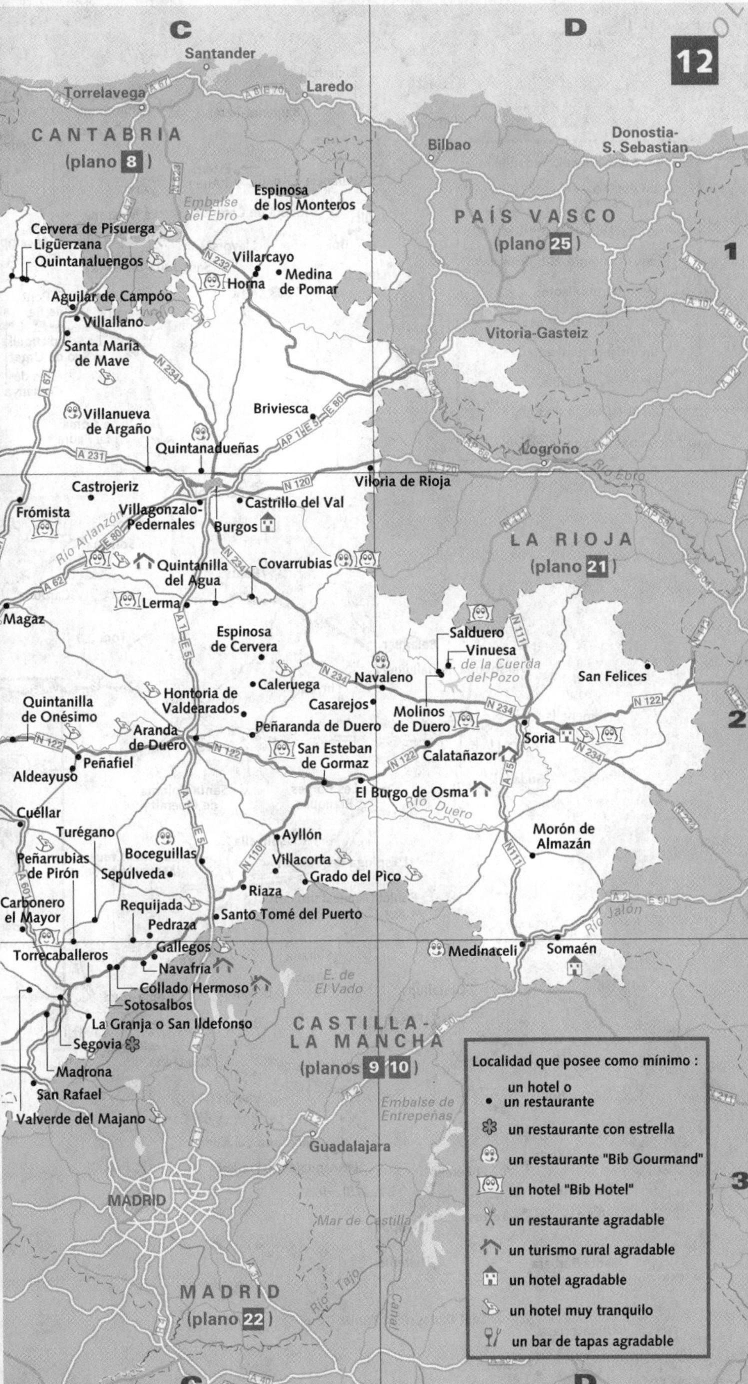

C
D
12
Santander
Torrelavega
Laredo
CANTABRIA
(plano 8)
Bilbao
Donostia-
S. Sebastian
PAÍS VASCO
(plano 25)
1
Espinosa
de los Monteros
Embalse
del Ebro
Cervera de Pisuerga
Ligüerzana
Quintanaluengos
Villarcayo
Medina
de Pomar
Horna
Aguilar de Campóo
Villallano
Santa María
de Mave
Vitoria-Gasteiz
Briviesca
Villanueva
de Argaño
Quintanadueñas
Logroño
Río Ebro
Viloria de Rioja
Castrojeriz
Castrillo del Val
Frómista
Villagonzalo-
Pedernales
Burgos
Río Arlanzón
LA RIOJA
(plano 21)
Quintanilla
del Agua
Covarrubias
Lerma
Magaz
Salduero
Vinuesa
E. de la Cuerda
del Pozo
Espinosa
de Cervera
San Felices
Navaleno
Caleruega
Hontoria de
Valdearados
Casarejos
Quintanilla
de Onésimo
Molinos
de Duero
Aranda
de Duero
Peñaranda de Duero
Soria
2
San Esteban
de Gormaz
Calatañazor
Peñafiel
Aldeayuso
El Burgo de Osma
Río Duero
Cuéllar
Turégano
Ayllón
Morón de
Almazán
Boceguillas
Peñarrubias
de Pirón
Villacorta
Sepúlveda
Grado del Pico
Riaza
Carbonero
el Mayor
Requijada
Santo Tomé del Puerto
Río Jalón
Pedraza
Gallegos
Medinaceli
Somaén
Torrecaballeros
Navafría
E. de
El Vado
Collado Hermoso
Sotosalbos
La Granja o San Ildefonso
CASTILLA-
LA MANCHA
(planos 9 10)
Segovia
Madrona
San Rafael
Valverde del Majano
Embalse de
Entrepeñas
Guadalajara
MADRID
3
Mar de Castilla
MADRID
(plano 22)
Río Tajo
Canal
C
D
Localidad que posee como mínimo :
un hotel o
un restaurante
un restaurante con estrella
un restaurante "Bib Gourmand"
un hotel "Bib Hotel"
un restaurante agradable
un turismo rural agradable
un hotel agradable
un hotel muy tranquilo
un bar de tapas agradable

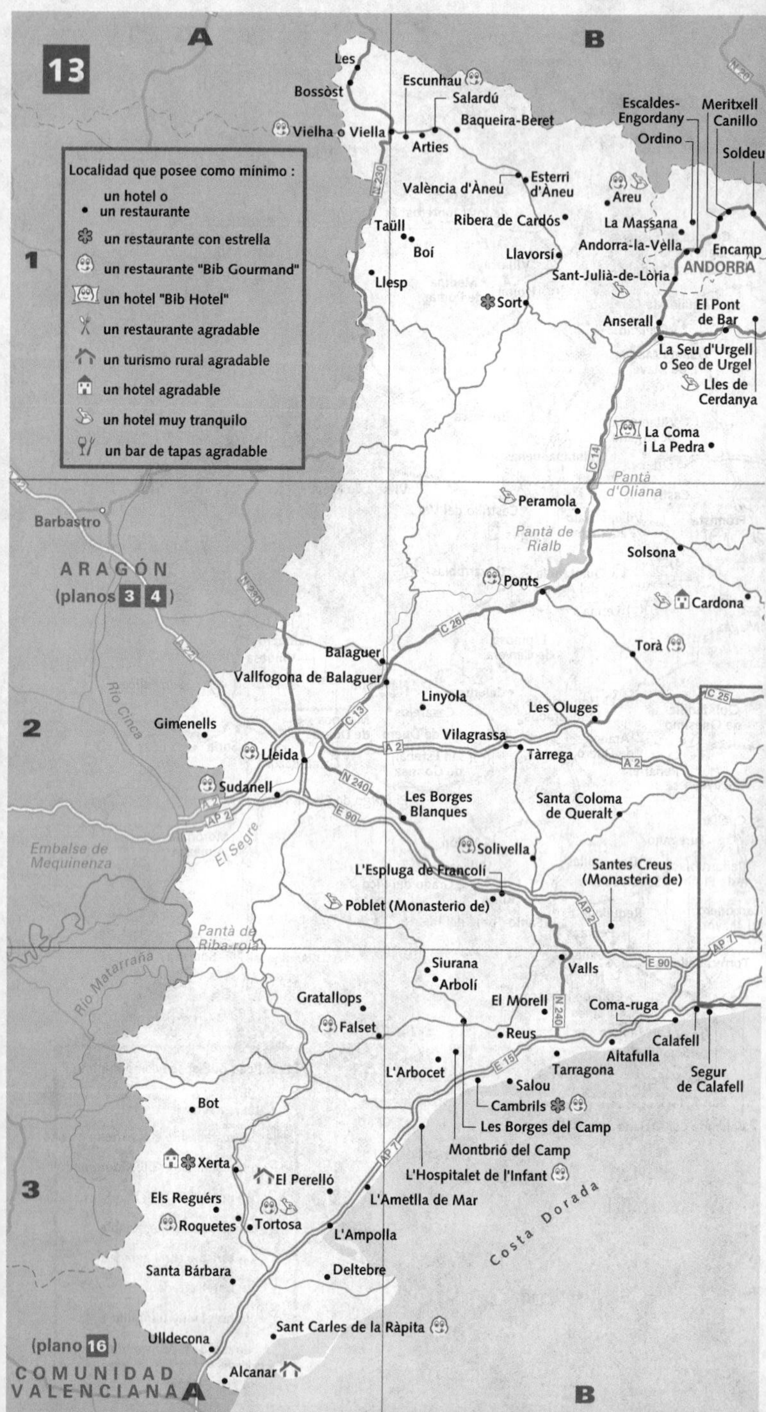
13
A
B
Localidad que posee como mínimo :
un hotel o un restaurante
un restaurante con estrella
un restaurante "Bib Gourmand"
un hotel "Bib Hotel"
un restaurante agradable
un turismo rural agradable
un hotel agradable
un hotel muy tranquilo
un bar de tapas agradable
Les
Bossòst
Escunhau
Salardú
Baqueira-Beret
Vielha o Viella
Arties
València d'Àneu
Esterri d'Àneu
Areu
Ribera de Cardós
Taüll
Boí
Llavorsí
Llesp
Sort
Escaldes-Engordany
Meritxell
Canillo
Ordino
Soldeu
La Massana
Andorra-la-Vella
Encamp
ANDORRA
Sant-Julià-de-Lòria
El Pont de Bar
Anserall
La Seu d'Urgell o Seo de Urgel
Lles de Cerdanya
La Coma i La Pedra
Pantà d'Oliana
Peramola
Pantà de Rialb
Solsona
Ponts
Cardona
Torà
Barbastro
ARAGÓN
(planos 3 4)
Balaguer
Vallfogona de Balaguer
Linyola
Les Oluges
Gimenells
Río Cinca
Vilagrassa
Tàrrega
Lleida
Sudanell
Les Borges Blanques
Santa Coloma de Queralt
Embalse de Mequinenza
El Segre
Solivella
L'Espluga de Francolí
Santes Creus (Monasterio de)
Poblet (Monasterio de)
Pantà de Riba-roja
Río Matarraña
Siurana
Arbolí
Valls
Gratallops
El Morell
Coma-ruga
Falset
Reus
Calafell
Altafulla
L'Arbocet
Tarragona
Segur de Calafell
Salou
Cambrils
Bot
Les Borges del Camp
Montbrió del Camp
Xerta
L'Hospitalet de l'Infant
El Perelló
Els Reguérs
L'Ametlla de Mar
Roquetes
Tortosa
L'Ampolla
Costa Dorada
Santa Bárbara
Deltebre
Sant Carles de la Ràpita
Ulldecona
(plano 16)
Alcanar
COMUNIDAD VALENCIANA
1
2
3
N 230
N 20
C 14
C 26
A 22
C 13
A 2
N 240
AP 2
E 90
C 25
AP 7
E 15

Cataluña, Andorra

14

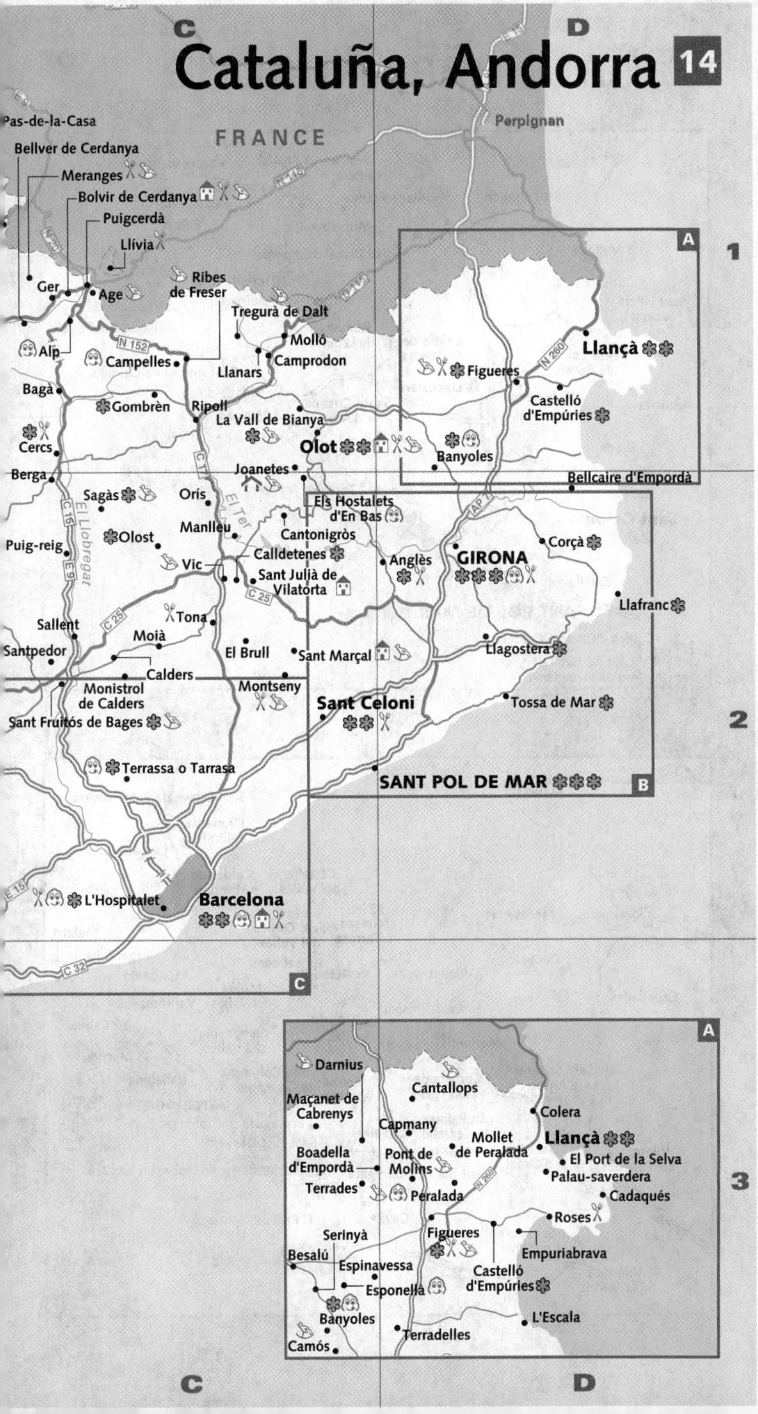

C D

Pas-de-la-Casa
FRANCE
Perpignan
Bellver de Cerdanya
Meranges
Bolvir de Cerdanya
Puigcerdà
Llívia
Ger
Age
Ribes de Freser
Tregurà de Dalt
Molló
Alp
Campelles
Llanars
Camprodon
Bagà
Gombrèn
Ripoll
La Vall de Bianya
Cercs
Olot
Berga
Joanetes
Sagàs
Orís
Els Hostalets d'En Bas
Manlleu
Cantonigròs
Puig-reig
Olost
Calldetenes
Vic
Sant Julià de Vilatorta
Tona
Sallent
Moià
Santpedor
El Brull
Sant Marçal
Calders
Monistrol de Calders
Montseny
Sant Fruitós de Bages
Sant Celoni
Terrassa o Tarrasa
L'Hospitalet
Barcelona
A
1
Llançà
Figueres
Castelló d'Empúries
Banyoles
Bellcaire d'Empordà
Corçà
Anglès
GIRONA
Llafranc
Llagostera
Tossa de Mar
2
SANT POL DE MAR
B
C
El Ter
El Llobregat
N 152
N 116
N 20
N 260
C 17
C 16
C 25
E 9
E 15
C 32
AP 7
D 115

C D

15 Cataluña, Andorra

A B

1 1

2 2

C 25
Sant Fruitós de Bages
Manresa
Sant Esteve de Palautordera
L'Ametlla del Vallès
La Garriga
Castellar del Vallès
Caldes de Montbui
Granollers
Montserrat
Terrassa o Tarrasa
Sant Quirze del Vallès
Mataró
Igualada
Collbató
Sabadell
Argentona
Viladecavalls
Montmeló
Mollet del Vallès
Vallromanes
Capellades
Castellbisbal
Sant Cugat del Vallès
Cabrils
Martorell
Cerdanyola del Vallès
El Masnou
Sant Sadurní d'Anoia
Corbera de Llobregat
Molins de Rei
Santa Coloma de Gramenet
Badalona
Barcelona
La Palma de Cervelló
Cervelló
Esplugues de Llobregat
E 15
Sant Just Desvern
Vilafranca del Penedès
Sant Pau d'Ordal
Sant Joan Despí
Sant Boi de Llobregat
L'Hospitalet de Llobregat
AP 7
Gavà
El Prat de Llobregat
Sant Pere de Ribes
Viladecans
Castelldefels
Vilanova i la Geltrú
C 32
Sitges
C

3 3

A B

Comunidad Valenciana 16

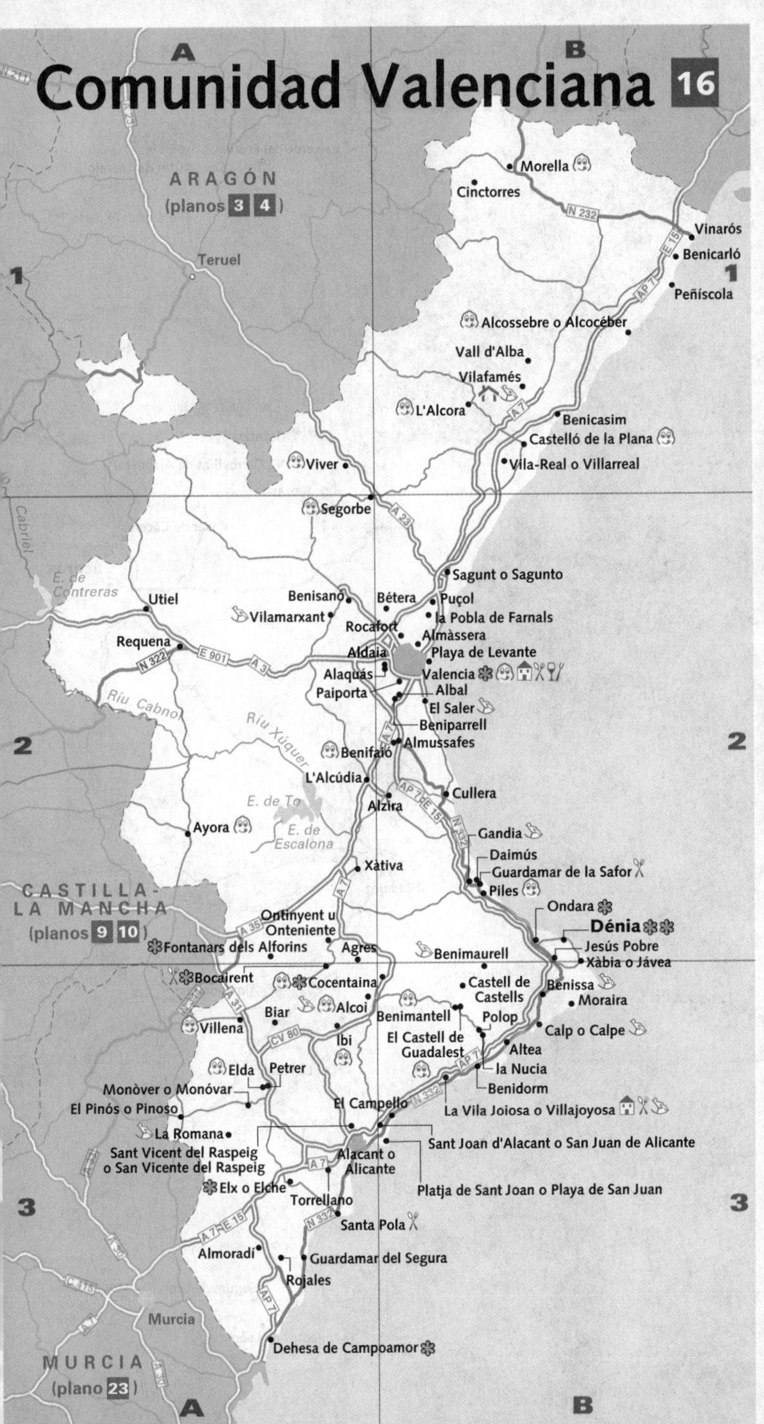

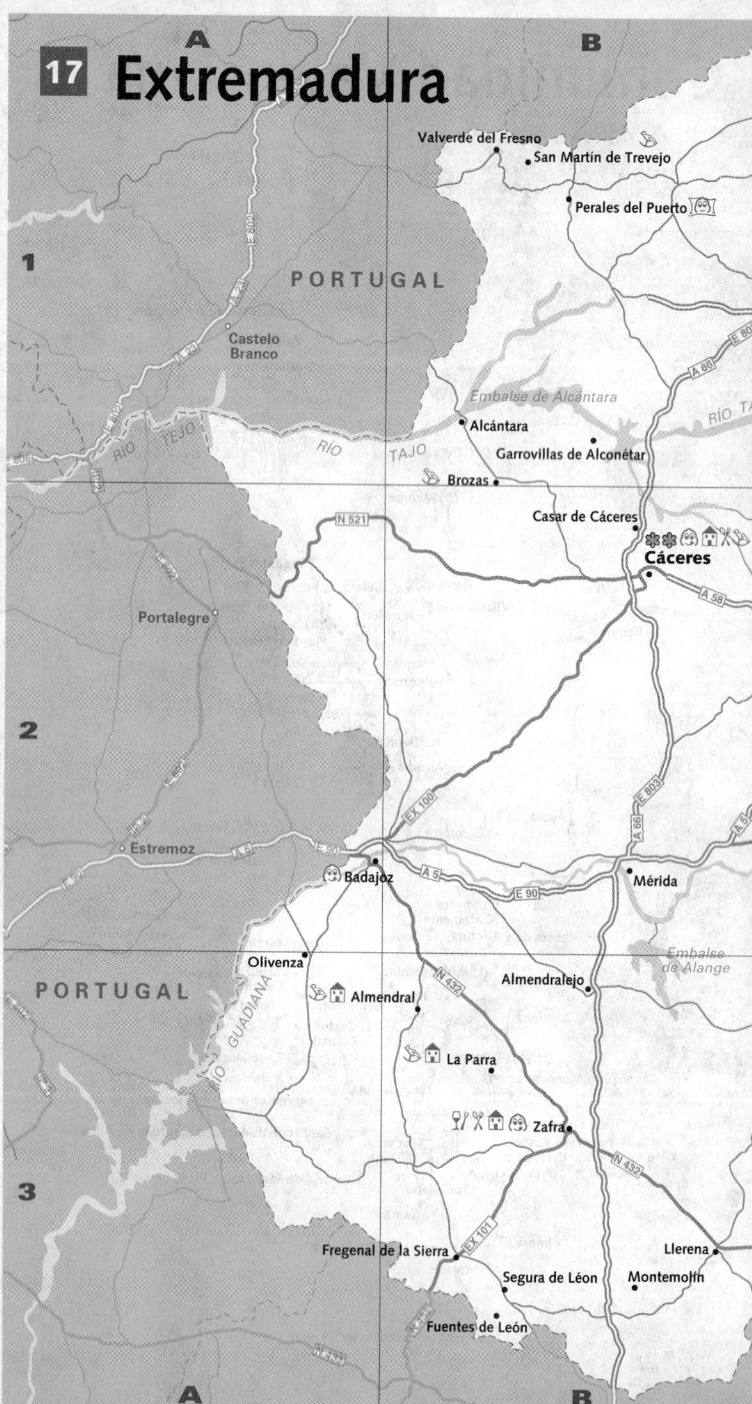
17
Extremadura
A
B
1
2
3
PORTUGAL
Valverde del Fresno
San Martín de Trevejo
Perales del Puerto
Castelo Branco
Embalse de Alcántara
Alcántara
Garrovillas de Alconétar
RÍO TEJO
RÍO TAJO
Brozas
Casar de Cáceres
Cáceres
Portalegre
Estremoz
Badajoz
Mérida
Embalse de Alange
Olivenza
Almendral
Almendralejo
PORTUGAL
RÍO GUADIANA
La Parra
Zafra
Fregenal de la Sierra
Segura de Léon
Montemolín
Llerena
Fuentes de León
A
B

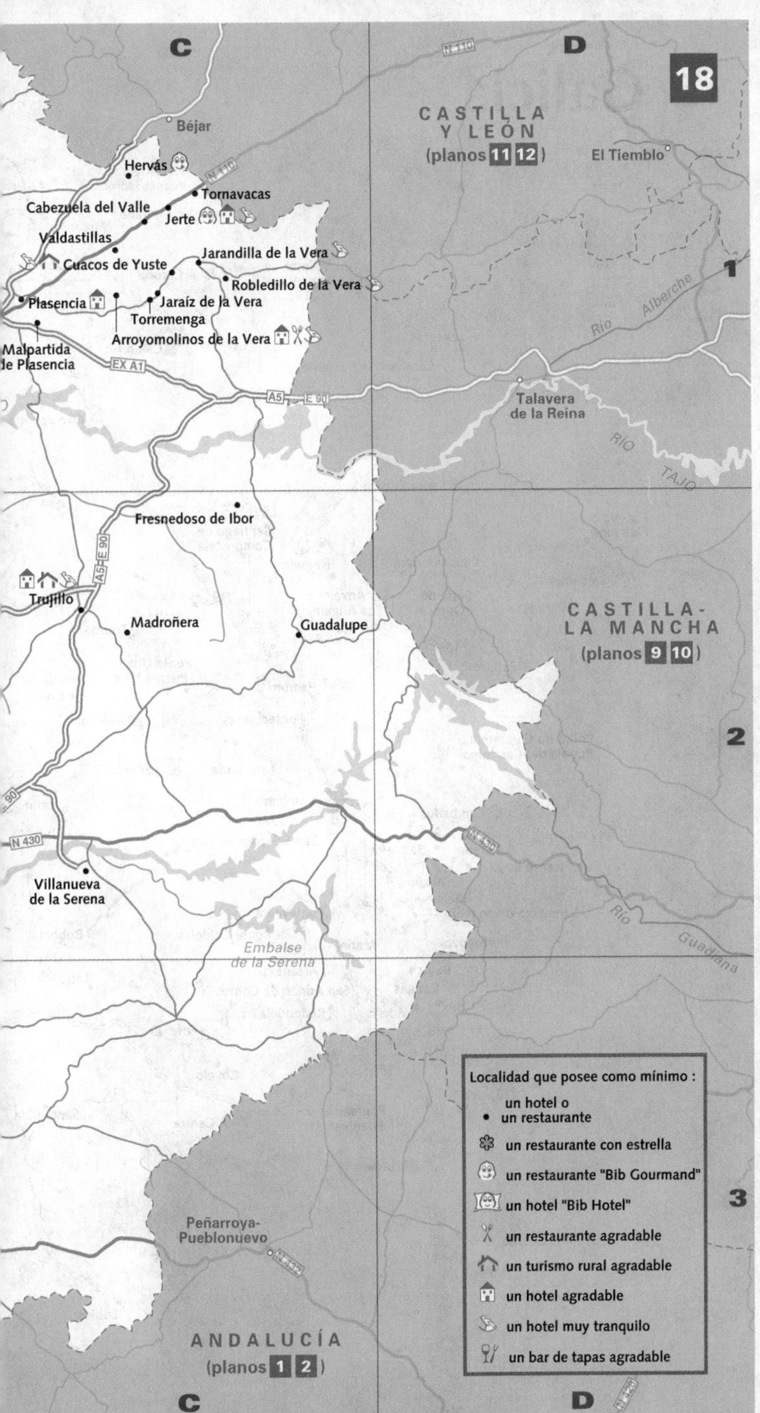
C
D
18
CASTILLA
Y LEÓN
(planos 11 12)
El Tiemblo
Béjar
Hervás
N 110
Tornavacas
Cabezuela del Valle
Jerte
Valdastillas
Cuacos de Yuste
Jarandilla de la Vera
Robledillo de la Vera
Plasencia
Jaraíz de la Vera
Torremenga
Arroyomolinos de la Vera
Malpartida
de Plasencia
EX A1
A5
E 90
Río Alberche
Talavera
de la Reina
RÍO TAJO
1
Fresnedoso de Ibor
Trujillo
Madroñera
Guadalupe
CASTILLA-
LA MANCHA
(planos 9 10)
2
N 430
Villanueva
de la Serena
Río Guadiana
Embalse
de la Serena
Peñarroya-
Pueblonuevo
N 432
3
ANDALUCÍA
(planos 1 2)
Localidad que posee como mínimo :
un hotel o
un restaurante
un restaurante con estrella
un restaurante "Bib Gourmand"
un hotel "Bib Hotel"
un restaurante agradable
un turismo rural agradable
un hotel agradable
un hotel muy tranquilo
un bar de tapas agradable
C
D

19 Galicia

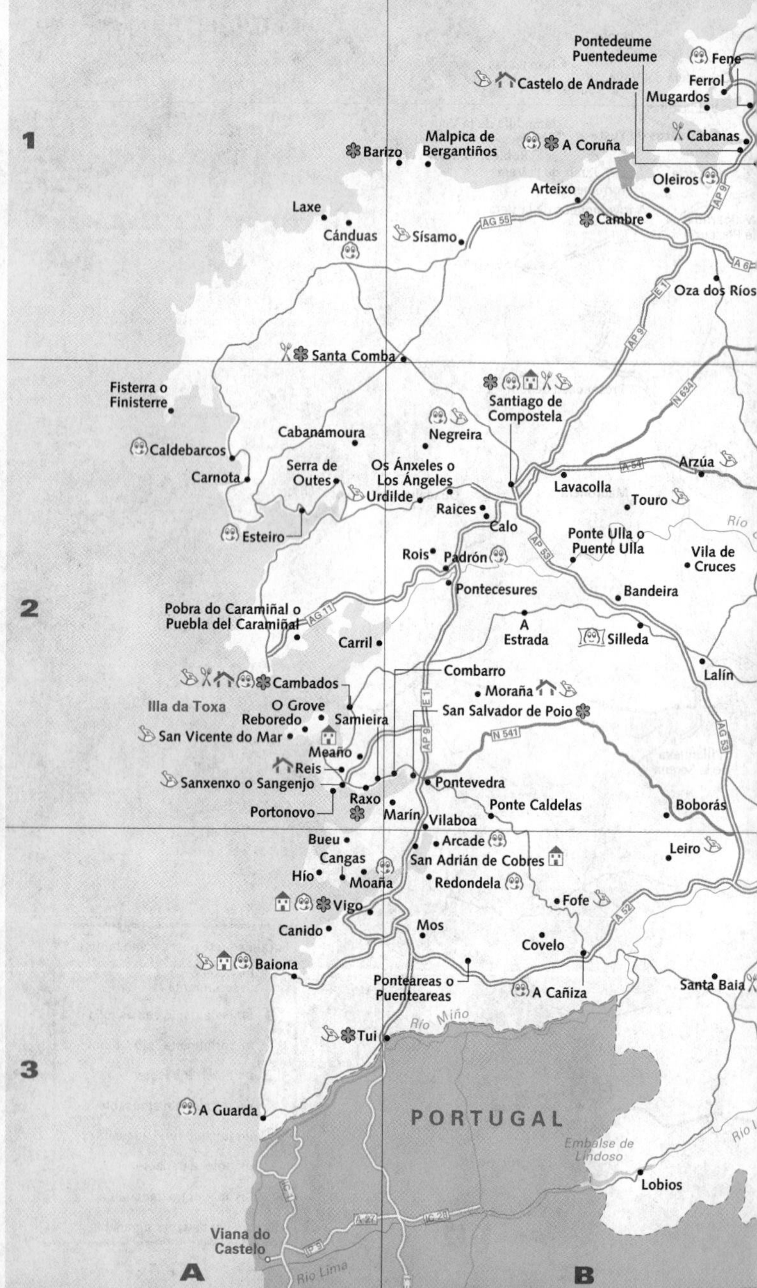

A
B
1
2
3
Pontedeume
Puentedeume
Fene
Castelo de Andrade
Ferrol
Mugardos
Cabanas
Malpica de Bergantiños
Barizo
A Coruña
Oleiros
Arteixo
Laxe
Cambre
Cánduas
Sísamo
AG 55
AP 9
A 6
Oza dos Ríos
E 1
Santa Comba
Fisterra o Finisterre
Santiago de Compostela
N 634
Cabanamoura
Negreira
Caldebarcos
Carnota
Serra de Outes
Os Ánxeles o Los Ángeles
Urdilde
A 54
Arzúa
Lavacolla
Touro
Raices
Calo
Esteiro
Ponte Ulla o Puente Ulla
Vila de Cruces
Río
Rois
Padrón
AP 53
Pontecesures
Bandeira
Pobra do Caramiñal o Puebla del Caramiñal
AG 11
A Estrada
Silleda
Carril
Lalín
Combarro
Cambados
Moraña
Illa da Toxa
O Grove
Reboredo
Samieira
San Salvador de Poio
San Vicente do Mar
N 541
AG 53
Meaño
Reis
Sanxenxo o Sangenjo
Pontevedra
Raxo
Portonovo
Marín
Vilaboa
Ponte Caldelas
Boborás
Bueu
Arcade
Cangas
San Adrián de Cobres
Leiro
Hío
Moaña
Redondela
Vigo
Fofe
A 52
Canido
Mos
Covelo
Baiona
Ponteareas o Puenteareas
A Cañiza
Santa Baia
Río Miño
Tui
PORTUGAL
A Guarda
Embalse de Lindoso
Lobios
Río
IC 1
A 27
IC 28
Viana do Castelo
IP 9
Río Lima

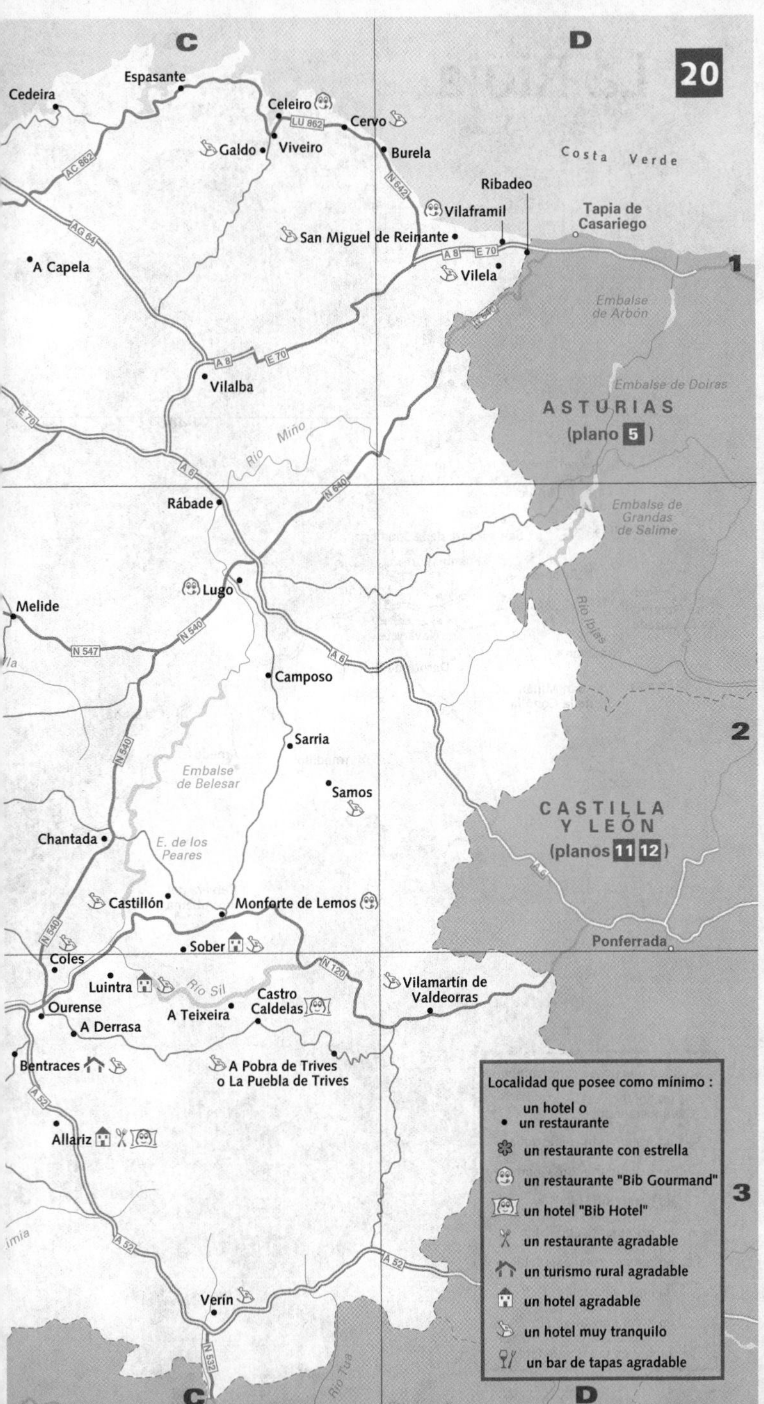

C
D
20
Cedeira
Espasante
Celeiro
Cervo
Galdo
Viveiro
Burela
Costa Verde
Ribadeo
Vilaframil
Tapia de Casariego
San Miguel de Reinante
A Capela
Vilela
Embalse de Arbón
Vilalba
Embalse de Doiras
ASTURIAS
(plano 5)
Río Miño
Rábade
Embalse de Grandas de Salime
Lugo
Melide
Río Ibias
Camposo
Sarria
Embalse de Belesar
Samos
CASTILLA Y LEÓN
(planos 11 12)
Chantada
E. de los Peares
Castillón
Monforte de Lemos
Sober
Ponferrada
Coles
Luintra
Río Sil
Castro Caldelas
Vilamartín de Valdeorras
Ourense
A Teixeira
A Derrasa
Bentraces
A Pobra de Trives o La Puebla de Trives
Allariz
Verín
Río Tua
1
2
3
AC 862
AG 64
LU 862
N 642
A 8
E 70
N 640
A 6
N 540
N 547
N 120
A 52
N 532
Localidad que posee como mínimo :
un hotel o un restaurante
un restaurante con estrella
un restaurante "Bib Gourmand"
un hotel "Bib Hotel"
un restaurante agradable
un turismo rural agradable
un hotel agradable
un hotel muy tranquilo
un bar de tapas agradable

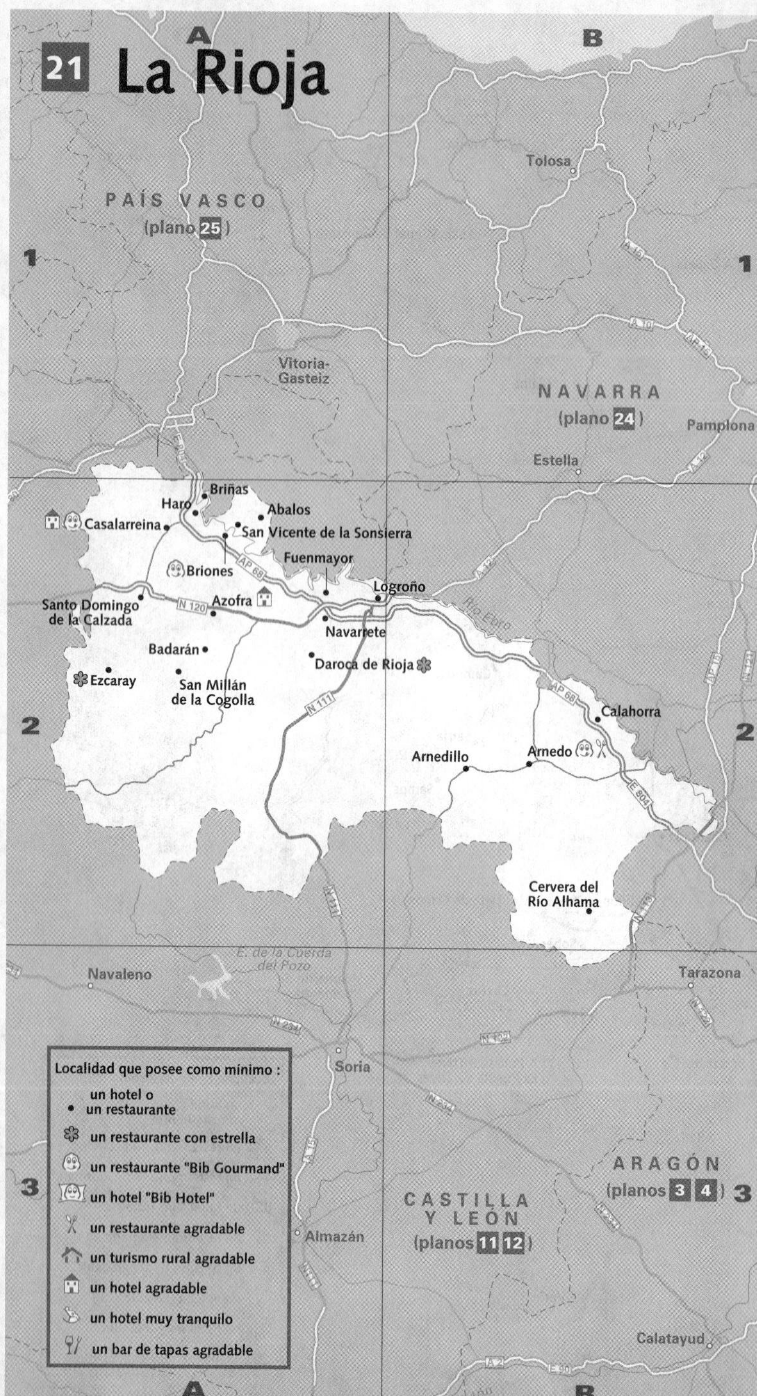

21 La Rioja
A
B
PAÍS VASCO
(plano 25)
Tolosa
1
Vitoria-Gasteiz
NAVARRA
(plano 24)
Pamplona
Estella
Briñas
Haro
Abalos
Casalarreina
San Vicente de la Sonsierra
Fuenmayor
Briones
Logroño
Santo Domingo de la Calzada
Azofra
Río Ebro
Navarrete
Badarán
Daroca de Rioja
Ezcaray
San Millán de la Cogolla
Calahorra
2
Arnedillo
Arnedo
Cervera del Río Alhama
E. de la Cuerda del Pozo
Navaleno
Tarazona
Soria
ARAGÓN
(planos 3 4)
3
CASTILLA Y LEÓN
(planos 11 12)
Almazán
Calatayud
Jalón
Localidad que posee como mínimo :
un hotel o un restaurante
un restaurante con estrella
un restaurante "Bib Gourmand"
un hotel "Bib Hotel"
un restaurante agradable
un turismo rural agradable
un hotel agradable
un hotel muy tranquilo
un bar de tapas agradable

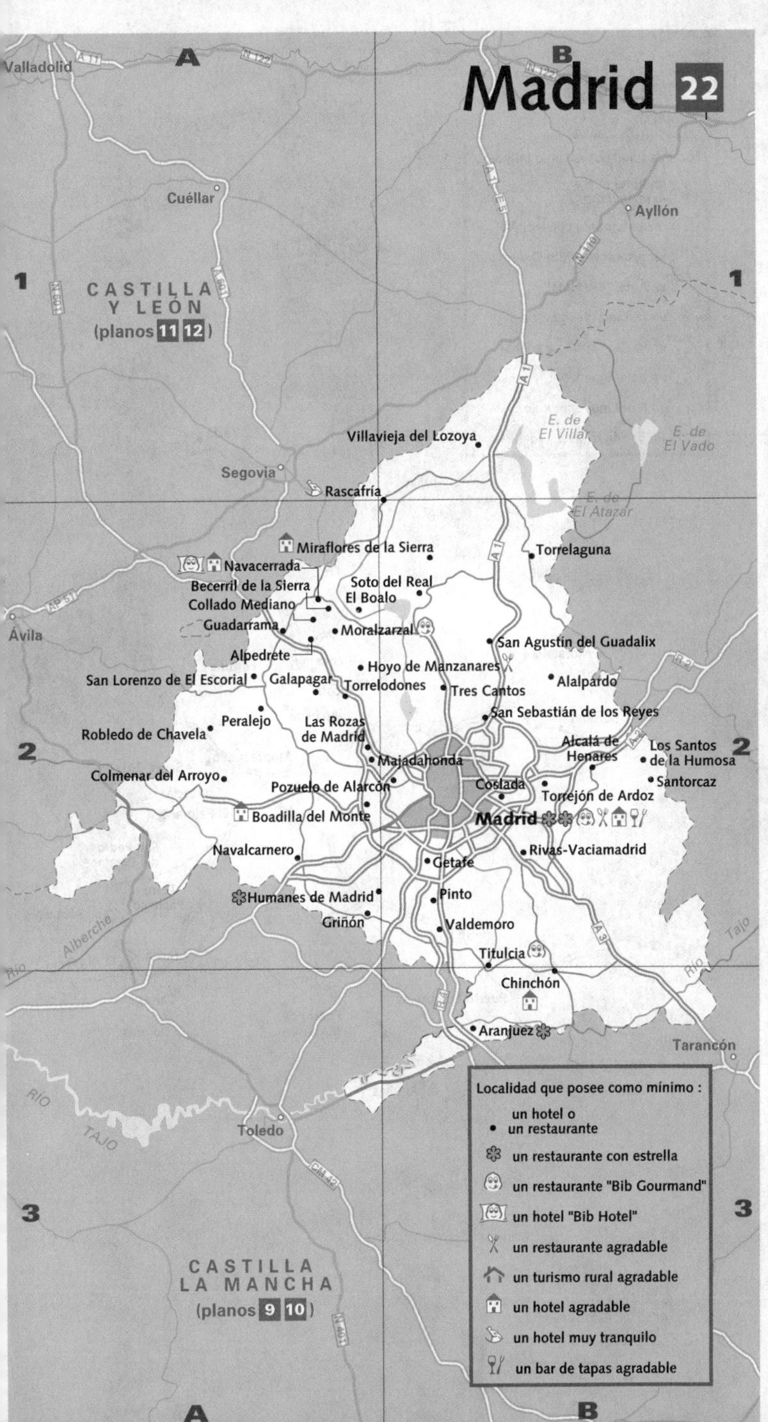

Madrid 22
A
B
1
2
3
Valladolid
Cuéllar
Ayllón
CASTILLA Y LEÓN (planos 11 12)
Segovia
Rascafría
Villavieja del Lozoya
E. de El Villar
E. de El Vado
E. de El Atazar
Miraflores de la Sierra
Torrelaguna
Navacerrada
Becerril de la Sierra
Collado Mediano
Soto del Real
El Boalo
Guadarrama
Moralzarzal
Ávila
San Agustín del Guadalix
Alpedrete
Hoyo de Manzanares
San Lorenzo de El Escorial
Galapagar
Torrelodones
Tres Cantos
Alalpardo
San Sebastián de los Reyes
Peralejo
Las Rozas de Madrid
Robledo de Chavela
Alcalá de Henares
Los Santos de la Humosa
Santorcaz
Colmenar del Arroyo
Majadahonda
Pozuelo de Alarcón
Coslada
Torrejón de Ardoz
Boadilla del Monte
Madrid
Navalcarnero
Rivas-Vaciamadrid
Getafe
Humanes de Madrid
Pinto
Griñón
Valdemoro
Titulcia
Chinchón
Aranjuez
Tarancón
Toledo
Río Tajo
Río Alberche
CASTILLA LA MANCHA (planos 9 10)
Localidad que posee como mínimo :
un hotel o un restaurante
un restaurante con estrella
un restaurante "Bib Gourmand"
un hotel "Bib Hotel"
un restaurante agradable
un turismo rural agradable
un hotel agradable
un hotel muy tranquilo
un bar de tapas agradable

23 Murcia

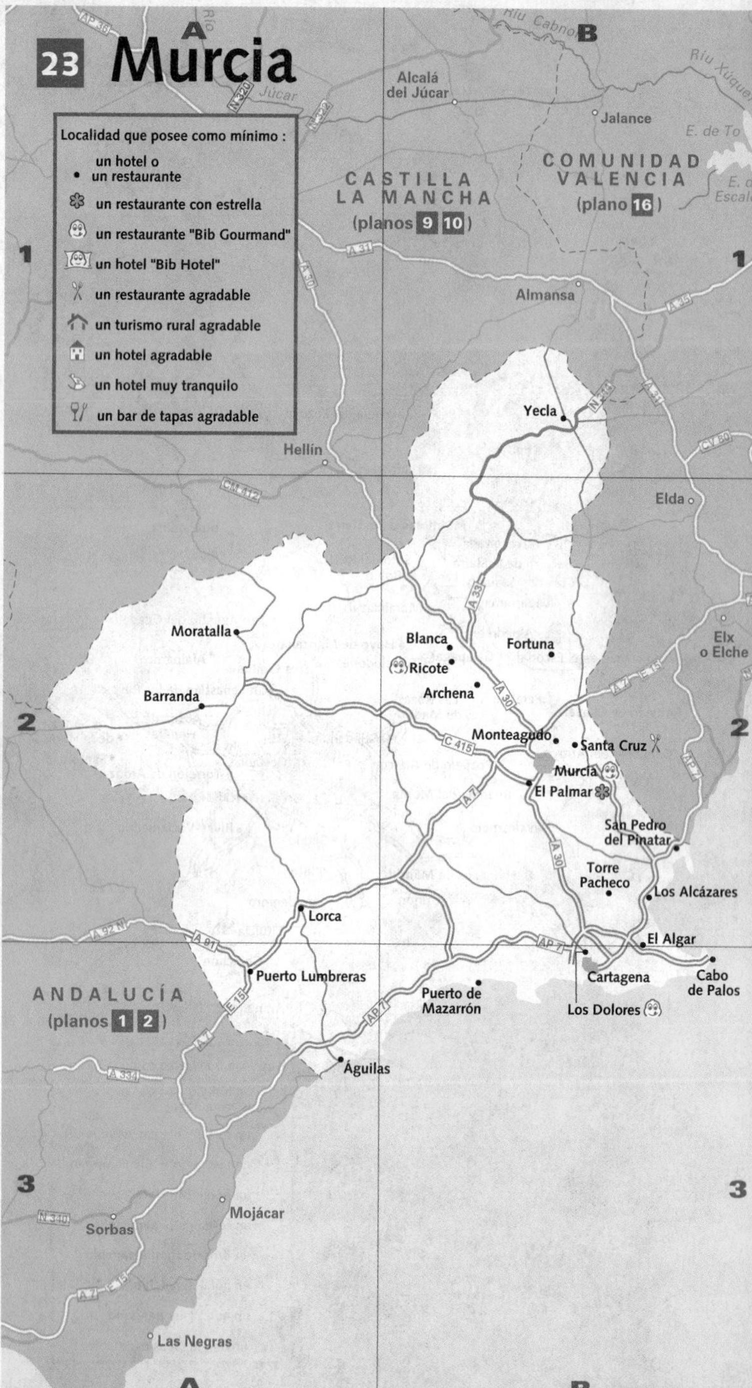

Localidad que posee como mínimo :
un hotel o un restaurante
un restaurante con estrella
un restaurante "Bib Gourmand"
un hotel "Bib Hotel"
un restaurante agradable
un turismo rural agradable
un hotel agradable
un hotel muy tranquilo
un bar de tapas agradable
A
B
1
2
3
Alcalá del Júcar
Jalance
CASTILLA LA MANCHA
(planos 9 10)
COMUNIDAD VALENCIA
(plano 16)
Almansa
Hellín
Yecla
Elda
Elx o Elche
Moratalla
Blanca
Ricote
Fortuna
Archena
Barranda
Monteagudo
Santa Cruz
Murcia
El Palmar
San Pedro del Pinatar
Torre Pacheco
Los Alcázares
Lorca
El Algar
Puerto Lumbreras
Cartagena
Cabo de Palos
Puerto de Mazarrón
Los Dolores
ANDALUCÍA
(planos 1 2)
Águilas
Mojácar
Sorbas
Las Negras

Navarra 24

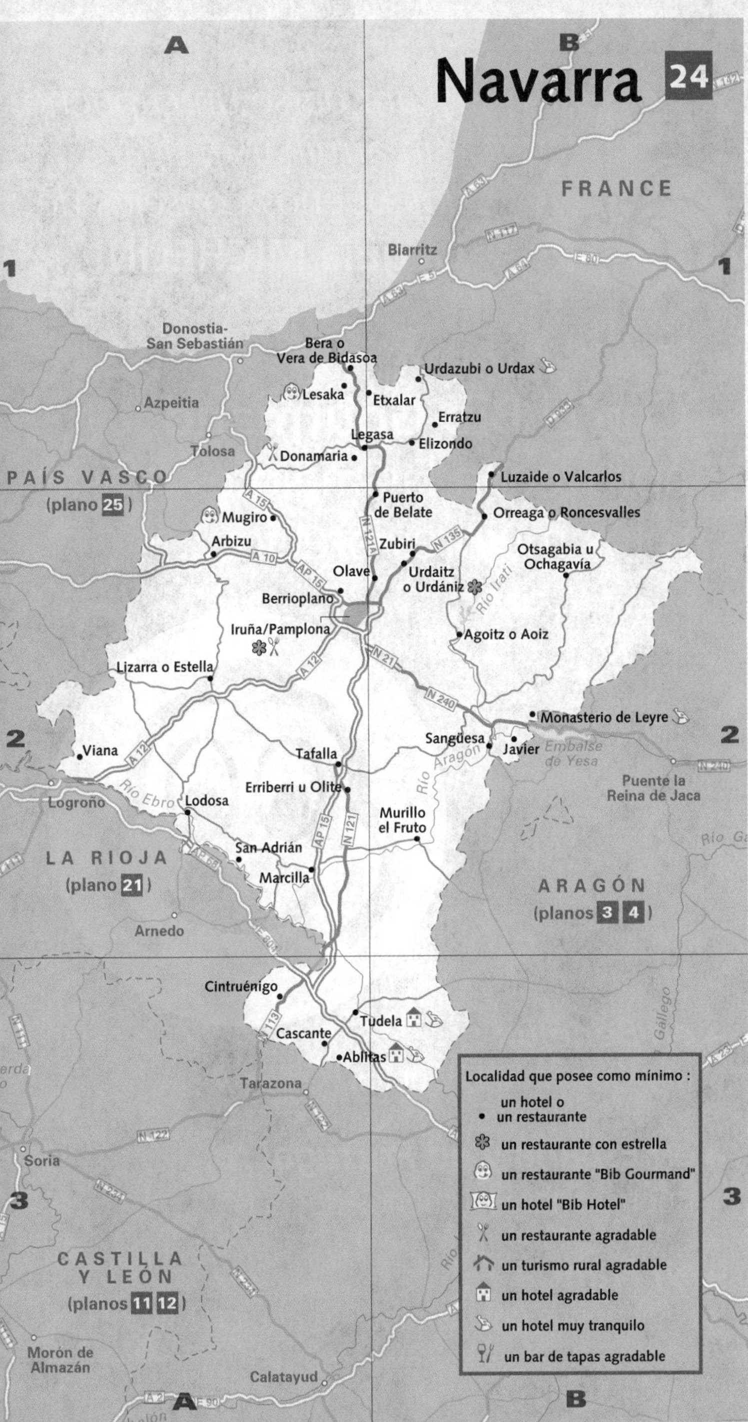
A
B
FRANCE
Biarritz
1
Donostia-San Sebastián
Bera o Vera de Bidasoa
Urdazubi o Urdax
Lesaka
Etxalar
Azpeitia
Erratzu
Legasa
Elizondo
Tolosa
Donamaria
PAÍS VASCO
(plano 25)
Luzaide o Valcarlos
Puerto de Belate
Orreaga o Roncesvalles
Mugiro
Arbizu
Zubiri
Otsagabia u Ochagavía
Olave
Urdaitz o Urdániz
Berrioplano
Río Irati
Iruña/Pamplona
Agoitz o Aoiz
Lizarra o Estella
Monasterio de Leyre
2
Sangüesa
Javier
Embalse de Yesa
Viana
Tafalla
Río Aragón
Puente la Reina de Jaca
Logroño
Río Ebro
Lodosa
Erriberri u Olite
Murillo el Fruto
San Adrián
LA RIOJA
(plano 21)
Marcilla
ARAGÓN
(planos 3 4)
Arnedo
Cintruénigo
Tudela
Cascante
Ablitas
Tarazona
Soria
3
CASTILLA Y LEÓN
(planos 11 12)
Morón de Almazán
Calatayud
Localidad que posee como mínimo :
un hotel o un restaurante
un restaurante con estrella
un restaurante "Bib Gourmand"
un hotel "Bib Hotel"
un restaurante agradable
un turismo rural agradable
un hotel agradable
un hotel muy tranquilo
un bar de tapas agradable

País Vasco 25

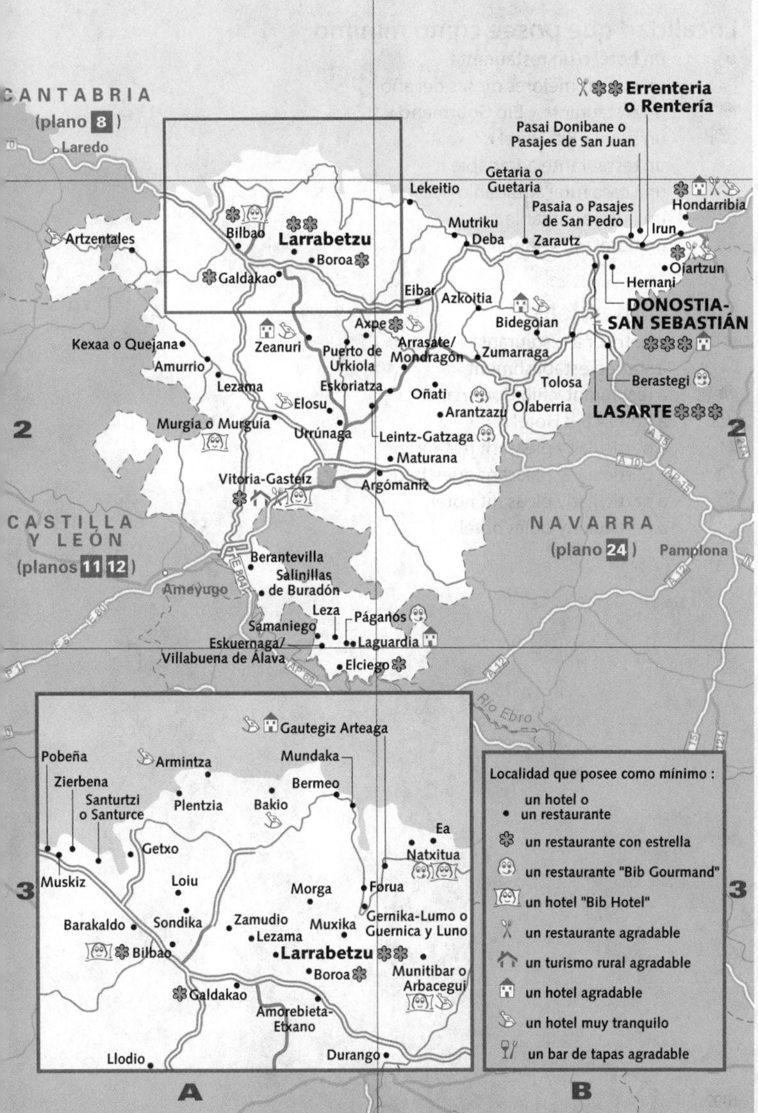

Localidade que possui como mínimo

- ● um hotel ou um restaurante
- ✿ uma das melhores mesas do ano
- ☺ um restaurante « Bib Gourmand »
- ☺ um hotel « Bib Hotel »
- ✗ um restaurante agradável
- ⌂ uma casa rural agradável
- ⌂ um hotel agradável
- ⚲ um hotel muito tranquilo

Localidad que posee como mínimo

- ● un hotel o un restaurante
- ✿ una de las mejores mesas del año
- ☺ un restaurante « Bib Gourmand »
- ☺ un hotel « Bib Hotel »
- ✗ un restaurante agradable
- ⌂ una casa rural agradable
- ⌂ un hotel agradable
- ⚲ un hotel muy tranquilo

Place with at least

- ● a hotel or a restaurant
- ✿ a starred establishment
- ☺ a restaurant « Bib Gourmand »
- ☺ a hotel « Bib Hôtel »
- ✗ a particularly pleasant restaurant
- ⌂ a particularly pleasant guesthouse
- ⌂ a particularly pleasant hotel
- ⚲ a particularly quiet hotel

Portugal em 9 mapas

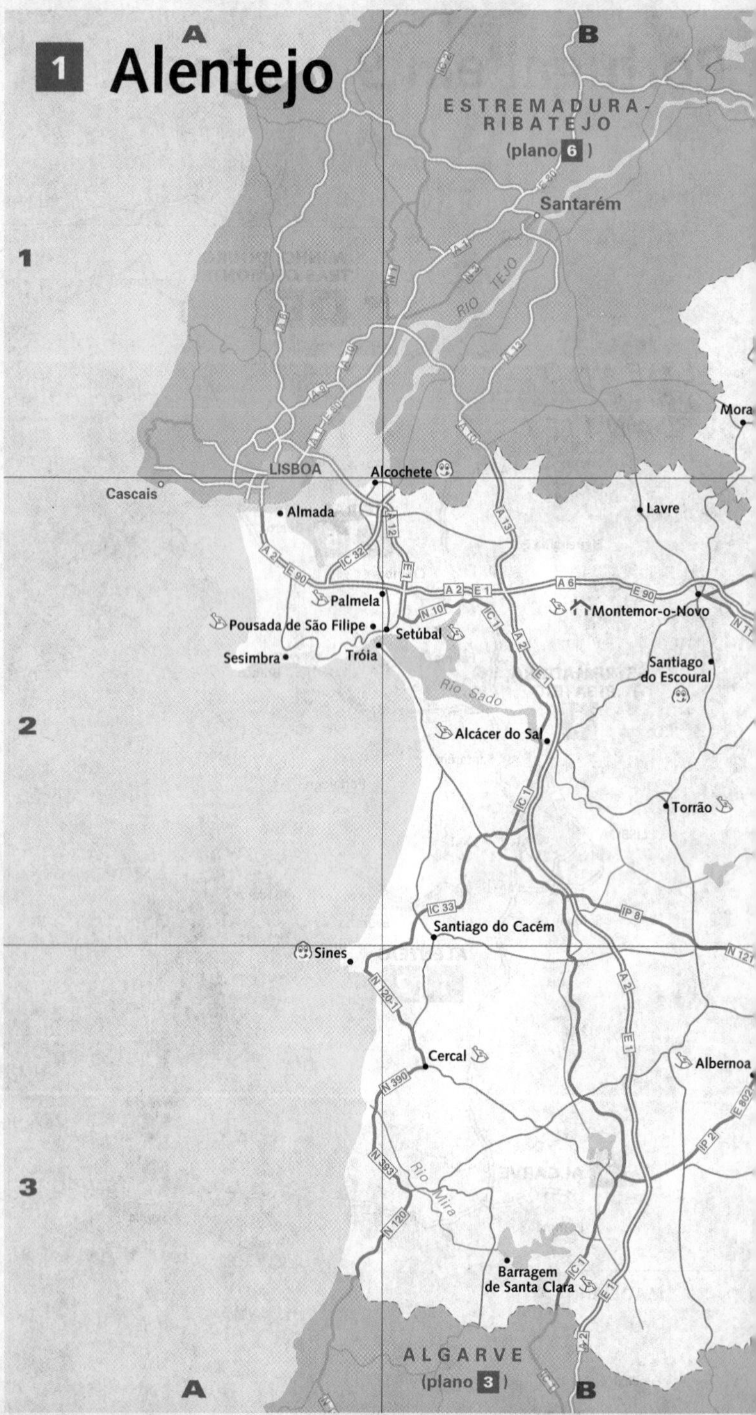

1 Alentejo
A
B
ESTREMADURA-RIBATEJO
(plano 6)
Santarém
Rio Tejo
Mora
LISBOA
Cascais
Alcochete
Almada
Lavre
Palmela
Montemor-o-Novo
Pousada de São Filipe
Setúbal
Sesimbra
Tróia
Santiago do Escoural
Rio Sado
Alcácer do Sal
Torrão
Santiago do Cacém
Sines
Cercal
Albernoa
Rio Mira
Barragem de Santa Clara
ALGARVE
(plano 3)
1
2
3

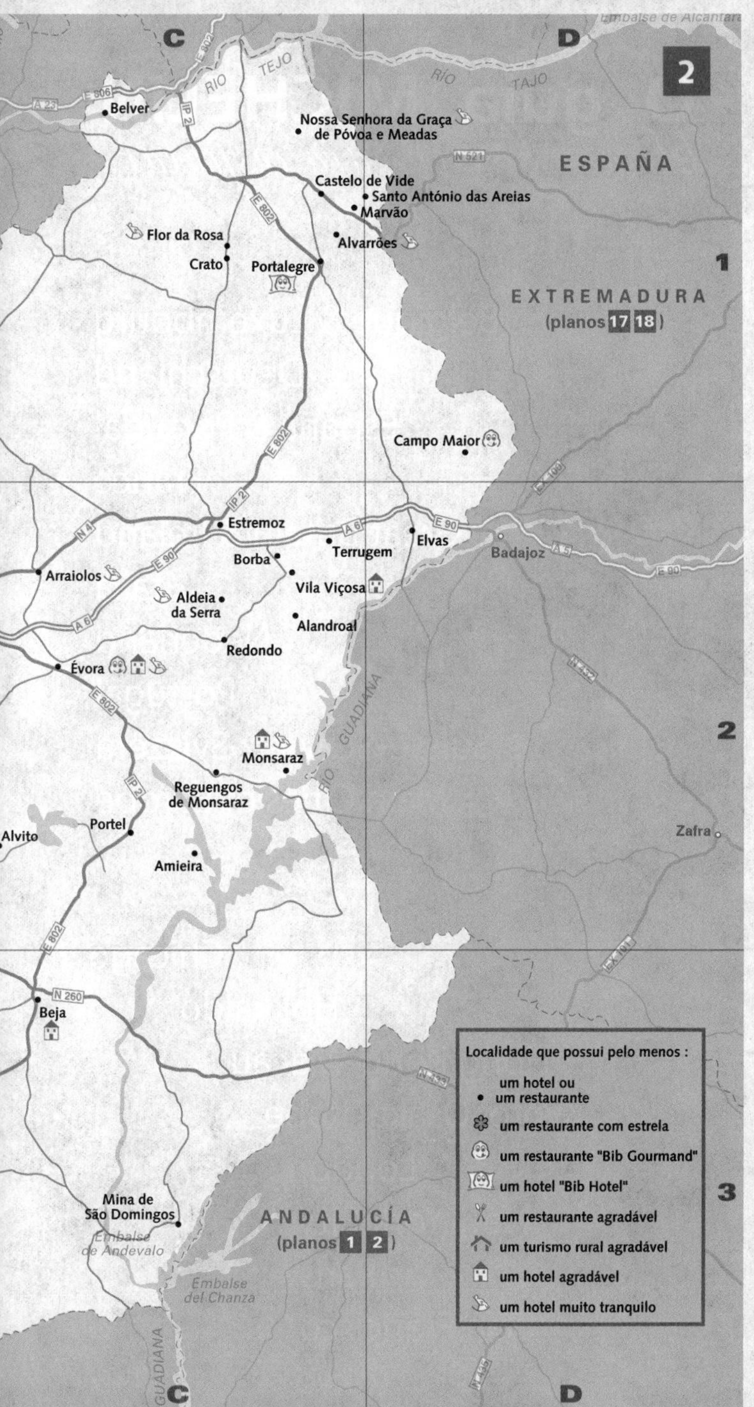

C
D
2
Embalse de Alcántara
RIO TEJO
RÍO TAJO
Belver
Nossa Senhora da Graça de Póvoa e Meadas
ESPAÑA
Castelo de Vide
Santo António das Areias
Marvão
Flor da Rosa
Alvarrões
Crato
Portalegre
1
EXTREMADURA
(planos 17 18)
Campo Maior
Estremoz
Elvas
Badajoz
Terrugem
Borba
Arraiolos
Vila Viçosa
Aldeia da Serra
Alandroal
Redondo
Évora
RIO GUADIANA
2
Monsaraz
Reguengos de Monsaraz
Portel
Alvito
Zafra
Amieira
Beja
Mina de São Domingos
ANDALUCÍA
(planos 1 2)
3
Embalse de Andevalo
Embalse del Chanza
GUADIANA
Localidade que possui pelo menos :
um hotel ou um restaurante
um restaurante com estrela
um restaurante "Bib Gourmand"
um hotel "Bib Hotel"
um restaurante agradável
um turismo rural agradável
um hotel agradável
um hotel muito tranquilo

O guia MICHELIN

Uma colecção para desfrutar!

Belgique & Luxembourg
Deutschland
España & Portugal
France
Great Britain & Ireland
Italia
Nederland
Portugal
Suisse-Schweiz-Svizzera
Main Cities of Europe

E também:

Chicago
Hokkaido
Hong Kong Macau
Kyoto Osaka Kobe
London
New York City
Paris
San Francisco
Tokyo

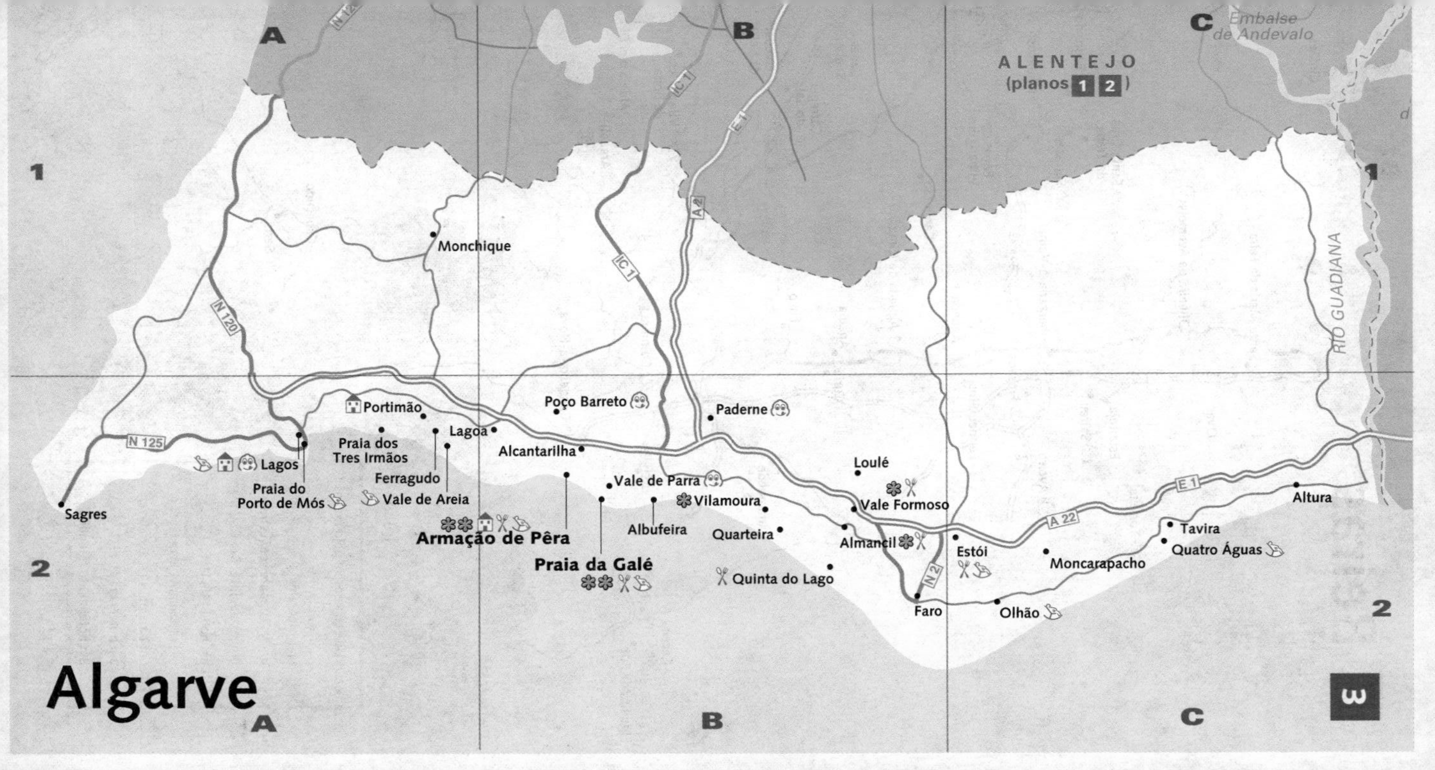
Algarve
A
B
C
1
2
ALENTEJO
(planos 1 2)
Embalse de Andevalo
RIO GUADIANA
N 120
N 125
IC 1
A 2
E 1
A 22
N 2
Sagres
Lagos
Praia do Porto de Mós
Portimão
Praia dos Tres Irmãos
Ferragudo
Vale de Areia
Lagoa
Monchique
Armação de Pêra
Alcantarilha
Poço Barreto
Praia da Galé
Vale de Parra
Albufeira
Vilamoura
Paderne
Quarteira
Quinta do Lago
Loulé
Vale Formoso
Almancil
Faro
Estói
Olhão
Moncarapacho
Tavira
Quatro Águas
Altura

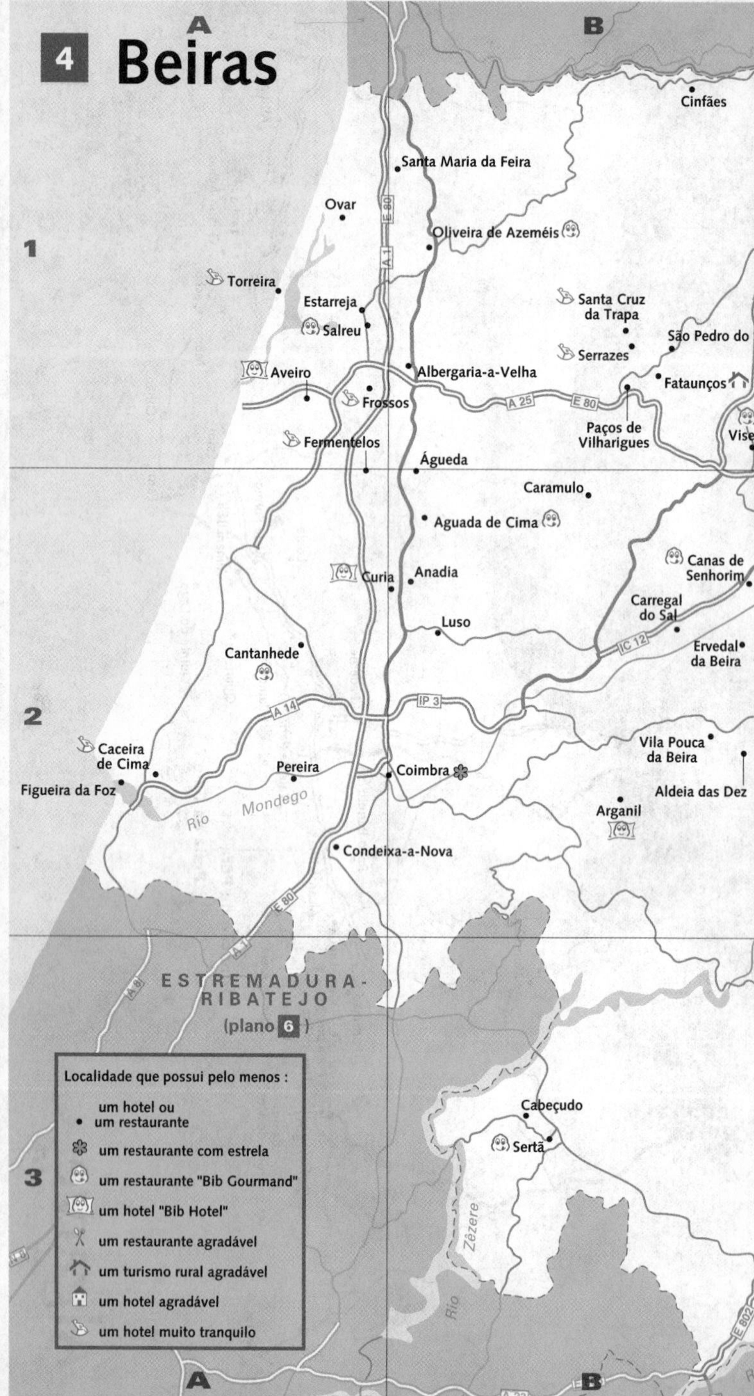
4 Beiras
A
B
1
2
3
Cinfães
Santa Maria da Feira
Ovar
Oliveira de Azeméis
Torreira
Estarreja
Salreu
Santa Cruz
da Trapa
São Pedro do S
Serrazes
Aveiro
Albergaria-a-Velha
Fataunços
Frossos
A 25
E 80
Paços de
Vilharigues
Viseu
Fermentelos
Águeda
Caramulo
Aguada de Cima
Canas de
Senhorim
Curia
Anadia
Carregal
do Sal
Luso
Cantanhede
IC 12
Ervedal
da Beira
A 14
IP 3
Caceira
de Cima
Vila Pouca
da Beira
Pereira
Coimbra
Figueira da Foz
Aldeia das Dez
Rio Mondego
Arganil
Condeixa-a-Nova
E 80
A 1
A 8
ESTREMADURA-
RIBATEJO
(plano 6)
Cabeçudo
Sertã
Zêzere
Rio
E 802
A 23
Localidade que possui pelo menos :
um hotel ou
um restaurante
um restaurante com estrela
um restaurante "Bib Gourmand"
um hotel "Bib Hotel"
um restaurante agradável
um turismo rural agradável
um hotel agradável
um hotel muito tranquilo

C
D
Rio Sabôr
MINHO-DOURO-
TRÁS OS MONTES
5
(planos 8 9)
RIO DOURO
Lamego
Folgosa
Tabuaço
IP 3
Moimenta
da Beira
E 802
1
N 102
Trancoso
CASTILLA Y LEÓN
(planos 11 12)
Almeida
Quintela
de Azurara
Mangualde
Nelas
Rio Mondego
Guarda
Gouveia
E 802
Seia
Manteigas
2
Belmonte
Penhas da Saúde
Covilhã
Unhais da Serra
A 23
ESPAÑA
Fundão
Castelo Novo
EXTREMADURA
(planos 17 18)
E 802
Monfortinho
A 23
Castelo Branco
3
A 23
Embalse de Alcántara
TEJO
RÍO
TAJO
C
D

6 Estremadura, Ribatejo

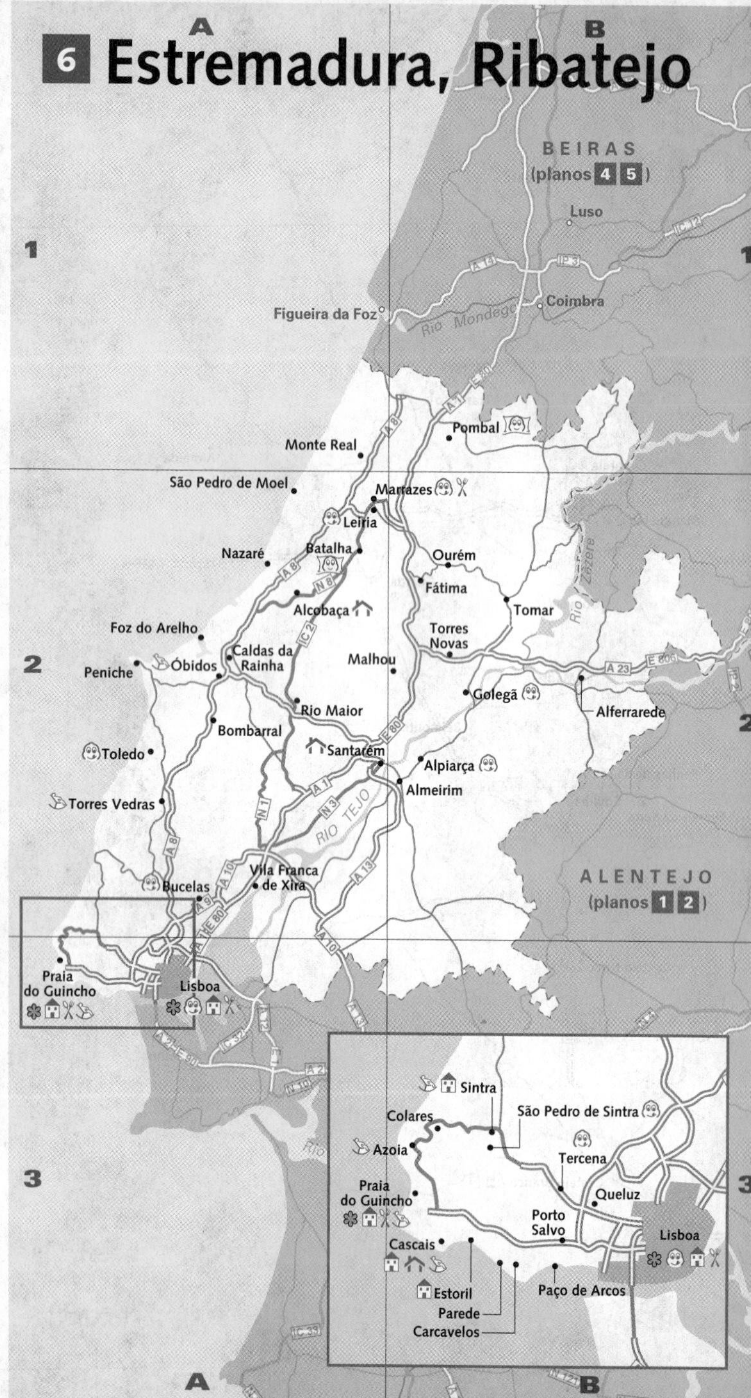
A
B
BEIRAS
(planos 4 5)
Luso
Coimbra
Figueira da Foz
Rio Mondego
Pombal
Monte Real
São Pedro de Moel
Marrazes
Leiria
Batalha
Nazaré
Ourém
Fátima
Alcobaça
Tomar
Rio Zêzere
Foz do Arelho
Torres Novas
Caldas da Rainha
Malhou
Peniche
Óbidos
Golegã
Alferrarede
Rio Maior
Bombarral
Santarém
Toledo
Alpiarça
Almeirim
Torres Vedras
RIO TEJO
Vila Franca de Xira
Bucelas
ALENTEJO
(planos 1 2)
Praia do Guincho
Lisboa
1
2
3
Sintra
Colares
São Pedro de Sintra
Azoia
Tercena
Queluz
Praia do Guincho
Porto Salvo
Cascais
Estoril
Parede
Carcavelos
Paço de Arcos
A
B

Madeira 7

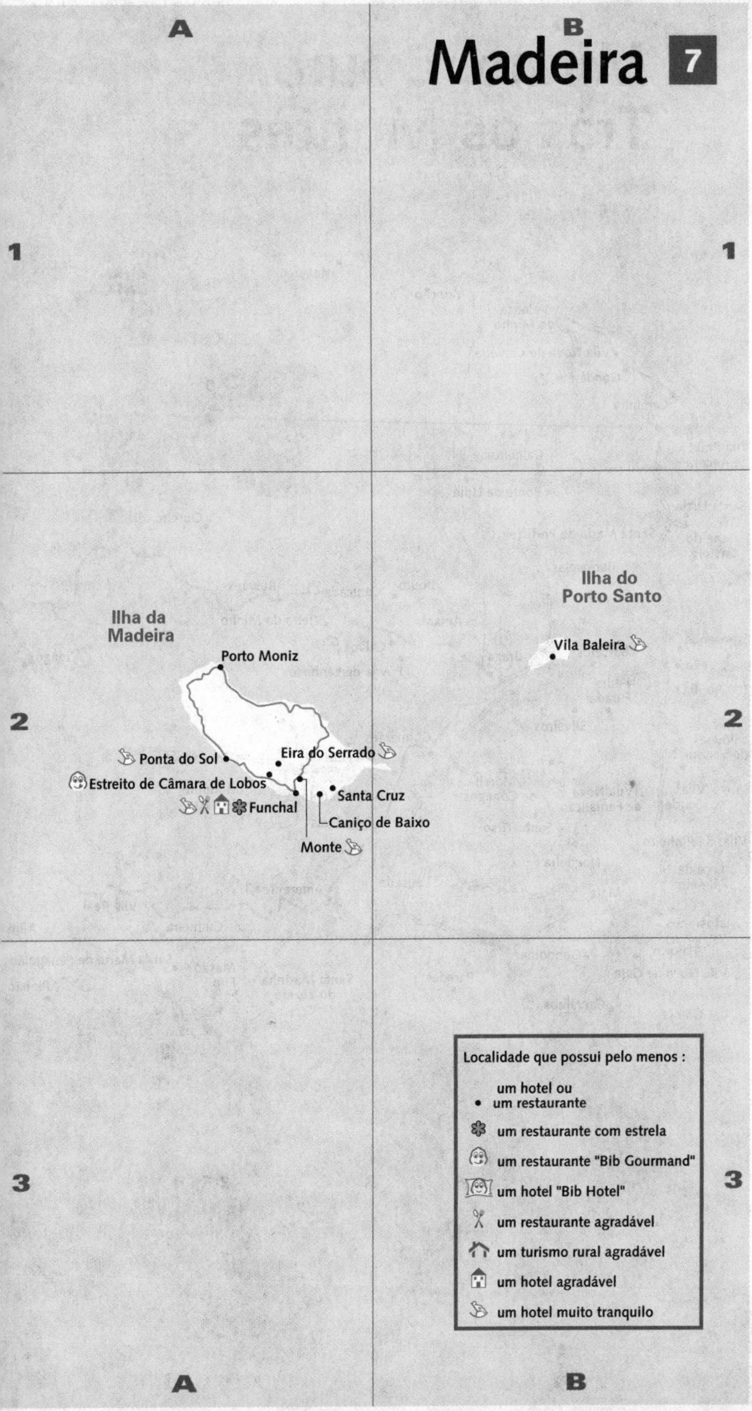

A B

1 1

2 2

3 3

A B

Ilha da Madeira

Porto Moniz

Ponta do Sol

Eira do Serrado

Estreito de Câmara de Lobos

Funchal

Santa Cruz

Caniço de Baixo

Monte

Ilha do Porto Santo

Vila Baleira

Localidade que possui pelo menos :

- um hotel ou um restaurante
- um restaurante com estrela
- um restaurante "Bib Gourmand"
- um hotel "Bib Hotel"
- um restaurante agradável
- um turismo rural agradável
- um hotel agradável
- um hotel muito tranquilo

8 Minho, Douro, Trás os Montes

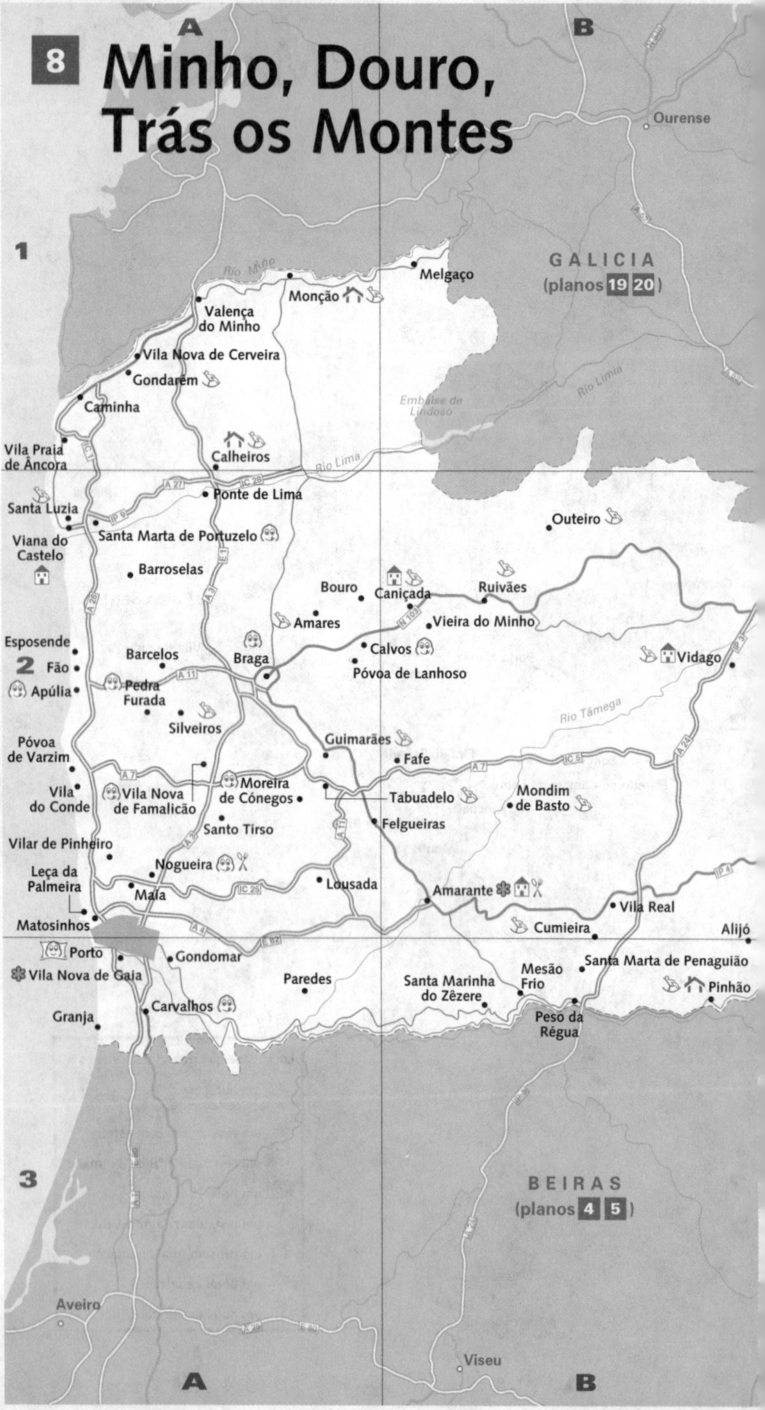

A B

1 2 3

GALICIA
(planos 19 20)

Ourense
Rio Miño
Melgaço
Monção
Valença do Minho
Vila Nova de Cerveira
Gondarém
Caminha
Rio Limia
Embalse de Lindoso
Calheiros
Rio Lima
Vila Praia de Âncora
Ponte de Lima
Santa Luzia
Santa Marta de Portuzelo
Viana do Castelo
Outeiro
Barroselas
Bouro
Caniçada
Ruivães
Amares
Vieira do Minho
Esposende
Fão
Apúlia
Barcelos
Braga
Calvos
Póvoa de Lanhoso
Vidago
Pedra Furada
Silveiros
Rio Tâmega
Póvoa de Varzim
Guimarães
Fafe
Vila do Conde
Vila Nova de Famalicão
Moreira de Cónegos
Tabuadelo
Mondim de Basto
Santo Tirso
Felgueiras
Vilar de Pinheiro
Nogueira
Leça da Palmeira
Maia
Lousada
Amarante
Vila Real
Matosinhos
Cumieira
Alijó
Porto
Gondomar
Santa Marta de Penaguião
Vila Nova de Gaia
Paredes
Santa Marinha do Zêzere
Mesão Frio
Pinhão
Carvalhos
Granja
Peso da Régua

BEIRAS
(planos 4 5)

Aveiro
Viseu

A B

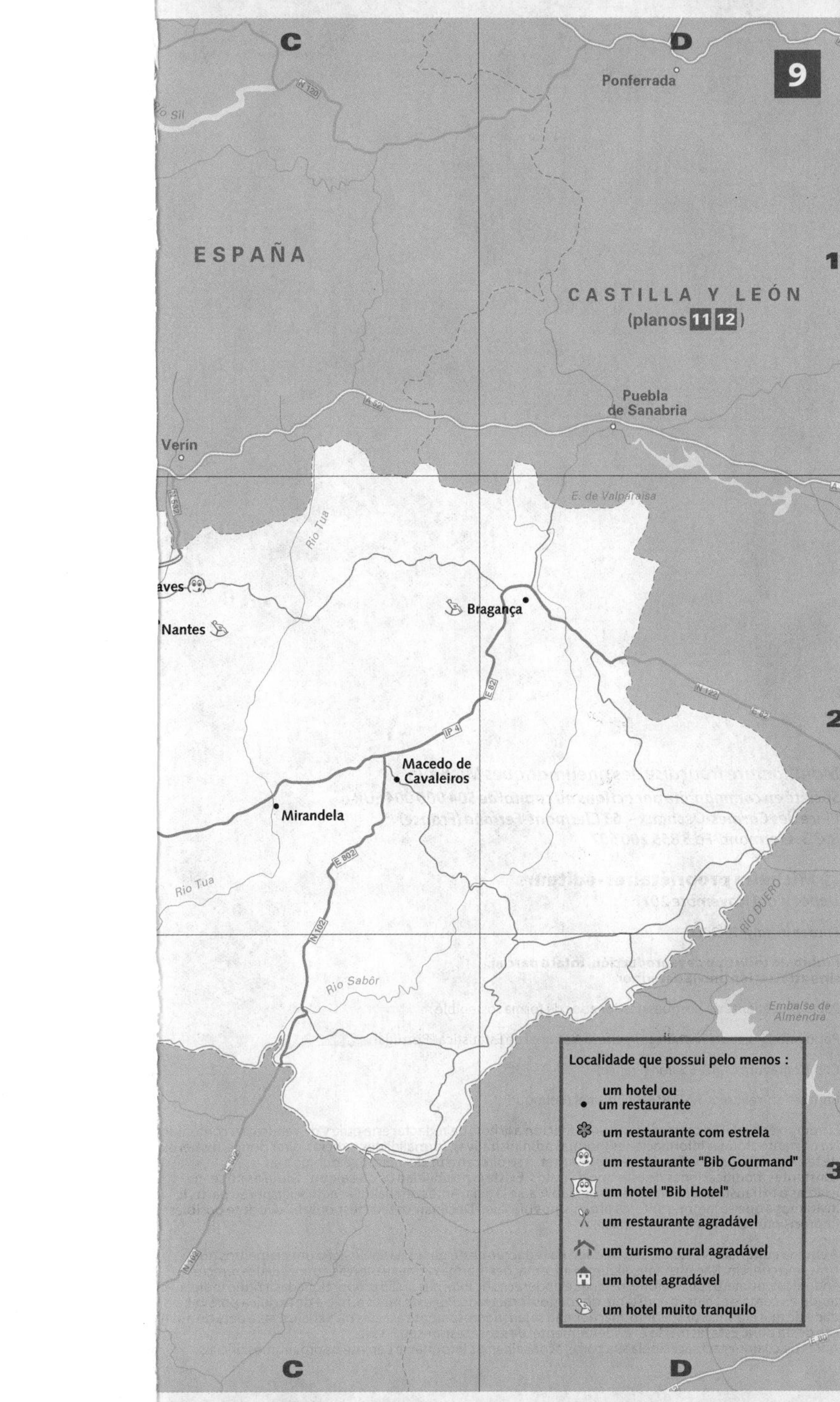

C
D
9
Ponferrada
ESPAÑA
1
CASTILLA Y LEÓN
(planos 11 12)
Puebla
de Sanabria
Verín
E. de Valparaíso
Rio Tua
Bragança
Nantes
2
Macedo de
Cavaleiros
Mirandela
Rio Tua
Rio Sabôr
RIO DUERO
Embalse de
Almendra
Localidade que possui pelo menos :
um hotel ou
um restaurante
um restaurante com estrela
um restaurante "Bib Gourmand"
um hotel "Bib Hotel"
um restaurante agradável
um turismo rural agradável
um hotel agradável
um hotel muito tranquilo
3
C
D

Manufacture française des pneumatiques Michelin
Société en commandite par actions au capital de 504 000 004 EUR
Place des Carmes-Déchaux – 63 Clermont-Ferrand (France)
R.C.S. Clermond-Fd B 855 200 507

Dépôt légal Novembre 2011

Printed in Italy, 10-2011

Papel procedente de bosques gestionados de forma sostenible

Population Portugal : « Source : Instituto National de Estatística_Portugal »

Compogravure : JOUVE Saran (France)

Impression-reliure : CASTERMAN, Tournai (Belgique)

El equipo editorial ha prestado la mayor atención a la hora de redactar esta guía y de verificar su contenido. No obstante algunas informaciones (normas administrativas, formalidades, precios, direcciones, números de teléfonos, páginas y direcciones de internet...) se ofrecen a título indicativo debido a las constantes modificaciones de este tipo de datos. Existe la posibilidad de que algunas de ellas no sean exactas o exhaustivas en el momento de publicarse la guía. Antes de cualquier actuación por su parte, le invitamos a que se informe ante los organismos oficiales. Declinamos toda responsabilidad ante posibles imprecisiones que puedan detectarse.

A equipa editorial teve todo o seu cuidado na redacção deste guia e na verificação dos elementos que o mesmo contém. Não obstante, algumas informações (normas administrativas, formalidades, preços, endereços, números de telefone, páginas e endereços de internet...) são proporcionadas a título indicativo, tendo en conta e evolução constante dos dados fornecidos. Por este motivo, não é de excluir a possibilidade de que algumas destas informações não sejam rigorosamente exactas ou exhaustivas à data de aparição desta obra. Este facto não é, evidentemente, da nossa responsabilidade.
Antes de cualquer actuação pela sua parte, aconselhamos informarse perante os organismos oficiais.